NOUVELLE COLLECTION

DES

MÉMOIRES

POUR SERVIR

A L'HISTOIRE DE FRANCE.

DEUXIÈME SÉRIE.

X.

NOUVELLE COLLECTION
des
MÉMOIRES
pour servir
A L'HISTOIRE DE FRANCE,

DEPUIS LE XIIIe SIÈCLE JUSQU'A LA FIN DU XVIIIe;

Précédés

DE NOTICES POUR CARACTÉRISER CHAQUE AUTEUR DES MÉMOIRES ET SON ÉPOQUE;

SUIVIS DE L'ANALYSE DES DOCUMENTS HISTORIQUES QUI S'Y RAPPORTENT;

PAR MM. **MICHAUD** DE L'ACADÉMIE FRANÇAISE ET **POUJOULAT**.

TOME DIXIÈME.

MADAME DE MOTTEVILLE. — LE PÈRE BERTHOD.

A PARIS,

CHEZ L'ÉDITEUR DU COMMENTAIRE ANALYTIQUE DU CODE CIVIL,
RUE DES PETITS-AUGUSTINS, N° 24.

IMPRIMERIE DE FIRMIN DIDOT FRÈRES, RUE JACOB, N° 56.

1838.

8.5x4x2(x10)

que cette loi si sage, si nécessaire, ne *fût* mal observée; et comme en cela vous seriez contrainte d'y apporter du remède, je pense qu'enfin vous vous trouveriez obligée de permettre cette erreur si commune qu'une vieille coutume a rendue légitime, et qui s'appelle mariage. Il est fâcheux d'être malade, et plus encore de prendre médecine pour se guérir; mais comme les hommes les plus sains sont ceux qui sont le moins malades, et que les plus parfaits sont ceux seulement qui tendent le plus à la perfection, de même ceux de vos bergers qui approcheroient le plus de celle que vous leur inspireriez par votre exemple, et que vous leur commanderiez par vos ordonnances, seroient les plus louables : vous estimeriez ceux-là et pardonneriez aux autres, et vous tireriez cet avantage de leur imperfection, que vos lois et votre république, par leur durée, rendroient votre gloire immortelle. »

La princesse n'est point touchée de ces raisons; elle cite l'exemple des veuves de Randan en Auvergne, où depuis longtemps aucune ne s'est remariée; puis elle ajoute :

« Ce qui a donné la supériorité aux hommes a été le mariage; et ce qui nous a fait nommer le sexe fragile a été cette dépendance où le sexe nous a assujéties, souvent contre notre volonté, et par des raisons de famille dont nous avons été les victimes. Tirons-nous de l'esclavage; qu'il y ait un coin du monde où l'on puisse dire que les femmes sont maîtresses d'elles-mêmes, et qu'elles n'ont pas tous les défauts qu'on leur attribue; distinguons-nous dans les siècles à venir par une vie qui nous fasse vivre éternellement. »

« Je n'ai, réplique madame de Motteville, été soumise au lien qui vous déplaît si fort que deux seules années de ma vie. Je n'avois que vingt ans quand ma liberté me fut rendue; elle m'a toujours semblé préférable à tous les autres biens que l'on estime dans le monde; et, de la manière dont j'en ai usé, il me semble que j'ai été habitante de Randan. » Cependant, ennemie de toute idée fausse, même en plaisantant, elle insiste pour que Mademoiselle tolère au moins le mariage, et dit : « Comme je compte sur ce qui se pratique ordinairement plutôt que sur ce qu'il est quasi impossible de faire, et que vous avez à commander à des hommes et non pas à des anges, je vous dis encore une fois qu'il est fort à propos de permettre le mariage; car, si vous ne le faites, il arrivera indubitablement que vos bergers abuseront de la permission que vous leur donnez. De l'esprit galant ils iront à la galanterie, et, sans y penser, vous bannirez l'amour légitime pour introduire parmi eux le criminel; car il est difficile qu'ils aient toute cette innocente galanterie sans objet que vous leur ordonnez et que je leur souhaite. Les hommes ne sont quasi jamais vertueux en effet : ils se soucient seulement de le paroître. Ce qui se passe intérieurement ne leur donne point de honte, et vous jugerez aisément que de cette mauvaise source il pourroit naître beaucoup de troubles dans vos États. »

Madame de Motteville termine ainsi cette lettre, qui est la dernière : « Je suis lasse et fort rebutée du monde; je méprise tout ce qu'on y estime, et abhorre l'iniquité dont il est rempli. Tout en est mauvais : car même les choses indifférentes ne demeurent guères en cet état, et se changent souvent en vanité, ou du moins en des occupations fort inutiles : si bien que si jamais je puis me voir dans nos bois, la solitude assurément sera le plus grand de mes plaisirs (1). »

Si, dans une lettre de plaisanterie, madame de Motteville met de semblables réflexions, on doit s'attendre qu'elle ne les épargne point dans ses Mémoires. En effet, elles y reviennent trop souvent et nuisent à la rapidité de son style, d'ailleurs clair et simple : on croirait qu'elle a pris la plume moins dans l'intention de retracer les événements historiques, que dans celle de défendre sa bienfaitrice et de censurer tout ce que réprouvaient une saine raison et la vertu.

« Parmi les singularités qui distinguent les mémoires écrits par des femmes, dit Marmontel dans ses Éléments de littérature, il en est une qui leur est naturelle, et qu'on retrouve dans leurs mœurs : c'est que le plus souvent ce n'est ni l'intérêt public, ni leur intérêt propre qui les a dominées, mais un intérêt d'affection. Un homme, en parlant des affaires au milieu desquelles il s'est trouvé, comme acteur ou comme témoin, s'oublie rarement lui-même pour ne s'occuper que d'un autre; une femme, au contraire, s'attache à un objet qui n'est pas elle, mais qui dans ce moment est tout pour elle; et c'est de lui, c'est d'après lui, c'est pour lui qu'elle écrit. Les grands événemens ne la touchent que par des rapports individuels; et dans les révolutions de la sphère du monde, elle ne voit que le mouvement du tourbillon qui l'environne : son esprit et son âme ne s'étendent pas au delà. Il est possible que la passion l'enivre, mais la passion est rarement aussi aveugle que l'amour-propre; et comme il arrive souvent que le sentiment dont une femme est préoccupée est assez calme pour lui laisser la liberté de la raison et son équité naturelle, il ne fait qu'animer son style sans en altérer la candeur. C'est ce qu'on voit dans les Mémoires de madame de Motteville.... Une femme, poursuit Marmontel, en suivant son objet personnel, indique involontairement les motifs, les arrière-causes des révolutions les plus inexplicables, et nous révèle quelquefois des mystères dont ses liaisons, ses relations, les confidences qu'elle a reçues, la familiarité où elle a été admise, l'intimité de l'intérieur dont elle a vu les mouvemens, le besoin qu'on aura eu d'elle pour se plaindre ou se consoler, s'affliger ou se réjouir, les caractères que sa position lui a fait connoître jusque dans leurs replis, n'auront bien instruit qu'elle

(1) On nous pardonnera la longueur de ces citations qui font connaître l'esprit et le caractère de madame de Motteville; et nous ferons remarquer que cette dame, qui plaida si bien la cause du mariage, resta veuve, tandis que Mademoiselle, qui le prohibait et bannissait l'amour, se perdit par amour pour un homme qu'elle voulait épouser.

seule. *Les cabinets des rois*, dit madame de Motteville, *sont des théâtres où se jouent continuellement des pièces qui occupent tout le monde : il y en a qui sont simplement comiques ; il y en a aussi de tragiques, dont les grands événemens sont toujours causés par des bagatelles.* C'est de là, fait observer Marmontel, que s'échappent les grands secrets ; c'est là que sont les inquiétudes, les craintes, les désirs, les espérances, les passions enfin ne craignent pas de se trahir, et c'est là qu'ils se trahissent. »

Cette opinion est justifiée par les Mémoires de madame de Motteville, qui se montre constamment prévenue en faveur d'une reine à qui elle devait tout depuis la plus tendre enfance. Cependant cette prévention, qu'a fait naître en son cœur un sentiment respectable, n'altère pas son jugement, et ne lui fait pas manquer à ce qu'elle doit à la vérité et à la justice ; toute action blâmable, elle la blâme en l'excusant sur la droiture de l'intention. Elle tient compte à la régente des difficultés de sa position, elle regarde comme des calomnies les bruits injurieux que l'on répandait à sa honte, mais elle rapporte les événements avec une sincérité qu'on ne peut révoquer en doute. Aucun ouvrage ne renferme autant d'anecdotes et de particularités curieuses ; aucun ne peint mieux le caractère des personnages. Madame de Motteville, qui avait passé sa vie à observer, possédait la clef de presque toutes les intrigues ; peu de secrets importants avaient échappé à sa pénétration, et il faut étudier ses Mémoires, quoiqu'il y en ait beaucoup d'autres sur cette époque, si l'on veut en bien connaître la physionomie.

Les Mémoires de madame de Motteville ne furent publiés qu'en 1723, trente-quatre ans après sa mort. Cette édition parut à Amsterdam, chez Changuion, libraire, sans nom d'éditeur, et précédée d'un avis que nous croyons devoir reproduire ici.

« Il y a quelques années que l'on me fit dépositaire de ces Mémoires, et, quoique l'on m'eût engagé de les tenir secrets, je ne me suis pas fait un scrupule de les mettre au jour. Si c'est manquer à sa parole et une espèce de vol, l'un et l'autre me paraît excusable. On n'abuse pas de la confiance de ses amis, lorsqu'on leur rend service, malgré qu'ils en aient. Le public même se trouve intéressé dans le cas, puisque ces sortes d'ouvrages perdent beaucoup de leurs grâces et de leur mérite, quand le temps de leur naissance est trop éloigné de celui de leur publication.

« D'un autre côté, le plaisir de voir revivre ses amis dans leurs ouvrages est si touchant que je ne doute pas que ceux qui s'intéressent le plus au sort de ces Mémoires ne l'éprouvent, et qu'ils ne se félicitent de les voir à l'abri du danger qu'ils couroient d'être ensevelis avec leurs cendres. Le peu de personnes qui les ont lus en manuscrit, et qui sont très-capables d'en juger, les ont trouvés si bons et si utiles, que leur approbation a contribué à me rendre infidèle.

« En effet, on y découvre partout un air de sincérité qui ne peut que plaire, et qui faisoit le principal caractère de la dame qui les a composés. Sa franchise alloit même si loin qu'elle tournoit quelquefois à son désavantage ; et, si l'on ne craignoit de manquer de respect pour l'oracle de la vérité, on diroit qu'il ne lui est jamais arrivé de mentir. Ses amis, qui étoient en grand nombre et d'un rang fort distingué, l'estimoient beaucoup ; et je ne doute pas que ceux qui liront ces Mémoires ne la trouvent digne de cette estime. Les fréquentes réflexions qu'elle y fait, quoique concises, pourroient bien n'être pas du goût de tout le monde, parce que chacun en veut faire à sa guise, et que l'amour-propre se mêle partout. Cependant on ne sauroit disconvenir que les siennes ne partent d'un grand fonds de vertu, de bon sens et de piété, et qu'elles ne méritent l'attention de tous les honnêtes gens, quand même ils ne les approuveroient pas à tous égards. »

La bibliothèque de l'Arsenal possède un manuscrit de ces Mémoires, copié par Conrart (1), mais il s'arrête en 1644 et fait à peine la huitième partie de l'édition de 1723. Il est probable que ce manuscrit nous a conservé le commencement d'une ébauche ; on y remarque cette espèce de franchise et de naïveté qui décèle un premier jet et qu'altère presque toujours le travail d'une rédaction définitive. L'imprimé présente plus de régularité, plus de mesure dans les pensées et dans les expressions, et des développements qui doivent à notre avis le faire préférer.

Voici deux passages qui nous semblent suffire pour faire connaître les différences qui se trouvent entre les deux textes.

Dans la préface de l'édition, madame de Motteville développe son plan en émettant plusieurs idées générales : la préface du manuscrit ne contient que des réflexions, et nous fournit une nouvelle preuve de ce que nous avons dit sur le sentiment de reconnaissance dont elle était pénétrée. Elle fait d'abord observer que les intentions des rois sont inconnues, tandis que leurs actions sont publiques, et qu'on leur impute beaucoup de fautes qu'ils n'ont pas eu dessein de commettre ; puis elle ajoute : « C'est ce qui m'oblige d'écrire dans mes heures inutiles, et pour me divertir, ce que je sais de la vie, des mœurs, des inclinations de la reine Anne d'Autriche, et de payer, par le simple récit de ce que j'ai reconnu en elle, l'honneur qu'elle m'a fait de me donner sa familiarité ; car, quoique je ne prétende pas la pouvoir louer sur toute chose, et que, selon mon inclination naturelle, je ne sois pas capable de déguisement, je suis assurée néanmoins que les historiens qui n'auront pas connu sa vertu et sa bonté, et qui ne parleront d'elle que sur le dire satirique du public, ne lui feront pas la même justice que je voudrois bien pouvoir lui faire, si mon incapacité et mon peu d'éloquence ne m'en ôtoient les moyens. Aussi ce que j'entreprends présentement n'est pas avec un dessein formel de réparer leur ignorance et leur malice : ce projet seroit

(1) Collect. 902, recueil in-folio, t. XII.

trop grand pour une paresseuse, et trop hardi pour une personne comme moi qui craint de se montrer, et qui ne voudroit pas passer pour auteur; mais je le fais pour ma propre satisfaction, par gratitude envers la reine, et pour revoir un jour, si je vis, comme dans un tableau, tout ce qui est venu à ma connoissance des choses de la cour. »

Dans l'une et l'autre préface le fond des idées est le même, mais dans celle du manuscrit l'absence de tout plan doit faire présumer que madame de Motteville a jeté ses réflexions sur le papier en commençant son ouvrage, et qu'après l'avoir fini et corrigé, elle les a modifiées en indiquant la marche qu'elle avait suivie.

Le second passage est relatif à la régence; le manuscrit porte :

« Nous voici à la régence de la Reine où nous allons voir, comme dans un tableau, les différentes révolutions de la fortune, de quelle nature est le climat de ce pays qu'on appelle la cour, quelle est sa corruption et combien se doit estimer heureux celui qui n'est pas destiné à l'habiter. L'air n'y est jamais doux ni serein pour personne ; ceux mêmes qui, dans l'apparence d'un bonheur tout entier, y sont adorés comme des dieux, sont ceux qui sont le plus menacés de l'orage. Le tonnerre y gronde incessamment soit pour les grands soit pour les petits. Et ceux mêmes que leurs compatriotes regardent avec envie ne connaissent point de calme. C'est une région sombre et pleine de tempêtes continuelles ; les hommes y vivent peu, et le temps que la fortune les y laisse, ils sont toujours malades de cette contagieuse maladie de l'ambition qui leur ôte le repos, leur ronge le cœur, et leur envoie des vapeurs à la tête, qui souvent leur ôtent la raison. Ce mal leur donne aussi un continuel dégoût pour les meilleures choses : ils ignorent le prix de l'équité, de la justice et de la bonté; la douceur de la vie, les plaisirs innocens, et tout ce que les sages de l'antiquité ont estimé de bon, leur paraissent ridicules. Ils sont incapables de connoître la vertu et de suivre ses maximes, si ce n'est que le hasard les éloigne de cette terre. Alors, s'ils peuvent par l'absence se guérir de cette maladie, ils deviennent sages ; et nul ne doit être si bon chrétien ni si bon philosophe, qu'un courtisan détrompé. »

Ces réflexions ne se trouvent pas dans les Mémoires imprimés; leur suppression donne à penser que l'auteur a retranché les digressions qui lui semblaient inutiles ou exagérées ; mais comme quelquefois l'esquisse est préférable au tableau, nous les avons extraites du manuscrit, et placées en note au bas des pages où elles se rapportent. C'était le meilleur moyen d'éviter l'inconvénient de publier les deux textes, et de reproduire tout ce qui pouvait avoir quelque intérêt ou piquer la curiosité.

Ces Mémoires ont été réimprimés plusieurs fois depuis 1723, notamment en 1750, en 1783, et en 1824 dans la collection de Petitot. A. B.

PRÉFACE.

La grandeur des rois, qui les élève au-dessus de leurs sujets, ne les expose pas seulement à leurs yeux, mais à leur censure. Il n'y a personne qui ne s'en prenne à eux du mauvais état de ses affaires particulières, et il y peu de gens qui leur sachent gré de toutes les peines qu'ils se donnent pour le bien public. Au contraire, on ne leur pardonne pas les moindres fautes qu'ils commettent, quoiqu'elles soient toutes plus excusables que celles des autres hommes, par la difficulté qu'ils ont à découvrir la vérité, que la plupart de ceux qui les approchent leur déguisent d'une telle manière qu'ils ôtent à ceux qui la savent le temps et la hardiesse de la leur dire.

Je ne prétends pas que la reine Anne d'Autriche, dont je parle dans ces Mémoires, n'ait eu aucun défaut. Elle étoit née, comme nous, avec les foiblesses auxquelles la nature humaine est sujette. Non-seulement elle ne s'est pas crue parfaite, mais elle a passé à une autre extrémité : elle s'est trop défiée de son esprit et de sa raison.

Il sera difficile à ceux qui écriront l'histoire de notre temps de ne pas louer le bon sens et le grand courage qu'elle a fait paroître dans une longue régence, où elle a été réduite à soutenir une guerre étrangère et deux guerres civiles. Mais j'ai cru qu'il étoit nécessaire de joindre, aux grands événemens que les historiens ne manqueront pas de faire passer à la postérité, le particulier de sa vie, dont ils ne sont peut-être pas si bien instruits que moi, qui l'ai étudiée avec beaucoup d'application, par le zèle et la tendresse que j'avois pour elle. Obligée de ne me pas contenter de ce qu'on met dans les gazettes, et hors d'état de lui témoigner autrement la reconnoissance que j'ai pour toutes ses bontés, et de la payer, si cela se peut et se doit dire, de la familiarité dont elle a bien voulu m'honorer, j'ai mêlé dans son histoire quelques-unes de ses paroles, de ses pensées, de ses actions, qui méritent d'être sues de tout le monde, et qu'on ignoreroit si je ne les avois écrites sur-le-champ. C'est par là que je ferai voir la beauté de ses sentimens et la droiture de ses intentions, bien mieux que dans un panégyrique.

Je me suis occupé d'ailleurs à dresser ces Mémoires dans l'espérance qu'ils serviroient un jour à me rappeler mille particularités qui me feroient plaisir, et qui me donneroient, pour ainsi dire, une seconde vie. En effet, j'y ai remarqué non-seulement ce qui s'est passé de plus considérable depuis mon retour auprès de la Reine, mais aussi ce qui étoit arrivé durant mon exil, qui m'avoit éloignée de sa personne presque dès mon enfance.

Lorsque je n'ai pu savoir les choses par moi-même, je les ai apprises des vieux seigneurs de la cour, et de la Reine même, qui a eu la bonté de m'en instruire, de répondre à mes questions, et de me confier quelques-uns de ses secrets. Tout cela m'a servi à remplir les vides de mon absence. J'ai donné à cette occupation les heures que les dames ont accoutumé d'employer au jeu et aux promenades. Je ne sais si j'ai mieux fait que les autres, mais il me semble qu'on ne sauroit plus mal employer son temps que de le passer à ne rien faire.

Je commence par un abrégé de la vie de cette grande Reine depuis l'année 1615 qu'elle vint en France, jusqu'à la mort du feu Roi arrivée en 1643 : abrégé où l'on peut voir les effets de sa beauté, les amusemens de sa jeunesse, et les persécutions qu'elle a souffertes pendant le ministère du cardinal de Richelieu. Et ce que j'en ai écrit, avec les heureux commencemens de sa régence, jusqu'à la fin de l'année 1647, se trouve dans le Ier et une partie du IIe tome de ces Mémoires. Le reste du IIe, le IIIe, le IVe et le Ve contiennent le trouble des deux guerres civiles et leurs suites jusqu'en 1660, et le mariage du Roi. Le VIe, enfin, contient la mort du cardinal Mazarin, et les intrigues de la cour jusqu'à la maladie de la Reine-mère et sa mort.

Séparée de la Reine pour quelque temps, à l'occasion des voyages auxquels la seconde guerre civile l'exposa, je fus sur le point de renoncer à mon travail. Mais l'envie de savoir ce qui se passoit, et la résolution que cette princesse avoit formée de se retirer au Val-de-Grâce, après qu'elle auroit fait la paix générale et donné à la France une reine digne du Roi son fils, m'engagèrent à le continuer jusqu'au bout. La part que je pris à la joie qu'elle eut d'obtenir de Dieu ce qu'elle lui avoit demandé, me confirma dans le même dessein, et c'est ce qui a produit le VIe tome. Je n'ai pu m'empêcher de le grossir de tous les accidens de sa maladie, qui dura depuis le 10 avril 1663 jusqu'au 20 de janvier 1666. J'ose dire qu'au milieu de toutes les révolutions dont la France fut agitée, et de ses plus grands triomphes, cette princesse parut toujours la même : heureuse et malheureuse, respectée et méprisée, aimée et haïe, elle ne se démentit jamais. Quoique sensible à l'ingratitude et aux outrages de ses créatures, elle ne s'en servit que pour s'humilier, et pour mettre toute sa confiance en Dieu, qui sait tirer le bien du mal, et la lumière des ténèbres.

PORTRAIT DE LA REINE
ANNE D'AUTRICHE,

FAIT PAR MADAME DE MOTTEVILLE EN 1658.

La Reine, par sa naissance, n'a rien qui l'égale : ses aïeux ont tous été de grands monarques ; et, parmi eux, nous en voyons qui ont aspiré à la monarchie universelle. La nature lui a donné de belles inclinations. Ses sentimens sont tous nobles : elle a l'ame pleine de douceur et de fermeté ; et quoique ce ne soit pas mon dessein, en parlant, d'exagérer ses qualités, je puis dire, en général, qu'il y a des choses en elle qui la peuvent faire égaler les plus grandes reines de l'antiquité.

Elle est grande et bien faite, elle a une mine douce et majestueuse qui ne manque jamais d'inspirer dans l'ame de ceux qui la voient l'amour et le respect. Elle a été l'une des plus grandes beautés de son siècle, et présentement il lui en reste assez pour en effacer des jeunes qui prétendent avoir des attraits. Ses yeux sont parfaitement beaux ; le doux et le grave s'y mêlent agréablement ; leur puissance a été fatale (1) à beaucoup d'illustres particuliers, et des nations entières ont senti à leur dommage quel pouvoir ils ont eu sur les hommes. Sa bouche, quoique d'une manière fort innocente, a été complice de tous les maux que ses yeux ont faits. Elle est petite et vermeille, et la nature lui a été libérale de toutes les grâces dont elle avoit besoin pour être parfaite. Par un de ses souris, elle peut acquérir mille cœurs ; ses ennemis même ne peuvent résister à ses charmes : et nous avons vu souvent beaucoup de ces personnes à qui l'ambition ôtoit la raison nous avouer que la Reine se faisoit mieux aimer par eux, lors même qu'ils avoient le plus de dessein de manquer à leur devoir. Ses cheveux sont beaux, et leur couleur est d'un beau châtain clair : elle en a beaucoup, et il n'y a rien de plus agréable que de la voir peigner. Ses mains, qui ont reçu des louanges de toute l'Europe, qui sont faites pour le plaisir des yeux, pour porter un sceptre et pour être admirées, joignent l'adresse avec une extrême blancheur : si bien que l'on peut dire que les spectateurs sont toujours ravis quand cette grand Reine se fait voir, ou à sa toilette en s'habillant, ou à table quand elle prend ses repas.

Sa gorge est belle et bien faite ; et ceux qui aiment à voir ce qui est beau ont sujet de se plaindre du soin que la Reine prend de la cacher, si le motif qui le lui fait faire ne les forçoit d'estimer ce qui s'oppose à leur plaisir. Toute sa peau est d'une égale blancheur, et d'une délicatesse qui ne sauroit jamais assez louer. Son teint n'est pas de même, il n'est pas si beau ; et la négligence qu'elle a pour sa conservation, ne mettant presque jamais de masque, ne contribue pas à l'embellir. Son nez n'est pas si parfait que les autres traits de son voyage : il est gros, mais cette grosseur ne sied pas mal avec de grands yeux, et il me semble que, s'il diminue sa beauté, il contribue du moins à lui rendre le visage plus grave. Toute sa personne pouvoit enfin mériter de grandes louanges : mais je crains d'offenser sa modestie et la mienne, si j'en parlois davantage ; c'est pourquoi je n'ose pas seulement dire qu'elle a le pied fort beau, petit et fort bien fait.

Elle n'est pas esclave de la mode, mais elle s'habille bien. Elle est propre et fort nette : on peut dire même qu'elle est curieuse des belles choses, et c'est sans affection extraordinaire ; et beaucoup de dames dans Paris font plus de dépense que la Reine n'en fait. L'habitude, et non la vanité, fait son ajustement ; et l'honnête ornement lui plaît, parce que naturellement elle aime à être bien, autant dans la solitude qu'au milieu de la cour.

Comme Dieu est notre principe et notre fin, et qu'une reine chrétienne ne doit être estimée que selon la mesure de la vertu qui est en elle, il est juste de commencer à parler de ses mœurs par la piété qui paroit être un des principaux ornemens de cette auguste princesse. Elle a certainement un grand respect pour la loi de Dieu, et son désir seroit de la voir bien établie dans le cœur de tous les Français. Dans sa plus grande jeunesse, elle a donné des marques de dévotion et de charité ; car, dès ce temps-là, ceux qui ont eu l'honneur de la servir ont toujours remarqué qu'elle étoit charitable, et qu'elle aimoit à se-

(1) Allusion à l'amour de Buckingham.

courir les pauvres. Les vertus avec les années se sont fortifiées en elle, et nous la voyons sans relâche prier et donner. Elle est infatigable dans l'exercice de ses dévotions ; les voyages, les maladies, les veilles, les chagrins, les divertissemens ni les affaires ne lui ont jamais pu faire interrompre les heures de sa retraite et de ses prières. Elle a eu confiance extraordinaire en Dieu ; et cette confiance lui a attiré sans doute beaucoup de grâces et de bénédictions. Elle est exacte à l'observation des jours de jeûne, et je lui ai souvent ouï dire sur ce sujet que les rois doivent obéir aux commandemens de Dieu et de l'Eglise plus ponctuellement que les autres chrétiens, parce qu'ils étoient obligés de servir d'exemple à leurs peuples. Elle a beaucoup de zèle pour la religion, beaucoup de respect pour le Pape. Elle communie souvent ; elle révère les reliques des saints ; elle est dévote à la Vierge, et pratique souvent dans ses besoins les vœux, les présens et les neuvaines par lesquelles les fidèles espèrent obtenir des grâces du ciel. On entre aisément dans son cœur par la bonne opinion qu'elle prend de la piété de certaines gens ; et bien souvent je l'ai soupçonnée d'avoir été trompée par la facilité qu'elle a à révérer la vertu. Ceux qui se conservent dans son estime ont le pouvoir de lui parler fort librement sur toutes les choses qui regardent son devoir et sa conscience. Elle reçoit toujours leurs avis avec soumission et douceur, et les prédicateurs les plus sévères sont ceux qu'elle écoute le plus volontiers. Son oratoire est le lieu où elle se plaît le plus : elle y passe beaucoup d'heures du jour ; et toutefois, selon ce que je lui ai ouï dire d'elle-même avec humilité, elle veut bien qu'on croie qu'elle n'a pas encore ce zèle parfait qui fait les saints, et qui fait mourir le chrétien à soi pour vivre seulement à Dieu et pour Dieu. Mais il semble, vu les grandes et saintes dispositions de son ame, qu'elle soit destinée à cette dernière perfection.

La vertu de la Reine est solide et sans façon ; elle est modeste sans être choquée de l'innocente gaieté, et son exemplaire pureté pourroit servir d'exemple à toutes les autres femmes. Elle croit facilement le bien, et n'écoute pas volontiers le mal. Les médisans et rapporteurs ne font sur son esprit nulle forte impression ; et quand une fois elle est bien persuadée en faveur des gens, il est difficile de les détruire auprès d'elle. Elle a l'esprit galant ; et, à l'exemple de l'infante Clara-Eugenia (1), elle goûteroit fort cette belle galanterie qui, sans blesser la vertu, est capable

(1) Isabelle-Claire-Eugénie, fille de Philippe II, et tante d'Anne d'Autriche.

d'embellir la cour. Elle désapprouve infiniment la manière rude et incivile du temps présent ; et si les jeunes gens de ce siècle suivoient ses maximes, ils seroient plus gens de bien et plus polis qu'ils ne sont.

Elle est douce, affable et familière avec tous ceux qui l'approchent, et qui ont l'honneur de la servir. Sa bonté la convie de souffrir les petits comme les grands ; et, sans manquer de discernement, cette bonté est cause qu'elle entre en conversation avec beaucoup de personnes fort indignes de son entretien. Cela va même jusques à lui faire tort, et je vois bien quelquefois que les personnes de mérite, par ces apparences, pourroient craindre qu'elle ne mît quelque égalité entre les honnêtes gens et les sots ; mais je suis persuadée de cette vérité que la Reine, en cette occasion, donne aux sages, par estime et par raison, ce qu'elle donne aux autres par pitié, et parce que naturellement elle ne sauroit faire de rudesse à qui que ce soit ; et quand cela lui arrive, il faut que de grandes choses l'y forcent. Ce tempérament de douceur n'empêche pas qu'elle ne soit glorieuse, et qu'elle ne discerne fort bien ceux qui font leur devoir, en lui rendant ce qui lui est dû, d'avec ceux qui lui manquent de respect, ou faute de connoissance, ou pour suivre la coutume qui présentement veut le désordre en toutes choses.

Elle a beaucoup d'esprit : ce qu'elle en a est tout-à-fait naturel. Elle parle bien : sa conversation est agréable, elle entend raillerie, ne prend jamais rien de travers, et les conversations délicates et spirituelles lui donnent du plaisir. Elle juge toujours des choses sérieuses selon la raison et le bon sens, et dans les affaires elle prend toujours par lumières le parti de l'équité et de la justice ; mais elle est paresseuse, elle n'a point lu : cela toutefois ne la délustre point, parce que le grand commerce que la Reine a eu avec les premiers de son siècle, la grande connoissance qu'elle a du monde, et la longue expérience des affaires et des intrigues de la cour, où elle a toujours eu une grande part, ont tout-à-fait réparé ce qui pouvoit lui manquer du côté des livres ; et si elle ignore l'histoire de Pharamond et de Charlemagne, en récompense elle sait fort bien celle de son temps.

Dans sa jeunesse, tous les honnêtes plaisirs qui pouvoient être permis à une grande reine ont eu beaucoup de charmes pour elle ; présentement elle en a perdu le goût. Ses inclinations sont conformes à la raison, et la complaisance lui fait faire sur ce chapitre beaucoup de choses qu'elle ne feroit pas si elle suivoit ses sentimens. Le théâtre n'a plus d'autre agrément pour elle que celui de complaire au Roi, qui, par la tendresse qu'il a pour elle, prend un singulier plaisir à être en sa compagnie; et toute la France la doit remercier de cette condescendance, puisque nous devons toujours voir avec joie une telle mère avec un tel fils. Elle aime présentement le jeu, et y donne quelques heures du jour. Ceux qui ont l'honneur de jouer avec elle disent qu'elle joue en reine, sans passion et sans empressement de gain.

La Reine est de même fort indifférente pour la grandeur et la domination. Sa naissance l'a élevée tout d'un coup; elle tient tout le reste indigne de ses désirs, et jamais les défauts de Catherine de Médicis ne seront les siens. Cette grande Reine n'a pas les mêmes sentimens sur l'amitié : elle aime peu de personnes, mais celles à qui elle donne quelque part en l'honneur de ses bonnes grâces se peuvent vanter d'être fortement aimées. Notre sexe a eu cet avantage de lui avoir donné, dans sa jeunesse, des favorites qui ont occupé son cœur par un attachement fort grand et fort sensible. La mort du Roi son mari lui ayant donné, par sa régence, un sceptre à soutenir, elle a été obligée de donner son amitié à une personne dont la capacité la pût soutenir, et dans laquelle elle pût rencontrer le conseil avec la fidélité, et les services avec la douceur de la confiance. Dans tous ses différens choix, et particulièrement par le dernier, elle a fait voir à toute la terre combien elle aime noblement, et que son cœur n'est capable d'aucune foiblesse ni d'aucun changement, quand une fois elle est persuadée qu'elle fait ce qu'elle doit faire. Selon ce que je dis, il semble que la Reine étoit née pour rendre par son amitié le feu Roi son mari le plus heureux mari du monde : et certainement il l'auroit été s'il avoit voulu l'être; mais cette fatalité, qui sépare presque toujours les cœurs des souverains, ayant éloigné de la Reine celui du Roi, l'amour qu'elle n'a pu donner à ce prince, elle le donnoit à ses enfans, et particulièrement au Roi son fils qu'elle aime passionnément. Le reste des personnes qui ont l'honneur de l'approcher ne sauroient sans présomption, et sans une vanité bien mal fondée, se vanter d'être aimées d'elle : ce bien n'est réservé que pour les élus; mais elle les traite bien, et toutes, chacune selon leur mérite, en reçoivent un assez favorable accueil pour les obliger à une grande fidélité à son service, et à beaucoup de reconnoissance envers elle. Sa bonté en cette occasion tient la place de la tendresse dont elle ne fait pas une fort grande profusion aux pauvres mortels; mais les choses qui viennent d'elle et qui en ont seulement quelque apparence sont d'un prix inestimable, tant par leur rareté que par l'excellence de la personne de qui on les reçoit. Si elle n'est pas si tendre pour ceux qui ont l'honneur de l'approcher, elle est sûre et secrète à ceux qui se confient en elle. Son procédé est honnête et obligeant. Du côté de la fidélité, elle se renferme dans les mêmes bornes que les particuliers : elle entre dans les chagrins de ceux qui souffrent. Ceux pour qui elle a de la bonne volonté trouvent en sa douceur de la consolation; et ses oreilles paroissent si attentives au soulagement des misérables, qu'il semble que son cœur, tout indifférent qu'il est, y prend aussi quelque part. Il me paroît qu'elle n'est pas assez touchée de l'amitié qu'on a pour elle; mais comme les rois entendent de tous un même langage, et qu'il est difficile de discerner la vérité d'avec le mensonge et l'artifice, il est assez excusable, et même selon la raison, de ne se pas laisser aisément persuader sur une chose qui de sa nature est fort trompeuse. Elle hait ses ennemis de la même façon qu'elle aime ses premiers amis. Par son inclination, elle se vengeroit volontiers, elle seroit capable de porter bien loin ses ressentimens; mais la raison et sa conscience la retiennent, et souvent je lui ai ouï dire qu'elle a peine à se vaincre là-dessus. Elle se met rarement en colère, sa passion ne la domine pas : elle n'éclate par aucun bruit indécent à une princesse qui, commandant un royaume, doit se commander elle-même; mais il y paroît à ses yeux, et quelquefois elle en a donné quelques marques par ses paroles. De ma connoissance elle n'en a jamais été vivement touchée que pour les intérêts de la couronne, contre les ennemis de l'Etat et du Roi son fils; et par conséquent je puis dire ne l'avoir vue en cet état que par des sentimens dignes de louanges.

La Reine est naturellement libérale, elle est capable de donner avec profusion, et en beaucoup d'occasions elle en a donné des marques. Elle n'est jamais incommodée de ceux qui lui demandent du secours dans leur nécessité, et ce qu'elle leur donne elle le donne avec joie; mais comme elle néglige les richesses pour elle-même, elle néglige aussi d'en donner aux autres. Une des plus belles qualités que j'aie reconnues en la Reine, c'est la fermeté de son ame : elle ne s'étonne point des grands périls; les choses les plus douloureuses, et qui ont le plus agité son ame, n'ont pu apporter du trouble dans son visage et ne lui ont jamais fait manquer à cette gravité qui sied si bien aux personnes qui portent la couronne. Elle est intrépide dans les grandes occasions, et la mort ni le malheur ne lui font point de peur. Elle soutient son opinion sans se relâcher, quand une fois elle la croit bonne; et sa fermeté va au-delà des raisons que la politique fait dire aux personnes passionnées. De là procède qu'elle ne s'étonne point des discours du vulgaire : elle trouve dans son innocence et dans sa vertu sa sûreté et sa consolation; et pendant que la guerre civile a fait contre elle ce que la malice et l'envie ont coutume de produire, elle a fort méprisé toutes leurs attaques. Elle est toujours égale en toutes les actions de sa vie; toutes ses années et ses journées se ressemblent : elle observe continuellement une même règle, et nous l'avons toujours vue faire les mêmes choses, soit dans ce qu'elle rend à Dieu par devoir, ou ce qu'elle donne au monde par complaisance. Elle est tranquille et vit sans inquiétude; elle ne puise ni dans le passé ni dans l'avenir aucun souvenir ni aucune crainte qui puisse troubler son repos; elle pense seulement, suivant le conseil de l'Évangile et l'avis des philosophes, à passer sa journée, goûtant avec douceur le bien qu'elle y trouve, sans se plaindre du mal qu'elle y rencontre. La pensée de la mort ne l'étonne point : elle la regarde venir, sans murmurer contre sa fatale puissance; et il est à croire qu'après une fort longue vie elle recevra cette affreuse ennemie des hommes avec une grande paix. Je souhaite que cela soit ainsi, et qu'alors les anges en reçoivent autant de joie que les hommes auront sujet d'en ressentir de tristesse.

MÉMOIRES

DE

MADAME DE MOTTEVILLE.

PREMIÈRE PARTIE.

Le roi Louis XIII n'avoit que neuf ans huit jours quand il vint à la couronne; mais le roi Henri lui avoit laissé un royaume si florissant et si paisible, de si bonnes troupes dans ses armées, de si habiles ministres dans ses conseils, et de si grandes sommes de deniers dans ses coffres, que si la reine Marie de Médicis avoit voulu suivre l'ordre que ce grand prince avoit établi dans l'État, sa régence auroit été bien plus glorieuse, et le reste de sa vie bien plus heureux. Mais ayant laissé prendre une trop grande autorité au marquis d'Ancre, qu'elle avoit fait maréchal de France, il la conseilla d'éloigner les anciens serviteurs du feu Roi, et particulièrement ces grands hommes qui avoient vieilli dans les premières charges, et ménagé les plus importantes négociations, pour en mettre d'autres à leurs places qui fussent tout-à-fait dépendans d'elle. Cela lui attira la haine de tous les princes du sang, et des autres princes et grands seigneurs qu'elle traitoit avec tant de hauteur qu'ils se retirèrent de la cour; et les traités de Sainte-Menehould et de Loudun, que ce maréchal avoit faits, n'ayant point eu d'effet, le nombre des mécontens, qui augmentoit tous les jours, le fit résoudre, pour rompre toutes les mesures qu'il voyoit bien qu'ils prenoient contre lui, de faire arrêter le prince de Condé, lequel, comme premier prince du sang, pouvoit être chef du parti qui commençoit à se former. Il envoya en même temps ordre aux deux armées destinées pour agir hors du royaume, en exécution des grands desseins de celui qui les avoit levées, de se tenir prêtes à soutenir l'autorité royale qui lui avoit été confiée, au cas qu'elle fût attaquée au sujet de la détention de ce prince, et en fit lever encore une troisième, pour être en état de marcher plus promptement contre les premiers qui oseroient se déclarer.

Une action aussi hardie que celle-là, et de si grands préparatifs, confirmèrent la Reine dans les grandes opinions qu'elle avoit de celui dont elle suivoit aveuglément les conseils, et lui firent croire qu'elle alloit être bientôt maîtresse de la cour et de toute la France sans aucune contradiction : et ce fut ce qui la perdit, aussi bien que celui qu'elle avoit choisi pour son premier ministre. Car, comme elle étoit persuadée que personne ne lui pouvoit résister, elle s'imagina qu'elle n'avoit plus besoin de ménager personne, pas même le Roi son fils; et elle ne prenoit pas garde qu'il avoit un favori qui avoit autant d'ambition que le sien, et que, s'insinuant de plus en plus, il travailloit si fortement à le détacher de la tendresse qu'il avoit pour elle, qu'il le fit enfin résoudre à s'en séparer tout-à-fait. Ce favori étoit de Luynes, lequel, pendant qu'il étoit son page, trouva le moyen de se rendre si agréable et si nécessaire à tous les plaisirs, tous les exercices et tous les divertissemens de ce jeune prince, et particulièrement à toutes sortes de chasses, où peu de personnes avoient accoutumé de le suivre, que la liberté avec laquelle il vivoit avec lui l'éleva enfin à la dignité de connétable.

La noblesse française, naturellement affectionnée aux princes du sang, ayant pris les armes dans les provinces, y grossissoit tous les jours le parti du prince de Condé, pendant que le désordre régnoit dans Paris où le peuple avoit pillé la maison du maréchal d'Ancre, contre lequel on crioit hautement, comme contre l'auteur de la manière violente du gouvernement de la Reine, et du mauvais emploi, vol et dissipation des trésors que Henri IV avoit amassés. Les séditions devenoient tous les jours plus fréquentes; et personne n'ayant la force ni l'envie de les apaiser, la populace enfin l'attaqua le 24 avril 1617, comme il sortoit du Louvre. Les braves qui l'accompagnoient partout ne lui ayant donné aucun secours, non plus que les gardes qui n'étoient pas loin, lorsqu'il mit l'épée à la main, ou qu'il l'y voulut mettre pour se défendre, croyant que le marquis de Vitry, leur capitaine, qui parut dans le même temps, y venoit pour le tirer de ce péril, au lieu qu'il venoit pour l'arrêter, on douta d'abord si sa mort se devoit attribuer à la fureur du peuple, ou à sa rebellion aux ordres du Roi.

Depuis sa majorité, il avoit temoigné en tant d'occasions qu'il avoit dessein de prendre connoissance des affaires, que, la Reine s'étant retirée à Blois, il ne fut pas long-temps sans faire revenir le chancelier de Sillery et mettre le prince de Condé en liberté. Ce n'étoit pas véritablement assez pour mettre la paix dans le royaume, que tous ces changemens avoient troublée. Mais comme je n'ai pas entrepris de décrire la vie de cette malheureuse princesse, je ne parlerai point de la guerre de ceux qui prirent son parti. Ils le firent, non pas tant pour la servir, que par la jalousie de la grande faveur de Luynes, lequel, après la mort du maréchal d'Ancre, étant devenu tout-puissant, avoit épousé la fille du duc de Montbazon : ce qui l'avoit fait connétable. Je laisse à ceux qui écriront l'histoire de ce temps-là le soin de faire le récit de ses aventures, jusqu'à sa réconciliation avec le Roi par la paix du Pont-de-Cé ; ce qui la fit revenir à la cour avec ceux qui l'avoient suivie, entre lesquels étoit le cardinal de Richelieu, qui n'étoit alors qu'évêque de Luçon. Mon dessein n'est que de marquer ce qui peut regarder la reine Anne d'Autriche, dont on ne commença de parler que dans les négociations de la paix générale que son mariage devoit donner à toute l'Europe.

Je dirai donc ici que le grand duc de Toscane étant naturellement obligé de travailler à maintenir la reine Marie de Médicis dans le crédit qu'elle avoit eu d'abord auprès du Roi, lequel, quoique devenu majeur, vouloit bien partager son autorité avec elle; et ayant grand intérêt au repos de la France, qui ne pouvoit être altéré que l'Italie et l'Espagne ne fussent troublées : le marquis Borri, son ambassadeur, fut le premier qui, dans les conférences qu'il avoit à Madrid avec les ministres espagnols, jeta les premières paroles d'un double mariage entre les deux princes et les deux princesses de France et d'Espagne.

Ces alliances étoient si convenables, que ses paroles ne tombèrent pas à terre : les propositions qui en furent faites aussitôt furent bien reçues de côté et d'autre, et en France particulièrement, avec tant de joie qu'on songea à faire un carrousel à la place Royale pour le témoigner ; et on y travailla avec tant d'empressement qu'il sembloit qu'on eût peur qu'il ne fût pas assez tôt prêt pour ces deux mariages. Ce carrousel dura trois jours : ce qui fut cause que plusieurs rues de Paris, par lesquelles il falloit faire entrer et sortir le grand nombre d'acteurs et de machines qui étoient nécessaires à ce spectacle, eurent part aux plaisirs d'en voir la beauté et la magnificence. Et ce qui est remarquable est que ces trois jours, dans la relation qui en a été imprimée en 1612, sont dans le mois d'avril de cette année. Cependant il est certain que les épousailles ne se firent qu'en 1615. Elles pensèrent même ne se pas faire, à cause que les huguenots, prenant ombrage de la grande liaison que l'on proposoit de faire entre la France et l'Espagne, demandèrent qu'elles fussent sursises jusqu'à ce que les Etats-généraux fussent assemblés, dans lesquels ils espéroient qu'il se trouveroit tant de difficultés, qu'il seroit aisé de rompre ces deux mariages. Cependant les Etats s'étant séparés plus tôt qu'on ne pensoit, et sans qu'on en eût tiré aucune utilité, comme il arrive ordinairement dans de pareilles assemblées, on songea tout de bon à les conclure.

Pour cela, le duc du Maine s'en alla en Espagne, et le duc de Pastrana vint en France. Les épousailles de Philippe IV, fils du roi d'Espagne Philippe III, avec madame Elisabeth de France furent solennisées à Burgos, et celles du roi Louis XIII avec Anne d'Autriche, infante d'Espagne, à Bordeaux. Le duc de Guise, qui avoit mené madame Elisabeth jusqu'au milieu de la petite rivière de Bidassoa, qui sépare les deux royaumes, prit congé d'elle pour la laisser aller à Fontarabie, et conduisit l'infante d'Espagne à Saint-Jean-de-Luz, où le duc de Luynes lui donna une lettre de la part du Roi, duquel on dit qu'il lui rapporta réponse écrite de sa main. On s'étoit imaginé que l'armée des huguenots s'opposeroit au voyage. Il est vrai qu'elle étoit si proche de celle du Roi, qu'elle sembloit côtoyer celle qui l'accompagnoit : mais elle ne servit qu'à leur faire voir sa puissance, et à rendre l'entrée de l'Infante en France plus belle.

Comme le Roi étoit né le 27 septembre 1601, et la Reine le 22 du même mois, elle étoit âgée de quatorze ans quand elle se maria, et de quinze ans quand elle fut amenée au Roi son mari, n'ayant que cinq jours plus que lui. Je sais de la vieille et illustre marquise de Morny, qui eut l'honneur de l'approcher familièrement en ce temps-là, et d'en être estimée, qu'elle étoit extrêmement belle. La première fois qu'elle la vit, elle m'a dit qu'elle étoit assise sur des carreaux, à la mode d'Espagne, au milieu d'un grand nombre de dames habillées à l'espagnole, d'un satin vert en broderie d'or et d'argent, ses manches pendantes et renouées sur les bras avec de gros diamans qui lui servoient de boutons. Elle avoit une fraise fermée, avec un petit bonnet sur la tête de même couleur que la robe, où il y avoit une plume de héron qui augmentoit par sa noirceur la beauté de ses cheveux, qui étoient fort blonds et frisés à grosses boucles. Le jeune Roi(1) étant bien fait, et sa beauté brune ne déplaisant pas à cette jeune Reine, je lui ai ouï dire qu'elle l'avoit trouvé aimable, et qu'elle l'auroit aimé, si le malheur de l'un et de l'autre, si cette fatalité presque inévitable à tous les princes, n'en eût disposé autrement. On lui ôta peu après toutes les dames espagnoles qui étoient venues avec elle, dont elle eut beaucoup de douleur; et il ne lui resta qu'une nommée dona Estefania, qu'elle aimoit tendrement, à cause qu'elle l'avoit élevée, et qui étoit auprès d'elle, comme on dit en France, sa première femme de chambre. Feu ma mère, qui avoit été plusieurs années en Espagne, où la seconde femme du sieur de Saldagne, son aïeul maternel, dont il n'avoit point d'enfans, l'avoit menée à l'âge de six ans pour recueillir une succession dont elle lui avoit promis la meilleure part, lui fut d'un grand secours dans les premières années de son arrivée en France, dans lesquelles elle ne prenoit plaisir qu'à tout ce qui lui représentoit l'Espagne. Car ayant fait d'abord une grande amitié avec cette dame, qui, commençant à être infirme, avoit besoin de se décharger sur quelque personne fidèle qui sût non-seulement parler espagnol, mais le lire et l'écrire, et connoître la cour de Madrid; la Reine, qui trouvoit en ma mère toutes ces choses avec beaucoup d'esprit et d'agrément, n'eut pas de peine à prendre confiance en elle, non-seulement par le commerce innocent mais néanmoins secret qu'elle entretenoit avec le Roi son frère, qui faisoit toute sa joie et fit aussi tout son crime, mais encore pour se consoler avec elle des chagrins qu'elle ne pouvoit dissimuler que lui donnoit la grande faveur du duc de Luynes, qu'on a dit avoir eu l'audace de proposer au Roi de la répudier pour lui faire épouser une parente de sa femme, qui a été depuis la princesse de Guéméné (2), que nous avons vue la plus belle femme de la cour. Mais s'il est vrai que cette pensée lui soit venue dans l'esprit, il faut qu'elle n'y soit demeurée qu'un moment, et comme une vision ridicule; car la duchesse de Luynes, qui étoit fort bien avec son mari, ne fut pas long-temps sans être favorite de la Reine, qui véritablement eut de la peine à souffrir d'abord son amitié, à cause de l'aversion qu'elle avoit pour le duc, et ne s'accoutuma que par la complaisance qu'elle étoit bien aise d'avoir pour le Roi, qui ne la haïssoit pas, et pour être de toutes les parties de promenades et de chasses. C'est ce qui fit qu'elle goûta quelque temps du plaisir, sans autre amertume que celle d'être devenue grosse, comme elle le crut quelque temps, et de s'être blessée pour avoir trop couru après la connétable. D'où l'on peut juger que si cette cour manquoit de prudence, elle ne manquoit pas de joie, puisque la jeunesse et la beauté y avoient une autorité souveraine. Le connétable de Luynes étant mort en 1621, ce petit empire finit avec lui: car la reine Marie de Médicis s'étant accommodée avec le Roi, la paix entre la mère et le fils brouilla le mari et la femme; et la Reine-mère étant persuadée que, pour être absolue sur ce jeune prince, il falloit que cette jeune princesse ne fût pas bien avec lui, elle travailla avec tant d'application et de succès à entretenir leur mésintelligence, que la Reine sa belle-fille n'eut aucun crédit ni aucune douceur depuis ce temps-là. Toute sa consolation étoit la part que la duchesse de Luynes, qui étoit remariée avec le duc de Chevreuse, prince de la maison de Lorraine, prenoit à ses chagrins, qu'elle tâchoit d'adoucir par tous les divertissemens qu'elle proposoit, lui communiquant autant qu'elle pouvoit son humeur galante et enjouée, pour faire servir les choses les plus sérieuses et de la plus grande conséquence de matière à leur gaieté et à leur plaisanterie. *A giovine cuor* (3) *tutto e giuoco.*

Quelques années se passèrent sans qu'on puisse expliquer à quoi elles s'étoient passées quand on y auroit été présent, n'en sachant rien que ce que la Reine m'a dit elle-même depuis, se divertissant quelquefois à me les conter. Je puis dire néanmoins qu'elle a été aimée, et que, malgré le respect que Sa Majesté inspire, sa beauté n'a pas manqué de toucher des gens qui ont fait paroître leur passion. Le duc de Montmorency, frère de madame la princesse, recommandable par sa valeur, sa bonne mine et sa magnificence, a été mis de ce nombre. Son cœur avoit été oc-

(1) Manuscrit de la bibliothèque de l'Arsenal. « Le jeune « Roi étoit de même fort beau, fort bien fait, et sa beauté « brune ne déplut pas à une jeune Reine. Elle le trouva « fort aimable en ce commencement; et quoiqu'il fût bè- « gue, et que les fatigues qu'il prit depuis à la chasse, ses « longues maladies et son chagrin naturel l'eussent, sur « la fin de sa vie, infiniment changé, je crois toutefois « que de la façon que j'en ai ouï parler à la Reine, qu'elle « l'auroit fort aimé si le malheur de l'un et de l'autre, et « cette fatalité quasi inévitable à tous les princes, n'en eût « disposé autrement; car ce Roi, se faisant à lui-même « une destinée très-fâcheuse, n'aima la Reine autant « qu'elle le méritoit. Il courut toute sa vie après les bêtes, « et se laissa gouverner à ses favoris: si bien qu'ils vé- « curent ensemble avec aussi peu d'intelligence que de « bonheur. »

(2) Anne de Rohan.
(3) Tout est divertissement pour un jeune cœur.

cupé d'une forte inclination pour la marquise de Sablé (1), qui étoit une de celles dont la beauté faisoit le plus de bruit quand la Reine vint en France; mais si elle étoit aimable, elle désiroit encore plus de le paroître : l'amour que cette dame avoit pour elle-même la rendit un peu trop sensible à celui que les hommes lui témoignoient. Il y avoit encore en France quelque reste de la politesse que Catherine de Médicis y avoit apportée d'Italie; et on trouvoit une si grande délicatesse dans les comédies nouvelles, et tous les autres ouvrages en vers et en prose qui venoient de Madrid, qu'elle avoit conçu une haute idée de la galanterie que les Espagnols avoient apprise des Maures. Elle étoit persuadée que les hommes pouvoient sans crime avoir des sentimens tendres pour les femmes; que le désir de leur plaire les portoit aux plus grandes et aux plus belles actions, leur donnoit de l'esprit et leur inspiroit de la libéralité, et toutes sortes de vertus : mais que, d'un autre côté, les femmes qui étoient l'ornement du monde, et étoient faites pour être servies et adorées des hommes, ne devoient souffrir que leurs respects. Cette dame ayant soutenu ses sentimens avec beaucoup d'esprit et une grande beauté, leur avoit donné de l'autorité dans son temps; et le nombre et la considération de ceux qui ont continué à la voir ont fait subsister dans le nôtre ce que les Espagnols appellent *fucezas* (2), jusqu'à ce qu'à force de vouloir rendre l'amitié des hommes et des femmes parfaite, elle a trouvé qu'on ne pouvoit réparer leurs défauts que par la connoissance qu'elle a eue de ce qu'en qualité de chrétienne elle devoit estimer et croire. Je lui ai ouï dire, lorsque je l'ai connue, que sa fierté fut telle à l'égard du duc de Montmorency, qu'aux premières démonstrations qu'il lui donna de son changement, elle ne voulut plus le voir, ne pouvant recevoir agréablement des respects qu'elle avoit eus à partager avec la plus grande princesse du monde. La Reine m'a fait l'honneur de me dire, se moquant alors de sa vanité passée, qu'elle n'avoit jamais fait de réflexions sur les sentimens que le duc de Montmorency pouvoit avoir pour elle, et qu'elle n'avoit remarqué et pris tout ce que disoit la voix publique de lui que comme un tribut qu'elle croyoit être dû par tout le monde à sa beauté, étant persuadée que cette passion avoit été médiocre à son égard.

(1) Marguerite de Souvré, femme de Philippe-Emmanuel de Laval-Montmorency, marquis de Sablé.
(2) *Fucezas*, ou plutôt *husesas*. Ce mot paraît venir de *huso*, fuseau. Il semble exprimer l'idée de *filer l'amour*. A. Éd.

Le duc de Bellegarde, quoique vieux, fut aussi un de ceux qui aimèrent cette princesse. Celui-là avoit été favori de deux rois. La renommée en faisoit encore tant de bruit, que la Reine ne refusa point d'en recevoir de l'encens dont la fumée ne pouvoit noircir sa réputation, et souffrit qu'il en usât avec elle à la mode du siècle où il avoit vécu, qui avoit été le règne de la galanterie et celui des dames. On a dit depuis que la princesse de Conti et les autres favorites de la Reine avoient conseillé cette folie à cet antique galant, et que la Reine, quand il eut la hardiesse de lui en parler, en fut en colère. Mais enfin la chose se tourna en plaisanterie : de sorte que le Roi même, quoique d'humeur jalouse, y entra sans peine.

Le duc de Buckingham fut le seul qui eut l'audace d'attaquer son cœur. Il vint, de la part du roi d'Angleterre son maître, pour épouser Madame, sœur du Roi. Il étoit bien fait, beau de visage; il avoit l'ame grande; il étoit magnifique, libéral, et favori d'un grand roi. Il avoit tous ses trésors à dépenser, et toutes les pierreries de la couronne d'Angleterre pour se parer. Il ne faut pas s'étonner si avec tant d'aimables qualités il eut de si hautes pensées, de si nobles mais si dangereux et blâmables désirs, et s'il eut le bonheur (3) de persuader à ceux qui en ont été les témoins que ses respects ne furent point importuns; mais il est à présumer que ses vœux furent reçus, comme on feint que les dieux souffroient les offrandes des hommes, c'est-à-dire, sans pouvoir deviner par leurs oracles si leur destinée étoit bonne ou mauvaise. La Reine, n'en faisant point un secret, n'a pas fait difficulté de me conter depuis (fort détrompée de ces dangereuses illusions) qu'étant jeune, elle ne comprenoit pas que la belle conversation, qui s'appelle ordinairement l'honnête galanterie, où on ne prend aucun engagement particulier, pût jamais être blâmable, non plus que celle que les dames espagnoles pratiquent dans le palais, où, vivant comme les religieuses, et ne parlant aux hommes que devant le roi et la reine d'Espagne, elles ne laissent pas de se vanter de leurs conquêtes, et d'en parler comme d'une chose qui, bien loin de leur ôter leur réputation, leur en donne beaucoup. Elle avoit, en la personne de la duchesse de Chevreuse, une favorite qui se laissoit entièrement occuper de ces vains amusemens ; et la Reine par ses conseils n'avoit pu éviter, malgré la pureté de son ame, de se

(3) Manuscrit. « Et s'il eut le bonheur de faire avouer à « cette belle Reine que si une honnête femme avoit pu ai- « mer un autre que son mari, celui-là auroit été le seul « qui auroit pu lui plaire. »

plaire aux agrémens de cette passion dont elle recevoit en elle-même quelque légère complaisance, qui flattoit plus sa gloire qu'elle ne choquoit sa vertu. On a fort parlé (1) d'une promenade qu'elle fit dans un jardin du logis où elle logea, lorsqu'elle alla conduire la reine d'Angleterre à Amiens. Elle se fit en présence de toute la suite qui d'ordinaire accompagnoit cette princesse. Et j'ai vu des personnes qui s'y trouvèrent, qui m'ont instruite de la vérité. Le duc de Buckingham, qui y fût, la voulant entretenir, Putange, écuyer de la Reine, la quitta pour quelques momens, croyant que le respect l'obligeoit de ne pas écouter ce que ce seigneur anglais lui vouloit dire. Le hasard alors les ayant menés dans un détour d'allée où une palissade les pouvoit cacher au public, la Reine dans cet instant, surprise de se voir seule, et apparemment importunée par quelque sentiment trop passionné du duc de Buckingham, s'écria, et appelant son écuyer, le blâma de l'avoir quittée. Par ce cri elle fit voir sa sagesse et sa vertu, préférant la conservation de son innocence intérieure à la crainte qu'elle devoit avoir d'être blâmée, et que ce cri allant aux oreilles du Roi ne lui coûtât beaucoup d'embarras. Si en cette occasion elle montra que son cœur pouvoit être susceptible de quelque impression de tendresse qui la convia d'écouter les discours fabuleux d'un homme qui l'aimoit, il faut avouer aussi, en même temps que l'amour de la pureté et ses sentimens honnêtes l'emportèrent sur tout le reste, et qu'elle préféra à une réputation apparemment soupçonnée de peu de chose une gloire réelle et véritable, sans mélange d'aucun sentiment indigne d'elle. Lorsque ce duc prit congé de la Reine-mère, qui étoit venue conduire la reine d'Angleterre sa fille hors de la ville d'Amiens, la Reine m'a fait l'honneur de me dire que quand il vint lui baiser la robe, elle étant au devant du carrosse et la princesse de Conti auprès d'elle, il se cacha du rideau comme pour lui dire quelques mots, et beaucoup plus pour essuyer les larmes qui lui tombèrent des yeux dans cet instant. La princesse de Conti, qui railloit de bonne grâce (2), et qui, à ce que j'ai ouï dire, avoit beaucoup d'esprit, dit sur ce sujet, en parlant de la Reine, qu'elle pouvoit répondre au Roi de sa vertu; mais qu'elle n'en feroit pas autant de sa cruauté, parce que sans doute les larmes de cet amant, qu'en cette occasion elle avoit aperçues pour être assise auprès d'elle, avoient dû attendrir son cœur, et qu'elle avoit soupçonné ses yeux de l'avoir du moins regardé avec quelque pitié.

La passion du duc de Buckingham lui fit faire encore une action bien hardie, que la Reine m'a apprise et que la reine d'Angleterre m'a depuis confirmée, qui le savoit de lui-même. Ce célèbre étranger étant parti d'Amiens pour retourner en Angleterre mener madame Henriette de France à son Roi, régner sur les Anglais, occupé de sa passion, et forcé par la douleur de l'absence, voulut revoir la Reine, quand même ce ne seroit que pour un moment. Quoiqu'il fût près d'arriver à Calais, il fit dessein de se satisfaire en feignant d'avoir reçu des nouvelles du Roi son maître, qui l'obligeoient d'aller à la cour. Il laissa la future Reine à Boulogne, et revint trouver la Reine-mère, pour traiter de cette affaire simulée, qui n'étoit que le prétexte de son retour à la cour. Après avoir parlé de sa chimérique négociation, il alla chez la Reine, qu'il trouva au lit assez seule. Cette princesse savoit par des lettres de la duchesse de Chevreuse, qui accompagnoit la reine d'Angleterre, qu'il étoit arrivé. Elle en parla devant Nogent en riant, et ne s'étonna point quand elle le vit; mais elle fut surprise de ce que tout librement il vint se mettre à genoux devant son lit, baisant son drap avec des transports si extraordinaires, qu'il étoit aisé de voir que sa passion étoit violente, et de celles qui ne laissent aucun usage de raison à ceux qui en sont touchés. La Reine m'a fait l'honneur de me dire qu'elle en fut embarrassée, et cet embarras, mêlé de quelque dépit, fut cause qu'elle demeura long-temps sans lui parler. La comtesse de Lannoi, alors sa dame d'honneur, sage, vertueuse et âgée, qui étoit au chevet de son lit, ne voulant point

(1) Manuscrit. « On a fait grand bruit d'un rendez-vous « qu'on prétend qu'elle lui donna dans un jardin (je pense « dans Amiens), mais ce fut injustement; car je sais d'elle-« même, qui m'a fait l'honneur de me le conter sans nulle « façon, qu'elle avoit voulu se promener dans un jardin, « parce que le Roi en défendoit l'entrée à tout le monde : « et comme la difficulté augmente le désir, cela lui avoit « donné une fort grande envie d'y aller; qu'après avoir eu « les clefs du capitaine des gardes avec beaucoup de peine, « elle y étoit allée un soir, madame de Chevreuse avec elle, « et sa petite cour; que le duc de Buckingham, qui avoit « été confident de cette gaieté, y étoit venu; qu'elle et « madame de Chevreuse causèrent avec lui devant tout le « monde, ceux qui étoient présens ne les ayant point « éloignés. Et Gaboury, valet de garde-robe, m'a dit lui-« même qu'il étoit un de ceux qui avoient suivi la Reine « en cette promenade, laquelle m'a confirmé la même « chose. Cependant cela passa pour un rendez-vous, à « cause que la promenade n'étoit pas publique, et que les « actions des rois ne sauroient être secrètes, ni même de-« meurer dans le rang des indifférentes, pour la quantité « de personnes qui en veulent faire le jugement. »

(2) Manuscrit. « Elle dit, en faisant la guerre à la Reine « des galanteries de ce duc, que de la ceinture en bas elle « pouvoit répondre au Roi de sa vertu, mais qu'elle ne « feroit pas la même chose de la ceinture en haut, parce « que les larmes de cet amant avoient dû attendrir son « cœur, etc. »

2.

souffrir que ce duc demeurât en cet état, lui dit avec beaucoup de sévérité que ce n'étoit point la coutume en France, et voulut le faire lever. Mais lui, sans s'étonner, combattit contre la vieille dame, disant qu'il n'étoit pas Français, et qu'il n'étoit pas obligé d'observer toutes les lois de l'Etat. Puis s'adressant à la Reine, lui dit tout haut les choses du monde les plus tendres ; mais elle ne lui répondit que par des plaintes de sa hardiesse, et, sans peut-être être trop en colère, lui ordonna sévèrement de se lever et de sortir. Il le fit ; et, après l'avoir vue encore le lendemain en présence de toute la cour, il partit, bien résolu de revenir en France le plus tôt qu'il lui seroit possible.

Après que les ambassadeurs anglais eurent repassé la mer, les deux Reines revinrent trouver le Roi, qui les attendoit à Fontainebleau.

Toutes les choses qui regardoient Buckingham lui furent dites au désavantage de la Reine, si bien que quelques domestiques en furent chassés. Putange, son écuyer, fut exilé ; Datal, que madame de Vernel, dame d'atour de la Reine et belle-sœur de madame de Chevreuse, avoit envoyé en Angleterre, La Porte (1) et le médecin de la Reine, furent traités de la même manière.

Le père Seguirent, confesseur du Roi, venant trouver la Reine un jour de grand matin, pour lui dire de la part du Roi qu'il avoit éloigné de son service certaines personnes qui ne lui plaisoient pas, qui sont les mêmes dont je viens de parler, Dona Estefania, Espagnole, la première femme de chambre de la Reine, qui avoit eu l'honneur de la servir dès son enfance, dit en regardant le père jésuite : *Teatino* (2), *tan de magnana à visitar esta segnora, non es bueno segnal, ny por bien*.

La reine d'Angleterre m'a conté depuis que, dans le commencement de son mariage, elle eut quelques dégoûts du Roi son mari, et que Buckingham les fomentoit, en lui disant à elle-même librement qu'il les mettroit mal ensemble, s'il pouvoit. Il y réussit en effet, et, par un sentiment de chagrin, elle souhaita de revenir en France voir la Reine sa mère : et comme elle savoit le désir passionné qu'avoit ce duc anglais de revoir la Reine, elle lui parla de son dessein. Il y entra avec ardeur, et la servit puissamment pour lui en faire obtenir la permission du Roi son mari. Cette princesse l'ayant su, elle en écrivit à la Reine sa mère, la suppliant de trouver bon qu'elle pût mener avec elle le duc de Buckingham, sans qui elle ne pourroit faire ce voyage. Elle fut refusée de la part de la Reine sa mère et de celle du Roi son frère ; et son projet, à cause de celui de ce favori, ne put avoir son effet. Il ne faut pas s'en étonner : le bruit de ses sentimens en devoit être un obstacle invincible. Cet homme, qui, selon les descriptions qui m'en ont été faites, avoit autant de vanité que d'ambition, brouilla les deux couronnes pour revenir en France, par la nécessité d'un traité de paix, lorsque, selon ses intentions, il auroit fait éclater sa réputation par les victoires qu'il prétendoit remporter sur notre nation. Il vint sur ce fondement amener une puissante armée navale au secours des Rochelois assiégés par le roi Louis XIII, montrant publiquement la passion qu'il avoit pour la Reine, et dont il faisoit gloire ; mais cette ostentation fut enfin punie par un malheureux succès, et par la honte d'avoir mal réussi dans tous ses desseins. Madame de Chevreuse, qui suivoit âprement ses inclinations et qui aimoit le duc d'Holland, ami du duc de Buckingham, étant alors revenue d'Angleterre, vit avec quelque complaisance la flotte de Buckingham et son retour en France, qui d'abord parut accompagnée d'une haute réputation. Elle ne cessoit d'en parler à la Reine. La maîtresse et la favorite haïssoient le cardinal de Richelieu, à cause qu'il étoit créature de la Reine-mère et du Roi, et qu'elle l'avoit mis dans le ministère. Elles ne trouvoient rien de plus agréable que de lui faire dépit, d'autant plus que la Reine étoit persuadée qu'il lui rendoit de mauvais offices auprès du Roi ; si bien qu'elle ne faisoit pas difficulté d'écouter avec plaisir les souhaits que sa favorite faisoit pour la prospérité des Anglais. Elle me l'a conté souvent elle-même, s'étonnant de l'erreur où engageoient alors la gaieté et la folie d'une jeunesse innocente, qui ne connoissoit point encore dans toute son étendue à quoi l'obligeoient la vertu, la raison et la justice. La duchesse de Chevreuse étoit sans doute la cause de cet aveuglement qui n'étoit pas en effet si blâmable qu'il paroissoit, puisque l'intention et les sentimens de l'ame font en nous le bien ou le mal. Mais, dans un temps où la Reine a pu être plus éclairée, elle en a senti de la peine. Madame de Chevreuse m'a dit depuis elle-même, me contant les égaremens de sa jeunesse, qu'elle forçoit la Reine de penser à Buckingham, lui parlant toujours de lui, et lui ôtant le scrupule qu'elle en avoit par la raison du dépit qu'elle faisoit au cardinal de Richelieu. Je lui ai encore ouï dire, et avec exclamation sur ce sujet, qu'il étoit vrai que la Reine avoit l'ame belle et le cœur bien pur ; et que malgré le climat où elle

(1) Ses Mémoires font partie de cette collection.
(2) Qu'un moine vienne si matin faire visite à cette dame, ce n'est ni un bon signe, ni pour quelque chose de bon.

avoit pris naissance, où, comme je l'ai dit, le nom de galant est à la mode, elle avoit eu toutes les peines du monde à lui faire prendre quelque goût à la gloire d'être aimée. La marquise de Sablé, en qui j'ai toujours reconnu beaucoup de lumière et de sincérité, m'a confirmé la même chose, m'ayant dit que la Reine, dans cette première jeunesse, étoit rude pour les dames galantes, et qu'elles la craignoient beaucoup. Toutes celles qui en ce temps-là étoient de sa confidence ont toujours parlé de la même sorte. La marquise de Senecé (1), qui a eu l'honneur de la servir presque toute sa vie, et de plus a passé des temps auprès d'elle où elle n'a pas toujours cru en être aimée, a été en tout temps témoin irréprochable de la vertu de cette princesse. Quand elle en parloit, aimant à dire la vérité, et quelquefois même la blâmant sur le malheur qu'elle avoit eu de se laisser trop gouverner, elle exagéroit la pureté de sa vie et de ses sentimens en des termes si forts et si éloquens, qu'il est impossible de ne pas donner à la Reine toute l'estime qui est due à la solidité de sa vertu, en excusant les foiblesses que l'amour-propre fait commettre aux plus sages, qui veulent presque toujours que leur beauté leur apporte de la gloire. La Reine parloit elle-même de ces choses avec une simplicité si libre et si honnête, qu'il étoit aisé de voir qu'elles ne pouvoient avoir été en elle que de légères imperfections : aussi ont-elles servi à lui faire connoître en d'autres temps ce qu'elle devoit à Dieu qui l'avoit maintenue dans une si véritable pureté, lors même que cet amour-propre la faisoit écarter des maximes qu'une si sage princesse vouloit et devoit observer. Son malheur fut de n'avoir point été assez aimée du Roi son mari, et d'avoir été comme forcée d'amuser son cœur ailleurs, en le donnant à des dames qui en avoient fait un mauvais usage, et qui dans ses premières années, au lieu de le convier à rechercher les occasions de lui plaire, et à désirer d'en être considérée, l'en éloignèrent autant qu'il leur fut possible, afin de la posséder davantage.

Outre ces petites aventures, il en arriva une fort fâcheuse à la Reine au voyage de Nantes, qui lui fut suscitée par la Reine-mère et par le cardinal de Richelieu, pour avoir sujet de la renvoyer en Espagne. Elle fut soupçonnée d'avoir eu quelque connoissance de l'affaire de Chalais (2), grand-maître de la garde-robe, qui fut accusé, à ce que beaucoup croient, injustement d'avoir voulu conspirer contre l'Etat. Ceux de ce temps-là m'ont dit que ce fut tout au plus une intrigue formée contre la fortune du cardinal de Richelieu, dont étoit Monsieur, frère du Roi. Beringhen, qui de tout temps avoit été confident du feu Roi et de la Reine, qui les avoit vu marier, et qui n'étoit pas accoutumé de mentir, m'a dit que Louvigni, amoureux de madame de Chevreuse, plein de jalousie et de ces sortes de passions que l'ambition et la galanterie produisent, accusa faussement Chalais d'avoir eu le dessein d'attenter à la vie du Roi ; et, me parlant de toutes ces choses qu'il avoit vues, il m'a assuré qu'il n'étoit point criminel, et que sa seule faute étoit d'avoir voulu empêcher le mariage de Monsieur avec mademoiselle de Montpensier, de même que les autres serviteurs de ce prince, qui, par des raisons chimériques, croyoient qu'il leur étoit plus utile qu'il épousât une princesse étrangère ; que Chalais aimant follement la favorite de la Reine, ce grand attachement fit croire qu'il étoit de cette intrigue, puisque celle qu'il aimoit y avoit part ; et que le cardinal de Richelieu, qui se sentoit haï des favoris de Monsieur, pour mettre le Roi dans ses intérêts lui avoit persuadé que cette cabale, sous le nom de prince, avoit voulu former un parti dans le royaume. La Reine même m'a fait l'honneur de me dire qu'il étoit vrai qu'elle avoit fait alors tout ce qu'elle avoit pu pour empêcher le mariage de Monsieur avec cette princesse qu'il épousa peu après, et qu'elle employa à ce dessein le maréchal d'Ornano (3), qui étoit son serviteur ; qu'elle le fit, parce qu'elle croyoit que ce mariage, que la Reine-mère vouloit, étoit tout-à-fait contre ses intérêts, étant certain que cette princesse, venant à avoir des enfans, elle qui n'en avoit point ne seroit plus considérée ; et ce fut par ce seul endroit que l'on la soupçonna d'avoir part à cette intrigue. D'autres m'ont dit que certains astrologes ayant publié que le Roi ne vivroit pas long-temps, pour embellir l'histoire on accusa la Reine d'avoir eu la pensée qu'elle pourroit épouser Monsieur après la mort du Roi son mari, si par malheur les étoiles eussent rendu cette prophétie véritable. Le cardinal de Richelieu, pour la perdre entièrement, et donner sujet au Roi de la croire coupable de quelque crime, fit espérer à Chalais dans sa prison qu'on lui sauveroit la vie, pourvu qu'il voulût dire que la Reine étoit

(1) Marie-Catherine de la Rochefoucauld, veuve de Henri de Beaufremont, marquis de Senecé.
(2) Henri de Talleyrand, marquis de Chalais, exécuté en 1626.

(3) Manuscrit. « La Reine avoit empêché le mariage de
« Monsieur avec mademoiselle de Montpensier par le ma-
« réchal d'Ornano qui en étoit amoureux jusqu'à la folie,
« quoiqu'il ne fût ni aimable ni souffert, et qu'il fût, mal-
« gré sa qualité de gouverneur de Monsieur, et son mérite
« particulier, le but de toutes leurs railleries... Je sais tout
« cela de la Reine même, de qui j'ai su aussi la violente
« passion du maréchal d'Ornano. »

de concert avec lui sur toutes ces chimères. Il le fit, non comme on vouloit, mais comme il s'imagina le pouvoir faire selon la vérité; et le Roi, trompé par les artifices du ministre, qui amplifia les paroles du prisonnier, crut quelques jours qu'il avoit épousé, au lieu d'une chrétienne, une personne infidèle. Des soupçons de cette nature le troublèrent avec raison. Il la fit venir au conseil, où il lui reprocha qu'elle avoit conspiré contre sa vie pour avoir un autre mari. La Reine, à qui l'innocence donna des forces, outrée de douleur de cette accusation, lui parla avec fermeté et une hardiesse généreuse, et lui dit, à ce que j'ai su par elle-même, qu'elle auroit trop peu gagné au change pour vouloir se noircir d'un crime pour un si petit intérêt. Elle reprocha à la Reine sa belle-mère toutes les persécutions qu'elle et le cardinal de Richelieu lui faisoient, avec la hauteur d'une princesse de sa naissance qui étoit faussement accusée. Mais, comme son ressentiment ne l'avoit pas entièrement justifiée à l'égard du Roi et du public, Dieu permit que Chalais, se voyant sur l'échafaud et trompé par le ministre, se repentit d'avoir laissé entendre des choses qui, de soi n'étant point blâmables, pouvoient néanmoins, étant mal expliquées, devenir dangereuses. Il pria son confesseur d'aller trouver le Roi pour lui en dire la vérité, et d'aller de sa part demander pardon à la Reine, s'excusant de ce que le désir de la vie et la crainte de la mort l'avoient persuadé avec raison qu'il pouvoit dire ce qu'il savoit, puisqu'il ne savoit rien d'elle qui pût déplaire au Roi. Outre ces grandes paroles sorties d'un homme qui alloit mourir, et qui déshonoroient sa mémoire par sa foiblesse, la mère de Chalais (1) vint trouver la Reine pour lui en faire satisfaction. Cette vérité m'a été dite par des personnes qui étoient présentes quand elle fit cette déclaration si authentique, et si nécessaire à la gloire de cette princesse. Elle-même, me faisant l'honneur de me confirmer long-temps après tant de douloureuses aventures, me dit aussi de quelle manière elle s'étoit servie du maréchal d'Ornano, pour empêcher le mariage de Monsieur : elle me protesta qu'elle lui en avoit fait parler par une tierce personne, sans qu'il parût que ce fût de sa part, seulement pour lui montrer qu'il lui feroit plaisir d'y mettre de l'obstacle, et que c'étoit la seule intelligence qu'elle eût eue avec les gens de Monsieur. Chalais étoit aimé de madame de Chevreuse : il pouvoit savoir que la Reine n'avoit pas d'envie de voir à ses côtés Madame, qui l'auroit précédée dans la faveur; et il ne crut pas peut-être lui faire un grand mal, en voulant se sauver de la mort par

(1) Jeanne-Françoise de Montluc.

un si petit secret, que la Reine, pour peu qu'on l'eût voulu savoir, n'auroit pas désavoué. Ce sentiment en elle étoit borné par la raison et la justice, par cette justice du moins que l'amour-propre forme en nous tous ; mais j'ose assurer qu'elle n'auroit pas voulu empêcher le mariage, si, en s'y opposant, elle eût cru manquer à ce que l'équité demandoit d'elle. Il y parut peu après ; car Monsieur ayant enfin épousé mademoiselle de Montpensier, la Reine l'estima ; et je lui ai ouï dire depuis que sa mort précipitée lui avoit fait pitié. Le cardinal de Richelieu, qui se sentoit alors haï par cette princesse et par sa favorite, voulut perdre Chalais, qui avoit une belle charge chez le Roi, et qui se trouvoit lié aux favoris de Monsieur et à tout ce qui lui étoit opposé. Il joignit beaucoup de petites choses ensemble, pour en faire une fort grande, qui donna de la peine à la Reine et beaucoup de mauvaises heures au Roi. Les courtisans de ce temps-là disoient que les serviteurs de Monsieur vouloient en faire un chef de parti, autant par la folle haine qu'ils avoient contre la faveur du ministre, que pour faire leurs affaires par cette voie. Pour satisfaire leur fausse politique, ils le portoient à se marier hors du royaume, afin d'avoir une retraite assurée chez les étrangers. Ils auroient mieux fait de lui donner les conseils qui seuls pouvoient le rendre heureux, en se tenant uni au Roi, en lui obéissant, et vivant bien avec le cardinal de Richelieu, sans bassesse ni lâcheté. Ce prince y auroit rencontré ce qu'il ne pouvoit trouver ailleurs, et eux auroient eu l'avantage d'avoir satisfait à leur devoir, en recevant peut-être les récompenses qu'ils en auroient méritées.

Toutes ces choses firent qu'on ôta à la Reine madame de Chevreuse qu'elle aimoit toujours infiniment, et qui dans le vrai étoit la seule cause de ses malheurs. Elle le sentit par l'intérêt de son plaisir, et par l'amitié qu'elle avoit pour elle. Cette princesse ne connoissoit pas alors les dangers qui se rencontrent dans la société des personnes remplies de passions et de vanité ; cette ignorance eut le pouvoir de lui cacher combien l'absence de sa favorite lui étoit avantageuse. Elle augmenta aussi dans son cœur la juste aversion qu'elle a toujours eue contre le cardinal de Richelieu, dont la faveur, dès son commencement, avoit, ce lui sembloit, interrompu le repos de sa vie. Mais comme sa conduite, malgré ses innocentes intentions, ne se put pas entièrement justifier, et qu'elle avoit donné quelque prétexte à ses ennemis de la persécuter, il faut demeurer d'accord qu'elle n'avoit pas pris assez de soin de faire connoître au Roi la droiture de ses sentimens : ce qu'elle auroit fait sans doute avec succès. Ce grand Roi avoit de la vertu ; et les raisons de la Reine étant fondées sur la vérité, elles auroient eu vraisemblablement leur effet ordinaire, qui est de persuader ceux qui n'ont pas renoncé au bon sens et à l'équité. La jeunesse, qui fait manquer de prudence aux plus vertueuses, rendoit le procédé du Roi excusable envers elle ; et la Reine, qui se jugeoit elle-même, et qui se connoissoit sans tache, ne trouvoit pas qu'elle fût traitée comme elle méritoit de l'être. L'orgueil humain, qui règne toujours trop fortement dans l'ame des grands, la rendoit en sa propre cause un juge trop favorable ; et, sentant les disgrâces de madame de Chevreuse comme un outrage qu'elle avoit de la peine à supporter, elle faisoit voir qu'elle ne comprenoit pas assez qu'il faut que les volontés d'un mari, quand elles sont accompagnées de la raison, soient à une honnête femme des lois qu'elle doit observer et recevoir avec soumission. La véritable science pour nous rendre heureux, c'est d'aimer son devoir et d'y chercher son plaisir ; mais la Reine, ignorant cette maxime et se laissant conduire par son propre dépit, se priva de bonheur pour plusieurs années de sa vie.

On veut aussi que le cardinal de Richelieu ait eu pour la Reine plus d'amour que de haine, et que ne la voyant pas portée à lui vouloir du bien, soit par la vengeance, ou soit pour la nécessiter à se servir de lui, il lui rendit de mauvais offices auprès du Roi. Les premières marques de son affection furent les persécutions qu'il lui fit. Elles éclatèrent aux yeux de tous ; et nous verrons durer cette nouvelle manière d'aimer jusqu'à la fin de la vie du cardinal. Il n'y a pas d'apparence de croire que cette passion, tant vantée par les poètes, causât de si étranges effets dans son ame. Mais la Reine m'a conté qu'un jour il lui parla d'un air trop galant pour un ennemi, et qu'il lui fit un discours fort passionné ; mais qu'ayant voulu lui répondre avec colère et mépris, le Roi dans ce moment étoit entré dans le cabinet où elle étoit, qui par sa présence interrompit sa réponse ; que depuis cet instant elle n'avoit jamais osé recommencer cette harangue, craignant de lui faire trop de grâce en lui témoignant qu'elle s'en souvenoit. Mais elle lui répondit tacitement par la haine qu'elle eut toujours pour lui, et par le refus continuel qu'elle fit de son amitié et de ses assistances auprès du Roi. Ceux qui avoient du crédit auprès d'elle, et qui n'aimoient point le cardinal, pour l'attirer dans leur parti ne manquèrent pas de la fortifier dans cette aversion. Elle lui acquit beaucoup de serviteurs, car le cardinal de Richelieu étoit haï : mais par cette conduite, dont le fondement étoit juste, elle se mit beaucoup plus mal avec le Roi. On peut juger, par les sentiments de cette princesse et par ceux de ce ministre, si c'étoit avec raison.

La Reine, et quelques particuliers qui avoient senti les rudes effets des cruelles maximes de ce ministre, avoient sujet d'avoir de la haine pour lui ; mais, outre qu'il étoit aimé de ses amis, parce qu'il les considéroit beaucoup, l'envie certainement étoit la seule qui pût avoir part à la haine publique, puisqu'en effet il ne la méritoit pas ; et, malgré ses défauts et la raisonnable aversion de la Reine, on doit dire de lui qu'il a été le premier homme de son temps, et que les siècles passés n'ont rien pour le surpasser. Il avoit la maxime des illustres tyrans ; il régloit ses desseins, ses pensées et ses résolutions sur la raison d'Etat et sur le bien public, qu'il ne considéroit qu'autant que ce même bien public augmentoit l'autorité du Roi et ses trésors. Il vouloit le faire régner sur ses peuples, et lui-même régnoit sur son Roi. La vie et la mort des hommes ne le touchoient que selon les intérêts de sa grandeur et de sa fortune, dont il croyoit que celle de l'Etat dépendoit entièrement. Sous ce prétexte de conserver l'un par l'autre, il ne faisoit pas difficulté de sacrifier toutes choses pour sa conservation particulière ; et, quoiqu'il ait écrit la vie du chrétien, il étoit néanmoins bien éloigné des maximes évangéliques. Ses ennemis se sont mal trouvés de ce qu'il ne les a pas suivies, et la France en a beaucoup profité : pareille en cela à ces enfans heureux qui jouissent ici-bas d'une bonne fortune, où leurs pères ont travaillé, en se procurant peut-être à eux-mêmes un malheur éternel. Ce n'est pas que je veuille faire un mauvais jugement de ce grand homme : il faut avouer qu'il a augmenté les bornes de la France, et par la prise de La Rochelle diminué les forces de l'hérésie, qui ne laissoient pas d'être encore considérables dans toutes les provinces où les restes des guerres passées les faisoient subsister. Sa grande attention à découvrir les cabales qui se faisoient dans la cour, et sa diligence à les étouffer dans le commencement, lui a fait maintenir le royaume. C'est enfin le premier favori qui a eu le courage d'abaisser la puissance des princes et des grands, si dommageable à celle de nos rois, et qui peut-être, dans le désir de gouverner seul, a toujours détruit ce qui pouvoit être contraire à l'autorité royale, et perdu ceux qui pouvoient l'éloigner de la faveur par leurs mauvais offices.

La Reine étoit aimable, le Roi étoit porté à la piété ; et si la politique du ministre n'eût point mis d'obstacle à leur union, il est vraisemblable que le prince se seroit attaché à l'amitié de la personne du monde qui en étoit la plus capable par la douceur de son naturel, et la plus digne par son mérite et sa beauté. Quelques-uns ont voulu dire que le Roi n'avoit jamais eu d'inclination pour cette princesse, et la Reine même l'a cru, parce qu'elle en jugeoit par l'indifférence qu'il avoit eue pour elle; mais je sais d'un des favoris (1) de ce prince, inférieur en puissance au cardinal de Richelieu, mais qui néanmoins a eu assez de part dans l'inclination du Roi pour savoir ces petites particularités, que le Roi la trouvoit belle, et qu'un jour, lui faisant quelque confidence à l'avantage de sa beauté, il lui dit qu'il n'osoit lui montrer de la tendresse, de peur de déplaire à la Reine sa mère et au cardinal, dont les conseils et les services lui étoient plus nécessaires que de se plaire avec sa femme.

Les ennemis de la Reine, pour réussir encore mieux dans le dessein qu'ils avoient de la faire haïr du Roi son mari, se servirent fortement contre elle des intelligences qu'elle avoit en Espagne. Ils lui faisoient des crimes envers le Roi des moindres marques qu'elle donnoit d'aimer le Roi son frère. Elle eut quelque sujet de craindre d'être répudiée; et, pour toute consolation, elle espéroit qu'après la mort de sa tante, l'infante Isabelle Clara-Eugenia, elle iroit gouverner les Pays-Bas, où feu ma mère, qui passoit toujours pour Espagnole, à cause du nom de Louise de Saldagne qu'elle avoit porté en Espagne, étoit résolue de me mener (2). La succession de la dame Du Faï et celle de feu mon oncle, évêque de Séez, ne s'étant pas trouvée si bonne qu'on s'étoit imaginé; la pension de six cents livres que la Reine me donnoit depuis 1622, n'ayant que sept ans, et le brevet qu'elle m'avoit donné en 1627, qui m'obligeoient indispensablement de suivre sa fortune, donnèrent lieu au cardinal de Richelieu, qui savoit que la Reine avoit une grande confiance en feu ma mère, et qui voyoit qu'elle commençoit à prendre plaisir à m'entretenir et me parler espagnol, de me faire donner ordre de la part du Roi de me retirer d'auprès d'elle. On en avoit donné un pareil à madame Du Fargis sa dame d'atour, qui ne l'avoit pas tant surprise; mais elle ne put pas s'empêcher de se plaindre de ce qu'on lui ôtoit jusqu'à un enfant, car je ne pouvois avoir alors que neuf à dix ans. Feu ma mère, voyant bien que cela la regardoit autant ou plus que moi, me mena en Normandie, d'où je ne laissai pas de venir un jour avec une dame de mes parentes, avec laquelle je m'en retournai, après y avoir passé quelques jours, pendant lesquels ma mère ayant trouvé le moyen de me faire voir à la Reine en particulier, elle me témoigna qu'elle étoit bien aise de me revoir, et fit payer à ma mère, quand elle le put, la pension qu'elle m'avoit donnée.

Depuis que je fus retournée en Normandie, la guerre ayant été déclarée contre l'Espagne en 1635, la Reine souffrit une seconde persécution, qui obligea feu ma mère à paroître encore moins qu'elle n'avoit fait, et qui me donna beaucoup de douleur pendant mon exil, que je ne puis m'empêcher de placer dans ces Mémoires; mais je ne le puis faire sans remonter à sa source par l'établisssement de l'abbaye du Val-de-Grâce, qui se fit le 7 mai 1621. La Reine, quoique fort jeune alors, désirant de penser à son salut préférablement à toutes choses, voulut choisir dans ce monastère un lieu de retraite, où elle pût aller goûter la paix qui se trouve toujours aux pieds de Dieu. Elle fit acheter la place où ce monastère a été bâti, et en fit payer trente-six mille livres. Elle en fut la fondatrice, et y mit la première pierre le 1er de juillet 1624. La mère d'Arbouze, que la Reine estimoit, et qui est morte en odeur de sainteté, en fut abbesse, et y mit la réforme.

(1) Selon le manuscrit, c'étoit le duc de Saint-Simon.
(2) La variante du manuscrit est plus développée et fixe la date de la naissance de l'auteur. « Je pense que La Ro-
« chelle se rendit au Roi en 1628, et quelque temps après
« cette célèbre victoire ma mère me donna à la Reine, âgée
« d'environ sept ans. Le ménage de feu mon père, qui de
« riche ne l'étoit plus guère, l'obligea de rechercher pour
« moi cet asyle. Elle eut de la peine à se résoudre de m'a-
« bandonner si jeune dans les périls de la vie libertine de
« la cour. Elle avoit dans le cœur les sévères lois de l'Es-
« pagne et de l'Italie, par sa mère qui étoit véritablement
« Espagnole de la maison de Saldagne : de sorte qu'elle ne
« pouvoit, sans beaucoup souffrir, me laisser respirer le
« mauvais air du grand monde, dont elle connoissoit le poi-
« son, qu'elle haïssoit, par la solide vertu qui étoit en
« elle, et par les lumières de son esprit. Dieu lui fit la
« grâce de la soulager de cette inquiétude; car trois ans
« après, pour l'éloigner elle-même de la confiance de la
« Reine, qui se servoit d'elle pour ses intelligences en Es-
« pagne, le cardinal de Richelieu me fit commander par
« le Roi de me retirer; et la Reine, à laquelle il y avoit

« quelque temps qu'on avoit ôté madame Du Fargis, se
« plaignit sensiblement qu'on lui ôtoit jusqu'à un enfant
« de dix ans, et sans qu'on lui donnât de meilleures rai-
« sons. On lui répondit que ma mère étoit demi-Espa-
« gnole, qu'elle avoit beaucoup d'esprit, que déjà je par-
« lois espagnol, et que je pouvois lui ressembler, etc. »

Le passage suivant dépeint la cour de Louis XIII après la prise de La Rochelle. « Étant sortie de la cour fort en-
« fant, je n'ai pu conserver que de foibles idées de ce
« temps-là. Il me souvient seulement que la Reine me sem-
« bloit la plus belle de toutes celles qui composoient le
« cercle. On portoit alors des devants de couleur, et des
« robes ouvertes qui paroient beaucoup les femmes. Je
« n'étois pas capable de juger de ces choses : mais cet ha-
« bit assurément étoit, selon le souvenir que j'en conserve,
« fort beau et fort agréable. On portoit aussi quantité de
« pierreries : si bien que la cour étoit en effet ce que l'i-
« magination a coutume de nous représenter de la gran-
« deur et de la magnificence des rois, quand les histo-
« riens nous les font voir avec toute leur pompe. »

Cette abbaye fut tirée de la campagne pour être établie à Paris, et s'appeloit le Val profond. La mère d'Arbouze fut, peu après, appelée par ses directeurs pour aller mettre la réforme à la Charité; et la mère de Saint-Étienne, Louise de Milli, fut élue abbesse du Val-de-Grâce à la place de la mère d'Arbouze.

Le cardinal de Richelieu, toujours fort disposé à rendre de mauvais offices à la Reine, fondé sur l'attachement et l'amitié qu'elle avoit pour le roi d'Espagne son frère, à qui elle écrivoit le plus souvent qu'il lui étoit possible, et persuadé par ses soupçons, conseilla le Roi d'envoyer fouiller dans le Val-de-Grâce, où il crut qu'il y trouveroit des marques criminelles des intelligences de la Reine avec l'Espagne. L'archevêque de Paris y fut par ordre du Roi, avec le chancelier Seguier. En entrant dans cette maison, ils défendirent aux religieuses de se parler les unes aux autres, sur peine d'être excommuniées. Ils demandèrent toutes les clefs, et fouillèrent dans toutes les cellules et les lieux où ils crurent pouvoir trouver quelques papiers, et n'oublièrent pas celle de la Reine où elle couchoit; mais ils ne trouvèrent en tout que des disciplines, des ceintures avec des pointes de fer, et des haires; ce qui fit dire au chancelier, avec une exclamation accompagnée de respect et de vénération : « Hélas ! nous avons trouvé tout le « contraire de ce que nous cherchions. » Une fille de la Reine fut accusée d'avoir rapporté au cardinal de Richelieu qu'elle avoit rapporté une cassette fermée dans la cellule de la Reine. Elle s'y trouva en effet, remplie de gants d'Angleterre que la reine d'Angleterre avoit envoyés à la Reine. Cette grande princesse ne pouvoit entendre parler de cette étrange visite sans en être encore sensiblement touchée long-temps après ; et je n'aurois pas cru que ces choses eussent pu s'être passées de cette manière, si je ne les avois trouvées ensuite dans la vie de la mère d'Arbouze, que les filles du Val-de-Grâce ont écrite.

En l'année 1639, ayant épousé M. de Motteville, premier président en la chambre des comptes de Normandie, qui n'avoit point d'enfans et avoit beaucoup de biens, j'y trouvai de la douceur avec une abondance de toutes choses; et si j'avois voulu profiter de l'amitié qu'il avoit pour moi, et recevoir tous les avantages qu'il pouvoit me faire, je me serois trouvée riche après sa mort ; mais n'étant occupée que de l'espérance que tout le monde avoit en ce temps-là de la mort prochaine du cardinal de Richelieu, qui me donneroit lieu de m'en retourner à la cour, je fus bien aise de faire un voyage de mon chef en la même année 1639, croyant bien qu'étant mariée et établie en Normandie, ma présence ne pouvoit plus donner de l'inquiétude au cardinal de Richelieu. Je fus donc sans aucun scrupule faire la révérence à la Reine, qui me reçut fort bien, et me donna des lettres d'une de ses dames, avec un brevet de deux mille livres de pension : et feu M. de Motteville, aussi bien que feu mon père et ma mère, étant morts peu après en même temps que le cardinal de Richelieu, je me préparai à venir avec ma sœur m'établir à Paris, où mon frère achevoit ses études. L'ordre qu'elle m'en fit donner me fut bien plus agréable que celui que j'avois eu de la quitter. Elle nous reçut avec beaucoup de bonté, et dit le même jour à un des amis de feu ma mère que les enfans de son amie étoient revenus, et qu'elle avoit été bien aise de les voir.

Étant donc revenue à la cour, d'où j'étois sortie fort jeune, je voulus rappeler à mon souvenir l'état où elle étoit quand je l'avois quittée, pour la comparer à celui où je la trouvois; et je ne sais si la régence donnoit un air plus grand et plus majestueux à la Reine que celui qu'elle avoit étant malheureuse; mais elle me parut plus aimable qu'elle n'étoit autrefois, et aussi belle qu'aucune de celles qui composoient son cercle. Dans le temps que je fus chassée, elle se coiffoit selon la mode d'une coiffure ronde, frisée clair et beaucoup de poudre ; et ensuite elle prit celle des boucles. Ses cheveux étoient devenus de couleur un peu plus brune, et elle en avoit une grande quantité. Elle n'avoit pas le teint délicat, ayant même le défaut d'avoir le nez gros, et de mettre, à la mode d'Espagne, trop de rouge; mais elle étoit blanche, et jamais il n'y a eu une si belle peau que la sienne. Ses yeux étoient parfaitement beaux : la douceur et la majesté s'y rencontroient ensemble; leur couleur mêlée de vert rendoit leurs regards plus vifs, et remplis de tous les agrémens que la nature leur avoit pu donner. Sa bouche étoit petite et vermeille, les souris en étoient admirables, et ses lèvres n'avoient de la maison d'Autriche que ce qu'il en falloit pour la rendre plus belle que plusieurs autres qui prétendoient être les plus parfaites. Elle avoit le tour du visage beau et le front bien fait. Ses mains et ses bras avoient une beauté surprenante, et toute l'Europe en a ouï publier les louanges : leur blancheur, sans exagération, égaloit celle de la neige; et les poètes ne pouvoient en trop dire quand ils vouloient les louer. Elle avoit la gorge fort belle, sans être toute parfaite. Elle étoit grande, et sa mine haute sans être fière. Elle avoit dans l'air de son visage de grands charmes, et sa beauté imprimoit dans le cœur de ceux qui la voyoient une tendresse qui ne manquoit jamais d'être accompagnée de vénération et de respect. Outre ces perfections, elle avoit la piété de la reine Marguerite d'Autriche sa mère, morte en odeur de sainteté, qui, ayant eu soin de son éducation, avoit imprimé en son cœur des sentimens conformes aux siens; et c'est ce qui avoit produit en elle cette grande inclination à la vertu, qui lui a attiré la grâce que Dieu lui a faite toute sa vie de le préférer à toutes choses.

La cour alors étoit remplie d'un grand nombre de belles dames. Parmi les princesses, celle qui en étoit la première avoit aussi le plus de beauté; et, sans jeunesse, elle causoit encore de l'admiration à ceux qui la voyoient. Elle avoit partagé le don de la beauté avec mademoiselle de Bourbon sa fille, qui commençoit, quoique fort jeune, à faire voir les premiers charmes de cet angélique visage qui depuis a eu tant d'éclat, et dont l'éclat a été suivi de tant d'événemens fâcheux et de souffrances salutaires. Je laisse au cardinal Bentivoglio, qui a publié par ses écrits les louanges de madame la princesse, ses aventures et la passion que le roi Henri IV a eue pour elle; je veux seulement servir de témoin que sa beauté étoit encore grande quand dans mon enfance j'étois à la cour, et qu'elle a duré jusqu'à la fin de sa vie. Nous lui avons donné des louanges pendant la régence de la Reine, à cinquante ans passés, et des louanges sans flatterie. Elle étoit blonde et blanche; elle avoit les yeux bleus et parfaitement beaux. Sa mine étoit haute et pleine de majesté; et toute sa personne, dont les manières étoient agréables, plaisoit toujours, excepté quand elle s'y opposoit elle-même, par une fierté rude et pleine d'aigreur contre ceux qui osoient lui déplaire : alors elle se changeoit entièrement, et devenoit l'aversion de ceux pour qui elle en avoit. Nous n'aimons naturellement que ce qui nous flatte; jamais qui nous méprise ou qui nous offense ne nous peut être agréable.

E ritrosa beltà (1) *ritroso cuor non prende.*

Après madame la princesse, telle que je la représente, la cour étoit pleine de plusieurs autres belles personnes. Madame de Montbazon étoit une de celles qui faisoient le plus de bruit. Elle avoit l'extrême beauté avec l'envie de plaire : elle étoit grande, et dans toute sa personne on voyoit un air libre, de la gaieté et de la hauteur; mais son esprit n'étoit pas si beau que son corps : ses lumières étoient bornées par ses yeux, qui commandoient impérieusement qu'on l'aimât. Son front étoit si bien taillé et si parfait qu'elle le portoit toujours à découvert, et sans y donner

(1) Une beauté altière ne prend pas un cœur altier.

aucun agrément par ses cheveux; et le tour de son visage assez beau pour l'obliger, afin de le laisser voir, de ne composer sa coiffure que de peu de boucles. Ses lèvres n'étoient pas assez grosses, et sa bouche par cette raison paroissoit un peu moins relevée qu'il ne convenoit pour rendre sa beauté toute parfaite. Elle avoit de belles dents, et sa gorge étoit faite comme celles que les plus habiles sculpteurs nous veulent représenter des anciennes beautés romaines et grecques. Elle prétendoit à l'admiration universelle : et les hommes lui rendoient ce tribut toujours vain, défectueux, et souvent criminel dans sa suite et ses effets. Je veux néanmoins douter, sur le chapitre de la galanterie, de ce qu'on ne doit jamais croire, et de ce qui n'a point paru avec évidence; mais, pour montrer le caractère de son ame sur cette matière, elle m'a dit depuis, lorsque je l'ai vue pendant la régence, un jour que je louai devant elle une de mes amies d'être vertueuse, que toutes les femmes l'étoient également; et, se moquant de moi, elle me fit entendre qu'elle n'estimoit guère cette qualité.

Madame de Guémené, sa belle-fille, étoit aussi une des plus belles personnes du monde, et ne lui cédoit guère en la quantité d'amans, et en l'estime de ces sortes de biens que les dames s'imaginent être de grands triomphes. Elle avoit le visage fort beau; les traits en étoient tous également parfaits. J'ai ouï dire à la Reine, long-temps après, que les jours de bal, que les unes et les autres travailloient avec soin pour être les plus belles, elle et madame de Chevreuse, la craignant, faisoient ce qu'elles pouvoient par mille inventions pour empêcher qu'elle ne vînt effacer leur beauté; et que souvent, quand elle arrivoit en état de donner de la jalousie aux plus parfaites, elles alloient de concert lui dire qu'elle avoit mauvais visage. Sur quoi, sans consulter son miroir, elle s'en alloit tout effrayée d'elle-même se cacher; et que par cet artifice souvent elles avoient évité la honte de n'être pas les plus belles.

Du rang de celles qui alors paroissoient plus jeunes que madame de Chevreuse, madame de Montbazon et madame de Guémené, étoit madame la princesse Marie, dont Monsieur, frère unique du Roi, avoit été amoureux, et que la Reine sa mère, Marie de Médicis, de crainte qu'il ne l'épousât, avoit fait mettre quelque temps au bois de Vincennes. Elle a été depuis mariée au roi de Pologne. Il y avoit aussi mademoiselle de Rohan, qui étoit fort belle; elle paroissoit vouloir faire profession d'une extrême vertu et d'une grande fierté : elle a maintenu l'une et l'autre jusqu'au temps de la régence, que nous avons vu sa fierté changée en passion ; et sa vertu, ainsi que je le dirai ailleurs, la força d'épouser un gentilhomme de qualité, mais fort inférieur à ceux qu'elle auroit pu choisir.

Il y avoit encore d'autres belles personnes, et particulièrement mademoiselle de Guise, estimable en tout, et dont la beauté étoit grande et toute parfaite. Mademoiselle de Vendôme étoit aussi une belle personne. Elles mériteroient, avec beaucoup d'autres, chacune un panégyrique en leur faveur ; mais je m'arrêterai seulement à mademoiselle d'Hautefort, qui fit, aussitôt qu'elle fut à la cour, de plus grands effets que toutes les beautés dont je viens de parler. Ses yeux étoient bleus, grands et pleins de feu ; ses dents blanches et égales, et son teint avoit le blanc et l'incarnat nécessaires à une beauté blonde. Le nombre de ceux qui l'aimèrent fut grand, mais leurs chaînes furent dures à porter ; car, quoiqu'elle fût bonne, elle n'étoit pas tendre, et plutôt sévère que dure, et naturellement railleuse. Dès que le Roi la vit, il eut de l'inclination pour elle. La Reine (1), à qui elle fut donnée d'abord pour fille d'honneur, la voyant naître dans l'ame de ce prince si farouche pour les dames, tâcha de l'allumer plutôt que de l'éteindre, pour gagner ses bonnes grâces par cette complaisance ; mais la dévotion du Roi fit qu'il s'y attacha si peu, que j'ai ouï dire depuis à la même dame de Hautefort qu'il ne lui parloit que de chiens, d'oiseaux et de chasse. Et je l'ai vue avec toute sa sagesse, en me contant son histoire, se moquer de lui de ce qu'il n'osoit approcher d'elle quand il l'entretenoit. Cette passion n'étoit pas assez forte pour le porter à être si souvent dans l'appartement de la Reine, comme il auroit fait s'il avoit été véritablement amoureux d'une de ses filles ; et au lieu de rendre sa cour plus belle ni plus galante, il augmenta plutôt le crédit de la Reine mère du Roi que de le diminuer. Elle étoit maîtresse absolue de la France, et son bonheur paroissoit être sans amertume ; mais voici un changement de théâtre qui doit faire voir à tout le monde que nulle créature n'est exempte des coups de la fortune, et que les têtes couronnées, pour être au-dessus des autres hommes, y sont les plus exposées.

La Reine-mère ayant élevé à la dignité de premier ministre le cardinal de Richelieu, son favori après le maréchal d'Ancre, le regarda comme sa créature, et crut qu'elle régneroit toujours par lui ; mais elle se trompa, et fit une expérience cruelle du peu de fidélité qui se rencontre en ceux qui ont une ambition démesurée. Je ne sais quels sujets elle eut de se plaindre de lui, et peu de

(1) La reine-mère, suivant le manuscrit ; il ajoute que cette intrigue nuisit à la reine régnante.

personnes les ont sus (2) ; j'ai ouï dire seulement que, n'en étant pas satisfaite, elle voulut le perdre, et crut que ce lui seroit une chose aisée, et que personne ne trouveroit à redire qu'étant maîtresse de son ouvrage elle le détruisît quand elle le voudroit. Mais tout ce qui nous paroît juste quand nous le voulons, bien souvent ne doit pas être suivant l'ordre impénétrable de Dieu, qui ne veut pas que la prudence humaine soit suivie d'événemens qui puissent l'autoriser. J'ai su de la Reine, qui, n'aimant pas le cardinal de Richelieu, étoit bien aise de savoir tout ce qui se faisoit contre lui, quand je l'ai mise sur ce chapitre, que dans le voyage de Lyon, où le Roi fut si malade qu'il en pensa mourir, et que ce cardinal crut être perdu, la Reine-mère, qui commençoit à ne le plus soutenir contre ceux qui lui rendoient de mauvais offices auprès d'elle, afin de se mettre à sa place pria le Roi de l'éloigner ; et que ce prince, après lui avoir promis de le chasser, et offert de le faire quand elle voudroit, la pria de lui laisser encore quelque temps, à cause des desseins qu'il avoit pour l'Italie ; que la reine Marie de Médicis, se satisfaisant de cette bonne volonté, ne voulut point presser le Roi son fils de s'en défaire, de peur de l'incommoder en ses affaires, et se contenta de la promesse qu'il lui avoit faite de le chasser quand il lui plairoit. Par cette bonté, qui la priva de bonheur pour le reste de sa vie, elle lui donna lieu de l'éloigner elle-même, quoique sa mère et belle-mère des plus grands rois de l'Europe. Marie de Médicis avoit donné une reine à l'Espagne, une souveraine à la Savoie, une reine à l'Angleterre, et un roi à la France ; mais toutes les grandeurs dont elle étoit environnée ne la purent garantir de son malheur. La cour étant de retour à Paris, elle voulut presser le Roi d'exécuter sa promesse ; et comme elle croyoit cette affaire sans difficulté, elle fut étonnée de voir que le Roi y résista. Il lui demanda non-seulement du temps, mais il la pria instamment de pardonner au cardinal de Richelieu. La Reine-mère, surprise et fâchée de cette proposition, éclata contre le Roi son fils, répandit des larmes et lui fit des reproches, et n'oublia rien pour obtenir la victoire en ce combat ; mais, bien loin de réussir en son dessein, elle trouva que son fils et son juge étoit en confidence contre elle avec son ennemi, et qu'il étoit quasi sa partie. Elle vit entrer le cardinal de Richelieu dans le lieu où ils étoient ensemble, qui, de concert avec le Roi, étoit venu lui-même plaider sa cause. Il leur dit froidement, adressant ses paroles à tous les deux, qu'il étoit entré parce qu'il croyoit qu'ils n'étoient pas là sans parler de ses affaires. La

(2) Voyez les Mémoires du cardinal de Richelieu.

Reine-mère toute en larmes, et piquée de ce qu'il étoit venu dans ce cabinet contre son gré, l'appela traître, et lui dit qu'il étoit vrai qu'elle se plaignoit de lui au Roi, et s'emporta contre lui avec la grande sensibilité qui accompagne les grandes offenses et les grandes haines. Elle fit encore davantage à sa nièce la duchesse d'Aiguillon, qui entra sur la fin de la conversation, et qu'elle traita avec grand mépris; mais lui sans s'étonner se jeta à ses pieds, et lui demanda pardon à genoux, et fit, à ce qu'on dit, tout son possible pour l'obtenir. La Reine-mère, outrée contre le Roi son fils, de ce qu'il l'avoit refusée, et pleine de colère contre ce serviteur qu'elle croyoit infidèle, ne voulut jamais lui pardonner. Elle n'accorda pas ce pardon au Roi même, qui se mit aussi à genoux devant elle pour l'obtenir, et qui parut ne sentir de la peine. Le Roi se voyant refusé, sans dessein de ce qui arriva depuis, mais par un sentiment de chagrin de brouillerie, s'en alla à Versailles penser à ce qu'il avoit à faire. Le cardinal de Richelieu tout interdit, ne sachant s'il devoit tout quitter, par le conseil du cardinal de La Valette le suivit, et se servit si adroitement en cette occasion des avantages que la présence donne, qu'il se rendit en peu de temps, ou plutôt en peu d'heures, maître de l'esprit du Roi. Il fut résolu d'arrêter le garde des sceaux de Marillac; et sans doute que le cardinal de Richelieu commença dès ce jour à préméditer ce qui s'exécuta depuis à Compiègne contre la Reine-mère sa bienfaitrice. Cette journée, si terrible en ses effets et ses changemens, a été fort renommée, parce que beaucoup de gens, qui étoient d'accord avec cette princesse pour chasser le cardinal de Richelieu, furent pris pour dupes et traités comme tels (1). La reine Marie de Médicis étant demeurée à Paris en sa maison de Luxembourg, et ne suivant point le Roi, gâta ses affaires entièrement. Elle les abandonna par cette voie aux artifices de son ennemi, et perdit en même temps les plus grands du royaume, qui, haïssant le ministre, s'étoient joints à ses intérêts. On a dit que toute la cabale avoit tenu certains conseils (2) contre le cardinal de Richelieu, où chacun avoit dit son avis; et qu'il traita depuis ces mêmes personnes de la manière qu'ils avoient été d'avis qu'il fût traité; que le maréchal de Marillac, qu'il fit mourir depuis, et fort injustement à ce que j'ai ouï dire, avoit dit qu'on le tuât aussitôt que le Roi l'auroit abandonné; que le maréchal de Bassompierre n'avoit proposé que la prison, et qu'il y fut mis aussi où il demeura douze ans, et ainsi des autres : ce que ce même maréchal, que j'ai vu pendant la régence de la Reine, m'a depuis lui-même confirmé. Voilà la première cause de tant de persécutions et de proscrits, et ce qui a fait dans ce siècle-là tant d'illustres malheureux. Monsieur, frère du Roi, Gaston de France, qui étoit toujours à la tête de toutes les cabales, fut avec raison de celle-là, par l'intérêt de la Reine sa mère.

Quelque temps après cette journée des dupes, la cour s'en alla à Compiègne, les deux Reines dans la meilleure intelligence du monde, à cause de la haine qu'elles se rencontrèrent avoir pour le cardinal de Richelieu, et parce que leur destinée commençoit d'être égale. Le Roi, dans le dessein d'arrêter la Reine sa mère, étoit fort inquiet; et quoique déjà il eût fait une fois la même chose, l'impression de la nature qu'il falloit vaincre dans un temps où il connoissoit mieux son devoir, affoiblissoit quelquefois sa résolution et la rendoit plus incertaine. D'autre côté, le ministre, dans l'impatience de se venger, de se satisfaire et de se maintenir, rouloit beaucoup de desseins dans sa tête; et la Reine-mère, maltraitée de son fils et peu assurée de pouvoir parvenir à ses desseins, n'avoit pas l'âme tranquille. Enfin, peu de jours après leur arrivée, celui auquel la destinée de tant d'illustres personnes se devoit accomplir, on vint de grand matin heurter à la porte de la chambre de la Reine. Elle qui entendit ce bruit, s'éveilla avec étonnement, et appela ses femmes pour savoir si peut-être ce ne seroit pas le Roi qui par hasard vînt à sa porte. Il étoit le seul qui eût droit d'en user avec cette familiarité. Et dans cet instant, ayant elle-même ouvert son rideau, et vu qu'à peine il faisoit un peu de jour, elle se troubla par mille pensées qui lui passèrent dans l'esprit. Comme elle doutoit toujours, et avec raison, des bonnes grâces du Roi, elle crut assurément qu'on venoit lui apporter quelque funeste nouvelle qui, tout au moins, la devoit éloigner de France; et, regardant ce moment comme celui qui alloit décider de toute sa vie, elle tâcha de ramasser ses forces pour soutenir ce coup avec le plus de courage qu'il lui seroit possible. Elle avoit naturellement l'âme ferme et l'esprit assez résolu, et je ne doute point de ce qu'elle m'a fait l'honneur de me dire depuis en me contant toutes ces particularités, que, le premier moment étant passé, elle se résolut, sans beaucoup de peine, à recevoir avec soumission ce que le ciel ordonneroit d'elle. Elle fit donc ouvrir la porte, et sa première femme de cham-

(1) C'est pour cela qu'elle fut nommée la *journée des dupes*.
(2) On lit en marge du manuscrit : « J'ai su depuis, par « des personnes fort bien informées de la vérité, que ce « conseil concerté est une chose fabuleuse, et que le ma- « réchal de Marillac avoit été fort retenu dans toute sa « conduite à l'égard du cardinal de Richelieu. »

bre lui venant dire que c'étoit le garde des sceaux qui demandoit à parler à Sa Majesté de la part du Roi, elle fut alors confirmée dans sa première créance. Cette appréhension fut néanmoins bientôt dissipée par la harangue de l'ambassadeur. Il lui dit seulement que le Roi lui mandoit que pour certaines raisons, qui regardoient le bien de son Etat, il étoit obligé de laisser sa mère en ce lieu à la garde du maréchal d'Estrées; qu'il la prioit de ne la point voir, de se lever, et de le venir trouver aux Capucins où il étoit allé devant avec intention de l'attendre. A cette nouvelle, la Reine demeura surprise, comme le devoit être toute personne qui aime la justice et la droite raison; mais elle fut consolée en quelque façon de voir que cette aventure ne la touchoit que par la compassion qu'elle devoit au malheur de la Reine sa belle-mère. Elle ne répondit au commandement du Roi que par une prompte obéissance, et se leva le plus diligemment qu'elle put pour l'aller trouver. Ce ne fut pas sans aller trouver la Reine disgraciée. Elle crut que le Roi lui pardonneroit cette petite désobéissance, que la pitié seule l'obligeoit de commettre; mais, par le conseil de la marquise de Senecé, sa dame d'honneur, elle envoya dire à cette princesse malheureuse le désir qu'elle avoit de l'aller voir, pour lui parler d'une affaire de conséquence, et que, pour certaines raisons, elle n'osoit entrer chez elle que premièrement elle ne l'envoyât prier d'y aller. La Reine-mère, qui ne savoit rien de cette résolution, mais qui, dans l'état qu'elle se sentoit, craignoit le retour de tous les maux qu'elle avoit déjà éprouvés, envoya promptement mademoiselle Catherine, sa première femme de chambre, faire ce que la Reine avoit désiré d'elle, et cette finesse fut faite seulement afin de satisfaire le Roi. La Reine seulement une robe de chambre, et toute en chemise passa chez la Reine sa belle-mère, qu'elle trouva dans son lit assise sur son séant. Elle tenoit ses genoux embrassés, et, ne sachant que deviner de ce mystère, elle s'écria en voyant la Reine, et lui dit : *Ah! ma fille, je suis morte ou prisonnière. Le Roi me laisse-t-il ici? et que veut-il faire de moi?* La Reine, touchée de compassion, se jeta entre ses bras; et quoique du temps de sa faveur elle en eût été quelquefois maltraitée, l'état présent où elle étoit effaçant le souvenir, elle pleura sa disgrâce, la ressentit, et lui témoigna un regret sensible de la résolution du Roi, qu'elle lui apprit avec l'ordre de sa détention. Ces deux princesses se séparèrent satisfaites l'une de l'autre, mais toutes deux bien touchées de se voir les victimes du cardinal de Richelieu, leur ennemi commun. Ce fut la dernière fois qu'elles se virent; car la Reine-mère, effrayée de la prison de Compiègne, se sauva de nuit et s'en alla en Flandre, où l'infante, l'illustre Clara-Eugenia, petite-fille de Charles-Quint et tante de la Reine, la reçut et la traita parfaitement bien. Elle reçut de la même manière Monsieur, frère unique du Roi, Gaston de France, qui, après avoir menacé le cardinal de Richelieu, s'en alla aussi partager avec la Reine sa mère les douceurs de cette grande princesse. Elle gouvernoit les Pays-Bas avec tant de prudence et de gloire, qu'elle pouvoit égaler celle que Marguerite de Parme et son admirable fils ont méritée tous deux ensemble. Et si Alexandre Farnèze par sa valeur a pris plus de villes, elle a aussi obtenu plus de victoires sur elle-même. Elle vivoit comme une sainte, et sa bonne conduite et sa justice la faisoient régner dans le cœur des Flamands; mais enfin sa mort obligea la reine Marie de Médicis de passer en Angleterre. Elle n'y trouva pas la paix qu'elle y étoit allée chercher. Elle fut d'abord bien reçue du roi d'Angleterre, et cordialement traitée de la Reine sa fille; mais la religion et les premiers troubles de ce peuple rebelle l'en chassèrent. Puis elle alla en Hollande, et enfin à Cologne où elle mourut, à la honte du cardinal de Richelieu, accablée de misères et de douleurs.

La Reine, ayant satisfait par sa pitoyable visite à ce qu'elle devoit à celle qui peu auparavant paroissoit avoir une entière puissance, vint trouver le Roi aux Capucins, qui l'attendoit pour la ramener avec lui à Paris. Là, il lui fit présent de mademoiselle de Hautefort, dont j'ai déjà parlé, qu'il avoit ôtée à la Reine sa mère, et de madame de La Flote sa grand'mère, pour dame d'atour. Quelque temps après, il donna à cette belle personne la survivance de cette charge, afin qu'elle pût avoir le titre de dame. Le Roi, la présentant à la Reine, lui dit qu'il la prioit de l'aimer et de la bien traiter pour l'amour de lui. Elle étoit sans dame d'atour, depuis la disgrâce de madame Du Fargis qu'elle aimoit, et n'avoit point voulu par vengeance et par dépit recevoir personne à sa place; mais elle fut contrainte alors d'accepter tout ce que le Roi lui voulut donner : il n'étoit pas temps de dire : « Je « ne veux pas. » Elle les reçut toutes deux faisant la meilleure mine du monde; et quoique tels présens ne plaisent d'ordinaire pas beaucoup aux femmes, il est pourtant vrai que la Reine aima madame de Hautefort pour l'amour d'elle-même, et que cette belle et sage fille estimant les belles qualités de la Reine, et assez dégoûtée de l'humeur du Roi, se donna entièrement à elle, et lui fut fidèle dans tous ses malheurs. Le Roi, quelques années après, fâché de ce changement, lui en voulut du mal : il cessa de l'aimer beaucoup, quand elle commença d'aimer la Reine; et quand il vit qu'elle étoit entièrement à elle, il ne l'aima plus du tout. Son ressentiment enfin alla jusqu'à la disgracier et la renvoyer dans sa province, où elle étoit quand il mourut.

Le Roi, depuis ce grand coup de Compiègne, pour adoucir en quelque façon l'aigreur que ses peuples pouvoient avoir contre lui par la prison de la Reine sa mère, et de toutes les rigueurs qui furent ensuite exécutées contre plusieurs particuliers, traita un peu mieux la Reine sa femme et la voyoit plus souvent : ce qui plaisoit à tout le monde, car elle étoit fort aimée. Le cardinal de Richelieu, pour la gagner, fit revenir madame de Chevreuse de Lorraine où elle avoit été passer son exil : sans doute elle lui promit tout ce qu'il désiroit d'elle. Ce ministre, malgré la rigueur qu'il avoit eue contre elle, ne l'avoit jamais haïe. Sa beauté avoit eu des charmes pour lui; et comme elle se trouva liée avec la Reine, et qu'elle étoit une personne de contrebande à l'égard de la Reine-mère, l'ambition, qui l'emporte presque toujours sur l'amitié, l'avoit éloignée par force des bonnes grâces du ministre; mais après qu'il fut lui-même brouillé avec cette princesse sa bienfaitrice, pour tâcher de se raccommoder avec la Reine et prendre liaison avec elle par sa favorite, il la remit auprès d'elle. Il fit revenir aussi le chevalier de Jars (1) d'Angleterre, où il avoit passé le temps de sa disgrâce agréablement, que le même cardinal avoit aussi éloigné d'auprès de la Reine; mais toutes ces douceurs ne servirent qu'à lui faire perdre son ami le garde des sceaux de Châteauneuf, et il fut contraint d'éloigner madame de Chevreuse et de faire aller le chevalier de Jars sur l'échafaud, dont il se sauva avec beaucoup de gloire et d'honneur. Madame de Chevreuse, à son retour, parut avoir de grandes conférences avec le cardinal de Richelieu. Elle ne laissa pas de demeurer toujours liée à la Reine, et même elle lui attira par son intrigue le garde des sceaux de Châteauneuf, qui étoit amoureux d'elle.

La cabale de la Reine, composée de toutes ces personnes que je viens de nommer, devint donc une seconde fois odieuse au ministre. Il chassa tout de nouveau ceux qui en étoient, et les traita de la manière qu'il traitoit ceux qu'il ne croyoit pas être de ses amis. Madame de Chevreuse s'en alla en Espagne, où, à cause de la Reine ou à cause de sa qualité, elle fut bien reçue : on lui fit une entrée solennelle dans Madrid. On lui fit de grands présens. Le roi d'Espagne parut un peu attendri pour elle; et

(1) François de Rochechouard.

quoiqu'elle m'ait dit dans le temps de la régence, où je l'ai vue, que ce prince ne lui avoit jamais dit de douceurs qu'une seule fois, et encore en passant, la renommée parle différemment de cette histoire : et toutes ces aventures se passèrent à l'avantage de sa beauté qui en tant de pays lui acquéroit des amis. Le garde des sceaux de Châteauneuf fut envoyé dans Angoulême, où il passa son temps agréablement, et où il souffrit, pendant quelques années, les amertumes que la fortune fait subir à ceux qui, pour recevoir quelques grâces de sa libéralité, veulent se soumettre à la tyrannie. Le chevalier de Jars fut le plus maltraité : et, comme il a été depuis tout-à-fait de mes amis, et que dans sa persécution il y a quelques choses qui sont dignes de l'estime des honnêtes gens, je veux en marquer les principaux endroits, qui pourront faire voir de quelle trempe étoit son ame, quelle étoit sa probité, la vigueur de son esprit et la grandeur de son courage. Il fut onze mois à la Bastille, enfermé dans un cachot. Il fut pris en hiver, et l'habit de velours noir qu'il y porta demeura toujours sur son corps tant qu'il habita dans cette effroyable demeure. On l'interrogea quatre-vingts fois avec toute la sévérité possible, et il répondit toujours avec bon sens et fermeté, sans se laisser entamer sur aucun chapitre, sans se couper dans ses réponses, ni sans embarrasser personne. On l'en fit sortir pour le mener à Troyes, avec toutes les rudes apparences d'un homme qu'on alloit mener à la mort. En sortant de la Bastille, comme il passa dans la cour, il vit sur un perron le maréchal de Bassompierre, le marquis de Leuville, parent du garde des sceaux de Châteauneuf, Vautier, premier médecin de la Reine-mère, et quelques autres qui étoient prisonniers, mais qui avoient été traités plus humainement que lui : car il ne savoit ni où il alloit ni ce qu'il alloit devenir. Il se retourna devers eux, et s'écria : « Adieu, je ne « sais où je vais, mais assurez-vous, quoi qu'il « m'arrive, que je suis homme d'honneur, et « que je ne manquerai jamais à mes amis ni à « moi-même. » A Troyes, on lui donna pour juge Laffemas, celui qui l'avoit déjà tourmenté à la Bastille, qu'on appeloit le bourreau du cardinal. On accompagna celui-là d'un nombre suffisant de juges pour lui faire son procès, qui ne furent pas plus honnêtes gens que lui. Il y travailla par toutes les voies que ces sortes de gens savent pratiquer; et il fut fortement secondé par les autres. Ils voulurent lui acheter de faux témoins; mais le prévôt de l'Ile, qui avoit accompagné le chevalier de Jars de Paris à Troyes, et qu'on voulut obliger de dire que, sur les chemins, ce gentilhomme avoit fait quelques discours contre l'Etat, ne voulut point entrer dans cette malice, et nia absolument de le vouloir faire. Laffemas savoit le secret du cardinal de Richelieu, qui étoit de ne pas faire mourir le chevalier, étant certain de son innocence, et qu'il n'y avoit nul sujet de le condamner : mais il vouloit en tirer par la peur, par les tourmens et par l'apparente certitude de sa mort, les secrets de l'intrigue de la Reine, de madame de Chevreuse et du garde des sceaux de Châteauneuf. Laffemas avoit promis au ministre qu'il le tourmenteroit si bien qu'il en tireroit à peu près ce qu'il en désiroit savoir, et que sur peu de mal il trouveroit les moyens de lui faire son procès selon les manières mêmes du cardinal, qui, à ce que j'ai ouï conter à ses amis, avoit accoutumé de dire qu'avec deux lignes de l'écriture d'un homme on pouvoit faire le procès au plus innocent, parce qu'on pouvoit sur cette matière ajuster si bien les affaires, que facilement on y pouvoit faire trouver ce qu'on voudroit. Sur ce fondement, Laffemas travaille au jugement du chevalier de Jars : il le menace, il l'interroge, et fait tout ce qu'une ame pleine de lâcheté est capable de faire. Un jour, qui étoit la fête de tous les saints, ce méchant juge voulant montrer à cet innocent criminel qu'il avoit quelque douceur pour lui, lui permit d'entendre la messe. Il le fit mener avec une bande d'archers et une bonne garde aux jacobins de cette ville. Le chevalier de Jars, qui de soi étoit violent dans ses passions et hardi à parler, vit Laffemas avec sa femme qui vinrent communier au grand autel ; il étoit intendant de la province et craint de tous. Mais le chevalier, qui ne craignoit personne, attentif et occupé de son affaire, voyant que cet homme venoit de recevoir le saint Sacrement, tout d'un coup s'échappe de ses gardes, et comme il se trouva proche de Laffemas, il saute sur lui, le prend à la gorge, et lui dit qu'ayant sur les lèvres son Dieu et son Créateur vivant, il étoit temps de dire la vérité et de le justifier devant Dieu et devant les hommes, et d'avouer son innocence et son injustice à le persécuter ; ajoutant que, puisqu'il faisoit mine d'être chrétien, il falloit dans cet instant se rendre à la vérité, qu'il étoit un scélérat, et qu'il le renonçoit pour son juge, et prenoit à témoin tous les assistans qu'il le récusoit pour tel. Le peuple à ce cri s'assembla autour d'eux ; chacun hausse les épaules, et tous commencèrent à murmurer contre ce juge inique. Le prévôt de l'Ile, qui se trouva du nombre des spectateurs, les voulut séparer ; mais le chevalier de Jars ne quitta point cet homme ; et le pressant à répondre, il le fit en ces termes, avec une froideur tout entière : « Monsieur, lui dit-il, ne vous plai« gnez point ; je vous assure que M. le cardinal « vous aime. » Il ajouta, sur ce que le chevalier le pressa de répondre sur son innocence, qu'il en seroit quitte pour aller en Italie ; mais que cependant il vouloit bien qu'on lui montrât de petites lettres écrites de sa main qui lui feroient voir qu'il étoit plus coupable qu'il ne s'imaginoit. Le chevalier, ne comprenant rien dans ce galimatias, et voyant qu'on le poursuivoit vivement, se crut mort. Il résolut du moins de payer de courage, et de faire tout ce qu'il convenoit à un homme d'honneur tel qu'il étoit. En effet, il fut mené sur la sellette, où fort constamment il récusa pour juge Laffemas, lui reprocha toutes ses lâchetés, l'appela une seconde fois scélérat, et avertit ses autres juges de ce que Laffemas avoit promis au cardinal contre lui. Il fut interrogé tout de nouveau, et demeura trois heures en cet état. Il se défendit si courageusement qu'il confondit ceux qui le vouloient perdre, et qui avoient du moins le dessein de lui faire trahir ses amis. Sortant de là, le prévôt de l'Ile s'approcha de lui et lui dit : « Monsieur, bon courage ; j'espère bien pour « vous, car on m'a dit de vous remener dans la « prison où vous êtes, et c'est l'ordinaire de me« ner ceux qu'on va condamner à mort dans un « autre lieu. » Le chevalier lui dit du même ton dont il avoit accoutumé de censurer les choses qu'il n'approuvoit pas : « Mon ami, ces pendards « me vont condamner : je le vois bien à leur mine. « Il faut avoir patience, et le cardinal enragera de « voir que je me moque de lui et de ses tortures. » Aussitôt qu'il fut parti, Laffemas montra aux juges une lettre du cardinal, ou plutôt du Roi, parlant ainsi de ce chevalier : « S'il est con« damné à la gêne, qu'on la lui montre, et qu'on « ne la lui donne pas. S'il est condamné à mort, « qu'on sursoie l'exécution. » Ayant été condamné, on le mena sur l'échafaud ; il y parut plein de courage et d'honneur ; il se moqua de ses juges et de ses ennemis, montrant de recevoir la mort avec une grande fermeté. Il m'a dit depuis qu'il y avoit souffert, mais que Dieu lui avoit fait de grandes grâces, et qu'il avoit reconnu par expérience qu'il avoit soin de ses créatures. Etant près d'avoir la tête tranchée, on lui vint apporter sa grâce (1) ; et après la mort du cardinal de Richelieu, lorsque sa haine pour lui étoit assoupie, je lui ai ouï donner des

---

(1) J'ai ouï dire à d'autres qu'à lui, qu'après avoir reçu sa grâce il fut long-temps sans pouvoir parler, et privé de sentiment : tant la nature a de peine à souffrir sa destruction.

louanges à son équité, disant enfin qu'il lui devoit la vie, et que s'il eût voulu, les juges entre les mains desquels il étoit l'auroient sans doute fait mourir. Après cette aventure, il s'en alla en Italie où il fut aimé et considéré des cardinaux neveux, et où il passa son temps agréablement. Madame de Chevreuse passa d'Espagne en Angleterre, où elle fut bien reçue et bien traitée de la reine d'Angleterre : puis de là elle repassa en Flandre, où elle demeura jusqu'à la régence de la Reine, où d'autres aventures l'attendoient, plus fâcheuses que les premières.

Après toutes les persécutions qui furent faites à plusieurs particuliers, le Roi, suivant son naturel, s'abandonna tout entier au pouvoir de son favori. Il se vit réduit à la vie la plus mélancolique et la plus misérable du monde, sans suite, sans cour, sans pouvoir, et par conséquent sans plaisir et sans honneur. Ainsi se sont passées quelques années de sa vie à Saint-Germain, où il vivoit comme un particulier, et pendant que ses armées prenoient des villes et gagnoient des batailles, il s'amusoit à prendre des oiseaux. Ce prince étoit malheureux de toutes manières : car il n'aimoit point la Reine et avoit pour elle de la froideur, et il étoit le martyr de madame de Hautefort, qu'il aimoit malgré lui, et qu'il ne pouvoit se résoudre de chasser de la cour, l'accusant de se moquer de lui avec la Reine. Il avoit quelque scrupule de l'attachement qu'il avoit pour elle, et il ne s'aimoit pas lui-même. Jaloux de la grandeur de son ministre, quoique ce ne fût que la part qu'il lui donnoit de la sienne, il commença de le haïr dès qu'il vit l'extrême autorité qu'il avoit dans son royaume ; et ne pouvant vivre heureux sans lui et avec lui, il ne put jamais l'être. La Reine s'accoutuma à cette solitude du mieux qu'elle put, menant une vie dévote et particulière, et ne vivant que de quelques nouvelles que ses créatures et ses amies lui faisoient savoir. Elle faisoit aussi quelques petites intrigues contre le cardinal, où tout au moins désiroit d'en faire qui eussent réussi à sa ruine. Il s'en moquoit, et sa puissance augmentoit toujours par la nécessité que le Roi avoit de ses conseils. Il se faisoit adorer de toute la France et obéir de son roi même, faisant de son maître son esclave, et de cet illustre esclave un des plus grands monarques du monde. Parmi tant de sombres vapeurs et de fâcheuses fantaisies, il sembloit qu'une belle passion ne pouvoit pas avoir de place dans le cœur du Roi. Elle n'y étoit pas aussi à la mode des autres hommes qui en font leur plaisir ; car cette ame, accoutumée à l'amertume, n'avoit de la tendresse que pour sentir davantage ses douleurs et ses peines. Mais enfin, lassé de tant souffrir, il chassa, comme je l'ai déjà dit, mademoiselle de Hautefort, et son inclination se tourna vers un objet nouveau dont la beauté brune n'étoit pas si éclatante, mais qui, avec de beaux traits de visage et beaucoup d'agrémens, avoit aussi de la douceur et de la fermeté dans l'esprit. La Fayette (1), fille d'honneur de la Reine, aimable et fière tout ensemble, fut celle qu'il aima, et ce fut elle aussi à qui il se découvrit davantage sur le sujet du cardinal de Richelieu, et sur les chagrins que sa puissance lui donnoit. Comme cette fille avoit le cœur bien fait, quoiqu'elle vît en cette confiance la perte de sa fortune tout assurée, elle ne laissa pas de garder le secret qu'elle devoit à ce prince. Elle le fortifia dans cette aversion par l'amitié qu'elle avoit pour lui, voyant qu'il en étoit déshonoré pour se laisser trop bassement gouverner à ce ministre. Le cardinal fit son possible pour la gagner, comme toutes les personnes qui approchoient du Roi ; mais elle eut plus de courage que tous les hommes de la cour, qui avoient la lâcheté de lui aller rendre compte de tout ce que le Roi disoit contre lui. Ils eussent eu peur, s'ils eussent été fidèles, de manquer de bienfaits, et leur intérêt leur paroissoit quelque chose de meilleur que la probité : ils craignoient aussi que le Roi, par timidité, ne les trahît, et ils aimoient mieux le trahir les premiers. Mais une fille eut l'ame plus ferme et plus belle qu'eux : elle eut le courage de se moquer de la mauvaise fortune, par une résolution secrète qu'elle fit dans son cœur de se faire religieuse. Le Roi, trouvant en elle autant de sûreté et de vertu que de beauté, l'estima et l'aima ; et je sais qu'il eut des pensées pour elle fort au-dessus des communes affections des hommes. Le même sentiment qui obligea cette fille généreuse à refuser tout commerce avec le cardinal de Richelieu la fit vivre avec assez de retenue avec la Reine. Comme la sagesse du Roi, qui égaloit quasi celle des dames les plus modestes, l'obligeoit à beaucoup de reconnoissance, elle croyoit devoir payer cette amitié vertueuse par une grande fidélité pour ses secrets. Un attachement si grand et si parfait ne pouvoit que plaire à ce prince et déplaire à la Reine, quoiqu'elle fût accoutumée au malheur de n'être pas aimée du Roi son mari. Cette privation d'un bonheur qu'elle désiroit et qu'elle croyoit lui être dû, de quelque manière qu'elle fût assaisonnée, ne laissoit pas de lui être fort désagréable et fort dure. La Fayette avouant tout haut qu'elle l'aimoit, et de la manière qu'il sembloit vouloir l'être, devoit faire le bonheur de sa vie ; mais ce prince

(1) Louise Mortier de La Fayette.

n'étoit point destiné pour être heureux. Il ne garda guère ce trésor. On a dit que le cardinal s'étoit servi de sa dévotion pour l'en priver, et que, ne pouvant avoir La Fayette à ses gages, il se servit en même temps de son confesseur pour lui donner des scrupules de la complaisance qu'elle avoit pour le Roi, ce qui fut conduit si finement par leurs directeurs, que l'amour de Dieu triompha de l'humain. La Fayette se retira dans un couvent, et le Roi se résolut de le souffrir. La vérité est que Dieu la destinoit à ce bonheur; car, malgré la malice et les faux raisonnemens des gens de la cour, le père Caussin, confesseur du Roi, comme lui-même l'a écrit dans des Mémoires qu'il a faits, et que le comte de Maure, à qui il les avoit confiés, m'a fait voir, au lieu d'adhérer au cardinal de Richelieu, comme il en fut soupçonné, la conseilla (1), vu les intentions innocentes qu'il lui croyoit, de ne se point faire religieuse : dans la pensée qu'il avoit de se servir d'elle pour inspirer au Roi de faire revenir la Reine sa mère, et de gouverner lui-même son royaume. Mais elle, qui étoit pressée par celui qui donne le vouloir et le parfaire, ne balança pas long-temps entre Dieu et les créatures. Peut-être aussi qu'elle vit avec quelque dépit l'intrigue qui se forma contre elle, et que la fierté, mêlée avec la vertu, eut quelque part à sa retraite. On a même soupçonné madame de Senecé, sa parente, de l'avoir voulu confier au cardinal de Richelieu. J'ignore le fond et le détail de cette accusation; je sais seulement qu'elle pria le père confesseur du Roi d'aller lui demander la permission de quitter la cour pour se mettre dans un couvent. Ce père décrit dans ses mémoires les peines qu'il eut à examiner la vocation de La Fayette, et à donner au Roi le conseil qu'il lui demandoit en cette occasion. Il rapporte que ce prince parut sensiblement affligé de la résolution de cette vertueuse fille; qu'il retomba sur le lit dont il ne faisoit que de sortir quand il avoit commencé à lui en parler; qu'il pleura, et qu'il se plaignit de ce qu'elle le vouloit quitter; mais qu'enfin, ayant surmonté par sa piété les tourmens de sa douleur, il lui fit cette réponse : « Il est vrai qu'elle m'est bien chère; « mais si Dieu l'appelle en religion, je n'y met-« trai point d'empêchement. » Sa permission étant obtenue, on la vit tout d'un coup sortir de la cour, malgré les larmes du Roi et la joie de ses ennemis, qui fut, à ce qu'elle m'a dit depuis, la seule chose à vaincre. Il falloit en effet une grande force d'esprit pour se mettre au-dessus de cette foiblesse; car, encore que le Roi ne fût pas galant, les dames ne laissoient pas d'être bien aises de lui plaire. Entre autres, madame de Hautefort ne fut pas fâchée de sa retraite : elle n'avoit pas de honte qu'on la crût sa rivale; et il n'y avoit point de prude qui n'aspirât à la gloire d'être aimée du Roi comme l'étoit La Fayette, tout le monde étant persuadé que la passion qu'elle avoit pour lui n'étoit point incompatible avec sa vertu. Quand elle se sépara de lui, elle lui parla long-temps devant tout le monde chez la Reine, où elle monta aussitôt après avoir eu son congé. Il ne parut aucune altération sur son visage : elle eut la force de ne pas donner une de ses larmes à celles que ce prince répandit publiquement. Après l'avoir quitté, elle prit congé de la Reine, qui ne la pouvoit aimer; ce qu'elle fit avec cette douceur et cette satisfaction que doit avoir une chrétienne qui cherche Dieu, et qui ne veut plus aimer que lui sur la terre, et ne désire que l'éternité. Elle ne fit pas néanmoins toutes ces choses sans beaucoup souffrir. J'ai su depuis de la comtesse de Flex, fille de la marquise de Senecé, et par conséquent parente de La Fayette, qu'au sortir de la chambre du Roi, où elle avoit dit adieu à ce prince, elle descendit dans son appartement dont les fenêtres donnoient sur la cour du château; et que cette aimable et vertueuse fille ayant entendu le carrosse du Roi, qu'il avoit fait venir pour dissiper le chagrin où il étoit, pressée de la tendresse qu'elle avoit pour lui, elle courut le voir au travers des vitres. Quand il fut entré, et qu'elle l'eut vu partir, elle se tourna vers la comtesse de Flex, qui étoit encore fille, et lui dit, touchée de douleur : « Hélas! je ne le « verrai plus! » Le Roi ne fut pas long-temps sans l'aller voir dans le couvent des filles de Sainte-Marie de la rue Saint-Antoine, qu'elle avoit choisi pendant toute sa vie pour le lieu de son repos, et le port où elle devoit trouver son salut. Les premières fois qu'il y fut, il demeura si long-temps attaché à sa grille, que le cardinal de Richelieu, tombant en de nouvelles frayeurs, recommença ses intrigues pour l'en arracher tout-à-fait. Elles lui réussirent enfin, et il trouva moyen d'ôter à son maître la consolation qu'il avoit de faire part des chagrins qu'il avoit contre lui à la seule personne qu'il avoit trouvée assez secrète et assez fidèle pour les lui confier, et d'un esprit assez doux et assez agréable pour les soulager (2). Je ne puis cependant, au sujet de

(1) Ce fait est confirmé par une lettre très-curieuse du père Caussin, qui se trouve dans les Mémoires de Richelieu.

(2) Manuscrit. « C'étoit être au Roi plus cruel qu'un vo-« leur de grand chemin ne l'est à celui à qui il ôte tout son « bien, puisque le plus grand de tous les biens de la vie « c'est d'avoir un ami fidèle; et si mon oncle l'évêque de

cette amitié si belle et si pure qui a été entre un prince si pieux et une fille si sage, m'empêcher de rapporter une preuve bien forte de la corruption qui se rencontre toujours dans les attachemens sensibles qui se peuvent compter pour honnêtes. Je la tiens de La Fayette même qui, étant à Chaillot, et mon amie, m'en a parlé depuis avec confiance. Elle m'a dit que dans les derniers jours qu'elle fut à la cour, avant qu'elle fût tout-à-fait résolue de se mettre en religion, ce grand Roi, si sage et si constant dans la vertu, avoit eu néanmoins des momens de foiblesse, dans lesquels, cessant d'être modeste, il l'avoit pressée de consentir qu'il l'a mît à Versailles pour y vivre sous ses ordres et être toute à lui; et que cette proposition si contraire à ses sentimens ordinaires l'ayant effrayée, fut cause qu'elle se détermina plus promptement à sortir de la cour pour prendre des engagemens qui pussent lui ôter des sentimens de cette nature. La vertu des plus parfaits n'est pas toujours également forte : les justes tombent quelquefois et trop souvent, pour se fier aux résolutions qu'ils croient les plus fermes. Ce grand prince, qui avoit eu le nom de Juste pour avoir paru fidèle à Dieu toute sa vie, ne le fut pas dans ces occasions. Il eut des instans où il lui fut infidèle; mais cette infidélité, qui ne dura pas, ne fit que l'avertir de se tenir sur ses gardes, en lui faisant remarquer le péril qu'il avoit couru. Dès qu'il s'en fut aperçu, il résolut de l'éviter. Le refus de La Fayette lui fit ouvrir les yeux. La honte qu'ils eurent de ce petit déréglement rappela leur vertu et leur piété; et la peur qu'ils eurent tous deux, elle de lui et lui d'elle, leur fit prendre la résolution de se quitter. La nature combattit quelque temps contre la grâce, mais enfin la grâce fut victorieuse. Sans cela, il n'auroit pas consenti si aisément qu'elle se mît dans un couvent; et dès qu'elle y fut, comme ils étoient dans les mêmes sentimens, le Roi n'eut point de peine à lui voir l'habit de religieuse, et elle n'en eut point de le voir à la grille; l'un et l'autre étoient bien éloignés du désir d'entretenir un commerce dont ils pussent avoir du scrupule. Il approuvoit si fort la retraite de cette vertueuse fille, que sa dévotion étant fortifiée par la peine qu'il avoit naturellement à s'appliquer aux affaires, comme il y avoit eu des momens où elle avoit été cause qu'il n'avoit pas été tout-à-fait sage, il y en eut aussi à son exemple où il voulut pousser sa dévotion et le mépris du monde trop loin; et s'il l'alloit voir quelquefois, c'étoit pour lui parler de ses desseins qu'il n'y avoit qu'elle qui sût, et qui auroient étonné toute l'Europe s'il les avoit exécutés. Mais Dieu se contenta de son intention; et, pour le récompenser du sacrifice qu'il vouloit lui faire, exauça les prières de ses sujets, lui ôtant ses pensées mélancoliques qui l'empêchoient de bien vivre avec la Reine, qui devint enfin grosse. On crut même (1) que ce fut un jour qu'étant demeuré tard à ce couvent, il fit un si mauvais temps qu'il fut obligé de demeurer au Louvre, où il n'y avoit point d'autre lit que celui de la Reine. Quoi qu'il en soit, ce fut alors, le 5 septembre 1638, que Dieu donna à la France le Roi régnant aujourd'hui, cet auguste prince Louis XIV, qui fut nommé du peuple *Dieudonné.*

Quand la Reine reçut cette grâce du ciel, elle en avoit besoin pour la sauver de tous les maux dont apparemment elle étoit alors menacée, par une fâcheuse affaire qui lui étoit arrivée il y avoit peu de temps, dont j'ai déjà parlé. J'ajouterai seulement ici ce que j'en ai appris depuis, qu'elle avoit enfin été réduite à ce point de ne pouvoir obtenir de pardon qu'en signant de sa propre main qu'elle étoit coupable de toutes les choses dont elle étoit accusée, et le demanda au Roi en des termes fort humbles et fort soumis, se confessant elle-même indigne de l'obtenir. Ce qu'elle fit avec beaucoup de larmes, et qu'on la força de faire avec beaucoup de rudesses, qui scandalisèrent toute la France. Elle étoit infiniment aimée, et chacun étoit dans cette croyance qu'elle étoit innocente. Elle l'étoit en effet, autant qu'on le croyoit, à l'égard du Roi; mais elle étoit coupable, si c'étoit un crime, d'avoir écrit au roi d'Espagne son frère, et à madame de Chevreuse. La Porte, domestique de la Reine, m'a conté lui-même toutes les particularités de cette histoire. Il me les a apprises dans un temps où il étoit disgracié et mal satisfait de cette princesse, et ce qu'il m'en a dit doit être cru. Il fut arrêté prisonnier dans le même temps que le chancelier fut au Val-de-Grâce, comme étant le porteur de toutes les lettres de la Reine,

---

« Séez a dit dans ses vers, avec l'approbation de tout le
« monde, que d'aimer une jeune beauté,

« C'est la plus douce erreur des vanités du monde,

« il est bien plus juste de dire que d'aimer solidement de
« la manière que le Roi aimoit La Fayette, c'étoit le plus
« doux des plaisirs innocens. »

(1) Manuscrit. « Même on a cru que La Fayette en fut la « cause seconde (de la grossesse de la Reine), une des der- « nières fois qu'il la fut visiter. Étant demeuré fort tard « avec elle, il ne put retourner coucher à Saint-Germain « selon son dessein, et fut contraint d'aller au Louvre « prendre la moitié du lit de la Reine, qui étoit venue à « Paris pour quelques affaires de peu d'importance; si bien « qu'on a dit que cela nous donna le Roi régnant aujour- « d'hui, Louis XIV. » Le manuscrit ajoute que ce fut par l'entremise d'un prêtre de Saint-Germain que Louis XIII correspondit avec elle, lorsqu'il cessa de l'aller voir.

tant pour l'Espagne que pour madame de Chevreuse. Il fut interrogé par trois fois dans la Bastille par La Poterie : il nia toutes choses constamment, et signa toutes ses interrogations. Le cardinal de Richelieu le voulut interroger lui-même en présence du chancelier. Il le fit venir chez lui dans sa chambre, là où il fut questionné et pressé sur tous les articles sur quoi on désiroit de pouvoir confondre la Reine. Il demeura toujours ferme sans rien avouer, disant qu'il ne savoit point qu'elle eût écrit en Espagne, ni à madame de Chevreuse en particulier; car elle avoit permission de lui écrire par les voies publiques. Le cardinal lui dit qu'il avoit été trouvé saisi d'une lettre pour madame de Chevreuse, et qu'il avoit dit qu'il avoit dessein de la porter à la poste ; ce que le cardinal savoit être faux, parce que La Thibaudière, qui la devoit porter pour la faire aller par les voies secrètes, sachant que La Porte étoit arrêté, s'en alla tout découvrir au Roi et au cardinal de Richelieu. La Porte, qui sur cet article n'avoit pas voulu nommer La Thibaudière de peur de lui nuire, demeura un peu embarrassé. Il s'excusa sur ce qu'il n'avoit point voulu perdre La Thibaudière ; mais il ne laissa pas sur le sujet de la Reine de demeurer ferme et constant sur la négative, refusant les biens et les récompenses qu'on lui promettoit, et acceptant plutôt la mort que d'accuser la Reine des choses dont il disoit qu'elle étoit innocente. Le cardinal de Richelieu, admirant sa fidélité, et persuadé qu'il ne disoit pas vrai, souhaita d'être assez heureux pour avoir un homme à lui aussi fidèle que celui-là. On avoit surpris aussi une lettre en chiffres de la Reine, qu'on lui montra. Elle ne put qu'elle ne l'avouât ; et pour ne pas montrer de dissemblance, il falloit faire avertir La Porte de ce que la Reine avoit dit, afin qu'il en fît autant. Ce fut en cette occasion que madame de Hautefort, qui étoit encore à la cour, voulant généreusement se sacrifier pour la Reine, se déguisa en demoiselle suivante, pour aller à la Bastille faire donner une lettre à La Porte ; ce qui se fit avec beaucoup de peine et de danger pour elle, par l'habileté du commandeur de Jars qui étoit encore prisonnier. Comme il étoit créature de la Reine, et qu'il avoit gagné beaucoup de gens en ce lieu-là, ils la firent tomber entre les mains de La Porte. Elle lui apprenoit ce que cette princesse avoit confessé ; si bien qu'étant tout de nouveau interrogé par Laffemas, et menacé de la question ordinaire et extraordinaire même, elle lui fut montrée. Il fit semblant de s'en épouvanter, et dit que si on lui faisoit venir quelque officier de la Reine, homme de créance, qu'il avoueroit tout ce qu'il savoit. Laffemas, croyant l'avoir gagné, lui dit qu'il pouvoit nommer celui qu'il voudroit, et que sans doute on le lui feroit venir. Il lui demanda un certain nommé La Rivière, officier de la Reine, qu'il savoit être des amis de Laffemas, et dont il n'avoit pas bonne opinion ; ce que cet homme accepta avec grande joie. Le Roi et le cardinal firent venir ce La Rivière. On lui commanda d'aller voir La Porte sans voir la Reine ; et, gagné par les promesses qu'on lui fit, il s'engagea de faire tout ce qu'on voudroit. Il lui fut mené, et il lui commanda, de la part de la Reine, de dire tout ce qu'il savoit de ses affaires. La Porte fit semblant de croire que c'étoit la Reine qui l'envoyoit, et lui dit après bien des façons ce que la Reine avoit déjà avancé, et protesta n'en pas savoir davantage. Le cardinal de Richelieu fut alors confondu ; et, malgré ses artifices, le Roi demeura satisfait. La Porte, homme de bien et sincère, m'a assuré qu'ayant vu les lettres dont il étoit question, et sachant ce qu'elles contenoient, il y avoit lieu de s'étonner qu'on en eût pu former des accusations contre la Reine ; qu'il y avoit seulement des railleries contre le cardinal de Richelieu, et qu'assurément elles ne parloient de rien qui fût contre le Roi ni contre l'État. Cette tempête passée, le Roi et la Reine se raccommodèrent; mais avant que la paix se fît, le Roi commanda à la Reine d'écrire de sa main à La Porte pour lui commander de dire tout ce qu'il savoit ; et comme il crut qu'elle avoit été forcée pour écrire ces lettres, il ne changea rien en sa conduite. Il lui répondit par l'ordre du cardinal de Richelieu, et lui manda qu'il s'étonnoit que Sa Majesté lui commandât de dire ce qu'il savoit, vu qu'elle avoit vu ses interrogations, et que par là elle pouvoit voir qu'il avoit dit tout ce qu'il savoit ; que s'il y alloit de son service de dire des faussetés, quand même elles devroient le faire aller sur l'échafaud, qu'il le feroit. Cette réponse confirma le Roi dans l'opinion qu'il commençoit d'avoir que la Reine n'étoit pas si coupable qu'il l'avoit cru, et l'habile fidélité de cet homme acheva de les remettre bien ensemble, c'est-à-dire autant que la froideur du Roi et les traitemens que cette princesse avoit reçus de lui, ou plutôt de son ministre, leur pouvoient permettre de s'aimer.

Ce fut à Chantilly que cette grande querelle se passa, et dont le souvenir faisoit horreur à la Reine. On disoit que le cardinal l'avoit voulu réduire à cette extrémité afin de la pouvoir renvoyer en Espagne, comme il en avoit eu souvent le désir, ou du moins la réduire dans la nécessité de s'accommoder avec lui ; et que le craignant, elle se mît de son parti. Mais enfin, comme je viens de le dire, elle devint grosse; et le Roi, dans le commencement de sa grossesse, lui en témoigna beaucoup de satisfaction, et même de la tendresse pour sa personne. Cette douceur ne dura guère; et quand elle accoucha, il fallut l'exciter de s'approcher d'elle pour l'embrasser. On crut qu'après avoir donné un Dauphin au Roi son mari, elle auroit quelque crédit, et qu'elle entreroit au conseil; mais comme le ministre n'étoit pas de son côté, et qu'elle étoit trop généreuse pour l'aller chercher, elle demeura dans le même état qu'elle étoit auparavant. Pour augmentation de grâces, Dieu lui donna son second fils (Philippe de France) le 21 septembre 1640, dont le Roi, à ce que j'ai ouï dire à la Reine, témoigna plus de joie que du premier, parce qu'il ne s'attendoit pas à un si grand bonheur que de se voir père de deux enfans, lui qui avoit craint de n'en point avoir du tout; mais monseigneur le petit Dauphin n'eut pas trois ans, qu'il sembloit que déjà il lui donnoit du chagrin et de l'ombrage. La Reine m'a fait l'honneur de me dire depuis qu'un jour, au retour de quelque voyage de chasse, ce petit prince le voyant avec un bonnet de nuit, il se mit à pleurer, à cause qu'il en eut peur, et qu'il n'avoit pas accoutumé de le voir en cet état; que le Roi s'en fâcha comme d'une chose de grande conséquence, et s'en plaignit à la Reine, lui reprochant que c'étoit elle qui nourrissoit son fils dans l'aversion de sa personne; et la menaça avec beaucoup de rudesse de les lui ôter tous deux. Quand le feu Roi partit pour aller au voyage de Narbonne, il avoit avec lui Cinq-Mars son grand écuyer, qui étoit un homme fort bien fait que le cardinal de Richelieu lui avoit donné pour favori depuis la perte de La Fayette. Soit que ce fût par son conseil, soit que ce fût de son propre mouvement, il parla à la Reine d'une autre manière. En lui disant adieu, il lui dit assez cordialement qu'il la prioit d'avoir bien soin de ses enfans, et de ne les point quitter : ce qu'elle observa religieusement. Outre l'intérêt qu'elle avoit en leur conservation, elle avoit attaché tous ses plaisirs à l'agréable occupation de les voir et de les caresser.

Le grand écuyer, qui prétendoit que son bienfaiteur, jaloux de la bonne volonté que le Roi avoit pour lui, l'avoit voulu perdre, lui en ayant parlé comme d'un homme n'ayant point de cœur, et l'ayant empêché de le faire duc et pair, et de l'admettre au conseil, crut être en droit de se révolter contre lui. Ouvrant son cœur et ses oreilles aux chagrins que son maître avoit contre son ministre, il alluma sa jalousie jusqu'au désir de le perdre, et, se joignant à ses ennemis, le fit, à ce qu'on prétend, résoudre à se défaire de lui. Je n'entreprends point de justifier, ni les plaintes du cardinal, ni le procédé du grand écuyer. Le premier étoit un homme qui malgré ses défauts avoit mérité l'estime de ses ennemis, et par conséquent ses amis ne lui devoient pas manquer. La grandeur de l'entreprise de celui qui lui avoit l'obligation de tout ce qu'il étoit ne pouvoit pas l'excuser de son ingratitude, et le consentement qu'on a prétendu que le Roi y avoit donné ne pouvoit pas justifier une conjuration contre l'Etat, qui a été à cause de cela une des plus grandes et en même temps des plus extraordinaires que nous puissions lire dans les histoires. Car le Roi en étoit tacitement le chef; le grand écuyer en étoit l'ame; le nom dont on se servoit étoit celui du duc d'Orléans, frère unique du Roi; et leur conseil étoit le duc de Bouillon, qui s'y engagea, à cause qu'ayant été dans le parti du comte de Soissons, il étoit fort mal à la cour. Ils firent tous de beaux projets sur le changement à l'avantage de leur grandeur et de leur fortune, se persuadant que le cardinal ne pouvoit vivre que peu de jours, pendant lesquels il ne pouvoit pas se remettre bien avec le Roi. Mais leur fausse prudence leur fit rencontrer leur perte dans les choses mêmes qui devoient leur servir de sûreté. Le grand écuyer, ne se fiant pas tout-à-fait à l'amitié ni à la force du Roi, voulut avoir une armée pour défendre Sedan, que le duc de Bouillon leur donna pour place de sûreté. Il se laissa persuader de faire un traité avec le roi d'Espagne dans le dessein d'en tirer du secours, au cas que le cardinal de Richelieu, qui avoit toutes les places fortes sous sa domination, se portant mieux, se voulût cantonner contre eux; ou plutôt ils firent ce traité pour seulement satisfaire à leur destinée, qui vouloit que leur ennemi triomphât de leur malheur et de leur faute. Monsieur, frère unique du Roi, après avoir fait la guerre civile en France pour s'être mis du parti de la Reine sa mère, avoit perdu le duc de Montmorency, qui avoit eu la tête tranchée pour sa querelle; et après avoir été en Flandre et après en Lorraine, où contre le gré du Roi il s'étoit marié, il étoit enfin revenu en France depuis quelques années. Mais comme le cardinal de Richelieu le tenoit humilié, ce prince souhaitoit la mort de ce ministre à l'égal de sa propre vie; si bien que ce fut pour lui une chose agréable de trouver un jeune favori, dont le cœur plein de feu ne respiroit que l'honneur de faire parler de lui par quelque action éclatante qui pût lui donner de la gloire. Le cardinal de Richelieu étoit alors malade et négligé du Roi, et paroissoit au jugement de tous tombé de ce haut degré d'honneur où la faveur de son maître et sa capacité l'avoient élevé : ce que toute la France regardoit avec joie, par le désir naturel que les Français ont pour le changement, et parce que ce ministre avoit été cruel à beaucoup de particuliers qui le haïssoient. Cet habile homme, ayant découvert le secret de toute cette négociation, et su par Chavigny que le grand écuyer avoit fait un traité avec le roi d'Espagne, envoya le même Chavigny, qu'il aimoit et qu'il avoit mis dans les affaires, trouver le Roi pour lui parler de cette conjuration, non pas pour lui persuader la conservation de sa personne : il savoit que cette raison ne pouvoit plus le toucher; mais pour lui montrer les mauvais desseins des conjurés, et que le bonheur de son Etat étoit attaché à la ruine des auteurs de ce traité. Comme Chavigny étoit habile, il sut si aisément persuader le Roi, en lui représentant les dangereuses suites de cette affaire, qu'il le fit résoudre d'abandonner le grand écuyer non-seulement à la sévérité des lois, mais encore à la haine du cardinal, pour recevoir par lui le châtiment de son crime contre l'Etat, et de ses infidélités particulières envers lui. En peu d'heures la cour changea de face : le cardinal de Richelieu rentra dans les bonnes grâces du Roi par l'habileté de son ami, et le favori les perdit avec la douleur de se voir abandonné de celui qui avoit aidé à le mettre dans le précipice, et qui en un instant favorable de sa bonne volonté l'en pouvoit tirer aisément. En quittant le Roi, qui l'avoit traité à son ordinaire, il eut quelques avis qu'il falloit penser à la retraite. Il envoya un des siens savoir si les portes de la ville étoient ouvertes. Cet homme se contenta d'en demander des nouvelles aux passans, qui lui dirent par hasard que non : ce qui n'étoit pas; et par cette méprise il l'empêcha de penser davantage à se sauver. Il se cacha dans du foin chez une femme de sa connoissance, où il demeura quelque temps dans la crainte de son malheur, et dans l'espérance que l'affection que son maître avoit pour lui le porteroit à lui faire grâce ; mais on le vint arrêter de la part de ce même maître dont il attendoit son salut. Il fut mis en prison où il souffrit tout ce qu'on a coutume de souffrir quand on est coupable et malheureux. M. de Thou son ami fut aussi arrêté pour avoir su le secret du traité d'Espagne, non pas comme participant à ce dessein, car il l'avoit même tout-à-fait désapprouvé, mais seulement pour l'avoir su par confiance et pour ne l'avoir pas révélé; et pour principale raison, parce qu'il n'étoit pas des amis du cardinal de Richelieu.

Le ministre, qui étoit malade à Tarascon, à quelques lieues du Roi qui paroissoit le négliger, voyant qu'il triomphoit de ses ennemis, voulut aussi triompher du Roi, l'obligeant de Narbonne à le venir trouver là où il étoit. Ce prince, honteux de l'avoir voulu perdre, voulant faire amende honorable quoique malade, se fit porter dans sa chambre auprès de lui, où ils passèrent plusieurs heures ensemble. Là se fit une réconciliation en apparence tout entière, mais dans le cœur elle fut feinte. On ne sauroit oublier de telles offenses; et celui qui les a faites doit savoir qu'elles ne sauroient s'effacer du souvenir de celui qui les a reçues. Les marques en furent si belles et si extraordinaires, que le Roi, abandonnant tout à ce cardinal, non-seulement lui sacrifia cet aimable criminel qu'il accabloit de caresses deux jours auparavant, et tous ceux qui étoient de la partie, mais pour lui témoigner une plus grande confiance, il voulut que ce ministre eût ses propres enfans en otage, et lui offrit d'envoyer à la Reine de les remettre entre ses mains. Il le fit enfin; et, sans que la Reine y résistât, on eût vu, à la honte de la royauté, le sang de France foulé aux pieds par cet audacieux vassal, et faire servir le père et ses enfans à son élévation et à sa sûreté. Il fit de même servir à sa vengeance le malheur de ses ennemis, qu'il amena prisonniers du lieu où ils étoient à Lyon. Il attacha leur bateau au sien, quand il remonta le Rhône, malade et mourant, de la même manière, et non pas avec la même gloire, que les consuls romains attachoient à leur char les rois prisonniers qu'ils avoient vaincus. Cette action, qui tenoit d'un païen, et qu'un païen qui auroit suivi les lois de la vertu morale n'auroit pas faite, déshonora sa vie par sa cruauté, et fit voir en lui le mépris qu'il faisoit de la loi de Dieu, qui défend au chrétien non-seulement la vengeance, mais encore de goûter le plaisir de se venger, quand même on se vengeroit avec justice. Après avoir fait parade de cette barbare vanité jusqu'à Lyon, il les fit mourir tous deux sur un échafaud. Le grand écuyer eut la foiblesse, à la vue des tourmens, de confesser que M. de Thou avoit su le traité, dont il fut blâmé de tout le monde; mais, à cela près, il alla à la mort sans qu'on s'aperçût d'aucune émotion. Il s'habilla le jour de son supplice comme s'il eût voulu aller chez le Roi, et sa fermeté parut à la sérénité de son visage; il écrivit une lettre à sa mère, qui marquoit son bon naturel et sa piété; et après l'avoir priée de payer ses domestiques et ses créanciers, et s'être recommandé à ses prières, il la finit en lui disant que tous les pas qu'il va faire sont autant de pas qui le conduisent à la mort. Depuis la lecture de son arrêt, il parut encore plus tranquille qu'auparavant. Il se confessa avec une application qui fut admirée de son confesseur. Il lui dit, comme en conversation familière, que rien ne l'avoit plus étonné que de se voir abandonné de tous ses amis; que depuis qu'il avoit eu les bonnes grâces du Roi, il avoit toujours tâché de s'en faire, et s'étoit persuadé qu'il y avoit réussi; mais qu'il voyoit bien qu'il ne falloit pas s'y fier. Et plusieurs fois, en se consolant avec Dieu, et parlant au père jésuite qui l'assistoit, il s'écria : « Ah! qu'est-ce que le monde! » Le Roi avoit eu dessein de le sauver, et s'en étoit d'abord déclaré, disant que le duc de Bouillon l'avoit gâté, et que lui seul méritoit la mort. Cependant il n'en fut pas le maître, et il abandonna son favori à la sévérité des juges qui ne pouvoient s'empêcher de le condamner. Il fut regretté de toute la France, qui, le trouvant digne d'une fin plus heureuse, avoit excusé son dessein, et souhaitoit qu'il réussit. Les dames pleurèrent sa perte, et avec raison; car il avoit eu beaucoup de vénération pour le sexe : et parmi celles qui le regrettèrent le plus, une grande princesse qu'on avoit accusée de l'aimer eut besoin de prier la duchesse d'Aiguillon, nièce du cardinal de Richelieu, de lui faire redonner ses lettres. Quoique Cinq-Mars ne fût qu'un simple gentilhomme, on avoit cru qu'elle auroit été capable de l'épouser, si par la mort du ministre il fût devenu maître du cœur du Roi, qui l'eût fait connétable, et peut-être un petit souverain; mais quand il lui parla de la pensée qu'avoit sa mère de faire ce mariage, il la traita de folle, et lui d'extravagant et de ridicule, de songer à une princesse qu'on avoit proposée à Monsieur. Il étoit fils du maréchal d'Effiat, élevé à cette dignité et à celle de surintendant des finances par le cardinal de Richelieu. Le président de Thou mourut aussi avec beaucoup de fermeté, mais il ajouta la dévotion à la constance : ce qui augmenta beaucoup l'estime qu'on avoit pour lui. Il n'étoit ni jeune ni beau; mais j'ai ouï parler de lui comme d'un homme d'un mérite extraordinaire. Il eut besoin d'écrire à une dame (1) de naissance illustre dont l'amitié lui étoit chère, une ou deux lettres qu'on envoya à M. le chancelier. Il dit à ses juges qu'il pouvoit chicaner sa vie, n'étant coupable que parce qu'il avoit des oreilles : car il lui étoit aisé de justifier qu'il n'avoit point eu de part au traité d'Espagne, qu'un homme de bien n'avoit pu approuver; qu'il avoit fait tout ce qu'il avoit pu pour détourner son ami de ce malheureux projet; et comme sa probité l'avoit

(1) Madame de Guémené, suivant le manuscrit.

fait être d'avis contraire à ceux qui le proposoient, cette même probité l'obligeoit à se taire, afin de ne les pas perdre; et que, quand il auroit été capable de cette perfidie, il n'y auroit pas eu de sûreté pour lui d'accuser Monsieur, frère du Roi, d'un crime dont il n'avoit aucune preuve avant le retour de Fontrailles. Et il n'y avoit aucune nécessité d'aller découvrir le traité qu'il avoit rapporté, voyant qu'on ne vouloit point l'exécuter : c'est pourquoi il paroissoit résolu d'attendre patiemment tous les effets de la haine du cardinal de Richelieu, qu'il n'auroit jamais pu éviter, et qui ne feroient autre chose que le faire aller plus tôt jouir de Dieu.

Pendant sa prison à Pierre-Encise, il avoit fréquenté les sacremens et s'étoit occupé à l'oraison, et méditoit les livres de l'Ecriture sainte. Il dit à son confesseur, après sa condamnation, qu'il pénétroit bien plus en cette affliction la vanité des personnes qu'auparavant. Etant près d'aller à la mort, il récita tout haut le *Credidi*, en le paraphrasant avec de grands sentimens de dévotion, et des endroits des épîtres de saint Paul, dont il paroissoit recevoir de la consolation. Ils s'embrassèrent tendrement, Cinq-Mars et lui; et, par un motif fort contraire à celui-là, il en fit autant à son bourreau, comme à celui qui alloit lui ouvrir le ciel. Ils furent exécutés le 22 septembre 1642. Fontrailles étoit le plus criminel de tous; il avoit été en Espagne faire le traité de la part de Monsieur, frère du Roi, du duc de Bouillon, et du grand écuyer; mais il se sauva de la mort fort habilement. Il sut du grand écuyer, la veille de sa détention, que Chavigny avoit été enfermé avec le Roi, et qu'il ne savoit point le sujet de cette conférence, si ce n'étoit sur l'extrémité où étoit le cardinal. Sur quoi, après lui avoir dit que cette conversation lui étoit fort suspecte, et que c'étoit à lui à voir s'il étoit bien assuré du Roi, sans s'amuser plus long-temps avec lui, il lui dit : « Monsieur, vous êtes de belle taille; quand vous « seriez plus petit de toute la tête, vous ne laisseriez pas de demeurer fort grand; pour moi, « qui suis déjà fort petit, on ne pourroit me rien « ôter sans m'incommoder, et sans me faire de la « plus vilaine taille du monde. Vous trouverez « bon, s'il vous plaît, que je me mette à couvert « des couteaux. » Il monta ensuite à cheval et s'en retourna en Espagne, d'où il ne faisoit que de revenir (2). On dit même qu'il avoit ce traité dans sa poche; et il y en avoit tant de copies,

(2) Le manuscrit ajoute : « Cet homme, désagréable « par sa personne et par sa bosse, se sauva mieux que les « autres, parce qu'il eut l'esprit de prévoir leur malheur « avant même qu'il arrivât; mais eux, plus confians, « payèrent par leur mort leur manque d'habileté, car ils « auroient pu se sauver de la même façon. »

que tous ceux qui étoient de ce grand parti avoient peu de soin de cacher, qu'il étoit impossible que celui contre lequel il étoit fait n'en pût avoir une.

Leur aveuglement à tous, et particulièrement celui de Cinq-Mars, fut étrange; car il commençoit à voir que le Roi ne le traitoit pas de la manière qu'il avoit fait par le passé : et pendant que Chavigny étoit enfermé avec lui, au lieu de s'amuser dans la garde-robe à lire un roman, pour ne pas faire connoître qu'il n'étoit pas en tiers avec eux, et pour voir, après qu'il seroit sorti, ce que le Roi lui diroit, il devoit, ou suivre sans balancer l'exemple de Fontrailles, ou du moins ne pas attendre que le Roi donnât aucun ordre; et sans se fier trop à lui, comme faisoit le cardinal, qui faisoit semblant d'être encore plus malade qu'il ne l'étoit jusques à ce qu'il eût pris ses sûretés, ne pas demeurer un moment à la cour après le départ de Chavigny, et prendre les siennes. Le président de Thou, qui savoit le malheur qui étoit arrivé à tous ceux qui s'étoient embarqués avec Monsieur, et voyoit la mauvaise conduite de son ami, devoit le laisser là s'il vouloit demeurer, et s'en aller en Italie, où il lui avoit dit qu'il vouloit aller. Enfin ces deux, qui furent moins méfians, payèrent par leur mort leur manque d'habileté.

Il est à croire que le malheur qui les fit périr fut une protection de Dieu toute particulière, qui sauva la France des désordres qu'un changement de cette nature y pouvoit apporter, si son ennemi le roi d'Espagne, profitant de l'infirmité du Roi, conduit par un jeune favori sans prudence, le duc d'Orléans, frère unique du Roi, et le duc de Bouillon, qui sans doute n'avoient pas de petits desseins, en étoient les maîtres. Peu auparavant que le Roi partît pour ce petit voyage, Monsieur avoit voulu parler de cette entreprise à la Reine, et lui avoit nommé les noms des conjurés, désirant qu'elle eût part à ce dessein, qui alors étoit bien innocent, puisque le Roi étoit de la partie. La Reine, qui craignoit de tomber dans quelque misère, et qui avoit peur de la puissante étoile du cardinal de Richelieu, n'y voulut point entrer. Elle conjura Monsieur, qu'elle avoit toujours cru assez de ses amis, de ne point dire aux autres qu'elle le sût; il lui promit de le faire, et il l'observa religieusement. Elle lui en sut gré, et le loua de son secret quand elle vit que la conjuration étoit découverte : il avoit tout avoué au cardinal sans la nommer. Le grand écuyer de même, à ce qu'elle m'a fait l'honneur de me dire avant que de partir, lui demanda si elle n'avoit point de nouvelles du Roi son frère. Elle a cru depuis qu'il voulut alors entrer en matière avec elle; mais, pour s'en défaire promptement, elle lui dit qu'elle n'avoit garde d'y conserver des intelligences, puisqu'elles lui étoient si expressément défendues; et, changeant de discours, lui parla d'autre chose.

Pendant que toute cette tragédie se passa à Narbonne, Monsieur étoit à Bourbon, faisant le malade, et montroit de ne penser à rien; mais il fut trompé par ceux qu'il croyoit tromper. Aussitôt qu'on sut à la cour qu'il avoit part au dessein de Cinq-Mars, grand écuyer, le Roi, conseillé par le cardinal de Richelieu, voulut l'envoyer arrêter prisonnier, et peu s'en fallut qu'il ne le fût. Il eut des avis de la prison de M. le grand, qui le firent retirer en Auvergne. Il y demeura jusqu'à ce que sa paix fût faite avec le Roi, caché dans des montagnes, où il changeoit souvent de lieu, pour éviter le péril dont il étoit menacé. Il envoya l'abbé de La Rivière trouver le cardinal : c'étoit un homme capable des affaires, et qui avoit de l'esprit. Il m'a dit depuis qu'il avoit ignoré le traité d'Espagne, et que Monsieur ne s'étoit pas servi de lui dans cette négociation, parce que Montrésor et Saint-Ibal, ces personnes extraordinaires qu'on appeloit alors des esprits forts, étoient en faveur auprès de lui, et l'avoient engagé à cette injuste et ridicule chimère. L'abbé arriva à Tarascon, où étoit alors le cardinal de Richelieu, dans la même heure que le Roi s'y faisoit porter pour l'aller voir, pour lui demander pardon et se réconcilier avec lui. Le Roi étoit outré de colère contre Monsieur, à cause de ce traité : mais, outre ce juste ressentiment, cette aventure l'avoit remis dans les chaînes du cardinal de Richelieu; et n'ayant pas le courage de s'en ôter lui-même, il falloit qu'il haït et qu'il aimât tout ce qu'alors le cardinal de Richelieu lui ordonnoit d'aimer ou de haïr. Après cette conversation du Roi avec son ministre, l'abbé fut appelé par le dernier pour savoir ce que Monsieur lui vouloit dire par lui. D'abord les complimens et les protestations qui marquoient le repentir de ce prince serviroient seulement pour entrer dans des matières plus fortes; et surtout il s'attacha (à ce qu'il m'a dit depuis lui-même) à faire croire au cardinal de Richelieu que les oreilles seules de son maître avoient péché contre lui, et que par son cœur et ses intentions il n'avoit point eu dessein de le tuer, comme il disoit que le projet en étoit fait. Le ministre avoit su que le grand écuyer devoit faire ce coup en présence de Monsieur, et cet article ne lui avoit pas été agréable; mais l'abbé de La Rivière lui maintint le contraire. Il prouvoit son dire par de certains rendez-vous que le grand écuyer avoit donnés à Monsieur pour cet effet, qu'il avoit évités avec soin ; et peut-être qu'il l'avoit aussi fait pour ne pouvoir contribuer à une action de sang et d'horreur que la vertu chrétienne et morale lui pouvoit faire haïr. Le cardinal de Richelieu ne se laissa pas adoucir par toutes ces raisons ; mais après que l'abbé de La Rivière fut parti, il dit à quelques-uns de ses amis que s'il ne l'avoit entièrement persuadé, qu'au moins il l'avoit mis en état de douter de la chose. De là le cardinal désira qu'il allât trouver le Roi, qui étoit à Beaucaire, de l'autre côté de l'eau, quoiqu'il n'eût pas ordre de son maître de le voir. Le Roi lui fît plusieurs questions sur le chapitre de Monsieur, et le pressa d'avouer qu'il étoit coupable. Quand il lui fit le compliment ordinaire de la part de Monsieur, et qu'il l'assura de sa fidélité, le Roi l'interrompit brusquement, et lui défendit de parler de fidélité, lui disant que c'étoit une chose trop connue qu'il n'en avoit point pour lui. Après l'avoir excusé du mieux qu'il put, le Roi lui commanda d'écrire tout ce qu'il venoit de lui dire de la part de son maître. Ces paroles n'alloient qu'à confesser que Monsieur avoit aimé le grand écuyer, et qu'il étoit vrai encore qu'il avoit écouté quelques discours contre la fortune de M. le cardinal, et non pas contre sa personne. L'abbé, qui crut que c'étoit mauvais signe pour son maître de ce qu'on lui demandoit de tels écrits, quels qu'ils pussent être, refusa constamment de rien écrire, et souffrit d'être menacé de prison, et d'y être même tenu une heure, plutôt que de faire espérer qu'il fût capable de rien écrire. Pour se défaire de cet embarras, et embrouiller le Roi et ses ministres, qui avoient ordre du cardinal de Richelieu de lui faire peur, il dit au Roi tout librement, et par une finesse louable, qu'il n'avoit garde d'écrire d'avoir dit quelque chose en présence de Sa Majesté, parce qu'il étoit contraint de lui avouer qu'il n'avoit point eu d'ordre pour la voir, et qu'il n'y étoit venu que parce que M. le cardinal l'avoit désiré. Le Roi, qui n'avoit point eu de leçon sur cet article, fut entièrement déconcerté. Chavigny et des Noyers, qui étoient les agens du ministre, le furent aussi. Par cette hardiesse il échappa habilement d'une mauvaise aventure, et retourna trouver le cardinal de Richelieu. Ce ministre se plaignit à lui d'avoir dit au Roi qu'il n'avoit point eu d'ordre de le voir. L'abbé de La Rivière lui reprocha aussi qu'ayant été sur sa parole trouver le Roi, il eût été si maltraité, et mis dans un tel embarras que pour s'en tirer il avoit fallu jouer de son reste. Après les plaintes qui furent faites de part et d'autre, ils rentrèrent en conférence douce et aimable, et tout fut oublié. Le cardinal lui demanda s'il ne savoit point ce que Monsieur avoit fait ; il répondit que non, et qu'il ne connoissoit que les complaisances qu'il avoit eues pour les plaintes de M. le grand. Le cardinal lui répartit : « Eh bien, pensez tout ce que vous pourrez ima-« giner de pis, *por accertar* (1), et souvenez-vous « qu'il a fait une chose infâme à un fils de France, « et qui mérite la mort. — Comment ! dit l'abbé « de La Rivière, vous m'étonnez, et je ne sais « que penser ; car Monsieur n'est pas capable « d'attenter ni à la vie du Roi, ni à celle de ses « enfans. Il n'a point traité avec les étrangers, « et par conséquent je ne sais que deviner. — « Non, lui répartit le cardinal de Richelieu, il n'a « rien fait de tout cela ; mais ce qu'il a fait, le « Roi vous le dira lui-même. Allez le trouver, et « assurez-vous sur ma parole que présentement « vous en serez bien reçu. » Il y alla, et le Roi ayant eu de son ministre de différens conseils, l'abbé de La Rivière fut traité de différente manière ; et le Roi enfin lui montra le traité d'Espagne, et lui fît voir les sujets qu'il avoit de se plaindre de Monsieur, puis le congédia pour retourner le trouver. L'abbé de La Rivière apprit à Monsieur que toutes choses étoient découvertes, et lui montra la copie du traité que le Roi lui avoit commandé de lui porter. Ce prince fut infiniment surpris de ce que sa faute étoit sue du Roi, vu le secret qui avoit été observé en la faisant ; car il n'y avoit eu que Fontrailles qui avoit signé ce pernicieux écrit, et encore avoit-il pris un autre nom. Monsieur, sans faire plus de façons, avoua qu'il étoit vrai ; et pressé de douleur, de dépit ou de honte, il pleura, et renvoya la même personne demander miséricorde : ce qu'il fit avec le moindre désavantage qu'il put pour son maître ; et la paix se fit entre ces deux princes, ou plutôt le cardinal la donna libéralement à Monsieur (2), qui se trouva trop heureux de demeurer en repos, avec un espoir que bientôt la mort du Roi son frère, ou celle de son ministre, changeroit sa destinée.

Le duc de Bouillon commandoit les armées en Italie avec beaucoup de réputation, et attendoit alors de la fortune des plus éclatantes marques de sa faveur. Le grand écuyer étant arrêté, un gentilhomme qui étoit à la cour pour apporter au duc de Bouillon les nouvelles de la mort du cardinal de Richelieu, qu'on disoit qu'ils avoient dessein de tuer, partit aussitôt pour lui aller annoncer le bouleversement de ses espérances. Cet homme, ne voulant pas aller par des

(1) Pour frapper au but, c'est-à-dire trouver la vérité.
(2) Variante du manuscrit : « Cette paix ne fut pas « de la nature de celle que Dieu annonça le jour de Noël « aux hommes de bonne volonté ; mais telle qu'elle peut « se trouver à la cour, et parmi des frères du sang royal. »

chemins connus, passa par chez le vicomte de Turenne, frère de son maître, pour prendre des chevaux ; et, sans lui parler du sujet qui le faisoit courir si vite, lui apprit, comme une nouvelle publique, que le grand écuyer venoit d'être arrêté. Le vicomte de Turenne, qui étoit ami du cardinal, et qui n'étoit pas éloigné du lieu où il étoit malade, crut lui faire plaisir de lui apprendre une nouvelle si avantageuse pour l'état présent de ses affaires, et lui dépêcha un courrier pour l'avertir de ce qui étoit arrivé à Narbonne, lui mandant que c'étoit un gentilhomme de son frère le duc de Bouillon qui le lui avoit appris. Le cardinal de Richelieu, qui savoit le fond de cette affaire, qui avoit envoyé Chavigny au Roi pour cela, mais qui n'en savoit pas encore alors le succès, voyant de qui cette nouvelle venoit, ne douta point qu'elle ne fût vraie. Il fit distinction de l'innocent et du coupable : il traita le vicomte de Turenne comme son ami, qui sans le savoir, comme il faut croire, le servoit en perdant son frère. Il envoya courir après le gentilhomme, afin de l'empêcher d'avertir son maître ; et en même temps il envoya un ordre au marquis Du Plessis-Praslin, depuis maréchal de France, et à Castelan, pour se saisir de la personne du général. Il étoit signé d'un secrétaire d'Etat et de la propre main du Roi. Il y avoit ces deux mots : « Ceci est ma volonté de « le prendre mort ou vif. » Le comte Du Plessis et Castelan furent bien embarrassés comment ils pourroient obéir au Roi, pour prendre le duc de Bouillon au milieu de ses troupes. Il s'avisa heureusement pour eux d'aller voir Casal, pour quelque dessein qu'il avoit en tête. En partant pour cette promenade, il laissa le soin de son armée au comte Du Plessis son lieutenant-général, lui ordonnant de ne la point quitter pendant son absence, et mena Castelan avec lui. Eux, de leur côté, voyant que l'occasion étoit belle, jugèrent qu'il falloit que le comte Du Plessis allât à Casal incognito, lorsque le duc de Bouillon y seroit : ce qui se fit. Etant arrivé et rejoint à son confident, ils surent que Couvonges, qui y commandoit, étoit occupé à lui montrer la citadelle. Ils l'envoyèrent avertir qu'ils désiroient parler à lui pour une chose de conséquence. Couvonges quitta le duc de Bouillon le plus tôt qu'il lui fut possible, et s'en alla trouver le comte Du Plessis et Castelan. Ces deux personnes lui montrèrent l'ordre du Roi, et lui dirent qu'il falloit que ce fût lui qui l'exécutât puisqu'il en avoit les moyens. Il s'en chargea, et ayant donné à souper au duc de Bouillon, il voulut l'aller arrêter dans son cabinet ; mais ce général, qui avoit su que le comte Du Plessis-Praslin étoit là contre l'ordre qu'il lui avoit donné, et qu'il se cachoit de lui, se douta du péril où il étoit. Couvonges le vint trouver avec quelque suite, qui, pour le faire sortir de ce cabinet où il avoit cinq ou six gentilshommes des siens avec lui, lui dit qu'il y avoit des gens qui demandoient à parler à lui. Le duc de Bouillon lui répondit qu'il voyoit bien ce que c'étoit ; mais qu'il ne se tiendroit point pour arrêté qu'il ne vît l'ordre du Roi. Couvonges alors sortit de ce lieu pour l'aller quérir. Aussitôt après le duc de Bouillon le suivit, et soufflant les bougies, se sauva avec un des siens, et s'en alla courant, quoique boîteux alors, vers un certain endroit de la ville qu'il avoit remarqué être plus bas que les autres : et quoiqu'il n'eût fait que jeter les yeux en se promenant de ce côté-là, il en avoit aussitôt aperçu le défaut, et vu à peu près par où il falloit aller. Il y seroit arrivé, sans qu'il prît une rue pour l'autre ; et comme il voulut retourner sur ses pas, il entendit le grand bruit que faisoient ceux qui le cherchoient. Ce bruit l'obligea d'entrer chez un cabaretier de cette petite rue, où il y avoit un cul-de-sac ; et là il se mit dans du foin pour se cacher. Ce fut en cet endroit que des Suisses le trouvèrent, qui le maltraitèrent fort. Quand Couvonges et le comte Du Plessis furent avertis qu'il étoit trouvé, ils le furent tirer de leurs mains ; et, sans s'étonner, il leur dit qu'il avoit mal passé son temps en la puissance de ces gens-là. Il fut gardé dans la citadelle, et de là mené à Lyon, où, pour sauver sa vie quand tout fut découvert, il fallut qu'il donnât au Roi sa ville de Sedan. Mademoiselle de Bouillon sa sœur et le comte de Roucy étoient venus à la cour solliciter sa grâce, et avoient trouvé le Roi fort aigri contre l'auteur de tous les partis qui avoient été formés contre lui, et le protecteur de tous les rebelles ; mais le cardinal de Richelieu ne put refuser au prince d'Orange de servir le duc de Bouillon son neveu, après les services qu'il venoit de lui rendre à lui-même ; car, se voyant abandonné du Roi, par le crédit de Cinq-Mars et par la conjuration de tant d'ennemis, contre lesquels il ne croyoit pas se pouvoir soutenir, il avoit eu recours à ce prince, qu'il avoit prié de représenter au Roi, qui avoit une grande estime pour lui, de quelle importance il lui étoit de le défendre contre tous ses ennemis, qu'il devoit considérer comme les ennemis de sa personne et de son Etat. Il ne manqua pas de le faire, et de lui rendre témoignage du zèle qu'il avoit toujours remarqué en lui pour son service, et de l'assurer que c'étoit sa sincérité et son habileté qui tenoit tous ses alliés attachés à la France, et qui lui faisoit refuser les offres avantageuses que les Espagnols lui faisoient. Mais voyant le danger où étoit le duc de Bouillon, il ne se contenta pas d'écrire : il fit partir en diligence le comte d'Estrades, pour aller de sa part demander sa grâce au Roi, et la négocia avec le cardinal, lequel, étant content de la mort de son ennemi, fut bien aise de reconnoître les obligations qu'il avoit à son ami, en sauvant la vie à celui pour qui il la demandoit.

Ces deux criminels, qui payèrent pour tous les autres, furent bien malheureux de ne s'être pas dérobés pour deux à trois mois à leur mauvaise destinée : ils auroient eu leur grâce, comme le duc de Bouillon, après la mort du cardinal de Richelieu, arrivée le 4 décembre 1642, ou du moins après celle du feu Roi, arrivée en 1643 : comme Fontrailles et tous ses complices, que nous avons depuis vus à la cour. On disoit en ce temps-là que le Roi et le cardinal attendoient à qui mourroit le premier, et que chacun de son côté faisoit de grands desseins pour le reste de sa vie. Le Roi avoit dessein de gouverner lui-même son Etat, et le cardinal faisoit des projets dignes de son ambition. Comme il mourut le premier, il donna au Roi une partie de ses biens, pour reconnoître, à ce que l'on disoit, envers le fils les obligations qu'il avoit à la Reine-mère (1). Il paroissoit si content d'avoir triomphé de ses ennemis, que son curé ne put s'empêcher de le presser de pardonner à ses ennemis; à quoi il répondit qu'il n'en avoit point eu d'autres que ceux de l'Etat. Il avoit fait des livres de l'Instruction et de la Perfection du chrétien. C'est pourquoi il devoit savoir en quoi elle consistoit. Cependant l'évêque de Nantes Cospean, qui fut depuis évêque de Lizieux, l'étant allé voir sur les fins de sa vie, après l'avoir entretenu, dit tout haut, en sortant, que sa tranquillité l'étonnoit; et on dit que le pape Urbain VIII, qui aimoit à dire de bons mots, dit : *Se gli e un Dio*(2), *lo pagarà; ma veramente se non c'e Dio, galanthuomo.*

La Reine, après cette mort, dont elle ne fut pas fort affligée, commença de pressentir son pouvoir à venir par la foule qui l'environnoit. Ce n'étoit pas que le Roi la considérât davantage. Le cardinal avoit travaillé avec tant de soin à la détruire dans son esprit, qu'elle ne put jamais y prendre une meilleure place. Ce prince même étoit naturellement si chagrin et si accablé en ce temps-là de ses maux, qu'il n'étoit plus capable d'aucun sentiment de tendresse pour elle, qu'il n'étoit pas accoutumé de bien traiter. Mais enfin la sérénité étant revenue sur le visage des courtisans, et ce changement ayant donné de l'espérance et par conséquent de la joie à tous, on commençoit à regarder la Reine comme mère de deux princes et femme d'un Roi infirme. Elle approchoit d'une régence qui devoit être longue, et chacun en son particulier espéroit en recevoir à son tour quelque grâce. Le Roi, quoique malade, faisoit lui-même toutes ses affaires, et publioit hautement qu'il ne vouloit plus de gouverneur. Il envoya des abolitions aux criminels, fit ouvrir les prisons, permit aux exilés leur retour, et fit tout ce qui étoit nécessaire pour persuader à ses peuples que les cruautés passées n'avoient pas été faites par lui, et que ses inclinations en étoient fort éloignées. Les maréchaux de Vitri et de Bassompierre, et le comte de Cramaille, sortirent de la Bastille. Vautier, médecin de la Reine-mère, en sortit aussi. Le cardinal, quand il l'y mit, n'avoit pas voulu le faire mourir, parce qu'il vouloit, à ce que dit le même cardinal à un de ses amis, qu'il sentît son mal plus long-temps. Les princes de Vendôme, le père et ses enfans, revinrent de leur exil, dans lequel ils avoient toujours conservé des intelligences avec la Reine, qui les considéroit beaucoup. Le duc d'Elbœuf, qui avoit été proscrit, revint de même que quelques autres particuliers,

(1) Manuscrit. « Il mourut chargé d'honneurs et de « gloire, avec l'éclat de beaucoup de vertus, et la honte de « beaucoup de grands défauts, dont la cruauté et la ty- « rannie étoient les principaux. On peut dire de lui qu'il « avoit acquis une grande réputation en procurant le bien « de l'Etat, la puissance et la grandeur de son prince. La « dureté avec laquelle il traita la Reine-mère, sa maîtresse « et sa bienfaitrice, pendant son exil, diminue beaucoup « les louanges qu'on doit à sa mémoire; et cette cruauté « envers plusieurs particuliers le rend infiniment blâma- « ble. Enfin il mourut faisant la figure d'un saint, et n'ayant « pas fait en toute chose la vie d'un chrétien... J'ai ouï « dire qu'il avoit demandé à un évêque s'il pouvoit mou- « rir en repos sans faire restitution de tant de biens qu'il « avoit pris sur le public et sur les particuliers quelquefois « injustement; et que cet évêque, accoutumé à le flatter, « lui ayant répondu que oui, et que les grands biens qu'il « avoit faits à la France rendoient les siens légitimes, il le « pria de lui apporter cela par écrit; et cet écrit, il le prit

« et le serra bien soigneusement sous le chevet de son lit, « comme pour servir de justification à Dieu de ses iniqui- « tés : ce qui me paroît étrange, qu'un homme plus capa- « ble et qui avoit plus de science que celui sur lequel il « se déchargeoit de son scrupule, se voulût laisser trom- « per soi-même en une affaire où lui seul devoit être le « juge, et sa propre conscience le docteur le plus fidèle de « tous ceux qu'il pouvoit consulter. » En marge de la page qui contient cette dernière anecdote, on lit : *Ceci n'est pas chose certaine.*

(2) S'il y a un Dieu, il le paiera; mais vraiment s'il n'y a point de Dieu, c'est un habile homme. Le manuscrit ajoute : « Un Italien de mes amis, à qui depuis j'ai de- « mandé si cela étoit vrai, me dit que oui, qu'il ne falloit « pas s'en étonner, et que le bon Pape railloit assez sou- « vent, et disoit de bons mots; mais qu'il étoit pourtant « grand homme et avoit de la vertu : ce qui ne s'accom- « mode guère bien à cette raillerie. »

dont le nombre seroit trop grand si on les vouloit nommer. Toutes ces douceurs et ce calme faisoient bénir le règne présent, et détester la sévérité passée ; mais il ne dura guère, parce que le Roi mourut peu après (1).

Le Roi appela au ministère le cardinal Mazarin, Italien de naissance, mais à demi Espagnol par les années qu'il avoit passées en Espagne, et ami du cardinal de Richelieu. Il est à croire qu'il auroit eu du pouvoir auprès du Roi, s'il eût vécu davantage; car on sait assez qu'il savoit plaire quand il le vouloit. La cour étoit en cet état, lorsque la France perdit le feu Roi. Il étoit si cassé de ses fatigues, de ses chagrins, de ses remèdes et de ses chasses, que, ne pouvant plus vivre, il se résolut à bien mourir pour vivre éternellement. Il le fit d'une manière tout extraordinaire. Jamais personne n'a témoigné tant de constance à souffrir, tant de fermeté dans la pensée certaine de sa fin, ni tant d'indifférence pour la vie. Il avoit toujours été malheureux, parce qu'il s'étoit trop assujéti à ses sujets, suivant plutôt les passions de ses favoris que ses propres sentimens. Cette soumission l'avoit porté à faire des fautes dont il se repentoit en lui-même. On a eu lieu de croire que les passions innocentes qu'il avoit eues pour madame d'Hautefort et La Fayette ne lui avoient causé que du chagrin et quelques momens de foiblesse, que Dieu lui avoit fait la grâce de surmonter ; car il a toujours paru craindre Dieu, et toutes deux l'ont cru fort scrupuleux : digne en cela d'une grande louange, si en toutes choses il avoit eu la même force. Ce fut dans ces derniers temps, à la vue des jugemens de Dieu, qu'il se repentit vivement d'avoir manqué à l'observation d'un de ses premiers commandemens. Il n'avoit plus le cardinal de Richelieu pour lui maintenir l'exil de la Reine-mère, nécessaire à l'État ; et s'examinant lui-même sincèrement sur cet article, ce qu'il avoit fait contre elle lui parut aussi terrible qu'il l'étoit en effet. Il en demanda pardon à Dieu publiquement avec de grands témoignages d'un véritable repentir, et fit apparemment tout ce qu'un bon chrétien est obligé de faire avec des sentimens de piété et des marques d'une foi parfaite. Le Roi avoit dit à Chavigny, au commencement de sa maladie, qu'il avoit un cruel déplaisir de deux choses : la première d'avoir maltraité sa mère, qui étoit morte depuis peu (2); et la seconde, de n'avoir point fait la paix. Il voulut l'envoyer en Espagne la traiter. Chavigny accepta cette commission, comme honorable pour lui et avantageuse au public; mais sa femme, ambitieuse et politique, l'en détourna, lui représentant l'état de la cour, et qu'il perdroit la place qu'il y tenoit, s'il l'abandonnoit dans le temps de la mort de ce prince. Suivant ce conseil, il y demeura avec dessein de se procurer une grande puissance, qu'il n'obtint ni de la fortune ni de ses soins. Dieu seul qui la donne l'avoit condamné, pour le reste de sa vie, au martyre des ambitieux, qui est de désirer toujours la faveur sans l'avoir. Le Roi, en mourant, déclara la Reine régente; et Chavigny (3), qui eut plus de part à cette déclaration que le cardinal Mazarin, prétendit l'avoir utilement servie, et crut pouvoir espérer quelque part à sa confiance. Il se trompa : elle ne l'aimoit pas, et ceux qui étoient bien auprès d'elle avoient déjà résolu sa perte. Aussitôt après, la Reine entra au conseil, et le Roi fit lire la déclaration faite par le chancelier, dont le plan avoit été écrit par Chavigny, et arrêté par le Roi. Elle fut lue en présence du parlement et de tous les grands du royaume. Le Roi fit jurer la Reine qu'elle l'observeroit inviolablement (4). Elle fut obligée de le faire; mais ce fut avec un dessein contraire aux volontés de ce prince, en ce qui regardoit certaines personnes, dont les uns avoient part à sa

---

(1) Manuscrit. « Et quoique la clémence soit une vertu « louable et nécessaire en tout temps, dans la régence de « la Reine on a reconnu, par une fâcheuse expérience, que « trop de douceur n'est point une bonne voie pour bien « gouverner, et que la corruption des hommes demande « quelquefois du châtiment et de la sévérité. »

(2) Marie de Médicis étoit morte à Cologne le 3 juillet 1642.

(3) Manuscrit. « Quand M. de Chavigny vit que les médecins jugèrent que le Roi étoit hors d'espérance de pouvoir échapper, il se chargea de l'avertir de l'état où il se « trouvoit : ce qu'il fit en adoucissant la rudesse de cette « nouvelle autant qu'il fut possible; et néanmoins il lui « représenta, avec de la force et de la vertu, que, quoiqu'il fût grand prince, il étoit toutefois égal au moindre « des hommes en la mort et en la naissance, et lui dit « enfin qu'il étoit temps de penser à quitter la vie. Le Roi « l'embrassa, et lui dit en le serrant dans ses bras qu'il « le remercioit de cette bonne nouvelle, et l'assura qu'il « n'avoit jamais senti tant de joie dans toute sa vie qu'il « en recevoit en apprenant qu'il alloit perdre. Il le fit reculer pour penser à sa conscience et à ses affaires; et « après avoir été une demi-heure tout seul, il le rappela et « lui dit : *M. de Chavigny, songeons à nos affaires.* Ils « firent alors le plan de son testament, dans lequel il déclara la Reine régente. Madame de Chavigny m'a dit que « son mari, qui eut plus de part à cela que le cardinal Mazarin, eût pu y faire nommer Monsieur, frère du Roi, « lequel l'en avoit sollicité; mais qu'il tint bon pour la « Reine, croyant y pouvoir mieux trouver son compte : « en quoi il se trompa fort. »

(4) Manuscrit. « Comme on lisoit cette déclaration, le « Roi, qui avoit voulu y mettre que le garde des sceaux « Châteauneuf et madame de Chevreuse demeureroient « toujours éloignés de la cour, le lecteur venant à cet endroit, le Roi tout moribond, craignant ces deux personnes comme les favoris de la Reine, se leva sur son « séant, et dit tout haut : *Voilà le diable, cela.* »

haine, et les autres à son amitié. Le Roi avoit voulu y mettre que le garde des sceaux de Châteauneuf et madame de Chevreuse demeureroient toujours éloignés de la cour, comme des personnes dangereuses et dont l'esprit étoit à craindre. Il en fut détourné par ceux qui voulurent plaire à celle qui alloit être régente, et qui n'osoient plus agir que de concert avec elle. Quand ce prince voyoit le duc de Beaufort auprès de lui et quelques autres, il disoit à ses confidens : « Ces « gens viennent voir si je mourrai bientôt; » et ce sentiment, à ce que j'ai ouï dire à la Reine même, lui faisant oublier l'envie qu'il avoit d'aller chercher un meilleur pays que celui qu'il laissoit, il lui arriva de dire avec emportement : « Ah! si j'en puis revenir, je leur vendrai bien « cher le désir qu'ils ont que je meure. » Il recommanda ses enfans à la Reine, et demeura six semaines et davantage, mourant tous les jours sans pouvoir achever de mourir. Il parla toujours de la certitude de sa mort comme d'une chose indifférente, et de l'éternité comme d'un voyage plaisant et agréable qu'il devoit faire bientôt. Il y eut des personnes à qui leur dureté et l'envisagement de leurs espérances firent dire qu'il étoit trop long à mourir, et qu'il ennuyoit les spectateurs. Un jour il fit ouvrir les fenêtres de sa chambre du côté de Saint-Denis; et tournant sa tête vers ce lieu, il dit d'un air tranquille : « Voilà où je demeurerai long-temps. Mon corps « sera bien ballotté, car les chemins sont mau- « vais. » Séguin, premier médecin de la Reine, m'a dit que, deux heures avant sa mort, comme il passoit devant son lit, il lui fit signe de la tête et des yeux de s'approcher de lui, et lui tendant la main, lui dit d'une voix ferme : « Séguin, tâtez « mon pouls, et dites-moi, je vous prie, combien « j'ai encore d'heures à vivre; mais tâtez bien, « car je serai bien aise de le savoir au vrai. » Le médecin, voyant sa fermeté, et ne voulant pas déguiser une vérité qu'il voyoit ne lui point faire de peur, lui dit tout froidement : « Sire, Votre « Majesté peut avoir encore deux ou trois heures « tout au plus. » Alors ce prince joignit les mains, et tenant les yeux tournés vers le ciel, répondit doucement, et sans montrer nulle altération : « Eh bien, mon Dieu, j'y consens, et de bon « cœur! » Et peu après il les ferma pour jamais, le 14 mai 1643, âgé de quarante-deux ans. La Reine parut sensiblement affligée. On la fit retirer de la ruelle du lit du Roi, où elle avoit toujours été à prier Dieu. Elle souffrit dans le moment de la mort de ce prince, à ce qu'elle m'a fait l'honneur de me conter, une véritable douleur; et, m'en ayant parlé souvent, elle m'a toujours dit qu'il lui sembla, quand elle le vit expirer, qu'on lui arrachât le cœur : ce que sa sincérité ne lui auroit point permis de dire, si elle ne l'avoit senti de cette manière. Sa tendresse pour lui fut donc plus forte et plus grande qu'elle ne l'auroit pu imaginer; mais je ne m'en étonne pas, vu l'honnêteté de ses sentimens et de ses obligations. Dès cet instant elle alla trouver le petit Dauphin, ou plutôt le Roi, qu'elle salua et qu'elle embrassa les larmes aux yeux, comme son roi et son enfant tout ensemble. On peut croire qu'elle et toute la France devoient pleurer ce Roi, et que, selon ses sentimens et ses lumières, il auroit alors gouverné son royaume glorieusement. Il avoit des défauts qui l'ont effacé des cœurs de ses sujets et de toute sa famille; mais il avoit aussi de grandes vertus, qui pour son malheur n'ont point été assez connues; et l'assujétissement de ses volontés à celles de son ministre avoit étouffé toutes ces belles qualités. Il étoit plein de piété et de zèle pour le service de Dieu et pour la grandeur de l'Eglise; et sa plus sensible joie, en prenant La Rochelle et les autres places qu'il prit, fut de penser qu'il chasseroit de son royaume les hérétiques, et qu'il le purgeroit par cette voie des différentes religions qui gâtent et infectent l'Eglise de Dieu. Il étoit, à ce que j'ai ouï dire à un de ses plus intimes favoris, un des meilleurs capitaines de son royaume. Il savoit la guerre, et il étoit vaillant. Je le sais de ceux qui, dans leur jeunesse, ont été avec ce prince dans le péril sans paroître le craindre. Il aimoit les gens de service, et c'étoit la seule chose qu'il n'avoit pas abandonnée à son ministre. Lui-même connoissoit les gens de cœur, ceux qui avoient fait de belles actions; et il prenoit un fort grand soin de les en récompenser. Ses plus sensibles chagrins contre le cardinal étoient de ce qu'il vouloit aller souvent commander son armée, et que le cardinal, pour ne se pas commettre dans une si grande foule d'ennemis, s'y opposoit toujours, et par mille inventions l'en empêchoit. Il avoit beaucoup d'esprit et de connoissances; et le cardinal de Richelieu lui-même a dit plusieurs fois de lui que, dans son conseil, il étoit toujours du meilleur avis, et trouvoit souvent des expédiens sur les choses les plus embarrassantes. J'ai ouï dire au duc de Saint-Simon, qui étoit auprès de lui quand il se brouilla avec la Reine sa mère, qu'il ne voulut point lui abandonner le cardinal de Richelieu par principe d'équité, parce qu'il étoit persuadé qu'il ne lui avoit point manqué de fidélité; que c'étoit le maréchal de Marillac et le maréchal de Bassompierre et plusieurs autres qui, ayant fait une cabale avec la princesse de Conti contre le cardinal de Richelieu, vouloient, pour leur intérêt particulier, se servir de la Reine sa mère comme de bouclier contre lui; et que, connoissant les services qu'il venoit de lui rendre, il avoit cru être obligé de le maintenir, et qu'il n'avoit eu aucune pensée de perdre la Reine sa mère pour sauver le cardinal : mais qu'il avoit eu dessein de conserver l'un sans manquer au respect qu'il devoit avoir pour celle dont il avoit reçu la vie; que la première chose qui commença de l'aliéner de cette princesse fut quand elle le pressa de chasser le cardinal, et que, s'étant mis à genoux devant elle pour la fléchir, elle n'eut aucun égard ni à cette soumission ni à ses prières; qu'il est vrai que cela lui fit un peu de dépit; ce qui fut cause qu'il s'en alla à Versailles, où le cardinal le suivit par le conseil de ses amis, car d'abord il voulut se retirer; mais ce prince lui dit : « Non, M. le cardinal, je ne le veux pas; vous « n'avez point manqué à la Reine ma mère : car « si vous l'aviez fait, je ne vous verrois jamais ; « mais, voyant que toutes ces choses se font par « cabale, et vous m'ayant bien servi, je ne se- « rois pas juste si je vous abandonnois. » D'autres gens de ce temps m'ont encore assuré qu'il n'eut point de dessein de ce qui arriva depuis à Compiègne; mais peu après ce cardinal lui fit comprendre qu'il falloit détruire toute cette cabale, qui portoit la Reine sa mère à brouiller l'État; et que, pour ce fait, il falloit l'arrêter quelque temps, après lequel tous ceux de son parti étant morts ou prisonniers, on la feroit revenir. Mais cette princesse ayant passé en Flandre (ce qui fut, à ce qu'on dit, pratiqué par lui-même), il lui fut aisé de déguiser la vérité au Roi son fils, et lui persuader que l'absence de la Reine sa mère étoit nécessaire au repos de son royaume. Voilà ce qui se peut dire pour excuser la plus grande faute qu'il ait faite ; car, pour la mort du maréchal d'Ancre, il n'y a pas d'apparence qu'il l'ait ordonnée, non plus que toutes les indignités dont elle fut accompagnée, qu'il faut attribuer au peu de circonspection de ceux qui eurent l'ordre de l'arrêter, à la résistance de ceux de la suite de ce maréchal, et à la haine que le peuple avoit pour lui. Aussi cela n'a pas empêché qu'on ne lui ait donné le nom de Juste. Personne n'a douté non plus qu'il ne fût brave, et qu'il ne sût mettre une armée en bataille, aussi bien qu'aucun de ses généraux. Mais, outre ces grandes qualités si nécessaires aux grands rois, il savoit mille choses auxquelles les esprits mélancoliques ont accoutumé de s'adonner, comme la musique et tous les arts mécaniques, pour lesquels il avoit une grande adresse et un talent particulier.

SECONDE PARTIE.

RÉGENCE DE LA REINE,

LE 15 MAI 1643.

Le lendemain de la mort du roi Louis XIII, le roi Louis XIV, la Reine, Monsieur duc d'Anjou, le duc d'Orléans, et le prince de Condé, partirent de Saint-Germain pour venir à Paris; et le corps du feu Roi demeura seul à Saint-Germain, sans autre presse que celle du peuple, qui courut le voir par curiosité plutôt que par tendresse. Le duc de Vendôme y resta pour faire les honneurs, et le marquis de Souvré, gentilhomme de la chambre en année, pour y faire sa charge. De tant de gens de qualité qui lui avoient fait la cour la veille, personne ne demeura pour rendre ses devoirs à sa mémoire : tous coururent à la Régente.

Pendant les derniers jours de la maladie du feu Roi, le duc d'Orléans et le prince de Condé se regardèrent avec quelque défiance l'un de l'autre. On vit beaucoup de visages nouveaux, et chacun avoit plus de suite qu'à l'ordinaire. La Reine ne manqua pas de faire doubler ses gardes, et de prendre ses précautions contre les princes du sang, quoique ses soupçons fussent mal fondés. Sa cabale pour lors étoit celle de MM. de Vendôme, auxquels la disgrâce avoit donné du lustre et des amis. Le père avoit beaucoup d'esprit (1), et c'étoit tout le bien qu'on en disoit. Pour les deux princes ses enfans, ils n'en avoient pas tant que lui; mais ils étoient tous deux bien plus estimés par la profession qu'ils faisoient l'un et l'autre d'être fort hommes d'honneur, quoique d'une manière fort différente : le duc de Mercœur ayant une douceur naturelle, qui faisoit croire qu'il avoit pour tout le monde quelque bonté; et le duc de Beaufort ayant une mine plus haute, ou pour mieux dire plus fière, qui faisoit imaginer qu'il avoit quelque chose de grand dans l'ame, quoiqu'au fond il y eût bien autant d'ostentation que de générosité; car il n'eut aucune éminente qualité capable de le soutenir dans un premier degré de faveur. L'évêque de Beauvais (2), grand aumônier de la Reine, étoit à elle depuis long-temps, et la place qu'il tenoit dans sa confiance le faisoit regarder comme celui qui, étant ami de MM. de Vendôme, devoit gouverner pendant la régence. Il avoit de la piété, et la Reine paroissoit l'estimer et le considérer. Cette grande cabale étoit composée de tous ceux qui, étant mal con-

(1) Manuscrit. « Le père étoit un homme d'esprit sans « réputation, sans bonté et sans fidélité. »
(2) Auguste Potier.

tens du règne précédent, désiroient de se venger des maux que le cardinal de Richelieu leur avoit faits, sur ce qui restoit de ses parens et de ses amis, et ne doutoient pas que la Reine, qui en avoit souffert autant et plus qu'eux, n'en eût la pensée. Mais ils trouvèrent en elle le même changement qu'on loua tant autrefois en Louis XII, qui, étant devenu roi, ne voulut point venger les querelles du duc d'Orléans; et c'est ce qui a causé la plupart des désordres qui ont troublé sa régence.

La Reine, en arrivant à Paris, y trouva une aussi grande foule de peuple et de gens de qualité qu'il y en a dans les entrées pour lesquelles on fait les plus grands préparatifs. Depuis Nanterre jusqu'aux portes de cette grande ville, toute la campagne étoit remplie de carrosses; et ce n'étoit partout qu'applaudissemens et bénédictions. Elle fut saluée à l'ordinaire par les cours souveraines, qui la regardoient comme celle qui, par sa piété et sa bonté naturelle, alloit rendre à la France le bonheur après lequel il y avoit long-temps qu'elle soupiroit, et dont elle avoit grand besoin. Ils voyoient entre les bras de cette princesse, qu'ils avoient vue souffrir de grandes persécutions avec beaucoup de fermeté, leur jeune Roi enfant, comme un présent du ciel donné à leurs vœux : ce qui augmentoit en eux l'amour et la fidélité que les Français ont naturellement pour leurs princes, et l'affection qu'ils avoient pour elle; si bien qu'on peut dire que jamais régence n'a eu de si heureux commencemens, et que jamais reine de France n'a eu tant d'autorité ni tant de gloire. Monsieur ne lui contesta point la régence, plutôt par impuissance que faute de bonne volonté. On venoit de voir une régence sous Marie de Médicis, et l'on n'avoit point encore oublié celle de Catherine du même nom, auxquelles on ne l'avoit point contestée. Le feu Roi son mari, malgré le peu d'amitié qu'il avoit eu pour elle, l'avoit déclarée Régente, et elle avoit l'amitié des peuples. Sa naissance étoit plus illustre que celle des deux princesses qui l'avoient précédée. Elle avoit beaucoup de créatures que ses malheurs avoient mises dans ses intérêts. Cela fit que le duc d'Orléans n'osa pas seulement former de souhaits contre une puissance si légitimement établie. Le prince de Condé, par son inclination, n'auroit pas été si docile. Il étoit jaloux de la maison de Vendôme, qu'il n'aimoit pas, et qu'il croyoit avoir mis dans l'esprit de la Reine les soupçons qui lui avoient fait doubler les gardes lors de la mort du feu Roi, et fait empresser le duc de Beaufort de paroître veiller à la sûreté de la famille royale. Mais l'exemple du duc d'Orléans l'obligea d'être sage; et comme il eut peur de n'être pas aussi considéré qu'il le désiroit, il pria une personne (1), qui pour lors étoit bien dans son esprit, de parler de lui à la Reine, et, en l'assurant de ses bonnes intentions et de sa fidélité, lui faire voir qu'il étoit facile et en même temps nécessaire de l'entretenir dans ses intérêts. La Reine, qui lui avoit fait bonne mine, dans son ame ne l'aimoit pas. Il avoit beaucoup d'esprit et de savoir; mais, outre qu'il étoit fort désagréable de sa personne, on l'accusoit de n'avoir pas trop de bonté, et d'avoir une grande avarice. La princesse sa femme, qui le haïssoit, et qui avoit une espèce d'ascendant sur la Reine qui l'aimoit fort, l'avoit entretenue dans l'aversion de son mari, jusqu'au point de travailler auprès d'elle à lui faire perdre son estime.

La première action de régente que fit la Reine fut de mander la dame de Senecé, sa dame d'honneur, qui avoit été exilée par le feu Roi pour des raisons que je n'ai point sues. Elle traita de même madame de Hautefort, que le Roi avoit chassée pour avoir donné à la Reine une préférence dans son cœur, qu'il croyoit lui seul pouvoir posséder. Cette princesse, pour lui faire goûter son retour avec plus de plaisir, en lui envoyant sa litière du corps voulut lui écrire de sa propre main, et le fit en des termes si obligeans et si tendres, qu'il étoit impossible de pouvoir rien ajouter de plus agréable à la manière dont elle étoit traitée. Elle devoit seulement souhaiter la durée de ces sentimens dans le cœur de sa maîtresse, qui, n'ayant point encore choisi de ministre, suivoit librement ses inclinations et les conseils de ceux qui paroissoient avoir plus de crédit auprès d'elle.

Outre les princes de Vendôme et l'évêque de Beauvais, le prince de Marsillac, fils du duc de La Rochefoucald, avoit quelque part à ses bonnes grâces.

Les assistances qu'il avoit données à la duchesse de Chevreuse, dans les disgrâces qu'elle avoit souffertes pour la Reine, persuadoient le public qu'il étoit destiné à ce qui pouvoit être de plus grand et de plus éclatant. Il y avoit encore beaucoup d'autres personnes de cette cabale, dont la Reine avoit été jusqu'alors le chef, qui s'attendoient à avoir part à ses bienfaits. Elle avoit des créatures dans le parlement; et entre autres le président Barillon avoit été de tout temps attaché à son service. Tous furent d'avis que la Reine ne se devoit point contenter d'une régence bornée, et qu'il falloit se servir du parlement pour la rendre maîtresse de toutes choses. Elle goûta avec plaisir cette proposition, qui la

(1) Le comte de Maure, suivant le manuscrit.

mettoit en état de rompre ses chaînes, en éloignant les personnes que le Roi avoit établies pour avoir part à toutes les délibérations. Chavigny et son père étoient ceux qu'elle avoit le plus envie de chasser, comme créatures du cardinal de Richelieu, et haïs de ceux qui alors étoient les plus puissans auprès d'elle; et toute cette cabale avoit peur que le fils, qui avoit eu le maniement de toutes les affaires sous un si habile ministre, et qui avoit été fort bien auprès du feu Roi, après sa mort n'acquît aussi bientôt quelque crédit auprès de la Reine. Il fut donc servi à la mode de la cour, et ses ennemis ne songèrent qu'à l'en faire sortir.

Le parlement désiroit de trouver une occasion qui lui pût redonner l'autorité qu'il avoit perdue du temps du feu Roi; et les habiles gens de cette compagnie l'estimoient heureuse que la Reine, qui trouvoit que le feu Roi ne l'avoit pas bien traitée par son testament, se voulût servir d'eux pour recevoir de leurs mains la puissance souveraine qu'il sembloit lui avoir ôtée, en ordonnant que, dans le conseil établi pour sa régence, les affaires passeroient à la pluralité des voix. Elle avoit peine à souffrir cette contrainte; et ceux qui espéroient avoir part à sa confiance vouloient qu'elle fût en pouvoir de chasser ceux qui y avoient été établis, afin de pouvoir entrer en leur place.

Les offres que messieurs du parlement lui faisoient de casser cette déclaration dans la forme qu'elle étoit furent acceptées; et j'ai depuis ouï dire au cardinal Mazarin qu'elle leur avoit fait trop d'honneur de les mettre au-dessus des volontés du feu Roi, et de leur donner le pouvoir d'ordonner d'une chose de si grande conséquence. Elle alla donc au parlement, où, du consentement de Monsieur duc d'Orléans, et du prince de Condé, on la déclara régente, sans lui prescrire aucun conseil. La Reine y fut en grand deuil, et y mena le Roi, qui étoit à la bavette, porté par le duc de Chevreuse son grand chambellan, accompagné du duc d'Orléans, son oncle, et du prince de Condé, premier prince du sang, des ducs et pairs, et des maréchaux de France, et de tout le conseil. Le chancelier Seguier fit une harangue digne de l'estime qu'il avoit acquise, et après avoir exalté les vertus de la Reine, il rendit grâces au ciel d'avoir donné à la France une Régente de qui on devoit espérer la paix générale et le repos de l'Etat. Il demanda ensuite les voix sur l'article de la régence. Monsieur, oncle du Roi, tout d'un coup et sans hésiter, donna la sienne en sa faveur, déclarant de sa propre volonté qu'il remettoit à la Reine tout le pouvoir que, comme frère unique du feu Roi, il pouvoit prétendre dans le royaume, pour rendre sa régence plus absolue et ses volontés sans bornes. Le prince de Condé dit à son tour que, puisqu'on le désiroit de cette manière, il y consentoit aussi. J'ai ouï dire à la Reine, sur ce consentement, qu'il n'avoit pas été si franc que celui de Monsieur; qu'elle avoit remarqué sur son visage qu'il avoit eu de la répugnance à le donner : et la difficulté qu'il parut avoir à se résoudre lui fit avoir plus d'obligation à Monsieur, dont la puissance auroit été beaucoup plus grande si celle de la Reine avoit été bornée, comme elle l'auroit été s'il avoit voulu comme le prince de Condé le vouloit. Beaucoup de gens attribuèrent cette facilité du duc d'Orléans aux intérêts de l'abbé de La Rivière son favori, qu'on accusoit de l'avoir détourné des sentimens ambitieux qu'il avoit eus tant de fois, bien plus mal à propos que dans cette conjoncture, où il avoit raison de faire ses conditions meilleures qu'il ne les fît; car il se contenta de la qualité de généralissime des armées de France, qui ne laissa pas de lui donner une grande puissance dans le royaume. Enfin, soit que cette facilité fût un effet de la considération qu'il avoit eue pour elle dans les temps où il avoit pu lui nuire plutôt que la servir, dans lesquels il ne lui avoit jamais manqué; soit qu'elle lui fût inspirée par ceux qui étoient près de lui et dont il pouvoit prendre conseil, qui lui avoient dit sans doute qu'il lui auroit été difficile, quand il l'auroit voulu, dans la disposition où étoient les esprits dans le parlement, d'empêcher que la régence de la Reine n'y fût confirmée et enregistrée sans aucunes bornes, il se déclara pour cela de la meilleure grâce du monde.

Sitôt que la Reine se vit indépendante et maîtresse absolue, elle chassa Chavigny du conseil, et ôta les finances à Boutillier son père pour les donner au président de Bailleul, en qui elle connoissoit beaucoup de probité, sans savoir s'il avoit du talent pour cette charge. En même temps elle envoya à Rome demander le chapeau de cardinal pour l'évêque de Beauvais, rappela la duchesse de Chevreuse de son exil, et fit des grâces à plusieurs particuliers, sans y observer la juste mesure que les grands sont obligés d'examiner, et qu'elle ne garda pas trop exactement, parce qu'elle ne connoissoit pas encore le prix de ses libéralités, que chacun se pressoit de lui demander trop hardiment, et qu'elle avoit trop de peine à refuser. Le duc de Vendôme, et toute sa famille, avoit jusques-là gagné plus que personne à la mort du feu Roi, et particulièrement le duc de Beaufort son cadet; car la Reine, dans les derniers jours de la maladie du Roi, lui avoit confié la garde de ses enfans. L'éclat de cette confiance attira tant de gens à sa suite, qu'il parut quelque temps le maître de la cour.

La Reine eut intention en ce temps-là d'ôter le gouvernement du Havre à la duchesse d'Aiguillon, et de le donner au prince de Marsillac, ami de madame de Chevreuse et de la dame de Hautefort, qui étoit fort bien fait, avoit beaucoup d'esprit et de lumières, et dont le mérite extraordinaire le destinoit à faire une grande figure dans le monde. Cette duchesse, nièce du cardinal de Richelieu, qui en avoit fait une si belle pendant le ministère de son oncle, commandoit dans cette place, et ce gouvernement lui avoit été laissé par lui, du consentement du feu Roi, pour le garder à ses neveux. Cette dame, qui par ses belles qualités surpassoit en beaucoup de choses les femmes ordinaires, sut si bien défendre sa cause, qu'elle persuada quasi à la Reine qu'il étoit nécessaire pour son service qu'elle lui laissât cette importante place, lui disant que, n'ayant plus en France que des ennemis, elle ne pouvoit trouver de sûreté ni de refuge que dans la protection de Sa Majesté, qui en seroit toujours la maîtresse; qu'au contraire celui auquel elle vouloit donner ce gouvernement avoit trop d'esprit, qu'il étoit capable de desseins ambitieux, et pourroit, sur le moindre dégoût, se mettre de quelque parti; et qu'ainsi il étoit important pour le bien de son service qu'elle gardât cette place pour le Roi. Les larmes d'une femme qui avoit été autrefois si fière arrêtèrent d'abord la Reine, qui, après avoir fait réflexion sur ses raisons, trouva à propos de laisser les choses en l'état où elles étoient.

Les plaintes du prince de Marsillac furent grandes : il murmura publiquement contre la Reine; et, à la première occasion qui s'en présenta, il lui fit voir qu'il avoit senti son changement, qu'il étoit résolu d'abandonner ses intérêts, et d'en prendre d'autres pour s'en venger : ce qui fut en partie cause de tous nos maux.

L'évêque de Beauvais ne soutenoit pas les affaires avec la force et la capacité qu'un premier ministre doit avoir; et la Reine, qui sortoit d'une grande oisiveté, et qui de son naturel étoit paresseuse, se trouva tout-à-fait accablée d'un si grand fardeau. Elle ne fut pas long-temps sans connoître qu'elle manquoit de secours, et qu'il lui étoit impossible de gouverner un Etat aussi grand que la France, ni démêler toute seule les intérêts des particuliers ni des grands du royaume, qui sont fort différens; et il est certain qu'il faut un grand temps pour examiner ce détail qui fait de la peine aux plus beaux esprits qui ne sont point accoutumés au travail, et qui n'ont aucune connoissance des affaires. Ce qui donnoit un plus grand chagrin à la Reine étoit l'envie qu'elle avoit de satisfaire, autant qu'elle le pourroit, ceux qui lui demandoient justice sur les pertes qu'ils prétendoient avoir faites sous le ministère du cardinal de Richelieu, qui étoient en grand nombre, et qui étoient difficiles à contenter. Dans cet intervalle de dégoût et d'embarras, le cardinal Mazarin, nommé par le feu Roi pour un de ceux de son conseil, fut assez heureux pour être destiné et ensuite choisi par elle pour remplir cette place. La Reine ne l'avoit point éloigné, parce qu'elle n'avoit point de haine contre lui; et comme il étoit habile il sut gagner M. le prince, qui n'aimoit point les Vendômes, et mettre dans ses intérêts le favori du duc d'Orléans, qui n'étoit pas de leur parti. En même temps il acquit (1) pour amis ceux qui étoient serviteurs de la Reine, sans être de la cabale de MM. de Vendôme, qui faisoient tant de bruit; car il y en avoit qui n'en faisoient point, et qui n'étoient pas moins considérés, comme le marquis de Liancourt, le marquis de Mortemart, Beringhen, et milord Montaigu, un Anglais que la Reine connoissoit depuis long-temps : gens sages auxquels elle étoit accoutumée, et qui avoient toujours été attachés à son service. Les deux premiers étoient recommandables par l'estime que le feu Roi avoit eue pour eux; et les deux derniers par la confiance que la Reine avoit en eux, les considérant comme des anciens courtisans qui estimoient le cardinal Mazarin, et l'avoient, il y avoit long-temps, vu en France chez le cardinal de Richelieu avec Chavigny, qui employoient tous leurs soins à persuader la Reine de son habileté; et ils n'eurent pas beaucoup de peine à réussir dans ce dessein : car cette princesse n'étant pas satisfaite de l'évêque de Beauvais, et ayant aperçu du vivant du feu Roi que le cardinal Mazarin avoit de la capacité, elle se trouva toute disposée à se servir de lui. Son esprit et sa docilité lui plurent dès les pre-

---

(1) Le manuscrit porte : « Il sut acquérir pour amis « tous ceux qui étoient de la cour, et qui n'étoient point « de cette cabale qui pour lors faisoit tant de bruit, dont « se trouva M. de Liancourt, le marquis de Mortemart, « Beringhen, et un certain Anglais nommé Montaigu, que « la Reine connoissoit du temps de Buckingham, et « avoit toujours conservé beaucoup de familiarité avec « elle. Ces personnes, opposées à la faveur présente, qui « étoient amis de M. de Chavigny, et qui étoient fort considérables, crurent qu'il leur étoit de grande conséquence de détruire ceux qui régnoient avec trop de faste, et d'établir un ministre auprès de la Reine qui leur dût sa grandeur, et qui pût sauver leur ami. De sorte qu'ils travaillèrent premièrement à garantir le cardinal de sa chute; puis, l'ayant empêché de tomber, ils travaillèrent à l'établir dans l'esprit de la Reine. »

mières conversations qu'elle eut avec lui : et assez souvent, parlant à ceux en qui elle se confioit, elle avoit témoigné n'être pas fâchée de le voir, pour s'instruire avec lui des affaires étrangères dont il avoit une parfaite connoissance, et dans lesquelles le feu Roi l'employoit. Suivant donc son sentiment particulier, les conseils de quelques-uns de ses meilleurs serviteurs, et le désir de M. le duc d'Orléans et de M. le prince qui témoigna l'estimer, elle lui donna part à sa confiance, elle lui céda son autorité, et il se vit en faveur, lorsque ceux qui croyoient la posséder tout entière ne s'imaginoient pas qu'il osât seulement y penser. Cette insinuation se fit facilement dans l'ame de la Reine : il devint en peu de temps le maître de ce conseil ; et l'évêque de Beauvais diminuant de puissance à mesure que celle de son compétiteur augmenta, ce nouveau ministre commença dès lors à venir les soirs chez la Reine, et d'avoir avec elle de grandes conférences. Sa manière douce et humble, sous laquelle il cachoit son ambition et ses desseins, faisoit que la cabale contraire n'en avoit quasi pas de peur, et qu'ils le regardèrent d'abord avec la présomption que la faveur inspire. Mais cette volage à qui les païens, sous le nom de la Fortune, ont donné de l'encens, voulant à son ordinaire se moquer de ceux qui la suivent, les abandonna pour se donner tout entière à un étranger, et l'élever tout d'un coup du premier échelon au plus haut où un particulier puisse monter, le mettant au-dessus des princes et des grands du royaume.

Pendant que ces intrigues se démêloient dans le cabinet, Dieu se mêloit de nos affaires dans la campagne. M. le prince avoit un fils, duc d'Enghien. Il avoit épousé malgré lui une nièce du cardinal de Richelieu, et commandoit l'armée du Roi quand il mourut. Dans ce commencement de régence, il gagna une bataille devant Rocroy, qui fut l'affermissement du bonheur de la Reine, et la première des belles actions de ce jeune prince âgé de vingt-deux ans, si brave et d'un si grand génie pour la guerre, qu'à peine les plus grands capitaines de l'antiquité lui peuvent être comparés. Le feu Roi, peu de jours avant de mourir, songea qu'il le voyoit donner un combat et défaire ses ennemis en ce même lieu. C'est une chose digne d'admiration, et qui doit donner quelque respect pour la mémoire de ce prince, qui, mourant dans les souffrances et quittant ce monde avec joie, parut avoir quelques lumières de l'avenir.

Cette victoire, remportée dans le commencement de la régence de la Reine, fut un bon augure du bonheur qu'elle devoit avoir dans la suite, et, la faisant craindre au dehors, la mettoit en état de disposer au dedans de toutes choses. La disgrâce de Chavigny fut celle dont elle reçut le plus de plaisir ; car outre qu'elle y étoit poussée par toute la cabale contraire au cardinal de Richelieu, je lui ai ouï dire qu'elle l'avoit cru auteur du testament du feu Roi, afin de se donner par là une part tout entière à la régence, en se faisant nommer dans la déclaration. Chavigny, voulant se justifier de ce reproche, m'a dit depuis (et je doute qu'il m'ait dit la vérité) qu'il avoit voulu servir la Reine auprès du Roi, et faire qu'elle demeurât plus absolue, et qu'il s'étoit même opposé à l'honneur que le Roi lui avoit voulu faire en son particulier : mais que le Roi lui avoit toujours dit qu'il vouloit brider la Reine ; et, d'autre côté, j'ai vu la Reine se moquer de Chavigny, qui, pendant qu'il traitoit cette affaire, lui venoit dire avec empressement qu'elle prît garde à ce qu'elle promettoit d'observer, puisque cette déclaration devoit être irrévocable, et aussi difficile à détruire que la loi salique ; car elle espéroit dès lors qu'elle rendroit, quand il lui plairoit, toutes ses peines inutiles, et qu'elle la feroit casser aussitôt qu'elle témoigneroit le désirer.

Le cardinal Mazarin, dont la puissance commençoit à s'établir, devoit travailler à sauver Chavigny, comme il l'avoit promis à ses amis, à cause des obligations qu'il lui avoit ; mais le cardinal Mazarin leur disoit qu'il n'étoit pas en état de s'opposer à l'aversion que la Reine avoit pour lui, qui pourroit diminuer quand la cabale de ses ennemis n'auroit plus de forces ; qu'il avoit encore à craindre pour lui-même, et qu'il falloit attendre que sa faveur, qu'il n'étoit pas fâché de leur cacher, fût solidement affermie. Cependant, comme les habiles gens sont toujours à craindre, et que les rivaux, autant dans la faveur que dans la galanterie, déplaisent naturellement, on le soupçonna d'avoir vu la disgrâce de Chavigny sans beaucoup de chagrin. C'est pourquoi, encore qu'il l'eût servi pendant le règne précédent auprès du cardinal de Richelieu pour le faire cardinal, et auprès du feu Roi pour le faire mettre à la place du feu cardinal, il le connoissoit trop bien pour ne pas savoir qu'il n'étoit pas d'humeur à désirer seulement d'avoir part au gouvernement ; mais que s'il ne vouloit pas être le seul, du moins il vouloit être le premier, comme il l'avoit été. Il n'avoit pas moins d'audace et moins de génie que lorsqu'il avoit su se faire aimer du feu cardinal et du feu Roi, et avoit de plus beaucoup d'amis puissans qui désiroient sa grandeur. C'est ce qui fit dire à bien des gens de ce temps-là que ce cardinal n'avoit pas d'envie que cet ancien ministre fût rétabli, à cause qu'il avoit pris liaison avec l'abbé de La Rivière, favori du duc d'Orléans, qui, voulant le chasser d'auprès de son maître, lui fit perdre une charge de chancelier qu'il avoit eue du temps du cardinal de Richelieu, pour être le pédagogue de ce prince. Le cardinal Mazarin allant à ses fins, lui faisant néanmoins de si grandes promesses, affectoit de lui montrer tant d'affection, que ses amis, quoique anciens courtisans et fort habiles, qui, à sa considération, le portoient à la première place, furent pris pour dupes. Les princes de Vendôme et l'évêque de Beauvais commencèrent enfin à s'inquiéter. Ils voulurent, comme les maîtres, s'opposer au nouveau venu, et le chasser comme un importun, ne trouvant pas à propos que personne vînt partager avec eux le crédit qu'ils avoient auprès de la Reine. Mais ils ne purent y réussir, et ce qu'ils firent ne servit qu'à les perdre. J'ai ouï dire au maréchal d'Estrées (1), oncle du duc de Vendôme et frère de la duchesse de Beaufort que le roi Henri IV avoit pensé épouser, que le cardinal Mazarin, dans les premiers jours de la régence, ne sachant de quel côté se tourner, voulut d'abord s'approcher de cette cabale, comme celle qu'il voyoit la mieux établie dans l'esprit de la Reine; qu'il le pria d'en être le négociateur; et que comme il s'intéressoit au bonheur de ces princes, comme leur proche parent, il fit tout son possible pour les attirer au parti du cardinal Mazarin, qu'il avoit connu à Rome où il avoit été ambassadeur. Ce seigneur étoit grand politique et grand courtisan. Il l'aimoit alors doublement, car il croyoit que son habileté et l'adresse de son esprit le porteroient infailliblement à la faveur. Il ne tint donc qu'à eux qu'il ne se joignît à leur fortune; mais ces princes refusèrent son amitié, par la haine qu'ils avoient pour tout ce qui avoit quelque rapport au cardinal de Richelieu. Mais ils ne pouvoient pas s'empêcher de voir que c'étoit un homme à craindre, non-seulement par son habileté, mais par ses manières si agréables qui pourroient le faire aimer de la Reine. Ils ne furent pas assez persuadés de cette vérité pour rien faire de toutes les choses qui auroient pu les maintenir dans le crédit où ils étoient, et eurent une trop grande opinion de leurs forces pour croire avoir besoin de se lier ni avec le cardinal ni avec Chavigny, dont les amis servirent à soutenir le cardinal Mazarin, et qui étoit moins à craindre pour eux, parce qu'il avoit moins de dignités, et qu'il étoit haï de la Reine. Les princes de Vendôme ayant manqué ce coup, et refusé cette liaison avec le cardinal Mazarin, la fortune de ce ministre prit un autre tour, et ce fut seulement pour aller plus vite et pour faire voir l'inconstance des choses de ce monde. Je sais de la Reine qu'un soir des premiers jours de sa puissance elle avoit demandé à milord Montaigu, qui lui parloit souvent du cardinal Mazarin, si elle pouvoit se fier à lui, et de quelle humeur il étoit; et que lui ayant dit, pour le bien louer, qu'il étoit en tout l'opposé du cardinal de Richelieu, cette réponse lui parut une si grande louange, par la haine qu'elle avoit pour la mémoire du mort, qu'elle aida fort à la déterminer à se servir de lui. Et quand elle eut pris cette résolution, elle s'y confirma tous les jours tellement qu'elle s'y rendit inébranlable; et, comme premier ministre, il prit la coutume, ainsi que je l'ai dit, de venir les soirs chez la Reine l'entretenir : et cette conférence commença dès lors à s'appeler *le petit conseil*. Il demeuroit long-temps avec elle, et lui rendoit compte des affaires étrangères, dont il étoit le maître du vivant du feu Roi.

On ne devoit pas s'étonner qu'elle suivît ses conseils. La grande réputation qu'il s'étoit acquise en Italie, où, d'un coup de chapeau, il avoit eu le crédit d'arrêter des armées prêtes à combattre, n'étant encore qu'*il signor Giulio*, lui avoit fait donner celui de cardinal; et les grandes affaires qu'il avoit traitées avec le cardinal de Richelieu lui avoient fait concevoir depuis une si grande estime pour lui, que, dans la pensée qu'il avoit de l'établir son successeur, il lui avoit donné toutes les instructions nécessaires pour servir la France, à laquelle il l'avoit obligé de se donner tout entier, afin de suivre ses maximes et de s'y perfectionner. Tout le monde savoit qu'il avoit été nommé dans la déclaration du feu Roi comme premier ministre, parce que ce grand homme avoit assuré le Roi, avant que de mourir, qu'il ne connoissoit personne plus capable que lui pour remplir cette place; et cette nomination fut une raison dont la Reine se servit pour faire approuver le choix qu'elle en avoit fait. Je sais sur cela que cet heureux ministre, étant persuadé de son bonheur par celui qu'il avoit eu déjà dans toutes les rencontres de sa vie, dit à une de ses amies (2), dans le temps de la décision de son établissement, qu'il n'étoit pas en peine de sa fortune, mais seulement qu'il ne voyoit pas bien encore de quelle manière il pourroit *spiegar le vele piu larghe* (voguer à pleines voiles). Voilà donc le cardinal Mazarin qui fait déjà éclater sa faveur par la foule qui commence à l'environner. Il remit Chavigny

(1) Auteur des Mémoires qui font partie de cette collection.

(2) La maréchale d'Estrées.

dans le conseil du Roi en qualité de ministre, ne pouvant plus long-temps différer à tenir sa parole, et le refuser à ses obligations et à ceux qui l'avoient servi auprès de la Reine; mais il le retint éloigné de sa confiance. Il confirma cette princesse dans l'inclination qu'elle avoit de conserver le Havre à la duchesse d'Aiguillon, et l'empêcha de ruiner les parens du cardinal de Richelieu, lui disant que ceux-là, qui alors n'avoient nulle protection que la sienne, seroient sans doute ceux dont elle seroit la mieux servie. Il faisoit son devoir en soutenant ceux qui restoient d'un homme à qui il devoit toute sa grandeur; mais, outre cette raison, il étoit d'un habile politique, voyant qu'il alloit avoir sur les bras toute la troupe favorite, de se faire des amis puissans qui étoient saisis de toutes les places, et qui se trouvoient avoir les plus grandes dignités du royaume. Il y réussit si bien que, malgré les oppositions des anciennes créatures de la Reine, elle se relâcha du dessein qu'elle avoit eu de les perdre, et de cette aversion qu'elle avoit paru avoir contre eux dans les premiers jours de sa régence. Elle passa aisément pour eux à la plus grande douceur du monde; et, sous son autorité, ils ont été presque tous ses confidens et les mieux traités. Ce changement, qui fut d'abord un conseil reçu et donné par des maximes politiques, devint aisément dans l'ame de la Reine une maxime chrétienne que sa vertu et sa clémence lui firent estimer : et comme elle étoit capable d'être trompée sous l'apparence du bien, il est à croire que le cardinal Mazarin, sans être généreux, lui conseilla d'en user généreusement, afin de pouvoir affoiblir les mouvemens de son cœur sur la haine comme sur l'amitié; et qu'étant plus indifférente à la vengeance, elle fût plus susceptible des impressions qu'il vouloit lui donner pour ses propres intérêts. La Reine, qui crut que ses conseils étoient bons et sincères, les suivit sans peine et même avec quelque satisfaction, croyant y rencontrer le bien de l'Etat et le plaisir de se vaincre elle-même dans son ressentiment.

Le chancelier Seguier se sentit de cette bénignité. Les premiers jours lui furent dangereux, et il s'en fallut si peu qu'il ne perdît la place où il étoit, qu'il se crut long-temps disgracié, se souvenant de tout ce qu'il avoit fait au Val-de-Grâce. Et l'on disoit tout haut que Châteauneuf, autrefois garde des sceaux, et qui sous le règne précédent avoit été chassé de la cour et mis en prison pour avoir eu part à sa confiance, y reviendroit, et seroit bientôt rétabli. Mais madame la princesse, qui le haïssoit à cause qu'il avoit été le juge du duc de Montmorency son frère, s'y opposa vigoureusement, et fit que MM. le prince et le duc d'Enghien son fils entrèrent dans ses intérêts. Cette résistance fit retarder l'exécution de la disgrâce du chancelier jusqu'à cet instant favorable où tous les parens et amis du cardinal de Richelieu furent regardés plus favorablement; et la tempête étant cessée pour tous, elle cessa aussi pour lui. Le cardinal Mazarin avoit un grand intérêt de lui sauver ce coup (1), parce que Châteauneuf étoit lié avec les princes de Vendôme et madame de Chevreuse, comme ayant été autrefois de la cabale de la Reine; que c'étoit un habile homme, d'une grande expérience, le chef d'un grand parti, et qui, selon les apparences, n'approcheroit point de la Reine sans reprendre son ancien crédit auprès d'elle. Sa présence auroit fortifié les ennemes du cardinal Mazarin, et les auroit indubitablement mis en état de le chasser du poste où il commençoit d'être. Il sut donc si bien ménager cette affaire auprès de la Reine, qu'un matin, à son lever, le même chancelier venant lui parler de quelque affaire qui regardoit sa charge, elle le confirma dans ce bel établissement qu'il possédoit depuis long-temps. Milord Montaigu fit aussi ce qu'il put pour le servir; il étoit son ami, et d'une sœur qu'il avoit, qui étoit carmélite, que la Reine aimoit : si bien que toutes ces choses ensemble l'empêchèrent de périr. Le chancelier en reçut beaucoup de joie (2) : il aimoit la faveur ; et, s'il l'avoit moins révérée, il auroit été plus digne de la posséder, vu sa science, sa capacité pour les affaires du conseil et ses bonnes intentions. Les amis de Châteauneuf, déchus de leur espérance, ne purent obtenir de la Reine que la fin de son exil; mais il ne revint point à Paris : il demeura à Montrouge chez lui, où, malgré cette surséance de bonheur que ses amis supportèrent avec impatience, il eut toujours une grande cour de ses parens et de ceux qui prenoient part à sa destinée, dont le nombre n'étoit pas petit. Le marquis de Villeroy, le maréchal d'Estrées, le marquis de Souvré, de Seneterre et plusieurs autres portoient ses intérêts avec ardeur; ils se serviront tous si puissamment auprès du cardinal, qu'encore que ce ministre eût sujet de l'appréhender, il le laissa long-temps vivre de cette manière : peut-être aussi afin de

(1) Manuscrit. « Non pas que l'amitié l'y obligeoit, car
« cette belle habitude de l'ame lui a toujours été incon-
« nue; mais parce que Châteauneuf étoit lié, etc. »
(2) Manuscrit. « Car il étoit d'humeur à estimer davan-
« tage l'honneur de posséder des dignités, que celui de les
« mériter par une justice et une vertu sévères; et il auroit
« été le premier homme de son siècle, si, avec sa science
« et sa grande capacité, il eût eu une ame assez élevée
« pour préférer la gloire à la fortune. »

4.

montrer qu'il ne craignoit rien, et qu'il vivoit dans une sûreté entière de sa faveur. Châteauneuf ne perdit pas de temps : il fit en ce lieu de nouvelles intrigues contre lui ; et le cardinal n'osant choquer tant de personnes qui le protégeoient, ou dédaignant de le pousser, il lui en arriva de grands maux, et le crédit de cet ennemi déclaré contribua sans doute beaucoup aux mauvaises aventures qui dans la suite de ce temps lui arrivèrent.

La faveur du cardinal s'établissoit toujours de plus en plus dans l'esprit de la Reine, et les Vendômes en eurent une véritable peur. Ils firent alors tous leurs efforts pour s'y opposer, et pour faire revenir en la Reine ses premiers sentimens. Mais l'opposition a cela de propre, qu'elle excite le désir et la volonté à la résistance et au combat. La Reine voulut défendre et maintenir son nouveau ministre par la force de la raison. Elle déclara ouvertement qu'elle vouloit s'en servir, et dit, à tous ceux qui lui en parlèrent, que sa politique lui avoit paru bonne de lui conseiller de ne pas entrer dans des desseins de vengeance, indigne d'une ame chrétienne et royale. Elle témoigna librement à quelques-uns de ses serviteurs qu'elle seroit bien aise qu'on s'accommodât à ses volontés ; et, sans trop écouter l'évêque de Beauvais, elle montra par toutes ses actions qu'elle vouloit donner son entière confiance au cardinal Mazarin. Il étoit capable de plaire par son esprit adroit, fin et habile à l'intrigue, et par une manière d'agir pleine de douceur, fort éloignée de la rigueur du règne précédent, et fort accommodante à la bonté de la Reine. On a cru qu'il n'étoit point digne de l'estime de cette princesse ; mais il est vrai néanmoins qu'il avoit de louables qualités qui ont eu le pouvoir de réparer fortement les défauts qui étoient en lui, et qui, joints à l'envie, l'ont fait haïr et mépriser des peuples et de beaucoup d'honnêtes gens.

La Reine eut donc raison d'estimer la beauté de son esprit, sa capacité, et les marques qu'il lui donna de sa modération. Elle crut facilement qu'il étoit vertueux en toutes choses, parce qu'il n'avoit point de vice apparent, ni de mauvaises qualités qu'elle pût connoître alors ; et quoiqu'elle en jugeât un peu trop favorablement, la différence infinie qu'il y avoit de lui à l'évêque de Beauvais fait que la Reine doit être louée d'en avoir su faire le discernement.

La cour en cet état, la faveur étoit encore dispersée : car, aux yeux du public, elle ne paroissoit pas aussi fixée qu'elle l'étoit en effet, à cause du grand bruit que les princes de Vendôme faisoient encore. Mais cet éclat n'avoit plus de force qu'en l'audace démesurée du duc de Beaufort, qui, jeune, bien fait, et qui avoit beaucoup d'amis, avec une mine altière, paroissoit vivre à la mode des favoris. On ne pouvoit pas non plus s'imaginer que la Reine pût abandonner sitôt ceux qu'elle avoit aimés et considérés jusqu'alors avec tant de marques d'une véritable amitié. Le cardinal Mazarin ne faisoit que de naître dans sa bonne volonté, et elle ne lui faisoit pas en apparence un si favorable traitement qu'au duc de Beaufort ; mais la nécessité d'être servie, et l'application que ce ministre avoit à lui faire paroître qu'il étoit sincère et plein de bonté, lui facilitoit à tous momens l'entière conquête de sa confiance. Ce prince, son compétiteur, mêloit à ce qu'il avoit de bon et de louable beaucoup de défauts ; sa jeunesse le privoit d'expérience, ses lumières naturelles étoient fort bornées ; il parloit haut, et parloit mal : il ne faut pas s'étonner si tant de mauvaises choses ne purent produire rien d'avantageux pour lui. Cette incertitude extérieure, qui tenoit en suspens les affaires et les esprits, étoit cause que la foule étoit grande auprès de la Reine, et les prétendans en grand nombre. Elle en étoit si embarrassée, que souvent elle gardoit la chambre pour en éviter l'importunité. Comme elle n'étoit pas accoutumée à régner, elle ne savoit refuser les importuns, ni donner à ceux qui étoient sages et modérés. Ce discernement est difficile à faire, et méritoit toute l'occupation d'une Reine moins paresseuse que la nôtre. Dans cette confusion, chacun lui demandoit des grâces, et chacun se faisoit un mérite auprès d'elle des choses passées. Ses créatures ne croyoient pas qu'elle pût leur faire assez de bien pour payer leurs services ; et les nouveaux enrôlés, à la moindre protestation de services et de fidélité, prétendoient aussitôt de grandes récompenses. Le cardinal Mazarin se servit utilement pour lui des importunités qu'elle recevoit de l'avidité impétueuse des Français ; car, étant étranger, il haïssoit la foule, et ne pouvoit souffrir ce désordre. Il étoit avare ; et l'injuste hardiesse des hommes, à lui qui vouloit gouverner, lui faisant de la peine, il augmenta le dégoût que la Reine lui témoignoit avoir de cet accablement avec tous les soins imaginables. Comme il en avoit une ample matière, ses complaisances ne lui furent pas inutiles ; et la conseillant selon son humeur, il la fit aisément résoudre à se décharger sur lui de tous ces soins. Ce fut un assez précieux dépôt au cardinal Mazarin, pour croire qu'il le reçut volontiers ; et je m'assure, de l'humeur dont nous l'avons connu, qu'il fit ce qu'il put pour lui persuader que c'étoit pour lui plaire qu'il se chargeoit d'un fardeau aussi pesant que celui-là.

La France eût évité bien des maux, si la cour se fût trouvée remplie de gens assez sages pour savoir qu'il est impossible de trouver un homme parfait ; et si, préférant la paix à leur ambition, ils eussent doucement suivi les volontés de la Reine, puisqu'ils étoient destinés à être gouvernés par un ministre. Celui-là qui, étant étranger (1), n'avoit nul attachement ancien au prince ; qui étoit habile, et qui n'étoit point tyran, étoit digne d'être préféré à beaucoup d'autres. Mais, pour notre malheur, la Reine lui abandonna trop absolument son autorité, et cet excès de puissance déplut à tous, et fit que les choses en quoi il pouvoit manquer par ses sentiments et sa conduite furent senties et blâmées avec trop de sensibilité et d'emportement.

Les courtisans, qui se dégoûtèrent bientôt après de ce ministre, l'accusèrent de ne pas faire assez de cas des gens de bien, et disoient que l'honneur, la probité et le mérite n'avoient point de prix dans son estime. En effet, le règne de la régence a été stérile en bienfaits, particulièrement pour les personnes fidèles et attachées au Roi et à cette princesse. Le cardinal Mazarin en avoit reçu toute sa grandeur, et ne lui en voulut laisser aucune part, pas même en apparence. Le désir et l'espérance des grâces et des bienfaits donne de grandes forces pour endurer les fourberies des ennemis, les bassesses des flatteurs, et les inquiétudes qu'on trouve dans les cabinets des rois. On a donc raison de se plaindre d'un siècle où souvent les maux ont été soufferts sans aucun soulagement ; mais comme la vie n'est qu'un mélange continuel de bien et de mal, ce ministre mérite des louanges de ce qu'il a su par son habileté et la force de son génie porter sa fortune jusqu'au dernier période de la grandeur, et de ce qu'il n'a pas été cruel ; que le sang des courtisans a été épargné, et que jamais homme, avec tant d'autorité et parmi tant d'ennemis, n'a eu plus de facilité à pardonner, et n'a moins que lui rempli les prisons et les cachots.

Dans ces jours où l'intrigue occupoit toute la cour, le service du feu Roi se fit avec toutes les cérémonies accoutumées. Peu après, madame de Senecé, que la Reine avoit rappelée de son exil, revint à Paris ; elle fut bien reçue de sa maîtresse, et par conséquent regardée et recherchée de tout le beau monde. Madame de Brassac, qui avoit été mise dans sa charge de dame d'honneur par le feu cardinal de Richelieu, en fut éloignée ; mais ce fut quasi malgré la Reine, qui avoit de l'estime pour elle, et à qui son procédé avoit infiniment plu. C'étoit une dame de grand mérite, savante, modeste et vertueuse. Avec ces qualités, elle étoit la plus humble des femmes. La Reine, qui vouloit chasser madame de Lansac, gouvernante du Roi, l'antipode de madame de Brassac, et qui destinoit sa place à madame de Senecé, eût bien désiré qu'elle se fût contentée de cet illustre emploi ; mais elle, qui croyoit que la Reine ne pouvoit jamais lui faire autant de bien qu'elle le méritoit, qui étoit depuis longtemps à la cour, et qui espéroit tenir une grande place, voulut ravoir celle de dame d'honneur. Elle répondit à la Reine, qui lui fît faire la proposition de se contenter de celle de gouvernante du Roi, qu'elle désiroit rentrer dans sa charge ; et que celle de madame de Lansac, qu'elle l'accepteroit volontiers, si la Reine vouloit lui faire cet honneur. Elle remplit toutes les deux, parce qu'elle ne voulut pas se contenter de n'en avoir qu'une, ni même de la partager : ce que la Reine auroit souhaité de pouvoir faire avec son agrément. Madame de Lansac fut donc chassée, comme une personne qui avoit vécu avec la Reine d'une manière qui lui avoit déplu ; et madame de Brassac en fut éloignée de sa part avec douceur, parce qu'elle avoit été un exemple de vertu, et qu'elle en avoit été fidèlement servie. La Reine lui témoigna fort obligeamment le déplaisir qu'elle avoit de la perdre, et lui a toujours conservé beaucoup de part dans son estime. Quelques jours après, étant à son lever en l'absence de madame de Senecé, et la première femme de chambre lui ayant présenté la chemise pour la donner à la Reine, elle la refusa honnêtement, comme n'étant plus en droit d'avoir cet honneur ; et la Reine, voyant son humilité, la prit des mains de la première femme de chambre, et la présenta elle-même à madame de Brassac, et la convia fort obligeamment à la lui donner. Cette illustre et vertueuse dame en fut touchée, et l'ayant prise, elle la donna à la Reine les larmes aux yeux ; non pas qu'elle regrettât la cour : elle avoit une vertu trop solide pour avoir cette foiblesse ; mais parce qu'en effet la manière dont la Reine l'avoit traitée en cette occasion l'avoit obligée à quelque sentiment de tendresse pour elle.

La marquise de Senecé avoit beaucoup d'esprit, de vertu et de piété, un cœur fort noble, joint à une amitié sincère, et de la chaleur pour

(1) Manuscrit. « Il est ennemi des grâces, il fait peu de
« cas de ses amis et des gens de bien ; la vertu ne tou-
« che point son estime ; l'honneur est une qualité hon-
« teuse à son égard, et jamais ou rarement il n'a fait du
« bien qu'à ceux qui ont mal servi le Roi, et qu'il a crus
« capables de lui nuire en son particulier. N'ayant jamais
« voulu prendre le chemin d'un juste châtiment, plutôt
« par foiblesse que par bonté, il a fallu qu'il ait toujours
« pris celui d'acheter ses ennemis. »

les intérêts de ses amis ; mais elle étoit ambitieuse et trop sensible à la grandeur de ses proches : le nom de La Rochefoucauld seulement à prononcer lui donnoit une joie extrême. Son esprit alloit toujours à l'extrémité de toutes choses; il étoit plein d'emportement et d'impétueuse vanité, de sorte que la modération n'y avoit pas beaucoup de place : et ses défauts se mêlant à ses bonnes qualités, on peut dire qu'elle n'étoit pas toute parfaite. Elle étoit très-bien dans l'esprit de la Reine, qu'elle avoit long-temps servie. Je sais que le cardinal de Richelieu crut avoir sujet de se plaindre d'elle en son particulier ; et quoique ce ne fût point pour les intérêts de sa maîtresse, qui n'eurent point de part à sa disgrâce, elle en fut assez bien traitée par le don qu'il lui fit de deux charges aussi considérables qu'étoient celles qu'elle venoit de recevoir. On crut qu'elle avoit beaucoup de crédit auprès d'elle. Les premiers jours de son retour, tant de gens la furent visiter, que je lui ai ouï dire à elle-même qu'ayant gardé le lit, elle avoit été si long-temps appuyée sur ses coudes, occupée à saluer ceux qui l'étoient venue voir, qu'ils en avoient été écorchés. On en fit autant et plus à madame de Chevreuse, comme à celle qui avoit régné dans le cœur de la Reine, et qui dans toutes ses disgrâces avoit toujours conservé ses intelligences avec elle, et avoit paru posséder entièrement son amitié. On y pouvoit ajouter les obligations de ses souffrances, qui l'avoient menée promener par toute l'Europe ; et quoique ses voyages eussent servi à sa gloire et à lui donner le moyen de triompher de mille cœurs, ils étoient tous, à l'égard de la Reine, des chaînes qui la devoient lier à elle plus étroitement que par le passé. Mais les choses de ce monde ne peuvent pas toujours demeurer en même état. Cette vicissitude, naturelle à l'homme, fit que la duchesse de Chevreuse, qui étoit appréhendée et mal servie par ceux qui prétendoient au ministère, ne trouva plus en la Reine ce qu'elle y avoit laissé ; et ce changement fit aussi que la Reine de son côté ne trouva plus en elle les mêmes agrémens qui l'avoient autrefois charmée. La souveraine étoit devenue plus sérieuse et plus dévote, et la favorite étoit demeurée dans les mêmes sentimens de galanterie et de vanité, qui sont de mauvais accompagnemens à l'âge de quarante-cinq ans. Ses rivaux et ses rivales dans la faveur avoient dit à la Reine qu'elle vouloit la gouverner ; et la Reine étoit tellement prévenue de cette crainte, qu'elle eut quelque peine à se résoudre à la faire revenir si vite, vu les défenses que le Roi lui en avoit faites : ce qui en effet étoit louable en la Reine, et qui lui devoit être d'une grande considération. Madame la princesse, qui haïssoit madame de Chevreuse, et qui étoit alors d'humeur approchante de celle de la Reine, avoit travaillé de tout son pouvoir à la dégoûter d'elle. L'absence, en quelque façon, avoit servi à détruire l'ancienne favorite dans l'esprit de la Reine, et la présence avoit beaucoup contribué à l'amitié, ou plutôt à l'habitude qu'elle avoit prise avec madame la princesse. Quand cette importante exilée arriva, la Reine néanmoins parut avoir beaucoup de joie de la revoir, et la traita assez bien. J'étois revenue à la cour depuis peu de jours. Aussitôt que j'eus l'honneur d'approcher de la Reine, j'en vis les sentimens sur madame de Chevreuse, et je connus que le nouveau ministre avoit travaillé autant qu'il lui avoit été possible à lui faire voir ses défauts, et à la lui faire haïr. La facilité qu'elle eut à la chasser tout de nouveau, pour avoir voulu s'opposer comme tous les autres à l'établissement du cardinal Mazarin, en furent des marques infaillibles.

Il semble qu'on pouvoit accuser madame de Chevreuse d'imprudence, puisqu'elle devoit suivre les inclinations de la Reine, qui l'avoit tant aimée, et à qui elle devoit un attachement indispensable ; mais qui connoît la cour ne s'en étonnera pas, vu qu'il est difficile de manquer aux liaisons anciennes, et aux amis à qui on a promis fidélité et service. Elle revenoit alors de Flandre, où elle avoit été bien reçue à cause de la Reine, et de la haine que les étrangers avoient pour le cardinal de Richelieu. Cette princesse, qui avoit laissé la Reine dans de grands sentimens de tendresse pour le roi d'Espagne son frère, crut que, portant les intérêts de cette cour où la Reine avoit pris sa naissance, elle lui seroit mille fois plus agréable ; mais elle se trompa : elle la trouva mère de deux princes, et Régente. Par conséquent, elle n'étoit plus si bonne sœur. Son cœur suivant son devoir, elle n'avoit plus de désirs que pour les prospérités de la France ; si bien que l'amour que madame de Chevreuse rapportoit pour le roi d'Espagne n'avoit plus guère de charmes pour Anne d'Autriche, parce que les intérêts du Roi son fils occupoient alors son ame.

Madame de Hautefort étoit aussi revenue, à qui la Reine avoit, comme j'ai déjà dit, écrit de sa propre main qu'elle la prioit de revenir promptement ; qu'elle ne pouvoit goûter de plaisir parfait si elle ne le goûtoit avec elle ; et ces mêmes mots : « Venez, ma chère amie, je meurs d'im- « patience de vous embrasser. » Elle vint donc, la lettre de la Reine à sa main, c'est-à-dire la montrant à ses amis avec joie. Elle crut que la fortune s'étoit rendue constante en sa faveur, et que jamais elle ne pourroit perdre les bonnes grâces de la Reine, qu'elle avoit acquises par la perte de celles du feu Roi, et par une grande fidélité à son service. Mais, pour son malheur, elle revint dans le même esprit qui n'étoit plus celui de sa maîtresse : et comme parmi ses bonnes qualités, dont j'ai déjà parlé ailleurs, sa fermeté, qui en étoit une, n'étoit point accompagnée de douceur, ne pouvant s'accommoder de la faveur naissante du cardinal Mazarin, elle blâma le choix de la Reine avec une liberté qui tenoit de la rudesse. Le commandeur de Jars revint aussi de Rome, le lieu de son dernier exil. Celui-là avoit connu à Rome le cardinal Mazarin : et par conséquent il se rangea facilement aux inclinations de la Reine sur ce sujet, et devint son ami, ou tout au moins en fit le semblant ; mais jamais il ne put l'être tout-à-fait, à cause des grandes liaisons qu'il avoit avec Châteauneuf. Il avoit de la probité, de l'esprit et du courage à soutenir ses sentimens ; mais il étoit de son naturel l'homme du monde le plus injuste dans ses jugemens, et le plus emporté. Il arriva depuis que, voyant le cardinal Mazarin persécuter ou éloigner ses amis de la cour, et particulièrement celui-là, il vint à le haïr d'une haine mortelle, quoiqu'en effet le cardinal Mazarin lui fît recevoir beaucoup de grâces de la Reine, et qu'il les reçût de la main du ministre ; parce que la Reine voulut toujours, dans le cours de sa régence, que ses créatures lui eussent l'obligation de ce qu'elle leur donnoit, afin de les obliger de s'attacher à lui. Par cette raison, le commandeur le devoit considérer et servir, car il lui fit du bien, c'est-à-dire en gardant une entière fidélité à ses autres amis, et en les servant auprès du ministre, sans lui faire en son particulier aucune injure. Mais il n'observa pas cette exacte justice à son égard.

Voilà donc la cour belle et grande, mais bien embrouillée. Chacun pensoit à son dessein, à son intérêt et à sa cabale. Le cardinal, d'un esprit doux et adroit, alloit travaillant à se gagner les uns et les autres ; M. le prince le protégeoit, et le duc d'Orléans, quoique affectionné aux Vendômes, le portoit tout-à-fait à la suprême puissance : le duc d'Orléans, comme je l'ai déjà écrit, à cause que son favori haïssoit les importans (c'est ainsi qu'on appeloit le duc de Beaufort et ses amis) ; le prince de Condé, parce que directement il leur étoit opposé. Ce fut ce qui sauva ce ministre au milieu de tant de périls, et qui fit faire naufrage à ceux qui paroissoient devoir être les maîtres, et qui, enflés de présomption, refusèrent son amitié et la méprisèrent. Il fit tout son possible pour acquérir celle de madame de Hautefort, comme la plus utile à son établissement ; car elle paroissoit posséder fortement l'inclination de la Reine : mais il ne put réussir dans son dessein. La Reine même en parla à cette dame, et lui dit les raisons qu'elle avoit de le vouloir élever au premier rang du ministère, qui étoient l'opinion de sa capacité, son désintéressement étant étranger, et la croyance qu'elle avoit que, n'ayant nulle cabale en France ni d'autres intérêts que ceux de l'Etat, elle en seroit mieux servie. Elle lui dit encore qu'elle croyoit qu'il soutiendroit mieux les siens entre Monsieur et M. le prince, que ceux qui par leurs liaisons avoient eu de l'affection ou de l'opposition pour l'un ou pour l'autre de ces deux princes. Ces bonnes raisons ne purent rien gagner sur un esprit aussi attaché à son sens qu'étoit le sien : elle ne se contentoit pas de désapprouver dans son ame le choix que la Reine avoit fait, et de la contredire à tous momens en particulier sur ce sujet, mais elle la blâmoit publiquement en des termes de mépris qui devoient l'offenser, et l'offensèrent en effet. Car comme elle commençoit à s'attacher à ce ministre et à se détacher des autres, elle ne pouvoit souffrir que ceux qu'elle considéroit eussent des sentimens différens des siens : et madame de Hautefort, par cette raison, commençoit à lui déplaire. Cette princesse étant donc au Louvre dans son grand cabinet, les fenêtres ouvertes à cause du grand chaud, et ce lieu sans lumière, elle appela Beringhen et mademoiselle de Beaumont. Cette fille avoit été à la Reine d'Angleterre, et depuis son retour en France elle avoit trouvé le moyen d'entrer dans la confiance de la Reine, pour avoir eu part à l'amitié de madame de Hautefort. La Reine leur fit de grandes plaintes de leur amie : car Beringhen l'aimoit aussi. Elle blâma son procédé, et l'aversion qu'elle montroit à lui obéir ; elle leur dit qu'elle ne pouvoit plus souffrir son emportement à censurer les actions et le choix qu'elle avoit fait du cardinal Mazarin, et leur ordonna de lui en dire quelque chose, afin qu'elle se corrigeât et devînt plus raisonnable. Ces deux personnes, qui étoient fâchées de ce désordre, et qui ne vouloient pas se brouiller à la cour, blâmèrent madame de Hautefort, et louèrent la bonté et la patience de la Reine. Nous pouvons dire nos avis à nos maîtres et à nos amis ; mais quand ils se déterminent à ne les pas suivre, nous devons plutôt entrer dans leurs inclinations que suivre les nôtres, quand nous n'y connoissons point de mal essentiel, et que les choses par elles-mêmes sont indifférentes. Il est difficile de savoir en de telles occasions ce qui a plus de raison ou ce qui sera le meilleur, et la volonté de celui qui agit dans son propre fait en doit être la règle nécessaire. Dans le temps de cette conversation qui fut longue, et où apparemment toutes ces choses furent décidées, madame de Hautefort se trouva dans le petit cabinet proche de celui où étoit la Reine. Comme elle avoit accoutumé d'être de tous ses secrets, elle s'impatienta tout-à-fait de celui-là, et témoigna le souffrir avec peine. J'étois seule avec elle, mais si nouvellement revenue à la cour que je n'y connoissois presque personne : et la Reine étoit celle avec qui j'avois plus de familiarité. Je ne souffris donc pas comme elle de cet entretien : je me lassai d'en attendre la fin, et la quittai pour aller me coucher. Je n'avois pas de part dans ces premiers jours à aucune affaire, et j'étois résolue de suivre doucement les résolutions de la Reine. Ainsi je ne songeois pour lors qu'à me divertir de tout ce que je voyois, comme d'une belle comédie qui se jouoit devant mes yeux, où je n'avois nul intérêt. Madame de Hautefort n'étoit pas si indifférente que moi ; et pénétrant peut-être qu'elle avoit part à cet entretien, quand elle se vit seule, l'occasion et son impatience lui donnèrent envie de s'approcher, et d'écouter ce que la Reine disoit aux deux personnes que j'ai nommées. A la faveur de la nuit, elle se glisse le long des fenêtres, et ayant ouï une partie des plaintes de la Reine et le blâme qui lui donnoient ses amis, elle endura le plus long-temps qu'elle put ; mais enfin, ne pouvant plus souffrir d'être accusée et mal défendue, elle se montra à la Reine, et fit connoître qu'elle avoit entendu tout ce qui avoit été dit contre elle. Elle s'en plaignit sensiblement, disant que cela étoit bien étrange que sa fidélité fût mal expliquée. Elle n'oublia rien pour sa justification, et s'emporta même, à ce que j'ai ouï dire à ces mêmes témoins, à des reproches qui pouvoient déplaire à sa maîtresse, et qui ne furent pas approuvés de ses amis. La Reine fut surprise de la voir inopinément en ce lieu ; mais, sans en témoigner de la peine, elle lui dit qu'elle étoit bien aise de la supercherie qu'elle leur avoit faite, et qu'elle eût appris par elle-même ce qu'elle venoit de commander à Beringhen de lui dire. Les larmes furent grandes du côté de l'accusée, et les sentimens de même ; mais enfin ayant témoigné un grand désir de ne plus déplaire à celle à qui elle devoit toutes choses, elle lui dit tout ce qu'elle put pour justifier ses intentions et l'emportement qu'elle avoit eu d'abord : elle promit de suivre entièrement les volontés de la Reine en se faisant amie du cardinal. La Reine, qui étoit bonne et naturellement aimable, lui pardonna de bonne grâce, et, lui donnant sa main à baiser, lui dit en riant, pour apaiser son amertume : « Il faut donc aussi, ma« dame, baiser le petit doigt, car c'est le doigt « du cœur, afin que la paix soit parfaite entre « nous. » Ce procédé si doux et si obligeant devoit produire un attachement entier en madame de Hautefort pour toutes les volontés de la Reine, car elle étoit infiniment louable de l'avoir traitée si cordialement. Mais sa bonté ne fut point récompensée ; et le tempérament, qui se change difficilement, portant madame de Hautefort à désapprouver ce qui n'étoit pas dans son sens, il lui fut impossible de montrer le contraire de ce qu'elle pensoit. Cette sincérité, peu de temps après, lui causa la perte entière des bonnes grâces de la Reine.

Il arriva cependant une aventure qui démêla toutes les intrigues de la cour, et qui fut cause que le cardinal Mazarin se vit bientôt après parfaitement établi dans l'élévation et la puissance qu'il désiroit d'avoir. Ce fut une providence de Dieu toute particulière qui fit que les mêmes choses dont les brouillons voulurent se servir pour renverser la cour furent ce qui la régla, aux dépens néanmoins de beaucoup d'honnêtes gens ; mais, de tant d'événemens extraordinaires, il s'en faut rapporter à cette cause première qui veut le bien et permet le mal, soit pour notre récompense, soit pour notre punition. Les dames sont d'ordinaire les premières causes des plus grands renversemens des États ; et les guerres, qui ruinent les royaumes et les empires, ne procèdent presque jamais que des effets que produisent ou leur beauté ou leur malice. La duchesse de Montbazon, qui a tenu dans notre siècle le premier rang de la beauté et de la galanterie, étant belle-mère de la duchesse de Chevreuse, étoit aussi bien qu'elle de la cabale des Vendômes, non tant par l'intérêt de sa belle-fille que parce que le duc de Beaufort étoit amoureux d'elle. Par conséquent ces dames étoient opposées à madame la princesse qui n'aimoit ni l'une ni l'autre, et qui, selon ce que j'ai dit, favorisoit le cardinal Mazarin, par la haine qu'elle avoit contre le garde des sceaux de Châteauneuf. Outre ces différens intérêts, il y en avoit encore un fort grand entre madame de Longueville, fille de madame la princesse, et la duchesse de Montbazon. Cette belle demoiselle de Bourbon, forcée par M. le prince son père, avoit épousé le duc de Longueville, qui étoit le plus grand seigneur qu'elle pût épouser, à cause de ses grands biens, et qui suivoit immédiatement les princes du sang, et ne pouvoit se considérer comme tout-à-fait digne d'elle, soit à cause de la naissance, soit à cause de son âge; outre qu'il étoit amoureux de madame de Montbazon. Ces deux personnes, parmi tant de raisons de ne se pouvoir aimer, avoient de grandes dispositions à se nuire; et la parfaite beauté de madame de Longueville, sa jeunesse et sa propre grandeur, la convioient souvent à regarder sa rivale avec mépris. Il arriva donc qu'un jour madame de Montbazon étant chez elle dans un grand cercle, une de ses demoiselles trouva une lettre dans sa chambre, et, l'ayant ramassée, la porta à sa maîtresse. Cette lettre se trouva d'une écriture de femme qui écrivoit tendrement à quelqu'un qu'elle ne haïssoit pas. Comme pour l'ordinaire de telles matières sont toujours l'entretien de toutes les compagnies, et qu'on préfère celles-là à toute autre chose, on ne négligea pas le sujet de risée que cette lettre donna à ceux qui composoient celle de madame de Montbazon. De la gaieté on vint à la curiosité, de la curiosité au soupçon, et du soupçon on passa jusqu'à décider qu'elle étoit tombée de la poche de Coligny qui venoit de sortir, et qui, à ce qui se disoit à l'oreille, avoit de la passion pour madame de Longueville. Cette princesse étoit alors dans une grande réputation de vertu et de sagesse, mais elle ne laissoit pas d'être soupçonnée de ne pas haïr l'adoration et les louanges. Les premiers qui chez madame de Montbazon dirent après elle que cette lettre étoit de madame de Longueville ne le crurent pas en effet. Ce ne fut alors qu'une histoire plaisante dont chacun faisoit le conte à son ami fort en secret, pour seulement divertir celui qui l'ignoroit. Il ne demeura pas long-temps sans parvenir aux oreilles de madame la princesse, qui, selon son naturel altier et vindicatif, le ressentit vivement; et il est presque impossible de dire jusqu'où elle porta sa colère et sa douleur. Madame de Longueville, qui n'étoit pas moins sensible, mais qui étoit plus retenue, fut d'avis de n'en pas faire de bruit. La jalousie qu'elle avoit contre la duchesse de Montbazon, étant proportionnée à l'amour qu'elle avoit pour son mari, ne l'emportoit pas si loin qu'elle ne trouvât plus à propos de dissimuler cet outrage; car il étoit d'une nature à devoir souhaiter plutôt de l'étouffer que d'en faire une solennelle vengeance. Madame sa mère s'étoit animée par beaucoup d'autres grands intérêts : elle savoit profiter de l'avantage qu'elle avoit d'être entrée dans la maison de Bourbon; et, ne pouvant se retenir, elle fit de cette querelle une affaire d'Etat. Elle vint trouver la Reine, lui demanda justice, et se plaignit hautement de madame de Montbazon. Voilà toute la cour partagée. Les femmes, qui avoient du respect pour madame la princesse, se rangèrent de son côté, pendant que tous les hommes furent chez madame de Montbazon; et l'on compta jusqu'à quatorze princes qui la furent voir. Mais tous ces approbateurs, dont le nombre lui donnoit tant d'avantage, furent bientôt après contraints de se séparer d'elle : ils eurent peur du jeune duc d'Enghien qui, au bruit de la colère de madame la princesse, fit paroître vouloir porter hautement les intérêts de madame de Longueville; et ce redoutable protecteur diminua l'audace de ceux qui avoient osé perdre le respect qui est dû au sang royal. La Reine, qui avoit toujours aimé madame la princesse, se trouva fort disposée à la favoriser : elle étoit mère du duc d'Enghien, qui venoit de gagner une bataille et qui se faisoit déjà craindre : il falloit l'épargner tout-à-fait, de peur que le repos de la régence n'en fût troublé. Ces considérations devoient l'emporter sur tout le reste : la chose de soi l'obligeoit aussi, et le droit des gens vouloit qu'elle défendît la gloire de madame de Longueville, qui outre sa naissance avoit de belles qualités, dont la réputation n'étoit point encore attaquée, et qui étoit fort aimable de sa personne. Cette princesse étoit grosse : elle étoit allée à La Barre, maison auprès de Paris qu'elle avoit choisie pour aller passer les premiers chagrins de son aventure, et pour s'y reposer. La Reine la fut voir pour la consoler et lui promettre sa protection. Après les premiers discours de civilité, madame la princesse la mena dans un cabinet où la mère et la fille se jetèrent à ses pieds, et lui demandèrent justice de l'outrage que madame de Montbazon leur avoit fait. Ce fut avec tant de sentimens et tant de larmes, que la Reine, m'ayant fait l'honneur à son retour de La Barre de me conter ces particularités, me dit que ces princesses lui avoient fait pitié, et qu'elle leur avoit promis qu'elles seroient entièrement satisfaites. Cela se fit en effet avec toute la cérémonie requise, et de manière qu'elles en furent contentes. Le duc de Beaufort, le grand soutien de madame de Montbazon, commençoit à déchoir de cette première faveur qui avoit d'abord ébloui tout le monde. Malgré l'amour qu'il avoit pour madame de Montbazon, la Reine favorise madame la princesse et madame de Longueville. Il demande l'amirauté : on la lui refuse, parce que déjà le cardinal Mazarin avoit fait résoudre la Reine de la laisser au duc de Brezé, neveu du cardinal de Richelieu. Il en étoit saisi, et avoit du mérite; mais on la lui auroit ôtée, sans la protection du cardinal. Ce changement dans l'esprit de la Reine déplut infiniment à toute la cabale contraire, mais il toucha vivement le duc de Beaufort en son particulier. Il s'étonna de se voir refuser une grâce qu'il avoit espérée, et qu'il disoit tout haut que la Reine lui avoit promise. Son ressentiment le fit résoudre de se défaire de ce ministre, qui commençoit à le braver en toutes occasions : et le nouveau venu, qui voyoit combien ces gens-là le devoient souhaiter, se voulut servir de la colère de madame la princesse pour les pousser et pour les perdre s'il le pouvoit. Ce qui procéda de la malice de madame de Montbazon, tant pour satisfaire sa passion particulière que pour faire du mal à ceux qui soutenoient le parti du cardinal Mazarin, servit utilement au même cardinal pour se défaire de ses ennemis, et pour anéantir les cabales qui lui étoient opposées. Comme il avoit de l'esprit, et de cet esprit de cabinet qui fait jouer tant de grandes machines, il lui fut aisé de se bien servir de ces petits événemens pour parvenir à ses grands desseins. Il étoit insinuant ; il savoit se servir de sa bonté apparente à son avantage ; il avoit l'art d'enchanter les hommes, et de se faire aimer par ceux à qui la fortune le soumettoit. J'ai ouï dire à la maréchale d'Estrées, qui l'avoit vu à Rome et qui le connoissoit à fond, qu'il n'étoit capable de juger bien les choses que dans la médiocre fortune. C'étoit l'homme du monde le plus agréable. Il ne faut donc pas s'étonner s'il a su se faire estimer par une grande Reine, et pour quelque temps des princes du sang, dont il a eu plusieurs fois l'amitié (1).

La Reine, pour remédier par la paix à ces petits désordres de la cour qu'elle regardoit comme des bagatelles, ordonna que la duchesse de Montbazon iroit chez madame la princesse lui faire non-seulement des excuses, mais une réparation publique sur ce qui avoit été dit, ou par elle, ou par ceux qui étoient chez elle. Ce qu'elle devoit dire pour cet effet, et les paroles qu'on lui devoit répondre, furent écrites dans le petit cabinet du Louvre, sur les tablettes du cardinal, qui travailloit en apparence pour apaiser toutes ces querelles au contentement des deux parties. J'y étois le soir que toutes ces importantes façons furent examinées ; et je me souviens que j'admirai dans mon ame quelles sont les folies et les vaines occupations de ce monde. La Reine étoit dans son grand cabinet, et madame la princesse étoit avec elle, qui, tout émue et toute terrible, faisoit de cette affaire un crime de lèse-majesté. Madame de Chevreuse, engagée par mille raisons dans la querelle de sa belle-mère, étoit avec le cardinal Mazarin, pour composer la harangue qu'elle devoit faire. Sur chaque mot, il y avoit un pourparler d'une heure. Le cardinal, faisant l'affaire, alloit d'un côté à l'autre, pour accommoder leur différend, comme si cette paix eût été nécessaire au bonheur de la France, et au sien en son particulier. Je ne vis jamais, selon mon avis, une momerie si complète ; car enfin la chose de soi n'étoit rien : et chaque jour il arrive de ces aventures et de pires, non-seulement aux particuliers, aux princes et princesses, mais aux rois et aux reines. Les têtes couronnées sont de toutes façons les plus exposées à l'injustice de la médisance ; les plus raisonnables ne s'avisent pas seulement de les sentir, ni de les vouloir punir : ils savent et doivent connoître que c'est un mal irrémédiable (2). Il fut donc arrêté que la criminelle iroit chez madame la princesse le lendemain, où elle devoit dire que le discours qui s'étoit fait de la lettre (3) étoit une chose fausse inventée par des méchans esprits ; et qu'en son particulier elle n'y avoit jamais pensé, connoissant trop bien la vertu de madame de Longueville, et le respect qu'elle lui devoit. Cette harangue fut écrite dans un petit billet qui fut attaché à son éventail, pour la dire mot à mot à madame la princesse. Elle le fit de la manière du monde la plus fière et la plus haute, faisant une mine qui sembloit dire : *Je me moque de ce que je dis.*

Madame la princesse, après cette satisfaction, supplia la Reine de lui permettre de ne se point trouver en lieu où seroit la duchesse de Montbazon : ce que la Reine lui accorda facilement. Elle voulut lui faire ce plaisir, et crut que la chose n'étoit pas de grande conséquence, quoique difficile à exécuter. Il arriva quelques jours après que madame de Chevreuse s'engagea de donner une collation à la Reine dans le jardin de Regnard, au bout des Tuileries. La Reine y vou-

---

(1) Manuscrit. « Et si en même temps il a pu se faire « haïr de toute la France avec tant de marques de mépris « et de rage. Puisque notre nation, assez légère de son na-« turel, ne sauroit guère souffrir de favoris sans les haïr « beaucoup, quelque mérite qu'ils aient, et sans se lasser « aisément de leur domination, à plus forte raison de ce-« lui-ci, dont les défauts ont déplu quasi à tout le monde, « et même aux plus sages. »

(2) Le manuscrit ajoute : « Il n'y a point de lieu au « monde comme notre France, où les langues soient plus « licencieuses et les esprits plus déchaînés à mal juger et « à mal parler de leurs souverains. On peste librement « contre le Roi et contre ses ministres, et chacun se mêle « de les censurer fort librement, sans que personne le « trouve mal à propos. Enfin, ce qui ne devoit fâcher per-« sonne, ou qui par prudence devoit être dissimulé, la fa-« talité voulut qu'en cette rencontre ce fut une chose de « grande considération. »

(3) Je suis obligée de dire ici qu'on a su certainement que cette lettre, trouvée chez madame de Montbazon, étoit écrite à Maulevrier par une dame fort indigne * d'être comparée à madame de Longueville.

* Madame de Fouquerolles, auteur de mémoires sans intérêt ; ils se trouvent dans le volume manuscrit qui renferme ceux de madame de Motteville.

lut mener madame la princesse : elle l'assura que madame de Montbazon n'y seroit pas, parce qu'elle savoit qu'elle avoit pris médecine ce jour-là. Sur cette certitude, elle se hasarda de la suivre; mais quand la Reine arriva dans ce jardin, on lui dit que la duchesse de Montbazon y étoit, et qu'elle prétendoit faire l'honneur de la collation, comme belle-mère de celle qui la donnoit. La Reine en demeura surprise; car elle avoit promis à madame la princesse sûreté là-dessus, et fut embarrassée de cette mauvaise rencontre. Madame la princesse fit semblant de vouloir s'en aller et de ne pas vouloir troubler la fête; mais la Reine la retint, et lui dit qu'elle étoit obligée d'y remédier, puisque c'étoit sur sa parole qu'elle s'étoit résolue d'y venir. Pour le faire sans bruit, elle envoya prier madame de Montbazon de faire semblant de se trouver mal et de s'en aller, afin de la tirer par là de la peine où elle étoit. Cette dame, sachant la cause de ce petit bannissement, ne put consentir à fuir devant son ennemie, et fut si peu habile qu'elle refusa cette complaisance à celle à qui elle en devoit de plus grandes. La Reine se sentit offensée de cette résistance : elle ne voulut pas laisser aller madame la princesse, et, refusant la collation et la promenade, revint au Louvre fort irritée contre le peu de respect que madame de Montbazon avoit eu pour elle. Comme les rois sont pour l'ordinaire fort au-dessus de ceux qui les offensent, il leur est facile de s'en venger. Le lendemain la Reine lui envoya commander de s'absenter de la cour, et de s'en aller à l'une de ses maisons. Elle le fit aussitôt, au grand regret de ses amis, et même du duc d'Orléans, qui l'ayant aimée autrefois s'en souvenoit encore. Il ne put néanmoins y apporter aucun remède, parce que la Reine étoit en colère. Elle en avoit sujet, et son ministre trouvoit à propos qu'elle le fût plus encore pour ses intérêts que pour avoir manqué d'obéissance.

Cette disgrâce fut aussitôt suivie de celle du duc de Beaufort et de toute la troupe des importans. L'engagement qu'il avoit avec cette dame exilée; la douleur qu'il avoit de voir qu'une autre lui venoit d'enlever sa faveur; la haine que M. le prince, madame la princesse et madame de Longueville avoient contre cette cabale (1), et surtout la nécessité où se trouvoit le cardinal Mazarin de le perdre, firent enfin sa disgrâce, et composèrent le malheur de sa vie.

Le duc de Beaufort fut accusé d'avoir voulu faire assassiner le cardinal Mazarin, et la Reine

(1) Manuscrit. « Et que l'abbé de La Rivière lui portoit « par l'opposition de leurs intérêts, car ils prétendoient à « la faveur du duc d'Orléans. »

fut persuadée que par deux fois il avoit pensé l'exécuter; mais d'autres m'ont assuré qu'il vouloit seulement lui faire peur. J'ai ouï dire aussi qu'il y avoit quelque vérité dans cette accusation. Des gens dignes de foi, et peu affectionnés au cardinal, m'ont avoué qu'un jour, comme il vouloit aller dîner à Maisons, il y avoit eu des soldats affidés qui devoient s'en défaire sur le chemin; que le duc d'Orléans, étant arrivé par hasard comme il alloit monter en carrosse, voulut se mettre de la partie; et que sa présence avoit empêché ce dessein. Une autre fois l'histoire assure que le cardinal allant de sa maison au Louvre, qui étoit tout contre, on devoit encore le tuer par une fenêtre; que ce soir il fut averti de n'y pas aller, et que dans les coins des rues voisines il y avoit beaucoup de troupes de gens à cheval. Il est vrai aussi que le lendemain de ce même jour le bruit fut grand à la cour qu'on avoit voulu tuer le cardinal Mazarin. Sur ce bruit, il y eut beaucoup de monde au Louvre; et la Reine me parut mal satisfaite du duc de Beaufort et de toute la cabale des importans. Elle me fit l'honneur de me dire, comme je m'approchai d'elle et que je lui demandai raison de ce tumulte : « Vous verrez devant deux fois « vingt-quatre heures comme je me vengerai « des tours que ces méchans amis me font. » Je gardai secrètement dans mon cœur ce que la Reine m'avoit fait l'honneur de me dire, et demeurai fort attentive à voir le succès des deux jours dont la Reine m'avoit avertie. Jamais le souvenir de ce peu de mots ne s'effacera de mon esprit. Je vis en ce moment par le feu qui brilloit dans les yeux de la Reine, et par les choses qui en effet arrivèrent le lendemain et le soir même, ce que c'est qu'une personne souveraine quand elle est en colère, et qu'elle peut tout ce qu'elle veut.

Ce même soir, le duc de Beaufort revenant de la chasse qui fut peu de jours après l'exil de madame de Montbazon, rencontra, en entrant au Louvre, madame de Guise et madame de Vendôme sa mère, avec la duchesse de Vendôme sa sœur, qui avoient accompagné la Reine tout ce jour. Elles avoient appris le bruit de cet assassinat, et vu l'émotion qui avoit paru dans le visage de la Reine. Elles firent ce qu'elles purent pour empêcher ce prince de monter en haut, et lui dirent que ses amis étoient d'avis qu'il s'absentât pour quelques jours, afin de voir ce qu'il devoit faire; mais lui sans s'étonner continua son chemin, et leur répondit ce que le duc de Guise avoit répondu à un billet qui l'avertissoit qu'on le devoit tuer : « On n'oseroit. » Il étoit encore enivré de l'opinion de sa faveur : il avoit vu la

Reine le matin ou le soir du jour précédent, qui lui avoit parlé avec la même douceur et familiarité ordinaire, et il ne s'imagina pas que sa destinée pût changer si facilement. Il entra donc chez la Reine dans cette sécurité. Il la trouva dans son grand cabinet du Louvre, qui le reçut amiablement, et qui lui fit des questions sur sa chasse, comme si elle n'eût eu que cette pensée dans son esprit. Elle avoit appris à bien dissimuler du feu Roi son mari, qui avoit pratiqué cette laide mais nécessaire vertu, plus parfaitement qu'aucun prince du monde; mais enfin, après avoir satisfait par un beau semblant à tout ce que la politique l'obligeoit de faire, le cardinal étant arrivé sur cette douce conversation, la Reine se leva et lui dit de la suivre. Il parut qu'elle vouloit aller tenir conseil dans sa chambre. Elle y passa, suivie seulement de son ministre. En même temps le duc de Beaufort, voulant sortir par le petit cabinet, trouva Guitaut, capitaine des gardes de la Reine, qui l'arrêta, et lui fit commandement de le suivre de la part du Roi et de la Reine. Ce prince, sans s'étonner, après l'avoir regardé fixement, lui dit : « Oui, je le veux ; mais cela, je l'a« voue, est assez étrange. » Puis se tournant du côté de mesdames de Chevreuse et de Hautefort qui étoient dans le petit cabinet, et qui causoient ensemble, il leur dit : « Mesdames, vous voyez, « la Reine me fait arrêter. » Sans doute qu'elles furent surprises de cette aventure, et qu'elles en eurent de la douleur, car elles étoient de ses amies : et pour lui, je crois que le dépit et la colère occupèrent entièrement son ame. Il ne s'imaginoit pas qu'après avoir été serviteur de la Reine pendant ses malheurs, elle pût jamais se résoudre à le traiter de la sorte. Ce n'étoit pas un homme détrompé des vanités du monde, ni qui sût en faire les solides jugemens qu'un esprit du commun eût pu faire : il étoit homme d'esprit en beaucoup de choses, mais fort attaché à la fausse gloire qui suit la faveur, et par conséquent il fut mal content de se voir trompé et déchu de ses belles espérances; mais comme il avoit du cœur, il fit bonne mine dans son malheur.

Quand le duc de Beaufort fut entré dans la chambre de Guitaut, où d'abord on le mena, il demanda à souper. Il mangea de grand appétit, et dormit de même. Aussitôt qu'il fut arrêté, le bruit de sa détention fit venir madame sa mère et madame de Nemours sa sœur au Louvre, pour se jeter aux pieds de la Reine pour lui demander sa grâce. Mais elle étoit enfermée, et leurs larmes ne furent point vues; et leurs cris ne furent entendus que de peu de personnes, qui furent les consoler. Je fus de ce nombre, et nous leur dîmes qu'elles ne la pouvoient voir; que ses résolutions ne pouvoient se changer, et qu'elles feroient mieux pour le présent de se soumettre à la volonté de Dieu. La duchesse de Vendôme, qui étoit une sainte et la mère des pauvres, ne manqua pas de prendre ce parti. Barrière, serviteur de la Reine, devoit être arrêté ce même jour. Cette princesse s'étoit autrefois servie de lui pour des commissions où il falloit du secret et de la résolution; et quand elle avoit appréhendé qu'on lui ôtât ses enfans, c'étoit lui qu'elle avoit envoyé trouver le grand écuyer, pour le prier de travailler à détourner le Roi de cette pensée. Mais Barrière ayant trouvé ce favori peu assuré de la bonne volonté de son maître, il n'avoit pas été en état de lui rendre ce service, et, craignant de s'embarrasser dans le malheur qui lui arriva peu de temps après, il n'avoit songé qu'à se sauver. Elle étoit prête à le récompenser, lorsque le cardinal Mazarin, craignant la liaison que ceux qui étoient attachés à elle avoient avec le duc de Beaufort, eut dessein de l'envelopper dans sa disgrâce. Il en fut averti par la marquise de Hautefort; et au lieu d'en aller parler le lendemain à la Reine, il alla d'abord, suivant son conseil, trouver son ministre, qui le reçut si bien qu'il lui dit que, le croyant homme d'honneur, il vouloit bien se fier à sa parole; et l'on sut en effet qu'il avoit envoyé prier la Reine de ne rien faire contre Barrière qu'il ne l'eût vue. Il eut donc la bonté de le sauver de la prison ; mais comme il savoit bien que ce gentilhomme avoit offert à la Reine de tuer le cardinal de Richelieu, il ne trouva pas à propos de lui laisser donner par elle la lieutenance de ses gendarmes, qu'elle lui avoit promise. Il crut qu'un homme intrépide et capable de tout entreprendre, étant ami de ses ennemis, ne lui étoit pas propre en cette charge, qui fut donnée à Saint-Mesgrin. Quand Barrière en fit ses plaintes à la Reine, elle tourna la conversation sur les offres qu'il lui avoit faites, et lui dit, en parlant du cardinal de Richelieu : «Vous savez, Barrière, « que je vous dis et vous le répétai : Il est prêtre, « je n'y puis consentir. » Tous ses amis lui dirent, quand il leur en parla, que, n'ayant pas accepté ses offres, il ne devoit pas s'étonner si elles lui avoient été nuisibles en cette occasion ; et je lui ai depuis ouï dire que cela avoit été pour lui une grande leçon, qui lui avoit appris que Dieu seul méritoit d'être aimé et servi, et qu'on ne devoit jamais le quitter pour des créatures.

Le prisonnier fut mené au bois de Vincennes. On lui donna un valet de chambre pour le servir, et un cuisinier de la bouche. Ses amis se plaignirent de ce qu'on ne lui avoit pas donné quelqu'un de ses domestiques; mais la Reine, à qui j'en parlai à leur prière, me répondit que ce n'étoit pas l'usage. On envoya ordre à M. et à madame de Vendôme, et à M. de Mercœur, de sortir incessamment de Paris. Le duc de Vendôme s'en excusa d'abord sur ce qu'il étoit malade; mais, pour le presser d'en partir et lui faire faire son voyage plus commodément, la Reine lui envoya sa litière. Quelques personnes affectionnées à cette maison disgraciée trouvèrent que la Reine avoit fait une trop grande affaire d'une bagatelle; mais ses ennemis, qui étoient les amis de madame la princesse et de toute la cabale de l'hôtel de Condé, envenimant les moindres choses, le cardinal ne fut pas fâché de profiter de la colère de la Reine, pour éloigner de la cour tous ceux qui s'opposoient à son établissement, en lui faisant comprendre que les princes de Vendôme n'avoient une si grosse cour qu'à cause qu'ils souffroient qu'on dît qu'ils la gouvernoient absolument : ce qui faisoit croire qu'elle ne feroit du bien à personne qu'à leur recommandation (1). Le grand nombre de gens de cette cabale, qui l'importunoient tous les jours de leurs prétentions, fit qu'elle se laissa aisément persuader qu'elle n'étoit point obligée de les récompenser des pertes dont elle n'étoit point cause, et qu'il falloit arrêter la présomption de ce jeune prince, qui marquoit assez par son peu de conduite qu'il étoit plus propre à brouiller l'Etat qu'à le servir. Elle

(1) Voici un des passages du manuscrit qui diffère le plus de l'imprimé; il a assez d'étendue pour que le lecteur puisse lui-même apprécier l'un et l'autre texte. Nous avons conservé l'orthographe du manuscrit.

J'estime bien-heureux celuy qui ne les connoist que par le respect qu'on doit à leur nom, et qui peut jouir de la vie douce et tranquile d'un bon citoyen, qui est homme de bien, qui a de quoy vivre, et qui n'est point empoisonné de l'ambition. Voilà où toute ame raisonnable doit chercher la véritable félicité.

Povera si, mà quieta e candida gonnella.
(*Obscure, il est vrai, mais pure et tranquille*).

Je croy que la Reyne a esté puissamment persuadée, que la prison de ce prince estoit nécessaire au bien de l'Estat, et peut-estre qu'elle ne se trompoit pas; car il estoit plus capable de broüiller que de bien servir.

Le lendemain de sa détention, pendant qu'on la peignoit, n'y ayant auprès d'elle que deux de ses femmes de chambre, et moy, elle nous conta elle-mesme ce qu'il avoit dit à Guitaut, quand il fut arresté. Elle estima la grandeur de son courage, d'avoir tesmoigné tant d'indifférence pour ce malheur. Elle nous dit, qu'elle l'avoit averty plusieurs fois de changer de sentimens, et que s'il eust creu ses conseils, il auroit évité sa disgrâce. Elle nous assura, qu'elle s'estoit résoluë à cela avec une peine incroyable, pleignant infiniment son malheur, et celuy de toute sa famille. Elle nous conta aussi que dans le moment qu'elle l'avoit fait arrester, elle avoit senty un fort grand batement de cœur, et que deux ou trois jours auparavant, estant allée promener au bois de Vincennes, où M. de Chavigny luy avoit donné une magnifique collation, ayant veû ce prince fort gay, et fort enjoué, causant et riant avec chacun, il luy estoit venu dans la pensée de le pleindre, disant, en elle-mesme, hélas! ce pauvre garçon, dans trois jours sera peut-estre icy, où il ne rira pas. La première femme de chambre me jura, ce mesme jour, que la Reyne avoit pleuré le soir, en se couchant, et qu'elle luy avoit dit, fort bonnement, que comme elle les avoit tant aimez du temps du feu Roy, et que cette amitié avoit duré longtemps, elle avoit eû de la peine à s'en détacher, et à les perdre. Voilà beaucoup de marques d'une grande bonté; aussi je croy pouvoir dire de la Reyne, sans flatterie, que pour une Reyne, qui a voulu voir par les lumières de son ministre plustost que par les siennes, il n'y a jamais eû une si véritable douceur, ni jamais une ame plus droite que la sienne. Elle est éclairée sur tout ce qu'on appelle la droite raison; mais, enfin, mal-gré ses lumières naturelles, elle estoit aveugle d'un aveuglement volontaire, et fort blâmable. Sa volonté a toujours esté soumise à celle de son ministre, et sa raison cédoit quasi toujours aux volontez de cet heureux homme, dès le moment qu'il vouloit la combatre. Son équité et sa justice perdoyent de leur force, aussi-tost que la passion ou l'intérêt de celuy qui la connoissoit, en estoyent les juges. Et pour notre malheur, quand son opinion se trouvoit contraire à celle de son ministre, l'estime qu'elle avoit pour luy, et la défiance qu'elle avoit d'elle-mesme, faisoit qu'elle ne la soutenoit pas, et qu'elle soumettoit la sienne trop facilement.

Après cette disgrâce, suivit celle de l'évesque de Beauvais qui ne put pas tenir contre un adversaire aussi puissant que l'estoit M. le cardinal, et, avec son exil, le chappeau qu'on avoit demandé pour luy fut contremandé.

Il partit de la cour sans montrer un fort grand regret de la quitter. Il alla dans son évesché de Beauvais faire sa cour à un meilleur maître que la Reyne ne luy avoit esté bonne maîtresse, et a vécu fort saintement le reste de sa vie. C'est une chose dont on ne sauroit parler sans blâmer la Reyne, puisqu'elle pouvoit faire cet évesque cardinal, pour récompenser ses services, sans le laisser dans le ministère. Il estoit homme de bien, fort pieux, et fort paisible, de sorte qu'il pouvoit vivre dans sa cour, auprès d'elle, sans soupçon que ses intrigues pussent jamais troubler l'Estat. Il avoit du mérite envers elle, et mesme elle luy devoit beaucoup d'argent, et beaucoup de fidélité. L'argent, sans doute, luy a esté payé; mais la fidélité qui vaut mieux que tous les trésors des Indes, fut fort mal récompensée. J'en ay déjà dit la cause, et cela suffit pour cette heure. Ce que j'ajouteray pour la justification de la Reyne, c'est qu'il estoit si peu habile, qu'il fut fort aysé à ses ennemis de luy faire perdre l'estime de sa maîtresse. M. le cardinal Mazarin se servit d'une bagatelle pour luy persuader qu'il estoit incapable d'aucun secret. M. de Beauvais, après la prison de M. de Beaufort, dont il estoit amy, allant voir M. le prince, luy dit, qu'il s'estonnoit qu'il eust consenty à sa détention; à quoy M. le prince luy dit, et vous, Monsieur, qui êtes le ministre de la Reyne, comment ne l'avez-vous pas empesché? Je l'aurois fait, luy répondit l'evesque de Beauvais, et luy aurois dit, si je l'avois seu; M. le prince, qui trouva ceste response indigne d'un homme politique, s'en moqua et la conta à quelques uns de ses familiers. Brancas, fils du duc de Vilars, la seût de quelques uns de ses amis; comme il estoit attaché au duc d'Orléans, et qu'il estoit amy de l'abbé de la Rivière, il luy en fit l'histoire; l'abbé la dit à son maistre; son maistre à la Reyne et au cardinal Mazarin; et le cardinal ne manqua pas d'en faire son profit, faisant voir la conséquence de cette affaire, et combien un homme où elle ne pouvoit trouver de sûreté pour ses secrets luy estoit dangereux; de sorte que cela contribua beaucoup à faire résoudre la Reyne de l'éloigner.

trouva elle-même qu'étant régente, et par conséquent chargée du soin de gouverner un grand royaume, elle étoit obligée de se dépouiller de ses inclinations particulières pour ne songer qu'au bien public, et de n'avoir plus d'autres intérêts que ceux de l'Etat, qui étoient tout-à-fait opposés à ceux qu'elle avoit eus quand elle n'avoit point d'enfans, et qu'on la menaçoit à tous momens de la renvoyer en Espagne : car en ce temps-là elle n'avoit que fort peu d'amis et de serviteurs à qui elle devoit avoir de la reconnoissance ; mais que depuis ce temps-là, outre le souvenir de leurs services qu'elle ne devoit pas perdre, elle devoit rendre la justice à tous les sujets du Roi son fils. Le prétendu assassinat dont on accusoit en général ceux de cette cabale ne lui paraissoit pas même trop incroyable à elle, qui savoit, à n'en pouvoir douter, qu'il avoit effectivement eu dessein de tuer le cardinal de Richelieu : ceux qu'on s'imagine pouvoir avoir eu dessein d'assassiner le cardinal Mazarin étant du nombre des importans, qui n'en faisoient point de scrupule dans le règne du feu Roi. Le lendemain de la détention du duc de Beaufort, pendant qu'on peignoit la Reine, elle nous fit l'honneur de nous dire, à deux de ses femmes et à moi, ce que ce prince avoit dit à Guitaut quand il fut arrêté. Elle estima la grandeur de son courage d'avoir marqué tant d'indifférence pour son malheur, et nous dit qu'elle l'avoit plusieurs fois averti de changer de conduite, et que s'il avoit cru ses conseils il auroit évité sa disgrâce ; et nous assura qu'elle s'étoit résolue de le faire arrêter avec une douleur incroyable, le plaignant de tout ce qu'il alloit souffrir lui et toute sa famille ; et que dans le moment qu'elle sut qu'on exécutoit l'ordre qu'elle en avoit donné, elle sentit un grand battement de cœur. Elle nous conta ensuite que deux ou trois jours auparavant, étant allée se promener au bois de Vincennes où Chavigny lui donna une magnifique collation, elle avoit vu ce prince fort enjoué, et qu'alors il lui vint dans l'esprit de le plaindre, disant en elle-même : « Hélas ! ce pauvre garçon « dans trois jours sera peut-être ici, où il ne rira « pas. » Et la demoiselle Filandre, première femme de chambre, me jura que la Reine pleura ce jour-là en se couchant ; qu'elle lui avoit dit fort bonnement que comme elle les avoit tant aimés du temps du feu Roi, et que cette amitié avoit duré fort long-temps, elle avoit eu de la peine à s'en détacher et à les perdre. Voilà des marques estimables de sa bonté. Aussi je crois pouvoir dire, sans flatterie de la Reine, qu'il n'y a jamais eu une si véritable douceur, ni jamais une personne si droite dans ses intentions que la Reine, quand elle agissoit par elle-même. Elle étoit éclairée sur tout ce qu'on appelle la raison ; mais, malgré ses belles lumières naturelles, il étoit facile à ceux qui avoient du pouvoir auprès d'elle de la rendre un peu trop préoccupée. Ses oreilles n'étoient pas toujours également susceptibles d'écouter le pour et le contre ; et outre son ministre principal, il y a eu encore d'autres personnes qui ont pu en de certaines occasions lui cacher la vérité. Mais il étoit rare de la voir en cet état.

La disgrâce du duc de Beaufort fut suivie de celle de l'évêque de Beauvais, qui ne put pas tenir contre un compétiteur aussi puissant que l'étoit le cardinal Mazarin. Le chapeau qu'on avoit demandé pour lui fut contremandé ; et il parut quitter la cour sans regret, pour aller dans son évêché de Beauvais la faire à un meilleur maître que les plus grands et les meilleurs rois du monde ne le peuvent être, où il a vécu saintement le reste de sa vie.

Ce prélat étoit si peu habile, qu'il fut aisé à ses ennemis de lui faire perdre l'estime de la Reine. Le cardinal Mazarin se servit d'une chose dite par lui trop légèrement, pour la persuader qu'il étoit incapable d'aucun secret. Après la prison du duc de Beaufort, cet évêque dit à M. le prince qu'il s'étonnoit qu'il eût consenti à cette détention. M. le prince, qui n'en étoit point affligé, lui répondit : « Et vous, Monsieur, qui êtes « le ministre de la Reine, comment ne l'avez-« vous pas empêché ? — Je l'aurois fait, lui dit « l'évêque de Beauvais, et je l'aurois averti si je « l'avois su. » M. le prince, qui trouva cette réponse indigne d'un homme employé dans les affaires d'Etat, s'en moqua, et la conta à quelques-uns de ses familiers. Brancas, fils du duc de Villars, la sut, et, quelques-uns de ses amis. Comme il étoit attaché au duc d'Orléans, et qu'il étoit ami de l'abbé de La Rivière, il lui en fit l'histoire. L'abbé la dit à son maître, à la Reine et au cardinal Mazarin ; et le cardinal ne manqua pas d'en faire son profit, faisant voir à cette princesse combien un homme en qui elle ne pouvoit trouver de sûreté dans ses secrets lui étoit dangereux. Cette imprudence contribua beaucoup à le faire éloigner ; mais par elle-même, comme je l'ai déjà dit, elle avoit aperçu qu'il n'étoit pas capable de lui aider à soutenir le sceptre, dont la pesanteur l'incommodoit. La Reine n'étoit pas habituée au travail, et les continuelles fonctions de la Régence lui faisant peur, elle désiroit un homme habile et intelligent qui pût la soulager ; et ne le trouvant point en la personne de l'évêque de Beauvais, elle choisit le cardinal Mazarin, qui lui parut avoir toutes les qualités qui sont nécessaires à un grand ministre.

Madame de Chevreuse, dégoûtée de voir tous

ses amis exilés et maltraités, et son crédit diminuer tous les jours, se plaignit à la Reine du peu de considération qu'elle avoit pour ses anciens serviteurs. La Reine la pria de ne se mêler de rien, de la laisser gouverner l'Etat, et disposer de ses affaires à son gré. Elle lui conseilla, à ce qu'elle m'a fait l'honneur de me dire, de vivre agréablement en France, de ne se mêler d'aucune intrigue, et de jouir sous sa régence du repos qu'elle n'avoit pu avoir du temps du feu Roi. Elle lui représenta qu'il étoit temps de se plaire dans la retraite, et de régler sa vie sur les pensées de l'autre monde. Elle lui dit qu'elle lui promettoit son amitié à cette condition; mais que si elle vouloit troubler la cour, qu'elle la forceroit de l'éloigner, et qu'elle ne pouvoit lui promettre de grâce plus grande que celle d'être au moins chassée la dernière. Madame de Chevreuse ne reçut pas ces remontrances et ces conseils avec la soumission d'esprit pratiquée dans les couvens : elle ne crut pas que la charité et le soin de son salut en fussent la principale cause. Ce n'est pas dans la cour où se débite cette marchandise de bonne foi; ce n'est pas aussi dans ce lieu où elle est reçue avec humilité. Les pensées saintes n'entrent point dans les cœurs par des motifs humains : au contraire, rien ne révolte tant les esprits que les prédications à contre-temps. Celle-là eut son effet de cette manière; et comme la Reine n'eut pas de satisfaction de sa réponse ni de sa conduite, le dégoût s'augmenta de son côté, et madame de Chevreuse, connoissant que la bonté de la Reine diminuoit pour elle, ne s'étonna point quand enfin elle reçut commandement d'aller à Tours ou à l'une de ses maisons. Elle partit de la cour, et fut quelques jours chez elle; mais ne pouvant se tenir en repos, elle en partit déguisée, elle et mademoiselle sa fille; et voulant gagner l'Angleterre, elle demeura malade dans les îles de Guernesey, où elle souffrit beaucoup de misères. De là elle revint en Flandre, où le duc de Lorraine, tout banni qu'il étoit, la reçut et l'assista beaucoup. Le cardinal Mazarin disoit, pour se disculper de sa disgrâce, qu'elle avoit trop d'amour pour l'Espagne; qu'elle vouloit absolument faire faire la paix à l'avantage des Espagnols, et qu'il n'avoit jamais pu acquérir son amitié. J'ai ouï dire, à ceux qui l'ont connue particulièrement, qu'il n'y a jamais eu personne qui ait si bien connu les intérêts de tous les princes, et qui en parlât si bien, et même je l'ai entendu louer de sa capacité; mais il ne m'a pas paru par sa conduite que ses lumières aient été aussi grandes que sa réputation. Comme elle avoit de l'esprit, et qu'elle avoit pratiqué les étrangers, il est à croire que, sans lui faire de grâce, on pouvoit lui donner cette louange, et peut-être qu'elle étoit assez capable de donner son avis sur la paix; mais on peut dire d'elle, avec justice, que ceux qui ont examiné ce qui paroissoit de bon en elle lui ont trouvé beaucoup de défauts. Elle étoit distraite en ses discours, et très-occupée des chimères que son inclination à l'intrigue lui donnoit. Il est à présumer aussi que ses jugemens n'ont pas toujours été réglés par la raison, et que ses passions ont beaucoup contribué à les former en elle. La Reine et son ministre pouvoient donc la craindre avec quelque sujet. Je lui ai ouï dire à elle-même, sur ce que je la louai un jour d'avoir eu part à toutes les grandes affaires qui étoient arrivées dans l'Europe, que jamais l'ambition ne lui avoit touché le cœur, mais que son plaisir l'avoit menée; c'est-à-dire qu'elle s'étoit intéressée dans les affaires du monde seulement par rapport à ceux qu'elle avoit aimés.

Dans le même temps, ou peu après, on fit commandement à tous les évêques de s'en aller à leurs diocèses. Cet ordre fut donné, afin que l'évêque de Lisieux se retirât dans le sien. Il étoit dévot, grand prédicateur, et libre à dire la vérité. Il étoit le saint de la cour; il avoit toujours appelé la Reine sa bonne fille, et la Reine avoit toute sa vie marqué l'estimer infiniment. Le feu cardinal, quoiqu'il ne l'aimât pas, à cause qu'il étoit bon ami de la Reine, ne l'avoit jamais voulu chasser, et avoit toujours quelque vénération pour sa vertu et pour sa barbe grise; mais enfin il fallut qu'il s'en allât bientôt, aussi bien que les autres. Il devina aisément que le commandement général n'étoit donné que pour lui, et que la fortune du ministre, plutôt que la piété de la Reine, l'envoyoit satisfaire à ses obligations. Il étoit intime ami des princes de Vendôme, il logeoit dans leur maison, et parloit librement à la Reine : si bien que le cardinal, le craignant avec sujet, fut bien aise de s'en défaire. Il vint trouver la Reine un matin pour prendre congé d'elle. Elle étoit à sa toilette, qui s'habilloit, et ne sachant que lui dire, dans l'embarras que la présence de ce bonhomme lui causoit, elle le pria fort succinctement de se souvenir d'elle dans ses bonnes prières. Pour lui, il ne lui parla point : il lui voulut montrer sans doute par son silence qu'il obéissoit sans estimer le commandement. J'y étois, et je le remarquai avec peine pour la Reine et pour celui qu'elle chassoit si doucement. La Reine ensuite, étant au Val-de-Grâce, dit à la marquise de Maignelay (1), dame de grande qualité et de grande vertu, amie de cet évêque, qu'elle avoit été obligée par beaucoup de consi-

(1) Tante du coadjuteur, depuis cardinal de Retz.

dérations de l'éloigner; mais qu'elle lui juroit, par le Dieu qu'elle venoit de recevoir (car elle sortoit de la sainte communion), qu'elle en avoit été très-fâchée, et qu'elle avoit eu autant de peine à se résoudre à le perdre que s'il eût été son véritable père.

Vers ce même temps se fit un combat à la place Royale entre le duc de Guise (1), un des principaux soutenans de madame de Montbazon, et le comte de Coligny (2). C'étoit une suite de la lettre qui fut trouvée chez cette duchesse, qu'on avoit faussement attribuée à Coligny, et qu'on avoit voulu dédier à madame de Longueville. Le duc de Guise, brave comme ses aïeux, eut de l'avantage sur le martyr de madame de Longueville : il lui donna un grand coup d'épée dans le bras. Il mourut de sa blessure quelque temps après, affligé de son malheur qui lui fut sensible. L'Estrade lui servit de second; il étoit son parent : et désirant sa conservation, il lui dit, quand il le pria d'aller appeler le duc de Guise, que si ce prince, qui n'avoit nulle part à la raillerie de chez madame de Montbazon, l'en assuroit encore, qu'il croyoit qu'il devoit en demeurer satisfait. Mais Coligny, sur ce conseil, lui répondit : « Il n'est pas question de cela ; je me « suis engagé à madame de Longueville de me « battre contre lui à la place Royale, je n'y puis « manquer. » Bridieu servoit le duc de Guise, et L'Estrade eut de l'avantage sur lui; et après l'avoir blessé et mis hors de combat, il alla pour secourir son ami, qu'il trouva en mauvais état. Ce seigneur, à qui il offrit de recommencer le combat quoiqu'il fût blessé, lui demanda son amitié, et voyant qu'il perdoit beaucoup de sang, ne voulut point par grandeur d'ame accepter sa proposition. Madame de Longueville, à ce qu'on a cru, étoit chez la vieille duchesse de Rohan, qui les vit battre, cachée à une fenêtre; mais elle eut peu de satisfaction de sa curiosité. On fit cette chanson sur ce combat :

> Essuyez vos beaux yeux,
> Madame de Longueville,
> Essuyez vos beaux yeux,
> Coligny se porte mieux.
> S'il a demandé la vie,
> Ne l'en blâmez nullement;
> Car c'est pour être votre amant
> Qu'il veut vivre éternellement.

Ce combat donna beaucoup de gloire au duc de Guise, qui en méritoit par sa valeur et par son esprit; mais il avoit une légèreté qui le rendoit méprisable : car outre qu'il ne s'appliquoit point au soin de sa grandeur, et qu'en toute sa conduite on voyoit manquer la prudence, il a donné de si grandes marques de sa légèreté, soit dans la galanterie, soit dans l'amour légitime, qu'une femme ne sauroit jamais le louer sans manquer à ce qu'elle doit à son sexe. Il avoit été, dans ses premières années, amoureux de la princesse Anne de Gonzague; il lui avoit promis qu'il seroit son mari, et, sur ses promesses, elle crut qu'il l'épouseroit ; mais il la laissa bientôt après dans la liberté d'en prendre un autre. Cette princesse avoit de la beauté et de grands charmes dans l'esprit : si bien qu'il ne lui fut pas difficile de prendre un autre parti. Peu d'années après elle épousa le prince palatin, fils du roi de Bohême; et nous la verrons pendant cette régence, sous le nom de la princesse palatine, faire de grandes choses, et avoir part dans beaucoup d'événemens à la cour. Le duc de Guise, après avoir manqué à cette princesse, s'en alla en Flandre, où il épousa publiquement la comtesse de Bossu. Le mariage fut célébré par un évêque, parent de la dame : il lui mangea cinquante mille écus pendant son exil, et ensuite il s'en dégoûta. Il étoit alors revenu en France, où il ne songeoit plus à elle que pour lui faire des outrages (3).

[1644] Voyons accomplir en la personne de madame de Hautefort la destinée de toute la troupe des importans. La Reine avoit quitté le Louvre à cause que son appartement ne lui plaisoit pas, et avoit pris pour sa demeure le Palais-Royal, que le cardinal de Richelieu en mourant avoit laissé au feu Roi. Dans le commencement qu'elle occupa ce logis, elle fut fort malade d'une jaunisse effroyable, qui fut jugée par les médecins ne provenir que de chagrins et de tristesse. Les chagrins qu'elle avoit reçus de tant de plaintes qui se faisoient contre son gouvernement lui

---

(1) Henri de Lorraine. Ses Mémoires font partie de cette collection.
(2) Maurice, comte de Coligny.
(3) Manuscrit. « Pendant notre régence, nous l'avons vu « amoureux d'une fille de la Reine, qu'il montroit de vou-« loir épouser ; et on parloit de ce mariage aussi bien que « s'il n'eût point été marié. Mademoiselle de Pons, qui « n'étoit point fâchée d'avoir un amant sous la figure d'un « mari, a maintenu long-temps cette illusion comme une « chose réelle. Nous l'avons vue depuis quitter la cour « pour vivre sous les ordres de ce prince. Plusieurs an-« nées ont été passées sous ce prétexte fabuleux : elle a « été long-temps son amie ; enfin le détrompement et la « haine ont suivi cette amitié. Pour la comtesse de Bossu, « elle est venue souvent de Flandre en France chercher « son mari, rebutée de madame de Guise la mère, et chas-« sée de ce royaume, tantôt par les ordres de la Reine, « tantôt par elle-même. Cette amante désolée donna dans « le commencement de la compassion à tous ceux qui la « virent, car elle étoit belle et malheureuse ; et sa néces-« sité fut telle dans son premier voyage, qu'il fallut que « les dames de Normandie lui donnassent de quoi retour-« ner dans son pays. Dans les derniers elle perdit ses avan-« tages, en faisant voir qu'elle étoit femme ; et même j'ai « ouï dire que, sans la jalousie, il y auroit eu alors « favorables momens pour elle dans l'ame de ce prince. »

avoient donné de la peine. L'occupation des affaires lui causa beaucoup d'embarras ; et la douleur qu'elle sentit, se voyant forcée de faire des malheureux, lui fit une si grande impression que son corps, participant aux souffrances, en eut une trop grande part. Sa tristesse s'étant dissipée et sa maladie aussi, elle se résolut de ne plus penser qu'à jouir du repos qu'elle se donnoit, en se déchargeant sur son ministre des soins et des affaires de l'État, et crut alors pouvoir être toujours aussi heureuse qu'elle étoit puissante. Madame de Hautefort, qui n'avoit pu se vaincre sur la haine qu'elle portoit au cardinal Mazarin, étoit la seule qui lui causoit encore de l'inquiétude, non-seulement parce qu'elle ne pouvoit souffrir ce ministre, mais parce que son esprit, qui commençoit à prendre par beaucoup de dévotion des sentimens qui la rendoient sévère, un peu contrariante et trop critique, tout ce que la Reine faisoit lui étoit à dégoût, et l'ancienne familiarité qu'elle avoit eue avec elle lui donnoit la liberté de lui dire quelquefois des choses qui marquoient qu'elle n'approuvoit nullement sa conduite. La Reine ne pouvoit souffrir cette manière d'agir ; et le cardinal, qui souhaitoit la perte de cette dame, ne manquoit pas d'aigrir l'esprit de la Reine contre elle. Ses sermons sur sa générosité passoient pour des reproches tacites ; et sa conduite enfin, manquant de prudence, fut cause qu'elle perdit les bonnes grâces de celle qui auparavant l'avoit traitée de chère amie.

Un jour donc de l'année 1644, qu'à notre ordinaire nous avions eu l'honneur de passer le soir jusqu'à minuit auprès de la Reine, nous laissâmes madame de Hautefort causer avec cette princesse en toute liberté, et avec le plaisir que sa présence et la grâce qu'elle nous faisoit de nous souffrir nous donnoit. La Reine étoit près de se mettre au lit : elle n'avoit plus que sa dernière prière à faire quand nous la quittâmes, et que mademoiselle de Beaumont, le commandeur de Jars, ma sœur et moi sortîmes pour nous retirer. Dans ce moment il arriva que madame de Hautefort, toujours occupée à bien faire, en déchaussant la Reine appuya la recommandation d'une de ses femmes qui parloit en faveur d'un vieux gentilhomme servant qui depuis long-temps étoit son domestique, et qui lui demandoit quelque grâce : et madame de Hautefort ne trouvant pas dans la Reine trop bonne volonté pour lui, elle lui dit et lui fit entendre par des souris dédaigneux qu'il ne falloit pas oublier ses anciens domestiques. La Reine, qui n'attendoit qu'une occasion pour se défaire d'elle, contre sa douceur ordinaire ne manqua pas de prendre feu là-dessus, et lui dit avec chagrin qu'enfin elle étoit lasse de ses réprimandes, et qu'elle étoit fort mal satisfaite de la manière dont elle vivoit avec elle. En prononçant ces importantes paroles, elle se jeta dans son lit, et lui commanda de fermer son rideau, et de ne lui plus parler de rien. Madame de Hautefort, étonnée de ce coup de foudre, se jeta à genoux, et, joignant les mains, appela Dieu à témoin de son innocence et de la sincérité de ses intentions, protestant à la Reine qu'elle croyoit n'avoir jamais manqué à son service ni à ce qu'elle lui devoit. Elle s'en alla ensuite dans sa chambre, sensiblement touchée de cette aventure, et je puis dire fort affligée. Le lendemain, la Reine lui envoya dire de sortir d'auprès d'elle, et d'emmener avec elle mademoiselle d'Escars sa sœur, qui avoit toujours été avec elle.

Je ne fus jamais plus étonnée que le matin, quand je sus à mon réveil ce qui étoit arrivé à madame de Hautefort en ce peu de temps que nous l'avions laissée auprès de la Reine, et qui avoit causé de si grands effets contre elle. On doit dire, par justice et pour sa défense, que ses bonnes intentions la rendoient excusable ; mais les meilleures choses sont presque égales aux pires quand elles ne sont pas bien conduites, et la vertu prise de travers peut quelquefois causer autant de mal que son contraire. Comme j'estimois la sienne, quoique j'en visse l'imprudence, je l'allai voir dans sa chambre, où elle me parut assez forte dans ce moment sur son malheur, si ce peut être un malheur que de quitter la cour. Après une conversation d'une demi-heure, où elle se justifia à moi du mieux qu'elle put, je fus trouver la Reine, à qui je dis la visite que je venois de faire, en excusant cette dame avec le plus de soin qu'il me fut possible. La Reine me fit l'honneur de me dire que j'avois tort de ne pas entrer dans les justes raisons qu'elle avoit de se plaindre d'elle ; que je ne la connoissois presque pas, et que déjà ma bonté alloit l'excuser, quoique je dusse bien voir qu'elle n'avoit point de raisons. Outre les plaintes qu'elle me fit alors, elle dit encore à Beringhen qu'elle avoit senti de la peine de me voir si légèrement engagée dans l'amitié de madame de Hautefort, moi qui n'étois de retour à la cour que depuis peu, et qui n'y devois pas avoir de meilleure amie qu'elle. Cette plainte étoit obligeante, venant d'une grande Reine qui certainement étoit la personne du monde à qui je devois le plus, et que j'aimois aussi le plus véritablement ; mais le cœur ne se voyant pas, la Reine fut quelque temps un peu froide pour moi. Ma conduite me fit beaucoup de tort auprès du ministre ; il crut que j'étois contre ses intérêts, puisque je paroissois prendre part à la disgrâce d'une personne qui lui étoit si opposée. Je n'entrois néanmoins dans nulle cabale; mes intentions étoient droites, et la pitié seule me faisoit agir. Je ne laissai pas le soir de retourner voir madame de Hautefort, qui, pour avoir voulu paroître forte, avoit tellement renfermé en elle toute sa douleur et sa foiblesse, qu'elle l'avoit pensé faire mourir. Son mal fut si violent qu'elle n'avoit pu sortir de sa chambre, selon le commandement qu'elle en avoit reçu. Nous la trouvâmes, le commandeur de Jars, mademoiselle de Beaumont, ma sœur et moi, dans un état pitoyable. Son cœur, qui n'avoit pas seulement soupiré tout le jour, renonçant par force à la fierté dont il avoit voulu paroître rempli, étoit par sa douleur si étouffé, si saisi et si abandonné à son ressentiment, que je puis dire avec vérité n'avoir jamais rien vu de pareil. Elle sanglotoit d'une manière si sensible, qu'il étoit aisé de juger qu'elle avoit beaucoup aimé la Reine, que sa disgrâce étoit dure, et qu'elle ne l'avoit pas prévue. Nous la consolâmes le mieux que nous pûmes. Nous aurions fort souhaité que la Reine eût été capable de s'adoucir et de lui pardonner; mais le lendemain, étant un peu remise et même soulagée par deux saignées qu'il lui fallut faire la nuit, elle sortit du Palais-Royal, regrettée de tout le monde. Car comme la disgrâce sans crime a cela de propre qu'elle détruit l'envie dans l'ame des ennemis, et les fait passer aisément de la haine à la pitié, elle augmente l'amitié dans celle des amis, qui sont assez honnêtes gens pour aimer la générosité et excuser les fautes que fait faire une vertu si extraordinaire. Cette illustre malheureuse alla s'enfermer dans une religion, où elle demeura quelque temps; puis elle en sortit et vécut fort retirée, ne voyant que ses amis particuliers. Je n'osai plus l'aller voir, parce qu'en parlant d'elle à la Reine, et lui demandant en grâce qu'elle ne trouvât pas mauvais que je l'allasse voir, cette princesse m'avoit répondu froidement que j'étois libre, et que j'en pouvois user comme je voudrois. Je lui dis, en lui baisant la main, que je ne la voulois pas être pour faire jamais aucune chose qui pût lui déplaire; et lui devant tout, et rien à madame de Hautefort que de la civilité et de l'estime, je m'engageai à la Reine de ne la plus voir. Le commandeur de Jars, beaucoup plus son ami que moi, qui ne manquoit pas de fidélité pour ses amis, en fit autant que moi, et ne la vit plus que quand elle se maria.

Voilà donc la cour sans trouble et la Reine sans importans. Tout le reste se rangea du côté du ministre, et chercha son établissement par sa protection. Il ne restoit plus auprès de la Reine que la marquise de Senecé, qui, n'étant pas mise de sa main, n'en pouvoit être aimée, d'autant plus qu'elle la vouloit gouverner à sa mode, et qu'elle avoit voulu placer l'évêque de Limoges, son parent, au premier degré de la faveur. Elle prétendit qu'on la fît duchesse, et qu'on déclarât ses petits-enfans princes, à cause du nom de Foix qu'ils portent; de sorte qu'elle avoit de la peine à se voir contrainte sous une autorité qui resserroit son ambition dans les seules prérogatives de sa charge. Mais, comme elle étoit fort inégale, elle avoit de ces contrariétés que les Espagnols appellent *altos y baxos*; car tantôt elle pestoit comme les autres, tantôt elle le recherchoit avec de grandes soumissions, et se louoit de la moindre douceur qu'il lui disoit; et comme ces mouvemens d'amitié et de haine pour et contre lui étoient alternatifs, les bonnes ou les mauvaises paroles qu'elle tiroit de lui étoient différentes, et l'on ne pouvoit dire si elle étoit bien ou mal à la cour, où elle demeuroit sans aucun crédit.

Au commencement de la régence, la Reine avoit établi un conseil de conscience où se jugeoient toutes les affaires qui concernoient les bénéfices qu'elle vouloit donner à des gens de bien. Ce conseil subsista tant que le ministre, voyant son autorité traversée, demeura dans quelque retenue; mais aussitôt qu'elle fut tout-à-fait affermie, il voulut disposer à son gré et sans aucune contradiction des bénéfices, comme de tout le reste : ou que ceux à qui la Reine les donneroit fussent de ses amis, sans trop se soucier qu'ils fussent bons serviteurs de Dieu, disant qu'il croyoit qu'ils l'étoient tous. Ce conseil ne servit donc qu'à exclure ceux qu'elle ne vouloit pas favoriser; et quelques années après il fut entièrement aboli, à cause que le père Vincent(1), qui en étoit le chef, étant un homme tout d'une pièce qui n'avoit jamais songé à gagner les bonnes grâces des gens de la cour dont il ne connoissoit pas les manières, fut aisément tourné en ridicule, parce qu'il étoit presque impossible que l'humilité, la pénitence et la simplicité évangélique s'accordassent avec l'ambition, la vanité et l'intérêt qui y règnent. Celle qui l'avoit établi auroit fort souhaité de l'y maintenir : c'est pourquoi elle avoit encore quelques longues conversations avec lui sur les scrupules qui lui en étoient toujours demeurés; mais elle manqua de fermeté en cette occasion, et laissa souvent les choses selon qu'il plût à son ministre, ne se croyant pas si habile que lui, et ne croyant pas l'être autant qu'elle l'étoit en beaucoup de choses : ce qui fut cause qu'il lui étoit aisé de la persuader de tout ce qu'il vouloit, et de la faire revenir, après quelque résistance, aux choses qu'il avoit résolues. Je sais

(1) Saint Vincent de Paul.

néanmoins que, dans le choix des évêques particulièrement, elle a eu une très-grande peine à se rendre, et qu'elle en a eu bien davantage quand elle eut reconnu qu'elle avoit suivi ses avis trop facilement sur cet important chapitre : ce qu'elle ne faisoit pas toujours, et jamais sans consulter en particulier ou le père Vincent tant qu'il a vécu, ou d'autres qu'elle a cru gens de bien ; mais elle a été quelquefois trompée par la fausse vertu de ceux qui prétendoient à la prélature, et dont les personnes de piété, sur qui elle se reposoit de cet examen, lui répondoient peut-être un peu trop légèrement. Cependant, malgré l'indifférence que son ministre a paru avoir sur ce sujet, Dieu a fait la grâce à cette princesse de voir la plupart de ceux qui pendant sa régence ont été élevés à cette dignité satisfaire à leur devoir, et faire leurs fonctions avec une sainteté exemplaire.

La Reine avoit mis dans les finances le président de Bailleul, homme de bien et juge fort intègre, mais trop familiarisé et trop doux pour cette charge, où la justice n'est pas la principale qualité qui soit nécessaire. Il étoit important au cardinal Mazarin de le changer pour un moins régulier et plus dur que lui. Il ne voulut pas d'abord le chasser ; mais il mit sous lui d'Emery (1) pour contrôleur général, avec le pouvoir dont cette charge le rendoit capable, pour l'installer peu à peu et en faire un surintendant de finances tout-à-fait à sa dévotion : ce qui arriva bientôt après. En même temps la Reine, qui vouloit ôter Chavigny du conseil, où le cardinal n'étoit pas bien aise de le voir exercer la charge de secrétaire d'Etat des affaires étrangères, dont il étoit fort capable, et qu'il avoit eue de Boutillier son père, et par laquelle, ayant le maniement des plus grandes affaires qui s'y examinent, il avoit nécessairement quelque part au ministère, lui ordonna de s'en défaire et de la vendre au comte de Brienne (2), qui vendroit celle qu'il avoit de la maison du Roi à Duplessis-Guénégaud : et comme elle le considéroit non-seulement par sa probité et par l'amitié qu'elle avoit pour la comtesse de Brienne, elle lui fit donner deux cent mille livres, pour aider à payer celle qu'on lui vendoit cinq cent mille livres. Le cardinal Mazarin n'ayant plus personne dans le conseil qui pût lui donner quelque jalousie, le comte de Brienne ne faisoit aucune difficulté de signer toutes les dépêches comme on les lui envoyoit. Il ne restoit plus que la charge de secrétaire d'Etat de la guerre, que des Noyers, qui avoit été disgracié par le feu Roi, avoit, et dont il fit donner la commission à Le Tellier qu'il avoit connu en Italie, et qui en eut bientôt le titre par la mort de des Noyers ; et par ce moyen il eut le plaisir de faire tout seul les quatre charges de secrétaires d'Etat, et les titulaires ne furent que ses commis.

Après avoir parlé de l'état où étoit la cour, je crois qu'il est juste de dire quelque chose de particulier de la Reine. Elle s'éveilloit pour l'ordinaire à dix ou onze heures, et les jours de dévotion à neuf, qu'elle faisoit une longue prière avant que d'appeler celle qui couchoit auprès d'elle. Quand on avoit annoncé son réveil, ses principaux officiers lui venoient faire leur cour, et souvent d'autres personnes y entroient, et particulièrement certaines dames qui lui venoient parler des aumônes de charité qui étoient à faire à Paris, dans toute la France, et même au dehors : car ses libéralités en tout temps étoient grandes, et s'étendoient généralement sur tout ce qui regardoit la piété, son application étant sans relâche à tous les besoins qu'on avoit de sa protection et de sa justice. Les hommes n'étoient pas exclus de ses audiences. Dans ces premières heures, elle en donnoit souvent à plusieurs, et entroit dans toutes les affaires dont ils lui parloient, selon qu'elle le jugeoit nécessaire. Le Roi ne manquoit jamais, non plus que Monsieur, de la venir voir dès le matin, pour ne la quitter qu'à l'heure de leur retraite, excepté dans les heures de leur repas et de leurs jeux : l'enfance ne leur permettant pas encore de manger avec elle, comme ils firent depuis. Quand ceux qui avoient eu à parler à elle avoient eu leur audience, elle se levoit, prenoit une robe de chambre, et, après avoir fait une seconde prière, elle déjeûnoit de grand appétit (3). Elle prenoit ensuite sa chemise, que le Roi lui donnoit en la baisant tendrement ; et cette coutume lui a duré long-temps. Après avoir mis son corps de jupe, avec un peignoir, elle entendoit la messe fort dévotement ; et, cette sainte action finie, elle venoit à sa toilette. Il y avoit alors un plaisir non pareil à la voir coiffer et habiller. Elle étoit adroite, et ses belles mains en cet emploi faisoient admirer toutes leurs perfections. Elle avoit les plus beaux cheveux du monde : ils étoient fort longs et en grande quantité, qui se sont conservés long-temps, sans que les années aient eu le pouvoir de détruire leur beauté. Elle s'habilloit avec le soin et la curiosité permise aux personnes qui veulent être bien sans luxe, sans or ni argent, sans fard, et sans façon extraordinaire. Il étoit

---

(1) Michel Particelli.
(2) Henri-Auguste de Loménie. Ses mémoires font partie de cette collection.

(3) Manuscrit. « Son déjeûner étoit toujours bon, car « elle avoit une santé admirable. On lui servoit, après son « bouillon, des côtelettes, des saucisses, et du pain bouilli. « Elle mangeoit d'ordinaire de tout cela un peu, et n'en « dînoit pas moins. »

5.

néanmoins aisé de voir à travers la modestie de ses habits qu'elle pouvoit être sensible à un peu d'amour-propre. Après la mort du feu Roi, elle cessa de mettre du rouge : ce qui augmenta la blancheur et la netteté de son teint. Au lieu de rien diminuer de son éclat, on l'en estima davantage, et l'approbation publique obligea les dames à suivre son exemple. Elle prit alors la coutume de garder la chambre un jour ou deux, pour se reposer de temps en temps, et ne voir que les personnes qui lui étoient plus familières et la pouvoient moins importuner. Dans les autres jours, elle donnoit facilement audience à tous ceux qui la lui demandoient, tant sur les affaires générales que sur les particulières. Comme elle avoit du bon sens et beaucoup de raison, elle les satisfaisoit tous par de réponses accompagnées de bonté ; et ceux qui l'aimoient auroient toujours voulu qu'elle eût agi par ses propres lumières, comme d'abord elle en avoit eu l'intention, pour éviter le blâme qu'elle avoit vu donner au feu Roi, qui avoit trop abandonné son autorité au cardinal de Richelieu, disant souvent à ses serviteurs qu'elle n'en vouloit pas faire autant. Mais, par malheur pour ceux qui étoient à elle, ses résolutions furent affoiblies par le désir du repos, et par la peine qu'elle trouva dans la multiplicité des affaires qui sont inséparables du gouvernement d'un grand royaume. Dans la suite des temps, elle devint plus paresseuse, et apprit par son expérience que Dieu n'a pas placé des rois sur des trônes pour ne point agir, mais pour souffrir quelques-unes des misères qui sont attachées à toutes sortes d'états.

La Reine ne dînoit pas souvent en public servie par ses officiers, mais presque toujours dans son petit cabinet, servie par ses femmes. Après son dîner (1), elle alloit tenir le cercle, ou bien elle sortoit et alloit voir des religieuses, ou faire quelques dévotions ; d'où étant revenue, elle se donnoit encore quelque temps aux princesses et aux dames de qualité qui venoient faire leur cour. M. le duc d'Orléans, M. le prince et le duc d'Enghien la venoient voir ; et le cardinal Mazarin n'y manquoit jamais à la belle heure du soir, que la conversation se faisoit publiquement entre la Reine, les princes et le ministre : ce qui faisoit qu'en ce temps la cour étoit fort grosse. La Reine se retiroit ensuite en son particulier. Le duc d'Orléans, après un entretien secret, s'en alloit au Luxembourg, et laissoit le cardinal Mazarin avec la Reine. Ce ministre y demeuroit quelquefois une heure, quelquefois plus. Les portes du cabinet demeuroient ouvertes. Après la sortie du duc d'Orléans, les gens de la cour, soit par leur dignité, soit par leur faveur, pouvoient entrer dans la petite chambre du Palais-Royal joignant le cabinet, et y demeurer attendant la fin du conseil. Quand il étoit fini, la Reine, peu de temps après, donnoit le bon soir à tout ce qui s'appeloit le grand monde. La foule des grands seigneurs et des courtisans demeuroit dans le grand cabinet, et c'étoit là que se pratiquoit sans doute tout ce que la galanterie et les folles intrigues pouvoient produire. Peu d'hommes, avec quatre ou cinq personnes de notre sexe, avoient l'honneur de rester avec la Reine, à toutes les heures où elle étoit en son particulier. Ces hommes étoient le commandeur de Jars, Beringhen, Chandenier, capitaine des gardes du Roi, Guitaut, capitaine des gardes de la Reine, et Comminges, son neveu et son lieutenant. Quelquefois d'autres s'y fourroient, et la Reine se plaignoit en riant de ce qu'ils y prenoient racine. Outre ceux que j'ai nommés, il y en avoit d'autres qui lui étoient agréables quand ils y vouloient demeurer, comme le maréchal de Gramont, Créqui, Mortemart ; ceux enfin dont les grands noms ou leurs charges portent leurs privilèges avec eux. Pour les femmes, il n'y avoit que mademoiselle de Beaumont, madame de Bregis, ma sœur et moi, et madame Hebert, mère de madame de Bregis, quelquefois, mais rarement, qui n'étoit ni muette ni philosophe, et qui n'étoit guère écoutée : car madame de Senecé, dame d'honneur, étoit auprès du Roi ; et la place de madame de Hautefort n'étant pas remplie, nous avions seules cet avantage de passer plusieurs heures en particulier avec la plus grande reine du monde, et qui avoit beaucoup de bonté pour nous. Quand elle avoit donné le bon soir, et que le cardinal Mazarin l'avoit quittée, elle entroit dans son oratoire, où elle demeuroit en prière plus d'une heure ; puis après elle en sortoit pour souper à onze heures. Son souper fini, nous en mangions les restes sans ordre ni mesure, nous servant pour tout appareil de sa serviette à laver, et du reste de son pain ; et quoique ce repas fût mal ordonné, il n'étoit point désagréable, par l'avantage de ce qui s'appelle privauté, pour la qualité et le mérite des personnes qui s'y rencontroient quelquefois. Ensuite de ce festin, nous allions la trouver dans son cabinet, où recommençoit une conversation gaie et libre qui nous conduisoit jusqu'à minuit ou une heure ; et quand elle étoit déshabillée, et souvent couchée et prête à s'endormir, nous la quittions pour en aller faire autant. Nous avons fait cette vie ponctuellement

---

(1) Manuscrit. Au sortir de son dîner, elle se retiroit « un peu dans sa chambre, pour être quelque temps « seule, et donnoit souvent une heure à Dieu par quel- « que lecture dévote qu'elle faisoit dans son oratoire. »

pendant plusieurs années, la suivant dans les petits voyages de Fontainebleau, jusqu'à ce que la guerre civile, le siége de Paris et les troubles furent assez grands pour interrompre souvent cet ordre : je veux dire à l'égard de notre assiduité, mais non à l'égard de la Reine, car c'étoit la personne du monde la plus égale dans toute la conduite de sa vie. Elle tenoit conseil les lundis et les jeudis : et ces jours-là elle étoit obsédée d'une foule de monde. Elle jeûnoit tous les jours commandés; et, malgré son appétit, elle jeûnoit tout le carême entier. Etant à Paris, elle alloit tous les samedis à la messe à Notre-Dame ; et pour l'ordinaire elle demeuroit le reste de ce jour-là à son repos, prenant le plus grand plaisir du monde à se dérober à la presse qui l'environnoit ordinairement, mais qui s'étoit à la fin accoutumée à ne la pas tant importuner que les autres jours. Elle communioit réglément les dimanches et les fêtes. Les veilles des bonnes fêtes, elle alloit coucher au Val-de-Grâce, où elle avoit résolu de faire bâtir un nouveau monastère plus beau que celui qui y étoit quand elle en avoit été la fondatrice, et d'y joindre une église digne d'une Reine mère d'un si grand Roi : elle en avoit donné le soin à Tubœuf (1). Elle demeuroit là quelques jours, retirée de tout le monde, et elle prenoit plaisir d'y faire des conversations avec des religieuses. Elle cherchoit les plus saintes, et s'accommodoit de celles qui n'avoient qu'un mérite médiocre; mais quand elles avoient pu toucher son estime, elle les honoroit de son amitié. Les bons sermons et les plus sévères prédicateurs étoient ceux qui lui plaisoient le plus. Elle a été quelquefois, mais rarement, visiter les prisons, déguisée en suivante; et, de ma connoissance, je sais qu'elle suivit un jour madame la princesse à cette intention. Elle avoit une femme de chambre, dame pieuse et dévote, qui, dans les premières années de sa régence, s'enfermoit les soirs avec elle dans son oratoire. Toute l'occupation de cette dame étoit d'instruire la Reine des nécessités journalières, publiques et particulières de tous les pauvres, et de lui demander de l'argent pour y remédier.

La Reine alors n'avoit pas renoncé à tous les plaisirs qui lui avoient plu autrefois, et qu'elle croyoit innocens (2). Elle avoit aimé le bal. Elle en avoit perdu le goût avec la jeunesse; mais elle alloit à la comédie, à demi cachée par une de nous, qu'elle faisoit asseoir auprès d'elle dans

(1) Mansard en fit les dessins.
(2) Manuscrit. « Ses divertissemens étoient médio-
« cres, et elle n'aimoit rien avec ardeur. Elle n'aimoit
« point à lire, et ne savoit guère de choses ; mais elle
« avoit de l'esprit, et l'esprit aisé, commode et agréa-
« ble. »

une tribune où elle se mettoit, ne voulant pas, pendant son deuil, paroître publiquement à la place qu'elle devoit occuper dans un autre temps. Ce divertissement ne lui étoit pas désagréable. Corneille, cet illustre poëte de notre siècle, avoit enrichi le théâtre de belles pièces dont la morale pouvoit servir de leçon à corriger le déréglement des passions humaines; et, parmi les occupations vaines et dangereuses de la cour, celle-là du moins pouvoit n'être pas des pires. La Reine étoit grave et discrète en toutes ses manières d'agir et de parler ; elle étoit judicieuse et fort secrète pour toutes les confiances que ses familiers osoient lui faire. Elle étoit libérale par ses propres sentimens : car ce qu'elle donnoit, elle le donnoit de bonne grâce; mais elle manquoit de le faire souvent, faute de s'en aviser : il falloit trop s'aider auprès d'elle pour obtenir ses bienfaits. Ce défaut, qui n'étoit ni dans son cœur ni dans sa volonté, procédoit de ce qu'elle laissoit insensiblement régler ses résolutions sur les volontés de ceux dont elle estimoit les conseils, et ses créatures en souffroient beaucoup. Elle a même donné avec profusion à certaines personnes qui ont eu le pouvoir de la persuader en leur faveur, et qui, par de grandes applications à leur fortune, ont su trouver le moyen de la faire. Cette princesse avoit l'esprit aisé, commode et agréable. Sa conversation étoit sérieuse et libre tout ensemble; et ceux pour qui elle avoit de l'estime trouvoient en elle un bonheur qui se rencontre rarement avec les grands. Elle entroit dans les intérêts et les sentimens de ceux qui lui ouvroient leur cœur, et ce bon traitement faisoit une grande impression dans l'ame de ceux qui l'aimoient. J'ai parlé ailleurs de sa beauté : je dirai seulement qu'étant aimable de sa personne, douce et honnête dans son procédé, et familière avec ceux qui avoient l'honneur de l'approcher, elle n'avoit qu'à suivre ses inclinations naturelles, et à se montrer telle qu'elle étoit, pour obliger et pour plaire. Malgré ses vertueuses dispositions, il étoit aisé au cardinal Mazarin, en se servant de la raison d'Etat, de changer ses sentimens, et de la rendre capable de sévérité envers ceux qu'elle avoit accoutumé de bien traiter. Dans le commencement de sa régence, sa bonté a été fort louée : mais quand on la vit disgracier aisément ceux qu'elle avoit considérés autrefois, on pesta hautement contre elle. Plusieurs écrits se firent pour décrier cette bonté dont chacun étoit persuadé avec tant de raison; et cette vérité fut mise pour quelque temps au rang des choses douteuses, par ceux qui alors n'étoient plus assez heureux pour être contens.

On fit le bout de l'an du Roi avec les cérémonies ordinaires [mai 1644]. La Reine quitta son grand deuil, qui l'avoit fait paroître belle : l'âge de quarante ans, si affreux à notre sexe, ne l'empêchoit point d'être fort aimable. Elle avoit une fraîcheur et un embonpoint qui lui pouvoit permettre de se compter au rang des plus belles dames de son royaume, et nous l'avons vue depuis augmenter en âge sans perdre ces avantages.

Dans le commencement de cette année, on se prépara à la guerre. Le duc d'Orléans alla commander l'armée de Flandre, et le duc d'Enghien celle d'Allemagne. Nous verrons le premier conquérir quelques places, et le second battre les ennemis avec beaucoup de gloire et de réputation.

Le président Barillon et quelques autres principales têtes du parlement, qui avoient servi la Reine, n'étoient pas satisfaits de ce qu'ils n'étoient pas considérés comme ils l'avoient espéré. La première occasion qui se présenta de mutiner, ils le firent : ils commencèrent à se plaindre de ce que le chancelier au conseil cassoit tous les arrêts du parlement, et crièrent contre leur premier président, qui sembloit y consentir avec trop de complaisance. Ils s'assemblèrent et parlèrent contre l'autorité royale, censurèrent toutes choses, et firent appréhender à la cour quelque commencement de désordre et de brouillerie.

Le lendemain de cette assemblée [le 22 mai 1644], on envoya commander au président Barillon et au président Gayant, et à quelques autres de même cabale, de se retirer. Le président Barillon étoit honnête homme et fort estimé : il avoit servi la Reine dans le parlement, où il avoit beaucoup de crédit et de réputation. Les importans étoient de ses amis : lui et eux avoient été serviteurs de la Reine, et ne l'étoient plus. On l'envoya à Pignerol, au grand déplaisir de beaucoup d'honnêtes gens, où il mourut un an après, regretté de tout le monde. Il étoit homme d'honneur (1), mais de ces gens chagrins qui haïssent toujours ceux qui sont en place, et croient qu'il est d'un grand cœur de n'aimer que les misérables. J'ai ouï dire à la Reine que pendant la vie du feu Roi elle n'avoit pas eu de serviteur plus fidèle que ce président ; et qu'aussitôt qu'elle avoit été régente, il l'avoit abandonnée, et désapprouvé toutes ses actions. Quelque temps après cette disgrâce, ceux du parlement, mutinés de la rigueur qu'ils prétendoient avoir été faite à leur compagnie, firent plusieurs assemblées. Ils arrêtèrent de venir trouver la Reine pour se plaindre du mal qu'elle leur avoit fait, et résolurent d'y venir sans demander audience. Monsieur n'étoit point encore parti pour l'armée : il étoit à une de ses maisons ; et le cardinal Mazarin étoit allé faire une petite course pour voir le cardinal de Valençay qui venoit de Rome, et à qui on avoit défendu d'approcher de Paris.

La Reine étoit au lit, seule dans le Palais-Royal. J'avois l'honneur d'être alors auprès d'elle. On lui vint dire que le parlement venoit en corps à pied, pour lui faire des remontrances sur l'affaire du président Barillon. Il étoit assez aisé de voir que le dessein de cette compagnie étoit d'émouvoir le peuple ; et les premières personnes qui en donnèrent avis m'en parurent effrayées. La Reine, qui avoit l'âme ferme et qui ne s'étonnoit pas aisément, n'en témoigna nulle inquiétude : elle envoya chercher le président de Bailleul, surintendant des finances, assez aimé dans son corps ; et sans vouloir qu'on leur fermât la porte, comme quelques-uns lui conseillèrent, elle les envoya recevoir sous l'arcade qui sépare les deux voûtes. Elle leur manda, par son capitaine des gardes et par le surintendant, qu'elle ne trouvoit pas bon qu'ils fussent venus sans sa permission et sans demander audience ; qu'ils devoient retourner au lieu d'où ils étoient partis, et qu'ayant pris médecine, elle ne les pouvoit voir. Il fallut qu'à leur honte ils fissent ce qu'elle leur commanda ; et la Reine se moqua de moi de ce que ces barbons m'avoient fait une grande peur, et de ce que je fus d'avis qu'on envoyât chercher le maréchal de Gramont, mestre-de-camp du régiment des gardes, afin d'avoir de quoi se défendre, si le peuple eût voulu se mettre de la partie. On leur donna quelques jours après l'audience qu'ils demandoient ; et leurs harangueurs, qui demandoient le président de Barillon, ne furent point écoutés à son égard ; mais on leur accorda les autres points, qui n'étoient pas d'un si grand poids. Le parlement, ensuite de cette première émotion, demeura pour quelque temps assez paisible, ruminant les desseins, qui parurent quelques années après, d'empiéter sur l'autorité royale.

Quand la belle saison eut convié les princes de quitter les plaisirs de la cour pour les fatigues de la guerre, la Reine trouva à propos d'aller chercher du frais hors de Paris. Elle voulut passer les grandes chaleurs à Ruel, chez la duchesse d'Aiguillon. Cette maison est commode par le voisinage de Paris, et fort agréable par la beauté des jardins, et par la quantité des sources, qui sont fort naturelles. La Reine se plut dans ce

---

(1) Manuscrit. « Il étoit estimé homme d'honneur et « généreux ; mais outre qu'il avoit un peu de chagrin de « n'avoir pas eu de part à la faveur, il avoit un peu de « cette teinture de quelques hommes de notre siècle qui « haïssent toujours les heureux et les puissans. Ils esti- « ment qu'il est d'un grand cœur de n'aimer que les mi- « sérables, et cela les engage incessamment dans les par- « tis qui sont contraires à la cour. »

lieu, où son ennemi le cardinal de Richelieu avoit si long-temps reçu les adorations de toute la France. Ce ne fut pas néanmoins par ce motif qu'elle le choisit : elle avoit l'ame trop belle pour vouloir troubler le repos des morts par un si petit triomphe (1). Ce fut au contraire pour obliger la duchesse d'Aiguillon sa nièce, et lui donner quelques marques de sa protection royale contre M. le prince, avec qui elle avoit de grands différends à démêler; et il est à présumer que la Reine, agissant par générosité, eut néanmoins quelque joie de se voir en état de faire du bien, par sa seule présence, à ceux qu'elle croyoit lui avoir fait tant de maux. Elle se divertissoit à se promener les soirs; et, pendant le temps qu'elle fut dans ce lieu délicieux, elle faisoit chanter souvent la *signora Leonor, una virtuosa* que le cardinal avoit fait venir d'Italie, et qui avoit la voix belle. Elle prenoit tous les plaisirs innocens que la beauté et la commodité de ce lieu lui pouvoient permettre; mais il plut au peuple de Paris de s'émouvoir sur certains impôts qu'on avoit voulu mettre sur les maisons. Le Roi et elle en partirent au bout de six semaines, avec beaucoup de précipitation, pour les aller apaiser; et toute la cour les suivit volontiers pour retourner à Paris.

Pendant le séjour de la Reine à Ruel, un jour qu'elle se promenoit dans les allées du jardin en calèche, elle remarqua que Voiture rêvoit en se promenant. Cet homme avoit de l'esprit, et par l'agrément de sa conversation il étoit le divertissement des belles ruelles des dames qui font profession de recevoir bonne compagnie. La Reine, pour faire plaisir à madame la princesse qui l'aimoit, et qui étoit assise auprès d'elle, lui demanda à quoi il pensoit. Alors Voiture, sans beaucoup songer, fit des vers burlesques pour répondre à la Reine, qui étoient plaisans et hardis. Elle ne s'offensa point de cette raillerie; elle les a trouvés si jolis qu'elle les a tenus long-temps dans son cabinet. Elle m'a fait l'honneur de me les donner depuis; et, par les choses que j'ai déjà dites de sa vie, il est aisé de les entendre. Ils étoient tels :

> Je pensois que la destinée,
> Après tant d'injustes malheurs,
> Vous a justement couronnée
> De gloire, d'éclat et d'honneurs;
> Mais que vous étiez plus heureuse
> Lorsque vous étiez autrefois
> Je ne veux pas dire amoureuse :
> La rime le veut toutefois.
>
> Je pensois que ce pauvre Amour,
> Qui toujours vous prêta ses armes,

(1) Ici finit le manuscrit de la bibliothèque de l'Arsenal.

> Est banni loin de votre cour,
> Sans ses traits, son arc et ses charmes;
> Et ce que je puis profiter,
> En passant près de vous ma vie,
> Si vous pouvez si mal traiter
> Ceux qui vous ont si bien servie.
>
> Je pensois (car nous autres poëtes
> Nous pensons extravagamment)
> Ce que, dans l'humeur où vous êtes,
> Vous feriez, si dans ce moment
> Vous avisiez en cette place
> Venir le duc de Buckingham;
> Et lequel seroit en disgrâce
> De lui ou du père Vincent.

Il faut finir la promenade de Ruel par cette bagatelle, et reprendre avec Paris le sérieux et la gravité requise pour cette grande ville. Un de nos rois (2) a dit que cette tête du royaume étoit trop grosse; qu'elle étoit pleine de beaucoup d'humeurs nuisibles au repos de ses membres, et que la saignée de temps en temps lui étoit nécessaire. Pour cette fois, la présence du Roi et de la Reine apaisa toutes choses; et ce ne fut qu'un petit feu de paille, qui n'empêcha nullement toute la cour de jouir paisiblement des commodités et des plaisirs qui se trouvent dans cet agréable séjour.

Le pape Urbain VIII mourut en juillet 1644. Il avoit tenu le siége long-temps avec la réputation d'habile homme et de grand politique. Les cardinaux Barberin ses neveux, qui étoient les protecteurs de la France, demeurèrent les maîtres de l'élection de son successeur. On s'opposa à quelques partisans d'Espagne qui prétendoient être élevés à cette dignité, particulièrement le cardinal Pamphile, qui paroissoit y avoir plus de part qu'aucun autre; mais enfin le Roi ne fut pas le plus fort, et les Barberins servirent fort mal la France en cette occasion.

En ce même mois, la reine d'Angleterre, que ses peuples révoltés avoient réduite dans un petit coin de son royaume pour y faire ses dernières couches, après dix-sept jours seulement fut contrainte de se sauver en France, pour éviter le malheur qu'elle avoit sujet d'appréhender de la haine de ses sujets, qui étoient en guerre ouverte avec leur Roi, et vouloient la prendre prisonnière, pour commencer peut-être par elle à perdre le respect qu'ils devoient avoir pour la royauté. Cette princesse, après avoir été la plus heureuse des femmes et la plus opulente de toutes les reines de l'Europe, avec trois couronnes qu'elle avoit sur la tête, fut réduite en tel état que pour faire ses couches il fallut que la Reine lui envoyât madame Peronne sa sage-femme, et jusques aux moindres choses qui lui étoient

(2) Henri III.

nécessaires. Elle avoit été conduite à Oxford par le Roi son mari, qui l'y avoit laissée; mais ayant sujet de craindre que ses ennemis ne l'y vinssent assiéger, elle en partit avec précipitation pour aller à Exeter, où elle accoucha dans cette nécessité que je viens de représenter. Elle étoit malade d'une grande maladie qui avoit précédé sa grossesse, et peu en état de secourir le Roi son mari. En cette extrémité, elle fut contrainte de se mettre à couvert des maux dont sa personne et sa santé étoient menacées. Elle voulut venir en son pays natal boire des eaux de Bourbon, et chercher quelque sûreté pour sa vie. Elle fut reçue en France avec joie. Les peuples, qui la regardoient comme sœur, fille et tante de leurs rois, la respectèrent; et la Reine fut ravie de la pouvoir secourir dans ses malheurs, et de contribuer à les adoucir en tout ce qui étoit en son pouvoir, quoiqu'elle n'en eût pas été bien traitée, et en eût reçu de grands chagrins quand elle étoit encore en France : car cette princesse étant soutenue de la Reine sa mère, qui n'aimoit point la Reine, elle lui faisoit de ces petites malices qui sont de grands maux à ceux qui les reçoivent dans les temps présens, mais qui ne sont pas capables d'altérer l'amitié quand ils sont passés. Le roi d'Angleterre avoit contribué à l'adoucissement de ces dégoûts; car depuis son mariage il avoit pris plaisir en toutes rencontres d'obliger la Reine, particulièrement en la personne de madame de Chevreuse pendant son exil : si bien que la reine d'Angleterre venant ici, la Reine eut une belle occasion de rendre en la personne de cette princesse affligée ce qu'elle devoit au roi d'Angleterre; et ces deux princesses ayant changé de sentimens, l'une fut bien aise d'obliger l'autre : et celle qui fut bien reçue et bien traitée en témoigna une grande reconnoissance. La reine d'Angleterre demeura à Bourbon environ trois mois, pour tâcher de rétablir sa santé; et la Reine lui offrit tout ce qui dépendoit du Roi et d'elle. J'ai eu l'honneur d'approcher familièrement de cette Reine malheureuse. J'ai su par elle-même le commencement et la suite de ses disgrâces; et comme elle m'a fait l'honneur de me les conter exactement dans un lieu solitaire où la paix et le repos régnoient sans aucun trouble, j'en ai écrit les plus remarquables événemens, que j'ai cru devoir mettre ici. La digression en sera un peu longue; mais les aventures d'un si grand roi et d'une princesse du sang de France nous touchent de si près, qu'on ne peut pas dire qu'elles soient mises hors de leur place dans des Mémoires où je ne peux pas m'empêcher d'en dire quelque chose; et je ne puis en rien dire de plus particulier et de plus considérable que ce que cette grande princesse m'en a appris (1). Je la laisserai à Bourbon, où la Reine, ne se contentant pas des offres qu'elle lui avoit faites, et qui n'étoient que des complimens, lui envoya tout l'argent qui étoit nécessaire pour sa subsistance, avec de grandes sommes qu'elle fit tenir au Roi son mari. Mais comme ce malheureux prince, qui n'avoit que trop de bonté, étoit destiné à servir d'un exemple formidable à tous les rois de la foiblesse de leur puissance, et du plaisir que la fortune prend quelquefois à se jouer des couronnes et renverser les trônes les mieux établis, pour les en ôter et les y remettre suivant son caprice, tout cela lui fut inutile.

Voici, selon ce que j'ai appris de cette princesse, quel a été le sujet de sa venue en France, et de tous ses déplaisirs. Quoique plusieurs personnes aient voulu dire qu'elle en étoit la cause, on verra dans cette relation des preuves de sa générosité, et du zèle qu'elle a eu pour tâcher de remédier aux maux qui ont affligé ce grand royaume, qui étoit, lorsqu'elle y a été reçue, le plus florissant de l'Europe, et le soin qu'elle a pris d'apaiser les différens mouvemens qu'on y avoit suscités : et je ne vois pas que ceux qui prétendent qu'elle a fait de si grandes fautes en citent aucune considérable, excepté une qu'elle m'a avouée ingénument; et quand elle en auroit fait un plus grand nombre, il n'y en pouvoit pas avoir qu'on pût penser devoir attirer ni sur elle, ni sur le Roi son mari, ni sur tous ses peuples, une si grande punition que celle de violer le caractère que Dieu imprime sur les personnes des rois, et le bouleversement d'un si grand royaume. Pour sa conduite particulière, je n'en puis rien savoir; mais s'il est vrai qu'elle en ait manqué, pour l'ordinaire il n'y a rien qui nous soit plus inconnu que nos propres défauts; et quand nous les voyons, nous n'avons pas assez de sincérité pour en convenir, et nous ne sommes pas obligés de les apprendre à ceux qui les ignorent, puisque nous sommes obligés de cacher ceux des autres. Mais je suis persuadée, à l'égard de la reine d'Angleterre, qu'elle m'a fait l'honneur de me dire les choses qui lui sont arrivées de la manière qu'elle les a vues et comme elle les a comprises : et quant à ce qu'elle a bien voulu y joindre par tradition pour l'avoir appris dans sa cour, elle me l'a voulu dire, à cause qu'elle a cru être obligée de me le faire savoir, pour rappeler en sa mémoire les grands périls qu'elle a évités : ce qui fait du plaisir à raconter, et pour satisfaire ma curiosité. Pour cela, elle s'est occupée quel-

(1) C'est elle-même qui m'a conté ce que je vais insérer dans les remarques que je fais.

ques jours à se donner la peine de me faire le récit de ses malheurs avec assez d'ordre et de netteté pour les pouvoir retenir, et j'ai écrit tous les soirs fort exactement ce qu'elle m'a conté, sans rien changer au fond de cette histoire.

ABRÉGÉ (1)
DES
RÉVOLUTIONS D'ANGLETERRE.

Henri VIII, roi d'Angleterre, avoit été défenseur de la religion catholique tout le temps qu'il avoit bien vécu avec la reine Catherine d'Autriche, fille de Ferdinand, sa première femme; mais comme ce mariage avoit été fait par considération d'Etat, il n'avoit été heureux qu'en cela. Il en avoit été bientôt dégoûté, et n'étoit pas content de n'en avoir qu'une fille, qui étoit madame Marie. D'ailleurs le cardinal Volsey, qui avoit gagné ses bonnes grâces en le déchargeant du soin des affaires d'Etat et le laissant abandonner à toutes ses passions, lui faisoit entendre qu'on pouvoit disputer la couronne à Marie, qu'on pourroit considérer comme bâtarde à cause que Catherine étoit veuve d'Artus son frère; et encore qu'il l'eût épousée avec dispense, il lui étoit fort aisé de faire déclarer ce mariage nul. Ce prince, qui auroit bien voulu épouser Anne de Boulen dont il étoit fort amoureux, trouvant par les consultations faites en France et en Angleterre qu'il étoit fait contre les canons, fit demander cette grâce au Pape, qui y trouva si peu de difficulté qu'il envoya la bulle qui portoit la dissolution de son mariage par son légat, mais avec défense de la délivrer qu'à certaines conditions et en certaines manières. La reine Catherine à laquelle on la proposa en étant fort offensée, et l'Empereur y formant de grands obstacles, Henri, impatient de satisfaire sa passion, se résolut de demeurer ferme dans sa religion, et de se soustraire seulement de l'obéissance due au Pape, auquel il y en a qui ont cru qu'il s'étoit soumis à la mort, et qu'il en avoit demandé pardon avec soumission, et des marques d'un véritable repentir. Son fils Edouard, qui mourut jeune, fut dissuadé par ceux qui avoient autorité auprès de lui de suivre les derniers sentimens du Roi son père, et se rendit le chef de la religion d'Angleterre. Il fit donc une liturgie, c'est-à-dire une règle de religion qui approchoit de la nôtre, ordonnant l'invocation des saints, la prière pour les morts, les autels, les cierges ardens, les prêtres, les surplis, les évêques : ce qui faisoit un corps de religion comme la nôtre, ôté l'obéissance au Saint-Siége, et la croyance de la transsubstantiation du Saint-Sacrement. Après sa mort régna Marie, fille aînée d'Henri VIII et de Catherine d'Autriche, sa première femme, qui, bonne catholique, renversa la liturgie et rétablit la vraie religion. Elle mit en prison Elisabeth, sa seconde sœur, fille d'Henri VIII et d'Anne de Boulen, disant qu'elle étoit bâtarde, qu'elle ne pouvoit succéder; et balança même si elle la feroit mourir. Philippe II, roi d'Espagne, mari de Marie, ayant eu la curiosité de voir cette illustre prisonnière, demanda permission à sa femme de l'aller voir. Il en devint amoureux, à ce qu'on dit; et l'inclination qu'il eut pour elle fut cause qu'il favorisa cette princesse autant qu'il le put, empêchant la Reine sa femme de la faire mourir; et même après la mort de la Reine, qui vécut peu, il l'assista de ses forces et de ses conseils pour la faire parvenir au royaume. Elisabeth, étant déclarée reine d'Angleterre après la mort de sa sœur, eut quelque dessein de rentrer dans la religion de ses pères, qu'elle trouva rétablie dans le royaume; mais ceux qui étoient demeurés affectionnés au libertinage et à la fausse doctrine l'en détournèrent. Ils lui remontrèrent que le Pape ayant déclaré le mariage du feu Roi son père et d'Anne de Boulen sa mère invalide, il ne pouvoit la reconnoître pour légitime, et qu'il valoit mieux qu'elle se fît maîtresse et de l'Etat et de la religion. Ce conseil lui plut; et l'ayant suivi, elle retrancha beaucoup de choses de la liturgie, et fit approcher sa religion de celle de l'Ecosse, qui est environ comme celle de nos huguenots de France, qu'ils appellent puritains.

Le roi Jacques, fils de Marie reine d'Ecosse, héritier du royaume d'Angleterre, régna après Elisabeth. Ce fut un bon prince, et fort savant. Il composa deux livres pour la défense de la fausse religion d'Angleterre, et fit réponse à ceux que le cardinal Du Perron écrivit contre lui. En défendant le mensonge, il conçut de l'amour pour la vérité, et souhaita de se retirer de l'erreur. Ce fut en voulant accorder les deux religions, la nôtre et la sienne; mais il mourut avant que d'exécuter ce louable dessein.

Le roi Charles Stuart son fils, quand il vint à la couronne, se trouva presque dans les mêmes sentimens. Il avoit auprès de lui l'archevêque de Cantorbéry, qui, dans son cœur étant très-bon

---

(1) Nous ne relèverons pas les omissions et les inexactitudes de cette relation, parce qu'elle est étrangère à notre histoire. Du reste, elle est curieuse et fait connaître des anecdotes qu'on ne trouve point ailleurs.

catholique, inspira au Roi son maître un grand désir de rétablir la liturgie, croyant que s'il pouvoit arriver à ce point, il y auroit si peu de différence de la foi orthodoxe à la leur, qu'il seroit aisé peu à peu d'y conduire le Roi. Pour travailler à ce grand ouvrage, qui ne paroissoit au roi d'Angleterre que le rétablissement parfait de la liturgie, et qui est le seul dessein qui ait été dans le cœur de ce prince, l'archevêque de Cantorbéry lui conseilla de commencer par l'Ecosse, comme plus éloignée du cœur du royaume; lui disant que leur remuement seroit moins à craindre. Le Roi, avant que de partir, voulant envoyer cette liturgie en Ecosse, l'apporta un soir dans la chambre de la Reine, et la pria de lire ce livre, lui disant qu'il seroit bien aise qu'elle le vît, afin qu'elle sût combien ils approchoient de créance. Ce livre fatal étant arrivé ne manqua pas de faire aussitôt beaucoup de bruit. Déjà les Ecossais étoient mutinés contre le Roi de ce qu'il leur avoit envoyé des évêques. Il ne vouloit point qu'ils fussent simplement gouvernés par leurs ministres par paroisses, comme ils ont ici en chaque canton leur prêche. La première révolte qu'ils font, voyant les ordres du Roi, qu'ils appellent une violence faite à leur conscience, fut de chasser les évêques qu'il avoit voulu leur donner; et ils se déclarèrent contre lui, par une grande armée qu'ils mirent en campagne. Le Roi, à cette nouvelle, ne s'étonna point : il en leva une plus grande à ses dépens pour aller contre eux. Ses sujets, qui n'étoient pas encore corrompus, l'assistèrent volontiers : tous ne respirèrent que la guerre; et le Roi, se mettant à la tête de cette armée, alla travailler au châtiment des rebelles.

Le cardinal de Richelieu, qui gouvernoit en France, haïssoit le roi d'Angleterre, parce qu'il avoit le cœur espagnol. Il savoit aussi que la Reine s'étoit toujours servie de ce royaume pour toutes ses affaires; que c'étoit par cette voie qu'elle écrivoit au roi d'Espagne son frère, et que madame de Chevreuse, qui avoit passé dans cette cour à son retour d'Espagne quelques années de sa disgrâce, avoit fait leur liaison. Le cardinal de Richelieu avoit de grandes frayeurs d'un roi voisin qui étoit puissant et paisible dans ses États; et, suivant les maximes d'une politique qui consulte plutôt l'intérêt que la justice et la charité pour le prochain, il crut qu'il étoit tout-à-fait nécessaire pour le bien de la France que ce prince fût troublé dans son pays. Ce désir lui fit envoyer le marquis de Seneterre, ambassadeur du Roi auprès de lui, pour tâcher de lui aliéner les esprits des grands et du peuple; et, en répandant beaucoup d'argent à Londres, y exciter la rebellion et la révolte; à quoi il réussit. Ces pratiques et les mécontentemens du royaume obligèrent quelques-uns des plus considérables de cette cour de favoriser sous main les Ecossais : ils furent conseillés par eux de faire la paix avec leur Roi; et ils leur firent savoir qu'avec le temps ils avoient dessein d'embrouiller si bien les affaires, qu'ils auroient après toute la satisfaction qu'ils pouvoient désirer; mais qu'il falloit faire rompre cette belle armée du Roi leur maître, et laisser refroidir la chaleur de ceux de son parti, avant que de pouvoir rien faire à leur avantage. La reine d'Angleterre n'étoit point d'avis de cette paix : l'archevêque de Cantorbéry n'en étoit point aussi. Le vice-roi d'Irlande, un de ceux qui avoient le plus de crédit auprès du Roi, fut fort du même sentiment; mais les belles apparences de la paix eurent tant de pouvoir sur beaucoup de ceux qui étoient bien intentionnés, qu'il ne faut pas s'étonner si ceux qui avoient eu de mauvais desseins dans le cœur les purent cacher sous le masque de la fidélité, et si le conseil de cette paix, approuvé de la multitude, fut reçu du Roi comme une chose avantageuse. Après qu'elle fut faite, chacun en parut content, et quelque temps s'écoula que ce royaume paroissoit en bon état. Ce fut en l'an 1639 que cette guerre s'éleva dans l'Ecosse et l'Angleterre, et qu'elle s'apaisa aussitôt par des conseils malicieux qui ont depuis causé de grands maux à cet État.

L'année suivante, les esprits factieux d'Angleterre ayant pris leurs mesures avec les Ecossais, ces deux partis si puissans se joignirent à un troisième, qui est une autre secte qu'on appelle anabaptistes, autrement les indifférens, qui souffrent toutes les religions, et qui ne savent quelle est la leur. Quand la contagion du libertinage se glisse parmi les peuples, comme ils ont les premiers abandonné la vérité, il est juste aussi que Dieu les abandonne. La véritable religion n'étant plus dans l'Angleterre, plusieurs sortes d'hérésies y ont été introduites, et chacun y est hérétique à sa mode. Toutes ces factions ensemble en firent une puissante, qui, soutenue par les intrigues de la France, prit de fortes racines et produisit de grands effets. Le premier qui parut fut une nouvelle armée en Ecosse, que ces peuples remirent sur pied par les conseils des mutins et des mécontens. Le roi d'Angleterre connut alors qu'il auroit bien fait de châtier ces peuples quand il avoit eu les armes en main, et qu'il étoit maître d'une puissante armée. Cela ne guérissoit pas le mal présent. Il fallut faire de secondes levées, et mettre sur pied une armée capable d'achever ce qu'il avoit manqué de faire l'année précédente. L'argent lui étoit nécessaire pour ce grand dessein : il fallut en chercher les moyens et les demander à ses peuples. Pour cet effet il convoqua le parlement, et lui témoigna désirer qu'il imposât quelques subsides pour subvenir aux frais de la guerre. Le parlement témoigna peu de dessein de lui complaire. Il trouva que les demandes du Roi étoient trop fortes, et que le peuple en seroit surchargé. Par là les parlementaires commencèrent à le mettre en mauvaise odeur parmi les peuples, qui tous, et en tous pays, n'aiment point à donner de l'argent. Dans cette conjoncture il arriva qu'un secrétaire d'État en qui le Roi avoit de la confiance, et que la Reine même, le croyant fidèle, lui avoit donné, fit à ce prince, en haine de Strafford, vice-roi d'Irlande et premier ministre, une insigne trahison ; car ayant pris liaison avec les ennemis du Roi, et reçu ordre de lui d'aller au parlement de sa part porter ses volontés, il leur fit voir que le sentiment de ce prince étoit fort contraire à leur désir. L'intention du Roi avoit été de se contenter à bien moins qu'il n'avoit demandé, pourvu que ce moins lui fût accordé sûrement, et qu'il en pût faire état ; et comme le Roi se mettoit entièrement à la raison, il commanda à ce secrétaire d'Etat, si ce parlement ne s'y mettoit pas aussi, qu'il le congédiât de sa part, et qu'ainsi le parlement fût fini. Cet homme malintentionné leur dit tout le contraire : il demeura ferme dans la première résolution du Roi ; et comme le parlement y résista, il leur fit commandement de se séparer. Ce procédé si dur, mais qui ne venoit point du Roi, aigrit tout-à-fait les esprits contre lui, et lui fit perdre beaucoup de serviteurs du parlement, qui étoient affectionnés à son service. Les affaires du roi d'Angleterre étant en cet état, il résolut d'emprunter de l'argent, et de faire des levées par lui-même. Il donna le commandement de son armée au vice-roi d'Irlande, qui étoit un grand homme, et le serviteur le plus habile et le plus fidèle qu'il eût. Comme le Roi le connoissoit pour tel, il se confioit en lui plus qu'en nul autre. Par cette même raison, les malintentionnés lui portoient envie, et ne le pouvoient souffrir.

Cette armée commandée par un bon chef, et pleine de méchans capitaines, s'en va droit contre celle des Ecossais, qui, soutenus par les trahisons de ceux qui les favorisoient, emportèrent la victoire sans combattre. Presque toute l'armée du Roi prit la fuite, et ceux qui la composoient montrèrent clairement à celui qui les commandoit qu'ils ne vouloient pas combattre. Cette déroute volontaire fit connoître au roi d'Angleterre la mauvaise intention de ses sujets, et lui fit chercher un remède pire que le mal même. Il assembla les pairs du royaume pour aviser aux remèdes de ce désordre, et au moyen de s'opposer aux révoltés qui étoient entrés en Angleterre en armes. Parmi ces pairs qui étoient mécontens, ou Ecossais ou indépendans, ceux-là conseillèrent au Roi de convoquer le parlement, afin d'aviser aux moyens de finir la guerre et de faire des levées sur le peuple. Le roi d'Angleterre, qui ne connoissoit pas la malice de ce conseil, se résolut à le suivre, et cette résolution fut sa perte : car ce parlement fut si long-temps assemblé, que ceux qui le composoient eurent le pouvoir de faire périr leur Roi. La première chose qui y fut résolue fut de faire une trêve entre les Ecossais et le Roi ; et cependant on ordonna que les deux armées seroient payées, parce qu'ils voulurent prendre le temps pour travailler à brouiller les affaires du Roi, et trouver les moyens de perdre son ministre, dont la ruine rendoit celle de leur Roi plus aisée.

Ce secrétaire d'Etat, dont j'ai déjà parlé, seconda les desseins du parlement par les intérêts de sa haine, et de la jalousie qu'il avoit contre Strafford son rival. Il porta au parlement des papiers qui leur découvrirent un grand dessein que le vice-roi avoit conçu pour leur abaissement, et pour le service du Roi son maître. Voilà le parlement qui se mutine, qui crie, et qui veut la mort de ce fidèle serviteur. Les parlementaires viennent la demander au Roi, disant qu'il est criminel, qu'il trouble le repos de l'Etat, qu'il met des défiances dans l'esprit de son maître contre ses bons sujets, et désirent qu'il soit puni. Le Roi d'abord leur résiste, et ne veut point entendre leur demande : il tient bon quelque temps ; mais comme il résiste sans puissance, et qu'il n'a pas de quoi donner de la terreur à ses ennemis, son opposition ne fit qu'augmenter leur fureur. Ce désordre enfin en produisit tant d'autres, que le même vice-roi d'Irlande conseilla le Roi de l'abandonner à ces mutins, disant qu'il ne craignoit rien, qu'il étoit impossible qu'on le pût convaincre d'aucune faute, et qu'il prenoit sur lui le soin de sa justification. Le Roi, trop foible, fait ce que ce généreux ministre lui conseille, et le laisse mettre en prison dans la tour de Londres. Dès qu'il y fut, ses ennemis le chargèrent de calomnies et de crimes. On fut long-temps qu'on l'amenoit tous les jours au parlement pour être interrogé. Il répondit sur tous les articles de ses accusations avec tant de liberté d'esprit, tant de vigueur et de fermeté, que ses propres ennemis en demeuroient confondus ; et pour peu que ceux qui l'écoutoient fussent indifférens, ils devenoient aussitôt ses partisans. Il étoit laid, mais assez agréable de sa personne; et la Reine, me contant toutes ces choses, s'arrêta pour me dire qu'il avoit les plus belles mains du monde. Le Roi et la Reine faisoient tout leur possible pour le tirer de l'état où il étoit : ils employoient toutes leurs créatures, ils offroient toutes les charges du royaume aux plus mutins; mais toute leur application n'y servit de rien. Ces esprits factieux étoient touchés du désir de la liberté : ils vouloient abaisser l'autorité royale, et voyoient clairement qu'ils n'y pourroient jamais réussir, tant que leur Roi seroit servi par un habile et fidèle ministre. La Reine, pendant cet intervalle, travailloit à le sauver; elle ne passoit point de jours sans avoir des rendez-vous avec les plus méchans, qu'elle faisoit venir par de petits escaliers dérobés dans l'appartement d'une de ses dames qui étoit proche du sien, et qui étoit à la campagne. Elle seule, avec un flambeau à la main, sans se vouloir confier à personne, les alloit trouver les soirs, et leur offroit toutes choses; mais ce fut inutilement.

Leurs Majestés alloient entendre interroger leur fidèle sujet par une petite tribune qui donnoit sur la salle où se tenoit le parlement, afin que leur présence donnât du courage à leur serviteur de bien faire; et jamais ils n'en revenoient que le cœur saisi de douleur et leurs yeux pleins de larmes. La Reine avoit gagné milord Damby, l'un des plus passionnés des parlementaires, et de ceux qui s'étoient déclarés le plus contre Strafford. Aussitôt qu'il se fut engagé au service du Roi son maître, il passa d'une extrémité à l'autre, et fit en faveur du prisonnier une harangue si belle qu'elle auroit été capable de le justifier tout-à-fait, si les oreilles qui l'écoutoient eussent pu entendre la raison, et que leurs cœurs eussent pu aimer la justice. Dans ce même temps, le parlement conseilla au Roi de faire la paix avec les Ecossais; et comme l'argent qu'il avoit ordonné pour payer l'armée du Roi qui favorisoit le parlement ne se trouvoit pas assez vite, les soldats se plaignirent et crièrent même contre le parlement, quoiqu'ils parussent lui être plus attachés qu'au Roi. Il y avoit alors dans l'armée deux serviteurs de ce prince, Gorrein et Hailmot, qui prirent cette conjoncture pour l'engager à son service, et lui amener les troupes sujettes à ses volontés. Ces deux hommes ayant vu Strafford en prison, et croyant qu'il n'échapperoit point des mains des parlementaires, s'étoient tous deux mis dans la tête le désir de commander l'armée en chef. Chacun avoit eu ce dessein sans en faire part à son compagnon; et l'un et l'autre avoient gagné quelques principaux officiers, sans qu'ils eussent aperçu l'un par l'autre qu'ils avoient chacun un compétiteur en leur personne. Hailmot alla parler au Roi de cette affaire en même temps que Gorrein en parla à la Reine pour le faire savoir au Roi; et Leurs Majestés se trouvèrent en même temps par leur confidence commune dans la joie et dans l'inquiétude tout ensemble. La Reine ayant dit au Roi le dessein de Gorrein, le Roi lui ayant confié celui de Hailmot, ils jugèrent aussitôt que l'ambition égale de ces deux hommes rendroit un d'eux leur ennemi par la préférence de l'autre; et qu'ainsi leur aventure seroit sue des parlementaires avant qu'ils se pussent servir des bonnes volontés de l'armée. Pour remédier à ce malheur, ils conclurent qu'il falloit travailler à les accorder, donnant à quelqu'un d'eux le commandement des troupes, et à l'autre quelque chose de si grand qu'il pût être content. Le Roi proposa à la Reine d'envoyer milord Germain, son premier écuyer, négocier cet accommodement avec eux, comme étant ami commun de tous les deux, d'un esprit doux et capable par ses avis de mettre la paix où elle ne pouvoit plus être lorsqu'ils seroient avertis de l'état où ils étoient. La Reine ayant de nouveau pensé au péril que couroit milord Germain de se mêler de cet accommodement, l'appela dans son cabinet; et après lui avoir appris le dessein du Roi, elle lui dit aussi son inquiétude, et la peur qu'elle avoit que le parlement venant à savoir cette intrigue ne chassât et lui et les plus confidens, et que le Roi et elle ne demeurassent sans avoir personne à qui pouvoir se confier. La conclusion de cet entretien fut de lui défendre de s'en mêler, et qu'elle le feroit trouver bon au Roi. Le Roi entrant en ce même temps en son cabinet, qui entendit qu'elle lui défendit quelque chose, répéta les mots de la Reine, et lui dit en riant : « Si fait, il le fera. » Et la Reine du même ton lui répondit aussi en riant : « Non fait, il ne le « fera pas; et quand je vous aurai dit ce que « c'est, je suis sûre que vous serez de mon avis. « — Dites donc, madame, lui dit le Roi, afin « que je sache ce que vous défendez, et ce que « j'ordonne. » La Reine lui fit part de son raisonnement, et lui dit que s'ils employoient à leur négociation ceux qui étoient nécessaires à leur service pour le secours de Strafford qu'ils vouloient sauver, ce secret venant à se savoir, qu'infailliblement le parlement les chasseroit, et que leur exil augmenteroit le mauvais état de leurs affaires. Le Roi trouva toutes ces raisons fort bonnes. Après avoir balancé ensemble l'importance de la chose avec la crainte du mauvais succès, ils conclurent néanmoins à la fin qu'il falloit hasarder tout pour un si grand bien, et que Germain iroit travailler à cet accommodement. Il y fit en effet tout son possible : il parla à tous deux ; il leur représenta l'importance de se démettre l'un ou l'autre du désir d'être général ; fait espérer à celui qui ne le sera pas la plus belle charge du royaume, et n'oublie rien pour bien servir son maître et ses amis. Mais la mauvaise destinée de cette maison royale, et du Roi en son particulier, fit que ces deux lords ne purent jamais se consoler d'être deux. Ils firent bonne mine ; et Gorrein, le soir même, emporté par l'ardeur de son ambition, qui lui fit manquer à l'honneur et à la fidélité, alla découvrir ce dessein au parlement. Il rendit par conséquent toutes ses peines inutiles et nuisibles au service de son Roi, et empira par cette lâche action les affaires de ce prince ; au lieu que ses premiers desseins en devoient être le remède. Aussitôt le parlement envoya vers le Roi pour le supplier très-humblement de commander que personne de sa cour ne sortît de Whitehall (1), et lui dirent qu'ils avoient découvert une grande trahison où ils croyoient que Sa Majesté n'avoit point de part, et qu'elle seroit bien aise sans doute que les coupables en fussent punis. Hailmot, étant averti que tout étoit découvert, prit aussitôt la fuite. Milord Perci étoit chez le Roi, et milord Germain étoit dans Londres, qui se divertissoit et ne songeoit à rien. La Reine lui écrivit aussitôt de sa main par milord Perci, et lui manda de ne point revenir au palais, et d'aller à son gouvernement qui est une place forte et un port de mer, par où elle crut que lui et milord Perci pourroient se sauver en France. Elle lui donna aussi un passeport de la main du Roi, afin de les faire échapper ensemble de la persécution parlementaire. Le Roi et elle les envoyoient à Portmore, ne croyant pas que Gorrein eût rien découvert de leur entreprise ; car ils s'imaginoient que la négociation de Germain étoit en bon état, et que par quelque autre biais ils avoient été découverts. Milord Perci, apprenant de quelqu'un qu'il rencontra au sortir de la maison royale que c'étoit Gorrein qui avoit trahi le Roi, ne s'amusa point à chercher milord Germain ; il lui envoya le billet de la Reine, et se servant du passeport du Roi, il s'échappa et passa en France. Milord Germain, avec l'ordre de la Reine sans passeport, part aussitôt, et s'en va à Portmore trouver Gorrein qui étoit son ami, bien éloigné de penser qu'il avoit manqué de fidélité à son maître et à eux ; il arriva dans sa place presque aussitôt que lui, quoiqu'il eût parti pour s'y rendre dans le moment qu'il eut

(1) Palais du roi à Londres.

découvert son secret au parlement. Gorrein fut surpris quand il vit son ami dans sa place : il lui demanda avec étonnement où il alloit. Milord Germain lui montra le billet de la Reine, et lui dit qu'ils étoient découverts ; que lui-même devoit craindre aussi ; et qu'il n'avoit pas revu Leurs Majestés, mais qu'il étoit parti, aussitôt qu'il en avoit eu l'ordre, pour se rendre auprès de lui, selon leur commandement. Cet infidèle, le regardant avec douleur, lui dit : « Vous n'a-« vez rien à craindre pour moi, ni pour vous « aussi ; car j'ai assez de crédit pour vous sauver. « Je suis marri d'avoir fait une faute ; mais je la « réparerai à votre égard, et je périrai plutôt que « de vous manquer de fidélité. » Bientôt après il reçut un ordre du parlement d'arrêter Germain : il le mit dans sa poche, et n'en parla point. Les parlementaires lui dépêchèrent un homme exprès pour le presser de l'arrêter. Il nia d'avoir reçu leur ordre, et fit aussitôt embarquer son ami, disant à l'envoyé du parlement qu'il étoit parti, et qu'il n'étoit plus temps de demander de lui qu'il l'arrêtât. Il se déclara ensuite hautement contre le Roi, avouant ce qu'il avoit fait, et prenant pour son excuse envers le Roi qu'il n'avoit pu souffrir de compagnon dans le mérite ni dans la récompense du service qu'il avoit voulu lui rendre.

Voilà Leurs Majestés sans serviteurs ni sans conseil. Elles continuèrent leur assistance pour leur prisonnier Strafford ; mais elles étoient plus foibles. Strafford, sachant qu'il avoit perdu ses deux amis, Germain et Perci, eut alors fort mauvaise opinion de sa destinée, et dit lui-même qu'il étoit mort. Tous deux avoient de grands desseins de le sauver, et avoient résolu de le faire échapper par finesse, si la protection royale n'en pouvoit venir à bout. Ce n'est pas que le vice-roi d'Irlande se souciât de sa vie : il avoit pu se sauver plus d'une fois, qu'il ne l'avoit pas voulu faire, et toute son ambition étoit de confondre la malice de ses ennemis par les marques véritables de son innocence ; mais ses amis l'auroient peut-être forcé de prendre la voie la plus sûre. Il avoit été brouillé avec la Reine, mais depuis quelque temps il étoit lié à ses intérêts ; et après ce changement elle l'avoit beaucoup considéré, et lui l'avoit bien servie. La reconnoissance qu'elle en eut, jointe à sa considération propre et à celle du Roi son mari, fit qu'elle n'oublia rien pour le secourir, et pour lui donner la force de se retirer des mains de ses iniques accusateurs ; mais il ne lui en resta que la satisfaction qui se rencontre toujours à faire des actions de bonté et de justice.

Leurs Majestés étant demeurées sans serviteurs, et le vice-roi sans amis auprès de son maître, ces cruels ennemis commencèrent à presser le Roi plus hardiment de leur abandonner ce ministre. Ils lui envoyèrent les évêques en corps, qui lui vinrent dire qu'il étoit obligé en conscience de perdre un seul homme pour sauver tout le royaume, sa personne et ses enfans. Il y résista, puis il douta s'il le devoit faire; mais enfin il s'y résolut, et trois jours après la trahison de Gorrein, le Roi leur abandonna cet illustre prisonnier. Il avoit envoyé lui-même supplier le Roi de le faire, afin de les contenter : espérant qu'en lui donnant sa grâce aussitôt après sa condamnation, ils n'auroient peut-être pas la hardiesse de le faire mourir. Il prit néanmoins la résolution de s'exposer à tous les événemens que pouvoit produire la rage de ses méchans juges, et se résolut à la mort comme un homme sage et courageux, qui savoit connoître l'état où il étoit. Le Roi donc, pressé de tant de malheurs, se laissa vaincre à sa mauvaise fortune qui le forçoit à travailler lui-même à sa ruine, puisqu'en signant l'arrêt de son ministre il signa aussi celui qui peu de temps après fut prononcé contre lui.

Aussitôt que ces barbares révoltés eurent le consentement du roi d'Angleterre, sans écouter ni grâce ni commandement contraire, ils le firent mourir dans la place de la Tour de Londres; et, l'exposant au public, ils firent voir la beauté de son esprit et son admirable fermeté. Il parla fortement à ses ennemis; et, malgré leur barbarie, il les força de le regretter, et d'avouer sans doute, mais tacitement, qu'ils faisoient une injustice. Le Roi souffrit beaucoup de douleur, la Reine jeta beaucoup de larmes; et ils sentirent tous deux que cette mort leur feroit perdre quelque jour à l'un la vie, à l'autre le repos.

Après cette résolution, le Roi résolut d'aller tenir les Etats, parce qu'eux-mêmes le souhaitoient, et crut avec raison que sa présence remettroit les esprits de ce royaume dans une meilleure disposition. Il partit au mois de mai ou de juin, et laissa la Reine à Londres, qui partit aussitôt pour aller à Otland, une de leurs maisons, et mena ses enfants avec elle. Les parlementaires, quelque temps après, voulurent les lui ôter. Ils lui mandèrent qu'il seroit bon qu'elle les mît entre leurs mains pendant l'absence du Roi, parce qu'ils n'apprenoient rien auprès d'elle, et qu'ils craignoient qu'elle ne les fît papistes. La Reine répondit qu'ils se trompoient; que les princes avoient des maîtres et gouverneurs, et qu'elle ne les feroit point papistes, puisqu'elle savoit bien que ce n'étoit pas la volonté du Roi qu'ils le fussent. Mais, pour éviter leur insolence elle fut contrainte de les envoyer à une autre maison voisine de celle-là, pour leur montrer qu'elle ne les tenoit pas toujours avec elle, d'où ils la venoient voir quelquefois. Les ennemis de cette princesse voulurent ensuite l'obliger à s'en aller hors du royaume, en lui faisant croire qu'ils avoient dessein de l'enlever. Ils envoyèrent, de la part du parlement, ordre à un gentilhomme qui commandoit le village où étoit sa maison, de se tenir prêt avec une certaine quantité de ses paysans armés, et en état de servir le Roi à leur commandement. Ce même ordre portoit de les attendre jusqu'à minuit au parc d'Otland, où il trouveroit de la cavalerie et des officiers qui lui devoient prescrire ce qu'il avoit à faire. Ce gentilhomme vint trouver la Reine, lui montra son ordre, et lui témoigna vouloir lui être fidèle. Elle lui dit de ne point obéir à ce que le parlement désiroit de lui, et de se tenir en repos. Cependant, sans s'étonner, elle envoya avertir ses principaux officiers qui étoient à Londres pour leurs propres affaires, et leur manda de se rendre auprès d'elle avant minuit, avec le plus de monde qu'il leur seroit possible; puis fit armer tous ses petits officiers, jusqu'à ses marmitons de cuisine. Elle alla ensuite se promener dans le parc, sans montrer aucune inquiétude; et la nuit se passa sans qu'on vît aucune marque du dessein du parlement. Il y eut seulement vingt hommes à cheval ou environ, fort mal montés, qui parurent rôder autour du parc. Elle avoit déjà regagné Gorrein; et croyant avoir besoin de lui, elle lui manda de se tenir prêt à Portmore, et que peut-être il la verroit bientôt dans sa place. Elle ordonna aussi des relais sur les chemins, en cas qu'elle fût forcée de fuir; mais ne le voulant faire qu'à l'extrémité, elle ne se hâta point, et crut qu'il suffisoit de se tenir en état de n'être pas surprise. Elle envoya chercher milord Damby, et lui dit d'envoyer chez ses amis, afin d'avoir cent gentilshommes pour se tenir auprès d'elle : ce qui fut fait aussitôt. Afin que cette précaution ne parût point, la Reine vint à Hamptoncourt, pour s'approcher d'un gentilhomme voisin de cette maison, qui avoit toujours une grande quantité de beaux chevaux chez lui. On y mit ceux de la Reine, afin de les tenir prêts; et après avoir donné les ordres nécessaires à sa sûreté, elle se tint en repos, et on l'y laissa sans la troubler. Au contraire, on lui fit de grandes excuses de ce commandement extraordinaire qui avoit été envoyé dans son village, et chaque membre du parlement nia d'en savoir quelque chose.

Pendant cet intervalle la Reine tâcha de gagner des créatures au Roi son mari : il y en avoit plusieurs qui témoignoient vouloir rentrer en leur devoir. Elle ramena à son service le maire de la ville de Londres, et celui-ci avec les autres firent que le Roi à son retour d'Ecosse, d'où il revint sans beaucoup de fruit, fut bien reçu dans sa ville capitale. Le peuple lui témoigna son affection par des cris de *vive le Roi*, par un grand concours de monde, et par tant de marques de joie, qu'il ne douta nullement que les cœurs de ses sujets ne fussent en bon état. La Reine, qui avoit été au devant de lui pour lui apprendre la disposition suivante de ses créatures, le suivit dans ce triomphe. Elle avoit ses enfans avec elle, et le prince entra dans Londres à cheval avec le Roi son père, et toute la famille royale eut part à toutes ces bénédictions publiques, qui eurent toutes les marques de bonne volonté qu'on pouvoit souhaiter. Le Roi étant arrivé voulut profiter de ces belles apparences pour tâcher, par un coup hardi, de se rendre maître de trois ou quatre personnes qui étoient les chefs de toutes les factions qui se faisoient contre lui, voyant bien qu'il ne pouvoit être paisible dans son royaume sans les arrêter; et se résolut d'exécuter lui-même son dessein dans le parlement, croyant qu'en traitant bien les autres, tous se rendroient à lui.

Le jour fut choisi pour faire cette grande action, qui apparemment devoit produire beaucoup de bien ou beaucoup de mal. Cette pensée étoit un important secret entre le Roi et la Reine, et très-peu de personnes étoient dans leur confidence. Ce prince partit d'auprès d'elle bien résolu de changer sa destinée par la perte de ses ennemis, et la laissa dans son cabinet, faisant des vœux pour cette entreprise. Le Roi, allant au parlement, rencontra quelques misérables qui lui présentèrent des requêtes et des supplications de peu de conséquence. Pour ne point faire l'empressé, il les écouta, et parla assez long-temps aux uns et aux autres. En quittant la Reine, il lui avoit dit en l'embrassant qu'il alloit être le maître, et qu'il espéroit dans une heure la venir trouver avec plus de puissance qu'il n'en avoit à leur séparation. Elle étoit demeurée avec l'émotion et l'impatience qu'elle devoit avoir. Elle avoit souvent regardé à sa montre pour voir si l'heure étoit passée, et écoutoit si les survenans ne lui apportoient point quelque nouvelle. Quand elle crut enfin que l'affaire étoit faite ou faillie, elle dit à madame de Carlisle, une de ses favorites qu'elle vit entrer dans son cabinet : « Ré-« jouissez-vous, car à l'heure qu'il est, le Roi « est, à ce que j'espère, le maître dans son Etat; « et tels et tels sont sans doute arrêtés. » Cette dame fut surprise du discours de la Reine. Elle avoit quelque parent ou quelque intime ami dans le nombre de ceux qu'on vouloit opprimer. Sans montrer aucune inquiétude de cette nouvelle, elle sortit, et alla vitement écrire un billet à un de ceux qu'on vouloit prendre, pour l'avertir du dessein du Roi. Ce prince ne faisoit que d'entrer au parlement. Aussitôt ils éclatèrent contre lui par mille plaintes, et dirent hautement que cet avis regardoit toute la compagnie. De cette sorte le parlement se sépara en l'état qu'on peut juger. Tous parurent fort mal contens. Ils voyoient qu'ils avoient offensé leur Roi, et qu'il vouloit les châtier, et jugèrent par conséquent qu'il n'y avoit point de remède pour eux que celui de pousser leur révolte à l'extrémité. La Reine, qui en cet endroit avoit commis une faute notable, en me contant sa légèreté se condamna elle-même; mais ce qui est admirable, quoiqu'elle l'eût avouée au Roi, je n'ai point remarqué qu'il l'en eût moins bien traitée. Elle en a fait pénitence par son repentir, et point du tout par aucun reproche que ce prince lui en ait fait.

Aussitôt après cette malheureuse indiscrétion, ce même peuple, qui venoit de combler le Roi de souhaits pour sa prospérité, ne manqua pas de se tourner contre lui, et de se laisser gagner à ses ennemis. Les peuples se mutinèrent dans Londres, et le Roi fut contraint d'en sortir, lui et toute la famille royale. Le lendemain de sa sortie de Whitehall, on vit six mille hommes, chacun un bâton à la main, où ils avoient attaché au bout un papier avec ce mot : *Liberté*.

Le Roi et la Reine n'allèrent pas plus loin que Hamptoncourt. Ils vouloient voir ce que deviendroient ces désordres, et croyoient être toujours en état d'en sortir quand il leur plairoit; mais ils se trompèrent, car le parlement envoya un ordre à toute la noblesse de se mettre sous les armes, et empêcher le Roi de s'en aller plus loin. Dans cette extrémité, ils firent semblant de ne point vouloir quitter leur maison, et montrèrent ne penser qu'à se divertir. Le Roi cependant fit dessein de s'échapper et de s'en aller à Hull en Yorkshire, qui est une place forte où il y avoit un magasin d'armes qui lui étoit nécessaire. Elle lui étoit encore commode parce que c'étoit un port de mer, et que cette province, voisine de l'Ecosse, lui étoit affectionnée; mais ne voulant pas laisser sa famille au pouvoir du parlement, il fit courir le bruit que la Reine vouloit aller conduire la princesse royale en Hollande. C'étoit une chose nécessaire de la mener à son mari le jeune prince d'Orange, qu'elle avoit épousé depuis peu. Ils la tenoient séparée de lui à cause de leur jeunesse. Les ennemis du Roi ne furent pas fâchés de cette absence : ils crurent peut-être qu'ils disposeroient du Roi plus aisément quand la Reine n'y seroit pas, et ils favorisèrent ce dessein autant qu'il leur fut possible. Elle, de son côté, vouloit aller en Hollande, pour pouvoir envoyer du secours au Roi son mari, et faire toutes les généreuses actions qu'elle a faites depuis.

Le Roi fit semblant de conduire la Reine jusqu'à Douvres, parce que c'est le chemin de Hull, et montra n'avoir autre dessein que celui de la chasse et du plaisir. Il fit partir tous ses équipages de chasse; il se divertit plus en apparence qu'en effet. Il étoit touché d'une vive douleur de se voir en l'état où il étoit, gourmandé par ses propres sujets, et contraint de se séparer de sa femme qu'il aimoit chèrement, sans savoir ce qui arriveroit de leur destinée. La Reine s'embarqua à Douvres, et le Roi, pour la voir plus long-temps, côtoya plus de quatre lieues. Pendant qu'il chassoit et qu'il s'amusoit avec la Reine, il envoya le duc d'Yorck devant à Hull, pour en prendre possession. Le duc d'Yorck y fut reçu par le gouverneur, quoiqu'il y eût été mis à la prière du parlement depuis que le Roi n'agissoit plus de lui-même. Ce prince suivit le duc d'Yorck de fort près; et néanmoins son malheur fut tel qu'entre le père et le fils il arriva au gouverneur une lettre par laquelle on l'avertissoit que le Roi avoit dessein d'aller à Hull pour le faire arrêter et prendre sa place, et qu'il se donnât de garde de lui ouvrir les portes. Cet homme, effrayé de cet avis, ferma la porte au Roi à son arrivée, et retint le duc d'Yorck en son pouvoir. La faute de ce prince fut grande, de n'avoir pas prévenu les mauvaises intentions de ses rebelles sujets, qu'il falloit toujours gagner par la vigilance, plutôt que d'attendre de recevoir les premiers coups de leurs mains. Il n'étoit pas temps alors de s'amuser avec la Reine sa femme. Voilà peut-être comme on peut dire qu'elle étoit cause du malheur du Roi son mari.

La Reine fut bien reçue en Hollande par Henri, prince d'Orange; et comme il étoit aimé et respecté des Etats, cette princesse y reçut à sa considération toutes sortes de bons traitemens, de respects et de services de la part de son fils; car pour les bourgmestres, ils ne révèrent pas beaucoup la royauté. Ces hommes, peu accoutumés à la soumission et à l'obéissance due aux têtes couronnées, se venoient asseoir auprès d'elle dans des chaises, et se mettoient en conversation avec elle de la même manière qu'ils en usoient avec leurs égaux à La Haye. Ils entroient où elle étoit, le chapeau sur la tête; et après l'avoir regardée, ils s'en retournoient sans la saluer. La petite princesse, qui n'avoit que dix ans, demeura comme un enfant auprès de la Reine sa mère; et le prince de même, qui n'en avoit que quatorze, ne songeoit qu'à bien employer cet âge sous la conduite de ses maîtres qui étoient en grand nombre, le prince son père le voulant rendre digne successeur de ses ancêtres.

La Reine demeura une année tout entière en ce pays; et toute son occupation fut d'envoyer au Roi son mari de l'argent et des armes. Elle y mit ses pierreries en gage, et avec ce qu'elle put avoir des Etats et du prince d'Orange, elle envoya au Roi son mari de quoi armer quarante mille hommes. Ce qui lui servit beaucoup pour lever des troupes dans les provinces voisines de l'Ecosse, où il étoit demeuré depuis qu'il eut manqué le dessein d'Hull, et que le duc d'Yorck en fut sorti. Avec un si grand secours, la Reine voulut aller partager tout de nouveau les peines du Roi son mari. Elle se mit en mer avec onze vaisseaux remplis d'armes et de munitions, et laissa la princesse sa fille auprès de la princesse d'Orange sa belle-mère. La fortune, qui ne lui étoit pas favorable, ou pour mieux dire la volonté de Dieu qui règne sur les hommes, permit que son dessein fût traversé par une tempête de neuf jours, la plus forte et la plus grande qu'on ait jamais vue. Cette princesse souffrit pendant ces jours-là les frayeurs d'une mort continuelle et presque assurée, liée dans un petit lit, et ses femmes auprès d'elle liées de même. Quelques-uns de ses officiers, quelques prêtres et quelques capucins y étoient aussi. Elle et les catholiques se confessèrent, et l'horreur de la mort leur faisoit oublier la honte des offenses qu'ils avoient commises contre Dieu : ils s'accusoient tout haut, recevant les bénédictions à tous les effroyables momens qu'ils croyoient être les derniers de leur vie. Elle s'accoutuma à la mort; et les premiers jours passés, quoiqu'elle et les siens fussent quasi sans espérance de se pouvoir sauver, ils ne laissoient pas de rire quand quelque occasion s'en présentoit; et ils reprirent le manger et le boire, qui se mêloit aux cris, aux frayeurs et à toutes les autres misères naturelles. La tempête ayant enfin ramené la Reine à un petit port qui est près de La Haye, elle y descendit dans un état si étrange qu'il étoit impossible de l'approcher, par la puanteur de ses habits. Ils étoient pleins de tout ce qu'on peut s'imaginer de plus vilain, à cause que le bouleversement du vaisseau avoit fait un mélange des personnes et de toutes les saletés possibles. Leur étourdissement étoit tel, qu'elle et ses femmes ne purent de long-temps se tenir debout. Et le capucin, qui avoit accoutumé de lui dire la messe, ne la put célébrer à la première fête qu'avec l'aide de deux hommes qui le soutenoient par dessous les bras.

Après que cette princesse se fut reposée environ quinze jours, elle se mit courageusement sur la mer avec neuf vaisseaux qui lui étoient restés : car elle en avoit perdu deux ; et pour cette fois elle aborda sûrement en Angleterre par un petit village sur le bord de la mer. Elle demeura quelques jours en ce lieu, attendant des troupes du Roi qui la devoient venir escorter et recevoir. L'armée parlementaire, qui la suivoit de près, et qui l'avoit suivie sur la mer pour la venir prendre, vint border le rivage du lieu où elle étoit. Dormant la nuit dans son lit, elle fut réveillée par les coups de canon de ses ennemis, qui percèrent la maisonnette où elle étoit logée. Milord Germain, son premier écuyer et son ministre, la vint trouver, et lui dit qu'il falloit se sauver, et qu'elle étoit dans un péril extrême. Elle quitta ce lieu après avoir mis une robe sur elle, et alla se cacher dans des cavernes qui étoient hors du village. Elle avoit une laide chienne nommée Mitte, qu'elle aimoit fort, et qu'elle avoit laissée endormie dans son lit. Du milieu du village, se souvenant de Mitte, elle retourna sur ses pas ; et malgré ceux qui la suivoient, elle alla reprendre cette bête, puis se sauva des coups de canon qui la menaçoient. Après que les parlementaires se furent lassés de canonner et que les troupes du Roi furent arrivées, la Reine se mit en chemin pour l'aller trouver. Elle augmenta ses troupes de quelques levées qu'elle fit dans cette province, et les arma des armes qu'elle avoit apportées. Ayant fait une belle armée, elle se mit à la tête de ses gens, et marcha droit vers le Roi son mari, toujours à cheval, sans nulle délicatesse de femme, vivant avec ses soldats à peu près comme on pourroit s'imaginer qu'Alexandre vivoit avec les siens. Elle mangeoit avec eux à découvert au soleil, sans nulles cérémonies : elle les traitoit comme ses frères, et ils l'aimoient tous uniquement. Ses victoires furent médiocres : et le vainqueur de toute l'Asie courut plus de hasards, donna plus de batailles, et fit plus de conquêtes que cette princesse. La sienne fut de prendre une ville en chemin, qui véritablement ne fut pas si bien défendue que la ville d'Anvers quand le duc de Parme l'assiégea, mais qui étoit assez considérable et utile à son parti. Le Roi son mari la reçut avec joie, en admirant son courage et son affection : et quand ils se virent avec de si belles armées, ils espérèrent de pouvoir surmonter leurs rebelles et infidèles sujets ; mais toutes ces forces se dissipèrent peu de temps après, et leur furent inutiles.

Leurs Majestés Britanniques demeurèrent environ une année à travailler unanimement à vaincre le malheur de ne réussir à rien de tout ce qu'ils jugèrent devoir entreprendre ; puis, étant forcés de se séparer parce que la Reine devint grosse, elle quitta le Roi, et ce fut pour jamais qu'ils se séparèrent. Elle vint à Oxford, et de là à Exeter, où elle accoucha de sa dernière fille la princesse d'Angleterre (1) ; et dans ses couches, étant continuellement menacée de ses ennemis, elle se résolut de venir en France demander du secours à notre Reine régente, qui déjà, comme je l'ai dit, lui avoit envoyé, avec madame Péronne sa sage-femme, vingt mille pistoles pour la secourir dans l'état pitoyable où elle étoit. Cette généreuse princesse, se contentant du peu d'argent qu'elle avoit apporté, envoya le présent de la Reine au Roi son mari, qui en avoit besoin pour entretenir et payer ses troupes. Quand elle partit, comme je l'ai remarqué, elle avoit été depuis peu de jours fort malade et en très-mauvais état. Passant d'Angleterre en France, elle fut poursuivie des parlementaires ; et, dans la créance qu'elle alloit être prise par eux, étant à fond de cale pour se garantir des coups de canon, elle fit venir le pilote, et lui commanda de ne point tirer, mais d'avancer toujours chemin, et de mettre le feu aux poudres, s'il voyoit qu'elle ne pût échapper. Elle ne l'auroit peut-être pas souffert ; mais, sur cette résolution, ses femmes et ses domestiques jetèrent des cris horribles : elle seule demeura dans un silence courageux, montrant braver la mort et ses ennemis, par le mépris qu'elle faisoit de l'une et des autres. Elle ne sentit en cette rencontre rien de violent dans son ame que le désir de fuir la honte de se voir soumise à la volonté des parlementaires ; et la seule pensée de voir qu'en ordonnant sa mort elle ne faisoit pas ce qu'une chrétienne devoit faire, la fit repentir de sa résolution. N'ayant pas le courage de vaincre elle-même son orgueil, elle demeura indécise sur la gloire éternelle et la mondaine ; mais Dieu la sauva, la faisant heureusement échapper de ce péril, et aborder à un des ports de Bretagne. Lorsqu'elle put apercevoir les côtes de France, elle se mit dans une chaloupe, et descendit dans un village au travers des roches où elle eut de la peine à passer, où des paysans la logèrent dans une petite maison couverte de chaume ; mais quelques gentilshommes du pays ayant appris que c'étoit cette princesse, qui paroissoit plutôt une misérable héroïne de roman qu'une reine véritable, ils lui amenèrent des carrosses qui servirent à faire son voyage de Bourbon, où

(1) Anne Henriette.

je l'ai laissée en commençant cette narration. Comme la mémoire du roi Henri IV est chère aux Français, elle fut toujours suivie d'une fort grande foule de peuple, qui couroit après pour la voir. Elle étoit fort malade et fort changée, ses infortunes lui ayant donné une si grande tristesse, et son esprit étant si pénétré de ses malheurs, qu'elle pleuroit presque toujours : ce qui fait voir ce que peut la douleur sur l'ame et sur le corps ; car naturellement cette princesse étoit gaie et parloit agréablement : si bien que dans le fâcheux état où elle se trouvoit, disant un jour à ce grand médecin Mayerne, qui étoit auprès d'elle, qu'elle sentoit sa raison s'affoiblir, et qu'elle craignoit d'en devenir folle, à ce qu'elle m'a conté, il lui répondit brusquement : « Vous « n'avez que faire de le craindre, madame, vous « l'êtes déjà. » Elle trouva véritablement quelques remèdes à ses maux corporels en France son pays natal, dont l'air et les eaux lui furent salutaires; mais il fallut bien du temps pour adoucir les autres. Je dirai ailleurs comme elle nous a paru quand nous la vimes à la cour; mais, avant que de reprendre la suite de mes Mémoires de l'année 1644, je suis bien aise de joindre ce que j'ai su de ce qui a pu contribuer encore aux malheurs du roi et de la reine d'Angleterre depuis le récit qu'elle m'en a fait, et qui s'y rapporte assez.

Quelques particularités de la négociation du comte d'Estrades en Angleterre, en l'année 1637.

Le comte d'Estrades fut envoyé vers le roi et la reine d'Angleterre en 1637, de la part du feu Roi et du cardinal de Richelieu. Il m'a dit, depuis que j'ai écrit le récit que cette Reine affligée m'a fait, que le sujet de son voyage étoit pour obliger ce prince à demeurer neutre, au cas que le Roi et le prince d'Orange voulussent attaquer quelques places sur cette côte de Flandre. Il m'a fait voir son instruction et les lettres de ce grand ministre, ses réponses, et le détail de cette négociation. Ce sont des choses qui font voir la source des malheurs de ce royaume, que la reine d'Angleterre n'a pas connue, quoiqu'elle y ait contribué, et combien on doit examiner une proposition importante avant que de l'accepter ou de la refuser. Le cardinal de Richelieu avoit ordonné à d'Estrades de voir la Reine d'Angleterre avant de présenter au Roi son mari la lettre que le Roi lui écrivoit, et de travailler à guérir l'esprit de cette princesse des mauvais offices que la duchesse de Chevreuse lui avoit rendus, et des dégoûts qu'elle y avoit fait naître contre lui ; nommant cette dame méchante et artificieuse dans ses Mémoires. Il lui donna une lettre pour la présenter à la reine d'Angleterre, par laquelle il l'assuroit de ses services et de sa fidélité particulière envers elle, et des sincères intentions qu'il avoit de la servir utilement ; mais il défendit à d'Estrades de la lui donner, s'il ne trouvoit en elle des dispositions favorables pour la bien recevoir ; et il n'oublioit pas de l'assurer de la protection du Roi pour défendre Leurs Majestés des maux que leurs sujets déjà révoltés montroient leur vouloir procurer.

L'ambassade du marquis de Senecterre avoit persuadé le Roi et la Reine que le cardinal de Richelieu leur étoit contraire ; et quand d'Estrades lui parla, elle répondit, aux offres et aux promesses de fidélité qu'il lui fit de sa part, qu'elle étoit mieux informée de ses intentions pour ce qui la regardoit ; qu'elle savoit qu'il n'étoit pas de ses amis, qu'elle ne désiroit rien de lui, et qu'elle ne vouloit nul éclaircissement là-dessus, sachant, à n'en pouvoir douter, qu'il n'étoit pas de ses amis. D'Estrades, étonné de cette réponse, judicieux et obéissant, ne lui donna point sa lettre ; mais il lui représenta, autant qu'il lui fut possible, qu'elle se trompoit dans le jugement qu'elle faisoit de lui, et se contenta de lui présenter celle du Roi. Elle lui répondit sur ce qu'il demandoit au Roi son mari, après l'avoir lue, qu'elle ne se mêloit point des affaires de cette nature ; mais ajouta qu'elle lui en parleroit, et dit au comte d'Estrades qu'elle avoit eu une bonne réprimande sur la proposition que lui faisoit le Roi son frère de demeurer neutre en laissant attaquer les côtes de Flandre, et qu'il allât le trouver. Il y fut ; et ce prince, sur les offres qu'il lui fit de la part du Roi et de son ministre, et qui furent grandes, lui répondit qu'il feroit tout ce qu'il pourroit pour témoigner son amitié, pourvu qu'il ne fût pas préjudiciable à son honneur, à son intérêt et à celui de son royaume : ce qui arriveroit si le Roi et les Etats attaquoient les places maritimes de Flandre; qu'afin de les pouvoir secourir il tiendroit sa flotte aux Dunes en état d'agir, et quinze mille hommes pour y passer.

Sur la fin de l'été, la cour alla à Fontainebleau. La Reine avoit toujours aimé cette belle et délicieuse maison de nos rois plus que toutes les autres. C'est pourquoi tous les divertissemens que la seconde année de son deuil lui put permettre de prendre y furent pris et recherchés avec soin. Le cardinal y fut attaqué d'une fièvre continue qui donna de l'inquiétude à la Reine et de la joie aux courtisans, qui aiment la nouveauté et la souhaitent. On crut alors que si le cardinal fût mort, Châteauneuf eût pris sa place : et la Reine même s'étoit laissée entendre là-dessus ; mais il revint en santé, et toutes choses reprirent leur train ordinaire. En septembre 1644, on élut à Rome le cardinal Pamphile, qui étoit le seul que la France appréhendoit qui fût pape (1). Les Barberins s'attirèrent la haine du Roi pour l'avoir élu à cette dignité. On leur ôta publiquement les marques d'être les protecteurs de la France, et notre ministre n'oublia rien de ce qui les pouvoit faire repentir de la faute qu'ils avoient faite. Ils furent même si maltraités sous le pontificat de celui qui par leurs suffrages avoit été mis dans la chaire de Saint-Pierre, qu'ils furent contraints, après avoir offensé le Roi, de venir lui demander sa protection. Elle leur fut accordé par le cardinal Mazarin, qui, après avoir été leur courtisan, eut le plaisir de les voir à sa porte lui faire la cour à leur tour. Leur grandeur fut soumise à la sienne : rien n'est permanent sous le ciel.

La campagne du duc d'Enghien augmenta sa réputation d'une gloire éclatante, et il donna un combat à Fribourg qui doit tenir une grande place dans l'histoire ; mais comme le hasard voulut alors que je n'en remarquasse pas les particularités, et que je n'en ai rien trouvé dans mes premiers brouillons, je n'en puis dire davantage. Monsieur, dans cette même année [1644], commanda une belle armée qui, sous ses ordres, fut avantageusement employée au service du Roi. La même raison qui me fait taire sur le duc d'Enghien me fait taire sur ce prince ; et je m'en rapporte à ce que les auteurs écriront. Tous deux, sur la fin de la campagne, revinrent trouver la Reine à Fontainebleau, comme elle étoit près de retourner à Paris commencer son hiver. Elle les reçut avec joie, et le temps qu'ils y demeurèrent elle prit plaisir de les divertir autant qu'il lui fut possible. Leur union paroissoit être aussi grande qu'elle le peut être parmi des princes qui ne font pas profession de sincérité ; et l'état où étoit la cour sembloit nous présager une paix éternelle.

Isabelle de France, reine d'Espagne, mourut vers le commencement de l'hiver, digne fille de Henri-le-Grand, et très-digne de l'estime que l'Europe avoit pour elle. Elle fut regrettée dans toute son étendue, et ses peuples, qui avoient une grande vénération pour elle, en furent affligés. Le Roi son mari ne l'avoit pas toujours aimée autant qu'elle méritoit, à cause qu'il étoit trop galant, pour ne pas dire pis. Mais quand elle mourut, il commençoit à connoître ses belles qualités et sa capacité. Il la laissoit alors gouverner son royaume : ce qu'elle faisoit avec beaucoup de gloire ; si bien qu'il la regretta infiniment. J'ai ouï dire à feu ma mère, qui avoit eu l'honneur d'être connue d'elle à son retour d'Espagne, peu de temps avant que cette princesse partît de France, qu'elle étoit belle et agréable, et qu'elle s'en alla bien contente, se voyant reine d'un si grand royaume. Elle y vécut quelques années agréablement. Le prince d'Espagne étoit beau et bien fait, et ils s'aimèrent. On a même cru que le Roi son beau-père (2), la trouvant belle, différa de les mettre ensemble, prétendant la prendre pour lui-même. On m'a dit depuis que cela n'étoit véritable qu'en ce qu'il l'aima comme sa fille, et fort tendrement. Mais le prince son mari, après être devenu Roi, eut tant de maîtresses de toutes conditions, que, par la jalousie qu'elle eut raison d'avoir, toute sa vie fut pour elle un tourment aussi sensible qu'il fut long et douloureux. Elle eut sujet de s'en plaindre, mais ses plaintes furent toujours inutiles ; et quoiqu'elle fût aussi chaste qu'il étoit voluptueux, les coutumes d'Espagne furent d'abord rigoureuses pour elle. La reine d'Angleterre, long-temps après la mort de cette princesse, m'a conté que le roi d'Angleterre son mari, étant prince de Galles, fit un voyage en Espagne pour demander l'Infante, sœur cadette de la Reine notre maîtresse, qui depuis a été impératrice ; qu'ayant trouvé la Reine d'Espagne à son gré, il avoit quelquefois cherché l'occasion de lui parler sans truchement : car, quoique Française, elle n'osoit lui parler françois ; et que, lui ayant dit quelques mots en cette langue, elle lui répondit tout bas : « Je n'oserois « vous parler en ce langage sans permission, « mais je la demanderai ; » que, l'ayant obtenue, elle lui avoit seulement parlé une fois, où elle lui dit qu'elle auroit souhaité qu'il eût épousé sa sœur, qu'il épousa en effet, parce que le mariage de l'Infante se rompit ; que depuis cette conversation, et quelques marques qu'il donna peut-être d'aimer à la voir à la comédie, on lui fit dire doucement de ne plus parler à elle ; que c'étoit la mode en Espagne d'empoisonner les galans des reines. Depuis ce charitable avis il ne lui parla plus, et ne la put voir à découvert ; car elle n'alla plus à la comédie que dans une loge toute fermée.

La Reine voulut rendre à la mémoire de cette illustre Reine, doublement sa belle-sœur, ce qu'on devoit à sa qualité de fille de France. On lui fit un service selon la coutume, avec toute la magnificence due à une si grande princesse. Dans ces

(1) Innocent X.

(2) Philippe III.

sortes d'occasions il arrive souvent que les rangs, qui ne sont point réglés en France, produisent de grandes querelles. Mademoiselle, comme petite-fille de roi, prétendoit qu'il y avoit beaucoup de distinction entre elle et madame la princesse. D'autre côté, le duc d'Enghien, voulant soutenir son rang et la grandeur que sa naissance et sa gloire lui donnoient, demanda à la Reine que madame la duchesse sa femme pût en toutes choses suivre l'exemple de Mademoiselle, prétendant qu'elle n'étoit que première princesse du sang. La Reine dans ce moment, peu attentive aux intérêts de Mademoiselle, sans considérer qu'elle étoit en possession de quelques prérogatives qui mettoient différence entre sa famille et celle de Condé, lui accorda ce qu'il lui demanda. Madame de Longueville, qui avoit perdu son rang en épousant le duc de Longueville, et qui avoit pris un brevet du Roi par lequel il étoit conservé, voulut aussi se servir de cette occasion pour se rétablir dans le droit que lui donnoit le sang de Bourbon, et prétendit, en suivant la duchesse d'Enghien, faire ce qu'elle feroit.

Mademoiselle, étant avertie des desseins contre elle, ne voulut point se trouver au service de la reine d'Espagne sa tante. Quand l'heure fut venue de partir, elle dit qu'elle étoit malade, et qu'elle ne pouvoit sortir de chez elle. La Reine, d'abord qu'elle sut la difficulté qu'elle faisoit, en fut mal satisfaite; elle envoya lui ordonner de partir, et en fit ses plaintes au duc d'Orléans. Ce prince la condamna, et désapprouva son procédé; si bien que cette princesse se trouva dans cette occasion abandonnée non-seulement de la Reine, mais encore de Monsieur, son père, de qui elle soutenoit la grandeur en soutenant son rang. Mademoiselle, ne pouvant tenir ferme contre de si rudes attaques, céda malgré elle à la force, et alla à Notre-Dame s'exposer aux prétentions de ceux qui, pour avoir l'honneur d'être de ses parens, vouloient l'égaler. Elle avoit ordonné, en partant, que deux personnes de qualité porteroient sa robe; mais aussitôt que le duc d'Enghien l'aperçut, il fit signe à un des siens de se joindre à celui qui déjà portoit celle de madame sa femme, qu'il portoit lui-même par la main. Madame de Longueville, qui vit qu'en se mettant dans les chaires des chanoines Mademoiselle avoit voulu mettre une place vide entre elles, poussa madame la duchesse d'Enghien sa belle-sœur, et toutes deux se mirent dans les places suivantes. Mademoiselle fut sensiblement touchée de ce traitement : elle en pleura et en fit beaucoup de bruit, représentant qu'elle avoit des marques de la différence qui devoit être entre elle et madame la princesse, qui en toutes occasions lui devoient donner de l'avantage sur elle, comme d'avoir un dais dans la maison du Roi, d'avoir un carrosse cloué, des valets de pied à chausses retroussées, et de ne donner chez elle aux princesses du sang qu'une chaise à dos, elle étant dans un fauteuil. Sa colère fut abattue par celle que la Reine témoigna contre elle. On proposa de l'envoyer en religion faire quelque séjour de pénitence; mais au lieu de soutenir sa petite disgrâce par une noble indifférence, elle eut recours à madame la princesse, ou plutôt elle accepta les offres qu'elle lui fit faire de la raccommoder avec la Reine, dont elle fut infiniment blâmée. Le duc d'Enghien disoit pour ses raisons qu'elle se devoit tenir aux prérogatives qu'elle avoit, sans en prétendre toujours de nouvelles, et que les avantages qu'elle avoit déjà étoient les seuls dont elle devoit jouir. Monsieur s'avisa, sur le tard, que Mademoiselle sa fille avoit eu raison. Il fit le fâché, s'en plaignit à la Reine, et alla gronder trois jours à Chambord. La Reine, qui avoit permis au duc d'Enghien de faire ce qu'il avoit fait, crut être obligée, pour le bien de la paix, de le décharger de cette faute au cas qu'il y en eût, et de prendre le tort sur elle; si bien qu'avec quelques excuses de sa part, et quelques complimens du duc d'Enghien, toutes choses s'apaisèrent aisément.

La reine d'Angleterre vint à Paris à peu près dans ce même temps. Il y avoit trois ou quatre mois qu'elle étoit à Bourbon. La Reine la fut recevoir avec le Roi et le duc d'Anjou, le véritable Monsieur, jusque hors de la ville. Ces deux grandes princesses s'embrassèrent avec tendresse et amitié, et se firent mille complimens qui ne tenoient rien du compliment. On la mena loger au Louvre qui pour lors étoit abandonné, et pour maison de campagne on lui donna Saint-Germain. Comme les affaires du Roi étoient en bon état, et que la guerre n'avoit point encore ruiné les finances royales, on lui donna ensuite une pension de dix ou douze mille écus par mois, et en toutes choses elle eut grand sujet de se louer de la Reine.

Cette princesse étoit fort défigurée par la grandeur de sa maladie et de ses malheurs, et n'avoit plus guère de marques de sa beauté passée. Elle avoit les yeux beaux, le teint admirable, et le nez bien fait. Il y avoit dans son visage quelque chose de si agréable qu'elle se faisoit aimer de tout le monde; mais elle étoit maigre et petite : elle avoit même la taille gâtée; et sa bouche, qui naturellement n'étoit pas belle, par la maigreur de son visage étoit devenue grande.

J'ai vu de ses portraits, qui étoient faits du temps de sa beauté, qui montroient qu'elle avoit été fort aimable : et comme sa beauté n'avoit duré que l'espace du matin et l'avoit quittée avant son midi, elle avoit accoutumé de maintenir que les femmes ne peuvent plus être belles passé vingt-deux ans. Pour achever de la représenter telle que je l'ai vue, il faut avouer qu'elle avoit infiniment de l'esprit, de cet esprit brillant qui plait aux spectateurs. Elle étoit agréable dans la société, honnête, douce et facile ; vivant avec ceux qui avoient l'honneur de l'approcher sans nulle façon. Son tempérament étoit tourné du côté de la gaieté ; et parmi les larmes, s'il arrivoit de dire quelque chose de plaisant, elle les arrêtoit en quelque façon pour divertir la compagnie. La douleur quasi continuelle qui lui donnoit alors beaucoup de sérieux et de mépris pour la vie la rendoit à mon gré plus solide, plus sérieuse et plus estimable qu'elle ne l'auroit peut-être été si elle avoit toujours eu du bonheur. Elle étoit naturellement libérale ; et ceux qui l'avoient vue dans sa prospérité nous assuroient qu'elle avoit épuisé des trésors à faire du bien à ceux qu'elle aimoit. Son favori, qui, selon le dire du public, avoit quelque part aux malheurs d'Angleterre, étoit assez honnête homme et d'un esprit doux, mais qui parut fort borné, et plus propre aux petites choses qu'aux grandes. Il avoit pour elle cette fidélité qu'ont d'ordinaire tous les ministres : il vouloit avoir de l'argent, préférablement à tout le monde, pour subvenir à sa dépense qui en tout temps a été grande. Cette princesse avoit sans doute trop de confiance en lui, mais il est vrai qu'il ne la gouvernoit pas absolument ; elle avoit souvent une volonté contraire à la sienne, qu'elle défendoit en maîtresse absolue : ce qu'elle faisoit avec sensibilité à l'égard de tous ; car de son naturel elle étoit un peu dépitée, et elle avoit de la vivacité. Elle soutenoit ses sentimens avec de fortes raisons ; mais elles étoient accompagnées d'une beauté, d'une raillerie qui pouvoient plaire, et corriger tout ensemble les marques de hauteur et de courage qu'elle a données dans les actions principales de sa vie. Elle manquoit de belles et grandes connoissances qu'on peut acquérir par la lecture : ses malheurs avoient réparé ce défaut, et de fâcheuses expériences lui avoient donné de la capacité. Nous la verrons en France perdre cette couronne chancelante qu'elle portoit encore, perdre le Roi son mari d'une mort effroyable, et souffrir constamment toutes les adversités qu'il a plu à Dieu lui envoyer.

Les cabinets des rois sont des théâtres où se jouent continuellement des pièces qui occupent tout le monde : il y en a qui sont simplement comiques ; il y en a aussi de tragiques, dont les plus grands événemens sont toujours causés par des bagatelles. Après avoir parlé des horribles effets de la fortune, et de l'indolence avec laquelle elle se moquoit des têtes couronnées, il faut remarquer ici ceux que produit cette folle passion, qui ne se contente pas d'intrigues de plaisir, mais, se mêlant dans toutes les affaires les plus sérieuses, ne manque jamais de faire de grands désordres quand elle est maîtresse du cœur des hommes. Mademoiselle de Boutteville-Montmorency, fille de Boutteville qui avoit eu la tête tranchée pour s'être battu en duel contre l'expresse défense du roi Louis XIII, étoit aimée du comte de Châtillon appelé Dandelot. Il étoit frère de Coligny, qui s'étoit battu contre le duc de Guise, ainsi que je l'ai écrit. Le maréchal et la maréchale de Châtillon, ses père et mère, s'opposèrent à cette inclination, tant à cause que mademoiselle de Boutteville n'étoit pas riche que parce qu'elle étoit catholique ; si bien qu'ils voyoient par ce mariage leur famille dans un engagement qu'ils appréhendoient infiniment. Pour y remédier, ils désiroient que leur fils épousât mademoiselle de La Force, grande héritière et bonne huguenote, deux qualités qui les accommodoient davantage, à cause de leur ancien attachement à la religion prétendue réformée. Madame de Boutteville disoit de son côté qu'elle ne consentiroit jamais que sa fille, qui étoit de la maison de Montmorency, épousât personne contre le gré de ses parens ; et qu'elle ne croyoit pas, quoiqu'elle n'eût pas de bien, que ce lui fût un avantage d'entrer dans une maison incommodée, où elle ne porteroit point les richesses qu'elle pourroit espérer dans une autre, et où par conséquent elle seroit méprisée. Si les pères étoient de même sentiment, le comte de Châtillon et mademoiselle de Boutteville étoient d'accord ensemble pour faire le contraire de ce que leurs proches désiroient. Après avoir fait toutes les choses possibles pour vaincre les difficultés qui s'opposoient à leur bonheur, ils se résolurent d'y apporter le remède qui étoit en leur pouvoir, étant assurés d'être soutenus par le duc d'Enghien, leur parent commun, qui étoit leur protecteur et leur confident. L'amant enleva sa maîtresse, et on crut que sa maîtresse y avoit consenti ; mais comme le cœur humain a beaucoup de plis et de replis, et que dans les aventures de la vie il y a beaucoup de pensées différentes qui contribuent à leur succès, il arriva que le duc d'Enghien, qui aimoit mademoiselle Du Vigean, sut par elle que son père la vouloit marier au comte de Châtillon, et avoit offert au maréchal de Châtillon une dot considérable, pourvu qu'il pût avoir son fils pour gendre. Cette nouvelle avoit donné de furieuses alarmes à ce prince. Il en donnoit souvent aux ennemis de l'Etat; mais son cœur n'étant pas si vaillant contre l'amour que contre eux, il sentit une douleur extrême, et ne put souffrir qu'un autre possédât ce que la vertu de cette honnête fille lui défendoit d'espérer. Pour éviter ce chagrin, il jugea qu'il falloit entrer dans les intérêts de Dandelot et le fortifier dans sa passion. Il lui conseilla donc d'enlever mademoiselle de Boutteville, et de se satisfaire par lui-même. Il se chargea en particulier de l'événement de la chose, et leur promit aussi de la faire approuver par madame la princesse, qui aimoit mademoiselle de Boutteville à cause qu'elle avoit l'honneur d'être sa parente.

Le duc d'Enghien avoit une si forte passion pour mademoiselle Du Vigean, que j'ai ouï dire à madame Du Vigean sa mère qu'il lui avoit souvent dit vouloir rompre son mariage, comme ayant épousé la duchesse d'Enghien sa femme par force, afin d'épouser sa fille, et qu'il avoit même travaillé à ce dessein. J'ai ouï dire à madame de Montausier, qui a su toutes ses intrigues, que ce prince avoit fait semblant d'aimer mademoiselle de Boutteville par l'ordre exprès de mademoiselle Du Vigean, afin de cacher au public l'amitié qu'il avoit pour elle; mais que la beauté de mademoiselle de Boutteville ayant donné frayeur à mademoiselle Du Vigean, elle lui avoit défendu peu après de la voir ni de lui parler, et qu'il lui avoit obéi si ponctuellement que tout à coup il rompit tout commerce avec elle; et que, pour montrer qu'il n'avoit nul attachement à sa personne, il l'avoit fait épouser à Dandelot. Si mademoiselle Du Vigean fut satisfaite des sentimens du duc d'Enghien, mademoiselle de Boutteville ne le fut pas moins de sa destinée. Elle aimoit celui qu'on lui donnoit; et, comme ambitieuse et prudente, elle n'étoit pas fâchée de trouver un aussi bon parti que l'étoit pour elle le comte de Châtillon, trop grand seigneur par sa naissance pour manquer d'avoir de grands établissemens à la cour, soit par le duc d'Enghien, soit par lui-même. J'ai ouï dire qu'elle ne sentit guère la perte de la galanterie de ce prince; et la seule peine qu'elle en eut fut de savoir que, pour plaire à mademoiselle Du Vigean, il avoit fait contre elle des railleries un peu trop fortes pour être reçues avec indifférence. Le même jour de l'enlèvement il conta à madame de Longueville et à mademoiselle de Rambouillet, depuis madame de Montausier, en des termes assez offensans, qu'elle avoit eu beaucoup de facilité à se résoudre à cette aventure, et ne l'épargna pas sur aucun article. Cet enlèvement se fit avec assez de rumeur et d'accidens fâcheux, qui lui furent un pronostic assuré du peu de bonheur de son mariage. Madame de Valencé, sa sœur aînée, la ramenant chez elle, fut étonnée de voir des gens à la porte de sa maison qui prirent mademoiselle de Boutteville et l'emportèrent entre les bras de son ravisseur. Il l'attendoit proche de cette maison dans un carrosse à six chevaux prêt à faire voyage. Mademoiselle de Boutteville fit semblant de crier, afin de cacher à ses proches l'agrément qu'elle avoit donné à cette action. Quelques valets les vouloient défendre, et le suisse de madame de Valencé y fut tué, qui paya de son sang et de sa vie les plaintes du monde les moins tristes. Ces deux aimables personnes, étant sorties de Paris, quittèrent le carrosse pour aller plus vite : ils prirent des chevaux, et se hâtèrent d'aller à Fleury, dont le duc d'Enghien étoit le maître. Je ne sais où ils se marièrent, et je ne suis pas instruite des particularités de cette cérémonie; elle se fit sans doute selon l'ordre ordinaire et avec peu de témoins. Je m'arrêterai seulement à ce qui se passa le soir chez la Reine, et qui fut une plaisante comédie.

La Reine étoit déjà toute déshabillée et prête à se mettre au lit, lorsqu'on vint lui dire que madame la princesse étoit dans son grand cabinet qui demandoit à la voir. Elle en fut surprise, à cause qu'il étoit plus de minuit; et cette heure n'étoit plus propre à de telles visites. Elle commanda qu'on la fît entrer; mais ce fut avec un peu de curiosité de savoir la cause de cette visite si extraordinaire. Aussitôt que madame la princesse fut auprès de la Reine, qui achevoit de se coiffer de nuit, elle lui dit d'un ton pitoyable : « Madame, voilà une pauvre « femme, lui montrant madame de Boutteville, « qui est sensiblement affligée du malheur qui « vient de lui arriver. Elle vient vous demander « justice contre monsieur de Châtillon qui vient « d'enlever sa fille. » Madame de Boutteville se jeta aussitôt aux pieds de la Reine : elle étoit tout échevelée, son collet étoit déchiré, ses habits demi-rompus. Elle faisoit des cris comme si en effet le comte de Châtillon eût été un voleur de grand chemin, et comme si sa fille eût souffert la plus grande violence du monde. Madame de Valencé, sa fille, supplia aussi la Reine qu'on allât après ce criminel, qui ne méritoit pas moins que la mort pour avoir outragé leur maison. Madame de Boutteville exagéra en des termes fort éloquens la violence que souffroit sa fille dans cet enlèvement, la peine que sa vertu et sa modestie lui feroient souffrir quand elle se verroit toute seule sans femme au pouvoir d'un homme qu'elle n'avoit jamais osé regarder sans sa permission ; et dit à la Reine qu'après avoir été élevée dans cette retenue, c'étoit une chose bien horrible de se voir enlever avec force par un homme qu'elle ne pourroit jamais considérer que comme son tyran. Elle jetoit tant de larmes et poussoit tant de sanglots de son cœur qu'elle eût presque donné de la pitié aux témoins de sa douleur, s'il eût facile de croire que deux personnes de pareille condition, tous deux jeunes, qui se voyoient souvent, et depuis long-temps, pussent n'être pas d'accord. La Reine, devinant à peu près la vérité, crut facilement que la mère faisoit semblant d'être affligée, ou qu'elle étoit prise pour dupe par sa propre fille. Elle lui répondit le plus doucement qu'il lui fut possible, afin de donner aux grandes apparences de sa douleur quelque sorte de compassion. Ayant ensuite quitté sa toilette, elle se tourna du côté de madame la princesse, et lui dit tout bas : « Ma « cousine, je pense que je ne dois pas me mettre « en peine de punir le coupable : il y a lieu de « croire que mademoiselle de Boutteville seroit « fâchée qu'on troublât sa joie, et que sa mère, « tout éplorée qu'elle est, ne voudroit pas qu'on « lui ramenât M. de Châtillon sans être son gen- « dre. » Madame la princesse, qui depuis quelque momens savoit la vérité de l'histoire, quittant alors un peu son sérieux, et se tournant du côté de la muraille, se mit à rire, et dit à la Reine : « Au nom de Dieu, madame, ne me faites « pas ici faire un personnage ridicule : ne me « dites rien, j'ai assez de peine à me retenir, et à « bien jouer mon jeu. Mon méchant fils a fait « cette affaire : tout le monde est content ; et les « larmes de cette pauvre femme, dont je n'ose- « rois me moquer publiquement, me donnent « une grande envie de rire en particulier. Ils ont « fait tout ce tripotage sans moi ; et après cela il « faut que j'en pâtisse, et que pour récompense « de mes peines je ne m'en puisse pas réjouir. » Alors, se tournant toutes deux vers madame de Boutteville, qui continuoit à pleurer et à faire d'inutiles plaintes, la Reine lui dit les plus douces paroles du monde, la consola, lui prédit que quelque jour elle se consoleroit, la pria d'aller se reposer, l'assurant enfin qu'elle auroit soin de la satisfaire. Madame la princesse approuva les conseils de la Reine, et conclut qu'il falloit avoir patience. Le duc d'Amville, de la maison de Ventadour, arriva là-dessus. Il étoit neveu de madame la princesse, et par conséquent parent de mademoiselle de Boutteville ; mais, pour son malheur, il étoit amoureux d'elle ; et, dans le trouble où il étoit de cette aventure, il dit à la Reine que le comte de Châtillon avoit commis un attentat qu'il falloit punir ; que sa cousine n'étoit point de condition à être traitée de la sorte, et qu'il la supplioit d'envoyer de ses gardes courir après elle. La Reine lui répondit d'un ton un peu bas : « Mon pauvre Brion, » (car il avoit autrefois porté ce nom), « je vois bien que vous êtes le « plus fâché de la compagnie ; mais il n'y a re- « mède, il faut s'y résoudre : votre cousine se- « roit sans doute bien fâchée de ce secours ; et « comme bon parent il faut condescendre à ses « inclinations. » Cette harangue obligea le pauvre désespéré à se taire ; et la mère, se lassant de pleurer, commença à calmer son esprit : si bien que madame la princesse la ramena chez elle, et le temps la consola en apparence et en effet, mais ne la fit pas moins fière ou moins dissimulée ; car, après le retour de la comtesse de Châtillon sa fille, ce fut elle qui se rendit la dernière à lui pardonner son mariage. Il ne fut pas si heureux qu'apparemment il le devoit être. Le comte de Châtillon se dégoûta par la possession : il aima une des filles de la Reine, qui n'étoit pas si belle que sa femme ; et cette dame, outre le tourment de la jalousie, eut la douleur de le perdre, car il fut tué quelques années après. Nous verrons ensuite cette belle veuve prendre la place de mademoiselle Du Vigean qui, se faisant carmélite après ce mariage, laissa le cœur du duc d'Enghien en proie à celles qui voulurent l'attaquer, non sans soupçon d'avoir eu à son tour quelque sujet de se plaindre de lui. C'est néanmoins une chose crue de tout le monde qu'elle a été la seule que ce prince ait véritablement aimée.

Cette année fut fertile en mariages de cette nature. Peu auparavant celui du comte de Châtillon, le chevalier de Bois-Dauphin, de l'illustre maison de Laval, bien fait et considéré du duc d'Enghien, par les soins de la marquise de Sablé sa mère, fut assez heureux pour plaire à la marquise de Coaslin, fille du chancelier Seguier, qui, sans parler à son père, usa si hardiment des droits de veuvage qu'elle se maria dans Paris publiquement, sans que pas un de ses proches en sût rien. Le chancelier en fut au désespoir : il fit du bruit ; mais enfin il lui pardonna, parce que le marquis de Laval sut faire voir à son beau-père que le mérite et la naissance sont deux grandes choses ensemble. Il en reçut plus de soutien et d'assistance dans les occasions où il en eut besoin que du duc de Sully, son autre gendre ; et, s'il eût vécu, il auroit apparemment obtenu quelque éclatante faveur de la fortune.

Aussitôt qu'il se vit du bien, l'ambition posséda son ame, toutes choses dès lors lui parurent trop petites pour lui. Ses désirs, pour être déréglés, n'en auroient pas été peut-être moins heureux, car c'est plutôt par l'application et l'empressement que par la sagesse qu'on parvient à se rendre considérable. Il s'étonnoit lui-même de son changement, et disoit qu'étant chevalier et gueux, toute sa pensée n'alloit qu'à attraper dix pistoles pour rouler; mais qu'aussitôt qu'il s'étoit senti avoir des ailes pour pouvoir voler plus haut, aucune chose ne le pouvoit contenter, et qu'il ne pouvoit plus arrêter ses désirs, à moins que d'être maréchal de France et ensuite connétable.

[1645] Le printemps de cette année ayant convié les princes d'aller à l'armée, ils partirent en donnant de publiques marques de l'impatience qu'ils avoient d'aller travailler à la gloire de la France et au bonheur de l'Etat. Le duc d'Orléans alla commander l'armée de Flandre, le duc d'Enghien celle d'Allemagne, et la Reine passa cette année une bonne partie de l'été à Paris. Le duc d'Enghien, après avoir à son ordinaire porté la terreur et l'effroi en Allemagne, donna une bataille à Nortlinghen (1), qui a été une des plus belles actions de ce prince. J'y perdis deux gentilshommes de mes parens : Lanquetot et Grémonville, tous deux honnêtes gens. Leur perte me fut sensible; car outre l'alliance ils étoient de mes amis : ce qui doit se considérer davantage. Le jour que la nouvelle du gain de cette bataille arriva, en revenant de la promenade au Palais-Royal, je m'étonnai de voir une grande quantité de personnes qui parloient ensemble par troupes séparées. L'émotion que l'amour de la patrie inspire dans les cœurs se fait toujours sentir en de telles occasions. Quelques-uns de ma connoissance vinrent au devant de moi me dire qu'il y avoit une bataille gagnée, mais aussi qu'il y avoit beaucoup de gens de tués. Le premier sentiment en eux avoit été la joie, puis après la crainte l'avoit suivie, et chacun en particulier sembloit déjà regretter son parent ou son ami mort. Cette consternation des autres m'en donna aussi; et quoique mon affection pour la Reine fût assez forte pour ne pouvoir manquer de prendre part à la satisfaction que lui devoit donner une si grande nouvelle, le malheur des familles me touchoit, et mes sentimens étoient partagés là-dessus. Dans cette pensée, je montai en haut. Je trouvai cette princesse sur la terrasse qui joint les deux corps de logis. Elle avoit dans les yeux toutes les marques d'une grande joie. Les victoires sont les délices des souverains, d'autant plus qu'ils en goûtent les plaisirs sans partager fortement l'infortune des particuliers. Ce n'est pas que la Reine en ces occasions ne parût avoir beaucoup d'humanité, et regretter les personnes de mérite; mais enfin elle étoit reine. Le cardinal Mazarin la vint aussitôt trouver, pour lui apprendre les particularités de cette grande défaite. Comme elle le vit, elle alla au devant de lui d'un visage riant et satisfait. Il la reçut en lui disant d'un ton grave : « Madame, « tant de gens sont morts, qu'il ne faut quasi pas « que Votre Majesté se réjouisse de cette vic-« toire. » Il parla de cette sorte exprès peut-être pour gagner les bonnes grâces des assistans, et pour acquérir la réputation d'être tendre à ses amis; mais soit que ce sentiment lui fût naturel, ou qu'il eût pris soin par politique de l'affecter, il en méritoit des louanges. Un homme qui exerce la vertu, soit que ce soit par sa volonté plutôt que par son inclination, ne laisse pas d'en être estimable; puisque les motifs en sont impénétrables, et qu'il appartient seulement à celui qui a formé le cœur humain de le connoître et de le juger. Le cardinal commença par le maréchal de Gramont (2), qui étoit prisonnier, dont il témoigna un sensible déplaisir, et puis lut à la Reine la liste de tous les morts; et dans cette narration je trouvai que j'avois perdu mes parens et quelques-uns de mes amis que je regrettai beaucoup.

Pendant que les princes du sang emportoient des victoires quasi continuelles sur les ennemis [septembre 1645], et que la France par son bonheur se faisoit révérer de toute l'Europe, la Reine méditoit de trouver de l'argent, afin de pouvoir continuer la guerre avec la même gloire qu'elle avoit fait. Elle se résolut d'aller au parlement pour y faire passer quelques édits, comme le plus prompt remède que l'on pût trouver pour les maladies de l'Etat. Ce remède néanmoins est violent et nuisible à ce même Etat : les peuples le craignent toujours; les parlemens pour l'ordinaire désirent en modérer l'excès par leurs très-humbles supplications; mais il arrive quelquefois que quelques-uns se servent de ce prétexte pour augmenter l'autorité de leurs charges, et porter leur résistance bien au-delà du bien public, c'est-à-dire quand ils veulent avoir part au ministère, et que les temps et les occasions leur donnent l'audace d'y penser. Le parlement de Paris crut que pendant la régence il pourroit trouver des conjonctures propres à se faire valoir; et ceux de cette compagnie, qui se disent les tuteurs des rois, voulurent faire connoître

(1) Le 3 août 1645.

(2) L'auteur des Mémoires qui font partie de cette collection.

leur puissance, en s'opposant à celle du souverain. Leur autorité, sous le règne précédent, avoit été abattue : ils cherchèrent avec impatience les moyens de la relever; et enfin leur conduite fit voir leur intention. Elle fut alors voilée du zèle du bien public; et, dans cette première rencontre, ils ne témoignèrent avoir pour règles de leurs sentimens que le seul désir de bien faire. D'abord que la Reine proposa d'aller au parlement, ils dirent qu'elle n'avoit point de droit de le faire. Elle s'en moqua hautement, et dit qu'elle étoit fondée en exemples, et que la feue reine Marie de Médicis y étoit allée. On résolut seulement d'attendre le retour du duc d'Orléans ; car, encore que la Reine n'eût pas besoin de sa présence comme d'une chose nécessaire, ce prince vivant avec elle aussi bien qu'il faisoit en ce temps-là, elle jugeoit avec raison qu'elle ne pouvoit avoir pour lui trop de considération : et de plus, elle étoit persuadée que la présence de l'oncle du Roi seroit toujours avantageuse à ses affaires.

Le duc d'Orléans étant arrivé, le jour pris pour aller au parlement, le capitaine des Gardes, selon l'ordinaire, visita toutes les prisons, et prit les clefs du Palais. La Reine se leva de grand matin, et s'habilla même avec plus de soin que de coutume. Elle mit des pendans d'oreilles de gros diamans mêlés avec des perles en poires fort grosses. Elle avoit au devant de son sein une croix de même sorte d'un très-grand prix. Cette parure, avec son voile noir, la fit paroître belle et de bonne mine, et en cet état elle plut à toute la compagnie. Plusieurs la regardèrent avec admiration : tous avouèrent que dans la gravité et la douceur de ses yeux, on connoissoit la grandeur de sa naissance, et la beauté de ses mœurs. Les compagnies des Gardes et les Suisses furent commandés pour occuper en haie, selon la coutume, le chemin qui mène au Palais; et la Reine avec le Roi, dont la beauté étoit alors parfaite, s'achemina pour ce voyage avec toute la grandeur qui accompagne un roi de France, quand il marche en cérémonie. Il est d'ordinaire suivi de ses gardes, de ses Suisses, de sa compagnie de chevau-légers, de ses mousquetaires, et de plusieurs princes et seigneurs ; ce qui compose toujours un grand cortége. Quatre présidens vinrent recevoir le Roi et la Reine à la Sainte-Chapelle, où Leurs Majestés entendirent la messe. Le Roi étoit encore à la jaquette, qui fut porté sur son lit de justice par son premier écuyer. Mademoiselle de Beaumont, ma sœur et moi, étions allées devant pour voir arriver le Roi et la Reine, et assister à cette action, où nous prenions beaucoup de part, parce que la Reine en étoit la principale actrice. Quand le Roi fut placé, elle se mit à sa main droite. M. le duc d'Orléans, qu'on appeloit toujours Monsieur, étoit au-dessous de la Reine, et M. le prince étoit auprès de lui ; ensuite étoient les ducs et pairs, et les maréchaux de France, selon le rang de leurs duchés. De l'autre côté étoient le cardinal Mazarin et quelques pairs ecclésiastiques. Aux pieds du Roi étoit le duc de Joyeuse son grand chambellan, comme couché sur un carreau. Au-dessous étoit le chancelier de France; et à côté de lui, dans le parquet, les présidens à mortier. A l'autre côté du chancelier, étoit un banc où madame la princesse et la princesse de Carignan étoient, et plus bas étoient les filles d'honneur de la Reine. Les quatre secrétaires d'Etat étoient en bas sur un autre banc, vis-à-vis des présidens; madame de Senecé, gouvernante du Roi, demeura toujours auprès du Roi debout : elle me parut la plus proche du lit de justice ; et les quatre capitaines des Gardes y étoient aussi debout, avec leurs bâtons. Après que cet ordre fut partout observé, le Roi salua toute la compagnie; et après avoir jeté les yeux sur la Reine comme pour lui demander son approbation, il dit tout haut : « Messieurs, je suis « venu ici pour vous parler de mes affaires; mon « chancelier vous dira ma volonté. »

Il prononça ce peu de mots avec une grâce qui donna de la joie à toute l'assemblée; et cette joie fut suivie d'une acclamation publique qui dura long-temps. Quand le bruit fut cessé, le chancelier, par un éloquent discours, représenta les nécessités de l'Etat, les belles et célèbres victoires qu'on avoit gagnées sur les ennemis, le désir que la Reine avoit de la paix, et le besoin qu'on avoit de continuer fortement la guerre pour y forcer les Espagnols par la continuation de nos conquêtes ; et pour cet effet il conclut qu'il falloit de l'argent, car en cela consistoit tout le mystère. Le premier président (1) loua fort la Reine, exagéra le bonheur de la France, la bonne conduite du ministre, et la valeur des princes du sang. Il représenta de même avec beaucoup de vigueur les nécessités des peuples, et fit une harangue digne de plaire au Roi et à ses sujets. L'avocat général Talon (2) parla d'un style hardi; il représenta à la Reine le peuple oppressé, ruiné par les guerres passées et par les présentes, demanda grâce pour eux à genoux d'une manière pathétique et touchante, et dit des choses assez contraires à la suprême autorité des favoris. On trouva dans le parlement qu'il avait bien parlé; mais je crois que le ministre ne fut pas content,

(1) Molé.
(2) Omer Talon. Ses Mémoires font partie de cette collection.

parce que je l'entendis blâmer par les adulateurs de la cour.

La Reine se coucha aussitôt après son retour pour se reposer de cette fatigue. Après son dîné, je la trouvai dans son lit, et le cardinal étoit seul avec elle. En ouvrant la porte de sa chambre, je fis du bruit : il fut cause qu'elle demanda qui c'étoit à une de ses femmes, qui par respect se tenoient un peu éloignées. Elle sut, par moi-même, que j'étois celle qui venoit d'entrer. Elle me fit l'honneur de m'appeler et de vouloir que je lui dise mon avis sur ce qui s'étoit passé le matin au parlement. Elle me demanda si le Roi ne m'avoit pas infiniment plu, quand il avoit parlé de si bonne grâce, me fit remarquer l'action de tendresse qu'il avoit faite en se tournant vers elle; et surtout me commanda de lui dire ce qui m'avoit semblé des harangues. Comme elle vit par ma réponse que j'étois assez satisfaite de la liberté de l'avocat général, et que j'en parlois avec estime, elle me répondit ces belles paroles, dignes d'une grande Reine : « Vous avez raison de le « louer; j'approuve fort la fermeté de son dis- « cours, et la chaleur avec laquelle il a défendu « le pauvre peuple. Je l'en estime, car on ne « nous flatte toujours que trop; mais néanmoins « il en a un peu trop dit, ce me semble, pour « une personne aussi bien intentionnée que je la « suis, qui souhaiterois de tout mon cœur le pou- « voir soulager. » Elle et son ministre parlèrent ensuite de la paix, et cette princesse témoigna la désirer infiniment; mais, selon ce que son ministre lui dit alors, et je pense qu'il disoit vrai, il falloit encore faire la guerre pour y contraindre les ennemis. Dans toute cette conversation, qui fut longue, je ne connus en la Reine que de droites intentions pour le bien de l'Etat et le soulagement du peuple, et le cardinal même m'en parut touché. Il vint ensuite d'autres personnes qui firent changer le discours. On n'oublia pas de parler de mademoiselle de Rohan, qui, pour satisfaire à l'étoile qui régnoit alors, ne manqua pas de se marier à Chabot, gentilhomme de bonne et illustre maison, bien fait, et fort honnête homme; mais, comme je l'ai déjà écrit ailleurs, il étoit beaucoup inférieur aux princes qu'elle auroit pu épouser. Elle avoit une grande beauté, beaucoup d'esprit et une naissance illustre, et avec cela elle étoit fort riche : car elle étoit héritière de la maison de Rohan, alliée à celle de nos rois, et fille de ce grand duc de Rohan, si renommé dans l'histoire des guerres des huguenots. Il avoit été leur chef; et par ses Mémoires (1), il nous apprend lui-même les événemens de sa vie. Mademoiselle de Rohan se maria donc par inclination, après avoir passé sa première jeunesse dans la réputation d'avoir une si grande fierté et une vertu si extraordinaire, qu'on ne croyoit pas qu'elle pût jamais être touchée d'aucune passion; mais la tendresse qui surprit son cœur la força d'être plus douce et moins ambitieuse. Chabot étoit descendu de l'amiral de ce même nom; mais il n'étoit que simple gentilhomme, sans bien et sans aucun établissement, dont tout l'avantage fut le bonheur de plaire à une fille que le comte de Soissons avoit pensé épouser : qui avoit pu se marier au duc de Weimar, aussi riche en gloire que les César et les Alexandre, qu'elle négligea avec beaucoup d'autres, entre lesquels on a compté le duc de Nemours, l'aîné des princes de la maison de Savoie, qui, à ce que j'ai ouï dire, étoit beau et bien fait, qui fut son dernier triomphe; et le commencement de Chabot fut qu'il profita de la rupture de ce mariage, voyant que l'objet des désirs de tant de princes paraissoit ne se soucier de personne. Elle demeura quelques années en cet état, pendant que Chabot, sous le nom de parent et d'ami, entroit souvent dans sa chambre, et que, par le moyen d'une sœur qu'il avoit avec elle, il avoit acquis sa confiance. Cette familiarité lui donna le moyen de s'insinuer dans son cœur; et quand elle s'en aperçut, il fut impossible de l'en pouvoir chasser. Je ne doute point que sa raison et sa gloire ne lui aient donné d'étranges inquiétudes, et qu'elles n'aient souvent maltraité ce nouveau venu, qui les vouloit bannir de leur empire. Cette ame pleine d'orgueil avoit sans doute senti ce que la fierté peut faire souffrir à une personne qui avoit autant d'ambition qu'elle. L'honneur, ce fantôme si puissant qui donne et ôte la réputation des honnêtes gens, plutôt selon le bruit du plus grand nombre que selon la véritable justice, l'a fait souvent renoncer à l'amitié dont elle étoit touchée. Je ne sais cependant si la sévérité de ses réflexions n'étoit point trop grande : car il semble que ce qui est conforme aux commandemens de Dieu pourroit toujours recevoir quelques excuses, et que sa plus grande faute étoit d'avoir manqué de respect à sa mère. Mais ce qui s'appelle le beau monde en décide d'une autre manière; et quoiqu'on sache combien il est difficile de lui plaire, on ne laisse pas de se soumettre à sa tyrannie. On court incessamment après son approbation : la vie se passe dans cette servitude, et jamais nous ne goûtons de douceur ni de liberté, parce que nous n'avons pas la hardiesse de nous élever au-dessus des opinions vulgaires. Enfin, malgré ses combats, la fierté de cette illustre héritière fut abattue, et sa raison fut chassée comme im-

---

(1) Ils font partie de cette collection.

portune. Sans doute qu'elle chercha dans la morale des philosophes le mépris de l'ambition, afin de pouvoir regarder son mariage comme l'effet d'une vertu héroïque. Si Diogène, cet admirable fou de l'antiquité, eût été chaste, et qu'il eût été comme elle, et qu'il eût été capable d'une honnête affection, elle auroit sans doute avec beaucoup de joie suivi ses maximes qui le mirent au-dessus de la fortune, en méprisant les grandeurs d'Alexandre; et il est à croire qu'à son exemple elle se seroit estimée heureuse, pourvu qu'elle eût pu vivre de son bien avec celui qu'elle aimoit. La vertueuse fille qui préféra la besace de Cratès le cynique à la richesse de ses autres amans, et qui estima plus sa sagesse que toutes les possessions des autres, doit être la consolation de mademoiselle de Rohan; et si on donne des louanges à la première, on doit du moins excuser la seconde. Car si Chabot n'étoit pas si sage que ces anciens philosophes, il étoit sans doute beaucoup plus aimable. Un des amis du comte de Chabot et des miens (1) qui vit mademoiselle de Rohan dans l'inquiétude de ce qu'elle devoit faire, qui la vit dans la crainte d'être blâmée, et dans les sentimens de sa passion, lui dit, après mille raisons en faveur de son ami pour la presser de le rendre heureux, que Chabot étoit résolu de s'en aller hors de France si elle l'abandonnoit, et qu'il l'avoit assuré qu'il ne reviendroit jamais; que sur ce discours elle lui avoit dit tout bas : « Je ne sais « pas si je me pourrai résoudre de l'épouser; mais « je sens bien que je ne puis souffrir qu'il s'en « aille. » Le marquis de Seneterre me conta que, se mettant à rire, il lui avoit répondu ces vers du Tasse :

Ne petto (2) hai tu di ferro o di diamante,
Che vergogna te sia l'esser amante.

Comme le marquis de Seneterre étoit une personne de qualité et considéré du ministre, il servit beaucoup à faire que mademoiselle de Rohan, qui étoit déjà affoiblie par elle-même, se laissa achever de vaincre; mais celui qui frappa les plus grands coups fut le duc d'Enghien. Il aimoit Chabot; et voulant le protéger, il pria le cardinal Mazarin de le faire duc. Il proposa de lui faire prendre le nom de Rohan; et par un brevet qu'on donna à mademoiselle de Rohan pour lui conserver son rang, on trouva le moyen d'accommoder l'affaire, même à la satisfaction de la Reine, qui les obligea, par leur contrat de mariage, de faire baptiser leurs enfans à l'Église, et de les faire nourrir dans la religion catholique. Cet article parut avantageux à l'État,

(1) M. de Seneterre.
(2) Vous n'avez pas un cœur de fer ou de diamant, vous n'avez donc point à rougir d'aimer.

à cause que le feu duc de Rohan n'avoit que trop fait voir combien il est dangereux que les hérétiques aient de tels capitaines.

Madame la duchesse de Rohan la mère s'opposa fortement à ce mariage, et les parens de la maison de Rohan en furent au désespoir. Les amis de cette illustre héritière, qui l'avoient révérée comme leur divinité, soit par envie contre Chabot qu'ils regardoient comme leur égal, soit par zèle pour ses intérêts, devinrent aussi ses plus cruels ennemis. Ils se lièrent tous ensemble contre elle, afin de la persécuter : ce qu'ils firent avec une ardeur qui tenoit beaucoup plus de l'outrage que de l'amitié. Cette dureté qu'elle rencontra dans l'âme de ses faux amis lui ôta toute la douceur de son mariage, et lui fit connoître par expérience qu'il ne faut point chercher de véritable satisfaction dans la vie; et que de quelque côté que l'esprit de l'homme se tourne, il ne rencontre que des épines.

La belle saison de l'automne [octobre 1645], propre au séjour de Fontainebleau, convia la Reine d'y aller, où, sans changer de matière, nous allons voir un mariage beaucoup plus éclatant que celui de madame de Rohan par la qualité des personnes, dont la naissance étoit royale et souveraine, qui n'avoit rien qui ne fût selon l'ordre, mais qui néanmoins avoit quelque chose d'extraordinaire. Le roi de Pologne (3), roi par élection et légitime héritier de la couronne de Suède, voulant se marier, avoit fait savoir sous main si Mademoiselle voudroit être reine. Elle reçut cette proposition avec un grand mépris : la vieillesse de ce prince, ses gouttes, et la barbarie de son pays, firent qu'elle le refusa d'une manière qui faisoit voir qu'elle ne l'estimoit pas digne d'elle. Il eut aussi quelque pensée pour mademoiselle de Guise; mais cette princesse n'étoit pas alors en faveur, à cause qu'elle avoit des amis qui ne l'étoient pas du cardinal; et quoiqu'elle eût de la vertu, du mérite, et même quelque reste de sa grande beauté, ce mariage ne put pas se faire parce que la Reine n'y eut pas d'inclination, et que mademoiselle de Guise ne fît nulle diligence pour y parvenir. Le vieux Roi s'arrêta à madame la princesse Marie, qu'on lui avoit proposée comme les autres; et celle-là eut le bonheur et le mérite tout ensemble. Elle l'avoit déjà pensé épouser du vivant du duc de Nevers son père, qu'elle étoit plus jeune : si bien que cette affaire venant à se proposer tout de nouveau, elle fut facilement reçue par les intéressés; et nous vîmes la Reine donner à qui bon lui sembla une des plus belles couronnes de l'Europe. Cette princesse, fille du duc de Man-

(3) Ladislas Sigismond.

toue, avoit été belle et agréable : elle l'étoit encore beaucoup, quoiqu'elle eût déjà passé les premières années de cette jeunesse qui a toujours eu le privilége d'embellir toutes les dames. Monsieur, frère du feu Roi, lorsqu'il étoit présomptif héritier de la couronne, en avoit été amoureux. La Reine sa mère, Marie de Médicis, qui avoit d'autres desseins pour lui, comme je l'ai dit, craignant les effets de la passion du duc d'Orléans, fit mettre la princesse Marie au bois de Vincennes, où elle fut quelque temps l'innocente victime d'une louable affection ; mais l'inconstance ordinaire des hommes, et les disgrâces de la reine Marie de Médicis, dans lesquelles ce prince s'enveloppa, donnèrent une prompte fin à ce petit roman. Lorsqu'un héros finit son amour à la première aventure fâcheuse qui lui arrive, il est à croire que l'héroïne n'en doit pas être contente, et que l'histoire n'en doit pas être belle. Cette passion, qui fit d'abord beaucoup de bruit, et qui sans doute avoit fait impression dans le cœur de la princesse Marie, fut de peu de durée dans l'ame de Monsieur ; mais le souvenir en fut amer à celle qui se vit oubliée : et j'ai ouï dire à quelques-uns des amis de cette princesse qu'ensuite de sa prison elle avoit toujours haï le duc d'Orléans d'une haine irréconciliable. Ce fut après ce changement qu'on parla de la marier la première fois au roi de Pologne ; mais comme ces sortes de propositions ne réussissent pas toujours, il épousa au lieu d'elle une princesse d'Allemagne qui vécut peu, et qui lui laissa une fille. Le duc de Mantoue, père de la princesse Marie, étant mort quelque temps après, elle demeura dans Paris à mener une vie douce et agréable, avec ses amis et amies. Elle ne songeoit qu'à se divertir, et à jouir du plaisir que donne la société des honnêtes gens. Dans cette condition, elle n'étoit pas tout-à-fait exempte de chagrins ; car elle avoit peu de bien, et peu de maris à son service. Ses affaires empirèrent enfin de telle sorte, que le grand écuyer Cinq-Mars pendant sa faveur l'ayant aimée, elle l'écouta favorablement. Sa passion lui plut; et par ce sentiment il entra dans de grands desseins qui le firent périr, et se laissa flatter, comme je l'ai déjà dit, de l'espérance qu'il deviendroit connétable, et qu'avec cette qualité et l'éclat de sa faveur il pourroit être digne mari de la fille d'un souverain. Sa perte, qui lui fut sensible, ne lui fut nullement honorable ; elle rendit son amitié publique, et lui causa beaucoup de confusion. Après cette mauvaise aventure qui l'avoit décréditée, et qui sembloit avoir beaucoup diminué de ce noble orgueil qui n'abandonne guère les personnes de cette naissance, elle avoit sujet de croire qu'il n'y avoit plus de bonheur dans la vie pour elle, et que toutes choses lui devoient être contraires.

Madame la princesse avoit de l'amitié pour la princesse Marie : elle portoit ses intérêts avec chaleur, et s'appliqua soigneusement à faire réussir son mariage avec le roi de Pologne. Elle en parla à la Reine et au cardinal Mazarin : elle fit agir en sa faveur le duc d'Enghien son fils, et toute sa cabale ; elle sut enfin augmenter en la Reine le désir de la préférer à mademoiselle de Guise ; et le cardinal crut que cette princesse, qui n'avoit point d'intérêts qui lui fussent contraires, qui étoit pauvre et accablée de sa mauvaise fortune, en auroit beaucoup de reconnoissance. Toutes ces choses ensemble firent qu'il envoya Bregi, ambassadeur en Pologne, pour négocier ce mariage. Il y réussit si bien, qu'il fit résoudre ce Roi à l'envoyer demander par ses ambassadeurs. Le duc d'Orléans avoit vu ses maux sans pitié, et pour lors il vit son bonheur sans envie ; et s'il avoit quelque sentiment pour elle, la haine y avoit plus de part que l'amitié.

Les ambassadeurs polonais furent reçus à Fontainebleau dans le grand cabinet de la Reine, dont le logement est fort beau. Quand ils entrèrent, la princesse Marie étoit au cercle. Elle se leva pour n'être pas présente à cette harangue, et se retira dans un des coins du cabinet pour les voir de loin. Elle se servit de moi pour se cacher d'eux ; et me mettant devant elle, j'empêchai qu'elle ne fût d'abord aperçue de ces hommes qui devoient être ses sujets. Après cette cérémonie, qui ne dura que la longueur d'un compliment, ces gens qui étoient tous habillés à la française, et qui ne paroissoient point étrangers, demandèrent où elle étoit. Quelques-uns d'entre eux, qui avoient été en France et qui la connoissoient, l'aperçurent et la montrèrent aux ambassadeurs. Nous vîmes qu'ils se tournèrent de son côté pour la saluer ; et comme je ne la cachais pas beaucoup, malgré les façons qu'elle faisoit, un d'eux en se retirant, après l'avoir distinguée, lui fit une profonde révérence, et ceux de sa suite en firent autant. En l'audience qu'il eut d'elle le lendemain, il la traita de majesté, et avec les mêmes respects que si elle eût été déjà sa reine. Quelques jours après, le contrat fut signé dans la chambre du Roi, en présence de toute la cour, et sans nulle cérémonie : elle ne changea pas de manière pour être accordée à un roi, et jusqu'au jour de ses noces elle fut traitée également. Le jour que le contrat fut signé, le Roi donna un grand souper aux ambassadeurs. Ce fut l'intention de la Reine qu'il fût tel ; mais le soir on lui conta qu'il étoit arrivé une dispute entre les officiers, qui avoit été cause qu'il n'y avoit point eu de bouilli, c'est-à-dire que le premier service avoit manqué : et l'ordre fut si mal observé par les officiers du Roi, que les étrangers, sortant assez tard, marchèrent toujours sans lumière jusqu'au grand escalier de l'appartement du Roi. On avoit oublié qu'on les feroit sortir par là, parce que ce n'étoit pas le chemin des autres. La Reine, après avoir un peu grondé de toutes ces bévues, se mit à rire, et dit que jamais la France n'avoit pu se régler ni dans les grandes choses ni dans les petites, et qu'il falloit avoir patience.

La Reine, après avoir passé quelque temps dans ce beau désert avec l'accompagnement ordinaire des plaisirs qui s'y trouvent, qu'elle eut goûté à son aise l'air des bois avec la vue de ces affreuses solitudes, et que par la chasse, les promenades, la comédie et le bal, elle eut satisfait toute la cour : lassée de toutes ces choses, elle revint à Paris, où, selon son ancienne inclination, elle se plaisoit plus qu'en aucun autre lieu.

Nous vîmes dans cet hiver la seconde ambassade des Polonais, qui fut belle, et digne de notre curiosité. Elle nous représenta cette ancienne magnificence qui passa des Mèdes chez les Perses, dont le luxe nous est si bien dépeint par les anciens auteurs. Quoique les Scythes n'aient jamais été en réputation d'être adonnés à la volupté, leurs descendans, qui sont à présent voisins des Turcs, semblent vouloir en quelque façon imiter la grandeur et la majesté du sérail. Il paroît encore en eux quelques vestiges de leur ancienne barbarie ; et néanmoins nos Français, au lieu de se moquer d'eux comme ils en avoient eu le dessein, furent contraints de les louer, et d'avouer franchement, à l'avantage de cette nation, que leur entrée méritoit nos admirations. Je fus les voir passer à la place Royale chez madame de Vellesavin, où la dame du logis nous donna une grande collation ; et nous nous y rencontrâmes une bonne compagnie pour la manger.

Le palatin de Posnanie et l'évêque de Warmie furent ceux que le roi de Pologne choisit pour venir épouser la princesse Marie, et pour la lui mener. Ils voulurent paroître habillés à la mode de leur pays, afin de faire mieux éclater leur magnificence et leurs belles étoffes. Le duc d'Elbœuf fut envoyé par la Reine avec une douzaine de personnes de condition pour les recevoir, et les carrosses du Roi, du duc d'Orléans et du cardinal y furent envoyés ; mais, à dire le vrai, ils parurent vilains en comparaison de ceux que ces étrangers avoient amenés, et qui avoient traversé toute l'Allemagne. Ils firent leur entrée par la porte de Saint-Antoine, avec beaucoup de gravité, et le meilleur ordre du monde.

Premièrement nous vîmes passer une compagnie de gardes à pied, habillés de rouge et de jaune, avec de grandes boutonnières d'orfévrerie sur leurs habits. Ils étoient commandés par deux ou trois officiers richement vêtus et fort bien montés. Leurs habits étoient composés d'une veste à la turque fort belle. Ils portoient par dessus un grand manteau à manches longues, qu'ils laissoient pendre négligemment sur un côté du cheval. Leurs vestes étoient enrichies de boutons, de rubis, de diamans, de perles, et les manteaux de même, doublés de même que les vestes.

Ensuite de cette compagnie, il en parut une autre dans le même ordre commandée par des officiers plus richement vêtus. Leurs vestes et manteaux étoient de la couleur de leurs heiduques, de vert et de gris-de-lin. Nous vîmes encore deux autres compagnies à cheval qui portoient les mêmes livrées que ceux qui étoient à pied, dont l'une étoit rouge et jaune et l'autre gris-de-lin et verte, excepté que ceux-ci étoient vêtus de plus riches étoffes, que les harnois des chevaux étoient plus beaux, et qu'ils avoient plus de pierreries. Après eux venoient nos académistes (1) qui, pour faire honneur aux étrangers et déshonneur à leur pays, étoient allés au devant d'eux ; mais ils parurent pauvres, et leurs chevaux aussi, quoiqu'ils fussent chargés de rubans et de plumes de toutes couleurs. En cette occasion, la mode des Français de ne porter pour toute parure que des rubans fut trouvée chétive et ridicule. Après ces compagnies venoient beaucoup de seigneurs polonais, chacun avec leur train et leur livrée, vêtus de gros brocards d'or et d'argent. Leurs étoffes étoient si riches, si belles, et les couleurs si vives, que rien au monde n'étoit si agréable. Sur ces vestes on voyoit éclater les diamans ; mais, parmi cette richesse, il faut avouer que leur magnificence tient beaucoup du sauvage : ils ne portent point de linge, ils ne couchent point dans des draps comme les autres Européens, mais dans des peaux de fourrures, où ils s'enveloppent. Ils ont sous leur bonnet fourré la tête rasée, et ne conservent de cheveux qu'un petit toupet sur le haut de la tête, qu'ils laissent pendre par derrière. Pour l'ordinaire ils sont si gras qu'ils font mal au cœur ; et en tout ce qui touche leurs personnes, ils sont malpropres. Chaque Polonais avoit

(1) C'est-à-dire les personnes qui s'étaient exercées dans les manéges d'équitation, qu'on appelait alors *académies*.

un Français à son côté. Il y avoit eu des gens de la cour, et des mieux faits, qui avoient été au devant d'eux. Ce cortége occupoit un long espace de chemin : par conséquent il embellissoit fort l'entrée. Il y avoit un des principaux officiers qui pour marque de dignité portoit trois plumes de coq à son bonnet, et l'ornement de son cheval étoit composé de ces mêmes plumes. Quelques-uns de leurs chevaux étoient peints de rouge, et cette mode, quoique bizarre, ne fut point trouvée désagréable. Le palatin et l'évêque de Warmie marchoient les derniers. Auprès d'eux étoient le duc d'Elbœuf et le prince d'Harcourt son fils. Le palatin étoit beau de visage : il avoit le teint beau, les yeux noirs; il avoit bonne mine, portoit la barbe un peu longue et un peu épaisse. L'évêque avoit bonne mine, n'avoit rien de différent des nôtres, pas même les cheveux rasés. Après eux marchoient leurs carrosses, couverts d'argent massif partout où les nôtres ont du fer. Les chevaux qui les traînoient étoient beaux et gras, et ne paroissoient point harassés de leur voyage. Enfin tout ce qui se vit étoit digne d'être montré en parade. Ils traversèrent toute la ville en cet état : le peuple étoit dans les rues, et les personnes de qualité aux fenêtres. Le Roi et la Reine étoient au balcon qui donne sur la place, à dessein de les voir; mais ils n'en purent avoir le plaisir, parce qu'il étoit trop tard quand ils passèrent. On les mena loger à l'hôtel de Vendôme, qui étoit vide par l'exil de ceux qui en étoient les maîtres; et le Roi les y traita toujours magnifiquement.

Ces étrangers eurent audience dans la grande galerie du Palais-Royal, qu'on avoit retranchée à la moitié par un amphithéâtre au pied duquel la Reine étoit. Les princesses et les duchesses qui formoient le cercle, et toutes les autres dames, étoient derrière. On eut quelque dessein de célébrer ce mariage avec les cérémonies requises en de telles occasions, afin de faire voir la grandeur de la France à cette barbare nation; mais comme les rangs n'y sont point réglés, et que chaque prince veut aller devant les autres, on s'arrêta sur cette difficulté, qui ne put se lever par toutes les propositions qui se firent pour en ôter la conséquence. Il s'éleva un grand murmure de tous côtés; et tant d'anciennes disputes se renouvelèrent, que la Reine jugea plus à propos d'en étouffer la suite en faisant cette cérémonie en particulier. On commença, par Mademoiselle, à exclure tout le reste; si bien que jamais noces ne furent plus solitaires pour être faites sous la pourpre et avec le sceptre. Le jour étant pris, madame la princesse Marie vint de l'hôtel de Nevers dès le matin dans la chambre de madame de Bregi, femme de l'ambassadeur de France, qui logeoit au Palais-Royal. Ce lieu étoit assez proche de la chapelle pour y pouvoir descendre quand on auroit besoin d'elle. Je la fus voir comme elle s'habilloit pour cette célèbre journée. Je la trouvai belle, et plus blanche, ce me semble, qu'à son ordinaire, quoiqu'elle le fût beaucoup de son naturel; mais les dames, dans les grandes occasions, ne se contentent jamais de ce que la nature leur donne. Elle étoit de belle taille, et alors elle étoit d'un embonpoint raisonnable. Elle avoit les yeux noirs et beaux, les cheveux de même couleur, le teint beau, les dents belles, et les autres traits de son visage n'étoient ni beaux ni laids; mais tout ensemble elle avoit de la beauté, avec un grand air dans toute sa personne qui convenoit à une reine. Elle paroissoit mériter ce qu'elle avoit pensé avoir en épousant le duc d'Orléans, et ce qu'elle alloit être alors en se mariant à un roi. Son habit de noces étoit un corps et une jupe de toile d'argent blanche en broderie d'argent. Par dessus cet habit, elle avoit eu dessein de mettre son manteau royal à la polonaise, qui est blanc, semé de grandes flammes d'or; mais comme le mariage se fit sans cérémonie, la Reine fut d'avis qu'elle ne le mît point. Elle demeura donc avec ce corps et cette jupe blanche qui, étant faite pour mettre dessous, étoit trop courte, et n'avoit pas la gravité requise pour cette occasion. Elle étoit parée des perles et des diamans de la couronne, que la Reine avoit accommodés ensemble de ses mains. Cette parure étoit accompagnée d'une couronne fermée, faite de gros diamans et de grosses perles d'un grand prix. Quand elle fut prête de mettre la couronne sur sa tête, elle douta si elle le devoit faire que la cérémonie ne fût achevée, et me commanda d'aller le demander à la Reine, qui me fit l'honneur de me dire qu'elle n'étoit pas encore en droit de cela. Quand elle fut habillée, elle voulut se montrer à la Reine qui étoit dans son appartement. Elle passa la terrasse qui traverse les deux corps-de-logis avec deux de ses amies, ma sœur et moi.

Les Polonais, qui étoient dans la cour en bas, attendant l'heure de la messe, la voyant, se mirent à jeter de grands cris d'alégresse et lui donnèrent mille bénédictions. Elle alla trouver la reine dans sa chambre; et, après l'avoir remerciée des bontés qu'elle avoit eues pour elle, elle s'adressa au cardinal Mazarin, qui l'avoit dignement servie, et lui dit qu'elle venoit lui montrer si cette couronne qu'il lui alloit mettre sur la tête lui siéroit bien. La Reine, qui étoit parée de grosses perles, avec sa mante de deuil, la mena à la chapelle par la grande galerie. Il n'y avoit pour toutes personnes que le Roi, la Reine et celle qui l'alloit devenir, le petit Monsieur et le duc d'Orléans. Cette princesse destinée à la couronne fermée se mit à genoux sur le drap de pied au milieu de la chapelle, le Roi du côté droit et la Reine de l'autre. Monsieur, frère du Roi, et le duc d'Orléans, oncle du Roi, étoient plus bas à genoux sur le drap de pied ; et par conséquent le duc d'Orléans fut en ce jour son inférieur. L'instant où elle se vit élevée au-dessus de cet infidèle prince et au-dessus même de la Reine, dont elle étoit sujette lorsque son père n'étoit pas encore souverain, fut sans doute pour elle le jour le plus agréable et le plus glorieux. L'évêque de Warmie célébra (1) la messe et le mariage de son Roi et de sa Reine, que le Palatin épousa au nom de son maître. Après que la messe fut dite, on lui mit la couronne sur la tête. Ce fut madame de Senecé et Champagne, le coiffeur, qui lui rendirent ce bon office. Outre les Polonais, il n'y avoit dans la chapelle, après les personnes royales et de sang royal, que la dame d'honneur de la Reine que je viens de nommer, la maréchale d'Estrées, madame de Montausier et madame de Choisy (2). Ces trois dernières étoient intimes amies de la Reine de Pologne : elle avoit supplié la Reine de les y souffrir. Madame de Bregi, ma sœur et moi, y étions aussi. Au sortir de ce lieu, la Reine mena dîner la nouvelle Reine, et la fit passer devant elle : ce que beaucoup de personnes n'approuvèrent pas, à cause que ce royaume est électif. Elle fut placée au milieu de la table, qui étoit d'une grande longueur, le Roi à sa droite et la Reine à sa gauche. Le Roi avoit le duc d'Orléans auprès de lui, et l'évêque de Warmie étoit auprès de ce prince. Le duc d'Anjou, notre petit Monsieur, n'y étoit pas, à cause qu'il n'étoit pas encore en âge de tenir sa place en de telles occasions. La Reine avoit auprès d'elle le Palatin, et les Polonais occupoient le reste de la table. Ce fut un dîné royal, servi à plusieurs services, avec toute la délicatesse française, et beaucoup de machines de sucre. Ce repas fini, qui fut long et fort ennuyeux, les deux Reines se reposèrent dans le grand cabinet, où la Reine traita la nouvelle Reine de la même manière, en lui donnant toujours la main droite. Ensuite de cela, elle fut conduite par le Roi et la Reine à son hôtel de Nevers, où toutes les personnes de la cour l'attendoient pour la saluer. L'abbé de La Rivière, lui faisant ses complimens, lui dit qu'il eût mieux valu pour elle demeurer en France en qualité de Madame. Elle lui répondit fièrement que son maître étoit destiné pour être Monsieur et elle pour être reine, et qu'elle étoit contente de sa destinée.

Peu de jours après, la Reine lui donna le bal qui fut magnifique. On le dansa sur le théâtre de la grande salle du Palais-Royal, dont l'amphithéâtre est estimé une merveille de l'art géométrique. Les hommes et les femmes y furent parés. Les dames excelloient en pierreries, et autant qu'elles purent en beauté ; et les autres en broderies, en plumes et rubans et en bonne mine, chacun selon l'étendue de ses forces et la libéralité de la nature. Il y eut une grande collation abondante en toutes les choses que les pays étrangers et la France nous peuvent fournir en cette saison. La Reine régala le Palatin, en lui faisant présenter de grands bassins remplis d'oranges douces, de citrons doux et de confitures ; car elle savoit faire ces choses de la meilleure grâce du monde. J'étois assise fort proche de cet ambassadeur, et je remarquois qu'il regardoit cette belle assemblée avec peu d'admiration, et entièrement renfermé dans une gravité qui étoit assez honorable pour lui. La reine de Pologne avoit ce jour-là une robe de velours noir en broderie d'or, qui étoit riche, mais qui avoit quelque chose de rude pour pouvoir contribuer à l'embellissement de son visage. Le Roi la mena danser : tout jeune et tout enfant qu'il étoit, il dansoit déjà admirablement bien.

Les corps de la ville, par l'ordre de la Reine, furent visiter cette nouvelle reine, et on lui fit tous les honneurs possibles. Le peuple couroit de toutes parts pour la voir, comme si la couronne lui eût pu changer le visage ; et sa cour fut grosse tant qu'elle demeura en France. Ses amies, malgré la joie qu'elles avoient de la voir sur le trône, sentirent beaucoup de douleur de la perdre, car elle étoit aimable pour ceux qui la voyoient familièrement.

Elle partit peu de temps après son mariage, et laissa toutes les personnes de la cour satisfaites de sa civilité. Elle baisa toutes les femmes et les filles de quelque qualité : elle ne changea point de manière d'agir avec ses amies, jusqu'à les faire asseoir quand elles étoient seules avec elle. Quoique cette princesse fût contente de ces peuples qu'elle alloit commander, elle appréhendoit néanmoins ce qu'elle ne connoissoit pas, et montra beaucoup de regret de s'éloigner de ce qu'elle aimoit.

Quand elle passa sur les terres du roi d'Espagne, cette nation, si civile pour les dames, la reçut avec toutes les marques de respect qu'elle

(1) Le 6 novembre 1645.
(2) Mère de l'auteur des Mémoires qui font partie de cette collection.

put désirer. On lui fit des entrées dans toutes les villes de Flandre, et nos gazettes furent longtemps remplies des magnificences qui lui furent faites depuis les frontières de France jusqu'aux siennes. Quand elle approcha de Dantzick, elle fut traitée avec de grands respects ; et selon ce que nous avons vu ici de la richesse des Polonais, je n'ai pas de peine à croire ce que les relations qui furent envoyées en disoient.

Comme les biens sont d'ordinaire mêlés de beaucoup de maux, toute cette grandeur de la reine de Pologne perdit son éclat en arrivant à sa ville capitale, et toute sa joie se dissipa par la présence de ce Roi qu'elle venoit chercher de si loin. Elle fut reçue dans Varsovie avec peu de bruit, parce que ce prince étoit vieux, accablé de goutte et de graisse, et qu'étant malade et chagrin, il ne voulut aucune cérémonie à son arrivée. Il ne la trouva pas si belle que ses portraits, et ne témoigna pas estimer sa personne. J'ai ouï dire à la maréchale de Guébriant, qui fut la conduire par l'ordre de la Reine, que ce vieux mari la reçut à l'église dans une chaise dont il ne se leva point, et n'en fit pas même le semblant. Quand elle fut auprès de lui, elle se mit à genoux devant lui, et lui baisa la main. Ce prince reçut son salut sans nulle marque de douceur et de bénignité. Il la regarda gravement, et se laissa baiser la main sans lui rien dire. En même temps il se tourna vers Bregi, ambassadeur auprès de lui, et lui dit tout haut : « Est-ce là cette grande « beauté dont vous m'aviez tant dit de mer- « veilles ? » La maréchale de Guébriant m'a conté que cette princesse, qui ne vit en lui que de la rudesse, et qui s'aperçut du dégoût qu'il témoigna pour elle, en demeura surprise ; et que cette mauvaise réception, avec la fatigue du voyage, la firent si laide qu'elle trouva que ce Roi avoit raison d'en être dégoûté. Le rouge du dépit et de la honte ne farde point les dames, et la douleur ôte le feu des yeux. Ce prince malade et goutteux, après avoir fait le cruel, se leva de sa chaise et s'approcha de l'autel, où, sans quitter sa rudesse, il épousa tout de nouveau sa reine, qui se rassit pour aider à chanter les psaumes qui se dirent en la louange de Dieu, et pour lui rendre grâces de leur mariage. Ensuite on mena la Reine dans la maison du Roi son mari, où Leurs Majestés polonaises furent servies à souper d'une viande qui parut effroyable aux yeux de cette Reine et de la maréchale de Guébriant, et pire encore mille fois à leur goût. Tout ce qu'elles virent enfin leur fit peur ; et le soir, la Reine, tout effrayée de l'état où elle étoit, dit tout bas à sa conductrice qu'il valoit mieux s'en retourner en France. Le reste de la journée se passa de la même manière. Son roi ne lui parla jamais ; et, bien loin de lui témoigner quelque sentiment de tendresse, il fallut, contre son attente, qu'elle allât dans un appartement séparé passer la nuit toute seule. Madame de Guébriant en fit des plaintes, et dit, à ceux de cette nation qu'elle connoissoit pour être de ceux qui avoient accompagné la reine de Pologne, que la France seroit mal contente si on témoignoit mépriser ce qui venoit d'elle. Elle leur dit qu'elle ne pouvoit s'en retourner satisfaite, si elle ne voyoit le Roi moins indifférent pour la Reine. Ses plaintes firent cesser en quelque façon le mépris de ce prince, et le forcèrent enfin de la traiter un peu mieux et de vivre avec elle comme avec sa femme. Quand madame de Guébriant la quitta, elle commençoit à être plus contente, et à se consoler avec les dons magnifiques qui lui venoient de tous côtés ; car en ce pays, quand les rois se marient, leurs sujets ont accoutumé de faire à leur reine des présens de grande valeur. L'espérance de se faire riche consola celle-là. Elle devint riche, et les trésors qu'elle amassa lui servirent bientôt après dans les grandes traverses que Dieu lui envoya depuis, qui l'ont rendue illustre par les marques qu'elle a données à toute l'Europe de sa fermeté et de son courage.

Cet hiver se passa dans une entière tranquillité. Quelques petites jalousies entre Mademoiselle et madame la princesse occupèrent le cabinet, mais ce fut sans le troubler ; et si la Reine eût suivi ses propres sentimens, et qu'elle eût renfermé entièrement en elle l'usage de sa volonté, nous aurions pu nous vanter d'avoir eu la plus agréable cour du monde, et d'avoir joui de la plus douce vie qui ait jamais été goûtée par des gens qui ont eu l'honneur d'approcher des grands.

[1646] La Reine étoit aimable de sa personne : elle traitoit ses créatures comme ses amis, quoiqu'elle n'ait pas eu une assez grande application à faire du bien à ceux qu'elle considéroit, et pour qui elle avoit de la bonté. Les gens de bien, quoique privés de ses bienfaits par l'avarice de son ministre, ont eu du moins cette consolation qu'elle les a distingués par son estime, et que si elle ne leur a pas fait beaucoup de grâces, elle ne les en a pas crus indignes. Il falloit donc se contenter du bon traitement de la Reine ; et ce plaisir, qui contenoit en soi assez de gloire pour satisfaire un cœur fidèle, étoit accompagné d'un grand repos. L'intérêt n'allumoit point parmi nous le feu dévorant de la jalousie ; et nos espérances ont toujours été si mortes, et notre ambition si abattue, que nous pouvons dire n'avoir vu la cour qu'en peinture, puisque nous l'avons vue sans oser quasi former des désirs sur les grands intérêts qui ont accoutumé de charmer les hommes. Mais comme dans une grande famine tous ne meurent pas de faim, un de nos courtisans, Beringhen, valet de chambre du feu Roi, dont le père l'avoit été d'Henri IV, et qui l'étoit aussi de la Reine, fut alors reçu à la charge de premier écuyer de la petite écurie. Il avoit été en faveur auprès du feu Roi; mais il fut exilé, parce qu'il ne sut plaire au cardinal de Richelieu. Sa disgrâce lui fut avantageuse; car ayant été en Hollande, son propre pays, il acquit de la gloire en servant le prince d'Orange, et eut de beaux emplois auprès de sa personne. Son retour à la cour fut aussi accompagné de bonheur. La Reine, qui avoit toujours eu de la bonne volonté pour lui, le considéra beaucoup, et il servit à la fortifier dans le choix du cardinal Mazarin. Toutes ces choses contribuèrent à son élévation, et lui firent obtenir cette belle charge. Elle sortoit des mains du duc de Saint-Simon, autrefois favori du feu Roi. Ce même Beringhen a été depuis fort opposé au ministre; et, dans les brouilleries qui arrivèrent depuis, il fut un de ceux qui pressa le plus la Reine de l'éloigner d'elle. J'en ai ignoré les raisons; mais comme il se justifia auprès d'elle, elle n'en fut pas moins satisfaite. L'aversion que les serviteurs de cette princesse eurent contre l'extrême puissance qu'elle lui donna; la haine naturelle que les peuples et tous les gens de bien ont toujours contre la grandeur des favoris et ses dégoûts, eurent le pouvoir de leur faire cacher ses bonnes qualités. Il y contribua beaucoup par sa mauvaise conduite; et ceux mêmes qui l'avoient aidé à monter à ce suprême degré, dès les premières années de son administration commencèrent à se détacher de lui, à murmurer contre lui, et à lui souhaiter tous les maux qui ensuite pensèrent l'accabler. L'amour qu'on avoit eu jusqu'alors pour la Reine commença peu à peu à diminuer parmi les peuples. Cette puissance si absolue qu'elle donna au cardinal Mazarin fit qu'elle perdit la sienne; et, pour trop désirer qu'il fût aimé, elle fut cause qu'il fut haï. Elle voulut que toutes ses résolutions reçussent décision des volontés et des conseils de ce ministre; et cette marque de faveur ne manqua pas d'attirer contre lui une envie excessive, et de faire perdre aussi à la Reine l'affection de ses courtisans. Les hommes sont naturellement touchés de ce qui s'appelle ordre, auquel ils ne font point de difficulté de se soumettre; et comme ils veulent bien que les rois les gouvernent avec prudence, ils ne peuvent souffrir qu'ils se laissent gouverner par d'autres, comme s'il leur étoit défendu de prendre conseil des amis qu'ils ont. C'est une injustice qu'on a eue de blâmer la Reine pour avoir eu trop de créance en son ministre. C'est pourquoi on peut dire que les rois, qui sont les maîtres de la terre, et qui paroissent au-dessus des lois, sont eux-mêmes d'illustres esclaves des peuples qui leur sont soumis; et qu'ils ne doivent pas suivre, comme les autres, leurs inclinations innocentes, parce qu'en eux il n'y a point d'actions qui leur soient indifférentes. Le sceptre les rend ou bonnes ou mauvaises, et de leur moindre sentiment dépend le bonheur ou la misère de leurs sujets. Leurs volontés font nos destinées: leurs occupations, si elles sont bonnes, établissent notre repos; et quand un roi est oisif ou paresseux, ce qui n'est qu'un médiocre défaut pour un particulier devient en lui un grand crime. On doit dire, en faveur de la Reine, qu'on ne voit point de souverain qui n'ait besoin d'avoir des ministres, et dans la nécessité d'en être servi et conseillé : il seroit injuste de leur défendre la société qui consiste à pouvoir dire son secret à un ami avec une entière sûreté, et particulièrement à une régente, qui a tant de maux à craindre et tant de périls à éviter. Mais il faut que cette confidence soit renfermée dans d'étroites limites, qu'ils se conduisent à leur égard plus par raison que par inclination, et qu'ils les considèrent comme faisoit le grand Henri IV, qui disoit au duc de Sully, comme lui-même nous l'apprend dans ses Mémoires : « Mon ami, « je veux vous faire du bien; mais je ne veux pas « vous en faire tant que vous puissiez vous voir en « état de mal faire. »

Les princes ne doivent pas seulement veiller sur eux-mêmes, pour éviter l'injustice où leurs passions et leurs foiblesses pourroient les faire tomber; ils doivent craindre beaucoup davantage celles de leurs ministres ou favoris, qui ont à maintenir leur faveur, à se défaire de leurs ennemis, à combattre leurs égaux, à faire leur fortune, et à faire donner à leurs amis ou leurs parens toutes les dignités du royaume, et sont enfin exposés à tout moment à faire des crimes, en suivant leurs sentimens intéressés : au lieu qu'un prince étant né tout puissant, personne n'envie sa domination. Dieu, pour l'ordinaire, imprime en lui le caractère de protecteur de ses sujets : il le porte à travailler à sa conservation et à celle de leur état, comme des biens qui lui appartiennent, et qu'il lui est utile de conserver par un traitement équitable et juste; et, par conséquent, il ne sauroit trop fuir le malheur d'être gouverné.

Nous ne vîmes alors que d'agréables effets de la faveur du ministre. Pour divertir la Reine et toute la cour, il fit faire des machines à la mode d'Italie, et en fit venir des comédiens qui chantoient leurs comédies en musique. Ceux qui s'y

connoissent les estiment fort ; pour moi, je trouve que la longueur du spectacle en diminue fort le plaisir, et que les vers répétés naïvement représentent plus aisément la conversation, et touchent plus les esprits que le chant ne délecte les oreilles. C'est mon sentiment : d'autres ne l'approuveront peut-être pas, mais il n'importe. Cette diversité dans le goût est ce qui plaît davantage dans la vie, qui fait que tout le monde l'aime, et que chacun y trouve son compte.

Le mardi gras de cette année [1646], la Reine fit représenter une de ces comédies en musique dans la petite salle du Palais-Royal, où il n'y avoit que le Roi, la Reine, le cardinal et le familier de la cour, parce que la grosse troupe des courtisans étoit chez Monsieur, qui donnoit à souper au duc d'Enghien. Nous n'étions que vingt ou trente personnes dans ce lieu, et nous y pensâmes mourir d'ennui et de froid. Les divertissemens de cette nature demandent du monde, et la solitude n'a pas de rapport avec les théâtres.

La Reine, qui pendant la vie du feu Roi, depuis que Dieu lui avoit donné des enfans, n'avoit parlé que de l'envie qu'elle avoit de les faire instruire dans toutes les sciences, fut fort embarrassée quand il fut question d'ordonner de quelle manière il s'y falloit prendre. Il n'y a personne à qui il ne vienne dans l'esprit qu'il faut que les princes sachent plus d'une chose : il faut convenir que ce n'est pas le latin qui est le plus nécessaire. La politique est la véritable grammaire qu'ils doivent étudier ; et l'histoire, qui est bonne en toutes langues, peut leur montrer des exemples, et leur donner des vues pour gouverner de grands royaumes, pour contenir dans l'observation des mêmes lois des peuples d'humeur différente, les maintenir en paix avec leurs voisins, et les faire craindre à leurs ennemis. Le mal est que ce n'est pas une science qu'on puisse enseigner à des enfans : ce n'est que par une expérience de plusieurs années qu'on y peut apprendre quelque chose. C'est pourquoi la Reine, étant persuadée que le cardinal Mazarin étoit le plus habile homme de l'Europe, résolut enfin de lui abandonner le soin de l'éducation du Roi son fils. Elle lui laissa même le choix de son gouverneur ; et ce fut le marquis de Villeroy qui fut nommé par lui pour un emploi si important. C'étoit l'homme le plus sage de la cour : il avoit commandé des armées, mais sa plus grande qualité étoit de connoître mieux que personne le dedans du royaume, et d'avoir de la capacité et de la lumière pour les affaires d'Etat. Le précepteur qui étoit sous lui fut l'abbé de Beaumont, docteur en théologie, élevé auprès du cardinal de Richelieu, qui avoit de la probité ; mais qui, ne s'étant pas trop adonné aux belles-lettres, étoit par conséquent peu capable de s'appliquer à l'embellissement de l'esprit d'un jeune prince, et au soin de l'occuper des grandes et agréables choses qui doivent n'être pas inconnues aux souverains. L'un et l'autre disoient à ceux qui venoient leur faire des propositions que leur conduite étoit réglée par le supérieur, qui s'étoit réservé l'intendance de l'éducation royale, qui étoit un titre nouvellement inventé pour faire dépendre du cardinal tous les emplois et toutes les charges ; et je dois rendre ce témoignage à la vérité, que le marquis de Villeroy, qui peu après fut fait maréchal de France, m'a dit en ce temps-là, parlant du Roi dont il admiroit les lumières naturelles, qu'il n'étoit pas le maître de la manière dont il étoit élevé ; et que, s'il en avoit été cru, il n'auroit pas laissé un aussi bon fonds sans le cultiver dans le temps qui y étoit le plus propre. C'est pourquoi il souhaitoit que ses amis lui fissent cette justice de ne le pas accuser de faire mal son devoir. Il est vrai qu'il aimoit à lui présenter ceux qui excelloient en quelque science ou art, et qu'il ne perdoit pas l'occasion de lui conter dans toutes les heures du jour des choses qui étoient arrivées de son temps, et des bons mots qu'il avoit ouï dire à des gens de la vieille cour ; sur quoi il pouvoit faire des réflexions qui lui pouvoient être utiles : au lieu que son précepteur, jaloux de son emploi, ne prenoit pas plaisir à faire parler au Roi les gens d'esprit, qu'il auroit peut-être goûtés, et qui lui auroient donné curiosité d'apprendre mille choses qu'il ne savoit pas ; car il avoit naturellement envie qu'on lui dît ce qu'il ne savoit pas, et ne vouloit parler que des choses qu'il savoit. Cependant on lui faisoit traduire les Commentaires de César ; il apprenoit à danser, à dessiner et à monter à cheval, et il étoit fort adroit à tous les exercices du corps, autant qu'un prince qui n'en doit pas faire profession le doit être. Mais la Reine, qui s'étoit réservé la surintendance naturelle qu'elle avoit de l'éducation du Roi son fils par dessus celle qu'elle avoit abandonnée à son ministre, prenoit un grand soin d'entretenir dans l'ame de ce jeune prince, à mesure qu'il augmentoit en âge, les sentimens de vertu, de sagesse et de piété qu'elle lui avoit inspirés dès son enfance, aimant mieux empêcher que de jeunes esprits comme lui n'altérassent l'innocence de ses mœurs, que de le voir plus instruit de toutes les choses qui ont accoutumé d'ôter à la jeunesse une certaine timidité qui procède du jugement, et qu'elle perd toujours trop tôt.

Au commencement de l'été [mai 1646], la Reine alla faire un voyage à Compiègne, d'où elle fut jusqu'à Amiens, pour y conduire le duc d'Orléans qui alloit y commander l'armée de Flandre, où se joignit peu après le duc d'Enghien. Je demeurai à Paris, parce que, n'ayant point certains avantages de domestiques, les voyages m'étoient pénibles et de grande dépense. Monsieur y tarda quelques jours après la Reine, pour se préparer à la guerre; et je me souviens que beaucoup de mes amis vinrent me dire adieu, qui moururent en cette meurtrière campagne. La vaillance, qui est si vantée chez toutes les nations et si bien pratiquée par la nôtre, toute belle qu'elle est, a ses incommodités; et les plus braves, qui courent avec tant de joie aux occasions, en ont encore davantage quand ils rapportent leurs bras et leurs jambes. Elle désole les familles, et dérobe à la cour ce qu'il y a de meilleur; et, pour dire tout enfin, rien au monde n'est si beau que la valeur et rien n'est pire que la guerre.

La Reine demeura six semaines à son voyage. Il ne s'y passa rien d'extraordinaire, et son retour nous apporta de la joie. Outre que sa familiarité nous étoit douce, agréable et glorieuse, nous étions tellement accoutumées à l'honneur de la voir, que Paris pendant cette absence, nous sembla une autre ville, et notre vie une autre vie. Dans ces premières années de la régence, la cour étoit si tranquille et notre vie si délicieuse, qu'il nous étoit impossible de ne la pas aimer. Mademoiselle de Beaumont néanmoins reconnut de l'altération dans le visage de la Reine, qui la menaçoit de quelque petit orage. Quoique la Reine, en arrivant à Paris, eût dit à madame la princesse, qui étoit avec elle, qu'elle auroit de la joie de nous revoir, il est certain que cette personne en particulier avoit eu le malheur de déplaire au ministre. Sa conduite étoit assez imprudente. C'étoit une fille hardie, dont l'esprit étoit grand, rude et sans règle. Elle blâmoit le gouvernement avec si peu de précaution, que souvent elle trouvoit des espions où elle croyoit avoir le plus de sûreté; et quoique ces qualités fussent mêlées avec de beaux sentimens, comme ce vaisseau étoit sans pilote, il étoit facile qu'il fît naufrage sur cette mer, quoique alors elle fût dans un calme tout entier. Elle avoit été, pendant l'absence de la Reine, faire un voyage avec M. et madame de Chavigny, qui continuoient à être mal à la cour. Cette liaison déplut au cardinal, quoiqu'en effet elle n'eût rien en soi que de louable: et ce dégoût obligea le ministre de demander à la Reine son éloignement. Il n'est pas difficile de faire haïr aux grands ceux qui parlent beaucoup, et qui par conséquent peuvent être aisément soupçonnés d'emportement. Sur ce prétexte, sa disgrâce fut aussitôt accordée et résolue. Quoique mademoiselle de Beaumont et moi fussions d'humeur différente, et que sa manière d'agir fût opposée à la mienne, le hasard nous avoit fait amies; et j'aimois en elle, sans approuver son procédé, sa franchise, son esprit qui paroissoit naturel, ses sentimens qui me sembloient avoir quelque apparence de vertu stoïque. Mais je lui faisois de continuelles harangues sur sa conduite que je n'estimois pas, et sur la rudesse de ses décisions. Elle vouloit toujours réformer l'Etat par cette fausse gloire qu'on se donne en méprisant les autres, et nullement par une véritable source d'honneur et de probité. Elle étoit la seule qui eût part au blâme que je lui donnois; et comme d'ailleurs nous étions souvent ensemble, elle fut cause que le cardinal Mazarin me voulut aussi éloigner de la cour. Il jugeoit de mes pensées à son égard par l'amitié que j'avois pour elle, et par l'approbation que je paroissois donner à ses paroles. La Reine, qui me connoissoit dès mon enfance, et qui savoit que j'avois des intentions droites, ne pouvoit douter de ma fidélité. Elle fut assez bonne de répondre de moi à son ministre, et de l'assurer de la netteté de mon procédé, sans en être instruite par moi: tant il est vrai qu'en toutes occasions il faut bien faire, et ne se vanter jamais. C'est ce qui faisoit que j'avois ce bonheur que la Reine n'avoit pas mauvaise opinion de moi; et comme le cardinal Mazarin n'avoit pas fortement déterminé ma perte, il se laissa aisément persuader par elle; et je me sauvai de cette sorte d'un châtiment que je n'avois pas mérité, et d'un péril que je n'aperçus qu'après qu'il fut passé.

On envoya commander à mademoiselle de Beaumont de ne plus voir la Reine; et je fus étonnée quand ce même jour, le soir, j'appris cette nouvelle. On crut que je devois être de la partie, et que je sentirois en cette occasion la conséquence du mot de cabale; mes amis s'en inquiétèrent pour moi, et quand j'entrai dans la chambre de la Reine, quoique je fusse tout-à-fait éloignée de toute crainte, je remarquai quelque changement en leur visage: les indifférens me regardoient de loin, et chacun, parlant à l'oreille de son voisin, me comptoit pour perdue. Un de mes amis eut la hardiesse de s'approcher de moi, et de me faire un compliment. Je lui demandai en riant d'où venoit un discours si sérieux, et je sus de lui la disgrâce de mademoiselle de Beaumont. Par cette nouveauté, je m'aperçus aisément de tout le reste. Je fus fâchée du malheur de mon amie, et je ne sentis, ce me semble, aucun trouble dans mon ame qui pût me faire honte. Comme j'étois assurée de mon innocence, je passai brusquement dans le cabinet où étoit la Reine; et dans cet instant, malgré les charmes de sa présence et l'honneur que j'avois d'en être soufferte, il me passa dans l'esprit que les biens qu'on possède à la cour, et même dans la faveur quand j'en avois eu, ne sont point de véritables biens qui soient dignes de notre estime; que peut-être mon éloignement, malgré moi me jetant dans la solitude, me seroit un plus véritable bonheur; et que ce n'en est pas un de demeurer dans un lieu où il est presque impossible de se sauver des foiblesses qui font autant de peine que de dépit à ceux qui sont assez illuminés pour les connoître. Je ne fus pas long-temps en peine de travailler par ma raison à me fortifier contre ma disgrâce. La Reine, qui eut peur que l'aventure de mademoiselle de Beaumont ne me donnât de l'inquiétude, prit soin de la détruire. Aussitôt qu'elle me vit, elle affecta de me faire bon visage, et de me parler amiablement; et ce soin, dans ce moment, me fit voir la générosité de son ame, tout-à-fait indépendante des sentimens d'autrui. Elle se déshabilloit pour se mettre dans le bain; car il faisoit un grand chaud. Aussitôt qu'elle y fut entrée, je me mis à genoux devant la cuve pour l'entretenir, et lui demandai la cause de la disgrâce de mon amie. Elle me fit l'honneur de me répondre ces mêmes paroles : « Qu'elle l'avoit éloignée parce qu'elle avoit blâmé « sa conduite d'une manière désobligeante; « qu'elle étoit de ces personnes qui crient contre « tout plutôt par un goût dépravé que par aucune « bonne raison qu'ils aient de la faire; qui désap-« prouvent tout ce qu'ils voient, et dont le seul « orgueil fait le discernement des actions dont ils « se mêlent de juger. » Elle ajouta qu'elle s'étonnoit comment moi, qui n'avois pas ces mêmes sentimens ni le même cœur, je pouvois avoir de l'amitié pour elle, et comment j'avois pu jusqu'alors faire société avec une personne si éloignée de mon humeur. Il étoit temps de se taire sur cette matière : je tâchai seulement de radoucir le ressentiment de la Reine. J'excusai mon amie sur l'emportement de son esprit et sur son tempérament impétueux; et, travaillant à la justifier sur ses bonnes intentions, j'assurai la Reine que le fond en étoit bon, et que, dans les choses essentielles, je croyois qu'elle ne manquoit pas de fidélité pour son service, ni de zèle pour ses intérêts. Dans cet instant, cette princesse tira sa main de l'eau; et, me la mettant toute mouillée sur la mienne, me la pressa, et me dit d'un ton à s'en souvenir : « Vous êtes trop bonne, madame « de Motteville; je vous assure qu'elle n'en feroit « pas autant pour vous, et je sais ce que je dis. » Ces paroles s'imprimèrent fortement dans mon ame; et quoiqu'elles ne me fissent pas soupçonner tout-à-fait mon amie, parce qu'il n'étoit pas juste de se laisser aller à ce doute sur une si légère cause, elles firent du moins que je fus plus facilement éclairée sur l'avenir, et que dans la suite des temps je me détrompai entièrement. Les dures épreuves que j'ai faites sur l'amitié fabuleuse des créatures m'ont enfin forcée de croire que rien au monde n'est si rare que la probité, ni qu'un bon cœur capable de gratitude envers ceux qui agissent avec droiture. Le cardinal Mazarin me parla aussi des sujets qu'il croyoit avoir de se plaindre de moi : il me dit que mes amis me faisoient tort, voulant parler de l'exilée et du commandeur de Jars. Il fit entendre que mademoiselle de Beaumont me faisoit pester à sa mode; qu'on avoit dit à la Reine que, quand elle vouloit marquer contre elle quelque raillerie bien piquante, elle disoit toujours : « Madame de Mot-« teville et moi avons trouvé, ou dit ou jugé, telle « et telle chose; » et que, pour se fortifier, elle me mettoit toujours en jeu sur tout ce qu'elle alléguoit. Je compris aisément par quel esprit le cardinal me parloit de cette manière. Je crus bien que la seule tendresse qu'il avoit pour moi ne l'obligeoit pas à me faire cette confidence, et qu'il vouloit seulement nous séparer et nous désunir, en me faisant connoître qu'il ne falloit pas suivre cet exemple si je voulois lui plaire. Mais, dans le vrai, je crois qu'il ne me trompoit point, et que mademoiselle de Beaumont, malgré son libertinage d'esprit, étoit fine et politique, vouloit avoir des complices; et souvent je l'ai surprise dans ses manières de faire, afin sans doute que je ne fusse pas plus agréable à la Reine qu'elle. Je me contentai néanmoins de répondre au ministre comme j'avois fait à la Reine. J'excusai le mieux qu'il me fut possible celle dont il se plaignoit; et, séparant ma conduite de celle des autres, je tâchai de le persuader en ma faveur. Je n'acquis pas ses bonnes grâces par cette voie; car il n'estimoit pas ceux qui faisoient profession d'agir honnêtement, et qui n'aimoient pas à faire des trahisons; mais comme il avoit de la douceur et de la bénignité, et qu'il avoit vu en la Reine de l'inclination à me protéger, il me fut aisé de guérir son esprit de ses dégoûts. Mes paroles eurent assez de force pour le convaincre de me laisser en repos, et non pas assez pour me produire aucun bon effet pour ma fortune. J'avoue que je ne m'y suis pas assez appliquée pour y réussir. J'ai de plus eu toujours des amis qu'il a haïs, peut-être avec justice, dont je n'ai jamais voulu blâmer le procédé : et, par cette fidélité que l'on se doit aux uns et aux autres, j'ai préféré le plaisir de les servir à celui de faire mes affaires. La Reine étoit entièrement affermie à suivre les conseils de ce ministre : il connoissoit que nous ne lui étions point nécessaires, et il ne craignoit point que personne lui pût nuire auprès d'elle. Par cette raison, il est toujours demeuré dans les mêmes termes. Pour moi, il m'a laissée vivre sans me faire ni bien ni mal ; et pour ceux qui lui ont déplu, il a trouvé le moyen de les éloigner, quand ils lui ont donné par leur conduite d'assez justes sujets de leur disgrâce pour en obtenir le consentement de la Reine. Mais on peut dire le vrai qu'il a usé de son pouvoir avec une modération louable : il aimoit l'État, et servoit le Roi avec toute la fidélité que méritoit la confiance que la Reine avoit en lui.

Le lendemain j'allai voir la disgraciée, et je me sentis attendrie en l'embrassant ; et comme en effet j'avois alors de l'amitié pour elle, son déplaisir me toucha et me fit jeter quelques larmes. Elle avoit plus sujet de s'affliger qu'une autre plus riche qu'elle n'en auroit eu, parce qu'elle n'avoit eu nul établissement, et que, perdant les bonnes grâces de la Reine, elle perdoit ses pensions et ses espérances. C'est une chose étrange que l'infidélité ! Quand j'entrai dans sa chambre, il me sembla que tout ce que j'y vis étoient de ces personnes d'honneur, et de ces sortes de gens qu'on ne pourroit jamais soupçonner de lâcheté. Cependant, dès le soir que je fus chez la Reine, le cardinal me tira à part, et me fit des plaintes de la douleur que j'avois témoignée de l'éloignement de mademoiselle de Beaumont. Il me dit que cela n'étoit pas bien d'avoir fait paroître tant de sentiment en cette occasion, parce que je donnois lieu à tout le monde de croire que tacitement je condamnois la Reine, et l'accusois de trop de rigueur.

Il me reprocha aussi l'amitié de Chavigny, que dans la vérité je connoissois peu, mais dont la femme vivoit avec moi civilement, et paroissoit être de mes amies sans l'être beaucoup. Il me dit que je ne devois point prendre des attachemens qui ne pouvoient que m'être tout nuisibles ; que Chavigny étoit un homme difficile et audacieux ; qu'il auroit été heureux s'il avoit voulu se confier en lui et se contenter d'avoir part à sa fortune ; qu'il avoit trois fois plus de bien que lui ; qu'avec cela il n'étoit pas content ; et que, sans considérer que son intention étoit éloignée de toute violence, il souhaitoit toujours quelque chose de lui qui le contraignoit infiniment. En effet, Chavigny souhaitoit qu'il lui fît avoir la charge de secrétaire d'État que la Reine avoit donnée au comte de Brienne, après que, par le mauvais état de ses affaires, il avoit été contraint de se défaire de la sienne. Comme je l'ai dit, la Reine aimoit le mari et la femme. Il étoit difficile au cardinal Mazarin, et même impossible, de leur ôter leur bien sans aucune raison. Le comte de Brienne, de plus, lui étoit soumis ; au lieu que Chavigny avoit voulu exercer cette charge, sans se soumettre à celui qui prétendoit pouvoir être le maître de tous.

Quelque temps après, la cour étant allée à Fontainebleau, le duc de Brezé fut tué devant Orbitello, que le prince Thomas, qui commandoit l'armée du Roi, tenoit assiégée depuis un mois. Le même Chavigny, qui alors étoit en Provence, fut blâmé de n'avoir pas mandé cette nouvelle aussi promptement qu'il auroit pu le faire : il fut soupçonné d'avoir favorisé les intérêts de M. le prince, qui prétendoit que M. le duc d'Enghien son fils, dont le duc de Brezé avoit l'honneur d'être beau-frère, devoit obtenir ses charges et son gouvernement. Le comte d'Alais avoit aussi averti M. le prince par un courrier exprès. Le cardinal trouva mauvais que Chavigny, comme ministre, n'eût pas fait la même chose, parce que cette faute mettoit M. le prince sur les bras de la Reine, avant que d'être préparée à ce qu'elle devoit répondre à ses demandes.

Aussitôt après la mort du duc de Brezé, M. le prince attaqua la duchesse d'Aiguillon, qui prétendoit que madame la duchesse d'Enghien ne pouvoit hériter de son frère pour avoir renoncé à sa succession en se mariant. En même temps il demanda à la Reine l'amirauté vacante, le gouvernement et ses charges. L'amirauté ne lui fut point accordée, parce que le commandement de la mer auroit pu rendre un premier prince du sang trop puissant en France ; et le gouvernement de Brouage demeura entre les mains du favori du duc, nommé le comte de Daugnon, qui s'en empara tout doucement, malgré la volonté de la Reine et du ministre.

Le reste de cette dépouille a été disputée entre ses héritiers. A ce refus, M. le prince partit de la cour, faisant semblant de gronder, et s'en alla chez lui. M. le duc d'Enghien, qui étoit à l'armée où commandoit Monsieur, écrivit à la Reine, et lui témoigna hautement ses prétentions. Il les soutint légitimes, et devoit espérer d'elle cette justice. J'ai vu les lettres qu'il lui en écrivit. Par leur style, il étoit aisé de juger que ce prince ne vouloit pas que le sang de France lui fût inutile, et qu'il avoit une fierté de cœur qui pourroit un jour incommoder le Roi. On disoit de lui que son courage et son génie le portoient aux combats plutôt qu'à la politique. En cette occasion néanmoins il en observa toutes les règles ; et quittant cette audacieuse manière dont il avoit accoutumé de chicaner à Monsieur toutes choses, il commença à s'humilier tout entièrement à lui. Comme ils étoient dans une même armée, il affecta d'avoir pour lui une grande assiduité, et même il rechercha soigneusement de s'acquérir l'abbé de La Rivière. Leur liaison alla si avant, que ce prince ne put éviter d'écrire à la Reine et au cardinal en faveur du duc d'Enghien : ce qui causa aussitôt de grandes inquiétudes au ministre. L'inimitié de ces deux importantes personnes lui plaisoit beaucoup davantage que leur union.

M. le prince étoit grand politique. Il étoit timide, et craignoit de se brouiller à la cour : il aimoit l'Etat ; et l'on disoit alors que ses conseils étoient toujours dans l'ordre de la justice. Il les donnoit avec beaucoup de lumière, et on a souvent dit de lui qu'il auroit été un grand roi. La bassesse qu'il avoit eue sous le règne précédent lui avoit été honteuse, mais alors il étoit estimé sage et prudent. Comme il commençoit à vieillir, et qu'il savoit les maux qu'un prince du sang souffre quand il se révolte contre le Roi, il se laissa aisément persuader qu'il ne falloit point gronder tout-à-fait. Peu de jours après, il manda Le Tellier, secrétaire d'Etat, pour lui faire ses plaintes. Il se fit quelque négociation ; et la conclusion fut de remettre la décision de ses demandes à la fin de la campagne, et que cependant tous seroient bons amis. Ainsi la colère de M. le prince se passa aisément. Il revint à la cour : on le traita bien ; et ses plaintes se calmèrent en apparence, selon la coutume des grands, qui se haïssent presque toujours, et qui font paroître le contraire dans toutes leurs actions de parade.

Madame la princesse qui étoit alors auprès de la Reine, quoiqu'elle fût ambitieuse, et qu'elle eût voulu voir sur la tête du duc d'Enghien toutes les couronnes de l'Europe, ne laissa pas de protester à la Reine qu'elle n'avoit point d'intérêts qui pussent la séparer des siens, et que son amitié pour elle étoit plus forte que le désir de la grandeur de son fils : si bien que la Reine en parut à demi persuadée, et vécut avec elle de la même manière qu'elle avoit accoutumé. Si, sans être dupe, elle eût voulu croire ce que madame la princesse lui voulut dire, je suis assez hardie pour assurer que si elle n'étoit pas touchée d'amitié autant qu'elle le témoignoit à la Reine, elle l'étoit du moins de ses caresses et du plaisir de la faveur. De l'humeur dont étoit madame la princesse, je crois qu'elle auroit été au désespoir de voir sa famille se brouiller à la cour, autant par douleur d'en perdre la douceur que par la considération de ses plus grands intérêts.

La Reine passa tout l'été à Fontainebleau ; et le lieu du monde où les chaleurs sont les plus grandes servit de retraite pour la plus ardente saison de l'année. Les divertissemens de toutes les dames furent entièrement renfermés dans les bornes de la rivière de Seine. Elles demeuroient tous les jours plusieurs heures dans l'eau, ou dans les forêts qu'il falloit passer pour y aller ; et la poudre de l'une étoit effacée par le secours de l'autre.

Le Roi, qui étoit alors encore enfant, se baignoit aussi ; et son gouverneur, le maréchal de Villeroi, qui ne l'abandonnoit point, en faisoit autant. La Reine et toutes celles qui avoient l'honneur de l'accompagner avoient à l'ordinaire de grandes chemises de toile grise qui traînoient jusqu'à terre. Le gouverneur du Roi en avoit de même, et la modestie n'y étoit nullement blessée. Tous les hommes au-dessous de soixante ans étoient à l'armée : il ne restoit auprès de la Reine que ses officiers et un petit nombre de courtisans qui étoient auprès du ministre, attachés à son service ou à sa fortune ; et la cour étoit déserte. Je trouvois néanmoins que nous étions en bonne compagnie ; car, à mon gré, elle n'est jamais plus agréable que quand la foule n'y est pas.

En Flandre, notre armée, quoique grande et belle, ne fit pas de grands exploits. On assiégea Courtray avec trente mille hommes, et le duc de Lorraine avec pareille force se vint camper devant la nôtre. Les deux armées furent long-temps à se regarder sans se faire aucun mal. On offrit la bataille aux ennemis, qu'ils n'acceptèrent point : il se fit seulement quelques petits combats ; mais enfin ils n'osèrent attaquer nos lignes, et on leur prit cette place en leur présence et à leur honte. Après cette conquête, l'armée alla droit attaquer Mardick que le duc d'Orléans avoit prise l'année précédente, et qui dans celle-ci avoit été reprise des ennemis par surprise en trois heures de temps. Clanleu, que le duc d'Orléans y avoit fait mettre pour y commander, se trouvant absent quand les ennemis l'étoient venus attaquer, fut blâmé de cette perte. Quoiqu'il fût connu pour vaillant, c'étoit assez, pour être coupable, que d'être imprudent ou peu soigneux. Il le fut encore doublement en ce que ce siége, que Monsieur entreprit pour réparer sa faute, coûta beaucoup de sang à la France, de la peine et beaucoup d'argent. Le général fut blâmé de l'avoir entrepris : il n'avoit point d'armée navale ; et les ennemis ayant une sortie libre du côté de Dunkerque, ils entroient à leur gré dans sa place : si bien que cette petite bicoque se défendit. Le duc d'Orléans s'excusa sur les Hollandais, qui faisoient encore quelque mine d'être pour nous : ils lui avoient donné parole de se rendre devant la place à certain temps, avec un nombre de vaisseaux capable d'empêcher la communication aux ennemis. Comme ils avoient enfin dessein de nous quitter, ils manquèrent à leur promesse pour le temps, et le prince manqua son projet : ce qui fut cause aussi que ceux qui étoient dans Mardick se défendirent aisément contre les attaques, et qu'ils le firent désavantageusement pour nous.

Les ennemis firent une sortie du côté du duc d'Enghien; et ce prince, courant à la défense des siens, y fut blessé au visage d'un pot que les ennemis jetèrent de la place, qui pensa lui crever ou blesser la vue. On y tua le comte de Flex, gendre de la marquise de Seneçay, dame d'honneur de la Reine, honnête homme, et qui, avec beaucoup de qualités, avoit du mérite. Le jeune comte de La Roche-Guyon eut le même malheur : il étoit fils du duc de Liancourt, seul héritier de ses grands biens et de son oncle maternel, le maréchal de Schomberg. Il avoit épousé l'héritière de la maison de Lannoi, qui demeura grosse d'une fille dont elle accoucha quelque temps après la mort de son mari. Ce jeune seigneur fut infiniment regretté, tant par la considération de ses père et mère, qui étoient estimés de tous les honnêtes gens, que par l'agrément de sa personne; et chacun eut pitié de sa destinée. Le duc de Nemours y fut blessé à la cuisse. C'étoit un prince aimable et digne d'estime. Sa blessure causa de l'inquiétude à ses amis; et les dames, à ce que les nouvelles secrètes en pouvoient apprendre, firent des vœux pour sa guérison. Le chevalier de Fiesque y fut tué, qui, à ce que ses amis disoient, avoit de l'esprit et de la vertu : il fut regretté d'une fille de grande naissance (1), qui l'honoroit d'une tendre et honnête amitié. Je n'en sais rien de particulier; mais, selon l'opinion générale, elle étoit fondée sur la piété et la vertu, et par conséquent fort extraordinaire. Cette sage personne, peu de temps après cette mort, voulant mépriser entièrement les grandeurs du monde, les quitta toutes, comme indignes d'occuper quelque place dans son ame : elle se donna à Dieu, et s'enferma dans le grand couvent des Carmélites, où elle sert d'exemple par la vie qu'elle mène. Le marquis de Thémines, seul héritier de sa maison, suivit aussi le malheureux sort des autres : il étoit fils de la maréchale d'Estrées, qui l'avoit eu de son premier mari. Il promettoit beaucoup, et ce fut une grande perte pour sa famille. Le jour que le courrier arriva, qui apporta tant de tristes nouvelles,

(1) Mademoiselle d'Épernon.

toutes les chambres de Fontainebleau retentissoient de cris. Ces illustres morts et blessés étoient des personnes de la cour et des plus qualifiés : leurs parens les pleurèrent aux yeux de la Reine. Elle alla voir madame de Seneçay pour la consoler de la perte de son gendre, qui laissoit une jeune veuve d'une vertu extraordinaire, et des enfans petits qui perdoient infiniment en sa personne. Elle tâcha d'adoucir l'amertume des autres par la compassion qu'elle eut de leur douleur, et par les sentimens qu'elle en témoigna. Madame la princesse fut quelques jours dans de grandes inquiétudes : sa crainte lui faisoit croire qu'on lui cachoit le danger de la blessure de monsieur son fils. Ceux qu'elle ne croyoit pas être dans ses intérêts, comme elle étoit aigre et fière, elle répondoit à leurs complimens qu'ils étoient tristes de ce qu'il n'étoit pas assez blessé.

La Reine alors se seroit peut-être consolée; car on le redoutoit sur l'affaire de Brouage, et sur sa prétention de l'amirauté qu'elle ne vouloit point lui donner. Cette princesse étant un soir couchée sur un petit lit dans son cabinet, me parlant de lui avec l'estime qu'il méritoit qu'elle eût pour lui, après avoir souhaité sa guérison, me dit une chose qui procédoit de la confiance qu'elle avoit toujours eue en Dieu. « Je crois que « Dieu, en la providence duquel je me remets en- « tièrement, puisqu'il l'a sauvé, sait bien qu'il « ne me doit point faire de mal; et que s'il m'en « fait, ce sera en suivant ses ordres, et sera « pour mon bien et pour mon salut. » Sa prophétie a été accomplie : ce prince, après avoir fait de grands services au Roi et à elle, lui a fait du mal. Elle a été contrainte de lui en faire aussi; mais je ne doute pas qu'elle n'en ait profité par le bon usage que je lui ai vu faire de toutes les peines qui lui sont arrivées depuis sur ce sujet.

Pour revenir à Mardick, dont la résistance étoit fâcheuse; après une longue attente, les Hollandais arrivèrent, et avec eux finit le siége en cette place, qui se rendit au duc d'Orléans aux conditions accoutumées en cette occasion. Madame la princesse rendit à Mademoiselle ce qu'elle lui avoit prêté à la bataille de Nordlingue. Cette princesse, qui n'aimoit pas alors les triomphes du duc d'Enghien, dit, en allant au *Te Deum* qui se chanta pour cette victoire, qu'il eût mieux valu faire dire un *De profundis* pour les morts. Et madame la princesse, sur Mardick, lui dit de même des choses piquantes, et si bien renfermées dans la raillerie, qu'il étoit impossible de s'en fâcher. Mademoiselle souffroit de l'ancienne liaison de la Reine et de madame la princesse. Elle avoit paru supporter quelques gens qui étoient mal à la cour : si bien qu'elle étoit traitée de brouillonne; et quoiqu'elle eût de la beauté, de cette beauté éclatante qui attire les louanges, et que son esprit en méritât aussi, sa rivale trouvoit toujours, dans sa vivacité trop extrême et son inquiétude naturelle, un grand sujet de la blâmer, et de faire souvent souhaiter son absence à la Reine. Mais comme en ce temps-là le duc d'Enghien avoit besoin du duc d'Orléans, malgré ces petits dégoûts et cet éloignement de cour, madame la princesse ne laissoit pas quelquefois de lui rendre de grands respects, et savoit si bien tourner ce qu'elle lui disoit, que ses railleries passoient souvent pour des avis d'amitié, dont il falloit que Mademoiselle lui fît des remercîmens. Sa jeunesse alors lui donnoit de la timidité, et la soumettoit toujours à madame la princesse, qui tiroit ces avantages de ses années.

Au sortir de Mardick, l'armée du Roi fut poursuivie par celle des ennemis, et les princes se résolurent de donner bataille; mais elle ne se donna point : et peu de temps après le duc d'Orléans fut prié par la Reine de revenir auprès d'elle, et de laisser achever la campagne au duc d'Enghien. Elle envoya ses ordres au nouveau général, voulant lui témoigner par cette confiance qu'on espéroit de lui les mêmes marques d'affection et de fidélité que par le passé, et que l'estime que la Reine faisoit de lui la rendoit incapable de craindre en lui aucun ressentiment qui pût être désavantageux à l'Etat.

Il témoigna à Comminges, lieutenant des gardes de la Reine, qui fut de sa part lui porter le commandement général de l'armée, une satisfaction non pareille de ce bon traitement, avec un désir passionné de bien servir le Roi, et de faire encore quelque action éclatante qui pût faire voir à la Reine qu'il étoit digne de tout ce qu'il lui demandoit. Il avoit déjà conçu un dessein de grande importance pour le service du Roi; mais il ne le fit qu'après que le duc d'Orléans fut parti de l'armée, afin d'en pouvoir recevoir toute la gloire, comme il en vouloit toute la peine.

La reine d'Angleterre vint voir la Reine à Fontainebleau, et lui amena le prince de Galles son fils, qui s'étoit sauvé d'Angleterre, pendant que le Roi son père avoit pris le parti de s'en aller en Ecosse. Il n'y tarda guère : peu de temps après, ces peuples infidèles le vendirent aux parlementaires, qui continuoient de lui faire la guerre. Cette princesse affligée reçut beaucoup de consolation de revoir son fils; et comme la joie ne se goûte pas entièrement, si elle ne se partage avec ses amis, elle voulut aussitôt le faire voir à la Reine. Elle demanda qu'il passât devant le Roi, en conséquence que le Roi son père, étant prince de Galles, passa devant le roi d'Espagne quand il alla voir l'Infante sœur de la Reine; mais la Reine lui répondit qu'il avoit eu cet avantage comme roi d'Ecosse, dont il avoit pris le nom en ce voyage; et cette proposition demeura sans effet.

Le Roi et la Reine allèrent recevoir la mère et le fils, et n'oublièrent rien pour rendre l'honneur dû à la naissance de l'un et de l'autre, et à l'étroite liaison du sang et de la parenté. Après les premiers complimens, ils se mirent tous dans le carrosse de la Reine; et quand ils descendirent, ils allèrent droit à l'appartement destiné pour la reine d'Angleterre. Le Roi donna la main à la Reine sa tante, et le prince de Galles mena la Reine. Le lendemain il la vint visiter : elle lui donna un fauteuil, selon ce qui avoit été concerté entre les deux Reines. Cette cérémonie faite, la reine d'Angleterre arriva; et comme il n'y avoit devant elle qu'un siège pliant, il se leva aussitôt, et se tint debout au cercle comme les autres. Le Roi vint chez la Reine peu après, qui le prit pour le mener promener, et passa devant lui; mais le matin qu'il avoit été le voir dans sa chambre, il lui avoit donné un fauteuil auprès du sien, l'avoit fait couvrir, et l'avoit fait conduire jusque dehors sa chambre. Depuis cette première cérémonie, en toutes les occasions où se sont trouvés ces deux princes, le Roi se mettoit toujours sur des petits sièges, et le prince de Galles de même manière. Au cercle, le Roi et lui se tenoient d'ordinaire debout, et nous l'avons vu roi d'Angleterre, sans que cela ait presque branlé, excepté une fois que le Roi le fit passer devant lui. Ce prince étoit bien fait : son teint brun s'accommodoit avec ses beaux yeux noirs; sa bouche parut grande et laide; mais il étoit de belle taille. La reine d'Angleterre eut quelque joie de revoir auprès d'elle la petite princesse dont j'ai déjà dit qu'elle étoit nouvellement accouchée quand elle vint en France. Sa gouvernante, par son adresse, l'avoit sauvée des mains des parlementaires. Elle la redonna à la Reine sa mère, âgée d'environ deux ans. Cette princesse en reçut beaucoup de consolation; et comme le Roi son mari n'avoit point été encore livré à ses ennemis, et que l'espérance n'abandonne jamais entièrement les malheureux, il y eut alors quelque trève dans ses souffrances.

Le duc d'Orléans, selon la prière que la Reine lui en avoit faite, revint à Fontainebleau le 1er septembre 1646, où elle l'attendoit pour finir ensemble leur campagne dans cette agréable demeure, avec les divertissemens qui s'y rencontrent toujours. Elle voulut laisser faire au duc d'Enghien la sienne à coups de canon et d'épée, qui sont les accompagnemens d'un guerrier dont le plaisir se trouve aux combats et à la conquête des villes. Le Roi et la Reine, pour régaler Monsieur, voulurent aller au devant de lui; mais comme Leurs Majestés ne le rencontrèrent pas assez proche, leur dessein se changea en celui de la promenade. Le ministre le continua jusqu'à sa rencontre, et revint avec lui peu d'heures après. Il remplit la cour des ducs de Guise, d'Elbœuf, de Candale et d'une belle troupe de gens de qualité, qui n'étoient pas fâchés de venir se délasser des fatigues du siége de Mardick dans un lieu le plus beau du monde.

Aussitôt que le duc d'Enghien se vit en état d'agir par lui-même, il alla assiéger Furnes le 9 septembre 1646, une petite ville auprès de Dunkerque qu'il prit en peu de jours. Ce dessein, qui en regardoit un plus grand, fut agréable au ministre. Il avoit été d'avis d'aller attaquer cette place, quand on alla à Mardick; et le duc d'Orléans n'y avoit pas voulu consentir, par la difficulté de l'entreprise. L'amitié qui avoit paru pendant la campagne entre ces deux grands princes ne fut pas assez forte pour empêcher que leurs cœurs ne fussent troublés par la jalousie et l'amour-propre. Le duc d'Orléans ne vit point sans dépit le projet que le duc d'Enghien avoit fait d'aller prendre Dunkerque, dont il lui avoit fait un secret; et le duc d'Enghien ne se vit point le maître de ce grand dessein, sans ressentir beaucoup de joie. J'ai ouï dire à Comminges, qui demeura quelque temps auprès de lui, qu'il ne l'avoit pas trouvé si blessé quand il fut seul, que lorsqu'il avoit eu un supérieur; et qu'il l'avoit soupçonné d'avoir feint sa blessure plus grande, afin de laisser partir Monsieur dans cette créance qu'il n'étoit point en état de rien entreprendre.

La Reine reçut alors, le 13 septembre 1646, un ambassadeur extraordinaire de la reine de Suède, qui ne venoit apparemment que pour travailler à l'union des deux couronnes. Celui que cette reine envoya s'appeloit le comte de La Gardie. Il étoit fils du connétable de Suède : son aïeul étoit Français, à ce qui se disoit, d'assez médiocre naissance. Il étoit bien fait; il avoit la mine haute, et ressembloit à un favori. Il parloit de sa reine en des termes passionnés et si respectueux, qu'il étoit facile de le soupçonner de quelque tendresse plus grande que celle qu'il lui devoit par la qualité de sujet. Il étoit accordé à une cousine germaine de cette reine, qu'elle-même lui faisoit épouser. Quelques-uns ont voulu dire que si elle eût voulu suivre son inclination, qu'elle l'auroit pris pour elle; mais qu'elle s'étoit vaincue par la force de sa raison et par la grandeur de son ame, qui n'avoit pu souffrir ce rabaissement. D'autres disoient qu'elle étoit née libertine, et qu'étant capable de se mettre au-dessus de la coutume, elle ne l'aimoit pas, ou elle ne l'aimoit plus, puisqu'elle le donnoit à une autre. Quoi qu'il en soit, cet homme parut assez digne de la fortune, mais plus propre à plaire qu'à gouverner. De la manière dont il parloit de la Reine sa maîtresse, elle n'avoit pas besoin de ministre; car elle-même, quoique très-jeune, ordonnoit de toutes ses affaires. Outre les heures qu'elle donnoit à ses études, elle en employoit beaucoup, à ce qu'il disoit, au soin de son Etat. Elle agissoit de sa tête, et il assuroit que son moindre soin étoit l'ornement de sa personne. De la façon qu'il nous la dépeignit, elle n'avoit ni le visage, ni la beauté, ni les inclinations d'une dame. Au lieu de faire mourir d'amour les hommes, elle les faisoit mourir de honte et de dépit, et fut depuis cause que ce grand philosophe Descartes perdit la vie de cette sorte, parce qu'elle n'avoit pas approuvé sa philosophie. Elle écrivit à la Reine, à Monsieur, oncle du Roi, au duc d'Enghien, et au ministre, des lettres que j'ai vues, et qui furent admirées par la galanterie des pensées, par la beauté du style, et par la facilité qu'elle témoignoit avoir à s'exprimer en notre langue qui lui étoit familière, avec beaucoup d'autres. On lui attribuoit alors toutes les vertus héroïques : on la mettoit au rang des plus illustres femmes de l'antiquité; toutes les plumes étoient employées à la louer, et on disoit que les hautes sciences étoient pour elle ce que l'aiguille et la quenouille sont pour notre sexe. La renommée est une grande causeuse : elle aime souvent à passer les limites de la vérité; mais cette vérité a bien de la force : elle ne laisse pas long-temps le monde crédule abandonné à la tromperie. Quelque temps après on connut que les vertus de cette reine gothique étoient médiocres : elle n'avoit alors guère de respect pour les chrétiennes; et si elle pratiquoit les morales, c'étoit plutôt par fantaisie que par sentiment. Mais elle étoit savante à l'égal des hommes les plus savans; et jusque-là elle avoit conservé une haute réputation dans sa cour, parmi ses peuples, et dans toute l'Europe.

Pour régaler son ambassadeur, on lui donna le bal et la comédie, de grands repas, et tous les divertissemens ordinaires. Il orna la promenade du canal de Fontainebleau d'un carrosse en broderie d'or et d'argent, qu'il avoit fait faire pour sa Reine. Il le fit traîner par six chevaux richement harnachés, suivi d'une douzaine des pages de cette princesse habillés de ses livrées, qui étaient jaune et noir, avec des passemens d'argent. Le comte de La Gardie le suivoit dans le sien, avec une grande quantité de livrées orangé et argent. Cette cour en figure, avec la nôtre effective et belle, rendoit la promenade tout-à-fait agréable.

Quelques jours après, le duc d'Enghien, poussé de cette belle action qui l'animoit toujours au désir de la gloire, alla assiéger Dunkerque. Cette entreprise parut hardie; mais le bonheur voulut que cette place se trouvât épuisée d'hommes et des munitions de guerre, à cause du secours qu'elle avoit envoyé à Mardick : et il n'y avoit plus d'armée ennemie assez forte pour craindre quelque obstacle. Ainsi, par une favorable rencontre de plusieurs choses, ce beau dessein se rendit plus facile que vraisemblablement on ne le pouvoit espérer; et la prudence du duc d'Enghien fût aussi grande à les bien remarquer pour en tirer ses avantages, que sa valeur à le bien exécuter. J'ai ouï dire que la fatigue qu'il se donnoit dans les présentes occasions étoit étonnante. Comme il avoit mis dans les premiers emplois de la guerre ses jeunes favoris, gens de condition, mais qui étoient sans expérience, il vouloit réparer leurs fautes par ses peines et ses actions, et ne vouloit point qu'on s'aperçût de leur manquement, de peur d'être accusé de trop favoriser ses amis, et de manquer de discernement dans le choix qu'il en faisoit. Ce qui paraissoit une bonne volonté envers eux procédoit aussi de sa sagesse, de sa capacité, de son ambition : car pour la bonté, c'est une qualité que les grands ne connoissent guère et ne pratiquent pas souvent.

La Reine reçut alors [le 3 octobre 1646] la princesse Palestrine, qui venoit alors d'Italie, dona Anna Colonna, belle-sœur des cardinaux Barberins, et femme de leur frère, qui étoit préfet de Rome. Elle étoit fugitive et persécutée du Pape qui régnoit alors, qu'ils avoient élevé au pontificat après la mort d'Urbain VIII, leur oncle; et quoiqu'ils l'eussent fait élire malgré la France et le ministre, ils ne reçurent point dans leur disgrâce de consolation plus grande que celle qu'ils rencontrèrent dans la Reine, et la reconnoissance qu'eut pour eux le cardinal Mazarin. Il avoit été autrefois leur créature, et il les avoit châtiés de leur infidélité à l'égard du Roi; mais après leur avoir fait sentir la faute qu'ils avoient faite de manquer à ce qu'ils devoient à la France, il leur fit connoître combien il leur eût été avantageux de l'avoir pour ami. Il en usa de cette manière, non-seulement pour sa gloire particulière, mais encore pour faire dépit au Pape, qui ne l'aimoit point. Cette assistance leur fut si favorable que dona Anna Colonna, arrivant à la cour, reçut nouvelle que le Pape, malgré la haine qu'il avoit contre la maison de son mari, avoit été contraint de s'accommoder avec eux. Il y fut forcé par une belle armée navale qu'on avoit envoyée en Italie sous la conduite du maréchal de La Meilleraye, grand-maître de l'artillerie, qui par conséquent fut bien muni de toutes les provisions nécessaires qui avoient manqué au prince Thomas. Cette armée arriva quarante jours après le siège levé d'Orbitello : ce qui parut un prodige à la cour de Rome, qui croyoit être délivrée des Français, et qu'ils n'étoient plus à craindre, après le désordre arrivé devant cette place. La princesse Palestrine étoit avancée en âge : elle avoit eu de la beauté, mais elle étoit passée; et ce qui ne se perd point lui étoit resté, car elle avoit beaucoup d'esprit. Avant qu'elle arrivât, la Reine m'avoit commandé de la voir la première, et d'en prendre quelque soin, à cause que je parlois italien, et qu'elle avoit pitié de la voir arriver dans une cour dont elle n'entendoit point la langue. Quand elle arriva, j'étois malade; mais ma sœur, qui parloit italien comme moi, suppléa à mon défaut, et lui donna les premières instructions de la manière dont elle devoit agir pour ne rien faire de mal à propos. Cette dame s'accoutuma aisément à la France. Elle trouva beaucoup de gens qui l'entendoient, et qui, pour faire plaisir au ministre, s'amusoient à l'écouter, sans se soucier de lui répondre. En son particulier, elle étoit contente, pourvu qu'on lui donnât audience; car elle n'aimoit pas à se taire. Elle avoit toujours eu la réputation d'être honnête femme et hautaine : le nom de Colonne lui sembloit le plus illustre qui se pût porter.

La Reine, voyant la belle saison passée, se résolut de quitter Fontainebleau pour revenir à Paris [le 9 octobre] passer l'hiver, aussi contente que le méritoit la prospérité de ses affaires. Le cardinal alla coucher à Petitbourg, maison de l'abbé de La Rivière. Le ministre lui fit beaucoup de plaintes sur la liaison qui avoit paru pendant la campagne entre son maître et le duc d'Enghien. Le favori du duc d'Orléans se justifia du mieux qu'il lui fut possible, et leur confiance fut rétablie entièrement.

Quelque temps après le retour de Fontainebleau, les nouvelles arrivèrent de la prise de Dunkerque : ce qui donna de la gloire au duc d'Enghien, et beaucoup de joie au ministre, qui voyoit que tout contribuoit à sa grandeur. Il croyoit, avec beaucoup de raison, que les prospérités de l'État étoient plutôt les fondemens de son bonheur que les augmentations de la couronne. Laval, gendre du chancelier, et fils de la marquise de Sablé, bien fait et honnête homme à la mode du monde, mourut dans ce siége. Il fut regretté de toute la cour, et particulièrement du duc d'Enghien qui l'aimoit. Le maréchal de La Meilleraye prit en même temps Porto-Longone en Italie ; et cette victoire, quoique de peu de fruit pour la France, fut un succès agréable pour celui qui se plaisoit de triompher et de se faire craindre dans son pays.

En ce temps finit cet illustre Bassompierre (1), tant vanté dans le siècle passé pour sa galanterie. Il étoit allé à Pons pour voir d'Emeri, qui étoit voisin de Bouthillier, père de Chavigny, à qui appartenoit cette belle maison de Pons. Il y tomba malade d'une fièvre continue, dont il guérit au bout de quelques jours ; et comme il revenoit à la cour, à la première hôtellerie où il coucha, sans montrer aucun signe de se sentir plus mal, ses domestiques, le lendemain, le trouvèrent mort dans son lit. Ce seigneur, qui avoit été chéri du roi Henri IV, si favorisé de la reine Marie de Médicis, si admiré et si loué dans tous les temps de sa jeunesse, ne fut point regretté dans le nôtre. Il conservoit encore quelques restes de sa beauté passée : il étoit civil, obligeant et libéral ; mais les jeunes gens ne le pouvoient plus souffrir. Ils disoient de lui qu'il n'étoit plus à la mode, qu'il faisoit trop souvent de petits contes, qu'il parloit toujours de lui et de son temps ; et j'en ai vu d'assez injustes pour le traduire en ridicule sur ce qu'il aimoit à leur faire bonne chère, quand même il n'avoit pas de quoi dîner pour lui. Outre les défauts qu'ils lui trouvoient, dont je demeure d'accord de quelques-uns, ils l'accusoient comme d'un grand crime de ce qu'il aimoit à plaire, de ce qu'il étoit magnifique, et de ce qu'étant d'une cour où la civilité et le respect étoient en règne pour les dames, il continuoit à vivre dans les mêmes maximes, dans une où tout au contraire les hommes tenoient quasi pour honte de leur rendre quelque civilité, et où l'ambition déréglée et l'avarice sont les plus belles vertus des plus grands seigneurs et des plus honnêtes gens du siècle. Cette sévérité du règne du feu Roi et l'humeur du cardinal Mazarin avoient beaucoup contribué à cette rudesse ; car, outre son avarice, il méprisoit les plus honnêtes femmes, les belles-lettres et tout ce qui peut contribuer à la politesse des hommes. La stérilité des grâces, le désir d'en recevoir, et l'impossibilité d'y arriver par le mérite ont rendu les courtisans incapables d'y prétendre par les belles voies ; et comme leur ambition en étoit plus forte et plus déréglée, parce qu'elle triomphoit entièrement de leur cœur, elle étoit cause qu'ils ne pouvoient souffrir un homme qui avoit conservé les anciennes coutumes : en quoi certainement ils avoient tort à mon gré. Les restes du maréchal de Bassompierre valoient mieux que la jeunesse de quelques-uns des plus polis de ce temps-là.

La Reine reçut alors [le 4 ou 5 novembre 1646] la nouvelle de la mort du prince d'Espagne son neveu, qui, à ce que j'ai ouï dire depuis à madame de Chevreuse qui l'avoit vu, étoit un prince aimable, déjà grand, en âge de régner, et fils unique d'un grand roi accablé depuis quelques années de pertes et de malheurs. La grandeur de la France consiste toujours dans l'abaissement de l'Espagne ; mais la Reine, comme sœur, prit part aux intérêts du Roi son frère, et sa douleur fut plus effective qu'apparente. Il est vrai néanmoins que sa peine fut moins sensible qu'elle ne l'auroit été, si elle n'eût pas été passionnée pour les intérêts du Roi son fils. Cette tendresse étoit en elle de beaucoup supérieure à toutes les autres. J'ai vu des lettres du roi d'Espagne écrites à la Reine, qui étoient pleines d'esprit et de bon sens. La réponse de ce prince, sur le compliment touchant sa perte, fut digne d'un grand roi. Après les remercîmens ordinaires, il lui représentoit en des termes pleins d'amitié la douleur qu'il sentoit de n'avoir point de ses nouvelles, et de n'en pouvoir apprendre que par les marchands. *Porque bien podemos, dandonos battallas como reyes, corresponder como germanos.* (Car nous pouvons bien, en nous donnant des batailles comme rois, nous aimer comme frères.) Ce prince étoit malheureux : il avoit perdu en une année la Reine sa femme, l'Impératrice sa sœur qu'il aimoit chèrement, et son fils unique qu'il alloit marier à sa nièce, fille de l'Impératrice, que cette mort lui fit prendre pour lui quelque temps après. Le soir même de ce jour que la Reine avoit reçu cette lettre, après nous avoir dit que le Roi son frère lui faisoit pitié, elle ne laissa pas que de s'entretenir avec quelque douceur du droit qu'elle avoit sur cette couronne, si sa nièce l'infante, qui restoit alors seule au Roi son frère, venoit à mourir. Cette princesse, si indifférente à sa grandeur propre, si éloignée de l'amour de commander, nous parut intéressée dans cet instant, et plus ambitieuse pour ses enfans qu'elle n'étoit capable de l'être pour elle-même. Il nous sembla qu'elle n'auroit point été au désespoir de voir son second fils Monsieur un roi d'Espagne fait par elle.

Je vis encore quelque temps après une autre lettre du roi d'Espagne, où il offroit de faire la paix, en l'assurant de la recevoir agréablement de sa main : et il la prioit d'ordonner elle-même de ses intérêts. Il ajoutoit ensuite à cette propo-

---

(1) Auteur des Mémoires qui font partie de cette collection.

sition si obligeante : *Porque no creo que Vuestra Majestad se pued' olvidar de las paredes en que nació.* (Car je ne crois pas que Votre Majesté puisse oublier les murailles dans lesquelles elle est née.) La Reine goûtoit la douceur des termes de ces lettres, et il est aisé de voir dans ses sentimens particuliers l'amitié qu'elle avoit pour ses proches; et néanmoins comme frère avec qui elle avoit eu autrefois un commerce si cordial, et qu'elle aimoit encore si véritablement, elle paroissoit alors, à l'égard du public, tellement effacée de son cœur par la qualité de régente, qu'elle ne lui écrivoit presque plus que sur les modèles que lui en faisoit son ministre, de peur, à ce qu'elle disoit en parlant des affaires d'Etat, que son affection ne la fît manquer au Roi son fils.

Dans ce deuil du prince d'Espagne, qui ne donna guère de tristesse à la cour, on vit arriver le duc d'Enghien de l'armée, qui, tout victorieux, demandoit, avec une humilité apparente et une véritable hardiesse, quelque récompense de l'amirauté. La Reine l'avoit déjà prise en son nom pour la garder au Roi; et le cardinal Mazarin, sans qu'il parût l'avoir en effet, la posséda de cette sorte quelques années. Ce prince fit beaucoup de propositions qu'on ne reçut point, comme celle de lui donner une armée pour conquérir la Franche-Comté, qu'il auroit après érigée en souveraineté. Cette proposition fut éludée par le souvenir des maux que les ducs de Bourgogne, princes du sang et souverains, avoient autrefois faits au royaume; et on lui en fit d'autres qu'il refusa aussi. Monsieur, oncle du Roi, par ses bonnes intentions et sa douceur, témoigna beaucoup d'affections à maintenir la paix dans la cour; et, pendant ces traités secrets, les choses ne laissoient pas de paroître en bon état. Le cardinal, ayant le pouvoir de contenter l'abbé de La Rivière, qui vouloit être cardinal, étoit toujours bien servi de lui avec cette sûreté. Le duc d'Enghien n'étoit pas assez fort, quand même il auroit eu de plus mauvaises intentions qu'il n'en avoit, pour former lui seul un parti, et pour en espérer un bon succès. Beaucoup de personnes étoient disposées à brouiller; mais la Reine étoit encore trop bien appuyée : ses victoires affermissoient sa puissance. Le duc d'Orléans étoit content, et le ministre n'étoit pas encore assez haï : ainsi elle n'avoit rien à craindre.

On ne peut pas avoir toujours du bonheur, et la vicissitude naturelle veut que le bien et le mal se succèdent l'un à l'autre. Il arriva dans cette saison toute victorieuse que le marquis de Leganez, suivant heureusement pour lui les ordres du roi d'Espagne son maître, vint attaquer à minuit les retranchemens de l'armée du Roi à Lerida. Le comte d'Harcourt (1) tenoit cette place assiégée, et on espéroit qu'elle seroit cause que bientôt on chanteroit un *Te Deum* à Notre-Dame. Mais ce général espagnol lui défit deux régimens, tua beaucoup d'officiers, prit le canon, et fit lever le siége à ce prince lorrain, qui de sa personne y fit des merveilles. Il eut trois chevaux tués sous lui; mais il fut malheureux en ce qu'il avoit entrepris ce siége sans l'ordre du ministre, et l'avoit continué de même. Ce prince, qui avoit autrefois fait de belles actions, fut blâmé de tout le monde, et les plus modérés croyoient lui faire une grande grâce de dire de lui qu'il étoit vaillant, mais qu'il ne savoit pas commander : tant il est aisé de perdre ce peu de fumée qui coûte si cher.

Le duc de Guise, dont le cœur alloit voltigeant de passion en passion, aimoit alors mademoiselle de Pons, fille de la Reine, belle, de bonne maison, et fort coquette : il lui avoit promis de l'épouser, quoiqu'en effet, comme je l'ai dit, il fût marié à la comtesse de Bossu en Flandre. Pour lui tenir sa promesse, il se résolut d'aller à Rome pour faire rompre son mariage avec cette dame : il partit dans ce dessein, mais il n'y réussit pas. Le Pape lui refusa sa demande, et le contraignit de se tenir attaché à ce lien si fâcheux à tant de gens, parce qu'il est indissoluble. Ce voyage, entrepris pour de si pauvres motifs, eut, à l'égard de mademoiselle de Pons, le succès que sa vanité méritoit; mais il eut des suites considérables, où des grands rois furent obligés de prendre part.

Pendant qu'on travailloit à contenter le duc d'Enghien, qui désiroit beaucoup et à qui on vouloit donner peu de chose, M. le prince son père tomba malade, et mourut en trois jours. Ses charges et ses gouvernemens, étant très-considérables, servirent à payer au fils les dettes qu'il croyoit lui être dues. Il fut fâché sans doute d'avoir si peu pressé la conclusion de son accommodement; car il eût eu assez de courage pour prendre l'un et l'autre; mais n'étant point fait, il n'en avoit pas assez pour demander deux dépouilles qui l'eussent rendu le maître de la France. Les offres qu'on lui avoit faites pour celle du duc de Brezé son beau-frère n'étoient pas de petite conséquence : il avoit pu avoir dès lors Stenay, Jametz et Clermont; mais il les avoit refusés, prétendant davantage. Dans la suite des temps il les a eus, parce que le ministre n'eut pas la force de les lui refuser, quand, par les brouilleries qui arrivèrent depuis, sa puissance diminua, et que celle des princes devint trop grande.

(1) Henri de Lorraine.

Ce prince du sang, premier en rang et rempli de mérite, mourut le lendemain de Noël 1646, environ à minuit : il finit sa vie chrétiennement et en bon catholique. Heureux si ses dernières années et ses dernières heures ont pu effacer devant le Seigneur les passions de sa jeunesse ! Quoique ses aïeux eussent été huguenots, il fut toujours l'ennemi capital de ceux de la religion, et demeura ferme dans la véritable. Henri IV l'avoit fait déclarer présomptif héritier de la couronne : alors il étoit si pauvre que son bien ne fut estimé que dix mille livres de rente. A sa mort, on a dit qu'il laissa un million de revenu dans sa maison, avec la charge de grand-maître de la maison du Roi et ses gouvernemens. Ses défauts égaloient ses vertus ; les uns et les autres étoient considérables. Outre la mauvaise réputation qu'il avoit eue dans sa jeunesse, il étoit avare et malheureux à la guerre. C'est le terme le plus doux dont on puisse se servir pour parler d'un prince qui ne passoit pas pour vaillant. Ceux qui l'avoient vu jeune disoient qu'il avoit été beau ; mais, sur ses dernières années, il étoit sale et vilain, et avoit peu de marques de cette beauté. Ses yeux, qui étoient fort gros, étoient rouges. Sa barbe étoient négligée, et d'ordinaire ses cheveux étoient fort gras. Il les passoit toujours derrière ses oreilles, si bien qu'il n'étoit nullement agréable à voir. Mais, outre ce que j'en ai dit, il faut y ajouter qu'il vouloit que les lois de l'État fussent observées, et que dans tous les conseils il protégeoit toujours la justice. Il étoit le fléau des partisans, et il avoit témoigné en beaucoup d'occasions qu'il n'avoit point de plus forte passion que celle de l'équité et de la droite raison. Ce même esprit lui faisoit avoir de l'ordre dans sa maison : il avoit soin lui-même d'envoyer ses domestiques à la messe les dimanches et les fêtes ; et le jour de Pâques il avoit accoutumé, pour obliger ses gens à faire leur devoir en ce saint jour, de leur faire distribuer à chacun un quart d'écu. J'ai ouï dire, mais je ne le sais pas au vrai, qu'il alloit quelquefois dans les places publiques pour demander lui-même le prix des denrées, et vouloit savoir le détail de toutes choses, afin de prendre soin de la police, et de se familiariser avec les peuples, non sans dessein peut-être de leur plaire, et de les voir affectionnés à sa personne. Il se préparoit à combattre le ministre : il n'approuvoit pas sa conduite. Il est à croire qu'il attendoit que les révoltes qui pouvoient arriver sous une longue régence lui donnassent lieu de l'attaquer. La Reine ne vouloit pas souffrir que dans ses conseils il formât toujours quelque petite contrariété sur les matières qui s'y traitoient, et où il étoit presque toujours un obstacle aux desseins du ministre : ce qui souvent procédoit de la rectitude et du zèle qui l'animoit pour le bien de l'État. En mourant, il en demanda pardon au ministre, et l'assura qu'il n'avoit eu envers lui d'autre dessein que celui de s'acquitter de son devoir et de satisfaire à sa conscience. Il donna sa bénédiction à ses enfans, à condition de vivre en bons catholiques. Il leur conseilla de ne jamais manquer à ce qu'ils devoient au Roi, et les assura que le plus grand malheur qui pût arriver à un prince du sang étoit de faire un parti contre son souverain, parce que c'étoit perdre une belle place, pour devenir les esclaves de tous ceux qui les pouvoient servir. Il traita madame la princesse comme s'il l'eût aimée toute sa vie ; mais, dans le vrai, il ne la considéroit que quand il la trouvoit propre à le servir dans ses intérêts de la cour, où elle étoit aimée plus que lui. Elle ne fut pas au désespoir de sa mort ; et l'illustre madame de Rambouillet fut estimée d'avoir dit, en cette occasion, que madame la princesse n'avoit jamais eu que deux belles journées avec M. le prince, qui furent le jour qu'il l'épousa, par le haut rang qu'il lui donna ; et le jour de sa mort, par la liberté qu'il lui rendit et le grand bien qu'il lui laissa. Outre qu'elle en fut favorablement traitée par son testament, comme elle étoit héritière de cette grande maison de Montmorency, elle avoit de grands droits à prendre sur le bien de monsieur son mari.

Ce même jour de Noël 1646, Madame accoucha d'une fille, qui fut un sujet de tristesse à M. le duc d'Orléans. Il souhaitoit passionnément d'avoir un fils ; et comme il étoit bon et fort aimé, les Français le désiroient avec lui : car naturellement nous aimons la race de nos rois, et sa conservation. Ce qui affligea ce prince donna de la joie au duc d'Enghien, qui se vit par là premier prince du sang, non-seulement par la mort de M. le prince son père, mais parce que cette fille ne l'empêcha point d'en prendre le rang ce même jour, et de jouir des prérogatives de cette qualité pour le reste de sa vie. Les avantages en sont grands, et ne se peuvent plus perdre quand une fois on les a possédés.

M. le prince étoit plus heureux que Monsieur. Il avoit déjà un fils qui, tout enfant qu'il étoit, alloit donner de l'eau bénite de la part du Roi à feu monsieur son grand-père. On servit l'effigie de ce prince mort durant trois jours, selon la coutume ; et comme il avoit été avare pendant sa vie, on fit de plaisantes railleries à la cour sur la douleur que son ame devoit sentir en l'autre monde des grandes et inutiles dépenses qui se faisoient pour son corps. L'esprit de l'homme est presque toujours porté à rire des choses les plus sérieuses. De tels exemples néanmoins les devroient faire entrer profondément dans la connoissance du néant de toutes les vanités et de toutes les grandeurs de la terre.

La Reine alla voir madame la princesse, plutôt pour se réjouir avec elle que pour la plaindre; et visita aussi toute la famille, à la réserve de madame de Longueville qui depuis quelque temps étoit absente. Elle étoit allée à Munster trouver le duc de Longueville, que la Reine y avoit envoyé dès le commencement de sa régence pour travailler à la paix.

[1647] Le premier mois de cette année, sans nulle nouveauté qui mérite d'être écrite, les ennemis pensèrent surprendre Armentières; mais le maréchal de Gassion, le plus vigilant de tous les hommes, les prévint, et sauva cette place. La plus considérable affaire de la cour, et celle où l'on paroissoit penser davantage, étoit le divertissement et le plaisir. J'ai déjà dit que la Reine aimoit la comédie, et qu'elle se cachoit pour l'entendre l'année de son grand deuil; mais alors elle y alloit publiquement. Il y en avoit de deux jours l'un, tantôt italienne et tantôt française, et assez souvent des assemblées. L'été précédent, le curé de Saint-Germain, homme pieux et sévère, écrivit à la Reine qu'elle ne pouvoit en conscience souffrir ces sortes de divertissemens. Il condamnoit la comédie, et particulièrement l'italienne, comme plus libre et moins modeste. Cette lettre avoit un peu troublé l'ame de la Reine, qui ne vouloit point souffrir ce qui pouvoit être contraire à ce qu'elle devoit à Dieu. Etant alors inquiétée de la même chose, elle consulta sur ce sujet beaucoup de personnes. Plusieurs évêques lui dirent que les comédies qui ne représentoient pour l'ordinaire que des histoires sérieuses ne pouvoient être un mal : ils l'assurèrent que les courtisans avoient besoin de ces sortes d'occupations pour en éviter de plus mauvaises; ils lui dirent que la dévotion des rois devoit être différente de celle des particuliers, et qu'étant des personnes publiques, ils devoient autoriser les divertissemens publics quand ils étoient au rang des choses indifférentes. Ainsi la comédie fut approuvée, et l'enjouement de l'italienne se sauva sous la protection des pièces sérieuses. Les soirs, la belle cour se rassembloit au Palais-Royal dans la petite salle des comédies. La Reine se mettoit dans une tribune pour l'entendre plus commodément, et y descendoit par un petit escalier qui n'étoit pas éloigné de sa chambre. Elle y menoit le Roi, le cardinal Mazarin, et quelquefois des personnes qu'elle vouloit bien traiter, soit par la considération de leur qualité, soit par la faveur. Nous recevions ces grâces avec plaisir, parce que ceux qui ont l'honneur d'approcher des rois familièrement ne sauroient s'empêcher de regarder ces bagatelles comme des choses fort importantes, d'autant qu'elles sont comptées pour beaucoup à l'égard du public.

Quand le curé de Saint-Germain vit la comédie tout-à-fait rétablie, il se réveilla tout de bon, et parla tout de nouveau contre elle comme un homme qui vouloit faire ce qu'il croyoit de son devoir. Il vint trouver la Reine, et lui maintint que ce divertissement ne se devoit point souffrir, et que c'étoit péché mortel. Il lui apporta son avis signé de sept docteurs de Sorbonne qui étoient de même sentiment. Cette seconde réprimande pastorale donna tout de nouveau de l'inquiétude à la Reine, et la fit résoudre d'envoyer l'abbé de Beaumont, précepteur du Roi, consulter dans la même Sorbonne l'opinion contraire. Il fut prouvé par dix ou douze autres docteurs que, présupposé que dans la comédie il ne se dise rien qui pût apporter du scandale, ni qui fût contraire aux honnêtes mœurs, qu'elle étoit de soi indifférente, et qu'on pouvoit l'entendre sans scrupule; et cela fondé sur ce que l'usage de l'Eglise avoit beaucoup diminué de cette sévérité apostolique que les premiers chrétiens avoient observée dans les premiers siècles. Par cette voie, la conscience de la Reine fut en repos; mais malheur à nous d'avoir dégénéré de la vertu de nos pères, et malheur à nous d'être devenus ainsi des infirmes dans notre zèle et notre fidélité ! Les courtisans crièrent hautement contre le curé, et le traitèrent hautement de ridicule. Ils voulurent persuader que le père Vincent, homme de bien et d'une grande piété, avoit eu part à cette affaire pour travailler à la ruine de son ministre, en lui faisant condamner les choses qu'il autorisoit auprès d'elle; mais, en plusieurs occasions, elle répondit toujours qu'elle n'en croyoit rien.

Quoique je ne traite des grandes affaires qu'en passant, et à la mode d'une femme qui ne les a pu savoir à fond, et qui a souvent oublié de les remarquer, il est arrivé néanmoins qu'elles ont été publiées dans le cabinet; et je me suis quelquefois appliquée à écouter les acteurs quand ils en parloient. Celles qui étoient de quelque considération venant à ma connoissance, j'en écris les endroits qui me sont échappés par le hasard, sans que je me sois souciée de les savoir toutes ni dans toute leur étendue, parce que je n'ai pas eu le dessein d'écrire l'histoire régulièrement; mais j'ai pris soin seulement de ne dire que la vérité, qui m'est toujours venue par ceux qui avoient le plus de part dans les affaires. La paix que les Hollandais firent avec les Espagnols, et que je veux marquer ici, est une preuve de ce que je dis : c'est un lambeau que je veux laisser tomber en marchant mon chemin; il trouvera sa place avec les autres de même nature : et comme il ne sera pas traité avec plus d'ordre et de suite, il n'aura pas aussi plus de prix ni de valeur.

Ce peuple rebelle à son Roi, qui avoit donné tant de peine à Philippe second; qui avoit assouvi par son joug la cruauté du duc d'Albe, et donné tant d'emploi à la valeur du prince de Parme; qui avoit mis à de si grandes épreuves la vertu de Marguerite et celle de l'infante Clara-Eugenia; cette république enfin si célèbre par sa puissance, par la hardiesse de son entreprise, par son établissement, et par les glorieuses actions que les princes d'Orange ont faites en la gouvernant, avoit soutenu sa révolte par les assistances de la France; mais elle se résolut de l'abandonner, et d'achever de se mettre dans la possession d'une liberté légitime. J'ai dit qu'elle leur avoit été offerte, et que les ministres de France, les cardinaux de Richelieu et Mazarin, les en avoient toujours empêchés. L'abattement de leur véritable maître, dont les affaires étoient en mauvais état, leur donna le moyen de faire la paix (1) avec lui, en conservant leurs Etats usurpés, leurs conquêtes et leur domination. Ils firent alors un traité avec lui qui ne fut conclu que quelque temps après, et se rendirent paisibles seigneurs de ce pays dont ils sont demeurés les souverains, avec la honte de demeurer aussi mauvais chrétiens qu'ils ont été mauvais sujets. Pour garder quelque mesure avec le Roi, ils retardèrent quelque temps à le signer, disant qu'ils vouloient travailler à faire la paix générale, avant de se séparer entièrement de nous. On donna ordre au comte de Servien, qui étoit à Munster, d'y aller faire un voyage pour travailler à rompre tout-à-fait cette paix particulière; mais il n'y réussit pas : et ces peuples, suivant l'exemple de tous les autres, ne pensèrent qu'à leurs intérêts et à l'affermissement de leur grandeur. D'Estrades, qui étoit auprès du prince d'Orange de la part du Roi lorsque cet accommodement fut conclu, m'a dit que l'avarice de la princesse d'Orange en fut cause, et que les Espagnols la gagnèrent dans les derniers temps de la vie de son mari (2) : il assuroit que ce prince, qui ressembloit par sa valeur et sa capacité à ses aïeux, n'auroit jamais consenti à cette paix, s'il eût été en état de suivre les sentimens de la gloire et de l'ambition. Il étoit persuadé que la fin de la guerre étoit la fin de la puissance de sa maison, et que, ne se faisant plus redouter par les armes, ces peuples le mépriseroient. Mais ses maladies, en diminuant les forces de son corps, diminuèrent aussi celles de son esprit, et firent qu'il ne s'opposa point à cette négociation, comme il auroit fait s'il eût été en meilleure santé. Si l'avarice d'une femme commença cet ouvrage, celle du ministre, malgré le désir qu'il avoit de l'empêcher, l'acheva. D'Estrades, me contant ces particularités, me dit que cette princesse ne s'étoit liée à l'Espagne que par dépit de ce que le cardinal Mazarin manqua de lui envoyer des pendans d'oreilles de diamans qu'il lui avoit fait espérer.

Pour ne pas quitter si long-temps la cour de notre Régente, il faut revenir aux princes, qui étoient le seul sujet des inquiétudes que pouvoit avoir alors la Reine [janvier 1647]. Le prince de Condé étant devenu riche et puissant, il fut regardé de toute la cour comme celui dont l'amitié ou la haine alloit faire la bonne ou mauvaise fortune des hommes.

Cet air victorieux que lui donnoient les batailles de Rocroy et de Fribourg, et les prises de Furnes, de Mardick et de Dunkerque, le faisoient considérer de ses maîtres; et la plupart cherchoient plutôt sa protection que celle du duc d'Orléans. C'est pourquoi ceux qui par leurs grands établissemens étoient en état du faire de bien ou du mal lui ayant offert leurs services, et s'étant attachés à ses intérêts, sa cour étoit fort grosse; et quand il venoit chez la Reine, il remplissoit sa chambre des personnes du royaume les plus qualifiées. Ses favoris, qui étoient la plupart des jeunes seigneurs qui l'avoient suivi dans l'armée, et participant à sa grandeur comme ils avoient eu part à la gloire qu'il y avoit acquise, avoient été appelés les *petits-maîtres*, parce qu'ils étoient à celui qui le paroissoit être de tous les autres ; et ce titre avoit effacé celui des *importans*.

Dans cet état, quoique la qualité de fils de France mît différence entre le duc d'Orléans et lui, et qu'il lui rendît en apparence de grands respects, il ne laissoit pas dans toutes les occasions d'en tirer tous les avantages qu'il en pouvoit tirer, et ne négligeoit rien en quelque façon. Comme il assistoit au conseil depuis la mort de M. le prince son père, il arriva qu'un jour, étant tous deux au conseil de direction, le duc d'Orléans, qui d'ordinaire avoit son secrétaire derrière sa chaise, et quelques-uns de ses officiers, trouva mauvais que M. le prince en usât de la même manière, quoique M. le prince son père ne l'eût jamais fait. Ce prince s'en plaignit à M. le chancelier, qui paroissoit être ami de M. le prince,

---

(1) Il y eut une trêve en 1647; la paix se fit le 30 janvier suivant.
(2) Henri de Nassau.

qu'il voyoit devant lui. Il fut fort embarrassé ; car Monsieur le priant de lui aller dire que s'il continuoit à tenir derrière lui ses officiers il les feroit chasser par force, ne pouvant se résoudre de lui aller faire ce compliment, il dit à Monsieur qu'il falloit là-dessus consulter d'Emeri qui étoit l'homme du ministre, et qui avoit vu feu M. le prince en ce conseil. D'Emeri, qui étoit hardi et décisif, dit tout librement qu'il falloit que M. le prince se renfermât dans les mêmes bornes de monsieur son père, et qu'il falloit lui apprendre le mécontentement de Monsieur. Tous deux ensemble le lui allèrent faire savoir, dont il fut d'abord un peu surpris : mais après avoir été assuré que feu M. le prince ne tenoit point d'officiers auprès de lui, il appela aussitôt son secrétaire, et lui commanda tout haut de ne pas s'approcher de lui quand il seroit au conseil ; et tout bas il lui ordonna d'y venir quelquefois, et de n'y tarder guère. Monsieur étant satisfait, après le conseil dit à M. le prince, avant de sortir, qu'il ne devoit point trouver mauvais ce qu'il avoit fait, puisque cela étoit juste; et M. le prince lui répondit : « Il est vrai, monsieur, et je ne refuserai « jamais de vous rendre ce que je vous dois ; mais, « satisfaisant à tous les respects qui vous sont dus « aux choses de conséquence, il me semble qu'en « cette bagatelle vous deviez m'en avertir plus « doucement. » A quoi Monsieur ayant ajouté un compliment en forme d'excuse, ils se saluèrent et demeurèrent bons amis, c'est-à-dire autant que le peuvent être de grands princes que l'intérêt et la politique peuvent tous les jours rendre ennemis.

Le duc de Longueville, qui étoit proprement de la famille de M. le prince, à cause de madame de Longueville qui n'avoit pas moins d'ambition que son frère, demanda la charge de colonel des Suisses qui étoit vacante par la mort du maréchal de Bassompierre, disant à la Reine qu'en partant pour aller en Allemagne pour y traiter la paix, elle lui avoit promis de lui donner la première qui seroit à sa disposition. Monsieur s'y opposa fortement, tant pour plaire à la cour, à ce que l'on crut, que pour ses intérêts particuliers, disant qu'il ne souffriroit pas que M. le prince, qui étoit déjà grand-maître de la maison du Roi, eût un beau-frère colonel des Suisses : au moyen desquelles deux charges jointes ensemble il seroit tout-à-fait maître de la maison et même de la personne du Roi. Les difficultés furent cause qu'on la donna au maréchal de Schomberg, et le gouvernement de Metz, en récompense de celui de Languedoc que Monsieur avoit pris pour lui ; et le duc de Longueville fut contraint de se contenter des grands établissemens qu'il avoit déjà, et de l'honneur de travailler à la plus grande affaire du monde (1), dont on disoit pourtant qu'on avoit donné le secret à Servien plus qu'à lui ; mais il avoit de bons parrains à la cour. M. le prince et la Normandie, dont il étoit gouverneur, étoient des gages bien assurés de sa récompense. Aussi il ne fut pas long-temps sans être satisfait, quoiqu'il ne fût pas déjà trop à plaindre.

La Reine reçut en ce temps-là [février 1646] une autre lettre du Roi son frère, où il lui faisoit part de son second mariage avec la fille de l'Empereur, qui avoit été destinée au prince son fils. Il lui mandoit qu'*el Emperador* (2) *aviendola ofrecido su hija y siendose el sin hijo, y el principe muerto, el se avia resuelto encasarse con ella* ; et sa lettre finissoit en ces termes : *Guarde me Dios a Vuestra Majestad como lo desseo y como lo he menester*. Ce mot de *menester*, qui signifie *besoin*, auroit pu passer pour bassesse, si dans cette langue il ne se rapportoit plutôt à *tendresse* qu'à *besoin* et *nécessité*, qu'il paroît signifier en la nôtre. Cette petite princesse, qui étoit sa nièce et qui n'avoit que treize ans, devint sa femme, par cette nécessité que les rois d'Espagne se sont imposée de s'allier presque toujours dans leur propre famille. Il avoit alors quarante-trois ans, et cette propension naturelle des personnes avancées en âge eut un grand effet sur lui ; car il l'aima infiniment, et fit voir que quand l'amitié qui procède du sang se mêle avec celle qui est plus sensible, la passion en est sans doute plus forte et plus tendre. Comme ce prince avoit fort aimé l'Impératrice sa sœur, il aima toutes les deux en une seule personne ; et joignant la qualité de parent avec celle de mari, cette princesse lui tint lieu de toutes choses : si bien qu'en lui ce lien qui déplaît souvent, étant noué par toutes sortes de nœuds, lui fut agréable par la même raison qui le rend insupportable à la plus grande partie de ceux qui s'y soumettent.

Le comte d'Harcourt, qui étoit en Catalogne en mauvaise posture, puisqu'il étoit mal à la cour, demanda son congé pour revenir à Paris se défendre contre ses ennemis, qui ne l'épargnoient pas. Ils lui faisoient dire qu'il n'avoit manqué de prendre Lerida que parce que le cardinal avoit abandonné la Catalogne, pour envoyer toutes les forces en Italie : un homme un peu penchant vers la chute trouvant toujours de bonnes personnes qui le font paroître avec tous les crimes et toutes les fautes dont vraisemblablement il pourroit être soupçonné. Son congé

(1) Aux traités de Westphalie.
(2) Que l'Empereur lui ayant offert sa fille, et que par la mort du prince se trouvant sans enfant, il avait pris la résolution de se marier avec elle.

lui fut accordé facilement ; et il fut résolu, pour donner de l'éclat au nom français, que M. le prince iroit commander l'armée de Catalogne, et qu'on lui donneroit des forces suffisantes pour rétablir entièrement la réputation des armes du Roi. Cela fut arrêté au conseil le 9 de février, et tenu secret quelque temps pour des raisons que je n'ai pas sues. Le maréchal de Gramont célébra ce silence comme un grand miracle, admirant qu'une chose sue de cinq ou six personnes eût pu demeurer cachée à la connoissance du public seulement peu de jours.

Le même jour se fiança au Louvre mademoiselle de Thémines, fille de la maréchale d'Estrées et de son premier mari, avec le marquis de Cœuvres, fils du second. La reine d'Angleterre, qui se trouva à cette cérémonie, fit de grandes difficultés pour signer la première : ce qu'elle fit après les civilités et les résistances requises en de telles occasions. Le Roi et la Reine signèrent ensuite ; puis le prince de Galles, et après lui Monsieur (1), parce que le véritable Monsieur étoit encore trop petit, et ne savoit pas écrire.

Sur la fin des jours gras [le 2 mars 1647], le cardinal Mazarin donna un grand régal à la cour, qui fut beau et fortement loué par les adulateurs qui se rencontrent en tout temps. C'étoit une comédie à machines et en musique à la mode d'Italie, qui fut belle, et celle que nous avions déjà vue, qui nous parut une chose extraordinaire et royale. Il avoit fait venir les musiciens de Rome avec de grands soins, et le machiniste aussi, qui étoit un homme de grande réputation pour ces sortes de spectacles. Les habits en furent magnifiques, et l'appareil tout de même sorte. Les mondains s'en divertirent ; les dévots en murmurèrent ; et ceux qui, par un esprit déréglé, blâment tout ce qui se fait, ne manquèrent pas à leur ordinaire d'empoisonner ces plaisirs, parce qu'ils ne respirent pas l'air sans chagrin et sans rage. Cette comédie ne put être prête que les derniers jours du carnaval : ce qui fut cause que le cardinal Mazarin et le duc d'Orléans pressèrent la Reine pour qu'elle se jouât dans le carême ; mais elle, qui conservoit une volonté pour tout ce qui regardoit sa conscience, n'y voulut pas consentir. Elle témoigna même quelque dépit de ce que la comédie, qui se représenta le samedi pour la première fois, ne put commencer que tard, parce qu'elle vouloit faire ses dévotions le dimanche gras ; et que la veille des jours qu'elle vouloit communier elle avoit accoutumé de se retirer à meilleure heure, pour se lever le lendemain plus matin. Elle ne voulut pas tout-à-fait perdre ce plaisir, pour obliger celui qui le donnoit ; mais ne voulant pas aussi manquer à ce qu'elle croyoit être de son devoir, elle quitta la comédie à moitié, et se retira pour prier Dieu, pour se coucher, et souper à l'heure qu'il convenoit, pour ne rien troubler de l'ordre de sa vie. Le cardinal Mazarin en témoigna quelque déplaisir ; et quoique ce ne fût qu'une bagatelle qui avoit en soi un fondement assez sérieux et assez grand pour obliger la Reine à faire plus qu'elle ne fit, c'est-à-dire à ne la point voir du tout, elle fut néanmoins estimée d'avoir agi contre les sentimens de son ministre : et comme il témoigna d'en être fâché, cette petite amertume fut une grande douceur pour un grand nombre d'hommes. Les langues et les oreilles inutiles en furent occupées quelques jours, et les plus graves en sentirent des momens de joie qui leur furent délectables. Le maréchal de Gramont, éloquent, spirituel, gascon, et hardi à trop louer, mettoit cette comédie au-dessus des merveilles du monde : le duc de Mortemart, grand amateur de la musique et grand courtisan, paroissoit enchanté au seul nom du moindre des acteurs ; et tous ensemble, afin de plaire au ministre, faisoient de si fortes exagérations quand ils en parloient, qu'elle devint enfin ennuyeuse aux personnes modérées dans les paroles. Leur sentiment et les grandes louanges qu'ils lui donnèrent firent qu'elle en parut moins belle ; et le bruit qu'ils en firent en la justifiant, la bonté de sa symphonie, ne purent pas empêcher de demeurer d'accord que l'adulation ne doit point être blâmée à la cour en des sujets de cette nature.

Le lendemain au soir, cette célèbre comédie se représenta, et la Reine la vit entièrement. Le lundi il y eut bal, qui se donna sur le théâtre dans une salle faite à machines, qui se plaçoit en ce lieu en un moment : ce qui parut la plus belle chose qui se pût voir. Elle étoit dorée, et faite par grands cadres avec des tableaux qui, peints en perspective, étoient un agréable objet à ceux qui occupoient l'amphithéâtre. Cette salle étoit aussi toute meublée de sièges et de carreaux qui se trouvoient placés dans des niches qui étoient tout autour, sans que la main des hommes parût y avoir quelque part. Au bout d'en haut se trouvoit un trône élevé de quatre ou cinq degrés fournis de carreaux, de chaises à bras et d'un dais au-dessus, de toile d'or et d'argent, avec de la crépine digne d'un tel ameublement. Quatre grands chandeliers de cristal éclairoient cette salle qui paroissoit un véritable enchantement, et qui dans nos jours nous représentoit le siècle d'Urgande et d'Armide. Le Roi, pour faire civilité au prince de Galles, ne

(1) Le duc d'Orléans.

se mit point à sa place où il fit asseoir Mademoiselle, qui ce soir-là étoit parée par les mains de la Reine des pierreries de la couronne, perles et diamans renoués avec des petits rubans incarnat, noir et blanc. Cette parure étoit belle et agréable, particulièrement le bouquet qu'elle avoit sur sa tête. Il sembloit que ces gros diamans et les grosses perles étoient semés dans des fleurs, et que toutes les beautés et les richesses de la nature se fussent rassemblées exprès pour son ornement. De ce bouquet sortoient trois plumes, des trois couleurs de rubans, qui lui pendoient sur la gorge; et dans ce jour elle fit voir qu'une belle personne devient encore plus belle quand elle est parée. Le Roi avoit un habit de satin noir, en broderie d'or et d'argent, dont le noir ne paroissoit que pour en relever davantage la broderie. Des plumes incarnates et des rubans de la même couleur achevoient sa parure; mais les beaux traits de son visage, la douceur de ses yeux jointe à leur gravité, la blancheur et la vivacité de son teint avec ses cheveux, qui alors étoient fort blonds, le paroient encore davantage que son habit. Il dansa parfaitement bien; et quoiqu'il n'eût alors que huit ans, on pouvoit dire de lui qu'il étoit un de ceux de la compagnie qui avoit le meilleur air, et bien assurément le plus de beauté.

Le prince de Galles y reçut beaucoup de louanges, et plut à tout le monde; mais celui dont l'habit eut le plus d'approbation fut le vidame d'Amiens, gendre du maréchal de Villeroy. Il étoit en broderie d'or et de perles, et la broderie étoit si délicate qu'elle n'avoit rien qui ne fût dans l'ordre de l'usage, qui sembloit alors mépriser les pierreries, parce qu'elles étoient quelque chose de trop grossier.

La duchesse de Montbazon y vint parée de perles et d'une plume incarnate sur sa tête; et quoiqu'elle eût plus de quarante ans, elle y parut encore dans un grand éclat de beauté, montrant par là que des beaux l'arrière-saison est toujours belle. Mademoiselle de Guise s'y trouva, qui n'étoit plus jeune, quoiqu'elle le fût beaucoup plus que la duchesse de Montbazon. Sa beauté, sa bonne mine et sa modestie, avec des perles et du noir, la firent admirer de tous ceux qui la virent. Toutes les autres personnes d'âge à parer l'assemblée firent tous leurs efforts pour plaire aux spectateurs. Les filles de la Reine, Pons, Guerchy et Saint-Megrin, tâchèrent de faire quelques conquêtes naturelles, par le soin qu'elles eurent de s'embellir par toutes sortes de voies. Heureuses si parmi tant d'amans elles eussent pu attraper des maris selon leur ambition et le déréglement de leurs désirs!

La comédie se représenta tout de nouveau le lendemain, qui fut le mardi gras. Elle finit fort tard, et nous n'avions point soupé. Le cardinal nous offrit le sien, que nous fûmes manger avec lui, madame de Bregy, mademoiselle de Beaumont, ma sœur et moi (car mademoiselle de Beaumont étoit alors rétablie dans les bonnes grâces de la Reine). C'est le seul régal qu'il nous ait fait en sa vie, qui ne fut pas grand. Il nous traita avec beaucoup d'indifférence et de froideur. Il méprisoit les dames, et ne croyoit pas qu'elles fussent dignes de son estime, si, par leurs intrigues ou par leur malice, elles ne trouvoient le moyen d'acquérir sa confiance. Nous sortimes de chez lui mal satisfaites de n'avoir pas été mieux reçues, particulièrement madame de Bregy, qui, étant belle femme, faisoit profession de l'être, et qui même avoit l'audace de prétendre que ce grand ministre avoit pour elle quelque sentiment de tendresse. Par cette raison, elle sentit sa gravité beaucoup davantage que nous autres, qui étions toutes résolues à la souffrir, et fort accoutumées à ses manières dédaigneuses.

Le prince de Condé, voyant le mois de mars avancé [le 22 mars 1647], voulut penser à son voyage de Catalogne. Quand il partit, il y avoit quelque petite émotion qui troubloit le repos de son cœur : il l'avoit laissé surprendre à la beauté de mademoiselle de Toussy; et cette foiblesse s'étoit glissée dans son ame, lorsque, malgré sa jeunesse, il faisoit déjà une haute profession de mépriser cette folle passion, pour se donner entièrement à celle de la gloire. Il faisoit le fanfaron contre la galanterie, et disoit souvent qu'il y renonçoit, et même au bal, quoique ce fût le lieu où sa personne paroissoit davantage. Il n'étoit pas beau : son visage étoit d'une laide forme; il avoit les yeux bleus et vifs, et dans son regard se trouvoit de la fierté. Son nez étoit aquilin, sa bouche étoit fort désagréable, à cause qu'elle étoit grande et ses dents trop sorties; mais dans toute sa physionomie il y avoit quelque chose de grand et de fier, tirant à la ressemblance de l'aigle. Il n'étoit pas des plus grands, mais sa taille en soi étoit toute parfaite. Il dansoit bien, et avoit l'air agréable, la mine haute, et la tête fort belle; l'ajustement, la frisure et la poudre lui étoient nécessaires pour paroître tel; mais il se négligeoit déjà infiniment : et dans ce grand deuil qu'il portoit de feu M. le prince, il étoit peu aimable; car, ayant le visage maigre et long, cette négligence lui étoit désavantageuse. Elle étoit causée par la perte qu'il avoit faite de mademoiselle Du Vigean; et depuis sa retraite aux Carmélites, il étoit demeuré dans une entière indifférence. Dans cet état, mademoiselle de Toussy vint réveiller en lui le désir de plaire : si bien qu'on le vit propre quelques jours à la cour, avant que de partir pour cette campagne; et ce changement en fit toute l'occupation. Un soir, peu de jours avant qu'il s'en allât, nous le trouvâmes, mademoiselle de Beaumont et moi, dans le jardin de Renard. Comme il s'approchoit de nous pour nous faire civilité, après avoir quelque temps parlé de son voyage, mademoiselle de Beaumont lui demanda s'il partoit content. Il lui répondit sérieusement que cela dépendoit entièrement de l'état de l'âme; et, sans s'expliquer davantage, il nous laissa deviner qu'il quittoit Paris avec quelque regret. Étant arrivé à l'armée, comme il n'y trouva pas ses troupes ni son canon si prêts qu'il l'avoit cru, il en témoigna du chagrin. Mademoiselle de Toussy avoit plus de beauté que d'esprit; mais en cette occasion elle parut avoir du jugement, car elle ne vouloit point alors de galant; et comme elle avoit dessein de se bien marier, cette flamme de toutes façons fut si mal nourrie, qu'elle s'éteignit quasi aussitôt qu'elle s'alluma : si bien que le cœur de ce prince fut entièrement occupé de son ambition, jusqu'au temps qu'une autre personne (1) plus dangereuse que mademoiselle de Toussy, et plus éclairée aussi, le vint partager avec cette dominante passion. Il y a même des personnes savantes sur le secret de la galanterie qui ont dit qu'il n'avoit jamais aimé véritablement cette beauté sans charmes, qui tout au plus ne le charma que pour peu de temps.

Le prince d'Orange mourut dans ce temps-là. Ce fut, par les raisons que j'ai dites, une perte pour la France. Le mérite de ce prince l'ayant fait estimer dans toute l'Europe, il en fut de même fort regretté. Le malheureux roi d'Angleterre, qui l'avoit honoré de son alliance, se trouvoit alors dans les approches de sa funeste destinée. Il fut trahi par les Écossais, chez qui il étoit allé chercher de la fidélité et des forces pour se venger des parlementaires; mais ces peuples barbares le livrèrent à ses ennemis. J'ai ouï dire qu'ils lui demandèrent s'il n'étoit pas content d'aller en Angleterre, et qu'il leur avoit répondu qu'il étoit plus juste qu'il allât avec ceux qui l'avoient acheté, que de demeurer parmi ceux qui l'avoient vendu. Ce fut pour être mis prisonnier dans l'île de Wight, où il demeura jusqu'à sa mort. Plusieurs propositions lui furent faites de la part du parlement et de ses sujets; mais, soit qu'il les trouvât contraires à sa conscience, ou qu'il manquât d'habileté pour prendre celles qui lui étoient convenables (ce qui a été

(1) Madame de Châtillon.

dit par des personnes capables d'en juger), il n'en accepta pas une, et fut réservé par l'ordre de Dieu à la plus cruelle et étonnante fin qu'un roi puisse avoir.

Nous n'avions plus, Dieu merci, de guerre de religion en France; il y avoit seulement des contestations qui arrivoient souvent entre nos docteurs sur des questions de théologie. Il y en avoit une sur la grâce qui sembloit avoir été terminée par une décision du pape Urbain VIII, contre laquelle aucun d'eux ne réclamoit; mais dans le fond les uns et les autres étoient encore dans les mêmes sentiments qui s'étoient répandus dans le public par leurs écrits. Le père des Mares, de la congrégation des prêtres de l'Oratoire, qui prêchoit le carême cette année avec beaucoup de zèle, et tout-à-fait selon l'Évangile quant aux mœurs, étoit suivi des gens de la plus grande qualité, des plus beaux esprits, et même de plusieurs personnes les plus retirées du monde; mais quant à la doctrine, on le croyoit de l'opinion de Jansénius, évêque d'Ypres en Flandre, qui avoit fait un livre de l'Esprit de saint Augustin sur ce grand mystère. Et comme il lui étoit difficile, aussi bien qu'à tous autres prédicateurs, de traiter cette matière si délicatement qu'on n'y pût rien trouver à redire, on ne parloit d'autre chose à Paris que des jansénistes et des molinistes. Cette question, dans laquelle il n'y avoit personne qui ne prît intérêt pour la satisfaction de sa conscience, partageoit non-seulement les écoles, mais les ruelles et la ville, aussi bien que la cour. Ceux qu'on appeloit *molinistes*, de Molina, docteur espagnol, avoient pour eux la censure de cinq propositions du livre de Jansénius; et ceux qu'on appeloit *jansénistes* soutenoient que les cinq propositions condamnées n'étoient point dans ce livre. Cette défense, leur vie tout-à-fait exemplaire, et la sévérité dont ils faisoient profession, leur attiroient l'estime d'un grand nombre de personnes d'une solide piété; et ils l'auroient été de tout le monde, s'ils avoient évité le reproche qu'on leur peut faire sans injustice d'avoir appris aux femmes, dans un français si beau qu'il leur faisoit quitter leurs romans, de si grandes difficultés sur lesquelles on a défendu d'écrire, et des cas de conscience dont il n'y a que des confesseurs qui doivent être instruits. Il nous coûte si cher d'avoir voulu apprendre la science du bien et du mal, que nous devons demeurer d'accord qu'il vaut mieux les ignorer que de les apprendre, particulièrement à nous autres, qu'on accuse d'être cause de tout le mal. Nous voyons de si grands hommes, avec tout leur esprit et toute leur science, se perdre dans des hérésies qu'ils croyoient avoir puisées dans l'Écriture sainte. Je ne puis m'empêcher de dire que nul chrétien ne doit décider par lui-même de ce qui est environné de tant d'obscurité, ni entrer dans le détail de nos mystères que les conciles même n'éclaircissent pas, et qu'ils nous ordonnent de croire, environnés de toutes leurs ténèbres. Dieu seul ayant voulu sans doute nous en cacher la connoissance, et l'enfermer dans son immensité, il faut espérer que dans le ciel les ames, séparées de la nature terrestre, en sauront les merveilles, et verront les causes pour lesquelles il lui a plu leur laisser ignorer les profonds abymes de la grâce, et de quelle manière elle opère notre salut dans nos ames. Le grand saint Augustin, dont les lumières sont révérées dans l'Eglise, et dont il semble que les écrits ont produit les opinions de ceux qu'on appelle *jansénistes*, n'a pu expliquer clairement ces admirables secrets. Ce saint lui-même n'y peut rien comprendre : il parle de leur auteur avec admiration, et confesse avec humilité que les jugemens de Dieu sont incompréhensibles, et les voies impossibles à découvrir. Les plus savans ne savent rien quand il s'agit de la connoître ; et je crois que ce grand docteur de la grâce, docteur de tous les chrétiens, et celui des jansénistes en particulier, auroit dit volontiers lorsqu'il étoit dans ce monde, avec le poète italien (1) :

Ampi volumi immensi
De le tue glorie eterne
Son le sfere superne,
E con dorata, e lucida favella
Di te parla ogni stella.
Io 'l sò, Signor, mà non penetro i sensi,
Ch' a la lingua del mondo avvezzo essendo
La favella del Ciel non ben comprendo.

Toutes les fois que les hommes parlent de Dieu sur les mystères cachés, je suis toujours étonnée de leur hardiesse ; et je suis ravie de n'être pas obligée de savoir plus que mon *Pater*, mon *Credo*, et les *Commandemens de Dieu*. Sur le chapitre dont je parle, je sais qu'il me suffit aussi de croire que nous n'avons rien que nous n'ayons reçu ; que je ne puis faire aucun bien sans la grâce de Dieu, et qu'il m'a donné mon libre arbitre. Plus loin que cela, ce ne sont plus que des disputes qui sont assurément de dangereux précipices pour ceux qui, voulant y chercher de la gloire, peuvent s'égarer ou périr par cette voie. La Reine prit aussitôt le parti des jésuites, qui avoient l'avantage de gouverner la conscience du Roi. Elle crut être obligée de s'opposer à des opinions qui passoient pour nouvelles, et qui pouvoient troubler l'Eglise. D'un autre côté, on a eu lieu de s'étonner, voyant ceux qui paroissoient soutenir l'opinion orthodoxe souffrir qu'on publiât sous leur nom des maximes si contraires à l'Evangile touchant la morale, sans en blâmer assez fortement les auteurs. Il a fallu que cette princesse, zélée pour le bien, ait souvent dit avec douleur, sans vouloir en particulier taxer personne, qu'elle ne connoissoit guère de vertu parfaite, ni de piété sans beaucoup de foiblesse.

Pour revenir au cabinet, dont je m'écarte le moins que je puis, il faut marquer ici la prétention du duc de Longueville, qui avoit demandé la charge de colonel des Suisses. Elle fut changée au château de Caen, qu'on lui donna. Il eut aussi une comté ou baronnie de quarante mille livres de rente, proche de sa principauté de Neufchâtel, et la survivance pour son fils le comte de Dunois, qui n'avoit alors qu'un an ou environ. Ce prince étoit à Munster, où il travailloit à la paix générale de l'Europe, qui étoit bien avancée entre l'Empereur, la France et toute l'Allemagne, quoiqu'elle fût retardée pour quelque temps, à cause des intérêts du marquis de Brandebourg, et des difficultés que les Suédois y faisoient naître. Mais leur Reine, qui désiroit qu'elle s'achevât, après avoir tenu un grand conseil, l'emporta sur l'avis du chancelier Oxenstiern, et dépêcha un courrier de Stockholm à Osnabruck, où étoient les plénipotentiaires français en lieu sûr, pour leur en porter la délibération, afin de se tenir aux dernières propositions qui avoient été faites entre l'Empereur et eux. Elle leur défendit d'en faire de nouvelles, de peur qu'elles ne servissent d'obstacles à ses desseins, qui alloient à la paix ; et pour celle d'Espagne, l'on n'attendoit plus que la réponse du cardinal Mazarin pour conclure toutes les choses proposées du côté de la cour, qui n'étoient presque pas disputées, pour ne pas dire entièrement accordées. Ce qui donna un grand coup pour la paix d'Allemagne fut la résolution que prit le duc de Bavière de proposer de faire résoudre une espèce de neutralité, par laquelle il promettoit de n'assister l'Empereur directement ni indirectement. Cet habile prince, qui passoit pour un des grands politiques de son temps, se trouvant avancé en âge, craignoit de laisser la guerre dans son pays. Il voulut cesser de nous être contraire, de peur qu'après sa mort la France voulant se venger de lui en ruinant son pays, et l'Empereur le voulant défendre, il ne demeurât en proie à l'un ou à l'autre, et que quelqu'un des deux ne s'en rendît le maître.

(1) Fulvio Testi. Voici le sens de ces vers : Les sphères célestes racontent la gloire et parlent de toi ; mais, habitué au langage de la terre, je ne puis comprendre le langage du ciel.

Voici une petite galanterie qui va faire passer de la paix d'Allemagne à la guerre des passions de l'ame. Le duc d'Orléans, depuis la régence, avoit témoigné de l'inclination pour mademoiselle de Saint-Mesgrin, fille d'honneur de la Reine. Cette amitié n'avoit produit en lui nul autre effet que d'avoir obligé ce prince à lui donner un beau tour de perles. Par ce présent il prétendit qu'elle lui étoit assez obligée pour ne souffrir les soins d'aucun autre que de lui. Elle, qui n'avoit pas tant d'affection à l'intérêt qu'elle avoit d'inclination à se divertir, et qui peut-être ne trouvoit pas en ce prince un assez grand attachement pour elle, s'amusa à rire et à causer publiquement avec Jarzé. Cet ami nouveau étoit porté à la plaisanterie : il avoit de l'esprit, et il témoignoit vouloir prendre soin de lui plaire. Son amant de sang royal fut si mal content de son infidélité, que Jarzé allant un jour au Luxembourg un matin pour lui faire sa cour, ce prince commanda à son capitaine des gardes de l'aller jeter par les fenêtres. Ce commandement d'un si bon prince surprit infiniment tous les assistans ; mais l'abbé de La Rivière, qui courut à Jarzé pour l'avertir de se sauver, le sauva de ce péril : et on sut depuis que le sujet de s'étonner de ce que la plus foible passion du monde pensa produire une des plus violentes actions que la jalousie ait pu causer. On sut depuis que la colère de Monsieur venoit de ce qu'il avoit témoigné à mademoiselle de Saint-Mesgrin que ses conversations avec Jarzé ne lui plaisoient pas, et que les ayant vus long-temps parler ensemble devant lui, il crut qu'elle l'avoit averti de sa mauvaise humeur, qu'ils s'en étoient divertis ensemble, et qu'ils avoient pris plaisir de l'augmenter par leur entretien. Cette créance, qui n'étoit peut-être pas mal fondée, lui avoit causé de tels sentimens, qu'il en avoit perdu pour un moment les principales vertus qui doivent être dans l'ame d'un grand prince et d'un chrétien ; et après que sa chaleur se fut un peu refroidie, cette affaire prit un train plus doux. Monsieur pardonna à Jarzé ; et ce gentilhomme se donna à d'autres aventures, s'attacha fortement à M. le prince, et n'alla plus au Luxembourg.

Le duc d'Orléans partit dans le même temps pour aller à Bourbon boire des eaux, et Madame le suivit dans ce voyage. Tous deux y alloient pour trouver de la santé, afin de pouvoir donner un prince à la France, petit-fils de Henri IV : ce que Monsieur désiroit avec une grande passion. Cette princesse ne faisoit pas de grands voyages, soit par fantaisie ou véritable maladie : elle ne sortoit presque jamais ; elle disoit que la moindre agitation la faisoit évanouir. Et j'ai vu quelquefois Monsieur se moquant d'elle, contant à la Reine qu'elle communioit dans son lit, plutôt que d'aller dans sa chapelle qui étoit proche, sans qu'elle parût avoir aucune maladie considérable. Quand elle venoit chez la Reine, en deux ans une fois, elle se faisoit apporter en chaise ; mais avec tant de façon, que son arrivée au Palais-Royal étoit toujours célébrée à l'égal d'un petit miracle. Souvent elle n'étoit qu'à trois pas du Luxembourg qu'il falloit la rapporter, comme étant attaquée de plusieurs maux qu'elle disoit sentir, et qui ne paroissoient nullement. Elle mangeoit du pain qu'elle avoit toujours dans sa poche de provision ; et les bottes de cuir de Roussi étoient ses ennemis mortels. Elle étoit sœur du duc de Lorraine ; et Monsieur, comme je crois l'avoir dit, l'avoit épousée pendant son exil de France, sans le consentement du feu Roi. Quand Nancy fut pris, elle se sauva déguisée en page dans le fond d'une charrette, et acheta par de grandes peines l'honneur qu'elle avoit eu d'épouser Monsieur. Ce prince, de son côté, qui étoit alors héritier présomptif de la couronne, ayant été forcé de la laisser en Flandre quand il revint en France, lui garda une fidélité inviolable ; et n'ayant témoigné aucune fermeté pour ceux qui s'étoient attachés à lui, le roi Louis XIII son frère l'ayant pressé à son retour de consentir à la rupture de son mariage, il ne le voulut jamais faire, et la fit revenir aussitôt que la mort du feu Roi et celle du cardinal de Richelieu lui en donnèrent les moyens. J'ai ouï dire qu'en arrivant à Paris, et dans cette belle maison de Luxembourg, comme on lui eut demandé si elle n'avoit pas beaucoup de joie de se voir dans ce superbe palais, elle répondit froidement qu'après la joie de revoir Monsieur, tout le reste lui paroissoit peu de chose. Elle avoit de l'esprit, et raisonnoit fortement sur toutes les matières dont il lui plaisoit de parler. Elle paroissoit par ses discours avoir du cœur et de l'ambition. Elle aimoit Monsieur ardemment, et haïssoit de même tout ce qui pouvoit lui nuire auprès de lui. Elle étoit belle par les traits de son visage, qui étoient beaux et bien faits ; mais elle n'étoit point agréable, et toute sa personne manquoit d'un je ne sais quoi qui plaît ; car de laideur manifeste, elle n'avoit que les dents, qui, dans le temps dont je parle, étoient déjà gâtées. On a toujours dit de cette princesse qu'elle étoit belle sans l'être ; qu'elle avoit de l'esprit et n'en paroissoit point avoir, parce qu'elle n'en faisoit nul usage, et qu'elle a été nommée à la cour dans les affaires considérables. Elle étoit grasse et maigre tout ensemble. Elle avoit le visage plein, et la gorge belle, à ce que disoient ses femmes ; mais elle avoit les bras et les mains fort maigres. On pouvoit dire encore qu'elle n'étoit pas de belle taille, quoiqu'elle ne fût pas bossue. Enfin, tous les contraires se rassembloient en elle d'une manière étonnante; et il étoit impossible de parler d'elle que dans une ambiguité qui n'a jamais été trouvée qu'en elle. Il étoit vrai encore que Monsieur l'aimoit et ne l'aimoit pas. Il vivoit avec elle et la traitoit avec bonté; il ne la vouloit point fâcher de propos délibéré; et quand il la croyoit mal satisfaite ou chagrine, il faisoit tout ce qu'il pouvoit pour guérir ses petites pensées. Il ne se séparoit point d'elle; et le temps qu'il étoit chez lui, il le passoit presque toujours dans sa chambre et avec elle, témoignant quelquefois estimer sa vertu et son esprit. Mais d'ailleurs il avoit un favori qu'elle n'aimoit nullement, qu'il avoit élevé à une grandeur excessive, en qui il avoit de la confiance; et jamais elle n'a pu lui nuire par elle-même. Il se railloit souvent de toutes ses délicatesses et de ses fantaisies avec les dames qui la servoient, et même avec la Reine, à qui il disoit souvent qu'elle étoit visionnaire, qu'elle avoit une dévotion ridicule, qu'elle ne parloit qu'à son confesseur, et qu'elle alloit lui demander avis sur les moindres bagatelles. Il ne s'épargnoit point non plus sur ses favorites, qui étoient les plus sottes créatures de Paris. Il disoit, parlant d'elles, que, manquant de discernement, les personnes de mérite avoient honte d'en être bien traitées; et que son cercle étoit décrié, parce que celles qui, par la raison de sa qualité, la voyoient nécessairement, n'y trouvoient que des personnes indignes de sa faveur et de son approbation. Ainsi on peut dire qu'il l'aimoit, mais qu'il ne l'aimoit pas souvent, et que l'estime qu'il avoit pour elle suivoit la même mesure. Ceux qui l'ont connue particulièrement m'ont dit qu'elle étoit naturellement insensible à l'amitié; et que si elle aimoit Monsieur, ce sentiment n'avoit nulle opération en elle que celle de le gronder continuellement, et de lui causer beaucoup de chagrin: si bien que leur union étoit aussi inexplicable que le reste. Comme cette princesse étoit de même et saine et malade tout ensemble, et qu'elle étoit de ces honnêtes femmes qui aiment à suivre leur mari, son médecin l'obligea beaucoup de lui ordonner les eaux, parce que Monsieur les devoit prendre. Elle cessa donc de se plaindre, afin d'aller à ce voyage de Bourbon, parce qu'elle vouloit toujours être avec lui. Non-seulement elle le fit, mais elle n'alla pas en chaise, selon sa première délibération. Elle ne quitta jamais le carrosse où étoit Monsieur, et toutes les fatigues de ce voyage lui parurent plus faciles à supporter qu'à la plus robuste de toutes les femmes.

Madame la duchesse d'Orléans pouvoit avec justice avoir de la passion pour Monsieur. Il étoit aimable de sa personne. Il avoit le teint et les traits du visage beaux; sa physionomie étoit agréable, ses yeux étoient bleus, ses cheveux noirs. Il ressembloit à un fils de roi, mais mal nourri. À son inquiétude naturelle et à ses grimaces, il étoit aisé de voir en sa personne sa naissance et sa grandeur. Il étoit bon et de facile accès. Il avoit de l'esprit, parloit bien, et railloit agréablement. Il avoit beaucoup lu: il savoit l'histoire parfaitement, avec beaucoup d'autres sciences curieuses. Rien ne manquoit à ce prince pour la société, sinon qu'il étoit un peu glorieux de cette gloire grossière qui ne l'empêchoit pas de bien traiter ceux qui l'approchoient, mais qui lui faisoit garder son rang trop régulièrement. J'ai vu des femmes de qualité se tenir debout dans le lieu où il étoit, pour lui rendre le respect qu'elles lui devoient, sans qu'il eût l'honnêteté de leur ordonner de s'asseoir; et les hommes se plaindre que, dans les saisons les plus rudes, il ne leur commandoit pas de se couvrir: ce que le Roi son frère faisoit toujours. On l'accusoit d'être timide et paresseux. J'ai ouï dire qu'il alloit quelquefois dans les endroits les plus périlleux, aussi avant que les simples soldats. Mais dans sa vie il y a un endroit qui le déshonore: ce fut lorsqu'ayant dans sa jeunesse formé un parti en France pour les intérêts de la Reine sa mère, le duc de Montmorency, combattant pour lui, fut fait prisonnier à ses yeux; et pouvant le sauver, il ne le fit pas, et fut cause que ce seigneur, à ce que j'ai ouï dire le plus aimable de tous les hommes, eut la tête tranchée. Son favori, l'abbé de La Rivière, qui avoit intérêt à sa conservation, le retenoit alors tant qu'il pouvoit d'aller dans le péril; et le maréchal de Gassion, un jour que ce prince avoit bien fait de sa personne, et l'avoit bravement hasardée aux coups de mousquet, après lui en avoir donné des louanges, il dit de lui qu'il avoit été plus vite cette fois-là, parce que sa remore n'y étoit pas. C'est pour cette raison que la cour avoit désiré que cette année le duc d'Orléans n'allât point commander l'armée: et les médecins qui l'envoyèrent boire des eaux ne firent pas peu de plaisir aux ministres; car, outre que sa dépense augmentoit infiniment le revenu royal, les beaux projets demeuroient inutiles par la nécessité de sa conservation. La maxime des conquérans est de hasarder: il étoit impossible de proposer des desseins de cette nature à un général de telle conséquence, qui, après le Roi et la Reine et le véritable Monsieur, tenoit la première place dans le royaume, et de qui la vie étoit précieuse à toute la France, qui aime naturellement les enfans de ses rois.

Le comte d'Harcourt, ce général malheureux qui revenoit de Catalogne, arriva la semaine sainte [le 20 avril 1647]. La Reine, par l'avis du cardinal, le reçut froidement. C'étoit la coutume du ministre de faire toujours le mal par elle, et se réserver à faire les grâces, les bienfaits et le pardon : car elle étoit persuadée que plus son ministre auroit d'amis, plus le repos de sa régence seroit affermi. Dans ce dessein, elle dit au comte d'Harcourt qu'elle avoit trouvé mauvais qu'il eût entrepris ce siége contre les ordres du Roi. Il lui répondit en habile homme, quoiqu'il ne fût pas soupçonné de l'être, qu'il la supplioit très-humblement de croire qu'il étoit incapable de manquer de respect ni de fidélité pour tout ce qui regardoit son service et l'obéissance qu'il devoit à ses volontés ; mais que, pour ne la pas importuner des raisons qu'il avoit eues d'en user ainsi, elle eût la bonté de souffrir qu'il en informât M. le cardinal, et qu'il espéroit ensuite qu'il auroit assez d'équité pour le justifier auprès d'elle. Son dessein lui réussit : car comme le ministre ne vouloit que le mortifier, après qu'ils eurent eu ensemble un grand éclaircissement, il rentra dans ses bonnes grâces ; et, selon que ce prince l'avoit prédit lui-même, il reçut un bon traitement de la Reine, quand il se présenta devant elle la seconde fois.

Les fêtes se passèrent à l'ordinaire. La Reine, après avoir fait le jeudi saint la cène chez elle, alla s'enfermer au Val-de-Grâce, pour y passer les jours de toute la semaine sainte dans la retraite et la prière. Nous y fûmes, ma sœur et moi, le vendredi saint de grand matin, afin de profiter de son exemple. Elle étoit levée et habillée à cinq heures, et déjà elle étoit occupée à méditer sur les merveilles que Dieu, en un pareil jour, a voulu opérer en notre faveur. Elle entendit prêcher la Passion à sept heures par un jésuite, qui ne se fit pas admirer ; et, après que le service fut fait, elle alla adorer la croix avec ses saintes filles, qui vivent dans une pénitence continuelle, et qui par toutes leurs actions témoignent assez que la croix est toujours dans leur cœur et devant leurs yeux. Elle fit toutes ces choses avec une dévotion capable d'édifier les plus endurcis à la loi de Dieu. Après être revenue dans sa chambre, elle nous parla, à ma sœur et moi, de l'instabilité des choses du monde, de l'importance de notre salut, du danger où nous étions continuellement de manquer à ce que nous devons faire pour l'accomplissement de cette grande affaire, que nous conclûmes en ce moment devoir toujours être la première et la principale de toutes. Après son dîner, le Roi la vint voir, qui amena le cardinal avec lui, et environ une douzaine de la cour des plus nécessaires à sa personne. La Reine prit un grand plaisir de leur montrer toute la maison, et les desseins qu'elle avoit projetés pour en faire un beau couvent qui pût conserver à la postérité des marques éternelles de l'honneur qu'il avoit d'être le lieu où elle alloit jouir de la solitude. Le Roi et le cardinal Mazarin assistèrent aux ténèbres. Le premier se fit admirer de son peuple, qui le voyoit par la grille des religieuses courant çà et là, soufflant les bougies, et faisant les actions d'un enfant qui aime à jouer. Le ministre, qui accompagnoit toutes ses actions d'une grande modestie, fit le personnage d'un homme pieux et dévot, quoique peut-être il ne le fût guère. Il avoit soin de paroître régulier dans toutes ses actions extérieures ; et il étoit impossible de lui pouvoir reprocher un vice ni aucun dérèglement qui pût être appelé de ce nom. Quand le Roi fut parti, et que la Reine se vit seule dans son désert, elle alla visiter à l'infirmerie une religieuse qui se mouroit d'un cancer qu'elle avoit au sein, qui lui avoit pourri le côté. Il sortoit de sa plaie une puanteur non-seulement capable d'incommoder cette princesse qui naturellement aimoit les bonnes senteurs, mais les hommes les plus accoutumés à l'infection et aux misères des hôpitaux. Elle demeura long-temps, et voulut la voir panser : ce qui étoit un objet pitoyable. Son mal avoit tellement gâté la partie où il étoit attaché, qu'on lui voyoit jusque dans le corps. Après cette action de charité, nous la laissâmes jouir du repos qu'on goûte aux pieds des autels ; et le lendemain elle revint au Palais-Royal, pour assister le jour de Pâques à sa paroisse, et satisfaire à toutes ses dévotions.

Les fêtes passées, on ne parla plus que de guerre et de voyage. La cour fit dessein d'aller sur la frontière, et même de passer plus avant que Compiègne et Amiens ; mais parmi ce bruit, qui ne paroissoit annoncer que des combats, la paix qui régnoit dans la cour, et qui la rendoit capable de plaisir, convia la Reine de faire jouer trois ou quatre fois cette belle comédie à machines dont j'ai parlé, où la Reine assista toujours, sans jamais s'en lasser. La dernière fut pour régaler madame de Longueville, qui depuis peu étoit revenue de Munster.

Cette princesse, qui absente régnoit dans sa famille, et dont tout le monde souhaitoit l'approbation comme un bien souverain, revenant à Paris [mai 1647], ne manqua pas d'y paroître avec plus d'éclat qu'elle n'en avoit eu quand elle étoit partie. L'amitié que M. le prince son frère avoit pour elle, autorisant ses actions et ses manières, la grandeur de sa beauté et celle de son esprit grossirent tellement la cabale de sa famille, qu'elle ne fut pas long-temps à la cour sans l'occuper presque tout entière. Elle devint l'objet de tous les désirs; sa ruelle devint le centre de toutes les intrigues, et ceux qu'elle aimoit devinrent aussitôt les mignons de la fortune. Ses courtisans furent révérés du ministre; et dans peu de temps nous allons la voir la cause de toutes nos révolutions, et de toutes les brouilleries qui ont pensé perdre la France. Le prince de Marsillac (1) avoit pris liaison avec M. le prince depuis que la Reine, ayant changé pour plusieurs, étoit aussi changée pour lui, et qu'après lui avoir beaucoup promis, elle crut ne lui devoir point donner ce que d'abord il lui demanda. En s'attachant à M. le prince par politique, il s'étoit donné à madame de Longueville d'une manière un peu plus tendre, joignant les sentimens du cœur à la considération de sa grandeur et de sa fortune. Ce don parut tout entier aux yeux du public; et il sembla à toute la cour que cette princesse le reçut avec beaucoup d'agrément. Dans tout ce qu'elle a fait depuis, on a connu clairement que l'ambition n'étoit pas la seule qui occupoit son ame, et que les intérêts du prince de Marsillac y tenoient une grande place. Elle devint ambitieuse pour lui; elle cessa d'aimer le repos pour lui; et, pour être sensible à cette affection, elle devint trop insensible à sa propre gloire. Ses lumières, son esprit, et l'opinion qu'on avoit de son discernement, la faisoient admirer de tous les honnêtes gens; et ils étoient persuadés que son estime seule étoit capable de leur donner de la réputation. Si elle dominoit les ames par cette voie, celle de sa beauté n'étoit pas moins puissante; car quoiqu'elle eût eu la petite vérole depuis la régence, et qu'elle eût perdu quelque peu de la perfection de son teint, l'éclat de ses charmes attiroit toujours l'inclination de ceux qui la voyoient; et surtout elle possédoit au souverain degré ce que la langue espagnole exprime par ces mots de *donayre, brio, y bizaria* (bon air, air galant) : elle avoit la taille admirable, et l'air de sa personne avoit un agrément dont le pouvoir s'étendoit même sur notre sexe. Il étoit impossible de la voir sans l'aimer et sans désirer de lui plaire. Sa beauté néanmoins consistoit plus dans les couleurs de son visage que dans la perfection de ses traits. Ses yeux n'étoient pas grands, mais beaux, doux et brillans, et le bleu en étoit admirable : il étoit pareil à celui des turquoises. Les poëtes ne pouvoient jamais comparer aux lis et aux roses le blanc et l'incarnat qu'on voyoit sur son visage;

(1) Depuis duc de La Rochefoucauld, auteur des Mémoires qui font partie de cette collection.

et ses cheveux blonds et argentés, et qui accompagnoient tant de choses merveilleuses, faisoient qu'elle ressembloit beaucoup plus à un ange, tel que la foiblesse de notre nature nous les fait imaginer, que non pas à une femme.

> *Poca grana (2), y mucha nieve,*
> *Van competiendo en su cara,*
> *Y entre lirios, y jasmines,*
> *Assomanse algunas rosas.*

Enfin on peut dire qu'alors toute la grandeur, toute la gloire, toute la galanterie étoient renfermées dans cette famille de Bourbon, dont M. le prince étoit le chef; et que le bonheur n'étoit plus estimé un bien, s'il ne venoit de leurs mains. Le prince de Conti, cadet du frère et de la sœur, étoit sorti du collége depuis peu; et ce fut alors qu'il commença de paroître dans le monde. Il étoit beau de visage; mais comme sa taille étoit gâtée, on l'avoit destiné à l'Eglise. Il possédoit beaucoup de bénéfices, et plusieurs personnes s'attachèrent à lui, dans l'espérance de faire leur fortune par cette voie. Ce jeune prince, trouvant madame de Longueville dans une grande réputation, vouloit suivre ses sentimens et ses conseils, et se laissa tenter d'acquérir de l'estime par elle. Il souhaita de lui plaire, plutôt en qualité d'honnête homme que comme son frère; il avoit de l'esprit, et il y réussit facilement.

La Reine, qui naturellement n'étoit ni jalouse ni ambitieuse, avoit néanmoins de la froideur pour madame de Longueville. Elle ne goûtoit pas cette manière de faire profession publique de bel esprit : elle n'aimoit nullement les façons. Elle avoit de la raison et du bon sens : tout ce qui étoit en elle étoit naturel et sans art; et ces deux personnes, selon la mesure de leur âge, étant toutes deux infiniment aimables, avoient un caractère si différent, qu'il étoit impossible que l'inférieure, qui vivoit en Reine, et qui ne rendoit pas de grands devoirs à sa souveraine, pût lui plaire. L'occupation que donnent les applaudissemens du grand monde, qui d'ordinaire regarde avec trop d'admiration les belles qualités des personnes de cette naissance, avoit ôté le loisir à madame de Longueville de lire, et de donner à son esprit une connoissance assez étendue pour la pouvoir dire savante. Elle étoit naturellement trop préoccupée de ses sentimens, qui passoient alors pour des règles infaillibles, et ne l'étoient pas toujours; et il y avoit trop d'affectation en sa manière de parler et d'agir, dont la plus grande beauté consistoit en la déli-

(2) Un peu de pourpre et beaucoup de neige semblent se disputer pour embellir sa figure; et, parmi les lis et les jasmins, commencent à paraître quelques roses.

catesse des pensées, et dans un raisonnement fort juste. Elle paroissoit contrainte; et la fine raillerie dont elle et ses courtisans faisoient profession tomboit souvent sur ceux qui, en lui voulant rendre leurs devoirs, sentoient à leur dommage que l'honnête sincérité qui se doit observer dans la société civile étoit apparemment bannie de la sienne. Les vertus et les louables qualités des plus excellentes créatures sont mêlées des choses qui leur sont opposées; tous les hommes participent à cette boue dont ils tirent leur origine, et Dieu seul est parfait.

Comme la France n'a jamais été plus triomphante qu'elle l'étoit alors, outre les marques de notre abondance qui paroissoit sur les théâtres par les divertissemens de la cour, par les richesses des particuliers, et sur nos frontières par les belles armées du Roi, les étrangers à l'envi des uns et des autres y abondoient de toutes parts. Il arriva dans ce temps-là un ambassadeur extraordinaire de Danemarck, qui venoit remercier la Reine de ce qu'elle s'étoit employée à faire la paix entre les deux couronnes de Suède et de Danemarck. C'étoit une personne de qualité, qui avoit bonne mine, et qui fut reconnu, par ceux qui le pratiquoient, pour avoir de la raison et de l'esprit; grand homme d'État, grave dans toutes ses manières, et sentencieux en toutes ses paroles. Il amena sa femme, qui étoit fille de son Roi, et fille d'une façon assez bizarre : elle se disoit légitime de la main gauche, et voici de quelle manière. Dans tous les pays septentrionaux ils ne se mésallient presque jamais : les rois, aussi bien que les autres, ne peuvent se marier qu'à leurs semblables; et quand ils aiment des femmes de moindre naissance, ils les épousent de la main gauche. Les enfans en sont légitimes; mais ils ne peuvent hériter de la couronne ni du bien de leur père. Cette dame étoit née de cette sorte et s'estimoit beaucoup. Elle portoit pour marque de sa qualité un petit chapeau de velours noir, que les seules filles de leur Roi avoient droit de porter. Elle le dit ainsi à la Reine, qui d'abord qu'elle la vit lui demanda si c'étoit la mode de son pays, et si toutes les dames en portoient. Du reste, elle étoit habillée à la française, et avoit bonne mine. Son visage étoit fort beau, et sa beauté étoit accompagnée de gravité : ce qui me confirma dans la créance que j'ai toujours eue que dans tous les pays on trouve des honnêtes gens. Elle vint chez la Reine de même qu'auroit fait une de nos princesses; et quand elle fut au cercle, elle ne témoigna nul embarras de se trouver au milieu de tant de gens qu'elle ne connoissoit point. Elle parla souvent et toujours de bon sens, avec une naïveté qui tenoit un peu de la froideur de son pays, mais qui n'avoit rien de bas ni de petit; et sur ses habits et sur son chapeau elle avoit assez de perles pour faire voir qu'elle étoit aussi fort riche. La seconde fois qu'elle revint au Palais-Royal, la Reine la mena voir son petit appartement, sa chambre, ses bains et son oratoire, qu'elle regarda sans trop les louer, et remarquant néanmoins tout ce qui étoit beau. J'étois seule avec la Reine, et je dis à l'ambassadrice que la Reine avoit de belles mains, qu'elle seroit sans doute plus aise de voir que tout ce qu'elle lui montroit. Elle prit la main de la Reine, puis, l'ayant dégantée, elle la baisa et la loua de bonne grâce. Elle lui leva son mouchoir pour voir sa gorge, avec tant de familiarité qu'il sembloit qu'elle fût sa sœur, et qu'elle l'eût vue toute sa vie. Ces choses plurent à la Reine; et toute la journée on ne parla que de la Danoise, de sa douce gravité, de la grâce qu'elle avoit en toutes ses actions, et des marques qu'elle avoit données d'avoir beaucoup d'esprit et de raison. Cette douceur étoit accompagnée d'une noble fierté qui fit qu'elle baisa la reine d'Angleterre en la saluant, et ne parut humble en aucune de ces occasions où il fallut qu'elle conservât son rang. On lui donna le bal, et la Reine lui fit présent d'une montre de diamans d'un prix considérable. Après avoir été régalée, elle partit, sans doute aussi satisfaite de la cour que la cour le fut d'elle.

Peu après cette ambassade [le 9 mai], la Reine prit le chemin de Compiègne, avec intention d'aller de là jusques à Amiens. Le cardinal demeura trois ou quatre jours après elle dans Paris pour achever quelques affaires qui restoient à conclure, et partit pour l'aller trouver le 13 du même mois. Comme il étoit infatigable dans le travail, qu'il vouloit faire les charges de tous les secrétaires d'État, qu'il ordonnoit des finances, et qu'enfin il vouloit connoître de tout, il étoit continuellement si occupé qu'il étoit impossible de le voir. Les Italiens sont d'ordinaire ennemis de la foule et du bruit : ce ministre, par cette raison, n'aimoit pas à se montrer; si bien qu'il faisoit murmurer toutes les personnes de qualité, en ce qu'il les faisoit languir à sa porte sans qu'ils le pussent voir. Ils ne se rebutoient point de ce mépris qu'il avoit pour eux, qui ne produisoit apparemment aucun autre effet en leurs ames que de les rendre plus humbles et plus rampans; mais comme les Français se laissent facilement dominer par les favoris, aussi sont-ils aisément emportés à parler contre eux. Le cardinal Mazarin, le sachant, avoit accoutumé de dire, parlant d'eux, qu'il étoit content de les laisser parler pourvu qu'ils le laissassent faire. Le murmure commençoit à l'oreille dans l'antichambre de celui qui se moquoit de leurs soins, et se publioit à haute voix dès le moment qu'ils en étoient sortis. Quelquefois j'étois lasse d'entendre crier contre lui ; car, outre qu'il y avoit souvent de l'injustice, ce qui de soi est inutile est toujours, ce me semble, désagréable.

Le cardinal Mazarin avoit autant de lumières qu'un homme qui avoit été artisan de sa propre grandeur en pouvoit avoir. Il avoit une grande capacité, et surtout une industrie et une finesse merveilleuse pour conduire et amuser les hommes par mille douteuses et trompeuses espérances. Il ne faisoit du mal que par nécessité à ceux qui lui déplaisoient. Pour l'ordinaire, il se contentoit de s'en plaindre, et ses plaintes produisoient toujours des éclaircissemens qui lui redonnoient aisément l'amitié de ceux qui lui manquoient de fidélité, ou qui prétendoient se pouvoir plaindre de lui. Il avoit le don de plaire, et il étoit impossible de ne se pas laisser charmer par ses douceurs ; mais cette même douceur étoit cause, quand elle n'étoit pas accompagnée des bienfaits qu'il faisoit espérer, que ces hommes, lassés d'attendre, tomboient ensuite dans le dégoût et le chagrin. Jusque là, les plaintes des particuliers n'avoient pas fait une grande impression sur les esprits : elles étoient plutôt fondées sur l'aversion de sa faveur que sur la haine de sa personne. Le respect que le rayon de la puissance royale, qui l'environnoit glorieusement, devoit graver dans les cœurs des sujets du Roi arrêtoit ce que la malice humaine cherchoit à blâmer en lui : et la tranquillité de la cour, jointe aux heureux succès de la guerre, lui avoit donné jusques alors plus de réputation que le moindre des courtisans ne lui pouvoit donner de honte ; mais peu à peu on alloit découvrant en lui plusieurs défauts, dont les uns se pouvoient attribuer à tous les favoris, et les autres étoient plus essentiels. On disoit qu'il ignoroit nos coutumes, et qu'il ne s'appliquoit pas assez soigneusement à les faire observer ; qu'il ne se soucioit pas, comme il l'auroit dû faire, de gouverner l'État par les lois anciennement établies, et qu'il ne protégeoit pas la justice selon qu'il y étoit obligé par sa qualité de premier ministre, et manquoit aux soins qu'il devoit au bien public. Ces péchés d'omission, quoique grands, ne pouvoient avec justice le déshonorer, parce qu'il pouvoit alors avoir de bonnes intentions qui peut-être, étant connues, l'auroient dû justifier dans le public. On peut dire néanmoins que, du tempérament dont il étoit, on ne l'accusoit pas trop à tort ; car son caractère étoit de négliger trop à faire du bien. Il sembloit n'estimer aucune vertu ni haïr aucun vice. Il paroissoit n'en avoir pas un : il passoit pour un homme habitué à l'usage des vertus chrétiennes, et ne témoignoit point en désirer la pratique. Il ne faisoit nulle profession de piété, et ne donnoit par aucune de ses actions des marques du contraire : si ce n'est qu'il lui échappoit quelquefois des railleries qui étoient opposées au respect qu'un chrétien doit avoir pour tout ce qui touche la religion. Malgré son avarice, il n'avoit pas encore paru avare ; et, dans son administration, les finances ont été plus dissipées par les partisans qu'en aucun autre siècle. Il a de même, comme je l'ai témoigné en parlant de la Reine, accordé des dignités de l'Eglise à beaucoup de personnes qui les ont voulu prétendre par des motifs profanes, et n'a pas toujours nommé aux évêchés des hommes qui pussent honorer son choix par leur vertu et leur piété. La religion a été trop abandonnée par lui, et il a toujours eu trop d'indifférence pour ce sacré dépôt que Dieu lui avoit commis. Il étoit naturellement défiant, et un de ses plus grands soins étoit d'étudier les hommes pour les connoître, pour se garantir de leurs attaques et des intrigues qui se formoient contre lui. Il faisoit profession de ne rien craindre, et de mépriser même les avis qu'on lui donnoit à l'égard de sa personne, quoiqu'en effet sa plus grande application eût pour objet principal sa conservation particulière. Ce peu de jours que ce ministre demeura dans Paris ne servit qu'à fomenter davantage l'envie qui commençoit à paroître, parce que beaucoup de ceux qui souhaitoient de le voir n'y purent réussir. Lorsqu'il monta en carrosse pour s'en aller, toute la cour du Palais-Royal étoit pleine de cordons bleus, de grands seigneurs, de gens de qualité, qui par leur empressement paroissoient s'estimer trop heureux de l'avoir pu regarder de loin. Tous les hommes sont naturellement esclaves de la fortune ; et je puis dire n'avoir guère vu de personnes à la cour qui ne fût flatteur, les uns plus, les autres moins. L'intérêt qui nous aveugle nous surprend et nous trahit dans les occasions qui nous regardent : il nous fait agir avec plus de sentiment que de lumière ; et il arrive même assez souvent qu'on a honte de ses foiblesses ; mais on ne le peut apercevoir que par la sage réflexion que chacun se doit à soi-même, et après que l'occasion de mieux faire est passée.

Aussitôt que le ministre eut rejoint la Reine, il arriva nouvelle de la frontière que les ennemis paroissoient, et faisoient mine de vouloir attaquer quelque place. Le maréchal de Villeroy partit aussitôt, à dessein de recevoir les troupes qui devoient composer une petite armée qu'on appeloit l'armée de la Reine. Bientôt après les ennemis assiégèrent Armentières, avec des forces considérables que commandoit l'archiduc Léopold, frère de l'Empereur, qui gouvernoit les Pays-bas, et dont la réputation étoit grande, tant pour la politique que pour la guerre.

La Reine fut inquiète de cette armée; et son ministre, ne voulant pas lui seul se charger des événemens, envoya convier le duc d'Orléans de revenir à la cour. Mais lui, qui savoit qu'on n'avoit pas désiré qu'il allât commander cette campagne l'armée du Roi, montra un peu de lenteur, et ne revint pas trouver la Reine plus tôt qu'il ne l'avoit promis. Etant arrivé à Paris le 21 de mai, et madame la duchesse d'Orléans avec lui, en très-bonne santé, il en partit le 28 pour aller trouver la Reine.

La cour est le centre des princes: et il faut de plus grands sujets de colère et de dégoût que ceux dont le duc d'Orléans se plaignoit pour les en pouvoir séparer. Il y trouva pour nouvelle que M. le prince avoit assiégé en Catalogne cette même place, qui l'année précédente avoit occupé huit mois le comte d'Harcourt, sans nul autre effet que de l'avoir fait passer pour malheureux. Quand ce prince lorrain fut chassé des retranchemens de Lerida, il y avoit quatre mille hommes dans la place; et M. le prince l'avoit attaquée sachant que ce même nombre de troupes y étoit encore, dans la confiance qu'il avoit peut-être alors que cette victoire ne lui pouvoit échapper. Depuis la première nouvelle de ce siége, il arriva aussitôt après un second courrier qui apprit à la Reine que ce général avoit déjà fait ouvrir la tranchée, et qu'il étoit logé dans les mêmes retranchemens du comte d'Harcourt.

M. le duc d'Orléans trouva que la Reine, à son ordinaire, visitoit les couvens, et que madame de Montbazon, qui étoit de retour à la cour, restoit dangereusement malade. Il lui rendit des soins en cette occasion qui témoignoient qu'il restoit encore dans son ame quelques petites impressions de ses anciennes flammes; et dans tous les temps il a eu toujours pour elle de l'amitié et de la confiance. Mademoiselle et madame la princesse avoient alors un petit différend sur leurs rangs, qui donna de l'occupation à la Reine pour quelques jours. Madame la princesse avoit fait mettre son drap de pied à l'égal de celui de Mademoiselle, dans une église où toutes les deux devoient aller. La première en fit ses plaintes, et la seconde répondit fièrement qu'elle étoit résolue de garder son rang; et que de céder toujours, cela étoit bon du temps de feu M. le prince qui le quittoit trop facilement; mais que, pour elle, son dessein étoit de ne pas suivre cet exemple. La Reine et le duc d'Orléans, à leur ordinaire, calmèrent ce petit orage; et, après quelques harangues faites à l'une et à l'autre, elles demeurèrent amies comme elles avoient accoutumé de l'être.

Pendant l'absence de la Reine je fis dessein d'aller en Normandie. Je partis de Paris le 1er juin. J'allai coucher chez le marquis de Maineville, près de Gisors, qui avoit épousé une petite-nièce de feu mon mari. Comme je me vis à une grande journée d'Amiens, je me laissai tenter d'y aller faire un tour avec un relais qu'ils me donnèrent. La Reine et mes amies ne m'attendoient pas: j'y fus reçue avec cette surprise qui d'ordinaire est suivie d'un peu de joie. On m'avoit soupçonnée de n'être pas satisfaite de ma fortune, et de n'avoir pas été aussi bien traitée de la Reine que je l'aurois pu désirer selon les maximes de l'ambition. En effet, mes amies, qui déplaisoient quelquefois au ministre, étoient cause que je lui étois suspecte; et il se servoit de leur mauvaise conduite pour me nuire. Comme il ne connoissoit pas mes intentions, et qu'il jugeoit de moi sur l'opinion qu'il avoit de la corruption universelle du monde, il ne pouvoit s'empêcher de me soupçonner de me mêler de beaucoup de choses contraires à ses intérêts. Il me dit un jour qu'il étoit persuadé de cela, parce que je ne lui disois jamais rien des autres, que j'écoutois parler les mécontens, que j'étois dans leur confidence, et que par ma manière d'agir je faisois voir clairement le peu d'affection que j'avois pour le service de la Reine: ajoutant que mes amis me faisoient tort, en publiant, comme ils faisoient, que j'étois une honnête personne, sûre et généreuse; parce que cela vouloit dire qu'on pouvoit murmurer avec moi sans crainte. Ce reproche marquoit assez de défiance naturelle, et combien nous étions malheureux de vivre sous la puissance d'un homme qui aimoit la friponnerie, et avec qui la probité avoit si peu de valeur qu'il en faisoit un crime. Car enfin mon humeur n'étoit pas de me faire considérer en trahissant ceux qui parloient devant moi; mais comme j'ai été toute ma vie fidèle à la Reine, que je ne haïssois le ministre par aucun emportement injuste, et que je lui trouvois de belles qualités, je satisfaisois à mon devoir et à moi-même, en défendant la vérité contre ces esprits chagrins qui blâment autant le bien que le mal, dont quelques-uns étoient de mes amis; et ma devise étoit d'être fidèle avec tous, sans rechercher de récompense que celle de ma propre satisfaction. Je lui en parlois de cette manière, et travaillois à lui persuader que ceux qui faisoient des rapports étoient ceux dont il devoit le plus se défier, et que les gens ne faisant du mal à personne ne pouvoient jamais manquer à leur devoir. Ces justifications ne me raccommodoient pas avec lui, mais elles me faisoient éviter de grands maux. C'est néanmoins le plus grand mal qu'on puisse sentir dans ce délicieux et méchant pays, que de n'y point acquérir des biens et des dignités; puisque c'est presque perdre le temps qui doit être cher à ceux qui ont quelques bonnes intentions de le bien employer. Je voulus donc remédier à ce petit bruit de faveur, par le bon visage que la surprise de la Reine m'attiroit de sa bonté; car à la cour il est aisé d'éblouir les spectateurs, et il ne leur faut jamais donner le plaisir de savoir que nous ne sommes pas si heureux qu'ils se l'imaginent, ou si malheureux qu'ils le souhaitent. Ma confiance eut le succès que j'avois désiré, et à mon égard j'en fus satisfaite. Je trouvai la Reine travaillant à son ouvrage, assez chagrine; mais ne voulant pas que son inquiétude parût, elle me fit l'honneur de me dire qu'elle croyoit qu'à Paris on décrioit fort les affaires du Roi à cause de la prise d'Armentières, qui s'étoit rendue aux ennemis depuis peu de jours, après un mois de siége; mais qu'elle vouloit bien qu'on sût qu'elle ne regrettoit pas trop la perte d'une place qui ne lui avoit coûté l'année précédente que vingt-quatre heures; que l'armée étoit forte, et qu'on alloit la mettre en état de le rendre aux ennemis. En effet, le maréchal de Villeroy revint de l'armée pendant le séjour que je fis à Amiens, qui assura qu'il l'avoit laissée en bon ordre, par l'augmentation de quatre mille hommes qu'il venoit d'y conduire avec force munitions de guerre. On fit la revue des troupes de la Ferté-Seneterre, qui n'étoient composées que de deux ou trois mille hommes, à dessein de les envoyer avec les autres. Le Roi, qui la fit faire, avoit ce jour-là un habit en broderie d'or et d'argent qui le rendit agréable aux yeux de ses soldats. Il monta un petit cheval blanc dont le crin étoit noué de rubans incarnats. Il avoit des plumes blanches à son chapeau, et en cet état sa beauté et la grâce qu'il avoit en toutes ses actions le rendoient le plus aimable prince du monde.

Il arriva des nouvelles de Lerida, qui disoient que M. le prince se promettoit de prendre cette place au 25 du mois ; et le maréchal de Gramont écrivoit au cardinal, en se moquant des Catalans, qu'ils avoient fait des efforts admirables en ce siége, et qu'ayant beaucoup promis, on les avoit quittés pour quelques volontaires : mais qu'ils n'étoient pas encore venus, et qu'on doutoit de leur arrivée. Cependant ils mandoient sérieusement que l'armée espagnole s'assembloit, et qu'ils avoient quelque sujet de crainte, tant par terre que par mer. Le prince Thomas arriva à la cour pendant que j'y étois, qui venoit pour les affaires d'Italie, dont je ne sus point le détail. Je partis d'Amiens le lendemain de la Pentecôte, après avoir suivi la Reine dans trois couvens, assez contente de mon voyage, si un cœur qui est à la cour le peut être. Je laissai la Reine et tous les courtisans dans un grand ennui : et chacun en particulier regrettoit les douceurs de Paris.

Le ministre étoit occupé à grossir l'armée, pour la mettre en état de nous défendre des ennemis, qui, après avoir pris Armentières et Comines, petit château de peu de conséquence, vinrent prendre la ville de Lens, qui de même n'étoit pas de difficile prise. De notre côté, on manda au maréchal de Turenne en Allemagne d'amener ses troupes, les meilleures de l'Europe, qui n'y étoient plus nécessaires : les Suédois vouloient la paix, et le duc de Bavière étoit d'accord avec la France. Mais, avant qu'elles arrivassent, les ennemis étant en effet plus forts que nous, les deux armées se rencontrèrent auprès de Béthune, environ le 21 ou 22 de juin. Comme elles se rencontrèrent à la vue l'une de l'autre, nos généraux, le maréchal de Gassion (1) et de Rantzau (2), un peu mieux d'accord qu'à l'ordinaire, envoyèrent à la cour demander permission au cardinal de donner une bataille; mais le ministre, à ce que mes amis m'écrivirent en Normandie, n'en fut point d'avis, et Monsieur fut de ce même sentiment. On leur ordonna de se retirer, et d'attendre les troupes d'Allemagne.

Ces troupes ne purent venir ; et le vicomte de Turenne fit savoir au ministre, peu de temps après, que son armée se mutinoit, et que les Allemands ne vouloient point passer le Rhin qu'on ne leur eût payé les montres qu'on leur devoit. Outre ces fâcheuses nouvelles, il arriva un courrier de M. le prince, qui annonça que le siége de Lerida étoit levé du 17 du mois, avec perte de toute son armée, qui s'étoit dissipée en trois jours, à cause de l'excessive chaleur de la saison, et des grandes fatigues que les soldats souffrirent: elles furent telles qu'on ne les put retenir, ni par l'espérance ni par la crainte. Le prince de

(1) Jean de Gassion, fils d'un président à mortier au parlement de Pau. Il avait fait ses premières armes sous le grand Gustave. Il fut blessé à mort le 2 octobre 1647, en assiégeant Lens. Mazarin le haïssait.
(2) Josias de Rantzau, comte et maréchal de France. Il était originaire de Holstein. Comme Gassion, il s'était formé sous Gustave. Il mourut en 1650. On lui reprochait d'aimer le vin à l'excès, et de se livrer dans l'état d'ivresse à de grands emportements.

Condé connut lui-même qu'il étoit difficile de finir bientôt cette entreprise, parce que les mineurs avoient trouvé du roc par tous les endroits où ils avoient voulu s'attacher; et il jugea plus à propos de lever le siége que d'attendre les ennemis, qui étoient en état de l'en chasser. Il en fut loué des prudens et des sages; mais comme beaucoup de gens haïssoient sa prospérité, et qu'il sembloit être invincible à tous, aux uns par l'estime qu'ils avoient pour lui, aux autres par la crainte qu'il ne le fût continuellement, un chacun trouva dans cette rencontre de quoi s'occuper, soit par l'étonnement, soit par la joie; et toute l'Europe regarda cette place avec admiration, la voyant imprenable à tant de grands hommes. Le maréchal de La Motte-Houdancourt, qui du temps du cardinal de Richelieu avoit conservé au feu Roi la Catalogne, ayant assiégé Lerida, ne l'avoit su prendre. Le comte d'Harcourt, qui avoit fait des actions d'une valeur extraordinaire, ne faisoit que d'en sortir, qui n'avoit pas mieux fait que le premier; et, pour comble de gloire, elle avoit résisté à M. le prince. Ce qui fut une douce consolation pour les deux autres n'abattit point le courage du dernier : il avoit pressenti cette mauvaise aventure; car il avoit défendu le comte d'Harcourt dans le conseil, disant qu'un capitaine, pour grand et pour vaillant qu'il fût, ne devoit point être blâmé pour être quelquefois malheureux.

La haine qu'on avoit déjà pour le ministre inspiroit dans tous les cœurs le désir de quelque changement dans les affaires, afin de consoler ceux qui souffroient d'une si longue bonace, et d'une faveur si établie. Les maux qui arrivèrent en cette campagne, par cette raison, donnèrent plus de joie qu'ils ne causèrent de tristesse; et on ne manqua pas de faire des chansons et des madrigaux à la honte de M. le prince. La France célébra cette perte avec les mêmes sentimens de l'Espagne; et je crois que la différence ne fut que dans les apparences.

Perche à gli (1) occhi malvaggi
Son teatri di gioia anco y naufragi.

Les plénipotentiaires écrivoient de Munster que les Espagnols, voyant que leur destinée commençoit à devenir plus heureuse, faisoient déjà les entendus, et se moquoient de toutes les propositions qu'on leur faisoit. Ils avoient cette année leurs troupes en état de nous prendre les places, que notre armée n'étoit pas encore assemblée; et alors des personnes éclairées crurent que le ministre se repentit de n'avoir pas profité

(1) Pour les méchants les naufrages même sont un sujet de joie.

des bons momens qui lui avoient donné la paix entre ses mains, et qu'il souhaita que l'Empereur, par le mauvais état de ses affaires, pût forcer le roi d'Espagne de s'accommoder à la nécessité, et de revenir à certaines propositions, telles à peu près qu'il les avoit accordées quelque temps auparavant.

Quand la paix n'auroit pas été si glorieuse à la France, elle n'auroit pas laissé de lui être commode et avantageuse, par le mauvais état où elle pouvoit tomber. Les longues guerres l'avoient épuisée d'hommes, de forces et d'argent. En ce temps-là, on a toujours douté si le ministre la vouloit tout de bon; mais le moment heureux étoit alors passé, et cette heure si célèbre pour la bonne fortune ne devoit pas sitôt revenir. Dieu met quand il lui plaît des bornes à notre ambition : il sait humilier ceux qui se fient en leur prudence, et montrer à nos rois, et à leurs ministres aussi, qu'ils ne sont pas les maîtres de leur sort. Le cardinal peut-être eut de bons motifs pour différer la paix, qui avoit paru à toute l'Europe dépendre de lui seul; mais comme on peut aisément soupçonner un ministre d'avoir plus d'égard à son bien particulier qu'au bien public, et que l'opinion commune a toujours été que la paix est leur ruine, à cause que toute la force du cabinet se ramasse plus aisément contre eux, on a jugé du cardinal Mazarin comme d'un homme qui avoit appréhendé ces mêmes choses.

La Reine, qui en effet désiroit la paix, m'a toujours assuré, dans tous les temps, qu'elle savoit certainement que son ministre avoit fait son possible pour la donner à la France et à toute l'Europe. Elle disoit elle-même que ce que les autres avoient sujet d'appréhender ne se rencontroit pas dans l'état de sa fortune, puisqu'il étoit assuré qu'elle ne souffriroit pas qu'on fît des intrigues contre lui, et que la même confiance qu'elle avoit en lui pendant la guerre, elle l'auroit pendant la paix. Mais il pouvoit tromper la Reine, et cette princesse ne persuadoit pas le public. Néanmoins il l'avoit souhaitée en ce temps-là, et la devoit souhaiter; car, outre qu'il a toujours paru ne vouloir tendre qu'au bien de l'Etat, il étoit avare, et le maître des finances. Il est à croire, par conséquent, que la paix lui auroit donné le moyen d'amasser de grands trésors : ce qui sans doute auroit été pour lui un charme considérable.

Les ennemis assiégèrent aussi, le 27 juin, Landrecies, place assez proche de Paris pour être de grand poids aux affaires du Roi. Leur hardiesse fit résoudre le cardinal, ou de faire lever le siége, ou de les combattre avec ce qu'il y avoit de troupes dans l'armée, qu'on n'estimoit pas à plus de quinze ou seize mille hommes. Ceux qui restoient auprès du Roi, de la Reine, du duc d'Orléans et du cardinal, soit des gens de la cour, soit des domestiques, en âge de pouvoir combattre, partirent tous pour aller grossir l'armée. La Reine, à ce qu'on me manda, les traita comme des gens qui lui faisoient plaisir de partir ; et jamais il n'y eut plus de joie qu'il en parut sur le visage de cette brave troupe, quoiqu'apparemment le combat dût être périlleux. Cette résolution prise, nos généraux passèrent la Sambre à Castillon le 2 juillet, pour aller droit aux lignes des ennemis, qui furent témoins de ce passage, avec une partie de leur armée commandée par le général Bec, lequel fut contraint de quitter le passage sans le disputer aux nôtres. Ensuite de cette action, l'armée du Roi marcha en bataille, et approcha des lignes avec vingt-cinq pièces de canon, qui d'abord tirèrent de telle furie dans le camp des ennemis, qu'ils en furent incommodés, et plusieurs des leurs furent tués ; mais les lignes se trouvèrent en si bon état de défense, le quartier de l'archiduc tellement fortifié, et ceux du comte de Bucquoy, du marquis de Caracène et des autres, si bien retranchés, qu'il parut fort difficile à nos généraux de les pouvoir forcer. Mais, pour satisfaire à la bravoure de nos gens, ils envoyèrent offrir la bataille aux ennemis : ce qu'ils refusèrent. On a dit depuis que si on les eût attaqués, et que le dessein et l'ordre du ministre eût été suivi, il auroit sans doute réussi, parce que l'épouvante se mit dans le camp des ennemis à la vue des troupes du Roi ; qu'ils sont accoutumés aux miracles de la valeur française, et qu'ils en craignent toujours les choses les plus difficiles. Les ordres étant changés, l'armée se tint en bataille toute la nuit du 2 au 3, et se retira dans le même ordre, repoussant les ennemis dans leurs lignes, quand il leur prenoit envie de s'avancer vers eux.

L'armée du Roi laissa donc Landrecies recommandée au courage du gouverneur, et se sépara en deux. Elle étoit encore augmentée de quelques troupes nouvelles, une partie commandée par le général Rantzau, et l'autre par le maréchal de Gassion. Le premier assiégea Dixmude, et la prit ; et l'autre, en même temps, assiégea La Bassée, place considérable, et capable de réparer la perte de Landrecies. Il commença son siège par une défaite d'un grand convoi que les ennemis voulurent jeter dedans : ce qui fit voir clairement que cette entreprise lui réussiroit, puisque les ennemis manquoient de ce qui étoit nécessaire à leur subsistance. En même temps nous perdîmes celle que nous avions voulu défendre ; et le gouverneur se rendit sans attendre l'effet de la mine. [Le 15 ou 16 juillet.]

Le maréchal de Gassion voyant que la prise de La Bassée étoit d'une grande conséquence, et qu'il étoit nécessaire de s'en rendre maître avant que les ennemis le pussent venir troubler, fit dire à celui qui la commandoit que s'il ne rendoit la place à l'instant même, qu'il alloit lui donner l'assaut, et qu'il ne pardonneroit ni aux femmes ni aux enfans. Cet homme, ne voulant point voir périr sa famille, proposa de se rendre dans quatre heures, si dans ce temps il n'étoit secouru. Le maréchal de Gassion, prenant courage sur cette proposition, dit tout haut, en mettant sa montre sur le fossé, que si dans trois quarts-d'heure qu'elle sonneroit il ne se rendoit, il leur déclaroit qu'il n'y auroit plus de quartier pour lui ni pour ses habitans. Le commandant, menacé par la peur et par celle des bourgeois qui ne vouloient point mourir, lui porta les clefs de la ville, et s'estima heureux de pouvoir éviter ses menaces.

Le maréchal de Gassion étoit vaillant, heureux et hardi : il étoit craint des ennemis, parce qu'il étoit homme à tout hasarder, et par conséquent à réussir en ce qu'il entreprenoit. Toute la cour le loua infiniment de sa fermeté. La Reine lui en sut gré ; et le ministre, qui voyoit avec douleur la prospérité des ennemis de l'État, fut content de cette aventure, quoique d'ailleurs il n'aimât pas l'aventurier. Il étoit néanmoins si politique, qu'en recevant cette nouvelle, qui fut le remède de ses justes appréhensions, il s'arrêta tout court, et demeura si froid et si sérieux, à ce que me contèrent depuis ceux qui étoient présens, que ses plus particuliers amis crurent qu'il avoit reçu quelque mauvaise nouvelle, et s'en allèrent tous chacun de leur côté, n'osant lui demander la cause de son chagrin. Ils en furent si fortement persuadés que la nouvelle ayant été divulguée, ils s'imaginèrent encore, après avoir raisonné sur la mine du ministre, qu'il y avoit quelque mal caché sous l'apparence de ce bien. La duchesse de Montbazon, le voyant ce jour-là chez la Reine, s'en alla à lui avec cet air libre et hardi qui lui étoit naturel, pour se réjouir avec lui de la prise de cette place ; mais lui, en passant sans s'arrêter, lui dit que la chose ne méritoit pas d'en faire tant de bruit. Elle, sans s'étonner, à ce qu'elle me conta elle-même à mon retour de Normandie, se mit à rire, et lui dit en se moquant de sa froideur : « Ho, ho ! je vois bien qu'il vous « faut des provinces entières pour vous conten-« ter. » Dans toutes les occasions de cette nature, on a toujours remarqué que ce ministre affectoit d'être gai quand les affaires alloient mal, pour montrer qu'il ne s'étonnoit point dans le péril ; et triste quand elles alloient bien, pour faire voir qu'il ne s'emportoit pas dans la joie et dans la prospérité. Sur ce sujet il avoit double raison de paroître glacé ; car il ne vouloit pas montrer sentir le service que le maréchal de Gassion venoit de rendre à l'État, afin d'éviter l'obligation de la récompense que ce général méritoit.

Le murmure étoit grand à Paris sur toutes nos pertes. L'honneur de la prise de La Bassée étoit donné à Gassion, et on donnoit le blâme des victoires que les ennemis avoient remportées sur nous au cardinal Mazarin. On les célébroit comme les marques de sa mauvaise conduite, et ses ennemis les donnoient au public comme des preuves évidentes de la doctrine qu'ils prêchoient. Ce murmure fut cause de quelques proscriptions. Le comte de Fiesque fut le plus considérable des exilés. Il avoit été bien traité du cardinal; mais, à la disgrâce du duc de Beaufort dont il se disoit ami, il déclama hautement contre lui, disant pour sa justification, au ministre, qu'entre deux amis égaux il falloit toujours suivre le malheureux et quitter le dominant. Il avoit donc partagé la disgrâce de l'un par l'exil, et montré de haïr la puissance de l'autre par ses discours; mais le cardinal, pressé par les amis du comte de Fiesque, et voulant oublier les offenses qu'il croyoit avoir reçues, l'avoit fait revenir de ce premier exil avec toutes les marques d'une vraie réconciliation. Il suivit, en pardonnant, son inclination naturelle, qui le portoit facilement à la douceur et à la paix. Celui de cet ennemi réconcilié étoit contraire au sien, et ne pouvoit souffrir de favori : il n'étoit jamais content, et il désapprouvoit toujours les actions de ceux qui gouvernoient. Son tempérament, par cette raison, l'empêcha de profiter de cette paix, et sa conduite força le ministre de l'éloigner tout de nouveau. L'abbé de Belebat le fut aussi ; Sarazin, pour avoir fait des vers satiriques ; et quelques autres de peu de renom, qui, dans des cabarets et dans les lieux publics, avoient dit quelques sottises. On fit une ordonnance qui défendoit de parler des affaires d'État ; et la Reine témoigna beaucoup d'aversion pour ceux qui parloient plus qu'ils ne devoient. Elle dit à la maréchale d'Estrées, voyant dans les rues d'Amiens arriver madame de Choisy, qui venoit parler pour Belebat son frère : « Cette « pauvre femme me fait pitié, et son voyage se« ra inutile ; car je suis résolue de punir sévère« ment tous ceux qui parleront contre le gouver« nement. » En effet, la maréchale d'Estrées, en me contant ce que j'écris, me dit que la Reine avoit tenu bon contre les prières de madame de Choisy, et avoit blâmé publiquement le cardinal Mazarin d'être trop bon et trop souffrant.

Quelques évêques se sentirent de cette mauvaise influence, entre lesquels étoit celui de Rennes, frère du maréchal de La Motte, prisonnier dans Pierre-Encise dès l'année 1644. Ce général d'armée fut arrêté à Lyon par l'ordre de la Reine, à son retour de Catalogne, accusé de péculat, et menacé de perdre la tête. L'évêque de Rennes, dans la douleur qu'il ressentoit du mauvais état où étoit son frère, ne pouvoit se taire, et avoit attiré la colère du ministre sur lui ; et ce mécontentement causa son exil avec quelque rigueur extraordinaire. On lui défendit de solliciter le parlement de Grenoble, où le procès du maréchal de La Motte devoit être jugé. L'évêque de Grasse, Godeau, qui a donné à notre siècle par ses beaux ouvrages des marques de sa piété et de la beauté de son esprit, pour quelque dégoût que le ministre eut de lui, reçut commandement d'aller résider à son évêché : ce qui ne devoit pas déplaire à un homme de bien comme lui, ni être tenu pour un commandement injuste, étant fait par une Reine chrétienne aussi pieuse que la nôtre, qui voyoit toujours avec peine tant d'évêques à Paris ne songer qu'à se divertir, à faire bonne chère aux gens de la cour ; car ceux-là ne sont pas les pauvres qu'ils sont obligés de nourrir. J'excepte de ce nombre ceux dont je parle : il est à croire qu'ils y étoient pour de bonnes raisons, et qu'en cette occasion la politique de celui qui gouvernoit avoit plus de part à leur bannissement que la piété de la Reine. Montrésor (1), par une contraire destinée, sortit de prison. Il avoit été attaché au duc d'Orléans, et avoit autrefois prétendu à sa faveur ; mais l'abbé de La Rivière, son rival, l'avoit éloigné des bonnes grâces de son maître. Ce gentilhomme avoit été contraire au cardinal de Richelieu : il s'étoit fait connoître en tout temps pour être de ces Catons français qui haïssent ce qu'ils appellent la tyrannie des favoris ; mais, outre ces raisons, il étoit ami de madame de Chevreuse et de mademoiselle de Guise, qui jusqu'alors n'avoient pas eu de part à la faveur. Le jeune prince d'Orange, gendre du roi d'Angleterre, en considération de Saint-Ibal, ami de Montrésor, pria le cardinal Mazarin de le mettre en liberté ; et cette prière eut beaucoup de force, parce que le prince d'Orange étoit en grande considération. Mademoiselle de Guise parut aussi demander l'amitié du ministre ; et, s'étant raccommodée à la cour, elle contribua à l'adoucissement du bannissement de son ami. Ainsi, par la vicissitude des choses de ce monde, les uns souffrent, et les autres se réjouissent.

La Reine ayant remis l'ordre dans nos frontières, et laissé l'armée du Roi en état de se bien

(1) Auteur des Mémoires qui font partie de cette collection.

défendre, partit d'Amiens, et alla passer quelques jours à Abbeville. De là elle vint à Dieppe, dans le dessein d'aller à Rouen ; mais notre province fut si insensible à l'honneur que le Roi lui faisoit, et particulièrement la ville de Rouen, qu'elle évita avec tout le soin possible de la recevoir. La Reine, de son côté, fit semblant d'appréhender le tracas et l'importunité de cette visite, et des harangues qu'il auroit fallu entendre. Elle se résolut de s'en retourner par Gournay, Gisors et Pontoise. Elle ne tarda que trois jours à Dieppe, dont le séjour lui fut agréable. Elle se plut à la vue de la mer, qu'elle voyoit des fenêtres de sa chambre, et d'où elle vit des brûlots se consumer sur la mer pour la divertir. Le Roi alla voir un vaisseau que la reine de Suède lui avoit envoyé, grand et beau, et on fit devant lui une espèce de combat naval ; mais, pour combler de joie les habitans, on leur fit cet honneur de leur laisser la garde de la personne du Roi, quoiqu'il y eût nécessité d'en user ainsi, parce qu'il y avoit peu de gardes auprès de lui. Ce peuple, qui avoit été fidèle à Henri IV, grand-père du Roi, méritoit qu'on leur donnât des marques de la confiance qu'on avoit en eux ; et comme ils ne manquèrent pas de le prendre sur ce pied-là, ils alloient criant dans les rues qu'on faisoit bien de leur confier le Roi, et qu'il n'y avoit point parmi eux de Ravaillacs. Les femmes couroient après Leurs Majestés ; et les villageois de cette contrée, en les suivant, leur donnoient des bénédictions infinies qui, malgré leur vilain langage normand, ne laissoient point de leur plaire. J'ai ouï dire à la Reine même que l'affection qu'elle avoit reconnue en ce peuple lui avoit été assez agréable pour lui ôter la peine qu'elle ressentoit d'ordinaire par de telles importunités.

Quoique la Reine eût désiré de pouvoir éviter d'entendre des harangues, elle ne put néanmoins s'en exempter entièrement. Le parlement de Normandie vint la saluer, la chambre des Comptes, la cour des Aides. Dans cette journée, nous vimes ce qui n'est pas extraordinaire à voir, mais qui de soi est toujours terrible à l'esprit de l'homme. Le premier président de Rys, âgé de plus de soixante ans, mais d'une santé vigoureuse, en sortant de la chambre de la Reine mourut subitement sur le haut de l'escalier, et si promptement qu'il n'y eut nul intervalle entre sa vie et sa mort. Le Roi et la Reine y coururent pour lui faire ouvrir la bouche, et lui faire prendre des remèdes ; mais ils le trouvèrent sans vie, et leur charité fut inutile. J'avois été trouver la Reine à Dieppe, pour y demeurer tant qu'elle seroit dans notre province : j'eus part à ce spectacle, avec le sentiment d'horreur qu'on a quand on le voit de près. La Reine reprit le chemin de Paris avec plaisir, et bientôt après je la suivis, et m'en retournai la trouver.

J'arrivai à Paris le 28 août, fort lasse de mon voyage, parce j'avois toujours couru. La campagne n'est belle qu'avec le repos et la solitude, quand on y peut goûter les plaisirs innocens que la beauté de la nature nous fournit dans les bois et auprès des rivières. Je trouvai la Reine dans la chambre du duc d'Anjou ; il étoit malade d'une maladie assez considérable pour pouvoir donner de l'inquiétude à une aussi bonne mère qu'elle l'étoit. Il commençoit néanmoins à se mieux porter, et sa chambre étoit pleine de personnes des plus considérables de la cour. Ce chagrin, qui est inséparable de la maladie, fit que ce petit prince se trouva incommodé de la bonne compagnie, et qu'il supplia la Reine de les chasser tous, et de vouloir demeurer seule avec lui. La Reine lui dit qu'elle n'osoit pas le faire, parce que madame la princesse y étoit, et beaucoup de personnes qualifiées. Il lui répondit : « Eh ! bon Dieu, « madame, moquez-vous de cela. N'êtes-vous pas « la maîtresse ? Et à quoi vous sert votre cou- « ronne, si ce n'est à faire votre volonté ? Vous « me chassez bien quand il vous plaît, moi qui « suis votre fils : n'est-il pas juste qu'un chacun « ait son tour ? » J'étois auprès de la Reine ; et comme elle trouva qu'il avoit raison, elle me fit l'honneur de me dire : « Il faut le contenter ; mais « ce ne sera pas à sa mode, car il faut que je m'en « aille pour lui pouvoir ôter tout ce qui l'impor- « tune. » Elle amena avec elle madame la princesse, et tout ce qu'elle n'avoit pu quitter. Ce prince eut de l'esprit aussitôt qu'il sut parler. La netteté de ses pensées étoit accompagnée de deux belles inclinations qui commençoient à paroître en lui, et qui sont nécessaires aux personnes de sa naissance, la libéralité et l'humanité. Il seroit à souhaiter qu'on eût travaillé à lui ôter les vains amusemens qu'on lui a soufferts dans sa jeunesse. Il aimoit à être avec des femmes et des filles, à les habiller et à les coiffer : il savoit ce qui seyoit à l'ajustement, mieux que les femmes les plus curieuses : et sa plus grande joie, étant devenu plus grand, étoit de les parer, et d'acheter des pierreries pour prêter et donner à celles qui étoient assez heureuses pour être ses favorites. Il étoit bien fait ; les traits de son visage paroissoient parfaits. Ses yeux noirs étoient admirablement beaux et brillans : ils avoient de la douceur et de la gravité. Sa bouche étoit semblable en quelque façon à celle de la Reine sa mère. Ses cheveux noirs à grosses boucles naturelles convenoient à son teint ; et son nez, qui paroissoit devoir être aquilin, étoit alors assez bien fait. On pouvoit croire que si les années ne diminuoient point la beauté de ce prince, qu'il en pourroit disputer le prix avec les plus belles dames ; mais, selon ce qui paroissoit à sa taille, il ne devoit pas être grand.

Ce même jour, sur le soir, les gens du Roi vinrent trouver la Reine, par son commandement. Elle les avoit mandés pour se plaindre à eux du parlement, qui s'étoit opposé à certain tarif qu'on avoit mis sur toutes les denrées, et qui jusques alors n'avoit point été établi, à cause que le président de Mesmes, tenant les vacations en 1646, en avoit défendu l'exécution ; mais, malgré cette défense, on avoit remis l'affaire en délibération au conseil, où, dans le besoin qu'on avoit d'avoir de l'argent, l'on avoit trouvé à propos de maintenir l'autorité royale par cette voie. Le parlement, qui prétendoit être en droit d'examiner les édits qui étoient à charge au peuple, ayant maintenu ce que le président de Mesmes avoit fait, et ordonné que très-humbles remontrances seroient faites à la Reine sur cette affaire, leur résistance fit résoudre la cour à leur proposer quelques autres édits plus faciles à faire passer. Il se fit sur ce sujet une conférence au Palais-Royal, où se trouva le conseil du Roi et le parlement. La Reine n'y assista point, parce que c'est l'ordre que les sujets ne confèrent point avec leurs maîtres. Ils s'assirent tous auprès d'une grande table : le duc d'Orléans à la première place, le cardinal vis-à-vis de lui ; au-dessous de Monsieur étoit le chancelier, et au-dessous du cardinal le premier président, et les autres ensuite selon leur rang. D'Emery, alors surintendant des finances, étoit au coin de la table, comme n'ayant point de séance ; et les quatre secrétaires d'Etat étoient en leurs postes ordinaires. On avoit cru que le chancelier harangueroit ; mais le cardinal lui avoit envoyé un Mémoire fait par de Lyonne, secrétaire, où par son ordre les principaux points de son discours étoient marqués. Le chancelier, en s'assujétissant à cette leçon, ne trouva pas qu'il pût soutenir la gloire qu'il avoit acquise toutes les fois qu'il avoit parlé en public : il aima mieux ne rien dire, et s'excusa sur quelque incommodité.

Dans cette conférence on résolut enfin de passer le tarif, parce que le parlement jugea que, dans les propositions qu'on leur fit, l'avantage du peuple n'y seroit pas plus grand. Ils résolurent seulement de le modifier, et ordonnèrent qu'il ne se lèveroit que pour deux ans, au bout desquels le parlement fit défense de ne plus rien lever ; et en même temps défenses à la cour des Aides de s'en mêler. Pour faire recevoir à la Reine la hauteur de leur procédé avec moins de peine, ils adoucirent cette amertume par quelques autres édits qu'ils joignirent au tarif. Avec de l'argent, le cardinal Mazarin fut content ; et la Reine le fut aussi, parce qu'elle évita par cet accommodement la fatigue d'aller au parlement en personne faire passer ces mêmes édits : ce qu'elle eût été forcée de faire si la chose n'eût pris cette voie de douceur.

Il y avoit encore une affaire sur les bras du ministre qui ne lui plaisoit pas, et dont le parlement, malgré lui, avoit pris connoissance. On avoit donné pour juges au maréchal de La Motte le parlement de Grenoble ; et lui, comme duc par son duché de Cardonne, que le feu Roi lui avoit donné sur ses conquêtes en Espagne, et comme maréchal de France né dans le ressort de Paris, il prétendoit que le parlement de Paris le devoit juger, et refusoit de répondre devant d'autres juges. Le parlement, sur sa requête, avoit ordonné qu'il leur seroit amené ; et défenses furent faites à tous autres juges d'en connoître. La Reine avoit envoyé Carnavalet, enseigne des gardes du corps, pour le mener à Grenoble, et un exempt à son frère l'évêque de Rennes, pour lui ordonner de ne point solliciter pour lui. Mais cette rigueur, qui venoit du conseil du ministre, n'étant pas soutenable parce qu'elle étoit contre les formes, fut cause qu'il prit la résolution de s'adoucir en faveur du prisonnier ; et le maréchal de La Motte profita de sa clémence, ou de sa foiblesse, ou de la hauteur du parlement. Le ministre, comme je l'ai dit, étoit accusé d'ignorer les lois de l'État ; et cette ignorance étoit cause qu'il entreprenoit toutes choses sans crainte, et qu'à la moindre résistance qu'on lui faisoit, soit avec fondement, soit avec malice, il se troubloit facilement : et ce trouble produisoit presque toujours en lui des actions de bonté et de douceur. Il n'avoit pas de peine à pardonner ; et trouvant qu'il y en avoit beaucoup à soutenir une mauvaise affaire, il choisissoit toujours de sortir de ces embarras par la porte honorable de l'humanité et de la réconciliation.

Alors, le 11 septembre, nous vîmes arriver d'Italie trois nièces du cardinal Mazarin, et un neveu. Deux sœurs Mancini et lui étoient enfans de la sœur cadette de l'Éminence ; et la troisième nièce étoit Martinozzi, fille de la sœur aînée de ce ministre.

L'aînée des petites Mancini (1) étoit une agréable brune qui avoit le visage beau, âgée d'environ douze ou treize ans. La seconde (2) étoit brune, avoit le visage long, et le menton pointu. Ses yeux étoient petits, mais vifs ; et on pou-

(1) Madame de Mercœur.
(2) Madame la comtesse de Soissons.

voit espérer que l'âge de quinze ans leur donneroit quelque agrément. Selon les règles de la beauté, il étoit néanmoins impossible alors de lui en attribuer d'autre que celle d'avoir des fossettes à ses joues. Mademoiselle de Martinozzi étoit blonde : elle avoit les traits du visage beaux, et de la douceur dans les yeux. Elle faisoit espérer qu'elle seroit effectivement belle ; et si nous eussions été assez bons astrologues pour deviner dans sa physionomie les avantages de sa fortune comme on jugea celui de sa beauté, on eût su en ce temps-là que sa destinée lui devoit donner une grande qualité (1). Ces deux dernières étoient de même âge, et on nous dit qu'elles avoient environ neuf à dix ans. Madame de Nogent les fut recevoir à Fontainebleau par ordre du cardinal Mazarin. Ce ministre ne vouloit pas avoir des obligations trop fortes à une personne des plus considérables de la cour, de peur d'être obligé à des reconnoissances incommodes. Il traita cette affaire comme un homme dont le principal soin étoit de paroitre désintéressé ; et le jugement que ses courtisans familiers en firent fut qu'en les abandonnant entre les mains du comte de Nogent pour les conduire dans les premières entrées c'étoit un grand flatteur qui seroit capable de porter la flatterie jusqu'à l'extrémité, et de s'empresser de leur faire les honneurs de tout le monde : sur quoi il pouvoit toujours dire, « C'est l'humeur du personnage, » et le tourner en ridicule avec la Reine, s'il le jugeoit à propos ; car il lui arrivoit de le traiter de cette manière sur ses vains discours et ses bouffonneries. Cet homme avoit toute sa vie contrefait le plaisant : il affectoit de faire rire, parlant incessamment sans qu'on pût l'accuser de dire quelque chose. Il est parvenu par ce chemin au bonheur de faire une grande fortune. Il n'y a point de personne de qualité à la cour qui en ait reçu de plus grands avantages que lui, soit par la privauté, soit par les prérogatives et préférences aux grâces de distinction, ou soit enfin dans les grands biens qu'il possédoit et qu'il avoit commencé d'amasser sous le feu cardinal de Richelieu, qui avoit le plus contribué à le faire riche. Ce grand diseur de riens, par la bassesse a trouvé le moyen de s'élever et d'obtenir ce que sa naissance lui refusoit, et ce que la vertu et le grand mérite ne lui auroient pas donné si facilement. Il avoit de l'esprit à sa mode : il n'étoit pas méchant, et je ne lui ai jamais ouï dire de mal de qui que ce soit. Peut-être que dans les grandes occasions le désir de plaire lui a fait commettre de grandes fautes devant Dieu ; mais selon ce qui en paroissoit extérieurement, s'il ne protégeoit pas les misérables, il ne contribuoit pas à les perdre. Il faisoit plaisir quand il pouvoit, selon sa manière, qui étoit de tourner toutes choses en railleries. S'il étoit difficile de l'estimer, il étoit encore plus difficile de le haïr ; car il n'en donnoit point de sujet véritable. Cet illustre harangueur fut donc celui qui, par les mains de sa femme, présenta à la Reine le neveu et les nièces de son ministre. Elle les voulut voir le soir qu'elles arrivèrent, et les vit avec plaisir. Elle les trouva jolies, et le temps que ces enfans furent en sa présence fut employé à faire des remarques sur leurs personnes. Madame de Senecay offrit à la Reine de les aller voir le lendemain, et de leur aller faire un compliment de sa part ; mais on lui fit entendre que le cardinal ne souhaitoit point qu'on les visitât ; et qu'étant logées chez lui dans sa maison, où il étoit bien aise d'aller quelquefois se reposer, s'il souffroit qu'on y allât, le monde l'incommoderoit trop. Il ne doutoit pas, sans trop se flatter, que s'il avoit montré d'agréer les visites, la presse n'y fût extrême.

Quand cet oncle si révéré, si heureux et si puissant, vit arriver ses nièces, il quitta la Reine aussitôt qu'elles entrèrent dans son cabinet, et s'en alla chez lui se coucher. Après qu'elles eurent vu la Reine, on les lui mena ; mais il ne montra pas de s'en soucier beaucoup : au contraire, il fit des railleries de ceux qui étoient assez sots pour leur rendre des soins ; et, malgré ce mépris, il est certain qu'il avoit de grands desseins sur ces petites filles. Toute son indifférence là-dessus n'étoit qu'une pure comédie ; et par là nous pouvons juger que ce n'est pas toujours sur les théâtres des farceurs que se jouent les meilleures pièces.

Le lendemain on ramena les nièces chez la Reine, qui les tint quelques momens auprès d'elle pour les mieux considérer ; et le cardinal Mazarin y vint aussi, qui n'en parut pas plus touché que le premier jour. On les montra ensuite en public : chacun se pressa pour les voir, et les spectateurs se forcèrent de les traiter tantôt d'agréables, et tantôt de fort belles : même on leur donna de l'esprit par les yeux ; et toutes les choses qui peuvent être louanges leur furent amplement attribuées par leur libéralité. Pendant que les courtisans s'empressèrent de parler sur ce sujet, le duc d'Orléans s'approcha de l'abbé de La Rivière et de moi, qui causions ensemble auprès de la fenêtre du cabinet, et nous dit tout bas : « Voilà tant de monde autour de ces « petites filles, que je doute si leur vie est en sû- « reté, et si on ne les étouffera point à force de « les regarder. » Le maréchal de Villeroy s'approcha de lui en même temps, qui avoit une gravité de ministre ; il lui dit aussi : « Voilà des

(1) Elle devint princesse de Conti.

« petites demoiselles qui présentement ne sont
« point riches, mais qui bientôt auront de beaux
« châteaux, de bonnes rentes, de belles pierre-
« ries, de bonne vaisselle d'argent, et peut-être
« de grandes dignités ; mais pour le garçon,
« comme il faut du temps pour le faire grand, il
« pourroit bien ne voir la fortune qu'en pein-
« ture : » voulant dire que son oncle pourroit
tomber avant qu'il fût en âge de l'élever bien
haut ; en quoi, sans y penser, il prophétisa entièrement. Les filles sont devenues plus grandes
dames qu'il ne croyoit ; et le garçon n'a point en
effet joui de son bonheur, parce que la mort le
déroba à la faveur de celui qui auroit pu le mettre en état d'être respecté de tout le monde. Un
Italien de mes amis me dit quelque temps après
qu'on avoit été étonné à Rome quand on avoit
su de quelle manière ces enfans avoient été reçus en France, et surtout de ce qu'on leur écrivoit que les princes et les grands seigneurs pensoient à les épouser. Selon ce que ces nièces
étoient en leur pays, et selon leur naissance,
elles auroient eu peu de prétendans, et peu de
gens se pressoient à Rome pour les voir ; mais
le rang qu'elles avoient à la cour lorsqu'elles y
furent peut faire juger de l'état où étoit celui
qui leur donnoit ce lustre, que les Italiens ne
pouvoient approuver. Ils se moquoient de notre
nation de ce qu'elle se laissoit gouverner par
un homme qu'ils n'aimoient pas, parce qu'ils le
connoissoient trop, et qu'il est naturel aux
hommes de n'admirer que les choses éloignées.

Fugga (1) il tetto nativo
Chi gloria brama.]

La princesse Palestrine, dona Anna Colonna,
qui s'en retourna en Italie peu de temps après
leur arrivée, m'assura que le cardinal lui avoit
dit en confidence, parlant de ses nièces, que
déjà les plus grands du royaume les lui demandoient. Il avoit dit néanmoins à ses amis, quelques années auparavant, leur montrant des statues qu'il avoit fait apporter de Rome, que c'étoit
là les seules parentes qu'il vouloit faire venir en
France ; mais, comme sage, il changea d'avis,
et se laissa presser par la Reine de les faire venir, à qui il ne vouloit point refuser cette grâce.
Il ne fit rien de contraire à la raison : il étoit
juste qu'il fît part aux siens de sa grandeur, et
qu'il s'en servît pour affermir davantage sa fortune. Si ceux qui sont les maîtres ne s'appliquent
à borner l'ambition de leur ministre, ils sont
excusables si pendant leur puissance ils désirent
au-delà d'une juste récompense de leurs servi-

(1) Qui aspire à la gloire doit quitter le toit sous lequel
il est né.

ces. Il est naturel à l'homme de vouloir plus de
gloire, plus de bonheur, plus de bien qu'il n'en
a, et bien souvent plus qu'il n'en mérite.

Le lendemain, au lever de la Reine, il arriva
une petite aventure à une dame de la cour, assez
dure et fâcheuse pour être mise au rang des
amertumes qu'on goûte souvent dans le cours de
la vie. La duchesse de Schomberg, en perdant le
nom de madame de Hautefort, ainsi que je l'ai dit,
avoit quitté ses prétentions sur la charge de dame
d'atour que possédoit encore sa grand'mère madame de La Flotte, moyennant deux cent mille
livres de récompense ; mais comme le désir de la faveur est une chaîne invisible qui attache tous les
hommes à la personne des rois, les uns par inclination, les autres par intérêt, et que peu de
personnes s'en séparent volontiers, madame de
Schomberg faisoit souvent ce qu'elle pouvoit
pour regagner les bonnes grâces de la Reine, et
auroit souhaité reprendre auprès d'elle cette familiarité du temps passé. Il est de l'ordre que la
dame d'honneur doit toujours servir la Reine de
droit, si ce n'est qu'elle cède cet honneur à une
princesse du sang en lui présentant la chemise ;
et quand la dame d'atour y est, elle partage
avec elle le service sur certaines choses. Madame
de Schomberg, depuis son mariage, s'étant
trouvée seule auprès de la Reine, avoit eu l'honneur de la servir ; et la Reine l'avoit reçue agréablement pour lui faire grâce et ne la pas rebuter,
mais non pas comme ayant aucun droit de représenter la dame d'atour en cette occasion.
Elle voulut jouir du même privilège, madame
la princesse y étant présente, et madame la
marquise de Senecey. La Reine lui dit alors, et
assez sévèrement, car l'ancienne amitié étoit
tout-à-fait effacée : « Madame, vous ne voyez
« pas que madame de Senecey est là, et que
« vous faites sa charge. » La duchesse de Schomberg lui répondit assez brusquement qu'elle la
voyoit bien ; mais que ce qu'elle faisoit étoit la
sienne. La Reine un peu émue répartit aussitôt :
« Votre charge, madame ! et n'y avez-vous pas
« renoncé en vous mariant, pour deux cent mille
« livres que je vous fais donner de récompense ?
« — Oui, madame, lui dit madame de Schom-
« berg ; mais je ne les ai pas encore reçues. C'est
« pourquoi je croyois être en droit de l'exercer.
« — Oh bien, madame, vous serez payée, lui
« répondit la Reine : il y a assez d'argent en
« France pour cela ; mais cependant sachez qu'il
« est difficile de rentrer dans mon cœur quand
« une fois on en est sorti. » Cette dame, touchée
d'une sensible douleur, ne répondit alors que par
des larmes, et ne laissa pas de suivre la Reine
tout le jour, sans même se pouvoir empêcher de

pleurer devant elle. Elle se fit cette violence pour ne pas donner des embarras à son mari, qui lui avoit souhaité le retour de sa faveur passée. La Reine, attendrie de pitié, pour adoucir sa douleur lui parla et lui fit quelques caresses; mais, à ce que m'a dit depuis cette dame, elle revint chez elle avec intention de ne plus prétendre aux bonnes grâces de cette princesse. Elle se contenta de la voir ensuite comme les duchesses, qui ne viennent au Louvre qu'à l'heure du cercle. Puis, quelque temps après, sans bruit ni sans plainte, elle et le maréchal de Schomberg allèrent dans leur maison et dans leur gouvernement vivre de cette vie chrétienne qui seule peut donner le repos de l'esprit et la tranquillité de l'ame. Cette petite histoire fit un grand bruit à la cour : chacun en cette occasion en parloit selon son sentiment particulier. Quelques-uns blâmèrent madame de Schomberg d'imprudence d'avoir voulu se hasarder à recevoir ce déplaisir, et d'autres accusoient la Reine de trop de rudesse, vu qu'elle n'en avoit jamais pour personne. Quelques heures après, lui ayant demandé ce que c'étoit que cette aventure qui faisoit du bruit, elle me dit tout ce que j'ai écrit, et me dit de plus avec bonté qu'elle avoit été fâchée de ce que cette dame l'avoit forcée, contre son humeur, de lui causer ce chagrin, vu qu'elle n'aimoit point à faire de la peine à qui que ce soit; mais qu'elle n'avoit pas voulu être prise pour dupe, et qu'elle avoit bien vu qu'elle agissoit de cette manière, non pas pour travailler à regagner son amitié, puisque ce motif eût été obligeant, mais purement pour demeurer dans la prétention de sa charge malgré elle, afin de tâcher sans doute de la conserver à d'Escars sa sœur, pour qui elle avoit toujours eu une grande aversion; et qu'il n'étoit pas juste que, pour être reine, elle fût servie malgré elle de ceux qui ne lui plaisoient pas. La duchesse de Schomberg m'a depuis confirmé les mêmes choses, m'assurant qu'elle auroit souhaité de conserver sa charge à sa sœur.

En ce temps, le landgrave de Hesse vint voir la France : il fut bien reçu de la Reine et de toute la cour, non-seulement pour son mérite, mais parce que la princesse sa mère avoit toujours tenu constamment le parti de la France, et n'avoit jamais témoigné de foiblesse ni de changement dans ce dessein. Elle s'étoit vue, par sa fermeté, dans de grands périls qui souvent l'avoient menacée d'une ruine entière. La crainte de ces maux auroit pu étonner une ame moins forte que la sienne; mais elle avoit beaucoup de courage, avec une grande capacité. Son fils étoit bien fait de sa personne, mais il avoit le visage gâté de la petite vérole : si bien qu'il ne pouvoit être loué que de sa bonne mine. Je pense même qu'il n'étoit pas encore aussi habile que sa généreuse mère, pour qui toute l'Europe avoit conçu tant de vénération. La Reine le fit asseoir devant elle, et lui fit tous les honneurs et les régals qu'il lui fut possible, afin de payer en sa personne les obligations que l'Etat avoit à la fidélité de cette illustre veuve.

La Reine, pour trouver quelque plaisir dans le changement, partit de Paris le 15 de septembre, pour aller passer l'automne dans cette belle demeure de Fontainebleau, et laissa le petit Monsieur à Paris, qui n'étoit pas encore assez bien guéri pour lui donner cette fatigue. Le maréchal de Villeroy, qui vouloit plaire à celui qui l'avoit fait gouverneur du Roi, inspira dans le cœur de ce jeune prince le désir de mener le petit Mancini à ce voyage. Le Roi le demanda instamment à la Reine, qui volontiers pria le cardinal Mazarin que le petit Mancini n'allât point aux jésuites.

La veille du départ de la Reine, je m'approchai de ce ministre pour lui rendre les hommages qui étoient dus à celui qui en recevoit des plus grands du royaume. Il paya mes complimens par une fausse querelle qu'il me fit à son ordinaire : car c'étoit sa coutume de nous donner souvent des alarmes. Il me dit qu'on l'avoit assuré que Sarazin, ce poète disgracié, avoit fait des vers chez moi, malicieux et satiriques, qui attaquoient la personne de la Reine. J'avois l'esprit si éloigné de penser à une chose de cette nature, que d'abord je ne remarquai pas assez l'horreur de cette injure. Je lui répondis seulement, et comme en riant, que la raillerie même en seroit trop dure à une personne comme moi, qui ne prendroit pas plaisir à entendre des vers satiriques contre mes plus grands ennemis; que je croyois me faire tort de répondre sérieusement à cette fausseté, et qu'il y avoit quatre ans que je n'avois vu cet homme. C'étoit la vérité. De là, je passai à d'autres affaires que j'avois à lui dire, et ne lui en fis pas plus de bruit. Je suis persuadée que je fis mal ma cour; car, n'aimant pas à nous faire des biens véritables, il se plaisoit à nous donner des fausses inquiétudes, afin que nous lui fussions obligées, en nous pardonnant nos crimes imaginaires et en nous laissant en repos. D'autres fois aussi il traitoit les gens avec tant de douceur et d'apparente bonne volonté, qu'il étoit impossible d'éviter d'en être charmé; et quand il vouloit plaire, il trompoit toujours les personnes les plus détrompées. Mais à mon égard ses faveurs étoient rares. Comme je fus revenue chez moi, me ressouvenant de cette malice que la politique de notre ministre ou que la noirceur de quelque méchant esprit m'avoit faite, je passai quelques heures de la nuit à murmurer contre le monde, contre l'ambition qui nous flatte et la foiblesse qui nous y retient. Je dis souvent en moi-même :

Molto (1) *avrai, se nulla speri.*

Mais, après toutes mes morales, je connus que notre raison n'a aucune force quand la grâce de Dieu ne s'en mêle point, et que c'est avec sujet que, par la connoissance de notre foiblesse, nous pourrions dire :

Que holgamos (2) *de hablar bien, quando hablamos*
Magníficas sententias componiendo.
Pero quando allas obras nos allegamos
Renuimos todos de la carrera,
Y con solo el hablar nos contentamos.

Toute ma fausse sagesse ne fit donc aucun effet en moi, que celui de me faire penser de belles morales qui ne me soulagèrent point. Je m'en plaignis à la Reine, qui trouva que j'avois raison d'être affligée : et, malgré l'approbation qu'elle avoit accoutumé de donner à ce qui venoit du cardinal, son équité naturelle fit qu'elle eut de la peine de voir qu'il eût écouté cette fable, et qu'il eût voulu m'en parler comme d'une histoire croyable. Elle m'assura de plus qu'elle lui en diroit son sentiment, et j'ose croire qu'elle lui fit voir que l'accusation qu'il m'avoit faite étoit tout-à-fait déraisonnable. Cette princesse étoit pleine de bonté et de justice : elle n'étoit point soupçonneuse, point facile à persuader; et quand on lui disoit du mal de quelqu'un dont elle avoit bonne opinion, elle y résistoit fortement. Nous aurions trouvé en elle une bonace sans nulle tempête, si celui en qui elle avoit de la confiance n'eût point eu trop souvent le pouvoir de changer ses premières impressions, par le soin qu'il prenoit de mépriser devant elle ceux qu'elle estimoit; mais, quand il vouloit perdre quelqu'un, il falloit néanmoins, pour y réussir, qu'il eût des matières propres à la pouvoir tromper par les apparences d'une cause véritable. Comme la mienne ne la pouvoit persuader, je sentis en cette occasion, comme dans les autres dont j'ai déjà parlé, quelle étoit la droiture de son ame quand ses lumières naturelles ne pouvoient être obscurcies. Je puis encore dire avec vérité que ce qui pouvoit nuire à ceux à qui elle vouloit du bien, elle ne le disoit jamais à son ministre; et, parmi ceux qu'il a haïs et voulu chasser de la cour, il y en a eu qu'elle a soutenus contre lui par la seule

(1) Tu auras beaucoup, si tu n'espères rien.
(2) Le sens est : Que nous aimons mieux bien dire que bien faire.

raison de leur innocence, parce qu'elle lui a été mieux connue que celle des autres, ou parce qu'en effet ils en avoient davantage. Le cardinal a dit souvent à Le Tellier (à ce que ce ministre m'a dit lui-même) que la dévotion de la Reine l'embarrassoit, et qu'elle ne se rendoit que difficilement sur ce qu'elle croyoit être de la gloire de Dieu. Elle avoit assez de lumières pour connoître le bien; et si elle avoit eu de la force pour le défendre toujours, les plumes des historiens ne pourroient lui donner assez de louanges : mais elle avoit trop de défiance d'elle-même, et son humilité la persuadoit aisément de son incapacité au gouvernement de l'Etat. Ce sentiment, en quelque façon injuste et déraisonnable, a beaucoup servi à l'établissement de la puissance de son ministre, qui sans cet excès auroit rempli dignement la place où le feu Roi l'avoit établi, et où la Reine l'avoit maintenu. S'il avoit pu croire n'être pas si nécessaire à cette princesse, il auroit pris plus de soin de mériter l'estime de tous les peuples. S'il avoit appréhendé les mauvais offices qu'on lui auroit pu rendre auprès d'elle, il auroit eu plus de considération pour les gens de bien, qui auroient toujours eu du crédit auprès d'elle; car naturellement elle avoit de la bonne volonté pour eux. Et enfin, si la Reine avoit voulu s'estimer davantage et soutenir plus souvent ses propres sentimens, comme elle le faisoit quelquefois quand elle croyoit y être obligée par son devoir, ses bonnes intentions auroient perfectionné celles du ministre, qui en effet avoit de belles qualités, et qui, bien ménagées par une puissance au-dessus de la sienne, l'auroient pu rendre un ministre digne de l'estime générale. La grandeur de son génie l'a mis au-dessus des autres hommes, non-seulement par bonheur, mais par supériorité de connoissances. Jamais nul de ceux qui ont eu sa familiarité et sa confidence n'a eu pouvoir sur lui qu'autant que la nécessité de ses affaires et de ses desseins l'y ont forcé. Il avoit une grande expérience pour les affaires étrangères, et il étoit capable des plus hautes entreprises. Il travailloit beaucoup. Sa politique étoit fine; il étoit habile dans l'intrigue; il parvenoit à ses fins par des détours et des finesses quasi impénétrables. Il n'étoit point méchant ni cruel. Il n'a pas même eu d'abord une ambition démesurée, car jusques alors il s'étoit privé des grands établissemens que tous les autres favoris avoient eus. Il n'avoit encore pris ni places, ni gouvernemens, ni dignités, ni charges jusque-là. Aussi son avidité pour les trésors n'avoit point encore paru telle qu'elle étoit en effet; et ceux qui l'accusoient d'en avoir étoient injustes. Plusieurs de ceux qui lui faisoient la cour lui devolent déjà de grandes grâces; et beaucoup de ceux-là étoient plus riches que lui. Il étoit assez aimable de sa personne; et, malgré ses défauts, on parlera sans doute de lui comme d'un homme extraordinaire. Sa prodigieuse puissance étonnera tout le monde; et les merveilleux événemens de sa fortune l'élevèrent bien haut. Il a eu la destinée des grands hommes, tant par son bonheur que par ses infortunes : il en pourra aussi avoir la réputation, et je doute si tous les siècles ensemble nous en pourront produire une plus grande.

Le cardinal donna une marque de sa facilité à bien faire en arrivant à Fontainebleau. Il se laissa persuader par les partisans de Châteauneuf de lui faire le plaisir qu'il pût faire la révérence à la Reine : ce qu'il fit de bonne grâce, malgré les sujets qu'il avoit de le regarder comme son rival. La Reine vit cet ancien ministre, le traita honnêtement; mais, par les choses qu'elle lui dit, elle voulut qu'il comprît que si le cardinal Mazarin ne l'avoit point souhaité, elle ne l'auroit point vu, afin qu'il connût lui en avoir toute l'obligation. Châteauneuf fit dire au chancelier que le bon traitement qu'il recevoit alors de la cour, et qu'il avoit souhaité pour ôter de dessus son front le bandeau de la disgrâce, n'étoit en rien contre lui; qu'il étoit son serviteur, et qu'il l'en assureroit lui-même s'il avoit le bonheur de le rencontrer. Le ministre, ayant néanmoins considéré l'embarras de ces deux hommes s'ils se fussent vus, fit venir Châteauneuf avant que le conseil arrivât à Fontainebleau. Cet exilé avoit été autrefois garde des sceaux, et celui qui les possédoit alors auroit eu lieu de craindre le renouvellement de sa faveur; mais en effet Châteauneuf n'avoit point cette prétention, parce qu'il n'étoit pas encore temps d'y penser, et qu'il ne les souhaitoit que pour aller au ministère. Le désir de la première place étoit si fortement établi dans son cœur, qu'en priant un de ses amis de faire ce compliment au chancelier, il lui dit qu'il le pouvoit librement assurer qu'il ne demandoit point sa place; que sa destinée devoit être de commander et non pas d'obéir, et que si la fortune le favorisoit, qu'ils ne seroient pas incompatibles : voulant par là lui montrer qu'en arrivant au comble de ses souhaits il deviendroit premier ministre et peut-être cardinal; que cela étant, il le laisseroit vivre dans l'état où il étoit. Il faisoit des desseins pour sa grandeur et pour celle des autres, avant que d'avoir de la puissance. Cette ame hautaine ne pouvoit avoir de moindres pensées; et, bien loin d'être philosophe et d'aimer la retraite, il s'imaginoit qu'il lui étoit honteux de vivre et de ne pas être en faveur.

Après ces réflexions, il faut un peu parler de la guerre que la France soutenoit avec un peu plus de gloire que dans le commencement de la campagne. On fit une attaque à l'armée des ennemis qui réussit heureusement. On tua beaucoup de leurs gens, et de notre part Vardes seulement y fut blessé assez légèrement. On fit dessein sur Ypres; mais le maréchal de Gassion manqua au rendez-vous par la faute des guides. Le ministre en parut mal satisfait; et il douta qu'il ne l'eût fait exprès pour faire dépit au maréchal de Rantzau, qui avoit proposé cette entreprise. Au lieu d'Ypres on alla assiéger Lens; et, pour prendre plus tôt cette place, toute l'armée, commandée par ces deux généraux ennemis, prit cette route.

Pendant qu'on fait la guerre en Flandre et qu'on se divertit à Fontainebleau, il arriva qu'on donna une médecine à Monsieur (1) pour le purger sur la fin de sa fièvre. Ce remède lui donna six jours durant un petit flux qui paroissoit d'abord peu de chose, et qui enfin se tourna en une dangereuse dyssenterie. A cette nouvelle on commença à s'alarmer; mais, de peur que le bruit de cette maladie ne donnât de la joie aux princes et ne fît quelque mauvais effet, on ne témoigna pas chez la Reine ni chez son ministre que la chose fût digne d'inquiétude. Un soir, la Reine reçut un courrier qui lui apprenoit qu'il avoit été saigné : ce qui marquoit qu'il avoit encore la fièvre. L'amour d'une mère alors ne pouvant se cacher entièrement sous le voile de la grimace, elle dit tout haut qu'elle vouloit aller à Paris le voir, et lui manda qu'il prît courage, et qu'elle iroit bientôt le guérir de tous ses maux. Ce mot fit aussitôt courir le bruit que la cour partoit, et que le prince étoit extrêmement malade. Le cardinal, qui avoit déjà quitté la Reine quand elle avoit reçu cette nouvelle et qu'elle avoit parlé de voyage, vint le lendemain matin à son lever lui faire quasi une réprimande de ce qu'elle avoit dit, lui remontrant, avec un visage sévère, que ces bruits étoient d'une dangereuse conséquence. Il lui dit qu'il falloit, pour le bien de l'Etat, dissimuler son chagrin; que sans doute cette nouvelle alloit se répandre par toute la France, et qu'elle feroit dire à tous les mécontens que déjà Monsieur étoit à l'extrémité. La Reine reçut cette correction avec sa douceur naturelle, disant elle-même qu'il avoit raison, mais que ce bruit ne seroit de nulle conséquence, pourvu que Dieu lui conservât son fils; et que si elle étoit assez malheureuse pour le perdre, cette indiscrétion ne feroit son mal ni plus grand ni plus petit. Suivant donc la politique de son ministre, deux

(1) Philippe de France, duc d'Anjou.

jours se passèrent encore que tous les courriers qui arrivoient de Paris disoient qu'il se portoit mieux ; et les personnes de qualité qui en venoient le disoient aussi à la Reine. Mais, tout bas, ils nous disoient qu'il étoit dangereusement malade ; qu'il avoit la fièvre bien forte, et que dans la dyssenterie il y avoit un peu de sang. Les lettres que le médecin Vautier lui écrivoit marquoient les mêmes maux ; et pourtant il assuroit toujours la Reine, sur la fin de sa lettre, que le prince étoit beaucoup mieux, et que son mal n'étoit rien. Cette princesse, selon le bon sens, ne pouvant comprendre comment un enfant pouvoit avoir la fièvre et le flux de sang sans être en péril, se résolut, malgré les règles de la dissimulation si souvent pratiquée par les rois, d'y faire un petit voyage de deux jours. Elle y devoit aller, car on commençoit déjà de murmurer dans Paris de ce qu'elle n'y étoit pas. Madame la duchesse d'Orléans, par une raison toute contraire, observa la même politique. Pour montrer à la Reine qu'elle ne croyoit pas cette maladie dangereuse, surmontant sa paresse, elle partit de Paris pour venir à Fontainebleau où étoit monsieur son mari, avec intention de visiter la Reine. Et comme elle la trouva en chemin, pour lui montrer quel étoit l'objet de son dessein, elle s'en retourna à Paris. Elle visita souvent la Reine au Palais-Royal, non sans soupçon que ses civilités procédassent plutôt de curiosité pour savoir l'état du malade, que d'aucune amitié qu'elle eût pour la Reine.

Cette princesse fut étonnée quand elle vit Monsieur. Elle le trouva en état de lui donner une grande douleur, avec une pareille inquiétude. Ce prince, la voyant arriver, se jeta à son cou, et la tint long-temps embrassée, tout pâmé de joie et de plaisir de la revoir. Malgré la grandeur de sa maladie, il lui dit mille choses qui montroient assez que l'abattement de son mal ne lui avoit point ôté la vivacité de son esprit. La présence de la Reine apparemment lui fit du bien : ce même jour son mal diminua beaucoup. Les deux jours passés que la Reine avoit promis de lui donner, elle songeoit à retourner trouver le Roi, qui avoit beaucoup pleuré en la quittant. Monsieur alors appela une de ses femmes, et lui demanda confidemment si elle croyoit qu'il fût bien reçu à prier la Reine de lui donner encore un jour. Cette femme lui ayant répondu qu'elle croyoit que oui : « M'en assurez-vous, lui dit-il ? car je serois bien fâché d'être refusé. » La Reine, sachant son désir, s'approcha de lui, et lui donna le moyen de lui faire sa demande, qui lui fut accordée avec joie. Le troisième jour passé, elle le quitta, dans la créance certaine qu'il étoit en meilleur état, quoiqu'en effet il ne fût pas encore hors de péril. En arrivant à Fontainebleau, elle dit tout haut qu'il se portoit beaucoup mieux. A moi, elle me fit l'honneur de me dire que ce mieux n'étoit pas capable de lui ôter son inquiétude ; mais néanmoins les médecins l'avoient assurée qu'il n'y avoit plus de danger en sa maladie. Comme la Reine avoit sujet de craindre la perte d'un fils qui lui étoit si cher, et qui par lui-même étoit si aimable, le duc d'Orléans avoit raison d'espérer que ce coup pouvoit le mettre dans le rang de présomptif héritier de la couronne, qui n'étoit pas une petite place pendant le temps d'une régence. Mais tous faisoient bonne mine par des motifs différens : la Reine, qui auroit été au désespoir de perdre ce prince, contrefaisant la gaie ; et le duc d'Orléans, qui s'en seroit consolé, n'osoit faire le mélancolique, de peur d'être soupçonné d'une trop grande affectation ; mais il avoit aussi une telle frayeur qu'il ne lui échappât de montrer de la joie, qu'il n'osoit parler ni rire sur aucun chapitre. Je n'ai jamais vu la cour si grosse, excepté les premiers jours de la régence, qu'elle fut alors. Beaucoup de gens trouvoient leur compte dans cette aventure, et plusieurs venoient de Paris pour voir ce qui se passoit à Fontainebleau, et quelle mine on y faisoit.

Comme les hommes aiment naturellement la nouveauté, il sembloit à tous que la puissance du cardinal en diminueroit ; que la Reine, n'ayant plus que le Roi, en deviendroit plus foible, et que la puissance de ce prince augmenteroit. Ce changement ne déplaisoit point à un grand nombre de courtisans : il y avoit beaucoup plus de gens de qualité attachés au duc d'Orléans et à M. le prince, que non pas au ministre ; car, étant haï par son avarice prétendue, la libéralité imaginaire de ce prince faisoit espérer aux fanatiques que la France seroit leur proie. Il étoit du devoir d'un bon ministre d'être avare en de certaines occasions, de ne pas faire profusion des finances, et de tenir la main à ce que son pouvoir demeurât établi sous le nom du Roi enfant, pour y trouver tous les intérêts de l'Etat. Les princes, au contraire, s'ils eussent voulu suivre les méchantes maximes qu'on auroit voulu leur inspirer, en eussent consenti à la dissipation, soit pour se faire puissans et en état de tenir tête à un roi majeur, soit pour faire des créatures et pour conserver leur crédit. Par toutes ces raisons, plusieurs personnes penchoient de leur côté, parce que peu de gens sont touchés de la raison, du devoir et de la fidélité que nous sommes obligés d'avoir pour nos maîtres ; mais Dieu se moqua d'eux, et envoya tout d'un coup un changement notable à Monsieur, frère du Roi ; et quelques jours après, madame la duchesse d'Orléans vint achever son dessein d'augmenter la cour, qui étoit déjà fort grosse. Lorsque l'inquiétude de la Reine fut tout-à-fait passée, le duc d'Orléans la venant voir entra seul dans son cabinet, et il la trouva quasi seule. Il n'y avoit auprès d'elle que mademoiselle de Beaumont et moi. Comme elle étoit en assez bonne humeur pour rire et railler sur toutes choses, ce prince lui dit plaisamment, parlant de la guérison de Monsieur, qu'il commençoit à avoir une grande estime de sa dévotion ; qu'elle obtenoit du ciel toutes les grâces qu'il lui plaisoit de demander ; qu'elle étoit belle, grasse et saine ; que ses affaires alloient bien, et qu'enfin rien ne manquoit à ses désirs ; mais que pour celle de Madame, qui étoit toujours malade et chagrine, et qui n'avoit encore pu avoir que des filles, on n'en faisoit pas grand cas, et qu'il vouloit, s'il devenoit dévot, suivre ses leçons. La Reine lui répondit avec gaieté, et la conversation, ce soir, fut agréable. A dire le vrai, le duc d'Orléans a bien vécu dans les premières années avec la Reine. S'il y a eu quelque changement, je crois que Dieu l'a permis pour nous montrer que sans le Ciel rien ne peut durer long-temps dans le même état.

Le maréchal de Gassion, étant au siége de Lens, fut blessé d'une mousquetade à la tête, et le 5 du mois [octobre] il mourut de ses blessures. Il reçut la mort avec une fermeté d'ame et d'esprit qui donna des marques visibles de son mérite et de son courage. Il étoit huguenot : c'est pourquoi je ne puis comme catholique le louer d'une bonne mort, ni lui donner part au sang de Notre Seigneur Jésus-Christ, quoiqu'on m'ait assuré qu'en mourant il ait réclamé sa miséricorde. Il fut infiniment regretté de toute l'armée, et particulièrement de ses officiers, des troupes ; et jusques aux simples soldats en témoignèrent de la douleur. Il étoit fils d'un président au parlement de Pau ; et il m'a conté lui-même, quoiqu'il ne vînt point à la cour et que je l'aie peu connu, qu'il quitta la maison paternelle à l'âge de quinze ans pour aller à la guerre, fuyant la robe et l'étude, et qu'il en sortit avec vingt ou trente sols sur lui. Il me dit qu'il fut contraint de mettre ses souliers au bout d'un bâton sur ses épaules, et de vivre sur le public jusques à ce qu'ayant trouvé des troupes il s'enrôla dans le service. Il y servit si bien, et fit de si belles actions, qu'enfin il en étoit devenu maréchal de France, sans avoir abordé les favoris que pour en recevoir des éloges. Le feu cardinal de Richelieu l'avoit en grande estime, et disoit de lui qu'il ressembloit à Bertrand Du Guesclin, hormis qu'il n'étoit pas si grossier. Il ne fut pas regretté à la cour, quoique le Roi perdît un très-vaillant et heureux capitaine. Il embarrassoit le cardinal, par la haine qu'il avoit contre le maréchal de Rantzau, que le ministre aimoit davantage, et qu'il croyoit plus attaché à ses intérêts. Rantzau étoit un homme aussi estimé à la guerre : mais c'étoit un grand ivrogne, et ce défaut a eu le pouvoir d'effacer ses autres belles qualités.

On envoya Comminges de la part du Roi à l'armée, pour rassurer les esprits et confirmer les troupes du maréchal de Gassion dans le dessein de servir le Roi aussi fidèlement que par le passé. La Feuillade fut aussi tué à ce siége, qui avoit du mérite et de l'esprit, et dont la perte affligea ses amis, qui avoient pour lui une très-particulière estime. Il mourut chrétiennement, en prononçant souvent ces mots qui marquoient son détrompement de la vanité des hommes « Eh ! après quoi courois-je ? »

M. le prince étoit encore en Catalogne, attendant l'ordre de son retour avec une assez grande impatience. Madame la princesse sa mère n'étoit point à la cour, à cause que madame de Longueville sa fille étoit en couche, et qu'elle étoit demeurée auprès d'elle à Paris ; mais elle y arriva le 6 d'octobre, amenant avec elle le prince de Conti son fils, qui étoit alors son bien-aimé. L'intérêt, qui sait désunir les plus fortes amitiés, les avoit déjà brouillés, M. le prince et elle, sur leurs affaires domestiques. Il avoit retenu auprès de lui, contre son sentiment, le président Peraut, intendant de feu M. le prince, qu'elle avoit toujours haï. Cet homme trouva moyen de persuader à M. le prince qu'elle l'avoit toujours haï, et qu'il serviroit de même qu'il avoit servi monsieur son père, en lui disant qu'il avoit fait sa fortune, et qu'il ne lui demandoit que l'honneur de passer sa vie à son service, selon les instructions qu'il avoit reçues de son maître, qui ne devoient pas être méprisées par un fils aussi sage que lui. En effet, il le garda malgré les larmes de madame la princesse, et s'en servit depuis en de grandes occasions.

Le prince de Galles vint à Fontainebleau voir le Roi et la Reine. On le régala de bals, comédies et promenades. Il parut avoir beaucoup augmenté en bonne mine. Le malheureux état de sa fortune faisoit qu'on le regardoit avec la tendresse qui accompagne la pitié ; et, par ce sentiment, ses bonnes qualités en recevoient plus de lustre. Il témoigna même quelque commencement d'inclination pour madame de Châtillon : ce qui fut pris à bon augure pour lui. Son esprit cependant ne brilloit point ; et de plus il étoit un peu bègue. Il ressembloit en cela au roi d'Angleterre son père, qui, à ce que j'ai ouï, l'étoit un peu; et au feu Roi son grand-père, qui l'étoit beaucoup. Le Roi et lui s'accommodoient ensemble comme de jeunes princes qui se regardoient avec embarras; tous deux étoient encore timides, et n'avoient pas cette liberté d'esprit que le commerce du monde apporte aux particuliers. Le Roi, dont la beauté avoit des charmes, quoique jeune étoit déjà grand. Il étoit grave, et dans ses yeux on voyoit un air sérieux qui marquoit sa dignité. Il étoit même assez prudent pour ne rien dire, de peur de ne pas bien dire. Le prince de Galles gardoit aussi le silence; mais ils avoient du moins ce bonheur d'avoir banni les cérémonies de leur société, et ce bien adoucissoit tout le reste. Après cette visite, on songea tout de bon à quitter Fontainebleau pour revenir à Paris trouver Monsieur, qui se sentoit encore des restes de sa maladie. Le duc d'Orléans, qui eut la goutte, s'y fit porter quelques jours avant que la cour partît, et parut en être notablement incommodé. Le ministre, qui avoit en ce temps-là autant de santé que de fortune, avant que de partir de ce beau lieu donna un magnifique repas à madame la princesse et à toutes ses favorites. Elle étoit revenue auprès de la Reine; et ce régal fut un plaisir pour elle, accompagné de beaucoup d'agrémens.

La Reine, en arrivant à Paris le 17 octobre, trouva Monsieur si changé de la longueur de sa maladie, et si maigri, qu'il en étoit défiguré. Jamais on ne l'auroit pris pour ce prince qui avoit été trouvé si beau par ceux qui le voyoient; mais comme il n'étoit plus en aucun péril, la Reine ne laissa pas de donner un bal au landgrave, pour achever de lui faire voir les beautés de la cour. Le prince palatin, fils du roi de Bohême, établi en France, et le prince Robert son frère, qui étoit à la cour du prince de Galles, dont ils avoient l'honneur d'être parens, ne s'y trouvèrent point, d'autant qu'en Allemagne ils prétendent avoir beaucoup d'avantages sur ces petits souverains.

La guerre se faisoit sur nos frontières assez doucement, et les ennemis eurent cet avantage de finir la campagne par la prise de Dixmude. Le maréchal de Rantzau avoit eu dessein de secourir cette place; mais, en arrivant à leurs lignes, il la trouva rendue du même jour: et comme la flatterie règne partout, on cria dans l'armée contre le feu maréchal de Gassion; et tous disoient, qu'il étoit cause qu'on s'étoit arrêté à prendre Lens, cette place où il avoit été tué, pendant que les ennemis, pour faire diversion, étoient venus attaquer Dixmude, plus considérable par la situation et le nombre des troupes qui étoient dedans. Clanleu y commandoit, à qui le duc d'Orléans avoit fait donner tout de nouveau ce gouvernement. Son nom étoit de mauvais augure (1) pour les places. Il la rendit aux ennemis, quasi à la vue de l'armée du Roi.

L'archiduc donna six mille écus à celui qui avoit défendu Lens, pour avoir tenu deux jours plus qu'il ne l'avoit espéré, et avoit été cause de la perte de Gassion, qui eut la destinée de réjouir par sa mort deux partis. Leur joie ne lui fut point honteuse: celle des ennemis étoit une marque de sa valeur; et celle du ministre ne diminuoit point sa gloire, parce que la cause en étoit connue. On disoit publiquement que le cardinal Mazarin avoit su qu'un jour ce maréchal, recevant une de ses lettres où il lui donnoit des ordres qu'il n'approuvoit pas, avoit dit tout haut, en jetant la lettre par terre, que le cardinal vouloit faire le général, mais qu'il n'y entendoit rien. Cet emportement, avec les raisons que j'ai dites, étoit suffisant pour le faire haïr d'un ministre qui prétendoit, à juste titre, que ceux qui commandoient les armées du Roi lui devoient plus de respect que ce Gascon ne lui en vouloit porter. M. le prince, après avoir emporté quelques petits avantages sur les ennemis, et s'être opposé à un siége que les Espagnols vouloient entreprendre, partit de Catalogne pour revenir à la cour, et laissa pour peu de temps le maréchal de Gramont commander à sa place. On attendoit l'arrivée du cardinal d'Aix, frère du cardinal Mazarin, qui étoit nommé vice-roi en cette province.

En même temps on reçut nouvelles à la cour que don Juan d'Autriche, jeune bâtard du roi d'Espagne, avoit été envoyé à Naples par le Roi son père pour y punir les rebelles. En arrivant en ce royaume, il leur avoit promis la paix, et leur avoit protesté qu'il n'étoit venu là que pour les remettre dans les bonnes grâces de leur Roi. Après qu'il se fut rendu le maître des châteaux de la ville, il suivit l'exemple du duc d'Albe, qui exécuta sévèrement les ordres qu'on lui donna contre les Flamands. Ce prince, étant obligé à la même obéissance, se servit de la même rigueur pour punir les Napolitains. Ce manque de foi de don Juan fit révolter tout le royaume; et on conta à la Reine que dans Naples il fut tué plus de quinze mille hommes. Les révoltés maltraitèrent aussi l'armée d'Espagne: elle fut presque toute défaite, et leur tromperie fut payée de cette monnoie. L'aventure des Espagnols et leur infidélité donna de la joie au

(1) Il avait déjà perdu Mardick.

ministre. On crut qu'elle auroit des suites qui pourroient être avantageuses à la France : on fit des desseins pour en pouvoir profiter.

Le Roi, au milieu de la plus grande santé du monde, le 10 novembre quitta le jeu et se lassa de la comédie, puis dit à la Reine qu'il se trouvoit mal, et qu'il avoit mal aux reins. On crut alors que ce ne seroit rien ; mais, le lendemain, la fièvre le prit bien fort : ce qui donna aussitôt une grande frayeur à la Reine, qui eut peur que ce ne fût la fièvre continue. On dépêcha un courrier au duc d'Orléans, qui étoit à une de ses maisons, pour lui apprendre l'état où étoit le Roi. Cette maladie, deux jours après, dégénéra en petite vérole, dont la Reine se consola d'abord, craignant quelque chose de pis. Elle quitta son appartement le même jour pour aller coucher dans celui du malade. Comme la fièvre du Roi continua, l'inquiétude de la Reine croissoit de moment en moment ; et les médecins n'eurent pas le pouvoir de la rassurer. Toutes les jeunes personnes qui prétendoient en beauté, ou celles qui n'avoient point eu cette maladie, quittèrent le Palais-Royal. Je crois que je fus la seule qui n'avoit point renoncé à la jeunesse, qui ne voulut point quitter la Reine en cette occasion. J'avoue que je fis quelque effort sur moi-même pour lui donner cette marque de mon zèle ; car, quoique je l'eusse eue, il est assez ordinaire de l'avoir deux fois, et plus ordinaire encore de penser à sa conservation propre. Ma sœur, de plus, ne l'avoit point eue, à qui je pouvois porter le mauvais air ; mais Dieu nous en préserva. Monsieur, encore malade et foible de sa maladie, fut envoyé chez de Mouroi, intendant des finances, dont la maison, près de la porte Saint-Honoré, étoit en bel air et proche le Palais-Royal. La Reine, dans cette occasion, emportée par ses sentimens, n'observa nulle politique à l'égard du public ; et, par cet empressement, elle témoigna qu'elle avoit une tendresse infinie pour le Roi, plus grande que pour son second fils, qu'elle aimoit néanmoins beaucoup. Le premier lui avoit été donné de Dieu après mille désirs inutiles, et quand elle n'osoit plus en espérer. Il l'avoit tirée du misérable état où les persécutions du cardinal de Richelieu l'avoient enveloppée. Il l'avoit fait régente ; et enfin il avoit le premier occupé toutes ses affections : si bien qu'elle n'avoit plus à donner à Monsieur que ce que la nature a fortement gravé dans le cœur d'une bonne mère. Nous remarquâmes que les commencemens de cette maladie lui avoient fait plus d'impression que ne lui en avoit fait celle qu'avoit eue Monsieur, qui avoit été longue et dangereuse. Elle n'avoit pas interrompu à Fontainebleau les occupations ordinaires de sa vie : elle ne s'étoit pas d'abord révoltée contre la politique de son ministre, et n'avoit été touchée d'aucune présente inquiétude que de la vue d'un péril évident. Mais en cette occasion elle s'affligea d'une manière très-sensible : le mal du Roi la rendit elle-même malade. L'état de son cœur se faisoit voir à son visage ; et jamais je ne l'ai vue si changée, et en si peu de temps. Deux ou trois jours après, elle eut sujet de se rassurer : la fièvre du Roi diminua tout d'un coup, et la petite vérole sortit en abondance.

Le Roi, jusques au onzième de sa maladie, ne donna nulle inquiétude à la Reine que celle qu'elle eut avant que la petite vérole eût paru. Elle souffroit de le voir souffrir ; mais comme c'est un mal qui est commun à tous les enfans, elle étoit toute résolue de se consoler de la perte de sa beauté, pourvu que la vie lui demeurât. Le 21 du mois, sur les neuf heures du matin, pendant qu'elle étoit allée à Notre-Dame faire ses dévotions, tout d'un coup le Roi se trouva plus mal. La fièvre se redoubla : il tomba en foiblesse, et y demeura trois quarts-d'heure. La Reine, à son retour, le trouvant en cet état, eut le cœur pénétré d'une vive douleur, et peu s'en fallut qu'elle ne mourût elle-même. Tout le jour, au jugement des médecins, il fut en grand péril, et la Reine ne cessa de pleurer. Le duc d'Orléans fut toujours auprès d'elle : ce qui augmenta sa peine ; elle ne trouvoit pas de soulagement ni de consolation à jeter des larmes devant lui. Le soir, jusqu'à minuit, le Roi se porta un peu mieux ; mais le lendemain matin son mal augmenta beaucoup davantage. Le dimanche, quatorzième jour de sa maladie, il se trouva si mal que les médecins le crurent en état d'en craindre une prompte mort, parce que depuis le onzième qu'il s'étoit évanoui, toute la petite vérole étoit rentrée ; et quatre saignées qu'on lui avoit faites ne lui avoient point diminué sa fièvre. L'ardeur en étoit si grande, qu'elle l'avoit entièrement desséché par ce qui étoit sorti de son corps. Tout ce jour, la Reine pensa étouffer ; car naturellement elle ne pleuroit guère, et quand elle avoit de la douleur, elle la renfermoit en elle-même. Cette souffrance lui fit sentir vivement ce que l'amour et la crainte savent imprimer dans une ame possédée d'une violente passion, qui par son excès en produit plusieurs autres. Quoiqu'elle n'eût observé aucune politique en cette occasion, ayant naturellement l'esprit ferme et beaucoup de retenue dans toutes ses actions extérieures, elle ne vouloit pas montrer toute sa foiblesse, particulièrement devant ceux qui auroient pu profiter de son malheur. Mais comme la nature ne peut demeurer en tel état sans qu'il y paroisse, elle s'évanouit ce même jour au chevet du lit du Roi; et le soir fort tard étant retirée, et n'ayant de témoins que son ministre, quelques-unes de ses femmes et moi, elle pleura beaucoup. Comme nous la vîmes en cet état, nous la pressâmes de se mettre au lit : ce qu'elle fit ; mais elle ne pouvoit avoir de repos en aucun lieu. Enfin, sur le minuit, Dieu lui redonna cet enfant qui lui étoit si cher, et dont la vie étoit si nécessaire à la France. La fièvre lui diminua, et la petite vérole sortit tout de nouveau. Le lundi et le mardi on le purgea ; et dès lors sa maladie commença à diminuer jusqu'à sa guérison entière. Les frayeurs de la Reine étant passées, elle nous dit qu'elle avoit senti dans cette occasion que si elle eût perdu le Roi, elle n'auroit pu survivre à cette perte ; et que la soumission qu'elle auroit voulu avoir aux volontés divines n'auroit pu sans doute empêcher que sa douleur ne l'eût étouffée.

Dans cette maladie, le Roi parut à ceux qui l'approchoient un prince tout-à-fait porté à la douceur et à la bonté. Il parloit humainement à ceux qui le servoient ; il leur disoit des choses spirituelles et obligeantes, et fut docile en tout ce que les médecins désirèrent de lui. La Reine en reçut des marques d'amitié qui la touchèrent vivement ; car à tout moment il l'appeloit, et la prioit de se tenir auprès de lui, l'assurant que sa présence diminuoit beaucoup son mal : aussi la Reine nous assura que dans toute sa douleur elle n'avoit appréhendé de le perdre que par la seule tendresse, et qu'elle l'auroit regretté parce qu'elle l'aimoit, et par la qualité de fils, sans mêler celle de roi, dont elle nous dit n'être nullement touchée.

Les Français avoient sujet d'espérer qu'ils verroient un jour ce jeune Roi devenir aussi grand par les qualités de l'ame qu'il l'étoit déjà par sa couronne. Ils le regardoient comme un roi que Dieu leur avoit donné pour exaucer les prières publiques, et comme un enfant de bénédiction : ses perfections remplissoient les yeux de ses sujets, tant par sa personne que par ses inclinations, qui paroissoient toutes bonnes, et portées à la vertu et à la gloire. L'impression de la puissance que Dieu lui destinoit étoit marquée dans toute sa personne et dans toutes ses actions. Nous ne lui avons jamais vu de ces sentimens opiniâtres qui sont naturellement dans les enfans. La Reine, par raison et par l'obéissance qu'il avoit pour elle, le conduisoit toujours à ce qu'elle vouloit de lui. J'ai souvent remarqué avec étonnement que, dans ses jeux et dans ses divertissemens, ce prince ne rioit guère. Ceux qui avoient l'honneur de l'approcher lui disoient trop souvent, ce me sembie, qu'il étoit le maître ; et quand il avoit quelque petit différend avec Monsieur, en des occasions qui ne manquent jamais d'arriver dans l'enfance, la Reine vouloit toujours qu'il fût obéi, et il sembloit qu'elle auroit désiré le pouvoir respecter autant qu'elle l'aimoit. Tant de grandeurs anticipées ne lui pouvoient jamais paroître dangereuses, vu l'innocence naturelle des mœurs de ce jeune monarque, qui lui donnoit lieu d'espérer que Dieu, qui est l'auteur de la nature, en lui envoyant d'en haut l'esprit de sapience comme à Salomon, avec le don de persister dans l'usage de la sagesse plus qu'à lui, rendroit sa vie agréable à ses yeux, et son règne accompagné d'une prospérité continuelle. *La principauté du sage sera stable.*

Comme le Roi se porta mieux, l'esprit de la Reine reprit sa tranquillité ordinaire ; et la cour, avec l'arrivée de M. le prince, fut remplie d'une nouvelle grandeur et parée d'une nouvelle beauté, par la quantité d'honnêtes gens qu'il y amena. Il avoit su l'extrémité de la maladie du Roi, et n'avoit pas voulu hâter son retour, exprès pour ne pas témoigner d'empressement dans un temps où il auroit semblé qu'il fût venu pour partager la puissance avec le duc d'Orléans, dont apparemment il auroit eu la meilleure part. Il avoit observé cette modération, quoique la Reine l'eût mandé par plusieurs courriers pour le presser de venir. Madame la princesse se vantoit publiquement qu'elle et toute sa famille avoit fait paroître un grand désintéressement, et disoit que la Reine avoit bonne mémoire : ce qui marquoit visiblement ses sentimens. Son dessein étoit aussi de reprocher par là au duc d'Orléans que, pendant le péril extrême où avoit été le Roi, il s'étoit trouvé à un soupé qu'un de ses domestiques lui donna, et qu'il avoit souffert avec agrément quelque prophétie sur sa grandeur prochaine. En effet l'histoire du repas, ayant été sue, causa du chagrin à la Reine. Elle ne put pas s'empêcher d'en témoigner quelque froideur au duc d'Orléans ; mais elle ne dura guère : la joie qu'elle sentit de la guérison du Roi fut si grande qu'elle occupa son cœur tout entier, et lui fit oublier une chose où le duc d'Orléans n'avoit nulle part que la condescendance. D'ailleurs ce prince avoit si bien agi à son égard, qu'il sembloit qu'en lui les sentimens des oncles des rois étoient changés, que le Roi étoit devenu son propre fils, et la Reine sa véritable sœur. La seule différence qu'on y pouvoit alors remarquer étoit le grand respect qu'il portoit à l'une et à l'autre.

Le cardinal Mazarin avoit pris toutes les précautions nécessaires pour préparer le remède au mal qui pensa arriver à la Reine : il avoit fait tous ses efforts pour gagner l'abbé de La Rivière, afin qu'il portât le duc d'Orléans, en cas que le Roi mourût, à ne rien innover. Car comme il auroit fallu tout de nouveau élire la Reine à la régence, et qu'elle n'étoit plus si aimée, il eût été facile au duc d'Orléans d'y prétendre la part que la raison du plus fort lui auroit pu donner. Il promit positivement à son favori le chapeau de cardinal, et le flatta de cette espérance qu'il lui donneroit part au gouvernement. Il n'oublia rien pour porter cet homme à conseiller ce prince selon ses désirs et selon sa justice; mais l'intérêt de la Reine en cette occasion, opposé à celui du duc d'Orléans, et que les serviteurs de cette princesse auroient souhaité comme une chose raisonnable, n'eût point dû trouver d'approbation dans l'âme du duc d'Orléans ni des siens : car sans doute il auroit dû comprendre cette justice d'une autre manière; et le changement des esprits, qui auroit peut-être diminué le droit de la Reine, auroit aussi changé sa conduite. Je ne sais pas si l'abbé de La Rivière eût voulu faire ce que le ministre avoit sujet de lui demander; mais je sais qu'il lui promit toutes choses, afin de se servir de cette occasion pour engager la Reine et lui de lui donner le chapeau, le seul et unique objet de ses désirs; et qu'il voulut du moins profiter, par cette voie, de la maladie du Roi. D'autre côté, les courriers qui avoient été envoyés au prince de Condé l'avoient pressé de venir de la part de la Reine, parce qu'elle vouloit le voir avant que ce malheur arrivât : c'est-à-dire le cardinal Mazarin vouloit l'entretenir et prendre ses mesures avec lui, en le rendant susceptible de se lier aux intérêts de la Reine, en cas que le duc d'Orléans voulût se saisir de la puissance. Mais la guérison du Roi fit évanouir toutes ces intrigues, et consola la Reine, qui, moins occupée de la politique que de son affection, ne pensoit qu'à rendre grâces à Dieu de ce qu'il lui avoit redonné ses deux enfans une seconde fois, et en si peu de temps. Quelques jours après l'heureuse guérison du Roi, la douleur que la Reine avoit eue de sa maladie, la violence qu'elle s'étoit faite pour ne la pas montrer tout-à-fait, ses veilles et ses inquiétudes lui donnèrent la fièvre, qu'elle eut pendant deux jours bien forte. Le cardinal Mazarin en parut alarmé; et lorsque les médecins croyoient qu'elle alloit avoir une grande maladie, la fièvre la quitta tout-à-fait : ce qui redonna beaucoup de joie à ceux qui l'aimoient, et qui avoient sujet de s'inquiéter de son mal. Le soir de son amendement, comme je m'approchai d'elle et que je voulus toucher son pouls, pour voir si elle étoit en aussi bon état que nous le souhaitions, elle me fit l'honneur de me donner sa main dans la mienne; et moi la lui ayant baisée avec une sensible joie de la trouver fraîche, elle me dit qu'elle ne doutoit pas que je ne fusse bien aise de son amendement. Puis elle ajouta ces belles paroles : Que la mort ne lui avoit jamais fait de peur; mais en l'état où elle auroit laissé le Roi et le royaume, ses enfans et la France lui auroient fait pitié; que cela étoit capable de lui faire faire quelques souhaits pour la vie; mais qu'en elle le plus grand de tous étoit que Dieu lui fît la grâce de la bien employer à son service.

Pendant la maladie du Roi, les courriers avoient apporté des relations favorables de la suite de la révolte de Naples. Ces peuples mutins, avec une armée nombreuse, se défendoient courageusement contre les trois châteaux que les Espagnols tenoient dans la ville, ou plutôt faisoient mine de les vouloir attaquer : et eux se défendoient foiblement; car leur armée navale, toujours en crainte de la nôtre, se tenoit en mer, et ils ne pouvoient pas en recevoir un grand secours. Ce peuple avoit élu pour chef un nommé Toralte. J'ai ouï dire au maréchal de Villeroy qu'il avoit été prisonnier en France, et qu'il avoit le cœur espagnol : et néanmoins il s'étoit laissé élire pour chef de ces désespérés, pour empêcher que quelque mutin en cette place ne gâtât tout-à-fait les affaires, et travailloit sous main, par le moyen des jésuites, à soumettre ces peuples à l'obéissance de leur Roi. Il est à croire néanmoins qu'ayant l'esprit de paix, il n'avoit point approuvé la sévérité de don Juan, et qu'ayant donné au peuple sa propre femme en otage, il agissoit de bonne foi envers les deux partis, souhaitant que ces peuples se remissent sous l'obéissance du roi d'Espagne, et que son Roi leur pardonnât fidèlement leur révolte. Mais ayant été assez malheureux pour qu'une mine que les habitans avoient faite contre un des châteaux fît son effet contre eux-mêmes (ce qui, selon les experts, à ce que j'ai ouï dire, est assez ordinaire), ces mutins, d'une barbarie inouïe et naturelle à la populace sans discipline, le prirent et le déchirèrent en mille morceaux, et quatorze ou quinze jésuites qu'ils accusèrent d'être ses complices, et d'avoir eu comme lui des intelligences avec leurs ennemis. Ensuite de cette action, ils dépêchèrent vers le Pape, pour le supplier de prendre leur protection contre le roi d'Espagne, dont ils avoient déchiré le portrait, en faisant mille autres criminelles actions que j'ai dites; mais le Pape, de cœur assez espagnol, ne voulut point se hâter de donner audience à leurs envoyés. Dans cet intervalle, ils allèrent trouver l'ambassadeur de France, le marquis de Fontenay-Mareuil : ils lui demandèrent la protection du Roi. Il la leur promit, et ils s'engagèrent entièrement à lui, pour devenir à certaines conditions les sujets d'un même maître. Il en écrivit à la cour. Le ministre lui donna ses ordres: il les suivit; et, après plusieurs négociations que je n'ai pas sues avec assez de certitude pour les pouvoir écrire, ils demandèrent pour chef le duc de Guise, qui étoit alors à Rome pour faire rompre son mariage avec la comtesse de Bossu, afin d'épouser mademoiselle de Pons. Ils s'expliquèrent qu'ils lui donneroient sur eux le même pouvoir qu'avoit eu le prince d'Orange sur les Hollandais. Cette proposition donna beaucoup de joie à la Reine, et particulièrement au ministre, qui voyoit en ses amis une occasion de pouvoir contribuer au bonheur de l'Etat, à la gloire de la France, et à la sienne particulière. Ce ne fut pas sans admirer l'étoile favorable du duc de Guise, qui étoit allé en Italie pour faire une action toute ridicule et injuste en soi, et qui trouvoit dans la révolte de Naples une belle matière pour acquérir de l'honneur, et, selon toutes les apparences, une grande dignité, vu les anciennes prétentions de sa maison, qui veulent que ce royaume leur appartienne. On disoit que ce ministre n'auroit pas désiré que ce prince y allât: je n'ai pas su les raisons; mais des gens qui devoient savoir l'histoire m'assurèrent que le marquis de Fontenay, passionné pour la gloire de la France, et homme de bien, voyant qu'on ne pouvoit en envoyer d'autre, pressa le cardinal Mazarin d'y consentir, et conseilla ce prince de rendre ce service à la couronne, en se procurant lui-même celles qui sont destinées aux héros.

Le duc de Guise étoit digne d'une telle aventure. Il étoit le véritable portrait de nos anciens paladins, et sa valeur peut être comparée à la leur. Il parloit bien, il étoit éloquent, civil aux dames, et bien fait de sa personne. Il avoit l'âme grande par certains endroits, et une mine toute martiale, qui paroissoit ne respirer que les combats. Il ressembloit même dans ses plaisirs aux chevaliers errans: il aimoit les tournois et les combats à la barrière, de la même façon que nous les voyons dépeints dans les Amadis et les guerres de Grenade.

Mademoiselle de Pons étoit depuis quelque temps sortie de la cour, et vivoit sous les ordres de ce prince. Elle étoit dans un couvent irrégulier depuis qu'elle n'étoit plus auprès de la Reine, servie par les officiers du duc de Guise, et défrayée à ses dépens.

Quand elle sut cette nouvelle, elle connut avec joie tous les avantages qui la regardoient, et attendoit sans doute avec impatience l'heure où son héros la viendroit délivrer de cet enchantement. Il est à croire qu'elle rêvoit quelquefois à ce qu'elle feroit quand elle seroit reine de Naples, à ceux qu'elle éleveroit aux grandes charges, et à la beauté de sa destinée; mais comme tous les desseins des hommes sont souvent des chimères mal fondées, les siennes furent détruites par bien des causes, et furent mises avec celles qui se faisoient alors dans le cabinet sur cette grande affaire, où se tenoient plusieurs conseils pour aviser au moyen de la soutenir.

Le duc de Guise, de son côté, parut vouloir hasarder toutes choses pour tenter cette grande aventure; mais il n'écouta nulle des maximes de la prudence pour y réussir; et, se confiant à sa bonne fortune, il partit de Rome pour aller à Naples se faire le chef des révoltés. Il y alla seul, accompagné de l'espérance et de son courage. Il passa de nuit au travers de l'armée navale d'Espagne, dans une felouque dont la petitesse lui fit essuyer plusieurs canonnades avec moins de péril que dans un plus grand vaisseau, mais toujours avec un très-grand danger de sa personne. Étant encore en pleine mer, il fut poursuivi de cinq vaisseaux, dont il y eut deux galères qui l'approchèrent de près; mais enfin il aborda à cette grande ville qui a coûté à nos rois tant de sang et de combats. Le peuple courut le recevoir avec des acclamations publiques, et des cris d'alégresse inconcevables. Ils prirent ce prince et le portèrent sur leurs épaules dans l'église des Carmes, où ils lui donnèrent le scapulaire de Notre-Dame; et, pour marque de réjouissance, ils pendirent le vaisseau qui l'avoit apporté dans l'église même. Ils lui présentèrent un cheval; et ce prince l'ayant monté, il se promena dans la ville, où sa bonne mine fut admirée du peuple, qui alloit criant dans les rues: *Vive France et le duc de Guise!* Tous jetoient leurs manteaux sous les pieds de son cheval, et le regardoient comme un ange qui les venoit sauver. Ils firent enfin pour lui ce que des hommes emportés de passion, et qui ont besoin de secours, ont accoutumé de faire à l'égard des personnes dont ils espèrent leur remède. Ils lui présentèrent deux bassins: dans l'un il y avoit des armes, et dans l'autre de l'argent. Il prit l'épée, avec la qualité de général, aux conditions qui lui avoient été proposées, et fit distribuer la monnoie au peuple qui l'environnoit, afin de faire redoubler leurs cris de joie. La femme du général Annèse, qui n'étoit ni belle ni propre, lui fit la chemise qu'il mit le lendemain, et ils lui donnèrent, en petite quantité sans doute, de toutes les choses dont il avoit besoin. Il s'étoit venu livrer à eux sans équipage, sans officiers et sans troupes, et qui pis est sans finances: ce qui donna lieu aux étrangers comme à nous d'admirer sa confiance et sa résolution. Il alla aussitôt visiter le fort Saint-Elme, que les Espagnols tenoient, et fit la revue de ses gens. Il trouva qu'il pouvoit avoir douze mille hommes et deux cents chevaux ; et quoique ses soldats fussent peu aguerris, il ne laissa pas de se mettre à leur tête, espérant du secours de France, dont l'armée navale avoit ordre de combattre celle d'Espagne. Le duc de Guise, avec cette mauvaise armée, se mit en campagne le 9 décembre, et prit Averse, petite ville qui pouvoit être propre à ses desseins. Nos vaisseaux cependant furent battus de la tempête, et furent contraints de se rafraîchir à Porto-Longone, d'où ils partirent pour reprendre la voie de Naples, et aller secourir ce prince téméraire. Il ne laissa pas lui seul de faire prisonniers le marquis de Vasto, le comte de Versanne, et le duc de Montalonne. Ces heureux succès lui acquirent d'abord une grande réputation, et on parloit déjà de lui dans le monde comme d'un second Alexandre ; mais Alexandre avoit trente mille hommes de bons soldats, et de bons capitaines et de l'argent : et lui n'avoit rien que sa hardiesse et sa valeur.

Les fêtes de Noël arrêtèrent pour quelque temps les affaires publiques et particulières. La Reine étant au Val-de-Grâce vit Monsieur, qu'elle n'avoit encore osé voir, de peur de lui donner du mauvais air. Elle le trouva en bon état, et bien remis de sa maladie. Quelques jours après il revint au Palais-Royal, et on lui fit voir le Roi qu'il ne reconnut point, tant il étoit changé. Toutes les dames revinrent alors à la cour, et on montra le Roi à tout le monde, qui étoit en mauvais état par l'enflure et la rougeur de son visage. Il gronda celles qui l'avoient abandonné : ce que l'on prit à bon augure ; c'étoit une marque qu'il ne seroit pas aussi indifférent à l'amitié que le sont d'ordinaire tous les princes. Quoique je n'eusse point quitté la Reine pendant sa maladie, je n'avois pas approché de lui. La Reine, qui vit que je me faisois quelque effort pour la suivre dans cette chambre, où malgré l'éclat de la couronne on auroit trouvé du péril, me commanda de n'y pas entrer. J'eus donc ma part de sa petite plainte, et je m'en consolai avec les autres, qui n'en furent que médiocrement affligées, et qui s'estimèrent honorées de son ressentiment.

Ainsi finit cette année [1647], sans beaucoup de bonheur ni de grands maux effectifs ; et néanmoins un des plus habiles hommes de la cour (1) et des mieux instruits me dit, ce jour-là, qu'il craignoit qu'à l'avenir l'Etat ne fût troublé par

(1) Le marquis de Seneterre.

beaucoup de malheurs, vu les mauvaises dispositions qui étoient dans tous les esprits. La Reine, tout au contraire, le soir du même jour, nous dit, comme elle se déshabilloit assise à sa toilette, qu'elle avoit de la joie d'entrer dans une nouvelle année, parce qu'en celle qui étoit passée elle n'avoit eu que du mal, peu de bon succès à la guerre, et beaucoup d'inquiétude par la maladie de ses deux enfans qu'elle avoit pensé perdre. Mais elle se trompa dans son souhait, et eut sujet de regretter le repos dont elle avoit joui jusqu'alors. Les peines qui lui arrivèrent dans la suite lui firent connoître que la créature ne connoît ni ses forces ni sa foiblesse ; que nos désirs nous trompent, et que nous devons nous laisser mener par cette puissance supérieure qui nous régit. Autrement, nous trouvons que par notre choix nous nous conduirions plus souvent dans le mal que dans le bien.

[1648] Une des premières nouvelles de cette année fut que l'armée navale étoit enfin partie de Porto-Longone le 22 du passé : ce qui fit espérer l'établissement entier de la puissance française à Naples. Nous en verrons le succès, et nous aurons sujet de nous confirmer dans cette croyance, que notre nation n'est point destinée pour commander ce royaume. Cependant mademoiselle de Pons, qui n'étoit qu'à demi enfermée, n'étoit pas si remplie des grandes pensées de la couronne et des espérances de l'avenir, que le présent ne lui fût encore plus cher. Elle comptoit sûrement sur la passion que le duc de Guise avoit pour elle : elle se mettoit déjà au rang des plus grandes reines de l'Europe ; mais cela ne l'empêchoit pas de songer à se divertir. Cette ame, gloutonne de plaisirs, n'étoit pas satisfaite d'un amant absent qui l'adoroit, et d'un héros qui pour la mériter vouloit se faire souverain, et mettre à ses pieds toutes ses victoires. L'ambition et l'amour ensemble n'étoient pas des charmes assez puissans pour occuper son cœur entièrement : il falloit pour la satisfaire qu'elle allât se promener au Cours, qu'elle fût de quelques cadeaux qui se firent pour elle, et qu'elle reçût de l'encens de toutes ses nouvelles conquêtes. Madame de Guise, craignant qu'elle n'allât trouver le duc de Guise son fils, supplia la Reine de la faire renfermer dans une religion plus réformée que celle où elle étoit ; car elle ne trouvoit pas à propos de la laisser espérer d'être reine, ni même duchesse de Guise ; et la vie qu'elle menoit de toute manière ne lui plaisoit pas.

La Reine, qui regardoit alors l'affaire de Naples comme une chose qui pouvoit devenir considérable, fut bien aise de lui complaire en cela ; et comme cette fille avoit eu l'honneur d'être à elle, il étoit juste qu'elle prît quelque soin de sa conduite. Madame la duchesse d'Aiguillon, qui lui avoit fait ce mauvais présent, par son ordre fit savoir à mademoiselle de Pons qu'il falloit qu'elle entrât dans les filles de Sainte-Marie. Elle n'aimoit pas à être contrainte : ainsi elle obéit à ce commandement avec beaucoup de peine, et demeura dans ce couvent malgré elle, jusqu'à ce que le peu de bonheur du duc de Guise, et l'inclination de la demoiselle, qui n'étoit pas tournée du côté de la pénitence, la mirent dans une entière liberté.

Le jour des Rois, la Reine, ayant fait ses dévotions, passa tout le soir dans une grande solitude. Comme elle goûtoit le repos, et que sa propre puissance lui étoit indifférente, on ne se pressoit pas d'entrer dans ses cabinets quand elle y étoit seule. Le duc d'Orléans et le cardinal soupèrent ce jour-là chez le prince de Condé; et quand de telles fêtes se faisoient, chacun vouloit être de la bande de quelqu'un de ces trois : si bien que l'appartement de la souveraine demeuroit désert. Bien loin de le trouver mauvais, elle étoit ravie que ses créatures suivissent son ministre ; et sans goûter les douceurs des solitaires, qui sont les livres et les rêveries, elle demeuroit seule assez volontiers, sans plaisir ni sans peine. Ce soir, pour divertir le Roi, elle nous fit l'honneur de nous faire apporter un gâteau à madame de Brégy, à ma sœur et à moi, que nous séparâmes avec elle ; nous bûmes à sa santé avec de l'hypocras qu'elle nous fit apporter ; et elle nous avoua en cette occasion que, malgré son tempérament, elle se seroit ennuyée sans notre compagnie : ce qui fut pour nous une grande faveur ; car, dans le vrai, sa bonté avoit plus de part que son cœur au bon traitement que nous en recevions. Dieu seul, le Roi et Monsieur, son ministre et ses affaires l'occupoient entièrement ; et le cardinal lui étoit d'autant plus agréable, qu'il la désoccupoit avec grand soin, et qu'avec joie il lui ôtoit la plus grande portion des peines que sa régence lui donnoit. Le lendemain, les comédies recommencèrent par le souhait du Roi et de toute la cour ; et les dames, bien contentes de ce rétablissement, y vinrent fort parées, avec intention de chasser pour jamais du Palais-Royal le souvenir des choses fâcheuses. Le Roi se montra avec ses rougeurs, et avec l'enflure de son visage ; et il parut avec autant de laideur que peu auparavant il avoit eu de beauté. Et comme ce fut à la comédie, le soir du jour de Saint-Martin, qu'il fut pris de son mal, cela fit dire à Beautru (1) qu'il venoit rapporter sa maladie sur le théâtre.

Le 7 de janvier, huit cents marchands de Paris s'assemblèrent et se mutinèrent, à cause d'une taxe qu'on vouloit imposer aux propriétaires des maisons, ou pour d'autres causes (2) dont je n'ai pas bien remarqué les particularités. Ils députèrent dix d'entre eux, pour parler de leur part au duc d'Orléans. Ils allèrent au Luxembourg ; ils entrèrent dans sa chambre, lui demandèrent justice, et firent entendre qu'ils n'étoient pas résolus de souffrir ces impôts ; car, malgré la nécessité universelle du royaume, Paris seul vouloit être riche, et ne vouloit point entendre parler de donner de l'argent au Roi. Le duc d'Orléans leur fit espérer quelque modération, leur promit d'en parler à la Reine, leur remontra leur devoir et l'obéissance qu'ils devoient avoir à ses volontés, et les congédia avec le mot ordinaire des princes : *On verra*.

Le lendemain cette troupe s'assembla tout de nouveau. Elle alla au Palais ; et ayant trouvé dans la place le président de Thoré, fils d'Emery, surintendant des finances, ils crièrent contre lui, l'appelèrent le fils du tyran, et des menaces il s'en fallut peu qu'ils ne l'outrageassent effectivement ; mais, à la faveur de quelques-uns de ses amis, il échappa de leurs mains.

Le jour d'après ils attaquèrent le premier président (3) ; ils murmurèrent tout haut contre lui, et même le menacèrent de lui faire payer en sa propre personne les maux qu'on leur vouloit faire. Cet homme, dont la fermeté va se faire voir en plusieurs occasions égale à celle des plus illustres Romains, leur dit sans s'étonner que, s'ils ne se taisoient et n'obéissoient aux volontés du Roi, il alloit faire dresser des potences dans la place pour faire pendre sur l'heure les plus mutins d'entre eux. A quoi ce peuple insolent répondit aussitôt qu'elles serviroient plutôt pour les mauvais juges, dont ils ne recevoient point de justice, et qui étoient esclaves de la faveur.

Ce même jour, le 9 janvier, si célèbre par ses événemens, il arriva dans le conseil des parties que les maîtres des requêtes se mutinèrent aussi, sur ce qu'on vouloit augmenter leur corps de douze nouveaux officiers. Comme ils avoient acheté leurs charges fort cher, et que cette quantité devoit en diminuer le prix, ils furent persuadés que plusieurs familles dans Paris en pourroient être incommodées ; et, par ressentiment de ce mal qu'ils craignoient, ils refusèrent de rapporter les procès des particuliers, et jurèrent entre eux, sur les saints Évangiles, de ne point souffrir cette augmentation, et de résister

(1) L'un des premiers membres de l'Académie française.

(2) Voyez les Mémoires du cardinal de Retz et de Talon.
(3) Matthieu Molé, qui a laissé des Mémoires sur la Fronde encore inédits.

à toutes les persécutions qu'on pouvoit leur faire du côté de la cour : se promettant les uns aux autres qu'en cas que quelqu'un de leurs confrères perdît son office par cette opposition aux volontés du Roi, ils se cotiseroient tous pour payer à celui-là le remboursement de sa charge.

Ils allèrent trouver le cardinal Mazarin; et un d'eux, nommé Gomin, lui parla si fortement et avec une telle hardiesse, que le ministre en fut étonné. On tint conseil chez la Reine, pour aviser aux remèdes de ces désordres. D'Emery avoit sur les bras tout le peuple, qui commençoit à crier contre lui; et le chancelier avoit les maîtres des requêtes à retenir et à consoler, qui se plaignoient moins de d'Emery que de celui qui gouvernoit, mais qui, n'osant pas fulminer d'abord contre le cardinal, attaquoient fortement le surintendant, et jetoient sur lui toute leur colère. Ainsi, par la quantité des matières, le conseil fut long ce jour-là, et les opinions y furent fort contestées. On manda le premier président et les gens du Roi. La résolution fut de donner des arrêts fulminans contre les uns et les autres; puis, le soir venu, M. le prince et le cardinal allèrent souper chez le duc d'Orléans, pour ensevelir dans la bonne chère et le jeu le commencement de ces désordres, qui ne donnoient pas tant d'inquiétude aux princes qu'à notre ministre. Il commença de voir alors qu'il étoit l'objet de la haine publique, et que cette haine en même temps devoit remplir les princes du sang de ces douces chimères qui plaisent aux grands, en leur faisant espérer que, par le trouble et le changement, leur autorité s'augmenteroit à mesure que celle du Roi et de la Reine diminueroit; car, comme dit l'espagnol : *Rio turbio ganancia de pescadores* (l'eau trouble fait gagner les pécheurs).

La nuit du 10 au 11, les bourgeois continuant dans leur mauvaise humeur tirèrent incessamment; et le lieutenant civil ayant envoyé par les quartiers de la ville pour en savoir la cause, ils répondirent qu'ils essayoient leurs armes pour le service du Roi, et disoient tous librement que si on leur demandoit de l'argent, ils étoient résolus de suivre l'exemple des Napolitains. On m'assura même qu'il y avoit eu des hommes qui avoient été par les maisons, toute la nuit, dire aux bourgeois qu'ils fissent provision de pain. Cela se faisoit par des cabales contraires à la cour, par le parlement, par les maîtres des requêtes, et par cet esprit de révolte que quelque démon, visible ou invisible, commençoit d'inspirer dans l'ame de chaque particulier. Ce démon a produit ensuite tout ce que nous avons vu dans nos discordes civiles : elles nous ont causé beaucoup de misères, et nous ont mis en état de ne pouvoir jamais dans notre vieillesse ressembler à nos pères, dont la coutume a toujours été de louer le temps de leur jeunesse, et de le préférer au présent.

Le matin du 11, la Reine allant à la messe à Notre-Dame (ce qu'elle faisoit régulièrement tous les samedis), il y eut environ deux cents femmes qui la suivirent jusque dans l'église, criant et demandant justice. Elles se voulurent mettre à genoux devant elle pour lui faire pitié; mais les gardes les empêchèrent de l'aborder, et la Reine passa sans écouter leurs clameurs. Elle nous dit à son retour qu'elle avoit été tentée de leur parler. Vraisemblablement les paroles d'une Reine aussi aimable que celle-là l'étoit devoient être bien puissantes sur tous ces esprits; mais elle nous avoua qu'elle avoit appréhendé les insolences de cette canaille. Elle trouva donc plus à propos de ne pas entrer en matière avec de telles gens, qui n'écoutent jamais la raison, qui ne la comprennent point, qui n'ont dans la tête que leur petit intérêt, et qui par conséquent ne peuvent approuver les causes qui forcent les rois à leur demander de l'argent, quelque justes qu'elles puissent être.

Après midi, on tint conseil sur les affaires présentes, où se trouva le premier président; et, après avoir bien consulté sur les remèdes du mal, il fut conclu que la Reine ordonneroit aux gens du Roi qui furent mandés pour cela de s'appliquer à maintenir l'autorité du Roi. Le soir on fit commandement au régiment des Gardes de se tenir sous les armes : on posa des sentinelles et des corps-de-garde dans tous les quartiers. Le maréchal de Schomberg fut commandé pour faire le même des Suisses; et Paris, cette nuit, fut pareil à un camp d'armée. Le bruit des armes à feu fut grand; et ces petites apparences de guerre ressembloient déjà à quelque révolte de conséquence, qui, selon les apparences et la mauvaise disposition des esprits, devoit avoir une mauvaise suite.

Le 12 au matin, le Roi alla entendre la messe à Notre-Dame, pour faire de sa première sortie une action de grâces et de reconnoissance envers celui qui lui avoit redonné la vie. Il y avoit plus de huit jours que la Reine avoit témoigné désirer que le Roi fît ce petit voyage : ainsi on ne voulut pas en différer l'exécution, de peur de montrer quelque crainte à ceux qui, par les tumultes populaires, en vouloient inspirer à elle et à son ministre. Mais au lieu de n'avoir que sa garde ordinaire pour de telles occasions, il y fut ce jour-là avec toutes les précautions nécessaires. Il fut suivi de tout ce qui pouvoit servir à l'augmentation de la majesté royale, afin d'exciter par cette voie, dans l'esprit des peuples, le respect que ces sortes de choses produisent d'ordinaire dans les ames foibles. Quantité des principaux officiers étoient à cheval, et quasi toute la cour lui fit escorte avec toutes ses gardes ordinaires. Pendant que le Roi fut à Notre-Dame, on tint conseil chez la Reine, où il fut résolu que Leurs Majestés iroient une seconde fois au parlement pour y faire passer l'édit de création des maîtres de requêtes mutinés, et les autres dont on avoit murmuré, afin de ne pas montrer de se relâcher des premières résolutions qui avoient été prises, et faire voir que la résistance des officiers et du peuple n'étoit comptée pour rien.

Selon cette résolution, le Roi alla au parlement [le 15 janvier], non pas avec la même beauté qu'il avoit la dernière fois qu'il y fut, mais avec les mêmes cérémonies. Le chancelier fit une longue harangue : il représenta les nécessités de l'Etat, le besoin que le Roi avoit que ses peuples lui donnassent le moyen de subvenir aux frais de la guerre, afin que par la guerre on pût avoir une bonne paix. Il parla fortement de la puissance des rois ; il tâcha d'établir pour loi fondamentale l'obéissance des sujets envers leurs princes, et fit paroître la nécessité de l'union entre le chef et les membres, et dit que sans elle il n'y avoit point de royaume qui pût jouir d'aucun véritable bonheur.

Le premier président, quoique habile homme, et pour l'ordinaire fort éloquent, voulant flatter la cour, fit une harangue qui parut foible à sa compagnie, et qui ne fut pas même louée dans le cabinet. Celle de l'avocat général Talon fut forte et vigoureuse. Il représenta la misère du peuple, et supplia la Reine de s'en souvenir dans son oratoire, lui disant qu'elle devoit considérer qu'elle commandoit à des peuples libres, et non pas à des esclaves ; et que néanmoins ces mêmes peuples se trouvoient si accablés de subsides et d'impôts, qu'ils pouvoient dire n'avoir plus rien à eux que leurs ames, parce qu'elles ne se pouvoient vendre à l'encan ; que les lauriers et les victoires qu'on remportoit sur les ennemis, et dont on payoit toutes leurs nécessités, n'étoient point des viandes qui les pussent nourrir ni vêtir. Il dit, outre cela, quelques paroles qui marquoient les plaintes universelles de tous les Français sur la longueur de la paix. Cette hardisse ne fut pas approuvée du ministre.

Le soir il fit la guerre à la Reine de ce que Talon l'avoit renvoyée dans son oratoire. Il fut secondé par les serviteurs familiers de cette princesse, qui trouvoient qu'elle n'y demeuroit que trop long-temps, et qui, par l'intérêt de leur plaisir, lui en faisoient de continuels reproches. Ainsi les plus sérieuses leçons faites aux rois ne font dans leurs ames nulle bonne impression ; car on leur donne pour l'ordinaire un tour de raillerie qui en chasse les pensées vertueuses qu'elles y pourroient faire naître. Les princes rencontrent rarement des gens qui leur parlent fortement ; et ces gens-là sont le plus souvent traités de ridicules par leurs courtisans. C'est pourquoi leur raison étant affoiblie par le soin qu'on a de leur déguiser la vérité, ils ne s'appliquent point à discerner le vrai d'avec le faux ; et laissant aller leur esprit à la paresse, et passant légèrement sur le bien et sur le mal, ils vont presque toujours où il plaît à leurs ministres de les mener. La Reine, naturellement équitable, pieuse et bien intentionnée, par ces mêmes raisons tomba souvent dans ce malheur ; et ne voulant point connoître à fond et avec application la cause des malheurs qu'elle voyoit devant ses yeux, elle ne put réussir à y donner remède : par conséquent, ils devinrent extrêmes, et la mirent en état de tout craindre. Pour maintenir la puissance royale, dont elle avoit une haute idée, il auroit été à souhaiter pour son bonheur qu'agissant selon les lois que sa couronne lui prescrivoit, elle eût fait voir clairement par elle-même qu'elle ne vouloit pas que les sujets du Roi fussent opprimés, ni désobéissans envers elle. En ces deux points consiste la justice des rois envers leurs sujets, et celle des sujets envers leur souverain.

La Reine, comme je l'ai déjà dit, avoit l'ame assez enrichie des dons de Dieu pour bien gouverner l'État, puisque ses ministres disoient que ses avis dans toutes les affaires de conséquence, et ses premiers sentimens, étoient toujours dans la raison et la justice : au lieu que ceux de son ministre n'avoient rien qui parût procéder d'une ame élevée. Ce même jour, quelques conseillers du parlement m'étant venus voir m'avouèrent qu'ils avoient été touchés de la présence de la Reine. Ils demeurèrent d'accord avec moi qu'elle avoit le don de plaire, et me dirent que la France auroit été trop heureuse si elle eût voulu la gouverner, ou du moins ne la pas trop abandonner à son ministre.

Les édits furent assez modérés ; car on fut au Palais plus pour maintenir l'autorité royale que pour augmenter les demandes. L'édit de création de douze offices de maîtres de requêtes en avoit été la principale cause, parce qu'on avoit jugé qu'il ne falloit pas souffrir leur révolte ; mais comme cette affaire, dans l'ordre des destinées, devoit être la cause et le commencement de beaucoup de grands événemens, ce petit remède, bien loin de guérir le mal, l'aigrit entièrement, et eut des suites qui nous firent voir que Dieu, quand il lui plaît, donne à la fourmi la force de l'éléphant.

Le peuple croyoit avoir sujet de crier contre ceux qui vouloient fouler le peuple, et prétendoit voir que plus on levoit de deniers, et plus les coffres du Roi se fermoient. On entendoit dire à tous que les gages des officiers de la couronne et des premiers de la cour étoient retranchés, que les petits n'étoient point payés, que les grâces tarissoient, et que la Reine avoit perdu cette belle qualité de libérale qu'elle tetoit de son illustre naissance, quoique les revenus de la France fussent encore assez bien payés. La cour, en effet, commençoit à paroître dans une nécessité honteuse. Le ministre vouloit persuader par ses discours (et je pense qu'il disoit vrai) que le duc d'Orléans et M. le prince dissipoient les finances du Roi, et qu'il étoit hors de son pouvoir de faire des grâces. Tubeuf, alors encore employé dans les affaires, me dit un jour que les comptes de l'épargne de l'année passée [1647] avoient monté à cent quarante-deux millions. On accusoit facilement le cardinal d'en usurper pour lui une bonne partie; mais sa modestie étoit encore renfermée dans des bornes bien étroites. Les deux princes, en prenant beaucoup d'argent, l'empêchoient d'en user à sa fantaisie; il n'étoit alors que le corsaire, et les princes étoient les grands voleurs qui ressembloient à Alexandre.

Pour crier contre le ministre, on se servoit du prétexte de la guerre. Il étoit suffisant pour le faire haïr des peuples, qui d'ordinaire sont aisés à émouvoir par des raisons aussi plausibles que le pouvoir être celle du bien public, et qui d'ordinaire sont charmés par les beaux mots de repos et de paix. Il me souvient qu'alors un de mes amis, venant de Rome, me conta qu'ayant eu ordre de dire au Pape qu'on la désiroit infiniment, et que pour l'avoir on sacrifieroit toujours au bonheur public les espérances qu'on avoit des heureux succès qu'apparemment nous pouvions espérer, Sa Sainteté lui dit d'un ton moqueur qu'elle ne se mêloit point des affaires de la paix, mais qu'elle voyoit bien que pour l'avoir, *voi altri Francesi*, lui dit-il, *non volete donare che quel che non havete*. (Pour avoir la paix, vous autres Français, vous ne voulez donner que ce que vous n'avez pas.)

Le lendemain, la Reine manda les maîtres des requêtes. Elle les reçut dans son grand cabinet, accompagnée du duc d'Orléans, de M. le prince, de son ministre, du conseil du Roi et de toute la cour. Le chancelier leur fit une sévère réprimande, que la Reine interrompit de son pur mouvement, pour leur dire qu'ils étoient de plaisantes gens de vouloir borner l'autorité du Roi; et qu'elle leur montreroit bien qu'il pouvoit créer de nouveau telles charges qu'il lui plairoit. Le chancelier, continuant ensuite sa harangue, les interdit tous de leurs charges, et leur ordonna de rapporter à la Reine le papier qu'on disoit qu'ils avoient signé entre eux, où ils se promettoient un secours mutuel; ou bien de signer tous qu'ils ne l'avoient point fait.

Quand ils eurent entendu ce discours et ce commandement, sans considérer le respect qu'ils devoient à la Reine, quelques-uns d'entre eux hochèrent la tête avec beaucoup de hardiesse, et tous montrèrent qu'ils n'étoient pas résolus d'obéir. Après avoir fait une profonde révérence, ils s'en allèrent mal contens, et dans le dessein de se bien défendre. Ils sentoient qu'il y avoit des nuages dans l'air, que le temps étoit mauvais pour la cour, et qu'ils étoient en état de pouvoir résister : c'est pourquoi cette sévérité n'eut aucun bon succès.

Le jour d'après [le 20 janvier], ils se présentèrent au parlement en corps, afin de s'opposer à l'enregistrement de leur édit. Se présentant comme parties, ils se mirent dans le parquet; et quoique cet édit eût passé en présence du Roi, le premier président ne laissa pas de les recevoir en leur opposition. La cour en fut mal satisfaite, et le ministre lui en fit de grandes plaintes; mais il fut assez habile pour ne se pas étonner, et réussit à lui persuader que cela étoit dans l'ordre.

Il lui dit que les ordonnances lui permettoient de les recevoir; que le parlement avoit le pouvoir de s'assembler pour délibérer des affaires qui même étoient passées en la présence du Roi, et qu'ils étoient en droit de lui en faire des remontrances. Sa réponse obligea la Reine de mander le parlement en corps pour leur dire qu'elle avoit d'abord trouvé leur procédé blâmable, recevant l'opposition des maîtres des requêtes comme ils avoient fait; mais qu'ayant ensuite appris que, par leurs ordonnances, ils étoient en pouvoir de le faire, elle les excusoit, et qu'elle consentoit que, selon leurs états, ils s'assemblassent, comme ils avoient déjà fait, pour en conférer, et même d'en venir jusques aux remontrances; mais qu'elle leur ordonnoit de ne pas passer outre, et de plus s'assembler à l'avenir. Le parlement répondit par de belles protestations de fidélité; et, sans avoir nul égard au commandement de la Reine, ils s'assemblèrent tout autant de fois qu'ils le trouvèrent à propos pour satisfaire à leur fantaisie. Nous allons voir de pareils commandemens souvent réitérés, et souvent aussi fort peu considérés.

L'état des affaires de Naples n'étoit pas bon : le peuple avoit élu le duc de Guise duc de la République; mais Gennare Annèse, qui en avoit eu le commandement jusques alors, quoiqu'il ne fût de soi qu'un bon vendeur de bierre, n'en fut pas content; et il falloit que ce prince le recherchât, parce qu'il n'étoit pas assez fort pour le détruire. Notre armée, dont nous espérions de si grands efforts, avoit été battue de la tempête une seconde fois, étoit arrivée à la vue de Naples le jour de Noël, et ne combattit celle d'Espagne que le jour des Innocens, parce que don Juan d'Autriche, qui la commandoit, envoya dire au général, le duc de Richelieu (1), qu'il le prioit de laisser passer le jour de la fête, et qu'après avoir rendu le respect qui étoit dû à la sainteté du jour, il lui donneroit toute sorte de satisfaction. Les relations qu'en apporta un exprès du duc de Richelieu [le 21 janvier] étoient capables de contenter la Reine. Il mandoit qu'il avoit battu les ennemis, et cette nouvelle donna une grande réjouissance à toute la cour. D'abord qu'elle fut sue, quoiqu'il fût déjà tard, la Reine l'envoya dire au duc d'Orléans au Luxembourg, comme une chose de grand poids et avantageuse à l'Etat; mais peu après ces nouvelles se trouvèrent fausses, et la vérité étoit qu'après un combat l'armée espagnole demeura dans le port de Naples, et que celle du Roi fut obligée de se retirer à l'île de Sainte-Marguerite. Le duc de Turcy, de la maison de Doria, qui commandoit l'escadre des galères d'Espagne, fut trompé par le peuple de Naples. Ils lui firent croire qu'ils vouloient le rendre maître d'un certain poste dans un des ports de la ville, et qu'ils se rendroient à lui pourvu qu'il y vînt seul. Il fut assez simple pour se livrer à ce peuple, et fut arrêté prisonnier, lui et un neveu qu'il avoit auprès de lui, fils unique; et on conta à la Reine que ces prisonniers avoient été maltraités par cette canaille.

Le duc d'Orléans, dans le commencement des troubles de Paris, se tenoit uni aux intérêts de la Reine, et il appuyoit son autorité en tout ce qu'il pouvoit. Il n'étoit peut-être pas fâché de voir un peu de désordre, parce que cela le rendoit plus nécessaire; mais il ne faisoit point de brigues pour l'augmenter, et ses intentions paroissoient droites et tout-à-fait dans l'équité et la justice. Son favori le portoit toujours à la paix par tempérament, par intérêt et par raison; et, se laissant flatter de l'espérance de se voir cardinal à la première promotion, il rendoit à la Reine et à son ministre les services qu'il croyoit leur être utiles et agréables. Les brouillons et les mal contens en étoient au désespoir, parce que, souhaitant les troubles et le changement, ils voyoient qu'il étoit impossible qu'il en arrivât qui fût considérable, si Monsieur, oncle du Roi, demeuroit attaché aux intérêts de la Reine. Ce qui pouvoit s'appeler bonté en la personne du duc d'Orléans étoit attribué par eux à foiblesse; ce qui dans l'ame des gens de bien étoit estimé une vertu, ils le méprisoient, et disoient que si le maître manquoit de cœur, son favori l'abbé de La Rivière en étoit la cause; et que, par un lâche intérêt, il l'empêchoit d'acquérir de la gloire et de la grandeur.

Le prince de Condé, de son côté, agissoit de la même manière, et son avantage se rencontroit entièrement à demeurer dans la cour avec les bonnes grâces de la Reine. Le duc d'Orléans ne lui faisoit pas un si grand ombrage pour que sa grandeur en fût obscurcie : la réputation de ce prince n'étoit pas si éclatante que la sienne; et la qualité de lieutenant général du royaume et des armées du Roi, qui l'élevoit au-dessus de lui, aussi bien que celle de fils et d'oncle de roi, ne lui ôtoit pas la gloire d'avoir déjà gagné deux batailles. Par toutes ces raisons, il régnoit dans le cabinet quasi aussi souverainement que s'il eût été le seul prince du sang : et Monsieur n'ayant point de fils, toute la grandeur de la seconde branche de la maison royale regardoit ce prince; et sa cour étoit beaucoup plus grosse que celle de Monsieur, à qui néanmoins il rendoit beaucoup de respects et d'hommages, pour le tenir satisfait par des apparences, pendant qu'il jouissoit en effet des avantages solides de la puissance, et qu'il faisoit donner à ses créatures et à ses amis tout ce qu'il lui plaisoit.

Les jours gras de cette année se passèrent sans aucune fête extraordinaire : il n'y eut qu'un ballet que dansa le duc de Joyeuse (2) [le 23 janvier], dont étoient les ducs de Candale, de Damville, de Roanets et plusieurs autres, qui fut assez beau. Les plaisirs de la cour étoient modérés, et convenables à la gravité et au sérieux de la Reine; elle ne les aimoit pas plus qu'elle ne devoit. Le soir, qui est l'heure des divertissemens, la presse la quittoit, et elle demeuroit chez elle solitaire, tranquille et contente. Tous les courtisans alloient chez le cardinal; et la Reine le vouloit ainsi, ne désirant rien tant au monde que de lui communiquer toute sa puissance, étant persuadée que celle de son ministre fortifioit la sienne propre. De plus, je puis dire avec vérité que son indifférence naturelle la

(1) Petit-neveu du cardinal de Richelieu.

(2) Louis de Lorraine.

mettoit au-dessus des sentimens que l'amour-propre et l'ambition produisent d'ordinaire dans le cœur humain. Elle méprisoit trop sans doute le seul avantage des rois, qui est de commander et de pouvoir contribuer par leur autorité et par leurs bienfaits au bonheur des hommes, participant en quelque façon au suprême pouvoir de Dieu même ; mais ce défaut en elle procédoit en partie d'une belle cause, qui méritoit plus de louange que de blâme. L'effet néanmoins en étoit si contraire à ses intérêts, qu'elle auroit bien fait de s'en corriger ; et par cette même raison je n'ose presque en publier le mérite.

J'ai remarqué que le murmure étoit grand contre le ministre de ce qu'il n'avoit pas fait la paix. Chacun, dans ces premières brouilleries, par l'appréhension de quelque guerre civile, contribuoit à le blâmer de la même chose, et d'avoir dit quelquefois assez publiquement qu'elle avoit été entre ses mains. Les peuples crioient contre lui, et les esprits disposés à la révolte ne lui pardonnoient pas cette faute. Les Hollandais, sur le point du retour du duc de Longueville, avoient désiré qu'il retardât quelque temps à Munster : ce qui avoit fait espérer que, par leur entremise, l'Espagnol vouloit peut-être entrer en quelque traité avec nous ; mais le roi d'Espagne, qui commençoit à voir du changement dans le bonheur de la France par l'état où elle étoit, vouloit alors qu'on lui accordât toutes ses demandes, et disoit hautement que, sans de grands avantages, il renonçoit à la paix. Ses propositions étoient si fortes, qu'il fut impossible de penser à aucun accommodement. Ainsi les Hollandais, qui avoient voulu nous quitter, ayant signé leur traité, le duc de Longueville se vit entièrement inutile au bien public. Il voulut aussi penser au sien particulier, et demanda la permission de revenir en France : elle lui fut accordée facilement ; et il parut à la cour avec ce seul avantage d'avoir vu faire la paix des Hollandais avec l'Espagne, qui apparemment nous devoit être dommageable. Le ministre lui fit recevoir de la Reine des marques évidentes de sa bonne volonté ; et je me souviens que le soir du jour qu'il arriva, comme elle se déshabilloit, elle nous dit beaucoup de bien de ce prince, le traitant quasi de père de la patrie, quoique déjà, sans compter l'avenir, il eût été deux fois de parti contraire au Roi. On le fit entrer au conseil : ce qui n'étoit pas en ce temps-là une grâce aussi facile à obtenir qu'elle l'a été depuis. Cette prérogative lui avoit été accordée avant qu'il partît pour Munster, et les seuls princes du sang jusqu'alors avoient joui de ce privilége. Les malicieux disoient que toutes ces caresses n'étoient que pour l'obliger à garder le secret de la rupture de la paix, et des difficultés qui avoient été produites par le ministre pour empêcher sa conclusion.

Ce ministre mit pour lors ses nièces auprès de madame de Senecay. Elle les désira, et les reçut avec des marques d'une grande satisfaction, quoique jusque là elle en eût été maltraitée ; car, comme je l'ai dit, il faisoit profession de mépriser les personnes attachées à la Reine. Il y en a peu dans le monde qui aient l'ame assez forte pour regarder la faveur avec des yeux indifférens ; et tel paroit vaillant contre le favori, qui, au moindre adoucissement de sa part, devient poltron : et d'ordinaire cette hauteur se termine à une véritable bassesse, que la rage d'en avoir été méprisé lui a fait colorer de générosité, de vertu, et d'amour du bien public. Cette dame, naturellement glorieuse, avoit reçu dans tous les temps beaucoup de petits chagrins à la cour. Elle étoit dévote, elle avoit beaucoup d'esprit, et même de belles qualités qui sembloient l'élever au dessus de son sexe. Sa vertu avoit éclaté par un long veuvage, ayant donné toute sa vie des marques de sa modestie, et de l'affection qu'elle avoit eue pour son mari ; mais comme elle étoit passionnée et d'humeur inégale, elle avoit des momens où elle adoroit la faveur, et ses humiliations étoient aussi extrêmes que sa hauteur. J'ai toujours remarqué en elle et en beaucoup d'autres combien le charme de l'ambition a de pouvoir sur nos ames, combien le désir des moindres faveurs qui nous conduisent à quelque élévation a de pouvoir de nous rabaisser, et combien les agrémens que cette furieuse passion nous fait trouver dans les caresses des rois nous sont dangereux. C'est pour cela aussi que nous les devons craindre ; et notre ame devroit être, ce me semble, continuellement occupée à considérer les maux qu'elle nous cause. Il parut qu'en prenant les nièces du ministre auprès d'elle, cette dame se faisoit tort. Ceux qui tournent en railleries les meilleures choses disoient qu'elle étoit devenue leur gouvernante, et qu'elle estimoit plus cette qualité que celle qu'elle avoit eue de gouvernante du Roi. Enfin on ne l'épargna pas. Ce fut pourtant avec injustice ; car, après avoir ardemment recherché de les avoir, elle les traita si mal, que le même cardinal n'en fut pas content, et les retira d'auprès d'elle ; mais comme l'ombre des favoris est toujours salutaire, il arriva qu'enfin elle en profita, et que cela fut cause que la comtesse de Flex sa fille reçut pour quelque temps les avantages qu'elle prétendoit, comme princesse de Navarre de la maison de Foix.

Le parlement incommodoit la cour par ses

longueurs. Quelques-uns d'entre eux commençoient à parler fort haut; et la Reine, qui naturellement n'aimoit pas à trouver de l'obstacle à sa puissance quand l'autorité du Roi s'y trouvoit intéressée, s'ennuyoit de la lenteur de leur procédé. Elle leur envoya demander s'ils prétendoient avoir droit de borner les volontés du Roi. Ils opinèrent là-dessus, et quelques-uns furent d'avis de visiter leurs registres, afin de faire à la Reine une réponse autorisée des exemples des siècles passés : ce qui sans doute auroit infiniment déplu au ministre. Mais le plus grand nombre étant d'opinion contraire, ils députèrent vers la Reine leur premier président, pour l'assurer de leur obéissance et de leur fidélité, et pour lui faire savoir que ce qu'ils en avoient fait en modifiant les édits que le Roi avoit été porter au parlement, et ce qu'ils avoient fait en faveur des maîtres des requêtes, n'avoit été que sous le bon plaisir du Roi, et sans avoir aucun dessein de manquer au respect qu'ils lui devoient comme bons et fidèles sujets.

Ces protestations n'eurent aucune suite : cette compagnie ne laissa pas, continuant ses assemblées, de différer l'effet des édits nécessaires au service du Roi, et avantageux au ministre. Leur conduite obligea la Reine de mander le parlement pour lui faire savoir ses résolutions. Elle vouloit lui faire connoître qu'ils n'avoient aucun droit, après leurs remontrances faites au Roi et à elle, de s'opposer à la vérification des édits. Elle vouloit aussi leur ordonner d'apporter la feuille où leur arrêté avoit été enregistré, qui contenoit que leurs modifications auroient lieu; et son dessein étoit de la faire déchirer en leur présence. Mais eux, s'étant assemblés, envoyèrent à la Reine, la supplier de trouver bon qu'ils n'y vinssent point, en l'assurant qu'ils étoient résolus de lui rendre tout le respect qui lui étoit dû.

La Reine, qui s'étoit levée plus matin pour les recevoir, tint conseil pour savoir ce qu'elle leur répondroit. Il y fut conclu qu'ils seroient mandés tout de nouveau, et qu'ils seroient reçus après son dîné. Le procureur général, qui les alla trouver pour leur porter les ordres de la Reine, ne les trouva plus assemblés; ils s'étoient lassés d'attendre, et s'étoient séparés : ce qui fut trouvé peu respectueux par ceux qui savent quel doit être le respect des sujets envers leur souverain. On les manda pour le lendemain : et afin que cette action fût plus solennelle, on assembla, pour les recevoir, les ducs et pairs de France; et ce qui se trouva de grands seigneurs à la cour y furent aussi conviés. Comme on vouloit leur faire une sévère et publique réprimande, ils vinrent avec humilité en faire des excuses à la Reine par la bouche du premier président, dont la harangue fut toute pleine de soumission, de respect et de promesses de lui obéir : si bien qu'au lieu de châtiment ils reçurent un favorable accueil de la Reine, joint au commandement qu'elle leur fit de travailler incessamment aux affaires du Roi, sans y apporter aucun retardement. Elle leur dit qu'elle ne leur donnoit que huit jours pour cette occupation.

La Reine prit ce temps-là [le 23 mars] pour aller faire un petit voyage à Notre-Dame de Chartres, où elle avoit fait vœu d'aller lors de la maladie du Roi. En partant de Paris, elle réitéra au premier président le même commandement qu'elle avoit fait à sa compagnie, et l'assura qu'elle ne seroit que cinq jours à son voyage. Elle y passa le jour de la Notre-Dame avec le Roi qu'elle y mena, et Monsieur aussi, à qui on ôta les femmes en cette occasion; et on lui donna pour gouverneur le maréchal Du Plessis-Praslin (1), grand et heureux capitaine qui avoit acquis beaucoup de réputation par les batailles qu'il avoit gagnées et les villes qu'il avoit prises. Il commandoit encore l'armée du Roi en Italie, où le cardinal Mazarin avoit connu son mérite.

Pendant cette petite absence, les maîtres des requêtes interdits vinrent en corps trouver le cardinal, pour le supplier de les protéger auprès de la Reine, et de les faire rétablir. Ils lui firent des excuses de leur révolte, et lui demandèrent pardon et grâce tout ensemble. Il les reçut avec un visage grave et sévère; et néanmoins il leur répondit doucement que s'ils vouloient s'humilier et obéir aux volontés de la Reine, il les serviroit auprès d'elle. Cette action donna de la joie au ministre. Il dépêcha un courrier à la Reine pour lui apprendre cette nouvelle. Il crut que cette visite vouloit dire que les maîtres des requêtes étoient résolus de souffrir cette création d'offices qui avoit fait leur résistance; mais eux, qui n'avoient fait cette avance que pour parvenir à leurs fins et pour donner lieu au cardinal de se flatter de la gloire de leur rendre service, ne furent point satisfaits de sa réponse, et demeurèrent dans la même résolution qu'ils avoient prise auparavant : de sorte qu'il fut conclu au conseil d'ordonner aux conseillers d'Etat de rapporter les procès des particuliers, afin de faire connoître aux maîtres des requêtes que le Roi se pouvoit passer de leur corps. Par ce châtiment, beaucoup de familles dans Paris demeurèrent dans l'affliction et dans l'inquiétude de perdre leurs charges. Comme dans la robe ce sont pour

(1) César de Choiseul, auteur des Mémoires qui font partie de cette collection.

la plupart toutes personnes liées de parenté les unes aux autres, cette affaire leur parut de grande conséquence, car elle regardoit toutes les cours souveraines. Ils voulurent donc faire connoître qu'ils ne souffriroient pas que, sous le nom du Roi, les favoris et les ministres pussent anéantir des officiers si considérables : et ils se réunirent tous ensemble pour les soutenir, prétendant par là se sauver eux-mêmes d'un semblable péril.

Le prince de Condé commença sa campagne cette année par un séjour de huit jours à Chantilly, où il alla passer la semaine sainte avec toute sa cour; et le duc d'Orléans fut destiné pour être le soutien de la Reine, dans les affaires qu'on prévoyoit qui devoient arriver du côté du parlement. Ces deux princes alors paroissoient avoir de bonnes intentions pour bien servir le Roi, soit dans la paix, soit dans la guerre. La Reine passa ces jours saints à son ordinaire; et, pour les employer dignement, elle fit faire des prières publiques pour la paix générale qui ne furent pas efficaces, parce que tous les hommes ne sont pas dignes du présent que Dieu, par son Evangile, fit dans ce même temps [Pâques 22 avril] à ses apôtres, en leur disant quand il s'apparut à eux : « Paix vous soit ! »

Après le retour du duc de Longueville, le comte d'Avaux eut ordre de revenir aussi, et de laisser en Allemagne Servien, seul plénipotentiaire. Ces deux hommes avoient toujours été ennemis pendant toute cette négociation; et, dans toutes les propositions qui s'étoient faites depuis l'assemblée de Munster, leurs avis avoient de même été incessamment contraires. Le ministre avoit souvent interposé son autorité pour les rendre amis, et la présence du duc de Longueville avoit été un souverain remède pour empêcher les mauvais effets de leur désunion ; mais étant demeurés seuls, leur guerre s'augmenta de telle sorte qu'il avoit paru nécessaire au cardinal de les séparer. Le sort tomba sur d'Avaux, quoique ce fût le plus sage et le plus modéré, parce que Servien avoit un neveu nommé de Lyonne en faveur auprès du ministre, qui, par les artifices que les honnêtes gens pratiquent injustement à la cour, avoit soutenu son oncle avec tant de force, et su tellement gâter les affaires du comte d'Avaux, que le cardinal peu de jours avant son retour, étant au conseil, se déclara son ennemi. Il se plaignit de lui, disant qu'il avoit écrit des lettres qui avoient été publiées partout; que par elles il blâmoit sa conduite, et l'accusoit d'avoir été l'obstacle de la paix. Il dit qu'il ne pouvoit lui pardonner cet outrage, et supplia la Reine d'avoir agréable qu'il ne le vît point. La Reine s'engagea aussitôt de le bannir de sa présence ; Monsieur, oncle du Roi, en fit de même ; et le cardinal, pour se justifier de ce procédé, vit le président de Mesmes son frère. Il lui fit ses plaintes, et l'assura qu'en son particulier il ne laisseroit pas de bien vivre avec lui et d'être son ami. Ce grave magistrat, le voulant obliger à lui parler plus positivement, le supplia de lui expliquer si son mécontentement seroit assez grand pour empêcher que son frère M. d'Avaux ne pût exercer ses charges; car il avoit été nommé surintendant des finances et ministre d'Etat avant qu'il partît pour la paix. Le cardinal Mazarin lui répondit toujours qu'il ne pouvoit rien dire, sinon qu'à son retour il ne le verroit point : ce qui, en termes assez intelligibles, signifioit une disgrâce tout entière. Le président en fut fort surpris et bien mortifié, aussi bien que son frère, lequel n'ayant rien à se reprocher, et sachant que M. de Longueville avoit été fort bien reçu, croyoit qu'on seroit content de lui. Cette sévérité n'empêcha point ce magistrat de bien servir le Roi quand son devoir l'y obligea.

A Naples, l'armée navale de France n'avoit paru que pour laisser voir au duc de Guise qu'il n'en pouvoit espérer de secours ; car, après avoir été à la vue de cette grande ville, elle s'étoit retirée avec aussi peu de profit que peu de gloire. Il étoit venu à la cour depuis peu un moine déguisé, de la part d'Annèse, ce général artisan dont l'autorité étoit étouffée par celle du duc de Guise. Cet homme, né dans la boue, étoit capable d'ambition de même que les plus nobles, et voulut ressusciter sa puissance, en donnant à la France du soupçon de ce prince. Il écrivit au ministre qu'il avoit des intelligences secrètes avec l'Espagne, et lui promit par cet envoyé que s'il vouloit le laisser seul, qu'il feroit de grands services à la couronne. On ne crut pas lui devoir donner aucune créance, et on jugea facilement que ces accusations étoient fausses, et ne procédoient que d'envie ; mais on ne le rebuta pas entièrement, et le cardinal le renvoya avec de belles paroles qui ne vouloient rien dire. Ce ridicule capitaine, qui prétendoit commander des armées, voyant que sa trame étoit découverte, voulut persuader au peuple ce qu'il avoit envoyé dire inutilement en France. Il fit semer des billets dans Naples qui contenoient ces mêmes faussetés ; il fit parler et crier quelques gens qu'il paya, et sut si bien tromper les esprits de cette populace facile à persuader, qu'il les fit résoudre à perdre le duc de Guise ; et dans les rues on disoit publiquement qu'il le falloit mettre dans une barque et le renvoyer en son pays. Ce prince, qui ne connoissoit point la peur, sachant ce qui se disoit de lui, monta à cheval, se montra au peuple, les caressa tous d'une manière haute et libre; et criant lui-même : « Liberté! vive la république! » il ramena beaucoup de ces gens-là entièrement à lui. Deux compagnies de la ville, et beaucoup de cette populace, allèrent pour enfoncer le quartier d'Annèse au Torion, lieu qu'il avoit gardé pour lui à l'arrivée du duc de Guise : ce qui d'abord l'incommoda, parce que ce prince, qui hasardoit toutes choses, réussissoit souvent au dommage de son ennemi. Annèse pensa périr alors; mais comme il demeura libre, et qu'il avoit du crédit dans les esprits de ses semblables, il donna peu après un retour au duc de Guise, qui pourroit faire murmurer les hommes contre cette volage qu'on appelle la fortune, si nous n'étions obligés de croire que ses légèretés procèdent de la volonté immuable du Tout-Puissant, et que nous devons révérer ses ordres en les recevant avec la soumission et le respect que nous devons. Voilà ce que la Reine même nous fit l'honneur de nous dire des aventures de ce prince. Je ne sais si l'éloignement du lieu où il étoit n'en avoit point banni la vérité en quelques circonstances.

Pendant que le duc de Guise donne des marques à toute l'Europe de sa valeur, il en donna de son amour à mademoiselle de Pons d'une manière tout-à-fait indigne de lui. Aussi doit-on dire que, par la différence de l'estime et du blâme qu'il en reçut, on put juger de la différence qu'il y a de la force à la foiblesse, de la raison à l'égarement, et du vice à la vertu : aussi est-il juste de lui donner l'avantage qu'elle mérite sur cette passion qui rend les hommes méprisables, lors même qu'ils pourroient prétendre à la gloire des César et des Alexandre. Le duc de Guise, ayant appris à Naples que la Reine avoit obligé mademoiselle de Pons à se mettre dans une maison religieuse plus régulière que celle où il l'avoit laissée, en fut sensiblement touché. Il se fâcha de ce qu'elle étoit en lieu de sûreté; il s'affligea avec elle de ce qu'elle ne pouvoit plus se divertir avec ses rivaux; et, sans se soucier beaucoup des malheurs qu'il avoit sujet de craindre à la guerre de Naples, ni des infidélités que cette fille lui préparoit, il se laissa entièrement occuper des chagrins de cette fille. Pour montrer à la Reine l'excès de sa douleur, il lui écrivit cette belle lettre que j'ai voulu mettre ici, afin de faire voir quel étoit le génie de ce prince sur la galanterie, combien son esprit étoit romanesque et frivole, et combien son ame étoit inconstante, puisque déjà il en étoit à sa troisième femme, sans croire d'en avoir encore épousé aucune. Il avoit raison de se vanter d'être peut-être le seul au monde qui auroit osé entreprendre l'aventure de Naples; et par la lettre qu'il écrivit aussi au cardinal Mazarin, que j'ai voulu joindre à celle qu'il envoya à la Reine, il paroît assez qu'il étoit le seul homme au monde qui pût se laisser emporter à des sentimens tels que les siens. Mais s'il manquoit de sagesse, il ne manquoit pas de belles paroles pour soutenir une mauvaise cause.

Lettre du duc de Guise à la Reine, prise sur l'original.

« Madame,

« J'avois toujours espéré de Votre Majesté que, hasardant ma vie pour son service, lui conquérant des royaumes, lui assujétissant des provinces, et maintenant par ma seule résolution des peuples dans la fidélité sans argent et sans pain, comme la guerre sans poudre et sans soldats; exposant ma personne dans les périls continuels où je me trouve tous les jours et de trahison et de poison, et ne prétendant pour récompense de mes travaux que de pouvoir, après tant de peines, passer heureusement ma vie avec mademoiselle de Pons, elle la considéreroit, pour me témoigner avoir quelque satisfaction des soins que je prends ici de lui rendre des services si périlleux, étant trahi et abandonné de tout le monde; de telle sorte que je puis dire être le seul qui eût osé penser entreprendre rien de pareil. J'avoue, madame, que j'ai appris avec un regret extrême la rigueur dont Votre Majesté a usé envers elle; je la supplie très-humblement de vouloir, en considération de tout ce que j'ai fait et de tout ce que je prétends faire pour le service de la couronne, m'accorder pour récompense qu'elle soit traitée et considérée d'une autre façon : ce que j'espère de sa bonté, si elle veut conserver la vie de la personne du monde qui est plus véritablement et avec plus de respect, de Votre Majesté, le très-humble, très-obéissant, très-fidèle et très-obligé sujet et serviteur, « LE DUC DE GUISE. »

Lettre du duc de Guise à M. le cardinal Mazarin.

« Monsieur,

« Si la passion que j'ai toujours eue et que je conserve plus violente et plus fidèle que jamais pour mademoiselle de Pons n'étoit assez connue à Votre Eminence, elle pourroit s'étonner que, dans l'état où je me trouve, je me remisse sur ce qu'elle pourra apprendre de M. le marquis de Fontenay des affaires d'ici, et je ne l'entretinsse que de mes malheurs. C'est un effet du désespoir où je suis, qui fait que je ne puis avoir de sentiment pour quoi que ce puisse être, lui faisant une confession très-véritable que ni l'ambition, ni le désir de m'immortaliser par des actions extraordinaires, ne m'a embarqué dans un dessein si périlleux que celui où je me trouve ; mais la seule pensée que, faisant quelque chose de glorieux, de mieux mériter les bonnes grâces de mademoiselle de Pons, et d'obtenir, par l'importance de mes services, que, la Reine considérant davantage et elle et moi, je pusse, après tant de périls et de peines, passer doucement avec elle le reste de mes jours. Mes espérances sont bien trompées, et je me plains avec raison de me voir abandonné de la protection de Votre Eminence dans le temps où, en ayant le plus de besoin, je m'en tenois le plus assuré. J'ai hasardé ma vie dans le passage sur la mer ; j'ai réduit dans ce parti quasi toutes les provinces de ce royaume ; j'ai maintenu la guerre quatre mois sans poudre et sans argent, et réduit dans l'obéissance un peuple affamé, sans lui avoir pu donner en tout ce temps que deux jours de pain. J'ai cent fois évité la mort et par le poison et par les révoltes. Tout le monde m'a trahi : mes domestiques mêmes ont été les premiers à tâcher de me détruire. L'armée navale n'a paru que pour m'ôter la créance parmi le peuple, et par conséquent le moyen de réussir ; et parmi tous ces embarras, ne subsistant que par mon cœur, au lieu de m'en savoir gré, et me donner courage de continuer ce que j'ai si heureusement commencé, et où je puis dire sans vanité que tout autre que moi auroit échoué, l'on me persécute en ce qui m'est de plus cher et de plus sensible. On tire avec violence une personne que j'aime d'un couvent où je l'avois priée de se retirer ; et, durant le temps que je hasarde ma vie, on m'ôte la seule récompense que je prétends de tous mes travaux. On la renferme, on la maltraite, et l'on me donne le plus grand et le plus sensible témoignage de haine que l'on me peut donner. Ah ! monsieur, si Votre Eminence a quelque sentiment de l'amitié qu'elle m'a promise et du service que je lui ai voué, remédiez à ce déplaisir, faites-moi connoître en ce point quelle est son amitié et son estime pour moi. En tout autre chose, je lui ferai voir que jamais homme ne lui fut si véritablement acquis. Sans cela, ni fortune, ni grandeurs, ni même la vie ne me sont pas considérables. Je m'abandonne tout-à-fait au désespoir ; et si je vois qu'il ne me reste plus d'espérance d'être quelque jour heureux, renonçant à tout sentiment d'honneur et d'ambition, je n'aurai de pensée au monde que celle de périr et de ne pas survivre à une telle affliction, qui me fait perdre et le repos et la raison. J'ose me promettre que ma conservation est assez chère à Votre Eminence pour ne pas voir avec plaisir la perte de la personne du monde qui, malgré les justes sujets qu'il a de se plaindre, ne laisse pas d'être le plus véritablement, monsieur, votre très-humble et très-obéissant serviteur,

« LE DUC DE GUISE. »

Je suis assurée qu'en pareille occasion les aïeux de ce prince n'auroient point renoncé à la gloire, à la fortune ni à l'ambition pour une fille ; que leurs plaintes auroient été fondées sur des sujets plus solides ; que leurs chagrins auroient été causés par ce qui les auroit empêchés de conquérir le royaume de Naples ; qu'ils auroient sans doute cru par eux-mêmes, et sans couronne, mériter les bonnes grâces de mademoiselle de Pons, et que le trône leur eût paru plus nécessaire pour eux que pour elle. Mais enfin, puisque cette passion peut sans honte troubler la raison des plus grands hommes, il faut faire cette grâce au duc de Guise de lui pardonner en sa faveur toutes ses foiblesses, et demeurer d'accord qu'il avoit assez d'autres belles qualités qui, avec justice, pouvoient forcer son siècle de l'estimer. Il fut véritablement malheureux, en ce que la France, ne le pouvant secourir, fut obligée de l'abandonner ; et, pour colorer cette impuissance, peut-être que la Reine et le cardinal Mazarin firent des plaintes contre lui, et publièrent qu'il avoit refusé les secours qu'on lui avoit voulu envoyer, parce qu'il avoit voulu être le seul maître de ses desseins, afin de se pouvoir faire roi s'il réussissoit dans ses entreprises. D'autre côté, Gennare Annèse, n'ayant pu donner à notre ministre d'assez puissans dégoûts du duc de Guise pour l'obliger à le protéger contre lui, se résolut, pour le perdre entièrement, de traiter avec son ancien maître le roi d'Espagne. Il lui envoya faire des propositions avantageuses, et lui promit de faire changer de face les affaires de ce royaume. Ses propositions furent reçues avec joie ; et ces habiles politiques, pour les faire réussir à leur avantage, obligèrent le Pape, d'inclination fort espagnole, à faire publier un jubilé à Naples, afin de commencer par la dévotion à disposer les esprits à l'obéissance à leur Roi et au désir de la paix. Le cardinal Filomarini, archevêque de cette ville, en donnant les missions nécessaires aux curés et aux confesseurs, leur ordonna d'exhorter les peuples au repentir de leurs révoltes, et à reconnoître, par l'état où ils étoient, l'avantage qu'ils trouveroient en se remettant à leur devoir, par une véritable soumission à la volonté de leur souverain. En second lieu, le comte d'Ognaste, ambassadeur du roi d'Espagne à Rome, se servit d'une de ses créatures, qu'il fit envoyer à Naples de la part de celui de France, qui, trompé par Andrea Bicci, confident d'Ognaste, et persuadé par les intrigues des Espagnols qui étoient attachés aux intérêts de la France, lui donna commission pour aller trouver le duc de Guise, et demeurer auprès de sa personne en qualité de mestre de camp de la marine. Cet homme étant arrivé se découvrit à Annèse, lui promit, de la part du Roi son maître, toute sûreté pour le crime de sa révolte, et de plus un grand établissement en son pays, s'il pouvoit contribuer à remettre les choses en bon état, et raccommoder ce que lui et un Joseph Palombo avoient gâté. L'Annèse reçoit le pardon avec joie, et, pour se défaire du duc de Guise, hasarde de se confier aux Espagnols, qui sont en réputation de ne pardonner jamais de telles offenses. Le comte d'Ognaste fut déclaré vice-roi de Naples, exprès pour travailler à ce dessein. Il arrive à Naples, il négocie avec le nonce; et, par le moyen d'un capucin, traite avec le cardinal Filomarini. Cette négociation étant demeurée secrète, et les confesseurs pendant le jubilé ayant fait leur devoir, le jeudi-saint, à neuf heures du matin, leur entreprise étant en bon état, ils firent chanter une messe du Saint-Esprit dans leur quartier. Ensuite de cela, ils ordonnèrent des gardes pour défendre contre le peuple le port Saint-Sébastien qui étoit à eux, et firent entrer par cet endroit quatre compagnies espagnoles, qui, étant passées sans aucun obstacle, s'acheminèrent vers le Torion del Carmen où commandoit l'Annèse, criant partout : *Pace, pace.* En ce même temps le cardinal Filomarini partit de son archevêché pour aller au même lieu, donnant sa bénédiction au peuple ; et ceux qui le suivoient, soit ses domestiques ou des Espagnols, crioient aussi : *Pace, pace.* Le peuple, qui à ce bruit s'étoit ému et assemblé dans les rues, ignorant toutes ces nouveautés, et ne pouvant deviner la cause de ce qu'il voyoit, demeuroit confus, ne sachant que faire ni à quoi se résoudre ; et tous les hommes paroissoient, par leur étonnement, être devenus des statues. Le cardinal archevêque étant arrivé au Torion del Carmen, il y trouva don Juan d'Autriche, qui étoit arrivé secrètement en ce lieu, par ordre du roi d'Espagne. Le nonce et le comte d'Ognaste s'y trouvèrent aussi, lesquels y étoient allés déguisés, conduits et reçus par l'Annèse, l'auteur de toute cette trame. Aussitôt qu'ils furent arrivés, l'Annèse se jetant à genoux devant don Juan, lui présenta les clefs de ce fort, et lui demanda pardon de son crime : ce qu'il obtint assez facilement, cette grâce lui ayant déjà été accordée avec récompense. Ils firent entrer ensuite deux compagnies espagnoles, et don Juan reçut le serment de fidélité de Gennare Annèse, de son compagnon, et de quelques autres personnes des plus considérables du peuple, qu'ils avoient gagnés.

Ce prince promit entre les mains du nonce de faire observer tous les articles qui leur étoient accordés en leur faveur, et du peuple en général; et ensuite ils allèrent tous ensemble à l'archevêché faire chanter le *Te Deum*, pour rendre grâces à Dieu d'un si heureux commencement.

En même temps une partie des soldats espagnols et leurs adhérens allèrent piller le palais du duc de Guise, qui étoit allé dehors, vers la porte Capuana, visiter quelques forts qu'il avoit eu peur que les ennemis ne voulussent attaquer. Ce prince alors n'avoit que trente personnes avec lui ; et comme il revenoit pour rentrer dans la ville, il entendit le bruit que le peuple, réveillé de son étourdissement, commençoit à faire, et vit beaucoup d'hommes sortir hors la porte de la ville, criant tous : *Salva, salva, tradimento!* Jugeant de là qu'il étoit perdu, il donna des éperons à son cheval, et lui troisième se voulut sauver vers Bonavente. Étant arrivé dans un bois où il crut pouvoir trouver quelque sûreté, il y fut pris par une troupe de soldats qui étoient en embuscade dans ce lieu, exprès pour l'arrêter. Comme ses ennemis étoient habiles gens, ils avoient si bien donné ordre à leurs affaires, qu'il étoit quasi impossible que ce prince leur échappât, car ils avoient mis des embuscades par toutes les avenues de cette ville, afin que s'il ne pouvoit pas être pris ou tué dans sa maison, qu'ils avoient résolu d'attaquer, ils le pussent avoir par d'autres voies (1). Étant pris, il fut maltraité et mené en Espagne prisonnier, où il demeura long-temps dans la croyance qu'on lui feroit couper la tête. Son palais, qui n'étoit pas assurément rempli de grands trésors, fut pillé, et ses domestiques, qui voulurent faire quelque résistance, furent tous tués. Beaucoup de ceux de Naples demeurèrent sans prendre le parti d'Espagne, et il leur resta une grande douleur d'avoir été surpris et trompés. Cela donna lieu au ministre de croire que si le Roi vouloit secourir ces peuples irrités, en leur envoyant des troupes et un autre général, la révolte seroit plus grande que jamais. Quelques-uns de ce pays, affectionnés à la France, mandèrent qu'il ne falloit pas abandonner l'entreprise, et qu'elle étoit encore en état d'en espérer une bonne issue. On y envoya Lambert, mestre de camp, avec une armée assez médiocre, et pour général le prince Thomas, frère du feu duc de Savoie, pour la commander, qui, n'étant pas né heureux, ne fit rien en cette occasion de considérable.

(1) J'ai pris cette narration dans les gazettes qui nous vinrent alors de Naples; et comme c'est une chose empruntée, je ne réponds pas de sa vérité en toutes ses circonstances : mais le succès en gros est véritable.

Aussitôt que madame de Guise sut le malheur qui étoit arrivé au duc de Guise son fils, elle, le duc de Joyeuse son second fils, le chevalier de Guise et mademoiselle de Guise sa fille, vinrent supplier la Reine de secourir ce prince malheureux, dont le courage étoit la cause de sa perte. La Reine trouva leur demande juste, et envoya aussitôt un courrier en Espagne, pour avouer le duc de Guise de tout ce qu'il avoit fait contre le service du Roi son frère, afin qu'il fût traité en prisonnier de guerre. Elle disoit qu'on pouvoit, sans injustice, lui faire couper la tête à Naples, avant que le courrier y arrivât, parce qu'il n'avoit pas voulu prendre commission du Roi; et par là elle vouloit blâmer son procédé, et montrer qu'elle n'étoit pas obligée d'envoyer un secours que lui-même n'auroit peut-être pas voulu trop grand. Quand on sut qu'on le menoit prisonnier en Espagne, on jugea qu'il étoit seulement réservé à la prison, et que le duc de Lorraine, chef de sa maison, et qui servoit l'Espagne, le pourroit préserver de cette infortune. Par sa prison, le duc de Turcy et son neveu, que les Napolitains tenoient prisonniers, furent délivrés; et le duc de Guise demeura dans la sienne, malheureux et maltraité de ses ennemis.

De tous les maux qui arrivèrent au duc de Guise, celui qui lui dut être le plus sensible selon son humeur fut qu'enfin mademoiselle de Pons, étant sortie des filles de Sainte-Marie, lui fit sentir à son tour les infidélités qu'il avoit faites à la princesse Anne de Gonzague, et à la comtesse de Bossu. Elle lui fut elle-même infidèle, en souffrant la galanterie de quelques autres; et, par un échange honteux pour elle, l'écuyer de ce prince prit enfin dans son cœur la place de son maître : si bien que l'histoire de ses amours eut pour conclusion, au retour de ses voyages et de sa prison, un procès qu'il fit à cette fille, prétendant qu'elle lui avoit volé ses pierreries et ses meubles, sans se contenter des grands présens qu'il lui avoit faits pendant qu'il l'aimoit. Malicorne, qu'elle avoit préféré à ce prince, la quitta de même; et elle fut contrainte enfin, par ses mauvaises aventures, de se sauver en Flandre, pour tâcher d'y faire quelque nouvelle conquête : et peut-être que la comtesse de Bossu et elle se consolèrent ensemble, en donnant des rivaux au duc de Guise, qui les avoit aimées l'une et l'autre.

Il faut quitter Naples pour la France et pour la cour, où nous allons voir une grande princesse bien en peine. Sur la fin d'avril on arrêta prisonnier un gentilhomme qui étoit à Mademoiselle, nommé Saujeon, dont la sœur étoit fille d'honneur de Madame, et que le duc d'Orléans ne haïssoit pas; mais l'inclination qu'il avoit pour la sœur n'empêcha pas la disgrâce du frère, parce que les raisons en étoient grandes, et sur une matière qui paroissoit délicate. D'abord on fit un grand secret de cette affaire : la Reine seule, son ministre, Monsieur et son favori, la surent; et les gens de la cour employèrent quelques jours au soin d'en savoir les raisons, parce que les aventures qu'on croit procéder du cabinet donnent d'ordinaire plus de curiosité aux spectateurs que les affaires d'une autre nature. Le prisonnier fut interrogé secrètement pendant un petit voyage que le duc d'Orléans alla faire à Limours; et quoique ces quatre personnes eussent observé religieusement le silence, Cominges, parent de Saujeon, et qui étoit de mes amis, m'apprit cette histoire; et, me faisant le récit de son interrogatoire, il me pria de la tenir secrète pour quelque temps. Chacun commençoit à soupçonner le vrai, et personne ne le savoit encore entièrement. Nous en vîmes l'éclat un jeudi au soir, sur la fin du conseil, qui se tint ce jour-là dans la petite galerie de l'appartement de la Reine. Le duc d'Orléans fit appeler Mademoiselle dans ce lieu, où ils étoient restés seuls, la Reine, Monsieur, le cardinal Mazarin et l'abbé de La Rivière. Comme elle entra, ce favori de Monsieur, qu'elle haïssoit, lui dit tout bas en passant qu'elle alloit recevoir une réprimande de Monsieur, son père, et que le seul moyen de se sauver étoit de s'humilier à lui et à la Reine. Le fond de cette affaire étoit que Saujeon, peut-être du consentement de Mademoiselle, l'avoit voulu marier à l'archiduc. Son crime étoit d'avoir eu intelligence avec un bourgeois de Furnes, et ce bourgeois en avoit eu avec une personne de qualité qui étoit à la cour de ce prince. Cette personne, au lieu de travailler à faire réussir cette affaire, soit que ce fût du consentement de son maître, soit comme espion payé de la France pour le trahir, avertit le cardinal de la négociation; et le ministre n'étant pas content de Mademoiselle, l'avoit noircie à la Reine, et lui avoit parlé de cette intelligence comme étant quasi criminelle et digne de sa colère. La Reine, en effet, trouva que Mademoiselle étoit coupable, et en parla à Monsieur avec tant de ressentiment, que Monsieur, malgré la qualité de père, ne l'osa jamais excuser. Cette jeune princesse, qui avoit senti cet orage, avoit cru qu'il falloit cacher son inquiétude, et paroître ne rien craindre; de sorte que le jour précédent (le dernier avril), entrant dans le Luxembourg et dans la chambre de Madame, sa belle-mère, elle dit tout haut, en riant, qu'on disoit que Saujeon étoit prisonnier pour elle, et pour l'avoir voulu marier avec l'archiduc; qu'elle trouvoit cela plaisant, mais qu'au moins elle n'en savoit rien, et qu'ainsi elle n'y prenoit nulle part que celle de la compassion. Cependant la voilà appelée au conseil, et fort troublée de l'avis que lui donna l'abbé de La Rivière. Elle trouva la Reine irritée, qui l'accusa d'avoir des intelligences avec les ennemis de l'Etat, d'avoir voulu se marier sans sa permission ni celle de son père, d'avoir manqué de respect à elle et à lui ; et, après l'avoir rigoureusement traitée, elle l'abandonna au duc d'Orléans, qui confirma le ressentiment de la Reine par le sien, et n'oublia rien à dire de tout ce qui pouvoit servir de châtiment à cette faute.

Mademoiselle se voyant attaquée avec tant d'éclat, tirant des forces de sa propre foiblesse, se soutint courageusement contre ces deux personnes, que par tant de raisons elle devoit craindre. Elle maintint toujours hardiment qu'elle n'avoit point failli, et n'avoit rien su de cette négociation. Au contraire, elle reprocha à Monsieur que s'il avoit voulu, il l'auroit mariée à l'Empereur ; et lui sut marquer qu'il lui étoit honteux de n'être pas son protecteur dans cette occasion, où il sembloit que sa gloire étoit attaquée. La Reine, qui entendit ces paroles avec étonnement, me fit l'honneur de me dire le soir que si elle avoit eu une fille qui l'eût traitée de même manière que Mademoiselle avoit traité son père, elle l'auroit bannie de la cour pour jamais, et l'auroit enfermée dans un couvent. Nous entendîmes le bruit des accusations et de la défense; et quoiqu'il n'y eût que trois personnes qui parlassent, le ministre n'ayant point voulu montrer en cette rencontre qu'il eût part à la réprimande, le vacarme fut si grand, que nous, qui étions dans le cabinet voisin, demeurâmes occupés du désir de savoir le succès et le détail de cette querelle. Mademoiselle sortit de ce lieu avec un visage plus altier que honteux, et ses yeux paroissoient plus remplis de colère que de repentir. En passant, elle s'arrêta un moment à l'abbé de La Rivière, puis s'en alla chez elle, touchée d'une vive douleur de se voir abandonnée de celui de qui elle devoit espérer de l'appui et de la consolation. Le lendemain, l'abbé de La Rivière l'alla trouver de la part de son maître, pour lui défendre de voir qui que ce fût, qu'elle n'eût confessé tout ce qu'elle savoit de cette affaire. Lui, qui peut-être n'auroit pas été fâché de plaire au ministre en confondant cette criminelle dont il croyoit être haï, fit tout ce qu'il put pour l'obliger à lui avouer la vérité de cette intrigue; mais elle demeura toujours ferme et constante dans la négative. Elle eut un sensible déplaisir de tant de choses fâcheuses : ce déplaisir lui donna la fièvre; et même elle s'évanouit une fois de douleur de ce qu'on lui ôta une de ses femmes qu'on soupçonnoit d'avoir servi à lui faire avoir de longues conversations avec Saujeon. Ce gentilhomme avoit voulu servir une princesse qui méritoit d'être servie : mais il étoit au Roi, et par conséquent blâmable. Sa faute néanmoins étoit plus imprudente que criminelle, puisque le motif en étoit tout-à-fait innocent. Mademoiselle apparemment avoit voulu se marier, et sans doute que dans son intention elle n'avoit pas eu le dessein de manquer au respect qu'elle devoit à la Reine et à Monsieur ; mais sa conduite étoit blâmable, quand on la regardoit du côté des maximes de l'Etat, qui lui défendoient tout commerce particulier avec les ennemis et les étrangers. En mon particulier, je n'avois alors nul sujet de me louer de cette princesse que par la part qu'elle me donnoit à la civilité qu'elle avoit pour tout le monde, et je ne puis être soupçonnée de passion sur ce que je pourrai dire d'elle ; mais comme je fais profession d'une sincérité tout entière, je suis obligée de lui rendre ce témoignage. J'eus même assez d'équité, sans qu'elle l'ait jamais su, pour soutenir à la Reine, le jour même de ce désordre, que Mademoiselle avoit raison de ne point avouer qu'elle eût voulu chercher un mari par des intrigues secrètes ; et je lui dis que je trouvois, soit que cela fût vrai ou qu'il ne le fût pas, que Monsieur avoit tort de l'abandonner, et de vouloir qu'elle confessât publiquement une chose qu'il étoit plus honteux d'avouer que de faire : car une fille n'est point blâmable de penser à son établissement ; mais il n'est pas honnête qu'on le sache, ni qu'elle paroisse y avoir travaillé. « Les pères, lui dis-je, « Madame, ont accoutumé, dans les propositions « de mariage, de garder certaines bienséances « pour sauver la gloire des filles, qui semble « être toujours blessée en recherchant ce qui leur « est loisible de souhaiter. » La Reine, qui m'a toujours fait l'honneur de recevoir avec bonté ce qui pouvoit procéder d'un cœur qu'elle a reconnu lui être fidèle, me sut mauvais gré des sentiments que j'avois sur cette affaire, parce qu'en effet elle l'avoit tout-à-fait désapprouvée ; et cela fut cause que dans son chagrin elle le dit au duc d'Orléans, qui, sans considérer le motif qui m'avoit fait parler, se plaignit de moi, et me dit qu'il étoit étonné de ce que je blâmois son procédé, vu qu'il me croyoit plus son amie que de sa fille. Au lieu de me justifier là-dessus, je fis part de mes sentiments à son favori, qui étoit quelquefois assez raisonnable pour les bien recevoir. Je lui conseillai de travailler à raccommoder ce désordre, et lui dis que je comprenois assez que Monsieur avoit raison de se plaindre qu'une princesse eût voulu se marier sans la participation d'un père comme lui, et que la Reine, comme il étoit vrai, avoit sujet aussi de se fâcher contre elle. Mais je lui soutins que Monsieur ne devoit point la forcer à confesser une chose de cette nature, ni lui aussi ne devoit point par complaisance l'aigrir contre elle : et que s'il ne travailloit à finir cette querelle, il seroit blâmé de tout le monde, ne faisant pas connoître à son maître les intérêts véritables de la réputation de Mademoiselle ; car, étant sa fille, ils devenoient les siens propres : et je conclus notre conversation en lui disant, en présence de mademoiselle de Beaumont qui étoit suivante de cette princesse, qu'il étoit vrai qu'elle avoit tort, et qu'elle avoit peut-être trop hasardé ; mais qu'enfin sa faute étoit légitime, et que la vieillesse de l'archiduc, ses grandes oreilles et sa sévère dévotion la devoient justifier devant tout le monde. Cette petite harangue eut son effet : peu de temps après, Monsieur connut la vérité. Mademoiselle fit parler au cardinal, et le fit prier de travailler à changer l'esprit de la Reine sur l'accusation qu'elle faisoit contre elle. Chacun pressa Monsieur de devenir bon père, et de lui pardonner. Plusieurs personnes parlèrent à l'abbé de La Rivière, de la part de Mademoiselle ; et le ministre, qui étoit bien aise de se faire un mérite envers elle, témoigna désirer de la servir. Le favori de Monsieur suivit ce même exemple ; et, comprenant qu'il étoit juste que son maître prît le parti de la pitié, il oublia ses petits ressentimens pour la servir aussi : de sorte que l'onzième jour de sa captivité, après de grandes conférences qu'il fallut avoir avec la Reine, de la part de Monsieur, l'abbé de La Rivière alla porter à Mademoiselle quelques paroles de douceur, qui furent accompagnées de grandes leçons, et de respectueuses réprimandes sur sa conduite. Cette princesse donnoit quelques sujets de chagrin à Monsieur ; et la comtesse de Fiesque, sa gouvernante, sur plusieurs articles, faisoit alors de grandes plaintes contre elle, l'accusant d'imprudence en beaucoup de ses actions, et particulièrement de ne se pas appliquer avec soin à conserver les bonnes grâces du ministre. Elle la blâmoit d'être trop emportée pour ses amis et contre ses ennemis ; et, par ses sages et politiques harangues, elle lui attiroit souvent quelque petit châtiment paternel doux ou sévère, selon l'esprit où ce prince se trouvoit, qui, après tout, aimoit tendrement Mademoiselle. Il a toujours bien vécu avec elle : il la traitoit avec bonté, et plusieurs fois je lui ai ouï dire que sa fille alors le nourrissoit ; qu'il étoit un gueux, qu'elle étoit riche, et que sans elle il n'auroit pas eu quelquefois du pain. Il disoit vrai ; car Mademoiselle ayant le bien de madame sa mère, qui étoit héritière de la maison de Montpensier et de Joyeuse, il en avoit toujours joui, sans lui donner que ce qu'il lui plaisoit pour l'entretien de sa maison. Ce qu'il a payé depuis par les procès qu'il a eus avec elle, quand devenant âgée elle s'est vengée de lui, et a voulu avoir son bien, avec des marques d'une ame un peu trop dure à l'amitié.

Dès le même jour de cet adoucissement, Mademoiselle vint voir la Reine, qui la reçut froidement. Elle lui dit qu'elle ne devoit pas se glorifier d'avoir tenu bon contre son père et contre elle, n'avouant point les fautes qu'elle avoit faites ; que ceux qui l'avoient conseillée lui en donneroient sans doute de grandes louanges, mais qu'elle ne devoit point se laisser flatter par eux, qui ne la conseilloient pas bien ; et qu'elle devoit croire que sa faute étoit grande, puisqu'elle la voyoit désapprouvée par un aussi bon père que le sien, et par elle, qui l'avoit toujours traitée comme sa propre fille. Quelques jours après, la paix se fit entièrement, par une visite qu'elle eut permission de rendre à M. le duc d'Orléans, qui, après une conversation particulière, lui pardonna ces petites fautes. Ensuite de cela, la cour s'occupa de quelque nouvelle matière, celle-là étant déjà trop vieille pour en parler davantage ; et Saujeon fut envoyé prisonnier à Pierre-Encise, d'où il sortit bientôt après [le 11 mai]. Peu après, Monsieur, frère unique du Roi, fut baptisé et nommé Philippe, par la reine d'Angleterre, et par Monsieur, oncle du Roi et de lui.

Ce qui fit oublier l'aventure de Mademoiselle fut un courrier que M. le prince envoya à la Reine, pour lui mander qu'il commençoit de marcher vers les ennemis avec une fort belle armée. Cette nouvelle fit résoudre le ministre de mener la cour sur la frontière, pour être plus en état de travailler à la grandeur de la France par l'abaissement des ennemis : ce qui se pouvoit espérer facilement avec de bonnes troupes et un général tel que M. le prince ; mais la Reine fut arrêtée à Paris par un nouvel embarras qui arriva aux affaires du Roi, dont la suite ne fut pas de petite conséquence à l'État.

On avoit redonné la paulette(1) à toutes les compagnies souveraines, à condition de leur retrancher quatre années de leurs gages ; et, pour contenter le parlement en son particulier, comme

(1) Droit fiscal, ainsi nommé parce qu'il fut inventé par Ch. Paulet. En payant ce droit annuellement, le titulaire d'une charge de judicature et de finances en assuroit la jouissance à ses héritiers.

le corps du royaume le plus considérable et par conséquent le plus à craindre, on la leur avoit redonnée sans leur rien retrancher. La chambre des comptes, la cour des aides, le grand conseil, et tous les officiers de France, qui se trouvèrent incommodés par ce traitement, firent leurs plaintes au parlement, et demandèrent leur assistance pour soutenir leur droit contre l'oppression qu'ils disoient leur avoir été faite. Ils remontrèrent à cette compagnie qu'elle devoit craindre d'avoir part quelque jour à cette ordonnance; que par leur abaissement ils devoient appréhender eux-mêmes de diminuer de puissance, et que, ne se soutenant point les uns les autres, ils étoient tous menacés d'une ruine totale, parce que les favoris n'ayant point d'obstacle plus redoutable que celui de la puissance du parlement, quand il subsisteroit seul il seroit facile de diminuer celle qui lui resteroit, et de le mettre au rang des autres compagnies du royaume.

Le parlement fut touché de leurs raisons : il fut animé par la crainte d'un pareil traitement, et par le désir de s'élever, qui dominoit alors les principaux esprits de cette grande compagnie. Elle s'assembla, et murmura : ils dirent quasi tous que s'ils abandonnoient leurs confrères, ils auroient sujet de se plaindre d'eux, et qu'étant maltraités ils devoient croire qu'ils auroient bientôt leur part des maux; de sorte que le 13 de mai, les chambres assemblées, ils donnèrent un arrêt où la jonction fut accordée avec les autres compagnies, et où il fut dit : Qu'ils défendoient de recevoir aucuns officiers nouveaux, dans le temps où la paulette n'étant point accordée à tous, les offices sont acquis au Roi, que premièrement la veuve et les héritiers ne fussent contens. Sur leur arrêt, la Reine ordonne au chancelier de mander le parlement, et leur déclarer de sa part que les ayant gratifiés en leur particulier, Sa Majesté avoit cru qu'ils lui en seroient obligés; mais qu'ayant reconnu par leur procédé qu'ils prenoient cette grâce d'une autre manière, qu'elle leur promettoit de ne plus demander les quatre années de gages qu'elle avoit cru pouvoir retenir sur tous les officiers des autres compagnies; qu'elle laisseroit les choses en même état qu'elles étoient avant cela; mais qu'aussi elle les prioit de considérer la nécessité des affaires du Roi, et d'aviser à quelques autres moyens d'avoir de l'argent.

Cette réponse étoit trop douce pour un maître offensé : elle paroissoit venir du génie du ministre, qui étoit de s'abaisser toujours quand on lui résistoit, et de trop entreprendre quand il croyoit pouvoir tout faire; mais elle avoit un double sens, et la pensée du cardinal alloit à laisser le parlement dans l'état où il étoit, et s'en venger en le laissant languir dans l'incertitude que chaque particulier pouvoit avoir, que lui mourant il perdroit sa charge.

La Reine envoya au greffe défendre de recevoir l'argent d'aucun du parlement, révoquant le don qu'elle leur avoit fait de la paulette, et les remettant dans la même égalité des autres officiers. Cette conduite fut approuvée des habiles gens, et auroit peut-être réussi si le ministre eût pu la soutenir; mais comme le parlement se vit engagé à cette grande entreprise, il crut qu'il devoit pousser sa résistance plus loin, et que pour se tirer de cette affaire il en falloit faire naître au cardinal Mazarin qui le pussent embarrasser. Ils en cherchèrent les moyens avec soin; et la mauvaise disposition des esprits de la cour, la misère de toute la France, et la haine publique qui commençoit à se déclarer contre lui, leur en donnèrent de tels que, sans une protection toute particulière de Dieu sur ce royaume, il est à croire qu'il en pouvoit arriver le renversement de la monarchie.

La Reine, qui n'avoit pas gratifié le parlement de bon cœur, disoit, en parlant de cette affaire, qu'elle croyoit bien qu'il se repentiroit de ce qu'il avoit fait, et qu'elle n'étoit pas fâchée d'avoir été contrainte de révoquer la grâce qu'elle lui avoit accordée malgré elle, le traitant plus favorablement qu'il ne méritoit. Comme le sang de Charles-Quint lui donnoit de la hauteur, elle ne croyoit pas qu'aucune créature pût ou dût oser se défendre contre la volonté du Roi; de sorte que dans toutes les affaires du parlement, dont elle n'entendoit point l'ordre ni la chicane, elle vouloit toujours le terrasser, et que tout ce qui étoit ordonné dans son conseil s'exécutât dans cette compagnie. Mais comme ils sentoient en eux les premières impulsions de la révolte, ils se défendoient méthodiquement, et se servoient en habiles gens des hauteurs de la Reine et des bassesses de celui qui la conseilloit, pour le faire tomber dans des fautes qu'il avoit après bien de la peine à réparer. Cela étoit cause que cette princesse a souvent paru plus colère qu'elle ne l'étoit, et plus sévère que douce, quoiqu'en effet dans les matières qui étoient de sa connoissance elle fût la plus raisonnable et la plus modérée de toutes les femmes.

Le premier président, qui ne vouloit pas se déclarer contre la cour, balançant entre elle et sa compagnie, agissoit de sorte que, sans beaucoup travailler pour arrêter le cours de la révolte, on ne pouvoit pas néanmoins se plaindre de lui. Le chancelier étoit habile homme, et auroit pu, selon ses lumières, donner de bons conseils qui auroient peut-être pu soutenir les intérêts du Roi; mais il étoit si soumis et si timide à l'égard du ministre, qu'il approuvoit toujours tout ce qui venoit de lui, sans jamais y apporter aucune résistance, ni même sans oser dire son avis. Cette condescendance à la fin fut si extrême, que souvent le cardinal Mazarin se plaignoit de lui de ce qu'il le laissoit embarrasser dans de mauvaises affaires; et il souhaitoit qu'il voulût lui donner des avis contraires aux siens, qui pussent servir de remède aux fautes qu'il pouvoit faire à l'égard du parlement. Ce ministre n'aspiroit pas à la gloire de ne rien ignorer : il vouloit seulement avoir de la puissance, donnoit souvent cette excuse qu'il ne savoit pas les lois ni les coutumes du royaume. Par cette honteuse raison, il se garantissoit des reproches qu'on lui faisoit d'avoir entrepris quelquefois des choses contre l'ordre et le droit des gens.

Environ ce même temps [en mai], le duc d'Yorck, âgé de douze ou treize ans, se sauva d'Angleterre par les ordres que la Reine sa mère lui en avoit donnés, et s'en alla en Hollande. Il m'a depuis conté lui-même qu'il avoit gardé ce dessein dans son cœur un an tout entier, sans le pouvoir exécuter. Il se servit pour cela d'un de ses serviteurs, que la Reine sa mère lui avoit envoyé. Son gouverneur avoit déjà eu ce dessein, et l'avoit pensé exécuter plusieurs fois; mais il avoit répondu de lui au parlement d'Angleterre, lequel s'en étant aperçu, l'avoit souvent menacé, s'il y pensoit jamais, de le faire enfermer dans la tour de Londres : ce que ce jeune prince avoit toujours souffert, sans faire paroître avoir aucun désir d'y penser jamais. Enfin, un jour qu'il vit ses gardes s'amuser à jouer, il sortit par une petite porte de derrière; et s'en allant dans le parc, où celui qui le servoit pour cela tenoit un habit de femme, il le prit, et s'en alla dans une maison de Londres, où il demeura quelques jours habillé en fille. Puis il s'embarqua avec son écuyer, dans un vaisseau qui passoit en Hollande; et comme il étoit beau, les matelots le soupçonnèrent souvent d'être une fort peu honnête fille. Lorsqu'on s'aperçut à Londres de sa fuite, il fut poursuivi d'un vaisseau anglais, et pensa être pris à la vue de Flessingue. Le port où il voulut descendre étoit dangereux par le vent qu'il faisoit alors : si bien que ce prince devinant que ce vaisseau qui les suivoit de près lui en vouloit, quitta son sexe emprunté pour menacer le pilote, et le forcer de le mettre à terre au hasard de périr; et sur la résistance du maître du vaisseau, qui ne vouloit point aborder, il prit l'épée de celui qui étoit auprès de lui, et la lui voulut passer au travers du corps, afin de le presser d'aborder au lieu où il désiroit aller. Cet homme lui obéit par force; et de cette sorte il échappa les persécutions que lui vouloient faire les barbares sujets du Roi son père. Il vint en France, où le Roi et la Reine le reçurent avec bonté, et avec l'affection que méritoit le petit-fils de Henri IV et le fils d'un grand roi malheureux. Il laissa, entre les mains du duc de Northumberland son gouverneur, le duc de Glocester son jeune frère, et une princesse sa sœur, d'environ onze ou douze ans. Ces deux enfans eurent seuls la bénédiction du Roi leur père, quand quelques mois après on le fit mourir. Puis le parlement renvoya à la Reine leur mère ce petit prince qui leur étoit resté, qu'ils ne traitèrent point en prince le temps qu'ils l'eurent en leur pouvoir; et la fille mourut, qui montra de paroître sentir infiniment le malheur du Roi son père.

Le 18 de mai, on déclara au conseil d'en haut que la volonté du Roi étoit de nommer cardinal l'abbé de La Rivière, avec résolution d'envoyer à Rome toutes les dépêches nécessaires à cet effet. Ce favori augmenta de crédit par cette nomination : on le regarda comme un homme que la fortune alloit élever bien haut, et qui pouvoit faire jouer de grands ressorts, avec le prince qu'il gouvernoit, et sous une régente qui étoit servie par un ministre haï, et qu'on croyoit peu habile. On disoit tout haut qu'il en donnoit une marque certaine, mettant dans cet état un homme dont la grandeur pouvoit étouffer la sienne; mais le cardinal fit voir ensuite qu'il faisoit semblant fort habilement de n'être pas habile, car son dessein étoit fort éloigné de se faire à lui-même ce préjudice. Il voulut seulement par cet éclat éblouir l'abbé de La Rivière; et, par l'espérance prochaine d'un si grand bien, le tenir toujours dans ses chaînes, et l'empêcher de former des desseins contre lui. Il crut que, quand même il auroit été capable de prendre des mesures avec le parlement ou avec ses ennemis particuliers, il ne penseroit jamais à faire de grands coups qu'il ne fût cardinal; et que le laissant voir de près ce morceau friand dont il étoit affamé, et ne le lui donnant point, il seroit incessamment occupé du désir de l'avoir, et ne feroit rien qui pût lui faire perdre la bonne volonté de la Reine et la sienne, puisque sans cela il ne pouvoit contenter son appétit.

L'abbé, de son côté, se figuroit quelquefois que sa fortune n'étoit qu'apparente : il craignoit, en servant fidèlement, de n'être pas servi de même par le cardinal; mais comme il étoit plein de la confiance qu'il avoit en son bonheur, il croyoit qu'il attraperoit le plus fin, et que la fortune même n'osoit lui faire de mal. Il espéroit en l'argent qu'il enverroit à Rome pour donner à la signora Olympia, parente du Pape, qui avoit du crédit auprès de lui. Il croyoit que la haine qu'on avoit à Rome contre notre ministre hâteroit son chapeau; et il se flattoit de mille manières, à la mode des gens de la cour, dont le bonheur consiste beaucoup plus dans les desseins et les chimères que dans les biens effectifs : si bien que nous l'avons vu passer plusieurs années, croyant que tous les jours de courrier il devoit être cardinal, sans jamais le pouvoir être. Cependant la raison le devoit persuader de l'impossibilité de la chose, puisqu'il n'étoit pas avantageux au cardinal de le faire si grand, et qu'il étoit à croire qu'un premier ministre, dont la plus grande habileté consistoit dans l'intrigue, ne se laisseroit point prendre pour dupe en une occasion de cette importance.

Le soir même de ce jour, il arriva des nouvelles de M. le prince à la Reine, qui lui mandoit qu'il alloit assiéger Ypres. Cette ville est grande, mais elle n'est point forte, et il falloit beaucoup de forces pour la garder. On en désiroit la prise, parce qu'on la trouvoit nécessaire pour mieux garder Courtray, qu'on avoit fortifié d'une citadelle; mais peu de jours après il en arriva d'autres, qui apprirent à la Reine et à son ministre que ce même Courtray avoit été surpris des ennemis en trois heures de temps par l'armée de l'archiduc, et que la citadelle, où s'étoient retirés le peu de gens de guerre qui s'y trouvèrent, tiendroit bon encore quelque temps. Cette place est à sept lieues d'Ypres, où étoit notre armée : elle nous étoit de grande conséquence, et pour la conserver on y avoit tenu des troupes depuis long-temps en assez bon nombre. Paluau (1), qui en étoit gouverneur, y étoit demeuré tout l'hiver pour la garder, et résister aux ennemis, au cas qu'ils eussent eu le dessein de l'attaquer. Mais comme les Français perdent toujours aussi aisément par leur imprudence ce que volontiers ils prennent par leur valeur, Paluau, sans plus penser aux ennemis, qui sont d'ordinaire d'aussi mauvaise volonté en été qu'en hiver, dès le commencement de la campagne laissa dégarnir sa place; et au lieu de quatre mille hommes qui étoient dedans, il n'en resta pas cinq cents. Ce gentilhomme, qui avoit un grand désir d'être maréchal de France, et qui l'a été depuis sous le nom de Clérembault, demanda instamment au cardinal de servir de lieutenant général dans l'armée de M. le prince : ce qu'on lui accorda; et, pendant qu'il étoit au siége d'Y-

(1) Philippe, marquis de Clérembault, maréchal de France en 1651.

pres, on lui prit Courtray, qui lui valoit cinquante mille écus de rente. Il fut blâmé de n'avoir pas aperçu le danger où il avoit mis cette place en la quittant, et de l'avoir laissée avec si peu de troupes; mais M. le prince, le voulant justifier, dit publiquement qu'il n'avoit dégarni Courtray que malgré lui, et par les ordres exprès du ministre. Ce prince, pour consoler la Reine et le cardinal de cette perte, lui manda qu'il croyoit prendre Ypres dans trois jours; et que, cela étant, il espéroit secourir la citadelle de Courtray, que Le Rale, qui la commandoit, avoit promis de défendre pour le moins encore quinze jours. Cependant l'armée ennemie qui étoit commandée par l'archiduc, et remplie des excellentes troupes du duc de Lorraine et de sa personne, fit sa circonvallation de telle sorte qu'au jugement de tous, et de M. le prince même, il parut ou difficile ou entièrement impossible de les forcer. Ce fut un mauvais commencement de campagne que cette perte; mais la Reine, le soir que cette nouvelle étoit arrivée, dit gaiement, parlant de cette affaire, qu'elle ne s'étonnoit pas de cela; qu'il n'étoit pas juste de prendre toujours sur les ennemis; que ce seroit plutôt un larcin qu'une guerre, si quelquefois ils n'avoient leur tour; et, selon cet équitable arrêt, quelques jours après les nouvelles arrivèrent de la prise de la citadelle : ce qui fut aussi récompensé par celle d'Ypres par M. le prince, dont le gouvernement fut donné à Paluau. Il y eut aussi une défaite de quelques troupes de l'armée impériale par M. de Turenne, dont l'armée étoit composée de Suédois et de troupes hessiennes et bavaroises. Cette défaite fut petite; mais on la célébra beaucoup, pour la réputation et le bien des affaires du Roi.

La Reine [le 25 mai], voyant la résolution que le parlement avoit prise de tenir bon contre elle et de favoriser le droit commun, lui envoya ordonner de la venir trouver. Le chancelier leur parla de sa part, et leur parla fortement. Ensuite de ce discours, elle leur fit elle-même une rude réprimande, leur disant que, puisque leur compagnie abusoit des favorables intentions qu'elle avoit eues de leur faire du bien, elle protestoit qu'à l'avenir elle ne feroit plus de grâces, et qu'elle leur défendoit absolument de s'assembler, et de ne plus communiquer entre eux que par députés. Le premier président voulut lui répondre; mais elle, d'un visage sévère et menaçant, lui défendit de parler. Deux jours après on manda aussi toutes les compagnies souveraines, chambre des comptes, grand conseil et cour des aides. On leur en dit autant, et avec plus de marques de rigueur, parce qu'on les considéroit bien moins que le parlement; et comme le ministre jugea qu'il étoit nécessaire de faire craindre la colère de la Reine par des marques plus fortes que des paroles, qui ne font point de mal, on chassa quelques conseillers du grand conseil, et huit de la cour des aides, qu'on exila en plusieurs endroits différens du royaume. Le parlement témoigna beaucoup de ressentiment de cette petite rigueur, et tous résolurent de s'assembler malgré le commandement de la Reine.

Le jour de la Pentecôte, 1er du mois de juin, le duc de Beaufort, prisonnier depuis cinq ans dans le bois de Vincennes, s'échappa de sa prison environ sur le midi. Il trouva le moyen de rompre ses chaînes par l'habileté de ses amis et de quelques-uns des siens, qui en cette occasion le servirent fidèlement. Il étoit gardé par un officier des gardes du corps, et par sept ou huit gardes qui couchoient dans sa chambre et qui ne l'abandonnoient point. Il étoit servi par des officiers du Roi, n'ayant auprès de lui pas un de ses domestiques; et, par dessus tout cela, Chavigny étoit gouverneur du bois de Vincennes, qui n'étoit pas son ami. L'officier qui le gardoit, nommé La Ramée, avoit pris avec lui, à la prière d'un de ses amis, un certain homme qui, sous prétexte d'un combat qui le mettoit en peine, à cause des édits du Roi qui défendoient les duels, avoit témoigné désirer cet asyle pour s'en sauver. Il est à croire néanmoins qu'il étoit conduit en ce lieu par les créatures de ce prince, et peut-être du consentement de l'officier; mais j'ignore cette particularité, et n'en suis persuadée que par les apparences. Cet homme d'abord, pour faire le bon valet, et montrer qu'il n'étoit pas inutile, s'ingéroit plus que tout autre à bien garder le prisonnier; et même on dit à la Reine, en lui contant cette histoire, qu'il alloit jusqu'à la rudesse. Soit qu'il fût là pour servir le duc de Beaufort, soit qu'alors il se laissât gagner par ce prince, il s'en servit enfin pour communiquer ses pensées à ses amis, et pour prendre connoissance des desseins qui se faisoient pour sa liberté. Le temps venu pour l'exécution de toutes leurs méditations, ils choisirent exprès le jour de la Pentecôte, parce que la solennité de cette fête occupoit tout le monde au service divin. A l'heure que les gardes dînoient, le duc de Beaufort demanda à La Ramée de s'aller promener en une galerie, où il avoit obtenu permission d'aller quelquefois se divertir. Cette galerie est plus basse que le donjon où il étoit logé, mais néanmoins fort haute, selon la profondeur des fossés, sur quoi elle regarde des deux côtés. La Ramée le suivit à cette promenade, et demeura seul avec lui dans la galerie. L'homme gagné par le duc de Beaufort fit semblant d'aller dîner avec les autres; mais, contrefaisant le malade, il prit seulement un peu de vin, et sortant de la chambre ferma la porte sur eux, et quelques portes qui étoient entre la galerie et le lieu où ils faisoient leurs repas. Il alla ensuite trouver le prisonnier et celui qui le gardoit; et entrant dans la galerie il la ferma aussi, et prit les clefs de toutes les portes. En même temps le duc de Beaufort, qui étoit d'une taille avantageuse, et cet homme qui étoit de son secret, se jetèrent sur La Ramée et l'empêchèrent de crier; et sans le vouloir tuer, quoiqu'il fût périlleux de ne le pas faire s'il n'étoit point gagné, ils le bâillonnèrent, le lièrent par les pieds et par les mains, et le laissèrent là. Aussitôt ils attachèrent une corde à la fenêtre, et se descendirent l'un après l'autre, le valet le premier, comme celui qui eût été puni très-rigoureusement s'il eût manqué de se sauver. Ils se laissèrent tous deux couler jusque dans le fossé, dont la profondeur est si grande qu'encore que leur corde fût longue, elle se trouva trop courte de beaucoup : si bien que, se laissant choir de la corde en bas, le prince s'exposa au hasard de se pouvoir blesser : ce qui en effet lui arriva. La douleur le fit évanouir, et il demeura long-temps en cet état sans pouvoir reprendre ses esprits. Etant revenu à lui, quatre ou cinq hommes des siens qui étoient de l'autre côté du fossé, et qui l'avoient vu presque mort avec une terrible inquiétude, lui jetèrent une autre corde qu'il s'attacha lui-même autour du corps; et, de cette sorte, ils le tirèrent à force de bras jusqu'à eux : le valet qui l'avoit assisté étant toujours servi le premier, selon la parole que le prince lui en avoit donnée, et qu'il lui garda ponctuellement. Quand il fut en haut, il se trouva en mauvais état; car, outre qu'il s'étoit blessé en tombant, la corde qu'il avoit liée autour de son corps pour monter lui avoit pressé l'estomac, par les secousses qu'il avoit endurées dans cette occasion; mais ayant repris quelques forces par la vigueur de son courage, et par la peur de perdre le fruit de ses peines, il se leva, et s'en alla hors de ce lieu se joindre à cinquante hommes de cheval qui l'attendoient au bois prochain. Un gentilhomme des siens, qui étoit à cette expédition, m'a depuis conté qu'aussitôt après avoir vu cette troupe l'environner de tous côtés, la joie de se voir en liberté et parmi les siens fut si grande, qu'en un moment il se trouva guéri de tous ses maux, et, sautant sur un cheval qu'on lui tenoit tout préparé, il s'en alla, et disparut comme un éclair, ravi de respirer l'air sans contrainte, et de pouvoir dire comme le roi François Ier, dans le moment qu'il mit le pied en France en revenant d'Espagne : « Ah ! je suis libre. » Une femme qui cueilloit des herbes dans un jardin au bord du fossé, et un petit garçon, virent tout ce qui se passa en ce mystère; mais ces hommes qui étoient en embuscade les avoient tellement menacés pour les obliger à se taire, que, n'ayant pas beaucoup d'intérêt d'empêcher que ce prince ne se sauvât, elle et son fils étoient demeurés avec eux fort paisiblement à regarder tout ce qu'ils avoient fait. Aussitôt qu'il fut parti, la femme alla le dire à son mari qui étoit un jardinier du lieu, et tous deux allèrent avertir les gardes. Mais il n'étoit plus temps : les hommes ne pouvoient plus changer ce que Dieu avoit ordonné, et les étoiles, qui semblent quelquefois marquer les arrêts du souverain, avoient appris déjà à beaucoup de personnes, par un astrologue nommé Goïsel, que le duc de Beaufort devoit sortir ce même jour. Cette nouvelle surprit d'abord toute la cour, et particulièrement ceux à qui elle n'étoit pas indifférente. Le ministre en fut sans doute affligé; mais, à son ordinaire, il ne le témoigna pas. La Reine, qui avoit autrefois regardé ce prince comme un ami, et qui étoit accoutumée à le haïr plutôt par raison d'Etat que par inclination, se consola aisément d'un peu de dépit que cette aventure lui donna; et sans doute que beaucoup de personnes en sentirent une grande joie : car, outre qu'il étoit aimé, et qu'il avoit une grande cabale qui prenoit part à ses intérêts, les ennemis du cardinal espérèrent que ce prince étant libre pourroit faire un parti en France, et apporter quelque nouveauté au gouvernement. On ne doutoit pas qu'il n'eût de grands désirs de se venger de son ennemi, et que la mauvaise disposition des esprits ne lui en fît facilement trouver les moyens.

La Reine et le cardinal Mazarin en parlèrent fort honnêtement, et ne firent qu'en rire, disant que M. de Beaufort avoit bien fait. Chavigny seul fut accusé de n'avoir pas pris assez de soin de bien garder ce prisonnier, et la Reine le blâma hautement d'avoir laissé les dehors du donjon sans des sentinelles qui auroient pu apercevoir cette supercherie; mais Chavigny, qui avoit été chassé du conseil par le duc de Beaufort et sa cabale, et qui avoit vu ce prince dans le bois de Vincennes avec joie, n'étant plus alors si bien traité du cardinal Mazarin qu'il avoit eu lieu de l'espérer après la déroute des importans, ne se soucioit plus de garder cet ennemi, dont la perte ne lui avoit point fait de bien, et qui étoit alors d'un ami qui ne le considéroit pas assez pour s'intéresser dans ses passions. Quand ce prisonnier s'échappa, Chavigny étoit allé passer la fête dans les Chartreux, où il alloit souvent chercher la consolation, au défaut de la faveur humaine : et, pour sa justification envers la Reine et le cardinal, il n'allégua point d'autres raisons, sinon qu'il avoit cru devoir laisser ce soin aux officiers du Roi qui en devoient répondre, et non pas lui, qui n'avoit nul ordre particulier pour y veiller. Le duc de Beaufort avoit vécu dévotement dans sa prison; car c'est l'ordinaire des hommes de chercher Dieu pendant le malheur, et de l'oublier dans la prospérité. Il en arriva autant à ce prince, qui, pénitent au bois de Vincennes, ne songea plus qu'à se venger et à se divertir dès qu'il en fut dehors.

Avant que ce bonheur arrivât au duc de Beaufort, le cardinal fut averti qu'il se tramoit quelque dessein pour le mettre en liberté. Il envoya quérir La Ramée, et lui en parla, lui ordonnant d'avoir un soin particulier d'empêcher que cela n'arrivât. Cet homme lui répondit qu'à moins que ce prince ne devînt petit oiseau, capable de voler par la fenêtre, il étoit impossible qu'il se pût sauver; et la chose étant arrivée, le cardinal Mazarin montra la lettre au maréchal d'Estrées, oncle du duc de Beaufort, qui fut étonné de voir qu'un ministre tout puissant, et si bien averti, n'eût pu détourner les effets de la destinée de ce prisonnier, qui devoit sortir pour l'accomplissement des grands événemens qui devoient arriver, et où il eut beaucoup de part.

Le cardinal Mazarin fut en quelque inquiétude du lieu de la retraite du duc de Beaufort. Il eut peur qu'il ne s'en allât en Bretagne, où sont leurs principales terres, et qu'il n'y fît quelque rumeur et quelque faction; mais un de mes amis (1), à qui le cardinal communiqua ses pensées sur ce sujet, le rassura entièrement, et lui dit que ce prince n'ayant point de places fortes ni d'argent, il ne pouvoit rien faire contre l'Etat ni contre lui : contre l'Etat, à cause de son impuissance ; contre sa personne, à cause qu'il pouvoit mieux payer ceux qui le garderoient, que l'autre ne pouvoit récompenser ceux qu'il voudroit employer contre lui. La Reine, me faisant l'honneur de m'en parler, me dit aussi que le duc de Beaufort n'étoit point en état de faire un parti en France; et à l'égard de la personne du cardinal, elle ajouta que ce prince avoit communié trop de fois dans sa prison pour avoir pu conserver dans son ame le dessein d'un assassinat. Et sur ce que je lui dis que peut-être il demanderoit à se raccommoder avec son ministre, et le prieroit de le remettre bien auprès d'elle, elle me répondit que M. le cardinal seroit bien fou de le faire, et qu'elle ne lui conseilleroit pas, sachant bien que M. de Beaufort n'étoit pas capable d'en bien user.

(1) M. de Seneterre.

Le 3 juin, la Reine alla visiter la reine d'Angleterre, qui, de Saint-Germain, étoit venue à Paris passer quinze jours en intention de gagner le jubilé. Notre Régente, après avoir aussi visité le duc d'Orléans qui avoit la goutte, commença les stations ordonnées pour jouir de cette sainte libéralité du Pape, qui avoit été accordée aux chrétiens par de bons motifs, mais qui avoit servi à Naples aux intérêts du roi d'Espagne. La France y prit sagement une part toute spirituelle, qui étoit beaucoup préférable à celle que les étrangers y avoient eue. La Reine visita trente-sept églises, quoiqu'elle ne fût obligée essentiellement qu'à une; et, par cette exemplaire piété, elle nous convia d'en faire autant, et de quitter le repos pour le travail, afin d'acquérir par ce travail un repos véritable. Le soir de ce jour où elle avoit eu autant de fatigues et dévotes et civiles, pour se rafraîchir du chaud qu'elle avoit senti dans les rues, elle alla se promener dans le jardin du Palais-Royal, et y passa une bonne partie de la nuit; car elle avoit une santé qui ne pouvoit souffrir d'altération, ni par le serein ni par les veilles. Cinq personnes, à savoir Mademoiselle de Beaumont, mademoiselle Bertaut ma sœur, vulgairement nommée Socratine à cause de sa sagesse, M. de Chandenier, M. de Comminge et moi, eûmes l'honneur de l'accompagner en cette promenade. La conversation y fut agréable et libre, et nous pouvoit apporter quelque profit. Nous parlâmes de ce que l'on doit à Dieu par obligation, et de ce que l'on donnoit aux créatures par inclination. Nous considérâmes à combien de grandes choses ce devoir nous engage, et à combien de maux cette inclination nous expose. Après avoir examiné ces deux chapitres, nous trouvâmes que nous ne donnions rien à qui nous devions tout, et que nous donnions tout à qui nous ne devions rien.

Les deux hommes qui se trouvèrent de cette petite troupe avouèrent, par équité et par un sentiment de justice une partie de leurs crimes, et en reconnurent le dommage; et nous, par sincérité, nous avouâmes librement, au nom du sexe, que le trop grand amour que nous avions pour nous-mêmes nous en donnoit trop pour les louanges et l'applaudissement; que souvent la flatterie, que nous devions haïr, nous rendoit trop sensibles à l'amitié des créatures : et nous conclûmes à notre honte que la plus sage et la plus honnête femme, dans l'âge qu'elle se plaît à elle-même et qu'elle désire de plaire aux autres, a des momens où elle n'est ni chrétienne ni sage; car, au lieu de rendre à Dieu l'hommage qu'elle lui doit, elle désire d'être adorée de tous, et voudroit avoir sur les hommes l'empire que le seul Créateur y doit avoir. Elle n'est pas sage non plus, parce que la véritable vertu procède du cœur et des sentimens de l'ame, et qu'il est plus facile de conserver le corps exempt de corruption, que l'ame sans déréglement, sans vanité et sans foiblesse. Enfin nous jugeâmes le genre humain sur ce fondement, que les défauts de l'esprit sont pires de beaucoup que les fautes extérieures qui paroissent aux yeux des hommes; et qu'ainsi les plus vertueux, tant hommes que femmes, qui s'appellent des sages mondains, ne le sont guère. Après cette confession générale, nous suivîmes la Reine, qui alla se coucher; et quand nous la quittâmes, l'aurore commençoit déjà à nous montrer que bientôt, comme disent les poètes, elle nous vouloit enrichir de ses perles : et cela nous obligea d'être fort paresseuses le lendemain.

Le lundi 5 juin, le parlement s'assembla, contre les ordres de la Reine; mais le premier président, voulant quelquefois faire son devoir, les empêcha de parler, et ne voulut point donner audience : si bien qu'après avoir été tous assemblés dans la grand'chambre jusqu'à dix heures sans dire mot, il fallut qu'ils se séparassent. Mais ce ne fut pas sans faire de grandes plaintes contre le chef de leur compagnie, et sans murmurer hautement contre lui.

Le lendemain ils en firent autant; et le président de Mesmes, après que le premier président eut parlé, leur dit qu'ils avoient quelque tort de montrer tumultuairement si peu de respect aux ordres de la Reine; qu'il falloit toujours que les sujets témoignassent de l'obéissance et de la soumission à leur souverain; que néanmoins il leur avouoit librement qu'il trouvoit qu'ils avoient sujet d'appréhender des chaînes bien dures, par les fers qu'ils voyoient donner aux autres; et qu'il étoit d'avis que la compagnie s'employât à y chercher quelque remède. Que, pour cet effet, il blâmoit l'insensibilité de la grand'chambre, comme il trouvoit à redire à l'impétuosité des enquêtes; et qu'il étoit d'avis qu'on s'assemblât le lundi ensuivant pour aviser aux moyens de satisfaire la Reine, et d'empêcher que leur robe ne pût être déchirée comme celles de leurs voisins et de leurs confrères, qui commençoient à être fort maltraités : ce qui leur devoit être une marque que bientôt il leur en arriveroit autant.

Ce discours fut blâmé par le ministre; et la Reine en parla le soir en se déshabillant à mademoiselle de Beaumont, amie de madame de Mesmes. Elle se plaignit de ce président comme d'un homme qui paroissoit avoir de mauvaises intentions, et dit qu'en parlant de respect et de soumission il avoit eu sans doute le dessein de fomenter l'esprit de sédition et de révolte dans l'ame de ses confrères, et qu'elle voyoit bien qu'il se vouloit venger de ce que le cardinal s'étoit déclaré ennemi de d'Avaux son frère. Ces sentimens lui avoient été inspirés par son ministre afin de les publier devant cette personne, pour les faire savoir par cette voie au président de Mesmes, afin qu'il se corrigeât à l'avenir et qu'il changeât de conduite.

Le 8 juin on manda les gens du Roi, auxquels le chancelier parla dans le conseil, en présence de la Reine, de la résolution que le parlement avoit prise de s'assembler malgré sa défense. Il leur dit que la Reine en leur défendant de s'assembler n'avoit point eu dessein de parler contre les privilèges de leur corps, mais seulement d'empêcher l'union des autres compagnies avec la leur; et ensuite il s'étendit amplement sur leur rebellion, sur leur peu de respect, et sur ce que le Roi prétendoit qu'il ne leur appartenoit pas de protéger les autres contre ses volontés.

Le cardinal, de son côté, envoya chercher quelques particuliers du grand conseil et de la cour des aides. Il leur parla humainement, à ce qu'ils dirent, mais avec beaucoup de foiblesse. Il les assura qu'il les vouloit obliger, leur dit qu'il trouvoit leurs raisons fort bonnes, et meilleures qu'il ne les avoit crues; qu'il les conseilloit de s'adresser à lui, comme les dévots font aux saints à l'égard de Dieu, afin d'impétrer de même leur grâce de la Reine, tant pour eux tous en général que pour ceux qui, en leur particulier, avoient été bannis; qu'il leur promettoit de s'y employer, et que cependant il les prioit d'obéir au Roi, et qu'il le falloit ainsi pour l'ordre des choses. Ces douces paroles, dans un temps de révolte, ne firent aucun effet que celui de causer beaucoup de mépris pour le ministre, et produire une grande raillerie contre sa mollesse et l'inégalité de sa conduite, qui étoit quelquefois trop haute, puis tout d'un coup trop basse. Ce conte alla jusque dans les ruelles des dames : ce qui donna sujet à toute la France de dire qu'il étoit incapable de la gouverner et de la conduire.

Ce ministre, pour continuer dans sa manière ordinaire, fit donner un arrêt au conseil d'en haut, qui cassoit celui du parlement, appelé *l'arrêt de jonction*, donné en faveur des autres compagnies. On manda aussi les gens du Roi, qui, par l'ordre de la Reine, portèrent cet arrêt d'en haut au parlement. On y fit de nouvelles délibérations; et les gens du Roi rapportèrent à cette princesse de vieux registres, par où ils lui faisoient voir, et à ceux de son conseil, des exemples, comme en d'autres occasions les compagnies souveraines avoient fait le semblable. Mais cela ne put rétablir leur innocence; car il étoit aisé de les juger coupables par l'intention, et par leur conduite toute factieuse et pleine de rebellion. Ils avoient en quelque façon un juste sujet de travailler à secourir tous les officiers, et de compatir à leur malheur, par les supplications et les remontrances qu'ils avoient droit de faire à la Reine; mais la manière n'en étoit pas bonne, et il étoit aisé de voir que la mauvaise disposition qui commençoit à paroître dans les esprits venoit des cabales qui se fomentoient dans l'État contre la puissance du ministre.

Le 12 du mois de juin, la Reine, dont la piété étoit toujours saintement occupée, pour honorer la fête du très-saint Sacrement de l'autel, fit faire en ce saint jour un reposoir dans la première cour du Palais-Royal, où elle fit mettre les plus belles tapisseries du Roi et les plus riches ornemens qu'une grande Reine peut avoir. Elle fit, à ce même dessein, une couronne fermée, pour mettre sur l'autel à l'endroit où l'on devoit poser le Saint des Saints, faite de toutes les plus belles pierreries de la couronne, si riche et si admirable, que si on avoit voulu l'estimer, il auroit été difficile de la pouvoir mettre à prix.

Après avoir adoré Notre Seigneur en ce lieu où elle attendit la procession, elle l'alla conduire à pied jusques à Saint-Eustache, par un grand chaud. Elle mena avec elle le Roi et Monsieur; et le peuple, la regardant passer, lui donnoit mille bénédictions, quoique déjà il parût un peu aliéné de l'amour qu'il avoit accoutumé d'avoir pour elle. Le soir, cette princesse manda le lieutenant-criminel, et lui commanda de faire sortir des prisons un homme que le président de Mesmes avoit fait arrêter prisonnier, à cause qu'il l'avoit trouvé devant sa porte écrivant les noms de ceux qui entroient chez lui. Cet homme avoit néanmoins déclaré qu'il travailloit à ce mémoire par ordre de la cour, et appartenir au prévôt de L'Isle. Le lendemain ce garçon sortant de prison vint trouver la Reine, et lui fit des plaintes contre le président de Mesmes, disant qu'il avoit reçu de grands outrages de ses gens; et la Reine, en se couchant le soir, nous dit en riant qu'elle le vouloit venger des maux qu'il avoit soufferts. Elle le vengea si bien en effet, qu'elle commanda au grand prévôt de l'hôtel d'aller arrêter les domestiques de ce président, dont l'homme se plaignoit.

Le président de Mesmes ayant vu clairement qu'il n'étoit pas trop bien à la cour, crut être obligé d'agir avec prudence : il quitta la partie, et dès le lendemain il envoya faire ses excuses à sa compagnie, et leur manda qu'il étoit malade et qu'il avoit besoin de prendre l'air. Il s'absenta pour quelque temps, afin d'éviter les deux extrémités où il se voyoit réduit, qui étoient d'être accusé de foiblesse s'il parloit dans le parlement en faveur du Roi : ce qu'il avoit accoutumé de faire autant que son devoir l'y obligeoit ; ou de vouloir se venger, s'il parloit le moins du monde contre ce qui auroit pu paroître contraire à son service. Il fut blâmé par tous ceux qu'il vouloit satisfaire : on murmura contre lui à la cour, et ses amis disoient qu'il avoit grand tort d'avoir abandonné sa compagnie en cette conjoncture, où elle entroit en dispute avec son Roi, et où par conséquent elle avoit un grand besoin d'une assistance aussi forte que celle qu'elle pouvoit recevoir d'un homme comme lui.

On mit en prison cinq trésoriers de France qui avoient écrit des lettres circulaires à leurs confrères, les exhortant à ne rien payer des taxes que le Roi leur demandoit, et de se payer eux-mêmes sur les deniers qui leur passoient par les mains. Celui qui avoit fait la lettre étoit un nommé Frotté, homme de bien, et zélé pour le bien public. Quand il apprit ce qui étoit arrivé à ses confrères, dont ses amis, sans lui en parler, l'avoient sauvé, il alla se présenter à d'Emery, et se plaignit à lui de ce qu'on ne l'avoit pas pris avec les autres, comme si c'eût été l'offenser, et ternir sa gloire et son honneur que de l'en avoir séparé. Il demeura constamment dans ses sentimens ; et peu de temps après on fit sortir ces prisonniers, parce qu'en effet le ministre se portoit toujours de lui-même à la douceur et au pardon.

Le 15 de juin, le parlement s'assembla tout de nouveau, sur la protection qu'il vouloit et prétendoit pouvoir donner aux autres compagnies souveraines. Il voulut délibérer aussi sur la cassation de leur arrêt de jonction, par celui qui leur avoit été porté de la part du Roi ; et tous ceux de cette compagnie conclurent enfin que leur arrêt seroit maintenu par eux, malgré celui du conseil du Roi qui le cassoit ; que le lendemain ils s'assembleroient dans la chambre de Saint-Louis pour en délibérer amplement, et que les députés des autres compagnies y seroient reçus. Plusieurs, dès ce jour, firent de belles harangues pour soutenir leurs opinions, qui toutes alloient à déchirer le gouvernement et blâmer la conduite du ministre, accusant publiquement le surintendant d'Emery de concussion et de volerie. Ce coup fut mortel à la prospérité de la France, et fit espérer à ses ennemis que ces brouilleries intestines les alloient remettre dans le bel état dont ils étoient déchus par l'habile conduite du cardinal de Richelieu, et par les heureux succès de la régence. Si cette hardiesse déplut à la Reine et à son ministre, c'est de quoi il est impossible de douter. Après le conseil tenu dans le cabinet sur cette affaire, il fut résolu qu'on casseroit tout de nouveau ce dernier arrêt du parlement. La Reine commanda à Du Plessis (1), secrétaire d'Etat, suivi de Carnavallet et de quelques gardes du corps, d'aller au Palais, et d'apporter au Roi cet arrêt si pernicieux au repos public ; mais les clercs du Palais s'assemblèrent, et crièrent de telle sorte contre lui et ceux de sa compagnie qu'il les falloit tuer, qu'il fut contraint de revenir sans rien apporter.

Le 16, on manda le parlement en corps. Il vint à pied au Palais-Royal, selon la coutume ordinaire. Pour les recevoir authentiquement, on assembla les ducs et pairs, les maréchaux de France et tous les officiers de la couronne. On mit un dais dans le grand cabinet, avec une estrade dessous ; et le Roi et la Reine étoient sur cette espèce de trône, environnés de tout ce qu'il y avoit de grands seigneurs à la cour. Le visage de la Reine étoit sévère, et plein d'une grave majesté qui marquoit une colère menaçante. Le chancelier leur fit un grand discours tirant à la réprimande, sans néanmoins leur rien dire qui les pût offenser ; puis, ayant fait lire leur arrêt de jonction, leur remontra la faute qu'ils avoient faite, de se joindre comme gens factieux aux autres compagnies. Il leur fit voir combien par là ils avoient fomenté la rebellion et la désobéissance parmi les sujets du Roi, qu'ils étoient obligés au contraire de maintenir dans le respect et dans l'ordre des lois. Il fit lire tout haut l'arrêt du conseil d'en haut qui cassoit le leur, et leur prouva que le Roi, pour maintenir son autorité, avoit été forcé de faire ce qu'il avoit fait ; et venant à celui qu'ils avoient donné le jour précédent, où, sans avoir égard au commandement du Roi, ils maintenoient cette jonction, il s'étendit là-dessus, leur représentant les grandes et nuisibles conséquences qui suivoient leur action ; et dit que quand elle auroit pu être accompagnée de bonnes et innocentes intentions, elle ne pouvoit que produire beaucoup de mal à l'Etat, de très-mauvais effets pour la France, et donner de grandes espérances aux ennemis. Il conclut enfin par la lecture d'un autre arrêt donné par le Roi ce même jour : et ce dernier contenoit un grand raisonnement sur toutes les choses présentes et passées, et cassoit non-seulement celui qu'ils avoient donné en faveur de la jonction de toutes les compagnies, mais encore celui qu'ils avoient donné le jour précédent 15 du mois ;

(1) Henri Du Plessis Guénégaud.

avec défenses expresses de s'assembler avec les députés des autres compagnies. Il leur ordonna de la part du Roi de s'employer seulement à rendre la justice à ses sujets, sans se plus mêler des affaires de l'Etat. Il leur dit que le Roi seul prétendoit y avoir droit comme son propre héritage, et le pouvoir de gouverner à sa volonté, ou par lui, ou par ses ministres; que les voix dans leurs assemblées avoient été comptées, et non pas pesées; que dans la compagnie il y en avoit eu de sages; que Sa Majesté étoit fâchée de ne les pouvoir séparer des autres, pour les pouvoir dignement récompenser et les louer publiquement en cette occasion; mais qu'elle en feroit la différence quand il seroit temps de le pouvoir faire; et, à l'heure même, fit commandement au greffier d'apporter à la Reine la feuille du dernier arrêt avant les vingt-quatre heures passées.

Le premier président voulut répondre; mais la Reine l'interrompit, et lui dit qu'elle ne vouloit point de réponse; qu'en son particulier elle connoissoit ses bonnes intentions, que cela suffisoit; et qu'à l'égard des factieux qui troubloient le repos de l'Etat, elle les assuroit, s'ils n'obéissoient au commandement du Roi, de les punir en leur personne, en leurs biens et en leur postérité.

Malgré cette cérémonie, aussitôt qu'ils furent retournés ils s'assemblèrent après midi, et défendirent tous d'une voix au greffier de porter la feuille de leur arrêt à la Reine, selon qu'elle leur avoit commandé. Ils mandèrent de plus aux députés des autres compagnies, qui étoient dans la chambre de Saint-Louis, qu'ils ne pouvoient s'assembler alors avec eux, que premièrement ils n'eussent délibéré entre eux sur ce qui leur avoit été ordonné de la part du Roi. Les politiques, qui raisonnoient dans le cabinet sur les affaires présentes, disoient tous que le peu de cas que le parlement faisoit des défenses de la Reine devoit obliger le ministre à le punir, se servant contre lui, pour soutenir l'autorité du Roi, des moyens qu'une juste vigueur peut fournir en de telles occasions; mais outre que beaucoup de gens, à qui la puissance du favori déplaisoit, ne désapprouvoient pas tout-à-fait ce que faisoit le parlement, ceux mêmes qui paroissoient conseiller le châtiment n'auroient pas souhaité que le cardinal eût suivi leur avis. Si cette voie eût été un remède assuré à ce mal, ils ne l'auroient pas enseigné, parce que tous vouloient sa perte, et eussent été au désespoir qu'il eût fait ce qu'il falloit faire pour empêcher les malheurs qui la leur pouvoient faire espérer; de sorte que ce ministre manquant de bons conseils et, à ce qu'on a cru, de fermeté, il laissa passer les occasions d'arrêter ce torrent dans le commencement de son cours; et cette tolérance augmentant de beaucoup l'audace du parlement, les jours suivans il continua de s'assembler, et témoigna dans son unité une grande et ferme résolution de soutenir ses intérêts contre le Roi.

Le ministre, qui ne voulut point pousser les choses à l'extrémité, prit le parti de la douceur et de l'humilité, comme les autres prenoient celui de la force et de la fierté. Les choses ne pouvoient pas subsister, les uns menaçant sans faire de mal, et les autres offensant sans rien craindre : il falloit nécessairement que leur hardiesse donnât de la crainte au ministre, ou que lui, n'en voulant point avoir, leur fît naître la terreur dans l'ame par les effets de la puissance souveraine. Mais il ne prit pas cette voie : il rendit les armes, et suivit, malgré les maximes ordinaires de la politique, celles de la tolérance et de la douceur.

Le parlement, de son côté, n'envoya point la feuille qu'on leur avoit ordonné d'apporter à la Reine : tous opinèrent hautement que leurs arrêts auroient lieu, et que celui du Roi seroit nul; et fut arrêté qu'ils s'assembleroient, malgré les défenses de la Reine, dans la chambre de Saint-Louis. Ils murmurèrent fortement, et firent connoître par leurs harangues que non-seulement leurs intérêts, le droit annuel pour eux et celui des officiers les animoient avec justice, mais ils déclarèrent qu'outre cela ils vouloient prendre connoissance de l'administration des finances, et se mêler de réformer l'Etat, qu'ils soutenoient n'être pas bien gouverné. L'avocat général, voulant un peu s'acquitter de son devoir, et, comme l'homme du Roi, représenter au parlement l'excès de leur hardiesse, leur dit qu'ils en étoient venus si avant, qu'il falloit que l'autorité royale fût dégradée, ou que celle de leur compagnie fût anéantie; et leur conseilla, en homme sage, d'apporter quelque modération à leur emportement. Il fut traité de ridicule par toute la jeunesse des enquêtes, comme s'il eût dit les plus grandes impertinences : et celui qui en tant d'occasions avoit montré tant de partialité pour les intérêts du parlement et du public, au premier mot qu'il voulut dire en faveur de l'autorité du Roi, fut maltraité et forcé de se taire. Tous lui répondirent qu'il avoit tort de leur faire des remontrances; qu'ils étoient tous bons serviteurs du Roi aussi bien que lui; que ce qu'ils faisoient n'étoit que pour son service, et qu'ils vouloient seulement réformer les abus de l'Etat, et particulièrement le mauvais usage des finances.

Le ministre voyant donc que ces mutins tenoient ferme contre lui, se résolut d'aller à eux, et de regagner ces esprits farouches par la facilité et l'intérêt. La Reine, qui les avoit menacés en souveraine qui n'appréhendoit rien, et qui croyoit, avec beaucoup d'apparence de raison, que l'exil et la prison pourroient remédier à ces désordres, eut de la peine à se résoudre de suivre les sentimens du cardinal. Elle disoit à ceux qu'elle croyoit de ses amis qu'il étoit trop bon, et qu'il gâteroit tout en voulant acquérir les bonnes grâces de ses ennemis. Elle avoit un grand mépris pour la robe, et ne pouvoit pas s'imaginer que cette portion des sujets du Roi pût l'incommoder, ni apporter du changement dans ses affaires. Elle ignoroit les grands événemens qui, par des commencemens bien moindres, ont renversé les royaumes les plus puissans, et ruiné les empires les plus affermis; de sorte que ne connoissant que sa grandeur et le faste extérieur qui environne les rois par tant de gardes et de suite, quoique sa vertu lui en fît mépriser l'éclat, cet éclat la rendoit incapable de concevoir que sa régence, qu'elle voyoit accompagnée de tant de gloire, pût recevoir quelque révolution par cette voie. C'est pourquoi elle proposoit le châtiment comme un remède qui devoit indubitablement arrêter la révolte dans sa source; et ce sentiment étoit tout-à-fait selon le bon sens et l'avis des plus habiles de la cour. Souvent elle disoit à ses familiers qu'elle ne consentiroit jamais que cette canaille (voulant parler des gens de robe) attaquât l'autorité du Roi son fils : si bien que son ministre, qui n'avoit pas cru que leur audace pût arriver au point de se voir contraint de céder, fut enfin fâché d'avoir aigri l'esprit de la Reine contre le parlement. Cette princesse, qui avoit de la douceur et de la bonté, avoit néanmoins une fermeté nonpareille qui marquoit assez que, pour peu qu'elle eût été soutenue, elle auroit suivi les maximes de la sévérité avec assez de force et de vigueur dans cette rencontre, où il s'agissoit de punir la hardiesse des sujets du Roi, qui vouloient s'opposer à son autorité. Elle étoit excusable d'avoir ce sentiment et cette sévérité bien conduite et bornée de la raison et de la douceur, qui paraissoit en elle dominer quasi toujours ses qualités contraires. Il est à croire que quelques exilés l'auroient sauvée de beaucoup de maux ; car sans doute que leur disgrâce eût été suivie des effets de sa bonté, qui l'obligeoit à ne faire tort à personne, et à laisser jouir les officiers de leurs biens et de leurs charges, comme par le passé. Mais elle étoit destinée à suivre souvent les volontés de son ministre, et il fallut qu'elle consentît à ce qu'il désiroit de faire en cette occasion. Il résolut donc, avec le duc d'Orléans et le prince de Condé, de faire offrir au parlement tout ce qu'il demandoit. Il comprit alors qu'il avoit trop poussé les compagnies souveraines, et il voulut que sa douceur en fût le remède. Les princes et le cardinal Mazarin se trouvèrent de même avis sur ce chapitre : et comme un jour ils parloient ensemble de la Reine et de sa fermeté, le ministre leur dit qu'il désiroit fort de pacifier toutes choses, et que la Reine étoit vaillante comme un soldat, qui a du courage lorsqu'il ne connoît pas le péril. Selon cette dernière résolution, l'on fit assembler chez le duc d'Orléans tous les doyens de chaque chambre. Ce prince leur parla cordialement, les assura de sa protection auprès de la Reine, leur promit d'intercéder pour eux, et leur fit espérer qu'on leur donneroit tout de nouveau le droit annuel gratis. On leur demanda de ne plus protéger les maîtres des requêtes, et on leur fit entendre que s'ils vouloient seulement faire semblant d'être sages, on leur promettoit tout bas à l'oreille qu'ils seroient bientôt rétablis; que de même, abolissant ce nom de jonction, on leur promettoit de ne rien demander aux autres compagnies dont ils prenoient la défense, et de faire rappeler les exilés. Le chancelier les exhorta de tout son pouvoir à recevoir de bonne grâce les faveurs que la Reine leur accordoit par l'entremise de Monsieur, oncle du Roi. Le cardinal leur fit aussi un grand discours qui contenoit la même chose, et qui concluoit à les prier de considérer que, leur offrant tout ce qu'ils pouvoient désirer de la bonté de la Reine, ils seroient coupables envers les peuples, en refusant ces grâces, de tous les maux qui pouvoient arriver ; et qu'ils en répondroient devant Dieu et les hommes, et en porteroient le blâme dans la postérité. Cela fait, on espéra que les affaires s'accommoderoient; car les présidens, qui sont toujours plus de la cour que les conseillers, avoient fait espérer au cardinal Mazarin que, moyennant cette douceur, la compagnie deviendroit sage; mais ils ne se trouvèrent pas véritables dans leurs jugemens, ni la politique du ministre avantageuse à l'Etat : ce qui nous marque fortement que la corruption des hommes est telle que, pour les faire vivre selon la raison, il ne faut pas les traiter raisonnablement, et que pour les rendre justes, il faut les traiter injustement. Jusque là le parlement avoit eu quelque droit de s'opposer à ce qu'on avoit voulu faire aux compagnies souveraines ; et, dans le vrai, le public a besoin de cette protection contre la souveraine puissance, laquelle seroit quelquefois à craindre entre les mains des ministres, si elle n'avoit les bornes que les rois mêmes ont voulu y mettre par l'entremise des parlemens. Si cette célèbre compagnie eût seulement pris soin d'accompagner ses actions et ses paroles d'une plus grande soumission pour les ordres du Roi et de la Reine, leurs intentions pouvoient être louables, et leurs très-humbles remontrances pouvoient trouver leur justification dans les lois de l'équité, dans celles de l'Etat, et dans l'opinion des gens de bien ; mais, en méprisant la bonté que la Reine consentit d'avoir pour eux dans cette occasion, ils devinrent criminels, et firent clairement voir que la passion, l'injustice et l'intérêt des cabales où ce corps étoit entré les faisoient agir, et non pas le bien public. On peut dire de plus que le cardinal fut blâmé d'en avoir usé de cette manière, parce que le succès le fit attribuer à foiblesse. Il auroit fait honte aux tyrans par cette action, s'il eût rencontré des hommes vertueux dont l'intention eût été droite ; et bien loin d'en être méprisé, il en eût mérité des louanges éternelles, puisque la rigueur est de soi mauvaise, et que si la malice des inférieurs n'obligeoit ceux qui les gouvernent à s'en servir, ceux qui seroient les plus opposés à ces maximes seroient sans doute les plus dignes de respect, et ceux dont la gloire seroit la plus estimable. Cette journée déshonora le ministre, parce qu'il avoit été prodigue des faveurs de son Roi, et que par cette profusion il avoit attiré, par le refus de ceux du parlement, une grande diminution à la puissance royale ; mais, dans le vrai, elle leur étoit plus honteuse qu'à lui, puisqu'elle étoit une marque certaine de l'iniquité de cette compagnie.

Avant cette conférence si remarquable en ses circonstances, la Reine, par l'avis du cardinal, voulut voir et entretenir Châteauneuf, et l'envoya quérir à Montrouge, pour prendre son avis sur les affaires présentes. Les politiques de la cour, qui trouvèrent cette action étonnante, et qui en voulurent pénétrer le fond, crurent qu'alors le ministre balançoit entre la rigueur et la clémence ; et que, dans cette pensée, il voulut, par la visite d'un homme dont l'esprit avoit toujours paru hardi, persuader au public que ce qui se feroit pour châtier le parlement venoit de ses conseils. Mais lui, craignant quelque finesse de cette nature, parla à la Reine selon ses soupçons, lui disant toujours, sur toutes les questions qu'elle lui fit, que, ne connoissant point le fond des affaires, il étoit impossible qu'il pût lui donner aucun conseil.

Le lendemain [les 22 et 23 juin], les chambres s'assemblèrent à l'ordinaire ; et, bien loin de se tenir pour contentes, leurs délibérations allèrent à remercier le duc d'Orléans du soin qu'il prenoit de leurs intérêts. Ils témoignèrent vouloir refuser les grâces que la Reine leur avoit offertes, et demandèrent que remontrances lui fussent faites, pour lui témoigner que ce n'étoit point pour leur intérêt qu'ils prétendoient s'assembler ; mais que, comme bons serviteurs du Roi, ils désiroient travailler à réformer les abus de l'Etat, et la supplier que pour cet effet Sa Majesté ne trouvât point mauvais qu'ils suivissent leur première résolution. Ils demandèrent, outre cela, que l'arrêt qui avoit été prononcé contre eux fût annulé, et le leur tenu bon et valable. Cette hardiesse donna un sensible déplaisir au ministre, qui, s'étant mis au lit ce jour-là de meilleure heure qu'à l'ordinaire, outre le dépit de toutes ces mauvaises aventures, dit à un de ses amis, avec beaucoup de chagrin, que le chancelier et le surintendant l'avoient laissé tomber en confusion, et qu'ils s'en repentiroient.

On reçut alors la nouvelle de la mort du roi de Pologne, qui ne causa nul déplaisir à la Reine que celui de prendre le deuil. Elle n'étoit pas assez satisfaite de sa veuve, à qui elle avoit mis la couronne sur la tête, pour s'inquiéter de sa fortune ; et quand elle auroit voulu prendre part à ses intérêts, il y auroit eu plus de quoi se réjouir avec elle que de sujet de la plaindre. Elle avoit perdu un mari qui ne l'avoit pas bien traitée, qui étoit haïssable de sa personne, et qui, selon les apparences, laissoit pour roi un de ses frères qui ne la haïssoit pas. Il avoit dessein de l'épouser, au cas qu'il pût être élu roi à la place de son aîné pour commander ces peuples. Sa naissance, ses amis et l'assistance de la reine de Pologne, qui avoit de l'argent et du crédit, lui donnoient lieu d'espérer ce bonheur ; et toutes ces choses arrivèrent en effet quelque temps après au contentement de l'un et de l'autre.

La veille de la Saint-Jean, le Roi, pour attirer par les yeux l'amour et le cœur de ses sujets, prit la place du duc de Montbazon, gouverneur de Paris. Il se trouva à la cérémonie du feu de la Grève, que la ville fait faire en ce jour. Il l'alluma lui-même ; et la Reine lui tint compagnie en cette incommode fête, qui lui coûta bien du chaud et de la fatigue. Pour montrer plus de confiance au peuple, il y fut sans gardes ni grand appareil.

Le cardinal, pour continuer de marcher dans la route qu'il avoit choisie, fit offrir aux maîtres des requêtes que s'ils vouloient faire supplier la Reine par le chancelier de les rétablir, il leur promettoit qu'ils le feroient aussitôt. Mais ils le refusèrent, et lui répondirent, après l'avoir très-humblement remercié, qu'ils ne pouvoient se départir du parlement, qui avoit voulu prendre leur protection.

Pour revenir au parlement, dont les démarches faisoient alors toute l'occupation de la cour, après avoir fait plusieurs délibérations, leur dernier arrêté fut de remercier Monsieur, de députer vers la Reine pour justifier leur arrêté du 13 mai et la sincérité du parlement, se plaindre des paroles injurieuses qu'on leur a dites en sa présence des arrêts du conseil, en demander la suppression et la liberté des prisonniers, et assurer Sa Majesté qu'il ne se passera rien dans la chambre de Saint-Louis que pour le bien de son service.

La crainte qu'on avoit de pis fit trouver cette conclusion supportable. On crut qu'ils viendroient faire des protestations de fidélité et de service à la Reine, qui pourroient porter les affaires à quelque accommodement. Le lendemain, elle les reçut dans sa petite galerie. Auprès d'elle étoient le duc d'Orléans, le cardinal et les autres ministres, selon l'ordre accoutumé : et comme on espéroit quelque douceur de leur part, on les reçut les portes ouvertes; mais il arriva le contraire de ce qu'on avoit espéré. La remontrance du premier président fut si forte et si hardie qu'elle surprit tous les auditeurs, et la Reine en parut offensée. Je l'ai voulu insérer ici, afin de mieux faire connoître à ceux qui liront ces Mémoires quel étoit l'esprit de cette compagnie, et l'audace de leur entreprise. En voici les principaux points, que j'ai remarqués moi-même pour l'avoir entendu prononcer.

Sommaire de la harangue du premier président.

Son discours roula sur ce que les souverains devoient plutôt régner par amour que par crainte, et que la justice étoit le principal lien entre le souverain et le peuple. Que cette justice rendue par le ministère des officiers, lesquels la distribuoient aux peuples, se voyoit aujourd'hui vexée de tous les côtés. Que l'on avoit toujours cru que le temps étoit le souverain remède à tous maux ; mais qu'au contraire ceux dont ils se plaignoient empiroient par le temps, et qu'il falloit croire que la continuation iroit bientôt à miner l'autorité du Roi et le bien de son État. Qu'il ne restoit plus que le parlement à servir de barrière pour empêcher les désordres dans lesquels cette autorité étoit tombée. Qu'on avoit persuadé à Sa Majesté qu'il ne leur étoit pas permis de s'assembler, quoique ce fût chose ordinaire; et que ce mot d'*union* avoit tellement choqué l'esprit de ceux qui lui donnoient ces pernicieux conseils, dont le contre-coup sembloit frapper l'autorité royale, qu'on avoit voulu les faire passer pour des personnes factieuses et séditieuses. Que ces accusateurs méritoient bien mieux ce titre, que ceux qui n'avoient jamais eu d'autres intentions que celles que leur innocence et le respect qu'ils devoient au Roi leur pouvoient inspirer. Qu'ils étoient obligés de faire entendre à Sa Majesté que ces mêmes personnes lui avoient célé l'exemple de 1618, où ils s'étoient assemblés pour les affaires publiques, même pour les rentes des aides; que le prince alors avoit approuvé tout ce qui s'y étoit fait, ayant connu que toutes les choses s'y étoient passées pour le bien de son service. Que quand il pensoit à cette élévation de trône devant lequel, depuis peu de jours, le premier parlement de France avoit fait amende honorable, où leurs arrêts du 3 mai et 15 juin avoient été lus publiquement, et cassés par celui du conseil, et diffamés par des accusateurs coupables, contre des innocens accusés de divers crimes, et d'autant d'injures qui avoient été publiques, ils étoient obligés de faire entendre à Sa Majesté qu'ils étoient bien instruits que cette injure ne procédoit pas de sa part; qu'ils n'étoient que trop certains de sa vertu, de sa piété, et des extraordinaires sentimens de sa bonté. Aussi, qu'ils ne doutoient point qu'elle ne fût bientôt désabusée des mauvaises impressions que ces personnes lui avoient données, et que dans peu de temps elle auroit sujet de le croire. Et conclut qu'il avoit charge du parlement de lui faire entendre la justice de leur arrêté; la supplier très-humblement de vouloir faire la suppression de l'arrêt du conseil du 8 juin 1648, donné contre eux; trouver bon que les leurs subsistassent en leurs registres, comme ayant été donnés *avec pouvoir et justice ;* et qu'il lui plût donner une déclaration de l'innocence du parlement, qui avoit été accusé et injurié sans juste cause. Qu'il ne se feroit rien dans leurs assemblées qui ne fût pour le bien du service du Roi, pour celui du public, et repos de son État. Qu'il la conjuroit très-ardemment de leur continuer l'honneur de sa bienveillance, avec protestation qu'ils étoient ses très-humbles et très-obéissans et très-fidèles serviteurs.

Après que cette harangue fut finie, la Reine, tout interdite, fit approcher les gens du Roi, et leur dit que dans peu de jours elle feroit savoir ses volontés au parlement.

L'état de la France étoit tel, qu'il n'étoit plus temps de se porter à la rigueur sans la hasarder à de grandes révolutions. Le parlement avoit trop usurpé d'autorité. En refusant les grâces qu'on leur avoit offertes, ils avoient montré au peuple qu'ils ne demandoient que le bien public, et le remède des désordres de l'État. Ce même peuple étoit accablé de taxes et de tailles : le royaume étoit appauvri par les longues guerres; tout le monde étoit mal content. Les courtisans haïssoient le ministre : tous vouloient le changement, par déréglement d'esprit plutôt que par raison. Le ministre étant méprisé, chacun prenoit la liberté de suivre son caprice : si bien qu'il leur paroissoit très-juste de crier contre les partisans, qui en effet sembloient être les seuls qui triomphoient des misères publiques. Les gens de bien, sans considérer que c'est un mal quelquefois nécessaire, et que tous les temps à cet égard ont été quasi égaux, espéroient par le désordre quelque plus grand ordre; et ce mot de *réformation* leur plaisoit autant par un bon principe, qu'il étoit agréable à ceux qui souhaitoient le mal par l'excès de leur folie et de leur ambition; de sorte que tous, par différents motifs, s'emportoient à pester contre la Reine et contre son ministre, sans considérer qu'il n'étoit pas juste de souffrir que le parlement prît l'autorité de réformer l'Etat à sa volonté, et que cette réformation portoit en conséquence la destruction de la monarchie, par le bouleversement qu'un mélange si monstrueux, si opposé à nos lois, et si funeste à la royauté, devoit causer à l'Etat. Ces lois contiennent en elles sans doute les règles nécessaires à la conduite des peuples et à leur bonheur : elles sont équitables, la justice en est le fondement, et l'autorité royale en est et en doit être le soutien ; mais il faut aussi comprendre en les observant, selon que nous le devons faire, qu'elles nous soumettent, par l'ordre de Dieu, à la puissance suprême et unique de nos rois, sans qu'il nous soit loisible, sous aucun prétexte, d'y pouvoir jamais manquer. Si les parlemens avoient eu le pouvoir de corriger leurs fautes et celles de leurs ministres, nous ne savons pas si ceux qui les composeroient n'en feroient pas de plus grandes ; s'ils ne banniroient point la vertu de dessus le trône pour y placer le vice, et si l'ambition et les passions de plusieurs ne seroient pas beaucoup plus dangereuses que celles d'un seul.

Par la docilité du cardinal Mazarin, et par les offres qu'il avoit faites à cette compagnie, elle avoit dû voir que si de bonne foi ils eussent aperçu quelque désordre dans les finances, et qu'alors ils en eussent demandé modestement la réformation, elle leur auroit été accordée. Si par leur fidélité ils avoient servi le Roi utilement, et que par leurs très-humbles remontrances les peuples eussent pu recevoir du soulagement, ils auroient acquis cette réputation d'être des juges et des sujets sans reproche : ils auroient pu mériter cette gloire, que les rois mêmes à l'avenir auroient dû estimer en eux la probité, qui les auroit fait agir adroitement pour le bien du public et le bonheur de l'Etat. Mais ils étoient fort éloignés de ces sentimens, et leur audace démesurée fit croire au ministre que le meilleur parti étoit celui de la dissimulation. Il se résolut donc de faire cette réponse au parlement, qui fut infiniment blâmée par les deux partis. Le 29 de juin au soir, on leur manda par les gens du Roi : Que la Reine a si bonne opinion de leur fidélité, qu'elle ne peut croire que leurs assemblées puissent être par leur volonté en aucune façon préjudiciables au service du Roi; que cela étant, elle leur permet de s'assembler, pourvu que toutes leurs délibérations aient à finir dans la semaine.

Le soir du 30 de juin, le cardinal dit à la Reine, devant toute la cour, qu'il venoit de recevoir des lettres de Flandre, par lesquelles on lui mandoit que les ennemis prenoient cœur sur les nouvelles qu'ils avoient du procédé du parlement ; et qu'on avoit tellement commenté sur l'histoire, qu'ils croyoient Paris en armes; que cela, quoique faux, faisoit un mauvais effet pour les affaires du Roi, et animoit les étrangers à tout entreprendre. Comme il se sentoit alors battu par la tempête, il affectoit tellement l'humilité, qu'il dit ce même soir à madame de Seneçay, qui lui parla de ses nièces qui étoient encore auprès d'elle, qu'il la prioit de les nourrir en simples demoiselles ; qu'il ne savoit encore ce qu'elles deviendroient, non plus que lui. Et comme il savoit qu'on l'accusoit de prendre de l'argent, il montroit, autant qu'il lui étoit possible, de n'être point intéressé, et disoit qu'il ne souhaitoit de la fortune et du bien que pour en faire part à ses amis.

Les députés du parlement et des autres compagnies souveraines s'assemblèrent dans la chambre de Saint-Louis, selon leur volonté et le consentement de la Reine. Ils lui avoient extorqué cette permission malgré elle, dont ils faisoient peu de cas, aussi bien que de ses grâces, et des douceurs de son ministre. Les premières propositions qu'on y fit furent hardies, séditieuses, et toutes en faveur du public et du peuple, afin de s'en faire aimer, et de se donner de la force par ce qui fait la force même des rois.

I. La première proposition fut de remettre au peuple le quart des tailles qui se donnoient aux partisans.

II. De donner au peuple ce qu'ils devoient des dernières années, lesquelles ils ne pouvoient payer par leur insolvabilité.

III. De révoquer entièrement les intendans des provinces, qui profitoient, à la foule du peuple, de tels emplois ; et rendre responsables des deniers du Roi les trésoriers de France, les élus, et les autres officiers commis à cet effet.

IV. Que nulle personne ne pourra être mise en prison, que passé vingt-quatre heures il ne soit interrogé par le parlement, qui à l'avenir doit prendre connoissance de la cause pour laquelle il y sera mis.

V. Que nulles impositions ni taxes ne pourroient être mises sur le peuple, sans que les édits en fussent dûment vérifiés.

VI. Qu'il se fera une chambre de justice composée des quatre compagnies souveraines, pour juger souverainement des abus et malversations qui se sont faites dans les finances.

Voilà les principales propositions qui se firent dans cette assemblée, qui ne devoit travailler que pour le service du Roi. La Reine, dans cette extrémité, pour éviter que le parlement ne rétablît les maîtres des requêtes de sa propre autorité, leur fit ce bien sans qu'ils le lui demandassent. Après les avoir interdits et condamnés de sa propre bouche, elle fut forcée, malgré le mépris qu'ils avoient fait de ses grâces, de les remettre dans leur premier état; et, pour couvrir la honte de la royauté, on se servit de l'entremise de Monsieur, oncle du Roi, qui, sur un compliment que quelques-uns de leur compagnie lui firent pour le remercier de ce qu'il avoit témoigné les vouloir favoriser, leur offrit encore tout de nouveau d'y travailler; et eux, après en avoir eu la permission du parlement, l'acceptèrent volontiers. Ils commençoient à n'être pas si contens de ce que cette compagnie vouloit retrancher les intendans, parce que ces emplois paroissoient leur appartenir, et qu'ils y faisoient leurs affaires.

Les jours suivans [4 juillet], on continua les délibérations commencées, et le rapport s'en faisoit à la grand'chambre, où se donna un arrêt, le 4 du mois, qui révoquoit les intendans des provinces, comme gens qui ruinoient le peuple par leurs voleries; et les maîtres des requêtes y signèrent les premiers, comme amateurs de la chose publique, ainsi que de véritables Romains. Cela se fit sans faire aucune mention, dans cet arrêt, de la volonté ni du consentement du Roi.

Le 6 de juillet, le duc d'Orléans alla au parlement; et, par un grand discours qu'il leur fit, il tâcha de leur montrer combien leur procédé donnoit de fausses espérances aux ennemis, qui enfin se pourroient rendre véritables, contre leurs intentions, s'ils ne prenoient le parti du Roi aussi bien que celui du public; que, nonobstant les dangereuses conséquences de leur conduite, la Reine ne trouvoit point mauvais la volonté qu'ils avoient de remédier aux désordres de l'Etat; mais qu'elle désiroit que ce fût sans blesser la grandeur et le bonheur de la France; que, pour cet effet, elle les prioit de surseoir l'exécution de l'arrêt qu'ils avoient donné contre les intendans des provinces; et Monsieur leur offrit pour conclusion une conférence sur toutes leurs propositions, dans laquelle il leur promit sa protection et une entière sincérité pour toutes les choses qu'on y traiteroit, comme un prince qui, n'ayant trompé personne, ne voudroit pas commencer par une compagnie pour laquelle il avoit beaucoup d'affection, et finit par quelques paroles de compliment.

Ce même jour, les maîtres des requêtes vinrent au Palais-Royal en corps remercier la Reine de la grâce qu'elle leur avoit faite de les rétablir. Sa Majesté les reçut dans son grand cabinet avec sa compagnie ordinaire, qui étoit le duc d'Orléans, le cardinal, le chancelier, et les quatre secrétaires d'Etat. Leur harangue fut humble et pleine de reconnoissance. Ils allèrent aussi chez Monsieur, oncle du Roi, et finirent par le cardinal Mazarin.

En même temps arriva un courrier de Catalogne, qui apprit à la Reine que le maréchal de Schomberg, qui commandoit les armées du Roi en qualité de vice-roi dans ce pays de conquête, étant dans le commencement de l'entreprise de Tortose, qu'il avoit assiégée depuis peu, fut averti que les ennemis, avec plus de forces que lui, alloient assiéger Flix; qu'il avoit été ravitailler cette place et y jeter des hommes, puis étoit revenu achever son entreprise avec espoir d'y réussir.

De Naples, on sut que les Espagnols ayant appris que Gennare Annèse vouloit encore leur faire quelque trahison, ou feignant de le croire pour avoir un prétexte d'en user selon leurs maximes, le firent arrêter prisonnier. Comme cette nation est accoutumée à ne pas pardonner, on crut alors qu'ils le feroient mourir, et vengeroient par là le duc de Guise, qui étoit toujours dans leurs fers. Un peu après arrivèrent des nouvelles que le maréchal Du Plessis, qui commandoit les troupes du Roi en Italie sous le duc de Modène, avoit défait le marquis de Caracène, qui étoit général de celles d'Espagne; mais, pour tribut de cet honneur, il y perdit un fils qu'il regretta beaucoup.

A l'égard du parlement, le 7 et le 8 se passèrent en conférences au Luxembourg. Ils témoignèrent tous beaucoup de satisfaction du duc d'Orléans, et de la douceur qu'il avoit pour eux dans ses conférences. Les députés de toutes les chambres des enquêtes et les compagnies souveraines y assistoient, et on y traita de toutes les affaires qu'ils avoient proposées à la chambre de Saint-Louis. Le cardinal Mazarin, parlant à eux, loua leur zèle pour le service du Roi; et ceux même qui, peu de jours auparavant, avoient été traités de rebelles en présence de la Reine, et qui, dans le vrai, anéantissoient quasi l'autorité royale, furent alors appelés par le ministre les restaurateurs de la France et les pères de la patrie. Cette inégalité de conduite donnoit aux espions de ses défauts une grande matière de se railler de lui, de le mépriser, de le traiter de foible, et de lui reprocher de n'avoir point les vertus héroïques que les grands hommes doivent pratiquer dans la conduite des grands Etats; car, selon les maximes générales, il faut gouverner un royaume par les lois, et les maintenir avec de la fermeté et une conduite plus uniforme.

Pendant que ces conférences se faisoient, quelques personnes du parlement travailloient à fomenter des intrigues contre le surintendant d'Emery; et sa place, qu'ils désiroient, étoit la véritable source des plaintes qui éclatèrent contre lui. Ils firent semblant de ne pouvoir souffrir que celui qui les avoit attaqués demeurât dans les finances. Ainsi ils proposèrent au ministre de l'éloigner. Tous s'animèrent à sa perte, les uns par intérêt et les autres par fantaisie. Cet homme parut chargé de toute la haine publique, et les intéressés firent espérer au cardinal que, moyennant son éloignement, toutes choses se rendroient plus faciles. Ses amis de la cour, qui voyoient de loin l'orage se préparer à tomber sur lui, travailloient à le soutenir de toutes leurs forces; car, comme ils le payoit bien, ils le servoient de même. Mais le cardinal, s'imaginant qu'il pouvoit acheter son repos par sa perte, se résolut de le sacrifier au bien public, et au sien en particulier. Dans ces mêmes jours que la destinée de cet homme étoit incertaine, qu'il y avoit des momens favorables pour lui dans l'esprit de celui qui en étoit le maître, et quelquefois de fort mauvais, où il regardoit le malheur de ce surintendant comme la source de son propre bien, il arriva qu'un des amis de d'Emery proposa, dans la chambre de Saint-Louis, de faire recherche des deniers qui avoient été transportés hors de France. Quelques amis du ministre l'en avertirent, et plusieurs de ceux du parlement détournèrent cette proposition, parce qu'ils voyoient qu'elle alloit directement à sa personne. Ils ne l'aimoient pas; mais ils l'avoient trouvé si doux et si commode, qu'ils jugeoient à propos de se servir alors de sa mollesse prétendue pour mieux parvenir à leurs fins; ils vouloient commencer par le surintendant avant que d'entreprendre tant d'autres ouvrages. Le cardinal, sachant que celui qui avoit proposé la recherche des deniers transportés étoit des amis de d'Emery, crut que ce surintendant avoit inspiré cette pensée pour l'embarrasser lui-même et l'envelopper dans sa fortune, afin qu'il en fût le défenseur ou le compagnon. Cette proposition n'ayant point eu d'effet contre le ministre, en fit nécessairement un très-mauvais contre le surintendant, et donna lieu au cardinal de l'abandonner plus facilement à la rage publique, et même avec quelque justice, puisqu'il pouvoit l'accuser de l'avoir voulu perdre lui-même. Cette affaire étant en cet état, le soir du 8, au retour de la conférence du Luxembourg, sa disgrâce fut arrêtée entre la Reine, le duc d'Orléans et le cardinal Mazarin; et ils achevèrent de résoudre sur cet article ce qui se traitoit depuis huit jours entre eux.

Le lendemain sur le midi, Le Tellier alla trouver d'Emery de la part de la Reine, et lui commanda de se retirer de la cour dans deux heures. Il est à croire que cette ambassade ne plut point à ce surintendant. Il vit son malheur, non pas sans l'avoir prévu et appréhendé, mais bien sans l'avoir entièrement cru, parce qu'il avoit toujours espéré que ses amis le sauveroient. L'abbé de La Rivière, sur qui beaucoup de choses rouloient, à cause de la grandeur de celui qu'il gouvernoit, lui avoit fait espérer de le servir. Le maréchal de Villeroy et plusieurs autres travailloient pour lui; mais ni l'abbé ni les autres ne purent réussir à le maintenir. Il s'étoit toujours flatté de cette croyance que le ministre ne l'abandonneroit pas, et qu'il ne devoit pas donner cet avantage au parlement, puisque vraisemblablement il en devoit ensuite souffrir lui-même; car, n'ayant plus cet objet devant leurs yeux qui attiroit leurs malédictions, et l'esprit de révolte ne devant pas cesser, selon toutes les apparences, par sa seule perte, il étoit à croire que, lui parti, ils attaqueroient le ministre même, et qu'ainsi son intérêt l'obligeoit à le maintenir. Il se trompa dans son raisonnement; mais il ne s'en faut pas étonner: on pense pour l'ordinaire différemment sur les mêmes sujets, parce que les hommes ont souvent différentes lumières et différens intérêts. Le gouverneur du Roi alla visiter d'Emery un quart-d'heure après qu'il eut reçu cet ordre. Il ne savoit rien de ce changement, et il fut aussi surpris de voir son ami exilé, qu'il fut honteux de son ignorance. Deux jours auparavant la Reine m'avoit traitée avec plus de confiance, car elle me fit l'honneur de me dire, parlant du surintendant, qu'il étoit vrai qu'il étoit fort haï, et qu'il sembloit que, chacun voulant sa perte, il étoit nécessaire qu'elle arrivât. Je jugeai par là qu'il étoit mal dans ses affaires, et que ce gros pourceau spirituel (1) et vicieux qui nous méprisoit, parce que les gens

(1) D'Émery était fort gras.

d'affaires ne considéroient que ceux qui avoient du crédit auprès du ministre; je jugeai, dis-je, que cet homme, que le monde regardoit avec quelque envie à cause de ses richesses et des délices de sa vie, alloit devenir un objet de compassion, un exemple agréable de la vicissitude des choses de cette vie, et par qui nous apprendrions fortement que *la figure de ce monde passe* (1).

On envoya querir aussitôt après le maréchal de La Meilleraye, grand maître de l'artillerie. On lui donna la surintendance comme à un homme dont le cœur paroissoit au-dessus de l'avare convoitise des richesses, et qui, par les grands établissemens de sa fortune, n'en avoit nul besoin. Ce seigneur, qui du temps du cardinal de Richelieu avoit montré son courage dans beaucoup d'occasions signalées, avoit l'ame noble, et faisoit profession d'aimer la vertu et l'honneur; mais, avec toutes ses belles qualités, il fut jugé mal propre à cette charge, parce que sa santé étoit mauvaise, qu'il se connoissoit mieux à la guerre qu'aux finances, et que de son naturel il étoit violent. Mais de plus il étoit soupçonné de vouloir faire épouser à son fils unique une des nièces du cardinal, et cette raison suffisoit pour être haï de la sotte populace. Comme il étoit honnête homme, et qu'il étoit estimé, toute la cour en eut de la joie, et les gens d'honneur crurent qu'ils y trouveroient de l'appui, et qu'il considéreroit le mérite des personnes plutôt que leur faveur. En effet, le peu de temps qu'il y demeura, quoique mauvais et plein de misères, il contenta un chacun par l'honnête manière de son procédé, et conserva ses amis; au lieu que les voleurs les perdent, parce qu'ils prennent tout pour eux, au contraire de celui-là qui, ne prenant rien pour lui et donnant le peu qu'il y avoit dans les coffres du Roi, attiroit les bénédictions de tous ceux qui virent son intégrité. Aussitôt qu'il fut dans cette place, il envoya dire au parlement, par le procureur général, que son intention étoit de les satisfaire par sa conduite; qu'étant désintéressé et fidèle à son maître, il croyoit pouvoir espérer de leur plaire en le servant bien, et que volontiers il y vouloit employer le reste de sa vie. Mais ceux de cette compagnie, qui n'avoient plus de bornes dans leur hardiesse et leur déréglement, se moquèrent de lui et le traitèrent de foible. Véritablement il le méritoit, leur ayant fait une soumission qu'il ne leur devoit pas. Il fut blâmé d'avoir forcé son naturel pour mal faire, car il n'étoit pas soupçonné d'être trop humble. On lui donna Morangis et d'Aligre, qui sous lui devoient signer toutes les expéditions, gens de probité qui ne pouvoient être soupçonnés de péculat, ni même capables de le souffrir en la personne des autres, et qui apparemment haïssoient autant les partisans que les plus zélés du parlement, mais gens en effet qui avoient plus de vertu que de capacité : je veux dire de cette capacité qui trouve les moyens d'enrichir les rois sans appauvrir leurs sujets.

Le surintendant d'Emery dehors, il parut que les troubles devoient s'apaiser, que le sort étoit tombé sur lui, et que le salut du public se trouveroit en sa perte; mais les esprits n'étoient pas satisfaits par cette seule victoire. Cette facilité du ministre augmentoit beaucoup l'espoir des révoltés; et le parlement dès lors commença de s'attribuer une puissance si excessive, qu'il donnoit lieu de craindre que le mauvais exemple qu'il voyoit en celui d'Angleterre ne leur fît quelque impression, et que ceux qui dans cette compagnie avoient de bonnes intentions ne fussent trompés par les autres. Le royaume s'appauvrissoit chaque jour, la paix du dedans en étoit troublée, et la France étoit en état de craindre la guerre civile. La Reine fut contrainte d'emprunter de l'argent de quelques particuliers, et de mettre les pierreries de la couronne en gage. La cuisine du Roi se vit renversée; et pour payer les Suisses, qui ne voulurent rien prendre, il fallut que le ministre mît de gros diamans en pension, et que quelques-uns de ses amis lui prêtassent ce qu'il fallut de reste pour cet effet. Madame la princesse prêta à la Reine 100,000 livres; la duchesse d'Aiguillon lui offrit de l'argent, et beaucoup d'autres en firent autant. Ainsi, pour mettre l'ordre dans l'Etat, on ne voyoit de tout si pire que le plus grande partie des sujets du Roi n'auroient pas voulu que ce mal eût cessé. Le peuple, par l'espérance de se sauver des taxes et des impôts, ne respiroit que le trouble et le changement, et il paroissoit se confier à ceux du parlement comme à leurs protecteurs. Chaque conseiller leur paroissoit un ange descendu du ciel pour les sauver de la prétendue tyrannie du cardinal Mazarin, qu'ils s'imaginoient plus grande qu'elle ne l'étoit en effet.

Toutes les conférences des ministres et du parlement, chez Monsieur au Luxembourg, se terminèrent à résoudre que le Roi donneroit une déclaration qui porteroit la même chose que l'arrêt donné au parlement contre les intendans des provinces, afin de sauver par cette ruse l'autorité royale, et que cela parût venir de la volonté de la Reine. Par cette déclaration, le Roi excepta seulement trois intendances de jus-

(1) Saint Paul.

tice, dont le parlement murmura hautement ; car il ne vouloit point qu'il y eût aucune exception. Le duc d'Orléans fit plusieurs visites au parlement, dans lesquelles on fit toujours en sa présence quelques propositions nouvelles. Il s'en fit une qui dans la nécessité présente fut trouvée commode pour le Roi, qui étoit de ruiner les partisans, et d'arrêter l'argent des prêts des particuliers. Ils l'avoient prêté au Roi sous la foi des gens d'affaires et des surintendans, dont ils tiroient un grand intérêt ; et quasi toutes les familles de Paris s'étoient enrichies par cette voie. Elle n'étoit pas légitime. Les casuistes sévères prétendent qu'elle est défendue par l'Evangile ; elle est de plus connue depuis long-temps pour être très-dommageable à l'Etat et aux affaires du Roi, parce que cette grande usure consomme son revenu et vide les coffres de son épargne. Il lui étoit donc avantageux d'avoir un prétexte pour faire banqueroute à tant de personnes de toutes conditions qui avoient mis leur bien dans les prêts ; mais comme toutes les familles, tant de la cour que de la ville, y avoient intérêt, il se fit une grande crierie par Paris de cette proposition. Elle parut injuste, et déplut autant aux particuliers qu'elle fut agréable au ministre, qui voyoit par cette voie le Roi utilement soulagé d'un grand fardeau. Le président de Mesmes, qui étoit de retour, alloit souvent aux avis les plus sévères, mais toujours au vrai bien de l'Etat ; de sorte qu'il y eut des jours et des instans où le cardinal crut que peut-être ce désordre serviroit à mieux ordonner les affaires du Roi, et qu'il en tireroit de l'avantage. Sa politique alloit à ne rien hasarder, pour ne se pas hasarder lui-même, et tâcher de tirer quelque avantage des entreprises du parlement par la ruine des partisans ; mais en même temps on jugeoit bien qu'il seroit enfin contraint de changer de méthode, et qu'il étoit impossible que celle-là lui pût réussir.

Le duc d'Orléans retourna au parlement le 13 juillet ; et parce que la première déclaration qui exceptoit trois intendances n'avoit point été agréable à la compagnie, on jugea à propos d'y en porter une seconde, portant établissement d'une chambre de justice, selon qu'ils l'avoient demandée, où il leur étoit permis de travailler à la réformation des abus qui s'étoient commis dans les finances. Le parlement, à son ordinaire, fit ses délibérations ; et, sur la première et sur la seconde déclaration, il fut ordonné que Monsieur seroit très-humblement supplié d'obtenir de la Reine qu'elle envoyât une révocation des intendans, à cause que celle qui avoit été envoyée ne comprenoit que l'étendue du ressort du parlement de Paris, à condition tacite qu'on enverroit de par le Roi des commissions particulières pour les intendances de Lyon, Champagne et Picardie, dans les termes de la déclaration, qui n'étoient que pour assister les gouverneurs, et pour les passages des gens de guerre, et non pour aucune fonction de justice contentieuse, ni pour prendre connoissance des tailles ; qu'elles seroient vérifiées, et que toutes commissions extraordinaires seroient généralement révoquées ; que, pour le regard des tailles, la Reine remettoit au peuple tous les arrérages des années précédentes, jusques y compris l'année 1646 ; et, pour celles de 1647, 1648 et 1649, la Reine seroit suppliée, si ses affaires le lui permettoient, d'en remettre le quart ; que la déclaration de la chambre de justice seroit vérifiée, et que Sa Majesté seroit suppliée par M. le duc d'Orléans qu'il n'y pût avoir d'autres commissaires que du parlement, chambre des comptes et cour des aides, et que les amendes et confiscations qui seroient par elle ordonnées ne pourroient être diverties ni données, mais seulement employées aux dépenses les plus urgentes de l'Etat.

Le soir de ce même jour, la Reine nous dit, en parlant de ses affaires, que ce qui s'étoit passé le matin n'étoit pas un grand bien, puisque c'étoit des marques du pouvoir que le parlement s'attribuoit dans l'Etat ; mais que néanmoins, ayant montré quelque désir de parvenir au dessein qu'ils avoient de le réformer sans choquer directement le Roi, elle espéroit qu'il se pourroit faire quelque accommodement avantageux à l'égard de ses finances, et que ce qu'ils faisoient alors faisoit revenir plusieurs millions à l'épargne.

Rien n'étoit comparable à la satisfaction que le parlement témoignoit avoir du procédé et des belles qualités du duc d'Orléans. Il parloit de bonne grâce et avec éloquence dans leurs conférences publiques et particulières ; il témoignoit toujours agir de jugement, répondoit à toutes leurs difficultés avec de l'esprit et de la douceur ; et quasi toutes ces choses étant produites par l'occasion, on ne pouvoit les attribuer qu'à lui-même. La Reine avoit sujet d'en être satisfaite. Elle l'étoit en effet, et paroissoit lui être obligée de ses soins et de l'affection qu'il témoignoit pour le bien et la paix de l'Etat, et pour son repos particulier.

Le 14 de juillet, ce prince retourna au parlement. Leurs délibérations ne s'y passèrent pas à l'avantage du Roi, et les courtisans disoient que la maladie de l'Etat étoit tombée en fièvre tierce. Ce même jour la Reine nous dit, et avec assez de chagrin, qu'elle n'y entendoit plus rien, que c'étoit toujours à recommencer, et qu'elle étoit lasse de dire tous les jours : *Nous verrons ce qu'ils feront demain.* Certainement cette grande princesse sentoit bouillonner dans ses veines le sang illustre de ses aïeux, et ne pouvoit souffrir l'empire que prenoit peu à peu cette troupe de mutins ; et je sais qu'un jour au conseil, en présence du duc d'Orléans, elle parut vouloir blâmer son ministre, et lui dit qu'elle n'approuvoit pas sa conduite. Ensuite de cela, ce prince étant sorti, et le cardinal étant démeuré seul avec elle selon sa coutume, après avoir reçu avec humilité apparente tout ce qu'il plut à la Reine de lui dire, pressé de douleur et peut-être de crainte, il lui répondit : « Enfin, madame, je vois bien « que j'ai déplu à Votre Majesté. J'ai mal réussi « dans le dessein que j'ai toujours eu de la bien « servir. Il est juste que ma tête en réponde. » Sur quoi la Reine, qui étoit douce et qui avoit de la bonté pour lui, persuadée de ses bonnes intentions et de son désintéressement, lui dit qu'elle ne le puniroit pas de son malheur, et qu'il devoit être assuré qu'il ne perdroit jamais par là ni son affection ni sa confiance. Une autre fois, environ dans ces mêmes jours, nous voulant exagérer le bon naturel du Roi, elle nous fit l'honneur de nous conter que le cardinal, le soir précédent, l'avoit avertie de prendre garde à sa santé, et qu'elle avoit mauvais visage ; que lui ayant répondu qu'elle ne se soucioit pas de mourir, vu le mauvais état de ses affaires, le Roi, touché de douleur, s'étoit mis à pleurer fort tendrement, et qu'elle avoit eu beaucoup de peine à l'apaiser. Cette indifférence pour la mort étoit en la Reine une marque de son déplaisir, et ses sentimens donnoient de la consolation à tout le monde ; car il sembloit alors qu'il eût été avantageux pour elle et pour l'État qu'elle se fût plus inquiétée, et que, voyant le mal, elle eût travaillé à y remédier. Ce remède devoit être de se laisser moins gouverner, et d'agir davantage selon ses sentimens et ses premières lumières, qui paroissoient être naturellement opposées à la politique de son ministre.

Le cardinal, dans ce temps-là [14 juillet], eut des momens où il eut peur. Ceux qui exagéroient devant la Reine le mal que le parlement faisoit à l'État furent soupçonnés par lui de vouloir le brouiller avec elle, et d'avoir dessein de lui rendre de mauvais offices. Les amis de d'Emery en furent plus taxés que les autres, et furent accusés d'avoir parlé de cette sorte avec des intentions malicieuses et contraires à ses intérêts. Le maréchal de Villeroy en souffrit beaucoup ; et, comme il étoit habile, il étouffa le bruit qui courut alors de sa défaveur avec tant de belles apparences soigneusement affectées, qu'il se sauva non-seulement du mal, mais aussi des mauvaises lueurs qui déplaisent à de telles gens. Le cardinal s'en plaignit au marquis de Seneterre, qui me le conta quelques heures après. Il lui dit exprès, pour lui faire en sa personne, à ce qu'il crut, le même reproche, que tous les amis de d'Emery avoient blâmé sa conduite et mendié la protection de La Rivière, ne croyant pas la sienne assez suffisante pour le sauver. Sur quoi il lui répondit qu'il étoit vrai que d'Emery avoit recherché l'amitié de cet homme pour unanimement le servir avec ses autres amis auprès du duc d'Orléans ; mais qu'ils n'avoient point eu de dessein en cela de cabaler contre lui, ni de le soutenir sans lui ; qu'ils étoient trop habiles courtisans pour avoir de telles chimères, et que s'ils avoient voulu attaquer son autorité, ils avoient eu de plus beaux moyens que celui-là qu'ils n'avoient pas recherchés, qui auroient été de faire écouter au duc d'Orleans, par leur ami La Rivière, les propositions qu'on avoit faites, et qu'on faisoit tous les jours à ce prince, de le faire régent. Mais qu'au contraire il étoit si bien servi par eux tous, que Monsieur, à l'exemple de Germanicus, avoit déchiré ses vêtemens sur de telles propositions.

L'étoile étoit alors terrible contre les rois : en voici une preuve authentique. Ce même jour [14 juillet], mademoiselle de Beaumont et moi allâmes voir la Reine d'Angleterre, qui s'étoit retirée aux Carmélites pour quelques jours, afin d'adoucir un peu le chagrin qu'elle avoit d'avoir vu partir d'auprès d'elle le prince de Galles son fils. Il étoit allé à Calais, dans le dessein de passer en Ecosse, espérant de toucher les cœurs de ses sujets par sa présence. Nous la trouvâmes seule dans une petite chambre, qui écrivoit et faisoit des dépêches, à ce qu'elle nous dit, de grande importance. Comme elle les eut finies, elle nous conta les vives appréhensions qu'elle ressentoit du succès de ce voyage, et nous fit part de l'état présent de sa nécessité, qui augmentoit infiniment par celle où étoient le Roi et la Reine. Elle nous montra une petite coupe d'or dans quoi elle buvoit, et nous jura qu'elle n'avoit d'or, de quelque manière que ce pût être, que celui-là. Elle nous dit de plus que, quand le prince de Galles étoit parti, tous ses gens lui étoient venus demander de l'argent, et lui avoient dit qu'ils la quitteroient si elle ne leur en bailloit : ce qu'elle n'avoit pu faire, et avoit eu ce déplaisir de se voir hors d'état de remédier au besoin de ses officiers, qui l'accabloient de leurs misères. Elle ajouta que les officiers de la reine Marie de Médicis sa mère avoient fait bien pis, et qu'étant en Angleterre dans le commencement de leurs troubles, elle et le Roi son mari ne pouvant pas si ponctuellement lui donner son argent, ses officiers présentoient souvent des requêtes contre elle au parlement d'Angleterre, et que cela lui avoit causé de grands chagrins. Cette description nous toucha d'une sensible compassion, et nous ne pouvions assez admirer cette mauvaise influence qui dominoit sur les têtes couronnées qui étoient alors les victimes des deux parlemens de France et d'Angleterre : le nôtre étant, grâces à Dieu, bien différent de l'autre en ses intentions, et différent aussi en ses effets. Mais pour lors il incommodoit le Roi, et les apparences en étoient mauvaises.

Les 16 et 17 de juillet, le duc d'Orléans retourna à son ordinaire porter au parlement les déclarations du Roi, qui contenoient ce que le parlement avoit demandé. Il y eut beaucoup de disputes sur le plus et le moins; mais tout fut conclu sous le bon plaisir de la compagnie, et le Roi s'estima trop heureux qu'ils voulussent, sous l'apparence de son nom et de son autorité, recevoir ce qu'ils avoient premièrement ordonné par celle qu'ils se donnoient dans son Etat. Les jours suivans ils mirent d'autres questions en avant, entre autres celle-ci : qu'étant de notoriété publique que les fermes du Roi étoient données à vil prix, et que les enchères n'avoient point été reçues, ni les adjudications faites dans les formes, l'on procéderoit à nouvelles enchères ; et la cour de parlement ordonna que le présent article seroit compris dans les remontrances par écrit qu'on devoit faire à la Reine.

Les parlemens ont en effet le pouvoir de faire des remontrances à nos rois, leur disant la vérité de la plus forte manière qu'ils la peuvent expliquer, sans manquer au respect que des sujets doivent à leur souverain. Ce sont, après les Etats, les plus violens remèdes que jusqu'ici les compagnies souveraines aient pu et osé apporter aux maladies de l'Etat. Mais, grâces à Dieu, nous vivions alors dans un siècle où, par les vertus de la Reine, par sa bonté et ses droites intentions, nous n'avions point besoin de ces réformations que l'excès du mal et du péril rendroient utiles ou nécessaires. Sa conduite, toute fondée sur de bons désirs pour le bien des peuples, ne les devoit point obliger à se plaindre. Elle vouloit que sous son règne tous pussent jouir d'une douce tranquillité, et ne fussent occupés qu'à servir Dieu et le Roi. Ce que le ministre avoit voulu faire contre les maîtres des requêtes et les parlemens les avoit alarmés avec quelque sujet; mais la clémence de la Reine sur leurs premières instances, et leur douleur publique, auroit été facilement disposée à leur faire un meilleur traitement; et le cardinal Mazarin fit assez connoître en cette occasion, comme je l'ai déjà remarqué, qu'il n'étoit pas incapable, se faisant une leçon à lui-même, de préférer le bien public à ses sentimens propres. C'est pourquoi tant de remontrances et de bruits n'étoient plus nécessaires ni justes, depuis que la Reine, par un esprit de sagesse et de piété, préférant la douceur à la sévérité, et le soulagement des peuples au plaisir d'être pleinement obéie, avoit suivi les conseils de son ministre et les favorables dispositions qu'elle avoit toujours eues à rechercher, autant qu'il lui étoit possible, le bonheur des sujets du Roi, quoique cette dernière indulgence qui avoit été pratiquée, pouvant passer pour foiblesse, lui avoit dû causer beaucoup de peine. Elle n'en faisoit pas un secret; elle en demeuroit d'accord elle-même. Nous devons avouer aussi, à la honte de notre nation, et pour la corriger de ses fautes, que les révoltes que les peuples ont faites en ce royaume ont été presque toutes injustes et mal fondées. Nos rois, issus de la plus grande race du monde, et devant qui les Césars, et la plus grande partie des princes qui jadis ont commandé tant de nations, ne sont que des roturiers, nous ont donné des saints de leur sang; mais aucun d'eux ne peut mériter le nom de très-méchant, comme nous en voyons dans les autres monarchies, qui dans leur siècle ont été en exécration à leurs peuples, et qui sont encore l'objet de la colère et de l'horreur de ceux qui en lisent la vie. Ces grands monarques ont eu des défauts, et quelques-uns ont fait des crimes qui ont dû être blâmés selon leur grandeur, ou excusés selon qu'ils ont mérité de l'être; mais nous ne voyons point en France un Christiern II comme en Dancmarck, un don Pedro-le-Cruel comme en Espagne, un Henri VIII comme en Angleterre, avec tant d'autres qui se sont déshonorés par leurs abominables actions, et nous avons vu Charles V, le plus sage prince qui ait jamais été, qui, étant dauphin, pensa être accablé sous l'injuste rebellion des peuples. Henri III en a souffert une qu'il ne méritoit pas à son égard, car il étoit vaillant, bon, savant et habile; et si, comme homme, il a été pécheur en voulant paroître dévot, Dieu seul, et non pas ses sujets, en devoit être le juge, pour l'en punir ou lui pardonner.

Je ne parle point de la guerre qui, après la mort de ce prince, se fit encore sous Henri-le-Grand : nous devons plus de fidélité à Dieu qu'au Roi; et ceux qui, par un véritable motif de conscience et de religion, furent de ce parti, étoient excusables en refusant pour roi un hérétique. Il faut seulement blâmer l'ambition des chefs de la Ligue, qui, sous un beau prétexte, parurent visiblement vouloir usurper la couronne; mais Dieu sans doute se servit de leur injuste désir pour préserver la France du malheur de l'hérésie. La guerre que les princes et les grands du royaume firent sous Louis XI, qu'ils appelèrent faussement du Bien public, ne regardoit que les intérêts des grands. Ils réussirent à se venger du Roi; car il avoua depuis lui-même, à Philippe de Commines, qu'il avoit eu tort de les maltraiter. Mais en cet endroit ce célèbre auteur fait une grande leçon aux peuples, qui les devroit détromper pour jamais de ceux que leur ambition conduit à la révolte, et qui, en les dupant toujours, les y engagent sous l'apparence de la réforme de l'Etat. Ce sage politique, en parlant de la conversation qui se fit entre le roi Louis XI et le comte de Charolais, dans laquelle il fallut satisfaire les prétentions des intéressés, dit : « Là « fut demandé la duché de Normandie pour le duc « de Berri, et les villes de la rivière de Somme « pour ledit comte ; et plusieurs autres demandes « pour chacun, avec autres ouvertures qui jà pie- « çà avoient été faites pour le bien du royaume. « Mais en ces derniers articles ne consistoit pas « la question, car le bien public étoit converti en « bien particulier. » Et cependant Philippe de Commines dit encore que si le Roi, après le combat de Montlhéry, ne fût venu à Paris, déjà les Parisiens, enchantés de ce beau mot de bien public, étoient prêts d'ouvrir leurs portes au comte de Charolais, et qu'ils lui donnoient des bénédictions comme au restaurateur de la patrie.

Dieu menaça les premiers hommes de son peuple qui voulurent créer des rois sur eux, et leur apprit toutes les misères qu'ils souffriroient sous leur domination. Quand même nous en aurions qui pourroient faire des fautes en nous commandant, il est assez raisonnable que nous recevions avec patience ce que nous avons souhaité sans sagesse. Nous devons croire aussi que ce même Dieu, après les avoir établis sur nous, n'épargnera pas dans ses jugemens les rois injustes et paresseux, qui manquent à l'observation de ses lois. Notre devoir nous lie à nos souverains par des chaînes de fidélité, d'obéissance et d'amour ; mais celles qui les engagent à nous bien traiter ne sont pas moindres envers nous. Ils doivent agir avec droiture, avoir de la vertu et de la bonté ; ils doivent aimer l'ordre, et travailler incessamment à s'instruire de leurs obligations afin d'y satisfaire ; ils doivent être les espions de leurs défauts, et, sans écouter les flatteurs qui les environnent, examiner sévèrement leurs sentimens, de peur que l'amour-propre ne leur en cache la laideur, et ne les change en des passions injustes et criminelles. Car Dieu leur a donné les mêmes lois qu'aux autres hommes, et leur a commandé d'être les pères de leurs peuples aussi bien que les maîtres, et d'employer leurs soins au bien public, et au bien de chaque particulier. Les rois, selon cette obligation indispensable qui leur est imposée d'en haut, doivent vouloir que leurs sujets trouvent de la protection auprès d'eux, par les officiers et les juges de leurs royaumes. Tous les sages princes doivent désirer que les bons ne soient point opprimés, et que les méchans soient punis. Les parlemens en France sont institués pour travailler à ce grand ouvrage, et quelquefois les rois même ont trouvé par leurs réglemens du secours contre leurs propres désordres. Mais il est injuste, et contre la raison, que les sujets commandent lorsqu'ils devroient obéir, et qu'ils le fassent avec un esprit de révolte, par des motifs de passion et d'intérêt, et avec peu de respect pour leur souverain. Un royaume dont le chef manque de puissance, à qui les sujets osent refuser l'obéissance qui lui est due, est un navire sans pilote : et c'est le plus grand malheur qui puisse arriver aux hommes raisonnables, qui aiment la justice et la paix ; car ceux-là désirent que les rois soient les maîtres, qu'ils soient équitables, qu'ils soient bons, et que de même ils soient respectés et fidèlement servis. Comme le parlement anticipoit sur la puissance royale ; qu'il vouloit faire ce que le Roi seul auroit eu droit d'ordonner ; que le nôtre par sa jeunesse n'étoit pas en pouvoir de le faire, et que le ministre, sous une minorité, n'avoit pas assez de puissance, il étoit impossible que ce déréglement apportât un bon ordre à la France. Car enfin ces réformations étoient faites par des brouillons qui regardoient seulement la perte du cardinal Mazarin, la grandeur des princes par l'attachement que plusieurs de ce corps avoient à eux, et l'élévation de quelques particuliers. Il est donc aisé de juger par toutes ces choses que tout ce qui se faisoit alors iroit à la ruine de l'Etat, et que Dieu ne béniroit pas le travail de ces hommes, dont l'iniquité étoit visible ; car *la sapience de l'homme reluit en son visage, et la méchanceté ne sauvera point celui qui est méchant.*

Les autres parlemens, à l'exemple de celui de Paris, se révoltoient aussi. Le nôtre de Normandie demandoit la révocation du semestre, qu'ils prétendoient avoir été injustement établi du temps du feu Roi et du cardinal de Richelieu, qui ne leur laissoit pas lever la tête si haut. Ainsi toutes choses, au dedans de la France, étoient en mauvais état.

Le prince de Condé, impatient de se voir à l'armée sans rien faire, et peut-être un peu jaloux de la réputation du duc d'Orléans, voulut avoir part aux affaires du parlement. Il en parla au maréchal de Gramont, qui étoit de ses amis, et le pria de venir à la cour proposer secrètement son retour. Le ministre, qui étoit bien aise de balancer la puissance entre ces deux princes, y consentit volontiers, à condition qu'il surprendroit la Reine, et qu'elle ne paroîtroit point avoir écouté cette proposition.

Aussitôt après ce consentement, qui fut le 20 du mois de juillet, on sut que le prince de Condé alloit arriver de l'armée, et son retour étonna toute la cour. La Reine, Monsieur, oncle du Roi, et le cardinal Mazarin, avoient souvent déterminé ensemble que si on se voyoit contraint d'en venir à la force ouverte contre le parlement, alors on manderoit M. le prince; mais comme de telles résolutions étoient indécises, et que jusque là le ministre avoit tenu une conduite toute pleine de douceur et d'humilité, le retour de ce prince avoit été différé, et le duc d'Orléans se trouva surpris de voir qu'il revenoit. Il ne put pas croire que la Reine et le cardinal eussent ignoré ce dessein : c'est pourquoi il se fâcha, et dit tout haut qu'il avoit sujet de se plaindre de la Reine, qui, sans lui en rien dire, appeloit un autre à son secours, qui ne la pouvoit pas servir mieux que lui, ni avec plus d'affection. L'abbé de La Rivière, de qui je sus toutes ces particularités, vint trouver la Reine, et lui fit les plaintes de son maître, promettant qu'il tâcheroit de l'adoucir, mais protestant aussi qu'il étoit fort en colère, et qu'il doutoit de le pouvoir apaiser. La Reine et son ministre lui dirent qu'ils n'avoient point su le retour de M. le prince, et que le maréchal de Gramont, sur des paroles légèrement dites, lui avoit sans doute, et peut-être sans y penser, fait naître le désir de revoir la cour. A cela l'abbé répondit que son maître désiroit que le prince de Condé, qui devoit arriver une heure après, fût donc renvoyé, puisqu'il venoit sans ordre. Le cardinal, troublé de ce petit orage, se mit dans le carrosse de l'abbé, et alla trouver le duc d'Orléans au Luxembourg. Il lui protesta son ignorance, et tâcha de guérir son chagrin par toutes les plus belles paroles que son éloquence lui put fournir. Le duc d'Orléans ne se laissant point apaiser par cette voie, le cardinal revint trouver la Reine, pour chercher avec elle quelque voie de satisfaire ce prince, à qui véritablement elle étoit obligée par sa fidélité; car on peut dire que jusque là il avoit vécu avec elle d'une manière tout-à-fait louable. Pour trouver un remède à la plainte du duc d'Orléans, il fut conclu, après une longue conférence faite entre la Reine, le cardinal et l'abbé de La Rivière, que la Reine enverroit prier Monsieur de trouver bon qu'elle reçût M. le prince, avec promesse de le renvoyer commander l'armée le plus tôt qu'elle pourroit.

Le prince de Condé fut reçu de la Reine avec un visage riant : et lui dans son cœur étoit satisfait et content; car il ne manqua pas d'être bien averti de ce petit dépit de Monsieur, dont il eut de la joie, l'émulation étant naturelle entre des personnes de cette naissance. Il demeura une heure enfermé avec la Reine et le ministre, puis il s'en alla chez lui, où toutes les personnes de qualité lui allèrent rendre hommage. Le lendemain, Monsieur et lui dînèrent ensemble chez le cardinal, où ils parurent bons amis, et, selon les apparences, ne pensèrent qu'à rire et à faire bonne chère.

Le même jour, par un bonheur tout particulier qui donna lieu à la Reine de dégager la parole qu'elle avoit donnée à Monsieur, oncle du Roi, on reçut nouvelle que l'armée des ennemis faisoit mine de marcher, et montroit d'avoir quelque dessein sur nous : si bien que le lendemain, jour de Sainte-Madeleine, M. le prince prit congé de la Reine, et s'en retourna bien vite. Cette campagne jusque là n'avoit pas été heureuse à ce prince. Il avoit eu trente-cinq mille hommes à commander; et, avec cette armée, il n'avoit pas empêché la prise de Courtray, place très-importante. Pour tout exploit de guerre, il avoit pris Ypres en huit jours, grande ville dont la prise nous étoit de peu d'importance. Son armée, depuis ce médiocre exploit, étoit diminuée. Ce général, qui étoit destiné à faire toujours de belles actions, n'ayant pas eu la liberté d'agir à sa fantaisie, avoit été contraint par les ordres de la Reine de ne rien entreprendre; et de cette sorte il falloit qu'il consentît que la diminution de l'autorité royale le privât de quelques victoires que, sans les troubles de Paris, il eût sans doute remportées sur les ennemis.

Le maréchal de Schomberg, n'étant pas bien à la cour, avoit été contraint de prendre le commandement de l'armée de Catalogne, que le cardinal de Sainte-Cécile, frère du cardinal Mazarin, avoit quittée par dédain de cet emploi. Il y étoit allé avec peu d'argent, peu de faveur et peu d'hommes; et ceux qui sont du métier de faire rire les autres disoient, par raillerie, que celui qui voudroit aller en lieu périlleux devoit suivre ce maréchal. Ils vouloient qu'on crût que toutes ces aventures se termineroient à donner des sérénades aux dames espagnoles; car, quoiqu'il ne fût pas jeune, il étoit galant. Mais, outre le secours qu'il avoit été donner à Flix, il arriva un courrier de sa part le 26 de juillet, qui apprit à la Reine la prise de Tortose, qu'il tenoit assiégée depuis peu. Comme il sut que les ennemis venoient en grande hâte pour la secourir, il la prit d'assaut, et tailla tout en pièces. Une tuerie générale s'y exerça avec tant de résistance de la part des ennemis, que l'évêque du lieu y fut trouvé des premiers tués sur la brèche, avec une demi-pique à la main. Ce prélat avoit été à la défense de ses murailles accompagné des prêtres et des religieux de la ville, qui avoient suivi son exemple dans cette périlleuse occasion. Le maréchal de Schomberg reçut toute la gloire qu'il méritoit d'une si heureuse, si hardie et si belle entreprise; mais sa faveur n'en fut pas plus grande : ce n'est pas toujours la vertu ni les belles actions qui la donnent. Le marquis de La Trousse fut tué dans cette occasion, qui étoit estimé brave, honnête homme, et si civil que même quand il se battoit en duel (ce qui lui arrivoit souvent), il faisoit des complimens à celui contre qui il avoit affaire. Lorsqu'il donnoit de bons coups d'épée, il disoit à son ennemi qu'il en étoit fâché; et, parmi ces douceurs, il donnoit la mort aussi hardiment et avec autant de rudesse que le plus brutal de tous les hommes. Le comte d'Harcourt, qui n'avoit pas été si heureux que M. de Schomberg, loua infiniment ce qu'avoit fait de maréchal, et dit au cardinal Mazarin que cette place, quoiqu'elle ne fût pas si forte que Lerida, étoit plus utile, étant située sur la frontière du royaume de Valence, et qu'elle ouvroit le chemin pour entrer en Espagne quand on voudroit. Le 28 de juillet, la Reine en fit chanter le *Te Deum* à Notre-Dame. Le Roi y alla à cheval avec un petit collet de buffle; et toute la cour le suivit en bon ordre, avec beaucoup de broderies, de plumes et de rubans.

Les ennemis profitèrent du petit voyage que M. le prince avoit fait à Paris : ils assiégèrent Furnes en son absence, place qui n'étoit nullement forte, que M. le prince deux ans auparavant avoit prise en trois heures, mais qui nous étoit de grande conséquence étant proche de Dunkerque, qu'apparemment les ennemis avoient dessein d'attaquer, parce qu'ils avoient eu beaucoup de regret de sa perte. La Moussaye en vint apporter la nouvelle à la cour, et charger le maréchal de Rantzau de n'y avoir pas pris assez de soin, l'ayant négligée pour conserver un petit fort appelé la Knoque, entre Ypres et Furnes, que l'on avoit choisi comme un poste nécessaire à la conservation d'Ypres; et de n'avoir pas observé les ordres qu'il avoit reçus de M. le prince, quand il étoit parti pour son petit voyage de la cour. Pour finir les nouvelles de la guerre, le maréchal Du Plessis, qui étoit toujours en Italie avec les troupes du Roi et celles du duc de Modène, assiégea Crémone.

Le 29, les députés du parlement vinrent faire leurs remontrances à la Reine, sur les désordres du gouvernement dont ils se plaignoient, et sur le reste des propositions faites à la chambre de Saint-Louis. On vouloit la faire finir; mais, malgré les trois déclarations que le duc d'Orléans leur avoit portées, ils la continuèrent par de nouvelles propositions. Ils s'arrêtoient particulièrement à vouloir régler le fait des finances, ôter aux partisans le profit qu'ils font sur le Roi, et aux particuliers le profit qu'ils avoient en s'intéressant avec eux : et quoique le ministre goûtât toujours avec joie, comme je l'ai déjà dit, tout ce qui s'appelle prendre et retenir, l'état nécessiteux des affaires du Roi rendoit ce remède bien violent et incommode à ses besoins présens, parce qu'il l'empêchoit de trouver de l'argent pour le secourir des nécessités de l'Etat et des siennes particulières.

Après plusieurs conseils tenus pour cet effet, la résolution de la Reine fut de mener le Roi au parlement, afin de finir toutes ces contestations, en leur accordant tout ce qu'ils demandoient. Elle voulut même leur donner quelque chose de plus pour acquérir le peuple, et le gagner pour le Roi. On dressa donc une déclaration par où elle le combloit de grâces; et en même temps on leur défendoit de s'assembler, avec dessein d'user de la dernière rigueur s'ils contrevenoient à cet ordre : la Reine le disant à un chacun, afin qu'on le publiât par Paris, et que ceux du parlement ne le pussent ignorer. Elle nous dit à nous qu'elle y alloit pour leur jeter des roses à la tête; mais qu'après cela, s'ils n'étoient sages, elle sauroit bien les punir : et ajouta que si on l'avoit crue dès le commencement de leur révolte, elle ne seroit plus en peine d'en chercher les moyens, et qu'elle leur auroit appris leur devoir dès le premier jour qu'ils en étoient sortis; qu'enfin elle l'avoit emporté sur la douceur du cardinal, l'ayant fait résoudre en plein conseil de n'en plus endurer. Elle nous dit de plus qu'elle se moquoit des suites qu'on en vouloit toujours appréhender; que les révoltes n'étoient pas si faciles à faire dans Paris; que le régiment des Gardes suffisoit pour réprimer les premières émotions du peuple; qu'au pis aller, vingt ou trente maisons pillées seroient le sacrifice de leur désobéissance; qu'elle en seroit bien fâchée, mais que ce mal étoit moindre que celui de la perte de l'Etat; que dans le conseil tous lui avoient fait la guerre de la joie qu'elle avoit d'être à la veille de punir ces mutins; et qu'on lui avoit dit qu'elle avoit peur d'être obéie, à cause du déplaisir qu'elle auroit de perdre ce plaisir. Elle nous montra véritablement un grand désir de se venger de ceux qui avoient attaqué son autorité. Elle étoit touchée du rabaissement de la dignité royale, et sentoit le mépris que le parlement avoit fait de la douceur que, par raison et par bonté, elle avoit voulu avoir en sa faveur.

La Reine alla donc au parlement le 30 du mois, selon l'ordre ordinaire, pour faire des grâces à tous, ou pour châtier ceux qui ne les recevroient pas avec la reconnoissance et le respect qu'ils devoient. On avoit résolu au conseil, pour acquérir la bienveillance des peuples, au lieu du demi-quartier qu'on leur avoit relâché sur les tailles par ordre du parlement, qu'on leur donneroit le quartier tout entier, afin que cette libéralité leur parût venir de la seule volonté du Roi. Voici les propres termes de la déclaration que j'ai voulu insérer ici : on connoîtra, par les effets qu'elle doit produire dans la suite des temps, les raisons que la Reine a eues de vouloir punir l'ingratitude du parlement et du peuple.

« Louis, par la grâce de Dieu, etc., salut. Comme il n'y a rien qui maintienne et conserve davantage les monarchies en leur perfection que l'observation des bonnes lois, il est du devoir d'un grand prince de veiller, pour le bien et le salut de ses sujets, à ce qu'elles ne soient corrompues par les abus qui se glissent insensiblement dans les Etats les plus parfaits, afin d'en éviter la ruine qui en peut arriver, si, par négligence, les maux se rendoient incurables. Aussi les rois nos prédécesseurs, pour prévenir ces mouvements qui causent souvent la ruine des plus puissantes monarchies, ont de temps en temps ordonné des assemblées, pour voir et connoître les imperfections et désordres qui s'étoient formés dans leur Etat, et aviser aux moyens les plus convenables pour les retrancher; et les assemblées, soit de notables, soit des Etats, ont toujours été réglées par eux : chacun corps ne pouvant, par la loi du royaume, être établi pour prendre connoissance du gouvernement et administration de la monarchie qu'avec l'autorité et la puissance des rois. Aussi ces assemblées, comme elles sont convoquées par le souverain, après qu'elles ont connu les abus auxquels il étoit nécessaire de pourvoir, et qu'elles ont avisé des moyens les plus convenables pour les corriger, elles ont toujours présenté aux rois les cahiers de leurs remontrances pour leur servir de matière à faire des lois et des ordonnances, ainsi qu'ils le jugent pour le mieux, qui sont envoyées ensuite dans les compagnies souveraines, établies principalement pour établir la justice des volontés des rois, et la faire recevoir par les peuples avec le respect et la vénération qui leur est due; et comme nous n'avons pas moins d'amour que les rois nos prédécesseurs pour la conservation de notre Etat, le bien et le repos de nos peuples, nous avons jugé à propos de pourvoir aux désordres que nous aurions été avertis s'être formés dans notre royaume, et qui pourroient enfin corrompre sa bonne constitution s'il n'y étoit pourvu. A cette fin nous avons envoyé deux déclarations en notre cour de parlement : une portant réglement des impositions et levées de nos deniers qui se doivent lever par chacun an sur nos sujets, et l'autre qui déclare notre volonté sur la recherche et la punition des malversations commises au fait de nos finances, qui sont les deux principaux auxquels il étoit nécessaire d'apporter présentement du remède. Mais afin de faire connoître que nous ne désirons rien tant que de mettre un bon ordre dans le public, qui affermisse notre autorité et donne commencement à la félicité de nos peuples, nous avons jugé à propos de faire quelque réglement sur la distribution de la justice et la disposition de nos finances, attendant que l'état de nos affaires nous permette d'en faire un réglement général.

« A ces causes, de l'avis de la Reine régente notre très-honorée dame et mère, et de notre très-cher et très-amé oncle le duc d'Orléans, et de notre certaine science, pleine puissance et autorité royale, nous avons statué et ordonné, statuons et ordonnons ce qui s'ensuit.

« I. Premièrement, que les réglemens sur le fait de la justice, portés par nos ordonnances d'Orléans, Moulins et Blois, seront exactement exécutés et observés suivant les vérifications qui en ont été faites en nos compagnies souveraines; avec défenses, tant à nos cours de parlemens qu'autres juges, d'y contrevenir. Ordonnons à notre très-cher et féal chancelier de France de ne sceller aucune lettre d'évocation que dans les termes de droit, et après qu'elles auront été résolues sur le rapport qui en sera fait en notre conseil par les maîtres des requêtes ordinaires de notre hôtel qui seront en quartier, parties ouïes en connoissance de cause.

« II. Nous avons confirmé et confirmons la disposition par nous faite par la déclaration du 18 du présent mois, tant à l'égard des remises par nous accordées à nos sujets du demi-quartier des tailles, taillon et subsistance, que de l'ordre que nous voulons ci-après être observé pour le paiement desdites impositions. Mais afin de faire connoître à nos sujets combien nous dé-

12.

sirons leur soulagement, et de rendre, autant qu'il nous sera possible, les impositions mises sur eux plus faciles à supporter, nous avons ordonné et ordonnons que dorénavant, à commencer du 1er de janvier 1649, au lieu de la remise du demi-quartier de la taille, taillon et subsistance, nos sujets qui sont dans le pays d'élection seront déchargés d'un quartier desdites tailles, taillon et subsistance, pour lesdites années 1649 et les suivantes, les charges ordinaires assignées sur lesdites tailles et taillon préalablement déduites, à la charge de payer le surplus desdites impositions dans le mois de février de l'année 1650, et ainsi des autres années suivantes : autrement ils demeureront déchus de ladite remise.

« III. Et comme il y a d'autres impositions dont il est nécessaire de régler la levée, et empêcher qu'elles ne soient augmentées à la foule de nos sujets, nous voulons et ordonnons, conformément à notre déclaration du présent mois de juillet, qu'aucunes nouvelles impositions ne puissent être faites à l'avenir qu'en vertu d'édits bien et dûment vérifiés ; et, à l'égard des impositions qui ont été levées et se lèvent encore à présent dans l'étendue de notre royaume, nous voulons qu'elles soient continuées jusques à ce que nos affaires nous permettent d'y apporter quelque diminution : à la réserve de l'imposition de vingt-un sols pour muid de vin entrant en notre bonne ville de Paris, que nous avons supprimée et supprimons, sans qu'elle puisse à l'avenir être rétablie pour quelque cause et occasion que ce soit ; et afin qu'il ne soit commis aucun abus en la levée des droits que nous voulons qui soient continués, nous voulons que le tarif desdits droits soit arrêté en notre conseil, et affiché ensuite partout où il appartiendra, avec défenses, à peine de la vie, contre les contrevenans à icelui. A cette fin, nous commettrons personnes de probité pour tenir la main à ce qu'il ne soit fait aucune contravention ; et seront à l'avenir les termes desdits droits et impositions avancés à notre conseil, suivant les formes portées par nos ordonnances.

« IV. Voulons à l'avenir que nos officiers et autres nos sujets, auxquels les gages et droits ont été entièrement retranchés, jouissent et soient payés d'un quartier l'année présente, d'un quartier et demi la prochaine 1649, et deux quartiers de l'année 1650, attendant que l'état de nos affaires nous permette de leur en payer davantage.

« V. Et d'autant qu'au moyen des décharges accordées à nos sujets, et du rétablissement des gages de nos officiers, qui diminuent notablement nos revenus, nous ne pouvons supporter les dépenses de nos armées sans nous servir des assignations données à ceux qui nous ont ci-devant secourus, nous voulons que lesdites assignations soient reculées autant que le bien de nos affaires le permettra.

« VI. Et d'autant que nous avons reçu de grandes plaintes des abus qui se commettent au paiement des rentes de notre bonne ville de Paris, attendant que l'état de nos affaires nous permette de faire un plus grand fonds, nous voulons que celui que nous avons destiné soit employé au paiement desdites rentes, et qu'à cet effet les receveurs et payeurs d'icelles mettent entre les mains du prévôt des marchands et échevins un bordereau des deniers qu'ils recevront, pour être par eux, avec les conseillers et autres notables bourgeois qui seront à cet effet assemblés, pourvu d'un bon réglement sur la distribution d'iceux, en la meilleure forme qu'ils aviseront bon être.

« VII. Et, pour témoigner à notre bonne ville de Paris l'affection que nous lui portons, nous avons dès à présent révoqué et révoquons l'édit de l'abonnement de notre domaine, du mois de septembre 1645, et la déclaration du mois de mai 1646, ensemble les arrêts donnés en notre conseil sur le sujet du traité des maisons, faisant main-levée des saisies faites en conséquence, avec très-expresses inhibitions et défenses d'en faire aucunes poursuites, ni d'user d'aucunes contraintes pour le paiement des taxes ordonnées en suite des édits, déclarations et arrêts sur ce intervenus.

« VIII. Le transport de l'or et de l'argent monnoyé et non monnoyé hors de notre royaume ayant été défendu par nos ordonnances faites sur ce sujet, nous voulons qu'elles soient exactement observées ; faisant défenses à tous nos sujets, à peine de confiscation de corps et de biens, de transporter ni faire transporter hors de notre royaume l'or et l'argent et billon, monnoyé et non monoyé, sans notre permission expresse. Ordonnons qu'à la requête de notre procureur il soit informé des transports qui pourroient en avoir été ci-devant faits. Et, d'autant que nous avons reçu diverses plaintes sur les abus des taxes qui se commettent aux ports des lettres et paquets, nous voulons et ordonnons que les réglemens ci-devant faits, concernant les lettres et paquets, soient exécutés selon leur forme et teneur ; et défenses aux fermiers de rien exiger au-delà d'iceux, sur peine de punition.

« IX. La nécessité de nos affaires nous ayant obligé ci-devant de faire plusieurs créations d'offices, entre autres des maîtres des requêtes ordinaires de notre hôtel, ayant considéré les services qui nous ont été rendus par lesdits maîtres des requêtes, dont nous avons une satisfaction singulière, joint le grand nombre d'offices qui est présentement, nous avons jugé à propos, ayant égard aux instances qui nous ont été faites, de supprimer lesdits offices des maîtres des requêtes créés par notre édit du mois de décembre dernier. A cette fin, nous avons révoqué et révoquons ledit édit des créations de douze maîtres des requêtes, vérifié, nous y séant à notre lit de justice; et iceux offices avons supprimés et supprimons, sans qu'en conséquence il puisse être ci-devant pourvu.

« X. Comme aussi nous avons révoqué et révoquons les offices créés tant en notre grande chancellerie que chancelleries qui sont près nos cours de parlement, cours des aides et présidiaux, en vertu d'édits qui n'ont été vérifiés, et auxquels nous avons attribué nouveaux droits à prendre sur les lettres scellées en nosdites chancelleries; déclarant néanmoins que notre intention est que les droits qui leur ont été attribués, et qui ont été imposés, soient continués d'être levés, pour être employés au remboursement de la finance payée en notre épargne, avec les intérêts des sommes, à raison de l'ordonnance; après lequel remboursement, tant du principal que des intérêts, et non autrement, lesdits offices et droits demeureront et seront actuellement supprimés.

« XI. Et comme il est impossible de pourvoir présentement à tous les désordres qui se sont formés dans notre Etat, afin de faire connoître que nous ne désirons rien tant que les retrancher, nous déclarons que notre volonté est d'assembler, au plus tôt que nous pourrons, un conseil auquel seront appelés les princes de notre sang, et autres princes, ducs et pairs, et autres officiers de notre couronne, les gens de notre conseil, et les principaux officiers de nos cours souveraines étant à Paris; afin que, par leurs avis, nous puissions pourvoir d'un si bon réglement, tant sur le fait de la justice que de nos finances, que nos sujets en puissent recevoir un grand soulagement.

« XII. Cependant, pour de grandes considérations importantes au bien de notre service, nous voulons que les députés des quatre compagnies cessent présentement de s'assembler. Ordonnons qu'à l'avenir aucunes assemblées ne pourront être faites à la chambre de Saint-Louis, que lorsqu'elles seront ordonnées par notre parlement, avec notre permission. Voulons que les officiers de notredite cour de parlement de Paris vaquent incessamment à rendre la justice à nos sujets, dont l'exercice a été interrompu plus long-temps que nous n'avons pensé. Si donnons en mandement à nos amés et féaux conseillers les gens tenant notre cour de parlement à Paris, que ces présentes ils aient à faire lire, publier et registrer, et le contenu en icelles garder et observer inviolablement de point en point, selon leur forme et teneur, sans permettre qu'il y soit contrevenu en aucune sorte et manière que ce soit; car tel est notre plaisir, etc.

« En témoin de quoi nous avons fait mettre notre scel à cesdites présentes. Donné à Paris, le dernier jour de juillet l'an de grâce 1648, de notre règne le sixième. Louis; *et plus bas :* La Reine régente sa mère, présente. »

Cette déclaration lue, le procureur général Talon fit sa harangue, qui fut belle. Le chancelier ensuite prenant les voix, il y eut des conseillers assez insolens pour lui répondre qu'ils aviseroient le lendemain à ce qu'ils auroient à faire. Enfin ladite déclaration étant reçue et passée avec fort peu de ressentiment des grâces qu'on leur accordoit par elle, le chancelier revint à la Reine. Il parla à elle, à Monsieur et au cardinal Mazarin, puis se rassit, et publia derechef à la compagnie le don que la Reine leur faisoit du droit annuel, sans aucune condition, à savoir les quatre compagnies souveraines, la cour de parlement, chambre des comptes, grand conseil et cour des aides, durant neuf années. Il n'avoit point accoutumé de se donner par le Roi aux officiers, quand une fois il étoit fini, qu'à des conditions avantageuses, et qui alors, selon son besoin présent, lui eussent été commodes; mais les affaires étant aussi embrouillées qu'elles l'étoient, il fallut tout accorder sans aucune condition; et le Roi s'estimoit trop heureux qu'ils le voulussent recevoir de sa main avec quelque soumission de leur part.

La Reine, en sortant de la grand'chambre, dit au premier président qu'elle attendoit de lui qu'il obéiroit aux ordres du Roi, et empêcheroit que désormais le parlement ne s'assemblât pas davantage. Elle dit aussi au président de Bellièvre que c'étoit à lui à commencer et à tenir sa chambre de la Tournelle. Ils répondirent avec respect qu'ils obéiroient; mais ils ne le purent faire.

Ce jour, le Roi parut plus beau que la dernière fois qu'il fut dans le parlement. La rougeur de son visage étoit passée : il étoit désenflé; mais il n'avoit plus cette beauté délicate qui le faisoit admirer de tout le monde : et les roses et les lis avoient quitté son teint, pour lui en laisser un qui étoit plus convenable à un guerrier qu'à une dame, mais qui étoit encore assez beau pour plaire aux plus belles, si son âge lui eût permis d'en avoir le désir. On remarqua pour lors que le peuple ne cria pas à son ordinaire *vive le Roi*, et qu'il continuoit à se refroidir pour lui.

Le soir, la Reine, parlant de tout ce qui s'étoit passé, nous dit qu'elle attendoit avec impatience ce qui se feroit le lendemain, qui se trouva pareil à beaucoup d'autres jours; car ils demandèrent tous à s'assembler, et le firent tumultuairement, grondant contre le Roi de ce qu'il leur avoit défendu une chose qu'ils maintenoient être dans leur pouvoir. Ils ne parlèrent toutefois point de la chambre de Saint-Louis, qui étoit le chapitre délicat; et le premier président, voulant un peu satisfaire la cour, les fit attendre si long-temps qu'enfin l'heure sonna, qui les sépara malgré eux; mais ce fut en criant tout haut qu'ils vouloient délibérer sur la déclaration du Roi, et que si on les en empêchoit, ils ne le souffriroient pas.

Le ministre, à qui toutes ces brouilleries déplaisoient infiniment, eût fort souhaité qu'ils n'eussent point forcé la Reine d'en venir aux extrémités; et malgré les impatiences de cette princesse, qui ne pouvoit souffrir ce qui alloit au mépris de la royauté, il la retenoit pour voir si premièrement il n'y auroit point de moyen de porter ces farouches esprits à quelque accommodement. Cette modération étoit du génie du cardinal: il ne vouloit rien hasarder, et désiroit éviter par les négociations la guerre civile, qu'il craignoit pour l'État, et beaucoup plus pour lui en son particulier. Malgré toute sa prudence, le mal ne put finir: cette race libertine voulut s'assembler, et, le 4 août, Monsieur fut contraint d'y aller. Ils opinèrent tous hardiment devant lui, et témoignèrent n'être point contens, et se soucier fort peu des ordres de la Reine. Ils déclamèrent contre leur premier président, de ce qu'il les empêchoit de s'assembler et de délibérer à leur gré sur cette déclaration; et ce prince revint trouver la Reine assez mal satisfait. Leurs opinions de ce jour furent à demeurer toujours assemblés jusqu'à ce que cette chambre de justice qu'ils demandoient fût établie, et délibérer incessamment tant sur le reste des propositions faites à la chambre de Saint-Louis, que sur la déclaration. Ils ne parlèrent plus de continuer cette chambre de Saint-Louis que la Reine avoit défendue; mais l'autre étoit de la même conséquence: sur quoi nous ne manquâmes pas de voir beaucoup de conseils au Palais-Royal, qui tous ne produisoient rien qui parût un remède efficace, et tel que l'état de ces désordres le demandoit.

A toutes ces mauvaises dispositions se mêla une petite affaire de peu d'éclat, et qui étoit fâcheuse à cause de ses suites. Le duc de Beaufort étoit à l'une des maisons du duc de Vendôme son père. Il faisoit bonne chère à ses amis, attendant avec impatience que les brouilleries fussent assez fortes pour en profiter; et quand il savoit qu'il y avoit autour de lui des espions du ministre, il les faisoit chasser hardiment. Le duc de Vendôme avoit envoyé dans Paris un des siens, pour offrir aux parlementaires ses services et son assistance. Cet homme avoit été arrêté par les ordres de la Reine; et, pour augmenter les chagrins du jour, en la présence même de Monsieur, oncle du Roi, on apporta une requête au nom de ce prisonnier, qui demandoit d'être élargi et interrogé, selon les volontés du parlement. Cette compagnie avoit paru vouloir à l'avenir prendre connoissance de ceux que le Roi feroit arrêter, selon qu'on l'avoit proposé à la chambre de Saint-Louis: et le soir il fallut vitement le faire transférer de la Bastille au bois de Vincennes, de peur que le Roi n'en pût pas être le maître.

Monsieur retourna au parlement le 5 du mois d'août, pour assister à leurs délibérations. Comme ils virent qu'ils alloient entièrement aigrir l'esprit de la Reine s'ils ne lui obéissoient, et leur destinée n'étant pas encore dans le temps de s'accomplir, leur arrêt de ce jour fut d'obéir au Roi, et de travailler jusques après la mi-août aux affaires des particuliers. Ils députèrent quatre commissaires pour examiner les points de la déclaration, avec dessein de s'assembler et d'en délibérer tout de nouveau, quand bon leur sembleroit. Voilà donc le duc d'Orléans qui revient trouver la Reine, fort content d'avoir obtenu de cette compagnie une suspension d'armes, avec espérance que tout ira bien, et qu'ils se contenteront du passé. Mais, pour les rendre raisonnables, il avoit fallu que Monsieur eût protesté tout haut qu'il lui étoit impossible de souffrir qu'en sa présence on manquât de respect aux ordres de la Reine. Il fut contraint de leur dire que s'ils ne vouloient au moins lui obéir pour quelque temps, et remettre par cette voie les affaires du Roi en réputation, il alloit quitter la partie, et qu'en ce cas il leur déclaroit qu'il seroit mal satisfait de la compagnie. Le premier président le supplia très-humblement de ne s'en point aller, et lui dit que les avis pourroient peut-être changer; et, retournant aux voix, ils étoient en effet revenus à cette obéissance de dix ou douze jours. Elle faisoit espérer que la fin du parlement étant proche, peut-être qu'ils ne recommenceroient pas leurs assemblées. Voilà l'état du dedans du royaume plein de mille maladies intestines. Le cardinal se raccommoda avec le président de Mesmes, et témoigna se repentir d'avoir traité le comte d'Avaux si durement. La crainte fit naître alors la justice dans son âme, et ces deux frères rentrèrent par cette voie dans ses bonnes grâces; par elle aussi la porte des bienfaits leur fut ouverte tout de nouveau, et peu de temps après ils en reçurent des marques publiques, mais qui ne leur durèrent pas longtemps.

Le Roi ayant fait la même grâce au parlement de Rouen qu'à celui de Paris, lui redonnant gratuitement la paulette, il la reçut avec tant de mépris, qu'au lieu d'enregistrer la déclaration ils la mirent au greffe, et l'y laissèrent sans en faire nulle mention : ce qui fut remarqué avec colère par la Reine, et avec honte pour son ministre, qui se voyoit méprisé de tous côtés, et qui en ressentoit beaucoup de déplaisir.

Le parlement d'Aix en Provence, que notre Régente avoit fait semestre par l'avis de d'Emery, en fit autant et plus que les autres. Les anciens se transportèrent en une autre ville, et chassèrent les officiers nouveaux. Toutes choses se brouilloient dans les provinces aussi bien qu'à Paris, et l'on voyoit partout un déchaînement horrible de malédictions contre le gouvernement, et une liberté effrénée de médire du ministre. On murmuroit contre la Reine : elle étoit attaquée ouvertement; on la haïssoit à cause de celui dont elle soutenoit la grandeur. Et, dans leur aveuglement et leur ignorance, la vérité étoit étouffée; car enfin, ni le cardinal ne méritoit point cette grande haine, ni la Reine ne méritoit pas non plus d'être blâmée au point qu'elle l'étoit. Elle devoit sa protection à un ministre établi auprès d'elle par une puissance légitime, qu'elle devoit respecter. Et comme elle l'avoit affermi par son choix dans le ministère où le feu Roi l'avoit laissé, elle fut persuadée qu'il lui falloit donner de la force pour soutenir les fâcheux événemens qui pourroient arriver pendant le cours d'une longue régence. Voyant en elle la source de cette autorité dont elle le vouloit revêtir, elle s'imagina qu'elle la pourroit reprendre facilement, et qu'elle ne pouvoit diminuer la sienne par la part qu'elle lui en faisoit, puisqu'elle ne lui en étoit libérale que pour le mettre en état de la mieux servir. Selon ce qu'il a paru de cette conduite, il semble que la Reine se trompa, et que par cette voie (ainsi que je l'ai remarqué) elle s'attira le mépris des peuples et le blâme de ceux qui envièrent l'excessive puissance de ce ministre, qui en effet avoit paru trop grande. Mais quand elle se crut obligée de le maintenir, elle regarda premièrement la gloire de la couronne, qui paroissoit diminuée par les attaques du parlement; elle se fortifia par leur opposition dans le désir de leur résister, et nous la verrons aussi marcher dans ce chemin d'un pas égal, sans qu'aucun obstacle ait eu le pouvoir de l'en détourner. Elle ne croyoit pas que le ministre fût la cause véritable de leur révolte; elle ne pouvoit pas non plus accuser entièrement sa conduite des malheurs de sa régence, quoiqu'elle la trouvât souvent trop foible. Sa douceur, qu'elle jugeoit en être le fondement, lui paroissoit louable : elle ne pouvoit comme chrétienne blâmer en lui le désir qu'il avoit de pouvoir réussir à contenter tous les partis différens qui s'opposoient à sa faveur, et voyoit clairement que si ces sentimens avoient trouvé des ames remplies de raison, elles en auroient connu le prix. Elle étoit aussi trop équitable pour oublier cette heureuse bonace qui, dans les premières années de sa régence, faisoit dire aux gens de la cour qu'ils étoient las de voir tant de bonheur; et quoiqu'elle sût tout ce que la malice des peuples inventoit contre ses droites intentions et contre l'innocence de sa vie, la connoissance qu'elle avoit d'elle-même lui donnoit la force de le souffrir sans inquiétude, et la confiance qu'elle avoit en Dieu lui faisoit espérer sa protection. Elle agissoit selon ses sentimens et ses lumières, comprenant que, quoi qu'elle fît, elle ne seroit jamais exempte des mauvaises interprétations qui se font d'ordinaire de toutes les actions des princes, ni de la haine que les peuples ont accoutumé d'avoir contre leurs ministres.

La nouvelle arriva le 6 d'août de la prise de Furnes par les ennemis; dont la Reine fut fâchée, parce qu'en l'état où étoient les affaires, les moindres pertes étoient d'une grande conséquence. Mais comme elle recevoit toutes choses de la main de Dieu, les afflictions augmentoient plutôt sa dévotion qu'elles ne la diminuoient. Ce même jour fut employé par elle à suivre une procession que fit le curé de Saint-Sulpice, pour un sacrilége qui avoit été commis dans son église. Un voleur qui voulut voler le ciboire avoit jeté les saintes hosties par terre, et la piété de la Reine et des peuples fut saintement occupée à la réparation de ce sacrilége. J'ai toujours remarqué en cette princesse une grande dévotion au Saint-Sacrement de l'autel. Ces sentimens étoient nés avec elle; et le sang de la maison d'Autriche, qui couloit dans ses veines, l'obligeoit de suivre l'exemple du grand comte d'Absbourg, dont les empereurs ses pères ont tiré leur naissance, et qui ont quasi tous montré d'avoir ce même zèle.

La piété de la Reine en tous les temps a été remarquable. Je sais de la marquise de Senecay, sa dame d'honneur, qui me l'a dit en mon particulier, et qui me l'a conté encore en la propre présence de la Reine, qu'étant fort jeune et dans le temps de sa plus grande beauté, comme elle n'avoit pas assez d'argent pour subvenir à toutes les aumônes qu'elle vouloit faire, elle se déroboit à elle-même des pierreries, rompant ses chaînes comme si elle les avoit perdues par hasard, afin de les donner aux pauvres. Elle se cachoit de madame de Seneçay, alors sa dame d'atour ; puis quand elle la voyoit en peine de les chercher, et qu'elle ne la pouvoit apaiser en lui disant qu'elle ne s'en mît point en peine, et qu'elle les avoit perdues, enfin elle lui avouoit de les avoir prises, et données à ceux qu'elle n'avoit pu secourir par d'autres voies ; mais avec une honte aussi grande que si elle avoit fait une mauvaise action : et ensuite elle la prioit instamment de n'en parler à personne. Pendant sa régence, son cœur a dû recevoir quelque satisfaction pour les bonnes œuvres qu'elle a faites dans toute la France ; et même les chrétiens répandus par toute la terre ont tous reçu quelque portion de ses libéralités. Il est arrivé néanmoins, comme elle ne jouissoit pas des trésors du Roi, et qu'elle les avoit mis en dépôt entre les mains du cardinal, que dans les temps les plus heureux, lorsqu'elle pouvoit être maîtresse de toutes les grâces, et que le ministre, le surintendant et les gens de finance en faisoient profusion à leur profit, elle a été quasi toujours dans un état de nécessité qui ne lui permettoit pas de faire tout le bien qu'elle auroit désiré de faire. Elle ne paya point ses dettes, et n'eut jamais de quoi satisfaire sa générosité, tant à l'égard des pauvres que de ceux qu'elle affectionnoit. Elle étoit persuadée qu'il n'y avoit presque jamais d'argent à l'épargne ; et quoiqu'elle eût auprès d'elle des personnes assez hardies et assez fidèles pour lui dire le contraire, son indifférence, qui la faisoit trop négliger la connoissance de la vérité, la privoit de cet avantage de pouvoir exercer utilement les vertus chrétiennes et morales dont son ame étoit remplie : le seul bonheur qui peut rendre les couronnes estimables.

Le jour de Notre-Dame d'août, le Roi alla entendre vêpres aux Feuillants, et le cardinal étoit avec lui. C'est l'ordre que dans le lieu où est la personne du Roi, le capitaine de ses gardes en doit avoir les clefs : il est encore de l'ordre que, hors les gardes du corps, les autres gardes n'y peuvent entrer en fonction. Dans le cloître, on devoit faire une procession où le Roi devoit aller : si bien que le marquis de Gesvres, son capitaine des gardes, en étoit le maître. On vint lui dire qu'il y avoit des gardes du grand prévôt qui étoient dans ce lieu avec un de ses exempts. Comme je l'ai déjà dit, les capitaines des gardes prétendent que ceux-là ne devoient être qu'autour des lieux où est le Roi, pour en chasser les inutiles, les coupeurs de bourses, ou autres gens de soupçon, et jamais dans le lieu où est la personne du prince. Le marquis de Gesvres alors commanda à son lieutenant, nommé de L'Ile, de les aller chasser. Il y alla ; et d'abord, comme sage et retenu, il leur remontra qu'ils n'avoient point de droit d'être en ce lieu, et qu'ils devoient s'en aller, parce que autrement il avoit ordre de les en faire sortir. Ces gardes lui répondirent insolemment qu'ils ne sortiroient pas : et leur aigreur fut si grande contre de L'Ile, qu'il jugea qu'il falloit user de violence ; mais avant que de l'entreprendre, il retourna trouver son capitaine pour recevoir un nouvel ordre. Il le reçut, et le marquis de Gesvres lui dit de les faire sortir de quelque façon que ce pût être. De L'Ile retourne ; et, voulant obéir, il fut contraint par la résistance des gardes du grand prévôt de mettre l'épée à la main. Dans ce désordre, deux de ces gardes furent maltraités : l'un fut tué, et l'autre blessé. De L'Ile, qui étoit honnête homme, fit ce qu'il put pour empêcher ce malheur ; mais il ne lui fut pas possible d'en être le maître, parce que les Suisses secondèrent les gardes du corps, et tous ensemble firent ce désordre. C'est un crime de lèse-majesté de mettre l'épée à la main dans la maison du Roi ou dans le lieu où il est ; à plus forte raison quand, si près de lui, il survient de telles aventures. A cette rumeur tout le monde se troubla. Jarzé, ami du grand prévôt, prit la parole contre le marquis de Gesvres, et le taxa de trop de promptitude. Le cardinal Mazarin trouva mauvais dans son ame qu'il eût donné ces ordres en sa présence, sans lui demander son avis sur ce qu'il avoit à faire ; néanmoins il ne le montra pas à l'heure même, et dissimula son dépit. Le Roi étant de retour au Palais-Royal, il accorda la querelle émue entre Gesvres et Jarzé, et envoya aussitôt à la Reine, qui étoit allée coucher au Val-de-Grâce pour y passer la fête, lui faire part de cette aventure. Le lendemain matin, à cause que le marquis de Gesvres avoit été cause du sang répandu en présence du Roi, ou plutôt parce qu'il n'avoit pas porté assez de respect au cardinal, on lui envoya Le Tellier lui commander de quitter le bâton, et de le remettre entre les mains du comte de Charost, capitaine des gardes comme lui.

Le comte de Trêmes, père du marquis de Gesvres, alla trouver le ministre, se plaignit à lui du traitement que recevoit son fils, dit qu'il n'a point failli, et qu'il a maintenu les droits de sa charge ; mais qu'enfin s'il sort du service, ce n'est point au comte de Charost à servir en sa place, et que c'est à lui, puisque son fils ne servoit le Roi que comme reçu en survivance ; que c'est lui qui est véritablement le capitaine des gardes, et qu'on ne sauroit lui ôter le bâton qu'avec la tête. Outre cela, il témoigna au comte de Charost qu'il le désobligeroit s'il recevoit l'ordre du Roi, et lui dit que, se devant assistance les uns aux autres, il le prie de ne point accepter ce commandement.

Le cardinal s'étoit déclaré avoir sujet de se plaindre du marquis de Gesvres d'avoir donné ses ordres en sa présence sans les lui communiquer, et avoit dit qu'étant premier ministre et maître de l'éducation du Roi, il avoit manqué à ce qu'il lui devoit. Par le ressentiment qu'il avoit contre le fils, il ne voulut point considérer les prières et le droit du père, et fit que la Reine persista toujours à vouloir que le comte de Charost prît le bâton. Elle disoit que le commandement étoit fait, qu'il falloit qu'il obéît, et que si d'abord elle avoit cru que le comte de Trêmes eût été à Paris, elle lui auroit peut-être commandé de le prendre; mais qu'alors, s'opposant à ses ordres et à ses volontés, elle ne le vouloit point écouter. Elle dit tout haut qu'elle vouloit que Charost servît, quand ce ne seroit que pour deux heures, afin de satisfaire seulement à l'obéissance qu'elle prétendoit lui être due. Beringhen, premier écuyer, homme sage et prudent, exhorta le comte de Charost à faire ce que la Reine désiroit, et le fit résoudre à obéir. Le ministre même l'en pressa; il usa de prières pour l'y obliger, et Charost lui promit d'accepter le bâton. Dans ce dessein, il descend dans la chambre du capitaine des gardes où étoit le comte de Trêmes, qui s'étoit saisi du bâton et l'avoit pris de son fils, disant qu'il le garderoit jusqu'à ce que la Reine fût revenue du Val-de-Grâce, et qu'il vouloit recevoir l'ordre de sa propre bouche. Charost, qui venoit de quitter le cardinal Mazarin, lui dit qu'il venoit de s'engager à recevoir le bâton, et le lui demanda. Le comte de Trêmes lui répondit qu'il ne le lui pouvoit donner, qu'il y alloit de son honneur de le voir entre les mains d'un autre, pendant qu'il n'avoit fait nul crime qui méritât d'en être privé. Le comte de Charost, vrai homme de bien, qui approuvoit assez la résistance de son confrère, et qui sentoit qu'il en auroit fait autant s'il eût été en sa place, lui répondit que ce n'étoit point son dessein de lui ôter l'honneur, que c'étoit par force qu'il s'étoit résolu de l'accepter, et que le voyant dans le dessein de ne lui point donner le bâton, à la bonne heure il le gardât, puisque son intention étoit, tant qu'il lui seroit possible, de ne jamais faire de mal à personne. Alors Charost, n'osant revoir le cardinal, s'en alla chez lui sans lui rendre compte de la résistance du comte de Trêmes, aimant mieux la lui laisser apprendre par d'autres que par lui.

La Reine avoit su au Val-de-Grâce qu'enfin Charost s'étoit résolu de servir, et le reste de la journée se passa sans qu'elle ni le cardinal sussent le contraire. Le soir, au retour de la Reine, le Roi ayant couru bien loin au devant d'elle pour l'embrasser, elle s'aperçut aussitôt qu'il étoit sans capitaine des gardes; elle en demanda la cause. On lui dit que le comte de Trêmes n'avoit point voulu souffrir que Charost servît selon qu'il avoit résolu de le faire; et que, voyant cette résistance, il avoit eu quelque peine à s'y opposer, et s'en étoit allé chez lui. La Reine, surprise d'une petite émotion de colère, et touchée d'un vif ressentiment de l'état de ses affaires dont cette hardiesse la faisoit ressouvenir, dit tout haut : « Ho, Dieu merci, je suis arrivée « à ce point que chacun tient à honneur de me « désobéir : » voulant citer par ces paroles le parlement et les gens de la cour. Le cardinal la vint trouver aussitôt, et ensuite elle commanda qu'on fît venir les quatre capitaines des gardes, à la réserve de Villequier, qui pour lors n'étoit pas à Paris : c'est-à-dire le comte de Trêmes, le comte de Charost et le marquis de Chandenier; car le marquis de Gesvres, reçu en survivance de son père, et qui étoit le coupable, ne paroissoit point. Elle leur fit une réprimande sur leur désobéissance, qui d'abord fut assez douce, voulant par cette conduite les porter au repentir de leur faute. Mais lorsqu'ils voulurent représenter leurs raisons, et qu'ils témoignèrent être dans le dessein de se soutenir les uns les autres, elle se fâcha contre eux, et les chassa de son cabinet, leur disant qu'elle ne les vouloit plus voir, et qu'elle trouveroit des gens qui lui obéiroient mieux. Voilà toute la cour partagée sur cette affaire. Les uns approuvoient le procédé de la Reine, en un temps où son autorité n'étoit que trop abattue; les autres le désapprouvoient, disant qu'elle n'avoit pas eu assez d'égard au droit du comte de Trêmes; et ceux-là disoient peut-être la vérité. Aussi la Reine, par son inclination, n'auroit sans doute nullement résisté à lui accorder de servir, si elle n'avoit été menée à cela par la passion du cardinal. Pour continuer donc à lui sacrifier ses propres sentimens de bonté, après lui avoir parlé, elle commanda qu'on lui fît venir Chandenier, malheureux reste des importans, qu'elle avoit toujours considéré et traité comme un de ses plus fidèles serviteurs. Il ne subsistoit que par une tolérance forcée du côté du ministre : par conséquent il fut choisi par lui en cette occasion pour être alors la victime de sa politique. Déjà le comte de Charost avoit déplu à la Reine, et la résolution étoit prise de l'exiler. On vouloit le punir de la condescendance qu'il avoit eue en faveur du comte de Trêmes, et donner un exemple de sévérité qui passât du cabinet jusqu'au parlement. Il avoit quelque péché originel à l'égard de la fausse divinité qu'on adoroit à la cour, qui le rendoit suspect au ministre. Il étoit frère du comte de Béthune, grand suppôt des importans, et ami du duc de Beaufort qui commençoit à revivre par sa sortie de prison, et à redonner quelque lustre à cette cabale anéantie. Chandenier étoit dans un pire état, et le ministre avoit plus de sujet de le haïr; car, outre ce que je viens de dire, il se trouva dans le commencement de la régence parent de des Noyers, ennemi du cardinal Mazarin, qui du temps du feu Roi avoit chassé ce ministre de la cour; et lorsqu'il eut du pouvoir auprès de la Reine, il avoit fait donner sa charge de secrétaire d'Etat à Le Tellier son ami. Chandenier, n'ayant donc eu de protection que celle que la Reine devoit à son innocence, s'étoit confié en elle; et d'abord qu'il vit le cardinal dans une situation à se faire craindre, il l'avoit suppliée de prendre la peine elle-même de le mettre dans les bonnes grâces de celui qu'elle avoit élevé à la puissance de conserver et de détruire. Elle en eut d'abord l'intention; mais, soit qu'elle y travaillât foiblement, ou que son ministre ne pût souffrir de demi favori, il étoit enfin arrivé que Chandenier avoit été disgracié, au lieu d'être bien traité. Comme il avoit connu qu'il falloit s'aider par d'autres voies, il avoit fait parler de lui au cardinal, et par là il étoit revenu à la cour; mais il n'y demeura guère, car le ministre sentoit bien qu'il en étoit haï. Chandenier d'ailleurs manqua de conduite pour se conserver dans une amitié qui, étant foiblement donnée, demandoit de grands soins pour devenir plus forte; et la défiance naturelle du ministre ne put enfin souffrir un homme qu'il n'avoit pas sujet d'aimer, et qu'il avoit assez maltraité pour avoir lieu de le craindre. Quoi qu'il en soit, il est certain que jamais depuis il ne lui avoit témoigné de bonne volonté, et qu'il étoit demeuré à la cour bien traité de la Reine, mais mal satisfait de son ministre, et en petite considération; car il n'étoit pas cru aussi habile qu'il étoit estimé homme d'honneur et de probité: blâmable seulement en cela qu'il en faisoit un peu trop d'ostentation. La solide vertu qu'un homme doit avoir est ennemie du faste et du bruit; et celui qui la possède, pour en recevoir une véritable louange, n'en doit pas demander. Comme de telles gens sont d'ordinaire trop impatiens contre les défauts d'autrui, il s'étoit emporté à blâmer ceux du ministre; et quand on sut que la Reine l'avoit mandé, on ne douta point qu'ayant été du complot avec ses confrères, et l'un d'eux ayant refusé de servir, qu'il n'en fît autant, et que sa révolte ne fût un prétexte au ministre de le perdre. Il étoit de mes amis, et je fis ce que je pus pour l'obliger à bien penser à sa réponse avant que de paroître devant la Reine, puisque de ce moment dépendoit toute sa fortune; mais connoissant l'engagement où il étoit, qui l'obligeoit à une grande fidélité pour les intérêts de ses confrères, et m'ayant avoué que lui-même les avoit engagés à cette résistance, je fus réduite avec ses autres amis à le plaindre, et à souhaiter qu'il pût heureusement sortir de cette aventure, sans pourtant deviner de quelle manière il pourroit se sauver de ce péril. Il parut donc devant la Reine; et, à la vérité, il y parut avec une contenance fort tranquille. Comme elle le vit, elle lui dit que, l'ayant toujours cru plus affectionné à son service que beaucoup d'autres, elle l'avoit jugé aussi plus capable de lui obéir; que c'étoit pour cela qu'elle l'avoit envoyé quérir; que le Roi étoit sans service, et qu'enfin elle désiroit de lui cette preuve de sa fidélité. Il lui répondit qu'il la supplioit très-humblement de considérer l'engagement où il étoit avec ses confrères; que s'il obéissoit à ses commandemens, il les déclaroit coupables, et se rendoit lui-même le plus infâme de tous les hommes; qu'il avoit sujet de se plaindre d'elle de ce qu'étant son serviteur, et l'ayant toujours été, elle eût choisi en cette occasion pour lui commander une chose qui le perdoit de réputation s'il obéissoit, ou attiroit sur sa tête toute sa colère s'il ne lui obéissoit pas. Sur cela la Reine, qui ne le vouloit point perdre, lui offrit, pour satisfaire à cette chimère d'honneur, de lui en faire le commandement tout haut, et devant tout le monde. Mais voyant qu'il persistoit à la refuser, elle éleva sa voix devant nous qui étions présens à cette conversation, et lui dit assez sévèrement: « C'est assez, Chandenier, c'est assez! » Il se retira, et le lendemain on envoya commander à Charost et à lui de se retirer de la cour, et d'aller dans leur maison. On fit le même commandement au comte de Trêmes; et le jour même on donna leurs charges. La première qui fut acceptée fut celle du comte de Charost, qui fut donnée à Jarzé. Il avoit de la naissance, et il étoit bien à la cour; mais il avoit un esprit plus brillant que prudent, dont la légèreté, en plusieurs rencontres de sa vie, fera voir combien la sagesse est nécessaire à l'homme. Il en prêta le serment entre les mains de la Reine, et on promit au comte de Charost de le rembourser de sa charge. Le lendemain on fit le même traitement à Chandenier; et sans doute que, dans l'intention du ministre, il étoit fort différent de l'autre. On donna sa charge au comte de Noailles (1), qui déjà lui avoit ôté un grand bien, ayant, par la faveur du cardinal Mazarin, épousé mademoiselle Boyer, fille fort riche que Chandenier avoit recherchée. Il fit de même son serment de fidélité; et comme il y a des personnes qui sont nées pour le malheur des autres, il la garda plus long-temps que Jarzé ne conserva celle du comte de Charost. La marquise de Senecay, tante du marquis de Chandenier, fit tout ce qu'elle put pour adoucir la disgrâce de son neveu; mais le ministre ne se laissa point fléchir à ses prières, parce qu'il étoit bien aise d'éloigner d'auprès du Roi ceux qui lui étoient suspects. Pour faire bonne mine, il visita cette dame, lui dit qu'il étoit fâché de ce que M. de Chandenier avoit attiré sur lui la colère de la Reine; qu'il le croyoit de ses amis, puisqu'il lui avoit promis de l'être; et lui fit mille protestations de la vouloir servir et lui aussi. De cette sorte, on vit en un jour chasser de la maison du Roi trois de ses plus considérables officiers, sans qu'en apparence le ministre y eût aucune part, la Reine s'étant chargée de toute la haine de cette action pour l'ôter à son ministre. Il semble que ces capitaines des gardes devoient obéir au Roi, et qu'ils avoient tort d'abord de s'opposer avec tant d'opiniâtreté aux volontés de leur souveraine; car enfin il est juste que nos maîtres soient obéis, même dans les choses où ils pourroient n'avoir pas toute la raison de leur côté. En vain seroient-ils appelés de ces grands noms de monarques, de rois et de tout puissans, si on pouvoit leur résister dans les moindres occasions. Mais il est bien juste aussi que ces mêmes rois entrent dans les intérêts des particuliers, qu'ils entendent leurs raisons, et qu'ils prennent le soin de les satisfaire, quand avec respect ils leur demandent d'être traités par eux équitablement. La Reine n'a jamais manqué de suivre ces belles maximes; et ces vertus sont celles qui ont paru en elle avec le plus d'éclat, et qui ont le plus attiré sur elle l'admiration publique. Ses oreilles ne se lassoient jamais d'entendre les plaintes des malheureux. Son cœur a toujours reçu sans dégoût les importunités qui lui ont été faites par ceux qui souffroient quelque oppression; elle y étoit incessamment exposée par sa douceur et par son humanité; et sa volonté, toujours disposée à bien faire, n'a jamais refusé de rendre justice à ceux qui la lui ont demandée. Mais en cette occasion, où la corruption de l'air la rendoit plus sensible à la désobéissance, elle ne put souffrir celle-ci, d'autant plus que l'animosité du cardinal lui fut cachée sous le voile de la conséquence et de la politique; et, par cette raison, elle contribua sans dessein au malheur de Chandenier son ancien serviteur, l'abandonnant par cette voie au ressentiment de son ministre, de qui elle savoit qu'il étoit haï. Mais il faut dire aussi qu'encore qu'elle vît l'aversion que le cardinal avoit contre Chandenier, elle ne le croyoit pas impeccable, et connoissoit qu'il étoit entier dans ses sentimens, et capable de prendre la générosité de travers. Il avoit empêché les autres d'obéir, et il fut puni peut-être avec justice; car quand le comte de Trêmes auroit consenti que Charost eût servi deux heures, selon que la Reine l'avoit dit, il semble que leur soumission n'auroit pas dû être préjudiciable à leur honneur, et que c'étoit sacrifier peu de chose à leur repos et au respect qu'ils devoient à la Reine.

La fête passée, on commença [le 16 août et suivant] tout de nouveau à délibérer au parlement sur la déclaration que le Roi leur avoit apportée. Ils l'examinèrent par articles. Sur aucuns on ordonna des remontrances; sur d'autres on donna des arrêts. Ils se plaignirent qu'elle étoit toute captieuse, dirent qu'on ne leur avoit fait grâce qu'à demi, et avec de très-mauvaises intentions. La principale de leurs plaintes étoit sur le chapitre des tailles qu'ils maintenoient n'être pas explique, et demandèrent pour le peuple que le quart accordé par le Roi fût exempt de tous frais.

Le 20 [d'août], Monsieur étant allé au parlement, tout se conclut à demander une conférence au Luxembourg. Elle se fit le 21, avec le même succès qu'à l'ordinaire. Monsieur, à son retour, dit à la Reine que tout alloit assez bien, qu'ils avoient réglé le tarif, qui étoit le nombre des impôts que le parlement consentoit qui se levassent, et qui devoit être affiché dans les rues, afin que le peuple ne pût être trompé, ni forcé de payer plus qu'il ne devoit. Cependant ils ne finissoient point leurs assemblées : de sorte qu'à proprement parler ils se moquoient du nom du Roi, de l'autorité de la Reine et de celui qui gouvernoit l'Etat, dont les forces commençoient à diminuer à mesure que celle de cette compagnie s'augmentoit.

Ce même jour, voici une nouvelle incertaine qui vient donner à la Reine une joie capable, étant vraie, de la guérir de tous ses maux, ou du moins de l'en consoler pour quelque temps. Il arrive un homme d'Arras, qui assure qu'il y a une bataille donnée, et qu'ils l'ont entendue par le bruit des canons. Il disoit qu'il n'étoit revenu per-

(1) Anne de Noailles, premier duc de ce nom.

sonne ; mais que c'étoit une marque du gain de la bataille, puisqu'il n'y avoit point eu de fuyards sur la frontière, et qu'apparemment ils devoient avoir été occupés à poursuivre et à dépouiller les ennemis. Cette nouvelle arriva le matin à huit heures ; elle fut agréablement reçue du cardinal. Il envoya le maréchal de Villeroy éveiller la Reine pour la lui apprendre : et quoiqu'elle n'en fût pas tout-à-fait certaine, elle ne laissa pas de lui donner un grand plaisir ; et même elle ne douta pas qu'elle ne fût véritable, parce qu'elle la voyoit nécessaire. On savoit déjà que M. le prince, ayant appris que les ennemis marchoient devers Lens, avoit envoyé tout le bagage de l'armée dans Arras et les autres villes frontières, avec une ferme résolution de donner bataille. Il croyoit, avec raison, qu'une célèbre victoire seroit une parfaite réparation de la langueur de sa campagne, et du mauvais état des affaires du Roi ; et il ne doutoit pas qu'il ne battît les ennemis, s'il pouvoit venir aux mains avec eux. Son cœur, amoureux de la gloire et ennemi de la crainte, le forçoit, par ses sentimens héroïques, à se croire invincible, particulièrement quand son roi avoit besoin qu'il le fût. L'audace des Espagnols étoit telle alors, qu'ils avoient fait mettre dans les gazettes d'Anvers, par dérision, qu'ils étoient résolus de faire jeter des monitoires pour savoir ce qu'étoit devenue l'armée de France ; qu'ils l'avoient cherchée partout où elle devoit être, sans l'avoir jamais pu trouver. Mais à leur dommage elle se fit voir et sentir à eux par un combat (1) le plus sanglant et le plus opiniâtre qui se fût donné depuis long-temps. La Reine passa toute cette journée dans l'impatience de savoir ce qui étoit arrivé ; et le soir à minuit, comme elle se déshabilloit pour se mettre au lit, arriva le comte de Châtillon, que M. le prince avoit fait partir aussitôt après la bataille. L'on sut ensuite que ce noble courrier y avoit fait des merveilles dignes de lui et de sa race. Il assura la Reine de son bonheur, et lui apprit que tout ce qu'elle auroit pu désirer sur ce sujet étoit arrivé ; que la victoire étoit demeurée aux Français, après l'avoir disputée aux ennemis aux dépens de leur vie et de leur sang, avec la prise du canon des ennemis ; que le général Bec et son fils étoient prisonniers, le prince de Ligne, le comte de Saint-Amour, général de l'artillerie, trois mille morts sur la place, et cinq mille prisonniers, sans un nombre incroyable de blessés.

Cette bataille avoit été désirée des deux partis. L'archiduc avoit eu ordre du roi d'Espagne de la donner à quelque prix que ce fût, croyant avec raison que s'il la gagnoit, la France, vu l'é-

(1) La bataille de Lens, livrée le 20 août 1648.

tat où elle étoit, seroit devenue la proie de son ambition. Et pour cet effet l'archiduc avoit envoyé son bagage se reposer dans les villes de Flandre, comme de son côté M. le prince en avoit fait autant ; et ces deux grands princes avoient chacun le même dessein, qui étoit de combattre à outrance. Aussi tous deux y firent-ils de grandes choses.

●●●●●●●●●●

TROISIÈME PARTIE.

Le prince de Condé, à son ordinaire, se trouva partout ; et le comte de Châtillon conta à la Reine que, pour toute harangue, il avoit dit à ses soldats : « Mes amis, ayez bon cou-
« rage. Il faut nécessairement combattre aujour-
« d'hui : il sera inutile de reculer ; car je vous
« promets que, vaillans et poltrons, tous com-
« battront, les uns de bonne volonté, et les au-
« tres par force. » Le soir précédent, il donna cet ordre à toute son armée, de se regarder marcher, afin que la cavalerie et l'infanterie fût sur une même ligne, et pût bien observer ses distances et ses intervalles ; de n'aller à la charge qu'au pas, et de laisser tirer les ennemis les premiers.

D'un autre côté, l'archiduc (2) fut vu ce jour-là dans tous les rangs, toujours des premiers au combat, n'épargnant non plus sa personne que celle d'un des plus simples soldats de son armée. Dans le récit qui en fut fait à la Reine par le comte de Châtillon, que j'entendis et que je remarquai, on vit qu'elle eut de la joie d'écouter les louanges qu'il donna à ce prince son parent ; et, par les questions qu'elle faisoit sur ce sujet, nous nous aperçûmes aisément qu'elle prenoit intérêt à sa gloire, pourvu qu'elle fût accompagnée de sa défaite.

Le prince de Condé eut sujet d'être content de cette journée, puisqu'il y répondit si vigoureusement aux monitoires des Espagnols, qu'il les contraignit d'avouer que les Français sont de braves gens. Le comte de Brancas, fils du duc de Villars, avant la bataille fut commandé par M. le prince de se tenir en certain poste. Avec peu de troupes, il y soutint les attaques des ennemis, qui le voulurent pousser avec un plus grand nombre que celui qu'il commandoit. Après avoir combattu vaillamment, reçu plusieurs blessures, et été fait prisonnier, les ennemis, sur quelque querelle qui s'émut entre eux pour savoir à qui il appartenoit, le voulurent tuer plusieurs fois, et le maltraitèrent comme il ar-

(2) Léopold-Guillaume, frère de l'empereur Ferdinand III.

rive souvent de l'être aux personnes de qualité, pendant que le malheur de la guerre les laisse entre les mains des soldats. Ce fut lui-même qui, à son retour de l'armée, me conta toutes ces particularités. La Moussaye, favori du prince de Condé, y fut aussi fait prisonnier. Le marquis de Villequier, le seul de tous les capitaines des gardes qui fût aux bonnes grâces de la Reine, parce que son absence l'avoit sauvé de cette mauvaise aventure, se voyant prisonnier dès le commencement de la mêlée, s'avisa de dire à ceux qui l'avoient pris qu'il étoit blessé, et qu'il leur donneroit deux cents pistoles s'ils vouloient le mener à Lens, qui étoit tout proche. Comme les ennemis étoient encore dans la créance qu'ils gagneroient la bataille, ils n'en firent pas de difficulté. Le marquis de Villequier ne douta point de son côté que M. le prince ne demeurât victorieux ; que l'étant, il ne manqueroit pas de venir sur Lens, et que, reprenant cette place, il le sauveroit : ce qui arriva comme il l'avoit pensé ; car, la bataille donnée, M. le prince envoya aussitôt des troupes se saisir de la ville, et Villequier fit lui-même la capitulation, et devint le maître de ceux qui deux heures auparavant étoient les siens. Notre armée n'étoit que de quatorze mille hommes, et celle des ennemis de seize ou dix-sept. Le prince de Condé demanda dès lors le bâton de maréchal de France pour le comte de Châtillon : mais on le refusa, à cause de la quantité des prétendans qui embarrassoient le ministre, dont étoient La Ferté-Seneterre, Villequier qui étoit déjà chevalier de l'ordre, et La Ferté-Imbault, qui étoit attaché au service du duc d'Orléans, oncle du Roi.

Le Roi, sachant qu'il avoit gagné une bataille, s'écria tout haut et avec une grande exclamation que le parlement seroit bien fâché de cette nouvelle. Il étoit si accoutumé à entendre parler de ceux de ce corps comme de ses ennemis, qu'il en fit aussitôt ce jugement. Leur procédé différent de leurs intentions, que je veux croire plus innocentes en effet qu'en apparence, méritoit que le Roi les traitât d'infidèles, puisqu'ils mettoient la France en état que si cette bataille se fût perdue, la monarchie eût pu voir sa fin par des causes qui dans leur commencement avoient paru de peu de conséquence.

Après les premiers sentimens que cette victoire causa dans l'ame de la Reine, sa raison et son bon naturel lui firent souhaiter la paix, et la politique joua son jeu ordinaire. Elle savoit que son ministre étoit blâmé de ne la point faire : c'est pourquoi elle affecta soigneusement de dire devant toute la cour qu'après cette bataille elle espéroit que l'Espagne la souhaiteroit, et que cela étant, elle la croyoit indubitable, aussi bien que celle de l'Empire, qui étoit presque faite.

Le parlement, pendant ce temps de joie, donna un arrêt contre quelques partisans qui s'étoient trop enrichis sous d'Emery : on décréta contre eux, et par conséquent on les exposa à la haine publique, et à ce qui arrive souvent en de telles occasions. Ces sortes de gens sont avec quelque justice en horreur aux gens de bien : la vertu et la probité leur font toujours la guerre, et ils ont sujet de craindre davantage l'emportement de ceux qui agissent sans raison. On crut quelques jours que leurs maisons seroient pillées ; mais enfin ils échappèrent à cette fâcheuse aventure par un bonheur extraordinaire.

La Reine voulant faire chanter le *Te Deum* à Notre-Dame, pour rendre grâces à Dieu de la bataille gagnée, et y faire porter plusieurs drapeaux conquis sur les ennemis, voulut aussi se servir de ce jour de triomphe pour apporter quelque remède aux révoltes du parlement, et le punir de sa dernière désobéissance qui, après tant de grâces accordées et tant de commandemens réitérés, avoit paru aux yeux de tout le monde cacher une audace criminelle sous l'apparence d'une fausse fidélité. Pour cet effet, bien d'accord avec le duc d'Orléans et son ministre, elle commanda à Comminges, lieutenant de ses gardes, d'aller prendre le président de Blancmesnil, le président Charton, et surtout un nommé Broussel, conseiller de la grand'chambre, qui avoit toujours levé l'étendard contre le Roi, et avoit ouvert tous les avis qui alloient à la destruction de l'autorité royale, et s'étoit érigé en tribun du peuple, en montrant dans toutes ces occasions l'esprit d'un homme né dans une république, en affectant de paroître avoir les sentimens d'un véritable Romain. Ce jour fut choisi pour cet effet de l'avis du cardinal, à cause que la cérémonie du *Te Deum* donnoit lieu de mettre le régiment des Gardes sous les armes, et qu'il est d'ordinaire rangé sur le chemin du Roi, et aux environs de Notre-Dame où logeoit Broussel. Et comme il y avoit sujet d'appréhender que le peuple ne s'émût pour sa défense, on voulut avoir de quoi se défendre contre cette canaille, qui ne devoit pas apparemment trouver des forces suffisantes pour résister au nom du Roi, et au bruit glorieux du favorable succès de cette victoire.

La Reine ayant donné ses ordres à Comminges, il donna les siens pour l'exécution de l'entreprise qui lui étoit confiée. Il envoya deux de ses exempts, ainsi qu'il me le conta lui-même fort exactement, l'un au président de Blancmesnil, l'autre au président Charton, et se réserva l'exécution la plus périlleuse, qui étoit celle de prendre

Broussel, l'ami du peuple et son protecteur. La Reine, après le *Te Deum*, et après avoir recommandé cette affaire au souverain des souverains, comme une rigueur forcée et nécessaire au repos public, en sortant de l'église dit tout bas à Comminges : « Allez, et Dieu veuille vous assister : » bien contente elle-même, à ce qu'elle nous conta depuis, de pouvoir espérer que bientôt elle seroit vengée de ceux qui avoient méprisé son autorité et celle du Roi son fils. Le Tellier, secrétaire d'Etat, dit aussi à Comminges dans ce même temps qu'il pouvoit aller, et que tout étoit prêt, voulant lui dire par là qu'ils étoient tous trois en leur logis. Comminges demeura donc à Notre-Dame avec quelques gardes, attendant qu'un ordre qu'il avoit donné pour cette affaire eût eu son effet. Comme c'est l'ordinaire aux officiers des gardes du corps de ne quitter jamais la personne des rois, on donna aussitôt avis à quelques-uns du parlement qui étoient restés dans l'église, que le lieutenant des gardes de la Reine y étoit : ce qui sembloit menacer la liberté de quelques particuliers de leurs compagnies. A cet avis chacun d'eux prit la fuite ; et, à leur gré, l'église n'avoit pas assez de portes pour les laisser sortir au plus tôt. Le peuple qui étoit répandu aux environs de ce lieu, et qui étoit venu pour voir passer le Roi, entendant ce murmure, se mit par troupes, et commença à écouter et regarder ce que cela vouloit dire. Comminges avoit envoyé son carrosse, avec quatre de ses gardes et un exempt, au bout de la rue de Broussel, qui étoit étroite et petite, avec commandement à l'exempt, aussitôt qu'il le verroit paroître à pied auprès de sa maison, d'aborder la porte avec le carrosse, les portières abattues et les mantelets levés : ce qu'il ordonna, à ce qu'il me dit, afin de n'être pas attaqué dans son carrosse avec son prisonnier, sans qu'il le pût voir et y donner ordre. Il vint donc à pied, et frappa à la porte. Un petit laquais lui ayant ouvert sans différer, il se saisit de l'entrée, et, y laissant deux gardes, monta aussitôt avec deux autres dans l'appartement de Broussel. Il le trouva sur la fin de son dîné, et sa famille autour de lui. Comminges lui dit qu'il lui apportoit un ordre du Roi pour se saisir de sa personne ; mais que s'il vouloit s'épargner la peine de lire la lettre de cachet qu'il lui montra, il n'avoit qu'à le suivre et obéir. Cet homme, âgé de soixante et tant d'années, malgré le courage qu'il avoit témoigné dans le parlement, se troubla entendant nommer le Roi de cette sorte, et témoigna que cette visite lui déplaisoit fort. Il lui répondit qu'il n'étoit pas en état d'obéir, qu'il avoit pris médecine, et qu'il demandoit du temps. Une vieille femme du logis se mit à crier aux voisins qu'on vouloit emmener son maître, et leur demanda du secours, disant avec mille injures à Comminges qu'il ne seroit pas obéi, qu'elle l'empêcheroit bien de faire du mal à son maître. Au bruit de cette femme, le peuple s'assembla dans cette petite rue : les premiers qui accoururent en amenèrent d'autres, et en un moment elle fut pleine de canaille. Comme ils virent ce carrosse plein d'armes et d'hommes, ils se mirent tous à crier qu'on vouloit emmener leur libérateur. Il y en eut qui voulurent couper les rênes des chevaux, et qui parlèrent de rompre le carrosse ; mais les gardes et un petit page de Comminges le défendirent vaillamment, et s'opposèrent à leur dessein, menaçant de tuer ceux qui voudroient l'entreprendre. Comminges, qui entendit la rumeur du peuple et de la maison, et qui vit le désordre qui pouvoit arriver s'il tardoit davantage à exécuter son dessein, crut qu'il falloit se hâter ; et prenant Broussel par force, le menaça de le tuer s'il ne marchoit. Il l'arracha de sa maison et des embrassemens de sa famille, et le jeta dans son carrosse malgré qu'il en eût, ses gardes allant devant pour écarter le peuple qui le menaçoit et le vouloit attaquer. Sur ce bruit, les chaînes se tendent dans les rues, et au premier détour Comminges se trouva arrêté : si bien que pour s'échapper il fallut souvent faire tourner le carrosse, et donner à tout moment une espèce de bataille contre le peuple, dont la troupe grossissoit à mesure qu'il avançoit dans son chemin. A force d'aller, il arriva enfin vis-à-vis du logis du premier président sur le quai, où son carrosse versa et se rompit. Il étoit perdu, si dans ce même endroit il n'eût trouvé les soldats du régiment des Gardes qui étoient encore en haie, et qui avoient ordre de lui prêter main forte. Il s'étoit élancé hors de son carrosse versé ; et se voyant environné d'ennemis qui le vouloient déchirer, n'ayant que trois ou quatre de ses gardes qui n'étoient pas capables de le sauver de ce péril, il s'écria : *Aux armes, compagnons ! à mon secours !* Les soldats, toujours fidèles au Roi dans tous les temps de cette régence, l'environnèrent, et lui donnèrent toute l'assistance qu'il leur fut possible. Le peuple l'environnoit aussi avec des intentions bien contraires ; et il se forma un combat de main et d'injures seulement, qui n'étoit pas moins périlleux à l'Etat que les plus grands qui se sont jamais donnés avec le fer et le feu. Comminges demeura dans cet état assez long-temps, jusqu'à ce qu'un de ses gardes lui eût amené un autre carrosse qu'il prit à des passans, dont par menaces il avoit fait sortir quelques femmes, et dont le cocher, malgré leur résistance, fut contraint de servir en cette occasion. Comminges le prit, et laissa le sien sur la place, que le peuple, de rage et de dépit, rompit en mille morceaux. Celui qui le menoit par force se rompit tout de nouveau à la rue Saint-Honoré ; et ces accidens servirent à faire savoir cette action à toute la ville de Paris, et à émouvoir la compassion d'une infinité de gens qui fomentèrent ensuite la sédition. Enfin il arriva un autre carrosse, que Guitaut, oncle de Comminges et capitaine des gardes de la Reine, envoyoit au devant de lui, prévoyant que peut-être il en auroit besoin. Celui-là lui arriva fort à propos : il se jeta dedans, et son prisonnier avec lui, et gagna un relais qui l'attendoit proche des Tuileries, où logeoit alors Mademoiselle. Ce relais le mena au château de Madrid, et de là à Saint-Germain, selon l'ordre qu'il en avoit de la Reine. Elle avoit dessein de le faire conduire de ce lieu par un exempt en celui où l'on avoit résolu de l'envoyer, qui, à ce que je crois, étoit Sedan.

Quand les Parisiens eurent perdu de vue leur Broussel, les voilà tous comme des forcenés, criant par les rues qu'ils sont perdus, qu'ils veulent qu'on leur rende leur protecteur, et qu'ils mourront tous de bon cœur pour sa querelle. Ils s'assemblent, ils tendent toutes les chaînes des rues, et en peu d'heures ils mirent des barricades dans tous les quartiers de la ville. La Reine, avertie de ce désordre, envoie le maréchal de La Meilleraye par les rues, pour apaiser le peuple et lui parler de son devoir. Le coadjuteur de Paris, qui par une ambition démesurée avoit des inclinations bien éloignées de vouloir travailler à remédier à ce mal, y fut envoyé aussi ; mais voulant cacher cette pente qu'il avoit à souhaiter quelque nouveauté, il sortit à pied avec son camail et son rochet; et, se mêlant parmi la foule, prêche le peuple, leur crie la paix, et leur remontre l'obéissance qu'ils devoient au Roi, avec toutes les marques d'une affection à son service tout-à-fait désintéressées. Peut-être même qu'il agissoit de bonne foi en cette rencontre ; car, comme son désir étoit seulement d'avoir part aux grandes affaires par quelque voie que ce pût être, si par celle-ci il eût pu entrer dans les bonnes grâces de la Reine, et se rendre nécessaire à l'État, son ambition étant satisfaite, il n'en auroit pas pris une autre. Le peuple, à toutes les paroles qu'il leur dit, répondit avec respect pour sa personne, mais avec audace et emportement contre ce qu'ils devoient au nom du Roi, demandant toujours leur protecteur, avec protestation de ne s'apaiser jamais qu'on ne le leur rende; et, sans trop considérer ce qu'ils devoient au grand maître le maréchal de La Meilleraye, ils lui jetèrent des pierres, le chargèrent de mille injures, et, en le menaçant, firent des imprécations horribles contre la Reine et contre son ministre. Ils lâchèrent contre lui des insolences qui eussent mérité le gibet si le Roi eût été le maître, et si la Reine, par une vengeance particulière, eût été capable de faire mourir quelqu'un. Ces deux hommes revinrent au Palais-Royal consulter ce qui se devoit faire dans cette occasion, où les paroles paroissoient un remède trop foible pour un si grand mal ; mais comme on jugea qu'il ne falloit point encore, dans cette première chaleur, aigrir davantage le peuple, il fut conclu qu'ils retourneroient s'exposer aux coups de pierres et aux injures. Ils le firent de bonne grâce, quoique le maréchal de la Meilleraye eût les gouttes et ne pût marcher sans l'aide d'un bâton, et que le coadjuteur eût une santé assez foible. On y envoya aussi des soldats, pour voir si les armes ne feroient point de peur à cette furieuse troupe ; mais après que quelques coups les eurent un peu écartés, leur colère augmenta davantage, et leur rage en devint plus forte. Cette médecine, qu'on ne leur donna que par force, et pour essayer si les apparences seroient utiles à leur guérison, n'ayant pas eu d'effet, on cessa de la pratiquer, et on crut que le mieux étoit de ne rien faire d'extraordinaire, de peur de faire connoître aux Parisiens le danger où leur folie exposoit la France. On passa toute cette journée dans l'espérance que ce tumulte pourroit s'apaiser, mais avec beaucoup de crainte qu'il ne s'augmentât. On tint conseil au Palais-Royal à l'ordinaire, et nous y demeurâmes paisiblement, riant et causant, selon notre coutume, de mille fariboles ; car, outre qu'en telles occasions personne ne veut dire ce qu'il pense et veut pas paroître avoir peur, nul aussi ne veut être le premier à pronostiquer le mal. Plusieurs personnes en effet vinrent trouver la Reine, qui, légèrement et sur de fausses apparences, lui dirent que ce n'étoit rien, et que toutes choses s'apaisoient. Les rois se flattent aisément : notre Régente étoit de même, qui, étant née avec un courage intrépide, se moquoit des émotions populaires, et ne pouvoit croire qu'elles pussent causer de mal considérable. Sur le soir, le coadjuteur revint trouver la Reine de la part du peuple, forcé de prendre cette commission pour lui demander encore une fois leur prisonnier, résolus, à ce qu'ils disoient, si on le leur refusoit, de le ravoir par force. Comme le cœur de la Reine n'étoit pas susceptible de foiblesse, qu'il paroissoit en elle un courage qui auroit pu faire honte aux plus vaillans, et que d'ailleurs le cardinal ne trouvoit pas son avantage à être toujours battu, elle se moqua de cette harangue, et le coadjuteur s'en retourna sans réponse. Un de ses amis et un peu des miens (1), qui, peut-être aussi bien que lui, n'étoit pas dans son ame au désespoir des mauvaises aventures de la cour, et qui ne l'avoit pas quittée de toute la journée, me dit à l'oreille que tout étoit perdu ; qu'on ne s'amusât point à croire que ce n'étoit rien ; que tout étoit à craindre de l'insolence du peuple ; que déjà les rues étoient pleines de voix qui crioient contre la Reine, et qu'il ne croyoit pas que cela se pût apaiser aisément.

La nuit qui survint là-dessus les sépara tous, et confirma la Reine dans sa créance que l'aventure du jour n'étoit nullement à craindre. Elle tourna la chose en raillerie, et me demanda au sortir du conseil, comme elle vint se déshabiller, si je n'avois pas eu grand' peur. Cette princesse me faisoit une continuelle guerre de ma poltronnerie : si bien qu'elle me fit l'honneur de me dire gaiement qu'à midi, peu après son retour du *Te Deum*, quand on lui étoit venu dire le bruit que le peuple commençoit à faire, elle avoit aussitôt pensé à moi et à la frayeur que j'aurois au moment que j'entendrois cette nouvelle si terrible, et ces grands mots de *chaînes tendues* et de *barricades*. Elle avoit bien deviné, car j'avois pensé mourir d'étonnement quand on me vint dire que Paris étoit en armes : ne croyant pas que jamais dans ce Paris, le séjour des délices et des douceurs, on pût voir la guerre ni des barricades, que dans l'histoire et la vie d'Henri III. Enfin cette plaisanterie dura tout le soir ; et comme j'étois la moins vaillante de la compagnie, toute la honte de cette journée tomba sur moi. Je me moquai en moi-même, non-seulement de ma frayeur, mais encore des avis que, deux heures auparavant, Laigues m'avoit donnés si charitablement. Ce ne fut pas sans admirer comme les choses sont prises diversement, selon les différentes passions des hommes. Ce même jour, le premier président étoit venu au bruit des exilés trouver la Reine, pour lui demander ses confrères ; mais elle l'avoit renvoyé sans réponse. Le peuple, qui le soupçonnoit d'être d'accord avec la cour, alla chez lui ; des coquins remplis de rage crièrent contre lui qu'il étoit un traître, et qu'il avoit vendu sa compagnie : si bien qu'il fut contraint, pour les apaiser, de sortir à pied dans les rues, et se présenter à ces mutins pour se justifier à eux. Sans cette fermeté, ils eussent été peut-être plus loin dans leur insolence. Sa douceur calma leur furie, et ils reçurent ses justifications à condition qu'il retourne-

(1) Laigues.

roit demander Broussel : ce qu'il fit avec aussi peu de succès que la première fois.

Le lendemain, selon qu'il avoit été résolu au conseil le jour précédent, le chancelier (2) eut ordre d'aller au Palais pour y présider, pour calmer les esprits, et empêcher les désordres qui pourroient arriver sur le prétexte de cette affaire (3). La sédition avoit donné de la terreur à tout le monde, et les amis du chancelier lui dirent que cette occasion leur paroissoit infiniment périlleuse pour lui. Il vit des mêmes yeux que les autres le danger où il s'exposoit ; mais cette ame, trop attachée à la faveur, ne le fut point à l'amour de la vie : il préféra à cette crainte l'avantage de faire une action qui fût au-dessus du commun ; et comme la Reine même l'avoit jugée nécessaire, il voulut y aller sans montrer aucune marque de foiblesse. Il partit à cinq heures du matin, et s'en alla au Palais, ou, pour mieux dire, il partit de sa maison dans ce dessein. L'évêque de Meaux son frère voulut aller avec lui, et la duchesse de Sully sa fille, belle, jeune et courageuse, se jeta dans son carrosse, quoi qu'il pût faire pour l'empêcher de s'y mettre. Comme il fut sur le Pont-Neuf, trois ou quatre grands pendards abordèrent son carrosse, et lui demandèrent insolemment qu'il leur rendît leur prisonnier, lui disant que s'il ne le faisoit, ils le tueroient à l'heure même. Ces désespérés ayant commencé le bruit, il en arriva d'autres qui l'environnèrent, et qui le menacèrent de la même chose. Lui, ne sachant comment faire pour s'échapper doucement de cette canaille, commanda à son cocher de passer outre, et d'aller devers les Augustins, où étoit la maison du duc de Luynes (4) son ami, pour y entrer en cas qu'il y fût contraint par la multitude, ou pour s'acheminer plus sûrement, par le pont Notre-Dame, au Palais ; car il crut que les bons bourgeois ne le laisseroient pas au pillage de ces mutins. Etant arrivé auprès des Augustins, ce peuple commença de s'écarter : de sorte qu'il prit résolution de s'en aller de là à pied au Palais, et de mettre son carrosse chez le duc de Luynes ; mais il n'eut pas fait trois pas, qu'un grand maraud vêtu de gris commença à crier tout de nouveau contre lui : « Aux armes, aux armes ! Tuons-le, et ven-« geons-nous sur lui de tous les maux que nous « souffrons. » A ceci le tumulte s'échauffe et s'augmente, et le chancelier fut contraint de se jeter dans l'hôtel de Luynes, pour s'y sauver

(2) Seguier.
(3) On a cru aussi qu'il alloit interdire le parlement ; mais je n'en ai rien su de certain. Il ne me parut alors aucune marque de ce dessein, et je ne l'ai entendu dire que long-temps après.
(4) Charles d'Albret ; peu après il devint frondeur.

tout de bon. Guère de gens n'étoient encore éveillés dans cette maison; il fut reçu seulement d'une bonne vieille femme, qui, voyant un chancelier de France lui demander du secours, le prit par la main et le mena dans un petit cabinet fait d'ais de sapin, qui étoit au bout d'une salle. Il n'y fut pas plutôt entré, lui et sa troupe, que voici cette canaille qui vint, avec des cris effroyables, demander où il étoit, et dirent, avec mille sermens, qu'ils le vouloient avoir. Les uns disoient : « Ce sera prisonnier pour prison« nier; et nous en ferons un échange avec notre cher protecteur. » Les autres, plus méchans, disoient qu'il falloit démembrer et mettre par quartiers, afin d'en mettre les morceaux par les places publiques, et montrer leur ressentiment par leur vengeance. Ils allèrent enfin le chercher jusqu'à ce petit cabinet; et comme ils virent le lieu assez abandonné, ils se contentèrent seulement de donner quelques coups contre les ais, et d'écouter s'ils n'entendoient point de bruit; puis allèrent ailleurs le chercher. Il est à croire que ce ministre, dans le temps qu'ils étoient à sa porte, n'étoit pas à son aise, et qu'il sentit qu'il étoit homme. Il se confessa dans ce cabinet à son frère l'évêque de Meaux, et se prépara toutà-fait à la mort. Il avoit envoyé au Palais-Royal demander du secours, et dès qu'on sut le péril où il étoit, on envoya commander aux gendarmes et aux chevau-légers d'y aller. Le maréchal de La Meilleraye s'achemina pour l'aller querir avec deux compagnies de Suisses; et cet illustre prisonnier fut tiré de ce péril par la venue du grand-maître. Il le fit prendre sous les bras pour l'amener à pied au Palais-Royal; car dans cet embarras on ne put trouver son carrosse, et toutes choses étoient bonnes, hormis d'être exposé à la furie du peuple.

Le lieutenant civil vint aussi donner de l'aide au chancelier; et, le rencontrant en chemin, il le mit dans son carrosse, avec sa fille la duchesse de Sully et l'évêque de Meaux. Comme ils passèrent devant la place Dauphine, au milieu du Pont-Neuf, le peuple, qui étoit en colère d'avoir perdu sa proie, fit une décharge sur eux, dont il y eut quelques soldats de tués de ceux qui environnoient leur carrosse. La duchesse de Sully reçut un coup de mousquet au bras, d'une balle qui avoit déjà perdu sa force, car ils tirèrent de loin : par conséquent elle ne la blessa que par une grande contusion. Un exempt du Roi, celui qui est toujours à la suite du chancelier, fut tué par cette canaille, de même qu'un des gardes qui l'accompagnent. Ils arrivèrent chez le Roi assez alarmés de cette aventure, et le chancelier y demeura quelques jours, n'osant pas retourner chez lui, de peur que la populace animée ne fît dessein d'aller piller sa maison. A son retour, l'ayant été voir dans sa chambre, il me représenta lui-même l'état où il avoit dans cet instant il avoit été; et comme je lui demandai s'il avoit trouvé l'image de la mort fort horrible, il me dit qu'il avoit souffert ce que selon l'humanité on ne se peut exempter de sentir; mais que Dieu lui avoit fait beaucoup de grâces, l'ayant entièrement occupé du soin de son salut, et de lui demander pardon de ses péchés.

Voilà comme se passa le matin de la seconde journée, qui ne fut pas meilleure que la première. Au réveil de la Reine, sur les neuf heures du matin, on lui apprit cette nouvelle. Elle en fut fâchée infiniment, non-seulement par la pitié qu'elle eut d'une personne de cette qualité qui pour son service avoit été deux heures entre les mains de mille coquins dignes de la corde, mais encore par la blessure que son autorité recevoit de ce coup, qui devoit être d'une dangereuse conséquence à l'État, et avoir de mauvais effets par le bruit qu'elle feroit chez les étrangers. Elle connut qu'ils reprendroient de grandes forces sur cette nouvelle, et qu'un chancelier de France, sans respect dans Paris, que le peuple avoit voulu tuer dans les rues, son Roi présent, étoit une marque certaine que la puissance du prince étoit anéantie, et l'amour des sujets envers leur souverain apparemment éteint en eux.

Après que la Reine eut essuyé ce chagrin, dont la cause lui faisoit voir, malgré sa fermeté à ne s'ébranler de rien, qu'elle devoit tout craindre, il fallut qu'elle se levât pour recevoir le parlement, qui la vint trouver en corps à pied, pour lui demander le prisonnier. Elle leur parla vigoureusement, de bon sens et sans s'émouvoir, car en cette occasion elle agissoit selon ses propres sentimens et d'elle-même. Entre beaucoup de choses qu'elle leur dit, ces mots me restèrent dans la mémoire, qui me parurent dignes d'être remarqués : Que cela étoit étrange et bien honteux pour eux d'avoir vu, du temps de la feue Reine sa belle-mère, M. le prince en prison à la Bastille, sans en avoir montré aucun ressentiment; et que, pour Broussel, eux et le peuple fissent tant de choses; que la postérité regarderoit avec horreur la cause de tant de désordres, et que le Roi son fils auroit un jour sujet de se plaindre de leur procédé, et de les en punir. Le premier président lui répondit peu de chose; et le président de Mesmes, l'interrompant, prit aussi la parole, et lui dit : « Oserai-je, madame, vous « dire qu'en l'état où sont les peuples il ne faut « penser qu'au remède, et que Votre Majesté « doit, ce me semble, éviter la douleur de rendre

« ce prisonnier par force, en nous le redonnant « de sa propre volonté et de bonne grâce. » La Reine lui répliqua qu'il étoit impossible de faire ce tort à l'autorité royale, et laisser impuni un homme qui l'avoit attaquée avec tant d'insolence; qu'ils devoient bien voir par la douceur de sa régence quelles étoient ses intentions, et qu'en son particulier elle étoit toute disposée à lui pardonner; mais qu'ils savoient bien qu'il y avoit une certaine sévérité à quoi les rois étoient obligés, pour contenir les peuples dans quelque crainte.

Après ces sortes de disputes elle les quitta, et le premier président, courant après elle, la conjura tout de nouveau de bien penser à ce qu'elle faisoit. A quoi la Reine, instruite en cet endroit par son ministre, comme elle l'avoua depuis, leur repartit que, de leur côté, ils fissent ce qu'ils devoient; qu'ils témoignassent à l'avenir plus de respect aux volontés du Roi; et que de sa part, cela étant, elle leur feroit toutes les grâces qu'ils pourroient justement prétendre d'elle. Le chancelier, qui étoit présent, leur expliquant ce que cette réponse vouloit dire, leur fit entendre que s'ils promettoient de ne plus opiner sur la déclaration, et cesser absolument de s'assembler sur les affaires d'État, elle leur redonneroit leurs prisonniers, puisque la seule raison qui avoit obligé la Reine à faire ce qu'elle avoit fait avoit été leur révolte, et la censure qu'ils faisoient tous les jours sur cette déclaration qui les combloit de grâces, et qui leur marquoit assez la bonté de Sa Majesté et la douceur de son ministre. Sur cette proposition, toute la compagnie se résolut de s'en retourner au Palais s'assembler là-dessus, pour savoir ce qu'ils avoient à répondre. Ils sortirent de chez la Reine dans le même ordre qu'ils étoient venus : et comme ils arrivèrent dans la rue Saint-Honoré, aux premières barricades qu'ils rencontrèrent, ils furent arrêtés par le peuple qui les environna, criant et demandant Broussel. Plusieurs s'approchèrent du premier président, et, lui présentant le pistolet à la gorge, lui dirent mille injures, et le menacèrent que s'il ne leur faisoit rendre M. de Broussel, ils le tueroient. Ils montrèrent en effet assez de désir de le maltraiter; mais il se sauva par sa fermeté et sa constance, les assurant qu'il venoit d'y travailler de toute sa force; et, sur ces paroles, ils lui donnèrent la vie, à condition qu'il s'en retourneroit à l'heure même trouver la Reine, lui signifiant que s'il ne l'obtenoit, ils le mettroient en mille morceaux.

Toute cette compagnie revint donc sur ses pas, bien étonnée de voir que la furie du peuple s'étendoit jusque sur eux. Ils se reconnoissoient la cause de ces désordres, et n'y auroient pu remédier s'ils avoient voulu l'entreprendre; car quand le peuple se mêle d'ordonner, il n'y a plus de maître, et chacun en son particulier le veut être. Cette célèbre république de Rome, qui s'étoit rendue maîtresse du monde presque tout entier, a su par expérience combien il est dangereux de lui donner part au gouvernement; et ces illustres conquérans, dont chaque citoyen s'estimoit plus qu'un roi, ont sans doute senti, par cette noble illusion de l'amour de la liberté, combien la furie populaire est une chose dure, cruelle et fâcheuse.

La France, qui est accoutumée à cette belle et honorable servitude de nos souverains, regardoit la puissance que le peuple vouloit prendre dans Paris comme une grande maladie de l'État, et le parlement même en étoit surpris. J'entrai chez le Roi peu après le retour de ces longues robes au Palais-Royal, et je les vis passer, du grand cabinet de la Reine, par-dessus la terrasse qui sépare les deux corps de logis de cette maison, pour aller dans la grande galerie du Roi faire ce qu'ils avoient eu dessein de faire au Palais, c'est-à-dire chercher les moyens d'apporter quelque remède au mal présent. Ils n'avoient point mangé de tout le jour, et il étoit tard. Par pitié plutôt que par tendresse, la Reine eut le soin de leur faire porter du pain et du vin, avec quelques viandes qu'ils devoient, ce me semble, manger avec beaucoup de honte, voyant qu'ils étoient la cause de ces désordres, des inquiétudes de la Reine, de la prise de Broussel et de la révolte du peuple.

Après leur repas, le duc d'Orléans y alla pour y tenir sa place ordinaire. Le chancelier s'y trouva aussi pour y présider : ce qu'il fit avec une grande présence d'esprit, quoique ce fût avec les images de la mort et du péril qu'il venoit d'essuyer. Le cardinal y fut un moment pour les conjurer de penser tout de bon, et avec des intentions sincères, au remède des maux qui pouvoient naître de ces commencemens de révolte. Il avoit beaucoup d'esprit, et parloit assez bien notre langue : il l'écrivoit même d'une manière à se pouvoir faire admirer; mais comme il lui restoit l'accent de son pays, il n'avoit pas l'agrément du discours, ni la facilité de s'expliquer élégamment. Il leur dit seulement en cette occasion qu'il croyoit qu'ils avoient fort bonne intention; que la Reine l'avoit de même; que cela étant, il étoit facile de s'accommoder. Un de mes amis, qui étoit de cette compagnie, me dit qu'il avoit ensuite répété ce peu de mots beaucoup de fois et assez confusément; de sorte que sa petite harangue ne servit qu'à faire rire ceux qui ne pensoient guère sérieusement à ce qu'il conseilloit de faire avec assez de raison. Ce qui nous doit faire connoître que naturellement il y a de l'iniquité dans le cœur des hommes, et que la justice en est souvent bannie. Si cela n'étoit pas, ils estimeroient les choses raisonnablement dites, par quelque bouche qu'elles le fussent.

Toute cette journée, malgré les barricades, il y eut beaucoup de monde chez la Reine, qui fut toujours au cercle avec la reine d'Angleterre et plusieurs princesses, attendant la résolution que prendroit le parlement. Le cardinal n'étoit pas sans inquiétude, et dans cette même attente il alla s'enfermer dans le petit cabinet de la Reine avec l'abbé de La Rivière, qui n'étoit pas si chagrin que lui; car il espéroit que l'abaissement du ministre serviroit à son élévation. Cette tristesse ne paroissoit point sur le visage du cardinal : au contraire, quand il se montroit au public, il témoignoit beaucoup de tranquillité; et, comme je l'ai remarqué ailleurs, il étoit plus humain et plus doux dans le malheur que dans la prospérité : il ne fuyoit pas ceux qui lui vouloient parler avec la même sécheresse que quand il étoit satisfait et content. Par cette raison, les gens de la cour lui souhaitoient toujours quelque mauvaise aventure afin de l'humilier, car il est naturel à l'homme de régler ses sentimens selon la mesure de ses intérêts; et le plus sage de tous ne l'est guère quand il désire quelque bien qu'on lui refuse avec des marques de mépris et de rudesse. Malgré la douceur du cardinal, il n'en avoit pas souvent dans son procédé ni même dans ses paroles : elles étoient quasi toujours sèches et fort différentes de ses promesses, qui ne produisoient jamais, ou rarement, de bons effets, s'il n'y étoit contraint par l'intrigue des prétendans : ils ont quasi toujours arraché ses bienfaits de sa foiblesse plutôt que de sa bonté.

Le parlement ayant achevé sa délibération, il vint trouver la Reine, qui les alla recevoir dans sa petite galerie, n'ayant nulles femmes auprès d'elle. Le premier président, au nom de sa compagnie, lui protesta de leur fidélité par un compliment assez court, et lui rendit compte de leur délibération, par laquelle ils promettoient de différer et surseoir toutes leurs délibérations jusques après la Saint-Martin, hormis sur les rentes et sur le tarif.

Cet arrêté n'étoit rien de bon. On voyoit sous cette promesse une véritable intention de recommencer tout de nouveau quand la Saint-Martin seroit passée, et qu'alors ils pourroient s'assembler à leur gré sur toutes matières; et néanmoins, en conséquence de ce délai, la Reine, forcée par l'état où se trouvoit Paris, leur accorda leur prisonnier, et leur donna dès cet instant une lettre de cachet pour le faire revenir avec les carrosses du Roi, qui furent commandés pour l'aller querir en diligence.

Cette grâce, extorquée et colorée seulement par une apparente et très-courte obéissance qui, à proprement parler, n'étoit qu'une victoire qu'ils emportoient sur la royauté, fit de la peine à la Reine, et en dut faire au cardinal. Elle causa même du chagrin dans l'ame des bons Français, dont le nombre étoit petit; car ceux qui composoient la cour l'avoient ulcérée par la haine, ou occupée du désir de voir changer la fortune du ministre : si bien qu'on peut dire que les malheurs de la Reine étoient grands, et que peu de personnes y prenoient part.

Voici donc le prisonnier Broussel que la Reine est contrainte de rendre : le parlement est victorieux, et lui et le peuple sont les maîtres. Les bourgeois avoient pris les armes par ordre du Roi, de peur que la canaille insolente ne devînt trop absolue : et les colonels des quartiers et compagnies de la ville faisoient leurs gardes avec tant d'ordre, qu'on peut dire que jamais désordre ne fut si bien ordonné, une sédition aussi grande et aussi impétueuse que celle-là devant vraisemblablement causer plus de mal qu'elle n'en causa. Mais les bourgeois, qui avoient pris les armes fort volontiers pour sauver la ville du pillage, n'étoient guère plus sages que le peuple, et demandoient Broussel d'aussi bon cœur que le crocheteur; car outre qu'ils étoient tous infectés de l'amour du bien public qu'ils estimoient être le leur en particulier, qu'ils aimoient trop ledit parlement, et qu'ils avoient tous de la haine contre le ministre, ils étoient remplis de joie de penser qu'ils étoient nécessaires à quelque chose. Ils croyoient avoir part au gouvernement puisqu'ils gardoient les portes de la ville, et chacun dans sa boutique raisonnoit sur les affaires d'Etat. Ils ne faisoient pas tant de bruit que les autres, mais ils demandoient Broussel gravement, et disoient qu'ils ne se désarmeroient point s'ils ne le voyoient de leurs yeux.

Après que le parlement eut eu son audience, toute cette compagnie sortit du Palais-Royal, et s'en retourna aussi triomphante que la Reine étoit humiliée. Le peuple et les bourgeois leur vinrent demander ce qu'ils avoient fait pour Broussel. Ils leur répondirent qu'ils avoient obtenu sa liberté; et un de ses neveux, qui étoit en leur compagnie, parut avec la lettre de cachet, et leur promit qu'il seroit à Paris le lendemain à huit heures du matin. Cette promesse leur donna quelque consolation et un peu de repos; mais, au moindre doute qu'ils avoient, ils recommençoient leurs imprécations; et, parmi

13.

leur colère, ce grand déchaînement qu'ils avoient contre la personne de la Reine et du ministre étoit une chose étonnante. Ils ne feignoient pas de dire que si on les trompoit, ils iroient saccager le Palais-Royal, chasseroient cet étranger; et ils crioient incessamment : *Vive le Roi tout seul, et M. de Broussel!*

La nuit fut assez fâcheuse; car en de telles rencontres on doit tout craindre. L'alarme fut grande au Palais-Royal : la Reine même, avec toute sa fermeté, eut de l'inquiétude; les bourgeois tiroient incessamment, et ils étoient si près de la maison du Roi que les sentinelles du régiment des Gardes et celles de la rue Saint-Honoré se regardoient de fort près. Les menaces qu'ils faisoient ne furent pas cachées au cardinal, et, malgré la gaieté qu'il avoit affectée en public, il ne laissa pas de se précautionner en homme qui avoit peur. Il ne se coucha point de toute la nuit, étant toujours botté et prêt de monter à cheval, en cas qu'il y eût été contraint par la rage et la folie du peuple. Il y avoit un corps-de-garde chez lui, un à sa porte, et dans son écurie un grand amas de mousquets, pour se défendre s'il eût été attaqué. Il fit tenir dans le bois de Boulogne quelque cavalerie pour l'escorter s'il étoit contraint de sortir; et ceux qui étoient attachés à lui ne le quittèrent point qu'il ne fût jour. Un Italien qui étoit à lui, qui avoit autant de poltronnerie que d'esprit, et qui avoit peu de tendresse pour son maître, me dit le lendemain, *che per tutto il regno di Francia non vorebbe aver da passare una cosi mala notte come quella ch'era passata.* (Que pour tout le royaume de France il ne voudroit pas passer une nuit pareille à celle qu'il avoit eue.)

Le lendemain les mutins, en attendant la venue de leur prisonnier, continuèrent leurs menaces, disant tout haut qu'ils vouloient envoyer querir le duc de Beaufort et le mettre à leur tête. Cette insolence s'augmenta quand on leur dit qu'on avoit vu de la cavalerie dans le bois de Boulogne. Ne pouvant deviner ce que c'étoit, ils s'imaginèrent qu'il y avoit dix mille hommes dans cette embuscade, et que c'étoit pour les châtier de leur révolte. Lorsqu'ils entendirent huit heures sonner, et que leur prisonnier n'étoit point encore venu, ce fut de si grands redoublemens de cris, et de si terribles menaces, que Paris dans cet instant étoit quelque chose d'effroyable. Enfin ce tribun du peuple étant arrivé à dix heures, les exclamations de joie furent infinies : les chaînes furent détendues, les barricades rompues pour le laisser passer; et jamais triomphe de roi, ou d'empereur romain, n'a été plus grand que celui de ce pauvre petit homme, qui n'avoit rien de recommandable que d'être entêté du bien public et de la haine des impôts : ce qui en effet étoit une chose louable si elle eût été réglée par une bonne et prudente conduite, et si sa vertu eût été tout-à-fait exempte de l'esprit de cabale; car je sais que pendant toute la guerre les esprits factieux, et qui n'agissoient que par des motifs d'intérêt, avoient de grandes liaisons et de grandes conférences avec lui. C'est pourquoi ses bonnes qualités n'étoient pas pures ni exemptes de corruption. Il fut mené à Notre-Dame, où le peuple voulut qu'on chantât un *Te Deum*; mais ce pauvre homme, honteux de tant de bruit, s'échappa de leurs mains, et, sortant par une petite porte de l'église, s'en alla chez lui, où beaucoup de gens de la cour le furent voir par curiosité.

Après le retour de Broussel, il sembloit que tout ce désordre devoit cesser; mais les bourgeois, sans avoir nulle soumission aux ordres et aux volontés du Roi, ne voulurent point quitter leurs armes, ni ôter leurs barricades que par l'ordre du parlement; et disoient tout haut qu'ils ne reconnoissoient point d'autres maîtres ni d'autres protecteurs. Ainsi le même matin, en présence de Broussel, qui de chez lui avoit été droit au parlement, cette compagnie, maîtresse de la vie du Roi et de la ville, donna un arrêt en ces termes :

« La cour cejourd'hui les chambres assemblées : ouï le prévôt des marchands de cette ville, sur les ordres qu'il avoit donnés en conséquence de l'émotion qui étoit arrivée le jour de devant-hier, hier et ce matin; ouï aussi le procureur général du Roi, a ordonné que toutes les chaînes tendues et barricades faites par les bourgeois seront détendues, démolies et ôtées; enjoint à eux de se retirer chacun chez soi, et s'appliquer à leurs vacations. Fait en parlement, le 28 août 1648. »

Ensuite de cet arrêt, tous obéirent si ponctuellement, que deux heures après on pouvoit aller par Paris comme dans les temps les plus paisibles; et toutes choses se calmèrent, de sorte qu'il sembloit que le passé eût été un songe. Mais comme il faut peu de sujet pour troubler les esprits d'une populace déjà émue, le malheur voulut qu'on fît apporter deux charrettes de poudre pour le régiment des Gardes, qui entrèrent par la porte Saint-Antoine. Cet objet frappa leur imagination de mille frayeurs, et fit croire aux bourgeois, comme à des criminels qui craignent le supplice, que la Reine avoit quelque dessein de les punir. Sur cela, ils coururent aux charrettes et les pillèrent, et crièrent tout de nouveau : *Aux armes!* Les magistrats de la ville y allèrent pour les apaiser, qui les assurèrent qu'ils n'avoient rien à craindre; mais ils ne les purent persuader. Le feu de ce nouvel accès de rebellion s'enflamma avec tant de promptitude, qu'en moins d'une demi-heure il communiqua sa chaleur jusqu'à l'autre bout de la ville; et Paris dans cet instant reprit la même face qu'il avoit eue le matin. Sur cet avis, la Reine tint conseil avec le duc d'Orléans, le ministre, le grand-maître, et tous les autres. On y résolut de renvoyer dans leurs quartiers toutes les gardes qui étoient devant la porte du Palais-Royal, afin d'ôter au public les soupçons qu'il pourroit avoir eus à la vue de ces charrettes; ce qui s'exécuta aussitôt. Les émotions populaires dans Paris, qui est plutôt un monde entier qu'une ville particulière, sont des torrens furieux qui s'épandent avec une si grande impétuosité, que si on les laissoit grossir, ils seroient capables de faire des ravages que la postérité par leurs terribles effets auroit peut-être de la peine à les croire. On manda enfin le prévôt des marchands, à qui la Reine dit qu'elle s'étonnoit de cette rumeur; que la poudre qui avoit épouvanté le peuple étoit seulement pour fournir le corps-de-garde de la maison du Roi, qui en manquoit; et que, pour marque qu'elle n'avoit pas de dessein qui pût inquiéter aucune sorte de personnes, elle avoit renvoyé toutes les compagnies des Gardes dans leurs quartiers, et l'assura qu'il n'étoit resté dans la place où étoit le corps-de-garde que la simple garde ordinaire. Elle lui commanda d'aller publier ces vérités dans les rues, afin de rassurer tout le monde. Il obéit aux ordres de la Reine, mais il ne fut pas écouté: la raison et la vérité ne sont pas de la connoissance de ces sortes de gens. Elles furent reçues avec des injures insolentes, et rebutées comme des ennemis contre qui ces furieux avoient naturellement de l'antipathie. Leur incrédulité s'augmenta par le souvenir de cette cavalerie dont ils avoient entendu parler le matin, qui avoit été en embuscade dans le bois de Boulogne; et de toutes ces chimères ils en faisoient une fable, où ils ajoutoient plus de foi qu'au récit de l'histoire. L'épouvante qu'ils se donnoient à eux-mêmes eut tant de force sur leur imagination, qu'il y en eut d'assez sots pour dire que la Reine de Suède (1) étoit aux portes de Paris pour secourir la Reine, parce qu'ils avoient ouï dire que cette princesse étoit une guerrière, et qu'ils savoient par ses derniers ambassadeurs qu'elle avoit contracté alliance avec la nôtre. A force de leur crier qu'ils n'avoient rien à craindre, il y eut quelques momens où il sembla que leur ardeur commençoit un peu à s'éteindre; et, sur les sept à huit heures du soir, on vint dire à la Reine que le peuple paroissoit vouloir se taire; ce qui l'obligea de songer à se mettre au lit. Elle avoit besoin de se reposer des fatigues et des cruelles inquiétudes qu'elle avoit senties, malgré sa tranquillité ordinaire. Elle étoit à peine assise à sa toilette pour se déshabiller, que le bruit de la rue Saint-Antoine, qui étoit répandu par Paris, recommença tout de nouveau dans la rue Saint-Honoré, avec beaucoup plus de frayeur pour la cour que celle du jour; car la nuit les choses paroissent plus fâcheuses, et donnent beaucoup plus d'inquiétudes. Il y avoit eu des gens assez méchans pour jeter des billets par les rues et dans les places publiques, qui conseilloient aux bourgeois de prendre les armes, et qui les avertissoient charitablement qu'il y avoit des troupes aux environs de Paris, avec avis certain que la Reine vouloit enlever le Roi, ensuite les faire saccager pour les punir de leurs révoltes.

L'alarme fut plus grande parmi le peuple, et le Palais-Royal en eut sa part. On vint dire à la Reine tout librement qu'elle n'étoit plus en sûreté dans cette maison, sans fossés ni sans gardes. On lui apprit qu'il y avoit des troupes de bourgeois mêlés de canaille, qui disoient tout haut qu'ils vouloient le Roi; que leur résolution étoit de l'avoir entre leurs mains, pour le garder eux-mêmes à l'hôtel-de-ville; qu'ils vouloient les clefs des portes de la ville, de peur qu'on ne l'enlevât; que lui hors du Palais-Royal, ils ne se soucioient guère du reste, et que volontiers ils y mettroient le feu. Sur ces horribles menaces, nous commençâmes tous à craindre pour elle et pour nous, soit pour sa personne, soit pour les nôtres, soit enfin pour nos maisons, qui étant voisines de la cour couroient grand risque d'être pillées. Chacun lui apprit alors le péril où elle étoit, et les insolences que le peuple disoit contre elle; car on flatte les rois jusqu'à l'extrémité; mais aussi quand le masque est levé on ne les épargne pas. Jarzé, nouveau capitaine des Gardes, sur ce qu'elle montra quelques regrets d'avoir renvoyé les Gardes, lui dit avec ostentation: « Madame, nous sommes ici une poignée de gens « qui mourrons à votre porte. » Mais comme ces offres avoient plus de beauté que de force, elle les reçut plutôt comme des marques du mauvais état où elle étoit, que comme un remède capable de la consoler des maux qu'elle avoit sujet de craindre. Il fallut qu'elle en cherchât la guérison dans sa propre fermeté; car le cardinal Mazarin étoit si rempli de trouble et d'effroi, qu'elle n'en recevoit nul secours. Dans cet instant, elle connut bien clairement tout ce qui pouvoit lui arriver. Elle le sentit, et la rougeur qui lui monta

---

(1) Christine, fille de Gustave-Adolphe.

au visage sur le compliment de Jarzé nous le fit assez connoître ; mais je dois lui rendre ce témoignage qu'après avoir observé ses paroles, ses sentimens et ses actions, je ne vis en elle nulle marque de foiblesse : au contraire, elle demeura toujours également constante et ferme, et parut dans ce moment très-digne de ses grands aïeux, et parler en petite-fille de Charles-Quint, qui joignit par sa dernière retraite la piété à ses héroïques vertus. Elle répondit, à ceux qui lui disoient les choses du monde les plus effroyables, ces belles paroles dont il me souviendra toute ma vie : « Ne craignez point, Dieu n'abandonnera « pas l'innocence du Roi ; il faut se confier en « lui. » Quand je l'entendis parler ainsi, je fus honteuse, je l'avoue, d'avoir cru que sa tranquillité pouvoit être quelquefois causée par l'ignorance du péril. Je l'en avois soupçonnée, parce qu'en effet les rois ne voient jamais leurs maux qu'au travers de mille nuages. La vérité, que les poètes et les peintres représentent toute nue, est toujours devant eux habillée de mille façons ; et jamais mondaine n'a si souvent changé de mode que celle-là en change quand elle va dans le palais des rois. En cette occasion, cette grande princesse n'a pu être accusée d'aveuglement. Elle sentit si fortement l'état où elle étoit, qu'elle en fut peu après malade ; mais son ame, plus forte que son corps, la soutint avec tant de fermeté, qu'elle auroit eu honte de montrer ce que la nature n'avoit pu éviter de lui faire souffrir ; et cette honorable fierté fut si grande en elle, qu'elle l'empêcha de donner à ses chagrins d'autres témoins que les horreurs de la nuit. Elle se contenta en notre présence de demander sans trouble des nouvelles de ce qui arrivoit de temps en temps, sans rien oublier néanmoins de tout ce que le soin et la prévoyance pouvoient apporter pour remédier à des maux si extraordinaires et si redoutables, dans lesquels elle ne trouvoit conseil ni assistance de qui que ce fût, pas même de son ministre, qui crut alors qu'il seroit obligé de quitter la France. Il est vrai en effet qu'il s'habilla de gris, pour se tenir prêt à partir : ses chevaux furent bridés toute la nuit, et ses gens en état de le pouvoir suivre. Il alla même visiter le corps-de-garde des bourgeois, pour entendre ce que disoit le peuple, et faire ses jugemens lui-même. Mais enfin sur le minuit, les bourgeois voyant que les gardes effectivement n'étoient plus devant le Palais-Royal, où il n'y avoit que deux pauvres sentinelles, à la paix qui paroissoit régner dans la maison du Roi, ils commencèrent à se rassurer : ce qu'ils firent enfin, après que par l'ordre de la Reine on leur eut porté les clefs des portes de la ville, et que les magistrats, qui allèrent toute la nuit par les rues, leur eurent juré qu'ils n'avoient rien à craindre. Le bruit s'apaisa, de sorte que Comminges étant allé dans les rues voir l'état des choses vint assurer la Reine qu'il n'avoit presque rencontré personne. C'est pourquoi nous la quittâmes, pour aller chercher dans le repos quelques consolations à nos misères.

Le 29 et 30 août, Paris reprit un esprit de paix : il n'y resta nulles traces de désordre, ni de la violente émotion du peuple. Il est à présumer que la confiance que la Reine avoit eue dans le secours céleste avoit pour cette fois sauvé cette grande ville, puisque de tant de gens malintentionnés, nul ne voulut se déclarer pour chef de la canaille révoltée. Cette infidélité leur donna de l'horreur, et leur malice ne se trouva peut-être pas encore assez grande pour vouloir perdre la France, leur patrie et leur Roi. Leur ambition, empoisonnée de desseins factieux, n'étoit pas arrivée au point où pour notre châtiment le Seigneur la vouloit laisser se porter ; car les grands maux ne se font pas tout d'un coup. Les hommes ne s'accoutument au crime que peu à peu ; et, à la honte de la nature humaine, il faut avouer qu'ils s'y accoutument fort aisément. Ce qui donna plus d'inquiétude au ministre, ce furent les billets qui avoient été jetés, qu'il crut devoir venir d'un chef tout prêt pour ce corps, composé de tant de membres différens. Tous leurs mouvemens, que la détention de Broussel fit paroître, furent en effet le présage du mal effectif qui arriva peu après.

Le coadjuteur de Paris, qui avoit beaucoup d'esprit de savoir, et qui avoit outre cela un grand cœur et de la grandeur dans l'ame, ayant cru être obligé d'employer en cette occasion le crédit que son caractère et sa dignité lui donnoient pour apaiser la sédition arrivée auprès de son église, étoit allé dans les rues dans l'intention de rendre au Roi et à la Reine tout le service dont il étoit capable ; et il s'imaginoit en avoir rendu un assez grand, et être en état de continuer à en rendre. Cependant il sut qu'au lieu de le louer de ce qu'il avoit fait on s'étoit moqué de lui, et que le ministre avoit dit qu'il avoit peur, et qu'il avoit souffert le soir chez lui que Bautru en fît des railleries. Il se plaignit hautement à ses amis, qui étoient en grand nombre, qu'il étoit mal payé de toute la peine qu'il s'étoit donnée ; et l'on a cru que pour faire voir que le mal étoit plus grand qu'on ne l'avoit pensé à la cour, c'étoit lui qui avoit envoyé insulter le chancelier. Le duc d'Orléans, qui avoit jusqu'alors paru si affectionné à la Reine, ne put considérer l'état où étoit la cour sans ressentir en son ame quelques mouvemens d'espérance que la haine qu'on avoit pour la Reine augmentant tous les jours, on l'obligeroit de remettre entre ses mains l'autorité qu'il lui avoit abandonnée, ou du moins de lui en faire une plus grande part que celle dont il s'étoit contenté. Son favori, qui voyoit la facilité qu'il y avoit à augmenter la puissance de son maître, ne pouvoit pas s'empêcher de la souhaiter pour augmenter la sienne : et comme il est difficile de ne pas montrer ce qu'on a dans l'ame, il fut aisé à la Reine de connoître que Monsieur, dans le conseil, n'agissoit plus aussi fortement pour elle qu'il avoit fait par le passé. C'est pourquoi la Reine ne l'employoit plus si souvent pour apporter du remède à ses maux, de peur que le médecin n'empirât la maladie. Elle songea à gagner M. le prince, lequel de son côté trouvoit, en même temps qu'elle, que Monsieur profitoit de son absence pour se rendre maître non-seulement du parlement, mais du conseil du Roi, de la ville de Paris, et de tout le royaume.

Les affaires de la guerre alloient leur chemin ordinaire du côté de Flandre; la bataille que nous y avions gagnée nous en rendoit en quelque façon les maîtres. M. le prince alla assiéger Furnes, que les ennemis ne pouvoient pas secourir. Mais du côté de Naples nous n'étions pas si heureux. L'armée navale que nous y avions envoyée pour y faire une descente, afin de favoriser les restes de la rebellion, fut vigoureusement repoussée. On y perdit Montade, Normand, un des plus vaillans hommes du monde, et Bassompierre, bâtard du maréchal. Les Espagnols, selon leur sévérité ordinaire, avoient fait mourir par les mains des bourreaux une grande quantité de ceux qui avoient appelé le duc de Guise, afin d'arrêter tout-à-fait la révolte des peuples. Gennare Annèse, suivant la coutume des Espagnols qui ne pardonnent jamais, malgré l'accommodement qu'il avoit fait avec eux, y passa comme les autres, après avoir néanmoins reçu d'eux toutes les grâces qu'il leur avoit demandées ; lui disant apparemment, comme dans une occasion pareille marquée dans Mariana : *La traicion* (1) *te payan bien, ser traidor te payan mal.*

Dans ces mêmes jours notre petit prince, le véritable Monsieur, tomba malade d'une fièvre continue et d'un grand mal de reins, qui fit juger aux médecins que c'étoit la petite vérole. Deux jours après elle sortit en abondance ; et comme sa fièvre étoit diminuée sans aucun mauvais accident, la Reine n'en fut point inquiétée ; on le laissa dans son appartement bien enfermé, et il fut si heureux que sa beauté, dont les dames étoient fort en peine, lui demeura.

(1) Le sens est : On paye la trahison, on punit le traitre.

La Reine, dans le commencement de septembre, se trouve un peu mal ; mais comme elle n'avoit pas pour elle de ces délicatesses efféminées qui sont ordinaires à notre sexe, elle ne laissa pas de voir tous les capitaines des quartiers, qu'elle remercia d'avoir préservé la ville du pillage; et, cachant ses sentimens, elle fit venir aussi les bourgeois et corps des marchands, à qui elle dit de douces paroles, quoiqu'en effet elle eût un grand sujet de s'en plaindre ; car ils avoient montré autant de passion et d'emportement contre elle, que la canaille la plus malicieuse et la plus méchante. Quand elle eut cessé de leur parler, ayant l'honneur d'être proche d'elle, je lui dis qu'elle venoit de faire son métier de reine, qui étoit la dissimulation ; elle me répondit : « Et celui de chrétienne aussi. » Je demeurai d'accord avec elle que la matière étoit assez ample pour y pouvoir faire son devoir.

Le 3 de ce mois [septembre], le parlement vint au Palais-Royal recommencer tout de nouveau ses persécutions ordinaires. Le premier président fit des remontrances à la Reine sur les articles de la déclaration. Ils demandèrent qu'on leur en donnât une autre selon leurs formes : ils montrèrent encore vouloir un quart des tailles exempt de toutes non-valeurs ; demandèrent de plus qu'il se fît un fonds pour payer les gages des officiers, qui ne se payoient plus depuis long-temps ; que tous les officiers subalternes fussent reçus au droit annuel sans qu'on leur demandât aucun supplément, et que les rentes fussent payées les trois quartiers ou tout au moins la moitié. Enfin c'étoit la chose du monde à quoi ils pensoient le moins qu'à obéir à la Reine, ni même à tenir leur parole. Cette princesse, perdant courage pour en avoir trop, leur répondit doucement qu'elle seroit bien aise qu'ils prissent connoissance des affaires de l'Etat et de la nécessité où étoit le Roi; que cela étant, elle s'assuroit de leur fidélité et de leur affection; qu'ils ne demanderoient plus de remises pour le peuple en un temps où toutes ses affaires étoient en désordre. Et néanmoins, forcée par la nécessité qui étoit alors son guide, elle leur accorda quasi tout ce qu'ils demandoient, hormis le quart des tailles exempt de toutes charges, qui alloit à beaucoup plus que ce qu'elle avoit eu intention d'accorder par la dernière déclaration.

Comme les demandes du parlement s'augmentoient à mesure qu'on leur accordoit des grâces, ils s'avisèrent de demander encore à la Reine la permission de continuer le parlement pendant les vacances : ce qui surprit infiniment le ministre, et l'embarrassa beaucoup. Il avoit espéré cette fin, comme un relâche à ses maux ; car, selon la maxime italienne, *il tempo gli dava vita* (le temps lui donnoit la vie). Après plusieurs négociations, il se trouva contraint de leur accorder ce qu'ils paroissoient désirer, à cause qu'ils avoient dit qu'ils étoient résolus de continuer le parlement malgré la cour. L'Etat n'étoit plus réglé selon les anciennes maximes du devoir des sujets envers leur souverain; ils l'offensoient par leur désobéissance, et le servoient même malgré lui. Il fallut donc que la Reine envoyât cette permission au parlement par les gens du Roi; et, pour défendre un peu le terrain, elle ne leur accorda cette prolongation que pour quinze jours. Cette princesse s'humilia jusqu'au point de faire prier la compagnie de faire cesser les bruits que le peuple mal affectionné faisoit courir contre elle, l'accusant de mille fables à quoi il étoit impossible qu'elle voulût penser. Ils débitoient qu'elle avoit fait limer les chaînes des rues, et que certains astrologues prédisoient de grands désordres le jour de la Notre-Dame, auquel on croyoit qu'elle vouloit faire une seconde Saint-Barthelemy. Elle leur fit dire encore qu'elle savoit bien qu'il se faisoit de certaines assemblées au faubourg Saint-Germain, composées de plusieurs sortes de personnes qui alloient directement contre son autorité, et qu'elle désiroit qu'ils en prissent connoissance, afin d'y donner ordre et d'y apporter les remèdes nécessaires. Ces prières si soumises, et si opposées aux sentimens et à la conduite de cette princesse, marquent assez clairement qu'il y avoit deux volontés, la sienne et celle d'autrui; et que, pour son malheur, la première le céda souvent à la seconde. Sur toutes ces demandes de la Reine, le nommé Broussel dit qu'il étoit d'avis qu'on les enregistrât : ce qui se fit seulement pour la gloire de la compagnie, sans que cela arrêtât en rien le cours des intrigues qui se faisoient entre la cour. Pour garder les dehors et satisfaire en quelque façon à la bienséance, cette compagnie donna quelques jours après un arrêt contre les astrologues, et en général contre ceux qui troubloient le repos public; mais personne ne prit le soin de le faire exécuter, et tout ce qui regardoit le respect qu'on devoit à la personne de la Reine servoit de sujet à la raillerie publique.

Pendant qu'on traversoit ainsi le cardinal dans tous ses desseins, au lieu de s'en venger il se raccommoda tout-à-fait avec le comte d'Avaux, qui, après quatre heures de conversation, le laissa fort satisfait de sa conduite. Il fit remettre en liberté le maréchal de La Motte, dont l'innocence avoit paru entière, mais qui sous un règne plus sévère ne se seroit pas sauvé si facilement des mauvais offices de ses ennemis; car ceux qui ont commandé des armées sont aisément convaincus de péculat, et ont toujours besoin, à ce que j'ai ouï dire, que le mérite de leurs bons services ou de leurs bonnes intentions les mette à couvert de la justice.

En ce même temps le ministre reçut une lettre du comte de Béthune, père du comte de Charost. Ce vieux seigneur, âgé de plus de quatre-vingts ans, le supplioit de protéger son fils dans la faute qu'il avoit faite. En avouant ce crime, il excusoit si spirituellement le criminel, qu'il étoit aisé de voir qu'il estimoit la faute de son fils belle et honorable, et qu'il n'étoit pas fâché qu'il eût failli de cette sorte. La lettre fut fort louée par celui qui l'avoit reçue : les copies en couroient par Paris avec admiration pour le génie qui l'avoit produite; et le ministre, fort louable en cela, sembla désirer d'accommoder cette affaire au contentement de l'un et de l'autre.

Le 12 de septembre, on reçut des nouvelles de Furnes, qui apprirent à la Reine que le prince de Condé avoit reçu devant cette place une mousquetade à la hanche, si favorable qu'il n'en avoit eu qu'une contusion, à cause de son collet de buffle, qui par hasard s'étoit redoublé en cet endroit.

Ce même jour, la Reine dit tout haut qu'elle vouloit aller faire un petit voyage à Ruel, seulement pour faire nettoyer le Palais-Royal, qui avoit besoin d'être purifié. Le peuple avoit montré tant d'aversion à laisser sortir le Roi de Paris, qu'on avoit cru cette apparente promenade trop difficile à faire pour oser la publier beaucoup de temps avant l'exécution. Le cardinal, contre qui le peuple avoit vomi tant d'imprécations, étoit réduit à cette extrémité de ne pouvoir sortir de la maison du Roi. Il craignoit toujours les suites de la rebellion, qui lui pouvoient être pernicieuses. La Reine ne laissoit pas de sortir; mais la mauvaise disposition des esprits lui donnoit lieu de craindre toutes choses. Ainsi l'air de la campagne, qui semble annoncer la liberté et l'innocence, étoit un préservatif nécessaire contre la corruption des ames, comme il le devoit être aussi des corps. La saleté du Palais-Royal fut donc un prétexte plausible pour mettre à fin certains desseins qui étoient enfermés dans le cœur du ministre, et qui étoient assez de conséquence pour l'obliger à prendre toutes les précautions nécessaires pour les bien exécuter.

Le lendemain 13 de septembre, sans en faire plus de bruit que le discours que la Reine avoit fait de ce voyage le jour précédent, le Roi, accompagné du cardinal Mazarin, de peu de personnes et de peu de gardes, partit à six heures du matin; et, par cette promptitude, il éta au parlement et aux bourgeois le moyen de s'opposer à son dessein. La Reine seule demeura comme la plus vaillante pour favoriser cette retraite ; et comme son confesseur étoit malade, elle voulut aller le trouver aux Cordeliers pour se confesser, et dire adieu à ces bonnes filles du Val-de-Grâce qu'elle honoroit d'une très-particulière amitié. Elle visita Monsieur avant que de partir, qu'elle trouva bien traité de la petite vérole, et à qui elle ne parla point de sa retraite, de peur de l'affliger. Le Roi sortant de Paris, il y eut quelques troupes de coquins qui se mirent à crier *aux armes!* et qui voulurent piller quelques chariots de son bagage. Cette insolence donna une grande inquiétude au ministre, à cause de la Reine qui étoit restée dans Paris. Il envoya Estrade l'en avertir, afin qu'elle prit garde à elle, et la prier de la part du Roi de ne point aller au Val-de-Grâce, et d'aller droit à Ruel le plus promptement qu'il lui seroit possible. J'avois l'honneur d'être seule auprès d'elle quand on lui donna cet avis, et je la vis faire sa consultation avec elle-même. Elle jugea, à ce qu'elle me fit l'honneur de me dire, qu'il ne falloit rien changer à ce qu'elle avoit témoigné vouloir faire. Ses carrosses étoient déjà dans la cour, et sa coiffe étoit sur sa tête ; elle étoit prête à partir ; et, par la bonté de son jugement, elle connut que si elle témoignoit quelque crainte, ses propres officiers seroient cause peut-être, par l'étonnement qu'ils en auroient, que le peuple se réveilleroit. Elle conclut donc qu'il valoit mieux montrer de la sûreté à tous que de confier ce secret à quelques-uns ; et, sans s'étonner dans un péril si évident, elle acheva ses deux visites et fit glorieusement sa retraite. Elle vit le prévôt des marchands, à qui elle promit, avant que de partir, que le Roi et elle reviendroient assurément dans huit jours. Cette princesse fit voir par cette action pleine de prudence et de fermeté, que le cardinal se trompoit beaucoup quand il disoit que sa vaillance venoit de ce qu'elle ignoroit le danger. Mademoiselle ne suivit point la Reine en ce voyage, vivant assez retirée de la cour depuis ses dernières aventures. Elle alloit souvent à une de ses maisons de campagne se divertir, pour montrer qu'elle n'étoit pas sensible au déplaisir qu'elle avoit reçu.

M. le prince, après la prise de Furnes, témoigna désirer infiniment de s'approcher du Roi ; et la Reine, qui n'étoit pas si satisfaite du duc d'Orléans qu'à son ordinaire, y consentit volontiers, afin d'avoir un appui considérable envers le peuple, et un second contre le duc d'Orléans, en cas qu'il fût capable de penser à profiter du mauvais état où étoient ses affaires.

Le parlement et le peuple de Paris, se voyant privés de la personne du Roi, eurent de la crainte ; et cette crainte augmenta leur rebellion et leur audace. Les uns et les autres connoissoient leurs fautes : ils savoient le pouvoir du souverain, et ils voyoient ses armées victorieuses, triomphantes et fidèles. Ils voyoient aussi deux princes du sang qui paroissoient attachés aux intérêts de la Reine offensée et de son ministre outragé. Dans cet état, ils dévoient raisonnablement avoir de grandes frayeurs ; mais ils avoient de la confiance en leur hardiesse, parce qu'ils s'imaginoient, avec sujet, que le seul moyen pour les sauver étoit de faire peur au ministre.

La Reine, de son côté, n'étant pas encore certaine de se pouvoir venger, ne témoignoit point le vouloir faire ; au contraire, elle ne parloit que de revenir à Paris sans s'expliquer du jour, et paroissoit méditer un petit voyage à Fontainebleau, pour de là voir en repos ce que le temps lui conseilleroit. Le cardinal, plus habile que tous, songeoit à vaincre ses ennemis par la dissimulation. En évitant leurs coups, il espéroit, cette première tempête passée, leur en pouvoir donner à son retour, et de tels qu'ils en pussent être défaits. Beaucoup de spéculatifs disoient que la Reine ne pouvoit sans honte laisser Paris impuni des outrages qu'elle y avoit reçus en sa personne ; que l'armée de M. le prince revenant, il falloit leur faire peur en bouchant les avenues de cette grande ville, et que, par son immensité, elle souffriroit en quinze jours une disette de vivres si grande, qu'elle se verroit contrainte de venir demander pardon de son crime. D'autres, craignant la rebellion universelle de tous les peuples rebutés par tant d'années de guerre, s'imaginoient qu'il y avoit lieu de douter du bon succès de cette entreprise ; que Paris révolté, à son exemple tous les peuples n'en fissent autant ; et que le châtiment d'une ville n'attirât toute la France dans la même faute. Mais comme les raisonnemens de ceux qui sont à la cour ne s'accordent pas toujours avec les desseins de ceux qui la commandent, la Reine alors ne pensoit qu'à maintenir la paix dans tous les endroits du royaume ; et les pensées de son ministre n'alloient qu'à faire une petite guerre contre deux particuliers qui pût lui en faire éviter une plus grande.

Les partis dans les Etats naissent d'ordinaire de quelque cause cachée que les passions des hommes produisent ; et souvent ces grands mouvemens du monde, qui détruisent ou qui établissent les empires, n'ont point d'autre source que les intrigues secrètes de peu de personnes, et sur des matières très-légères. Il étoit à croire que le parlement ne s'étoit pas porté tout seul à de si grandes entreprises : on voyoit clairement que certaines personnes étoient d'intelligence avec les principaux de cette compagnie pour les faire agir, et leur inspirer cet esprit de rebellion qui causoit alors tant de mal à la France. Châteauneuf et Chavigny furent soupçonnés par le cardinal d'être les deux pôles sur lesquels cette grande entreprise étoit fixée; et il est à croire qu'il ne se trompoit pas.

L'un (1) étoit un homme, comme je l'ai déjà dit, qui avoit toujours regardé la place du ministre comme si elle lui avoit été usurpée par lui. L'autre (2) étoit un ami irrité, et devenu ennemi du cardinal : il croyoit avoir travaillé à son élévation par le feu cardinal de Richelieu, et que ses amis, à sa considération, l'avoient servi pour l'établir auprès de la Reine. Par conséquent il ne pouvoit souffrir que ce ministre ne lui fît pas une grande part de sa faveur. Il étoit facile de juger qu'un cœur ambitieux n'avoit pu souffrir cet anéantissement sans se venger; et se vengeant, il étoit impossible que celui qui en souffroit pût demeurer en repos, sans travailler à se garantir des maux qu'on lui vouloit faire. Chavigny étoit attaché à M. le prince, et avoit beaucoup de parens dans le parlement. Le président Viole, qui étoit du nombre et son intime ami, paroissoit un des plus animés contre la cour; et il sembloit qu'on ne pouvoit pas se tromper quand on l'accusoit de fomenter la révolte de cette compagnie. Châteauneuf étoit protégé par le duc d'Orléans, et il avoit aussi beaucoup d'amis liés à ses intérêts, soit dans ce corps, soit ailleurs : si bien que ces deux hommes estimés les chefs de parti, ayant des sentimens pareils, qui par des chemins et des cabales contraires tendoient à une même fin, eurent aussi tous deux à peu près une égale destinée.

Aussitôt que la Reine fut arrivée à Ruel, Châteauneuf reçut commandement du Roi de se retirer chez lui, à cinquante lieues de Paris, afin de l'éloigner d'un lieu où il faisoit de continuelles intrigues contre le ministre. Chavigny étoit alors [le 18 septembre] au bois de Vincennes, dont il étoit gouverneur. Ce même matin, sur les onze heures, on lui vint dire qu'un gentilhomme ordinaire du Roi le demandoit. On avoit mis dans le donjon, depuis la bataille de Lens, les prisonniers d'importance qui avoient été pris en cette occasion. Chavigny crut que celui qui venoit de la part du Roi apportoit quelque ordre qui regardoit ces étrangers : si bien qu'il envoya son lieutenant, et lui ordonna d'exécuter ce qui lui seroit commandé par ce gentilhomme; mais son lieutenant lui vint dire que c'étoit à lui-même qu'il vouloit parler. Il le fit donc entrer, et reçut par lui une lettre de cachet, qui lui commandoit de partir dans deux heures pour aller à Chavigny, et de mener sa femme avec lui. Comme il eut vu cet ordre, il le montra à deux de ses amis (3) qui étoient avec lui, et leur dit : « Messieurs, il faut que nous nous séparions. Nous pensions dîner ensemble; mais il vous faut retourner à Paris, et moi il faut que je parte pour m'en aller où le Roi me commande d'aller dans deux heures. » A cette nouvelle, madame de Chavigny s'approcha de lui : ils conférèrent ensemble sur ce qu'ils avoient à faire, et résolurent avant que de partir qu'elle iroit à Paris prendre des papiers et quelques hardes dont elle avoit besoin. Ils ne s'attendoient pas à un plus grand mal que celui qu'ils envisageoient alors, qui n'étoit que de quitter Paris; mais, un moment avant qu'elle montât en carrosse, on vint dire à son mari qu'un capitaine des Gardes, nommé de Droit, demandoit à le voir. Comme il fut entré, il lui dit qu'il étoit venu de la part du Roi pour prendre possession du bois de Vincennes. Aussitôt après ce commandement, Chavigny lui fit donner toutes les clefs; et de Droit les ayant reçues, posa ses gardes par toutes les avenues et à toutes les portes du château, puis vint trouver Chavigny; et alors il l'arrêta prisonnier de la part du Roi, et lui donna des gardes dans sa chambre. Madame de Chavigny en même temps, qui étoit dans son carrosse prête à partir pour aller chez elle, reçut commandement de ne point retourner à Paris, et de s'en aller à Chavigny toute seule. Il fallut donc en sortir; et, remontant malgré les gardes dans la chambre de son mari, elle l'en trouva déjà environné. Ils ne lui permirent pas de lui parler bas; mais, voulant l'embrasser, il lui mit entre les mains des lettres de M. le prince qu'il avoit dans sa poche. Elle m'a dit depuis qu'elles étoient de conséquence, et propres à lui nuire. Ils se dirent quelques mots; puis aussitôt après elle fut contrainte de le quitter, afin d'obéir à l'ordre qu'elle venoit de recevoir. Ses amis s'en retournèrent à Paris; et pour lui, il fut conduit dans le donjon, pour y prendre la place du duc de Beaufort, et des autres prisonniers dont il avoit été le gardien. Il se vit humilié dans ce même lieu où il avoit commandé, et réduit à cette dure nécessité de souffrance par les ordres de l'homme du monde qu'il croyoit lui être le plus obligé. Voilà cette diversité qui se trouve pour l'ordinaire dans la fortune des hommes qui

---

(1) Châteauneuf.
(2) Chavigny.

(3) M. Du Plessis, secrétaire d'État; et d'Amontot, mon parent, estimé dans le grand monde autant qu'en notre province où il étoit né, et alors intime ami de Chavigny.

sont appelés à la faveur. Il est presque impossible de demeurer long-temps dans l'heureux état de la prospérité; et les différens événemens de la vie font souvent ressentir, à ceux qui aspirent aux grandeurs du monde, les deux extrémités des biens et des maux : toujours le bien avec quelque accompagnement de peine, et le plus souvent le mal sans mélange d'aucune douceur.

Depuis deux ans que ce nouveau prisonnier étoit mal satisfait de la cour, il avoit sans doute beaucoup souffert de se voir hors du poste glorieux qu'il avoit occupé sous la faveur du cardinal de Richelieu; mais son mal n'étoit qu'une fièvre lente qui lui ôtoit la santé seulement, sans péril de sa vie; et le voici présentement dans la souffrance des accès, et dans les redoublemens les plus forts que cette fièvre puisse donner : fort malheureux s'il étoit innocent, et plus malheureux encore s'il étoit coupable, d'avoir, pour ses intérêts particuliers, contribué à une rebellion qui pouvoit causer de grands maux à l'Etat. Il demeura quelque temps au bois de Vincennes, puis il fut envoyé prisonnier au Havre; mais il en sortit plus tôt que le ministre n'auroit désiré.

Il sembloit aux amis de Chavigny qu'il avoit de grands sujets de se plaindre du cardinal Mazarin; et ce ministre étoit traité par eux du plus ingrat de tous les hommes, à cause des raisons que je n'ai que trop de fois répétées; mais le ministre disoit, pour sa justification, qu'il avoit rendu à Chavigny, quand il étoit en faveur, tous les devoirs à quoi l'amitié et la reconnoissance l'obligeoient envers lui; et un jour un de ses amis (1) le faisant souvenir de l'amitié que M. de Chavigny avoit eue pour lui, il lui répondit que, vu la manière dont il avoit vécu avec lui, le diable même l'auroit aimé; qu'ayant depuis été élevé lui-même à l'administration de la régence, et M. de Chavigny se trouvant alors dans la haine de la Reine, il l'avoit maintenu dans le ministère; que s'il ne lui avoit pas redonné sa charge de secrétaire d'Etat, que le comte de Brienne venoit de recevoir des mains de la Reine comme sa créature, c'étoit à cause qu'il n'avoit pu se résoudre de choquer directement les inclinations d'une princesse de qui dépendoit toute sa fortune, et plus encore parce qu'il n'étoit pas capable de faire une violence que lui-même ne lui devoit pas demander; mais qu'enfin il l'avoit bien traité, et avoit eu intention de lui faire part de sa faveur s'il eût été capable de la recevoir de lui, avec cette même dépendance qu'il avoit autrefois eue pour la sienne. Le cardinal Mazarin disoit de plus que, n'ayant jamais pu réduire M. de Chavigny à cette déférence, il lui avoit

(1) L'abbé de La Victoire.

été impossible de lui faire part d'un bien qu'il vouloit recevoir à sa mode : comme aussi lui de sa part l'avoit voulu distribuer d'une manière qui lui fût convenable, et qui ne l'empêchât pas d'être absolu, et de disposer des affaires à sa fantaisie. Qu'enfin les dégoûts ayant succédé à leur amitié, la haine en étoit plus forte; mais qu'il n'en étoit pas la cause, et que la seule audace de M. de Chavigny l'avoit forcé de manquer à ce qu'il confessoit lui devoir.

Les amis de Châteauneuf ne se plaignoient pas de la même manière, mais ils étoient affligés de la disgrâce de leur ami; et la seule consolation qu'ils avoient étoit de voir que Chavigny étoit plus maltraité que lui. Le commandeur de Jars, toujours prêt à défendre fortement ceux qu'il aimoit, aussitôt qu'il sut la disgrâce de Châteauneuf, s'en alla trouver le cardinal. Il lui dit librement qu'il étoit étonné de ce changement, qui n'avoit été aperçu d'aucun de ceux qui faisoient profession publique d'être de ses amis; que depuis peu il se souvenoit que Son Eminence, lui parlant de lui, n'avoit point témoigné se vouloir plaindre de sa conduite, et que par conséquent sa disgrâce l'avoit étrangement surpris. Le ministre, accoutumé à dire de belles paroles, lui répondit qu'il étoit vrai qu'il ne vouloit point de mal à son ami; qu'il étoit innocent et sans crime; mais qu'il vouloit bien lui dire qu'ayant eu dessein d'arrêter M. de Chavigny, qui avoit la protection de M. le prince alors triomphant de la bataille de Lens, il avoit jugé que, pour lui pouvoir légitimement refuser la liberté de ce prisonnier qu'il affectionnoit, il falloit pouvoir lui dire qu'on refusoit à Monsieur, oncle du Roi, le retour de M. de Châteauneuf, et qu'ainsi il étoit nécessaire qu'il eût un peu de patience. Le cardinal Mazarin regardoit néanmoins des mêmes yeux l'exilé que le prisonnier, et le commandeur de Jars s'aperçut même de quelque froideur à son égard. En effet, le ministre voyoit avec peine que deux belles abbayes qu'il lui avoit données ne le rendoient pas moins partial pour son ami, de qui jamais il n'avoit reçu aucun bienfait. Le commandeur de Jars, sentant l'état où il étoit, alla trouver la Reine; et comme il avoit une entière familiarité avec elle, il lui dit ces propres termes : « Madame, « M. de Châteauneuf est éloigné. C'est une per-« sonne dont je ne puis jamais cesser d'être ami. « Votre Majesté sait les liaisons que j'ai avec lui. « Ce n'est point mon intention qu'elles puissent « préjudicier à votre service; mais, madame, si « vous en avez le moindre soupçon ou M. le car-« dinal, je vous supplie très-humblement de me « le dire : car, plutôt que d'être regardé par

« Votre Majesté avec quelque défiance de ma « fidélité, je m'éloignerai de la cour, et vivrai « de manière que je ne donnerai point sujet à « Votre Majesté de se plaindre de moi. » La Reine, qui avoit pour lui de la bonne volonté, lui répondit que son ami n'avoit point été éloigné pour aucun crime qu'il eût commis, mais seulement pour quelques raisons d'Etat concernant son service; que c'étoit sans le haïr; qu'ainsi elle ne trouvoit point mauvais qu'il continuât à l'aimer, et qu'elle vouloit qu'il demeurât auprès d'elle, et vécût à son ordinaire. Le soir, au sortir de chez la Reine, il me conta toute cette conversation, dont il avoit le cœur bien soulagé; car c'étoit un vrai gentilhomme plein d'honneur, mais dont la probité étoit quelquefois offusquée par la violence de son tempérament, qui l'empêchoit toujours de juger et d'agir selon la droite raison : si bien qu'étant préoccupé de ses sentimens, il étoit trop persuadé que le ministre avoit toujours tort; et, comme il ne l'aimoit pas, il ne lui faisoit justice sur aucun chef.

Fontrailles (1), exilé du temps du feu Roi, étoit revenu à la cour par la protection de Chavigny, et même il étoit des amis familiers du ministre; car, à son égard, ce n'étoit pas un crime que d'avoir été le confident de M. le grand. Depuis son retour, il avoit déplu au cardinal, en répondant à une douce réprimande qu'il lui fit un jour sur certaines débauches qu'il avoit faites, qu'il n'avoit que faire d'en prendre connoissance; et que si lui et les autres qui l'avoient accompagné en cette action avoient failli, le parlement leur feroit leur procès. Comme alors citer cette compagnie étoit un crime, le ministre, prenant sa réponse pour une menace, l'avoit exilé tout de nouveau. Ce n'étoit pas une chose déraisonnable d'éloigner de la cour, et de la ville de Paris, un homme qui ne cherchoit qu'à dire un bon mot, qui décrioit le gouvernement, et qui empoisonnoit d'athéisme l'ame de tous ceux qui le pratiquoient familièrement; car, dès lors, la cour n'étoit déjà que trop infectée de ces sortes d'esprits libertins qui sont toujours cause de beaucoup de maux. Celui-là avoit de grands charmes pour la société : il étoit spirituel, généreux, honnête homme; et, selon les maximes du monde, ces choses suffisent pour croire que ses amis s'ennuyèrent de ne le point voir. Quelqu'un (2), plus hardi que les autres, en parla au cardinal pour le faire revenir. Il répondit qu'il le vouloit bien, mais que Monsieur ne le désiroit pas. Cet ami, par une finesse louable, sans vouloir en faire nulle grande façon, alla trouver le duc d'Orléans, et lui fit en riant quelque reproche de ce qu'il ne vouloit pas que le pauvre Fontrailles vînt revoir ceux qui languissoient de chagrin par son absence. Monsieur, qui en effet ne s'opposoit point à son retour, ne manqua pas de répondre à celui qui lui en parloit qu'il ne demandoit pas mieux qu'il revînt, mais que la Reine et le cardinal ne le vouloient pas. Cet ami officieux étant assuré des deux côtés, quoiqu'il connût bien d'où pouvoit naître le mal, sans en parler davantage au ministre, manda Fontrailles, et le lui présenta hardiment. Le cardinal Mazarin fut étonné de le savoir de retour; et comme il voulut en demander la cause à celui qui le lui avoit amené, il lui répondit froidement que Son Eminence l'ayant assuré qu'elle vouloit bien qu'il revînt, pourvu que Monsieur le voulût, et Monsieur y ayant consenti, il l'avoit mandé. L'histoire finissant ainsi, le ministre le reçut de bonne grâce, quoique dans l'ame il n'en fût pas content; et la surprise qu'on lui avoit faite fut cause qu'il ne l'oublia pas à la première occasion.

Fontrailles étoit des amis de Chavigny : ce fut assez pour être puni de ses autres péchés sous l'apparence de celui-là. On envoya donc chez lui pour l'arrêter, en même temps que Chavigny fut mis au donjon du bois de Vincennes; mais lui, qui étoit accoutumé à se sauver des périls de cette nature, ayant eu avis à son réveil qu'il y avoit des gardes du Roi à sa porte qui paroissoient l'attendre, fit mettre les chevaux à son carrosse, et commanda à un gros valet mal bâti d'aller se mettre dedans son lit pour amuser les gardes. Il se sauva cependant par un autre côté; et, conservant sa liberté, il se mit en état de travailler à quelque autre intrigue.

La disgrâce de ces deux ministres du règne passé fit un grand bruit parmi ceux qui s'intéressoient à leur fortune. Les deux cabales qui subsistoient quasi en la personne de ces deux hommes en firent une affaire d'Etat, qui fut embrassée par ceux du parlement comme leur étant avantageuse. Ils voulurent que ce fut pour eux une barricade qui à l'avenir les pût mettre à couvert des coups que peuvent faire ceux qui ont en main la puissance des rois. Le 22 du mois ils s'assemblèrent, et ne voulurent plus entendre parler ni du tarif ni des rentes. Ils se plaignent de la violence commise en la personne de M. de Chavigny, homme de bien et plein d'honneur, et disent tout haut qu'il est outragé par celui qui lui doit sa fortune, par un étranger, par un homme qui ruine le Roi et l'Etat, en lui dérobant ses finances pour les envoyer en Italie. Enfin ils disent contre le ministre, et en faveur du pri-

---

(1) Louis d'Astarac, marquis de Fontrailles.
(2) Le duc de Mortemart.

sonnier, tout ce que l'intérêt a de coutume de suggérer en ces occasions à des hommes passionnés. Après avoir délibéré sur ce qu'ils avoient à faire, leur arrêté fut d'envoyer des députés à la Reine à Ruel, pour la prier de ramener le Roi dans vingt-quatre heures, de ne cesser de s'assembler jusqu'à ce qu'ils aient réformé l'Etat et changé de ministre. Et, pour y parvenir, ils envoyèrent des députés aux princes du sang, pour les supplier de se trouver le lendemain au parlement, afin qu'en leur présence ils puissent travailler à régler les désordres et abus qui se sont glissés dans le royaume par la faute de celui qui le gouverne. Ils dirent tout haut que leur intention est de donner le lendemain un arrêt conforme à celui de 1617, qui fut donné après la mort du maréchal d'Ancre, qui portoit qu'à l'avenir aucun étranger, de quelque qualité qu'il fût, ne pourroit gouverner l'Etat. Ce même jour, le premier président fut député pour venir trouver la Reine; et le président de Maisons vers les princes, pour les supplier de se trouver le lendemain à leur délibération.

M. le prince étoit à Paris. Il étoit arrivé depuis peu de l'armée, et n'avoit pas encore vu la Reine. Le président de Maisons le fut trouver pour lui faire sa députation en forme. Madame la princesse me dit ce même jour, à Ruel, que son fils avoit répondu à ce président : qu'il partoit pour venir trouver la Reine et recevoir ses ordres; qu'il les prioit d'en vouloir faire autant, et se résoudre tous de lui obéir comme il avoit intention de le faire. Quelques heures après, tous les députés ensemble arrivèrent à Ruel, avec le bruit qu'une telle députation devoit faire dans une cour toute partialisée.

J'étois allée à Ruel de grand matin pour voir la Reine sur ces changemens; car je n'avois point eu cet honneur depuis qu'elle étoit partie de Paris. Je la trouvai à sa toilette, s'habillant fort tranquillement, qui ne savoit point encore ce que le parlement avoit fait; et je ne pus même le lui apprendre, parce qu'il étoit assemblé quand j'étois partie, et ma diligence m'avoit empêché de savoir ce que dans ce même temps les esprits séditieux de cette compagnie faisoient contre son repos. La Reine me fit l'honneur de me tirer à part, après qu'elle eut quitté son miroir, pour me demander ce qui se disoit à Paris. Je lui répondis que la peur des Parisiens, qui craignoient qu'elle ne leur ramenât le Roi de long-temps, et la prison de M. de Chavigny, faisoit parler beaucoup de gens, et que, par dessus tout, M. de Châteauneuf y tenoit sa place; que toutes ces choses ensemble me faisoient craindre qu'il n'arrivât quelque désordre, et qu'elle se devoit préparer à voir beaucoup d'entreprises trop hardies qui sans doute lui déplairoient. Elle me répondit que le peuple avoit tort de la soupçonner de les vouloir châtier; que je la connoissois, et que dans le vrai elle ne demandoit que la paix; que pour M. de Chavigny, dont elle savoit bien que la femme étoit mon amie, elle m'assuroit ne s'y être pas résolue sans de très-grandes raisons, et que M. le cardinal avoit eu beaucoup de peine à le faire. Elle ajouta qu'elle attendoit avec impatience de savoir ce que feroit le parlement ce jour-là, prévoyant bien quelques mauvais effets de leur emportement ordinaire, de l'amitié qu'ils avoient pour le prisonnier, et de la haine qu'ils portoient à son ministre. Ce qu'elle avoit appréhendé arriva comme elle l'avoit cru : peu après on la vint avertir de toutes les résolutions qu'ils avoient prises, que j'ai déjà dites, dont elle demeura mal satisfaite et son ministre fort embarrassé.

J'allai dîner chez la duchesse d'Aiguillon, qui tenoit une grande table pour recevoir les honnêtes gens qui venoient faire leur cour au Roi et à la Reine, qu'elle avoit l'honneur de loger chez elle. A mon retour, je trouvai la Reine dans son cercle, avec un visage en apparence affermi contre le malheur, riant et causant à son ordinaire. D'un seul tour de ses yeux elle me fit entendre tout ce qui se passoit dans son ame; mais, à l'égard du public, il ne paroissoit aucun changement dans son esprit. Cependant elle étoit attaquée en la personne de son ministre, qu'elle voyoit prêt à être chassé par la violence des peuples, son autorité foulée aux pieds, sa personne offensée par mille outrages, et n'avoir pour toute ressource que l'espérance que les princes ne l'abandonneroient pas : ce qui devoit être un bonheur fort incertain à une régente, dont l'abaissement étoit leur nécessaire grandeur.

Sur les trois heures après midi les députés arrivèrent à Ruel, avec une fierté qui tenoit un peu de la bravade. Madame la princesse, qui aimoit Chavigny, de qui elle avoit reçu mille petits services du temps du feu Roi et du cardinal de Richelieu, et qui étoit la seconde cause de l'opposition qu'elle avoit toujours faite à Châteauneuf, me prit par la main, et me mena à la fenêtre pour voir entrer dans la cour ces barbons de longue robe. Cette députation ne lui déplaisoit pas : elle trouva qu'ils avoient tous bonne mine, et ne put s'empêcher de me dire, me parlant comme à une personne qui étoit en réputation de savoir se taire, qu'elle approuvoit la réponse que monsieur son fils avoit faite aux députés, mais qu'elle n'approuvoit pas qu'il fût insensible à la prison de M. de Chavigny.

La harangue du premier président fut courte. Il dit à la Reine qu'il étoit venu de la part de sa compagnie pour supplier Sa Majesté de vouloir revenir, et ramener le Roi dans sa bonne ville de Paris, parmi ses bons et fidèles sujets, lesquels se plaignoient que l'absence du Roi avoit paru à leurs yeux plutôt comme un rapt que comme un voyage, étant sorti le matin sans bruit ni sans gardes; que, ce soleil éclipsé, il ne restoit que des ténèbres partout, et qu'il étoit à craindre que son absence ne causât quelque grand désordre. Il fit des plaintes de la part de sa compagnie sur l'emprisonnement de M. de Chavigny, fit d'instantes prières pour sa liberté, et conclut en suppliant la Reine de ne pas trouver mauvais s'ils étoient résolus de s'assembler pour travailler incessamment à la réformation de l'Etat.

La Reine lui répondit qu'elle s'étonnoit de voir que les rois fussent privés du privilége dont jouissent tous les particuliers; que c'étoit l'ordinaire à ceux qui demeurent dans Paris de quitter la ville dans la saison qu'il étoit pour jouir du reste des beaux jours, et qu'il étoit étrange que les sujets voulussent empêcher leur souverain de vivre comme les autres hommes; qu'elle étoit sortie du Palais-Royal pour le faire nettoyer de la saleté qui accompagne toujours la cour quand elle a séjourné quelque temps dans un lieu; et qu'elle avoit eu particulièrement le dessein d'éventer le mauvais air de la petite vérole de son fils; qu'elle étoit résolue de retourner à Paris, mais que ce ne seroit que quand il lui plairoit; qu'elle étoit fort mal satisfaite de leurs mutineries, et de ce qu'ils se mêloient de censurer toutes ses actions, dont elle ne devoit rendre compte qu'à Dieu seul et au Roi son fils, quand il seroit en âge d'en pouvoir juger; qu'elle avoit fait arrêter M. de Chavigny par de bonnes et fortes raisons; qu'elle ne trouvoit pas leurs demandes justes, ni leurs assemblées légitimes, et qu'ils prissent garde à les réformer.

Le président de Maisons fit sa harangue au duc d'Orléans en présence même de la Reine, et le supplia, de la part de sa compagnie, de se trouver le lendemain à leurs délibérations, lesquelles ils étoient résolus de continuer jusqu'à ce qu'ils eussent mis l'ordre requis et nécessaire dans l'Etat.

Le duc d'Orléans lui répondit fortement qu'il vouloit se joindre aux intérêts de la Reine pour la défense de l'autorité royale, qui étoit infiniment offensée par leur procédé; que leurs assemblées se faisant sans sa permission, elles ne pouvoient être que très-contraires à son service; qu'ayant l'honneur d'être oncle du Roi, il étoit obligé de maintenir son autorité, et de travailler de toute sa puissance à faire obéir la Reine, ce qu'il croyoit lui devoir être fort aisé; et répéta plus d'une fois qu'il la feroit bien obéir, et maintiendroit M. le cardinal contre leurs cabales séditieuses. Le duc d'Orléans, nonobstant le refroidissement dont la Reine s'étoit aperçue, répondit avec cette chaleur, premièrement par fidélité pour le Roi, par émulation de M. le prince, qu'il voyoit se porter tout-à-fait dans les intérêts de la Reine; et, de plus, il n'aimoit pas M. de Chavigny; sa prison ne lui déplaisoit pas, et il étoit en colère de voir que le parlement fît tant de bruit pour sa liberté.

Le prince de Condé, qui étoit venu se rendre auprès du Roi et de la Reine, répondit à la même harangue qui lui fut faite: Qu'ayant appris de la bouche de la Reine que Sa Majesté ne leur avoit permis de s'assembler que pour le tarif et les rentes, il vouloit bien leur dire, en sa présence, qu'il ne souffriroit point leur désobéissance ni leurs entreprises; qu'il mettroit jusques à la dernière goutte de son sang pour soutenir ses intérêts contre eux; qu'ayant l'honneur d'être ce qu'il étoit au Roi, il étoit résolu de mourir pour son service; et ne s'en départiroit jamais, ni de l'amitié qu'il avoit promise à M. le cardinal, dont les intérêts lui étoient très-chers et très-considérables.

Le prince de Conti leur proposa une réponse prise des deux premières, les assurant qu'il ne se départiroit point des sentimens de Monsieur, et de monsieur son frère; qu'il étoit serviteur de la Reine, et vouloit mourir dans ses intérêts et dans ceux de M. le cardinal.

Le duc de Longueville, voulant faire la figure de prince du sang, voulut parler au président de Maisons; mais, soit par ordre ou par hasard, il se trouva interrompu par le chancelier; puis tous ensemble, tantôt les uns, tantôt les autres, parlèrent à ces messieurs du parlement pour leur remontrer leur faute, et les désordres que par ce chemin ils alloient causer dans le royaume.

La Reine me fit l'honneur de me dire le soir, avant que je partisse pour m'en revenir à Paris, que le premier président, en lui parlant, avoit toujours eu les larmes aux yeux, de douleur de se voir contraint de tremper dans de si audacieuses entreprises, et de si contraires au service du Roi et au bien public.

Quoique le cardinal n'eût point été nommé dans cette députation, n'ignorant pas de quelle manière il avoit été traité dans le Palais, il avoit paru désirer une démonstration publique de la protection de la maison royale. Les princes la lui avoient bien voulu donner, non-seulement pour obliger la Reine, mais beaucoup davantage parce qu'ils croyoient que ce ministre sans pouvoir, et qui jusqu'alors avoit paru foible, leur étoit plus propre qu'un autre. Il sentoit bien lui-même qu'ils étoient accoutumés à sa manière industrieuse et soumise, et qu'ils la trouvoient commode. Il se servoit habilement des défauts qui paroissoient être en lui, pour imprimer dans leurs ames un véritable désir de le protéger, afin qu'en le soutenant ils pussent prétendre de régner plus absolument, par cette dépendance de lui à eux.

Les affaires étant en l'état où elles étoient, la Reine se résolut de tirer Monsieur de Paris, où il étoit resté malade de sa petite vérole; mais pour attraper les Parisiens, qui étoient tous ravis d'avoir ce précieux gage entre leurs mains, elle donna ordre à Beringhen, premier écuyer, d'aller modestement faire cette conquête sur eux. Il part de Ruel et vient à Paris, comme tous ceux de la cour y venoient tous les jours. Etant arrivé, il prend un carrosse à deux chevaux, et va au Palais-Royal faire visite à ce petit prince. Il le prit entre ses bras, le cacha dans le derrière de son carrosse, et le mena jusqu'à Longchamp. Il le mit ensuite dans un bateau pour le passer à l'autre bord de la rivière, où un carrosse du Roi l'attendoit, qui le mena à Boisenval, proche de Ruel. La Reine alla le voir le lendemain, et le ramena avec elle auprès du Roi, avec intention de changer bientôt de demeure, et d'aller à Saint-Germain où la cour se trouveroit séparée de Paris par trois bras de rivière, et dans une assez raisonnable distance pour pouvoir travailler plus commodément qu'à Fontainebleau aux affaires que le parlement lui suscitoit tous les jours. On fit garder le pont de Neuilly jusqu'au départ du Roi, parce que l'on craignoit quelque inondation du peuple de Paris, et quelques mauvais effets de sa rage.

Le lendemain 23 de septembre, on envoya au parlement, de la part du Roi, une déclaration portant défenses de s'assembler, hormis pour parler du tarif et des rentes. Toute cette nuit beaucoup de personnes quittèrent Paris, beaucoup d'autres firent emporter leurs meubles; et chacun devinoit, sans être astrologue, que nous étions à la veille de beaucoup de malheurs. Le peuple et les bourgeois sentoient déjà par leurs craintes la punition de leur révolte. Ils faisoient des provisions de blés : les vivres enchérissoient, et toutes choses leur présageoient la colère du ciel et celle du Roi. Quand les Parisiens surent qu'on avoit enlevé Monsieur, ils en murmurèrent, et quelque canaille s'assembla devant le Palais-Royal; elle fut assez long-temps à crier qu'ils étoient perdus, et qu'on les vouloit saccager, puisque Monsieur étoit parti. Mais cela n'eut point de suite considérable.

Le parlement de son côté délibéroit sur la dernière déclaration du Roi; sur quoi il fut arrêté qu'on feroit des remontrances par écrit à la Reine, enjoint au prévôt des marchands de travailler à la sûreté publique, afin que le peuple ne se trouve point sans vivres. Pendant qu'ils étoient assemblés, Choisi, chancelier du duc d'Orléans, leur apporta une lettre de sa part; et le chevalier de La Rivière leur en apporta de même une du prince de Condé. Voici ce qu'elles contenoient toutes deux :

Lettre de M. le duc d'Orléans au parlement.

« MESSIEURS,

« Vous savez les soins que j'ai pris pour accommoder les affaires présentes, et que j'ai toujours apporté tout le tempérament que le service du Roi mon seigneur et neveu, et la satisfaction que votre compagnie en pouvoit désirer; et comme j'ai jugé que, dans l'état où elles se trouvent, une conférence seroit très-utile pour régler toutes choses, j'ai bien voulu encore vous faire cette lettre, pour vous prier de députer quelques-uns de votre corps pour se trouver au lieu où sera la Reine, pour aviser aux moyens qui seront jugés convenables pour le repos public. Je veux croire que vous concourrez avec moi dans ce bon dessein, et que vous aurez la même créance à ce que le sieur de Choisi mon chancelier vous dira sur ce sujet. Votre affectionné ami, GASTON.
A Ruel, ce 23 septembre 1648. *Et au dos :* A messieurs les gens tenans la cour de parlement du Roi mon seigneur et neveu. »

Lettre de M. le prince de Condé au parlement.

« MESSIEURS,

« Ne pouvant aller au parlement, ainsi que vous m'avez témoigné le souhaiter par votre députation d'hier, et prévoyant les inconvéniens qui pourroient arriver si vous continuez votre délibération sans que j'eusse le bien de vous voir auparavant, j'ai cru vous devoir inviter, comme a fait M. le duc d'Orléans à Saint-Germain, à une conférence où nous puissions traiter des désordres qui peuvent être présentement dans l'Etat, et tâcher d'y remédier. Le zèle que j'ai pour le service du Roi, et l'affection que j'ai pour votre compagnie, m'obligent à vous proposer cet expédient de remédier à des maux, auxquels vous ni moi ne pourrons peut-être plus donner ordre, si vous laissez perdre cette occasion. La Reine est dans tous les sentimens de bonté que votre compagnie peut désirer et prétendre d'elle.

M. le duc d'Orléans vous témoigne assez les siens, par le soin qu'il a pris jusqu'à cette heure, et par la lettre qu'il vous écrit. Et moi je n'ai pas de plus forte passion, après celle que j'ai pour le bien de l'Etat, et pour maintenir l'autorité royale, que celle de vous servir. Faites donc paroître en cette occasion celle que vous avez toujours témoignée pour le service du Roi, en contribuant tout ce qui est en vous pour l'accommodement des affaires; et donnez-moi lieu de vous témoigner, par les services que je vous rendrai auprès de Sa Majesté, que je suis votre très-humble et très-affectionné serviteur, Louis de Bourbon. A Ruel, ce 23 septembre 1648. *Et sur le pli de la lettre :* A messieurs de la cour de parlement.»

Après la lecture de ces lettres, et leurs délibérations, leur arrêté fut qu'on députeroit à Saint-Germain vers les princes, pour conférer avec eux seulement, selon leurs demandes, sur les désordres de l'Etat et les affaires présentes. Ils ordonnèrent à leurs députés, avant que d'entrer en matière, de demander à la Reine la liberté de Chavigny, le retour de Châteauneuf, et que tous deux fussent remis en leurs charges. Sur cet article, le président de Mesmes avoit dit qu'il étoit raisonnable de demander leur liberté et leur retour; mais qu'il étoit juste de laisser à la Reine le choix de ses grâces et de ses bienfaits, vu que l'on ne pouvoit pas forcer nos rois à se servir dans leurs conseils de ceux qui ne leur plaisoient pas. Parmi les différens avis de ceux qui avoient opiné, quelques-uns avoient dit que M. d'Avaux ayant été nommé surintendant en allant à Munster, il étoit raisonnable qu'il rentrât dans l'exercice de cette charge; et on jugea des paroles de son frère, le président de Mesmes, qu'étant raccommodé à la cour, il n'avoit pas voulu donner lieu au ministre de le soupçonner d'avoir brigué les voix du parlement pour faire entrer son frère dans la surintendance. Broussel, parlant de Chavigny, dit qu'il avoit ouï dire qu'il étoit soupçonné d'avoir des intelligences avec lui et avec quelques-uns de leur corps; qu'il se trouvoit obligé de dire, pour l'intérêt de la vérité, qu'en son particulier il ne le connoissoit point, et ne l'avoit jamais vu; et que pour M. de Châteauneuf, il ne l'avoit point vu non plus, depuis qu'à l'âge de vingt ans il avoit été conseiller au parlement.

Le 29, les députés allèrent à Saint-Germain, où la Reine étoit arrivée le 24. Ils y furent, remplis de présomption et d'orgueil, et firent leur conférence chez le duc d'Orléans, dont le ministre fut exclus à leur prière. Le rang qu'il tenoit dans l'Etat ne le put garantir de cet affront : il fallut céder à ceux qui paroissoient les plus forts; et les princes, qui le protégeoient selon leurs intérêts plutôt que selon leurs forces, l'abandonnèrent en cette occasion. Ce fut une chose extraordinaire et honteuse pour lui, et qui faisoit voir que les princes n'étoient pas fâchés d'être les maîtres.

La première demande que firent les députés fut la liberté de M. de Chavigny. Le duc d'Orléans y répondit qu'il trouvoit fort étrange qu'étant fils de France, et ayant été proscrit du vivant du feu Roi son frère, leur compagnie l'eût méprisé à ce point de n'en avoir jamais parlé, et qu'à présent ils fissent tant de bruit pour M. de Chavigny, qui véritablement n'étoit pas de si bonne maison que lui, mais qu'ils aimoient davantage. Et comme le président Viole, sur ce même sujet, dit devant les princes qu'il avoit ordre de la compagnie de ne faire aucunes propositions que préalablement on ne leur eût accordé la liberté de ce prisonnier, M. le prince, quoique son protecteur, repartit au président Viole que ce préalablement n'étoit pas un terme propre pour s'en servir avec son maître; qu'il devoit regarder au respect qu'il devoit au Roi et à ceux qui maintenoient ses intérêts, qu'il avoit dessein, en son particulier, de servir M. de Chavigny comme son ami, et qu'il le feroit en lui rendant de bons offices auprès de la Reine autant qu'il lui seroit possible; mais que c'étoit mettre sa liberté hors de toute espérance que de la vouloir procurer par des voies contraires au service et au respect qu'on devoit au Roi. Il dit cela, répétant le mot de *préalablement*, et le tournant en ridicule d'une manière qui faisoit bien voir qu'il ne vouloit pas qu'on le soupçonnât d'abandonner le Roi et la Reine pour les intérêts de Chavigny. Ensuite de cette harangue, les députés du parlement, n'osant plus parler sur cet article, entrèrent dans leurs demandes touchant le bien de tous.

« I. Qu'il leur fût donné toute sûreté pour eux en leurs personnes en particulier et au peuple en général; qu'on donnât sûreté pour tous ceux qui étoient exilés, le retour des bannis et la liberté des prisonniers, de quelque qualité et condition qu'ils fussent; qu'il ne pût être au pouvoir des ministres, sous le nom du Roi, d'emprisonner qui que ce fût sans que vingt-quatre heures après le parlement eût pu prendre connoissance;

« II. Que le quart des tailles tout entier, et sans être sujet à aucunes diminutions, fût remis au peuple; et conclurent par demander le retour du Roi à Paris. »

Ces propositions parurent dures et trop hardies; et, après que les princes eurent disputé sur chaque article, la conférence finit avec peu de satisfaction de part et d'autre. Mais comme les princes mêmes trouvoient leur sûreté dans ces demandes, il est à croire qu'elles ne leur déplaisoient pas tout-à-fait. Quoi qu'il en soit, elle fut remise à deux jours après pour y faire réponse ; et, ce terme expiré, voici ce qu'on leur répondit de la part du Roi :

« I. Que la liberté de M. de Chavigny étant une pure grâce de la Reine, elle devoit dépendre d'elle ; mais que, selon la bonté de Sa Majesté, on pouvoit l'espérer lorsqu'elle le trouveroit à propos.

« II. Que le retour du Roi seroit à la saison où l'on a coutume de retourner à Paris, pourvu que le parlement et le peuple se rendissent dignes de ce bonheur par leur soumission et leur obéissance. »

L'article des prisonniers et des exilés fut refusé ; celui par lequel ils demandoient d'en prendre connoissance vingt-quatre heures après fut de même refusé, et traité de chose impossible, et trop contraire à l'autorité royale.

Pour le quart des tailles, la Reine leur répondit qu'elle étoit toute prête de l'accorder, mais qu'elle leur feroit voir les nécessités de l'État et les grandes dépenses qu'elle étoit contrainte de faire ; qu'après cette connoissance elle croyoit qu'eux-mêmes trouveroient que cela ne se pouvoit pas ; et que s'ils jugeoient le contraire, elle le feroit volontiers.

En cette conférence les deux partis furent à demi satisfaits les uns des autres, et les députés demeurèrent d'accord de revenir à Saint-Germain une seconde fois. Pendant ce petit intervalle, madame de Vendôme, pour profiter de la puissance du parlement, lui présenta une requête qui alloit à demander la protection de leur compagnie contre les persécutions du ministre. Elle fut reçue avec beaucoup de marques de bonne volonté, parce que tout ce qui leur donnoit un prétexte de crier leur étoit agréable. Cette requête leur fut présentée le dernier de septembre, les chambres assemblées, et donnée à Lesné ; mais le premier président, en faveur de la cour, empêcha qu'elle ne fût rapportée. Ce même jour les députés qui furent nommés pour retourner à Saint-Germain furent chargés de leur compagnie de traiter de tous les autres articles proposés à la chambre de Saint-Louis.

Ce ne fut pas seulement en France et en Angleterre que nous vîmes alors une mauvaise constellation menacer le bonheur des rois. Les Espagnols, dont la fidélité est si louée, devoient être en cette occasion beaucoup plus déshonorés que nos Français, puisqu'ils attaquèrent par une conjuration la personne et la vie de leur Roi, et que notre nation n'en vouloit qu'à son autorité et à celle de son ministre. Les principaux de cette cour avoient résolu de marier leur infante (1), héritière du royaume, et que le Roi son père sembloit alors destiner à la maison d'Autriche, au fils du roi de Portugal ; de duc de Bragance il s'étoit fait roi, parce qu'il prétendoit avoir un droit plus légitime sur cette couronne que le roi d'Espagne ; et dans les temps fâcheux qui avoient abattu les forces de l'Espagne, il s'étoit facilement emparé de ce royaume. Comme ce nouveau Roi avoit des parens et des amis dans le conseil d'Espagne, qui portoient ses intérêts, il lui avoit été aisé de former ce dessein par eux ; et sans doute qu'ils auroient rencontré un grand avantage, car il auroit réuni les deux couronnes ensemble. Mais le roi d'Espagne, qui prétendoit, faisant la paix avec la France, reprendre ce royaume quand bon lui sembleroit, fit arrêter ceux qui tramoient cette affaire. L'histoire qui en fut alors contée à la Reine disoit que parmi les négociations du roi de Portugal, qui en ce chef étoient innocentes, les conjurés y mêlèrent quelque dessein contre la vie du roi d'Espagne. Le duc de Medina-Sidonia, de la maison des Gusmans, en étoit le chef, et comme parent du duc de Bragance il étoit entré dans cette intrigue ; mais le comte duc le sauva, obtenant son pardon du roi d'Espagne, à condition qu'il lui nommeroit les autres coupables. Il le fit, et en fut quitte pour être exilé. Le duc d'Hijar, ayant été accusé, souffrit la question ordinaire et extraordinaire, et n'ayant rien confessé, il fut banni seulement ; mais ses os brisés, qui étoient des marques de sa constance, lui devoient servir d'un triste souvenir de son malheur ou de sa faute. On l'estimoit homme de mérite. Le marquis d'Ayamonte eut la tête tranchée, avec don Carlos de Padilla et quelques autres ; mais à cause de la guerre l'on ne put alors en savoir toutes les particularités : et ceci, qui est fort succinct, je l'ai su de la Reine qui me fit l'honneur de me le conter, et qui l'avoit appris par la voie de Rome.

En ce même temps le roi d'Espagne, suivant la résolution qu'il en avoit faite, épousa sa nièce, fille de l'Impératrice sa sœur. Elle fut reçue de ce prince avec de grandes marques de joie et de tendresse, et ce mariage reçut la bénédiction de l'amitié et de la fécondité.

Un Espagnol nommé Galarette, passant alors de Flandre, où il avoit servi de secrétaire d'État, pour aller en Espagne, demeura quelques jours à Saint-Germain, où il eut de grandes conférences avec le cardinal sur tous les articles de la paix. Le ministre l'auroit peut-être alors désirée tout de bon, afin d'avoir des troupes toutes libres

(1) Marie-Thérèse.

et de l'argent, pour châtier ceux qui le vouloient attaquer. Comme la haine des peuples n'avoit pas de plus légitime prétexte de murmurer contre lui que celui de le soupçonner de n'avoir pas voulu la paix, la Reine fit remarquer avec soin au public cet entretien particulier, disant souvent qu'elle et le cardinal Mazarin ne désiroient rien si fortement que ce bonheur, et que si le Roi son frère y vouloit consentir, elle se feroit assurément.

On fit voir le Roi à cet Espagnol, se promenant dans le parc. Il le trouva bien fait et fort aimable. La Reine ne le vit point, par une gravité qui lui fut inspirée par le ministre, quoiqu'elle l'eût connu autrefois auprès du marquis de Mirabel, dernier ambassadeur d'Espagne en France. Il est à croire néanmoins qu'il auroit mieux valu qu'elle l'eût entretenu que de le laisser voir au cardinal; car il sembloit par sa qualité de régente, de mère et de sœur, qu'elle étoit plus propre que nul autre à travailler à ce grand ouvrage; mais elle voulut laisser au cardinal ces apparences, afin qu'il en profitât à l'égard du peuple. Comme de plus elle étoit persuadée que son ministre agissoit sincèrement pour le bonheur de la France, elle croyoit dans une affaire de cette conséquence devoir suivre ses conseils, et se conduire par ses lumières plutôt que par les siennes propres. En prenant le gouvernement de l'Etat, toute l'Europe crut qu'elle s'appliqueroit soigneusement aux moyens de faire la paix, vu l'amitié qu'elle avoit témoignée toute sa vie pour le roi d'Espagne son frère. Ses plus affectionnés serviteurs, qui eurent peur qu'elle ne témoignât trop de chaleur pour ses intérêts, la détournèrent d'y penser, et furent longtemps à ne lui parler que de la retenue qu'elle devoit avoir sur ce sujet. Ces leçons firent en elle une forte impression; et comme elle vouloit suivre généreusement son devoir, elle voulut agir comme si en elle les sentimens de la nature, qui jusqu'alors lui avoient fait aimer sa maison avec une si forte tendresse, eussent été effacés. Mais pour vouloir aller droit, elle alla si loin qu'elle ne paroissoit plus être la même personne, ni avoir le même cœur. L'affection qu'elle avoit pour le Roi son frère fut donc long-temps voilée sous une sage patience qui lui faisoit souhaiter et attendre en même temps les favorables momens où, sans choquer ses devoirs ni blesser l'amour qu'elle avoit pour le Roi, elle pût donner des marques des légitimes désirs qu'elle conservoit pour la paix et pour le bonheur des deux royaumes; mais elle n'avoit encore osé former que des souhaits pour l'obtenir du ciel, de peur qu'en faisant quelques pas vers ceux que la France regardoit comme ses ennemis, elle ne la privât des avantages que la guerre lui donnoit par les glorieuses victoires qu'elle avoit obtenues jusque là sur sa nation. La Reine étoit néanmoins la seule qui pût juger équitablement entre ces deux monarques; elle seule pouvoit, par les nobles sentimens qui étoient en elle, sur des intérêts qui la touchoient de si près, faire perdre à chacun de ces princes quelque portion de leurs prétentions; et le sang et la nature étant gouvernés par la raison, devoient lui donner le moyen de faire ses distinctions à l'avantage des deux partis. Les troubles qu'elle voyoit se fomenter en France par les entreprises du parlement lui faisoient croire avec sujet qu'il étoit temps d'y penser; mais les propositions qui en furent faites alors à cet Espagnol furent reçues si froidement, qu'il fut impossible à la Reine de réussir dans son dessein. Le Roi son frère paroissoit prétendre à des avantages trop excessifs pour lui pouvoir être accordés par une si bonne mère, et par une régente aussi attachée aux intérêts de l'Etat que l'étoit cette princesse.

Le 1er du mois d'octobre ayant été pris pour recommencer la conférence à Saint-Germain, les députés y arrivèrent chargés de nouvelles propositions et de vingt-cinq articles qui furent proposés par eux; tous furent octroyés, hormis les deux que j'ai déjà marqués avoir été refusés touchant la liberté des prisonniers, et le privilége que le parlement demandoit d'en pouvoir prendre connoissance vingt-quatre heures après qu'ils seroient arrêtés. Il fut même conclu qu'ils reviendroient dans deux jours pour achever entièrement cette négociation. Le cardinal Mazarin n'assistoit à aucune de ces conférences, et le chancelier en avoit été exclus par ordre de la Reine, pour tenir compagnie au ministre. Il fut néanmoins envoyé à celle-ci, comme nécessaire au service du Roi, pour y maintenir ses intérêts et les faire voir aux princes qui ne pouvoient pas entendre les chicanes du parlement.

Le lendemain de cette conférence, le parlement donna un arrêt en faveur du peuple, avec intention sans doute de se fortifier de plus en plus par cette voie. Cet arrêt défendoit la levée d'un impôt mis depuis quelque temps sur le pied fourchu qui entre dans Paris, de quarante sols chaque bête.

Le 3 du mois, les députés retournèrent à Saint-Germain, selon la résolution qui en avoit été prise. D'abord, les princes leur firent de grands reproches de leur arrêt donné contre le service du Roi, à la veille d'un accommodement. Ils leur dirent que ce procédé marquoit visiblement leurs mauvaises intentions, et qu'ils n'avoient pas de véritables désirs pour la paix. Ils répondirent, pour leur justification, que cet impôt jusqu'alors n'avoit point été levé, que les bouchers s'étoient toujours défendus vigoureusement, que les partisans qui en avoient traité avec le Roi, confessoient eux-mêmes n'en avoir rien reçu; et que, cela étant, ils avoient cru, sans préjudice du service du Roi, le pouvoir défendre et donner ce contentement au peuple.

De là ils passèrent aux articles des conférences dernières, où ils ajoutoient tous les jours de nouvelles demandes, soit pour le général, soit pour leurs intérêts particuliers. Le principal achoppement qui se trouva en cette occasion fut sur leurs premières demandes. Ils disoient qu'ils avoient pour eux une ordonnance de Louis XII, par laquelle ce Roi vouloit que nul ne pût être mis en prison sans être renvoyé vingt-quatre heures après à ses juges naturels. Ils disputèrent fortement sur cet article; mais enfin ils cédèrent à l'égard des gens de la cour, consentant que la connoissance n'en fût donnée à leurs juges que trois mois après. Ils avouèrent que le Roi, pour plusieurs causes qui pouvoient arriver, étoit souvent obligé de faire des prisonniers sur des soupçons seulement, et que ces sortes d'accusations pouvoient être long-temps sans possibilité de les vérifier. Mais pour les gens de robe, ils se maintinrent toujours dans l'ordre préfix de Louis XII, comme ayant plus de sujet d'appréhender le châtiment présent, que ceux qui avoient intérêt à la clause des trois mois, qui regardoit en général tous les sujets du Roi. Ils ne parlèrent plus de Chavigny ni d'aucun autre. Ils travailloient seulement de toute leur puissance à l'établissement de cette loi : ayant sûreté en même temps, s'ils pouvoient parvenir à leur entreprise, que ce prisonnier sortiroit trois mois après, et seroit aisément délié des chaînes dont le Roi le tenoient enchaîné. Ils savoient de plus, que cet article étoit agréable à toute la France. L'amour de la liberté est fortement imprimé dans la nature. Les plus sages, qui jusqu'alors avoient désapprouvé les entreprises de cette compagnie, ne pouvoient dans leur cœur haïr cette proposition; ils la blâmoient en apparence, parce qu'il étoit impossible de la louer à la vue du monde, mais ils l'aimoient en effet, et ne pouvoient s'empêcher d'estimer cette hardiesse, et de souhaiter qu'elle eût un favorable succès.

Les parens de Chavigny, pour travailler à sa liberté par toutes les voies possibles, étoient venus en corps le jour précédent supplier le cardinal Mazarin de leur accorder sa liberté. Ils lui dirent qu'ils ne vouloient que de lui seul cette grâce; mais, sous une apparente modestie, ils la demandoient hardiment, voyant que pour le bonheur du prisonnier, cette affaire étoit devenue un intérêt public. Les princes même l'autorisoient, particulièrement le prince de Condé, par celui que Chavigny y devoit avoir. Enfin la conférence ayant duré jusques au soir fort tard, les affaires ne purent se décider, à cause que les députés vouloient absolument ce que la Reine ne vouloit point du tout leur accorder. Les princes les quittèrent, et vinrent prendre le cardinal dans son appartement. Ils allèrent tous ensemble trouver la Reine dans le parc, où elle étoit allée faire un tour de promenade, attendant le succès de leur longue négociation. Le conseil fut tenu dans le propre carrosse de la Reine, sur ce qu'ils avoient à faire. Le chancelier exposa le fait, et l'obstination des députés à vouloir la sûreté des prisonniers, les retirant de la puissance des rois pour les faire juger juridiquement et hors de la domination des favoris, qu'ils disoient être quelquefois injustes. La Reine, entendant parler de l'opiniâtreté de ceux du parlement, interrompit le chancelier pour dire que son avis étoit de leur refuser constamment ce qu'ils demandoient, et de les châtier de leur entreprise sans plus écouter aucune proposition de paix. Elle commanda au chancelier de dire son avis, qui fut conforme au sien; puis elle conclut qu'elle étoit résolue de mourir, plutôt que de laisser périr entre ses mains l'autorité du Roi son fils. Le cardinal, qui contribuoit par ses avis particuliers à augmenter ces sentimens dans le cœur de la Reine, où ils étoient assez naturellement gravés, continua dans ce conseil de montrer qu'il désiroit la paix, et de vouloir aussi accorder au parlement ce qu'il demandoit. Son dessein étoit de faire voir au public qu'il étoit toujours porté à la douceur, et qu'on lui devoit toute celle qui paroissoit dans le gouvernement, qui, par la différence des opinions de la Reine aux siennes, auroit dû être plus sévère, s'il n'avoit pas été son ministre, et qu'alors on lui devoit encore de s'opposer au châtiment du parlement et du peuple, que cette princesse témoignoit souhaiter avec passion.

Le prince de Condé, qui se sentoit capable d'une ambition démesurée, qui avoit de grands desseins, et qui par eux pouvoit craindre de faire naître contre lui des soupçons dans l'esprit du Roi et des ministres, outre l'intérêt de Chavigny, n'étoit point fâché, comme je l'ai déjà dit, de cette sûreté publique que le parlement demandoit; car il ne vouloit point aller à la Bastille, comme feu M. le prince son père. Il fut donc assez hardi pour être d'avis contraire à celui de la Reine, connoissant même

14.

dans l'esprit du ministre qu'il étoit capable de se relâcher sur ce point, pour en remettre l'exécution au temps, qui change toutes choses.

Le duc d'Orléans, qui par sa naissance avoit moins à craindre, qui n'avoit point de prisonnier à protéger, et qui avoit un favori qui vouloit plaire à la Reine et au ministre, alla d'abord au soutien de l'autorité royale; mais comme pas un ne se vouloit charger entièrement de la haine publique et de celle du parlement en particulier, après avoir satisfait au désir de la Reine par un peu de bonne mine, il revint enfin à quelque modération qui approchoit de l'avis de M. le prince, et conclut à être de celui du cardinal, qui avoit paru préférer l'accommodement à la guerre. Ce radoucissement, dans le vrai, ne plut nullement au ministre: il eût souhaité que les princes eussent eu autant de fermeté que la Reine, afin d'avoir l'avantage d'être le seul qui pût faire voir au public une bénignité tout entière. Les députés, cela étant, eussent été contraints de revenir à lui, et de recevoir de ses mains les grâces qu'ils désiroient d'obtenir; mais chacun, en tel jeu, tâche de bien jouer pour lui, et ne se soucie guère de son compagnon ni même de l'État. La Reine seule alloit au bien du royaume, mais elle n'en recevoit point de gloire particulière. Comme elle ne paroissoit point agir par elle-même, ce qu'elle disoit n'étoit point reçu des princes, du parlement ni des peuples, avec le respect qui étoit dû à sa qualité de régente ni à ses bonnes intentions, à cause qu'on étoit trop persuadé qu'elle suivoit presque toujours à la fin les conseils du cardinal.

Le ministre avoit de fortes raisons qui l'obligeoient à ne pas rompre tout-à-fait avec les députés. Nos armées, dans cette saison, étoient encore nécessaires sur la frontière, et il n'avoit point d'argent pour entreprendre de châtier Paris, qui par sa grandeur étoit difficile à punir. Il jugeoit, avec raison, que ce dessein ne se pouvoit entreprendre sans craindre une révolte universelle de tout le royaume, qui se sentoit déjà en beaucoup de lieux de l'air contagieux qui régnoit dans la ville capitale. En faisant languir les affaires, il n'avoit souhaité que d'emporter l'avantage, à l'égard du parlement, d'être celui qui auroit le plus contribué à l'accommodement, et à leur faire accorder les priviléges qu'ils demandoient; mais, malgré toutes ses finesses, il fut contraint de partager avec les princes cette honteuse gloire.

La Reine, les princes et le ministre se quittèrent tous dans la grande place qui sépare les deux châteaux. Les princes retournèrent trouver les députés, qui les attendoient au château neuf où logeoit le duc d'Orléans, et le cardinal s'en retourna dans son appartement. Il fut suivi à l'ordinaire d'un grand nombre de courtisans, qui, tout maltraité qu'il étoit des peuples et du parlement, ne l'abandonnoient pas, parce qu'il étoit toujours le maître de leur fortune.

Les princes dirent aux députés que, pour ce jour, ils n'avoient pu rien gagner sur l'esprit de la Reine; mais ils leur promirent de faire encore de nouveaux efforts pour vaincre sa fermeté. Dans cette espérance, il les prièrent de vouloir revenir le lendemain, les assurant qu'ils acheveroient sans doute de décider de toutes choses. Ce jour paroissoit devoir être fatal à l'État, puisqu'il s'agissoit de se résoudre à faire une guerre dangereuse, ou bien une très-honteuse paix où le premier des rois de l'Europe se verroit contraint d'obéir à ses sujets, et de leur accorder malgré lui tout ce qu'il leur plairoit de lui demander.

La Reine étant de retour de la promenade, où sans doute elle s'étoit mal divertie, elle vint s'asseoir à son cercle, où je vis dans son visage et dans ses yeux que les affaires n'alloient pas selon son goût. Peu après, les princes arrivèrent, qui la firent quitter cette place pour aller au conseil. Avant que d'y entrer, elle tira le maréchal de Villeroy contre une fenêtre, pour lui faire part de ses peines. Elle ne se plaignoit pas du cardinal, quoiqu'il fût d'avis contraire au sien; elle comprenoit bien qu'il ne pouvoit pas faire autrement, et qu'il falloit qu'il fît semblant de vouloir la paix, pour ne point attirer la haine du parlement qu'il n'avoit déjà que trop. Son ressentiment alloit contre les princes qui l'abandonnoient en cette occasion; et j'entendis qu'elle disoit à ce maréchal: « Vraiment, si je consen« tois à de telles demandes, et que je laissasse « anéantir l'autorité du Roi jusqu'à ce point, mon « fils deviendroit un beau roi de carte. Qu'on ne « m'en presse point, car je n'y consentirai jamais. » Je ne sais ce que le gouverneur du Roi lui répondit; mais, après cette conversation, elle entra dans son cabinet où se devoit tenir le conseil. Avant qu'il fût commencé et que nous en fussions sortis, je remarquai que M. le prince s'approcha de la Reine, pour lui parler en faveur du parlement. Il lui disoit, à ce que je pus comprendre, que le temps du châtiment étoit passé, et qu'il le falloit faire aux premières marques de leur désobéissance; car la Reine tout émue lui répondit: « Eh bien! monsieur, n'en parlons « plus, c'est une faute; mais n'en faisons pas une autre qui seroit beaucoup pire. » Quant on vit ce trouble parmi les premières personnes de l'État, nous nous retirâmes pour les laisser décider entre eux du sort de la France. Ce fut alors qu'il se fit entre eux un rude combat. Les intérêts différens, qui animoient les uns et les autres, firent que chacun disputa son avis avec opiniâtreté et beaucoup de chaleur. La Reine étoit seule dans l'opinion qu'elle soutenoit avec courage; et tous l'abandonnèrent, hormis le chancelier, qui avoit un ordre secret de ne se pas départir de ses sentimens : et comme tous vouloient battre en ruine sa fermeté et sa résolution, elle soutint cet effort avec une force qui auroit été invincible, si à la fin elle n'avoit été mal conseillée. Elle n'épargna ni Monsieur ni M. le prince : elle attaqua même le cardinal, ne croyant pas lui faire beaucoup de mal; elle lui dit devant les autres des rudesses étranges, et le blâma de sa douceur, lui pronostiquant que toute sa bonté lui seroit inutile. Enfin les portes du cabinet s'ouvrirent avant le temps. Le cardinal Mazarin, qui avoit accoutumé de demeurer après la fin du conseil avec la Reine, sortit le premier; et à l'air de son visage il sembloit qu'il étoit en mauvaise humeur. Le prince de Condé le suivit, et le duc d'Orléans demeura avec la Reine, pour tâcher d'adoucir son ressentiment et sa peine. L'abbé de La Rivière alors fut appelé par son maître, pour faire le tiers dans cette conversation où la Reine seule avoit le cœur rempli d'amertume et de douleur. Une demi-heure après, le duc d'Orléans s'en retourna chez lui tout pensif, quoique dans le vrai il ne fût nullement affligé. Son favori faisoit l'affaire, comme si la chose dont il s'agissoit l'eût touché sensiblement. Il étoit néanmoins satisfait, et croyoit dans son ame que cet abaissement du ministre serviroit à son élévation.

M. le prince vint un moment après trouver la Reine : il fit officieusement deux voyages vers elle, pour lui faire voir l'innocence du cardinal et pour le mettre bien dans son esprit. Nous vîmes aussitôt, par toutes ces choses, qu'il y avoit quelque inquiétude nouvelle dans le cabinet, et que les affaires n'alloient pas bien. En mon particulier, je ne fus pas long-temps dans cette inquiétude; car la Reine, peu après, étant demeurée seule, comme elle voulut entrer dans son oratoire pour prier Dieu, je lui demandai la cause de ce que je voyois; et, la plaignant de toutes ses souffrances, je la suppliai de m'apprendre ce que M. le cardinal disoit sur tout cela. Elle me fit l'honneur de me répondre, comme si en effet elle eût été un peu fâchée contre lui. « Qu'il en dise ce qu'il lui plaira, me dit-« elle ; mais je ne changerai point ma résolution. « —Et quelle est votre résolution, lui dis-je, ma-« dame? —C'est, me dit-elle, de faire tout le « contraire de ce qu'il veut que je fasse. » Puis me faisant un souris : « Vous jugez bien, me dit « la Reine, qu'il n'est pas assez déraisonnable « pour souhaiter ce qui va à la ruine du Roi. Il « ne peut pas mieux faire; mais je ne laisse pas « d'être en effet fâchée contre lui, car il est très-« bon. » Ces paroles me firent aussitôt comprendre toute l'histoire, et démêler les causes de tant de différentes opinions qui faisoient cette petite guerre; et je jugeai bien vite que ce bruit avoit été fait exprès pour tâcher d'engager les princes à soutenir davantage l'autorité royale, pour faire voir la douceur du cardinal, et diminuer le mérite que le duc d'Orléans et le prince de Condé prétendoient avoir à l'égard du parlement; attendu que les disputes qu'ils avoient eues contre la Reine, pour obtenir d'elle ce qu'il demandoit, devoient apparemment produire de mauvaises suites contre son service et contre son autorité. Le lendemain, je dis à un de mes amis (1), qui avoit part au secret, ce que j'avois deviné de toute cette belle comédie du jour précédent. Il fit un grand cri, et me dit : « Ah, madame, gardez-vous bien de savoir de « telles choses ! c'est présentement le plus grand « secret du sanctuaire. » Après l'avoir rassuré sur sa frayeur, je lui dis que mes lumières venoient de bon lieu; et lui faisant des questions sur ce que je pensois savoir presque aussi bien que lui, il m'avoua que tous se moquoient les uns des autres, que la Reine seule agissoit de bonne foi : car quoiqu'elle crût bien jouer la comedie en faveur de son ministre, afin de lui ôter la haine publique de ce refus, il étoit vrai néanmoins qu'elle n'avoit point d'envie d'accorder au parlement ce qu'il demandoit, et que le cardinal ne la trompoit pas en cela, lui ayant dit que peut-être en tenant bon contre les princes elle les feroit revenir à son avis : ce qu'il auroit fort souhaité; et, par conséquent, il jugeoit que cette résistance ne pouvoit que lui être avantageuse. Elle devoit faire paroître sa douceur, au cas que la Reine pût se soutenir contre le parlement et les princes; et, s'il étoit contraint de se relâcher et de faire changer les sentimens de cette princesse, il feroit voir et sa douceur et sa puissance tout ensemble. Cette personne me dit qu'elle ne croyoit pas que le cardinal se pût résoudre facilement à conseiller la Reine de prendre d'autres résolutions que celles qu'elle avoit déjà prises, quoiqu'il fît paroître aux princes de lui vouloir persuader l'accommodement, parce qu'il l'avoit vue inquiétée de cette affaire, et regarder la prétention du parlement comme l'ex-

---

(1) M. de Senecterre.

tinction de l'autorité royale. Mais enfin les grandes conséquences ayant étonné ce ministre, il fut contraint d'y consentir. Il vit les princes favoriser le parlement, malgré la protection qu'ils avoient promise aux intérêts du Roi et aux siens : il manquoit d'argent et de puissance pour mieux faire ; et peut-être qu'il manqua aussi dans le jugement qu'il fit des forces et de la puissance royale. Pendant que la Reine tenoit bon, il se résolut de tirer du parlement la meilleure composition qu'il lui seroit possible ; et quand il eut pris ses mesures, il fit changer la Reine. Le soir de ce jour, avant qu'elle s'endormît, le secrétaire du cardinal, nommé de Lyonne (1), vint la trouver deux fois, et eut d'assez longues conférences avec elle de la part de son maître ; puis le lendemain, au sortir de la messe, Le Tellier, secrétaire d'Etat, y vint aussi, qui acheva de la résoudre d'accorder aux députés ce qu'ils désiroient : à condition qu'au lieu de trois mois qu'ils demandoient, en faveur des prisonniers, pour être renvoyés à leurs juges naturels, elle en demanda six avant que le Roi fût obligé de les rendre.

Les affaires en cet état, il se tint un conseil sur le midi, avant l'arrivée des députés, où il fut arrêté qu'ils feroient ensemble un concordat où la Reine déclareroit pour la décharge de sa conscience, ou plutôt pour réparer sa gloire et son honneur, que c'étoit à la prière des princes et à la nécessité présente de l'Etat qu'elle s'étoit résolue d'accorder au parlement les choses qu'il avoit demandées : ce que cette princesse signa avec une douleur incroyable, et avec les sentimens d'une reine qui véritablement aimoit ses enfans et l'Etat. Elle se laissa conduire malgré elle par les conseils de son ministre, qui les lui donna malgré lui. Aussi beaucoup de personnes crurent alors que le cardinal, qui n'étoit pas assez aimé pour être bien servi, fut trompé : premièrement par lui-même, ayant eu trop de peur des princes ; et plus encore par beaucoup de gens qui lui disoient que la fermeté de la Reine le faisoit haïr, et qu'on alloit donner un arrêt contre lui. Il crut qu'il falloit par prudence éviter ce coup, pour en attendre le remède, par les changemens qui arrivent d'ordinaire dans les Etats, qui peuvent, étant bien ménagés, guérir les maux les plus incurables.

Ensuite de cette résolution, les députés, arrivant à Saint-Germain, trouvèrent leurs affaires faites, et n'eurent rien de plus difficile à exécuter qu'à remercier la Reine et les princes. Ils s'en allèrent, remplis de présomption, donner part à leur compagnie de leur victoire. Elle fit là-dessus ce qu'elle avoit accoutumé de faire, qui est de s'assembler ; et il fut arrêté qu'ils enverroient des députés chez le premier président pour examiner tous les articles dont la cour étoit demeurée d'accord, et ceux qu'ils demandoient encore, afin de dresser eux-mêmes la déclaration qu'ils vouloient que le Roi leur donnât. Mais la malice étoit alors si surabondante dans tous les esprits, qu'il y eut des conseillers qui furent d'avis, afin de demeurer toujours en état de s'assembler, de laisser venir la déclaration du Roi telle qu'il lui plairoit de l'envoyer, et après délibérer sur chaque article.

Quelques jours se passèrent après cet assassinat commis contre l'autorité royale, que la Reine étoit triste ; et le duc d'Orléans et le prince de Condé, dans une joie excessive. Ils se regardoient comme les maîtres de l'Etat, de la cour, de la noblesse, du parlement et des peuples ; et se laissoient flatter par les soins que prenoient les compagnies souveraines, et chaque particulier, d'acquérir leur faveur. Les gens du monde aiment naturellement l'intrigue, et à plaire aux grands : tous ceux qui approchoient des princes ne cessoient de leur parler de leur puissance et des changemens qui pouvoient arriver dans le royaume, qui leur en pourroient donner une plus grande. Ils n'étoient pas alors dans des sentimens préjudiciables au service du Roi et de la Reine, et n'avoient nul dessein de les abandonner ; mais ils ne laissoient pas de leur faire du mal, par cette condescendance qu'ils avoient eue pour les dernières entreprises du parlement. La complaisance que l'amour de leur grandeur excitoit en leur cœur, par les belles idées qui les pouvoient flatter, étoit dangereuse à l'Etat ; et les courtisans augmentoient ce mal par leurs adulations continuelles. M. le prince étoit revenu de l'armée avec de très-droites intentions : les grands services qu'il rendit à la Reine, bientôt après cet accommodement, lui en furent de grandes preuves ; mais il y avoit dans sa famille des personnes dont l'esprit étoit gâté, qui travailloient à le corrompre : et les intérêts de Chavigny achevèrent en cette occasion de le faire relâcher de sa première résolution. Il est difficile de protéger des intérêts opposés l'un à l'autre. Ce changement flétrit alors la beauté de ses sentimens, mais elle n'en fut pas détruite tout-à-fait ; et sur les plaintes que la Reine lui fit de l'avoir abandonnée, je sais qu'il lui fit de nouvelles protestations de fidélité, qui n'empêchèrent pas qu'elle ne demeurât quelque temps mal satisfaite de lui. Elle n'osoit croire qu'il fût sincère quand il lui promettoit qu'il lui seroit fi-

---

(1) Hugues de Lyonne, depuis ministre des affaires étrangères.

dèle. Je sais, par le chancelier même (1), qu'alors le duc de Longueville fit ce qu'il put pour le détourner de l'attachement qu'il avoit eu aux intérêts et aux désirs de la Reine, en s'opposant aux demandes du parlement ; et qu'il lui fit dire, par un de ses amis, qu'il perdroit l'Etat et sa fortune particulière d'en user ainsi. Sa réponse fut qu'il savoit bien ce qu'il faisoit, et qu'il étoit résolu, toutes les fois qu'il trouveroit son devoir et la volonté de ses supérieurs ensemble, d'aller toujours par ce chemin, comme le meilleur et le plus sûr.

Ce que le ministre avoit été contraint de faire, accordant au parlement toutes leurs demandes, le forçoit de mettre Chavigny en liberté dans six mois. Il crut, cela étant, qu'il valoit mieux le faire sortir promptement ; et ceux qui furent du secret ne manquèrent pas aussitôt d'en faire avertir sa femme, lui faisant savoir que ses peines n'avoient pas été inutiles, quand elle avoit travaillé par ses parens et ses amis à faire que le parlement s'intéressât à la liberté de son mari.

Ces grandes grâces accordées aux réformateurs de l'Etat ne causèrent nul repos à la Reine. Ils augmentoient tous les jours leurs demandes, et n'en demeuroient point aux termes de leurs dernières conférences. Le 12 d'octobre, le peuple, excité par de pernicieux esprits à vouloir prendre part au gouvernement, s'assembla en tumulte au palais, sur un certain impôt qui regardoit les taverniers : ce qui fut cause qu'eux et les marchands de vin se querellèrent. Le prévôt des marchands, qui voulut les aller séparer, y pensa perdre la vie. Ils se jetèrent tous sur lui, ils rompirent son carrosse, et il s'en fallut peu que cette canaille ne le mît en pièces lui-même. On rapporta cette nouvelle à la Reine, qui, après avoir demandé l'avis des princes sur ce qu'elle avoit à faire, envoya pendant la nuit une lettre de cachet au parlement. Le Roi leur mandoit de le venir trouver ; et le soir en quittant la Reine, sur ce que je souhaitois du remède à ses inquiétudes et que je la plaignois de ses maux, elle me répondit : « Plaignez-moi plutôt de ce « que je n'ai pas vengé le Roi comme je l'ai tou- « jours désiré ; car si cela étoit, ils ne seroient « plus en état de me faire du mal, ni moi en ce- « lui d'être plainte. »

Le lendemain, la nouvelle arriva que Madame étoit accouchée d'une fille, au grand regret du duc d'Orléans et de la Reine même, qui n'eût pas été fâchée qu'elle eût eu un fils, pour balancer un peu les grands avantages du prince de Condé. Sa valeur, et l'estime qu'il avoit dans

(1) Seguier.

la cour et dans les armées, donnoient sujet à la Reine de craindre qu'il ne fût capable d'entreprendre de ces guerres injustes qui ruinent les rois, et ceux qui les attaquent encore davantage : ce qui pouvoit arriver aisément dans un temps qui paroissoit annoncer de l'orage. Quelques jours avant la naissance de cette dernière fille, madame la princesse vint le matin chez la Reine. En lui donnant sa chemise, les femmes de chambre de la Reine, qui parloient librement devant elle, parce qu'elle étoit douce et familière, se mirent à faire des prédictions en faveur de madame la princesse, et trouvèrent par mille raisons que Madame ne devoit avoir qu'une fille. Elle, pour ne pas montrer un désir empressé du mal d'autrui, leur répondit qu'elle croyoit le contraire, et qu'ayant eu déjà beaucoup de filles, il étoit à croire que ce seroit un garçon. La Reine, en l'interrompant, se mit à rire, et lui dit tout haut : « Gagez hardiment, « ma cousine, contre elles ; car, en bon Fran- « çais, vous ne serez pas fâchée de perdre ; et « quelque forte que soit la gageure, votre fils la « paiera de bon cœur. » Puis, me regardant avec un souris qui m'expliquoit ses pensées, elle me dit ensuite tout bas que pour elle, qui ne faisoit point de façons, elle avoit pensé lui dire qu'elle lui auroit souhaité le gain de la gageure, parce qu'il est juste que chacun vive.

Ce même jour, après midi, les députés du parlement vinrent trouver notre Régente. On leur fit des plaintes des désordres qui se passoient à Paris, au préjudice du service du Roi. On leur ordonna de contenir le peuple, et de se tenir aux termes des conférences dernières ; mais parce qu'on prévoyoit que leurs délibérations iroient à demander des nouvelles décharges pour le peuple, et que le ministre ne vouloit pas que cela vînt de leur part, la Reine, pour gagner les bonnes volontés du public et diminuer le crédit du parlement, leur redonna encore douze cent mille livres de diminution sur tous les impôts qui se lèvent à Paris ; et après leur dit qu'elle ne vouloit plus entendre parler des demandes du peuple. Après cette déclaration, ceux du parlement, qui ne cherchoient qu'à embarrasser la cour, firent assez entendre qu'ils prétendoient davantage qu'on ne leur offroit.

Le jour d'après, les chambres s'étant assemblées à l'ordinaire, quantité de canailles, bien payées par les ennemis de l'Etat, firent un grand vacarme devant le Palais, criant contre le parlement de ce qu'il ne les soulageoit pas, et ne s'amusoit qu'à parler de ses intérêts. Les taverniers gourmandèrent le premier président. Les présidens de Nesmond et de Maisons furent menacés et poussés avec rudesse. La rumeur y fut grande, et la véritable cause de ces désordres étoit ignorée. On voyoit seulement qu'il falloit qu'il y eût de méchans esprits qui animoient le peuple par leurs intrigues, en le persuadant que, pour se délivrer de payer le Roi, il falloit faire du bruit. Cette dernière émotion étoit fondée sur ce que ces mutins vouloient que le parlement donnât un arrêt pour ordonner que les deniers des deux impôts qui avoient été mis sur chaque tonneau de vin, montant à cinquante-huit sols, ne fussent point levés, et qu'il leur fût permis de ne rien payer au Roi. Toutes ces menées, qui furent sues à Saint-Germain une heure après, donnèrent de nouvelles inquiétudes à la Reine et à son ministre, qui voyoit clairement que le parlement n'étoit pas seul, et qu'il falloit que beaucoup de personnes ambitieuses fissent remuer ces machines, dont on soupçonnoit toujours avec justice le coadjuteur de Paris, et les ennemis particuliers du ministre, savoir Châteauneuf et Chavigny, qui vouloient sa place et sa ruine. La part qu'ils y avoient devoit être grande, puisque l'ambition et la vengeance en étoient la source : deux grands motifs qui font presque toujours naître dans le cœur des hommes l'injustice et les crimes. On pouvoit joindre à ceux-là les mécontens, dont la maison de Vendôme et ses amis faisoient une grande portion. Il y avoit encore les malheureux qui restoient de la déroute des importans, et cette troupe étoit nombreuse.

Le soir de ce même jour, le parlement, les chambres assemblées, donna un arrêt pour apaiser le peuple, portant décharge des cinquante-huit sols, qui fut aussitôt lu, publié et affiché par tous les carrefours de la ville; et fut conclu qu'on viendroit très-humblement supplier la Reine de donner deux millions au peuple, dans lesquels seroient compris les deux arrêts qu'ils avoient donnés à la décharge du peuple, le dernier et celui du pied fourchu; et que le reste se diminueroit sur les autres denrées : moyennant quoi l'article tant du tarif que des rentes seroit conclu, et qu'on supplieroit aussi Sa Majesté de consentir qu'ils demeurassent toujours assemblés jusqu'à ce que toutes les affaires fussent finies, et que la déclaration qu'ils espéroient, et qui leur avoit été accordée aux dernières conférences, fût envoyée au parlement.

Sur cela, les conseils redoublent à Saint-Germain. On voit visiblement que le parlement ne veut point de paix avec son maître, et la Reine recommence à désirer qu'il soit puni de toutes ses entreprises. Les princes, vaincus par la raison, n'osent plus le défendre, et semblent ne vouloir plus que la guerre. Le ministre ne dit mot; mais il écoute volontiers ceux qui la conseillent, et tous ensemble pendant deux jours parurent ne désirer que le châtiment des coupables. Il étoit impossible aux princes, sans manquer visiblement à ce qu'ils devoient au Roi, de ne pas avouer que Paris abusoit des grâces qu'on lui avoit faites, et que la punition de cette ingratitude devenoit tout-à-fait nécessaire et inévitable. On m'assura qu'alors M. le prince (je ne sais par quels motifs, mais il est à croire qu'ils étoient bons) fit sonder quelques gouverneurs de places qui étoient ses serviteurs, pour savoir d'eux s'ils entreroient dans ses intérêts, au cas qu'il eût besoin de leur assistance. Le prince de Conti et le duc de Longueville, qui étoient destinés à contribuer à l'augmentation de nos maux, et qui assistoient à tous les conseils du Roi, montrèrent alors qu'ils désapprouvoient le procédé du parlement, et faisoient mine d'être bien intentionnés.

Le 15 d'octobre, les gens du Roi arrivèrent à Saint-Germain, qui venoient demander à la Reine les deux millions, et protester de leur innocence et bonnes intentions. Ils trouvèrent la Reine prête à partir pour aller visiter les carmélites de Pontoise, à cause qu'il étoit le jour de Sainte-Thérèse. Son voyage fut cause qu'ils différèrent leur députation jusques à son retour au soir. La Reine, revenue de son petit voyage, s'enferma au conseil, où déjà les princes et le cardinal, attendant son retour, avoient commencé à traiter de quelques affaires. Ils avoient résolu d'accorder les deux millions, puisque cela n'alloit qu'à huit cent mille livres de plus; et avoient trouvé que cette somme ne pouvant ruiner le Roi, il étoit bon de la leur céder, afin d'achever de les mettre tout-à-fait dans leur tort. Mais ils conclurent entre eux que si, après cette dernière libéralité, cette compagnie si difficile à contenter ne devenoit sage, il falloit tout de bon penser à châtier leur rebellion; et quoique la chose fût de difficile exécution, elle leur parut si nécessaire que pas un des deux princes ne voulut la contrarier. La Reine demeura d'accord des résolutions prises en son absence, parce qu'elle voyoit qu'elle pourroit à l'avenir espérer de l'assistance de ceux qui jusques alors l'avoient souvent abandonnée. Cette pensée lui fut une consolation assez forte pour adoucir tous ses maux, et la faire résoudre gaiement à donner tout ce qu'on lui demandoit. Elle crut qu'elle auroit la paix dans l'Etat, et que par elle et le temps elle pourroit rétablir l'autorité du Roi son fils; ou que ne l'ayant pas, elle auroit la satisfaction de punir les rebelles. On donna aux députés la réponse de la Reine par écrit, à savoir: qu'elle leur accordoit les deux millions qu'ils demandoient à régler sur ce qu'ils trouveroient de plus propre à ôter; et leur ordonna en même temps de finir leur délibération dans trois jours. Ils partirent à dix heures du soir, après avoir reçu cette douce réponse; et le lendemain ils la rapportèrent à la grand'chambre. Ils délibérèrent sur cette dernière grâce, et il y eut dans cette compagnie des esprits factieux et indignes d'être les membres de ce corps, qui furent assez hardis et assez malicieux pour dire qu'ils étoient d'avis de refuser tout accommodement avec la cour; et d'autres particuliers proposèrent plusieurs bizarres et séditieuses opinions. Mais Broussel, le père de la patrie en cet endroit, fut d'avis de remercier la Reine du présent qu'elle faisoit au peuple à leur prière, et de travailler à finir les affaires présentes; et parce qu'il eut honte d'avoir parlé une fois en homme de bien et en bon serviteur du Roi, il ajouta qu'il étoit pourtant d'avis de demander encore quelque diminution sur les tailles: ce que ses confrères, en l'excusant de cette proposition, disoient n'être pas de grande conséquence, mais qui néanmoins déplut tout-à-fait au ministre, parce qu'elle le confirmoit toujours dans cette créance que le parlement vouloit le pousser, qu'il ne vouloit point de paix qui vînt de lui, et que les grâces même que la Reine leur faisoit leur étoient odieuses.

Le 18, les gens du Roi vinrent faire leur rapport à la Reine de ce qui s'étoit passé au parlement. Ils lui montrèrent leur dernier arrêté, la supplièrent de leur dire si elle n'y trouvoit rien à redire, la remercièrent, et lui firent leur demande sur la diminution des tailles, dont Broussel avoit été d'avis. La Reine, pleine de dépit et d'embarras, ne fit point de réponse. Elle tint conseil sur cette nouvelle proposition, qui leur donnoit de nouvelles affaires; et toujours son avis alloit à la guerre. Ce même jour, la Reine, me faisant l'honneur de me parler de cette dernière chicane, me dit que l'ouvrage du parlement, par les retranchemens qu'il avoit faits en faveur du peuple, alloit pour lors à trente-deux millions de diminution sur le revenu du Roi: si bien que, dans les apparences continuelles de la paix, on ne voyoit qu'une guerre presque assurée.

Le 24, le premier président apporta à la Reine la déclaration de la part de sa compagnie, qui avoit été dressée par eux-mêmes, où toutes leurs demandes étoient pleinement expliquées, et où il étoit facile de remarquer qu'ils avoient été trop insatiables pour de sages sénateurs qui sont destinés à modérer les excès des autres. On tint conseil là-dessus; et comme il falloit en ce jour recevoir la paix pour tâcher d'éviter la guerre, les différens sentimens causèrent beaucoup de disputes et de raisonnemens dans le cabinet. La Reine pressa les princes de l'assister, et de lui tenir la parole qu'ils lui avoient donnée dans la dernière conférence, où ils lui promirent de lui aider à châtier les rebelles, s'ils ne se contentoient de toutes les grâces qu'elle leur faisoit, et leur représenta que la demande que le parlement lui faisoit tout de nouveau sur les tailles les devoit obliger à ne plus balancer, et à renoncer à la paix pour suivre ses sentimens. Ils lui répondirent qu'ils ne se sépareroient jamais de ses intérêts, mais que la chose étoit dangereuse à l'Etat. Le cardinal continua de jouer son personnage ordinaire, qui étoit de faire paroître la Reine rude, et de prendre toujours en son particulier la voie de la douceur. Le maréchal de La Meilleraye, qui selon les apparences devoit parler selon les sentimens du ministre, fut d'opinion qu'il falloit accorder au parlement toutes leurs demandes, afin de finir avec eux, et quasi malgré eux, le sujet de toutes leurs brouilleries. Il représenta fortement l'état pitoyable de la France, la nécessité du Roi, la révolte générale des peuples, leurs insolences, et le peu d'affection qui se remarquoit dans le cœur des Parisiens pour la personne du Roi et de la Reine. Il n'oublia pas de citer l'audace du parlement, celle que leur exemple inspiroit à toutes les cours souveraines du royaume, la guerre étrangère, et celle qu'il faudroit soutenir contre des sujets rebelles, qui peut-être suivroient le mauvais exemple de l'Angleterre. Il conclut enfin qu'il falloit nécessairement faire la paix telle qu'il plairoit au parlement de la demander; et son avis fut suivi de celui de tous les autres. Une personne, qui étoit alors dans les conseils les plus secrets, me dit que si les princes eussent montré plus de fermeté pour les intérêts de la Reine, la campagne étant presque finie, le ministre auroit volontiers entrepris de châtier Paris; mais qu'il avoit fait soutenir l'avis de la paix, parce qu'il ne voyoit pas qu'il dût rien hasarder sur le peu de protection qu'il pouvoit espérer de leur part.

La paix étant résolue, on scella la déclaration, et on l'envoya au parlement. Cette compagnie fit la grâce au Roi de la recevoir, et de promettre d'obéir à la Reine, qui leur ordonna, pour la centième fois, de ne se plus assembler. Un de mes amis(1), sortant de ce conseil, me dit en riant qu'il seroit bien fâché que le parlement eût envie de sa tête, parce que sans consul-

(1) M. Le Tellier.

ter on la lui feroit couper trop promptement. M. le duc d'Orléans et M. le prince de Condé, voulant s'acquérir les bonnes volontés de ce corps, faisoient à l'envi l'un de l'autre tout ce qui leur étoit possible pour lui plaire; et le ministre n'osant maintenir l'autorité royale contre tant de puissances la laissoit abattre entièrement; et, ne pensant qu'à gagner du temps et à conserver sa place et sa personne, il espéroit se mettre hors de péril, en accordant tout ce qu'on lui demandoit, et qu'il n'auroit peut-être pas pu refuser, vu le mauvais état des affaires.

La conclusion de la paix mit aussitôt Chavigny en liberté, comme un des principaux articles qui avoit été accordé secrètement. On lui ordonna d'aller à une de ses maisons : ce qu'il fit avec une joie extrême, avouant à ses amis qu'il avoit infiniment souffert par la privation de la liberté. Il leur dit qu'il n'auroit jamais cru que la prison fût un mal aussi grand qu'il l'avoit ressenti; et que l'expérience lui avoit fait connoître qu'il étoit un des plus insupportables qui pût arriver aux hommes pendant le cours de leur vie. Comme il avoit alors quelque piété, je ne doute point qu'ayant contribué sous le règne du feu cardinal de Richelieu à faire beaucoup de malheureux par cette voie, la vue de son péché ne l'eût humilié devant Dieu. Je le soupçonne d'avoir fait cette sage réflexion, parce qu'il étoit juste et raisonnable de la faire.

Le jour que cette paix fut accordée et reçue, la Reine me fit l'honneur de me dire qu'elle ne vouloit plus entendre parler de cette affaire, parce que le souvenir lui en seroit éternellement fâcheux. Elle m'avoua que tous ceux qui avoient contribué à cet accommodement lui faisoient de la peine à voir. Son ministre étoit la première cause de ses douleurs, pour n'avoir pas d'abord arrêté le cours de cette maladie. Elle le voyoit; mais ne voulant pas entrer dans cette discussion, elle ajouta que le cardinal, qui paroissoit être de ce nombre, n'étoit pas blâmable comme les autres, parce qu'il avoit été de cet avis plus par politique que par inclination, et qu'elle trouvoit que sa qualité de reine lui étoit bien inutile, puisqu'elle n'étoit pas la maîtresse.

Ce trouble public étant apaisé, la Discorde vint jeter une pomme vermeille dans le cabinet, pour y faire naître une petite guerre qui parut en devoir causer une fort grande.

Le 28 au matin, le maréchal d'Estrées et le marquis de Seneterre vont trouver l'abbé de La Rivière, pour lui annoncer de la part de la Reine et du ministre que M. le prince demande le chapeau de cardinal pour le prince de Conti son frère, et que la nomination déjà faite en faveur de cet abbé soit révoquée, afin qu'elle puisse être donnée à ce prince.

Cette nouvelle surprend ce favori. Il croit à peine ce qu'il entend dire : il s'emporte d'une colère excessive, et ressent vivement d'être privé d'un bien qu'il a cru lui être tout-à-fait assuré. Il croit avoir servi dignement le ministre, le faisant soutenir par le duc d'Orléans lorsqu'il fut menacé dans le parlement, et que, par la hardiesse de leurs paroles, il devoit tout craindre. Il se trouvoit trompé dans la confiance qu'il avoit eue aux promesses qu'il lui avoit faites de le servir en cette affaire, la seule qu'il avoit ardemment souhaitée. Il voit enfin en un moment toutes ses espérances perdues, et tous les sacrifices qu'il avoit faits à la fortune anéantis et sans nul effet. Il ne douta point que ce secret ne se fût concerté depuis long-temps entre M. le prince et le cardinal, et il lui sembla qu'il avoit un grand sujet de se plaindre de lui, et de l'accuser d'une manifeste dissimulation. Le temps qu'il avoit choisi pour lui faire cette déclaration lui parut odieux, ayant attendu que la paix fût conclue, afin d'avoir moins de sujet d'appréhender le ressentiment du duc d'Orléans. Son malheur étant donc accompagné de toutes les circonstances qui pouvoient en augmenter la douleur, il le sentit fortement, et ses plaintes eurent toutes les marques d'un violent désir de s'en venger. Ses amis firent ce qu'ils purent pour le résoudre de le souffrir avec patience; car, outre qu'ils aimoient l'État et la paix de la maison royale, qu'ils ne croyoient pas devoir être troublée par l'intérêt d'un particulier, ils étoient trop habiles courtisans pour ne pas conseiller tout ce qui devoit plaire au ministre. Ils lui représentèrent donc qu'il présumoit trop de ses forces, et qu'il devoit considérer que les princes d'ordinaire ne veulent pas toujours fortement ce qu'ils ont voulu, et qu'il n'avoit pas entre les mains d'assez bonnes armes pour se pouvoir défendre long-temps, et se venger avec gloire de l'outrage dont il se plaignoit. Comme il connut le motif qui faisoit parler ses amis, il ne les crut pas entièrement; et, voulant toucher son maître par l'intérêt de sa grandeur, et du respect qui étoit dû aux promesses qu'on lui avoit faites à lui-même, il mena ces deux courtisans à M. le duc d'Orléans, qui reçut cette nouvelle de la manière que son favori le pouvoit souhaiter. Il trouve que c'est à lui à se plaindre, et que son cousin le prince de Condé a tort de demander une dignité promise à un des siens, qu'il honore de sa confiance et de sa protection. Dès cet instant l'abbé cessa d'être en colère : il prit en partage la modération des philosophes; et, voyant son maître entrer dans ses intérêts, il lui laissa son ressentiment, et ne travailla plus qu'à le fortifier, tant par lui que par ses amis. Il se servit adroitement de sa froideur pour l'échauffer davantage, en lui disant qu'il n'étoit rien au monde que par lui; que ce n'étoit pas à l'abbé de La Rivière à se plaindre, et que le cardinal, en lui manquant de parole, ne devoit pas penser, pour sa décharge, qu'il lui ôtoit une grâce qu'il ne méritoit pas; mais qu'il devoit croire que c'étoit à Monsieur à qui il manquoit de respect, méprisant son nom, sous lequel il l'avoit osé prétendre. Ce favori reprit ensuite son visage serein et tranquille, et ne parut pas un moment en public ni moins gai ni moins content qu'à son ordinaire. Au sortir de la messe de la Reine, le duc d'Orléans la vint trouver. Il lui demanda une audience, où il ne vouloit point d'autres témoins qu'elle seule. La Reine aussitôt nous commanda de sortir de son cabinet; et, faisant fermer les portes, elle livra ses oreilles à toutes les plaintes que ce prince lui voulut faire. Cet entretien fut rude entre ces deux personnes : le duc d'Orléans reprocha à la Reine les grands services qu'il prétendoit lui avoir rendus, non-seulement en lui cédant la régence qu'il auroit pu lui disputer, mais en la refusant alors du parlement, qui désiroit passionnément qu'il la voulût accepter. Il lui témoigna beaucoup de ressentiment de ce qu'elle n'avoit pas balancé entre lui et M. le prince, étant entrée dans ses intérêts sans lui en avoir rien fait connoître, et lui dit assez aigrement que, malgré les bonnes raisons de M. le prince, il méritoit du moins qu'elle ne prît pas si vite un parti contraire au sien, et contraire aux engagemens qu'elle avoit avec lui touchant le chapeau de La Rivière. Il lui dit de plus qu'il s'en vengeroit, et que, n'ayant pas estimé son amitié, il vouloit lui faire sentir sa haine. La Reine lui répondit fort judicieusement, et sans emportement, qu'elle ni le cardinal n'avoient su le dessein de M. le prince que depuis peu de jours; qu'elle l'assuroit qu'elle avoit fait ce qu'elle avoit pu pour le combattre; que n'ayant pu le vaincre, vu le grand intérêt qu'il avoit à faire le prince de Conti son frère cardinal, elle s'étoit résolue de l'envoyer dire à l'abbé de La Rivière, avec promesse de le contenter en d'autres dignités telles qu'il voudroit les demander; que s'il eût été sage il auroit accepté ce parti, et n'auroit pas voulu les brouiller ensemble par son ambition, qu'au reste s'il vouloit se fâcher, elle en seroit affligée, mais qu'elle tâcheroit de s'en consoler. Elle lui dit aussi qu'elle ne lui conseilloit pas de quitter la cour, où il étoit assez bien traité pour en être content; et qu'il devoit considérer qu'il n'avoit d'autres plaintes à faire contre elle que d'avoir manqué à faire une chose qu'elle auroit désiré pouvoir accomplir, sans les obstacles qui s'y rencontroient, et qui étoient cause que cette affaire étoit devenue impossible. Le duc d'Orléans lui répondit que ce n'étoit pas à lui à quitter la cour; qu'il en composoit la meilleure partie; qu'il vouloit seulement faire sa charge de lieutenant général du royaume, sans prétendre à son amitié, puisqu'elle ne la lui avoit pas voulu conserver. Le cardinal parut sur la fin de la conversation, qui fit ce qu'il put pour adoucir l'esprit de l'un et de l'autre; mais il les trouva plus aigris qu'il ne l'auroit pu penser, et tous deux ensuite se séparèrent mal contens. Monsieur ne laissa pas de revenir le soir au conseil; mais ce fut en grondant, et faisant tout-à-fait le fâché.

La veille de la fête de tous les saints, la Reine partit de Saint-Germain pour revenir à Paris jouir du repos qu'il sembloit que cette dernière déclaration lui devoit faire espérer. Avant que de quitter ce lieu, elle alla visiter madame la duchesse d'Orléans qui étoit en couche. Cette princesse haïssoit le favori de Monsieur; mais, pour plusieurs raisons, elle avoit voulu prendre hautement son parti : si bien que la Reine venant la voir, elle lui témoigna prendre beaucoup de part à l'offense que Monsieur croyoit lui avoir été faite. Elle avoit dit tout haut, quelques heures avant que la Reine y arrivât, que jusqu'alors on avoit égratigné Monsieur, et qu'il ne l'avoit pas voulu sentir; mais qu'en cette rencontre il avoit reçu un grand coup d'épée tout au travers du corps, et qu'il étoit forcé de se plaindre. Elle étoit fort opposée à toute la famille de Condé, par cette émulation qui se rencontre toujours parmi les personnes de cette naissance. Elle n'aimoit pas beaucoup la Reine, et moins encore le ministre, à cause des intérêts du duc de Lorraine (1) son frère, qu'elle souhaitoit ardemment voir rétabli dans ses Etats. Elle s'imaginoit que si Monsieur eût voulu prendre plus d'autorité dans le royaume, il lui auroit été facile, en s'élevant lui-même davantage, de tirer le duc de Lorraine de l'abyme où il étoit tombé. L'assistance qu'autrefois Monsieur avoit reçue de lui pendant son exil à Nancy lui avoit attiré la colère du feu Roi : cette colère lui avoit fait perdre ses Etats et son bonheur; et c'étoit avec raison qu'elle croyoit Monsieur obligé de le protéger. Il lui sembla donc qu'en désunissant le favori de ce prince d'avec le ministre de la Reine, elle le mettroit dans son parti pour la servir auprès de lui dans cette passion légitime qu'elle

(1) Charles IV. Richelieu l'avait dépouillé de ses États.

conservoit pour son frère, et l'obligeroit, en soutenant ses intérêts, à se ranger dans les siens. Ainsi la visite de la Reine se passa froidement, et finit sans que le duc d'Orléans, qui vint dans la même chambre, s'approchât d'elle : ce qui fut désapprouvé des personnes les plus intéressées; car les hommes, en général, ne sauroient jamais trop rendre de civilités aux dames; et ce prince en devoit beaucoup en son particulier à la Reine, qui, en grandeur, n'avoit point d'égale en toute la terre. Monsieur, étant dans la chambre de Madame en présence de la Reine, parla toujours à Mademoiselle, sa fille, qui par mille autres raisons étoit, aussi bien que Madame, sa belle-mère, dans une joie extrême de la colère de ce prince. Elle n'avoit aussi nulle bonne volonté pour l'abbé de La Rivière, et ne laissoit pas d'animer Monsieur, non-seulement pour se venger de la Reine qui l'avoit un peu tourmentée sur l'affaire de l'archiduc, mais comme ambitieuse elle avoit de grands intérêts que Monsieur n'appuyoit pas assez. Elle auroit trouvé fort à propos que son favori lui eût inspiré le désir d'y penser fortement; et dans cette occasion elle n'oublia rien pour l'y obliger. Elle avoit onze ans plus que le Roi; et, malgré cet âge, elle ne trouvoit pas hors de raison de le désirer pour son mari. Elle avoit de la beauté, de l'esprit, des richesses, de la vertu, et une naissance royale. Cette princesse crut que toutes ces choses ensemble pouvoient mériter cet honneur. Sa beauté néanmoins n'étoit pas sans défauts, et son esprit de même n'étoit pas de ceux qui plaisent toujours. Sa vivacité privoit toutes ses actions de cette gravité qui est nécessaire aux personnes de son rang, et son ame étoit trop emportée par ses sentimens. Ce même tempérament ôtoit quelquefois à son teint un peu de sa perfection, en lui causant quelques rougeurs; mais comme elle étoit blanche, qu'elle avoit les yeux beaux, la bouche belle, qu'elle étoit de belle taille et blonde, elle avoit tout-à-fait en elle l'air de la grande beauté.

Le cardinal Mazarin alla aussi prendre congé de Madame, que sa couche devoit retenir encore quelque temps à Saint-Germain; et de son appartement passant à celui de M. le duc d'Orléans, il fut reçu de ce prince froidement. Il lui dit, parlant de l'affaire présente, qu'il n'étoit pas en volonté de souffrir cet affront. Ce fut le même terme dont il se servit pour exprimer son ressentiment; et cela fut cause que le ministre ne put pas retourner à Paris jouir de la paix qu'il avoit achetée si chèrement, sans craindre de nouvelles inquiétudes. Ce même jour, le Roi et la Reine, le prince de Condé et toute la cour se rendirent dans cette célèbre ville, où, selon la légèreté ordinaire des peuples, la Reine fut reçue avec des témoignages extrêmes d'une grande joie.

Deux jours après, le duc d'Orléans alla au Palais-Royal accompagné des princes lorrains, du duc de Nemours (1), des ducs de Candale et de Brissac, et de quantité de personnes de grande condition. Tous les mécontens du royaume allèrent s'offrir à lui. La presse fut grande au Luxembourg : on y pestoit publiquement contre la Reine et son ministre; et M. le prince, étant du parti de la cour, ne reçut pas en cette occasion tant de marques de la bonne volonté publique et particulière qu'en reçut de toutes parts le duc d'Orléans.

Ce prince se plut dans cet applaudissement, et ces belles apparences le flattèrent. Il dit un jour devant tout le monde que la Reine étoit une ingrate, que son ministre étoit un fourbe, et qu'il manquoit de parole à ses amis. Selon ce qui paroissoit du ressentiment du duc d'Orléans, il sembloit que toute la cour étoit prête de se brouiller : ce qui s'accordoit aux désirs de beaucoup de personnes qui travailloient à la mettre en cet état. Le cardinal, par cette douceur qui lui faisoit toujours souhaiter de pouvoir satisfaire les personnes qu'il craignoit, alloit se justifiant à ceux qui portoient les intérêts de Monsieur. Il protestoit de son innocence à l'égard du respect qu'il avoit pour lui, et montroit avec soin qu'il souhaitoit contenter son favori. Il assuroit tous les amis de l'abbé de La Rivière qu'il avoit procuré sa nomination avec autant de chaleur que s'il avoit été son frère. Il disoit qu'il étoit au désespoir de l'obstacle que M. le prince y vouloit mettre, et offroit toutes les choses possibles pour le récompenser du chapeau. Plusieurs voyages se firent du Luxembourg au Palais-Royal par le maréchal d'Estrées et le marquis de Seneterre, pour accommoder cette affaire; et, comme ils alloient souvent de nuit, ceux qui vouloient que le duc d'Orléans se révoltât tout de bon les appeloient par dérision des *oublieux*, à cause de l'heure indue qu'ils prenoient pour négocier, et parce qu'ils vouloient faire entendre qu'ils vendoient de la marchandise peu solide.

M. le prince étoit ravi de penser que cette petite querelle chasseroit Monsieur de la cour, et qu'il demeureroit le maître du cabinet. Pour venir à ses fins, il travailloit de tout son pouvoir pour détruire entièrement son compétiteur dans l'esprit de la Reine. Il lui faisoit sentir ses reproches avec toute leur laideur, et l'assuroit souvent qu'il la garantiroit lui seul de tous ses maux imaginaires. Il lui disoit quelquefois en raillant que la colère de ce prince n'avoit pas produit jusques

(1) Charles-Amédée de Savoie.

alors de grands malheurs; qu'elle pouvoit dormir en repos, et qu'elle n'avoit rien à craindre.

Le 4 du mois de novembre, le duc d'Orléans alla voir Madame à Saint-Germain; et ce même jour il y eut comédie au Palais-Royal, pour montrer à ce prince que son mécontentement et son absence ne donnoient pas de grandes inquiétudes à la Reine. Il n'y eut que ceux de la cabale du prince de Condé et les courtisans ordinaires qui prirent leur part de ce plaisir. Les autres, voulant montrer cette partialité au duc d'Orléans, n'y parurent point. Il revint le lendemain, et fut au conseil avec un visage rempli de chagrin; mais, outre que son ressentiment paroissoit fondé sur une chose trop petite à son égard, on savoit trop bien qu'il avoit souvent menacé sans faire de mal; et on le connoissoit si paresseux, qu'il étoit presque impossible d'en avoir peur. L'abbé de La Rivière publioit partout qu'il étoit fâché de ce qui se passoit; qu'il n'étoit pas juste que la Reine et Monsieur fussent mal ensemble pour ses intérêts particuliers; que c'étoit son maître qui vouloit se ressentir de l'outrage qu'il avoit reçu; et que, pour lui, il ne demandoit rien. Son ambition trop excessive, qui le portoit à ne vouloir que le chapeau, fut cause qu'il refusa l'archevêché de Reims, et de l'argent qu'on lui offrit; mais il comprit enfin que cette querelle ne pouvant pas demeurer en cet état, il falloit qu'elle allât à l'extrémité, ou qu'elle prît le chemin de l'accommodement.

Parmi ceux qui s'étoient offerts au duc d'Orléans, le duc de Mercœur et le duc de Beaufort lui firent faire leurs complimens, et témoignèrent vouloir s'attacher à lui. Leurs offres furent reçues de ce prince avec joie; mais l'abbé de La Rivière gardoit toujours dans son cœur un dessein particulier de s'accommoder; il vouloit conserver les bonnes grâces de son maître, et craignoit avec raison que, faisant la guerre, ceux qui lui seroient nécessaires par leur épée lui seroient plus utiles que lui, et lui raviroient peut-être le bien qu'il possédoit dans la paix. Il voulut donc remettre les choses dans un état plus tranquille, et qui fût plus stable pour lui. Il fit dire aux princes de Vendôme, sans leur promettre de liaison particulière, qu'il les serviroit auprès de Monsieur, et qu'il étoit leur serviteur en son particulier; mais craignant que ces princes ne se portassent aux dernières extrémités contre le ministre, il fit conseiller au duc de Mercœur, par une tierce personne, de recevoir les offres qu'on lui faisoit de la part du ministre, et lui fit promettre que Monsieur s'accommodant avec la Reine sur les affaires présentes, il protégeroit ses intérêts à la cour, et feroit son accommodement avec les avantages qu'il pourroit souhaiter.

La colère du Luxembourg se mit en traité: le maréchal d'Estrées et Seneterre proposèrent des conditions de paix. D'abord le duc d'Orléans se déclara vouloir le retour des ducs de Vendôme, de Mercœur et de Beaufort; il demanda Montreuil pour le duc d'Elbœuf, et dit qu'il vouloit faire sa charge de lieutenant général du royaume, dont les droits lui donnoient un pouvoir bien étendu dans l'Etat, et particulièrement dans les armées. Il vouloit aussi que le duc de Lorraine pût rentrer dans son pays, et qu'il lui fût permis de traiter avec nous. Ces propositions se firent à Le Tellier, que l'abbé de La Rivière avoit souhaité employer dans ce traité plutôt qu'aucun autre. Elles furent reçues de la Reine avec étonnement; M. le prince en fut surpris, qui ne croyoit pas que le duc d'Orléans pût porter ses ressentimens avec cette hauteur; et le cardinal en demeura fort embarrassé. Pendant que le cabinet s'occupoit à éviter cet orage, Monsieur s'en alla à Saint-Germain recevoir les louanges que Madame donna à sa générosité; et ses applaudissemens lui plurent infiniment. La Reine envoya le maréchal d'Estrées et le marquis de Seneterre trouver ce prince, pour lui faire connoître le tort qu'il se faisoit de demander au Roi des choses si préjudiciables à son service. A leur retour, la Reine, qui les attendoit avec impatience, les fit passer dans son cabinet avec elle, pour savoir si leurs raisons n'avoient point adouci l'âme de Monsieur; mais ils rapportèrent que non, et qu'il tenoit ferme sur les demandes qu'il avoit faites. Comme ambassadeurs, ils représentèrent les plaintes de ce prince, et justifièrent autant qu'ils purent ses prétentions; car ils n'aimoient pas le prince de Condé, et la grandeur de Monsieur ne leur auroit point déplu. La Reine en sortant de cette conversation parut émue, et nous vîmes par l'altération de son visage qu'elle étoit fort touchée du procédé du duc d'Orléans.

Le cardinal, malgré sa politique ordinaire, parut mélancolique; et M. le prince, qui peu de jours auparavant montroit tant de gaîté, diminua de sa joie: il voyoit avec regret cet adversaire prendre le chemin des hautes prétentions, et avoir déjà de son parti les plus considérables personnes de l'Etat. La Reine, étant en peine de la colère de Monsieur, tint un conseil entre M. le prince et son ministre, où furent entamées beaucoup de matières de grande conséquence; car ces trois personnes, voyant que cette affaire pouvoit aller à la guerre civile, conclurent qu'aux maux extrêmes il falloit apporter des remèdes de même nature: du moins ils les proposèrent pour faire paroître vouloir s'en servir, afin d'effrayer Monsieur, et dissiper par la peur ce qui paroissoit procéder d'une grande hardiesse. L'abbé de La Rivière, qui sut aussitôt quelques particularités de ce conseil, s'en étonna; car il est naturel de craindre ce que les événemens de la cour ont accoutumé de produire. Il savoit néanmoins que le ministre devoit croire que, lui hors du poste où il étoit, celui qui auroit pris sa place dans les bonnes grâces de son maître auroit pu être plus dangereux que lui, et qu'il ne vouloit pas conduire l'esprit de ce prince aux dernières extrémités qu'on pouvoit craindre; mais toutes ces choses ne le rassurèrent pas : il crut que sa plus grande sûreté étoit la paix, et il ne se trompoit pas. Les propositions qui avoient été faites contre lui, et les soupçons importans qui regardoient son maître, l'obligèrent de s'en déclarer. Par cette voie il s'attira le blâme de tous ceux qui approchoient de Monsieur, qui vouloient par leur injuste passion qu'il le poussât à la guerre. Ils dirent de lui qu'il étoit foible et lâche de se lier tout de nouveau avec le ministre, puisqu'il voyoit que toute la France regardoit le duc d'Orléans comme celui seul qui les pouvoit tirer de sa domination. Mais ce favori, voulant aller à ses fins, profita, à l'égard du cardinal Mazarin, du murmure qui se faisoit contre lui comme d'une marque assurée de ses bonnes intentions. Il lui fit dire qu'à moins qu'il ne vît son maître poussé à bout, il lui donnoit sa parole et sa foi de ne le porter jamais à la guerre par la considération de ses intérêts. En même temps le prince de Condé, pressé par le cardinal, lui envoya dire aussi qu'il lui donnoit sa parole de faire son possible pour lui laisser la nomination de la France, et travailleroit à Rome pour obliger le Pape à faire le prince de Conti, son frère, cardinal par grâce. Ce prince prétendoit le mériter par sa qualité de prince du sang, plus grande en effet que celle des petits souverains d'Italie, qui en peuvent nommer pour eux.

Malgré les offres de M. le prince, les choses paroissoient s'aigrir davantage, à cause que Monsieur, qui commençoit à être excité par sa colère, ne vouloit plus venir au Palais-Royal. Il avoit de la peine à parler aux personnes qu'il vouloit haïr; et ceux qui le connoissoient disoient que si l'abbé de La Rivière vouloit le forcer à faire plus long-temps le fâché, ses sentimens se changeroient pour lui, et que la haine prendroit la place de l'amitié. Ce favori, voyant ce relâchement, jugea qu'il ne convenoit pas à son maître de quitter la cour; et ne voulant pas le voir s'engager à une guerre périlleuse dont le succès lui pouvoit être fâcheux, il se mit à genoux devant lui pour le supplier d'aller au Palais-Royal à son ordinaire, et de ne pas laisser à M. le prince l'avantage d'être seul le maître du cabinet. Le duc d'Elbœuf (1), qui vouloit tirer ses avantages de cette division, pressa Monsieur de la même chose; mais ils n'eurent pas le pouvoir de le persuader : il fit semblant d'avoir la goutte, et garda le lit quelques jours, dont Madame et Mademoiselle, l'une sa femme et l'autre sa fille, furent au désespoir; car elles virent bien que ce dégoût et peut-être la peur de la prison le nécessiteroit à s'accommoder : ce qu'elles ne vouloient pas du tout.

La peur fut égale des deux côtés au Palais-Royal aussi bien qu'au Luxembourg. La fausse goutte de Monsieur causoit beaucoup d'inquiétude à la Reine. Elle commanda au régiment des gardes de se tenir prêt, et les gardes furent redoublées devant le Palais-Royal. Ces ordres, dont le duc d'Orléans avoit été averti, avoient augmenté sa frayeur; et les effets de sa crainte en donnèrent à la Reine, qui, voyant le grand parti qui se formoit sous le nom de ce prince, avoit sujet, selon la mauvaise disposition des esprits, de se précautionner contre tout ce que la malice des hommes est capable de produire.

Quelques jours après que l'accommodement fut fait, le cardinal avoua librement à l'abbé de La Rivière qu'il avoit cru que Monsieur viendroit enlever le Roi; mais alors ce prince étoit bien éloigné de cette pensée. Il fut même étonné de voir, par les préparatifs de la Reine, qu'elle le regardoit déjà comme un ennemi déclaré qui vouloit aller bien loin. Cependant l'effet étoit fort éloigné des apparences. Ce prince, au lieu de se mettre dans le chemin d'une guerre civile, s'étoit mis au lit; et le repos lui étoit si agréable que, pour l'avoir tout de bon, il fit semblant d'en avoir besoin; je ne sais même s'il ne souhaita point d'être malade tout-à-fait, afin d'avoir un prétexte de rompre tout commerce avec la guerre, pour jouir plus tôt d'une paix plus profonde. Le lendemain les pourparlers recommencèrent, et la frayeur qui avoit été commune aux deux partis les sollicita de se mettre en état de ne rien craindre de part et d'autre. Le prince de Condé avoit contribué de son côté à faire finir la colère de Monsieur, par le désir qu'il avoit de complaire à la Reine et à son ministre. Cependant quelques personnes (2) attachées à lui m'assurèrent qu'il souffroit de la peine de voir Monsieur revenir à la cour. Les apparences d'un grand parti lui avoient déplu; mais ils disoient qu'il étoit si persuadé que le duc d'Orléans, par son génie, étoit si peu capable de

---

(1) Charles de Lorraine.
(2) Le duc de Rohan, et quelques autres familiers du prince de Condé.

soutenir long-temps les fâcheuses révolutions d'un parti contre le Roi, qu'il étoit à croire que ses souhaits alloient seulement à l'éloigner du cabinet, et qu'il avoit espéré cet événement des conjonctures et du temps.

D'autre côté, le duc d'Orléans avoit pénétré, par les avis de ses serviteurs, dans les sentimens du prince de Condé. Cette connoissance lui donna de l'émulation, et le pressa davantage de se rejoindre à la Reine, afin de ne pas faire une chose qui auroit pu devenir avantageuse à M. le prince. L'abbé de La Rivière, dans ce même désir, chercha les moyens de faire son accommodement. On parle, on traite, on négocie; et le ministre voulant satisfaire le duc d'Orléans, il le fit facilement : ceux qui ont l'autorité en main ont mille moyens pour arriver à leurs fins. Pour prémices de la paix, Monsieur vint chez la Reine lui faire une simple visite, qui fut de concert assez froide pour éviter de joindre en si peu de temps les deux extrémités; mais, pour marque de leur réconciliation, la Reine fit de grandes plaintes de ce que ceux qui avoient pris le parti de Monsieur avoient cessé de la voir. Cela fut cause que ce prince pria ses amis et ses serviteurs d'aller au Palais-Royal. Ils le firent, et la cour de la Reine reprit aussitôt sa première face. Cette princesse, qui vouloit du repos, fut fort contente quand on lui vint dire que son grand cabinet étoit rempli de beaucoup de personnes attachées aux intérêts du duc d'Orléans.

Pendant ce calme apparent, Le Tellier fit beaucoup de voyages au Luxembourg, et il eut de grandes conférences avec la Reine et le duc d'Orléans. L'abbé de La Rivière et lui passèrent ensemble une journée aux Chartreux ; et ce négociateur obligea Monsieur de revenir au conseil sans cette grande foule qui l'environnoit depuis son mécontentement, afin de commencer à montrer quelque confiance.

Le 13 du mois, l'abbé de La Rivière alla voir le ministre, qui commença sa réception par l'embrasser étroitement, l'assurant de son amitié et de ses bonnes intentions à le faire cardinal. Il lui fit mille sermens de n'avoir nullement contribué à ce qui étoit arrivé, lui montra d'avoir appréhendé l'unique domination du prince de Condé; et après ces premiers discours ils entrèrent en matière, et demeurèrent d'accord de toutes les conditions de leur accommodement.

Le premier article dont ils parlèrent fut de la grande affaire qui étoit la cause de toutes les autres. Le cardinal promit à l'abbé de La Rivière que le Roi et la Reine feroient leur possible pour faire qu'il pût être satisfait ; que le duc de Mercœur reviendroit à la cour, et rentreroit dans les bonnes grâces de la Reine et du ministre : ce qui étoit déjà fait par le ministre même; que Montreuil seroit remis entre les mains du duc d'Orléans, pour le donner à qui bon lui sembleroit; que la Reine consentiroit à l'accommodement du duc de Lorraine, dont néanmoins on ne devoit parler que par forme, et pour contenter Madame; que tous ceux qui s'étoient déclarés en faveur du duc d'Orléans ne seroient pas moins considérés de la Reine que les autres qui étoient demeurés dans son parti, et que Sa Majesté trouveroit bon que Monsieur les protégeât dans leurs intérêts.

Le même soir, le cardinal Mazarin présenta le duc de Mercœur à la Reine, dont le protecteur apparent étoit le duc d'Orléans, quoiqu'on sût déjà qu'il s'étoit fait des amis du ministre par madame d'Ampus, sa parente du côté de la duchesse de Beaufort son aïeule, la maîtresse de Henri-le-Grand. Madame d'Ampus, suivant l'exemple de cette duchesse du règne passé, avoit des amans fort indignes d'être comparés à des rois, mais qui ne laissoient pas d'être utiles à ses intérêts; et un d'eux, Italien et créature du cardinal, par le commerce qu'il avoit avec elle, avoit fait cet accommodement.

Le lendemain, l'abbé de La Rivière étant allé voir le ministre, après avoir eu avec lui une longue conversation sur toutes les affaires présentes, le cardinal se mit dans son carrosse, et alla faire une visite à Monsieur au Luxembourg. Il y fut bien reçu; et ce prince, après lui avoir fait un traitement favorable, alla trouver la Reine, suivi du ministre et de son favori; et ce fut là que leur réunion se confirma tout-à-fait, au grand contentement des parties. Par cette paix, la joie fut entièrement rétablie à la cour, à la réserve de Madame, qui se voyoit par cet accommodement hors de toute espérance de tirer le duc de Lorraine son frère de l'état où il étoit. Elle connut facilement que l'article qui le regardoit étoit fabuleux, qu'il seroit sans effet, et mis sur le papier seulement pour se moquer d'elle. Mademoiselle ne fut pas plus contente.

Le soir de cet accommodement, la Reine nous conta que l'abbé de La Rivière lui avoit protesté qu'il avoit été au désespoir de s'être vu quelque temps la cause de ses chagrins, et qu'il lui en avoit demandé pardon avec beaucoup d'humilité. Nous vîmes, par ce qui arriva le lendemain, que l'article secret du traité de cette paix étoit qu'il entreroit au conseil, attendant que la Reine le pût faire cardinal. Il fut reçu en qualité de ministre d'Etat, avec une grande satisfaction de son maître. Ce prince crut qu'il lui étoit avantageux d'avoir une de ses créatures en cette place, et que cela le rendroit quasi le maître des affaires. Cette grâce faite à l'abbé de La Rivière donna une ample matière de discourir à ceux qui désapprouvent toutes les actions des hommes, et qui mettent au rang des malheurs de la patrie tout ce qui arrive. Ils blâmèrent le ministre d'avoir élevé La Rivière, et blâmèrent aussi l'abbé de La Rivière d'avoir fait cette paix. Ils en disoient des raisons que l'iniquité seule pouvoit faire naître dans leurs esprits, et qui étoient des marques bien fortes de leur corruption et de leur déréglement, puisqu'ils paroissoient avoir désiré que le duc d'Orléans eût pu faire un parti en France. Ces pernicieuses pensées étoient criminelles en eux; et à l'égard du duc d'Orléans, ils avoient peu de raison de les soutenir. Les victoires d'ordinaire ne suivent pas les révoltes; et c'est toujours un malheur à un prince du sang de se séparer de son Roi. Mais sans s'amuser à deviner ce que l'avenir auroit pu produire, ni au discernement de ce qui étoit possible dans le tempérament de l'esprit de Monsieur oncle du Roi, le vrai est que l'abbé de La Rivière dit à ses amis qu'il eût été inconsolable s'il s'étoit vu la cause des désordres qui auroient pu arriver de cette brouillerie; et qu'il croyoit, quoi qu'il en arrivât, qu'il ne s'en repentiroit jamais. La Reine, lasse de tant de persécutions, reçut de la consolation de cet accommodement, qui, venant ensuite de celui qu'elle avoit fait avec le parlement, lui donnoit lieu d'espérer quelque trêve à ses misères. Elle se trompa dans son espoir, et ne demeura pas long-temps sans connoître par expérience que sa couronne et le repos étoient incompatibles, et que le trône ressemble, par son élévation, aux grands édifices qui par leur hauteur sont plus souvent exposés aux grands orages.

La marquise de Seneçay, dame d'honneur de la Reine, ayant su plaire au cardinal par ses nièces qu'elle avoit reçues auprès d'elle, lui demanda, pour toute récompense des longs services qu'elle avoit rendus à la Reine, que sa fille la comtesse de Fleix pût avoir le tabouret. Cette dame avoit beaucoup de vertu et de mérite : elle avoit de plus une douceur accompagnée d'une apparente modération qui la rendoit plus propre à la société que madame de Seneçay sa mère; mais son ambition n'en étoit pas moins forte : et comme veuve du feu comte de Fleix de la maison de Foix, elle prétendoit se pouvoir compter au rang des princesses. Je ne veux point entrer dans la discussion de la justice de ses prétentions : je ne suis pas assez savante dans l'histoire pour l'oser entreprendre; mais il est certain que cette famille avoit toujours prétendu qu'elle devoit posséder les prérogatives accordées à ceux de cette qualité. Ce grand et illustre Gaston de Foix étoit de leur branche : il eut deux de ses sœurs, dont l'une fut reine d'Espagne, et l'autre de Hongrie; et, par cette dernière, les enfans de la comtesse de Fleix avoient l'honneur d'être parens de la Reine. Par toutes ces grandeurs, il semble qu'elle pouvoit aspirer à ce haut rang d'honneur; mais cette prétention étoit traitée de chimérique par le plus grand nombre : des uns, par cette naturelle envie qui se glisse dans nos ames contre la prospérité du prochain; des autres, par leurs intérêts, c'est-à-dire pour avoir de pareilles prétentions. On disoit contre eux que leur maison étoit de Grailli, dans laquelle celle de Foix étoit entrée, et qu'ils en avoient pris le nom : ce qui est véritable; mais ce changement avoit été fait avant Gaston de Foix, qui sous Louis XII fut traité de prince, et que ce grand roi aima non-seulement comme son neveu, mais comme son enfant. Madame de Seneçay obtint enfin ce qu'elle avoit demandé, et sa fille eut le tabouret. Cette prétendue chimère réveilla celles de plusieurs maisons du royaume, qui a cet avantage par dessus les autres d'avoir beaucoup de princes et beaucoup de particuliers qui prétendent l'être : si bien qu'on peut quasi dire que la cour est remplie de grands seigneurs sans avoir beaucoup de noblesse bien entière; car la France est en cela différente de l'Allemagne, où les races illustres ne se mésallient jamais. Tous ceux donc qui par leurs aïeux avoient dans leurs maisons de la grandeur, par des alliances de femmes descendues de ceux qui étoient autrefois maîtres et souverains des provinces de France, demandèrent la même prérogative que celle qui venoit d'être accordée au sang de Foix. Chaque grand seigneur se plaint de la Reine et du ministre, et tous prennent parti, les uns en Orléans, les autres en Condé, et les plus fins s'adressent au ministre : tous pour être soutenus dans leurs prétentions et réussir en leurs desseins.

Le feu Roi avoit donné des brevets de duc aux marquis de Liancourt et de Mortemart, premiers gentilshommes de sa chambre, et à quelques autres; mais leurs femmes n'avoient point encore le tabouret, à cause que les duchés de leurs maris n'étoient point passés au parlement. Dans cet embarras, le ministre se résolut de le faire donner par la Reine à celles dont les maris avoient des brevets anciens, et en donna de nouveaux à ceux qui le pressoient de leur donner de l'élévation, ou pour être de ses amis particuliers, ou par le droit de leur grandeur vraie ou fausse. Le maréchal de Gramont, le maréchal d'Estrées et le maréchal de La Meilleraye furent faits ducs ; et le comte de Châtillon eut aussi un brevet de duc, au lieu du bâton de maréchal de France que M. le prince avoit déjà demandé pour lui. Le comte de Miossens, qui prétendoit être de la maison d'Albret, étoit du nombre de ceux qui aspiroient à ces dignités ; mais il fut remis à un autre temps pour obtenir l'un ou l'autre. La marquise de Seneçay, non contente d'avoir procuré cet avantage à ses petits-enfans, voulut aussi demander la même faveur pour elle, et prétendit que cette marque d'honneur seroit affectée à sa charge ; mais elle fut refusée, et on ne crut pas devoir satisfaire son ambition en toutes choses.

Le maréchal de Villeroy, gouverneur du Roi, qui n'avoit point d'ancien brevet de duc, et qui n'en eut point alors de nouveau, se plaignit hautement, et parut mal content d'être traité différemment des autres. Il avoit toujours conseillé au cardinal de ne se pas laisser entamer là-dessus, lui disant que s'il commençoit d'en satisfaire quelqu'un, il seroit accablé de toutes les prétentions des grands du royaume : si bien que, désapprouvant une chose dont il recevoit alors du dommage, il est à croire qu'il fut rempli de beaucoup d'amertume ; mais comme il étoit dans un poste à se faire considérer, bientôt après il eut sa part. Il estima le don sans estimer la manière de le donner, parce qu'il n'approuvoit pas que le cardinal en eût fait une si grande largesse.

La Saint-Martin passée, il sembla que le parlement et les cours souveraines ne se vouloient pas contenir dans les termes de cette déclaration dernière, qui vraisemblablement devoit donner la paix à la France, et mettre fin à toutes les mauvaises dispositions qui avoient paru dans les esprits. La cour des aides donna un arrêt qui défendoit à tous particuliers de faire nulles avances au Roi, quelque besoin qu'il en eût. Il arriva aussi quelque petit différend entre le parlement et le chancelier sur la chambre de l'édit, qui ne fut pas agréable à la cour. Il n'étoit pas difficile de juger par toutes ces choses que la cour étoit encore menacée de quelque trouble, et que ce qui étoit passé n'étoit que les marques de l'avenir.

Le courrier du prince de Conti, qui avoit porté à Rome le changement de la nomination en sa faveur, rapporta que la prière que le duc d'Orléans avoit faite au Saint-Père, conjointement avec M. le prince, de vouloir donner deux chapeaux, et d'en donner un par grâce au prince de Conti, n'avoit pas été bien reçue. Le Pape avoit répondu que cela ne se pouvoit, et qu'il n'en avoit qu'un à donner. Sur cette réponse, l'affaire de l'abbé de La Rivière produit de nouvelles négociations ; et le duc d'Orléans persiste à vouloir que la nomination de France soit pour son favori. Comme les désirs des hommes sont en eux tantôt forts et quelquefois plus foibles, le prince de Condé ayant d'autres grands intérêts où le consentement du duc d'Orléans lui étoit nécessaire, il se résolut de laisser la calotte rouge à l'abbé de La Rivière, et de prétendre pour lui cette grâce du Pape. Le refus qui lui en avoit été fait lui avoit déplu, et la difficulté qu'il avoit rencontrée lui fit croire que sa grandeur souffriroit quelque diminution à l'égard des pays étrangers, s'il n'obtenoit le chapeau à sa seule considération. De tous côtés on dépêche de nouveaux courriers à Rome, et le plus intéressé y envoie de l'argent, qui étoit la meilleure voie de parvenir à son dessein. Le cardinal Mazarin fut satisfait de l'état des choses : il vit les princes contens, et l'abbé de La Rivière avec quelque embarras qui pourroit le priver de la pourpre. Il n'avoit nul empressement de l'en voir revêtu ; car un homme égal à lui, qui auroit dû porter hautement les intérêts de son maitre, ne désirant plus rien, n'auroit peut-être pas été si soumis.

M. le prince avoit dessein de faire donner le Havre au duc de Longueville son beau-frère : ce que madame de Longueville sa sœur désiroit ardemment. Il se servit, à l'égard de l'abbé de La Rivière, de cette facilité qu'il avoit eue à lui céder le chapeau, afin de l'obliger à le servir auprès de Monsieur dans cette prétention ; et ces deux intérêts firent une espèce d'engagement entre M. le prince et ce favori. Il fut aussitôt remarqué par le ministre, et reproché par lui à l'abbé de La Rivière, qui s'en excusa en homme qui vouloit aller à ses fins.

Ceux du parlement, qui ne vouloient point de repos, demandèrent à s'assembler. Ils témoignèrent avoir de l'aversion pour le bon traitement de la Reine ; et, comme ils la croyoient offensée, ils ne pouvoient se confier en elle, ou plutôt ils appréhendoient que si le ministre se rétablissoit dans une entière puissance, il ne devînt plus vindicatif. Pour cette raison ils méprisoient ses grâces, et en vouloient continuellement de nouvelles ; et surtout ils vouloient incessamment travailler à son abaissement.

Le 15 du mois, ayant tous unanimement demandé l'assemblée des chambres, ils l'obtiennent de leur premier président, qui sous divers prétextes les en avoit empêchés. La Reine, voyant leur opiniâtreté, se résolut d'y envoyer les princes avec les ducs et pairs. Cet accompagnement étoit ordonné afin d'éblouir les yeux du public, et qu'elle parût avoir non-seulement la protection du duc d'Orléans et du prince de Condé, en quoi il sembloit que consistoit toute sa force, mais aussi l'affection des grands du royaume. On voulut par là leur montrer l'union de la cour, et que la Reine ne manquoit pas de serviteurs pour la défendre et la servir.

Plusieurs questions furent agitées par les esprits mutins de cette compagnie, qui le furent extrêmement ce jour-là. Ils se plaignirent de ce qu'on avoit manqué à quelques points de la déclaration dernière. Le président Viole dit tout haut qu'il y avoit non-seulement de grands sujets de plaintes, mais que plusieurs autres désordres de l'Etat demandoient qu'on pensât tout de bon à y remédier; qu'il falloit, pour guérir tant de plaies, couper le mal dans sa racine: voulant par ces paroles signifier le ministre; que les gens de guerre qui n'étoient pas payés faisoient mille désordres; qu'il y avoit un certain colonel auprès de Paris qui pilloit et faisoit beaucoup de maux, et qu'il étoit venu exprès pour faire peur aux Parisiens; que la personne du Roi souffroit par le mauvais gouvernement de ses ministres; que sa cuisine étoit renversée la plus grande partie de l'année, et que ses officiers bien souvent n'avoient point d'argent pour l'entretien de sa maison; que les premières personnes de la cour étoient privées de leurs charges (1); et qu'enfin, si on vouloit plus ponctuellement examiner les choses, il étoit prêt de les exposer au public, et de nommer ceux dont il vouloit parler. Sur ce discours, le duc d'Orléans voulant l'interrompre, il s'en plaignit, et lui dit qu'il avoit droit de parler en ce lieu; qu'il savoit le respect qu'il lui devoit, et qu'il auroit souhaité, pour le bien de l'Etat, que lui et M. le prince eussent voulu entrer dans les sentiments de sa compagnie pour penser aux remèdes de tant de maux. Le prince de Condé lui repartit fort aigrement que c'étoit à eux d'écouter ce que Monsieur et lui leur voudroient dire, et point aucun de ce corps à se mêler d'affaires d'Etat, mais seulement à juger les différends du tiers et du quart; que ce colonel dont il se plaignoit étoit une chimère toute pure; que lui, qui connoissoit assez les gens de guerre, n'avoit jamais ouï parler de celui-là; que ce n'étoit point à eux aussi à se mêler des affaires domestiques du Roi; que les capitaines des Gardes avoient failli à l'égard de la Reine, en lui désobéissant; que Sa Majesté étant bonne comme elle l'étoit, on pouvoit espérer qu'elle leur pardonneroit; que pour la cuisine du Roi qui avoit été renversée, c'étoit à lui comme grand-maître de sa maison à y remédier; que c'étoit la faute de quelques officiers, mais qu'il sauroit bien les en punir, afin que cela n'arrivât pas une seconde fois. En leur disant toutes ces choses, il y ajouta le ton menaçant: ce qui étonna toute la compagnie; car en d'autres occasions il avoit épargné le parlement, et ce Viole étoit lié avec Chavigny qu'il aimoit. Mais cette rigueur présente étoit fondée sur quelques intérêts particuliers, qui le nécessitoient de vouloir obliger le ministre; et de plus il avoit toujours observé de répondre fortement à Viole, afin de montrer à la Reine que l'amitié qu'il avoit pour ses amis ne l'empêchoit pas de satisfaire à ce qu'il lui devoit. Il est à croire aussi qu'il vouloit remplir la place que le duc d'Orléans venoit de perdre dans le cœur de la Reine, par cette dernière brouillerie qui les avoit pensé séparer; et qu'en même temps il vouloit punir cette compagnie de l'affection qu'elle témoignoit avoir pour le duc d'Orléans, qui tout au contraire, par cette même raison voulant reconnoître les obligations qu'il avoit à beaucoup de particuliers du parlement, ne vouloit pas en fâcher un. Il en usa donc plus modérément dans cette occasion, et laissa à M. le prince la gloire d'avoir donné des marques de son zèle au bien de l'Etat, et à la personne du Roi et de la Reine. Ce jour se passa en disputes: ils ne conclurent rien, et toutes choses furent remises au lendemain.

Cette seconde journée ne fut pas plus douce que les autres. Le président de Novion représenta les droits du parlement, le pouvoir qu'ils avoient de se mêler des affaires de l'Etat, puisque c'étoit entre leurs mains que les rois venoient faire leurs sermens: que c'étoit à eux à donner des régens et des régentes au royaume, et parla de plusieurs choses de cette nature: ce fut pourtant sans emportement, et avec des termes plus respectueux qu'à l'ordinaire. Ils dirent aussi que depuis le changement du surintendant on avoit reçu seize millions, sans que les gens de guerre ni aucun des particuliers eussent été payés. Le duc d'Orléans l'avoua librement, et dit en général en quoi ils avoient été employés. Enfin leur arrêté fut de s'assembler chez le premier président pour examiner tout de nouveau la déclaration, afin que, sur les articles en quoi on auroit contrevenu de la part du Roi, très-humbles remontrances fussent faites à la Reine, pour la supplier d'y remédier.

Cette conclusion fut agréable à la Reine, qui, jugeant de la mauvaise volonté des parlementaires par leur procédé, trouva dans cette suspension d'armes un bonheur considérable, parce qu'elle lui donna du temps pour aviser aux remèdes d'un mal qu'elle voyoit empirer continuellement, malgré tout ce qu'elle avoit fait pour tâcher de le faire finir.

Les soudaines mutineries des Parisiens étoient

---

(1) Il veut parler des capitaines des Gardes.

aussi de grandes marques de la corruption universelle des ames et des esprits. Ce feu, qui s'allumoit aisément, n'avoit pas besoin pour subsister de matières solides. Les mécontens faisoient courir des bruits ridicules, pour persuader le peuple que la Reine vouloit se venger et faire saccager Paris. Ils croyoient ces illusions avec facilité de leur part; et à l'égard de la Reine, elle lui causoit de véritables maux. On publia par des libelles que la nuit de Noël devoit produire de funestes événemens; et ceux qui vouloient persuader cette fausseté paroissoient avoir une méchanceté bien effective. Le peuple, qui recevoit toutes ces rêveries sans les examiner, se laissoit emporter à une grande haine contre la Reine : il n'y avoit point de rues ni de places publiques qui ne fussent remplies de placards diffamatoires. Il y avoit un poteau au bout du Pont-Neuf qui tous les matins se trouvoit rempli de vers satiriques, où le respect qui est dû aux personnes royales étoit impunément violé. La Reine savoit toutes ces insolences, sans qu'elle en reçût beaucoup de peine. L'iniquité de ceux qui abusoient de la crédulité du peuple lui faisoit horreur, et les Parisiens trompés lui faisoient pitié. Sans s'étonner ni se laisser toucher de tout ce que la malice et l'ignorance faisoient naître, elle vivoit tranquillement, et comme une personne qui avoit l'ame assez forte pour se soutenir dans cet état.

Les fêtes de Noël arrêtèrent pour quelques jours les inquiétudes publiques. La Reine n'alla point au Val-de-Grâce selon sa coutume, afin de rassurer le peuple, qui croyoit toujours qu'elle leur vouloit enlever le Roi; mais toute sa prudence n'empêcha pas qu'aussitôt après les fêtes cette mauvaise humeur des Parisiens ne vînt la troubler malgré elle, et donner de nouvelles agitations à son ministre. Il commençoit à désespérer de la santé de l'Etat, et voyoit clairement qu'il falloit, pour guérir sa maladie, lui donner des remèdes empiriques.

Les gens du Roi vinrent demander audience à la Reine de la part du parlement, pour lui faire des remontrances sur plusieurs abus prétendus qui se commettoient contre le service du Roi. Elle leur répondit qu'elle les écouteroit volontiers; mais qu'il falloit attendre que M. le duc d'Orléans fût en état d'y être, qui depuis quelques jours étoit malade de ses gouttes. Pour occuper cette compagnie, la Reine leur envoya une déclaration, par où elle demandoit qu'il fût permis d'emprunter de l'argent pour le service du Roi à dix pour cent. Le parlement en murmura hautement, et trouva mauvais que la cour des aides l'eût vérifiée.

Le coadjuteur avoit demandé le gouvernement de Paris; on le lui avoit refusé, et par conséquent il n'étoit pas plus satisfait du ministre que par le passé. Il fit sous main inspirer aux curés de Paris le désir de se mêler d'affaires d'Etat. Cette occupation leur parut belle, particulièrement en cette occasion, où l'on pouvoit tout faire sous un prétexte de conscience qui paroissoit fort plausible au public. Ils s'assemblèrent et l'allèrent trouver en corps, pour lui représenter qu'ils avoient droit de s'opposer aux prêts que le Roi demandoit, parce que c'étoit une usure qui avoit été tolérée jusques alors, mais non jamais permise; et que si les cours souveraines y passoient, ce seroit autoriser le péché. Cette action des curés, qui en soi pouvoit être bonne, mais qui paroissoit venir du coadjuteur, incommoda le ministre : il eut peur que le parlement ne profitât de cette conjoncture pour le tourmenter davantage; car on y proposoit déjà de faire des consultations avec la chambre des comptes sur cet article. Toutes ces choses obligèrent la Reine de retirer sa déclaration, et de ne plus parler des besoins ni des affaires du Roi. Ainsi le coadjuteur donna des preuves de ce qu'il étoit capable de faire, et se vengea promptement de la défiance qu'on avoit eue de lui, en attendant que de nouvelles matières pussent lui donner lieu d'en faire davantage.

Le maréchal de Villeroy, le dernier jour de cette année, dans l'attente de la duché, fut reçu ministre dans le conseil du Roi, où il y avoit peu de personnes qui en capacité le pussent surpasser. Il étoit modéré, naturellement équitable, complaisant, humble et habile tout ensemble. Il a quasi toujours été haï du cardinal Mazarin, à cause de l'attachement qu'il avoit pour Châteauneuf son intime ami; et, malgré cette liaison, ce sage courtisan a toujours trouvé le moyen de se conserver et de se maintenir à la cour, en se soumettant bassement à la souffrance de la faveur supérieure. Mais il ne laissoit pas de servir ses amis selon sa possibilité, qui étoit bornée en toutes choses.

De cette sorte finit l'année 1648, qui n'avoit pas été heureuse. Les épines y furent mêlées de peu de roses; et celle où nous allons entrer non-seulement n'aura point de fleurs, mais les maux en seront si grands qu'il faudroit trouver des comparaisons plus fortes que celle des épines, pour bien exprimer ce que nous y sentîmes, et ce que la malice des factieux fit éprouver à toute la France, tant à ceux qui souffrirent le mal qu'à ceux qui le voulurent procurer aux autres; car la guerre a ce malheur, qu'elle enveloppe souvent dans la souffrance le victorieux avec le vaincu,

15.

[1649] La duchesse de Vendôme, après le raccommodement de son fils aîné le duc de Mercœur, vint saluer la Reine, accompagnée de la duchesse de Nemours sa fille. Toutes deux n'avoient point vu la Reine depuis que le duc de Beaufort fut arrêté; et quoique madame de Vendôme eût plus de piété que d'esprit, comme les malheureux sont toujours aimés, on vit leur retour avec joie, et on disoit alors que bientôt le duc de Vendôme reviendroit à la cour. La Reine reçut ces princesses avec bonté, et leur dit qu'elle avoit été fâchée que les emportemens du duc de Beaufort l'avoient forcée à le traiter de criminel. Les factions qui troubloient l'Etat furent avantageuses à cette famille; car, à mesure que l'autorité du Roi diminue, celle des particuliers augmente, et les ministres par conséquent manquent de pouvoir pour soutenir ce qui leur paroit juste ou nécessaire.

La France étoit en tel état qu'il étoit impossible qu'elle pût subsister long-temps de cette manière : il falloit que le Roi reprît de la puissance, ou que ses sujets lui ôtassent entièrement celle qui lui restoit; et cette pensée devoit être odieuse aux gens de bien. Le Roi étoit foible, les princes avoient trop de force, le ministre étoit décrédité, et le parlement faisoit de trop grandes entreprises contre l'autorité royale. Toutes choses étoient hors des limites ordinaires : l'ordre étoit renversé; et les Français, pour avoir trop de maîtres, n'en connoissoient plus aucun. Il falloit donc que dans la cour quelqu'un de Paris formât le dessein de surmonter l'autre : tous y travailloient, et chacun de son côté n'oublioit rien pour y parvenir. Pendant que ce dessein occupe les premières personnes de l'Etat, madame de Longueville parut sur le théâtre, pour y fournir par son ambition une ample matière aux arrêts de la Providence divine. Cette princesse, toute précieuse et toute brillante d'agrémens, par son inclination naturelle étoit fort paresseuse : il sembloit qu'elle négligeât de plaire, et que son plus grand plaisir étoit de ne regarder ni estimer qu'elle seule. Mais le poison des passions ayant infecté son cœur, cette tranquillité intérieure se changea d'abord en d'agréables amusemens, qui devinrent dans la suites de fâcheuses et turbulentes inquiétudes. Les vœux du prince de Marsillac, comme je l'ai dit, ne lui avoient point déplu; et ce seigneur, qui étoit peut-être plus intéressé qu'il n'étoit tendre, voulant s'agrandir par elle, crut lui devoir inspirer le désir de gouverner les princes ses frères. Comme elle étoit capable d'une grande ambition, parce que celui en qui elle avoit de la confiance en étoit entièrement possédé, ce conseil lui plut : elle vit que par cette voie elle auroit part à toutes les grandes affaires qui se passoient à la cour, et toutes ces choses ensemble eurent le pouvoir d'affoiblir sa raison et sa vertu. Elle avoit pris le soin de persuader au jeune prince de Conti de se faire cardinal, afin de plaire au prince de Condé, et le laisser par ce moyen l'héritier de son partage. Le projet de cette princesse avoit été d'obliger M. le prince par ce service à faire donner le Havre au duc de Longueville; mais ce dessein n'avoit point eu de succès : et l'opposition du duc d'Orléans dont j'ai déjà parlé l'avoit fait évanouir. Le prince de Condé, par cette raison, s'étoit aussi un peu relâché sur cette prétention; car il n'avoit point voulu fortement combattre toutes les difficultés qu'il y avoit trouvées, et toutes ces propositions étoient demeurées indécises. Madame de Longueville, qui n'avoit tiré aucun avantage de ses persuasions à l'égard du prince de Conti, sentoit du chagrin de n'avoir pas réussi dans ses désirs, et restoit malgré elle avec l'espérance d'un chapeau pour ce prince, dont ni lui ni elle ne se soucioient pas beaucoup. Ce mauvais commencement ne servit qu'à l'embarquer davantage avec les cabales qui se formoient contre la cour, où déjà elle avoit pris de fortes liaisons. Elle voulut y engager M. le prince son frère aîné; mais elle ne le trouva pas disposé à se laisser conduire à ce qu'elle souhaitoit, parce que ses desseins alloient contre l'Etat, et que ce prince n'avoit pas de facilité à se laisser corrompre sur ce sujet. Ce dégoût la sépara de lui en quelque façon, et l'obligea de s'attacher tout-à-fait au soin de gouverner le prince de Conti, qu'elle vouloit faire servir à l'usage qui lui conviendroit le mieux. Elle en étoit plus aimée qu'elle ne l'aimoit, car son inclination étoit fixée sur un objet qui étoit le premier mobile qui agissoit en elle, et qui faisoit naître ses autres sentimens : mais elle se servit fort habilement de la tendresse que ce jeune prince avoit pour elle, et il lui fut facile de l'assujétir entièrement à toutes ses volontés. Il s'y abandonna de sorte qu'on peut dire qu'il vivoit plus par elle que par lui; et leur amitié, par ses effets et par sa fin, a été fort célèbre.

La Reine, de son côté, étoit lasse de tant souffrir : elle voulut enfin mettre des bornes aux révoltes du parlement, que par tant de grâces elle n'avoit pu finir. Sans consulter madame de Longueville, et sans dessein de lui plaire, elle lui donna par ce moyen une grande facilité de satisfaire toutes ses fantaisies; et ces deux personnes, par des motifs entièrement opposés, travaillèrent l'une et l'autre à ce qu'elles désiroient de faire. La Reine étant donc affligée de ce que le parlement, sous l'apparence du bien public, remplisoit la France de véritables maux, s'appliqua soigneusement au soin de faire voir aux princes que cette compagnie ne se soucioit de rien moins que du repos de l'Etat, et que leurs demandes et leurs prétentions, même les plus justes, n'étoient que des prétextes pour travailler à la ruine du royaume et à l'extinction de la royauté. Elle se résolut enfin de ne plus écouter aucune de leurs propositions, et ne voulut plus penser qu'à l'exécution de ce qu'elle croyoit devoir être le seul remède de ses inquiétudes. Le cardinal souhaitoit infiniment de se voir, par le châtiment des coupables, délivré de leur tyrannie; et, sans la crainte du péril qui se trouvoit dans une si haute entreprise, il auroit été le plus animé à le rechercher, comme celui qui souffroit le plus de leur persécution.

Le prince de Condé s'étoit attiré la haine du parlement, par la réponse ferme et sévère qu'il avoit faite depuis peu à Viole dans la grand'chambre: il avoit d'ailleurs pris une liaison assez forte avec le duc d'Orléans par son favori, pour espérer, par l'appât du chapeau, d'en disposer à son gré. Il avoit des désirs déréglés, ou du moins ambitieux: de grands princes tels que lui n'en manquent pas. Il crut par cette voie réussir dans ses desseins, sans y trouver l'opposition qu'il devoit toujours craindre du côté de ce prince, qui lui étoit supérieur. Il voulut aussi s'acquérir envers la Reine et son ministre un mérite tout entier, lui aidant à venger le Roi du mépris que ses sujets faisoient de son autorité. Pour cet effet, il s'offre à la Reine, il l'assure de sa fidélité pour le dessein qu'elle avoit dans le cœur; il fait plus: il la persuade de la facilité de l'entreprise, et lui dit qu'avec lui et les bons soldats qui sont dans ses armées, elle ne peut qu'elle ne voie dans peu de temps les Parisiens et le parlement à ses pieds. La Reine goûte cette douce harangue avec joie: elle veut tout hasarder pour rétablir la puissance royale qui paroissoit mourante, et dont le mauvais état demandoit les extrêmes remèdes. Avec un protecteur tel que M. le prince, le ministre ose tout entreprendre, et conseille la Reine de l'écouter. Cette princesse, se voyant secourue et consolée, bien contente de pouvoir espérer une fin à sa peine, fait un complot entre elle, le prince de Condé et son ministre, de sortir de Paris secrètement, pour le châtier par les voies les plus fortes, et se détermine de ne plus parler à ses peuples que par la bouche de ses canons. M. le prince, qui prétendoit être le maître dans sa famille, offrant à la Reine sa personne, ses services et son gouvernement de Bourgogne, l'assure aussi de celui de Normandie, dont le duc de Longueville son beau-frère étoit gouverneur. Selon ces sûretés, la Reine fit dessein, sortant de Paris, d'aller établir le camp de l'armée à Saint-Germain, d'où elle pouvoit faire la guerre aux rebelles, et recevoir de Normandie tout le secours dont elle pourroit avoir besoin. Elle crut aussi qu'elle pourroit en faire un lieu de retraite, au cas qu'elle ne pût pas, aussi facilement qu'elle l'espéroit, réduire Paris et ce qui étoit dans ses murailles dans une entière obéissance.

Pour la perfection de ce dessein, il falloit gagner le duc d'Orléans, et l'obliger à se mettre de la partie. Il étoit difficile de l'espérer; car n'étant point l'auteur de cette pensée, il ne pouvoit y donner son approbation. Il étoit aimé dans le parlement, il se plaisoit à l'être: quelques-uns de ceux qui avoient du crédit lui avoient offert la régence, et la lui offroient encore tous les jours. Il n'auroit peut-être pas été en son pouvoir de l'ôter à la Reine, et on doit même croire qu'il n'en avoit pas le désir; mais il n'étoit pas fâché de se flatter de cette douce persuasion qu'il étoit le maître, qu'il pouvoit faire beaucoup de mal à la Reine s'il le vouloit, et que ne le faisant pas, elle lui en devoit être fort obligée. Il croyoit aussi mériter beaucoup de gloire de cette modération; et cet état ne lui pouvoit pas déplaire. Sur le bruit qui court que la Reine veut quitter Paris (car les secrets des rois ne sont jamais entièrement cachés), quelques-uns des plus considérables du parlement allèrent trouver le duc d'Orléans, et le supplièrent, s'il arrivoit que la Reine en usât ainsi, de demeurer avec eux, de les secourir dans leur nécessité, et de n'abandonner pas cette grande ville, où il étoit tant aimé, à la rage d'un ministre étranger, et qui étant offensé porteroit peut-être sa vengeance jusqu'aux dernières extrémités.

Le duc d'Orléans, selon ses louables sentimens, ne profita point des désirs de ces ames criminelles qui vouloient qu'il pût injustement devenir maître jusqu'à la majorité; mais, pour les en récompenser, il s'opposa fortement à la résolution de la Reine; et quand elle lui parla de son dessein, il fit tous ses efforts pour lui faire changer de pensée. Ce fut en vain qu'il voulut éviter l'exécution de ce projet. La Reine l'allant voir au Luxembourg, comme il avoit encore un peu la goutte, lui témoigna un grand désir de lui voir prendre part à sa destinée. Elle l'en prie, l'en presse et l'en conjure, par cette amitié qui avoit toujours tenu quelque place dans le cœur de l'un et de l'autre. Ensuite de ses prières, elle lui témoigna hardiment que quand même il seroit capable de l'abandonner en cette occasion, elle ne laissera pas d'achever son entreprise, et lui dit qu'elle étoit résolue de se confier à M. le prince, plutôt que de demeurer plus long-temps en un lieu où l'autorité royale n'étoit plus considérée, où sa personne étoit tous les jours offensée, et où celle de son ministre étoit menacée des derniers outrages. Elle lui dit qu'elle croyoit le devoir soutenir, pour ne pas accoutumer les parlemens et les peuples à vouloir se mêler du gouvernement; et qu'il savoit bien que lui-même lui avoit toujours conseillé de le faire. Elle l'assura de plus que s'il désiroit pour sa satisfaction qu'elle allât à Orléans se mettre entre ses mains, elle le feroit volontiers, ne pouvant manquer de confiance pour une personne qui jusques alors ne lui avoit donné aucun véritable sujet de se plaindre de lui. Le duc d'Orléans, qui étoit naturellement bon, et qui avoit un favori qui avoit intérêt de le voir toujours content et à la cour, se voyant pressé par la Reine d'une manière si obligeante, ne la put refuser; et la résolution fut prise entre la Reine, lui, le prince de Condé et le ministre, d'exécuter cette grande action avec toutes les précautions qui en devoient être les suites nécessaires. Les ordres furent donnés et le jour arrêté pour sortir de Paris; et ceux qui avoient en dépôt le secret royal furent entièrement fidèles à le garder. Le duc d'Orléans ne le dit point à Madame ni à Mademoiselle; et M. le prince le cacha soigneusement à madame la princesse sa mère, et à madame de Longueville, cette illustre sœur avec qui il croyoit être si bien.

Malgré ce secret, un certain bruit se répandit par Paris que la Reine avoit quelque dessein. Le parlement avoit peur; tout le monde parloit de ce qu'il ne savoit point, chacun se demandoit l'un à l'autre ce que c'étoit: nul ne le pouvoit dire. Mais, par un pressentiment écrit dans la nature, la vérité, quoique cachée, ne laissoit pas d'être sue. Toute la cour étoit en alarme; et tous ceux qui ont accoutumé de raisonner sur les affaires d'État, et qui veulent être ministres malgré les rois, avoient de grandes occupations.

Le 5 janvier, la veille des Rois, ce jour si célèbre, et dont on parlera sans doute dans les siècles à venir, j'allai le soir chez la Reine, où j'avois accoutumé de passer la plus grande partie de ma vie. Je la trouvai dans son petit cabinet, tranquillement occupée à regarder jouer le Roi, et nonchalamment appuyée sur le coin de la table, qui ne paroissoit penser qu'à ce qu'elle voyoit. En arrivant, je me mis derrière sa chaise pour prendre le même divertissement, et pour faire ce que les gens de la cour font quasi toujours, qui est de passer beaucoup d'heures inutilement. Un moment après, madame de La Trimouille, qui étoit assise auprès d'elle, me faisant signe de l'œil, je me penchai vers elle pour savoir ce qu'elle me vouloit dire. Cette dame, qui n'étoit pas des moins habiles du monde, me parlant fort bas, me dit: « Il court un bruit par Paris « que la Reine part cette nuit. » Je fus surprise de ce discours. Pour y répondre, je ne fis que lui montrer la Reine et le repos de son esprit; et, haussant les épaules, je m'étonnai avec elle de cette pensée, qui me parut un peu chimérique.

La Reine passa le reste du soir avec cette égalité d'esprit dont elle accompagnoit toutes les actions de sa vie; et tout ce que nous y aurions pu remarquer fut qu'elle nous parut plus gaie qu'à l'ordinaire. Les princes et le ministre lui firent leur cour selon leur coutume; mais ils n'y tardèrent pas, parce qu'ils alloient souper chez le maréchal de Gramont, qui tous les ans ce même jour leur donnoit un grand repas. La Reine ne parla que de dévotion, et nous dit qu'elle iroit le lendemain passer sa journée au Val-de-Grâce. Monsieur, notre petit prince, en lui donnant le bonsoir, lui fit promettre qu'il iroit avec elle, et s'en alla coucher avec cette pensée. Pour divertir le Roi, la Reine voulut séparer un gâteau, et nous fit l'honneur à madame de Bregy, à ma sœur et à moi, qui seules étions avec elle, de nous y faire prendre part avec le Roi et elle. Nous la fîmes la reine de la fève, parce que la fève s'étoit trouvée dans la part de la Vierge; et, pour faire bonne mine, elle commanda qu'on nous apportât une bouteille d'hippocras, dont nous bûmes devant elle; et nous, qui n'avions pas une plus grande affaire que celle de nous divertir, nous forçâmes la Reine d'en boire un peu. Nous voulûmes satisfaire aux obligations des extravagantes folies de ce jour, et nous criâmes: « La Reine boit! » Nous soupâmes à notre ordinaire dans sa garde-robe des restes de son soupé, et nous fîmes bonne chère sans nulle inquiétude. Après soupé, nous parlâmes d'un repas que nous devoit donner deux jours après le marquis de Villequier, capitaine des Gardes; et cette princesse ordonna elle-même de ceux qui en devoient être, et dit qu'il falloit y faire venir la petite bande de violons de M. le prince, pour nous y mieux divertir. Nous fûmes si dupes enfin, que nous nous moquâmes avec elle de ceux qui avoient dit qu'elle partiroit cette même nuit; et jamais elle ne nous parut plus cordiale et de meilleure humeur.

La Reine nous avoua, depuis l'exécution de cette grande aventure, qu'elle eut alors de la peine à s'empêcher de rire; et qu'ensuite elle eut quelque bonté pour nous, et quelque compassion de nous laisser dans une ville qu'elle quittoit avec dessein de l'assiéger. Mais nous lui avons toujours maintenu qu'elle ne fut point alors susceptible d'aucun sentiment de pitié, et que la vengeance et la joie occupèrent entièrement son cœur. Comme la Reine fut prête de se déshabiller, et qu'il étoit déjà tard, Beringhen, premier écuyer, qu'elle avoit envoyé chercher, entra dans son cabinet. En le voyant, elle se leva, le prit à part pour lui commander les carrosses du Roi. Un peu après minuit, en se levant de dessus son siége, elle nous dit qu'elle alloit parler à M. le premier d'une affaire de charité. Si dans ce moment nous eussions été capables de défiance, et pas tout-à-fait aveugles, ces paroles de la Reine nous auroient pu ouvrir les yeux, parce qu'elle n'avoit pas accoutumé de nous rendre raison des commandemens qu'elle faisoit; et nous eussions connu qu'en cas de voyage le premier écuyer devoit être du secret. Mais comme la Reine parloit souvent à M. le premier, nous n'y pensâmes pas, et nous nous occupâmes à parler de ces agréables bagatelles qui font toute la belle conversation. Après ses ordres donnés, la Reine se déshabilla; et comme elle étoit prête de se coucher, mademoiselle de Beaumont, qui venoit de souper chez Beringhen, que la Reine venoit d'instruire, nous dit, à Comminges et à moi, qu'il y avoit quelque dessein en campagne, et que ce qui se disoit n'étoit pas une affaire de raillerie. Elle l'avoit aperçu par un discours que lui avoit fait la maréchale de Gramont, à qui son mari avoit dit le grand secret du jour, qui le sut, parce que tout ce dessein se devoit exécuter chez lui; et quoique la maréchale de Gramont n'eût rien dit à son amie, elle l'avoit tellement pressée de partir avec elle ce même jour, que ces marques de tendresse, jointes au bruit qui en étoit commun dans Paris, avoient donné de grands soupçons à cette fille. Comminges et moi commençâmes alors à ouvrir les yeux, et nous contâmes à mademoiselle de Beaumont que la Reine ayant envoyé querir M. le premier, elle nous avoit voulu justifier sa conversation avec lui : ce qui nous avoit paru en quelque sorte une affectation extraordinaire. Alors nous eûmes sujet de craindre et de douter; mais comme ce mal étoit sans remède, et qu'on n'appréhende jamais beaucoup un péril qu'on ne connoît point entièrement, après avoir un peu raisonné ensemble sur nos misères, quand nous vîmes la Reine dans son lit, nous donnâmes le bonsoir à Comminges et à Villequier, capitaine des Gardes, qui étoit arrivé un instant avant notre séparation. Nous nous allâmes coucher, en disant que l'événement nous apprendroit la vérité de toutes ces illusions.

Aussitôt que nous fûmes parties, les portes du Palais-Royal se fermèrent avec commandement de ne les plus ouvrir. La Reine se releva pour penser à ses affaires, et ne fit part de son secret qu'à sa première femme de chambre, qui couchoit auprès d'elle. On donna les ordres nécessaires aux capitaines des Gardes que nous avions laissés dans la chambre de la Reine pas plus savans que nous. Le maréchal de Villeroy, à qui on donna la connoissance de cette résolution quand il fut nécessaire qu'il la sût, laissa dormir le Roi jusqu'à trois heures du matin; puis le fit lever, lui et Monsieur, pour les faire monter dans le carrosse qui les attendoit à la porte du jardin du Palais-Royal. La Reine se joignit au Roi et à Monsieur. Ces trois personnes royales furent suivies du maréchal de Villeroy, de Villequier et de Guitaut, capitaines des Gardes de Leurs Majestés; de Comminges, lieutenant des Gardes de la Reine, et de madame de Beauvais, sa première femme de chambre. Ils descendirent par un petit escalier dérobé qui de l'appartement de la Reine alloit dans le jardin, et sortant par cette petite porte qui est par delà le Rondeau, montèrent dans les carrosses qui les attendoient. La Reine étant au Cours, qui étoit le lieu du rendez-vous, s'y arrêta pour attendre que le duc d'Orléans, M. le prince et toute la maison royale fût venue la joindre.

Après le soupé et le jeu, qui finit chez le maréchal de Gramont plus tôt qu'à l'ordinaire, le duc d'Orléans et M. le prince de Condé s'en allèrent chacun chez eux pour donner ordre à leurs affaires domestiques, et faire sortir de Paris leurs familles. Le ministre demeura où il étoit, s'amusant à jouer pendant que ses confidens firent emporter ce qu'il avoit de plus précieux, et sortir ses nièces, qui étoient encore auprès de madame de Senecay. L'heure du rendez-vous le pressant de partir, il se mit dans un carrosse avec quelques-uns de ses amis qu'il avertit alors de ce qui se passoit, et s'en alla trouver la Reine qui l'attendoit déjà dans le Cours. Là se trouvèrent les personnes les plus considérables de la cour, qui ne furent averties qu'à l'instant de sa sortie, dont furent sa dame d'honneur, ses filles, et beaucoup d'autres. Chacun allant chercher son ami l'emmenoit avec lui pour se sauver ensemble, et quitter cette ville qui alloit être l'objet de la colère de son Roi; et tous ceux qui purent prendre la fuite le firent avec empressement. Les domestiques du ministre, qui voyoient que leur maître avoit une grande part au succès de ce voyage, furent les plus diligens à faire leur retraite; et jamais nuit sans assaut et sans guerre ne fut remplie de tant d'horreur et de trouble.

Je fus avertie, comme les autres, à l'heure que la Reine partit; et un de mes amis, domestique du cardinal Mazarin, vint heurter à ma porte avec un carrosse à six chevaux, pour me convier de suivre la Reine; mais je ne le voulus pas faire pour plusieurs raisons, qui toutes regardoient ma commodité et mon repos. Le duc d'Orléans, étant arrivé au Luxembourg, fît éveiller Madame, qui se leva toute troublée de cette nouvelle : il fit aussi lever mesdemoiselles ses filles, et toutes ensemble s'en allèrent où la Reine les attendoit. Mademoiselle, fille aînée du duc d'Orléans, avoit été avertie par la Reine même, qui lui avoit envoyé Comminges aussitôt après que nous l'eûmes quittée; et cette princesse, avec la même surprise que les autres, alla se joindre, selon l'ordre qu'elle en avoit reçu, avec la famille royale. Le prince de Condé en fit autant dans sa maison. Madame la princesse sa mère, qui prétendoit que M. le prince ne devoit point avoir de secret pour elle, fut surprise de voir qu'il lui en avoit caché un si grand. Elle en fut touchée; mais comme il n'étoit pas temps de gronder, elle prit madame la princesse sa belle-fille, et le petit duc d'Enghien son petit-fils encore au maillot, et vint de même grossir la troupe du Cours.

Madame de Longueville, qui étoit demeurée à coucher à l'hôtel de Condé à cause du jour des Rois, fut avertie et sollicitée par madame la princesse sa mère de sortir avec elle; mais cette princesse, qui avoit l'esprit rempli de beaucoup de grands desseins, s'excusa sur ce qu'elle étoit grosse, et lui dit de plus qu'elle n'osoit sortir de Paris sans les ordres de monsieur son mari. Madame la princesse, ne prenant pas ces raisons pour bonnes, la pressa de partir; et comme elle ne le vouloit pas faire, elle fut obligée de lui dire qu'elle pouvoit la laisser sans crainte, et qu'elle savoit bien que les Parisiens ne lui feroient point de mal. Enfin elle refusa si constamment de la suivre, que madame la princesse fut contrainte de la laisser dans cette grande ville, où elle vouloit établir sa puissance. Elle y régna quelque temps; et ce qu'elle y fit doit avoir une grande place dans l'histoire de notre siècle. La Reine avoit écrit, par M. le prince, un billet à madame la princesse pour la convier de la suivre, où madame de Longueville avoit eu part, et fort civilement; de sorte que la Reine, ne la voyant point, en fut un peu surprise. Mais, n'ayant nulle vue de ce qui arriva depuis, l'excuse de sa grossesse fut reçue pour bonne; et, dans l'occupation que lui donnoit sa retraite, elle ne s'amusa pas long-temps à regretter l'absence de madame de Longueville. Le prince de Conti fut de la partie; et toute la maison royale étant assemblée, elle prit le chemin de Saint-Germain-en-Laye. Le Roi, la Reine et toute la cour se trouvèrent en ce lieu sans lit, sans officiers, sans meubles, sans linge, et sans rien de tout ce qui étoit nécessaire au service des personnes royales et de toutes les autres qui les avoient suivies. La Reine, étant arrivée, coucha dans un petit lit que le cardinal Mazarin avoit fait sortir de Paris quelques jours auparavant, à cette intention. Il avoit de même pourvu à la nécessité du Roi, et il se trouva aussi deux autres petits lits de camp, dont l'un servit à Monsieur, et l'autre demeura pour lui. Madame la duchesse d'Orléans coucha une nuit sur la paille, et Mademoiselle aussi. Tous ceux qui avoient suivi la cour eurent la même destinée; et en peu d'heures la paille devint si chère à Saint-Germain, qu'on ne pouvoit pas en trouver pour de l'argent.

Lorsqu'on sut dans Paris le départ du Roi, de la Reine et de toute la cour, le désespoir s'empara de tous les esprits, et la confusion commença avec le jour dès les cinq à six heures du matin. Les cris furent grands dans les rues, et l'émotion s'y rendit universelle. Les premiers qui apprirent cette nouvelle l'envoyoient dire à leurs amis; et beaucoup de personnes de qualité se sauvèrent à Saint-Germain, pour s'attacher à leur devoir. D'autres, pour fuir seulement de cette confusion, firent mettre leurs chevaux à leurs carrosses, et sortirent de Paris. Ils allèrent dans leurs maisons chercher le repos et la sûreté dont cette ville mutine alloit être privée. Quand on vint frapper à ma porte, j'étois à peine bien endormie; et Dieu seul peut savoir avec quelle douleur j'appris cette retraite. Mon étonnement ne fut pas si grand que celui des autres, car nous avions déjà senti les premières pointes de ce malheur; mais je ne pus sans horreur me souvenir d'avoir ouï dire à la Reine que, si elle en étoit crue, elle assiégeroit Paris, et l'affameroit en quinze jours. Je fis aussitôt dessein de partir à la pointe du jour, et de m'en aller en Normandie y passer le temps de ce châtiment qui me donnoit tant de crainte, et qui apparemment devoit coûter beaucoup de sang à la France. Je ne pus pas me résoudre d'aller à Saint-Germain sans meubles ni secours : car une veuve qui n'étoit pas riche, n'étoit pas en état de s'aller exposer aux nécessités qui devoient incommoder les plus grands seigneurs de la cour. D'autre côté, je n'étois pas assez vaillante pour demeurer dans une ville assiégée, où je me verrois peut-être réduite à beaucoup des souffrances, et à faire malgré moi des vœux contre les armes du Roi. Mais le désordre s'augmenta de telle sorte, et le peuple fit de telles barbaries dans les rues à ceux qui paroissoient vouloir sortir de Paris, que je me trouvai contrainte de demeurer dans ma maison. Il y eut beaucoup de personnes de la cour qui en firent autant : nous fûmes long-temps l'objet des insultes de la canaille, et de l'animosité de ceux qui étoient du parti contraire; ils changèrent de sorte pour nous, que nos amis, qui huit jours auparavant nous faisoient des visites, devinrent aussitôt nos plus cruels ennemis.

Le parlement, voyant les marques visibles de la vengeance royale qui étoit prête d'éclater sur lui, voulut d'abord travailler à la sûreté de la ville; et ce même soir il ordonna aux bourgeois de prendre les armes. Cette compagnie parut étonnée de ce coup; et le peuple et les bourgeois, qui se conduisent d'ordinaire par emportement, étoient les uns comme des forcenés, et les autres vomissoient mille imprécations contre le Roi et la Reine, contre le ministre et même contre les princes.

La Reine, en partant de Paris, écrivit une lettre à messieurs de la ville, par où elle leur déclaroit qu'elle ne vouloit point de mal au peuple ni aux bons bourgeois. Elle leur faisoit part de son dessein, et leur apprenoit qu'elle avoit été contrainte de fuir les violences du parlement, dont les cabales et les intelligences criminelles avec les ennemis de l'Etat lui ôtoient le moyen de pouvoir vivre en sûreté dans Paris. Elle leur promettoit aussi qu'elle ne laisseroit pas de les aimer, pourvu qu'ils voulussent lui aider à la venger de ses ennemis.

Le Roi de même leur écrivit une lettre fort douce, dont j'ai voulu garder la copie. Toutes les circonstances d'un événement si remarquable doivent être, à mon avis, très-dignes de la curiosité de ceux qui nous suivront. La voici :

« Très-chers et bien aimés, étant obligé, avec un très-sensible déplaisir, à partir de notre bonne ville de Paris cette nuit même, pour ne pas demeurer exposé aux pernicieux desseins d'aucuns officiers de notre cour de parlement de Paris, lesquels ayant intelligences avec les ennemis de l'Etat, après avoir attenté contre notre autorité par diverses rencontres, et abusé longuement de notre bonté, se sont portés jusques à conspirer de se saisir de notre personne : nous avons bien voulu, de l'avis de notre très-honorée dame et mère, vous donner part de notre résolution, et vous ordonner, comme nous faisons très-expressément, de vous employer en tout ce qui dépendra de vous pour empêcher qu'il n'arrive rien à notredite ville qui puisse en altérer le repos, ni préjudicier à notre service; vous assurant, comme nous espérons, que tous les bons bourgeois et habitans d'icelle continueront avec vous dans les devoirs de bons et fidèles sujets, ainsi qu'ils ont fait jusques à présent; qu'aussi ils recevront de bons et favorables traitemens : nous réservant de vous faire savoir dans peu de jours la suite de notre résolution; et cependant, nous confiant en votre fidélité et affection à notre service, nous ne vous ferons la présente plus longue ni plus expresse.

« Donné à Paris ce 5 janvier 1649. *Signé* Louis. *Et plus bas*, DE GUENEGAUD.

« *Et sur le repli :* A nos très-chers les prévôt des marchands et échevins de notre bonne ville de Paris. »

Le 7, de Lisle, capitaine des gardes du corps, apporta de la part du Roi une interdiction au parlement et à toutes les cours souveraines de Paris, avec commandement d'aller à Montargis, et les autres cours chacune dans quelque lieu semblable. La compagnie assemblée refusa de recevoir l'ordre du Roi, sur quelques formalités qu'ils dirent n'avoir pas été observées : et nonobstant les lettres du Roi et de la Reine, qui faisoient espérer quelque bon traitement aux bourgeois, la Reine fit défenses à tous les villages circonvoisins d'autour de Paris de porter dans la ville aucunes denrées de quelque nature que ce pût être. On arrêta le pain, on arrêta le bétail; et de la part du Roi, il parut visiblement qu'il vouloit punir la ville de Paris.

Le parlement étonné, ne sachant à quoi se résoudre, prend le parti de députer vers la Reine, pour la supplier de lui apprendre la cause de sa fuite, de lui nommer les noms de ceux qu'elle accuse d'avoir intelligence avec les ennemis de l'Etat, et offre de leur faire leur procès. Ces têtes orgueilleuses s'humilient, et commencent à craindre la rigueur de leur prince offensé; et dans ce commencement quelques-uns des factieux pensèrent à la retraite. Quelques autres plus hardis firent du bruit dans la grand'chambre, et, animés par leur propre danger, proposèrent hardiment de donner un arrêt contre le ministre, comme étranger; mais ils furent sifflés, parce que, dans l'état où ils se trouvoient, les plus sages vouloient éviter les malheurs dont ils étoient menacés, même aux dépens de ceux de leurs confrères qui, par leur rébellion et leur audace, étoient la cause du malheur où ils se trouvoient. La Reine et son ministre, qui avoient trop de fois éprouvé à leur dommage que la douceur et la clémence avoient été nuisibles aux affaires du Roi, et qui par le bon état et la disposition des esprits des princes pouvoient espérer un succès favorable de cette entreprise, refusèrent d'écouter les députés du parlement. La Reine leur fit dire qu'il ne devoit plus être à Paris; qu'elle le croyoit à Montargis, où tous les membres de ce corps avoient ordre de se retirer; qu'elle désiroit qu'ils obéissent au Roi, et qu'après cela elle aviseroit à ce qu'elle auroit à faire. Sanguien alla au devant d'eux leur porter cette réponse de la part de la Reine; et le soir, comme ils voulurent voir le chancelier, ce chef de la justice leur dit la même chose, et les renvoya sans vouloir entrer en matière avec eux.

D'habiles gens crurent que si la Reine les eût écoutés, dans l'état où ils étoient alors, remplis d'étonnement et vides d'espérance, leur repentir eût été véritable; qu'ils auroient volontiers chassé les plus coupables de leur compagnie, afin d'éviter les maux qu'ils avoient raison de craindre; et que cette consternation publique où ils étoient enveloppés les auroit portés à rendre au Roi tout le respect qu'ils lui devoient. Mais, pour le malheur de beaucoup de misérables qui en souffrirent depuis, la Reine ne crut pas devoir prendre aucune confiance en leur apparente contrition. Cette dernière clémence, qui auroit peut-être encore passé pour foiblesse et légèreté dans l'esprit de beaucoup de gens, n'auroit pu vraisemblablement réussir à sa satisfaction. Il falloit quelque chose de plus considérable pour rétablir l'autorité du Roi et la puissance du ministre telle qu'il désiroit l'avoir, et Dieu vouloit se servir des passions des hommes pour les punir de leurs crimes.

Les députés partirent de Saint-Germain le soir du 7 janvier, après avoir été refusés de la Reine; et le lendemain matin ils firent leur rapport à la compagnie d'une manière qui lui fit comprendre le mauvais état où elle étoit. Le désespoir alors leur redonne des forces : ils se jugent perdus s'ils ne se sauvent par les remèdes extraordinaires. Les principaux esprits du parlement étoient touchés de l'esprit de rebellion : les coupables haïssoient la puissance royale; ils avoient été si loin dans leurs fautes, qu'ils avoient montré d'estimer davantage le gouvernement des républiques que des monarchies; et peut-être il y en eut dans la compagnie qui ne furent pas fâchés que la nécessité de se défendre les obligeât à suivre les mauvaises voies, parce qu'ils espéroient de cette extrémité quelque changement dans l'Etat qui auroit élevé leur puissance et diminué celle de nos rois. Ils mirent donc le fondement de leur espérance sur la haine que le peuple et les grands du royaume avoient contre le ministre; et, ne voyant de bien pour eux qu'en lui faisant du mal, ils résolurent de suivre les maximes de Machiavel, qui dit, à ce que j'ai ouï dire à ceux qui l'ont lu, qu'il ne faut point faire une méchanceté à demi. Sur ce fondement, ils donnèrent donc un arrêt contre le cardinal Mazarin, où ils le condamnoient comme perturbateur du repos public, ennemi du Roi et de son Etat, et enjoignoient à tous ses sujets de lui courre sus, sans pourtant lui avoir fait son procès, sans l'entendre en ses justifications, et sans droit aucun de le pouvoir juger. Cette procédure fut la plus injuste et la plus violente qui ait jamais été pratiquée par des hommes faisant profession de quelque vertu. Ils condamnoient un cardinal dont ils ne pouvoient être les juges, sa qualité de prince de l'Eglise le réservant au jugement du Pape et de l'Eglise; et quand même il auroit été le plus criminel de tous les hommes, et qu'ils eussent eu droit de le juger, ils ne l'auroient pas pu faire sans l'entendre en ses défenses. Enfin cette illustre compagnie de sénateurs doit être à jamais blâmée de cette action, que la nécessité où ils étoient n'excuse point; car, selon la loi de Dieu, il n'est jamais permis de mal faire. Elle fait voir que la passion et l'intérêt étouffent presque toujours la raison, et que ceux qui font les lois et qui en paroissent les protecteurs sont souvent eux-mêmes dans l'aveuglement et l'erreur, quand Dieu, le seul juste juge, les abandonne à leur propre sens, et les humilie par leur propre iniquité. C'est à eux à qui il parle, quand il dit : *J'ai vu sous le soleil méchanceté au lieu de justice, et iniquité au lieu de jugement* (1).

Parce que cet arrêt m'a paru digne de la mémoire des hommes, j'en ai gardé l'original dont voici les propres termes :

« Ce jour, la cour, toutes les chambres assemblées, délibérant sur le récit fait par les gens du Roi de ce qu'ils se sont transportés à Saint-Germai-en-Laye par devers ledit seigneur Roi et la Reine régente en France, en exécution de l'arrêt du jour d'hier, et du refus de les entendre, et qu'ils ont dit que la ville étoit bloquée, a arrêté et ordonné que très-humbles remontrances par écrit seront faites audit seigneur Roi et à ladite dame Reine régente. Et attendu que le cardinal Mazarin est notoirement l'auteur de tous les désordres de l'Etat et du mal présent, l'a déclaré et déclare perturbateur du repos public, ennemi du Roi et de son Etat, lui enjoint se retirer de la cour dans ce jour, et dans huitaine hors du royaume; et ledit temps passé, enjoint à tous les sujets du Roi de lui courre sus; fait défenses à toutes personnes de le recevoir. Ordonne en outre qu'il sera fait levée de gens de guerre en cette ville, en nom-

(1) *Ecclésiaste.*

bre suffisant; à cette fin, commissions délivrées pour la sûreté de la ville, tant au dedans qu'au dehors, et escorter ceux qui amèneront les vivres, et faire en sorte qu'ils soient amenés et apportés en toute sûreté et liberté. Et sera le présent arrêt lu, publié et affiché partout où il appartiendra, à ce qu'aucun n'en prétende cause d'ignorance. Enjoint aux prévôt des marchands et échevins tenir la main à l'exécution. *Signé* GUIET. »

Ce même jour, cette compagnie donna ordre à la police, et aux moyens de lever de l'argent pour se mettre en état de défense. Ils se taxèrent eux-mêmes les premiers afin de donner exemple aux autres, et chaque conseiller au parlement donna cinq cents livres : toutes les compagnies souveraines en firent autant. Chaque porte cochère paya vingt-cinq ou cinquante écus. Il se fit de tout cela une grande levée de deniers qui furent destinés à payer leurs gens de guerre. Le marquis de La Boulaye fut le premier qui prit commission du parlement pour lever des troupes à leur solde, et peu après il fut suivi de quantité d'autres plus grands seigneurs que lui.

Le lendemain le duc d'Elbœuf, qui étoit à Saint-Germain, en partit sous prétexte que madame d'Elbœuf sa mère étoit malade, et alla s'offrir au parlement pour général de leur armée. Il fut reçu avec joie, et peu après la compagnie députa pour l'en remercier et accepter ses offres.

Le duc de Bouillon, si renommé dans notre siècle pour sa capacité dans la guerre et dans la politique, étoit alors à Paris, poursuivant le remboursement de la souveraineté de Sedan; mais il n'étoit pas content des avantages qu'on lui proposoit pour cet échange. Du temps du feu Roi, cette ville l'avoit sauvé de la condamnation qu'on étoit prêt de prononcer contre lui, par la part qu'il eut à la conjuration de Cinq-Mars le grand-écuyer. La Reine, qui vouloit le bien traiter, lui offroit de grandes terres et de grands biens pour ce qui déjà appartenoit au Roi; mais il ne vouloit pas les recevoir. Le prince de Condé, qui jusqu'alors avoit protégé ses intérêts, n'avoit pas non plus réussi à le satisfaire; car n'ayant point de modération en ses désirs, non-seulement il vouloit de grandes richesses, mais il vouloit encore que le Roi le traitât de prince : ce que son père n'avoit point prétendu, qui, à ce que j'ai ouï dire à la Reine même, n'eut jamais d'autre rang dans ce royaume que celui de maréchal de France. Sa demande étoit fondée sur ce que dans l'Italie, qui est pleine de petits souverains, il étoit traité par eux d'altesse, qu'il avoit eu du Pape les mêmes avantages qu'ils en reçoivent; et il désiroit alors d'obtenir en France les mêmes prérogatives qui sont accordées aux maisons souveraines, disant qu'il n'étoit pas juste que pour être à la cour il perdît la jouissance de ses droits. Il les maintenoit bons, quoiqu'ils ne parussent pas tels à tout le monde. Pour parvenir à ses desseins et pouvoir tirer par accommodement de grands avantages du Roi, il fit connoître qu'il avoit quelque pensée de se déclarer en faveur du parlement : ce qui donna de grandes espérances à ce parti, et fit changer son désespoir en des desseins formés de se bien défendre.

Les personnes qui étoient attachées au Roi, et qui étoient restées à Paris, étoient les seules qui fussent à plaindre; car le peuple les menaçoit continuellement de les piller, et nous n'osions nous montrer sans danger de nos vies. Ma sœur et moi voulûmes nous sauver de Paris. Nous menâmes avec nous une de nos amies qui demeuroit avec moi, personne de naissance et de mérite. Nous fîmes ce que nous pûmes pour sortir par la porte Saint-Honoré, avec intention de nous servir de l'assistance de quelques personnes qui nous attendoient hors la porte de la ville; mais les pauvres qui se trouvèrent auprès des Capucins, voyant que nous voulions sortir, se mirent par troupes autour de nous, et nous forcèrent de nous retirer dans l'église de ces bons pères, où ils nous suivirent avec rumeur. Ils nous obligèrent enfin d'en sortir pour tâcher de trouver du secours vers le corps-de-garde, où nous espérâmes rencontrer quelques gens raisonnables; mais les soldats parisiens, animés contre tout ce qui paroissoit vouloir aller à Saint-Germain, nous ayant fait peur par les menaces, nous retournâmes sur nos pas pour aller vers l'hôtel de Vendôme. Le suisse de cette maison, bien loin de nous recevoir, nous ferma la porte, et justement dans un temps où des coquins avoient dépavé la rue pour en tirer des armes, afin de nous martyriser à la manière de saint Étienne. Mademoiselle de Villeneuve, cette amie qui demeuroit avec moi, voyant un de ces satellites venir à elle avec un grès dans la main pour lui jeter sur la tête, lui dit d'un ton ferme et tranquille qu'il avoit tort de la vouloir tuer, puisqu'elle ne lui avoit jamais fait de mal : elle lui parla avec tant d'esprit et de raison, que ce maraud, malgré sa naturelle brutalité, s'arrêta. Il jeta la pierre ailleurs, et s'éloigna d'elle; mais ce fut pour venir à ma sœur et à moi, qui depuis l'hôtel de Vendôme avions toujours couru pour nous sauver dans Saint-Roch. Nous y arrivâmes, grâces à Dieu, malgré les injures et les menaces de cette canaille animée à la proie et au pillage. Aussitôt que j'y fus, je me mis à genoux devant le grand autel, où se célébroit une grand'-messe. Ces dragons qui nous avoient suivies respectèrent si peu le service divin, qu'une femme, à mes yeux plus horrible qu'une furie, me vint arracher mon masque de dessus le visage, en disant que j'étois une mazarine, et qu'il me falloit assommer et déchirer par morceaux. Comme naturellement je ne suis pas vaillante, je sentis une très-grande peur. Je voulus dans ce trouble m'en aller chez le curé qui étoit mon confesseur, pour lui demander du secours; mais ma sœur, qui eut plus de courage et de jugement que moi, me voyant poursuivie par deux filous qui, aussitôt que j'approchai de la porte, me crièrent : *La bourse!* me retira de leurs mains et m'empêcha de sortir de l'église, car tout étoit à craindre de leur barbarie. Le peuple s'assembloit de plus en plus dans l'église où il entroit en foule, et qui retentissoit de hurlemens où je n'entendois autre chose, sinon qu'il nous falloit tuer. Le curé vint à ce bruit qui leur parla, et eut de la peine à leur imposer silence. Pour moi, faisant semblant de me vouloir confesser, je le priai d'envoyer quelqu'un me querir promptement du secours. Il le fit aussitôt; et le marquis de Beuvron mon voisin, avec les officiers du quartier qui se trouvèrent alors au corps-de-garde, et d'autres gens qui entendirent parler du péril où j'étois, vinrent nous en tirer; et, faisant écarter toute cette canaille, ne nous voulurent point quitter qu'ils ne nous eussent remenées en notre logis, où nous arrivâmes si malades qu'il nous fallut mettre au lit. J'avoue à ma honte que je n'ai jamais eu de maladie, quoique j'en aie eu de fort grandes, où j'ai eu une plus grande peur de la mort. Depuis ce jour-là je ne songeai plus à sortir de Paris; mais ne pouvant plus vivre en repos chez moi, je fus supplier la reine d'Angleterre de me recevoir sous sa protection au Louvre : ce qu'elle fit quelques jours après avec beaucoup de bonté, me faisant donner deux belles chambres meublées des meubles de la couronne, dont elle et toute sa cour se servoit. Je m'y retirai avec ma sœur, mademoiselle de Villeneuve et mes femmes. Et nous ne songeâmes plus qu'à faire des provisions pour nous garantir de la famine, attendant que nous pussions avoir la fin de cette guerre, ou avoir un passeport pour aller en sûreté où je voudrois.

Mais, pour revenir aux affaires publiques, madame de Longueville, qui étoit demeurée à Paris sous le prétexte de sa grossesse, n'y étoit restée en effet que dans la pensée de triompher du Roi, de la Reine et de son ministre; et, ce qui est plus surprenant, pour se venger de M. le prince son frère, dont elle ne croyoit pas devoir être satisfaite. Son ame, capable des plus grands desseins et des plus fortes passions, s'étant laissée enchanter des illusions du plus haut degré de gloire et de considération auquel la fortune la pouvoit mettre, suivit avec un peu trop de complaisance les conseils d'un homme (1) qui avoit beaucoup d'esprit, et qui l'avoit fort agréable; mais comme il avoit encore plus d'ambition, il s'étoit peut-être attaché à elle autant par le dessein de s'en servir pour se venger de la Reine, pour chasser son ministre, et venir ensuite à toutes les choses dont l'esprit humain le peut flatter, que par la seule passion qu'il eût pour elle. La douceur de ce poison ayant gâté son imagination, lui fit dédaigner les vertus ordinaires des femmes, pour se remplir de désirs qui alloient à se faire respecter par toute la France, non-seulement par sa beauté, mais par l'habileté d'un homme dont elle seroit la maîtresse. Elle voulut se faire une destinée qui fût digne d'elle, en augmentant la grandeur de la maison où elle étoit entrée, afin qu'elle pût l'approcher davantage de la sienne. Mais lorsque sa raison fut assujétie à ses passions et à celles d'autrui, elle fut long-temps sans comprendre que la foiblesse et la puissance ne peuvent pas compatir ensemble : et ne se souvenant pas de ce qu'elle avoit souvent ouï dire, qu'ici-bas tout est vanité et affliction d'esprit, elle goûta d'abord à longs traits le plaisir de faire parler d'elle dans toute l'Europe, qui étoit une de ses grandes prétentions. Et en cela elle eut sujet d'être contente; la renommée lui fit justice : elle fut long-temps à publier partout les charmes de sa beauté, la délicatesse de son esprit, la grandeur de son courage, et le crédit qu'elle s'étoit acquis dans la ville de Paris et dans toute la France. Mais n'étant pas obligée de cacher ses défauts, et ce qu'on trouvoit à redire dans sa conduite, elle ne put pas s'empêcher de les faire connoître de la même manière qu'elle avoit fait savoir ses belles qualités.

Etant donc enivrée de ses grandes idées, et remplie de ces flatteuses chimères qui ont accoutumé de tromper les plus grands hommes, elle étoit engagée avec quelques-uns du parlement, et particulièrement avec ceux qui n'étoient pas contens de M. le prince, qui étoient les plus mutins de la compagnie, à cause qu'ils étoient persuadés que si la Reine se résolvoit à les punir, ce seroit plutôt par son avis que par celui de Monsieur. Quand elle vit que le bruit couroit que la Reine vouloit sortir de Paris, elle ne balança pas, et prit des mesures avec le coadjuteur de Paris, qui ne désiroit rien avec plus de passion que de trouver de la matière propre à faire réussir ses desseins. Il vouloit être cardinal,

(1) Du prince de Marsillac, depuis duc de La Rochefoucauld.

mais il vouloit encore, avec le chapeau, avoir à la cour la place qu'y occupoit celui que le parlement en vouloit chasser. Et ainsi ces deux personnes, ayant toutes deux les mêmes pensées dans l'esprit, se trouvèrent fort utiles l'une à l'autre, sans songer si leur union pouvoit subsister toujours comme elle leur étoit convenable pour lors, et sans trop s'inquiéter des grands maux dont elle alloit être la cause.

Madame de Longueville, après avoir fait son plan, et connu qu'il étoit temps de se déclarer contre la cour, manda au prince de Conti son frère qui étoit à Saint-Germain, et au duc de Longueville son mari, qu'il falloit quitter la cour, et que l'ambition les appeloit ailleurs. Ces deux princes, persuadés par différens motifs, suivant aveuglément les avis d'une princesse qui ne marchoit que dans les ténèbres, se dérobent de Saint-Germain la nuit du 10 de janvier, et paroissent à la porte de Paris avant le retour du soleil. Ils furent reçus par les bourgeois de cette ville désolée avec les marques d'une grande joie; je n'ai jamais ouï tant de bruit que cette arrivée en causa dans toute la ville. Cette alégresse n'étoit pas sans fondement : ce fut un grand avantage aux Parisiens que d'avoir un prince du sang pour protecteur. La Reine m'a depuis fait l'honneur de me conter que le soir précédent de leur fuite de Saint-Germain, le prince de Conti avoit fait la meilleure mine du monde, qu'il n'avoit de sa vie paru plus gai, et qu'il étoit celui de tous qui menaçoit le plus hardiment les Parisiens; que le duc de Longueville n'avoit pas été de même, et qu'elle l'avoit trouvé si sombre et si visiblement interdit, qu'elle et son ministre s'en étoient aperçus, et sans en deviner la cause en avoient eu de l'étonnement. On a depuis su que sur le chemin de Paris le duc de Longueville s'arrêta, et qu'il dit au prince de Conti : « Monsieur, retournons auprès du Roi, et ne « mettons point le feu aux quatre coins de la « France, comme il est indubitable que cela ar« rivera par notre séparation. » Ce jeune prince, qui étoit plus complaisant pour sa sœur que le mari pour sa femme, n'en voulut rien faire, et tint bon contre les louables sentimens de celui qui avoit l'honneur d'être son beau-frère. Pour le prince de Marsillac, qui étoit de la partie, je ne doute pas qu'il n'allât gaiement au crime de lèse-majesté, et que ce voyage ne lui parût la plus belle et la plus glorieuse action de sa vie.

Ils furent si mal avertis à la cour, qu'ils n'eurent nul soupçon de cette intrigue. M. le prince avoit connu leurs engagemens avec le parlement; mais ne les ayant point approuvés, il avoit pris leur dissimulation pour un changement : il n'auroit jamais cru que sa famille pût se séparer de lui. Il n'en avoit pas eu seulement la moindre crainte, mais il se trompa lui-même par sa confiance : car il est certain qu'un des plus puissans motifs du prince de Conti, et le prétexte le plus agréable dont madame de Longueville se servit pour le convier à cette entreprise, fut le plaisir de montrer à M. le prince son frère qu'il étoit capable de faire de grandes choses sans lui. Madame la princesse, qui aimoit chèrement ce prince et madame de Longueville, sachant cette retraite à son réveil, en parut étrangement surprise; et le prince de Condé la regarda comme un outrage fait à sa personne, et un grand obstacle aux desseins de la Reine, dont il s'étoit déclaré le défenseur. Madame la princesse eut recours aux larmes, et en cet état elle alla trouver la Reine; elle lui apprit elle-même cette nouvelle, en lui demandant pardon pour ses enfans du mal qu'elle alloit recevoir de leur infidélité. La Reine en fut surprise et affligée, mais son étonnement ne la troubla point; elle consola elle-même cette princesse, et l'assura que, ne doutant point de son innocence, elle ne la considéreroit pas moins. Elle manda aussitôt ce qu'elle venoit d'apprendre au cardinal Mazarin par le maréchal de Villeroy, qui par hasard avoit été le témoin de cette harangue. Cette nouvelle ne fut pas agréable au ministre, qui, plus intéressé à cette guerre qu'aucun autre, en vit toutes les conséquences, et en ressentit par cette raison un sensible déplaisir.

La présence du prince de Conti arrêta le tumulte à Paris; et le respect qui étoit dû à un prince du sang fit que l'horreur et la désolation répandue par toute la ville cessa aussitôt qu'il y fut entré. Pendant deux jours et deux nuits nous avions incessamment entendu crier *aux armes!* d'une manière si terrible, que n'étant pas accoutumées à d telles sérénades pour la nuit, ni à une pareille musique pour le jour, la peur n'a jamais produit en personne de si extraordinaires effets qu'elle en fit naître en ma petite famille; car, comme elle n'étoit pour la plus grande partie composée que de femmes et de filles, tout le mal que pouvoit causer cette incommode et honteuse passion fut vivement ressenti de nous. Quand le prince de Conti arriva, j'étois encore chez moi exposée à la noire malice des Parisiens. J'avoue que, préférant ma vie aux bons succès du siége de Paris, je n'eus jamais tant de joie que quand j'appris son arrivée. J'espérai que le peuple ne seroit plus le maître, et que sous son autorité on mettroit de l'ordre dans la ville. J'ai avoué depuis toutes mes foiblesses à la Reine, et ma sincérité ne me brouilla pas avec elle, quand, après avoir essuyé tant de périls, je lui fis le récit de mes frayeurs et de nos aventures.

Le duc de Longueville avoit un brevet d'un de nos rois, par lequel il prétendoit devoir passer immédiatement après les princes du sang : il croyoit de plus qu'un bâtard du sang royal de Valois, tel que le comte de Dunois dont il étoit descendu, qui a eu l'honneur de rétablir son roi sur le trône de ses aïeux, méritoit de devenir, si on le peut dire ainsi, à demi légitime ; et il avoit intention de se servir de l'appui du prince de Conti son beau-frère pour prendre ce rang dans le parlement, ou du moins pour l'emporter alors sur le duc d'Elbœuf. Mais ce prince lorrain le prévint : car, sachant que le prince de Conti s'étoit mis au lit en arrivant, il alla au parlement le matin du 10, et se fit recevoir général avant que son compétiteur pût être nommé. Le duc de Longueville en fut presque au désespoir, et depuis ce jour il ne se trouva point au parlement ; et ce fut un juste châtiment de son infidélité.

Pendant que nous souffrions dans Paris, l'armée du Roi bloqua la ville, et se saisit de tous les passages des vivres. Le maréchal de Gramont commandoit à Saint-Cloud, et le maréchal Du Plessis à Saint-Denis. Les gens de bien enfermés dans Paris se trouvèrent alors réduits à souffrir avec les coupables les incommodités de la guerre, dont ils méritoient d'être exempts par leur innocence et par leur affection au service du Roi. Chacun craignoit le pillage, et tous cachoient dans des niches ou dans des maisons religieuses ce qu'ils avoient de plus précieux ; car l'ordre n'étoit pas si grand que les plus grands désordres ne fussent à craindre. Le larcin étoit permis, les crimes étoient légitimes, les méchans étoient les maîtres ; et, sous le nom de Mazarin, on pouvoit offenser qui on vouloit. On fouilla beaucoup de maisons par ordre du parlement, avec assez de rudesses : le droit des gens étoit une chimère qui étoit traitée de ridicule ; et les taxes commencèrent à se faire impunément sur tous ceux qui avoient de l'argent. Beaucoup de personnes de qualité, pour se retirer de ce désordre, se voulurent sauver déguisées, et particulièrement des femmes ; mais elles eurent quasi toutes de mauvaises aventures à conter à Saint-Germain quand elles y arrivèrent : et il eût mieux valu pour elles qu'elles fussent demeurées exposées à la famine et à la guerre que de se trouver le sujet de la gaieté des honnêtes bouffons de la cour, qui faisoient de fâcheuses histoires, devant le Roi et la Reine, des accidens survenus aux dames qui sortoient de Paris.

Parmi cette raillerie, la misère des habitans de Saint-Germain tenoit sa place. Ils n'avoient point d'argent, ni de meubles que ceux que les soldats leur vendoient à bon marché, quand ils avoient pillé ces beaux villages qui environnent Paris. La haine publique déclarée contre le ministre étoit le prétexte apparent de la guerre, et le plus grand malheur de la régence de la Reine. Cette aversion devoit être la cause de ses plus tristes et de ses plus sérieuses pensées : cependant elle devint alors la plus ordinaire plaisanterie des courtisans. Les personnes qui avoient été maltraitées sous le nom de mazarins faisoient de leurs aventures l'entretien du cercle ; et la chose enfin se tourna si aisément en gaieté, que la Reine étoit la première à rire des injures atroces qui se disoient contre elle et contre son ministre.

La Reine ne rioit pas toujours : ses affaires alloient mal, et le parti contraire s'augmentoit. Le duc de Bouillon s'étoit enfin déclaré du parti de la Fronde, le marquis de Noirmoutiers (1) aussi ; et le duc de Beaufort étoit accouru à Paris pour avoir part à la guerre. Le maréchal de La Motte, pour se venger de sa prison, suivit l'exemple des autres. Tous furent déclarés généraux sous le généralissime le prince de Conti ; et le duc d'Elbœuf étoit le premier après lui. Quoique l'armée du Roi ne fût pas grande, les troupes de Paris ne lui auroient pas fait peur, sans qu'on jugea à Saint-Germain que tant de braves chefs en feroient assez pour les faire subsister long-temps ; de sorte que cette entreprise parut à la cour en mauvais état. M. le prince étoit au désespoir de l'outrage qu'il croyoit avoir reçu par le prince de Conti son frère, et par madame de Longueville sa sœur, et ce qui d'abord n'étoit en lui qu'un désir d'obliger la Reine devint un véritable désir de se venger de sa famille, qui s'étoit séparée de lui. Il étoit le premier à se railler des bravoures du prince de Conti : il n'épargnoit nullement sa mauvaise taille et la foiblesse de sa complexion, qu'il disoit n'avoir nul rapport aux fatigues et aux fonctions de général.

Le duc d'Orléans paroissoit triste ; et comme il avoit eu de l'opposition à cette entreprise, il étoit fâché de voir qu'il n'y gagnoit que les injures des Parisiens et les plaintes du parlement : car cette compagnie avoit espéré sa protection, sur les paroles qu'il leur avoit données de ne les point abandonner à la vengeance du ministre. L'abbé de La Rivière, son favori, étoit en horreur au public ; et il étoit accusé d'avoir contribué à la résolution que le duc d'Orléans avoit prise malgré lui de suivre la Reine à Saint-Germain.

(1) Louis de La Trémouille.

Le prince de Conti (1) et madame de Longueville se logèrent à l'hôtel-de-ville, pour servir d'otage au parlement et à la ville; et le duc de Longueville fit dessein d'aller en Normandie, pour conserver par sa présence cette province à son parti : ce qui leur devoit être d'une grande considération, et fort contraire au service du Roi.

Le 12 janvier, par ordre du généralissime, on attaqua la Bastille, qui fit mine de se vouloir défendre, et qui néanmoins se rendit aussitôt. Le parlement ordonna que les taxes qui avoient été faites sur eux, et l'argent qui avoit été pillé chez les particuliers, serviroient à lever des troupes; et les commissions furent expédiées pour quatorze mille hommes de pied et quatre mille chevaux. Ceux qui s'enrôlèrent n'étoient pas de grands guerriers, et l'argent qui fut donné aux généraux, aux officiers et aux soldats fut meilleur pour ceux qui le reçurent, que les troupes ne furent utiles à ceux qui les payèrent. Le commandement de la Bastille fut donné au fils de Broussel, qui ne méritoit pas d'être si bien payé de ses criminelles entreprises.

Le comte de Fiesque, qui étoit aussi de ce parti parce qu'il n'a jamais voulu être de celui du Roi, prétendit commander à l'Arsenal; mais le duc d'Elbœuf s'y opposa, pour y faire mettre un conseiller de ses amis. Cette préférence lui fut honteuse; car les gens de robe à Paris ne ressemblent pas aux Romains, qui, en sortant du sénat et de la tribune aux harangues, alloient commander des armées; et quoiqu'il y ait plusieurs personnes dans cette profession qui ont beaucoup de naissance et de mérite, celle du comte de Fiesque, dont les aïeux ont pensé être souverains de la république de Gênes, étoit si grande, que c'étoit se faire tort à lui-même que de s'amuser à de si petites prétentions. Il auroit pu mériter du Roi, par de bonnes voies, des établissemens plus dignes de lui.

Le duc de Beaufort présenta requête au parlement pour être justifié sur les accusations qui avoient été faites contre lui pendant sa prison; et, de la même manière que le cardinal Mazarin avoit été condamné sans être ouï, ce prince fut absous, sans autres preuves de son innocence que celle d'être ennemi du ministre. Il fut reçu avec éloge, et béni de tous, comme un homme maltraité de la fortune, et dont la naissance et le courage leur pouvoit être utile. Ce premier rayon de gloire, qui l'avoit environné au commencement de la régence, lui avoit laissé quelque lustre; et ceux qui pendant sa faveur en avoient fait leur héros n'osèrent changer de sentiment.

(1) Ce prince ne logea point à l'hôtel-de-ville.

Outre ces gens qu'on appelle esprits forts, parce qu'ils sont toujours contre le Roi, qui lui étoient attachés, il avoit le bonheur d'être ardemment aimé des Parisiens et des harangères; et cet amour populaire lui a tant donné de réputation dans nos guerres, qu'il en a mérité le nom de roi des halles, dans tous les vaudevilles qui se firent alors.

Le 15 janvier, on ouvrit un avis au parlement, qui fut d'envoyer supplier la Reine de chasser d'auprès d'elle le cardinal Mazarin. Mais il fut rejeté, comme trop doux pour la cour; et tous disoient qu'il ne falloit plus s'arrêter simplement à cet article; qu'ils étoient en état de tout entreprendre, et de donner de nouvelles lois à l'Etat. Les princes cependant, et les grands seigneurs de ce parti, se soucioient beaucoup plus d'obtenir du ministre ce qu'ils désiroient, que de le chasser ni de s'amuser à réformer l'Etat. Tous disoient qu'ils vouloient y travailler, et les dupes seules entroient dans cette tromperie; mais alors, ni bien long-temps depuis, chacun ne cherchoit que son intérêt particulier, et fort peu celui du public. Si quelqu'un avoit été capable de zèle et de fidélité pour ce bien public dont ils faisoient tant de bruit, il auroit renoncé à toutes ces injustes entreprises, et auroit connu que le plus grand service qu'il auroit pu rendre à la France eût été de la laisser gouverner à la Reine, et à ce ministre qu'ils accabloient d'injures. Il n'y avoit donc personne qui pensât à bien faire ni à vivre sagement : tous vouloient maltraiter le cardinal pour l'humilier, et lui faire des affaires qui pussent l'embarrasser; et presque tous vouloient qu'il demeurât, pour en pouvoir tirer leurs avantages. Il donnoit volontiers quand il étoit en mauvais état; et ils ne savoient que trop qu'il n'épargnoit ni dignités ni argent pour se retirer de péril. La facilité qu'il avoit à pardonner à ses ennemis leur ôtoit encore cette animosité qui se rencontre dans le cœur des personnes qui sentent avoir offensé, et qui, n'espérant plus de grâce, poussent toujours leurs offenses jusqu'à l'extrémité; et ils trouvoient fort commode de pouvoir espérer de se raccommoder toujours avec lui, et de rencontrer, en souffrant sa domination, les bienfaits et le pardon tout ensemble.

Le 16 ou 17 janvier, pour commencer la guerre, le maréchal de La Motte, avec environ cent chevaux, alla jusqu'à la vue des troupes du Roi; et le maréchal Du Plessis vint aussitôt à sa rencontre. Les Parisiens qui eurent peur se retirèrent, à ce qu'ils dirent, par respect, et pour n'avoir pas voulu tirer les premiers contre les troupes du Roi. Ce même jour, le premier président, soit par quelque animosité particulière, soit pour faire quelque service à la cour, empêcha le coadjuteur de prendre séance au parlement. Il la prétendoit avoir en l'absence de son oncle, archevêque de Paris; et le premier président ne put pas s'y opposer long-temps, car le coadjuteur avoit beaucoup d'amis. Il la prit malgré lui, disant qu'il y avoit des exemples où les coadjuteurs avoient pris la place des archevêques.

La ville de Rouen, dont le parlement étoit affectionné au duc de Longueville, et qui vouloit se conserver en état de faire ce qui lui sembleroit le plus à propos, finissant à la mode et selon le génie du pays, fit mine de se vouloir conserver pour le Roi; et cependant ordonna que les portes seroient gardées, et que les bourgeois prendroient les armes. Le premier président étoit bon serviteur du Roi; mais il n'avoit pas de crédit dans sa compagnie, et toute sa fidélité fut inutile à son service. La Reine, aussitôt qu'elle vit le duc de Longueville du parti de Paris, envoya Saint-Luc (1) trouver le marquis d'Hectot (2), fils du marquis de Beuvron, qui étoit au vieux Palais, pour lui porter la survivance de son père de lieutenant de Roi. Saint-Luc, qui étoit son oncle, le frère de sa mère, en lui donnant cette survivance l'engagea au parti du Roi, et à lui conserver cette place selon qu'il étoit obligé de le faire. Le marquis d'Hectot accepta la récompense du service qu'on lui demandoit, et promit à son oncle tout ce qu'il vouloit de lui; puis demeura dans le vieux Palais, sans beaucoup se soucier de ce qui en arriveroit.

La Reine envoya aussi le comte d'Harcourt, avec les provisions du gouvernement de Normandie, pour se saisir de la ville de Rouen. Ce prince vaillant et hardi à la guerre, et trop timide dans une affaire de paix, s'arrêta au conseil du premier président, qui le fit demeurer au faubourg, et l'assura qu'il le feroit recevoir, en lui envoyant des députés aussitôt qu'il auroit averti sa compagnie de sa venue. Il lui conseilla d'envoyer sa commission au parlement, afin de faire délibérer là-dessus; et se promettoit qu'il auroit l'honneur ce même jour de lui donner à souper. Le lieutenant-général Varangeville, qui étoit aussi serviteur du Roi, lui dit qu'il ne falloit point hasarder la chose; qu'il feroit mieux d'entrer et d'apporter lui-même sa commission, afin de surprendre le parlement, et ne lui point laisser le temps de délibérer là-dessus, ni les moyens de l'exclure.

Le comte d'Harcourt, ne pouvant deviner lequel seroit le plus sûr, crut qu'il étoit de la prudence de suivre l'avis de celui qui étoit le chef de sa compagnie, et demeura au faubourg, attendant l'effet de leurs délibérations. Elles conclurent à éluder, et à gagner du temps: ce qui donna le moyen aux amis et serviteurs du duc de Longueville de faire des intrigues dans la ville, pour empêcher le comte d'Harcourt d'y entrer. Le Roi, qui avoit moins de créatures dans ce lieu que l'ancien gouverneur, fut celui qui perdit sa cause. Le président Bigot et quelques autres, sous prétexte de l'importance de l'affaire, proposèrent au premier président de faire assembler les semestres; et, pour ne le pas étonner, lui montrèrent désirer de faire ce que le Roi leur commandoit. Le premier président, pour ne les pas choquer, leur accorda leur demande; et cette docilité leur donna du temps pour mander promptement le duc de Longueville leur gouverneur. Ce prince vint: il surprit le premier président; mais il étoit attendu avec impatience par le président Bigot, qui, le sachant arrivé au vieux Palais, où il avoit été surprendre le marquis d'Hectot, sans peut-être le beaucoup affliger, l'envoya quérir comme ils étoient assemblés. Il prit sa place dans le parlement, avant que les voix fussent recueillies: si bien qu'il fit résoudre la compagnie de refuser le comte d'Harcourt, au grand regret de ceux qui avoient entrepris de le servir, et d'y rétablir entièrement la fidélité que des sujets doivent à leur souverain. Le président Bigot étoit le chef de cette cabale frondeuse, comme ennemi du premier président; et cette émulation fut cause en partie que le Roi ne put conserver cette grande province: ce qui l'incommoda infiniment, et lui fut d'un notable préjudice. Le président de Gremonville, dont l'autorité étoit grande, n'y fit pas entièrement son devoir. Il se crut méprisé de la cour, et fut jaloux de la confiance que l'on avoit eue au premier président, dont le crédit n'étoit pas si grand que le sien. Par ce sentiment, le zèle qu'il avoit toujours eu pour le service du Roi demeura muet, et l'empêcha de satisfaire pleinement à ses premières obligations. Il est à plaindre d'y avoir manqué, d'autant plus qu'il avoit d'ailleurs beaucoup de capacité et de réputation.

Le comte d'Harcourt fut contraint de se retirer, avec le chagrin de n'avoir pas réussi dans son dessein. Il disoit pour sa justification qu'il étoit allé en Normandie sans troupes et sans argent, et que n'ayant point de quoi se faire autoriser, il n'osa se hasarder à recevoir un affront: ce qui n'est pas une foible excuse, puisqu'en effet rien ne se fait sans finances et sans forces, ces deux choses ayant été de tout temps les nerfs de la guerre. Il se retira donc au Pont-de-l'Arche,

(1) François d'Epinay.
(2) François d'Harcourt.

et de là il fut quelque temps à Ecouis, avec peu de troupes et beaucoup de courage, résolu de s'opposer aux entreprises du duc de Longueville, s'il eût voulu incommoder le Roi dans sa demeure de Saint-Germain. Les Normands et leur gouverneur se contentèrent de se tenir en repos, sans troubler ni eux ni le Roi. Le duc de Longueville voulut seulement chasser Saint-Luc du vieux Palais, parce qu'il ne croyoit pas devoir approuver que son neveu servît contre le Roi : ce qu'il fit ; et Saint-Luc partit avec assez de regret d'avoir mal réussi dans sa négociation. Le duc de Longueville sachant que le marquis de Beuvron, qu'il avoit amené de Paris avec lui comme son ancien ami, ne lui feroit point de mal, quoique son fils eût promis le contraire, les laissa tous deux au vieux Palais, et s'en alla à Caen donner ordre à la conservation de ses autres places. Il crut avec raison que le père et le fils, ne faisant pas grand cas de la fidélité qu'ils devoient au Roi, ni même de ce qu'ils lui devoient à lui-même, seroient néanmoins plus volontiers du côté le plus commode pour eux, et qu'ainsi ils demeureroient dans ses intérêts.

Le 21 janvier, les généraux de Paris firent une grande sortie à dessein d'escorter un convoi de blés qu'ils ne trouvèrent point, et ne rapportèrent aucune marque de victoire de ce grand exploit de guerre que celle d'un rhume général, parce qu'il faisoit très-froid. Comme le pain commençoit d'enchérir, le peuple de Paris redoubla de furie contre toutes les personnes de qualité qui paroissoient mazarins : ce qui rendit la canaille pire que des démons. La crainte de la souffrance, qui les devoit adoucir, ne servit qu'à augmenter leur rage. Les inutiles, qui s'amusoient à crier, s'opposoient à la sortie de ceux qui vouloient aller à Saint-Germain ou dans leurs maisons de campagne, et leur faisoient mille outrages. Les propres meubles du Roi et de la Reine, ses habits et son linge qu'elle avoit voulu ravoir, avoient été pillés ; et le nom du Roi devint si odieux à ses sujets, que ses pages et valets de pied étoient courus dans les rues comme des criminels et des ennemis. L'animosité des séditieux vint enfin à un tel excès, qu'il falloit faire changer de livrée à ceux qui avoient l'honneur de porter celle du Roi, quand on les envoyoit à Paris.

La princesse de Carignan et la princesse sa fille sortirent dans un coche, faisant semblant d'aller dans un pays lointain ; elles portèrent avec elles leurs pierreries, qui étoient belles. Le parlement envoya fouiller les maisons de ceux qui étoient attachés au cardinal, et son banquier fut maltraité. Les sages voyoient ces maux avec douleur, et même quelques-uns du parlement craignoient la puissance de tant de princes et de maîtres ; mais l'heure n'étoit pas venue où ils devoient être tout-à-fait désabusés.

La première levée de deniers, qui avoit monté, à ce qu'on disoit, à trois millions de livres, étant finie, il fallut que les principaux de la ville et du parlement fissent sur eux de nouvelles taxes. Le président de Novion donna lui seul cette seconde fois cinquante mille livres : et à son exemple beaucoup de personnes firent de magnifiques libéralités ; mais cela ne leur plaisoit pas, et il est à croire qu'ils auroient alors volontiers préféré la condition obscure des particuliers à l'honneur qu'ils avoient de commander à des princes et d'en être servis ; car les gages de telles gens sont grands. Le seul duc d'Elbœuf, sous prétexte de faire les levées, leur coûtoit déjà lui et ses enfans plus de quarante mille écus : mais enfin il falloit soutenir les fautes passées, et avoir du pain.

Le duc de Beaufort, à la tête de cinq ou six mille hommes, fit dessein d'aller attaquer Corbeil. Il étoit ce jour-là monté sur un cheval blanc ; il mit quantité de plumes blanches à son chapeau ; et dans cet état ayant attiré par sa bonne mine l'admiration du peuple, il en reçut de grandes bénédictions. Le prince de Conti alla le conduire jusques à la porte de la ville. Le coadjuteur, aussi grand guerrier que bon prédicateur, étoit de la partie ; et le duc de Brissac son parent et ami, qui étoit aussi du parti de Paris, fut de cette entreprise. Le lendemain, cette armée parisienne revint sans coup férir ; ces badauds quittèrent leur général à trois pas des portes de la ville : et leur poltronnerie fut cause que ce prince, malgré sa valeur et le désir qu'il avoit de se venger, n'osa jamais attaquer Corbeil ; car le prince de Condé, qui faisoit la guerre dans les formes, y avoit mis douze cents hommes pour le garder. Toute la bravoure des badauds ne s'occupa qu'à prendre quelques bœufs et quelques vaches, qu'ils amenèrent dans Paris pour réjouir le peuple. Leurs exploits guerriers se terminoient toujours à cette conquête, dont M. le prince se railloit fortement, et en faisoit de bons contes à la Reine ; mais, après tout, il n'y avoit pas tant de quoi se moquer, car ils faisoient ce qu'ils vouloient faire, donnant des vivres aux Parisiens et faisant languir l'entreprise du Roi. Elle recevoit encore beaucoup de retardement par les hotteurs et paysans, qui toute la nuit s'échappoient des quartiers du Roi pour apporter vendre leurs denrées à Paris, où ils les vendoient mieux et plus chèrement.

Les bourgeois, qui jusqu'alors n'avoient point

encore beaucoup souffert, étoient si fiers qu'ils ne craignoient rien; et les imprécations contre la Reine et le ministre redoubloient chaque jour avec beaucoup d'insolence. Le prince de Conti et le parlement avoient envoyé traiter en Espagne, afin de pouvoir subsister par les forces étrangères quand les autres leur manqueroient. Ils se moquoient des menaces du ministre, qui faisoit courir le bruit qu'il s'accommodoit avec le duc de Lorraine, et que Pigneranda, le ministre du roi d'Espagne, alloit venir sur la frontière traiter la paix avec lui. Mais comme les forces du Roi surmontent d'ordinaire celles de ses sujets, la Reine espéroit un favorable succès de son entreprise, et disoit qu'elle ne craignoit rien que la paix et la bonté du cardinal, et qu'il ne lui prît envie de s'accommoder désavantageusement. Elle affectoit de le dire devant le duc d'Orléans, de crainte qu'il ne se laissât persuader par le parlement à vouloir faire quelque honteuse négociation, au préjudice de l'autorité royale et des intérêts de son ministre. Son dessein n'étoit pas de l'éloigner; et elle vouloit faire entendre aux princes, en parlant de cette sorte, qu'elle ne seroit pas capable de se laisser entamer là-dessus. Le cardinal, pour montrer aux Parisiens que le bruit de la paix avec l'Espagne n'étoit pas mal fondé, désira que le duc d'Orléans, M. le prince et lui allassent dîner à Saint-Cloud, où ils firent venir un Espagnol, secrétaire de Pigneranda, qui paroissoit être envoyé de la part de son maître pour en faire les premières propositions; et là se fit un grand repas accompagné de gaieté, afin de montrer à cet Espagnol que le siége de Paris n'étoit qu'une bagatelle.

Le duc d'Orléans agissoit comme un bon prince qui ne vouloit point faire de mal à la Reine, mais qui étoit fâché du siége de Paris, et qui ne vouloit pas perdre les créatures qu'il avoit dans le parlement. Il leur fit écrire qu'il étoit affligé de l'état où étoit la France, qu'il avoit quitté Paris avec regret, et seulement pour ne pas laisser le Roi et la Reine entre les mains de M. le prince, et que son plus grand désir étoit de contribuer à la paix. L'abbé de La Rivière, qui savoit être haï et menacé, craignoit que cette haine ne le fît périr, parce qu'il n'avoit pas les mêmes forces pour se soutenir qu'avoit le ministre. Pour adoucir les esprits, il fit dire aux principaux du parlement que son maître les protégeroit dans les occasions, et qu'il étoit à Saint-Germain avec intention de procurer le bien public et celui de chacun en particulier. Ces offres et ces douceurs firent naître de grands desseins, et attirèrent au duc d'Orléans beaucoup de propositions anciennes et nouvelles. Châteauneuf lui en fit faire par ses amis; madame de Rhodes sa confidente, et amie du duc de Beaufort, fit entendre à l'abbé de La Rivière que s'il croyoit se faire cardinal par la Reine, il ne le seroit jamais, et qu'il se repentiroit de ne pas faire accepter par son maître la régence qu'on lui offroit, et qu'on auroit peut-être pu lui donner. Le négociateur, à ce qu'il me conta, devoit à son refus offrir à M. le prince la qualité de généralissime; mais toutes ces négociations furent inutiles. Ils vouloient séparer le duc d'Orléans de la Reine, et le priver de la véritable et légitime puissance dont il jouissoit, par l'espoir d'une fausse grandeur; mais il fut assez sage pour estimer le solide bonheur qu'il possédoit, et le préférer aux calamités infructueuses qui suivent d'ordinaire une injuste prétention. L'équité eut plus de pouvoir sur lui que les intrigues des frondeurs, dont les chefs étoient remplis de beaucoup de fausses maximes.

Le prince de Conti et madame de Longueville, selon cette fausse prudence humaine qui se trompe incessamment, voulurent aussi séparer le duc d'Orléans de la cour, souhaitant peut-être d'en faire un régent malheureux et disgracié. Ils lui firent donc offrir les mêmes choses que le parlement et les frondeurs, et crurent qu'en privant la Reine de ce secours ils arriveroient à une grande puissance. Ils crurent peut-être que cette princesse, assistée de M. le prince, servie des armées et des grands du royaume attachés au Roi, trouveroit des forces pour subsister; et qu'alors, se raccommodant avec le chef de leur famille, et lui et eux ensemble tireroient de la foiblesse du ministre tout ce qu'ils prendroient la peine de désirer. Le coadjuteur, Châteauneuf et les autres, intérieurement opposés à la cabale de madame de Longueville, vouloient davantage. Leur dessein étoit entièrement tourné vers la grandeur du duc d'Orléans: ils le vouloient régent dominant; et s'ils avoient pu, il est à croire qu'ils auroient perdu la Reine et M. le prince. Mais le duc d'Orléans, dont les intentions étoient bonnes, n'écouta nulle de ces propositions, et en demeura constamment au seul et unique projet de la paix qu'il vouloit faire. Il la fit enfin, mais d'une manière fort désavantageuse à l'autorité royale, dont il sembloit vouloir être le protecteur. Il est infiniment estimable de ne s'être pas laissé corrompre par tant de sujets de tentation, et par tant d'esprits gâtés qui l'environnoient.

Pendant qu'on traite de tous côtés, madame de Longueville, l'âme du parti parisien, et chez qui les conseils se tenoient, accoucha dans l'hôtel-de-ville d'un fils qui fut nommé Charles-Paris; et, malgré l'état où elle étoit, le plaisir de l'intrigue lui donnant des forces, elle ne laissoit pas, quoique délicate de son naturel, d'entendre, de parler et d'agir : ce qui fait voir que les passions emportent la nature au-delà d'elle-même, et que rien ne les sauroit arrêter que Dieu seul, par sa grâce et par un grand détrompement.

Le petit Tancrède (1), fils de madame de Rohan, étoit à Paris, où il espéroit trouver de l'appui. Le prince de Condé avoit hautement porté les intérêts de Chabot et de madame de Rohan sa fille; il avoit été le protecteur de leur mariage; et l'étant alors du ministre, il falloit nécessairement que cet enfant, qui n'avoit point encore de père, trouvât de l'assistance dans le parlement, qui regardoit ce prince comme son ennemi. Tancrède approcha bien près du bonheur qu'il souhaitoit : le parti parlementaire le favorisa; les parens du feu duc de Rohan le reconnoissoient pour son fils; ils trouvoient avantageux pour eux que le fils de la mère fît revivre le nom du père, et passoient légèrement sur le doute de sa naissance; car ils croyoient avec raison qu'il ne seroit pas le seul qui porteroit à faux titre le nom et les armes d'une illustre maison. Les huguenots, qui alors étoient fidèles au Roi, n'étoient pas fâchés néanmoins de revoir un duc de Rohan de leur religion, et souhaitoient seulement qu'il pût devenir capable de leur servir de chef, si un jour ils vouloient former quelque entreprise dans l'Etat. Ces favorables dispositions, qui alloient rendre la bizarre naissance de Tancrède un prodige de bonheur, furent anéanties par la mort qu'il reçut auprès du bois de Vincennes, en une sortie que firent les Parisiens. Malgré sa jeunesse, qui n'étoit pas encore fort éloignée de l'enfance, il y fit des merveilles de sa personne, et donna tant de preuves de sa valeur, qu'il laissa dans le monde cette créance de lui : que s'il n'étoit fils du duc de Rohan ce grand capitaine, il l'étoit du moins d'une personne de qualité qui sans doute ne manquoit ni de grandeur ni de courage. Il faut que les conquérans fassent plus que le commun des autres hommes : il savoit déjà qu'il avoit à combattre non-seulement pour la gloire, mais encore pour acquérir un père, un nom, des parens, de grandes terres et de la fortune, et surtout pour fuir une honteuse destinée. Sa mère la vieille duchesse de Rohan, qui avoit fondé toutes ses espérances sur lui, et qui croyoit par son rétablissement se pouvoir venger de sa fille, fut sensiblement affligée de sa mort. Ceux qui paroissoient ses parens et qui le vouloient adopter le regrettèrent; et toute sa famille, ôté sa sœur, en fut affligée. Peut-être que la force du sang leur fit jeter des larmes, et qu'elles étoient une marque de la vertu de sa mère et de la vérité de ses paroles. Sur de telles choses, le doute est, ce me semble, le parti le plus sûr et le plus juste; car ce qui paroît le plus vrai ne l'est quelquefois pas, et ce qui tout de même nous paroît plein de mensonge est souvent plus digne d'estime que de mépris. En cette occasion, il y avoit à remarquer que la duchesse de Rohan la mère avoit paru grosse à Venise, dans le temps qu'elle étoit avec son mari.

Les misères commençoient alors dans Paris à se faire sentir, et les pauvres pâtissoient déjà beaucoup. Toutes les denrées enchérissoient; et quoique ce fût peu souffrir pour une ville assiégée, cette disette ne laissoit pas d'incommoder beaucoup, et surtout les pauvres. Les eaux étoient fort débordées cette année, et Paris étoit devenu semblable à la ville de Venise. La Seine le baignoit entièrement : on alloit par bateau dans les rues; mais, bien loin d'en recevoir de l'embellissement, ses habitans en souffroient de grandes incommodités; et les dames, pour faire voir leur beauté, ne se servoient nullement de ces gondoles si renommées que l'on admire sur les canaux vénitiens. La nature a mis un bel ordre en toutes choses : ce qui sert d'ornement en certains lieux seroit une grande laideur en d'autres. Ainsi cette belle rivière, la richesse et la beauté de Paris, n'étant plus renfermée dans ses bornes ordinaires, ruinoit, par cette trop grande abondance de ses eaux, la ville qu'elle baignoit plus qu'à son ordinaire, et lui ôtoit les avantages qu'elle lui donne quand elle se contente de couler doucement dans son lit naturel.

Pendant que les calamités augmentent à Paris, les conseils redoublent à Saint-Germain, où l'inquiétude étoit proportionnée au mauvais état des affaires du Roi. Des deux côtés on souffroit. Le duc d'Orléans, suivant son inclination favorable au bien public, fit écrire à ses créatures qu'il les conseilloit de penser à la paix. Il fait plus : il en parle à la Reine, qui, malgré ses sentimens, est contrainte de l'écouter. Ce radoucissement fit venir à la cour l'archevêque de Toulouse, de la part de quelques-uns du parlement; et il eut une grande conférence avec le ministre, qui lui témoigna désirer de pacifier toutes choses. Ceux qui commandoient le parti des factieux n'y étoient pas encore tout-à-fait disposés; et le voyage de ce prélat n'eut alors aucun effet, que celui de commencer de part et d'autre à tracer les prémices d'un accommode-

(1) Madame de Rohan vouloit le reconnaître pour son fils, afin de déshériter sa fille qui avait épousé malgré elle Henri de Chabot.

16.

ment futur. A son retour, le prince de Conti lui défendit de rendre compte en public des favorables paroles qu'on lui avoit dites. Il eut peur que les peuples ne s'humiliassent, et que le respect qu'ils devoient au Roi ne reprît sa place dans leurs cœurs.

Le ministre commençoit alors à dire qu'il vouloit bien s'en aller hors de France, pourvu que l'autorité royale n'en fût point blessée; et quelqu'un lui disant, par moquerie, que tout iroit bien pourvu qu'il s'en allât, il répondit sérieusement qu'il étoit prêt de partir, et qu'il ne demandoit, pour être content, que de voir le Roi respecté et obéi par ses peuples.

M. le prince ne vouloit point de paix ; et, sachant les négociations du duc d'Orléans, il dit à Seneterre qu'il ne traitoit avec aucun du parti ennemi ; mais que si M. le duc d'Orléans, ou le ministre, se laissoient entendre là-dessus, qu'il traiteroit avec mille, parce qu'il ne vouloit pas être pris pour dupe, et demeurer le dernier chargé de toute la haine publique. Il disoit de plus qu'il vouloit vaincre les Parisiens comme des poltrons, et les généraux comme des gens qui ne pouvoient s'accommoder ensemble, et dont la valeur étoit inutile, par la différence des sentimens et des cabales, et par le désordre qui se rencontre toujours dans un grand parti composé de plusieurs personnes.

La Reine fit consulter soigneusement de grands docteurs, pour savoir si en conscience elle ne pouvoit pas continuer la guerre. Elle leur fit voir qu'elle avoit été contrainte à la faire, par les cabales du parlement qui le portoient à une désobéissance manifeste, et par la révolte des peuples ; et mit pour fondement de sa consultation qu'elle avoit intention de faire la paix, aussitôt qu'elle verroit cesser les causes de la guerre. Sur cette proposition, on lui répondit qu'elle la pouvoit faire ; mais que, pour ne pas confondre l'innocent avec le coupable, elle étoit obligée de rechercher l'accommodement par toutes les voies raisonnables et possibles, et qui manifestement ne lui seroient point désavantageuses. Quelques personnes persuadées par la voix du peuple, et qui en jugeoient sur le bruit public qui se faisoit contre le Mazarin, lui dirent qu'elle étoit obligée d'ôter le cardinal du ministère. Mais elle n'en voulut rien faire, parce qu'elle étoit persuadée que ce relâchement seroit dangereux à l'autorité royale et contraire au service du Roi : elle ne voyoit point d'homme capable de remplir sa place, qui ne fût attaché à Monsieur ou à M. le prince. C'est pourquoi elle répondit toujours sur cet article, à ceux qui lui en parlèrent, qu'elle ne vouloit pas faire la même faute qu'avoit faite le roi d'Angleterre, abandonnant son ministre à la rage publique, de peur qu'elle ne causât d'aussi mauvais effets contre elle que ce prince en ressentoit alors en sa propre personne et en son État.

Le cardinal cependant ne trouvoit point honteux de rechercher ceux qu'il avoit menacés peu auparavant. Il envoyoit souvent de ses amis et de ses domestiques dans Paris, pour traiter avec ceux du parlement qui avoient le plus de crédit dans la compagnie. Il y en avoit de bien intentionnés : beaucoup de gens sages avoient horreur de la guerre ; et, par ces solides raisons, on peut croire que ces ambassadeurs étoient souvent bien reçus. La négociation, selon le génie du ministre, se trouvoit toujours de la partie, soit avec ses plus grands ennemis, soit avec ceux qui, sans le haïr, vouloient s'accommoder avec lui. Il ressembloit en cela à cette grande princesse Catherine de Médicis, qui, pour gagner du temps, fit plusieurs fois la paix avec les huguenots, quoiqu'elle vît bien qu'elle ne servoit qu'à donner quelque trève à ses maux, et nullement à les faire cesser. La mollesse qui paroissoit alors dans sa conduite ne lui a pas à la fin mal réussi ; mais elle a quelquefois paru si laide, qu'il est impossible de lui en donner des louanges : et s'il en a tiré quelque avantage, il en faut adorer la Providence divine, et, après elle, en attribuer l'honneur à la courageuse résistance de la Reine.

Les généraux frondeurs eurent avis que l'armée du Roi devoit venir attaquer Charenton, un de leurs meilleurs passages pour leur faire venir des vivres dans Paris. Ils y avoient mis une garnison considérable, et un vaillant homme pour le défendre. Quand on le sut à Paris, ceux qui y commandoient firent aussitôt dessein de l'empêcher et de sortir avec toutes leurs troupes, qui étoient en aussi grand nombre qu'ils le vouloient : la multitude en étoit infinie, et chaque Parisien étoit alors soldat, mais soldat sans courage.

Les généraux, qui se sentoient le cœur capable de tout entreprendre, étoient assez hardis pour dire qu'ils donneroient bataille s'ils le jugeoient à propos ; mais je pense qu'en le disant ils avoient déjà jugé qu'ils ne le devoient pas faire. La politique et la raison les obligeoient de menacer et de craindre ; et leur défendoient, en faisant les braves, de montrer la foiblesse de leur parti par les mauvaises troupes qu'ils commandoient.

M. le prince, la terreur des Parisiens, vint donc, comme un torrent qui emporte tout ce qu'il rencontre, fondre sur ce village retranché, barricadé, et bien muni de braves gens. Le duc d'Orléans étoit en personne dans l'armée du Roi; et tout ce qui portoit une épée, de ceux qui étoient à la cour, y fut aussi. L'armée étoit petite, mais elle étoit bonne, et le nom du général augmentoit ses forces de beaucoup. M. le prince, accoutumé à de plus grandes victoires, enleva le quartier, tua tout ce qui lui osa résister, et tailla en pièces la garnison, qui étoit de deux mille hommes. Clanleu, qui la commandoit, y fut tué, se défendant vaillamment, refusant la vie qu'on lui voulut donner, et disant qu'il étoit partout malheureux, et qu'il trouvoit plus honorable de mourir en cette occasion que sur un échafaud. Ensuite de cette expédition, M. le prince rangea son armée en bataille, et eut le loisir de la mettre en bon ordre avant que celle de Paris pût arriver à la vue de ses troupes. Les deux armées furent assez long-temps à se regarder, sans se faire aucun mal. Celle du Roi avoit fait ce qu'elle avoit eu dessein de faire; et celle de Paris n'avoit que de très-foibles intentions de l'attaquer, et pas assez de courage pour résister aux troupes du Roi. Ses moindres goujats étoient des Césars et des Alexandres, en comparaison de leurs meilleurs soldats. Cette nombreuse et mauvaise armée ne sortit point de ses retranchemens, qui furent les dernières maisons de Picpus; et l'arrière-garde demeura toujours bien à son aise dans la place Royale, et ne vit que le cheval de bronze qui, portant la représentation de Louis XIII, leur devoit faire honte d'aller combattre son fils et leur Roi. Mais, bien loin d'avoir ce sentiment, toute leur bravoure n'eut aucun effet, que celui de leur faire donner mille malédictions à ce jeune monarque, que peu d'années auparavant ils avoient reçu comme un présent du Ciel, octroyé à leurs vœux et à leurs prières. Les deux armées se retirèrent chacune de leur côté: celle du Roi glorieuse et satisfaite, et celle de Paris bien honteuse de n'avoir donné d'autres preuves de sa vaillance que celles des menaces et des injures. Elles n'avoient pas été faites à leurs ennemis d'assez près pour être entendues, et c'est pour cette raison qu'elles ne furent pas vengées.

Le duc de Châtillon fut blessé à mort en cette occasion; dont M. le prince fut touché. Il le pleura, et témoigna pour lui, aussi bien qu'il l'avoit déjà fait pour d'autres, qu'il étoit quelquefois susceptible de beaucoup d'amitié. Ce jeune seigneur fut regretté publiquement de toute la cour, à cause de son mérite et de sa qualité; et tous les honnêtes gens eurent pitié de sa destinée. Sa femme, la belle duchesse de Châtillon, qu'il avoit épousée par une violente passion, fit toutes les façons que les dames qui s'aiment trop pour aimer beaucoup les autres ont accoutumé de faire en de telles occasions: et comme il lui étoit déjà infidèle, et qu'elle croyoit que son extrême beauté devoit réparer le dégoût d'une jouissance légitime, on douta que sa douleur fût aussi grande que sa perte. Cet aimable mari, reconnoissant sa faute, en demanda pardon en mourant à celle qu'il avoit offensée, préférant d'autres chaînes aux siennes. Il le fit en des termes si obligeans, à ce qu'elle m'a depuis dit elle-même, qu'il est à croire que la colère et la jalousie laissèrent quelque place à la tendresse, et n'étouffèrent pas tout-à-fait une amitié qui avoit paru si grande.

Les généraux parisiens, mal satisfaits de leur journée, se retirèrent doucement. Ils essuyèrent mille injures de leurs bourgeois, qui étoient en colère de ce qu'on ne les avoit pas menés au combat. Ils juroient qu'ils auroient fait des merveilles, et qu'ils auroient porté la mort et l'effroi dans toute l'armée du Roi. Leur chagrin procédoit de ce qu'ils avoient perdu un passage qui leur apportoit des vivres, qu'il ne leur restoit plus que Brie-Comte-Robert, et n'ayant que cette seule ressource, ils voyoient que bientôt ils seroient en état de craindre la faim. Mais quoique leurs généraux en fussent plus tristes qu'ils ne le pouvoient être, comme ils n'étoient pas persuadés de leur vaillance, ils n'osèrent jamais attaquer les enseignes royales; et le duc de Bouillon, qui alors étoit malade et que l'on avoit envoyé consulter sur ce sujet, n'en avoit point été d'avis.

Ce même jour, pendant l'absence des généraux ennemis du Roi, ceux qui étoient à Paris affectionnés à la cour et amis du ministre, firent proposer au parlement, par les gens du Roi, une députation vers la Reine, pour lui rendre de très-humbles remercîmens de ce que l'archevêque de Toulouse avoit dit de sa part. Il n'avoit pas si ponctuellement obéi au prince de Conti, qu'il n'eût fait savoir aux principaux de cette compagnie le favorable traitement qu'il avoit reçu à Saint-Germain; et ceux qui avoient de bonnes intentions en firent un bon usage. Le premier président, qui étoit plus royaliste que frondeur, ou qui étoit de tous les partis quand bon lui sembloit, appuya cette proposition. Le président de Mesmes, alors assez affectionné pour la cour, le doyen et quelques autres en firent autant; mais ce qu'on appeloit les frondeurs firent un grand bruit, et forcèrent ceux qui vouloient la députation à se taire. Ceux-là, après avoir quelque temps souffert leur mutinerie, recommencèrent par plusieurs fois à la proposer; et toujours les cris frondeurs redoublèrent à mesure que le zèle des sages continuoit de paroître. Comme les frondeurs eurent peur de perdre leur cause, un d'entre eux courut vitement avertir le prince de Conti, qui à cette nouvelle vint aussitôt au Palais. Il représenta à la compagnie qu'il étoit bien dur à lui, et aux autres de leur parti, de voir qu'ils voulussent ordonner d'une affaire de cette importance, pendant que leurs généraux étoient à la campagne, exposant leur vie pour leur querelle. Avec ses raisons et le bruit des frondeurs, il rompit ce dessein ; et revenant à l'hôtel-de-ville, il crut, comme il étoit vrai, avoir plus vaillamment combattu que ceux qui étoient allés à la guerre.

Le premier président dit tout haut, en cette occasion, qu'il étoit impossible de plus tenir le parlement si on en vouloit user de cette manière. Les esprits en effet étoient si égarés de la raison, que pendant ces désordres, et particulièrement dans les journées où il s'agissoit de quelques affaires importantes, ils portoient tous de petits poignards sous leurs robes, pour s'en servir selon leurs besoins, et l'intérêt du parti qu'ils avoient dans le cœur (1).

Les généraux de retour, sachant ce qui s'étoit passé au parlement, connurent aisément que leurs affaires alloient mal, et que plusieurs inclinoient à la paix. Ils jugèrent qu'il étoit impossible que leur parti subsistât long-temps ; et la peur qu'ils eurent de périr les obligea de mettre en délibération, en présence de madame de Longueville, d'arrêter le premier président. Quelques-uns dans ce conseil furent d'avis de le faire tuer par le peuple, et d'en faire autant à ceux qui avoient témoigné approuver la députation vers la Reine. Les propositions les plus extrêmes y furent faites par ceux qui avoient plus de passion que de sagesse. Le coadjuteur (2) n'étoit pas modéré. Il ne pratiquoit pas les vertus que le christianisme demande pour vivre selon les règles de l'Evangile, et selon les obligations d'un homme de sa profession. Il hasardoit tout pour arriver au but de ses désirs ; et, voulant de la gloire, il montroit avoir des sentiments qui le déshonoroient.

Le 9 au soir, le duc de Beaufort partit pour aller à Etampes au devant d'un convoi de blé et de bétail, dont le peuple avoit un grand besoin. A son retour, il fut attaqué par les troupes que commandoit le maréchal de Gramont, qui n'osa le pousser tout-à-fait, de crainte de la multitude parisienne, qui commençoit à sortir pour venir au secours de leur prince bien aimé. On nous dit alors que si ce général royaliste, dans un certain défilé, eût voulu profiter de l'occasion, il auroit taillé en pièces le duc de Beaufort, et lui auroit pris tout son butin ; mais ce prince, qui ne fut que foiblement attaqué, se défendit vaillamment, hasarda généreusement sa vie pour conserver celle des bœufs et des moutons qui devoient nourrir ses bons amis les Parisiens. Le maréchal de La Motte alla le secourir, et lui aida à se tirer d'affaire, car il s'étoit un peu trop engagé au combat. Il sortit une si grande quantité de peuple au devant de lui, que toute la nuit ne put pas suffire pour leur donner le temps de rentrer dans la ville, et débrouiller cet embarras où tant de bêtes de toute nature se rencontrèrent mêlées ensemble.

Le 12 février, arriva un héraut d'armes de la part du Roi, qui se présenta à la porte de Saint-Honoré, vêtu d'une mandille sans manches, de velours bleu, couverte de fleurs de lis d'or, une toque de velours noir à sa tête, et un bâton à sa main couvert d'un même velours, et pareillement semé de fleurs de lis. Le capitaine de la porte lui dit qu'il ne pouvoit le laisser entrer sans le consentement du prince de Conti et du parlement. M. de Maisons, qui y commandoit en qualité de colonel du quartier, fut celui qui en alla donner avis à l'un et à l'autre. Le parlement s'assembla aussitôt pour aviser à ce qu'il devoit faire. Il fut arrêté de lui refuser l'entrée, et que les gens du Roi iroient à Saint-Germain représenter à la Reine que le Roi n'ayant point accoutumé d'envoyer de hérauts à ses sujets, ils avoient refusé de le recevoir sous le nom d'ennemis, et la supplier de leur dire ce qu'elle désiroit de faire savoir au parlement. Cette députation ne déplut point à la cour, parce qu'elle étoit respectueuse, et donnoit lieu à quelques propositions d'accommodement que tous les gens de bien désiroient avec ardeur. Il fut ordonné, de plus, que M. de Maisons garderoit les paquets tout cachetés jusques à nouvel ordre. Il y en avoit trois, un pour le parlement, un autre pour le prince de Conti, et un autre pour la ville. Dans le premier, le Roi faisoit mention de la déclaration qui avoit été faite à sa sortie, par laquelle on leur enjoignoit d'aller à Montargis ; et de celle qui avoit été donnée contre eux en conséquence de leur désobéissance, où tous ceux de cette compagnie étoient déclarés criminels de lèse-majesté ; et la conclusion étoit que, nonobstant cela, la Reine ouvrant les bras de sa miséricorde par une bonté tout extraordinaire, elle leur promettoit et leur donnoit sa foi

---

(1) Tambonneau, conseiller au parlement, et de mes amis, me dit qu'il en portoit un, et que ses confrères en faisoient autant.

(2) Voyez les Mémoires du cardinal de Retz, où il assure que ce fut malgré lui et à l'instigation du duc de Bouillon que ces propositions furent agitées.

de Reine que s'ils vouloient obéir à la première déclaration qui les condamnoit d'aller à Montargis, alors, rétablissant l'autorité du Roi par cette obéissance, elle les remettroit dans leurs droits et priviléges, et leur pardonneroit toutes leurs révoltes passées, sans vouloir jamais s'en souvenir : et, dans un Mémoire particulier, on leur faisoit espérer de plus grandes grâces s'ils vouloient députer vers la Reine. Dans le second, le Roi mandoit au prince de Conti qu'ayant été déclaré criminel de lèse-majesté, pour avoir manqué d'obéir à la première déclaration qui lui ordonnoit de se rendre dans six jours auprès de Sa Majesté, à faute de quoi il avoit été privé de ses charges et gouvernemens, que s'il vouloit dans ce même terme obéir aux ordres du Roi, la Reine lui promettoit de le remettre dans sa première innocence, et dans la jouissance de ses biens, charges et gouvernemens : et le Mémoire particulier faisoit espérer de plus grandes grâces, et un plus long délai s'il vouloit le demander. La ville ayant de même été conviée, par une première déclaration, de se séparer du parlement et de ses intérêts, à faute de quoi tous les habitans étoient traités de rebelles, on leur mandoit que s'ils vouloient rentrer en eux-mêmes et obéir au Roi, la Reine leur pardonneroit leurs fautes, et redonneroit tout de nouveau aux habitans de Paris leurs droits et priviléges accoutumés, les traitant comme bons et fidèles sujets, lesquels Sa Majesté avoit toujours tendrement aimés.

Les députés du parlement envoyèrent demander des passeports à Saint-Germain pour y aller, selon ce qui avoit été résolu à la venue du héraut. Les frondeurs furent au désespoir de cette députation, et le duc de Beaufort, le maître du peuple, déclara qu'il vouloit faire tuer ceux qui proposeroient des conditions de paix sans chasser le cardinal du ministère; mais toutes ces menaces ne purent empêcher que les négociations n'allassent à leur fin. La Reine refusa les passeports aux gens du Roi, les voulant traiter de particuliers, à cause qu'elle prétendoit que le parlement étoit interdit et déclaré criminel. Cette hauteur, non plus que toutes les autres, ne fut pas soutenue; et il fallut se résoudre de les envoyer dans la forme que les gens du Roi le souhaitèrent, et même il fallut que la Reine les traitât favorablement. Sa prudence et son ministre lui conseillèrent de le faire en cette occasion, où elle n'étoit pas en pouvoir d'agir selon ses sentimens. Les affaires se traitèrent entre le ministre et les députés assez généralement, parce que des deux côtés on se tint assez serré, chaque parti n'osant paroître vouloir ce qu'en effet ils désiroient comme le remède de tous leurs maux.

Les députés, à leur retour, furent au parlement rendre compte de leur voyage. Les généraux eurent peur que cette narration n'apportât quelque changement dans les esprits, parce que le désir de la paix et du repos est naturellement imprimé dans le cœur de tous les hommes raisonnables. Le prince de Conti, de concert avec tous les autres, l'interrompit, en présentant au parlement un envoyé de la part de l'archiduc, qui leur promettoit du secours et les exhortoit à se bien défendre. Il étoit vrai que le marquis de Noirmoutiers avoit commerce avec l'archiduc, par Laigues son ami, qui avoit été envoyé en Flandre pour traiter avec ce prince de la part des principaux de ce parti; et il étoit demeuré d'accord avec eux qu'ils se pourroient servir de son nom pour persuader aux peuples ce qu'ils jugeroient être nécessaire à leur défense. Ils firent donc paroître ce courrier espagnol, pour éluder les propositions d'accommodement qu'ils crurent se devoir faire ensuite du récit des gens du Roi. Plusieurs du parlement furent étonnés quand ils entendirent nommer le nom de l'archiduc : quelques autres en eurent de la joie; et, par la diversité de leurs sentimens, ils témoignèrent la différence de leur vertu et de leur équité. Cela fit que beaucoup de ceux qui n'étoient que médiocrement bien disposés se résolurent tout-à-fait à bien faire : car il n'est pas facile d'aller si vite dans le dernier emportement du mal et du crime; et l'ancienne impression gravée presque dans le cœur de toutes les nations, du devoir des sujets envers leurs souverains, ne s'efface pas si facilement. Après la harangue du prince de Conti, la grand'chambre délibéra si on devoit écouter l'envoyé de l'archiduc. Ils doutèrent, avec raison, s'ils pouvoient entrer en commerce avec l'ennemi de l'Etat; et la plus grande partie de ceux qui composoient cette compagnie voulurent éviter le crime de lèse-majesté, et de se mettre au nombre des rebelles déclarés. Il fut arrêté sur cette extraordinaire délibération qu'ils l'entendroient, et qu'après l'avoir ouï ils en iroient rendre compte à la Reine. Beaucoup de ceux qui opinèrent furent d'avis d'envoyer les paquets fermés à Saint-Germain, et ils en furent loués par les gens de bien.

L'envoyé commença par une lettre de créance qu'il présenta dans la grand'chambre, qui avoit été écrite à Paris; puis il dit que l'archiduc ayant refusé tous les avantages qui lui avoient été proposés par la Reine, il lui avoit commandé de venir demander au parlement la paix des deux couronnes, à des conditions dont ils seroient eux-mêmes les juges. Il leur dit que l'archiduc ne vouloit point traiter avec le cardinal Mazarin, étant condamné par une si célèbre compagnie; qu'il auroit cru ne pouvoir trouver aucune sûreté avec lui, et qu'il espéroit la rencontrer tout entière par leur entremise; qu'au refus de la paix qu'il leur demandoit, il leur offroit une armée de vingt mille hommes, qui étoit sur la frontière toute prête à les bien servir.

Ensuite de cette harangue, le harangueur fut remercié, et il se retira; puis on ordonna que les gens du Roi seroient écoutés. Ils avoient été interrompus par le prince de Conti, comme je l'ai remarqué, exprès pour empêcher l'effet de leurs paroles; mais cette mauvaise finesse ne put empêcher leur narration. Ils dirent à leur compagnie que la Reine les avoit bien reçus, et leur avoit fait dire par M. le chancelier, au nom du Roi, qu'elle n'avoit point trouvé mauvais le refus qu'ils avoient fait du héraut qu'elle leur avoit envoyé; qu'elle avoit reçu leurs excuses pour bonnes et légitimes, puisqu'ils avoient horreur du nom de rebelles; et que Sadite Majesté les avoit assurés qu'aussitôt qu'ils voudroient s'humilier et rendre au Roi son fils le respect qu'ils lui devoient comme bons et fidèles sujets, elle leur donneroit sûreté pour leurs vies, leurs biens et leurs charges. Ils dirent aussi que Monsieur et M. le prince leur en avoient dit autant; que de plus M. le chancelier les avoit conviés au retour, pour aviser tous ensemble aux moyens d'une bonne paix; et qu'ils n'étoient point entrés en matière sur aucun article, ayant voulu observer particulièrement les ordres qu'ils avoient reçus de la compagnie.

On délibéra tout de nouveau là-dessus; et il fut arrêté qu'on députeroit à Saint-Germain, pour remercier la Reine des obligeantes paroles qu'elle avoit dites en leur faveur, et pour lui rendre compte de l'envoyé de l'archiduc. Ce fut vers ces mêmes jours que la Reine, qui faisoit la guerre par raison, et qui, selon les conseils des docteurs qu'elle avoit consultés, travailloit par bonté à faire la paix, voulut faire une action tout-à-fait charitable, et suivre exactement les conseils que Dieu même nous donne dans l'Evangile; car, outre l'argent qu'elle envoyoit souvent en secret distribuer aux pauvres, elle vendit des pendans d'oreille de diamans d'une grande valeur, et faits d'une agréable manière, qu'elle n'avoit point encore mis, et en donna les prémices et le prix à ceux qui, dans les rues de Paris, vomissoient chaque jour quelques imprécations contre elle.

Il faut interrompre le cours de cette négociation pour marquer ici le plus horrible attentat qui ait jamais été, la plus criminelle action que des hommes aient jamais commise, que notre siècle a vue avec horreur, et qui arriva en Angleterre, lorsque notre souveraine étoit occupée à corriger la révolte de ses sujets. Ce récit causera de l'étonnement aux races futures, et devoit être d'un mauvais augure pour la Reine et pour les peuples, qui voyoient que les châtimens de Dieu étoient près de tomber sur la terre, pour la punir de l'injustice qui étoit répandue en elle par tant d'impiétés et de crimes. Il sembloit que la justice divine menaçoit tous les rois de l'Europe, puisqu'elle n'épargnoit pas un des plus innocens, et qu'elle tomboit alors sur la tête d'un grand Roi, qui étoit un bon prince, et dont la vie étoit exempte de tout reproche, à l'exception d'une hérésie qu'il avoit reçue de ses pères, et dont il semble que son malheur étoit la suite, comme le péché de Henri VIII en étoit la source. Le zèle qu'il avoit pour la religion marquoit sa foi; et ses bonnes intentions vraisemblablement pouvoient attirer sur lui la miséricorde de Dieu, et les véritables lumières dont il avoit besoin pour se tirer de cet aveuglement; mais, par un arrêt impénétrable de Dieu, il périt rempli de vertus, et sa fin nous va faire voir quel monstre de cruauté est l'homme quand il s'abandonne à ses passions, et qu'il n'a point la piété et la véritable religion pour guide.

Il n'y a jamais rien eu de plus pitoyable que l'état où étoit alors cette grande famille royale d'Angleterre. Elle étoit persécutée par ses sujets, trahie de ceux qui leur devoient tout; et ceux dont avec justice elle devoit espérer du secours étoient forcés de l'abandonner. Les embarras de la guerre civile, que la Reine avoit sur les bras, l'empêchoit de secourir le roi d'Angleterre à qui elle étoit obligée, et pour qui elle disoit qu'elle conservoit beaucoup d'amitié; mais, à son extrême regret, une amitié infructueuse, et qui devoit donner de la confusion et de la douleur à une grande reine comme la nôtre, dont la bonne volonté devoit être accompagnée de puissance, et paroître par les effets plutôt que par les paroles. Alors ce grand Roi étoit réduit à chicaner sa vie en se défendant contre ses sujets, comme auroit fait le moindre homme du monde. Il avoit été amené par eux de l'île de Wight à Londres, où il avoit été long-temps prisonnier; et la chambre haute (1) travailloit à lui faire son procès avec une insolente barbarie et une injustice manifeste. La Reine, trop embarrassée de ses affaires et peu en état de se faire craindre, pour tout secours envoya un ordinaire du Roi en Angleterre, pour solliciter les rebelles en sa faveur; mais ce fut

(1) Charles 1er fut jugé par une haute cour, et non par la chambre haute.

inutilement, et ce prince malheureux, quand cet homme arriva, n'en avoit plus besoin. Pendant que ces hommes dénaturés traitoient leur roi de criminel, qu'ils l'accusoient d'avoir fait de grandes trahisons à leur nation, et d'avoir fait la guerre contre eux, la Reine sa femme étoit dans le Louvre, souffrant beaucoup de nécessités. Elle avoit déjà vendu presque toutes ses pierreries pour en envoyer l'argent au Roi son mari, qu'elle tâchoit de secourir par toutes les voies possibles; et le reste de ses diamans avoit été employé à la nourrir dans Paris, où elle se trouva assiégée avec les rebelles. Elle étoit affectionnée au parti royal, et le mauvais état des affaires de la Reine la privoit des assistances qu'elle avoit accoutumé d'en recevoir. Elle fut contrainte, dans cette nécessité, de demander, comme elle disoit elle-même, une aumône au parlement; et je pense qu'elle en tira environ vingt mille francs pour sa subsistance. Comme j'avois l'honneur de la voir souvent, étant logée dans le Louvre, par la grâce qu'elle m'avoit faite de m'y recevoir (1), elle me fit connoître l'état où elle étoit, qui étoit digne de compassion, et dont les particularités seroient étonnantes. Tous les grands de la terre, qui croient être destinés à une puissance permanente, et qui s'imaginent que leur grandeur, leurs plaisirs et leur apparente gloire ne sauroient finir, devroient méditer ceci, pour apprendre à se détromper de leurs fausses opinions. La mendicité où cette illustre princesse étoit réduite étoit affligeante; mais elle ne se pouvoit comparer au malheur qu'elle avoit sujet de craindre, et qui enfin lui arriva par l'ordre de Dieu, pour lui faire sentir la différence des plus grands biens et des plus grands maux qui puissent arriver dans la vie. On peut dire d'elle qu'elle a goûté ces deux états dans toute leur étendue.

Depuis le siége de Paris, elle avoit toujours été fort en peine de ce qu'elle ne recevoit point de nouvelles du Roi son mari, qu'elle savoit avoir été mené à Londres, où il étoit gardé si soigneusement qu'il fut impossible à ce prince de lui écrire : et comme on se flatte ordinairement, la reine d'Angleterre croyoit que la guerre et les troubles de la France l'empêchoient en quelque façon de recevoir de ses lettres, et que toutes ces choses retardoient les courriers. Le roi d'Angleterre, pendant ce silence à l'égard de la Reine, fut occupé à répondre dans la chambre haute du parlement d'Angleterre aux accusations qu'on lui faisoit d'avoir fait de grandes trahisons à l'E-

(1) La Reine eut la bonté et le soin d'envoyer de Saint-Germain remercier la reine d'Angleterre de la protection qu'elle m'avoit donnée.

tat, et d'avoir été trouvé l'épée à la main contre ses sujets. Ce roi, sans répondre à ces crimes fabuleux, maintint toujours que la chambre haute n'avoit point de droit de juger les rois, et que, selon les lois et la raison, il ne devoit pas être traité de cette sorte; mais le président de la chambre, aussitôt qu'il parloit de *lois*, de *justice* et de *raison*, lui répondit qu'ils ne pouvoient souffrir qu'étant un malfaiteur, et présenté devant eux en qualité de prisonnier, il voulût entreprendre de disputer l'autorité de cette chambre, et qu'il ne lui appartenoit pas de la contester. Ce pauvre prince fut plusieurs fois amené devant ces injustes juges, renvoyé, et accablé de calomnies. Il refusa toujours constamment toutes les propositions qu'on lui fit, parce qu'il crut qu'elles blessoient la religion qu'il professoit. Il ne manquoit ni de courage ni d'esprit pour bien maintenir ses raisons; mais comme il avoit laissé passer les bonnes occasions de s'accommoder, qu'il n'avoit point de forces, d'amis, d'argent ni d'armée pour se défendre, il fut enfin condamné à la mort, refusant toujours de reconnoître la juridiction de la chambre, et cette chambre lui défendant de s'y opposer. Cet effroyable arrêt fut conçu en des termes aussi abominables que le procédé de ses infâmes juges étoit rempli d'iniquités et de malice. Le président prononça que Charles Stuart étant atteint et convaincu des crimes et charges dont il étoit accusé, la chambre ordonnoit que ledit Charles Stuart, comme tyran, traître, meurtrier et ennemi du public, seroit mis à mort, par la séparation de sa tête d'avec son corps.

Après cet horrible arrêt, ce malheureux roi, le 9 de février de cette année 1649, sur les dix heures du matin, fut conduit de Saint-James à pied par dedans le parc, au milieu d'un régiment d'infanterie, tambour battant et enseignes déployées, avec sa garde ordinaire, armée de pertuisanes. Quelques gentilshommes le suivirent en cet état, allant devant et après lui, la tête nue. Le sieur Juxson, docteur en théologie, qui étoit évêque de Londres, le suivoit; et le colonel Thomlinson, qui avoit la garde de Sa Majesté. Tous deux l'accompagnèrent, parlant à lui la tête nue. Il vint depuis ledit parc de Saint-James, au travers de la galerie de Whitehall, jusques à la chambre où pendant sa puissance il couchoit ordinairement. De là, il entra dans un cabinet où il avoit accoutumé de prier Dieu, et y demeura quelque temps à faire sa prière. Il refusa de dîner, parce que, ayant communié une heure auparavant, il avoit bu un peu de vin; et il crut qu'il suffisoit pour le conduire à la mort, et pour aller jusqu'au lieu où il la devoit recevoir. Il fut accompagné de Juxson, du colonel Thomlinson, et de quelques autres officiers qui avoient charge de le suivre. Sa garde du corps et ses mousquetaires étoient rangés depuis sa chambre jusques à la salle des banquets. Au dehors de cette salle, sur la place publique, l'échafaud étoit dressé. Il étoit couvert de noir : le billot étoit au milieu, et la hache à côté, toute prête à trancher la tête de ce grand prince, le plus vertueux de tous les hommes. Plusieurs compagnies de cavalerie et d'infanterie étoient rangées aux deux côtés de l'échafaud, avec une grande confusion de peuple, qui fort paisiblement vouloit assister à ce spectacle. Le Roi, étant arrivé sur l'échafaud, jeta les yeux attentivement sur la hache et le billot, et demanda au colonel Haker s'il n'y en avoit point de plus haut. Puis il leur parla à tous avec une grande tranquillité d'esprit, ayant dans son visage un air si noble et si majestueux, qu'à moins que d'avoir pour spectateurs et auditeurs des assassins et des bourreaux, ils en auroient été touchés. Son discours est beau pour un roi chrétien qui, trompé dans sa religion, croyoit être un martyr de son Eglise. Il se confesse coupable de l'injuste mort de Strafford, à laquelle il se repent d'avoir consenti. Un Anglais, bon serviteur de son roi et bien instruit de ses affaires, me conta toutes les particularités que je viens d'écrire, avec celles qui suivent jusques à sa mort. Ce fut la même personne qui me donna la harangue suivante.

Harangue du roi d'Angleterre, faite par lui à ses sujets (1) *sur l'échafaud, et particulièrement au colonel Thomlinson.*

« J'ai fort peu de chose à dire : c'est pourquoi je m'adresse à vous, et vous dirai que je me tairois volontiers, si je ne craignois que mon silence ne donnât sujet à quelques-uns de croire que je subis la faute, comme je fais le supplice. Mais je crois que, pour m'acquitter envers Dieu et mon pays, je dois me justifier comme bon chrétien et bon roi, et finalement comme homme de bien. Je commencerai par mon innocence ; et en vérité je crois qu'il n'est pas nécessaire de vous entretenir long-temps sur ce sujet. Tout le monde sait que je n'ai jamais commencé la guerre avec les deux chambres du parlement ; et j'appelle Dieu à témoin, auquel je dois bientôt rendre compte, que je n'ai jamais eu intention d'usurper sur leurs priviléges. Au contraire, ils commencèrent eux-mêmes, en se saisissant des arsenaux (ils confessent qu'ils m'appartiennent);

(1) Elle est traduite de l'anglais en assez mauvais français; et sans doute elle est plus belle en sa langue : je l'ai écrite de la même manière qu'elle m'a été donnée.

mais ils jugèrent qu'il leur étoit nécessaire de me les ôter : et pour le faire court, si quelqu'un veut regarder les dates de leurs commissions et des miennes, comme les déclarations, il verra évidemment qu'ils ont commencé ces malheureux désordres, et non pas moi ; de sorte que j'espère que Dieu vengera mon innocence. Non, je ne le veux pas, j'ai de la charité. A Dieu ne plaise que j'en impute la faute aux deux chambres : il n'est pas besoin d'en charger ni l'une ni l'autre. J'espère qu'elles sont exemptes de ce crime ; car je crois que les mauvais ministres d'entre eux et moi ont été les causes principales de tout ce sang répandu : tellement que, par manière de parler, comme je m'en trouve exempt, j'espère et prie Dieu qu'ainsi soit qu'ils le soient aussi. Néanmoins, à Dieu ne plaise que je sois si mauvais chrétien, que je ne confesse que les jugemens de Dieu sont justes contre moi ; car souvente-fois il punit justement par une injuste sentence : cela se voit ordinairement. Je dirai seulement qu'un injuste arrêt que j'ai souffert être exécuté contre Strafford est puni présentement par un autre injuste, donné contre moi-même. Ce que j'ai dit jusques ici, c'est pour vous faire voir mon innocence. Maintenant, pour vous faire voir que je suis bon chrétien, voilà un honnête homme (montrant au doigt le sieur Juxson), lequel portera témoignage que j'ai pardonné à tout le monde, et en particulier à ceux qui sont auteurs de ma mort. Quels ils sont? Dieu le sait : je ne désire pas le savoir. Je prie Dieu de leur pardonner. Mais ce n'est pas tout : il faut bien que ma charité passe plus avant. Je souhaite qu'ils se repentent ; car véritablement ils ont commis un grand péché en cette occurrence. Je prie Dieu, avec saint Etienne, qu'ils n'en reçoivent pas la punition; non-seulement cela, mais encore qu'ils puissent prendre la vraie voie d'établir la paix dans le royaume ; car la charité me commande non-seulement de pardonner aux personnes particulières, mais aussi de tâcher jusqu'à mon dernier soupir de mettre la paix dans le royaume.

« Maintenant, messieurs, il faut vous faire voir comme vous êtes en mauvais chemin, et tâcher de vous remettre en un meilleur. Premièrement, pour vous montrer que vous vous détournez de la justice, je vous dirai que tout ce que vous avez jamais fait, à ce que j'en ai pu concevoir, a été par voie de conquête. Certainement c'est une mauvaise voie : car une conquête, messieurs, n'est jamais juste, s'il n'y a quelque bonne et légitime cause, soit pour quelque tort reçu, ou en ayant droit légitime ; et alors, si vous outrepassez cela, la première contestation que vous avez rend votre cause injuste à la fin, quoiqu'elle fût juste au commencement. Mais si ce n'est par conquête, c'est une grande violence, comme un pirate reprocha un jour à Alexandre qu'il étoit le grand voleur, mais que pour lui il se contentoit de n'être que le petit. De sorte, messieurs, que je trouve la voie que vous tenez fort mauvaise. A présent, pour vous mettre en bon chemin, soyez assurés que vous ne ferez jamais bien, et que Dieu ne vous assistera jamais, que vous ne donniez à Dieu ce qui appartient à Dieu, et au Roi ce qui appartient au Roi : je veux dire à mes successeurs; et au peuple ce qui appartient au peuple. Je suis autant pour le peuple qu'aucun de vous. Il vous faut donner ce qui appartient à Dieu, en réglant son Eglise droitement selon l'Ecriture, laquelle est à présent en désordre. Pour vous en dire la voie en détail présentement, je ne le puis faire. Je vous dirai seulement qu'il seroit bon d'assembler un synode national, où chacun pourroit disputer avec toute liberté, et que les opinions qui paroîtroient évidemment bonnes fussent suivies. Quant au Roi, en vérité je ne veux pas (puis, se tournant vers un gentilhomme qui touchoit à la hache : *Ne gâtez pas la hache*); quant au Roi, les lois du royaume vous en instruiront clairement : et partant, comme cela me touche en mon particulier, je ne vous en dis qu'un mot en passant. Pour le peuple, certainement je désire autant sa liberté et franchise que qui que ce soit; mais il faut que je vous dise qu'elle consiste à être conservée par les lois, par lesquelles ils soient assurés de leurs vies et de leurs biens. Ce n'est pas qu'il faille qu'ils aient part au gouvernement, messieurs : cela ne leur appartient pas. Un souverain et un sujet sont bien différens l'un de l'autre; et pourtant jusqu'à ce que vous fassiez cela, je veux dire que vous mettiez le peuple en cette sorte de liberté, certainement il n'en aura jamais. Messieurs, c'est pour ce sujet que je suis ici. Si j'eusse voulu donner lieu à un arbitrage, afin de changer les lois selon la puissance du glaive, j'eusse pu éviter ceci. Partant, je vous dis et prie Dieu qu'il en détourne son châtiment de dessus vous; car je suis martyrisé pour le peuple véritablement. Messieurs, je ne vous tiendrai pas long-temps : je vous dirai seulement que j'eusse pu demander quelque peu de temps pour mettre ceci en meilleur ordre, et le digérer mieux; mais j'espère que vous m'excuserez. J'ai déchargé ma conscience. Je prie Dieu que vous preniez les voies les plus propres pour le bien du royaume et votre propre salut. »

Alors le sieur Juxson dit au Roi : « Ne plaît-il « pas à Votre Majesté, quoique l'affection qu'elle « a pour la religion soit assez connue, de dire « quelque chose pour la satisfaction du peuple ? »

Le Roi alors lui répondit : « Je vous remercie « de tout mon cœur, monseigneur, parce que « j'allois oublier ce que j'avois eu dessein de dire. » Puis se tournant vers le peuple, lui dit : « Mes-« sieurs, je pense que ma conscience et ma reli-« gion est fort bien connue de tout le monde, et « partant je déclare devant vous tous que je « meurs chrétien, professant la religion de l'E-« glise anglicane, en l'état que mon père me l'a « laissée; et je crois que cet honnête homme « (montrant le sieur Juxson) le témoignera. » Puis se tournant vers les officiers, il dit : « Mes-« sieurs, excusez-moi en ceci, ma cause est juste, « et mon Dieu est bon; je n'en dirai pas davan-« tage. » Puis il dit au colonel Haker : « Ayez « soin, s'il vous plaît, qu'on ne me fasse pas « languir. » Et alors un gentilhomme approchant de la hache, le Roi lui dit : « Prenez garde à la hache, je vous prie; prenez garde à la hache. » Ensuite de quoi le Roi parlant à l'exécuteur, lui dit : « Je ferai ma prière fort courte, et alors « j'étendrai les bras..... » Puis le Roi demanda son bonnet de nuit au sieur Juxson, et, l'ayant mis sur sa tête, il dit à l'exécuteur : « Mes che-« veux vous empêchent-ils ? » Lequel le pria de les mettre sous son bonnet : ce que le Roi fit, aidé de l'évêque et de l'exécuteur. Puis le Roi, se tournant derechef vers l'évêque, lui dit encore une fois : « Ma cause est juste, et mon Dieu est « bon. » Alors le sieur Juxson lui dit : « Il n'y a « plus qu'un pas, Sire, et ce pas est fâcheux, « mais il est court; et vous pouvez considérer « qu'il vous transportera promptement de la terre « au ciel, et là vous trouverez beaucoup de « joie. » Le Roi lui répondit : « Je vais d'une cou-« ronne corruptible à l'incorruptible, où il ne « peut pas y avoir de trouble, non, aucun trou-« ble du monde. — Oui, lui dit le sieur Juxson, « vous changez votre couronne temporelle à une « éternelle : c'est un fort bon échange. » Le Roi dit ensuite à l'exécuteur : « Mes cheveux sont-ils « bien ? » Puis il ôta son manteau, et donna son cordon bleu, qui est l'ordre de la Jarretière, audit sieur Juxson, disant : « Souvenez-vous; » et le reste il le dit tout bas. Puis le Roi ôta son pourpoint, et demeurant avec sa camisole, remit son manteau sur ses épaules. Puis, regardant le billot, dit à l'exécuteur : « Il vous le faut bien « attacher. — Il est bien attaché, lui répondit-il. » Et le Roi continuant lui dit : « On le pouvoit bien « plus haut. — Il ne le sauroit, Sire, pour être « bien. » A quoi le Roi ajouta : « Quand j'étendrai « les bras, alors.... » Après quoi, ayant dit deux ou trois mots tout bas et debout, les yeux et les mains levés au ciel, il s'agenouilla incontinent, mit son cou sur le billot; et alors l'exécuteur remettant encore ses cheveux sous son bonnet, le Roi lui dit, pensant qu'il l'allât frapper: « Attendez le signe. — Je le ferai, Sire, lui répondit cet homme. » Puis faisant une petite pause, le Roi peu après étendit les bras, et l'exécuteur sépara sa tête d'un seul coup. Quand la tête fut tranchée, l'exécuteur la prit, et la montra au peuple, et son corps fut mis en un coffre couvert pour ce sujet de velours noir.

Sic transit gloria mundi.

Peu de jours après cet horible meurtre, la reine d'Angleterre reçut une fausse nouvelle qui lui apprit que le Roi son mari avoit été amené de la prison jusque sur l'échafaud; qu'on lui avoit voulu couper la tête, mais que le peuple s'y étoit opposé. Je crois que milord Germain son ministre, qui savoit le mauvais état des affaires du Roi son mari, la voulut préparer par cette fabuleuse histoire à ce funeste coup; et cette princesse, quoiqu'elle ne vît son mal qu'à demi, en nous contant cette pitoyable aventure jeta beaucoup de larmes; mais elle se consoloit dans l'espérance que le peuple le sauveroit, puisqu'il commençoit à s'émouvoir en sa faveur.

Le 19 du mois, elle reçut enfin cette horrible nouvelle comme véritable, et on ne put pas lui déguiser son malheur plus long-temps. Ce mal si grand, si terrible et si certain, produisit en elle tous les sentimens de douleur qu'elle étoit capable de sentir. Cette malheureuse Reine s'affligea et souffrit infiniment, mais elle ne mourut point; et ce qui pouvoit être le seul remède de ses maux lui manqua en cette occasion.

Porque jamas (1) muere un triste
Quando conviene que muera.

Elle m'a depuis souvent dit elle-même qu'elle étoit étonnée comment elle avoit pu survivre à ce malheur. Elle connoissoit que la vie ne lui pouvoit plus être agréable. Elle perdoit une couronne; mais ce qu'elle regrettoit le plus, c'étoit un mari bon, juste, sage, digne de son amitié et de l'amour de ses sujets. Elle étoit tombée dans une condition déplorable; et, de la plus opulente reine de la terre, elle ne voyoit alors dans l'avenir, et selon toutes les apparences, qu'une continuelle suite de misères et d'afflictions qui devoient lui faire de l'horreur. Elle avoit des lumières et de nobles sentimens, et par conséquent elle devoit voir tout ce qu'elle perdoit, et ce qu'elle devoit à la mémoire d'un Roi qui l'avoit fort aimée, qui lui avoit donné sa con-

(1) Un malheureux ne meurt jamais quand il lui convient de mourir.

fiance tout entière, et qui l'avoit toujours infiniment considérée. Il avoit partagé sa grandeur et ses richesses avec elle : il étoit juste alors qu'elle goûtât une grande part de ses amertumes, et qu'elle mourût tous les jours de sa vie, au lieu de ce qu'il étoit mort une fois. Elle en a porté en effet un deuil perpétuel et sur sa personne et dans son cœur : autant néanmoins que selon son humeur elle en a été capable, car naturellement elle avoit plus d'enjouement dans l'esprit que de sérieux. Le premier jour de sa douleur, je n'eus point l'honneur de la voir, parce que la violence de son mal la rendit invisible; mais le lendemain, ayant obtenu par l'aide de mes amis un passage pour aller trouver la Reine à Saint-Germain, je fus prendre congé de cette Reine affligée. D'abord qu'elle me vit, elle me commanda de me mettre à genoux auprès de son lit; et, me faisant l'honneur de me donner sa main avec mille sanglots qui souvent interrompirent son discours, elle me commanda d'apprendre à la Reine l'état où elle étoit, et de lui dire de sa part que le Roi son seigneur, dont la mort alloit la rendre la plus malheureuse femme du monde, ne s'étoit perdu que pour n'avoir jamais su la vérité; qu'elle lui conseilloit de ne point irriter ses peuples, à moins que d'avoir la puissance de les dompter tout-à-fait; que le peuple étoit une bête féroce qui ne s'apprivoisoit jamais; que le Roi son seigneur l'avoit éprouvé, et qu'elle prioit Dieu qu'elle eût plus de bonheur en France qu'ils n'en avoient eu en Angleterre; mais que surtout elle lui conseilloit d'écouter ceux qui lui diroient la vérité, de travailler à la découvrir, et de croire que le plus grand des maux qui pouvoient arriver aux rois, et celui qui seul détruisoit leurs empires, étoit de l'ignorer. Que si j'étois fidèle à la Reine, je lui devois dire ces choses et lui parler clairement sur l'état de ses affaires, puisque c'étoit le plus grand service que je pourrois lui rendre; et finit par un compliment qui s'adressoit à la Reine, avec quelques ordres qu'elle me donna, qui regardoient les intérêts du prince de Galles, devenu roi sans royaume par la mort du Roi son père. Le duc d'Yorck son second fils, âgé de quinze ans, après s'être échappé d'Angleterre comme je l'ai déjà dit, étoit venu depuis peu de Hollande pour demeurer auprès d'elle. Elle désiroit, pour ces deux princes ses enfans, que le Roi et la Reine reconnussent en France le prince de Galles pour roi d'Angleterre, et qu'on traitât le second de la même manière que le prince son frère aîné l'avoit été. Elle me commanda d'en parler à la Reine de sa part; puis, me serrant la main, me dit, avec un redoublement de douleur rempli de beaucoup de tendresse, qu'elle venoit de perdre un Roi, un mari et un ami, dont elle ne pouvoit jamais assez pleurer la perte; et qu'il falloit nécessairement que le reste de sa vie cette séparation lui fût un éternel supplice.

J'avoue que les larmes et les paroles de cette princesse me touchèrent vivement. Outre la part que je pris à sa douleur, mon esprit fut étonné des paroles qu'elle me commanda de dire à la Reine, et des malheurs qu'elle me fit appréhender pour elle. L'état où je la croyois, et celui où étoit la France, me firent une forte impression; et je n'oublierai jamais les sages discours de cette Reine, qui, détrompée et instruite par sa propre expérience, sembloit nous présager de grands maux. Le Ciel voulut nous en préserver; mais comme nous les méritions tous de la justice de Dieu, il faut lui rendre grâces de sa miséricorde, et se souvenir de cette belle leçon pour les rois et même pour les particuliers : que la vérité est toujours nécessaire à savoir pour la conduite de notre vie.

Ce même jour, ma sœur et moi, accompagnées de notre petit domestique, partîmes de Paris, escortées d'une troupe de cavalerie du régiment du prince de Conti que commandoit Barrière, ce gentilhomme dont j'ai parlé ailleurs, qui étoit attaché à ce prince, et qui par conséquent avoit le malheur d'être compté au nombre des ennemis de la Reine, après avoir été un de ses plus fidèles serviteurs. Nous fûmes reçues à Saint-Denis par le comte Du Plessis, qui commandoit à la place du maréchal Du Plessis son père. Il nous donna un bon repas et de bons lits, et le lendemain nous arrivâmes heureusement à Saint-Germain. Il nous fallut prendre un grand détour, et nous passâmes par plusieurs villages, où nous remarquâmes une désolation effroyable. Ils étoient abandonnés de leurs habitans : les maisons étoient brûlées et abattues, les églises pillées, et l'image des horreurs de la guerre y étoit dépeinte au naturel. Je trouvai la Reine dans son cabinet, accompagnée du duc d'Orléans, du prince de Condé, de la princesse de Carignan et d'une grande presse. La cour alors étoit fort grosse, parce que tous ceux qui n'étoient point de la Fronde s'étoient rendus auprès du Roi. L'appartement de la Reine, outre les personnes de la première qualité qui composoient la cour, étoit rempli d'une grande quantité de gens de guerre, et je ne vis jamais tant de visages inconnus.

La Reine étoit au milieu de ce grand monde, qui paroissoit gaie et tranquille; elle ne paroissoit point appréhender les malheurs dont elle étoit menacée par les gens de bon sens, et qui jugeoient de l'avenir par les choses passées et présentes. Il ne falloit pas mettre de ce nombre les mauvaises prophéties de ceux qui vouloient décrier sa conduite, et qui prétendoient, en l'intimidant, l'obliger de chasser son ministre; ils ne méritoient pas d'être écoutés, et l'apparente gaieté de la Reine avoit pour but de les faire taire. On ne peut pas en douter; car, en l'état où elle se voyoit, il étoit difficile qu'ayant autant de sagesse et de raison qu'elle en avoit, elle pût avoir un gaieté véritable.

Quand je partis de Paris, j'avois le cœur rempli de tout ce que l'on m'avoit dit dans cette ville. Je croyois que la Reine étoit menacée de perdre sa couronne, ou tout au moins la régence; mais, étant à Saint-Germain, je fus surprise quand j'entendis les railleries qui se faisoient contre les Parisiens et les frondeurs, et contre ceux qui lamentoient sur les misères publiques. Je ne trouvai point qu'on eût peur de ce grand parti qui paroissoit si redoutable à toute l'Europe; et, pour n'être pas moquée, il me fallut faire bonne mine avec ceux qui traduisoient en ridicule les choses les plus sérieuses, et qui, se moquant des deux partis, n'avoient aucun dessein que de profiter de ces désordres.

Le soir, après que la Reine fut retirée, elle me commanda de lui dire tout ce que je savois de l'état de Paris et de celui des esprits. Comme j'avois une véritable tristesse dans l'ame, je lui contai librement ce qui m'avoit paru de contraire à ses intérêts, et ne manquai pas de lui dire tout ce que la reine d'Angleterre m'avoit ordonné de lui faire savoir de sa part. On s'imaginoit à Paris qu'elle ignoroit l'état de ses affaires; que son ministre lui faisoit croire que l'on y étoit dans une extrême souffrance, et que les mutins seroient bientôt réduits à lui demander miséricorde. Il est néanmoins véritable qu'elle étoit instruite de tout ce qu'il étoit nécessaire qu'elle sût; mais voulant travailler à punir ou du moins à modérer l'excès de l'audace du parlement, et ne voulant pas non plus éloigner son ministre, ses résolutions étoient prises, et toutes les crieries du public ne la faisoient nullement changer. Elle me fit l'honneur de me dire ce qu'elle avoit déjà dit à d'autres, et que je pense avoir déjà aussi écrit, qu'elle croyoit être obligée de le retenir, de peur qu'il ne lui en arrivât autant qu'au roi d'Angleterre, et qu'après l'avoir chassé on ne vînt jusqu'à elle; que les princes la voyant sans ministre, lui en voudroient donner un; que ne se pouvant accorder là-dessus, comme il étoit raisonnable de le croire, cela feroit naître des brouilleries plus grandes que les premières; et qu'enfin elle le vouloit conserver, non-seulement parce qu'elle étoit satisfaite de ses bonnes intentions et de sa fidélité, mais parce qu'elle étoit persuadée qu'en le soutenant elle rétabliroit l'autorité royale, et empêcheroit qu'on ne lui ôtât la régence. Elle ajouta que la conservation ne lui en étoit considérable que par l'affection qu'elle avoit pour le Roi; et elle me fit l'honneur de me dire en soupirant que je savois moi-même qu'elle n'étoit point ambitieuse, et que par son inclination le repos lui auroit été plus agréable que la puissance. Puis elle conclut par ces belles paroles : Qu'elle croyoit bien faire, et qu'elle laissoit le reste sous la conduite de Dieu, de qui elle espéroit par sa miséricorde qu'il n'abandonneroit point l'innocence du Roi, qui, selon les apparences, avoit encore conservé devant ses yeux la grâce de son baptême. Je la trouvai un peu étonnée de cet envoyé de l'archiduc, dont elle ne savoit point encore la fausseté; et, assez touchée de la mort du roi d'Angleterre, elle me dit elle-même que c'étoit un coup qui devoit faire trembler les rois; mais à son égard, étant persuadée qu'elle faisoit ce qu'elle devoit et ce qu'elle n'avoit pu éviter de faire, son esprit demeuroit tranquille au milieu de tant d'orages. En effet, son humeur toujours égale, fortifiée d'une ame qui ne se laissoit pas troubler aisément, la faisoit paroître à Saint-Germain, environnée de ses armées, avec le même repos que parmi les dames qui formoient son cercle à Paris.

Le 22 ou 23 février, le nonce et l'ambassadeur de Venise vinrent trouver la Reine, l'un de la part du Pape, et l'autre de sa république. Dans leur audience, ils l'exhortèrent fort à la paix, et touchèrent, à son avis, un peu trop fortement à ce qui paroissoit être le sujet de la guerre. Elle s'en fâcha; et, les interrompant, elle leur dit qu'elle trouvoit bien des gens qui lui disoient qu'il falloit faire la paix et qu'il falloit pardonner, mais que personne ne lui parloit de rétablir l'autorité du Roi son fils, qui s'en alloit détruire, si elle ne travailloit à la relever en châtiant les rebelles, et les forçant à se remettre à leur devoir. Elle avoit sujet de parler de cette sorte, car les consultations qu'elle avoit fait faire sur cet article aux docteurs les plus sévères, et dont elle vouloit suivre les sentimens, étoient de véritables marques du désir qu'elle avoit de la paix; mais il sembloit qu'elle devoit par ses propres obligations travailler premièrement à remettre la France en état de pouvoir profiter de sa bonté, qui jusques alors, par la mauvaise disposition des esprits, n'avoit fait qu'empirer ses maux. Cette bonté étoit plus grande en elle et plus effective qu'apparente : elle avoit toujours voulu cacher la sienne, pour faire mieux paroître celle de son ministre.

Le 25 février, les députés de Paris arrivèrent; et le premier président, qui suivit l'exemple du nonce, fut traité de même manière. Il avoit accoutumé de parler avec beaucoup de hardiesse sur les désordres de l'Etat, et le ministre avoit toujours une grande part dans ses harangues, qui étoient plutôt des libelles diffamatoires contre lui que des remontrances à la Reine. Celle qu'il fit en cette occasion fut de la nature des autres. Après avoir sur ce chapitre contenté son parti et la plus grande partie de son auditoire, il supplia la Reine de faire cesser les désordres, de leur donner la paix, et de revenir à Paris y ramener le Roi, et par conséquent le bonheur et la joie. Il dit ces mêmes mots, parlant de l'intelligence que quelques-uns du parti avoient eue avec l'archiduc, et voulant justifier le parlement : Que cette grande et illustre compagnie avoit son intérêt si étroitement uni à celui du Roi et de l'Etat, et avoit donné en toutes rencontres de si glorieuses marques du zèle qu'elle avoit pour le soutien de l'autorité royale, qu'il étoit difficile de s'imaginer que quelques-uns de ceux qui la composoient fussent capables d'oublier le premier et le plus juste de ses devoirs; que ce zèle avoit paru avec éclat non-seulement du temps de nos pères par ce fameux arrêt (1) qui, malgré les artifices des étrangers, rendit à la loi salique sa première vigueur, et servit si fort à la conservation de la couronne dans l'auguste maison de Bourbon, mais encore de leur temps par le soin que leur compagnie avoit eu d'affermir, durant les minorités des rois, les régences des reines-mères. Sur quoi la Reine et M. le prince dirent quelques paroles de ressentiment, qui témoignoient qu'elle ni lui n'approuvoient pas ce qu'il avoit dit des arrêts du parlement touchant la loi salique et des régences; et le chancelier dit, en s'écriant contre cela, que le Roi étoit le maître des ordonnances, qu'il les faisoit et défaisoit comme il lui plaisoit, et que les compagnies devoient seulement apporter une obéissance aveugle à sa volonté. Mais toutes ces contestations et ces hardiesses ne brouilloient point à la cour ce vénérable magistrat. Le cardinal Mazarin avoit fait des injures ce que Mithridate avoit fait du poison, qui, au lieu de le tuer, vint enfin, par la coutume, à lui servir de nourriture. Le ministre de même sembloit par son adresse faire un bon usage des malédictions publiques : il s'en servoit pour acquérir auprès de la Reine le mé-

(1) Pendant la Ligue, Philippe II, roi d'Espagne, essaya de donner à sa fille la couronne de France; mais le parlement maintint la loi salique.

rite de souffrir pour elle, et d'être la victime des injustes passions des sujets du Roi; et beaucoup davantage pour cacher l'amitié de ses amis, qui dans le vrai ne l'étoient guère. Il le voyoit bien sans doute; mais, ne pouvant mieux faire, il consentoit qu'ils en usassent ainsi pour maintenir leur crédit, et pour être mieux en état de le servir dans les bonnes occasions. En effet, dès le soir même le premier président et le président de Mesmes vinrent trouver la Reine comme des particuliers, et conférèrent dans son cabinet avec le ministre, où se trouvèrent les princes; et, malgré l'arrêt que leur compagnie avoit donné contre lui, ils le traitèrent toujours de premier ministre. Ils firent espérer à la Reine, avant que de partir, une autre députation pour parler tout de bon de la paix, et lui demandèrent finement des vivres et du blé pour autant de jours qu'on y travailleroit, supputant pour chaque jour ce qui étoit à peu près nécessaire pour fournir Paris. La Reine ne leur accorda pas leur demande, mais leur fit espérer que s'ils agissoient fidèlement, elle ne leur refuseroit rien de tout ce qui seroit raisonnable. Les députés tâchoient, sous l'apparence de la paix, d'obtenir des vivres; car ils commençoient à enchérir, et le peuble pâtissoit déjà beaucoup, mais pas assez pour en être humilié. La Reine aussi, de son côté, croyoit bien faire en leur faisant espérer qu'elle leur en donneroit; elle vouloit embarquer le parlement, par la nécessité du peuple, à consentir à ses volontés, et à réduire les généraux de Paris à l'accommodement auquel ils s'opposoient de toutes leurs forces.

A la seconde députation, les blés furent accordés; mais la Reine eut sujet de se repentir d'avoir eu pitié de ceux qui souffroient. Elle redonna des forces à ce parti, et ne diminua pas leur malice : si bien qu'elle perdit les avantages qu'elle auroit pu tirer de leurs souffrances. Cette princesse, après les avoir si favorablement traités, leur fit donner une réponse par écrit qui, pour être instructive, peut tenir sa place dans ces Mémoires.

Réponse de Sa Majesté aux députés du parlement.

« Le Roi étant au conseil, par l'avis de la Reine régente sa mère présente, où étoient aussi monseigneur le duc d'Orléans, M. le prince, et autres notables personnages dudit conseil, délibérant sur ce qui lui a été représenté par les députés de la compagnie se disant tenir le parlement de Paris, a commandé la présente réponse leur être baillée.

« Sa Majesté auroit eu très-grande raison de n'admettre pas à sa présence lesdits députés, ayant chaque jour de nouveaux sujets d'être plus indignée contre la conduite de leur compagnie, et en celui notamment dont ils viennent de lui rendre compte, et dont elle avoit déjà eu l'avis, d'avoir reçu un envoyé de la part des ennemis de l'Etat.

« Sa Majesté est d'ailleurs très-bien informée des allées et venues qui se sont faites de Paris à Bruxelles, du sujet de la venue de Saint-Ibal et de Sauvetat, dont le premier est avec le duc de Longueville, et l'autre est ici prisonnier, après s'être abouchés avec la duchesse de Chevreuse et avec des ministres d'Espagne.

« Elle sait que Laigues, envoyé à Bruxelles par quelques particuliers qui ont conjuré la ruine de l'Etat en tant qu'elle pourroit dépendre de leur malice, a été celui qui a recherché et fait résoudre l'archiduc et le comte de Pigneranda, qui le conseille, d'envoyer une personne expresse à ladite compagnie, avec une simple lettre dont la créance seroit faite à Paris même par ceux qui l'avoient envoyé, selon l'état où se trouveroient pour lors les affaires : ledit Laigues ne se contentant pas d'assurer lesdits ministres qu'ils en tireroient de très-grands avantages pour les intérêts du Roi leur maître, mais (ce qui fait horreur à le dire) qu'ils causeroient un bouleversement général dans la France, s'ils savoient bien profiter de cette occasion par les moyens qu'il leur en suggéreroit.

« Comme ceux qui, contre l'intention et au désu de ladite compagnie, ont formé les Mémoires dont Laigues a été chargé, sont les mêmes qui, avant que le Roi partît de Paris, entretenoient des intelligences avec les ennemis de l'Etat pour se saisir de la personne de Sa Majesté;

« Comme ce sont les mêmes qui travailloient alors à exciter des séditions dans Paris, les mêmes qui se partageoient dedans et dehors la ville pour traiter avec des princes qui sont depuis entrés dans le parti, les mêmes qui après l'accommodement fait en ce lieu au mois d'octobre dernier, par la déclaration que Sa Majesté y fit expédier, qui sembloit avoir ôté pour jamais la racine de toute division, reconnoissant que les ennemis se résoudroient peut-être à faire la paix, sur ce qu'ils auroient perdu l'espérance de voir naître des troubles dans le royaume, leur firent savoir aussitôt qu'ils ne devoient point se mettre en peine de cet accommodement, et qu'ils feroient en sorte qu'avant qu'il se passât six semaines le parlement remueroit tout de nouveau, et mettroit plus d'affaires que jamais sur les bras de la Reine, les assurant même qu'il seroit alors fortifié par l'attachement de divers princes et autres personnes de qualité;

« Comme ce sont les mêmes qui ont eu le crédit dans ladite compagnie, au grand regret des bons, de la porter à faire tant de choses extraordinaires qui se sont passées depuis la sortie du Roi de Paris, on n'a pas sujet d'être surpris qu'ils aient encore eu le pouvoir de lui faire exercer cet acte de souveraineté, et de recevoir des envoyés des princes, et, qui plus est, d'un prince ennemi de l'Etat, en même temps qu'elle venoit de refuser d'écouter ceux qui lui avoient été envoyés par le Roi son maître et son souverain.

« Le sieur de L'Isle, lieutenant des gardes du corps de Sa Majesté, qui alloit de sa part vers ladite compagnie, n'y fut pas reçu à cause des formes. Cependant elle en trouve pour recevoir l'envoyé de l'archiduc, qui a les armes à la main contre le Roi; mais non pas dans ses registres, ni même dans ceux du parlement de la Ligue.

« Elle refuse l'entrée à Paris à un héraut envoyé de la part du Roi, prenant prétexte sur ce que ceux qui la composent n'étant pas souverains, ils auroient manqué au respect qu'ils doivent à Sa Majesté en l'admettant; mais ils oublient qu'ils sont sujets, et agissent en souverains quand il est question de recevoir un ambassadeur de la part des ennemis de l'Etat, qui est un moine, aumônier du comte de Garcies, gouverneur de Cambray, lequel avoit de longue main des intelligences dans Paris, et y donnoit des avis toutes les semaines et en recevoit, y ayant même demeuré long-temps depuis la mort du feu Roi, et fait diverses menées très-préjudiciables au service de Sa Majesté avec des prisonniers de guerre espagnols, qui obligèrent à prendre la résolution de l'arrêter, dont son évasion empêcha l'effet.

« Il a été aisé à voir que sa créance a été composée à Paris par ceux-là mêmes qui l'y ont attiré : autrement l'artifice des ministres d'Espagne auroit été trop grossier; et même de faire dire à ladite compagnie qu'on leur a tout offert pour conclure promptement la paix, à condition qu'ils assisteroient le Roi des forces d'Espagne pour opprimer ladite compagnie et ruiner Paris : en même temps que le comte de Pigneranda, écrivant ici le 12 février, se plaint qu'on ne lui ait rien fait savoir, par le retour du sieur Friquet, qui soit précis et individuel sur les intérêts du Roi son maître et de M. de Lorraine, et que par la même lettre ledit comte prie qu'on lui dépêche une personne expresse avec quelque plus grand éclaircissement des intentions du Roi : ce qui fait bien voir évidemment qu'il n'a pas reçu des offres si avantageuses pour la paix, et qu'il ne refuse pas de la traiter ici pour ne le juger ni honnête ni sûr, comme on a fait dire à ladite compagnie par ce moine. Et en effet, ensuite de cette lettre, Sa Majesté a choisi le sieur de Vautorte, conseiller d'Etat, pour aller à Bruxelles où il négocie présentement, ayant trouvé un sauf-conduit de l'archiduc à Cambray pour y passer en toute sûreté.

« Sa Majesté, qui veut bien donner à ladite compagnie toutes les lumières qui dépendent d'elle pour l'empêcher d'être surprise par cet artifice, a eu la bonté d'ordonner qu'on fasse voir auxdits députés les originaux desdites lettres du comte de Pigneranda, dans lesquelles ils verront aussi comme il se préparoit à s'avancer de deçà pour conférer avec les ministres du Roi et donner la dernière main au traité de paix; et il seroit déjà en France, si les espérances qu'il a conçues de tirer de plus grands avantages de ces divisions, et les instances qui lui ont été faites à Bruxelles par ceux qui ont sollicité l'archiduc à Bruxelles d'envoyer vers ladite compagnie, ne lui avoient fait chercher des prétextes de différer son voyage. Ils pourront aussi remarquer dans lesdites lettres que ce que l'envoyé a dit de la part du Roi catholique est une manifeste supposition, puisqu'il lui étoit impossible de donner des ordres sur des affaires dont il ne pouvoit avoir encore aucune connoissance.

« Tout cela, et beaucoup d'autres circonstances que l'on omet, sembloient obliger Sa Majesté à ne pas recevoir les députés; mais considérant qu'il y a dans ladite compagnie nombre de bons Français bien intentionnés pour l'Etat, et à qui le cœur saigne de voir pratiquer à tous momens ce que la plus grande malice auroit eu peine à concevoir, Sa Majesté a voulu en user comme bon père de famille, qui, quelque grandes que puissent être les fautes de ses enfans, ne se lasse jamais de leur tendre la main pour tâcher à les remettre dans le bon chemin, et a résolu de lui donner encore cette marque de sa bonté lorsqu'elle a plus sujet d'être offensée. Ainsi toute la France verra qu'elle n'a oublié aucune voie imaginable pour la ramener à son devoir, et pour l'obliger à faire cesser les misères de Paris, et à prévenir celles dont le royaume est menacé par les ennemis domestiques et étrangers. Et, à tout événement, si les cœurs étoient encore après cela si endurcis que de ne pas vouloir rendre au Roi l'obéissance qui lui est due, elle seroit seule responsable devant Dieu, devant le Roi, la maison royale et tous les ordres du royaume, des maux qui en arriveront.

« Pour ce qui est de la paix, qui est un prétexte qui ne manque jamais à ceux mêmes qui l'appréhendent le plus, et qui ont le plus de passion de brouiller, il n'y a personne, tant soit peu informée des affaires, qui ne sache que comme les Impériaux ont été obligés de consentir à celle d'Allemagne qui a été conclue avec tant de gloire et d'avantage pour cette couronne, et où elle a eu même lieu de faire paroître sa modération en rendant grand nombre de places importantes et des Etats entiers, les Espagnols auroient été aussi contraints de donner les mains à un accommodement, si la conduite de quelques factieux ne leur eût fait concevoir de si fortes espérances de ces divisions et de remuemens dans le royaume, qu'ils ont cru en devoir attendre l'événement pour en profiter.

« Car, pour ce qui est de l'offre que l'on a fait faire par le moine, comme de la part de l'archiduc, de rendre ladite compagnie arbitre de cette grande affaire, quand la proposition seroit aussi sincère que toute apparence et raison ne veut pas qu'elle le soit, ce n'est pas un honneur que les Espagnols lui rendent, c'est une injure et un affront qu'ils font à tout ledit corps.

« La France a souvent offert aux Espagnols de se soumettre à tous les points indécis, et qui sont demeurés en différend, à l'arbitrage et à la décision ou des Provinces-Unies avec le prince d'Orange, ou dudit sieur prince d'Orange appelant avec lui quelques-uns des ministres des Etats, ou de la reine de Suède, ou des princes ou Etats de l'Empire, conjointement ou séparément, ainsi qu'ils aimeroient le mieux : ce qu'ils ont toujours constamment refusé ; et ils s'adressent aujourd'hui à ladite compagnie pour lui déférer ce jugement, c'est-à-dire la disposition des plus grands intérêts que leur couronne ait à démêler avec celle-ci.

« Ne lui seroit-ce pas une tache qu'étant toute composée de Français, le roi d'Espagne la jugeât plus portée en sa faveur, et s'en promît un meilleur traitement que de la Reine même qui est sa sœur, ou que de tant de princes et potentats étrangers avec qui il est en paix, et même en liaison ?

« Les Espagnols ont fait voir par leur conduite en tout temps qu'ils ne souhaitent rien tant que la diminution de la puissance, de la grandeur et de l'autorité du Roi ; et cependant ils ont recours à ladite compagnie par préférence à tous autres, et déclarent qu'ils la choisissent pour arbitre de tous leurs différends. Peuvent-ils offenser plus sensiblement de bons Français et des officiers, que de les croire capables d'être, sous un prétexte spécieux, des instrumens propres à l'abaissement de leur Roi et à l'affoiblissement de cette monarchie, qui est toujours la principale visée qu'ils ont toujours en toutes leurs actions ?

« Ceux qui ont formé l'instruction du moine ont bien mal raisonné, de ne s'être pas aperçus qu'ils lui ont fait détruire d'un côté ce qu'ils lui faisoient établir de l'autre. Les Espagnols souhaitent, dit-il, la paix avec passion : et pour preuve de cela, ils sont disposés d'en passer par le jugement de ladite compagnie. Mais si cette passion étoit véritable et sincère, refuseroient-ils tant de places et de provinces entières qu'ils disent que le Roi leur a offertes, pour s'adresser à d'autres, dont tout ce qu'ils pourroient attendre de plus favorable et de plus avantageux ne sauroit être que la promesse de la même chose, sans espérance d'aucune exécution, puisqu'elle ne peut jamais dépendre que des ordres du Roi ?

« Y auroit-il quelqu'un assez simple pour se persuader qu'ils veuillent épargner la France ? Ils y entreront avec toutes leurs forces, et profiteront de ces émotions dès qu'ils en auront le moyen, et qu'ils verront jour à nous faire du mal ; mais l'intérêt particulier de ladite compagnie ne les poussera ni ne les arrêtera un seul moment : cette résolution dépendra purement de l'état de leur armée ; et, s'ils ne le font pas, on n'en devra avoir obligation qu'à la saison, à leur foiblesse, et à la crainte d'exposer leurs troupes mal à propos.

« Pouvoient-ils faire une offense plus sanglante à ladite compagnie, que de la croire une matière facile et toute disposée à leur mettre la France en proie ; que de s'adresser à elle sous le spécieux prétexte de la paix, et de l'assister quand ils n'ont autre dessein que de bien allumer la guerre civile dans le royaume, et de l'ensevelir dans ses ruines ?

« Leurs affaires de tous côtés sont en pire état encore qu'elles ne paroissent l'être ; et il est comme indubitable que si ces désordres intestins peuvent cesser bientôt, comme Sa Majesté y contribue de sa part, ils seront forcés à donner les mains sans délai à une paix, avec des conditions avantageuses pour cette couronne.

« C'est à quoi Sa Majesté s'applique, et continuera de le faire avec tous les soins possibles, sans oublier aucun des moyens qui peuvent le plus tôt produire ce grand bien.

« Que si, contre les apparences, les ennemis refusent un accommodement honnête et équitable, et s'opiniâtrent à prétendre des conditions injustes et exorbitantes, telles que l'envoyé a supposé qu'on leur a offertes : en ce cas, comme la plus forte passion de la Reine et sa principale visée est le bien de l'Etat, la grandeur du Roi son fils, et de lui pouvoir un jour rendre compte de son administration, sans qu'il ait occasion de lui en faire le moindre reproche, Sa Majesté ne sera pas à la vérité assez hardie de disposer, quoiqu'à l'avantage d'un frère, de ce dont un Roi pupille, et son fils, se trouve en possession par une juste guerre, et principalement voyant que l'Espagne tient encore aujourd'hui divers royaumes que la France a autrefois possédés à juste titre. Elle ne voudra pas répondre si mal aux bénédictions que Dieu a versées si abondamment sur cet Etat, que d'abandonner en un seul jour aux Espagnols le fruit des travaux de tant d'années, toutes pleines de bons succès, et ce qui a coûté tant de peines au feu Roi, et tant de soins à monseigneur le duc d'Orléans et à M. le prince, qui ont exposé si librement leurs vies à mille périls pour conserver les conquêtes du feu Roi, et pour les augmenter, comme ils ont fait, de quantité de places importantes et d'une grande étendue de pays; et mondit seigneur le duc d'Orléans et M. le prince ont déclaré qu'ils ne se porteroient jamais à oser le conseiller à Sa Majesté. C'est pourquoi, en ce cas, elle se croiroit obligée de consulter l'avis des Etats-généraux du royaume, qui sont déjà intimés, et qui seront bientôt assemblés, sur la résolution qu'elle auroit à prendre, ne pouvant douter qu'elle ne fût la meilleure, puisqu'elle auroit été prise par le consentement général de tous les ordres du royaume.

« Pour ce qui est des instances que lesdits députés ont faites à Sa Majesté quand, après sa sortie de Paris, elle a transféré la séance de ladite compagnie, ce n'a point été à dessein de punir ni les excès passés, ni toucher aux personnes ou aux biens d'aucuns de ceux qui la composent. Son but n'a été que de travailler à remédier aux désordres qui ont travaillé l'Etat par la continuation de leurs assemblées, rétablir parmi eux la liberté des suffrages, qui étoit étouffée par des menaces continuelles, et par des billets qu'on jetoit pour rendre odieux au peuple ceux qui vouloient demeurer dans la modération, éteindre la faction qui se formoit dans Paris, et qu'on a depuis vu éclore si puissante, raffermir la tranquillité de la ville, et la mettre en état que le Roi y pût demeurer en sûreté.

« Sa Majesté, depuis, avoit envoyé un héraut à ladite compagnie pour lui faire savoir qu'elle donnoit assurance des personnes, des charges et des biens à tous ceux qui se rendroient près d'elle, sans exception d'aucun. Elle lui confirme encore la même grâce pour tous ceux qui s'y rendront dans le sixième du mois prochain.

« Et à l'égard de l'envoyé de l'archiduc, comme il eût été à souhaiter pour l'honneur de la compagnie que l'avis des soixante-douze, qui vouloient qu'on ne l'introduisît pas et qu'on l'envoyât au Roi, eût prévalu : aussi la meilleure réponse, et celle que Sa Majesté entend qu'on lui fasse, c'est de ne lui en donner aucune, pour faire connoître à son maître que si la compagnie a été facile à l'écouter, elle est incapable d'entrer en aucune intelligence et négociation avec les ennemis de la couronne.

« Pour ce qui est de l'instance que lesdits députés font à Sa Majesté, à ce qu'il lui plaise retirer ses troupes des environs de Paris, et laisser le passage pour l'entrée des vivres, l'exécution en dépend purement de ladite compagnie, et de la résolution qu'elle prendra de se rendre près de Sa Majesté avec les sûretés qu'elle lui donne.

« C'est ce que Sa Majesté attend de sa fidélité que lesdits députés lui sont venus protester, et que ladite compagnie, par une prompte obéissance, fera cesser les souffrances de la ville de Paris et les misères du pauvre peuple, afin que le calme une fois rétabli dans le royaume puisse produire bientôt la conclusion de la paix générale et le repos de la chrétienté.

« Fait au conseil d'Etat du Roi, tenu à Saint-Germain-en-Laye le vingt-cinquième jour de février 1649.   « *Signé* DE GUÉNÉGAUD. »

Les députés étant arrivés à Paris firent leur rapport à la compagnie, selon cette réponse et leurs particulières audiences. Le premier président reçut des reproches, pour avoir conféré avec le cardinal sans le reste des députés. Là-dessus s'éleva dans le Palais un grand bruit et des cris effroyables, qui de ce lieu allèrent au peuple assemblé dans la grand'salle, dans la cour et dans les rues. Tous demandent des nouvelles de la députation : et comme le bruit courut que le premier président avoit conféré avec le ministre, ils se mutinèrent, et dirent tous qu'ils ne vouloient point de paix avec le Mazarin; et quelques-uns proposèrent d'aller chez le premier président pour le piller, et le punir de ce qu'il vouloit s'accommoder avec lui.

La canaille étoit payée pour crier contre les commencemens de la paix. Les frondeurs, qui ne la vouloient point, ou plutôt qui vouloient qu'elle se fît par eux, avoient fait faire cette sédition contre le premier président, exprès pour l'embarrasser et l'intimider; mais cet homme, ayant déjà montré sa fermeté en beaucoup d'occasions, fit voir encore en celle-ci autant de courage qu'en toutes les autres; et, sans s'étonner, il dit au duc de Beaufort qu'il devoit faire apaiser ce tumulte : autrement que le désordre se feroit si grand, que peut-être lui-même n'en pouvant pas être le maître, il en seroit fâché, par les grands maux qu'il pourroit causer à toute la ville; et beaucoup des plus considérables de cette compagnie se réunirent au premier président. Ce prince, le chef des crieurs, fut enfin contraint, pour éviter un plus grand mal que celui de revoir le Mazarin dans Paris, d'aller lui-même apaiser le désordre. Il assura le peuple qu'on ne le trompoit point, en leur disant à tous qu'il chasseroit le Mazarin. Ce bruit étant apaisé, on résolut d'envoyer tout de nouveau des députés à la cour, sept de chaque chambre, pour aller traiter la paix ; ce qui donna quelque espérance aux gens de bien, et fit croire à la Reine que les choses se passeroient comme elle le désiroit. Elle ne pouvoit pas s'imaginer que les députés osassent lui demander ce qu'ils savoient certainement qu'elle ne vouloit pas leur accorder.

Le premier président, après avoir fait ce coup, sortant de la galerie du Palais pour entrer chez lui, une grande multitude de coquins le vinrent attaquer. Un de la troupe l'ayant menacé de le tuer, ce grave magistrat lui dit froidement : « Mon ami, quand je serai mort, il ne me « faudra que six pieds de terre ; » et, sans « se hâter d'un pas, il s'en alla chez lui fort satisfait d'avoir fait résoudre cette seconde députation. S'il en étoit content, les généraux ne l'étoient pas de même : elle leur déplut infiniment. Ils voyoient que les principaux de la compagnie penchoient du côté de la cour ; qu'ils n'étoient pas les maîtres du parti, et que la paix ne pourroit pas à leur gré être le prix de leur ambition et de leurs désirs. Mais ils se consolèrent dans la résolution qu'ils firent de ne nommer pour aller à la cour que ceux dont ils étoient assurés ; et, par cette voie, ils espérèrent que l'accommodement dépendroit toujours de leur volonté.

Pendant toutes ces négociations, l'armée du Roi prit par force Brie-Comte-Robert, qui étoit un bon poste pour les révoltés, et dont la privation les devoit infiniment incommoder. D'autre côté, les Parisiens enlevèrent aussi sur les gens du Roi un grand convoi de pain de Gonesse, parce que la faim donne du courage aux hommes les plus poltrons ; mais ce secours étoit de peu de durée, et n'ayant plus à eux de passages libres, ils étoient en mauvais état.

Ces mêmes jours on arrêta à Saint-Germain le maréchal de Rantzau. Il fut soupçonné de favoriser le parti parisien ; et comme il étoit gouverneur de Gravelines, le ministre crut qu'il ne pouvoit prendre trop de précautions pour se garantir des maux qui pouvoient arriver de la mauvaise volonté de ce maréchal. Il avoit jusqu'alors bien servi le Roi ; mais la constance n'a pas été donnée aux hommes pour une qualité qui leur soit naturelle. Les apparences de son changement firent aussi changer sa fortune.

Le deuxième jour du mois de mars, les gens du Roi vinrent à Saint-Germain trouver la Reine pour lui dire la députation ordonnée par le parlement. Ils lui demandèrent des passeports, et la supplièrent d'ordonner du lieu de leur conférence. Ils firent aussi quelques instances de la part des ducs de Beaufort et de Bouillon pour y être admis ; mais ayant été bien reçus à leur égard, ils furent refusés sur l'article des autres. On choisit pour le lieu de la conférence le château de Ruel, comme étant à moitié chemin de Paris et de Saint-Germain ; et les généraux, qui en particulier redoublèrent leurs instances, n'y furent point admis.

Le duc d'Orléans, le prince de Condé, le ministre, l'abbé de La Rivière et Le Tellier allèrent au rendez-vous où se trouvèrent les députés, avec ordre exprès de leur compagnie de ne point conférer avec le cardinal Mazarin. Déjà on en avoit eu avis à la cour ; et Champlâtreux, fils du premier président, qui l'avoit dit par ordre du parlement, fut en apparence traité avec beaucoup de rigueur : on lui donna même des gardes pour quelque peu de temps, pour faire voir aux ennemis du ministre que cette proposition étoit odieuse à la Reine, et seroit combattue par les princes du sang. Mais cette rigueur n'empêcha pas que les députés ne refusassent absolument de conférer avec lui : ce qui causa un grand embarras entre les deux partis, et donna sans doute beaucoup de honte à celui qui en étoit le sujet. Le soir du même jour que les princes étoient allés à Ruel, j'étois auprès de la Reine, qui attendoit avec impatience le succès de cette dispute, sans pourtant en faire part aux spectateurs. Chamarante, premier valet de chambre du Roi, arriva fort tard, qui lui vint dire que la conférence étoit rompue ; puis, s'approchant de la Reine, il lui en dit tout bas à l'oreille la véritable cause. La Reine, qui ne vouloit pas montrer de sentir ni de voir l'affront que le parlement faisoit à son ministre en cette occasion, se mit à rire et nous dit : « Il n'y a point de con-« férence, par conséquent il n'y a point de paix ; « tant pis pour eux. »

Pendant que ces difficultés arrêtèrent la conférence, les généraux qui n'avoient point de part que par leurs cabales à cette assemblée se vinrent camper avec du canon à Villejuif, menaçant le Mazarin de l'embarrasser, et de lui faire toujours naître des obstacles invincibles. Ils lui vouloient faire peur de la haine du peuple, dont ils disoient qu'ils seroient les maîtres malgré le parlement et malgré leurs traités. Ce qui en effet pouvoit donner de l'inquiétude au ministre

17.

étoit de voir que le parlement paroissoit approuver les sentimens de la populace et des généraux, puisque les députés refusoient si constamment de s'aboucher avec lui en cette occasion, où il s'agissoit d'un bien qui leur étoit si considérable.

Le lendemain, comme ils furent prêts de se séparer à cause de cette difficulté, le duc d'Orléans, voulant toujours avoir quelque part à la paix, au lieu de celle que le prince de Condé avoit eue à la guerre, trouva un accommodement, qui fut que lui ni M. le prince n'assistassent point à cette conférence. Il fut résolu qu'ils se tiendroient à part et le ministre avec eux, qu'on y laisseroit seulement le chancelier et Le Tellier, et trouvèrent qu'une chambre entre eux et le lieu de la conférence n'empêcheroit pas d'entrer en matière : ce qu'ils firent ; et alors il sembla que les sujets vouloient donner des lois à celui dont ils les devoient recevoir.

Tout ce jour les parlementaires furent fiers, et ceux qui venoient de Ruel à Saint-Germain ne croyoient pas que les affaires se pussent accommoder, car la manière dont ils parloient faisoit croire qu'ils se rendroient difficiles sur l'article du ministre : mais cette férocité se trouva consister en bonne mine, et ces apparences n'alloient qu'à contenter les sots, les emportés et le peuple. Le jour d'après ils changèrent de méthode ; et les députés, prenant l'air de la cour, montrèrent en effet que ce charme avoit autant de pouvoir sur eux que sur les autres hommes. Cependant les Parisiens, par l'ordre des généraux et du parlement, ne laissoient pas de continuer à vendre publiquement les meubles du cardinal Mazarin, qui, depuis l'arrêt donné contre lui, avoient été à l'encan vendus aux passans à tel prix qu'on vouloit en donner; et sa bibliothèque, ramassée avec tant de soin, fut dispersée à tous ceux qui la voulurent piller.

Le 6, le cardinal vint faire un petit voyage à Saint-Germain pour instruire la Reine de tout ce qui se passoit. Le soir, après qu'il l'eut quittée, comme ceux qui l'environnoient étoient curieux d'apprendre des nouvelles, la Reine nous dit, à M. le premier et à moi, qu'il n'y avoit encore rien d'avancé, ni aucune solide espérance d'obtenir ce qu'on désiroit, qui étoit que le parlement s'humiliât ; puis nous dit qu'à la fin pourtant elle croyoit que tout iroit bien. Les députés avoient dit avoir reçu de nouveaux ordres de leur compagnie de demander l'éloignement du ministre ; et il fallut que le duc d'Orléans se trouvât souvent à la conférence pour défendre celui qu'ils vouloient attaquer. Mais enfin la dispute se termina à une comédie qui fut habilement jouée ; car ceux qui demandoient l'absence du ministre savoient bien qu'ils ne l'obtiendroient pas, et, comme je l'ai déjà dit, ils ne la désiroient peut-être pas beaucoup.

Pendant cette conférence il arriva une nouvelle qui fit changer les résolutions de plusieurs, qui augmenta les forces du Roi, et diminua un peu l'orgueil et la fierté des Parisiens. Le vicomte de Turenne qui commandoit l'armée du Roi en Allemagne, et qui s'étoit peu auparavant déclaré du parti des parlementaires à cause que le duc de Bouillon son frère en étoit, ayant voulu amener ses troupes au secours du parti parisien, avoit été abandonné de toute l'armée, qui voulant être fidèle au Roi alla se rejoindre à Erlac, Allemand au service de la France. Il ne resta à ce général que deux ou trois régimens, en qui il n'osa se confier ; et se voyant sans puissance, plein de confusion et de repentir, il se retira seul à Heilbrun.

Cette même nuit que le ministre coucha à Saint-Germain, M. le prince lui envoya une lettre qu'il avoit reçue du vicomte de Turenne, qui, malheureux et humilié, demandoit pardon de sa faute. Il le supplioit par cette lettre de lui continuer sa protection, et d'obtenir du ministre sa grâce et l'absolution de son péché.

Cette nouvelle abattit pour quelques jours les forces des parlementaires et des généraux, car ils avoient une grande espérance en cette armée. Ce secours leur ayant manqué, le cardinal crut qu'il auroit alors de l'avantage sur ses adversaires, et que le rétablissement de son autorité se feroit aisément. Il commença donc à reprendre de l'audace ; mais ses ennemis, malgré leur mauvaise aventure, ne diminuèrent guère de celle qu'ils avoient accoutumé d'avoir.

Le coadjuteur, voulant cacher aux Parisiens cette fâcheuse nouvelle d'Allemagne autant qu'il lui seroit possible, parut au parlement ce même jour, et par une harangue éloquente leur offrit les troupes de ce général qui n'en avoit plus : ce qui servit de pâture à la populace, mal informée de la vérité.

Le ministre, rempli d'espérance et de joie, retourne à Ruel ; il y trouve ses ennemis bien disposés, mais pas si soumis qu'il l'avoit cru. Deux ou trois jours se passèrent en petite chicanerie. Il y avoit des heures où les apparences de paix se changeoient en des apparences de guerre ; mais, malgré ces fréquentes variations, il étoit facile de juger que ce qui étoit souhaité des deux côtés ne manqueroit pas d'arriver. Maulevrier, gentilhomme de grand mérite, et qui avoit beaucoup d'esprit, disoit, sur cette affaire, que la conférence ressembloit aux grandes maladies, qui empirent d'ordinaire sur le soir, les matins donnent des marques d'un grand amendement, et dont les jours de crise sont toujours bons.

Les généraux, qui vouloient soutenir leurs intérêts par quelque invention, s'avisèrent de faire donner un arrêt de surséance à la négociation, attendu que la Reine avoit manqué à donner les cent muids de blé qu'elle avoit promis chaque jour que dureroit la conférence. La Reine, ayant cru qu'elle ne dureroit que trois jours, ne s'étoit engagée qu'à trois cents muids ; et le ministre leur avoit fait cette juste chicanerie, de peur que ce qui se faisoit à Ruel ne servit seulement à leur redonner des forces pour combattre tout de nouveau contre le Roi. Selon cette prudente raison, il avoit jugé à propos de faire cesser les libéralités royales ; et comme les trois jours étoient passés, que la conférence continuoit et que le blé ne venoit plus, il se fit à Paris une grande crierie. Les députés, alarmés de cet arrêt, envoyèrent se plaindre à la Reine de ce qu'on avoit manqué à leur donner les cent muids de blé qu'ils prétendoient leur avoir été promis pendant le temps de leur négociation, et dirent aux princes qu'ils n'avoient plus de pouvoir de traiter, et qu'on leur permît de s'en aller. M. le prince leur répondit fièrement : « Hé bien, mes« sieurs, puisque vous n'avez plus de pouvoir, « allez-vous-en ; je pense que vous serez bientôt « forcés de revenir. » Comme les députés eurent pris leur congé, et qu'ils furent sortis du lieu où étoient les princes, Monsieur dit à M. le prince : « Mon cousin, si ces gens-ci gagnent le prin« temps, ils se joindront à l'archiduc, et feront « un parti si dangereux à l'Etat qu'alors ce sera « à notre tour à nous humilier. Présentement que « nous les tenons, profitons de l'occasion et fai« sons la paix : c'est ce que les gens de bien doi« vent souhaiter. » Les députés de leur côté, qui n'avoient pas envie de s'en aller, montrèrent que si on vouloit se radoucir pour eux, ils ne seroient pas difficiles à retenir : si bien qu'il fut conclu que les députés enverroient à Paris assurer leur parti que le blé leur seroit livré, et par même moyen prier leur compagnie de trouver bon qu'ils continuassent leur utile travail. Toutes ces conférences eurent un si favorable succès, que le 11 de mars au matin le maréchal de Villeroy, qui avoit reçu des lettres de Ruel, vint assurer la Reine que tout alloit bien ; et à midi arriva un courrier du ministre, qui lui apprit que la paix étoit assurée et que tous les articles étoient accordés de part et d'autre, et qu'elle étoit prête à signer.

Les généraux de Paris furent conviés d'entrer dans ce traité. On leur donna quatre jours pour prendre ce parti, au duc de Longueville huit, à cause de son éloignement, avec espérance qu'on lui pourra accorder des articles secrets dignes de le contenter ; et on fit espérer aux autres quelques douceurs. Ce grand enchantement défait, le soir de ce même jour la paix fut signée, et la Reine une heure après en reçut la nouvelle avec beaucoup de joie. On peut dire qu'elle étoit presque la seule qui goûtoit ce bien selon toute sa grandeur. L'amertume que beaucoup de particuliers sentoient dans leur ame de voir que toute cette guerre ne leur ôtoit point ce qu'ils croyoient être leur véritable mal, étoit si grande, que la douceur de la paix et du repos ne leur pouvoit plaire entièrement. Leur imagination étoit frappée d'une si grande haine contre la conduite du ministre, elle leur étoit si odieuse et leur sembloit si méprisable, que les plus grands biens avec lui ne leur pouvoient être agréables. Cette aversion étoit un cristal qui changeoit les objets, par où ils voyoient grossir tous leurs maux et diminuer tous leurs biens ; et son avarice leur donnoit lieu de croire qu'étant rétabli dans sa premièse puissance, elle seroit plus insupportable que jamais. Beaucoup de personnes devoient souhaiter néanmoins, ainsi que je l'ai déjà dit, qu'il demeurât. Les personnes qui étoient en poste de se faire craindre devoient s'accommoder de lui mieux que d'un plus ferme ; et il est vrai aussi qu'ils n'ont jamais voulu le chasser tout de bon. Les petites gens y rencontroient de même de grands avantages ; car s'ils pouvoient trouver le moyen de se rendre nécessaires à ses intérêts et à son service, il leur donnoit les dignités qu'on avoit accoutumé de réserver aux anciens officiers, et à ceux qui dans la guerre ou dans la robe avoient consumé leurs vies au service du Roi ; et les armées étoient commandées par des lieutenans généraux qui, du temps de nos pères, auroient été au régiment des Gardes pour apprendre leur métier. Il étoit encore propre aux grands seigneurs, car il étoit prodigue d'honneurs. Ces sortes de biens ne lui faisoient pas de peine à donner, parce qu'il les estimoit moins que l'argent ; et ses ennemis, qui lui arrachoient toujours par force ce qu'ils en désiroient, ont eu sujet de se louer de sa foiblesse et de sa libéralité. Avec toutes ces qualités si accommodantes à l'ambition et au déréglement de l'esprit humain, il étoit haï dans le cabinet ; et si les courtisans ne souhaitoient pas toujours sa perte, du moins on peut dire que tous les Français le méprisoient. Ce mépris étoit à la mode, et cette mode, qui tenoit de la folie plus que de la raison, les occupoit entièrement : elle les privoit de cette modération nécessaire aux hommes sages, qui doivent faire des jugemens équitables. Aucun ne vouloit louer les bonnes qualités qui étoient en lui. Sa lumière, sa clémence et sa grande capacité n'ont point trouvé de langues dans ces temps-là qui aient osé parler en leur faveur ; et ses domestiques mêmes, qui le connoissoient plus particulièrement, attribuoient souvent à sa timidité ce qui paroissoit de bon en lui. Mais, malgré ses défauts et le murmure qui attaque toujours la faveur et la puissance, ceux qui considéreront ce qu'il avoit de bon lui donneront infailliblement des louanges ; les abaissemens où la fortune l'a réduit, et les grandes élévations qui paroissent orner sa destinée, rempliront sa vie d'une éclatante gloire ; et ces extraordinaires événemens, qui nous ont causé de l'étonnement, lui feront partager l'immortalité avec les hommes les plus illustres.

Il y eut encore quelques difficultés pour signer la paix, parce que les députés, pour conserver leur crédit à Paris, firent mine de s'opposer à la part que le cardinal, comme premier ministre, y devoit avoir. Il fallut que le duc d'Orléans montrât qu'il vouloit absolument qu'il signât avec eux les articles accordés ; et, après cette contestation, ils y consentirent. Cette grimace faite, on vit alors les députés s'adoucir pour lui, et entrer en compte sur le respect qu'ils devoient aux volontés du Roi, de la Reine et des princes. Ils revinrent tous à Saint-Germain annoncer la fin de la guerre, dont quelques personnes, outre cette haine générale dont je viens de parler, furent fort affligées. Madame la princesse fut du nombre, qui, voyant ce grand ouvrage achevé sans la participation du prince de Conti et de madame de Longueville, ne pouvoit s'empêcher d'en témoigner du chagrin : et ceux qui avoient des parens ou des amis dans ce parti en étoient au désespoir, parce qu'il leur étoit dur de voir le mauvais état où ils se trouvoient, et le mauvais succès de cette guerre, dont on avoit espéré la perte du ministre et de grands avantages pour les particuliers. Cette consternation devint si universelle qu'il y en eut d'assez emportés pour dire publiquement que cette paix n'étoit pas avantageuse, qu'il eût mieux valu faire la guerre, et qu'il étoit du devoir du Roi de punir la révolte de ses sujets. Sans oser dire la véritable cause de leur chagrin, tous alloient cherchant mille fausses raisons pour condamner la paix et couvrir leur douleur. Ils vouloient paroître zélés pour l'Etat, et affectoient d'être de grands politiques, lorsqu'en effet ils n'étoient remplis que de passions et de haine. Il ne faut pas oublier de remarquer ici la fermeté désintéressée de M. le prince, qui, sans considérer ni sa famille ni ses amis, alla toujours droitement aux intérêts du Roi ; et si le duc d'Orléans eût agi avec cette même force, la paix se seroit faite avec beaucoup plus de gloire.

Cette paix si peu approuvée devoit être heureuse, parce qu'en effet la raison l'avoit faite. La Reine même à la fin l'avoit souhaitée. Selon ses sentimens, elle avoit voulu dompter le parlement, et l'obliger à rendre au Roi la soumission ou le respect qu'il lui devoit ; mais sa charité, en qualité de chrétienne, lui faisoit préférer le remède des maux particuliers que les pauvres souffroient, non-seulement au plaisir de la vengeance, mais aussi à sa satisfaction particulière : et comme les principaux de cette compagnie avoient, en ces dernières occurrences, paru vouloir faire leur devoir, elle étoit assez contente. N'ayant jamais eu que des intentions favorables pour tous, elle souhaitoit autant que cela auroit été possible que le Roi fût obéi, et que tous ses sujets fussent contens et heureux ; mais sa joie ne dura guère, parce que la bonne foi ne confirma pas cet accommodement. Les peuples, après avoir été rassasiés de blé et de vivres, ne songèrent plus à leur nécessité passée, qui même n'avoit pas été fort grande ; et l'emportement des Parisiens, qui se réveilla par les soins que les généraux prirent de les animer, troubla tout de nouveau le repos de la Reine, et causa de nouvelles persécutions à celui qui commençoit d'espérer quelque tranquillité dans l'Etat.

Aussitôt que les députés eurent salué la Reine, ils retournèrent à Paris escortés par le maréchal de Gramont : ils furent mal reçus et fort maltraités. La paix avec le Mazarin n'étoit point un charme pour les Parisiens, parce qu'elle déplaisoit à ceux qui les gouvernoient. Plusieurs, gagnés par les généraux, furent crier au parlement qu'ils vouloient la guerre plutôt que de consentir que l'ennemi des bons Français demeurât en France. Comme Ruel n'avoit renfermé qu'un petit nombre de sages, et que l'esprit de sagesse n'étoit point encore répandu partout, la paix, le bonheur des peuples, n'étoit pas reçue à Paris agréablement. Les provinces se révoltoient de toutes parts. Le duc de La Trémouille, le marquis d'Estissac, et beaucoup d'autres, assembloient des troupes contre le service du Roi. Madame de La Trémouille, qui étoit habile et ambitieuse, vouloit que son mari fût prince, comme issu par femme de Charlotte d'Aragon, héritière du royaume de Naples. Elle crut que pour parvenir à ses desseins il falloit faire quelque mal ou quelque peur au ministre ;

et comme ils sont grands seigneurs, et qu'ils avoient beaucoup de crédit et de puissance dans leur province, il leur fut aisé d'émouvoir des troubles en leur pays. Ces nouvelles donnèrent de mauvaises heures au ministre, et M. le prince en reçut aussi du chagrin. Il avoit répondu de la famille de La Trémouille, qui avoit l'honneur de lui appartenir; et, pour ne pas passer pour dupe en cette affaire, il montra dans le conseil une lettre du prince de Tarente, fils aîné du duc, qui le supplioit d'assurer le Roi et la Reine de sa fidélité. Il voulut par là rejeter la honte qu'il en avoit reçue sur celui qui lui avoit manqué de parole; et par la réponse qu'il lui fit, qui fut sue à Saint-Germain, il montra qu'il n'approuvoit pas son procédé.

Le samedi 13 mars, on s'assembla au parlement pour voir les articles de la paix. Les généraux firent grand bruit, et se plaignirent hautement des députés, qui l'avoient signée sans attendre leur consentement. Les factions furent si fortes en leur faveur, que le premier président ne put jamais rendre compte à la compagnie de sa députation, et tous lui reprochèrent qu'il avoit abandonné ceux de son parti. Il leur dit qu'ils avoient traité avec l'ennemi pendant qu'ils étoient à Ruel, et que cette procédure marquoit de la différence dans leurs sentiments, puisque, travaillant à la paix de leur consentement, ils avoient travaillé à la guerre sans leur aveu, et leur déclara que son dessein étoit de préférer le bien public à toutes les haines particulières. Ce reproche étoit véritable; car ils avoient envoyé tout de nouveau à l'archiduc et à madame de Chevreuse en Flandre, pour tâcher de trouver les moyens de soutenir leur parti sans le parlement, dont ils se voyoient abandonnés. Les généraux, et ceux qui étoient de leur faction, répondirent qu'ils ne l'avoient pas fait sans le consentement de quelques-uns de leur compagnie; sur quoi le premier président, rempli de courage et de zèle pour le repos de la France, leur dit hardiment : « Nommez-les, et nous leur « ferons leur procès comme à des criminels de « lèse-majesté. » Le peuple cependant faisoit le bruit accoutumé autour du Palais; et, sachant que le cardinal avoit signé la paix, quelques-uns de cette canaille, payés pour mal faire, s'avisèrent d'aller chercher le bourreau pour brûler, à ce qu'ils disoient, les articles de cette paix qu'ils ne pouvoient souffrir, et menacèrent, à leur ordinaire, le premier président de le tuer. Mais lui, qui étoit accoutumé à ces douceurs, sans en faire grand cas, envoya dire aux bourgeois de prendre les armes, afin de faire tenir le traité fait par eux; et leur manda qu'ils avoient intérêt au repos public, et qu'ils devoient alors montrer s'ils étoient gens de bien. Ils lui obéirent, et les généraux se trouvèrent fort incommodés de sa résistance. Cela fut cause que les conseils redoublèrent dans la ruelle de madame de Longueville. Cette princesse, aussi bien que les autres, étoit fort mal satisfaite du mauvais état de leurs affaires, et n'oublioit rien pour le rendre meilleur.

Le premier président n'étoit pas tout-à-fait le maître, à cause que les princes avoient beaucoup de pouvoir sur le peuple et de grandes cabales dans le parlement. Il envoya rendre compte à la cour de tout ce qui se passoit, et demander avis sur ce qu'il avoit à faire pour vaincre toutes les difficultés qui se rencontroient à l'exécution du traité. La Reine lui envoya Saintôt lui ordonner de faire enregistrer la paix, et lui promettre qu'après cela on ne refuseroit point d'accorder aux généraux les demandes qu'ils pourroient faire, quand ils n'auroient que des prétentions raisonnables. Les généraux employèrent toute la nuit du 14 au 15 à solliciter leurs amis et à fortifier leurs cabales, afin de pouvoir réussir au dessein qu'ils avoient de s'accommoder avantageusement. Le lendemain, le parlement s'assembla pour la ratification de la paix, et pour tâcher d'établir le repos de la France malgré les troubles qui l'agitoient; mais les factions furent si fortes et les difficultés si grandes, que la compagnie demeura assemblée jusques à six heures du soir dans une contestation continuelle. A dix heures, Saintôt arriva à Saint-Germain comme la Reine soupoit, qui lui dit que la paix étoit reçue, à condition que les mêmes députés viendroient vers elle pour traiter des intérêts des princes et de tous ceux du parti, et faire très-humbles remontrances sur quelques articles du traité qu'ils demandoient être révoqués. Voici quels étoient les articles de cette paix si contestée. Les curieux prendront la peine de les lire s'ils les veulent savoir; ils ont été écrits sur l'imprimé qui en fut fait alors.

« Le Roi, voulant faire connoître à sa cour de parlement et aux habitans de sa bonne ville de Paris combien Sa Majesté a agréables les soumissions respectueuses qui lui ont été rendues de leur part, avec assurance de leur fidélité et obéissance, après avoir considéré leurs propositions qui ont été faites, a volontiers, par l'avis de la Reine régente sa mère, accordé les articles qui ensuivent.

« I. Le traité d'accommodement étant signé, tous actes d'hostilité cesseront; tous les passages, tant par eau que par terre, seront libres, et le commerce rétabli. Le parlement se rendra, selon l'ordre qui lui en sera baillé par Sa Majesté, à Saint-Germain-en-Laye, où sera tenu un lit de justice par Sadite Majesté, auquel la déclaration contenant les articles accordés par Sa Majesté sera publiée seulement; après quoi le parlement retournera à Paris faire ses fonctions ordinaires.

« II. Ne sera point fait d'assemblée de chambres pendant l'année 1649, pour quelque cause que ce soit, si ce n'est pour la réception d'officiers et pour mercuriales; et auxdites assemblées ne sera traité que de ladite réception d'officiers et de matière mercuriale.

« III. Dans le narré de la déclaration qui sera publiée, il sera énoncé que la volonté de Sa Majesté est que ses déclarations des mois de mai et d'octobre 1648, vérifiées en parlement, seront exécutées, excepté en ce qui regarde les prêts, ainsi qu'il sera expliqué ci-après.

« IV. Que tous les arrêts qui ont été rendus par ladite cour de parlement de Paris, depuis le 6 de février dernier jusqu'à présent, demeureront nuls comme non avenus, excepté ceux qui ont été rendus, tant avec le procureur général qu'avec les particuliers présens, tant en matière criminelle que civile, adjudication par décret et réception d'officiers.

« V. Les lettres de cachet de Sa Majesté, qui ont été expédiées sur le mouvement arrivé en la ville de Paris, comme aussi les déclarations qui ont été publiées en son conseil, arrêts dudit conseil sur le même sujet, depuis le 5 de janvier, demeureront nuls comme non avenus.

« VI. Que les gens de guerre qui ont été levés tant en ladite ville de Paris que dehors, en vertu des pouvoirs donnés tant par le parlement que par la ville de Paris, seront après l'accommodement fait licenciés; et alors Sa Majesté fera retirer ses troupes des environs de la ville de Paris, et les renverra au lieu des garnisons qu'il leur ordonnera, ainsi qu'il a été pratiqué les années précédentes.

« VII. Les habitans de la ville de Paris poseront les armes bas après l'accommodement fait et signé, sans qu'ils puissent les reprendre que par l'ordre et commandement exprès de Sa Majesté.

« VIII. Que le député de l'archiduc, qui est à Paris, sera renvoyé sans réponse le plus tôt qu'il se pourra, après la signature du présent article.

« IX. Que tous les papiers et meubles qui ont été levés appartenant à particuliers, qui sont en nature, leur seront rendus.

« X. La Bastille, ensemble l'Arsenal, avec tous les canons, boulets, grenades, poudre et autres munitions de guerre, seront remis ès mains de Sa Majesté après l'accommodement fait.

« XI. Que le Roi pourra emprunter les deniers que Sa Majesté jugera nécessaires pour les dépenses de l'Etat, en payant l'intérêt à raison du denier douze, durant la présente année et la suivante seulement.

« XII. Que M. le prince de Conti et autres princes, ducs, pairs et officiers de la couronne, seigneurs, gentilshommes, villes, communautés, et autres personnes de quelque condition et qualité qu'elles soient, qui auront pris les armes durant les mouvemens arrivés dans la ville de Paris depuis le 5 janvier dernier jusques à présent, seront conservés dans leurs biens, droits, offices, honneurs, privilèges, prérogatives, charges et gouvernemens, et en tel et semblable état qu'ils étoient avant la prise des armes, sans qu'ils puissent être recherchés ni inquiétés pour quelque cause et occasion que ce soit, en déclarant par les dessusdits nommés, savoir, pour M. de Longueville dans dix jours, et pour les autres dans quatre jours, à compter de celui que les passages tant pour les vivres que le commerce seront ouverts, s'ils veulent bien être compris au présent article.

« XIII. Et à faute par eux de faire leur déclaration dans ledit temps, icelui passé, le corps de la ville de Paris, ni aucuns habitans d'icelle, de quelque condition qu'ils soient, ne prendront plus aucune part à leur intérêt, et ne les aideront ni assisteront en chose quelconque, sous quelque prétexte que ce soit.

« XIV. Le Roi, pour témoigner son affection aux habitans de sa bonne ville de Paris, a résolu d'y retourner faire son séjour au plus tôt que les affaires de l'Etat lui permettront.

« XV. Sera accordée quittance générale pour deniers pris et levés ou reçus tant du public que des particuliers, meubles vendus tant à Paris qu'ailleurs, comme aussi pour les commissions données pour la levée des gens de guerre, même pour enlèvement d'armes, poudres et autres munitions de guerre et de bouche enlevées de l'Arsenal de Paris.

« XVI. Les élections de Saintes, Coignac et Saint-Jean-d'Angely, distraites de la cour des aides de Guienne, seront réunies à ladite cour des aides de Paris, comme elles étoient auparavant l'édit et déclaration de...

« XVII. Au cas que le parlement de Rouen accepte le présent traité dans dix jours, Sa Majesté pourvoira à la suppression du nouveau semestre, ou renverra de tous lesdits officiers dudit semestre ou de partie d'iceux au corps dudit parlement.

« XVIII. Le traité fait avec le parlement de Provence sera exécuté selon sa forme et teneur, et lettres de Sa Majesté expédiées pour la révocation et suppression du semestre d'Aix et chambre des requêtes, suivant les articles entre les députés de Sa Majesté et du parlement du pays de Provence le 12 de février dernier, dont copie a été donnée aux députés de la ville de Paris.

« XIX. Quant à la décharge des tailles proposées pour l'élection de Paris, le Roi se fera informer de l'état auquel se trouvera ladite élection lorsque les troupes en seront retirées, et pourvoira au soulagement des contribuables de ladite élection comme Sa Majesté le jugera nécessaire.

« XX. Lorsque Sa Majesté enverra des députés pour traiter la paix avec l'Espagne, elle choisira volontiers quelqu'un des officiers dudit parlement pour assister audit traité, avec le même pouvoir qui se donnera aux autres.

« XXI. Au moyen du présent traité, les prisonniers qui ont été pris de part et d'autre seront mis en liberté, du jour de la signature d'icelui. Fait et arrêté à Ruel, le 12 du mois de mai 1649.

« GASTON. Le cardinal MAZARIN. SEGUIER, chancelier. LA MEILLERAYE, maréchal de France. LOUIS DE BOURBON. DE MESMES D'AVAUX. DE LOMENIE. LA RIVIÈRE. LE TELLIER.

Messieurs du parlement.

« MOLÉ, premier président. DE MESMES. LE COIGNEUX. DE NESMOND. BITAUT. DE LONGUEIL. PALUAU. BRISSONNET. MENARDEAU. VIOLE. LE FEBVRE. DE LA NOUE. LE COCQ-COURBEVILLE.

Messieurs de la chambre des comptes.

« NICOLAÏ. PARIS. L'ESCUYER.

Messieurs de la cour des aides.

« AMELOT. BRAGELOVNES. QUATREHOMME.

Messieurs de l'hôtel-de-ville.

« TOURNIER. HELIOT. BARTHELEMI. »

Cette contestation, soutenue avec tant de malignité par les chefs du parti parisien, qui regardoient seulement à leur intérêt particulier, fit croire que ce n'étoit pas une fin à la guerre ni une véritable conclusion de la paix. Les raisonnemens qui se firent alors par les politiques concluoient que le ministre n'étoit pas encore tout-à-fait en sûreté : ce qui fut à beaucoup de personnes qui désiroient le désordre un renouvellement d'espérance qui leur plaisoit infiniment ; mais comme le bon sens faisoit clairement voir aux gens de la cour que les généraux ne vouloient faire du bruit que pour s'accommoder plus avantageusement, ils voyoient, à leur extrême regret, que cet espoir étoit mal fondé.

Les députés des généraux viennent à Saint-Germain : ils font leur remontrance à la Reine, qui fut humble et courte ; mais les difficultés qu'ils faisoient sur les principaux articles de la paix déjà signée montroient assez qu'elle étoit reculée. Les généraux s'étoient rendus les maîtres de Paris, et ils se trouvèrent en état de pouvoir contraindre les plus sages à ne rien faire de tout ce que leur devoir leur imposoit. Comme ils n'avoient pas de confiance à la députation du parlement, ils firent supplier la Reine et le ministre qu'il leur fût permis d'envoyer des députés de leur part. Cela leur ayant été accordé, ils nommèrent le duc de Brissac, Barrière et Creci, pour venir traiter de leurs demandes et prétentions. Ils arrivèrent à Saint-Germain le 18 mars, et par leurs cahiers ils demandoient toute la France.

La Reine en fut outrée de douleur, et me fit l'honneur de me dire ce même jour qu'elle ne pouvoit souffrir sans horreur que des gens qui avoient voulu détrôner le Roi son fils (voilà ses mêmes mots) demandassent des récompenses, quand ils méritoient des châtimens et des punitions de leurs crimes. Notre ministre n'étoit pas non plus fort satisfait. Cette hydre, qu'il combattoit incessamment sans la pouvoir terrasser tout-à-fait, l'incommodoit beaucoup ; mais comme ces demandes étoient le prix de sa rançon et le rachat de sa puissance, il s'en consoloit, et ne doutoit pas que, demeurant dans son poste, il n'eût un jour le moyen de s'en venger et de les punir.

Ceux qui véritablement étoient à plaindre étoient les gens de bien qui composoient la cour, qui étoient privés des récompenses qu'ils croyoient mériter par leur fidélité. Ils voyoient que toutes les grâces tomboient sur la tête des criminels de lèse-majesté, sans que ceux qui avoient toujours été zélés pour le service du Roi pussent rien espérer en suivant les bonnes voies qu'ils n'avoient pas envie de quitter. La rage remplissoit leur cœur d'autant plus amèrement qu'il falloit en apparence montrer quelque joie, et qu'il le falloit en effet, cette paix se faisant en un temps où elle étoit nécessaire au bien de la France, qui, ne pouvant soutenir en même temps une guerre civile et une guerre étrangère sans une prompte paix, alloit être entièrement ruinée par la révolte générale des peuples, et le peu de pouvoir qu'auroient les parlemens de les contenir quand les bien intentionnés y seroient même les plus forts, l'armée des ennemis étant déjà sur la frontière toute prête à profiter de nos désordres,

Les généraux ayant un peu de honte d'avoir fait tant de bruit contre le Mazarin, et de se relâcher tout d'un coup, ou plutôt pour en tirer plus de bien en témoignant de lui vouloir faire plus de mal, s'avisèrent d'envoyer une nouvelle députation contre lui ; et pour cela ils allèrent au parlement faire une déclaration authentique qu'ils n'avoient prétendu des places et des grâces que pour leur sûreté, pendant que leur ennemi demeureroit en France ; mais que s'il plaisoit au Roi et à la Reine de le chasser du royaume pour montrer qu'ils n'affectionnoient rien que le bien public qui les faisoit agir, ils promettoient de ne rien demander, et de se contenter de l'honneur qu'ils auroient d'avoir rendu ce service signalé à l'Etat. C'est pourquoi ils demandèrent un acte public de leur déclaration, qui demeurât au greffe du parlement pour marque éternelle de leur désintéressement.

Le comte de Maure, frère du duc de Mortemart, de l'illustre maison de La Rochechouart, fut choisi pour cette célèbre commission, et arriva à la cour le 20 de mars, où il dit hautement que son dessein étoit de travailler à chasser le ministre. Il étoit son grand ennemi, et prétendoit en avoir été maltraité. La comtesse de Maure, nièce du maréchal de Marillac, étoit une dame dont la beauté avoit fait autrefois beaucoup de bruit. Elle avoit une vertu éclatante et sans tache, de la générosité avec une éloquence extraordinaire, une ame élevée, des sentimens nobles, beaucoup de lumière et de pénétration. Elle croyoit en son particulier avoir quelque sujet de se plaindre de la Reine ; mais la vivacité de son esprit, qui la rendoit trop sensible au bien et au mal, l'emporta quelquefois au-delà de la raison et de la prudence. Selon la vérité, la Reine ne l'avoit pas désobligée ; et si elle n'étoit pas entrée dans les sentimens de vengeance que la comtesse de Maure avoit souhaités d'elle au sujet de la mort du maréchal de Marillac, dont elle prétendoit faire revoir le procès comme ayant été condamné injustement, c'étoit à cause des grandes difficultés qui s'y rencontroient. Malgré les plaintes et les mouvemens impétueux de cette dame, elle ne laissoit pas d'avouer qu'il étoit difficile de la satisfaire, et de reconnoître que ce que le comte de Maure vouloit faire contre le ministre ne réussiroit pas. Aussi elle désapprouva son engagement, jugeant bien, comme il arriva, qu'au lieu de se venger du ministre, cette députation ne serviroit qu'à raffermir davantage son autorité. Mais lui, qui avoit l'ame intrépide sur la haine comme sur l'amitié, se résolut, malgré la déférence qu'il avoit accoutumé d'avoir pour sa femme, de pousser le cardinal aux dernières extrémités. Il eut peu de satisfaction, car il fut reçu à la cour comme un homme qui venoit jouer la farce de la comédie sérieuse qui venoit de finir ; et toute la plaisanterie tomba sur lui. L'intention de ceux qui avoient désiré son voyage n'étant pas de se contenter de cette gloire dont il devoit pour eux faire parade, mais de traiter en particulier, la constance et la fermeté avec laquelle il parloit tout de bon ne fut pas soutenue par ceux qui l'avoient envoyé, qui, voulant cacher le dégoût qui se pouvoit rencontrer en cette hardiesse, prirent plaisir à la condamner et à se moquer gaiement de l'ambassadeur qui ne s'étoit pas aperçu qu'il seroit abandonné, et ne laissèrent pas de profiter de sa bonne foi. Le soir de ce jour, revenant d'une promenade que j'étois allée faire à Maisons, la Reine en riant me demanda ce que je disois du voyage de mon bon ami le comte de Maure ; car elle savoit bien que lui et sa femme étoient de mes amis. Je ne voulus entrer en rien contre une personne que j'estimois assez pour ne m'en pas moquer. Il avoit de l'honneur et de la probité, mais il étoit entêté de ses opinions, et avoit le malheur de n'avoir pas autant d'approbation dans le monde qu'il avoit effectivement de vertu. Je répondis donc assez froidement à la Reine, et lui dis seulement que le comte de Maure étoit à plaindre d'être persuadé que son honneur l'obligeoit à venir demander une chose qu'il pouvoit bien juger qu'il n'obtiendroit pas. En effet, il exécuta avec tant d'exactitude la commission qu'on lui avoit donnée et dont il s'étoit bien voulu charger, que, malgré les railleries qui se firent contre lui dans le cabinet, il fit dans le conseil sa déclaration en forme contre le ministre, promettant de la part des généraux un généreux dédain des dignités, richesses et gouvernement, à condition que par eux la France fût délivrée de celui qu'ils nommoient l'ennemi de l'Etat. Le chancelier, rejetant bien loin cette proposition, lui dit que cela étoit une affaire finie, que de leur côté comme de celui du Roi la paix étoit faite, et que toutes haines et animosités étoient terminées et abolies. Cette célèbre harangue ne fut donc ni approuvée ni utile, et ne fit autre chose que d'arrêter la paix pendant quinze jours ; et tout l'avantage qu'en tira celui qui la fit fut le plaisir de se venger de son ennemi, qui est beaucoup pour un homme qui préfère la liberté de dire ses sentimens à sa fortune. Il crut peut-être faire voir au ministre qu'il étoit un homme à craindre ; et il est vrai que cette protestation, qui avoit quelque chose en soi qui lui parut beau, fit beaucoup parler de lui. Mais on étoit accoutumé à faire des chansons contre lui sur tout ce qu'il faisoit. En voici quelques couplets qu'on chanta a la cour et à la ville.

> Buffle à manches de velours noir
> Portoit le grand comte de Maure.
> Sur ce guerrier faisoit beau voir
> Buffle à manches de velours noir.
> Condé, rentre dans ton devoir,
> Si tu ne veux qu'il te dévore.
> Buffle à manches de velours noir
> Portoit le grand comte de Maure.
>
> C'est un tigre affamé de sang,
> Que ce brave comte de Maure.
> Quand il combat au premier rang,
> C'est un tigre affamé de sang.
> Il ne s'y trouve pas souvent :
> C'est pourquoi Condé vit encore.
> C'est un tigre affamé de sang,
> Que ce brave comte de Maure.
>
> De Maure consent à la paix,
> Et la va signer tout à l'heure.
> Si Mazarin part pour jamais,
> De Maure consent à la paix.
> Qu'on supprime les triolets,
> Et que le buffle lui demeure :
> De Maure consent à la paix,
> Et la va signer tout à l'heure.

Malgré cet enthousiasme de générosité et de beaux sentimens, je n'aurois pas voulu jurer qu'il eût refusé quelques dignités si on les lui avoit offertes; et je ne sais si la considération et la faveur du duc de Mortemart, chevalier de l'ordre, ne lui donnoit point de jalousie ; car, entre les demandes particulières de tous ceux du parti, la sienne étoit pour avoir le cordon bleu quand on feroit des chevaliers.

Les conférences qui se faisoient à Saint-Germain sur leurs prétentions furent interrompues par l'entrée de l'archiduc en France. Les ennemis du cardinal l'avoient fait venir pour empêcher l'accommodement que le premier président et les gens de bien de sa compagnie avoient voulu faire : et cela ne servit qu'à les presser d'y travailler et réveiller la fidélité naturellement attachée à leurs corps, et dont il a donné dans tous les temps des marques; de sorte qu'à l'exception de quelques emportés qui étoient en petit nombre, le murmure fut grand contre le prince de Conti, madame de Longueville et le coadjuteur, qui sembloient vouloir continuer et entretenir la guerre avec le secours des Espagnols. Ils avoient fait conseiller à l'archiduc de faire sommer Guise de se rendre, et il avoit bien voulu voir s'ils y avoient quelque intelligence; mais ayant trouvé que Bridieu, qui y commandoit, ne paroissoit pas avoir envie de l'y laisser entrer, il se retira sans entreprendre de l'attaquer. Aussi on crut alors que ce n'étoit qu'une feinte qu'ils l'avoient obligé de faire pour s'en servir dans les desseins différens qu'ils avoient, si ce n'est qu'en effet il eût lui-même quelques vues qu'on ne savoit pas.

Les généraux voyant que l'approche de l'armée des Espagnols étoit plus capable, en l'état des choses, de leur faire perdre le peu de crédit qui leur restoit que de l'augmenter, pour tirer du ministre ce qu'ils pourroient, firent donner un arrêt par lequel on ordonna que la vente de ses meubles seroit continuée. Cela lui fit beaucoup de peine, car il aimoit ce qui étoit à lui, et particulièrement ce qu'il avoit fait venir des pays étrangers avec tant de soin. Sa maison étoit magnifiquement meublée : il y avoit de belles tapisseries, des statues, des tableaux. Cette perte fut cause que ses ennemis gagnèrent beaucoup avec lui, qu'il leur accorda la paix avec la plus grande partie de toutes leurs demandes, et que les conférences redoublèrent matin et soir chez le chancelier à Saint-Germain.

Le parlement, profitant de la résistance des généraux, insista fortement à demander la révocation des trois principaux points qui pouvoient en quelque façon rendre l'accommodement que le Roi avoit fait avec ses sujets tant soit peu honorable. On se portoit néanmoins à les révoquer : dont la Reine étoit au désespoir, car elle vouloit rétablir l'autorité royale; mais il falloit encore qu'elle consentît à sa diminution, et qu'elle agréât les demandes des généraux qui ne lui plaisoient pas. Voici quelles étoient celles qui parurent au public les principales propositions, et celles qui se désiroient le plus se faisoient par des voies particulières; et tous, en faisant semblant de vouloir chasser le ministre, traitoient avec lui, et lui promettoient amitié et attachement, pourvu que leur ambition se trouvât satisfaite.

Demandes particulières de messieurs les généraux et autres intéressés.

« M. le prince de Conti demande pour lui place dans le conseil d'en haut, et une place forte dans son gouvernement de Champagne. Plus, demande mondit sieur le prince, pour M. le prince de Marsillac, que l'on donne le tabouret à sa femme, qu'on lui paie tous les appointemens du gouvernement de Poitou, qui consistent en quatre cent mille cinq cents livres, et qu'on lui conserve l'augmentation de dix-huit mille livres levées pour les fusiliers, dont le paiement lui sera continué, soit qu'ils subsistent ou non. Plus, demande pour M. de Saint-Ibal qu'on lui paie les arrérages de sa pension de cinq mille livres, et qu'à l'avenir elle lui soit assignée sur une abbaye ou sur un fonds assuré. Plus, demande que les maisons et édifices, tant publics que particuliers, appartenances et dépendances de l'abbaye de Saint-Denis, et situés en la ville de Saint-Denis, soient remis et rétablis en l'état qu'ils étoient avant le 6 janvier dernier.

« M. le duc d'Elbœuf, qu'on lui paie les sommes qui regardent l'entretènement de madame sa femme, le gouvernement de Montreuil pour le prince de Harcourt son fils, vacant par la mort du comte de Lannoi son beau-père, qui avoit acheté ledit gouvernement; plus, demande pour le comte de Rieux son fils le paiement de la somme de cent mille livres à lui accordée en faveur de mariage par acquit, partant du dernier juillet 1645, vérifié en la chambre des comptes le 20 février 1646; et outre ce, emploi dans la guerre, tant pour ledit sieur comte de Rieux que pour le sieur comte de Lislebonne son autre fils.

« M. de Beaufort demande qu'on rende à monsieur son père le gouvernement de Bretagne, qui lui fut donné en mariage, et qu'on lui a ôté sans récompense; ou qu'on lui donne la charge de grand-maître des mers avec le gouvernement de la Rochelle, qui lui ont été promis par la Reine en échange du susdit gouvernement, suivant le traité fait par M. le comte de Brienne, fondé de pouvoir spécial du 9 août 1643; le dédommagement des maisons et châteaux rasés en Bretagne, que Sa Majesté a promis, et que la province de Bretagne lui doit suivant la déclaration des Etats; le rétablissement des pensions de mondit sieur son père, et des biens dont la jouissance lui a été ôtée par arrêt du conseil; le paiement de ce qui lui est légitimement et par spécial dû par le Roi; le retour de Beaupui et son rétablissement dans ses charges et pensions; la grâce et le pardon de ceux qui ont facilité la sortie de mondit sieur de Beaufort du bois de Vincennes, et entre autres du sieur de Vaugriman.

« M. de Bouillon demande son rétablissement dans Sedan, si mieux n'aime la Reine en faire faire présentement l'estimation à un prix certain; le rang promis et dû à sa maison; que les terres qu'on donnera en échange de Sedan seront présentement spécifiées, et pris terme pour l'en mettre en possession; ensemble pour faire faire les vérifications au parlement et en la chambre des comptes. Ce que faute d'exécuter dans ledit terme, rentrera ledit sieur de Bouillon dans Sedan et dans tous les droits qui en dépendent; que pour les sommes d'argent dues audit sieur de Bouillon, on les lui paiera argent comptant, ou en fonds certain ou en terres engagées; qu'on ne soustraira aucun fief de la mouvance des terres qui lui seront données en échange, et qu'on retirera des mains de M. de Chaunes le gouvernement d'Auvergne, moyennant récompense, lequel sera donné audit sieur de Bouillon, en déduction de ce qui lui peut être dû.

« M. le maréchal de Turenne demande le gouvernement de la haute et basse Alsace avec celui de Philisbourg, ainsi qu'on lui a promis; qu'il lui soit donné en propre le *Sauk Forkie* de Haguenau et les autres domaines que le Roi possède dans ladite Alsace; le paiement des assignations à lui données pour ses appointemens et pensions qui lui seront dus; que si on conserve les armées en Allemagne, ce sera sous son commandement, et que le traité de Brissac sera exécuté envers les troupes demeurées avec lui.

« M. le maréchal de La Motte demande la récompense du gouvernement de Seurre, ou une autre de pareille valeur; cent mille livres de la rançon du marquis de Pouare; quatre années de revenu du duché de Cardone, montant à près de cinq cent mille livres; cent mille livres qui lui ont été données par le feu Roi à prendre sur les deniers revenant bons de Catalogne pendant l'année 1643; que tous ses états, pensions et appointemens lui seront payés; que son régiment de cavalerie, comme une charge de guerre, lui soit rendu; que les sieurs de Saint-Germain, Montauban, ... soient conservés dans les régimens de cavalerie qu'ils ont en ces troupes nouvelles sans nouvelles commissions, et que l'on conserve les pensions audit sieur de Saint-Germain.

« M. le duc de Retz demande son rétablissement dans sa charge de général des galères, ou qu'on lui paie ce qui lui est dû de reste du traité qu'il a fait de sadite charge.

« M. de la Trémouille demande le comté de Roussillon; ou du moins les villes, places et châteaux, terres et seigneuries de Villefranche, Villeneuve, Pérusse, Flayac, Le Muac, Laroquebolac, Marsillac, Cassentieu, Coutrava, Saint-Antoine, Versueil, Comperie, Comboulas, Vasfeu, Sauveterre, Saint-Genest, Deribedon, et autres terres et seigneuries du comté de Roussillon lui seront rendues, à cause du contrat de mariage de Frédéric d'Aragon et Anne de Savoie ses trisaïeuls, en date du 11 février 1481, vérifié le 19 janvier 1482; qu'on lui rende Amboise, Montrichard et Bléré, dépendant de la succession d'Amboise dont il est seul héritier; qu'on lui rende le comté de Guienne, ancien domaine de la maison de La Trémouille; qu'on lui fasse expédier lettres pour distraire le comté de Laval du présidial de Château-Gonthier, conformément aux lettres d'érection d'iceux vérifiées en la cour, et qu'on lui rende la baronnie de l'île Bouchard, qu'il a vendue à feu M. le cardinal de Richelieu, en rendant ce qu'il a reçu.

« M. le marquis de Vitri demande, tant pour lui que pour quelques officiers, l'exécution de l'article concernant le rétablissement des charges de la guerre, et des lettres-patentes de duc et pair, telles qu'on a accordées à MM. de Liancourt, d'Amville, de La Meilleraye et autres, par les mêmes raisons que celles qui les leur ont fait accorder, avec le tabouret et prérogatives pour madame sa femme.

« M. le marquis de La Boulaye demande la survivance de la charge de M. de Bouillon son beau-père, ou qu'il y soit présentement reçu sur sa démission.

« M. de Luynes demande le paiement de quatre années de sa charge de grand fauconnier, échues à la fin de l'année 1648, montant à vingt-deux mille écus; le dédommagement de la perte de ses meubles et brûlement de sa basse-cour de Lesigny, montant à près de vingt mille écus; et le retour de madame de Chevreuse.

« M. le marquis de Noirmoutiers demande des lettres de duc; plus, quarante-deux mille livres qu'il a payées de rançon lorsqu'il fut prisonnier en Allemagne.

« M. le comte de Matha demande le paiement de sa pension de douze cents écus, de laquelle il n'a rien reçu depuis six ans; qu'on révoque la lettre envoyée à M. de Fontrailles; et un brevet de maréchal de camp pour M. de Crenan.

« M. de Cugnac demande, conformément à l'article de rétablissement pour les charges de la guerre et pensions, qu'on le rétablisse en la possession de son régiment, et jouisse de sa pension.

« M. de Fruges demande aussi d'être rétabli dans le commandement du régiment de cavalerie de la Reine, dans la jouissance de ses pensions, et conservé dans les grâces que Sa Majesté lui accorda lors de la mort de madame sa mère.

M. le marquis d'Alluye demande qu'on retire, par récompense, de M. de Tréville le gouvernement du comté de Foix, qu'il a perdu par la mort du comte de Cramail son grand-père qui l'avoit acheté, et qu'on lui donne la survivance de celui du marquis de Sourdis son père.

« M. le comte de Maure demande le cordon bleu lorsqu'il plaira à Sa Majesté de faire des chevaliers; la révision du procès du feu maréchal de Marillac, et s'il est déclaré innocent, qu'on lui rende la charge de lieutenant de Roi, des terres et évêché du gouvernement de Verdun, ou qu'on lui rende les cinquante mille écus que ledit feu maréchal avoit payés pour ladite charge. »

Par toutes ces demandes, on peut voir si la guerre se faisoit pour le bien public, pour le service du Roi, et pour chasser le Mazarin. Il faut reprendre le fil de l'histoire, et en laisser le jugement à ceux qui liront quelque jour ces Mémoires.

L'abbé de La Rivière, qui avoit toujours un insatiable désir du chapeau, ne pensoit qu'à l'obtenir du Pape. Il avoit le consentement de la Reine et de M. le prince, mais il n'avoit pas celui du prince de Conti; et, ne se tenant point en sûreté du côté de ce prince, il cherchoit à lui plaire, afin de l'obliger à lui céder ce qu'il ne souhaitoit point pour lui. Ce prince répondit aux offres qu'il lui fit faire : Que s'il vouloit porter son maître à lui faire accorder les articles qu'il demandoit, que très-volontiers il lui laisseroit la nomination du chapeau de cardinal. Cela fit que le duc d'Orléans, pressé par l'abbé de La Rivière, eut tant de passion pour la paix : ce qui contribua beaucoup à la faire conclure désavantageusement pour le Roi. On peut juger par là que les sentiments ni les intérêts du ministre n'étoient pas toujours la cause de ses apparentes foiblesses, et que ses fautes étoient souvent causées par celles des autres.

Le 20 au matin, comme je sortois de la messe de la Reine, un de mes amis vint me dire à l'oreille que tout étoit rompu; puis le soir, au sortir de la conférence, la même personne me dit que toutes les contestations étoient accommodées. Les députés du parlement de Normandie, qui étoient venus à Saint-Germain au nombre de quinze conseillers et d'un président, obtinrent aussi en ce jour la révocation du semestre que le feu Roi, ou plutôt le cardinal de Richelieu, leur avoit créé malgré eux. Tant de prétentions à satisfaire embarrassoient infiniment le ministre; et à mesure qu'il accordoit des grâces, soit aux compagnies, soit à quelques particuliers, il renaissoit de nouveaux prétendans qui faisoient de nouvelles demandes; et cette misère s'augmentoit toujours au lieu de diminuer. La faute qu'on avoit faite de déboucher Paris en étoit la cause. La charité de la Reine l'avoit forcée à la commettre. Elle étoit estimable et belle; mais il n'y avoit plus moyen de menacer la ville de la famine : il falloit nécessairement servir le Roi en l'appauvrissant, et mettre la paix dans son royaume par des voies fort contraires au bien de son Etat.

Les généraux entrèrent en de grandes défiances les uns des autres; et à leurs insatiables désirs se joignit la jalousie. Ils avoient chacun dans Saint-Germain des députés à basses notes, qui traitoient pour eux, et qui tyrannisoient celui qui souhaitoit de les tyranniser à son tour. Le duc de Beaufort n'étoit pas content de ce qu'on lui faisoit offrir sous main. Il demandoit beaucoup, parce qu'il sentoit encore dans son cœur l'enflure orgueilleuse que lui laissoient les restes de sa faveur passée. Il vouloit que le ministre lui payât ses fers et sa prison : il parloit fièrement ; il disoit tout haut qu'il ne vouloit point s'accommoder avec le Mazarin ; et portant son ressentiment plus loin que les autres, il rendit son accommodement plus difficile. Cette fierté fut cause qu'enfin la paix se fit, et qu'il demeura sans aucune consolation que celle d'avoir traité son ennemi avec beaucoup de hauteur : ce qui faisoit voir en lui une certaine grandeur d'ame qui en effet avoit quelque beauté. Ce prince, voulant se défendre jusques à l'extrémité, pour exciter une nouvelle tempête fit donner un autre arrêt contre le ministre, par lequel il fut enjoint aux députés d'insister à chasser le cardinal d'auprès de la Reine. Mais il ne lui servit de rien : l'intérêt public l'emporta sur le particulier ; et quand les principaux du parti furent contens, ceux qui restèrent qui ne l'étoient pas demeurèrent au nombre des malheureux et des ennemis de la Reine. Ils étoient destinés à la faire souffrir ce que le Ciel avoit ordonné d'elle par des arrêts plus irrévocables que ceux du parlement.

Le premier président et le président de Mesmes, pour obéir à leur compagnie, en présence des princes dirent qu'ils avoient ordre de supplier la Reine de donner à ses peuples le contentement de voir éloigner d'elle et de ses conseils un ministre qui avoit mérité leur haine. Le duc d'Orléans lui répondit que la Reine ne vouloit point accorder leurs demandes ; que lui et son cousin le prince de Condé, qui avoient le plus d'intérêt à l'Etat et à la couronne, ne lui conseilloient pas de chasser M. le cardinal Mazarin ; qu'il étoit capable et habile à les bien servir le Roi et l'Etat ; qu'ils en étoient contens, et qu'ils étoient résolus de le soutenir. Il parla fort hautement à tous les députés. M. le prince ne s'étendit pas tant, mais il dit quasi la même chose ; et pour marque que les députés n'étoient pas fâchés qu'on les refusât, ni la Reine offensée de leur harangue, elle leur fit donner à dîner, et leur témoigna sa bonne volonté, parlant du premier président comme d'un homme estimable. Ils désiroient tous la paix : mais cette dernière instance fut faite seulement pour contenter les peuples, et les rendre plus susceptibles de se ranger à leur devoir par l'impossibilité d'obtenir ce qu'ils demandoient. La Reine agréa donc ce que les députés avoient fait, qu'elle jugea procéder seulement de l'intrigue des généraux.

Ce même jour, les députés, bien nourris et bien contens, retournèrent à Paris achever leur ouvrage ; ils ne virent point la Reine, parce qu'il auroit fallu qu'ils lui eussent fait la même harangue qu'ils avoient faite aux princes. Beaucoup de personnes les en blâmèrent, particulièrement les députés des généraux de Paris, qui tâchoient toujours par toutes voies d'arrêter la conclusion du traité, afin d'avoir plus de temps de ménager leurs intérêts. Madame de Montbazon, qui étoit aimée du duc de Beaufort, fit espérer qu'elle le feroit contenter à moins, si on lui donnoit à elle ce qu'elle désiroit. Elle obtint de l'argent et des abbayes : et le duc de Beaufort, qui l'aimoit, trouva bon que cette dame profitât de l'inclination qu'il avoit pour elle ; mais il n'en fut pas plus docile.

Le coadjuteur, l'ame qui faisoit remuer une partie de ce grand corps, ayant fait plus de mal que les autres, en devoit tirer de plus grandes récompenses ; mais alors il voulut être assez généreux pour ne demander que pour ses amis. Il avoit de hautes pensées : il désiroit seulement l'éclat et le bruit, et son dessein étoit de se faire des liaisons considérables qui pussent augmenter sa réputation et sa gloire. Son principal dessein étoit de pouvoir gouverner l'Etat ou ceux qui voudroient le détruire, et d'avoir part aux grands biens ou aux grands maux qui pouvoient arriver. Il obtint donc pour le marquis de Noirmoutiers et pour Laigues ses amis beaucoup de grâces considérables, et des bienfaits solides. Le marquis de Vitri eut un brevet de duc, qu'il ne méritoit pas d'avoir en cette occasion. Le duc d'Elbœuf, le duc de Bouillon et tous les autres ayant chacun arraché quelque beau lambeau des libéralités royales, tous se résolurent de souffrir que la paix se fît ; et ce fut au Roi, qui par grâce la leur devoit donner, à la recevoir de ses sujets, après l'avoir achetée chèrement.

Les députés du parlement arrivèrent à Paris remplis de joie des honorables conditions qu'ils rapportoient de Saint-Germain ; car, comme je l'ai remarqué, ils avoient obtenu de la Reine, par leur habileté et par les différentes causes qui faisoient agir les principaux acteurs, d'être déchargés des articles qu'on leur avoit imposés au premier traité. On se relâcha de l'obligation qu'ils avoient de venir à Saint-Germain, où étoit le Roi pour tenir son lit de justice : on leur permit encore de s'assembler quand bon leur sembleroit ; ils reçurent aussi quelques autres gratifications touchant les finances, toutes en faveur du peuple. Ils firent assembler le parlement pour rendre compte de leur heureux voyage. Le prince de Conti ne s'y trouva point : il parut malade, exprès pour donner ce reste de temps aux négociateurs d'achever leur accommodement à la cour. Mais enfin le mercredi saint, la Reine étant aux ténèbres dans la chapelle du château de Saint-Germain, il arriva un courrier de Paris, que Le Tellier amena, qui apporta la paix entièrement reçue par le parlement, les généraux et le peuple, tous montrant d'en être fort contens. Cette paix donna quelque repos à la Reine, de la joie au ministre, et de la douleur à ses ennemis. Le mois de mars finit avec cette guerre, qui avoit coûté beaucoup de maux à la France, et qui n'avoit pas fait beaucoup de bien au Roi, ni satisfait entièrement les désirs de la Reine, qui auroit souhaité moins de souffrance pour le public, et un peu plus de mortification aux particuliers, à ceux qu'elle accusoit d'être la cause de toutes ces brouilleries, et de tout ce que l'Etat avoit souffert de ces révoltes.

Les dévotions de la semaine sainte se passèrent dans la chapelle de Saint-Germain, où la véritable piété de la Reine et d'une petit nombre de bonnes ames fut mêlée avec la galanterie et l'indévotion de toutes les autres personnes qui composent la cour, et qui font gloire pour l'ordinaire de n'estimer que la vanité, l'ambition, l'intérêt et la volupté.

La fête de Pâques étant passée, les députés du parlement de Paris et de Normandie vinrent remercier la Reine de la paix qu'elle leur avoit donnée. Le clergé y vint, toutes les autres compagnies de la ville, les corps des marchands et des métiers, chacun selon leur ordre, tous avec des visages contens, et tous demandant avec ardeur le retour du Roi dans sa bonne ville de Paris. La Reine n'avoit pas sujet de l'estimer si bonne qu'elle eût un grand désir d'y retourner. Elle savoit que le peuple parloit encore avec insolence; qu'il disoit publiquement qu'il ne falloit rien payer au Roi s'il ne revenoit bientôt; et qu'il y avoit de la canaille assez hardie pour dire tout haut dans les rues qu'ils ne vouloient point de Mazarin. Ces esprits farouches étoient si accoutumés à la rebellion et au désordre, qu'il étoit difficile, sans quelque châtiment exemplaire, qu'ils pussent reprendre la coutume de respecter la puissance légitime.

La Reine, pour donner le temps aux Parisiens d'éteindre ce reste de feu qui allumoit encore quelquefois leurs esprits, et laisser évaporer la chaleur et la fumée qui en restoit, se résolut de n'y pas retourner sitôt : elle forma le dessein, après qu'elle auroit vu tous ses ennemis réconciliés, d'aller passer quelque temps à Compiègne.

Le marquis de Roquelaure fit l'intermède de toutes ces harangues si ennuyeuses. Il fut disgracié, c'est-à-dire éloigné de la cour, parce qu'on avoit dit au ministre que, pendant le siége de Paris, il avoit écrit au prince de Conti que s'il n'eût point été attaché au service du Roi par sa charge de grand-maître de la garde-robe, il auroit été combattre sous ses enseignes; et le cardinal, qui prétendoit l'avoir obligé en certaines occasions, sentit vivement le mépris qu'il avoit fait de lui en cette rencontre. Le soir qui précéda le commandement qu'il eut de se retirer de la cour, étant avec nous dans le cabinet de la Reine, Comminges, lieutenant des Gardes de la Reine, sur quelque bagatelle qui se disoit alors, le tira à part pour lui dire quelque petit secret tout bas. Cinq ou six personnes, du nombre desquelles j'étois, entendirent qu'il lui répondit : « N'est-ce que « cela? Je vous avoue que j'ai cru que vous me « veniez arrêter; car je sens bien, ajouta-t-il parlant tout haut, que je n'en suis pas bien loin. » Et comme il étoit hardi, grand parleur et Gascon, s'approchant de nous, il nous conta si plaisamment le sujet de sa disgrâce et des plaintes que faisoit contre lui le ministre, que, bien que la cause n'en fût pas plaisante pour lui, nous ne laissâmes pas d'en rire. Nous conclûmes tous enfin que, parmi tant de criminels à qui on faisoit des grâces, il n'étoit pas juste qu'il reçût lui seul le châtiment qu'il méritoit du peu de zèle qu'il avoit témoigné pour le service du Roi. Malgré notre avis, il fut alors le seul en France qui fut puni pour avoir manqué au respect qu'on devoit au Roi et au ministre. Mais cette punition fut de peu de durée; bientôt après il revint à la cour : il fut reçu au nombre de ceux qui paroissoient fidèles, et dont le cœur avoit été légèrement gâté par la corruption de l'air, qui étoit contagieux quasi pour tous.

Les finances étoient encore entre les mains du maréchal de La Meilleraye, quoique déjà on eût fait ce jugement de lui : qu'il étoit plus propre à faire des conquêtes avec des armées, qu'à faire venir de l'argent avec sa plume. Le cardinal de Richelieu, son parent, du temps de sa puissance lui avoit donné de beaux emplois; et comme il avoit joint le courage et la bonne conduite à la faveur, il avoit fait de belles actions : mais, comme je l'ai déjà dit ailleurs, il étoit de difficile humeur, et colère. Il n'étoit pas habile en matière de finances; et les gens d'affaires se plaignoient, et disoient que les peuples n'étant pas soumis, ils tâchoient à l'ombre de la révolte de s'exempter des taxes, des impôts et des tailles; qu'il leur falloit une personne qui entendît mieux la manière de les faire payer : si bien qu'il parut nécessaire pour le service du Roi de lui ôter les finances, en donnant cette charge à un homme plus patient, plus vigilant, plus expérimenté et plus sain que lui. Il étoit goutteux; et, sans avoir les années qui donnent la vieillesse, son corps étoit plus cassé que ceux qui en peuvent compter quatre-vingts. Il étoit perclus des mains et des pieds, et souvent il avoit des emplâtres sur toute sa personne, qui étoient sa parure la plus ordinaire. Mais enfin il étoit honnête homme, bon ami, et vivoit tout-à-fait en grand seigneur. Il avoit une belle et jeune femme, madame la maréchale de La Meilleraye, fille du duc de Brissac. Sa beauté consistoit dans la délicatesse des traits de son visage, dans un grand agrément et une belle taille. Elle étoit sage; mais elle avoit un trop grand désir qu'on le sût. Elle répandoit sa vertu prétendue en mille petites façons extérieures; et ces façons, qui auroient été un grand défaut en une autre, étoient en elle moins blâmables, parce qu'elles se mêloient avec son agrément naturel, qui de toutes manières la faisoit paroître aimable. Elle avoit si peur qu'on ne crût qu'elle n'aimoit point son mari à cause de ses maux, qu'elle alloit disant à tout le monde qu'elle ne croyoit pas qu'il y eût un homme exempt de ses incommodités. Elle assuroit qu'elle le trouvoit beau et à son gré; et quand elle en étoit séparée, elle tâchoit de persuader par ses discours qu'elle s'ennuyoit de ne le point voir. Ce n'est pas une chose impossible à une honnête femme d'aimer un mari goutteux et malade, qui avoit du mérite et de belles qualités, et dont elle étoit aimée; mais cette affectation étoit cause qu'elle ne trouvoit point de créance parmi les auditeurs; et comme la vertu solide doit être sincère et toute naturelle, ses artificieuses façons persuadoient d'ordinaire le contraire de ce qu'elle vouloit établir. Elle fut un peu fâchée de ce qu'il falloit quitter les finances, parce qu'elle craignoit d'être obligée de s'éloigner de la cour; car quoique le maréchal de La Meilleraye les perdît sans disgrâce, sa femme jugea que ses incommodités le ramèneroient souvent en Bretagne, et qu'elle seroit forcée de le suivre. Mais comme elle étoit ambitieuse, elle se consola en ce qu'on proposoit de les lui ôter en lui donnant de grands avantages. Le duc d'Orléans et le cardinal furent le visiter, et demeurèrent d'accord ensemble des grâces qu'il souhaitoit. Il demanda d'avoir place dans le conseil du Roi, la survivance de ses gouvernemens pour un fils unique qu'il avoit de sa première femme, et la survivance de la charge de grand-maître d'artillerie. Cette affaire étant secrètement en cet état, elle s'exécuta quelque temps après: et nous verrons d'Emery revenir occuper sa première place, avec l'applaudissement de ses amis, et malgré la haine de ses ennemis. Les derniers firent ce qu'ils purent pour l'en empêcher; mais enfin ses rivaux le virent emporter la victoire sur eux. Il fut rétabli avec beaucoup de satisfaction de sa part; car il avoit senti sa disgrâce comme un homme qui étoit fort attaché à la terre, et qui avoit peu d'amour et de respect pour celui qui en est le créateur et le souverain maître.

Le prince de Conti fut le premier qui sortit de Paris pour venir saluer la Reine. Il fut présenté par M. le prince, et reçu en présence de ceux du conseil. Après les complimens ordinaires, M. le prince lui fit embrasser le cardinal Mazarin, et réchauffa leur conversation autant qu'il lui fut possible. Le prince de Conti ne l'alla point voir chez lui pour cette première fois, afin de garder quelque mesure entre la guerre et l'accommodement, et M. le prince le fit trouver bon à la Reine.

Monsieur, oncle du Roi, présenta le duc d'Elbœuf; et le prince de Conti, après avoir satisfait pour lui, fut celui qui présenta les autres à son tour, qui furent le duc de Bouillon, le prince de Marsillac, le comte de Maure et beaucoup d'autres. La Reine les reçut assez froidement. Le ministre, tout au contraire, ne manqua pas de jouer son personnage ordinaire de tempérance et de douceur, leur disant lui-même qu'il croyoit avoir eu tort envers eux, et qu'ils étoient excusables d'en avoir eu du ressentiment.

Ce même jour arriva à Paris madame de Chevreuse, qui fut avertie de la paix par ses amis. Comme elle avoit eu part aux fautes publiques, elle en voulut avoir au pardon général. Elle leur avoit fait donner la protection de l'archiduc, qui avoit servi à soutenir les forces des rebelles contre le Roi; il étoit juste qu'elle fût récompensée de ses peines, puisque celles de tous les autres l'étoient aussi. Cette princesse, étant donc arrivée de Bruxelles à Paris, envoya aussitôt négocier avec le ministre, qui à son ordinaire ne la rebuta point: il voulut seulement par quelque délai la mortifier un peu. La Reine, par son avis, refusa le duc de Chevreuse, qui vint à Saint-Germain lui demander pour sa femme la permission de demeurer à Paris. Elle lui dit qu'elle ne la pouvoit pas souffrir dans une ville encore toute pleine de l'esprit de rebellion; qu'elle avoit fait mille cabales contre son service, et qu'elle ne pouvoit pas être contente d'elle ni satisfaite de ses soumissions, si elle ne lui faisoit voir un véritable repentir de sa dernière conduite. Ce prince, qui, sourd et âgé de quatre-vingts ans, avoit encore bonne mine, lui voulut répondre de la fidélité de cette princesse; mais la Reine s'en moqua, et ne crut pas qu'il pût lui en être un bon garant, lui faisant entendre assez librement qu'il n'auroit pas un grand pouvoir sur elle. J'étois présente à cette conversation. Il dit à la Reine qu'il avoit trouvé mademoiselle de Chevreuse sa fille fort embellie, et qu'elle avoit des yeux capables d'embraser toute la terre. La Reine sourit, et lui répondit, en criant de toute sa force, qu'il avoit trop d'amour pour la beauté, qu'il falloit qu'il commençât à aimer le ciel et la vertu. Mademoiselle de Chevreuse étoit belle : elle avoit en effet de beaux yeux, une belle bouche et un beau tour de visage ; mais elle étoit maigre, et n'avoit pas assez de blancheur pour une grande beauté. Sans doute qu'elle n'étoit point embellie depuis que la disgrâce de madame de Chevreuse sa mère les avoit éloignées toutes deux de la cour; car il est rare de voir que les années embellissent les dames passé dix-huit ans.

Monsieur, oncle du Roi, alla faire un voyage de deux jours à Paris, où il reçut de grands honneurs. Le parlement, ayant consulté ses registres, trouva qu'il avoit autrefois député vers un duc d'Orléans comme lui, lieutenant général de l'Etat et couronne de France : si bien que deux présidens et six conseillers le furent visiter en corps, pour lui rendre grâces de ce qu'il avoit contribué à la paix.

Ce prince, pour complaire à la Reine, fit prier madame de Chevreuse de sortir de Paris, lui faisant dire qu'elle obligeroit la Reine à la bien traiter, si elle lui montroit de ne point vouloir profiter du mauvais état où l'esprit de la Fronde la mettoit; mais elle, qui avoit connu par ses expériences que la Reine ne la considéroit plus, n'en voulut rien faire. Elle continua sa négociation avec le ministre; et comme il faisoit profession publique de bonté et de vouloir pardonner à ses ennemis, elle en tira ce qu'elle voulut, et même avec facilité.

M. le prince fut aussi à Paris, qui n'y reçut pas le même applaudissement que le duc d'Orléans. On l'avoit trouvé plus indifférent pour la paix et plus âpre au combat; et par conséquent il n'y fut pas si bien traité. Mais, pour ne pas faire une si notable différence entre les deux, on lui députa un président et deux conseillers qui lui firent les mêmes complimens. Dans les éclaircissemens qu'il eut avec madame de Longueville, elle travailla soigneusement à le détacher des intérêts de la Reine. Elle lui fit comprendre qu'il avoit tort de se désunir de sa famille, et qu'elle pouvoit être utile à sa grandeur. Il vit que le prince de Conti tiroit de grands avantages de la cour; que madame de Longueville, qui l'avoit conduit à cette considération, étoit digne d'être écoutée, et qu'elle lui pourroit être propre à beaucoup de grandes choses. Il prit goût enfin aux flatteuses illusions de cette princesse; et le sang, joint à la politique, le lièrent à elle par de nouveaux liens. Ce redoublement d'amitié et de confiance fit qu'insensiblement il se forma dans l'ame de M. le prince des sentimens dissemblables à ceux qu'il avoit eus par le passé, et qu'il s'accoutuma peu à peu à parler du Mazarin avec le même mépris que les frondeurs. Ce fut la source du changement qui parut depuis dans sa conduite, et qui causa sa haute et dure manière d'agir avec la Reine et son ministre. Elle produisit ensuite ces grandes révolutions de la cour, qui causèrent de si grands désordres dans le royaume et dans la famille royale.

Le coadjuteur se tint dans sa forteresse, et ne voulut point venir à Saint-Germain comme les autres; mais trouvant à propos de paroître de loin, il pria le duc de Liancourt de faire ses complimens à la Reine, l'assurer qu'en son particulier il étoit son très-fidèle serviteur, et qu'il la reconnoîtroit toujours pour sa bienfaitrice et sa maîtresse. Mais la Reine les reçut avec mépris, et ordonna à son ambassadeur de lui dire qu'elle ne le considéreroit jamais pour tel, que premièrement il ne fût ami du cardinal Mazarin; qu'il étoit son ministre ; qu'elle vouloit que ceux qui lui avoient de l'obligation comme lui suivissent en cela ses mêmes sentimens. Cependant le coadjuteur, comme j'ai déjà dit, traitoit avec le ministre, dont il avoit reçu beaucoup de grâces pour ses amis, et des promesses à son égard qui dans leur temps eurent leur effet.

Le duc de Longueville arriva de Normandie avec une grande suite. Il vint saluer la Reine, qui le reçut gravement. Je remarquai que ce prince en parut interdit, et qu'il ne put jamais lui dire une parole de bon sens. C'étoit un homme de grande considération : il voyoit qu'il lui étoit honteux d'avoir fait cette faute contre le service du Roi et de la Reine, dont il n'avoit nul sujet de se plaindre ; et qu'il étoit tombé dans ce malheur plutôt par légèreté que par raison. Quand il arriva, chacun se pressa autour de cette princesse pour entendre ce qu'il lui diroit : car il est difficile de bien défendre une mauvaise cause ; mais il n'eut jamais la hardiesse de parler : il pâlit, puis il devint rouge, et ce fut toute sa harangue. Après cet éloquent repentir, il salua le cardinal Mazarin, et un moment après ils se retirèrent auprès d'une fenêtre, se parlèrent long-temps, et ensuite se visitèrent réciproquement et demeurèrent amis en apparence.

Le comte d'Harcourt vint à la cour comme les autres. Il fut reçu différemment selon les apparences et les caresses, mais différemment aussi pour les récompenses : car elles ne furent pas si grandes pour lui que pour ceux qui avoient été contre le service du Roi. Il avoit manqué de conduite pour se saisir de la ville de Rouen ; mais il avoit bien servi, ayant toujours occupé un poste en Normandie qui servoit de barrière contre les attaques des ennemis, et mettoit le Roi en sûreté contre ce que le duc de Longueville auroit pu faire avec peu de troupes et moins d'argent. Il avoit enfin donné le moyen au Roi de demeurer en sûreté à Saint-Germain : ce qui n'étoit pas un petit service. On lui donna ensuite le gouvernement d'Alsace, et une abbaye pour un de ses enfans.

Ce même jour le duc d'Yorck vint aussi à la cour. Il n'avoit point encore vu le Roi ni la Reine, à cause qu'il étoit arrivé à Paris pendant le siége de cette ville, où les visites n'étoient guère de saison. Il étoit demeuré auprès de la Reine sa mère pendant cette mauvaise constellation contre les rois, qui l'avoit privé d'un père, et avoit donné beaucoup d'affaires au nôtre. La Reine lui fit de grands honneurs, et lui donna une chaise à bras, de même que le duc d'Orléans en avoit obtenu une de la reine d'Angleterre sa sœur. Cette belle foule fut augmentée par la venue de madame de Longueville et de mademoiselle de Longueville (1) sa belle-fille, qui aussi bien que les autres avoit été une grande frondeuse. Elle avoit de la vertu et beaucoup d'esprit, et il lui étoit pardonnable d'avoir suivi les sentimens de son père. Quand ces princesses arrivèrent, la Reine étoit au lit pour se reposer de toutes ses fatigues. J'avois l'honneur d'être seule auprès d'elle, et dans cet instant elle me faisoit l'honneur de me parler de l'embarras qu'avoit eu le duc de Longueville en la saluant. Comme je sus que madame de Longueville alloit venir, je me levai ; car j'étois à genoux devant son lit, et me mis auprès de la Reine, résolue de n'en point partir, et d'écouter de près si cette princesse si spirituelle seroit plus éloquente que le prince son mari. Comme elle étoit naturellement timide et sujette à rougir, toute sa capacité ne la sauva pas de l'embarras qu'elle avoit eu en abordant la Reine. Je me penchai assez bas entre ces deux illustres personnes pour savoir ce qu'elles diroient ; mais je n'entendis rien que Madame, et quelques mots qu'elle prononça si bas que la Reine, qui écoutoit avec application ce qu'elle lui diroit, ne put jamais y rien comprendre. Mademoiselle de Longueville, après la révérence de madame sa belle-mère, se contenta de baiser le drap de la Reine sans ouvrir la bouche ; puis, se mettant toutes deux sur les siéges qu'on leur apporta, elles furent fort heureuses de ce que je commençai la conversation, en demandant à madame de Longueville à quelle heure elle étoit partie de Paris, parce qu'il n'étoit pas deux heures après midi ; et, pour les soulager de la confusion qu'elles avoient qui les incommodoit beaucoup, j'exagérai leur diligence. Cette conversation dont les matières frivoles fut le sujet, et cette visite si sèchement passée, ne servit qu'à augmenter le ressentiment que la Reine avoit contre cette princesse, qui, n'ayant jamais pris soin de lui plaire, ne lui plaisoit pas aussi. Elle confirma de même madame de Longueville dans les mauvaises intentions qu'elle conservoit dans son cœur contre le repos de la Reine ; car quand les dispositions sont mauvaises et que ceux qui ne s'aiment pas ne s'éclaircissent point sur les sujets qu'ils ont de se plaindre les uns des autres, ce silence augmente l'inimitié, et empêche qu'elle ne finisse.

La joie de la paix fut alors traversée par les ennemis, qui assiégèrent la ville d'Ypres. Jarzé fut commandé pour aller avec quelques troupes faire quitter les armes au marquis de La Boulaye. Il faisoit son possible pour émouvoir dans la Champagne quelques nouvelles révolutions ; mais il n'y réussit pas. Le dégât que firent les troupes du Roi donna un faux prétexte au parlement de vouloir s'assembler exprès pour y donner ordre, voulant encore se mêler de toutes les choses dont il ne lui appartenoit pas de connoître.

En même temps se fit l'accommodement du duc de Vendôme, qui n'étoit point venu à la cour depuis qu'il en avoit été chassé par l'établissement du cardinal Mazarin. Il avoit profité de ces désordres, en montrant qu'il n'approuvoit pas le procédé audacieux de son fils le duc de Beaufort, et qu'il désiroit infiniment de devenir ami du ministre. Pour marque de ce désir, il proposa le mariage de son fils le duc de Mercœur avec l'aînée Mancini, nièce du cardinal. Cette proposition ne fut point refusée : elle étoit avantageuse au ministre, et pouvoit donner de grandes commodités à ce prince, qui en désiroit l'exécution afin de rentrer dans la faveur.

Cette guerre civile, où le cardinal Mazarin avoit été maltraité, lui avoit déplu : il trouva que des places et des alliances le rendroient plus considérable, et le mettroient en état de se pouvoir défendre par lui-même, sans mendier continuellement la protection du duc d'Orléans et du prince de Condé. En changeant de conduite, il devint plus intéressé qu'il n'avoit été jusques alors, et les mauvais tours de ses ennemis lui firent désirer de se faire redouter de ceux qui lui avoient fait beaucoup de peur. Par ces raisons, il traita le duc de Vendôme comme son ami ; et ce prince fut de même reçu par la Reine avec beaucoup de démonstration de bonne volonté.

M. le prince étoit un peu dégoûté de la conduite du ministre, que ses ennemis décrioient tout-à-fait. Il étoit comme je le viens de dire,

(1) Auteur des mémoires qui font partie de cette collection.

pressé par sa famille d'entrer dans leurs desseins, afin de se faire le maître de la cour : au lieu qu'il n'étoit, à ce qu'ils disoient, que le valet du cardinal. Madame de Longueville se servit de cette union du ministre avec le duc de Vendôme, pour faire haïr à M. le prince celle qu'il avoit eue jusques alors avec lui. Elle lui dit que c'étoit une marque indubitable qu'il ne vouloit plus le considérer pour son principal appui, puisqu'il entroit dans d'autres intérêts, et prenoit dans la cour une autre protection que la sienne ; et qu'il étoit à croire que le duc de Vendôme, devenant parent du ministre, seroit plus considéré que personne auprès du Roi et de la Reine. Ces raisons, représentées par une sœur qu'il avoit fort aimée, furent des armes pour combattre, dans le cœur de M. le prince, l'inclination qu'il avoit à la paix, et à ne se point brouiller à la cour. Ce prince, qui eût été au désespoir si on eût cru que quelqu'un l'eût gouverné, se laissa néanmoins conduire par cette princesse à ce que lui-même de son mouvement n'auroit jamais fait.

Cet éloignement de volonté porta M. le prince à s'éloigner de la cour pour quelque temps : il fit dessein d'aller en Bourgogne ; et aussitôt qu'il fit paroître avoir cette pensée, la cause en fut facilement aperçue par le ministre, qui ne manqua pas d'avoir des avis sur les dégoûts qui commençoient à se former contre lui dans l'ame de ce prince. Le cardinal Mazarin, pour adoucir son cœur, lui fit parler de la proposition que le duc de Vendôme lui avoit faite, et lui fit dire tout ce qui pouvoit le rassurer sur les craintes qu'on lui avoit fait concevoir ; mais il ne reçut pas ce qui venoit de sa part ce même esprit qu'il auroit eu, si madame de Longueville n'eût point commencé à l'empoisonner. Le ministre en eut du chagrin, et tout ce qui lui parut propre à raccommoder ces mauvais commencemens se fit ensuite de sa part sans aucun effet.

Je finirai les aventures de Saint-Germain par l'arrivée du marquis de Vitri, du marquis de Noirmoutiers et de Laigues. Le premier avoit du mérite et de la qualité. Sur quelques dégoûts que j'ignore, il étoit entré dans ce parti, étant actuellement attaché au service de la Reine : en quoi sa faute étoit plus grande et moins pardonnable. Pour les deux autres, l'un avoit beaucoup de naissance, tous deux étoient honnêtes gens, et tous deux avoient été grands frondeurs, et avoient, comme je l'ai déjà dit, traité publiquement avec le roi d'Espagne. Ils vinrent donc sous la foi publique saluer la Reine avec la même hardiesse que s'ils eussent travaillé à sauver l'État ; et, comme les autres, ils en furent quittes pour un peu de froideur et de mauvais visage. Ils étoient de ma connoissance ; et, dans le moment que je fus aperçue par eux, ils vinrent me témoigner beaucoup de joie de me rencontrer. Je leur dis tout bas que j'étois fort aise de les voir ; mais qu'en cette occasion je les priois de ne m'aimer pas tant, vu que l'amitié de telles gens n'étoit nullement de bon augure dans la chambre de la Reine. Comme je railloïs avec eux, Monsieur passa, qui leur fit mille caresses. En me retirant, je lui dis que je croyois avoir mérité la corde par la bonté que j'avois eue de les souffrir, et que j'en avois du scrupule. Je les laissai ; et lui dis encore que pour lui qui étoit le maître et qui n'avoit rien à craindre, il pouvoit leur faire grâce et les bien traiter ; mais que, pour moi, je croyois en devoir user autrement. Monsieur me répondit que j'étois bien sage, et que, pour m'empêcher d'aller à la Grève, il alloit les emmener. Il les prit en effet ; et, les poussant dans une fenêtre, il demeura quelque temps à les entretenir. Cette conversation fut aussitôt remarquée, et tellement sentie par le ministre, qu'un de ses domestiques m'assura qu'il en avoit eu de l'inquiétude : et ensuite l'abbé de La Rivière en conta que le cardinal lui en avoit fait des reproches, se plaignant à lui de son maître d'avoir si bien traité ces deux hommes. Je connus par cette petite aventure que les actions des grands sont toujours grandes, quelque petites qu'elles soient ; et que ce prince, quoiqu'il eût de bonnes intentions, n'étoit pas ennemi mortel de ceux qui avoient mortellement offensé l'État.

Peu après je quittai la Reine, et vins faire un petit voyage à Paris. Je trouvai cette grande ville encore pleine de cet esprit de rebellion qui depuis quelque temps l'avoit entièrement occupée, et, sans être astrologue, je prévis aisément que cette paix ne seroit pas de longue durée.

En ce même temps [le 13 mars] la Reine partit pour aller à Compiègne donner ordre aux affaires que les anciens ennemis de l'État lui donnoient sur la frontière. Ils continuoient le siége d'Ypres, où Beaujeu se défendit si bien qu'il le fit durer plus long-temps qu'on n'avoit cru. Palluau, qui ne s'y étoit pas trouvé au commencement, fut blâmé de tout le monde ; mais il avoit su se mettre si bien auprès du ministre, qu'il ne fut pas si abattu de ce malheur qu'un autre l'auroit été. Quoiqu'il n'eût aucune étude, et qu'il bégayât en parlant, comme il avoit un grand sens naturel et le génie de la cour, il avoit trouvé moyen de se mettre en possession de se servir plus ordinairement de l'intrigue du cabinet que d'une grande assiduité à l'armée, pour avoir les plus beaux emplois que les gens d'épée puissent obtenir. Quoiqu'il eût du cœur comme un autre,

18.

il trouvoit toujours plus à propos de combattre ses ennemis particuliers que ceux de l'Etat. Il fut affligé de perdre cette place, parce que ce gouvernement lui valoit beaucoup ; mais avec de l'esprit, de la hardiesse et du bonheur, on va bien loin. Pour marque de cette vérité, quelques années après cet habile courtisan, malgré toutes ses fâcheuses aventures, parvint à la dignité de maréchal de France, à laquelle les officiers qui croyoient la mériter mieux que lui disoient que ses bons mots et ses agréables railleries avoient eu plus de part que ses grandes actions.

Le séjour de la Reine à Compiègne servit un peu à délasser son esprit des affaires qui en avoient troublé le repos. La forêt et la rivière, qui font l'ornement de cette petite ville, lui firent passer d'agréables heures, et donnèrent beaucoup de divertissemens au Roi et à Monsieur, qui, étant tous deux trop jeunes pour prendre part aux maux de l'Etat, ne pensoient qu'à chercher du plaisir partout où ils se trouvoient.

Pendant ce petit intervalle de plaisir, le duc et la duchesse de Vendôme, qui vouloient l'alliance du ministre, firent ce qu'ils purent pour obliger le duc de Beaufort à consentir au mariage de M. de Mercœur avec l'aînée Mancini ; mais il ne voulut pas l'agréer. Pour le satisfaire, on lui offrit le gouvernement d'Auvergne ; mais il le refusa. Et dans ce temps-là, étant revenue à Paris, et le rencontrant un jour chez madame la duchesse de Nemours sa sœur, il me dit qu'on se moquoit de lui ; car, en même temps qu'on lui offroit ce gouvernement, on le vouloit donner au duc d'Elbœuf, pour récompense de celui de Picardie, que le cardinal vouloit avoir. Mais comme cet échange ne se fit point, je crois que le duc de Beaufort se trompoit lui-même, ou qu'il faisoit semblant de le croire, pour ne point raccommoder : voulant, selon toutes les apparences, ou plus qu'on ne lui offroit, ou ne voulant rien, pour demeurer toujours en état de tout vouloir.

Quelques jours après, ce prince tomba malade d'une colique si violente qu'il crut être empoisonné, et prit publiquement du contre-poison : ce qui fait connoître le dessein qu'il avoit de réveiller l'amitié du peuple de Paris pour lui. Il en avoit plus besoin contre ses anciennes liaisons que contre aucun breuvage qu'on lui eût fait prendre ; car il faut avouer que le cardinal Mazarin ne nous a point paru vouloir user de mauvaises voies pour se défaire d'aucuns de ses ennemis, et que jamais favori élevé à la plus grande puissance qu'un homme puisse avoir n'a eu plus de clémence et de douceur que lui. Aussi l'avons-nous vu visiblement protégé de Dieu, pour marque évidente à tous les hommes que, comme il en est le créateur, il hait celui qui répand leur sang, et conserve le pacifique. Le peuple de Paris fut voir ce prince malade, et la foule devint si grande chez lui qu'à la fin il fallut ouvrir toutes les portes qui alloient à sa chambre, hausser les rideaux de son lit, et l'exposer à la vue du public. Ce grand concours, et la flatterie de quelques-uns de ses amis, achevèrent de le rendre irréconciliable avec le ministre. Il crut faire une action héroïque de ne se point accommoder, et les adulations de ceux qui vouloient toujours avoir un chef en sa personne furent cause qu'il ne fut point aussi satisfait de la cour qu'il le devoit être.

Ypres se rendit aux ennemis le huitième jour de mai, après que Beaujeu l'eut défendue assez de temps pour mériter beaucoup de louanges de sa résistance. L'intrigue du cabinet occupoit tellement le ministre, que cette perte ne put pas trouver en lui assez de place pour lui causer de nouveaux chagrins. Ses plus grands maux ne venoient pas des ennemis de l'Etat, mais plutôt de ceux qui, voulant paroître ses amis, ne l'étoient point, et qui, pour tirer de lui des grâces et des bienfaits, lui faisoient naître de continuelles affaires, afin de le forcer à leur donner davantage. Le dessein que le cardinal conservoit toujours de faire revenir d'Emery étoit pour lors un de ses plus grands embarras : le désordre où étoient les affaires du Roi lui faisoit désirer de plus en plus de le pouvoir rappeler, mais ce changement n'étoit pas encore en état de se faire. Il ne vouloit pas qu'il parût venir de lui, de peur de se faire haïr par le parlement et les peuples, qui avoient en horreur le nom de cet homme. Il faisoit semblant, au contraire, de favoriser ceux qui aspiroient à cette charge, et leur faisoit espérer qu'il leur seroit favorable. Le président de Maisons étoit celui qui avoit paru se déclarer davantage sur cette prétention, où, par bonheur pour lui, il avoit trouvé des personnes qui l'avoient servi solidement et avec une grande application à ses intérêts. On parla dans le conseil de cette affaire. Le cardinal parut protéger ce président, et en même temps il avoit supplié Monsieur, oncle du Roi, de s'y opposer. Cette opposition ayant été faite, le ministre témoigna au président de Maisons qu'il étoit fâché de l'obstacle que le duc d'Orléans avoit apporté à ses désirs, et crut par cette finesse l'avoir satisfait. Il crut aussi avoir de même caché au public la résolution qu'il avoit faite d'y remettre d'Emery ; mais il étoit aisé de voir où alloient ses intentions. Nous conclûmes aussitôt qu'il falloit faire changer le duc d'Orléans, afin de montrer au ministre qu'il étoit difficile de tromper les gens de la cour. L'abbé de La Rivière étoit le seul qui fût capable de cela : je me chargeai de lui en parler ; et trouvant, par le moyen de la marquise de Sablé, un intérêt particulier qui lui pouvoit faire souhaiter pour surintendant celui que son maître avoit paru rebuter, je le persuadai d'y travailler ; et il le fit si bien, que le duc d'Orléans changea tout-à-fait de sentiment ; et, peu de temps après, ce prince fit dire au président de Maisons qu'il n'avoit été contre lui que par complaisance, et que dans le vrai il désiroit l'obliger et lui donner sa voix. Ce bon office n'étoit pas suffisant pour faire conclure l'affaire à l'avantage du président de Maisons, parce que, dans le vrai, le ministre étoit le maître absolu de toutes les résolutions de cette nature ; mais cette protection du duc d'Orléans lui fut tout-à-fait avantageuse, dans le temps où sa destinée le porta à cette charge : elle nécessita le cardinal de lui donner la sienne, ne pouvant pas lui refuser ce que déjà il lui avoit fait espérer, en faisant semblant de lui être favorable.

En ce même temps [le 27 mai] j'allai à Compiègne trouver la Reine. Je fis ce petit voyage, car il étoit difficile de vivre avec plaisir dans Paris, à cause des disputes continuelles qu'il falloit avoir avec ses ennemis. Ils la blâmoient incessamment de la protection qu'elle donnoit à son ministre, et ne pouvoient bien entendre qu'il seroit injuste et d'une dangereuse conséquence que les souverains accoutumassent leurs sujets à faire leurs volontés. La voie de la désobéissance et de la rebellion est toujours criminelle. Si cette princesse avoit été un peu plus jalouse de son autorité et de sa puissance, et si elle se fût contentée de soutenir son ministre, se servant de son habileté sans affecter la plupart du temps de n'avoir part à rien, elle auroit acquis une réputation plus éclatante que celle des reines les plus estimées ; mais son indifférence la portoit à négliger la gloire de gouverner par elle-même un grand royaume, à cacher la beauté de sa résistance : et le temps seul a fait connoître que les meilleures et les plus hardies résolutions ont été nourries, la plus grande partie, dans sa prudence et sa fermeté.

Madame la princesse étoit allée à Paris revoir madame de Longueville, et se rejoindre à sa famille. On crut qu'elle prit un peu de leurs sentimens, parce qu'elle s'imagina que la Reine avoit méprisé sa douleur à Saint-Germain quand le prince de Conti en étoit parti, et qu'elle avoit eu quelque défiance d'elle. Je crois qu'elle se trompoit ; car, dans ce temps-là, un jour parlant à la Reine de madame la princesse, je lui dis, comme il étoit vrai, qu'en arrivant à Paris je l'avois trouvée remplie d'une grande tristesse, tant sur ce qui regardoit Sa Majesté que sur les intérêts de madame de Longueville ; et que j'avois été étonnée de la trouver si sensible à deux choses qui étoient si contraires. Sur quoi elle me fit l'honneur de me répondre qu'il étoit vrai qu'elle lui étoit obligée, et qu'elle avoit bien vu, malgré la tendresse qu'elle avoit pour ses enfans, qu'elle avoit senti leur séparation de la cour, autant parce qu'elle avoit paru contraire au service du Roi, que par les mauvaises suites qu'elle pouvoit avoir à leur dommage ; et qu'enfin elle ne trouvoit point étrange qu'elle eût commerce avec eux, parce qu'elle ne la soupçonneroit pas aisément de lui manquer de fidélité. Cependant l'histoire du temps veut que cette princesse, charmée de la haute réputation où elle voyoit alors madame de Longueville, fut de concert avec elle, quoiqu'elle ne sût pas tous les secrets, pour travailler unanimement à dégoûter M. le prince de la liaison qu'il avoit eue jusque-là avec la Reine et son ministre. Le mariage que vouloit faire le cardinal lui déplut par sa propre inclination, parce que la maison de Vendôme avoit toujours été opposée à celle de Condé ; et quelques personnes confidentes de madame de Longueville me dirent que M. le prince, en quittant sa famille à Paris pour aller en Bourgogne, leur dit qu'il avoit fait ce qu'il avoit dû en soutenant le cardinal Mazarin, parce qu'il avoit promis de le faire ; mais qu'à l'avenir, si les choses prenoient un autre chemin, il verroit ce qu'il auroit à faire. Il alla à Compiègne prendre congé de la Reine, pour aller à ce voyage ; et quand il la quitta, elle, qui savoit ce qui se passoit, lui dit tout haut qu'elle croyoit qu'ils se séparoient bons amis, et qu'elle tenoit pour assuré que leur amitié demeureroit entre eux aussi parfaite qu'elle avoit été depuis la régence ; ajoutant qu'il falloit que cela fût malgré ceux qui désiroient le contraire. Comme les paroles des rois et leurs actions sont presque toujours désapprouvées, beaucoup de personnes blâmèrent la Reine de lui avoir parlé de cette sorte, parce qu'elle rendoit cette petite mésintelligence trop publique, et donnoit lieu de croire qu'il étoit vrai que ce prince se vouloit séparer d'elle. Avant que de partir, il présenta à la Reine le maréchal de La Motte qui n'avoit point encore paru, parce que, demandant beaucoup, il avoit fallu plus de temps au ministre pour se résoudre de lui accorder ce qu'il souhaitoit. La Reine, parlant de lui et de quelques excuses qu'il lui avoit fait faire sur son retardement, avoit dit tout haut qu'elle ne se soucioit pas de le voir. Il crut par là être obligé de se hâter davantage; et ce fut seulement pour être mal reçu. On se moqua d'un éclaircissement public qu'il fit avec le cardinal Mazarin en le saluant; car d'ordinaire ces sortes de conversations ont besoin de secret. Sa harangue, quoique mal tissue, n'empêcha pas qu'il ne reçût de l'argent en quantité. En ce seul point se renfermèrent tous ses désirs: il avoit déjà toutes les dignités où pouvoit aspirer la plus grande ambition d'un gentilhomme; et néanmoins on m'assura qu'étant de retour à Paris, quelqu'un lui demandant s'il étoit devenu royaliste, il avoit répondu: « La Reine m'a fait justice, m'ayant satisfait; mais elle ne m'a point fait de grâce, et je ne suis pas plus son serviteur que je l'étois il y a peu de temps. » Paroles qui me semblent honteuses dans la bouche d'un Français et d'un officier de la couronne, qui étoit devenu maréchal de France et duc de Cardonne par les bienfaits du feu Roi.

Le ministre, voulant donner quelques soins à la conservation de nos frontières, fit résoudre la Reine de changer son séjour de Compiègne en celui d'Amiens. Il forma des desseins avantageux à la France, afin de donner des bornes aux progrès des ennemis, et encore pour calmer les tempêtes du dedans du royaume, par les bons succès que les armes du Roi lui pouvoient faire espérer. Il supplia le duc d'Orléans d'aller passer quelque temps à Paris, afin d'assoupir par sa présence le bruit qui se faisoit encore contre le Mazarin: ce qui lui donnoit beaucoup d'inquiétude, et lui faisoit craindre que le reste de cette malice publique ne s'opposât à son bonheur particulier, et ne l'empêchât d'avoir part à la paix. Ce prince, qui voulut obliger la Reine, la suivit jusque dans Amiens: il lui aida à prendre les résolutions nécessaires au service du Roi; puis revint prendre Madame qui l'attendoit à Compiègne, et qui, par grande merveille, l'avoit suivi cette année. De là il s'en retourna préparer l'entrée de celui qui avoit besoin de son assistance et de sa protection, mais qui apparemment commençoit à se lasser de cette dépendance.

Je partis de Compiègne pour revenir à Paris le même jour [le 7 juin] que la cour partit pour Amiens, et ne suivis point la Reine. A mon retour, je trouvai les esprits aussi malintentionnés que jamais, et les libelles des séditieux plus dangereux à l'Etat que ceux qui jusqu'alors avoient seulement attaqué la personne du cardinal. Un de ceux-là prononçoit hardiment que quand les révoltes étoient générales, les peuples avoient un juste droit de faire la guerre contre leur roi; que leurs griefs devoient être décidés par les armes, et qu'ils pouvoient dans ce temps-là porter la couronne dans d'autres familles, ou changer de lois. Et, dans cet écrit, il y avoit des exemples allégués d'Etats qui avoient changé la monarchie en un gouvernement de plusieurs, voulant par là faire naître au parlement le désir de se faire pareil au sénat de Venise, ou de suivre l'exemple de celui d'Angleterre (1). Toutes ces hardiesses, qu'on peut nommer de grands crimes, et même si énormes qu'ils font de la peine à penser, procédoient de ceux qui vouloient augmenter les désordres, et les augmenter autant qu'ils le souhaitoient. Le parlement sans doute n'y avoit alors nulle part, et il parut que cet écrit avoit donné de l'horreur à tous, et même aux plus malins.

A l'arrivée de la cour dans Amiens, le cardinal Mazarin manda au marquis d'Hocquincourt, gouverneur de Péronne, de le venir trouver, pour l'entretenir de quelques affaires importantes. Il n'étoit pas content de ce qu'il avoit laissé passer madame de Chevreuse, qui étoit revenue de Flandre sans le consentement du Roi; il lui faisoit voir aussi qu'il vouloit le récompenser de sa place, pour la rejoindre au gouvernement de Picardie qu'il paroissoit avoir dessein de prendre. Le marquis d'Hocquincourt (2) étoit un homme vaillant et de grand cœur, mais léger et facile à dégoûter. Il avoit pris liaison avec les frondeurs sur quelque petit mécontentement, et avoit quitté l'armée pour aller se renfermer dans sa place, disant qu'il avoit eu avis qu'on le vouloit arrêter. Sur l'ordre qu'il reçut du ministre, il vint le trouver avec une bonne escorte, étant convenus, avant leur entrevue, du lieu et de la quantité des gens qu'ils devoient avoir l'un et l'autre, et de toutes leurs sûretés. Ils se virent enfin dans une campagne, au milieu de cinquante hommes de cheval de chaque côté. Hocquincourt étoit un bon Picard, franc cavalier et bon ami. Il dit au cardinal, qui lui témoignoit vouloir être de ses amis à des conditions avantageuses, qu'il ne lui pouvoit accorder son amitié ni recevoir ses offres s'il ne lui permettoit de travailler à le remettre bien ensemble lui et le duc de Beaufort, ayant promis de ne rien faire sans ce prince. Le ministre, qui ne demandoit que la paix, lui donna pouvoir d'aller traiter avec son ami le duc de Beaufort, et consentit même à quelques offres qu'il lui permit de lui faire de sa part. Hocquincourt par-

(1) Mon frère, à son retour d'Allemagne, répondit à cet écrit, et sa réponse fut estimée. Il étoit néanmoins fort jeune.

(2) Charles de Mouchi. Après sa révolte il écrivit à madame de Montbazon: *Péronne est à la belle des belles*.

tit ensuite de Péronne, et vint à Paris chercher ce prince, pour tâcher de lui persuader cet accommodement. Il le trouva embarrassé dans une grande brouillerie qu'il avoit eue avec beaucoup de personnes de la cour, et malintentionné pour le cardinal : si bien que, ne pouvant réussir dans sa négociation, et voyant qu'il étoit obligé au ministre, il se dégagea du parti de la Fronde et s'accommoda avec le cardinal, sans pourtant se défaire de son gouvernement.

Le duc de Beaufort avoit une grande querelle sur les bras, qui étoit alors le sujet de toutes les conversations des gens du grand monde. Quelques jours avant que la Reine partît de Compiègne pour Amiens, le duc de Candale, le commandeur de Souvré, Manicamp, Ruvigni, Jarzé, le commandeur de Jars et quelques autres, voulurent aller à Paris faire une petite course, à dessein d'aller bientôt après rejoindre la cour dans Amiens. Comme ils prirent congé de la Reine, Jarzé, le moins sage de tous les hommes, lui dit en souriant qu'ils alloient bien soutenir leur parti. La Reine lui répondit, parlant aussi à tous les autres : « Ah! mon Dieu, soyez tous « bien sages, et vous ferez bien. » Etant donc à Paris, ils se rencontrèrent les deux partis ensemble un soir dans les Tuileries. La troupe des gens de la cour étant dans la grande allée, ils virent le duc de Beaufort qui venoit vers eux, accompagné du duc de Retz et d'un bon nombre de conseillers frondeurs. Soit que le duc de Beaufort voulût éviter de rencontrer de front tant de ces mazarins, soit que cela arrivât sans dessein, quoi qu'il en soit, comme il approcha d'eux, il prit un jeune conseiller; et, au lieu d'aller droit par cette allée, il se détourna pour en prendre une petite, témoignant de vouloir entretenir en particulier celui qu'il avoit obligé de le suivre. Jarzé, d'humeur incompatible avec le bon sens, voulant s'acquérir quelque mérite auprès du ministre, fit des railleries du duc de Beaufort, disant que le champ de bataille leur étoit demeuré, que ce brave prince avoit évité leur rencontre, et que les frondeurs n'avoient osé paroître devant les mazarins. Au sortir des Tuileries, il alla visiter des dames : il conta dans les ruelles cette aventure dans les mêmes termes; et, le lendemain, il en fit des plaisanteries à ceux qui les voulurent entendre. Aussitôt que le duc de Beaufort en fut averti, au lieu de délibérer sagement à ce qu'il étoit bon et à propos de faire, il se résolut brusquement de s'en venger, et le fit d'une manière assez bizarre. Nos courtisans qui ne pensoient qu'à jouir de la vie et de ses douceurs, et Jarzé qui ne pensoit pas avoir trouvé de si bons échos, proposèrent en même temps d'aller souper sur la terrasse du jardin de Renard, et payèrent chacun deux pistoles pour leur repas. Ce même jour on dit à Jarzé que le duc de Beaufort avoit su ce qu'il avoit dit de lui, et qu'il avoit juré de le maltraiter. Il répondit, avec une sagesse à contretemps, qu'il n'avoit rien dit qui le pût offenser, et qu'il ne craignoit rien d'un prince si généreux que celui-là. Cette prudence forcée, n'étant pas naturelle, n'eut point de bon effet, et ne le sauva point de la colère du duc de Beaufort, qui, pour être trop excessive et passer bien au-delà de l'offense, fut avec raison désapprouvée de tout le monde.

L'heure du souper étant venue, le duc de Candale et toute la compagnie, au nombre de douze personnes, se rendirent au jardin avec intention de se réjouir et de faire bonne chère. Le commandeur de Souvré fut averti par sa nièce, mademoiselle de Toussi, de ne se point trouver à cette fête. Elle étoit instruite par un ami du duc de Beaufort, par le maréchal de La Motte qui l'aimoit, et qui l'épousa peu de temps après. Toute la compagnie apprit de cette manière qu'elle avoit quelque chose à craindre; mais comme ils étoient déjà tous prêts de se mettre à la table quand l'avis arriva, ils jugèrent à propos de ne rien changer en leur dessein, et de faire bonne mine. Ils étoient encore au premier service lorsque le duc de Beaufort arriva dans le jardin, suivi du maréchal de La Motte, du duc de Brissac, du comte de Fiesque, de Duras et de beaucoup d'autres personnes de marque, avec quantité de gentilshommes à lui : il y avoit aussi des pages et des laquais en quantité. Ces derniers avoient des épées et des pistolets, et les personnes de qualité n'en avoient point. Cette grande troupe parut en ce lieu public avec un grand bruit et beaucoup d'éclat. J'ai ouï dire à ceux qui les virent arriver, et qui avoient intérêt à cette promenade, que du bout de la terrasse ils virent quantité d'épées toutes portées en haut, les unes toutes nues et les autres non. Ceux qui soupoient, voyant cet appareil, jugèrent aussitôt qu'ils étoient destinés à un autre divertissement qu'à celui de faire bonne chère; mais, ne pouvant s'empêcher de danser, il fallut attendre pour voir sur quelle cadence on les réjouiroit. Ils firent donc semblant de ne penser à rien, et, se laissant approcher du duc de Beaufort, lui et toute sa compagnie environnèrent la table. Il les salua avec un peu de trouble sur son visage, et son salut fut reçu avec civilité de ceux qui étoient assis : il y eut même quelques-uns d'eux, dont furent Ruvigni et le commandeur de Jars, qui se soulevèrent en le saluant, pour lui rendre plus de respect. Ce prince, dont la mine étoit haute et fière, leur dit : « Messieurs, vous soupez de « bonne heure. » Ils répondirent peu de paroles, toujours en posture civile, afin de finir une conversation qu'ils ne jugeoient pas leur devoir être commode. Le duc de Beaufort, la continuant malgré eux, demanda s'ils avoient des violons. Eux lui dirent que non; et lui en même temps leur repartit qu'il en étoit bien fâché, parce qu'il avoit intention de les leur ôter : et continua, disant qu'il y avoit des gens en leur compagnie qui se mêloient de parler de lui, et qu'il étoit venu pour les en faire repentir ; et prenant la nappe, il la tira rudement par le coin et renversa les plats, dont quelques-uns de la compagnie, de ceux qui prétendoient les vider, furent salis. Aussitôt après cette action, tous se levèrent, et tous demandèrent leurs épées. Le duc de Candale étoit cousin germain du duc de Beaufort : il étoit fils d'une fille bâtarde du roi Henri IV, ainsi que ce prince l'étoit du duc de Vendôme, bâtard de ce même roi. Ce jeune seigneur, dont la seule considération devoit empêcher le duc de Beaufort de se venger de cette manière ; le duc de Candale, dis-je, se sentant vivement offensé de ce procédé, saute à un de ses pages, lui prend son épée, et se met aussitôt en devoir de réparer l'affront que toute la compagnie venoit de recevoir en sa présence. Non-seulement il se mit sur la défensive, mais il alla attaquer ceux qui étoient les plus forts ; et tous les témoins de cette action la louèrent infiniment, et dirent qu'en cette occasion il montra beaucoup de courage et de valeur. On lui porta quelques coups, et peut-être qu'il auroit payé pour tous, sans le soin que le duc de Beaufort prit aussitôt d'empêcher ce malheur. Lui, qui n'en vouloit qu'à Jarzé, voyant son parent en péril, se jeta entre les épées, et fit ce qu'il put pour empêcher qu'il ne fût blessé, et lui protesta qu'il ne lui en vouloit point, et le pria instamment de ne point prendre de part à ce qu'il avoit fait. Le duc de Candale ne reçut point ses civilités : il lui dit tout haut qu'il n'en pouvoit que trop prendre, puisqu'il l'avoit si peu considéré que de les attaquer tous ensemble. Pendant que ce dialogue se faisoit, l'histoire veut que Jarzé fut maltraité par les pages et les laquais, et qu'il se coula comme il put hors de la presse. Le commandeur de Jars et Ruvigni, qui furent respectés des assaillans, demeurèrent parmi eux, blâmant cette action, et demandant raison de l'insulte aux personnes de qualité qui accompagnoient le duc de Beaufort. Ils leur dirent eux-mêmes qu'ils ne pouvoient l'approuver, et qu'étant cent contre un ils n'en prétendoient aucune gloire : aussi tous ne s'employèrent qu'à empêcher le désordre. Et comme ils savoient que le duc de Beaufort n'en vouloit qu'à Jarzé, ils bouchèrent les yeux à son égard, et eurent soin de traiter civilement les autres. Le Fretoir, premier écuyer de madame la duchesse d'Orléans, se trouva par hasard, de même que le duc de Candale, avec une épée qu'il avoit prise à un de ses laquais ; et, désirant s'en servir, le duc de Beaufort qui n'en avoit point vint à lui, et lui dit qu'il ne lui en vouloit point, et qu'il se tînt en repos. Comme il vit que ce gentilhomme n'étoit pas satisfait de cette déclaration, il lui dit : « Vous devez être « content de ce que je vous dis, ce n'est pas à « vous à qui j'en veux ; » et passant à côté de lui il lui arracha son épée. Ce prince, qui en effet ne vouloit offenser qu'une seule personne, et qui par cette raison employoit tous ses soins à s'opposer au désordre, descendit de la terrasse dans le parterre, où Saint-Germain d'Achon, qui étoit frondeur, et qui venoit d'entendre Le Fretoir se plaindre hautement de ce qu'on lui avoit ôté son épée, lui conseilla de la lui renvoyer. Le duc de Beaufort le fit aussitôt, commandant à un des siens de la lui reporter. Le Fretoir, en la prenant, dit à celui de qui il la reçut qu'il n'étoit pas satisfait, et qu'il falloit qu'on la lui ôtât une seconde fois de meilleure grâce. Le brave qui en avoit été chargé lui répondit aussitôt que la chose étoit aisée à faire, et qu'à l'heure même, s'il le désiroit, ils pouvoient faire cette épreuve ; à qui Le Fretoir repartit froidement qu'il ne prenoit pas le change.

Cette aventure finie, tous se retirèrent. Le duc de Beaufort croyoit avoir fait une action héroïque, et ses amis étoient contens de lui avoir rendu ce service ; mais ceux qui avoient été offensés furent sensiblement irrités contre ce prince, et demeurèrent avec un grand désir de se venger. Le duc de Candale, en son particulier, s'en alla le lendemain au bois de Boulogne, d'où il envoya Saint-Mesgrin, qui étoit du nombre des mazarins, appeler le duc de Beaufort. Il répondit qu'il ne se vouloit point battre contre son cousin germain ; qu'il avoit dessein de le contenter par toutes les voies qui lui seroient possibles ; et que s'il ne pouvoit y réussir, qu'on l'attaquât dans les rues, et qu'alors il tâcheroit de se défendre. Saint-Mesgrin lui répondit que c'étoit proposer l'impossible, puisque de se battre contre lui dans le rues, vu l'affection que le peuple lui portoit, c'étoit aller au supplice et non pas au combat, et qu'il ne croyoit pas que ce parti se pût accepter.

Ensuite de cet appel du duc de Candale au duc de Beaufort, ce prince pendant plusieurs jours crut qu'on l'attaqueroit hors des rues, c'est-à-dire dans le Cours et les promenades publiques. Il y fut soigneusement avec une grande suite d'amis : il y fit mener des chevaux de main, et porter quantité de pistolets et d'épées. Cet appareil de guerre paroissoit attendre le signal d'un grand combat qui ne se donna point; il fut plus semblable aux exploits de don Quichotte contre les moulins, qu'à une querelle de vaillans hommes, tels que l'étoient ce prince et ses amis, et ceux qu'il avoit offensés. Presque tous l'auroient sans doute emporté par leur courage sur les douze paladins, s'ils avoient pu avoir quelque chose à démêler ensemble. Les maréchaux de France s'employèrent fortement pour accommoder cette affaire; mais le duc de Candale refusa de donner sa parole, et quelques autres se cachèrent, de peur d'être obligés à la donner. Enfin M. de Metz, oncle du duc de Candale, frère de sa mère, et fils bâtard de Henri-le-Grand, s'employa avec tant de soin pour empêcher qu'il n'en arrivât du malheur, qu'il fit résoudre le duc de Candale, par l'impossibilité de se battre, d'aller à Verneuil avec lui. On força Jarzé d'aller en quelque autre lieu, et de cette sorte l'affaire fut mise en état de se pouvoir terminer par les voies ordinaires.

La Reine reçut cette nouvelle avec chagrin. Elle écrivit aussitôt au chancelier qu'elle vouloit qu'il informât de cette action comme d'un assassinat; mais comme ses ordres n'étoient pas alors observés, et qu'elle trouvoit dans toutes les occasions qui se présentoient peu d'obéissance dans Paris, ni lui ni le premier président n'en furent pas d'avis. Le cardinal Mazarin conseilla la Reine d'envoyer chercher les mal traités ; et quand ils furent venus auprès du Roi, Monsieur, oncle du Roi, prit soin de les accommoder.

Le duc de Mercœur prit le parti du duc de Beaufort son frère contre ceux de la cour; dont le ministre fut mal content, disant qu'il ne vouloit point donner sa nièce au frère d'un extravagant qui le haïssoit, et qui malgré son alliance se joindroit peut-être avec ses ennemis pour l'offenser. Ce chagrin, et l'embarras que le duc de Beaufort apporta à cette affaire en demandant son partage avant la conclusion des noces, y mit encore de grands obstacles, et la chose demeura quelque temps comme assoupie. Les plus politiques disoient que le véritable sujet de ce retardement étoit que le duc de Vendôme, se voyant de retour à la cour, ne vouloit pas se hâter de lier son fils, l'aîné de sa maison, à la fortune d'un ministre dont la grandeur étoit diminuée, dont l'autorité étoit affoiblie, et de qui l'état ne paroissoit pas devoir être permanent.

La Reine étant revenue à Compiègne, le prince de Conti et le prince de Marsillac y furent pour achever de tirer du ministre tous les avantages qu'ils en prétendoient. Madame de Longueville n'avoit rien oublié pour faire que toutes les grâces de la cour tombassent sur la tête du prince de Marsillac. Il en reçut aussi, et fut traité comme un homme que la Reine avoit lieu de craindre, et qu'il falloit ménager. On crut néanmoins que, malgré ces belles apparences, lui et le prince de Conti pourroient être arrêtés. Madame de Longueville et toute cette cabale en eut peur; mais la Reine n'étoit pas en état de faire de si grands coups. Ainsi elle prit le parti de leur cacher sa haine, et de leur montrer de la douceur. Le prince de Conti n'en fut pas plus traitable : il ne visita point le ministre, et eut la hardiesse d'approuver l'action du duc de Beaufort, et dire tout haut en présence de la Reine qu'il s'étoit offert à lui dans cette occasion. Il l'avoit fait, quoique dans le vrai il ne l'aimât pas ; mais c'étoit alors avoir l'ame belle et généreuse, que de montrer de l'opposition aux sentimens et aux intérêts de la Reine. On appeloit vertu et fermeté ce qui se faisoit pour se conserver en réputation parmi les mécontens et les révoltés, dont le nombre étoit en effet si grand qu'il sembloit que d'être avec eux c'étoit au contraire se mettre du nombre des plus forts. Autant que je hais la flatterie et l'esclavage ordinaire de ceux qui approchent des rois et les perdent par ces mauvaises voies, autant suis-je ennemie de la fausse raison de ceux qui croient que c'est l'amour de l'équité qui les porte à blâmer toujours les actions de nos souverains, et de haïr continuellement ceux qu'ils aiment. Nous devons de l'obéissance à nos rois, et à ceux qui nous commandent de leur part. Saint Paul ordonne aux chrétiens de respecter les puissances, et dit que toute puissance vient d'en haut. Pourvu que nous évitions de leur obéir en des choses qui seroient contre la loi de Dieu et contre les maximes de la probité, que nous ne les flattions point dans leurs passions déréglées, et que nous ne trempions point dans leurs injustices s'ils en ont, alors nous sommes dans le véritable chemin de la vertu et de la générosité ; et nous avons tort si, pour acquérir de la gloire, nous travaillons à les déshonorer. Leurs ministres, qui sont ceux que nous censurons avec le plus de liberté, doivent être regardés comme ce prochain que l'Evangile nous commande d'aimer. Le respect que nous devons à nos légitimes maîtres nous oblige d'en avoir aussi pour eux, et nous ne pouvons nous dispenser de ce devoir. Mais les hommes, pour l'ordinaire, s'imaginent qu'il y a de l'honneur à n'être pas dans ces sentiments : et quand ils veulent paroître avoir de meilleures et de plus droites intentions, c'est quasi toujours par de fausses vertus qu'ils affectent de suivre ; et l'intérêt ou la passion produisent quelquefois leurs plus belles actions, tant il est vrai que dans celles des plus sages il y a toujours du moins un mélange honteux du mal avec le bien qui nous doit tous humilier.

Alors [le 27 juin] notre armée, à demi payée par des créations de quelques nouvelles charges et par les soins du cardinal Mazarin, étoit belle, puissante, et composée de trente-deux mille hommes, avec quatre-vingts pièces d'artillerie. Dans cet état, par l'ordre du ministre, elle assiégea Cambray, et en peu de temps la circonvallation en fut faite, moyennant vingt mille écus que l'on donna aux soldats, un écu par chaque toise. Ce dessein, dans un temps si mauvais, parut grand et digne d'estime ; il devoit faire voir aux frondeurs que le ministre étoit capable des plus hautes entreprises, et que celui qui résistoit à tant d'ennemis par la douceur et la paix faisoit la guerre aussi hardiment quand il la falloit faire, et étoit un homme qui, malgré la foiblesse qu'on croyoit être en lui, étoit à craindre et difficile à chasser. Le comte d'Harcourt commandoit l'armée ; et de si bonnes troupes, sous un général qui avoit été jusqu'alors fort heureux, faisoient espérer à la Reine la prise de cette place ; mais, par un malheur effroyable, lorsqu'elle étoit pleine de cette croyance, elle reçut un courrier de la part de ce général, qui lui apprit que les Allemands, commandés par Erlac, avoient laissé passer les ennemis par leur quartier, que la place étoit secourue, et qu'il avoit levé le siége. Cette mauvaise nouvelle donna autant de douleur à la Reine qu'elle causa de joie à ses ennemis ; et son ministre, contre sa coutume, en parut visiblement affligé. Les troupes allemandes avoient bien servi le Roi depuis qu'elles avoient quitté M. de Turenne. Elles avoient néanmoins commis de si grands sacriléges et fait de si grands maux, que leur secours ne pouvoit pas être estimé par les catholiques : et en cette occasion Dieu nous fit bien voir qu'il nous vouloit punir par eux-mêmes de leurs impiétés. On soupçonna le vicomte de Turenne d'avoir, par les amis qu'il avoit dans ces troupes, fait faire cette trahison pour se faire regretter ou rappeler par le ministre. Le comte d'Harcourt demanda pour sa satisfaction qu'on informât contre ces étrangers. Il avoit intercepté une lettre espagnole écrite au comte don Garcia qui commandoit dans Cambray, où l'on avertissoit ce gouverneur qu'un tel jour l'archiduc feroit ses efforts pour secourir la place, et qu'on l'attaqueroit par deux endroits, afin de pouvoir entrer par le troisième. Ce général publia cette lettre par le camp, exhorta ses gens à bien faire, anima toute l'armée à se bien défendre, n'oublia pas les Allemands, et prit son poste en un lieu où la circonvallation n'étoit pas encore achevée, qui étoit le plus périlleux. Ce jour venu, et les ordres donnés pour se bien défendre, les ennemis passèrent par une barrière qui étoit dans le quartier d'Erlac, réservée dans cet endroit pour aller au fourrage, sans qu'il tirât un seul coup de mousquet, sans bruit et sans opposition. Ils entrèrent en disant *Erlac, Erlac,* en tel nombre qu'il leur plut, et sans que les autres quartiers pussent le savoir. Ceux de la place, pendant que les troupes de l'archiduc accomplissoient leur dessein, attaquèrent vigoureusement le quartier de Villequier par une sortie qu'ils firent sur lui ; et dans le temps qu'il se défendoit, les Allemands, contre leur ordre, étoient venus le secourir. Ce fut la seule raison qu'ils donnèrent au comte d'Harcourt, quand il leur fit des plaintes du malheur qui étoit arrivé. Ils lui dirent qu'ils avoient cru bien faire d'y aller : ce qui n'est pas dans la guerre, à ce que j'ai ouï dire, une bonne raison, mais au contraire fort condamnable, chacun étant obligé de demeurer dans son poste ; aussi ne fut-elle pas bien reçue. Le cardinal Mazarin blâma le comte d'Harcourt d'avoir levé le siége sans ordre du Roi, et disoit que s'il fût demeuré devant cette place, il auroit pu le continuer avec succès. Ce ministre vit donc en un moment ce grand projet ruiné et ses espérances perdues. Il fallut alors qu'il se servît de ses finesses et de sa méthodique bénignité pour se garantir des coups de ses ennemis, qui par cette mauvaise aventure devinrent plus forts et plus dangereux.

Dans ce même temps, le coadjuteur donna des marques du mépris qu'il faisoit du ministre par la manière dont il en usa dans son voyage de la cour ; car enfin, ayant résolu de rendre ses respects à la Reine, il partit de Paris, protestant tout haut qu'il ne visiteroit point le cardinal. La Reine, comme je l'ai déjà dit, avoit été long-temps sans vouloir recevoir sa visite ; mais son ministre lui conseilla de le voir : il crut qu'étant sa bienfaitrice, elle le convertiroit. Cette princesse, qui tournoit agréablement toutes les choses qu'elle vouloit dire, lui fit des reproches obligeans sur sa conduite, et lui dit qu'elle ne pouvoit pas être satisfaite de lui, tant qu'il ne verroit point celui qu'elle vouloit soutenir contre toutes leurs factions. Elle lui dit de plus qu'il devoit penser qu'elle ne le croiroit jamais dans ses intérêts s'il n'entroit dans ses sentimens, et qu'elle demandoit de lui cette preuve de sa reconnoissance. Le coadjuteur, sans se relâcher de sa première résolution, lui répondit qu'elle avoit un pouvoir absolu sur ses volontés; mais qu'il la supplioit très-humblement de trouver bon qu'il ne vît pas si tôt le cardinal Mazarin, parce que ce seroit lui faire perdre son crédit dans Paris, que de l'obliger de faire des actions si contraires à sa dernière conduite; que cette apparente légèreté le déshonorant, lui ôteroit le moyen de la pouvoir servir utilement dans les occurrences qui pourroient arriver; mais que quand il seroit temps il sauroit bien faire tout ce qui seroit de son devoir, pour lui montrer qu'il étoit son serviteur. De cette sorte il vit la Reine; il eut la joie de mépriser le cardinal, et il eut la gloire de cette hauteur, et l'espérance que le ministre ne le pouvant détruire et ayant sujet de le craindre feroit tous ses efforts pour l'acquérir, sans que pour cela il l'en aimât davantage. Il ne se trompa pas : car cette audacieuse finesse, jointe à beaucoup d'autres et à une infinité d'intrigues, lui firent ensuite obtenir le chapeau de cardinal; mais il fallut qu'il le souhaitât encore quelque temps.

Le duc d'Orléans ayant appris la nouvelle de Cambray, après avoir donné dans Paris le meilleur ordre qu'il lui fut possible, en partit pour aller témoigner à la Reine la douleur qu'il avoit de ce malheur. Avant que de quitter cette ville mutine, dont le peuple par sa présence commençoit à reprendre de meilleures inclinations, il assura le parlement, les échevins de ville, le corps des marchands et les bourgeois, que le Roi n'avoit plus nulle mauvaise intention contre eux, que tout étoit pardonné, et que la Reine vouloit revenir y faire sa demeure, comme si elle n'avoit eu nul sujet de se plaindre d'eux; mais il leur dit qu'il falloit lui lever tous les obstacles qui pourroient empêcher son retour, et l'y convier par leur obéissance, leur soumission et leur respect. Il les conjura aussi d'aider à châtier ceux qui publioient des libelles contre l'autorité du Roi et de la Reine, qui étoient faits pour exciter de la haine contre le cardinal; car les auteurs jusqu'alors n'avoient pu encore en recevoir la juste punition qu'ils en méritoient, quoique la Reine l'eût ordonné. Enfin ce prince pressa les mutins de se remettre en leur devoir, et fit sincèrement tout son possible pour contribuer à la perfection de la paix, qu'il avoit désirée de tout son cœur.

Il arriva à la cour le 8 juillet; et aussitôt qu'il y fut, il s'appliqua soigneusement aux moyens d'accommoder la querelle du duc de Beaufort, de Candale et des autres offensés. Les premières propositions qui se firent sur cette affaire furent de permettre le combat, selon l'ancien usage, entre le duc de Beaufort et quelques autres braves de ce parti frondeur, et le duc de Candale, Boutteville, Saint-Mesgrin, le commandeur de Souvré, Ruvigny, Le Fretoir et Jarzé; mais la Reine ayant horreur d'une telle chose, comme tout-à-fait contraire au christianisme, pria Monsieur de prendre le parti de l'accommodement, et d'épargner comme chrétien tant de braves gens qui pourroient servir le Roi en de bonnes occasions. Elle lui dit même qu'il falloit avoir de la bonté pour les ennemis de l'Etat, qui, étant nés Français, pourroient un jour se repentir de leurs fautes. Monsieur, qui les considéroit tous, qui aimoit le duc de Beaufort, et qui n'avoit fait cette proposition que pour satisfaire en apparence ceux qui l'avoient conjuré de leur obtenir cette grâce, se trouva de même sentiment que la Reine; et, après avoir consulté les maréchaux de France, il lui apporta par écrit les paroles qu'il fut d'avis que le duc de Beaufort devoit dire au duc de Candale et aux autres, qui furent trouvées raisonnables par la Reine. Mais l'accommodement ne put se faire si tôt, à cause que le duc de Candale y résistoit, et qu'il fut difficile à satifaire.

Monsieur à peine étoit parti de Paris pour Amiens, qu'il arriva une autre aventure aussi honteuse à ceux qui la firent naître que l'action du duc de Beaufort étoit hardie et imprudente. Le duc de Brissac, Matha, Fontrailles et quelques autres frondeurs, après avoir fait un grand repas chez Termes d'où ils sortirent tous en mauvais état, se mirent à courir les rues et à faire mille extravagances. Comme en effet ils n'avoient plus de raison, l'impression des choses qui demeurent dans l'esprit, quoique le bon sens n'y soit plus, fit un si grand effet en eux, que rencontrant dans leur chemin deux valets de pied du Roi, le respect qu'ils devoient à ce nom ayant été banni depuis long-temps de leurs ames, ils les appelèrent, leur dirent mille injures, et les battirent outrageusement. Ces pauvres garçons qui passoient leur chemin et qui ne songeoient à rien, connoissant qu'ils étoient maltraités par des personnes de qualité qui devoient avoir respecté les livrées de leur maître commun, leur dirent qu'ils s'étonnoient qu'étant au Roi, ils en usassent de cette sorte. Ces emportés leur répondirent qu'ils le faisoient pour cette même raison, et ajoutèrent : « Portez cela à vo-« tre maître, à la Reine et au cardinal Mazarin.» Il y eut un de ces valets de pied si blessé, qu'il fallut le mettre entre les mains des chirurgiens;

et l'autre alla trouver la Reine, pour lui faire des plaintes des coups qu'ils avoient reçus. Elle voulut le voir, et parler à lui pour savoir le détail de cette affaire. Elle en fut touchée, et envoya ordonner au chancelier et au premier président d'en informer, leur mandant que pour cette fois elle vouloit que la justice en fût faite, et très-exactement. Mais cette petite-fille de tant d'empereurs et de tant de rois, et le petit-fils de saint Louis, eurent le déplaisir de n'être pas obéis. Les bourgeois qui avoient été les témoins de cette action en furent néanmoins scandalisés, et quelques-uns dirent qu'elle étoit bien vilaine. On en fit les informations ; et le procureur du Roi n'ayant point voulu nommer le duc de Brissac pour lui rendre plus de respect, ce duc alla lui-même présenter une requête où il se nomma exprès, afin de faire prendre à cette affaire la voie du parlement, qui est le juge des ducs et pairs. Ils crurent que cette compagnie connoissant de leur crime, ils en seroient favorablement traités ; et de plus ils jugèrent que cela serviroit à faire assembler les chambres, et que par ce moyen beaucoup de choses se pourroient remettre en question. Le ministre, averti de cette finesse peut-être par les amis de ces débauchés, conseilla la Reine d'oublier cet outrage, et de le souffrir avec autant de patience que tant d'autres qu'elle avoit reçus : ce que cette princesse fit avec beaucoup de peine. Elle aimoit la justice, et auroit volontiers souhaité de la pouvoir faire au Roi son fils, n'étant pas raisonnable que, pour être roi, il fût le seul offensé avec impunité.

La présence de nos rois est d'un grand charme pour les Parisiens ; elle leur est utile. Par cette raison, ils la désirent : et, dans toutes nos guerres, ceux qui ont voulu brouiller l'État et faire des séditions se sont toujours servis avec le peuple, pour l'émouvoir et le faire révolter, de la crainte de perdre le Roi et de le voir sortir de leur ville. Les frondeurs, sachant cette vérité, n'appréhendoient rien tant au monde que son retour ; c'est ce qui leur faisoit faire des choses si extrêmes pour l'empêcher d'y venir et d'y amener le ministre. Toute leur domination n'étoit fondée que sur leur déréglement, et par là ils espéroient pouvoir faire peur au cardinal ; mais ils voyoient en même temps que, s'il n'en vouloit point avoir, la présence du Roi leur feroit quitter leur forteresse et les feroit devenir les esclaves de celui qu'ils avoient fait profession de mépriser.

L'accommodement de madame de Chevreuse étoit alors en bon état. Après avoir obtenu son amnistie, elle étoit, sur la parole du cardinal, à Dampierre, afin de pouvoir revenir de meilleure grâce à la cour.

Le coadjuteur faisoit espérer de s'adoucir, et madame de Chevreuse, qui étoit son amie, assuroit de ses bonnes intentions : ce qui faisoit croire au ministre que, malgré les frondeurs, il pourroit ramener le Roi à Paris. Le reste des révoltés, ainsi que je viens de le dire, ne subsistoit encore que sur le doute de ce retour. Lui-même étoit persuadé qu'il étoit nécessaire, tant pour rétablir la créance de la paix dans les pays étrangers, que les revenus du Roi et ses finances. Les provinces ne payoient pas, les tailles n'étoient plus levées exactement, les peuples partout vouloient respirer le doux air de la liberté, et à leur ordinaire se plaignoient des impôts et des subsides. Les pauvres paysans et les laboureurs gémissoient ; mais il étoit impossible de comprendre la raison de leurs souffrances, vu les grandes diminutions qui avoient été faites en leur faveur. Il falloit nécessairement l'attribuer au désordre qu'avoit causé la fausse réformation des révoltés. La maison du Roi étoit plus véritablement encore en pitoyable état : elle étoit mal entretenue, sa table étoit souvent renversée ; une partie des pierreries de la couronne étoient en gage, les armées étoient sans solde ; et les soldats, quoique fidèles, n'étant point payés, ne pouvoient combattre. Les grands et les petits officiers, sans gage, ne vouloient plus servir ; et les pages de la chambre étoient renvoyés chez leurs parens, parce que les premiers gentilshommes de la chambre n'avoient pas de quoi les entretenir. Cette monarchie enfin si grande, si riche et si opulente, dont le souverain a une cour qui est l'admiration de toute l'Europe, en peu de temps fut réduite à une grande misère. Par conséquent on peut dire que tous les biens qui sont si admirables, et qui nous paroissent si dignes de notre estime, ne sont en effet ni bons ni essentiellement estimables, puisqu'ils se perdent si aisément.

Le roi d'Angleterre alors vint en France, après avoir été reconnu roi par elle. Il revenoit de Hollande pour voir la Reine sa mère, qu'il n'avoit point vu depuis leur malheur. Il logea à Saint-Germain, que la Reine lui avoit envoyé offrir à Péronne par le duc de Vendôme, pour y demeurer tant qu'il lui plairoit d'être en France. Il l'accepta volontiers ; car dans l'état où il étoit, chargé d'un deuil aussi doublement funeste qu'étoit le sien, il devoit désirer de n'être pas à Paris.

Quand il arriva, le duc de Vendôme lui mena les carrosses du Roi ; il s'arrêta à Compiègne où il vit le Roi qui alla au devant de lui à une demi-lieue, et fut reçu de lui et de la Reine avec toutes les marques d'affection que Leurs Majestés devoient à un si grand prince. Le Roi lui donna un dîner véritablement royal ; mais ce fut plutôt par les personnes royales qui s'y trouvèrent, que par l'appareil et la magnificence. Il n'y eut à table que les deux Rois, la Reine, Monsieur, frère du Roi, le duc d'Orléans, oncle du Roi, et Mademoiselle, fille du duc d'Orléans. La princesse de Carignan, comme princesse du sang, insista pour être de ce repas ; mais le duc d'Orléans s'y opposa, disant que si elle en étoit, il vouloit que madame de Lorraine y fût aussi, qui étoit la belle-sœur et la cousine germaine de madame la duchesse d'Orléans sa femme. Madame de Carignan, qui avoit prétendu cette grâce par le nom de Bourbon qu'elle avoit l'honneur de porter, fut si vivement piquée de ce refus, que ne pouvant le souffrir elle partit de la cour, et marcha toute la nuit pour retourner à Paris, disant qu'elle ne reverroit jamais la Reine ; mais comme cette princesse n'étoit pas toujours stable en ses plus justes résolutions, son dépit, selon la raison, se passa bien vite, et quelques petites douceurs de la part de la Reine guérirent son cœur de ce chagrin. Cette cour anglaise demeura quelque temps à Saint-Germain, où elle fut peu fréquentée de nos Français ; quasi personne n'alloit visiter ni la reine d'Angleterre ni le Roi son fils. Il y avoit de grands seigneurs anglais qui avoient suivi la destinée de leur prince, et qui composoient leur cour. Il ne faut pas s'étonner de leur solitude : le malheur étoit de la partie ; ils n'avoient pas de grâces à faire : ils avoient des couronnes sans puissance, qui ne leur donnoient point les moyens d'élever les hommes et de leur faire du bien. Leur suite avoit été grande, quand les richesses, la grandeur et les dignités étoient en leurs possessions ; car ils avoient de la foule autour de leurs personnes. Cette Reine malheureuse avoit eu de la joie, des trésors et de l'abondance ; et j'ai ouï dire à madame de Chevreuse, et à beaucoup d'autres qui l'avoient vue dans sa splendeur, que la cour de France n'avoit pas alors la beauté de la sienne ; mais sa joie n'étoit plus que le sujet de son désespoir, et ses richesses passées lui faisoient sentir davantage sa pauvreté présente. Dieu veut que les grands, aussi bien que les petits, éprouvent les maux de la vie ; et comme dit le sage Sénèque : *La nature tempère tout cet empire du monde par des changemens continuels, et la durée des choses se soutient par leurs contraires.* Cette diversité fait la beauté de l'univers : et si la grandeur des rois n'étoit point sujette aux coups de la fortune, ils ne seroient plus hommes. Il faut donc admirer le pouvoir de Dieu dans la foiblesse de ses plus illustres créatures, et dans l'élévation qu'il lui plaît pour l'ordinaire de leur donner.

Comme les rois ne sont pas toujours malheureux, ou qu'ils ne le sont pas tous, il y eut une Reine qui, après avoir souffert la dure liaison d'un fâcheux mari, épousa en secondes noces un Roi dont elle étoit aimée, et qui même par cette action donnoit lieu de croire qu'il pouvoit être honnête homme. La reine de Pologne, après avoir perdu un mari qu'elle n'aimoit guère, se trouva aimée de son frère qui prétendoit à la couronne, et qu'un jeune frère son cadet, sous prétexte qu'il avoit eu quelque engagement à l'Église, lui disputa quelque temps. La Reine veuve, ainsi que je l'ai dit, étoit demeurée riche d'argent et d'amis ; elle avoit acquis du crédit parmi ses peuples : si bien que le prince qui l'estimoit la trouva en état de lui aider à surmonter les difficultés qu'il rencontroit dans son élection, et capable de le rendre heureux par la possession de sa personne, aussi bien que par celle de ses trésors. Quoiqu'il fût frère du feu Roi, et par conséquent dans un degré de proximité défendu, il espéra, comme il arriva en effet, que le Pape ne lui refuseroit pas la dispense nécessaire pour l'accomplissement de son mariage ; mais cette princesse alors étoit malade, et n'osoit penser qu'à la mort. Elle en approcha d'assez près pour y penser tout de bon. Elle fit son testament, et laissa sa sœur la princesse palatine, qui étoit en France, héritière de tous ses biens. Le prince de Pologne en étoit au désespoir, et, à ce que j'ai ouï dire, lui rendoit par ses soins et ses inquiétudes des marques de son amitié. Enfin, la santé lui étant un peu revenue, le désir de régner tout de nouveau, et de régner avec un prince qu'elle pouvoit aimer, l'obligea de travailler pour elle et pour lui. Comme les peuples étoient déjà accoutumés à sa domination, et qu'elle leur étoit agréable par sa capacité et sa douceur, ils se laissèrent assez aisément persuader par elle ; et les créatures qu'elle avoit faites dans cette cour lui servirent utilement. Son âge un peu avancé ne leur déplaisoit pas : ils voient toujours avec joie la stérilité de ceux qu'ils ont mis sur le trône, à cause que les grands du royaume ne sauroient presque leur refuser d'élire leurs enfans quand ils en ont qui sont capables de succéder à leurs pères. Cette complaisance leur coûte le plaisir d'en choisir un autre : ce qui leur est toujours agréable. Quoique l'inclination que ce prince avoit pour la reine de Pologne l'eût porté à la souhaiter, je sais d'une personne qui étoit alors auprès de lui en qualité d'agent pour le Roi, qu'il avoit senti de la peine de ce qu'elle n'étoit plus jeune ; et quand il se vit roi, il lui dit qu'il étoit vrai que la Reine avoit beaucoup de mérite, qu'il ne pouvoit la trop estimer : mais qu'il voyoit ce qu'il donnoit à cette estime et à son inclination, et qu'il savoit bien qu'il auroit pu trouver une princesse plus jeune, plus riche, et qui lui auroit pu donner des alliances plus avantageuses que celles qu'il auroit par elle, qui dans son pays ne lui pouvoient servir de rien.

Ce mariage se célébra au bout de l'année du deuil de cette Reine veuve, avec toutes les magnificences requises en ces occasions. Nos relations en furent alors remplies ; elles nous apprirent qu'elle avoit été portée à l'église en triomphe dans un char d'argent doré, doublé de toile d'argent ; que le festin fut beau, quoique les viandes y fussent apprêtées à la mode du pays, fort éloignée de notre délicatesse et de nos ragoûts ; et surtout que le roi et la reine de Pologne y parurent contens. C'est un double bonheur à une reine des Scythes d'avoir un mari capable de quelque société ; leur cour est d'ordinaire fort déserte, et les divertissemens n'y sont pas fréquens. C'est une famille particulière : on n'y voit nulles personnes de qualité que dans le temps des diètes ; et quoique je sois persuadée que la raison habite en tout pays en général, on peut dire qu'un bon mariage, qui est un bonheur en tous lieux, doit être plus estimable dans un royaume où la proximité des Turcs, dont les coutumes sont opposées aux nôtres, donne du désavantage aux dames.

[Le 15 juillet.] Laissons les étrangers pour parler de la France. Le duc d'Orléans voulant finir la querelle du duc de Beaufort, après avoir fait avec tous les intéressés beaucoup de consultations, lui écrivit une lettre pour le convier de l'aller trouver à Nanteuil. Il lui donna sa parole pour sûreté à lui et à toute sa troupe, et lui-même alla le trouver le 15 du mois au rendez-vous qu'il lui avoit donné. Le duc de Brissac, le maréchal de La Motte et les autres nommés dans l'histoire du jardin, suivirent le duc de Beaufort ; et Fontrailles et Matha, quoique plus criminels que les autres à cause des valets de pied qu'ils avoient battus, furent aussi de sa troupe. Quand le duc d'Orléans le sut, il le trouva mauvais, et envoya le maréchal d'Estrées dire à ce prince frondeur qu'il ne vouloit point voir ces deux derniers, qui étoient dignes de punition, ayant manqué au respect qu'ils devoient au Roi et à ses livrées. Le duc de Beaufort, qui s'étoit engagé de les mener sur la lettre que le duc d'Orléans lui avoit écrite, se fâcha contre le maréchal d'Estrées son oncle, frère de sa grand'mère la duchesse de Beaufort ; et il lui dit que, n'ayant point eu de défenses de la part de Monsieur contre aucun particulier, il n'étoit point coupable de les avoir reçus en sa compagnie ; que le duc d'Orléans ne les voulant point voir, et lui ne les pouvant quitter, il falloit qu'on lui permît de s'en retourner à Paris. Il proposa de s'accommoder pour tous, tant pour son affaire où tous ses amis n'avoient nul intérêt que le sien, que pour ces débauchés, et offrit de se mettre entre les mains du duc d'Orléans son protecteur particulier, et de donner en sa personne toute la satisfaction qu'on pouvoit espérer de tous les coupables ensemble : en quoi il fut louable, et tout ce qu'il fit alors paroissoit partir d'un grand cœur.

Plusieurs petites négociations se firent entre les deux partis, et la conclusion fut enfin que les deux hommes que Monsieur ne vouloit point voir demeureroient avec quelques-uns de leurs amis éloignés de sa présence ; que les principaux acteurs paroîtroient seuls devant lui, et que ceux-là s'accommoderoient pour eux et pour les absens. Le duc de Beaufort avoit remis tous ses intérêts entre les mains du duc d'Orléans, et l'affection d'un si grand protecteur l'avoit fait espérer de se pouvoir tirer aisément de cet embarras ; mais son affaire étoit si mauvaise, que Monsieur ne put pas s'empêcher de le condamner lui-même à de grandes satisfactions. On fit lecture d'un papier où elles étoient très-amples, où se trouvoient écrits les mots de repentir et de pardon ; et il fallut qu'il le demandât au duc de Candale et à toute la troupe offensée. Ils s'embrassèrent ensuite, et demeurèrent ensemble le reste de la journée, occupés à faire la cour au prince qui les avoit accommodés. Il n'étoit guère moins respecté en France que s'il eût été le Roi, outre qu'il étoit estimable par ses bonnes qualités. Les princes du sang, les plus proches de la couronne, ont de grands avantages pendant les minorités ; et il ne faut pas s'étonner si, l'autorité étant ainsi dispersée, les régentes ont toujours à souffrir de fâcheuses tempêtes dans l'Etat.

Pendant que ces petites aventures se passoient, le ministre travailloit à diminuer la haine que le peuple avoit contre lui. Il fit semblant de faire une paix plus importante à la France que celles des braves de la cour et de la Fronde. Pour cet effet, il partit de Compiègne le 22 du mois de juillet, pour aller à Saint-Quentin s'aboucher avec Pigneranda, ministre d'Espagne, et dans le vrai avec le comte d'Harcourt, sur une entreprise qui regardoit la guerre.

Aussitôt après le retour du cardinal Mazarin [le 22 juillet], le prince de Condé revint de Bourgogne; et comme il n'étoit pas encore résolu de s'abandonner à toutes les passions d'une sœur qui ne le gouvernoit pas toujours autant qu'elle le souhaitoit, il parut avoir la même chaleur pour les intérêts de la Reine que par le passé. Madame de Longueville, qui tâchoit par mille soins de changer son esprit, avoit déjà tellement altéré celui de madame la princesse, que depuis la paix elle n'avoit point vu la Reine, et paroissoit en tous ses discours entièrement refroidie pour elle. Cette princesse frondeuse, après avoir fait ce grand changement en la personne de madame la princesse sa mère, pour raccommoder M. le prince son frère avec les peuples, fit courir le bruit qu'il étoit devenu dévot en son voyage, et qu'un chartreux estimé d'une grande vertu l'avoit converti. Elle faisoit toutes ces choses en lui disant qu'il seroit trop heureux un jour de suivre ses conseils, et en lui prédisant qu'il se repentiroit de la protection qu'il avoit jusque-là donnée au cardinal Mazarin.

Le 2 août, il partit de Paris pour aller à la cour, et séjourna quelques jours à Chantilly. Il arriva le 6 du mois à Compiègne; et, sans faire nulle façon, il alla d'abord visiter le cardinal Mazarin, et lui fit paroître beaucoup de bonne volonté, et montra qu'il étoit tout-à-fait éloigné des pensées dont on le soupçonnoit. Il vit ensuite la Reine, et lui dit en riant que tout ce qu'on avoit publié de lui étoit faux : qu'il n'étoit devenu ni frondeur ni dévot; et l'assura qu'il renonçoit de bon cœur aux sentimens de sa famille, qu'il avoua franchement d'être un peu gâtés. Il lui promit de travailler à la ramener dans les bonnes voies, et répondit de leur fidélité. La Reine en fut satisfaite, et crut avoir sujet d'être en repos sur tous les bruits contraires qui avoient couru. Une personne (1) fort éclairée sur toutes les choses du monde, et qui connoissoit ce prince, m'expliquant ses contrariétés, me dit alors qu'il n'avoit écouté madame de Longueville et sa famille que pour se faire honneur à leur égard, parce que cette princesse et le prince de Conti avoient accoutumé de l'appeler foible, et l'accusoient d'avoir trop de bassesse pour le favori. Il m'assura qu'il n'avoit jusqu'alors eu aucun dessein de se brouiller à la cour; mais qu'après avoir contenté sa famille par cette voie de complaisance, il vouloit encore que cela lui servît avec le ministre, en lui donnant une grande crainte de le perdre : et cette personne, prophétisant l'avenir, me dit que M. le prince aimant la paix et ne voulant point se laisser gou-

(1) Le duc de Rohan-Chabot.

verner, il arriveroit néanmoins que peu à peu ses sentimens se changeroient, et que madame de Longueville avoit bien la mine de le faire aller plus loin qu'il n'en avoit envie, parce, me dit-il, qu'il n'y a rien de si aisé que de trouver les moyens d'irriter un prince du sang qui veut toujours plus qu'on ne lui veut donner.

Le duc de Beaufort, pour satisfaire au respect qu'il devoit à la Reine, lui fit demander si elle auroit agréable qu'il allât lui rendre ses devoirs; mais le ministre, qui n'avoit pas réussi en sa politique de consentir qu'elle vît le coadjuteur, dont elle avoit été si hardiment refusée, n'approuva pas qu'elle traitât favorablement le roi des frondeurs. Ainsi le duc de Beaufort fut rejeté; et la Reine me fit l'honneur de me dire, ce jour même (2) que j'étois revenue auprès d'elle, qu'elle ne l'avoit point voulu voir : et celui-là, qu'elle avoit autrefois considéré, lui étoit plus en horreur que les autres, par cette raison qu'on hait beaucoup davantage les ennemis qui ont été amis, que ceux qui nous ont toujours été indifférens. Le duc de Beaufort en étoit de même; et, l'ayant rencontré dans des visites à Paris, je trouvois qu'il avoit plus d'aigreur contre la Reine que ceux de ce parti qui n'avoient jamais été dans ses intérêts.

Madame de Chevreuse, ayant été malade depuis qu'elle avoit quitté Paris, n'avoit pu jouir encore de la permission qu'elle avoit obtenue de venir voir la Reine. Elle arriva le 8 d'août à Compiègne, le visage pâle de sa maladie, et le cœur soumis, à ce qu'il parut, à toutes les volontés de la Reine et de son ministre. Elle fut reçue à l'heure du conseil où étoient le duc d'Orléans, M. le prince et le reste des ministres. Le Tellier, qui avoit fait son accommodement, me dit ce même soir qu'il avoit eu de la peine à rassurer son esprit sur les soupçons qu'elle avoit; car, malgré la parole de la Reine qu'il avoit portée, elle craignoit qu'étant revenue en France sans son consentement, elle ne la fît arrêter. Cette princesse étoit si lasse de l'exil et des bannissemens, qu'elle les craignoit infiniment; et, pour plus grande sûreté, elle avoit voulu que le premier président lui promît aussi, de la part de la Reine, qu'elle seroit bien traitée. La Reine, qui ne baisoit que la duchesse d'Orléans, Mademoiselle, quelquefois madame la princesse par la qualité de sa favorite, l'avoit distinguée des autres princesses, et avoit accoutumé de lui faire cet honneur; mais alors elle en fut privée, et la Reine lui voulut montrer qu'elle avoit senti ce qu'elle avoit fait contre elle. Cette princesse sup-

(2) Le 1er août. Je revins ce jour-là de Paris à Compiègne.

plia la Reine de lui pardonner tout le passé, et lui promit pour l'avenir une grande fidélité. Ses promesses furent reçues avec douceur et sans reproches, mais avec un air bien différent des caresses qu'elle lui faisoit quand elle en étoit satisfaite. Après avoir salué le Roi et parlé un moment au ministre, elle se retira, et la Reine dit avec exclamation, à une personne du conseil, qu'en toutes choses elle n'étoit plus madame de Chevreuse, et qu'elle la trouvoit aussi changée qu'elle l'étoit pour elle : voulant particulièrement parler de son visage, qui n'avoit plus guère de traces de sa beauté passée. Il y eut une grande presse dans l'antichambre de la Reine pour la voir passer ; et je remarquai, par cette curiosité publique, combien le bruit des choses extraordinaires donne d'éclat. Mademoiselle de Chevreuse sa fille, dont la beauté étoit célébrée, quoiqu'elle ne fût pas parfaite, reçut de grandes louanges de ceux qui la virent : tant ce qui est nouveau plaît presque toujours, et ce qui ne plaît pas ne laisse pas d'être admiré. La complaisance ou la mode composent souvent cette admiration, plutôt que le sentiment de ceux qui louent.

Le 9, le prince de Conti, convié par la bienséance, par M. le prince son frère et par son intérêt particulier, vint à la cour à dessein d'y faire parade de sa fierté; mais alors il avoit besoin du ministre. Les Liégeois lui avoient fait offrir la coadjutorerie de Liége, pourvu qu'il leur aidât à faire la guerre à leur évêque ; et il avoit écouté leur proposition avec quelque désir d'y penser. La hauteur et les prétentions ne s'accordent pas bien ensemble. Il avoit promis aux frondeurs, en partant de Paris, qu'il ne verroit point le ministre; mais ayant des affaires, il n'y pouvoit travailler sans choquer sa promesse. Il fallut donc qu'il le vît : on l'y força doucement, et il le souffrit doucement aussi. Le duc d'Orléans et M. le prince suivant le Roi, le convièrent d'aller dîner avec eux chez le cardinal, et il le fit de bonne grâce. Il n'auroit pu même le refuser, puisque le Roi y étoit. Sa proposition de Liége ne fut pas agréée : les difficultés se trouvèrent trop grandes pour l'exécution, et le ministre n'étoit pas obligé à le servir.

Ce même jour au conseil, sur quelque intérêt du cardinal, la Reine regardant le prince de Conti, lui en demanda son avis ; et comme il ne répondit rien, elle en fut irritée. Le soir, me faisant l'honneur de m'en parler, elle me dit qu'elle n'avoit jamais vu une telle hardiesse, et qu'elle en avoit senti du dépit, parce que c'étoit plutôt manquer de respect envers elle que de justice envers son ministre. Dans ce même conseil, il fut résolu que le Roi iroit bientôt à Paris. Monsieur et M. le prince, pour obliger les Parisiens, pressèrent la Reine de s'y résoudre, et assurèrent le cardinal de leur protection. Ils avoient tous deux de bonnes et de louables intentions ; mais il est à croire qu'ils se soucioient fort peu de l'événement, et que l'état des choses ne leur déplaisoit pas.

Rio turbio (1) *gannancia de pescadores.*

Le ministre y consentit aussi, espérant que la présence du Roi étoufferoit peut-être le reste de la sédition; mais comme il avoit vu assez souvent que ce remède n'avoit pas été suffisant pour guérir le mal, il fut louable de s'y résoudre malgré le péril que raisonnablement il pouvoit y craindre. Il fit plus : il ne voulut pas même témoigner de croire qu'il pût y en avoir. Les souffrances abattent toujours la furie des peuples; et quoique Paris n'eût pas été réduit à une grande famine, il est pourtant vrai que la populace avoit senti la nécessité : une grande quantité de pauvres gens étoient morts ; et ce qui restoit de canaille mutine n'étoit plus qu'une troupe de coquins payée par les frondeurs pour faire du bruit et pour crier.

Madame de Montbazon voyant que son ami le duc de Beaufort seroit à la fin contraint de fuir la présence du Roi, manda au ministre que ce prince croyoit être obligé pour sa gloire de ne le point voir, et le pria qu'il pût souffrir qu'il saluât le Roi et la Reine à leur arrivée, et qu'ensuite il lui promettoit qu'il se retireroit de Paris, ou qu'il le verroit. Le cardinal, qui depuis longtemps étoit accoutumé à de telles douceurs, et qui ne vouloit pas montrer qu'il se mît en peine du salut ni du mépris du duc de Beaufort, consentit à ce qu'il désiroit, et crut faire une action de prudence de lever cet obstacle de son chemin. Le duc d'Orléans répondit aussi pour lui, et promit de l'abandonner entièrement s'il vouloit continuer à faire le méchant personnage de frondeur.

Le séjour du prince de Conti à la cour; l'union qui paroissoit, malgré les desseins de madame de Longueville, entre la Reine, les princes du sang et le ministre; madame la princesse qui enfin étoit revenue à Compiègne, et qui témoignoit être satisfaite d'un éclaircissement qu'elle avoit eu avec la Reine; l'accommodement de madame de Chevreuse, qui faisoit espérer à la cour celui du coadjuteur; le soupçon qu'on avoit que le duc de Beaufort commençoit à s'humilier, et surtout la joie publique que les bourgeois avoient du retour du Roi, mettoient les

(1) Proverbe espagnol qui signifie : Il fait bon pêcher en eau trouble.

mécontens hors de l'espérance de pouvoir se soutenir contre la cour. Ils étoient tristes, et commençoient à se justifier du passé, à craindre l'avenir, et à dire que le cardinal faisoit un tour d'habile homme de revenir et de n'avoir point de peur. Ils haussoient les épaules quand on leur parloit de lui, et disoient pour toute réponse qu'il étoit plus heureux qu'il ne méritoit de l'être. Parmi cette consternation, il y en avoit encore entre eux d'assez fous pour espérer que cette journée dans laquelle il entreroit à Paris pourroit lui être fatale; ils disoient que si le peuple s'avisoit de crier vive le Roi, et non pas Mazarin, il étoit perdu. Il y eut des personnes de cette faction séditieuse qui donnèrent de l'argent pour essayer ce dernier remède; mais cette pauvre invention tant de fois pratiquée, et dont les sots même commençoient à se dégoûter, ne leur réussit point, et le temps étoit venu qu'il falloit que le Mazarin commençât à se faire craindre de ses ennemis. La Reine, ne voulant point donner le moyen aux malintentionnés de faire quelque nouveauté, se hâta de partir de Compiègne. Le Roi et elle arrivèrent à Paris le 18 du mois d'août.

Nous admirâmes une merveille qui à peine étoit croyable, vu les choses passées. Le Roi et la Reine furent reçus avec tous les applaudissemens et les cris de joie accoutumés, et pratiqués par les peuples en de telles occasions. On ne parla point du tout du Mazarin, et toutes ces acclamations publiques paroissoient présager une véritable paix. Le prince de Conti, qui avoit été malicieusement destiné par la Reine pour être mis à la portière du carrosse avec le ministre, prévint la cour de quelques jours, ne voulant pas, à ce qu'elle disoit, être témoin de la gloire d'un homme dont il s'étoit déclaré l'ennemi. La Reine, qui croyoit qu'il étoit permis de tirer ses avantages des occurrences qui se peuvent présenter, eut raison de vouloir mener en triomphe son ennemi défait, et la prudence de ce prince lui déplut un peu. Quand elle arriva à Paris, elle me fit l'honneur de me dire, en riant, qu'elle étoit au desespoir de n'avoir pu réussir à cette innocente vengeance.

Ce fut donc un véritable prodige que l'entrée du Roi en ce jour, et une grande victoire pour le ministre. Jamais la foule ne fut si grande à suivre le carrosse du Roi, et il sembloit, par cette alégresse publique, que le passé fût un songe. Le Mazarin si haï étoit à la portière avec M. le prince, qui fut regardé attentivement de tous ceux qui suivoient le Roi. Ils se disoient les uns aux autres, comme s'ils ne l'eussent jamais vu : Voilà le Mazarin. Quelques-uns, voyant arriver un carrosse du corps tout fermé, dirent qu'il étoit caché dedans, et voulurent y voir; mais ce fut plûtot une raillerie qu'une malice. Quand le Roi et la Reine arrivèrent, la foule sépara du carrosse du Roi les gendarmes, les chevau-légers et toute la suite royale. Les peuples, qui les arrêtoient par la presse qui se rencontra dans les rues, bénissoient le Roi et la Reine, et parloient à l'avantage du Mazarin. Les uns disoient qu'il étoit beau, les autres lui tendoient la main et l'assuroient qu'ils l'aimoient bien, et les autres disoient qu'ils alloient boire à sa santé. Après que la Reine fut entrée chez elle, ils se mirent tous à faire des feux de joie, et à bénir le Mazarin qui leur avoit ramené le Roi. Il leur avoit fait sous main distribuer de l'argent : c'est pourquoi ils juroient qu'il étoit un bon homme, et disoient qu'ils avoient été trompés quand ils avoient tant crié contre lui. La Reine fut ravie de cette réception : il lui sembloit que ces applaudissemens étoient des marques de l'approbation qui étoit due à sa fermeté; et cette joie publique lui fut d'autant plus agréable qu'elle s'y attendoit moins. La raison avoit voulu son retour : la même raison l'avoit conseillée de s'abandonner au peuple sans nulle précaution, pour leur montrer plus de confiance; et même il avoit fallu le faire ainsi, pour faire voir aux ennemis de l'Etat que le Roi ni elle ne craignoient rien; mais, dans le vrai, cette journée avoit été appréhendée par le ministre, qui avoit reçu plusieurs avis, envoyés sans doute par ceux qui craignoient son retour, qu'il eût à se garder, et que le peuple à sa vue se souleveroit contre lui.

La Reine, en arrivant, me dit qu'elle avoit été surprise de l'excessive alégresse des Parisiens, et qu'elle ne s'étoit pas attendue à une telle fête. Les frondeurs, ainsi qu'il est à croire, furent au désespoir de ce changement : les indifférens le regardoient avec étonnement; et tous eurent lieu d'être à jamais persuadés de la légèreté des peuples, et de la facilité qu'ils ont de joindre les contraires ensemble. Le Palais-Royal se trouva aussi rempli de personnes principales et de qualité, que les rues l'étoient de menu peuple. Le Roi et la Reine furent salués de cette illustre troupe, et en particulier par le duc de Beaufort, que le duc d'Orléans amena du milieu de cette foule dans le petit cabinet. Le ministre n'y étoit pas : il étoit allé se reposer dans son appartement. Ce prince fit à la Reine, après avoir salué le Roi, un compliment composé d'une protestation de fidélité. Elle lui répondit seulement que les effets la persuaderoient de la vérité de ses paroles. Le duc d'Orléans, qui savoit que cet entretien ne pouvoit pas durer long-temps, dit tout haut qu'il falloit laisser reposer la Reine de la fatigue qu'elle avoit eue, et sortit aussitôt, en protestant qu'il étoit lui-même bien las. M. le prince le suivit, et le duc de Beaufort en fit autant. La Reine donna le bonsoir de bon cœur à toute la compagnie ; et après qu'elle se fut déshabillée, et qu'elle eut visité son oratoire pour rendre grâces à Dieu des assistances visibles qu'elle recevoit de sa main toute puissante, elle parla tout le soir avec plaisir des applaudissemens de son entrée, et nous conta toutes les douceurs que les lavandières, les ravaudeuses et les femmes des halles avoient dites à son ministre, qui sans doute furent alors plus agréables au cardinal Mazarin que ne l'auroient été celles des plus belles dames de l'Europe.

Le lendemain le coadjuteur, à la tête du clergé, vint saluer le Roi et la Reine. Il fit à Leurs Majestés une harangue qui, par sa brièveté, montroit assez qu'il étoit au désespoir d'être obligé de leur en faire. Il parut interdit. Son audace, sa hardiesse et la force de son esprit ne l'empêchèrent pas en cette occasion de sentir ce respect et cette crainte que la coutume et le devoir ont si fort imprimés dans nos ames pour les personnes royales. La terreur que les remords donnent infailliblement à tous les coupables se fit voir sur son visage. Etant auprès de la Reine, je remarquai qu'il devint pâle, et que ses lèvres tremblèrent toujours, tant qu'il parla devant le Roi et elle. Le ministre étoit debout auprès de la chaise du Roi, qui parut en cette rencontre avec un visage qui marquoit sa victoire : et sans doute qu'il sentit de la joie de voir son ennemi dans cette angoisse. Je remarquai aussi que le coadjuteur, malgré cette grande frayeur qui l'avoit saisi, eut la fierté de ne pas regarder le cardinal : il fit sa révérence au Roi et à la Reine sans jeter les yeux sur lui, et s'en alla bien fâché sans doute contre lui-même d'avoir donné des marques publiques du trouble de sa conscience. La Reine en reçut de la joie. Ce tremblement honoroit la fermeté de son courage, qui avoit résisté si constamment à tant d'obstacles ; et comme j'avois l'honneur d'être auprès d'elle quand le coadjuteur lui parla, aussitôt qu'il fut parti elle me fit un signe de l'œil ; et, m'étant baissée pour l'écouter, elle me demanda si je n'avois pas bien vu au visage du harangueur combien l'innocence est une belle chose. Ensuite elle ajouta : « Sa «honte me fait plaisir ; et si j'avois de la vanité, «je pourrois dire même qu'elle me donne de la «gloire ; mais il est sans doute, me dit-elle, «qu'elle doit être bien honorable à M. le car«dinal. »

Ensuite de cette harangue vint le parlement, la chambre des comptes, la cour des aides, le grand conseil, les maîtres des requêtes, le corps des marchands, la ville, et tous ceux enfin qui ont accoutumé de saluer le Roi quand il revient dans Paris. Toutes les compagnies, par leurs paroles, témoignèrent qu'elles étoient fort soumises. Le parlement en général parut être bien intentionné ; mais comme il voyoit qu'il avoit eu la force de résister au Roi, et qu'il n'avoit pu le châtier selon qu'il avoit montré d'en avoir le dessein, cette compagnie se croyoit en état de tenir bon contre la puissance royale quand bon lui sembleroit ; et on pouvoit craindre qu'elle ne fût pas encore dans les dispositions de fidélité et de respect qu'elle devoit avoir. Il n'est que trop vrai que les suites en furent mauvaises, et que les fautes qu'elle a depuis faites contre le service du Roi procédoient de ce premier engagement où plusieurs de ce corps s'étoient mis, qui paroissoit coloré du bien public, et dont néanmoins la source étoit la passion et l'intérêt de ceux en qui l'ambition eut toujours trop de pouvoir.

Le coadjuteur n'étoit pas en sûreté à Paris sous la puissance royale : il falloit qu'il rendît hommage au ministre, ou qu'il quittât ce grand poste d'où il l'avoit si fièrement frondée. La nécessité de lui faire une visite le fit résoudre d'y aller le lendemain de sa harangue, et par le conseil de ses amis il s'acquitta de ce devoir. Ils parlèrent du passé, l'avenir parut douteux, et de grandes justifications se firent de part et d'autre. Elles devoient être un peu plus fortes du côté du coadjuteur que du ministre : car ce dernier n'avoit de crimes qu'une raillerie soufferte, et une trop grande tolérance pour supporter les menaces du coadjuteur ; mais comme le ministre ne se soucioit pas de se venger, qu'il vouloit seulement aller à ses fins, apaiser la révolte et assoupir la haine publique, étouffant celle de ses ennemis particuliers, il lui fit mille flatteries, et lui laissa concevoir quelque espérance qu'il le serviroit dans le désir qu'il avoit de se faire cardinal. Ces deux hommes, qui ne pouvoient avoir de sincères intentions à l'égard l'un de l'autre, demeurèrent alors avec quelque apparence de réconciliation, sans que pourtant le coadjuteur cessât de parler mal du ministre : il lui avoit dit à lui-même qu'il le falloit ainsi pour conserver son crédit dans les cabales qui lui étoient contraires, et disoit à ses amis que le cardinal étoit un homme dont il vouloit tirer tous les avantages qu'il en pouvoit espérer ; qu'il n'avoit nulle estime pour lui, et qu'il feroit toujours profession publique de mépriser son amitié, et de ne la rechercher que quand elle lui seroit commode.

Le prince de Conti ne laissa pas de traiter cette visite de lâcheté et de foiblesse ; et comme ils n'étoient plus dans la même intelligence que par le passé, il se moqua de lui d'avoir été se soumettre à une personne qu'il disoit lui-même si méprisable. Ce ministre a eu cette destinée qui est assez extraordinaire. Il n'y a point eu de tyran qui n'ait eu ses amis et ses créatures ; mais lui, sans cruauté pour ses ennemis, ayant fait beaucoup de bien tant à ses amis qu'à ceux qu'il a eu sujet de haïr, presque tous dans ce temps-là se sont moqués de lui ; et les uns et les autres ne se raccommodoient avec lui, ainsi que je l'ai déjà remarqué, qu'à condition qu'il souffriroit leur médisance et leurs mépris. Il s'y accordoit aisément, pourvu qu'il pût espérer de se moquer d'eux à son tour : ce qui devoit arriver quand l'autorité légitime se rétabliroit, puisque son affoiblissement étoit la cause de cette hardiesse.

La Reine étant à Paris, voulant commencer sa première visite par Notre-Dame, elle y fut entendre la messe le premier samedi suivant, et y voulut mener le Roi. En passant par les rues, son carrosse fut continuellement suivi du peuple ; et toute cette canaille, qui lui avoit manqué de respect et de fidélité, lui donna mille bénédictions. Dans le Marché-Neuf, les harangères, qui avoient tant crié contre elle, la pensèrent, par amitié, arracher de son carrosse. Elles se jetèrent toutes en foule sur elle ; chacune de ces mégères vouloit toucher sa robe, et il s'en fallut peu qu'elle ne fût déchirée de cette vilaine troupe. Elles crioient toutes qu'elles étoient bien aises de la revoir, et lui demandoient pardon de leurs fautes passées, avec tant de cris, de larmes et de transports de joie, que la Reine même et ceux de sa compagnie en furent étonnés, et regardèrent ce changement comme un petit miracle. Il fallut dans l'église soulever le Roi en haut et le montrer au peuple, qui, par des cris redoublés de *vive le Roi*, montra combien est grande l'impression de fidélité et d'amour qui se trouve naturellement dans le cœur des sujets envers leur Roi. Elle y est variable et défectueuse, mais elle y revient facilement.

Le duc de Beaufort, quelques jours après, vint au cercle se présenter devant la Reine comme les autres ; mais elle, irritée de ce qu'il n'avoit pas vu le cardinal, aussitôt qu'elle le vit paroître se leva, et s'en alla s'enfermer dans sa petite chambre.

Les fatigues des premiers jours s'étant passées, la Reine alla visiter la reine d'Angleterre à Saint-Germain. Elle y trouva le roi d'Angleterre son fils, qui attendoit auprès de la Reine sa mère quelque favorable occasion pour retourner en son pays faire la guerre à ses rebelles sujets. Ces deux princesses ne s'étoient point vues depuis la déplorable mort du roi d'Angleterre, que toutes les deux devoient pleurer, l'une comme sa femme bien aimée, l'autre comme son amie : mais la Reine évita de parler à la reine d'Angleterre de son malheur, pour ne pas renouveler ses larmes ; et, après les premières paroles de douleur que l'occasion les força de dire l'une à l'autre, la civilité ordinaire et les discours communs firent leur entretien. Cette même journée se termina par l'action que fit Soyon, fille d'honneur de Madame, qui, malgré la passion que le duc d'Orléans avoit pour elle, alla s'enfermer dans les Carmélites. Ce prince en fut au désespoir. Il fit des choses fort extraordinaires pour l'en faire sortir ; il se déclara ennemi de cette maison et de ces saintes filles si elles ne la mettoient dehors, et se servit, pour les y obliger, de toute la puissance qu'un oncle du Roi peut avoir en France. Elle en sortit en effet, et son retour fut cause en partie de beaucoup de changemens dans la maison de ce prince, qui étoit une cour composée de beaucoup de personnes de qualité et de différentes cabales. Il sembla que l'intrigue avoit eu quelque part à la retraite de cette fille ; mais je l'ignore (1), et n'en puis parler avec connoissance. Elle étoit aimable, elle avoit les yeux beaux, de belles dents et une belle bouche, mais elle étoit fort brune ; et sans avoir toutes les grandes beautés qui, selon les règles, composent la beauté, elle pouvoit dire : *Nigra sum, sed formosa.*

Le Roi, pour réveiller d'autant plus l'amour de ses peuples envers sa personne, voulut aller le jour de Saint-Louis, à cheval, visiter l'église des Jésuites dans la rue Saint-Antoine. Il y fut paré de sa bonne mine, de sa belle taille et d'un habit admirablement beau. M. le prince et le prince de Conti l'accompagnèrent en cette dévotion de parade, et beaucoup de seigneurs le suivirent pour avoir part à cette alégresse publique.

Le cardinal, dont les ennemis publioient qu'il n'oseroit plus sortir du Palais-Royal sans mourir de peur, ce jour même, inspiré par la politique, par son courage, ou par les assurances qu'il devoit prendre en la joie du peuple, sortit dans son carrosse une heure avant le Roi, quasi seul avec deux ou trois évêques et abbés, sans suite ni sans cortège ; et, traversant toute la ville, s'en alla le premier aux Jésuites attendre le Roi. Il y reçut sa part des bénédictions publiques ; et, avant que d'entrer dans l'église, il demeura quelque temps au milieu du peuple pour être vu,

(1) Voyez à ce sujet les Mémoires de Mademoiselle.

et pour montrer qu'il ne craignoit pas d'en être maltraité. Le Roi, étant arrivé dans ce magnifique temple, eut sujet de rendre grâces à Dieu, qui avoit préservé la France des malheurs dont elle avoit paru menacée. Le ministre en eut aussi de le remercier de l'avoir protégé contre ses ennemis particuliers, le faisant arriver au terme favorable du changement de sa destinée. Il semble que le malheur le plus grand ne manque guère d'être suivi de quelques favorables événemens. Ceux-ci néanmoins ne durèrent guère, et nous verrons ce ministre sentir encore pour quelque temps, et bien amèrement, combien la conservation des places élevées coûte aux hommes qui les possèdent.

Les Bordelais continuoient leurs anciennes brouilleries; ils se plaignoient de leur gouverneur le duc d'Epernon (1), et, malgré la paix de Paris, ils ne laissèrent pas d'envoyer au parlement lui demander protection. Les Provençaux en firent autant : ils demandoient jonction avec cet illustre corps, et vouloient lui persuader qu'ils se devoient lier ensemble pour le secours commun de leurs compagnies. Ces députations ne déplaisoient pas au parlement de Paris, et beaucoup de ceux de cette compagnie demandèrent de faire assembler les chambres pour en délibérer; mais le premier président éluda cette proposition, disant qu'il ne falloit point parler de cela; que c'étoit l'esprit de dissension qui continuoit encore; qu'ils ne devoient point ouvrir leurs paquets, et que ces affaires s'accommoderoient sans qu'ils donnassent du secours à leurs confrères qui en demandoient. On rapporta ces paroles aux chambres des enquêtes; ils crièrent tous, et dirent qu'ils vouloient s'assembler, qu'il étoit juste de leur donner de l'aide, et que leur force consistoit seulement en l'union de tous les parlemens. Ils continuèrent plusieurs jours à demander qu'on ouvrît les paquets, et le bruit fut si grand qu'enfin le premier président, ne pouvant plus y résister, dit qu'il étoit juste de les voir; mais que c'étoit lettres de vieille date, et qu'ainsi il étoit d'avis d'envoyer les gens du Roi chez le chancelier, pour savoir de lui, avant que de parler de cette affaire ni en faire des remontrances à la Reine, en quel état elle étoit. Cet avis fut suivi de tous comme très-raisonnable : il fut exécuté, et le chancelier répondit qu'ils avoient fait sagement d'en user ainsi; que la chose étoit accommodée, et que les députés de Bordeaux étoient contens de ce qu'on leur accordoit : ce qui étoit en quelque façon véritable. Le parlement de Provence, qui avoit eu sa part de cette contagion, étoit aussi

(1) Bernard de Nogaret.

en mêmes termes, parce que les plus grands soins du ministre étoient de lever les obstacles qui pouvoient s'opposer à son repos. On envoya donc une interdiction à Bordeaux, pour réparer par une apparente punition les fautes qui avoient été commises contre le respect qui étoit dû au Roi; mais ce fut à condition qu'elle seroit révoquée huit jours après. Cette douceur ne fut pas le remède de leur mauvaise humeur, et nous verrons bientôt cette ville mutine servir d'asyle aux ennemis du Roi.

En ce même temps on reçut nouvelles que l'armée du Roi étoit aux portes de Bruxelles, qui faisoit un grand dégât dans le pays ennemi; qu'elle avoit pris Condé et un convoi de blés considérable.

L'empereur, depuis la mort de l'impératrice sœur de la Reine, avoit épousé en secondes noces la fille de l'archiduc d'Inspruck, belle, jeune et digne par sa vertu de l'estime publique. La mort lui vint ravir cette princesse peu de temps après son mariage : ce qui lui fut d'autant plus sensible que ce bien avoit encore pour lui les grâces de la nouveauté.

Le roi d'Angleterre sut alors que quelques troupes, qui tenoient encore pour lui en Angleterre, avoient été défaites : ce qui l'affligea beaucoup; et voyant toutes ses espérances presque détruites, il se résolut d'aller aux îles de Jersey et de Guernesey, dont milord Germain, attaché au service de la Reine sa mère, étoit gouverneur. Il voulut aller en Irlande voir si la fortune lui ouvriroit quelque voie pour rentrer dans son royaume. Ce lord lui ayant conseillé de ne se pas hâter d'y aller dans le temps de cette déroute, il lui répondit qu'il falloit donc y aller pour mourir, puisqu'il étoit honteux à un prince comme lui de vivre ailleurs. Ce discours paroissoit procéder d'un grand cœur : les plus grands hommes de l'antiquité n'ont pas mieux parlé; mais de jeunes gens passent aisément de cette roide vertu au relâchement : ils souffrent ensuite avec indifférence des maux qui d'abord leur ont paru les plus insupportables de la vie, et le plaisir qu'ils rencontrent en cette même vie en est cause. C'est ce qui arriva à ce prince, qui naturellement aimoit les dames; et plusieurs de ses années, soit en France, soit ailleurs, se sont passées dans une grande oisiveté. Elle a été glorieusement interrompue par ce prince quand la fortune lui a donné lieu de mieux faire, et quand il a pu travailler à son rétablissement.

Le ministre, qui vouloit devenir le maître absolu de la cour, faisoit ce qu'il pouvoit pour gagner le prince de Conti; mais ce prince, inspiré par madame de Longueville, demeuroit dans le dessein de se conserver le chef des mécontens. Un prince du sang malintentionné est toujours à craindre : son nom est d'une grande considération parmi les esprits factieux, et il peut être en tous temps la cause de beaucoup de maux. La Reine, par cette même considération, se contraignit de lui faire bonne mine ; elle traitoit de même tous les autres. Mais il falloit toute l'application du cardinal Mazarin pour le réduire à cette dissimulation.

Ce ministre, malgré le chagrin que M. le prince avoit montré de la proposition qui s'étoit faite du mariage du duc de Mercœur et de mademoiselle de Mancini, résolut d'achever cette affaire, et de se donner par ses nièces des alliances considérables. Son dessein n'étoit pas de fâcher les princes du sang : au contraire, il désiroit ardemment de conserver leur amitié ; mais il vouloit subsister par lui-même et n'avoir plus besoin de protecteur. Il envoya donc Le Tellier à M. le prince, pour lui dire qu'enfin il souhaitoit d'achever ce mariage ; qu'il ne pouvoit pas refuser un prince de cette qualité qui désiroit être son parent, ni manquer de reconnoître cette obligation en acceptant ses offres. Il lui manda aussi que ceux qui étoient de ses amis, et qui connoissoient le duc de Beaufort, l'avoient assuré que c'étoit le plus rude coup qu'il pût recevoir, parce que c'étoit témoigner de ne se pas soucier de lui que de faire ce mariage en dépit de lui, et qu'il le supplioit d'y consentir, et de croire que cela ne le détacheroit nullement de ses intérêts. Le Tellier m'a conté que M. le prince répondit en riant et en se moquant du ministre : « Ah ! monsieur, le voilà donc mort ce « grand prince que M. le cardinal craint d'une si « étrange manière. En vérité, le voilà bien ven- « gé ! » Et après un grand éclat de rire il reprit aussitôt le parti de la civilité, et lui dit que la Reine étoit la maîtresse, qu'elle pouvoit faire ce qui lui plaisoit, et M. le cardinal aussi ; et qu'ayant déjà donné son consentement dès Compiègne, il ne vouloit pas s'en dédire. Ce prince alors reprit cette petite froideur qui avoit déjà paru dans sa manière d'agir avant son voyage de Bourgogne, et ses créatures allèrent publiant par le monde que M. le prince avoit sujet de se plaindre qu'on méprisoit son amitié, et qu'on pourroit bien s'en repentir. Il montra aussi dans quelques occasions qu'il avoit du ressentiment de cette alliance ; car, ayant toujours paru assez soumis à la puissance de la Reine, il commença d'avoir de l'aigreur pour toutes choses ; et l'on remarqua que dans le conseil il n'avoit plus de complaisance pour les avis du ministre. Il s'emporta un jour contre le maréchal de Villeroy, qui vouloit empêcher quelques propositions avantageuses qui se faisoient en faveur des Bordelais, parce qu'il jugea que cet habile courtisan ne leur étoit pas contraire sans un ordre particulier ; et comme il commençoit à se dégoûter du parti royal, il étoit bien aise d'obliger ces peuples mutins. Ce dégoût qu'il eut pour le ministre le lia d'autant plus à madame de Longueville qu'il s'éloignoit moins de ses sentimens ; et elle fut ravie de le voir mécontent et plaintif. Sans elle, le ministre auroit pu le guérir facilement, par les soins qu'il prit de se justifier à lui sur son chagrin ; mais comme elle travailloit à l'augmenter, elle fut cause que ce prince demeura quelque temps dans un état indécis, ne sachant ni ce qu'il haïssoit ni ce qu'il aimoit. Il sembloit au ministre qu'il revenoit quelquefois à lui, il recherchoit ensuite son frère le prince de Conti ; il avoit des conférences avec les plus dangereux esprits ; il pensoit à tout, il écoutoit tout et ne vouloit rien. J'ai ouï dire, à une personne qui couchoit auprès de lui en qualité de premier gentilhomme de sa chambre, qu'il étoit alors dans des inquiétudes extrêmes, chagrin et mal satisfait de toutes choses, parce que dans toutes il trouvoit du défaut et du mal. Le ministre espéroit, vu la conduite qu'il avoit eue par le passé, qu'il ne quitteroit que difficilement le parti de la Reine. Madame de Longueville et les autres, par ce petit changement qui étoit en lui, croyoient déjà le tenir engagé dans leurs desseins ; et, l'ayant pour chef, n'espéroient rien moins que de chasser le ministre pour se faire les maîtres de la cour et des grâces, ou bien, diminuant encore le pouvoir du cardinal, le mettre en état qu'il n'auroit été qu'un ministre en peinture. Pour parvenir à leurs anciens et nouveaux desseins, ils travailloient de tout leur pouvoir à ranimer la malignité du parlement, afin de faire naître de nouveaux embarras à la Reine et de nouvelles peines au cardinal.

Le parlement [le 2 septembre] ayant enfin fait quelque bruit sur les requêtes que leur faisoient les Bordelais, la Reine le manda en corps. Le chancelier leur montra le tort qu'ils avoient de proposer l'assemblée des chambres, vu que cela étoit formellement contre ce qui avoit été arrêté par la déclaration dernière. Il leur dit que comme la Reine n'avoit pas intention de manquer de parole sur tout ce qu'elle leur avoit promis, qu'aussi elle demandoit de leur part la même fidélité ; que le prétexte qu'ils prenoient n'avoit plus de fondement ; que l'affaire de Provence étoit accommodée, la paix qu'on leur avoit envoyée ayant été acceptée publiquement ; et qu'il étoit à croire que celle de Bordeaux se feroit de même, vu qu'on leur avoit envoyé par leurs députés des conditions douces et raisonnables. Il leur dit qu'ils devoient penser aux moyens de la donner à tout le royaume ; et qu'ils devoient craindre, quand ils auroient les meilleures intentions du monde, permettant aux chambres de s'assembler, que ce ne fût donner un moyen, à ceux qui n'étoient pas sages, de troubler encore le repos de l'Etat par les mutineries et factions ordinaires.

La Reine et le duc d'Orléans leur dirent succinctement la même chose, les exhortant à bien faire pour le bien et l'avantage du Roi et de ses sujets.

Le premier président, qui dans ces occasions paroissoit toujours dans les sentimens de sa compagnie, répondit qu'ils étoient obligés au secours de leurs confrères ; que leurs desseins ne devoient pas déplaire à Sa Majesté ; qu'ils n'avoient point d'intention de manquer à ce qu'ils devoient au Roi ; que déjà, s'ils vouloient, ils auroient eu sujet de se plaindre de ce qu'on leur avoit manqué en certains points de la déclaration : mais qu'ils ne le vouloient pas faire ; et l'assura, en général, qu'ils étoient bons serviteurs du Roi, et qu'ils le témoigneroient toujours en toutes occasions.

Cette compagnie ayant honte de désobéir sitôt à la Reine, malgré les cabales des particuliers et leurs factions couvertes, ils résolurent de n'ouvrir les lettres de Bordeaux que dans la grand'-chambre, et ils députèrent quelques-uns pour y faire réponse.

Ce jour de 5 septembre, que le Roi accomplissoit onze ans, pour marque de la joie que la ville de Paris avoit eue de le revoir, elle voulut lui donner le bal à l'hôtel-de-ville, et une magnifique collation. Toute la cour, par l'ordre de la Reine, s'y trouva, et les dames y furent parées autant à leur avantage qu'il leur fut possible. On y dansa de jour, exprès pour éviter la crainte que le Roi pouvoit avoir des sujets si nouvellement repentis. La nuit auroit été plus favorable que le jour, s'il avoit été possible que cette fête eût été le prétexte de quelque sinistre dessein ; mais comme cette pensée n'étoit fondée que sur une prévoyance que la sagesse avoit inspirée à la Reine sans aucun fondement essentiel, elle nous dit, pour cacher sa crainte, qu'elle avoit fait cette malice exprès pour incommoder les dames fardées, dont quelques-unes, qui avoient été frondeuses, ne lui plaisoient pas. Madame de Longueville, que le dépit de voir le Roi et la Reine dans Paris malgré elle retenoit à Chantilly sous prétexte d'y boire des eaux, voulut se servir de cette occasion pour y revenir de bonne grâce.

Elle avoit régné dans l'hôtel-de-ville pendant le siège de cette grande ville, elle y avoit commandé ; et sans doute que ce fut pour elle une chose désagréable d'y voir sa puissance effacée par une plus grande que la sienne. Elle désira, pour guérir ce dégoût, que la Reine l'envoyât convier au bal. Elle l'en fit prier par madame la princesse, et lui en fit parler par ses amis ; mais la Reine, qui n'avoit nulle envie de la traiter si bien, répondit froidement à madame la princesse qu'elle craignoit de l'incommoder. Il fallut enfin que M. le prince s'en mêlât : ce qu'il fit de concert avec madame la princesse sa mère, afin qu'il parût au public que cette princesse, malgré les divisions passées, étoit recherchée de la Reine.

La Reine, cédant à cette dernière attaque, me fit l'honneur de m'en parler avec chagrin, et me dit qu'elle s'étonnoit que cette glorieuse madame de Longueville eût fait tant d'efforts pour obtenir si peu de chose. Je conclus avec elle que cette même gloire avoit sans doute convié madame de Longueville à cette humilité, et qu'elle avoit voulu que ses caresses fissent voir qu'en tous partis elle étoit considérée.

Ce régal royal fut donné et reçu avec une pleine satisfaction, tant du côté du Roi, de la Reine et de toute la cour, que du côté des bourgeois. Le jour fut beau et frais, et les dames n'eurent point trop chaud, parce que les fenêtres demeurèrent toujours ouvertes pour les rafraîchir. Le Roi, selon sa coutume, mena danser Mademoiselle ; le prince de Condé, mademoiselle de Chevreuse ; madame de Longueville fut menée par le duc de Rohan ; et le duc de Mercœur, se déclarant vouloir épouser mademoiselle de Mancini, fut celui qui dansa avec elle. Cette journée finit par une magnifique collation, et sur le soir il y eut un feu d'artifice qui fut beau. La Reine ensuite ramena le Roi au Palais-Royal, qu'il étoit encore de bonne heure.

Pendant que la cour paroissoit en bon état, le parlement frondoit toujours un peu, et n'en laissoit pas passer une seule occasion. Le mariage qui déplaisoit à M. le prince s'avançoit ; les articles se dressoient : on promettoit l'amirauté au duc de Vendôme, et la survivance à son fils ; pour dot deux cent mille écus, et le premier gouvernement qui vaqueroit. M. le prince ne dit plus mot là-dessus ; mais il ressembla au parlement : il gronda sur d'autres sujets. Le duc de Bouillon et le vicomte de Turenne poursuivirent leur remboursement de Sedan ; on leur avoit fait espérer l'Auvergne, Château-Thierry et plusieurs autres villes : ce qu'ils n'avoient point encore. M. le prince les protégea hautement ; et, parlant de leur affaire au chancelier, il s'emporta et jura contre lui, disant d'un ton de grande colère que M. le cardinal lui avoit promis de les satisfaire, et qu'il falloit qu'il le fît. Le duc de Longueville, qui vouloit profiter des intrigues de madame sa femme, se déclara vouloir qu'on lui donnât le Pont-de-l'Arche, situé sur la rivière de Seine à quatre lieues de Rouen. Le prince de Condé en fit son affaire : il en parla au ministre, et dit au duc de Longueville que c'étoit une affaire faite, et que le cardinal ne lui avoit demandé que huit jours pour y faire résoudre la Reine.

D'autre côté, on pressa le cardinal de raccommoder l'affaire des capitaines des Gardes, qui, depuis leur désordre et leur exil, étoit demeurée sans remède. Il répondit à leurs amis qu'il en parloit souvent à la Reine, mais qu'il n'avoit pu gagner sur son esprit de leur pardonner. La Reine, souvent d'accord avec son ministre pour se faire plus terrible qu'elle ne l'étoit, mais à qui, par son propre mouvement, l'action des capitaines des Gardes avoit déplu, protesta publiquement qu'ils ne serviroient jamais tant qu'elle auroit du pouvoir en France. Le cardinal Mazarin, qui ne craignoit pas en cette rencontre de diminuer l'éclat de sa faveur, envoya Le Tellier à la Reine pour lui en parler de sa part, afin qu'il pût servir de témoin que c'étoit elle, et non pas lui, qui ne vouloit pas leur retour.

La Reine ne manqua pas de répondre à Le Tellier qu'elle étoit résolue de ne se point relâcher; qu'en d'autres occasions elle prendroit le conseil de M. le cardinal, comme plus capable qu'elle sur toutes les affaires de grande importance; mais qu'en cela elle croyoit en pouvoir juger elle seule, puisqu'il s'agissoit de la maison du Roi, dont elle savoit mieux que personne l'ordre et la coutume; qu'ils étoient des officiers qui doivent obéir ponctuellement aux ordres du Roi; qu'ils avoient témoigné trop peu de respect pour elle, pour leur pouvoir pardonner si facilement. Le Tellier, soit qu'il eût aperçu que la Reine avoit part à ce refus, soit qu'il fût lui-même trompé par le cardinal, ou qu'il aidât à jouer la comédie, protestoit à tous les amis de ces malheureux que le ministre n'étoit point cause de ce délai, et qu'il n'avoit pu jusques alors obtenir leur grâce de la Reine.

Un jour Le Tellier, sur l'affaire des capitaines des Gardes, me parut véritablement persuadé que l'obstacle de leur rétablissement venoit de la Reine; et, parlant de la soumission d'esprit qu'il sembloit que la Reine avoit pour les conseils du cardinal Mazarin, qui étoit condamnée de beaucoup de gens, il me dit qu'elle n'étoit pas toujours si grande qu'on se l'imaginoit; qu'elle avoit beaucoup de lumières; et qu'elle connoissoit clairement que la conduite de son ministre étoit mauvaise en de certaines choses; qu'elle voyoit bien qu'il faisoit trop languir après les grâces; que cela étoit cause qu'il lui restoit peu d'amis de ceux même qui les recevoient, et lui rendoit ennemis tous ceux qui s'engageoient à y prétendre par ses demi-promesses et ses longueurs; que cette méthode lui faisoit perdre beaucoup de créatures; qu'il ne savoit se déterminer sur rien; qu'il ne se précautionnoit pas assez contre la haine de ses ennemis, et de même n'aimoit pas assez ses amis. Il m'assura de plus que souvent elle lui avoit commandé d'avertir le cardinal de toutes ces fautes afin qu'il s'en corrigeât, et que par son changement il pût apaiser le murmure de ceux qui, avec quelque raison, se plaignoient de lui. Mais quoiqu'elle n'approuvât pas toute la conduite de son ministre, elle ne faisoit jamais de plaintes contre lui que celles qui pouvoient lui acquérir l'amitié publique, celles qui étoient fondées sur sa trop grande douceur, et sur ce qu'il pardonnoit trop aisément. Elle se croyoit obligée à le soutenir. Elle craignoit de s'affoiblir elle-même en l'affoiblissant. Il me semble encore à propos de rapporter sur ce même sujet une conversation que le commandeur de Jars et moi eûmes avec elle vers ces mêmes temps, qui s'accorde avec ce que Le Tellier m'avoit dit. Cette princesse nous parlant un soir des affaires publiques, elle vint sur les particulières, et en détail sur les personnes, et nous dit : « Voyez-vous, on se trompe fort quand on croit « que la considération que nous avons pour ceux « en qui nous nous confions ait le pouvoir de nous « cacher leurs défauts. Je les connois fort claire- « ment en eux : mais comme personne n'en est « exempt, je les excuse. J'en suis fâchée, et ne « les aime pas moins quand je trouve en eux les « principales choses, dont la fidélité et la sûreté « sont les premières. Je me satisfais de celles-là « et souffre le reste. J'ai même ce sentiment en « leur faveur, que je n'aime pas à publier leurs « défauts, ni à me plaindre des fautes qu'ils font « avec une bonne intention et par leur humeur « naturelle, dont ils ne sont pas les maîtres. » Je ne suis pas persuadée que cette princesse, si équitable dans ses sentiments, ait connu alors tout ce qui étoit blâmable dans l'âme du cardinal Mazarin. Je croyois qu'elle avoit souvent à son égard des momens d'un grand discernement, et qu'elle n'approuvoit pas toujours sa conduite ni toutes ses actions. Elle avoit de même la bonté de les excuser, comprenant bien que nul homme n'est parfait; mais ses réflexions et ses lumières étoient un peu obscurcies, parce qu'il travailloit avec soin à conserver son estime, et que l'iniquité visible qui le persécutoit lui faisoit voir ce ministre comme la victime des malheurs qui suivent d'ordinaire les minorités des rois. Elle croyoit dans ce temps-là qu'il portoit injustement sur lui la haine que les envieux de sa faveur avoient conçue contre sa place plutôt que contre ses défauts; et la pitié, de même que la raison et la justice, avoient beaucoup de part à sa constance. On peut dire de plus et avec vérité, pour faire connoître les sentiments de la Reine sur cet article, qu'elle n'étoit pas tout-à-fait aveugle dans la confiance qu'elle avoit en lui; et les remarques que j'en ai faites ailleurs le peuvent prouver. Ceux qui voyoient le ministre m'ont dit que la fermeté de la Reine, dont il recevoit toute sa puissance et toute sa gloire, lui déplaisoit quelquefois autant qu'elle lui étoit nécessaire et avantageuse; qu'il s'en plaignoit à eux, leur disant qu'elle l'embarrassoit dans les choses qu'elle regardoit comme étant utiles au service de Dieu, à l'autorité royale, et au bien public ou particulier; qu'il craignoit l'opposition qu'elle lui faisoit en ces rencontres, et que la Reine s'amusoit à ce que les dévots lui disoient; qu'elle étoit opiniâtre, et qu'il avoit de l'inquiétude toutes les fois qu'il falloit choquer son opinion sur les affaires qui touchoient son cœur par rapport à sa conscience et aux intérêts du Roi. Ses plaintes avoient commencé avec sa faveur, et elles s'étoient augmentées à mesure que la Reine devenoit moins paresseuse et plus sensible au bien de l'Etat, et à ce que sa vertu l'obligeoit de faire.

Le prince de Condé commençoit alors à donner la gêne au cardinal Mazarin, pour avoir le Pont-de-l'Arche; et déjà le ministre avoit mis cette affaire au rang des choses que la Reine ne vouloit pas. Il est aisé de juger, par les sentiments de cette princesse, qu'elle n'étoit pas capable de goûter cette proposition; mais il lui eût été avantageux, à elle et à son ministre, que M. le prince eût pu croire cette difficulté aussi véritable qu'elle l'étoit en effet, et qu'il eût pu s'imaginer être refusé plutôt par elle que par lui; car comme toute la cour, et le prince de Condé en particulier, étoit trop persuadée de son crédit, les excuses de cette nature ne lui servoient de rien. Pendant le siège de Paris, le duc de Longueville demanda cette place: le ministre, qui promettoit aisément pourvu qu'il pût avoir quelque temps à délibérer sur l'exécution, avoit répondu à M. le prince, qui lui en parla sur quelques propositions d'accommodement qui se firent alors, que cette grâce se pourroit facilement accorder. Depuis cette espèce de consentement, M. le prince, mal content de lui et raccommodé avec sa famille, l'avoit pressé et en avoit tiré des paroles plus positives.

Il en vouloit la conclusion, et le cardinal ne le satisfaisoit point, parce, disoit-il, que la Reine y résistoit.

[Le 10 septembre.] Voilà donc M. le prince animé par lui-même et par toute sa famille. Il parla en maître, et montra au cardinal Mazarin de l'audace et du dépit. Le ministre, sur les plaintes de ce prince, lui répondit, pour sa défense, que cette place étoit d'une telle conséquence qu'elle rendoit le duc de Longueville le maître absolu de la Normandie; et que lui, qui avoit l'honneur d'être premier ministre, et en qui le Roi et la Reine avoient remis le soin de soutenir les intérêts de l'Etat, étoit obligé de le défendre. Comme, sur les instances de M. le prince, le ministre eut souvent répondu de pareilles raisons, M. le prince ne pouvant plus souffrir qu'il osât lui parler de la force qu'il devoit avoir à défendre l'Etat, lui qui l'avoit vu si foible, et qui croyoit l'avoir soutenu par sa protection, en fit des railleries; et se moquant de sa vaillance en cette occasion, ou dans quelque autre semblable, il lui dit un jour en le quittant: *Adieu, Mars;* et le traitant de ridicule, il alla se vanter dans sa famille de cette parole, comme si elle eût été digne de l'immortaliser. Le ministre sentit cet outrage: toute la cour se troubla sur cette querelle, et chacun forma des desseins sur le mécontentement du prince de Condé. Les frondeurs se réveillèrent, qui n'étoient pas fort endormis. Le parlement fit du bruit; et toute la cour, par cette brouillerie, se trouva partialisée. L'inquiétude fut grande parmi les faux amis du ministre: les bienfaits qu'ils tenoient de lui les obligeoient par honneur à demeurer dans ses intérêts; ils étoient au désespoir de ne les pouvoir quitter, et commençoient à méditer par quelles voies ils s'en déferoient. Ils s'imaginèrent qu'ayant déjà la haine de tout le royaume, il ne pourroit subsister s'il perdoit l'amitié de M. le prince, et que c'étoit mauvais signe pour lui de ce que le sang royal l'abandonnoit. La Reine, suivant son inclination naturelle qui alloit à la fermeté, aussi vigilante, aussi forte et aussi confiante sur elle-même qu'à son ordinaire, dit tout haut qu'elle ne donnera point le Pont-de-l'Arche au duc de Longueville; que cela étoit tout-à-fait contre les maximes de l'Etat; et qu'elle ne se soucie pas de tout ce qui peut en arriver, pourvu qu'elle fasse son devoir.

Cette résolution étoit louable, et le ministre faisoit son devoir de refuser cette place au prince de Condé, en se servant des raisons de la Reine pour éviter de lui faire ce présent; mais il ne voyoit pas qu'il étoit dans une trop grande foiblesse pour oser soutenir la colère d'un prince du sang dans une régence, qui naturellement diminue la puissance royale, et augmente celle des princes. Nous le verrons donc en ceci comme en beaucoup d'autres occasions, contraint de céder à leur autorité, et conseiller à la Reine, malgré elle et malgré lui, de se laisser vaincre. Nous verrons aussi bientôt après qu'il est dangereux aux princes du sang d'offenser leurs rois, qui sont quelquefois obligés de faire de grands coups pour maintenir leur autorité; et à leurs ministres de promettre légèrement des grâces de grande importance à des personnes d'une qualité à se faire tenir ce qu'on leur promet. Pendant deux ou trois jours, la Reine, M. le prince et le ministre se regardoient avec assez d'embarras. Un jour néanmoins, lui et le ministre parlèrent au conseil assez long-temps ensemble; mais ce ne furent que des discours indifférens. Quand la Reine étoit contrainte par bienséance de lui répondre, elle le faisoit civilement et sans entrer en matière; mais elle évitoit le plus qu'il lui étoit possible de se laisser entamer sur cette affaire.

Enfin, le 14 septembre, Le Tellier alla trouver M. le prince de la part du cardinal. Il lui dit qu'il avoit encore parlé à la Reine de sa prétention, et que Sa Majesté, connoissant de quelle importance étoit cette place, ne pouvoit consentir qu'elle demeurât au pouvoir du duc de Longueville, parce qu'elle craignoit qu'un jour le Roi son fils ne lui en fît reproche; qu'ainsi il étoit contraint de lui dire qu'il n'avoit pu gagner cela sur son esprit; qu'il le supplioit de vouloir considérer ses raisons, et ne pas trouver mauvais s'il ne pouvoit le servir en cette occasion.

M. le prince répondit à cet ambassadeur qu'il le prioit d'aller trouver M. le cardinal, pour lui dire qu'il ne veut plus être son ami; qu'il se tient offensé de ce qu'il manque de parole, et qu'il n'est pas résolu de le souffrir; qu'il ne le verra jamais que dans le conseil; et qu'au lieu de la protection qu'il lui avoit donnée jusques alors, il se déclaroit son ennemi capital. Sur cette réponse, le cardinal manda à M. le prince que cela étoit bien étrange qu'il se laissât gouverner par madame sa sœur et par le prince de Conti son frère, après ce que lui-même lui avoit dit de l'un et de l'autre; et que, pour lui, il seroit toujours son serviteur. Cette harangue déplut à M. le prince : il ne voulut pas qu'on pût croire de lui qu'il se laissât gouverner; mais elle fut agréable à madame de Longueville : ce fut une marque certaine et publique du pouvoir qu'elle commençoit d'avoir sur M. le prince.

Voilà toute la cour, à ce bruit, qui court chez M. le prince. Les frondeurs furent ravis de le voir leur chef, et d'espérer qu'ils pourroient un jour combattre sous ses enseignes : ils ne doutoient pas qu'ils ne pussent avec lui renverser la France à leur gré, et cette illusion leur étoit agréable. Quelques-uns même de ceux qui avoient les premières charges de la maison du Roi, officiers de la couronne, le furent voir; et le petit nombre de fidèles en apparence qui n'y alla pas ne l'en aimoit pas moins. Les personnes attachées au duc d'Orléans suivirent l'exemple des autres, et disoient, pour leur excuse, que M. le prince étoit parent de leur maître. Ceux qui étoient attachés au Roi et à la Reine alléguoient, pour leur justification, que le Roi et elle étoient neutres; que cette querelle étoit particulière entre le prince de Condé et le ministre; qu'ils étoient bons serviteurs de Leurs Majestés; que si M. le prince faisoit un parti, ils l'abandonneroient aussitôt; mais que les choses demeurant dans les termes où elles étoient, ils ne pouvoient pas manquer d'offrir leurs services à un premier prince du sang. Leur procédé néanmoins étoit blâmable : cette querelle étoit celle du Roi et de la Reine; le droit et la raison étoient du côté de la Régente et de son ministre. Il y eut donc peu de sages qui demeurèrent attachés à leur devoir; et ceux que l'honneur et la probité tenoient dans cet état violent parloient peu, balançoient entre les deux, et demeuroient ambigus, sans se déclarer ni pour ni contre.

Du nombre de ceux qui se dirent du parti et des amis du ministre, deux eurent à se justifier à lui d'avoir visité M. le prince. Leur excuse fut qu'ils l'avoient vu, sans lui parler ni faire offre de leur service. Ces deux furent le duc de Candale et Jarzé. Le dernier étant chez M. le prince, pour réparer les visites qu'il lui faisoit, en parlant du ministre dit qu'il étoit bien fier, et qu'il témoignoit par son indifférence qu'il ne craignoit rien. Le cardinal, en effet, faisoit la meilleure mine du monde; et quand quelqu'un lui faisoit des complimens sur cette affaire, il répondoit froidement qu'il n'avoit point d'ennemis; qu'il souhaitoit servir M. le prince; qu'il étoit fâché de son mécontentement; que la Reine étoit celle qui ne vouloit pas lui accorder ce qu'il demandoit, et qu'on lui faisoit plaisir de ne lui point faire d'offre sur ce sujet. Il disoit de plus qu'il ne vouloit point se déclarer contre M. le prince, à qui il avoit de l'obligation; et qu'ayant pour protecteur le Roi et la Reine, il ne craignoit rien.

Beaucoup de sages ambigus travailloient à la paix, et particulièrement le duc de Rohan, qui étoit obligé au prince de Condé et au ministre tout ensemble, et qui, voulant se conserver avec tous les deux, souhaitoit de les voir accommodés : mais il falloit pour y parvenir une plus grande voie, c'est-à-dire que l'intérêt, le maître de la cour, s'en mêlât. Le duc d'Orléans, pour plaire à la Reine, qui ne pouvoit plus dissimuler, et qui avoit de la peine à ne pas éclater contre M. le prince, y contribua beaucoup. En voici les motifs. L'abbé de La Rivière, pour obliger le cardinal à soutenir sa nomination à Rome, et pour le bien commun de l'Etat, pressa son maître d'y travailler. Monsieur, par son propre sentiment, voyant le ministre en mauvais état, auroit été assez content alors de l'abandonner, et en ce cas auroit désiré d'en mettre un en sa place qui auroit été de ses créatures. Il craignoit, soutenant davantage le cardinal, qu'il ne lui arrivât d'avoir part à la haine publique, et à celle de tous les honnêtes gens du royaume, qui, sans un véritable fondement de justice et de raison, faisoient profession de le mépriser. Mais son favori n'aimoit pas les frondeurs : si bien qu'il craignoit l'empire que facilement ils pourroient acquérir sur l'esprit de son maître, s'il entroit dans leurs sentimens. Il lui dit donc, à ce qu'il me conta lui-même, qu'il étoit dangereux de laisser former à M. le prince de si hautes entreprises; que dans la conjoncture du temps il auroit toute la France pour lui, et qu'il valoit mieux le laisser vivre à la cour et conserver sa supériorité sur lui, que le laisser faire un si grand parti, dont les maux pourroient aller à de fâcheuses extrémités. Il lui fit enfin connoître que, selon l'état présent des choses, il falloit qu'il maintînt le ministre. La Reine fit aussitôt de grands reproches à ce prince de ce qu'il ne s'étoit pas assez déclaré pour elle; et, pressé de tant de côtés, il fallut qu'il montrât publiquement qu'il vouloit se mêler de cette grande affaire. M. le prince, qui par son inclination n'avoit pas de penchant à la guerre civile, sachant l'intention du duc d'Orléans, alla le voir, et demeura long-temps enfermé avec lui. Ce prince le pria de ne point souffrir qu'un parti se formât par cette presse de mutins et d'esprits factieux qui l'environnoient déjà, et le conjura de préférer le repos public aux sentimens particuliers. M. le prince lui promit de fuir pour quelques jours cette inutile ostentation : il lui remit ses intérêts entre les mains, et donnèrent tous deux la commission à l'abbé de La Rivière de travailler à cette paix. Madame de Longueville et le prince de Conti ne le vouloient pas : ils avoient de vastes desseins qui leur faisoient peut-être souhaiter de devenir comme avoient été autrefois sous Charles VIII madame de Beaujeu et son mari, qui avoient chassé le duc d'Orléans, et qui gouvernèrent l'Etat à leur fantaisie une assez longue suite d'années. Quand ils virent que l'entremetteur étoit nommé, ils lui firent offrir sous main, à ce qu'il m'a dit depuis, qu'ils consentiroient à l'établir premier ministre à la place du cardinal, s'il vouloit s'accommoder avec eux, et porter son maître à consentir à la ruine de celui qu'ils désiroient chasser. L'abbé de La Rivière ne voulut point écouter cette proposition : il faisoit profession d'aimer l'Etat; mais il crut peu-être aussi que, n'étant point encore cardinal, il ne pourroit pas se soutenir dans cette grande place. Il eut peur, voyant de l'incompatibilité à pouvoir accommoder les intérêts de son maître avec l'ambition de madame de Longueville, que le prince de Conti, pour le perdre ensuite de leur traité, ne lui ôtat tout de nouveau la nomination de la France; et, au milieu de tant de périls, il fut assez sage pour les vouloir tous éviter. Cette proposition qui le faisoit premier ministre, qui de soi étoit chimérique, devoit paroître telle à celui à qui elle fut faite; et il est à présumer que l'impossibilité fut connue de madame de Longueville, du prince de Conti et du prince de Marsillac. Ils la firent sans doute à l'abbé de La Rivière, sur ce fondement qu'il faut tout hasarder avec ceux qui ont un grand intérêt, à cause qu'il est aisé de les éblouir en leur faisant voir les moyens d'arriver à ce qu'ils désirent. Il n'importe qu'ils soient bons : leurs passions pour l'ordinaire les empêchent de les examiner, et le moindre espoir leur ôte la raison. Je ne sais si la sienne ne fut point altérée par une si belle tentation; mais alors, comme on ne vit en lui que de droites intentions, il est juste de louer sa retenue.

Les desseins de madame de Longueville étant échoués, ou n'ayant été, comme je l'ai cru, que foiblement proposés, et de même légèrement reçus, on en demeura dans les termes de l'accommodement : il fallut de tous côtés y penser tout de bon. Madame la princesse, nonobstant cette querelle, ne laissoit pas de venir chez la Reine, et demeuroit quelquefois long-temps avec elle, parlant de choses indifférentes; mais quand il y a des sujets de dégoût entre les personnes qui se voient, ces sortes de visites sont ennuyeuses de part et d'autre, et il est nécessaire pour le bien de la société de les écouter, autant que la bienséance le peut permettre. La Reine, en ce temps-là, étoit assez souvent seule. Les duchesses de Chevreuse et de Montbazon, anciennes ennemies de madame de Longueville, vinrent s'offrir à elle. En même temps aussi le duc de Beaufort, attaché de tout temps à M. le duc d'Orléans, et malgré l'opposition qu'il avoit toujours eue à la famille de Condé, alla s'offrir à M. le prince, parce que dans la cour l'intérêt l'emporte toujours sur la haine et sur l'amitié, et que le plus grand qu'il eût alors étoit de se faire craindre du cardinal Mazarin.

M. le prince vint chez la Reine le 15 septembre, suivi d'une grande troupe de courtisans ; il fut assez long-temps avec elle, et le ministre étoit en tiers. Leurs discours furent de choses communes ; mais le prince de Condé adressa la parole au cardinal par deux ou trois fois, qui fut une marque de quelque radoucissement. Madame de Longueville, alarmée de cette visite, et qui avoit peur que M. le prince ne se relâchât de sa prétention du Pont-de-l'Arche, disoit à ses confidens qu'il avoit de la peine à se séparer de la cour ; qu'il n'auroit pas été si terrible s'il eût senti plus de vigueur et de force dans le cabinet, et murmuroit contre lui de ce qu'il ne soutenoit pas ce qu'il entreprenoit avec assez de hauteur. Le duc de Rohan me dit alors qu'en trois jours de brouillerie ce prince s'étoit repenti plus de trois cents fois, tant il lui étoit difficile d'aller contre son inclination.

Le lendemain 16 septembre, il vint au conseil, où il entretint le duc d'Orléans de sa prétention, et affecta de parler tout haut, afin que la Reine le pût entendre. Il dit à Monsieur qu'il le supplioit de se souvenir que le Pont-de-l'Arche lui avoit été promis par le ministre, de son consentement ; et que cela étant, il étoit obligé de soutenir ses intérêts. Quand il fut parti, de grandes conversations se firent entre la Reine, le duc d'Orléans, le ministre, l'abbé de La Rivière et Le Tellier. Ce fut en ce conseil que l'on prit des mesures pour apaiser ce différend, qui furent enfin au désavantage du Roi et de la Reine ; et cette princesse, malgré ses sentimens magnanimes, eut la honte de se dédire de toutes les protestations qu'elle avoit faites de ne donner jamais cette place au duc de Longueville. Elle n'en doit point être blâmée : elle soutint l'intérêt du Roi tant qu'il lui fut possible, mais elle fut abandonnée de tous ceux de qui elle pouvoit avoir du secours : le cardinal Mazarin n'osa parler contre M. le prince ; et le duc d'Orléans, par le conseil de l'abbé de La Rivière, fut d'avis de le contenter. Avec ce secours, le prétendant devint si fort qu'il étoit impossible de lui rien refuser. Après ce conseil, le prince de Marsillac parla long-temps à l'abbé de La Rivière, et le pressa instamment d'entrer dans leurs desseins, et d'accepter les offres qu'on lui avoit faites : ce qu'il refusa tout de nouveau par les raisons que j'ai déjà dites ; mais, selon mes lumières, cette seconde attaque fut plus forte que la première. La Reine s'en aperçut ; et comme le prince de Marsillac lui étoit suspect par l'étroite liaison qu'il avoit avec madame de Longueville, elle demanda à l'abbé de La Rivière de quoi ils avoient parlé ensemble. Il dissimula, et lui répondit froidement qu'ils avoient parlé en termes généraux de l'affaire présente. Il m'a dit depuis, en me contant cette aventure, qu'il ne fut jamais si embarrassé, parce que cette pensée l'occupoit de sorte, quand la Reine lui fit cette question, qu'il ne put s'empêcher de rougir et de sentir quelque trouble dans son ame, par l'imagination de la grandeur de la chose dont il étoit question. Si elle eût pu savoir la cause de leur entretien, elle lui auroit su bon gré de ce qu'il venoit de refuser, parce que si, par un prodige qui ne se peut presque comprendre, cette liaison du duc d'Orléans, de M. le prince, du prince de Conti et de madame de Longueville eût pu se faire, il auroit sans doute causé beaucoup de maux à l'Etat : mais la Reine auroit pu lui dire qu'il ne refusoit rien, et qu'il étoit impossible d'affoiblir sa puissance au point d'être forcée de prendre un ministre par le choix et la volonté de madame de Longueville ; ni même que cette princesse, le lui pouvant donner, eût voulu destiner le favori du duc d'Orléans à cette place. La Reine pouvoit lui dire encore qu'il auroit mieux fait s'il n'avoit point favorisé auprès du duc d'Orléans la prétention du Pont-de-l'Arche : car si, par l'intérêt de son chapeau, il n'avoit pas cru devoir obliger le prince de Conti et madame de Longueville, la Reine et le duc d'Orléans étant de même sentiment, M. le prince, qui n'avoit pas d'inclination à la guerre, ne l'auroit pas faite pour agrandir d'une place le gouvernement du duc de Longueville. La conduite de l'abbé de La Rivière pouvoit donc alors être d'une dangereuse conséquence au service du Roi et de la Reine. Il étoit néanmoins bien intentionné pour conserver la paix de la famille royale : il en inspiroit le désir dans l'ame de son maître ; mais il vouloit peut-être laisser voir à la Reine qu'elle pouvoit perdre l'amitié de ce prince, afin que cette crainte forçât le ministre à le considérer davantage. Les oreilles du duc d'Orléans étoient toujours favorables aux frondeurs : il étoit leur confident sur les bravades qu'ils faisoient en pestant contre le ministre ; et le jour qu'il les avoit écoutés, il reprenoit des forces pour le lendemain. Cette condescendance augmentoit leur hardiesse et leur rebellion : elle augmentoit aussi la timidité de l'abbé de La Rivière ; il se connoissoit petit par lui-même, et il craignoit toutes les puissances, tant légitimes que celles qui ne l'étoient pas. Outre le respect qu'il devoit à M. le prince, il le redoutoit beaucoup, et lui vouloit montrer qu'il désiroit de le servir. Il vouloit, par les raisons déjà dites, plaire au prince de Conti et à madame de Longueville. Il ne vouloit pas non plus paroître contraire aux frondeurs, de peur d'en être haï et opprimé, par la liberté qu'ils avoient de parler au duc d'Orléans contre lui, de même que contre le ministre. Si bien que, sans manquer de fidélité à ce prince, ni de bonnes intentions pour le service du Roi, on peut dire avec vérité qu'il ne faisoit pas assez pleinement son devoir, et que cette ambiguïté causoit de grands embarras au ministre, qui se voyoit en butte à tous les différens partis des peuples quand on vouloit qu'il le fût, ballotté par l'intrigue des cabales, menacé par le premier prince du sang, et sa place offerte à d'autres, comme si en effet il eût été le rebut de la fortune. Cependant elle le tenoit toujours par la main, et le destinoit, par les maux qu'elle lui faisoit sentir, à de plus grands biens que ceux qu'elle lui avoit faits jusques alors; et la fermeté de la Reine lui pouvoit faire espérer de nouvelles élévations, lorsqu'il sembloit le plus abaissé. Mais comme le monde se laisse toujours emporter aux apparences des choses présentes, il y avoit alors de la gloire à le mépriser; et les grands et les petits en faisoient profession publique. Le chevalier de Guise (1), qui jusque-là avoit été de ses amis, lui demanda une abbaye. Il la lui refusa, pour l'avoir déjà promise à un autre. Ce prince lorrain étant piqué de ce refus, et ne craignant plus sa faveur, lui dit qu'il se tenoit désobligé de ce procédé. Le cardinal lui répondit froidement qu'il falloit se résoudre à le tenir pour offensé; mais lui, sans l'écouter, se plaignant hautement, lui répliqua qu'il lui avoit promis cette abbaye, qu'il ne tenoit point sa parole, et que pour lui, il ne vouloit plus être de ses amis. De ce pas-là, il alla faire offre de son service et de son amitié à M. le prince, qui le reçut avec joie.

L'abbé de La Rivière [le 17 septembre], après avoir pris ses mesures de part et d'autre, va trouver M. le prince, et lui accorde le Pont-de-l'Arche de la part de la Reine, avec mille douceurs de celle du ministre, qui lui manda qu'il avoit toujours eu intention de le servir; mais que jusque-là il ne l'avoit pu persuader à la Reine. L'abbé, de son côté, n'ayant que trop bien fait pour faire réussir cette négociation à son contentement, lui fit sentir qu'il avoit travaillé avec soin à sa satisfaction; et ses peines avoient pour fondement l'espoir de la rétribution.

Le duc de Saint-Simon (2), fidèle au Roi, et qui avoit l'honneur, par la duchesse sa femme, d'être parent de M. le prince, l'ayant vu dans cet engagement, s'en étonna. Il avoit été le trouver, pour lui dire qu'il étoit au désespoir de le voir si attaché à cette prétention du Pont-de-l'Arche. Il lui avoit représenté les périls où il s'exposoit en irritant la Reine, et en poussant les choses à cette extrémité. Le prince lui répondit qu'il avoit raison, qu'il lui étoit obligé de ses conseils, qu'il les estimoit; mais qu'il s'étoit engagé à madame de Longueville, et qu'il lui étoit impossible de se tirer de cet embarras; qu'il lui feroit plaisir d'aller trouver le duc de Longueville, et qu'il seroit ravi qu'il pût le persuader de suivre ses avis. Le duc de Saint-Simon, comme je l'ai su par lui-même, y fut; et après lui avoir représenté qu'il feroit une action louable et juste de s'opposer aux désirs de madame de Longueville, ce prince, après l'avoir écouté, lui fit un grand éclat de rire; et voulant tourner en ridicule sa fidélité et ses sages avis, il lui dit : « Je sais qu'on dit à la cour que je me veux « faire duc de Normandie; je n'en ai pas le « dessein, et vos sentimens sont beaux et géné- « reux; mais avouez le vrai : ce seroit un beau « coup à faire, et à vous de vous faire duc de « Guienne. » Ces paroles du duc de Longueville sont méprisables, et la raillerie ne les excuse point; mais le désir que le prince de Condé avoit témoigné de vouloir se délivrer de cet engagement marque que ses intentions étoient innocentes. Il ne put donc éviter ce malheur, qui ternissoit la gloire des belles et grandes actions de sa vie, qui toutes avoient été jusque-là avantageuses à l'État et utiles au service du Roi. Malgré ses lumières et sa raison, il persista à vouloir participer à l'aveuglement où sa famille étoit tombée; il voulut cette place, et il fallut le satisfaire.

Le cardinal s'étoit donc résolu à contenter le prince de Condé, quand il avoit vu les embarras qui lui tomberoient sur les bras s'il y résistoit davantage; il ne souhaitoit pas alors un plus grand bien que celui d'éviter les périls présens pour arriver à la majorité du Roi, et par elle il attendoit le remède de tous ses maux. Aussi Le Tellier, qui le connoissoit parfaitement, disoit de lui qu'il songeoit seulement à passer la journée en laquelle il vivoit.

Quand M. le prince eut accepté le don qu'on lui faisoit, il alla aussitôt trouver le duc d'Orléans pour l'en remercier. Il le suivit ensuite chez la Reine, à qui il rendit les grâces qu'il lui devoit de ce présent. Elle commanda aussitôt qu'on allât chercher le ministre, afin qu'il vînt prendre part à cet accommodement et à la conversation qui fut publique, assez civile de la part de M. le prince, et entièrement soumise de celle du cardinal. Le maréchal de Villeroy, un peu après, tira M. le prince à part, et lui demanda s'il étoit content, s'il n'étoit rien resté dans son

---

(1) Roger de Lorraine.
(2) Père de l'auteur des Mémoires.

cœur qui pût troubler la cour à l'avenir ; et que si le mariage du duc de Mercœur lui déplaisoit encore, on le prioit de le dire, parce qu'il étoit inutile de lui accorder les autres grâces qu'il avoit demandées, si elles ne pouvoient pas produire l'entière union que le ministre désiroit d'avoir avec lui. M. le prince lui répondit, à ce que me conta ce maréchal le jour même, qu'il étoit content, et que pour le mariage, soit qu'il lui déplût ou non, ayant donné son consentement pour cela, il ne s'en vouloit plus plaindre ; et que pour lui, il seroit toujours porté à rendre à la Reine tous les respects qu'il croyoit lui devoir. Quoique ces paroles parussent cacher un certain mécontentement secret, elles n'auroient point eu sans doute de mauvais effets, si ce prince n'avoit point eu de cœur ; mais il étoit si puissamment pressé du côté de cette princesse, que ce bienfait de la Reine, qu'il connut lui avoir été accordé par elle contre son gré, ne servit qu'à lui faire prendre goût à la tyrannie. Le mariage du duc de Mercœur et de mademoiselle de Mancini, qui sans cela ne l'eût point fâché, fut le prétexte dont madame de Longueville se servit encore pour l'animer contre le ministre. Toute cette cabale disoit que le cardinal ne pouvoit plus douter qu'il n'offensât M. le prince en le faisant, puisque la chose ayant été en état de se rompre, M. le prince lui avoit dit qu'il lui faisoit un fort grand plaisir de lui apprendre cette nouvelle, et qu'il en verroit toujours la rupture avec joie. La Reine me fit l'honneur de me dire aussi ce même jour, comme je lui parlois des discours que les serviteurs de M. le prince faisoient sur ce sujet, qu'il ne lui avoit jamais témoigné d'aversion contre cette affaire, et qu'enfin elle n'étoit pas obligée de suivre aveuglément toutes ses fantaisies ; qu'elle vouloit l'achever, et qu'elle connoissoit, par l'aversion que tout le monde avoit à ce mariage, combien cette alliance étoit avantageuse au cardinal. La Reine voyoit clairement que son ministre étoit étrangement haï, puisqu'elle jugeoit elle-même que ce qu'on croyoit lui être un bien étoit estimé un grand mal par tous ceux qui composoient la cour. Elle connoissoit elle-même que cette haine étoit injuste, et que le prince de Condé, qui ne pouvoit raisonnablement demander à son ministre de ne pas donner sa nièce au duc de Mercœur, lui devoit être du moins obligé de sa respectueuse soumission. Elle étoit grande en effet, puisqu'il lui avoit fait dire qu'il désiroit préférer son amitié aux avantages de sa famille, et à ses propres intérêts.

Le soir de cet accommodement, M. le prince voulut donner à souper au duc d'Orléans et au cardinal de Mazarin, qui fut mené par Monsieur, qui voulut perfectionner son œuvre par cette familiarité. Après les saluts ordinaires, les deux ennemis réconciliés entrèrent seuls dans un cabinet, où ils furent assez long-temps ensemble. Ils parurent en sortant de ce lieu assez satisfaits ; et néanmoins on remarqua que le reste du soir fut grave et froid, et on jugea par ce silence que les affaires n'étoient pas en bon état quand ils se quittèrent. Le duc d'Orléans s'en retourna chez lui au Luxembourg, et laissa le cardinal Mazarin seul chez M. le prince, reprendre son chemin vers le Palais-Royal : ce qui donna une grande terreur à quelques Italiens de sa suite, qui eurent peur d'un coup à la mode de leur pays. Un d'eux me le dit en confidence.

L'intervalle de cette réconciliation fut si petit, que le lendemain M. le prince, à qui on avoit proposé d'aller souper chez le cardinal, n'y fut point : au contraire, on sut qu'il avoit pris médecine sans nul besoin ; et chacun disoit ce secret à l'oreille de son ami. Le jour d'après, le prince de Condé mena souper chez Prud'homme, baigneur renommé, une troupe de frondeurs, tous ennemis déclarés du ministre. Les conviés étoient le duc de Beaufort, le duc de Retz, le duc de Rohan, le maréchal de La Motte, le marquis de Noirmoutiers, Laigues et le coadjuteur. Le vicomte de Turenne y fut aussi, qui pour lors étoit assez brouillé avec le ministre, mais qui néanmoins gardoit encore quelques mesures à son égard. Toutes ces personnes ne désiroient rien tant que d'engager M. le prince dans leur querelle et dans leurs intérêts : si bien qu'il fut dit en ce repas beaucoup de paroles trop fortes et trop hardies pour être souffertes par un prince qui, dans le vrai, n'avoit nul sujet de se plaindre, et à qui la Reine venoit de faire un sacrifice qui, par la douleur qu'elle en avoit eue, ne devoit pas être compté pour rien. Le bruit en eût été encore plus grand sans la sagesse du duc de Rohan, qui rabattit par son sérieux, tant qu'il lui fut possible, les effets de la gaieté frondeuse. La discrétion de ce duc attira celle de M. le prince, qui, trouvant à propos de modérer cet excès, et de ne pas porter les choses à l'extrémité, dit tout haut, parlant du cardinal, qu'ils étoient raccommodés ensemble, et qu'il iroit chez lui comme chez les autres.

Ce soir fut d'un grand scandale à la cour. On tira de là des conséquences infaillibles de l'état où étoit l'esprit et le cœur de M. le prince. La Reine en fut piquée : elle me fit l'honneur de m'en parler, rougissant de dépit de voir qu'elle venoit de lui accorder le Pont-de-l'Arche, et que ce bienfait, si contraire aux intérêts du Roi, ne finissoit point sa mauvaise humeur. Quand on demanda raison à M. le prince de ce procédé, il répondit que, puisque le cardinal prenoit liaison avec ses ennemis, il en vouloit faire de même avec les frondeurs, afin de lui rendre la pareille. Le cardinal, peu de jours après, eut la goutte. M. le prince le fut voir, mené par le duc d'Orléans ; mais il n'y tarda guère, puis revint chez la Reine. Elle lui nomma le cardinal, et le mêla dans la conversation, pour voir ce qu'il diroit. Il n'y entra nullement, et affecta de changer de discours aux endroits où la bienséance l'obligeoit de répondre. Il n'y retourna pas sitôt, et ne laissoit pas de venir au conseil chez la Reine, montrant avec audace ne se soucier de rien. Il agissoit d'ailleurs avec le duc d'Orléans d'une manière extrêmement soumise : il le recherchoit beaucoup ; et sans se plaindre davantage du mariage du duc de Mercœur, il lui disoit qu'à sa seule considération il signeroit au contrat avec joie, puisqu'il témoignoit s'intéresser en cette affaire ; mais qu'il le supplioit très-humblement de lui laisser ses sentimens libres à l'égard du duc de Mercœur, de sa famille et du cardinal.

Le duc de Vendôme, père du duc de Mercœur, qui ne vouloit pas, sans faveur et sans puissance, s'allier au ministre, voyant ses desseins traversés et que tant d'obstacles embarrassoient le cardinal, lui dit qu'il s'étonnoit de voir qu'il ne lui parloit plus de ce mariage ; qu'il devoit considérer que c'étoit son avantage autant que le sien ; qu'il croyoit que son fils étoit un assez bon parti pour sa nièce, pour l'obliger à tenir bon contre les attaques de M. le prince ; que néanmoins s'il ne vouloit plus le faire, il l'avertissoit qu'il étoit obligé de lui faire justice sur ses prétentions ; et que s'il abandonnoit ses intérêts, il trouveroit où prendre parti ailleurs, de même que plusieurs autres l'avoient déjà fait. Le cardinal Mazarin, piqué de ce discours et ne sachant plus quel parti il devoit prendre, lui reprocha qu'il ne considéroit que l'amirauté et le gouvernement de Bretagne son ancienne prétention, et fort peu son alliance ; que par conséquent il aviseroit à ce qui lui seroit le meilleur.

[Le 23 septembre.] Le cardinal, guéri de la goutte, vint au conseil. M. le prince et lui se virent et se parlèrent, mais seulement en présence de la Reine. Au sortir de ce conseil, le duc d'Orléans dit tout haut au duc de Vendôme que les choses se tournoient à un accommodement plus véritable que par le passé ; et M. le prince en dit autant à ses amis. Ce secret ayant passé aussitôt dans la bouche de plusieurs, les frondeurs, toujours ennemis de tout ce qui s'appeloit la paix, et amis du désordre, dirent à M. le prince qu'il étoit obligé de pousser le cardinal, et que, puisqu'il étoit déjà déclaré son ennemi, il ne falloit pas marchander et l'être seulement à demi ; que ce n'étoit pas à lui à négocier, qu'il n'avoit qu'à vouloir, et que tout le monde obéiroit à ses ordres et à ses volontés, qui devoient être la règle de l'Etat.

Les partisans de Chavigny l'animoient aussi à sa perte, croyant par ce chemin faire une voie sûre à leur ami pour arriver à la faveur. Ceux qui portoient Châteauneuf, ne pouvant souffrir celui-là, conseilloient au duc d'Orléans, au cas que le cardinal fût chassé par les factions qui se formoient contre lui, de ne pas consentir que M. le prince devînt le maître absolu de la cour en y mettant un ministre attaché à lui, et lui faisoient voir l'intérêt qu'il avoit à y placer Châteauneuf. L'abbé de La Rivière étoit ennemi de Chavigny, et n'aimoit pas assez son rival pour le laisser jouir d'une place qu'il auroit peut-être souhaitée pour lui-même, s'il eût pu y parvenir sans crainte ni sans danger ; mais ne trouvant pas la chose facile, il s'opposoit à l'un et à l'autre, et travailloit à faire quelque accommodement entre M. le prince et le ministre. Il vouloit sauver le cardinal, ou du moins le faire durer, attendant que la fortune, en le faisant cardinal lui-même, l'élevât aux grandes choses qui lui pouvoient arriver dans le poste où il étoit déjà. Ainsi il désiroit que le ministre demeurât embarrassé, qu'il eût beaucoup d'affaires sur les bras, mais en état de subsister encore quelque temps ; ou, s'il avoit à demeurer, il souhaitoit que ce fût sans puissance ni crédit. Pour réussir dans ses desseins, il lui fallut avoir de fréquentes et longues conversations avec M. le prince et avec toute cette cabale. Ses intrigues le rendirent enfin suspect au ministre et au duc de Vendôme, qui commençoit à se plaindre de lui ; et chacun murmuroit en son particulier de ce que le duc d'Orléans ne les soutenoit pas assez vigoureusement.

Quelques jours se passèrent en négociations. Le cardinal, dont l'esprit étoit plein de lumières, et qui savoit se tourner de plusieurs côtés, fît parler à madame de Longueville par quelques-unes de ses confidentes. Il l'assura qu'il vouloit être de ses amis, et que, pour acquérir ses bonnes grâces, il vouloit faire tout ce qui seroit possible pour la satisfaire. La proposition fut reçue agréablement. Elle ne travailloit que pour avoir du crédit, et croyoit en pouvoir espérer par cette voie. Le duc d'Orléans et le prince de Condé souhaitoient chacun pour soi une grande puissance ; madame de Longueville et le prince de Conti vouloient aussi en leur particulier avoir part à la faveur. Tous, par l'état où étoit le ministre, prétendoient mieux faire leurs affaires avec lui qu'avec un autre. Ainsi il ne leur étoit pas difficile de le laisser comme il étoit, pourvu qu'ils pussent contenter leurs désirs; et des difficultés qu'ils trouvoient à le chasser, ils passoient aisément au dessein de le souffrir en cette place, à condition de tirer de lui ce qu'ils en vouloient avoir. Le cardinal, plus fin que tous les autres, pour gagner du temps travailloit lui-même à les persuader par ces mêmes raisons qui paroissoient lui être si contraires, et leur faisoit dire, par des gens qui paroissoient être de leurs amis, qu'il leur étoit à tous plus commode de le laisser jouir des avantages que sa faveur lui donnoit, puisqu'un autre que lui en useroit avec plus de hauteur.

Pendant que le cardinal Mazarin pensoit à sa conservation, la Reine se trouva mal, sans doute du chagrin qu'elle reçut voyant que ces brouilleries ne pouvoient finir, malgré tout ce qu'elle faisoit pour les apaiser. Elle eut de grands vomissemens de bile et même un peu de fièvre, et elle fut quelques jours sans voir que ceux qu'elle ne pouvoit chasser. Elle reçut alors le duc de Longueville, qui avoit été mandé pour venir faire son remercîment de ce qu'on lui avoit promis le Pont-de-l'Arche. Comme il savoit que ce présent lui avoit été fait malgré la Reine, ses complimens furent succincts; et la Reine, de son côté, le traita froidement. Il lui promit néanmoins de faire ce qu'il pourroit pour porter M. le prince à la douceur; mais il est à croire qu'il ne prit pas beaucoup de peine à le persuader; car si ce prince du sang eût été pacifique, il n'auroit pas eu ce qu'il venoit d'obtenir par sa hauteur.

Les desseins déréglés de madame de Longueville étoient la véritable source de tant de maux : elle n'étoit pas tout-à-fait contente de ce qu'elle avoit fait. Pour la satisfaire amplement, outre cette place qui venoit de lui être donnée, il falloit agrandir le prince de Marsillac; et ce fut en cette conjoncture qu'elle eut le tabouret pour sa femme, et permission d'entrer dans le Louvre en carrosse. Ces avantages le mettoient au-dessus des ducs et à l'égal des princes, quoiqu'il ne fût ni l'un ni l'autre. Il n'étoit pas de maison souveraine : il n'étoit que gentilhomme, et son père le duc de La Rochefoucauld n'étoit pas mort; mais il étoit assez grand seigneur, et avoit assez de considération dans le monde pour pouvoir soutenir une folle chimère.

Madame de Longueville avoit mis au rang d'une de ses meilleures amies madame de Pons, fille de Du Vigean et veuve de M. de Pons, qui prétendoit être de l'illustre maison d'Albret. Cette dame étoit assez aimable, civile et honnête en son procédé. Ce qu'elle avoit d'esprit étoit tourné du côté de la flatterie. Elle n'étoit nullement belle; mais elle avoit la taille fort jolie et la gorge belle. Elle plaisoit enfin par ses louanges réitérées, qui lui donnoient des amis ou de faux approbateurs; et l'amitié que madame de Longueville avoit pour elle lui donnoit alors du crédit. L'abbé de La Rivière, depuis quelque temps, s'étoit attaché à elle par les liens de l'inclination et de la politique; car, regardant madame de Longueville comme une personne qui faisoit une grande figure à la cour, il crut que madame de Pons lui pourroit être nécessaire pour sa prétention au chapeau de cardinal. Il trouva donc fort à propos de se faire une amie auprès de cette princesse, qui pût y soutenir ses intérêts, et lui servir de liaison pour traiter par elle les affaires qui pourroient arriver. Madame de Pons étoit fine et ambitieuse, autant qu'elle étoit adulatrice. Elle n'étoit, non plus que le prince de Marsillac, ni duchesse ni princesse; mais feu son mari étoit aimé de ceux qui se disent de la véritable maison d'Albret, et il lui avoit laissé assez de qualité, ou du moins assez de chimère, pour aspirer à cette prérogative. Elle demanda au ministre que la Reine lui donnât le tabouret; et l'amitié de madame de Longueville qui la protégeoit, jointe à celle de l'abbé de La Rivière qui fut le négociateur de cette affaire, furent des raisons assez fortes pour lui faire obtenir ce qu'elle souhaitoit. Voilà ce qui causa cette fausse apparence de paix, et ce qui fut une trève à cette véritable querelle : voilà ce qui a fait dire au duc d'Orléans, peu de jours auparavant, que toutes choses alloient s'accommoder; et pour conclusion, voilà une des sources de tous les désordres qui sont depuis arrivés à la cour.

Aussitôt que ces grands articles qui regardoient le prince de Marsillac et madame de Pons furent accordés, M. le prince devint doux et traitable. Il parut vouloir rendre à la Reine le respect qu'il lui devoit; il se soumit sans réserve à toutes ses volontés; et l'abbé de La Rivière, parlant à la Reine devant moi de cette affaire, lui dit qu'il avoit exigé de M. le prince qu'il s'accommoderoit avec M. le cardinal sans nulle stipulation; qu'il seroit à l'avenir de ses amis, et que c'étoit tout de bon qu'il le promettoit. M. le prince dit ces mêmes choses à la Reine : il l'assura de sa fidélité, il embrassa le ministre et lui promit son amitié, protestant qu'il vouloit être dans ses intérêts. Il parut alors une entière satisfaction dans tous les esprits. Il y eut seulement cette réserve que M. le prince, promettant de son côté toute sûreté, ne voulut point répondre positivement du prince de Conti ; mais cela ne donna nulle inquiétude au ministre, parce qu'il croyoit avoir contenté madame de Longueville, et s'imaginoit que le dégoût que M. le prince avoit eu de la conduite du jeune prince de Conti, quand il le quitta pour aller soutenir le siége de Paris, étoit cause de sa retenue. La Reine fut à demi contente de penser qu'après tant de troubles elle pouvoit espérer quelque repos. Le ministre étoit satisfait de voir un si grand nombre d'ennemis de moins. L'abbé de La Rivière regardoit cet accommodement comme un ouvrage de ses mains. Les désirs de madame de Longueville et du prince de Marsillac étoient remplis ; et, se voyant les maîtres de la cour, ils n'avoient presque plus rien à souhaiter que la durée de leur bonheur. Mais les frondeurs ou les mal contens furent au désespoir de voir cette grande division se terminer par une bagatelle, et leurs desseins s'évanouir comme une fumée.

Les étoiles qui dominoient alors étoient trop contraires à la paix pour laisser la cour en repos. Ce calme ne dura guère : il fut aussitôt troublé par le ressentiment que toutes les personnes de qualité eurent contre ces deux tabourets. Ceux qui portent le nom d'Albret, s'ils se portent à juste titre comme ils le prétendent, peuvent compter des rois parmi leurs aïeux ; mais outre que le doute d'une naissance légitime est un nuage qui obscurcit toutes les grandeurs de cette nature, beaucoup d'autres maisons en France prétendent avoir de grandes prérogatives. Celle de La Rochefoucauld est illustre et ancienne ; mais les fils des ducs n'avoient jamais eu ces avantages, et toute la noblesse se trouva offensée dans cette préférence. Chaque particulier alla chercher dans ses titres des marques de principauté, et d'anciennes alliances qui eussent le pouvoir de les élever. Dans cette multitude de grands seigneurs qui remplissoient la cour, il n'y en eut pas un qui ne voulût être prince aussi bien que ces deux-là, et qui même n'alléguât des causes essentielles de ses prétentions.

Les ducs et les maréchaux de France, qui vouloient détruire la principauté du prince de Marsillac et de madame de Pons, disoient qu'ils étoient les grands du royaume, et qu'ils ne s'opposoient point aux tabourets sans duchés qui venoient d'être donnés ; mais qu'ils vouloient être traités également, et que leurs enfans, avant qu'ils héritassent de la duché, eussent le même rang que celui qu'on venoit de donner au prince de Marsillac.

La Reine, qui haïssoit le prince de Marsillac et qui ne se soucioit guère de madame de Pons, écoutoit paisiblement les plaintes des gentilshommes ; mais comme elle avoit espéré par cette voie de rétablir la paix dans sa cour, cette raison l'obligeoit de soutenir ce qu'elle avoit fait. Un soir quelqu'un (1) de la compagnie lui parloit de la rumeur qui se faisoit contre les tabourets : elle répondit qu'on crioit toujours contre toutes choses ; que les brevets des nouveaux ducs qu'elle avoit faits il y avoit quelques années avoient fait ce même bruit ; et que celui-là seroit de même, et s'apaiseroit aussi aisément que le premier. Elle se trompa : car les grâces des rois, qui élèvent aux premières dignités du royaume certains particuliers, peuvent bien donner de l'envie à leurs égaux, mais c'est injustement ; car il est raisonnable que nos maîtres puissent choisir ceux qui leur plaisent le plus pour les en gratifier : au lieu que ce qui donnoit le rang de prince étoit estimé d'une nature toute différente, et offensoit toutes les grandes maisons qui pouvoient se former de pareilles prétentions. La Reine connut en cette occasion que les rois ne peuvent pas toujours faire tout ce qu'il leur plaît, et qu'il faut qu'ils observent certaines règles : autrement ils tombent dans de grands embarras.

Ce murmure commun fit naître enfin une assemblée de la noblesse, qui fut assez forte pour détruire les nouveaux tabourets, et pour anéantir toute cette importante négociation qui venoit d'être faite. Le marquis de Cœuvres, fils du maréchal d'Estrées, le marquis de Leuville et quelques autres, proposèrent de se plaindre à la Reine, et résolurent de s'assembler. Ils se donnèrent rendez-vous chez le marquis de Montglat, grand-maître de la garde-robe, où se trouvèrent dix ou douze personnes de qualité. Là fut proposé d'élire un chef qui pût proposer leurs raisons. Le maréchal de L'Hôpital (2) fut celui qu'ils choisirent pour cet emploi. Il agréa volontiers leur prière, car il étoit mécontent de ce que quelques autres maréchaux de France avoient eu des brevets de ducs, et que lui, qui avoit autrefois bien servi l'État, et qui étoit des plus anciens, n'en avoit point eu. Beaucoup de personnes de qualité se joignirent à cette assemblée : Saint-Luc, Saint-Mesgrin, Brancas et beaucoup d'autres, sans délibérer plus long-temps, y allèrent. Le même jour, ils furent trouver la Reine, qui étoit dans son cercle sans rien savoir de leur dessein. Elle fut d'abord étonnée de voir la noblesse en corps et un chef à leur tête. Tout ce qui remplissoit ses cabinets, et ceux même qui

---

(1) Le commandeur de Jars.
(2) Auteur des Mémoires qui font partie de cette collection.

étoient de ses plus familiers, s'y trouvèrent comme les autres : le commandeur de Jars, de Souvré et les premiers officiers de la maison du Roi, tous furent presque de la partie. Ils étoient assurés qu'elle ne se soucioit pas beaucoup de maintenir des grâces qu'elle avoit accordées par politique plutôt que par inclination, et crurent même avec fondement lui faire quelque espèce de plaisir. Comme elle vit dans cette troupe beaucoup de ceux qu'elle affectionnoit le plus, elle la reçut avec douceur, et leur répondit seulement qu'elle aviseroit à ce qu'elle avoit à faire. Leurs supplications eurent le succès qu'ils avoient espéré, c'est-à-dire que leurs plaintes venant d'une cause où elle ni son ministre n'avoient nulle part, ne lui déplurent nullement; et ceux qui les faisoient purent espérer que ces tabourets, qui n'avoient été donnés que par force, pourroient être agréablement révoqués par elle, sans que M. le prince eût droit de s'en plaindre. Cette nouvelle, répandue dans Paris, donna de la joie à tous ceux qui aimoient l'ordre et le désordre. Les sages trouvèrent qu'il étoit juste de s'opposer à l'ambition déréglée des particuliers, et les autres se réjouissoient en général de la révolte de la noblesse. M. le prince fut blâmé d'avoir donné sa protection à des prétentions chimériques qui offensoient toutes les personnes de grande qualité. Madame de Longueville étoit attaquée de la médisance; et l'abbé de La Rivière fut déchiré par beaucoup d'invectives, menacé et traité comme un favori que l'envie faisoit haïr : il étoit de basse naissance, et, parmi quelques bonnes qualités, il en avoit aussi de mauvaises.

Le lendemain, cette noble troupe s'assembla tout de nouveau pour penser aux moyens de se soutenir. Ils ne vouloient pas que la honte leur demeurât de succomber en leur projet, et désiroient que leur partie fût si bien faite qu'elle ne pût manquer d'avoir son effet. Ils ne trouvèrent pas à propos, sans cet avantage, d'offenser M. le prince et d'acquérir sa haine inutilement. Ils députèrent donc huit d'entre eux pour aller saluer le duc d'Orléans, et le supplier très-humblement de considérer la justice de leurs plaintes. Les députés furent Saint-Luc, Saint-Mesgrin, Manicamp, le marquis de Cœuvres, Villarceau, Fosseuse, Leuville et le commandeur de Souvré. Monsieur leur répondit que la Reine et M. le prince avoient voulu ce qui avoit été fait, et que pour lui il n'y avoit nulle part.

De là, ils allèrent saluer M. le prince, qui les reçut assez froidement. Il leur dit que la Reine et Monsieur étoient ceux qui favorisoient cette affaire; que pour lui, il n'avoit que sa voix comme les autres; mais qu'étant engagé par beaucoup de raisons à la soutenir, il s'étonnoit que ses amis lui voulussent faire ce déplaisir de s'opposer à ses desseins par des tumultes et assemblées publiques qui lui attiroient la haine de toute la noblesse; qu'il le souffriroit patiemment de ceux qui ne lui avoient point promis d'amitié; mais que pour ceux qu'il avoit crus de ses amis, il ne leur pardonneroit jamais. Il avoit déjà prié le marquis de Montausier de s'en retirer, et Bouteville (1) aussi, qui avoit l'honneur d'être son parent; et ils l'avoient fait. Le commandeur de Souvré, après ce discours, n'eut pas la force de résister à ses menaces accompagnées de douceur. Ils s'étoient tous obligés par serment, tant pour les présens que pour ceux qui à l'avenir voudroient se joindre à eux, de ne quitter jamais ce parti, qui étoit fait pour soutenir les intérêts communs de toute la noblesse.

Le duc de Beaufort, qui aimoit tout ce qui pouvoit brouiller la cour, voulant plaire à cette assemblée, envoya de sa part un gentilhomme leur offrir son service, ou comme leur chef s'ils l'en jugeoient digne, ou comme leur compagnon, pour entrer dans tous leurs intérêts. Ils le remercièrent civilement, et députèrent quelques-uns de leur corps pour lui en rendre grâces, sans vouloir accepter ses offres, parce qu'ils ne vouloient point de princes, et moins encore le chef des frondeurs, pour ne pas faire croire à la Reine qu'ils eussent des pensées différentes de leurs innocentes actions.

Dans les premiers sentimens d'emportement et de colère que ceux qui composoient cette assemblée avoient eus contre les tabourets, quelques-uns de la compagnie proposèrent d'envoyer des députés à l'abbé de La Rivière, pour lui dire le tort qu'il leur avoit fait à tous, en faisant agréer cette affaire à son maître contre les intérêts de tant de personnes de qualité; et leur dessein étoit de mêler à cet honneur quelques paroles offensantes : mais ses amis détournèrent cet orage. Il leur dit, pour le publier parmi les autres, qu'il ne s'étoit porté à cela que par l'engagement qu'il avoit eu avec Miossens, beau-frère de madame de Pons, à qui Monsieur, à ce qu'il disoit, avoit fait espérer un tabouret pour sa belle-sœur. La grandeur de cette dame étoit considérable à Miossens, à cause qu'elle avoit un fils qui étoit l'aîné de sa maison. Il leur dit encore que M. le prince de Conti et madame de Longueville ayant fait demander à la Reine un brevet pour le prince

(1) Il se rendit célèbre sous le nom du maréchal de Luxembourg, qu'il prit plus tard.

de Marsillac, il avoit cru devoir servir son ami en cette occasion ; mais que si M. le prince, en considération de leurs plaintes, se relâchoit pour Marsillac, que volontiers il supplieroit son maître d'en faire autant à l'égard de madame de Pons, et qu'il ne vouloit point pour des particuliers mécontenter le public.

M. le prince sachant sa réponse lui en fit des reproches, lui disant qu'il lui mettoit toute cette assemblée sur les bras, et l'assura, demi en riant, qu'il lui seroit toujours fort glorieux de partager quelque chose avec lui, quand même ce seroit la haine de la noblesse. Cependant ce prince, qui n'étoit pas aisé à étonner, le fut un peu quand il vit qu'après les déclarations qu'il avoit faites contre ceux de ses amis qui s'étoient joints à cette assemblée, peu de ceux-là quittèrent le parti. Il se plaignit hautement de Jarzé, qui, sachant le malheur qu'il avoit eu de lui déplaire, le fut trouver. Il s'enferma avec lui, à ce qu'il me dit lui-même, et lui représenta que chacun s'étonnoit comment, pour un ami de sa sœur et de son frère qui n'étoient nullement des siens, il vouloit attirer contre lui la haine de tant de braves gens et de personnes de qualité. Il me dit que M. le prince lui avoit répondu de bon ton : « Tu as « raison, mon pauvre Jarzé ; mais je suis résolu « de ne me désunir jamais de ma famille. Je con-« nois ma force quand je les ai de mon côté ; et « tu n'as qu'à choisir de ma colère ou de mon « amitié. » Jarzé, qui ne vouloit pas perdre les bonnes grâces de ce prince, lui répondit que puisqu'il falloit prendre parti, il quitteroit la noblesse, et renonceroit plutôt à la qualité de gentilhomme qu'à celle de son serviteur ; et comme il n'étoit pas aimé, parce qu'il étoit d'un naturel brusque, qu'il étoit vain, railleur et léger, ceux qu'il abandonna ne l'épargnèrent pas, et tous prirent cette occasion de l'insulter à leur manière ordinaire, qui alloit au-delà de la justice que les honnêtes gens se doivent les uns aux autres. Je ne veux blâmer ni approuver les railleries qui se firent contre Jarzé ; mais on le pouvoit défendre en cette occasion, où il préféroit l'amitié d'un grand prince à un intérêt public, qui auroit été une grande chose à un Romain, et de petite considération pour un Français : mais il faut avouer aussi que Jarzé, quasi en toutes les actions de sa vie, a pu être blâmé sans injustice, parce que, manquant de jugement, sa conduite a été défectueuse en toutes choses. Dans l'attachement qu'il a eu pour M. le prince, il n'a que trop fait voir cette vérité, puisqu'il fut cause, en quelque manière, de beaucoup de maux qui sans lui ne seroient peut-être pas arrivés à ce grand prince.

Les princes s'assemblèrent aussi à l'hôtel de Chevreuse, parce qu'ils étoient choqués de ce que le duc de Bouillon et le maréchal de Turenne son frère vouloient prendre cette qualité. Les véritables princes voulurent s'unir à la noblesse pour s'opposer à l'élévation de cette famille, et à ceux qui par des intrigues vouloient se mettre de leur rang. Le duc de Vendôme fut député pour aller informer la Reine de leurs desseins, et la supplier très-humblement de ne point trouver mauvais qu'ils travaillassent à conserver les avantages que leur naissance leur donnoit. Cette assemblée ne déplut nullement au ministre : il voyoit avec joie que M. le prince de Conti et madame de Longueville, protecteurs du prince de Marsillac, M. le prince, protecteur de MM. de Bouillon, et l'abbé de La Rivière, de madame de Pons, alloient être haïs des princes et de la noblesse, et souhaitoit qu'on pût mettre de l'opposition à des chimères qui ne pouvoient apporter que du trouble dans la cour. La Reine, qui d'abord avoit voulu par prudence maintenir les tabourets, suivant son inclination et les sentiments de son ministre parut aussitôt ne point désagréer ce qui se faisoit ; et les soirs, à son coucher, elle souffroit que ceux qui étoient les plus animés contre les faux princes lui parlassent librement contre eux.

Les politiques disoient que la Reine devoit prendre cette occasion pour attirer à elle toute la noblesse, en la favorisant ouvertement contre M. le prince ; mais le cardinal, qui ne vouloit pas l'offenser, gardoit le silence ; et croyant que sa retenue ne pouvoit produire que de bons effets pour lui, il se tenoit en repos, et faisoit bonne mine à tous. Il fallut en effet que M. le prince revînt à la Reine, et par la même raison le prince de Conti et madame de Longueville furent aussi contraints de rechercher à lui plaire, et de demander du secours à son ministre, afin de se pouvoir garantir de cette haine publique par la protection royale. Après plusieurs négociations de leur part, le prince de Conti, qui n'avoit point encore paru entièrement réuni à la Reine, résolut enfin de s'accommoder avec le cardinal, ou du moins d'en faire le semblant. Le duc d'Orléans le présenta à la Reine, lui répondit de son affection au service du Roi, l'assura qu'à l'avenir il seroit tout-à-fait des amis du cardinal. L'abbé de La Rivière, ayant ménagé toute cette liaison par celle qu'il avoit voulu prendre avec madame de Longueville, fut cause que son maître voulut être le médiateur de cette paix ; et la réconciliation parut, selon les paroles qui se dirent de part et d'autre, devoir être très-sincère et durable. Mais ces sortes de personnes n'ont pas accoutumé d'estimer la fidélité ni d'en faire une vertu ; et, pour l'ordinaire, la dissimulation est une de leurs plus belles qualités. Madame de Longueville fut de la partie en ce raccommodement, qui n'étoit à son égard qu'une confirmation du premier. Le cardinal lui fit faire de grandes protestations de services; et cette princesse de son côté lui promit son amitié, et lui fit dire qu'elle vouloit être de ses amies; qu'elle ne se mêleroit plus d'aucune chose qui pût être contraire à ses intérêts, et qu'elle ne vouloit plus déplaire à la Reine par aucune de ses actions. Elle fut en effet quelque temps qu'elle disoit elle-même publiquement qu'ayant fait ce qu'elle avoit pu pour chasser le ministre, les difficultés l'en avoient dégoûtée; qu'elle étoit lasse de l'intrigue, et qu'elle ne vouloit plus penser qu'à se divertir. Cette union de la famille royale devoit présager quelque repos ; mais le seul effet qu'elle produisit fut de faire différer le mariage du duc de Mercœur.

Le duc d'Orléans, pour éviter la haine de la noblesse, se résolut d'abandonner les tabourets. Son favori y consentit, parce qu'il aimoit mieux se conserver des amis dans le royaume que de servir Miossens tout seul et madame de Pons. Il aimoit la dame comme une personne qui lui plaisoit ou qu'il croyoit utile à ses intérêts, et Miossens comme un honnête homme et comme son ami; mais il se considéroit trop lui-même pour hasarder sa fortune afin de leur plaire. Le duc d'Orléans témoigna donc à l'assemblée des nobles qu'il ne vouloit pas les désobliger, ni en corps, ni pas un en particulier; et fit en cela ce que la Reine eût pu faire elle seule afin de les gagner tous. Elle fut arrêtée en cette occasion par les fines circonspections du cardinal, qui étoit persuadé que la souffrance étoit alors nécessaire à sa conservation, qu'il considéroit autant que celle de l'Etat.

Le parlement, malgré les vacations, ne laissoit pas de donner toujours quelques petites marques de sa mauvaise volonté. Il continuoit de protéger les Bordelais, dont la révolte prenoit de nouvelles forces plutôt que de diminuer. Beaucoup de gens raisonnables disoient que le duc d'Epernon, naturellement violent, s'étoit attiré la haine de ces mutins avec quelque fondement, et qu'ils n'étoient pas tout-à-fait coupables de lui résister, en demandant un autre gouverneur. Selon les lois de l'équité et de la justice, nos rois ne doivent pas donner des tyrans à leurs peuples pour les gouverner : ils sont leurs pères aussi bien que leurs maîtres, et doivent les garantir de l'oppression et de la malice de ceux qui les commandent sous leur autorité. Mais il est vrai que cette ville a toujours été séditieuse et mutine, et que ses habitans, éloignés de la cour, et qui ont long-temps obéi aux lois anglaises, sont facilement excités à la révolte. La Reine et son conseil depuis quelque temps avoient jugé à propos d'y envoyer le maréchal Du Plessis pour apporter quelque remède à leur désobéissance; mais comme il reconnut l'état des esprits, il écrivit à la cour qu'il avoit trouvé les affaires en si mauvais état qu'il ne les croyoit remédiables que par une puissante armée, qui pût donner au duc d'Epernon le moyen de se venger pleinement. Il manda de plus à la Reine qu'il n'avoit pas trouvé à propos d'y entrer, parce que les bourgeois n'avoient pas voulu faire cessation d'armes pour le recevoir. Les Bordelais en effet avoient menacé de L'Isle, lieutenant des gardes du corps, qui peu auparavant avoit été porter au parlement quelques ordres de la part du Roi, de le lapider : ce qui faisoit voir clairement le désordre et la révolte de cette province, et le peu d'inclination qu'elle avoit à la paix.

L'assemblée de la noblesse continuoit, et devenoit formidable à ceux mêmes à qui elle ne déplaisoit pas. Ceux qui en étoient les principaux proposèrent d'envoyer, par les maisons, faire signer tous les gentilshommes qui pour lors se trouveroient à Paris; mais ce dessein ne se put exécuter, pour beaucoup de difficultés qu'ils y trouvèrent. Le prince de Marsillac s'en étonna. Il crut qu'il ne pouvoit plus soutenir sa prétention sans embarrasser ses protecteurs, et se résolut de montrer en apparence qu'il la vouloit abandonner jusqu'à une autre conjoncture. Il communiqua sa pensée à Miossens, qui parloit pour madame de Pons; et tous deux, sans paroître sentir les déclarations que le duc d'Orléans avoit faites contre eux, allèrent le trouver, et lui dirent qu'ils étoient résolus de ne le plus importuner de leurs intérêts. Ils le remercièrent très-humblement de la bonne volonté qu'il leur avoit témoignée, et le supplièrent de n'y plus penser. Le prince de Marsillac, par le conseil du prince de Conti et de madame de Longueville, alla trouver M. le prince, à qui il en dit autant, avec des sentimens accompagnés d'une reconnoissance plus particulière. M. le prince n'approuva point ce dessein, et ne put consentir à ce désistement : ce qui ne déplut pas à madame de Longueville, car elle avoit eu intention que ce compliment attirât cette résistance. La famille tint conseil là-dessus, et cette princesse y fit conclure, même par la princesse sa mère, que M. le prince devoit soutenir cette affaire. Il le fit donc, et M. le prince crut qu'ayant paru la désirer, c'étoit assez pour l'obliger à ne se plus relâcher, puisque l'intérêt de sa gloire étoit mêlé dans ceux du prince

20.

de Marsillac. Selon ce sentiment, il lui ordonna d'aller tout de nouveau chez le duc d'Orléans lui dire qu'il avoit su qu'on avoit imputé à foiblesse la résolution qu'il avoit faite de quitter cette entreprise, et que, se trouvant engagé d'honneur à la soutenir, il le supplioit très-humblement de lui redonner sa parole et sa protection. Le même jour, il fit savoir à Miossens ce qu'il avoit fait par ordre de M. le prince, et le pria de continuer ses sollicitations vers le duc d'Orléans, et particulièrement avec son favori, protecteur de sa chimère comme M. le prince l'étoit de la sienne. Ils firent enfin tous leurs efforts pour empêcher que leurs tabourets ne fussent détruits; mais cette opiniâtreté fut bientôt vaincue par la continuation de l'assemblée, et par les forces qu'elle prenoit à toutes les heures du jour.

Le 4 du mois d'octobre, le maréchal de l'Hôpital, qui, comme j'ai dit, en étoit le chef, présenta à la Reine un Mémoire de la part de ce corps, où toutes leurs raisons étoient exactement écrites. Par les demandes qu'ils faisoient, il étoit aisé de juger que cette affaire alloit devenir une chose de grande conséquence. Plusieurs esprits brouillons s'y étoient mêlés trop avant avec des desseins dangereux à l'Etat, et au ministre en son particulier. Les grands seigneurs et les bonnes têtes commençoient à parler de réformation sur tous les abus qui s'étoient glissés dans le royaume. Certaines gens qui sont des Brute et des Cassie, amis de la liberté, et par conséquent opposés au pouvoir des favoris et plus encore à la monarchie, demandoient la convocation des Etats, et que les désordres qui se commettoient contre les lois de l'Etat fussent remédiés par cette voie. Ces propositions, qui servent toujours de prétexte à l'infidélité, épouvantèrent le duc d'Orléans, M. le prince et le ministre; car ils ne vouloient ni les uns ni les autres passer par la réformation. On résolut au conseil de leur laisser espérer la révocation des brevets dont l'assemblée se plaignoit; et le duc d'Orléans, en sortant de chez la Reine, dit tout haut ce jour-là qu'on remettroit l'affaire à la majorité.

Malgré cette résolution, le duc de Vendôme fut député de la part des princes vers l'assemblée des nobles. Il y parla avec éloquence et vigueur, et représenta l'intérêt commun, tant des princes que des gentilshommes, de s'opposer aux désordres qui s'étoient glissés depuis quelques années dans la cour. Il se plaignit de la prétention du duc de Bouillon, et du consentement qu'il sembloit avoir obtenu en sa faveur; et les pria tous de s'unir avec eux pour leur défense commune, promettant aussi, de la part des princes, d'en faire autant pour eux et pour tous les intérêts de cette nature. Ils le reçurent, et lui donnèrent la première place: puis, après avoir délibéré sur sa requête, ils résolurent d'accepter l'union aux conditions qu'elle leur étoit demandée, c'est-à-dire de s'opposer à la qualité de prince que le duc de Bouillon demandoit comme souverain de Sedan, et à celle de madame de Pons et du prince de Marsillac.

Les gentilshommes députèrent quelques-uns d'entre eux pour aller remercier les princes de l'honneur qu'ils avoient reçu; et les princes leur donnèrent la main droite, et les furent conduire jusqu'à leurs carrosses. Ils firent tous ensemble un concordat qu'ils signèrent, par où ils se promettoient réciproquement assistance et protection, et promirent de ne se point désassembler que la Reine ne leur eût accordé leurs demandes. Ils entendoient par là la réformation de tous les abus de cette nature faits depuis la régence. Elle regardoit non-seulement le duc de Bouillon, le prince de Marsillac et madame de Pons, mais aussi madame la comtesse de Flex, qui déjà étoit en possession de cet honneur par les raisons que j'ai déjà dites. Les plaintes de la noblesse la mirent au rang des griefs dont l'assemblée se plaignoit, et la grâce qu'on avoit accordée à sa fille, en considération de madame de Seneçay sa mère, dont le sang de Foix avoit été le juste prétexte, fut révoquée par l'importante raison du bien public. Ils firent aussi des plaintes de ce que la Reine avoit donné le tabouret à mademoiselle de Montbazon: la grandeur de la maison de Rohan ne les en empêcha pas. C'étoit la vouloir priver d'une chose dont elle étoit en possession depuis long-temps, et cet article pensa troubler toute la cour. Ils parlèrent aussi contre madame de La Trémouille, qui avoit le tabouret non-seulement pour elle, qui le devoit avoir comme duchesse, mais pour ses filles, qui ne le pouvoient posséder, à ce qu'elle disoit, qu'en qualité de princesses, puisque les filles de duc ne l'ont pas.

Le duc de La Trémouille portoit le nom de Laval, qui est illustre, mais qui ne le faisoit point prince. Cette prétention de principauté étoit fondée sur ce qu'un de leurs ancêtres de leur branche de Laval avoit épousé l'héritière du royaume de Naples et d'Arragon. Ils disoient avoir droit à cette couronne, qui pourtant avoit été donnée par Frédéric d'Arragon, père de cette fille, par acte authentique au roi de France; et, nonobstant cette donation, ils soutenoient être devenus princes, étant sortis d'une souveraine, particulièrement depuis que dans l'assemblée de Munster leur droit y avoit été représenté au nonce et à l'ambassadeur de Venise.

Le comte de Servien ayant cet ordre du Roi de favoriser cette famille autant qu'il le pourroit faire sans choquer les droits de la couronne, ordonna à mon frère, qui étoit auprès de lui, et que le désir de voyager avoit conduit en ce lieu, d'expliquer aux médiateurs les raisons qu'elle avoit de se déclarer sur cette haute prétention. Il le fit, et protesta aussi contre tout ce qui se pourroit faire qui leur auroit pu être contraire. En même temps M. Servien protesta aussi que ce qui en ce sujet se faisoit pour gratifier le duc de La Trémouille ne pourroit être d'aucun préjudice au véritable droit du Roi. Toutes ces choses ayant été proposées par cette assemblée, la cour étoit prête d'en recevoir de grands troubles si elle eût continué davantage. Montrésor et le comte de Béthune étoient des gens entêtés de leurs opinions, et capables d'avoir des desseins fâcheux. Ils voulurent faire recevoir dans cette assemblée le chevalier de Guise en qualité de gentilhomme, à dessein d'introduire un prince parmi eux qui auroit peut-être pu servir à faire naître de nouvelles brouilleries. Ainsi tout étoit à craindre de cette émotion; et cela fut cause que le ministre, quand il en vit les conséquences, souhaita ardemment de la faire finir. L'assemblée refusa le chevalier de Guise, et résolut en même temps d'envoyer des députés vers le clergé pour le convier de prendre part à leur cause commune, vu qu'il se trouvoit dans leur corps beaucoup de personnes de condition, qui avoient autant de sujet qu'eux de ne pas souffrir que ces prérogatives fussent accordées si légèrement à leurs semblables. Le chevalier de La Vieuville et Laigues qui avoient été choisis pour cette députation, sachant que cinq ou six évêques dînoient ce jour-là chez l'archevêque d'Embrun, les furent trouver pour s'acquitter envers eux de leur commission. La plupart de ces prélats ne pensoient qu'à faire bonne chère; mais le coadjuteur qui étoit du nombre, et qui avoit fait inspirer ce dessein à l'assemblée, témoigna souhaiter que les autres entrassent dans les intérêts de la noblesse. Le désir d'une fausse gloire, qu'il s'imaginoit recevoir par le bruit de ses intrigues, lui faisoit embrasser avec joie toutes les occasions où il pourroit faire parler de lui. Ainsi tous résolurent de s'assembler aux Augustins pour aviser à ce qu'ils avoient à répondre aux députés. Ils prirent jour pour cet effet, afin d'engager leurs confrères à ce même dessein. La Reine, sachant leur résolution, envoya querir les évêques, et leur dit qu'elle vouloit contenter la noblesse sur toutes leurs demandes, et qu'elle avoit voulu leur faire part de ses desseins afin qu'ils ne pensassent point à s'assembler, puisque l'affaire n'étoit plus en état que la noblesse pût en avoir aucun besoin. Les évêques firent savoir à l'assemblée les promesses que la Reine leur avoit faites de la satisfaire, et le respect qu'ils étoient résolus de lui rendre, obéissant au commandement qu'elle leur avoit fait. La noblesse n'en fut pas contente, et toute cette assemblée murmura contre eux avec autant de hauteur que s'ils eussent tous été chacun en particulier les maîtres de l'État. Si le clergé se fût joint avec eux, le parlement y auroit peut-être pris part; et quasi sans y songer les États se seroient trouvés formés. Cette audace s'augmentoit en eux à mesure que leur corps grossissoit; et plus elle continuoit, et plus elle se rendoit puissante.

Les ducs résolurent de s'assembler comme les autres, et députèrent le maréchal de Schomberg, duc d'Alluin, vers la noblesse, pour leur demander l'union réciproque, tendante à la conservation de leurs dignités, et à la suppression des grâces qui se faisoient sans fondement à leurs semblables; puis il en vint rendre compte à la Reine, dont l'inquiétude commençoit à devenir trop forte pour laisser plus long-temps cette affaire sans remède. On tint un conseil pour aviser aux moyens de la finir entièrement. La résolution y fut prise d'envoyer à l'assemblée quatre maréchaux de France lui signifier authentiquement les volontés de la Reine : ce qui se fit le lendemain avec toute la gravité requise en telle occasion.

Comme les nobles proposoient de députer tout de nouveau vers le clergé pour le forcer de s'intéresser en leur cause, on leur vint dire que les maréchaux de France venoient les visiter de la part de la Reine; et quoiqu'ils sussent déjà qu'ils apportoient tout ce qu'ils avoient demandé, ils ne laissèrent pas d'achever tumultuairement leur délibération : et les malintentionnés furent quasi fâchés de ce qu'on les traitoit si bien.

Les maréchaux d'Estrées, de Schomberg, de l'Hôpital et de Villeroy, étant entrés dans l'assemblée, y prirent la place qu'ils devoient occuper, comme chefs et présidens de la noblesse. Ils signèrent d'abord le concordat fait entre les premiers gentilshommes qui avoient commencé l'assemblée; puis le plus ancien, et tous quatre ensemble, parlèrent à la compagnie de la part de la Reine. Ils dirent que Sa Majesté ayant eu égard à leurs très-humbles supplications, pour leur témoigner la bonne volonté et l'estime qu'elle faisoit d'un corps si célèbre, elle avoit bien voulu les envoyer assurer par eux qu'elle révoquoit les tabourets du prince de Marsillac et de madame de Pons, et l'entrée du Louvre au prince de Marsillac ; qu'elle leur promettoit qu'il n'en seroit jamais parlé, et qu'elle leur permettoit de s'assembler tout de nouveau, si elle ne leur tenoit pas la parole qu'elle leur donnoit ; qu'à l'égard de la comtesse de Flex, elle leur déclaroit que c'étoit seulement à sa personne, et en considération des services qu'elle avoit reçus de madame de Seneçay sa mère, qu'elle lui avoit accordé cette grâce, et point du tout à sa qualité ni au sang de Foix ; que néanmoins, pour ne les point inquiéter, elle lui ôteroit aussi le tabouret ; que pour ce qui regardoit le duc de Bouillon, Sa Majesté leur promettoit encore de ne rien innover en sa faveur, et qu'elle ne lui donneroit point les prérogatives qu'il demandoit, quoique son intention auroit été de les lui accorder, sans leur considération. Les maréchaux de France leur offrirent de leur répondre des promesses de la Reine, en leur signant eux-mêmes qu'elles s'exécuteroient. On peut voir par la réponse de la Reine qu'elle étoit déterminée à donner au duc de Bouillon les honneurs qu'il demandoit, étant persuadée qu'elle ne les lui pouvoit refuser après que le Pape les lui avoit accordés, et que cette résolution fut retardée avec dessein de l'effectuer quand elle en auroit le pouvoir.

Ensuite de cette favorable harangue, il fut conclu qu'on enverroit vers les princes pour savoir s'ils étoient contens, et résolurent de ne point accepter les grâces que la Reine leur faisoit avant leur réponse. Le duc de Beaufort en même temps se présenta à l'assemblée, qui venoit de la part des princes pour prier la noblesse d'avoir égard à leurs intérêts. Il y eut de l'embarras sur le rang qu'on lui donneroit, les maréchaux de France étant à la place qu'ils devoient nécessairement occuper. Il fut résolu qu'il parleroit debout, et qu'il seroit écouté en la même manière. Ils députèrent aussi vers les ducs pour les remercier, et savoir leurs volontés. Les ducs donnèrent place à leurs députés après le premier duc.

M. le prince, en mauvaise humeur de n'avoir pas réussi en cette affaire, proposa dans le conseil du Roi d'ôter à tous les princes étrangers le privilège qu'ils ont de se couvrir devant le Roi quand il vient des ambassadeurs. Le duc d'Orléans s'y opposa, à cause de l'intérêt qu'il prenoit à la maison de Lorraine, grande en effet, et une des plus anciennes souverainetés de l'Europe.

Les brouillons de l'assemblée voulurent, en présence du maréchal d'Estrées, attaquer les brevets que la Reine avoit donnés dans les premières années de sa régence à lui et à d'autres, et voulurent lui persuader qu'ils étoient compris dans les promesses que la Reine venoit de faire par sa bouche. Cette malicieuse proposition causa une grande rumeur ; et le maréchal d'Estrées, transporté de colère, quitta l'assemblée, disant qu'il étoit injuste aux Français de crier contre les dignités que les rois, selon leur coutume et les lois de l'Etat, peuvent faire aux gentilshommes ; et que tous avoient intérêt à les soutenir, puisque tous devoient espérer par leurs services et la faveur d'en avoir leur part. Après ce bruit, toutes les difficultés se terminèrent à trouver de la sûreté dans les paroles de la Reine ; et après beaucoup de députations faites de part et d'autre, trop longues à remarquer en détail, tous conclurent à demander un brevet à la Reine, signé d'elle et des quatre secrétaires d'Etat, où notoirement le duc de Bouillon fût exclu de ses demandes afin de satisfaire les princes, et que les autres grâces révoquées en faveur de la noblesse demeurassent anéanties. Il y eut des gens mal intentionnés qui demandèrent, outre le brevet, une déclaration du parlement ; mais les sages, voyant que cette chicanerie procédoit d'une mauvaise cause, réfutèrent cet avis, le trouvant honteux au Roi et à eux. La Reine, voyant que cette assemblée dégénéroit en quelque chose de fâcheux, résolut d'y envoyer les officiers de la couronne, et toutes les personnes de qualité attachées au Roi, à elle et au duc d'Orléans, et à M. le prince, dont quelques-uns s'étoient retirés voyant qu'on parloit de réformer les abus de l'Etat. Beaucoup d'autres aussi, à cause de M. le prince qui jusqu'alors avoit protégé l'affaire des tabourets comme sienne, l'avoient déjà quittée ; mais enfin il fallut qu'ils y retournassent, pour y servir de barricades contre les mutins. Ce gros amas de tant de personnes de qualité, qui avoient de la puissance par leurs dignités et par leur naissance, l'emporta sur la troupe séditieuse, et fut cause que la résolution fut prise dans l'assemblée d'en demeurer au brevet conçu dans les termes qu'ils le demandoient. On conclut enfin qu'ils remercieroient très-humblement la Reine des bontés qu'elle avoit eues pour eux, et qu'ils se sépareroient tous sans parler davantage de jonction. Ils envoyèrent aussi remercier le clergé, qu'ils avoient forcé de s'assembler depuis leur refus ; mais leur assemblée, pour ne point déplaire à la Reine, s'étoit faite chez le ministre. Le maréchal de L'Hôpital, pour avoir été leur chef, eut une promesse secrète d'un brevet de duc ; mais n'ayant su faire, dans le poste où il étoit gouverneur de Paris, assez de bien, et pour avoir eu quelque pente au mal, cette promesse fut sans effet.

La seule chose qui restoit indécise fut l'affaire de mademoiselle de Montbazon. Comme ce tabouret avoit été attaqué pendant les rumeurs de l'assemblée, M. le prince et madame de Longueville, qui la haïssoient, firent remettre cette question en dispute. Elle étoit assez difficile à juger; car les filles de la première branche de la maison de Rohan avoient cet avantage du temps de Henri IV, comme ayant l'honneur d'être de ses proches parentes. La princesse de Guémené, lorsqu'elle épousa le prince de Guémené, fils aîné du duc de Montbazon, qui étoit aussi bien qu'elle de la maison de Rohan, sans être ni princesse ni duchesse, eut le tabouret en se mariant. Elle obtint cette prérogative dans un temps que la reine Marie de Médicis, qui n'étoit pas humble, ne la donnoit pas légèrement; mais on disoit à cela qu'elle l'avoit eu par faveur, et que le connétable de Luynes le lui avoit fait donner à cause qu'il avoit épousé mademoiselle de Montbazon, depuis madame de Chevreuse, fille de la première femme du duc de Montbazon. Madame de Guémené néanmoins prétendoit avoir eu le tabouret à juste titre, et vouloit être princesse comme celles qui en tenoient le rang par une ancienne et légitime possession. Elle disoit que les filles des simples ducs n'ayant jamais eu le droit, elle et toutes celles de son nom, mêlées au sang de Bourbon, n'en avoient pu jouir qu'en cette qualité de véritables princesses. Quoiqu'elle n'aimât pas madame de Montbazon, belle-mère de son mari, elle s'intéressoit autant qu'elle le devoit au tabouret de sa petite belle-sœur; et comme elle étoit mieux à la cour que cette dame, elle en parla souvent au ministre, et avec chaleur. Madame de Montbazon avoit des amies : les dames de cette qualité, avec une grande beauté, n'en manquent pas. Monsieur, oncle du Roi, s'intéressoit en sa cause, et le parti des frondeurs étoit à elle. Elle faisoit grand bruit, et se plaignoit hautement de ce qu'on mettoit en doute une chose établie depuis longtemps, ayant déjà eu d'autres de ses filles qui s'étoient assises devant la Reine; et quoiqu'en effet on pût trouver des raisons pour la combattre, sa possession et la grandeur du nom de Rohan lui faisoient dire avec sujet qu'elle vouloit aller au cercle, et que si on ne donnoit un tabouret à celle qu'elle avoit alors auprès d'elle, elle lui donneroit la moitié du sien. La Reine fut contrainte de lui envoyer commander de n'y pas venir pendant que M. le prince lui seroit contraire; et, pour apaiser ce vacarme qui pouvoit causer de nouveaux troubles, la Reine lui fit dire en secret qu'elle lui promettoit de conserver le tabouret à sa fille, pourvu qu'elle eût assez de sagesse pour laisser assoupir le bruit par le temps, et qu'avec ce remède si salutaire à tous maux elle la garantiroit de celui dont elle se plaignoit. Ainsi finit l'assemblée et toutes les choses qui la suivirent, pour faire place à d'autres événemens beaucoup plus grands et plus considérables.

A cette affaire succédèrent les brouilleries du parlement, qui s'assembla en faveur des Bordelais. Il fut arrêté que l'on feroit des remontrances à la Reine sur leurs intérêts, et cela vouloit dire en défense de leur révolte. Le président de Novion fut chargé de les faire; et comme il avoit l'inclination un peu frondeuse avec beaucoup d'esprit, il s'en acquitta avec force et vigueur. Il en fut estimé par ceux qui dans ce temps-là tenoient à gloire d'être toujours contre la cour. Cette harangue fut accompagnée de la nouvelle qui arriva en même temps que ceux de Bordeaux avoient pris le château Trompette et le démolissoient, afin de n'avoir plus rien qui les pût empêcher d'être les maîtres de leur ville et de leur province.

Ces désordres, soit dans la cour, soit dans le parlement et dans les provinces, ne remplissoient pas les coffres du Roi. Les princes du sang aidoient à les vider, et le peu de soumission du parlement empêchoit les peuples de payer. Le maréchal de La Meilleraye ne se mêloit plus des finances; et le ministre, n'osant encore se déclarer tout-à-fait sur le dessein qu'il avoit d'y remettre d'Emery, les avoit laissé administrer par deux directeurs, d'Aligre et Morangis, gens de probité, mais qui auroient été plus propres sous le règne d'un roi habile qui n'auroit eu besoin que de fidélité, que sous un règne troublé par mille révoltes, et sous un ministre avare, accablé des besoins du Roi et des siens propres. Cette charge s'anéantissoit entièrement sous la conduite des directeurs qui l'exerçoient, et celui qui gouvernoit crut qu'il étoit nécessaire de leur donner un chef sous qui la puissance du Roi reprît plus de force. Par toutes ces raisons, il se résolut enfin de faire revenir d'Emery; car il avoit connu par expérience qu'il ne faut pas s'imaginer qu'on puisse jamais satisfaire le public sur ses fantaisies.

Quand les sujets se révoltent, ils y sont poussés par des causes qu'ils ignorent; et, pour l'ordinaire, ce qu'ils demandent n'est pas ce qu'il faut pour les apaiser. Les partisans qui avoient été chassés avec d'Emery promettoient de grandes sommes pourvu qu'on le fît revenir, et disoient qu'il étoit le seul capable de trouver des remèdes à la pauvreté qui accabloit la cour. Ils avoient fait de grands prêts au Roi sur l'autorité de ce surintendant disgracié; ils étoient intéressés à son rétablissement; et, pour retirer leur argent, ils étoient prêts de faire de nouvelles avances.

Les particuliers tant de la cour que du parlement, qui étoient engagés dans les prêts, désiroient aussi son retour. Ils s'imaginoient que sa présence pourroit rétablir la confiance publique; et comme il avoit reçu leur argent, ils espéroient qu'il feroit des efforts pour les payer qu'un autre ne feroit pas.

D'autres personnes prétendant à la surintendance se servoient, pour s'opposer à d'Emery, de ces mots vénérables du *repos public* et du *bien de l'Etat*, et disoient qu'il remettroit les impôts, et que son retour feroit du désordre et de la sédition. J'ai dit ailleurs que le président de Maisons, après avoir été exclus par Monsieur, avoit reçu des assurances de ce prince qu'il ne lui seroit plus contraire, et qu'il étoit changé en sa faveur. Le ministre, voulant donc proposer enfin le rappel de d'Emery, fut bien étonné quand il trouva le duc d'Orléans pour obstacle à son dessein, et qu'au lieu de d'Emery il nomma le président de Maisons à cette charge, comme le plus capable pour la bien faire; qu'il seroit au gré de tout le monde, et même du parlement. Il dit aussi que cette compagnie se sentiroit obligée à la Reine de ce qu'elle auroit choisi un de leur corps pour lui donner l'administration de ses finances; et, s'adressant au cardinal Mazarin, lui conseilla de le faire, afin de leur montrer de la confiance, et leur donner par là des marques assurées qu'il ne craignoit pas d'être accusé par eux de vouloir fouiller dans les coffres du Roi. Cette proposition fâcha tout-à-fait le ministre, et obligea d'Emery de chercher de la protection du côté de M. le prince, par le prince de Marsillac. Il y réussit, et par cette même voie il eut aussi celle du prince de Conti et de madame de Longueville, qui portèrent ses intérêts en tout ce qui leur fut possible. Beaucoup de placards s'affichèrent alors dans les rues et dans les places publiques de Paris, qui prédisoient la ruine de la France par le retour de d'Emery. Le ministre y fut menacé avec insolence, et traité de même manière qu'il l'avoit été pendant la guerre. La crainte de quelque rumeur l'obligea de suspendre encore pour quelque temps l'accomplissement de ses volontés. Il crut avec assez de fondement que ces libelles venoient de Longueil, frère du président de Maisons et conseiller au parlement, qui aimoit la nouveauté et l'intrigue. Il avoit de la lumière et beaucoup de hardiesse; il entreprenoit toujours tout ce que son caprice lui faisoit juger pouvoir être utile à ses desseins, sans que personne eût le pouvoir de lui faire changer de conduite.

La Vieuville, qui avoit été surintendant du temps du feu roi Louis XIII, qui avoit été banni et relégué en Hollande par le cardinal de Richelieu où il avoit passé beaucoup d'années, étant revenu en France par la permission de la Reine, avoit toujours, depuis son retour, désiré de rentrer dans sa première place. La jouissance de ce bien l'avoit si peu dégoûté, qu'il n'oublioit rien pour parvenir au bonheur de le posséder tout de nouveau. Il faisoit de grandes offres au ministre, et lui promettoit une somme immense s'il vouloit lui donner le pouvoir de faire sortir les deniers qu'il prétendoit pouvoir lever sur le peuple sans l'incommoder. Si bien que le ministre, dans l'incertitude de pouvoir faire revenir d'Emery, fit semblant de tourner ses pensées de son côté, et le fit proposer à Monsieur, disant que puisqu'il n'approuvoit pas d'Emery, et que la Reine ne vouloit point le président de Maisons, elle souhaiteroit qu'il voulût donner sa voix au marquis de La Vieuville. Le duc d'Orléans, qui vouloit obliger ce président sans déplaire à la Reine, ne put s'empêcher de consentir à cette proposition, puisqu'elle étoit juste et dans l'ordre; et comme il se fut relâché sur cet article, les amis de d'Emery travaillèrent auprès de lui et auprès du ministre avec tant de force et de succès, qu'enfin ils obtinrent secrètement du ministre seul que d'Emery pût revenir à Paris. Il y demeura caché quelques jours, occupé à travailler à ses affaires, dont la plus grande étoit de changer entièrement en sa faveur les sentiments de Monsieur. Ce prince, ayant tenu bon encore quelque temps, se rendit enfin après tant de combats à ce que le cardinal Mazarin désiroit. L'abbé de La Rivière, qui avoit été des amis de d'Emery, qui n'avoit nul sujet de se plaindre de lui, et qui ne lui avoit été contraire que pour faire plaisir au président de Maisons, et pour mettre un homme dans les finances qui lui fût entièrement obligé, ne put y résister davantage, et il fallut qu'il laissât aller cette affaire selon le torrent qui l'emportoit. Ainsi d'Emery fut tout de nouveau nommé à la surintendance, au contentement du public et de ses amis particuliers. Il promit à son retour de payer les rentiers sur la ville, et destina pour cet effet certain fonds qui se distribuoit toutes les semaines. Comme il y avoit beaucoup de personnes dans Paris qui avoient intérêt à cette sorte de bien, chacun se tut sur son retour. Il se fit des amis dans le parlement; et celui qui, un an auparavant, avoit été chassé avec des marques de la haine publique, fut reçu de tous avec joie et bénédiction, tant il est vrai que les peuples ne se gouvernent que par caprice ou par quelque petit intérêt. Si cet homme fût revenu avec autant de santé que de paix, il auroit eu lieu, selon ses propres maximes, de s'estimer heureux. Il aimoit la vie voluptueuse, et par conséquent la faveur et les richesses.

Chavigny, depuis qu'il étoit sorti de prison, avoit été toujours exilé; mais ayant un procès contre le président Le Coigneux, qui lui demandoit certains remboursemens sur sa charge de chancelier de Monsieur qu'il avoit autrefois possédée, il se servit de ce prétexte pour demander permission à la Reine de revenir à Paris. Le cardinal Mazarin, naturellement doux, et pressé par le souvenir du passé, y consentit, à condition qu'il ne verroit point la Reine. Quand il fut arrivé, toute la cour alla le visiter. M. le prince y fut aussi, qui lui promit tout de nouveau son amitié; et ce ministre, mal content et disgracié, lui renouvela les vœux de son attachement, qui étoit déjà bien grand, et que le mauvais traitement qu'il prétendoit avoir reçu du ministre avoit rendu plus fort et plus étroit. Il fit demander au duc d'Orléans s'il auroit agréable qu'il allât au Luxembourg lui faire la révérence. Ce prince l'agréa, et il en fut assez bien reçu. Son favori et Chavigny, qui étoient ennemis, se visitèrent avec cette civilité apparente qui se pratique dans le monde au milieu de la haine et de l'envie.

L'ambition, qui est sans doute la passion dominante de la cour, nous va faire voir une des plus bizarres aventures qui soient arrivées dans celle de la Reine. Jarzé, malgré l'attachement qu'il avoit pour M. le prince, qu'il cachoit avec soin, s'étoit conservé dans les bonnes grâces du ministre, par le moyen desquelles il avoit obtenu de pouvoir venir chez la Reine dans les heures du soir. Faute de sagesse et de raison, il s'étoit mis en tête, à la faveur des fausses exagérations qui se pratiquent avec les grands, de lui faire paroître de grands attendrissemens par les louanges continuelles qu'il lui donnoit; de lui montrer que, par son zèle et ses sentimens, il alloit pour elle fort au delà de la fidélité que les sujets doivent à leurs souverains. Comme cette vaine imagination étoit ridicule en soi, la Reine ne la vit point : elle lui répondit toujours en notre présence comme à des railleries extravagantes dont elle ne faisoit pas grand cas. En mon particulier, je fus la dernière à m'apercevoir de ses façons et à les remarquer; je ne les croyois pas dignes d'être comptées pour quelque chose. Un soir qu'enfin j'avois ouvert les yeux, comme nous allions nous retirer, le commandeur de Jars, mademoiselle de Beaumont et moi, je voulus leur faire part de ma pensée. Après mille précautions que je pris pour les obliger à ne se point moquer de moi, je leur dis ce que j'avois aperçu de Jarzé, et leur en demandai la raison, ayant quasi honte d'avoir pu imaginer une chose si éloignée du bon sens. Elle l'étoit en effet, tant à cause de la solide vertu de la Reine que pour les qualités du personnage. Eux, qui, plus malicieux et plus fins que moi, avoient depuis un assez long temps été éclairés sur les tracasseries de Jarzé, commencèrent à faire de grands éclats de rire. Ils me demandèrent si je venois du Japon ou de la cour du Grand-Mogol, et se moquèrent, non pas de ce que j'avois eu des yeux, mais de ce que je n'en avois pas encore eu. Après cette raillerie, nous nous mîmes à parler de cette affaire plus sérieusement. Le commandeur de Jars nous conta que déjà elle faisoit du bruit par le monde; que M. le prince et Jarzé étoient en confidence ensemble sur cette importante folie, et disoient qu'une femme espagnole, quoique dévote et sage, se pouvoit toujours attaquer avec quelque espérance. Alors nous pénétrâmes dans les motifs de cette chimérique entreprise, et nous trouvâmes qu'elle étoit fondée sur ce que madame de Beauvais, première femme de chambre de la Reine, étoit amie de Jarzé, qui n'étant ni belle ni jeune, et voulant avoir des amis, avoit flatté Jarzé de cette pensée qu'elle le rendroit agréable à la Reine, et lui feroit de bons offices. Cette promesse, dans l'intention de cette femme, ne regardoit que la fortune de Jarzé; mais comme il avoit beaucoup de vanité et d'imprudence, et qu'il ne bornoit pas ses désirs dans les justes limites de la raison, il la prit de travers; et au lieu de prétendre plaire à la Reine comme tous les courtisans veulent plaire à leur maître, il fit dessein de lui montrer que son cœur étoit allumé d'une flamme involontaire, qui naissoit en lui par l'inclination que le respect étouffoit, et qu'il n'osoit montrer que par les yeux. Il crut peut-être qu'avec les soins de son amie il pourroit parvenir à plaire, comme un fou qui auroit perdu la raison par une belle cause. Sur cette pensée extravagante, ils avoient fait, M. le prince et lui, à ce qu'on a cru, des projets qui avoient quelques fondemens sérieux, et qui avoient pour but la ruine du ministre. Jarzé, sans considérer la vertu de la Reine, son âge, sa vie, ses mœurs et le respect qu'il lui devoit, s'enivra de la beauté de ce dessein, et crut que sa chute, au cas qu'elle arrivât par cette haute entreprise, lui seroit plus honorable que la grandeur et l'élévation ne le pourroient être aux autres. Ces choses furent bien vite aux oreilles du cardinal; et déjà ses espions, pour faire leur cour, lui avoient fait de cette affaire une intrigue de grande importance. Il aimoit la Reine en ministre; et, se croyant nécessaire à son service, il se tenoit assuré de sa bonne volonté. Il ne craignoit pas non plus que sa grandeur lui pût donner de l'ombrage, parce qu'il la connoissoit exempte de l'esprit de domination et un peu paresseuse ; mais, sans avoir peur d'une légèreté indigne d'une ame royale, il ne laissa pas de se troubler à cette nouvelle. Il ne la sentit pas comme un ami jaloux qui auroit appréhendé de perdre ce qu'il aimoit, puisque l'attachement qu'il avoit pour la Reine n'étoit pas de cette nature, mais bien comme un avare à qui on veut ôter son trésor. La Reine étoit si incapable de soutenir l'extravagance de Jarzé, qu'elle ne pouvoit pas s'imaginer qu'il pût avoir cette pensée. Je sais même qu'elle eut une peine incroyable à répondre sérieusement à ce que le cardinal Mazarin lui en voulut dire. Elle avoit jugé des sentimens de cet homme selon son tempérament naturel, qui le portoit à parler toujours fabuleusement, et elle prenoit de cette manière toutes ses louanges. Le ministre le savoit bien, et ne pouvoit pas douter, par mille raisons, que cela ne fût tourné de cette sorte ; mais comme les gens qui savent plaisanter sur toutes matières sont à craindre quand ils sont capables d'y mêler des desseins malicieux, le cardinal ne put se résoudre à le laisser à la cour sous aucune figure, particulièrement le voyant attaché aux intérêts de M. le prince son ennemi, après que, par de considérables bienfaits, il pouvoit prétendre de lui une fidélité tout entière. Cette folie de Jarzé fit donc résoudre le ministre à le perdre. Il y réussit aisément ; et il étoit raisonnable qu'il le pût faire. Il conçut aussi une grande haine contre madame de Beauvais, et fit dessein de la faire chasser. Il en parla à la Reine, et sut si bien tourner cette affaire du côté de la bonne volonté que M. le prince avoit pour Jarzé, et des dangereuses conséquences de cette intrigue, que la Reine, qui considéroit le cardinal Mazarin, et qui estimoit ses conseils sur de plus importantes affaires que celle de Jarzé, le lui abandonna aussitôt, et lui promit de le traiter de telle sorte qu'il sentiroit toute sa vie quel malheur c'étoit que de manquer de sagesse et de raison. La Reine fit quelques efforts pour sauver sa première femme de chambre, et soutint longtemps au cardinal Mazarin qu'il étoit impossible qu'elle eût eu aucune part à cette extravagance. Le ministre savoit que cette femme étoit libre, capable de tout dire et de tout penser, et qu'elle avoit montré à la Reine, par manière de jeu, des lettres que Jarzé lui écrivit. Il voulut lui faire voir par là qu'il avoit sujet de lui demander l'éloignement d'une personne qui, dans son intention, paroissoit avoir eu dessein de le perdre. Il trouva mauvais qu'elle eût voulu soutenir un homme qui étoit assez artificieux et assez hardi pour cacher, sous l'enjouement et la gaieté, les mauvais offices qu'apparemment il avoit désiré de lui rendre. La Reine, qui considéroit madame de Beauvais non pas par ses vertus, ni par la beauté de son ame ni par celle de son visage, mais à cause de l'adresse de ses doigts et de son extrême propreté, assura le cardinal, comme il étoit vrai, que, dans les lettres qu'elle lui avoit montrées, il n'y avoit rien dont Jarzé ni elle pussent être blâmés. Elle lui dit qu'elles avoient fait si peu d'impression dans son esprit, qu'elle ne se souvenoit pas même de ce qu'il y avoit, et que Catau (c'est ainsi qu'elle l'appeloit) lui avoit toujours parlé de Jarzé comme d'un honnête bouffon, qui avoit l'esprit agréable, et de qui on pouvoit souffrir les contes pour divertir le public ; et qu'enfin toutes ses femmes lui parloient de tant de bagatelles, qu'elle ne prenoit pas la peine de les remarquer ni de les écouter. L'esprit du cardinal ne fut point guéri par toutes ces choses : au contraire, elles augmentèrent son inquiétude. Il fallut que la Reine se résolût d'abandonner madame de Beauvais, et qu'elle lui promît que cette femme auroit son congé. Sa disgrâce étant résolue, la Reine sortit le lendemain de bonne heure pour aller à quelque couvent. Avant que de partir, elle commanda à un des siens, son argentier, d'aller de sa part lui ordonner de sortir du Palais-Royal, elle, son mari et ses enfans, avec commandement de rendre les clefs de ses coffres. Madame de Beauvais fut étonnée de cette disgrâce. Elle venoit de quitter la Reine, qu'elle avoit eu l'honneur d'habiller, et qui lui avoit fait aussi bonne mine qu'à l'ordinaire. Elle résista quelque temps, et dit qu'elle vouloit voir sa maîtresse. Elle fut contrainte d'obéir, parce que le commandement avoit été trop précis ; et ses amis lui conseillèrent de ne pas résister. J'étois haïe de cette dame, et je ne puis dire, avec vérité, qu'elle ait été injuste pour moi. Il est encore vrai que je ne sentis nulle joie de son éloignement. Le soir de ce jour me trouvant chez la Reine, au milieu de beaucoup de personnes qui parloient d'elle avec mépris, comme c'est l'ordinaire de parler ainsi des malheureux, je me sentis l'ame aussi tranquille sur son sujet que si je ne l'eusse jamais connue. La Reine s'en aperçut ; et me voyant avec cette modération, elle m'appela, et me dit qu'il sembloit que j'avois envie de pleurer l'absence de Catau. Je lui répondis froidement que je n'avois pas besoin de mouchoir pour essuyer mes larmes ; mais aussi que je la pouvois assurer que je n'avois point de joie, et qu'on ne m'entendroit point parler de ses défauts, comme je l'avois pu faire en un autre temps. La Reine, prenant alors un visage sérieux, me fit l'honneur de me dire qu'elle m'en estimoit davantage. Je n'avois pas toujours été si sage; mais sans doute que son malheur me tenoit lieu de vengeance, et par conséquent ma douceur étoit plutôt une marque de ma satisfaction que de ma bonté.

Quelques jours après, la Reine en se couchant dit à madame de Beaumont et à Comminges, qui se trouvèrent seuls auprès d'elle, qu'elle avoit un amant, et qu'elle avoit appris par des amis fidèles ce qui se disoit par le monde sur la folie de Jarzé. Elle ajouta, d'un ton moqueur où la colère se pouvoit remarquer, qu'il étoit bien impertinent, et qu'elle étoit bien fâchée qu'il eût porté sa folie jusqu'à la forcer d'en prendre connoissance. Ce discours vouloit beaucoup dire, et sans doute qu'elle étoit convenue avec le cardinal de parler de lui en ces termes devant des personnes qui pussent l'en avertir. Comminges, qui aperçut le dessein de la Reine, le voyant venir le lendemain au Palais-Royal, eut la volonté de lui parler pour l'empêcher d'entrer où elle étoit; mais n'ayant su l'aborder dans cet instant, à cause de quelqu'un qui l'aborda, il le laissa passer dans le cabinet où la Reine s'habilloit. Comme Jarzé savoit à peu près, par la disgrâce de son amie madame de Beauvais, l'état où il étoit à la cour, il crut faire voir un tour d'habile politique de paroître ne penser à rien et ne rien craindre; mais l'heure étoit venue qu'il devoit être puni de son imprudence. La Reine ayant dans l'esprit de le maltraiter, aussitôt qu'elle l'aperçut ne manqua pas de l'attaquer, et de lui dire avec un ton méprisant ces mêmes paroles : « Vraiment, M. de « Jarzé, vous êtes bien ridicule. On m'a dit que « vous faites l'amoureux. Voyez un peu le joli « galant! Vous me faites pitié : il faudroit vous « envoyer aux Petites-Maisons. Mais il est vrai « qu'il ne faut pas s'étonner de votre folie, car « vous tenez de race. » Voulant citer en cela le maréchal de Lavardin, qui autrefois avoit été passionnément amoureux de la feue reine Marie de Médicis, et dont le Roi son mari, Henri-le-Grand, se moquoit lui-même avec elle. Le pauvre Jarzé fut accablé de ce coup de foudre. Il n'osa rien dire à sa justification. Il sortit du cabinet en bégayant, mais plein de trouble, pâle et défait. Malgré sa douleur, peut-être se flattoit-il déjà de cette douce pensée que l'aventure étoit belle, que ce crime étoit honorable, et qu'il n'étoit pas honteux d'en être accusé. Toute la cour fut aussitôt remplie de cet événement, et les ruelles des dames retentissoient du bruit de ces royales paroles. On fut long-temps que le nom de Jarzé s'entendoit nommer partout dans Paris; et les provinces en eurent bien vite leur part. Beaucoup de gens blâmèrent la Reine d'avoir voulu montrer ce ressentiment, et disoient qu'elle avoit fait trop d'honneur à Jarzé d'avoir daigné se rabaisser jusqu'à cette colère, et que la dignité de la couronne en avoit été blessée. Aussi peut-on dire, pour réparer cette petite faute, qu'elle ne l'auroit pas faite, si elle n'y avoit été forcée par les craintes du ministre, qui, voyant Jarzé fidèle à M. le prince et ingrat envers lui, ne pouvoit pas manquer de croire que, sous cette affectation de bouffonnerie, il y avoit quelque malignité frondeuse contre sa fortune.

La suite de cette histoire fut dangereuse à l'Etat par ses événemens. Ce qui n'étoit qu'une bagatelle, se mêlant à de plus grandes choses, vint à produire de terribles effets. M. le prince, pour consoler Jarzé de son affliction, le mena deux jours après à Saint-Maur avec lui; et, faisant peu de cas de l'éclat que la Reine avoit fait contre lui, déclara publiquement qu'il étoit son ami, et qu'il l'aimoit. Il dit, à tous ceux qui le voulurent entendre, que pendant sa brouillerie avec le ministre, quoique Jarzé eût fait semblant d'être attaché à la cour, il étoit vrai néanmoins qu'il étoit demeuré dans ses intérêts, et qu'il n'avoit gardé des mesures avec le cardinal que parce qu'il avoit voulu qu'il conservât sa charge de capitaine des gardes et celle de M. le duc d'Anjou, le véritable Monsieur, dont il étoit assuré. M. le prince fit plus : et comme si la Reine n'eût pas été la maîtresse de ses paroles et de ses sentimens, il se plaignoit hautement de ce qu'elle avoit gourmandé Jarzé sans l'en avertir, et de ce que le cardinal l'avoit souffert sans son consentement; disant que puisque la Reine avoit parlé au duc d'Orléans et à lui du dessein qu'elle avoit eu de chasser sa première femme de chambre, ne lui ayant point fait de secret de la folie de Jarzé, elle devoit de même lui faire part de la résolution qu'elle avoit prise de le maltraiter, puisqu'elle savoit qu'il étoit de ses amis. La Reine répondit à cela qu'elle avoit pris toutes ses précautions pour faire qu'il se retirât de lui-même, sans être obligée d'en venir aux extrémités. Elle disoit qu'elle avoit parlé de lui avec mépris devant Comminges et mademoiselle de Beaumont le soir précédent, espérant qu'ils ne manqueroient pas de l'en avertir; et que l'ayant revu devant ses yeux, la mauvaise humeur où elle étoit contre lui l'avoit emporté sur la civilité. La Reine se justifioit en cette occasion avec beaucoup de peine : elle ne trouvoit pas bon que M. le prince voulût exiger d'elle une si grande dépendance; et, le même jour que M. le prince mena Jarzé à Saint-Maur, elle me fit l'honneur de me dire, avec beaucoup de chagrin, qu'elle commençoit à se lasser de la superbe manière d'agir de M. le prince, et que la protection qu'il donnoit à Jarzé lui déplaisoit infiniment. Ce prince, qui par sa hauteur travailloit à son abaissement, prit cette affaire avec tant de chaleur, qu'il fit supplier la Reine de revoir Jarzé et de lui pardonner. Un de ses serviteurs (1) me dit à moi-même, parlant de cette aventure, que si la Reine ne lui pardonnoit, et qu'elle tînt bon là-dessus, il y auroit bien du bruit au quartier, et que M. le prince crioit bien haut. Voilà les mêmes mots. La phrase en étoit commune, mais le sens des paroles étoit extraordinaire; car il n'y a point de demoiselle à qui sur une affaire de cette nature on ne dût laisser la liberté d'agir à sa fantaisie. Ce fut alors que le ministre connut visiblement que la douceur que M. le prince de Condé, madame de Longueville et le prince de Conti avoient eue pour lui n'avoit été qu'une feinte, à dessein seulement de tirer de la Reine le brevet du prince de Marsillac; et leur artificieuse manière d'agir lui fit juger qu'il ne falloit point qu'il espérât de sincère réconciliation de leur côté.

Ce trouble réveilla le parlement et la Fronde. Comme ils ne pouvoient souffrir le raccommodement de M. le prince avec la cour, quoique très-imparfait, ils commencèrent à reprendre des forces. Tous vouloient la division du cabinet, et voyoient avec joie que le cardinal Mazarin ne pouvoit être content de M. le prince. Les frondeurs espéroient que les choses venant dans les dernières extrémités, il arriveroit qu'ils reprendroient liaison, soit avec le ministre, soit avec le prince de Condé.

La famille de Longueil et celle de La Vieuville, qui vouloient encore pousser d'Emery, faisoient ce qu'ils pouvoient pour parvenir à la surintendance par quelque nouveauté. Le 4 de décembre, il y eut un grand bruit au parlement à cause des rentes. Les syndics demandèrent à être reçus, afin de travailler à la sûreté des rentes de l'hôtel-de-ville. Ceux qui faisoient naître ces embarras excitoient le peuple à vouloir des syndics, afin que, par leur intérêt, ils eussent sujet d'émouvoir quelque sédition contre le ministre, et particulièrement contre d'Emery. Ils vouloient malicieusement mettre les choses et afin que, s'il venoit à manquer au paiement qu'il avoit promis, on pût l'attaquer là-dessus. Ce jour, quelques députés étant assemblés chez le premier président pour travailler à cette affaire, ces syndics, élus tumultuairement par le peuple, leur vinrent faire un grand vacarme. Entre autres, un nommé Joly (2) parla insolemment au premier président,

(1) Arnault, neveu du gouverneur de Philisbourg.
(2) Gui Joly, auteur des Mémoires qui font partie de cette collection.

et tous dirent à son fils Champlâtreux, en le menaçant, qu'il n'auroit jamais la charge de son père. Le président Le Coigneux, dont la fille avoit épousé le fils de d'Emery, fut maltraité par eux. Ils lui reprochèrent qu'il avoit reçu plus d'argent que les autres en la distribution du paiement des rentes.

A ces désordres se joignirent ceux de Bordeaux. Ces peuples étoient protégés par M. le prince, qui n'aimoit pas le duc d'Epernon, et qui n'étoit peut-être pas fâché d'avoir en France un lieu de sûreté contre la cour. Le duc d'Orléans de son côté, ayant toujours eu cette inclination d'accommoder les affaires plutôt que de les aigrir, voulut aussi que cette affaire s'accommodât. Il fit en sorte, conjointement avec M. le prince, que, malgré leur rebellion, le ministre fût obligé d'envoyer un ordre secret au maréchal Du Plessis de faire la paix avec ces mutins, pourvu qu'ils la voulussent souhaiter. On lui envoya de quoi soutenir la guerre languissamment, mais non pas assez de quoi la finir par la force: si bien que ces peuples, se sentant soutenus par des princes si puissans, et mal attaqués par le Roi, allèrent de pis en pis, et nous ne verrons de long-temps la fin de cette petite guerre.

Dans la dernière brouillerie de M. le prince et du ministre, M. le prince s'étoit trouvé de même sentiment que ceux de la Fronde, touchant la ruine apparemment tant désirée du cardinal Mazarin; et madame de Longueville avoit travaillé à l'union de M. le prince et du duc de Beaufort avec ses amis; mais cette princesse n'avoit pu les acquérir entièrement pour ne faire entrer dans tous les intérêts de M. le prince. Ils demeurèrent fermes dans la résolution de s'unir avec lui seulement pour la perte du cardinal. Leur résistance avoit obligé M. le prince, outre les avantages du prince de Marsillac, de se raccommoder avec la cour, plutôt que de s'engager dans une cabale, dont les projets apparemment n'auroient servi qu'à l'établissement du duc de Beaufort, du coadjuteur et de Châteauneuf; mais le prince de Condé, qui méprisoit le cardinal, quoiqu'il fût quelquefois dans le dessein de le préférer aux autres, traitoit avec lui plutôt comme son ennemi que comme son ami. Il s'opposoit aux avantages de sa famille, et faisoit gloire de le maltraiter: si bien que cette paix ne servit qu'à le précipiter dans le malheur que le ministre fut forcé de lui procurer, et faire que les frondeurs, qui ne se pouvoient souffrir dans l'état douteux et incertain où ils étoient, firent tous leurs efforts pour en sortir.

Ensuite de ce qui étoit arrivé le 4 décembre chez le premier président, le 12 du même mois il parut que, par une brigue apparemment faite par le coadjuteur et les principaux frondeurs, ce Joly, qui avoit parlé insolemment à Champlâtreux, reçut un favorable coup de pistolet, comme il étoit dans son carrosse allant chez le président Charton ; et il arriva, ou par choix ou par aventure, que ce fut dans sa rue, et proche de la porte de ce président, que ce coup de pistolet fut tiré. Il cria, et fit ce qu'il put pour émouvoir le peuple à sédition. Le président Charton vint à son secours, qui fit beaucoup de bruit ; mais le peuple n'y prit point de part, et parut aussi peu offensé de ce coup que Joly en parut peu blessé. Le peuple laissa faire à lui et à son ami toute leur rumeur, sans y entrer en aucune façon, parce qu'il commençoit à goûter le repos ; et hormis ceux qui furent payés pour crier, nul ne se trouva en volonté de mal faire. Joly et deux autres syndics, avec le président Charton, ne laissèrent pas d'achever leur entreprise. Ils allèrent droit au palais demander justice de cet assassinat. D'abord il se fit un grand vacarme ; et les frondeurs, qui, selon toutes les démonstrations qu'ils en firent, vouloient que cela produisît quelque événement qui changeât la face du théâtre, se mirent tumultuairement à faire de grands cris pour animer la compagnie et le peuple. Broussel proposa de faire fermer les portes de Paris, afin de renfermer dans la ville celui qui avoit fait le coup ; mais les plus sages, après avoir opiné là-dessus, demeurèrent les maîtres, et firent arrêter qu'on informeroit selon l'ordre ordinaire.

En ce même temps, le marquis de La Boulaye, grand frondeur, et ami des chefs de la cabale frondeuse, afin d'émouvoir le bourgeois se mit à courir par la ville, le pistolet à la main, criant au peuple : *Aux armes! trahison du Mazarin!* En cet état il va au Palais, il crie en ce lieu encore plus haut, et amasse quelques coquins pour crier avec lui ; mais nul honnête homme ne s'émut à sa voix, ni ne se laissa duper par cette fourberie manifeste : si bien que ce gentilhomme, indigne de ce nom, quoique vaillant et qualifié, fut contraint de s'aller cacher (1) chez le coadjuteur son bon ami, avec la honte qui suit d'ordinaire un mauvais succès fondé sur un honteux dessein.

On vint avertir la Reine de ce désordre, et le Palais-Royal fut aussitôt rempli des plus considérables de la cour, dont le duc d'Orléans et le prince de Condé furent des premiers. Il étoit samedi, et, selon sa coutume, elle voulut aller à Notre-Dame ; mais on douta si elle devoit faire son voyage. La fermeté inébranlable de son ame la fit conclure elle-même qu'elle y devoit aller ; elle souffrit seulement que M. le prince l'accompagnât : ce qu'il fit et de bonne grâce. Pour le duc d'Orléans, il avoit fait dessein d'aller à Limours ; et voyant les choses apaisées, il acheva son voyage.

Au dîner de la Reine, le duc de Bouillon La Marck, beau-père de La Boulaye, vint trouver la Reine pour lui dire que son gendre ayant appris qu'on vouloit lui rendre de mauvais offices auprès de Sa Majesté, l'avoit prié de la venir assurer qu'on l'accusoit à tort d'avoir voulu émouvoir le peuple à sédition ; qu'il n'avoit point eu cette pensée, et n'en étoit pas capable. Il lui dit qu'il étoit bien vrai qu'ayant trouvé des gens qui l'avoient voulu assassiner, il avoit appelé à son secours seulement pour sa défense, et point du tout avec intention de manquer au respect qu'il lui devoit. La Reine lui répondit froidement ces mêmes mots, que je pris soin de retenir : « J'ai « bien ouï dire qu'on a tiré un coup de pistolet sur « un conseiller du Châtelet, mais non pas qu'on « ait attaqué votre gendre. Au contraire, on m'a « assuré qu'il avoit couru les rues avec un pistolet « à la main pour émouvoir le peuple, et crié dans « le Palais : *Aux armes!* Je souhaite que ce que « vous me dites en sa défense se trouve vrai. Ce- « pendant je ferai informer pour savoir ce qui en « est. » La Boulaye ayant mal réussi dans son dessein, le coadjuteur et lui avoient trouvé qu'il falloit faire cette mauvaise excuse, afin de montrer du moins qu'il n'avoit pas la hardiesse de l'avouer. Après cette pauvre comédie, dont ils appréhendèrent les suites, ils cherchèrent d'autres remèdes qui leur réussirent mieux. Le temps étoit favorable aux criminels : celui-là demeura impuni, de même que la cause de son crime a été cachée par son silence et celui de ses complices. Peut-être que les frondeurs avoient espéré par là remettre le désordre dans Paris, et se trouver au pouvoir d'attaquer la vie du ministre ou de quelque autre. Pour moi, je n'ai point su qu'il y eût d'autres motifs de ces deux prétendus assassinats, quoique je l'aie souvent demandé à ceux qui apparemment ne le pouvoient ignorer. Toute cette intrigue a toujours été couverte d'un voile fort épais, et personne n'a paru en rien savoir de particulier. Quelques-uns de cette cabale, si la honte d'y avoir eu part ne les en empêche, laisseront ce secret à la postérité.

Les cris de La Boulaye n'ayant pas eu plus d'effet que ceux de Joly, les frondeurs jugèrent peut-être à propos d'effacer le souvenir de l'aventure du matin par quelque événement plus considérable. Ce même jour des personnes (2) at-

(1) Il est probable au contraire que ce fut Mazarin qui fit faire cette tentative par La Boulaye, lequel se cacha chez le duc de Vendôme.

(2) Arnault et le duc de Rohan.

tachées à M. le prince me dirent, comme par prophétie, que les frondeurs en vouloient à M. le prince. En effet, le soir après le conseil, ce prince étant allé chez Prud'homme, baigneur, un de ses écuyers l'y vint trouver, pour l'avertir de la part du président Pérault, son intendant, qu'un marchand venoit de lui dire qu'on avoit dessein de l'assassiner; et l'écuyer lui conta, pour appuyer son avis, qu'en passant par la place Dauphine, étant dans un de ses carrosses, des coquins qui étoient amassés en cet endroit lui avoient tiré cinq ou six coups de carabine, sans que, par bonheur, il eût été blessé. Ce rapport ayant été fait à M. le prince, le chevalier de Gramont, attaché à M. le prince, envoya son carrosse avec ses livrées passer sur le Pont-Neuf, pour voir ce qui en arriveroit. Le succès fut tel qu'on s'étoit imaginé. On tira dans ce carrosse; et comme il n'y avoit personne dedans, les assassins, ou qui faisoient semblant de l'être, n'attrapèrent rien. Le carrosse de Duras qui venoit après, où il n'y avoit que des laquais, fut traité de la même sorte, et un de ces laquais fut tué. Des gens de M. le prince me dirent alors qu'ils étoient quarante ou cinquante hommes à cheval, et ce même nombre avoit paru le matin auprès de la maison de La Boulaye, où logeoit le duc de Beaufort.

Le lendemain, toute la cour fut troublée de cette aventure. La Reine manda les gens du Roi, et leur ordonna de faire informer de cette affaire, témoignant beaucoup de chaleur pour les intérêts de M. le prince. Le procureur du Roi du châtelet fit informer de celle de Joly, et deux conseillers de la cour furent députés pour cet effet. Ils rapportèrent que Joly n'étoit point blessé, mais que, selon les trous qui étoient à son habit, il le devoit être. La Reine manda aussi le prévôt des marchands, messieurs de ville, et tous les colonels des quartiers, qu'elle loua de ce qu'ils n'avoient point écouté les voix malicieuses de ceux qui avoient eu dessein de les embarquer tout de nouveau à quelque sédition, et les exhorta à continuer à bien faire. Pour les récompenser, elle leur promit que le Roi à l'avenir auroit une entière confiance en leur fidélité.

Les choses étoient alors si brouillées, qu'il étoit difficile de discerner qui étoit ami ou ennemi. Le Palais-Royal étoit rempli d'une furieuse presse, et tous désiroient de voir comment se pourroient démêler ces embarras. La Reine, au milieu de ce trouble, me parut satisfaite plus qu'à son ordinaire. Elle disoit à ses familiers qu'elle s'en consoloit, vu qu'elle n'étoit point mêlée à toutes ces querelles. Un jour, me disant la même chose, elle y ajouta que peut-être elle en profiteroit, et qu'elle étoit en état qu'il falloit nécessairement que les uns ou les autres eussent besoin d'elle.

Le lendemain, le duc d'Orléans, M. le prince et le prince de Conti allèrent au parlement; et, sur la requête des gens du Roi, il fut ordonné qu'il seroit informé sur le prétendu assassinat de Joly, et contre ceux qui avoient voulu soulever le peuple. M. le prince ne voulut pas alors parler de lui, parce qu'il vouloit avoir des preuves suffisantes pour pouvoir attaquer ses ennemis par les formes.

Ils retournèrent le jour d'après. On décréta prise de corps contre La Boulaye. M. le prince se déclara de son assassinat, et en fit ses plaintes. Les choses étant dans cette extrémité, le coadjuteur alla voir M. le prince, dans le dessein, à ce que j'ai ouï dire, de former de nouvelles liaisons avec lui, et de voir si de tant de maux il n'en pourroit point tirer quelque avantage à son égard et contraire au repos public; mais ce prince irrité le rebuta, et ne le voulut point voir. Il alla même chez Pérault pour lui parler, où il fut traité froidement; et ne se tenant pas pour refusé, il demanda à voir La Moussaye ou Toulongeon (1). M. le prince leur ordonna de lui mander qu'ils n'y étoient pas. Ces personnes me l'ont dit eux-mêmes.

Le cardinal Mazarin étoit traité de la même sorte. Les frondeurs le recherchoient. Le duc de Vendôme lui offrit alors l'amitié du duc de Beaufort son fils, à telle condition qu'il lui plairoit de la recevoir; mais la comédie n'étant pas encore au dernier acte, le ministre lui répondit que le duc de Beaufort étant soupçonné d'avoir part à la conjuration qui avoit paru avoir été faite contre M. le prince, il ne pouvoit pas recevoir ses offres, que premièrement il ne fût purgé de cette accusation. Quelques jours après, soit que ce prince eût honte d'avoir été refusé, ou qu'il fût vrai que le duc de Vendôme son père l'eût offert sans son consentement, il désavoua publiquement d'avoir eu cette pensée, ni d'en avoir jamais prié le duc de Vendôme son père.

Le coadjuteur, le duc de Brissac et toute la cabale frondeuse, sans paroître abattus de l'état où ils étoient, se résolurent d'aller tenir leur place au parlement, le jour que les princes avoient fait dessein d'y aller porter les informations faites contre La Boulaye et contre eux. Ils y allèrent; et comme on voulut parler de cette affaire, Coulon s'opposa ouvertement au duc d'Orléans, et dit qu'il n'étoit pas temps de parler de cela, et que les députés de Bordeaux étoient à la porte, qui demandoient d'entrer. Le

(1) Confidents du prince de Condé.

duc d'Orléans dit que l'affaire de Bordeaux étoit accommodée, et il eut la hardiesse de lui soutenir que non.

Les frondeurs furent si bien servis qu'on éluda sur le principal; et sur ce que M. le prince demanda que le président Charton ne demeurât pas dans la chambre pour être juge d'une affaire où il étoit nommé, on fit durer cette dispute si long-temps qu'enfin l'heure sonna. Toute la conclusion fut d'ordonner qu'il sortiroit, et toutes choses remises au 22, qui étoit le mercredi suivant. Pendant cet intervalle, on résolut au conseil du Roi d'envoyer une déclaration favorable au parlement de Bordeaux, afin d'ôter tout prétexte, à ceux du parlement qui favorisoient les frondeurs, de parler d'aucune autre affaire que des intérêts du prince de Condé.

Monsieur et M. le prince allèrent au parlement le 22. Ils y eurent tant d'occupation qu'ils y demeurèrent jusqu'à cinq heures du soir. On y lut les informations faites contre toute la Fronde. Le duc de Beaufort et le coadjuteur voulurent sortir, mais le premier président les retint. Les gens du Roi, après la lecture des informations, signifièrent ajournement personnel au coadjuteur, au duc de Beaufort et au conseiller Broussel, parce qu'il étoit nommé dans le procès comme celui chez qui toutes les assemblées s'étoient faites. Ils se présentèrent ensuite pour répondre, et demandèrent que M. le prince eût aussi à sortir. On délibéra sur ces matières. Il fut ordonné que Broussel sortiroit. Plusieurs de ses amis ou intéressés en sa justification dirent, en faisant grand bruit, qu'on attaquoit un homme de bien qui étoit de leur corps.

Le lendemain, le coadjuteur et le duc de Beaufort allèrent au parlement demander d'être jugés et d'être reçus à récuser le premier président, disant qu'il étoit ami partial de M. le prince. Un de la compagnie, fortifiant cette requête, dit publiquement qu'elle devoit être lasse d'avoir pour chef un traître et un partisan de la cour; et cet homme vénérable fut contraint d'aller au barreau, comme un particulier, pour se défendre. Il fut conclu qu'on opineroit là-dessus, et l'heure sonna.

Deux jours après, Monsieur et M. le prince furent encore au parlement. Pour éviter les embarras qu'on faisoit naître tous les jours dans cette affaire, ils déclarèrent qu'ils ne vouloient plus demeurer en ce lieu passé onze heures. Le duc de Beaufort et le coadjuteur se présentèrent, qui dirent qu'ils avoient une telle impatience d'être justifiés, que si on vouloit les juger à l'heure même ils ne récuseroient personne, pas même le premier président, et souffriroient que M. le prince y demeurât. On délibéra sur la récusation faite en la personne du premier président, et cette délibération fut si longue qu'elle ne put être achevée quand les princes sortirent. On cria *vive le Roi et le duc de Beaufort!* Monsieur le trouva mauvais, et fit taire cette canaille, qu'on voyoit visiblement être payée pour cela.

M. le prince étoit embarrassé de cette affaire. La cour paroissoit entrer dans ses intérêts, et la Reine montroit tant de chaleur contre ses ennemis, que les courtisans croyoient lui plaire en faisant des vœux pour lui. Le duc d'Orléans paroissoit dans ce commencement assez disposé à le vouloir défendre. Ce prince se croyoit assuré de sa protection; mais ce n'étoit que des apparences, et les spectateurs étoient trompés. Il sentoit son mal sans le connoître; car, malgré la confiance qu'il avoit dans les belles apparences de la Reine et du duc d'Orléans, il étoit inquiet et paroissoit chagrin de cette affaire. Celui qui savoit vaincre ses ennemis dans les batailles ne pouvoit souffrir d'être maltraité dans le parlement. Il n'avoit pas lieu en apparence de se plaindre du duc d'Orléans; mais il voyoit néanmoins qu'en de certaines occasions il penchoit à favoriser le duc de Beaufort qu'il avoit toujours aimé, et étoit fâché de ce qu'il gardoit des mesures avec tous, ne voulant attirer la haine d'aucun parti.

La fête de Noël n'apaisa point ces désordres. Le Roi fit en ce saint jour sa première communion à Saint-Eustache sa paroisse, avec beaucoup de marques d'une grande inclination à la piété; et le lendemain il arriva une nouvelle qui surprit la Reine, qui fâcha le ministre, et qui acheva de gâter entièrement les affaires de M. le prince, qui par toutes les voies couroit à son malheur. Ce fut celle du mariage du duc de Richelieu avec madame de Pons.

Madame de Pons, comme je l'ai déjà dit, étoit fille de madame Du Vigean, et sa mère avoit été jusques alors chèrement aimée de la duchesse d'Aiguillon. Cette union, du temps du cardinal de Richelieu, avoit apporté beaucoup de bien à leur famille, par l'éclat que lui donnoit l'amitié d'une personne qui, étant nièce d'un si puissant ministre, ne pouvoit manquer de leur être utile. Madame de Pons étoit veuve d'un homme de naissance et de peu de biens. La duchesse d'Aiguillon, par la tendresse qu'elle avoit pour madame Du Vigean sa mère, lui avoit souvent dit qu'elle ne se mît pas en peine de ce qu'elle n'étoit pas riche, et qu'elle lui promettoit de partager ses trésors avec elle. Madame de Pons, moins occupée de la reconnoissance qu'elle devoit à la duchesse d'Aiguillon que de ses intérêts, et qui vouloit des richesses plus assurées, prit soin de plaire au duc de Richelieu, neveu de la duchesse d'Aiguillon. Elle y réussit facilement ; car il étoit jeune, et elle étoit assez aimable et bien faite pour pouvoir être aimée avec passion. Madame d'Aiguillon l'avoit priée d'en faire un honnête homme ; et comme il auroit quasi pu être son fils, il reçut ses enseignemens avec soumission. Madame de Pons, sans beauté, avoit de bonnes qualités et du mérite : elle étoit bonne, douce, aimant à obliger ; sa réputation étoit sans tache. Elle étoit des plus habiles en matières d'une galanterie plus affectée que véritable, pour savoir adroitement triompher d'un cœur tout neuf, qui, manquant de hardiesse, n'osoit entreprendre des conquêtes plus difficiles. Cette dame, naturellement libérale de douceurs, animée de ses propres désirs, n'oublia rien sans doute pour se faire aimer de celui de qui elle le vouloit être ; et pour lui, comme il manqua de discernement pour connoître ce qu'il lui convenoit de croire et de faire, le plaisir de s'imaginer d'être véritablement aimé eut de grands charmes pour lui. La duchesse d'Aiguillon avoit été choisie par le feu cardinal de Richelieu, son oncle, pour être tutrice de ses petits-neveux ; et ce grand homme n'avoit pas cru pouvoir trouver un moyen plus assuré pour conserver son nom, que de laisser ceux qui le portoient du côté des femmes sous la conduite de leur tante. Il jugea que sa vertu, son esprit et son courage les pourroient protéger contre les effets de l'envie et de la haine, qui sont d'ordinaire les suites fâcheuses des grandes fortunes des favoris. Cette illustre tante, malheureuse dans tous ses projets, voyant un jour son neveu rendre de petits services à madame de Pons, lui dit qu'elle souhaitoit qu'il fût assez honnête homme pour être amoureux d'elle ; et madame de Pons, qui avoit son dessein formé, lui répondit en riant qu'elle l'avertissoit que s'il lui parloit d'amour et qu'il voulût devenir son mari, elle n'auroit point assez de force pour le refuser. Ce discours fut pris par la duchesse d'Aiguillon comme une raillerie, dont elle ne fit que se divertir ; mais madame de Pons, qui pensoit sérieusement à cette affaire, crut par cet avertissement être quitte de tout ce qu'elle devoit à la duchesse d'Aiguillon ; et se croyant obligée de se préférer à elle et à toute autre, elle employa, pour faire réussir son mariage, un homme qui étoit auprès de ce duc, qu'elle gagna, et qu'elle engagea dans ses intérêts. Elle se servit, pour son grand ressort, de l'amitié que madame de Longueville avoit pour elle ; et, par cette princesse, elle obligea M. le prince à protéger son mariage comme une chose qui lui pouvoit être avantageuse. Madame de Pons vouloit un mari, et madame de Longueville vouloit que son amie eût le gouvernement du Havre-de-Grâce, place qui pouvoit rendre le duc de Longueville maître absolu de la Normandie. Son dessein et celui de M. le prince fut qu'en protégeant madame de Pons, elle seroit obligée de se lier entièrement à eux et à leur fortune. Des Marets, celui qui conseilloit le duc de Richelieu en faveur de madame de Pons, lui faisoit de belles chimères sur cette union ; mais la duchesse d'Aiguillon traversoit leurs pensées secrètes, par le dessein qu'elle avoit de faire épouser mademoiselle de Chevreuse au duc de Richelieu son neveu, qui, malgré son amitié pour madame de Pons, paroissoit un peu amoureux de cette princesse. Elle étoit véritablement belle, d'une naissance illustre, et devoit avoir de grands biens ; mais cet ami fidèle sut si bien mettre en œuvre ses illusions, aidé par la puissance d'une flatterie honnête, mais soigneusement pratiquée, qu'il persuada le duc de Richelieu qu'il feroit mieux d'épouser cette laide Hélène (1), destinée à faire du bruit, que cette belle personne que sa tante lui destinoit. Il l'assura qu'étant du parti de M. le prince, il n'avoit nul sujet d'appréhender que la duchesse d'Aiguillon désapprouvât son choix, ni le pût jamais inquiéter. Toutes ces choses ensemble firent ce mariage, qui fut fatal à M. le prince, peu heureux à ceux qui s'épousèrent, douloureux à madame d'Aiguillon, et nullement utile à madame de Longueville, qui dans la suite des temps, elle qui l'avoit fait, ne trouva pas dans le Havre le secours qu'elle avoit espéré ; et il s'en fallut peu enfin qu'il ne causât autant de maux aux Français que celui de Páris et de la belle princesse de Grèce en fit aux Troyens. Il se célébra à la campagne, en présence de M. le prince, qui voulut y être, et qui fit ce que les pères et mères ont accoutumé de faire en ces occasions. La Reine fut donc surprise quand elle apprit que ces noces s'étoient célébrées de cette manière. Elle connut aussitôt avec quel dessein M. le prince en faisoit son affaire ; et cet événement servit beaucoup à le ruiner entièrement dans son esprit et dans le conseil du cardinal. Sa perte fut alors résolue comme d'un prince en qui on voyoit de continuelles marques d'un esprit gâté ; mais la Reine ne laissa pas de lui faire bonne mine, et le ministre aussi.

La duchesse d'Aiguillon, apprenant cette nouvelle, fut au désespoir. Ceux qui ont des enfans

(1) C'est ainsi que les courtisans appelaient madame de Pons.

ou des neveux qui leur tiennent lieu d'enfans, qui ont de l'ambition et de grands biens, le peuvent aisément juger. Cette dame, qui avoit du mérite et du courage, soutenant son malheur par la force de son ame, dépêcha aussitôt un courrier au Havre, où elle commandoit par ordre du feu cardinal de Richelieu jusqu'à la majorité de son neveu, pour empêcher qu'il n'y fût reçu d'abord. M. le prince, le lendemain des noces, l'avoit fait partir pour y aller, et lui avoit dit qu'en toutes façons il falloit qu'il s'en rendît le maître. La Reine, de son côté, envoya de Bar pour se saisir de cette place, et pour empêcher, s'il le pouvoit, que M. le prince par cette voie ne donnât au duc de Longueville, son beaufrère, la possession entière de la Normandie. Quand M. le prince fut de retour de cette expédition, il vint chez la Reine avec le même visage qu'à l'ordinaire; et quoiqu'il sût qu'elle avoit désapprouvé cette action, et qu'il sût aussi que Bar étoit parti pour aller s'opposer à ses desseins, il ne laissa pas de l'entretenir des aventures de la noce, et en fit devant elle des contes avec beaucoup de gaieté et de hauteur. La Reine lui dit que madame d'Aiguillon prétendoit faire rompre le mariage, à cause que son neveu n'étoit pas en âge. Il lui répondit fièrement qu'une chose de cette nature, faite devant des témoins comme lui, ne se rompoit jamais. Enfin ce prince, qui avoit trouvé mauvais que la Reine eût gourmandé Jarzé sans lui en parler, ne put trouver juste qu'elle sentît comme une rebellion qu'il eût marié un duc et pair de France sans la permission du Roi, et avec des desseins visiblement mauvais. Il est du devoir des personnes de cette qualité de ne le point faire sans l'agrément du Roi, vu le rang qu'ils tiennent dans son royaume. Mais alors il fallut feindre, et la Reine le fit si bien que M. le prince y fut trompé à son tour.

Deux jours après, les nouvelles arrivèrent que le duc de Richelieu avoit été reçu au Havre, que Bar l'avoit vu, et lui avoit persuadé qu'il falloit, pour son propre intérêt, qu'il gardât cette place au Roi, et qu'il se détachât de M. le prince. Ce jeune duc envoya à la Reine un gentilhomme, et lui écrivit pour lui faire des excuses de son action. La Reine lui répondit qu'il étoit vrai qu'elle l'avoit blâmée, et dit à ce gentilhomme que son maître portoit un nom qui devoit toute sa grandeur au feu Roi son seigneur, et que par conséquent il avoit eu grand tort de manquer au respect qu'il lui devoit; mais que si à l'avenir il réparoit sa faute par une grande fidélité, il n'étoit pas impossible d'en obtenir le pardon.

[1650] Pendant que des acteurs particuliers préparoient une scène dont les grands événemens devoient étonner et surprendre toute l'Europe, le parlement s'occupoit à juger du différend qui étoit entre M. le prince, le coadjuteur et le duc de Beaufort. Après la délibération faite le 3 janvier sur la récusation du premier président, il y eut plus de voix pour lui; et le nombre étant plus grand de son côté, il fut arrêté qu'il resteroit le juge de cette affaire. Les créatures du prince de Condé avoient sollicité tout le parlement avec une chaleur extraordinaire, n'épargnant ni les promesses ni les menaces pour lui acquérir quelques voix : ce qui ne leur étoit pas impossible; car, malgré le pouvoir des frondeurs, le premier président étant de ses amis, il pouvoit avoir beaucoup de voix dans cette compagnie. Le lendemain, il fut question de délibérer sur la requête présentée par le duc de Beaufort et le coadjuteur, qui demandoient à être reçus à récuser M. le prince leur partie, comme ne pouvant être juge en sa propre cause. Mais comme cette cabale tramoit de plus grands desseins, tout d'un coup ils demandèrent à retirer leur requête, et consentirent au jugement, disant qu'ils se connoissoient innocens, et que par conséquent ils ne craignoient rien. Ils demandèrent seulement d'être jugés et justifiés à l'heure même. Cette action parut belle, hardie et pleine de confiance en leur justice, et leurs amis la célébrèrent infiniment. Les courtisans ne la louèrent pas devant la Reine : ils auroient cru lui déplaire; car quoiqu'on jugeât qu'elle n'avoit pas sujet d'aimer M. le prince, on croyoit néanmoins qu'elle haïssoit beaucoup plus les frondeurs que lui. Elle affectoit de porter ses intérêts avec chaleur, et paroissoit recevoir avec joie ce qui étoit avantageux. On disoit qu'il y avoit un homme pris en Normandie appelé Martineau, nommé dans les informations, que l'on amenoit prisonnier; et que l'intention des frondeurs étoit de hâter leur jugement, afin d'éviter le témoignage de cet homme.

Les amis de M. le prince le disoient aussi avec d'autant plus de zèle qu'ils avoient plus d'intérêt à soutenir le droit de sa cause. Mais aucun d'eux n'alloit au but de la vérité, et toutes ces choses n'étoient plus que des illusions dont on amusoit le prince de Condé, les courtisans et le peuple.

Les frondeurs, sachant assez combien le cardinal avoit sujet de haïr le prince de Condé, et se voyant eux-mêmes embarrassés dans une affaire qui leur mettoit sur les bras un ennemi tel que lui, voulurent chercher des voies plus sûres que celle du parlement pour se défendre contre lui. Ils crurent avec sujet que toute la mauvaise volonté que le cardinal leur portoit le céderoit dans son cœur à ses intérêts, et qu'en l'état où il étoit, le plus grand bonheur qui lui pouvoit arriver étoit la perte du prince de Condé sans le trouble de l'Etat. Ces raisons firent que cette cabale, ou plutôt ceux qui en étoient l'ame et l'esprit, pour se sauver eux-mêmes et pour perdre M. le prince, proposèrent au cardinal de l'arrêter, et lui dirent qu'eux se mettant de son parti, ils feroient en sorte, par leurs liaisons et leurs amis qu'ils avoient dans le parlement, que le prince prisonnier ne trouveroit point de secours, et que personne ne parleroit en sa faveur.

Cette proposition fut agréée comme le salut des deux partis, et peu de personnes la surent. Il n'y eut que madame de Chevreuse et Laigues qui traitèrent cette grande affaire avec le ministre. La Reine ensuite en fit part au duc d'Orléans, et elle lui fit approuver ce dessein. Ce fut à condition qu'il n'en diroit rien à l'abbé de La Rivière, à cause de l'attachement qu'il paroissoit avoir pour M. le prince, et de la liaison qu'il avoit prise pour madame de Pons, qui pour lors étoit devenue duchesse de Richelieu. Pendant que ce projet se préméditoit, le parlement continuoit dans ses procédures; et le 12 du mois il fut ordonné que l'affaire du coadjuteur, du duc de Beaufort et de Broussel seroit séparée de celle de La Boulaye, de Joly et de ses complices.

Le duc d'Orléans fut le premier qui, de son propre mouvement, proposa ou de les juger présentement, ou de séparer leur affaire : ce qui fut une marque visible de l'affection que ce prince avoit pour les chefs de la Fronde, et du désir intérieur qu'il avoit que M. le prince n'emportât pas la victoire sur eux. La jalousie avoit été toujours grande entre ces princes, et pour lors étoit beaucoup augmentée dans l'ame du duc d'Orléans par l'extrême autorité que M. le prince prenoit dans l'Etat; et comme les frondeurs avoient du crédit auprès de lui, ils n'oublioient pas d'empoisonner son cœur en lui parlant contre lui sur toutes les occasions qu'ils en pouvoient trouver. La duchesse de Chevreuse et celle de Montbazon, les principales personnes de ce parti qui avoient du pouvoir sur son esprit, ne manquèrent pas de sujets pour lui donner de l'aversion contre ses entreprises continuelles. Elles y réussirent si bien, que M. le prince commença de s'apercevoir alors que le duc d'Orléans l'abandonnoit, et n'alloit plus au Palais qu'à regret. Il ne se trompoit pas; car déjà le duc d'Orléans, ayant pris goût aux conseils des frondeurs, avoit impatience de profiter à son avantage de la disgrâce du prince de Condé. Il lui sembla que la cour lui donnoit une belle occasion d'être le maître de la France, c'est-à-dire de jouir lui seul de toute la faveur et de toutes les grâces de la Régente.

D'autre côté, la Reine et son ministre, lassés de la domination de M. le prince, le regardoient comme l'usurpateur de l'autorité royale, et comme un prince qui étoit à craindre par sa hauteur et par son ambition. L'affaire de Jarzé, le Pont-de-l'Arche, le mariage du duc de Richelieu, et son aversion pour le mariage de la nièce du cardinal, avoient tellement comblé la mesure, que la Reine ni son ministre ne pouvoient plus souffrir cette grandeur si formidable, qui, selon les apparences, pouvoit devenir dangereuse à l'Etat. Elle étoit de mauvais augure au moins pour le ministre en son particulier; et, par cette raison, le cardinal Mazarin entra volontiers dans toutes les propositions de ses ennemis. Il crut que ce qu'il devoit au Roi et ce qu'il se devoit à lui-même l'obligeoient de mettre des bornes à la puissance de ce prince, qui n'en vouloit plus avoir sur aucun sujet. Les frondeurs, pour réussir dans leurs desseins, rendirent l'abbé de La Rivière suspect à la Reine, au ministre et à son maître, selon que lui-même en avoit donné d'amples matières; et n'oubliant rien de tout ce qui pouvoit le détruire, n'alléguèrent point en sa faveur les marques qu'il avoit données d'aimer son devoir, et de ne s'en être jamais écarté sur aucun sujet qui pût être entièrement contraire au bien de l'Etat. Ce favori, trop assuré de la chose du monde qui, par sa nature, doit être la plus incertaine, agissoit comme s'il lui eût presque été impossible de perdre les bonnes grâces de son maître, et hasardoit de lui déplaire en prenant des liaisons qui lui pouvoient être suspectes. Ses intérêts l'aveuglèrent, et cette conduite fut cause que le duc d'Orléans lui cacha toujours les hardis desseins de ceux qui le haïssoient, et qui surent donner à toutes ses actions une mauvaise explication. Ce demi ministre s'aperçut alors qu'il y avoit un grand refroidissement dans l'ame du duc d'Orléans pour M. le prince; et ne voyant point la grandeur de ce mal, ses causes ni ses effets, bien loin de suivre les sentimens de son maître, il voulut s'y opposer. Il le fit, tant pour obliger M. le prince que pour détruire le pouvoir de la cabale frondeuse dont il étoit haï. Il disoit alors à ses amis, pour se justifier de ce qu'il paroissoit avoir des sentimens contraires et différens de ceux de Monsieur, qu'il étoit incapable de se séparer de son devoir, mais qu'il ne vouloit pas laisser arriver de la division entre ces deux princes, parce que la cour n'étoit pas en état de faire un grand coup qui pût abattre la puissance de M. le prince; qu'il craignoit que celle du duc d'Orléans ne se trouvât anéantie sous l'éclat de l'autre, et qu'elle ne fût mal soutenue de l'autorité royale, qui paroissoit sans force et sans vigueur; mais la vérité est qu'il espéroit toutes les semaines sa promotion au cardinalat. Ses desseins n'alloient qu'à temporiser pour gagner le temps où son ambition devoit être satisfaite; et comme les hommes se font toujours à eux-mêmes des excuses pour leurs fautes présentes, qu'ils réparent par des désirs vertueux pour l'avenir, il s'imaginoit sans cesse qu'après son élévation, qui le mettroit dans un état de stabilité, il travailleroit fortement à la grandeur du duc d'Orléans, au bonheur de l'État et à l'abaissement de M. le prince. Il suivoit sa passion, et agissoit selon que tous les hommes ont presque accoutumé de le faire, qui, en croyant se sauver, travaillent souvent à leur perte. Les choses qui se passoient, et qu'on lui cachoit soigneusement, alloient anéantir en lui toute son ambition par la fin de son crédit et de sa faveur; et il auroit été heureux si, par un sage détrompement de toutes ces choses, il eût appris à connoître ce qu'elles sont en effet.

Pour bien admirer le changement que nous allons voir, il faut se souvenir du siége de Paris et de la guerre fomentée par le coadjuteur et le duc de Beaufort; qu'alors M. le prince avoit été l'appui du ministre, celui seul qui à son égard ne balança jamais, et qui dans cette occasion avoit marché le plus droit à maintenir sa fortune penchante, et au soutien de l'autorité royale. Il faut se souvenir qu'après avoir gagné quatre batailles contre les étrangers, il avoit acquis la haine publique, et de toute sa famille en particulier, pour cette querelle royale dont il s'étoit fait le défenseur. Il ne faut pas oublier que madame de Chevreuse, étant en Flandre, avoit été d'intelligence avec les frondeurs; que Laigues avoit été traiter avec l'Espagnol par le moyen de cette princesse; que le duc de Beaufort avoit été mis à la Bastille en partie à la suscitation de feu M. le prince, et que madame de Montbazon avoit été exilée pour avoir été l'ennemie de madame la princesse, qui, mère d'un fils aussi puissant que l'étoit alors le duc d'Enghien, avoit fièrement bravé ses ennemis, et n'avoit rien oublié pour satisfaire sa vengeance.

La duchesse d'Aiguillon, qui eut part à ce conseil, étoit aussi dans un poste qui mérite d'être remarqué. Dans le commencement de la régence, elle avoit à peine sauvé le Havre; et ce fut un grand bonheur pour elle d'avoir échappé les effets de la haine que vraisemblablement la Reine devoit avoir contre elle. Le feu prince de Condé et M. le prince son fils l'avoient fort tourmentée, en lui suscitant des procès sur la succession du jeune duc de Brezé, frère de madame la princesse sa fille; mais enfin les choses venant à changer, comme ennemie de M. le prince elle eut part à sa prison; et comme habile, elle trouva le moyen d'entrer dans cette intrigue par la voie du duc d'Orléans. Voici comme elle y réussit.

Le duc d'Orléans, comme je l'ai déjà dit, avoit tendrement aimé Soyon, fille d'honneur de Madame. Cette fille, touchée de dévotion ou de quelque chagrin, s'étoit jetée dans le grand couvent des Carmélites, à dessein de se faire religieuse. Monsieur, ne pouvant souffrir son absence, se servit de l'autorité royale, de celle du parlement et de la sienne propre, et des conseils de toutes les amies de Soyon, pour l'en faire sortir. Celle dont il reçut le plus de secours fut madame d'Aiguillon, toute puissante sur le père Léon, confesseur de Soyon, carme, qui avoit pour le moins autant d'ambition que de piété. Elle s'y appliqua avec tant de force qu'enfin elle trouva le moyen de rassurer la conscience de cette fille, et de la faire revenir à la cour, avec espérance de devenir bientôt dame d'atour de Madame, afin de pouvoir rester dans le monde sans se marier. Il faut demeurer d'accord qu'elle y a vécu avec tant de piété et de vertu, et qu'elle a montré si nettement le vouloir mépriser, que l'on doit plutôt estimer son retour qu'y trouver à redire. Madame d'Aiguillon, pour tirer quelque avantage de sa négociation, persuada au duc d'Orléans que l'abbé de La Rivière, jaloux de la faveur de mademoiselle de Soyon, l'avoit, par ses intrigues, pressée de se faire religieuse. Elle n'en avoit, ce que j'ai ouï dire, nulle marque véritable; mais comme elle vouloit la perte du prince de Condé, qu'elle croyoit l'abbé affectionné à ses intérêts, et ami de la nouvelle duchesse de Richelieu qu'elle avoit sujet de haïr, elle crut qu'il étoit nécessaire de lui faire perdre les bonnes grâces de son maître. Il est à présumer qu'elle a pu savoir des choses sur ce sujet que j'ai ignorées, et qu'elle pouvoit sans scrupule l'accuser de cette passion, qui vraisemblablement devoit être dans son âme. Comme cette dame, par sa science ou par ses soupçons, fut facilement portée à croire que ce favori avoit été susceptible d'une grande jalousie, le duc d'Orléans en fut de même aisément persuadé; et, sans beaucoup examiner si ce qu'on lui disoit étoit vrai, il crut à cause des autres doutes qu'il commençoit d'avoir contre lui. Il s'imagina du moins que l'abbé de La Rivière avoit souhaité que mademoiselle de Soyon fût demeurée aux Carmélites; et cette pensée, étant reçue par une âme déjà mal disposée, fut capable de le détruire auprès de lui. Ce fut par là que les frondeurs, qui haïssoient l'abbé de La Rivière, se lièrent à madame d'Aiguillon; et ce fut la voie qu'elle prit pour entrer dans le secret de cette grande négociation. Elle lui fut confiée par les frondeurs et le ministre, qui tous étoient résolus de perdre La Rivière. Elle avoit les clefs de la citadelle du Havre, qui, par la fidélité de Bar, lui étoient demeurées, malgré son neveu le duc de Richelieu, et malgré les diligences de M. le prince : si bien que le ministre la trouvant propre à bien des choses, tant par la sûreté qu'on devoit prendre dans sa haine que par l'opinion qu'il avoit de sa capacité, il ne fit point difficulté de lui parler de ce grand projet. Ce fut donc le coadjuteur, madame de Chevreuse, madame d'Aiguillon, le marquis de Noirmoutiers et Laigues, qui traitèrent cette affaire avec la Reine, le duc d'Orléans et le ministre. Le duc de Beaufort n'en sut rien, parce que la cabale frondeuse crut qu'il le diroit à madame de Montbazon; et cette dame n'étoit pas assez estimée de toute la troupe pour la rendre maîtresse de leur sort.

Ce dessein de faire arrêter M. le prince plut au ministre, non-seulement pour se voir délivré d'un prince du sang qui le méprisoit, mais encore parce qu'il crut qu'il alloit être le maître de la France. Il voyoit une des cabales détruite par la perte de leur chef; l'autre, qui sembloit se donner à lui, ne lui faisoit plus de peur; et, par la disgrâce de l'abbé de La Rivière, il espéroit qu'à l'avenir il auroit le même crédit auprès du duc d'Orléans que jusqu'alors il avoit eu auprès de la Reine, et qu'ainsi sa domination seroit entière et assurée.

Les frondeurs avoient d'autres pensées. Ils entroient en apparence dans les intérêts du ministre; mais n'ayant plus ce redoutable prince pour ennemi, ils s'imaginoient que le cardinal, foible et haï, n'oseroit leur rien refuser, et qu'il leur seroit tout-à-fait soumis; que le duc d'Orléans n'ayant plus La Rivière, il se laisseroit gouverner par le coadjuteur leur ami, pour lequel il montroit avoir de l'inclination et de l'estime; que ce prince, étant conduit par eux, se rendroit le maître de la cour; et que par lui leur puissance s'établiroit sur tous d'une manière stable et permanente. Madame de Chevreuse se vit en état alors de faire revivre les anciens désirs qu'elle avoit conçus au commencement de la régence de gouverner la Reine; et son espérance fut d'autant mieux fondée qu'elle et sa cabale prétendoient à l'avenir la posséder par force, et par conséquent avec plus de sûreté.

La cour, intérieurement en cet état, prend la résolution d'exécuter promptement son dessein, et d'arrêter M. le prince, le prince de Conti et le duc de Longueville, afin que les deux derniers ne pussent par une guerre civile secourir le premier. J'ai ouï dire depuis à la Reine, parlant de la prison de ce prince, qu'étant un jour au conseil avec le duc d'Orléans et son ministre, elle et eux s'étoient écriés que ce seroit un beau coup à faire que d'arrêter M. le prince; qu'après y avoir bien pensé, la chose leur parut nécessaire et faisable; qu'ensuite, par les événemens et le temps, elle leur avoit paru facile, et qu'ils l'avoient enfin exécutée sans nulle peine. Quand la Reine, pour la seconde fois, parla de cette affaire au duc d'Orléans, elle le conjura tout de nouveau de ne point confier ce secret à La Rivière. Cette prière étoit particulièrement fondée sur ce que, dans le dernier accommodement du prince de Condé avec le cardinal, dont l'abbé fut le négociateur, M. le prince désira qu'il lui donnât sa parole que le duc d'Orléans ne consentiroit jamais à sa prison, au cas qu'on vînt à y penser, sans qu'il l'en avertît, et souhaita que le duc d'Orléans, en sa présence, l'assurât de la même chose. Il crut que la Reine n'auroit jamais ce dessein sans que le duc d'Orléans y eût part, et qu'étant en sûreté du côté de ce prince et de son favori, il n'avoit rien à craindre. L'abbé de La Rivière, qui ne voulut pas lui donner sa parole sur une chose de cette conséquence sans la participation de la cour, prit celle de la Reine et de son ministre avant que de s'engager au prince de Condé, et ensuite lui donna cette sûreté en présence même de son maître. La Reine et le cardinal la donnèrent de bon cœur pour avoir la paix : car alors ils ne pensoient pas encore à se servir contre lui des remèdes extrêmes; mais le temps les ayant persuadés que l'usage en étoit utile à l'État, l'abbé de La Rivière, qui n'étoit coupable en cela que par trop d'empressement à servir M. le prince, fut la victime offerte pour tous les acteurs en faveur de ce grand dessein. La défiance que la Reine eut de lui fut cause de sa perte : ce fut un rideau qu'on tira devant les yeux du duc d'Orléans, qui lui fit voir des crimes en la personne de celui qu'il avoit aimé, qu'il crut être obligé de punir. Il est à croire néanmoins que ce favori se seroit accommodé de cette aventure, qui l'auroit délivré de la crainte éternelle du prince de Conti, qui, selon son caprice, pouvoit toujours lui ôter la nomination de son chapeau; mais son innocence lui fut inutile, à cause de ses fautes apparentes.

Celui dont la liberté étoit menacée paroissoit embarrassé. Le public étoit attentif à voir comment il décideroit sa querelle, et de quelle manière elle passeroit au parlement. Ce prince sentoit que ses intérêts n'étoient pas soutenus : il fulminoit contre les frondeurs, et publioit hautement que s'il n'en tiroit raison par la justice, il se la feroit lui-même, et le plus fortement qu'il lui seroit possible. Il se plaignoit du duc d'Orléans qui l'abandonnoit, disant à ses amis qu'il faisoit le malade quand il le prioit d'aller au parlement; et l'abbé de La Rivière, inutilement occupé du désir de la paix, travailloit à la maintenir entre ces deux princes, comme à la plus importante affaire de l'Etat.

Le 16 janvier, Martineau, ce prisonnier qu'on avoit arrêté en basse Normandie, arriva à Paris. Le prince de Condé redoubla ses sollicitations, et on députa deux conseillers pour examiner ce prisonnier. La Fronde devenue plus puissante, on ordonna que sans délai, le prisonnier examiné, on jugeroit l'affaire du duc de Beaufort et du coadjuteur séparément de celle de La Boulaye, ainsi qu'il a été déjà dit, et sans aucun retardement. Comme le prince de Condé aperçut le crédit de ses ennemis, il en témoigna de grands ressentimens; et un de ses domestiques, personne de qualité, me conta que son chagrin alors l'empêcha de dormir plusieurs nuits, qu'il se promenoit souvent dans sa chambre, et qu'il passoit beaucoup d'heures à écrire et à consulter ses affaires; mais pendant qu'il menace ses ennemis, qu'il prie ses amis, et qu'il se plaint d'un petit mal, de plus grands malheurs étoient prêts de tomber sur sa tête, pour lui montrer que tous les hommes, de quelque condition qu'ils soient, ne peuvent jamais être entièrement heureux. Quoique sa mauvaise fortune ait toujours été environnée de gloire, et que sa prison même ait été suivie d'un bonheur éclatant, on peut dire néanmoins qu'il perdit avec la liberté une grandeur et une puissance qui, jusqu'à ce jour, avoient été accompagnées de toute la félicité qui se pouvoit souhaiter dans la vie d'un grand prince. Dieu se plaît d'ordinaire, dans le temps de la prospérité, de nous faire voir la fragilité des biens passagers : enfin les mesures furent prises pour exécuter ce qui devoit changer tant de choses. Le duc de Longueville étoit malade à Chaillot : il avoit montré assez d'aversion pour venir chez le Roi, à cause de certains avis qu'il avoit reçus; mais ayant promis de se trouver au conseil pour une affaire du marquis de Beuvron dont on devoit parler, la Reine délibéra de prendre cette occasion pour exécuter son dessein. Elle fit semblant de se trouver mal, et cette feinte indisposition lui donna le prétexte de faire fermer ses portes, de peur du bruit. Le conseil amenoit une grande foule de monde au Palais-Royal, et cette action demandoit la sûreté, et par conséquent la solitude. Cette raison obligea la Reine d'ordonner au capitaine de ses Gardes de ne laisser entrer personne que ceux qui devoient tenir le conseil; le duc d'Orléans n'y vint point, pour ne pas être le témoin oculaire du malheur de ce prince, qui vivoit en sûreté sur sa parole.

La Reine se mit sur son lit, disant qu'elle avoit mal à la tête; et je lui ai ouï dire depuis qu'elle eut besoin de s'y mettre pour cacher le trouble de son ame, qui fut grand quand elle sentit que l'heure du conseil approchoit. Madame la princesse, qui avoit le privilége de la voir quand même elle ne voyoit personne, vint la visiter à cette même heure : ce qui augmenta beaucoup l'émotion de la Reine; car elle avoit de la bonne volonté pour elle, et savoit qu'elle n'avoit nulle part dans la conduite de M. le prince. Dans cette occasion, elle se souvint, avec beaucoup de regret et de compassion, à ce qu'elle m'a fait l'honneur de me dire, que madame la princesse avoit toujours reçu ses caresses avec une reconnoissance qui approchoit de l'idolâtrie, et qu'elle ne méritoit pas qu'elle la privât de joie le reste de sa vie. Cette mère infortunée, bien ignorante de son malheur, s'assit au chevet du lit de la Reine, et lui fit mille questions sur sa maladie, qui toutes procédoient par une véritable inquiétude; car la Reine étoit toujours si saine, qu'il étoit difficile de ne se pas étonner quand elle se plaignoit. Mais toutes ses paroles furent de nouvelles matières de douleur à celle qui avoit plus de santé que de repos, et autant de volonté de lui faire du bien que de nécessité de lui faire du mal.

Le matin de ce jour, le prince de Condé alla voir le cardinal, qu'il trouva occupé à parler à à Priolo, domestique du duc de Longueville, à qui le cardinal dit mille douceurs pour son maître, le priant de se trouver après midi au conseil. M. le prince entrant dans la chambre du ministre, lui dit de continuer son discours; puis, s'approchant du feu, il trouva de Lyonne, secrétaire du cardinal, qui écrivoit sur une petite table certains ordres nécessaires pour l'exécution de l'affaire du jour. De Lyonne les cacha soigneusement sous le tapis, faisant ensuite la meilleure mine qu'il lui fut possible. Cette visite finie, le prince de Condé alla dîner chez madame sa mère. Elle avoit eu quelque avis ou quelque pressentiment de sa disgrâce : si bien qu'après le dîner, ayant tiré à part messieurs ses enfans, elle dit au prince de Condé de prendre garde à lui, et qu'assurément la cour ne lui étoit point favorable. M. le prince lui répondit que la Reine l'avoit encore assuré depuis peu de son amitié, que le cardinal vivoit fort bien avec lui; mais que sans doute le mal venoit de La Rivière qui le trahissoit, et qui faisoit pencher son maître du côté des frondeurs : puis il dit au prince de Conti son frère qu'il vouloit ce jour même, en sa présence, le gourmander comme il le méritoit. Le prince de Marsillac, par un esprit de pénétration et d'habileté, avoit souvent jugé que les affaires alloient mal pour leur parti ; et, dans cette pensée, il leur recommandoit toujours de ne se trouver jamais tous trois au conseil ; mais l'ordre de Dieu étoit qu'ils ne profiteroient point de ses avis. Le prince de Condé fut le premier qui alla chez la Reine, et les deux autres le suivirent bientôt après. Il y trouva madame sa mère, et demeura quelque temps dans la ruelle du lit de la Reine, en simple conversation. Comme il avoit beaucoup d'affaires et beaucoup de chagrins dans l'esprit, après quelques discours communs il quitta la Reine et laissa madame la princesse auprès d'elle. Ce fut la dernière fois qu'il la vit, et le dernier moment qui les sépara pour jamais. Le prince de Condé passa dans le petit cabinet, d'où l'on entre par un autre en forme de passage dans une galerie, où d'ordinaire se tenoit le conseil. De ce petit passage, on alloit aussi dans l'appartement du cardinal. M. le prince y voulut aller, mais il le rencontra dans ce même lieu, qui venoit chez la Reine. Ils s'arrêtèrent en cet endroit, et ce prince parla long-temps des affaires qui le touchoient alors le plus sensiblement. Il lui témoigna de sentir infiniment la protection que le parlement donnoit à ses ennemis, et le refroidissement qu'il reconnoissoit pour lui dans l'esprit du duc d'Orléans. Il vint ensuite à se plaindre de l'abbé de La Rivière, qu'il soupçonnoit de favoriser auprès de son maître le parti de la Fronde. Il dit au cardinal qu'il auroit infiniment souhaité de lui parler en sa présence ; et sachant qu'il étoit chez le maréchal de Villeroy, gouverneur du Roi, qui étoit malade, ils l'envoyèrent chercher. L'abbé de La Rivière, apprenant que de telles personnes le demandoient, se hâta de venir ; mais il trouva, pour entrer chez la Reine, de si grandes difficultés à la porte de la salle de ses gardes, qu'il eut peur que cette sévérité ne le regardât ; car, sans rien savoir de particulier, il voyoit les choses brouillées, et ne se sentoit pas si bien avec son maître qu'à l'ordinaire. Comminges, alors lieutenant des Gardes de la Reine, qui avoit reçu l'ordre conjointement avec Guitaut son oncle pour cet emprisonnement, voyant que ses gardes ne vouloient point laisser passer, selon l'ordre donné, les gentilshommes qui suivoient La Rivière, eut peur que leur exacte obéissance ne lui donnât quelque soupçon. Il lui en fit des excuses, et commanda de le laisser entrer, lui et ses gens. Cette douceur le rassura ; et comme il fut arrivé, M. le prince et le ministre fermèrent la porte sur eux. Alors le prince de Condé commença fortement à se plaindre de lui, lui disant qu'il le trahissoit auprès de son maître ; qu'il voyoit trop qu'il étoit abandonné, et qu'il l'en accusoit entièrement. Il lui dit qu'il se devoit souvenir de toutes les promesses que le duc d'Orléans et lui en son particulier lui avoient faites ; que cependant ses ennemis avoient plus de protection que lui ; mais qu'il se feroit justice à lui-même, et sauroit se venger de ceux qui lui manquoient en cette occasion. En parlant de toutes ces choses il se mit à crier si haut, que la Reine, qui étoit attentive à tout ce qui se passoit, eut quelque légère crainte de ce bruit, s'imaginant que peut-être M. le prince se plaignoit d'un plus grand mal. Pendant que ces trois personnes s'entretenoient avec chaleur, le comte de Servien arriva, qui avoit le secret de la grande affaire de la cour, car il étoit considéré du cardinal : mais comme il voulut entrer, ils le repoussèrent, en le renvoyant comme un importun, et continuèrent leurs discours jusqu'à ce que le duc de Longueville arrivât. Alors M. le prince pria le cardinal et l'abbé de La Rivière de cesser de parler de cette affaire devant lui. Ce prince n'avoit pas approuvé que le prince de Condé eût entrepris cette accusation contre le coadjuteur, qui étoit en quelque façon de ses amis : il lui avoit dit qu'il ne le vouloit point abandonner qu'il n'eût vu clairement son crime ; et ce partage ambigu avoit déplu à M. le prince. Leur conversation ayant été interrompue pour quelques momens, ils s'occupèrent à parler des choses communes, et peu après le prince de Conti arriva. Le ministre, voyant alors ces trois personnes en état de subir la loi du souverain, manda à la Reine en leur présence que tout étoit prêt, et qu'elle pouvoit venir au conseil : ce qui vouloit dire qu'elle pouvoit donner le dernier commandement. La Reine aussitôt donna congé à madame la princesse, disant qu'elle alloit au conseil ; et ce fut aussi la dernière fois qu'elle la vit. Madame la princesse, malgré ses soupçons, sortit sans aucune pensée du mal qui dans ce moment lui devoit arriver, et la Reine manda aux princes qui l'attendoient qu'ils pouvoient toujours passer dans la galerie, et qu'elle alloit les trouver.

Le prince de Condé passa le premier, le prince de Conti son frère après, ensuite le duc de Longueville, et le reste des ministres. M. le prince, en attendant la Reine, s'amusa à parler au comte d'Avaux d'affaires de finances, et disputa contre lui sur quelque article qui regardoit les intérêts d'un de ses amis. Le cardinal, qui étoit resté dans ce petit passage, voyant les princes entrés dans la galerie, au lieu de les suivre, prit l'abbé de

La Rivière par la main, et lui dit tout bas : « Repassons dans ma chambre, j'ai quelque chose « de conséquence à vous dire. » Ils s'en allèrent ensemble : le premier, entièrement occupé de son dessein ; et le second, comme lui-même me l'a conté, fort en peine de ne savoir que penser de cette retraite si extraordinaire, qui paroissoit lui annoncer quelque grand événement.

La Reine, d'autre côté, ayant quitté son lit où elle s'étoit tenue tout habillée, donna l'ordre nécessaire à Guitaut, capitaine de ses Gardes. Elle prit le Roi, à qui jusqu'alors elle n'avoit rien dit de cette résolution, et s'enferma avec lui dans son oratoire. Comme elle n'étoit pas conduite à cette action par aucun sentiment de vengeance, elle fit mettre ce jeune monarque à genoux, lui apprit ce qui se devoit exécuter en cet instant, et lui ordonna de prier Dieu avec elle, afin de lui recommander le succès de cette entreprise, dont elle attendoit la fin avec beaucoup d'émotion et de battement de cœur. Au lieu de la Reine qu'on attendoit au conseil, Guitaut entra dans la galerie ; M. le prince qui s'amusoit à causer, comme je l'ai déjà dit (car toutes ces choses se firent en un même temps), voyant Guitaut qu'il aimoit venir à lui, crut qu'il avoit quelque grâce à lui demander. Il s'avança vers lui dans cette pensée, et lui demanda ce qu'il désiroit. Guitaut lui répondit tout bas : « Mon« sieur, ce que je vous veux, c'est que j'ai ordre « de vous arrêter, vous, M. le prince de Conti « votre frère, et M. de Longueville. » M. le prince lui répondit brusquement : « Moi, M. Gui« taut, vous m'arrêtez ! » Puis, ayant un peu rêvé : « Au nom de Dieu, dit-il, retournez à « la Reine, et dites-lui que je la supplie que je « lui puisse parler. » Guitaut lui dit que cela sans doute ne serviroit de rien ; mais que pour le satisfaire il s'y en alloit. Comme le prince s'étoit écarté des autres pour parler à Guitaut, et que Guitaut lui avoit parlé bas, personne de la compagnie n'avoit entendu prononcer cet arrêt contre la liberté de ces trois personnes : si bien que Guitaut le quittant pour aller parler à la Reine selon son désir, M. le prince revint à eux avec le visage un peu ému, et leur dit à tous : « Messieurs, « la Reine me fait arrêter ; » et se tournant vers le prince de Conti et le duc de Longueville, il leur dit : « Et vous aussi, mon frère ; et vous aussi, « M. de Longueville. » Continuant son discours, il s'adressa à toute la compagnie, et leur dit à tous : « J'avoue que cela m'étonne, moi qui ai « toujours si bien servi le Roi, et qui croyois être « si assuré de l'amitié de M. le cardinal. » Puis, se tournant vers le chancelier, il le pria tout de nouveau d'aller trouver la Reine pour la prier de sa part qu'il pût lui parler, et pria aussi le comte de Servien d'aller chez le cardinal lui dire la même chose.

Le chancelier partit pour aller trouver la Reine, mais il ne revint point : et Servien, qui s'en alla chez le cardinal, en fit autant. Cependant Guitaut revint, qui lui dit de la part de la Reine qu'elle ne le pouvoit voir, et qu'il avoit ordre d'exécuter ses volontés. Alors le prince de Condé lui répondit d'un ton de voix tout-à-fait paisible. « Hé bien, je le veux, obéissons ; mais « où nous allez-vous mener ? Je vous prie que ce « soit dans un lieu chaud. » Guitaut lui répondit qu'il avoit ordre de les mener au bois de Vincennes. M. le prince lui dit : « Hé bien, allons. » En ce même temps il voulut s'avancer vers le bout de la galerie, où est une porte qui alloit à l'appartement du cardinal, croyant sans doute pouvoir sortir par là ; mais comme il voulut l'ouvrir, Guitaut lui dit : « Monsieur, vous ne pouvez sor« tir par cette porte, car Comminges y est avec « douze gardes. » Alors il se tourna vers la compagnie, sans nulle marque de chagrin, ayant le visage serein et tranquille ; et en les saluant tous, leur dit adieu, les priant de se souvenir de lui, de vouloir témoigner dans les occasions, comme gens de bien qu'ils étoient, combien il avoit été bon serviteur du Roi, ayant toujours vécu comme tel, et qu'il étoit leur serviteur à tous. Puis s'adressant au comte de Brienne, secrétaire d'Etat, il l'embrassa, et lui dit : « Pour vous, vous « êtes mon parent. » Dans ce même temps, Guitaut fit entrer Comminges son neveu et les douze gardes par la porte du bout de la galerie où ils étoient attendant l'ordre. Il les fit passer pour lui ouvrir la petite porte qui donne au jardin, afin d'y pouvoir descendre par un petit escalier dérobé par où il falloit les mener. M. le prince, voyant qu'il falloit suivre cette escorte, avant que d'entrer dans l'escalier s'adressa à Comminges, et lui dit : « Comminges, vous êtes homme d'hon« neur et gentilhomme : n'ai-je rien à craindre ? » Puis il lui remit devant les yeux en un moment toutes les choses qu'il avoit faites pour lui, et l'amitié qu'il avoit pour le petit Guitaut son cousin (1), et tout ce qu'il put enfin pour lui faire penser qu'il en devoit avoir quelque reconnoissance. Ce fut Comminges qui me conta peu de jours après toutes ces particularités, s'étonnant de la présence d'esprit de ce prince, et avec quelle promptitude il l'avoit fait souvenir de la manière dont il l'avoit traité en toutes occasions. Comminges ayant donc vu par les choses qu'il lui dit qu'il craignoit quelque dessein contre sa vie, lui répondit qu'il étoit homme de bien et gentilhom-

(1) Ce petit Guitaut étoit au service de M. le prince.

me, et que sur sa parole il devoit s'assurer qu'il n'y avoit rien à craindre pour lui, et qu'il n'avoit nul commandement que celui de le mener au bois de Vincennes. Sur cette assurance il le suivit, sans plus témoigner aucune inquiétude, et sans dire même aucune parole contre ses ennemis. Le prince de Conti ne parla point du tout : il demeura toujours assis sur le petit lit de repos qui étoit dans la galerie, sans montrer ni peur ni chagrin, et se laissa conduire sans nulle résistance là où on voulut le mener. Le duc de Longueville, qui avoit mal à une jambe et qui ne trouvoit pas agréable de s'en servir en cette occasion, alloit lentement et mal volontiers. Guitaut fut obligé de commander à deux gardes de lui aider à marcher : et comme dans l'âge avancé, les esprits ayant moins de chaleur, les maux que l'on souffre abattent sans doute davantage, Guitaut me dit ce même jour qu'il avoit trouvé ce dernier accablé de tristesse, et qu'on voyoit dans son visage qu'il avoit regardé cette disgrâce comme un malheur qui le meneroit au tombeau.

M. le prince, marchant le premier, arriva plus tôt que les autres à la porte du jardin qui donne dans la rue par où il devoit sortir. Il fallut attendre les deux princes qui le suivoient pour faire ouvrir la porte, afin d'entrer dans un carrosse qui les attendoit, et qui les devoit mener au bois de Vincennes. Dans cet intervalle de repos, M. le prince demanda à Guitaut s'il comprenoit la raison de cette aventure, et lui dit qu'il s'étonnoit infiniment qu'il eût voulu prendre cette commission, vu qu'il savoit bien qu'il l'aimoit. Guitaut lui répondit qu'il le supplioit de considérer ce que les hommes attachés à leurs maîtres et au service du Roi étoient obligés de faire quand il s'agissoit de leur obéir. Il lui témoigna le regret qu'il avoit d'avoir été contraint par son devoir de faire ce qu'il faisoit. Ce prince parut satisfait de ces sentiments. Les deux autres prisonniers arrivèrent comme ils parloient ensemble; et Guitaut alors ouvrant la porte, le carrosse se trouva tout prêt pour les recevoir, avec Comminges et quelques gardes. On les fit sortir par la porte de Richelieu, pour ne point traverser Paris avec cette proie : ce qui les obligea de prendre un grand tour et par de forts mauvais chemins.

Miossens, avec la compagnie des gendarmes du Roi, étoit posté au marché aux chevaux, près de cette porte de Richelieu. Il avoit eu ordre du ministre de s'y trouver pour défendre, contre le duc de Beaufort, certains prisonniers qu'on vouloit prendre; et le cardinal, pour lui ôter la connoissance de la vérité, lui fit quasi comprendre qu'il auroit à se battre contre ce prince frondeur. Miossens accepta cette entreprise comme brave et de grand cœur, mais avec quelque chagrin, ne voyant pas clairement ni ce qu'il avoit à faire, ni ce qu'on vouloit de lui. La Salle, son lieutenant, lui donna quelque lumière de ce dessein; et, dans la colère qu'il eut de voir que le ministre n'avoit point eu de confiance en lui, il m'a dit qu'il chercha soigneusement Flamarin, un de ses amis, afin d'en avertir par lui le prince de Condé. Il crut n'être point obligé de garder un secret qu'on ne lui avoit point confié; mais, n'ayant point trouvé son ami, il fut contraint de se taire jusqu'au moment que le prince de Condé fut arrêté : et alors, étant allé au Palais-Royal pour être instruit pleinement, on lui apprit quelle étoit l'affaire dont on lui avoit parlé avec obscurité. M. le prince lui avoit signé cet ordre, croyant travailler pour lui-même, et que ces prisonniers qu'on vouloit prendre étoient les complices de ses ennemis : mais sa croyance se trouva différente en ses fins, et ses yeux propres lui apprirent quels étoient ces prisonniers que Miossens devoit conduire.

Comme la route par où on vouloit conduire les princes étoit détournée et difficile, le carrosse versa dans un mauvais pas. Aussitôt qu'il fut à terre, M. le prince, dont la belle taille, l'agilité et l'adresse étoient incomparables, se trouva hors du carrosse et au milieu de la campagne : plus vite qu'un oiseau qui seroit échappé de sa cage, et déjà prenant un faux-fuyant, il s'éloignoit de ses gardes. Miossens, qui le vit, mit pied à terre et se mit à courir après lui. Il l'arrêta sur le bord d'un fossé où il se vouloit jeter. Le prince de Condé lui dit (à ce que le même Miossens m'a conté) : « Ne craignez point, Miossens, je ne prétends pas me sauver; mais véritablement, si « vous vouliez, voyez ce que vous pouvez faire. » Sur quoi il lui répondit qu'il le supplioit très-humblement de ne lui point demander une chose qu'il ne pouvoit faire comme homme d'honneur, et l'assura qu'il étoit fâché d'être obligé à cette fidélité; mais qu'il falloit obéir au Roi et à la Reine. On peut remarquer par cette réponse quelle est la différence du procédé d'un honnête homme quand on se confie en lui ou qu'on le traite de suspect, puisque ce Miossens avoit eu le dessein de sauver ce prince lorsqu'il n'avoit point encore eu les ordres du Roi avec évidence. Je ne sais s'il disoit vrai quand il dit toutes ces choses; car il eût été presque en tout estimable par les belles qualités qui étoient en lui, s'il eût eu autant de vertus chrétiennes que de morales, et si, en respectant la vérité dans l'Evangile, il eût haï le mensonge et la vanité dans ses discours. M. le prince étant donc arrêté par Miossens, il fallut attendre que le carrosse fût relevé. Alors Comminges et les gardes se mirent en état de prendre soin de sa personne et de celle des deux autres princes. Quand ils furent remontés, Comminges commanda au cocher d'aller le plus vite qu'il lui seroit possible. M. le prince l'entendant parler, lui dit, en s'éclatant de rire : « Ne craignez rien, « Comminges, personne ne doit venir à mon se- « cours ; car je vous assure que je n'ai pris nulle « précaution contre ce voyage. » Puis après il lui demanda ce qu'il pensoit du sujet de sa prison, y ajoutant que pour lui, il ne le devinoit pas. Comminges, qui avoit de l'esprit et qui avoit beaucoup lu, lui repartit qu'il n'en savoit rien ; mais qu'il devoit croire que son plus grand crime étoit pareil à celui de Germanicus, qui devint suspect à l'empereur Tibère pour valoir trop, pour être trop aimé et pour être trop grand. Cette réponse le fit rêver quelques momens ; puis il s'écria : « A l'heure qu'il est, Monsieur est bien « content de m'avoir joué ce tour, et son traître « de favori (voulant parler de l'abbé de La Ri- « vière) a sans doute tramé toute cette affaire. » En entrant au bois de Vincennes, il parut un peu touché, et dit à Miossens, qui au bas du donjon prit congé de lui, qu'il le prioit d'assurer la Reine qu'il étoit son très-humble serviteur. Quand ils furent arrivés dans la chambre qu'ils devoient occuper, ils n'y trouvèrent point de lits pour les coucher. Ils furent contraints tous trois, pour se divertir, de jouer aux cartes. Ils passèrent toute la nuit dans cette occupation ; et Comminges m'a dit que ce fut avec gaieté et beaucoup de repos d'esprit. Le prince de Condé, raillant le prince de Conti et le duc de Longueville, leur dit mille choses agréables : ce qui témoignoit assez la fermeté de son courage, et que s'il avoit paru ému, et s'il avoit tant de fois inutilement demandé à voir la Reine et le ministre, la vivacité de son esprit et la force de ses passions y avoient plus de part que sa foiblesse. M. le prince ajouta à l'occupation, outre le jeu, une grande dispute qu'il eut avec Comminges touchant l'astrologie : et j'ai ouï dire à ce même Comminges, qui demeura huit jours auprès de lui, qu'il n'avoit jamais passé de si bonnes heures que celles qu'il eut dans sa conversation ; et que s'il eût pu n'être pas touché de compassion de son malheur, et qu'il eût été capable de cette sévérité qu'il faut avoir pour garder des personnes de cette conséquence, il auroit souhaité demeurer avec lui tout le temps de sa prison. Quand, au bout de peu de jours, il fut contraint de le quitter, il me dit qu'il avoit pleuré en se séparant de lui, et que M. le prince en l'embrassant avoit eu aussi les larmes aux yeux. Il est certain néanmoins que le prince ni le gentilhomme n'étoient pas tous deux accusés d'être susceptibles d'une grande tendresse.

J'ai laissé la Reine dans son oratoire, qui ne voulut point écouter les prières du prince de Condé. Comme elle sut qu'ils étoient tous descendus et montés en carrosse, elle demeura encore quelque temps dans cette tranquillité, afin de laisser achever de conduire les prisonniers. J'ai aussi laissé le cardinal Mazarin passant dans sa chambre, et avec lui l'abbé de La Rivière. Il lui dit, quand il y fut, qu'il l'avoit emmené avec lui au lieu d'entrer au conseil, parce que la Reine faisoit arrêter M. le prince, le prince de Conti et le duc de Longueville. L'abbé de La Rivière fut d'abord si étonné de cette nouvelle, que, ne la pouvant croire, il la traita de fabuleuse, et y répondit assez long-temps comme à une raillerie, jurant qu'il étoit impossible que cela fût, jusque là que l'un et l'autre en vinrent au point d'en rire de toutes leurs forces. Le premier rioit de ce que la chose étoit véritable, et l'autre de ce qu'il la croyoit fausse. Enfin l'abbé de La Rivière voyant entrer le comte de Servien, qui vint dire en sa présence au cardinal que M. le prince demandoit à lui parler, et Miossens venir recevoir le dernier ordre de la bouche du ministre, alors l'abbé de La Rivière ne douta plus de la vérité de l'histoire ; et s'adressant au cardinal, bien changé de sa première gaieté, il lui dit qu'il étoit étonné qu'il lui eût caché cette affaire, qu'il se voyoit perdu, et qu'il n'avoit pas mérité de la Reine ni de lui ce mauvais traitement. Le cardinal se justifia autant qu'il lui fut possible, lui disant que la raison qui l'avoit obligé à lui céler ce dessein étoit à cause de l'engagement qu'il avoit avec M. le prince, lui ayant donné parole, de la part de son maître le duc d'Orléans, qu'il ne souffriroit point qu'on le mît en prison. L'abbé de La Rivière n'étant point satisfait de cette raison, et voulant effacer dans l'esprit du ministre l'opinion qu'il auroit sauvé le prince de Condé de ce péril, s'employa de tout son pouvoir pour lui prouver qu'il auroit trouvé le biais pour manquer à la parole qu'il avoit donnée à M. le prince, tant à cause que la volonté absolue de son maître devoit être la règle de la sienne, que pour les nouveaux manquemens du prince envers la Reine, qui lui en auroient donné assez de prétextes. Il l'assura de plus que lui ôter le prince de Conti étoit lui faire le plus grand bien du monde. Il lui dit qu'il ne pouvoit douter de cette vérité, et qu'ainsi il voyoit clairement qu'il l'avoit voulu perdre. Le cardinal, ne sachant que lui répondre, le prit par la main et le mena chez la Reine, qu'ils trouvèrent encore enfermée dans son oratoire. Cette princesse étoit préparée à ce qu'elle devoit lui dire. Elle le fit entrer dans le lieu où elle étoit; et, fermant la porte sur eux, elle lui fit des excuses de ce qu'elle venoit de faire contre lui, et l'assura qu'elle lui conserveroit le chapeau de cardinal et le raccommoderoit avec son maître. Ce n'étoit pas le dessein de la Reine, et moins encore celui du ministre, qui ne vouloit point souffrir, dans le poste où alloit être le duc d'Orléans, un favori auprès de sa personne qui, voulant être cardinal, auroit été son égal en dignité, et peut-être plus puissant que lui. L'autorité royale étant affoiblie, il auroit eu lieu de craindre que, venant à perdre cet esprit pacifique qu'il avoit eu jusqu'alors, il ne lui donnât des affaires. Mais comme les plus habiles se trompent souvent en leurs raisonnemens, peu après le cardinal connut qu'il avoit mal pris ses mesures; car il rencontra véritablement dans les frondeurs ce qu'il avoit appréhendé dans la personne de celui-là. Après cette douce conversation, l'abbé s'en alla trouver son maître au Luxembourg, plein de trouble, d'espérance et de crainte. Il trouva que le duc d'Orléans étoit ravi du bon succès de cette aventure, et fort embarrassé avec lui. Il s'approcha de ce prince, lui reprocha la défiance qu'il avoit eue de lui, et tâcha de lui prouver qu'il avoit eu tort de le soupçonner d'infidélité; mais, sur toutes ces paroles, ce prince fut sans cœur et sans oreilles. Les finesses du ministre, l'affaire de mademoiselle de Soyon, l'intrigue de la duchesse d'Aiguillon, et toute la Fronde qu'il avoit méprisée pour M. le prince et pour madame de Longueville, avoient donné de si rudes assauts à la bonne volonté que le duc d'Orléans avoit eue pour lui, qu'enfin sa perte étoit résolue. Il n'en falloit pas moins pour ruiner la fortune de ce favori : elle avoit paru fortement établie; et peu d'hommes en ce temps-là, soumis à la faveur des cardinaux de Richelieu et de Mazarin, ont eu plus de bonheur et de puissance. Le duc d'Orléans étant donc changé pour lui, il l'abandonna à ses ennemis, et leur promit qu'il l'éloigneroit d'auprès de lui. La colère que M. le prince avoit eue contre lui un moment avant sa prison ne lui servit de rien. Le duc d'Orléans demeura toujours persuadé que son chapeau lui avoit renversé la raison, et que cet intérêt l'avoit fait manquer à son service et à ce qu'il lui devoit : ce que, selon les apparences, il avoit eu quelque sujet de croire. Quand la Reine sut que les princes étoient en chemin, et presque en sûreté, elle envoya aussitôt après M. de La Vrillière, secrétaire d'État, mander à madame de Longueville, de la part du Roi et de la sienne, de la venir trouver au Palais-Royal, où le dessein étoit de l'arrêter. On ne la trouva pas chez elle, et ses gens lui allèrent apprendre son malheur chez la princesse palatine, où elle étoit. Cette nouvelle la fit évanouir, à ce que m'a dit depuis la même princesse palatine; et jamais personne n'a paru plus touchée qu'elle le fut alors. Elle alla aussitôt après à l'hôtel de Condé pour y voir madame la princesse sa mère, à qui elle cria en entrant dans sa chambre : « Ah! ma« dame, mes frères...... » Madame la princesse ignoroit encore la destinée de ses enfans. Le comte de Brienne étoit venu la trouver, par le commandement de la Reine, pour lui apprendre leur malheur; mais il n'avoit encore osé lui donner ce coup mortel. Cette princesse alors, entendant ainsi crier madame sa fille, surprise d'étonnement, lui répondit : « Hélas! qu'y a-t-il? Mes « fils, mes enfans sont-ils morts, et qu'en a-t-on « fait? » Le comte de Brienne, s'étant approché d'elle, lui dit que non, mais que la Reine les avoit fait arrêter, et qu'il étoit venu de sa part pour l'en avertir. Il lui ordonna en même temps de la part du Roi d'aller en l'une de ses terres, et d'emmener avec elle sa belle-fille et le duc d'Enghien son petit-fils.

La Vrillière, qui étoit allé chercher madame de Longueville pour lui porter le commandement d'aller trouver la Reine au Palais-Royal, ne l'ayant point rencontrée chez elle, la vint chercher à l'hôtel de Condé. Elle répondit à cette ambassade qu'elle alloit demander avis à madame sa mère de ce qu'elle feroit; et ces deux princesses, dans cet entretien, souffrirent ensemble tout ce que la douleur a coutume de faire sentir en de semblables occasions. Madame de Longueville, prenant conseil de madame sa mère, jugea que la Reine ne la vouloit voir que pour l'arrêter. Elle fit semblant de vouloir obéir; et voyant qu'il n'étoit pas temps de s'amuser à pleurer, au lieu d'aller trouver la Reine, elle pria la princesse palatine, sa meilleure amie, de la mener hors de l'hôtel de Condé, pour aviser avec elle ce qu'elle avoit à faire. La princesse palatine la prit aussitôt dans son carrosse et la mena dans une petite maison du faubourg Saint-Germain, d'où elle envoya chercher mademoiselle de Longueville sa belle-fille, afin de la mener avec elle. Ses amis la vinrent trouver en ce lieu. Le prince de Marsillac, et son beau-frère le marquis de Sillery, lui offrirent de la suivre et de la servir dans cette occasion : ce qu'elle accepta volontiers, comme le seul secours qui lui restoit. Elle se mit dans le carrosse de son amie, qui l'assura de la servir fidèlement pendant sa disgrâce : ce qu'elle effectua depuis avec beaucoup d'habileté et de courage. Madame de Longueville partit à l'heure même, marchant toute la nuit à dessein de gagner promptement la

Normandie. Elle y arriva le lendemain, aussi lasse qu'elle étoit affligée; et, pour comble de désolation, elle n'y fut pas favorablement reçue. Ses enfans demeurèrent auprès de madame la princesse sa mère, qui, n'ayant pas eu de part à ses intrigues, en eut une tout entière aux malheurs que lui causa son ambition, et à ceux qu'elle avoit procurés à toute sa famille.

Une demi-heure après que le prince de Condé fut arrêté, Chavigny, qui étoit dans ses intérêts, ignorant encore cette nouvelle, alla visiter madame Du Plessis-Guénégaud, qui venoit de la savoir par un laquais que son mari lui avoit envoyé; car, étant secrétaire d'Etat, il avoit été au conseil un des témoins de cet emprisonnement. Cette dame étoit fille du feu maréchal de Praslin; sa naissance lui donnoit pour parens beaucoup de personnes de grande qualité, et son mérite lui donnoit aussi beaucoup d'amis. La Reine, qui ne la connoissoit pas particulièrement, ne la traitoit pas avec les distinctions que ses bonnes qualités pouvoient mériter; et son cœur, rempli de ce noble orgueil qui paroît légitime à la raison humaine, lui faisoit désirer de se faire à elle-même, et chez elle, une espèce de domination qui la pût consoler de ces privations; car elle ne les pouvoit souffrir sans peine quand elle étoit à la cour. Par toutes ces raisons, elle recevoit beaucoup de visites, et il y avoit peu de secrets dans le cabinet qui lui fussent cachés. Elle étoit naturellement susceptible de beaucoup de haine et de beaucoup d'amitié. Sa tendresse pour ses amis l'obligeoit de prendre part à leurs intérêts; et elle se trouvoit sans y penser, et sans consulter la raison, presque toujours opposée à tout ce qui leur étoit contraire. Ceux qui haïssoient le ministre rencontroient en elle de la fidélité, de la lumière, et beaucoup d'animosité contre lui, quoique peut-être ce fût injustement, et plus par fantaisie que par aucun sujet apparent qu'elle eût de se plaindre de lui. Comme ils la croyoient capable de secret, et aussi propre à les conseiller dans leurs affaires qu'à les consoler dans leurs chagrins, ils alloient enfin décharger dans son ame les inquiétudes que le commerce du monde fait sentir à ceux qui l'aiment le plus. Par ses propres sentimens, elle prenoit part à l'emportement des autres, et ce mélange la rendoit trop sensible à tout ce qui, à cet égard, pouvoit lui plaire ou lui déplaire. Outre ces qualités bonnes et mauvaises, elle avoit une vertu sans tache; elle étoit assez aimable de sa personne, et, parmi un sérieux capable des plus grandes choses, elle avoit une gaieté extrême qui, par le plaisir de la société, faisoit rencontrer dans sa conversation beaucoup de biens ensemble. Cette dame, telle que je la représente, étoit chèrement aimée de Chavigny; il n'avoit rien de caché pour elle, et l'étroite liaison qu'il avoit prise avec M. le prince contre le ministre lui étoit connue. Quand elle le vit, ne doutant pas de la peine que lui causeroit sa prison, elle lui en parla en le plaignant. Chavigny, qui ne le savoit point encore, apprenant cette nouvelle, fut saisi d'une vive douleur : elle le surprit et l'étonna; et, après avoir rêvé quelques momens, il leva les yeux au ciel, et, frappant des mains l'une contre l'autre, il dit : « Voilà un « grand malheur pour M. le prince et pour ses « amis; mais il faut avouer le vrai, le cardinal a « bien fait : sans cela il étoit perdu. » Ces paroles cachoient sans doute beaucoup de mystères; et, vu l'état des choses, on peut dire que le ministre en cette occasion n'avoit pas été malhabile, et qu'il méritoit un favorable succès de sa hardiesse.

QUATRIÈME PARTIE.

La Reine ayant appris que les princes étoient arrivés, et qu'ils étoient environnés des grosses murailles du donjon du bois de Vincennes, fit ouvrir les portes du Palais-Royal, afin d'y laisser entrer tout le monde. Cette nouvelle ayant été divulguée, la foule fut grande chez la Reine. Les frondeurs avoient si bien frondé, qu'ils avoient mis leurs ennemis hors de combat; et ils se hâtèrent de venir jouir de leur victoire dans un lieu où, peu auparavant, ils étoient haïs et traités d'ennemis. Les curieux ne manquèrent pas d'y venir aussi, pour savoir les causes et les particularités de ce grand événement. Ceux même qui plaignoient les princes y accoururent de même, les uns pour faire bonne mine et pour ne se point rendre suspects, les autres pour apprendre quelles en seroient les suites, et pour former déjà des projets pour l'avenir.

J'étois au coin de mon feu quand j'appris cette nouvelle; et le marquis de Villequier, capitaine des gardes du corps, qui depuis a été duc et maréchal de France, étoit avec moi. Il fut surpris du malheur du prince de Condé. Il étoit assez de ses amis, et se disoit son serviteur; mais comme les moindres intérêts des hommes les touchent beaucoup plus sensiblement que les grandes infortunes qui arrivent à ceux qu'ils aiment, au lieu de sentir la disgrâce de ce grand prince par l'amitié qu'il avoit pour lui, il s'écria et me dit : « Cette exécution m'appartenoit : je devois l'ar- « rêter. Je suis perdu, car on n'a pas eu de con- « fiance en moi. » Je lui répondis qu'il devoit s'affliger de cette défiance à laquelle n'ayant pas donné lieu, il devoit se consoler de n'avoir pas mis un ami en prison. Il en demeura d'accord avec moi par la honte qu'il eut de son emportement, et s'en alla chez la Reine plein de douleur et de furie. Il en fit de grandes plaintes au ministre, et peut-être qu'il les redoubla soigneusement, afin d'effacer par sa sensibilité une tache qu'il craignoit d'avoir sur le front, d'être partisan du prince de Condé, qui n'auroit pas été fort agréable en la personne d'un capitaine des gardes du corps; mais elle n'y étoit pas en effet, car il étoit incapable de manquer à son devoir. Aussitôt que Villequier m'eut quittée, je m'en allai chez la Reine en qualité de curieuse, ne prenant part à cette aventure qu'autant qu'elle étoit utile à son service. En entrant dans sa chambre, je fus surprise de voir tant de visages nouveaux. Tous les frondeurs, les ennemis de notre ministre, la remplissoient entièrement. Ils tenoient chacun leurs épées à la main, mais dans leur fourreau, jurant qu'ils étoient bons serviteurs du Roi, et qu'ils alloient être les défenseurs de la Reine et la force de l'Etat. Je trouvai leur orgueil ridicule, et leurs fanfaronnades un peu trop fortes; et comme il y avoit d'honnêtes gens dans cette cabale qui étoient de mes amis, je leur dis ma pensée, et je les fis demeurer d'accord que j'avois raison de me moquer d'eux. Ensuite de cela, je me mis à parler avec quelques gens sages et modérés. Ils trouvèrent que la prison de M. le prince étoit sans doute une action vigoureuse et hardie qui vraisemblablement devoit faire du bien à la France, et devoit même calmer les passions trop violentes de cet illustre prisonnier; mais comme les corps infirmes, et dont les mauvaises humeurs se sont trop ébranlées, ne peuvent souffrir les médecines sans une trop grande émotion, ils jugèrent ce même jour que la cour étant agitée de toutes les factions qui depuis long-temps altéroient son repos, il étoit à craindre qu'elle ne pût profiter de ce remède. Par cette action, le cardinal Mazarin montra clairement qu'il n'étoit pas si foible qu'il ne fît des actions de grande force quand il lui plaisoit; et un (1) de ceux qui avoient traité cette affaire avec lui me dit alors que quand il lui avoit proposé d'arrêter M. le prince, il n'avoit pas hésité un moment à s'y résoudre. Il est certain néanmoins qu'il avoit montré tant de crainte de lui déplaire, et avoit vécu avec lui avec tant de soumission, qu'il s'étoit lui-même par cette voie convié d'en abuser. M. le prince, de son naturel, n'étoit pas si redoutable dans le cabinet qu'à la guerre; et pour peu qu'il eût rencontré de fermeté dans l'ame du ministre, ceux qui le connoissoient à fond disoient qu'il auroit été doux et traitable, et que ses derniers emportemens ne procédoient que du mépris où il s'imaginoit que le cardinal étoit tombé, et des flatteries de ses courtisans qui, en lui parlant du ministre, l'appeloient toujours son esclave.

Il y eut ce même jour des personnes qui avoient été dans les intérêts de M. le prince qui me dirent, parlant des causes de sa prison, que, de l'aveu du ministre, il avoit promis pendant la guerre le Pont-de-l'Arche au duc de Longueville, afin de l'attirer par cet espoir au parti du Roi; et qu'à la paix cette promesse avoit été confirmée entre eux. Ils y ajoutoient qu'il y avoit eu avant la guerre une négociation secrète entre le cardinal Mazarin et le duc de Longueville, par où le ministre avoit fait espérer à ce prince le Havre-de-Grâce, moyennant qu'il fît en sorte avec le prince de Condé, son beau-frère, que mademoiselle d'Alais, fille du duc d'Angoulême, sa cousine germaine, épousât son neveu Mancini; que le cardinal, pour lui pouvoir donner des qualités qui le pussent rendre digne mari d'une princesse qui portoit le nom de Valois, comme petite-fille d'un bâtard de Charles IX et nièce de madame la princesse, avoit proposé de lui donner la souveraineté de Charleville et l'amirauté; mais que le prince de Condé, ne voulant point manquer de parole au duc de Joyeuse, frère du duc de Guise, à qui il avoit promis mademoiselle d'Alais, rompit ce traité, et ne voulut point en entendre parler, d'autant plus volontiers qu'il souhaitoit cette souveraineté pour lui-même.

M. le prince, dans la suite des temps, se servit de ces mêmes choses pour dire qu'il n'étoit pas criminel d'avoir voulu que le Havre fût entre les mains du duc de Richelieu son ami, puisque le ministre l'avoit fait espérer au duc de Longueville son beau-frère, par la seule considération de la grandeur de sa maison; et quand M. le prince se fâcha du mariage du duc de Mercœur, le cardinal disoit de même qu'il avoit premièrement recherché de s'allier avec lui par le mariage de son neveu avec sa parente, et qu'il l'avoit refusé.

Les serviteurs et les amis des princes, les voyant arrêtés, se sauvèrent dans les places où ils commandoient avec le plus de diligence qu'il leur fut possible. Le duc de Bouillon et le vicomte de Turenne furent les premiers à prendre la fuite. On les manqua seulement de quelques momens, eux et le prince de Marsillac. Selon la résolution de la Reine, ils devoient avoir la même destinée; mais ils furent avertis de bonne heure. Le vicomte de Turenne se retira à Stenay, qui appartenoit au prince de Condé; et le président Pérault, intendant de sa maison et de ses affaires, fut mené ensuite au bois de Vincennes.

---

(1) Laigues fut le premier qui proposa au ministre d'arrêter M. le prince; et ce fut lui qui m'en parla.

Le soir de ce jour si célèbre, la Reine, se montrant à toute la cour, parla du prince de Condé avec une grande modération. Elle dit à tous qu'elle étoit fâchée d'avoir été forcée, pour le repos de l'Etat, de le faire arrêter, vu son mérite, sa naissance et ses services; mais que les intérêts du Roi l'avoient emporté par dessus ces considérations. Elle reçut froidement madame de Montbazon, qui vint lui faire ses complimens avec l'emportement qu'on a d'ordinaire pour ce qui plaît. La Reine lui dit qu'elle n'étoit pas capable de sentir de la joie d'une chose de cette nature; qu'elle l'avoit crue nécessaire, mais qu'elle ne la trouvoit nullement délectable; et qu'elle se seroit estimée heureuse si M. le prince eût bien voulu ne l'y pas obliger. Cette réponse me parut procéder d'une ame vraiment royale : l'équité m'obligea d'en avoir de la joie. Je m'approchai de cette princesse ; et après l'avoir louée tout bas de cette humanité, je pris la liberté de lui baiser la main, comme pour l'en remercier. En mon particulier, je n'avois nul attachement à cet illustre prisonnier. J'avoue néanmoins que la destinée d'un si grand homme me fit pitié, et j'eus dépit de voir ses ennemis triompher de son malheur. A l'égard de la Reine, ils étoient mille fois plus coupables que lui, et n'avoient eu de leur côté que du bonheur et de favorables conjectures qui les avoient sauvés. Enfin cette journée finit par un entretien d'une heure que Laigues eut avec la Reine. Elle étoit dans son lit quand il lui parla, et ce fut lui qui, à minuit, lui ferma son rideau. Ce grand amateur de choses nouvelles étoit hardi à les proposer, ferme à les soutenir, et fort habile à les persuader; mais tout ce que la Reine fut obligée de faire en faveur de ces nouveaux et mauvais serviteurs ne l'empêcha pas de parler de M. le prince avec l'estime qu'elle lui devoit; et sa sagesse fut cause que cette cabale fut obligée de mettre les premiers jours des bornes à leur joie. Leur modération ne dura guère. Quelque temps après, sans que la Reine y contribuât en son particulier, la prison des princes devint le sujet de la joie et de la gaieté des courtisans; et chacun, croyant se rendre agréable par cette voie, tâchoit d'en témoigner de la satisfaction.

La nuit suivante, le duc de Beaufort, par l'avis du duc d'Orléans, fut à cheval dans les rues pour se montrer au peuple, et pour rassurer quelques petites gens qui disoient qu'on les trompoit, et que sans doute c'étoit leur bon prince qu'on avoit mis en prison. Les feux de joie furent grands dans Paris pour la prison du prince de Condé; car le peuple le haïssoit, à cause de l'opposition qu'il avoit toujours eue contre leur protecteur le duc de Beaufort. Ce favori du peuple, se voyant alors en état de pouvoir profiter des faveurs de la cour, se voulut raccommoder avec le ministre. Il lui envoya faire un compliment, et voulut même, pour lui montrer plus de soumission, envoyer prendre ordre de lui pour la marche dangereuse qu'il fit cette nuit dans les rues.

Le lendemain, avant que la Reine fût éveillée, son grand cabinet et son appartement tout entier étoient si pleins de monde, qu'à peine y pouvoit-on passer. Aussitôt qu'elle le fut, le duc d'Orléans la vint voir. Ils furent quelque temps à parler ensemble, elle étant encore dans son lit; et il fut aisé aux spectateurs de deviner le sujet de leur conversation. J'avois ouï dire, le soir auparavant, que l'abbé de La Rivière étoit mal dans ses affaires, et qu'il n'avoit point su le secret de cette aventure. Je m'approchai de lui, pour savoir ce qui en étoit. Il me répondit qu'il étoit vrai qu'il n'avoit eu nulle connoissance de cet emprisonnement. « Comment, lui dis-je, vous « êtes donc perdu? — N'en doutez pas, me dit-il; « mon maître ne me parle plus, et le pied me « glisse, et je ne laisse pas d'être tranquille. » Il me quitta pour suivre le duc d'Orléans chez le cardinal Mazarin, qui conservoit avec lui toutes les apparences d'une grande amitié. Aussitôt que la Reine fut levée, elle reçut les complimens de toutes les personnes de qualité, qui l'assurèrent de leur fidélité; et quelques parens des prisonniers furent du nombre.

La Reine envoya ordre en Catalogne, à don Joseph Marguerit et à de Marca, intendant de justice et de pays, pour arrêter Marsin, qui commandoit l'armée. Il étoit créature du prince de Condé, et avoit eu cet emploi par lui : ce qui fut ponctuellement exécuté. Le parlement et les autres cours souveraines furent mandées. La Reine leur fit part des raisons qui l'avoient obligée de s'assurer de la personne de M. le prince, du prince de Conti et du duc de Longueville; et leur en ayant dit les causes, toutes ces compagnies en parurent satisfaites.

Madame la princesse envoya supplier la Reine de lui permettre de demeurer encore un jour chez elle, et un dans les grandes Carmélites : ce qu'elle lui accorda volontiers. Pendant ces deux jours, tout ce qu'il y avoit de personnes de qualité à Paris la furent visiter, pour lui témoigner la part qu'ils prenoient à sa douleur. Cette princesse étoit en son particulier dans une grande considération. Elle lui venoit en partie par elle-même. Ses enfans ne lui faisoient guère de part de leurs desseins ni de leur autorité; mais celle qu'ils avoient augmentoit la sienne.

Le commandeur de Jars fut la voir avec les autres. Il étoit de la cabale de Châteauneuf, contraire à la maison de Condé; mais madame la princesse le croyant homme d'honneur, l'embrassa, et pleura amèrement avec lui. Elle lui dit ensuite : « Commandeur, vous avez toujours été de mes amis ; vous voyez l'état où je suis : vous puis-je faire une prière ? — Oui, madame, lui dit-il ; et pourvu que cela soit en mon pouvoir, il n'y a rien qu'un homme de bien puisse faire que je ne le fasse avec joie pour votre service. — Mon pauvre fils le prince de Conti, lui dit cette princesse affligée, est infirme, délicat et incommodé : il souffrira beaucoup de n'avoir point son valet de chambre qui est propre à le servir. Je vous prie, faites en sorte avec la Reine qu'elle commande qu'on le lui envoie ; et avec cela je serai en quelque façon soulagée. » Le commandeur de Jars, ayant un vrai cœur de gentilhomme, partit d'auprès d'elle à dessein de lui rendre ce petit service, et dans le même moment il alla faire cette supplication à la Reine. Il lui conta les mêmes choses que lui avoit dites madame la princesse ; ce qui fut reçu de la Reine avec bonté : si bien que le même jour le valet de chambre fut envoyé au bois de Vincennes pour le soulagement du prince de Conti, que madame sa mère aimoit alors avec de grandes tendresses.

Le duc de Beaufort et le coadjuteur n'avoient point encore vu le Roi et la Reine, à cause qu'ils étoient accusés d'un crime, et qu'il falloit suivre l'ordre de leur justification. Ils allèrent ce jour 21 du mois au Palais, pour y être lavés de toutes leurs taches. Il est aisé de juger qu'ils en revinrent revêtus de la robe d'innocence, et qu'ils y allèrent sans nulle inquiétude d'être condamnés, quoi que pût dire alors le nouveau prisonnier Martineau.

Le lendemain, les frondeurs, remplis de gloire apparente ou véritable, et satisfaits de leur destinée, allèrent au Palais-Royal saluer Leurs Majestés ; et le duc d'Orléans les présenta. Ils furent reçus selon le temps, c'est-à-dire comme des personnes à qui toutes choses arrivoient plutôt selon leurs souhaits que selon leurs services. L'abbé de La Rivière ne leur ressembloit pas : sa faveur étoit mourante, et son courage la soutenoit encore pour quelques jours seulement. Il ne se trouva point à cette présentation ; mais il arriva chez la Reine peu de temps après. Je lui demandai en quel état étoient ses affaires. Il me dit en riant qu'il étoit foible, et qu'il vivoit de régime. Il disoit vrai ; mais, malgré son régime, sa maladie ne laissoit pas d'empirer : le ministre commençoit de montrer le peu de volonté qu'il avoit de lui tenir sa parole, et par conséquent sa faveur étoit menacée d'une prompte fin. La Reine, en ma présence, ne laissa pas de lui demander aussi comment il étoit avec Monsieur. Et lui, comme si c'eût été un jeu, lui répondit en raillant que son maître ne le regardoit plus, et que n'ayant plus de nourriture il falloit périr d'inanition.

Cet abbé, voyant qu'il étoit perdu, jugea qu'il falloit finir de bonne grâce. Il voulut encore parler au duc d'Orléans, pour tâcher de se justifier à lui ; mais ce prince évita son entretien, et ne voulut jamais l'écouter. Quand il connut clairement que son malheur n'avoit point de remède, et que son maître n'avoit plus d'oreilles pour lui, il lui fit demander, par son ami le marquis de Termes, la permission d'aller passer quinze jours à sa maison du Petit-Bourg. Cette grâce lui fut accordée avec facilité, et même avec apparence de quelque prolongation. Il donna ce même soir à souper à beaucoup de ses amis, et montra tant de gaieté que plusieurs crurent qu'il étoit raccommodé. Le lendemain, il partit à six heures du matin, sans montrer ni trouble ni chagrin. Il perdit en même temps la faveur, le chapeau, et l'espérance qu'il avoit eue qu'au défaut du chapeau il pourroit être archevêque de Reims ; mais, en résignant à un autre l'espérance d'être cardinal, il sembla aussi perdre son ambition, et en vouloir laisser les inquiétudes à son successeur. Il fut trahi, dans la maison du duc d'Orléans, de ceux qu'il avoit obligés et qui lui devoient leur fortune, et suivi seulement de quelques-uns qui ne lui devoient rien : ce qui arrive quasi toujours à ceux qui se sont vus en état d'obliger. Il rendit à ces derniers ce qu'il avoit reçu des autres : ils en furent mal payés. Les grands biens qui lui restèrent auroient pu néanmoins lui donner beaucoup de facilité pour en user mieux ; mais il étoit homme, et ressembloit fort aux hommes ordinaires.

Quelque temps après, le duc d'Orléans lui envoya commander d'aller en une de ses abbayes, puis ensuite à Aurillac dans le fond de l'Auvergne, avec commandement de rendre les sceaux de l'ordre, qu'il avoit achetés du garde des sceaux de Châteauneuf trois cent mille livres. Il ne fit pas toujours bonne mine à son malheur : il souffrit avec peu de patience et beaucoup de chagrin tous ces maux ; mais ayant de l'esprit, il parut d'abord avoir du courage et de la fermeté à soutenir sa disgrâce, dont il reçut les plus grands coups d'une manière estimable. Il joua fort bien le premier acte de la comédie ; le reste ne mérite aucune louange. Nulle vertu ne subsiste, si elle n'est fondée sur la piété.

Bouteville [le 23 janvier], avec quelques autres, sous prétexte de l'affaire qui étoit arrivée autrefois au jardin de Renard, firent appeler le duc de Beaufort pour se battre, qui n'en voulut rien faire : non pas manque de cœur, car certainement il étoit brave, il avoit quelque chose de grand dans l'ame ; mais il ne voulut pas s'embarrasser dans ces querelles particulières qui lui avoient donné des affaires. Il crut qu'il valoit mieux vivre pour jouir des fruits des pénibles intrigues où il s'étoit trouvé. Les princes ont souvent affecté d'éviter les combats avec les particuliers, et celui-là suivit volontiers cette maxime. Sur la fin du mois, on eut nouvelle que le vicomte de Turenne avoit déjà pris la qualité de lieutenant général de l'armée du Roi pour la liberté des princes. La Reine ayant depuis congédié les troupes que les princes commandoient, beaucoup de celles-là furent trouver le vicomte de Turenne à Stenay, et se rallièrent, à ce qui fut dit à la Reine, environ jusqu'au nombre de trois mille hommes. On résolut aussitôt d'envoyer le duc de Vendôme avec une armée en Champagne, pour s'opposer à cet ennemi, avec les provisions du gouvernement de Bourgogne, qui étoit au prince de Condé.

La Reine, de son côté, se résolut d'aller en Normandie, pour s'assurer de cette province, de toutes les places qui y sont, qu'elle ne jugea pas devoir laisser sous la domination de madame de Longueville. Le parlement de Rouen et beaucoup de personnes de qualité eussent eu assez de disposition pour faire du bruit en faveur de cette princesse frondeuse ; mais le marquis de Beuvron, ancien ami du duc de Longueville, quoique peut-être malgré lui, se résolut de faire son devoir ; et lui ayant montré clairement qu'il ne la pouvoit servir, lui fit connoître qu'elle n'en devoit pas attendre grand secours. Madame de Longueville, se voyant mal reçue, résolut de s'en aller à Dieppe, à dessein de chercher en ce lieu quelque soulagement. Beaucoup de gentilshommes du pays la furent visiter ; ils lui menèrent quelques soldats, et d'autres lui offrirent et lui prêtèrent de l'argent. Le prince de Marsillac l'avoit déjà quittée pour aller en Touraine, à son gouvernement, travailler à former un parti en ce pays, où il étoit puissant par ses amis et par son crédit. Il ne resta auprès d'elle de personnes importantes et de qualité que Saint-Ibal, Traci et Bavière, avec un certain Saint-André, fort habile pour les fortifications. Il y eut aussi quelques provinciaux de conséquence qui ne l'abandonnèrent pas. Elle eut dessein de se tenir dans cette place tant qu'il lui seroit possible ; et si le Roi l'en chassoit, de se mettre dans un vaisseau, et d'aller chercher dans les pays étrangers, à l'exemple de madame de Chevreuse, le refuge que les malheureux y trouvent toujours.

Montigny, gouverneur de Dieppe, et homme de bien, en recevant madame de Longueville ne laissa pas d'envoyer assurer la Reine de sa fidélité. Le marquis de Beuvron en avoit fait autant. En cela il étoit louable. Tous deux avoient de grandes obligations au duc de Longueville ; et, dans une pareille conduite, ils eurent peut-être des sentimens différens. Madame de Longueville avoit tenté d'aller au Havre ; mais le duc de Richelieu ne put la recevoir, à cause qu'il n'en étoit pas tout-à-fait le maître : les principaux officiers étoient tous à madame d'Aiguillon, qui devoit haïr un neveu rebelle et ingrat ; si bien que madame de Longueville, qui avoit fait avoir ce gouvernement à son amie dans le dessein d'en profiter pour elle-même, eut le déplaisir de voir que ce mariage en partie étoit cause de ses maux, et qu'elle n'en pût pas même recevoir le moindre soulagement dans sa disgrâce.

La Reine, suivant sa résolution, partit de Paris le premier février, et arriva à Rouen le 3 du mois. Avant que de partir, elle envoya arrêter la duchesse de Bouillon, qui fut si habile qu'à la vue même de celui qui l'arrêta elle fit sauver ses enfans mâles, et les envoya en lieu de sûreté. Cette dame a été illustre par l'amour qu'elle a eu pour son mari, par celui que son mari a eu pour elle, par sa beauté, et par la part que la fortune lui a donnée aux événemens de la cour. Elle accoucha le même jour qu'elle fut arrêtée, mais sans nulle incommodité à l'égard de sa personne. Elle reçut, par l'ordre de la Reine, tous les secours qui en cet état lui étoient nécessaires. Dans toutes les occasions d'une sévérité forcée, telle que les rois sont obligés d'en avoir, la Reine ne manquoit quasi jamais de donner aux malheureux tous les adoucissemens que la raison d'Etat lui pouvoit permettre.

Le cardinal demeura quelques jours à Paris pour donner ordre à toutes ses affaires.

Madame de Soyon, devenue dame d'atour de Madame par l'éloignement de l'abbé de La Rivière, se lia entièrement au ministre. Ceux de cette cabale qui régnoit alors auprès du duc d'Orléans, dont étoient Razé et Belloy, enseigne de ses gardes, firent venir Goulas, secrétaire des commandemens du duc d'Orléans, que l'abbé de La Rivière tenoit injustement éloigné de son maître. Il étoit son ennemi, et par cette raison il croyoit devoir lui nuire ; mais cette conduite n'étoit ni louable ni légitime, quoiqu'elle soit souvent usitée et profitable. Tous ensemble promirent au ministre une entière fidélité, et en tirèrent alors de petites commodités et de grandes promesses pour l'avenir. L'intention du cardinal étoit de se servir de ces petits favoris qu'il pouvoit payer de peu de choses, et empêcher par eux que le duc d'Orléans ne se livrât aux frondeurs. Toutes ses précautions ne lui servirent de rien : il connut bien vite qu'ils alloient à l'usurpation de la faveur, et déjà il commençoit de méditer les moyens de les humilier et de les perdre à leur tour. Ils vouloient être de tous les conseils : ils ne le quittoient plus, et prétendoient ordonner de la conduite de l'Etat. Le cardinal Mazarin n'étoit pas libéral de son pouvoir ni de ses honorables emplois : il les aimoit trop pour en faire part à d'autres. Il faisoit lui-même toutes les dépêches des affaires étrangères; lui seul exerçoit presque toutes les grandes charges de la cour. Il est à croire que des compagnons si nouvellement de ses amis lui étoient suspects; mais il falloit faire bonne mine : il n'étoit pas temps de montrer encore ce qu'il avoit dans le cœur. Il fut donc forcé de laisser madame de Chevreuse auprès du duc d'Orléans, avec peu de sûreté sur la conduite de ce prince, et d'abandonner à toute la Fronde le parlement, la cabale des princes, et Paris tout entier. Pour gage de leur fidélité frondeuse, il fit suivre au voyage le marquis de Noirmoutiers, grand frondeur, afin d'avoir par lui commerce avec les autres; et s'en alla ensuite rejoindre la Reine, pour travailler à chasser de Dieppe la duchesse de Longueville.

Le comte d'Harcourt, qui avoit eu les provisions du gouvernement de Normandie, commandoit l'armée du Roi, qui étoit foible. Sa personne royale ne fut pas suivie à son ordinaire : il n'avoit que quarante gardes, trente chevau-légers et trente gendarmes. Il avoit peu d'argent et peu de troupes; mais l'autorité de la puissance légitime égale souvent la force des plus gros bataillons. Le Roi et la Reine furent reçus à Rouen avec de grandes marques de joie, telles que le méritoit un jeune Roi dont la beauté et l'innocence devoient plaire à ces peuples. Ils ne l'avoient jamais vu, non plus que la Reine, qui, ayant voyagé par toute la France, n'avoit point encore été dans cette grande et importante ville. Le 7 du mois, Chamboi, qui commandoit dans le Pont-de-l'Arche, et qui avoit ordre de madame de Longueville de rendre la place à la première sommation du Roi, la remit aussitôt, moyennant deux mille pistoles qu'il demanda pour les frais de la garnison.

La Reine, en arrivant à Rouen, ôta le marquis de Beuvron du vieux Palais; car, encore qu'il eût presque chassé de Rouen madame de Longueville, on ne voulut pas néanmoins se fier à un homme dont la conduite étoit incertaine, et qui n'agissoit par aucun motif que par celui de la crainte, et par l'inclination qu'il avoit d'être toujours pour celui dont les affaires alloient le mieux. Elle y mit en sa place un capitaine du régiment des Gardes, nommé Fourille, pour y commander seulement par commission.

La Reine manda au duc de Richelieu de la venir trouver. L'abbé de Richelieu vint à la cour assurer Leurs Majestés des bonnes intentions de son frère, et de madame de Richelieu sa belle-sœur. Cette dame vouloit faire confirmer son mariage par le Roi et la Reine. Elle y travailla par ses négociations avec le ministre, qui à la fin se laissa persuader par elle. Il lui fit dire que si elle et son mari demeuroient fidèlement attachés à leur devoir, la Reine lui donneroit le tabouret, et qu'elle seroit traitée comme duchesse de Richelieu : ce qui s'exécuta quelques jours après.

La Croisette, qui commandoit dans Caen, avec cinquante mille livres de rente que le duc de Longueville son maître lui avoit données, envoya aussitôt assurer Leurs Majestés de sa fidélité, et reçut dans la ville et le château un exempt pour y commander en sa place.

Mademoiselle de Longueville quitta madame sa belle-mère, et avec la permission de la Reine elle s'en alla à Coulommiers, pour y passer les premiers mois de la prison du duc de Longueville son père. Elle avoit beaucoup d'esprit et de mérite. Sa vertu et la tranquillité de sa vie la mirent à couvert des orages de la cour ; et quoique cette princesse ait porté le nom de frondeuse, la Reine, qui savoit le peu de liaison qui étoit entre elle et madame sa belle-mère, trouva qu'il étoit juste de la laisser en repos jouir de ses plus grands plaisirs, qui étoient renfermés dans les livres et dans l'aise d'une innocente paresse. Par toutes ces raisons, sa retraite fut estimée de tous, et lui fut à elle fort commode. Le désir de savoir et la solitude conviennent à la tristesse, quand l'on est assez sage pour sentir tout ce que l'on doit sentir. La Reine envoya commander à madame de Longueville de quitter Dieppe et d'aller aussi à Coulommiers; mais cette princesse avoit le cœur trop ulcéré contre ses ennemis, pour obéir à des ordres qu'elle disoit venir de leur part sous le nom de la Reine. Elle se sentoit capable des plus grandes entreprises, et elle jugea qu'il valoit mieux se réserver à quelque chose de plus utile à son parti qu'au repos de cette maison, où elle crut ne pouvoir rencontrer une sûreté entière. En recevant l'ordre de la Reine, elle fit semblant d'être malade, et promit d'y obéir aussitôt qu'elle seroit en santé. Le Plessis-Bellière fut commandé pour aller à Dieppe avec quelques troupes ; et comme elle vit qu'elles s'approchoient, elle fit son possible pour gagner le gouverneur de cette place, lui voulant persuader de tenir bon contre les forces royales. M. de Montigny, qui, à ce que l'on a cru, vouloit être fidèle au Roi, lui représenta la difficulté de l'entreprise, et lui fit voir qu'il ne pouvoit pas lui seul, sans argent et sans troupes, faire ce qu'elle souhaitoit. La conclusion fut de lui conseiller de fuir par mer, et de s'en aller en Flandre attendre quelque meilleure saison. Madame de Longueville, qui savoit que le plus grand service qu'elle eût pu rendre aux princes étoit de leur conserver la Normandie, ne se rendit point à ce dernier coup. Elle voulut essayer si elle pourroit engager dans son parti les bourgeois, les officiers et le menu peuple de la ville. Elle leur parla vigoureusement, elle usa de prières douces et humbles, et n'oublia rien à leur dire de tout ce qui pouvoit les animer à prendre sa défense. Elle se servit de la haine publique du Mazarin, et leur représenta qu'il leur seroit glorieux s'ils vouloient mander au Roi qu'ils lui ouvriroient les portes, pourvu qu'il ne voulût point lui amener avec lui. Eux, qui aimoient leur repos et qui n'avoient nulle inquiétude du gouvernement du Mazarin, à qui ils aimoient autant obéir qu'à un autre, répondirent fort naturellement qu'ils étoient serviteurs du Roi, et qu'il n'étoit pas juste de lui ôter la liberté de se servir de qui bon lui sembleroit. Ils déclarèrent à cette princesse que leur résolution étoit d'envoyer vers Leurs Majestés les assurer de leur fidélité, et mandèrent au Roi qu'il seroit toujours le maître de leur ville quand il lui plairoit d'y venir. Madame de Longueville, se trouvant sans ressource, vit toutes ses espérances évanouies ; mais son grand cœur ne l'ayant pas abandonnée, elle pensa tout de bon à se sauver. Elle fit alors une confession générale qui parut avoir toutes les marques d'une véritable contrition, et quoiqu'elle conservât le dessein de faire la guerre, elle n'en eut point assez de scrupule, parce qu'elle crut alors, en flattant sa passion, que la défense étoit permise.

Quand cette princesse se vit pressée par Le Plessis-Bellière, qui la menaçoit d'assiéger le château où elle étoit, elle sortit par une petite porte de derrière qui n'étoit pas gardée. Elle fut suivie de ses femmes, de celles qui eurent le courage de ne la pas quitter, et de quelques gentilshommes. Elle alla deux lieues à pied pour gagner un petit port, où elle ne trouva que deux barques de pêcheurs. Elle voulut s'embarquer en ce lieu, contre l'avis des mariniers, et son dessein étoit de gagner un grand vaisseau qu'elle faisoit tenir à la rade exprès pour se sauver quand elle seroit forcée de le faire. Le vent se trouva alors si grand, et la marée si forte, que le marinier qui l'avoit prise entre ses bras pour la porter dans la chaloupe, ne pouvant résister à l'un et à l'autre, la laissa tomber dans la mer. Elle pensa se noyer ; mais enfin elle fut reprise et tirée de ce péril, plus touchée de ses malheurs qu'elle n'étoit abattue de cet accident. Ayant repris ses forces et ranimé son courage, elle voulut tenter de nouveau de se remettre dans le péril. Le vent, qui s'augmentoit à tous momens, l'en empêcha, et la fit résoudre de prendre des chevaux et de se mettre en croupe : ce que firent aussi les femmes et les filles de sa suite. Elle marcha dans cet état le reste de la nuit, et arriva chez un gentilhomme du pays de Caux, qui la reçut et cacha avec beaucoup d'affection et de bonté. De là elle envoya un des siens, pour faire venir le navire qui l'attendoit, côtoyer le lieu où elle étoit ; mais on découvrit que le patron avoit été gagné par les deniers du ministre, et qu'elle eût été arrêtée si elle s'en fût servie quand elle l'avoit voulu faire. Ensuite de cette aventure elle demeura environ quinze jours, se cachant de lieu en autre, selon les avis qu'elle avoit ; et enfin elle envoya au Havre, où elle gagna le capitaine d'un vaisseau anglais. Elle y fut reçue sous le nom d'un gentilhomme qui s'étoit battu en duel ; et cet homme ayant été bien payé, ne s'en informa pas davantage, et la vint trouver à quelque petit port particulier. Ce vaisseau la passa en Hollande, où elle fut visitée du prince d'Orange, de la princesse royale sa femme, et de la princesse sa belle-mère ; puis elle s'en alla à Stenay. Quand elle y fut, elle écrivit au Roi une lettre en forme de manifeste, qui fut estimée. Elle étoit pleine d'artificieuses plaintes ; et sans doute qu'elle l'avoit composée elle-même, ayant toujours écrit aussi bien que personne du monde.

Pendant que le Roi est heureux en Normandie, il ne l'est pas moins en Champagne. Le chevalier de La Rochefoucauld (1) étoit dans Damvilliers, et y commandoit pour le prince de Conti. Les officiers qui étoient sous lui le lièrent, et le mirent en cet état au pouvoir du Roi avec cette place, que le prince de Conti avoit obtenue par le traité de la paix de Paris. Clermont de même fut repris

(1) Frère du prince de Marsillac.

sur ceux du parti des princes. Le maréchal de La Ferté y contribua beaucoup par les intelligences qu'il avoit dans la place.

La Reine croyant, au rapport de Du Plessis-Bellière qui étoit entré dans Dieppe, que madame de Longueville étoit embarquée, puisqu'il ne l'avoit pu trouver, se résolut de venir à Paris. Elle partit de Rouen le 22 de février, après avoir vu madame de Richelieu et lui avoir donné le tabouret. Elle passa par Gaillon pour voir cette belle demeure de nos archevêques, où elle reçut un courrier du comte d'Harcourt, qui alors l'assura de l'embarquement de madame de Longueville.

La Reine, à son retour, reçut toute la cabale frondeuse avec des témoignages de bonne volonté qui leur furent agréables; mais comme ils en voulurent des marques effectives, ils lui demandèrent le retour de Châteauneuf, avec les sceaux pour lui. Ils alloient tous bien droit à se soutenir les uns et les autres, particulièrement cet homme qu'ils regardoient comme leur chef, et à qui ils vouloient donner la place du ministre.

Le cardinal, qui connoissoit où tendoient leurs désirs, écouta leurs propositions avec peine. Il y résista quelque temps; mais n'ayant nul sujet de douter de la fermeté de la Reine, il crut qu'il étoit de sa prudence de contenter cette cabale, et de donner quelque autorité à Châteauneuf, afin de leur faire voir à tous qu'il étoit en état de ne rien craindre. Ce ministre voulut leur montrer que leurs souhaits demeureroient sans effet, et ne serviroient qu'à les détromper de la créance qu'ils avoient que leur ami approchant de la Reine, elle le considéreroit à son préjudice. Ces intrigues qu'il avoit faites contre le service du Roi avoient déplu à cette princesse, comme mère et comme régente; et, comme équitable, elle ne pouvoit plus l'estimer. Le cardinal étant donc pressé par ces faux amis et par sa raison, se résolut de les obliger de bonne grâce. Il espéra que le garde des sceaux de Châteauneuf, comme habile courtisan, venant à connoître qu'il ne pouvoit avoir la première place, se contenteroit de la seconde, et que peut-être il se serviroit de lui pour modérer l'ardeur impétueuse de la Fronde. Le coadjuteur avoit lui seul une si grande cabale, une ame si hardie, un cœur si rempli de passions et un génie si puissant pour se faire aimer de ceux qui le connoissoient, qu'il étoit assez difficile au ministre de l'empêcher d'entrer dans le cœur du duc d'Orléans, et par conséquent impossible de leur refuser à tous ce qu'ils vouloient déterminément. Ayant déjà mis ce prince de leur côté, ils avoient sujet de croire que leurs volontés devoient être des lois immuables; mais les habiles dissimulations de celui dont ils croyoient devenir les maîtres surmontèrent à la fin la force des plus forts.

Le retour de ce second ministre étant résolu des deux côtés, le premier jour de mars, sur les sept heures du soir, La Vrillière alla de la part du Roi et de la Reine demander les sceaux au chancelier Seguier. Il les rendit, et lui dit qu'il croyoit avoir bien servi le Roi, et s'être dignement acquitté de cette charge depuis dix-sept ans qu'il en étoit possesseur; qu'il savoit bien que la raison d'Etat, plutôt que son démérite, obligeoit la Reine à cela : c'est pourquoi il la supplioit de croire qu'il les rendoit sans regret, espérant qu'elle lui feroit toujours la grâce de le traiter comme très-fidèle serviteur du Roi et d'elle. Le chancelier, qui savoit l'état des choses, et qui sentoit que son ambition étoit bornée dans la cassette des sceaux, ne douta nullement de la peine que le ministre recevoit de ce changement. C'est pourquoi il les rendit sans témoigner beaucoup de regret, et fit ce que les hommes s'efforcent de faire en de pareilles occasions, qui est de recevoir avec fermeté les rudes coups du malheur et de l'infortune.

Je vis rapporter les sceaux dans l'oratoire de la Reine, comme elle prioit Dieu. Ils y demeurèrent jusqu'au lendemain, qu'on les porta à Montrouge au garde des sceaux de Châteauneuf. On les lui avoit ôtés autrefois pour les donner au chancelier Seguier, qui les perdoit alors de la même manière que l'autre les avoit perdus à son tour. Ces événemens sont des jeux de la fortune conduite par la volonté du souverain roi des rois, qui dispose de la destinée de ses créatures comme il lui plaît : et la cour est remplie de ces divers changemens.

Ce nouveau et ancien garde des sceaux reçut cette nouvelle grâce à soixante-et-dix ans passés, plein de santé, de courage et d'ambition. Il formoit encore de grands desseins pour l'avenir, sans penser que cet avenir avoit un espace trop court pour y placer tant de projets et de grandes chimères.

Le lendemain, mercredi des Cendres, il vint saluer le Roi et remercier la Reine. Il est à croire qu'il avoit commencé ses complimens par le ministre; et l'on m'assura qu'il l'avoit fait fortement, et qu'il lui avoit dit qu'il vouloit être son véritable ami. Le Palais-Royal fut en ce jour rempli de beaucoup de monde. Cet homme, qui étoit tant visité à Montrouge lorsqu'il étoit sans pouvoir, devint aisément l'idole de tous les courtisans. On crut qu'il alloit chasser le ministre, ou tout au moins avoir part au ministère. Quand il arriva, il fut suivi d'un chacun; tous le vouloient voir. Il sembla que le cardinal Mazarin étoit déjà déchu de sa grandeur, qu'il n'étoit plus le ministre de la Reine, qu'elle étoit changée, et que toute l'autorité étoit remise entre les mains de ce nouveau venu.

Le lendemain il entra au conseil, et reprit son ancienne place avec la même presse. On croyoit peut-être devoir rendre ses hommages à un homme qui avoit su par son habileté triompher du ministre, en le forçant de le mettre dans une place d'où vraisemblablement il paroissoit devoir bientôt monter à la première. La Reine trouva mauvais qu'on donnât à ce retour tant de marques de joie publique, et me fit l'honneur de me dire alors qu'elle ne savoit pas pourquoi on faisoit tant de bruit de cet homme, et qu'on se trompoit d'espérer qu'il fût jamais plus que ce qu'il étoit. Comme en effet elle considéroit son ministre, et qu'elle trouvoit qu'il étoit de son devoir et de sa gloire de le soutenir, cet applaudissement fut cause qu'elle se fortifia contre les amateurs de la nouveauté. Elle forma le dessein d'empêcher que le garde des sceaux de Châteauneuf, son ancien serviteur, qui avoit été disgracié par cette seule raison, ne parvînt au dessein qu'il avoit de lui dérober sa confiance lorsqu'elle ne vouloit pas la lui donner.

Le cardinal, qui avoit de grands désirs de se soutenir dans la place qu'il avoit, fit bonne mine à son rival, et ne montra point le craindre. Il lui offrit sa maison, il voulut qu'il y logeât quelque temps, et le traita si amiablement qu'il l'obligea à se louer de lui, et à publier hautement qu'il lui étoit redevable, et qu'il étoit son serviteur et son ami. La Reine, pour gratifier la Fronde de toutes manières, confirma au fils de Broussel le gouvernement de la Bastille, qu'il avoit usurpé pendant la guerre. Elle fit venir en plein cercle cet homme qui lui avoit donné de si mauvaises heures, et le traita bien. Toutes ces choses se firent par le conseil du cardinal, et selon sa politique ordinaire, qui étoit de gagner le temps et de dissimuler.

Ensuite de l'établissement du garde des sceaux de Châteauneuf, la Reine se résolut d'aller en Bourgogne pour affermir entièrement l'autorité du Roi par la prise de Bellegarde, qui tenoit pour le prince de Condé. Elle partit le 5 de mars, suivie seulement de ses dames, de la princesse de Carignan, et de la princesse Louise sa fille.

Le cardinal demeura un jour après la Reine, pour se recommander aux charitables soins de madame de Chevreuse, de Laigues, du coadjuteur, et des principaux chefs de cette troupe. Les choses étoient si troublées, l'orage paroissoit si près d'éclater, et les prophéties étoient si funestes, que ce jour beaucoup de gens, de part et d'autre, crurent que le cardinal seroit assassiné, et plusieurs avis lui en furent donnés. Il partit enfin, et laissa dans Paris le duc d'Orléans, le garde des sceaux, et toute la secte frondeuse. Le Tellier et Servien, employés par la Reine dans le secret des affaires, y demeurèrent aussi pour servir le Roi, et pour être les champions fidèles du ministre contre ses mauvais amis. Les politiques remarquèrent qu'en partant de Paris ce ministre, plein de finesse, avoit témoigné beaucoup de bonne volonté aux serviteurs des princes, et que, voulant peut-être donner de la crainte à la cabale d'Orléans, il avoit affecté de bien traiter ceux du parti contraire, pour leur montrer que s'ils en usoient mal avec lui, il pourroit se défendre de leur oppression par M. le prince. Dans ce même temps, parlant du prince de Condé, il dit publiquement de lui une chose fort remarquable : Qu'il auroit été le plus grand homme du monde, et le plus heureux, s'il avoit pu croire que la Reine étoit capable de faire ce qu'elle avoit fait.

La Reine en partant donna à Comminges le gouvernement de Saumur, vacant par la mort du duc de Brezé, père de madame la princesse, femme du prince de Condé. Il alla peu de temps après pour en prendre possession ; mais on lui en refusa l'entrée. Le prince de Marsillac, devenu depuis peu de jours duc de La Rochefoucauld, et qui avoit des intelligences dans cette ville, fut cause de ce refus. Sous prétexte des funérailles du duc son père, il assembla deux mille gentilshommes pour aller secourir cette ville quasi rebelle ; mais Comminges, plus heureux que lui, ayant offert de l'argent de la part du Roi à celui qui y commandoit, fit son traité, et en prit possession avant que ce seigneur y pût arriver.

Aussitôt après le départ de la Reine, la duchesse de Bouillon, arrêtée dans sa maison à Paris par l'ordre du Roi, trouva le moyen de tromper ses gardes, et de se sauver finement de sa chambre. Mademoiselle de Bouillon sa fille, qu'elle avoit avec elle, la vint voir ; et faisant semblant de l'avoir trouvée endormie, elle parut vouloir retourner à sa chambre, et pria la sentinelle qui étoit dans l'antichambre de la duchesse de Bouillon sa mère de lui éclairer. La sentinelle prit la lumière, et marchant devant la petite demoiselle de Bouillon, donna lieu à madame de Bouillon, suivant sa fille et marchant après elle toute courbée, de gagner l'escalier, de descendre dans la cave, où la petite mademoiselle de Bouillon et ses femmes l'ayant été trouver, elles se sauvèrent par le soupirail de la cave, à l'aide de quelques-uns des siens qui les tirèrent avec des cordes. Elle se cacha ensuite dans quelque maison particulière ; et comme elle étoit prête de

22.

se sauver de Paris, mademoiselle de Bouillon eut la petite vérole. Cette généreuse mère ne la voulant point quitter, elle fut enfin trouvée chez Bartet, agent du roi de Pologne, et menée à la Bastille avec mademoiselle de Bouillon, sœur et très-bonne sœur du duc de Bouillon son mari. Ces deux personnes avoient de l'ambition, et même on disoit qu'elles en avoient trop, et que cette passion dans l'ame de mademoiselle de Bouillon et de sa belle-sœur étoit cause des malheurs de son mari et des siens : si bien que c'étoit avec raison que la Reine les craignoit. Elles y demeurèrent jusqu'à la paix de Bordeaux, et en sortirent ensuite avec l'estime universelle de tout le monde qui connoissoit leur mérite.

Les partisans du prince de Condé ne dormoient pas : ils travailloient à émouvoir le parlement en leur faveur ; et, suivant les exemples passés, ils tâchoient d'émouvoir le public par son intérêt. On s'assembla le 29 au parlement pour établir une chambre de justice à la maison de ville, et pour faire payer les rentiers. Quelques particuliers, pour obtenir de la cour ce qu'ils souhaitoient, fomentoient ces remuemens. Longueil, pour faire son frère surintendant, s'occupoit toujours à brouiller toutes choses, et les serviteurs des princes se servoient de lui pour parvenir à leurs fins; mais les frondeurs, faisant mine d'être pour la Reine, fuyoient en effet le changement à l'égard des princes, et par leur propre intérêt ils apaisoient ce petit bruit avec facilité.

Le fils du président Le Coigneux, en l'une des chambres des enquêtes, eut la hardiesse de proposer le premier de faire le procès aux princes, afin qu'ils fussent traités selon la déclaration donnée à Saint-Germain à la paix de Paris, où le Roi promettoit, au bout d'un certain temps fort bref, qu'il ne retiendroit point de prisonniers sans leur faire leur procès, ou les absoudre s'ils étoient innocens. Il demanda qu'ils fussent traités selon cette promesse; mais le parti des princes étant encore foible, Le Coigneux fut sifflé de toute la compagnie, et sa proposition fut sans effet.

La princesse palatine travailloit de son côté en faveur des prisonniers. Elle avoit déjà trouvé moyen de faire tenir de ses lettres, et chez elle s'assembloient souvent ceux qui travailloient à leur liberté. Cette princesse, semblable à beaucoup d'autres dames, ne haïssoit pas les conquêtes de ses yeux, qui étoient en effet fort beaux ; mais outre cet avantage trop dangereux à notre sexe, elle avoit ce qui valoit mieux, je veux dire de l'esprit, de l'adresse, de la capacité pour conduire une intrigue, et une grande facilité à trouver un expédient pour parvenir à ce qu'elle entreprenoit. Aussitôt qu'elle se fut résolue à servir les princes, elle s'appliqua avec soin aux moyens de réussir dans son dessein. Comme il lui parut nécessaire d'attirer les frondeurs à leur parti, elle se servit de madame de Rhodes, qui étoit son amie, pour proposer à madame de Chevreuse le mariage du prince de Conti avec sa fille mademoiselle de Chevreuse, et chercha, pour gagner les autres chefs, quelque autre intérêt considérable, capable de les toucher chacun en particulier ; et cela n'étoit pas difficile à trouver, car tous en avoient de grands et de petits. Le duc de Nemours, qui étoit ami du prince de Condé et mal satisfait du ministre, étoit un de ceux qui agissoient le plus puissamment par ses amis à la liberté des prisonniers. Le président Viole étoit un violent solliciteur, et Longueil y faisoit des merveilles, en ce qu'il ne se lassoit jamais de l'intrigue. Tous approuvèrent les pensées de la princesse palatine, particulièrement celle qu'elle avoit eue sur le mariage du prince de Conti et de mademoiselle de Chevreuse. Madame de Longueville, qui en fut avertie par elle, lui manda aussi de Stenay qu'elle l'estimoit bonne, et qu'on y travaillât. Enfin cette princesse, n'oubliant rien pour parvenir à la conclusion de son œuvre, ne perdoit pas un moment sans y avancer quelques pas. Mais ces grandes choses ne se font pas aisément : le temps seul les conduit doucement à leur fin, qui, le plus souvent, n'est pas celle que les hommes y veulent chercher. Dieu qui les change et les perfectionne, leur donne celle qu'il lui plaît qu'elles aient.

Pendant que toutes ces intrigues se préméditoient à Paris, la Reine étoit en Bourgogne, où elle avoit été reçue avec beaucoup de marques d'affection. L'armée du Roi ne put si tôt qu'elle le souhaitoit entreprendre le siége de Bellegarde, à cause des grosses eaux : il fallut attendre quelque temps. Le 4 d'avril, on commença la circonvallation de cette place; et le ministre, qui la fut visiter en personne, en approcha de si près qu'il y pensa être tué, un de ses gentilshommes ayant été blessé proche de lui.

Le 12 du même mois (avril), la Reine, avertie qu'on travailloit à soulever le parlement en faveur des princes, envoya commander à madame la princesse la mère d'aller à Montrond, attendu qu'elle avoit des intelligences avec les ennemis de l'Etat. En même temps on commanda à un lieutenant des gardes du corps d'arrêter madame la princesse sa belle-fille, et de la garder à Chantilly. Cette princesse en ayant eu avis, et conseillée par ceux qui croyoient sa personne nécessaire à leurs desseins, mit une de ses filles dans son lit, et se sauva malgré les gardes, elle et le duc d'Enghien son fils, et s'en alla à Montrond avant que les gens du Roi y fussent arrivés. On crut que la Reine avoit commandé à madame la princesse la mère d'aller en ce lieu, afin que l'escorte du Roi qui la conduiroit se pût saisir de cette maison, qui est forte et capable de quelque résistance; mais elle, au lieu d'y aller, se sauva de nuit de Chantilly, et demeura cachée quelque temps sans que la Reine pût savoir où elle étoit. Pendant qu'elle se cache, madame la princesse sa belle-fille fut menée à Montrond par ceux de son parti, qui se saisirent de cette place, à dessein de s'en servir pour leur sûreté. Déjà le duc de La Rochefoucauld et les principaux amis des princes, qui voyoient bien que Montrond n'étoit pas capable de tenir contre des forces considérables, travailloient à gagner les Bordelais, fomentoient leurs mécontentemens contre la cour, et leur haine contre le duc d'Épernon. On leur faisoit voir aussi les obligations qu'ils avoient d'entrer dans les intérêts de M. le prince, puisqu'une des principales causes de sa prison étoit (à ce qu'ils disoient) le secours et la protection qu'il leur avoit toujours donnée dans le conseil du Roi; mais ils eurent d'abord de la peine à leur faire naître le désir de se mettre dans son parti, et il fallut que les créatures des princes y employassent avec soin toute leur habileté et leur affection.

En Bourgogne, le siége de Bellegarde continuoit, et beaucoup de vœux se faisoient, tant par les frondeurs que par les créatures des princes, afin qu'il ne se pût pas finir si tôt : tous espérant que le mauvais état des affaires leur seroit avantageux, quoique ce fût par des fins bien différentes. Le Roi, quoique jeune, alla dans le camp se montrer à son armée. Les soldats furent ravis de le voir, et souffrirent sans murmurer qu'on les payât de cette monnoie seule. Le désordre de ses affaires en mettoit un fort grand dans ses finances, et les troupes, par cette raison, étoient mal payées.

Celui qui commandoit dans la place fit tirer à la vue du Roi; mais ayant reconnu sa faute, il en envoya faire des excuses. La présence de ce jeune monarque, animant ceux qui combattoient pour lui, leur redonna des forces, et les révoltés qui commandoient dans Bellegarde en furent affoiblis. Au bout de quelques jours ils demandèrent à capituler, et promirent de se rendre aussitôt qu'ils auroient envoyé à Stenay. Pendant la trève qui leur fut accordée, ceux du camp et de la ville se visitèrent; et comme ils étoient tous Français, parens et amis les uns des autres, ils se firent de grandes caresses, avec un sensible regret d'avoir à se tuer comme s'ils eussent été ennemis. Voilà le malheur de la guerre civile.

Le 27 d'avril, jour de la mercuriale, auquel les chambres s'assemblent, madame la princesse la mère, qui, depuis qu'elle étoit disparue de Chantilly, avoit été cachée dans Paris, parut au parlement à cinq heures du matin, accompagnée du marquis de Saint-Simon et de la duchesse de Châtillon, pour y demander justice sur la détention des princes ses enfans, et de son gendre le duc de Longueville. Elle présenta sa requête à tous les conseillers de la grand'chambre. Beaucoup la refusèrent; mais un nommé Des Landes-Payen la reçut avec dessein de la rapporter à sa compagnie. Elle demandoit, par cette requête, sûreté pour sa personne; elle représentoit la nouvelle persécution qu'on lui avoit faite pour la faire sortir de Chantilly, où elle vivoit sans penser à autre chose qu'à prier Dieu; et demandoit au parlement qu'il lui plût de prendre connoissance de la détention des princes; et que, selon la déclaration faite à Saint-Germain en faveur des prisonniers d'État, on fît leur procès s'ils avoient failli contre le service du Roi; ou sinon qu'ils pussent jouir des priviléges que le Roi avoit accordés à tous ses sujets.

Après que Des Landes-Payen l'eut rapportée, le premier président fut député de la compagnie vers le duc d'Orléans pour lui demander, de la part du parlement, sûreté pour cette princesse. Le duc d'Orléans dit qu'il falloit qu'elle obéît au Roi, pour déterminer ce qu'il avoit à lui dire de plus précis. Pendant cette députation, madame la princesse alloit de chambre en chambre, demandant justice et grâce tout ensemble. Elle jetoit des larmes qui marquoient la foiblesse de notre sexe, et disoit des paroles qui faisoient voir la force de sa douleur et la grandeur de sa disgrâce. La réponse que le duc d'Orléans avoit faite au premier président n'étant pas définitive, on ordonna que s'agissant de la sûreté de madame la princesse, en attendant que le duc d'Orléans répondroit, le parlement la prendroit en sa protection, et qu'elle seroit priée de demeurer dans l'enceinte du Palais, dans telle maison qu'il lui plairoit de choisir.

Cette première journée ayant si bien réussi à madame la princesse, ses amis en eurent de la joie, et ses ennemis de l'inquiétude. On crut que les frondeurs voulurent se servir de cette occasion pour faire chasser le ministre; et qu'ayant ce dessein, ils firent sous main conseiller à madame la princesse de se déclarer ouvertement partie du cardinal Mazarin. Mais leur finesse ayant été aperçue de ceux du parti des princes, ils eurent peur que si on entamoit tout de nouveau le cardinal, et qu'il vînt à être chassé, les frondeurs ne missent le garde des sceaux à sa place. Leur crainte les obligea de lui conseiller de se plaindre seulement de lui dans sa requête, mais de n'en pas faire davantage. Ils eurent peur qu'elle n'empirât ses affaires, et qu'elle ne travaillât pour ses ennemis plutôt que pour elle. En l'état où étoit la cour, ils n'étoient pas hors d'espérance de voir le ministre se brouiller avec les frondeurs; et déjà on voyoit visiblement que l'ancienne haine qui avoit été entre eux produisoit du moins de grands dégoûts de chaque côté : ce qui rendoit leur nouvelle union plus susceptible de guerre que de paix.

Le lendemain, le parlement députa tout de nouveau le premier président vers le duc d'Orléans, pour lui parler des intérêts de madame la princesse; mais ce prince le gourmanda, et le traita de partisan des princes. Les frondeurs, qui ne vouloient pas que le parlement leur échappât et se mît du côté des prisonniers, servirent fidèlement le Roi en cette occasion, et employèrent toutes leurs forces et tout leur crédit pour faire que la requête de madame la princesse fût sans effet. Le duc d'Orléans, qui avoit aussi un grand intérêt à empêcher que M. le prince sortît de prison, maintint l'autorité du Roi, et dit qu'il falloit que madame la princesse lui obéît, et qu'elle s'en allât de Paris, puisqu'elle y étoit contre les ordres du Roi. Ils réussirent tous dans leur dessein; car le parlement n'eut pas la hardiesse de se déclarer contre une cabale dont le duc d'Orléans étoit le chef, et qui, étant soutenue de l'autorité royale, offusquoit celle du premier président : d'autant plus que Longueil, qui étoit passionné pour le service des princes, et qui auroit pu soutenir cette affaire, n'osa montrer publiquement ses sentimens, de peur d'offenser le ministre; et ne vouloit pas non plus affoiblir la bonne disposition où le duc d'Orléans paroissoit être, pour faire plaisir à son frère, dans les prétentions qu'il avoit à la cour.

Le 29, le duc d'Orléans alla au parlement, où la réponse définitive touchant la requête de madame la princesse se devoit faire. Il étoit question de savoir si on lui accorderoit la sûreté qu'elle demandoit pour sa personne. Cet engagement, qu'elle souhaitoit que le parlement voulût prendre avec elle, étoit d'une dangereuse conséquence. Il ne faut pas s'étonner si elle y trouva de l'opposition. Le duc d'Orléans étant arrivé, après avoir pris séance, fit une récapitulation de tout ce qui s'étoit passé depuis la détention des princes : il présenta la douceur que la Reine avoit eue pour madame la princesse, la laissant à Chantilly sans gardes; et dit que ce qui avoit obligé la Reine à lui ordonner de quitter ce lieu étoient les intelligences que cette princesse avoit avec ceux de Bellegarde; et que, pour empêcher cette communication, il avoit fallu l'envoyer plus loin. Il dit encore que madame la princesse n'ayant point obéi, il croyoit qu'il y alloit du service du Roi de souffrir sa résistance, et qu'en son particulier il la serviroit, s'il pouvoit, auprès de la Reine; mais qu'il falloit qu'elle montrât d'acquiescer aux ordres du Roi. Quand il étoit entré au Palais, madame la princesse l'avoit prié de lui être favorable, et de se souvenir que ses enfans avoient l'honneur de porter son nom. Il lui avoit répondu qu'il falloit faire ce que le Roi lui avoit commandé, et qu'après son obéissance il la serviroit en tout ce qui lui seroit possible. Le premier président, nonobstant la harangue du duc d'Orléans, insista toujours pour demander que quelque grâce fût accordée à madame la princesse, et qu'elle pût demeurer en état de travailler auprès de la Reine à la liberté des princes ses enfans, assurant qu'elle n'avoit point de mauvaises intentions contre le service du Roi. Enfin le duc d'Orléans, conseillé par les créatures du cardinal qui étoient demeurées auprès de lui, accorda à madame la princesse trois jours de sûreté après le retour de la cour, pour pouvoir implorer la miséricorde de la Reine, qui devoit revenir bientôt, moyennant qu'elle quittât Paris, et qu'elle s'en allât à quelque maison voisine attendre ses ordres. Le premier président fut content de cette grâce : il prit la parole du duc d'Orléans, et ne voulut point qu'on délibérât davantage sur cette affaire, de peur que les frondeurs ne fissent perdre cet avantage à madame la princesse. Il étoit serviteur du prince de Condé; mais en même temps il étoit persuadé que la réunion de la famille royale étoit avantageuse à l'État, et qu'il étoit glorieux à lui et à sa compagnie d'être les arbitres entre le Roi et les princes. Il voulut aussi, en travaillant à cette paix par les suffrages de sa compagnie, empêcher qu'elle ne perdît les avantages de la dernière déclaration du Roi, en délibérant sur la requête de madame la princesse; car alors, selon l'avis des frondeurs, elle auroit été sans doute rebutée. En d'autres temps, ces mêmes frondeurs avoient crié pour augmenter le pouvoir du parlement en faveur du public, afin de diminuer, à ce qu'ils disoient, la puissance tyrannique des favoris; mais ils changèrent de conduite, parce qu'ils avoient changé d'intérêt, et que leur passion les obligeoit à parler d'une autre manière. Ainsi la chose se passa moins avantageusement pour madame la princesse que ses amis ne l'auroient souhaité; et comme on ne délibéra point sur sa requête, cette affaire demeura quelque temps ensevelie. Elle quitta Paris, et s'en alla à Chilly pour y attendre le retour de la Reine, et passer les trois jours qui lui furent accordés par le duc d'Orléans.

La Reine, revenant de Bourgogne, parut mal satisfaite de madame la princesse et de ceux qui l'avoient visitée pendant son séjour : ce que peu de personnes avoient manqué de faire, même les domestiques du Roi. Elle fit quelques plaintes contre le marquis de Saint-Simon, frère aîné du duc, qui avoit l'honneur d'être son allié; mais comme, dans l'état où étoit madame la princesse, la générosité vouloit qu'on assistât une personne de cette qualité qui étoit affligée, et qui en effet étoit à plaindre, le mécontentement de la Reine n'éclata contre personne. Elle comprit sans doute, par sa propre bonté, que ceux qui avoient l'honneur d'appartenir à cette princesse firent bien de la servir, en lui rendant des respects innocens aux dépens de leur fortune : si bien qu'il fut difficile de s'apercevoir, quand elle vit ces mêmes personnes dont elle avoit fait des plaintes, si elle leur en avoit voulu du mal.

La Reine, aussitôt après son retour, envoya le maréchal de L'Hôpital à madame la princesse lui ordonner de partir; mais elle s'excusa sur quelques incommodités qui pouvoient l'en empêcher. Le 6, l'affaire étant entrée en négociation et traitée par le président de Nesmond, elle consentit de partir, et de s'en aller, au lieu de Montrond, à Valery, maison qui appartient au prince de Condé : remettant à une autre fois la poursuite de sa requête, à cause du crédit des frondeurs. Le prince de Condé, qui avoit appuyé la déclaration du 2 octobre 1648, donnée à Saint-Germain, si favorable aux prisonniers d'Etat, ne put jouir des priviléges qu'elle lui donnoit, parce que ceux même qui l'avoient arrachée du Roi par leur brigue et leur rebellion n'étoient pas dignes de faire une bonne œuvre qui, selon l'équité et les lois du royaume, pût être légitimement ordonnée en faveur de ce bien public dont ils avoient paru si zélés.

Pour récompenser les frondeurs de l'opposition qu'ils avoient faite à madame la princesse, la Reine à son retour leur fit assez bonne mine, et le cardinal leur cacha tout ce qui lui avoit déplu de leur conduite. Le duc de Vendôme reçut alors de la Reine l'amirauté, et on en donna la survivance au duc de Beaufort, apparemment raccommodé avec le ministre. Ce présent déplut au duc de Mercœur son frère aîné, qui avoit eu cette même prétention, et qui croyoit, ayant dessein d'épouser la nièce du cardinal Mazarin, avoir un grand mérite envers lui. Il écrivit de Catalogne où il étoit, au duc de Beaufort, qu'il se vouloit battre contre lui : et ces deux frères en furent long-temps mal ensemble; mais le temps, qui change toutes choses, mit fin à cette colère.

La cour étant à Paris, on déclara madame de Longueville, le duc de Bouillon, le vicomte de Turenne et le duc de La Rochefoucauld criminels de lèse-majesté. On envoya cette déclaration à tous les parlemens de France.

Madame de Longueville et le maréchal de Turenne, étant à Stenay, avoient fait leur traité avec les Espagnols, et prétendoient qu'il leur étoit avantageux, à cause qu'ils avoient sauvé Stenay, dont ils demeuroient les maîtres, ayant de plus attaché à la paix générale la liberté des princes : comme aussi eux, de leur côté, avoient promis aux Espagnols qu'ils ne s'accorderoient point avec le Roi, que premièrement ou ne leur eût rendu toutes les places que le Roi tenoit sur eux. Le duc de La Rochefoucauld, ayant assemblé grand nombre de noblesse, se déclara ouvertement contre le Roi. Il voulut pour son premier exploit, ainsi que je l'ai déjà dit, se saisir de Saumur; mais ayant manqué son entreprise, et sachant que le maréchal de La Meilleraye, gouverneur de Bretagne, marchoit déjà contre lui avec quelques troupes, il résolut d'envoyer quatre cents gentilshommes à Montrond, et de s'en aller trouver le duc de Bouillon qui avoit de grandes intelligences dans Bordeaux. Ces deux révoltés résolurent ensemble de fomenter autant qu'il leur seroit possible la rebellion de ces peuples, afin de s'en servir pour soutenir la guerre contre le Roi. Ils y envoyèrent Langlade, secrétaire du duc de Bouillon, afin de travailler par lui à ce grand ouvrage. Langlade, ayant l'esprit vif et plein de lumières, parloit à la mode de ceux qui sont propres pour tromper les dupes. Avec ces qualités et la nécessité qui le pressoit de rendre ce service à son maître, qui sans ce refuge se voyoit perdu et leur parti détruit, il travailla si bien et avec tant de dextérité, qu'il aida à persuader ceux de Bordeaux d'entrer dans les intérêts des princes. Ce ne fut pas sans beaucoup de peine, parce qu'il y avoit dans cette ville, à ce qu'il m'a dit lui-même, des gens assez sages pour connoître le danger de cet engagement. En même temps les ducs de Bouillon et de La Rochefoucauld, sachant le commencement de cette négociation, envoyèrent Chavagnac enlever de Montrond madame la princesse, femme du prince de Condé, et le petit duc d'Enghien son fils, parce qu'ils jugèrent que le Roi venant les attaquer où ils étoient, ils n'auroient pas pu s'y défendre long-temps. Ils furent au devant d'elle avec trois cents gentilshommes que leur amena le marquis de Sillery, beau-frère du duc de La Rochefoucauld. Ils les menèrent dans la vicomté de Turenne, où ils demeurèrent quelques jours pour aviser à ce qu'ils avoient à faire. Ils y firent quelques exploits de guerre de peu de conséquence, mais toujours de grande réputation; outre que les rebelles, pour en acquérir et soutenir un parti, doivent faire du bruit. Tout ce qui se faisoit alors contre le Roi étoit toujours fort célébré. Ils furent pareillement traités à leur tour par les troupes du Roi, que commandoient le chevalier de La Valette et le duc d'Epernon.

Les conducteurs de madame la princesse et du duc d'Enghien se résolurent enfin d'aller à Bordeaux tenter cette aventure. A leur vue, la ville leur ferma les portes : le parlement et les bourgeois refusèrent de les recevoir, elle et le duc d'Enghien son fils. Il y avoit dans Bordeaux beaucoup de créatures de M. le prince, qui disoient ne demander pour madame la princesse que la sûreté, afin qu'elle pût être à couvert des violences du cardinal. Ils continuoient de dire que les Bordelais ne pouvoient refuser ce secours à la femme et au fils d'un prince qui n'étoit en prison que parce qu'il avoit soutenu leurs intérêts dans le conseil du Roi. Avec cette humble modération, ils avoient échauffé les esprits et ils avoient gagné plusieurs personnes; mais beaucoup d'autres s'opposoient à leurs sollicitations, et préféroient avec raison leur repos et leur devoir à la guerre et au crime de lèse-majesté. Toutes ces contrariétés firent une si grande rumeur dans la ville, qu'enfin il fut résolu dans le parlement que madame la princesse et le duc d'Enghien seroient reçus dans Bordeaux avec leurs domestiques seulement (1), et dénièrent d'abord aux ducs de Bouillon et de La Rochefoucauld la même grâce. Madame la princesse alla au parlement, et leur demanda à genoux la sûreté qu'elle désiroit pour elle et le duc d'Enghien ; et cette compagnie, après une longue délibération, la lui accorda. Les chefs de leur parti, que le parlement n'avoit pas voulu recevoir, ne s'étonnèrent pas : ils se logèrent à un faubourg de la ville, et y reçurent plusieurs visites de ceux qui leur étoient affectionnés et qui négocioient pour eux. Lenet (2), serviteur du prince de Condé, étoit entré avec madame la princesse : il travailla fortement pour elle, sut

persuader les plus entêtés du bien public qu'il étoit juste d'assister M. le prince. Comme il étoit éloquent et hardi, il trouva le moyen d'augmenter le nombre des infidèles sujets du Roi, en affoiblissant la raison des plus sages. Ces favorables dispositions firent résoudre les ducs de Bouillon et de La Rochefoucauld à se hasarder à la honte d'un refus. Ils demandèrent qu'on leur permît au moins de pouvoir visiter une fois madame la princesse, sous prétexte qu'ils avoient à l'entretenir de ses affaires : et, après en avoir obtenu la permission, ils y furent un soir fort tard ; et comme ils y virent que le peuple souffroit leur présence patiemment, ils y demeurèrent. Chacun d'eux présenta une requête au parlement; ils implorèrent sa protection pour six semaines, promettant, pendant ce temps-là, de se justifier auprès du Roi.

Ils avoient amené quelques troupes, qui demeurèrent aux environs de Bordeaux assez incommodées. Ils n'osèrent d'abord parler de guerre : c'étoit une proposition trop délicate, et il falloit laisser engager les Bordelais dans leur parti, par les grandes choses qui nécessairement devoient arriver. Ils jugèrent seulement qu'il falloit s'y préparer, et ils s'y appliquèrent comme d'habiles gens le devoient faire, et qui étoient résolus de se bien défendre. Il leur falloit de l'argent, car les particuliers ne peuvent pas d'eux-mêmes faire subsister un parti contre leur roi. Le duc de Bouillon envoya en Espagne un gentilhomme à lui, nommé de Bas, qui avoit de l'esprit, afin d'obliger le roi Catholique de payer leurs troupes, et se servir de leur rebellion pour diminuer les forces du Roi à leur avantage commun. Le roi d'Espagne reçut de Bas avec joie : il goûta cette proposition. Le ministre d'Espagne le traita bien, et de Marolles aussi, gentilhomme attaché à M. le prince, qui fit ce voyage dans le même dessein. On leur promit tout ce qu'ils demandoient, de l'argent, des vaisseaux et des troupes. L'espoir de ce secours confirma les Bordelais dans le dessein de protéger les princes, et les fit résoudre de se venger du duc d'Epernon (3), en faisant la guerre contre le Roi. Ils se déclarèrent ensuite, et reçurent le duc d'Enghien pour généralissime, et les ducs de Bouillon et de La Rochefoucauld pour généraux ; et pour lieutenans généraux, les marquis de Sauvebeuf et de Lusignan.

Ce grand parti commençant à prendre des forces, les généraux jugèrent à propos de renvoyer en Espagne une seconde ambassade plus considérable que la première, afin de hâter le

---

(1) Le 15 juin, madame la princesse est reçue à Bordeaux.

(2) Auteur des Mémoires qui se trouvent dans cette collection avec les deux parties qui étaient restées inédites.

(3) Le gouvernement de ce duc avait excité beaucoup de mécontentement.

secours qu'ils en espéroient. Le marquis de Sillery y fut, qui traita avec eux avec tant de succès qu'il fit envoyer à Bordeaux don Joseph Ozorio, de la part du roi d'Espagne, visiter madame la princesse et le jeune duc d'Enghien. Il apporta toutes les consolations nécessaires pour guérir leurs inquiétudes. Le roi d'Espagne trouva qu'il lui étoit avantageux d'embarrasser le Roi dans la Guienne et ailleurs, favorisant à Stenay madame de Longueville, et à Bordeaux madame la princesse et le duc d'Enghien. Le duc de La Rochefoucauld, fortement occupé des intérêts de madame de Longueville, envoya Gourville (1) l'avertir de ces favorables succès; et bien instruite par lui de leurs desseins, elle n'oublia rien pour faire voir à la Reine et à toute l'Europe que si son cœur, suivant le tempérament de son ame un peu trop passionnée, avoit donné quelques marques de foiblesse, ce même cœur avoit toute la force et toute l'élévation qu'un illustre sang étoit capable de lui inspirer. Si la source de ses actions n'étoit pas tout-à-fait nette, on ne peut pas nier qu'il n'y eût toujours de la grandeur; et s'il y a eu quelque chose de criminel, on peut dire que ce n'étoit que des crimes de lèse-majesté, qui étoient honorables en ces temps-là. Le duc de La Rochefoucauld, qu'elle voyoit l'épée à la main pour la cause de son mari et de ses frères, lui donnoit lieu d'attribuer les considérations qu'elle avoit pour lui à l'utilité qu'ils en tiroient, et de faire valoir ses services, pour réparation de tous les maux qu'ils souffroient pour avoir suivi ses conseils. Pendant que son ambition se repaissoit des applaudissemens des peuples qui entroient dans son parti, et se contentoit des louanges que les étrangers donnoient à sa beauté, à son esprit, à son courage et à toutes les autres belles qualités qui lui avoient attiré jusques alors l'admiration de toute la France, Gourville fut pris dans son voyage par les troupes du Roi; mais comme sous une apparence simple et grossière il cachoit beaucoup d'esprit, d'habileté et de la finesse, il sut si bien se déguiser, que madame de Longueville, avec la rançon ordinaire, l'envoya dégager avant que la cour sût qu'il fût prisonnier. Il étoit alors pour les grandes choses : avide d'emplois, touché du plaisir de plaire et de bien faire. Il avoit beaucoup de cœur et de génie pour l'intrigue : il savoit marcher facilement par les chemins raboteux et tortus, comme par les plus droits. Il persuadoit presque toujours ce qu'il vouloit qu'on crût, et trouvoit à peu près les moyens de parvenir à tout ce qu'il entreprenoit. Il étoit alors

(1) Auteur des Mémoires qui font partie de cette collection.

confident et domestique du duc de La Rochefoucauld, qui paroissoit sensiblement attaché à madame de Longueville, quoique ceux qui prétendoient en juger plus finement et le mieux savoir fussent persuadés qu'il ne considéroit que la grandeur de celle qu'il paroissoit aimer, et qu'il avoit plus d'ambition que de tendresse.

Pendant que plusieurs choses se passent dans les provinces et ailleurs, le surintendant d'Emery meurt à Paris sans avoir reçu aucun avantage de son retour, que celui qu'il auroit pu acquérir par la connoissance de la fragilité des félicités de ce monde; mais comme il n'avoit pas désiré le Ciel, il quitta la terre avec regret, et, selon les apparences, avec peu de préparation pour l'établissement de son bonheur éternel. Avant qu'il mourût, le marquis de Seneterre lui persuada de conseiller au ministre d'établir en sa place le président de Maisons, le faisant son successeur dans la surintendance. Le cardinal l'allant voir, il lui en parla, et lui dit qu'il voyoit qu'il n'y avoit point d'homme en France plus capable que celui-là pour bien servir le Roi; et ces paroles firent beaucoup d'impression sur l'esprit du ministre. Ce qui parut procéder d'une reconnoissance désintéressée de la vérité ne procédoit que du désir que Seneterre eut d'avoir un surintendant qui lui eût de l'obligation, et pour obliger une personne qui l'avoit prié de servir ce président.

Le lendemain de la mort de cet homme, le président de Maisons fut nommé surintendant des finances. Il parvint enfin à cette charge par les bons offices de ses amis, et par la crainte que le ministre conservoit dans son ame des intrigues de Longueil, frère du président, et conseiller au parlement. La marquise de Sablé étoit mon amie : elle m'avoit engagée dans les intérêts de ce nouveau surintendant. Je puis dire que j'eus quelque part au choix qui se fit de sa personne; mais je n'en eus aucune aux avantages qu'il en reçut, n'ayant fait que me prêter vingt mille francs en rente, que je lui ai depuis remboursés. Il y demeura peu; et il est vrai que ce temps-là ayant été fâcheux à passer, tout ce qu'il put profiter dans sa charge, il le garda pour lui : ce qui fit dire qu'il s'en étoit bien acquitté. Il en acheta secrètement aussi quelques amis dont il crut alors avoir besoin. Les différentes cabales de la cour, qui alors étoit remplie de beaucoup de factions, lui firent peur, et lui firent oublier ceux qui l'avoient servi et dont il étoit assuré. Aussitôt que ce président fut le maître des finances, le comte d'Avaux, qui jusque-là avoit paru occuper cette place, la quitta, parce qu'il ne voulut pas être son second. Les Suisses se révoltèrent bientôt après, faute de paiement; et comme les coffres du Roi étoient vides, il fallut, de peur qu'ils ne s'en retournassent en leurs cantons, que la Reine mît le reste de ses pierreries en gage pour les satisfaire.

Le duc de Saint-Simon, gouverneur de Blaye, fut alors convié par madame de Longueville de se lier à leur parti. Comme cette place où il commandoit étoit de grande conséquence, et qu'elle est proche de Bordeaux, le parti qu'il pouvoit prendre devoit être d'une grande considération, ou pour le service du Roi ou pour fortifier ses ennemis. Il balança quelque temps entre l'attachement qu'il avoit pour le prince de Condé joint à la haine qu'il avoit contre le cardinal Mazarin, et ce qu'il devoit au Roi, dont le père l'avoit fait duc avec de grands établissemens qu'il lui avoit donnés. Son esprit eut de la peine à se déterminer à faire du mal au prince de Condé; mais le devoir l'emportant sur tout le reste, il demeura ferme dans le service du Roi, et fit ce qu'un homme d'honneur se doit à soi-même. Il m'a dit depuis qu'il refusa huit cent mille francs que le Roi d'Espagne lui fit offrir, et qu'il les refusa avec satisfaction, voyant qu'il faisoit ce qu'il étoit obligé de faire. Dans ce même temps, les ennemis parurent sur la frontière avec une puissante armée que commandoit l'archiduc, auquel le vicomte de Turenne s'étoit joint.

La Reine, voulant aller défendre les provinces et les frontières des insultes de ceux qui les vouloient attaquer, partit pour Compiègne le 2 juin, avec intention de s'opposer à cette grande armée qui venoit braver la sienne, alors fort petite. Elle pouvoit craindre de voir presque de ses yeux les victoires de ses ennemis; mais si elle manquoit de soldats, elle ne manquoit pas de courage. Pendant que nos troupes s'assemblent, l'armée de l'archiduc assiégea le Catelet. Le cardinal alla lui-même à l'armée, et la mit bientôt en état de se pouvoir faire craindre. A Paris, où les désirs étoient sans règle, où les ennemis du ministre avoient de mauvaises intentions, et où tous les esprits étoient gâtés, on se réjouissoit du mauvais état des affaires. On crioit gaiement contre le cardinal, et cette joie s'augmenta par la nouvelle qui arriva alors des choses que j'ai déjà dites qui s'étoient passées à Bordeaux en faveur de madame la princesse. Ceux même, comme bons Français, qui voyoient avec regret prospérer le parti opposé à celui du Roi n'en étoient pas toujours fâchés, parce que chacun, par le désordre général, espéroit trouver des momens heureux par où il pourroit rencontrer son bonheur particulier, de même que beaucoup d'autres l'avoient déjà trouvé. Ils eurent sujet d'être contens. Le Catelet, n'étant pas bien fortifié, fut pris par les ennemis. Vandi, qui commandoit dans cette place, s'y défendit vaillamment, et il y tua deux hommes de sa main qui lui vinrent proposer de se rendre. Cette action, par les maximes terribles de la guerre, reçut de grandes louanges des hommes : je ne sais si elle fut approuvée des anges. Mais enfin, malgré sa résistance, il fut pris par ceux de sa garnison; ils le lièrent, et ensuite de cette révolte ils firent leur composition, et se donnèrent aux ennemis.

L'archiduc, qui vouloit profiter de nos désordres, aussitôt après assiégea Guise. Le comte de Fuensaldague, avec vingt mille hommes, par les ordres de ce prince, vint se camper aux environs de cette place. Le vicomte de Turenne étoit avec lui, et toutes ses troupes. Bridieu étoit gouverneur de Guise, qui résolut de se défendre de la manière qu'il étoit attaqué. Il y avoit dans la place le régiment de Guise, celui de Persan, trois cents Suisses et quelques Polonais; mais il y avoit peu de munitions de guerre. Le cardinal, sachant qu'elle n'étoit pas en bon état, fit savoir à ceux qui étoient dedans qu'il vouloit les secourir, et par cette espérance leur augmenta le désir d'y acquérir de la gloire par une généreuse résistance. Le maréchal Du Plessis, gouverneur de Monsieur, frère du Roi, commandoit notre armée; mais le désordre de nos affaires étoit cause qu'elle manquoit d'argent, et par conséquent elle n'étoit pas en état de rien faire.

Le ministre fit plusieurs voyages sur la frontière; et sachant que Bordeaux, par les choses qui s'y passoient, demandoit la présence du Roi, il s'appliqua au secours de Guise. Il porta de l'argent, des habits et des souliers pour les soldats, et n'oublia rien pour se défendre de ses ennemis particuliers, en s'opposant à ceux de l'Etat. Il savoit que si les affaires du Roi alloient mal, les siennes empireroient entièrement, et que, soit le parti des princes ou celui des frondeurs, tous deux profiteroient à son dommage des coups que la France recevroit de l'Espagne. Il réussit dans son dessein. Les ennemis, après avoir donné l'assaut et s'être rendus les maîtres de la ville, furent contraints de lever le siège. Ils ne pouvoient y recevoir des vivres, parce que la garnison de La Capelle les empêchoit de passer, et que Bridieu et ses gens se défendirent vaillamment dans le château. Les ennemis crurent que l'armée du Roi, qui faisoit bonne mine, les incommoderoit, et furent assez sages pour la vouloir éviter. Elle étoit environ de quatorze mille hommes. Le général étoit un homme de grande réputation; il avoit pour lieutenans généraux le marquis d'Hocquincourt, La Ferté-Seneterre et Villequier. Il y eut quelques petits différends entre eux et le maréchal Du Plessis qui les commandoit, mais le ministre y mit la paix ; et dans peu nous verrons ce général faire des actions dignes de la gloire qu'il avoit acquise en beaucoup d'autres occasions.

Les frondeurs cependant, qui voyoient que les affaires de M. le prince alloient bien, et qui craignoient que le ministre, pour se sauver de leur mauvaise volonté et des maux que la faction des prisonniers lui pouvoit faire, se résoudroit peut-être à leur redonner la liberté, eurent peur qu'un fâcheux retour du malheur ne les remît dans le même état dont ils étoient sortis. Cette peur les convia de travailler puissamment à changer les sentimens du duc d'Orléans à l'égard du cardinal, en lui disant continuellement qu'ayant eu part à la prison du prince de Condé, il ne falloit pas qu'il devînt heureux malgré lui ; qu'il n'étoit pas juste de laisser le ministre le maître de sa liberté ; et lui conseillèrent de demander à la Reine qu'elle mît les princes dans la Bastille, au lieu qu'ils étoient dans le bois de Vincennes, parce que dans ce lieu, dont le fils de Broussel étoit gouverneur, ils ne seroient plus sous l'autorité du Roi, et qu'ainsi le ministre ne seroit plus en pouvoir d'en disposer à son avantage et sans sa participation. Ces propositions eurent le pouvoir de le persuader, et de lui faire naître dans l'âme le désir de suivre leurs avis, qui lui parurent tout-à-fait selon ses intérêts. Il gronda, il fut inquiet et de mauvaise humeur ; mais la Reine faisoit ce qu'elle pouvoit pour calmer ces orages. Le prince fut à Compiègne la voir ; et comme elle avoit eu de tout temps de l'ascendant sur son esprit, elle employa toute la force de ses raisons et ses agréables manières à lui prouver qu'il ne devoit point se laisser aller aux pernicieux conseils de ceux qui vouloient les brouiller. Elle l'assura tout de nouveau qu'on ne mettroit jamais les princes en liberté sans son consentement ; et, lui parlant du dessein qu'elle avoit d'aller en Guienne pour exterminer le parti des princes, elle lui dit que, demeurant le maître dans Paris et dans toute cette partie de la France au-deçà de la Loire, il n'auroit pas de sujet de craindre qu'on pût penser à rien innover sur une chose si importante sans qu'elle lui en fît part. Elle sut enfin si bien ménager son esprit, qu'elle amortit pour quelque temps les fâcheuses agitations de son ame, et le fit résoudre à ne plus parler de ce changement.

La Reine ne laissa pas de juger qu'il y avoit lieu de craindre que l'esprit du prince, qui commençoit à se dévoyer du bon chemin, ne se gâtât davantage. Cette inquiétude l'obligea de mander au cardinal, qui étoit sur la frontière, de se rendre promptement auprès d'elle, lui faisant savoir le dessein qu'elle avoit de revenir à Paris remédier à ces brouilleries. Elle commanda même à celui qu'elle lui envoya de l'éveiller à quelque heure qu'il arrivât, et de le faire partir aussitôt pour la venir trouver. Le ministre, ayant suivi les ordres de la Reine, revint aussitôt ; et toute la cour arriva à Paris le 29 juin. Sa présence dissipa pour quelques jours les factions des frondeurs ; et le duc d'Orléans, dont l'esprit étoit facile à se tourner vers la douceur, embrassa cordialement le cardinal Mazarin, et parut fort content de lui. Mais ce calme ressembloit à celui de la mer, qui change selon les vents, et d'un instant à un autre.

Les frondeurs virent avec regret que les ennemis venoient de lever le siége de Guise. Ils avoient vu la Normandie et la Champagne s'humilier à la vue du Roi ; et quoiqu'ils eussent de la haine pour la prospérité des princes, ils ne vouloient point que Bordeaux fût châtié. Ils désiroient, à leur ordinaire, préférablement à toutes choses, l'affoiblissement de la royauté, que les affaires du Roi allassent mal, et que le ministre fût toujours embarrassé. Ils n'approuvoient pas le dessein que la Reine avoit fait d'aller en Guienne, et soutenoient toujours dans le parlement ceux que le parlement de Bordeaux leur envoyoit pour se plaindre du duc d'Epernon. Le ministre, voyant la maligne variété de leurs pensées, offrit au duc d'Orléans d'aller en Guienne vaincre les rebelles avec les forces nécessaires à ce dessein. Le duc d'Orléans ne voulut point entendre à cette proposition ; car, outre qu'il aimoit à demeurer à Paris, les frondeurs ses amis, qui s'y plaisoient encore davantage, travailloient incessamment à lui donner leurs propres sentimens. Il refusa d'aller en Guienne, et résolut néanmoins, comme il parut depuis, de ne pas laisser accabler les Bordelais.

La Reine, conseillée par elle-même et par son ministre, jugea qu'il falloit mener le Roi à Bordeaux, et qu'il étoit nécessaire, selon l'état des choses, d'affoiblir un parti afin de pouvoir perdre l'autre. Cette résolution prise, la cour, peu de jours après son retour, partit pour ce grand voyage. Ce ne fut pas sans inquiétude que la Reine exécuta ce dessein, vu la mauvaise volonté des frondeurs, avec une armée ennemie sur la frontière, puissante, et commandée par des gens qui désiroient lui faire beaucoup de mal.

Le ministre avoit de la confiance en la valeur et la conduite du maréchal Du Plessis ; mais il savoit qu'il ne lui laissoit guère d'argent, qu'il avoit beaucoup d'ennemis sur les bras, et qu'il avoit sujet de craindre de tous côtes de fâcheuses aventures. Il fallut aller néanmoins à ce qui pressoit le plus, et laisser le reste à la conduite de Dieu.

Dans le temps que la cour fut à Paris, le prince de Condé, sachant les dégoûts du ministre à l'égard des frondeurs, lui manda par de Bar, celui qui le gardoit, que s'il vouloit le mettre en liberté, il deviendroit son ami plus fortement que jamais; qu'il trouveroit toujours plus de sûreté en lui que dans ceux dont il avoit voulu se servir; qu'il étoit capable d'oublier sa prison, et qu'il le sauroit maintenir avec plus de vigueur et de fermeté qu'il n'en trouveroit en ceux qu'il avoit choisis pour ses amis. Mais le cardinal, se ressouvenant de la hauteur de M. le prince, n'osa se confier en ces belles paroles, et jugea plus à propos de tenir cet ennemi en prison que d'en augmenter le nombre par lui, qui en valoit plus de mille. Comme il l'avoit abattu, lui qui étoit le puissant de tous, il espéroit qu'enfin il pourroit vaincre les autres par sa patience et par son habileté. Avant que de partir, il reçut encore le déplaisir de se voir contraint malgré lui de mettre un prévôt des marchands de la main des frondeurs, un nommé Le Fèvre : ce qui, dans l'état des choses, n'étoit pas une affaire de petite conséquence. Il étoit aisé de voir que par cette conduite ils vouloient demeurer les maîtres dans Paris, non-seulement par la puissance du duc d'Orléans, mais encore par la leur propre. Il sembloit aussi que le duc de Beaufort, après avoir attrapé la survivance de l'amirauté, vouloit tout de nouveau et malicieusement se remettre aux bonnes grâces du peuple, en publiant, comme il affectoit de le faire, qu'il étoit mal satisfait du ministre.

Toutes ces perfidies frondeuses n'empêchèrent point la Reine de partir pour aller en Guienne. Elle courut où la nécessité l'appeloit; et n'ayant tardé à Paris que quatre ou cinq jours, elle en partit le 4 de juillet pour aller par Fontainebleau, où elle se reposa quelques jours. On laissa donc à Paris le duc d'Orléans, le garde des sceaux de Châteauneuf et toute la Fronde; et de toutes les personnes fidèles à la cour, le seul Le Tellier, secrétaire d'Etat, y demeura pour s'appliquer tout entier au service du Roi et aux intérêts particuliers du ministre : ce dont il s'acquitta fidèlement, et avec cette habile et singulière prudence qui lui étoit naturelle.

Les ducs de Bouillon et de La Rochefoucauld, connoissant que le dessein que la Reine avoit fait d'aller en Guienne leur donneroit beaucoup de peine, engagèrent de plus en plus le parlement de Bordeaux dans leur révolte, et par conséquent dans les intérêts des princes. Pour embrouiller davantage les affaires, ils firent résoudre cette compagnie d'envoyer une célèbre députation au parlement de Paris; elle arriva aussitôt après que la Reine en fut partie.

Ces députés se présentèrent au parlement le 6 de juillet. Ils furent reçus les chambres assemblées, et traités favorablement. Celui qui portoit la parole fit un long discours : il demanda la protection de cette compagnie sur les infractions que le duc d'Epernon avoit faites à la paix, qu'ils avoient obtenue du Roi par leur recommandation; il exagéra infiniment les violences de ce duc; il justifia sa compagnie sur ce qu'elle avoit fait en faveur de madame la princesse, et protesta de leur fidélité au Roi; il conjura le parlement de ne les pas abandonner, et lui fit connoître de quelle conséquence étoit pour leur compagnie, pour eux et pour tous les Français, l'observation des priviléges de la déclaration du Roi du 20 octobre, donnée à Saint-Germain en faveur des prisonniers d'Etat; et pour cet effet il supplia très-humblement le parlement de se vouloir joindre avec eux, pour ensemble demander au Roi et à la Reine la liberté des princes, que tous les gens de bien devoient souhaiter. Le duc d'Orléans qui étoit présent, et qui ne vouloit pas laisser aller cette affaire si avant, dit tout haut qu'il ne falloit point écouter ni répondre à ces députés, puisqu'ils venoient d'un parlement rebelle qui publiquement avoit traité avec l'Espagne.

Le député répondit hardiment à ce prince qu'il n'étoit pas vrai que le parlement de Bordeaux eût traité avec les ennemis; qu'il étoit fidèle au Roi, exempt de ce reproche, et nullement capable de manquer à la fidélité qu'il lui devoit; que quand même cela seroit, ils n'auroient suivi que l'exemple des plus qualifiés de France, qui dans leurs besoins en avoient fait autant : voulant peut-être parler du même duc d'Orléans et de quelques particuliers de ce même parlement, à qui sa harangue s'adressoit. L'avocat général, parlant de la prison du prince de Condé, conclut que cette affaire étoit le secret de l'Etat, et qu'il n'appartenoit point aux sujets de disposer ni ordonner de ces choses.

On délibéra là-dessus. Plusieurs du parlement paroissoient affectionnés aux princes, et leur chaleur étoit visiblement augmentée en leur faveur. Quelqu'un exagéra fort éloquemment qu'il étoit honteux à la compagnie d'avoir besoin des remontrances du parlement de Bordeaux, pour penser à la liberté d'un prince que Paris, plus que nulle autre ville, devoit honorer. Il dit qu'ils avoient tous ressenti les effets de sa valeur, ayant assuré leur repos et leurs vies par ses veilles, et par les belles actions qu'il avoit faites. Un autre dit qu'il en falloit venir à la source de tous ces maux, et qu'il falloit chasser le cardinal, et s'en tenir à l'arrêt prononcé contre lui dans leur compagnie. Sur cet avis, plusieurs crièrent que cela étoit bien dit. Ce bruit fut apaisé par l'heure qui sonna et qui fit finir l'assemblée, et le résultat fut mis au lendemain.

Le 7 juillet, on acheva la délibération commencée. Soixante-et-dix allèrent à faire des remontrances à la Reine pour la liberté des princes, et quelques autres à faire sortir seulement le prince de Conti, à cause de la foiblesse de sa santé. Le premier président, malgré l'affection qu'il avoit pour ce parti, fut d'avis qu'il étoit bon de demander la liberté de tous; mais qu'il falloit attendre que les choses fussent en état que, par leur sortie, la paix demeurât fermement établie en France; et dit qu'il n'y avoit pas d'apparence de demander cette grâce à la Reine, lorsqu'une guerre civile allumée pour eux étoit prête de mettre la France à feu et à sang. Cet avis fut suivi de plusieurs : mais enfin celui de Broussel prévalut sur les autres, qui fut de députer vers la Reine, pour lui faire de très-humbles remontrances sur les plaintes et la requête du parlement de Bordeaux, sans expliquer comment, et particulariser le point principal des princes; laissant par cette voie une certaine liberté aux députés de traiter doucement avec la cour, et de s'accommoder aux volontés du ministre; ce qu'il fit exprès pour favoriser les frondeurs, qui, sur le chapitre de la prison des princes, étoient de même sentiment que le cardinal. Les partisans de Broussel ajoutèrent à son avis de faire choisir ceux de la compagnie qui devoient être les plus agréables à la Reine. On nomma le président de Bailleul pour chef de la députation, homme de bien, et fort obligé à cette princesse par les bienfaits qu'il en avoit reçus; et par conséquent il ne pouvoit lui dire que des choses proportionnées à son devoir.

Le duc d'Orléans, pour empêcher que le parlement ne s'engageât trop fortement à favoriser la sortie des princes, sous prétexte de contenter le parlement de Bordeaux, promit en pleine assemblée de faire rappeler le duc d'Epernon, et assura la compagnie qu'il ne retourneroit plus dans son gouvernement. Il donna cette parole sans l'aveu de la cour, et le ministre en fut fâché, parce qu'il favorisoit le duc d'Epernon : non qu'il approuvât sa hautaine et superbe manière d'agir, qui a toujours été blâmée de ceux qui le connoissoient, mais parce qu'il destinoit une de ses nièces, mademoiselle de Martinozzi, au duc de Candale. Les défauts du père étoient excusés par les belles qualités du fils, qui, outre son mérite, avoit encore de grands établissemens qui plaisoient à celui qui en vouloit faire un neveu.

Le cardinal, sachant ce que le duc d'Orléans avoit promis aux Bordelais contre le duc d'Epernon, sut aussi que ce prince avoit dit tout haut, parlant de lui, qu'il le chasseroit s'il ne faisoit venir ce duc. Le ministre oubliant sagement cette dure menace, afin d'ôter au duc d'Orléans le prétexte de se plaindre de lui, et à la Guienne celui de se révolter contre le Roi, manda au duc d'Epernon de venir à la cour; et comme il y résistoit, il lui envoya Roquelaure lui dire que c'étoit tout de bon qu'il désiroit qu'il se rendît auprès du Roi; mais il lui fit savoir ses volontés avec tous les adoucissemens nécessaires à guérir ce cœur si hautain, et ils n'en furent pas plus mal ensemble.

Pendant que toutes ces choses se passoient, le Roi continuoit son voyage, et approchoit de Bordeaux le plus qu'il lui étoit possible. Les sages de cette ville voulurent conseiller les autres d'obéir au Roi. Il y en eut qui parlèrent fortement dans les assemblées publiques contre la rebellion, et selon ce qu'ils devoient au Roi. Beaucoup de ceux de ce parlement, qui vouloient éviter les maux de la guerre, firent leur possible pour persuader leur compagnie de se détacher des intérêts du prince de Condé, et de chasser de leur ville, tout au moins, les ducs de Bouillon et de La Rochefoucauld. Madame la princesse, conseillée par ces deux généraux, les seules colonnes qui soutenoient son parti, s'en alla au parlement; et, favorisée du peuple qui choisit toujours ce qui lui est le plus contraire, sut si fortement renouveler par la pitié les sentimens d'affection qu'ils avoient pour M. le prince, que ce même jour il fut résolu que l'union des princes et du parlement subsisteroit, et qu'on se préparcroit à soutenir la guerre : déclarant néanmoins, comme font des révoltés ordinairement, qu'ils étoient bons serviteurs du Roi. Ils ne députèrent point vers Leurs Majestés, mais ils envoyèrent un nommé Voisin à Paris, avec des lettres pour Guyonnet leur député ordinaire, pour avertir le parlement de leur arrêté, et pour le prier de leur donner sa protection. Ils assurèrent madame la princesse, le jeune duc d'Enghien son fils, et leurs serviteurs et amis, qu'ils pouvoient vivre en repos sous l'autorité royale et celle de leur compagnie.

La Reine envoya de Poitiers un exprès à Bordeaux avec des lettres du Roi pour le parlement, et d'autres du secrétaire d'Etat à l'ordinaire, pour les avertir de la venue du Roi et de la Reine, afin qu'ils députassent vers Leurs Majestés selon la coutume et leur devoir.

On résolut dans ce parlement de ne point députer, mais de faire de très-humbles remontrances par écrit : et pour faire connoître qu'ils ne vouloient point abandonner les intérêts de madame la princesse, ils dirent qu'ils ouvriroient leurs portes au Roi comme bons et fidèles sujets de Sa Majesté; mais qu'ils ne vouloient point de Mazarin, qui étoit leur ennemi capital ; qu'il avoit toujours protégé les injustices du duc d'Epernon contre eux, et que cela étant, ils ne pouvoient pas avoir de confiance en lui. Après avoir fait de telles déclarations, afin qu'ils pussent dire qu'ils n'étoient pas rebelles au Roi, ils trouvèrent à propos de renvoyer de leur ville cet Espagnol nommé don Ozorio, pour le cacher du moins aux yeux de leur véritable maître.

Le ministre ne s'étonna pas de cette hardiesse; mais, connoissant combien il étoit difficile d'entreprendre le châtiment d'une province soutenue par le roi d'Espagne et par tant d'habiles gens, il voulut, selon sa coutume, mettre l'affaire en négociation. Il fit écrire par un nommé La Vie à un conseiller de ce parlement nommé Mirat, et lui fit donner un rendez-vous pour conférer ensemble des propositions qui se pouvoient faire au parlement. Le cardinal leur fit espérer que, moyennant leur obéissance, il redonneroit la liberté aux princes. On écouta, on répondit; mais comme le parlement, et les ducs de Bouillon et de La Rochefoucauld à qui on en fit part, ne trouvèrent pas de sûreté dans ces douces paroles, elles n'eurent d'autre effet que celui d'un amusement inutile.

La cour étant arrivée à Libourne, le parlement alors, ne pouvant éviter de rendre à Leurs Majestés les marques de leur respect, leur envoya une députation de plusieurs conseillers et d'un président. Ce président dit de belles paroles au Roi et à la Reine, qui ne signifioient rien ; et de même la réponse fut douce, et capable de les convier à quelque repentir.

Le comte Du Dognon, lieutenant du Roi dans le gouvernement de La Rochelle, de l'île de Ré, d'Oleron et de Brouage, depuis la mort du duc de Brezé son maître, étoit demeuré dans ce poste de sa propre autorité. Le Roi lui envoya commander de le venir trouver : il s'excusa sur ses incommodités, et n'alla point à la cour. Le ministre vit alors clairement qu'il y avoit beaucoup à craindre de ce côté-là ; mais comme il connut que c'étoit un mal sans remède, il fit semblant de le tenir pour excusé. Il jugea que le désir de la duché, ou d'un bâton de maréchal de France, étoit la cause de sa désobéissance, et qu'avec l'un de ces avantages il seroit content : il fit négocier avec lui, et ce rebelle fit espérer au ministre qu'il ne seroit pas si cruel à lui-même que de refuser les grâces qu'on lui offroit.

Les Espagnols, voulant réparer leurs pertes passées par l'état présent de nos affaires, assiégèrent et prirent en Italie Porto-Longone et Piombino, qui nous avoient coûté beaucoup d'argent et de peines. Ils gagnèrent alors en tous lieux. Ils assiégèrent La Capelle, qu'ils prirent fort aisément, parce que le maréchal Du Plessis, depuis le départ de la cour, n'avoit reçu aucun secours ; et son armée, n'ayant point été payée, ne pouvoit lui servir que pour secourir les places les plus importantes. Après avoir vu malgré lui la perte de La Capelle, qui avoit été accompagnée de la présence de l'archiduc, il se retira vers Reims, afin de conserver la Champagne. Le vicomte de Turenne, assisté des forces du roi d'Espagne, alla assiéger Rethel, et en deux jours il se rendit le maître de cette place.

Guyonnet, député de Bordeaux, après avoir reçu les ordres de sa compagnie, qui lui avoient été envoyés, comme je l'ai déjà dit, par Voisin, demanda audience au parlement. Le duc d'Orléans la retarda quelques jours ; mais enfin les chambres s'étant assemblées, elle lui fut accordée le 6 d'août. Le duc d'Orléans, pour arrêter le bruit qui se faisoit en sa faveur, proposa lui-même au parlement la révocation certaine du duc d'Epernon qu'il avoit déjà promise, l'établissement d'un autre gouverneur à sa place, sûreté pour madame la princesse et pour le duc d'Enghien, amnistie générale pour ceux de Bordeaux, et abolition pour tous ceux du parti des princes qui la demanderoient, et rentreroient dans leur devoir; et voulut que le registre du parlement en fût chargé.

Il y eut grande contestation entre les serviteurs du duc d'Orléans et ceux des princes, savoir si on accepteroit les propositions du duc d'Orléans, qui paroissoient justes aux gens de bien, qui plaisoient aux frondeurs, et qui d'ailleurs étoient dures à ceux du parti des princes. Elles présageoient la paix de Bordeaux, et la durée tranquille de leur prison. C'étoit qui, de toutes les manières, leur devoit être le plus contraire. Il fut enfin résolu qu'on en délibéreroit, et les gens du Roi prirent leurs conclusions, qui alloient à les recevoir. Ils y ajoutèrent seulement de supplier le Roi d'employer les remèdes extraordinaires pour apaiser les troubles de l'Etat, qui sembloient devoir augmenter tous les jours; et la délibération fut remise au 8.

Ce jour-là, plusieurs avis furent ouverts : Broussel, le coadjuteur, et beaucoup d'autres du parti des frondeurs furent d'avis d'accepter les propositions du duc d'Orléans. Des Landes-Payen ouvrit l'avis pour la liberté des princes, et y mêla quelques paroles contre le cardinal. Le président Viole s'étendit fort au long, et conclut ouvertement qu'il falloit éloigner le ministre; et, s'expliquant plus particulièrement, il dit qu'il ne le croyoit pas malintentionné, puisque les grands biens qu'il avoit reçus de la France l'obligeoient assez à la servir de toutes ses forces; mais qu'il le falloit éloigner, ou comme ignorant, ou comme malheureux. Coclé, homme de bien et sans faction, en ouvrit un autre, qui alloit à faire des remontrances au Roi pour mettre les princes en liberté lorsque le bon état de la France le permettroit, et que ceux qui avoient pris les armes pour eux les auroient quittées. Il ajouta que M. le duc d'Orléans seroit supplié d'en être le médiateur. D'autres conseillers en proposèrent de fort ridicules; mais il n'est pas juste, pour l'honneur de cette grande compagnie, de les faire savoir. Comme les serviteurs des princes étoient instruits par l'exemple des frondeurs, ils firent crier ce jour-là autour du Palais : « Point de Mazarin ! » Ils avoient intention en lui faisant peur de l'obliger à s'accommoder avec eux, et de leur ouvrir les portes de leur prison.

Lorsque le duc d'Orléans voulut sortir du Palais, il fut incommodé de la presse des crieurs, et l'on cria fortement aussi contre le duc de Beaufort, l'appelant Mazarin : ce qui fit apercevoir à la Fronde que, de la même manière qu'elle avoit frondé le ministre, les princes la fronderoient à leur tour, et qu'il falloit qu'ils se préparassent à se bien défendre. Ces favorables dispositions pour les princes rendoient les esprits de leurs ennemis plus susceptibles de se lier à eux. Elles furent cause que les soins de la princesse palatine commençoient à produire de grands effets. Elle traitoit avec tous, et particulièrement avec madame de Chevreuse : elle étoit celle qui laissoit le plus voir qu'elle étoit assez disposée à écouter les propositions qu'on lui faisoit, et que l'alliance du sang de Bourbon ne lui déplaisoit pas; mais tous ces desseins n'étoient pas encore dans leur perfection. Le coadjuteur y résistoit plus opiniâtrement que les autres, et le duc d'Orléans en étoit encore entièrement éloigné.

Le 9, le président de Thoré, fils du feu surintendant d'Emery, à qui étoit demeurée la voix, recommença la délibération. Comme il n'étoit pas tout-à-fait sage, son avis fut à demi contre le cardinal, et à demi pour les princes. Il y en eut beaucoup qui furent d'avis d'ajouter quelque chose aux propositions de M. le duc d'Orléans.

En voici les principaux articles : Que les ducs de Bouillon et de La Rochefoucauld, et ceux même qui avoient été forcés de recourir à des remèdes étrangers, fussent nommément compris dans l'amnistie; que le vicomte de Turenne pût revenir; que l'on fît surseoir le rasement de Verteuil, maison du duc de La Rochefoucauld; que, dans la révocation du duc d'Epernon, on expliqueroit aussi l'exclusion du duc de Candale son fils, et du chevalier de La Valette son frère bâtard; que l'on fît surseoir tous les actes d'hostilité; que cependant le parlement continueroit d'être assemblé jusques à l'entière exécution de la paix de Bordeaux; que le duc d'Orléans promettoit sûreté qu'on ne rétabliroit point le château Trompette, et qu'on expliqueroit le mot de soumission que devoient rendre ceux de Bordeaux au Roi, afin qu'ils ne fussent point obligés de voir malgré eux le cardinal.

D'autres furent d'avis de faire instance pour la liberté des princes, et, à cause des maux qui en pouvoient arriver, de députer trois de messieurs du parlement pour aller traiter avec eux dans le bois de Vincennes, et prendre sûreté desdits princes pour ce qui regarderoit la paix du royaume. Plusieurs autres furent ouvertement d'avis de faire des remontrances à la Reine contre le cardinal Mazarin, disant qu'il étoit la cause de tous ces maux, et que la réconciliation de la maison royale ne se pouvoit faire qu'après qu'il ne seroit plus à la cour. Ils firent ensuite contre lui toutes sortes d'imprécations, avec des paroles qui marquoient leur mépris et leur haine.

Le duc d'Orléans les interrompit par plusieurs fois, disant qu'il ne s'agissoit pour lors que de la paix de Bordeaux, et que ceux de ce parlement ne parloient positivement dans leurs lettres ni des princes ni du cardinal; qu'ils demandoient seulement pour principal article d'être délivrés du duc d'Epernon, et que si on faisoit tant de propositions nouvelles, qu'il retireroit sa parole, et ne se mêleroit plus de cette affaire.

Tous ces avis différens revinrent à deux principaux, qui furent long-temps balancés : celui d'accepter les propositions du duc d'Orléans, et celui de la liberté des princes quand les rebelles auroient mis bas les armes. De celui-ci il y en eut soixante-dix; car la plus grande partie de ceux qui avoient été contre le cardinal, dont il y en avoit eu environ quarante, revinrent à cet avis, hormis treize; et du premier, il y en eut cent douze : qui fit que l'on accepta purement et simplement les propositions du duc d'Orléans, sans les expliquer ni les entendre autrement; et on ajouta même de signifier au parlement de Bordeaux que le parlement de Paris les trouvoit justes et tout-à-fait équitables, et qu'ils s'en devoient contenter. Comme on avoit envoyé au Roi des députés, pour lui rendre raison de ce qui avoit été fait au parlement en faveur des Bordelais aussitôt après le départ de Sa Majesté, il fut arrêté aussi qu'on enverroit lesdites propositions à leurs députés, afin de les faire agréer au Roi.

Le duc d'Orléans dit aussi qu'il écriroit au Roi pour faire surseoir tous actes d'hostilité. On voulut faire aussitôt entrer les députés du parlement de Bordeaux pour leur signifier l'arrêt; mais comme ils avoient pressenti que ceux qui leur étoient affectionnés n'avoient pas pu faire aller les choses dans l'extrémité du désordre, Guyonnet seul s'y trouva, qui n'étoit pas celui qui avoit été envoyé porter la lettre; et il fut dit que le duc d'Orléans leur enverroit ses ordres. Ce prince, en s'en allant, trouva encore des crieurs contre le Mazarin; mais cela se passa plus modérément que le jour précédent. Il attira même le respect de cette populace par la grande quantité de personnes de qualité qui ce jour-là voulurent l'accompagner.

Tandis que toutes ces choses se passent à Paris, le Roi, qui étoit à Libourne avec une assez belle armée, témoigna vouloir assiéger la ville de Bordeaux. La présence du souverain déplaît toujours aux sujets rebelles. Des canons, de bons soldats et de bons capitaines sont des objets fâcheux à des criminels qui sentent leur faute, et qui connoissent qu'ils méritent de grands châtimens. Les Bordelais en furent étonnés; et sans l'espoir qu'ils avoient au secours du parlement de Paris, qu'ils voyoient être aussi malintentionné qu'eux, ils auroient eu de plus grandes frayeurs. Enfin, pressés par leur devoir et par leur crainte, ils envoyèrent d'autres députés au Roi et à la Reine. Ils furent plus humbles que les premiers, et firent à Leurs Majestés une harangue plus soumise, et qui paroissoit implorer leur miséricorde. La Reine même, à son retour, me fit l'honneur de me le dire. Ce ne fut pas sans remarquer la peur qu'on lui avoit voulu faire de ces peuples pour l'empêcher d'y aller; et cette princesse y ajouta qu'elle avoit toujours reconnu que la présence du Roi avoit de grands charmes pour changer les cœurs qui lui sont soumis par l'ordre de Dieu et leur naissance.

Ce fut en ce même mois, la veille de la fête de Notre-Dame d'août, que ma sœur me quitta pour entrer dans le couvent des filles de Sainte-Marie de Saint-Antoine, où elle a pris l'habit en 1650. Sa vertu étoit estimée de tous. Elle étoit aimable, bien faite, intérieurement toute sainte; et l'excès de sa sagesse, joint à la beauté de son esprit, lui avoit fait donner le nom de Socratine. Malgré les charmes de la cour, elle préféroit souvent les maisons des pauvres au cabinet de la Reine; et l'amitié qu'elle avoit pour mon frère et pour moi, quoique grande, le céda à l'amour qu'elle eut pour Dieu. Je veux mettre ici la lettre qu'elle m'écrivit en me quittant, et qu'elle laissa sur sa table; elle ne convient point à mon sujet, mais j'espère du moins qu'elle édifiera ceux qui préfèrent le Ciel à la terre, et qu'on me pardonnera si je m'honore d'être la sœur d'une si digne religieuse.

Lettre de la mère Madeleine-Eugénie Bertaut.

« C'est à genoux, ma très-chère sœur, que je vous demande pardon de vous avoir quittée, et que je vous conjure de vouloir imiter notre bon père Abraham, qui, à la voix de Dieu qui lui demandoit son fils bien aimé, prit lui-même le couteau pour le lui sacrifier, et avec lui tout son amour et toutes ses tendresses. Comme alors Dieu voulut bien se contenter de l'obéissance du père et du fils, peut-être aussi se contentera-t-il de la nôtre, et nous fera la grâce un jour de nous réunir ensemble, en lui et pour lui, plus étroitement encore que nous ne l'avons été. Mais cependant mettons-nous en état l'une et l'autre d'accomplir sa sainte volonté sans aucune réserve, car autrement notre sacrifice ne lui seroit pas agréable. Après cela, attendons de sa bonté et de sa miséricorde ce qu'il ordonnera pour notre bien et sa plus grande gloire. J'aurois plus tôt exécuté mon dessein, si j'avois pu plus tôt m'arracher d'auprès de vous; et je ne crois pas que je l'eusse jamais pu faire si Dieu ne m'eût donné pour cela une force extraordinaire, et ne m'y eût nécessitée en me mettant en état de ne pouvoir demeurer auprès de vous sans souffrir des maux étranges, principalement depuis que l'affaire de mademoiselle de Bui arriva, qui vous fit deviner la mienne; car en cette occasion vous me témoignâtes tant de bonté et de tendresse, et ce fut pour la mienne une si rude épreuve, que vous me pensâtes faire mourir. Je vous conjure, si vous voulez que je vive, de vous consoler de notre séparation présente, et d'acquiescer aux volontés de notre père et souverain maître. Je vous promets que je vous tiendrai la parole que je vous ai donnée, et que de plus je ne m'engagerai à rien sans votre permission. Ne me venez point voir si tôt, car je vous avoue que je n'ai point encore de force à votre épreuve; et si je ne vous avois fui, je n'aurois pas vaincu en ce combat où il falloit que Dieu restât le maître. »

La Reine répondit par écrit à la députation des Bordelais. On leur fit savoir que le Roi étoit assez bon pour leur pardonner, et leur donner l'amnistie dont ils avoient besoin pour effacer le crime de leur rebellion ; mais qu'il vouloit savoir, avant que de traiter avec eux d'aucune chose, s'ils vouloient recevoir le Roi comme leur maître, avec la dignité et la sûreté requises à sa personne, ou maintenir contre lui les ducs de Bouillon et de La Rochefoucauld, déclarés criminels de lèse-majesté par tous les parlemens. Ils dirent qu'ils n'avoient point le pouvoir de répondre à ces articles, mais qu'ils en feroient leur rapport à leur compagnie, et en rendroient réponse avant le 5 du même mois. Le ministre, pour continuer de montrer aux Bordelais et à ceux qui les soutenoient leur devoir, envoya quelques troupes commandées par le maréchal de La Meilleraye assiéger un petit fort nommé Voies, qui fut pris aussitôt ; et, pour épouvanter ceux de Bordeaux, il fit pendre celui qui y commandoit : leur montrant par cette rigueur qu'ils devoient tout craindre, et qu'il est dangereux de manquer de fidélité à son roi.

Le duc de Bouillon, maître de Bordeaux et de la populace, ayant su cette exécution, les anima tous à la vengeance ; et, sans tarder un moment, il envoya quérir un capitaine du régiment de Navailles qui avoit été pris prisonnier dans quelque autre occasion. On trouva ce gentilhomme qui jouoit avec des dames, exempt de toute crainte. Il le fit prendre, et dans la même heure le fit mourir, le faisant pendre par représailles, et ensuite attacher son corps sur la muraille de la ville. Cette action fut louée de ceux qui ont pour maxime qu'il ne faut point être tyran à demi, et que les grands hommes ne sauroient soutenir de hautes entreprises s'ils ne sont capables des grands crimes comme des grandes vertus, les unes étant quelquefois nécessaires pour soutenir les autres. Mais ceux qui en jugèrent sur la loi de l'Evangile, selon que le nom de chrétien les y obligeoit, en eurent horreur ; et la Reine m'a fait l'honneur de me dire depuis qu'elle en fut touchée d'une douleur sensible. Je sais de Langlade, qui étoit alors auprès de ce duc, que lui-même en souffrit de la peine ; il connut le mal qu'il faisoit, mais il se laissa conduire à la raison politique qui le força de suivre les cruelles coutumes de la guerre. Ses amis ont dit de lui qu'il étoit bon de son naturel, et que ce qui l'avoit rendu capable de cette barbare action ne l'empêchoit pas d'avoir dans son tempérament de la douceur et de la cordialité. Il fut fort malheureux d'avoir cru qu'un crime pouvoit trouver une excuse : il n'y en a point contre la loi de Dieu et l'équité naturelle.

Par l'ordre de la Reine, on continua la guerre avec chaleur. Le maréchal de La Meilleraye attaqua l'île Saint-Georges, où ceux de la ville avoient des troupes dont ils faisoient leur capital. Après quelques volées de canon, ils se rendirent à composition. Les soldats, au nombre de trois cents, prirent parti dans les troupes du Roi. Soixante-et-dix officiers qui s'y trouvèrent jurèrent de ne plus servir contre le Roi, et furent traités humainement, pour faire honte à l'inhumanité du duc de Bouillon.

Le duc de Candale fut envoyé à Loches, où étoit alors le duc d'Epernon son père, qui n'étoit point venu à la cour malgré les ordres qu'il en avoit reçus. Le dessein du ministre étoit de le faire consentir que l'on donnât le gouvernement de Guienne à Monsieur, frère unique du Roi, afin d'ôter aux rebelles tout prétexte de se plaindre. Ces peuples avoient une juste aversion pour leur ennemi le duc d'Epernon, qu'ils appeloient leur tyran ; car, selon ce qui se disoit, il en avoit les actions. Dans toute sa vie il a paru qu'il étoit dur et trop hautain. Il étoit soupçonné d'avoir empoisonné sa première femme la duchesse de La Valette, sœur bâtarde du feu Roi, sur des jalousies peut-être mal fondées. J'ai ouï dire à la reine d'Angleterre qui l'avoit vue à sa cour, et à la Reine aussi, qu'il avoit fort aimé madame de La Valette avant que de l'épouser ; mais que cette passion, au lieu de produire en lui les effets de l'amitié, l'avoit porté à lui donner alors un soufflet sur quelque petit dépit qu'elle lui avoit fait ; que le feu Roi, le connoissant de cette humeur, voulut rompre le mariage, et que cette jeune princesse, qui aimoit déjà le duc d'Epernon, lui pardonna, et ne laissa pas de le prendre pour son mari. Elle eut sujet de s'en repentir ; car comme je viens de dire, selon l'opinion des médisans, qui est d'ordinaire la plus vraie, il lui en coûta la vie. Il avoit épousé ensuite une nièce du cardinal de Richelieu (1), qui, dans les commencemens de leur mariage, avoit vécu avec lui avec beaucoup de vertu. Elle l'avoit suivi en Angleterre dans ses disgrâces, contre la volonté de son oncle. Malgré cette conduite, il l'avoit si maltraitée, qu'elle auroit été un objet de compassion à toute la cour, si dans la suite de sa vie elle n'avoit fait voir quelque diminution à ses premiers sentimens. Enfin ce duc, qui n'étoit point prince, quoiqu'il eût envie de l'être, n'avoit rien de bon que la magnificence. Il vivoit en grand seigneur ; mais cette seule bonne qualité pouvant avoir pour fondement sa vanité et son orgueil, on ne devoit pas l'en estimer davantage.

(1) Marie Cambout, cousine du cardinal, et non sa nièce.

Les députés de Bordeaux ne revinrent point trouver le Roi, comme ils l'avoient promis. Le duc de Bouillon les empêcha de tenir leur parole. Son dessein étoit de faire pousser leur révolte le plus loin qu'il lui seroit possible, tant pour tâcher d'obtenir la liberté des princes que pour en tirer de plus grands avantages en son particulier. Ce qui depuis peu s'étoit passé au parlement de Paris, et les propositions du duc d'Orléans, les embarrassoient. On ne faisoit point de mention du prince de Condé, et pour lui et le duc de La Rochefoucauld, ils n'avoient tout au plus que le pardon et la sûreté; mais ils se défendirent si habilement, que leur conduite, par leur résistance, fut estimée dans les deux partis; et les princes eurent sujet de se louer de leurs services et de leur fidélité. Comme je ne suivis point la Reine en ce voyage, et que je n'aime à écrire que ce que je sais parfaitement, peut-être que j'ignore beaucoup de particularités qui sont pour l'ordinaire inséparables des grands événemens. Je puis dire néanmoins avec vérité que les choses dont mes yeux ne sont point les témoins, je n'en parle que sur le récit des acteurs, et sur ce que la Reine même m'a fait l'honneur de m'en dire.

Environ dans ces mêmes jours que la Reine étoit occupée à vaincre les Bordelais, la duchesse d'Orléans accoucha à Paris d'un fils dont la naissance donna une grande joie au duc d'Orléans. Le peuple fit voir celle qu'il en reçut par les feux de joie qui se firent dans les rues, et par des marques d'une alégresse publique et très-sensible; mais cet enfant ne vécut guère, et sa naissance fut suivie d'une prompte mort.

L'armée espagnole étoit alors sur notre frontière, puissante, et pleine de belles espérances qu'elle devoit concevoir de sa force et de notre foiblesse. Elle s'avança vers Reims; mais cette ville fut conservée par la présence du maréchal Du Plessis, qui prit toutes les précautions nécessaires pour empêcher ses progrès. L'archiduc occupa Neufchâtel, Pontaverre et Bazoches, où il voulut demeurer quelques jours. Le marquis d'Hocquincourt, qui eut la hardiesse d'attaquer quelques troupes des ennemis, fut battu et poussé jusque dans Soissons, et peu s'en fallut qu'il ne fût pris prisonnier. Quelques autres troupes de l'armée du vicomte de Turenne, commandées par Bouteville, vinrent hardiment jusqu'à dix lieues de Paris pour nous faire la guerre, et beaucoup plus pour nous faire peur.

Bouteville réussit dans son dessein. Les paysans et toute la noblesse de Picardie, qui vint se sauver dans Paris, y causa une étrange rumeur. Ce lieu étoit plein de tant de factions, que les grands et les petits avoient plus de joie que de douleur de voir l'archiduc proche de nous; et chacun étoit plus attentif à faire servir ce désordre à ses desseins, qu'à s'opposer à l'ennemi. Le duc d'Orléans, qui vit que le vicomte de Turenne avec ses troupes pouvoit venir jusqu'au bois de Vincennes enlever M. le prince, reprit de nouvelles inquiétudes; et les frondeurs se servirent de cette occasion pour lui conseiller de le faire amener à la Bastille, de sa seule autorité. Il en parla à Le Tellier, secrétaire d'État, qui s'y opposa vigoureusement; et après beaucoup de consultations et de mauvaises heures sur l'inquiétude que cette affaire donna aux uns et aux autres, il fut conclu qu'on les ôteroit du bois de Vincennes, et qu'on les meneroit à Marcoussis sous bonne garde, au-delà de la rivière de Seine et de la Marne, attendant que la Reine en ordonnât à sa volonté.

Madame, dans ces occurrences, conseilla Monsieur de mettre le prince de Condé en liberté, et de marier son fils le jeune duc d'Enghien à une de ses filles. Il n'approuva point alors cette proposition, quoiqu'elle fût raisonnable à son égard. Il n'étoit pas d'humeur à se résoudre si facilement, et il falloit qu'il attendît quelque temps, et que les conseils de ses conducteurs le forçassent d'y penser. Les frondeurs ne lui parloient encore que de se rendre le maître des prisonniers, afin d'en disposer à sa fantaisie; et cependant ils donnoient de douces espérances à ceux de leur parti, et assuroient leurs amis que si une fois le duc d'Orléans les avoit en son pouvoir, il les feroit sortir aussitôt; mais eux n'osoient se confier en leurs promesses, et auroient mieux aimé traiter avec le ministre. Le coadjuteur surtout leur étoit odieux, parce qu'il avoit fait connoître dans tous les temps qu'il n'aimoit pas M. le prince, et qu'il étoit incapable de demeurer dans un état de modération et de sagesse.

Parmi ce trouble universel, il arriva un trompette de l'archiduc qui paroissoit envoyé par lui au duc d'Orléans, et qui disoit s'adresser à tous les bons Français. Ce prince allemand lui témoignoit désirer la paix, et offroit d'y travailler avec lui, en lui faisant espérer ce bonheur à des conditions raisonnables. Cette nouvelle donna de l'émotion et de la joie aux Parisiens; ils crurent que c'étoit tout de bon que les étrangers étoient devenus leurs amis, et n'en aperçurent point la tromperie. Le duc d'Orléans, aussi trompé que les autres, et enivré de la gloire qu'il crut recevoir en donnant la paix à la France, répondit à l'archiduc en des termes de grande civilité, et lui dépêcha un gentilhomme pour l'assurer qu'il étoit prêt d'en conférer avec lui. Il envoya aussitôt à la cour, pour instruire la Reine et le ministre des offres de l'archiduc, et demanda le pouvoir de la traiter avec ce prince. Le ministre connut de quelle importance étoit cette affaire, et d'où venoit cette intrigue. Il crut que madame de Longueville et le vicomte de Turenne avoient fait faire ce pas à l'archiduc, pour le charger de plus en plus de la haine publique, et pour émouvoir Paris contre lui. Il ne fut pas content sans doute du duc d'Orléans de ce qu'il avoit écouté ces propositions; mais pour ne lui pas donner sujet de se plaindre, et aux Parisiens de crier, il lui envoya les pouvoirs nécessaires pour cela. Le comte d'Avaux s'en mêla : il fut avec le nonce à Soissons pour s'aboucher avec les députés d'Espagne; mais ils ne s'y trouvèrent point.

Il vint ensuite à Paris un certain Gabriel de Toledo, qui fut long-temps logé à Issy. Il faisoit espérer, de la part de l'archiduc, de grandes choses. Le peuple, par ces foibles apparences, aimoit déjà ce prince d'Autriche, et dans les rues on lui donnoit de continuelles bénédictions. Le vicomte de Turenne fit écrire au peuple de Paris, ou bien les créatures du prince écrivirent pour lui tout ce qu'ils désiroient. Ces placards furent affichés dans les carrefours de la ville, où le Mazarin étoit injurié, et l'archiduc loué comme celui qui, pouvant tout détruire, vouloit néanmoins rétablir le repos et la paix dans l'État. Enfin toutes ces illusions s'évanouirent, et ce qui en resta fut la honte que devoient avoir ceux qui les avoient reçues comme des vérités.

La Reine cependant étoit occupée aux soins que lui donnoit le siége de Bordeaux. Les propositions de paix que le duc d'Orléans avoit arrêtées dans le parlement n'avoient pas été tout-à-fait agréables au ministre; mais il jugea qu'il s'en pouvoit servir pour obliger les Bordelais à ne pas demander du Roi plus que ce qu'elles leur accorderoient. Il voyoit bien que le parlement avoit en cette occasion trop entrepris sur l'autorité du Roi, et que le duc d'Orléans, malgré ses bonnes intentions, lui avoit laissé prendre trop d'avantage. Il reçut néanmoins tout ce qui venoit de sa part avec respect, et fit paroître vouloir suivre ses sentimens; mais il se résolut, en faisant attaquer Bordeaux, de se mettre en état de ne prendre conseil que de lui-même.

Le maréchal de La Meilleraye pressa la ville; il donna le commandement de l'attaque du faubourg Saint-Severin aux marquis de Roquelaure et de Saint-Mesgrin. Ces deux braves gens s'engagèrent si avant, que le maréchal de La Meilleraye ayant jugé à propos de changer ses ordres, ils ne purent pas lui obéir. Le combat fut rude des deux côtés. Ceux qui y commandoient y firent des merveilles. De Choupes, Riberpré et Genlis y furent blessés. Du côté des assiégés, les deux généraux (les ducs de Bouillon et de La Rochefoucauld) se trouvèrent partout à la défense de leurs gens. Les royalistes attaquèrent toujours vaillamment, et les rebelles se défendirent de même. Le comte de Palluau fut repoussé en une demi-lune qu'il voulut emporter, et par trois fois le duc de La Rochefoucauld la lui fit quitter, assisté des gardes du prince de Condé et des siens; et s'il n'avoit point combattu contre le Roi, il auroit mérité beaucoup de louanges de sa valeur.

Pendant que le ministre faisoit la guerre, il pensoit selon sa coutume à la paix. Il consentit que le duc de Candale fît venir Gourville à Bourg. Plusieurs grandes matières furent traitées en cette conférence. Gourville, homme hardi sur les propositions, et qui, selon ce qu'il lui convenoit de dire et ce que la nécessité le forçoit de faire, se servoit également du oui comme du non, ouvrit au ministre, à ce qu'il m'a dit depuis, et sans dessein de le tromper, toutes les voies possibles pour l'accommodement. Il offrit le mariage du prince de Conti avec mademoiselle de Martinozzi, sa nièce : il lui offrit aussi que s'il vouloit mettre le prince en liberté, les ducs de Bouillon et de La Rochefoucauld se mettroient volontairement en prison, pour leur répondre en leurs propres personnes de la fidélité et sincérité de M. le prince. Il chercha les moyens de pouvoir le satisfaire en toutes choses, et n'oublia rien à lui dire de ce qui auroit dû lui plaire. Le cardinal refusa tous ces accommodemens, parce qu'il n'osoit se confier au prince de Condé, dont il avoit été si maltraité; parce qu'il ne crut pas devoir manquer au duc d'Orléans, à qui il avoit promis de ne rien changer sur cet article sans sa participation. Il en fallut donc venir aux propositions de ce prince, telles qu'elles étoient. Les ducs de Bouillon et de La Rochefoucauld, qui avoient amusé le peuple de Bordeaux par l'espérance d'un grand secours d'Espagne et d'une armée navale, ne pouvoient plus le tromper. Ils furent forcés de consentir à l'accommodement, et à suivre les sentimens de ceux qui étoient effrayés des armées du Roi.

Le duc d'Orléans envoya tout de nouveau Du Coudray-Montpensier au cardinal, avec deux conseillers du parlement de Paris, pour le convier de donner la paix à cette ville rebelle; et n'oublia rien pour la faire conclure, selon les assurances qu'il en avoit déjà données.

Toutes les négociations de part et d'autre ayant eu leur effet, la paix fut accordée aux Bordelais, selon la déclaration donnée au parlement de Paris. L'amnistie générale fut donnée à tous. Il fut permis à madame la princesse de se retirer dans l'une de ses maisons avec le duc d'Enghien son fils, en Anjou, ou bien à Montrond, le nombre de la garnison ayant été limité par le Roi. Les ducs de Bouillon et de La Rochefoucauld eurent sûreté d'aller en leurs maisons, et jouissance de leurs biens, avec toutes les douceurs qui accompagnent d'ordinaire une paix ; et la déclaration du Roi en fut donnée le premier octobre.

Le 4 du même mois, madame la princesse partit de Bordeaux avec le duc d'Enghien son fils, les ducs de Bouillon et de La Rochefoucauld, et grand nombre de gens à son service. Elle avoit dessein d'aller à Coutras. Le maréchal de La Meilleraye l'ayant rencontrée dans sa petite galère, fit approcher son bateau pour la saluer et lui faire la révérence. Elle lui dit qu'elle s'en alloit passer à Bourg, avec intention de tenter les moyens de voir la Reine pour se jeter à ses pieds ; qu'elle croyoit ne se pouvoir mieux adresser qu'à lui pour en obtenir la permission, et qu'elle le prioit de retourner à Bourg. Il accepta cette commission, et alla le dire à la Reine en présence de tout le monde. D'abord elle en parut surprise, et lui répondit qu'elle ne pouvoit pas la recevoir, et qu'elle n'avoit point de maison pour la loger. Le maréchal de La Meilleraye, plein de bonne volonté, lui dit que madame la princesse étoit résolue de passer la nuit dans sa galère, plutôt que de ne la point voir ; mais que si elle l'avoit agréable, sa femme la logeroit chez elle pour cette nuit. La Reine ne pouvant plus s'excuser y consentit, et un moment après on vit paroître sur la rivière cette princesse avec toute sa suite. La Reine envoya à sa descente, pour l'assurer qu'elle seroit la bien venue ; et madame de La Meilleraye y alla aussi pour l'accompagner chez elle. Dans ce même temps, le ministre étoit allé à un rendez-vous qu'il avoit donné au duc de Bouillon. La Reine lui dépêcha un courrier pour le faire revenir, et à son retour il trouva le duc de Bouillon chez lui. Ils furent long-temps ensemble, et ensuite il fut chez la Reine, où un moment après se rendit madame la princesse. Elle fut reçue de la Reine en particulier, et le ministre seul fut témoin des larmes qu'elle répandoit. Elle se jeta à genoux devant la Reine, tenant le duc d'Enghien son fils de la main, et lui fit son compliment avec quelques sanglots ; et un de mes amis qui m'écrivit ce détail me manda que la douleur l'avoit embellie. Cette princesse n'avoit pas été jusqu'alors fort considérée dans sa famille. Sa naissance, quoique très-noble, étoit fort au-dessous de celle de M. le prince, et la solidité de son esprit ne réparoit pas ce défaut. Madame de Longueville, dont le mérite éclatoit en tous lieux, ne l'estimoit pas ; et le mépris que madame la princesse sa belle-mère avoit pour sa race et pour elle, joint à toutes ces choses, n'avoit pas peu contribué à son anéantissement. Elle avoit néanmoins des qualités assez louables. Elle parloit spirituellement quand il lui plaisoit de parler ; et, dans cette guerre, elle avoit paru fort zélée à s'acquitter de ses devoirs. Elle n'étoit pas laide : elle avoit les yeux beaux, le teint beau, et la taille jolie. Sans se faire toujours admirer de ceux qui la conduisoient, et de ceux qui étoient auprès d'elle, elle a du moins cet avantage d'avoir eu l'honneur de partager les malheurs de M. le prince : ce qui répare en quelque manière le malheur qu'elle a eu de n'avoir pu personnellement mériter, par de plus éminentes vertus, une réputation plus éclatante et mieux établie.

Après qu'elle eut salué la Reine, les ducs de Bouillon et de La Rochefoucauld allèrent souper chez le ministre, où il est à croire qu'ils ne parlèrent pas de bagatelles. Ils s'en allèrent ensuite chez eux, lassés sans doute de leur mauvaise fortune ; car c'est toujours une chose fâcheuse que de faire la guerre contre son roi et son maître. Quoique cette paix ne fût pas conclue tout à l'avantage du Roi, ni faite avec cette hauteur nécessaire au rétablissement de l'autorité royale, il sembloit néanmoins qu'elle étoit commode au ministre, et fort utile au service du Roi. Par cette même raison, les ennemis de l'Etat, les frondeurs peut-être, et surtout ceux qui étoient du parti des princes, en étoient au désespoir. Le Roi et la Reine entrèrent dans Bordeaux, et n'y furent pas reçus avec la joie publique qui accompagne pour l'ordinaire les visites de cette nature. La ville donna au Roi et à la Reine une collation fort mauvaise, et un feu d'artifice de peu de beauté. Mademoiselle, qui avoit suivi la Reine en ce voyage quasi malgré elle, eut un bal ; et tout ce qui s'y passa de plus mémorable, c'est que la Reine s'y enrhuma de chaud. Ce fut elle-même qui à son retour me conta toutes ces particularités, et qui me fit l'honneur de me dire que les mauvaises dispositions des esprits, plutôt que le climat, avoient été cause de son mal. Les chagrins qu'elle avoit reçus en ce lieu avoient été extrêmes. La corruption de la révolte avoit imprimé dans les cœurs des grands et des petits de cette province un dégoût de leur véritable devoir, qui força cette princesse d'en avoir beaucoup pour eux.

Le cardinal Mazarin y fut mal reçu : on ne lui fit point les complimens dus en de telles occasions à sa qualité de premier ministre ; et la Reine le sentit comme un outrage fait à sa personne. Elle ne tarda que dix jours dans Bordeaux, et cette ville ne méritoit pas d'en être honorée plus long-temps. Sa présence étoit nécessaire à Paris. Elle partit malade de ce rhume, qui, au lieu de diminuer, étoit beaucoup augmenté. En arrivant à Poitiers, elle tomba malade tout de bon d'une petite fièvre continue ; et, au bout de deux jours, son courage, qui ne l'abandonnoit jamais dans les grandes occasions, la fit partir diligemment pour avancer son chemin vers Paris. En arrivant à Amboise, elle fut contrainte d'y rester douze jours, parce que sa fièvre et sa maladie augmentèrent beaucoup, et la forcèrent de se faire saigner plusieurs fois. Madame de Brienne, qui eut l'honneur de la suivre seule en l'absence de ses dames, me conta à son retour que pendant ce voyage la Reine endura de grandes incommodités. Sa maladie ne l'empêchoit pas de se mettre en carrosse depuis le matin jusqu'au soir, de la même manière que si elle eût été en parfaite santé. Elle étoit triste, tant parce qu'elle souffroit de sa fièvre, que parce qu'elle n'étoit pas satisfaite de l'état de ses affaires. Avec tous ces maux, elle ne se plaignoit point : elle voyoit avec patience dans son carrosse les jeux du Roi et de Monsieur, que la jeunesse et l'enfance convioient à se divertir, sans paroître être incommodée, quoique en effet elle le fût beaucoup. Un jour que sa première chambre manqua d'arriver, cette grande princesse, avec un accès de fièvre fort violent et la lassitude du voyage, fut contrainte d'attendre quatre heures que son lit fût arrivé dans une méchante hôtellerie, où, pour tout meuble, on ne trouva qu'une grande chaise de bois. La Reine s'y mit, et y demeura sans se plaindre ni murmurer contre ses officiers, disant à madame de Brienne qui lui tenoit la tête : « Nous sommes toujours trop à notre aise, nous « autres : il est juste que nous souffrions quelque- « fois. » Etant arrivée à Fontainebleau, elle convia le duc d'Orléans de la venir voir ; mais les frondeurs voulurent l'en détourner par de mauvaises raisons. Ils souhaitoient de le mettre en mauvaise humeur contre le ministre sur ce que l'on avoit mandé à ce prince les longues conférences que les ducs de Bouillon et de La Rochefoucauld avoient eues avec lui. Ce prétexte donna un sujet apparent aux frondeurs de le décrier auprès de ce prince, et de lui faire voir encore davantage combien il lui étoit important de ne pas laisser les princes sous la puissance du ministre. La fidélité qui l'avoit obligé de fermer les oreilles aux propositions qu'on lui avoit faites à Bordeaux ne lui servit de rien ; et ses ennemis, soit qu'il fît bien ou qu'il fît mal, de toutes les manières travailloient incessamment à le détruire. Le Tellier me dit alors que dans le temps que les prisonniers avoient été transportés à Marcoussis, le duc d'Orléans, voyant combien ses intérêts l'obligeoient à se conserver la part qu'il devoit avoir à leur liberté ou à leur prison, lui avoit dit : « Je sais bien ce que je pourrois « faire là-dessus, mais je sais bien aussi qu'après « ce premier pas il m'en faudroit faire d'autres ; « et cela, je ne le veux pas. » Voulant dire qu'il eût fallu s'embarquer, après cette action, à faire la guerre à la Reine pour se faire régent.

Le duc d'Orléans alla à Fontainebleau, après avoir montré publiquement se plaindre du cardinal, et avoir témoigné peu de désir de voir la Reine. Le Roi, accompagné du ministre, fut au devant de lui. D'abord ce prince ne parut point mal satisfait : il embrassa le cardinal ; et après quelques petites plaintes, qui furent adoucies par les justifications du ministre et le bon traitement de la Reine, tout parut raccommodé. Il fut parlé entre eux de l'affaire qui pressoit le plus, et du lieu où les princes seroient transportés. La Reine me fit l'honneur de me dire, aussitôt après son retour à Paris, qu'elle avoit parlé au duc d'Orléans du dessein qu'elle avoit eu de les faire conduire au Havre, et qu'il n'avoit point paru s'y opposer ; mais qu'il avoit seulement répondu (voilà les mêmes mots) : *Mezo si, mezo no*, moitié oui, moitié non. Sur cela, les ordres furent donnés en diligence au comte d'Harcourt avec un bon nombre de troupes pour les y mener ; et la Reine fut en cette rencontre obéie ponctuellement.

Madame de Chevreuse, étant à Fontainebleau, protesta au cardinal des bonnes intentions du coadjuteur, et l'assura qu'il vouloit être tout-à-fait de ses amis, pourvu qu'il le fît cardinal. Elle lui donna beaucoup d'avis contre ceux qui traitoient les affaires des princes, et parut avoir alors beaucoup de désir de s'unir aux intérêts de la Reine. Le garde des sceaux de Châteauneuf, qui pendant tout le voyage avoit fait la figure d'un bon serviteur du Roi, parut aussi vouloir se lier entièrement au ministre ; et même on a cru qu'il lui fit conseiller d'arrêter le duc de Beaufort et le coadjuteur, disant, malgré l'extrême liaison qu'il avoit eue avec eux, que ces deux hommes seroient toujours pernicieux au repos de l'Etat ; mais le cardinal n'osa se confier en lui. Il avoit eu d'étranges relations des frondeurs par les créatures des princes, qui l'en vouloient détacher. Son cœur étoit ulcéré contre eux, et son mécontentement fut cause que madame de Chevreuse ne put porter au coadjuteur que de lointaines espérances du chapeau qu'il désiroit. Le dépit qu'il en eut augmenta sa haine contre le cardinal Mazarin, et fit que le cardinal en eut encore davantage pour lui. Toutes ces choses eurent aussi cet effet que le garde des sceaux de Châteauneuf, que le ministre regardoit toujours comme son ennemi, s'éloigna d'autant plus de l'amitié du ministre que les bons momens qu'il avoit eus pour lui ne lui avoient servi de rien.

Le coadjuteur en ce même temps, pour ne rien oublier, et peut-être par un équitable repentir du passé, fit encore offrir au cardinal que s'il avoit peur de lui il s'en iroit à Rome, et qu'étant satisfait, il ne se mêleroit plus de rien; mais toutes ces belles et louables apparences ne purent convier le ministre à lui faire du bien, et son malheur voulut aussi qu'il n'osât lui faire du mal, en écoutant les propositions du garde des sceaux de Châteauneuf, qui en cette rencontre parurent sincères. S'il y eut alors en eux quelques favorables momens pour lui, il fut malheureux de ne les pas connoître, et fort excusable : en ayant été jusque là toujours fort maltraité, il ne les put regarder comme des gens qui pouvoient devenir ses amis. Si le cardinal eût pu espérer alors quelque véritable amitié du prince de Condé, et quelque docilité dans sa conduite, il auroit préféré de se raccommoder avec lui à toutes les autres choses, tant il étoit las des frondeurs. Peu avant son retour, il avoit été pendu en effigie dans tous les carrefours de la ville de Paris, avec des vers infâmes; et il avoit fallu que le lieutenant criminel eût enlevé ces potences publiquement. Le cardinal avoit attribué cette hardiesse à ses bons amis les frondeurs; mais, dans le vrai, on crut avec quelque fondement que ceux du parti des princes y avoient eu plus de part que les autres.

La Reine retint le duc d'Orléans auprès d'elle à Fontainebleau tant qu'il lui fut possible, et le laissa partir assez content, un jour seulement avant qu'elle revînt à Paris, qui fut le 15 de novembre. Elle nous parut fort changée de sa maladie. Elle étoit foible et triste. A son arrivée, toute la cour la reçut au Palais-Royal, et toute la Fronde s'y trouva tant en gros qu'en détail.

Le duc de Beaufort, qui, à ce qu'on m'assura, eut quelque peur d'être arrêté, vint lui rendre ses devoirs. Elle le reçut froidement. Il en usa de même avec le ministre, afin de se rétablir en honneur avec le peuple de Paris, qui avoit crié contre lui *au Mazarin !* Le coadjuteur vint aussi faire la révérence à Leurs Majestés, et la Reine lui fit de grands reproches de sa conduite.

Environ dans ce même temps arriva la nouvelle de la mort du prince d'Orange (1), qui avoit

(1) Guillaume II.

l'honneur d'être gendre de la Reine d'Angleterre. Sa perte redoubla les chagrins de cette reine affligée. Elle le pleura en ma présence, et me témoigna en être fort touchée. Il étoit jeune et déjà grand capitaine, ayant donné à toute l'Europe des marques de sa valeur, de sa capacité et de sa bonne conduite. De là je fus chez la Reine, que je trouvai, à ce qu'elle me fit l'honneur de me dire, plus malade et plus abattue qu'à l'ordinaire. La mort de ce prince, qu'elle regretta aussi, lui avoit rempli l'esprit du souvenir de ses propres chagrins; et des malheurs de la reine d'Angleterre passant à ceux qui la regardoient, je conclus avec elle que notre siècle nous avoit plus fourni de sujets de méditer sur la misère humaine, que d'occasions dangereuses de nous perdre par la joie et le divertissement.

La Reine, deux jours après son retour, prit médecine, pour tâcher de finir sa maladie. Ce remède l'ayant beaucoup émue, la nuit suivante elle se trouva plus mal : la fièvre lui reprit violemment, qui lui dura continue avec redoublemens. Jusques à l'onzième de sa maladie, son mal fut dangereux; il fut cause que beaucoup de personnes eurent de la crainte et de la joie, selon les diverses passions et les divers intérêts de chacun.

Les princes arrivèrent au Havre le 25 du mois de novembre, jour de Sainte-Catherine. Ils étoient partis le 15, et marchoient à petites journées, à cause des troupes qui les conduisoient. Ils espérèrent toujours qu'on les sauveroit, et M. le prince tenta de se sauver lui-même dans une hôtellerie; mais de Bar les veilloit de si près, que la chose lui fut impossible. Il se plaignoit de ses soins et de sa sévérité, et avoit une grande haine pour lui. Ce fut pour ce prince une sensible douleur de se voir entre les mains et sous la domination de la duchesse d'Aiguillon son ennemie, et une grande mortification au duc de Longueville de traverser en cet état les terres de son gouvernement. La duchesse d'Aiguillon, de son côté, n'en fut pas fâchée, et quand ils y furent, elle dit alors à la marquise de Sablé son amie, en roulant les yeux au ciel, et paroissant touchée de leur infortune, que, depuis que ces pauvres princes étoient au Havre, elle avoit oublié toute la haine qu'elle devoit avoir pour eux; qu'il lui sembloit depuis cela qu'ils étoient devenus ses enfans; et qu'en vérité, aussitôt que la paix générale seroit faite, elle avoit résolu dans son ame de les bien servir. La marquise, attachée aux intérêts des princes, lui répondit qu'elle les remettoit à bien loin, et que des sentimens aussi charitables et aussi chrétiens que les siens devoient avoir une plus prompte exécution. Cette dame, dont l'esprit pénétrant savoit sonder les plis et replis du cœur humain, se moqua avec moi de cette bonté affectée, bien contraire, à ce qu'elle croyoit, aux véritables sentimens de madame d'Aiguillon. Peut-être qu'elle se trompoit : cette dame paroissoit avoir de la piété.

La réputation de M. le prince imprimoit dans tous les hommes une si particulière vénération pour sa personne, que la chambre où il avoit été à Vincennes fut visitée avec curiosité et avec respect de plusieurs personnes. Mademoiselle de Scudéry, dont les beaux ouvrages ont été célèbres en notre siècle, y alla comme les autres ; et voyant des œillets dans des pots que M. le prince avoit pris plaisir de cultiver et d'arroser, pour les tenir sur une terrasse où il alloit quelquefois se divertir, elle fit ces vers qu'elle laissa écrits sur les murailles de la chambre ou de cette terrasse où avoient été ces fleurs :

> En voyant ces œillets qu'un illustre guerrier
> Arrosa de sa main qui gagnoit des batailles,
> Souviens-toi qu'Apollon a bâti des murailles,
> Et ne t'étonne plus de voir Mars jardinier.

La Reine, après le quatorzième jour de sa maladie, se porta un peu mieux ; et cet amendement donna le moyen au cardinal de penser à rétablir les affaires du Roi, qui étoient en mauvais état sur la frontière. Sans perdre de temps, il partit de Paris le premier décembre pour aller à l'armée. Son dessein étoit de retirer Rethel des mains des ennemis qui venoient de le prendre, et qui paroissoient vouloir le fortifier pour y prendre leur quartier d'hiver. Toutes les troupes qui étoient à Bordeaux ayant rejoint notre armée en Champagne, elle se trouva de près de vingt mille hommes. Le ministre, malgré la saison qui étoit avancée, voulut entreprendre quelque chose qui pût réparer le déshonneur de la campagne et celui du maréchal Du Plessis, qui avoit été dans l'impuissance de montrer aux ennemis ce qu'il savoit faire. Les pertes que l'on faisoit alors en Catalogne, dont les Espagnols prenoient les meilleures places, faisoient aussi un mauvais effet contre le cardinal, et donnoient matière de crier à ces sortes de gens qui en font profession, et qui croient que toute la vertu romaine est passée en eux, pourvu qu'ils aient mal parlé de celui qui gouverne.

Beaucoup de raisonnemens se firent sur le départ du ministre. Il y en eut qui crurent qu'il n'étoit pas fâché de s'éloigner de la Reine pendant sa maladie, parce que, s'il l'eût perdue, il eût été heureux de se trouver hors de Paris, où sa vie en tel cas n'auroit pas été en grande sûreté ; mais cette princesse n'étoit plus en péril quand il la quitta, et le dessein de ce voyage étoit fait avant même qu'il arrivât de Guienne. On l'avertit, en partant, que les frondeurs travailloient puissamment à corrompre tout-à-fait les bonnes intentions du duc d'Orléans, et que ce prince avoit fait de grandes plaintes contre lui de ce qu'il avoit osé envoyer les princes au Havre, sans un plein consentement de sa part. Il voyoit que, depuis son retour de Fontainebleau, il paroissoit refroidi avec la Reine, et qu'ils étoient embarrassés quand ils étoient ensemble, et particulièrement quand lui-même y étoit. On l'avertit aussi que le parlement feroit du bruit en faveur des princes, et que l'intrigue de leurs serviteurs augmentoit à leur avantage. Toutes ces choses ne l'étonnèrent point ; il crut qu'il falloit travailler à ce qui paroissoit le plus important et de plus grande réputation pour lui, et laisser au temps à démêler le reste.

La Reine me fit l'honneur de me dire, quelques jours après qu'il fut parti, qu'en la quittant il lui avoit dit qu'il la laissoit sans crainte, quoique beaucoup de gens l'eussent avertie qu'il devoit appréhender qu'en son absence on ne lui rendît de mauvais offices auprès d'elle ; et qu'elle lui avoit répondu qu'elle étoit bien aise que cette occasion se présentât, pour lui témoigner la sûreté qu'il devoit avoir en sa bonne volonté.

Selon ce qu'on avoit prédit au cardinal, aussitôt qu'il fut parti le parlement s'assembla ; et madame la princesse, femme du prince de Condé (car madame la princesse sa mère étoit alors fort malade), présenta une requête par laquelle elle se plaignoit du cardinal Mazarin, qui avoit envoyé M. le prince son mari dans un lieu dont ses plus grands ennemis étoient les maîtres, et dont ils pourroient, quand il leur plairoit, l'envoyer dans les pays étrangers ; que cela étant, elle supplioit la cour d'avoir égard à sa requête, et d'ordonner que les princes, selon les lois de l'Etat, et notamment selon la déclaration dernière du mois d'octobre, fussent amenés au Louvre, et gardés par un gentilhomme, officier de la maison du Roi.

Cette requête fut présentée par Des Landes-Payen, conseiller au parlement, fort zélé pour les princes. Elle fut reçue de la compagnie avec applaudissement, et donnée aux gens du Roi pour y donner leurs conclusions, qui furent que la requête seroit présentée à la Reine, et qu'elle seroit suppliée d'y avoir égard.

Ce même jour arriva la nouvelle de la mort de madame la princesse la mère, qui fut regrettée d'une infinité de personnes ; et l'on ne manqua pas de dire que le chagrin et la douleur lui avoient ôté la vie. Cette princesse étoit dans un âge qui pouvoit encore lui faire espérer une longue suite d'années. Elle paroissoit saine ; elle avoit encore de la beauté, et l'on peut croire en effet que l'amertume de sa disgrâce contribua beaucoup à sa fin. Elle étoit, comme je crois l'avoir déjà dit lorsque j'ai parlé d'elle, un peu trop fière, haïssant trop ses ennemis, et ne pouvant leur pardonner. Dieu voulut sans doute l'humilier avant sa mort, pour la prévenir de ses grâces, et la faire mourir plus chrétiennement. Sans ce secours, selon son tempérament, elle auroit senti avec de grandes impatiences la peine de se voir exilée, ses enfans en prison, et ses ennemis triompher d'elle; mais Dieu changea ses sentimens en de très-vertueuses dispositions. Elle parut accepter volontiers toutes ces peines, afin de participer par cette croix à celle de Notre-Seigneur. Elle fit une confession générale à l'archevêque de Sens, qui étoit de ses amis, et qui par des motifs moins solides s'étoit accoutumé, pendant son bonheur, de la visiter souvent. C'étoit un homme qui, dans ce temps-là, étoit plein d'esprit du monde. Il avoit beaucoup de lumières et de hauteur dans l'ame. Sa réputation étoit nette du côté des femmes. Il soutenoit dignement la grandeur et la puissance de l'Eglise; et, dans les assemblées du clergé, il a su plusieurs fois porter ses intérêts avec gloire; mais il n'étoit pas égal dans sa conduite : il aimoit trop la cour et l'intrigue, et peut-être que sa vanité plutôt que sa vertu le faisoit souvent agir vertueusement. En cette occasion, son caractère lui attira le respect de cette princesse; et les sentimens de sa piété, à ce qu'il m'a dit depuis, lui en donnèrent à lui-même. Madame la princesse ordonna à l'abbé de Roquette d'aller trouver la Reine de sa part, pour l'assurer qu'elle mouroit sa très-humble servante, quoiqu'elle mourût des déplaisirs qu'elle avoit eus de la persécution faite à elle et à ses enfans. Elle lui manda qu'elle la conjuroit par le sang de Jésus-Christ de faire quelque réflexion sur sa mort, et de se souvenir que personne n'étoit exempt des coups de la fortune. Enfin cette princesse finit sa vie dans les maux, et les souffrit avec patience. Il est à croire que Dieu l'en a récompensée, et lui a fait miséricorde.

La Reine étoit alors malade. La destinée de madame la princesse lui fit pitié : elle reçut son compliment avec ce respect qu'une chrétienne devoit avoir pour une personne qui, en mourant, lui parloit au nom de leur maître à toutes deux ; mais elle étoit si occupée de ses propres misères, et si abattue de sa maladie, qu'elle ne pensoit qu'à se plaindre elle-même. J'avois l'honneur d'être seule auprès d'elle à la ruelle de son lit, quand cet abbé lui vint faire ce triste compliment. Elle y répondit peu de chose ; mais, selon le chagrin que je vis dans ses yeux, je suis persuadée qu'elle pensa beaucoup, et que ses réflexions furent grandes.

Madame et Mademoiselle ne furent pas fort affligées de cette mort ; mais elle fit cesser leur haine. Madame étoit conseillée par le duc de Lorraine son frère, que madame de Longueville avoit gagné par les intelligences qu'elle avoit eues avec les Espagnols; et Madame ne voyant plus madame la princesse, dont la hauteur lui faisoit de la peine, elle se trouva toute disposée d'entrer plus fortement dans les intérêts du prince de Condé. Elle redoubla ses conseils envers le duc d'Orléans son mari, et Mademoiselle fut de ce même sentiment; mais alors leur crédit à toutes deux étoit médiocre à l'égard du prince.

Je ne veux pas finir de parler de la mort de madame la princesse, sans remarquer une chose que madame de Brienne me dit alors de cette princesse, qui est digne de mémoire. Quand cette dame fut de retour du voyage de Bordeaux, où, comme je l'ai dit, elle avoit suivi la Reine et servi fidèlement, elle s'en alla voir madame la princesse, de qui elle avoit l'honneur d'être parente, et qui l'avoit toujours particulièrement aimée. Elle la trouva déjà fort malade ; et quand elle fut dans les agonies de la mort, elle se tourna de son côté, et lui dit, en lui tendant la main : « Ma « chère amie, mandez à cette pauvre misérable « qui est à Stenay (voulant parler de madame de « Longueville sa fille) l'état où vous me voyez, et « qu'elle apprenne à mourir. » Ces belles paroles ont eu leur effet : madame de Longueville, peu après, détrompée par ses propres infortunes de la fausseté des grandeurs de la terre, a fait voir à toute l'Europe, par la sévérité d'une rude pénitence, qu'elle a voulu préférer une vie austère, et une bonne mort, à une vie délicieuse et mondaine. C'est une grande occupation que d'apprendre à mourir : c'est notre plus importante affaire; *car les choses visibles sont pour un temps, mais les invisibles sont éternelles* (1).

Madame la princesse avoit été fortement occupée de l'amour d'elle-même et des créatures. Je lui ai ouï dire un jour qu'elle railloit avec la Reine sur ses aventures passées, parlant du cardinal Pamphile, devenu pape, qu'elle avoit regret de ce que le cardinal Bentivoglio son ancien ami, qui vivoit encore lors de cette élection, n'avoit point été élu en sa place, afin, lui dit-elle, de se pouvoir vanter d'avoir eu des amants de toutes conditions, des papes, des rois, des cardinaux, des princes, des ducs, des maréchaux de France, et même des gentilshommes. Quand elle devint veuve, comme elle n'avoit pas eu beaucoup d'amitié pour M. le prince son mari, on admira son

(1) Saint Paul.

bonheur, ses richesses et sa puissance; mais depuis ce moment elle fut accablée de mille maux, et ce fut le temps de ses plus grands déplaisirs. Ses enfans, qui étoient le sensible de son cœur, lui causèrent de grands chagrins, et ensuite leur disgrâce la fît mourir. Les choses de ce monde sont presque toutes de cette nature. Nous y vivons dans une éternelle tromperie : nous désirons pour l'ordinaire ce que nous n'avons point; et quand ces biens nous arrivent, c'est quasi toujours pour notre malheur, ou bien dans un temps qu'il les faut quitter malgré nous.

Madame la princesse n'étant plus, il falloit que madame la princesse sa belle-fille fût celle sous le nom de qui on travaillât à la liberté des princes. Le jour pris pour délibérer sur la requête qu'elle avoit déjà présentée, les chambres s'assemblèrent. Le premier président, pour ne pas paroître porter les intérêts des princes avec trop de chaleur, fit difficulté sur cette requête, à cause que madame la princesse n'étoit pas autorisée ; mais tout à propos on heurta à la porte de la grand'chambre, et il se trouva que c'étoit un gentilhomme de la part des princes, qui apportoit une lettre signée des trois prisonniers, qui paroissoit écrite dans leur marche, et qui apparemment étoit contrefaite. Le premier président dit qu'il étoit difficile qu'ils (parlant des princes) pussent écrire, et, comme se moquant de tous, dit : « Pas impossible pourtant, mais difficile; » et, pour tourmenter le coadjuteur et le duc de Beaufort, il ajouta en leur présence : « Ce n'est pas « que nous n'ayons vu pendant la guerre des let« tres de la part de l'archiduc venir tout à propos « comme celle-là, écrites sans doute dans la rue « Saint-Denis. » Sur ces petits démélés, il se fit un grand bruit dans la grand'chambre que le premier président blâma infiniment, disant qu'il n'y avoit plus d'ordre dans le parlement, que tous vouloient parler tout à la fois ; et pour faire remarquer en passant leur autorité, leur dit qu'ils avoient tort de parler avec tant de désordre, vu que, par la grâce de Dieu, ils étoient en pouvoir de dire leurs avis sur les plus grandes affaires de l'Etat. Enfin on délibéra si on donneroit séance au gentilhomme ; mais on reçut encore une autre requête de la part de mademoiselle de Longueville, qui demandoit pour le duc de Longueville son père la même grâce que madame la princesse pour M. le prince son mari, et le prince de Conti son beau-frère. Le temps ayant été consommé à toutes ces procédures, et à faire des questions au gentilhomme, il fut arrêté par les gens du Roi que, vu l'incertitude de savoir s'il étoit de la part des princes ou non, il n'entreroit point ; vu aussi qu'il dit qu'il n'étoit pas envoyé par eux, mais qu'un garde, gagné par les princes, lui avoit apporté cette lettre pour la présenter à la cour. La délibération sur la requête et sur la lettre fut donc remise au lendemain 9 de décembre.

La Reine, quoique malade, tint conseil ce même jour [le 8 décembre] dans la ruelle de son lit, où assistèrent le garde des sceaux, le maréchal de Villeroy, Servien et Le Tellier. Il y fut résolu qu'elle enverroit querir les gens du Roi : ce qu'elle fit ; et quand ils furent arrivés, elle leur demanda ce que c'étoit qu'une lettre qui leur avoit été présentée, et s'informa de tout ce qui s'étoit passé dans leur compagnie.

Le lendemain 9 décembre, comme les chambres s'assembloient, elle envoya une lettre de cachet, par laquelle elle mandoit les gens du Roi. Elle leur dit de demander au parlement, de sa part, quelque temps pour penser à ses affaires ; qu'elle ne trouvoit point mauvais qu'ils délibérassent sur cette requête de madame la princesse; mais que comme le Roi son fils y avoit un assez grand intérêt, qu'elle demandoit huit jours pour voir de quelle manière elle devoit agir en cette rencontre, sa maladie l'empêchant entièrement de s'appliquer à de telles affaires. Cette députation de gens du Roi vers la Reine occupa le jour tout entier.

Le samedi 10 décembre, les gens du Roi firent leur rapport aux chambres assemblées sur ce que la Reine leur demandoit. On délibéra, et le parlement, par une libéralité admirable, donna à la Reine quatre jours, au lieu de huit qu'elle avoit désirés ; et la traitant en cela plus durement que la moindre personne de son royaume.

La Reine commença dès lors à se mieux porter, et Vautier, médecin du Roi, soutint contre les autres qu'elle avoit jeté un abcès qu'elle avoit dans le mésentère : ce qui étonna toute la cour, vu le péril où elle avoit été. Malgré cet amendement, la fièvre ne la quitta pas encore tout-à-fait.

Le 14, on voulut délibérer au parlement sur les affaires présentes. Le temps se passa en disputes entre les frondeurs et les partisans des princes, et à crier contre le cardinal Mazarin. Ils vomirent contre lui mille injures : quasi tous le traitèrent de perturbateur du repos public, et conclurent enfin qu'il falloit supplier le duc d'Orléans de se trouver à leurs délibérations. Ainsi la chose fut remise à une autre fois.

Quoique le cardinal eût trop négligé d'acquérir des créatures dans cette compagnie, et que la Reine ne prît nul soin d'en avoir par elle-même, elle en avoit néanmoins quelque petit nombre qui servoient le Roi, afin seulement d'éluder les grands coups et de gagner du temps. La différence des intérêts et des cabales étoit grande : elle causoit beaucoup de confusion, et ces disputes faisoient que leurs délibérations n'alloient pas souvent à la conclusion des affaires qu'ils entreprenoient. Chaque parti n'avoit pas assez de pouvoir pour faire réussir ce qu'il vouloit; mais ils n'en avoient que trop tous, en général et en particulier, pour brouiller et pour mettre le désordre dans l'Etat et dans la cour. Les princes en profitèrent : car les frondeurs étant tout-à-fait dégoûtés du cardinal, et trouvant qu'ils étoient trop foibles pour surmonter ce parti qui chaque jour augmentoit de forces, ils résolurent de se réunir ensemble, pour voir s'ils n'y trouveroient pas mieux leur compte.

Le 15 décembre, messieurs du parlement députèrent vers le duc d'Orléans pour le prier d'assister à leurs délibérations, et cependant résolurent de demeurer incessamment assemblés. Le duc d'Orléans, qui sur le chapitre du prince de Condé étoit presque encore du même sentiment que la Reine, pour empêcher que la requête de madame la princesse ne fût trop favorablement reçue, leur déclara hautement qu'il ne pouvoit pas se résoudre d'y aller, s'il n'y étoit reçu d'une autre manière qu'il ne l'avoit été les jours précédens ; que chaque particulier y étoit le maître, et que le désordre étoit tel que lui-même n'y étoit pas écouté; que tout ce qu'ils faisoient alors ne feroit point sortir les princes ; qu'il ne conseilloit pas à la Reine de le faire ; qu'elle les avoit fait conduire au Havre par de bonnes raisons, et que c'étoit lui-même qui lui avoit conseillé de le faire. Il le disoit ainsi pour faire finir la rumeur du parlement qui se faisoit en faveur des princes ; et, néanmoins, il avoit souvent dit sur ce chapitre qu'il se plaignoit de la Reine de ce qu'elle les avoit envoyés en ce lieu sans lui en avoir parlé positivement.

Ce même jour arriva la nouvelle d'une défaite des ennemis par milord Digby, Anglais qui commandoit alors dans nos troupes; et j'en vis apporter à la Reine une enseigne : ce qu'elle estima beaucoup davantage que le plus beau diamant du monde. Elle en reçut aussitôt après une autre infiniment plus considérable. Un courrier arriva de la part du ministre, qui lui apprit la prise de Rethel, qui avoit été emportée par l'armée du Roi en deux ou trois jours, sans y faire de circonvallation. Le cardinal pouvoit partager avec le maréchal Du Plessis une grande portion de la gloire qui en étoit due à ce général, par les soins qu'il avoit pris de mettre l'armée en état de faire de telles conquêtes. Voilà cet homme, condamné par un arrêt du parlement et pendu en effigie, qui, malgré la haine publique, sub- siste dans la grandeur. Il ajoute à sa qualité de ministre celle de conquérant à la tête de vingt mille hommes, et prend des places, sans paroître se soucier de toutes les injures de ses ennemis. Se voyant haï des grands du royaume et des peuples, il tâchoit de se conserver l'amitié des soldats. Sa maxime étoit d'aller à l'armée le plus souvent qu'il pouvoit, et d'y porter toujours de l'argent ; et il prenoit soin de régaler les soldats sur toutes leurs petites nécessités. Cette année, il leur avoit porté des justaucorps pour les garantir du froid, qui étoit déjà grand. Il tenoit trois ou quatre tables où il recevoit les officiers, afin de les acquérir à lui par cette bonne chère : se montrant d'ailleurs plus doux et plus traitable que quand il étoit dans le cabinet de la Reine, où, pour l'ordinaire, il étoit inaccessible à tous. La Reine reçut cette nouvelle avec beaucoup de joie : elle l'accompagna de la modération qui doit paroître dans les occasions de cette nature, et souhaita que, dans ce même instant que Rethel pris, on pût aller au maréchal de Turenne, le battre et le défaire : ce qui fut une espèce de prophétie; car à l'heure même qu'elle faisoit ce souhait, l'armée du Roi étoit aux mains avec celle des ennemis, où commandoit le maréchal de Turenne.

Ce général rebelle, et don Estevan de Gamarre, incontinent après la prise de Rethel, avec près de huit mille chevaux et plus de quatre mille hommes de pied, n'étant pas encore avertis de la victoire des nôtres, continuèrent leur marche vers cette ville qu'ils avoient intention de secourir, et ils l'avoient promis aux assiégés. Lorsque les nouvelles de leur approche furent sues dans l'armée du Roi, le conseil de guerre s'assembla, et le ministre y fit résoudre de donner bataille.

Le général et les autres officiers de guerre ayant approuvé cette résolution, la plus grande partie de l'armée, qui se trouvoit au meilleur état de combattre, fut commandée pour cet effet. Sept mille fantassins et cinq mille chevaux marchèrent avec toute la diligence possible pour aller au devant de l'armée espagnole. Les nôtres, n'ayant pour toute artillerie que deux pièces de campagne, n'eurent pas plutôt fait quatre lieues qu'ils eurent avis par leurs coureurs que le maréchal de Turenne paroissoit au-delà d'une ravine qui pouvoit être à trois quarts de lieue d'eux, et que, sur l'avis qu'il avoit eu de notre marche, il avoit fait faire halte aux Espagnols, pour délibérer s'ils feroient leur retraite ou s'ils viendroient affronter notre armée. Il passa à poursuivre leur marche : si bien qu'après avoir fait deux ou trois mille pas le long d'une ravine qui empêchoit que ces deux armées ne se vissent, elles descendirent presque en même temps dans une plaine où le combat se donna, tel qu'on le peut imaginer entre deux armées toutes deux commandées par de bons chefs, munis de vaillans officiers et de bons soldats, accoutumés à se bien battre. Le maréchal Du Plessis, qui fut vu des premiers et en tous lieux l'épée à la main, commandant ses troupes et combattant les ennemis, emporta la victoire sur le maréchal de Turenne, qui, pour n'être pas si heureux que lui, n'en eut pas moins de réputation.

La Reine fut ravie de voir que ses souhaits avoient été accomplis. Il lui sembla que Dieu, par cette défaite, vouloit confondre la malice de ses persécuteurs, honorant, par un si favorable succès, celui qu'ils avoient tort de mépriser, et qu'ils haïssoient tant sans savoir pourquoi. A cette nouvelle, je m'approchai de la Reine qui étoit au lit, pour lui témoigner la part que je prenois à son contentement. Je la trouvai toute pénétrée de reconnoissance envers le Ciel ; et, après avoir adoré la Providence divine, en me donnant sa main dans la mienne, elle me fit l'honneur de me dire : « Prions Dieu, et ne nous « amusons point à autre chose qu'à le remercier « de toutes ses bontés : c'est lui qui m'assiste. » Le plaisir que le maréchal Du Plessis reçut de sa victoire fut balancé par la perte de son fils le comte Du Plessis, l'aîné de sa maison, et honnête homme. Il en avoit déjà perdu un autre en pareille occasion, en gagnant une autre bataille devant Crémone ; et cette seconde perte lui ayant renouvelé la douleur de la première, il en fut doublement affligé. Ce même maréchal m'a néanmoins avoué depuis, en me parlant de la mort de ses deux fils, que la joie de gagner une bataille est si sensible, qu'elle enlève l'ame d'un homme au-dessus de tout ce qui la peut toucher dans le monde : me faisant entendre que ce qui regarde notre honneur et notre gloire nous paroît plus propre et nous est plus cher que nos enfans, que nous ne saurions aimer que comme d'autres nous-mêmes ; au lieu que nous nous aimons bien moins nous-mêmes que notre honneur, pour lequel nous nous sacrifions tous les jours.

Pendant que le ministre s'occupoit à gagner des batailles contre les ennemis de l'Etat, les siens particuliers, malgré ses heureux succès, combattoient contre lui avec toutes leurs forces, et, sans qu'il le sût, lui préparoient de grands maux. La princesse palatine acheva dans ce temps-là de gagner entièrement madame de Chevreuse, en lui promettant, de la part des princes, le mariage du prince de Conti avec mademoiselle de Chevreuse. Ce n'étoit pas un avantage fort extraordinaire à une princesse de la maison de Lorraine, qui étoit belle et riche, que d'épouser un prince du sang assez mal composé de sa personne ; mais les grands desseins qui furent imaginés sur cette liaison firent que l'affaire étant tournée par le beau côté qu'on pouvoit lui donner, devint à madame de Chevreuse une chose d'une grande conséquence. Elle entra dans cette pensée par l'état de la cour, par le peu de sûreté qu'il y avoit en l'humeur du duc d'Orléans, par la grandeur du prince de Condé, et par la considération où se mettoit le parlement, qui commençoit de lui être affectionné. Elle crut enfin qu'elle pouvoit beaucoup espérer de cette alliance, et que M. le prince, à la tête de ses amis et de ceux qu'elle lui donneroit, pourroit tout ce qu'il lui prendroit envie de prétendre.

Le coadjuteur, plus difficile que les autres, ne se laissoit point gagner par ceux que la princesse palatine envoyoit traiter avec lui ; mais le jugeant entièrement nécessaire à ses desseins, elle alla le trouver elle-même, et sut si bien le persuader, à ce qu'elle m'a dit depuis, tant par ses intérêts que par ceux de mademoiselle de Chevreuse qu'il aimoit tendrement, qu'elle l'engagea dans ce parti. Elle lui promit que le prince de Condé le serviroit dans sa prétention du chapeau, et lui dit de plus qu'à son défaut elle le feroit nommer par la reine de Pologne sa sœur, qui avoit un chapeau à donner : et madame de Chevreuse, déjà liée à ce projet, aida beaucoup à l'engager dans cette ligue. Le coadjuteur, s'étant enfin promis aux intérêts des princes, travailla aussitôt à la liaison du duc d'Orléans et des prisonniers. On avoit souvent de leurs nouvelles par certaines gens qu'ils avoient achetés ; et toutes ces propositions reçurent leur perfection par leur consentement et leur confirmation.

Le cardinal fut averti sur la frontière de ce qui se passoit au parlement en faveur des princes ; mais il ne sut point ce qui se traitoit secrètement entre les princes, les frondeurs et la princesse palatine. Ces émotions publiques, quoique d'elles-mêmes assez fortes, ne furent pas capables de l'étonner. Il y eut de ses amis qui lui conseillèrent, voyant tant de rumeur dans Paris contre lui, de ne point revenir ; mais ignorant les liaisons qui venoient de se faire, il ne s'arrêta pas à leur conseil, et résolut son retour à Paris. Il s'amusa quelques jours seulement dans Amiens, pour savoir le succès de cette délibération et des assemblées du parlement.

Le même jour 17, que la nouvelle du gain de la bataille étoit arrivée, on délibéra au parlement sur la requête de madame la princesse, présentée par Des Landes-Payen. Beaucoup opinèrent de faire des remontrances à la Reine, disant qu'elle seroit très-humblement suppliée de mettre les princes en liberté, et d'éloigner le cardinal Mazarin des affaires, comme incapable, et perturbateur du repos public; mais l'heure venant à sonner avant que tous les conseillers eussent opiné, ni que le premier président eût recueilli les voix de la compagnie, l'assemblée fut rompue et remise à une autre fois. Dans cette journée, un nommé Menardeau, des amis du cardinal et serviteur du Roi, dit que les princes du sang étoient comme les enfans de la maison royale; que le père pouvoit corriger ses enfans, sans qu'on pût y trouver à redire; que le parlement anticipoit sur les droits de l'autorité royale; qu'il n'avoit point de juridiction sur les actions des rois; qu'il n'avoit que le droit d'exception, c'est-à-dire qu'entre plusieurs choses que les rois demandoient au parlement, il avoit droit d'en excepter quelques-unes qui seroient à la foule du peuple. Mais ce bonhomme fut sifflé et moqué de toute la compagnie, comme s'il eût dit des extravagances.

Le parlement, au sortir de cette délibération, fut invité par le Roi de se trouver à Notre-Dame au *Te Deum* qui se chanta ce jour-là, pour rendre grâces à Dieu du gain de la bataille. Le cardinal envoya orner l'église des dépouilles des ennemis; et cette gloire augmenta plutôt la rage de ceux qui vouloient le désordre qu'elle ne la diminua. Il y a des maladies où les meilleurs remèdes se tournent en poison à ceux qui les prennent, à cause que les humeurs sont mal disposées. La Reine, qui voyoit le duc d'Orléans autoriser tout ce qui se faisoit contre elle, lui en faisoit beaucoup de plaintes; mais lui, sans déclarer entièrement ses sentimens, qui étoient encore incertains dans son ame, lui répondit toujours qu'il avoit employé les frondeurs à servir le Roi pendant son voyage de Bordeaux, et qu'il ne pouvoit pas les abandonner, leur ayant même promis de les raccommoder avec elle : ce qui, à ce qu'il lui disoit, ne lui devoit pas être tout-à-fait impossible.

Le 29 du mois, cette célèbre délibération en faveur des princes s'acheva entièrement. Je ne répéterai point les avis de chaque parti : tant de redites m'importunent moi-même. La conclusion fut que remontrances seroient faites à la Reine sur la prison des princes, et qu'elle seroit très-humblement suppliée de les mettre en liberté, n'étant point accusés d'aucun crime; et les gens du Roi furent chargés de demander audience à la Reine pour être écoutés. Ils la firent, et elle les remit à quelques jours après qu'elle se porteroit mieux. On ne nomma point le ministre dans cet arrêté, les amis des princes l'ayant ainsi désiré, à cause que le cardinal, voyant le bonheur se tourner de leur côté, par cette fine et trompeuse politique qu'il observoit dans toutes les occasions où il se trouvoit embarrassé, leur avoit envoyé donner de grandes espérances de les contenter, et leur avoit témoigné vouloir revenir à Paris avec le dessein de s'accommoder avec eux.

Le 31 de décembre, nous le vîmes arriver, fort bien reçu de la Reine et du peuple, qui s'assembla dans les rues pour le voir passer. Le duc d'Orléans n'étoit point chez la Reine; mais le lendemain il alla à l'hôtel de Chevreuse, d'où il envoya querir le garde des sceaux de Châteauneuf et Le Tellier, et leur dit qu'il n'alloit point au Palais-Royal, parce que de tous côtés on l'avoit averti qu'on le vouloit arrêter. Ces deux hommes revenant dire à la Reine les soupçons de ce prince, elle les renvoya lui donner parole de sûreté, et lui dire que la chose étoit très-fausse. Le duc d'Orléans, ayant repris courage, vint alors chez la Reine, et le cardinal alla au devant de lui jusque dans l'anti-chambre. Ce prince, en l'embrassant, lui dit quelques paroles assez civiles et obligeantes; mais il n'alla point chez lui.

[1651] Le 3 janvier de la nouvelle année, le duc d'Orléans alla au Palais-Royal et y demeura fort peu, sans entrer avec le ministre en nulle matière de conséquence.

Le 4 janvier, le duc d'Orléans alla voir le cardinal. Ce prince, ce jour-là, étoit un peu mieux disposé, par les diligences que le ministre faisoit faire sous main pour le regagner. Ils demeurèrent assez long-temps ensemble en conversation secrète, et on s'imagina que toutes ces divisions alloient se raccommoder. Dans le vrai, ce ne furent que reproches de part et d'autre, et de grandes justifications du côté du ministre, que le duc d'Orléans reçut assez gravement. Il étoit si grand par lui-même, et alors si considérable, qu'on peut presque dire qu'il étoit aussi absolu en France que s'il en eût été le roi. Dieu lui avoit donné de l'esprit et de la raison : et toutes ces choses ensemble pouvoient l'établir dans une félicité stable et permanente, autant qu'un homme la peut avoir. Mais, agissant toujours par les sentimens d'autrui sans se conseiller soi-même, il assujettissoit ses intérêts, ses pensées et ses jugemens aux passions de ceux dont il vouloit croire les conseils. Il avoit été le solliciteur du chapeau de l'abbé de La Rivière, et jusqu'à l'extrémité il avoit à peu près suivi toutes les volontés de ce favori. Il faisoit alors la même chose pour le coadjuteur, qui, voulant être cardinal, gâtoit l'esprit de ce prince; et, par la persécution que le ministre en souffroit, il prétendoit le forcer à le satisfaire. Le duc d'Orléans, se laissant conduire si facilement, se privoit de tous les avantages qu'il auroit pu légitimement prétendre pour lui-même; et on ne sauroit assez s'étonner de son aveuglement. Il n'avoit que des filles. L'aînée, qu'il avoit eue de mademoiselle de Montpensier, sa première femme, avoit beaucoup d'années plus que le Roi, et la Reine craignoit un peu son humeur trop sensible à tout ce qui pouvoit lui déplaire : mais il en avoit d'autres de son second mariage, et la plus grande de ces princesses étoit belle et fort peu éloignée de l'âge du Roi. Cette alliance pouvoit convenir à tous : du moins elle étoit sortable, et le duc d'Orléans devoit employer tous ses soins à la faire réussir. La Reine naturellement n'y auroit pas eu d'inclination : elle souhaitoit l'Infante d'Espagne, sa nièce; mais comme elle auroit dû espérer que ce prince, devenant beau-père du Roi, n'auroit pu avoir d'autres intérêts que les siens, et auroit dû en ce cas se séparer de toutes les factions qui troubloient l'Etat, elle y auroit consenti volontiers : car la raison avoit beaucoup de pouvoir sur elle. Le ministre auroit aussi sans doute fait quelque difficulté à s'engager sitôt à une chose de cette conséquence, dont le temps le devoit rendre le maître; et par elle il pouvoit espérer de se voir en état d'en tirer de grands avantages pour le royaume et pour lui; mais les conjonctures passées et présentes étoient si favorables au duc d'Orléans, que s'il avoit voulu en profiter, il auroit réduit le ministre à le servir sur ce grand article, s'il lui eût donné une entière sûreté de son affection : ce qu'il ne pouvoit faire alors qu'en se séparant de ceux qui lui étoient contraires. Il auroit sans peine, par une conduite fondée sur la justice, obtenu tout ce que de légitimes souhaits peuvent donner à un fils de France : mais il ne pensoit point à sa propre grandeur, et ceux qui l'approchoient n'avoient garde de l'en faire souvenir. Ils vouloient que leur faveur servît à leur faire donner par lui les dignités qu'ils souhaitoient. Ils les reçurent de la fortune, par le malheur qu'il eut de les croire toujours; et pour lui, il ne rencontra dans toute la conduite de sa vie que le repentir inutile de l'avoir mal employée, sans pourtant qu'on lui puisse reprocher d'avoir eu jusque là de mauvaises intentions contre les intérêts du Roi.

Une dame (1), qui a été dans la confidence du cardinal, m'a depuis dit que, peu de jours après que le duc d'Orléans se fut déclaré contre le ministre et en faveur des princes, elle avoit eu ordre de lui d'aller offrir à Mademoiselle le Roi pour mari, pourvu qu'elle empêchât le duc d'Orléans son père de se joindre au prince de Condé; que cette princesse lui répondit, en se moquant d'elle, qu'ils vouloient tenir la parole donnée à M. le prince. Elle, qui fut étonnée de ces paroles si légèrement prononcées, lui dit : « Mademoiselle, faites-vous reine, et, après que « vous le serez, vous ferez sortir les princes. » Ce conseil étoit bon; mais il ne fut pas suivi, non-seulement par les difficultés qu'elle auroit pu y rencontrer du côté du duc d'Orléans, qui, selon que je viens de le dire, ne pensoit nullement à se faire du bien à lui-même, mais parce que Mademoiselle, avec beaucoup d'esprit, de lumières, de capacité, et pleine de désirs pour la couronne fermée, n'a jamais su dire un oui qui pût lui être avantageux. Ses propres sentimens et souhaits ont toujours été surmontés en elle par des fantaisies passagères; et ce qu'elle a le plus voulu, elle ne l'a jamais accepté quand elle a pu l'avoir.

Le 5 janvier, le duc d'Orléans, qui n'avoit point encore de résolution formée, retourna chez le cardinal, où il demeura quatre heures enfermé avec lui. Il lui dit qu'il vouloit oublier pour toujours ce qui avoit pu lui déplaire, et que son dessein étoit de vivre comme par le passé. Le ministre, animé de quelque espérance de le pouvoir tout de nouveau engager dans ses intérêts, le pressa fortement de lui abandonner le coadjuteur et le duc de Beaufort; mais il ne put gagner sur lui d'y consentir : ils avoient pris de trop fortes racines dans cette ame pour en pouvoir être chassés si promptement. Il auroit fallu, pour réussir à lui faire faire ce grand coup, qu'il eût été touché de quelque désir particulier : et il n'en avoit point. Le ministre alors fut contraint de se tenir pour content de ces bonnes apparences. Ce moment fut celui qui décida de la destinée de ce prince et du ministre; car, depuis ce jour, il arriva beaucoup de choses qui les séparèrent entièrement. Il faut donc conclure, en cet endroit, que c'est un grand malheur à un homme de cette naissance de ne se pas conduire, du moins quelquefois, par ses propres lumières, quand il est capable d'en avoir, et qu'il ne lui manque que l'application nécessaire à tout homme de bon sens pour penser à ce qu'il fait, pourquoi il le fait, et à ce qui convient à sa gloire. Mais pour agir en tout avec droiture, envers soi-même et envers les autres, il faut se posséder, et savoir tirer le bien du mal. Ce fut le marquis de Seneterre qui me

(1) Mademoiselle de Neuillant, fille d'honneur de la Reine, qui depuis a été duchesse de Navailles.

conta le détail de cette conversation, qui, pour n'avoir pas été poussée avant, ne put produire de solides effets. Il me fit remarquer ce que le duc d'Orléans, avec ces avantages, auroit pu faire; car, en prenant de véritables liaisons avec le ministre, la souveraine puissance lui auroit donné des moyens de contenter l'ambition de ceux qu'il ne vouloit pas abandonner, en les privant seulement, selon la raison, d'une confiance dont il voyoit qu'ils faisoient un mauvais usage. Le soir, chez la Reine, en me serrant la main, il me dit : « Nous allons voir, ma- « dame, d'étranges révolutions. » Le cardinal, néanmoins, convia le duc d'Orléans à souper chez lui avec le Roi, pour y passer la veille des Rois. Ce prince y demeura, et ce repas se passa avec assez de liberté et de licence. Le duc d'Orléans lui-même, dans la chaleur du vin, donna lieu, sur quelque parole qu'il dit, à pouvoir faire une raillerie contre les frondeurs. Le chevalier de Guise, radouci par le cardinal, la voulut continuer; et, s'animant tout de bon, commença à chanter des chansons qu'on avoit faites contre le duc de Beaufort, et dit tout haut qu'il falloit jeter le coadjuteur par les fenêtres; et il l'auroit fait volontiers, le croyant ennemi de M. le prince, de qui il étoit aimé. Ce prince ajouta qu'en buvant à la santé de la Reine, qui étoit malade de chagrin, il falloit ce remède pour la guérir tout-à-fait. Le Roi étoit encore trop jeune pour soutenir le bruit de ces chansons libertines. Par l'avis du cardinal, il se leva de table, et y laissa le duc d'Orléans et les autres, qui s'emportèrent à de grandes gaietés. Le ministre n'y voulut pas non plus demeurer, ni entrer dans les railleries qui se faisoient contre ses ennemis; mais ce qui se passoit ne lui déplaisoit pas, et par sagesse il se retira avec le Roi dans un cabinet à part.

La Reine nous conta le lendemain, et avec plaisir, le discours du chevalier de Guise, qui fut renommé et traité d'illustre. L'état des choses étoit tel que cette action, produite par le hasard et par l'enthousiasme de la gaieté, devint considérable, et on en loua ce prince comme de la plus héroïque action du monde.

Ce qui donna de la joie à la Reine fut ce qui ensuite augmenta ses chagrins. Les frondeurs, voyant cette déclaration publique qui se faisoit contre eux, crurent qu'il falloit se presser de perdre le ministre; et le duc d'Orléans n'ayant point abandonné les frondeurs, ces belles et douteuses démonstrations en faveur du cardinal finirent aisément. Il y avoit un écrit entre la Reine et Monsieur, où ils se promettoient réciproquement de ne point donner la liberté au prince de Condé, sans le consentement commun de l'un et de l'autre. Cette promesse ne rassuroit pas le duc d'Orléans. Il voyoit qu'il désobligeoit assez le ministre pour le convier de se raccommoder avec les prisonniers; il savoit même qu'il commençoit à les favoriser; et ses conseillers, pour l'animer à haïr davantage le cardinal, l'assurèrent qu'il avoit le dessein de leur ouvrir les portes du Havre.

Le duc d'Orléans s'étant éloigné du ministre par fantaisie et par les dégoûts qui s'étoient glissés dans son ame contre lui, pressé par les frondeurs qui s'étoient liés secrètement au prince de Condé, et par la crainte de perdre le mérite de l'obliger, se laissa enfin conduire à ce que les ennemis du cardinal voulurent, et s'engagea peu à peu à travailler lui-même à la liberté de ce prince, qu'il respecta davantage quand il vit que le parlement commençoit d'entrer fortement dans ses intérêts. Laigues, qui pour sauver le coadjuteur avoit le premier proposé de mettre le prince de Condé en prison, fut celui qui frappa les plus grands coups pour l'en faire sortir, disant tout ce qu'il put au duc d'Orléans contre le cardinal pour l'en détacher entièrement. Il parut que le principal motif qu'il eut en détruisant son propre ouvrage fut le refus que fit le cardinal à madame de Chevreuse du chapeau du coadjuteur, quand, à son retour de Bordeaux, elle lui avoit demandé de l'en gratifier. Les petites choses, pour l'ordinaire, en produisent de grandes : elles nous font voir que tout ce qui arrive de plus remarquable dans le monde est souvent digne de mépris.

Le ministre, aussitôt après son retour, présenta à la Reine quelques-uns de ceux qui avoient contribué par leur valeur au gain de la bataille de Rethel. J'étois auprès de la Reine quand elle les reçut. Elle leur témoigna que leurs bons services lui avoient plu; et, se tournant vers moi, me fit l'honneur de me dire : « Ah! mon Dieu, « que j'aime ces braves gens qui ont si bien servi « le Roi ! » Les principaux en furent peu à peu récompensés. Villequier, le marquis d'Hocquincourt, La Ferté-Seneterre et La Ferté-Imbault eurent chacun le bâton de maréchal de France. Villequier prit le nom de sa maison d'Aumont, Hocquincourt garda le sien, et La Ferté-Seneterre aussi; mais La Ferté-Imbault prit celui d'Etampes. Le marquis de Grancé, gouverneur de Gravelines, qui ne fut point maréchal de France, à cause, je pense, que le duc d'Orléans s'y opposa, s'en alla à son gouvernement, mécontent et plaintif; mais il se raccommoda facilement avec le ministre, et ensuite il reçut la même grâce. Manicamp, qui avoit bien fait de sa personne en cette occasion, eut le gouvernement de La Fère, qu'on lui ôta quelques années après à cause de ses extrêmes violences.

Sur la fin de l'année précédente étoient morts le comte d'Avaux et le président de Mesmes son frère, deux hommes d'un mérite et d'une capacité extraordinaires, que l'on ne pouvoit assez regretter. L'un étoit habile dans les négociations, et fut employé dans les plus belles ambassades. L'autre étoit un magistrat qui administroit la justice avec une grande intégrité.

Le duc de La Rochefoucauld voyant les bonnes intentions du parlement, et n'ayant jamais eu d'estime ni d'amitié pour les frondeurs, voulut persuader au ministre de mettre les princes en liberté, et de s'acquérir lui seul le mérite de leur avoir fait ce bien. Il étoit alors venu se cacher chez la princesse palatine, où, sans que le duc de Beaufort, madame de Chevreuse ni le coadjuteur le sussent, on lui communiquoit toutes les propositions qui se faisoient sur cette négociation. Quand il vit toutes leurs affaires se disposer à une heureuse fin, il souhaita que ce fût le cardinal Mazarin qui pût y mettre la conclusion. La voie des frondeurs ne lui plaisoit point, et celle de la cour lui auroit été fort agréable. Les grands seigneurs trouvent toujours leur avantage à s'attacher au Roi et à leurs ministres; c'est de cette seule ressource d'où leur peuvent venir les grâces et les bienfaits. Il s'imaginoit avec raison que remettant la paix et l'union entre M. le prince et M. le cardinal, il en pourroit recevoir une haute récompense; et il voyoit avec plaisir qu'en cette occasion ses intérêts et son devoir se rencontreroient ensemble. Il fit donc savoir au ministre qu'il désiroit de le voir, et lui demanda sûreté pour sa personne par un écrit de sa main : ce qu'il obtint facilement; et le ministre lui garda une fidélité tout entière. Bartet, créature du cardinal, qui ne l'étoit qu'autant qu'il lui convenoit paroître tel, et qui étoit mêlé dans plusieurs intrigues, tant par la princesse palatine que par d'autres, mena souvent le duc de La Rochefoucauld chez le cardinal pour traiter avec lui. Il entroit dans son appartement du Palais-Royal par un petit escalier dérobé; et le ministre seul, avec une bougie à la main, leur venoit ouvrir la porte. J'ai ouï dire au duc de La Rochefoucauld que le cardinal venant seul leur ouvrir la porte, il auroit pu facilement le tuer, et qu'il avoit souvent admiré sa confiance et le hasard où il se mettoit, se livrant au meilleur ami qu'eût alors M. le prince et madame de Longueville. Le ministre de même l'auroit pu faire arrêter; mais la fidélité ayant été égale des deux côtés, le duc de La Rochefoucauld n'oublia rien pour convier le ministre à se tourner du côté du prince de Condé. Il lui dit souvent, sans lui découvrir le fond du mystère, qu'il verroit bientôt éclater de grandes persécutions contre lui. Il fit ce qu'il put pour lui faire voir qu'il avoit quelque chose à craindre ; mais le ministre, qui ne savoit rien de la liaison des princes avec les frondeurs, qui avoit peur de l'audace du prince de Condé, de l'intrigue de madame de Longueville et de l'ambition du même duc de La Rochefoucauld, n'y voulut point entendre, et ne voulut jamais lui en donner aucune parole positive. Toutes ces conférences n'ayant eu aucun effet, le duc de La Rochefoucauld se résolut de laisser conclure les traités, de consentir que la princesse palatine achevât son ouvrage avec le duc de Nemours, qui servit le prince de Condé de tout son possible.

La princesse palatine, de son côté, en fit autant qu'en avoit fait le duc de La Rochefoucauld. Elle conseilla à M. le prince de s'accommoder avec la cour plutôt qu'avec les frondeurs. Après avoir apprêté toutes ses batteries, elle fit dire aussi au cardinal, par Bartet, qu'il étoit perdu s'il ne se résolvoit pas de mettre les princes en liberté : l'assurant que s'il ne le faisoit promptement, il verroit dans peu de jours toute la cour et toutes les cabales liées contre lui, et que toute assistance lui manqueroit. Ces menaces et ces prophéties si certifiées l'étonnèrent un peu, et lui firent douter de ce qu'il feroit ; mais il ne put se résoudre d'ouvrir les portes à son ennemi. Il temporisa, pour éviter d'être pris pour dupe : il voulut travailler à découvrir la source de ces maux, et voir par quel moyen il pourroit dénouer toutes ces intrigues. Pour commencer à prendre ses précautions, il envoya prier la princesse palatine de différer quelque temps à lui faire tout le mal dont elle le menaçoit, afin de lui laisser penser à ce qu'il avoit à faire. Elle lui en donna, à ce qu'elle m'a dit, autant qu'elle le put, sans rien négliger de ses autres négociations; mais enfin voyant que le ministre se moquoit d'elle, et qu'elle ne pouvoit plus retarder l'accomplissement des choses qu'elle avoit commencées avec un si heureux succès, elle signa quatre traités particuliers avec ceux qu'elle avoit engagés dans les intérêts des princes. Le premier étoit avec le duc d'Orléans, où le mariage du jeune duc d'Enghien et d'une des filles de ce prince fut arrêté : lui qui ne vouloit point avoir de grands intérêts, s'avisa d'en avoir un, qu'il lui étoit raisonnable de désirer, mais qui ne devoit point l'obliger à rien d'extraordinaire. Il fut conseillé d'y penser par ceux qui avoient du pouvoir auprès de lui, qui crurent que cette liaison rendroit l'amitié de ces deux princes plus forte et plus sûre. Comme cette alliance fut facilement promise, elle fut rompue de même, et M. le prince ne l'estima guère. Le second avec madame de Chevreuse, pour le mariage du prince de Conti avec mademoiselle de Chevreuse, qui n'eut pas un meilleur succès. Un autre avec le coadjuteur pour le chapeau, qu'il n'eut point par cette voie. Et le quatrième avec le garde des sceaux de Châteauneuf, pour le faire premier ministre. Ce dernier fut signé en secret, à cause de la place qu'il occupoit : il ne voulut jamais être nommé en rien. Ensuite de tant de choses, tout éclata contre le ministre, et il ne vit que trop que les menaces qu'on lui avoit faites avoient la vérité pour fondement.

Le 7, le parlement envoya ses députés au duc d'Orléans, pour le supplier d'être le médiateur, envers la Reine, de la liberté de M. le prince. Il leur répondit qu'il le feroit volontiers, et qu'il se chargeoit de savoir sur cela sa volonté. Il parut alors, par cette conduite, que ce prince vouloit commencer à se déclarer en faveur des princes. La Reine en fut étonnée; mais elle crut que ce n'étoit pas tout de bon, parce que ce prince ne voulut pas encore s'en expliquer nettement; et le ministre de même y fut trompé.

Le 18, la Reine reçut les députés du clergé, qui lui firent une très-humble supplication sur le même sujet, et particulièrement en faveur du prince de Conti, qu'ils prétendoient être de leur corps. Le 20, cette princesse, encore malade, reçut dans son lit cette célèbre députation du parlement, qui avoit déjà fait du bruit par le consentement que le duc d'Orléans avoit paru y donner, et qui en effet fut suivie de grands et fâcheux événemens. Il y eut ce jour-là beaucoup de presse dans la chambre de la Reine, et autour de son lit : chacun vouloit entendre la harangue qui alloit être faite.

Ceux de cette compagnie qui étoient affectionnés aux princes disoient hautement qu'ils vouloient commencer par la prière et les remontrances; mais que s'ils n'obtenoient pas par cette voie ce qu'ils demandoient à la Reine, ils se serviroient de celle que la force leur pouvoit permettre. Le premier président Molé, sans parler des heureux succès de la régence, ni de la dernière bataille gagnée, cita les mauvais avec une liberté démesurée, et les exagéra comme plus grands qu'ils n'étoient en effet, au détriment de la majesté royale et de la conduite du ministre. Il demanda à la Reine la liberté des princes plutôt en maître qu'en suppliant, montrant en cela qu'il étoit fort instruit de leurs intérêts, et des négociations qui avoient été faites en leur faveur. La Reine en eut dépit; et le ministre, malgré sa dissimulation ordinaire, en parut altéré. Le duc d'Orléans, après avoir écouté ce discours, le désapprouva ; et Mademoiselle, qui ne savoit pas encore tout ce qui se passoit, après la harangue finie, me dit qu'elle avoit rougi deux fois de colère, et que la Reine eût bien fait de faire jeter le premier président par les fenêtres. Il est néanmoins certain que le premier président jusqu'alors avoit été serviteur du Roi : il souhaitoit servir les princes par le ministre; mais pour lui vouloir faire peur, il alla trop loin, et passa en cette occasion les justes bornes de son devoir. Il ne manqua pas aussi d'y travailler par les voies de la douceur, pressant le cardinal, de même que les autres, d'y consentir; et comme il ne gagna rien, et qu'il vouloit y réussir, il fut contraint, à cause de sa résistance, de le presser par cette voie. Elle ne convenoit pas à un sujet qui paroissoit vouloir être fidèle, et il fut blâmable d'en avoir usé de cette manière. La corruption de quelques esprits de sa compagnie ne sauroit le justifier : il faut en tout temps connoître son devoir et le suivre.

Ce même jour-là, Chandenier, qui avoit été remis dans sa charge de capitaine des gardes, de même que ses confrères qui enfin étoient rentrés en grâce, reçut le commandement de quitter le bâton, et de se retirer chez lui, disgracié pour la troisième fois. Il étoit ennemi déclaré du ministre : il faisoit ostentation de sa haine; et comme il en avoit été maltraité, il avoit toujours conservé ce ressentiment contre lui, malgré son retour, qui paroissoit l'avoir raccommodé avec lui. Il avoit pris de grandes liaisons avec le coadjuteur : si bien que le cardinal crut être obligé de s'en défaire; et la Reine, par cette même raison, en fut mal contente. Elle l'avoit toujours estimé et bien traité. Il avoit du mérite et de bonnes qualités; mais il se laissa trop facilement persuader que c'étoit être généreux que de s'opposer en apparence ou en effet à la faveur du cardinal. Il voulut parler à la Reine avant que de se croire entièrement malheureux. Il le fit, et cette princesse lui donna une assez longue audience; et comme j'étois auprès d'elle, j'entendis qu'elle lui dit : « C'est assez, Chandenier, c'est « assez. » Après ces paroles, il se sépara de la cour pour toujours, et voulut chercher dans le repos d'une agréable retraite un bonheur véritable et solide. Il l'a trouvé, et vit heureux.

La chambre des comptes vint aussi supplier la Reine de redonner la liberté au président Pérault, intendant de la maison du prince de Condé, et qui avoit été arrêté, comme je l'ai dit, le même jour que ce prince. Cette harangue fut faite par le président Nicolaï, et d'une manière respectueuse. La Reine l'en loua, et leur fit répondre par le garde des sceaux qu'elle considéreroit favorablement leur prière.

Le cardinal, afin d'éviter cet orage, dont il se trouvoit accablé sans savoir de quel côté il venoit, fit paroître de vouloir se lier tout de nouveau avec le prince de Condé. Pour en donner quelques marques évidentes qui pussent persuader et les uns et les autres, il dit au maréchal de Gramont que pour lui, il souhaitoit leur liberté, qu'il y travailleroit volontiers auprès de la Reine; mais que le duc d'Orléans s'y opposeroit, et qu'il seroit sans doute un obstacle invincible à ce dessein. Il fut moqué des acteurs : les traités secrets avoient changé le cœur du duc d'Orléans, et le ministre les ignoroit. Ce prince se piqua de ce discours. Il répondit au maréchal de Gramont, quand il lui en parla, que le cardinal avoit tort de lui vouloir mettre cette affaire sur le dos; que pour lui, il étoit prêt de consentir qu'ils fussent mis en liberté; et lui donna charge, comme ami particulier de M. le prince, de dire de sa part à la Reine et au cardinal Mazarin, qu'il en feroit une déclaration publique quand il plairoit à Sa Majesté. La Reine fut alors véritablement surprise de ce discours. Elle avoit dit assez hautement que tout ce que le parlement faisoit n'auroit point d'autre effet que de faire fermer davantage les portes de la prison des princes; mais alors elle connut que cette résolution du duc d'Orléans étoit fâcheuse. Le ministre en fut d'abord fort embarrassé; mais comme il ne pensoit qu'à les tromper tous, il crut qu'ils en usoient de même à son égard, et que le duc d'Orléans ne parloit de cette sorte que pour le tourmenter et pour faire plaisir au coadjuteur, qui étoit bien aise de lui donner des affaires. Cela fut cause qu'il ne décida pas encore s'il feroit sortir les prisonniers, et qu'il se contenta seulement d'en faire le semblant.

Le cardinal voulant en cette rencontre rendre la pareille au duc d'Orléans, croyant finement lui déplaire, ne manqua pas de dire au maréchal de Gramont qu'il étoit ravi d'avoir le consentement du duc d'Orléans pour la liberté des princes : il lui dit que la Reine y consentoit aussi et de très-bon cœur, et qu'il alloit y travailler. Aussitôt après il manda le duc de La Rochefoucauld et le marquis de Sillery, pour traiter avec eux, à Stenay, avec madame de Longueville et le maréchal de Turenne. Toutes ces choses s'exécutèrent avec un grand dégoût de part et d'autre, et avec le succès que devoit avoir une négociation forcée, et dont la sincérité étoit bannie.

Le parlement demanda une réponse positive à la Reine sur les remontrances qu'on lui avoit faites; et cette princesse les fit venir dans sa chambre, où le garde des sceaux leur promit ce qu'ils demandoient; mais il leur dit par son ordre que premièrement il falloit envoyer à Stenay, afin que madame de Longueville se pût retirer des mains des Espagnols. Il les assura, de la part de la Reine, qu'elle alloit faire dresser une abolition en faveur des prisonniers, et qu'on la leur enverroit. Le lendemain il y eut encore une grande presse au Palais-Royal pour entendre cette réponse, qui se fit dans la ruelle du lit de cette princesse, où elle étoit retenue par les restes de sa maladie. Le garde des sceaux parla si bas et si mal que personne n'y put presque rien comprendre; et dans cette occasion, non plus que dans beaucoup d'autres, il n'acquit pas la gloire d'être grand orateur : il est à croire aussi que le remords de sa conscience l'empêchoit de parler sur ce sujet.

Le premier février, le parlement s'assembla pour la même affaire. Cette compagnie doutoit, avec quelque sujet, des bonnes intentions de la Reine. Ce n'étoit pas une chose agréable à une si grande reine de se voir forcée, par les sujets du Roi son fils, à faire ce qu'elle ne désiroit pas : et comme ils cherchèrent les moyens de lui faire exécuter ce qu'elle leur avoit promis, la fortune leur en donna de tels, qu'ils eurent lieu d'en être contens.

Le coadjuteur, jugeant qu'il étoit temps de se déclarer ouvertement, prit cette occasion pour faire voir ses sentimens. Il dit dans la grand'chambre que la liberté des princes étoit un bien nécessaire à l'État et au public; qu'il y falloit travailler tous unanimement; que c'étoit son avis, et qu'il avoit ordre de M. le duc d'Orléans d'assurer la compagnie que Son Altesse Royale désiroit la même chose; qu'il étoit prêt de travailler à ce dessein avec tout le pouvoir que sa naissance lui donnoit dans le royaume. Le duc de Beaufort confirma ce que venoit de dire le coadjuteur, et témoigna aussi désirer la liberté des princes. Presque tous furent surpris de ce discours : ils croyoient, selon ce qui avoit paru pendant le voyage de Bordeaux, que le duc d'Orléans étoit sur ce chapitre de même avis que la Reine; et ce changement causa une joie universelle à toute la grand'chambre. Il y en avoit peu qui ne fussent favorables aux prisonniers; et ceux qui ne l'osoient être, à cause du duc de Beaufort et du coadjuteur, se trouvèrent alors en pleine liberté de suivre leurs sentimens. Le coadjuteur ensuite fut rendre compte au duc d'Orléans de ce qu'il avoit fait, qu'il accompagna d'une infinité de louanges que la voix publique avoit données à sa générosité. Ce prince en sentit de la joie : il n'examina point les motifs qui lui avoient fait prendre cette résolution, qui sont les seuls qui font les actions bonnes ou mauvaises ; et, avant que de fouiller dans son cœur, il se crut généreux, il se crut bon, et s'imagina qu'il avoit fait une action tout-à-fait héroïque. Si le duc d'Orléans, par un sentiment de vertu et par des voies toutes légitimes, s'étant entièrement réuni à la Reine, avoit procuré la sortie des princes et la paix de la cour, selon qu'il lui auroit été facile d'en trouver les moyens, sa conduite en ce cas auroit été louable et pleine de gloire ; et la Reine, qui seroit volontiers entrée dans ce dessein, lui en auroit été obligée. Mais, dans le vrai, ce prince n'en méritoit nulle estime, puisqu'il étoit visible que l'intrigue des frondeurs et sa facilité à suivre leurs conseils en étoit la seule cause. Ces événemens si extraordinaires étonnèrent infiniment le ministre. Il voyoit que la liberté des princes étoit devenue l'affaire de tous, et il ne pouvoit deviner les ressorts de ces grands mouvemens, ni ce qui avoit eu le pouvoir de changer si promptement les cœurs, les esprits, les intérêts de tant de différentes cabales.

Ce même jour, le duc d'Orléans vint au Palais-Royal. Le ministre voulut lui parler contre le coadjuteur, et se justifier à lui sur les choses dont il le blâmoit. Dans cette conversation, il arriva que le ministre, parlant du parlement, en fit quelque comparaison à celui d'Angleterre, et des frondeurs à Fairfax et à Cromwel, mais d'une manière qui pouvoit avoir un sens fort raisonnable, et dont il ne devoit point être blâmé. Le duc d'Orléans, ne sachant que lui dire pour se défaire de lui, prit pour prétexte de se fâcher de ce discours, et s'en alla brusquement de chez la Reine. Le Tellier lui demanda si tout ce que le coadjuteur avoit dit de sa part en faveur des princes étoit véritable et approuvé de lui. Le duc d'Orléans lui répondit fièrement qu'il avoit parlé selon ses sentimens et selon ses ordres, et qu'il approuveroit toujours tout ce qu'il voudroit dire et faire. Alors le cardinal Mazarin, voyant bien qu'il falloit que les princes sortissent de prison, envoya le maréchal de Gramont et de Lyonne traiter avec eux. Goulas, secrétaire des commandemens de M. le duc d'Orléans, accompagna les deux autres par l'ordre de son maître.

Le lendemain le duc d'Orléans, poussé par le coadjuteur, envoya querir le maréchal de Villeroy et Le Tellier. Il leur ordonna de dire de sa part à la Reine qu'il étoit mal satisfait du cardinal, qu'il lui avoit parlé insolemment, qu'il lui en demandoit raison ; et la pria de lui déclarer qu'il désiroit qu'elle l'éloignât de ses conseils, et qu'il n'y prendroit jamais sa place qu'elle ne l'eût chassé. Il dit au maréchal de Villeroy qu'il vouloit qu'il lui répondît de la personne du Roi, et qu'il le lui ordonnoit en qualité de lieutenant général du royaume.

Le jour suivant 3 février, ce prince, qui jusqu'alors eut tant de considération pour la Reine, se portant quasi aux dernières extrémités, manda aux quarteniers de la ville de tenir leurs armes prêtes pour le service du Roi, leur défendant absolument de recevoir d'autres ordres que les siens. Il dit aussi au garde des sceaux et à Le Tellier de ne rien expédier sans lui être communiqué. En même temps il envoya le coadjuteur au parlement, pour l'instruire des désirs qu'il avoit de faire sortir les princes, et pour leur apprendre à tous qu'il se déclaroit contre le ministre. Il prit un prétexte fort indigne de lui pour se dire son ennemi. Le coadjuteur leur annonça, de la part de ce prince, qu'il avoit querellé le cardinal, parce qu'il avoit eu la hardiesse, en présence de la Reine, de comparer leur compagnie au parlement d'Angleterre, et qu'il avoit appelé les frondeurs des Fairfax et des Cromwels. Celui qui faisoit la narration, pour la rendre plus odieuse, l'amplifia de toutes les paroles qu'il jugea devoir fâcher les auditeurs, et leur rendit compte aussi de ce que le duc d'Orléans avoit mandé à la Reine par le maréchal de Villeroy et par Le Tellier. Ce discours excita une furieuse rumeur dans le parlement contre le cardinal ; on y fit des propositions contre sa liberté et sa vie. Il y en eut trois de terribles : la première, de le faire arrêter ; la seconde, dont fut auteur le président Viole, de le faire venir au parlement pour y répondre de son administration, et faire réparation de ce qu'il avoit dit contre l'honneur de la nation. Coulon fut d'avis de faire faire des remontrances à la Reine pour l'éloigner ; et on cria *vive le Roi! et point de Mazarin!*

Ce même jour, pendant que les voyages se faisoient du Palais-Royal au Luxembourg, le ministre vint chez la Reine ; il dit tout haut, en présence de tout le monde, qu'il avoit prévu cet orage. Il fit un grand raisonnement sur les causes du mauvais état de la cour, les attribua presque toutes à l'ambition déréglée du coadjuteur, et dit que pour lui, il étoit prêt de partir, si son absence pouvoit redonner le calme à la France. Il offrit à la Reine de s'en aller, et l'assura que le zèle qu'il avoit pour son service et pour l'Etat le feroit toujours très-volontiers sacrifier sa vie pour sa conservation ; mais il protesta en même temps que si le Roi et la Reine ne le vouloient pas laisser aller, il demeureroit fort constamment auprès de Leurs Majestés pour les servir, et n'épargneroit pour cela ni sa vie ni son honneur. Beaucoup d'officiers de guerre s'offrirent à lui pour faire tout ce qu'il lui plairoit, et quelques-uns lui conseillèrent alors de faire venir des troupes et de tenir bon dans Paris ; mais il n'osa hasarder la famille royale : et la Reine, plus intéressée que lui à la conservation du Roi et de Monsieur, ne voulut entrer dans aucune de ces propositions. Elle fut touchée de douleur quand elle sut ce que le duc d'Orléans avoit dit au maréchal de Villeroy, et connut la conséquence du commandement qu'il avoit fait aux quarteniers et au prévôt des marchands. Elle crut alors qu'elle devoit tout craindre de ce prince, qui, malgré sa bonté naturelle, étoit capable des plus grandes violences quand il écoutoit de méchans conseils. Dans cette extrémité, elle se résolut d'essayer si ce pouvoir qu'elle avoit toujours eu sur lui ne lui laisseroit point quelque reste d'équité pour elle. Elle lui envoya dire qu'elle vouloit l'aller voir, et qu'elle souhaitoit que le cardinal le vît, afin qu'il pût se justifier à lui des calomnies de ses ennemis. Le duc d'Orléans répondit durement à cette civilité, et lui manda qu'il ne lui conseilloit pas d'y venir, et qu'il n'y avoit point de sûreté pour elle. La Reine lui envoya dire qu'elle ne craignoit point le peuple, qu'elle savoit assez qu'il avoit du respect pour elle, et qu'elle vouloit y aller toute seule, puisque la vue du cardinal Mazarin pouvoit lui déplaire. Il répliqua à cette seconde ambassade qu'elle n'y vînt pas, et qu'assurément elle ne seroit pas en sûreté. Elle jugea par cette réponse qu'il ne la vouloit pas voir, et se reposa sur la confiance qu'elle avoit en Dieu et sur les forces de son propre courage. Le Tellier m'a dit depuis que, dans ce temps si brouillé où la Reine vit l'Etat menacé de tant d'orages, elle l'appela un jour, et lui dit qu'elle voyoit bien que tout étoit à craindre ; que cette vue lui faisoit préférer le bien de la France, le repos de l'État, et surtout les intérêts du Roi, à toutes choses ; que ses intentions avoient toujours été droites ; qu'elle considéroit le cardinal, qu'elle le croyoit fidèle, et que jusque là elle avoit été persuadée qu'elle étoit obligée de le soutenir ; qu'elle le croyoit encore, et que c'étoit son sentiment ; mais que, craignant de se tromper, elle avoit voulu lui demander conseil sur ce qu'elle avoit à faire, et qu'elle le conjuroit, comme fidèle serviteur du Roi, de lui dire au vrai ce qu'il croyoit qu'elle devoit faire pour satisfaire à son devoir, connoissant qu'elle avoit à se craindre elle-même sur une affaire de cette importance. Ce sage ministre m'a dit qu'il fut surpris d'une telle déclaration, et fort embarrassé ; et que ne sachant en effet ce qui se devoit ou ce qui se pourroit faire de mieux, il conseilla la Reine de suivre ses premiers sentimens, comme les croyant les meilleurs. On peut juger par là que cette princesse, en soutenant son ministre avec tant de constance, ne l'avoit pas fait sans examiner avec elle-même, et avec ceux qu'elle avoit crus gens de bien et fidèles, les motifs qui la dévoient faire agir, et sans consulter ses devoirs, qui paroissent, par cette conversation, avoir été les conducteurs secrets de sa fermeté et de ses actions. Je ne sais si Le Tellier, qui pouvoit être occupé aussi du dessein de conserver sa faveur, ne fit pas cette réponse par la peur de déplaire au cardinal. Dans la confidence qu'il m'a faite de ce grand endroit, j'ai, ce me semble, aperçu qu'il avoit été touché, et que, n'osant espérer qu'un changement se pût faire si facilement, il crut être obligé de ne rien hasarder. Il douta, et eut peur que la Reine, si son conseil venoit à manquer de bonheur, ne le dit au cardinal ; il m'avoua sincèrement que, toutes ces craintes lui étant venues dans l'esprit, il pensa l'en avertir ; mais qu'enfin, ayant exactement suivi son devoir et ce qu'il croyoit être le meilleur parti, il avoit gardé le secret à la Reine, et que jamais le cardinal n'en avoit rien su.

Le duc d'Orléans, voulant achever son œuvre, alla au parlement le 4 de février, de grand matin, avec intention de faire donner un arrêt contre le cardinal Mazarin. Il voulut s'opposer au premier président, qui, désirant travailler à la paix de la maison royale, avoit déjà dit dans l'assemblée dernière que, puisque la Reine consentoit à la liberté des princes, il étoit juste que les prisonniers la reçussent par elle : mais ce n'étoit pas ce que les frondeurs désiroient. Le duc d'Orléans y fut accompagné des ducs de Beaufort, de Joyeuse, de Retz, du coadjuteur, et de beaucoup de grands du royaume qui ont séance au parlement. Il parla long-temps et fort bien : en ces occasions, ce prince faisoit assez connoître qu'il avoit du savoir, de l'esprit, et que sa jeunesse avoit été utilement occupée. Il informa la compagnie des sujets qu'il croyoit avoir de se plaindre du cardinal ; il exagéra les calomnies qu'il avoit dites contre leur illustre corps, et confirma lui-même en faveur des princes tout ce que le coadjuteur leur avoit dit de sa part. Il déclara qu'il n'avoit jamais consenti à la détention des princes que malgré lui, et pour complaire à la Reine, qui, par les mauvais conseils de son ministre, avoit désiré de les faire arrêter. Il leur

24.

dit que sa conduite étoit blâmable en toutes choses, et que, voyant l'Etat perdu et la finance mal gouvernée, il avoit fait cette résolution de ne plus suivre les sentimens de la Reine; qu'il avoit toujours eu pour elle beaucoup de déférence et de respect; qu'il continueroit d'avoir ces mêmes sentimens, mais qu'il lui avoit mandé qu'il ne pouvoit plus aller au conseil que premièrement elle n'eût chassé d'auprès d'elle le cardinal; et qu'ayant pris cette résolution, il venoit leur demander avis sur ce qu'il avoit à faire.

Cette déclaration du duc d'Orléans plut à toute la compagnie: elle étoit depuis long-temps malintentionnée, et avoit pris le cardinal pour l'objet de sa mauvaise humeur. Les deux cabales étoient unies; elles composoient un grand nombre de gens tous disposés à fronder.

Le premier président, qui ne s'écartoit pas souvent de son devoir, répondit au duc d'Orléans avec des marques d'estime et de respect pour tout ce qui venoit de lui; mais voulant modérer cette impétuosité, il dit que M. le maréchal de Gramont étoit parti pour aller faire sortir les princes; qu'en son particulier il souhaitoit que sa négociation eût une heureuse fin; mais que la Reine l'ayant envoyé dans ce dessein, il n'étoit pas juste de lui en ôter la gloire, puisque enfin le Roi devoit être maître absolu de tous; et quant à ce qui le regardoit en particulier sur le sujet des plaintes qu'il faisoit du ministre, qu'il osoit bien lui dire que c'étoit à lui à y chercher par sa prudence des remèdes qui fussent plus doux que ceux qu'on proposoit, puisqu'il étoit raisonnable que nos rois fissent le choix de leurs ministres, et qu'il n'étoit pas de sa bonté de vouloir mettre le feu aux quatre coins de la France pour des ressentimens passagers qui se pourroient aisément effacer.

Pendant que ces raisonnemens se font dans le parlement, la Reine étoit occupée au Palais-Royal de ces mêmes choses, c'est-à-dire qu'elle vouloit faire rompre cette assemblée et se plaindre à son tour. Elle envoya au parlement de Rhodes, grand-maître des cérémonies, et leur manda de venir au Palais-Royal trouver le Roi. Le premier président, sachant l'intention de la Reine, voulut faire finir l'assemblée; mais le duc d'Orléans fit opiner là-dessus, et fit arrêter qu'ils demeureroient assemblés jusqu'au retour du premier président, et de ceux de sa compagnie qui devoient aller savoir les volontés de la Reine.

Notre Régente reçut ceux qu'elle avoit mandés dans sa petite galerie, en présence de tous, coiffée de nuit, en habit de malade. Le ministre étoit debout près de sa chaise, et le garde des sceaux étoit près de lui. Le dernier parla long-temps, mais à son ordinaire, c'est-à-dire fort mal. Il justifia, par l'ordre de la Reine, la conversation du cardinal Mazarin avec le duc d'Orléans. Du Plessis-Guénégaud, secrétaire d'Etat, lut publiquement une relation particulière de cet entretien, faite par le cardinal même, où il nia nettement d'avoir rien dit contre le parlement, laissant entendre qu'il n'avoit eu intention de blâmer personne que le coadjuteur.

La Reine parla près d'un quart-d'heure, et toujours de bon sens et gravement. Elle se plaignit de l'esprit factieux du coadjuteur qui lui avoit fait perdre l'amitié du duc d'Orléans, qui de tout temps lui avoit été chère. Elle leur dit qu'elle avoit plus de désir que lui de faire sortir les princes, leur promit de travailler incessamment à leur liberté, et leur montra combien elle ressentoit le mépris du duc d'Orléans, qui n'avoit pas voulu recevoir sa visite. Le premier président, qui désiroit servir les princes sans l'inique mélange de la Fronde, invita et pressa la Reine de donner des paroles plus certaines de leur sortie; mais elle, sans s'expliquer davantage, lui répondit toujours qu'elle lui avoit fait assez connoître ses intentions, et qu'elle n'en pouvoit pas dire davantage.

Le premier président, retournant au parlement qui l'attendoit tout assemblé, rendit compte à sa compagnie de ce que la Reine lui avoit dit; et le comte de Brienne, secrétaire d'Etat, qui l'avoit accompagné par son ordre, leur dit à tous, en présence du duc d'Orléans, que la Reine avoit un grand regret de voir que des esprits brouillons et factieux lui eussent fait perdre l'amitié de Monsieur; et quoiqu'elle eût été déjà refusée dans l'offre qu'elle avoit faite à ce prince de l'aller visiter malgré sa foiblesse et les restes de sa maladie, elle vouloit lui faire dire, en présence de toute la compagnie, qu'elle étoit encore prête de l'aller voir, pour lui montrer qu'elle ne désiroit rien tant au monde que de le satisfaire sur les plaintes qu'il faisoit d'elle. Le premier président rendit compte aussi de la narration qu'on avoit fait lire devant lui touchant la conversation que le cardinal avoit eue avec le duc d'Orléans: ce qui fut reçu avec mépris et traité de ridicule. Et sur ce que le premier président pressa le duc d'Orléans de revoir la Reine, ce prince, pour s'en défaire, lui répondit qu'il vouloit que la compagnie opinât là-dessus, ne trouvant pas juste de suivre ses sentimens sur une affaire de cette conséquence.

Le premier président, sans s'étonner, dit que la Reine l'avoit assuré qu'elle alloit expédier un ordre au Havre pour faire sortir les princes; sur quoi le duc d'Orléans dit tout haut que cela étoit faux. Après toutes ces disputes, et beaucoup de contestations sur les avis, qui alloient tous contre le cardinal, l'arrêté fut enfin que la Reine seroit très-humblement suppliée de donner une déclaration d'innocence en faveur des princes pour les faire sortir, et qu'elle seroit aussi très-humblement suppliée d'éloigner le cardinal Mazarin de ses conseils, attendu que M. le duc d'Orléans, lieutenant général du royaume, ne pouvoit et ne vouloit nullement y entrer tant qu'il y seroit.

La Reine, ce matin même, me fit l'honneur de me dire, parlant de toutes ces choses, qu'elle étoit résolue de tenir bon, et de ne pas faire sortir les princes sans leur amitié ; qu'elle vouloit se moquer de tous leurs arrêts, et qu'ayant les clefs du Havre, on ne pouvoit pas la forcer de leur ouvrir les portes. Champlâtreux, fils du premier président, alla dire encore ce même jour au cardinal que s'il vouloit envoyer vitement l'ordre de faire sortir les prisonniers, son père et ses amis espéroient qu'ils pourroient le sauver ; mais, sans cela, qu'on n'y avoit point d'espérance pour lui. Arnauld, grand confident du prince de Condé et de mes amis, vint me dire, pour le faire savoir à la Reine, que si dans ce même jour on envoyoit un ordre, peut-être que M. le prince s'en tiendroit obligé. Ce *peut-être* ayant déplu à la Reine, à qui je le dis, elle s'en trouva si désobligée, qu'elle me commanda de dire à ce gentilhomme que je n'avois pu lui parler de cette affaire.

Le lendemain, le duc d'Orléans manda le duc d'Epernon et le maréchal de Schomberg, l'un colonel de l'infanterie française, et l'autre des Suisses, et leur dit qu'étant lieutenant général de la couronne, il prétendoit qu'ils devoient recevoir de lui les ordres qui regardoient leurs charges. Ils lui répondirent qu'ils savoient le respect qu'ils lui devoient ; mais que le Roi étant présent, ils croyoient ne devoir dépendre que de lui seulement. Les autres ducs et maréchaux de France répondirent tous la même chose, et parurent ne point vouloir se désunir de leur véritable devoir. Le duc de Mercœur fut si passionné pour les intérêts du ministre, qu'il fit appeler ce même jour son frère le duc de Beaufort pour se battre contre lui ; mais il n'en fit rien, et ne suivit point son premier mouvement.

La Reine manda messieurs de ville, à qui on commanda de ne recevoir nul ordre que du Roi, de la Reine et des secrétaires d'Etat. Ils répondirent comme gens fidèles et bien intentionnés ; mais, dans le vrai, ils firent peu de temps après aussi mal que s'ils eussent eu une volonté déterminée au crime. Le duc d'Orléans les manda en même temps pour lui venir parler : ils vinrent aussitôt chez la Reine savoir d'elle s'ils iroient le trouver. La reine d'abord en fut satisfaite, et, pour ne point montrer d'aigreur contre ce prince, leur permit d'y aller ; mais on leur défendit tout de nouveau de ne pas recevoir d'autres ordres que du Roi. Ils promirent d'obéir ; mais, malgré leurs promesses et les défenses de la Reine, elle fut mal obéie. Le peuple fut ensuite séduit par mille artifices ; c'est ce qui les fit manquer à leur obligation.

Le garde des sceaux de Châteauneuf et le maréchal de Villeroy, négociateurs secrets pour faire chasser le cardinal, étoient accompagnés de Le Tellier, qui n'avoit pas les mêmes intentions ; mais celui-ci, agissant avec droiture, laissoit néanmoins entendre qu'il ne l'admiroit pas toujours. Beaucoup de voyages se faisoient au Luxembourg, de la part de la Reine, par les trois médiateurs, pour trouver les moyens de pacifier les affaires. L'article du ministre plaisoit aux deux premiers : ils trouvoient, selon leurs souhaits, que ce prince étoit résolu de tenir bon sur cela ; et leurs peines n'apportoient nuls remèdes à ce mal, qui choquoit directement l'autorité royale. Ces ambassadeurs intéressés, parens et amis, et remplis d'un même désir, eussent été bien fâchés d'en trouver à cet égard ; mais l'un et l'autre étoient gens qui aimoient l'Etat à leur mode, et qui n'auroient pas voulu, pour voir leurs passions particulières satisfaites, travailler à la diminution de la puissance souveraine : ils vouloient éloigner le cardinal pour demeurer à sa place, et par le même moyen ils auroient employé de bon cœur tous leurs soins pour le service du Roi. Le garde des sceaux, par ce sentiment, ménagea, avec le duc d'Orléans et les amis des princes, un traité particulier avantageux à la cour, où le coadjuteur n'avoit point de part ; et même, en ce cas, sa perte étoit résolue entre eux sans la participation du duc d'Orléans. Les amis des princes, ravis de pouvoir espérer la perte du chef des frondeurs, qu'ils n'aimoient pas, s'obligèrent de faire signer aux prisonniers ce traité, qui en effet étoit utile à l'Etat ; et quoiqu'il allât en beaucoup de choses à diminuer la puissance de M. le prince, ils ne laissèrent pas de l'approuver ; par le plaisir qu'ils eurent de penser que le duc d'Orléans de même, en perdant le coadjuteur, n'auroit pas son compte. Si la Reine eût pu juger alors de ces affaires et de leurs conseils sans préoccupation, elle auroit peut-être accepté ce parti, quoique, selon les apparences, elle auroit paru insensible à son ministre, car rien ne lui étoit si cher que l'avantage du Roi et le repos de la France : mais toutes leurs négociations en particulier furent inutiles et ne servirent de rien, parce que tout ce qui venoit du maréchal de Villeroy étoit suspect à la princesse, qui le soupçonnoit d'être d'intelligence avec le duc d'Orléans, qu'elle voyoit visiblement se déclarer contre elle; et ses soupçons n'étoient que trop bien fondés.

Sur le soir de ce jour [5 février], les gens du Roi vinrent exécuter leur arrêté, et supplier la Reine de contenter les souhaits du public. Le premier président n'y fut point : il envoya les gens du Roi exprès, afin que cette députation ne fût pas si remarquable, et pour procurer à la Reine le moyen de les remettre à une autre fois. On les reçut donc au conseil, et on leur promit réponse pour le lendemain. Dans l'état où étoit le cardinal, un jour seulement lui étoit important, parce qu'il retardoit l'arrêt qu'il voyoit bien que le parlement méditoit de prononcer contre lui.

Le lendemain 6, le parlement s'assembla. Tous se plaignirent du premier président, qui avoit fait faire les remontrances par les gens du Roi : ils arrêtèrent qu'il les iroit faire lui-même; mais il demanda du temps, feignant de n'être pas préparé, et dit que les gens du Roi viendroient demander audience à la Reine. La rumeur fut grande au Palais ; tous se mirent à crier : *Que le cardinal périsse, qu'il soit chassé, et point de Mazarin!*

Toutes ces tempêtes étonnèrent le ministre, et le firent penser à la retraite ; plusieurs de ses amis lui offrirent tout de nouveau des places et des troupes, et les maréchaux de France qu'il venoit de faire avoient envie de le servir. Ceux même qui désiroient le plus son éloignement dirent, dans le conseil du Roi, qu'il y avoit des moyens pour le soutenir. On proposa de faire venir des troupes dans Paris, de cantonner le quartier du Palais-Royal, et de tenir bon contre le duc d'Orléans. Toutes ces choses ne furent point approuvées de la Reine ni de son ministre, par la raison que j'ai dite, et à cause des maux que cette résistance auroit pu causer. Madame de Chevreuse, qui depuis la prison du prince avoit paru assez attachée à la Reine, et qui faisoit mine d'être amie du cardinal, et de lui donner de salutaires avis, lui conseilla de s'éloigner pour quelque temps, afin de laisser passer l'orage : elle promit à la Reine qu'elle travailleroit à le raccommoder avec le duc d'Orléans, et qu'ensuite il seroit facile d'engager ce prince à consentir à son retour. Peut-être qu'elle l'auroit fait pour obliger la Reine, et même pour y chercher le plaisir de l'intrigue et de la nouveauté ; mais avant que de la servir, et par préférence à toutes choses, elle vouloit voir les princes sortir de prison, et que le mariage de sa fille se fît : c'est ce qui l'obligeoit de presser si charitablement le cardinal de s'en aller. Madame la duchesse d'Aiguillon lui donna le même conseil, et couvroit le peu d'amitié qu'elle avoit pour lui du bien de l'État, disant au cardinal qu'il mériteroit de cette action beaucoup de gloire, se sacrifiant pour la paix publique et pour le repos de la Reine.

L'ame du ministre étant agitée de tant de troubles, pleine de tant de sujets de crainte, et touchée de tant de différentes passions qui le travailloient, n'osant user de remèdes extrêmes, choisit enfin, à ce qui parut, de s'en aller au Havre délivrer lui-même les princes : il prit un ordre secret de la Reine adressé à de Bar, par lequel elle lui ordonnoit d'obéir ponctuellement au cardinal. Ce ministre crut peut-être se pouvoir rendre le maître de leur prison pour les y retenir, ou qu'en ouvrant lui-même la porte il feroit son accommodement avec eux, et que, devant compter la Reine pour beaucoup, ils voudroient se remettre de son côté ; mais il fut trompé en tout, et il connut que les grâces qui se font par force n'obligent point ceux qui les reçoivent. Le cardinal communiqua son dessein à la Reine ; elle y consentit, parce qu'il étoit difficile que, le regardant comme un ministre fidèle, le seul qui fût dans ses intérêts, et qui lui paroissoit désirer le plus sincèrement le bien de l'Etat, elle pût éviter de suivre ses sentimens. Mais de la manière qu'elle me fit l'honneur de m'en parler, elle me fit voir, sans s'expliquer entièrement, qu'elle ne l'avoit pas approuvé : elle crut de plus que ce voyage pourroit avoir de fâcheuses suites. Les voulant éviter, elle et son ministre jugèrent qu'il seroit avantageux au service du Roi de le tirer de Paris, et à elle de le suivre, et, par leur retraite commune, échapper aux trahisons des factieux. La Reine fut persuadée qu'étant hors de cette confusion, elle pourroit, avec ses armées et les clefs du Havre dont elle croyoit être encore la maîtresse, remédier à des maux qui paroissoient la devoir accabler ; mais, selon ce que j'en peux juger, ses vues ne furent pas des résolutions, parce qu'elle ne pouvoit plus agir sur un fondement certain ; et si dans ce temps-là elles ont été faites, du moins elles n'ont point été sues ; mais, à la vérité, la Reine en a été fortement soupçonnée. Dans cette extrémité, les plus extrêmes résolutions se devoient prendre.

Le cardinal étant donc résolu de partir, il vint chez la Reine le soir de ce jour 6 février ; elle lui parla long-temps devant tout le monde, dans la créance que vraisemblablement ce seroit la dernière fois qu'elle le verroit. Nous qui étions présentes à cette conférence, et moi comme les autres, ne pûmes apercevoir aucune altération dans son visage: sa gravité ne l'abandonna point; son cœur, qui étoit touché sans doute de colère, de haine, de pitié, de douleur et de dépit, ne laissa rien voir au dehors de tous ces sentimens; et jamais je ne l'ai vue plus tranquille qu'elle le parut alors. Le cardinal étant ensuite demeuré au conseil, qui entretenoit la Reine de ses malheurs, l'abbé de Palluau, son maître de chambre, lui vint dire que dans les rues le peuple paroissoit fort ému, et qu'on crioit partout *aux armes!* Comme son dessein étoit de s'en aller, il prit dès le moment congé de la Reine, sans témoigner de le prendre, de peur de marquer aux spectateurs ce qu'il ne vouloit pas qu'ils sussent. Quand il fut dans son appartement, il se vêtit d'une casaque rouge, prit un chapeau avec des plumes, et sortit à pied du Palais-Royal, suivi de deux de ses gentilshommes: il alla par la porte de Richelieu, où il trouva de ses gens qui l'attendoient avec des chevaux; de là, il alla passer la nuit à Saint-Germain. Son premier dessein fut de sortir par la porte de la Conférence; mais il eut avis qu'on avoit voulu tuer de ses domestiques devant le logis de Mademoiselle, qui logeoit aux Tuileries, et cette rumeur l'obligea de fuir par le plus court chemin. Déjà le bruit étoit répandu partout qu'il devoit partir, sans pourtant que l'on sût au vrai s'il le feroit, ni quel étoit son dessein.

Le cardinal connut alors que la princesse palatine lui avoit dit vrai, et qu'il avoit eu tort de ne la pas croire. Il lui écrivit de Saint-Germain qu'il l'avertissoit qu'il alloit faire sortir les princes, et que, selon cette promesse qu'il lui faisoit, il lui demandoit qu'elle lui tînt la parole qu'elle lui avoit donnée, de l'obliger en ce qu'elle pourroit, et de s'attacher à la Reine lorsque le prince de Condé seroit en liberté. Elle lui avoit toujours fait dire qu'elle s'étoit engagée de servir les princes; mais que n'aimant point les frondeurs, lorsqu'elle seroit satisfaite par l'heureuse fin de sa négociation, son seul désir étoit d'entrer dans les intérêts de la Reine, et de se lier entièrement à elle. Le ministre n'oublia rien pour l'engager dans son parti: il lui fit offrir de dignes récompenses des soins qu'il souhaitoit qu'elle voulût prendre de ses affaires, et particulièrement la charge de surintendante de la maison de la reine future.

La princesse palatine, par qui j'ai été instruite du détail de sa conduite, accepta ces avantages. Elle vouloit s'établir par la Reine, de qui seule elle pouvoit recevoir des grâces proportionnées à sa naissance et à sa grandeur. En se procurant du bonheur, elle sauva la Reine, et lui donna le moyen de soutenir le cardinal. Cette princesse adroite et habile, qui avoit alors la confidence entière des desseins des princes et des frondeurs, se gouverna si judicieusement qu'elle les rompit presque tous. Elle ralentit d'abord l'ardeur impétueuse des frondeurs, et fit naître ensuite des dégoûts pour eux dans l'esprit du prince de Condé, qui firent changer les intérêts et les sentimens de tous les acteurs.

La Reine, après que le cardinal fut parti, demeura le reste du soir à s'entretenir de choses indifférentes. Elle parut la même qu'elle avoit accoutumé d'être. Ceux qui l'observèrent, et nous-mêmes en fûmes étonnés; car il étoit impossible d'attribuer sa constance à son insensibilité. Aussi doit-on dire à sa louange, pour satisfaire simplement à la vérité, que dans toutes les grandes occasions nous l'avons toujours vue recevoir d'un visage égal les peines qui sont accoutumées de troubler tous les autres.

Le lendemain, comme j'approchai d'elle, je lui demandai, en lui baisant la main, comment elle se portoit. Elle me dit: « Vous le pouvez juger « vous-même. » Et se confiant assez en moi pour me montrer sincèrement quelque chose des sentimens de son ame, elle me fit entrer dans son oratoire, et me commanda d'en fermer la porte. Alors, m'étant jetée à ses pieds, elle me fit l'honneur de me dire : « Que dites-vous de l'état où je « suis? » Je lui répondis : « Je dis, madame, qu'il « est effroyable, et que vous avez besoin d'une « grande grâce de Dieu et d'une extrême sagesse « pour vous en tirer. On vous arrache un minis-« tre par force : c'est une marque de la foiblesse « de votre autorité, et que peut-être si vous l'en-« durez, cette violence pourra la détruire tout-« à-fait. Mais, madame, lui dis-je, pardonnez-« moi si je vous dis aussi, dans la seule vue de « vos intérêts, que M. le cardinal ayant, de l'a-« vis des plus sages, manqué de conduite en beau-« coup de choses, ceux qui vous sont fidèles sont « bien fâchés de voir que vous souffriez de ses « fautes ou de son malheur; et je ne sais si un « homme choisi par vous-même, et détaché de « toutes ces cabales qui vous sont odieuses, ne « vous seroit pas plus utile dans des temps comme « ceux-ci, où vous avez bien besoin de conseil. « Pensez-y bien, madame, lui dis-je; car pour « moi, comme je ne suis pas capable de décider « de ces choses, tout ce que je puis dire à Votre « Majesté, c'est que je suis prête de la servir fidèle-« ment en tout ce qu'elle me commandera. J'aurai « pour ses volontés une obéissance tout entière :

« je suis toute à elle ; et quoique M. le cardinal « m'ait toujours maltraitée, et qu'il ne m'ait jamais fait de bien considérable, Votre Majesté « se peut assurer que, devant tout à elle, je ferai, « à sa seule considération, tout ce qui me sera « possible pour la servir. » Pendant que je lui parlai, elle m'écouta toujours avec une grande application. Elle me répondit : « Vous avez raison « sur tout ce que vous me dites ; mais il est assez « difficile de trouver cet homme désintéressé qui « ne soit de nulle cabale, et discerner ce qui me « convient. Ne le pouvant pas juger moi-même, « je crois que je suis obligée de défendre un ministre que l'on m'ôte par force. J'espère toujours « que Dieu aura pitié du Roi, et qu'il ne voudra « pas abandonner son innocence, ni le faire souffrir de mes malheurs et de ceux du cardinal. Je « sais, comme vous dites, qu'il a des défauts, et « qu'il a fait beaucoup de fautes. Je sais aussi « qu'il a certainement de très-bonnes intentions « pour le service du Roi et le mien ; qu'il a glorieusement conduit ses affaires lorsqu'on l'a « laissé faire ; que les cinq premières années de « ma régence ont été heureuses, et qu'ayant été « trahi de ceux qu'il a obligés (1), il est difficile « que cette iniquité ne lui soit nuisible ; et cela, « me semble, m'oblige d'en avoir plus de pitié. » Après ces paroles, étant tombée dans une profonde rêverie, elle y demeura quelque temps : puis elle me dit : « Je ne veux plus parler sur ce « chapitre ; car je craindrois, me souvenant de « l'état où je suis, d'être trop foible. Et pour vous, « me dit cette grande princesse, j'avoue que le « cardinal n'en a pas assez bien usé avec vous ; « mais je vous sais un fort bon gré d'en agir « comme vous faites : c'est une marque de la bonté de votre cœur, dont j'ai toujours eu bonne « opinion ; et je me charge de lui mander que « vous méritez plus que ce que vous avez. » Elle le fit en effet ; car le cardinal le dit alors à quelqu'un de mes amis. Comme je ne m'aidai pas, et que je me contentai de bien faire sans m'en faire valoir auprès de lui, il se contenta aussi de me faire de grands compliments et de grandes promesses, qui m'ont été fort inutiles.

Tout ce jour, la Reine fit bonne mine, et demeura tranquillement au cercle avec les princesses qui vinrent la visiter. Le soir, étant dans son petit cabinet avec sa cour ordinaire, après avoir long-temps écouté Nogent, qui entretenoit la compagnie de ces mêmes fariboles qu'il avoit accoutumé de dire, la Reine, me faisant signe de m'approcher d'elle, me dit tout bas : « J'avoue « que ce que dit aujourd'hui cet homme me paroît « plus ridicule qu'à l'ordinaire. » Et après avoir

(1) La Reine entend parler du maréchal de Villeroy.

un peu rêvé, elle continua, et me fit l'honneur de me dire : « Je voudrois qu'il fût toujours nuit ; « car quoique je ne puisse dormir, le silence et la « solitude me plaisent, parce que dans le jour je « ne vois que des gens qui me trahissent. »

Quand on sut dans Paris que le ministre étoit parti, qu'il étoit à Saint-Germain, et qu'il pouvoit aller au Havre où étoient les princes, l'inquiétude fut grande dans tous les partis. On crut qu'il alloit resserrer les portes de leur prison, ou qu'il ne les ouvriroit que quand il auroit une certitude entière de l'amitié du prince de Condé, et dans le temps qu'il pourroit lui en être obligé. Par cette raison, tous les intéressés au retour des princes résolurent de presser davantage la Reine. Ce même jour, cette princesse avoit envoyé le maréchal de Villeroy et le garde des sceaux, avec Le Tellier, prier le duc d'Orléans de venir au conseil ; mais ce prince, par l'avis du coadjuteur, n'y voulut point aller, et s'excusa, disant qu'il n'y pouvoit avoir de sûreté pour lui que premièrement il ne vît les princes sortis du Havre. La Reine y envoya tout de nouveau, et lui écrivit de sa main pour l'en convier, s'étonnant de ne le point voir après ce qu'elle venoit de faire à sa considération ; mais il demeura ferme dans sa première résolution, et dit qu'il n'y reviendroit point qu'il n'eût une sûreté entière, tant sur la liberté des princes que sur l'éloignement du cardinal, qui ne paroissoit pas être banni pour jamais.

Le parlement avoit député à la Reine pour la remercier de l'éloignement du cardinal, et pour la supplier de donner promptement ses ordres pour la sortie des princes. Elle leur répondit qu'elle étoit toute disposée à cela ; mais que, premièrement, elle vouloit conférer avec M. le duc d'Orléans sur cette affaire chez elle, chez lui, ou en lieu neutre : ne trouvant pas juste qu'il refusât de venir prendre sa place au conseil, après ce qu'elle venoit de faire pour lui.

Le jour suivant, le parlement étant assemblé, le premier président rendit compte à sa compagnie, en présence du duc d'Orléans, de ce que la Reine lui avoit dit. Ce prince lui répondit qu'il n'étoit point nécessaire qu'il allât au Palais-Royal pour dire son opinion sur la sortie des princes, puisqu'il n'avoit rien à dire que les mêmes choses qu'il avoit déjà dites ; qu'il étoit prêt de consentir à leur liberté, et que son dessein étoit d'éloigner entièrement le cardinal des conseils du Roi ; qu'en ces deux points consistoit le repos de l'État et sa propre satisfaction ; que la Reine se moquoit d'eux quand elle leur promettoit l'un et l'autre, et qu'elle avoit seulement changé la demeure du ministre, du Palais-Royal au château de Saint-Germain ; qu'il gouvernoit de ce lieu comme dans le temps qu'il étoit auprès d'elle ; qu'il falloit chasser ses créatures, ses nièces et son neveu, qui étoient demeurés à la cour ; que leur présence faisoit assez voir que l'intention de la Reine étoit qu'il revînt, et qu'elle ne vouloit point faire sortir les princes de prison. Il y eut grand bruit au Palais. Plusieurs avis furent contre le cardinal : quelques-uns voulurent que l'on décrétât contre lui, ses fauteurs et adhérens, et ceux qui l'avoient suivi. Le duc d'Orléans s'y opposa, disant que cela n'étoit pas juste ; que ses amis étoient louables de l'avoir suivi, et en avoient usé en gens d'honneur. Quelques autres vouloient qu'on allât saccager sa maison, et qu'on le déclarât perturbateur du repos public. Des Landes-Payen fut d'avis de défendre pour jamais aux cardinaux l'administration des affaires d'Etat, vu qu'ils avoient juré et promis fidélité au Pape, et qu'ainsi ils ne pouvoient pas servir à deux maîtres. Il y en eut qui allèrent jusqu'à cette insolente tyrannie de défendre tous favoris en France ; ce qui tenoit un peu du ridicule. Le duc d'Orléans répondit sagement, disant qu'ils étoient tous sujets du Roi, et que quoiqu'il le fût en un degré plus éminent que les autres, il étoit pourtant un de ceux qui lui devoient obéir en cette qualité, et qu'il n'étoit pas juste qu'ils donnassent des lois à leur souverain. Il ajouta ces belles paroles : « Véritablement il seroit à souhaiter que les rois « n'eussent jamais de favoris ; mais nous ne de- « vons pas les en empêcher par force. » La modération de ce prince les rendit plus humbles. Il fut arrêté que les gens du Roi iroient trouver la Reine pour lui faire de nouvelles instances sur la sortie des princes et l'éloignement du cardinal.

Les princes, ducs et pairs, et maréchaux de France, s'assemblèrent par l'ordre de la Reine, pour aviser aux moyens de remédier à ces désordres. La Reine leur disant l'état où elle étoit, et comme elle avoit éloigné le cardinal pour complaire au duc d'Orléans, exagéra, avec des paroles pleines de douceur et d'honnêteté, le peu de satisfaction qu'elle recevoit de son procédé. Elle leur demanda conseil sur ce qu'elle avoit à faire, et leur témoigna vouloir prendre confiance en leur fidélité. Ils résolurent de députer quelques-uns d'entre eux vers le duc d'Orléans pour le convier de revenir au conseil, et pour lui répondre en corps, de la part de la Reine, de la sûreté qu'il y trouveroit pour sa personne. Cette précaution étoit nécessaire pour rassurer ce prince, qui avoit lieu de craindre qu'en travaillant à la liberté d'autrui il ne perdît la sienne.

Le duc d'Elbœuf, portant la parole, fut maltraité par le duc d'Orléans. Il lui dit que cela étoit joli de voir qu'il étoit contre le cardinal, quand il en avoit été le protecteur ; et qu'à présent qu'il s'étoit déclaré son ennemi, il fût pour lui ; et le fit taire avec assez de hauteur. Madame lui dit qu'elle étoit au désespoir qu'il fût du sang de Lorraine, et lui parla avec un grand ressentiment de sa conduite. Ensuite de cette réprimande, le duc d'Orléans, s'adressant aux ducs de Vendôme et d'Epernon, leur dit qu'il ne pouvoit aller au Palais-Royal sans y conduire les princes.

Sur le soir de ce même jour, les gens du Roi étant venus trouver la Reine pour lui représenter ce que le parlement avoit arrêté, elle leur promit positivement la sortie des princes, et leur dit que puisque le duc d'Orléans ne vouloit pas la voir, elle enverroit le garde des sceaux conférer avec lui de ce dessein. Cet homme, qui se voyoit alors dans la place du premier ministre qu'il avoit tant souhaitée, pour empêcher, à ce qu'il disoit, les furieuses résolutions du parlement, conseilla à la Reine de leur promettre l'éloignement du cardinal sans espérance de retour. Il lui dit qu'elle devoit faire paroître que cette résolution venoit de son propre mouvement. Elle le fit pour le tromper lui-même ; et lui aussi, de son côté, trompoit la Reine à son tour. Il vouloit qu'elle s'engageât publiquement à ne plus rappeler son ministre, sachant bien que, sur les paroles de cette princesse, le parlement ne manqueroit pas de se déchaîner contre lui. Alors le cardinal envoya supplier la Reine de faire sortir ses nièces et son neveu de Paris. L'abbé Ondedei (1) les mena à la maréchale d'Hocquincourt ; et cette dame les mena à Peronne, après qu'elles eurent été cachées quelques jours dans la chambre de mademoiselle de Neuillant, devenue madame de Navailles, mais dont le mariage n'étoit point déclaré [le 9 février].

Le jour d'après, les gens du Roi ayant fait leur rapport au parlement, le duc d'Orléans accepta la conférence avec le garde des sceaux, et les assura qu'en deux heures, avec lui, toutes les choses nécessaires seroient expédiées, et que même la déclaration touchant l'innocence des prisonniers seroit dressée. Toute la compagnie se reposa sur la parole du duc d'Orléans ; et la Reine paroissant vouloir abandonner le cardinal, ils furent tous d'une voix à donner un arrêt contre lui, qui portoit :

« Qu'en conséquence de ladite déclaration et volonté du Roi et de la Régente, dans le quinzième du jour de la publication du présent arrêt, ledit cadinal Mazarin, ses parens et domestiques étrangers, videroient le royaume de France, terres et places de l'obéissance du Roi ; et faute

(1) Joseph, depuis évêque de Fréjus.

de ce faire, ledit temps passé, seroit contre eux procédé extraordinairement, permis aux communes et tous autres de leur courre sus, sans qu'ils puissent revenir pour quelques prétextes, causes, emplois et occasions que ce soit; et défenses faites, ledit temps passé, à tous gouverneurs de provinces, maires et échevins de ville, de les recevoir.

« Fait au parlement, ce 9 février 1651. »

Pendant toutes ces disputes, les amis des princes n'étoient pas contens : ils appréhendoient toujours les artifices et la mauvaise volonté du coadjuteur. Arnauld, ce même jour, me vint voir le soir fort tard pour me prier de parler à la Reine, et de lui dire que plus elle retardoit, et plus elle engageoit M. le prince avec ses ennemis. Je lui en parlai; mais comme elle avoit pris sa résolution avec le cardinal, rien ne la pouvoit faire changer. La princesse palatine rassuroit ceux qui étoient du parti des princes, qui s'inquiétoient de l'état incertain où ils étoient; elle avoit la promesse de celui qui apparemment étoit le maître de leur prison. Elle étoit en couche quand toute cette négociation se fit; et, malgré ses délicatesses, elle ne laissoit pas de conférer avec tous ceux qui avoient besoin de parler à elle. Les frondeurs, dans ce commencement, voulurent pousser la Reine à l'extrémité; mais cette princesse, leur amie en apparence, sur la parole du cardinal arrêta leur mauvais dessein, et disoit aux créatures du prince de Condé, pour qui elle s'intéressoit véritablement, qu'il falloit se servir des frondeurs sans entrer dans leur passion, et qu'ils seroient de fort méchans maîtres s'ils le devenoient tout-à-fait; que l'intérêt de M. le prince étoit fort contraire à cela; et qu'il falloit tenir les choses en état qu'à son retour il fût en pouvoir de choisir le parti qui plairoit, et même de dominer les autres.

La Reine, se voyant trahie de tout le monde, se résolut de prendre confiance en Seneterre. Comme elle savoit qu'il étoit de mes amis, elle me fit l'honneur de m'en parler, et de me demander si elle en pouvoit espérer des conseils désintéressés. Je lui dis (ce qui étoit véritable) qu'avec l'esprit et la capacité qu'elle lui connoissoit, sa finesse lui étoit alors nécessaire pour la conduire dans le pas douteux où elle étoit. Il avoit toujours paru ami du garde des sceaux de Châteauneuf et du maréchal de Villeroy : la Reine, par conséquent, doutoit de sa finesse; mais je savois qu'il n'avoit point de part dans leurs intrigues particulières, et qu'il se moquoit assez souvent de leur conduite. Je le dis à la Reine, et sur cette assurance elle me commanda de lui parler. Il reçut avec respect la part qu'elle vouloit lui donner dans sa confiance; mais j'ose dire que ce ne fut pas sans de grandes réflexions, ni sans craindre de participer aux maux dont elle étoit menacée; et je vis clairement qu'il n'eût pas été bien aise d'attirer sur lui les soupçons du duc d'Orléans. Il me donna d'abord des Mémoires pour donner à la Reine, où il lui donnoit des avis sur sa conduite. Il la vit aussi quelquefois, et eut de longues conférences avec elle; mais il y observa toujours des modérations extraordinaires, et telles que j'en fus étonnée. La faveur des rois n'est désirée par les ambitieux que quand ils en peuvent espérer de grands biens : leur couronne, et les avantages qu'ils ont reçus de Dieu par l'élévation de leur naissance, ne les rend considérables aux hommes qu'autant qu'ils ont de pouvoir de les élever ou de les détruire.

Quand ces importunes harangues du parlement venoient tourmenter la Reine, j'allois visiter le premier président pour le consulter sur les intérêts de cette princesse et sur sa conduite; car la marquis de Seneterre, selon cette discrétion politique dont je viens de parler, ne vouloit point aller souvent chez lui, de peur d'être remarqué. Ce grand magistrat n'aimoit pas les frondeurs : il donnoit toujours quelques avis à la Reine propres à la défendre de la persécution; et, en faveur de ces petits secours, elle lui pardonnoit ses fautes. Mais à l'égard des autres, elle avoit une peine extrême de se voir trahie de ceux dont elle étoit forcée de se servir. Par cette même raison, elle recevoit un grand soulagement de ceux en qui elle croyoit pouvoir trouver quelque sûreté.

Parmi tant de confusions, il arriva que le duc d'Orléans crut que la Reine vouloit sortir de Paris et mener le Roi avec elle. La vérité, qui se fait sentir, lui avoit fait inspirer cette crainte; et, selon ce que j'en ai déjà dit, peut-être qu'elle n'étoit pas soupçonnée sans raison. Il étoit assez vraisemblable qu'en l'état où elle étoit, elle devoit souhaiter de se voir hors de la tyrannie de tant de gens qu'elle regardoit comme ses ennemis. Ces mêmes ennemis néanmoins, c'est-à-dire le garde des sceaux de Châteauneuf, le maréchal de Villeroy et quelques-uns de la cabale des princes, prétendirent en cette occasion avoir empêché le duc d'Orléans de prendre contre elle des résolutions extrêmes. Ils ne se vantoient pas à faux : j'en eus alors quelque connoissance; et on m'assura qu'au Luxembourg d'étranges propositions avoient été faites contre elle.

La nuit du 9 au 10 février, la Reine avoit formé le dessein de fuir cette ville où autrefois elle avoit joui de tant de douceurs, où elle avoit été si aimée, et où pour lors elle goûtoit tant d'amertumes. Le duc d'Orléans dit tout haut qu'un des premiers officiers du Roi l'avoit averti d'y prendre garde (1) ; et, publiant sa crainte, il l'imprima bien vite dans l'ame de tous les autres. Les Parisiens sont assez aisés à s'émouvoir sur la peur qu'ils ont toujours de perdre la présence du Roi. Cette nouvelle donna aussitôt l'alarme à toute la ville, et cette alarme eut de très-fâcheux effets contre le repos de la Reine. Le duc d'Orléans se voulut servir de la frayeur du peuple pour faire prendre les armes aux bourgeois; car il avoit un grand intérêt d'empêcher que le Roi ne sortît de Paris.

Le bruit et le désordre fut grand ; et la Reine voyant cette émotion publique, qu'elle ne vouloit pas laisser augmenter sous aucun prétexte, fit promptement expédier les ordres pour la sortie des princes. Elle envoya La Vrillière, secrétaire d'Etat, les porter au Havre, et Comminges avec lui pour féliciter les princes de sa part. Ce traité ayant été fait dans ces momens où il ne paroissoit plus en la Reine aucune liberté de ne le pas faire, ne put produire non-seulement aucune gratitude, mais il falloit alors l'expédier pur et simple, et perdre les avantages que le garde des sceaux, comme habile homme, auroit procurés au Roi par celui qui avoit été projeté par lui, du consentement du duc d'Orléans. Le duc de La Rochefoucauld accompagna cette ambassade. Arnauld y alla, chargé des complimens du duc d'Orléans et de Madame. Le président Viole y fut de la part du parlement; et Champlâtreux, fils du premier président, comme serviteur du prince de Condé, fit volontiers ce voyage.

Le duc d'Orléans, voyant Comminges parti, fit mine de venir chez la Reine ; mais il s'arrêta tout court, sur l'avis certain qu'il eut que le cardinal Mazarin étoit allé au Havre. Il s'imagina qu'il pourroit retenir les princes en leur prison, malgré les efforts qu'il faisoit pour les en faire sortir; ou bien qu'il les pourroit faire enlever. Cette appréhension avoit quelque vraisemblable ; et même on n'a pas trop bien su quel avoit été le dessein du cardinal. C'est pourquoi le duc d'Orléans crut que son salut consistoit en cela seulement de travailler à retenir la Reine dans Paris ; et, bien loin de la venir voir, il redoubla ses inquiétudes et ses persécutions. Il manda à l'hôtel-de-ville qu'il avoit des avis de tous côtés que la Reine vouloit s'en aller ; il commanda aux bourgeois de prendre les armes, de garder les portes et les avenues du Palais-Royal ; et ils lui obéirent, contre la défense qu'ils en avoient reçue de la Reine.

(1) On soupçonna le maréchal de Villeroy, et d'autres aussi.

Les rues furent aussitôt pleines de bourgeois en armes, et pleines d'artisans et de pauvres, qui tous crioient *aux armes !* La Reine eut avis que le duc d'Orléans vouloit faire pis que de l'empêcher de sortir, et que, selon toutes les apparences, il vouloit lui enlever le Roi. Cette princesse n'étoit pas insensible à ses maux, et il est fort impossible de l'être en de telles occasions; mais elle les soutint avec courage, et tâcha d'y remédier d'une manière tout-à-fait estimable. Elle envoya chercher celui qui, en l'absence du maréchal de Gramont, commandoit le régiment des gardes; et lui ordonna de redoubler les gardes, et de se tenir prêt selon le besoin qu'elle pourroit avoir de lui. Elle avertit le petit nombre de serviteurs qui étoient pour le Roi, le duc d'Epernon et plusieurs autres. Il est à croire que tous se seroient venus ranger auprès d'elle si elle en avoit eu besoin ; mais nous ne les vîmes pas. Ceux qui étoient au Palais-Royal vinrent la trouver ; car à l'heure que la Reine eut cet avis elle étoit au lit, et il étoit déjà près de minuit. Mademoiselle de Beaumont et moi, qui avions tout le jour été auprès d'elle, eûmes part à ses maux et à toutes ses inquiétudes. Je crois que chacun trembloit ; mais pour moi, je sais bien que j'eus une très-grande peur, et que les choses les plus funestes me passèrent dans l'esprit, comme n'étant pas impossible qu'elles arrivassent ; et tout étoit à craindre des conseils violens du coadjuteur. La Reine seule faisoit bonne mine : elle disoit que ce ne seroit rien, que c'étoit une folle émotion du peuple qui s'apaiseroit, et qui n'avoit nul fondement. Elle protesta à ceux qui étoient présens qu'elle n'avoit nulle envie de s'en aller, et leur dit à tous qu'elle promettoit volontiers au peuple d'en donner telle certitude qu'on voudroit. En souriant quelquefois, elle disoit que, n'ayant eu nulle pensée de s'en aller, tout ce bruit ne lui faisoit point de peine, et qu'elle consentoit que les portes de la ville fussent gardées avec toute la rigueur qu'on y voudroit observer.

Ce que la Reine disoit à ceux qui étoient auprès d'elle ne faisoit nul effet sur le peuple, qui ne l'entendoit pas. Le bruit augmentoit à tous momens dans les rues, et l'horreur des ténèbres le rendoit plus effroyable. Mademoiselle de Beaumont et moi, pour reconnoître un peu ce que c'étoit, envoyâmes nos laquais parmi les mutins, pour écouter ce qu'ils disoient. Ils nous rapportèrent qu'ils avoient vu deux escadrons de cavalerie, dont l'un étoit arrêté à la croix du Trahoir, et l'autre plus proche du Luxembourg. Ils nous dirent aussi qu'ils avoient entendu force cris de bourgeois et de peuple, qui crioient qu'on vouloit enlever le Roi, et qu'il le falloit empêcher.

Cette cavalerie nous fit peur, et nous vîmes bien qu'elle ne plaisoit pas aux plus vaillans non plus qu'à nous. Selon toutes les apparences, elle paroissoit y être avec un mauvais dessein, et plutôt en volonté d'attaquer que de se défendre. Nous avons su depuis que, dans les premiers jours, le coadjuteur proposa souvent au duc d'Orléans d'enlever le Roi, et de mettre la Reine dans un couvent; sa maxime étant celle de Machiavel : qu'il ne faut point être tyran à demi. Mais la douceur naturelle du duc d'Orléans corrigea sans doute ce qu'il y avoit de trop hardi et de barbare dans l'ame du coadjuteur; et le commandeur de Jars m'a dit depuis que son ami le garde des sceaux de Châteauneuf fît son devoir sur de telles propositions. Comme homme de bien, il lui fut impossible de participer à de tels sentimens.

Le duc d'Orléans envoya de Souches à la Reine la supplier de faire cesser ce bruit. Il lui manda qu'il étoit au désespoir de ce désordre, et plus encore de l'inquiétude qu'il jugeoit bien qu'elle en devoit avoir; que de tous côtés on lui donnoit des avis qu'elle avoit eu le dessein de sortir cette nuit, et qu'il ne pouvoit pas moins faire que de dire aux bourgeois de s'y opposer.

La Reine répondit à de Souches que c'étoit son maître qui avoit fait prendre les armes aux bourgeois, et que par conséquent il étoit le seul qui pût faire taire le peuple; que ses frayeurs étoient mal fondées; que le seul remède qu'il y pouvoit apporter étoit de protester tout haut et à tout le monde qu'elle n'avoit point eu la pensée dont on la vouloit soupçonner; que, pour marque qu'elle disoit la vérité, le Roi étoit couché, et Monsieur de même, et qu'ils dormoient tous deux paisiblement; qu'elle étoit au lit; qu'il la voyoit peu en état de sortir; et que pour plus grande sûreté, et afin qu'il le pût témoigner au duc d'Orléans, elle vouloit qu'il allât lui-même voir le Roi dans son lit, étant certaine que ce bruit ne l'éveilleroit pas. De Souches alla chez le Roi; et, selon le commandement qu'il en avoit reçu de la Reine, il leva le rideau de ce jeune monarque, le regarda long-temps dormant d'un profond sommeil; puis sortit du Palais-Royal, entièrement persuadé que la Reine n'avoit nul désir de quitter Paris, et que toute cette persécution lui étoit suscitée par ceux qui conseilloient alors son maître. Comme il étoit bien intentionné, et qu'aisément on a compassion de l'innocence opprimée, en retournant au Luxembourg il fit ce qu'il put pour apaiser les Parisiens. Il parloit beaucoup, et par conséquent il harangua le peuple qu'il trouva dans les rues. Il dit à tous qu'ils se devoient tenir en repos; qu'il venoit de voir le Roi qui dormoit, et qu'ils conseilloit de suivre l'exemple de leur maître commun, qui pour lors ne pensoit à rien. Ils disoient qu'ils vouloient eux-mêmes le voir. Il y en eut donc qui entrèrent jusque dans le Palais-Royal, criant qu'on leur montrât le Roi, et qu'ils le vouloient voir. La Reine, le sachant, commanda aussitôt qu'on ouvrît toutes les portes, et qu'on les menât dans la chambre du Roi. Ces mutins furent ravis de cette franchise : ils se mirent tous auprès du lit du Roi, dont on avoit ouvert les rideaux; et, reprenant alors un esprit d'amour, lui donnèrent mille bénédictions. Ils le regardèrent long-temps dormir, et ne pouvoient assez l'admirer. Cette vue leur donna du respect pour lui : ils désirèrent davantage de ne pas perdre sa présence; mais ce fut par des sentimens de fidélité qu'ils le témoignèrent. Leur emportement cessa; et, au lieu qu'ils étoient entrés comme des gens remplis de furie, ils en sortirent comme des sujets remplis de douceur, qui demandoient à Dieu de tout leur cœur qu'il lui plût leur conserver leur jeune Roi, dont la présence avoit eu le pouvoir de les charmer.

La Reine, voyant que ce remède réussissoit, envoya chercher deux officiers de la garde bourgeoise qui avoit été mise par eux auprès du Palais-Royal. Elle leur parla elle-même amiablement, et leur rendit compte de ses intentions, se tenant plus assurée de les avoir auprès d'elle, que les deux plus grands princes du monde qui auroient pu y être sans puissance. Elle leur fit voir le Roi comme aux autres, et les envoya par deux fois parler au peuple. Ces deux hommes alloient criant dans les rues qu'ils venoient de parler à la Reine, qu'elle étoit dans son lit, que le Roi dormoit, et qu'il n'y avoit rien à craindre. Ces paroles dites par des personnes qui pouvoient les persuader, et qui étoient de leurs confrères, firent le meilleur effet du monde; et ils achevèrent de pacifier cette grande rumeur. Un de ceux-là s'appeloit Du Laurier. La Reine l'avoit entretenu, et l'avoit souvent appelé *M. Du Laurier*. Il lui répondit qu'il avoit eu l'honneur de suivre long-temps la cour, et qu'il avoit été laquais de son maître d'hôtel, qu'il nomma, mais dont j'ai oublié le nom. Cette reconnoissance réciproque nous fit rire, et nous admirâmes avec quelle cordialité la Reine et M. Du Laurier parloient ensemble. La nuit étoit assez avancée, et, par la miséricorde de Dieu et la bonne conduite de la Reine, nos frayeurs commencèrent à se dissiper. Nous songeâmes alors à nous aller reposer des fatigues que les malheurs de cette princesse nous causoient. Il étoit fête, et il étoit déjà plus de trois heures du matin. Elle nous proposa de nous faire entendre la messe avant que de nous aller coucher. Nous le trouvâmes à propos; et afin de passer encore deux heures, le commandeur de Souvré et mademoiselle de Beaumont, et quelques autres, se mirent à jouer en présence de la Reine. Pour moi, je m'endormis, couchée sur son tapis de pied, et la tête appuyée contre son lit : car je n'en pouvois plus. A l'heure de la messe la Reine se releva, prit une robe de chambre; et, pour récompenser ceux qui l'avoient si bien secourue, elle les mena elle-même voir son oratoire et les diamans qui enfermoient ses reliques. Ces gens en furent ravis, et dirent à la Reine qu'ils alloient encore bien assurer leurs camarades que leur bon Roi et leur bonne Reine ne les vouloient point quitter. Ils nous dirent ensuite, à mademoiselle de Beaumont et à moi, et de bon sens, qu'ils s'estimoient heureux de se pouvoir vanter d'avoir été nécessaires trois heures de temps à la plus grande Reine de la terre. Ils disoient vrai, et leur présomption étoit juste.

On peut juger par toutes ces choses de l'état misérable où étoit une princesse si grande par sa naissance et par le rang qu'elle tenoit dans le royaume. Cette inquiétude lui dura de la même manière plusieurs nuits, et la chose enfin se termina en une espèce de prison, où le Roi et elle furent arrêtés plus d'un mois sans pouvoir sortir du Palais-Royal. Il y avoit dans toutes les rues de Paris des corps-de-garde; et les portes étoient si bien gardées, qu'il ne sortoit personne à pied ni en carrosse qui ne fût examiné, et point de femme qui ne fût démasquée, pour voir si elle n'étoit point la Reine.

Les vives alarmes des premiers jours firent beaucoup de peine à la Reine. Sa prison, qui étoit plus véritable qu'elle ne le paroissoit, ne lui étoit pas agréable; et souvent elle disoit en riant qu'au moins sa prison étoit belle et commode, puisqu'elle étoit chez elle, et dans une ville qu'elle avoit assez aimée autrefois pour croire qu'elle ne pourroit jamais y être mal. Quand elle étoit seule, elle sentoit infiniment cette violence; et un soir que j'avois l'honneur d'être en particulier avec elle, et que je lui demandois si en effet elle avoit eu le dessein de sortir de Paris le jour qu'elle en avoit été soupçonnée, elle leva les yeux au ciel, et, haussant les épaules, elle me fit l'honneur de me dire fort librement : « Ah! madame de Motteville, « où suis-je? et où ne serais-je pas mieux? A « votre avis, quel moyen de ne se pas souhaiter « ailleurs? » Puis, s'humiliant devant Dieu, elle dit : « Vous le voulez, Seigneur, et il vous faut « obéir. »

Cette persécution alla si avant que le duc d'Orléans envoya dire à la Reine qu'il avoit continuellement des avis qu'elle préméditoit de s'en aller; qu'il la supplioit de lui ôter cette inquiétude, et de lui donner des assurances du contraire; qu'autrement il seroit contraint d'en prendre lui-même, voulant lui faire entendre qu'il lui ôteroit le Roi : et véritablement ce fut un miracle de ce qu'il ne le fit pas. La Reine lui répondit qu'elle ne pouvoit lui donner de plus grandes assurances que sa parole, mais que s'il en vouloit d'autres, elle consentoit, pour son repos, qu'il envoyât de ses propres gardes coucher dans la chambre du Roi.

Pendant que la Reine étoit exposée aux insultes qu'on lui faisoit, les nouvelles arrivèrent qu'enfin le cardinal étoit allé au Havre, et qu'il avoit ouvert la porte à ces illustres prisonniers. En arrivant dans cette place, il montra l'ordre de la Reine à de Bar, dont voici les mots écrits de la propre main de la Reine :

« Monsieur de Bar, je vous fais celle-ci pour vous dire que vous exécutiez ponctuellement tout ce que mon cousin le cardinal Mazarin vous fera savoir de mon intention touchant la liberté de mes cousins les princes de Condé, de Conti et duc de Longueville qui sont en votre garde, sans vous arrêter à quelque autre que vous pourriez ci-après recevoir du Roi monsieur mon fils, ou de moi, contraire à celui-ci : priant Dieu, M. de Bar, qu'il vous ait en sa sainte garde.

« Écrit à Paris, le 6 février 1651. »

Par les choses que me fit l'honneur de me dire la Reine, et par mille autres conjectures, je crois pouvoir dire au hasard que l'intention du cardinal étoit de demeurer le maître au Havre, et qu'il espéra que de Bar lui obéiroit; qu'en ce cas, le projet de la Reine eût été de sortir de Paris, et qu'elle se seroit moquée par cette voie de toutes les intrigues qui s'y faisoient contre elle. Mais le cardinal se trouva surpris quand il vit que de Bar, qui gardoit cette place à la duchesse d'Aiguillon, ne voulut laisser entrer que lui seul et Palluau avec lui. Ce fâcheux événement, selon toutes les apparences, changea sa conduite à l'égard des princes, et rendit son voyage inutile et ridicule.

La Reine étant donc arrêtée (1) à Paris, et le cardinal sans autorité au Havre, il lui fallut simplement ouvrir les portes de la prison des princes; et il vit sans doute avec peine que son voyage n'auroit point d'autre succès que celui de servir, par sa présence, à l'augmentation du triomphe de ses ennemis. Son action, qui ne fut

(1) Alors ma sœur prit l'habit de religieuse au couvent de Sainte-Marie de la rue Sainte-Antoine. La Reine n'y put aller, à cause de sa prison.

pas libre, ne mérita aucune reconnoissance, et chacun demeura étonné de voir que ce ministre, si considérable par le poste qu'il avoit occupé jusqu'alors, eût voulu aller si loin, exprès seulement pour donner la liberté malgré lui à des princes qui étoient en prison par ses conseils. Ayant donc parlé à de Bar, il voulut être le premier qui annonceroit aux princes cette bonne nouvelle; et ne pouvant en cette occasion faire une action de ministre, il en voulut du moins faire une de courrier. Il entra dans la chambre du prince de Condé, et lui dit d'une manière douce et humble qu'il lui apportoit lui-même l'ordre de la Reine pour sa liberté et celle du prince de Conti, et celle du duc de Longueville, qu'elle leur redonnoit sans aucune condition; que néanmoins la Reine les prioit d'aimer l'Etat, le Roi, elle et lui. Le prince de Condé, l'embrassant, lui dit gravement qu'il étoit obligé à Sa Majesté de la justice qu'elle lui faisoit, qu'il seroit toujours très-bon serviteur du Roi et d'elle; et ajouta, s'adressant au cardinal : « Et de vous « aussi, monsieur. » Le cardinal lui répliqua que les portes étoient ouvertes, et qu'il pouvoit sortir; mais M. le prince, bien assuré qu'il ne les pouvoit plus fermer, ne se hâta point de les passer, et demanda qu'on leur donnât à dîner avant que de partir : ce qui se fit; et tous dînèrent ensemble, c'est-à-dire les trois princes et le cardinal, le maréchal de Gramont qui étoit allé le premier au Havre, et ceux qui l'avoient suivi depuis. Ce repas se fit dans la même liberté que s'ils eussent été tous satisfaits les uns des autres : la comédie du monde le vouloit ainsi. Celle-là étoit belle : les acteurs en étoient grands et illustres, et les événemens plus véritables qu'il ne convenoit pour le repos de la Reine.

Ensuite de ce repas, M. le prince et M. le cardinal eurent ensemble une petite conversation. Le ministre fit sans doute tout ce qu'il put pour entrer en matière, et eût bien voulu par cet entretien renouer quelque liaison avec M. le prince; mais la suite fit voir qu'elle fut sèche, puisqu'elle ne put produire rien de bon pour le ministre. Après qu'elle fut finie, les princes sortirent gaiement de leur prison, et allèrent de même se mettre dans le carrosse du maréchal de Gramont, qui les attendoit dans la grande place de la citadelle. Le cardinal les suivit, qui les vit lui-même triompher de la victoire qu'ils remportoient sur lui. Il fit un grand salut à M. le prince, qui ne fut pas presque remarqué de lui; et ce prince, se jetant brusquement dans le carrosse, commanda au cocher de toucher promptement. Il le dit en s'éclatant de rire, et d'un ton moqueur : ce qui fit croire à ceux qui étoient présens à cette action qu'il s'en alloit avec une grande disposition de se venger du cardinal. Il vint de là se coucher à Gromeni, à quatre lieues de là, chez un gentilhomme de mes parens qui faisoit bonne chère à tous ceux qui le venoient voir, mais qui ne s'attendoit pas d'avoir une si grande compagnie. Le prince y dit en riant que de Lyonne, qui ne l'avoit pas suivi, étoit demeuré au Havre pour consoler le cardinal (1).

Le duc d'Orléans sachant les princes en liberté, et n'ayant plus d'excuse, vint enfin visiter la Reine. Cette entrevue fut accompagnée de froideur et de dégoût; et la Reine fit voir, à l'émotion de son visage, qu'elle avoit eu de la peine à la souffrir. Ce prince fut au devant de ceux qu'il croyoit avoir délivrés de prison. Il alla jusqu'à Saint-Denis; et le prince de Condé, en le saluant, lui protesta publiquement une reconnoissance infinie, et un attachement éternel à ses intérêts. Il embrassa le coadjuteur avec des marques d'une forte amitié, et témoigna au duc de Beaufort qu'il lui étoit obligé. La presse fut grande dans les rues de Paris pour les voir arriver, et le peuple témoigna beaucoup de joie de leur retour. Comme leur captivité leur en avoit donné, leur liberté leur en donna aussi; mais rien n'est égal à la quantité du monde qui se trouva chez la Reine ce même jour au soir, que tous ensemble ils vinrent chez elle la saluer. Elle étoit au lit quand le duc d'Orléans les lui présenta. Les complimens furent courts de la part du prince de Condé et des deux autres; et la Reine, qui leur avoit déjà fait faire un compliment, leur parla peu. Après qu'ils eurent été dans sa ruelle un petit quart d'heure, ils s'en allèrent chez le duc d'Orléans, qui leur donna un grand soupé. Les princes, avant que de se coucher, allèrent visiter le duc de Nemours qui étoit malade, et la princesse palatine. Ces deux personnes méritoient plus que des complimens et des visites, vu les grandes choses qu'elles avoient faites pour eux, particulièrement la princesse palatine, dont la conduite et l'habileté avoit été admirable dans tous ses effets.

Les princes allèrent le lendemain matin au

(1) J'ai su de la duchesse de Navailles, long-temps depuis que j'ai écrit ces Mémoires, que son mari, qu'elle épousa en secret lorsque le cardinal partit pour aller au Havre, s'étant obligé de le suivre par l'attachement qu'il avoit à ce ministre, et fort affligé de le quitter, il lui dit en confidence qu'il alloit le servir dans le dessein qu'il avoit de se rendre maître de la prison des princes, et qu'il espéroit, par la crainte qu'on auroit de ce qu'il pourroit faire, remédier au mauvais état où étoit la Reine : ce qui s'accordoit assez bien avec les lumières et aux frayeurs que le duc d'Orléans et les serviteurs du prince de Condé eurent de ce voyage.

parlement faire leurs remercîmens à cette compagnie, qui furent reçus avec applaudissement. Le premier président loua infiniment le prince de Condé, et fit remarquer les maux que sa prison avoit causés à l'Etat. La compagnie fut requise de travailler à leur justification, et les gens du Roi se chargèrent de la solliciter.

Après que le cardinal eut reconnu la mauvaise disposition des princes, qu'il eut su précisément l'état où étoit la Reine, et que ses affaires empiroient, il résolut de s'acheminer vers la frontière de Picardie, suivi d'environ cent chevaux. Ses amis et ceux qui étoient à lui composoient ce cortège. Il ne reçut aucun déplaisir que de ceux d'Abbeville, qui lui refusèrent le passage; mais il fut reçu dans Dourlens par de Bar qui en étoit gouverneur, et qui étoit avec lui. Il s'arrêta quelque temps dans cette place, croyant y pouvoir attendre des nouvelles de ce qui se passoit à Paris. Elles furent mauvaises; et le murmure y fut si grand contre la Reine, qu'elle fut contrainte de lui envoyer Beringhen et Ruvigny, pour le prier de s'éloigner plus loin : ce qu'il fit, après avoir refusé les offres que lui réitérèrent les gouverneurs des places de cette frontière, qui lui furent plus fidèles que ses amis de la cour. Il écrivit à la Reine une lettre qui fut lue en plein conseil, qui fut trouvée assez belle pour être louée publiquement. En voici la copie prise sur l'original.

« MADAME,

« Aussitôt que j'ai vu dans la lettre que Votre Majesté m'a fait l'honneur de m'écrire, et reconnu par ce que M. de Ruvigny a ajouté de sa part, que le service du Roi et le vôtre demandoient que ma retraite de la cour fût suivie de ma sortie hors du royaume, j'ai souscrit très-respectueusement à l'arrêt de Votre Majesté, dont les commandemens et les lois seront toujours l'unique règle de ma vie. J'ai déjà dépêché un gentilhomme pour m'aller chercher quelque asyle; et quoique je sois sans équipage, et dénué de toutes les choses nécessaires pour un long voyage, je partirai demain sans faute pour m'en aller droit à Sedan, et de là passer au lieu que l'on aura pu obtenir pour ma demeure. Je dois trop déférer aux ordres de Votre Majesté, pour avoir hésité le moins du monde à prendre cette résolution. Ce n'est pas, madame, que beaucoup d'autres qui seroient en ma place, avec la justice et le nombre d'amis que je puis avoir, n'eussent pu trouver des moyens pour se mettre à couvert des persécutions que je souffre, auxquelles je ne veux point penser, aimant mieux contenter la passion de mes ennemis que de rien faire qui puisse préjudicier à l'Etat, ou déplaire à Votre Majesté. Encore qu'en cette occasion ils aient eu le pouvoir d'empêcher Son Altesse Royale de suivre les mouvemens de sa bonté naturelle, ils n'ont pas laissé de lui témoigner, contre leur intention, qu'ils avoient fort bonne opinion de ma fidélité, de mon zèle pour le bien de l'Etat, et de mon entière résignation aux ordres de Votre Majesté. Car, à moins que d'être entièrement persuadés que je suis inébranlable dans ces sentimens-là, ils n'auroient pas été assez peu prudens pour me pousser avec tant de violence, sans faire aucune réflexion sur la connoissance que je dois avoir des plus secrètes et importantes affaires du royaume, dont j'ai eu si long-temps le maniement, ni sur les amis que mes services et la bienveillance de Votre Majesté m'ont acquis, et qui sont assez considérables par leur nombre, par leur qualité, et par la passion qu'ils m'ont témoignée en cette rencontre. Mais j'ai trop de ressentiment, madame, des grâces que j'ai reçues de Votre Majesté pour être capable de lui déplaire; et quand il faudroit sacrifier ma vie, je le ferois avec plaisir pour la moindre de ses satisfactions. J'en aurai beaucoup dans mon malheur, si Votre Majesté a la bonté de conserver quelque souvenir des services que j'ai rendus à l'Etat depuis que le feu Roi, de glorieuse mémoire, me fit l'honneur de me confier la principale direction de ses affaires, et de prier plusieurs fois Votre Majesté, avant sa mort, de me maintenir dans la même place. Je me suis acquitté de cet emploi avec la fidélité, le zèle et le désintéressement que Votre Majesté sait; et s'il m'est bienséant de le dire, avec quelque succès, puisque toutes les personnes sensées, et les Espagnols même, avouent qu'ils se sont moins étonnés des grandes conquêtes que les armées ont faites dans les cinq premières années de votre régence, que de voir que pendant les trois dernières on eût pu soutenir les assauts, et sauver du naufrage le vaisseau battu de tous côtés, et si furieusement agité de la tempête que les divisions domestiques avoient excitée. J'eusse bien souhaité, madame, de cacher aux étrangers le mauvais traitement que je reçois, pour empêcher que le blâme n'en rejaillisse sur une nation que j'ai toujours honorée et chérie avec tant de tendresse; mais quand ils me verront errant parmi eux, avec les personnes qui me sont plus proches, pour chercher un abri, ils auront quelque sujet de s'étonner qu'un cardinal, qui a l'honneur d'être parrain du Roi, soit traité de cette sorte, et que vingt-deux ans de service fidèle ne lui aient pu acquérir une retraite sûre en quelque endroit du royaume, dont les limites ont été assez notablement étendues par ses soins. Je prie

Dieu, madame, que comme ce qui m'est arrivé n'altérera jamais la passion inviolable que je conserverai jusques à la mort pour les prospérités de Vos Majestés et pour la grandeur de l'Etat, ils puissent aussi bientôt en faire cesser les désordres, et montrer que ceux qui m'ont attaqué n'en vouloient qu'à ma personne. »

De Dourlens, le cardinal s'en alla en Allemagne, et sa plus longue station fut à Brulh (1). On lui fit de grands honneurs sur toutes les terres du roi d'Espagne. Il est à croire que les étrangers avoient de l'amitié pour lui, puisque la persécution qu'on lui faisoit leur étoit si avantageuse.

La Reine ayant paru abandonner au parlement le cardinal Mazarin, il fut résolu qu'on dresseroit une déclaration contre lui, telle que la compagnie la désiroit. Dans cette déclaration il s'y trouva que tous les cardinaux, tant les français que les étrangers, seroient exclus du gouvernement; et on crut alors que le duc de Beaufort, mécontent du coadjuteur, de ce qu'en deux ou trois occasions il lui avoit caché les principaux mystères de leurs négociations, pour se venger de lui fit glisser cet article. Il étoit fondé sur ce que les uns et les autres faisoient serment de fidélité au Pape; mais ce qui, en ce fait, avoit été proposé en de certaines occasions, n'avoit point encore été décidé; et pour lors le parlement, en défendant le retour du cardinal Mazarin, excluoit du ministère tous ceux qui auroient pu ressembler au coadjuteur, dont la grande passion étoit de devenir cardinal et premier ministre.

La Reine, croyant embarrasser cet ambitieux, fut ravie de ce que le parlement avoit fait en cette occasion, et s'offrit de bon cœur de leur envoyer la déclaration en cette même forme. Le premier président lui manda qu'elle tînt bon là-dessus, qu'il soutiendroit cet article, et la serviroit en tout ce qu'il lui seroit possible. Le coadjuteur, qui n'y trouva pas son compte, fit tant d'intrigues et travailla si bien, que le clergé s'y opposa. Ce corps, où il y a pour le moins en certains particuliers autant d'ambition que de piété, et plus de désirs pour les honneurs de la terre que pour la gloire du Ciel, s'assembla pour se plaindre du tort qu'on lui faisoit de les exclure du ministère. Ils députèrent l'archevêque d'Embrun à la Reine, pour la supplier de ne point donner cette déclaration au parlement, puisqu'elle lui ôtoit la liberté de se servir de ceux de leur profession dont le mérite et la capacité avoient donné quelquefois à nos rois de très-habi-

(1) Ville de l'électorat de Cologne.

les ministres. Le duc d'Orléans s'y opposa aussi, et cette contestation dura long-temps; mais à la fin, comme je le dirai ailleurs, elle n'eut point d'effet à l'égard des cardinaux français, quoique le premier président fît de grands efforts pour la maintenir et pour embarrasser le coadjuteur, ainsi qu'il l'avoit promis à la Reine.

La Reine donna la déclaration que les princes lui demandèrent, en des termes fort honorables. Elle reconnoissoit leur innocence, et déclaroit redonner leur liberté aux vœux de la France, les remettant en la possession de tous leurs biens et de toutes leurs dignités: elle annuloit aussi toutes les déclarations qui avoient été données contre madame de Longueville, le vicomte de Turenne et tous ceux de leur parti, et les remettoit en leur premier état.

Beringhen, qui étoit allé trouver le cardinal de la part de la Reine en même temps que Ruvigny, revint le premier de mars; il nous dit qu'il l'avoit laissé dans une grande nécessité, qu'il étoit embarrassé de ses nièces et de son neveu, qu'il n'avoit ni équipage ni argent, et qu'il lui avoit fait pitié. Comme alors le cardinal craignoit toutes choses, et qu'il ne méprisoit plus personne, Beringhen me dit qu'il lui avoit parlé de moi, comme désirant que je fusse de ses amies; mais je ne fus pas assez habile, ni assez appliquée à mes intérêts, pour profiter de ces bons momens.

Le parlement, voyant que le cardinal ne s'éloignoit pas assez promptement de la frontière à cause de la difficulté qu'il y trouva, et des passeports qu'il attendoit, donna encore un arrêt contre lui; et pour montrer de quelle manière il a été traité des princes et du parlement, j'ai voulu le mettre ici tout entier. Il porte les marques de ce que les hommes sont capables de faire, quand ils sont emportés par leur passion.

Extrait des registres du parlement.

« Ce jour, la Cour, toutes les chambres assemblées, ayant délibéré sur l'exécution des arrêts d'icelle des 7, 9 et 20 février, et 2 de ce mois et an, concernant le cardinal Mazarin, et ouï sur ce les gens du Roi, a été arrêté et ordonné que lesdits arrêts seront exécutés, suivant iceux, à la requête et diligence du procureur général, incessamment informé contre ledit cardinal Mazarin, ses parens et domestiques, des contraventions par eux faites à l'exécution desdits arrêts; et ensemble de la déprédation faite par ledit cardinal ou par ses ordres sur les vaisseaux étrangers, dissipation des finances, transports des deniers hors du royaume, empêchement à la paix, et mauvaises impressions par lui données au Roi, circonstances et dépendances, et contre ceux qui l'ont suivi, assisté et retiré, et qui ont eu commerce et correspondance par lettres et autrement avec ledit cardinal, depuis et au préjudice de la publication dudit arrêt du 9 février. A cette fin a commis et commet, outre les deux conseillers commis par l'arrêt du 9 de ce mois, messieurs François Bithault et Pierre Pithou, conseillers de ladite cour, pour procéder au fait de ladite information, lesquels se transporteront en la ville de Dourlens, et partout ailleurs où besoin sera : ordonne en outre qu'où le cardinal sera trouvé en France, ou ès places et châteaux de l'obéissance et protection du Roi, de se saisir de sa personne, et de l'amener prisonnier en la Conciergerie du Palais, pour être contre lui procédé extraordinairement. Enjoint à tous gouverneurs et officiers du Roi tenir la main à l'exécution du présent arrêt : ordonne aussi qu'à la requête dudit procureur général, tous les biens dudit cardinal et revenus de bénéfices seront saisis. A cette fin, aura commission pour compulser tous registres de banquiers et personnes publiques, et lui sera délivré toutes lettres monitoires en forme de droit. Enjoint aussi à toutes personnes qui ont connoissance desdits biens, ou qui en ont, de le déclarer, à peine de punition ; et sera le présent arrêt affiché, lu et publié à son de trompe et cri public, par tous les carrefours de cette ville et faubourgs, et envoyé aux bailliages, sénéchaussées et siéges du ressort, pour y être lu, publié et exécuté à la requête du procureur général et diligence de ses substituts ; et en sera donné avis aux autres parlemens, qui seront conviés de donner arrêt. Fait en parlement, le 11 mars 1651. *Signé* GUIET. »

Quelques jours après cet arrêt, le cardinal écrivit une grande lettre à Beringhen, qu'on appeloit M. le premier, pour l'informer des difficultés de sa marche. Par elle, on peut juger en quelle perplexité il étoit, et combien ses ennemis lui donnèrent de peine avant qu'il pût trouver un lieu de sûreté dans lequel il pût passer le temps de son exil. Comme elle est remarquable, j'en ai gardé la copie que voici.

« MONSIEUR,

« Je prévois que mal aisément je puis éviter que mes malheurs ne soient suivis d'un plus grand ; je suis errant d'un côté et d'autre, sans avoir une retraite tant soit peu assurée. J'avois pris la route d'Allemagne, comme je vous avois écrit ; mais j'ai rencontré le maréchal de La Ferté, auquel ayant communiqué ma résolution, et après avoir bien examiné la chose avec lui, nous avons trouvé que de dix villes impériales qui sont en Alsace sous la protection du Roi, il n'y a que Schelestadt de catholique, sans appartenir ou avoir dépendance de la maison d'Autriche, laquelle a été si maltraitée des Français, qui y ont tenu garnison long-temps, qu'elle est très-partiale des ennemis de la France ; outre que les habitans étant extrêmement pauvres, je courrois grand risque d'être sacrifié pour de l'argent, et que je dépendrois d'un bourguemestre que j'ai eu avis certain être un homme malintentionné pour la France, et capable d'être aisément corrompu : de sorte que nous n'avons nullement jugé à propos que je cherchasse mon asyle en ce lieu-là. A Mayence, je n'y puis aller sans savoir si je serois bien reçu : ce qui m'obligeroit à demeurer quinze jours en France ; et je vous jure devant Dieu que ma plus grande inquiétude est d'en sortir. Et pour les Suisses, j'ai été bien aveuglé quand j'y ai pensé, car leur alliance avec la France finit à présent. Il y a une quantité d'officiers réformés mal contens, qui me croiront l'auteur de leurs malheurs, puisqu'on se prend d'ordinaire de tout à celui qui a eu la principale direction des affaires. Les Suisses ont été maltraités pendant mon administration ; et comme on ne leur a pas tenu ce qui leur avoit été promis, et qu'on leur doit des sommes immenses, et qu'ils n'entendent aucune raison où il y va de leurs intérêts, il y a lieu de craindre qu'ils ne s'en prissent à moi, et qu'ils ne voulussent, en m'arrêtant, m'obliger à leur paiement ; et ainsi vous jugerez bien si c'est un lieu où je dois être.

« Je vous dirai de plus que je suis guetté de tous côtés ; et je vois bien que mes ennemis de Paris y travaillent à bon escient, et qu'ils n'auront point de repos qu'ils ne m'aient achevé tout-à-fait ; et mes amis, contre leur intention, y contribueront, en me pressant sans relâche de sortir du royaume, sans me conseiller ce que je puis faire, ni considérer où je pourrois avoir une apparence de sûreté. J'ai appris aussi bien par le maréchal de La Ferté que, sur le Rhin, la garnison de Franckendal, qui est extrêmement forte, court partout ; et on fait dans tous ces endroits-là, même en Alsace, des levées pour les ennemis, qui ne m'épargneroient pas. Wirtemberg est venu dans le Luxembourg avec huit cents chevaux ; et ayant nouvelle de mon passage, il lui seroit aisé de me dresser une embuscade. J'avois écrit pour savoir si je pourrois demander passeport aux Espagnols, mais jamais on ne m'a fait réponse là-dessus ; et je vous prie de nouveau de me faire savoir les volontés de Leurs Majestés sur ce sujet.

« Enfin voyant qu'il n'y avoit nulle sûreté de ce côté-là, et ne pouvant pas faire la diligence que je ferois si je n'avois pas mes nièces avec moi (ce qui est un plus grand embarras que vous ne sauriez vous imaginer), et considérant d'ailleurs qu'allant dans le plus prochain lieu d'Allemagne, on ne sauroit avoir nouvelle à Paris que je suis sorti des terres de l'obéissance du Roi que dans douze jours, j'ai résolu de m'en aller droit à Bouillon, où je serai, Dieu aidant, après-demain, avec dessein de passer à Dinan ou à Cologne lorsque j'aurai permission de prendre un passeport des Espagnols : et ainsi on saura dans cinq jours à Paris que je suis hors du royaume; et dès à présent on peut assurer que dès samedi ou dimanche matin cela sera, si ce n'est que le maréchal de Turenne me fasse abréger le chemin, étant obligé de passer à trois lieues de Stenay, où nous avons avis qu'il a des troupes avec lui. Ce qui m'a principalement obligé à prendre ce parti, ç'a été que lorsque j'étois le plus en suspens, et dans l'irrésolution de ce que j'avois à faire, il est arrivé que le gouverneur de Bouillon étoit venu à Rethel pour m'apporter des lettres de son maître, et pour m'assurer de sa part que je pouvois aller à Bouillon, à Dinan, ou en tel autre lieu de ses Etats que je voudrois, avec assurance que j'y serois reçu comme lui-même : et m'ayant trouvé parti de Rethel, il m'a envoyé la lettre de l'électeur qui est très-civile, accompagnée d'une des siennes, où il me fait le compliment dont il étoit chargé. Vous trouverez ici la lettre du gouverneur. Je ne vous envoie pas celle de l'électeur, parce que j'en pourrai avoir besoin.

« Si, lorsque j'étois à Rethel, je n'avois cru que je ne pourrois pas avoir réponse de sept ou huit jours de l'électeur, et que je fusse allé droit à Sedan comme c'étoit ma pensée, dès lundi passé j'eusse été hors du royaume. C'est un malheur que je ne pouvois pas prévenir, et qui me coûte beaucoup d'incommodité et de chagrin. La plus forte raison que j'aie pour m'en aller à Bouillon, c'est que je sors par là plus tôt du royaume; mais c'est un lieu où il n'y a pas apparence que je puisse demeurer quinze jours en sûreté. Le village est tout ouvert, le château très-petit, et je n'y serois pas le plus fort. En outre, le père du gouverneur est celui, à ce qu'on dit, qui a le plus agi contre les Français à Liège; et le gouverneur même est beau-frère de madame de Marsin. De plus, il y auroit toujours aux portes des partis d'Espagne, de Lorraine, et de M. de Turenne.

« Si M. l'électeur vouloit me donner le château de Dinan, qui est à dix-huit lieues de Bouillon, à condition que j'y pourrois mettre deux cents hommes en garnison, je crois que j'y pourrois être fort bien et en quelque sûreté, jusqu'à tant que je puisse prendre quelque autre demeure. C'est une étrange condition que la mienne d'avoir consommé ma vie en servant utilement la France avec la dernière fidélité et passion, et que cela ne m'ait servi qu'à me faire perdre la liberté que sans cela j'eusse eue de pouvoir aller et demeurer partout avec une entière sûreté. Peut-être cela est sans exemple.

« Au nom de Dieu, voyez M. le maréchal de Gramont, qui a fort pratiqué du pays. Examinez avec lui et mes autres amis ce que je devrai faire : car assurément je serai en danger à Bouillon. Cependant j'oserois prier que le Roi écrivît une lettre à l'électeur de Cologne en ma faveur, le remerciant de l'offre et des civilités qu'il m'a faites : et peut-être seroit-il bon aussi d'en écrire une au gouverneur de Bouillon; mais je me remets en tout à ce qu'on jugera de delà pour le mieux, et demeure avec la plus forte passion, Monsieur, votre très-affectionné serviteur, le cardinal Mazarin.

« A Clermont, le 10 mars 1651. »

Madame de Longueville, justifiée et triomphante, ne pensoit plus qu'au moyen de revenir à Paris et de satisfaire les Espagnols, avec lesquels elle avoit fait un traité. Ils l'avoient fait prier, voyant l'état des affaires de la cour de France, de se souvenir qu'elle étoit engagée à ne se point séparer d'eux que la paix générale ne fût faite; mais elle leur manda qu'elle désiroit venir à Paris pour y travailler; et si, après qu'elle auroit fait ses efforts pour y parvenir, ils n'étoient pas contens, qu'elle leur promettoit de revenir à Stenay, afin de satisfaire entièrement à ses engagemens. Elle envoya Sarrazin (1) à Bruxelles, pour remercier l'archiduc et le comte de Fuensaldague des assistances qu'elle en avoit reçues; et ce prince, par le conseil du ministre du roi d'Espagne, se contenta de ce qu'elle leur promit. Ils la laissèrent revenir à la cour, dans l'espérance du moins qu'elle y feroit de nouveaux embarras dont ils pourroient profiter, autant que de la paix qu'elle leur offroit et qu'elle ne pouvoit pas faire. Au bout de quelques jours elle arriva à Paris, aussi contente de la prospérité des princes ses frères qu'elle avoit été affligée de leur infortune. A son retour, elle fit paroître quelque dessein de faire ce qu'elle avoit promis aux étrangers. On envoya Croissi à Ste-

(1) Poète alors en réputation.

nay au maréchal de Turenne : il se fit quelques négociations, et l'on vit à Paris des Espagnols qui faisoient mine d'être occupés à de grandes affaires; mais je n'en sais point le détail : et comme la Reine n'y avoit nulle part, je n'en puis rien dire, sinon que toutes ces propositions servirent seulement à tirer honnêtement le maréchal de Turenne de l'engagement qu'il avoit pris avec les étrangers.

En l'état où se trouvoient alors le prince de Condé et madame de Longueville, on peut juger que s'ils eussent su porter leur bonheur jusqu'où il pouvoit aller, cette famille se seroit élevée jusqu'au dernier degré de la plus excessive puissance où des princes du sang puissent arriver. Mais Dieu, qui vouloit protéger la France contre leur ambition, permit que M. le prince fît une heureuse faute qui lui ôta ses nouveaux amis, et qui les obligea de le haïr plus que jamais. Il se contenta d'arrêter entre le duc d'Orléans et lui le mariage projeté entre le duc d'Enghien son fils et mademoiselle d'Alençon, fille du duc d'Orléans, sans en presser la conclusion; et il suivit les sentimens de madame de Longueville sur celui du prince de Conti avec mademoiselle de Chevreuse, qu'elle lui conseilla de rompre sitôt qu'elle fut revenue. Elle ne trouva pas à propos de mettre une personne dans sa famille qui, étant femme de son frère, l'auroit précédée partout, et qui, plus jeune et aussi belle, l'auroit pu effacer, ou du moins partager avec elle le plaisir de plaire et d'être louée. Elle ne voulut pas non plus qu'elle lui pût ôter le crédit qu'elle vouloit avoir sur l'esprit du prince de Conti son jeune frère, par où jusqu'alors elle s'étoit rendue considérable à sa famille. Pour persuader M. le prince, elle trouva le moyen de lui faire sentir que le prince de Conti, venant à se marier, lui ôteroit le partage qu'il devoit faire en ce cas avec lui des biens de leur maison. Par cet intérêt, elle le fit résoudre de manquer de parole à madame de Chevreuse; et ce changement fut un grand obstacle à sa grandeur : car cette princesse avoit trop d'habileté et de crédit pour recevoir cet outrage sans trouver les moyens de s'en venger. Le duc de La Rochefoucauld avoit fortifié madame de Longueville dans ce mauvais dessein. Il haïssoit les frondeurs, et prétendoit que madame de Chevreuse n'avoit pas reconnu les grands services qu'il lui avoit rendus autrefois, pendant les disgrâces qu'elle eut à souffrir dans la faveur du cardinal de Richelieu : si bien qu'il contribua beaucoup à cette rupture.

La princesse palatine, de son côté, voyant qu'elle étoit quitte de la promesse qu'elle avoit faite à madame de Longueville, ne songea plus qu'à bien servir la Reine. Elle l'alla voir en secret, prit des mesures avec elle, et tâcha de s'opposer au dessein que le prince de Condé avoit de pousser les choses à l'extrémité. Il vouloit suivre les conseils de ses créatures, qui, par de mauvaises voies, désiroient sa grandeur. On proposa tout de nouveau, dans les premiers jours de son retour, d'enlever le Roi, et de le mettre entre les mains du duc d'Orléans. La princesse palatine, à ce qu'elle m'a conté, dit là-dessus à M. le prince qu'il ne falloit pas aller si vite, ni donner tant de puissance au duc d'Orléans : en quoi elle servoit utilement la Reine, et ne trompoit pas M. le prince. Elle avoit le dessein de les raccommoder ensemble : et dans cette intention elle conseilla à la Reine de lui donner le gouvernement de Guienne, afin d'arrêter par cet engagement les autres propositions qui se faisoient contre le repos de la Reine. M. le prince eût pu aller plus loin, par le chemin qu'on lui vouloit faire prendre; car le duc d'Orléans n'ayant que des filles, et une d'elles devant être mariée au duc d'Enghien, il est indubitable que cette même grandeur seroit retombée sur lui; et s'ils se fussent saisis du Roi, leur domination, du moins jusqu'à la majorité, n'auroit été bornée que par leurs désirs. Mais Dieu donna des forces à la Reine pour se défendre heureusement des mauvais desseins qui se pensèrent former contre elle, et qui manquèrent en partie d'être exécutés, parce que dans le fond du cœur du duc d'Orléans il y avoit de la bonté, et que dans l'ame de M. le prince on a dû y remarquer une naturelle aversion au mal. C'est ce qui les rendoit si faciles l'un et l'autre à recevoir des conseils conformes à l'équité et à la douceur. Il est à croire aussi que M. le prince n'avoit pas oublié que le coadjuteur, madame de Chevreuse et Laigues l'avoient mis en prison, et que ce souvenir affoiblissoit dans son ame celui de son retour et de sa liberté. Il est vrai que madame de Chevreuse ne méritoit pas qu'il lui manquât de parole : elle en avoit usé fort honnêtement avec lui dans la première visite qu'elle avoit reçue de lui. Elle lui redonna sa parole et son écrit, et lui dit généreusement qu'elle vouloit tenir l'honneur de son alliance de sa propre volonté. Ce procédé devoit obliger M. le prince à la rechercher avec de grands soins, mais il étoit à propos qu'il se trompât : de si grandes cabales liées à lui auroient accablé la Reine, qui apparemment auroit beaucoup plus souffert, s'il avoit été plus ponctuel à tenir ce qu'il avoit promis.

La Reine, qui comprit aisément combien le mariage du prince de Conti avec mademoiselle de Chevreuse lui étoit à craindre, vit avec grand plaisir les obstacles que madame de Longueville y apporta ; et le service qu'elle lui rendit, sans en avoir l'intention, diminua la douleur qu'elle eut de la voir travailler publiquement à la paix avec les Espagnols, sans qu'elle lui fît la grâce de la compter pour quelque chose, et recevoir avec un souris dédaigneux qui lui étoit ordinaire, non-seulement le peuple de Paris, mais les plus plus grands seigneurs qui venoient à l'adoration chez elle.

Servien et de Lyonne, qui avoient pris quelque liaison avec M. le prince, lui laissoient espérer de grands avantages du Roi et de la Reine ; et ce qu'ils faisoient pour le servir, et peut-être en même temps pour se maintenir dans le poste où ils étoient, entretenoit une négociation qui étoit encore utile à le séparer de la cabale des frondeurs, et le rapprocher de cette princesse. M. le prince, ayant donc déterminé de rompre le mariage du prince de Conti, fit entendre à la Reine, par de Lyonne, qu'il souhaitoit qu'elle employât l'autorité du Roi pour en empêcher la conclusion, et lui fit dire qu'il lui en seroit obligé. Le prince de Conti ne haïssoit pas mademoiselle de Chevreuse : il avoit intelligence avec elle par Laigues, confident de madame de Chevreuse ; mais le prince de Condé, pour l'en dégoûter, lui fit dire qu'elle avoit des amans qui ne lui déplaisoient pas, et par cette voie lui fit naître dans l'ame quelque petite jalousie, qui fit l'effet qu'il désiroit. Ainsi la Reine, après beaucoup de négociations, du consentement de toute la famille de Condé, fit savoir à madame de Chevreuse qu'elle ne désiroit pas que ce mariage se fît, parce qu'il avoit été concerté pour des fins contraires au service du Roi. Ce commandement fut cause que toutes ces propositions s'évanouirent, et qu'on n'en parla plus.

M. le prince fit cet outrage à madame de Chevreuse sans même lui en faire aucune excuse, ni travailler à guérir le dépit qu'elle en devoit avoir par aucun adoucissement : ce qui lui fit perdre l'amitié de cette princesse, qui, étant convertie en haine contre lui, telle qu'il la méritoit, fut cause que cette princesse, pour se venger de lui, se tourna du côté de la Reine, qu'elle servit si utilement qu'elle contribua beaucoup au retour du cardinal Mazarin. M. le prince perdit aussi le coadjuteur, tant à cause qu'il s'intéressoit en toutes les choses qui regardoient madame et mademoiselle de Chevreuse, que par l'impuissance où il se trouva de lui pouvoir faire donner le chapeau, qui étoit la seule fin de ses intrigues, et (on le peut dire) de ses crimes et de ses vertus : si bien qu'ayant changé de sentiment pour ce prince aussitôt qu'il n'espéra rien de lui,

il fit ensuite parler à la Reine par tous ses amis et ses amies, pour tâcher de se raccommoder avec elle ; et sans doute qu'il n'oublia pas d'envoyer traiter avec le cardinal.

Dans ces temps si brouillés, il se passa une si grande confusion de négociations, qu'il faut nécessairement que j'en aie ignoré une grande partie. J'avois une continuelle assiduité auprès de la Reine, qui me faisoit cet honneur de prendre quelque confiance en moi ; mais elle ne savoit pas elle-même les particularités des intrigues qui l'environnoient, et la fidélité que j'avois pour elle me rendit suspecte à ceux qui n'avoient pas ces mêmes sentimens. Je sais seulement, par les choses qui venoient à elle et par celles qui m'ont été dites en confidence par les propres acteurs, les événemens les plus considérables, dont il y a sans doute un détail secret qu'il m'a été impossible de pénétrer entièrement à l'égard du coadjuteur. La Reine, dans ce temps-là, me dit un jour, parlant de lui, qu'il lui faisoit parler par tout le monde ; que madame la duchesse d'Aiguillon la pressoit de lui pardonner, et de se servir de lui pour se retirer de l'état où elle étoit. Elle ajouta ces mêmes mots : Qu'elle voyoit bien qu'elle avoit raison ; que la politique le vouloit ainsi ; mais qu'elle avoit une telle horreur de cet homme, qu'il lui étoit impossible de s'y résoudre. Je la pressai de feindre en cette occasion, et de ne point écouter son ressentiment, quoique raisonnable, afin qu'elle pût être bientôt en état d'agir librement sur l'amitié et sur la haine. Quelque temps après elle fut presque forcée d'avoir commerce avec lui, pour voir si elle pourroit, par le déréglement de ses passions, trouver quelque remède à ses propres maux. De Lyonne le vit par son ordre : je pense que ce fut chez Montrésor. Les propositions furent cruelles du côté du coadjuteur contre la vie de M. le prince. Elles furent telles, que la Reine, qui étoit bonne et généreuse, ne les put approuver ; et l'aversion qu'elle en témoigna ralentit ces sortes de conférences. On a cru que le même de Lyonne, ne voulant pas perdre M. le prince, en avertit le maréchal de Gramont, qui aussitôt le dit à Chavigny, et Chavigny le découvrit à ce prince : ce qui produisit ensuite de grands événemens, par les précautions nécessaires qu'il crut se devoir à lui-même. La Reine ne voulut donc point de repos, en se défaisant d'un ennemi par des voies iniques. Une princesse chrétienne, qui avoit de la modération et de la vertu, n'étoit pas capable de sympathiser en rien avec des sentimens aussi emportés que l'étoient ceux du coadjuteur. La piété que son caractère lui devoit inspirer, et les vertus morales dont il faisoit profession, ne s'accordoient guère avec l'ambition, qui ne lui permettoit de sentir que ce qui pouvoit contribuer à la satisfaire. Son grand désintéressement et ses autres qualités, qui lui donnoient tant d'amis, leur pouvoient faire croire que s'il désiroit du bien, ce n'étoit que pour leur en faire part; et que si la Reine se vouloit servir de ses conseils, l'élévation de son esprit, qui n'étoit plein que de grands desseins, son activité, sa hardiesse et sa fermeté viendroient à bout de toutes les difficultés que la foiblesse du cardinal Mazarin ne pouvoit surmonter. Mais les expédiens qu'il proposoit étoient si forcés, qu'ils ne pouvoient pas aisément s'attribuer à magnanimité.

Le prince de Condé perdit encore le premier président Molé, à cause qu'il avoit dit qu'il ne seroit jamais content qu'il n'eût fait chasser Le Tellier du conseil et du service du Roi, afin de pouvoir faire mettre à sa place le président Viole, qu'il préféra à Champlâtreux, fils du premier président, qui avoit espéré de pouvoir devenir secrétaire d'Etat. Les hommes les plus sages cessent de l'être quand il s'agit de leurs intérêts: voilà la source de toutes les fautes de ce sage magistrat. Sa fermeté, sa probité, le zèle qu'il avoit pour le bien de l'Etat et le service du Roi, qui avoit paru au travers de sa foiblesse, toutes ses vertus perdirent leur éclat, parce qu'il ne fît pas tout ce qu'il devoit faire; et par là seulement il se priva de l'avantage qu'il auroit pu avoir d'être estimé un des premiers hommes de son siècle. Sa prétention l'avoit rendu trop partial du prince de Condé, et l'avoit souvent fait manquer à son devoir; mais les dégoûts qu'il eut de ce prince, qui se multiplièrent beaucoup, le rendirent plus fidèle. Il est à souhaiter qu'il puisse servir de leçon à ceux qui le suivront.

M. le prince perdit aussi dans la suite des temps le duc de Bouillon et le vicomte de Turenne, pour avoir, à ce qu'ils disoient, soutenu foiblement leurs intérêts en quelques occasions. La princesse palatine, qui ne fut pas non plus satisfaite de sa reconnoissance, parut en quelque façon moins attachée à lui. Elle voulut qu'il ôtât les finances au président de Maisons, pour les donner au marquis de La Vieuville. Le chevalier de La Vieuville, son fils, étoit de ses intimes; elle vouloit qu'il lui eût cette obligation, ou plutôt elle prétendoit devenir riche par leur moyen: et comme elle se vit privée de cet espoir, et du plaisir qu'elle croyoit trouver à favoriser ceux qu'elle considéroit, elle suivit son inclination qui la pressoit de se donner entièrement à la Reine, et fit voir par sa conduite qu'elle étoit dans ses intérêts. Elle fit tout ce qu'elle put pour obliger M. le prince à se mettre tout-à-fait bien avec la Reine, et madame de Longueville fut quelque temps à douter si la chose se pouvoit faire; mais ce prince ne put entrer dans cette proposition à cause des obligations qu'il avoit nouvellement au duc d'Orléans, dont il ne crut pas se devoir séparer. Il est à croire aussi que l'engagement où il étoit de haïr le cardinal Mazarin, plus par honneur que par sentiment, l'embarrassoit, et qu'il ne vouloit suivre en rien l'exemple des frondeurs, qui feignoient incessamment tous les contraires ensemble. Ce sont là, selon toutes les apparences, les véritables raisons qui l'empêchèrent de se lier avec la Reine: et cet état douteux arrêtoit les projets légitimes qu'il auroit pu former à l'avantage de sa grandeur. Il est difficile à l'homme de vouloir satisfaire à toutes ses obligations, à ses intérêts et à ses sentimens: toutes ces choses portent en elles des difficultés qui le font égarer au milieu de cette multiplicité de pensées et de désirs qu'il se produit à lui-même, et le forcent souvent à suivre ce qu'il ne voudroit pas faire.

Le prince de Condé demeura donc indécis à la vue de tout ce qui se présentoit à lui; et, pour avoir un trop grand bonheur, il se trouva enfin qu'il n'eut pas tout celui qu'il pouvoit avoir. Il eut seulement intelligence avec la Reine pour faire quelque changement au conseil, et pour obtenir le gouvernement de Guienne, que Servien et de Lyonne, ensuite des conseils de la princesse palatine, lui firent espérer. Ce fut sous l'apparence du bien public qu'ils y travaillèrent; mais ce fut plus véritablement encore par l'espérance qu'ils eurent que ce prince feroit chasser Le Tellier qu'ils n'aimoient pas, et dont peut-être ils vouloient la charge. Il le fut en effet quelque temps après, dont il ressentit beaucoup de peine; mais sa disgrâce ne lui fit rien perdre: il eut le bonheur et la fidélité tout ensemble. C'est ce qui arrive rarement.

Pendant que toutes ces brouilleries se démêlent, beaucoup d'autres événemens remplissoient le théâtre. La noblesse voyoit de toutes parts de la confusion; le parlement agissoit comme s'il eût été le maître du royaume, et le clergé s'assembloit pour ses intérêts. Quand les princes, les seigneurs et gentilshommes eurent remarqué que tous les corps, excepté eux, avoient part à la chose publique, ils résolurent aussi de prendre celle qui leur appartenoit, et demandèrent les Etats. La Reine, qui ne savoit plus ce qui lui étoit bon ou mauvais, et qui, selon le dire du marquis de Senetterre, se laissoit conseiller par la nécessité, n'en fut point d'abord trop fâchée, parce qu'elle vit que cela déplaisoit au parlement. Avant la sortie des princes, plusieurs députations avoient été faites entre le clergé et la noblesse, toutes en leur faveur, et afin de supplier la Reine unanimement de les mettre en liberté. La noblesse, les voyant alors sortis de prison, députa vers le duc d'Orléans le marquis de Sourdis pour l'en remercier, et lui aller donner des marques de leur joie commune. Il s'en acquitta dignement : il avoit beaucoup d'esprit et de savoir.

Le duc d'Orléans avoit consenti à cette assemblée de la noblesse, et M. le prince aussi. Quand ils virent qu'elle demandoit la convocation des Etats, ils voulurent se servir d'elle pour de plus grands desseins, et crurent qu'ayant à eux le parlement, avec beaucoup de ceux qui composoient le corps de la noblesse et du clergé, ils en seroient les maîtres. Leur dessein étoit de les faire tenir à Paris, dont le peuple étoit à eux, et avant la majorité qui approchoit, afin peut-être de faire revivre les anciennes loix du royaume, qui, à ce qu'ils disoient, défendent que les rois soient majeurs si jeunes. Ils crurent vainement qu'ils pourroient ôter la régence à la Reine pour se faire les maîtres de l'Etat ; mais elle, qui fut informée de leur dessein, bien conseillée et bien instruite, s'y opposa fortement, appuyée du premier président et même de tout le corps du parlement, qui en ce cas étoit pour elle. Cette compagnie est toujours opposée aux Etats, à cause qu'ils offusquent son pouvoir, et que le mot de *tiers-état* ne lui plaît pas. Le garde des sceaux de Châteauneuf favorisoit ceux qui demandoient les Etats. L'autorité de la Reine lui étoit suspecte, et il savoit d'ailleurs que le premier président ne l'aimoit pas. Ce fut donc à son extrême regret qu'il vit que la Reine, en tenant bon, reprendroit des forces, et qu'étant appuyée de ce corps elle réussiroit dans son dessein, qui étoit de les empêcher tout-à-fait. C'est pourquoi il conseilla les princes de consentir qu'ils fussent convoqués à Tours le premier d'octobre, aussitôt après la majorité. La Reine, ne pouvant reculer, y consentit, au grand regret de ceux du parlement ; mais ils se consolèrent en ce qu'ils crurent que son intérêt l'obligeroit toujours de les éviter, et qu'alors elle auroit sans doute plus de puissance pour faire obéir le Roi. Cette princesse, dans le dessein de feindre de n'y consentir jamais, envoya enfin le maréchal de L'Hôpital pour séparer l'assemblée de la noblesse, et leur promettre de convoquer les Etats au premier octobre ; mais les partisans des princes n'en parurent pas tout-à-fait satisfaits.

Le 19, le duc d'Orléans envoya chercher le père Paulin, jésuite et confesseur du Roi, pour lui dire qu'il le prioit d'avertir la Reine que cette convocation des Etats, après la majorité, ne plaisoit à personne ; que la noblesse ne vouloit point se désunir ; qu'il craignoit qu'il n'arrivât de grands désordres dans Paris ; et qu'elle devoit savoir que, peut-être avant qu'il fût trois jours, tout seroit à feu et à sang dans la ville. Le père Paulin revint trouver la Reine, et lui rendit compte de la harangue du duc d'Orléans ; il accompagna sa narration d'une affreuse peinture de tous les maux qui pouvoient arriver de cette affaire. La Reine l'écouta sans s'étonner ; elle connut d'où venoit ce discours, et qu'il étoit fait à dessein de lui faire peur, et de l'obliger par cette frayeur à convoquer les Etats avant la majorité. Elle vit clairement que ses intérêts ne pouvoient compatir avec ceux des princes, et que, sous le nom du Mazarin, ils auroient eu pouvoir de la persécuter tout de nouveau. Le soir de ce même jour, le duc d'Orléans et M. le prince vinrent la voir : elle dit au duc d'Orléans que s'il avoit voulu lui faire peur en lui mandant ce que le père Paulin lui avoit dit de sa part, il n'avoit pas réussi dans son dessein. Le duc d'Orléans et M. le prince la pressèrent instamment de consentir que les Etats se tinssent avant la majorité, afin, à ce qu'ils disoient, de contenter la noblesse, qui ne vouloit pas se séparer sans obtenir cette grâce ; mais la Reine, qui se sentoit appuyée, tint ferme contre eux, et ne se relâcha jamais : elle parla même au prince de Condé avec un peu de fierté, ne montrant nullement de les craindre ni l'un ni l'autre ; et ils la quittèrent fort mal satisfaits de sa fermeté.

Le garde des sceaux alla le lendemain au Luxembourg pour accommoder ce différend ; il rapporta à la Reine que le duc d'Orléans souhaitoit au moins qu'ils fussent commencés cinq ou six jours avant la majorité. Mais la Reine ne se rendit point à cette dernière attaque : elle eut peur que ce peu de jours ne lui fussent funestes, et leur empressement fortifia sa résistance, et lui en fit connoître visiblement le danger. Le duc d'Orléans se fondoit à insister là-dessus, sur ce qu'il disoit y avoir des exemples que les Etats avoient souvent été tenus sous les minorités. Il alla même au parlement disputer sa prétention ; et comme les intérêts changent les sentimens des hommes, il y trouva son crédit diminué, et qu'il n'en avoit pas autant pour faire tenir les Etats qu'il en avoit eu en faveur des princes et contre le Mazarin. La noblesse députa à l'hôtel-de-ville pour lui demander jonction ; mais les bourgeois, qui n'avoient plus cet objet du Mazarin qui avoit produit leur entêtement, étoient revenus à leur devoir, et n'étoient plus capables d'y manquer, sans de grands soins à les tromper par d'autres inventions. Ils refusèrent leur requête : puis enfin toutes ces contestations se ralentirent, et de plus grandes aventures les étouffèrent. Cette dispute néanmoins fut soutenue des princes jusqu'à la veille de la majorité : apparemment elle étoit fondée sur quelque dessein nuisible au Roi, à la Reine et à l'Etat; et comme le Mazarin leur avoit servi de prétexte à tous pour satisfaire leurs passions, un des jours que le duc d'Orléans fut au parlement pour cette affaire, il se plaignit hautement de la Reine, et dit qu'elle n'agissoit que par les conseils du ministre de Bruth (1); qu'elle étoit environnée de mazarins; qu'il ne pouvoit pas répondre du repos de l'Etat, que Le Tellier, Servien et madame de Navailles ne fussent chassés de la cour; et que toutes ces personnes étant créatures du cardinal, la Reine n'agissoit jamais que par les avis qu'ils lui donnoient de sa part.

Navailles étoit un gentilhomme de bonne maison, bien fait, et fort honnête homme. Quand le ministre partit de France, il lui fit donner le brevet de duc (2), et pria la Reine de lui faire épouser mademoiselle de Neuillant, qu'il estimoit. Pour lui, il la souhaitoit pour son mérite, sa sagesse, sa naissance et ses richesses. Ce mariage, comme je l'ai déjà dit, ayant été fait au Palais-Royal en secret, et du consentement de la Reine, Navailles travailloit incessamment à payer le cardinal des obligations qu'il lui avoit; et madame de Navailles, après avoir déclaré son mariage, étoit demeurée auprès de la Reine pour être celle qui, par son mari, lui faisoit tenir toutes les lettres du cardinal : il lui écrivoit à elle, et lui commettoit le soin d'une grande partie de ses intérêts. J'en ai vu tous les originaux; car madame de Navailles, quelques années après devenue mon amie, me les a depuis montrés. Voilà la raison qui obligeoit le duc d'Orléans de parler d'elle au parlement, dont on s'étonna; car notre sexe doit avoir certains priviléges qui le peuvent exempter d'aller dans les lieux publics. Le duc d'Orléans voulut aussi chasser Le Tellier, comme attaché aux intérêts du cardinal. Ce prince étoit sur cet article de concert avec M. le prince, qui se plaignoit hautement de lui de ce que, l'ayant toujours cru de ses amis, il l'avoit abandonné, et ne l'avoit pas averti quand il fut arrêté. Il le blâmoit d'une chose dont il paroissoit louable : il ne faut jamais trahir le secret de son ami, à plus forte raison celui de son maître et celui de l'Etat. On a cru qu'il le poussa aussi par l'engagement qu'il avoit pris avec de Lyonne, qui avoit paru agir avec le dessein de faire chasser ce ministre; et que Servien, étant oncle de de Lyonne, n'avoit été nommé en cette occasion que pour mieux couvrir le désir que les princes avoient de perdre entièrement Le Tellier. Je crois devoir dire néanmoins que je n'ai point de connoissance par moi-même que de Lyonne ait voulu travailler à la ruine d'un ministre qui servoit le Roi fidèlement; mais je sais que la Reine l'en a soupçonné, et que Le Tellier en a été fortement persuadé. Ce sont de ces choses qu'on ne peut démêler que difficilement, et dont par équité on doit toujours douter. Il y a dans le cœur de l'homme un grand mélange de bons et de mauvais sentiments, et Dieu seul en peut être le juge. Le garde des sceaux, voyant qu'il avoit contribué à chasser le cardinal pour être auprès de la Reine un ministre en figure, étoit rempli d'amertume et de douleur. Il savoit qu'elle se confioit à d'autres qu'à lui, et qu'elle le regardoit comme son ennemi : il tâchoit par toutes voies d'acquérir sa confiance; il lui protesta souvent qu'il vouloit être attaché à ses intérêts; il lui offrit de se séparer du duc d'Orléans, et de toutes les personnes qui lui donnoient de l'ombrage; il offrit de la raccommoder avec les princes, et n'oublia rien pour lui dire qu'elle trouveroit en lui un ministre plus utile à son service que celui qu'elle avoit perdu. Sa confiance étoit donnée à un autre. La Reine reçut ses offres avec une bonne volonté apparente; mais, en effet, elle ne se laissa point toucher à ses promesses. La Reine croyant faire son devoir, n'étoit pas capable de changer foiblement d'avis : si bien qu'elle n'écoutoit toutes ces paroles que pour amuser le garde des sceaux. Il devoit connoître l'impossibilité de son dessein par les intrigues qu'il ramassoit en sa personne, que la Reine devoit craindre; et s'il eût été sage, il auroit vu que tous ces princes n'auroient pour récompense que le repentir.

La Reine, pour contenter les princes qui demandoient toujours l'éloignement de ses ministres et des amis du cardinal, leur offrit, du consentement de Le Tellier, qu'il ne serviroit point, et qu'elle feroit faire sa charge par un autre : bien résolue néanmoins de la lui conserver, et de lui faire là-dessus toute la justice qu'il méritoit. Cette proposition fit croire qu'elle vouloit chasser tous ceux que le duc d'Orléans avoit nommés au parlement; et la Reine, craignant que ce bruit ne lui fît tort, déclara publiquement que si les princes ne vouloient venir au conseil,

---

(1) C'est-à-dire du cardinal qui y faisoit sa résidence.
(2) Ce brevet fut donné à son père, pour lui donner l'avantage d'être fils d'un duc.

elle le tiendroit toute seule, et n'en chasseroit personne. Les princes, sachant que la Reine avoit parlé de cette sorte, lui mandèrent qu'ils ne vouloient point venir au conseil, et qu'elle fît ce qu'il lui plairoit. Le garde des sceaux fut d'avis de le retarder, afin de voir s'il n'y avoit point quelque voie d'accommodement; mais la Reine le voulut tenir, et lui répondit fortement que sa volonté seule devoit régler cette affaire, et qu'elle le vouloit ainsi. Le soir même, les princes, un peu étonnés de sa fermeté, vinrent la voir; et parce que les portes de Paris étoient encore gardées, le duc d'Orléans pressa d'en faire ôter les gardes, comme une chose qui devoit déplaire à la Reine, et il la supplia de commander qu'elles fussent levées. Elle y consentit: et de cette sorte la Reine se trouva libre, et en pouvoir de sortir de Paris quand il lui plairoit. Mais ses affaires n'étant pas qu'elle dût le désirer, elle y demeura tout le temps qu'elle jugea nécessaire.

La Reine, ne pouvant plus souffrir le garde des sceaux, voulut donner les sceaux au premier président, qui l'avoit bien servie depuis la sortie des princes, et depuis que, détaché du prince de Condé, il s'étoit tout-à-fait appliqué à ses intérêts; car alors il prétendoit recevoir par elle les grâces qu'il avoit espérées des autres. Le maréchal de Gramont, ami de Chavigny; Longueil, qui étoit devenu chancelier de la Reine, et quelques autres, gagnèrent Servien et de Lyoune pour favoriser auprès de la Reine et du cardinal le retour de leur ami à la cour. Ils firent tous entendre à cette princesse que pour faire les changemens qu'elle désiroit, et pour acquérir quelque créance dans le parlement, il falloit qu'elle feignît de ne vouloir plus de Mazarin, et qu'elle fît revenir Chavigny, le plus grand ennemi qu'il eût. Servien et de Lyonne entrèrent dans cette pensée, pour avoir en lui un ami auprès du prince de Condé, qu'ils paroissoient regarder comme leur protecteur. On en écrivit à Bruhl, et on fit comprendre au cardinal que le retour de ce ministre étoit nécessaire pour éblouir le peuple; et, de plus, qu'il étoit meilleur d'avoir celui-là dans le conseil que le garde des sceaux de Châteauneuf, parce qu'il sembloit que la cabale de ce dernier étoit la plus dominante, et que par conséquent Chavigny étoit moins à craindre. Quoi qu'il en soit, le cardinal y consentit, parce qu'alors sa plus grande passion, ainsi qu'il avoit mandé à ses amis, étoit de changer le conseil, et d'en ôter le garde des sceaux. C'est une de ces choses que j'ai depuis vues dans les lettres qu'il écrivoit en ce temps-là à madame de Navailles.

Senetcrre ne sut rien du retour de Chavigny : on lui cacha ce dessein avec soin. Il ne l'aimoit pas, et il avoit paru avoir plus de liaison avec Châteauneuf; mais comme il n'avoit pas approuvé sa conduite, et qu'il s'étoit attaché à la Reine, il se consola aisément de la résolution qu'elle avoit prise de le chasser. A l'égard de Chavigny, il se résolut de s'opposer à lui en tout ce qu'il pourroit, et crut que le ministre de Breuil lui en seroit obligé, puisqu'il souffroit son retour par la seule raison qu'il étoit son ennemi déclaré. Ce ne fut pas sans étonnement que l'on vit alors la haine avoir les mêmes effets que l'amitié. Il ne falloit pas s'en étonner; l'intérêt peut lui seul joindre tant de contrariétés ensemble : il est le maître des cœurs, c'est lui qui gouverne le monde, qui fait souvent agir les hommes en bien et en mal, qui fait naître la haine, et qui produit les apparences de l'amitié que les gens de la cour semblent avoir les uns pour les autres. Ce changement étant concerté de cette sorte, Chavigny arriva le 2 avril, et le soir même il vit la Reine dans son oratoire : il y fut par un escalier dérobé qui alloit dans ce lieu secret, où elle faisoit venir ceux qu'elle vouloit cacher à ses espions.

Le lendemain, le duc d'Orléans, qui sembloit n'avoir eu nulle part au retour de Chavigny, et à qui la Reine n'en avoit rien dit, parut le sentir vivement. Il vint au Palais-Royal, plein de colère contre elle, et suivi du prince de Condé, qui avoit été de ce secret, et en étoit bien content; mais, selon les maximes de la cour, il dissimuloit ses sentimens, de peur de choquer le duc d'Orléans, qui en étoit outré de dépit. Ce prince, en présence de plus d'une douzaine de personnes, dit à la Reine qu'il s'étonnoit infiniment que tenant le rang qu'il tenoit dans le royaume, et selon la part qu'il devoit avoir dans les conseils du Roi, elle eût voulu faire revenir un ministre sans lui en parler, et qu'elle lui avoit en cela donné beaucoup de marques de mépris et de défiance. La Reine lui répondit tout haut que depuis quelque temps il avoit fait tant de choses sans elle et sans sa participation, qu'il ne devoit pas trouver étrange si de son côté elle en faisoit de même, et si, par sa manière d'agir avec elle, elle croyoit être dispensée d'en user avec lui de la façon qu'elle avoit accoutumé de faire; que quand il vivoit avec elle comme son ami et son frère, alors il savoit bien qu'elle n'avoit jamais rien fait, même dans les bagatelles, que premièrement elle n'eût pris son avis; mais qu'enfin son procédé avoit fait changer le sien, et qu'elle étoit fâché de ce qu'il l'avoit contrainte à cela. Il lui répondit qu'il n'avoit fait que se défendre;

qu'elle avoit commencé à mépriser son amitié, envoyant M. le prince au Havre malgré lui, et que le cardinal avoit été aussi le premier à l'offenser; qu'ensuite il n'avoit pu faire autre chose que ce qu'il étoit obligé de faire pour sa conservation et l'intérêt de son honneur. Pendant cette grande dispute, je remarquai que M. le prince les écouta sans dire une seule parole; et je suis persuadée que dans son ame il n'étoit pas fâché de la colère de tous les deux, car il fit quelque souris qui me le fit juger ainsi. Le duc d'Orléans avoit néanmoins eu part au retour de Chavigny par ceux qui l'avoient traité avec le cardinal; mais ce prince voulut faire voir à la Reine combien il avoit senti ce secret qu'elle lui en avoit fait.

Le parlement vint au Palais-Royal : ce qui obligea la Reine de cesser sa dispute avec le duc d'Orléans, pour aller entendre les remontrances que le premier président lui vint faire sur cette déclaration qu'il demandoit contre les cardinaux. J'ai déjà dit ailleurs que cette compagnie avoit proposé de les exclure tous du ministère. Le premier président, alors de concert avec la Reine, lui parla de ce style dont il avoit accoutumé de se servir en de semblables occasions; mais après avoir harangué contre le Mazarin, il n'épargna pas le coadjuteur, disant de lui que c'étoit un esprit plein d'ambition et de desseins factieux, qui troubloit la paix de la maison royale, et qu'il étoit juste de l'éloigner de l'espoir du ministère. Le duc d'Orléans en rougit deux fois; il sentit que ces paroles s'adressoient à lui, et elles lui firent connoître que la Reine n'étoit pas abandonnée, que le parlement revenoit à elle, et que c'est une grande folie à l'homme que de se confier aux hommes.

La Reine, au lieu de répondre à son ordinaire, et dire qu'elle demanderoit avis à M. le duc d'Orléans et à M. le prince de ce qu'elle avoit à faire, un peu en colère contre le duc d'Orléans, répondit au premier président, sans parler aux princes, qu'elle accordoit la déclaration telle que le parlement la désiroit, et ajouta très-judicieusement qu'elle croyoit le pouvoir faire, puisque Monsieur et M. le prince étoient présens quand elle fut proposée au parlement. Elle se tourna ensuite vers le garde des sceaux, et lui commanda à l'instant même de la sceller. Il reçut cet ordre comme un homme qui n'avoit plus guère de momens à posséder cette autorité dont il se servoit malgré la Reine. A ces mots décisifs de la Reine, madame de Chevreuse rougit à son tour, et je connus à son visage qu'elle voyoit avec beaucoup de peine le coadjuteur, et même le garde des sceaux de Châteauneuf, exclus de pouvoir joindre le ministère à la calotte rouge. Mais comme beaucoup de diligences avoient déjà été faites pour empêcher que cet avantage ne fût ôté aux cardinaux français, tant d'intrigues se firent encore alors qu'enfin la chose fut éludée, et demeura, comme je l'ai déjà dit, tout-à-fait assoupie.

Cette cérémonie achevée, les princes s'en allèrent. Le duc d'Orléans avoit de la douleur et de la tristesse dans le cœur, et le prince de Condé étoit content. Ce qui fâchoit le duc d'Orléans à l'égard du coadjuteur lui donnoit de la joie, et de plus il étoit satisfait du retour de Chavigny. La Reine, sortant de sa galerie où elle avoit tenu conseil, se retira dans son cabinet. Elle y reçut publiquement Chavigny, qu'elle traita comme un homme destiné à lui plaire. Ceux qui contribuèrent à son retour virent les apparences de sa faveur avec plaisir; mais le cardinal, qui l'avoit approuvé malgré lui, ne put pas s'empêcher d'en ressentir de la douleur, et de tenir pour ennemis ceux qui avoient su trouver l'invention de le rappeler.

Pendant que toutes ces choses se passèrent dans le cabinet, le garde des sceaux, qui les avoit ignorées, qui haïssoit Chavigny, et qui sentoit les apparences de sa disgrâce, fut toujours appuyé contre le coin de la table, rêveur, chagrin et fort embarrassé. Cette place, qu'il avoit tant désirée, lui donnoit plus de honte que de gloire. Il voyoit que les grandes affaires se faisoient sans lui et contre lui : et dans ces momens il connut sans doute qu'il alloit perdre les sceaux, car il devoit croire que la Reine n'avoit pas changé le conseil malgré le duc d'Orléans pour en demeurer là, et ne pas satisfaire son ressentiment. Deux heures après, comme il fut retourné chez lui, elle lui envoya commander de les rendre. Il le fit, et en même temps le premier président les eut, à condition qu'il ne quitteroit point sa charge de premier président. La Reine ensuite dépêcha vers le chancelier Seguier pour le faire revenir à la cour, afin d'y tenir le conseil des parties, et assister à tous les conseils du Roi, comme chancelier de France. M. le prince, qui savoit l'élection du premier président et par Chavigny et de Lyonne, eut pour ces changemens quelques intelligences avec la Reine, qui les fit d'autant plus hardiment qu'elle croyoit qu'ils pouvoient le tenter de revenir à elle.

Ce que souffrit Châteauneuf quand il se vit sans les sceaux ne se peut assez fortement représenter, et celui seul dont l'ambition est extrême peut s'en former quelque idée. Il eut la pensée de se sauver au Luxembourg, d'y porter les sceaux, et de demander la protection du duc d'Orléans pour tenir bon contre la Reine. Après les avoir rendus, il se repentit de n'avoir pas exécuté ce dessein ; mais la Reine le surprit : elle envoya si promptement chez lui aussitôt après qu'il l'eut quittée, qu'elle ne lui laissa pas le temps de délibérer ce qu'il avoit à faire. Dieu le permit ainsi pour la conservation de la France, à qui cette action auroit sans doute coûté beaucoup de sang. Je veux croire aussi que sa volonté eut quelque part à sa retenue, et qu'aimant l'Etat il ne voulut pas peut-être pour ses intérêts hasarder de le perdre entièrement. Cet homme avoit de grandes qualités : il avoit l'ame ferme, l'esprit hardi, et le cœur rempli de gloire ; il étoit habile dans l'intrigue, il avoit une grande expérience dans les affaires. Il étoit tellement respecté de ses amis et de ses ennemis, qu'il refusoit aux uns et aux autres également ce qu'il ne croyoit pas juste de leur donner, sans qu'ils osassent s'en plaindre. Il avoit aussi beaucoup de quoi s'humilier devant Dieu et les hommes, ayant autrefois, sous le règne du cardinal de Richelieu, condamné à mort l'innocent maréchal de Marillac ; et l'opinion universelle étoit que son ambition l'avoit alors fait lâchement trahir sa conscience et son honneur. Il avoit encore un défaut qui le rendoit ridicule : il aimoit trop les dames ; leur conversation et leurs flatteries lui plaisoient ; et les dames, pour leurs intérêts, le recherchoient avec trop d'avidité : sa foiblesse étoit cause de celles qu'elles avoient pour lui. Elles ont par leurs intrigues beaucoup contribué à sa grandeur et à sa fortune, de même qu'à la rendre méprisable. Outre ces honteuses taches, on peut dire encore que les désirs que la faveur excitoit en son ame, étant excessifs et déréglés, le rendoient indigne de vivre, puisque pour vivre dans l'élévation il faisoit des bassesses qui ne convenoient pas à un homme tel qu'il avoit intention de le paroître.

La nouvelle de la disgrâce de cet homme étant venue au Luxembourg, le duc d'Orléans en fut troublé d'une manière toute terrible, et sa colère pensa causer d'étranges effets. Il fulmina contre la Reine, et jura qu'elle se ressentiroit de cet affront. Le coadjuteur ou Montrésor par son ordre, ou tous deux ensemble, dirent à ce prince que puisque la Reine avoit osé faire des coups de régente, il devoit en faire de lieutenant général du royaume. Ils proposèrent de faire prendre les armes aux bourgeois. Le duc de Beaufort offrit son crédit pour ce dessein. Ils dirent qu'il falloit animer la canaille, qu'il falloit aller au Palais-Royal enlever le Roi, aller chez le premier président lui ôter les sceaux de force, et s'il faisoit quelque résistance, le tuer et le jeter par les fenêtres. Enfin tout ce qui se peut imaginer de plus cruel, de plus violent, même contre la personne de la Reine, fut proposé en cette occasion. Selon les apparences, l'exécution en fut ardemment désirée par le coadjuteur ; et sans doute que Châteauneuf aussi, comme je le viens de dire, eut des momens fort criminels, ces deux hommes étant remplis l'un et l'autre des plus violentes passions qui puissent occuper le cœur humain. Madame de Chevreuse, qui étoit assez bien disposée à se bien remettre avec la Reine, eut sa part de la douleur du duc d'Orléans. Elle fut sans doute au désespoir du changement du garde des sceaux, et eut de la peine à le souffrir ; mais je ne l'entendis point nommer parmi les coupables. On m'assura que Mademoiselle avoit paru passionnée pour la réparation de la gloire du duc d'Orléans, et que, n'étant pas satisfaite de la Reine, elle voulut alors en tout complaire à ce prince. Le prince de Condé, qui fut présent à toutes ces furieuses propositions, après avoir protesté au duc d'Orléans qu'il n'avoit nulle part au retour de Chavigny, et l'avoir assuré qu'il vouloit demeurer inviolablement attaché à ses intérêts, déclara qu'il ne pouvoit approuver des conseils si violens, dont l'exécution seroit difficile et blâmable. Il dit au duc d'Orléans qu'il étoit prêt de se mettre à la tête de ses troupes, et de répandre pour son service jusqu'à la dernière goutte de son sang, mais qu'il ne pouvoit prendre de part à des choses qui sans doute seroient désapprouvées des gens de bien. Ce sage discours fit taire les plus mutins, parce que la raison et l'autorité ensemble ont de grandes forces. Ces obligations récentes que M. le prince avoit au premier président, l'amitié qu'il avoit pour Chavigny, la confidence qu'on lui avoit faite de son retour, et quelques humanités naturelles qui n'abandonnent guère les ames héroïques, lui firent tenir ce langage. Il désiroit alors, comme je l'ai écrit, d'obtenir de la Reine le gouvernement de Guienne, dont il n'étoit pas encore tout-à-fait assuré ; et son intérêt le forçoit à chercher à lui plaire. Il le fit avantageusement pour elle, en détournant cet orage dont les seules apparences étoient horribles.

C'est donc à M. le prince seul à qui on doit donner la gloire d'avoir empêché ce furieux projet, qui auroit été sans doute une seconde Saint-Barthelemy, sous le nom des mazarins. Madame de Longueville m'a dit depuis que ce jour-là elle crut que Paris seroit détruit par le feu et par le sang ; que le trouble fut grand dans toute la maison royale, et qu'elle passa la nuit sans se coucher, dans l'inquiétude des malheurs qui pouvoient arriver ; que sur le matin, voyant que l'exécution n'avoit point suivi les desseins du coadjuteur, elle se jeta sur le lit de M. le prince son frère tout habillée, pour seulemant dormir quelques heures ; mais qu'elle fut long-temps que son esprit étoit rempli d'une idée funeste de toutes les choses que ce conseil auroit pu produire, et que son ame en fut long-temps abattue de tristesse et pleine d'étonnement. Pour la Reine, elle n'eut aucune part de cette inquiétude, et ne sut point le péril où elle avoit été qu'après qu'il fut passé.

Le chancelier Seguier arriva le lendemain, et fut reçu de la Reine avec beaucoup de démonstration de bonne volonté. S'il avoit eu cet empressement qui est louable quand légitimement on peut prétendre aux grandeurs de la fortune, il auroit peut-être rempli cette place tout entière. Il étoit savant, éloquent et habile dans les affaires du conseil. La Reine avoit besoin de ministre, et d'un ministre homme de bien, qui avec de droites intentions entreprit de la bien servir. Il avoit une partie de ces bonnes qualités ; mais il n'avoit pas l'ame assez remplie du désir de la gloire, que la seule vertu peut donner. Il ne pouvoit presque résister à la faveur, et il ne se faisoit pas estimer autant peut-être qu'il méritoit de l'être. Ses amis vouloient qu'il occupât alors cette première place qui faisoit naître des désirs à tant d'autres, et qui n'en excitoit pas assez en lui. Beaucoup de gens de bien auroient trouvé ce remède propre à dissiper toutes les cabales qui travailloient pour et contre le cardinal Mazarin ; et n'étant pas trop passionné de cette primauté, il auroit pu gouverner et attendre paisiblement ou le retour ou la perte du ministre. Mais enfin il avoit trop peu de cette manie qui donnoit tant de peine à Châteauneuf ; et n'ayant pas la force de se soutenir, il fut aussitôt après accablé par ses ennemis. Nous le vîmes bien vite retourner dans le néant, et en sortir de même, sans pourtant avoir jamais eu ce qu'on appelle de la faveur et de la considération. Il fut si mauvais courtisan, qu'il demanda à la Reine ce qu'il avoit à faire, et la Reine lui ayant dit qu'il se reposât, et qu'il ne se donnât pas la peine sans besoin de venir au Palais-Royal, il accepta ce parti, et y alla si peu que bientôt après il n'y alla point du tout. Il se piquoit d'une certaine humilité de ne se soucier point de l'autorité, et d'aimer à obéir continuellement à quelque supérieur. Cette soumission est cause qu'il a joui d'une fortune plus douce et de plus longue durée, mais aussi moins éclatante.

Le duc d'Orléans étoit tout-à-fait en colère : il ne venoit plus chez la Reine ni au conseil. Il disoit hautement qu'il vouloit qu'on ôtât les sceaux au premier président, et qu'on chassât du conseil Chavigny, déclarant qu'il ne reverroit jamais la Reine si elle ne le satisfaisoit. On travailla de part et d'autre pour adoucir son chagrin ; le duc d'Orléans ne parut point s'affoiblir dans sa résolution, et la Reine assura qu'elle ne vouloit chasser personne. Pendant que cette négociation occupoit les esprits, Chavigny trouva le moyen de se raccommoder avec le duc d'Orléans : ses amis lui rendirent ce bon office ; et l'ayant été saluer, il en fut bien reçu. Par cette voie, la moitié de la colère de ce prince se dissipa ; mais il demeura inflexible contre le premier président. Il demanda à M. le prince de l'abandonner en sa considération. Ce prince y consentit, et en fut blâmé ; et ceux qui se mêlent de juger les autres disoient que, lui ayant de si fortes obligations, il pouvoit, sans choquer ce qu'il devoit au duc d'Orléans, travailler à diminuer sa colère. Il sacrifia donc son ami pour rendre au plus puissant ce qu'il croyoit lui devoir ; et, entre deux obligations, il paya celle qui coûta le moins à sa générosité. Il en souffrit, et la gêne où il se vit en plusieurs occasions de cette nature, où il fallut satisfaire ceux qui l'avoient servi, lui fit dire qu'il estimoit le duc de Beaufort heureux de ne devoir sa liberté qu'à lui-même et à ses domestiques. Ce fut dans cette conjoncture que le premier président, déjà mal satisfait et séparé de ce prince, non-seulement se détacha entièrement de lui, mais de plus se sentit vivement offensé de se voir la victime de ses intérêts, lui qui les avoit portés même aux dépens de sa gloire. Sa modestie ne le put empêcher de faire connoître au public son ressentiment, et la douleur qu'il en avoit eue. Quand le coadjuteur vit que ses terribles conseils n'avoient point été suivis, il voulut se retirer de la cour, et dit au duc d'Orléans que n'étant point utile à son service, il valoit mieux qu'il se séparât de lui, et que la Reine, qui le haïssoit, se rendroit peut-être plus traitable quand il n'y seroit plus. Les serviteurs de M. le prince me dirent alors qu'une des raisons qui le forcèrent le plus d'abandonner le premier président fut la feinte retraite du coadjuteur ; car voyant qu'en effet le duc d'Orléans avoit sujet de se plaindre, et demeurant seul dans sa confiance, il ne put éviter d'entrer tout-à-fait dans ses intérêts. Mais la séparation du coadjuteur ne fut qu'une dissimulation. Il prit congé du duc d'Orléans la semaine sainte. Il fut quelque temps qu'il ne le voyoit plus qu'en secret, et bientôt après il le revit publiquement. Je n'ai pu savoir au vrai la raison de cette feinte.

Le duc d'Orléans cependant continuoit à se plaindre de la Reine, et la Reine se défendoit. Cette brouillerie menaçoit la France d'une grande guerre, et donnoit de l'inquiétude à ceux qui sont assez sages pour souhaiter le bien de l'Etat ; mais il fallut enfin que la fermeté de la Reine fût vaincue, et qu'elle cédât à sa raison et à la colère du duc d'Orléans. Les ministres, pour plaire à ce prince, travaillèrent tous à faire changer la Reine ; et les amis du premier président furent les premiers à conseiller cette princesse de l'abandonner, lui disant qu'il valoit mieux lui ôter les sceaux que d'engager le duc d'Orléans à une guerre civile. La Reine, étant persuadée par de si fortes raisons, consentit à satisfaire le duc d'Orléans. Le nouveau garde des sceaux, n'ayant été qu'une fois ou deux au conseil, fut contraint de retourner en son premier état. Ce fut malgré lui, et il le fit néanmoins de fort bonne grâce.

La Reine envoya chercher le premier président, et, toute honteuse de ce qu'elle faisoit, le pria de souffrir avec patience ce sacrifice au repos de l'Etat. Elle lui dit que, pour satisfaire Monsieur, elle étoit contrainte de lui redemander ce qu'elle lui avoit donné ; qu'elle en étoit au désespoir ; mais qu'elle l'assuroit qu'aussitôt qu'elle pourroit, il reverroit les sceaux entre ses mains. Le premier président, sans s'étonner, avec un visage riant, lui dit qu'il étoit trop heureux de connoître par là l'estime qu'elle faisoit de sa fidélité, et trop heureux encore de pouvoir contribuer à son repos ; et tirant de son col la clef des sceaux qu'il y tenoit pendue, la lui donna, attendant qu'elle les envoyât chercher chez lui. La Reine en demeura très-satisfaite ; ils furent rapportés, et on les donna au chancelier Seguier, qui ne fut pas fâché de les ravoir en sa puissance : il y avoit eu déjà dispute entre ces deux hommes. Le duc d'Orléans ayant été satisfait par cette voie, les personnes qu'il avoit entrepris de chasser du conseil demeurèrent en apparence en repos, et la Reine crut pouvoir alors espérer quelque trève à ses peines. Pour en être plus assurée, elle résolut de donner au prince de Condé le gouvernement de Guienne. Ayant apaisé le duc d'Orléans, elle voulut aussi acquérir ce prince, essayant véritablement de gagner son amitié, soit en l'obligeant, soit en lui faisant parler par ses créatures, et particulièrement par la princesse palatine ; mais toutes ces choses lui furent très-inutiles. Si du côté de la politique il a mal fait en se tenant si ferme contre la Reine, je le laisse à juger à ceux qui voudront raisonner là-dessus, et n'en puis pas dire davantage que ce que j'ai déjà dit ; mais si j'osois, je trouverois à redire à la dissimulation dont il usa envers la Reine pour avoir le gouvernement : car alors il lui faisoit tout espérer ; et quand je pris la liberté de lui en parler, elle me fit l'honneur de me dire qu'elle croyoit par ce bienfait qu'il deviendroit entièrement de ses amis, et qu'il en avoit parlé de cette manière. Sur le bruit qui se fit que la Reine lui devoit donner le gouvernement de Guienne, plusieurs personnes lui représentèrent qu'elle se perdoit, et qu'elle ne suivoit pas les maximes de la prudence, ni celles de l'Etat. La Reine, touchée des raisons de ses serviteurs, s'arrêta, et fut quelque temps en doute si elle devoit passer à l'exécution de ce traité. Le prince de Condé, étant averti de ce refroidissement, en présence de Chavigny proposa à la Reine de s'en désister, lui protestant qu'il ne vouloit rien qui lui pût donner de l'inquiétude. Chavigny, pour plaire à la Reine, dit à M. le prince devant elle : « Monsieur, est-ce tout de bon que vous « remettez à la Reine la parole qu'elle vous a « donnée sur cette affaire ? » Ce prince ayant répondu qu'oui, la Reine le remercia, et ne s'expliqua pas davantage : si bien que les choses demeurèrent quelque temps incertaines. Mais M. le prince, d'humeur à bien vouloir ce qu'il avoit une fois désiré, et qui trouvoit en cela un grand avantage, fit agir en sa faveur les créatures du cardinal, Servien et de Lyonne, qui en cette rencontre lui furent plus fidèles que Chavigny son ancien ami. En cet endroit il fut louable, et eux fort dignes de blâme, s'il est vrai que leur intérêt les convioit à ce relâchement. Je sais que la Reine les en a soupçonnés. Enfin cette princesse se résolut par leur conseil, et voici leurs raisons. Ils disoient qu'il étoit avantageux de donner la Guienne à M. le prince, afin de le détacher en quelque manière du duc d'Orléans, et l'engager de se réunir à la Reine ; qu'il avoit déjà l'affection de ceux de cette province ; et que, les ayant tous à lui, on ne lui donnoit rien de nouveau. Le duc d'Epernon, par cette voie, cessa d'être le prétexte des plaintes des Bordelais, et le gouvernement de Bourgogne qu'avoit M. le prince lui fut donné au lieu de celui qu'on lui ôtoit. Dans les conditions de cet échange il fut conclu aussi que, moyennant quelque autre accommodement, le duc de Candale donneroit l'Auvergne au duc de Mercœur. La Reine le souhaitoit, à cause qu'il devoit bientôt épouser mademoiselle de Mancini (1), et que, pour le confirmer dans ce dessein, elle vouloit lui faire des grâces qui pussent l'engager encore davantage. Cette volonté en la Reine, ne lui pouvant être inspirée que par son premier ministre, fait voir que les négociateurs n'agissoient que selon les ordres qu'ils recevoient de sa part : c'est ce qui les peut justifier à l'égard de la Guienne.

Le duc de Longueville s'étoit retiré un peu à quartier ; et après avoir fait tenter la Reine par plusieurs voies, et enfin s'être adressé à de Lyonne, il prit par son moyen quelque liaison avec elle : et sans doute que ce fut, comme de toutes les

(1) Nièce du cardinal Mazarin, aînée des Mancini.

autres choses, de concert avec le cardinal Mazarin.

Madame de Longueville, qui étoit mal avec son mari, qui avoit ses intrigues particulières et ses intérêts de fantaisie à ménager à la cour, ne voulant pas avoir la Reine tout-à-fait contre elle, envoya la princesse palatine, son amie, promettre à la Reine tout ce qu'elle pouvoit désirer; et, après beaucoup de grandes consultations, la palatine dépêcha Bartet au cardinal, pour l'assurer de l'affection de madame de Longueville; et, par le même moyen, elle lui fit espérer qu'elles travailleroient ensemble à gagner en sa faveur le prince de Condé. Mais toutes ces belles apparences n'eurent aucun effet, et M. le prince, par aucune de ces choses, ne se voulut réunir à la Reine.

Plusieurs personnes avoient commerce avec le cardinal : car la fermeté de la Reine étonnoit toute la cour, et on jugea bien vite que ce ministre pourroit revenir. Par cette raison, chacun de ses amis et ennemis voulut traiter avec lui; et tous, excepté M. le duc d'Orléans et M. le prince, envoyèrent le visiter, et lui demandèrent sa protection sur différentes matières. Ces voyages firent naître de grandes négociations, mais rien n'égala les deux passionnés amans de la Fortune (j'appelle ainsi le vieillard de Châteauneuf et le coadjuteur). Le premier, à l'extrémité de sa vie, après avoir renversé l'Etat pour chasser le cardinal, et après en avoir été puni par sa disgrâce, vouloit rentrer tout de nouveau dans le cabinet. Il forma une intrigue en faveur de celui qu'il venoit de perdre; et, sans avoir honte de ses variétés continuelles, il pria le marquis de Senecterre et le maréchal d'Estrées de proposer à la Reine que si elle vouloit le remettre en sa place de garde des sceaux, il promettoit d'être serviteur et ami du cardinal Mazarin; et assura la Reine qu'il les remettroit, elle et le duc d'Orléans, dans une parfaite union.

La Reine d'abord n'écouta point cette proposition, tant parce qu'elle ne la croyoit pas sincère que parce qu'elle avoit un grand mépris pour Châteauneuf; mais lui, sans se rebuter, envoya madame de Vaucelas, sa sœur, conjurer le marquis de Senecterre de le voir. Senecterre, sachant le dégoût de la Reine sur tout ce qui venoit du côté de cet homme, n'y voulut point aller. Il lui envoya le maréchal d'Estrées, qui, l'ayant vu, pria Senecterre de sa part de consentir que Brachet, homme qui étoit à lui et qu'il avoit donné au cardinal, allât le trouver pour l'assurer de son affection, et lui promettre une entière fidélité, pourvu qu'il voulût le raccommoder avec la Reine et le remettre dans sa place de garde des sceaux. Il promit humblement la vouloir tenir de lui, et se confesser à jamais son obligé. Il faut remarquer ici cette grande circonstance que Châteauneuf, faisant porter parole au marquis de Senecterre de ce nouvel engagement, fit entendre, par le maréchal d'Estrées, qu'après cette liaison faite avec le cardinal Mazarin il conviendroit qu'ils s'accordassent tous une seconde fois pour remettre M. le prince en prison. Mais Senecterre, à ce qu'il me dit alors, n'approuva pas cette proposition, et vit bien que la passion et le désir de se venger l'avoient inspirée à celui qui la faisoit, et que d'ailleurs elle lui venoit encore du coadjuteur, et peut-être de madame de Chevreuse. Elle fut donc éludée de son côté, et Brachet partit pour aller faire les complimens de ce pauvre forcené. Voilà comme il faut appeler ceux qui ont de ces désirs déréglés dont les courtisans sont remplis : la folie qui les fait toujours courir après les honneurs, aux dépens de leur repos et de leur salut, est un aveuglement horrible qui les empêche de voir que ces dignités, dont ils sont si amateurs, ne sont que des biens imaginaires qu'il faut quitter tout au plus au bout de quatre-vingts ans. Senecterre n'étoit pas un homme détrompé de la vanité ni de l'ambition : son âme n'étoit que trop attachée à la terre; mais comme il étoit sage et raisonnable, en me faisant part de ses secrets il ne cessoit de s'étonner de l'excessive avidité que ces deux hommes avoient pour la faveur, de ce qu'ils souffroient pour elle, et de la facilité qu'ils avoient à tout entreprendre pourvu qu'ils pussent arriver à leurs fins.

Le cardinal n'ayant point d'autres ressources, et voyant que la Guienne n'avoit pu obliger M. le prince à bien vivre avec la Reine, écouta les propositions de Châteauneuf, où le coadjuteur avoit part, qui malgré le passé en écrivit à la Reine, parce que ne pouvant être cardinal par d'autres voies, il le vouloit être par elle. Je n'ai point su toutes les particularités de la suite de cette négociation, car elle changea d'acteurs. Servien et de Lyonne y furent mêlés, et Montrésor aussi; mais il m'a paru qu'on continua de proposer l'union du duc d'Orléans avec la Reine, pourvu qu'elle fît remettre une seconde fois M. le prince en prison, selon les propositions qu'on a dit en avoir été faites, et en ce cas remettre Châteauneuf dans les affaires jusqu'au retour du cardinal Mazarin. Le coadjuteur promettoit d'y travailler; mais dans toute sa conduite il me sembloit, vu ce que la Reine me faisoit l'honneur de m'en dire, qu'il alloit plus droit à perdre M. le prince qu'à favoriser le cardinal. Toutes ces propositions ne plaisoient pas à la

Reine, qui les écouta toutes, détestant les mauvaises, et doutant sur les autres. Elle demanda conseil à quelques personnes sur celles qui se pouvoient faire en conscience. Seneterre à qui elle en parla, et dont elle estimoit la capacité, lui dit franchement (quoiqu'il ne fût pas serviteur particulier du prince de Condé) qu'il ne lui conseilloit point de hasarder de le remettre en prison, parce que ceux qui commençoient à le haïr et à se plaindre de lui, le voyant dans le malheur, recommenceroient à le servir, et qu'elle donneroit matière aux brouillons de brouiller tout de nouveau : que, de plus, elle rétabliroit par là le duc d'Orléans et toute sa cabale; qu'elle étoit grande, et composée de ses ennemis, du coadjuteur, de Châteauneuf, de madame de Chevreuse, du duc de Beaufort, et de toute la Fronde; qu'elle deviendroit leur esclave, et que le cardinal, qu'elle considéroit et dont elle souhaitoit trouver les avantages, n'y rencontreroit qu'une ruine toute manifeste, étant certain que s'ils étoient les maîtres, ils ne voudroient jamais le laisser venir. Il lui dit enfin, à ce qu'il me conta, qu'il la conseilloit de bonne foi, et qu'il osoit l'assurer que sa pensée étoit la meilleure. La Reine, trouvant ses raisons fortes et judicieuses, montra aux frondeurs plus de froideur qu'ils n'avoient espéré ; car ils avoient cru que cette proposition devoit être reçue avec plus de chaleur. Il me fut dit encore par la même personne, en grand secret, que la Reine ayant parlé en confiance à un docteur, religieux d'un ordre célèbre, des plus fortes propositions faites contre M. le prince par ses ennemis, il lui avoit dit qu'elle le pouvoit traiter comme un criminel et ennemi de l'Etat; mais la Reine, ayant horreur de ces maximes, laissa le casuiste, pour suivre l'avis du politique. Celui-ci avoit de la religion et d'honnêtes sentimens sur toutes choses, mais il n'étoit pas soupçonné d'être rempli de bonté ; et il se trouva néanmoins plus conforme aux lois de l'Évangile et aux inclinations de cette princesse que le religieux, dont la décision sur les choses les plus cruelles fut étonnante, puisque les plus douces avoient été rejetées par sa sagesse humaine. La Reine demeura quelque temps sans rendre réponse sur ce qui regardoit le rétablissement de Châteauneuf, parce qu'elle voulut avoir l'avis du cardinal Mazarin. Après donc que beaucoup de courriers eurent été bien employés, l'abbé Ondedei et plusieurs autres ayant travaillé à cette négociation, il arriva enfin que le cardinal, suivant sa coutume qui étoit de tout écouter et de se servir de tout, se raccommoda avec Châteauneuf, le coadjuteur, madame de Chevreuse ; et ils conclurent entre eux qu'à la majorité du Roi, qui approchoit, Châteauneuf seroit remis auprès de la Reine en qualité de premier ministre. Le premier président eut promesse de ravoir les sceaux qu'on venoit de lui ôter; et, par les intrigues de la princesse palatine, La Vieuville fut assuré des finances, attendu que le président de Maisons en avoit mal usé avec le cardinal : il n'avoit osé lui envoyer de l'argent, et il étoit soupçonné d'être partial pour Chavigny. Longueil, par les mêmes sentimens des autres, c'est-à-dire pour plaire à la Reine et conserver son frère dans les finances, fit dessein de servir le cardinal, et le promit à la Reine; mais le cardinal ne lui avoit rien répondu, non plus qu'à la plupart de ceux qui l'étoient allés trouver, sinon qu'il n'avoit nul désir de revenir en France comme ministre; qu'il souhaitoit seulement de pouvoir être justifié au parlement de toutes les calomnies qu'on lui avoit imposées ; et qu'ayant servi la France fidèlement, il souhaitoit au moins que son honneur fût rétabli et son innocence reconnue. Longueil, ayant beaucoup d'amis dans cette compagnie, l'engagea de s'intéresser fortement en sa justification, et sentoit beaucoup de joie de ce qu'il ne vouloit plus que de l'honneur; mais le ministre n'estimoit pas ses offres : il le croyoit trop ami de Chavigny. C'est ce qui l'obligea de se moquer de lui en lui faisant cette réponse. Il différa cependant l'exécution de ses dernières résolutions autant qu'il lui fut possible, et ne se hâtoit sur rien. Il est difficile de se confier à des ennemis, éprouvés ennemis par des rechutes si nombreuses; et il auroit souhaité sans doute que de plus favorables événemens l'eussent pu sauver de cette fâcheuse et dure nécessité.

Comme il n'y a point de secret qui puisse être caché, M. le prince fut pleinement informé de toutes ces négociations. Il avoit déjà su les propositions qui avoient été faites contre sa vie et sa liberté ; et depuis les avis qu'il en avoit reçus, il avoit vécu avec de grandes précautions. Dans cet état, un soir qu'il étoit au lit causant avec ses familiers, Vineuil l'avertit qu'il y avoit un dessein contre sa personne, et qu'il y avoit des compagnies des gardes qui étoient commandées pour aller vers l'hôtel de Condé. Ces choses s'étant confirmées par le récit des personnes qui les avoient sues, elles firent peur à ce prince. Il se leva aussitôt, monta à cheval, et s'en alla en hâte à Saint-Maur, suivi de toute sa famille, du prince de Conti, de madame de Longueville, de madame la princesse, du duc de La Rochefoucauld, du duc de Richelieu, du maréchal de La Motte, et de plusieurs autres. La Reine, dès cinq heures du matin, fut éveillée par Comminges, qui vint lui apprendre cette nouvelle. Elle envoya aussitôt au duc d'Orléans le maréchal de Villeroy. Ce prince la vint voir, et l'assura que ce n'étoit point de sa connoissance que le prince de Condé s'en étoit allé, et en usa assez bien avec elle. Depuis quelques jours il la visitoit civilement, et sa docilité marquoit le bon succès de la négociation de Brulh.

On entendit dire alors que ce qui avoit fait peur à M. le prince étoit qu'un capitaine du régiment des Gardes, pour faire passer certaine provision de vins sans impôt, avoit mis de son chef une troupe de soldats à la porte Saint-Germain. Ces hommes armés ayant été remarqués par les serviteurs de M. le prince, ils l'en avertirent. Il y envoya, et trouva qu'ils disoient vrai : si bien qu'il ne douta point qu'il n'y eût quelque entreprise formée contre sa liberté et sa vie ; et joignant ces circonstances avec les avis précédens, il résolut de s'en aller. Mais ce qui l'y obligeoit le plus étoit la manière dont il vivoit avec la Reine ; car il devoit connoître qu'elle ne pouvoit pas être fort satisfaite de lui. Elle venoit de lui faire toutes les grâces qu'il lui avoit demandées, et cependant il ne la voyoit point, et par toutes ces actions il marquoit avoir de l'aversion pour elle. Si, par la conduite de M. le prince, cette princesse eut alors des pensées contraires aux conseils que le marquis de Seneterre lui avoit donnés et qu'elle avoit paru approuver, je l'ignore, et n'en ai jamais rien aperçu par aucune voie. M. le prince étant parti, le conseil se tint au Palais-Royal, pour aviser au remède de ce mal. Le duc de La Rochefoucauld, de Saint-Maur alla trouver le duc d'Orléans, pour l'assurer des respects et de l'amitié du prince, et lui protester tout de nouveau de sa part une reconnoissance entière de toutes les obligations qu'il lui avoit. Il lui rendit compte des sujets qui l'avoient forcé de craindre et de fuir. Il vint ensuite au Palais-Royal, où il conféra avec le maréchal de Villeroy, et dit à la Reine que M. le prince étoit parti de la cour, ne croyant pas y pouvoir demeurer en sûreté. Il lui dit aussi qu'elle étoit composée de deux cabales dont il avoit à se garder, des mazarins et des frondeurs ; et de plus il se plaignoit de ce qu'elle n'avoit pas fait pour lui de certaines choses dont il l'avoit suppliée, qui dans le vrai n'étoient que des bagatelles. La Reine avoua tout haut qu'elle n'avoit pas voulu les exécuter, quoiqu'elle les lui eût promises depuis qu'il avoit cessé de la voir. Elle résolut d'y envoyer le maréchal de Gramont de sa part et de celle de M. le duc d'Orléans, pour l'assurer de leurs bonnes intentions. Cette princesse lui fit dire qu'il n'avoit rien à craindre de ceux de qui il disoit devoir tout appréhender, et que s'il vouloit revenir, on lui donnoit parole d'une entière sûreté pour sa personne.

Le prince de Condé répondit au maréchal de Gramont avec fierté et rudesse ; il lui parla fort respectueusement du duc d'Orléans, et fort mal de la Reine ; disant qu'il lui étoit impossible de s'assurer en sa parole ; qu'elle l'avoit déjà trompé, qu'elle étoit habile à ce métier, et qu'il ne vouloit plus se mettre dans le hasard de l'être encore une fois ; qu'il ne pouvoit souffrir la cabale des mazarins ; que tant qu'il verroit les valets du cardinal avoir du crédit, il ne reviendroit jamais à la cour ; et que, pour l'obliger d'y retourner, il demandoit à la Reine qu'elle chassât d'auprès d'elle Lyonne, Servien et Le Tellier. Le maréchal de Gramont, comme bon serviteur du Roi et de la Reine, n'approuva nullement la réponse que lui fit M. le prince ; elle le dégoûta de la négociation, et fut cause qu'il partit bientôt pour s'en aller en Béarn dans son gouvernement. La Reine, le soir de ce jour, manda les gens du Roi pour venir savoir ses volontés avant que le parlement écoutât et reçût le prince de Conti, qui devoit y aller le lendemain. Ce que M. le prince avoit dit contre de Lyonne lui fut utile à l'égard de la Reine, à cause des chagrins qu'elle avoit eus contre lui, et servit beaucoup aussi à sa réputation.

Ce jour 7 juillet, les chambres ayant été assemblées pour délibérer sur l'exécution de certain arrêt donné contre le désordre des gens de guerre, le duc d'Orléans y alla prendre sa place, accompagné du prince de Conti, des ducs de Joyeuse et de Brissac, des maréchaux de Gramont et de L'Hôpital. Le duc d'Orléans parla à la compagnie sur cet arrêt qu'elle avoit donné contre les gens de guerre, qu'il n'avoit pas approuvé, et qui avoit un peu étonné les officiers de l'armée. Le prince de Conti prit la parole, et dit ensuite qu'il croyoit que la compagnie seroit bien aise d'apprendre par sa bouche le sujet que M. le prince avoit eu de se retirer dans sa maison de Saint-Maur ; que le soir auparavant il avoit eu avis que quelques soldats des Gardes avoient dit qu'ils avoient eu ordre de se trouver à deux heures au drapeau ; que cet avis ayant été précédé de beaucoup d'autres qui lui donnoient de justes défiances, il avoit envoyé de ses gentilshommes pour savoir si ce qu'on lui avoit dit étoit véritable ; que trois ou quatre cents soldats commandés, ou du moins assemblés, marchoient en corps : ce qui l'avoit obligé de monter à cheval ; que, passant derrière le Luxembourg, il avoit trouvé quarante chevaux en corps comme gens de guerre, et non pas des gens qui se fussent trouvés ensemble par rencontre; que cela l'avoit obligé de couper à travers champs du côté de Fleury, d'où il s'étoit rendu ensuite à sa maison de Saint-Maur; qu'aussitôt qu'il fut sorti, il avoit prié le duc de La Rochefoucauld d'en aller avertir M. le duc d'Orléans, et lui dire que toutes ces circonstances étant accompagnées de tant d'autres sujets de défiance, il avoit cru nécessaire de penser à sa sûreté; qu'il savoit les négociations qui se faisoient continuellement avec le cardinal Mazarin, le commerce des courriers, et le voyage du duc de Mercœur à Brulh, qui étoit allé y épouser sa nièce; qu'ainsi il croyoit qu'il ne pouvoit plus être en sûreté à la cour. Il dit que toutes ces choses avoient fait croire à monsieur son frère que ses soupçons étoient bien fondés, et qu'il avoit sujet d'appréhender d'être emprisonné une seconde fois par les menées du cardinal, puisque tout le monde voyoit bien qu'il gouvernoit plus absolument de Brulh qu'il n'avoit jamais fait étant à Paris; que Servien, Le Tellier et de Lyonne n'agissoient que par ses ordres et par sa conduite; que cela étant, il venoit faire une déclaration de sa part qu'il n'avoit jamais eu que des intentions tout-à-fait droites pour le service du Roi et pour le bien de l'Etat; qu'il ne s'étoit point retiré par aucun mécontentement particulier; et qu'il déclaroit qu'il n'avoit ni pour lui, ni pour ses amis, aucune prétention ni intérêt. Il dit qu'il étoit bien aise de faire cette déclaration à la compagnie de la part de M. le prince, pour le faire connoître à toute la France; qu'au reste il étoit prêt de venir rendre ses respects à Leurs Majestés, de les assister de ses conseils et de ses soins comme il avoit accoutumé, pourvu que le cardinal fût sans espérance d'aucun retour, et que l'éloignement de ses créatures, qui venoient d'être nommées, pût lui faire trouver sa sûreté, puisque sans elle il ne pouvoit revenir. Il présenta une lettre du prince de Condé qui s'adressoit à la compagnie, et dit que la lettre qu'il écrivoit au parlement expliqueroit encore mieux ses véritables sentiments qu'il n'avoit fait par ce qu'il venoit de dire. Le prince de Conti ayant fini, le premier président dit que l'on fît entrer le gentilhomme qui apportoit la lettre de M. le prince. Cette lettre étant présentée par lui, un conseiller nommé Menardeau en fit la lecture.

Lettre du prince de Condé au parlement.

« Messieurs,

« L'estime que j'ai toujours faite de votre compagnie, de sa justice et de son zèle pour le bien de l'Etat, et les preuves obligeantes que j'en ai reçues par la protection que vous avez donnée à mon innocence durant ma prison, m'obligent à vous informer des sujets qui m'ont porté à me retirer de Paris dans ma maison de Saint-Maur, pour empêcher que les calomnies et les artifices de mes ennemis ne fissent quelque impression sur vos esprits. Je vous dirai donc, messieurs, qu'après le grand nombre d'avis qui m'ont été donnés des mauvais desseins que l'on avoit contre moi, des faux bruits que l'on semoit dans le public pour rendre ma conduite suspecte au Roi et odieuse à tout le monde, j'ai été contraint de m'abstenir de rendre mes respects à Leurs Majestés, et d'assister en leurs conseils aussi souvent que j'aurois souhaité. J'ai attendu, comme chacun sait, la meilleure sûreté de M. le duc d'Orléans, espérant que Son Altesse Royale dissiperoit les défiances que mes ennemis auroient pu donner de moi à la Reine, et rétabliroit enfin la confiance et la réunion dans la maison royale, tant désirée et si nécessaire à l'Etat, et que Son Altesse Royale et moi avons toujours recherchée depuis ma liberté, comme il étoit de notre devoir. Mais voyant que les soins de Son Altesse Royale n'ont pu produire l'effet que j'espérois d'une entremise aussi considérable, entre plusieurs avis d'entreprise contre ma personne, les divers voyages faits à Cologne, et particulièrement celui de M. de Mercœur dans le temps que vous renouvelez vos défenses; les mauvais effets de ce commerce, les négociations de Sedan, ce qui s'est passé à Brisach (1), et enfin toutes les choses suspendues à la cour jusqu'à ce qu'on ait reçu les dernières résolutions du cardinal Mazarin; le crédit extraordinaire de ses créatures engagées à ma perte, qui ont déjà été nommées dans la compagnie; j'ai cru devoir, non-seulement pour la sûreté de ma personne, mais aussi pour celle de l'Etat, me mettre à couvert des accidens que j'ai déjà éprouvés, dont les suites ne pourroient être que funestes à la France, qui ne souffriroit non plus que l'année passée qu'un prince qui a eu l'honneur de rendre des services aussi avantageux au Roi et à l'Etat, et qui n'a pas eu la moindre pensée, comme il proteste de n'en avoir jamais contre le service du Roi et le bien public, fût encore une fois opprimé pour les intérêts et par les conseils du cardinal Mazarin, parce qu'il n'a jamais voulu consentir à son retour. Je n'ajouterai rien, sinon la protestation que je vous fais, et qui est la même que j'ai donné charge de faire à la Reine, que je n'ai aucune prétention ni pour moi ni pour mes amis; et que lorsqu'on pourra s'assurer que le cardi-

(1) Le cardinal Mazarin avait voulu se rendre maître de l'une et l'autre ville.

nal Mazarin sera hors d'espérance de retour, et que l'éloignement de ses créatures me donnera ma sûreté, je ne manquerai pas de me rendre auprès de Leurs Majestés, pour continuer mes soins au service du Roi et de l'Etat.

« Je suis, messieurs, votre affectionné serviteur,

« LOUIS DE BOURBON.

« De Saint-Maur, le 7 juillet 1651. »

Après la lecture de cette lettre, le premier président dit que la compagnie ayant travaillé avec tant de soin pour procurer la liberté de M. le prince, elle avoit eu sujet d'espérer que sa présence, secondant les soins de M. le duc d'Orléans, remettroit le calme dans l'Etat et feroit cesser tant de désordres qui l'avoient affligé depuis long-temps; mais qu'elle voyoit avec regret sa retraite hors de Paris; qu'elle pouvoit venir d'un dessein prémédité, ou de crainte : que si c'étoit un dessein, cela étoit fâcheux; que si c'étoit peur, il falloit qu'il revînt. Le prince de Conti, l'ayant interrompu, lui dit que personne ne croyoit que ce fût par dessein, puisque ceux de M. le prince avoient toujours tendu au service du Roi et au bien de l'Etat, et qu'il n'y avoit point de meilleur garant des bonnes intentions de monsieur son frère que M. le duc d'Orléans, auquel il avoit un attachement tout entier; que pour la crainte, elle étoit bien fondée.

Le duc d'Orléans, prenant la parole, dit qu'il étoit vrai que son cousin le prince de Condé avoit toujours eu de bonnes intentions; que les grands services qu'il avoit rendus à la France ne permettoient pas que l'on en pût douter, et qu'il étoit témoin que depuis sa liberté il avoit toujours désiré le bien de l'Etat; que la Reine lui avoit dit qu'elle n'avoit jamais songé à faire entreprendre sur sa personne; qu'il étoit obligé de croire ce qu'elle lui avoit dit; qu'il avoit travaillé à ôter ces soupçons de l'esprit de M. le prince, et qu'il croyoit bien que s'il fût venu chez lui, il auroit été en sûreté; mais qu'il n'étoit pas étrange qu'un homme qui avoit été une fois prisonnier eût de la défiance, et qu'il étoit vrai que l'esprit du cardinal régnoit toujours dans le conseil. Le premier président, reprenant la parole, dit qu'il ne doutoit pas des bonnes intentions de M. le prince : mais qu'il falloit qu'il revînt. Sur quoi le prince de Conti lui dit que M. le premier président en étoit meilleur témoin que personne, connoissant M. le prince comme il faisoit; et demanda qu'on délibérât sur la lettre de monsieur son frère. Le premier président dit que la Reine, le soir précédent, ayant su que lui, M. le prince de Conti, devoit venir au parlement, et qu'on y devoit apporter une lettre de M. le prince, lui avoit envoyé ordonner, à cinq heures du matin, qu'elle ne désiroit pas qu'on prît aucune délibération sur cette affaire, qu'elle n'eût fait savoir sa volonté.

Le président Le Coigneux, prenant la parole, dit qu'il sembloit que l'affaire étoit en bon chemin, puisque M. le prince témoignoit être dans les intérêts de M. le duc d'Orléans, lequel assuroit la compagnie des bonnes intentions de la Reine, et que c'étoit un garant qui n'étoit pas suspect à M. le prince. Le prince de Conti répondit que la seule sûreté de monsieur son frère étoit l'éloignement des créatures du cardinal Mazarin. Le président Le Coigneux répondit que c'étoit une condition un peu dure à la Reine : et le premier président ajouta que M. le duc d'Orléans, recevant la parole de la Reine, pouvoit en être un bon garant à M. le prince de Condé; que la Reine donnant aussi sa parole au parlement, il n'y auroit rien à craindre pour M. le prince; et quant à l'empêchement qu'on disoit qu'apportoient certaines personnes du conseil à l'ordre que M. le duc d'Orléans et M. le prince pourroient mettre dans les affaires quand M. le prince seroit venu, et qu'il seroit avec M. le duc d'Orléans et M. le prince de Conti dans le conseil, étant ensemble assistés, s'il étoit besoin, de l'autorité que le parlement avoit dans le royaume, ils ne pouvoient douter qu'ils n'eussent la satisfaction qu'ils pouvoient désirer, et ne fissent réussir toutes les affaires qu'ils jugeroient nécessaires pour le bien de l'Etat. Le premier président dit ensuite aux gens du Roi qu'ils allassent savoir la volonté de la Reine, pour la faire savoir le lendemain à la compagnie. Le lendemain, le duc d'Orléans, le prince de Conti et les autres étant allés au parlement prendre leurs places, les gens du Roi rendirent leur réponse (1), et dirent qu'ayant été trouver la Reine, et lui ayant rendu compte de ce qui s'étoit passé le jour précédent, selon l'ordre qu'ils en avoient reçu de la compagnie, ils avoient communiqué à Sa Majesté la lettre de M. le prince écrite au parlement; qu'après l'avoir lue, et conféré avec ses ministres, Sa Majesté leur avoit répondu qu'elle ne croyoit pas que M. le prince dût conserver les soupçons qu'il avoit pris pour se retirer de la cour, vu que Sa Majesté lui avoit donné des assurances véritables qu'elle n'avoit jamais eu de pensées qui lui en pussent donner aucun sujet; que M. le duc d'Orléans avoit connu la sincérité de ses intentions, et lui-même avoit confirmé à M. le prince la vérité des paroles que

(1) Réponse des gens du Roi de la part de la Reine dans les mêmes termes qu'elle fut rapportée au parlement.

Sa Majesté lui avoit données, et qu'elle n'avoit pas eu la moindre pensée d'entreprendre sur la liberté de sa personne ; que M. le maréchal de Gramont avoit porté parole de sûreté à M. le prince, et qu'il pourroit donner part à la compagnie de ce qui s'étoit passé.

Ils dirent de plus que Sa Majesté ayant donné pouvoir à M. le duc d'Orléans de travailler à l'accommodement de cette affaire, elle avoit fort agréable la prière que le parlement lui avoit faite de s'en entremettre ; que si M. le prince avoit d'autres sujets de douter de la sûreté de sa personne sur la créance qu'il prend du retour du cardinal Mazarin, Sa Majesté déclare qu'elle continue dans les mêmes pensées qu'elle a toujours eues de ne le pas faire revenir ; qu'elle a donné sa parole au parlement, et qu'elle la veut religieusement observer.

Quant au voyage du duc de Mercœur, Sa Majesté n'en a jamais eu aucune connoissance ; et sur ce qu'on accuse par cette lettre ceux qui ont eu l'honneur de servir le Roi dans ses conseils, et un officier domestique de la Reine (1), Sa Majesté répond qu'elle peut choisir ainsi qu'il lui plaira ; que quant aux premiers, ils avoient servi le Roi défunt en des charges assez considérables avec tant de fidélité, que M. le prince n'avoit point de sujet d'avoir aucune défiance de leur conduite ; que Sa Majesté pouvoit assurer avec toute vérité qu'ils n'auroient jamais des sentimens contraires au service du Roi, et qu'aucun d'eux ne s'étoit employé en aucune négociation pour le retour du cardinal Mazarin ; que ci-devant on avoit fait les mêmes propositions de les éloigner de la cour ; et que M. le duc d'Orléans et M. le prince, après avoir été bien informés de la sincérité de leurs intentions, en avoient paru satisfaits, et conclurent par dire de la part de la Reine que si, après les assurances que Sa Majesté donneroit à M. le prince, il continuoit de s'éloigner du Roi, on auroit tout sujet de croire qu'il y auroit d'autres considérations qui l'empêchoient de se rendre près de sa personne, pour le servir avec l'obéissance et le respect qu'il lui devoit ; et que la Reine en auroit un extrême regret, puisqu'elle ne désiroit rien tant que de voir une union parfaite dans la maison royale, si nécessaire au bien de l'Etat.

Après cette réponse, il s'éleva un grand bruit dans la compagnie, et tous dirent qu'il falloit donner satisfaction à M. le prince et exterminer les restes du Mazarin, qui ne devoient entrer en aucune considération avec les princes du sang. Ce tumulte dura si long-temps que le premier président en fut surpris, et jugea par ce bruit

(1) Lyonne, secrétaire de ses commandemens.

qu'il falloit changer le dessein qu'il avoit eu de mettre l'affaire en délibération. Il s'adressa au duc d'Orléans pour l'engager de faire cet accommodement du prince de Condé, et l'exhorta d'y travailler. Le président Le Coigneux ayant voulu, pour fortifier le premier président, témoigner qu'en effet cela étoit digne des soins de Son Altesse Royale, dit que c'étoit un moyen pour sauver les formes. Sur ce discours il s'éleva encore un si grand murmure, qu'il ne put achever d'opiner. Toutes les enquêtes grondèrent, disant que c'étoit prévenir les esprits afin d'empêcher la liberté de la délibération ; dont il fallut qu'il se défendît, témoignant que dans les occasions qui s'étoient présentées il avoit servi M. le prince, et qu'il avoit encore une disposition tout entière à continuer de le faire, avouant que ses défiances méritoient d'être considérées.

Le premier président, voulant calmer le bruit des enquêtes et apaiser les esprits, dit que cette affaire étoit des plus importantes qui se fussent jamais vues ; et que la compagnie se devoit conduire de telle sorte que si par malheur la retraite de M. le prince de Condé causoit une guerre civile, l'on ne pût lui en rien imputer. Le prince de Conti, l'ayant interrompu, lui dit avec beaucoup de ressentiment que toutes les actions de M. le prince avoient été telles, que personne ne pouvoit avoir la moindre pensée qu'il voulût faire la guerre ; que cela n'avoit point dû être avancé dans la compagnie, et qu'il ne le pouvoit souffrir. Le premier président s'écria que personne ne lui pouvoit ôter la parole, ayant l'honneur de présider la compagnie et d'y tenir la place du Roi ; que M. le prince de Conti n'y avoit que sa voix. Et voyant que les autres présidens étoient dans le même sentiment, et faisoient des plaintes de cette interruption comme si on eût voulu ôter la liberté à la compagnie, il insista plus fortement ; et le prince de Conti répliquant dit que monsieur son frère témoignoit assez par sa conduite qu'il n'avoit point de mauvais dessein, puisqu'il s'étoit adressé au parlement, et l'avoit informé des raisons qui l'avoient obligé de se retirer.

Le duc d'Orléans, prenant la parole, rendit des témoignages très-favorables au prince de Condé, et dit qu'il avoit des sujets de craindre les créatures du cardinal Mazarin ; que tous ses amis avoient conservé leur crédit à la cour, et qu'il y en avoit même auprès du Roi qui lui parloient de lui.

Ce différend prit sa conclusion par un compliment que le prince de Conti fit à la compagnie, disant qu'il savoit la considération qu'il en devoit faire, les obligations que lui et monsieur son frère lui avoient ; mais qu'il étoit bien dur d'entendre que l'on pût présumer que la conduite de monsieur son frère l'engageât à une guerre civile, et qu'il n'avoit pu s'empêcher de relever cette parole, afin de soutenir sa réputation.

Le premier président protesta en son particulier, et au nom de toute la compagnie, qu'elle étoit persuadée des bonnes intentions de M. le prince, et dit qu'elle étoit prête, comme elle l'avoit toujours été, à prendre soin de ses intérêts ; et adressant la parole à M. le duc d'Orléans, le convia encore de travailler à cet accommodement. Il s'excusa même de délibérer sur ce qu'il étoit dix heures, et sur ce que l'affaire ne se pouvoit pas terminer dans la matinée ; et promit de continuer l'assemblée le lundi suivant et les autres jours.

Châteauneuf, qui avoit fait son traité avec le cardinal, et qui espéroit par cette voie rentrer aux bonnes grâces de la Reine, étoit bien aise de faire éloigner les créatures du cardinal par M. le prince, afin que les chassant il eût toute la confiance de la Reine. D'autres aussi, qui étoient envieux de la grandeur et de la faveur de ces deux ou trois hommes, aidèrent à les pousser par leur intérêt, comme M. le prince par le sien.

Sans s'amuser à particulariser ce qui se passa dans les délibérations du parlement dans l'affaire du prince, il suffit de dire que la conclusion fut que la Reine seroit très-humblement suppliée de donner une nouvelle déclaration à part contre le cardinal Mazarin, qui pût rassurer les esprits, et donner à M. le prince toutes les sûretés nécessaires pour sa personne. L'on n'y parla point néanmoins de ceux qui avoient été nommés.

Cet arrêté plut à la Reine, à cause que l'apparence de l'autorité royale y étoit gardée, que l'on sauva ceux que le prince de Condé avoit demandé qu'on chassât, et qu'elle demeuroit en apparence dans le pouvoir d'en user à sa volonté.

Le parlement vint en corps trouver la Reine, et le premier président lui fit des remontrances sur leur arrêté, de la part de la compagnie, douces et respectueuses. La Reine lui répondit que pour la déclaration contre le cardinal Mazarin qu'il demandoit, elle désiroit qu'ils la dressassent eux-mêmes, et qu'elle la leur enverroit telle qu'ils la demandoient ; que, pour le reste, elle y aviseroit avec son conseil. Les sûretés que M. le prince demandoit alors alloient à faire bannir de la cour ceux que par respect le parlement n'avoient point nommés. La Reine balançoit entre le oui et le non : elle ne savoit s'il falloit chasser ses créatures ou les maintenir. Son sentiment alla d'abord à ne les pas éloigner ; mais comme on lui représenta que c'étoit une chose qui s'étoit pratiquée autrefois à la demande des princes du sang, on lui dit aussi qu'il falloit qu'elle ôtât à M. le prince le prétexte de pouvoir faire la guerre civile, et qu'elle étoit obligée par ces grandes raisons d'empêcher ce malheur tant qu'elle pourroit. Suivant ce conseil, elle se résolut de les éloigner, et de donner cette marque à toute la France de l'amour qu'elle avoit pour la paix et pour le repos de l'Etat : joint à cela que les petits dégoûts qu'elle avoit eus contre de Lyonne et Servien lui en ôtèrent la douleur.

Le Tellier s'en alla avec une espérance certaine de retour. La Reine avoit beaucoup de bonne volonté pour lui. Il étoit brouillé avec M. le prince, mais bien aimé du cardinal : si bien qu'il n'avoit rien à craindre que l'absence, qui peut toujours être dangereuse à ceux qui ont des envieux, et par conséquent des ennemis ; mais il emportoit avec lui la satisfaction d'avoir eu une conduite sans reproche et uniforme dans le bien, et d'être le seul des trois dont la probité ne fût point soupçonnée. Ils partirent, après avoir pris congé de la Reine, l'avoir entretenue chacun en particulier. Ils emmenèrent avec eux leurs femmes et leurs enfans, et s'en allèrent dans leurs maisons.

Servien et de Lyonne se voyant chassés par M. le prince à qui ils n'avoient que trop adhéré, et mal avec les deux partis, connurent certainement que Chavigny, par envie contre eux et pour se mettre à leur place, avoit quelque part à la haine que M. le prince leur avoit témoignée : si bien qu'ils firent ce qu'ils purent en partant pour persuader à la Reine qu'il étoit l'auteur de leur ruine, et des intrigues qui se faisoient contre l'autorité royale. Il ne fut pas difficile de lui nuire, parce que la Reine ne l'avoit fait revenir que pour cacher les desseins qu'elle conservoit à l'avantage du cardinal Mazarin, de qui Chavigny, comme je l'ai dit, s'étoit déclaré ennemi mortel. Il s'étoit toujours maintenu dans cette résolution, malgré son retour et les recherches que le cardinal lui avoit fait faire, et qu'il avoit méprisées. Il crut qu'avec le prince de Condé et les ennemis du cardinal, qui étoient en grand nombre, et dont la cour étoit composée, il pourroit venir à bout de son dessein, qui étoit de s'emparer de la faveur ; et il s'imagina que son crédit et sa réputation en seroient mieux établis si par lui-même il pouvoit parvenir à ce bonheur. La Reine, qui suivoit ses sentimens, et qui se souvenoit toujours qu'on lui avoit ôté

26.

un ministre par force, ne se laissoit pas gagner par la qualité d'ennemi du cardinal; et comme elle étoit difficile à persuader quand elle ne le vouloit pas être, il fut aisé à ces exilés, selon qu'ils s'en vantèrent deux jours auparavant, de lui faire de mauvais offices, et, au lieu de le laisser à leur place, le mettre plus loin qu'eux de la confiance. Chavigny ayant senti l'état où il étoit à la cour, et le mécontentement de ceux qui étoient partis, avec ce qu'ils avoient dit de lui, voulut se raccommoder avec la Reine par un éclaircissement; mais il arriva que cette princesse, au lieu de s'adoucir sur ses plaintes, lui dit librement qu'il étoit vrai qu'elle étoit mal satisfaite de son procédé. Et Chavigny lui disant qu'il n'osoit et ne vouloit point venir au conseil tant qu'elle ne seroit pas persuadée de sa fidélité et de son affection au son service, elle ne lui répondit là-dessus ni oui ni non. Ensuite de ce silence significatif, il demeura comme exclu du conseil, sans savoir en quel état il étoit, c'est-à-dire embrouillé dans une disgrâce sans éclat, mais plus mal en effet dans l'esprit de la Reine qu'il ne le croyoit lui-même. Il fut si dupe sur ce qui se passoit à ses yeux, qu'il crut toujours que la Reine ne songeoit plus au cardinal Mazarin, et qu'il ne reviendroit jamais. Il lui arriva de lui en parler sur ce même ton: ce qui donna de mauvaises impressions de lui à la Reine, et la persuada, à ce qu'elle me fit l'honneur de me dire, qu'il avoit ou moins de lumières, ou plus de malice que n'en devoit avoir un ministre qui avoit eu l'honneur d'être dans la confiance du feu Roi, et qu'elle avoit souffert auprès d'elle.

Le parlement ayant été mandé, le chancelier leur parla de la part de la Reine, pour leur dire que l'affection que Sa Majesté avoit pour l'Etat, et le désir de conserver l'union de la maison royale, l'avoient obligée, pour donner une entière sûreté à M. le prince, d'éloigner des conseils du Roi ceux qui lui étoient suspects. Il exhorta la compagnie à contribuer à la paix qui se devoit souhaiter entre la Reine et les princes du sang, et à travailler au repos de l'Etat avec le zèle et l'affection qu'ils devoient avoir au service du Roi.

M. le prince fut peut-être fâché de n'avoir plus de prétexte de se plaindre, et témoigna de l'étonnement de ce que la Reine avoit fait. Il revint à Paris, et alla au parlement. Il demanda que ceux qui étoient partis fussent compris dans la déclaration qui se devoit faire contre le cardinal, afin qu'ils fussent sans espérance de retour; mais le premier président lui dit que M. le prince de Conti n'avoit point parlé de cela; qu'il avoit assez suffisamment déclaré sa volonté, et ce qu'il demandoit pour sa sûreté; qu'il avoit dit de sa part n'avoir rien à désirer, et n'avoir nulle autre prétention que celle de l'éloignement des créatures du cardinal; qu'ainsi ce qu'il demandoit étant chose nouvelle, il ne pouvoit être reçu en sa demande, et que ce seroit toujours à recommencer. Toute la compagnie s'accorda, et ils opinèrent tous du bonnet. Ainsi M. le prince demeura exclu de sa prétention; dont il témoigna du chagrin.

Ceux qui étoient du parti contraire à Châteauneuf voulurent empêcher son retour. Pour y réussir, ils tâchèrent de se servir du prince de Condé, lui conseillant de revenir à la cour pour prendre sa place, et s'opposèrent au changement qui se préméditoit; mais ses défiances n'étant pas finies pour l'éloignement de ces trois hommes, il ne vint point voir la Reine; et cette conduite ne manqua pas d'avoir son effet, et de faire avancer les affaires de Châteauneuf: car le cardinal, voyant le prince de Condé entièrement aliéné de la Reine et de lui, se confirma dans la nécessité de se lier avec ceux qui avoient intérêt de le pousser. Ce prince se reposoit sur ce que le duc d'Orléans lui avoit promis qu'il ne feroit point revenir Châteauneuf sans sa participation et son consentement, et il ne vit pas qu'ils pouvoient être trompés tous deux: et ils le furent en effet; car Châteauneuf et le coadjuteur, qui donnoient à la faveur toute la fidélité, ne considéroient le duc d'Orléans qu'autant qu'il leur pouvoit être commode pour l'acquérir.

Les choses étant en cet état, le coadjuteur eut commerce avec la Reine, et Châteauneuf la vit deux fois en particulier, sans que les princes en fussent participans; mais comme les secrets de la cour ne sont secrets que pour quelque temps seulement, M. le prince, le sachant, fit de grandes plaintes au duc d'Orléans de ce qu'il lui avoit manqué de parole. Ce prince lui protesta n'avoir point su que la Reine dût voir ces deux hommes, l'assurant que lui-même en étoit mal content. Et comme il vit par leurs secrètes visites qu'ils s'attachoient à la Reine et au cardinal Mazarin, il commença aussitôt de les haïr ou de les aimer, selon qu'il s'accommodoit de leur conduite, qu'il croyoit toujours appuyée sur de bonnes intentions à son égard. Et de toutes ces contrariétés, ce qui parut de plus vrai fut qu'il en fit des railleries publiques; mais elles ne firent rien voir que l'incertitude de ses pensées sur les dégoûts qu'il devoit avoir alors de leurs nouvelles intrigues. M. le prince enfin se déclara à M. le duc d'Orléans de ne pouvoir plus souffrir le coadjuteur, et cette déclaration ne le brouilla pas avec lui.

Ces mêmes jours, M. le duc d'Orléans vint voir la reine d'Angleterre à Chaillot. Elle avoit fait de cette maison un couvent de religieuses de Sainte-Marie. J'y avois contribué par mes conseils et mes soins. Ma sœur y étoit venue novice, avec la fondation sortie de Saint-Antoine. Elle en avoit été la première professe, et j'y entrois en qualité de bienfaitrice. Ce prince dit à la Reine sa sœur, en riant, que M. le prince et le coadjuteur étoient fort mal ensemble, et qu'il alloit avoir bien du plaisir de leur chamaillerie. Voilà ses propres mots : ils marquent la foiblesse de ses sentimens, tant sur la haine que sur l'amitié. Mais celle à qui le discours s'adressa en fut surprise : elle le trouva aussi incompréhensible qu'il l'étoit en effet; et, après qu'elle m'eut permis d'en examiner les conséquences avec elle, elle conclut, selon la raison et la vérité, que les choses de cette importance se devoient regarder plus sérieusement, et se sentir avec plus de vivacité.

M. le prince, étant à Paris, rencontra un jour le Roi au Cours; dont il fut blâmé de tout le monde. Il ne voyoit ni le Roi ni la Reine, et il sembloit par cette bravade ne plus compter à rien le respect qu'il devoit à leur personne et à la couronne.

La Reine avoit intérêt de ne pas pousser le prince de Condé, de peur d'augmenter par ses malheurs les siens propres; mais les frondeurs, pour être les maîtres, avoient bien envie d'en faire un criminel déclaré de l'État. Il semble que ce prince, moins habile en cet endroit que ses adversaires, ne prit point assez de soin d'éviter comme il le pouvoit les occasions de fâcher la Reine. Il écouta les brouillons qui étoient auprès de lui, qui ne demandoient que la guerre, et s'y laissa conduire sans que peut-être sa volonté y eût aucune part. S'il n'eût point quitté la cour, il eût sans doute bien embarrassé ceux qui vouloient l'en chasser, et les gens de bien en eussent été fort contens. Il ne lui auroit pas été difficile d'y trouver sa sûreté, tant par les voies publiques du duc d'Orléans et du parlement, que par les particulières, qui étoient les meilleures. Il l'auroit rencontrée tout entière dans le cœur de la Reine, si tout de bon il eût voulu oublier le passé, et vivre avec elle selon qu'il eût été à propos pour cette princesse, pour l'État et pour lui : quand même il lui en eût dû coûter l'envoi de quelque courrier au ministre éloigné; puisque les petites choses doivent toujours céder aux grandes, quand les petites ni les grandes ne choquent point l'équité. En l'état où elles étoient, les frondeurs s'étant détachés du duc d'Orléans méritoient d'en être abandonnés, et plus encore du prince de Condé, qu'ils avoient voulu perdre; et par conséquent tous deux devoient se réunir à la Reine et se moquer de la folie publique, qui, sans un juste sujet, avoit gâté les esprits de tous par la chimérique haine du nom de Mazarin.

M. le prince ayant donc renoncé à la paix, et voulant s'opposer à Châteauneuf, il prit la voie du parlement, où il alla le 2 août. Il se servit du remède qui étoit à la mode, c'est-à-dire de ce fantôme dont je viens de parler, qui fut la raison qu'il allégua pour pouvoir battre en ruine ses ennemis. Il fit entendre, sans les nommer, qu'ils avoient envoyé traiter à Cologne avec le cardinal (1). Il cria contre Brachet son courrier, contre Bartet, confident et courrier de la palatine, et contre tous ceux qui avoient commerce avec le Mazarin. Il fut arrêté qu'on informeroit contre eux, et qu'ils seroient ouïs. On m'assura qu'il avoit eu intention de nommer Châteauneuf, et on le lui avoit conseillé : mais il ne le fit pas; je n'en sais pas la cause. Il fut dit aussi qu'on enverroit dire au duc de Mercœur de venir prendre sa place, pour rendre compte à la compagnie de son mariage hors du royaume sans permission du Roi; car ce prince étoit revenu de Brulh, où il avoit épousé publiquement mademoiselle de Mancini, nièce du cardinal. On ordonna de plus que la déclaration que la Reine avoit promise contre ce ministre seroit dressée la plus ample et la plus forte qu'elle se pourroit faire.

Le prince de Condé se justifia au parlement d'avoir rencontré le Roi au Cours. Il dit que s'il avoit cru y trouver Sa Majesté, il n'y seroit pas allé, qu'il savoit le respect qu'il lui devoit : protestant de nouveau de vouloir demeurer fidèle dans son service. Le premier président l'exhorta fortement à rendre ses devoirs au Roi et à la Reine; et quelques jours après, ayant honte de n'y point satisfaire et n'avoir nul sujet apparent d'en user ainsi, il fut conseillé par ses amis et serviteurs d'aller au Palais-Royal. Le duc d'Orléans l'amena saluer le Roi et la Reine. Leur entrevue fut froide; la conversation se passa publiquement en discours de bagatelles, et la visite fut courte. Puis tout d'un coup, pressé par sa peur, il n'y revint plus du tout.

Les Brachet et Bartet furent ouïs. Ils se défendirent si bien, qu'ils ne donnèrent point de prise sur eux; mais M. le prince et ceux de sa cabale continuèrent à faire demander au parlement que le duc de Mercœur fût ouï. Il fut interrogé au parlement le 12 ou 13 août, et fort pressé par le premier président de répondre précisément sur l'interrogation qu'on lui faisoit : savoir s'il étoit marié? Il dit d'abord qu'il ne croyoit

(1) Mazarin s'y trouvait alors.

pas être obligé de répondre; mais il assura la compagnie qu'en cas qu'il le fût, il l'étoit sans crime. Le premier président lui dit : « Cela veut « dire que vous l'avez épousée avant que le car- « dinal son oncle fût déclaré criminel. » Il répondit que oui, qu'il étoit marié avant le départ du cardinal. Les gens du Roi donnèrent sur cette déclaration leurs conclusions, et dirent qu'ils étoient d'avis que le duc de Mercœur justifiât son dire.

Beaucoup de ceux du parlement vouloient passer plus outre, disant qu'il n'avoit pu se marier sans permission du Roi; qu'on savoit qu'il avoit épousé la nièce du cardinal à son voyage qu'il venoit de faire à Brulh, et que ce qu'il disoit étoit faux et ne le pouvoit prouver. Il s'éleva un murmure dans le parlement, qui fit dire à plusieurs que cela étoit tout-à-fait contre la Reine. L'affaire n'étoit pas sans embarras, parce qu'en effet la cérémonie du mariage s'étoit faite publiquement au lieu où étoit le cardinal, et le duc de Mercœur n'eût pu prouver le contraire : si bien que les serviteurs de la Reine en eurent de l'inquiétude, à cause que les princes pouvoient s'en servir pour la chicaner. Mais cette famille étant appuyée, l'affaire demeura assoupie par les soins de leurs amis.

M. le prince tenant tête au Roi dans Paris, et la Reine ayant alors tant de sujets de se plaindre de lui, songea tout de bon à se garantir. Elle prit enfin ses mesures avec les frondeurs, qui par leur raccommodement avec le cardinal s'étoient remis assez bien avec elle, et avoient par force quelque part dans sa confiance. D'autre côté, M. le prince, s'éloignant tous les jours davantage de l'accommodement, pensoit à la guerre, et à se préparer à tout ce qui pouvoit lui arriver. Il envoya en Espagne, et fit tout ce que la prudence, vu le mauvais état où il étoit, l'obligeoit de faire. Madame de Longueville désiroit la guerre pour ne point retourner avec son mari, qui la vouloit voir et avec qui elle étoit brouillée. Le duc de La Rochefoucauld, à ce qu'il m'a conté depuis, souhaitoit la paix, parce qu'il avoit senti les malheurs de la guerre civile, et que sa maison rasée lui faisoit haïr ce qu'il avoit éprouvé lui avoir été si dommageable. Mais ne pouvant manquer de suivre les sentimens de madame de Longueville, comme il vit les apparences d'une visible rupture qui devoit bientôt engager M. le prince à s'éloigner de la cour, il fut d'avis qu'elle s'en allât à Montrond attendre les événemens de toutes les intrigues qu'elle-même avoit faites. M. le prince ayant approuvé ce conseil, elle partit de Saint-Maur avec madame la princesse et le petit duc d'Enghien, et fut attendre en ce lieu ce que deviendroit ce prince, qui sans avoir un véritable dessein de faire la guerre, ainsi que je viens de le remarquer, se trouva nécessité par sa conduite de la faire malgré lui; et, grâces à Dieu, ce fut toujours à son désavantage.

Le duc de Longueville parut alors se séparer entièrement du prince de Condé. Mademoiselle de Longueville sa fille y contribua beaucoup; car quoiqu'elle eût passé pour frondeuse dans les temps où ce prince s'étoit trop légèrement abandonné aux vaines entreprises de madame de Longueville et du prince de Conti, cette princesse n'y étoit entrée que par ses obligations, qui l'avoient engagée par raison dans un parti dont le duc de Longueville son père étoit un des premiers chefs, et par l'état où la prison l'avoit réduit : car par elle-même, étant fille d'une princesse du sang de la troisième branche royale, par conséquent nièce du dernier comte de Soissons que sa pitoyable destinée fit périr à la bataille de Sedan, elle ne pouvoit guère aimer les princes de Condé, et particulièrement madame de Longueville sa belle-mère, dont elle ne croyoit pas être assez considérée. C'est ce qui lui fit souhaiter ardemment tout ce qui lui parut avantageux au duc de Longueville et aux princes ses frères, enfans de madame de Longueville ; et, par cette conduite, elle fit voir la bonté de son esprit et la droiture de ses intentions, qui la portèrent à vouloir que ceux en qui elle prenoit intérêt s'attachassent à leur véritable devoir. Le duc d'Yorck avoit désiré d'épouser cette sage princesse; la reine d'Angleterre m'avoit commandé d'en parler à la Reine. Je le fis. Elle me répondit que ce prince, étant fils de roi, étoit trop grand pour le pouvoir laisser marier en France; et, par cette raison politique, l'affaire ne put réussir. Ce prince en fut fâché : il estimoit cette princesse; sa vertu et sa personne lui plaisoient, ses richesses, étant héritière du feu comte de Soissons, lui auroient été aussi fort agréables : car alors il n'en avoit pas beaucoup. En tout temps, ce mariage étoit convenable à lui et à elle.

La Reine voyant donc qu'elle ne pouvoit plus espérer de paix avec le prince de Condé, et ne voulant point user des remèdes violens qu'on lui avoit conseillés, prit, pour se défendre contre lui, les plus doux et les moins hasardeux, assistée du conseil de Seneterre, dont la sagesse et la fine modération étoient d'un grand secours pour opposer aux extrêmes sentimens de ceux qu'elle n'estimoit pas. Ce vieux seigneur la voyoit alors sans crainte de déplaire au duc d'Orléans, pour qui il avoit toujours eu quelque attachement; mais, malgré les circonspections qu'il avoit observées auprès de cette princesse, il lui avoit donné de salutaires conseils. Il avoit été fidèle des deux côtés; et pour lors il espéroit, vu la nouvelle liaison des frondeurs avec le cardinal Mazarin, de voir bientôt une entière réunion entre la Reine et le duc d'Orléans. Dans cet espoir, ils y travaillèrent tous; puis enfin il fut conclu entre elle et Châteauneuf, le maréchal de Villeroy et le coadjuteur, que le Roi et la Reine feroient une déclaration contre M. le prince, qui seroit portée au parlement, à toutes les cours souveraines, où la Reine feroit connoître au public les justes sujets de ses plaintes. Cette déclaration fut aussi communiquée au premier président, qui alors étoit raccommodé avec Châteauneuf et le coadjuteur, par les dégoûts qu'il avoit eus du prince de Condé. Cet homme désiroit de ravoir les sceaux. Châteauneuf et le coadjuteur étant raccommodés avec la Reine, ils espéroient de rentrer tout-à-fait dans sa confiance, et se mettre à la place du ministre. Sur ce fondement, et par les conjectures entièrement favorables au premier président, ils furent forcés de lui faire dire qu'ils avoient dessein, cela arrivant, de chasser le chancelier, et lui promirent de contribuer de tout leur possible à les lui faire redonner, pourvu qu'il voulût être de leurs amis. Châteauneuf s'accommodoit en cet article à la volonté de la Reine, qu'il voyoit être tournée de ce côté-là. Lui-même, qui les avoit depuis perdus malgré lui, les souhaitoit aussi; mais il se servit alors de cette prudente modération pour plaire à cette princesse, et se contenta de ce qu'il alloit, du moins en apparence, posséder la première place. Cette intelligence étant donc bien établie, le premier président eut connoissance de cette déclaration faite par la Reine contre M. le prince. Il l'approuva, et y corrigea même quelque chose qu'il ne jugea pas être selon l'ordre.

Pour bien exécuter cette résolution, il falloit gagner le duc d'Orléans, qui paroissoit de jour en jour plus détaché des frondeurs. Mais, pour se raccommoder avec ce prince, ils ne manquèrent pas de lui dire que le cardinal étoit un homme qu'ils vouloient perdre, et que s'ils avoient fait quelques pas vers lui, c'étoit qu'ils vouloient par là rentrer dans le cœur de la Reine, afin de le pousser tout de nouveau, et faire que la Reine l'abandonnât tout-à-fait. Le duc d'Orléans quelquefois disoit lui-même qu'il étoit assuré que les frondeurs haïssoient le cardinal Mazarin, et vouloient l'accabler davantage, et que leur intention étoit telle; mais cette intelligence ne laissoit pas de faire quelque impression sur son esprit. D'autre côté, M. le prince, leur ennemi déclaré, tiroit à lui le duc d'Orléans, qui ne vouloit pas non plus se séparer de lui, pour ne lui pas laisser l'avantage de l'applaudissement des peuples et des mal contens. Il craignoit que la Reine qu'il avoit offensée, s'il se séparoit du prince de Condé, ne le laissât du moins sans autorité, ou ne prît peut-être de pires résolutions contre lui : ce qui, dans l'état des choses, n'étoit pas tout-à-fait impossible. Ces raisons ayant en quelque manière séparé le duc d'Orléans d'avec les frondeurs, et l'ayant lié davantage au prince de Condé, les frondeurs se trouvèrent embarrassés. Ils s'étoient vantés à la Reine de lui redonner l'amitié du duc d'Orléans, et ils ne purent effectuer leur promesse. Elle ne laissa pas de les recevoir, parce que c'étoit déjà une chose résolue qu'on se serviroit d'eux pour les opposer à M. le prince. La déclaration fut donc dressée telle qu'il convenoit qu'elle fût. Il étoit nécessaire ensuite de la montrer au duc d'Orléans. La Reine le fit. Elle le pria de la lire dans son oratoire, le soir auparavant qu'elle fut envoyée au parlement. Ce prince en fut surpris, et tâcha de détourner la Reine de ce dessein; mais elle lui témoigna vouloir absolument la faire passer. Le duc d'Orléans, après avoir fait ce qui lui fut possible pour l'empêcher de le faire, parut y consentir. Il y corrigea lui-même deux articles qui ne se pouvoient prouver contre lui, et s'en alla se coucher plein d'inquiétude et de chagrin, sans se déterminer entre ces deux partis.

Pour rendre cette déclaration plus agréable au public, on y mit en tête une protestation contre le cardinal Mazarin, qui, devant être lue et publiée en présence de Leurs Majestés, devoit avoir la force de persuader le public que la Reine ne pensoit plus du tout au cardinal. On manda le parlement; et le comte de Brienne, secrétaire d'Etat, lut cette déclaration en la même forme que la voici. Ce qui fut remarquable en cette occasion fut que le prince de Conti, qui rarement alloit chez la Reine, se trouva par hasard présent à cette lecture, et dit tout haut que M. le prince se justifieroit aisément de toutes ces calomnies.

Discours que le Roi et la Reine régente, assistés de monseigneur le duc d'Orléans, des princes, ducs et pairs, officiers de la couronne et grands du royaume, ont fait lire en leur présence aux députés du parlement, chambre des comptes, cour des aides et corps de ville de Paris, au sujet de la résolution qu'ils ont prise de l'éloignement pour toujours du cardinal Mazarin hors du royaume, et sur la conduite présente de M. le prince de Condé, le 17 *d'août* 1651.

« C'est avec un extrême déplaisir qu'après

toutes les déclarations que nous avons ci-devant faites avec tant de solennité contre le retour du cardinal Mazarin, nous voyons que les ennemis du repos de l'Etat se servent encore de ce prétexte pour y fomenter les divisions qu'ils y ont allumées. C'est ce qui nous oblige à vous envoyer querir pour vous déclarer de nouveau que nous voulons et entendons exclure pour jamais ledit cardinal, non-seulement de nos conseils, mais de notre royaume, pays et places de notre obéissance et protection, faisant défense à tous nos sujets d'avoir aucune correspondance avec lui : enjoignant très-expressément que toutes personnes qui contreviendront à cette volonté encourent les peines portées par les anciennes ordonnances des rois nos prédécesseurs, et par les derniers arrêts de nos cours souveraines ; voulant que toutes déclarations nécessaires pour cela soient expédiées.

« Après avoir donné ces assurances à tous nos sujets, nous ne pouvons plus dissimuler, sans blesser notre autorité, ce qui se passe de la part de notre cousin le prince de Condé. Or, chacun sait les grâces que la maison de Condé, et lui en particulier, ont reçues du feu Roi de glorieuse mémoire, mon très-honoré seigneur et père, et de la Reine, ma très-honorée dame et mère régente. Après avoir accordé sa liberté aux instantes prières de mon très-cher et très-amé oncle le duc d'Orléans, et aux très-humbles supplications de mon parlement de Paris ; après lui avoir rendu le rang qu'il avoit dans mes conseils, restitué le gouvernement des provinces et places que lui et les siens tiennent dans mon royaume en si grand nombre, qu'il est aisé de juger que celui qui les a désirées vouloit prendre le chemin de se faire craindre plutôt que de se faire aimer ; après avoir rétabli les troupes levées sous son nom, capables de composer une armée ; après lui avoir accordé l'échange du gouvernement de Bourgogne avec celui de Guienne, lui ayant permis de retenir les places qu'il avoit dans la province qu'il laissoit : ce qui ne s'étoit jamais pratiqué ; après lui avoir fait payer les sommes immenses qu'il disoit lui être dues d'arrérages, de pensions, d'appointemens, de désintéressemens de montres de ses troupes et garnisons, qui sont telles que pour le contenter on a été contraint de divertir les fonds destinés à l'entretien de ma maison et subsistance de mes armées : bref, n'ayant rien omis de ce qui lui pouvoit apporter une entière satisfaction, et le disposer à employer les bonnes qualités que Dieu lui a données, et qu'il a fait paroître autrefois à l'avantage de notre service, nous avions conçu cette espérance, lorsqu'à notre très-grand regret elle a été détrompée par des actions bien contraires aux protestations qu'il nous avoit faites solennellement dans l'assemblée de notre parlement.

« Nous ne dirons rien de ce qu'aussitôt après sa liberté l'ardeur de ses poursuites nous porta à faire les changemens que vous avez vus dans le conseil. Cette entreprise lui ayant réussi, il eut la hardiesse d'accuser et de se plaindre de trois de nos officiers, ou de la Reine notre très-honorée dame et mère, laquelle leur commanda de se retirer non-seulement de notre cour, mais de notre bonne ville de Paris, pour ôter à notredit cousin tout prétexte de plainte, et pour étouffer les tumultes qu'il excitoit. Nous espérions que toutes ces grâces le disposeroient à nous complaire en quelque chose, ou pour le moins l'empêcheroient de continuer ses mauvais desseins, lorsqu'avec un extrême regret nous avons vu des effets contraires à ceux que nos bontés avoient tâché de provoquer. Nous avons remarqué qu'après que notre très-cher et amé oncle le duc d'Orléans lui a donné de notre part et a porté dans notre parlement nos paroles royales, qui lui offroient toutes les sûretés qu'il pouvoit désirer et qu'il avoit requises, il demeura quelques jours sans se pouvoir résoudre à nous voir, quoiqu'il se fût une fois rencontré à notre passage (1). Enfin, pressé par notre très-cher et très-amé oncle le duc d'Orléans, et par notre parlement, de nous rendre ses devoirs, il prit résolution de nous voir une seule fois, où il fut reçu par nous et par la Reine, notre très-honorée dame, mère et régente, avec toutes les démonstrations d'une parfaite bienveillance qui eût été capable de le guérir de toutes ses appréhensions, si elles ne venoient plutôt de sa propre conscience que des mauvais offices qu'il veut croire lui être rendus.

« Nous sommes obligés de vous dire ce qui est venu à notre connoissance touchant ses menées, tant au dedans comme au dehors de notre royaume. Pour commencer par les choses qui sont publiques, chacun a vu que notredit cousin s'est absenté depuis deux mois de nos conseils, qu'il les a décriés dans nos parlemens et partout ailleurs : disant qu'il ne se pouvoit fier en nous, ni en ceux qui nous approchoient ; ayant écrit à tous nos parlemens et à quelques-unes de nos bonnes villes, pour leur donner de mauvaises impressions de nos intentions ; engageant en même temps dans toutes nos provinces plusieurs gentilshommes et soldats à prendre les armes aussitôt qu'ils en seroient requis de sa part. Il a aussi dans notre bonne ville de Paris, qui donne le mouvement à toutes les autres, fait

(1) Quand M. le prince rencontra le Roi au Cours.

semer de mauvais bruits de nos intentions. Nous avons appris aussi qu'il renforçoit les garnisons des places que nous lui avons confiées, les munissoit de toutes choses nécessaires, et faisoit sans nos ordres travailler en diligence aux fortifications, employant à cela nos sujets, et les contraignant d'abandonner leurs récoltes. Il a fait retirer nos cousines, sa femme et sa sœur, dans le fort château de Montrond. Il a ramassé de toutes parts des sommes notables de deniers. Enfin il pratique publiquement tout ce qui nous peut donner sujet de croire ses intentions mauvaises. Nous avons été confirmés en notre créance par des avis certains que nous avons reçus de divers endroits des intelligences qu'il formoit avec les ennemis, tant à Bruxelles avec l'archiduc que dans le camp avec le comte de Fuensaldague, faisant escorter les courriers jusque dans les portes de Cambray par quelque cavalerie tirée des troupes qui n'obéissent qu'à lui seul. Ces pratiques étant faites à notre insu, sans nos passeports et contre notre volonté, qui peut douter de son intelligence avec ceux contre lesquels nous sommes en guerre ouverte? Il n'a voulu non plus faire sortir les Espagnols de la ville de Stenay, ainsi qu'il s'étoit obligé de le faire : cette seule condition ayant été exigée de lui lorsqu'il fut retiré de prison. Sa conduite est cause que don Estevan de Gamarre s'est approché de la Meuse avec son armée; qu'il a ravitaillé Mouson, et s'est conservé le passage de Dun qui met en contribution une partie de la Champagne, pour donner aussi plus de moyen à nos ennemis d'entreprendre contre nous, et arrêter les progrès que notre armée plus puissante que la leur pourroit faire dans le Pays-Bas. Par une entreprise qui n'a jamais été vue dans notre royaume, quelques ordres exprès qui aient été donnés, ceux qui commandoient ces troupes n'ont jamais voulu obéir aux commandements que nous leur avons faits de joindre les siennes au corps d'armée où ils avoient été destinés par nous et par notre oncle le duc d'Orléans : ce qui a renversé jusqu'à présent tous nos desseins, tant à cause de la juste défiance que nous avons eue de ceux de notre cousin, comme aussi parce qu'il a donné loisir aux ennemis de se reconnoître, et de se mettre en état de s'opposer à nos forces : outre que leur résolution s'est augmentée par les espérances, ou pour mieux dire par les assurances qu'on leur a données de quelques mouvemens dans notre royaume.

« Nous ne pouvons nous empêcher de dire toutes les désolations que les gens de guerre commandés par notre cousin ont faites, et qu'ils continuent de faire, en se maintenant en Picardie et en Champagne, qu'ils achèvent de ruiner, au lieu d'être dans les pays ennemis à leur faire la guerre. La liberté que prennent ses troupes de piller nos sujets fait aussi que plusieurs de nos soldats abandonnent notre camp pour aller dans le sien.

« Nous avons bien voulu vous donner part de toutes choses, encore que la plus grande partie fût déjà connue. Nous croyons que vous jugerez, par ces déportemens publics de notredit cousin, que ses menées secrètes ne sont pas moins dangereuses. La connoissance que nous en avons ne nous permet pas de le pouvoir dissimuler plus long-temps, sans abandonner le gouvernail de cet Etat que Dieu nous a remis en main, et que nous sommes résolus de tenir avec fermeté. Nous savons que si nous n'apportons un prompt remède au désordre qu'on veut jeter dans notre Etat, nous ne pouvons obliger nos ennemis d'entendre à la paix que nous désirons de conclure, ni réformer les abus qui se sont glissés dans notre royaume ainsi agité par tant de pernicieux desseins et entreprises, si nous ne les prévenions et en arrêtions le cours, comme nous sommes résolus de faire par les moyens que Dieu nous a mis en main, dans l'assurance que nous avons et que vous nous avez toujours témoignée de votre fidélité et affection à maintenir notre autorité, entretenir nos sujets dans l'obéissance qu'ils nous doivent, et que nous nous assurons que vous continuerez à apporter tout ce qui dépendra de vos soins pour faire valoir nos bonnes intentions pour le bien et le repos de notre royaume. Fait à Paris, le 17 août 1651. *Signé* Louis; *et plus bas*, DE GUÉNÉGAUD. »

Le lendemain, le prince de Condé alla au parlement, et dit à la compagnie qu'il avoit été entièrement surpris d'apprendre les calomnies que ses ennemis lui imposoient, et qu'ils se servissent pour cela de l'autorité du Roi; que ses services et sa naissance parloient assez pour lui; qu'il croyoit que Son Altesse Royale savoit le détail de toute sa conduite et la fausseté des choses qu'on lui imputoit, et en informeroit la compagnie; et que pour le reste il lui seroit aisé de s'en justifier. Il parla assez fièrement, et se tournant du côté du coadjuteur quand il parla de ses ennemis; car il n'ignoroit pas les propositions qu'il avoit faites contre lui, et ses conférences avec les ministres de la Reine.

Cette affaire étant de grande conséquence, on députa deux conseillers vers le duc d'Orléans pour le prier de venir au parlement. L'embarras où étoit ce prince de ne savoir que faire entre la Reine et M. le prince le rendoit incertain. Il dit à ceux qui l'allèrent trouver qu'il étoit malade, qu'il alloit être saigné, et qu'il n'y pourroit pas aller. Ils le pressèrent de leur donner jour, et il leur dit que sur les six heures du soir il leur feroit savoir quand il pourroit y aller.

Le lendemain 19 août, le prince de Condé vint au parlement avec un écrit en main du duc d'Orléans, par lequel ce prince, malgré ce qui s'étoit passé entre la Reine et lui, et le consentement qu'il avoit en quelque façon donné à la déclaration faite contre le prince de Condé, le justifioit sur les principaux chefs dont la Reine l'accusoit. Cette contrariété d'action, qui, à l'égard du duc d'Orléans, n'étoit pas sans excuse, donna sujet à la Reine de se plaindre de lui; mais il disoit pour ses raisons qu'il avoit voulu balancer les choses, afin de porter la Reine et M. le prince à l'accommodement, et empêcher la guerre civile; qu'enfin se voulant lier avec le prince de Condé, comme ayant tous deux offensé la Reine et tous deux ayant sujet de la craindre, il l'avoit abandonnée en cette occasion, en donnant des forces à M. le prince pour lui résister. Cet écrit étoit tel.

Déclaration de M. le duc d'Orléans, envoyée au parlement pour la justification de la conduite de M. le prince.

« Nous, Gaston, fils de France, oncle du Roi, déclarons que nous n'avons su que mercredi dernier à sept heures du soir, par M. de Brienne, la résolution que la Reine avoit prise de mander les compagnies souveraines à la ville, pour leur déclarer qu'elle n'avoit aucune pensée pour le retour du cardinal Mazarin, et qu'elle feroit expédier toutes déclarations nécessaires pour cet effet, et qu'elle pourroit aussi parler de ce que M. le prince n'avoit été au Palais-Royal depuis que nous le lui aurions mené.

« Le lendemain, qui étoit le jeudi, y étant allé sur les onze heures, la Reine nous auroit fait lire l'écrit sans que nous en eussions eu communication auparavant, auquel nous aurions trouvé beaucoup de choses à redire, et particulièrement en ce qui regarde l'intelligence avec l'Espagne, et aurions jugé à propos de n'en point faire la lecture; mais la Reine le voulut absolument, disant que cela étoit nécessaire pour sa décharge, le Roi devant être majeur dans vingt-deux jours.

« Nous déclarons aussi que M. le prince a proposé à la Reine en notre présence, et depuis au conseil, après le retour du marquis de Sillery de Bruxelles, où il avoit été envoyé par Sa Majesté, qu'il y avoit deux moyens de faire sortir les Espagnols de Stenay : l'un, par la négociation, les Espagnols ayant offert audit marquis de Sillery de sortir de ladite ville de Stenay moyennant une suspension d'armes entre Stenay et les places de Luxembourg pour le reste de la campagne : ce que la Reine ayant refusé absolument, M. le prince nous fit entendre qu'avec deux cents hommes qui étoient dans la citadelle il ne pouvoit en chasser cinq cents qui étoient dans la ville, et qui pouvoient être rafraîchis à toute heure par l'armée des ennemis ; et que si la Reine vouloit lui donner deux mille hommes, il les contraindroit d'en sortir.

« Nous témoignons aussi que toutes les troupes qui sont sous le nom de M. le prince, et qui ont été destinées par nous pour l'armée de Picardie, y sont présentement, à la réserve du régiment de cavalerie et la compagnie de chevau-légers d'Enghien; et que pour les autres qui étoient destinées pour l'armée de Champagne et ledit régiment d'Enghien, M. le prince n'ayant pas jugé à propos qu'elles fussent sous le commandement du maréchal de La Ferté, parce qu'il est attaché au cardinal Mazarin, qu'il l'avoit escorté pendant ses voyages et même reçu dans ses places depuis les arrêts du parlement, il nous auroit prié d'envoyer une personne qui fût à nous pour les commander, avec assurance qu'elles lui obéiroient aveuglément. Nous nommâmes à Sa Majesté le sieur de Vallan pour cet emploi, lequel, étant près de partir, reçut un ordre contraire de Sa Majesté qui a obligé lesdites troupes de demeurer, en attendant ledit sieur de Vallan qui les devoit commander.

« Nous déclarons encore que les soupçons et défiances de M. le prince ne sont pas sans fondement, ainsi que nous l'avons dit dans le parlement, ayant su qu'il y avoit eu quelques négociations faites à son préjudice; et depuis que nous le menâmes au Palais-Royal, où il ne fut pas trop bien reçu, nous ne l'aurions pas invité d'y retourner.

« Nous assurons aussi que nous ne croyons point que M. le prince ait été capable d'avoir eu jamais de mauvais desseins contre le service du Roi et le bien de l'Etat. Fait à Paris le dix-huitième jour d'août 1651. *Signé* GASTON; *et plus bas*, DE FREMONT. »

M. le prince, outre cette justification, apporta une réponse à la déclaration de la Reine qui fut lue en présence de tous, par laquelle il rendoit raison de sa conduite sur tous les chefs qui le condamnoient. Le coadjuteur, qui en cette occasion s'entendit nommer, voulut se défendre. Le prince de Condé et lui se reprochèrent beaucoup de choses; et le coadjuteur dit à M. le prince qu'il avoit manqué à sa parole. Je ne sais pas bien le détail de cette conversation ; mais voici l'écrit.

« Messieurs,

« C'est avec un extrême déplaisir qu'après avoir tant de fois déclaré à votre compagnie et au public la sincérité de mes intentions, justifiée par une conduite reconnue de toute la France, et qui ne reproche rien à ma conscience, je me trouve encore obligé de vous donner un éclaircissement sur le sujet d'un écrit que je respecte parce qu'il porte le nom du Roi ; mais lequel contient une diffamation de ma personne et de mes déportemens. On ne peut trouver étrange qu'avec tout le respect que je dois à Sa Majesté, surprise par l'artifice de mes ennemis, je satisfasse à ma réputation, et d'autant plus que ce discours n'a aucune des marques par lesquelles les rois ont accoutumé de faire savoir à leurs peuples leurs volontés contre des princes de ma naissance et de mon rang.

« Il semble qu'on me veuille imputer que je me serve du nom du cardinal Mazarin comme d'un prétexte pour fomenter les divisions que l'on dit être dans l'Etat. Toute la France sait que je n'ai eu aucune part à ce qui s'est dit et fait contre lui auparavant ma prison ; qu'il a été proscrit avant ma liberté ; et que si depuis je me suis uni de sentiment avec tous les parlemens du royaume, et aux vœux de tous les peuples, ce n'a été que pour maintenir le repos et la tranquillité de l'Etat, que son retour pouvoit altérer ; et si le conseil du Roi avoit pris autant de soin qu'il devoit de lever sur ce sujet les ombrages et les défiances auxquelles tant de voyages faits à Cologne ont donné lieu, le parlement n'auroit pas été en peine, pour dissiper les craintes que l'on avoit de son rétablissement, de demander une déclaration confirmative de ses arrêts, laquelle il semble qu'on ait voulu éluder par ce papier, qui étant sans forme ne doit être d'aucune considération.

« Cela suffiroit pour dire que je n'ai pas besoin d'y répondre, si ce n'étoit qu'ayant été lu en présence de votre compagnie et de toutes les autres, même du corps de ville, et ayant été ensuite imprimé, il est juste que je désabuse le public de toutes les calomnies qui y sont répandues contre moi.

« L'on me reproche les grâces du feu Roi faites à ma maison, comme si feu monsieur mon père n'en avoit mérité aucune par ses services ; car pour les places de Stenay et Clermont, qui m'ont été données depuis la régence pour récompense de l'amirauté qu'avoit feu M. le duc de Brezé mon beau-frère, et que je perdis par sa mort, je n'estime pas qu'on les doive envier à ce que j'ai fait pour l'Etat, non plus que les charges et les gouvernemens que je possède, qu'on ne me pouvoit ôter sans quelque injustice, puisque feu monsieur mon père les avoit.

« J'ai reconnu publiquement être obligé de ma délivrance à la bonté de Leurs Majestés, aux instances que M. le duc d'Orléans en a faites avec tous les témoignages d'affection que je pouvois désirer d'un prince de sa générosité, et aux supplications du parlement, que j'en ai remercié. Mais je ne croirai point manquer à la gratitude que je dois, si je fais entrer la justice en part de cette obligation ; et la déclaration d'innocence qu'il a plu à Sa Majesté m'accorder étant une preuve de l'oppression qui m'a été faite, il est extraordinaire qu'après une prison de treize mois sans cause et sans fondement, on veuille faire passer ma liberté pour un bienfait.

« L'on dit que l'on m'a rendu le rang que j'avois dans le conseil du Roi, lequel ayant été à feu monsieur mon père, auquel j'ai succédé par le testament du feu Roi de glorieuse mémoire, et depuis par votre arrêt lors de la régence, et m'appartenant par ma naissance, je ne crois pas qu'on puisse traiter de faveur un droit que j'ai comme ayant l'honneur d'être prince du sang, et duquel on ne pouvoit pas par conséquent me priver, non plus que de mes gouvernemens et de mes places, sans injure : étant au surplus ridicule que les nouveaux confidens du cardinal Mazarin, qui ont vraisemblablement dicté cet écrit, publient que par ce grand nombre de places qu'ils disent que je possède, quoique je n'aie que Stenay et Clermont, outre celles qui étoient dans ma maison, j'ai plus affecté de me faire craindre que de me faire aimer, puisqu'on n'a jamais fait aucune plainte d'aucune violence de la part de ceux qui y commandent ; et je ne serois point en peine de me défendre de la haine que l'on me reproche, si je n'avois en quelque façon sacrifié mes intérêts et ma propre gloire à l'obéissance que je croyois devoir au Roi, et de laquelle néanmoins l'on se prévaut à présent pour me décrier, laissant à juger au parlement si ces affidés au cardinal Mazarin peuvent me reprocher le nombre de mes gouvernemens ; puisque le cardinal, sous le nom de ses domestiques, possède Pignerol en Italie, Salses, Perpignan et Roses en Roussillon ; Brest, Dunkerque, Mardic, Bergues, Dourlens, Bapaume, La Bassée, Ypres, Courtray, Porto-Longone et Piombino, qu'il avoit et qu'il a laissé perdre, sans compter une infinité d'autres dont les gouverneurs sont dans sa dépendance : ce qui fait assez connoître s'il ne faut point autre chose que des paroles pour assurer l'éloignement hors du royaume d'un homme qui a tant de portes pour y entrer, et dont on sait, par une expérience trop fatale à la France, que sa politique a toujours été de se rendre redoutable.

« L'on fait dire au Roi qu'il a rétabli les troupes qui étoient et qui sont encore sous mon nom capables de composer une armée : comme si elles n'avoient pas assez bien et utilement servi pour mériter cette justice, étant connu à toute la France que les avantages que Sa Majesté a remportés sur les ennemis ont été en partie les fruits de leurs fatigues et de leurs travaux ; et comme si Sa Majesté pouvoit avoir trop de régimens qui ont porté partout la gloire de ses armes avec des succès qui auroient donné la paix à toute l'Europe, si le cardinal Mazarin ne les eût rendus inutiles par sa mauvaise et pernicieuse conduite. Il devoit se souvenir qu'ayant eu deux régimens d'infanterie italienne, deux autres régimens d'Allemands et Polonais, quatre régimens de cavalerie de même nation, ses compagnies de gendarmes et de chevau-légers, et ses gardes qu'il a eus jusque dans le Palais-Royal, qui est une insolence sans exemple, sans faire mention de vingt autres régimens qui étoient pour la garde de ses places ou sous le nom de ses domestiques ou affidés, il ne me devoit pas faire reprocher que j'avois assez de régimens pour faire une armée, puisque je ne les ai jamais employés que pour le service du Roi et le bien du royaume, et qu'au contraire on a tout sujet d'appréhender qu'il n'abuse des siens pour troubler par ses armes, comme il a fait par ses intrigues, notre repos et notre tranquillité.

« J'avoue que j'ai accepté le gouvernement de Guienne pour celui de Bourgogne que le Roi a donné à M. d'Epernon, sur les instances qui m'en furent faites de la part de la Reine, plus pour donner la paix à cette province et satisfaire M. d'Epernon par cet accommodement, que par aucune considération; et même j'ai supplié Sa Majesté de n'y point penser : et un des ministres présens (1) m'ayant demandé si je le disois de bon cœur, et après avoir répondu que oui, la Reine dit qu'elle le vouloit absolument, comme une chose nécessaire pour la tranquillité de la Guienne et pour la satisfaction dudit sieur duc d'Epernon, qui n'y pouvoit retourner avec succès pour le service du Roi et sûreté de sa personne : étant étrange que, dans la condescendance que je rendis en cette occasion, on s'en soit servi pour me calomnier dans le public.

« Que si j'ai conservé les places où je commande pour le Roi en Bourgogne, c'est parce qu'on ne

(1) Chavigny.

m'en donnoit aucune en Guienne, et que, les ayant achetées, il n'étoit pas juste de me les ôter sans m'en donner d'autres en échange, ou m'en payer la récompense que feu monsieur mon père en avoit donnée à feu M. de Bellegarde.

« Pour les sommes immenses qu'on dit m'avoir été payées pour arrérages de mes pensions, appointemens, désintéressemens et montres de troupes qui sont sous mon nom et garnisons, celui qui a dressé cet écrit n'a pas eu de bons mémoires, étant certain que je n'ai eu que des assignations payables seulement en 1652 et 1653, comme étant sur l'imposition de 1651 et 1652, et qui par conséquent n'ont pu donner lieu au renversement des tables du Roi, pour lequel on sait le démêlé que j'ai eu avec le conseil, et au manque de fonds pour la subsistance des troupes, qui est une dépense présente, et qui ne souffre point de retardement : pouvant protester à la compagnie, avec vérité, que de toutes ces assignations je n'en ai pas reçu cinquante mille livres, et que le surplus de ce qui me reste à payer étoit échu devant ma prison pour la plus grande partie, et m'auroit été payé dès ce temps-là, si on ne l'avoit diverti par l'ordre et pour le compte du cardinal Mazarin et des siens pour la plus grande partie, suivant les mémoires que je puis donner à la compagnie. Il est étrange qu'on me veuille imputer que je sois à charge à l'Etat, parce qu'on m'a payé en papier ce que je devrois recevoir en argent, si je ne donnois davantage à la nécessité de l'Etat qu'à mes intérêts, et particulièrement me montrant engagé envers mes créanciers de plus de deux millions, pour dépense que j'ai faite pour le service de Sa Majesté; et qu'ainsi l'on veut rejeter sur moi le désordre des finances, comme s'il ne provenoit pas de la profusion qu'en a fait faire le cardinal, et de ce nombre innombrable de comptant que le parlement se peut faire rapporter pour connoître qui en a profité, étant certain que rien n'est venu à mon avantage de ce qui m'est dû ; que la Reine m'est redevable encore de deux cent cinquante mille livres que feu madame ma mère et moi lui avons prêtées dans ses plus grandes nécessités, et dont j'ai encore ses promesses en main.

« L'injuste prison dans laquelle on m'a mis et détenu pendant treize mois m'a empêché, avec beaucoup de regret, de faire valoir les bonnes qualités que me donne cet écrit ; et si les intentions de ceux qui l'ont fait étoient aussi sincères pour le bien de l'Etat que les miennes, on verroit bientôt cesser toutes les défiances qui m'empêchent d'en user pour le service du Roi comme je le voudrois.

« Je n'ai point poursuivi le changement qui a

été fait dans le conseil ; et pour peu que l'on eût considéré la manière avec laquelle M. le premier président et moi avons été depuis, et tout ce qui se passa en cette occasion, on se persuadera difficilement que j'aie témoigné aucune ardeur ni empressement pour demander cet établissement, et que j'aie eu d'autre part à cette mutation que l'obstacle que j'apportai, aussi bien que Son Altesse Royale, à la proposition qui fut faite par M. de Montrésor, et appuyée de M. le coadjuteur, de faire prendre les armes à Paris, d'ôter de force les sceaux à M. le premier président, et d'aller droit au Palais-Royal (1); et cela en présence de M. de Beaufort et de quantité de personnes de condition qui peuvent en dire la vérité.

« La poursuite que j'ai faite pour l'éloignement des sieurs Servien, Le Tellier et de Lyonne n'est point une continuation d'entreprise sur l'autorité royale, puisque le parlement a justifié ma conduite par ses remontrances, et le public par ses applaudissemens à une demande non-seulement juste, mais nécessaire pour établir la sûreté de tous les gens de bien, et la mienne particulière.

« Si cet éloignement avoit été exécuté, comme le bien du royaume le requéroit, la France auroit eu l'accomplissement de ses vœux par mon attachement aux volontés de la Reine; mais ayant vu qu'au même temps que l'on me donnoit cette satisfaction apparente, l'on renouveloit en effet mes défiances par un commerce continuel avec le cardinal Mazarin et avec mes plus grands ennemis, j'ai cru être obligé de pourvoir à ma sûreté, sans néanmoins manquer au respect que je dois au Roi, dont je ne me départirai jamais, quelque effort que fassent ceux qui veulent troubler l'Etat pour m'engager à une conduite contraire. Et si je n'ai eu l'honneur de voir Leurs Majestés qu'une fois, je proteste à votre compagnie que j'en ai tout le déplaisir qu'on se peut imaginer d'un prince de ma naissance, qui se ressent très-obligé des bontés que le Roi m'a toujours fait paroître, et dont j'eusse tâché de mériter la continuation par mes soumissions, si, pour me ravir cet avantage, l'on ne se fût étudié de me donner de nouveaux soupçons par les courriers qu'on envoyoit au cardinal, et les nouveaux établissemens qu'on veut faire dans le conseil sans ma participation et mon consentement, et de personnes nouvellement engagées d'affection et d'intérêt avec le cardinal, puisque c'est par lui qu'ils y entrent : ce qui m'a obligé de ne pas hasarder davantage ma liberté entre les mains de gens dont l'ambition règle toute la conduite, et qui m'ont par conséquent donné juste sujet d'appréhender tout de leurs conseils ; et c'est ce qui m'oblige de vous déclarer que toutes les fois qu'ils entreront dans le conseil contre mon consentement, je n'y pourrai jamais prendre aucune confiance, et n'y pourrai avoir aucune sûreté.

« Je reconnois que, ces défiances continuant, je me suis abstenu d'assister aux conseils, pour lesquels néanmoins je n'ai eu jamais que les mêmes sentimens que Son Altesse Royale a témoignés dans cette compagnie, lesquels n'auroient point été exposés à la censure publique, si l'on eût autant affecté de les rendre utiles et glorieux à l'Etat que soumis à la volonté du cardinal, dont on sait que l'on a toujours attendu jusqu'ici les avis pour former les résolutions que l'on avoit à prendre, soit pour les grâces ou pour les ordres généraux du royaume, ainsi que Son Altesse Royale a témoigné plusieurs fois. Si j'ai écrit aux parlemens du royaume et à quelques villes, ce n'a été que pour rendre compte de ma conduite et de mes actions, et pour dissiper les bruits que l'on faisoit courir que je voulois faire une guerre civile, et en conséquence des lettres que l'on en fit écrire par le Roi dans toutes les provinces depuis ma retraite dans ma maison de Saint-Maur; et je m'étonne que ce procédé ayant été trouvé juste et légitime par votre compagnie, qui a justifié toute ma conduite en cette rencontre, puisqu'elle a reçu favorablement mes lettres, on s'efforce d'y trouver à redire, et de le rendre criminel par cet écrit, étant chose très-contraire à la vérité que j'aie écrit pour faire aucune levée extraordinaire de soldats, aussi bien que ce qu'on débite que j'ai renforcé les garnisons des places dont je suis gouverneur, que je les fortifie de nouveau, et que j'oblige les habitans des lieux circonvoisins aux corvées, quoique les garnisons n'excèdent pas le nombre porté par les états du Roi, et que j'aie ordre et argent de Sa Majesté pour lesdites fortifications, et qu'il seroit à souhaiter que tous les gouverneurs des places frontières en usassent de même.

« La retraite de ma femme et de ma sœur en mon château de Montrond étant un effet de l'obligation que j'ai eue de travailler à la conservation de ma maison, que je n'ai pas cru, après tant de défiances légitimes, devoir exposer toutes en un même lieu, il n'y a que ceux qui en veulent la ruine qui y puissent trouver à redire, lesquels, s'ils étoient mieux avertis ou moins artificieux, sachant que ma sœur est dans les Carmélites à Bourges, et ma femme dans une de mes maisons, qui lui avoit été même donnée pour retraite pendant ma prison, ne prendroient point occasion de donner ombrage au public d'une action non-seulement

---

(1) J'ai parlé de cela sur le récit des témoins, et particulièrement sur celui de madame de Longueville, qui pour lors m'en conta les particularités.

permise, mais tout-à-fait indifférente, ni d'interpréter malicieusement la recette que je fais de mes revenus pour le paiement de mes dettes et l'entretien de ma maison.

« Lors de ma sortie du Havre, l'on n'a exigé aucune condition de moi pour Stenay, à laquelle on jugera bien que je n'ai pu m'obliger, puisqu'elle n'étoit pas en mon pouvoir, M. le duc d'Orléans faisant assez connoître par la déclaration que je n'ai point manqué à ce que je dois au Roi et à ma naissance; car comme il témoigna s'offrir après le retour du marquis de Sillery, qui étoit allé à Bruxelles par ordre du Roi, d'en faire sortir les Espagnols par voie de négociation, pourvu que l'on promît de ne point faire de courses entre la ville de Stenay et le Luxembourg, ou bien que, me laissant deux mille hommes, je les contraindrois de s'en retirer : ce que la Reine n'ayant pas voulu, on ne peut à présent m'imputer que la garnison de la citadelle de Stenay, qui n'est que de deux cents hommes, ne chasse pas cinq cents Espagnols qui sont dans la ville, et qui peuvent être rafraîchis par les troupes de l'archiduc autant de fois qu'il le voudra.

« Pour ce qui est du passage de Dun, il est si peu considérable que trois cents hommes en peuvent chasser les ennemis, lesquels ne seroient pas en état de le conserver, non plus que Mouzon et les autres places qu'ils conquirent l'année passée pendant ma prison, si l'on avoit occupé l'armée comme on le pouvoit dès le commencement de la campagne, et que l'on ne la conservât pas pour des desseins que le temps fera connoître être bien contraires à ce que l'on publie par cet écrit.

« Quant aux troupes qui sont sous mon nom, et au séjour qu'elles font sur la frontière, ma conduite ne peut être mieux justifiée que par M. le duc d'Orléans, qui déclare que je n'ai rien fait que par ses ordres, et pour empêcher la dissipation des troupes qui peuvent être très-utiles au Roi, et dont la ruine eût été la suite infaillible de leur jonction à des corps commandés par des généraux et officiers étant entièrement dans la dépendance du cardinal Mazarin. Et il paroît assez que le bruit que l'on fait contre le séjour de ces troupes en France n'est qu'un artifice pour me décrier, puisqu'on ne dit rien de celles de MM. de Turenne et de Vendôme, et des régimens de Chack et de Mettencourt qui sont auprès, et qu'on ne fait point marcher pour l'armée.

« Les désolations que l'on impute auxdites troupes est un mal général et non point un particulier, auquel le parlement ayant pourvu par ses arrêts, j'ai déclaré, comme je déclare encore, que je tiendrai toujours la main à ce que ceux d'entre elles qui auront failli soient punis selon la rigueur des ordonnances.

« Si je ne m'étois point si ouvertement déclaré contre le cardinal Mazarin par ce que j'ai témoigné dans cette compagnie et en public, et par l'opposition que j'ai faite au commerce de ces courriers de Cologne, je n'aurois pas besoin de me justifier de ces pratiques que l'on dit que j'entretiens et dedans et dehors du royaume; et si l'on fait réflexion que Cambray est le passage des courriers que l'on envoie au cardinal, ainsi qu'il paroît par la lettre de M. le maréchal d'Hocquincourt, dont Metayer étoit porteur, il sera difficile de concevoir que j'aie fait prendre la même route pour communiquer avec l'archiduc, et que j'aie exposé trente hommes pour l'escorte de ceux que j'envoyois, qui eussent été autant de témoins contre moi : ce qui est si ridicule qu'il ne mérite point de réponse.

« Je conclurai enfin cette réponse par ce qui est de plus important dans ce discours, dans lequel on m'accuse d'avoir intelligence avec les Espagnols, et qui est faussement controuvé par mes ennemis : c'est pourquoi j'en demande réparation comme du plus grand outrage qui puisse être fait à mon rang et à ma dignité de prince du sang, et supplie la compagnie d'interposer son autorité pour me la faire obtenir, et de prier le Roi et la Reine de nommer les auteurs de cette calomnie, et de vouloir incessamment envoyer ces mémoires et ces avis, qu'on dit être certains, tant de ladite intelligence que de l'engagement de soldats extraordinaires dans le royaume pour mon service particulier : me soumettant à votre jugement, en cas que j'aie rien fait contre le devoir de ma naissance. »

M. le prince et M. le coadjuteur étant ennemis déclarés, chacun, pour se tenir sur la défensive, menoit au Palais quantité de suite. Le prince de Condé, par sa naissance et par son autorité, avoit beaucoup d'amis et de serviteurs, et le coadjuteur, par la force de sa cabale, en avoit aussi un fort grand nombre; et l'on avoit raison de croire que cette querelle ne se termineroit pas sans y avoir du sang de répandu.

Le 21 août on s'assembla pour délibérer sur les justifications du prince de Condé que le duc d'Orléans, par son écrit, avoit rendues plus aisées qu'elles ne l'avoient paru à ses ennemis. L'animosité étoit telle que chacun vouloit être en état d'attaquer et de se défendre. Le coadjuteur ce jour-là, que tout le monde soupçonnoit devoir être terrible, craignant que ses amis ne fussent pas en assez grand nombre pour égaler la suite et la puissance du prince de Condé, supplia la

Reine qu'on lui prêtât quelques gens de la garde. Laigues, qui avoit été capitaine au régiment des Gardes, lui mena quantité de soldats, et le Palais se trouva plein d'hommes armés prêts à donner bataille au premier signal. Quand tous les chefs de part et d'autre eurent pris leurs places, on vint avertir messieurs de la grand'chambre que la grand'salle étoit pleine de gens armés, et qu'il étoit impossible d'opiner en sûreté. M. le prince pria le duc de La Rochefoucauld d'aller faire sortir ses gens. Le coadjuteur dit aussi qu'il alloit prier ses amis de se retirer, et partit brusquement pour cela. Il s'avança hors de la porte, avant le duc de La Rochefoucauld. Aussitôt qu'il parut dans la grand'salle du Palais, et que ceux du parti du prince le virent, ils mirent tous l'épée à la main. Ceux du coadjuteur en firent de même : et dans cet instant il s'en fallut peu qu'ils ne se tuassent tous les uns les autres, sans nul ordre particulier de faire ce qu'ils faisoient. Le coadjuteur voyant cet embarras, et craignant de se trouver engagé parmi tant d'épées tirées contre lui, voulut rentrer dans le petit parquet des huissiers, d'où il étoit déjà sorti ; mais il rencontra le duc de La Rochefoucauld à la porte, qui la lui ferma au nez. Le coadjuteur pousse et heurte. Le duc continue à la lui tenir fermée, et l'entr'ouvroit seulement pour voir qui accompagnoit le coadjuteur. Le coadjuteur, voyant cette porte entr'ouverte, la poussa fortement pour entrer ; mais il ne put passer tout-à-fait, et demeura comme à demi écrasé entre cette porte demi ouverte, ne pouvant entrer ni sortir. Le duc de La Rochefoucauld le laissa long-temps dans cet état, et arrêta la porte par un crochet de fer qui étoit derrière, qu'il y rencontra, le tenant là pour empêcher qu'elle ne s'ouvrît davantage. Beaucoup des amis du coadjuteur et des gens de M. le prince qui se trouvèrent dans le parquet dirent qu'il falloit ouvrir au coadjuteur, et Montrésor, qui étoit son ami, se tourmentoit pour le faire entrer ; mais le duc de La Rochefoucauld l'empêcha toujours. Cependant le coadjuteur n'étoit pas à son aise ; car, outre que la posture étoit fort désagréable, il devoit craindre que quelque poignard ne vînt lui ôter la vie, par le reste de son corps qui étoit demeuré derrière. Pendant ces fâcheux momens, il entendoit proche de lui ces deux troupes se menacer terriblement, et il eut besoin de toute sa fermeté pour n'avoir pas horreur de l'état où il étoit. On cria vers la grand'chambre : et aux cris de quelques-uns, Champlâtreux, fils du premier président, sortit, qui de son autorité fit ouvrir la porte, malgré le duc de La Rochefoucauld. Le coadjuteur, rentré et assis à sa place, se plaignit de ce duc et de sa violence : il lui reprocha qu'il l'avoit voulu assassiner. Le duc de La Rochefoucauld, qui se trouva assis auprès de lui, répondit brusquement que ce n'auroit pas été grand dommage ; et qu'en effet, ne sachant pourquoi tant d'épées étoient tirées, il.avoit seulement songé à la conservation de M. le prince. Le duc de Brissac, qui se trouva de l'autre côté du duc de La Rochefoucauld, et qui étoit parent du coadjuteur, lui répondit en le menaçant. Le duc de La Rochefoucauld, étant au milieu des deux, leur dit que s'il étoit hors de ce lieu, il les étrangleroit tous deux ; et le coadjuteur, se servant d'un certain nom de guerre qu'ils lui avoient donné autrefois dans la guerre de Paris étant de même parti, lui dit : « Mon ami La Franchise, ne faites « pas le méchant ; vous êtes poltron, et moi je « suis prêtre : c'est pourquoi nous ne nous ferons « pas grand mal. » Cette rude conversation se conclut par un rendez-vous que se donnèrent le duc de Brissac et le duc de La Rochefoucauld pour se battre ; mais l'affaire fut accommodée aussitôt après. Ce matin fut seulement employé à calmer ce désordre et à faire sortir toutes ces troupes si animées au combat, afin qu'on pût sortir de la grand'chambre en sûreté ; et dix heures sonnèrent avant que toutes choses pussent être apaisées. Ce fut une merveille que cette journée se passa sans malheur et sans carnage, et que quelque emporté n'avoit tué le coadjuteur à cette porte. Ce qui le sauva fut quelques-uns de ses gentilshommes qui demeurèrent toujours derrière lui. Il ne parut en rien que l'on en eût eu le dessein : le hasard seul eut part à cet événement, excepté l'action du duc de La Rochefoucauld, qui fut un peu dure, mais excusable en des temps comme ceux-là, et à l'égard d'un ennemi aussi dangereux qu'étoit le coadjuteur.

Le 22, on opina sur la justification du prince de Condé. Plusieurs furent à le justifier ; mais enfin le premier président fit revenir beaucoup de gens à son avis, et il fut arrêté qu'on porteroit à la Reine tous les écrits, et qu'elle seroit suppliée de faire considération sur l'importance de la chose, et très-humblement suppliée aussi de réunir la maison royale, et que le duc d'Orléans seroit prié de s'en mêler.

Le 26, le parlement vint trouver la Reine, et le premier président lui fit sa harangue en faveur de M. le prince, selon leur dernier arrêté. Il pressa la Reine de lui donner la paix ; il lui exagéra l'innocence du prince, et combien il étoit nécessaire qu'il parût innocent, afin d'éviter les maux qui en pourroient arriver à la France ; dont il fut loué, car il le fit malgré sa haine.

Une personne dit au premier président qu'on avoit trouvé étrange et voulu faire trouver mauvais à la Reine qu'il l'eût tant pressée pour le prince de Condé. Il répondit qu'au Palais-Royal et en présence de la Reine il croyoit être obligé, pour le bien et le repos de l'Etat, de parler de l'innocence de M. le prince; mais que, dans le Palais, il falloit y faire connoître ses fautes.

Le parlement, les princes, le cardinal Mazarin, et ceux qui en le haïssant couroient à lui, occupoient entièrement les esprits, et toutes les nouvelles du temps se terminoient à parler de ces choses. Il sembloit que Paris seul fût toute la France, et que hors de l'enclos de ses murailles il n'y eût rien au monde qui pût toucher les hommes d'aucune curiosité. Nous avions toutefois une belle armée que l'on n'occupoit à rien, parce que les brouilleries de Paris la tenoient en léthargie. La Reine, craignant d'en avoir affaire pour remédier à quelque mal extrême où le Roi et elle se pouvoient trouver, n'osoit l'employer contre les ennemis, parce que les Français, ses ennemis domestiques, lui faisoient plus de peine que les étrangers.

Le même jour 26 août, le duc d'Orléans vint voir la Reine. Il lui demanda une audience particulière : ce fut pour lui faire encore de nouvelles instances pour l'obliger de faire tenir les Etats avant la majorité : ce qui marquoit assez les desseins que les princes avoient de faire prolonger la régence, et peut-être aussi qu'il y avoit des particuliers qui, par leurs intérêts, les portoient à cette poursuite ; mais la Reine y résista comme elle avoit déjà fait plusieurs fois. Ensuite de cette conversation, le duc d'Orléans, un peu en mauvaise humeur de ce dernier refus, s'en alla chez lui à Limours, où la Reine l'envoya visiter par le comte de Brienne, pour lui demander avis de ce qu'elle avoit à répondre au parlement sur la justification de M. le prince. Le duc d'Orléans fut radouci par cette civilité de la Reine. Il lui manda qu'il lui conseilloit de témoigner au parlement qu'elle croyoit le prince de Condé moins coupable qu'elle ne le faisoit avant la réponse qu'il avoit faite à la déclaration du Roi ; que pourvu qu'il envoyât ses troupes à l'armée du Roi, qu'il fît sortir les Espagnols de Stenay, et qu'il témoignât désirer les bonnes grâces du Roi et d'elle, très-volontiers elle le recevoit en leur amitié. Elle le fit ainsi : et pour faire voir combien de contrariétés se trouvent en la vie des hommes, lorsque le duc d'Orléans fut de retour de Limours, il présenta lui-même le coadjuteur à la Reine, qu'elle reçut comme un mauvais présent qu'elle faisoit semblant d'estimer. Ce prince, qui faisoit profession d'une si grande liaison avec le prince de Condé, avoit de longues conversations avec le coadjuteur, qui depuis peu de jours s'étoit remis bien avec lui : ce qui fit dire aux amis du prince de Condé, de même qu'à beaucoup d'autres, que le duc d'Orléans étoit incompréhensible. Le parlement cependant travailloit à la justification de M. le prince ; et leur arrêté fut de supplier la Reine de leur envoyer une déclaration en sa faveur telle qu'il la pourroit souhaiter, et une autre contre le cardinal si ample et si forte, qu'il fût impossible de mettre son retour en doute.

Pendant qu'on s'amusoit à ces divisions publiques, la majorité approchoit, et la Reine ne pouvoit pas douter qu'elle ne dût être le souverain remède de ses maux. Elle espéroit y trouver de la puissance, et par elle se dégager de la servitude où elle se trouvoit réduite, ayant à rendre compte de ses actions au duc d'Orléans et au prince de Condé. Elle espéroit y trouver un fils, roi majeur et revêtu de la souveraine puissance qui lui appartenoit à lui seul. Elle étoit assurée de la bonté de son cœur pour elle ; et, par les bonnes qualités qu'elle voyoit en lui, elle avoit lieu de croire, vu sa gravité et sa sagesse, qu'il rétabliroit en sa personne la légitime autorité, en détruisant dans les autres celle qui lui avoit été injustement usurpée par l'état de son enfance.

Les articles accordés entre le cardinal et les frondeurs ayant été secrètement divulgués, ils furent alors imprimés, et coururent par Paris par l'ordre des princes. Comme ils peuvent servir d'instruction pour savoir les changemens qui furent faits par la Reine aussitôt après la majorité, je les ai mis ici, avec le récit de cette cérémonie. Elle fut accompagnée d'une déclaration d'innocence en faveur du prince de Condé, qui pendant ces jours-là alla faire une petite course à la campagne, n'étant pas assez bien avec la Reine pour pouvoir y occuper la place que sa naissance lui donnoit.

Articles accordés (1) *entre messieurs le cardinal Mazarin, le garde des sceaux de Châteauneuf, le coadjuteur de Paris, et madame la duchesse de Chevreuse.*

« Que le coadjuteur, pour se bien maintenir dans la créance des peuples, se réserve de pouvoir parler au parlement et ailleurs contre le cardinal Mazarin, jusqu'à ce qu'il ait trouvé un temps favorable de se déclarer pour lui sans rien hasarder ; et que cependant M. de Châteauneuf et madame de Chevreuse feront semblant d'être mal avec lui, pour pouvoir traiter séparément

(1) Lesdits articles furent trouvés sur le chemin de Cologne, dans un paquet porté par un courrier appartenant au marquis de Noirmoutiers, gouverneur de Charleville.

avec ledit sieur cardinal et posséder l'esprit de la Reine, et se conserver en même temps dans le public par le moyen dudit sieur cardinal.

« Que madame de Chevreuse et lesdits sieurs de Châteauneuf et coadjuteur feront tous leurs efforts pour détacher M. le duc d'Orléans des intérêts de M. le prince, sans pourtant l'obliger de rompre absolument avec lui, sachant bien qu'ils n'en ont pas le pouvoir, et qu'ils perdroient par là leur crédit avec Son Altesse Royale, à laquelle ils n'oseroient rien proposer qui fût directement en faveur dudit sieur cardinal : connoissant l'affection que Son Altesse Royale a pour le public, et l'aversion qu'il a pour ledit sieur cardinal, et qu'il ne peut se fier en lui après les choses qui se sont passées. Il suffira, pour satisfaire à leur parole, qu'ils fassent tout ce qui dépendra d'eux pour empêcher que Son Altesse Royale ne pousse tout-à-fait ledit sieur cardinal.

« Que M. de Châteauneuf sera premier ministre; qu'il suffira qu'on rende les sceaux pour quelque temps à M. le premier président, lequel aussi lui cédera le premier rang.

« Que M. le marquis de La Vieuville sera surintendant des finances, moyennant quatre cent mille livres qu'il donnera audit sieur cardinal, et cinquante tant de mille livres au sieur Bartet qui a négocié pour lui à Cologne; et ce, pour l'aider à payer la charge de secrétaire du cabinet qu'il a eu permission d'acheter; que ledit sieur cardinal fera donner audit sieur de Châteauneuf toutes les assurances nécessaires de la charge de chancelier, si elle vaque durant que les sceaux seroient en d'autres mains que les siennes.

« Que ledit sieur cardinal fera donner toutes les paroles et expéditions nécessaires pour la nomination du Roi au cardinalat, et pour la charge de ministre d'État audit sieur coadjuteur, pour en jouir incontinent après la tenue des États-généraux, n'étant pas à propos que cela se fasse auparavant; lequel pourra servir très-utilement ledit sieur cardinal dans l'assemblée des États, pourvu qu'il ne soit pas connu être son ami. Et que si ladite assemblée des États se porte, comme ledit sieur coadjuteur l'espère, à demander au Roi qu'il soit appelé dans son conseil, ledit sieur cardinal promet de le faire établir ministre à la prière desdits États, afin que, paroissant obligé au public plutôt qu'audit sieur cardinal, il le puisse servir plus utilement en cette place.

« Comme aussi ledit sieur coadjuteur promet d'employer son crédit pour faire casser par l'assemblée des États la déclaration que le parlement a fait donner contre son avis pour exclure les cardinaux français.

« Que ledit sieur cardinal fera jouir dès à présent le marquis de Noirmoutiers des honneurs et avantages accordés aux ducs, en conséquence des lettres qu'il lui en a fait accorder par la Reine.

« Que ledit sieur cardinal fera donner la somme de cent mille livres au sieur de Laigues, sur la finance que paiera le sieur de Nouveau pour une charge de secrétaire d'État, laquelle ledit sieur cardinal lui a fait promettre en reconnoissance des bons offices qu'il lui a rendus, en fournissant des courriers confidens pour la négociation d'entre ledit sieur cardinal, madame de Chevreuse et ledit sieur de Châteauneuf.

« Que ledit sieur cardinal donnera au sieur Mancini le duché de Nevers ou celui de Rethelois, avec le gouvernement de Provence, et lui fera épouser mademoiselle de Chevreuse aussitôt qu'il sera en possession desdits duché et gouvernement, et d'une charge dans la maison du Roi, auprès duquel lesdits sieur et dame favoriseront son retour et son établissement.

« Que ledit sieur cardinal empêchera que M. de Beaufort ne puisse avoir aucune part dans la confiance de la Reine ni du Roi, et ne fera aucun accommodement avec lui, mais le considérera comme son ennemi, aussi bien que lesdits sieurs et dame, en ce que les abandonnant il s'est attaché à M. le prince, nonobstant qu'il ait eu la charge de l'amirauté par les soins desdits sieurs et dame, et par l'autorité dudit sieur cardinal.

« Que ledit sieur cardinal autorisera auprès de la Reine messieurs de Châteauneuf et le coadjuteur, et dame de Chevreuse, et aura une entière confiance en eux sur les paroles que ledit sieur de Châteauneuf lui donne par lui et par messieurs de Villeroy, d'Estrées, de Seneterre et de Jars, qui se rendent ses cautions, d'être tout-à-fait attaché aux intérêts dudit sieur cardinal, et de vouloir servir à son retour toutes fois et quantes qu'il se pourra. Comme aussi madame de Chevreuse et ledit sieur de Châteauneuf s'obligent à la même chose envers ledit sieur cardinal pour ledit sieur coadjuteur, lequel n'entre point dans le présent traité pour les raisons susdites, et demeure libre pour désavouer ce qui pourroit être dit de lui sur ce sujet, au cas que ledit sieur cardinal voulût dire ou faire entendre qu'il lui eût rien promis ; le tout à condition qu'il ne se parlera plus des choses passées avant, durant ou depuis la guerre de Paris, et aussi depuis l'accommodement desdits sieurs et dame avec ledit sieur cardinal, et depuis l'emprisonnement de messieurs les princes, contre lesquels se fait principalement la présente union : l'intérêt commun desdits sieurs cardinal Mazarin, garde des sceaux de Châteauneuf, coadjuteur, et madame de Chevreuse étant fondé sur la ruine de M. le prince, ou du moins sur son éloignement de la cour; et promet ledit sieur cardinal auxdits sieurs et dame d'empêcher que M. le duc d'Orléans n'ait connoissance au présent traité, ni des conférences ou négociations que ladite dame de Chevreuse et ledit sieur de Châteauneuf ont eues ou auront ci-après avec ledit sieur cardinal. »

La célèbre cavalcade faite pour la majorité du Roi, prise sur l'imprimé qui en parut alors.

« Le sieur de Saintot, maître des cérémonies, ayant reçu du sieur de Rhodes, grand-maître d'icelles, les ordres que Leurs Majestés lui avoient donnés quelques jours auparavant celui de cette majorité, afin de faire préparer tout ce qui seroit nécessaire à l'accomplissement d'une action si auguste, furent, le 5 de ce mois, avertir le parlement que le Roi devoit y aller le 7, et y tenir son lit de justice pour la déclaration de sadite majorité.

« Le 6, sur le soir, le marquis de Gesvres, capitaine des gardes du corps, lesdits grand-maître et maître des cérémonies, le sieur de Reau, lieutenant des gardes du corps, avec des exempts des mêmes gardes, furent, après avoir vu le premier président, visiter tout le Palais et les prisons, où ce marquis laissa un exempt et quatre gardes, qu'il chargea de leurs clefs; et les sieurs de Reau et de Saintot restèrent, pour vaquer aux soins des préparatifs du parlement, jusqu'au lendemain huit heures que le sieur de Rhodes s'alla saisir du poste dudit parlement, et y donner toutes les séances.

« Cependant les sieurs de Reau et de Saintot allèrent au palais Cardinal pour les cérémonies qu'il falloit observer auprès de Leurs Majestés, et donner tous les ordres de leur marche de ce lieu audit parlement.

« Le 7, sur les huit heures du matin, la cour s'étant rendue audit palais Cardinal, le maître des cérémonies alla dire au Roi, lors dans sa chambre, que la Reine le venoit voir, accompagnée de Monsieur, son frère unique, de Son Altesse Royale, de la princesse de Carignan, des ducs de Vendôme, de Mercœur, de Chevreuse, d'Elbœuf, de Beaufort, du prince d'Harcourt, du chevalier de Guise, du duc de Lillebonne, des ducs d'Uzès, de Roannez, d'Epernon, de Candale et d'Amville, des maréchaux de France, des officiers de la couronne, et des autres grands du royaume lors en cour.

« Aussitôt Sa Majesté envoya le duc de Joyeuse, son grand chambellan, et le marquis de Souvré, gentilhomme de sa chambre, la recevoir à la porte, et ledit maître des cérémonies conduisant toute sa compagnie à la ruelle du lit du Roi. Sa Majesté s'avança à l'entrée de la balustrade, et reçut la Reine, qui le salua; puis, l'ayant tendrement embrassé, lui fit un bref discours, à la fin duquel Monsieur lui donna pareillement un salut très-respectueux comme par hommage, ainsi que firent après ce prince Son Altesse Royale et tous les princes, ducs et officiers de la couronne, et grands du royaume. Ensuite de quoi le Roi commanda au maître des cérémonies de faire monter chacun à cheval, et à son ordre : ce qu'il exécuta, faisant partir du palais ces seigneurs et grands du royaume, qui étoient dans les cours et jardins de ce même palais dans l'état suivant, en présence de la Reine, de Monsieur, de Son Altesse Royale, qui étoient sur un des balcons de la première cour en dessous de la montre : chacun de ces seigneurs les saluant en se mettant dans son rang.

« Deux trompettes marchoient devant, suivis du sieur de Ternan, conseiller et maître d'hôtel ordinaire du Roi, et capitaine général des guides de Sa Majesté, de ses camps et armées, marchant avec le sieur de La Chapelle son confrère, fort bien vêtus et montés à la tête de cinquante guides couverts de leurs casaques des livrées de Sa Majesté; conduisant la tête où étoit toute la noblesse suivant la cour, avec celle des princes, ducs, pairs et grands du royaume, sans préséances, deux à deux, tous très-lestement équipés et montés, et faisant sept à huit cents gentilshommes en trois troupes.

« Sur les pas de ce gros de noblesse marchoit en très-bel ordre la compagnie des chevau-légers de la Reine, composée de plus de cent maîtres, conduite par le chevalier de Saint-Mesgrin, lieutenant d'icelle, vêtu d'un habit couvert de broderie d'or et d'argent, et monté sur un cheval blanc très-beau, caparaçonné, dont les crins étoient garnis de grand nombre de rubans, et la housse enrichie aussi de broderie pareille à celle de son habit; ayant devant lui quatre trompettes habillés de velours noir chamarré de passement d'argent, et leurs casaques croisées de toile semblablement d'argent.

« Après venoit la compagnie de chevau-légers du Roi, de deux cents maîtres, en habits de passemens d'or et d'argent, et montés sur de grands chevaux fort beaux, étant précédés de quatre trompettes vêtus de velours bleu chamarré d'or et d'argent, commandée par le comte d'Olonne, cornette d'icelle compagnie, couvert d'un vêtement de broderie d'or et d'argent, avec un baudrier garni de belles perles, et des plumes blanches, feuille morte et couleur de feu, avec un cordon d'or, sur un cheval blanc très-bien ajusté, dont la housse d'écarlate étoit garnie de même que son habit.

« Ensuite alloit la compagnie du grand prévôt à pied, et lui avec un habit fort superbe, seul, sur un beau cheval paré d'une housse de broderie d'or. Cette compagnie étoit jointe immédiatement par celle des cent Suisses vêtus de neuf avec les toques de velours noir, le cordon d'or et des plumes de livrée du Roi, allant à pied, avec l'enseigne portant le drapeau, et son survivant à côté de lui, conduits par le sieur de Sainte-Marie, lieutenant français des mieux ornés d'un habit tout chargé de broderie d'or, en housse de pareille étoffe sur un beau cheval bai-brun, et par le sieur Diespach, autre lieutenant de la même compagnie, des plus illustres maisons de la Suisse, et des plus attachées depuis longues années au service de nos rois, vêtu à l'ancienne suisse d'un habit de satin couleur de feu, avec le manteau couvert d'une large dentelle d'or et d'argent, doublé d'une brocatelle de même que le pourpoint, et le haut-de-chausse découpé par bandes aussi de satin, couvert d'or et d'argent, desquelles bouffoit une autre brocatelle. Il étoit en souliers et bas de soie, de semblable couleur de feu, avec les jarretières et les roses d'or et d'argent, et une chaîne d'or au col, faisant plusieurs tours, d'où pendoit aussi une grande médaille d'or, la toque de velours noir en tête, garnie d'une aigrette de héron et de quantité de belles plumes agrafées d'une attache de diamans avec un cordon de même, étant monté avantageusement sur un barbe qui avoit aussi un panache d'aigrette des plus beaux, les crins ornés et tout garnis de diverses grandes houpes et glands d'or et d'argent, la housse de velours de couleur de feu, couverte d'une haute dentelle et broderie d'or et d'argent, et l'or moulu appliqué et bruni avec tant d'art sur le mors, les boucles et les étriers, qu'ils sembloient d'or massif. Autour de ce lieutenant étoient douze petits Suisses, portant leurs hallebardes de fort bonne grâce, aussi avec les toques de velours ondoyées de plumes, et au reste très-bien ajustées : de sorte qu'il n'est point de mémoire qu'aucun autre de cette nation ait paru plus lestement, et ait eu plus d'applaudissemens et d'approbateurs du peuple et de toute la cour.

« L'aide des cérémonies suivant à cheval, puis les seigneurs de la cour, gouverneurs des places, lieutenans généraux des provinces, tous très-magnifiquement vêtus et superbement montés en housses de broderie d'or sur diverses couleurs.

« Entre autres le comte de Clère, fils du marquis de Fontaine-Martel, vêtu d'un pourpoint de toile d'or enrichi de clinquant et dentelle de même; le haut-de-chausse de camelot de Hollande rouge cramoisi, pareillement étoffé avec une fort belle garniture que le plus grossier vulgaire appelle une petite oie, les plumes blanches et rouges, et son baudrier en broderie d'or, monté sur un cheval gris-pommelé, dont les crins étoient si bien frisés et liés de rubans jusqu'au bout de sa queue pendante à terre, que l'on disoit par galanterie que ce ne pouvoit être que l'ouvrage d'un coiffeur de dames; sa housse étoit aussi de toile d'or de même chamarrure que l'habit, et le mors, les étriers et les boucles des mieux dorés. Avec le comte alloit le marquis d'Arcy son frère, vêtu de même sur un cheval bai clair, dont la garniture étoit argentée, et la housse de velours cramoisi, clinquante d'or et d'argent.

« Le chevalier Paul, fameux en nos combats de mer, bien qu'il n'eût jamais monté à cheval, pour faire voir son zèle au service du Roi, voulut paroître en cette cérémonie, étant vêtu en broderie d'or et d'argent et de pierreries, avec sa croix de chevalier estimée dix mille écus, et un baudrier couvert de figures de relief en broderie d'or et d'argent du prix de huit cents livres, monté sur un cheval bai clair, difficile à gouverner, dont la housse étoit de velours semé de perles; ayant ensuite de la cavalcade splendidement traité à dîner plusieurs seigneurs de la cour, où l'assurance avec laquelle ce chevalier avoit en la présence du Roi manié son cheval, n'en ayant jamais monté, fit diminuer celle du roi Abatalippa, que les Espagnols exaltent tant pour ne s'en être point fui à la première rencontre d'un cheval, dans la bataille qu'ils lui donnèrent au Nouveau Monde, n'en ayant aussi jamais vu.

« Deux autres trompettes étoient à la tête des gouverneurs des provinces, du sieur Du Plessis-Bellière, des chevaliers de l'ordre, de la garde-robe, premiers gentilshommes de la chambre et grands officiers de la maison du Roi, tous aussi en riche équipage, et sur des chevaux les plus beaux, harnachés avec des housses en broderie d'or.

« Six trompettes du Roi habillés de velours bleu suivoient, précédant six hérauts à cheval, revêtus de leurs cottes d'armes de velours cramoisi, semées de fleurs de lis d'or, leurs caducées en main, et les toques de velours en tête.

« Derrière eux paroissoit le sieur de Saintot, maître des cérémonies, allant et venant pour mettre chacun en rang; puis le marquis de La Meilleraye, grand-maître de l'artillerie, comme officier de la couronne; les maréchaux de France, d'Estrées, de La Motte-Houdancourt, de L'Hôpital, Du Plessis-Praslin, d'Étampes et d'Hoc-

27.

quincourt, marchant deux à deux, tous richement vêtus et montés sur de grands chevaux, dont les housses étoient chargées d'or et d'argent.

« A leurs dos marchoit seul le comte d'Harcourt, grand écuyer de France, portant en écharpe l'épée du Roi attachée à son baudrier, et dans son fourreau de velours bleu semé de fleurs de lis d'or, qu'il relevoit sur son bras. Il étoit vêtu d'un pourpoint de toile d'or et d'argent, et d'un haut-de-chausse plein de broderie semblable, monté sur un cheval de bataille gris pommelé, en housse de velours cramoisi, garnie de passement d'or à points d'Espagne et chiffres de même, ayant au lieu de rênes deux écharpes de taffetas noir.

« Les pages et valets de pied en grand nombre, vêtus de neuf, avec force plumes blanches, bleues et rouges, et la tête nue, suivoient ce comte devant les gardes du corps à pied, comme aussi le porte-manteau et les huissiers et massiers.

« Alors paroissoit le Roi, que son auguste contenance et sa douce gravité véritablement royales, avec sa civilité naturelle, faisoient remarquer à tous pour les délices du genre humain, et redoubler aux grands et aux petits les vœux qu'ils font ordinairement pour sa santé et prospérité.

« Sa Majesté, vêtue d'un habit tellement couvert de broderie d'or qu'on n'en pouvoit discerner l'étoffe ni la couleur, paroissoit de si haute stature qu'on avoit peine à croire qu'elle n'eût pas encore passé sa quatorzième année : ce qui, joint à l'impatience de plusieurs, fit que, voyant un des jeunes seigneurs qui marchoit devant elle, ils s'emportèrent aux cris de *vive le Roi!* avant qu'il eût paru. Mais ils furent détrompés aussitôt qu'ils eurent aperçu sa grâce et son adresse à manier son barbe de poil isabelle, couvert d'une housse toute parsemée de croix du Saint-Esprit et de fleurs de lis en broderie d'or, lequel par sa gaieté, qui le fit soulever et aller plusieurs fois à courbettes, vérifie le dire de Plutarque : Que les chevaux ne flattent point les rois; ce qui a donné sujet au nôtre de se rendre un des meilleurs écuyers de son royaume.

« Auprès du roi de l'éperon en avant marchoient à pied ses écuyers, savoir les sieurs de Vantelet, de Roque, de Bournonville et Du Daufin, écuyers de la grande écurie, à sa main gauche; et les sieurs Tenilly, de Varnante, de Sainte-Croix et de La Chenaye, écuyers de la petite écurie, à sa droite aussi à pied, vêtus d'habits couverts d'or et d'argent.

« Les exempts des gardes et six gardes écossais étoient autour et proche de Sa Majesté, faisant deux files, ayant à leur tête le sieur Feron, lieutenant desdits gardes, pareillement à pied, suivi d'exempts, et le sieur de Carnavalet, lieutenant, près du Roi, encore à pied.

« A côté de la droite de Sadite Majesté étoit le duc de Joyeuse, grand chambellan; et derrière elle le maréchal de Villeroy son gouverneur, les marquis de Gesvres et de Villequier, capitaines de ses gardes, et le sieur de Beringhen son premier écuyer, lestement vêtus et montés.

« Les princes suivoient en grand nombre, et les ducs et pairs aussi, sans rang et en confusion, fermoient la marche de cette cavalcade, ensuite de laquelle alloient les Suisses de la garde de la Reine, ses pages et valets de pied, quelques gardes, le duc d'Uzès son chevalier d'honneur, et le comte d'Orval son premier écuyer à cheval.

« Le carrosse du corps de la Reine venoit après, dans lequel étoit Monsieur, frère unique du Roi, Son Altesse Royale, la princesse de Carignan et la princesse Louise, la duchesse d'Aiguillon, la marquise de Seneçay, dame d'honneur de la Reine, et la marquise de Souvré.

« Les exempts et les gardes marchoient autour : le sieur de Comminges, capitaine de ses gardes, derrière; le lieutenant plus bas, puis l'enseigne, l'écuyer ordinaire, celui de quartier, le sous-gouverneur de Monsieur, la compagnie des gendarmes du Roi, de plus de cent cinquante maîtres avantageusement montés, le comte de Miossens à leur tête et des mieux équipés; quatre trompettes au devant. Celle de la Reine faisant plus de six-vingts maîtres avantageusement montés, et conduits par le comte de Mouchard leur lieutenant; les trompettes devant les carrosses des filles d'honneur, ceux des princesses de la cour, et suite de Leurs Majestés.

« Toute cette pompeuse cavalcade marcha le long des rues de Saint-Honoré, de la Féronnerie, de Saint-Denis, devant le Châtelet, par la rue du Crucifix-Saint-Jacques, le pont Notre-Dame, le Marché-Neuf, et entra par la rue et porte Sainte-Anne en la cour du Palais. Tous ces chemins fourmilloient de monde, étant bordés d'amphithéâtres jusqu'au second étage, où une partie du plus beau monde de la ville étoit placée.

« Le reste des spectateurs étoit aux fenêtres, qui avoient été accrues par l'ouverture des murailles de toutes les chambres, où la même ardeur avoit ramassé tous ceux qui se trouvoient lors en cette ville, dont les toits même étoient couverts, et d'où, comme de tous les autres endroits, les cris de *vive le Roi!* qui n'étoient interrompus que par des larmes de joie, s'élevant jusqu'au ciel, épanouissoient les cœurs de toute l'assistance, et conduisoient Sa Majesté jusqu'au pied de l'escalier de la Sainte-Chapelle, où les principaux officiers se trouvèrent plantés sur son premier pallier, depuis lequel le régiment des Gardes faisoit une double haie. Sa Majesté étant descendue, ils l'accompagnèrent jusque sur le second pallier; puis elle fut reçue en la même chapelle par l'évêque de Bayeux, trésorier d'icelle, revêtu d'habits pontificaux, et accompagné de son clergé; laquelle ayant doctement haranguée, il la conduisit au chœur, où elle entendit une messe basse célébrée par un chapelain de la chapelle du Roi, durant laquelle ce prélat, comme trésorier de cette Sainte-Chapelle, demeura le plus près de Sa Majesté, entre les évêques et les aumôniers.

« La messe dite, quatre présidens et six conseillers de la cour étant venus au devant du Roi pour le recevoir, comme fit le sieur de Rhodes, après avoir donné les séances dans le parlement, et laissé en sa place le sieur de Saintot qui l'alla relever, Sa Majesté partit de cette église, et marcha avec l'ordre accoutumé, devancée des cent Suisses tambour battant, des tambours et trompettes de sa chambre, de six hérauts d'armes, de deux huissiers massiers, environnée de tous ceux qui l'avoient accompagnée, et la Reine proche de sa personne, suivie de Son Altesse Royale. Ledit sieur de Rhodes étoit retourné au parlement, où le Roi, arrivant dans la grand'chambre, monta en son lit de justice. La Reine se mit sur la gauche en entrant, qui étoit la main droite du Roi, et ensuite étoient assis Monsieur, Son Altesse Royale, le prince de Conti, les ducs de Mercœur, d'Uzès, de Beaufort, de Brissac, de Candale, de La Rochefoucauld, les maréchaux de France ci-devant nommés, et le grand-maître de l'artillerie. Sur le coin du retour du banc, à l'autre bout du côté droit en entrant, qui étoit la main gauche de Sa Majesté, étoient assis l'archevêque de Reims, duc et pair; les évêques de Beauvais, de Châlons et de Noyon, comtes et pairs; le grand chambellan au pied du Roi sur la première marche; et à la seconde, un peu en retour, le comte d'Harcourt. Aux pieds de la Reine à l'autre côté, sur la même marche, étoient assis le comte de Trêmes, le marquis de Gesvres, le comte de Charost, le sieur Chapes, et Villequier, capitaines des gardes.

« Le chancelier de France, qui, étant arrivé une heure avant le Roi, précédé des huissiers et massiers du conseil, avoit été reçu par deux conseillers qui lui furent envoyés exprès dans le parquet, et avoit pris sa place au-dessus de tous les présidens jusqu'à l'arrivée du Roi, se plaça lors en une chaise au-dessous de Sa Majesté, dans l'angle à l'ordinaire, et le prévôt de Paris sur la première marche.

« Après que chacun des susdits eut ainsi pris sa séance au dedans dudit parquet, comme aussi les princesses de Carignan et Louise, avec la marquise de Senecay, la duchesse d'Aiguillon, la marquise de Souvré et les filles de la Reine sur un banc, les gentilshommes de la chambre, les maîtres de garde-robe, le grand maréchal des logis, le grand prévôt, les chevaliers et les lieutenans généraux des provinces sur trois autres; les conseillers d'Etat, les maîtres des requêtes venus avec le chancelier sur deux, les secrétaires d'Etat sur un, le grand-maître des cérémonies sur un siége, le maître d'icelles à l'entrée du parquet, et le bailli du Palais entre les secrétaires d'Etat, avec le greffier du parlement, Mademoiselle dans l'une des deux lanternes où étoient la reine d'Angleterre, les duchesses et autres personnes de remarque, en l'autre les ambassadeurs, et, sur un banc au dehors du barreau, les résidens, le silence fut fait, et le Roi parla en cette sorte :

« Messieurs,

« Je suis venu en mon parlement pour vous
« dire que, suivant la loi de mon Etat, j'en veux
« prendre moi-même le gouvernement; et j'es-
« père de la bonté de Dieu que ce sera avec piété
« et justice. Mon chancelier vous dira plus par-
« ticulièrement mes intentions. »

« Suivant lequel commandement de Sa Majesté, le chancelier, qui l'avoit reçu debout, s'étant remis en son siége, fit une harangue en laquelle il s'étendit à son ordinaire fort éloquemment sur ce qu'avoit dit le Roi, y ajoutant des réflexions très-judicieuses sur le passé et sur le présent. Après quoi la Reine, s'inclinant un peu de son siége, fit ce discours au Roi :

« Monsieur,

« Voici la neuvième année que, par la volonté
« dernière du défunt Roi mon très-honoré sei-
« gneur, j'ai pris le soin de votre éducation et du
« gouvernement de votre Etat : Dieu ayant, par
« sa bonté, donné bénédiction à mon travail, et
« conservé votre personne qui m'est si chère et
« précieuse, et à tous vos sujets. A présent que
« la loi du royaume vous appelle au gouverne-
« ment de cette monarchie, je vous remets avec
« grande satisfaction la puissance qui m'avoit été
« donnée pour la gouverner, et j'espère que Dieu
« vous fera la grâce de vous assister de son es-
« prit de force et de prudence pour rendre votre
« règne heureux. »

« Sa Majesté lui répondit :

« Madame, je vous remercie du soin qu'il vous
« a plu prendre de mon éducation et de l'admi-

« nistration de mon royaume. Je vous prie de « continuer à me donner vos bons avis, et je dé- « sire qu'après moi vous soyez le chef de mon « conseil. »

« La Reine se leva ensuite de sa place, et s'approcha du Roi pour le saluer; mais Sa Majesté, descendant de son lit de justice, vint à elle, et, l'embrassant, la baisa; puis chacun d'eux s'en retourna à sa séance.

« Monsieur, frère unique de Sa Majesté, fut ensuite fléchir un des genoux en terre à ses pieds, et, baisant la main de Sa Majesté, lui protesta de sa fidélité. Son Altesse Royale en fit autant, comme aussi le prince de Conti, mais avec une plus profonde humilité; et tous les autres princes, le chancelier, les ducs et pairs, les ecclésiastiques, les maréchaux de France, les officiers de la couronne, et tous ceux qui étoient en séance, se levèrent, et rendirent en même temps, de leur place, hommage au Roi.

« Alors le premier président, debout et tête nue, de même que tous les autres présidens au mortier, prit la parole ; et après une profonde révérence, tous ayant le genou sur le banc, il fit un très-grave discours sur la sage conduite de la Reine pendant sa régence, sur ses royales vertus, dont elle avoit composé un auguste modèle à Sa Majesté, enfin sur toute la bonne éducation qu'elle lui avoit donnée.

« Puis le chancelier dit qu'on ouvrît les portes, et qu'on fît entrer le peuple; et le sieur Guiet, greffier de ce parlement, fit lecture des édits apportés par le Roi contre les blasphèmes et les duels, et de la déclaration d'innocence du prince de Condé : celle-ci portant, suivant les conclusions des gens du Roi, que tous les avis qui avoient été donnés que ce prince tramoit contre le service du Roi des intelligences, tant dedans que dehors du royaume, avec les ennemis, n'étoient pas crus par Sa Majesté, laquelle au contraire les condamnoit comme faux et artificieusement supposés. Veut et lui plaît que tous les écrits qui ont été donnés sur ce sujet à la cour de parlement de Paris, et qui ont été envoyés à ses autres cours et à sa bonne ville de Paris, demeurent supprimés; et, en tant que besoin seroit, les a cassés et révoqués et annulés comme faux et supposés, sans qu'à l'avenir il en puisse être rien imputé à sondit cousin le prince de Condé. Sur le sujet desquels édits et déclaration le sieur Talon, avocat général, après un savant discours pour le procureur général, conclut à leur enregistrement, conformément aux ordonnances : ce qui fut fait.

« Le chancelier ayant pris les avis de leurs Majestés, des princes et de toute la compagnie, prononça, suivant les mêmes conclusions des mêmes gens du Roi, que, sur le repli des lettres en forme d'édit, seroit mis : *lues, publiées et enregistrées*; et lors, chacun se levant, le grand-maître des cérémonies fit marcher tout au même ordre que le Roi étoit venu, jusqu'au bas de l'escalier de la Sainte-Chapelle, excepté que Sa Majesté monta en carrosse; et le maître des cérémonies ayant fait mettre tout le monde en ordre, Leurs Majestés, la noblesse, les seigneurs et grands du royaume passèrent, pour retourner au palais Cardinal, par dessus le Pont-Neuf et par la Croix-du-Trahoir, dont le sieur François, intendant général des fontaines et aqueducs de France, pour faire voir son alégresse particulière de cette journée, et contribuer même à la publique, avoit arrêté le cours de ses eaux pour laisser la liberté à celui du vin, qui en coula depuis neuf heures du matin jusqu'à six heures du soir.

« Leurs Majestés arrivant au palais Cardinal parmi les acclamations redoublées de *vive le Roi!* par lesquelles le peuple continuoit d'exprimer le plaisir qu'il ressentoit d'avoir un prince si accompli, et dont il concevoit de si hautes espérances, l'artillerie du petit fort que le Roi a fait construire dans le jardin de ce même palais les salua; à laquelle il fut répondu par les canons de la Bastille et de la ville.

« Et comme la joie qui procède de ces grands sujets ne peut se restreindre dans les limites des alégresses ordinaires, cet agréable tintamarre redoubla sur le soir, et continua presque toute la nuit avec les mêmes cris de *vive le Roi!* accompagnés de fréquentes santés de Sa Majesté, et des feux qui furent allumés, tant dans le palais Cardinal dont on vous a parlé, que par toutes les rues : en telle sorte que la clarté de ces feux, avec celle des lanternes aussi posées sur toutes les fenêtres, fit recevoir le jour au milieu des ténèbres; la terre même ajoutant un nombre infini d'étoiles artificielles à celles du ciel, comme pour lui contester la gloire d'éclaircir seul une si heureuse nuit dont la joie s'étendoit par toutes les villes de la France, qui, sachant le temps de cette solennité, donnoient toutes les marques possibles de leur contentement au même temps que Paris. »

Madame de Brienne, que la Reine estimoit pour son mérite et sa piété, étant un jour dans sa chambre, me dit qu'une certaine coureuse nommée dame Anne, qui dans Paris gagnoit de l'argent en chantant par les rues des chansons infâmes contre le respect qui étoit dû à cette princesse, étoit alors en prison, et dans un pitoyable état. Je le dis à la Reine, à la prière de madame de Brienne, qui ne voulut pas lui en parler, par quelque motif que je ne pus savoir. Cette princesse ne me répondit rien, et je ne lui en parlai plus. Quelques jours après, la même madame de Brienne me dit qu'elle avoit été voir cette dame Anne, et qu'elle ne l'avoit plus trouvée dans sa prison; qu'elle étoit alors dans une chambre voisine, bien servie, bien couchée et bien nourrie, et qu'on ne savoit pas d'où pouvoit procéder cette merveille. Nous sûmes alors que la Reine seule avoit fait cette belle action; et quand nous lui en parlâmes, elle ne voulut pas nous écouter : et l'histoire finit ainsi.

La Reine vit la fin de sa régence avec une véritable joie; et si elle étoit mêlée de quelque chagrin, c'étoit de ne pas remettre entre les mains du Roi son fils l'autorité souveraine aussi absolue qu'elle l'auroit souhaité. Elle avoit tant de tendresse pour lui, qu'elle auroit été capable d'en dire, comme cette ambitieuse Romaine de celui dont elle consultoit la destinée : *Que je meure, pourvu qu'il soit empereur;* si ce n'est qu'elle étoit trop bonne chrétienne pour souhaiter la mort par un motif de vanité, et pour dire autre chose que ce que je lui ai entendu dire en plusieurs occasions : *Qu'il soit le maître, et que je ne sois plus rien.* Mais la jeunesse de ce prince, et l'état où étoit alors la France, l'empêchoient d'espérer de le voir sitôt tout-à-fait affermi sur son trône; et les nouveaux mouvemens dont il étoit ébranlé lui rendoient encore ses conseils trop nécessaires, pour lui permettre de satisfaire l'envie qu'elle avoit depuis long-temps de se retirer dans le Val-de-Grâce.

La majorité du Roi n'apporta donc pas à la Reine le repos auquel elle s'attendoit; mais elle lui donna des forces pour se défendre contre ceux qui lui préparoient une seconde guerre, plus dangereuse que la première par la considération du chef qui l'avoit entreprise, et l'intrigue qui fortifioit depuis long-temps son parti.

Châteauneuf étant rétabli dans le ministère, et le marquis de La Vieuville dans la surintendance des finances qu'il avoit eue autrefois, le premier président eut les sceaux. Aussitôt après ces grands changemens, la Reine envoya le maréchal d'Aumont avec des troupes pour attaquer celles du prince de Condé, qui se retirèrent à Stenay et dans ses autres places. Il étoit encore indécis sur ce qu'il avoit à faire, ayant assez d'envie de s'accommoder. Il alla à Angerville, maison du président Pérault, où il attendit un jour tout entier la réponse du duc d'Orléans sur un accommodement que ce prince avoit proposé; mais celui qui le devoit aller trouver ayant, par quelque accident, manqué d'arriver au jour qu'il avoit marqué, M. le prince en partit le lendemain pour aller à Bourges, qui s'étoit déclaré pour lui. Croissy l'y vint trouver, pour lui dire de la part de la Reine et de l'avis de son nouveau ministre Châteauneuf, que s'il vouloit se tenir paisiblement dans l'une de ses places jusqu'à la convocation des Etats, on lui donneroit de bons quartiers pour ses troupes; et lui promit de la part du duc d'Orléans que s'il pouvoit, il obtiendroit de la Reine de tenir lesdits Etats à Saint-Denis, ou en un lieu qui ne lui pût être suspect. M. le prince avoit encore alors assez d'inclination à la paix : et même on a cru qu'il y eut des momens où il n'auroit pas été implacable sur le retour du cardinal, parce qu'il haïssoit naturellement Châteauneuf, s'il avoit osé se désunir d'avec le duc d'Orléans, qui par ses sentimens particuliers paroissoit s'y opposer, quoique foiblement, et d'une manière pleine d'incertitude et de contrariété. Chavigny, et tous ceux qui approchoient de M. le prince, étoient dans le même esprit. Le duc de Nemours n'étoit ennemi du cardinal que par intervalles, et se laissoit conduire par ses fantaisies plutôt que par des desseins bien formés. Le duc de La Rochefoucauld, qui paroissoit être et qui étoit en effet le premier mobile de tous ces grands mouvemens, à ce qu'il m'a dit lui-même, avoit de l'aversion à la guerre; mais il la vouloit, parce que madame de Longueville la souhaitoit passionnément. M. le prince les ayant consultés sur ces dernières propositions, ils conclurent tous à la guerre : disant qu'à la tête d'une armée, soit que le ministre voulût revenir ou non, il seroit forcé de compter toujours avec lui, et que sans doute le cardinal lui accorderoit les plus grandes choses qu'il voudroit lui demander. Ce prince, malgré leurs conseils, ne voulut point encore se déterminer : il voulut aller à Montrond où étoit madame de Longueville, pour prendre sa dernière résolution avec elle. Ce fut là qu'il fut comme forcé de se déclarer contre le Roi. Et pour dire comme les choses se passèrent, ce fut une femme qui dans ce conseil opina pour la guerre, et l'emporta contre le plus grand capitaine que nous ayons eu de nos jours. Il s'y résolut donc, et leur dit à tous que puisqu'ils la vouloient, il la falloit faire; mais qu'ils se souvinssent qu'il tireroit l'épée malgré lui, et qu'il seroit peut-être le dernier à la remettre dans le fourreau : voulant leur faire entendre qu'ils l'engageoient en une mauvaise affaire, dans laquelle ils ne le suivroient pas peut-être jusqu'au bout. Le prince de Conti, madame de Longueville, les ducs de Nemours et de La Rochefoucauld, et le président Viole, le voyant dans cet engagement malgré lui, et craignant qu'il ne se ravisât, firent un traité particulier, par lequel ils se promettoient les uns aux autres de demeurer unis pour leurs intérêts communs, afin de tenir ferme contre lui, s'il étoit capable, en s'accommodant, de manquer à leur faire obtenir les grâces qu'ils prétendoient de la cour. M. le prince, renvoyant Croissy, ne laissa pas de garder une porte de derrière, pour rentrer en négociation, afin de n'être pas sans en avoir quelqu'une. Cependant il disposa toutes choses à la guerre. Il laissa madame la princesse et le duc d'Enghien son fils à Montrond, envoya le prince de Conti et madame de Longueville à Bourges, et partant de Montrond le 16 de septembre, avec les ducs de Nemours et de La Rochefoucauld, pour aller en Guienne, il passa par Verteuil, maison du duc de La Rochefoucauld, qui l'année précédente avoit été à moitié rasée, pour avoir été engagé dans son parti. Il fut reçu dans Bordeaux avec beaucoup de démonstrations d'alégresse et d'affection. Il en chassa le premier président comme serviteur du Roi, et dépêcha en Espagne Lenet, homme d'esprit, qui y fit un traité aussi avantageux qu'il le falloit pour obliger M. le prince à s'engager tout-à-fait à la guerre, et pour lui donner de grandes idées des bons succès qu'il s'en devoit promettre. Il distribua beaucoup de commissions, et il trouva assez de gens qui en prirent : ce qui accrédita d'abord son parti, dans lequel il fit ce qu'il put pour faire entrer M. de Turenne et débaucher son armée; mais il n'y réussit pas.

Comme tout le monde avoit intérêt à la paix, il n'y avoit personne qui, par soi-même ou par ses amis, ne travaillât cependant à la négocier. Gourville, homme d'esprit et d'expédiens, qui de confident du duc de La Rochefoucauld l'étoit devenu de M. le prince, étoit demeuré à Paris pour découvrir tout ce qui s'y passoit et lui en rapporter des nouvelles, et ne désespéroit pas que les choses pussent encore s'accommoder. Il devoit même aller à Poitiers descendre chez mon frère, qui avoit suivi le Roi à cause de sa charge de lecteur de la chambre, afin qu'il le fît parler à la Reine sans qu'il fût aperçu de personne. Mais la princesse palatine en ces temps-là y voulut aller elle-même, quoiqu'il fût encore trop tôt pour rompre les liaisons que tant de gens avoient prises dans la chaleur de leurs premiers mouvemens, et les grandes espérances qu'ils avoient conçues.

Le coadjuteur, qui voyoit que toutes les négociations qui se faisoient à la cour et à Paris auprès du duc d'Orléans par plusieurs personnes, et entre autres par madame Du Plessis-Guénégaud mon amie, sœur de la maréchale d'Etampes, dame d'honneur de madame la duchesse d'Orléans, alloient toutes directement à convier M. le prince de se remettre bien avec la Reine, et craignant que cela n'arrivât, il dépêcha Bartet au cardinal Mazarin, pour lui offrir de faire consentir le duc d'Orléans à son retour en France, en se remettant bien avec lui, pourvu qu'en récompense de ce service il lui fît donner la nomination du Roi au chapeau pour la première promotion. Madame de Chevreuse et le marquis de Noirmoutiers, amis du coadjuteur, fortifièrent ces offres par les assurances qu'ils donnèrent de sa fidélité et de sa reconnoissance. Bartet, grand débiteur de paroles fabuleuses, dit au cardinal que le coadjuteur avoit l'ame belle et généreuse, et qu'il seroit son ami : si bien qu'enfin ce ministre absent, pressé de tant de côtés, flatté de tant de belles apparences, lui fit donner par le Roi cette nomination qu'il souhaitoit avec tant d'ardeur, et qu'il fît mettre entre les mains du duc d'Orléans, dans la crainte qu'il témoigna qu'une recommandation qui paroîtroit venir du cardinal Mazarin, qui n'étoit pas aimé du Pape, ne gâtât son affaire à Rome.

Le ministre fut mal payé de son bienfait : le coadjuteur, au lieu de reconnoître la sincérité de son procédé par une conduite pareille, quand il eut ce qu'il demandoit et qu'il vit M. le prince s'engager à la guerre, se moqua du cardinal, et parut son ennemi avec la même hauteur qu'il avoit eue par le passé. La Reine, pour remédier par son courage à toutes ses trahisons et à la guerre qui se fomentoit dans la Guienne et dans le Berri, résolut d'y aller pour s'opposer à leurs pernicieux desseins. Le Roi et elle partirent pour ce grand voyage le 24 de septembre, suivis de Monsieur, frère du Roi, de ses ministres, et de toute la cour.

Les ennemis, qui voulurent profiter de la guerre civile, prirent Furnes, Bergues et Saint-Vinox, proche de Dunkerque; ils prirent aussi Linck, Hannuie et Bourgbourg. Le Roi et la Reine, étant à Fontainebleau, furent conseillés par Châteauneuf d'aller droit à Bourges, où lui-même, par ses correspondances, avoit disposé les habitans principaux à recevoir Leurs Majestés. Le Roi et la Reine se résolurent à cette entreprise; et, malgré la présence du prince de Conti et de madame de Longueville, elle leur réussit heureusement. Le garde des sceaux s'en retourna à Paris pour soutenir les intérêts du Roi, sous l'autorité du duc d'Orléans, avec La Vieuville, surintendant, et Guénégaud, secrétaire d'Etat.

Le Roi, avant que de partir de Fontainebleau, le 2 octobre, donna le commandement de l'armée de Guienne au comte d'Harcourt; et la Reine envoya Ondedei à Brulh porter au cardinal Mazarin l'ordre de revenir à la cour. Il étoit toujours le maître, et Châteauneuf se plaignoit qu'on n'avoit pas assez de confiance en lui. Il prit aussitôt des passeports d'Espagne; et étant venu à Dinan, où Navailles, Broglie et plusieurs autres de ses amis à qui il avoit fait donner des gouvernemens l'étoient venu trouver, il résolut de lever des troupes pour le service du Roi, et de rentrer en France à la tête d'une armée.

Madame de Chevreuse et le coadjuteur, qui ne pensoient qu'à se défaire de M. le prince et du cardinal Mazarin, travailloient auprès du duc d'Orléans à le faire entrer dans ces mêmes sentimens. Chavigny s'y opposoit tant qu'il lui étoit possible, tant pour les intérêts de M. le prince, qui avoit plus de confiance en lui qu'en personne, que pour son intérêt particulier, qui étoit d'entretenir une parfaite union entre ces deux princes, et de pousser le cardinal, qui l'avoit chassé du ministère, quoiqu'il lui fût, à ce qu'il prétendoit, redevable de sa fortune, l'ayant mis bien auprès du feu Roi et du cardinal de Richelieu.

Le prince de Conti et madame de Longueville, à la vue du Roi, prirent la fuite, quittèrent Bourges, et allèrent à Montrond, et de là à Bordeaux.

Marsin se croyant obligé au prince de Condé, et sachant la résolution de la guerre, abandonna sa fortune pour suivre la sienne. S'il fût demeuré encore quelques jours, il eût reçu des patentes de vice-roi de Catalogne, qui lui furent envoyées de la cour pour l'obliger de demeurer dans le service du Roi. Le comte Du Dognon, gouverneur de Brouage, de La Rochelle, d'Oleron et de l'île de Ré, fit la même chose. L'inquiétude qu'eut la Reine de voir tant de gens se déclarer pour M. le prince l'obligea de convier M. le duc d'Orléans, d'un côté, de faire quelque proposition de paix à M. le prince, pendant que le cardinal, qui avoit peur que la guerre civile avec l'étrangère n'accablât le Roi, fit la même tentative par le duc de Bouillon et M. de Turenne. Ils envoyèrent Gourville lui offrir tous les avantages qu'il pouvoit souhaiter. M. le prince leur répondit fièrement que s'ils vouloient s'engager avec lui, et que M. de Turenne voulût commander son armée, il feroit alors ce qu'ils lui conseilleroient. Il refusa d'aller à Richelieu pour s'aboucher avec eux.

M. le prince, trouvant dans tous ses desseins le coadjuteur pour obstacle, se résolut de le faire enlever, et de le mener à une de ses places. Gourville, à ce qu'il m'a dit depuis, se chargea de cette expédition; il y travailla: et quoiqu'il ne manquât ni d'esprit ni de hardiesse, il n'y put réussir. Le hasard peut-être fut favorable au coadjuteur, pour se sauver des piéges qu'il lui tendit; il est à croire qu'il se précautionnoit non-seulement contre lui, mais encore contre tous les accidens qu'un homme qui avoit tant d'ennemis pouvoit raisonnablement craindre. Le baron de Batteville, Franc-Comtois, et par conséquent sujet du roi d'Espagne, fut envoyé avec treize vaisseaux, de l'argent et des troupes, au secours de M. le prince. La Reine, pour s'opposer aux commencemens d'un parti si formidable, partit de Bourges pour aller à Poitiers, d'où le Roi écrivit au cardinal pour le presser de faire des levées et de le venir trouver, et envoya en même temps l'ordre au maréchal d'Hocquincourt de se joindre à lui et de lui obéir.

M. le prince s'assure d'Agen en Gascogne; et voyant Saint-Luc se fortifier dans Montauban et Cahors, il se saisit de Saintes, que l'évêque, fils bâtard du feu maréchal de Bassompierre, homme de bien et bon serviteur du Roi, lui abandonna malgré lui, et de Taillebourg. Il prétendoit en même temps se rendre maître d'Angoulême; mais n'osant l'attaquer à cause que le marquis de Montausier, gouverneur d'Angoumois et de Saintonge, y avoit assemblé beaucoup de gentilshommes de ses amis, il alla droit à Cognac. Avec cette place, il s'étoit rendu maître de tout le pays qui est delà la Charente jusqu'à la Garonne et Dordogne: il y laissa le duc de La Rochefoucauld et le prince de Tarente (1) pour s'en retourner à Bordeaux, où il avoit à traiter avec les ministres d'Espagne. Il fit presser le comte Du Dognon de lui laisser mettre des troupes dans La Rochelle, pour la fortifier autant qu'il lui seroit possible; mais quoiqu'il eût été le trouver à Bordeaux pour traiter avec lui, il ne voulut point le rendre plus maître de son gouvernement que lui même.

Le Roi étoit à Poitiers, et Châteauneuf le servoit avec une grande affection, non-seulement pour gagner du crédit auprès de la Reine, mais encore par le plaisir qu'il avoit de travailler à la ruine de M. le prince, son ancien ennemi. Il conseilla le Roi et la Reine de penser promptement à tirer La Rochelle des mains de leurs ennemis; il en fit donner le gouvernement à Estissac, frère du feu duc de La Rochefoucauld, qui y entra avec quelques troupes; et malgré l'engagement de son neveu dans un parti contraire à son devoir, comme il avoit beaucoup d'amis dans cette pro-

(1) Henri-Charles de La Trémouille.

vince, et que le comte Du Dognon y étoit haï à cause de ses violences, demeurant fidèle au Roi, il la sut maintenir dans son service.

Le comte d'Harcourt cependant n'étoit pas oisif; il avoit assemblé des troupes, et tâchoit de se mettre en état de faire voir à M. le prince qu'une bonne cause, entre les mains d'un général qui avoit été quasi toujours heureux, lui devoit faire peur. Il connut l'importance de secourir Cognac; il s'y appliqua entièrement, et il y réussit. Non-seulement il fit lever le siége au prince de Tarente et au duc de La Rochefoucauld, mais à la vue de M. le prince, qui y accourut de l'autre côté de la Charente, il tailla en pièces une bonne partie des troupes qu'il avoit laissées retranchées dans les faubourgs; ses gens furent tous tués ou faits prisonniers en sa présence sans les pouvoir secourir : dont il reçut un déplaisir extrême; et comme il voulut se retirer, le comte d'Harcourt lui prit une partie de son bagage. Il fut ensuite toujours battu par ce prince : ce qui commença à diminuer sa réputation, ses espérances et les forces de son parti.

Le comte d'Harcourt voulut achever de mettre Estissac en possession de La Rochelle : les tours tenoient encore en faveur du comte Du Dognon, parce qu'il y avoit mis des troupes; mais il fit dessein d'aller lui-même en personne les attaquer. Ceux qui étoient dans les tours tremblèrent à la vue de l'armée du Roi; et ce général leur ayant commandé de jeter par les fenêtres celui qui les commandoit, ils le firent, et le poignardèrent eux-mêmes. Ce fut une action cruelle, mais pardonnable, puisque ceux qui sont rebelles à leur roi méritent la mort selon les lois.

Le Roi envoya au parlement de Paris une déclaration contre M. le prince; mais l'esprit de la révolte régnoit si fortement dans cette grande ville, qu'on ne pouvoit pas y punir le crime de lèse-majesté, et, par une terrible révolution, la rebellion y tenoit lieu de fidélité. Le premier président, qui étoit bon serviteur du Roi, voulut faire enregistrer cette déclaration; mais elle ne le put être qu'avec de certaines modifications, et on murmura contre lui de ce qu'il obéissoit aux volontés de son souverain.

Un jour étant chez lui, où se tenoit le conseil du Roi, le marquis de La Vieuville, le maréchal de L'Hôpital, gouverneur de Paris, et Du Plessis-Guénégaud, secrétaire d'État, plusieurs coquins s'assemblèrent, et vinrent crier contre lui, disant qu'il le falloit tuer.

Au lieu de faire fermer ses portes il les fit ouvrir, et alla leur parler lui-même : sa fermeté étonna cette canaille, et enfin la rumeur s'apaisa à son égard. Le marquis de La Vieuville, en voulant sortir de chez le premier président, pour lors garde des sceaux, ces filoux l'attaquèrent, lui chantèrent mille injures, le voulurent tirer de son carrosse, et lui firent du moins une grande peur. Le maréchal de L'Hôpital eut la lâcheté de quitter le premier président, et de s'en aller chez lui sans lui envoyer aucun secours. Du Plessis-Guénégaud, bon serviteur du Roi, demeura toujours avec ce vénérable magistrat; et, pour avoir mieux fait que les autres, il n'en eut pas tant de mal.

Le cardinal, selon les ordres du Roi, pensoit alors à revenir en France : il se mit en état d'exécuter ce dessein; mais les Espagnols lui ayant refusé des passeports, il partit de Dinan par des chemins remplis de troupes espagnoles et de celles de M. le prince, pour se rendre enfin à Bouillon.

Cette nouvelle donna de furieuses alarmes à ses ennemis. Le parlement redoubla ses arrêts; et les mutins de cette compagnie en firent donner un, par lequel ils mettoient sa tête à prix, et promettoient cinquante mille écus à celui qui le tueroit. Cette somme devoit être prise sur le prix de ses meubles et de sa bibliothèque, qu'ils ordonnèrent de vendre entièrement.

Toute l'Europe regarda avec étonnement cet arrêt, dont la plus saine mais la moindre partie de ce corps, qui a donné en tant d'occasions des marques de sa fidélité envers nos rois, fut scandalisée.

La Reine m'a dit depuis que cet arrêt, bien loin de la refroidir pour le retour du cardinal, lui en donna un plus véritable désir : elle connut par là combien il étoit nécessaire de faire voir aux sujets du Roi qu'il ne leur appartient pas d'ordonner malgré lui de ce qu'il doit faire. Châteauneuf, sans donner des arrêts, étoit quasi de même sentiment que le parlement de Paris : sur les avis que ses amis qu'il avoit à la cour eurent que le cardinal se préparoit à revenir, ils disoient que les affaires du Roi alloient bien, que le prince de Condé étoit demi vaincu, et que si le cardinal Mazarin revenoit sitôt, le prétexte de la guerre qui commençoit à s'anéantir augmenteroit beaucoup. Le garde des sceaux qui étoit venu trouver le Roi à Poitiers, et quelques autres, étoient d'avis contraire; et les vrais amis du cardinal, Seneterre, le maréchal Du Plessis et Le Tellier, vouloient son retour. La Reine le vouloit aussi : mais elle vouloit le bien de l'Etat préférablement à toutes choses; et la crainte qu'elle avoit que ce retour ne redonnât des forces à M. le prince la faisoit balancer sur le temps. La duchesse de Navailles m'a depuis conté qu'étant un jour avec elle, et la pressant de faire revenir le cardinal, cette princesse lui dit ces mêmes paroles : « Je connois la fidélité de M. le « cardinal, et combien le Roi et moi avons besoin « d'un ministre qui soit tout à nous, afin de faire « cesser les intrigues de la cour, et de ceux qui « se veulent mettre à sa place. Je sais que l'inso-« lence du parlement de Paris doit être punie, et « qu'elle ne le sauroit mieux être que par son « retour; mais il faut avouer, lui dit-elle, que je « crains le malheur de M. le cardinal, et que son « retour trop précipité n'empire nos affaires : c'est « pourquoi j'ai de la peine à me déterminer là-« dessus. » Cette dame, qui étoit intéressée au retour du cardinal par l'attachement que le duc son mari avoit à ce ministre, m'a dit que ce discours de la Reine lui fit une si grande frayeur, qu'au lieu de le prendre comme un effet de sa sagesse, elle crut que c'étoit une marque de son changement: elle écrivit promptement au cardinal qu'il vînt, et qu'il étoit perdu s'il ne se hâtoit de reprendre sa place. Cet avis fit l'effet qu'il devoit faire. Ce ministre n'oublia rien pour se mettre en état de suivre le conseil qu'on lui avoit donné; et peut-être qu'une si grande prudence en la Reine dans la conjoncture de ces temps-là lui ayant déplu, le souvenir qu'il en conserva diminua sa reconnoissance envers elle.

Châteauneuf, pour empêcher ce retour, écrivit aux amis qu'il avoit auprès du duc d'Orléans pour le persuader de venir à Poitiers, croyant que lui seul étoit capable de s'y opposer ; mais le coadjuteur craignant que si la Reine l'en prioit elle-même, il ne fît ce qu'elle demanderoit de lui, l'en détourna : de sorte qu'il se contenta d'envoyer Verdronne à la Reine pour proposer l'entremise de Chavigny, qui ne lui fut point agréable. Pendant que M. Damville fit quelques voyages de Poitiers à Paris, Vineuil y passa de la part de M. le prince, aussi bien que Gourville, qui ne s'y arrêta pas, sachant bien qu'il n'y avoit rien à faire ; au lieu que Vineuil y fut arrêté pour n'avoir pas bien pris ses mesures. En effet, il n'étoit plus question de traiter; car le ministre, qui se pressoit de revenir suivant le conseil de ses amis, prévint les desseins de tous ses ennemis, et rentra dans le royaume en si bonne compagnie, que le maréchal d'Hocquincourt, Navailles, Broglie, Manicamp, Beaujeu, de Bar, et enfin tous les gouverneurs de cette frontière l'ayant joint le 2 janvier, il se vit à la tête d'une petite armée, mais composée de tant de braves gens, et commandée par de si bons officiers, qui voulurent en cette occasion montrer au cardinal leur affection et leur reconnoissance des grâces qu'ils en avoient reçues et qu'ils en espéroient encore, qu'il lui fut aisé de préserver sa tête des menaces du parlement, et de vaincre les obstacles que le duc d'Orléans voulut mettre à son passage. Ce prince envoya quelques gens de guerre contre lui, qui n'osèrent paroître. Deux conseillers du parlement allèrent faire rompre les ponts qui se devoient trouver sur son passage. L'un d'eux, nommé Bitaut, fut pris prisonnier, et l'autre, qui s'appeloit Coudrai-Geniez, prit la fuite : si bien que le cardinal arriva heureusement à Poitiers le 28 de janvier.

Le Roi alla au devant avec tout ce qu'il y avoit à la cour; et la Reine, comme celle qui l'avoit toujours protégé et soutenu, s'il faut ainsi dire, contre toute la France, ne put le revoir qu'avec beaucoup de joie. Le conseil du Roi avoit cassé l'arrêt du parlement donné contre le cardinal Mazarin, et fait défenses de vendre ses biens; mais ce n'étoit pas assez pour rétablir l'autorité du Roi, qui étoit en quelque façon attachée à la sienne. C'est pourquoi cette tête, attaquée de tous côtés et mise à prix par des arrêts, au lieu de l'inquiétude des intrigues de la cour qui l'auroit bien plus embarrassée que les menaces du parlement, fut dans le même temps remplie du soin de toutes les affaires du royaume, qui étoient assez grandes pour occuper toute sa capacité.

M. le prince avoit envoyé le duc de Nemours en Flandre, pour se mettre à la tête des troupes que le roi d'Espagne lui envoyoit ; et ne pouvant plus résister au comte d'Harcourt, qui le poursuivoit avec l'autorité légitime, il mit ses troupes dans des quartiers d'hiver, et s'appliqua entièrement à fomenter la révolte de Bordeaux.

Le duc de Rohan-Chabot, qui avoit toujours été dans les intérêts de M. le prince, quoique avec plus de retenue que les autres à l'égard du ministre, étant gouverneur d'Anjou, voulut faire soulever Angers : ce qui obligea le cardinal Mazarin, qui commençoit à former les desseins de réduire la ville de Bordeaux, qui étoit le siège de l'empire de M. le prince, à changer de résolution pour aller promptement à Saumur remédier au mal que le duc de Rohan vouloit faire. La cour, pour cet effet, partit de Poitiers le 6 de février. Le maréchal d'Hocquincourt, Broglie et Navailles qui commandoient sous lui, attaquèrent le duc de Rohan, et le pressèrent de si près qu'il fut contraint de demander une suspension d'armes, dans le temps de laquelle il fut arrêté qu'il se retireroit à Paris, et abandonneroit son gouvernement pour un temps ; et que le Roi mettroit dans la ville et château d'Angers tel de ses serviteurs qu'il lui plairoit pour y commander. Le Pont de Cé, attaqué par le même maréchal, suivit l'exemple de la ville capitale de cette province.

Avant que la cour partît de Saumur, Châteauneuf, dégoûté de se voir inutile, prit congé du Roi et de la Reine, et se retira à Tours, d'où quelque temps après le ministre lui envoya ordre de s'en retourner en sa maison de Montrouge, où il mourût enfin chargé d'années et d'intrigues qui sont des œuvres bien vides devant Dieu. Le commandeur de Jars son ami se retira aussi; mais il se raccommoda après quelque temps de pénitence. Le vicomte de Turenne, entièrement détaché de M. le prince, et remis aux bonnes grâces du Roi et de la Reine, vint à la cour, où il fut reçu de Leurs Majestés avec beaucoup de marques de leur bienveillance, aussi bien que Le Tellier, qui fut le premier de tous ceux qui en avoient été exilés pour l'amour de lui qui fut rétabli.

Les victorieux ne sont pas toujours invincibles. Saint-Luc fut un peu battu par M. le prince; mais aussi le marquis de Montausier et Du Plessis-Bellière reprirent Saintes. D'autre côté, le duc de Nemours entrant en France avec les troupes qu'il amenoit de Flandre, un secours si considérable et la réputation de M. le prince relevant son parti qui commençoit à chanceler, fit croire aux mauvais Français que le Roi étoit perdu. La noblesse du Vexin voulut s'opposer au passage des troupes étrangères; mais le duc d'Orléans considérant cette armée comme si c'étoit la sienne, elle passa la Seine à Mantes, et se mit entre Chartres et Paris, où le duc de Nemours, Tavannes (1), Clinchamp et les officiers d'Espagne s'en allèrent recevoir les bénédictions que les bourgeois leur donnèrent comme aux restaurateurs de leur liberté. Mais pendant que les plaisirs les y amusoient, et que leurs troupes prenoient du repos, le ministre acheva l'entreprise d'Angers, du Pont de Cé, de Saintes, et mit La Rochelle en sûreté. Après cela il jugea qu'il étoit nécessaire de s'approcher de Paris avec l'armée du Roi, pour empêcher les progrès de celle que commandoit le duc de Nemours. La cour fut à Tours, où le Roi et la Reine reçurent une célèbre députation du clergé de France, pour faire des remontrances au Roi sur le tort que le parlement avoit fait à leur corps, ne respectant point la personne d'un cardinal. L'archevêque de Rouen, qui portoit la parole, avoit pris si bien son temps pour faire sa harangue, que la louange qu'il fit de ce ministre parut être une approbation authentique, par le premier et le plus considérable des trois Etats du royaume, de la résolution que Leurs Majestés avoient prise de le rappeler.

(1) Jacques de Saulx.

De Tours la cour vint à Blois, où Servien eut ordre de revenir. Il en avoit été exilé avec Le Tellier, à cause que les princes le demandoient; mais quelques-uns croyoient que le cardinal n'en étoit pas content, non plus que de Lyonne son neveu, qui fut quelque temps dans une manière de disgrâce. Servien, qui avoit vu autrefois le cardinal lui faire la cour pendant qu'il étoit secrétaire d'Etat, étoit soupçonné, aussi bien que de Lyonne, d'avoir voulu s'établir l'un et l'autre auprès de la Reine, par leur grande capacité pour les affaires d'Etat, pendant l'absence de son premier ministre, pour l'accoutumer à se passer de lui; mais cette disgrâce ne dura pas longtemps, et leur prompt retour fit voir que les soupçons qu'on avoit eus de leur fidélité avoient été fort mal fondés. La crainte du crédit que Monsieur avoit dans Orléans qui étoit son apanage, et le peu de confiance qu'on avoit au gouverneur, qui étoit le marquis de Sourdis, firent résoudre la cour à quitter le grand chemin, qui étoit d'y passer pour aller à Gergeau, où Vaubecourt et Palluau se devoient joindre pour attendre le maréchal de Turenne, qu'on y envoyoit, avec deux mille cinq cents hommes, pour les commander. Le duc de Nemours fit prendre la même route à l'armée des ennemis pour se saisir de Gien ou de Gergeau, où le duc de Beaufort se devoit rendre avec celle du duc d'Orléans; mais le maréchal de Turenne les ayant prévenus, le duc de Beaufort, qui vouloit l'en chasser, y perdit bien du monde, et fut obligé de se retirer. L'on dit alors que l'habileté de notre nouveau général avoit sauvé le Roi, la Reine et toute la maison royale, qui sans cela seroit demeurée en proie aux ennemis, dont toute l'armée se vint camper autour d'Orléans.

Le duc d'Orléans avoit été conseillé d'y aller lui-même pour empêcher le Roi d'y entrer; mais il trouva plus à propos de ne pas quitter Paris, et d'y envoyer Mademoiselle. Elle y alla avec beaucoup de joie et de résolution, suivie des comtesses de Fiesque et de Frontenac, et de plusieurs autres dames habillées en amazones, accompagnées du duc de Rohan, de quelques conseillers du parlement, et de plusieurs jeunes gens de Paris. J'ai quelque connoissance des sentiments de cette princesse, qui, de quelque manière qu'on les tournât, étoient criminels; mais on peut dire en sa faveur que sa passion étant légitime, il y avoit quelque chose de grand et d'excusable dans son action. La bonne mine du Roi, la majesté qu'il portoit dans ses yeux, sa taille, et toutes ses grandes et belles qualités, n'avoient point de charmes pour elle : la couronne fermée étoit le seul objet de son ambition; et si Alexandre, pour une pareille passion, a reçu tant de louanges de ses injustes conquêtes, n'est-elle pas en quelque façon excusable, si, étant du sang de nos rois, elle avoit souhaité de voir sa tête couverte de la même couronne? Aussi j'ai ouï dire à la Reine qu'elle ne l'avoit point blâmée d'avoir été de ce parti dont le duc d'Orléans son père étoit le chef, d'avoir fait la guerre, ni d'avoir eu des désirs aussi nobles que les siens; mais qu'elle la blâmoit de son emportement, et des rudesses qu'elle avoit eues à son égard. Mademoiselle a toujours gâté toutes ses affaires par l'activité de son tempérament, qui l'a fait aller trop vite et trop loin en tout ce qu'elle entreprenoit; au lieu que si elle eût eu une conduite plus modérée, toutes choses lui auroient peut-être mieux réussi. Mademoiselle se présenta à une des portes d'Orléans, et le garde des sceaux dans le même temps étoit à une autre porte, qui demandoit à y entrer de la part du Roi; car il y avoit été envoyé pour arrêter ce peuple sous son obéissance, et pour pressentir, par la manière dont on le recevroit, ce que la cour en devoit espérer; mais les principaux de la ville étoient assemblés, et étoient fort empêchés de ce qu'ils avoient à faire. Ce qui fait voir qu'ils eussent reçu le Roi s'il y étoit allé d'abord sans hésiter, car les habitans n'ouvroient la porte ni à Mademoiselle ni au garde des sceaux. Dans cet intervalle, Mademoiselle, qui se promenoit volontiers, s'avança de dessus le fossé jusque sur le bord de l'eau. Les bateliers la voyant la vinrent tous saluer avec de grands cris d'alégresse. Le comte de Fiesque, qui étoit dans la ville, lui avoit gagné le peuple par de l'argent qu'il avoit donné. Soit donc par le peuple qui étoit dehors, ou par celui qui étoit dedans, la vérité est qu'elle passa par une petite porte ronde qui donne sur la rivière, qui étoit alors murée, et que l'on abattit pour la faire entrer. Aussitôt qu'elle fut dans la ville, elle fut suivie de tout le peuple avec admiration et applaudissement. Elle alla à l'hôtel-de-ville : elle se rendit la maîtresse des plus puissans, et empêcha que le garde des sceaux n'y pût entrer. Le marquis de Sourdis, quoique serviteur du duc d'Orléans, ne fut pas content de la venue de Mademoiselle; il borna sa puissance autant qu'il lui fut possible : sa fermeté, et le droit que lui donnoit la qualité de gouverneur, l'empêchèrent de se soumettre entièrement à l'obéissance que cette princesse désiroit de lui.

Le lendemain, Mademoiselle, le duc de Nemours et le duc de Beaufort se trouvèrent au faubourg d'Orléans, pour aviser ensemble à ce qu'ils avoient à faire, et pour tenir conseil; mais au lieu d'établir un ordre dans leur conduite, il arriva un grand désordre qui fut avantageux au service du Roi. Les ducs de Beaufort et de Nemours se querellèrent : le duc de Beaufort lui donna à demi un soufflet. On les accommoda aussitôt; et le duc de Beaufort, qui avoit de l'amitié pour madame de Nemours sa sœur, dit, les larmes aux yeux, au duc de Nemours son beau-frère, tout ce que l'alliance et la bonté lui pouvoient faire dire; mais ce fut inutilement. Le duc de Nemours, depuis cette fâcheuse aventure, eut une haine implacable contre ce prince, et cette haine eut enfin une suite funeste contre lui-même.

Quelque temps avant l'entrée de Mademoiselle dans Orléans, elle avoit écrit une lettre à madame de Navailles pour la faire voir à la Reine, par où cette princesse marquoit beaucoup de désirs de la servir, et montroit d'entrer par complaisance seulement dans tout ce qui se passoit à Paris; mais elle faisoit entendre fortement qu'elle désiroit qu'on la regardât comme une personne qui pouvoit prétendre à la couronne fermée. Cette lettre, que j'ai vue, fut mal reçue par la Reine, qui étoit trop accoutumée à n'avoir pas grande considération pour elle. Mademoiselle fut sensiblement touchée de ce que ses bonnes volontés n'avoient pas été assez bien reçues. Elle en écrivit une autre à la même personne, par laquelle on voyoit qu'elle étoit persuadée d'être maîtresse du parti. Elle lui mandoit avoir toujours haï le ministre, comme n'en ayant jamais été bien traitée; déclaroit de vouloir épouser le Roi, et se vantoit qu'elle seule avoit empêché les troupes royales d'entrer dans Orléans. Elle lui marquoit qu'on ne la devoit pas mépriser, et qu'elle pouvoit être utile pourvu qu'elle fût satisfaite; mais qu'elle ne la pouvoit être sans être reine. Enfin elle témoignoit qu'elle pouvoit mettre les choses en état qu'on la demanderoit à genoux, et ajoutoit ces mêmes mots que j'ai pris dans l'original : que, quoique ce chapitre lui soit fort agréable, elle est toutefois trop importunée d'en entendre parler, parce que tous ceux de son parti, croyant lui plaire, ne lui parloient d'autre chose. Il y avoit beaucoup d'esprit dans cette lettre, comme il y en a dans toutes celles qu'elle écrit; mais la Reine ne vouloit pas cette princesse pour sa belle-fille, et la guerre qui se faisoit contre elle et le Roi n'étoit pas une bonne voie pour y parvenir. Ce que lui fit alors Mademoiselle, sur une bagatelle que la Reine à son retour me fit l'honneur de me conter, lui déplut. On venoit acheter à Orléans ce qu'il falloit pour la cour; et comme on lui apporta certaines provisions pour la cuisine du Roi, de la Reine et des autres, après les avoir regardées elle y trouva des mousserons qu'elle prit, et les jeta, disant : « Cela est trop délicat, je ne veux pas que « le cardinal en mange. »

Les ordres du duc de Nemours, qui venoient du prince de Condé à son armée, étoient de passer la rivière de Loire pour secourir Montrond, et marcher vers la Guienne ; et ceux du duc de Beaufort, qui venoient à la même armée de la part du duc d'Orléans qui étoit à Paris, étoient opposés à ceux-là, parce qu'il vouloit avoir des forces pour se pouvoir défendre contre le Roi au cas qu'il en fût attaqué, soutenir sa réputation dans le parlement et parmi le peuple, et les empêcher de quitter son parti : ce qui auroit pu arriver s'il étoit demeuré sans d'autres forces que celles de l'intrigue.

Le coadjuteur, qui avoit alors toute la confiance du duc d'Orléans, appuyoit ce dessein et augmentoit sa crainte, afin de rendre cette armée inutile à M. le prince, qu'il haïssoit. Il vouloit encore être considéré à la cour, en faisant voir que la puissance étoit tout-à-fait de son côté. Cette politique lui servit à obtenir promptement le chapeau, qu'il reçut en ce temps-là, selon l'engagement que le cardinal Mazarin avoit pris avec lui, et dont j'ai déjà parlé.

Chavigny prétendoit gouverner les deux princes. Il étoit considéré par lui-même, et par les emplois que la confiance du prince de Condé lui donnoit. Il avoit part à celle du duc d'Orléans ; il avoit aussi ses intelligences avec le cardinal par Fabert (1) pour les choses qui lui convenoient. Il vouloit faire la paix de la cour quand les temps se rencontreroient propres à y trouver ses avantages, et il aspiroit à la gloire d'être employé à la paix générale. Il crut que, pour contenter ceux qui demandoient l'éloignement du cardinal, on pourroit l'envoyer le traiter hors du royaume avec les Espagnols ; et lui, qui alloit à tout, croyoit, étant nommé à cet emploi avec le ministre, se faire valoir par M. le prince avec les étrangers, et en dérober toute la gloire au cardinal. Toutes ces raisons le persuadèrent qu'il avoit besoin de la présence de ce prince à Paris, et l'obligèrent de lui conseiller de venir à l'armée et de quitter la Guienne. Ce conseil fut reçu volontiers de celui à qui il fut donné, à cause qu'en tous lieux M. le prince se trouvoit battu par le comte d'Harcourt : Dieu le permettant ainsi pour lui faire voir sans doute, par le malheur de ses armes, celui où il étoit tombé en se séparant des intérêts du Roi.

Le prince de Condé se résolut donc de quitter la Guienne, et de venir à son armée. Il choisit le duc de La Rochefoucauld pour l'accompagner, et laissa Marsin auprès du prince de Conti et madame de Longueville, tant pour les maintenir unis, que pour avoir soin de conserver Bordeaux dans ses intérêts. Les factions y étoient grandes, et l'intelligence mal établie dans sa famille. Madame de Longueville étoit mal à la cour : on y craignoit son esprit ; et quoiqu'elle eût travaillé, par la princesse palatine, à se rétablir dans les bonnes grâces de la Reine, elle ne les avoit pu obtenir. Les dames qui ont le cœur rempli de passions, et qui en veulent donner à ceux même qu'elles n'aiment pas, sont à craindre en tous partis, et on peut difficilement y prendre confiance. Par cette raison, le prince de Condé ne trouvoit pas en cette princesse, quoiqu'elle fût sa sœur, une sûreté tout entière ; et le prince de Conti, peut-être pour l'aimer trop, la haïssoit quelquefois ; car voulant qu'elle le préférât à tout le monde, il avoit de la peine à voir qu'il n'avoit pas assez de part dans ses secrets. Ces différens sentimens, à ce que m'ont dit ceux qui pour lors en étoient les confidens, faisoient naître entre eux de grandes divisions, et les intrigues des particuliers faisoient beaucoup de désordre dans leur petite cour. Le prince de Conti, gagné par le ministre sans qu'il le crût être, vouloit la paix ; et madame de Longueville, ne la pouvant avoir avec la cour ni avec elle-même, vouloit se faire craindre et de la cour et de ses frères. Elle fomentoit la guerre tant qu'il lui étoit possible ; et le prince de Conti et elle, par des motifs différens, tâchoient de se rendre les maîtres tant du parlement que du peuple de Bordeaux. Ils appuyoient particulièrement le peuple, dont les assemblés se faisoient en un lieu nommé l'*Ormée*, qui donna le nom à la faction de cette ville tant que la guerre dura.

Le duc de La Rochefoucauld quitta volontiers Bordeaux pour suivre le prince de Condé ; car les charmes de madame de Longueville, qui avoient fait toute sa joie, faisoient alors son désespoir. Sa passion avoit changé de nature ; et, au lieu d'elle, la jalousie occupoit entièrement son cœur. Il la soupçonnoit d'avoir voulu plaire au duc de Nemours, et ce soupçon lui causoit de grandes angoisses. Il ne se peut pas faire qu'ayant eu tant de part aux bonnes grâces d'une si grande princesse, il n'en ressentît la perte avec beaucoup d'amertume ; mais, outre la préférence d'inclination qu'il croyoit qu'elle n'avoit plus pour lui, il crut qu'elle ne prenoit plus de part à ses intérêts, et qu'elle avoit abandonné le soin de sa fortune, qu'il considéroit autant que celle qu'il aimoit. Il avoit surpris de ses lettres, à ce qu'il m'a dit depuis lui-même, par lesquelles il lui sembloit qu'elle le vouloit perdre auprès du prince de Con-

(1) Abraham Fabert, fils d'un imprimeur de Metz, s'éleva par son mérite et sa valeur aux plus grands honneurs militaires ; il fut fait maréchal de France en 1646.

dé son frère, et qu'elle avoit oublié ses services et ses maisons rasées. Il ne faut donc pas s'étonner s'il fut sensible à tant de grandes choses, et si l'inconstance lui parut un crime le plus énorme que l'on puisse commettre; car plus il lui étoit glorieux d'avoir eu quelque part dans un cœur que tant d'honnêtes gens désiroient posséder, plus aussi lui devoit-il être dur de s'en voir chassé par un autre. Il le sentit aussi avec trop d'excès, et fut blâmé avec justice d'avoir suivi trop aveuglément son dépit, et de l'avoir porté trop loin; car ce dépit le fit devenir d'amant ennemi, et d'ennemi ingrat, par les cruelles offenses qu'il fit alors à cette princesse, qui allèrent au-delà de ce qu'un chrétien doit à Dieu, et de ce qu'un homme d'honneur doit à une dame de cette qualité : le souvenir de l'amitié passée devant, ce me semble, laisser dans l'ame une impression de reconnoissance et de douceur capable d'empêcher que la vengeance n'éclate au dehors, lors même qu'intérieurement l'ame est remplie de rage et de désespoir. Leur changement commun, quelque temps après, en fit un autre bien plus grand en madame de Longueville : il lui fit connoître que les créatures étoient indignes de son estime et de son affection. Elle en a fait depuis un meilleur usage, se donnant elle-même entièrement, et d'une manière tout-à-fait admirable, à celui qui, étant son créateur, méritoit seul qu'elle fût uniquement à lui. Sa vertu a été si grande et sa conversion si parfaite, que par elle on a eu sujet d'admirer en notre siècle les effets de la grâce, et les merveilles que Dieu opère dans nos ames quand il lui plaît de les éclairer de sa lumière, et que d'un grand pécheur il veut faire un saint Paul et un saint Augustin. M. le prince, ayant donné les ordres nécessaires pour obvier à tous les maux que pouvoient produire les divisions de sa famille, se sépara du prince de Conti à Agen, où il eut à soutenir l'effort de ce peuple qui, voulant faire son devoir, se révolta contre lui. Le prince de Condé, quittant le prince de Conti son frère, lui recommanda de se confier à Marsin et à Lenet de tous ses intérêts; puis il partit pour l'armée, suivi du duc de La Rochefoucauld, du prince de Marsillac son fils, de Guitaut, Chavagnac et Gourville, d'un valet-de-chambre, et de quelques autres. Ils suivirent tous le marquis de Levi, qui avoit un passeport du comte d'Harcourt pour se retirer lui et son train en sa maison en Auvergne. M. le prince, faisant cette course, traversa toute la France avec de grands périls (1); mais l'adresse et l'habileté de Gourville l'en sauvèrent.

En arrivant dans la forêt d'Orléans, il fut reconnu par quelques cavaliers de l'avant-garde de son armée : ce qui leur donna une joie incroyable à cause du besoin qu'elle avoit de lui. La division des chefs qui la commandoient, et l'arrivée du Roi avec son armée, les mettoient en état qu'ils ne pouvoient espérer de ressource qu'en la venue de M. le prince, qui, par sa valeur et sa conduite, pouvoit faire des miracles que ceux de son parti n'osoient espérer que de lui seul.

Aussitôt après que le prince de Condé fut arrivé, il fit marcher son armée à Montargis qu'il prit, et le laissa rempli de blé et de vin pour s'en servir en un besoin : de là elle alla à Château-Regnard. Gourville y arriva en même temps, qui revenoit de Paris, où le prince de Condé l'avoit envoyé de La Charité vers le duc d'Orléans et vers ses amis du parlement, pour savoir leurs sentimens sur ce qu'il avoit à faire. Les avis qu'il reçut par lui furent différens. Gourville m'a dit qu'une partie lui conseilloit de se tenir à l'armée, étant certain que pendant qu'il y seroit toute la puissance résideroit en sa personne, et qu'il seroit le maître du parti du parlement et de la cour : tous néanmoins s'accordoient en cela qu'il falloit attaquer l'armée du Roi, et faire quelque action d'éclat qui leur redonnât du crédit et des forces. Chavigny étoit d'avis qu'il revînt à Paris quand il le pourroit faire, attendu que le crédit du coadjuteur, alors devenu cardinal de Retz, augmentoit trop, aussi bien que les cabales de la cour dans le parlement. Il vouloit aussi, par la présence du prince, diminuer la faveur de son rival et augmenter la sienne.

Dans ce même temps le prince de Condé reçut avis que la brigade du maréchal d'Hocquincourt étoit encore dans des quartiers séparés assez proche de Château-Regnard, et que le lendemain elle se devoit joindre à celle du vicomte de Turenne : ce qui le fit résoudre à l'heure même avec toute son armée d'aller droit attaquer le maréchal d'Hocquincourt, avant qu'il eût le temps de la rassembler et de se retirer vers le maréchal de Turenne. Il le fit, et enleva d'abord cinq quartiers. Il mit en déroute les troupes du Roi, et prit leur bagage. Trois mille chevaux furent pris, tout fut renversé, une partie se sauva, et le reste fut poussé près de quatre heures vers Auxerre. Cette défaite eût été encore plus grande, si M. le prince n'eût reçu avis que le vicomte de Turenne paroissoit, lequel, par sa sage conduite, sa prudence et sa fermeté, arrêta la victoire de M. le prince, et sauva ce jour-là le Roi et la France, qui se virent dans cet instant en un grand péril par les heureux succès de M. le

(1) Voyez la relation de ce voyage dans les Mémoires de Gourville.

prince. Les ducs de Nemours et de Beaufort montrèrent en ce jour que s'ils n'avoient de la modération, ils avoient du moins beaucoup de valeur. Le premier eut un coup de pistolet au travers du corps, qui fut grand, mais favorable. Le duc de La Rochefoucauld et le prince de Marsillac son fils y firent des actions qui auroient été dignes de louanges, s'il étoit possible d'en donner à des Français qui, au lieu de servir le Roi, travailloient à le perdre.

On vint à Gien donner au Roi et à la Reine la nouvelle de la déroute des troupes du maréchal d'Hocquincourt, avec amplification; et l'alarme y fut grande. Le Roi, à ce que m'écrivit alors mon frère qui l'avoit suivi en tout ce voyage, monta à cheval avec ce qu'il y avoit auprès de lui de gens de qualité, et sortit de la ville; mais le ministre l'ayant arrêté au commencement de la plaine, l'empêcha de suivre ses généreux sentimens, qui dans sa plus grande jeunesse lui eussent fait aimer la gloire. Pendant qu'on chargeoit le bagage et qu'on faisoit tenir les carrosses tout prêts à passer le pont, qu'on songeoit même à rompre en cas de besoin après que la cour y auroit passé, tous les volontaires furent avec le duc de Bouillon à l'armée, où ils trouvèrent une grande alégresse parmi les soldats, parce que le bruit avoit couru que le Roi y venoit. Tous crièrent *vive le Roi !* et *bataille !* Mais la nouvelle arriva, peu de temps après, que la perte n'avoit pas été fort grande, et que M. le prince s'étoit retiré dans ses quartiers, et le vicomte de Turenne dans les siens.

L'armée du Roi étant retirée, M. le prince fit prendre à la sienne le chemin de Châtillon. Il y tarda deux jours, puis de là il s'en alla à Paris, et laissa le commandement de son armée à Clinchamp et au comte de Tavannes. Il amena avec lui les ducs de Nemours, de Beaufort et de La Rochefoucauld, et alla jouir des applaudissemens qui l'attendoient après un voyage si périlleux, et ensuite une victoire accompagnée de tant d'éclat et de gloire. Ils furent en effet assez grands pour le pouvoir pleinement satisfaire.

[1652] Madame de Chevreuse et le coadjuteur firent beaucoup d'intrigues pour le priver de ce triomphe. Ils avoient même gagné le maréchal de L'Hôpital pour empêcher qu'il ne fût reçu dans Paris; mais le duc d'Orléans, qui aimoit à avoir des seconds, fortifié par les serviteurs du prince de Condé, le soutint malgré leurs obstacles. Alors on vivoit dans Paris avec peu de sûreté et beaucoup de troubles. L'hôtel de Nevers pensa être pillé, attendu qu'on soupçonnoit madame Du Plessis-Guénégaud, à qui est cette maison, de travailler à la paix et d'être fidèle au Roi.

Elle n'en étoit pas accusée à tort; car elle faisoit alors tous ses efforts pour lui rendre service, étant en grand commerce avec Fouquet (1), créature du cardinal Mazarin. Des dames de qualité, en passant par le Pont-Neuf un de ces jours-là, coururent fortune d'être jetées dans la rivière par des coquins qui faisoient impunément beaucoup d'insolences et de méchancetés. L'armée des princes, manquant de fourrages vers Châtillon, fut conduite à Etampes, où ils crurent qu'elle pourroit subsister long-temps avec abondance de vivres.

Le 22, M. le prince alla au parlement prendre sa séance avec le duc d'Orléans. Il y fut reçu, venant de donner un combat contre le Roi. Ces princes protestèrent au parlement de leurs bonnes intentions pour justifier le motif de leurs armes, et dirent qu'ils déclaroient encore que pourvu que le Mazarin s'éloignât de la cour, lui et ses adhérens, ils mettroient aussitôt les armes bas. Ils mirent cette dernière clause, afin qu'en cas qu'on leur ôtât le prétexte du Mazarin, il en restât encore un qui pût durer dix ans, taxant tous les jours quelque nouvelle personne d'être de ce parti, attendu qu'ils pouvoient comprendre toute la cour sous le nom de mazarins et d'adhérens.

Ce jour il y eut de grands cris d'alégresse en faveur des princes, et nul n'osa jamais parler pour le Roi, ni représenter qu'il n'étoit pas juste de recevoir le prince de Condé tout sanglant encore des combats qu'il venoit de donner contre lui. Les députés du parlement, qui avoient été porter au Roi les remontrances par écrit que le parlement avoit ordonnées contre le retour du cardinal Mazarin, firent ce jour-là leur relation, et se plaignirent de n'avoir pas été bien reçus, ni les remontrances lues en présence du Roi, selon l'ancien usage. Toute la compagnie en fut scandalisée; les gens du Roi firent de grandes exclamations, et dirent que le Roi leur avoit répondu qu'il enverroit querir les informations contre le cardinal; qu'après les avoir lues et vues, il les manderoit pour leur faire réponse. La compagnie cria fortement contre cela, quoique ce fût une chose dans l'ordre et conseillée par le premier président, qui étoit alors tout-à-fait attaché au service du Roi, et qui en savoit plus qu'eux.

On donna avis à Paris à M. le prince que Miossens et le marquis de Saint-Mesgrin, lieutenans-généraux, marchoient de Saint-Germain à Saint Cloud avec deux canons, à dessein de

---

(1) Depuis, surintendant des finances. L'éclat de sa disgrâce et sa captivité lui ont fait payer cher la fortune et les honneurs auxquels il était parvenu.

chasser cent hommes du régiment de Condé qui s'étoient retranchés sur le pont, et qui en avoient rompu une arche. M. le prince monta à cheval avec ce qui se trouva auprès de lui, à dessein d'y aller. Le bruit de cet exploit ayant été répandu par Paris, huit ou dix mille hommes le suivirent, tant honnêtes gens que bourgeois : ce qui fit que les troupes du Roi se contentèrent de tirer quelques coups de canon, et de se retirer. M. le prince voulant profiter de la bonne volonté de ses bourgeois, les mena à Saint-Denis, où il y avoit une garnison de deux cents Suisses. Ses troupes y arrivèrent à l'entrée de la nuit ; et ceux de dedans ayant pris l'alarme, la donnèrent aux assiégeans. Le duc de La Rochefoucauld m'a dit que M. le prince étant au milieu de trois cents chevaux, et cette compagnie étant composée de tout ce qu'il y avoit de personnes de qualité dans son parti, s'en vit abandonné dès qu'on eut tiré trois mousquetades, et qu'il demeura auprès de lui, lui septième. Ce prince fit entrer ses gens dans Saint-Denis par les vieilles brèches, qui n'étoient point défendues ; et après, tout ce qui l'avoit abandonné le vint trouver, chacun alléguant une excuse particulière de sa faute, dont la honte étoit commune à tous. Les Suisses voulurent défendre quelques barricades dans la ville ; mais étant pressés, ils se retirèrent dans l'abbaye, et se rendirent deux jours après prisonniers de guerre. On n'y fit point de désordre : mais le soir de ce même jour, les troupes du Roi la reprirent ; et Deslande, capitaine du régiment de Condé, que M. le prince y avoit laissé pour commander, se retira à son tour dans l'église, où il tint trois jours. Quoique cette action ne fût pas célèbre, elle ne laissa pas d'avoir quelque éclat : elle augmenta la bonne volonté des bourgeois en faveur du prince de Condé, car chacun étoit bien aise de pouvoir dire qu'il avoit été à la guerre avec lui.

Le duc de Rohan travailloit à son ordinaire à porter les princes à l'accommodement. Chavigny, quoique ennemi du cardinal, vouloit la même chose, afin de parvenir à ses fins, qui alloient à vouloir toujours, soit d'une façon, soit d'une autre, faire un beau personnage sur le théâtre. Tous deux conseillèrent à M. le prince de penser à une paix avantageuse. Les propositions qui avoient été faites en particulier à Chavigny par Fabert lui plaisoient beaucoup : car comme il a été dit, pour engager par lui le duc d'Orléans et M. le prince à penser à s'accommoder, le cardinal l'avoit laissé espérer qu'ils iroient ensemble traiter la paix générale ; et sur cette espérance, Chavigny vouloit celle de la cour et des princes :

ce qui plaisoit au ministre, non-seulement pour en prétendre ce bon effet, mais encore plus pour affoiblir l'intrigue, et désunir les conjurés et ceux qui désiroient sa perte, et pour empêcher les progrès que le prince de Condé auroit pu faire à la tête d'une armée.

En cette occasion, sa finesse ordinaire lui réussit selon ses desseins. M. le prince consentit à laisser aller à Saint-Germain, où étoit la cour, le duc de Rohan, Chavigny et Goulas, tous trois chargés des intérêts du duc d'Orléans et des siens. Le premier ne demandoit que l'éloignement du ministre, et M. le prince vouloit la même chose avec de grands accompagnemens. Il avoit beaucoup de personnes à contenter, ses amis, les Bordelais, ses troupes, le prince de Conti et le public. Il demandoit l'établissement d'un conseil, et pouvoir du Roi de traiter la paix générale, et d'y pouvoir travailler selon les propositions justes et raisonnables dont on conviendroit. Cet article étoit agréable à Chavigny, par la part qu'il prétendoit y avoir, et par l'espoir de se voir bientôt en pouvoir de se venger entièrement du cardinal Mazarin. L'ordre exprès qu'il reçut en même temps des deux princes, de ne le point voir et de ne point traiter avec lui, ne lui déplaisoit pas non plus ; car ne l'aimant point, il lui sembloit que son abaissement lui donnoit à lui en son particulier une gloire bien relevée. Mais souvent nous nous trompons dans nos projets.

Le voyage de Chavigny ne lui fut nullement avantageux. Il revint sans avoir rien conclu : ce qui étonna tous ceux de son parti, qui avoient cru, le voyant si empressé et si occupé du désir de la paix, qu'il avoit sûreté de la part du ministre d'y pouvoir réussir. Non-seulement il avoit traité avec le cardinal (ce qui dans le vrai n'étoit pas un grand crime), mais M. le prince avoit trouvé mauvais de ce qu'il n'avoit point insisté que sur l'établissement d'un conseil nécessaire, pareil à celui que le feu Roi, par son avis, avoit ordonné peu avant sa mort ; et que moyennant cela il devoit porter M. le prince à consentir que le ministre et lui allassent traiter la paix générale. L'article secret étoit que le cardinal, après la conclusion de la paix, pourroit demeurer en France. Ce traité si raccourci ne plut point à M. le prince : il se résolut de ne plus donner de part dans ses affaires à Chavigny, car lui-même désiroit être celui qui devoit aller traiter la paix générale. Il voulut donc envoyer de sa part Gourville à la cour, chargé d'une instruction dressée par lui en présence de la duchesse de Châtillon, et des ducs de Nemours et de La Rochefoucauld.

Voici à peu près ce que contenoit cette instruction de Gourville; et c'est de lui-même que je l'ai su.

I. M. le prince ne vouloit plus traiter, passé cette fois. Il promettoit sincèrement d'exécuter ce qui seroit accordé; comme de même il vouloit qu'on lui tînt ce qu'on lui promettoit. Il demandoit précisément que le cardinal Mazarin sortît du royaume, et allât à Bouillon.

II. Que M. le duc d'Orléans et M. le prince eussent le pouvoir de faire la paix générale, et que M. le prince pût envoyer en Espagne et ajuster le lieu de la conférence.

III. Il demandoit un conseil composé de gens tels qu'ils en conviendroient. Il vouloit régler les finances; amnistie générale, et récompense pour ceux qui les avoient servis; des grâces pour les Bordelais; diminution de tailles de la Guienne; de grands avantages pour le prince de Conti, pour le duc de Nemours; un gouvernement et un brevet de prince pour le duc de La Rochefoucauld, pareil à celui du duc de Bouillon et de Guéméné, et un gouvernement ou de l'argent pour les particuliers; que Marsin et Du Dognon fussent maréchaux de France; le rétablissement de M. de La Force dans son gouvernement de Bergerac, et le reste. Moyennant quoi M. le prince promettoit de bonne foi de quitter les armes, et consentir à tous les avantages du cardinal, à sa justification, et à son retour en France dans trois mois, dans le temps que le prince, ayant ajusté les points de la paix générale avec les Espagnols, seroit sur le lieu de la conférence avec les ministres; et promettoit de ne point signer la paix qu'après le retour du cardinal.

Le cardinal écouta les propositions de Gourville, et y parut facile. Sans doute que cette facilité étoit feinte, et qu'il espéra le remède de ce qui pouvoit lui en déplaire, par les difficultés qui naturellement devoient se trouver à les exécuter. Il arriva en effet que le duc de Bouillon s'y opposa aussitôt, et demanda pour lui un duché qu'il désiroit qu'on retirât des mains de M. le prince, pour faire partie de sa récompense de Sedan. Cette demande arrêta la négociation chimérique de Gourville; et le cardinal se contenta de le renvoyer à M. le prince pour lui exposer cette difficulté, afin d'y trouver du remède.

Comme les grands desseins sont souvent traversés par les fantaisies et les intérêts des particuliers, le cardinal de Retz s'opposa aussi à cette dernière négociation, parce qu'elle se seroit faite sans lui. Il crut que le duc d'Orléans et M. le prince étant réunis à la cour, il perdroit son crédit; que la guerre, qui apparemment éloigneroit ou perdroit M. le prince, le rendroit en son particulier le maître de l'esprit du duc d'Orléans, et que par là il se feroit considérer davantage. Chavigny se joignit à lui par cet intérêt, soit de concert avec lui, ou agissant lui seul: il détourna le duc d'Orléans d'y penser, parce qu'il ne vouloit point d'une paix qu'il n'auroit point faite ni proposée.

Dans cet état, une dame voulut avoir la gloire de décider de la destinée d'un grand prince, et d'avoir part à la plus éclatante affaire de l'Europe, qui étoit alors cette paix de la cour, qui paroissoit devoir être suivie de la générale, c'est-à-dire s'il eût été possible de la faire aux conditions qui avoient été proposées. Madame de Châtillon haïssoit madame de Longueville : l'émulation de leur beauté et du cœur du duc de Nemours, qu'elles vouloient posséder l'une et l'autre, faisoit leur haine. Madame de Châtillon avoit vengé le duc de La Rochefoucauld, en ce qu'elle avoit emporté sur madame de Longueville l'inclination de ce prince, qui s'étoit donné entièrement à elle. Cette belle veuve ne haïssoit pas le duc de Nemours : cette conquête lui plaisoit; mais ayant toujours eu quelque prétention sur les bonnes grâces de M. le prince, elle n'étoit pas fâchée non plus de conserver quelque domination sur l'esprit de ce héros, que toute l'Europe estimoit : si bien qu'elle fit dessein de l'engager à laisser conduire cette négociation par elle. Son dessein fut de faire la paix sans que madame de Longueville y eût aucune part, ni par la gloire ni par ses intérêts; et ne voulant pas faire de perfidie au duc de Nemours, elle le lui fit trouver bon, et l'engagea de rompre tout commerce avec madame de Longueville. Elle se servit du duc de La Rochefoucauld et de ses passions, pour faire approuver sa conduite au duc de Nemours, et pour presser M. le prince de se confier à elle et de vouloir écouter ses conseils. Le duc de La Rochefoucauld m'a dit que la jalousie et la vengeance le firent agir soigneusement, et qu'il fit tout ce qu'elle voulut. Comme cette dame désiroit aussi se faire riche, elle sut tirer alors un présent de M. le prince, qui, poussé à cette libéralité par son jaloux négociateur, lui donna, en qualité de parent, la terre de Mariou, et surtout un pouvoir très-ample de traiter la paix avec le cardinal Mazarin. Elle alla donc à la cour, et y parut avec l'éclat que lui devoit donner une si grande apparence de crédit sur l'esprit de M. le prince; mais le cardinal ne crut pas possible qu'elle pût être si absolue maîtresse de son sort. Il s'imagina, selon la raison, que M. le prince avoit voulu lui complaire, mais que de tels traités ne se pouvoient pas faire de cette sorte : ou plutôt il ne voulut pas faire la paix dans des temps où il ne l'auroit pas faite assez avantageuse pour le Roi et pour lui ; mais, agissant à son ordinaire, il gagna du temps, et amusa le prince de Condé, pendant qu'il faisoit la guerre tout de bon en Guienne, et que partout les armes du Roi étoient victorieuses. Madame de Châtillon revint à Paris pleine d'espérance et de promesses ; et le cardinal, plus habile et plus fin que ses ennemis, tira de sa négociation un plus solide bien qu'il n'en auroit reçu alors de l'accommodement.

Le maréchal de Turenne ayant avis que Mademoiselle, passant par Etampes, avoit voulu voir l'armée des princes en bataille, fit marcher ses troupes, et arriva au faubourg d'Etampes avant que celles de l'armée qui étoit logée dans cette ville fussent en état de défendre leur quartier. Il fut forcé et pillé : M. de Turenne et d'Hocquincourt se retirèrent au leur, après avoir défait mille ou douze cents chevaux des meilleures troupes de M. le prince, et amené plusieurs prisonniers. Dans ce même temps se faisoient plusieurs négociations et plusieurs voyages par les députés du parlement vers le Roi, tous demandant l'éloignement du ministre ; et, selon les occurrences, ils étoient traités avec douceur ou rudesse.

L'heureux succès d'Etampes fit résoudre le cardinal de l'assiéger avec toute l'armée royale. Il y avoit lieu, pour plusieurs raisons, d'en espérer une bonne issue : le dessein en étoit beau, et pouvoit faire voir aux ennemis de l'Etat que le Roi ne manquoit pas de forces, ni son ministre de courage ; mais le duc de Lorraine vint arrêter ce dessein. Il y avoit long-temps que les princes l'attendoient avec impatience, et le mitre avoit empêché ce secours par quelque accommodement qu'il prétendoit avoir fait avec ce duc ; mais sa légèreté ordinaire ne put le fixer à ce qui peut-être lui auroit été plus avantageux. Il vint avec ses troupes qui campèrent près de Paris : elles firent de grands désordres, et furent à quelques-uns de très-justes châtimens de leurs fautes. Ils n'osèrent s'en plaindre : les crimes volontaires rendent d'ordinaire les hommes plus patiens que la philosophie des plus sévères stoïques.

Le peuple ayant demandé à l'hôtel-de-ville que la châsse de sainte Geneviève fût descendue et portée en procession pour chasser le Mazarin et avoir la paix, la procession se fit avec la cérémonie ordinaire. Pendant cette pieuse action, M. le prince, pour gagner le peuple et se faire roi des halles aussi bien le duc de Beaufort, se tint dans les rues et parmi la populace, lorsque le duc d'Orléans et tout le monde étoit aux fenêtres pour voir passer la procession. Quant les châsses vinrent à passer, M. le prince courut à toutes avec une humble et apparente dévotion, faisant baiser son chapelet, et faisant toutes les grimaces que les bonnes femmes ont accoutumé de faire ; mais quand celle de sainte Geneviève vint à passer, alors comme un forcené, après s'être mis à genoux dans la rue, il courut se jeter entre les prêtres : et baisant cent fois cette sainte châsse, il y fit baiser encore son chapelet, et se retira avec l'applaudissement du peuple. Ils crioient tous après lui, disant : «*Ah ! le bon prince ! et qu'il « est dévot !* » Le duc de Beaufort, que M. le prince avoit associé à cette feinte dévotion, en fit de même ; et tous deux reçurent de grandes bénédictions, qui, n'étant pas accompagnées de celles du Ciel, leur devoient être funestes sur la terre. Cette action parut étrange à tous ceux qui la virent. Il fut aisé d'en deviner le motif, qui n'étoit pas obligeant pour le Roi ; mais il ne lui fit pas grand mal.

Le Roi, qui alors recevoit de continuelles députations du parlement, ayant par une réponse écrite témoigné désirer de contenter ses peuples, et montré vouloir faire quelques conférences sur ce sujet, avoit ordonné qu'on députât tout de nouveau les mêmes députés. L'affaire à leur retour ayant été mise en délibération dans la compagnie en présence des princes, il fut dit que les deux députés, les présidens de Maisons et de Nesmond, retourneroient vers le Roi. Ils partirent le 13 de juin pour Melun, et deux jours auparavant on avoit accordé entre le Roi d'une part, le duc de Lorraine et les princes de l'autre, une suspension d'armes de six jours, afin de travailler à la paix.

Il y eut quelque dispute entre M. le prince et le duc de Lorraine, touchant leurs rangs ; mais le dernier sembla s'en relâcher : et comme il traitoit avec tous, il traitoit aussi avec le Roi. Lui, qui ne cherchoit que ses intérêts, prit ce parti, comme celui dans lequel il devoit trouver ses avantages. Les choses étant en bon état, et le duc de Lorraine étant dans son armée, le Roi fit approcher la sienne pour l'obliger à conclure ou à combattre. Le Roi en même temps écrivit au roi d'Angleterre, et le pria, comme son bon frère, qui désiroit le bien public et la paix générale, d'aller voir ce duc, et de l'obliger à le venir trouver. Le roi d'Angleterre, qui étoit à Paris, partit aussitôt, quoiqu'il vit clairement qu'il désobligeoit son oncle le duc d'Orléans, et s'en alla au camp du duc de Lorraine, qui étoit à trois lieues de Paris. Il trouva en arrivant que les deux armées se battoient, et que l'avant-garde du Roi commençoit déjà d'attaquer les troupes lorraines. Le roi d'Angleterre, qui étoit là pour parler de paix, s'arrêta tout court, manda au duc de Lorraine qu'il étoit venu pour travailler à le mettre d'accord avec le Roi, et qu'il s'étonnoit de trouver les choses en cet état. Le duc, le venant aussitôt trouver, lui témoigna en être aussi surpris que lui; et, soit en effet ou en apparence, il se plaignit de la cour, disant qu'on l'amusoit de négociations et de traités de paix, et que cependant on l'attaquoit par force. Dans ce même moment, Beaujeu arriva de la part du Roi, qui assura le duc de Lorraine que cette attaque n'étoit rien que pour le forcer à s'accommoder, et supplia le roi d'Angleterre de travailler à la paix. On mit papier sur table, et ce jour samedi 15 juin, venant sur le 16, on fit un accommodement qui parut plus avantageux au Roi qu'à ce prince; car il n'en tira point d'autre profit que de s'en retourner sans aucune perte.

La rage du peuple et la colère des princes fut grande, quand ils virent l'effet de cette négociation. Les bourgeois de Paris témoignoient de l'amour aux ennemis du Roi, et de la haine à ses amis ou à ceux qui cessoient d'être ses ennemis, tant cette ville étoit alors éloignée des sentiments que de bons sujets doivent avoir pour leur souverain. Lorsque le duc de Lorraine étoit arrivé dans cette ville mutine, et qu'il avoit entendu les cris de joie que le peuple jetoit à son arrivée, il avoit dit qu'il n'eût jamais cru pouvoir entrer dans Paris comme ennemi du Roi, et y être aussi bien reçu qu'il l'étoit.

Ensuite de cet accommodement, M. le prince se résolut d'aller à son armée, de peur que celle du Roi ne l'attaquât en chemin. L'ayant tirée d'Etampes, il la rejoignit à Linats, et la mena loger vers Villejuif, puis à Saint-Cloud, où elle fut assez long-temps. J'étois demeurée jusqu'alors dans Paris, où l'absence de la Reine et la vue de la révolte m'avoit incommodée; mais sachant la cour à Saint-Denis, je fis résolution d'y aller et de m'échapper de Paris, d'où il étoit difficile de sortir sans quelque péril, à cause que les portes étoient gardées. Je le fis à l'aide d'un carrosse de Mademoiselle qui me mena jusqu'à Chaillot: puis de là je fus escortée par mon frère, lequel, étant venu de Saint-Denis pour me quérir, avoit été reconnoître les endroits par où nous pouvions passer; et quoique ce jour tous les environs de Paris fussent couverts de troupes du Roi et de M. le prince, nous passâmes heureusement par un chemin de traverse, et allâmes rejoindre la cour, qu'il y avoit long-temps que j'avois quittée. Nous trouvâmes que l'armée étoit occupée à passer la rivière, pour aller battre les ennemis à Saint-Cloud où ils étoient encore; mais M. le cardinal ayant eu avis qu'ils quittoient ce poste, et qu'ils marchoient cette nuit du premier au second pour aller à Charenton, fit aussitôt repasser notre armée pour prendre cette même route; et nous vîmes de nos fenêtres, le matin à notre réveil à Saint-Denis, les dernières troupes de l'arrière-garde filer vers Paris pour aller attaquer celles des princes, que la nôtre rencontra vers le faubourg de Saint-Martin, tirant vers celui de Saint-Antoine.

D'autre côté, M. le prince voyant l'armée du Roi grossie des troupes du maréchal de La Ferté, et qu'il ne pouvoit faire passer la sienne par Paris comme il l'avoit espéré, pour s'aller poster dans cette langue de terre qui fait la jonction de la Marne avec la Seine, fut obligé de la faire marcher à l'entrée de la nuit le premier de juillet; et pour arriver sûrement où il vouloit aller avant que l'armée du Roi le pût joindre, il les fit passer par le Cours et par le dehors de la ville, qui étoit ce même chemin que nous avions pris peu d'heures auparavant, et où nous pensâmes rencontrer et passer avec les premières troupes de son avant-garde. C'est une terrible aventure pour une femme poltronne que de se voir en telle compagnie; mais comme ces gens marchoient en ordre, et que leurs officiers étoient à leur tête, ils ne nous auroient pas fait de mal. Il faut dire aussi, à la louange de tous, que jamais il n'y a eu de guerre qui se soit faite avec moins d'animosité. Nous avons ouï et vu des menaces, des insolences et des crieries, même de mauvaises actions, mais non pas ces massacres et barbaries que nous lisons dans les histoires, et que les autres révoltes ont produites. Ces moutons de M. le prince (car ils paroissoient tels), croyant toujours qu'on leur ouvriroit quelqu'une des portes, passèrent en côtoyant Paris, depuis la porte Saint-Honoré jusqu'à celle de Saint-Antoine, pour prendre le chemin que j'ai marqué. Je ne connus le péril où j'avois été qu'après qu'il fut passé, et que le lendemain de grand matin je me vis réveillée du bruit des tambours de l'armée du Roi, qui, selon que je l'ai déjà dit, alloit à celle de M. le prince pour la combattre. Dans ce dessein, on fit aller le Roi à Charonne. Il se plaça sur un petit coteau, afin qu'il pût voir de ce lieu une action qui devoit être, selon toutes les apparences, la perte de M. le prince et la ruine du parti rebelle, avec la fin de la guerre civile.

La Reine se leva ce jour-là de grand matin, et alla au Carmélites (1) passer au pied des autels une si importante journée. Je fus l'y trouver

(1) Carmélites du couvent de Saint-Denis.

aussitôt, avec l'émotion et le battement de cœur qu'on devoit avoir dans une pareille occasion, où l'on voyoit de si près la perte inévitable de tant de braves gens qui composoient ces deux partis. Là, elle sut aussitôt que Saint-Mesgrin, pour avoir eu trop de chaleur et s'être trop précipité, avoit été tué dans une rue étroite où il avoit inprudemment fait avancer la compagnie des chevau-légers du Roi, qu'il commandoit. Le Fouilloux, enseigne des gardes de la Reine, y fut tué aussi. Mancini, neveu du cardinal Mazarin, brave et jeune, et déjà honnête homme, y fut blessé à mort : il paya de sa vie et de son sang le malheur de son oncle, qui paroissoit être le prétexte de cette injuste guerre. La Reine les regretta tous infiniment ; et comme il lui sembloit qu'ils étoient tués à ses yeux, elle en parut beaucoup plus touchée que dans les autres occasions où le Roi et elle avoient perdu de bons serviteurs. Cette princesse fut toujours, pendant ce combat, à genoux devant le Saint-Sacrement, excepté les momens qu'elle recevoit des courriers qui la faisoient aller à la grille apprendre la mort de quelqu'un du parti du Roi. Sa souffrance fut grande, puisque je puis dire que le crime de ses ennemis n'effaçoit point en elle le regret qu'elle avoit de leur perte : elle sentoit de la douleur pour ceux qui mouroient pour le service du Roi, et ceux qui périssoient dans le parti contraire avoient encore quelque part à sa pitié. Je vis ses peines ; car j'eus l'honneur d'être seule auprès d'elle presque tout le jour. Madame de Seneçay qui l'avoit suivie se trouva mal : elle demeura toujours dans une cellule du couvent, sans approcher de la Reine ; mais la princesse palatine la vint trouver sur le soir de ce terrible jour. M. le prince y acquit une éclatante gloire par les belles actions que sa valeur lui fit faire, par sa conduite qui fut estimée et louée dans tous les deux partis, et par l'avantage qu'il eut de ne pas périr lui et toutes ses troupes, comme selon toutes les maximes de la guerre, à ce que dirent les plus vaillans, cela devoit arriver. Il ne fut attaqué que dans le moment qu'il se put servir des retranchemens que les bourgeois du faubourg Saint-Antoine avoient faits pour les garantir d'être pillés des troupes du duc de Lorraine ; et ce bonheur fut ce qui le sauva, en lui donnant le moyen d'employer à sa défense le grand cœur et cette extrême capacité qui le rendoit un des plus grands capitaines qui ait été dans l'Europe. Heureux en toute manière s'il n'avoit point terni par sa révolte les grands services qu'il a rendus à la France, à laquelle on peut dire qu'il a fait beaucoup de bien et beaucoup de mal.

Le duc de Nemours, qui combattit toujours auprès du prince de Condé, eut treize coups sur lui ou dans ses armes. On vint dire à la Reine qu'il étoit mort. Je remarquai qu'elle eut la bonté de le regretter, comme un ennemi qui avoit du mérite, et en qui même elle croyoit d'assez bonnes intentions pour la paix. Le duc de La Rochefoucauld y reçut une mousquetade qui lui perça le visage au-dessous des yeux, dont à l'instant il perdit quasi la vue. On vit le jeune prince de Marsillac son fils le ramener au travers de Paris dans cet état pitoyable, qui lui faisoit voir en sa propre personne l'erreur universelle de tous les hommes, qui pour l'ordinaire trouvent leur perte où ils ont cru trouver leur bonheur. Il a depuis recouvré la vue ; et à peu près dans le même temps sa raison lui a fait connoître qu'encore que l'aveuglement de l'ame paroisse accompagné de quelques charmes, il est pire que celui des yeux, et nous cause des maux bien plus véritables. Je lui ai ouï dire depuis à lui-même, admirant l'application qu'il avoit eue à ce qui se passoit alors, qu'en l'état où il étoit, sa seule pensée fut de faire pitié au peuple par l'horreur de sa blessure, et que depuis la porte Saint-Antoine jusqu'à l'hôtel de Liancourt, où il fut porté, il parla continuellement à tous ceux que la compassion obligeoit de s'arrêter à le regarder, les exhortant d'aller secourir M. le prince : ce qui peut-être ne lui fut pas nuisible. Le duc de Navailles, qui commandoit les troupes du Roi du côté de Picpus, après les avoir postées avantageusement, poussa celles de M. le prince, et ce fut là où furent tués et blessés tant de personnes de marque, tous braves gens et de mérite, et entre autres Flamarin, qui fut un des plus regrettés.

Les Parisiens jusqu'alors avoient été spectateurs paisibles de ce grand combat : une partie étoit gagnée par les serviteurs du Roi, et même on a dit que les officiers de la colonelle, qui étoit alors en garde à la porte Saint-Antoine, étoient du nombre ; car ils empêchoient de sortir et d'entrer dans la ville. Le duc d'Orléans étoit au Luxembourg obsédé par le cardinal de Retz, qui vouloit se défaire du prince de Condé et le laisser périr. Il disoit qu'il avoit fait son accommodement avec la cour, et que ce combat étoit une comédie. Ce prince demeuroit occupé de ses doutes, et ne faisoit nul effort pour secourir M. le prince. Mademoiselle, voyant cette perplexité, le vint réveiller, en lui représentant fortement son devoir, et l'obligation où l'honneur et le sang l'engageoient envers celui qui hasardoit sa vie et celle de ses amis pour la cause commune. Elle lui dit que les blessés et les mourans qu'on rapportoit du combat faisoient assez et trop funestement voir que M. le prince n'avoit point fait son accommodement sans lui ; enfin le duc d'Orléans se laissa toucher à ses persuasions. Elle alla porter ses ordres à l'hôtel-de-ville pour faire prendre les armes aux bourgeois. De là, elle alla voir le combat de dessus les tours de la Bastille : on a même cru qu'elle commanda au gouverneur de faire tirer le canon sur les troupes du Roi ; mais elle m'a depuis dit que cela n'avoit point été fait par son ordre. Je sais pourtant que le Roi et la Reine en furent persuadés, et peut-être que ce fut avec raison. Quoi qu'il en soit, elle alla elle-même à la porte de Saint-Antoine disposer non-seulement tous les bourgeois à recevoir M. le prince et son armée, mais encore à sortir et combattre pour lui. Elle fit ouvrir les portes, et animant les bourgeois à le favoriser, elle le sauva et l'empêcha de périr : ce qui étoit indubitable, s'il fût demeuré plus long-temps exposé aux forces du Roi et à la vaillance des nôtres. Tant de gens de qualité que l'on rapportoit du combat ou morts ou blessés achevèrent par cet objet d'émouvoir le peuple en faveur de M. le prince. Il fut donc reçu en triomphe, et entra dans la ville l'épée à la main, et véritablement couvert de sang et de poussière. Il fut loué, et reçut mille bénédictions de tout le peuple.

Le ministre voyant que le canon de la Bastille avoit criminellement tiré sur les troupes du Roi, les fit sagement retirer ; et quoique cette journée ne lui fut pas favorable comme il avoit eu lieu de l'espérer, il parut ne se point laisser abattre à la mauvaise fortune, et souffrit la perte de son neveu avec une constance très-grande, quoiqu'il en fût en effet sensiblement affligé.

M. le prince et Mademoiselle, qui en ce jour firent chacun de leur côté des actions mémorables, furent tous deux à plaindre d'être engagés à soutenir une injuste guerre, qui les priva des louanges qu'en une autre occasion ils auroient méritées. J'aurois un grand plaisir à leur en pouvoir donner autant qu'en ce cas ils en mériteroient, s'ils avoient combattu pour une cause légitime ; mais une bonne Française n'en peut pas dire davantage.

Le soir de ce grand jour, la Reine fut occupée au soin de secourir les soldats blessés qu'on avoit apportés à Saint-Denis pendant et après le combat. On fit une infirmerie de la Halle et de la grande salle de l'Abbaye ; mais on eut de la peine à trouver assez de paille pour les coucher, et des bouillons pour les nourrir. J'étois logée dans la grande chambre au-dessus de cet appartement, faute de logis ; je n'avois pas eu le loisir d'aller coucher dans le monastère des filles de Sainte-Marie, où elles n'étoient pas, et que la Reine m'avoit fait marquer le soir précédent. Ainsi il m'y fallut demeurer encore la nuit. Le lendemain, sortant de cette chambre, je passai dans cette salle, où je vis beaucoup de blessés, dont la plus grande partie se mouroient ; mais quasi tous demandoient à manger avec une avidité non pareille, et pas un ne pensoit à son salut. Ce tableau de la misère humaine me fit faire quelques lamentations sur le malheur de la guerre ; mais enfin il n'y a rien dans l'univers que le Seigneur n'ait fait : il tire sa gloire de tout, et en toutes choses il faut toujours dire : *Gloria in excelsis Deo !*

Les négociations des particuliers qui agissoient par intérêt recommencèrent ; mais M. le prince, par le bon état de ses affaires, ne vouloit plus de paix. Le cardinal ce jour-là reçut par moi un billet de Longueil, qui par les ordres de Chavigny renouveloit au cardinal la proposition d'aller à la paix générale. Il la goûta de telle sorte alors que le duc de Bouillon me vint trouver de sa part dans la chambre de la Reine, et me demanda avec empressement si Longueil parloit de la part du prince de Condé. Je lui dis que oui, parce que je le croyois ainsi ; mais après que j'eus écrit à Longueil je vis bien que non, à cause qu'il ne me fit pas de réponse positive. En agissant de cette manière, il suivoit son naturel ; car, comme je pense l'avoir déjà dit, il entamoit toujours de nouvelles matières, et ne leur donnoit point de forme ni de fin.

Chavigny qui s'étoit alors raccommodé avec le prince de Condé, et tous ceux de ce parti, furent d'avis qu'il profitât de la bonne disposition où le peuple paroissoit être pour lui. Ils proposèrent une assemblée à l'hôtel-de-ville pour y faire reconnoître le duc d'Orléans lieutenant général de la couronne de France ; qu'ensuite on s'uniroit inséparablement pour procurer l'éloignement du cardinal ; qu'on pourvoiroit le duc de Beaufort du gouvernement de Paris en la place du maréchal de l'Hôpital ; et qu'on établiroit Broussel prévôt des marchands, au lieu de Le Febvre. Mais cette assemblée, dont on croyoit tirer de si grands avantages, fut une des principales causes de la ruine de ce parti, dont le crédit diminua visiblement après une violence horrible qui se fit en cette occasion, et pensa faire périr tout ce qui se trouva à l'hôtel-de-ville. Dieu, qui vouloit regarder la France en pitié, fit perdre à M. le prince par cette voie tous les avantages que la bataille de Saint-Antoine lui avoit donnés. Lorsque l'assemblée se tenoit, on suscita une troupe composée de toutes sortes de gens armés, qui vinrent crier aux portes de la maison-de-ville qu'il falloit qu'on leur livrât à l'heure même tous les amis du cardinal Mazarin, et que tout passât selon les volontés de M. le prince.

D'abord on crut que ce bruit n'étoit qu'un effet ordinaire de l'impatience du même peuple ; mais quand ceux qui étoient assemblés virent que la foule, le bruit et le tumulte augmentoient, qu'on mettoit le feu aux portes et qu'on tiroit aux fenêtres, alors ils se crurent tous perdus. Plusieurs, pour éviter le feu, s'exposèrent à la fureur du peuple, et beaucoup de gens y furent tués, de toutes sortes de conditions et de tous les partis. Voilà la seule fois que la guerre civile a produit des actions de cruauté ; mais celle-là, comme telle, en fut aussi le remède. J'étois auprès de la Reine à Saint-Denis, quand on lui vint dire cette nouvelle. On y ajouta que l'hôtel-de-ville étoit en feu, et toute la ville à feu et à sang : ce qui, peu d'heures après, ne se trouva pas tout-à-fait véritable. La Reine apprit ce funeste accident, et le sentit avec l'horreur que méritoit un tel désordre. Chacun de nous fit des vœux pour le salut de cette ville où la confusion étoit si grande, et que nous regardions enfin avec cet amour que l'on doit avoir pour sa patrie.

Quelques jours après le feu de l'hôtel-de-ville, je partis de Saint-Denis pour m'en aller à la campagne passer le temps fâcheux de la guerre, où j'attendis paisiblement que la paix fût faite pour revenir à la cour. On ne pouvoit vivre à Saint-Denis qu'en allant au fourrage, et je n'avois pas assez de valets pour y être servie commodément : par cette raison, je me privai moi-même de la présence de la Reine, qui faisoit toujours toute ma joie. J'ai lieu de croire qu'en la quittant je perdis aussi ce favorable moment de la fortune qui ne revient presque jamais, quand on est assez malheureux pour le laisser échapper. Le ministre méditoit une volontaire absence, pour ôter aux princes et au peuple le prétexte du Mazarin ; et me voyant alors auprès de la Reine, la seule en qui il pût prendre quelque confiance, il me demanda un jour, sans préambule ni sans me rien expliquer, ce que je désirois pour être satisfaite. Moi, qui n'avois dans l'esprit que les horreurs de la guerre, et qui en voulois fuir les incommodités, je lui répondis imprudemment que je m'en allois en Normandie, qu'il n'étoit pas temps qu'il pensât à moi, et qu'à son retour j'espérois qu'il ne m'oublieroit pas. Je ne m'aperçus de la faute que j'avois faite et de son dessein qu'après que je fus partie. J'en reçus la punition que je méritois ; car, encore qu'il eût sujet d'être content de ma conduite, il me fit connoître ensuite que les hommes ne pensent à bien faire que selon leurs besoins ou leurs fantaisies. Je laissai la Reine dans de grandes espérances de pouvoir vaincre bientôt ses ennemis par les intelligences qu'elle et son ministre avoient dans Paris : et ce qui étoit arrivé à l'hôtel-de-ville en paroissoit une puissante raison. Je vis même, avant que de partir, quelques présidens du parlement qui se vinrent rendre auprès du Roi ; les sages de cette compagnie, dont les intentions en général n'avoient point été sans doute déterminément criminelles, reprenant des lumières plus conformes à la raison, se guérirent de l'enthousiasme de vouloir réformer l'Etat. Ils se séparèrent des plus factieux, et peu après, se retirant quasi tous de Paris, se rangèrent à leur devoir, et firent voir que les Français ne sont pas si infidèles en effet qu'ils le paroissent quelquefois.

Un chacun demandoit la cause et la source de ce qui s'étoit fait à l'hôtel-de-ville. Non-seulement on ne la sut pas à Saint-Denis, mais on ignore encore qui est celui qui a pu autoriser une action si barbare, qu'on a toujours attribuée à M. le prince plus qu'à aucun autre. Mais ceux qui en veulent juger plus favorablement croient que M. le duc d'Orléans et M. le prince s'étoient tous deux servis de l'entremise du duc de Beaufort pour faire peur à ceux qui étoient pour le Roi, et que les ordres de ce prince étant mal donnés ou mal entendus, le mal fut plus grand qu'ils n'avoient voulu, et les intentions moins terribles et moins pernicieuses qu'elles le parurent par les effets. Ce qui le devoit persuader à tous fut que M. le prince fit ce qu'il put en cette occasion pour empêcher l'augmentation du mal ; mais cela n'effaça nullement l'impression que cette violence fit dans tous les esprits, ni la haine qui la devoit suivre. Par ce soupçon incertain, la puissance des princes devint en horreur aux gens de bien, et les yeux de tous s'ouvrirent pour voir le malheur où leur révolte les engageoit : la juste et douce domination de leur souverain leur parut un bien inestimable, et ils résolurent de la rechercher comme leur unique bonheur. Cependant les princes, ne croyant pas être si près de la fin de leur puissance qu'ils l'étoient en effet, ne pensoient qu'à l'établir par de nouveaux moyens.

Ils proposèrent de créer un conseil composé des princes du sang et du chancelier Seguier, à qui la perte des sceaux avoit fait perdre la patience. On y ajoutoit les princes de leur parti, les ducs et pairs, maréchaux de France et officiers généraux, deux présidens du parlement et le prévôt des marchands, pour juger définitivement de tout ce qui concernoit la guerre et la police. Mais ce dessein leur réussit aussi mal que l'autre ; car il eut des suites très-funestes, en ce que le duc de

Nemours et le duc de Beaufort, déjà naturellement ennemis, quoique beaux-frères, se querellèrent tout de nouveau pour le rang, et se battirent à Paris, derrière l'hôtel de Vendôme, à coups de pistolet. Le duc de Nemours attira sur lui la colère du ciel, en ce qu'il força le duc de Beaufort à ce combat. Il y fut tué, et sa mort fut pleurée de tous ceux qui connoissoient le mérite de ce prince infiniment aimable et doué de beaucoup de belles qualités. Ce ne fut pas sans sujet que je vis la Reine regretter sa perte, quand à la journée de Saint-Antoine elle le crut mort; car il en avoit usé si généreusement à l'égard du Roi, qu'il avoit mandé au ministre que ses prétentions n'empêcheroient point la paix, et qu'il renonçoit de bon cœur à tous ses avantages pour rentrer dans son devoir, dont il ne s'étoit écarté que par malheur, et par l'engagement d'amitié où il s'étoit trouvé avec M. le prince. Le duc de La Rochefoucauld m'a dit depuis qu'il y avoit renoncé aussi, quoique dans le vrai on ait eu sujet de croire qu'il n'étoit pas indifférent aux articles qui se proposoient toujours pour lui lorsqu'on parloit de paix.

Depuis ces désordres, l'autorité du Roi commença à reprendre des forces, et celle des princes diminua tout-à-fait. Le prince de Condé, n'ayant plus ses deux amis les ducs de Nemours et de La Rochefoucauld, qui le poussoient toujours à l'accommodement, se laissa enfin engager avec les Espagnols, d'autant plus que madame de Longueville l'en pressoit. Il se voyoit haï dans Paris depuis le feu de l'hôtel-de-ville. Il étoit tenté par les belles promesses des étrangers; et les charmes de madame de Châtillon, qu'il ne haïssoit pas, n'eurent point assez de force pour l'empêcher de s'embarquer avec eux. Il fit néanmoins dans ces derniers temps quelque semblant de vouloir traiter avec le ministre; mais il prenoit en effet ses mesures pour la guerre. Il offrit au duc de La Rochefoucauld le même emploi du duc de Nemours : il ne l'accepta point, à cause de sa blessure qui le menaçoit encore alors de perdre la vue; si bien que le commandement de l'armée fut donné au prince de Tarente, fils du duc de La Trémouille. Elle étoit dans Paris, n'osant tenir la campagne; et une si mauvaise compagnie faisoit haïr davantage M. le prince, dont les affaires empiroient tous les jours. Les Espagnols, qui ne le vouloient pas laisser périr, firent revenir une seconde fois le duc de Lorraine avec un corps assez considérable. Ce prince crut avoir assiégé l'armée du Roi : et il se trompa, car elle se retira heureusement de ses retranchemens.

Dans ce même temps, M. le prince tomba malade d'une fièvre continue. Sur la fin de sa maladie, Chavigny l'ayant été voir, ce prince, sur quelques dégoûts qu'il avoit eus de sa conduite, s'aigrit contre lui, et lui dit quelques paroles fâcheuses, dont Chavigny fut si touché que, revenant chez lui, il tomba malade, et mourut de rage. M. le prince, qui se portoit mieux alors, l'étant allé voir comme il étoit à l'extrémité, parut le regretter; et une personne qui étoit présente à cette visite m'a dit que les yeux lui rougirent, et qu'il voulut, par une manière de désespoir, s'arracher les cheveux; mais après l'avoir regardé, il dit en s'en allant, et se moquant de son agonie, qu'il étoit laid en diable (1).

Ce ministre infidèle à son Roi mourut consommé par l'ardeur de son ambition, et par les rudes effets de celle d'autrui. Il se repentit à l'heure de sa mort de s'être laissé emporter à la vanité de ses désirs, et, pour satisfaire à la justice de Dieu, il laissa une grande somme de deniers aux pauvres, mais qui ne furent point donnés, parce que la prudence humaine et les intérêts de sa famille changèrent ses ordres. Sa faveur avoit été si grande dans les temps du feu Roi et du cardinal de Richelieu, qu'elle l'avoit mis en état d'en procurer aux autres. Il avoit eu l'honneur d'être mis au nombre de ceux qui, à la régence, sembloient destinés au gouvernement de l'Etat. Etant déchu de cette place, il avoit travaillé inutilement par toutes voies pour s'y rétablir. *Dominus autem irridebit eum, quoniam prospicit quod venit dies ejus* (2).

Les affaires des princes empiroient, et le cardinal, pour donner le temps aux bons serviteurs du Roi de le servir et de faire connoître aux Parisiens la tromperie où les tenoit la haine opiniâtre et extravagante qu'ils avoient contre lui, se résolut enfin de quitter la cour pour quelque temps; mais comme l'absence est toujours dangereuse à un ministre, avant que de partir il voulut encore tenter un accommodement avec M. le prince. Il envoya Langlade au duc de La Rochefoucauld, avec des conditions de paix presque conformes à ce que M. le prince avoit paru souhaiter; mais ce prince, étant entraîné par sa destinée, ne les voulut pas écouter, et les offres du roi d'Espagne lui firent naître de nouvelles pensées dans l'esprit. Il se mit, par cette voie, dans la nécessité de quitter la France : ce qui arriva peu de temps après.

Le ministre partit aussi; mais avant qu'il s'éloignât, le prince de Condé fit donner un dernier arrêt contre lui, où il étoit accusé de tenir le Roi prisonnier. Le duc d'Orléans se fit décla-

---

(1) Madame Du Plessis-Guénégaud, amie de Chavigny, m'a dit ces particularités.
(2) Psaumes de David.

rer généralissime des armées du Roi, et tous deux firent ce qu'ils purent pour faire valoir l'autorité du conseil, qu'ils avoient mal établie. Toutes ces entreprises leur ayant mal réussi, M. le prince fut enfin contraint de s'en aller en Flandre cueillir de nouveaux lauriers. Ils ont eu le malheur de déplaire à son légitime seigneur ; mais ils n'ont pas laissé d'augmenter en tous lieux sa gloire et sa haute réputation. Il est même à présumer qu'il sentit beaucoup de joie d'avoir forcé son ennemi le Mazarin à fuir le premier.

Après le départ du cardinal Mazarin, qui eut la satisfaction de laisser un parlement établi à Pontoise (1), des principaux de celui de Paris, le Roi alla à Compiègne, où il reçut de toutes parts des marques de la fin prochaine de la révolte, et du repentir de ses peuples. Le parti des princes étant affoibli par l'absence du ministre, et le prétexte de l'illusion dans laquelle ils avoient vécu jusqu'alors anéanti, tous les bons Français rentrèrent dans leur devoir.

Le cardinal de Retz se voulut donner le mérite de la paix, et, suivant l'inclination du duc d'Orléans, se remettre par cette belle voie aux bonnes grâces du Roi. Il prétendit en ces derniers temps l'avoir bien servi, et ses amis le disoient ainsi ; mais tant de personnes alors s'empressèrent de bien faire, que ses services n'eurent pas beaucoup de mérite, ou s'ils en eurent, ils furent aisément effacés par le souvenir des factieuses entreprises qui les avoient précédés, et qui étoient fortement gravées dans le cœur de la Reine.

La cour étant à Compiègne, le Roi y reçut les protestations de fidélité de ses peuples ; et voulant revenir à Paris, il y envoya une amnistie générale. Il chassa les principaux frondeurs, et força par sa présence le même duc d'Orléans de quitter cette grande ville, où il jouissoit d'une puissance injuste. Ce prince fut obligé de fuir à la vue du Roi, qu'il n'avoit point voulu venir trouver, quoique le duc de Damville, avant que le Roi y arrivât, lui en eût porté l'ordre. En refusant de voir le Roi, qui avoit eu la bonté de le vouloir souffrir, et de lui offrir le pardon des choses passées, il fallut qu'il évitât par son exil le chagrin de voir toutes ses entreprises accompagnées de honte et de malheur ; mais comme il demeura quelque temps indécis sur ce qu'il avoit à faire, le Roi et la Reine, qui regardoient son absence comme nécessaire, approchant de Paris (2), et voyant qu'il y étoit encore, tinrent conseil dans leur carrosse pour y prendre leur résolution ; et il y fut conclu, selon ce que la Reine me fit l'honneur de me dire à mon retour de Nor-

(1) Il en partit le 19 août.
(2) Le roi revint à Paris le 21 octobre.

mandie, d'envoyer des troupes droit au Luxembourg pour se saisir de sa personne. Le duc d'Orléans en ayant été averti, et sachant les maux dont il étoit menacé, partit de Paris à l'instant même que le Roi y entra, et fut se reposer de ses fâcheuses et inutiles sollicitudes en son château de Blois, où le détrompement des vaines fantaisies de la grandeur et de l'ambition produisit en lui le désir des véritables et solides biens qui durent éternellement ; et il eut sujet alors de s'estimer heureux d'avoir été malheureux.

Mademoiselle eut ordre de quitter les Tuileries où elle avoit logé jusqu'alors. Elle partit donc pour aller à Saint-Fargeau regretter toutes ses peines, aussi mal payées qu'elles avoient été peu méritoires, et peu agréables à celui qui en avoit été la cause.

Cette heureuse paix ramena le Roi dans Paris le 21 d'octobre. Il entra à cheval, accompagné du roi d'Angleterre, et suivi du prince Thomas qui sembloit être demeuré à la place du cardinal Mazarin, de plusieurs princes, ducs, pairs, maréchaux de France et officiers de la couronne, etc. La Reine venoit après en carrosse, et Monsieur étoit avec elle. Cette entrée fut vue des Parisiens avec une extrême joie, et leurs acclamations furent infinies. Le cardinal de Retz complimenta le Roi et la Reine à l'entrée du Louvre, avec tout le clergé : ce qui ne leur fut pas un spectacle désagréable. Aussitôt après, le Roi réunit les deux parlemens en un, lui défendit de se mêler d'affaires d'Etat, exila qui il lui plut, et logea au Louvre pour ne le plus quitter, ayant éprouvé par les fâcheuses aventures qu'il avoit eues au Palais-Royal que les maisons particulières et sans fossés ne sont pas propres pour lui. Le lendemain 22, par l'ordre du Roi, le parlement fut assemblé dans la galerie du Louvre, où le Roi, étant en son lit de justice, leur ordonna ce que je viens de dire.

Après le retour du Roi, environ vers Noël, le cardinal de Retz, forcé par la nécessité de la bienséance, vint au Louvre pour saluer le Roi et la Reine. Ces deux royales personnes avoient résolu de le faire arrêter quand il viendroit leur faire la révérence ; mais il avoit été long-temps à se résoudre d'y venir. Sa visite soulagea la Reine d'une grande inquiétude. Il y avoit deux mois que le Roi et elle attendoient une bonne occasion pour exécuter leur dessein, comme nécessaire à leur repos. Pradelle, qui avoit cet ordre, avoit supplié le Roi de le lui donner signé de sa main, parce qu'il jugeoit que, ne devant pas manquer ce coup, il se trouveroit peut-être forcé de lui faire perdre la vie plutôt que de le laisser échapper. Mais la Reine, plus chrétienne que politique, ne pouvoit se résoudre par aucun intérêt de consentir à une action de vengeance et de cruauté : si bien que le Roi et elle, étant de même sentiment, attendoient que Dieu voulût, en bénissant leurs bonnes et justes intentions, leur donner le moyen de s'assurer de lui d'une manière plus douce : ce qui arriva en effet selon leurs souhaits. Ce fameux perturbateur de la cour, s'étant donc résolu d'aller rendre ses devoirs à Leurs Majestés, se rendit d'abord chez le maréchal de Villeroy ; puis de là voulant aller chez le Roi, qui avoit été averti par l'abbé Fouquet qu'il étoit dans le Louvre, il le rencontra comme il descendoit chez la Reine sa mère ; et se servant en cette occasion de cette judicieuse modération qui a paru depuis si excellemment pratiquée par lui en toutes ses actions, il lui fit bon visage, et lui demanda s'il avoit vu la Reine. Le cardinal de Retz lui ayant répondu que non, il le convia amiablement de le suivre, et en même temps commanda à Villequier, capitaine de ses gardes, de l'arrêter quand il sortiroit de chez la Reine : ce qui s'exécuta ponctuellement. Ainsi finit en lui le reste de la Fronde. Il en avoit été le chef et la source, et il fut le dernier abattu. J'ai ouï depuis conter ces particularités au Roi et à la Reine sa mère, un jour qu'ils en parlèrent ensemble devant moi.

[1653]. Le cardinal Mazarin étoit à Sedan, attendant l'exécution de ce grand exploit. Comme il avoit senti de l'incommodité de n'avoir pas eu assez d'argent pour se défendre puissamment contre ses malheurs, il voulut réparer ce défaut ; et, plus par amour pour lui-même qu'en haine de ses ennemis, il se voulut venger de toute la France en l'épuisant d'argent pour en remplir ses coffres. Il revint à Paris le 8 février 1653, et dans ce même temps je revins aussi de Normandie : de sorte que mes Mémoires ne seront plus mêlés des lumières d'autrui. Je n'écris d'ordinaire que ce que je sais par moi-même, et ceux qui en sont ou les acteurs ou les confidens.

Après le glorieux retour du cardinal, la cour, le parlement, et toute la France, commença à se ranger sous sa puissance : les esprits, détrompés de leurs dégoûts, aperçurent, par l'expérience qu'ils avoient faite de tant de maux, que sa domination valoit mieux que la fausse liberté qu'ils avoient souhaitée. Les peuples qui l'avoient méprisé commencèrent à le craindre ; et ayant repris plus de respect pour lui qu'ils n'en avoient jamais eu, ils s'accoutumèrent non-seulement à le souffrir, mais encore à l'encenser, et comprirent alors qu'il falloit, en faveur de son bonheur ou de ses bonnes qualités, lui pardonner ses défauts. Il s'appliqua aussitôt à finir la guerre de Bordeaux, afin d'être plus en pouvoir de se défendre contre l'étranger.

Le prince de Conti et madame de Longueville, qui étoient encore dans cette ville rebelle soutenant les restes d'un parti entièrement abattu, se défendirent contre lui par toutes les mauvaises voies que la tyrannie leur put fournir. Ils persécutèrent tous ceux qui parurent vouloir servir le Roi, et firent de grandes injustices, dont l'un et l'autre ont eu beaucoup de repentir : le prince de Conti, étant devenu dévot aussi bien que madame de Longueville sa sœur, en a depuis fait dans ce même lieu de publiques réparations, et la beauté de sa pénitence a surpassé de beaucoup la laideur de ses fautes. Cette puissance, qu'ils gardèrent quelque temps de cette sorte, ne pouvant subsister long-temps contre l'autorité légitime, il fallut enfin abandonner leur forteresse, et se soumettre à ce qu'il plut au Roi de leur ordonner. Madame la princesse, le duc d'Enghien, le prince de Conti et madame de Longueville en partirent le 24 juillet 1653, pour aller chacun dans les lieux dont on étoit convenu avec eux.

Le duc de Candale eut l'honneur de finir cette guerre, où la facilité qu'il eut à vaincre ne diminua pas son mérite à l'égard du Roi et du ministre. Il paroissoit destiné à épouser mademoiselle de Martinozzi, nièce du cardinal : ainsi il ne pouvoit qu'il ne fût loué sur toutes ses actions, puisque le rayon de la faveur l'environnoit ; mais il avoit tant de belles qualités qu'il auroit pu la prétendre par lui-même, si le mérite la pouvoit donner.

Le prince de Conti, après la guerre, se voyant exilé et mal à la cour, quitta ses bénéfices, et fit demander mademoiselle de Martinozzi pour lui-même, s'estimant heureux de devenir le neveu de celui qu'il avoit haï et méprisé pour ami. Cette alliance ne parut pas d'abord convenir à la grandeur et à la naissance de ce prince ; mais l'éclat de la fortune du cardinal Mazarin étoit si grand, qu'il pouvoit, en effaçant la bassesse de sa race, élever sa famille à la participation des plus suprêmes dignités. Le prince de Conti trouva plusieurs avantages dans le choix qu'il fit de la personne de mademoiselle de Martinozzi ; car, avec de la beauté, elle avoit beaucoup de douceur dans l'humeur, beaucoup d'esprit et de raison. Ces qualités, si agréables à un mari, ont été perfectionnées par sa piété, qui a été si grande qu'elle a eu l'honneur de suivre le sien dans le chemin austère de la plus sévère dévotion ; mais elle a eu cet avantage sur lui qu'elle a donné à Dieu une ame toute pure, et dont l'innocence a servi de fondement à sa vertu, à l'amour qu'elle a eu pour lui, à l'estime qu'elle a faite de ses bonnes qualités, et à la reconnoissance qu'elle a eue de l'honneur qu'il lui avoit fait.

Madame de Longueville, ayant quitté Bordeaux, fut encore quelque temps à Montreuil-Bellay ; puis le moment étant venu où elle devoit connoître la vérité et la suivre, elle se retira à Moulins dans le couvent des filles de Sainte-Marie, auprès de madame de Montmorency sa tante. C'est là qu'ainsi que j'en ai déjà parlé, elle a vidé son cœur des fausses illusions du monde, et l'a rempli de désirs pour les solides biens et les grandeurs véritables ; qu'elle a connu que *la figure de ce monde passe* (1), et que, le regardant avec mépris, elle a depuis employé sa vie au service de Dieu, et à faire une très-auguste pénitence. Je lui ai ouï dire avec douleur qu'elle ne croyoit jamais assez faire, vu ce qu'elle devoit à la justice divine, par la part qu'elle avoit eu à la guerre civile. Comme la grâce changea ses sentimens en toutes choses, ils le furent aussi à l'égard du duc de Longueville son mari, avec qui elle souhaitoit infiniment de se raccommoder : ce qui arriva depuis avec satisfaction de l'un et de l'autre. Cette même grâce, ayant été répandue dans le cœur du prince de Conti, causa la réunion entre le frère et la sœur, qui depuis Bordeaux étoient demeurés mal ensemble : et cette famille, qui par la folie et la vanité du monde avoit été désunie, fut par la vertu chrétienne rétablie dans une entière paix.

Peu de temps après son mariage, le prince de Conti vint un jour chez la Reine. Il se trouva seul avec elle, et pour témoins il ne s'y rencontra que la comtesse de Flex et moi. La Reine, par hasard, lui parla des choses passées, et de la guerre que M. le prince avoit faite contre le Roi. Elle lui fit des questions sur quelques particuliers qui avoient voulu paroître fidèles, et qui ne l'avoient pas été en effet ; car, en ces occasions, beaucoup veulent tenir des deux côtés. Il lui rendit un compte fort exact des passionnés pour le parlement, des zélés pour le Roi, et des indifférens, qui n'avoient contenté aucun des partis. Ensuite de ce discours, la Reine, lui faisant des reproches amiables des maux qu'il lui avoit fait souffrir, lui demanda s'il étoit vrai, comme on l'avoit dit alors, que M. le prince son frère, avant la première guerre de Paris, où il avoit si bien servi le Roi, eût eu quelque pensée de faire un parti et de se séparer de la cour ; et s'il étoit vrai encore qu'il eût eu pour cet effet quelque intelligence à Noisy avec le coadjuteur, depuis devenu cardinal de Retz. Le prince de Conti lui répondit qu'il étoit vrai que monsieur son frère avoit eu une fois en ce temps-là une longue conférence avec le coadjuteur ; qu'il ne croyoit pas pour cela que son dessein eût été de se lier avec lui ; mais qu'à la vérité, voyant quelques nuages dans l'air, il avoit voulu tâter de tout pour voir de quel côté il se jeteroit. Il ajouta franchement à ce discours que madame de Longueville et lui avoient eu peur de cette conversation, parce qu'ayant pris toutes leurs mesures pour être les chefs du parti qui se formoit alors contre le Roi, ils auroient été fâchés que M. le prince fût venu les incommoder : avouant à la Reine ce que l'on avoit toujours dit, et que je pense avoir succinctement marqué ailleurs, qu'ils n'avoient été du côté des rebelles que parce que monsieur son frère étoit de celui du Roi ; et que si au contraire il se fût mis à la tête du parlement, ils seroient indubitablement venus à Saint-Germain, ne cherchant et ne voulant point d'autre avantage en cela que le plaisir d'être les chefs d'un parti dont M. le prince ne fût point. Il lui dit qu'ils avoient été mal ensemble par mille petits intérêts de famille, et que lui en son particulier n'avoit pu souffrir, quand la résolution fut prise d'assiéger Paris, qu'il eût répondu de lui au Roi et à elle, sans lui avoir demandé son consentement ; que ce mépris l'avoit touché, et l'avoit entièrement déterminé de quitter la cour à Saint-Germain, pour lui montrer qu'il n'étoit pas un petit garçon, et qu'il pouvoit de lui-même faire du bien ou du mal. En cet endroit, la Reine se ressouvint des larmes que répandit feu madame la princesse leur mère quand elle apprit qu'il étoit allé se rendre à Paris, et quelle douleur elle avoit eue de le voir lui et madame de Longueville dans cet engagement. Il lui répondit qu'il ne s'étonnoit pas de son sentiment, vu l'amitié et la tendresse qu'elle avoit pour eux, puisque c'étoit une chose bien dure à elle, qui n'aimoit point alors M. le prince, de le voir dans le parti où elle se rencontroit par devoir et par inclination, et ceux de ses enfans qu'elle aimoit le plus dans un tout contraire. Le prince de Conti, au milieu de cet entretien, comme revenant d'un profond sommeil, commença à s'écrier qu'il croyoit être devenu fou de parler de toutes ces choses, qui pouvoient faire renaître contre lui une juste haine. Mais la Reine se mettant à rire, lui dit qu'il pouvoit continuer sans nulle crainte ; qu'elle l'assuroit qu'elle étoit entièrement revenue pour lui : de sorte qu'il étoit impossible de réveiller

(1) Saint Paul.

dans son cœur aucun des sentimens qui avec raison y avoient été autrefois. Elle lui avoua de plus qu'elle n'étoit en cet état bien parfaitement que pour lui et pour M. de Turenne, et que pour autres, ils n'avoient de leur côté que le commandement de Dieu, sans lequel elle auroit eu de la peine à les souffrir.

Le cardinal, depuis son retour à Paris, ayant été sollicité par le maréchal de La Meilleraye de lui confier le cardinal de Retz, parent et allié de la maréchale de La Meilleraye sa femme, le ministre se résolut de lui accorder cette grâce, et de s'assurer, sur la parole qu'il lui en donna, qu'il ne sortiroit point de ses mains que par les ordres du Roi. En cette occasion, le cardinal Mazarin fit connoître que la douceur qu'il avoit jusqu'alors exercée à l'égard de ses ennemis pouvoit avoir souvent sa source dans sa bonté naturelle, puisqu'il étoit dans une si entière puissance qu'il étoit impossible de le soupçonner que ce sentiment pût être en lui par aucune foiblesse ni par aucune crainte. Il fut mal récompensé de sa facilité à bien faire; car le maréchal de La Meilleraye, ou mal servi, ou trop négligent, ou trompé par sa femme, eut le déplaisir, quelque temps après, de voir ce prisonnier s'échapper de sa prison. Le cardinal, pour comble de douceur, et par une louable générosité de cœur, ne lui en voulut point de mal, et fut persuadé que le cardinal de Retz avoit rompu ses fers sans sa participation. Ce prélat, étant libre, s'en alla à Rome, où il fit toutes les intrigues qu'il lui fut possible contre le ministre, tant auprès du Pape que par ses écrits; et un manifeste qu'il envoya depuis à Paris fut brûlé par la main du bourreau. Il y eut dans ces temps-là quelques mésintelligences entre la cour de Rome et la nôtre. Le Roi fit faire en plein conseil, par son chancelier, des plaintes contre le chef de l'Eglise, dont il est le fils aîné. Le cardinal Mazarin, après avoir donné au Pape cette mortification, lui en fit des excuses, disant que ce qui avoit été dit avoit été au-delà de ses ordres. Celui qui avoit trouvé des remèdes à de si grands maux n'étoit pas embarrassé par de si petites aventures. Les forces du cardinal de Retz ne furent pas suffisantes pour le mettre à couvert de l'habileté du cardinal Mazarin; l'autorité légitime, la juste défiance du Roi, et les emportemens criminels de l'exilé, furent d'un grand poids en cette affaire. Elle fut néanmoins assez vigoureusement soutenue par les amis du cardinal de Retz; ils se servirent du scrupule qu'on vouloit souvent jeter dans les consciences touchant le gouvernement de l'Eglise de Paris, et de sa qualité d'archevêque, qui lui donnoit alors une juste puissance sur les esprits des peuples.

[1654] La guerre étrangère fut toujours soutenue de la même manière qu'elle l'avoit été. M. le prince redonnoit des forces aux ennemis, mais le plus souvent le Roi avoit l'avantage sur eux; et ses armées se sont toujours trouvées non-seulement suffisantes pour leur résister, mais encore pour les vaincre. Les lignes d'Arras, glorieusement forcées par ses troupes, en furent de glorieuses preuves; et ce grand projet, exécuté le 25 août avec beaucoup de bravoure, fut une des plus belles actions qui se soient faites pendant la guerre. On y perdit le duc de Joyeuse, qui fut infiniment regretté de toute la cour. Chaque campagne enfin a produit de grandes ou de petites victoires. Ces roses ont été quelquefois accompagnées d'épines; mais ces épines n'étoient pas si fâcheuses que les fleurs en étoient agréables à cueillir.

Le parlement, qui n'étoit humilié que parce qu'il n'avoit pu résister à la puissance royale, faisoit de temps en temps quelques efforts pour reprendre des forces, et même il y eut des occasions où la police et le service du Roi les obligèrent à vouloir s'assembler; mais ces assemblées ayant été trop funestes à la France, et ce mot seulement étant en horreur au ministre, le Roi s'y opposa, et vint une fois du bois de Vincennes au parlement en grosses bottes leur défendre de s'assembler.

Le garde des sceaux, qui sous le nom de premier président avoit joué un si grand rôle pendant les guerres, étoit mort, et le chef de cette compagnie étoit alors le président de Bellièvre. C'étoit un homme habile, que les courtisans révéroient non-seulement par plusieurs bonnes qualités qui étoient en lui, mais encore parce que ses amis étoient des gens à faire croire qu'il pensoit à autre chose qu'à prononcer des arrêts. Madame de Chevreuse, Laigues, et beaucoup d'autres qui n'étoient pas amis du ministre, étoient ses plus confidens : et il sembloit qu'en lui se pût rassembler le reste de la Fronde; mais ne voulant pas se brouiller à la cour mal à propos, les finesses du ministre et sa douceur souvent artificieuse menoient ce magistrat à peu près à ce qu'il vouloit; et de même le premier président tiroit à son tour une partie de ce qu'il lui demandoit en faveur du public.

Après ces défenses faites au parlement, cette compagnie fit des remontrances au Roi sur ce sujet; et le ministre, qui étoit sage, se crut obligé de faire de grands radoucissemens au premier président, et de conseiller le Roi d'écouter leurs raisons avec la bonté d'un père qui sait pardonner et punir équitablement. Une autre fois, le parlement ayant résisté aux volontés du Roi sur quelque réglement qui regardoit la monnoie, le cardinal Mazarin, qui ne vouloit point souffrir que cette compagnie reprît des forces sur aucun chapitre, se résolut d'en exiler quelques-uns. On leur envoya commander de se retirer chacun au lieu qui leur fut ordonné. La Reine n'étoit pas fâchée d'avoir un prétexte de mortifier un peu ceux du parlement qui lui avoient donné de si mauvaises heures et de si mauvaises années. En entrant ce même jour-là dans sa chambre, elle me fit l'honneur, en me voyant, de s'approcher de moi, et de me dire tout bas avec un visage riant : « Madame, il y en a dix d'exilés ou de prisonniers. » Je lui répondis de même en riant : « Votre Majesté est donc bien aise ! — Je le suis en vérité, me dit-elle, mais pas tout-à-fait : car je voulois qu'on les mît tous à la Bastille ; et, par la douceur ordinaire de M. le cardinal, il n'y en a qu'un. » Ensuite elle ajouta que si le premier président faisoit le méchant, on le traiteroit de la même sorte. Le maréchal de Villeroy arriva là-dessus ; et la Reine, élevant sa voix, se mit à parler de ces mêmes choses tout haut, et des lieux où ces conseillers avoient eu ordre d'aller. Un d'eux fit pitié à toute la compagnie, à cause qu'il alloit à Quimper-Corentin en basse Bretagne ; parce que les choses qui ne se connoissent point sont, pour l'ordinaire, jugées ou plus mauvaises ou meilleures qu'elles ne le sont. Au retour du Louvre, avant que de me retirer en mon appartement du Palais-Royal, j'allai rendre mes devoirs à la reine d'Angleterre. Je lui contai l'histoire du jour. Elle me fit l'honneur de me dire, en se moquant de moi, que Quimper-Corentin étoit le plus agréable séjour du monde. Elle y avoit passé en venant d'Angleterre en France, et m'en fit une si belle description, tant de sa situation que de la bonne compagnie qu'elle y avoit vue, qu'elle me fit quasi estimer heureuse la destinée de l'exilé ; ce qui me fit conclure avec le poëte italien :

Ch'a valent' huomo (1) *ogni paese è patria.*

Le parlement fit de grandes instances au ministre en faveur de ses exilés. Les avocats prirent des robes courtes ; les procureurs, et toute cette nation étrangère du Palais, bien différente, ce me semble, du monde que les autres gens habitent, se révoltèrent et cessèrent de travailler. Les présidens prirent de là un prétexte fort spécieux de presser le ministre de leur accorder le retour de leurs confrères : ce qui se fit bientôt après, et toutes choses furent apaisées.

D'autres intrigues se fomentèrent encore par ceux qui étoient attachés aux intérêts du prince de Condé pour perdre le cardinal Mazarin. Madame de Châtillon fut accusée d'avoir voulu attaquer sa vie par d'autres armes que par celles de ses yeux. Il y eut des hommes roués, pour avoir été convaincus de ce dessein : il parut qu'elle y avoit eu quelque petite part ; et l'heureuse destinée du cardinal le sauva de tous ces maux. L'intrigue a fait nommer cette dame en plusieurs occasions ; mais comme sa gloire se trouveroit un peu flétrie par cette narration, je n'en parle point, non plus que de mille autres particularités dont je ne puis me bien souvenir, parce que la paresse, qui quelquefois l'emporte sur mon activité, a fait que je n'ai pas été assez exacte à les écrire. Il suffit de dire que cette dame étoit belle, galante et ambitieuse, autant que hardie à entreprendre et à tout hasarder pour satisfaire ses passions ; artificieuse pour cacher les mauvaises aventures qui lui arrivoient, autant qu'elle étoit habile à se parer de celles qui étoient à son avantage. Sans la douceur du ministre, elle auroit sans doute succombé dans quelques-unes ; mais par ces mêmes voies elle trouvoit toujours le moyen de se faire valoir auprès de lui, et d'en tirer des grâces qui souvent ont fait murmurer contre lui celles de notre sexe qui étoient plus modérées. Le don de la beauté et de l'agrément, qu'elle possédoit au souverain degré, la rendoient aimable aux yeux de tous : il étoit même difficile aux particuliers d'échapper aux charmes de ses flatteries ; car elle savoit obliger de bonne grâce, et joindre au nom de Montmorency une civilité extrême qui l'auroit rendue digne d'une estime tout extraordinaire, si on avoit pu ne pas voir en toutes ses paroles, ses sentimens et ses actions, un caractère de déguisement et des façons affectées, qui déplaisent toujours aux personnes qui aiment la sincérité.

Après avoir écrit ponctuellement les choses qui sont arrivées depuis la majorité jusqu'à ce temps-ci, il faut à l'avenir donner une grande partie de mes applications à la personne du Roi, à ses sentimens et à ses actions, qui ont été comme les premiers traits du portrait que de plus savans peintres que moi auront la gloire d'achever. L'amour que la Reine sa mère avoit pour lui occupoit tendrement son cœur. Il étoit l'objet des désirs du cardinal Mazarin, et tous ses soins dès lors étoient de chercher les moyens de lui plaire. Il commençoit aussi d'attirer à lui les cœurs et les yeux de ses sujets ; mais comme les hommes n'aiment et ne cherchent dans la personne des rois que ce qui peut convenir à leurs intérêts particuliers, et que tous étoient persuadés que la faveur du ministre dureroit autant que sa vie, qu'ils jugeoient devoir être encore longue, ils regardoient l'entière domination du Roi par des vues

---

(1) L'homme de bien trouve en tous lieux sa patrie.

si éloignées, que sa véritable puissance n'en étoit pas alors ni plus célébrée ni plus suivie.

Depuis la paix et son glorieux retour à Paris, il étoit augmenté en toutes choses : sa belle taille et sa bonne mine se faisoient admirer, et il portoit dans les yeux et dans l'air de toute sa personne le caractère de la majesté, qui par sa couronne étoit essentiellement en lui. Aussitôt que la tranquillité publique eut rétabli les plaisirs dans la cour, ce prince, qui voyoit les nièces du cardinal Mazarin plus souvent que les autres, s'attacha non à la plus belle, mais à mademoiselle de Mancini, sœur de madame de Mercœur, qui n'avoit guère moins d'années qu'elle. Selon la description que j'en ai faite quand elle arriva d'Italie, il sembloit que tous les efforts de la nature et de la jeunesse ne pourroient pas l'embellir. Elle avoit les yeux pleins de feu ; et malgré les défauts de son visage, l'âge de dix-huit ans fit en elle son effet : par l'embonpoint elle devint blanche, elle eut le teint beau et le visage moins long ; ses joues eurent des fossettes qui lui donnoient un grand agrément, et sa bouche devint plus petite ; elle eut de beaux bras et de belles mains, et la faveur avec le grand ajustement donnèrent du brillant à cette médiocre beauté. Enfin elle parut aimable aux yeux du Roi, et assez jolie à tous les indifférens. Il la voyoit souvent, et cet amusement fit presque craindre que cette passion, quoique légère, ne le portât à vouloir lui faire plus d'honneur qu'elle n'en méritoit. La Reine, qui savoit la sagesse du Roi et celle de mademoiselle de Mancini, ne se fâchoit point de cet attachement, parce qu'elle le croyoit innocent ; mais elle ne pouvoit souffrir, pas même en riant, qu'on parlât de cette amitié comme d'une chose qui pourroit tirer au légitime. La grandeur de son ame avoit de l'horreur pour ce rabaissement ; et, dans le vrai, il a paru que le Roi n'eut jamais cette pensée. Mademoiselle de Mancini elle-même, qui sentoit qu'elle n'étoit pas destinée à être reine, songeoit à ses affaires, et vouloit devenir princesse comme ses sœurs. Déjà on l'avoit offerte au grand-maître, fils du maréchal de la Meilleraye ; mais il l'avoit refusée. Ce refus ne lui fit pas de peur ; elle vit que mademoiselle de Martinozzi sa cousine germaine, qui avoit été pareillement négligée par le duc de Candale, avoit épousé le prince de Conti. Elle aspiroit à quelque bonheur semblable en approchant ; mais comme elle n'en étoit pas encore assurée, elle fut au désespoir de la grandeur de mademoiselle de Martinozzi sa cousine, et son dépit éclata publiquement par mille marques qu'elle en donna la veille et le jour de ce mariage. La beauté et la modestie de mademoiselle de Martinozzi lui avoient attiré en cette occasion l'honneur de la préférence ; car on avoit donné le choix au prince de Conti, d'elle et de sa cousine mademoiselle de Mancini : si bien qu'elle avoit été forcée pour cette fois de se contenter des belles apparences de sa faveur, et des fabuleuses flatteries que ses amis lui faisoient sur la couronne fermée. Le Roi demeura quelque temps dans cet état, qui, dans le vrai, paroissoit plus un sentiment qui le portoit à se plaire avec cette fille, qu'une grande passion. L'inclination qu'il avoit pour elle lui donnoit néanmoins, en l'absence de Mademoiselle et de madame de Longueville, les honneurs et les avantages de la cour. Le Roi la menoit toujours danser : elle paroissoit la première dans toutes les préférences que les dignités et la faveur peuvent donner, et il sembloit que les bals, les divertissemens et les plaisirs n'étoient faits que pour elle. Madame de Mercœur en avoit sa part, à cause de sa qualité. Le Roi la menoit quelquefois danser la première ; mais elle étoit obligée d'être souvent à l'hôtel de Vendôme : et comme elle eut des enfans aussitôt après être mariée, elle n'étoit pas toujours en état d'en profiter.

L'année 1655, il se fit plusieurs petits bals, et le Roi alloit souvent en masque. Il y eut une grande fête chez le chancelier Seguier, et les plaisirs furent fréquens parmi toute la belle jeunesse. La Reine ayant un jour prié la reine d'Angleterre de venir voir danser le Roi un soir en particulier, elle s'y accorda ; et la Reine ayant mis une cornette et un habit de nuit pour marquer qu'elle gardoit la chambre, reçut la reine d'Angleterre de cette manière, et ne voulut, pour composer ce petit bal, que de ses filles et quelques jeunes dames et duchesses, femmes des officiers de la couronne. Il n'étoit fait que pour admirer le Roi, et pour divertir la princesse d'Angleterre, qui commençoit à sortir de l'enfance et à faire voir qu'elle alloit devenir aimable. La Reine mit tous ses soins à faire que la compagnie, quoique petite, fût belle, et qu'elle fût digne des personnes royales qui la composoient. Le Roi, trop accoutumé à rendre tous les honneurs aux nièces du cardinal, quand il voulut commencer le branle alla prendre madame de Mercœur. La Reine, surprise de cette faute, se leva brusquement de sa chaise, lui alla arracher madame de Mercœur, et lui dit tout bas d'aller prendre la princesse d'Angleterre. La reine d'Angleterre, qui s'aperçut de la colère de la Reine, courut après elle, et lui dit tout bas qu'elle la prioit de ne point contraindre le Roi : que sa fille avoit mal au pied, et qu'elle ne pouvoit danser. La Reine lui dit que si la princesse ne dansoit, le Roi ne danseroit point du tout.

Ainsi la reine d'Angleterre, pour ne point faire de désordre, laissa danser la princesse sa fille, et dans son ame fut mal satisfaite du Roi. Il fut encore grondé le soir en particulier par la Reine sa mère; mais il lui répondit qu'il n'aimoit point les petites filles. Cependant la princesse d'Angleterre avoit alors onze ans, et lui seize venant à dix-sept : de sorte qu'il n'y avoit pas entre eux une grande disproportion; mais il est vrai que le Roi paroissoit en avoir vingt. La Reine, devant le monde, vivoit avec lui d'une manière tendre et respectueuse; mais quand il faisoit quelque petite faute, elle en usoit en mère : et pour cette fois sa colère avoit été juste. Mais elle ne laissa pas de dire le soir devant plusieurs personnes qu'elle avoit été un peu trop prompte pour un aussi bon fils que le Roi, et qu'elle en seroit honteuse si l'occasion eût été moindre : avouant qu'elle avoit été si étonnée de le voir manquer à la civilité qu'il devoit à la princesse d'Angleterre, qu'elle n'avoit pu se retenir.

[1656] L'année d'après, le Roi continuant d'aimer mademoiselle de Mancini, quelquefois plus et d'autres fois moins, voulut, pour se divertir, faire une célèbre course de bague qui eût quelque rapport à l'ancienne chevalerie. Il sépara toute la belle cour en trois bandes de huit chevaliers chacune. Il étoit le chef de la première, le duc de Guise de la seconde, et le duc de Candale de la troisième. La livrée de celle du Roi étoit incarnat et blanc, la seconde bleu et blanc, et la troisième vert et blanc. Ils avoient tous des habits en broderie d'or et d'argent, faits à la romaine, avec de petits casques en tête couverts de quantité de plumes, et chacun une aigrette à la tête. Leurs chevaux étoient ornés de même sorte, et tous étoient chargés de quantité de rubans. Ils firent cette course entre le jardin du Palais-Royal et le logis où logeoit alors la reine d'Angleterre. Le Roi vint s'habiller dans le palais Brion, qui est un petit bâtiment que le duc de Damville, autrefois appelé Brion, avoit fait bâtir dans le jardin du Palais-Royal quand il y avoit logé, et qui avoit servi au Roi, quand il logeoit dans cette maison, à faire des repas et des collations familières. Tous montèrent à cheval dans le jardin, d'où ils sortirent après pour se venir montrer aux dames qui occupoient les balcons et les fenêtres du Palais-Royal. Chacune des troupes avoit son maréchal de camp : si bien qu'ils s'étoient assemblés en ordre sous chacune des allées du jardin, et leur sortie en cet équipage étoit fort agréable à voir. L'éclat de leurs couleurs, le brillant de leurs habits, leur bonne mine et la beauté de leurs chevaux fit ressouvenir avec plaisir d'avoir lu dans les romans, et particulièrement dans les Amadis, quelque chose de pareil.

A la tête de la troupe du Roi parurent quatorze pages vêtus de toile d'argent, avec des rubans incarnat et argent. Ils portoient les lances et les devises des chevaliers. Après eux alloient six trompettes; ensuite de ces trompettes alloit le premier écuyer du Roi, habillé de même manière. Il étoit suivi de douze pages du Roi, bien montés, richement habillés, et chargés de plumes et de rubans, dont les deux derniers portoient, l'un la lance du Roi et l'autre l'écu, où il y avoit un soleil avec ces mots :

Ne piu (1), *ne pari.*

Le maréchal de camp alloit après, qui étoit habillé richement, mais selon l'usage ordinaire, et n'avoit point de masque. Le Roi paroissoit après lui, suivi des autres chevaliers, tous masqués et tous richement et galamment ornés; mais le Roi les surpassoit autant par sa bonne mine, sa grâce et son adresse, que par sa qualité de souverain et de maître.

La troupe bleue et blanche suivoit celle du Roi dans le même ordre, qui parut agréable aux yeux par la douceur de ses couleurs et la bonne mine du duc de Guise, dont le génie romanesque s'accommodoit aux tournois. Il étoit suivi d'un cheval qui paroissoit devoir servir à quelque Abencerrage ou quelque Zégri; car il étoit mené par deux Maures, qui le faisoient suivre la troupe à pas lents et pompeux. Son écu avoit pour devise un bûcher sur lequel étoit un phénix, et un soleil au-dessus qui lui redonnoit la vie, avec ces mots :

Qu'importa (2) *que maton, si resucitan?*

Le duc de Candale parut ensuite, qui ne fut pas moins admiré; et le vert, l'or et l'argent parurent avec éclat en sa troupe, et surtout sa belle taille et sa belle tête blonde reçurent les louanges qu'il méritoit. Son écu avoit pour devise une massue et ces mots :

Elle peut même me placer parmi les astres.

L'été venu, le Roi et la Reine allèrent à Compiègne, selon leur coutume, penser aux affaires de la guerre. Je demeurai cette année quelque temps à Fresnes, avec madame Du Plessis, mon amie. Elle avoit un grand mérite, beaucoup d'esprit et de bonté pour ses amis, et on goûtoit avec elle le véritable plaisir de la société agréable et vertueuse. J'en partis le 26 août pour aller trouver la Reine. En arrivant à Compiègne, il me

---

(1) Ni un plus grand, ni un pareil.
(2) Qu'importe qu'il tue, s'il fait renaître?

parut que cette princesse vouloit paroître fort consolée de la perte de Valenciennes et de Condé, que les Espagnols avoient pris. Les ennemis avoient eu ces avantages sur nous, et il sembloit que les partisans de M. le prince s'imaginoient déjà qu'on le rechercheroit, et que, pour le tirer des pays étrangers, on lui offriroit de grandes choses; mais la Reine n'étoit pas aisée à étonner, et le cardinal Mazarin étoit trop habile pour laisser long-temps à ce prince quelque sujet d'espérer ce qu'il n'auroit pas été raisonnable de faire. La Reine me fit l'honneur de me dire en riant, sur le chapitre de Valenciennes, qu'il y avoit de la présomption à croire qu'il n'y eût des victoires que pour nous; que les prières des Espagnols devoient quelquefois obtenir des grâces du ciel, telles qu'il lui plaisoit de les distribuer tantôt aux uns et tantôt aux autres; et qu'il ne falloit pas s'étonner de ces événemens. Ils furent cause néanmoins que le parlement, qui ne manquoit guère de se prévaloir de toutes les occasions, donna un arrêt qui attaquoit le conseil. Il ordonnoit que les maîtres des requêtes seroient à l'avenir obligés de leur rendre compte des arrêts du conseil, et qu'ils seroient mandés par eux pour leur en aller rendre raison. Les maîtres des requêtes députèrent aussitôt quelques-uns de leur compagnie pour en aller faire des plaintes au Roi. Le 29 d'août, Gaumin lui fit sur ce sujet une harangue qui fut trouvée belle, parce qu'elle fut hardie. Il attaqua le parlement avec vigueur et grande liberté: il cita un de nos voisins, ministre d'Espagne, qui avoit dit autrefois que jamais la France ne seroit dans une entière puissance que les princes ne fussent sans pouvoir, les huguenots sans places, et les parlemens sans droit de faire des remontrances. Il exagéra ses entreprises, et dit qu'il anéantissoit tant qu'il pouvoit l'autorité du Roi. La Reine écouta ce discours avec plaisir, par la mauvaise impression que les révoltes du parlement avoient laissée dans son esprit. On fit de grands raisonnemens dans le cabinet sur ces matières, et plusieurs personnes disoient aussi qu'il étoit vrai qu'alors il y avoit des désordres au conseil. Je ne sais s'ils avoient tort ou raison; mais tous concluoient que le ministre auroit bien fait s'il se fût appliqué au remède de ces maladies intestines qui perdoient l'Etat, et qui pouvoient continuellement donner un juste prétexte aux brouillons de crier contre lui.

Nous vîmes alors arriver à Compiègne la reine de Suède, dont on avoit ouï conter des choses extraordinaires. Cette princesse, qui avoit quitté son royaume, sembloit l'avoir fait par un généreux dédain de la couronne, et pour ne pas forcer son inclination en faveur de son plus proche parent, que ses sujets avoient souhaité qu'elle épousât. Elle avoit embrassé notre religion, et avoit renoncé à l'hérésie entre les mains du Pape. Quelques-uns estimoient infiniment cette action, et croyoient que cette princesse, en quittant la couronne de Suède, méritoit celle du monde entier. D'autres l'avoient accusée d'avoir quitté son royaume par force ou par légèreté, et d'avoir aimé tendrement en Suède et en Flandre un Espagnol nommé Pimentel, qui avoit été dans sa cour de la part du Roi son maître. On l'avoit beaucoup louée et infiniment blâmée. Elle passoit pour une personne illustre: les plumes des plus fameux auteurs, tant sur la louange que sur la satire, n'étoient employées qu'à parler de ses vertus héroïques ou bien de ses défauts. En quittant la Suède, elle avoit été en Flandre, puis à Rome. Ensuite de ses voyages, elle voulut voir la France aussi bien que l'Italie, et cette grande réputation qu'elle avoit acquise fit que la Reine fut assez aise de la voir. Le roi de Suède, à qui cette reine du Nord avoit laissé son royaume, étoit un prince belliqueux: il se faisoit craindre et considérer. Il avoit demandé au cardinal que cette princesse fût bien traitée en France: et le ministre, par ses propres sentimens, l'estimoit. Elle y fut reçue de la même manière que le fut autrefois Charles-Quint, quand il passa par la France pour aller en Flandre. Le Roi lui envoya le duc de Guise pour la recevoir à son entrée sur ses Etats, et pour la complimenter de sa part. La Reine lui envoya Comminges, son capitaine des gardes, pour la même chose. Le premier écrivit à quelqu'un de ses amis une lettre qui fut lue du Roi et de la Reine avec plaisir. Je l'ai gardée, parce qu'elle représentoit au naturel cette princesse dont il parle.

Lettre du duc de Guise.

« Je veux, dans le temps que je m'ennuie cruellement, penser à vous divertir, en vous envoyant le portrait de la reine que j'accompagne. Elle n'est pas grande, mais elle a la taille fournie et la croupe large, le bras beau, la main blanche et bien faite, mais plus d'homme que de femme; une épaule haute, dont elle cache si bien le défaut par la bizarrerie de son habit, sa démarche et ses actions, que l'on en pourroit faire des gageures. Le visage est grand sans être défectueux, tous les traits sont de même et fort marqués; le nez aquilin, la bouche assez grande, mais pas désagréable; ses dents passables, ses yeux fort beaux et pleins de feu, son teint, nonobstant quelques marques de petite vérole, assez vif et assez beau; le tour du visage assez raisonnable, accompagné d'une coiffure fort bizarre. C'est une perruque d'homme fort grosse et fort relevée sur le front, fort épaisse sur les côtés, qui en bas a des pointes fort claires ; le dessus de la tête est d'un tissu de cheveux, et le derrière a quelque chose de la coiffure d'une femme. Quelquefois elle porte un chapeau. Son corps lacé par derrière, de biais, est quasi fait comme nos pourpoints ; sa chemise sortant tout autour au-dessus de sa jupe, qu'elle porte assez mal attachée et pas trop droite. Elle est toujours fort poudrée, avec force pommade, et ne met quasi jamais de gants. Elle est chaussée comme un homme, dont elle a le ton de voix et quasi toutes les actions. Elle affecte fort de faire l'amazone. Elle a pour le moins autant de gloire et de fierté qu'en pouvoit avoir le grand Gustave son père. Elle est fort civile et fort caressante, parle huit langues, et principalement la française, comme si elle étoit née à Paris. Elle sait plus que toute notre Académie jointe à la Sorbonne, se connoît admirablement en peinture comme en toutes les autres choses, sait mieux toutes les intrigues de notre cour que moi. Enfin c'est une personne tout-à-fait extraordinaire. Je l'accompagnerai à la cour par le chemin de Paris ; ainsi vous pourrez en juger vous-même. Je crois n'avoir rien oublié à sa peinture, hormis qu'elle porte quelquefois une épée avec un collet de buffle, et que sa perruque est noire, et qu'elle n'a sur sa gorge qu'une écharpe de même. »

Cette reine connoissoit si parfaitement toute la cour, qu'en voyant Comminges elle lui demanda des nouvelles du bonhomme Guitaut son oncle, et si elle ne le verroit point en colère ; car il étoit sujet à cette passion, et s'en servoit habilement : elle lui avoit aidé à faire sa fortune, et la Reine de tout temps avoit pris plaisir à le voir en cet état. La reine de Suède n'ignoroit donc rien de toutes les grandes choses et de toutes les petites. Elle dit, en quelque occasion, qu'elle savoit qu'on avoit dit d'elle beaucoup de bien et de mal, et qu'on connoîtroit, en la voyant, qu'il n'y avoit ni l'un ni l'autre. Elle ne disoit pas la vérité ; car en effet on y trouva un mélange de beaucoup de grandes vertus et de grands défauts. Elle fit son entrée à Paris le 8 septembre, après avoir été régalée à Essone, par Hesselin, d'un ballet, d'un feu d'artifice, d'une comédie, et de quantité de dames qui la furent voir en ce lieu. Les bourgeois de Paris en armes, et avec de beaux habits, la furent recevoir en bon ordre hors les portes de la ville, et bordèrent son chemin dans toutes les rues, depuis Conflans où elle avoit couché, jusqu'au Louvre où elle devoit loger. Leur nombre fut infini, aussi bien que des dames et des personnes de qualité qui, aux fenêtres et aux balcons, la voulurent voir passer, et la foule fut grande dans les rues. Elle tarda à traverser la ville, depuis deux heures jusqu'à neuf heures du soir qu'elle arriva au Louvre. Elle fut logée à l'appartement du Roi, où étoit la belle tapisserie de Scipion, et un lit de satin blanc en broderie d'or que le feu cardinal de Richelieu en mourant laissa au feu Roi. En arrivant, elle demanda à boire. Le prince de Conti, qui l'étoit allée visiter et recevoir, lui donna la serviette, qu'elle prit après quelques complimens répétés. Comminges nous dit que le duc d'Epernon, alors gouverneur de Bourgogne, l'avoit magnifiquement reçue ; et quoiqu'elle affectât de ne rien admirer, elle trouva néanmoins que la France étoit belle, riche et bien remplie de peuples. Elle voulut qu'on crût que Rome l'emportoit dans son inclination et son estime sur Paris, et disoit que l'Italie avoit de grands charmes : mais, à ce qu'il parut depuis, les plaisirs de Paris ne lui déplurent pas, et je pense qu'elle auroit volontiers quitté tout autre pays pour le nôtre, si elle avoit pu y demeurer.

A ce premier abord, elle parut aimable à tous les honnêtes gens. Son habit, si extravagant à l'entendre décrire, ne l'étoit point trop à la voir, ou du moins on s'y accoutumoit facilement. Son visage parut assez beau, et chacun admira la vivacité de son esprit, et les choses particulières qu'elle savoit de la France. Elle connoissoit non-seulement les maisons et les armes, mais elle savoit les intrigues et les galanteries, et n'ignoroit pas même les noms de ceux qui aimoient la peinture ou la musique. Elle dit au marquis de Sourdis les tableaux de prix qu'il avoit dans son cabinet, et savoit que le duc de Liancourt en avoit de fort beaux ; jusque-là même qu'elle apprenoit aux Français ce qu'ils ne savoient pas de leur patrie. Elle disputa contre quelques-uns qu'il y avoit dans la Sainte-Chapelle une agate de grand prix, qu'elle voulut voir, et qui enfin se trouva à Saint-Denis. Elle parut civile, particulièrement aux hommes, mais brusque et emportée, sans donner aucun sujet effectif de croire les mauvais contes qu'on avoit faits d'elle. Ils s'étoient répandus dans toute l'Europe à son désavantage, et l'avoient fait passer dans l'opinion de tous les sages pour une personne qui ne l'étoit guère.

Notre amazone suédoise gagna tous les cœurs à Paris, qu'elle auroit peut-être perdus bientôt après si elle y fût demeurée plus long-temps. Après y avoir vu tout ce qu'elle crut digne de sa curiosité, elle quitta cette grande ville, où elle avoit été toujours environnée d'une furieuse presse, pour venir voir Leurs Majestés à Compiègne, où elle fut reçue non-seulement en reine, mais en reine bien aimée du ministre. Le cardinal Mazarin partit le même jour de Compiègne, pour être à Chantilly quand elle y arriveroit pour y dîner. Deux heures après ce repas, le Roi et Monsieur y arrivèrent comme des particuliers. Le Roi entra par une porte qui étoit au coin du balustre du lit, et se montra avec toute la foule qui étoit autour d'elle et du cardinal. Aussitôt qu'ils furent aperçus par lui, il les présenta à la reine de Suède, et lui dit que c'étoient deux gentilshommes des plus qualifiés de la France. Elle les connut en les regardant, pour avoir vu leurs portraits au Louvre, et lui répondit qu'elle le croyoit ainsi, et qu'ils paroissoient être nés à porter des couronnes. Le cardinal Mazarin lui repartit qu'il voyoit bien qu'il étoit difficile de la tromper, et qu'il étoit vrai que c'étoit le Roi et Monsieur. Le Roi lui dit de bonne grâce qu'il étoit fâché de ce qu'elle avoit été si mal reçue dans ses Etats; qu'il n'avoit pas manqué de donner ses ordres pour la traiter selon ce qui lui étoit dû; mais que sa venue si précipitée avoit empêché ceux à qui il les avoit donnés de lui rendre le respect qu'il auroit désiré de lui faire rendre. Elle repartit à ses civilités avec reconnoissance de ce qu'on avoit fait pour elle, et ne manqua pas d'exagérer en de beaux termes la satisfaction qu'elle avoit reçue en France. Le Roi, quoique timide en ce temps-là, et nullement savant, s'accommoda si bien de cette princesse hardie, savante et fière, que, dès ce premier instant, ils demeurèrent ensemble avec liberté et agrément de part et d'autre. Il fut aisé d'en trouver la raison: ceux qui voulurent la chercher jugèrent que c'étoit une marque indubitable que le Roi avoit en lui, par inclination et par nature, les semences de ce qu'il y avoit d'acquis et de louable en la personne de cette reine, et que la timidité qui paroissoit en lui procédoit alors de sa gloire et de son jugement, qui lui faisoient désirer d'être parfait en toutes choses, et craindre en même temps de manquer en quelqu'une. Après cette conversation il la quitta, et revint trouver la Reine, qui le lendemain alla la recevoir, accompagnée du Roi et de toute sa suite royale. Ce fut à trois lieues de Compiègne, au Fayet, maison appartenante au maréchal de La Motte-Houdancourt, où se fit cette célèbre entrevue. Les chevau-légers, les gendarmes et les gardes alloient au devant du carrosse de Leurs Majestés par gros escadrons; et comme ils étoient parés, cet accompagnement étoit véritablement royal. Il y avoit, avec le Roi et la Reine, Monsieur, frère unique du Roi, madame la duchesse de Lorraine, madame de Mercœur, et madame la comtesse de Flex, dame d'honneur de la Reine. Quand la Reine fut arrivée, elle ne voulut point entrer dans cette maison, parce qu'elle savoit que la reine de Suède devoit arriver bientôt. Elle demeura avec toute sa cour sur une terrasse qui est devant le logis, d'où l'on descend par quelques degrés dans une grande cour où étoient rangés en haie les gardes et toute la cavalerie. Beaucoup de personnes de qualité y étoient avec des habits en broderie d'or et d'argent, et quantité d'autres qui tous composoient un grand cortège. Comme on n'avoit laissé entrer dans cette cour que les carrosses de la Reine, et qu'on en avoit banni la canaille, la Reine et toute sa belle compagnie paroissoit sur cette terrasse comme sur un amphithéâtre. Ce fut à mes yeux une des plus belles et des plus agréables choses du monde. Cette maison avoit la grâce de la nouveauté: elle étoit neuve et régulière, et la cour étoit grande et carrée. Le gazon en étoit coupé par bandes, et il étoit impossible de voir un objet plus agréable. La Reine, à qui je le fis remarquer dans ce moment, en demeura d'accord: et pour dire la vérité, quoiqu'elle ne fût pas la plus jeune de la troupe, elle étoit pour le moins celle qui avoit la meilleure mine, et qui paroissoit la plus aimable.

Le duc de La Rochefoucauld et quelques autres, qui, depuis que cette reine étrangère étoit à Paris, avoient été les plus assidus auprès d'elle, arrivèrent les premiers; et bientôt après son carrosse entra au bruit des trompettes. Le cardinal Mazarin et le duc de Guise étoient seuls avec elle: car elle n'avoit que quelques femmes fort chétives pour la servir, qui ne se montrèrent point. Aussitôt qu'elle vit la Reine, elle descendit de carrosse, et la Reine s'avança aussi deux ou trois pas au dehors de la terrasse pour l'aller recevoir. Elles se saluèrent toutes deux civilement. La reine de Suède voulut faire quelques complimens, et remercier la Reine du bon traitement qu'elle avoit reçu en France; mais ces paroles furent interrompues par celles de la Reine, qui lui témoigna la joie qu'elle avoit de la voir. L'impatience qu'eurent tous ceux qui les environnoient de voir cette reine fut si grande, qu'elle obligea les deux reines à finir leurs complimens, pour fuir la foule qui les accabloit. Le Roi, qui avoit déjà fait connoissance avec l'étrangère, lui donna la main pour la faire entrer dans la maison. Elle passa devant la Reine, et se laissa conduire où l'on voulut la mener. Plusieurs ont trouvé que la Reine fut trop civile de lui laisser prendre cet avantage; et le Roi même, devenu plus grand, en a eu depuis de la douleur et du chagrin, et en plusieurs occasions a reproché à la Reine sa mère qu'elle avoit eu tort d'avoir cédé chez elle à cette reine et à celle de Pologne, vu la grandeur de sa naissance, et le haut rang que lui donnoit la couronne de France. J'étois une de celles qui me trouvai le plus près de ces deux royales personnes ; et quoique les descriptions si particulières que l'on avoit faites de la reine de Suède me l'eussent figurée dans mon imagination, j'avoue néanmoins que d'abord sa vue me surprit. Les cheveux de sa perruque étoient ce jour-là défrisés : le vent, en descendant de carrosse, les enleva; et comme le peu de soin qu'elle avoit de son teint lui faisoit perdre la blancheur, elle me parut d'abord comme une Egyptienne dévergondée qui, par hasard, ne seroit pas trop brune. En regardant cette princesse, tout ce qui dans cet instant remplit mes yeux me parut extraordinairement étrange, et plus capable d'effrayer que de plaire. Son habit étoit composé d'un petit corps qui avoit à moitié la figure d'un pourpoint d'homme, et l'autre moitié celle d'une hongreline de femme, mais qui étoit si mal ajusté sur son corps qu'une de ses épaules sortoit tout d'un côté, qui étoit celle qu'elle avoit plus grosse que l'autre. Sa chemise étoit faite à la mode des hommes : elle avoit un collet qui étoit attaché sous sa gorge d'une épingle seulement, et lui laissoit tout le dos découvert ; et ce corps, qui étoit échancré sur la gorge beaucoup plus qu'un pourpoint, n'étoit point couvert de ce collet. Cette même chemise sortoit par en bas de son demi-pourpoint comme celles des hommes, et elle faisoit sortir, au bout de ses bras et sur ses mains, la même quantité de toile que les hommes en laissoient voir alors au défaut de leur pourpoint et de leurs manches. Sa jupe, qui étoit grise, chamarrée de petits passements d'or et d'argent, de même que sa hongreline, étoit courte; et au lieu que nos robes sont traînantes, la sienne lui faisoit voir les pieds découverts. Elle avoit des rubans noirs, renoués en manière de petite oie sur la ceinture de sa jupe. Sa chaussure étoit tout-à-fait semblable à celle des hommes, et n'étoit pas sans grâce. Le Roi la mena dans une grande salle, où madame la maréchale de La Motte avoit fait préparer une grande collation. Le Roi, les deux Reines et Monsieur, en entrant s'assirent à table, et nous l'environnâmes pour voir cette personne en tout si différente des autres femmes, et dont la renommée avoit fait tant de bruit. Après l'avoir regardée avec cette application que la curiosité inspire en de telles occasions, je commençai à m'accoutumer à son habit et à sa coiffure, et à son visage. Je trouvai qu'elle avoit les yeux beaux et vifs, qu'elle avoit de la douceur dans le visage, et que cette douceur étoit mêlée de fierté. Enfin je m'aperçus avec étonnement qu'elle me plaisoit, et d'un instant à un autre je me trouvai entièrement changée pour elle. Elle me parut plus grande qu'on nous l'avoit dite, et moins bossue ; mais ses mains, qui avoient été louées comme belles, ne l'étoient guère : elles étoient seulement assez bien faites, et pas noires ; mais ce jour-là elles étoient si crasseuses qu'il étoit impossible d'y apercevoir quelque beauté. Pendant cette collation, elle mangea beaucoup, et ne parla que de discours fort communs. Le duc de Guise lui montra mademoiselle de Mancini, qui étoit auprès d'elle à la regarder comme les autres. Elle lui fit un grand salut, et se pencha tout en bas de sa chaise pour lui faire plus de civilité. Au sortir de là, le Roi, les Reines, Monsieur et le cardinal Mazarin se mirent dans le carrosse de la Reine avec le reste de la compagnie que j'ai nommée, et la conversation y fut agréable. Quand la Reine fut arrivée à Compiègne, après avoir conduit son hôtesse dans son appartement, elle nous fit l'honneur de nous dire qu'elle étoit charmée de cette reine, et nous avoua que le premier quart-d'heure elle en avoit été effrayée comme les autres ; mais qu'après l'avoir vue et l'avoir entendu parler, cette surprise s'étoit changée en inclination. Elle nous dit que cette princesse faisant semblant de vouloir voir le portrait du Roi et de Monsieur que la Reine portoit au bras, elle lui avoit fait ôter son gant, et qu'elle lui avoit dit les choses du monde les plus jolies sur la beauté de ses mains, la louant de les avoir su louer sans s'embarrasser. Aussitôt que la reine de Suède se fut un peu reposée dans sa chambre, elle vint faire visite à la Reine, d'où on la mena à la Comédie italienne. Elle la trouva fort mauvaise, et le dit librement. On l'assura que les comédiens avoient accoutumé de mieux faire. Elle répondit froidement qu'elle n'en doutoit pas, puisqu'on les gardoit. Après cela on la mena dans sa chambre, où elle fut servie par les officiers du Roi. Il fallut qu'on lui donnât jusqu'à des valets de chambre pour la servir et pour la déshabiller, car elle étoit seule, et n'avoit ni dames ni officiers, ni équipages, ni argent : elle composoit elle seule toute sa cour. Chanut, qui avoit été résident pendant son règne, étoit auprès d'elle, et deux ou trois hommes mal bâtis, à qui par honneur elle donnoit le nom de comtes. On pouvoit dire avec vérité qu'elle n'avoit personne ; car outre ces médiocres seigneurs, nous ne lui vîmes que deux femmes, qui ressembloient plutôt à des revendeuses qu'à des dames de quelque condition. Enfin je serois tentée, en faisant la description de cette princesse, de la comparer aux héroïnes des Amadis, dont les aventures étoient belles, dont le train étoit presque pareil au sien, et de qui la fierté avoit du rapport à celle qui paroissoit en elle. Je pense même, vu son équipage et sa pauvreté, qu'elle ne faisoit pas plus de repas et ne dormoit pas mieux que Marfise ou Bradamante, et qu'à moins d'arriver par hasard chez quelque grand roi comme le nôtre, elle ne faisoit pas souvent bonne chère. Le premier jour, elle observa de parler peu : ce qui paroissoit marquer en elle de la discrétion. Le comte de Nogent, selon sa coutume, s'empressant devant elle de dire de vieux contes, elle lui dit gravement qu'il étoit fort heureux d'avoir beaucoup de mémoire. Le cardinal Mazarin, le lendemain, l'alla visiter en camail, et tous les évêques la saluèrent en cérémonie. Ce jour elle parut avec un justaucorps de camelot de couleur de feu, et une jupe grise, l'un et l'autre chamarrés de passemens d'or et d'argent : sa perruque étoit frisée et poudrée ; son teint, par le repos de la nuit, avoit quelque beauté ; ses mains étoient décrassées ; et si elle eût été capable de se soucier des louanges, je crois qu'on lui en auroit pu donner en ce moment avec justice, car elle parut à tous plus aimable qu'elle ne le vouloit être. Elle vint voir la Reine le matin, et la Reine lui rendit sa visite aussitôt après dîné. La conversation y fut gaie, et dans plusieurs rencontres cette reine étrangère fit voir qu'elle étoit spirituelle et de bonne compagnie. Elle railla le chevalier de Gramont sur la passion qu'il avoit alors pour madame de Mercœur, et ne l'épargna nullement sur le peu de reconnoissance qu'il en pouvoit espérer. De là elle fut à la chasse du sanglier, où le Roi la convia d'aller. Elle lui avoit dit néanmoins, quand il lui proposa d'y aller, qu'elle ne l'aimoit point, parce qu'elle étoit périlleuse, et qu'elle ne pouvoit souffrir qu'on s'exposât à quelque péril que pour acquérir de la gloire. Le soir, à la Comédie françoise, elle montra d'avoir l'âme passionnée : elle s'écria souvent sur les beaux endroits, paroissant sentir de la joie ou de la douleur, selon les différens sentimens qui étoient exprimés par les vers qui se récitoient devant elle ; puis comme si elle eût été toute seule dans son cabinet, se laissant aller sur le dos de sa chaise après ses exclamations, elle demeuroit dans une rêverie profonde. La Reine même ne l'en pouvoit tirer, quoique souvent elle voulût lui parler. Le soir, étant retirée avec quelques hommes de la cour, entre autres Comminges, qui n'étoit pas ignorant, ils parlèrent de beaucoup de choses, et ensuite de la fidélité qu'on devoit aux rois, et quelqu'un lui disant que tous les honnêtes gens en avoient, elle répondit qu'en tous les pays cela étoit vrai, mais qu'elle avoit remarqué qu'en France ce n'étoit pas un défaut que d'y manquer, et qu'il étoit commun parmi les personnes de mérite et de qualité. Enfin cette journée lui attira beaucoup d'approbation : et chez la Reine, ce même soir, on ne parla que d'elle. Plusieurs de nos rudes railleurs avoient eu le dessein de la tourner en ridicule, et d'accabler par là ceux qui si légèrement l'avoient encensée ; mais ils ne purent alors en trouver les moyens, soit par son mérite ou par la hauteur qu'elle eut pour eux, ou soit enfin parce qu'elle fut soutenue par l'estime que le ministre témoigna d'en faire, et par la bonne réception du Roi et de la Reine. Le peu de temps qu'elle demeura à la cour lui fut favorable : car ses défauts, qui étoient grands, furent offusqués par les belles et brillantes qualités qui étoient en elle, et par le plaisir de la nouveauté, qui est d'un grand prix dans le cœur des hommes. Nous lui verrons bientôt perdre honteusement tous ces avantages : car comme les rois sont exposés au public, et que ce qu'ils ont de bon les rend célèbres, de même leurs défauts savent en peu de temps détruire ou diminuer leur réputation.

Le 18 septembre, les Reines furent à une tragédie des jésuites, dont celle de Suède se moqua hardiment. Le lendemain, le Roi lui donna un festin royal, qui fut comme de tels repas ont accoutumé d'être, où la profusion fatigue plus l'esprit qu'elle ne nourrit le corps. Peu après cette incommode cérémonie, il arriva un courrier qui apprit au Roi et à la Reine la prise de Valence par le duc de Mercœur : la reine étrangère vint aussitôt s'en réjouir avec la nôtre d'une manière si libre, qu'il sembloit qu'elle y prît une grande part. Elle trouva la Reine jouant aux cartes : elle s'assit auprès d'elle, et s'appuyant nonchalamment sur la table, il parut qu'elle s'occupa agréablement à regarder les belles mains de la Reine. Elle les loua, et lui dit d'un air galant qu'elle estimeroit son voyage de Rome en France bien employé, quand elle n'auroit point eu d'autre avantage que celui de voir en cela seulement la plus belle chose du monde.

Nogent, qui parloit toujours, voulut lui dire qu'on avoit remarqué dans l'histoire qu'il y avoit cent ans que Valenciennes et Valence avoient été assiégées par les Français ; que l'une n'avoit pu être prise (1), et l'autre l'avoit été (2). Après l'avoir écouté, elle souhaita que, dans ce même terme, les mêmes personnes en pussent faire au-

(1) Valenciennes ; Turenne et La Ferté en levèrent le siège le 16 juillet.
(2) Valence sur le Pô, prise le 16 septembre par les ducs de Modène et de Mercœur.

tant; et se tournant vers Nogent, lui dit : « Et « que vous, M. de Nogent, eussiez encore votre « casaque feuille-morte, et fissiez les mêmes con- « tes que vous faites à présent; car, à vous dire « le vrai, j'aimerois mieux les entendre dans « cent ans qu'à cette heure. » Ce qui fit qu'elle le poussa toujours de même force fut qu'on lui avoit dit qu'il avoit voulu la mêler dans ses railleries.

Le lendemain le père Annat, confesseur du Roi, fut parler à la reine de Suède, sur quelques plaintes qu'elle avoit faites contre leur ordre : l'une étoit que le père général des jésuites ne l'avoit point été saluer à Rome; je ne me souviens pas des autres. Après les excuses que lui fit le révérend père, elle lui dit d'un ton moqueur et avec cette brusque manière qui lui étoit naturelle, qu'elle seroit fâchée de les avoir pour ennemis, sachant leurs forces; et qu'elle choisiroit plutôt d'avoir querelle avec un prince souverain qu'avec eux; que par cette raison elle vouloit bien être satisfaite, mais qu'elle l'assuroit qu'en cas de confession et de tragédie elle ne les choisiroit jamais : voulant leur reprocher par là qu'ils étoient accusés d'avoir une morale trop indulgente, et se moquer de la mauvaise tragédie où elle avoit été le jour précédent; mêlant ainsi le burlesque avec le sérieux, afin de se venger de l'offense qu'elle croyoit avoir reçue de leur compagnie.

Cette princesse gothique témoignoit estimer l'esprit et la capacité du cardinal, et lui de même paroissoit avoir beaucoup de vénération pour elle. Son extérieur, à qui en eût voulu juger à son désavantage, étoit digne de risée et de moquerie; quasi toutes ses actions avoient quelque chose d'extravagant, et on pouvoit avec justice la blâmer, comme on pouvoit avec sujet la louer extrêmement. Elle ne ressembloit en rien à une femme, elle n'en avoit pas même la modestie nécessaire : elle se faisoit servir par des hommes dans les heures les plus particulières; elle affectoit de paroître homme en toutes ses actions; elle rioit démesurément quand quelque chose la touchoit, et particulièrement à la Comédie italienne, lorsque par hasard les bouffonneries en étoient bonnes : elle éclatoit de même en louanges et en soupirs, comme je l'ai déjà dit, quand les sérieuses lui plaisoient. Elle chantoit souvent en compagnie; elle rêvoit, et sa rêverie alloit jusqu'à l'assoupissement : elle paroissoit inégale, brusque et libertine en toutes ses paroles, tant sur la religion que sur les choses à quoi la bienséance de son sexe l'obligeoit d'être retenue : elle juroit le nom de Dieu, et son libertinage s'étoit répandu de son esprit dans ses actions. Elle ne pouvoit demeurer long-temps en même place. En présence du Roi, de la Reine et de toute la cour, elle appuyoit ses jambes sur des sièges aussi hauts que celui où elle étoit assise, et les laissoit voir trop librement : elle faisoit profession de mépriser toutes les femmes, à cause de leur ignorance, et prenoit plaisir de converser avec les hommes sur les mauvaises matières, de même que sur les bonnes : elle n'observoit nulle règle de toutes celles que les rois ont accoutumé de garder, à l'égard du respect qu'on leur porte. Ses deux femmes, toutes hideuses et misérables qu'elles étoient, se couchoient sur son lit familièrement, et faisoient avec elle à moitié de tout. Cependant la Reine, qui étoit au contraire la plus régulière personne du monde, trouvoit des charmes dans l'agrément de son visage, et dans la manière libre de toutes ses actions. En effet il étoit difficile, quand on l'avoit bien vue et surtout écoutée, de ne lui pas pardonner toutes ses irrégularités, particulièrement celles qui ne paroissoient point essentiellement blâmables. Cette douceur et cet agrément étoient mêlés d'une rude fierté, et la politesse si naturelle à notre nation ne se rencontroit point en elle. Quelques-uns dirent qu'elle ressembloit à Fontainebleau, dont les bâtiments sont beaux et grands, mais qui n'ont point de symétrie. Elle partit de Compiègne le 23 de septembre; la Reine la fut conduire à deux lieues de là, et ces deux princesses se séparèrent avec quelques marques d'attendrissement. Le marquis de Saint-Simon la traita à Senlis, et M. et madame Du Plessis la reçurent à leur belle maison du Fresnes, avec une magnificence extraordinaire. Passant à un certain bourg proche de ce lieu, elle voulut voir une demoiselle qu'on appeloit Ninon (1), célèbre par son vice, par son libertinage et la beauté de son esprit. Ce fut à elle seule, de toutes les femmes qu'elle vit en France, à qui elle donna quelques marques d'estime. Le maréchal d'Albret et quelques autres en furent cause, par les louanges qu'ils donnèrent à cette courtisane de notre siècle. De là cette amazone suédoise prit des carrosses de louage que le Roi lui fit donner, et de l'argent pour les pouvoir payer : elle s'en alla, suivie seulement de sa chétive troupe, sans train, sans grandeur, sans lit, sans vaisselle d'argent, ni aucune marque royale. Son dessein fut de retourner à Rome et de passer par la Savoie, où elle reprit son personnage de reine : elle y reçut aussi beaucoup d'honneurs.

L'armée du Roi ayant alors assiégé La Capelle, le Roi et le cardinal Mazarin partirent le

(1) Ninon de Lenclos.

lendemain pour aller à La Fère donner ordre aux affaires de la guerre. La Reine demeura à Compiègne, pour attendre en ce lieu le retour du Roi. M. de Turenne commandoit l'armée du Roi devant La Capelle; et les ennemis, la voyant assiégée, avoient quitté Saint-Guilain pour venir la secourir, ou pour donner bataille. Ils étoient venus se camper, avec toutes leurs forces, à deux lieues de l'armée; et M. de Turenne, bien loin de paroître les craindre, fit aplanir les tranchées de leur côté, afin que s'ils venoient l'attaquer, il pût avoir une plus belle place pour combattre; mais ne voulant pas que la ville assiégée l'amusât davantage, il fit savoir aux assiégés que s'ils ne se rendoient le lendemain, ils n'auroient plus de quartier. Celui qui y commandoit, nommé Chamilly, qui étoit à M. le prince, trouva plus à propos de lui obéir que de se mettre à ce hasard. Le 27, la place se rendit au Roi à la vue de l'armée ennemie, qui eut la honte de lever le siége de Saint-Guilain, et de ne pas faire lever celui de La Capelle, dont la prise étoit capable de réparer le malheur de Valenciennes; mais ce qui restoit d'ennemis au ministre, quoique cachés et honteux, ne célébroient pas nos victoires avec la même joie qu'ils sentoient nos pertes, et ne faisoient pas tant de bruit des biens que des maux. Cette iniquité s'est pratiquée dans tous les temps : car naturellement les hommes ont plus de pente à blâmer ceux qui gouvernent qu'à leur donner des louanges; et même j'ose dire que chaque particulier, à l'égard de ceux avec qui la société civile l'engage, se laisse aller à cette malice. Il n'y a point de bonté dans l'homme; du moins elle est rare.

On disoit alors que M. le prince avoit fait ce qu'il avoit pu pour faire résoudre les Espagnols à donner bataille, mais que don Juan d'Autriche ne l'avoit pas voulu. Ainsi notre victoire fut grande, et nullement périlleuse. Le vicomte de Turenne, en cette occasion comme en toutes les autres, continua de montrer que ce n'étoit pas sans raison qu'il étoit estimé un des premiers et des plus grands capitaines de notre siècle.

Le Roi, après avoir tardé quelques jours à Guise, et vu de ce poste la prise de La Capelle, joignit son armée, et alla en personne conduire un convoi à Saint-Guilain, où l'on mit des vivres en grande quantité, avec tout ce qui est nécessaire à une place de guerre pour bien soutenir un siége. Cette action se fit à la vue des ennemis, dont l'armée ne parut point, quoiqu'elle fût proche de celle du Roi. Ce fut une chose honorable au ministre d'avoir en si peu de temps rétabli la réputation des armées du Roi, et remis ses troupes en état d'emporter des victoires sur ceux qui paroissoient les maîtres de la campagne. Ensuite de cette expédition, il ramena le Roi à la Reine sa mère, qui l'attendoit avec impatience. Il arriva le 6 octobre; et toute la cour étant rejointe ensemble à Compiègne, elle en partit deux jours après pour aller à Paris, où l'autorité du Roi se rétablissoit toujours de plus en plus, et où les personnes les plus gâtées étoient contraintes d'avouer du moins que le ministre étoit heureux.

Le cardinal, à son retour à Paris, fit donner un arrêt du conseil d'Etat qui cassoit ceux du parlement contre ledit conseil; et par là il fit voir à cette compagnie qu'il étoit temps qu'elle s'humiliât sous le joug de la puissance légitime de son Roi. Il débrouilla mille embarras que l'absence du cardinal de Retz lui donnoit touchant le gouvernement de l'église de Paris, qui, pour la sûreté des consciences, devoit être légitime, et ne le pouvoit être que sous l'autorité de son archevêque; mais il sut, malgré les intrigues qui se faisoient sous ce prétexte, en trouver les moyens tels qu'il les falloit pour satisfaire le public et contenter les bonnes ames qui ne cherchoient que la paix et leur salut, et empêcher que le cardinal de Retz ne pût troubler, par l'autorité canonique, le repos de l'Etat.

Le cardinal Mazarin, bientôt après son dernier retour, avoit fait venir en France deux de ses sœurs, madame de Martinozzi et madame de Mancini, toutes deux vertueuses femmes. La première se vit mère de deux princesses, de madame la princesse de Conti et de madame de Modène. L'autre, madame de Mancini, étoit mère de madame de Mercœur, de mademoiselle de Mancini que le Roi aimoit alors, et de trois de ses sœurs qui étoient arrivées en France avec elle en 1653, avec un fils qui lui étoit resté. Madame de Martinozzi, après le mariage de la princesse de Conti et de madame de Modène, étoit retournée en Italie, et madame de Mancini étoit restée en France auprès de la Reine, estimée de toute la cour par sa douceur et sa vertu, vivant d'une vie retirée, et qui ne se mêloit d'aucunes affaires que de gouverner sagement sa famille. Cette dame mourut encore jeune, sur la fin de l'année [le 19 décembre], au grand regret du cardinal Mazarin son frère. Il l'assista à la mort, et il parut en cette occasion qu'il étoit touché de piété à l'égard de Dieu, et d'une grande tendresse pour sa sœur. En mourant, elle lui recommanda son fils et ses filles, et lui dit surtout qu'elle le prioit de mettre en religion sa troisième fille, qui s'appeloit Marie, parce que celle-là lui avoit toujours paru d'un mauvais naturel, et que feu son mari, qui avoit été un grand astrologue, lui avoit dit qu'elle seroit cause de beaucoup de maux.

Son mari lui avoit aussi prédit qu'elle mourroit sur la fin de sa quarante-deuxième année; il avoit prédit la mort de son fils tué à la journée de Saint-Denis, et il avoit prédit sa propre mort au temps même qu'elle étoit arrivée : si bien que madame de Mancini, voyant qu'il avoit été véritable en tout ce qu'il avoit dit des autres, avoit appréhendé l'effet de la prédiction qui la regardoit; et, pendant toute cette année, elle avoit souvent dit qu'elle ne vivroit plus guère. Trois jours devant que de tomber malade, elle dit à ses femmes qu'elle commençoit à se réjouir et à espérer qu'elle ne mourroit pas, puisqu'elle n'avoit plus guère de jours à passer avant la fin du temps qui la menaçoit, et qu'elle se portoit bien; mais enfin elle tomba malade, et ne le fut que onze jours. Aussitôt qu'elle fut morte, le cardinal son frère dit qu'il falloit faire comme David, qui pria et pleura pendant la maladie de son fils, et qui joua de la harpe après sa mort, louant Dieu des arrêts de sa providence. Il parut ensuite aussi tranquille que s'il n'eût point eu d'affliction, et travailla tout le jour à faire ses dépêches.

Au commencement de l'année 1657, l'évêque de Montauban fit l'oraison funèbre de madame de Mancini dans l'église des Augustins, où le clergé de France, qui étoit alors assemblé, fit faire à sa mémoire un service solennel; et les louanges qui se donnèrent au nom Mazarin et Mancini y furent excessives. Madame de Mercœur, fille aînée de madame de Mancini, fut sensiblement touchée de sa mort. Cette princesse étoit grosse quand elle la perdit; peu après, étant accouchée fort heureusement, elle mourut elle-même, sans avoir donné le loisir à ceux qui prenoient intérêt à sa vie d'appréhender sa mort. Elle étoit en couche de quelques jours seulement, lorsque tout d'un coup elle tomba paralytique de la moitié du corps, et perdit la parole. Le cardinal son oncle dans ce moment n'en fut point inquiet, parce que les médecins le vinrent trouver qui l'assurèrent que ce ne seroit rien. Cela fut cause qu'il ne laissa pas d'aller à un ballet que le Roi dansoit ce même jour; mais comme il en sortoit, on lui vint dire que madame de Mercœur se trouvoit beaucoup plus mal. Il y courut aussitôt, en se jetant dans le premier carrosse qu'il rencontra. En arrivant à l'hôtel de Vendôme, il trouva qu'elle se mouroit, et que, ne pouvant parler, elle ne put lui faire qu'un souris. Comme elle ne souffroit pas et qu'elle avoit encore de la connoissance, la mort ne fit point en elle les changemens effroyables qu'elle cause en tous les autres. Un beau vermillon que la fièvre lui donnoit avoit augmenté sa beauté naturelle. Elle étoit jeune, et avoit de l'embonpoint : le seul défaut qui étoit en elle étoit que, sans avoir la taille gâtée, elle ne l'avoit pas assez belle, en ce qu'elle étoit un peu entassée; mais ce défaut ne se voyant point dans le lit, j'ai ouï dire à ceux qui la virent en cet état qu'elle leur avoit paru la plus belle personne du monde; et sa beauté augmenta leur regret. Le cardinal en fut si touché, qu'il ne put se retenir d'en donner des marques très-fortes. Il fit des cris qui parurent procéder d'une douleur sensible. La perte de sa sœur lui étoit toute récente, et cette dernière venant attaquer son cœur par une double affliction, il en fut accablé et entièrement abattu. Le monde injuste, qui refuse toujours sous de faux prétextes de donner son approbation aux meilleures choses, voulut que son chagrin procédât de quelques prophéties qu'on avoit faites contre lui. Beaucoup s'imaginèrent que madame de Mancini en mourant lui avoit annoncé des arrêts funestes contre sa propre vie, comme prononcés par la bouche de son mari, à qui on fit dire tout ce que l'on voulut.

Cette belle mourante madame de Mercœur, n'ayant été malade qu'un jour et une nuit, mourut le 8 de février, sensiblement regrettée de ses proches et de toute la cour; car la vertu et la beauté attirent la bonne volonté des hommes. Cette mort si prompte et si surprenante, qui paroissoit triompher d'une jeune princesse saine, belle, et nièce d'un favori si puissant, à qui toute la France étoit soumise, étonna les plus endurcis, fit faire des réflexions aux plus enjoués, et fut à tous un grand exemple de la vanité qui se trouve dans les grandeurs et dans les fausses joies de la terre.

Sur la fin du même mois, mademoiselle de Mancini, sœur de madame de Mercœur, et qui jusqu'alors avoit eu l'honneur d'occuper le cœur du Roi, quittant enfin ces flatteuses apparences qui ne la contentoient pas tout-à-fait, épousa le prince Eugène, fils du prince Thomas. Elle avoit aperçu que l'amitié du Roi n'étoit qu'un amusement, et même elle n'étoit pas satisfaite de voir que le cardinal Mazarin son oncle, n'ayant point d'égard à sa fortune, négligeoit de la marier, et se servoit d'elle seulement pour conserver son crédit auprès du Roi, et le renfermer dans sa famille. Elle n'avoit pas beaucoup de complaisance pour le prince, dont elle sentoit que l'amitié diminuoit tous les jours envers elle, et craignoit que les petits chagrins et les dégoûts qui naissent des réflexions ne la fissent bientôt entièrement finir. Ce fut donc avec beaucoup de raison qu'elle souhaita de pouvoir profiter plus solidement de sa faveur, par le grand et glorieux établissement qu'elle trouva en la personne du prince Eugène, qui étant de la maison de Savoie par son père, petit-fils de Charles-Quint par sa grand'mère, et du sang de France par la princesse de Carignan sa mère, il étoit difficile qu'elle pût trouver un mari plus considérable, ni d'une plus grande naissance. Son bonheur fut grand en toutes façons ; elle rencontra en ce prince un assez honnête homme, et surtout un bon mari : si bien qu'elle eut sujet de s'estimer heureuse. Madame la princesse de Carignan étoit fille du comte de Soissons, et son frère, le dernier comte de Soissons, l'avoit laissée héritière en partie de cette illustre maison, qui étoit une branche de celle de Bourbon. Le prince Eugène son fils prit le nom de comte de Soissons, et nous l'avons vu sous ce nom participer en quelque façon à la faveur du ministre, dont il avoit épousé la nièce, et assez aimé dans la cour. Le Roi la vit marier sans douleur ni chagrin. Par cette indifférence, on connut visiblement que sa passion avoit été médiocre, et que les Français, du moins quelques-uns, avoient eu des inquiétudes bien mal fondées. La Reine aussi avoit toujours dit, à ceux qui lui en vouloient faire craindre l'événement, qu'il étoit ridicule d'imaginer seulement que le Roi fût capable de cette foiblesse, et avoit répondu fortement de la netteté des intentions de son ministre. Elle disoit qu'il n'y avoit rien à craindre de son ambition, et que l'amitié que le Roi avoit pour mademoiselle de Mancini étoit honnête, et sans soupçons qu'elle pût dégénérer en rien de mauvais. Un jour que ce mariage étoit résolu, la Reine, voyant le cardinal Mazarin et la princesse de Carignan parler ensemble de cette alliance, me dit en se tournant vers moi et me les montrant : « Ne vous l'avois-je pas bien dit qu'il « n'y avoit rien à craindre de cet attachement ? »

Le cardinal, après le mariage de madame la comtesse de Soissons, malgré les prières de sa sœur mourante, mit sur le théâtre de la cour la troisième des sœurs Mancini, qu'il retira des filles de Sainte-Marie, où elle avoit été quelque temps. Il voulut donner en elle et en sa sœur Hortense, qui étoit parfaitement belle, une compagnie au Roi qui pût lui être agréable. La plus âgée, nommée Marie, cadette de la comtesse de Soissons, étoit laide. Elle pouvoit espérer d'être de belle taille, parce qu'elle étoit grande pour son âge, et bien droite ; mais elle étoit si maigre, et ses bras et son col paroissoient si longs et si décharnés, qu'il étoit impossible de la pouvoir louer sur cet article. Elle étoit brune et jaune : ses yeux qui étoient grands et noirs, n'ayant point encore de feu, paroissoient rudes ; sa bouche étoit grande et plate ; et hormis les dents, qu'elle avoit très-belles, on la pouvoit dire alors toute laide. Sa qualité d'aînée fit néanmoins que le Roi préféra de s'amuser à elle plutôt qu'à sa sœur Hortense, parce que celle-là étoit encore enfant, et que les personnes de l'âge où étoit le Roi alors haïssent naturellement les petites filles, à cause qu'elles ont quelque rapport à cet état dont ils ne font que de sortir, et qui leur paroît méprisable. Cette préférence fut pour quelque temps si médiocre, qu'elle ne pouvoit pas être comptée pour quelque chose. Il ne voyoit plus si souvent madame la comtesse de Soissons, et il ne paroissoit pas que cela lui fît aucune peine : au contraire, ce nouvel amusement le délivroit des picoteries continuelles d'une personne qu'il avoit aimée. Le Roi étoit dans cet état d'indifférence, lorsque tout d'un coup il parut amoureux d'une jeune fille que la Reine avoit prise depuis peu, nommée de La Motte d'Argencourt. Elle n'avoit ni une éclatante beauté, ni un esprit fort extraordinaire ; mais toute sa personne étoit aimable. Sa peau n'étoit ni fort délicate, ni fort blanche ; mais ses yeux bleus et ses cheveux blonds, avec la noirceur de ses sourcils et le brun de son teint, faisoient un mélange de douceur et de vivacité si agréable, qu'il étoit difficile de se défendre de ses charmes. Comme, à considérer les traits de son visage, on pouvoit dire qu'ils étoient parfaits, qu'elle avoit un très-bon air et une fort belle taille, qu'elle avoit une manière de parler qui plaisoit, et qu'elle dansoit admirablement bien, sitôt qu'elle fut admise à un petit jeu où le Roi se divertissoit quelquefois les soirs, il sentit une si violente passion pour elle, que le ministre en fut inquiet. Il ne voulut pas montrer ses sentimens au Roi, mais il entra dans ceux de la Reine, à qui cette inclination donna une extrême peur qu'elle ne le portât à offenser Dieu. Elle s'y opposa fortement, et le gronda fort, un soir qu'il demeura trop long-temps à causer avec cette fille. Le Roi reçut avec bonté et respect la réprimande de la Reine ; mais il lui dit tout bas qu'il la supplioit de ne lui pas montrer ce chagrin devant tout le monde, parce qu'elle faisoit voir par là au public qu'elle désapprouvoit ses actions. Le cardinal au contraire disoit au Roi, pour s'insinuer dans ses bonnes grâces, que la Reine sa mère avoit trop de rigueur, qu'elle étoit scrupuleuse, et qu'il faisoit bien de se divertir et de s'amuser. A la fin il fallut qu'il montrât, aussi bien que la Reine, ses sentimens ; car cette passion, prenant chaque jour de grandes forces, devint en peu de temps extrême. Le Roi un jour parla à mademoiselle de La Motte comme un homme amoureux qui n'étoit plus sage ; il lui offrit même, si elle vouloit l'aimer, qu'il résisteroit à la Reine sa mère et au cardinal ; mais elle n'ayant point voulu, ou n'ayant osé entrer dans ces propositions qu'elle voyoit choquer directement la vertu, dont les maximes ne s'effacent pas d'un cœur qui a de l'honnêteté, refusa tout ce qui pouvoit être contre son devoir. La Reine, qui étoit très-chèrement aimée du Roi son fils, sut par lui-même l'état de son ame ; car la douceur et l'amour d'une si bonne mère l'obligea à une telle confiance envers elle, qu'il ne put pas d'abord lui cacher ses sentimens ; et quoiqu'elle fût sa partie, elle ne laissa pas d'être sa confidente. Cette princesse ne manqua pas de lui faire voir le danger où il étoit d'offenser Dieu : elle lui fit remarquer, à ce qu'elle me fit l'honneur de me dire, combien en peu de temps il s'étoit écarté des sentiers de l'innocence et de la vertu ; et le Roi, touché d'un véritable sentiment de chrétien sans que la timidité y eût part, dit lui-même à la Reine qu'il se sentoit fort différent de ce qu'il avoit accoutumé d'être, et qu'il croyoit être obligé en conscience de s'éloigner des occasions du crime. Cette résolution ne se forma pas en lui sans peine : il gémit, il soupira, mais enfin il vainquit. Il se confessa, et pria lui-même la Reine que ce pût être dans son oratoire, afin que personne ne le sût ; puis il alla faire un petit voyage à Vincennes, où il remporta sur ses propres désirs une victoire plus grande et plus louable que celle dont les plus vaillans se glorifient. Je ne doute point que ce sacrifice n'attire sur le reste de sa vie la bénédiction divine, et que, dans les mêmes occasions où sa vertu peut être affoiblie par la perte de l'innocence, il ne reçoive une force intérieure dont la source se trouvera dans cette première grâce.

Le Roi, après avoir triomphé de lui-même, revint à Paris, en résolution de ne plus parler à cette fille. Il le fit ; mais il arriva deux jours après qu'étant au bal, mademoiselle de La Motte alla prendre le Roi pour danser. En ce même moment, n'étant pas encore tout-à-fait fortifié, on remarqua qu'il devint pâle, et ensuite fort rouge ; et la fille conta depuis à ses amies que la main du Roi lui trembla tout le temps qu'il tint la sienne. Le cardinal, pour le secourir, lui dit que mademoiselle de La Motte avoit abusé de ses secrets, qu'elle avoit conté tout ce qu'il lui avoit dit à ses amies, et peut-être à quelqu'un de ses amans, et que par là il lui sembloit qu'elle étoit indigne de ses bonnes grâces. Il est vrai que la mère de mademoiselle de La Motte, pour faire sa cour, avoit fait dire au cardinal ce que le Roi avoit dit à sa fille, croyant par cette soumission pouvoir obtenir du ministre qu'il consentiroit que le Roi demeurât son amant, et fît sa fortune. Mademoiselle de La Motte, à ce qu'elle m'a depuis dit elle-même, n'eut nulle part à cette harangue ; mais le ministre, qui ne vouloit point de compagnon ni de compagne, fit servir cette fausse confidence à ses desseins, qui lui réussirent, parce que la vertu de la Reine et la véritable piété du Roi furent ses seconds pour le faire vaincre en ce combat. Dans le même temps, la femme de l'amant qui avoit prévenu son cœur, ayant conçu une jalousie furieuse de son mari, fit entrer sa mère dans ses sentimens, pria la Reine d'éloigner mademoiselle de La Motte de la cour, et de l'envoyer dans le couvent des filles de Sainte-Marie de Chaillot, où, quoiqu'elle ne se fût pas retirée par son choix, détrompée de la vanité de la cour et de la passion qu'elle avoit eue pour cet amant, qu'elle trouva n'avoir pas fait ce qu'il devoit en cette occasion, elle est demeurée volontairement, et s'est fait une vie fort tranquille et fort heureuse.

Alors mourut Pomponne de Bellièvre, premier président au parlement de Paris, illustre par le poste qu'il tenoit, par sa réputation, par ses amis, et par une habile modération accompagnée de fermeté, dont il usoit avec beaucoup d'art et de finesse. Il étoit, comme je l'ai déjà dit, craint à la cour et considéré dans sa compagnie. Il agissoit si sagement dans la conduite des affaires générales, qu'il donnoit des chagrins au ministre, sans lui donner aucun juste sujet de se plaindre de lui. A l'égard de ceux dont il étoit le chef, il donnoit de la force au foible, et savoit corriger l'emportement des esprits violens. Il étoit éloquent, il aimoit les plaisirs : sa maison étoit un lieu rempli de toutes sortes de délices pour les voluptueux ; la magnificence, la bonne chère et la musique y pouvoient accompagner gaiement les sérieux raisonnemens de la politique : et toutes ces choses plaisoient à ceux qui, avec les divertissemens, y cherchoient de l'appui et du secours. Ces mêmes qualités, selon les règles de la vertu, lui pouvoient avec justice attirer beaucoup de blâme ; car la véritable occupation d'un bon juge est de rendre la justice à ceux qui la demandent. Celui-là, étant rempli de la gloire et du faste du monde, n'étoit point laborieux : il n'étoit pas même estimé savant, et sa vie avoit quelque chose de scandaleux. On voyoit d'ordinaire chez lui une mère et une fille qui paroissoient les maîtresses de la maison, ou plutôt de celui qui en étoit le maître : si bien qu'on peut dire de lui qu'il a été peut-être plus loué qu'il ne le méritoit en effet, mais qu'enfin il étoit, selon les fausses maximes des mondains, un honnête homme. Par ces mêmes raisons, sa mort fut agréable à celui qui le craignoit trop pour le pouvoir regretter.

Tous les événemens de la cour étoient alors à la gloire du ministre. Le duc d'Orléans, pour l'augmenter, fut par son moyen remis aux bonnes grâces du Roi et de la Reine. Il vint à Paris, où il fut reçu du Roi avec bonté : il fut visité des courtisans sans empressement, et des compagnies souveraines par devoir; mais comme il avoit eu sur elles un crédit fort grand, mais fort inutile, sa présence ne fut nullement célébrée. Il montra, par la manière dont il traita le ministre, qui lui fut rendre ses respects au Luxembourg, qu'il reconnoissoit sa puissance et la force de sa destinée, ou, pour mieux dire, celle du souverain auteur dont les justes arrêts élèvent et abaissent ceux qu'il lui plaît. Ce prince, dans sa retraite à Blois, s'étoit pieusement soumis aux volontés divines : il étoit devenu dévot, sa vie étoit exemplaire, il avoit ses heures de retraite et de prières, il ne jouoit plus, et jamais prince n'a plus goûté le repos que lui. Sa piété seroit entièrement estimable, si sa paresse n'avoit point eu quelque petite part à sa vertu, et si son tempérament, ennemi de l'embarras et des grands desseins, n'avoit pas été comme le sauvageon sur lequel Dieu avoit enté son amour et sa grâce. L'intrigue et l'ambition de ceux qui avoient été ses favoris l'avoient souvent embarqué dans la révolte et dans les conspirations qui s'étoient faites, du temps du feu Roi son frère, contre le ministre de ce temps-là. Les malheurs de la reine Marie de Médicis sa mère, et les mauvais conseils qu'on lui avoit donnés, y avoient eu plus de part que son inclination naturelle; car on peut dire que personne n'a plus aimé le repos que lui, et que personne n'en a eu si peu, n'ayant proprement joui de cette paix intérieure qui le donne que dans ses dernières années, qui sont celles de sa retraite, où il a rencontré son salut et son bonheur. Il sembla qu'il n'étoit venu à Paris que pour voir cet homme qu'il avoit voulu chasser du royaume, et pour lui avoir l'obligation de son raccommodement avec le Roi et la Reine; car il s'en retourna peu après dans sa solitude, qui lui étoit devenue plus chère que la grosse cour qu'il avoit eue au Luxembourg.

Ce grand prince, oncle du Roi, qu'on avoit vu dans ses premières années héritier présomptif de la couronne, et qui en avoit été déclaré lieutenant général dans les dernières, ayant reconnu l'autorité souveraine du ministre, les autres princes, le parlement, et enfin toute la France n'eut plus de honte de s'y soumettre. Ce fut alors qu'on peut dire qu'il triompha de tous ses ennemis; et il eût été le plus glorieux homme du monde s'il se fût contenté d'abattre ceux qui lui avoient résisté, et de jouir paisiblement de l'excès de grandeur où la fortune l'avoit porté, sans vouloir détruire la puissance légitime de celle qui l'avoit soutenu si hautement, comme il fit aussitôt qu'il se vit rétabli dans sa première place : car il réunit tout d'un coup en sa personne l'autorité de la mère et du fils, et se rendit le tyran de leurs volontés plutôt que le maître. Il devint la seule idole des courtisans, il ne voulut plus que personne s'adressât à d'autres qu'à lui pour demander des grâces, et s'appliqua avec soin à éloigner d'auprès du Roi tous ceux qui avoient été mis par la Reine sa mère. La Porte, à qui elle avoit fait donner une charge de premier valet de chambre du Roi, pour le récompenser de sa fidélité à son service et des persécutions qu'il avoit souffertes pour elle du temps du cardinal de Richelieu, fut obligé de s'en défaire. Il me dit qu'il croyoit que mon frère ne seroit pas long-temps sans se sentir du malheur de la destinée de toutes les créatures de la Reine; car il me conta que le cardinal, entrant un jour dans la chambre du Roi, qui étoit couché pour une légère indisposition, et voyant que mon frère lui lisoit quelque chose auprès de son lit (peut-être étoit-ce le roman de Scarron) pour le divertir, il avoit remarqué qu'il en avoit eu du chagrin, blâmant cela comme si c'eût été un grand crime. La Reine lui avoit donné la charge de lecteur de la chambre, et le Roi le lui faisoit exercer fort souvent, particulièrement dans les voyages et lorsqu'il gardoit le lit. Il lui faisoit quelquefois les soirs chanter des dialogues avec La Chenaie, gentilhomme de la manche; et, dans les concerts de guitare qu'il faisoit quasi tous les jours, il lui donnoit une partie à jouer avec Comminges, capitaine des gardes de la Reine, et il lui faisoit des questions, même dans son étude : ce qui aida à porter M. de Rhodes son précepteur, quand le Roi fut plus avancé en âge, d'empêcher que personne n'entrât plus dans l'étude, pas même le maréchal de Villeroy ni le lieutenant général des gardes, comme n'étant plus une étude, mais une conversation particulière, après laquelle il montoit aussitôt chez le cardinal pour lui en rendre compte, à cause de sa qualité de surintendant de l'éducation royale. Mais ce qui lui déplut davantage fut que les premiers jours que le Roi entra au conseil, comme il s'y ennuyoit assez souvent, une fois il vint entr'ouvrir la porte de la chambre, où il n'y avoit que la Reine et lui avec le ministre, pour voir qui étoit dans le vestibule, où ayant vu mon frère, il lui fit signe, et lui dit d'entrer et de le suivre dans le cabinet des bains, où on ne pouvoit entrer alors que par là, soit pour lui parler d'un dessein de ballet, pour accorder sa guitare, ou lui dire quelque bagatelle : de sorte qu'il demeura seul avec lui tout le temps que le conseil dura. Ce qui lui arriva encore une fois ou deux, et quelques autres fois avec son maître à dessiner et d'autres de sa petite cour, avant le conseil, où il alloit et venoit de temps en temps. La Reine me témoigna alors qu'elle étoit bien aise que le Roi s'accommodât si bien de mon frère, ayant bonne opinion de sa sagesse; mais comme il avoit eu cette charge sans la participation du cardinal qui ne m'aimoit pas, il ne manqua pas de représenter au Roi qu'il ne falloit pas qu'il se familiarisât avec personne jusqu'à ce point, et qu'il parût qu'il quittoit le conseil pour s'amuser à des bagatelles; et fit si bien que tous mes amis furent d'avis que mon frère s'absentât pour quelque temps, et la Reine me le conseilla elle-même. C'est ce qui me fit résoudre d'écouter les propositions qu'on m'avoit faites de vendre cette charge qui ne lui avoit rien coûté, mais qui lui donneroit plus de chagrin que de plaisir, et dont il ne tireroit aucun avantage tant que le cardinal, qui étoit pour vivre long-temps, gouverneroit.

Environ dans ce même temps, madame de Seneçay ayant envie d'avoir la survivance de sa charge de dame d'honneur pour la comtesse de Flex sa fille, en parla à la Reine. Cette princesse, qui n'étoit pas trop satisfaite du désir trop âpre que son ministre faisoit paroître depuis son retour d'être le seul qui pouvoit tout édifier et tout détruire, et qui étoit bien aise que cette affaire réussit, trouva qu'il étoit à propos qu'elles allassent le prier de lui en parler. La mère et la fille le firent. Il fut fort content de leur soumission : il en vint faire la demande à la Reine, et la chose fut bientôt conclue; mais ce ne fut pas sans nous moquer ensemble de la folie et de la malice des hommes, qui par des voies obliques et corrompues s'écartent souvent du droit chemin, comme faisoit le cardinal, qui ne devoit pas agir de cette manière avec celle qui l'avoit choisi pour le mettre sur le pinacle, et qui l'y avoit maintenu par le passé, et étoit fort résolue de l'y maintenir encore à l'avenir : n'y ayant aucune apparence ni aucune raison de changer un ministre, quoique défectueux, qui lui étoit redevable de toute sa grandeur, pour un autre qui le seroit peut-être davantage, et qui croiroit ne devoir son bonheur qu'à son savoir faire, et au dégoût qu'elle auroit eu de celui qu'elle abandonneroit. La comtesse de Flex fut vue dans cette place, non-seulement avec l'agrément de la Reine qui l'aimoit et estimoit, mais aussi avec l'approbation générale, à cause de son mérite et de sa vertu. Mais ces particularités, dont elle m'avoit fait part, font assez connoître que ce ministre étoit revenu à la cour moins reconnoissant qu'il ne le devoit être envers une bienfaitrice qu'il savoit bien n'être pas de l'humeur de Marie de Médicis.

Jusque là il n'avoit jamais vu d'intrigues dans notre cour qui lui pussent donner aucune inquiétude : c'est pourquoi, s'il avoit envie de prendre des mesures pour se maintenir auprès du Roi son fils, c'étoit plutôt avec la Reine sa mère que contre elle. Cependant il n'étoit pas toujours de son sentiment sur beaucoup de choses. Il savoit que le Roi avoit paru capable d'avoir inclination pour quelques gens : par exemple, il en avoit eu quelque temps pour Fouilloux; ensuite il en avoit eu une plus forte pour Mancini son neveu; et pour lors il sembloit avoir quelque penchant pour le prince de Marsillac, fils du duc de La Rochefoucauld, qui avoit des amis, et auquel Vardes, qui avoit beaucoup d'esprit et étoit capable d'intrigue, s'étoit lié. Le comte de Soissons, le comte de Guiche, Villequier et l'abbé Fouquet, qui composoient une autre cabale, voulant s'opposer à la faveur naissante du prince de Marsillac, tâchoient de le pousser en toutes occasions. Le cardinal Mazarin, soutenant ceux qui étoient attachés au comte de Soissons son neveu, et ne pouvant consentir que le Roi eût la liberté de bien traiter personne sans sa permission, le voulut obliger à témoigner plus d'indifférence au prince de Marsillac. La Reine prit son parti, non-seulement par la bonne opinion qu'elle avoit de lui, mais par la crainte qu'elle avoit du comte de Guiche, agréable de sa personne, savant, plein d'esprit, mais qui, étant fort persuadé de sa capacité, affectoit de paroître avoir moins de religion qu'il n'en avoit peut-être en effet : ce qui diminuoit l'estime que toutes ses bonnes qualités lui faisoient mériter. Son plus grand attachement sembloit néanmoins être pour Monsieur, qui témoignoit l'aimer; mais la Reine me fit l'honneur de me dire qu'elle lui avoit conseillé comme son amie, et commandé comme sa mère, de le voir rarement, et de ne lui pas donner trop de marques de bonne volonté et de préférence. Langlade eut ordre en ce temps-là de se défaire de sa charge de secrétaire du cabinet; et Carnavalet qui avoit été page de la Reine, et auquel elle avoit fait avoir une charge de lieutenant des gardes du corps, après avoir été quelque temps à la Bastille fut obligé de s'en aller dans son pays, d'où il revint quelque temps après la mort du cardinal Mazarin.

Madame de Montbazon étoit aussi revenue à Paris depuis quelque temps, mais avec des sentimens fort différens de ceux qui obligeoient M. le duc d'Orléans d'en partir. Elle étoit encore belle, et aussi enchantée de la vanité que si elle n'avoit eu que vingt-cinq ans. Elle n'avoit point encore eu la permission de revoir la Reine; mais, sous quelque prétexte, elle avoit eu celle de son retour à Paris. Elle y trouva les mêmes charmes, car elle y revint avec les mêmes désirs de plaire; et ceux qui la virent m'assurèrent que le deuil qu'elle portoit alors comme veuve, et qu'elle accompagnoit de tous les agrémens que l'amour-propre lui pouvoit suggérer, la rendoit si belle qu'en elle on pouvoit dire que l'ordre de la nature se trouvoit changé, puisque beaucoup d'années et de beauté se pouvoient rencontrer ensemble. Dans cet état, la mort, qui ne respecte personne, la vint surprendre; et une maladie, qui ne parut qu'un rhume, l'ôta du monde en peu de temps. Elle fut peu regrettée de la Reine, car souvent elle avoit abandonné ses intérêts pour suivre ses caprices. Le ministre vit sa mort avec les sentimens qu'on a pour ses ennemis. Ses anciens amans la regardèrent avec mépris; et ceux qui l'aimoient encore n'en furent pas touchés, parce que chacun, jaloux de son rival, laissa les larmes et la douleur en partage au duc de Beaufort, qui en étoit alors le mieux aimé. Les femmes sérieuses, et qui avoient fait profession de vertu et de piété, y trouvèrent qu'elles avoient de grandes grâces à rendre à Dieu de leur avoir fait haïr la vanité; et les coquettes eurent sujet de craindre la même destinée, c'est-à-dire une fin de la vie sans fruit, et sans avoir rien profité à l'égard de l'éternité. Cette illustre mondaine n'eut que trois heures à se préparer à ce grand voyage : il parut néanmoins qu'elle les employa bien. Elle se confessa, et reçut tous les sacremens avec beaucoup de marques de piété, et de repentir de n'avoir pas suivi des maximes plus solides et plus chrétiennes : disant à sa fille l'abbesse de Caen, qui alors se trouva là auprès d'elle, qu'elle étoit fâchée de n'avoir pas été toujours comme elle dans un cloître, et que, sentant approcher l'heure de son jugement, elle avoit de l'horreur de sa vie passée. Ce regret peut faire espérer que la grâce aura réparé toutes les foiblesses de sa vie; mais enfin que reste-t-il de cette beauté qui avoit reçu tant de louanges, et que les hommes avoient idolâtrée, qu'un juste mépris de son néant ? Ne peut-on pas dire de cette dame ce que le prophète remarque dans ses psaumes, parlant des hommes qui ont suivi la volupté : *J'ai vu le pécheur élevé comme le cèdre du Liban ; mais je suis repassé, et il n'y étoit plus : je l'ai cherché, et ne l'ai point trouvé.*

Je ne puis m'empêcher de parler ici de Cromwel, qui gouvernoit alors en Angleterre avec une puissance tout-à-fait absolue et tout-à-fait injuste. Le Roi avoit été obligé de faire un traité solennel avec lui pour empêcher que le roi d'Espagne ne le prévînt, et n'en fît un qui fût dommageable à l'Etat. Le Roi et la Reine, à leur extrême regret, avoient reçu un ambassadeur de sa part, et il avoit été traité comme ceux des têtes couronnées. Le roi d'Angleterre et le duc d'Yorck son frère furent obligés de sortir de France pour aller chercher un asyle en Flandre. La Reine leur mère, qui étoit demeurée à la cour, en fut sensiblement affligée, et plus encore quand au bout de quelque temps elle vit cet usurpateur, par sa capacité et ses intrigues, forcer le parlement et le royaume d'Angleterre à lui offrir la couronne. Il parut qu'il avoit refusé le titre de roi pour se contenter de celui de protecteur de la république, quoique dans le vrai, à ce que m'a dit cette reine malheureuse, ce fût parce que l'armée ne lui fut pas favorable. Il fit dresser par le parlement dix-neuf articles contenant le pouvoir que les rois d'Angleterre avoient accoutumé d'avoir sur leurs peuples, et qui renfermoient toutes les prérogatives dont ils jouissoient. Il alla au parlement sur la fin de juin, selon le compte d'Angleterre; il se vêtit du manteau royal, prit le sceptre et l'épée, pour marquer la puissance qu'il prenoit sur la justice et sur la guerre. Les trois plus grands seigneurs d'Angleterre, en cette cérémonie, servirent à tenir devant lui les trois épées qui signifient les trois royaumes dont il prenoit possession; mais il ne mit point de couronne sur sa tête, pour marquer qu'il ne prenoit point le nom de roi dont elle est la plus visible marque. Après ce grand et terrible coup, qui étoit si funeste à toute la famille royale de Stuart, la reine d'Angleterre, pour tirer avantage de ses propres malheurs, pria le cardinal Mazarin d'écrire de la part du Roi à Cromwell, qu'on appeloit milord protecteur, pour lui demander la jouissance de son bien et de son douaire; car quoiqu'elle fût assez bien payée de ce que le Roi lui donnoit, elle regardoit toujours cet état comme une dépendance fâcheuse dont elle auroit bien voulu se pouvoir tirer. Le cardinal le fit, non-seulement pour lui complaire, mais beaucoup plus pour soulager les coffres du Roi de cette dépense; car sa grande économie faisoit qu'il étoit toujours fâché d'en voir sortir de l'argent pour d'autres que pour lui. Au bout de quelque temps, le cardinal, venant voir la reine d'Angleterre, lui apporta la réponse de Cromwel, et lui dit que ce lord protecteur lui avoit mandé insolemment qu'il ne lui donneroit point ce qu'elle demandoit, parce qu'elle n'avoit jamais été reconnue pour reine en Angleterre. Cette inique et monstrueuse hardiesse donna d'abord une extrême douleur à cette reine; mais aussitôt après elle se remit, et dit au ministre que ce n'étoit point à elle à se scandaliser de cet outrage, mais bien au Roi, qui ne devoit point souffrir qu'une fille de France fût traitée de concubine; qu'elle étoit satisfaite du feu roi son seigneur et de toute l'Angleterre, et que les affronts qu'elle recevoit alors étoient plus honteux à la France qu'à elle. Après ce discours, elle et le cardinal Mazarin parlèrent de la paix générale; et comme elle en espéroit de grands avantages pour le roi son fils, en quoi véritablement elle ne se trompa pas, elle l'exhorta fortement à la faire. Déjà il avoit envoyé en Espagne de Lyonne sa créature, afin d'en faire le premier plan avec don Louis de Haro, ministre d'Espagne; mais il lui dit que cette négociation n'avoit point encore eu le favorable succès qu'elle témoignoit désirer. Il l'assura qu'il y travailloit tout de bon, puis il demanda ce qu'elle croyoit; et comme, à ce qu'elle me fit l'honneur de me conter le même jour, elle fut quelque temps sans lui répondre, le cardinal, devinant sa pensée, lui dit : « Je vois bien, madame, que vous n'ajoutez « pas de foi à mes paroles; mais je vous supplie « de croire que je vous dis vrai, et que je le sou-« haite passionnément » La reine d'Angleterre, qui avoit de l'agrément dans l'esprit, lui avoua de bonne foi qu'elle en doutoit, et le pressa fort instamment de faire qu'elle en pût être persuadée. Il le lui promit; et ce ministre, peu de temps après, lui tint sa parole.

Dans cette campagne, le maréchal de Turenne, qui commandoit l'armée du Roi, voulut assiéger Cambray. Le prince de Condé qui étoit à Valenciennes, averti de cette entreprise, la nuit suivante se jeta dedans en personne, par le quartier où étoit le maréchal de Clérambault, qui fit toute la résistance possible.

Le maréchal de La Ferté, avec d'autres troupes, assiéga Montmédy, et y servit utilement le Roi. Le duc de Navailles, qui commandoit sous lui, y témoigna autant de conduite que de valeur. Le Roi y alla; et les ennemis, le sachant, furent deux heures sans tirer. L'inclination qu'il avoit à la guerre lui faisoit faire ces courses avec plaisir; et s'il ne l'eût point été retenu par le cardinal, qui se servoit de la raison et de la nécessité de sa conservation pour l'en empêcher, il y auroit demeuré plus long-temps.

Mademoiselle revint alors à la cour. Ce fut le comte de Béthune qui négocia son raccommodement avec le ministre. Ce n'étoit pas un petit ouvrage : car malgré la facilité qu'il avoit à oublier les injures, celles qu'il avoit reçues de Mademoiselle étoient gravées bien avant dans son cœur; mais, agissant à son ordinaire, il ne laissa pas de lui pardonner, étant alors en état de n'en plus rien craindre. D'un autre côté, le long exil que cette princesse avoit souffert avoit un peu diminué sa fierté, et, la désabusant enfin de la vaine espérance qu'elle avoit eue d'obliger le Roi à l'épouser, lui faisoit voir qu'elle ne pouvoit penser à aucun établissement, soit dedans, soit dehors le royaume, que par le conseil ou l'entremise du cardinal; et qu'ainsi il falloit, malgré qu'elle en eût, se résoudre à se soumettre à ses volontés. Le comte de Béthune étoit un homme d'honneur dont la capacité étoit médiocre, qui étoit curieux de pièces antiques, de livres et de tableaux. Il avoit assez l'estime générale, et le ministre le considéroit comme un ennemi qu'il avoit forcé à l'aimer par ses bienfaits. Il reçut plus volontiers par lui qu'il n'auroit fait par d'autres, les assurances que Mademoiselle voulut lui donner de ses bonnes intentions, et du désir qu'elle avoit de ne jamais déplaire au Roi ni à la Reine par aucune de ses actions. Elle vint donc à Saint-Cloud attendre le retour de la cour; et toutes les personnes de quelque qualité qui étoient à Paris allèrent lui témoigner la joie qu'ils avoient de son retour. Elle étoit fort aimée, et méritoit de l'être non-seulement parce qu'elle avoit de belles qualités, mais de plus par une manière obligeante et pleine d'honnêteté, qui jusqu'alors lui avoit acquis l'estime des honnêtes gens.

Montmédy résista long-temps aux armes du Roi, parce que celui qui commandoit dans cette place étoit un Espagnol naturel, jeune et brave, qui sortoit de page de la cour du roi d'Espagne. Il se défendit si bien, que le siège dura jusqu'au 6 d'août. Il avoit été commencé le 12 de juin; mais ce gouverneur ayant été tué, la ville se rendit deux jours après, et la fermeté du gouverneur fut louée tant des Français que de ceux de sa nation.

La cour revint à Paris, après avoir été à Metz assez long-temps. Le Roi, pendant le séjour de la Reine en ce lieu, avoit été faire une petite course à Nancy. Le cardinal, qui l'accompagna sur les fins de cette campagne, se sentit de la gravelle; et quand il arriva à Paris il n'étoit pas en bon état. La diminution de sa santé fit réveiller les cabales, et ceux qui pouvoient prétendre au ministère furent soupçonnés d'en voir l'affoiblissement avec beaucoup de joie. Mademoiselle, à ce retour, fut bien reçue de la Reine, et toutes les choses passées parurent effacées à son égard.

Environ ce temps-là, la reine de Suède, sans être souhaitée, et quasi malgré le Roi, vint faire un second voyage en France, qui ne lui réussit pas si bien que le premier. Elle fut contrainte, par l'ordre qu'elle en reçut, de s'arrêter à Fontainebleau où elle s'ennuya beaucoup, car peu de personnes la furent visiter; et son voyage sans précaution, et sans sûreté d'être bien reçue, eut la destinée des actions imprudentes, qui d'ordinaire apportent du chagrin. Cette princesse ne se contenta pas de montrer qu'elle se laissoit aller à toutes ses fantaisies sans trop de réflexions : elle fit voir encore qu'elle avoit beaucoup de cruauté, et qu'ainsi ses vices et ses défauts égaloient du moins ses vertus. Elle fit massacrer à ses yeux (1), et dans Fontainebleau, un homme qui lui avoit déplu; et voici quelle fut sa conduite pour cette belle action. Elle envoya querir le père Mathurin de la Chapelle : elle lui donna à serrer un paquet de lettres; puis, ayant donné ses ordres, elle fit appeler un nommé Monaldeschi, gentilhomme qui étoit à elle; et l'ayant mené dans la galerie des Cerfs proche de sa chambre, lui dit qu'il l'avoit trahie, et qu'il falloit qu'il en fût puni. Sur ce qu'il nia la chose, le père Mathurin qu'elle avoit envoyé querir entra; et lui ayant demandé ses lettres, elle les montra à cet homme : dont il demeura surpris. Alors il se jeta à ses pieds et lui demanda pardon. Elle lui dit qu'il étoit un traître, et qu'il ne méritoit pas de grâce; et ayant dit au père de le confesser, elle les quitta tous deux pour rentrer dans son appartement, d'où elle envoya dans la galerie Sentinelli, son capitaine des gardes, qui avoit ordre de faire l'exécution. Il étoit frère d'un Sentinelli, favori de cette princesse; et Monaldeschi, à ce qu'on disoit, par jalousie l'avoit accusé faussement de beaucoup de crimes; mais nul n'a été bien instruit de la vérité de cette histoire : c'est pourquoi je ne puis parler que de l'action, et point de sa cause. Monaldeschi refusa long-temps de se confesser, demanda pardon à son bourreau Sentinelli, et le pria d'aller de sa part implorer la miséricorde de la Reine leur maîtresse : ce qu'il fit; mais il ne put rien obtenir qu'une confirmation de son premier arrêt. Elle se moqua du criminel de ce qu'il avoit peur de la mort, l'appela poltron, et dit à son capitaine des gardes: « Allez, il faut qu'il meure; « et afin de l'obliger à se confesser, blessez-le. » Sentinelli revint annoncer à ce misérable l'arrêt définitif de sa mort, et en même temps lui voulut donner quelque coup d'épée; mais il trouva qu'il étoit armé sous son pourpoint : si bien que l'épée ne le put blesser qu'au bras, dont il para le coup. Il en reçut encore un à la tête; et comme il se vit baigné dans son sang, alors il se confessa à ce père Mathurin, qui étoit aussi effrayé que son pénitent. Le père, après l'avoir confessé, alla se jeter aux pieds de cette reine impitoyable, qui le refusa de nouveau. Enfin Sentinelli lui passa son épée au travers de la gorge, et la lui coupa à force de le chicoter. Quand il fut expiré, on prit son corps, et on l'emporta enterrer sans bruit. Cette barbare princesse, après une action aussi cruelle que celle-là, demeura dans sa chambre à rire et à causer, aussi tranquillement que si elle eût fait une chose indifférente ou fort louable. La Reine mère, toute chrétienne, qui avoit eu tant d'ennemis qu'elle auroit pu faire punir, et qui n'avoient reçu d'elle que des marques de sa bonté, en fut scandalisée. Le Roi et Monsieur la blâmèrent; et le ministre, qui n'étoit point cruel, en fut étonné. Enfin toute la cour eut horreur d'une si laide vengeance, et ceux qui avoient tant estimé cette reine furent honteux de lui avoir donné des louanges; mais ce ne fut pas sans se moquer du pauvre mort, qui n'avoit pas eu le courage ni de se sauver ni de se défendre, et d'avoir eu contre cet accident une précaution si inutile : car du moins il devoit avoir un poignard, et s'en servir avec valeur. On laissa cette reine languir long-temps à Fontainebleau, pour lui montrer le mépris qu'on avoit pour elle; mais enfin elle supplia tant de fois le ministre de la laisser venir à Paris, qu'il lui fut impossible de la refuser. Elle vint donc voir le ballet que le Roi dansa cette année pour le carnaval, et elle arriva le 24 février 1658. Il est à croire qu'elle auroit souhaité de pouvoir s'établir tout-à-fait en France; mais on ne lui fit espérer de l'y souffrir que quelques jours seulement. On la logea dans le Louvre à l'appartement du cardinal Mazarin : ce qui fut concerté exprès pour lui montrer qu'il falloit qu'elle le quittât promptement. Malgré toutes les précautions de la Reine, elle y passa les jours gras, qu'elle employa le mieux qu'elle put. Rien ne parut en elle de contraire à l'honneur, je veux dire à cet honneur qui dépend de la chasteté; et si elle s'étoit laissé entamer sur ce chapitre, les charitables gens de la cour n'auroient pas oublié de le publier; mais en tout le reste elle montra peu de sagesse, peu de conduite, et beaucoup d'emportement pour le plaisir. Elle couroit les bals en masque, elle alloit sans cesse à la comédie avec des hommes toute seule, dans les premiers carrosses qu'elle rencontroit, et jamais personne n'a paru plus éloigné de la philosophie que celle-là. Elle partit enfin les premiers jours du carême, ayant reçu quelque argent du Roi, et s'en retourna à Rome, où l'action qu'elle avoit faite en France ne la fit pas estimer.

---

(1) Monaldeschi, exécuté le 10 novembre 1657. Voyez Lettres de Christine, publiées en 1807 par Léopold Collin.

Le prince de Condé, qui étoit en Flandre, tomba malade environ dans ce temps-là. Il dépêcha aussitôt un courrier à la Reine pour la supplier de lui envoyer Guenaud, médecin, en qui il avoit beaucoup de créance. Elle le fit partir avec soin, et le ministre y contribua de tout son pouvoir, pour montrer à ce grand prince que leur malheur, et non sa haine, les tenoit séparés. Il fut fort malade, et montra dans cette maladie, à ce qui en fut dit alors, des sentimens fort chrétiens, dont il avoit jusque là paru fort peu touché : mais j'ai lieu de croire qu'il avoit dans l'ame un fondement de vertu qui produisoit en lui dans les grandes occasions des retours vers Dieu, dont il adoroit la puissance, sans se soumettre comme il devoit à ses commandemens ; car j'ai ouï dire à quelqu'un de ses serviteurs que sur ce chapitre il avoit quelquefois donné des marques particulières d'être susceptible de piété, quoique d'ailleurs on ne le crût pas dévot. Les jugemens des hommes sont incertains : il n'y a que Dieu qui connoisse les plis et les replis du cœur humain.

Le duc de Candale, le premier de la cour en bonne mine, en magnificence et en richesses, celui que tous les hommes envioient, et dont toutes les dames galantes souhaitoient de mériter l'estime, si elles n'en pouvoient faire le trophée de leur gloire ; ce jeune seigneur qui en effet étoit aimable, revenant de Catalogne, où il avoit commandé cette année les armées du Roi, mourut à Lyon comme il revenoit à Paris. Il fit paroître beaucoup de repentir de ses fautes, et reçut fort chrétiennement tous les sacremens. Les prières de mademoiselle d'Epernon sa sœur, qui avoit préféré le couvent des Carmélites aux duchés que le duc d'Epernon son père lui pouvoit donner, attirèrent sans doute une si bonne mort de la miséricorde de Dieu. Elle voulut que l'abbé de Roquette fît son oraison funèbre. S'étant heureusement trouvé à Lyon, il l'avoit assisté à la mort. Il prit pour son texte ce verset du psaume 62 : *Tes miséricordes, Seigneur, valent bien mieux que la vie.*

La vertu de mademoiselle d'Epernon ne l'empêcha pas de pleurer amèrement cet illustre frère. Il fut aussi infiniment regretté de toute la cour, et sa fin parut étonnante à toute la France. Il sembloit que la mort en sa personne avoit fait un coup trop hardi, dont, si on eût osé, on lui eût fait des reproches ; mais cette rigoureuse ennemie du genre humain ne fait pas grand cas de nos plaintes : elle ne respecte ni les jeunes ni les grands ; il semble, au contraire, qu'elle se divertit à cueillir les plus belles fleurs du parterre du monde. Quelques-uns s'imaginèrent qu'il avoit été empoisonné ; mais le soupçon ne parut pas avoir aucun fondement.

Dans ce même temps le Roi alla au parlement, pour faire recevoir une bulle que le Pape avoit envoyée contre les jansénistes. La Reine, animée d'un zèle véritablement louable, croyoit avec raison devoir sa royale protection à la véritable doctrine de l'Eglise, qui sembloit être attaquée par les opinions du jansénisme touchant la grâce et le libre arbitre de l'homme, qu'ils ont paru vouloir combattre ; mais les gens de bien étoient persuadés que ceux qui la conseilloient sous l'apparence de la gloire de Dieu et de la religion l'engageoient souvent à des choses qui, en toutes leurs circonstances, ne paroissoient pas conduites par l'esprit de charité : et comme ils étoient sans passion, ils souhaitoient que la paix se pût rétablir entièrement parmi les fidèles, et que l'on travaillât sincèrement à ramener à l'obéissance ceux qu'ils croyoient s'éloigner des sentimens orthodoxes. On les accusoit, et peut-être injustement, de vouloir regarder cette affaire comme une source de laquelle ils pourroient toujours tirer des matières agréables à la piété de la Reine, et par elles demeurer les maîtres de la destinée de beaucoup de gens. On peut tourner toutes choses en bien et en mal ; mais ce qui paroissoit véritable, et que les ignorans et les femmes pouvoient connoître, étoit que les jansénistes paroissoient estimer et soutenir la doctrine de Jansénius condamnée par les décisions de Rome, et que par conséquent les jésuites ne les accusoient pas sans sujet ; que les jansénistes, qui paroissoient se soumettre de parole seulement à la condamnation des cinq propositions, défendoient méthodiquement et avec une passion extrême le livre qui les contenoit ; mais qu'en effet aussi ils donnoient au public, par leurs ouvrages, une morale où la pratique de la parfaite vertu chrétienne étoit éloquemment enseignée. Leur vie étoit conforme à leurs écrits : ils faisoient profession d'estimer et de suivre les plus étroites maximes de l'Evangile. Madame de Longueville, qui après sa conversion s'étoit déclarée de leur parti, et vouloit régler sa conduite par leurs conseils, faisoit voir par l'austérité de sa vie combien ils étoient bons et louables.

Les pères jésuites portent à juste titre le nom d'apôtres des Indes et de la Chine, puisqu'au prix de leur vie et de leur sang ils ont eu l'honneur, par tant de souffrances, de faire adorer le nom de Jésus-Christ presque dans toute l'étendue de la terre, et particulièrement dans les contrées barbares où il n'étoit point connu auparavant. C'est une compagnie qui a toujours été remplie de grands hommes, tant par leur science que par leur piété, qui les a fait considérer comme des colonnes de l'Eglise ; mais plusieurs des plus grands évêques de France et des plus estimés étoient les chefs de ceux qu'ils accusoient d'hérésie. Un de leurs pères, plein de vertu et des plus renommés de notre siècle, parlant un jour à une dame de mes amies des contestations de ce temps-là, qui étoient nées et fomentées entre les jansénistes et eux, il dit, sans blâmer les adversaires de sa compagnie, et avec un sentiment extrême de douleur qui lui faisoit souhaiter ardemment l'union de tous les chrétiens, que l'orgueil de l'esprit humain étoit la source de ces désordres, et qu'il prioit sans cesse Notre-Seigneur de tuer en lui et dans les autres cet ennemi mortel de ceux qui aspirent à la vie éternelle. Ce saint homme avoit raison d'en parler de cette manière ; car j'ai toujours ouï dire que ces contestations de doctrine avoient été causées par des animosités particulières.

Le gouverneur de Hesdin, Belbrune, mourut alors ; et cette place fut aussitôt donnée à Moret, frère de Vardes, qui depuis quelque temps s'étoit attaché au cardinal. Quand il fut en prendre possession, La Fargue, lieutenant du Roi, et La Rivière, tous deux officiers dans Hesdin, lui fermèrent les portes. Le maréchal d'Hocquincourt, gouverneur de Peronne, gagné par les charmes et les conseils de madame de Châtillon, avoit traité avec M. le prince : il avoit corrompu en sa faveur ceux qui commandoient dans Hesdin, et le dessein de ce maréchal avoit été de lui donner passage par Peronne. Mais cette conspiration, qui auroit pu rendre les ennemis maîtres de cette frontière, ayant été découverte par le ministre, ce maréchal en perdit son gouvernement ; et tout ce que put gagner la maréchale d'Hocquincourt sa femme, par négociation, fut de le faire redonner au marquis d'Hocquincourt son fils, que le cardinal Mazarin estimoit fidèle au Roi et digne de sa clémence. Le père, depuis cette mauvaise aventure, se trouvoit dans une situation fort malheureuse. Les disgrâces et la galanterie ne subsistent guère ensemble : la passion qu'il avoit eue pour madame de Châtillon étoit passée ; ses rivaux et ses pertes l'avoient détrompé. Il voyoit bien qu'il avoit fait un mauvais pas, mais il n'y avoit plus moyen de reculer. Il se jeta dans Hesdin pour entretenir la révolte de La Fargue et de La Rivière ; et comme il vit qu'il n'y étoit pas le maître, il fut contraint de passer en Flandre, où il fut bien reçu du prince de Condé et des Espagnols, qui lui donnèrent de grands appointemens, avec la dignité de grand bailli de Gand. Sa femme et son fils sauvèrent son bien ; et comme la cour voulut aller au printemps vers la frontière commencer la campagne, le Roi commanda à la maréchale d'Hocquincourt de suivre, et on lui donna de l'argent pour obéir.

Le Roi et la Reine partirent le lendemain des fêtes de Pâques. Ils quittèrent le repos plus tôt qu'à l'ordinaire, afin d'aller, par leur présence, réparer les mauvais succès qui pouvoient arriver de l'équipée du maréchal d'Hocquincourt. Avant que de partir, ils virent le duc de Beaufort, qui depuis la paix avoit toujours été exilé : il avoit montré beaucoup de fermeté et de hauteur, en ne recherchant par aucune bassesse l'amitié du ministre. Il voulut même laisser du temps entre ce qu'il avoit fait contre lui et son raccommodement ; puis enfin il le fit avantageusement pour lui. Le duc de Vendôme son père, ayant désiré de le revoir à la cour, proposa son retour au cardinal ; et le ministre, oubliant toutes les haines passées, le regarda comme frère du duc de Mercœur, qui avoit épousé sa nièce. Le recevant ensuite au nombre de ses amis, il lui donna la survivance de l'amirauté, que le duc de Vendôme avoit eue pendant la guerre.

Le Roi alla d'abord à Amiens, où il séjourna quelque temps pour aviser aux moyens de sauver Hesdin. Le Roi même se présenta en personne devant cette place ; mais la révolte de ceux qui y commandoient étoit trop bien affermie : ils ne lui rendirent pas le respect qui lui étoit dû. Le ministre, voyant cette affaire sans remède, fit résoudre le Roi d'aller à Calais pour travailler au grand dessein de cette année, qui étoit la prise de Dunkerque que nous devions attaquer conjointement avec les Anglais ; et le projet étoit de la laisser à Cromwel quand elle seroit prise. Ce dessein parut odieux à tous les gens de bien, et on ne manqua pas de blâmer le ministre de cet avantage qu'il donnoit aux anciens ennemis de la France, à un hérétique, à un usurpateur ; mais il avoit ses raisons : il crut qu'il étoit impossible sans cela de sauver l'Etat de beaucoup de maux, et fut persuadé au contraire que par cette voie il forceroit le roi d'Espagne à faire la paix. Ceux qui murmuroient contre cette liaison des Anglais avec nous disoient que, sans compter l'intérêt de la religion, il y avoit encore à craindre que ce ne fût donner des forces à des voisins qui ne pouvoient nous aimer, et que cette place mettoit en état de nous faire un jour la guerre. Malgré ces raisons, que le cardinal Mazarin sans doute avoit bien examinées, les Anglais passèrent la mer : nous assiégeâmes la place. Cette entreprise, dont le succès fut aussi heureux qu'on le pouvoit souhaiter, pensa être funeste à la France.

Le Roi voulut aller visiter l'armée. Il fut à Mardick, où il demeura quelque temps. Ce lieu étoit infecté par les corps morts qui étoient restés des années précédentes à demi enterrés dans le sable sans pourrir : la sécheresse du terroir les en empêchoit. Il n'y avoit à Mardick nulle commodité : on manquoit d'eau et de toutes choses, et la chaleur étoit excessive. Le cardinal, qui en toutes occasions avoit toujours pour principale occupation de gagner de l'argent, s'avisa de devenir le vivandier et le munitionnaire de l'armée : il faisoit vendre, à ce qu'on a dit, le vin, la viande, le pain et l'eau, et regagnoit sur tout ce qui se vendoit. Il faisoit la charge de grand-maître de l'artillerie, et depuis les premières jusqu'aux dernières, il profitoit sur toutes. Les souffrances, par cette raison, furent grandes en ce siège, et même à Calais, où toutes les denrées nécessaires à la vie étoient fort chères. Le Roi, quand il alloit à Mardick visiter son armée, vivoit comme un particulier : il dînoit chez le cardinal Mazarin ou chez le vicomte de Turenne; il n'avoit point d'officiers, et manquoit de service et d'argent. Quand il alloit à l'armée, il rencontroit de pauvres soldats : il ne leur donnoit rien, parce qu'il n'avoit point de quoi le faire; et le pis étoit que le ministre, corrompant les sentimens du Roi, travailloit à lui en ôter l'inclination, afin de lui en pouvoir ôter le moyen : ce qui faisoit, à ce que me dirent ceux qui étoient à ce siége, le plus méchant effet du monde, car les soldats deviennent plus avares de leur vie quand on leur est avare de quelques pistoles.

M. le prince et don Juan, avec toutes les forces d'Espagne, s'approchèrent de Dunkerque pour en empêcher la prise. Le vicomte de Turenne en avertit le ministre, et lui manda que son sentiment étoit de les aller combattre. Le cardinal, vigilant et habile autant qu'il étoit ménager, sachant, par cette voie et par ses propres intelligences, que les ennemis les venoient trouver, fut de ce même avis, et envoya ordre à ce général de donner bataille. Ce grand capitaine, qui en de pareilles occasions ne manqua jamais d'acquérir une grande réputation, sortit de ses retranchemens pour aller attaquer l'armée espagnole; et la surprenant, il la défit. Le maréchal d'Hocquincourt, qui s'étoit plus avancé que les autres pour reconnoître nos lignes, fut le premier qui se sentit de la mauvaise destinée du parti où il étoit. Il y perdit la vie, qu'il quitta avec un sensible regret de mourir hors du service du Roi. Il vécut quelques jours, dans lesquels il fit paroître ces sentimens, et fit supplier le Roi qu'en lui pardonnant son crime, son corps pût être enterré à Notre-Dame de Liesse : ce qui lui fut accordé facilement. Toute la vaillance et la fermeté de M. le prince ne fut pas capable d'arrêter la fuite de ses soldats, et la déroute en fut grande. Les ducs d'Yorck et de Glocester, qui étoient dans cette armée, y firent des actions dignes de mémoire; et leur valeur à combattre les nôtres étoit d'autant plus grande qu'elle étoit animée par la haine qu'ils avoient contre les Anglais, qui étoient joints avec nous. Cette victoire, qui fut glorieuse à M. de Turenne, redonna beaucoup de force au Roi, abattit celle des Espagnols, nous assura la prise de Dunkerque, et nous mit dans le chemin de la paix. Ce fut le 14 juin que ce bonheur arriva à la France. Il fut bientôt suivi de la capitulation de la place, qui se rendit peu de temps après.

La Reine n'eut pas le temps de sentir cette joie. Environ le 22 du même mois, le Roi tomba malade à Calais d'une fièvre continue, avec le pourpre, qui fit craindre pour sa vie. Les fatigues qu'il avoit eues à Mardick et à l'armée, allant lui-même, malgré le cardinal, visiter les gardes, avec les incommodités que j'ai dites et la chaleur qu'il y souffroit, l'avoient mis en cet état. Il fut quinze jours dans un péril extrême, et la Reine en sentit toute la douleur que l'amour qu'elle avoit pour lui devoit causer. Elle forma le dessein, à ce qu'elle m'a fait l'honneur de me dire depuis, si elle le perdoit, de se retirer au Val-de-Grâce; et néanmoins elle m'avoua en même temps qu'en cette occasion elle avoit été infiniment satisfaite du bon naturel de Monsieur. Il lui témoigna toute la tendresse possible, et parut craindre sensiblement de perdre le Roi. Quand la Reine lui dit qu'il ne falloit plus qu'il approchât de lui, de peur de gagner son mal, il se mit à pleurer; mais ce fut avec un tel serrement de cœur, qu'il fut long-temps sans pouvoir prononcer seulement une parole. La Reine, de qui je sus ces particularités, lui en sut bon gré : son cœur en fut touché, par l'estime qu'elle conçut de sa bonté; et dès ce moment elle l'aima beaucoup plus tendrement qu'elle n'avoit fait par le passé. Le Roi prit du vin émétique par deux fois; et Dieu, qui ne voulut pas priver la France de ce prince enrichi de tant d'éminentes qualités qui devoient le rendre un roi digne de l'être, par sa miséricorde reçut une nouvelle vie : et ce bonheur causa beaucoup de joie à la Reine mère, à Monsieur et à tous les bons Français. Le ministre en fut aussi fort content; mais il parut qu'il y regarda son intérêt préférablement à toutes choses : il fit en cette occasion des actions qui devoient déshonorer sa mémoire. Comme il n'osa rien espérer de Monsieur, il envoya enlever ses trésors et les meubles de sa maison de Paris, pour les faire porter au bois de Vincennes. Il prit néanmoins ses mesures le mieux qu'il put avec le maréchal Du Plessis, gouverneur de Monsieur : il lui fit de grandes promesses, et alla visiter tous ceux qui étoient peu ou beaucoup dans les bonnes grâces de ce jeune prince, particulièrement le comte de Guiche, à qui il fit des avances qui parurent sortir d'une ame basse et foible.

Après l'heureuse guérison du Roi, la cour revint à Compiègne, où Leurs Majestés reçurent les premières marques de la joie publique : ils n'y tardèrent guère, parce que le Roi avoit dessein de se montrer à son peuple, et de là s'en aller à Fontainebleau. Il ne parut point changé de sa maladie : aussitôt qu'il eut pris l'air, les forces lui revinrent; et quand il arriva à Paris, moi-même qui ne l'avois point vu malade, et qui n'avois point été du voyage, je le trouvai aussi gras et d'aussi bonne mine qu'à l'ordinaire. Il reçut avec plaisir et quelques marques de bonne volonté ceux qui avoient jeté des larmes pour lui. Comme j'avois été de ce nombre et qu'il l'avoit su, il me fit l'honneur de m'en remercier de la meilleure grâce du monde. Le Roi étoit sérieux, grave et fort aimable. Sa grandeur, jointe à ses grandes qualités, imprimoit le respect dans l'ame de ceux qui l'approchoient. Il parloit peu et bien; ses paroles avoient une grande force pour inspirer dans les cœurs et l'amour et la crainte, selon qu'elles étoient ou douces ou sévères.

Le cardinal Mazarin demeura sur la frontière pour finir le siége de Gravelines, qu'il avoit fait attaquer par le maréchal de La Ferté. Cette place fut en effet si bien attaquée, qu'elle se rendit au Roi le 30 août. Après cette expédition, le ministre revint trouver le Roi et la Reine à Fontainebleau, environ quinze jours après leur arrivée.

Le duc de Modène, qui commandoit l'armée du Roi en Italie et qui avoit le duc de Navailles pour lieutenant général, prit en même temps Mortare, qui se rendit le 25 août. Les nouvelles en arrivèrent au ministre, lorsqu'il passa par Paris, victorieux de Gravelines.

Ceux qui aimoient la justice et les serviteurs particuliers de la reine d'Angleterre reçurent alors une agréable nouvelle pendant le séjour du Roi à Fontainebleau, qui fut celle de la mort de Cromwel. Le ministre néanmoins en parut fâché, et même il sembla qu'il n'approuvoit pas la joie publique; mais je suis bien aise de remarquer en cet endroit, par la réponse que cette princesse fit alors à la lettre que je me donnai l'honneur de lui écrire sur ce sujet, avec quelle modération elle apprit que Dieu l'avoit vengée de ce cruel ennemi.

Copie de la lettre de Henriette-Marie, reine d'Angleterre, écrite de sa propre main à madame de Motteville, le mercredi 18 septembre 1658.

« Vous pourriez m'accuser avec raison de peu de sentiment des témoignages que me rendent mes amis de leur amitié, si je ne vous disois que je n'ai reçu votre lettre que ce matin, quoiqu'elle soit datée de dimanche. En vérité, j'ai songé que vous recevriez de la joie de la mort de ce scélérat; et je vous dirai que je ne sais si c'est que mon cœur est si enveloppé de mélancolie qu'il est incapable d'en recevoir, ou que je ne vois pas encore de grands avantages qui nous en peuvent arriver : mais je n'en ai pas ressenti une fort grande, et la plus grande que j'aie est de voir celle de tous mes amis. Je vous prie de bien remercier madame Du Plessis et mademoiselle de Bellenave. Je voudrois bien avoir fait la quatrième de votre compagnie, pour me réjouir avec vous. Je voudrois vous dire bien des amitiés; mais en vérité elles sont dans mon cœur plus que je ne le puis exprimer, et mes actions vous le feront voir en toutes occasions. Je vous conjure de le croire, ou vous me faites grand tort; car je suis au fond de mon ame de vos amies. »

Le ministre eut aussi alors la joie de voir madame la princesse de Conti sa nièce, qui venoit d'accoucher d'un prince du sang, qui mettoit un de ses neveux dans le nombre des héritiers de la couronne. La mort de cet enfant, qui ne vécut que peu de jours, obligea M. le cardinal à Paris d'aller visiter cette princesse : et comme il étoit persuadé que l'air de Fontainebleau ne lui étoit pas bon, il envoya supplier le Roi de faire une petite course à Paris, afin de lui pouvoir communiquer quelques affaires. Le Roi y alla, et ne coucha qu'une nuit au bois de Vincennes; puis, étant revenu trouver la Reine, il la persuada de s'en revenir à Paris, et par conséquent toute la cour y arriva le 23 de septembre.

Comme le parlement étoit depuis deux ans sans premier président, le cardinal, pour faire une action d'éclat qui pût établir sa réputation dans l'opinion des hommes, et faire voir qu'il savoit connoître et récompenser la vertu et le mérite, voulut mettre à la tête de ce grand corps un chef qui eût l'approbation des gens de bien. Pour cet effet, il jeta les yeux sur Lamoignon (1),

(1) « Je n'entends bien que les affaires qu'il rapporte, »

maître des requêtes, qu'il ne connoissoit que par l'estime universelle que jusqu'alors il avoit acquise dans le public par son habileté et son intégrité. Le procureur général Fouquet, surintendant des finances, qui fut un des premiers qui le proposèrent, ne se servit en effet que des grandes qualités de Lamoignon pour persuader le cardinal Mazarin de le nommer, en le flattant de l'honneur qu'il auroit d'avoir fait ce choix par le seul motif du bien public. Il en reçut aussi des louanges de tout le monde; et la Reine surtout, qui savoit que l'intérêt n'y avoit eu aucune part, en faisant goûter à ce ministre par son approbation les prémices de la récompense dont une bonne action doit être suivie, lui devoit en même temps faire regretter d'avoir tant négligé par le passé les occasions de se procurer à lui-même la jouissance d'un si grand bien.

Le Roi, depuis l'inclination qu'il avoit eue pour mademoiselle La Motte, étoit demeuré demi enchanté dans un reste d'inclination qu'il avoit toujours conservé pour la comtesse de Soissons, se divertissant néanmoins par occasion avec les autres nièces qui étoient demeurées au Louvre; mais il se fatigua d'aller à l'hôtel de Soissons si souvent, ou plutôt son cœur se lassa de n'être pas assez occupé. Pendant le séjour que l'on fit à Fontainebleau, il parut s'attacher davantage à mademoiselle de Mancini : il parloit à elle avec application; et malgré sa laideur, qui dans ce temps-là étoit excessive, il ne laissa pas de se plaire dans sa conversation. Cette fille étoit hardie et avoit de l'esprit, mais un esprit rude et emporté. Sa passion en corrigea la rudesse, et son emportement servit à lui montrer qu'elle n'y étoit pas insensible. Le Roi s'en aperçut : et cette reconnoissance, dans le commerce particulier que la puissance de l'oncle l'obligeoit d'avoir avec ses nièces, l'exposoit à une aventure qui fut d'autant plus belle pour mademoiselle de Mancini que, se trouvant fort touchée du désir de plaire au plus grand et au plus aimable roi du monde, elle eut la satisfaction d'avoir réussi dans son dessein, et de rencontrer dans la tendresse de ce prince de quoi payer ses empressemens et la facilité qu'elle eut à l'aimer trop, quoique ce trop ne fût pas tout-à-fait sans bornes; car on a toujours cru que cette passion, quoique violente, avoit été accompagnée de tant de sagesse ou plutôt de tant d'ambition, qu'elle s'y étoit engagée sans crainte d'elle-même, étant assurée de la vertu du Roi; et si elle en doutoit, ce doute ne lui faisoit pas de peur. Elle voyoit que l'amitié qu'il avoit eue pour la comtesse de Soissons, bien loin de lui avoir fait tort, lui avoit procuré un grand établissement. Une pareille aventure lui sembloit être le moyen qu'elle en pût espérer. C'est pourquoi rien ne lui en pouvoit déplaire. Ses sentimens passionnés et ce qu'elle avoit d'esprit, quoique mal tourné, suppléérent à ce qui lui manquoit du côté de la beauté. Il n'y a point de plus forte chaîne pour lier une belle ame que celle de se sentir aimé. Elle sut si bien persuader au Roi qu'elle l'aimoit, qu'il ne put s'empêcher de l'aimer; et il est aisé de concevoir que, des deux côtés, leur amitié devint aussi forte qu'elle étoit sensible. Les effets en furent grands; mais ils auroient peut-être été plus extraordinaires sans la sage conduite de la Reine, à qui Dieu donna des forces pour résister à ce qu'on dit être le plus fort dans le monde; et sans la modération du cardinal, qui ne put jamais être assez loué sur ce sujet.

Pendant que le Roi s'engageoit insensiblement à une violente passion, toute l'Europe regardoit de quel côté il se tourneroit pour choisir une femme; et toutes les princesses qui pouvoient aspirer à cet honneur étoient attentives à l'événement de cette élection.

Il y avoit long-temps que la duchesse de Savoie pressoit le ministre de se déclarer sur le mariage du Roi et de la princesse Marguerite sa fille. Cette princesse étoit aînée de la duchesse de Bavière, que ce duc avoit choisie par préférence à sa sœur, à cause de sa beauté, et parce que la princesse Marguerite n'en avoit guère. Le Roi, qui avoit toujours dit qu'il vouloit une femme qui fût belle, sembloit néanmoins être réduit à celle-là; car le ministre, qui ne le vouloit point marier que quand il y seroit forcé, se trouvoit porté, en cas de nécessité, de préférer cette princesse à toutes celles de ce rang. Sa nièce la comtesse de Soissons avoit épousé le fils aîné du prince Thomas, oncle du jeune duc de Savoie, et ses enfans étoient les héritiers de ce prince. Les nièces du cardinal Mazarin étant nées pour faire la destinée de tous les princes de l'Europe, il sembloit qu'étant trop sage pour entreprendre d'en mettre une sur le trône, il ne pouvoit s'en approcher davantage qu'en y plaçant la princesse Marguerite son alliée; et ce pouvoit être la raison pour laquelle il paroissoit se laisser plutôt arracher un consentement en sa faveur qu'en faveur de toutes les autres qui pouvoient y prétendre. Il accorda donc à madame de Savoie non pas entièrement ce qu'elle demandoit, mais seulement de lui mener le Roi. La Reine, agissant comme mère, alloit droit à l'avantage du Roi son fils.

disait Louis XIV. Ce prince, en le nommant premier président, lui dit : « Si j'avais connu un plus homme de bien et un plus digne sujet, je l'aurais choisi. » Ce mot fait l'éloge du prince et du magistrat.

Elle avoit toujours passionnément souhaité la paix, et l'Infante d'Espagne comme seule digne d'épouser le Roi; mais de la façon qu'elle en parloit, on jugeoit aisément qu'elle le souhaitoit sans en oser espérer l'effet. Jusque là ce mariage lui avoit paru impossible, à cause que le Roi d'Espagne n'avoit point de fils, et que l'Infante sa nièce étoit héritière de tous ses Etats; mais depuis quelque temps il en avoit un, et la reine d'Espagne étoit prête d'accoucher : si bien que ce mariage ne paroissoit plus hors d'état de se pouvoir espérer, quoiqu'il y eût toujours peu d'apparence qu'il se pût faire, à cause des maximes quasi inébranlables des Espagnols, qui ne veulent rien hasarder. La Reine, au défaut de l'Infante, auroit mieux aimé la princesse d'Angleterre que nulle autre, parce qu'elle l'aimoit déjà, et que cette jeune princesse paroissoit alors avoir un tel respect pour la Reine, qu'il sembloit qu'elle ne la considéroit pas moins que la Reine sa mère : mais le Roi seul en France ne la trouvoit pas à son gré, ou pour mieux dire le ministre n'avoit point d'intérêt qui l'obligeât de pencher de son côté. La Reine au contraire avoit accoutumé de dire que si elle ne pouvoit avoir sa nièce pour reine, elle souhaitoit celle-là, et que son déplaisir étoit de ce qu'elle n'avoit pas trois ans davantage, afin qu'elle pût plaire au Roi, qui paroissoit la négliger parce qu'elle étoit plus jeune que lui, et qu'il paroissoit vouloir une fille plus faite.

Par l'événement, on a vu que dans le fond du cœur du ministre il y avoit un grand désir de faire épouser au Roi la princesse de Savoie, et que d'ailleurs, n'ayant pas d'aversion à la paix, il avoit en général une assez sincère intention d'aller au bien de l'Etat. Il ne doutoit pas que si on pouvoit avoir l'Infante pour Reine, ce ne fût par sa naissance la plus digne femme que le Roi pût avoir. Il connoissoit aussi que la Reine ne pouvoit être contente sans elle; mais en lui montrant, pour la satisfaire, qu'il souhaitoit la même chose, il espéroit sans doute que les difficultés en seroient si grandes que, sans lui déplaire, il pourroit parvenir à ses fins. Pour faire parler le roi d'Espagne, il falloit lui montrer publiquement que le Roi se vouloit marier ailleurs. Ainsi le dessein du cardinal fut de faire le voyage de Lyon pour tâcher d'embarquer le Roi avec la princesse Marguerite, montrant toujours par là que son intention étoit de presser le roi d'Espagne de se déclarer. Agissant de cette manière, il faisoit ce qu'il pouvoit pour travailler au contentement de la Reine. Le Roi, par là, devoit voir la princesse de Savoie, et de cette vue le cardinal en espéroit un bon effet; car il mettoit les choses en état qu'en cas que le roi d'Espagne demeurât muet (ce qu'il croyoit devoir arriver) il pût par le propre goût du Roi lui laisser choisir une femme : et il ne doutoit pas que, dans le désir qu'il avoit de se marier, ne lui laissant voir que celle-là, il ne la prît. Outre l'engagement où il l'exposoit, il étoit persuadé avec raison que, malgré le peu de beauté de cette princesse, le Roi en seroit content et satisfait, parce qu'elle étoit aimable, spirituelle et sage : ce qui selon son humeur lui devoit plaire. Le cardinal, trouvant dans ce voyage l'une de ces deux choses, ou la satisfaction de la Reine à qui il devoit toute sa grandeur, ou une reine qui étoit cousine germaine de sa nièce, y fit résoudre le Roi; mais il est indubitable qu'il préféroit dans ses désirs ses propres intérêts à ceux de la Reine. Il le fit aussi pour éviter de marier le Roi à la princesse d'Angleterre, qui, devenant grande et agréable, pouvoit enfin lui plaire. Mademoiselle d'Orléans, seconde fille du duc d'Orléans, dont on lui parloit souvent, étoit encore une digne alliance pour le Roi : elle étoit fort belle, et d'âge propre à lui plaire; mais le cardinal ne lui vouloit pas donner une couronne fermée, parce que le duc d'Orléans ne l'avoit pas obligé à le servir. Il voyoit beaucoup de personnes de la cour souhaiter ce mariage, comme sortable au Roi par la naissance et la beauté de cette princesse; mais il ne trouvoit pas à propos de donner cet avantage aux souhaits du public, de peur de perdre le mérite qu'il vouloit avoir auprès de la Reine future, d'être celui seul à qui elle dût son bonheur. Mademoiselle, fille aînée du duc d'Orléans, qui en partie avoit fait la guerre pour être reine de France, se voyoit par cette même raison hors d'état d'y prétendre, même à cause des années qu'elle avoit plus que le Roi. Elle étoit de toute façon mal satisfaite de sa destinée, et ne pouvoit souffrir non plus sans un extrême chagrin que sa sœur fût proposée pour occuper cette éminente place. Elle auroit sans doute mieux aimé voir sur le trône toute autre princesse qu'elle; car la jalousie que l'amour-propre produit effaçoit en elle la force du sang et de la nature, et la rendoit incapable de souffrir patiemment cette préférence.

Le cardinal, par le parti qu'il avoit pris, avoit mis ces deux sœurs en repos; mais la reine d'Angleterre, qui consentoit par justice que la Reine préférât l'infante d'Espagne à la princesse sa fille, ne pouvoit d'ailleurs supporter sans une douleur extrême que la princesse Marguerite de Savoie sa nièce, quoique inférieure à sa fille tant par la naissance que par la beauté, l'emportât sur elle; et, sans en rien témoigner, elle en ressentoit autant de peine que la chose le méritoit.

Il y avoit en Portugal une princesse qui sans doute ne manquoit pas de prendre part à ce noble chagrin. Comminges, qui étoit alors ambassadeur en Portugal, qui avoit envoyé à la Reine un portrait de cette princesse, qui la faisoit belle quoiqu'elle ne le fût pas, m'a depuis conté que la reine de Portugal sa mère offroit au ministre de grands trésors pour obtenir que la princesse sa fille fût reine de France; et que, ne pouvant se retenir sur le dépit qu'elle eut du voyage de Lyon, elle lui dit un jour qu'elle étoit étonnée de ce que le roi de France choisissoit si mal.

Mademoiselle de Mancini, quoiqu'elle ne fût pas princesse, prenoit aussi sa part de l'inquiétude commune à tant d'illustres personnes; et quoiqu'en toutes choses elle fût indigne de leur être comparée, elle ne laissoit pas d'avoir des désirs bien relevés. Elle ne quittoit point le Roi, elle le suivoit partout, et le Roi paroissoit se plaire avec elle; l'assiduité qu'ils avoient l'un pour l'autre commençoit même à déplaire à la Reine, et dans ce temps-là je remarquai qu'elle avoit beaucoup de chagrin. La femme qu'il sembloit que le Roi alloit prendre en Savoie ne lui plaisoit pas, et mademoiselle de Mancini, qui paroissoit être la mieux placée dans le cœur du Roi, ne lui étoit pas agréable. Cette manière de l'obséder continuellement lui donnoit de la tristesse; et malgré sa discrétion, et la qualité de nièce du ministre si considérable en France, la Reine montroit assez librement à ses confidens combien cette fille lui déplaisoit. Elle n'en usa pas de même à l'égard des sentiments qu'elle avoit pour la princesse Marguerite; car elle en parloit raisonnablement, disant que ce n'étoit pas une affaire faite, mais que le principal étoit que le Roi fût content et heureux, et que cela étant, elle seroit satisfaite.

La Reine, d'abord par le dégoût qu'elle avoit de ce mariage, n'eut point d'envie d'aller à Lyon; puis elle se ravisa, et voulut y aller pour travailler à le rompre. Sa tranquillité paroissoit égale à celle qu'elle avoit accoutumé d'avoir; mais elle auroit sans doute pris volontiers beaucoup de peine pour y mettre de l'obstacle. Elle se résolut donc d'aller au voyage, même par le conseil du ministre, qui, ne voulant pas lui déplaire, en fut aussi d'avis. La providence divine parut y avoir une grande part; car les quinze jours qu'il fallut retarder de partir de Paris, pour mettre en ordre l'équipage de la Reine, furent cause que nous avons l'infante d'Espagne pour reine, parce que ce peu de jours donna le moyen à celui qui vint d'Espagne proposer le mariage, d'arriver à Lyon dans le temps qu'il falloit qu'il arrivât pour rompre celui de Savoie.

Un de ces jours-là que la Reine étoit prête de partir, je pris la liberté de lui dire que j'avois de la peine de voir qu'elle alloit faire un si grand voyage dans une saison si froide, comme le devoit être celle où nous allions entrer. Elle me fit l'honneur de me dire alors en me pressant le bras : « Et pourquoi vous, qui vous intéressez à « ce qui me touche, me dites-vous cela ? Ne « voyez-vous pas qu'il faut que j'y aille ? » Un autre jour madame de Seneçay et madame la comtesse de Flex, qui ne la suivirent point dans cette importante occasion, lui disant que si le Roi se marioit, elles la supplioient de les en avertir afin qu'elles y pussent aller, et qu'elles me meneroient avec elles : cette grande princesse, ayant l'esprit rempli d'un dessein contraire, nous dit, en nous faisant un signe de la tête qui marquoit sa pensée : « Tenez-vous en repos, j'espère « que je ne vous manderai point. » Mais quand elle en parloit publiquement, elle montroit une grande indifférence sur cette affaire : ce qui s'accordoit à sa sagesse et à sa raison. La Reine en effet me fit l'honneur de me dire en ces mêmes temps, me parlant du Roi confidemment, que si cette princesse, qui, à ce qu'on lui disoit, étoit vertueuse, lui plaisoit, elle consentiroit volontiers qu'il l'épousât, parce qu'elle étoit persuadée que si Dieu le permettoit ainsi, ce seroit pour son avantage : et cela me fit croire que si le Roi trouvoit cette princesse à son gré, la Reine par raison s'accommoderoit à son choix. Il est certain néanmoins que les sentiments de son ame alloient à l'aversion de ce mariage, et qu'elle ne nous paroissoit s'y pouvoir accorder que parce que dans toutes choses sa volonté a toujours été entièrement soumise à celle du souverain maître des rois. Par toutes les actions de sa vie, on a pu remarquer aussi qu'elle n'a jamais évité ce qui auroit pu lui déplaire en son particulier, quand elle a cru que ces mêmes choses seroient de quelque utilité au Roi son fils et au bien de l'Etat. Ce voyage étant donc résolu, toute la cour partit le 25 octobre.

Madame de Savoie, de son côté, n'étoit pas sans inquiétude ; mais elle étoit celle qui en avoit le moins. Elle voyoit que l'intérêt du ministre étoit de faire le mariage du Roi et de sa fille ; elle ne voyoit nulle apparence à celui d'Espagne : si bien qu'elle se persuadoit que la princesse Marguerite, ayant du mérite et de l'esprit, engageroit le Roi à l'estimer. Ceux qui l'avoient vue en parloient avantageusement. Ils disoient qu'elle étoit fort sage, qu'elle avoit beaucoup de raison, et que si on ne la pouvoit dire belle, on pouvoit du moins la trouver aimable. Enfin madame de Savoie espéroit que ce voyage ne lui pouvoit être que glorieux et utile, et ne s'imaginoit pas que le Roi, la Reine et le ministre, faisant ce pas vers elle, pussent lui manquer et ne la pas satisfaire. La princesse Marguerite, à ce qu'on a su depuis, avoit des sentimens contraires à ceux de madame Royale : elle trouvoit que ce voyage lui devoit être d'une dangereuse conséquence ; il lui sembloit qu'on l'alloit offrir à qui peut-être ne la prendroit pas : et comme elle étoit prudente, et qu'elle se voyoit exposée au péril de déplaire, cette aventure lui paroissoit fâcheuse. On a su qu'elle avoit résisté à ce voyage, et qu'elle avoit même feint d'être malade pour ne le pas faire. Mais toutes ses précautions ne la purent exempter de cette humiliation : elle servit à lui donner l'estime de tous ceux qui la virent à Lyon ; et si elle manqua d'être reine d'un grand royaume, elle acquit du moins la réputation d'en être digne : ce n'est pas peu de chose.

La cour arriva à Lyon le 23 de novembre, et celle de Savoie le 28 du même mois. Quand on sut que madame Royale étoit à trois lieues de la ville, le cardinal Mazarin alla au-devant d'elle environ deux lieues. Monsieur y fut après, qui la rencontra elle et les princesses ses filles à une lieue, et le Roi et la Reine allèrent ensemble jusqu'à demi-lieue. Quand le Roi les sut fort proches, alors il monta à cheval, et poussa jusqu'à dix pas du carrosse de madame Royale. Quand cette princesse le vit, elle en descendit pour le recevoir, et les princesses de Savoie ses filles en firent autant ; car il y avoit une aînée de la princesse Marguerite qui étoit veuve de son oncle le prince Maurice, qu'on avoit appelé le cardinal de Savoie, et que la raison d'État avoit fait son mari. Le Roi avoit témoigné désirer avec impatience de voir la princesse Marguerite, qui sembloit lui être destinée ; et sans doute qu'il ne les aborda point sans quelque émotion. Après le salut ordinaire, et après avoir, à ce qu'il est à croire, fixement regardé la princesse Marguerite, il revint brusquement au carrosse de la Reine, et lui parut très-satisfait de cette vue, lui disant avec une grande gaieté ces propres mots : « Elle est fort agréable, elle ressemble fort à ses portraits. Elle est un peu basanée, mais cela n'empêche pas qu'elle ne soit bien faite. » Aussitôt après les carrosses se joignirent, madame de Savoie descendit du sien, et la Reine en fit autant. Madame Royale en la saluant se mit quasi à genoux devant elle, lui prit la main, et la lui baisa par force avec de très-grandes soumissions. La Reine l'embrassa et les princesses ses filles, qui toutes deux en la saluant mirent les genoux en terre. Mademoiselle salua madame de Savoie comme sa tante, et toutes ces princesses s'embrassèrent comme étant proches parentes. La Reine remonta en carrosse, et fit mettre madame de Savoie auprès d'elle, au devant, qui étoit sa place ordinaire. Mademoiselle se mit au derrière, et fit mettre auprès d'elle madame de Carignan, qui avoit été au devant de madame de Savoie, comme étant de sa maison par son mari. Monsieur se mit en une portière avec la princesse Louise, veuve ; et le Roi eut auprès de lui, à l'autre portière, la princesse Marguerite. Pendant le chemin il parut toujours l'entretenir avec gaieté, et contre sa coutume il lui parla beaucoup, et elle à lui. La Reine, qui étoit attentive à tout ce que faisoit le Roi, me fit l'honneur de me dire à son retour à Paris qu'elle en avoit été étonnée, et qu'elle avoit senti de la peine de les voir d'abord si bien ensemble. Selon le récit des témoins de cette entrevue, et de la Reine même, la princesse Marguerite parut à tous dans ces premiers momens de jolie taille, et bien faite : on lui trouva les yeux beaux, les sourcils bien faits, les joues un peu pendantes, tenant en cela, par madame sa mère, du côté des Bourbons quand ils sont jeunes. Elle avoit la bouche grande et un peu grosse, le teint brun, mais assez uni et pas laid au flambeau, et le nez pas beau. Une personne qui étoit dans le carrosse de la Reine me manda qu'elle leur avoit paru fière, et point embarrassée de se trouver dans cette occasion l'objet de tous les yeux des Français. Toute cette royale compagnie arriva dans le plus bel ordre du monde à Lyon ; et ceux qui étoient de cette suite ont dit que la grandeur de notre cour, et l'éclat de celle de Savoie, qui s'étoit parée avec soin de tous ses ornemens, étoit une belle chose à voir. Ces deux cours ensemble vinrent descendre au logement de la Reine, où madame Royale remercia publiquement le Roi et M. le cardinal Mazarin de ce qu'on lui avoit rendu la citadelle de Turin, exagérant l'obligation qu'elle avoit à la France avec toutes les flatteries les plus excessives dont elle se pût imaginer, ce qui ne plut pas à la Reine : car elle n'aimoit pas les louanges, ni les paroles superflues, ni les façons. Cette souveraine n'oublia pas de dire au ministre tout ce qu'elle put pour lui plaire, le remerciant de ce qu'il avoit employé le crédit qu'il avoit auprès de Leurs Majestés pour cette restitution. Après quelques momens de conversation, le Roi et Monsieur allèrent la mener chez elle, et toutes choses ce soir-là se passèrent à l'avantage de madame Royale et de la princesse Marguerite.

Dieu qui avoit destiné le Roi à une autre princesse, la première de l'Europe et la plus grande du monde, avoit ordonné par sa providence que le roi d'Espagne, au bruit du voyage de Lyon, s'étoit alarmé ; et j'ai su, par celle qui depuis a été notre Reine, que le Roi son père, entendant dire que le Roi alloit se marier, avoit répondu : *Esto no puede ser, y no sera.* (Cela ne peut pas être, et ne sera pas.) Cette princesse, depuis qu'elle est en France, m'a fait l'honneur de me dire que ces paroles du Roi son père lui plurent, et que le voyage de Lyon ne lui étoit pas agréable. Elle avoit dans le cœur un pressentiment qui l'avertissoit que le Roi devoit être son mari, et elle savoit qu'elle seule étoit entièrement digne de lui : si bien que, pour guérir l'inquiétude que le nom de la princesse Marguerite lui donnoit, elle eut besoin de se dire souvent à elle-même ce qu'elle avoit ouï dire au Roi son père. Le roi d'Espagne, pour rendre ses paroles véritables, crut qu'il falloit alors quitter toute finesse, et montrer visiblement le désir et le besoin qu'il avoit de la paix : il ordonna à don Antonio Pimentel de venir en France conférer avec le ministre, et lui offrir et la paix et l'Infante. Pimentel, que j'ai vu depuis à Saint-Jean-de-Luz, m'a dit que comme il connoissoit le cardinal Mazarin depuis long-temps, il avoit souvent assuré le Roi d'Espagne son maître de ses bonnes intentions, et qu'il désiroit sincèrement finir la guerre ; que les ministres de cette cour n'avoient pas approuvé sa confiance, et que pour avoir parlé de cette sorte, il en avoit pensé perdre sa fortune. Le Roi son maître l'envoya donc promptement en France sans passe-ports, et au hasard d'être pris prisonnier ; car le temps étoit arrivé que toutes les animosités devoient finir. Il venoit, dans cette pensée qu'en cas qu'il fût arrêté il demanderoit à parler au ministre ; et qu'ainsi, soit comme libre ou comme prisonnier, il trouveroit le moyen de traiter avec le cardinal du mariage qu'il venoit proposer. Il sut enfin si bien se déguiser et si bien conduire son voyage, qu'il arriva dans Lyon le même jour que madame de Savoie y arriva ; et à la même heure qu'elle y entroit venant du côté de Savoie, don Antonio Pimentel y entroit aussi, venant du côté de l'Espagne : ces deux puissances étoient destinées à combattre l'une contre l'autre, et le Roi devoit être le prix du parti victorieux. Comme elles sont inégales, il ne faut pas s'étonner si l'Espagne l'emporta sur la Savoie, et si l'excessive grandeur de l'Infante et la paix furent préférées à la princesse Marguerite, qui en toutes choses devant céder à cette fille et petite-fille de tant de rois et d'empereurs, lui devoit céder encore en beauté : car elle en avoit beaucoup. Pimentel ne parut avoir vu le cardinal Mazarin que le lendemain de l'arrivée de madame de Savoie. Quelques-uns ont dit qu'il l'avoit vu plus tôt, et qu'il l'avoit celé à la Reine. Je l'ignore, et m'en rapporte à ce qui est : mais je ne le crois pas. Ce ministre d'Espagne connoissoit un des domestiques du cardinal Mazarin, nommé Colbert. Il se découvrit à lui ; et celui-là, à ce que Pimentel lui-même me conta depuis, fut avertir son maître de sa venue. Le cardinal, qui étoit intéressé à son voyage, le voulut entretenir, et eut sans doute beaucoup d'impatience de savoir quelles seroient ses propositions.

La Reine, de son côté, étoit demeurée extrêmement triste de l'entrevue de madame de Savoie. Elle n'avoit point trouvé la princesse Marguerite à son gré ; elle ne l'avoit pas trouvée belle ; et quand elle l'auroit été, elle voyoit par ce mariage la guerre s'établir entre la France et l'Espagne plus fortement que par le passé. Elle regardoit le Roi son fils, par sa couronne et par sa personne, comme le plus digne mari qui fût alors sur la terre ; et elle ne voyoit rien de grand dans la princesse Marguerite que la vertu, et une naissance, qui toute grande qu'elle étoit, le devoit céder à l'Infante. Elle avoit été le rebut du duc de Bavière, qui lui avoit préféré sa cadette à cause de sa beauté. Elle ne connoissoit pas encore ses bonnes qualités, qui dans le séjour qu'elle fit à Lyon parurent à la Reine même fort estimables ; mais quand elle les auroit pu remarquer telles qu'elles étoient, elle perdoit enfin l'espérance de voir sa nièce l'Infante d'Espagne lui donner de petits-enfans, qui devoient être de son sang de tous côtés. Comme elle avoit négligé les intérêts de sa famille quand ceux du Roi son fils demandoient qu'elle y fût insensible, en cette occasion qu'elle pouvoit faire les vœux pour la paix qui étoit souhaitée de tous les Français, et donner au Roi son fils la plus élevée et la plus illustre princesse du monde, elle en faisoit qui étoient aussi légitimes qu'ils étoient remplis d'ardeur. Ces premiers momens lui furent d'autant plus douloureux, qu'il fallut qu'elle les souffrît seule, et sans en espérer le remède de la part du Roi son fils ; car elle avoit vu, par la manière dont il avoit vécu avec la princesse Marguerite, que ce parti ne lui déplaisoit pas. Elle voulut néanmoins lui en parler le soir de l'arrivée de madame de Savoie ; et au cardinal Mazarin, et leur faire voir ses sentimens ; mais le Roi qui avoit envie de se marier, et qui n'avoit point été choqué du visage et de la personne de la princesse Marguerite, y résista fortement. Il dit à la Reine qu'il la vouloit, et poussa sa résistance jusqu'à lui dire qu'enfin il étoit le maître. La Reine, qui ne pleuroit pas souvent, jeta des larmes, et sentit une vive douleur de l'état de cette affaire. Elle ordonna à son confesseur, à ce qu'il m'a dit depuis, de faire faire des prières dans tous les couvens de Lyon, et fit tout ce qu'elle put pour obtenir de Dieu ce qu'elle lui demandoit.

Beringhen m'a conté que voyant ce soir même le Roi se déclarer si ouvertement en faveur de la princesse Marguerite, et sachant assez l'aversion que la Reine avoit à ce mariage, il s'approcha d'elle et lui dit: « Que dites-vous, madame, sur « tout ceci? et que dit M. le cardinal? » elle lui répondit qu'elle voyoit trop tout ce qu'il y avoit à voir; mais qu'elle ne savoit quel remède y apporter, puisque le Roi paroissoit aller à cela avec impétuosité, et que le cardinal ne montroit point de la vouloir seconder. Beringhen, autrement M. le premier, comme homme d'honneur, allant droit à la satisfaction de la Reine, à qui il devoit toute sa fortune, lui dit qu'il s'étonnoit du procédé du ministre, et qu'il vouloit lui en parler. De ce moment il alla le trouver; et lui voulant représenter l'obligation où il étoit de s'opposer à la volonté du Roi comme à un torrent qui alloit trop vite, et prendre part aux sentimens de la Reine, qui étoient contraires à ce mariage, ce ministre lui répondit qu'il ne se mêloit point de cela; que pour lui, il n'étoit pas cause de l'inclination que le Roi paroissoit avoir pour cette princesse, et que ce n'étoit pas là ses affaires. Il avoit accoutumé de faire cette même réponse aux importuns dont il se vouloit défaire. Quand il la donnoit, on se pouvoit tenir pour refusé; et les sages voyoient clairement qu'il les traitoit de ridicules, et qu'il se moquoit d'eux. Un homme qui faisoit tout, qui commandoit absolument dans le royaume, et qui ne vouloit pas que la moindre affaire se fît sans être ordonnée par lui, ne paroissoit-il pas se moquer de la Reine, quand il disoit qu'il ne se mêloit pas de marier le Roi? Si par de telles réponses les particuliers se croyoient rebutés et moqués, il est aisé de juger ce que cette princesse en devoit croire; si elle pouvoit s'imaginer qu'il pût être insensible à la plus importante affaire du monde, et à celle qui le regardoit plus que personne; et s'il n'étoit pas ingrat en cet endroit à sa bienfaitrice, de la traiter de cette manière.

Mais enfin le miracle qui devoit arriver, et qui arriva le lendemain par l'entretien que Pimentel eut avec ce ministre, le fit changer de conduite, et donna lieu à la Reine d'espérer l'assistance du ciel, qu'elle trouvoit toujours propice dans tous ses desseins et ses justes désirs. Le soir de ce grand jour où toutes choses changèrent de face, le cardinal, entrant dans la chambre de la Reine qu'il trouva rêveuse et mélancolique, lui dit en riant :

« Bonnes nouvelles, madame. — Eh quoi! lui dit « la Reine, seroit-ce la paix? — Il y a plus, ma- « dame; j'apporte à Votre Majesté et la paix et « l'Infante. » Il est inutile de représenter ce que le cœur de cette princesse sentit dans cette surprenante nouvelle : il est sans doute qu'elle eut une grande joie; mais comme elle avoit une sagesse profonde et qu'elle étoit d'humeur fort égale, ni la joie ni la douleur ne paroissoient pas extérieurement en elle. Dans ce même instant, la Reine et le cardinal ayant conféré ensemble, en parlèrent au Roi, qui goûta infiniment cette proposition. Il ne vouloit la princesse Marguerite que parce qu'il vouloit se marier, et qu'elle ne lui avoit pas déplu; mais connoissant par la bonté de son jugement la distance infinie qu'il y avoit entre l'Infante et elle, pouvant espérer cet avantage, il ne balança pas un moment à donner son consentement à cette préférence.

Mademoiselle de Mancini, qui avoit alors moins de maigreur et beaucoup de feu dans les yeux, n'étoit plus si laide qu'elle l'avoit été. Sa passion l'embellissoit; elle étoit même assez hardie pour être jalouse, et déjà elle avoit fait de grands reproches au Roi de sa légèreté, et de l'agrément qu'il avoit eu d'abord pour la princesse Marguerite. Comme le Roi ne craignoit pas que cette princesse le refusât, la galanterie et l'amour présent l'avoient emporté ce jour-là sur le légitime; et, pour satisfaire cette fille passionnée, il avoit paru plus froid pour la princesse Marguerite. Cette modération avoit été visible aux spectateurs; car ceux qui nous écrivirent de Lyon nous mandèrent l'agrément de l'arrivée du premier jour, et le changement du lendemain. Mais quand le Roi apprit qu'il étoit destiné à une plus illustre alliance et qu'il en comprit les avantages, ce qu'il avoit fait pour mademoiselle de Mancini fut alors confirmé dans son ame par des raisons plus solides : si bien que depuis ce second jour, si funeste à la grandeur de la princesse de Savoie, il fut toujours plus indifférent pour elle. Mademoiselle de Mancini de son côté, admirant la fidélité du Roi et la puissance qu'elle avoit eue sur lui, reprit son poste ordinaire, qui étoit d'être toujours auprès de lui, à l'entretenir et à le suivre autant qu'il lui étoit possible; et la satisfaction qu'elle reçut de se croire aimée fit qu'elle aima encore davantage celui qu'elle n'aimoit déjà que trop.

Voilà un endroit où la princesse Marguerite acquit beaucoup d'estime et de gloire, et beaucoup de louanges de la Reine même; car, soit que le Roi ne la regardât pas, soit qu'il lui parlât, elle demeura toujours égale en toutes ses actions, vivant civilement avec tous, mais ne montrant point se soucier de plaire. Comme les liaisons que le cardinal avoit prises avec madame de Savoie étoient grandes; que ce voyage, fait à la face de toute l'Europe, étoit de lui-même un grand engagement, et qu'elle pressoit la Reine et le ministre de la satisfaire, il y avoit des jours qu'il sembloit que ce mariage alloit bien, et d'autres où, par les ressorts de la Reine et de Pimentel, il paroissoit rompu; mais ni le bien ni le mal ne se voyoit point sur le visage de la princesse Marguerite, et sa noble fierté ne l'abandonna jamais. C'est la Reine qui m'a fait l'honneur de m'en parler ainsi, et c'est d'elle-même que je sais toutes ces particularités. Enfin le cardinal fit connoître à madame de Savoie l'obligation où la Reine étoit de travailler aux moyens de donner la paix à l'Europe, et lui dit qu'elle devoit trouver bon que la Reine préférât à sa fille l'Infante d'Espagne, si elle la pouvoit avoir: il lui fit espérer aussi qu'en cas que cela ne pût être, le Roi s'engageoit positivement d'épouser la princesse Marguerite. La Reine lui en parla en ces mêmes termes; et comme la chose étoit plausible et raisonnable, madame de Savoie ne put pas s'en fâcher. Pendant qu'on l'entretenoit de belles paroles, la négociation espagnole s'avançoit secrètement; et les désirs de cette princesse souveraine, fille du roi Henri IV, servoient seulement à l'éloigner du bonheur où elle aspiroit.

Le duc de Savoie vint, quelques jours après madame Royale sa mère, visiter le Roi: il en fut bien reçu, et acquit par sa présence la réputation d'être aimable et d'avoir de l'esprit. Il vécut avec le Roi avec un grand respect; mais quoique nos princes du sang l'eussent disputé au duc de Savoie son père lorsqu'il vint épouser Madame, comme depuis la régence, pour le gratifier, on lui avoit fait la grâce de traiter ses ambassadeurs comme ceux des têtes couronnées, cet avantage, qu'il ne tenoit que de la bonté du Roi et de la facilité du ministre, fut cause qu'il eut l'audace de ne pas visiter Monsieur, parce qu'il prétendoit la main chez lui: ce qui étonna toute la cour, et fit grand dépit à la Reine et à Monsieur. La différence devoit être si grande entre eux, que le feu duc son père, devant madame Royale, ne se couvroit jamais, à cause qu'elle étoit fille de France; et en toutes choses, malgré la qualité de mari, il lui rendoit de grands respects. Mademoiselle prétendoit que les princesses de Savoie n'avoient de rang considérable à son égard que parce qu'elles étoient petites-filles de France: elle croyoit le devoir emporter sur elles à cause qu'elle étoit fille du duc d'Orléans, fils de France, et frère aîné de madame Royale, et qu'il avoit été long-temps présomptif héritier de la couronne; mais il fallut qu'elle obéît aux ordres du Roi, qui voulut qu'elle les traitât également. Elle se consola de ce chagrin par le plaisir de voir le duc de Savoie, et de se laisser voir à lui. On lui avoit souvent proposé ce prince pour mari: et dans les temps qu'elle en désiroit un autre plus grand que lui, elle l'avoit négligé; mais alors ce parti ne lui auroit pas déplu. Le duc de Savoie de même la devoit regarder comme une princesse qu'il lui seroit avantageux d'épouser, tant par la grandeur de sa naissance que par ses grandes richesses: mais ses années lui firent mal, car il désiroit des enfans; et sa beauté, qui commençoit un peu à déchoir, n'eut pas le pouvoir de lui faire oublier ce que tous les hommes souhaitent naturellement à l'égard de leur postérité. Mademoiselle, par ses sentimens impétueux que la prudence ne gouvernoit pas toujours, avoit elle-même contribué au malheur de sa destinée en souhaitant de se marier. Elle n'avoit pu encore y parvenir; elle avoit toujours rebuté brusquement les partis qui lui convenoient, parce que, dans le temps qu'ils lui avoient été offerts, ses fantaisies lui en avoient fait désirer d'autres qu'elle n'avoit pu avoir. Ainsi, par un retour continuel et à contre-temps sur tous les grands princes de l'Europe, on peut dire qu'elle les avoit presque tous refusés, et que de même ils avoient eu leur tour à la négliger. Les qualités de son esprit, tant les bonnes que les mauvaises, en toutes occasions lui avoient été nuisibles. Madame de Savoie sa tante, qui vouloit gouverner, avoit toujours été fortement opposée aux désirs du duc son fils, quand Mademoiselle étant plus jeune, il avoit voulu l'épouser, parce qu'elle craignoit d'avoir une belle-fille trop éclairée; et, cachant cette foiblesse, elle avoit renfermé toute la force de ses raisons pour empêcher ce mariage, dans le tempérament de cette princesse, qu'elle savoit être capable d'emportement et de hauteur, et par conséquent sujette aux extrêmes passions qui peuvent troubler le repos d'un État et d'une famille. Mais ce fut alors le duc de Savoie même qui ne témoigna nul empressement à la désirer: il vécut même si froidement avec elle tout le temps qu'il fut à Lyon, que Mademoiselle crut avoir sujet de se plaindre de lui pour quelques railleries qu'elle s'imagina qu'il avoit faites contre le respect qu'il lui devoit; et lui, sachant ses plaintes, se crut obligé de s'en justifier, et de lui en faire parler par le duc de Navailles qu'il connoissoit. Il y eut un bal pendant que les deux cours furent ensemble, où elles firent paroître à l'envi l'une de l'autre tout ce qu'elles avoient de plus beau. Mademoiselle, à ce qu'on me manda, y fit voir sa bonne mine et sa belle taille, qui la firent remarquer pour ce qu'elle étoit en effet; et quoiqu'elle n'eût plus sur le visage la fraîcheur des roses nouvellement épanouies, elle ne laissa pas, à ce qu'on m'assura, de parer l'assemblée par l'éclat qui lui restoit d'une beauté qui avoit été parfaite.

La princesse Marguerite y fit voir aussi qu'elle pouvoit être belle quelquefois. Un teint brun a de l'avantage aux flambeaux, et on m'a dit depuis qu'elle étoit ce jour-là bien habillée, et qu'elle dansa d'une manière à se faire admirer. Le duc de Savoie, qui s'en acquittoit dignement, et qui, à ce que me contèrent ceux qui l'avoient vu, quoique de médiocre taille, ne laissoit pas de l'avoir belle, ne voulut point danser : ou crut que ce fut encore par fierté, et pour ne pas danser après Monsieur. Il se tint toujours auprès de la Reine, qu'il entretint galamment et avec beaucoup d'esprit. Par hasard la Reine ayant ôté ses gants, il se jeta à genoux devant elle; et faisant de bonne grâce une exclamation sur leur beauté (1), il en prit une qu'il baisa d'une manière si agréable, si enjouée et si respectueuse tout ensemble, qu'il fallut que la Reine le trouvât bon. Je lui ai ouï dire qu'elle n'avoit jamais vu un plus aimable homme que lui. Il étoit en réputation d'être débauché, léger, frivole, et nullement appliqué à ses affaires : son agrément l'emportoit sans doute sur sa capacité.

Au bout de quelques jours, les deux cours, après beaucoup de négociations, se séparèrent. Madame Royale s'en retourna avec un écrit que le Roi lui donna signé de sa main, où il promettoit d'épouser la princesse Marguerite, au cas que la paix ne se fît point, et qu'il ne pût avoir l'Infante : et le Roi et la Reine reprirent le chemin de Paris, où ils arrivèrent sur la fin de janvier 1659. La Reine étoit contente d'avoir rompu le mariage de Savoie ; elle étoit pleine de désirs pour celui d'Espagne, et fort satisfaite d'avoir fait ce voyage : car elle me fit l'honneur de me dire à son retour qu'elle étoit persuadée que le Roi, sans elle, auroit épousé la princesse Marguerite, et qu'il s'y seroit d'abord si fortement engagé qu'il auroit été difficile que les offres de l'Espagne eussent été reçues selon qu'elles méritoient de l'être. Le Roi même s'estimoit heureux de s'être bien tiré de cette affaire, et le cardinal espéroit toujours que le mariage de l'Infante ne se feroit pas.

Monsieur étoit le seul qui pouvoit rapporter quelque dégoût de ce voyage, par les injustes prétentions du duc de Savoie, qui vouloit faire figure de roi; mais comme sa grandeur véritable le mettoit au-dessus de cette fausse chimère, il s'en consola aisément; car nul au-dessus de la couronne fermée ne pouvoit être plus grand que lui.

Le Roi, à son retour, trouva ses affaires de la frontière en bon état. Pendant son absence, le maréchal de Turenne, qui commandoit ses armées, s'étoit posté au milieu de la Flandre presque aux portes de Bruxelles, entre la Lys et l'Escaut : il s'y étoit fortifié, et avoit soutenu hautement la gloire de la France. M. le prince et don Juan ne purent rien faire contre lui. Sa cavalerie ravagea tous les pays d'alentour, et les ennemis furent contraints de le souffrir. Le mauvais état où paroissoient être les affaires du roi d'Espagne nous pouvoit faire trouver de grands avantages dans la continuation de la guerre; mais il falloit ou renoncer pour jamais à la paix, ou profiter de sa foiblesse ; et c'est ce que le ministre avoit toujours dit : qu'il falloit faire la guerre jusqu'à ce que le roi d'Espagne fût contraint de demander la paix. Il pouvoit arriver tant de choses qui auroient pu redonner des forces à notre ennemi, qu'il étoit de la prudence du ministre de la faire alors, et même de la lui accorder à des conditions raisonnables : autrement il ne l'auroit jamais faite, et auroit attendu les révolutions de la fortune auxquelles tous les Etats sont exposés, et auxquelles notre cour n'est que trop sujette.

CINQUIÈME PARTIE.

La Reine, depuis son retour, continua tout doucement de montrer son aversion au mariage de Savoie, et fit voir aussi qu'elle n'approuvoit pas la continuation de l'amour que le Roi paroissoit avoir pour mademoiselle de Mancini. Le même scrupule qui l'avoit obligée de s'opposer à l'inclination qu'il avoit eue pour mademoiselle de La Motte la faisoit désapprouver celle-ci, et la vénérable qualité de nièce ne l'empêchoit pas d'en dire ses sentiments avec assez de liberté ; mais cette liberté n'avoit point eu d'effet, parce que la passion du Roi jusqu'alors avoit été comme protégée par le ministre. La Reine, par la raison du devoir et de la conscience, qui doit être toujours la règle de nos actions, avoit de l'aversion pour cette fille ; mais elle avoit encore en son particulier un grand sujet de se plaindre d'elle, puisque, contre ce qu'elle avoit témoigné désapprouver de sa conduite, le Roi ne paroissoit plus à ses yeux sans mademoiselle de Mancini. Elle le suivoit en tous lieux, et lui parloit toujours à l'oreille en présence même de la Reine, sans que la bienséance ni le respect qu'elle lui devoit l'en empêchât. Toutes ces raisons l'obligèrent d'en parler au Roi ; mais il n'écouta pas ses conseils avec la même docilité qu'il avoit accoutumé d'avoir pour elle. D'abord il lui résista, et parut avoir

---

(1) Sic dans les éditions, il faudrait *la beauté de ses mains*.

même quelque aigreur. Il ne faut pas s'étonner si, dans l'âge où étoit le Roi, la volupté se voulût rendre maîtresse de son âme : elle n'a pas accoutumé de trouver des Catons qui ne veulent point de commerce avec elle; et il étoit aisé de voir que, malgré la sagesse de ce prince, il commençoit alors d'avoir plus de penchant à suivre l'exemple de César que celui de son censeur. Le Roi et la Reine demeurèrent néanmoins également unis par le cœur; la solidité de leur amitié et de leur union n'en fut point ébranlée; mais ils n'avoient pas de pareilles inclinations, et mademoiselle de Mancini n'étoit pas également aimée de la mère et du fils. Le Roi ne pensoit qu'à chercher son divertissement, et la Reine ne pensoit qu'à faire qu'il vécût comme un véritable chrétien, et à éloigner de son cœur tout ce qui pouvoit empêcher que l'Infante sa nièce, à qui elle le destinoit, n'en fût point aimée. L'aversion que la Reine avoit pour mademoiselle de Mancini s'étoit fort augmentée par un discours que lui avoit fait son oncle. Il étoit l'esclave de l'ambition, capable d'ingratitude, et du désir naturel de se préférer à tous autres. Sa nièce, enivrée de sa passion et persuadée de l'excès de ses charmes, eut assez de présomption pour s'imaginer que le Roi l'aimoit assez pour faire toutes choses pour elle : de sorte qu'elle fit connoître à son oncle qu'en l'état où elle étoit avec ce prince, il ne lui seroit pas impossible de devenir reine, pourvu qu'il y voulût contribuer. Il ne voulut pas se refuser à lui-même le plaisir d'éprouver une si belle aventure, et en parla un jour à la Reine, en se moquant de la folie de sa nièce, mais d'une manière ambiguë et embarrassée, qui lui fit entrevoir assez clairement ce qu'il avoit dans l'ame pour l'animer subitement à lui répondre ces mêmes paroles : « Je ne crois pas, monsieur le car« dinal, que le Roi soit capable de cette lâcheté; « mais s'il étoit possible qu'il en eût la pensée, je « vous avertis que toute la France se révolteroit « contre vous et contre lui, que moi-même je me « mettrois à la tête des révoltés, et que j'y enga« gerois mon fils. » La suite de cette conversation a été amère à cette généreuse mère, par le ressentiment que ce ministre a caché à tout le monde, mais qu'il a conservé toute sa vie dans le cœur, et qui a produit en mille occasions des effets dont on n'a point su la cause. Le Roi même a pu ignorer jusqu'à quel point a été son ambition, qui étoit voilée sous les emportemens de cette fille, qui étoient plus pardonnables à elle qu'à lui, et ne pouvoient déplaire à celui qui s'en voyoit être éperdument aimé.

Pimentel vint à Paris incognito achever son traité avec le ministre. La Reine le vit en particulier, et les apparences de la paix inspirèrent de la joie dans le cœur de tous les Français. Dieu, qui la vouloit alors, permit que la Reine d'Espagne accouchât d'un second fils : ce qui fit espérer plus fortement à la Reine qu'elle pourroit enfin bientôt voir l'Infante sa nièce devenir sa belle-fille.

Dans ce même temps don Juan d'Autriche, par le commandement du roi d'Espagne son père, quitta la Flandre où il commandoit, pour retourner en Espagne. Le Roi lui avoit envoyé des passe-ports pour passer par la France, et le cardinal l'avoit envoyé visiter sur la frontière. Don Juan lui manda qu'il le supplioit qu'il pût voir la Reine. Le cardinal en parut fâché, et reprit publiquement Millet, qui étoit celui qu'il lui avoit envoyé, de n'avoir pas évité cet engagement. En effet, la Reine, qui avoit témoigné un grand désir de voir ce prince, tout d'un coup en parla plus froidement : ce que les gens de la cour remarquèrent convenir fort bien avec le chagrin du ministre, qui vouloit persuader les spéculatifs que l'alliance d'Espagne lui faisoit toujours peur, et qu'il n'y étoit entré que par la force des événemens qui l'y contraignoient, et par celle de la reconnoissance qu'il avoit pour la Reine. Et ce qui fit croire qu'il n'en avoit point d'envie fut que dans le même temps il faisoit donner sous main de grandes espérances à madame de Savoie, et qu'il paroissoit être le confident de la Reine sur l'opposition qu'elle faisoit à ce mariage. Il dit un jour à un de ses amis, parlant de cette affaire, que l'aversion qu'elle avoit pour la princesse Marguerite l'embarrassoit; que, selon ses intérêts, il ne devoit pas souhaiter l'Infante, qu'elle ne lui sauroit point de gré de la marier au Roi, puisqu'elle s'estimoit assez pour croire que le Roi ne pourroit avoir dans l'Europe de princesse qui pût l'égaler; et ajouta qu'il appréhendoit que l'Infante étant en France, à l'exemple de la Reine sa tante qui avoit haï le cardinal de Richelieu, elle ne fît des intrigues contre lui.

Enfin la Reine voulut voir don Juan d'Autriche, qui passa à Paris incognito afin d'éviter les embarras des rangs. Elle le reçut au Val-de-Grâce et eut sans doute beaucoup de joie de voir en lui une personne de son sang. Il y vint *vestido de camino*, d'un gros habit gris et d'un justaucorps de velours noir, avec des boutons d'argent, le tout à la française. La Reine, qui voulut l'entretenir en particulier, y mena seulement Monsieur, et peu de dames avec elle. J'eus l'honneur d'être du nombre de celles qui y furent soufferrtes Je vis ce prince, qui, tout bâtard qu'il étoit, se faisoit beaucoup respecter. Il étoit servi par des personnes de qualité; et les noms de ceux qui étoient à sa suite étoient des plus illustres d'Espagne. Il nous parut petit, mais bien fait dans sa taille. Il avoit le visage agréable, les cheveux noirs, les yeux bleus et pleins de feu; ses mains me parurent belles, et sa physionomie spirituelle. Après qu'il eut salué la Reine, elle le mena dans un recoin de sa chambre un peu séparé des autres : ils demeurèrent ensemble tout debout trois quarts d'heure ou une heure. De là il alla loger chez le cardinal Mazarin, où il fut traité magnifiquement. La foule fut grande autour de lui, et chacun courut le voir avec empressement. Les dames y furent aussi à son dîner et à son souper : et comme il n'en connoissoit point la qualité, il les regarda toutes sans leur parler le premier ni les faire asseoir; mais il répondit galamment et avec esprit à celles qui voulurent lui dire quelque chose. La Reine le fit venir au Louvre par une porte de derrière, et le fit entrer dans son cabinet des bains, qui étoit beau; elle voulut lui montrer le Roi, qu'il avoit fort envie de voir; elle lui avoit promis de le lui faire saluer en particulier. Quand il fut dans le cabinet, et qu'il eut été un peu de temps avec elle, la Reine fit appeler le Roi, qui entra un moment pour se montrer; et comme plusieurs personnes de qualité en foule, selon la mode de France, entrèrent avec lui, don Juan se retourna vers la Reine, et lui dit : *Seniora, es esto el particular del Rey?* (Madame, est-ce là le particulier du Roi?) Il le loua beaucoup, et dit que s'il n'eût pas été roi par naissance, il mériteroit de l'être par élection. Enfin il partit deux jours après, n'ayant vu de Paris que la foire de Saint-Germain. La Reine en demeura fort satisfaite, et on connut par la joie qu'elle eut de voir ce prince combien elle aimoit tout ce qu'elle devoit aimer. Il étoit carême, et la Reine eut de la peine de ce qu'il mangea toujours de la viande, lui et toute sa suite; elle eût désiré qu'il eût été plus régulier et plus obéissant aux commandemens de l'Eglise; mais comme le poisson est plus rare à Madrid qu'à Paris, ils sont accoutumés à n'y point faire de jours maigres, et ils ne s'en corrigent pas ailleurs.

La semaine sainte ensuivant, une troupe de jeunes gens de la cour allèrent à Roissy pour les jours saints, dont étoient le comte de Vivonne, gendre de madame de Mesmes, à qui appartenoit la maison; Mancini, neveu du ministre; Manicamp et quelques autres. Ils furent accusés d'avoir choisi ce temps-là par déréglement d'esprit, pour faire quelques débauches, dont les moindres étoient d'avoir mangé de la viande le vendredi saint; car on les accusa d'avoir commis de certaines impiétés indignes non-seulement de chrétiens, mais même d'hommes raisonnables. La Reine, qui en fut avertie, en témoigna un grand ressentiment. Elle exila l'abbé Le Camus pour avoir eu commerce seulement avec des gens si déréglés, quoiqu'il ne fût pas avec eux les jours que ces choses se passèrent. Le cardinal Mazarin, pour montrer qu'il ne vouloit pas protéger le crime, voulut punir tous les complices en la personne de son neveu, qu'il chassa de la cour et de sa présence; et après avoir châtié celui-là, il pardonna à tous les autres, qui en furent quittes pour de sévères réprimandes que le Roi leur fit. Cette action obligea toute la cour à louer le cardinal non-seulement en sa présence, mais en tous lieux. Comme il avoit souvent préféré l'intérêt à la gloire, il fit voir par sa conduite qu'il vouloit lui sacrifier le reste de sa vie. Il se voyoit au comble de la grandeur, et d'une grandeur assurée : si bien qu'il vouloit non-seulement posséder cette haute fortune dont il jouissoit, mais sans doute qu'il souhaitoit aussi de faire des actions publiques qui pussent faire connoître qu'il en étoit digne. Les crimes de ces jeunes débauchés avoient donné une occasion au cardinal de se signaler; mais sa famille en souffrit un peu, car son neveu, comme je l'ai dit, fut exilé : et le peu de beauté de sa nièce fut célébré par un couplet qu'ils firent qui eut grande vogue, et qui n'étoit pas à sa gloire.

Le ministre, pour accomplir le dessein qu'il avoit de donner la paix à l'Europe, et pressé par la Reine qui souhaitoit de la confirmer, envoya des ordres du Roi sur la frontière pour faire cesser les actes d'hostilité : ce qui fut après d'un notable préjudice à la France; car le roi d'Espagne, qui n'avoit pas des intentions aussi sincères que le Roi, la Reine et le ministre, profita avantageusement de cette suspension d'armes : elle priva le Roi des avantages qu'une armée victorieuse, qui étoit au milieu de la Flandre, lui auroit pu donner alors, et qui paroissoit en pouvoir faire l'entière conquête. La continuation de la guerre auroit du moins fait subsister le projet de la paix, qui avoit été fait à Paris par le cardinal Mazarin et Pimentel, ministres des deux Rois, dont tous les articles étoient très-avantageux pour le nôtre.

Le cardinal devoit aller bientôt sur la frontière, travailler à la conclusion de ce grand ouvrage, où toute l'Europe étoit intéressée; et le premier ministre d'Espagne, don Louis de Haro, devoit y venir aussi. Celui du Roi se préparoit à ce voyage avec d'autant plus de satisfaction, qu'il étoit accompagné de toutes les bénédictions publiques; il parut même que, forcé d'être sage et timide par les grandes paroles que la Reine lui avoit dites, il avoit pris le parti de sacrifier tous ses autres désirs à l'honneur qu'il avoit de contribuer à un si grand bien. La Reine le voyoit partir avec joie, persuadée qu'il avoit chassé de son esprit tout ce qui lui pouvoit déplaire : elle n'étoit pas néanmoins entièrement contente. L'attachement du Roi pour la nièce de ce ministre lui faisoit toujours de la peine, par l'élévation de son ame ; elle craignoit tout ce qui étoit indigne du Roi, et ne désiroit pas aussi que l'Infante, apportant au Roi un cœur tout pur et tout à lui, en trouvât un rempli d'une affection indigne de lui de toute manière, et capable de rendre leur mariage infortuné, par la hardiesse qu'elle connoissoit dans le tempérament de cette fille. Elle n'étoit pas même exempte de craindre qu'une préférence d'inclination, peu convenable à la grandeur du Roi, ne l'emportât au-delà de ses propres intentions ; elles paroissoient alors conformes à ce qu'il se devoit à lui-même : mais une passion, quoique foible, nourrie et soutenue d'une autre plus violente et plus forte, les pouvoit changer, et c'est ce que la Reine appréhendoit. Ces pensées ne lui étoient jamais venues sur la comtesse de Soissons ; dans cette occasion elle se sentoit entièrement troublée de cet attachement. Enfin l'esprit de cette princesse ayant eu des soupçons de cette nature qui n'étoient que trop raisonnables, et qui alloient du moins à la ruine de la félicité de l'Infante, qu'elle vouloit faire reine et heureuse, elle témoigna au cardinal, qui se préparoit pour partir, ce qu'elle sentoit ; elle lui fit voir le désir qu'elle avoit de séparer le Roi son fils de cet objet qui le tenoit attaché à des chaînes qu'elle trouvoit honteuses : elle voulut montrer au Roi le miroir qui fut présenté à Renaud non-seulement pour le tirer des enchantemens d'Armide, mais pour l'obliger aussi de fuir une laide prison. Elle se confia de ce dessein en la fidélité que le cardinal étoit obligé d'avoir pour elle ; ce fut à lui-même à qui elle demanda le remède de ce mal, quoiqu'il lui eût paru avoir sur ce sujet des tentations criminelles, qu'il lui eût déjà manqué en beaucoup de grandes choses, qu'il eût usurpé toute sa puissance, et qu'il eût pris plaisir à l'anéantir. Mais enfin ce même cœur, qui n'étoit pas assez bon pour s'appliquer à servir la Reine comme il devoit, ne fut pas assez méchant pour lui manquer dans ce qu'il voyoit lui être plus sensible ; et on peut dire qu'il mérite de grandes louanges pour avoir, malgré la grande passion qu'il avoit de dominer et d'enfermer en soi toute l'autorité de la mère et du fils, pu se résoudre à faire une chose qui s'opposoit à sa grandeur, par la seule raison qu'il étoit de son devoir de la faire ; car quoique les avantages qu'il pouvoit espérer de la faveur de sa nièce ne fussent pas certains, et lui dussent même paroître impossibles, on ne sait que trop qu'il est assez naturel à l'homme de vouloir plus qu'il ne doit vouloir, et qu'il lui est d'ordinaire plus agréable de se flatter de l'espérance de réussir dans l'entreprise d'une chose qui paroît au-dessus de ses forces, que de se retenir par une sage modération dans le milieu de la roue de la fortune, tant qu'il voit un degré plus haut où il peut monter.

Voilà un des plus beaux endroits de la vie du cardinal, et une des principales actions qu'il a faites pour payer les obligations infinies qu'il avoit à la Reine. Il entra de si bonne foi dans ses sentimens, que, malgré la force du sang et contre ses intérêts, il se résolut d'éloigner sa nièce de tous les lieux où le Roi pourroit être. Ce prince, qui avoit en effet beaucoup de tendresse pour elle, fut si touché de la douleur qu'elle avoit de se séparer de lui, qu'il y eut un moment dans lequel la passion l'emporta jusqu'à proposer au cardinal Mazarin, comme on a dit qu'il le fit, d'épouser sa nièce, plutôt que de la voir souffrir pour l'amour de lui. Ce ministre, qui voyoit la négociation de la paix et du mariage de l'Infante trop avancée pour la rompre, prit sans balancer le parti de se faire honneur, en refusant celui qu'il lui vouloit faire, par le premier mouvement d'une passion violente dont il se repentiroit bientôt, et qu'il lui reprocheroit de n'avoir pas retenue, quand il verroit tout son royaume se soulever contre lui pour l'empêcher de se déshonorer par un mariage si indigne. Il répondit donc qu'ayant été choisi par le feu Roi son père, et depuis par la Reine sa mère, pour l'assister de ses conseils, et l'ayant servi jusques alors avec une fidélité inviolable, il n'avoit garde d'abuser de la confidence qu'il lui faisoit de sa foiblesse, et de l'autorité qu'il lui donnoit dans ses Etats, pour souffrir qu'il fît une chose si contraire à sa gloire ; qu'il étoit le maître de sa nièce, et qu'il la poignarderoit plutôt que de l'élever par une si grande trahison. Il fallut enfin que le Roi consentît à une séparation si rude, et qu'il vît partir mademoiselle de Mancini pour aller à Brouage, qui fut le lieu choisi pour son exil. Ce ne fut pas sans répandre des larmes, aussi bien qu'elle ; mais il ne se laissa pas aller aux paroles qu'elle ne put s'empêcher de lui dire, à ce qu'on prétend : « Vous pleurez, et vous êtes le maître. » Se contentant de ne lui donner en cette occasion que des marques d'une grande et sensible amitié, il eut la force de se vaincre lui-même. Il sembloit que le mérite et la qualité de la personne ne devoit pas causer une si grande passion ; mais il faut répondre en faveur de ce jeune prince que ce n'est pas le premier qui s'est laissé surprendre à des charmes inconnus aux autres : car ce qui fait cette liaison des cœurs est souvent causé par des liens invisibles, dont il faut que les astres soient responsables ; et ce n'est pas aussi le premier monarque qui a éprouvé que l'amour égale ceux qui s'aiment. Dans cette occasion sa générosité a pu surpasser sa raison : et ce qu'il n'avoit pas dû penser suivant ses sentimens ordinaires pouvoit sans honte être souffert dans certains momens où la passion, la reconnoissance et la piété occupent une ame tout entière, et n'y laissent point de place à la raison. Le Roi fut infiniment louable en ce qu'il sentit le mal que la Reine lui faisoit, et qu'il connut, au travers de ses désirs, qu'il étoit de la nature de celui que les chirurgiens font à ceux qu'ils veulent guérir de leurs blessures par des incisions et des caustiques. Il s'affligea avec elle, il se plaignit non pas d'elle, mais avec elle, et il se consola avec cette illustre mère du faux bien qu'elle lui arrachoit, qu'il connoissoit tel qu'il ne l'estimoit pas lui-même, et qu'il ne pût perdre néanmoins sans en souffrir beaucoup, et sans se laisser emporter par son cœur à des sentimens que sa prudence et sa raison surent enfin étouffer. Le soir qui précéda le jour du départ de mademoiselle de Mancini, le Roi vint chez la Reine extrêmement abattu de tristesse ; elle le tira à part, et lui parla long-temps ; mais comme la sensibilité d'un cœur qui aime demande la solitude, la Reine prit elle-même un flambeau qui étoit sur sa table ; et passant de sa chambre dans son cabinet des bains, elle pria le Roi de la suivre. Après qu'ils eurent été environ une heure ensemble, le Roi sortit avec quelque enflure aux yeux ; et la Reine en sortit aussi si touchée de l'état où il étoit, et où elle étoit obligée de le mettre, qu'il fut aisé de voir que la souffrance du Roi lui en donnoit beaucoup. Dans ce moment elle me fit l'honneur de me dire tout bas : « Le Roi me fait pitié, il est « tendre et raisonnable tout ensemble ; mais je « viens de lui dire que je suis assurée qu'il me « remerciera un jour du mal que je lui fais, et « selon ce que je vois en lui, je n'en doute pas. » Le Roi et la Reine furent tous deux dignes de louanges d'avoir pu dans cette occasion conserver leur union tout entière, lui souffrant généreusement les rudes effets d'une parfaite amitié, et elle sentant la part du mal qu'elle faisoit elle-même à ce fils qu'elle aimoit si chèrement. Enfin elle prit le soin de le guérir par ses manières aimables et par son procédé, autant exempt de flatterie qu'il étoit éloigné de dureté et de rudesse. Le lendemain, qui fut le 22 juin, mademoiselle de Mancini partit, accompagnée de mademoiselle Hortense et de la petite Marie-Anne, ses sœurs ; les larmes furent grandes de part et d'autre, et particulièrement du côté de la fille. Le Roi l'accompagna jusqu'à son carrosse, montrant publiquement sa douleur ; puis il vint prendre congé de la Reine, et partit à l'instant même pour Chantilly, où il alla passer quelques jours pour y reprendre des forces. Il les trouva dans sa raison, dans son bon naturel, et dans une ame telle que la sienne, à qui Dieu avoit donné toute l'élévation nécessaire à un grand roi.

Par toutes les choses que j'ai écrites, on peut voir que depuis quelques années l'extrême autorité que le ministre avoit usurpée dans ce royaume avoit tellement absorbé la légitime, que la Reine, malgré l'indifférence de son ame sur le désir de gouverner, avoit senti, mais trop tard, que ce qu'elle avoit fait pour lui n'avoit pas empêché qu'il ne voulût tenir le Roi pour lui-même ; car en bien des occasions elle avoit connu qu'il tâchoit toujours de la détruire dans son estime, soit en parlant sérieusement, ou soit enfin par des railleries qu'il faisoit devant elle-même. Quoique la bonté de la Reine et la noblesse de son cœur la rendît assez aveugle sur la conduite du cardinal pour ne le pouvoir soupçonner de malice, il est certain néanmoins qu'elle se sentit souvent incommodée de l'opposition qu'il avoit à ses sentimens. Cette opposition l'empêchoit d'agir pleinement et à son gré sur les choses qu'elle désiroit de faire, et sur tout ce qui regardoit sa satisfaction particulière. Pendant sa régence, elle ne se soucioit point de la puissance qu'elle donnoit à un autre, parce qu'elle la regardoit comme soumise, et dépendante de la sienne propre ; mais malgré le mépris qu'elle en avoit fait, trop grand pour une personne de son rang et de sa naissance, elle ne pouvoit alors s'empêcher de connoître qu'elle n'avoit point de crédit, et d'en sentir de la peine. Quand elle recommandoit une affaire, soit au chancelier, soit au surintendant, ou à quelque autre ministre, elle voyoit visiblement qu'elle n'étoit point obéie ; et si elle en pressoit l'exécution, ils lui répondoient souvent qu'il en falloit parler à M. le cardinal : si bien qu'elle étoit après forcée de laisser voir à ceux à qui elle parloit librement qu'elle n'étoit pas satisfaite de celui qui gouvernoit, et n'en faisoit pas moins bonne mine au ministre. Elle vouloit par raison souffrir ses foiblesses ; mais elle le vouloit aussi, parce que sa sagesse l'empêchoit de se troubler des choses qui lui déplaisoient : et la coutume, qui avoit beaucoup de force sur elle, jointe à tant d'autres raisons, la rendoit incapable de penser à un changement qui auroit pu, ainsi que je l'ai déjà écrit, la rendre encore moins heureuse. Mais comme elle avoit des lumières, elle connoissoit aussi clairement les défauts de son ministre qu'elle en avoit connu les bonnes qualités. Elle me fit l'honneur de me dire un jour, sur quelques plaintes que je lui faisois du cardinal, qu'il devenoit de si mauvaise humeur et si avare, qu'elle ne savoit pas comment à l'avenir on pourroit vivre avec lui. Elle me commanda de ne lui rien témoigner du chagrin que j'avois contre lui, me disant que peut-être dans l'humeur où j'étois je lui dirois quelque chose qui lui pourroit déplaire; que si M. le cardinal se fâchoit contre moi, cela l'embarrasseroit; et qu'enfin il valoit mieux que je me tusse; mais qu'elle se chargeroit de lui parler de mon affaire : ce qu'elle fit en effet avec bonté. Ma consolation fut d'avoir pu faire entrer la Reine en confidence avec moi, contre la conduite de celui dont je me plaignois. C'étoit une espèce de vengeance que je prenois contre lui, de faire avouer ses fautes à celle qui lui avoit donné toute cette faveur par laquelle il pouvoit presque tout ce qu'il vouloit; mais enfin les dernières actions du ministre avoient eu le pouvoir de réparer fortement dans le cœur de la Reine les blessures que ses infidélités passées et journalières y avoient faites.

Quand il eut chassé sa nièce, la Reine parut visiblement estimer sa conduite et ses sentimens; la satisfaction qu'elle en reçut flattoit son amour propre : elle honoroit le choix qu'elle avoit fait de lui autrefois, trouvant qu'il la récompensoit de la patience qu'elle vouloit avoir alors sur ce qui lui pouvoit déplaire dans sa conduite. Par ce service, elle se trouvoit payée de la constance qu'elle avoit eue à le maintenir contre les peuples, le parlement, les princes et ses ennemis particuliers. Elle n'aimoit pas les louanges, et ne pouvoit souffrir celles qu'on lui donnoit de la paix, et de l'éloignement de mademoiselle de Mancini, quoiqu'elle seule eût fait et l'une et l'autre; et au lieu de les recevoir comme lui étant dues, elle les renvoyoit toutes au ministre. Elle avoit néanmoins eu besoin de trouver des forces pour combattre contre lui lorsqu'elle paroissoit entièrement soumise à la grandeur qu'il tenoit d'elle, et l'avoit obligé par sa prudence, et par une conduite mêlée de force et de douceur, à exécuter ses volontés. Malgré toutes les répugnances qui naturellement se pouvoient rencontrer en lui, il est à croire que le cardinal Mazarin, pour vaincre en ce combat, eut besoin de toute sa fidélité et de toute sa raison; et qu'à leur défaut il eut besoin encore de se dire souvent à lui-même que l'opposition que la Reine avoit témoignée contre sa nièce auroit dû apporter d'invincibles obstacles à son élévation, et que son refus, qui lui donnoit beaucoup de gloire, le sauvoit même de beaucoup de honte, et des malheurs qui suivent d'ordinaire une entreprise monstrueuse et trop hardie. Mais lorsqu'il se vit forcé de donner une femme au Roi, il lui étoit du moins comme nécessaire, selon les méchantes maximes du monde, de diviser leur mariage et leur union par une personne qui fût liée à lui par le sang et l'intérêt, afin de régner seul dans le cœur de ce prince; et il est à louer encore de ce que, malgré les considérations de sa fortune, il voulut en toutes ces circonstances satisfaire à son devoir. Quand donc on faisoit entendre à la Reine que sans elle le cardinal Mazarin ne se seroit pas avisé d'éloigner sa nièce de la cour, et que c'étoit assez d'honneur pour lui d'avoir fait ce qu'elle avoit désiré qu'il fît, elle répondoit toujours qu'elle étoit persuadée que cette fille lui ayant déplu auprès du Roi, il l'avoit éloignée avec joie, et que la timidité n'avoit point de part à sa conduite; et sur ce qui se disoit discrètement et en secret qu'il n'avoit pas été fâché que le Roi eût désiré tout de bon ce qu'il n'avoit pu vouloir ni penser que par un mouvement passager, elle assuroit que par lui-même, et par ce qu'il devoit au Roi, à elle et au royaume, il n'auroit jamais consenti à cet excès d'honneur, dont elle disoit hautement que la pensée seulement l'auroit dû rendre criminel devant Dieu et les hommes. Voilà quelle étoit la bonté et la discrétion de la Reine : quand ceux qu'elle considéroit lui manquoient, elle les excusoit, en comprenant que nul homme n'est parfait; et par grandeur de courage elle ne s'en plaignoit pas. Quand ils la servoient, elle leur donnoit des louanges; et quand ils faisoient de belles actions par ses ordres, elle leur en laissoit toute la gloire.

Après ce grand exploit, le cardinal partit le 25 de juin : il s'en alla au bois de Vincennes, avec intention d'y passer quelques jours et ne plus revenir à Paris, pour de là s'en aller à son grand voyage. Le Roi y vint de Chantilly, et la Reine y alla le voir. Ils y résolurent de se rejoindre bientôt à Fontainebleau. Le Roi s'en retourna dans sa solitude, et le cardinal revint le même jour à Paris, pour quelques affaires qui lui étoient survenues. Il partit enfin le lendemain 26, pour aller travailler à la paix. La Reine s'en alla aussi le même jour à Pontoise faire une petite course de trois jours, tant par dévotion que par plaisir, c'est-à-dire à dessein de visiter les carmélites de Pontoise, particulièrement la mère Jeanne, carmélite de grande réputation, sœur du chancelier. Elle visita aussi l'abbaye de Saint-Martin du milord Montaigu, qu'elle aimoit, et qu'elle considéroit particulièrement. Monsieur s'en alla à Saint-Cloud pour se divertir dans sa maison, attendant le retour de la Reine sa mère, qu'il ne quittoit quasi jamais.

La Reine étant revenue, elle reçut une lettre du Roi, dont elle témoigna d'être sensiblement touchée. Ce même jour ayant été visiter le logement de la Reine future, j'eus l'honneur de la suivre, et me trouvai seule auprès d'elle dans la salle des antiques, où, après avoir visité tous les appartemens du Louvre, elle étoit enfin venue se reposer et s'asseoir. Elle me fit l'honneur de me conter ce qu'il y avoit dans la lettre du Roi. J'étois à genoux auprès d'elle. Je lui dis que j'avois remarqué le matin qu'en achevant de la lire, les larmes lui étoient venues aux yeux. Elle en demeura d'accord, et dans ce même sentiment elle me fit l'honneur de me dire avec exagération : « Le Roi est bon. » Et, répétant ces mêmes mots, elle me dit encore une fois : « Je « vous assure, le Roi est bon. » La Reine alors me fit l'honneur de me parler des choses que cette lettre contenoit. Par elle on voyoit qu'il estimoit la résistance qu'elle lui avoit faite, et qu'il en avoit connu le prix. Il lui mandoit avoir une grande impatience de la voir, et qu'il ne pouvoit vivre content sans ce bonheur; qu'il avoit reçu une grande lettre de M. le cardinal, où il l'exhortoit à lire, et à apprendre son grand métier de roi; et qu'il étoit résolu de le faire. En cela le cardinal avoit des sentimens bien différens de ceux du temps passé; mais le Roi étant en âge de juger du bien et du mal, il vouloit peut-être par politique lui paroître vertueux, afin de gagner son estime, parce qu'il s'imaginoit que la paresse du Roi, qu'il croyoit plus grande qu'elle n'étoit, l'emporteroit toujours sur la raison. Dans ce même moment j'entrai avec la Reine dans de grandes matières : elle me parla encore des inquiétudes que l'affection du Roi pour mademoiselle de Mancini lui avoit données, et combien cet attachement lui avoit causé de peine, et me conta aussi ce qui s'étoit passé sur ce chapitre entre le Roi et le cardinal ; mais elle me parut persuadée que ce qui avoit été dit par ce grand prince avoit été une exagération de la douleur qu'il sentoit de cet exil dont il étoit cause, pour consoler celle qui souffroit pour lui, et qu'il ne pouvoit pas satisfaire par des protestations de lui conserver toujours la place qu'elle avoit dans son cœur, plutôt que par aucune espérance de lui en donner jamais une sur son trône. La Reine donna au cardinal les louanges qu'il méritoit pour avoir fait son devoir en cette occasion. De là je repassai sur la manière dont il avoit vécu avec elle depuis la fin de la guerre, qui n'avoit pas été accompagnée d'autant de zèle, de fidélité, de respect et de devoir que dans les temps que sa fortune dépendoit absolument de sa bonne volonté. Je touchai ses défauts, sa trop grande puissance, et l'abus qu'il en avoit fait à son égard ; sur quoi la Reine entra en raison avec moi ; et comme je pris la liberté de lui dire que je ne pouvois pardonner au cardinal d'avoir si peu laissé de puissance à celle qui lui avoit donné et conservé toute l'autorité dont il jouissoit, elle me dit : « Il a une légitime excuse, car il sait « que je ne me soucie pas d'en avoir. » Je lui répondis que par cette même raison il devoit avoir eu plus de soin de la faire obéir et considérer. Elle rougit là-dessus, et me regardant fixement, elle me fit l'honneur de me dire : « Vous avez rai- « son ; » et changeant de discours, elle me fit connoître que ces vérités, pour les trop sentir, lui faisoient de la peine à entendre. Mais connoissant aussi qu'elles ne lui pouvoient être dites que par le sentiment d'une affection et d'une fidélité bien véritable, et par une grande confiance que j'avois en sa discrétion, elle m'en sut gré, et me le témoigna avec beaucoup de bonté.

On m'avoit dit depuis quelques jours qu'il y avoit auprès du Roi des jeunes gens qui travailloient à la détruire, et à diminuer en lui les sentimens de tendresse qu'il avoit pour elle. Je lui appris ce que j'en savois. Elle me fit l'honneur de me répondre, pleine d'une confiance entière en l'amitié de ce prince, qu'elle n'en croyoit rien, et qu'elle étoit persuadée qu'ils n'auroient pas même osé lui nommer son nom. De cette manière elle avoit raison à son égard ; mais peu après il fallut néanmoins qu'elle s'inquiétât d'une chose qui la touchoit sensiblement. Madame de*** (1), belle-mère du comte de*** (2), la fit avertir que son gendre étoit entré dans la confidence du Roi, sur l'affection qu'il conservoit encore pour mademoiselle de Mancini. La Reine, comprenant que ce reste d'attachement pouvoit du moins s'opposer au repos de l'Infante, le fit savoir au cardinal Mazarin à Saint-Jean-de-Luz. Il en parut aussi touché que la Reine, et fit son devoir avec beaucoup de zèle, de fidélité et de courage : il en écrivit au Roi fortement, et en des termes qui lui devoient insinuer un grand mépris pour celle dont il se souvenoit. Le jeune confident fut peu après exilé par les conseils de la Reine et du ministre ; et lorsque le cardinal Mazarin méritoit des louanges infinies des vérités qu'il avoit écrites à son maître,

(1) Mesmes.
(2) Vivonne.

je l'entendis blâmer par ceux qui s'intéressoient à la petite disgrâce de ce seigneur. Comme on en ignora la cause dans le cabinet, ceux qui pestent toujours de tout firent de grandes histoires fabuleuses sur cette aventure; et j'eus sujet de connoître en cette occasion, comme en plusieurs autres, que les princes et leurs ministres sont souvent blâmés injustement. Le Roi, se laissant conduire à la raison, comprit, malgré ce qu'il sentoit pour mademoiselle de Mancini, que ceux qui pour se mettre bien avec lui vouloient entretenir sa passion, ou plutôt son amusement, n'aimoient pas sa gloire; et que la Reine et le ministre, qui lui disoient la vérité, étoient les seuls qu'il devoit croire. Ce fut ce qui l'obligea de suivre leurs conseils : il les trouva conformes à ses propres intérêts; et sans écouter les foibles mouvemens de son cœur, qui le portoient quelquefois à vouloir payer par sa tendresse celle qu'il croyoit que cette fille avoit pour lui, il prit le parti qu'il devoit prendre, et la Reine, qui me fit l'honneur de m'en parler, me parut fort satisfaite de lui. Je connus aussi alors combien elle étoit pleinement contente du cardinal Mazarin. Par les choses qu'il mandoit au Roi, il faisoit voir clairement qu'il auroit eu horreur de pouvoir être soupçonné de manquer de fidélité à lui et à elle : il parloit fort positivement de la folie de sa nièce, qu'il paroissoit désavouer. Il le souhaitoit alors véritablement, parce que depuis son éloignement elle témoignoit le haïr encore davantage. La Reine, en pardonnant à son ministre la condescendance qu'il avoit eue à Lyon pour les emportemens de cette fille, se consoloit de penser, en se moquant de la jalousie qu'elle fit voir au Roi en lui reprochant l'agrément qu'il eut pour la princesse Marguerite, qu'au moins le subit changement de ce prince en faveur de l'Infante feroit voir à toute l'Europe qu'il n'avoit désiré pour femme que des personnes qui par leur naissance et leur grandeur pouvoient lui convenir en cette qualité; et qu'ayant même choisi si promptement ensuite celle qui méritoit d'être préférée à toute autre, il étoit impossible qu'on pût jamais le soupçonner d'avoir voulu penser tout de bon à récompenser si hautement les empressemens passionnés de mademoiselle de Mancini.

Le Roi et la Reine s'étant rejoints à Fontainebleau, ils parurent en bonne intelligence. La Reine étoit contente d'avoir fait son devoir, et le Roi étoit triste d'avoir perdu ce qu'il aimoit; mais son chagrin, combattu par sa raison et sa vertu, se dissipa peu à peu en se divertissant souvent malgré lui, et en s'occupant comme il fit au soin de faire faire de belles livrées pour son mariage.

Quelque temps après, Leurs Majestés partirent de Fontainebleau en intention de rejoindre le cardinal, pour aller achever ce grand ouvrage après lequel l'Europe soupiroit depuis long-temps, qui étoit la paix entre les deux couronnes, et le mariage du Roi avec l'Infante, dont les suites pouvoient produire de grands événemens, vu le malheur du roi d'Espagne, qui n'avoit que deux princes qui n'étoient pas sains, et qui ne faisoient que de naître. Le cardinal avoit envoyé ses nièces disgraciées à La Rochelle et à Brouage; et quand la cour allant à Bordeaux s'approcha du lieu où elles étoient, le Roi souhaita de voir en passant mademoiselle de Mancini. La Reine n'y résista point : elle la laissa venir, je pense, à Cognac. J'ai ouï dire que cette entrevue fut encore sensible, et qu'il y eut quelques larmes répandues de part et d'autre. Le Roi néanmoins continua son chemin, et la nièce s'en retourna dans le lieu de son exil. Là finit le roman; car depuis cet honnête rendez-vous les choses changèrent, et le Roi trouva dans la grandeur, la beauté et la vertu de l'infante d'Espagne de quoi se consoler de la perte de Marie de Mancini. Mais dans le vrai il y eut un temps, comme en effet le cardinal Mazarin le dit à la Reine après la paix, que le comte de*** (1) avoit eu la confiance du Roi sur la passion qu'il avoit pour elle; et si cette intrigue qu'il ne savoit pas n'avoit été découverte, le commerce de lettres qu'il entretenoit auroit été capable de fortifier tellement le Roi dans la première résolution qu'il avoit prise, qu'ils n'auroient jamais pu le faire consentir au mariage qu'ils venoient de conclure; et je sentis un véritable plaisir quand la Reine me dit que j'avois été bien avertie.

L'entrevue des deux plus grands rois du monde, qui se devoit faire sur la frontière de leurs Etats, me donna envie de faire ce voyage; et quand la curiosité n'auroit pas été en moi pour cette fois plus forte que la paresse, la bonté avec laquelle la Reine me témoigna désirer que je le fisse, et dit à la duchesse de Navailles, destinée à être dame d'honneur de la nouvelle Reine, qu'elle lui feroit plaisir de m'y engager, m'auroit fait accepter les offres qu'elle me fit alors de me mener avec elle. Je m'engageai à cette grande course, et nous partîmes pour cet effet quelque temps après la cour. Je suivis madame de Navailles à Niort, dont elle étoit gouvernante. Notre intention étoit d'aller bientôt après rejoindre la Reine qui étoit à Bordeaux; mais le mariage du Roi ayant été retardé jusqu'au printemps, la cour, pour s'occuper agréablement, alla passer l'hi-

(1) Vivonne.

ver en Provence. Pour moi qui aime le repos, je ne voulus point m'exposer à la fatigue de ce grand voyage : je demeurai avec mon amie, et j'y passai près de sept mois.

Le maréchal de Gramont avoit été choisi pour ambassadeur extraordinaire vers le roi d'Espagne, pour aller en poste demander l'Infante de la part du Roi. Beaucoup de personnes le suivirent en cette célèbre course. Mon frère fut du nombre que la curiosité y mena comme les autres. Pendant mon séjour à Niort, je reçus de lui la relation de ce qui se passa en cette occasion, qui me parut propre à placer dans cet ouvrage. Elle étoit telle :

Lettre de mon frère, alors abbé du Mont-aux-Malades, et conseiller au parlement de Rouen.

(De Madrid, le 21 octobre 1659).

« M. le maréchal arriva ici le jeudi 16 de ce mois, environ deux heures après midi, ayant couché au bourg d'Alcobendas, qui en est à trois petites lieues. Encore qu'il fût bien aise de faire voir qu'il venoit en courrier sur une mule fort vite que don Louis de Haro lui avoit donnée, et que nous partissions toujours à la pointe du jour, la quantité de chevaux et de mulets qu'il avoit à sa suite l'obligeoit à faire de petites journées, le soleil étant si grand qu'il étoit même impossible de le souffrir, passé midi, entre les rochers et dans les plaines désertes de la Castille; car il n'y a que quelques oliviers par-ci par-là, qui ne donnent pas grand ombrage.

« Il y avoit toujours eu un alcade qui avoit accompagné M. le maréchal, et avoit eu soin des logemens. A Burgos on l'avoit reçu avec de grandes démonstrations de joie, aussi bien que dans les autres lieux où il avoit passé; mais je ne puis parler de cela, non plus que du jeu des taureaux que l'on lui donna en cette ville-là; car je n'y arrivai que la nuit du jour qu'il s'y étoit arrêté, ayant été obligé de prendre la route de Pampelune.

« A Alcobendas le Roi lui envoya un lieutenant de ses gardes, qui est introducteur des ambassadeurs; et l'un de ses majordomes, qui lui apporta un présent fort galant de peaux d'Espagne, de gants, de pastilles, de gobelets et autres curiosités. Barrières (1), votre ami, vêtu à l'espagnole, et deux ou trois Espagnols, l'y vinrent voir; et le matin du jeudi, étant partis devant le jour, nous vînmes dîner à une demi-lieue. Le Roi y envoya le lieutenant du maître des postes, avec quelques courriers et huit postillons couverts de clinquant, et quantité de chevaux de poste, dont il en avoit huit avec des selles et des brides du Roi, où il y avoit de la dentelle d'argent. M. le maréchal les fit distribuer à environ autant de gens que nous étions, sur une liste qu'il avoit envoyée. Tout le monde étoit fort brodé, hormis les abbés de Feuquières, de Villiers, de Castellanne et moi, qui n'avions que du velours noir. Entre autres M. le maréchal, M. le comte de Quincé, de Thoulongeon, de Guiche, de Louvigny, le marquis de Noirmoutiers, le chevalier de Charny, fils (1) de M. le duc d'Orléans et de Louison, Manicamp, Fremanteau, le sieur de Beauvais, Flamanville, Vessai, fils du président Giroux de Dijon, qui veut effacer par son changement de profession et de nom la mémoire de la mort de son père (2); Courcelles et Magaloti, capitaines aux gardes; Gonteri, qui étoit venu nous joindre à Alcobendas, et même Maridat et Bazin, conseillers, l'un au parlement de Paris, l'autre au châtelet, qui avoient de l'argent sur leurs habits; outre tous les gentilshommes de M. le maréchal, qui étoient fort lestes : et toute cette broderie et toutes ces plumes faisoient un fort bel effet à cheval. Nous partîmes un peu plus tôt qu'il ne falloit, et nous attendîmes longtemps à l'entrée de la ville, qui n'est pas proprement une ville, car il n'y a que des murs de bauge. Tout le bagage étoit demeuré à Alcobendas, en sorte qu'il n'y avoit pas un valet. Enfin quand on nous vint avertir qu'il étoit temps d'entrer, nous entrâmes au petit galop, et nous trouvâmes toutes les rues pleines de peuple et de carrosses rangés le long du chemin, qui étoit fort long; car on nous fit entrer par un endroit par où il falloit traverser toute la ville. Je ne saurois mieux comparer cette entrée qu'à celle des Polonais, car il y avoit à proportion autant de foule qu'à Paris : et même ce qu'il y avoit de plus beau, c'étoit que comme il y avoit des balcons à toutes les fenêtres, et qu'elles étoient occupées par toutes les dames de la ville, cela faisoit un plus bel effet que les échafauds que l'on fait dans les rues de Paris. Nous fîmes tout le chemin qu'il y a jusqu'au palais, moitié au galop et moitié au trot, la plupart du temps le chapeau à la main, les huit postillons devant, M. le maréchal immédiatement après, et tout le reste en confusion, sans pourtant trouver aucun embarras; car la *calle major* (la grande rue) par où nous passions est fort large, et tous les carrosses étoient en haie. Nous arrivâmes en cet ordre avec les cris et les applaudissemens de tout le peuple au palais du Roi. Quand le Roi même y fût venu en personne quérir l'Infante, il n'y eût pas eu plus de monde sur son passage, et je crois que le

(1) Barrières était en Espagne l'agent de M. le prince.

(2) Naturel.
(3) Exécuté pour crime d'assassinat.

reste de Madrid étoit désert. Pour continuer donc cette relation, nous arrivâmes dans la place qui est devant le palais, qui nous parut fort belle et fort grande. Elle étoit pleine de carrosses, comme toutes les fenêtres de la face du palais l'étoient d'hommes et de femmes. C'est un fort grand corps de logis entre deux pavillons, dont la couverture est en forme de clocher. Il y a environ trente-et-une ou trente-deux fenêtres à chaque étage, et toutes avec des balcons; ils en embellissent la structure, qui n'est pas fort belle de soi. Ce qu'il y a d'extraordinaire, c'est qu'il n'y a point de cour où les carrosses puissent entrer; et tous ceux qui y vont entrent dessous une voûte par deux entrées, et où il en peut tenir huit ou dix. Nous descendîmes de cheval en cet endroit, où l'amirante de Castille, qui se nomme don Henriques, de la maison des rois de Castille, et qui est le seigneur le plus galant de la cour, vint recevoir M. le maréchal. De cette voûte nous montâmes dans un grand portique, qui est un des côtés du palais. Il est composé de deux carrés de bâtimens en forme de cloître, au milieu desquels il y a un fort grand escalier tout ouvert, et qui occupe toute la largeur d'un des corps de logis qui est au milieu des deux cours. Il reçoit le jour des portiques des deux cloîtres : car il y en a tout autour, tant en bas qu'en haut, de tous les corps du logis. Tout cela étoit aussi plein que le reste de la ville, et partout on jetoit de grands cris sur nos plumes et sur nos rubans, jusque-là même que les femmes qui se trouvoient sur notre passage ne faisoient point de scrupule de les arracher. Nous montâmes ainsi au travers de quelques hallebardiers seulement, car il n'y a pas de régiment des Gardes à la porte, comme en France. Nous entrâmes dans quantité de pièces fort lambrissées, et pleines de tableaux; car on ôte ici en la plupart des endroits toutes les tapisseries des chambres dans l'été. Nous allâmes donc par des galeries et des salons pleins de quantité de statues. Nous arrivâmes enfin dans une grande salle où étoit le Roi. Le défaut que j'eus le loisir de remarquer devant que d'y entrer fut que toutes ces pièces-là sont fort obscures : il y en a même qui n'ont point du tout de fenêtres, ou qui n'en ont qu'une petite, et d'où le jour ne vient que d'en haut, le verre étant fort rare en Espagne, et la plupart des fenêtres n'ayant point de vitres.

« Il faut avouer que la manière dont le Roi donne audience en France est la chose du monde la plus pitoyable, au prix de celle dont on reçut M. le maréchal. A chaque pièce que nous passions, il y avoit des gens en haie, et dans la salle il y avoit au milieu deux rangs de bancs couverts de tapisserie, pour empêcher la foule et pour laisser le passage libre, et au bout il y en avoit encore un autre rang en croix ; le long de cela étoient tous les gens de qualité, d'un côté et d'autre ; mais comme ils sont tous habillés de même et fort simplement, les grands ne paroissoient plus que les autres qu'à cause qu'ils étoient couverts, et il y en avoit environ vingt. Le Roi étoit debout, avec un habit fort simple et fort semblable à ses portraits, sous un dais d'une riche broderie d'or et d'argent. En entrant, nous nous séparâmes la plupart des deux côtés. Lorsque M. le maréchal entra, le Roi mit la main au chapeau. Lorsqu'il approcha de plus près, il ne branla plus; et quand M. le maréchal ôta son chapeau, de temps en temps, et qu'il présenta sa lettre, il demeura toujours immobile, et ne remit la main au chapeau que quand M. le maréchal s'en alla. Un peu auparavant que de partir, il nous fit signe à ceux qu'il avoit mis sur sa liste, et nous allâmes tous saluer le Roi l'un après l'autre comme à l'offrande, M. le maréchal nous nommant tous dans le moment que nous nous baissions.

« A gauche de cette salle il y avoit une porte à jour, où étoient la Reine et les deux Infantes. Au sortir de là nous allâmes dans l'appartement de la Reine, où nous trouvâmes aussi une foule fort grande; car comme les hommes ne les voient quasi point, beaucoup prirent cette occasion-là pour y entrer. La Reine et les deux Infantes étoient au bout de la salle aussi sous un dais, et sur une estrade couverte d'un grand tapis. La Reine n'a que vingt-quatre ans, et l'Infante environ vingt. Elle est coiffée de la manière dont on la dépeint, et le guard-Infante est encore plus grand qu'on ne le figure. Sans hyperbole, la Reine et l'Infante, se touchant de leurs vertugadins, tenoient tout l'espace du dais : si bien que la petite princesse n'étoit que sur le bord de l'estrade. Tout ce que je puis dire de la nôtre, c'est qu'elle est beaucoup plus belle que tous les portraits que l'on en a vus en France : elle a les yeux bleus, pas trop grands, mais fort brillans et fort agréables, et ils paroissoient pleins de joie. Elle a le front grand ; et comme sa coiffure le découvre fort, cela lui fait paroître le visage un peu plus long qu'il ne paroîtroit sans doute si elle avoit quelques cheveux abattus. Son nez est assez beau et point trop gros. Elle a la bouche belle et fort vermeille ; elle a le teint parfaitement beau ; elle est fort blanche ; elle a les joues grosses par en bas, et met du rouge, mais pas tant que le reste des dames. Ses cheveux sont d'un blond admirablement beau ; mais ceux qu'elle avoit ce jour-là étoient *postijos* (postiches), renoués avec quantité de rubans : elle n'est pas grande, mais elle paroît assez bien faite dans sa taille. M. le maréchal fut quelque temps couvert en parlant à la Reine; mais après qu'il eut satisfait à la dignité du Roi notre maître, il se découvrit; et quand il fut saluer l'Infante, il demeura toujours découvert tout le temps qu'il lui parla. Le compliment qu'il lui fit a été trouvé fort galant : il lui dit que la lettre de la Reine, son silence et son respect lui témoigneroient mieux quel étoit le sujet de son voyage, que toutes les paroles qu'il lui pourroit dire. Tous ces messieurs m'ont dit ici qu'on avoit voulu voir comme on avoit traité M. du Maine quand il alla demander notre Reine, et qu'on avoit voulu en faire davantage. Nous saluâmes après cela la Reine et les deux Infantes, c'est-à-dire avec une grande révérence, en baisant ou faisant semblant de baiser la robe. Ce que je remarquai de plus extraordinaire fut qu'il y avoit auprès des dames du palais, qui sont toutes ou filles ou veuves (car il n'y a pas une femme mariée qui y loge), quantité d'hommes couverts, qui n'ôtèrent pas même leurs chapeaux quand M. le maréchal entra. Je croyois d'abord qu'ils fussent tous grands; mais on me dit que chaque dame pouvoit dans ces jours solennels donner place à deux galans, qui se pouvoient couvrir devant la Reine même; et la raison qu'ils m'en donnèrent fut qu'on les jugeoit être *tan embevecidos*, si attentifs à voir leurs dames, si enivrés et si étourdis de leurs charmes, qu'ils n'avoient point d'yeux que pour elles, et ne voyoient rien de ce qui se passoit devant eux.

« Au sortir de là, un grand d'Espagne auprès de qui je m'étois rencontré, et à qui j'avois parlé espagnol, m'emmena dans son carrosse au logis destiné pour M. le maréchal, où je suis logé avec la plupart de ceux qui sont venus avec lui. Il y a les plus belles tapisseries du monde, et nous sommes traités aux dépens du Roi. Tous les matins on nous vient offrir du chocolat, qui est le régal de ce pays-ci.

« Tous les grands sont venus voir M. le maréchal, et nous avons été déjà chez l'amirante de Castille, chez le duc d'Alve, le marquis de Leganez, et le marquis de Liche, fils de don Louis de Haro, qui a la plus belle femme d'Espagne, que nous avons vue le samedi 18.

« Toutes les maisons de ces gens-là sont propres, et pleines de grande quantité de tableaux et de cabinets, et sont bien plus belles par dedans qu'elles ne paroissent par dehors. Le même jour nous fûmes quelques-uns de nous voir dîner la Reine, qui dînoit seule, l'Infante ne dînant jamais avec elle en public. Il y avoit seulement cinq dames, et quelques *duegnas* habillées en blanc. Les menines sont celles qui n'ont point de chapins, comme les menins sont les fils des grands ou des *titulados*, qui servent de pages, et qui ne portent ni manteau ni épée. Elle est servie avec un grand respect; peu de gens y entrent, et il nous fallut une grande faveur pour demeurer auprès de la porte. Quand on lui porte à boire, c'est un des menins qui porte le verre à une des dames, qui se met à genoux aussi bien que le menin; et de l'autre côté il y en a encore un à genoux qui lui donne la serviette. Vis-à-vis d'elle il y en a aussi une, comme la dame d'honneur en France. Le duc d'Aurante, grand d'Espagne, étoit debout, couvert, auprès d'une des *duegnas*; mais quand la Reine se leva, il se découvrit, et se retira auprès de nous.

« Le dimanche 19, nous fûmes avec M. le maréchal entendre la messe du Roi, qui tenoit chapelle. Ce jour-là M. le nonce, l'ambassadeur de l'Empereur et celui de Pologne y vinrent. Ils attendirent quelque temps dans une antichambre, où peu de temps après le Roi vint pour s'en aller dans sa chapelle. En passant il y eut trois femmes qui se mirent à genoux, et lui présentèrent des mémoriaux; il s'arrêta pour les écouter, et, sans branler non plus qu'une statue, il les prit. M. le nonce le suivoit au milieu de l'ambassadeur de l'Empereur et de M. le maréchal. Il se fut mettre sous une courtine de damas, du côté de l'Evangile; les ambassadeurs de Rome, Empire, France et Pologne étoient assis de l'autre côté, et un peu au-dessous du côté de l'épître; et du même côté du Roi, mais un peu plus bas que les ambassadeurs, s'assirent et se couvrirent aussi bien que les ambassadeurs huit ou dix grands qui s'y trouvèrent. Au jubé de bout étoit la musique, qui fut fort bonne; et au-dessous étoient trois petites niches où étoient la Reine, les deux Infantes, et le petit prince, qui n'a que vingt-trois mois. Le Roi sortit de là en même ordre, sans rien dire à M. le maréchal ni à personne, et nous nous en allâmes de là dîner chez M. l'amirante. Nous y trouvâmes une grande table où la plupart des grands d'Espagne et des titulados s'assirent d'un côté, et nous de l'autre. On compta quatre-vingt-six personnes; et pour les plats, il étoit impossible de les compter : les uns disent cinq, les autres sept et huit cents plats. Au sortir de la table, il y eut musique de voix et d'instrumens, c'est-à-dire de harpes et de guitares. Nous eûmes ensuite la comédie, avec des entremets de farces et de ballets, et de femmes avec des castagnettes. Enfin le régal fut complet, et nous n'en revînmes que le soir.

« Le lundi 20, le secrétaire d'Etat don Fernando Ruiz de Contreras apporta à M. le maréchal les lettres du roi et de la reine d'Espagne, et de l'Infante : si bien que depuis ce jour-là, qui fut hier, nous croyons avoir une reine. Un cordelier en grande réputation de sainteté, qui est toujours dans le palais, étant venu voir M. le maréchal, lui a dit qu'il l'avoit ce matin traitée de majesté, et qu'elle s'étoit mise à rire. Nous devons avoir aujourd'hui l'audience de congé, et on croit qu'il y aura comédie au palais.

« Depuis ma lettre écrite, nous avons été à l'audience de congé, qui n'étoit point dans le même lieu ni en public. Le Roi dit à M. le maréchal qu'il étoit bien aise de l'avoir vu en cette occasion, qu'il avoit toujours ouï parler de lui, et qu'il se pouvoit assurer de son amitié. Je pense même qu'il lui a dit qu'il avoit toujours bien traité les Espagnols. C'est en dire beaucoup pour une statue. Quand le comte de Guiche et le comte de Louvigny ses enfans l'ont salué, il a dit : *Buen moço* (beau garçon).

« Au sortir de là, nous avons été prendre congé de la Reine et de l'Infante. Elle n'étoit pas sous le dais comme l'autre fois, mais contre les fenêtres, afin que toutes les dames fussent de son côté. M. le maréchal a fort pressé l'Infante de parler; mais à tout ce qu'il lui a pu dire, elle n'a jamais rien répondu, sinon : *Diga a la Reyna, mi segnora y mi tia, que yo estare siempre rendida à sus pies.* (Dites à la Reine, ma dame et ma tante, que je serai toujours soumise à ses pieds.) Il y avoit environ une douzaine de dames, dont il y en a quelques-unes d'assez belles. Le meilleur de tout, et que je vous garde pour la bonne bouche, c'est la comédie qui vient de se faire au palais à la lueur de six gros flambeaux de cire blanche seulement, qui sont véritablement dans des chandeliers d'argent d'une grandeur prodigieuse. Aux deux côtés de la salle, il y avoit deux niches fermées de jalousies. Dans l'une étoient les petits princes et quelques gens du palais, et dans l'autre, qui étoit vis-à-vis, étoit M. le maréchal. Le long de ces deux côtés étoient seulement deux grands bancs couverts de tapis de Perse. Les dames, environ au nombre de dix ou douze, sont venues s'asseoir sur ces tapis d'un côté et d'autre, le dos appuyé contre le banc. Derrière elles du côté des petits princes, et fort loin au bas devers le lieu où étoient les comédiens, et quasi derrière eux, étoient quelques seigneurs debout, et il n'y avoit qu'un grand de l'autre côté où étoit M. le maréchal; nous autres Français étions aussi debout derrière le banc où étoient appuyées les dames. Le Roi, la Reine et l'Infante sont entrés après une de ces dames, qui portoit un flambeau. En entrant il ôta son chapeau à toutes ces dames, et puis il s'est assis contre un paravent, la Reine à sa main gauche, et l'Infante aussi à la gauche de la Reine. Pendant toute la comédie, hormis une parole qu'il a dite à la Reine, il n'a pas branlé, ni des pieds, ni des mains, ni de la tête; tournant seulement les yeux quelquefois d'un côté et d'autre, et n'ayant personne auprès de lui qu'un nain. Au sortir de la comédie, toutes ces dames se sont levées, et puis après sont parties une à une de chaque côté; et se joignant au milieu comme des chanoines qui quittent leurs chaises quand ils ont fait l'office, elles se sont prises par la main, et ont fait leurs révérences qui durent un demi-quart d'heure, et les unes après les autres sont sorties, pendant que le Roi a été toujours découvert. A la fin il s'est levé, et a fait lui-même une révérence raisonnable à la Reine; la Reine en a fait une à l'Infante; et se prenant aussi, ce me semble, par la main, elles s'en sont allées. Voilà ce que j'ai pu ajouter à ma relation. Le roi d'Espagne vient d'envoyer ce soir à M. le maréchal un cordon de diamans qui est fort beau, que nous estimons vingt mille écus et plus. »

Je reçus encore à Niort une seconde lettre de mon frère, qui m'apprenoit la mort du second prince d'Espagne : ce qui fit craindre au maréchal de Gramont que son voyage n'eût une fin différente de son commencement; mais l'état où étoit ce Roi l'obligea de confirmer sa parole, et d'acheter la paix par l'Infante.

Pendant le séjour que le Roi fit en Provence lorsqu'il étoit à Marseille, le duc d'Orléans, étant à Blois, y mourut (1) en fort peu de jours. Ce prince méritoit d'être regretté, tant pour ses bonnes qualités que pour être fils du roi Henri-le-Grand, dont la mémoire doit être toujours chère aux Français. On peut croire que sa mort fut précieuse devant Dieu; car elle fut précédée par une vie pieuse et chrétienne, accompagnée d'une véritable contrition de ses péchés. Il accompagna ces vertus, à l'exemple du feu Roi son frère, d'une grande fermeté d'ame, et il envisagea la mort sans frayeur ni sans faiblesse. Le repos dont il jouissoit depuis sa retraite n'avoit pas contribué à sa santé; au contraire, il étoit vieilli et changé. Il avoit autrefois été le chef de toutes les factions de cabales qui de son temps avoient été faites sous son nom contre le cardinal de Richelieu. Ce ministre avoit pensé périr souvent par ses entreprises; mais le bon naturel de ce prince l'avoit toujours empêché d'en venir à la

(1) Le 2 février 1660.

conclusion, parce qu'il étoit bon et qu'il ne voulut jamais consentir à répandre le sang de son ennemi, ni faire aucune action de violence. Sa cour autrefois étoit remplie de plusieurs seigneurs du royaume, qui tous vouloient avoir l'honneur d'être à lui, parce qu'il étoit présomptif héritier de la couronne, et que l'abaissement où étoit réduit le feu Roi son frère le relevoit infiniment; mais toute cette gloire étoit passée. Celle qu'il avoit eue pendant la régence, dont j'ai fait de grandes et amples descriptions, l'étoit aussi : il ne lui en restoit que le fâcheux souvenir de la vanité de ses pensées et de l'inutilité de ses actions. Depuis le mauvais succès de ses malheureuses entreprises, il étoit demeuré dans un certain état de disgrâce qui fait compter les hommes au rang des morts avant qu'ils le soient en effet; mais il est à présumer qu'il vit de la vie des justes, et que sa pénitence et les aumônes qu'il faisoit dans sa solitude de Blois lui donnent dans l'éternité une place qui vaut beaucoup plus que toute la grandeur mondaine dont il s'étoit vu environné.

Le Roi et la Reine mêlèrent au regret qu'ils eurent de sa mort le souvenir des choses passées, et il fut cause que leur deuil ne fut pas excessif. Mademoiselle en fut fâchée, car la perte d'un tel père doit toujours être sensible ; mais les procès qu'elle avoit eus contre lui, et le peu d'application qu'il avoit eue à la bien marier, diminuèrent un peu sa douleur; et la constance qu'elle eut à souffrir ce malheur étoit moins un effet de sa vertu que de son indifférence. Madame vit sa perte, et il est à croire qu'elle la sentit beaucoup; mais cette princesse étoit si destinée à n'être comptée pour rien, que ses larmes ne le furent point. Mesdemoiselles d'Orléans, d'Alençon et de Valois, ses autres filles, étoient si lasses d'être à Blois, et leur jeunesse leur faisoit si passionnément désirer d'aller à Paris, qu'elles se consolèrent aisément sans doute de voir finir leur exil, quoique apparemment la mort de ce prince fût le plus grand malheur qui leur pût arriver. Il le crut ainsi lui-même; car dans ces derniers momens, jetant les yeux sur sa famille, il cita en latin, à un père de l'Oratoire qui l'assista à la mort, un passage de l'Écriture qui en représentoit la désolation.

Environ ce même temps, le prince de Condé revint en France. Il alla trouver le Roi dans cette même province, où il attendoit qu'il fût temps d'aller recevoir l'Infante des mains du roi d'Espagne son père, qui la lui devoit amener. Je n'étois pas alors à la cour : c'est pourquoi je ne puis rien dire de particulier de cette entrevue. Les deux ministres, qui étoient sur la frontière, avoient été long-temps occupés à l'accommodement de ce prince. Celui du Roi vouloit le traiter comme un ennemi qui avoit fait la guerre au Roi, et ne désiroit point que la protection des étrangers lui donnât les avantages qu'il demandoit. Eux, au contraire, le voulurent soutenir jusqu'au bout : don Louis de Haro ne se voulut jamais rendre sur cet article, et enfin la protection du Roi d'Espagne lui fut si favorable, qu'avec elle il fit son accommodement de la manière qu'il le pouvoit souhaiter. Il revint donc glorieusement se jeter aux pieds du Roi, qui, à ce qu'on m'a dit depuis, le reçut avec beaucoup de douceur et de gravité. M. le prince le trouva si grand en toutes choses que, dès le premier moment qu'il put l'approcher, il comprit, à ce qu'il parut, qu'il étoit temps de s'humilier. L'éclat de la jeunesse du Roi, et ce génie de souverain et de maître que Dieu lui avoit donné, qui commençoit à se faire voir par tout ce qui paroissoit extérieurement de lui, persuada au prince de Condé que tout ce qui restoit du règne passé alloit être anéanti ; et, devenant sage et modéré par ses propres expériences, il fit voir, par ses sentimens et sa conduite, qu'il avoit pris un autre esprit et de nouvelles résolutions.

Après avoir passé l'hiver à Niort, qui fut incommode par l'excès du froid que nous y souffrîmes, nous partîmes, madame de Navailles et moi avec elle, de cette petite ville aussitôt après Pâques [le 30 mars]. Nous allâmes à Benac, maison du duc de Navailles, qui est située dans l'entrée des Pyrénées. Nous attendîmes en ce lieu le retour de la cour, qui de Provence devoit prendre cette même route pour aller, selon le dessein des deux Rois, sur la frontière conclure la paix.

Benac est situé sur une élévation à l'entrée des petites montagnes qui, plus avant, se forment en de très-grandes. Il n'est pas loin de la plaine de Bigorre, et il est à la vue des Pyrénées, dont on voit les cimes couvertes de neige par les fenêtres du château. Il n'est pas tout-à-fait privé des avantages du pays plat; car le Bénageois contigu à la Bigorre est une assez agréable vallée. De ce lieu on entre dans le profond des montagnes, soit qu'on suive la piste des vallées qui se forment dans ces affreuses montagnes, soit qu'on aille par le grand chemin de Lourdes, qui est une place forte à une lieue de Benac. Elle semble être placée du côté de la France, pour en défendre l'entrée et la sortie aux Espagnols, s'ils avoient l'audace d'y vouloir entrer de leur côté. Le duc de Navailles a beaucoup de bien en cette province : il est seigneur du Lavedan, qui contient sept vallées qui se forment dans le fond, et sont remplies de plusieurs châteaux et de bourgs. Il me fut facile, en allant visiter leurs terres, de contenter la curiosité que j'avois eue de voir ces pays que la nature a formés en ce lieu différens des autres. Je m'étois toujours imaginé que les Pyrénées étoient des montagnes désertes et incultes, où nulle beauté ne se pouvoit rencontrer que celle qu'une affreuse solitude, jointe à leur prodigieuse hauteur, pouvoit leur donner; mais je fus étonnée de voir l'agréable et l'horrible y faire un mélange admirable de toutes les différentes beautés de la nature. Il se forme d'espace en espace, dans ces hautes et monstrueuses montagnes, de très-belles vallées. Si elles n'ont pas une assez vaste étendue pour donner aux yeux le plaisir d'une vue lointaine, elles ont du moins cet avantage que la vue en est bornée par mille objets différens qui sont agréables à voir. Outre la beauté des prés, on y voit des blés, des vignes, des lins, et de toutes les choses nécessaires à la vie. D'un côté on voit une montagne dont la hauteur est voisine du ciel, couverte de neige par en haut, ayant des nuées qui se forment à la moitié de la montagne; et de l'autre on en voit de moins hautes, qui sont labourées et plantées de la même manière que le sont les collines d'autour de Paris; d'autres qui, portant sur leur front la même hauteur, sont jusqu'à la moitié aussi remplies de verdure et de pâturage, de bêtes et de bons blés, que les autres qui sont plus basses. Il y en a aussi parmi celles-là d'incultes, et qui pour tout ornement n'ont que des rochers affreux, qui donnent, par une certaine horreur qu'ils inspirent dans l'esprit, une admiration bien forte de la puissance de celui qui est le créateur de toutes choses. De ces montagnes, et particulièrement des plus désertes, sortent plusieurs torrens qui, tombant du haut de ces rochers, coulent le long de ces pierres noires dont les rochers sont formés, et font des cascades admirables : le bruit en est agréable et tout ensemble étonnant. Il y a dans toutes ces vallées de beaux villages et de grands bourgs fort peuplés. Les églises y sont bien servies : il y a plusieurs prêtres. Le peuple y est néanmoins méchant, car la rusticité du climat les rend cruels : mais ils ne laissent pas d'être dévots à leur mode, et sur tous les chemins l'on rencontre plusieurs chapelles et des images de Notre-Dame. Leur langage est un espagnol corrompu, qu'il est difficile de pouvoir entendre. Les paysans sont tous grands, de bonne mine, et bien habillés. Ils alloient autrefois armés de pistolets et de poignards; mais alors M. de Tarbe, leur évêque, leur avoit défendu d'en porter, à cause que souvent ils se tuoient les uns les autres, et se donnoient entre eux de petites batailles.

Dans ce voyage que nous fîmes pour visiter les beautés de ce pays, nous allâmes dîner à Joncala, beau bourg qui dépend de la vicomté du Lavedan : nous y mangeâmes de bonne viande, mais particulièrement du beurre le plus excellent du monde. Leurs maisons sont belles. Ils ont de la pierre qui paroit tenir de la nature du marbre; ils disent que c'en est, mais qu'il est brut. Quoi qu'il en soit, elle est belle, et fait leurs maisons fort propres, qui sont en dedans accommodées de bois et couvertes d'ardoises; car ces montagnes désertes sont pleines de mines d'ardoise, et on la tire de ces rochers noirs qui les rendent si affreuses. De Joncala nous allâmes coucher à Bossein, qui est un vieux château appartenant au duc de Navailles, bâti sur le sommet d'une demi-montagne. Je pense que c'étoit autrefois l'habitation secrète d'Urgande la déconnue. C'est un roc qui est des plus inaccessibles; il forme en haut une terrasse carrée et grande, qui sert de cour à ce château, dont on découvre une plaine des plus belles et des plus fertiles de cette contrée : elle a plus d'une demi-lieue de large et plus d'une lieue de long. Le Gave passe au milieu de la plaine, qui, sortant du profond des montagnes, court avec une grande rapidité au milieu de cette belle vallée. Elle est environnée des plus hautes montagnes qui sont en cet endroit. Il y en a une qui, pour être fort droite et fort haute depuis le bas jusqu'en haut, est un peu séparée des autres : elle s'appelle le Pic de Midi. Celle-là n'est pas plus loin des fenêtres du château que le Pont-Neuf l'est du Louvre. De cette même vue on découvre six grands bourgs qui sont au bas, ou sur les premières hauteurs de ces montagnes. Dans l'un de ces bourgs il y a une abbaye d'importance et d'un grand revenu, bien bâtie, dont les religieux sont d'une vie exemplaire; elle s'appelle Saint-Seurin. Le Gave qui arrose les prés de cette plaine les rend beaux : il y a partout des vergers bien plantés, dont les fruits, à ce qu'on nous dit, sont excellens. L'entrée de cette vallée se pourroit fermer par une chaîne de fer, comme l'étoit autrefois la célèbre Vega de Grenade; car on y entre par des endroits de la montagne qui sont assez étroits. D'entre ces montagnes il y a aussi trois entrées ou trois chemins qui vont en Espagne, et qui se pourroient aisément fermer : il n'y a pas plus de quatre lieues de pays pour aller de là dans l'Arragon.

Après avoir satisfait notre curiosité sur la beauté des Pyrénées, nous partîmes de Benac le 2 de mai pour aller à Bayonne, où la cour étoit déjà arrivée. Nous passâmes par Pau, que j'avois assez envie de voir; et le respect que j'ai pour la mémoire de Henri-le-Grand me fit visiter le château avec soin, et particulièrement la chambre où il est né.

Nous arrivâmes à Bayonne le 5 mai. La Reine eut la bonté de nous y voir avec quelque joie. Ce ne fut pas sans faire de grandes admirations de ce que j'étois enfin arrivée dans un pays si éloigné du mien, et sur le triomphe que j'avois remporté sur ma paresse. La cour n'y tarda guère : elle en partit aussitôt après pour aller à Saint-Jean-de-Luz. Nous y arrivâmes le 8 mai.

On ne parloit alors que de la beauté du lieu destiné pour l'entrevue des deux Rois, appelé le lieu de la conférence. Dès l'année précédente, le cardinal et don Louis de Haro y avoient conféré sur la paix, et les articles y avoient été disputés et arrêtés par eux. Dès ce temps-là on avoit fait dans cette petite île un bâtiment fort beau et deux galeries égales, dont l'une avoit l'issue vers la France et l'autre vers l'Espagne; elles aboutissoient chacune de leur côté à un grand cabinet qui avoit servi aux deux ministres. Mais alors ce lieu étoit destiné pour recevoir les deux plus grands rois de l'Europe. On l'avoit augmenté et embelli, et il attiroit la curiosité des deux nations. Monsieur et Mademoiselle y furent pour le voir [17 mai]. J'eus l'honneur de les y suivre, et véritablement ce bâtiment étoit la plus agréable chose du monde.

Le roi d'Espagne étoit alors arrivé à Saint-Sébastien. Tous les Français alloient le voir dîner ; ils disoient tous que la cour de ce Roi étoit solitaire, mais que l'Infante étoit belle. Le Roi questionnoit curieusement ceux qui en venoient, et les demandes de la Reine ne tarissoient point sur ce sujet.

Ceux qui de ce lieu venoient à Saint-Jean-de-Luz voir la cour étoient bien reçus, et de même les Français étoient bien traités chez eux; mais comme leur nombre étoit plus grand et leur impétuosité plus excessive, il y eut des jours que le roi d'Espagne, dont les grands n'osoient s'approcher pendant qu'il dînoit, se vit presque étouffé par eux, et sa table prête à être renversée. Cependant le mariage du Roi s'avançoit, et malgré les faux prophètes qui l'avoient menacé, et qui avoient prédit qu'il ne se feroit pas, il paroissoit se devoir accomplir dans peu de jours. Le Roi envoyoit souvent savoir des nouvelles de l'Infante. Elle répondoit toujours peu de paroles aux complimens du Roi, et mandoit à la Reine sa tante des choses fort tendres.

Les Rois cependant s'occupoient à régler les confins de leurs royaumes; sur quoi il y eut quelque différend, à cause de certains lieux qui jusque là ne l'avoient pas été.

L'évêque de Fréjus m'a conté qu'allant trouver le roi d'Espagne à Saint-Sébastien, pour être, de la part du Roi, le témoin du mariage, il porta une lettre du Roi à l'Infante, écrite comme si elle eût été déjà accordée. Il ne trouva pas les choses en cet état, et le roi d'Espagne différa de le faire jusqu'à ce que certains différends fussent terminés, qui n'avoient pas été assez décidés dans le traité de paix. Cela fut cause que l'évêque de Fréjus n'osa présenter sa lettre à celle à qui elle étoit écrite. Il dit au roi d'Espagne qu'il l'avoit, et qu'il souhaitoit passionnément de la donner à l'Infante. Ce prince lui répondit qu'il la gardât, et qu'il n'étoit pas encore temps; mais l'évêque voulant au moins la faire voir à l'Infante afin de lui faire apercevoir l'impatience du Roi, il la porta cachée dans sa main le jour qu'il eut audience d'elle; et lui faisant des complimens de la part du Roi et de la Reine sa tante, il lui dit : *Pero, señora, tengo de decirle un secreto* (Mais, madame, j'ai à vous dire un secret). A ce mot de *secreto*, elle jeta les yeux finement autour d'elle, pour voir si sa *camarera mayor* et ses *duenas* (1) l'écoutoient, et laissa parler l'évêque de Fréjus. Il continua son discours, et lui dit, en lui laissant voir la lettre : *Qu'el Rey su señor, imaginando ser mas dichoso de lo que era, le avia escrito esta carta ; pero qu'el Rey su padre le avia mandado de no presentarsela* (Que le Roi son maître, croyant être plus heureux qu'il n'étoit, lui avoit écrit cette lettre; mais que le Roi son père lui avoit commandé de ne la lui pas présenter) Elle lui répondit à demi bas : *Yo no puedo recivirla sin licentia del Rey mi padre ; pero à me dicho que presto se acabara todo* (Je ne puis la recevoir sans la permission du Roi mon père ; mais il m'a dit que toutes choses s'acheveront promptement). Quand on la pressoit de répondre quelque chose pour le Roi, elle disoit : *Lo que digo por la Reina mi tia, se puede entender por el Rey* (Ce que je dis pour la Reine ma tante se peut entendre pour le Roi). Le comte de Saint-Aignan, deux jours avant qu'elle partit pour se venir marier à Fontarabie, l'ayant été visiter de la part du Roi et de la Reine, elle lui dit de son mouvement, après avoir fait son compliment à la Reine sa tante : *Y al Rey tambien* (Et au Roi aussi).

Ce même évêque de Fréjus avoit été déjà envoyé d'Avignon vers le roi d'Espagne, et avoit porté à l'Infante la lettre par laquelle la Reine eut la joie de donner la première fois le nom de fille à l'Infante sa nièce. J'ai trouvé depuis cette même lettre dans les papiers de la jeune Reine; et m'étant tombée dans les mains, j'ai voulu

(1) Sa dame d'honneur et ses femmes.

l'écrire et la mettre ici, me semblant qu'elle doit être précieuse à ceux qui révéreront la mémoire de cette grande princesse qui l'a écrite, et qui prendront quelque part à la joie qu'elle eut alors. Je l'ai copiée sur l'original. Elle étoit telle :

« Señora, Hija y Sobrina mia,

« Bien creera facilmente Vuestra Magestad con quanto gusto y satisfaction la escribo, llamandola con el nombre que he deseado darle toda mi vida, lo que Dios por su infinita bondad me a concedido : y a me no queda mas que desear sino de ver llegar el dichoso dia que yo tan he deseado, y deseo, y de poder desir à Vuestra Magestad de otra manera que por escrito el amor mui tierno con que la quiero y quere, toda mi vida. No dire mas por esta carta : remitome a lo que el obispo de Frejus dira à Vuestra Magestad de mi parte, y de la de otra persona que no quiero nombrar. Suplico à Nuestro Señor que me la guarde, hija mia, como deseo, que no sera poco.

« Buena madre y tia de Vuestra Magestad,

« Anna.

« En Avignon, a 24 de marso 1660. »

En voici la traduction :

Madame, ma Fille et ma Nièce,

« Votre Majesté croira facilement quelle est la satisfaction et la joie avec laquelle je lui écris, en lui donnant ce nom que j'ai désiré de lui donner toute ma vie. Dieu, par sa bonté infinie, m'a accordé cette grâce : il ne me reste plus rien à souhaiter, si ce n'est de voir arriver cet heureux jour que j'ai tant souhaité et que je souhaite, où je pourrai dire à Votre Majesté, d'une autre manière que par écrit, combien j'ai d'amour et de tendresse pour elle. Je ne lui en dirai pas davantage : je me remets à ce que l'évêque de Fréjus dira à Votre Majesté de ma part, et de celle d'une autre personne que je ne veux pas nommer. Je prie Notre Seigneur, ma chère nièce (1), qu'il vous garde pour moi comme je le désire : ce ne sera pas peu.

Anne,

« Bonne mère et tante de Votre Majesté. »

« A Avignon, le 24 mars. 1660. »

On reçut alors [le 19 mai] à Saint Jean-de-Luz une nouvelle agréable au Roi et à la Reine, qui fut le rétablissement du roi d'Angleterre dans son royaume. Monck l'avoit bien servi, et avoit fait revenir à lui le parlement et l'armée. Il y avoit longtemps que ces peuples, détestant la tyrannie, soupiroient après la légitime domination de leur Roi : si bien que le parlement députa vers ce prince, qui étoit alors en Flandre, pour lui mander de passer en son pays, et lui dire qu'ils vouloient à l'avenir, par leur repentir et leur fidélité, réparer leur révolte criminelle.

Ce même jour le Roi alla visiter le lieu de la conférence qui continuoit toujours, entre le cardinal et don Louis de Haro, pour achever de régler les confins des deux royaumes. Il voulut aller voir lui-même où il faudroit placer ses troupes le jour de l'entrevue de la Reine et de l'Infante quand elle seroit reine, et où il prétendoit aussi la voir. Plusieurs grands d'Espagne, et particulièrement le marquis de Liche, fils de don Louis de Haro, se trouvèrent en ce lieu, qui admirèrent le Roi, et qui témoignèrent leur satisfaction par les excessives louanges qu'ils lui donnèrent.

Il y eut de grands retardemens du côté des Espagnols, sur certains villages qu'ils demandoient sur la France. Ces chicaneries donnèrent du dégoût aux deux Rois, et les deux cours se chagrinoient : on murmuroit déjà de part et d'autre, et on se disoit à l'oreille, à Saint-Jean-de-Luz, que le mariage pourroit se rompre. Mais il paroissoit néanmoins, par ce qui étoit arrivé à Lyon, que Dieu l'avoit ordonné ; et il étoit en effet arrêté par les ordres divins que nous aurions pour reine cette grande princesse. Enfin les négociations des ministres eurent une fin honorable pour le Roi ; car le cardinal Mazarin ayant tenu bon, le roi d'Espagne lui manda qu'il le prenoit pour son arbitre, et qu'il le prioit d'ordonner de cette dispute selon qu'il le jugeroit juste. Le Tellier vint apporter cette nouvelle au Roi et à la Reine le jour de la fête du Saint-Sacrement, que Leurs Majestés étoient à la grand'messe à la paroisse de Saint-Jean-de-Luz. Elle donna de la joie à toute la cour, car chacun souhaitoit de retourner à Paris ; et comme ce qui étoit en dispute n'étoit pas de grande conséquence, on estima le ministre d'avoir trouvé le moyen de relâcher avec honneur quelque petite portion de ce que le Roi d'Espagne prétendoit. Il se fit sur ce sujet une conférence entre les ministres et quelques voyages de négociateurs subalternes, et toutes choses s'accommodèrent. Les partages étant faits assez à l'avantage du Roi, une autre entrevue des deux premiers ministres régla tout le reste ; le jour fut pris pour les noces, et les entrevues du roi d'Espagne, de la Reine et de l'Infante, avec celle des deux Rois, furent toutes arrêtées.

(1) Fille, d'après le texte.

Le mercredi 2 juin, le roi d'Espagne quitta Saint-Sébastien, et vint à Fontarabie pour pouvoir faire le mariage, qui devoit se célébrer le lendemain 3 juin. Don Louis de Haro, ministre d'Espagne, devoit épouser l'Infante au nom du Roi, et l'évêque de Fréjus fut nommé pour en être témoin de la part du Roi. Je voulus aller voir cette cérémonie et la cour d'Espagne. Je ne fus pas seule qui eus cette curiosité : beaucoup d'autres personnes, tant hommes que femmes, y furent aussi. Mademoiselle y voulut aller *incognito*, ou ce qu'on appelle en espagnol *deenboço* (cachée). Elle m'avoit fait l'honneur de me vouloir mener avec elle; mais, pour m'être engagée avec d'autres personnes, je n'y pus aller, et je la rejoignis à Fontarabie. Comme nous arrivâmes sur le bord d'Andaye, nous trouvâmes des barques que le roi d'Espagne, qui savoit que les dames y devoient aller, y avoit envoyées. Ces barques étoient par dehors couvertes d'étoffes éclatantes, et par dedans tapissées de damas cramoisi, avec des molets d'or et d'argent, et des rideaux de même étoffe. Il y avoit dans ces barques des bancs et des sièges richement accomodés. Des carrosses du roi d'Espagne nous attendoient sur l'autre bord de la rivière, au pied des murailles de Fontarabie, où nous étant mises, nous fûmes conduites chez Pimentel, qui étoit de la connoissance des personnes avec qui j'étois (1). On nous apporta aussitôt du chocolat et des biscuits, le grand régal d'Espagne. Cette maison étoit dans la place, et pendant ce petit repas je m'occupai à regarder tout ce qui se put présenter à mes yeux : je suis curieuse, et j'aime à remarquer ce que je ne connois point encore. Je vis premièrement une grande quantité de livrées du Roi; et celles des grands étoient aussi assez raisonnables, mais sans or : ce qui ne les embellissoit pas. Nous vîmes passer quelques grands qui, outre leurs estafflers de leurs livrées, avoient aussi des pages du Roi qui les suivoient. On nous dit que plusieurs en avoient, que le Roi leur entretenoit, les uns plus, les autres moins, selon leurs grades ou dignités. De là nous fûmes conduits à l'église, où nous trouvâmes des gardes rangés en haie, sans occupation : car il n'y avoit pas assez de courtisans à cette cour pour former la presse, et ceux qui y devoient être étoient en petit nombre; mais il faut remarquer aussi qu'ils sont défrayés par le Roi, et qu'aucun ne suit sa personne dans les voyages que par ses ordres. Cette coutume prive sa cour d'éclat et de bruit, mais en soi elle a de la grandeur. Jamais en France je n'ai été à la moindre cérémonie avec tant de facilité. A dire le vrai, je fus étonnée de voir en ce lieu, et dans une si célèbre journée, une si grande solitude. Nous nous mîmes dans le chœur, à côté des degrés du grand autel, d'où nous voyions la courtine du Roi, c'est-à-dire le lieu où il se met pour entendre la messe, qui est comme un lit où il y a des rideaux tout autour; celui de devant ses yeux est tiré, afin qu'il puisse entendre la messe, et d'ordinaire on ne le voit point. Cette courtine étoit à main droite dans le chœur, qui étoit couvert par terre de grands tapis de Turquie. A côté de la courtine il y avoit un grand banc couvert aussi de tapis, qui étoit placé depuis le coin de la courtine jusque plus bas, et de là formoit un carré pour les grands d'Espagne. Mademoiselle arriva un peu après nous, qui se mit parmi les autres; mais comme on savoit qu'elle y devoit venir, quelques-uns, et même des prêtres qui étoient là attendant à faire l'office, me demandèrent où elle étoit. Ces prêtres s'occupèrent à m'entretenir. Je leur parlai espagnol : ils y répondirent, et même j'ose dire qu'ils me parlèrent en des termes un peu trop galans pour des prêtres; mais l'air corrompu du pays le veut ainsi. Au bout d'une demi-heure ou trois quarts-d'heure, le roi d'Espagne arriva avec l'Infante, qu'il menoit à sa main gauche. Ils n'étoient pas suivis d'un grand nombre de personnes ni avec appareil; car le roi d'Espagne a peu de gardes, et le bruit des tambours et des trompettes ne l'accompagne pas comme le nôtre. Ils se placèrent tous deux dans cette courtine, et l'Infante se mit à la gauche du Roi son père. Dès le premier moment que je vis cette princesse, elle me parut belle, et le roi d'Espagne me parut avoir la physionomie d'un homme plein de bonté. Le rideau de cette courtine, du côté où nous étions, demeura ouvert, et on crut que ce fut pour favoriser Mademoiselle, que ce Roi regarda souvent. Les grands se mirent sur ce banc, qui étoit préparé pour eux. Don Louis le premier touchoit le rideau de la courtine, puis le duc de Medina de las Torres, le marquis de Mondejar, le marquis de Liche, et les autres. La messe se commença aussitôt, qui fut dite basse, sans nulle cérémonie, par l'évêque de Pampelune. Nous remarquâmes même que les ornemens en étoient vilains. Sans compter un grand nombre de Français qui remplissoient toute l'église, nos grands seigneurs qui avoient passé dans le haut du chœur occupoient des degrés qui montoient au grand autel, à côté duquel étoient assis l'évêque de Fréjus et celui de Comminges, de la maison de Choiseul. Nous autres dames étions à l'autre côté de la courtine, vis-à-vis du Roi et de l'Infante, à genoux sur les tapis qui étoient à terre. La messe étant dite,

---

(1) J'étois avec mesdames Colbert et de Lyonne.

l'évêque de Pampelune, revêtu de ses habits pontificaux, s'approcha du lieu où étoit le Roi et l'Infante. Don Louis et l'évêque de Fréjus s'en approchèrent aussi ; et l'Infante s'étant un peu avancée, alors on lut la procuration du Roi notre maître, et ensuite l'évêque les maria. Quand il fallut qu'elle dit ce *oui* si considérable pour tous, et si notable pour des personnes de cette naissance, elle fit une grande révérence au Roi son père, puis le prononça modestement. La seconde fois elle le dit un peu plus haut ; et la cérémonie étant tout-à-fait achevée, elle se mit à genoux devant le Roi son père, qui, en l'embrassant tendrement, la releva ayant les larmes aux yeux : et cela nous les y fit venir aussi.

L'Infante Reine étoit petite, mais bien faite ; elle nous fit admirer en elle la plus éclatante blancheur que l'on puisse avoir, et toute sa personne de même. Ses yeux bleus nous parurent beaux : ils nous charmèrent par leur douceur et leur brillant. Nous célébrâmes la beauté de sa bouche et de ses lèvres, un peu grosses et vermeilles. Le tour de son visage étoit long ; mais étant rond par en bas, il nous plut ; et ses joues un peu grosses, mais belles, eurent leur part de nos louanges. Ses cheveux étoient d'un blond argenté qui convenoit entièrement aux belles couleurs de son visage. A dire le vrai, avec une taille plus grande et de plus belles dents, elle méritoit d'être mise au rang des plus belles personnes de l'Europe, et je trouvai qu'elle ressembloit beaucoup au portrait que mon frère nous en avoit déjà fait. Sa gorge nous parut bien faite et assez grasse, mais son habit étoit horrible. La coutume ni la mode ne nous fascinoit point les yeux ; et pour moi, soit en France, soit ailleurs, il me semble que je discerne aisément ce qui est mal ou bien. Comme je trouvois alors les habits des Français ridicules avec les larges canons qu'ils portoient aux jambes, et que je trouvois à redire à leurs petits pourpoints qui ne leur couvroient ni le corps ni l'estomac ; de même l'habit et la coiffure des femmes d'Espagne me fit de la peine à voir. Leur corps n'étoit point vêtu de rien qui fût ferme, et leur gorgette étoit ouverte par derrière. Hormis l'Infante, je ne vis de toutes celles qui la suivirent aucune femme qui ne fût noire et maigre. Leurs épaules, par conséquent, me firent mal au cœur à les voir ainsi découvertes. Leurs petites manches étoient tailladées et de mauvais air. Elles avoient peu de linge, et leurs dentelles nous parurent laides ; leurs manches pendantes étoient sans grâce, et leur guard-Infante étoit une machine à demi ronde et monstrueuse, car il sembloit que c'étoient plusieurs cercles de tonneau cousus en dedans de leurs jupes, hormis que les cercles sont ronds, et que leur guard-Infante étoit aplati un peu par devant et par derrière, et s'élargissoit par les côtés. Quand elles marchoient, cette machine se haussoit et se baissoit, et faisoit enfin une fort laide figure.

Leur plus belle coiffure étoit large, avec de faux cheveux ; et leur front, trop découvert et sans frisure, n'avoit point d'agrément. Quelques autres avoient leurs cheveux noués par derrière, et leurs tresses attachées par-ci par-là avec des rubans, qui sont laids en Espagne. Encore cette manière de se coiffer, comme elle étoit plus simple et plus naturelle, étoit aussi plus agréable. L'Infante Reine étoit coiffée en large le jour de son mariage. Son habit étoit blanc, et d'une assez laide étoffe en broderie de talc : car l'argent étoit défendu en Espagne. Elle avoit des pierreries enchâssées dans beaucoup d'or. Ses beaux cheveux étoient cachés sous une manière de bonnet blanc autour de sa tête, qui étoit plus propre à la défigurer qu'à lui donner de l'ornement ; mais malgré son habit nous aperçûmes sa beauté : c'étoit une marque infaillible de sa grandeur.

De là nous allâmes la voir dîner, avec un désir fort empressé de la voir de près. Quand elle sortit de sa chambre pour venir dans celle où son couvert étoit mis, on nous convia de nous approcher d'elle et de lui aller baiser la main. La duchesse d'Uzès, qui étoit de notre troupe, y fut la première ; puis madame de Lyonne, puis moi, selon que le hasard m'avoit fait rencontrer auprès d'elle ; les autres ensuite y furent de même. Elle se mit ensuite à table, et fut servie par ses dames et par ses menins. Comme en la saluant je lui avois parlé espagnol, elle s'arrêta à moi, et me fit l'honneur de me répondre à toutes les questions que je lui fis. Ses propres cheveux ne se voyoient point : elle en avoit de faux qu'ils appellent *monos*, c'est-à-dire *faux cheveux*. Je lui demandai à voir les siens ; elle me les montra, et j'eus sujet d'être satisfaite de leur beauté. Quand elle fut à table, elle me commanda de m'approcher et de l'entretenir. Je passai derrière sa chaise ; et comme toutes ses dames, par respect, n'approchoient point d'elle, je lui dis que puisqu'elle étoit notre Reine, elle devoit s'accoutumer à souffrir nos importunités. Mademoiselle, dans ce temps-là, étoit allée voir dîner le Roi d'Espagne ; elle revint alors : et s'étant appuyée sur moi, je fus leur truchement. Notre nouvelle Reine sachant que c'étoit elle, qui ne vouloit pas être connue, lui fit quelques souris, et répondit toujours agréablement à tout ce qui se disoit de notre côté. Cette princesse étant sortie de table, elle s'approcha de Mademoiselle, et lui dit, en faisant mine de l'embrasser : *Un abrazito le quiero dar a escondida* (Je vous veux embrasser en secret). Elle la fit entrer dans sa chambre, où il y avoit deux carreaux ; elle lui en fit donner un, et la traita de *vos*, comme étant reine, faisant néanmoins toujours semblant qu'elle ne la connoissoit pas. Elle suivit en cela l'ordre du Roi son père, qui lui manda d'en user ainsi ; car étant rentré dans sa chambre entre ce moment et celui auquel elle fit entrer cette princesse, elle avoit envoyé savoir de lui comment elle le traiteroit. Si Mademoiselle eût pu alors se souvenir des désirs ardens qu'elle avoit eus pour la couronne de France, elle auroit dû sentir quelque amertume ; mais son esprit n'étant pas habitué aux réflexions, et le temps, qui efface toutes choses, ayant eu le pouvoir de changer ses sentimens, elle revint contente de Fontarabie. Pour nous, nous crûmes, ayant vu l'Infante Reine, que nous devions rendre grâces à Dieu de nous l'avoir donnée. Elle ressembloit à la Reine sa tante, mais ses couleurs étoient différentes. La cour d'Espagne paroît déserte, au prix de cette nombreuse quantité de gens de qualité qui offusquent celle du Roi et qui la remplissent. Ce que j'en vis néanmoins, qui fut peu, me parut avoir de la magnificence. Les grands n'avoient pas des habits si brodés que les Français ; mais sur leurs étoffes simples et unies ils avoient tant de belles pierreries qui les distinguoient du commun, et les faisoient paroître de bonne mine. Leurs habits avoient de la grâce, hormis que leurs chausses étoient trop étroites, comme celles des Français étoient alors difformes par leur largeur.

Après que nous eûmes vu marier la nouvelle Reine, et après que nous lui eûmes fait notre cour, Pimentel nous donna un bon dîné. D'autres furent traités par don Louis ; et après que nos troupes françaises eurent été fort bien nourries, nous nous en revînmes tous à Saint-Jean-de-Luz dire à la Reine que nous avions trouvé la Reine sa nièce digne de ses désirs. Nous lui en fîmes le portrait, et notre narration augmenta l'impatience qu'elle avoit de la voir.

Le lendemain la Reine devoit aller satisfaire son désir, suivie seulement de sa dame d'honneur, selon qu'il avoit été résolu entre le Roi et elle, et le Roi son frère et la Reine sa nièce, afin de pouvoir jouir plus en repos du plaisir de se revoir encore une fois en leur vie. Monsieur seulement devoit aller avec elle, dont le rang ne les pouvoit embarrasser, et dont la personne leur étoit chère. Le Roi devoit se montrer à cheval à l'Infante Reine, par les fenêtres de la salle où elle seroit avec la Reine ; mais son impatience changea ce premier dessein.

Le 4 juin, la Reine alla donc voir le Roi son frère et la Reine sa nièce pour la première fois ; elle ne fut accompagnée que de mesdames les comtesses de Flex et de Noailles (1) : encore cette dernière eut de la peine pour en être. Les deux Rois ne se devoient voir qu'une fois en cérémonie, qui devoit être le jour qu'ils jureroient solennellement la paix ; mais, ainsi que je viens de le dire, ce projet ne fut point suivi, parce que, selon la raison, le Roi voulut voir l'Infante Reine de plus près ; et voici comment la chose se fit.

La Reine arriva à la conférence avant le roi d'Espagne son frère, à cause qu'il avoit été retenu à Fontarabie par la visite du duc de Créqui, qui fut de la part du Roi porter à notre jeune Reine, non les pierreries de la couronne, mais celles que le Roi lui donnoit pour son présent de noces, qui fut fort beau. Le Roi d'Espagne étant arrivé, la Reine et lui s'embrassèrent, le Roi son frère plus gravement que la Reine : car elle voulut le baiser ; mais il retira sa tête de si loin que jamais elle ne put l'attraper. La Reine sa nièce se jeta à genoux devant elle, et fut long-temps à lui demander la main : ce qu'elle n'obtint pas ; mais au lieu de la main, la Reine l'embrassa aussi tendrement qu'on le peut juger par les ardens désirs de son cœur pour la jouissance de ce bien qu'elle possédoit alors. Ensuite Monsieur s'approcha du roi d'Espagne, et lui fit son compliment. Ce Roi lui dit qu'il étoit ravi de voir Son Altesse ; et ils se firent aussi des complimens, la jeune Reine et lui. Le cardinal fut reçu du roi d'Espagne avec beaucoup de louanges sur sa personne, sur l'estime qu'il en avoit toujours faite, et sur ses belles qualités ; puis il conclut par lui dire que l'Europe enfin lui devoit la paix.

Don Louis apporta une chaise au Roi son maître ; et madame la comtesse de Flex, dame d'honneur de la Reine, en même temps en apporta une à cette princesse. Tous deux s'assirent environ sur la ligne qui, dans la salle de la conférence, séparoit les deux royaumes. La *camarera mayor* (la dame d'honneur), du côté d'Espagne, apporta un carreau à la jeune Reine sa maîtresse. La Reine lui en fit apporter deux, et elle s'assit auprès du Roi son père. Monsieur se mit sur un siége pliant auprès de la Reine sa mère. Leur conversation fut bonne, tendre et empressée du côté de la Reine, mais trop grave du côté du Roi son frère, et à son retour elle nous parut plus contente de ses bonnes intentions sur l'amitié que de son extérieur. Etant ensemble, ils parlèrent de la guerre ; et la Reine faisant des lamentations sur sa durée, il lui dit, avec un grand

(1) Dame d'honneur et dame d'atour.

hélas : *Ay, señora, es el diablo que lo a hecho* (Hélas! madame, c'est le diable qui l'a faite). Il lui dit en une autre occasion : *Ahora, presto tendremos nietos* (A cette heure nous aurons bientôt des petits enfans) ; et la Reine lui répondit : *Que asi lo esperava ; pero que le pedia licentia, para desear un hijo por el Rey, primero que una novia por el principe su sobrino* (Je l'espère ainsi ; mais je vous demande la permission de souhaiter un fils pour le Roi, plutôt qu'une femme pour le prince mon neveu). Ils parlèrent enfin de toutes les choses qui peuvent venir dans l'esprit d'un frère et d'une sœur, qu'il y avoit quarante-cinq ans qu'ils ne s'étoient vus. La Reine lui dit encore, sur le chapitre de la guerre : *Yo creo que me perdonara Vuestra Majestad de aver sido tan buena Francesa : yo lo devia al Rey mi hijo, y a la Francia* (Je crois que Votre Majesté me pardonnera d'avoir été si bonne Française : je le dois au Roi mon fils et à la France). *Bien lo estimo en Vuestra Majestad*, lui répondit le roi d'Espagne ; *tambien lo a hecho la Reina mi muger, que siendo Francesa, no tenia en el alma sino los intereses de mi reinos, y el deseo de contentarme* (Je vous en estime. La Reine ma femme en a fait autant ; car étant Française, elle n'avoit dans l'ame que l'intérêt de mes royaumes, et le désir de me contenter). Ce grand Roi conta à la Reine sa sœur l'amour qu'il avoit pour la Reine sa femme ; il lui dit qu'elle avoit de la beauté, qu'elle étoit bonne, et qu'il avoit un grand désir de la revoir. Il n'oublia pas aussi de célébrer les belles qualités de la défunte Reine sa première femme, fille de France (1), dont la mémoire étoit en vénération dans tous ses Etats. Le cardinal Mazarin, qui s'étoit amusé à parler à don Louis, interrompant leur conversation, s'approcha de Leurs Majestés, et leur dit qu'il y avoit un inconnu qui étoit à la porte, qui demandoit qu'on lui ouvrît. La Reine, avec le consentement du Roi son frère, lui ordonna de laisser voir cet étranger. Lui et don Louis laissant la porte demi-ouverte donnèrent moyen au Roi de voir l'Infante Reine ; mais parce qu'il falloit aussi qu'elle le vît, ils prirent soin de ne le guère cacher. Ils n'eurent pas grand'-peine de trouver les moyens de le montrer à celle qui le regardoit avec des yeux tout-à-fait intéressés à sa bonne mine, parce que sa belle taille le faisoit surpasser les deux ministres de toute la tête. La Reine rougit en voyant paroître le Roi son fils, et la jeune Reine encore plus en le considérant attentivement. Le roi d'Espagne le regarda aussi, et sourit, en disant à la Reine sa sœur qu'il avoit un *lindo hierno* (un beau gendre).

(1) Madame Élisabeth de France.

La Reine aussitôt lui dit en espagnol qu'elle souhaiteroit de demander à la Reine ce qu'il lui sembloit de cet inconnu ; sur quoi le Roi son frère lui répondit *que no era tiempo de decirlo* (il n'est pas temps de le dire). Et quand le pourra-t-elle dire ? lui dit la Reine en espagnol. *Quando avra pasado aquella puerta* (Quand elle aura passé cette porte), lui répondit le Roi son frère. Monsieur dit tout bas à la jeune Reine : *Quel le parece à Vuestra Majestad de la puerta?* (Que semble-t-il à Votre Majesté de cette porte ?) Elle lui répondit aussitôt d'un air spirituel et en riant : *Muy linda, y muy buena, me parece la puerta* (La porte me paroît fort belle et fort bonne). Après que le Roi eut regardé la Reine Infante, il se retira, et alla se poster au bord de la rivière pour la voir embarquer. Il dit à M. le prince de Conti et à M. de Turenne, en sortant, que d'abord la laideur de la coiffure et de l'habit de l'Infante l'avoit surpris ; mais que l'ayant regardée avec attention, il avoit connu qu'elle avoit beaucoup de beauté, et qu'il comprenoit bien qu'il lui seroit facile de l'aimer. La foule que les grands d'Espagne firent autour du Roi pour le voir, et leur admiration sur sa personne, fut une chose extraordinaire. Ils le portoient, tant ils le pressoient ; et les gardes du roi d'Espagne se venant mêler avec ceux du Roi, se mirent en la même posture qu'eux, et ne faisoient autre chose que lui donner mille bénédictions. Enfin jamais entrevue de rois n'a été pareille à celle-là. Il faut souhaiter qu'elle ait de meilleures suites que celles qui se sont faites jadis entre nos rois, et les rois d'Espagne et d'Angleterre.

La jeune Reine voulut remercier la Reine sa tante des présens que le duc de Créqui lui avoit apportés ce même jour de la part du Roi ; mais la Reine lui répondit : *No, no, hija ; en esto de presentes, no es menester hablarme a mi, que todo viene ya del Rey* (Non, non, ma fille ; en ce qui est des présens, il ne m'en faut pas parler, car tout vient du Roi).

Quand la Reine et le roi d'Espagne se voulurent séparer, chacune de ces personnes royales se trouvèrent abandonnées de leur cour : tous les Français étoient passés du côté du roi d'Espagne et de la jeune Reine, pour les voir entrer dans leur bateau, qui étoit parfaitement beau ; et tous les Espagnols étoient du côté du Roi pour le voir et pour saluer la Reine, notre digne maîtresse, dont les mains pensèrent être usées à force d'être baisées. Les grands et les petits l'embrassoient quasi avec des transports de joie inconcevables. Il y eut un comte de Pugnoenrostro, qui avoit autrefois été son menin, qui lui pensa dévorer la main. Enfin la Reine nous fit l'honneur de nous dire, à son retour, qu'elle ne croyoit pas la pouvoir tirer jamais des siennes, tant il la tenoit fortement. Le Roi, pendant que la Reine sa mère recevoit les saluts de ceux de sa nation, ayant vu embarquer l'infante Reine, galopa le long de la rivière, suivant le bateau où elle étoit, le chapeau à la main, d'un air fort galant. Il auroit peut-être couru jusqu'à Fontarabie, sans des marais qui l'empêchèrent de passer. Le roi d'Espagne en sortant, soit qu'en effet il ne le vît pas ou ne fît pas semblant de le voir, n'ôta point son chapeau, qu'il n'avoit point mis sur sa tête tout le temps qu'il avoit été avec la Reine; mais quand il vit le Roi galoper sur le bord de la rivière en posture d'amant, et suivi en roi de France, le roi d'Espagne alors se mit à la fenêtre de la chambre de son bateau, et le salua fort bas, tant qu'il put le voir. J'ai su depuis par l'*assaffata* (1), que la Reine amena en France, qu'elle avoit demandé à son retour à l'Infante Reine si elle avoit trouvé le Roi bien fait, et que cette jeune Reine lui avoit répondu : *Y como, que me agrada : por cierto qu'es muy lindo moço, y que ha hecho una cavalcada muy brava, y muy de galan* (Comment s'il m'agrée! certainement c'est un fort beau garçon, et qui a fait une cavalcade d'un homme fort galant). Aussi avoit-il fait cette course sans prendre garde qu'il se tenoit découvert devant un grand Roi à qui il n'avoit pas accoutumé de faire des civilités sans en recevoir de plus grandes, ou du moins de pareilles; mais en cet instant sa grandeur se cacha sous la galanterie, et l'éclat de la pourpre pour cette fois le céda aux premières étincelles de son amour.

Nous avons su depuis, par la Reine même et par dona Maria Molina, que le roi d'Espagne, un peu avant les noces, ayant fait lire devant lui et devant les grands de sa cour le contrat de mariage du Roi notre maître et de l'Infante, il avoit dit tout haut sur l'article de la renonciation : *Esto es una pataratta ; y , si fallasse el principe, de derecho mi hija a d'heredar* (Ceci est une fadaise; et si le prince mon fils manquoit de droit, ma fille doit hériter). Dieu conserve le prince d'Espagne présentement vivant ! Mais si l'Espagne le perdoit, il est à croire qu'après cette déclaration, le droit légitime, le mérite du Roi, sa puissance, ses belles qualités si célébrées par les Espagnols dans cette entrevue, et l'amour que toute cette nation porte à leur Infante, donneroit peut-être aux Français l'avantage de commander à toute l'Europe ; du moins, par l'aveu du même Roi son père, il seroit juste que cela fût ainsi.

(1) Première femme de chambre : la señora Molina.

Le dimanche 6 juin, la paix fut jurée avec toute la solennité possible : les deux Rois se trouvèrent à la conférence, ayant chacun de leur côté les grands de leurs royaumes. De celui du Roi, les princesses et duchesses y étoient aussi, qui seules y entrèrent avec les domestiques. Les rois la jurèrent sur une table, chacun d'eux mettant la main sur l'Evangile et se tenant à genoux. Après cette importante action, ils s'embrassèrent, en disant qu'ils vouloient aussi jurer une amitié éternelle. Chaque côté de cette salle étoit meublé par les deux Rois de belles tapisseries et de brocarts. Celles d'Espagne étoient admirablement belles, et certaines choses aussi du côté du Roi étoient plus riches. Il y avoit au dehors des troupes de chaque côté des Rois, pour les saluer. Celles du roi d'Espagne étoient rangées à l'autre bord de la rivière, vis-à-vis du chemin par où venoit le Roi ; et les siennes étoient le long de la rivière, par où abordoit le roi d'Espagne. Elles surpassoient en toutes choses les Espagnols, qui nous parurent porter la livrée jaune et rouge : ce qui leur donnoit un peu d'éclat ; mais il étoit petit en comparaison de l'or qui étoit sur le bleu des Français.

Le lendemain, le Roi et la Reine, suivis de beaucoup d'hommes et de nulles femmes, que de la dame d'honneur et d'atour, s'en allèrent quérir l'Infante Reine. Après que les deux Rois, les deux Reines et Monsieur eurent été longtemps ensemble, ils se séparèrent avec beaucoup de larmes. Le roi d'Espagne et la Reine sa fille se quittèrent avec une sensible douleur, et la Reine sa sœur montra par sa tendresse qu'elle sentoit la force du sang. Le Roi et Monsieur, en embrassant le roi d'Espagne comme leur oncle, pleurèrent et s'attendrirent de voir la jeune Reine dans une extrême affliction. Elle se mit trois fois à genoux devant le Roi son père pour lui demander sa bénédiction, et ce prince pleura en la quittant. Les grands d'Espagne aussi témoignèrent de grandes tendresses à leur Infante notre jeune Reine, et souvent revinrent à elle lui baiser la main et la robe : ce qu'elle reçut gravement. Enfin on la mit dans un carrosse tout en broderie d'or et d'argent, et on la mena à Saint-Jean-de-Luz avec toute la suite du jour précédent : c'est-à-dire les gardes, les chevau-légers, les gendarmes, les mousquetaires, et trois compagnies du régiment des Gardes. Toute la belle cour étoit à cheval, et tous étoient magnifiquement habillés. La jeune Reine vint descendre chez la Reine sa tante, où les princesses l'attendoient en bonne compagnie. Elle avoit une robe de satin incarnat en broderie d'or et d'argent, et quelques pierreries à la mode de son pays, c'est-à-dire enchâssées dans beaucoup d'or. Étant arrivée, elle entra dans le cabinet de la Reine sa tante; elle y fit prêter le serment à ses principaux officiers, et particulièrement à madame la princesse palatine sa surintendante. Madame de Navailles, dame d'atour, étoit alors destinée à être dame d'honneur : car la maréchale de Guébriant, nommée à cette belle charge, étoit morte depuis peu. Elle ne le prêta point alors, parce que son affaire étoit encore indécise. On vouloit renvoyer la comtesse de Priego, camarera mayor (1) de l'Infante Reine; mais on ne put pas s'en défaire sitôt, et il étoit incertain si elle demeureroit pour quelque temps auprès de sa maîtresse.

La Reine, qui de ce jour-là prit le nom de Reine mère, envoya la Reine sa nièce et sa fille tout ensemble dans sa chambre pour la laisser délacer, et voulut aussi se retirer dans la sienne pour en faire autant. Comme tout le monde fut banni de cette petite maison qui contenoit en elle tant de royales personnes, et que les hommes, à la prière de la Reine, en furent chassés, jusqu'au capitaine des gardes et aux huissiers, les Reines étant toutes deux déshabillées, le Roi alla visiter la Reine pour la prier de se coucher. Il lui dit qu'on lui serviroit son soupé dans son lit; mais elle voulut venir souper avec lui et avec la Reine sa mère. Il la lui amena donc lui seul par la main pour la voir. Elle la trouva quasi en chemise; et quand elle fut entrée, elle se jeta entre ses bras et l'embrassa tendrement, l'appelant tantôt sa tante et tantôt sa mère. Cette digne mère, ravie de jouir de ce bonheur, après avoir baisé avec grand plaisir cette jeune princesse, lui fit donner un siége pliant, le seul qui fût alors dans sa chambre. Elle la regarda avec des yeux pleins de joie, et louant sa beauté, la fit remarquer au Roi, qui par lui-même en étoit sans doute infiniment satisfait. La jeune Reine, voyant le Roi debout auprès d'elle, lui voulut faire place sur son même siége, d'une manière tendre et pourtant un peu embarrassée; mais lui, par un sentiment qui pouvoit passer pour une galanterie, ne le prit pas, et demeura debout auprès d'elle. L'Infante Reine étoit aimable ainsi à demi déshabillée : car le guard-Infante étoit une chose si monstrueuse, que quand les femmes espagnoles ne l'avoient point, elles étoient beaucoup mieux. Les deux Reines demeurèrent seules avec le Roi. Monsieur y étoit aussi, et nuls autres témoins que quelques femmes de chambre et moi. Ils soupèrent ensuite dans la même familiarité que s'ils eussent été toute leur vie ensemble. La Reine mère étoit

(1) Dame d'honneur.

bien tendre pour la Reine : et cette princesse, qui la regardoit comme sa mère, lui baisa les mains plusieurs fois. Après le soupé, le Roi ramena la Reine dans sa chambre. Elle fut suivie seulement de la comtesse de Priego, camarera mayor, qui veut dire en France dame d'honneur.

Le roi d'Espagne, de son côté, étoit demeuré abattu de tristesse de la séparation de la Reine sa fille. Étant retourné à Fontarabie, il se jeta sur son lit, et dit à ceux qui étoient auprès de lui : *Yo vengo muerto, porque de ver llorar a mi hija, eso alla lo devia : mi hermana tambien : pero quando ho visto estos dos muchachos, pendientes de mi cuello, llorar como niños, me he de tal suerte enternecido, que no puedo mas* (Je reviens à demi mort; car de voir pleurer ma fille, elle le devoit, et ma sœur aussi; mais d'avoir vu ces deux garçons pendans à mon col pleurer comme des enfans, je me suis de telle manière attendri que je n'en puis plus).

Ainsi finit cette journée si célèbre, dont la satisfaction fut égale de part et d'autre, et confirmée par l'aveu que la Reine fit à la Reine sa tante, en lui disant qu'elle n'avoit jamais eu d'inclination pour l'Empereur, et conclut par demander au Roi un courrier pour écrire au Roi son père. Elle ne ferma point sa lettre après l'avoir écrite qu'elle ne l'eût envoyée au Roi, le priant de la lire. Elle lui fit connoître par cette première action combien elle étoit disposée à bien vivre avec lui, et à lui rendre au-delà même de ce qu'il auroit pu souhaiter. Mais comme tous les biens ici-bas sont mêlés de quelques maux, après que la Reine fut couchée, j'ai su depuis qu'elle ne dormit point toute la nuit, et que par plusieurs fois, en soupirant, elle dit à sa première femme de chambre qui couchoit auprès d'elle : *Ay, Molina, mi padre !* (Hélas ! Molina, mon père !) Elle pleura ce père qui l'aimoit si tendrement, et que, selon toutes les apparences, elle ne devoit jamais revoir; mais enfin la présence du Roi fut pour elle un charme assez grand pour lui adoucir cette amertume.

Le lendemain elle se reposa. Le Roi l'alla voir le matin, et fut quelque temps avec elle; puis ils allèrent à la messe aux Récollets. On fit voir à la Reine ses habits, son linge, ses toilettes et les choses nécessaires à la noce, qui avoient été mises en réserve en ce lieu; puis Leurs Majestés vinrent dîner ensemble. Après le repas, la Reine mère alla voir le cardinal qui étoit malade, et la Reine alla à la Comédie. Le soir on lui essaya ses habits à la françoise, et on lui mit pour la première fois un corps de jupe que la duchesse de

Navailles, nommée ce même jour pour dame d'honneur, lui alla vêtir. Elle en fut d'abord incommodée, mais elle le souffrit avec douceur et patience. Le Roi ce soir fut avec elle dans sa chambre assez long-temps; et quoiqu'il eût fait semblant jusque là d'ignorer la langue espagnole, il se trouva que ce jour-là il la savoit parfaitement bien. La Reine se coucha de bonne heure pour se préparer à la journée du lendemain, en laquelle se devoit faire la dernière cérémonie de leur mariage.

La Reine s'éveilla du matin [le 9 juin], et la duchesse de Navailles, qui eut l'honneur de l'habiller, fit en ce jour et quelque temps de suite les charges de dame d'honneur et dame d'atour tout ensemble. Elle fut assez embarrassée à lui faire tenir sa couronne fermée sur la tête, parce qu'elle étoit coiffée en cheveux. Ils étoient sans nul agencement que d'être renoués à la mode d'Espagne avec des rubans par le bout, et rattachés ainsi à ceux qui joignent la tête. C'étoit une manière de coiffure qui étoit, comme je l'ai déjà dit, différente de celle qu'elle avoit le jour de ses noces à Fontarabie, mais qui étoit assez galante. Elle s'habilla de son habit royal, parsemé de petites fleurs de lis d'or : c'est un bel habit. Outre l'honneur qui se trouve à le porter, il sied assurément mieux que nul autre. C'étoit un corps de jupe et des manches, avec une jupe de même, semés de petites fleurs de lis d'or; puis il y avoit le manteau royal, que l'on attacha au haut du corps de jupe comme une mante. Il traîne jusqu'à terre, avec une queue fort longue dont le bout est taillé en rond.

Le Roi avoit un habit noir, et nulles pierreries. Ils furent ensemble à l'église par une galerie découverte, un peu plus haute que la rue qu'on avoit faite pour y aller depuis la maison de la Reine mère, où la Reine logea les deux premiers jours qu'elle fut en France. La Reine se mit auprès du Roi sous un haut dais de velours violet parsemé de fleurs de lis d'or, et l'estrade étoit de même, c'est-à-dire le tapis, les chaises et les carreaux : le tout couvert de fleurs de lis d'or. D'abord l'évêque, avant de commencer la messe, apporta au Roi l'anneau que le Roi donna à la Reine, et la monnoie accoutumée, sur un bassin de vermeil doré. Je ne sais s'il lui dit quelques mots. Quand le Roi alla à l'offrande, il fut accompagné du grand-maître des cérémonies de Rhodes, de ses capitaines des gardes, de Vardes qui commandoit sa garde suisse, et de d'Humières qui commandoit les gardes appelés becs de corbin ; et Monsieur, frère du Roi, porta son offrande. Quand la Reine y alla, Monsieur, qui étoit assis auprès du Roi sur un siége pliant, passa du côté de la Reine et lui donna la main. Mademoiselle, fille aînée du feu duc d'Orléans et fille unique de sa première femme, portoit l'offrande de la Reine ; et mesdemoiselles d'Alençon et de Valois, ses sœurs, portoient la queue de la Reine avec mademoiselle de Carignan, princesse du sang. Mancini, neveu du cardinal, et destiné à de grandes dignités, porta la queue de Mademoiselle ; et celles de mesdemoiselles ses sœurs et de madame de Carignan le furent par des personnes de qualité, mais qui n'avoient point de titres. Quand le Roi et la Reine furent mis sous le drap ou poêle, ce fut la même chose ; et quand il fallut leur faire baiser la paix, ce fut le cardinal Mazarin qui le fit, et qui alla aussi le porter à la Reine mère, sa véritable maîtresse et bienfaitrice. Elle étoit à main droite du Roi, sur une haute estrade séparée de celle du Roi, couverte de velours noir, et sous un dais de même étoffe, environnée de ses premiers officiers et grands de sa maison. Madame la comtesse de Flex sa dame d'honneur, qui prétendoit être princesse, lui portoit la queue. Dans le visage de cette grande Reine on pouvoit facilement connoître la joie intérieure de son ame ; ce qui la rendoit si belle qu'à cinquante-neuf ans elle auroit quasi pu disputer de beauté avec la Reine sa nièce, qui dans le vrai n'avoit pas une beauté si parfaite que celle que la Reine sa tante avoit eue à son âge. La Reine mère avoit les traits du visage plus beaux, elle étoit plus grande, elle avoit une plus grande mine, beaucoup plus de majesté, et le visage d'une plus belle forme : elle la surpassoit encore en la beauté admirable de ses mains et de ses bras ; mais la Reine avoit le teint plus beau et de belles couleurs qui l'embellissoient : elle ressembloit à la Reine mère, comme je l'ai déjà dit, de la rencontre de l'air, et un peu du tour du visage. Cette heureuse mère, au retour de la cérémonie, nous fit l'honneur de nous dire, à la comtesse de Flex et à moi, qu'il lui étoit venu en pensée, voyant aller la Reine à l'offrande avec son habit royal et sa couronne, que cette seule tête au monde étoit digne de cette couronne.

Le Roi, les deux Reines et Monsieur dînèrent ensemble. La Reine, au sortir de la messe, s'étoit couchée pour se reposer ; puis elle se releva, et s'habilla d'un habit de toile d'argent blanche à la françoise ; et sa beauté avec cet habit parut avoir un nouvel éclat. Elle monta chez la Reine sa tante : elles furent quelque temps en particulier dans sa petite chambre, n'y ayant que la comtesse de Flex, la duchesse de Navailles, madame de Noailles, la comtesse de Priego, Espagnole, et moi. Les Reines ensuite sortirent de ce lieu, et se montrèrent un peu au public. Elles s'amusèrent à regarder le Roi, qui prit plaisir à jeter lui-même au peuple de la monnoie que l'on avoit faite pour le gratifier selon la coutume. Quelque temps après ils se retirèrent dans la petite chambre de la Reine mère, le Roi, les deux Reines, Monsieur et le cardinal Mazarin. Ils s'assirent dans la ruelle du lit, et y demeurèrent à causer de choses indifférentes. Quand il fut nuit, l'Infante Reine quitta la maison de la Reine mère et alla chez le Roi, conduite par lui, par la Reine leur mère et par Monsieur. Ces royales personnes ne furent suivies que de la comtesse de Flex, de la duchesse de Navailles, de la comtesse de Noailles et de la comtesse de Priego. Je ne sais qui se trouva chez le Roi, car je n'y étois pas. Leurs Majestés et Monsieur soupèrent en public, sans plus de cérémonie qu'à l'ordinaire, et le Roi aussitôt demanda à se coucher. La Reine dit à la Reine sa tante, avec les larmes aux yeux : *Es muy temprano* (Il est trop tôt), qui fut depuis qu'elle étoit arrivée le seul moment de chagrin qu'on lui vit, et que sa modestie la força de sentir ; mais enfin, comme on lui eut dit que le Roi étoit déshabillé, elle s'assit à la ruelle de son lit sur deux carreaux pour en faire autant, sans se mettre à sa toilette. Elle voulut complaire au Roi en ce qui même pouvoit choquer en quelque façon cette pudeur qui l'avoit d'abord obligée de chasser de sa chambre tous les hommes jusqu'au moindre de ses officiers. Elle se déshabilla sans faire nulle façon ; et comme on lui eut dit que le Roi l'attendoit, elle prononça ces mêmes paroles : *Presto, presto, quel Rey m'espera* (Vite, vite, le Roi m'attend). Après une obéissance si ponctuelle, qu'on pouvoit déjà soupçonner être mêlée de passion, tous deux se couchèrent, avec la bénédiction de la Reine leur mère commune.

Cette princesse devint en ce jour-là belle-mère de la Reine ; mais une aussi bonne tante pouvoit bien être appelée mère en tout temps, et la Reine en effet ne lui donna plus d'autre nom. Il sembla que Dieu avoit répandu ses grâces sur ce mariage : car le Roi témoigna depuis une grande tendresse pour la Reine, et elle pour lui. Il la pria de consentir qu'il pût renvoyer la comtesse de Priego, et lui représenta que ce seroit contre la coutume de retenir dans cette première place une étrangère. Elle lui répondit qu'elle n'avoit point de volonté que la sienne, et lui dit qu'elle avoit quitté le Roi son père qu'elle aimoit tendrement, son pays, et tout ce qui lui avoit été offert, pour se donner entièrement à lui ; qu'elle l'avoit fait de bon cœur, mais qu'aussi elle le supplioit de lui accorder en récompense cette grâce qu'elle pût être toujours avec lui, et que jamais il ne lui proposât de le quitter, puisque ce seroit pour elle le plus grand déplaisir qu'elle pourroit recevoir. Le Roi accorda si volontiers à la Reine sa demande, qu'il commanda aussitôt au grand maréchal des logis de ne les séparer jamais, la Reine et lui, ni pendant le voyage, quelque petite que fût la maison où ils se trouveroient logés.

La Reine mère, qui connoissoit le Roi son fils un peu froid et grave, nous avoua qu'elle avoit eu une grande peur que cette indifférence qu'elle avoit imaginée en l'ame du Roi ne fût nuisible à cette nièce qu'elle avoit si ardemment désiré de lui faire épouser. Mais après qu'elle l'eut vu agir avec elle comme il fit dans les premiers jours qu'elle fut en France, elle perdit heureusement cette crainte : car elle le vit alors aussi sensible à l'amitié, à l'égard de la Reine, qu'elle l'auroit pu désirer. Elle n'avoit à demander à Dieu que la durée de ce bonheur : il falloit l'espérer ; mais, par les fâcheuses expériences qu'un chacun doit avoir de l'instabilité du bonheur des hommes, elle avoit toujours sujet d'appréhender ce qui arrive souvent dans la vie. Aussitôt après les noces, elle nous fit l'honneur de nous dire, à la comtesse de Flex et à moi, parlant de la satisfaction et du contentement du Roi, qu'il l'avoit remerciée de lui avoir ôté du cœur mademoiselle de Mancini, qu'il lui avoua n'estimer guère du côté du bon sens et de la raison, pour lui donner l'Infante, qui vraisemblablement alloit le rendre heureux, tant par sa beauté que par sa vertu, sa complaisance, et l'affection qu'elle lui témoignoit.

Quand la comtesse de Priego s'en alla, le cardinal lui donna une boîte de portrait de diamant, où étoit le portrait du Roi. La Reine le regardant, lui dit : *Podreis decir en Espana que le parece : pero qu'es mejor* (Vous pourrez dire en Espagne qu'il lui ressemble, mais qu'il est plus beau). La Reine mère envoya au Roi son frère une horloge sonnante à mettre sur sa table, toute couverte de diamans assez gros, pour rendre ce présent digne de celle qui le donnoit et de celui qui le reçut ; mais il ne fut payé qu'avec des gants d'Espagne, qui même n'étoient pas bons. La Reine mère en fut honteuse. Elle nous l'avoua ; et, sans se soucier du don, elle auroit souhaité, pour la gloire de sa nation, que ce prince eût été plus magnifique.

Après que la comtesse espagnole, trois dames du palais que la Reine avoit amenées, et plusieurs autres femmes que l'on renvoya, furent parties, où ne pensa plus qu'à regagner Paris, et la cour partit de Saint-Jean-de-Luz, pour reprendre le chemin de Bordeaux le 15 de juin.

La Reine nous conta depuis, elle-même, ce

qu'elle avoit senti pour le Roi dès son enfance, et ce qu'elle avoit trouvé, étant en Espagne, de l'ambassade du maréchal de Gramont. Elle nous fit l'honneur de nous dire un soir, à madame de Navailles et à moi, qu'elle avoit toujours regardé le Roi comme devant être son mari ; et, parlant de l'amour qu'elle avoit pour la France, elle nous dit aussi qu'en voyant arriver les Français à Madrid, cette quantité de plumes et de rubans de toutes couleurs, avec toutes ces belles broderies d'or et d'argent, lui avoient paru comme un parterre de fleurs fort agréable à voir ; que la Reine sa belle-mère et elle avoient été les voir passer, quand ils arrivèrent, par des fenêtres du palais qui donnoient sur la rue ; et que ce jardin courant la poste leur avoit paru fort beau.

Cette princesse nous donnant et sa personne et la paix, nous donnoit beaucoup de biens ensemble ; mais elle en recevoit encore davantage. Le Roi seul, par son mérite, par sa grandeur et sa personne, devoit contenter ses désirs. Aussi cette princesse, estimant son bonheur, nous dit souvent qu'elle avoit toujours souhaité d'être notre Reine, et que non-seulement elle avoit aimé le Roi, mais qu'elle avoit même aimé jusqu'à ses portraits ; que la Reine sa mère, fille de France, lui avoit souvent dit que pour être heureuse il falloit être reine de France, et qu'elle vouloit la voir porter cette couronne ou porter un voile ; car, du vivant de la reine d'Espagne sa mère, elle avoit un frère qui étoit grand, et par conséquent elle n'aspiroit pas, comme elle a pu faire depuis, d'être héritière du royaume. Dans l'amitié qu'elle eut pour le Roi, on la vit bien vite

Los terminos (1) *pasar todos de un golpe*
Y en partiendo llegar al postrer punto.

Il ne faut pas s'en étonner ; la cause de sa passion étoit belle : et l'innocence donnant à cette princesse le pouvoir de la laisser voir telle qu'elle la sentoit, elle prenoit autant de plaisir à la publier qu'il lui étoit agréable d'avoir, par l'amour réciproque que le Roi avoit alors pour elle, un juste sujet de se glorifier de son excès. Quelques jours après son mariage, elle nous fit l'honneur de nous dire aussi, à madame de Navailles et à moi, qu'elle avoit été sensiblement affligée quand on lui avoit appris en Espagne la maladie que le Roi eut à Calais ; mais qu'elle croyoit toujours que l'animosité qui étoit entre les deux nations augmentoit le bruit de son mal ; qu'elle avoit espéré que cette maladie et le bruit même de sa mort, qui parvint jusqu'à elle, ne seroit pas vrai ; et qu'elle fut ravie quand on l'assura de sa guérison.

(1) Passer les bornes tout d'un coup, et en partant arriver au but.

En ce même temps, le roi d'Angleterre arriva dans ses Etats. En descendant à terre, ce jeune Roi, qui avoit du mérite et que l'expérience de ses longues souffrances avoit rendu honnête homme, reçut Monck, qui l'avoit dignement servi, avec de grandes marques de son ressentiment. Il le fit chevalier dans le même instant. Il l'embrassa : le duc d'Yorck son second frère lui mit la jarretière, et le duc de Glocester l'épée. Peu de jours après, ce prince fit son entrée à Londres, où il fut reçu avec les transports de joie que la tyrannie passée et un véritable repentir devoit inspirer à ses peuples, qui retrouvoient en lui un roi légitime, aimable, et qui leur parut rempli de bonnes qualités.

La cour marchoit jour et nuit pour aller à Bordeaux, et de là gagner Paris. Il n'y eut rien de considérable dans cette marche, sinon qu'à Rochefort nous eûmes un grand tremblement de terre, dont les aventures ne servirent seulement qu'à divertir le public. On arriva dans cette grande ville le 23 juin, veille de Saint-Jean ; et cette journée est remarquable. Le Roi, les Reines et M. le cardinal Mazarin, les princesses et duchesses, et toutes les personnes de qualité et d'un mérite connu, se mirent à Langon dans une barque, et toute la cour dans d'autres bateaux couverts. Après avoir marché deux lieues, les jurats de Bordeaux amenèrent au Roi un beau et grand bateau où le Roi, les Reines, M. le cardinal, les princesses et toutes les personnes de qualité se mirent. Il étoit magnifiquement doublé par dedans de velours cramoisi avec des passemens d'or : il y avoit une table couverte d'un tapis de même couleur, et aussi une chaise de velours noir avec des passemens d'argent, pour la Reine mère. Le haut bout du bateau étoit fermé d'une balustrade comme un cabinet élevé d'un petit degré, où se mirent Leurs Majestés. Il étoit tout doré, enrichi d'emblèmes, chiffres, peintures et devises. Ce bateau étoit couvert par le bout en bas de tapis, et bordé tout autour de bancs couverts de velours cramoisi, avec des crépines d'argent, qui servirent de sièges à toutes les dames qui s'y trouvèrent. Il y avoit une balustrade dorée qui régnoit tout autour, et qui formoit une galerie au dehors tapissée par en bas, et enrichie de semblables devises latines. La chambre qui contenoit tout le bateau étoit grande : il y avoit plusieurs grandes croisées, et le haut étoit un dôme fort élevé et doublé de damas cramoisi, avec des passemens d'or et d'argent. Il étoit tiré par quatre grands bateaux plats en forme de galères, qui étoient azurés et semés de couronnes d'or avec des chiffres ; et les bateliers qui les menoient étoient habillés de taffetas bleu, avec du passement d'or et d'argent. Plusieurs autres suivoient celui-là ; et plusieurs personnes de Bordeaux vinrent dans d'autres pour voir passer le Roi. Il fut salué à son arrivée de plusieurs coups de canon et des cris publics du peuple, dont le quai étoit entièrement rempli. Il sembloit que c'étoit un amphithéâtre fait à plaisir, à cause que le quai est un peu en descendant vers la rivière. Les violons suivoient le bateau du Roi ; le son des trompettes et le bruit des canons se mêlèrent à la musique. Le Roi et les Reines y prirent plaisir ; et le bel effet que faisoient tant de choses ensemble auroit, à mon gré, rendu cette entrée belle et agréable, si le chaud, qui fut excessif ce jour-là, eût permis d'en jouir plus commodément.

Le Roi joua pendant le chemin, et l'abbé de Gorde perdit en une heure cinquante mille écus. On fut trois jours dans cette ville ; puis, le dimanche 27, on vint dans le même bateau coucher à Blaye. La cour marcha ensuite jusqu'à Poitiers, qui est une laide et grande ville ; et de Poitiers on alla à Richelieu, dont le nom célèbre répond à la beauté du lieu. De là on vint à Amboise, puis à Blois et à Chambord, où l'on séjourna un jour. De Chambord on vint coucher à Orléans. L'entrée en fut belle ; toutes les rues étoient tapissées, et le peuple témoigna une grande joie de revoir le Roi. Leur révolte passée les devoit faire trembler à la vue de leur véritable maître ; mais leur repentir et leurs supplications attirèrent sur eux les effets de sa royale bonté, par l'oubli de leur faute ; et comme il venoit de donner la paix à toute l'Europe, il ne voulut pas laisser à cette belle ville aucune marque de son indignation. Enfin on arriva à Fontainebleau le 13 de juillet.

La cour ayant été sept ou huit jours à Fontainebleau, la Reine mère vint à Paris, et le cardinal aussi. Le Roi et la Reine demeurèrent à Vincennes pendant qu'on préparoit leur entrée. Le cardinal, dont la santé étoit alors mauvaise, eut les gouttes : elles rentrèrent par des bains qu'on lui fit, à cause qu'il avoit aussi la gravelle. Ses gouttes rentrées lui causèrent de grandes douleurs dans les entrailles, qui lui donnèrent la fièvre et des convulsions qui firent douter de sa vie. Un jour le Roi, qui venoit souvent à Paris, lui demandant conseil sur quelque affaire, il lui dit : « Sire, vous demandez conseil à un homme qui n'a plus de raison, et qui extravague. » Le Roi, connoissant en effet qu'il avoit des momens de rêverie, touché d'une vive douleur, s'en alla dans une petite galerie qui étoit de l'appartement du cardinal, et là il pleura cet homme qui lui avoit servi de tuteur, de gouverneur et de ministre tout ensemble. Il n'avoit pas connu tous ses défauts, et ses derniers services lui avoient fait voir sa capacité et ses bonnes intentions.

Toutes les compagnies souveraines allèrent saluer ce ministre, avec des sentimens contraires à ceux qu'ils avoient eus par le passé. Le parlement députa un président, deux conseillers de la grand'chambre, et un de chaque chambre des enquêtes, pour le remercier de la paix qu'il venoit de faire : honneur qui jusqu'alors n'avoit été fait à aucun ministre ni favori, et n'avoit point encore d'exemple. Cette compagnie avoit mis sa tête à prix ; mais en cette occasion leurs harangues furent toutes remplies de ses louanges ; et sans avoir honte de leur injustice passée, ou de leur légèreté présente, ils témoignèrent avoir pour lui une vénération extrême. Le cardinal dut être sans doute sensible à cette gloire, et véritablement elle fut grande ; mais, pour la mitiger, Dieu le mettoit en état, par les approches de la mort, d'éprouver en lui-même que les biens de la vie ne sont jamais purs. Il leur répondit à tous selon ce qu'il devoit sentir, et leur parla éloquemment. Peu de jours après il se porta mieux, et son amendement fit espérer que son mal ne seroit rien.

Au commencement de septembre se fit à Paris l'entrée du Roi et de la Reine, qui, en attendant cette célèbre journée, étoient toujours demeurés à Vincennes. J'en parlerai peu, renvoyant ce détail à ceux qui voudront en instruire le public. Ce fut en effet une belle chose, et agréable à voir. La Reine étoit dans un char triomphant, plus beau que celui que l'on donne faussement au soleil ; et ses chevaux auroient emporté le prix de la beauté sur ceux de ce dieu de la Fable. Cette princesse étoit habillée d'une robe noire, en broderie d'or et d'argent, avec quantité de pierreries d'une valeur inestimable. La couleur de ses cheveux argentés, et le blanc et l'incarnat de son teint, qui convenoit au bleu de ses yeux, lui donna un éclat infini, et sa beauté parut extraordinairement. Les peuples furent ravis de la voir, et, transportés de leur joie et de leur amour, lui donnèrent mille et mille bénédictions. Le Roi étoit tel que les poètes nous représentent ces hommes qu'ils ont divinisés. Son habit étoit en broderie d'or et d'argent, aussi beau qu'il le devoit être, vu la dignité de celui qui le portoit. Il étoit monté sur un cheval propre à le montrer à ses sujets, et suivi d'un grand nombre de princes, et des plus grands seigneurs de son royaume. La grandeur qu'il faisoit voir en sa personne le fit admirer de tous, et la paix qu'il venoit de donner à la France, avec cette belle princesse qu'il leur donnoit pour reine, renouvela dans les cœurs de ses peuples leur zèle et leur fidélité; et tous ceux qui en ce jour purent le regarder s'estimèrent heureux de l'avoir pour leur Roi et leur maître. La Reine mère vit passer le Roi et la Reine par un balcon de la rue Saint-Antoine, et sa joie se peut aisément deviner par toutes les choses que j'ai écrites. La reine d'Angleterre et la princesse sa fille étoient avec elle.

La Reine mère, après avoir marié le Roi à celle que son cœur avoit toujours désirée, voulut penser à Monsieur, et comme une bonne mère lui choisir ce qui lui paroissoit alors de meilleur et de plus précieux dans l'Europe. Ce fut la princesse d'Angleterre, qu'elle avoit tendrement aimée, et qu'elle auroit voulu faire Reine, au défaut de l'Infante sa nièce. Elle fit donc résoudre le Roi à ce mariage; et pour l'engager à sa conclusion, elle alla demander cette jeune princesse à la reine d'Angleterre sa mère. Elle l'obtint facilement, car Monsieur étoit digne d'être reçu avec joie des plus grandes princesses de la terre. Celle qu'il alloit épouser lui avoit même cette obligation d'avoir été en tout temps également souhaitée de lui : si bien que ses désirs étoient plutôt fondés sur sa propre dignité, que sur le rétablissement du roi d'Angleterre son frère. Le duc d'Yorck (1), second frère de cette princesse, ne prit pas un si bon parti pour lui : car vers ce même temps il se maria à une simple demoiselle, fille du chancelier d'Angleterre (2), qui servoit la princesse royale son autre sœur, veuve du prince d'Orange. La reine d'Angleterre leur mère venoit de perdre il y avoit peu le duc de Glocester son troisième fils, qui, par la réputation qu'il avoit déjà acquise, paroissoit devoir être un grand prince : et l'affliction de cette princesse fut sensiblement redoublée par la faute que fit le duc d'Yorck en prenant une alliance si basse, qui ne lui convenoit pas.

La reine de la Grande-Bretagne, après avoir accordé la princesse sa fille à Monsieur, peu de jours avant la fête de tous les saints, partit pour aller en Angleterre faire une visite au Roi son fils, et prendre ses mesures avec lui pour leurs affaires communes. Son dessein étoit de lui proposer le mariage d'Hortense Mancini, nièce du cardinal Mazarin, sans qu'il y eût d'autre fondement à cette pensée que la complaisance que voulurent avoir pour le cardinal Mazarin milord Germain et milord Montaigu. Ils alléguoient pour raison que, dans ce nouveau rétablissement du roi d'Angleterre, ses peuples étoient mal affermis; que le parlement d'Angleterre paroissoit avoir encore des factions, et qu'il y avoit une armée sur pied qui n'étoit pas entièrement soumise à ses volontés. Il leur sembla qu'une somme d'argent considérable lui devoit être nécessaire pour payer ses troupes, les congédier, et acheter ce qui restoit de factieux dans son royaume. La reine d'Angleterre arrivant à Londres trouva toutes choses si bien disposées, les armées si obéissantes, et le parlement si soumis, que la proposition du mariage d'Hortense ne put alors trouver d'agrément dans le cœur du Roi son fils. La nécessité de cinq millions promis par le cardinal à l'heure qu'on les voudroit ne le pressoit plus de les recevoir ni de les demander. C'est pourquoi le parti qu'on lui offroit ne lui plut pas : son armée se sépara d'elle-même par la seule puissance de sa volonté, et le parlement fit aussi ce qu'il désira. Le cardinal fut sans doute affligé de ce changement; mais on peut dire à sa gloire qu'il avoit apparemment si peu recherché cet honneur, et avoit fait tant d'ostentation de son indifférence sur cet article, et sur la violence que ces seigneurs anglais lui faisoient, que l'envie, la haine, ni l'esprit de raillerie, ne purent trouver là-dessus de matière suffisante pour lui faire un reproche. Sa sagesse et sa modération parurent encore en une autre occasion presque aussi avantageuse pour lui; car le duc de Savoie lui ayant fait offrir d'épouser une de ses nièces pourvu qu'il voulût lui faire rendre Pignerol, ce ministre le refusa, et dit au duc de Navailles, à ce que la duchesse sa femme m'a conté, qu'il ne vouloit établir ses nièces que pour augmenter sa gloire; et que faisant cette trahison au Roi par la seule considération de ses intérêts, il n'en mériteroit que de la honte. Le chancelier d'Angleterre, qui ne ressembloit pas au cardinal Mazarin, fit demander à la reine d'Angleterre la permission de se présenter devant elle pour lui faire la révérence. Cette Reine lui manda qu'elle le vouloit bien, pourvu qu'il ne lui parlât point de sa fille; mais le Roi son fils, qui étoit engagé à soutenir ce mariage par l'affection qu'il avoit pour le chancelier, sut si fortement presser la Reine sa mère, qu'enfin vaincue par la force qu'il lui fit et par le conseil de divers seigneurs, du comte de Saint-Alban et de l'abbé de Montaigu, qu'elle consentit au mariage. Elle pardonna à son fils, et reçut pour sa belle-fille la duchesse d'Yorck. Les lords trouvèrent qu'elle le devoit faire, tant pour faire ses affaires et s'établir un revenu considérable que le Roi son fils lui donnoit en son pays, que pour s'établir eux-mêmes, particulièrement le comte de Saint-Alban, ministre de cette princesse. Il se fit ami du chancelier, après avoir tenu bon quelque temps, et fait en apparence le per-

---
(1) Depuis Jacques II.
(2) Le comte de Clarendon.

sonnage d'honnête homme, qui étoit de ne se rendre que difficilement. Milord Montaigu n'avoit pas de désirs pour la fortune, qu'il pouvoit faire en Angleterre : ses attachemens étoient en France, par l'amitié que la Reine mère avoit pour lui ; et de plus on peut dire de lui qu'en toutes choses, en tous pays, la véritable piété faisoit qu'il étoit désintéressé.

Alors le cardinal retomba malade d'un mal languissant ; il parut que l'humeur des gouttes étoit remontée des jambes à l'estomac, et renfermée au dedans : ce qui lui causa des étouffemens qui passèrent long-temps pour vapeurs. Les médecins le purgèrent souvent ; et comme il amendoit toujours par la purgation, on connut par là, malgré leur dissimulation, que c'étoit humeur, et que cette humeur venoit d'une mauvaise source. L'état où il étoit alors ne l'empêchoit pas de penser à ses trésors ; et dans ces mêmes temps, comme il avoit des momens de relâche, on remarqua qu'il s'occupoit souvent à peser les pistoles qu'il gagnoit, pour remettre les légères le lendemain au jeu.

L'avarice du cardinal étoit telle, que la Reine n'avoit point d'argent. Toute la dépense de sa maison se faisoit par l'ordre de Colbert, créature du cardinal qui épargnoit sur toutes choses. Cette jeune princesse n'avoit pas de quoi jouer : car on ne lui donnoit alors que les mille écus par mois, destinés de tout temps pour les menus plaisirs des reines, et pour leurs aumônes. Mais comme le jeu étoit à la mode, et que la Reine aimoit quelquefois à jouer, cette somme n'étoit pas suffisante ; car pouvant beaucoup perdre chaque jour, il arrivoit souvent que l'argent étoit bientôt fini : de sorte qu'elle n'avoit pas de quoi faire des aumônes, ni de quoi satisfaire à ses plaisirs. Le jour des étrennes, on avoit accoutumé de donner à la Reine mère, du temps du Roi son mari, douze mille écus ; mais la Reine n'eut que dix mille livres : dont elle fut fâchée, à cause que la Reine sa mère lui avoit dit qu'elle avoit accoutumé d'avoir douze mille écus. Cette différence lui déplut ; elle s'en plaignit à la duchesse de Navailles. Cette dame, croyant faire un service au cardinal l'en alla avertir, le conseillant de mieux traiter sa maîtresse : elle lui dit aussi qu'elle étoit sensible, et qu'elle connoissoit le bien et le mal qu'on lui faisoit. Il lui répondit que la Reine auroit de l'argent quand il lui plairoit d'en demander, sans promettre de lui en donner. Il parut en colère contre la Reine mère de ce qu'elle vouloit qu'on donnât à la Reine sa mère les douze mille écus dont je viens de parler, et dit avec exagération : « Hélas ! si elle savoit d'où vient cet argent, et « que c'est le sang du peuple, elle n'en seroit pas « si libérale. » Lui qui jouoit tous les jours trois ou quatre mille pistoles, qui avoit tout l'argent de France dans ses coffres, qui laissoit jouer à sa nièce la comtesse de Soissons chaque jour des sommes immenses, qui pilloit tout, et qui laissoit faire sur les peuples les plus énormes voleries qui se soient jamais faites ; lui, dis-je, que l'on trouva peu après sa mort avoir rempli de trésors innombrables tous les places de sa domination et celles de ses amis, il eut la hardiesse de reprocher à sa bienfaitrice, à la mère de son Roi, à la mère de la France et des pauvres, douze mille écus qu'elle souhaita qu'il fît donner à la Reine selon que le feu Roi son mari avoit accoutumé de les lui donner à elle : en quoi on peut voir quelle étoit sa tyrannie, sa dureté et son ingratitude dans les choses où il agissoit naturellement.

La reine d'Angleterre vint alors à Portsmouth pour s'embarquer, et revenir en France par le Havre ; mais son vaisseau pensa périr, et fut jeté sur le sable. La princesse d'Angleterre, accordée à Monsieur, dans ce même vaisseau fut prise de la rougeole, dont elle fut extrêmement malade. La Reine mère, qui souhaitoit ce mariage, s'inquiéta de ce qu'on ne savoit point de ses nouvelles, et Monsieur montra par son chagrin que du moins son intention étoit d'être affligé. Cette princesse, après avoir été deux jours en péril par l'excès de sa maladie, retourna à Portsmouth pour être purgée ; mais la rougeole lui sortit tout de nouveau, et les médecins doutèrent de sa vie. La santé lui étant revenue, elle se remit sur mer avec la Reine sa mère, laquelle peu après arriva au Havre heureusement [le 5 février 1661], ayant eu en ce voyage la crainte de perdre la princesse sa fille, et la douleur d'avoir vu mourir pendant le séjour qu'elle avoit fait à Londres la princesse royale sa fille aînée, veuve du prince d'Orange.

Le dimanche 6 du mois de février, le feu prit dans la galerie du Louvre, appelée la galerie des Rois. Elle fut presque entièrement brûlée, avec un salon voisin qui ne faisoit que d'être achevé de bâtir. Le Roi fut contraint par cet accident d'aller à Saint-Germain passer quelques jours, pour laisser nettoyer le Louvre.

Le vendredi 11 février, le cardinal étant alors à Vincennes se sentit en mauvais état. Il envoya le duc de Navailles au Roi lui mander qu'il étoit fort malade, et qu'il souhaitoit de le voir. Le Roi pleura avec ce duc, disant qu'il perdoit beaucoup ; que si le cardinal avoit vécu encore quatre ou cinq ans, il l'auroit laissé capable de gouverner son royaume ; qu'alors il demeuroit embarrassé, ne sachant à qui se confier, et que son plus grand désir étoit de faire lui-même ses affaires. Cette nouvelle fit que toute la cour revint de Saint-Germain à Paris, d'où le Roi alla aussitôt à Vincennes. La Reine mère alla l'y joindre, et fut servie par les officiers de la Reine sa fille, parce qu'elle n'y mena point les siens. Ce même jour 11, on avoit donné de l'émétique au cardinal sur le soir, qui l'avoit fort soulagé : c'est pourquoi on lui en redonna le 13, dont il se porta mieux un jour ou deux, à cause de la grande évacuation; mais aussitôt après il retomba dans ses mêmes maux.

La Reine d'Angleterre arriva à Paris le 20 février; elle fut bien reçue du Roi et des Reines, qui allèrent au devant d'elle jusqu'auprès de Saint-Denis, avec toute la grandeur et la suite qui accompagne toujours un roi de France.

Le 22 février, le Roi et la Reine mère, qui étoient à Vincennes, allèrent un matin voir le cardinal. Ils le trouvèrent plus mal ce jour-là, et plus oppressé. Il leur parla de sa mort, et leur dit des choses touchantes. Le Roi et la Reine mère y furent deux heures, et en sortirent pleurans et attendris. Sur la fin de février, le cardinal empira tout-à-fait; et ne sachant à qui jeter ses innombrables trésors, il fiança sa nièce Mancini, qui étoit revenue à la cour, au connétable Colonne, avec une dot de cent mille livres de rente en Italie, et sa belle maison de Rome qu'il lui laissa. Le Roi à son retour avoit vécu avec elle avec beaucoup plus de marques d'indifférence que de passion. Quelques-uns ont dit qu'il eut encore quelques momens de tendresse qui pensèrent rallumer ses premières flammes; mais je l'ignore, et n'en puis rien dire.

Le ministre fit épouser Hortense Mancini au grand-maître, en le faisant héritier de tous ses biens, et lui fit quitter son nom de La Porte, qui de soi étoit médiocrement honorable; et l'obligea de prendre celui de Mazarin, avec des biens et des établissemens prodigieux. Depuis long-temps le grand-maître, fils du maréchal de La Meilleraye, étoit amoureux de mademoiselle Hortense, et avoit refusé la comtesse de Soissons, espérant d'avoir sa cadette; mais le cardinal gardoit cette cadette, qui étoit belle, pour des rois, ou du moins pour des souverains. Jusque là il avoit montré de l'aversion à la lui donner, et ne paroissoit pas estimer sa personne; mais la mort, qui le prenoit à la gorge, ne lui donnant pas le temps d'accomplir en ses nièces qui lui restoient à marier la grandeur de ses désirs, il fallut qu'il prît le grand-maître comme son pis aller. Il étoit déjà fort riche; car son père, par la faveur qu'il avoit eue auprès du cardinal de Richelieu comme son parent, avoit de grands biens et de grandes dignités. Il parut heureux d'être porté par la fortune à la jouissance de cette grande dépouille : mais ce n'est pas être heureux que d'être trop riche. Le cardinal Mazarin avoit toujours conservé une grande reconnoissance des obligations qu'il avoit au feu cardinal de Richelieu, son bienfaiteur. Ses premiers désirs, après avoir fait venir ses nièces d'Italie, avoient été pour le duc de Richelieu, neveu du défunt ministre; mais la duchesse d'Aiguillon sa tante l'avoit méprisé, et on crut alors qu'en mourant il se consoleroit de la nécessité qui le forçoit de prendre le grand-maître pour son héritier, à cause que le maréchal de La Meilleraye étoit parent du cardinal de Richelieu, et qu'il avoit toujours été son ami dans le temps de sa faveur passée.

Le 3 de mars, deuxième jour de carême, j'allai à Vincennes. Le cardinal Mazarin, qui s'étoit mieux porté depuis un jour ou deux, s'étoit trouvé si mal ce même matin, qu'il avoit fallu lui faire recevoir le saint viatique. La Reine mère fut réveillée avec cette nouvelle : elle l'entendoit hurler les nuits, parce qu'il étoit logé de l'autre côté de sa chambre, et son mal étoit de cette nature qu'il étouffoit continuellement. Le Roi tint conseil le matin, avant que la Reine sa mère fût éveillée : et aussitôt il lui vint rendre compte de ce qui s'y étoit passé. La Reine mère, ce même jour-là, me fit l'honneur de me dire que Le Tellier, le procureur général Fouquet, et de Lyonne, étoient destinés, non pas pour gouverner, mais pour servir le Roi. Elle me parla du maréchal de Villeroy comme d'un homme qui aimoit l'Etat et avoit de la capacité, mais qui étoit foible. Elle croyoit néanmoins qu'il seroit du conseil : ce qui ne fut pas. Elle me parut persuadée que Le Tellier étoit un homme habile en sa charge, homme de bien, assez à elle, mais pas capable de la première place. Elle me fit l'honneur de me dire aussi qu'elle croyoit que le procureur général, comme capable, quoique grand voleur, demeureroit le maître des autres. Pour de Lyonne, elle me témoigna avoir dessein, si elle le pouvoit, de l'éloigner des conseils après la mort du ministre.

Le cardinal, qui étoit surintendant de la maison de la Reine mère, la supplia de lui permettre de donner cette charge à la princesse de Conti sa nièce. Madame la comtesse de Flex, sa dame d'honneur, en fut fâchée : mais la Reine mère y remédia; car pour lui adoucir cette mortification de voir une personne au-dessus d'elle, elle fit donner peu après un brevet de duchesse à madame de Seneçay, qui pouvoit revenir à la comtesse de Flex sa fille et à ses enfans mâles : faveur assez extraordinaire et que la Reine mère demanda instamment au Roi, comme une chose qu'elle désiroit avec ardeur.

Le 5 mars on ordonna les prières publiques des quarante heures par toutes les églises de Paris, pour le cardinal : ce qui ne se fait d'ordinaire que pour les rois. Madame la princesse palatine lui envoya, à son extrême regret, la démission de sa charge de surintendante de la maison de la Reine, qu'il donna à la comtesse de Soissons. Il voulut, avant que de mourir, laisser ses deux nièces dans ces deux postes, qui sont beaux. La Reine alors se douta d'être grosse. Ce fut une consolation au Roi qui pouvoit aisément guérir le chagrin qu'il avoit de l'état où il voyoit le cardinal, qu'il aimoit beaucoup. C'étoit son premier attachement, et l'enfance avoit été le sceau de cette liaison.

Le cardinal laissa au grand-maître, en ses gouvernemens, en sa maison de Paris toute meublée, et en argent, des sommes innombrables (1); et outre ces grands biens, il avoit marié la princesse de Conti, madame de Modène et la comtesse de Soissons, et leur avoit donné à chacune une grande dot. Il laissa deux cent mille écus à la petite Marianne, la dernière de ses nièces; et le gouvernement d'Auvergne pour celui qui l'épouseroit. Pour son neveu Mancini, quoiqu'il le déshéritât, ne le croyant pas digne de porter son nom, ce neveu déshérité ne laissa pas d'avoir la principauté ou duché de Ferreti en Italie, le duché de Nevers en France, avec une partie de sa maison, et beaucoup d'autres biens. Il donna à chacun de ses petits-neveux de Mercœur de grands revenus en bénéfices, et fit donner à tous ses amis des gouvernemens, des évêchés et de l'argent. Il rétablit le duc de Lorraine dans ses Etats, en partie pour le récompenser de ce qu'il avoit voulu être son neveu, honneur qu'il avoit refusé; et chacune de ses recommandations ou de ses louanges fit alors la destinée des plus grands seigneurs du royaume. Il fit son testament, et le signa le 6 mars; et comme il avoit déjà reçu le saint viatique, il parut vouloir donner le reste de son temps à son salut. Il envoya chercher M. Joli, curé de Saint-Nicolas-des-Champs, homme de grande réputation, et le pria de ne le plus quitter. Il fit paroître des sentimens de piété, et demanda miséricorde; mais tous ceux qui disent : *Seigneur, Seigneur*, n'entreront point au royaume des cieux. Il faut néanmoins que nous espérions tous en cette divine miséricorde, et pour nous et pour les autres : c'est là la richesse des pécheurs.

(1) L'ancien original porte quinze cent mille livres de rente, tant en duchés, gouvernemens, maisons, etc.

Le jeudi 3 de mars, qui fut le jour qu'il communia, la Reine mère me fit l'honneur de me dire, en présence du Roi, que le cardinal étoit alors bien petit devant Dieu; qu'il avoit de grands sentimens d'humilité, et qu'elle espéroit que Dieu auroit pitié de lui. Ce sont deux choses difficiles à pouvoir accommoder ensemble, que l'humilité chrétienne avec l'amour des biens de la terre, et de cette grandeur qui lui faisoit disposer de tout un royaume comme bon lui sembloit. Il donna tout ce qui étoit vacant et tout ce qui n'étoit point à lui. Véritablement ce fut du consentement du Roi, et ce fut ce qui le persuada qu'il pouvoit impunément prendre et tout donner aux siens. L'excuse n'étoit pas peut-être tout-à-fait légitime : c'étoit abuser en quelque manière des sentimens que l'habitude avoit formés dans le cœur du Roi à son égard, que de lui ôter sa puissance, ses finances, et le droit de disposer des charges, gouvernemens, abbayes, évêchés, et presque généralement de tout ce qui se trouva pour lors dans sa disposition.

Le cardinal Mazarin avoit été soupçonné de n'avoir pas eu beaucoup de religion. Sa jeunesse étoit déshonorée par une mauvaise réputation qu'il avoit eue en Italie; et, comme je l'ai dit en parlant de lui, il n'avoit jamais témoigné assez de vénération pour les mystères les plus sacrés. Sa vie, moralement bien réglée, ne paroissoit pas avoir, pour règle de sa sagesse, les maximes évangéliques; et il seroit à souhaiter pour lui que les dernières années de sa vie, où il avoit fait des actions de vertu, eussent été entièrement réglées sur le désir de son salut. Mais Dieu seul connoît ce qui est en l'homme, et les apparences louables nous doivent presque toujours obliger à croire comme une vérité le bien que nous voyons en autrui, puisque nous ne pouvons faire le discernement des pensées ni des sentimens dont nous voulons injustement être les juges. Ce ministre montra beaucoup de fermeté et de tranquillité d'esprit dans ses derniers jours. Il travailla avec Le Tellier sur les affaires de l'Etat. Le 4 et le 6, il fit même des dépêches pour Rome, qu'il signa. Sa fin fut accompagnée d'honneur par les larmes du Roi, d'opulence par les biens qu'il laissa à sa famille et à ceux qu'il voulut enrichir, et de fermeté par la bonne mine qu'il fit à la mort. Il peut aspirer à la gloire de l'avoir regardée avec une intrépidité pareille à celle des plus grands hommes.

Le 7 mars, jour qu'il reçut l'extrême-onction, après avoir pris congé du Roi, de la Reine mère et de Monsieur, qu'il supplia de ne prendre plus la peine de le venir voir, il donna au Roi dix-huit gros diamans, un fort beau diamant à la

Reine mère, un bouquet de diamans à la jeune Reine et plusieurs émeraudes d'une prodigieuse grosseur à Monsieur. Il donna un diamant au prince de Condé, avec beaucoup de louanges et de grandes marques de son amitié, et un au maréchal de Turenne, et laissa pour successeurs au ministère ceux que j'ai déjà nommés. Ensuite de toutes ces choses, il pria M. Joli, curé de Saint-Nicolas-des-Champs, de ne le plus quitter. Il ne s'étoit point confessé à lui, mais il parut ne penser plus qu'à sa conscience. Son confesseur ordinaire étoit théatin, homme simple et d'une singulière piété, mais qui peut-être ignoroit les périls où peuvent tomber ceux qui ont trop adoré la fortune, la faveur et les richesses. Il voulut dans cet état envoyer à l'assemblée du clergé l'évêque de Poitiers, pour les prier de croire qu'il mouroit leur serviteur. Elle en fut si reconnoissante qu'ils voulurent tous l'en remercier; mais ils ne le purent voir. Il en fit autant au parlement, les envoyant assurer qu'il mouroit leur serviteur. Il reçut l'extrême-onction dans sa chaise, y répondit lui-même, et remercia ceux qui la lui avoit administrée. Il fit venir tous ses domestiques; il se fit voir à tous ayant la barbe faite, étant propre et de bonne mine, avec une simarre de couleur de feu, sa calotte à sa tête, comme un homme qui vouloit braver la mort. Il leur parla fort chrétiennement, leur demanda pardon avec de grandes marques d'humilité, et confessa qu'un de ses crimes devant Dieu avoit été la colère, et la rudesse qu'il avoit eue pour eux. Il leur dit à tous ce qu'il leur laissoit, et fit toutes ces choses d'une manière douce et obligeante. Il embrassa ses amis, et leur fit des complimens. Au milieu de cette occupation, une foiblesse le prit; il dit : « Je m'affoiblis, qu'on me donne un peu d'eau « de grenade. » Après en avoir pris, il dit : « Je « reviens, » et continua de parler à ceux qui étoient présens. Il s'occupa le reste du jour à faire des actes de foi et de contrition : ce qu'il fit d'une manière dévote, ferme et tranquille. Il parapha son testament, et signa encore sur le soir des dépêches pour le service du Roi; et quoiqu'il parût ne vouloir plus penser qu'à Dieu, tant qu'il put parler et entendre il ordonna tout ce qui lui parut utile à l'Etat.

Le Roi et la Reine mère lui envoyèrent encore demander ce qu'il désiroit qui fût fait après sa mort, et il sembloit que ses paroles étoient des oracles qui ordonnoient de l'avenir. Il y a sans doute beaucoup de grandeur et de beauté à sa mort; mais sa réputation doit être noircie par l'ingratitude qu'il a eue pour la Reine mère sa bienfaitrice, d'avoir voulu mettre de la sécheresse, du dégoût et de la défiance pour elle dans l'esprit et dans le cœur du Roi, afin de le posséder tout entier, jusqu'à la blâmer de ce qu'elle faisoit trop d'aumônes, et faisoit trop de cas des dévots. Elle s'en étoit aperçue en plusieurs occasions, comme je l'ai déjà dit. Il eut même en mourant la dureté de lui demander la survivance du gouvernement de Bretagne, pour la donner au grand-maître : ce qui ne se fait jamais, car c'est un crime de compter sur la mort de nos rois. Voilà les effets de cette avarice sordide qui l'accompagna jusqu'à la fin, et qui, dans les derniers instans de sa vie, lui fit encore prendre plaisir à faire repasser par ses mains quasi tout le royaume, pour le donner à son neveu, à ses nièces et à ses amis. Voilà aussi la cause de cette ambition dévorante, et de cet ardent désir de la faveur qui l'avoit toujours possédé.

Le septième jour de mars, la Reine mère, après avoir tenu le cercle chez la Reine, vint un moment dans sa chambre pour savoir comment il se portoit. Elle fit appeler Colbert, qui lui dit qu'il étoit fort mal, et qu'il ne croyoit pas qu'il passât la nuit. La Reine mère s'attendrit à ces paroles, et les larmes lui vinrent aux yeux; puis me tirant à part, elle me fit l'honneur de me dire, en parlant de lui, qu'elle l'avoit toujours mieux connu que personne, et qu'elle n'avoit pas mésestimé ceux qui avoient été d'avis qu'elle l'éloignât de la cour; mais qu'ayant trouvé en lui une fidèle application au service du Roi et au bien de l'Etat, elle avoit cru qu'il étoit juste qu'elle excusât ses défauts en faveur de ses bonnes intentions. Elle ajouta ensuite quelques particularités du regret que le cardinal avoit de lui avoir déplu en sa conduite, dont il lui avoit demandé pardon avec des marques d'un grand repentir. Elle me dit aussi qu'elle avoit été fâchée de ce que le Roi, poussé par le ministre à haïr la princesse palatine, l'avoit obligée à se défaire de sa charge de surintendante de la maison de la Reine, pour la donner, comme je l'ai déjà dit, à la comtesse de Soissons. Cette princesse ne lui plaisoit pas, et n'avoit jamais bien vécu avec elle. Un reste d'attachement que le Roi avoit pour elle lui faisoit craindre qu'elle ne reprît sa même place, qu'il sembloit que sa sœur n'eût perdue que pour lui rendre. Elle me fit l'honneur de me dire aussi que le Roi sans doute prendroit plaisir à gouverner son royaume; qu'elle en étoit bien aise, et avoit dessein de lui montrer, par la modération de sa conduite, qu'elle ne lui vouloit rien dérober de son autorité. Ce fut par ces sentimens qu'elle perdit l'avantage d'entrer au conseil, dont beaucoup de personnes l'ont blâmée, s'imaginant peut-être avec raison qu'elle y avoit été portée par des conseils intéressés, dont elle ne connut pas la cause; mais, dans le vrai, sa pente naturelle étoit le désir du repos et de la retraite. Le soir du 7, le Roi, qui ne voyoit plus le cardinal, fit appeler ses ministres, et je vis alors le vivant prendre la place du mourant, avec un commencement de grandeur, de suite et de bruit qui me fit admirer les changemens du monde. Le Roi s'enferma avec eux ; et la Reine mère, au retour des ministres, vint peu de temps après le trouver. Comme elle étoit logée à l'ancien et petit logement, à cause qu'on faisoit peindre les grands appartemens du nouveau bâtiment, elle quitta sa chambre, parce qu'elle étoit trop proche de celle du mourant, et vint coucher dans celle du Roi. Le cardinal vécut encore cette nuit. Il dormit trois heures; le lendemain il entendit la messe, et eut quelque amendement. Ce meilleur état forma un petit bruit de résurrection ; mais aussitôt après s'affoiblissant entièrement, on jugea qu'il ne dureroit pas encore long-temps. Il mourut persuadé que les médecins n'avoient point connu son mal, et l'avoient mal traité. Un des siens lui entendit dire, parlant avec lui-même : « Ils m'ont tué. » Ce jour-là, Valot, premier médecin du Roi, lui ayant voulu persuader de prendre un bouillon, il le refusa, et regarda cet homme d'une manière fixe et perçante, qui fit juger aux assistans qu'il le regardoit comme un homme qui l'avoit mal servi. Quoique ce fût avec d'innocentes intentions, il n'en parut pas content, et la dernière absolution qu'il demanda fut pour avoir murmuré contre les médecins. Il fut tout ce jour dans de grandes souffrances, et son agonie fut le soir terrible. M. Joli lui ayant dit que c'étoit alors que la nature payoit son tribut, il lui répondit : « Je souf« fre beaucoup, mais je sens que la grâce est en« core plus forte que le mal. »

Le Roi lui manda le matin qu'il avoit beaucoup de peine de ne le point voir. Il lui fit dire qu'il le remercioit, qu'il n'étoit plus temps qu'il pensât à lui, mais qu'il le supplioit de se souvenir des dernières paroles qu'il lui avoit dites. Il envoya recommander M. Joli au Roi. La Reine mère prit la parole, et lui promit que le Roi auroit toujours soin des gens de bien. Un peu avant que de mourir, il appela Colbert son domestique, et lui parla de quelque chose touchant ses affaires, de la même manière que s'il eût été en santé. Il envisagea la mort avec une telle fermeté, qu'il dit à M. Joli qu'il avoit du scrupule de ne la pas assez craindre. Son agonie augmentant, il dit à un de ses valets de chambre nommé Bernoin, en tâtant son pouls lui-même : « Je souffrirai encore « beaucoup. » A deux heures après minuit il se remua un peu dans son lit, et dit : « Quelle heure « est-il ? il doit bien être deux heures ? » M. Joli et Bernoin dirent alors entre eux deux qu'il iroit bien encore jusqu'à dix heures du matin. Le malade ensuite demeura environ une demi-heure à prier Dieu, et souffrant. Alors il passa en disant : « Ah ! sainte Vierge, ayez pitié de moi et rece-« vez mon ame. » Il expira entre deux et trois, le 9 mars.

Le Roi s'éveillant appela sa nourrice qui couchoit dans sa chambre, et, sortant de son lit, lui fit signe de l'œil pour savoir si le cardinal étoit mort : ce qu'il fit de peur d'éveiller la Reine, ou de la troubler par cette funeste vue de la mort, qui de soi-même est toujours affreuse. Ayant su que oui, il s'habilla, et fit venir les ministres, le chancelier, Le Tellier, le surintendant Fouquet et de Lyonne, et leur commanda de ne rien expédier sans lui en parler, leur déclarant qu'il ne vouloit point que ceux qui demanderoient des grâces s'adressassent à d'autres qu'à lui. Il alla ensuite trouver la Reine mère. Ils dînèrent, et partirent le plus tôt qu'ils purent de Vincennes, pour venir à Paris. La Reine fut apportée en chaise. Le marquis d'Hautefort, son premier écuyer, et Nogent, vieux, mais sain, l'accompagnèrent toujours à pied.

Le Roi étoit affligé de la mort de son ministre, et avoit beaucoup pleuré. La Reine sa mère, plus forte que lui, et plus dégoûtée des créatures par la connoissance qu'elle avoit de leurs imperfections, sentit moins de douleurs. Elle avoit regretté le cardinal, et avoit eu des momens où la longue habitude et les bonnes qualités qu'elle avoit aimées en ce ministre, avec ce qu'il avoit fait pour elle en chassant sa nièce, l'avoient rendue sensible à sa mort, mais d'une manière plus tranquille ; et le souvenir de ses ingratitudes, petites ou grandes, effaçoit aisément ce chagrin. Leurs Majestés étant arrivées se débarrassèrent de la presse qu'ils trouvèrent dans le Louvre et dans leurs antichambres, et le Roi et la Reine mère allèrent se renfermer dans le cabinet de la Reine. Elle se portoit bien de son voyage; et par l'état où elle étoit, elle faisoit espérer au Roi, à la Reine sa mère et à toute la France la joie de la voir bientôt mère d'un Dauphin. Cette jeune princesse n'étoit nullement affligée de la mort du cardinal; et l'amusement que le Roi avoit repris avec la comtesse de Soissons, quoique foible en apparence, lui déplaisoit si fort, que si elle étoit chagrine, c'étoit seulement parce que, selon que le disent les philosophes, l'amant se transforme en la chose aimée, et que voyant le Roi triste il étoit impossible qu'elle fût gaie. Enfin ces trois royales personnes se voyant ensemble, éloignées de l'objet de la mort, commencèrent à respirer en repos. Le plaisir de la liberté, qu'ils envisagèrent avec ses charmes ordinaires, et cette agréable pensée dans ces premiers mouvemens, les consola de leur affliction. La Reine mère fut la première qui dit à ceux qui sans cesse faisoient revivre le discours de la mort du cardinal, qu'il n'en falloit plus parler : qu'elle craignoit que le Roi n'en fût malade, et qu'il falloit qu'il s'occupât à quelque chose de mieux qu'à des paroles inutiles.

Le Roi, depuis qu'il voyoit son ministre pencher vers sa fin, avoit montré qu'il vouloit à l'avenir gouverner son royaume. Il disoit qu'il n'approuvoit point la vie des rois fainéans, et qui se laissent mener par le nez. Il ajoutoit lui-même à cela qu'il voyoit bien qu'on pouvoit lui reprocher qu'il avoit fait ce qu'il blâmoit ; mais il attribuoit sa conduite passée à l'estime qu'il avoit eue pour le cardinal à cause de son habileté, et à cette soumission et dépendance à laquelle son enfance l'avoit accoutumé. La Reine sa mère, qui avoit senti l'incommodité du joug qu'elle s'étoit imposé, ne vouloit plus se soumettre à d'autre puissance qu'à celle du Roi son fils : si bien qu'elle souhaitoit qu'il voulût travailler lui-même pour lui-même. Elle n'étoit point ambitieuse, mais elle étoit assez bonne mère pour vouloir lui aider en tout ce qu'elle pourroit. Tous les gens de bien étoient dans ce même sentiment; et le ministre en mourant, soit par le désir de faire son devoir en donnant de bons conseils au Roi, soit pour ne vouloir point de successeur dans la gloire de sa faveur, lui laissa pour principale maxime de faire lui-même ses affaires, et de ne plus élever de premier ministre au suprême degré où il étoit monté; lui avouant que, par les choses qu'il auroit pu faire contre son service, il connoissoit combien il étoit dangereux à un roi de mettre un homme dans cet état. Il lui laissa des conseils et des préceptes estimables que le Roi lui-même écrivit, afin de s'en souvenir pour sa conduite.

Ce même jour au matin, le Roi, après avoir appris la mort du cardinal, avoit été enfermé deux heures, pour travailler lui seul au règlement de sa vie et de ses affaires. Il voulut ensuite faire part de ses résolutions aux grands du royaume; et quand il fut arrivé à Paris, il ordonna que tous le lendemain se trouvassent au Louvre chez la Reine sa mère à quatre heures. Ce jour-là cette princesse alla faire ses dévotions au Val-de-Grâce, puis étant revenue sur le soir, les officiers de la couronne et les ministres étant assemblés, le Roi leur dit que Dieu lui avoit ôté un ministre qui avoit pris le soin de ses affaires dans le temps de sa jeunesse ; qu'il s'en étoit si bien trouvé qu'il auroit souhaité qu'il lui eût plu de le lui conserver plus long-temps; mais puisque sa volonté avoit été de l'en priver, qu'il vouloit à l'avenir gouverner lui-même son royaume; qu'il espéroit que Dieu lui feroit la grâce de s'en bien acquitter, et de bénir les bonnes intentions qu'il avoit d'agir selon la justice et la raison ; que pour cet effet il ne vouloit point de premier ministre; qu'il se serviroit de ceux qui avoient des charges pour agir sous lui selon leurs fonctions, et que s'il arrivoit qu'il eût besoin de leur conseil, il le leur demanderoit; puis il les congédia. Cette résolution fut prise pour resserrer le secret des affaires, et pour en bannir M. le prince et les grands du royaume, qui tous, s'ils y avoient eu la moindre part, en auroient voulu prendre une plus grande, et auroient affoibli l'autorité royale autant qu'ils auroient pu. Le Roi disposa de ses heures, et ordonna que tous ceux qui auroient des grâces à lui demander lui présentassent des placets, et que les samedis il y répondroit. Après cette cérémonie, le Roi et la Reine sa mère étant montés chez la Reine, on crut déjà voir sur leur visage des marques de leur satisfaction, et il fut aisé de juger que bientôt les défauts du mort leur paroîtroient plus grands qu'ils ne les avoient encore vus; car il ne se contentoit pas d'exercer une puissance souveraine sur tout le royaume : il l'exerçoit sur les souverains mêmes qui la lui avoient donnée, n'ayant en plusieurs occasions aucune complaisance pour le Roi non plus que pour la Reine, et ne lui laissant la liberté de disposer de rien de considérable. Il étoit si jaloux de cette autorité qui ne lui appartenoit pas, qu'il vouloit faire les charges de tout le monde, si avare qu'il vouloit gagner sur tout, si défiant qu'il étoit fort aisé à choquer, si rêveur et si chagrin la plupart du temps qu'à peine osoit-on lui rien dire, et faisoit semblant d'être de mauvaise humeur pour empêcher ceux qui l'attendoient en foule en son passage de prendre ce temps-là pour lui parler. C'est pourquoi il étoit impossible que depuis le Roi jusqu'au moindre de ses sujets, hormis peu de personnes qui lui avoient de grandes obligations, on ne fût bien aise d'en être délivré.

Le Roi ce soir-là, ayant fait entrer M. le prince dans le petit cabinet de la Reine, lut devant lui et devant nous quelques articles des conseils que ce ministre, qui avoit beaucoup d'esprit et une longue expérience des affaires, lui avoit laissés par écrit, et qui en effet étoient très-bons; et comme on vit que le maréchal de Villeroy étoit exclu du conseil pour n'avoir jamais été bien remis dans les bonnes grâces du cardinal depuis qu'il avoit été accusé d'avoir manqué de reconnoissance à son endroit, on s'imagina que c'étoit une des choses qu'il lui avoit inspirées.

Le 10, qui fut ce même jour auquel le Roi fit sa déclaration aux grands du royaume, le corps du cardinal, qui avoit été exposé au peuple le jour précédent, le fut encore tout ce jour-là. Il y eut un grand monde qui le fut voir. On lui trouva, quand il fut ouvert, une petite pierre dans le cœur : ce que quelques gens dirent convenir fort à la dureté qui lui étoit naturelle.

Le 11, il fut porté à l'église de Vincennes, où son service fut fait sans beaucoup de cérémonies.

Voici quelques-uns des vers qu'on fit sur lui après sa mort :

Enfin le cardinal a terminé son sort.
Français, que dirons-nous de ce grand personnage?
Il a fait la paix, il est mort :
Il ne pouvoit pour nous rien faire davantage.

Autres :

Ci gît l'Eminence deuxième :
Dieu nous garde de la troisième!

Autres :

Mazarin sortit de Mazare
Aussi pauvre que le Lazarre
Réduit à la nécessité :
Mais, par les soins d'Anne d'Autriche,
Ce Lazarre ressuscité
Est mort comme le mauvais riche.

Autres :

Je n'ai jamais pu voir Jules sain ni malade :
J'ai reçu mainte rebuffade
Dans sa salle et sur le degré ;
Mais enfin je l'ai vu dans son lit de parade,
Et je l'ai vu fort à mon gré.

Le 12 mars, le Roi, pour contenter cette grande quantité de grands qui autrefois formoient le conseil, et que les brouilleries passées avoient élevés à cette dignité, tint conseil sur quelque matière de guerre étrangère, où assistèrent Monsieur, M. le prince, et tous les princes et grands qui avoient accoutumé d'en être, tant qu'il plut au cardinal d'en tenir ; mais depuis quelques années il les avoit entièrement abolis. Le Roi, les Reines et toute la cour prirent le deuil du cardinal : ce qui ne s'étoit jamais fait ; car les rois ne le portent que des souverains ou des princes qui ont l'honneur de leur être parens, et il n'étoit ni l'un ni l'autre.

Ces premiers jours ne furent occupés qu'à parler des immenses richesses que laissoit le cardinal. Le Tellier, comme son ami, nous dit alors, à la duchesse de Navailles et à moi, qu'il avoit eu trois millions cinq cent mille livres des charges de la maison de la Reine, que le Roi lui avoit données et que le ministre avoient vendues, jusqu'à celles de lavandière ; qu'ainsi cette somme, qui composoit une portion de ses trésors, ne venoit point de l'épargne. Il nous dit aussi, pour excuser ses grandes richesses, et nous montrer qu'elles n'étoient point prises sur le peuple, qu'il faisoit de grands ménages et trafics dans ses gouvernemens, et particulièrement dans Brouage ; qu'il jouissoit de plusieurs fonds destinés au paiement des ambassadeurs, de l'artillerie, de l'amirauté, et ainsi du reste ; qu'il se chargeoit d'y satisfaire, et ne le faisoit pas : en quoi il est à croire qu'il prenoit beaucoup, sans qu'on pût le convaincre de rien prendre à l'épargne. J'ai ouï dire en ce même temps au même Le Tellier, parlant du cardinal, que ce ministre avoit eu deux supérieures passions, le désir de la gloire et celui du bien ; qu'en mourant, sa grande fortune, dont il parut trop occupé, avoit beaucoup diminué le mérite de ses belles actions, et qu'ainsi il avoit manqué de remplir l'un de ses désirs pour avoir trop donné à l'autre. Je lui ai ouï dire aussi que, deux jours avant que le cardinal mourût, il avoit voulu écrire son testament, et le mettre au net en de beaux termes ; que comme il y travailloit, il le pressa de le quitter, de peur que cette application ne l'affoiblît trop, et que le cardinal se dépita contre lui, et lui dit demi en colère, et pourtant en riant : « Laissez-moi faire, la con-« trainte que vous me faites est pire que la mort ; » et qu'il parut en cet instant parler de la mort comme s'il en eût raillé ; mais que, dans quelque autre moment, il lui avoit dit d'un ton fort sérieux : « Voici un étrange passage, monsieur : « car je suis homme et pécheur, et je dois craindre « les jugemens de Dieu ; mais enfin il faut espérer « en sa miséricorde. »

Ses nièces, à qui il laissoit de grands trésors, ne le regrettèrent guère. Un certain Italien, leur domestique, leur reprochant leur ingratitude, leur dit : « Mesdemoiselles, vous vengez tous « les Français de la dureté que M. le cardinal « votre oncle a eue pour eux, par celle que vous « avez pour lui. » Il disoit vrai : car le cardinal Mazarin, généralement parlant, avoit un grand mépris pour la nation.

Le Roi succéda au royaume de France le jour de la mort de Louis XIII son père, n'ayant alors que quatre ans ; mais on peut dire que le jour de la mort du cardinal fut véritablement celui de son avénement à la couronne, celui où il commença d'être roi, et de faire voir qu'il étoit digne de l'être ; car ce fut alors qu'il voulut prendre lui-même le soin de toutes ses affaires, et que toutes les grâces qu'il pouvoit répandre sur les grands et sur les petits ne dépendissent que de lui. Pour cela, il commença de régler sa vie de cette manière.

Il prit la résolution de se lever à huit ou neuf heures, quoiqu'il se couchât fort tard. En quittant le lit de la Reine, il alloit se mettre dans le sien; puis il s'occupoit à prier Dieu et à s'habiller. Ses affaires alors l'obligèrent le matin de faire fermer la porte de sa chambre, tant pour vaquer à ce grand travail que pour éviter la presse. Le maréchal de Villeroy, comme ayant été son gouverneur, et estimé mériter d'être son premier ministre, avoit seul la permission de le voir; et dans cette préférence il trouvoit la consolation de ses autres privations. Environ à dix heures, le Roi entroit au conseil, et y demeuroit jusqu'à midi. Ensuite il alloit à la messe; et le reste du temps jusqu'à son dîner, il le donnoit au public, et aux Reines en particulier. Après le repas, il demeuroit souvent et assez long-temps avec la famille royale; puis il retournoit travailler avec quelques-uns de ses ministres. Il donnoit des audiences à qui lui en demandoit, écoutant patiemment ceux qui se présentoient pour lui parler. Il prenoit des placets de tous ceux qui lui en vouloient donner, et y faisoit réponse à certains jours qui étoient marqués pour cela; comme il y en avoit aussi un pour un conseil de conscience qui avoit été établi dans le commencement de la régence, qu'il rétablit en ce temps-là. Comme le seul désir de la gloire, et de remplir tous les devoirs d'un grand roi, occupoit alors son cœur tout entier, en s'appliquant au travail il commmença de le goûter; et l'envie qu'il avoit d'apprendre toutes les choses qui lui étoient nécessaires fit qu'il y devint bientôt savant. Son grand sens et ses bonnes intentions firent connoître les semences d'une science universelle, qui avoient été cachées à ceux qui ne le voyoient pas dans le particulier: car il parut tout d'un coup politique dans les affaires d'Etat, théologien dans celles de l'Eglise, exact en celles de finance; parlant juste, prenant toujours le bon parti dans les conseils; sensible aux intérêts des particuliers, mais ennemi de l'intrigue et de la flatterie, et sévère envers les grands de son royaume, qu'il soupçonnoit avoir envie de le gouverner. Il étoit aimable de sa personne, honnête et de facile accès à tout le monde, mais avec un air grand et sérieux qui imprimoit le respect et la crainte dans le public, et empêchoit ceux qu'il considéroit le plus de s'émanciper même dans le particulier, quoiqu'il fût familier et enjoué avec les dames. Une des choses qui put un peu contribuer à faire prendre au Roi cette conduite fut la réputation qu'avoit acquise le roi d'Angleterre depuis qu'il étoit remonté sur le trône. Les grandes louanges qu'il entendoit lui donner sur la manière dont il gouvernoit son royaume, bien moins soumis à ses rois que le nôtre, lui donnèrent de l'émulation, et augmentèrent encore, s'il se pouvoit, la passion qu'il avoit de se rendre plus grand et plus glorieux que tous les princes qui avoient jusqu'ici porté des couronnes.

Peu de temps après la mort du ministre se fit le mariage de Monsieur avec la princesse d'Angleterre. Le Roi n'avoit pas beaucoup d'inclination pour cette alliance. Il dit lui-même qu'il sentoit naturellement pour les Anglais l'antipathie que l'on dit avoir été toujours entre les deux nations; mais elle fut aisément effacée en lui par le sang qui les engageoit à s'aimer, et par l'agréable société qui, dans leur première jeunesse, les avoit accoutumés du moins à pouvoir être amis personnellement. La Reine mère aimoit la princesse d'Angleterre: elle la désiroit en qualité de belle-fille; et quand le cardinal mourut, le Roi se trouva si engagé à ce mariage, qu'il n'eut pas même la pensée de le rompre. Il donna à Monsieur l'apanage d'Orléans, tel que le feu duc d'Orléans l'avoit possédé, excepté Blois et Chambord.

La princesse d'Angleterre étoit assez grande: elle avoit bonne grâce, et sa taille, qui n'étoit pas sans défaut, ne paroissoit pas alors aussi gâtée qu'elle l'étoit en effet. Sa beauté n'étoit pas des plus parfaites; mais toute sa personne, quoiqu'elle ne fût pas bien faite, étoit néanmoins, par ses manières et par ses agrémens, tout-à-fait aimable. Elle avoit le teint fort délicat et fort blanc: il étoit mêlé d'un incarnat naturel, comparable à la rose et au jasmin. Ses yeux étoient petits, mais doux et brillans; son nez n'étoit pas laid; sa bouche étoit vermeille, et ses dents avoient toute la blancheur et la finesse qu'on leur pouvoit souhaiter; mais son visage trop long et sa maigreur sembloit menacer sa beauté d'une prompte fin. Elle s'habilloit et se coiffoit d'un air qui convenoit à toute sa personne; et comme il y avoit en elle de quoi se faire aimer, on pouvoit croire qu'elle y devoit aisément réussir, et qu'elle ne seroit pas fâchée de plaire. Elle n'avoit pu être reine; et pour réparer ce chagrin, elle vouloit régner dans le cœur des honnêtes gens, et trouver de la gloire dans le monde par des charmes, et par la beauté de son esprit. On voyoit déjà en elle beaucoup de lumière et de raison; et au travers de sa jeunesse, qui jusqu'alors l'avoit comme cachée au public, il étoit aisé de juger que lorsqu'elle se verroit sur le grand théâtre de la cour de France, elle y feroit un des principaux rôles.

Ces deux agréables et illustres personnes se

marièrent au Palais-Royal le dernier jour de mars, en présence du Roi, de la Reine mère, de la Reine, et de la reine d'Angleterre. Cette cérémonie se fit en particulier : il n'y eut que mesdemoiselles d'Orléans et le prince de Condé seuls qui furent conviés d'y assister, comme les plus proches parens de tous les deux.

Sur la fin d'avril, la cour s'en alla à Fontainebleau pour y passer tout le temps de la grossesse de la Reine; et comme il devoit être long, le Roi fit dessein de rendre ce séjour agréable par l'accompagnement des honnêtes plaisirs qui s'y pouvoient désirer. Il est assez naturel aux hommes de ne compter jamais la beauté de leur siècle que par celle de leur plus belle saison. C'est une matière où peu de gens s'empêchent de tomber dans le ridicule. Je puis dire néanmoins que, sans l'âge ni les sentimens des jeunes personnes de quinze ans, je n'avois jamais vu la cour plus belle qu'elle me le parut alors; le beau siècle de la jeunesse de la Reine mère m'a été presque entièrement caché par mon enfance, et par les années que je demeurai en Normandie jusqu'à la mort du feu Roi; et je n'ai bien vu que celui qui lui a succédé, c'est-à-dire celui de la régence, dont à la vérité les cinq premières années furent accompagnées d'une grande prospérité, avec tous les divertissemens permis et possibles. Je les goûtai à mon égard dans cet âge florissant où presque tout paroit devoir être admiré; mais je préfère celui dont je parle présentement. Premièrement la France étoit gouvernée par son véritable maître, qui avoit non-seulement toutes les qualités d'un grand roi, mais toutes celles d'un honnête homme. La Reine mère, par sa vertueuse conduite, avoit acquis tout nouvellement une grande réputation : elle étoit aimée et révérée de tous par sa douceur et ses honnêtes manières, et elle faisoit le bonheur des grands et des petits par sa bonté. Elle étoit la consolation des misérables par sa charité, et par la constance de sa vertu et de sa piété; étant devenue la protectrice des gens de bien, on pouvoit dire qu'elle étoit cause des bonnes œuvres qui se faisoient en toute la France. Quoiqu'elle approchât alors de soixante ans, elle étoit encore aimable, et, sans flatterie, on pouvoit dire qu'elle avoit de grandes beautés. Outre qu'elle avoit de la fraîcheur sur le visage, ses belles mains et ses beaux bras n'avoient rien perdu de leur perfection, et les belles tresses de ses cheveux étoient de même grosseur et de même couleur qu'elles avoient été à vingt-cinq ans. Sa santé, jointe à la douceur de son naturel, la rendoit commode et propre à tous les plaisirs où elle pouvoit prendre part. Personne ne s'apercevoit si c'étoit la complaisance plutôt que son inclination qui la convioit d'y assister; et ceux qui ne lui convenoient pas, elle les voyoit goûter aux autres avec plaisir. La jeune Reine, en même temps sa nièce et sa fille, étoit belle, vertueuse et remplie de piété : elle aimoit la retraite un peu plus qu'une reine de France, qui se doit au public, ne la devoit aimer; mais ce défaut étant fondé sur sa dévotion méritoit plus de louange que de blâme, et devoit être du moins facilement pardonné.

Monsieur, comme je l'ai dit souvent, étoit un prince aimable, spirituel, plein de douceur, familier avec tous; Madame avoit le don de plaire : elle était l'ornement de la cour, et comme le monde l'aimoit, elle de son côté ne le haïssoit pas. Elle s'abandonnoit à tout ce que l'âge de seize ans et la bienséance lui pouvoient alors permettre. Elle le faisoit avec gaieté et emportement. Le Roi continuoit à aimer la Reine sa mère, et cette illustre mère l'aimoit encore plus qu'elle n'avoit fait par le passé, si cela pouvoit être. Ni l'ambition ni la jalousie ne troubloient leur repos.

Le Roi ne cherchoit que la gloire; et la Reine sa mère n'en désirant que pour lui, et sachant toutes choses, elle étoit contente pourvu qu'elles se fissent bien, aimant autant ou plus qu'elles fussent faites par lui que par elle-même. Elle aimoit la Reine fort tendrement, et cette princesse alors ne pouvoit être contente si elle n'étoit auprès d'elle. Monsieur avoit toujours vécu cordialement avec la Reine sa mère : et cette illustre mère, pour l'en récompenser, lui avoit donné pour femme la sœur d'un grand roi, avec laquelle il pouvoit trouver beaucoup de douceur. Cette jeune princesse qui jusque là n'avoit eu pour protectrice que la Reine mère, étant femme de Monsieur et entièrement unie à la maison royale, sut bientôt effacer par son mérite le dégoût que le Roi avoit paru avoir pour elle pendant son enfance. Elle lui étoit devenue agréable non-seulement par sa personne, mais par l'inclination qu'elle avoit aux mêmes plaisirs. La Reine mère les ordonnoit d'abord elle-même, et tâchoit d'y établir l'innocence, et d'en retrancher le péril qui d'ordinaire se rencontre dans les emportemens de tous les jeunes gens, et particulièrement des grands. Enfin toute la famille royale vivoit dans une union et une concorde peu commune. Cette paix en produisoit une toute entière dans la cour, où il eût été honteux de ne pas suivre l'exemple de leur auguste maître. La vertu et la piété y régnoient, par celle dont les Reines faisoient profession. Elles s'occupoient en prières plus que le Roi, pour satisfaire pleinement au titre glorieux que l'on a donné à notre sexe, en l'appelant dévot.

Le Roi, qui jusqu'alors avoit été ou avoit paru

sage, sembloit en toutes choses vouloir toujours porter à juste titre celui de très-chrétien. Il ne souffroit aucun vice; les débauchés ne lui plaisoient pas, et il avoit de l'horreur pour les blasphémateurs et pour les impies. De si bons sentimens, par les soins vigilans et pieux de la Reine sa mère, avoient aboli les duels ; de sorte que les braves gens n'étoient point déshonorés pour refuser de se battre. En cela tous les règnes passés le dévoient, ce me semble, céder à cet heureux commencement du sien, puisque la vertu, l'innocence et la paix paroissoient régner sur le trône, non-seulement à l'égard de ceux qui l'occupoient, mais en quelque manière à l'égard de ceux qui vouloient en approcher : c'est-à-dire autant que la malice naturelle de l'homme, ses foiblesses et ses passions le pouvoient permettre. Car il n'y a point de temps ni même de bons exemples qui les en puissent entièrement exempter.

Cet état de prospérité, qui rendoit la cour fort grosse, y faisoit régner les plaisirs abondamment. Le prince de Condé, après Monsieur, y tenoit le premier rang, et le Roi avoit une grande considération pour lui ; et ce prince, que les différentes expériences qu'il avoit faites avoient tout-à-fait changé, faisoit voir qu'il étoit aussi grand par son humilité et sa douceur, qu'il l'avoit été par ses victoires. Le duc d'Enghien son fils, quoique bien jeune, donnoit en toutes occasions des marques de son esprit et de sa sagesse. Plusieurs fois le Roi, les Reines, Monsieur et Madame, étant sur le canal dans un bateau doré en forme de galère, où, prenant le frais, leurs Majestés faisoient la collation, M. le prince les servit en qualité de grand-maître avec tant de respect et d'un air si libre, qu'il étoit impossible de le voir agir de cette manière et se souvenir des choses passées, sans louer Dieu de la paix présente. Aussi la goûtoit-il avec plaisir, disant lui-même que quand le royaume renverseroit, il seroit toujours inséparable de son devoir.

Nous voyions le duc de Beaufort, ce chef des importans et des frondeurs, le roi de la halle du temps jadis, s'empresser de suivre partout le Roi son maître, et chercher à lui plaire ; tantôt recevant les plats de la main de M. le prince, à cause que la barque étant trop petite pour y faire entrer les officiers, ces personnes seules y pouvoient être ; tantôt à la chasse, où le plaisir du Roi s'accommodant au sien particulier, il faisoit paroître, par l'ardeur qu'il avoit à combattre les bêtes devant lui, qu'il auroit plus volontiers encore combattu ses ennemis : pour lui montrer que s'il s'étoit autrefois écarté des bonnes voies, son malheur l'y avoit entraîné plutôt que son inclination. Outre les princesses et les dames qui étoient à la cour, les filles des deux Reines et de Madame y tenoient une grande place, et parmi elles il y en avoit de très-belles. Le bal, les comédies, les promenades en calèche et les chasses étoient fréquentes. Enfin rien de tout ce qui peut divertir ne sembloit manquer dans cet agréable séjour. Les différentes cours et les différens jardins de Fontainebleau paroissoient des palais et des jardins enchantés, et ses déserts des Champs-Elysées. Mais ce n'est pas dans ces choses que consiste le bonheur : il se trouve bien plutôt dans l'exercice de la vertu, et dans la paix avec soi-même et avec ceux que nous aimons ; et la puissance des plus grands rois, l'abondance de toutes choses dont ils jouissent, et la facilité qu'ils ont de prendre toutes sortes de plaisir, ne fait pas plus leur félicité que celle de leurs sujets. En voici des preuves.

Deux mois ou environ s'étoient passés dans cet état, où de tous côtés les choses sembloient plutôt représenter la manière dont on vivoit dans le siècle d'or, que celle dont on vit ordinairement dans celui où nous sommes, lorsque l'innocence des plaisirs de notre florissante cour fut empoisonnée par l'amertume qui pour l'ordinaire en est inséparable. La vertu et la piété y avoient paru quelque temps en faveur, mais l'ambition et toutes les autres passions ne furent pas long-temps sans leur faire la guerre ; et quelque soin que la Reine mère prît pour les y maintenir, elles firent voir bientôt que comme la vie de l'homme est une vapeur qui s'élève de la terre et se dissipe en un moment, la raison et la vertu sont aisées à se troubler et à se corrompre, et qu'ainsi son bonheur n'est pas de durée. Quoique la Reine mère eût du chagrin de ces fréquentes promenades du Roi avec Monsieur et Madame, l'union intime et l'amitié solide du Roi et d'elle ne fut point altérée. Comme elle étoit jusqu'alors la confidente de ses plaisirs, et que d'autre côté elle lui avouoit que la Reine sa fille, ne pouvant se résoudre de le perdre de vue, s'affligeoit bien souvent de choses qui en effet n'étoient rien, elle lui disoit aussi qu'il lui devoit pardonner des mauvaises humeurs qui venoient d'un excès de tendresse qu'elle avoit pour lui, et tâcher de lui donner le moins d'inquiétude qu'il lui seroit possible. En même temps elle témoignoit à Madame que ses veilles et ses parties de chasse pouvoient incommoder sa santé ; mais la jeunesse ne se rend pas aisément à la raison, et prend pour des réprimandes les meilleurs conseils qu'on lui donne. Cela fit que les divertissemens continuèrent de la même force, et il arriva une chose qui fit plus d'éclat que ces galanteries qu'on cachoit avec grand soin.

La duchesse de Navailles, dame d'honneur de la Reine, avoit eu d'abord la princesse palatine pour surintendante. La dernière qui avoit eu autrefois cette charge dans la maison de la Reine mère étoit madame de Chevreuse, veuve du connétable de Luynes son premier mari; elle l'avoit exercée alors avec tous les avantages tant des honneurs que du service. La duchesse de Navailles ne laissa pas de s'opposer à la première possession qu'elle en voulut prendre. Elle soutint que madame de Chevreuse étoit favorite quand elle exerça cette charge, et que les grandes prérogatives dont elle avoit joui étoient plutôt une usurpation qu'une possession légitime. La princesse palatine, soutenue par la Reine mère, l'emporta néanmoins sur les principales fonctions de cette charge, que la dame d'honneur lui disputoit; et il fut dit, avant que le cardinal mourût, que madame la princesse palatine recevroit les sermens de tous les officiers, commanderoit dans la chambre, et auroit les honneurs; mais, par la puissance du ministre, ce fut à condition qu'elle se déferoit de sa charge au bout de deux mois. Depuis cette sentence, soit par maladie, par politique ou par engagement, elle fut toujours éloignée de la cour; et quand le cardinal vint à mourir, elle parut s'en défaire volontairement, ainsi que je l'ai dit, entre les mains de la comtesse de Soissons. Le cardinal crut y pouvoir laisser sa nièce avec l'agrément et la soumission de la dame d'honneur, parce que le duc de Navailles lui devoit toute sa grandeur, et mourut content de la laisser dans ce poste. La duchesse de Navailles ne fut pas néanmoins satisfaite de ce changement. Elle avoit cru peut-être, en parlant au cardinal, qu'elle souffriroit plus facilement la comtesse de Soissons qu'une autre; ou plutôt elle s'étoit flattée de cette douce illusion que l'éloignement de la princesse palatine pourroit avoir des suites favorables pour elle; mais, après la mort du cardinal, l'espoir qu'elle avoit eu de se voir sans surintendante à l'avenir fit qu'elle se trouva encore incommodée de celle-là. Elle savoit que cette princesse étoit pleine de l'orgueil que donne la faveur où elle s'étoit toujours vue depuis son enfance, et par cette raison elle en pouvoit craindre les mauvais effets. Quand le Roi et les Reines partirent pour Fontainebleau, la comtesse de Soissons, qui avoit de même senti qu'elle ne jouiroit pas de sa charge sans quelque chagrin, avoit querellé la duchesse de Navailles brusquement, et sur des choses assez injustes. Cette dame, d'abord retenue par la considération de ce qu'elle devoit à la mémoire du cardinal Mazarin, lui répondit d'une manière qui fit voir qu'elle se souvenoit des bienfaits qu'elle en avoit reçus. Le Roi en fut content, et blâma la comtesse de Soissons de son emportement. Elles eurent ensuite une grande conversation, et il sembla que de bonne foi elles avoient résolu de faire juger leurs fonctions; et le Roi leur permit d'en chercher les preuves, soit dans la chambre des comptes, soit par leurs lettres. Celles de la dame d'honneur, dont la charge a été de toute ancienneté la plus belle qu'une femme de qualité puisse avoir à la cour, lui étoient favorables. Elles lui donnoient les honneurs, avec la fonction de commander dans la chambre, et de recevoir les sermens des officiers, sans qu'il fût marqué dans les lettres des surintendantes, qui étoient des charges érigées nouvellement, que les rois eussent eu aucune intention d'ôter ces avantages aux dames d'honneur; et néanmoins la pratique avoit été différente de ce qui étoit écrit en la personne de la dernière surintendante, madame de Luynes. Ces dames furent quelque espace de temps en paix; mais sur les preuves elles se défendirent le mieux qu'elles purent. La duchesse de Navailles batailla en femme de cœur et d'esprit, et je tâchai de la servir le mieux qu'il me fut possible. Ses raisons étoient assez bonnes pour le pouvoir faire sans blesser l'équité; mais à dire le vrai, malgré l'amitié que j'avois pour elle, et le peu que je devois à la comtesse de Soissons, j'aurois souhaité qu'elle eût pu vaincre en cette occasion ses sentimens naturels, qui furent alors un peu trop forts sur tout ce qu'elle désira, et qu'elle crut devoir faire. Si, en faveur de la gratitude qu'elle étoit obligée d'avoir pour le feu cardinal Mazarin, elle avoit examiné ses intérêts avec moins d'exactitude, elle y auroit rencontré deux grands biens ensemble, et la gloire et le repos.

Le Roi paroissoit avoir encore de l'amitié pour la comtesse de Soissons; ce reste d'attachement avoit toujours inquiété la Reine; et le peu de soin que cette princesse avoit de lui plaire lui donnoit quelquefois un juste prétexte de se plaindre d'elle. La Reine mère suivoit doucement les inclinations de la Reine sa fille; car, autant à son égard qu'à celui de la Reine, cette nièce du cardinal, comme je l'ai déjà dit, n'avoit jamais bien satisfait à ses devoirs. Ces dégoûts obligèrent la Reine à protéger la duchesse de Navailles; et la princesse palatine, qu'elle considéroit, étant éloignée de la cour, elle ne se soucioit plus de soutenir les intérêts de la surintendante.

Le Roi, dont les intentions étoient droites, ayant écouté les raisons de part et d'autre, régla les fonctions de la surintendante et de la dame d'honneur. Il donna à la première les honneurs de présenter la serviette, de tenir la pelote et de donner la chemise, avec le commandement dans la chambre et les sermens; et tout le reste à la dame d'honneur, c'est-à-dire servir à table, la préférence dans le carrosse et dans le logement: bien entendu qu'en l'absence de la surintendante la dame d'honneur feroit toutes les fonctions ensemble. D'abord on crut que ce jugement étoit très-favorable à la surintendante : et madame de Navailles crut tellement être maltraitée, qu'elle eut la pensée de se retirer. La Reine m'ayant commandé de lui dire qu'elle la prioit de ne la point quitter, elle demanda en grâce au Roi qu'il lui permît qu'elle pût demeurer auprès de la Reine sa maîtresse sans faire aucune fonction. Elle disoit qu'elle ne pouvoit pas avoir l'honneur de servir la Reine à table sans lui donner la serviette. Le Roi s'expliqua, et lui dit qu'il vouloit qu'elle la donnât quand elle serviroit à table, et qu'il ne prétendoit pas que quand elle auroit la chemise entre les mains, elle l'offrît à madame la comtesse de Soissons; mais qu'il entendoit qu'elle acheveroit le service qu'elle auroit commencé. Il lui fit voir aussi l'avantage qu'il lui laissoit, en lui donnant la place dans le carrosse, préférablement à la surintendante. Enfin, sans qu'il y eut rien de changé dans l'écrit, les explications du Roi lui furent si favorables qu'alors madame la comtesse de Soissons trouva qu'elle avoit perdu sa cause. Elle ne put souffrir de se voir privée du principal honneur, qui étoit celui de présenter la serviette, parce qu'elle ne lui restoit qu'en l'absence de la dame d'honneur, et par conséquent quasi jamais, madame de Navailles n'étant pas même tenue de la lui offrir quand elle auroit commencé le service. La douleur qu'elle ressentit fut si grande, que le comte de Soissons son mari fit appeler en duel le duc de Navailles par le chevalier de Maupeou. Ce duc, comme chrétien, refusa de se battre; il le fit aussi par le respect qu'il portoit à la mémoire du feu cardinal, en se souvenant des grâces qu'il avoit reçues de lui : ce qu'il sentoit en son particulier avec beaucoup de reconnoissance. Il fit même ce qu'il put pour anéantir dans l'ame de la duchesse sa femme l'animosité de la dispute et le désir de la victoire; mais il n'y réussit pas. Elle crut qu'elle étoit obligée de défendre les droits de sa charge : ce qu'elle fit avec une fermeté inflexible; et son ennemie trouva les moyens de s'en venger fortement. Grâces à Dieu, par les soins du Roi et de la Reine sa mère, les plus vaillans, comme je l'ai déjà dit, ne tenoient plus à honte de refuser le duel; et celui-là qui le fit dans une occasion si célèbre, et dont la valeur ne pouvoit être mise en doute, en donna une grande preuve.

Ce fut alors que toute la cour se partagea. M. le prince, M. le duc, et quasi le prince de Conti, mari d'une nièce du cardinal Mazarin, toute la maison de Guise et celle de Vendôme, hormis le duc de Mercœur, furent tous pour le duc de Navailles. Le comte de Soissons, qui l'avoit emporté à la cérémonie de l'entrée de la Reine, par la faveur du cardinal, sur les autres princes, se trouva alors, malgré le sang de Bourbon et d'Autriche qu'il portoit dans ses veines, presque abandonné de tout le monde : et comme il avoit du cœur, il le sentit beaucoup sans doute, et ne manqua pas de se venger, en publiant que le mari et la femme étoient des ingrats à l'égard du cardinal, à qui ils devoient toute leur fortune. Ils se défendirent de ce reproche, en disant qu'ils avoient, comme il étoit vrai, bien servi le cardinal Mazarin; et que s'il eût vécu il n'auroit pas souffert que sa nièce les eût voulu perdre, puisqu'il les avoit toujours assez bien traités pour pouvoir espérer cette grâce de lui. Un jour que la comtesse de Soissons faisoit ces mêmes reproches à la duchesse de Navailles, cette dame lui répondit ces mêmes paroles : « Madame, je suis assurée « que si M. le cardinal pouvoit revenir au monde, « il seroit plus content de mon cœur que du vô-« tre. » Cette réponse fut applaudie, et l'insensibilité des nièces blâmée autant qu'elle méritoit de l'être. La suite de cet appel fut fâcheuse au comte de Soissons. Le Roi ne l'ayant pu ignorer, pour donner un exemple mémorable de sa justice, l'exila de la cour, et le traita selon toute la rigueur des édits. De là naquirent de grandes animosités de part et d'autre.

Les deux Reines prirent le parti de la dame d'honneur, non-seulement par la raison du droit, mais par celle de l'inclination et de la bonne volonté, qui est la plus forte de toutes. L'application et les soins de la comtesse de Soissons étoient d'avoir le Roi chez elle, de lui plaire, et d'avoir part à ses promenades et à ses divertissemens. Le Roi aimoit chèrement la Reine, et ne lui donnoit aucun sujet de le soupçonner d'en aimer d'autres plus qu'elle; mais la force des soupçons de cette princesse étoit si grande que, quasi sans y penser, elle se trouvoit ennemie de ceux même qu'elle ne haïssoit pas, parce qu'elle avoit naturellement de l'aversion pour tout ce qui la séparoit du Roi. Madame alors, qui commençoit de faire une grande figure à la cour, se déclara pour la comtesse de Soissons, non-seulement parce que Monsieur la tenoit pour son amie, mais parce que sa jeunesse la convioit à se divertir, qu'elle vouloit une compagnie en sa personne qui pût être agréable au Roi, et que la Reine, vivant d'une vie pieuse et assez retirée, ne lui étoit pas si propre : de plus, la Reine lui auroit été supérieure ; et la comtesse de Soissons de toute manière, et pour avoir besoin de protection, lui devoit être fort soumise. Madame se souvenoit, avec quelque noble dépit, que le Roi l'avoit autrefois méprisée quand elle avoit pu prétendre de l'épouser ; et le plaisir que donne la vengeance lui faisoit voir avec joie de contraires sentimens, qui paroissoient s'établir pour elle dans l'ame du Roi. Monsieur désiroit aussi de plaire au Roi, et il voyoit que la considération qu'il pouvoit avoir pour Madame lui étoit avantageuse. Ces trois personnes, chacune pour leur intérêt, se voulant plaire les unes aux autres, et le sang et la nature les obligeant à cette union, elle commença de paroître aussi grande qu'elle l'étoit en effet. La comtesse de Soissons, du consentement de tous les trois, y avoit été associée comme agréable au Roi et nécessaire à Madame ; mais Madame lui étoit plus nécessaire encore : car étant abandonnée des Reines, et pas autant soutenue du Roi qu'elle l'auroit souhaité, elle eut besoin d'appeler les plaisirs à son secours et de fortifier son droit par la complaisance qu'elle avoit pour les moindres choses qui venoient à l'esprit du Roi. De là, suivant leur inclination qui portoit un prince de vingt-deux ans à se divertir, et une princesse de seize ou dix-sept à suivre son exemple, les plaisirs le jour, les repas et les promenades jusqu'à deux ou trois heures après minuit dans les bois, commencèrent de s'introduire et de se pratiquer d'une manière qui avoit un air plus que galant, et où la volupté paroissoit devoir bientôt corrompre une vertu qui avoit été avec sujet autant admirée qu'il étoit rare de la posséder à son âge. A cette vue, la Reine s'alarme et s'afflige de savoir le Roi trop occupé d'autres objets. La Reine mère d'abord condamne ses frayeurs, et lui dit qu'il n'est pas juste qu'elle veuille contraindre le Roi, et que les honnêtes plaisirs qu'il prend ne lui devoient pas faire de la peine. Leur continuation alla néanmoins jusqu'à une telle extrémité, qu'enfin la Reine mère me commanda de conseiller à Madame d'apporter quelque modération dans ses divertissemens.

Cette jeune princesse devoit avoir de la confiance en moi, tant par l'honneur que la reine d'Angleterre me faisoit de me souffrir avec bonté et de me croire attachée à ses intérêts, que par les services assidus que je lui rendois en toutes occasions auprès de la Reine sa belle-mère. Je lui en parlai ; et comme elle étoit douce et complaisante, elle me parut vouloir suivre mes avis, et les reçut de bonne grâce. Aussi puis-je dire avec vérité qu'ils étoient tels que sans choquer le Roi, et sans manquer à la juste complaisance qu'elle lui devoit, si elle m'avoit fait l'honneur de me croire, elle auroit conservé les bonnes grâces du Roi, se seroit établie fortement dans son estime et dans celle de toute la cour, et auroit satisfait à ce qu'elle devoit à la Reine sa belle-mère, qui étoit en elle une obligation indispensable. Mais elle méprisa tous ces biens qui ne lui auroient coûté qu'un peu de retenue, dont elle auroit tiré un avantage admirable ; car, se privant seulement des promenades qui choquoient la bienséance et qui devoient incommoder sa santé, et montrant au Roi d'y renoncer par son propre sentiment, le Roi l'en auroit louée, puisque ce qui est raisonnable inspire toujours l'estime en ceux qui ont de la raison. Elle auroit aussi par le même moyen acquis un grand mérite à l'égard de la Reine mère, lui faisant doucement connoître qu'elle prenoit cette conduite pour lui plaire ; mais, par ses sentimens, elle se trouva naturellement opposée à la prudence. Madame écouta de ses oreilles les conseils que je lui donnai, et me rebuta par les mouvemens de son cœur ; ils la portoient à suivre âprement tout ce qui ne lui paroissoit pas criminel, ni entièrement contraire à son devoir, et qui d'ailleurs la pouvoit divertir. Par une lettre que je reçus alors de la reine d'Angleterre, on peut voir qu'elle étoit inquiète de ce qui se passoit à Fontainebleau, et de ce que la Reine mère étoit mal satisfaite de la conduite de Madame. Elle me commanda de la servir comme une autre elle-même. Je l'avois fait avec toute la fidélité que j'étois obligée d'avoir pour elle, et je continuai de le faire ; mais cette jeune princesse ne voulut pas profiter de mes bonnes intentions. La copie que je crois de voir mettre ici a été prise sur l'original. J'en ai beaucoup gardé de celles que cette grande princesse m'a fait l'honneur de m'écrire, qui marquent la bonté et la beauté de son esprit. La longue habitude qu'elle avoit de la langue anglaise avoit un peu corrompu son français ; mais le bon sens et la raison s'y trouvent parfaitement.

Copie d'une lettre de Henriette-Marie de France, reine d'Angleterre.

« Je crois que dans votre ame vous dites : *Cette reine d'Angleterre ne se souvient guère de moi*. Cela n'est pas vrai. M. de Montaigu vous dira que je m'en suis souvenue dans l'effectif. Par ces lettres j'avoue un peu de paresse, et que j'ai eu tort de ne vous avoir pas mandé la satisfaction que j'ai eue d'avoir reçu deux de vos lettres. Je vous en demande la continuation, pourvu que vous en ayez le loisir ; ayant vu hier des dames qui reviennent de Fontainebleau, qui disent que vous êtes toujours auprès des Reines, et que l'on ne sauroit avoir accès avec vous. Je crains même que par lettres l'on n'en aura point, de la manière qu'elles parlent. Si vous avez bien du bruit où vous êtes, j'ai ici beaucoup de silence, qui est plus propre à se souvenir de ses amies, dont je crois que vous êtes assez persuadée d'être du nombre, et pouvez être assurée de la continuation. Vous avez avec vous un autre petit moi-même, qui est fort de vos amies, je vous assure. Continuez d'être des siennes : c'est assez vous dire. »

Peu de temps après, la Reine mère me commanda aussi de conseiller à la Reine, qui me faisoit l'honneur d'avoir quelque confiance en moi, de souffrir avec plus de patience les divertissemens du Roi, et de lui représenter qu'il devoit être le maître de ses actions : qu'elle n'avoit pas de véritable sujet de s'alarmer, et que la vertu de ce prince paroissoit attaquée, mais non pas vaincue. Elle trouva bon que je travaillasse à les unir d'amitié, la Reine et Madame. Quoiqu'elle aimât beaucoup plus la Reine, elle considéroit assez Madame, et auroit été ravie de les voir bien ensemble. Je travaillai à cette union, et dona Maria Molina, assaffata (1) de la Reine et favorite, qui étoit une fort bonne personne et pleine de bonne volonté. Nous trouvâmes les moyens par nos raisons de calmer l'ame de la Reine, autant qu'il étoit possible de le faire. Elle demeura satisfaite de nos conseils, et les regarda comme des marques de notre affection à son service. Madame, à qui j'en parlai selon nos projets, me parut de même assez contente de nous; mais ce que je lui dis sur ces deux matières ne fut pas ignoré du Roi, et il lui fut dit sans doute d'une manière désavantageuse pour moi. Je ne veux pas savoir d'où procéda mon malheur, car ce qui regarde les personnes royales doit être pour nous des mystères de respect. Madame pouvoit même en avoir parlé sans aucun dessein de me nuire, et par un motif de confiance qui, dans l'intention de cette jeune princesse, n'avoit peut-être rien de contraire à la probité. Quoi qu'il en soit, madame la comtesse de Soissons le sachant, elle qui me regardoit comme amie de madame de Navailles son ennemie, trouva le moyen d'empoisonner tout ce qui venoit de moi, et de faire haïr au Roi mes applications à obéir aux commandemens de la Reine sa mère. Le Roi lui en parla, et lui dit, montrant d'avoir du chagrin contre moi, qu'il trouvoit mauvais de ce que j'étois si souvent tête à tête avec la Reine, et de ce que j'avois donné des conseils à Madame qui paroissoient en quelque façon s'opposer à ses divertissemens. La Reine sa mère me défendit généreusement; et comme le bien, qui en de certaines occasions déplaît, ne laisse pas d'imprimer en l'ame de ceux qui le connoissent quelque trait d'estime, le Roi, ne pouvant m'accuser de rien qui pût être contre son service, et sachant de la Reine sa mère que je n'avois agi que par son ordre, témoigna qu'il avoit quelque bonté pour moi, avouant à la Reine sa mère, à ce qu'elle me fit l'honneur de me dire, qu'il étoit vrai qu'il avoit trouvé la Reine de meilleure humeur depuis que j'avois eu l'honneur de lui parler; mais voulant me sacrifier à madame la comtesse de Soissons qui me haïssoit mortellement, il continua de me traiter comme si en effet j'avois mérité sa haine : si bien qu'il défendit à la Reine de me souffrir chez elle aux heures particulières. Par une si forte marque de son aversion, il me fit aisément comprendre que ma fortune étoit en mauvais état; mais ne trouvant rien en moi qui fût capable de me donner de la honte, je sentis en cette occasion que l'innocence est un grand préservatif pour de tels maux. Je crus même devoir espérer que le Roi, ayant beaucoup de lumières et d'équité, connoîtroit tôt ou tard que mes intentions et mes paroles avoient été conformes à mon devoir.

Un jour, parlant à la Reine mère de toutes ces choses, enfermée avec elle dans son oratoire, je conclus avec cette princesse que nous étions tous fort malheureux de ne nous pas appliquer à aimer et servir Dieu plutôt que les rois, puisque ceux-là ne connoissent point le cœur, quelque fidélité que nous ayons pour eux. Ils se peuvent tromper, en maltraitant les plus innocens de la même manière que s'ils étoient coupables. C'est un grand mal de ne pouvoir toujours espérer des souverains une juste rétribution de notre affection et de notre fidélité à leur service; mais c'est du moins un grand adoucissement à nos misères que d'en pouvoir trouver d'assez raisonnables pour se pouvoir consoler avec eux-mêmes des maux qu'ils sont capables de nous faire souffrir. Mes fautes enfin ne me firent point rougir : elles augmentèrent la bienveillance que la Reine mère et la Reine avoient pour moi. Beaucoup de personnes des premiers de la cour voyant que la Reine mère avoit quelque confiance en moi, et ne sachant pas quelle seroit la fin de ces petits commencemens de brouillerie, me firent de grands complimens, et me témoignèrent vouloir prendre quelque part au déplaisir que j'avois d'avoir déplu au Roi, à qui, par mon devoir et par tant d'autres raisons, je devois souhaiter de plaire. Le bruit courut que je serois disgraciée; mais il est à croire que le Roi n'y pensa pas, et ce bruit se dissipa par les marques publiques que je reçus de la bonne volonté des deux Reines.

(1) C'est ce qu'on dit en France première femme de chambre.

La Reine mère, le lendemain, me commanda d'aller chez la Reine de sa part pour lui dire quelque chose : elle le fit étant à sa toilette, et parlant tout haut, afin que si par hasard et par malheur ma désobéissance déplaisoit au Roi, elle eût droit de me défendre. Deux jours après, cette princesse étant chez la Reine, Leurs Majestés m'envoyèrent chercher par un valet de chambre. Il me trouva dans la grande allée qui va au chenil. J'y fus avec quelque crainte, car l'état où j'étois me tenoit dans une continuelle inquiétude. En entrant dans le cabinet de la Reine, où étoient ces deux grandes princesses, environnées du cercle et de beaucoup de monde, mes frayeurs se dissipèrent : car en me voyant arriver, elles se mirent à rire; et m'étant approchée de la Reine mère, elle me fit l'honneur de me dire qu'elle me vouloit voir seulement pour me faire bonne mine devant la comtesse de Soissons, et ajouta : « Sans avoir rien à vous dire, je veux vous par- « ler beaucoup et tout bas, afin de lui faire dé- « pit. » Le soir allant à la Comédie, et passant par l'appartement de la Reine, où j'étois dans un coin, elle se détourna de son chemin, et venant me trouver dans ce même endroit du cabinet, me dit encore en riant : « Je continue la comédie; « car la comtesse de Soissons, qui me suit, se « retiendra de vous nuire auprès du Roi, voyant « que je vous considère. »

Cette petite aventure, comme il paroit par les choses que je viens de dire, contribua beaucoup à irriter la Reine contre la comtesse de Soissons, et commença de faire naître dans le cœur de la Reine mère de véritables chagrins contre Madame, qui s'augmentèrent extrêmement par le peu de soin qu'elle prit alors de la satisfaire. Ces dégoûts firent imaginer aux courtisans que la volupté pourroit peut-être détacher le Roi de la Reine sa mère; mais ce grand prince paroissoit si lié à son devoir et si naturellement vertueux, que cette division n'arriva point. L'heure des plaisirs passée, il revenoit toujours à la Reine sa mère; il lui rendoit ce qu'il lui devoit en qualité de fils bien aimé, et témoignoit avoir beaucoup de considération pour elle. Non-seulement il l'aimoit, mais il lui disoit des choses qui faisoient voir aussi qu'il l'estimoit. Dans le vrai, elle lui en donnoit sujet par son désintéressement, et par l'affection tendre et respectueuse qu'elle avoit pour lui.

Les derniers jours du mois de mai, le prince de Condé dit au Roi qu'on avoit trouvé à Auxerre un portrait de Henri IV attaché à un poteau, avec un poignard qui lui traversoit le sein, et une inscription latine fort criminelle qui regardoit sa personne. Le Roi lui répondit : « Je m'en « console, on n'en a pas fait autant contre les « rois fainéans. » Un jour disant en confidence, à quelque personne qu'il estimoit, que s'il avoit jamais la guerre, il vouloit y aller en personne, et celui-là ayant répondu que ce seroit une grande imprudence, et quasi un défaut à un roi de hasarder ainsi sa vie, et que la France avoit autrefois beaucoup souffert de la valeur imprudente de François Ier, le Roi prit la parole, et lui dit : « Imprudent tant qu'il vous plaira; mais « avec tout cela cette imprudence l'a mis au rang « des grands rois. » Il fit alors un nouveau commandement au grand prévôt de châtier ceux qui jureroient, avec toute la sévérité possible.

Dans ces jours mêmes, la Reine mère voulut s'acquitter d'une promesse qu'elle avoit faite, il y avoit long-temps, à madame de Chevreuse, de l'aller voir à Dampierre, pour être deux ou trois jours en ce lieu. On y traita d'une grande affaire, et ce voyage servit en partie à décider de la destinée d'un ministre qui alors paroissoit dans un grand crédit. Le cardinal Mazarin, avant que de mourir, avoit donné, à ce qu'on a dit, des avis au Roi contre le surintendant Fouquet : il le croyoit trop prodigue de ses finances, et il lui conseilla d'installer Colbert sous lui, pour veiller à sa conduite et arrêter la profusion de ses libéralités. Le Tellier aimoit l'État et n'aimoit pas Fouquet : du moins il ne l'estimoit pas; et Colbert son allié, qui avoit été son commis, et qu'autrefois il avoit donné au cardinal pour le servir dans le maniement de ses affaires domestiques, lui étoit alors fort agréable. Il le croyoit tout à lui, et se persuada qu'il garderoit toujours sur cet homme une entière supériorité. Cette raison l'obligea de prendre soin de sa fortune, et de travailler à le mettre en état de lui aider à détruire celui qu'il croyoit son ennemi. Ils voulurent se joindre ensemble pour leur avantage particulier, et montrèrent au Roi ne désirer que celui de l'État et de son service. Ce prince, qui connoissoit les défauts du surintendant, reçut leurs avis, qui, étant autorisés des conseils du feu cardinal et fortifiés par la mauvaise conduite de Fouquet, eurent l'effet que produisent d'ordinaire les fautes des particuliers, et les desseins secrets de ceux qui paroissent désintéressés et fidèles. La duchesse de Chevreuse, par des motifs que je ne sais point, parla à la Reine mère contre le surintendant, et, sous l'apparence du bien public, lui fit en son particulier beaucoup de mal. Laigues, qui souvent étoit dangereux ou propice à beaucoup de gens, fut celui qui fit agir madame de Chevreuse. Son étoile étoit de se mêler de tout; et comme il étoit attaché à cette princesse par beaucoup de liens, il employoit son esprit à ce qui lui convenoit le plus.

La Reine étoit partie le 27 juin pour aller à Dampierre, et avoit mené Madame exprès avec elle pour mettre quelque interruption aux promenades qui lui déplaisoient; mais à son retour ce fut la même chose, et les plaisirs de Fontainebleau continuèrent de donner quelque chagrin à la Reine mère. Comme raisonnable, elle trouvoit impossible qu'un roi si jeune, et qui donnoit beaucoup d'heures au travail, pût s'empêcher d'en donner quelques-unes à ses divertissemens; mais comme mère et chrétienne, elle craignoit la force de cet âge, et les périls que la volupté fait rencontrer à ceux qui la suivent. Monsieur, qui avoit laissé engager Madame dans les promenades et les plaisirs un peu plus que la bienséance ne le permettoit, commençoit à se fâcher de cet excès. Sa présence et les innocentes intentions de Madame, qui dans ce temps-là ne paroissoient avoir d'autre objet que le plaisir en général, en ôtoit tout le danger; mais cette assiduité, quand elle parut nécessaire à Monsieur, lui fut plutôt une peine qu'un divertissement; et, changeant de sentiment, il eut de la répugnance pour les choses mêmes qu'il avoit d'abord approuvées.

La Reine mère, voulant remédier à toutes ces mauvaises dispositions, se plaignit de Madame au petit milord Montaigu son ancienne créature, puis en parla au comte de Saint-Alban, ministre de la reine d'Angleterre, leur disant que cette princesse ne prenoit nulle mesure avec elle sur sa conduite, et ne la considéroit en rien. Elle voulut qu'ils fissent part de ses plaintes à la reine d'Angleterre, qui menoit une vie douce à Colombes, dans une maison qu'elle y avoit achetée. Elle y cherchoit la paix; et ne connoissant que de bonnes inclinations dans l'ame de Madame, ne s'inquiétoit point encore tout de bon de ses actions, parce qu'elle les croyoit exemptes de blâme.

Dans ces mêmes temps, le Roi se déclara avoir de l'inclination pour mademoiselle de La Vallière, une des filles de Madame. Elle étoit aimable, et sa beauté avoit de grands agrémens par l'éclat de la blancheur et de l'incarnat de son teint, par le bleu de ses yeux qui avoient beaucoup de douceur, et par la beauté de ses cheveux argentés, qui augmentoit celle de son visage. Madame et la comtesse de Soissons d'abord en parurent contentes; elles y contribuèrent de leur complaisance, et il sembla qu'elles tenoient à bonheur d'être déchargées par cette voie des petits chagrins de la Reine. La Reine mère s'affligea de cette nouvelle passion : elle craignoit le danger de quelque côté qu'il pût venir; mais elle fut conseillée de ne s'y point opposer avec violence, et sa prudence lui fit approuver et suivre ce conseil, d'autant plus que quelques jours auparavant elle avoit été soupçonnée de m'avoir commandé de faire ramener de Fontainebleau à Paris mademoiselle de Pons, par madame Du Plessis mon amie, afin de la soustraire aux yeux du Roi, qui paroissoit ne la pas haïr. Cependant, persuadé que j'étois cause de ce voyage, il en fit des plaintes à la Reine sa mère, assez fortes pour lui faire connoître qu'il étoit nécessaire qu'elle modérât son zèle. La vérité étoit que la Reine mère craignoit cette fille, dont les manières un peu trop libres lui déplaisoient : elle auroit souhaité que les personnes qui avoient du pouvoir sur elle l'eussent conviée à demeurer à la cour avec plus de régularité. Voilà la seule chose qu'elle me commanda de dire à mon amie, et qu'elle lui feroit plaisir d'en parler à la maréchale Du Plessis, afin qu'elle la prît avec elle; mais elle ne me témoigna nullement vouloir qu'elle partît de Fontainebleau, comme le Roi le crut. Je n'en parlai point non plus à madame Du Plessis. Elle l'amena à Paris par un empressement inutile de vouloir plaire à la Reine mère, en faisant plus qu'elle ne lui avoit demandé. Ce désir avoit pour fondement un certain intérêt qui la regardoit elle seule, et qui pour mon malheur causa beaucoup de bruit contre moi. Le prétexte qu'elle prit pour enlever mademoiselle de Pons fut de lui dire que le maréchal d'Albret étoit malade; et il l'avoit été si peu qu'en arrivant à sa porte on nous dit qu'il étoit sorti. Cette finesse, qui étoit en effet fort ridicule, déplut au Roi avec raison; et quoique je n'eusse reçu ni donné cet ordre, il ne laissa pas de me donner beaucoup de chagrin.

Le tempérament que la Reine mère apporta à modérer cette nouvelle inclination du Roi pour mademoiselle de La Vallière fut de l'en avertir cordialement, en lui représentant ce qu'il devoit à Dieu et à son Etat, et qu'il devoit craindre que beaucoup de gens ne se servissent de cet attachement pour former des intrigues qui pourroient un jour lui nuire. Elle le pria aussi de lui aider à cacher sa passion à la Reine, de peur que sa douleur ne causât de trop mauvais effets contre la vie de l'enfant qu'elle portoit. Le Roi estima son second conseil : et ce secret fut observé de toute la cour avec tant de soin, que la Reine, qui alors étoit grosse de quatre ou cinq mois de monseigneur le dauphin, acheva de passer le temps de sa grossesse sans le savoir

Ce qu'on appelle ordinairement la belle galanterie produisit alors beaucoup d'intrigues. Le comte de Guiche quelque temps après fut éloigné, pour avoir eu l'audace de regarder Madame un peu trop tendrement. Comme il est à croire qu'elle étoit sage en effet, elle voulut que le public fût persuadé qu'elle avoit été de concert avec le Roi et Monsieur pour l'éloigner ; mais son exil fut court, et on peut s'imaginer que ce crime n'avoit pas beaucoup offensé celle qui en étoit la cause : car cette passion, paroissant alors désapprouvée par elle, ne pouvoit, selon les fausses maximes que l'amour-propre inspire, lui apporter que de la gloire.

La duchesse de Valentinois, sœur du comte de Guiche et fille du maréchal de Gramont, qui avoit épousé le prince de Monaco, demeura à la cour après lui ; mais elle n'y demeura guère, à cause que l'enjouement ou plutôt l'emportement de cette dame lui fit faire mille intrigues pour le retour de son frère, et même lui fit faire quelques railleries contre le respect qu'elle devoit à la Reine mère. Elle étoit tendrement aimée de Madame, et la sœur de ce coupable étoit traitée de favorite ; il étoit juste de récompenser en elle les sentimens du frère, qui en sa personne pouvoient être innocemment payés. Madame ne pouvoit vivre sans elle, elle étoit de toutes ses promenades : si bien qu'elle faisoit éclore chaque jour non pas des fleurs sous ses pas, comme feignent les poètes qu'il arrive aux nymphes de la chaste Diane, mais des querelles, des brouilleries, et beaucoup de ces riens qui sont capables de produire de grands événemens. La Reine mère, en appréhendant les suites, la fit éloigner aussi bien que son frère, et il parut quelque temps après que ce fut avec une grande raison qu'elle avoit appréhendé sa conduite, parce qu'étant aimable, spirituelle et jeune, elle étoit aussi fort emportée dans ses passions.

Les seigneurs anglais firent ce qu'ils purent pour raccommoder Madame avec la Reine sa belle-mère. Le comte de Saint-Alban lui offrit que si elle vouloit laisser aller les choses selon les désirs de la jeunesse, et selon les plaisirs qu'ils estimoient innocens, Madame la serviroit auprès du Roi, et travailleroit à les tenir toujours unis. La Reine mère, qui ne regardoit que son devoir, et qui de plus étoit contente du fond du cœur du Roi son fils, leur répondit, à ce qu'elle me fit l'honneur de me dire le même jour, qu'elle ne vouloit auprès du Roi les bons offices de qui que ce soit ; qu'elle ne désiroit que sa gloire, et ne lui donnoit que des conseils entièrement désintéressés ; que tant que le Roi la recevroit comme il avoit fait jusqu'alors, elle seroit satisfaite de lui ; mais qu'aussitôt qu'elle se verroit dans la nécessité d'un tiers, et avoir besoin de bons offices auprès de lui, elle le quitteroit, et s'en iroit au Val-de-Grâce passer le reste de ses jours en repos. Elle en dit autant plusieurs fois au surintendant Fouquet, et à tous les autres qui, aspirant à la faveur, vouloient l'engager à protéger leur fortune, en lui promettant leurs services auprès du Roi. Elle ne vouloit prendre aucune mesure pour se conserver de l'autorité : son dessein étoit seulement de faire ce qu'elle croyoit juste et raisonnable. Elle a réussi à ce qu'elle a désiré de faire : par sa vertu et sa douceur elle a remédié à beaucoup de maux, et d'ailleurs elle n'a jamais eu beaucoup de puissance, parce qu'elle a toujours négligé d'en avoir.

La Reine mère avoit raison de se tenir liée seulement au Roi par les chaînes de la tendresse, qui la faisoit entrer dans tout ce qui paroissoit lui pouvoir être avantageux ; car il n'avoit rien de secret pour elle. Outre les avis qui lui furent donnés à Dampierre, par la duchesse de Chevreuse, contre Fouquet, le Roi lui confia le désir qu'il avoit de le perdre.

Il envoya traiter cette affaire avec elle par Le Tellier ; et quand il partit pour aller à Nantes sur la fin du mois d'août, ce fut à elle seule à qui il dit le dessein qu'il avoit de le faire arrêter en ce lieu. La Reine mère en fut fâchée ; elle considéroit ce ministre, parce qu'il étoit fort attaché au soin de la servir, et même du consentement du Roi il lui envoyoit de l'argent : ce qu'elle avoit besoin pour le secours des pauvres. Mais ne pouvant manquer au secret du Roi, ni justifier Fouquet sur les criminelles accusations qui furent faites contre lui, qui toutes n'étoient pas injustes, il fallut qu'elle entrât dans le projet qui fut fait pour sa ruine, et qu'elle écoutât ceux qui étoient dans la confiance du Roi, qui lui vinrent rendre compte de ses résolutions sur ce sujet.

Les conducteurs de la disgrâce de Fouquet avoient averti le Roi non-seulement de ses désordres dans les finances, mais encore des attentats qu'il sembloit préméditer contre l'Etat. Selon les jugemens que le Roi en fit, et selon les explications qu'on leur donna, ils se trouvèrent énormes ; et le Roi, qui avoit résolu d'y remédier allant en Bretagne, prit toutes les mesures nécessaires pour ce dessein, estimé pour lors une des plus importantes affaires de l'Etat.

Le Roi partit pour ce voyage le 29 août. Il étoit encore tendrement attaché à la Reine, et sa nouvelle passion n'avoit pas effacé les légitimes sentimens qu'il avoit pour elle. Il parut que cette séparation lui donna un sensible déplaisir : il jeta des larmes qu'il voulut cacher au public, mais qui, étant vues de celle qui en étoit la cause, la consolèrent de tous ses maux. Cette douleur lui donna de la joie, et cette joie augmenta de beaucoup le chagrin qu'elle eut de se séparer de celui qu'elle aimoit si chèrement.

Aussitôt que le Roi fut à Nantes, il voulut exécuter son dessein contre le surintendant, lequel s'étoit engagé à ce voyage malade d'une fièvre double tierce; mais sa raison, qui l'étoit beaucoup plus, le fit suivre le Roi, parce qu'il avoit de grands desseins pour l'établissement de sa fortune et de sa faveur, qu'il vouloit conduire à leur fin. Ses hautes pensées le firent tomber dans le précipice, et l'excès de son ambition fut la source de ses malheurs. Le Roi, qui savoit qu'il avoit acheté quasi tous les hommes de la cour, n'osa se confier à son capitaine des gardes pour l'arrêter : il se servit de d'Artagnan, créature du feu cardinal, qui commandoit ses mousquetaires. Comme le surintendant sortit de chez le Roi, et qu'il vouloit retourner chez lui, il fut averti par La Feuillade qu'il y avoit quelque ordre contre lui. Le surintendant recevant cet avis, au lieu de se mettre dans sa chaise, voulut entrer dans celle d'un autre pour se sauver; mais d'Artagnan qui le suivoit, et qui avoit l'œil sur celle où il devoit se mettre, voyant qu'il ne venoit pas, le poursuivit comme il alloit déjà prendre un chemin détourné. Il l'arrêta de la part du Roi, et le fit mettre aussitôt dans le carrosse qui étoit préparé pour cet effet. On le fit ensuite entrer dans une maison pour lui faire prendre un bouillon, et on lui prit les papiers qu'il avoit sur lui. Il fut mené à Angers, et sa femme à Limoges. Deux maîtres des requêtes eurent ordre en même temps d'aller chez lui sceller tous ses papiers : ce qui se fit avec diligence. Ils furent portés au Roi, qui les vit, et fit sur tous des remarques considérables et judicieuses : ce qui m'a été dit par un (1) de ceux qui furent employés à cette commission. Bruan, principal commis de Fouquet, prit la fuite. Gourville, celui dont j'ai parlé dans le récit des guerres civiles, qui s'étoit fait financier, eut ordre de suivre la cour. Le Roi envoya sceller dans toutes les maisons de ce surintendant, à Vaux, à Paris et à Saint-Mandé. Comme on l'arrêta, il se tourna vers un de ses gens, et dit seulement: *Ah ! Saint-Mandé !* Il avoit raison de craindre qu'en ce lieu on ne trouvât de quoi lui faire son procès : car il y avoit des choses qui paruent devoir déshonorer sa raison et ternir sa mémoire, en le rendant méprisable aux gens de bon sens, et à ceux qui font profession de sagesse. Madame Du Plessis-Bellière son amie, et ses frères, furent avertis par cet homme à qui il avoit dit ces mots: et s'ils avoient voulu, ils auroient eu le temps

(1) M. de Boucherat.

d'aller brûler tous ses papiers. Mais madame Du Plessis, à ce qu'on a su depuis, ne voulut pas le faire, croyant qu'il avoit tout brûlé avant que de partir.

La Reine mère ayant reçu un courrier du Roi, envoya chercher le chancelier et son capitaine des gardes. Elle fit sceller à Fontainebleau la maison du disgracié, et envoya, comme je l'ai déjà dit, sceller les autres lieux qui lui appartenoient. On mit garnison dans toutes ses maisons, et même chez Bruan son premier commis, comme ayant plus de part à ses secrets que nul autre. Ses enfans, par la permission de la Reine mère, furent menés à Paris par madame de Brancas, dont le mari depuis peu avoit acheté la charge de chevalier d'honneur de la Reine mère, et qui, se trouvant ami de cet homme, ne les voulut pas abandonner. Ils furent mis entre les mains de leur grand'mère, qui étoit une sainte. Quand elle sut le malheur de son fils, elle remercia Dieu de ses disgrâces, espérant qu'elles romproient les chaînes qui le tenoient attaché au péché, et contribueroient à son salut.

Le Roi étant de retour à Fontainebleau le 8 septembre, on fut long-temps à ne parler à la cour que de la disgrâce de Fouquet, de cette grande chute, de ses desseins chimériques et ambitieux, et de toutes les intrigues qu'il ramassoit en sa personne, à dessein de se faire premier ministre.

Belle-Ile fut d'abord le premier objet qui offensa les yeux du Roi; il y avoit fait travailler, l'avoit munie de canons, et l'avoit rendue une place forte. Sa situation la rend telle par nature, et les soins de cet homme avoient commencé de la rendre capable d'être un jour un instrument de quelque grande guerre à l'Etat, par le voisinage d'Angleterre; mais comme toutes choses ont diverses faces, elle pouvoit être aussi une forte barricade contre les attaques de ceux de cette nation. Les amis de Fouquet ont dit (et il est à croire qu'ils ont dit la vérité) que ce surintendant, qui en effet étoit capable par son génie et par son esprit de beaucoup de grands desseins, avoit eu celui d'y faire bâtir une ville, dont le port étant bon devoit attirer tout le trafic du nord, et, privant Amsterdam de ces avantages, rendre par là un grand service au Roi et à l'Etat. On l'accusa d'avoir eu des intelligences avec les Anglais : mais cette accusation se trouva mal fondée. Les malheureux ne manquent pas de crimes : et celui-là paroissant coupable, il n'y eut point de modération dans les jugemens qui se firent d'abord contre lui. Il avoit acheté le duché de Penthièvre en Bretagne, sortie depuis peu de la maison de Vendôme, pour payer leurs dettes; et on disoit que l'ayant, il se vouloit faire souverain de ces pays-là. Ce dernier article étoit un dire qui n'a pas été vérifié; mais il est certain que faisant fortifier Belle-Ile, et ayant à ses gages presque tous les gens de la cour, il avoit la mine d'un homme fort ambitieux : et comme il avoit l'ame élevée, on croyoit qu'il étoit capable de tout.

On lut ses papiers et ses lettres; on en trouva de plusieurs personnes de la cour, les unes pleines de beaucoup d'intrigues politiques, et les autres de beaucoup de galanteries. Par elles, on vit qu'il y avoit des femmes et des filles qui passoient pour sages et honnêtes qui ne l'étoient pas; et on connut manifestement que s'il avoit une grande ambition, il n'avoit pas moins d'emportement pour la volupté. Il y en eut même, de celles-là qui souffrirent pour lui, qui firent voir que ce ne sont pas toujours les plus aimables, les plus jeunes ni les plus galants qui ont les meilleures fortunes, et que c'est avec raison que les poètes ont feint la fable de Danaé et de la pluie d'or.

Le Roi envoya commander à madame Du Plessis-Bellière d'aller à Montbrison en Forez. Celle-là étoit amie de Fouquet, et, à ce qu'on a dit, avoit beaucoup aidé à lui gâter l'esprit par toutes ses intrigues. Elle le servoit particulièrement à entretenir les liaisons qu'il avoit avec les principaux de la cour. Elle avoit beaucoup d'esprit et d'ambition. Les honnêtes gens s'en trouvoient bien : ils entroient dans ses intérêts, et pour les en payer elle trouvoit toujours le moyen de les obliger. Elle avoit marié sa fille au marquis de Créqui, frère du duc, honnête homme, brave, et qui avoit beaucoup de réputation. L'habileté de madame Du Plessis sa belle-mère fut si grande, qu'elle le fit général des galères peu de temps avant le voyage de Nantes. On vit alors quasi finir la maison du cardinal de Richelieu. Le duc de Richelieu son neveu avoit eu cette charge, et le gouvernement du Havre; mais par l'ordre de la cour, et par la nécessité où le mettoient ses dépenses déréglées, il se défit de l'une et de l'autre. Le Roi voulut mettre le Havre entre les mains du duc de Navailles, qui en fut quitte pour cent mille écus qu'il donna. Le marquis de Créqui avoit obtenu avec beaucoup de peine la permission de récompenser sa charge de général des galères, en payant des sommes immenses, qui apparemment étoient sorties de la bourse du surintendant, aux dépens du Roi : ce qui fit voir l'extrême ambition de ce ministre et celle de madame Du Plessis son amie. Elle crut avoir fait un grand coup pour son gendre; mais elle se vit deux mois après, en partie par cette même cause, tomber dans la disgrâce et dans le malheur; et

eut le déplaisir de voir renverser pour lors la grandeur et la fortune du marquis de Créqui, à qui son alliance avoit été nuisible, parce qu'elle se fit dans un temps où déjà le Roi étoit dégoûté du surintendant. Le Roi, quinze jours après son retour de Nantes, ayant exilé cette dame, envoya Carnavalet, lieutenant des gardes du corps, à Béthune, dont le marquis de Créqui étoit gouverneur, pour y commander au lieu de lui, et ordre aux galères de ne le point reconnoître pour général.

Peu de personnes de la cour se trouvèrent exemptes d'avoir été sacrifier au veau d'or; et comme, par un malheur fort extraordinaire pour eux, le surintendant gardoit toutes les lettres qu'on lui écrivoit, le Roi et la Reine sa mère les ayant toutes lues, y virent des choses qui firent tort à beaucoup de personnes. Il y avoit à Saint-Mandé un cabinet où l'on alloit par un chemin souterrain, qui avoit une sortie de l'autre côté du chemin chez un de ses secrétaires, et assez loin de sa maison. On trouva dans ce cabinet une instruction qu'il gardoit dans ses papiers, où il ordonnoit de tout ce que ses amis devoient faire en cas qu'il fût arrêté. Ce qu'il vouloit qui servît à le sauver servit à le convaincre de son crime; et comme ce qu'il demandoit d'eux étoit des crimes de lèse-majesté, il les mit tous en état d'avoir besoin de la clémence du Roi, qui pouvoit croire qu'il n'avoit pas fait cet écrit sans leur en avoir fait part. Il sembloit néanmoins que beaucoup de gens y étoient nommés, qui en effet étoient gens de bien et bons serviteurs du Roi. C'étoit une rêverie qu'il avoit autorisée de quelque apparence de vérité, par le soin qu'il avoit eu de la conserver. Madame Du Plessis-Bellière y étoit nommée comme surintendante de tout le dessein : on lui envoya des gardes, et elle fut traitée plus sévèrement que les autres.

On a dit qu'on avoit trouvé des poisons chez lui, et on eut quelque soupçon qu'il avoit empoisonné le feu cardinal : ce qui peu de jours après fut mis au rang des contes ridicules. Sa mère fut voir la Reine mère à Fontainebleau; elle se jeta à ses pieds, et en fut reçue avec bonté : car, outre qu'elle étoit le secours des misérables, elle le vouloit être de celui-là en particulier. Elle avoit eu, peu auparavant la disgrâce de ce ministre, quelque petit chagrin contre lui, en ce que voulant se défaire de sa charge de procureur général, et la Reine mère ayant souhaité qu'il s'en démît entre les mains de Fieubet son chancelier, qu'elle considéroit, il ne le voulut pas faire, quoiqu'elle ait cru qu'il en avoit donné sa parole (1); mais ce manquement n'avoit pas fait

(1) Voyez les Mémoires de Gourville.

une grande impression sur son esprit, et ne l'empêchoit pas de travailler auprès du roi pour adoucir sa misère et son malheur.

Dans ce mois de septembre mourut Nogent, ce grand parleur qui par ses bouffonneries avoit acquis plus de cent mille livres de rente. Ce mauvais plaisant, qui avoit tant parlé pendant sa vie, ne fit parler personne après sa mort. Elle arriva lorsqu'on ne pensoit qu'à célébrer la disgrâce de Fouquet : si bien que le silence fut la seule récompense des paroles superflues qu'il avoit dites dans le cabinet, où, n'étant ni estimé ni haï, il fut aisément enseveli dans l'oubli.

Sur la fin du même mois mourut aussi mademoiselle de Beaumont. Son esprit, son mérite et ses amis l'avoient tirée de toutes ses disgrâces. Elle étoit revenue à la cour ; mais comme elle avoit souvent trop librement publié les fautes de son prochain, elle en reçut après sa mort la juste punition, en ce qu'elle ne fut pas beaucoup regrettée. Elle mourut à Fontainebleau en peu de jours, avec peu de liberté de son esprit. Il parut néanmoins qu'elle eut quelques bons momens pour se confesser ; mais ce peu de temps fut court pour travailler à une si grande et si importante affaire.

Le duc de Damville, le Brion de jadis, mourut aussi dans ce même temps. Par sa mort, il échappa des chaînes qu'il s'étoit imposées lui-même, en s'attachant d'une liaison trop grande à mademoiselle de Meneville, fort belle personne, fille d'honneur de la Reine mère. Il lui avoit fait une promesse de mariage, et ne la vouloit point épouser. Le Roi et la Reine mère le pressant de le faire, il reculoit toujours ; et quand il mourut sa passion étoit tellement amortie, qu'il avoit fait supplier la Reine mère de leur défendre à tous deux de se voir. Il offroit de satisfaire à ses obligations par de l'argent ; mais elle, qui espéroit d'en avoir par une autre voie, vouloit qu'il l'épousât pour devenir duchesse. La fortune et la mort s'opposèrent à ses désirs, et la détrompèrent de ses chimères. Son prétendu mari s'étoit aperçu qu'elle avoit eu quelque commerce avec le surintendant Fouquet, et qu'elle avoit cinquante mille écus de lui en promesses. Elle ne les reçut pas, et perdit honteusement en huit jours tous ses biens, tant ceux qu'elle estimoit solides que ceux où elle aspiroit par sa beauté, par ses soins et par ses engagemens. Ils paroissoient honnêtes à l'égard du duc de Damville, et n'étoient pas non plus tout-à-fait criminels à l'égard du surintendant. On le connut clairement ; car il arriva pour son bonheur que l'on trouva de ses lettres dans les cassettes du prisonnier qui justifièrent sa vertu.

Pour l'ordinaire, les dames trompent les hommes par de beaux semblans, et, ne les considérant point en effet, leur font le moins de libéralités qu'elles peuvent ; mais toutes ces choses sont toujours mauvaises devant Dieu, et honteuses devant les hommes.

Fouquet fut fort déshonoré par ses folies, et surtout, comme je l'ai déjà dit, pour avoir eu celle de garder toutes les lettres qu'on lui avoit écrites, et d'avoir laissé le projet qu'il avoit fait pour l'avenir abandonné à la curiosité de ses ennemis : par où il perdoit tous ses amis, puisque de telles gens doivent toujours craindre leur disgrâce. On disoit de lui qu'à son égard, par cette folie, le jour du jugement étoit arrivé ; qu'on avoit vu à nu le détail de toute sa vie, ses crimes, ses pensées, et celles de toutes les personnes qui étoient dans son commerce. On peut juger par là que si on connoissoit les autres hommes de cette manière, on verroit quasi en tous d'étranges foiblesses.

Dans le vrai, il se trouva que Fouquet étoit coupable d'une grande profusion, mais qu'il n'étoit pas riche, et qu'il devoit beaucoup plus qu'il n'avoit vaillant. Ses crimes d'Etat pouvoient être imaginaires : il les avoit commis lui seul, en écrivant des fables dont il paroissoit assez difficile de le pouvoir convaincre sur l'intention ; et même le projet, qui fut ce qui le noircissoit le plus, avoit été trouvé derrière un grand miroir, comme un brouillon de nulle conséquence : ce qui pouvoit faire juger qu'il ne l'avoit pas estimé de telle valeur qu'il le paroissoit. Mais c'est un grand malheur de manquer de sagesse, et de tomber dans la disgrâce de son roi.

Le comte d'Estrades, ambassadeur du Roi auprès du roi d'Angleterre, au commencement de l'été de cette même année manqua d'aller au devant de l'ambassadeur de Venise, parce que n'en étant pas convié, et sachant que l'ambassadeur d'Espagne vouloit y aller, il crut qu'il pouvoit déférer au désir du roi d'Angleterre qui l'en envoya prier, attendu qu'on le vint avertir qu'il se préparoit un grand combat entre les deux ambassadeurs de France et d'Espagne. Le Roi manda au sien qu'il vouloit en toutes occasions qu'il allât au devant des ambassadeurs étrangers, et qu'à quelque prix que ce fût il précédât celui d'Espagne. Le roi d'Angleterre, inquiété de voir qu'à la première occasion qui se devoit présenter il y auroit de grands désordres à Londres, dont en son particulier il pourroit sentir du dommage, fit ce qu'il put pour trouver des tempéramens pour éviter que cette affaire n'eût des suites fâcheuses. Il proposa de faire venir les ambassadeurs par la Tamise jusque dans Whitehall. Il pressa celui d'Espagne de ne s'y point trouver ;

mais tous ses expédiens ne furent point agréés. Batteville, ambassadeur d'Espagne, lui montra un ordre qu'il avoit de son maître, par où on lui commandoit de faire tous ses efforts pour précéder celui de France. Le Roi, de son côté, refusa tous les tempéramens qu'on proposa, et ordonna à d'Estrades de l'emporter sur Batteville, et d'aller, ainsi que je l'ai dit, au devant des premiers ambassadeurs qui viendroient à Londres. Le comte d'Estrades se mit en état d'obéir au Roi. Il eut long-temps quelques hommes de main qu'il paya, et fit ses préparatifs du mieux qu'il lui fut possible; mais, à ce qu'il m'a dit, il n'eut pas assez d'argent à jeter parmi le peuple, et peut-être qu'il n'eut pas le courage de hasarder le sien; car, en me contant ce détail, il m'assura qu'il n'avoit reçu en partant que ses appointemens ordinaires, dont la moitié s'étoit perdue par le change. Il fut donc aisé à Batteville, en répandant de grands deniers, de gagner la populace, et, la tenant bien payée, d'en recevoir de grands services. Ensuite de ces préparatifs, la première fois qu'il arriva des ambassadeurs à Londres, le roi d'Angleterre, bien intentionné pour la France, conseilla au comte d'Estrades de faire marcher son carrosse immédiatement après le sien. D'Estrades voulut prendre le rang, afin de précéder, selon l'ancienne coutume, l'ambassadeur d'Espagne; mais Batteville s'y opposa, et fut secondé par les bateliers de la Tamise et par un nombre infini de canaille : si bien que le carrosse de l'ambassadeur de France fut brisé, ses chevaux furent tués, beaucoup de ses gens et son fils blessés; et Batteville enfin l'emporta, et eut l'avantage de faire en faveur de son maître ce qui n'avoit jamais été fait, et qui selon la justice ne se devoit pas. Le Roi apprenant cette nouvelle en fut fort ému; le sang illustre de saint Louis, qui bouillonnoit dans ses veines, lui fit sentir cette action comme un grand outrage. D'abord il envoya commander à Fuensaldague, ambassadeur extraordinaire du roi Catholique en France, de sortir du royaume : il envoya au marquis de Las-Fuentes, qui venoit ici pour y être ambassadeur ordinaire, un ordre pour l'empêcher d'entrer dans son royaume; il défendit à Caracene, gouverneur des Pays-Bas, qui lui avoit envoyé demander des passeports, de passer par la France pour s'en retourner en Espagne; et son voyage fut différé. Le Roi manda de plus à son ambassadeur en Espagne d'Aubusson, archevêque d'Embrun, de quitter Madrid, et de s'en revenir aussitôt. Sa colère, qui éclata de tant de manières, fit craindre que cette paix si solennellement jurée, et qui avoit été reçue des deux Rois avec tant de marques d'amitié, ne fût pas d'une aussi longue durée qu'on le souhaitoit. Le Roi ne parut pas content du roi d'Angleterre; il se plaignit de ce que ses sujets avoient favorisé Batteville, et crut quelque temps qu'il n'avoit pas pris assez de soin de les empêcher de faire cette insulte au comte d'Estrades. Ayant eu ordre de revenir, et étant arrivé à Fontainebleau sur la fin d'octobre, il dit au Roi que ce prince avoit fait son possible en cette occasion; mais que n'étant pas le maître de la populace de Londres, il avoit fallu qu'il le souffrît, parce qu'il lui auroit été difficile ou plutôt impossible de faire pendre cinq ou six mille hommes qui avoient pris les armes en faveur du roi d'Espagne. Le roi d'Angleterre étoit puissant, parce qu'il avoit alors une belle et grande armée navale tout équipée; qu'il étoit le maître de Dunkerque, qu'il faisoit fortifier; qu'il étoit lié avec le Portugal, dont il alloit épouser l'Infante; et qu'il avoit dans l'Afrique une place considérable que les Portugais, par leur accommodement, lui avoient donnée : mais il n'étoit pas aussi obéi à Londres qu'il auroit pu le souhaiter, et ses revenus n'étoient pas encore entièrement rétablis. Il attendoit à tenir son parlement afin d'en ordonner : et ce qu'il avoit d'argent il l'employoit à se rendre puissant au dehors, et vivoit en son particulier de ce qu'il pouvoit.

Le Roi, entretenant d'Estrades à son retour d'Angleterre, lui témoigna un grand désir de se venger de l'outrage qu'il croyoit y avoir reçu; mais d'Estrades lui dit que le roi d'Angleterre en devoit avoir un plus grand ressentiment que Sa Majesté, puisque l'intérêt du roi d'Espagne, qui voyoit ce prince lui devenir redoutable par l'alliance qu'il venoit de faire avec le Portugal, étoit de lui faire naître des affaires; et que cette action, fomentée et préparée par les Espagnols avec tant de soin et d'argent, avoit plutôt pour but de faire faire une sédition dans Londres qui pût produire des embarras à ce prince, que le désir de la préséance. Et sur ce que le Roi lui dit qu'il avoit demandé au roi d'Angleterre de chasser Batteville de ses Etats, il lui répondit, à ce qu'il me conta lui-même, qu'il croyoit que Sa Majesté feroit mieux de surseoir l'effet de cette demande, à cause que si le roi d'Espagne, pressé par la nécessité d'observer la paix, se résolvoit de lui donner satisfaction, il ne pouvoit pas lui en faire une plus forte que de rappeler Batteville, et qu'il valoit mieux le laisser chasser par le roi d'Espagne que par celui d'Angleterre : ce qu'il trouva de bon sens, et se résolut de suivre son conseil.

D'Estrades me dit encore qu'il avoit conseillé au Roi de ne se pas hâter de faire voir au roi d'Angleterre qu'il étoit déterminé à la guerre, au cas qu'il ne fût pas satisfait, parce que ce prince avoit un grand intérêt à l'y engager, et qu'il pourroit lui faire acheter cette résolution par des choses très-considérables; au lieu que s'il montroit vouloir de lui-même se brouiller avec l'Espagne, l'Anglais voudroit se faire prier: ce que le Roi approuva aussi; mais peu de temps après les affaires s'accommodèrent à son contentement. Le roi d'Espagne, voulant maintenir la paix par toutes les voies de l'honnêteté et de la douceur, d'abord écrivit à la Reine sa fille de grandes douceurs pour le Roi, disant qu'il étoit père, et le plus vieux; qu'il aimoit le Roi comme son fils; et que c'étoit à lui à être le plus sage. Mais le Roi ne se pouvant contenter que par une satisfaction aussi éclatante que l'injure l'avoit paru, il fallut enfin que le roi d'Espagne, après avoir retiré Batteville d'Angleterre, envoyât par son ambassadeur, le marquis de Las-Fuentes, faire au Roi de publiques excuses, qui furent accompagnées de paroles efficaces, et telles que le Roi non-seulement en fut content, mais toute l'Europe en fut étonnée. Cette glorieuse réparation ne manqua pas de produire de grands effets de tous les deux côtés. Comme le roi d'Espagne parut en cela déchoir de son ancienne fierté, la réputation du nôtre augmenta infiniment, et le rendit redoutable à tous, parce que l'on vit clairement par ses premières actions que son génie le portoit à ne rien souffrir qui pût diminuer sa gloire, et à se faire craindre de tous ses voisins.

Le Tellier, qui s'étoit appliqué à étudier l'esprit du Roi avec beaucoup de soin, me confirma en ce temps-là ce que mon frère m'avoit dit du fonds de sévérité et de sérieux dont il savoit assaisonner sa bonté naturelle, pour imprimer le respect à tous ceux qui le voyoient, et la crainte à ceux qui, l'approchant plus souvent, auroient été capables d'abuser de la liberté qu'il leur donnoit de lui parler. Mais il étoit surpris de voir qu'il se fût en si peu de temps rendu assez habile pour remplir tous ses devoirs, après s'être abandonné entièrement à la conduite du cardinal jusqu'à sa mort. Il s'en excusa un jour devant nous sur un peu de paresse qui accompagne ordinairement la jeunesse, et sur la grande reconnoissance qu'il avoit des services qu'il lui avoit rendus, et du soin qu'il avoit eu de lui apprendre à gouverner.

La bénédiction de Dieu parut alors non-seulement sur lui et sur la maison royale, mais sur tout le royaume, dans la naissance d'un Dauphin. Quand il vint au monde, qui fut le premier jour de novembre, fête de tous les saints, à cinq minutes avant midi, il étoit héritier présomptif des deux grands royaumes de France et d'Espagne; car depuis peu le prince d'Espagne étoit mort, qui étoit le seul qui restoit au Roi son père. Il est difficile que tous les siècles ensemble nous puissent montrer un prince dont la naissance ait été accompagnée de tant de gloire, vu l'ancienne grandeur des rois ses aïeux paternels, et la nouvelle splendeur des empereurs et des rois ses aïeuls maternels.

La Reine dans son accouchement fut fort malade, et en péril de sa vie. Tant qu'elle fut dans ses grands maux, le Roi parut si affligé et si sensiblement pénétré de douleur, qu'il ne laissa nul lieu de douter que l'amour qu'il avoit pour elle ne fût plus avant dans son cœur que tous les autres. Il alla à cinq heures du matin se confesser et communier; et après avoir imploré la protection divine, il se donna entièrement au soin d'assister celle qui, en souffrant son mal, lui donnoit à tous momens des marques de sa tendresse: si bien que ce précieux enfant, venant au monde, fut par lui-même non-seulement un double lien qui devoit réunir davantage ces deux royales personnes dont il tenoit la vie, mais en naissant il devoit être encore alors, par la douleur et la joie qu'il leur causa, une marque infaillible de leur amitié. Madame de Montausier avoit été destinée par le Roi pour être gouvernante de l'enfant qui lui devoit naître. Ce choix, qu'il avoit fait de son propre mouvement, reçut d'abord une approbation universelle, parce que cette dame étoit estimée généralement de tout le monde. Elle avoit été dans sa jeunesse favorite de feu madame la princesse, et la plus chère des amies de la duchesse d'Aiguillon, quand, par la faveur du cardinal de Richelieu son oncle, elle étoit idolâtrée des gens de la cour. Elle n'eut pas véritablement de part aux bienfaits de ce grand ministre; mais elle se contenta d'avoir part à l'éclatante gloire de sa nièce, qui, ne pouvant goûter de plaisir sans elle, lui donna par cette voie une grande part à son triomphe, et le moyen de faire plaisir à ses amis: ce qu'elle estima plus que les richesses. Elle avoit eu de la beauté, accompagnée d'une belle taille et d'une mine majestueuse et douce, que les années ne lui avoient point ôtées. La marquise de Rambouillet sa mère, qui a été si illustre dans son temps, l'avoit élevée dans le grand monde qui étoit tous les jours chez elle, où étoit le réduit non-seulement de tous les beaux esprits, mais de tous les gens de la cour. Elle traitoit ses amis et amies d'une manière si honnête, qu'il étoit impossible de ne pas désirer de lui plaire; et ceux qui ne cherchoient qu'un divertissement passager se plaisoient chez elle, plutôt à cause qu'on y trouvoit toujours d'honnêtes gens que par le plaisir d'une confiance particulière, parce que la foule qui l'environnoit en ôtoit les moyens à ceux qui se disoient de ses amis. Les obligeantes démonstrations qu'elle donnoit de son amitié flattoient toutes les personnes qui la voyoient; et par elles chacun croyoit y trouver son compte. On disoit néanmoins qu'elle avoit un défaut; mais elle étoit quelquefois la confidente du murmure qui se faisoit contre elle. On lui reprochoit qu'elle vouloit toujours contenter par sa civilité ceux même qui n'avoient pas de part à son estime; et ceux qui croyoient la mériter se plaignoient de ce qu'il sembloit qu'elle la donnoit à tous également, et disoient qu'elle entroit dans les intérêts de plusieurs; et que pour vouloir trop d'amis elle n'en avoit pas un. Ceux qui en jugeoient plus favorablement, lui faisant quelque justice, étoient contens de trouver en elle, par le discernement intérieur qu'ils s'imaginoient qu'elle faisoit d'eux aux autres, tout ce qu'ils en pouvoient prétendre; car, vu son humeur et sa manière de vie, toujours dissipée dans les choses extérieures, elle paroissoit plus dévouée à l'estime publique qu'à l'amitié particulière. Cette dame ne haïssoit pas la cour; elle désiroit l'approbation générale, et plus ardemment encore de ceux qui avoient du crédit: car naturellement elle avoit de l'âpreté pour tout ce qui s'appelle la faveur. Elle s'étoit mariée, n'étant plus jeune, au marquis de Montausier, qui l'avoit aimée quatorze ans; et en se donnant à lui, il sembla qu'elle étoit plus touchée des obligations qu'elle lui avoit, et de son mérite, que du désir de se marier. On vit donc cette dame, dans la place que le Roi lui avoit donnée, avec espoir qu'elle contribueroit, par ses soins et sa raison, à rendre monseigneur le Dauphin aussi grand en vertus qu'il l'étoit par sa naissance. La Reine mère seule, sans désapprouver ce choix, n'en fut pas tout-à-fait contente: elle craignoit que madame de Montausier ne fût pas capable de s'assujettir autant qu'il le falloit à cette seule occupation de suivre un enfant, et de ne penser qu'à sa conservation. Elle lui paroissoit plus propre à bien ordonner d'une assemblée de plaisir qu'à l'exacte garde d'un berceau; mais elle prit le parti de se taire sur ce qu'elle en pensoit, de peur de lui faire tort: et son silence fut quasi égal, tant sur les louanges que sur les choses à quoi elle ne croyoit pas qu'elle fût propre. Quand madame de Montausier la vint remercier de l'honneur que le Roi lui avoit fait, la Reine mère, voulant être aussi sincère qu'elle étoit prudente, lui dit librement, à ce qu'elle me fit l'honneur de me dire, qu'elle n'avoit nulle part à cette élection,

et qu'elle ne méritoit point ces complimens.

La Reine mère vit alors ses désirs accomplis; et, connoissant son bonheur, elle dit tout haut, le soir du jour que la Reine étoit accouchée, que Dieu lui avoit fait toutes les grâces qu'elle lui avoit demandées, et qu'elle n'avoit plus rien à désirer que son salut. Je veux la laisser dans un état où elle se croyoit si heureuse, voyant le Roi son fils comblé de gloire, la paix entre lui et le Roi son frère, la Reine avec un fils, et madame sa belle-fille grosse; car quoique de ce côté-là elle manquât alors d'en recevoir toute la satisfaction qu'elle en avoit dû espérer, ce qu'elle souffroit en qualité de belle-mère et d'amie mal reconnue étoit effacé par celle de mère de Monsieur, et par les sentimens de son âme, dont la bonté étoit assez grande pour excuser à son égard les fautes de la jeunesse en faveur de la jeunesse même, et des fautes que l'on peut presque dire innocentes, puisqu'elles avoient pour excuse la cause universelle de tous les manquemens que cet âge fait faire aux plus sages: ce qui, par conséquent, paroissoit dans ce temps-là pouvoir se corriger facilement.

Le philosophe dont parle Quinte-Curce dans la vie d'Alexandre, qui voulut mourir parce que, devenant malsain, il crut que c'étoit une marque que les dieux ordonnoient la fin de sa vie, m'apprend, ce me semble, que je me devois retirer de la cour, puisque la fortune jusque là ne m'avoit pas été favorable, et que j'avois eu le malheur de déplaire au Roi; mais apparemment j'étois encore destinée au martyre de l'ambition, par l'espérance d'un plus grand attachement où il sembloit que l'on me destinoit. L'ayant vue presque assurée pour moi, Dieu permit que j'en fusse privée, pour me faire la grâce d'éprouver en ma propre personne ce que ces biens imaginaires nous coûtent à conduire à leur fin, et combien pour l'ordinaire cette fin se trouve amère au cœur humain. La Reine mère, et particulièrement la Reine d'Angleterre, voulurent me faire l'honneur de me choisir pour gouvernante des enfants de Monsieur et de Madame. Quand il plut à ces deux grandes princesses d'en parler au Roi, qui fut quelques jours après l'accouchement de la Reine, elles trouvèrent qu'il y résista. Il voulut, pour complaire à Madame, qui ne pouvoit haïr le nom d'un homme qui avait souffert pour elle, que madame de Saint-Chaumont, sœur du maréchal de Gramont (1), fut choisie pour occuper cette place. La cabale favorite du Roi, composée de la comtesse de Soissons et de Foulloux, fille d'honneur de la Reine mère, confidente et amie de cette

(1) Père du comte de Guiche, exilé pour s'être déclaré amant de Madame.

princesse, anima aussi Madame à fuir en ma personne une servante de la Reine mère, que cette jeune princesse craignoit alors, et qu'elle n'aimoit plus. Par toutes ces raisons, je ne pouvois pas lui être agréable, et moins encore à la comtesse de Soissons, qui m'a depuis avoué qu'elle me fit dans cette occasion tout le mal qu'elle croyoit devoir faire à une ennemie, qui s'étoit déclarée contre ses intérêts. Il est vrai que, sans être son ennemie, j'aurois souhaité de pouvoir servir la duchesse de Navailles; et je le devois à l'amitié qu'elle avoit pour moi. Je n'avois néanmoins pas aimé l'excès de sa résistance contre cette princesse, qui lui causa tant de peines inutiles. En souhaitant ses avantages, je n'entrai point dans sa passion. Je lui dis mes pensées avec sincérité: elle seule les sut; et quoiqu'elle eût assez de raison, et l'esprit assez droit pour ne les pas rejeter, ma fidélité à son égard ne fut pas d'un grand mérite, et me fut nuisible à l'égard de la comtesse de Soissons à qui je fis un secret de mes sentiments. C'est ce qui arrive souvent aux personnes qui agissent selon les lois de la probité.

Monsieur étoit comme engagé à madame de Saint-Chaumont par les suffrages d'une de ses favorites (1), qui lui plaisoit par l'agrément de la raillerie et de la vivacité de son esprit, qui sont toujours les voies les plus ordinaires pour acquérir les bonnes grâces des grands; mais ayant été fortement pressé par la reine d'Angleterre, il y consentit. Le Roi, malgré les dégoûts qu'on lui avoit donnés de moi, par un reste de justice qu'il me conservoit, n'y auroit peut-être pas été contraire; et il s'en déclara, en présence de trois personnes (2), d'une manière assez obligeante pour moi pour me pouvoir consoler de tous mes maux. Mais Madame enfin m'ayant fait donner l'exclusion par lui, me remit dans un état de tranquillité dont je lui reste redevable; car, à la vue de cette charge et de cet engagement, la perte de ma liberté, que je regardois accompagnée des charmes qu'elle avoit eus pour moi jusqu'alors, me causa de grandes peines. Dans cet état, je me vis exposée au malheur de perdre le repos de ma vie, ou de me voir privée d'un bonheur que j'avois souhaité. Le dernier m'arriva; mais ce ne fut pas, je l'avoue, sans souffrir les douloureuses pointes des coups de mes ennemis; et, par une étonnante contrariété de nos passions et de nos désirs, je me trouvai blessée par la privation d'un bien qui auroit pu flatter mon amour-propre, dans le même temps que je me sentois consolée par l'espérance de jouir à l'avenir d'une grande paix. Alors je souhaitai de me pouvoir guérir entièrement de l'ambition, et je me résolus de ne plus aspirer aux élévations que l'on désire naturellement d'obtenir à la cour, mais d'y demeurer seulement pour satisfaire à l'attachement indispensable que je devois à la Reine mère. Je suivois en cela les sentiments de mon cœur, qui depuis longtemps étoit dégoûté des créatures, et de ce fatras de bagatelles ou de mauvaises choses qui m'avoient occupée. La Reine mère paroissoit alors vouloir prendre le parti du repos; et comme, dans les pensées qui lui étoient venues de temps en temps de se retirer au Val-de-Grâce, elle m'avoit promis de m'y mener avec elle, un si bel exemple me devoit convier à faire de même : et Dieu me fit en effet la grâce de le vouloir suivre, et en même temps celle de considérer que de la même manière que cette grande Reine, malgré l'envie qu'elle avoit de se retirer de la cour, se croyoit obligée d'y demeurer, non pas tant pour en soutenir la grandeur et la majesté que pour y maintenir la vertu et la piété, empêchant que la volupté ne se rendît la maîtresse sous un jeune Roi qui avoit une grande tendresse pour elle, et entretenir l'union de la famille royale, je ne la devois pas abandonner avant elle. La maison des rois est comme un grand marché où il faut aller nécessairement trafiquer pour le soutien de la vie, et pour les intérêts de ceux à qui nous sommes attachés par devoir ou par amitié. Les sages y doivent aller quand la raison les y convie; et je ne crois pas qu'il soit impossible d'y faire un cabinet en soi-même, propre à examiner et à chercher les moyens de vaincre et de fuir ses propres foiblesses : quoiqu'à dire le vrai, quand le détrompement du monde se trouve en nous à un certain degré, c'est pour l'ordinaire une grande fatigue que d'y demeurer; et l'âme qui connoît le bien et qui ne le suit pas en souffre beaucoup; car, pour vivre à la cour continuellement, il faut que le désir et l'espérance en soient le soutien : autrement c'est y être sans plaisir, et avec beaucoup de peine. Tout ce que peut la force de l'esprit humain en ceux qui ont réussi à contenter leur ambition, par les grâces qu'ils y ont reçues, est d'y souffrir courageusement le martyre que leur raison, quand ils en ont, leur fait rencontrer dans l'assujettissement des charges, l'embarras des rangs, le soutien de la dignité, et l'opposition des envieux et des ennemis qu'on y trouve.

L'année finit par la terreur que répandit dans la cour, aussi bien que dans la ville de Paris, la chambre de justice établie pour faire le procès au surintendant, et à tous ceux qui se trouveroient

---

(1) Madame de La Bazinière.
(2) De la Reine, de la duchesse de Navailles et de madame de Béthune. Ce fut la duchesse de Navailles qui me le conta.

convaincus de malversation dans le maniement des deniers du Roi : à cause que la recherche exacte qu'on en faisoit regardoit les plus grandes familles d'épée et de robe qui leur étoient alliées, et avoient profité de leurs grands biens. Ce qui me surprit en ce temps-là fut que j'avois entendu crier toute ma vie contre les partisans, et contre la tolérance que le cardinal de Richelieu et le cardinal Mazarin avoient eue pour les gens d'affaires qu'on appeloit les sangsues publiques : et cependant j'entendois murmurer de ce qu'on changeoit de conduite. On avoit cru que Le Tellier, qui étoit sage, modeste, et ennemi de tout luxe et de toute vanité, avoit conseillé le cardinal Mazarin de mettre Colbert, qui étoit un de ses commis, auprès de Fouquet, qui étoit d'une humeur opposée à la sienne, pour veiller à sa conduite et arrêter la profusion de ses libéralités. Mais ce ministre étant mort, et Fouquet mettant tous ses amis en œuvre pour se maintenir dans son poste, et même pour remplir la place qui venoit de vaquer, le Roi, qui étoit prévenu contre lui, étant averti de toutes les intrigues qui se faisoient pour cela, n'eut pas de peine à exécuter la résolution qu'il avoit peut-être prise, il y avoit plus de six mois, de n'avoir plus de surintendant, non plus que de premier ministre; et Le Tellier, persuadé que Colbert, étant dans les finances, le reconnoîtroit toujours comme son maître et son bienfaiteur, ayant fait souvenir le Roi de la manière dont le défunt cardinal, auquel il l'avoit donné pour ménager ses grands biens, lui avoit parlé de son économie et de sa fidélité, il déclara hautement, après la prise de Fouquet, qu'il vouloit lui-même prendre le soin de ses finances, et pour cela établir Colbert son premier commis; et nous le vîmes, prenant le contre-pied de Fouquet, venir tout seul chez le Roi avec un sac de velours noir sous son bras, comme le moindre petit commis de l'épargne. Les gens de l'ancienne cour auroient souhaité que le maréchal de Villeroy eût été surintendant; mais sa destinée étoit d'être toute sa vie proposé pour les premières places sans les avoir, et d'avoir les titres les plus honorables qu'un homme puisse porter dans le royaume sans en faire les fonctions, quoiqu'il fût très-habile et très-capable de les faire. Comme il avoit été gouverneur du Roi pendant que le cardinal Mazarin étoit surintendant de son éducation, et maréchal de France sans y commander des armées, il fut aussi déclaré chef du conseil des finances sans aucun crédit.

La Reine mère étoit à la fin de cette année dans une santé si bonne, et je puis ajouter si belle, que j'avois lieu d'espérer qu'elle feroit encore long-temps l'ornement de la cour; mais, d'un autre côté, je lui voyois une si grande indifférence pour toutes les choses du monde, dont elle commençoit à ne vouloir plus se mêler, que je craignois qu'elle n'eût résolu de s'en retirer bientôt tout-à-fait, comme je crois avoir écrit quelque part qu'elle en avoit déjà eu la pensée; car encore qu'elle fût de toutes les parties de plaisir que son âge lui permettoit de prendre, ce n'étoit que par la complaisance qu'elle avoit pour le Roi et la Reine qu'elle se contraignoit bien souvent, pour ne les pas contraindre. Une conversation que j'eus l'honneur d'avoir avec elle au commencement de l'année 1662 ne me permit pas d'en douter.

Un jour donc, étant seule à ses pieds, elle me parut désirer ardemment de se retirer au Val-de-Grâce, pour ne s'occuper plus qu'au soin de son salut : elle m'assura qu'elle n'en étoit retenue que par la considération de la Reine, à qui elle se jugeoit nécessaire, et à Monsieur aussi, qu'elle aimoit tendrement. Elle ajouta à ces paroles que le Roi, qui lui avoit toujours été si cher, étoit si capable, si heureux, si content et si grand, qu'elle se croyoit tout-à-fait inutile à son égard; et que, n'ayant là-dessus que sa sensibilité et son amitié à vaincre, elle les vouloit sacrifier à Dieu, et se priver du plaisir qu'elle avoit d'être auprès de lui, pour donner le reste de sa vie à ses véritables devoirs. Ce discours me toucha vivement, et de plusieurs manières. Je pris la liberté de lui dire qu'elle étoit également nécessaire au Roi, à la Reine et à Monsieur, et qu'elle ne devoit pas, pour un bien qui n'étoit qu'en idée, et lequel, quand il seroit certain, ne regardoit que son repos particulier, abandonner tout celui qu'elle pouvoit faire par sa présence, non-seulement à la famille royale, en l'entretenant dans l'union où elle étoit, mais à toute la France, en avertissant le Roi de certaines choses et le faisant souvenir de certaines vérités que ses ministres, ou n'oseroient jamais lui dire, ou auroient intérêt de lui cacher, et qu'elle-même ne pourroit jamais connoître, si elle étoit une fois séparée de lui; lesquelles néanmoins, soit alors ou dans d'autres temps, pouvoient toujours produire de bons effets dans l'ame du Roi, qui naturellement aimoit la justice, connoissoit le prix de la vertu, et avoit de grands principes de piété.

Il me parut alors que mes raisons avoient fait impression sur son esprit, et qu'elles lui avoient du moins fait différer l'exécution de ce dessein, qui fut toujours empêché, comme il se verra dans la dernière partie de ces Mémoires, que j'ai cru être obligée de continuer pour la perfection de l'ouvrage que j'avois commencé, c'est-à-dire pendant tout le temps que je suis demeurée auprès d'elle, qui a été jusqu'au funeste moment que je l'ai perdue. Ceux qui les liront un jour n'y trouveront pas de si grands événemens que dans les autres, où la France étoit troublée par une guerre civile, et occupée à une contre les étrangers ; mais en récompense ils y trouveront la vie particulière de la Reine mère, à quoi je me suis principalement attachée, aussi bien qu'à la manière dont le Roi vivoit avec elle et avec toutes les personnes sacrées qui composoient la famille royale, pendant les quatre années de la maladie de cette grande princesse, qui n'étoit pas en état d'être vue. C'est ce particulier que ceux qui écriront l'histoire générale ne sauront point, ou ne trouveront pas mériter d'y être mis. Cependant c'est ce particulier, dans lequel on ne s'étudie point, qui trahit le secret de nos inclinations, et, marquant notre caractère, fait connoître si nous sommes dignes d'estime ou de blâme. C'est pourquoi on a plus de curiosité de le savoir que ce qui se passe devant tout le monde, où nous voulons la plupart du temps paroître ce que nous ne sommes pas, et où nous nous tenons toujours sur nos gardes. Ces mouvemens sont plutôt des passions que des actions qu'on désavoue bien souvent, ou dont on ne veut pas s'honorer par modestie quand elles sont passées, suivant le bien ou le mal qui se trouve dans notre intérieur quand on vient à le découvrir : car c'est le cœur qui est ce qu'il y a de pire et de meilleur. Quand il est bon, rien n'est si bon ; mais il n'y en a guère de cette espèce : le plus grand nombre est de ceux que l'intérêt et l'orgueil ont tellement corrompus qu'il leur fait commettre des crimes ; mais celui qui paroît le meilleur est pétri d'amour-propre, qui est la source de toutes les foiblesses dont il est capable, et de toutes les folies qui divertissent le public. Le Roi est trop sage pour ne le pas connoître, et pour prétendre qu'on l'en croie tout-à-fait exempt : il ne peut pas même ignorer que les rois ont plus de peine à s'empêcher d'y tomber que des particuliers, et que le seul moyen d'en éviter la honte est de s'humilier devant Dieu encore plus que les autres hommes. Cette année commença par la promotion que le Roi fit de soixante chevaliers de l'ordre du Saint-Esprit, dont la cérémonie se fit à l'ordinaire dans l'église des Augustins.

Les préparatifs du carrousel dont il voulut régaler les deux Reines, à l'exemple de celui qui s'étoit fait au mariage du feu Roi, occupèrent long-temps les princes et les seigneurs qui furent nommés pour en être. La Reine mère, qui n'avoit point vu celui qui avoit été fait pour elle, nous en faisoit de belles descriptions sur ce qu'elle en avoit oui dire aux vieux courtisans. Je n'en vis point alors qui me pussent dire si celui-là qui se fit à la place Royale étoit plus beau que celui-ci qui se fit à la place des Tuileries. Il étoit composé de cinq quadrilles qui représentoient cinq nations : la romaine, la persane, la turque, l'indienne et l'américaine. Le Roi étoit le chef de la première, Monsieur de la deuxième, M. le prince de la troisième, M. le duc d'Enghien de la quatrième, et M. le duc de Guise de la cinquième. Je ne m'arrêterai point à décrire l'ordre de leur marche, la richesse de leurs habits, la grandeur de leur suite, la galanterie de leurs devises, et la différence de leurs couleurs. Je ne dirai rien de meilleur pour en marquer la beauté, sinon que je ne m'y ennuyai point, et que le comte de Sault, fils du duc de Lesdiguières, eut l'honneur d'emporter le prix de la course de bague, qui fut suivi de l'applaudissement des spectateurs, et du plaisir qu'il eut de recevoir un diamant d'un prix considérable de la main de la Reine mère, qui étoit sur un échafaud qui avoit été élevé près de ce palais.

Après ce spectacle, qui avoit quelque chose des tournois autrefois si fréquens en France, en Angleterre et en Allemagne, et qui étoit si convenable à la fleurissante jeunesse d'un prince qui venoit de donner la paix à l'Europe et mettre fin à une guerre qui lui avoit été si glorieuse, les divertissemens particuliers recommencèrent à la cour.

Dans ce même temps, le Roi parut s'attacher d'inclination à mademoiselle de La Motte-Houdancourt, fille de la Reine. Je ne sais si elle étoit dans son cœur subalterne à mademoiselle de La Vallière ; mais je sais qu'elle causa beaucoup de changement dans la cour, plutôt par la force de l'intrigue que par la grandeur de sa beauté, quoiqu'en effet elle en eût assez pour pouvoir faire naître de grandes passions.

La duchesse de Navailles crut être obligée par le devoir de sa charge, à qui le soin des filles d'honneur est commis, de s'opposer aux sentimens du Roi. Elle lui en parla souvent comme une chrétienne et comme une honnête femme. Le Roi d'abord ne montra pas d'avoir ces petites harangues désagréables ; en d'autres occasions aussi il lui en parut mal satisfait : mais ce fut d'une manière si honnête, qu'elle ne crut pas devoir craindre sa colère. Quelque temps se passa de cette sorte, mais enfin le désir de la victoire et le dépit que l'opposition fait naître dans l'âme des hommes, et particulièrement dans celles des souverains, se firent fortement sentir dans le cœur du Roi. Il fit savoir à la duchesse de Navailles qu'elle s'exposoit au péril de lui déplaire. Il lui fit commander par Le Tellier de ne se plus mêler de la conduite des filles de la Reine, et lui fit même proposer plusieurs manières de s'accommoder à ses volontés avec quelques honnêtes apparences. Elle répondit toujours à ce ministre que ce ne seroit pas satisfaire à ses obligations que de cesser de faire son devoir, et que tant qu'il plairoit au Roi de lui laisser sa charge, elle en feroit les fonctions le mieux qu'il lui seroit possible. Le Roi alors se fâcha tout de bon, et lui dit qu'elle devoit craindre ce qu'il pouvoit faire contre elle, et se retenir de lui désobéir par la considération de son propre intérêt. Elle lui répondit qu'elle y avoit déjà songé ; qu'elle voyoit tous les malheurs que la perte de ses bonnes grâces lui pouvoit causer ; et lui faisant elle-même le dénombrement de leurs charges, tant de son mari que d'elle, elle lui dit que la privation de tant de biens ne pouvoit changer en elle la résolution qu'elle avoit faite de satisfaire au devoir de sa conscience. Elle le conjura de plus de chercher ailleurs que dans la maison de la Reine, qui étoit la sienne, les objets de ses plaisirs et de ses inclinations, puisqu'il paroissoit déjà en avoir choisi en la personne de mademoiselle de La Vallière. Le Roi gronda, et il parut chagrin et de mauvaise humeur; mais le soir même ou le lendemain, cette dame étant dans la chambre de la Reine mère appuyée sur son balustre d'argent, le Roi s'approcha de cette honnête dame d'honneur : il lui tendit la main, et, d'un air doux et favorable pour elle, lui demanda la paix. Il fit cette action non-seulement comme un grand prince qui avoit voulu se vaincre lui-même en triomphant de ses propres foiblesses, mais aussi comme un fort honnête homme qui avoit trop de raison pour refuser de donner son estime à qui la méritoit. Cette marque visible de l'équité du Roi et de sa bonté me donna, je l'avoue, une grande joie. Je la garderois non-seulement comme un présage quasi assuré du bonheur de mon amie, mais plus encore parce qu'elle nous faisoit voir à tous que le Roi paroissoit avoir surmonté sa passion par un sentiment de vertu fort estimable : ce qui n'étoit pas d'une légère conséquence pour tous les Français, puisqu'ils avoient en lui un Roi qui, sur d'autres sujets plus importans encore, pourroit combattre contre lui-même en leur faveur.

La duchesse de Navailles fut en effet assez long-temps qu'elle agissoit sans contrainte, selon toutes les maximes que l'honneur lui prescrivoit; et le Roi montroit d'en être content. Il continuoit néanmoins de voir mademoiselle de La Motte-Houdancourt chez madame la comtesse de Soissons, qui fomentoit cette passion dans le cœur du Roi autant qu'il lui étoit possible. Cette princesse, qui haïssoit la duchesse de Navailles, ne pouvant plus plaire au Roi par elle-même, vouloit conserver sa faveur par toutes les voies que l'ambition lui pouvoit inspirer. Elle tournoit en ridicule la vertu de celle qu'elle vouloit perdre, et en faisoit devant le Roi de continuelles railleries contre elle, se moquant de la foiblesse qu'il avoit de la souffrir. Par de si mauvais offices elle augmenta l'amour du Roi en diminuant sa vertu, par les applications dangereuses d'une personne qu'il croyoit son amie. C'est ce qui arrive d'ordinaire aux grands; car outre qu'ils ont, comme les autres hommes, à combattre les passions qui se fortifient dans leur propre cœur, ils ont encore à résister aux passions de ceux qui les approchent.

Le cœur du Roi étoit rempli de ces misères humaines qui font dans la jeunesse le faux bonheur de tous les honnêtes gens. Il se laissoit conduire doucement à ses passions, et vouloit les satisfaire. Il étoit alors à Saint-Germain, et avoit pris la coutume d'aller à l'appartement des filles de la Reine. Comme l'entrée de leur chambre lui étoit défendue par la sévérité de la dame d'honneur, il entretenoit souvent mademoiselle de La Motte-Houdancourt par un trou qui étoit à une cloison d'ais de sapin, qui pouvoit lui en donner le moyen. Jusque là néanmoins ce grand prince, agissant comme s'il eût été un particulier, avoit souffert tous ces obstacles sans faire des coups de maître ; mais sa passion devenant plus forte, elle avoit aussi augmenté les inquiétudes de la duchesse de Navailles, qui, avec les seules forces des lois de l'honneur et de la vertu, avoit osé lui résister. Elle suivit un jour la Reine mère, qui de Saint-Germain vint au Val-de-Grâce faire ses dévotions, et fit ce voyage à dessein de consulter un des plus célèbres docteurs qui fût alors dans Paris, sur ce qui se passoit à l'appartement des filles de la Reine. Elle comprenoit qu'il falloit déplaire au Roi, et sacrifier entièrement sa fortune à sa conscience, ou la trahir pour conserver les biens et les dignités qu'elle et son mari possédoient : et comme elle n'étoit pas insensible aux avantages qu'ils possédoient à la cour, elle sentoit sur cela tout ce que la nature lui pouvoit faire sentir. J'étois alors à Paris, et j'allai au Val-de-Grâce rendre mes devoirs à la Reine. J'y vis mon amie, et j'y vis son inquiétude. Elle me dit l'état où la mettoit le Roi par les empressemens qu'il avoit pour cette fille, et m'apprit qu'elle venoit de consulter sur ce sujet un homme pieux et savant (1), dont la réponse avoit été décisive. Il lui avoit dit qu'elle étoit obligée de perdre tous ses établissemens, plutôt que de manquer à son

(1) M. Joli.

devoir par aucune complaisance criminelle. Elle me parut résolue de suivre ce conseil : mais ce ne fut pas sans jeter une grande abondance de larmes, et sans ressentir la douleur où la mettoient ces deux grandes extrémités, où nécessairement il falloit prendre son parti sur les deux volontés de l'homme, toujours si contraires l'une à l'autre; c'est-à-dire ce qui le porte, selon la qualité de chrétien, à désirer les richesses éternelles, ou, selon la nature, à vouloir celles dont on jouit dans le temps.

Quand j'ai parlé de la dispute de la duchesse de Navailles contre la comtesse de Soissons, quoique j'aie eu sujet de me plaindre de cette princesse, j'ai néanmoins blâmé mon amie à son égard exactement en toutes choses, suivant cette loi que je me suis prescrite de n'écouter ni l'amitié ni la haine, et de parler toujours selon ce que j'ai cru être la vérité; mais en cette occasion je ne puis que je n'estime les motifs qui firent agir la duchesse de Navailles, qui la forcèrent de croire qu'elle devoit suivre les sentimens de M. Joli, qu'elle avoit été consulter.

A son retour à Saint-Germain, elle sut par ses espions que des hommes de bonne mine avoient été vus la nuit sur les gouttières, et dans des cheminées qui, du toit, pouvoient conduire les aventuriers dans la chambre des filles de la Reine. Le zèle de la duchesse de Navailles fut alors si grand que, sans se retenir ni chercher les moyens d'empêcher avec moins de bruit ce qu'elle craignoit, elle fit aussitôt fermer ces passages par de petites grilles de fer qu'elle y fit mettre : et par cette action elle préféra son devoir à sa fortune, et la crainte d'offenser Dieu l'emporta sur le plaisir d'être agréable au Roi, qui sans doute, à l'égard des gens du grand monde, se doit mettre au rang des plaisirs les plus sensibles que l'on puisse goûter à la cour, quand on le peut faire innocemment.

La comtesse de Soissons n'aimoit point mademoiselle de La Vallière : il lui sembloit qu'elle lui avoit dérobé le reste des bonnes grâces du Roi. L'ambition, l'amour, la jalousie, ces trois puissantes passions de l'ame, firent beaucoup de fracas dans la sienne. Peu instruite sans doute et peu touchée des maximes chrétiennes, elle n'étoit pas satisfaite de ce qu'elle n'étoit plus leur confidente; et pour remédier à ce chagrin, elle avoit voulu exposer mademoiselle de La Motte-Houdancourt aux yeux du Roi, avec dessein de reprendre par cette voie quelque part à ses secrets. Comme elle vouloit embarquer ce prince à cette galanterie, elle ne manqua pas de l'animer contre les grilles, qui avoient été faites, à ce qu'elle disoit, plutôt pour le contredire et l'offenser, que par aucun scrupule de conscience. Son dessein étoit de rentrer en faveur, et se venger de mademoiselle de La Vallière et de la duchesse de Navailles, deux personnes que le changement du Roi pour elle et l'intérêt de sa charge l'obligeoient de haïr. Il ne faut pas s'étonner si, par des flatteries artificieuses, ce prince fut en effet véritablement irrité contre la duchesse de Navailles, disant qu'il ne s'empressoit à cette aventure que pour lui faire dépit, et qu'elle étoit trop fanfaronne sur la vertu pour la pouvoir souffrir. Comme il avoit en toutes choses un pouvoir merveilleux sur lui-même, il ne témoigna pas alors tout ce qu'il sentit sur les petites grilles, et la peine qu'il en eut se cacha sous la raillerie et le mépris qu'il en fit; mais il ne les oublia pas, et sa mémoire eut ensuite de fâcheux effets contre ceux qui avoient osé lui résister. Je suis néanmoins persuadée que, sans les intrigues de la comtesse de Soissons, la raison et la bonté du Roi auroient aisément effacé tout ce que sa mémoire auroit pu lui représenter contre des gens de bien qu'il estimoit, et que son estime auroit sans doute combattu contre sa haine. Le Roi se plaignit au duc de Navailles de ce qu'il ne retenoit pas sa femme dans ce qui pouvoit lui être désagréable, et le blâma de ce qu'il paroissoit approuver sa conduite. La Reine mère estima les sentimens du mari et de la femme, et disoit souvent à la duchesse de Navailles qu'elle continuât d'agir vertueusement, et qu'elle s'assuroit qu'un jour le Roi lui en donneroit des louanges.

Mademoiselle de La Vallière, à qui sans doute ces histoires ne plaisoient pas, parce qu'elles lui faisoient voir une rivale en la personne de mademoiselle de La Motte-Houdancourt, profita, selon ses vains désirs, de la vertu de la duchesse de Navailles, et se servit de ses charmes avec tant de succès que, malgré les applications de la comtesse de Soissons et les empressemens du marquis d'Alluye et de Fouilloux son amie, les seconds de cette princesse dans cette entreprise, le Roi se lassa de batailler contre la dame d'honneur, et parut enfin s'attacher uniquement à celle qui étoit destinée à posséder long-temps ses bonnes grâces. On a même dit que ce qui contribua beaucoup à fixer la destinée de mademoiselle de La Vallière fut que mademoiselle de La Motte balança quelque temps en faveur de la vertu, et qu'elle au contraire ayant alors cessé de se défendre, ce fut par sa foiblesse qu'elle vainquit, et qu'elle triompha de celle qui lui disputoit le cœur de ce grand prince. Mais comme je n'étois la confidente ni de l'une ni de l'autre, je ne puis en parler que fort incertainement.

Pendant que le Roi se laissoit aller où ses désirs le menoient, la Reine souffroit beaucoup. Elle ne savoit rien de ce qui se passoit; on lui cachoit, par ordre de la Reine mère, toutes les galanteries du Roi. Sa dame d'honneur, qui étoit fidèle au Roi et à elle, se contentoit de faire son devoir de tous côtés, et ne lui disoit rien qui la pût affliger; mais le cœur, qui ne se trompe point et que la vérité instruit, lui faisoit tellement connoître, sans le savoir précisément, que mademoiselle de La Vallière, que le Roi aimoit alors uniquement, étoit la cause de sa souffrance, qu'il étoit impossible de lui cacher son malheur. A mon retour d'un petit voyage que je fis en ce temps-là en Normandie, je trouvai la Reine en couche de madame Anne-Elisabeth de France. Un soir, comme j'avois l'honneur d'être auprès d'elle à la ruelle de son lit, elle me fit signe de l'œil; et m'ayant montré mademoiselle de La Vallière qui passoit par sa chambre pour aller souper chez la comtesse de Soissons, avec qui elle avoit repris quelque liaison, feinte ou véritable, elle me dit en espagnol : *Esta donzella con las arracadas de diamante, es esta que el Rei quiere* (Cette fille qui a des pendans d'oreilles de diamans est celle que le Roi aime). Je fus fort surprise de ce discours, car ce secret étoit alors la grande affaire de la cour. Je répondis à la Reine quelque chose qui confusément ne vouloit dire ni oui ni non ; et afin de lui donner de la force pour l'avenir, je tâchai de lui persuader que tous les maris, sans cesser d'aimer leurs femmes, sont pour l'ordinaire tous infidèles de cette manière, ou font semblant de l'être pour satisfaire à la mode qui le veut ainsi. La Reine, qui comprit sans doute que nous ne devions pas lui rien avouer, ne répondit pas à ce que je lui dis, mais elle n'en fut pas moins triste. Je fus dire aussitôt à la Reine mère ce petit secret, et l'assurai que la Reine étoit plus discrète et moins ignorante que l'on ne pensoit. Il fut aisé de juger par là que toutes les larmes qu'elle répandoit alors, et à ce qui sembloit sur des bagatelles qui ne le méritoient pas, venoient sans doute de ce qu'elle sentoit un mal dont elle n'osoit se plaindre. La tendresse qu'elle avoit pour le Roi faisoit naître sa jalousie, et de cette dernière naissoit son chagrin.

La première année du mariage de la Reine, le Roi avoit été tendre pour elle, et fort sensible à la légitime passion qu'elle avoit pour lui. Aussitôt que l'amitié du Roi vint à diminuer, celle qui en étoit l'objet s'en aperçut bien vite ; elle n'eut point besoin de confident pour l'avertir de ce secret : avant que d'en connoître la cause elle en sentit les effets, et disoit souvent à la Reine sa mère, en pleurant excessivement, que le Roi ne l'aimoit plus. Quand ensuite elle fut quasi certaine de ce changement, par la connoissance qu'elle eut de l'amour qu'il avoit pour mademoiselle de La Vallière, elle fut long-temps dans un état pitoyable; il sembloit quelquefois que son cœur voulût sortir de sa place, tant il étoit agité, montrant par cette émotion qu'il ne pouvoit être content sans être réuni à celui même dont elle se plaignoit. Le Roi voyoit à peu près toutes ses peines; mais ne pouvant se changer lui-même et ne le voulant pas non plus, il s'en consoloit par son indépendance qu'il mettoit à tout usage, et dont il savoit se faire un remède facile à tous ces petits maux.

Le mois d'octobre de cette année, le Roi acheta du roi d'Angleterre la ville de Dunkerque avec celle de Mardick, et tout le canon et toutes les munitions de guerre qui y étoient, moyennant cinq millions payables en plusieurs paiemens ; mais après le premier paiement, comme ce prince avoit besoin d'argent, il lui fit de grandes remises pour le payer du reste, et par ce moyen cette importante place ne coûta guère d'argent au Roi, et fit voir son opulence et son habileté, et en même temps la foiblesse du roi d'Angleterre d'avoir abandonné pour peu de chose une place qui le mettoit en état d'entrer en Flandre et en France, et d'aider la France ou l'Espagne selon qu'il le trouveroit à propos. Aussi d'Estrades, qui avoit été employé à cette négociation, me dit que ses peuples en avoient fort murmuré.

Sur la fin de cette année mourut madame Anne-Elisabeth de France. Cette petite princesse promettoit d'être fort belle si elle eût vécu; mais une fluxion l'enleva de ce monde les premiers mois de sa vie. Le Roi et les Reines la firent baptiser, et lui donnèrent les noms de deux grandes princesses, de la Reine mère du Roi, et de la feue reine d'Espagne mère de la Reine, que je lui ai déjà donnés en parlant d'elle. Le Roi la pleura tendrement; la Reine en fut sensiblement affligée; et la Reine mère, regardant cette mort avec les sages réflexions que sa piété l'obligeoit de faire, demanda au Roi, les larmes aux yeux, le cœur de cette princesse pour le mettre au Val-de-Grâce, où elle désiroit de laisser le sien après sa mort. Toute la famille royale étant descendue de la chambre de Madame, qui venoit d'expirer, la Reine mère leur dit qu'elle avoit regret de voir partir sa petite-fille dans le commencement de sa vie; qu'il auroit été à désirer que Dieu l'eût prise, elle qui ne pouvoit plus avoir guère d'années à vivre, et dont la vie étoit inutile au bien de sa famille et à tous. Ces paroles tirèrent de nouvelles larmes des yeux du Roi et de la Reine, et Monsieur en fut extrêmement touché. Je n'y étois pas dans ce moment; j'y arrivai un peu après. Monsieur me fit l'honneur de me les redire en pleurant amèrement, et le peu de personnes qui s'étoient trouvées auprès de Leurs Majestés, et qui les avoient ouïes, m'en parlèrent, et en avoient encore le cœur blessé : car il sembloit que cette généreuse princesse, se condamnant elle-même à la mort, voyoit le peu de temps qu'elle avoit à demeurer sur la terre, où son âge lui pouvoit faire espérer, vu sa santé, la durée d'une longue vieillesse. Le lendemain elle porta elle-même ce cœur au Val-de-Grâce, et le donnant de sa propre main à l'abbesse, lui dit : « Ma mère, voilà un cœur que je vous apporte pour le joindre bientôt au mien. »

Peu après la mort de cette princesse, on apporta à la senora Molina, Espagnole, et première femme de chambre de la Reine, une lettre qui parut de la reine d'Espagne, dont le dessus étoit écrit de sa propre main, et qui s'adressoit à la Reine. La Molina, qui avoit servi dans le palais d'Espagne, connut aussitôt ce caractère; et voyant le paquet mal plié, elle s'étonna de ce qu'il étoit en quelque façon différent des autres. On le lui apporta de la part du comte de Brienne, secrétaire d'État; mais pour l'ordinaire toutes les lettres de Madrid venoient par les courriers de l'ambassadeur d'Espagne : et celui-ci par cette raison, et pour n'être pas fait comme les autres, lui parut étranger. Elle avoit ouï dire que le roi d'Espagne étoit malade; et craignant de donner mal à propos quelque inquiétude à la Reine, quoique ce ne fût pas sa coutume d'ouvrir ces lettres, Dieu, qui eut soin de son innocence, lui inspira le désir de voir ce qu'il y avoit dans celle-là. L'ayant donc ouverte, elle la trouva d'un caractère français, fort différent de celui qui paroissoit sur le dessus, écrite en mauvais espagnol, et mêlée de phrases françaises : mais elle contenoit des histoires fort connues, dont le Roi et mademoiselle de La Vallière étoient les principaux acteurs. Après l'avoir lue, elle admira la Providence divine qui l'avoit sauvée de ce péril, et alla aussitôt la montrer à la Reine mère. Cette princesse lui ayant conseillé de l'aller porter au Roi, elle lui obéit, et de ce même moment elle alla heurter à la porte de son cabinet, où il étoit au conseil. Elle lui dit qu'elle venoit de recevoir ce paquet, et que par inspiration divine elle l'avoit ouvert sans le montrer à la Reine. La Molina m'a conté presque dans le même moment qu'après que le Roi eut lu la lettre il devint rouge, et parut surpris de cette aventure; car il ne croyoit pas qu'il pût y avoir personne dans son royaume assez hardi pour se mêler de ses affaires malgré lui. Dans le trouble où il fut, il demanda brusquement à la Molina si la Reine avoit vu cette lettre. Et lui ayant dit plus d'une fois que non, le Roi la mit dans sa poche et la conserva soigneusement. L'étroite liaison que j'avois avec la duchesse de Navailles, qui passoit dans l'esprit du Roi pour une extravagante réformatrice du genre humain, fit qu'il me soupçonna d'avoir écrit cette lettre; mais comme j'étois aussi fort amie de la Molina, et que si elle avoit eu le malheur de lui déplaire il l'auroit sans doute renvoyée en Espagne, il suspendit son jugement là-dessus, et dans cette incertitude sa colère n'éclata contre personne. Nous lui verrons punir justement les auteurs de cette pauvre invention, qui se trouvèrent être ceux qu'il honoroit le plus de sa confiance et de ses faveurs. Ils lui furent aussi infidèles que les personnes qu'il soupçonnoit de lui manquer de respect étoient zélées pour son service.

Le temps, qui coule toujours insensiblement, nous avoit fait entrer dans l'année 1663, dont les divertissemens furent fréquens : et les passions qui produisent les intrigues en furent les compagnes. Il ne faut pas s'en étonner. Un Roi puissant par la paix et par d'immenses richesses, honnête homme, bien fait, jeune et magnifique, en composoit tous les plaisirs. Il en composoit de même tous les maux et les chagrins. Sa grandeur et son opulence inspiroient l'ambition dans l'ame des hommes, et ses belles qualités causoient toutes les inquiétudes des dames. Les différentes agitations dont ils étoient possédés faisoient naître les insatiables désirs qui les tourmentoient. Les uns et les autres aspiroient au bonheur de lui plaire, et tous par différens motifs vouloient avoir part à son cœur et à ses bienfaits; mais comme un prince, quelque puissant qu'il soit, ne peut faire que des grâces bornées, et ne peut aimer qu'imparfaitement, ces désirs et ces biens qui portent leur poison avec eux les remplissoient souvent d'amertume, lorsque, par la vanité de leurs pensées et de leurs amusemens, ils cherchoient à se satisfaire. Le Roi seul étoit heureux, si dans le monde quelqu'un le pouvoit être. Ses affaires étoient en bon état, ses armées étoient prêtes à combattre ceux qui en rompant la paix auroient osé devenir ses ennemis, et les plaisirs, qui venoient en foule se présenter à lui, paroissoient le satisfaire assez pleinement. Mais il étoit chrétien, et en ce seul mot seulement se renfermoit tout ce qui dans l'avenir étoit à craindre pour lui; et comme il est à croire qu'il y pensoit quelquefois, il faut conclure que s'il avoit moins de sujets de chagrins que les autres, sa félicité n'en étoit pas plus véritable.

La Reine, qui aimoit le Roi autant qu'il en

étoit digne, continuoit de souffrir par la crainte qu'elle avoit de n'être pas assez aimée de lui; mais la Reine mère la consoloit par le soin qu'elle prenoit de la divertir: ce qu'il lui arriva de faire un des derniers jours du carnaval, en une occasion où l'exacte bienséance qu'elle avoit accoutumé d'observer en toutes choses le céda au dépit et à l'amitié; au dépit, à l'égard du Roi qui avoit refusé publiquement à la Reine de la mener en masque avec lui, préférant mademoiselle de La Vallière à elle; et à l'amitié, en ce que pour guérir le cœur de la Reine, qui en fut touchée d'une douleur très-sensible, elle s'engagea de l'y mener elle-même: si bien qu'au sortir des grandes Carmélites, où elle avoit passé saintement toute la journée, elle vint trouver la Reine, qui étoit venue dans ma chambre au Palais-Royal avec une belle troupe de masques habillés à l'antique, pour attendre l'heure d'entrer au bal chez Monsieur et Madame, à cause que dans cette assemblée il n'y devoit entrer que des personnes déguisées. La Reine mère en fut la conductrice, couverte d'une mante de taffetas noir à l'espagnole, qu'elle mit par-dessus l'habit qu'elle avoit eu dès le matin, affectant exprès cette gaieté pour satisfaire la Reine, qui étoit si sage et si honnête qu'elle ne vouloit prendre aucun divertissement qu'elle ne fût accompagnée du Roi ou de la Reine, sa mère et sa tante. Les dévots, qui ne virent de cette action que ce qui en parut extérieurement, murmurèrent contre la Reine mère; mais les motifs en furent innocens, et la tendresse dont une mère peut être capable en doit effacer le défaut. Elle sut qu'elle en avoit été blâmée. Cette vertueuse princesse en souffrit doucement la confusion, et me fit l'honneur de me dire en confidence qu'elle étoit persuadée qu'on avoit raison, avouant que l'amitié qu'elle avoit pour la Reine avoit eu trop de pouvoir sur elle en cette occasion.

Le carême, qui suivit ces jours de folie, fut religieusement observé par la Reine mère: elle le jeûna même avec plus d'austérité que les autres, quoique déjà son âge la dispensât de cette obligation. Elle en fut incommodée, et à Pâques elle fut contrainte d'avouer qu'elle n'en pouvoit plus. Aussitôt après les fêtes elle reprit son bon visage, et parut dans le meilleur état du monde. Cette apparence de santé ne lui dura guère. Le 10 d'avril, elle commença de se trouver mal; elle eut de grandes lassitudes aux bras, mal aux jambes, mal au cœur, et la fièvre. Le lendemain, se moquant de son mal, elle nous assura qu'elle se portoit mieux, et se contenta seulement de garder la chambre; mais elle eut tout le jour mauvais visage.

Le lendemain, la Reine mère eut la fièvre tout le jour, et fut saignée sur le soir. Le second jour d'après, la fièvre se réglant en tierce, elle eut un grand accès accompagné de rêverie, d'oppression et de mal de tête. La famille royale fut aussitôt troublée de cet accident. Le Roi en parut inquiété, Monsieur eut le cœur touché de crainte, la Reine eut recours aux larmes, Madame parut moins gaie, et toute la cour fut abattue de tristesse. Au neuvième jour de la maladie de cette princesse, elle fut saignée pour la cinquième fois; et cette quantité de sang tiré de ses veines, qui avoit diminué ses forces, fit que ce même jour ayant voulu se lever pour faire faire son lit, elle se trouva mal. Monsieur alors la tenoit d'une main, et la comtesse de Flex (1) de l'autre. Comme cet aimable prince sentit que la Reine sa mère alloit tomber en foiblesse, et qu'il ne pouvoit pas la retenir, il se laissa adroitement glisser sous elle, de peur qu'elle ne se blessât. La Reine, qui ne la quittoit guère, tout effrayée de l'état où elle vit alors la Reine sa mère, courut vers le cabinet des bains où étoit le Roi, en s'écriant qu'elle étoit perdue, et que la Reine sa mère étoit morte. Le Roi, qui dans toutes les maladies de la Reine sa mère, et particulièrement en celle-là, eut pour elle des sentimens d'un fils plein de bonté, vint aussitôt où elle étoit. Il servit à la relever: et voyant que ses esprits lui revenoient, il fut ravi de joie; et courant le dire à la Reine, qui pleuroit encore, il la ramena auprès de cette illustre mère, où ils demeurèrent fort inquiets de l'état où elle étoit.

La Reine mère sentant son mal augmenter désira d'entretenir le Roi en particulier. Après cette conversation qui fut longue, Monsieur s'approcha d'elle, et lui dit qu'il avoit peur que ce grand entretien ne lui eût causé quelque mal de tête. Elle lui répondit que non, qu'elle ne s'en repentoit pas, qu'elle en étoit fort satisfaite, et qu'elle ne voudroit pas ne l'avoir point fait. Le lendemain, elle se confessa et communia, et dit à son confesseur de venir tous les jours à quatre heures prier Dieu auprès d'elle et l'entretenir. La comtesse de Flex et moi lui dîmes dans ce temps-là que nous avions une grande impatience de la voir entièrement guérie, et que les médecins, comme il étoit vrai, nous assuroient que se seroit bientôt. Elle nous répondit qu'il ne falloit souhaiter que la volonté de Dieu; et jamais, soit dans cette maladie ou dans la dernière, qui a été beaucoup pire, nous ne lui avons vu faire aucune plainte de ses maux. Les accès de sa fièvre continuèrent, et devinrent enfin si violens que les médecins crurent qu'elle deviendroit continue;

(1) Dame d'honneur de la Reine mère.

mais elle se fit double tierce, et dura long-temps. Son mal demeura dans cette force jusqu'aux fêtes de la Pentecôte, sans empirer ni diminuer. Alors le 13 mai on proposa de lui donner de l'émétique; mais elle y résista fortement. Le Roi la veilla plusieurs nuits de celles où l'on craignoit que ces accès ne fussent les plus violens. Il se faisoit apporter un matelas qu'il faisoit mettre à terre sur le tapis de pied du lit de cette princesse, et tout habillé se couchoit quelquefois dessus. J'en ai passé une de celles-là auprès de lui et de la Reine sa mère; et l'ayant long-temps regardé dormir, j'admirai la tendresse de son cœur, avec tant de grandes qualités qui ne se rencontrent guère souvent avec tant de bonté; et, malgré ma tristesse et l'inquiétude que j'avois, il me souvint en le voyant de ces héros que les romans représentent couchés dans un bois ou sur le bord de la mer; et passant de ces folles pensées à de plus solides et plus convenables à l'état des choses, je ne pus m'empêcher de lui souhaiter toutes les bénédictions du ciel pour le temps et pour l'éternité. J'espère que Dieu les lui donnera toutes, et qu'il n'oubliera pas, selon ses promesses, de récompenser d'une longue vie un fils qui en plusieurs occasions a si fidèlement satisfait à ses commandemens, en la personne d'une mère à qui il a donné de si véritables marques de son respect et de son amitié. Il l'assistoit toujours avec une application incroyable; il aidoit à la changer de lit, et la servoit mieux et plus adroitement que toutes ses femmes. Aussi la Reine sa mère, remarquant alors ses soins, son assiduité et ses inquiétudes, avec les tendresses infinies de Monsieur qui ne la quittoit quasi jamais, dit un jour, en faisant une grande exclamation, qu'elle avoit de bons enfans, et nous parut fort touchée des preuves qu'en cette maladie elle reçut de leur affection. Quand ensuite les médecins, pour la seconde fois, voulurent presser la Reine mère de prendre de l'émétique, elle leur répondit que puisque son mal duroit, et que les prières publiques qu'on avoit faites pour elle et pour sa santé ne l'avoient point obtenue, il falloit croire que Dieu la vouloit malade; qu'elle consentoit qu'on lui fît les remèdes ordinaires, mais qu'elle n'en vouloit point d'autres; et qu'elle souhaitoit de souffrir son mal autant qu'il plairoit à Dieu de le lui laisser.

Le quarantième jour de la maladie de la Reine mère, les médecins, pressés par ses serviteurs, qui ne cessoient de leur représenter que d'autres personnes avoient été guéries d'un même mal par de la poudre de vipère, parurent lui en vouloir donner; mais comme ils sont gens qui pour l'ordinaire désapprouvent ce qu'ils ne pratiquent pas, ils lui donnèrent enfin du quinquina. Ce remède lui ôta la fièvre, c'est-à-dire la fit cesser pour quelque temps en arrêtant l'humeur, mais lui laissa l'esprit rempli de vapeurs, avec une manière d'assoupissement qui paroissoit fâcheux. Elle demeura par leur ordre seize jours en cet état, sans être purgée, parce qu'ils craignoient de faire revenir la fièvre par l'émotion de la médecine.

Dans ce même temps la Reine eut la rougeole; elle n'eut nul mauvais accident, et en peu de jours elle en fut quitte. Quand le Roi vit qu'elle se portoit mieux, il souhaita de la mener à Versailles pour y prendre l'air; mais comme les premiers jours de sa maladie il n'avoit point quitté son lit, qu'au contraire il étoit toujours demeuré auprès d'elle, il ne fut pas plutôt arrivé à Versailles qu'il fut attaqué du même mal, mais beaucoup plus dangereusement; car, au jugement de Vallot son premier médecin, il fut menacé d'une prompte mort. Ce prince connut aussitôt le péril où il étoit; il appela Le Tellier, et lui dit qu'il se sentoit en mauvais état, et qu'il falloit en avertir la Reine sa mère. Le Tellier lui ayant répondu qu'elle étoit trop malade elle-même pour lui pouvoir donner cette inquiétude, le Roi lui répliqua : « N'importe, il faut qu'elle le sache. » Ce mal passa si vite qu'il ne fut point nécessaire de lui obéir; car quelques heures après il se porta mieux, et Dieu redonna la santé à ce prince dont la France avoit grand besoin. Le jour d'après, dans une conversation que nous fîmes à Versailles, Le Tellier, la duchesse de Navailles et moi, j'appris de ce ministre ce que je viens d'écrire, et que le soir précédent, lorsque le Roi se crut en danger, parlant de son mal, de son royaume et de ses affaires, il plaignit son fils de le perdre si jeune, et dit, après avoir fait l'examen des personnes à qui il pouvoit laisser la régence, que la Reine sa mère sembloit à l'avenir devoir être malsaine; que la Reine étoit trop jeune; que Monsieur ne paroissoit pas encore d'humeur à s'appliquer aux affaires; qu'il craignoit M. le prince; et qu'il jetoit les yeux sur le prince de Conti, parce qu'il étoit vertueux et homme de bien. Le Roi fit voir par là combien il étoit touché de l'estime de la vraie dévotion; et cela doit faire espérer à ceux qui en ont que Dieu lui fera la grâce d'en être un jour touché par lui-même.

Les médecins ayant purgé la Reine mère, sa fièvre revint avec plus de violence que jamais; et cette rechute les fit résoudre de lui donner de l'émétique. Le Roi, qui déjà s'étoit rendu auprès d'elle, bien guéri de sa maladie qui avoit été violente et courte, la pria instamment de prendre ce remède, pour lequel elle paroissoit avoir grande aversion. Son confesseur lui dit aussi qu'il le falloit faire; que non-seulement elle ne s'opposeroit point en cela à la Providence divine sur elle, mais que le faisant pour l'amour de Dieu, son action seroit louable : si bien qu'elle s'y résolut aussitôt. Elle en prit deux fois, et guérit entièrement par ce dernier remède.

La joie fut grande dans la cour, par le retour de cette précieuse santé. La crainte de perdre la Reine mère avoit glacé les cœurs de tous les gens de bien. Les pauvres la regardoient comme leur mère, et les affligés comme leur protectrice. Dans les jours qu'elle avoit été en péril, les églises furent toujours remplies de toutes sortes de personnes qui demandoient à Dieu la vie de cette vertueuse Reine. Les fêtes et les dimanches, la salle de ses gardes et son antichambre étoient pleines d'artisans qui, au lieu d'aller se promener selon leur coutume, venoient en foule savoir comment elle se portoit ; et dans les rues, ils demandoient tout haut de ses nouvelles avec empressement et tendresse : Dieu le permettant ainsi, sans doute pour lui faire recevoir de ce même peuple, dont elle avoit été autrefois injustement outragée, une réparation publique de leur faute passée, que leur affection présente et leur véritable repentir effaçoit d'une manière bien glorieuse pour elle.

Comme la Reine mère commençoit à se mieux porter, un soir que toute sa famille étoit dans la ruelle de son lit, on parla de la jalousie des femmes; sur quoi la Reine demanda à Madame si elle seroit d'humeur jalouse, au cas que Monsieur lui en donnât un juste sujet. Puis elle répondit à cette jeune princesse, qui lui avoit dit que non, qu'en effet cela étoit inutile; qu'elle éprouvoit tous les jours que la sensibilité des femmes endurcit le cœur des maris, et que ce qui leur devoit être agréable comme une marque d'amitié leur déplaît et les importe. Le Roi, pour détourner ce discours, demanda à madame de Béthune, dame d'atour de la Reine, femme honnête et sage, mais assez naturellement dépourvue de mérite, si elle avoit été jalouse de son mari. Elle répondit que non; et qu'il lui avoit toujours été fidèle. La Reine alors en riant, et d'un ton sensible et pourtant assez doux, dit en espagnol, en se levant pour aller souper : *Que en esto parecea bien la mas tonta de la compagnia, y que por ella no diria lo mismo* (Qu'en cela elle paroissoit bien la plus sotte de la compagnie, et qu'elle n'en diroit pas autant).

Cette réponse de la Reine fit voir clairement au Roi qu'elle étoit plus savante qu'il ne croyoit, et que son silence étoit plutôt un effet de sa discrétion et de la crainte qu'elle avoit de lui déplaire, que de son ignorance. Je ne sais s'il en fut fâché; car, étant résolu d'aimer mademoiselle de La Vallière, il désiroit peut-être quelquefois que les premiers sentimens de la Reine fussent passés, afin de l'accoutumer à la souffrance, et laisser adoucir ses peines par le temps, qui sait effacer toutes choses. Le point de cette guérison n'étoit point encore arrivé : cette princesse pleuroit souvent ; mais la Reine sa mère l'assuroit toujours de l'estime du Roi, et lui conseilloit de ne se pas soucier du reste. La duchesse de Navailles, sa dame d'honneur, lui en disoit autant; et d'ailleurs, s'intéressant généreusement aux chagrins de la Reine sa maîtresse, représentoit souvent au Roi la justice de ses inquiétudes. Le Roi, accoutumé à être le maître dans son royaume, le vouloit être aussi des esprits, des volontés et des cœurs, non-seulement en se faisant aimer, mais aussi en se faisant craindre. Il répondoit quelquefois à cette dame, comme un mari absolu, à qui les obstacles ne plaisoient pas; et ces paroles sévères étoient dites sans doute plus pour elle que pour la Reine.

Cet attachement de la duchesse de Navailles à la Reine déplut encore au Roi, et cet amas de désagrémens grossissoit toujours son malheur à venir. Elle étoit néanmoins assez fidèle au Roi pour le défendre en son absence avec la Reine; mais comme il ne connoissoit point ses sentimens, et qu'il la voyoit persuadée que cette princesse avoit raison de se plaindre, il s'imagina qu'elle étoit cause d'une partie de sa mauvaise humeur. Ces pensées, se joignant aux anciens dégoûts qu'il avoit eus contre elle, firent leur effet ordinaire, et causèrent enfin son entière disgrâce.

La comtesse de Soissons, n'ayant point réussi dans le dessein qu'elle avoit eu d'attacher le cœur du Roi à une de ses amies, eut de l'inquiétude de ce qu'elle avoit fait. Elle crut que la duchesse de Navailles pourroit l'avoir décréditée auprès de la Reine, et lui auroit peut-être fait connoître les désirs qu'elle avoit formés en faveur de mademoiselle de La Motte-Houdancourt. Pour remédier à ce mal imaginaire, elle eut envie de faire quelque confidence à la Reine de ce qui s'étoit passé sur ce sujet. On a dit, mais je ne le sais pas certainement, qu'elle supplia le Roi de trouver bon que, pour réparer les mauvais offices de la duchesse de Navailles, elle se précautionnât avec la Reine, en lui disant quelque chose de ce qui ne pouvoit plus lui apporter de chagrin puisqu'il n'y prenoit plus d'intérêt; et que le Roi y consentit, parce qu'il crut qu'elle ne manqueroit jamais à ce qu'elle lui devoit.

La Reine mère étant alors convalescente, la Reine alloit se promener ; et souvent ses plus grands voyages se terminoient aux petites Carmélites de la rue du Bouloy. Elle aimoit la mère de Reuville, supérieure de ce monastère, qui avec beaucoup de piété avoit aussi beaucoup d'esprit et de mérite. Ce fut alors que la comtesse de Soissons lui ayant demandé une audience secrète, elle lui fut accordée en ce lieu. La liaison de Madame et de la comtesse de Soissons duroit encore, et la Reine continuoit aussi de haïr Madame, l'accusant continuellement d'être celle qui lui enlevoit le Roi, à cause qu'aimant mademoiselle de La Vallière il étoit toujours chez cette princesse. Madame, d'un autre côté, qui n'aimoit pas à être haïe pour une autre, désiroit que la Reine fût amplement instruite des attachemens du Roi, dont elle soupçonnoit quelque chose, mais dont on continuoit de lui envelopper toutes les apparences avec tant de soin qu'il étoit difficile que ses lumières ne fussent quelquefois obscurcies. C'est pourquoi Madame avoit contribué au dessein qu'avoit pris la comtesse de Soissons de déclarer à la Reine tout ce qui se passoit, et d'achever par cette voie ce que la lettre donnée à la Molina n'avoit pu faire, et dont les auteurs ne se connurent que long-temps après.

Cet entretien de la comtesse de Soissons avec la Reine fut de conséquence, tant par ses suites que par les sentimens qu'il produisit alors dans le cœur de la Reine. Elle apprit enfin par cette voie l'amour que le Roi avoit eu pour mademoiselle de La Motte-Houdancourt, et ce qu'elle n'ignoroit pas tout-à-fait de mademoiselle de La Vallière, mais dont la certitude lui fit jeter beaucoup de larmes. Son cœur connoissoit par ses propres sentimens qu'il étoit trahi, mais il auroit peut-être été content de se pouvoir dire encore à lui-même qu'il se trompoit. Jusque là sa connoissance avoit été bornée, car la Reine sa mère ne lui avoit jamais rien voulu avouer. Sa favorite, la senora Molina, étoit sage et discrète, et n'avoit point voulu mêler à ses tristes soupçons la douleur de la certitude. La duchesse de Navailles, servant fidèlement Dieu, le Roi et sa maîtresse, avoit de même gardé un secret inviolable sur tout ce qui paroissoit se devoir cacher, et n'avoit pas même rien dit à la Reine contre la comtesse de Soissons. Cette princesse voulant donc prévenir un mauvais office qui ne lui avoit point été rendu, en fit un bon à celle qu'elle croyoit son ennemie, et se fit à elle-même le mal qu'elle vouloit éviter de la part des autres. La Reine apprit par là quel avoit été le zèle et la fidélité de sa dame d'honneur; et toute remplie de ces choses si petites en elles-mêmes, mais si grandes par leurs effets, revint au Louvre; et s'enfermant dans son cabinet, elle les apprit toutes à la Molina. Elle voyoit bien qu'elle ne les ignoroit pas : mais elle ne put condamner sa retenue, connoissant que son affection en étoit la cause; car souvent cette fidèle servante, pleurant à ses pieds, lui avoit protesté qu'elle ne lui diroit jamais rien qui pût l'affliger et les désunir le Roi et elle. Aussitôt que ce secret fut confié à mon amie, je le sus par elle dès le même soir : mais ce fut avec serment qu'elle exigea de moi que je ne le dirois à personne. Je lui fus si fidèle que je n'en parlai ni à la Reine mère ni à la duchesse de Navailles, qui étoit celle qui, à juste titre, y pouvoit prendre le plus de part. Mais la Reine avec raison, ne put s'empêcher de lui apprendre qu'elle savoit ce qu'elle avoit fait pour elle, et lui témoigna qu'elle lui en savoit gré. La Reine mère l'ayant su aussi, et voyant qu'elle pouvoit par cette voie prouver au Roi la fidélité de la duchesse de Navailles, dont, comme je l'ai déjà dit, elle approuvoit la conduite, ne manqua pas de l'en avertir. La duchesse de Navailles, par le conseil de Le Tellier, lui en parla aussi; mais le Roi parut étonné de ce qu'elle lui dit, et lui fit plusieurs questions sur ces matières. Vardes, ami intime de la comtesse de Soissons, étant entré au même instant dans le cabinet de l'appartement de la Reine mère, et ayant vu le Roi appuyé sur une fenêtre, occupé à parler et à écouter la duchesse de Navailles, en donna aussitôt avis à son amie. Ils prirent leurs mesures pour se défendre, et la comtesse de Soissons, chez qui le Roi alla au sortir de chez la Reine mère, lui dit qu'elle croyoit devoir l'avertir que, dans la conversation qu'elle avoit eue avec la Reine aux Carmélites, elle l'avoit trouvée informée de tout ce qui se passoit, et sut enfin lui persuader que c'étoit la duchesse de Navailles qui l'avoit instruite. Le Roi, ne pouvant discerner clairement la vérité d'avec le mensonge, douta et demeura indécis; et, venant ce même soir se coucher, il dit à la dame d'honneur que la comtesse de Soissons l'avoit instruit de toutes choses. Le duc de Navailles, dans la peur qu'il avoit que la duchesse sa femme n'eût mal fait de parler au Roi contre la comtesse de Soissons, l'avoit instamment priée d'y remédier si elle le pouvoit. Elle étoit entrée dans son sentiment : et dans ce moment où le Roi lui parut douter de ce qu'elle lui avoit dit, par un sentiment de chrétienne, et pour complaire à son mari, elle s'arrêta par bonté; et, ne voulant plus soutenir la vérité, elle donna lieu à ses ennemis de la perdre entièrement. Le Roi, favorablement disposé pour la comtesse de Soissons, s'imagina que c'étoit un conte fait exprès pour ruiner cette princesse auprès de lui, et pour cacher les trahisons qu'il croyoit que la dame d'honneur lui faisoit incessamment avec la Reine. Il fut persuadé enfin que si elle avoit parlé, elle n'avoit rien dit que ce qu'il lui avoit permis de dire, et crut que le reste venoit des intrigues qui se fomentoient par les créatures des Reines. Le Roi demeura donc toujours satisfait de la comtesse de Soissons, et mal content de la duchesse de Navailles; et ce fut alors que les innocens payèrent pour les coupables, et qu'étant amie de la duchesse de Navailles, j'eus beaucoup de part à son malheur. La Reine avoit aperçevoir quelquefois ces dégoûts qui se formoient aisément dans l'esprit du Roi contre les personnes qu'elle protégeoit; mais elle ne s'en affligeoit point. Elle disoit sans s'inquiéter qu'il falloit toujours bien faire, et que le Roi, dans le fond de son cœur, avoit des sentimens trop raisonnables pour craindre son ressentiment, en ne faisant que son devoir. Malgré sa tranquillité ordinaire, elle s'étonna néanmoins de le voir si indifférent sur ce qu'elle lui avoit dit de la comtesse de Soissons; et nous conclûmes à ses pieds, un jour qu'elle nous faisoit l'honneur de nous en parler, à la duchesse de Navailles et à moi, qu'il falloit que cette princesse eût agi par ses ordres. Le faux raisonnement que nous fîmes alors nous persuada que le Roi vouloit faire savoir à la Reine ce qui se passoit; et nous nous confirmâmes dans cette pensée, quand nous vîmes qu'il ne paroissoit point embarrassé de ces petites histoires, et que les plaintes de la Reine, pour être redoublées, ne diminuoient en rien ni ses soins ni son assiduité auprès de mademoiselle de La Vallière. Le seul changement qu'il fit paroître dans sa conduite fut qu'au lieu qu'il disoit tous les jours à la Reine qu'il venoit de chez Madame, il lui avouoit librement qu'il avoit été ailleurs. Cette sincérité lui donnoit le plaisir d'y être plus long-temps, et celui de revenir le soir plus tard qu'à l'ordinaire, sans que la Reine pût quasi s'en plaindre : car le malheur de notre sexe est tel que les hommes qui ont fait les lois en ont ôté la rigueur à leur égard, et ce n'est que dans le ciel où l'égalité du commandement fera que chacun recevra selon ses œuvres.

La cour demeura en cet état jusqu'en décembre, que le Roi fit passer au parlement plusieurs ducs qui n'avoient que des brevets, et en fit d'autres qui n'en avoient point. De ces derniers furent le marquis de Montausier, le comte de Noailles et le comte de Saint-Aignan. Le duc de Navailles, qui avoit un brevet plus ancien, fut exclus de cette promotion, dont il fut sensiblement affligé. La Reine mère le sentit comme sa généreuse bonté l'y obligeoit; elle fit ce qu'elle put pour lui éviter ce terrible coup; elle pria, elle parla, mais le Roi ne voulut jamais rien accorder à ses désirs. Il lui montra ses tablettes, où il avoit écrit de sa main les raisons qu'il croyoit avoir eues de choisir les uns pour cette dignité, et d'en priver les autres. Il avouoit, à l'égard de celui qu'elle protégeoit, qu'il l'estimoit homme de bien, qu'il l'avoit bien servi; mais qu'il lui avoit déplu, et qu'il vouloit s'en venger. La Reine mère me fit l'honneur de me dire, pour le faire savoir au duc et à la duchesse de Navailles, qui m'avoient priée de lui en parler, qu'elle avoit fait tous ses efforts pour vaincre ce ressentiment dans l'ame du Roi son fils, mais qu'elle n'avoit pu y réussir. En le blâmant d'avoir voulu soutenir cette foiblesse avec tant de force, elle me dit que sur tous les autres, soit en parlant des heureux ou des malheureux, il lui avoit expliqué ses pensées fort spirituellement, et que les jugemens qu'il avoit faits sur chacun d'eux étoient des marques de son esprit et de son discernement : car de ceux même qu'il gratifioit, il en disoit les défauts assez au juste; mais ils en trouvèrent le remède en sa volonté, qu'il préféroit à toutes choses. Les malheureux trouvèrent dans cette même source la cause de leur infortune, et tâchèrent de s'en consoler par l'espoir d'un plus favorable traitement pour l'avenir : ce qui se pouvoit facilement croire d'un prince plein de lumières, et qui connoissoit si nettement le bien et le mal qu'il faisoit. Le duc de Roquelaure fut de ceux qui furent privés de cet honneur, et pour de légères fautes dont je ne sais point le détail. Le duc de Navailles, cet homme fidèle, et connu pour tel par son propre maître, en fut maltraité, et la douleur qu'il en ressentit ne se peut exprimer; mais tous les hommes qui sont susceptibles d'ambition en sauront aisément connoître la grandeur. Au bout de quelque temps ce seigneur voulant faire son possible pour se remettre aux bonnes grâces du Roi, lui demanda une audience. Il l'obtint, et dans cette conversation il n'oublia rien pour tâcher de lui plaire et de le toucher : il embrassa ses genoux, il lui représenta son innocence reconnue par lui-même, lui fit voir combien il lui seroit glorieux de pardonner ce qui lui avoit déplu en lui, puisque ses intentions avoient été innocentes; et lui dit que s'il avoit manqué à son égard, ce n'étoit tout au plus que par imprudence, et par des sentimens dont lui-même le devoit estimer. Il fit enfin tout ce qu'un honnête homme et un homme de bien peut et doit justement faire pour plaire à son roi. Ce prince parut en être touché, et vouloir sincèrement oublier les vertueuses fautes du mari et de la femme. Quelque temps se passa que le Roi les traita mieux, et qu'ils se trouvoient raccommodés avec lui ; mais ces bons intervalles leur paroissoient toujours accompagnés de beaucoup d'incertitude : car malgré les favorables sentimens du Roi, qui par raison le faisoient souvent revenir, ils sentoient que leurs ennemis travailloient incessamment à les perdre, et qu'ils faisoient contre eux ce que les mineurs font sous les bastions qu'ils veulent faire sauter ; et leur travail enfin ne fut pas inutile.

Dans ce même temps, c'est-à-dire l'hiver qui suivit la guérison de la Reine mère, le Roi reçut la nouvelle de la mort de la duchesse de Savoie sa tante. Huit jours après mourut aussi la duchesse de Savoie, fille du feu duc d'Orléans, dont la destinée fut pareille à la fleur qui le matin fleurit, et qui le soir se sèche ; et la princesse Marguerite, qui avoit été proposée pour être notre Reine, que sa cruelle destinée, au lieu de ce bonheur, avoit fait duchesse de Parme, les suivit de près. Considérons par là quelle est la fragilité de la grandeur des grands de la terre, et tâchons de profiter par cette réflexion de la mort de ces trois grandes princesses, dont les deux dernières étoient fort jeunes.

Le printemps de cette année [1664], la cour alla à Versailles, où se firent les plus belles fêtes du monde, le Roi voulant effacer par cette réjouissance le souvenir des maladies passées. Mais comme dans l'arrière-saison pour l'ordinaire les maux se multiplient, ce fut dans ce voyage de plaisir que la Reine mère sentit les premières douleurs de son cancer. Il parut d'abord par une petite glande au sein, dont elle ne s'inquiéta point. Ce fut la cause de sa perte ; car si dans ce commencement elle en eût cherché le remède, il auroit été peut-être plus facile d'en éviter les fâcheuses suites. La Reine, qui se sentit grosse alors, causa à la Reine mère une joie beaucoup plus grande que son mal ne lui pouvoit donner de peine ; ce qui étoit augmenté par celle qu'elle avoit déjà de voir Madame en ce même état : elle l'étoit de cinq ou six mois.

Ce voyage, qui avoit eu des apparences si agréables, fut suivi de beaucoup de chagrins. Certaines promenades qui se firent déplurent à la Reine mère ; elle trouva mauvais que madame de Brancas, femme de son chevalier d'honneur, eût été avec mademoiselle de La Vallière ; car jusque là le respect que l'on portoit aux Reines avoit empêché les dames de qualité de la suivre. Cette dame brusque et libre, et peu observatrice des préceptes de l'Evangile à l'égard de la charité que l'on doit au prochain, en faisant ses plaintes au Roi de la réprimande que la Reine sa mère lui avoit faite, lui dit que la comtesse de Flex et la duchesse de Navailles étoient celles qui avoient mis la Reine sa mère en mauvaise humeur contre elle, et pesta fortement contre leur vertu, qu'elle maintenoit être fort ridicule. Le Roi fut fâché du chagrin que la comtesse de Brancas avoit reçu pour lui avoir voulu complaire ; et cette bagatelle fut cause que lui et la Reine sa mère furent quelque temps en froideur. Comme le duc et la duchesse de Navailles étoient déjà à demi réprouvés de la faveur, cette seule plainte de madame de Brancas pénétra le cœur du Roi, déjà mal disposé pour eux, et y fit une plaie qui devint incurable. Il est à croire que la comtesse de Soissons, leur ancienne ennemie, y mit aussi un appareil qui ne leur fut pas salutaire.

Peu après, le Roi, suivi des Reines et de toute la cour, alla s'établir à Fontainebleau pour y passer une partie de l'été. Ce fut là que le Roi, sur une parole que lui répondit le duc de Navailles en parlant d'une chose de peu de conséquence qui regardoit les chevau-légers (1), parut publiquement se fâcher contre lui ; et leur perte fut résolue de lui et de sa femme. Ils reçurent commandement [en juin] de donner leur démission du gouvernement du Havre-de-Grâce, de la lieutenance des chevau-légers, et de la charge de dame d'honneur. Le Roi, qui en les éloignant de la cour ne les voulut pas priver des biens qu'ils y avoient reçus et achetés, par justice et par bonté leur fit donner pour récompense de leurs charges neuf cent mille livres.

La Reine mère, qui ne jetoit pas souvent des larmes, quand le duc et la duchesse de Navailles partirent, pleura leur disgrâce, qui arriva malgré elle et malgré les prières qu'elle fit au Roi en leur faveur. Elle sentit leur infortune de toute manière ; car, outre leur malheur, elle eut de la peine d'avoir vu trop clairement en cette occasion qu'elle n'avoit pas alors un grand crédit auprès du Roi. La Reine en parut fâchée autant qu'en effet elle le devoit être : elle pleura ; et malgré sa timidité ordinaire elle en parla au Roi, à ce qu'elle nous fit l'honneur de nous dire, avec des sentimens dignes de l'affection et de la fidélité de ceux qu'elle perdoit. Elle embrassa la duchesse de Navailles, et l'assura en la quittant qu'elle ne l'oublieroit jamais.

La duchesse de Montausier, jusqu'alors gouvernante des enfans de France, fut mise aussitôt à la place de la duchesse de Navailles. Selon ce que j'ai écrit de cette dame, il est aisé de juger qu'elle devoit être agréable au Roi, non-seulement parce qu'elle avoit de belles qualités, mais à cause que le mérite qui étoit en elle étoit entièrement tourné à la mode du monde, et que son esprit étoit plus occupé du désir de plaire et

(1) Le duc de Navailles les commandait.

de jouir ici-bas de la faveur, que des austères douceurs qui, par des maximes chrétiennes, nous promettent les félicités éternelles.

La maréchale de La Motte, honnête femme et de bonne maison, fut mise gouvernante de monseigneur le Dauphin. Ce ne fut nullement pour ses éminentes qualités; car, à dire vrai, elles étoient médiocres en toutes choses. Elle étoit petite-fille de madame de Lansac, qui l'avoit été du Roi. C'étoit un grand titre; mais il n'auroit pas été suffisant pour l'appeler à cette dignité si elle n'avoit été dans l'alliance de M. Le Tellier, comme parente proche de l'héritière de Souvré, qu'il avoit depuis peu fait épouser à son fils le marquis de Louvois. Par cette protection, le souvenir des fautes du maréchal de La Motte, qui avoit été contre le service du Roi pendant les guerres de la régence, fut entièrement effacé; et ce qui manquoit à sa veuve pour être propre à ce grand emploi ne fut pas remarqué.

La Reine mère étoit demeurée mal satisfaite de la hardiesse que madame de Brancas avoit eue de parler au Roi contre elle; et sa tendresse pour le Roi lui faisoit sentir douloureusement la froideur qu'il avoit eue pour elle depuis l'indiscrétion de cette dame, qu'elle soupçonnoit encore d'avoir continué de manquer au respect qu'elle lui devoit. Le Roi et la Reine sa mère en furent enfin brouillés, et parurent alors visiblement mal ensemble. Le chagrin de la Reine mère éclata tout-à-fait après la disgrâce du duc de Navailles et de sa femme, et la peine qu'elle en reçut la rendit plus sensible sur les autres choses. Le Roi, par cette même raison et parce qu'il n'aimoit pas ceux qu'elle regrettoit, se laissa toucher d'un pareil sentiment, et montra que les personnes en qui la Reine sa mère avoit quelque confiance lui déplaisoient.

En ce même temps, cette princesse trouva mauvais que le Roi eût fait juger une affaire qu'avoit au conseil l'abbé de Prière, contre ce qu'elle prétendoit que ce prince lui avoit promis. Ce religieux vouloit réformer son ordre; et comme la Reine mère étoit la protectrice de tous les bons desseins, elle le voulut être de celui-là en particulier, car elle estimoit sa piété. Il étoit malade, et elle avoit prié le Roi d'attendre qu'il fût en santé pour décider de ses affaires; mais le Roi, à ce que vit la Reine sa mère, par mauvaise humeur contre elle fit juger son procès en son absence, et dit sur ce sujet chez la comtesse de Soissons que l'abbé de Prière se portoit bien, et que la Reine sa mère n'avoit pas dit vrai, ou quelque chose de semblable, qui ne parut pas obligeant pour elle. Ce coup la blessa sensiblement, et cela joint avec le reste augmenta sa tristesse et sa douleur. Elle la témoigna au Roi par son silence, et par une résolution qu'elle fit intérieurement de quitter la cour, et de se retirer au Val-de-Grâce. Le Tellier, sachant l'état où étoient le Roi et la Reine sa mère, fit ce qu'il put pour les raccommoder, et l'abbé de Montaigu aussi; mais ils n'y réussirent pas. Ces deux royales personnes étoient fâchées, et ne pouvoient ni l'un ni l'autre se résoudre de parler ensemble. Un de ces jours que leur chagrin étoit dans sa plus grande force, le Roi étant avec la Reine sa mère dans le cabinet de son appartement, Monsieur et Mademoiselle sortirent, avec intention, en les laissant seuls, de les forcer de se raccommoder; mais le Roi, après y être demeuré assez long-temps tourné contre une fenêtre, fit une grande révérence à la Reine sa mère, et sortit sans lui rien dire. Je n'étois pas alors à Fontainebleau; je sais néanmoins, comme si j'y avois été présente, qu'elle en fut sensiblement touchée, et qu'elle dit ensuite à Monsieur avec le cœur plein de douleur, et parlant du Roi : « Vous voyez comme il me traite. » Elle passa dans sa petite chambre, appuyée sur lui, allant par dessus la terrasse, afin d'éviter les yeux de ceux qui remplissoient encore son grand cabinet. Là elle pleura beaucoup avec ce prince, et dit à une autre personne (1) qui se trouva auprès d'elle, de qui je le sus quelque temps après : « Pensez-vous que « nous ayons parlé ensemble le Roi et moi dans « le cabinet? Je vous assure que non, et que nous « en sommes sortis de la même manière que nous « y étions entrés. » Ce soir même elle refusa d'aller souper avec sa famille, parce qu'en effet elle se trouvoit mal. Le Roi venant chez elle à l'heure du repas (car ils parloient ensemble en public), rencontra la Reine qui s'en alloit à son appartement. Il lui demanda fort surpris pourquoi elle s'en retournoit avant que d'avoir soupé. Elle lui répondit que la Reine sa mère lui avoit dit de le faire, parce qu'elle ne vouloit point manger. Le Roi pâlit à ce discours, et demeura tout interdit. Il suivit la Reine, qui alla souper chez elle; et il y demeura sans vouloir s'asseoir à table, appuyé sur le derrière de la chaise de la Reine. Il fit bonne mine en présence des spectateurs; mais son cœur, fort estimable en cela, souffroit de la peine, et lui faisoit sentir qu'il étoit coupable envers cette digne mère qui l'avoit toujours tant aimé, et qu'il avoit jusque là toujours tant honorée.

Le lendemain matin, la senora Molina étant entrée dans l'oratoire de la Reine mère, elle fut surprise de la trouver toute en larmes. La Molina voulut sortir, craignant de l'avoir importu-

(1) Cette personne était la Molina, Espagnole.

née par la liberté qu'elle avoit prise en ouvrant sa porte : ce que guère de gens n'auroient osé faire dans les heures de ses prières; mais cette princesse la rappela, et, sans lui vouloir rien cacher de l'état où elle étoit, lui fit signe de se mettre à terre auprès d'elle. Elle le fit; et après lui avoir demandé en espagnol ce qu'elle avoit, la Reine mère, la regardant fixement avec des yeux remplis de douleur et de larmes, lui répondit seulement ces paroles : *Ah! Molina, estos hijos* (Ah! Molina, ces enfans!), et après avoir un peu déchargé son cœur avec elle, la renvoya. Cette vertueuse princesse, cherchant les plus solides consolations qu'une ame chrétienne puisse trouver, avoit fait ce même jour ses dévotions; et son confesseur lui avoit ordonné de parler au Roi la première, et de ne plus écouter ni son dépit ni sa douleur. Elle s'étoit résolue aussitôt de le faire, trouvant juste de sacrifier ses sentimens à Dieu. Elle ne pensa donc plus qu'à parler au Roi; mais elle me fit l'honneur de me dire peu de temps après que ce ne fut pas sans peine, et que les humiliations qu'elle eut peur d'y rencontrer la firent souffrir quelques angoisses.

Le Roi de son côté, par son bon naturel, mal satisfait de lui-même, alla la trouver, avec une intention sincère de se raccommoder avec elle; mais l'envie que la Reine sa mère avoit d'obéir à Dieu fit que, voyant entrer ce prince dans sa chambre, elle se hâta vitement de parler à lui la première. Elle m'a fait l'honneur de me dire aussi, en me faisant part de toutes ces choses, qu'elle avoit été très-satisfaite du Roi, et que Dieu avoit pleinement récompensé le sacrifice qu'elle avoit eu intention de lui faire. Ce prince lui parla d'une manière obligeante et soumise : il lui demanda pardon à genoux, il pleura de douleur avec elle d'avoir manqué contre elle, et lui fit paroître des sentimens si tendres et si respectueux, qu'elle eut alors sujet de bénir Dieu de lui avoir donné *estos hijos* (ces enfans) qui la faisoient quelquefois souffrir, parce que nul n'est parfait, mais qui lui donnoient plus souvent encore beaucoup de sujets de joie et de consolation. Le Roi lui avoua qu'il n'avoit point dormi toute la nuit, par l'inquiétude qu'il avoit eue de voir qu'il lui avoit déplu ; et comme elle avoit fait connoître à Le Tellier les souhaits qu'elle avoit souvent de se retirer au Val-de-Grâce, et qu'il en avoit averti le Roi, cet illustre fils la pria instamment de n'y plus penser, et la pressa de lui donner sa parole qu'elle ne le quitteroit point. Ces deux royales personnes se communiquant ainsi l'un à l'autre leur ressentiment et leur repentir, demeurèrent plus contens et satisfaits de leur mutuelle amitié que s'ils n'avoient point eu peur de la blesser; et dans ce raccommodement ils en connurent mieux la grandeur. Le Roi fit part de sa joie à Le Tellier, et lui dit, à ce que ce ministre me conta lui-même quand je le vis, que si la Reine sa mère n'eût point commencé à lui parler la première, il étoit allé la trouver avec intention d'en faire toutes les avances ; lui avouant qu'il avoit senti qu'il n'auroit pas pu vivre content sans elle, et que l'amitié qu'il avoit pour la Reine sa mère l'auroit obligé de faire toutes choses pour se remettre bien avec elle.

Après cette heureuse paix, la Reine mère, non-seulement mère par tendresse, mais mère véritablement chrétienne, reprenant aussitôt ses sentimens de vertu et de sagesse, ne manqua pas de parler au Roi de l'état où il étoit. Elle lui dit qu'il étoit trop enivré de sa propre grandeur; qu'il ne donnoit point de bornes ni à ses désirs ni à sa vengeance. Elle lui représenta le péril où il étoit du côté de son salut, et lui dit enfin tout ce qu'elle put pour le faire rentrer en lui-même, et pour l'obliger du moins à désirer de pouvoir rompre les chaînes qui le tenoient attaché au péché. Il lui répondit cordialement, avec des larmes de douleur qui partoient du fond de son cœur, où il y avoit encore quelque reste de sa piété passée, qu'il connoissoit son mal ; qu'il en ressentoit quelquefois de la peine et de la honte; qu'il avoit fait ce qu'il avoit pu pour se retenir d'offenser Dieu, et pour ne se pas abandonner à ses passions; mais qu'il étoit contraint de lui avouer qu'elles étoient devenues plus fortes que sa raison, qu'il ne pouvoit plus résister à leur violence, et qu'il ne se sentoit pas même le désir de le faire. Il lui avoua qu'il avoit long-temps disputé contre lui-même pour ne pas demander aux femmes de qualité de suivre mademoiselle de La Vallière, mais qu'enfin il avoit résolu que cela seroit, parce qu'elle le désiroit, et qu'il la prioit de ne s'y pas opposer. Cette auguste mère lui dit que c'étoit quelque chose de connoître qu'il avoit tort; que par là il pouvoit voir que Dieu ne l'avoit pas tout-à-fait abandonné; mais qu'il prît garde à ne le pas irriter entièrement, et qu'elle le prioit du moins de lui demander la grâce des bons désirs, et celle de mieux faire. Comme le Roi venoit de chasser le duc et la duchesse de Navailles, cette princesse lui dit qu'elle avoit résolu de ne lui plus parler de leur disgrâce, voyant combien toutes ses prières leur avoient été inutiles; mais que, pour le seul intérêt de sa gloire, elle vouloit encore lui dire qu'il falloit qu'il considérât qu'il les chassoit parce qu'ils avoient de la vertu. Il lui répondit qu'il ne pouvoit non plus se vaincre sur cela que sur le reste, et qu'il vouloit se venger du mari et de la femme; que la comtesse de Flex et moi étions encore de ces personnes qu'il avoit eu assez envie de chasser, et qu'il l'avoit pensé faire vingt fois pendant sa maladie. La Reine mère fut étonnée de ce que le Roi lui dit sur la comtesse de Flex et sur moi. Elle fit ce qu'elle put pour lui justifier l'innocence de sa dame d'honneur et ses bonnes intentions. Elle le devoit à l'estime qu'elle avoit pour elle, et au rang qu'elle tenoit auprès d'elle. Le péril étoit alors passé : il ne revint plus, et je doute même que cette dame l'ait su. Le Roi lui avoua aussi que madame de Brancas lui avoit dit de certaines choses contre elle qui auroient pu les brouiller davantage ensemble; mais il lui fit connoître en même temps que, selon les sentimens de son cœur, cela auroit été difficile. Après ces éclaircissemens, la Reine mère demeura aussi affligée de l'état où étoit l'esprit du Roi, qu'elle étoit contente de son cœur et de sa sincérité : ce qui l'obligea de redoubler ses prières, et de faire beaucoup prier pour lui.

Les choses que je viens de dire peuvent faire voir que le Roi avoit en lui de grandes contrariétés ; que ses vertus étoient mêlées de ce qui leur étoit opposé, et que, portant en lui le caractère commun de la fragilité humaine, il n'étoit pas toujours sage ni toujours juste : mais je ne puis m'empêcher de dire aussi qu'à mon sens il y avoit beaucoup de raisons à connoître qu'il n'en avoit point; qu'il y avoit de la force dans l'aveu qu'il faisoit de ses foiblesses, et beaucoup d'humilité chrétienne à s'accuser de ses propres injustices. Il ne faut pas prétendre que les hommes, pour être dignes d'une haute estime, et pour être mis au rang des héros, soient exempts de défauts. Il ne s'en trouve point de tels, et Dieu seul est parfait. Les César, les Auguste, les Constantin et les Théodose ont tous commis des crimes, et leurs passions ont triomphé de leur raison et de leur équité. La différence qu'il y a d'eux à ceux dont la mémoire est déshonorée, c'est que leurs vertus ont surpassé leurs vices ; qu'ils les ont connus, et qu'ils en ont eu du moins de la honte ; que, par leur sentiment, ils ont démêlé le bien et le mal, et qu'ils ont estimé l'un et condamné l'autre. Ceux d'entre ces grands hommes qui ont été chrétiens ont plus fait : ils ont fait pénitence du mal qu'ils ont vu en eux. Il faut souhaiter que le Roi suive leur exemple en cela, comme il leur ressemble dans les grandes choses qui les ont fait admirer.

La Reine mère, voyant les mauvaises dispositions où étoit le Roi à mon égard, eut la bonté de s'en inquiéter ; et jugeant que dans le temps que mes amis étoient chassés il ne faisoit pas bon pour moi à la cour, elle me fit la grâce de me mander de n'y pas aller : si bien que je demeurai à Paris attendant ses ordres, et que les choses fussent adoucies. Quand ensuite j'eus l'honneur de la voir à Vincennes, où la cour vint passer quelque temps, elle me conta toutes ces particularités que je viens d'écrire, que peu de personnes ont sues ; et la Molina m'apprit les larmes qu'elle lui avoit vu répandre dans son oratoire.

La conversation du Roi et de la Reine mère, et leur raccommodement, n'avoit pas été avantageux à la comtesse de Brancas. Son mari étoit homme qui naturellement avoit beaucoup d'esprit. Après avoir été libertin et désordonné, il paroissoit converti et dévot. Je crois du moins qu'il le vouloit être, mais qu'il ne l'étoit pas toujours, et qu'avec de bonnes intentions il n'avoit pas une conduite égale. Il étoit d'un tempérament emporté : ses passions avoient trop de pouvoir sur lui, et il y résistoit rarement. Je sais qu'il s'en repentoit, et que les sévères châtimens qu'il se donnoit à lui-même égaloient par leurs excès celui de ses foiblesses. Il est à croire que devant Dieu elles étoient moindres que sa pénitence. Il voit nos misères, et les pardonne ; mais devant les hommes il étoit trop âpre après la faveur, et souvent injuste dans ses jugemens, parce qu'il les faisoit sans examiner la vérité des choses qu'il vouloit croire. Ce que le Roi avoit dit à la Reine sa mère de la comtesse de Brancas n'avoit pas plu à cette princesse : elle s'en souvenoit. Il arriva donc qu'un matin allant à la messe, appuyée sur Brancas son chevalier d'honneur, elle le quitta pour aller dire à sa femme, qu'elle vit à genoux dans un coin de la chapelle, qu'elle lui ordonnoit de ne jamais parler d'elle avec le Roi, et de ne la mêler jamais dans ses discours. D'abord le comte de Brancas crut que la Reine mère avoit été parler à sa femme pour lui faire une faveur, et dans cette pensée il voulut lui en rendre grâces ; mais la Reine mère lui dit froidement : « Ne « m'en remerciez pas, Brancas ; c'est que je dé-« fendois à votre femme de nommer mon nom au « Roi. » Il fut surpris de cette déclaration. Le mari et la femme parurent affligés ; ils crièrent contre les mauvais offices qu'ils disoient qu'on leur avoit rendus, et se plaignirent de la comtesse de Flex, disant qu'elle avoit blâmé madame de Brancas devant la Reine mère des complaisances qu'elle avoit eues pour le Roi. Dans le vrai, je crois qu'ils ne pouvoient avec justice se plaindre de personne, et que leur manière d'agir les avoit décrédités ; car voulant acquérir les bonnes grâces du Roi par des voies que lui-même n'estimoit pas, et conserver celles de la Reine mère avec son estime, il leur avoit fallu faire et dire des choses si opposées les unes aux autres, que cela seul les avoit fait tomber dans des fâcheux embarras, dont les sources et les effets ne pouvoient tarir facilement. Pendant qu'ils pestoient contre leurs ennemis imaginaires, ils faisoient valoir au Roi ce qu'ils souffroient pour lui, et travailloient à le rendre leur défenseur. J'estimerois leur habileté, s'ils avoient eu autant d'application à ne point détruire les autres qu'ils en avoient à rétablir leurs affaires. Elles se trouvoient en mauvais état par la disgrâce de Fouquet : et le besoin qu'ils avoient de la faveur excuse leur conduite, mais ne peut justifier leurs fausses accusations faites trop légèrement, ni ce que madame de Brancas avoit dit au Roi, en perdant le respect qu'elle devoit à la Reine mère. Il leur plut enfin d'en user ainsi ; et peut-être qu'enivrés de leurs visions, ils étoient persuadés que ce qu'ils disoient étoit véritable. Le dégoût que la Reine mère avoit contre eux s'augmenta par leurs plaintes, qui en effet n'étoient pas justes. Cette princesse, par un motif d'estime pour le comte de Brancas, lui avoit voulu donner des avis sur sa famille qu'il avoit mal reçus, et de là procédoit tout le reste. Mais la Reine mère étoit accoutumée à pardonner : elle en avoit fait une habitude estimable dans des occasions plus fortes et plus grandes que celle dont je parle ; et voulant donner au tempérament du comte et de la comtesse de Brancas ce qui avoit pu lui déplaire, elle l'oublia en faveur de leurs intentions, qu'elle ne crut pas mauvaises, et ne laissa pas de les traiter favorablement. Ce n'est pas que je ne sois persuadée que ce qu'elle eut à sacrifier à Dieu en cette occasion lui coûta beaucoup, parce que tout ce qui regardoit le Roi la touchoit vivement, non point par sa qualité de roi, mais par la tendresse qu'elle avoit pour lui.

Pendant le séjour de la cour à Fontainebleau, Madame accoucha d'un fils : dont la Reine mère témoigna une grande joie, et le Roi parut en ressentir autant que si ce présent du ciel lui avoit été donné à lui-même. Il fut appelé le duc de Valois, pour ressusciter en lui cette illustre branche qui a donné tant de grands rois à la France.

Ensuite de toutes ces choses, la cour revint à Vincennes, où j'eus l'honneur de revoir la Reine. Après une longue conversation avec elle, je trouvai qu'il étoit nécessaire de parler au Roi. Je le fis, et je le suppliai de croire que comme j'étois fidèle à mes amis, je l'étois davantage à mon maître ; et qu'il étoit impossible, selon mes sentimens, que je pusse manquer à ce premier devoir. Il me fit bon visage, et me fit l'honneur de me répondre assez obligeamment, c'est-à-dire à son ordinaire, peu de syllabes, mais qui ne laissèrent pas de me redonner la vie, et des forces pour souffrir les chagrins fréquens d'un si méchant pays, que l'on hait souvent par raison, mais que l'on aime toujours naturellement.

Sur la fin de septembre, Monsieur et Madame allèrent à Villers-Coterets. La Reine mère par complaisance y alla aussi, et y fut deux jours. A son retour le Roi y fit un voyage, et laissa la Reine à Vincennes, qui étant grosse ne pouvoit aller avec lui. Cette princesse, se voyant privée de cette satisfaction, auroit du moins souhaité qu'il eût voulu y aller en compagnie moins agréable que celle de mademoiselle de La Vallière, qu'il avoit choisie pour l'y mener. Elle en pleura sensiblement, et le Roi, qui la trouva toute en larmes dans son oratoire la veille de son départ, adoucit ses peines en lui témoignant d'y prendre part ; et pour la guérir des maux présens que la jalousie lui faisoit souffrir, il lui fit espérer qu'à l'avenir il quitteroit la qualité de galant, pour prendre à trente ans celle de bon mari. La Reine mère prit le soin de guérir le reste de sa tristesse, et tout se passa à l'ordinaire, c'est-à-dire que ses douleurs finirent par le retour du Roi, dont la présence la guérissoit de tous ses maux.

Le 4 octobre, la Reine mère étant venue de Vincennes à Paris visiter les petites Carmélites, se trouva mal en ce lieu. Elle eut mal au cœur, et une manière de foiblesse. De là elle alla coucher au Val-de-Grâce, où elle eut une mauvaise nuit. Le Roi ce même jour ayant su que la Reine sa mère s'étoit trouvée mal, et qu'elle n'avoit pu revenir coucher à Vincennes, partit à huit heures du soir, et courut au galop lui faire une visite, montrant par son empressement et son inquiétude que son amitié pour elle avoit de fortes racines dans son cœur. La Reine mère en fut touchée, et lui en témoigna sa reconnoissance par les louanges qu'elle lui en donna. A son retour à Vincennes, un jour qu'elle gardoit la chambre, il lui amena mademoiselle de La Vallière. Il n'eut point de peur que la Reine la vît, parce qu'elle se trouvoit mal aussi ; mais quand elle sut que cette fille étoit chez la Reine sa mère, et qu'elle jouoit avec le Roi, Monsieur et Madame dans sa chambre, elle en fut excessivement affligée ; et comme alors je me trouvai par hasard auprès d'elle, elle me commanda d'en aller parler à la Reine sa mère. Je trouvai cette grande princesse enfermée dans son oratoire, apparemment fort chagrine de ce que le Roi avoit fait. Aussitôt qu'elle me vit elle rougit ; et ne voyant que trop dans ses yeux qu'elle devinoit mon ambassade, je ne lui en dis rien. Je refermai la porte du lieu où elle étoit enfermée, et mon silence respectueux lui fit bien mieux entendre que je ne l'aurois pu faire tout ce que je craignois de lui dire.

La part qu'elle avoit eue à cette petite aventure ayant été en elle une complaisance forcée, ses réflexions la firent beaucoup souffrir ; si bien que le lendemain elle en parla elle-même à la Reine sa fille, et je sais qu'elles demeurèrent satisfaites l'une de l'autre. Pour moi, je m'en revins coucher à Paris sans retourner chez la Reine ; car ne pouvant alors lui donner de consolation par mes services, je me confiai en la prudence de la Reine sa mère, que je connoissois trop parfaitement pour douter qu'elle pût oublier de s'y employer tout entière.

Je ne puis en cet endroit m'empêcher de dire une chose qui peut faire voir combien les gens de la cour, pour l'ordinaire, ont le cœur et l'esprit gâté, et rempli des méchantes maximes du monde. Dans ce même moment que la Reine m'avoit commandé d'aller parler à la Reine sa mère, je rencontrai madame de Montausier, qui étoit ravie de ce dont la Reine étoit au désespoir. Elle me dit avec une grande exclamation de joie : « Voyez-vous, madame, la Reine mère a « fait une action admirable d'avoir voulu voir « La Vallière : voilà le tour d'une très-habile « femme et d'une bonne politique. Mais, ajouta « cette dame, elle est si faible que nous ne pou- « vons pas espérer qu'elle soutienne cette action « comme elle le devroit. » Véritablement je fus étonnée de voir dans la comédie de ce monde combien la différence des sentimens fait jouer de différens personnages ; et ne voulant pas lui répondre, je la quittai, courant comme une personne qui ayant une affaire ne pouvoit pas l'écouter. Le duc de Montausier, qui étoit en réputation d'homme d'honneur, me donna quasi en même temps, mais sur un autre sujet, une pareille peine ; car en parlant du chagrin que la Reine mère avoit eu contre la comtesse de Brancas, il me dit ces mêmes mots : « Ah ! vraiment « la Reine mère est bien plaisante d'avoir trouvé « mauvais que madame de Brancas ait eu de la « complaisance pour le Roi, en tenant compa- « gnie à mademoiselle de La Vallière. Si elle « étoit habile et sage, elle devroit être bien aise « que le Roi fût amoureux de mademoiselle de « Brancas ; car étant fille d'un homme qui est à « elle et son premier domestique, lui, sa femme « et sa fille lui rendroient de bons offices auprès du « Roi (1). » Nous devons tout à Dieu, et rien ne doit être dans notre cœur et dans notre volonté au-dessus de lui. Il nous commande d'obéir au Roi, mais nous ne lui devons cette obéissance que dans tout ce qui n'est point contre la loi divine. Sur ce principe, je laisse aux casuistes à décider de la qualité des sentimens de M. et de madame de Montausier. M. et madame de Brancas avoient voulu que leur fille montrât l'exemple aux autres de suivre mademoiselle de La Vallière ; et comme ils avoient demandé permission à la Reine, qui la leur avoit refusée, l'excès du dépit qu'ils en avoient leur faisoit dire avec hypocrisie, et dans le dessein de couvrir la lâcheté de leurs discours, que la Reine mère, par une opiniâtreté indigne d'une mère chrétienne, avoit contribué au péché du Roi son fils, au lieu de travailler à l'en tirer, comme elle le faisoit souvent par ses sages conseils. Ils auroient voulu au contraire qu'elle y eût pris une part qui l'auroit rendue indigne des miséricordes divines, et indigne même de l'estime du Roi son fils ; car ce prince avoit trop de discernement pour croire qu'il eût pu voir sans mépris ce qui de soi auroit été si méprisable. Je répondis à M. de Montausier qu'il me sembloit avoir remarqué dans l'histoire que Catherine de Médicis étoit déshonorée, pour avoir eu de pareilles complaisances pour les rois ses enfans ; et que je serois fâchée, pour l'intérêt que je prenois à la gloire d'Anne d'Autriche, qu'elle fût capable d'en faire autant. Je suis même persuadée, comme d'une vérité indubitable, que le comte de Brancas, malgré ses emportemens, avoit trop de conscience et d'honneur pour désirer d'entrer dans de telles aventures ; mademoiselle de Brancas non plus, qui étoit aussi sage qu'elle étoit belle, et que la Reine mère aimoit par sa singulière modestie. Je suis obligée de dire que les conseils que cette princesse avoit donnés à son père ne la regardoient pas : ils avoient été destinés seulement à la correction des inconsidérations de madame de Brancas sa mère.

Le 10 octobre, toute la cour partit de Vincennes pour aller à Versailles passer quelques jours dans les divertissemens que le Roi leur préparoit. La Reine, qui alors étoit avancée dans sa grossesse, avoit eu des maux de reins qui lui avoient fait peur ; elle eût voulu ne point aller à ce voyage, de crainte de se blesser, car elle aimoit à se conserver dans ses grossesses. Le Roi, pour l'y engager et guérir son inquiétude et ses larmes, prit le soin lui-même de lui faire composer une chaise qui ressembloit tout-à-fait à un lit portatif, et de l'aveu de la Reine elle s'y trouva commodément. Comme il étoit avantageux au Roi d'avoir des enfans, et que les voyages sont toujours dangereux à une femme qui est en cet état, il semble qu'il étoit de la prudence de préférer à ses plaisirs la conservation de la

---

(1) Ces paroles justifient les réflexions de madame de Motteville sur les gens de la cour, mais on a lieu d'en être surpris ; le duc de Montausier passoit pour un homme d'une vertu rigide.

Reine; mais ce prince étoit dans cet âge où quasi toujours le cœur l'emporte sur tout le reste. Le jour que la Reine partit de Vincennes, elle vint doucement dans sa machine dîner aux petites Carmélites ses favorites, et elle leur fit part de ses chagrins.

La Reine mère alla droit à Versailles, et au retour de ce petit voyage elle passa par Chaillot où j'étois (1). Elle nous fit l'honneur de nous faire part à la mère de La Fayette, supérieure de ce couvent, à ma sœur et à moi, des peines qu'elle y avoit eues, par l'humeur chagrine et jalouse de la Reine, qui n'avoit pas autant d'expérience des choses du monde et de force d'esprit pour s'y soutenir qu'elle lui en auroit souhaité. Par les sentimens que nous lui vîmes, nous connûmes clairement que tous les événemens de la cour, bons ou mauvais, contribuoient également à sa perfection : ce qui lui donnoit un grand désir de ne plus rien désirer que Dieu; mais il lui falloit beaucoup souffrir avant que de posséder ce bonheur, non seulement en sa personne, mais encore en celle de la Reine même, qui tomba dangereusement malade le 4 de novembre. Son mal commença par une fièvre tierce qui fut accompagnée de fâcheux accidens. Elle eut de grandes douleurs aux jambes; et ces douleurs, qui furent violentes, furent suivies de son accouchement, qui fut à huit mois, d'une princesse qui vécut peu de jours.

Le lendemain elle eut des convulsions qui firent craindre qu'elle ne mourût. Le Roi, suivant la loi de ces contrariétés étonnantes qui se trouvent en lui comme en plusieurs autres hommes, montra en cette occasion, selon qu'il avoit accoutumé de le faire, des sentimens fort tendres pour la Reine. Il pleura, et dans sa douleur, outre les marques qu'il lui donna de son amitié, il en fit voir de sa foi. Il envoya distribuer quantité d'argent aux pauvres et aux prisons pour délivrer les prisonniers : il fit des vœux pour la vie de cette princesse qu'il estimoit par sa vertu, et qu'il ne pouvoit haïr, vu sa beauté et la tendresse craintive, respectueuse et soumise qu'elle avoit pour lui. Il dit au maréchal de Villeroy, dans le temps qu'elle fut en travail, qu'encore que ce fût pour lui un grand malheur de perdre un enfant, il s'en consoleroit, pourvu que Dieu lui fît la grâce de conserver la Reine, et que son enfant pût être baptisé.

La Reine mère fut sensiblement touchée du péril où elle vit la Reine. Elle la fit résoudre malgré sa tendresse, et la peine qu'une jeune personne sent d'ordinaire à la mort, à recevoir le saint viatique. Elle lui apprit qu'elle étoit en

(1) Dans le couvent de Sainte-Marie de Chaillot.

danger, et dit ensuite à ceux qui s'étonnoient de la force qu'elle avoit eue à lui annoncer cette triste nouvelle, qu'elle aimoit la Reine; mais qu'elle souhaitoit plus ardemment de la voir vivre dans le ciel que sur la terre. Le Roi, accompagné de toute la cour, alla au devant du Saint Sacrement; et la Reine mère demeura dans la chambre de la Reine, qui, après avoir communié, dit qu'elle étoit bien consolée d'avoir reçu Notre Seigneur, et qu'elle ne regrettoit la vie qu'à cause du Roi *y desta muger* (et de cette femme), montrant du doigt la Reine mère. Mais enfin Dieu la redonna à la France, au Roi et à la Reine sa mère. Elle guérit le 18 de novembre, après avoir pris de l'émétique.

La Reine mère depuis quelque temps, et particulièrement dans cette maladie de la Reine, sentit de considérables douleurs à son sein. Comme elle avoit trop négligé ce mal, elle fut surprise de voir qu'en peu de temps il empira notablement; et par la couleur jaune de son visage, on vit que la tristesse qu'elle avoit eue du péril où elle avoit vu la Reine lui avoit été nuisible. Elle avoit consulté les médecins sur le commencement de cet étrange mal, et ils y mettoient alors de la ciguë, qui ne lui fit point de bien. Elle avoit eu le dessein, à ce qu'elle me fit l'honneur de me dire, de se mettre entre les mains de Vallot, premier médecin du Roi, qui pour être versé dans la connoissance des simples et de la chimie, paroissoit devoir connoître des remèdes spécifiques pour cette maladie; mais il montra tant de foiblesse à soutenir ses avis contre ceux qui lui étoient opposés, qu'elle en fut dégoûtée. Seguin, qui étoit son premier médecin, étoit un homme savant à la mode de la Faculté de Paris, qui est de saigner toujours, et de ne se servir point des autres remèdes. Il n'avoit guère d'expérience, car il étoit venu jeune au service de la Reine. Pour surcroît de malheur, il étoit passionné, et n'estimoit le conseil de personne; et sans connoissance d'aucuns remèdes particuliers pour le mal de la Reine mère, il s'opposoit seulement à tout ce que l'on proposoit pour elle : si bien que dans ces commencemens elle demeura indécise, et pendant cette suspension son mal devint si grand, qu'il fallut aussitôt y apporter les remèdes extrêmes. Cette princesse, ne trouvant du secours en personne, fut contrainte de s'abandonner aux passions des hommes, qui la tourmentèrent plus que son propre mal. Ses serviteurs avoient aussi chacun leur opinion particulière sur la conduite qu'elle devoit tenir : les uns étoient pour Vallot, les autres lui étoient contraires; et pour être trop grande et trop aimée, elle se vit sans pouvoir recevoir de consolation ni de remède d'aucun de ceux qui auroient dû lui en donner. Je la vis souvent dans ces temps-là, aux pieds de Dieu, connoître avec quelque peine tout ce qui lui manquoit ; mais ayant toujours eu une grande confiance en sa divine providence, elle disoit ce qu'elle avoit dit souvent en d'autres occasions : « Dieu m'assistera ; et s'il permet que je sois affli« gée de ce terrible mal qui semble me menacer, « ce que je souffrirai sera sans doute pour mon « salut : et j'espère, disoit-elle, qu'il me donnera « les forces dont j'aurai besoin pour l'endurer « avec patience. » Elle ajoutoit à ces paroles qu'ayant vu des cancers à des religieuses (1) qui en étoient mortes toutes pourries, elle avoit toujours eu de l'horreur pour cette maladie si effroyable à sa seule imagination ; mais que si Dieu permettoit qu'elle en fût attaquée, il falloit avoir patience ; qu'il étoit le maître, et qu'il étoit juste de le bénir en tout temps. Elle continuoit de mettre alors sur son sein de cette ciguë qui paroissoit l'empirer beaucoup. Je le dis à Vallot. Il me répondit froidement que s'il avoit été seul, voyant combien ce remède lui étoit contraire, il y auroit plus de quinze jours qu'elle n'en mettroit plus. Je fus surprise de voir que de petits égards empêchoient cet homme de dire la vérité et de la soutenir, en lui faisant hasarder la vie d'une si grande princesse, et si utile au monde. Je courus aussitôt le dire à la Reine mère, qui, sans murmurer contre cette barbarie, me dit seulement, mais en rougissant : « Il « faut avoir patience. »

Le 15 du mois de décembre, la Reine mère donna des marques publiques de cette constance qui, devant s'augmenter à la mesure de ses maux, devoit aussi la rendre un admirable modèle de patience et de piété. Ce fut à Noël, au Val-de-Grâce, que son mal se déclara tout d'un coup très-grand et incurable. Elle eut une mauvaise nuit ; et quand le lendemain les médecins la pansèrent, ils trouvèrent son sein en tel état qu'ils en furent étonnés. Elle connut leur surprise à leur visage ; et toutes ses femmes, qui le virent avec douleur, se mirent à pleurer : elle seule ne témoigna point être affligée, ne fit aucune plainte ; mais après avoir laissé voir à l'émotion de son visage, qu'elle n'étoit pas insensible, elle les reprit et les consola tout ensemble, en leur faisant voir l'entière soumission qu'elle avoit à la volonté de Dieu. Elle dit au Roi qui la vint voir après son dîné, et à Monsieur qui y étoit dès le matin, qu'elle les prioit de ne se point troubler de cet accident ; qu'elle étoit contente de mourir ; que cela n'alloit qu'à quelques années de moins, et qu'elle

(1) Des religieuses du Val-de-Grâce.

s'estimoit heureuse de ce que Dieu vouloit par cette voie lui faire faire pénitence de ses péchés. On fit aussitôt une consultation des plus célèbres médecins et chirurgiens de Paris. Ils conclurent tous que c'étoit un cancer, et que ce mal étoit sans remède. Le Roi, suivant en cela la première inclination de la Reine sa mère, fit arrêter qu'elle se serviroit de Vallot, son premier médecin. Elle le trouva bon, quoique ce qui paroissoit avoir si fort empiré son mal vînt de ce qu'il y avoit mis depuis quelques jours. Puis voyant que ces remèdes ne la soulageoient pas, elle se laissa aller au conseil de plusieurs personnes qui lui parlèrent d'un pauvre prêtre de village, nommé Gendron, qui pansoit les pauvres, et qui avoit acquis de la réputation à ce charitable exercice. Elle le vit au Val-de-Grâce ; et Seguin son médecin, qui voyoit que Vallot jusqu'alors n'avoit pas réussi à la traiter, lui conseilla de se mettre entre les mains de cet homme. La Reine mère suivit son avis, même avec quelque espoir de guérison ou de longue vie, car cet homme lui promit qu'il endurciroit son sein comme une pierre, et qu'ensuite elle vivroit aussi long-temps que si elle n'avoit point eu de cancer. Mais Gendron ne parloit pas de bonne foi ; car, outre que son remède étoit nouveau, et qu'il ne l'avoit pas expérimenté pour en répondre, une demoiselle que nous connûmes bientôt après, à qui il l'avoit donné, s'en trouvoit fort mal, et son sein s'étoit ouvert. Ce remède étoit chaud, et par conséquent il étoit violent. La Reine mère en sentit de grandes douleurs ; mais alors elle commença de former en elle-même une forte résolution de s'accoutumer à la souffrance. Le jour elle s'habilloit à son ordinaire, et se divertissoit le mieux qu'il lui étoit possible. Ses nuits étoient mauvaises : celles qui couchoient dans sa chambre disoient qu'elle ne dormoit guère ; et tous les maux qu'elle a eus se sont fait connoître plutôt par leur propre grandeur que par ses plaintes. Elle passa quelque temps de cette manière, non-seulement sans dire ce qu'elle sentoit, mais sans montrer nul chagrin de son mal. L'espoir qu'elle eut jusque là de pouvoir trouver quelque soulagement dans la science des hommes rendroit sa constance moins admirable, si nous n'avions vu cette vertu subsister avec de cruelles douleurs, avec la certitude de l'augmentation de son mal, ou plutôt la certitude de la mort : c'est pourquoi ceux qui ont examiné les mouvemens de son ame dans tous les temps de cette effroyable maladie les ont trouvés infiniment estimables.

La Reine mère me fit l'honneur de me dire alors, un jour que j'étois seule avec elle dans son oratoire, qu'elle croyoit mourir de ce mal, mais que ce ne seroit peut-être pas sitôt. Elle passa de cette sorte tout l'hiver, pendant lequel son mal fut fort grand. On le voyoit dans ses yeux et à son visage; mais comme il étoit supportable, son esprit étoit soulagé par les promesses de Gendron, qui la flattèrent de quelque prolongation de vie. Peu à peu néanmoins son cancer empiroit et commençoit à s'ouvrir : ce qui donnoit de grandes inquiétudes à ceux qui s'intéressoient à sa vie.

En ce même temps il y eut beaucoup d'autres personnes qui se vantoient d'avoir de beaux secrets, et qui assuroient la Reine mère de la guérir, si elle vouloit se mettre entre leurs mains. Parmi ceux-là il y avoit un certain Lorrain nommé Alliot, qui s'étoit adressé à moi, qui nous faisoit voir une demoiselle presque guérie par lui. Elle avoit été pire que la Reine mère, et le bon tempérament de cette princesse nous donnoit lieu d'espérer qu'elle résisteroit à ses maux, et que les remèdes, aidés par sa force naturelle, en demeureroient les maîtres; mais malgré toutes leurs paroles, au lieu de trouver par leur art la santé et la vie, nous la voyions courir à sa fin, par le chemin d'une terrible et dure pénitence. Les remèdes des hommes, par l'ordre de Dieu, furent inutiles à la guérison de son corps; mais par les tourmens qu'ils lui firent souffrir, ils servirent à guérir les maladies de son ame. Il lui falloit devant Dieu remplir le vide de ses vanités passées; il falloit que cette ame, que Dieu destinoit à la véritable gloire, fût purgée des sentimens de l'orgueil humain, qui est quasi inséparable de la grandeur et du faste qui suit la royauté. Il falloit que la paresse et la négligence qu'elle avoit eues peut-être de s'acquitter de ces grands devoirs où sa régence l'avoit engagée trouvassent leurs remèdes dans les châtimens que Dieu lui préparoit, et que par cette voie de grâce, si opposée à la nature, elle pût être digne de ses miséricordes, qui valent beaucoup mieux que la vie. La dernière imperfection apparente que les sages ont pu remarquer en cette éminente princesse a été que, portant la mort dans son sein par les commencemens de sa funeste maladie, elle soit demeurée jusqu'alors un peu trop attachée à l'amour de sa personne. L'habitude y avoit beaucoup de part : et sa fermeté, qui l'empêchoit de craindre la mort, la rendant exempte d'inquiétude, la faisoit agir de la même manière que si elle eût été en pleine santé, n'oubliant rien des soins qu'elle devoit à son salut. Elle en donnoit quelques-uns à sa propreté et à son ajustement, étant persuadée que sa qualité de reine, qui l'exposoit au public, l'y obligeoit. Elle n'en avoit néanmoins aucun qui pût choquer la bienséance : si bien qu'au lieu de la blâmer, on pourroit mettre au rang des vertus morales cette intrépidité qui la rendoit en tout temps égale à elle-même. Mais comme je ne voudrois pas que le respect particulier que je conserve pour sa mémoire me pût faire juger de ses sentimens peut-être trop avantageusement, et que ce que j'écris est un simple récit de la vérité, sans laquelle l'histoire deviendroit une fable ridicule, j'avoue que, parlant selon les préceptes de saint Paul, il auroit été à souhaiter pour l'édification du public que cette grande Reine, par un détachement plus précis de ces bagatelles, eût plus fait voir en son extérieur que Dieu seul régnoit en elle. D'un autre côté, selon ce même apôtre, toutes choses se tournent en bien à ceux qui aiment Dieu; et nous avons vu clairement que le souvenir de cette foiblesse qui étoit entièrement innocente, a produit en elle la force de vouloir souffrir. La connoissance sincère qu'elle a eue de son néant a fait son élévation, et le repentir qu'elle a eu de l'estime qu'elle avoit faite dans sa jeunesse des beautés de son corps a été cause de la sainteté de sa mort.

Pendant que la Reine mère souffroit, et que le Roi s'occupoit à ses affaires et à ses plaisirs [au printemps de 1665], l'infidélité de ses amis lui fit connoître l'innocence de ceux qu'il avoit rejetés. S'il n'étoit pas en état de s'en vouloir repentir, du moins il a dû voir par sa raison que rien n'est plus incertain que les jugemens des hommes. Pour éclaircir ce que je veux dire, il faut retourner à l'année 1662. Madame ayant enfin laissé voir qu'elle ne haïssoit pas le comte de Guiche, eut à souffrir de ce que la Reine mère et la reine d'Angleterre sa mère voulurent faire contre elle. Montalais, une de ses filles d'honneur, fut chassée pour avoir été la dépositaire de ses secrets; et le Roi, pour le repos de Monsieur, exila tout de nouveau le coupable, et l'envoya en Pologne. Monsieur, par des sentimens qui paroissoient incompatibles, aimoit toute la famille de Gramont, et le même comte de Guiche avoit été son favori jusqu'à cet instant qu'il fut chassé en 1661. Malgré cette première aventure, Monsieur consentoit que la princesse de Monaco, revenue de l'exil où j'ai dit ailleurs que la Reine mère l'avoit envoyée, quoique sœur de celui qu'il ne pouvoit plus aimer, fût la confidente déclarée de Madame. Il avoit fait, comme je l'ai encore écrit, madame de Saint-Chaumont, sœur du maréchal de Gramont, gouvernante de ses enfans, et le chevalier de Gramont leur frère étoit bien traité par lui. Milord Montaigu, pour plaire à Madame et à toute la famille de Gramont, qui dominoit dans cette cour, quelque temps après l'éclat qui avoit été fait contre Madame pressa la Reine mère de consentir au retour de l'infortuné comte de Guiche, qui, tout environné de la fausse gloire du monde, s'estimoit sans doute trop heureux de souffrir pour une si belle cause.

La Reine mère, en cela sans doute trop facile à persuader, avoit consenti à ce retour, mais à condition que le criminel ne se trouveroit jamais dans les lieux où seroit Madame. Le comte de Guiche revint donc en France, et alla trouver le Roi à Marsal (1), qui le reçut favorablement; et Monsieur le traita comme il le devoit, c'est-à-dire avec quelque froideur. Le comte de Guiche, à son retour, fit paroître vouloir observer les ordres qu'il avoit reçus avec une grande exactitude. Monsieur crut être obéi : et la facilité qu'il eut à se le persuader venoit sans doute de la bonne opinion qu'il avoit eue de Madame, qui d'abord que Montalais fut éloignée, par un aveu de tout le passé, qui n'étoit point criminel, et qui avoit paru sincère à Monsieur, avoit effacé dans son cœur et dans son esprit une partie de ses soupçons. Il se consoloit de ses chagrins avec la Reine sa mère, comme avec sa meilleure amie, et agissoit souvent par ses conseils. Cette princesse, qui condamnoit la conduite apparente de Madame, la croyoit en effet pleine d'innocence; et voulant la corriger de ses fautes, elle travailloit de tout son pouvoir à leur bonheur commun : mais elle ne put y réussir.

Madame, à ce retour du comte de Guiche, ne manqua pas de confidens pour avoir de ses nouvelles; et cette histoire eut de grandes suites. J'en ignore le détail, et je n'en sais que quelques endroits. Ce qui parut au public fut que Vardes, qui avoit une ambition déréglée, et qui naturellement étoit artificieux et vain, étant rempli d'un ardent désir d'être bien auprès du Roi, avoit conseillé à madame la comtesse de Soissons, qui étoit accusée de ne le pas haïr, toutes les mauvaises voies dont elle s'étoit servie pour conserver sa faveur, et dont j'ai parlé sur le chapitre de mademoiselle de La Motte-Houdancourt. Vardes avoit été ami du comte de Guiche, et par la comtesse de Soissons il étoit entré dans la confidence de Madame. L'histoire dit qu'en l'absence de l'exilé, et même depuis son retour, sous le nom d'ami il le voulut perdre auprès de cette jeune princesse; et qu'ayant formé le dessein de la tenir attachée à lui par la crainte des maux qu'il pourroit lui faire, il lui conseilla de retirer ses lettres et celles du comte de Guiche des mains de Montalais qui les avoit, et qui malgré sa disgrâce avoit eu l'adresse de les sauver, et de les emporter avec elle. Je sais avec

(1) C'est-à-dire au siége de cette ville.

certitude que Madame, ne connoissant point la malice de ce conseil, y consentit, et qu'elle lui donna un billet pour les demander à celle qui les avoit; que quand il s'en vit le possesseur, il eut la perfidie de les garder malgré Madame, qui fit tout ce qu'elle put pour l'obliger à les lui rendre; et que cette princesse, outrée de sa trahison, en voulut du mal non-seulement à lui, mais aussi à la comtesse de Soissons, qu'elle soupçonna d'être de concert avec lui pour lui faire cet outrage. On a dit que Vardes, ayant été infidèle à sa première amie et à son ami, avoit voulu joindre l'amour à l'ambition, et que ses sentimens et ses artifices, pour triompher du cœur de Madame, agissoient pour une même fin. Je n'en sais rien : je n'ai pas eu de commerce avec lui, et je ne puis faire une juste description de la duplicité de son ame; mais il est certain qu'un mélange de tant de passions devoit produire beaucoup de mauvaises choses : et c'est ce qui arriva en effet. Les dames se brouillèrent : le comte de Guiche et Vardes devinrent rivaux et ennemis, et cette division fit naître la jalousie et la haine entre ces quatre personnes. La comtesse de Soissons, qui prétendoit avoir sujet de se plaindre de Madame, la menaça de dire au Roi tout ce qu'elle disoit avoir été fait par elle et par le comte de Guiche contre lui; mais Madame, craignant l'effet de ses menaces, fut comme forcée de le prévenir, et d'avouer tout le passé au Roi. Dans cet aveu, il apprit que la lettre écrite à la Reine sous le nom de la reine d'Espagne, et donnée à la Molina en 1662, étoit de l'invention de Vardes, et écrite de la main du comte de Guiche avant son exil; et la conversation que la comtesse de Soissons avoit eue avec la Reine dans le couvent des Carmélites de la rue du Bouloy n'y fut pas oubliée. La comtesse de Soissons de son côté, pour se justifier au Roi, lui apprit aussi que le comte de Guiche, outre cette lettre que Madame avoit avouée, en avoit écrit d'autres à Madame où il le traitoit de fanfaron, parloit de lui d'une manière qui ne lui pouvoit pas plaire, et faisoit ce qu'il pouvoit pour obliger cette princesse à conseiller au roi d'Angleterre son frère de ne point vendre Dunkerque au Roi.

Toutes ces choses furent amplement éclaircies par ce grand prince. Il en voulut même des déclarations par écrit de la propre main du comte de Guiche, qui en dénia une partie, et avoua la lettre écrite par Vardes, et mise en espagnol par lui, à dessein d'animer les Reines à haïr La Vallière.

Lorsque toutes ces intrigues furent publiques, un jour que la Reine mère se trouvoit plus mal qu'à l'ordinaire, nous vîmes le Roi faire une longue conversation avec elle, puis prendre Madame, et s'enfermer avec elle par plusieurs reprises. La comtesse de Soissons eut aussi de grandes conférences avec lui : mais elle ne voulut jamais lui avouer avoir eu aucune part à la lettre écrite à la Reine en 1662, quoique, selon toutes les apparences, ce devoit être elle qui avoit ramassé dans la chambre de la Reine le dessus de la lettre écrite de la main de la reine d'Espagne, qui avoit servi d'enveloppe à ce paquet. Je ne sais pas quelles furent ses justifications et ses excuses ; mais voici ce qu'on en disoit. Elle avoit paru sentir de la peine du traité que le Roi avoit fait en l'année 1662 avec le duc de Lorraine, par lequel ce prince dépouillé lui cédoit après sa mort la propriété des duchés de Lorraine et de Bar, et lui donnoit Marsal de son vivant, à condition que tous les princes de sa maison seroient appelés à la succession de la couronne après la maison de Bourbon. Il est encore à croire que cette princesse, cachant ses sentimens intérieurs, colora toutes ses intrigues sur la douleur qu'elle avoit de voir que le comte de Soissons son mari, si grand par sa naissance et par le sang de France mêlé au sien, fût obligé de céder aux princes de la maison de Lorraine.

Le Roi demanda à la Reine la vérité de la conversation que cette princesse avoit eue avec elle aux petites Carmélites. Elle ne lui en dit que les moindres choses ; car alors la comtesse de Soissons étant brouillée avec Madame, qu'elle ne croyoit pas son amie, elle commença à ne plus haïr cette princesse ; et, par un sentiment de fidélité, elle ne voulut pas la perdre. Mais la bonté de la Reine n'empêcha pas sa disgrâce. Vardes, qui depuis peu étoit déjà exilé, pour avoir dit dans le commencement de leur brouillerie, et avant leur éclat, quelques paroles contre le respect qu'il devoit à Madame, fut envoyé en prison dans la citadelle de Montpellier ; et, le 30 mars 1665, le comte et la comtesse de Soissons partirent de la cour, avec un ordre secret de se retirer à l'une de leurs maisons.

Ce même jour 30 mars, quelqu'un (1), bien instruit de l'affaire dont je viens de parler, me rencontrant chez la Reine mère, me dit tout bas que personne à la cour ne gagnoit tant que moi à cette journée ; et m'apprit qu'encore que le Roi fût demeuré indécis sur les soupçons qu'il avoit eus de moi touchant la lettre écrite contre lui, et donnée à la Molina, ce doute jusqu'alors l'avoit déterminé à ne me vouloir pas de bien. J'étois fort incapable de manquer au respect et à la fidélité que je lui devois, mais j'en étois encore éloignée par mes propres sentimens : car,

grâces au ciel, je n'entre que le moins que je puis dans les passions de mes amis, et je ne serois nullement capable de me laisser persuader par eux sur ce qui me paroîtroit contre la raison ou mon devoir. La duchesse de Navailles, de plus, étoit aussi incapable de me prier de l'écrire que moi de lui complaire ; car souvent nous en avions parlé ensemble, et n'en connoissant point les auteurs, elle nous avoit toujours paru une pauvre invention. Quand je sus enfin de qui elle venoit, je m'en étonnai encore davantage, parce que le comte de Guiche avoit beaucoup d'esprit, et Vardes aussi ; mais ils eurent peut-être des raisons pour le faire que je n'ai point sues, qu'ils démêleront eux-mêmes, s'ils veulent quelque jour s'en justifier envers le public.

Il faut achever la destinée du comte de Guiche, le héros de ce petit morceau d'histoire. Il fut donc exilé pour la troisième fois, et s'en alla en Hollande finir les aventures du roman. La passion qu'il a eue pour Madame lui avoit attiré de grands malheurs ; mais la vanité dont il ne paroissoit que trop susceptible, lui en avoit sans doute ôté toute l'amertume. Il avoit épousé la fille du duc du Sully, petite-fille, par sa mère, du chancelier de France (2), bien faite, sage et riche ; mais jusqu'alors elle avoit été mariée sans l'être, et sans avoir en lui un mari qui auroit pu trouver beaucoup de douceurs avec elle, et profiter des grands établissemens de sa maison qui le regardoient. Mais il aima mieux une disgrâce éclatante qu'une vie ordinaire, avec l'abondance de toutes choses. Il est juste que le déréglement de l'esprit de l'homme porte en soi son châtiment. L'auteur de toutes ces intrigues étant éloigné sans espérance de retour, Madame parut vouloir changer de conduite : elle vécut mieux avec la Reine sa belle-mère, et sembloit ne penser à se divertir que pour partager avec le Roi les honnêtes plaisirs de la cour qui passent pour nécessaires, et à vouloir plaire à tous en général. Comme elle avoit beaucoup d'esprit et de pénétration, et qu'elle parloit raisonnablement sur toutes choses, ceux qui avoient l'honneur de l'approcher crurent alors qu'il y avoit eu déjà des momens où, par sa propre expérience, elle avoit presque compris que les charmes de la vie qu'elle cherchoit avec tant d'empressement ne sont pas capables de satisfaire entièrement le cœur humain. Mais elle n'étoit pas encore en état de connoître tout-à-fait cette vérité : elle ne la voyoit que de si loin et au travers de tant de nuages, qu'il étoit impossible qu'elle en pût être entièrement touchée.

---

(1) Le Tellier.

(2) Seguier.

Le printemps ayant fait naître en l'esprit du Roi le désir d'aller à Saint-Germain, beaucoup de personnes conseillèrent la Reine mère de n'y pas aller ; mais elle le voulut suivre, disant que si elle avoit à mourir, elle aimoit autant que ce fût en ce lieu-là qu'à Paris ; et toute la cour partit le 20 avril. Le Roi proposa à la Reine sa mère de faire ce voyage par bateau ; mais elle voulut aller en chaise, afin de passer par Sainte-Marie de Chaillot, pour, disoit-elle, voir encore une fois ce pauvre couvent. J'ose dire que ma sœur, religieuse en cette maison, eut beaucoup de part à cette visite, car elle l'estimoit ; et la mère de La Fayette étant morte, il n'y avoit plus qu'elle pour qui elle eût de la considération ; mais, par cette même raison, j'en aurai toute ma vie un regret sensible : car il parut que l'agitation du chemin lui avoit fait beaucoup de mal. Elle y dîna, et nous dit qu'elle sentoit plus de douleur à son sein qu'à son ordinaire ; mais elle n'en parut pas moins tranquille : au contraire, elle témoigna de la joie de se revoir en ce lieu, qu'elle avoit toujours honoré de sa royale protection. Au sortir de Chaillot, elle se servit de la même voie pour aller coucher à Saint-Cloud chez Monsieur, où elle crut se divertir, et y pouvoir jouir de la bonté de l'air ; mais sa nuit fut mauvaise, ses douleurs furent excessives et violentes ; et, de cette funeste nuit, elle entra dans les grandes souffrances dont elle n'a pu être guérie que par la mort. Je m'en retournai de Chaillot coucher à Paris, et le lendemain Monsieur nous fit la faveur, à madame de Brienne et à moi, de nous envoyer sa berge à Paris, pour aller par eau voir chez lui la Reine sa mère. Nous y allâmes avec la joie de penser que nous la trouverions peut-être mieux, et que le plaisir de se voir en ce lieu, qu'elle trouvoit beau, lui auroit fait du bien ; mais nous fûmes surprises et fort affligées de la trouver si mal. Nous y passâmes toute la journée, et madame de Brienne et moi fûmes toujours auprès d'elle. Elle sommeilla un peu, et nous connûmes en la voyant ce qu'elle souffroit. Le lendemain elle se mit dans cette même berge de Monsieur, et alla de cette sorte trouver le Roi à Saint-Germain.

Le 27 mai, un jeudi au matin, la Reine mère eut un grand frisson, qu'elle sentit étant à la messe. Elle n'en voulut rien dire, de peur de troubler une partie de divertissement où devoient aller la Reine et Madame, et n'en parla qu'après que ces princesses furent parties ; puis elle avoua à ceux qui trouvèrent qu'elle avoit mauvais visage, qu'il étoit vrai qu'elle croyoit avoir la fièvre, et qu'elle sentoit un grand froid. Elle se coucha, et ce frisson lui dura six heures. Il fut suivi d'une violente chaleur, et ensuite il parut une érésipèle qui lui couvroit le bras et l'épaule du côté de son cancer. A cette nouvelle je fus à Saint-Germain, car je n'y demeurois pas alors actuellement. Je trouvai la Reine mère avec une fièvre bien forte, et Vallot avoit dit le matin au Roi qu'il la falloit faire confesser. En entrant dans sa chambre, il me parut que ceux qui étoient auprès d'elle étoient fort affligés. Monsieur me voyant me fit l'honneur de me dire, ayant les yeux pleins de larmes, ce que le premier médecin venoit de dire au Roi, et qu'on parloit de testament et de mort. Je m'approchai du lit de cette vertueuse Reine. Aussitôt qu'elle me vit, elle me fit l'honneur de me parler, et me demanda à quelle heure j'étois partie de Paris, comment et quand j'avois su son mal, et me parut dans la même assiette d'esprit où elle avoit accoutumé d'être, c'est-à-dire tranquille, ferme, et sans nulle agitation qui pût marquer qu'elle eût aucun trouble dans l'ame. Dans ce même moment, l'abbé de Montaigu s'approcha d'elle pour lui parler de confession et de testament : ce que je lui vis recevoir sans rien perdre de ce repos dont je viens de parler. J'entendis qu'elle lui dit : « Vous me faites plaisir : ce sont là les « plus solides et les plus véritables marques de « l'amitié. » Ensuite de cette harangue, elle parla à Tubeuf, un de ses principaux officiers : elle l'entretint de ses affaires, mais d'une manière si reposée et dans une paix d'esprit si profonde, qu'il est impossible d'en pouvoir exprimer toute la beauté. Elle parla encore à d'autres de ses officiers, puis conclut avec Tubeuf seul ce qu'elle vouloit faire. Elle lui proposa d'écrire un Mémoire de toutes ses volontés, et le rappela par plusieurs fois pour lui dire les choses dont elle se souvenoit. Il y eut quelque difficulté sur ses pierreries, qu'elle avoit témoigné, il y avoit long-temps, vouloir donner à Monsieur pour Mademoiselle ; ayant souvent dit qu'elle désiroit les donner à sa petite-fille qui étoit pauvre, et que les enfans du Roi auroient assez de bien sans le sien. Le Roi montra qu'il n'en étoit pas content : il vouloit les grosses perles de la Reine sa mère pour augmenter les pierreries de la couronne, car en effet il n'y en avoit pas assez de fort belles, et il trouva à propos qu'elles demeurassent à la tige royale. La Reine, sans se soucier peut-être beaucoup des diamans ni des perles, par quelque espèce de jalousie contre Monsieur et Madame, désira aussi d'en avoir sa part, et me commanda même d'en parler à la Reine sa mère ; mais je jugeai qu'il ne le falloit pas faire. Je pris la liberté de lui conseiller de laisser agir le Roi, qui avoit un juste droit de les demander, et je tâchai d'étouffer en elle ce petit sentiment, qui sans doute auroit fait de la peine à la Reine sa mère. Je vis qu'elle ne le trouva pas bon ; car tous les grands veulent être obéis. Elle s'imagina que c'étoit pour servir Monsieur ; et ce prince, qui n'en sut rien, ne m'en récompensa pas. Voilà ce qui arrive pour l'ordinaire : en faisant bien à l'égard des grands on perd toujours, et on ne gagne rien que l'inquiétude d'avoir déplu. Toutes ces choses s'accommodèrent sans qu'il parût aucune altération dans la famille royale. Il fut conclu que Le Tellier dresseroit le testament ; et par l'équité du Roi, qui paya les perles qu'il prit, Monsieur fut content. Mais le Roi et lui étoient plus touchés de l'état où étoit la Reine leur mère, que du désir de posséder les biens qu'elle leur laissoit. Ils avoient une véritable intention de s'aimer, et de conserver l'union qui jusqu'alors avoit toujours été entre eux ; et l'intérêt ne les pouvoit désunir. Je crois même que les plus grands, et ceux qui ont jusqu'ici causé tant de troubles et de guerres entre des frères de sang royal, ne le pourront jamais faire.

La Reine mère, après avoir fait le projet de son testament, demeura dans un grand repos. La Reine s'étant approchée d'elle, cette illustre mère lui dit devant moi en espagnol de mander à son confesseur de la venir trouver sur le soir. Elle n'avoit point de confesseur, ayant éloigné le sien pour de bonnes raisons. Elle se servoit alors de celui de la Reine, qui étoit Espagnol, bon religieux et bon homme, mais simple ; et peut-être qu'il l'étoit trop pour confesser à la mort une reine qui avoit été régente. Je crois qu'elle s'étoit déjà préparée à ce dernier passage par beaucoup d'autres confessions, et je m'imagine que ces longues retraites du Val-de-Grâce avoient été employées à ce saint exercice ; mais je n'en sais rien de particulier, et je souhaite seulement que ce soit la vérité, et qu'elle en ait reçu le profit dans le ciel.

Après que la Reine mère eut donné ordre à ses affaires, elle appela le Roi et fit sortir tout le monde de sa chambre, dont la porte demeura ouverte. Il fut plus d'une demi-heure avec elle ; puis nous vîmes qu'il la quitta, et alla se jeter à l'autre côté de la ruelle de son lit sur des siéges, où il pleura fort amèrement. Nous sûmes depuis qu'étant auprès d'elle, comme il jetoit beaucoup de larmes, cette vertueuse mère lui avoit dit de se retirer, parce qu'il l'attendriroit s'il continuoit à lui montrer tant de douleur ; et le Roi même avoit été contraint de le faire, parce que ses sanglots l'étouffoient. Dans ce même instant, le Roi pleurant encore en la même posture que je viens de dire, nous nous approchâmes de cette princesse. Nous la trouvâmes, milord Montaigu et moi, sans émotion extérieure, sans larmes, et sans paroître abattue de l'état où elle étoit, et de celui où elle venoit de mettre le Roi son fils ; mais elle étoit fortement occupée des sentimens du Roi, plus sans doute par tendresse pour lui que par le retour que naturellement elle devoit faire sur elle-même. En nous voyant, elle ne nous vit point, et demeura dans un silence qui nous fit juger qu'elle étoit remplie de beaucoup de grandes choses. Nous nous retirâmes, et n'osâmes par respect lui parler. La Reine, que la Reine sa mère n'avoit pas sans doute oubliée dans la conversation qu'elle venoit d'avoir avec le Roi, s'étant approchée d'elle, elle ne lui dit rien de tendre ; mais elle la pria seulement de s'aller habiller. Après que ces personnes royales eurent un peu essuyé leurs larmes, le Roi revint au sortir de son dîner voir la Reine sa mère, que les médecins trouvèrent un peu mieux. Le Roi, après avoir été quelque temps auprès d'elle, se leva, et prit milord Montaigu pour lui parler de la Reine sa mère : ce qu'il fit en pleurant toujours. Cette princesse ne le voyant plus demanda où il étoit ; et s'apercevant qu'il étoit proche de son lit, elle lui dit tout haut : « Mon fils, je vous prie, allez « un peu à la chasse, ou du moins vous promener « et prendre l'air : j'ai peur que vous n'ayez mal « à la tête. Et vous, ma fille, parlant à la Reine « qui étoit auprès d'elle, allez aussi un peu vous « divertir. » Quelques heures après, la Reine et Madame étant toutes deux seules à la ruelle de son lit, elle me fit l'honneur de me dire : « Ma« dame de Motteville, mettez-vous là, et causez « avec la Reine et ma fille pour les divertir. » Il fallut le faire, afin de lui ôter l'inquiétude qu'elle avoit que ces princesses ne s'ennuyassent, paroissant n'en avoir point d'autre que celle-là.

Le soir de ce même jour elle se confessa ; puis son redoublement la prit, que les médecins trouvèrent moindre. Cet amendement remit la joie dans la famille royale, et dans les cœurs de tous ceux qui avoient l'honneur de l'approcher. Le lendemain, se trouvant mieux, elle dit à Tubeuf, surintendant de sa maison, qu'elle voyoit bien que le mal ne la pressoit pas, et qu'il pouvoit s'en retourner à Paris ; que si sa fièvre redoubloit, elle le renverroit querir ; et que cependant il fît dresser son testament, conjointement avec Le Tellier.

Le dimanche, jour de la Sainte-Trinité, la Reine mère fut assez bien de sa fièvre, qui depuis ce grand frisson avoit été toujours continue, avec des redoublemens. Elle ne fut pas si violente, et la conversation se fit à la ruelle de son lit assez agréablement. Elle nous commanda elle-même de faire par notre entretien un petit murmure qui, malgré ses douleurs, pût l'assoupir pour quelques momens. Je dis pour quelques momens ; car en l'état où elle étoit, quoiqu'elle n'en fît aucune plainte, il lui étoit impossible de reposer. Elle avoit à souffrir l'ardeur de la fièvre, et de l'érésipèle qui lui couvroit quasi la moitié du corps. Son bras, du côté de son cancer, étoit si gros et si enflé, qu'il avoit fallu le matin couper les manches de sa chemise pour la lui ôter. Elle avoit à souffrir les douleurs de son cancer, qui étoit le pire de ses maux : elle avoit à soutenir les approches de la mort, qu'elle voyoit venir à grands pas vers elle ; mais enfin sa constance étoit encore plus grande que ses maladies : et par cette vertu, ou plutôt par la grâce que Dieu lui faisoit, elle auroit pu dire avec Sénèque, mais d'une manière bien plus admirable, puisqu'elle auroit parlé en chrétienne : Fièvre, cancer, érésipèle, douleurs, vous ne me faites point de mal ; car rien de ce que Dieu ordonne ne se peut appeler un mal. Monsieur, quasi toujours occupé de la douleur que souffroit la Reine sa mère, lui dit ce même jour, en lui faisant quelques questions sur ses maux, qu'il auroit souhaité d'en avoir la moitié. Elle lui répondit là-dessus d'un ton ferme, où la force de l'esprit et la piété de l'ame paroissoient étroitement unies ensemble : « Mon fils, cela ne seroit « pas juste. Dieu veut que je fasse pénitence : il « faut présentement que je satisfasse à ce qu'il « ordonne; c'est à moi à souffrir, et non pas à « vous. » Et continuant d'écouter notre conversation, comme nous vînmes par hasard à parler de certains Mémoires qui avoient été faits sur le règne du feu Roi, où elle avoit une grande part, voulant se mêler à nos discours, elle nous disoit quelquefois : Cela est vrai, ou : Cela ne l'est pas, y ajoutant les choses qu'elle croyoit que l'auteur n'avoit pas sues, ou n'avoit pas voulu dire.

Le soir du dimanche de la Trinité, le redoublement de la fièvre de la Reine mère fut grand, et fit changer cette petite tranquillité en de nouvelles alarmes. Je devois ce jour-là m'en retourner à Paris ; mais comme je vis que cette fièvre prenoit si âprement, j'en appréhendai les suites, et demeurai presque toute la nuit auprès d'elle. Elle fut fort malade, elle eut deux redoublemens, et le matin son visage me parut encore fort enflammé. Monsieur y vint, et s'assit au chevet de son lit, n'y ayant dans la ruelle que milord Montaigu et moi. Ce prince, qui mêloit dans sa vie quelques petites apparences de dévotion, parla de Dieu à la Reine sa mère comme un homme qui auroit été consommé dans une vie d'oraison et de pénitence, et nous admirâmes qu'à son âge il pût si bien parler d'une chose si excellente, et qu'il ne connoissoit point encore par une pratique véritable et solide.

Après cette conversation de Monsieur avec la Reine sa mère, cette princesse voulut entendre la messe ; puis on la saigna pour la seconde fois. Elle fut mal tout le jour, et les médecins paroissoient confondus ; mais sur le soir elle se porta mieux, et je m'en revins à Paris. On nous manda le lendemain que son amendement continuoit, et même elle fut quelque temps que son cancer lui faisoit moins de mal, parce que l'érésipèle, qui avoit beaucoup purgé, avoit soulagé cette partie.

Dans les voyages que je fis ensuite à Saint-Germain, je trouvai la Reine mère fort abattue. Il sembloit qu'elle commençoit, par son indifférence, à ne se plus compter au nombre de ceux qui vivent. Un jour que nous avions l'honneur d'être auprès d'elle, la comtesse de Flex et moi, nous lui dîmes que nous avions une grande joie de la voir en meilleur état. Elle nous répondit froidement : « Pourquoi, vous autres qui m'ai-« mez, souhaitez-vous que je vive ? Ne voyez-« vous pas que ma vie ne sauroit plus être qu'une « souffrance continuelle ? » Je lui répondis, par un transport de consolation et de douleur tout ensemble qui me firent jeter des larmes : « Hé « bien ! madame, vous vivrez pour souffrir, pour « glorifier Dieu dans vos souffrances, pour soula-« ger les pauvres, et pour nous faire plaisir à « tous. » Elle ne me répondit point, mais elle leva les yeux au ciel, et joignant les mains elle fut quelque temps comme occupée en Dieu, à s'offrir à lui sans doute pour vivre selon sa sainte volonté.

La veille de Saint-Jean, étant allée à Saint-Germain, je me trouvai seule aux pieds des deux Reines, dans un petit cabinet qui étoit dans la ruelle du lit de la Reine mère. Elle se portoit un peu mieux, et commençoit à se lever. Ces deux grandes princesses furent assez long-temps à s'entretenir de ces choses qui ne sont rien en effet, et qui paroissent de grands événemens dans les temps qu'elles arrivent, et qu'elles occupent tristement l'esprit et le cœur de ceux qui les sentent (1). La Reine se trouvant alors touchée de la consolation qui se rencontre dans la confiance et l'amitié, tout d'un coup se tourna vers la Reine sa mère, et la regardant tendrement lui dit en espagnol, les larmes aux yeux : *Mis penas no seran nada, conque Dios me guarde a mi madre* (Mes peines ne seront rien, pourvu que Dieu me conserve ma mère). Mais, continua cette princesse en me regardant : *Si la pierdo,*

(1) Ces princesses parloient de quelques particularités de l'amour du Roi pour mademoiselle de La Vallière.

que hare ? (Mais si je la perds, que ferai-je ?) La Reine mère voyant que ce discours m'avoit fait baisser la tête, et que touchée de ses paroles je paroissois les sentir comme je devois, regarda la Reine et puis moi, et me fit l'honneur de me dire, d'une manière douce et tranquille : « Vous « voilà toutes deux aux larmes; mais, voyez-« vous, il faut que la Reine et vous autres qui « m'aimez, vous résolviez à me voir bientôt « mourir; car enfin je n'en puis échapper, et j'ai « la mort si présente que quand je me vois pas-« ser un jour, je crois que c'est une merveille à « quoi je ne m'attendois pas. » Je lui répondis que malgré son mal et mes frayeurs j'espérois pourtant qu'elle guériroit par quelque manière extraordinaire, et que je ne pouvois presque pas comprendre comment le monde pourroit subsister sans elle. Mais elle se moqua de moi, et me faisant signe de la tête pour me marquer le peu d'impression que lui faisoient mes paroles, me fit voir qu'elle mettoit mes espérances au rang des choses qui ne se peuvent croire. Par là elle me fit connoître aussi que sa fermeté n'étoit pas fondée sur l'ignorance du péril, ni sur aucun espoir chimérique, et qu'elle traitoit de ridicule les imaginaires consolations que nous prenions dans les paroles de ceux qui promettoient de la guérir.

Le Roi ne négligeoit rien de ce qui regardoit la vie de la Reine sa mère. Il faisoit faire des expériences à ceux qui se présentoient pour la traiter. Il lui en parloit souvent, et travailloit avec une grande application à lui trouver des remèdes et des médecins; mais pendant qu'il s'employoit à découvrir lequel seroit le plus habile, le temps se passoit, et le mal de la Reine sa mère devenoit chaque jour plus incurable. J'espérois plus en cet Alliot de Lorraine qu'en nul autre, et je pressois la Reine mère de s'en servir; car Vallot et Guenaud, médecins du Roi et de la Reine, qui avoient visité les malades qu'il traitoit, l'estimoient, et, ne voyant rien de meilleur, conseilloient cette princesse de le prendre. Elle avoit ouï dire que ses remèdes étoient violens : elle les craignoit, et ne pouvoit se résoudre à s'abandonner à sa conduite; elle sentoit qu'il étoit destiné non pas à la guérir, mais à être son bourreau; et un de mes plus sensibles déplaisirs est de l'avoir connu, et d'avoir eu part à la résolution qu'il lui fallut prendre afin de se servir de lui. Il étoit homme, et par conséquent il étoit menteur, et il nous assuroit si fortement qu'il pouvoit par son remède guérir cette illustre princesse, qu'il étoit impossible de ne se pas laisser flatter à cette agréable pensée, d'autant plus qu'il étoit médecin de sa profession, estimé dans son pays, déjà fort accrédité, comme je viens de le dire, parmi nos plus célèbres médecins.

Quoique la Reine mère parût fort persuadée du peu de temps qu'elle avoit à vivre, s'il entroit dans sa chambre quelque personne devant qui elle ne vouloit point montrer ses peines, elle prenoit aussitôt son visage riant, leur parloit des choses qu'elle savoit qui leur pouvoient plaire, entroit dans leurs intérêts, dans leurs affaires, dans leurs besoins et leurs afflictions; et, sans penser à ses maux, ne se souvenoit que de ceux des autres, pour leur donner de la consolation par ses charitables soins, par ses paroles, par ses bienfaits, et par sa protection auprès du Roi.

Pendant ce petit intervalle d'amendement, le Roi alla passer quelque temps à Versailles. Il y mena la Reine, Monsieur et Madame. Cette princesse étoit grosse, et entroit dans son neuvième mois : on disoit qu'elle ne se conservoit pas assez. J'en ignore la vérité; mais pour l'ordinaire les plaisirs et le repos ne se peuvent pas souvent rencontrer ensemble. Le 18 de juillet, comme j'allois à Saint-Germain rendre mes devoirs à la Reine mère, je rencontrai Monsieur qui venoit de Versailles, où il y avoit peu de jours qu'il étoit. Il alloit voir la Reine sa mère. En passant, il me fit l'honneur de me crier : « Madame est accou-« chée d'une fille morte. » Cette nouvelle m'étonna. Je me hâtai d'arriver, pour savoir mieux ce que je n'avois qu'à demi entendu. En entrant dans la chambre de la Reine mère, je trouvai Monsieur seul auprès d'elle, qui étoit sensiblement affligé de ce malheur. On lui avoit dit, pour le consoler, que l'enfant avoit été baptisé. Il en doutoit; et comme ce qui est vrai se fait d'ordinaire sentir, il étoit touché de toute manière de la mort de cet enfant, qu'il avoit perdu avant que de le posséder. La Reine sa mère, prenant part à sa tristesse, tant par l'amitié qu'elle avoit pour lui que par les sentimens de la nature, mêla ses larmes avec les siennes, et l'exhorta autant qu'il lui fut possible à se conformer à la volonté de Dieu. Le duc d'Yorck, frère de Madame, avoit alors gagné une bataille navale contre les Hollandais, dont il avoit reçu beaucoup de gloire. On crut avec raison que cette princesse, qui avant que d'aller à Versailles avoit reçu cette nouvelle avec crainte d'un événement contraire (1), en fut fort émue, et que ce trouble, qui fut grand en elle, fut cause de son accouchement et de la mort de son en-

(1) Un homme fit entendre à Madame, ridiculement et sans savoir ce qu'il disoit, que le duc d'Yorck avoit perdu la bataille.

fant; car elle étoit sensible à l'amitié de ses frères et à la grandeur de sa maison. Monsieur même, à qui on le dit, en demeura persuadé, et cela lui ôta la pensée qu'il avoit que Madame avoit contribué à cet accident en négligeant de se conserver.

Peu de jours après, la reine d'Angleterre revint en France, à cause que l'air de Londres étoit contraire à sa santé. Elle venoit pour boire des eaux de Bourbon, qu'elle avoit toujours éprouvées salutaires à ses maux. Elle arriva le 25 de juillet. Ce même jour, la Reine mère retomba malade : elle eut de grandes lassitudes et un peu de fièvre. Elle fut deux jours de cette sorte que les médecins disoient que ce n'étoit rien; mais enfin il lui sortit une tumeur sous le bras, de l'autre côté du cancer. On espéra qu'elle se résoudroit; mais ce fut en vain, car on connut qu'elle vouloit aboutir. Le jour de Sainte-Anne, la fièvre augmenta beaucoup; la Reine mère souffrit de grandes douleurs, tant de la tumeur que du cancer. Le Roi, qui étoit alors à Versailles, en revint pour la voir. C'étoit le lieu de ses plaisirs et celui qu'il destinoit à sa magnificence, pour y faire voir par ses trésors ce que peut un grand prince quand il n'épargne rien pour se satisfaire. Il y menoit souvent mademoiselle de La Vallière, et Madame étoit quelquefois de la partie. La Reine mère, qui avoit senti son absence, me fit l'honneur de me faire part du chagrin qu'elle en avoit eu. Cette vertueuse mère lui en parla, et lui dit, à ce qu'elle m'apprit, qu'il devoit croire qu'en l'état où elle étoit les peuples murmureroient contre lui, s'ils le voyoient occupé à se divertir dans un temps où elle étoit menacée d'une mort si prompte. Il lui répondit qu'elle avoit raison : qu'il voyoit bien que ses plaisirs l'emportoient trop loin, et qu'il suivroit son conseil : ce qu'il fit en effet. Il y retourna néanmoins ce même jour pour y recevoir la reine d'Angleterre, qui voulut, en arrivant en France, aller d'abord voir Madame à Versailles. Mais il n'y tarda guère : il revint le dernier jour du mois auprès de la Reine sa mère, et laissa en ce lieu toutes les dames ses amies, qui n'étoient propres qu'à la joie, et qui ne s'inquiétoient guère des maux que cette grande princesse souffroit à Saint-Germain. On devoit percer son abcès, et le Roi étoit revenu la veille que cette opération se devoit faire.

Ce même jour [le premier août], la Reine mère me parut un peu mieux : elle eut quelques momens de relâche à ses excessives douleurs; milord Montaigu et moi demeurâmes le soir jusqu'à près de minuit auprès d'elle : elle se mêla souvent à notre conversation. Il y eut même une petite histoire du jour qui ne se peut citer, sur quoi nous disputâmes ce lord et moi. Cette constante princesse, appuyée sur son coude, qui étoit sa posture ordinaire quand en santé elle étoit au lit, nous dit presque en riant : « Me voilà avec « vous parlant comme une autre; mais avec tout « cela je souffre beaucoup, et on doit demain au « matin me donner de bons petits coups de lan- « cette dans le bras. » Voilà ses mêmes mots. Nous la laissâmes néanmoins avec assez de consolation de notre part, nous imaginant qu'elle étoit mieux, et que cet abcès étant percé, il soulageroit ses autres maux.

Le dimanche, en revenant des Récollets, je rencontrai des gens qui me dirent que l'opération étoit faite, et que tout alloit le mieux du monde : car d'ordinaire les rois se portent toujours bien dans la salle de leurs gardes; et les courtisans, qui veulent toujours flatter, croiroient manquer aux vénérables lois de la politique, de dire la vérité une seule fois en leur vie. Comme j'entrai dans la chambre de la Reine mère, je la trouvai avec la pâleur d'une personne morte en foiblesse, et avec une sueur froide. La dissipation des esprits avoit été grande. L'abcès peut-être avoit été percé trop tôt, et il étoit sorti de cette tumeur une grande quantité de sang et de pus : ce qui sans doute causoit en elle ces fâcheux accidens. La nuit avoit été bonne; et néanmoins les médecins, à son réveil, lui avoient trouvé le pouls intermittent; mais ils l'avoient attribué à la crainte de la douleur. Je suis persuadée qu'ils ne se trompoient pas. Cette princesse apparemment avoit senti que la nature haït tout ce qui lui est contraire, et qu'elle n'étoit pas d'accord avec son ame. La fermeté de la Reine mère ne procédoit pas d'insensibilité : au contraire, jamais personne n'a dû tant appréhender tout ce qui se devoit appeler incommode. La grandeur de sa naissance l'avoit accoutumée à l'usage des choses délicieuses qui peuvent contribuer à l'aise du corps; et sa propreté étoit sur cela si extrême, qu'on pouvoit s'étonner doublement quand on voyoit que sa vertu la rendoit si dure sur ellemême. Selon ses inclinations naturelles, et selon la délicatesse de sa peau, ce qui étoit innocemment délectable lui plaisoit : elle aimoit les bonnes senteurs avec passion. Il étoit difficile de lui trouver de la toile de batiste assez fine pour lui faire des draps et des chemises; et avant qu'elle pût s'en servir, il falloit la mouiller plusieurs fois pour la rendre plus douce. Le cardinal Mazarin, la raillant souvent là-dessus dans le temps de sa parfaite santé, lui disoit que si elle alloit en enfer, elle n'auroit point d'autre supplice que celui de coucher dans des draps de Hollande. Il est donc à croire que la force de son esprit, qui paroissoit la soutenir contre la nature, l'amour-propre et l'habitude, n'avoit pu empêcher que la vue de la lancette ne lui fît quelque horreur; et son ame, résistant contre l'agitation du cœur, lui fît souffrir sans doute un rude combat. L'opération qu'on venoit de lui faire avoit été excessivement douloureuse : cependant elle n'avoit point crié, n'avoit fait aucune plainte, et n'avoit montré aucune foiblesse; au contraire, l'excès de la douleur, au lieu de l'emporter hors d'elle-même, l'ayant comme liée davantage à Dieu, elle s'écria dans le temps que l'on perça son abcès, où il fut nécessaire de réitérer plusieurs coups de lancette : « Ah ! Seigneur, je vous offre « ces douleurs : recevez-les pour satisfaction de « mes péchés. Je les souffre de bon cœur, Sei-« gneur, puisque vous le voulez. » Après cette cruelle souffrance, cette courageuse princesse demeura long-temps comme en foiblesse; son pouls continua d'être mauvais, et ses sueurs froides, qui continuèrent aussi, firent juger aux médecins qu'elle alloit mourir. On résolut de ne lui en parler que le soir, après qu'elle seroit pansée; mais on ne lui céla pas qu'elle avoit le pouls inégal. Elle s'aperçut aussitôt de l'état où elle étoit : car à quatre heures après midi, ayant l'honneur d'être seule auprès d'elle à la ruelle de son lit, elle me demanda ce que disoient les médecins; et lui ayant répondu tristement qu'ils la croyoient mal, elle ne s'en étonna point, et trouva qu'ils avoient raison. Le Roi, la Reine et Monsieur étoient affligés, et chacun plaignoit son propre malheur. Le soir, quand on pansa cette princesse, tous les intéressés à sa vie étoient dans l'inquiétude que donne la crainte de perdre ce que l'on aime. Sa plaie se trouva sèche, flétrie et noire : son cancer se trouva de même en mauvais état. Elle avoit le pouls foible et intermittent, et ses foiblesses, qui continuoient, firent juger aux médecins qu'elle n'avoit plus guère de temps à vivre. On se hâta de l'avertir du danger où elle étoit; et l'abbé de Montaigu, qui lui avoit toujours promis de lui dire quand il seroit temps de penser à mourir, s'approcha d'elle pour lui apprendre qu'il falloit partir. Elle reçut cette nouvelle comme une personne préparée à ce grand voyage de l'éternité, et qui par ses pensées ordinaires étoit accoutumée à la mort. Elle se pressa aussitôt de faire ce qu'il falloit faire pour mourir; mais ce fut avec sa tranquillité ordinaire, et le calme de son ame ne parut point troublé de ce qui trouble tous les hommes. Elle appela son confesseur; et après s'être confessée, on lui apporta le saint viatique. Elle avoit eu tout le jour la pâleur de la mort sur le visage : elle avoit été quasi toujours en foiblesse; mais à la vue de son Créateur toutes ses forces lui revinrent, et ses yeux parurent embrasés de l'amour de Dieu. Toute la famille royale, et ceux qui eurent l'honneur de la voir, remarquèrent qu'elle n'avoit jamais été si belle qu'elle le parut alors. L'archevêque d'Auch, son grand aumônier, lui administra le Saint Sacrement, que le Roi et Monsieur allèrent chercher à la paroisse, avec l'accompagnement et le respect dus au maître des rois. Cet archevêque, tenant Notre Seigneur entre ses mains, dit de belles choses à cette auguste Reine. Il y avoit long-temps qu'il avoit l'honneur d'être à elle : et en lui donnant l'auteur de la vie, il étoit entièrement pénétré de l'horreur de la mort. Ses larmes furent suivies de sanglots, et des soupirs de tous ceux qui étoient dans la chambre de cette Reine si regrettée, et si digne de l'être. Elle seule paroissoit contente, et vu le calme où elle étoit, et la paix qui régnoit sur son visage, il étoit aisé de connoître qu'elle étoit fort occupée du désir d'aller jouir de l'éternelle félicité, et qu'après avoir adoré en terre son Dieu et son Créateur, elle espéroit de le pouvoir posséder bientôt dans le ciel. L'ayant reçu, elle demeura quelque temps recueillie, puis demanda l'extrême-onction. On lui dit que cela ne pressoit pas; mais ayant insisté à la vouloir, on lui promit qu'elle seroit apportée, et qu'on lui donneroit quand il seroit temps. Enfin elle souhaita que les saintes huiles fussent mises sur un autel qui étoit dans ce petit cabinet dont j'ai parlé ailleurs, où on lui disoit la messe tous les jours. Elle fit ensuite approcher le Roi et Monsieur; elle parla quelque temps au Roi, et le pria tout haut d'aimer Monsieur; puis dit à Monsieur : « Pour vous, mon « fils, je sais que je n'ai que faire de vous com-« mander d'aimer le Roi, de lui obéir, et de vous « tenir uni à lui toute votre vie, car je sais que « vous n'y manquerez pas; mais je vous prie tous « deux de vous aimer pour l'amour de moi. » Alors ces deux grands princes s'embrassèrent tendrement, et se promirent, plutôt par leurs larmes que par leurs paroles, une amitié éternelle. Cette vertueuse et illustre mère parla au Roi par plusieurs reprises, et à Monsieur aussi. Elle recommanda au Roi les choses qu'elle désiroit qu'il fît, dont par hasard j'en entendis une, qui fut de faire achever le Val-de-Grâce. Elle appela tous ses enfans, et leur dit : « Venez, mes « chers enfans, recevoir ma bénédiction. » Ces quatre personnes, c'est-à-dire le Roi, la Reine, Monsieur et Madame (1), se jetèrent alors à genoux devant elle, et lui baisant la main, qu'ils

(1) Madame, quoique foible de sa couche, étoit revenue ce même jour de Versailles.

baignèrent de leurs larmes, reçurent sa bénédiction pour eux et pour leurs enfans. La Reine leur mère leur dit, en les bénissant, ces belles paroles dignes d'être remarquées : Qu'elle prioit Dieu de les bénir, qu'elle leur commandoit de l'honorer et de le craindre, qu'elle les conjuroit de penser à leur salut, et que c'étoit la seule grande affaire qui leur importât; puis les pria de se retirer. Elle appela aussitôt après l'archevêque d'Auch, et lui dit qu'elle le prioit de l'assister à la mort. Elle fit approcher son confesseur, qu'elle entretint encore long-temps, et par plusieurs reprises. Il y eut des personnes qui lui vinrent parler de quelques affaires; mais elle pria qu'on ne lui parlât plus que de Dieu et de ce qui regardoit son salut. L'archevêque d'Auch lui fit un grand discours sur les miséricordes de Dieu, sur la terreur de ses jugemens, et sur la crainte et la confiance qu'on devoit avoir de lui et en lui. J'eus l'honneur d'être toute la nuit seule de femme auprès d'elle, honneur que je tiens bien cher. La comtesse de Flex, sa dame d'honneur, étoit alors à Paris auprès de la duchesse de Foix sa belle-fille, qui se mouroit; et la duchesse de Noailles, sa dame d'atour, étoit allée aux eaux. Cette admirable princesse désira que je lui lusse quelques chapitres de Gerson : car elle avoit toujours aimé ce livre. Je le fis, et je lui cherchai, en présence de l'archevêque d'Auch, ceux qui parloient de la mort et de la nécessité de souffrir pour Jésus-Christ. J'en trouvai de beaux, et propres à consoler son ame. Elle en goûta la beauté, et souvent elle disoit avec consolation : « Ah! que cela est beau! » et me commandoit de recommencer les endroits qui la touchoient le plus. L'archevêque lui dit qu'elle alloit quitter une couronne corruptible pour en posséder une éternelle; mais que pour obtenir cette dernière de la miséricorde de Dieu, il falloit lui offrir de bon cœur celle qu'elle avoit possédée sur la terre. Elle lui répondit : « Hélas! ce sacrifice est peu de « chose. J'estime ma couronne comme de la boue. » L'archevêque d'Auch se retira, et milord Montaigu aussi, pour la laisser un peu en repos; et les dames de sa chambre qui la veilloient s'étant endormies sur leurs lits de veille, je demeurai seule auprès d'elle. Dans cet instant il sembla qu'en elle la nature, lasse de tant souffrir et d'une si longue application d'esprit, lui demandoit du repos; mais elle sentant qu'elle avoit trop de sommeil, tout d'un coup se réveilla, et me fit l'honneur de me dire, en se retournant vivement et avec effort de mon côté : « Je ne veux pas « m'endormir, de peur de mourir sans y penser. » Je lui dis que, grâces à Dieu, je ne la voyois pas en cet état, et qu'elle feroit bien de se reposer.

Je repris ma lecture, et enfin elle s'endormit. A trois heures on la pansa, et on lui changea d'onguent. Elle dormit ensuite encore quelques heures, et me fit l'honneur de me dire à son réveil qu'elle s'étonnoit de son pouls qui continuoit à être si mauvais, parce qu'alors elle se sentoit mieux et plus forte. J'appelai les médecins, pour voir comment il étoit. Ils le trouvèrent toujours de même, et par conséquent elle paroissoit être aussi mal. Monsieur vint la voir le matin [le 3 août], et se tint long-temps auprès d'elle. Sur les huit heures, Beringhen, qu'on appeloit M. le premier, entra dans sa chambre : il étoit un de ses plus anciens serviteurs; j'en ai parlé en plusieurs autres endroits de ces Mémoires. Quand elle le vit, elle lui dit : « M. le premier, il nous « faut quitter. » Il lui répondit froidement, selon sa manière ordinaire de parler et d'agir, qui paroissoit toute de glace : « Vous pouvez penser, « madame, avec quelle douleur vos serviteurs « reçoivent cet arrêt; mais ce qui peut nous con- « soler, c'est de voir que Votre Majesté échappe « à de grandes douleurs, et de plus à une grande « incommodité, particulièrement elle qui aime « les bonnes senteurs; car ces maux sur la fin « sont d'une grande puanteur. » Le maréchal Du Plessis parut en cet instant. Elle n'avoit rien répondu à Beringhen; mais regardant celui qui venoit d'entrer, elle lui fit un petit sermon sur la nécessité de quitter la vie et de faire pénitence. Elle en fit autant au maréchal d'Aumont, qui parut aussi devant elle; et voyant d'Herval derrière les autres, qui étoit huguenot, et qui sous l'administration du cardinal Mazarin avoit servi le Roi dans ses finances, elle souhaita, en s'adressant à lui, que Dieu lui fît la grâce de le convertir. Monsieur, qui étoit assis au chevet de son lit, accompagnoit de ses larmes toutes les paroles de la Reine sa mère; et continuant de mêler à sa douleur quelques sentimens de piété, il faisoit espérer, par les choses qu'il lui disoit, qu'un jour, malgré les foiblesses dont il pouvoit être capable, il suivroit les traces de la Reine son illustre mère.

La Reine mère avoit mandé Le Tellier et Tubeuf. Ils arrivèrent alors; et quand elle les vit, elle appela mademoiselle de Beauvais, qui par son mérite et par sa vertu avoit acquis dans son estime l'avantage d'être préférée à sa mère dans les confiances d'honneur et de distinction. Elle lui commanda d'ouvrir son cabinet, et de leur donner un Mémoire écrit de sa main, où étoient ses dernières volontés; elle le leur donna, en leur ordonnant d'aller écrire son testament. Peu de temps après elle le signa et l'envoya au Roi, le priant de le lire; mais il le signa sans le voir. La

Reine sa mère lui en sut gré, et le conta publiquement comme une action louable, et qui l'avoit obligée. Après toutes ces choses faites avec tant de repos et de paix, elle s'endormit, et à ce second réveil son pouls parut meilleur. On la pansa : sa plaie se trouva aussi en meilleur état, et on lui fit prendre des cordiaux qui lui firent un grand bien.

Après midi, les médecins conclurent à purger la Reine mère. On lui donna une médecine, dont elle sentit du soulagement. Dans cet instant une grande joie se répandit dans la cour; mais comme sa purgation l'avoit travaillée, son pouls parut tout de nouveau foible et mauvais, et on retomba dans les mêmes frayeurs du jour précédent. Cependant après avoir pris de la nourriture et repu son ame de quelques chapitres de l'Imitation que je lui lus, elle s'endormit, et eut une assez bonne nuit.

Le mardi, son pouls changea et devint meilleur; elle eut de grandes douleurs à son cancer : sa plaie lui en causoit aussi de grandes; mais, malgré ce mauvais état, les médecins donnèrent au Roi et à toute la famille royale l'agréable nouvelle qu'elle étoit hors de danger.

Les grands maux de la Reine mère n'étoient pourtant pas finis, et ce que l'on appeloit amendement étoit pour elle une funeste et cruelle maladie. Quand ces deux tristes journées du dimanche et du lundi furent passées, je dis à cette constante princesse que j'avois admiré la fermeté qu'elle avoit eue à la vue quasi certaine de la mort, et que j'en avois été étonnée. Elle me fit l'honneur de me répondre, non comme une fanfaronne, mais avec une humble sincérité : « Personne n'est bien aise de mourir; mais il « est vrai que Dieu me fait cette grâce d'en être « moins troublée que les autres. »

Le Roi alors, pressé par lui-même et par la nécessité de trouver des remèdes au mal de la Reine sa mère, lui parla de quitter Gendron. Elle s'y résolut aussitôt par le mauvais état de son cancer, qui bien loin d'être durci étoit ouvert de tous côtés, et de son sein qui en plusieurs endroits étoit plein de trous. Dans cette extrémité, et suivant le conseil des médecins, elle se mit entre les mains d'Alliot, dont beaucoup de personnes zélées pour sa conservation eurent une grande joie; car on espéra que peut-être il le pourroit ou la guérir, ou la faire vivre plus longtemps; mais étant mandé, il dit qu'il la trouvoit trop malade pour lui pouvoir appliquer ses remèdes, et pour en espérer quelque bon succès. Le Roi lui commanda d'y travailler, et d'y faire son possible.

Les médecins, après plusieurs consultations, conclurent que pour exposer la Reine aux remèdes d'Alliot, il falloit la faire rapporter à Paris; mais l'état où elle étoit paroissoit rendre la chose impossible. Les douleurs de son cancer étoient excessives, son abcès ne rendoit pas des matières louables : elle étoit foible, et les médecins mêmes n'osoient espérer en elle assez de force pour pouvoir souffrir cette fatigue avec tous ses maux. Ils la firent partir de Saint-Germain, parce qu'ils crurent sans doute que le Roi le désiroit. Je n'ai pu en imaginer d'autre raison, attendu que celles qu'ils alléguèrent n'étoient point bonnes, puisque les rois en tous lieux peuvent être servis également, et que c'est un des avantages de leur grandeur que d'avoir quand ils le veulent des personnes capables dans tous les arts, qui les suivent et les peuvent secourir. On coucha donc cette grande princesse dans une chaise couverte de velours noir, vêtue d'un manteau de taffetas gris. Elle y fut mise à l'entrée de sa chambre, assistée du Roi, de la Reine, de Monsieur et de Madame : on la porta doucement dans cette petite machine, qu'on fit suivre par ses officiers, qui portoient des cordiaux et du vinaigre, pour lui en donner si elle tomboit en foiblesse. Il me fut impossible de la voir dans cette espèce de tombeau sans m'attendrir sur elle par mille pensées différentes, mais toutes fâcheuses, et faire de grandes réflexions sur la misère humaine, qui assujettit à ses dures lois et à ses souffrances les premières personnes du monde, souvent avec plus d'amertume et moins de liberté que les moindres créatures de la terre.

Vu l'état où étoit cette illustre malade, on crut avec raison que l'air la feroit évanouir; mais ce fut tout le contraire. Elle s'en sentit plus forte, et quand elle fut arrivée à Nanterre, et qu'elle se trouva dans une grande salle des religieux de Sainte-Geneviève, où sans sortir de sa chaise elle alla se reposer, elle nous fit l'honneur de nous dire qu'elle étoit mieux. Elle y dîna même avec assez d'appétit, et mangea d'un poulet avec une sauce où il y avoit des câpres. Je marque cette particularité, parce que je me souviens avec douleur de la joie que nous eûmes dans ce moment; car il sembloit nous assurer que dans son tempérament se trouveroit la force de résister à ses maux. Nous dînâmes même avec le plaisir que l'espérance donne à ceux qui ont sujet de craindre un grand malheur qu'ils désirent ardemment de pouvoir éviter; et déjà nous pensions voir Alliot faire des merveilles.

La Reine mère ayant repris sa route arriva heureusement au Val-de-Grâce, où il y avoit long-temps qu'elle désiroit d'être. Aussitôt qu'elle se vit dans cette sainte maison, elle témoigna qu'elle en ressentoit de la consolation ; et en se mettant dans son lit elle dit à l'abbesse : « Me « voilà contente. Que Dieu dispose de moi à sa « volonté. » La nuit suivante elle fut fort malade : l'agitation du jour précédent avoit empiré sa plaie, et le lendemain la gangrène y parut. Les médecins alors, non contens d'être à Paris, ne trouvèrent pas commode d'aller tous les jours au Val-de-Grâce ; ils dirent tous qu'il falloit rapporter la Reine mère au Louvre, et qu'il étoit impossible de la secourir en ce lieu, où les portes ne pouvoient s'ouvrir qu'avec de grandes cérémonies. A la vérité, je crois que la complaisance y eut encore beaucoup de part ; et qu'ils en augmentèrent les raisons, dans la pensée qu'ils eurent que ce retour ne déplairoit pas au Roi ni à toute la cour ; car c'étoit une grande fatigue nonseulement pour les personnes royales, mais pour les officiers de cette princesse, de faire de fréquens voyages si loin. Madame de Bauvais (1), que la nécessité du service avoit fait rapprocher de la Reine mère, conclut à la faire sortir du couvent. Elle cria fortement contre cette demeure, et dit qu'il étoit même impossible d'y trouver des œufs frais. Je suis persuadée que si le Roi eût cru que la Reine sa mère eût eu tant de peine à quitter cette retraite, comme elle en avoit en effet, il n'auroit jamais souffert qu'on lui eût fait cette violence, et auroit eu horreur sans doute de la complaisance des médecins, qui l'auroient privé de la satisfaction qu'il auroit eue de faire plaisir à la Reine sa mère ; mais comme ils crurent tous qu'il ne seroit pas fâché d'éviter de la peine, il n'y eut point d'exagérations qui ne furent faites pour prouver à la Reine mère la nécessité de sortir du Val-de-Grâce. Ainsi le Roi se laissa persuader facilement à la prière de revenir au Louvre ; et de cette manière elle fut privée d'une consolation qu'elle avoit toute sa vie paru désirer.

Après donc que par tant de bruit on eut fait résoudre la Reine mère à partir, on lui mit de l'eau de chaux dans sa plaie, et on la remit dans sa chaise pour être rapportée au Louvre. Je n'avois point été lui rendre mes devoirs le matin de ce terrible jour (2). Monsieur, à qui j'allai à son réveil demander des nouvelles de la Reine sa mère, me fit l'honneur de m'apprendre son retour, et que la gangrène étoit à sa plaie. Je crus pour cette fois que nous l'allions perdre, et que la nature affoiblie en elle ne pourroit résister à ce dernier accident. Je ne doute pas non plus

(1) Première femme de chambre, disgraciée par beaucoup de bonnes raisons.
(2) Je logeois au Palais-Royal.

qu'elle ne fût affligée de n'avoir pu demeurer au Val-de-Grâce ; et je courus au Louvre attendre qu'elle arrivât. En entrant dans son balustre, où elle fut apportée dans la même chaise qui lui avoit servi pour venir de Saint-Germain à Paris, elle me vit, et me fit l'honneur de me regarder avec des yeux qui me firent bien vite connoître ses sentimens. Je lui dis, en m'approchant d'elle, que je louois Dieu de voir qu'elle pratiquoit les vertus des filles de Sainte-Marie, dont une des principales est de rompre leur volonté en toutes choses. Elle me répondit seulement en haussant les épaules, et levant les yeux au ciel. On la mit au lit, on redoubla l'eau de chaux, et ses douleurs redoublèrent aussi. Elles furent si extrêmes et si excessives que, de son aveu, elle se vit une des nuits suivantes prête d'entrer dans le désespoir. Sa constance et sa douleur combattirent alors avec une égale force l'une contre l'autre ; mais enfin sa douleur étant arrivée au dernier période, cette admirable princesse une seule fois s'écria qu'elle n'en pouvoit plus. La comtesse de Flex, qui étoit revenue auprès d'elle, s'en étant approchée, et lui voulant représenter qu'il falloit souffrir sur la croix avec Jésus-Christ, à une harangue si chrétienne, la Reine mère accablée de cette horrible souffrance, mais toute remplie de foi, lui répondit ces admirables paroles : « Ah ! madame, ne me dites « rien : je sens que je perds la raison ; et dans « l'état où je suis, j'aurois peur de ne pas rece« voir ce que vous me diriez avec assez de res« pect. » Après avoir été quelques jours dans cet état, les remèdes enfin surmontèrent la gangrène ; mais son ulcère demeura en si mauvais état, qu'il fut jugé de tous les médecins être un second cancer, ou un ulcère chancreux. Ils eurent de la peine à prononcer l'arrêt de sa mort. Les uns furent quelque temps à dire qu'elle avoit peu de temps à vivre ; d'autres, que la chaleur naturelle lui manquoit, et qu'elle avoit le pouls intermittent. Alliot disoit qu'il ne la trouvoit pas en état de lui appliquer ses remèdes ; et nul d'eux enfin ne lui donnoit aucune espérance ni de guérison ni de vie.

La Reine mère demeura dans cet état jusqu'au 22 août, qu'elle se trouva tout à coup beaucoup mieux. Sa plaie devint plus belle : au lieu qu'auparavant elle s'enfonçoit chaque jour, elle commença de se remplir et de se mondifier, et sa fièvre diminua tout-à-fait : si bien que cette princesse, par son amendement, fut trouvée capable de supporter les remèdes d'Alliot. Il commença, pour notre malheur, de les y appliquer le 24 du même mois [août] ; et cette constante Reine, sortant d'un tourment, rentra tout aussitôt dans un autre qui ne fut guère moins violent, mais qui fut beaucoup plus long. D'abord Alliot, pour engager cette illustre malade à ses cruautés, adoucit la force de ses remèdes, et dans ce commencement il y eut de petits intervalles où les médecins firent espérer à la Reine mère quelque bon succès de la science de cet homme. Ils mortifioient la chair, et ensuite on la coupoit par tranches avec un rasoir. Cette opération étoit étonnante à voir. Elle se faisoit les matins et les soirs, en présence de toute la famille royale, des médecins chirurgiens, et de toutes les personnes qui avoient l'honneur de servir cette princesse et de l'approcher familièrement. Elle avoit sans doute de la peine d'exposer une portion de son corps à la vue de tant de personnes, où ce monstre de cancer qu'elle portoit au sein n'empêchoit pas qu'il n'y eût encore de quoi l'admirer ; mais comme alors elle savoit juger sainement des choses de ce monde, elle ne regardoit plus en elle ce qui avoit été le sujet de sa vanité qu'avec une sainte horreur et une sainte colère contre elle-même, qui lui faisoit désirer d'en faire de continuels sacrifices à la justice divine. Elle se voyoit couper la chair avec une patience et une douceur estimable ; et souvent elle disoit qu'elle n'auroit jamais cru avoir une destinée si différente de celle des autres créatures ; que personne ne pourrissoit qu'après la mort, et que pour elle, Dieu l'avoit condamnée à pourrir pendant sa vie. Dans tous ces temps-là, elle souffroit toujours beaucoup ; mais ses douleurs s'augmentèrent excessivement quand les remèdes d'Alliot approchèrent de la chair vive. Elle en vint enfin à une telle extrémité de souffrance qu'ayant perdu l'usage de dormir, on lui faisoit prendre toutes les nuits du jus de pavot. Par là seulement elle pouvoit trouver quelque relâche à ses douleurs ; et quoiqu'il fût aisé de juger que ce remède la conduiroit plus vite à la mort, il étoit impossible d'en blâmer l'usage, parce que ce soulagement si funeste mettoit quelques momens d'intervalle à la longueur de son supplice. Il y eut néanmoins des jours et des temps que Vallot et Guenaud, après l'avoir tant de fois condamnée, dirent qu'elle ne mourroit point de son cancer ; mais ils se trompèrent en tout, et jamais je ne les ai vus faire des jugemens certains de cette maladie.

Malgré les maux dont le corps de la Reine mère étoit accablé, son ame, toujours occupée à bien faire, la faisoit agir incessamment pour le bien de tous, soit pour le général, soit pour chaque particulier. Comme je savois qu'elle avoit de bonnes intentions pour le duc et la duchesse de Navailles, qu'elle honoroit de son estime et de son souvenir, je lui en parlai, et lui fis voir qu'il étoit de sa bonté de les protéger fortement auprès du Roi, afin de faire finir leur exil. J'engageai l'abbé de Montaigu à les servir, et tous deux nous fîmes résoudre la Reine mère d'en parler au Roi. Elle le fit, et de la plus forte manière qu'il lui fut possible. Le Roi lui répondit favorablement à l'égard du duc de Navailles, disant, comme il avoit accoutumé de le dire, qu'il étoit homme de bien, qu'il l'avoit bien servi, et qu'il consentiroit volontiers qu'il fût auprès de lui comme toutes les autres personnes de qualité de son royaume. A l'égard de la duchesse sa femme, le Roi dit à la Reine sa mère qu'il ne vouloit point encore la voir, et qu'il la supplioit de ne lui rien demander pour elle. La Reine mère se contenta pour lors de faire revenir son mari, et dit au Roi qu'elle ne lui demandoit rien pour elle, puisqu'il ne le vouloit pas ; mais qu'elle le prioit de trouver bon qu'elle mandât au duc de Navailles qu'il pouvoit revenir à la cour. Mais ayant trouvé, selon mon avis, qu'il seroit plus à propos qu'elle l'ordonnât à M. Le Tellier de faire, elle l'envoya chercher le lendemain, et lui en parla. Ce ministre, qui avoit toujours fait une ancienne profession d'être des amis de ce seigneur, et qui l'étoit en effet pour les choses faciles à faire, parut recevoir ce commandement avec beaucoup de froideur, et dit seulement à la Reine mère qu'il lui obéiroit. Je vis venir ce ministre recevoir les ordres de cette princesse ; mais quoique je fusse assez persuadée de ses bonnes intentions, je ne voulus point lui faire paroître avoir part à ce secret, de peur d'affoiblir dans son esprit cette importante protection, et demeurai dans l'attente du succès que les paroles de la Reine mère pourroient produire. Je me contentai d'écrire à mes amis qu'ils auroient des nouvelles par les grandes voies, et qu'on devoit leur mander quelque chose qui leur importoit. Je ne m'expliquai pas davantage, parce que, ne doutant quasi pas que la Reine mère ne fût obéie, je voulus leur laisser le plaisir d'être agréablement surpris par un courrier de la part du Roi et de la Reine sa mère. Le courrier n'arriva point ; et, par toutes les lettres qu'ils m'écrivoient, il me paroissoit qu'on les laissoit chez eux paisiblement. Quand je vis quinze jours passés dans cet oubli, j'en parlai à la Reine mère, qui s'en étonna. L'abbé de Montaigu, par ses ordres, alla savoir de Le Tellier d'où procédoit ce silence, et lui dire qu'elle trouvoit étrange de n'entendre nulle nouvelle du duc de Navailles. Le Tellier parut surpris de cette harangue, et dit qu'il avoit représenté à la Reine mère, quand elle lui avoit fait l'honneur de lui parler de cette affaire, le mauvais effet que devoit avoir sa bonne volonté pour cet exilé, et qu'il ne lui avoit point conseillé de mander le duc de Navailles; avouant à milord de Montaigu qu'il en avoit parlé au Roi, mais qu'il n'avoit pas trouvé à propos qu'il fît ce que la Reine sa mère lui avoit commandé. Il lui dit aussi en confidence que le Roi ne pouvoit souffrir que le disgracié reçût des grâces par d'autres mains que par les siennes. Je ne fus pas surprise de ce sentiment : le génie du Roi le conduisoit toujours à vouloir toute la gloire pour lui, suivant en cela les maximes ordinairement pratiquées par les souverains. Il est à croire de plus que le ministre, qui étoit habile, et aussi intéressé à la conservation de sa faveur que le Roi, en qualité de roi, le pouvoit être au soutien de son autorité, lui avoit dit sur ce sujet tout ce qui pouvoit plaire à un maître qui vouloit que toutes choses parussent procéder de sa propre volonté. La crainte qu'il eut peut-être qu'on le pût soupçonner de favoriser les exilés augmenta ses complaisances : car les amis qui ne veulent rien hasarder sont quelquefois plus dangereux en ces occasions que les ennemis déclarés. Je ne veux pas dire positivement que Le Tellier ait été tel que je l'en soupçonnai alors; mais comme dans le nombre de ses amis il étoit lui-même celui qu'il aimoit le mieux, je crois qu'il entra naturellement dans les maximes de la fausse gloire du Roi, et qu'il applaudit facilement à ce qui passe parmi les politiques pour une habileté nécessaire. Je rendis compte à la Reine mère de ce que milord Montaigu m'avoit dit, et lui appris la réponse de Le Tellier. Cette princesse, qui malgré toutes ses douleurs avoit toujours de l'application aux intérêts de ceux qu'elle honoroit de sa bienveillance, me fit l'honneur de me dire vivement, et avec un peu d'émotion, que M. Le Tellier avoit tort de n'avoir pas fait ce qu'elle lui avoit commandé; qu'il étoit foible et mauvais ami, et qu'il avoit menti (voilà ses propres mots) quand il disoit qu'il l'avoit conseillée de ne pas mander au duc de Navailles de venir : concluant enfin qu'elle vouloit lui en parler encore. Elle le fit, et lui soutint qu'elle avoit la parole du Roi, et qu'elle vouloit absolument qu'il envoyât de leur part un courrier à ce duc. Le Tellier ne se rebutant point lui fit mille et mille difficultés, et lui dit qu'il étoit ami du duc de Navailles; mais qu'il ne convenoit pas pour son propre intérêt qu'il revînt si tôt. La Reine mère lui décida cette affaire, lui disant ces mêmes paroles : « M. Le Tellier, le Roi « mon fils est trop honnête homme et trop rai- « sonnable pour manquer à la parole qu'il m'a « donnée. Je veux que vous mandiez le duc de « Navailles, de sa part et de la mienne ; et en « même temps je vous permets de l'instruire de « toutes vos difficultés, et de lui écrire qu'il choi- « sisse de venir voir le Roi et moi, ou de suivre « vos conseils. » Après que cette royale sentence eut été donnée, deux jours après, qui fut le 10, un jeudi au soir, le Roi vint trouver la Reine sa mère, et lui dit publiquement que comme il savoit la bonne volonté qu'elle avoit pour Navailles, il venoit lui dire qu'il l'avoit destiné pour commander dans les pays d'Aunis, La Rochelle et Brouage, à la place du duc de Nevers, qui étoit en Italie. La Reine mère reçut cette nouvelle avec joie. Elle lui en donna la première des louanges infinies, et ne fit jamais aucun semblant de lui avoir parlé en faveur de ce duc. Toute la cour loua le Roi, et tous admirèrent sa générosité d'avoir pardonné à un homme qui lui avoit déplu, le comblant de bienfaits lorsqu'il paroissoit n'oser seulement espérer son pardon. Le Roi lui-même envoya un courrier au duc de Navailles lui porter de sa part les patentes de ces grands gouvernemens, qui engageoient les disgraciés à demeurer hors de la cour, où il ne les vouloit pas. Cet habile prince, pour les empêcher d'y venir et contenter la Reine sa mère, avoit trouvé cette louable invention, qui en effet étoit avantageuse pour les malheureux, satisfaisante en quelque façon pour la Reine sa mère, et glorieuse pour lui. Elle pouvoit même être utile à son service, parce que le duc de Navailles étoit propre à le bien servir dans ce poste si considérable, où il falloit un homme fidèle, et capable de grandes choses. On peut juger par cette conduite du Roi combien il étoit avide de gloire, puisqu'il n'en vouloit pas même laisser les miettes à la Reine sa mère. C'étoit en être trop glouton; mais la faim qui causoit cette gloutonnerie, toute défectueuse qu'elle est, a toujours été remarquée dans tous les grands princes, et a été en plusieurs la source de toutes leurs belles actions. Le Roi vouloit tenir les grands de son royaume attachés à lui par la voie de ses bienfaits, comme la plus belle et la plus forte : il désiroit réunir tout à lui; et par sa conduite on peut voir qu'en cette occasion toute la finesse de Louis XI le devoit céder à la sienne. Elle lui devoit être aussi plus honorable, étant exempte de toute malice, et suivie de bons effets. Il falloit seulement, pour contenter la Reine sa mère, accompagner cette ambitieuse et délicate jalousie de sincérité; car elle étoit capable d'entrer en confidence avec lui sur ses intérêts, et incapable d'en avoir quelqu'un qui pût lui nuire. Personne donc ne parla de cette princesse, et peu de gens ont su la part qu'elle avoit eue à la belle action que le Roi avoit faite. Je lui dis un jour sur cela, pour la divertir, que j'avois envie de dire tout haut qu'elle méritoit de partager cette gloire que l'on donnoit tout entière au Roi, et que je voulois qu'elle fût louée aussi bien que lui. Elle me défendit sérieusement d'en parler à qui que ce fût, et me fit l'honneur de me dire : « Ce que je voulois faire est fait, et d'une manière plus avantageuse pour ces pauvres gens; car le Roi ne les voulant pas voir leur a donné plus que je n'aurois osé lui demander. Grâces à Dieu, me dit-elle encore, je ne me soucie point des louanges : je suis bien aise que le Roi les ait toutes; je souhaite qu'il vive assez vertueusement pour les mériter. »

Le duc et la duchesse de Navailles reçurent le courrier du Roi avec beaucoup de joie et de reconnoissance envers lui. A l'égard de la Reine mère, dont ils surent par mes lettres les bontés, ils n'osèrent s'en vanter, et ils observèrent un grand silence sur tout ce qui pouvoit avoir quelque rapport à cette princesse. Outre les raisons qu'ils eurent de se taire, ils en purent avoir une autre que j'ai toujours remarqué être naturellement écrite dans le cœur de ceux qui reçoivent des grâces de la cour. Ils ne veulent les devoir qu'à celui qui en est le maître, et croient que les apparences de leur gratitude l'obligeront à leur en faire de nouvelles. L'orgueil humain les empêche aussi d'avouer que les soins et les applications de leurs amis méritent qu'ils leur aient grande obligation des choses qu'ils obtiennent, croyant qu'elles sont dues à leurs services et à leur dignité.

La Reine mère, ne se contentant pas de répandre ses charitables soins sur les particuliers, voulut aussi avant que de mourir travailler à la confirmation de la paix qu'elle avoit faire entre le Roi son fils et le Roi son frère. Dans ce dessein, elle ordonna au marquis de Las-Fuentes, ambassadeur d'Espagne en France, d'écrire à ce prince selon ses intentions, et de lui mander qu'elle lui conseilloit de penser à disposer de ses affaires, en sorte qu'il laissât la paix dans l'Europe tout-à-fait affermie ; que de bonne foi il fit quelque raison au Roi son fils sur les justes prétentions qu'il avoit sur la Flandre, vu que, par les lois de ces provinces, elles paroissoient devoir appartenir à la Reine. Ses légitimes souhaits n'eurent pas le succès qu'elle avoit désiré : elle eut au contraire le déplaisir de perdre ce frère qu'elle avoit tant aimé, sans qu'elle pût espérer de laisser sa famille dans la possession assurée d'un bien qu'elle leur avoit procuré avec tant de soin.

La nouvelle de la mort du roi d'Espagne arriva à la cour le 27 septembre, et ce prince étoit mort le 17 du même mois. La Reine ce jour-là étoit allée aux Carmélites. Le Roi lui manda de revenir au Louvre chez elle dans sa chambre, où il l'attendoit, et de ne point entrer chez la Reine leur mère avant que de l'avoir vu. La Reine revint aussitôt, pleine d'inquiétude et de trouble de ce que le Roi lui venoit de mander. Cette princesse étant chez elle lui demanda le sujet de son retour, et si la Reine sa mère étoit plus mal. Le Roi lui dit que non, mais qu'il avoit de mauvaises nouvelles à lui dire, et qu'il étoit fâché de lui apprendre que le Roi son père étoit extrêmement malade. La Reine voyant bien que ce qu'il disoit vouloit dire qu'il étoit mort, s'écria et lui dit : « Je l'ai perdu ; dites-le-moi, je vois que ce n'est « que trop vrai. — Devinez-le, lui dit le Roi, car « je ne vous le puis dire. » Cette princesse alors, n'en pouvant plus douter, se jeta toute pâmée de douleur entre les bras du Roi, et pleura excessivement. Elle en fut si véritablement affligée, qu'elle força le Roi d'accompagner de quelques larmes celles qu'elle répandit en grande abondance. Après avoir passé ces premiers sentimens qui, à notre honte, ne passent en tous que trop brièvement, elle se mit au lit, et le lendemain elle y fut encore jusqu'au soir; mais voulant voir la Reine sa mère, elle jeta un manteau de deuil sur elle, et descendit dans sa chambre. Cette princesse, quasi mourante, apprenant cette même nouvelle, avoit pleuré, et dit seulement, parlant du Roi son frère, qu'elle le suivroit bientôt. Quand elle sut que la Reine venoit la voir, elle nous commanda à toutes de sortir de sa chambre, afin sans doute de pouvoir se plaindre de leur perte commune avec plus de liberté. Ces deux grandes princesses s'embrassèrent, avec la douleur et les larmes que méritoit la tendresse que ce prince qu'elles regrettoient avoit toujours eue et pour l'une et pour l'autre. L'ambassadeur d'Espagne, seul témoin de leurs douleurs, joignit ses larmes à celles que répandirent en cette occasion les deux premières femmes du monde en grandeur et dignité. Lui et la Molina, qui seule de femme y fut soufferte, tâchèrent de les consoler, par la considération du bonheur éternel dont apparemment jouissoit ce prince. Il avoit été toujours malheureux : mais il avoit su profiter dans ses dernières années de ses afflictions, de ses pertes et de ses maladies, ayant fait de toutes ces choses un continuel sacrifice à la justice divine, afin d'éviter par cette pénitence les justes châtimens de ses péchés, et de ses débauches particulières et publiques. Elles avoient par son exemple beaucoup autorisé le vice de ses peuples, qui présentement sont déshonorés par l'excès de leur débordement. Après cette triste entrevue, les deux dames d'honneur, la comtesse de Flex et la duchesse de Montausier, rentrèrent dans la chambre de la Reine mère, et moi avec elles. Un long silence de la part des deux Reines, et une conversation fort languissante de la nôtre, dura jusqu'à l'heure que la Reine monta dans sa chambre, où le Roi, au sortir du conseil, vint souper avec elle. Ce prince étoit déjà peut-être occupé du désir de tirer ses avantages de l'état où la mort du roi d'Espagne mettoit son royaume. Il ne laissoit après lui qu'un enfant, un peu plus jeune que M. le Dauphin, et si malsain qu'il ne paroissoit pas devoir vivre. Il étoit fils d'un père soupçonné de beaucoup de maux, et qui, par la perte de ses autres enfans, donnoit lieu de croire qu'il étoit difficile qu'il leur pût donner de la santé, puisqu'il n'en avoit pas lui-même. Mais comme Dieu en donne à qui il lui plaît, ce jeune Roi parut en avoir, après la mort du Roi son père, plus que l'on ne pouvoit raisonnablement l'espérer. On écrivit alors d'Espagne qu'il sembloit même avoir pris la couronne avec l'espérance non-seulement de la vie, mais d'une vie accompagnée de bonheur; car comme, selon la coutume du royaume, on le proclama Roi, ses sujets prirent à bon augure de ce que de deux chaises qu'on lui présenta, dont l'une étoit en broderie d'or et de perles, mais vieille et fort effacée, qui avoit autrefois servi à Charles-Quint, et l'autre étoit toute neuve et brillante, et d'une riche broderie, il prit celle de son illustre aïeul, en répétant de son propre mouvement les paroles de celui qui lui avoit dit qu'elle avoit servi à cet empereur, disant : *A servido à Carlos-Quinto? Pues, en nombre de Dioz, me quiero sentar en ella* (Elle a servi à Charles-Quint ? Or je veux donc, au nom de Dieu, m'y asseoir).

Pendant que la Reine mère souffroit, et que la Reine jetoit des larmes pour le Roi son père, le Roi, que la longueur des maladies de la Reine sa mère rendoit moins sensible à la tristesse, attiré par les plaisirs, se laissoit aller facilement à eux. L'hiver, qui convie aux divertissemens, fit que le Roi et Monsieur, qui crurent que les maux de la Reine leur mère ne finiroient pas sitôt, consentirent, quasi malgré leur raison, à suivre les sentimens de la nature, qui, au lieu de la douleur, voudroit toujours de la joie.

La veille des Rois [le 5 janvier 1666], il y eut grand bal chez Monsieur : et malgré l'amitié qu'il avoit pour la Reine sa mère, il ne laissa pas d'y prendre plaisir. Ce bal fut précédé par un grand soupé, accompagné de toute la magnificence requise en de telles occasions. La Reine, qui n'alloit point cette année aux divertissemens, fit elle-même accommoder l'habit du Roi, qui étoit de drap violet, à cause du deuil qu'il portoit du roi d'Espagne son beau-père; mais si couvert de grosses perles et de gros diamans, que c'étoit une chose merveilleuse à voir. Monsieur et Madame étoient de même fort parés; car l'un et l'autre n'étoient pas fâchés de faire voir qu'ils étoient aimables. Monsieur n'avoit pas de passion dans l'ame qui parût le tourmenter. Au lieu d'aimer la beauté des dames, il aimoit lui-même à leur plaire par la sienne, et leurs louanges ne lui déplaisoient pas. Il se divertissoit en leur compagnie; mais il paroissoit, à son procédé, avoir dans le cœur tant d'innocence à leur égard, que les plus dangereuses par leurs charmes vivoient avec lui et lui avec elles aussi modestement que s'il eût été lui-même une dame. Cette fête se donna sous la nécessité apparente de quelques étrangers d'importance, à qui le Roi voulut faire voir la grandeur et la beauté de la cour.

Il fallut alors [le 6 janvier] que le Roi et Monsieur missent pour deux jours quelque intervalle à leurs divertissemens, car la Reine leur mère empira beaucoup. Le lendemain, jour des Rois, elle retomba dans de nouveaux accidens : la fièvre lui redoubla, elle eut un grand frisson et il parut une autre érésipèle, que l'on dit être l'effet ordinaire des cancers. La Reine mère étant dans un état pire que la mort, on crut qu'elle devoit être lasse du remède d'Alliot, qui lui causoit incessamment une douleur insupportable; mais elle n'en parloit point, et il falloit à peu près le deviner. Plusieurs personnes lui proposèrent de le quitter, et de se mettre entre les mains d'un homme qui se disoit de Milan, qui depuis quelque temps étoit venu s'introduire en France, disant qu'il avoit un remède infaillible pour le mal de la Reine mère. L'ambassadeur d'Espagne avoit écrit en Italie pour savoir de ses nouvelles, et les relations n'en avoient pas été avantageuses; mais il traitoit une femme qui paroissoit se porter mieux depuis qu'elle se servoit de lui. L'indifférence de la Reine mère étoit si grande sur ce qui regardoit sa vie, qu'elle ne paroissoit point avoir de volonté déterminée, ni de prendre ni de laisser Alliot. Quand on lui proposoit de le changer, elle disoit qu'un autre peut-être feroit encore pis, et on ne pouvoit apercevoir en elle qu'une ferme résolution de souffrir. Elle s'abandonnoit entièrement à la volonté de Dieu, jusqu'à s'abandonner aussi en toutes choses à la volonté des hommes. Chacun se mêloit de lui donner des conseils : mais elle n'en recevoit aucun, et ne paroissoit pas même fort appliquée à les écouter. Elle renvoyoit toujours au Roi ceux qui lui en parloient, et le prioit d'en ordonner. Il paroissoit y penser avec assez d'application pour laisser voir en lui que l'amitié qu'il avoit toujours eue pour la Reine sa mère n'étoit pas éteinte dans son cœur; mais la

Reine mère empiroit : et les médecins, qui peu auparavant, dans un bon intervalle qu'elle avoit eu, avoient dit qu'elle ne mourroit pas de son cancer, en désespéroient, et ne sachant plus que faire, lui persuadèrent de se servir du Milanais. Elle y consentit aussitôt, sans montrer ni espoir, ni crainte, ni répugnance : et le 9 de janvier cet homme lui appliqua ses remèdes ; mais ils n'eurent point d'autre effet que de hâter sa mort.

Ce même jour il y eut des fiançailles, au Palais-Royal, d'une fille d'honneur de Madame, nommée Artigny, confidente du Roi et de mademoiselle de La Vallière. Le Roi lui donna de considérables sommes d'argent, et la fit épouser au comte Du Roule, avec de grands avantages qu'il lui fit. Elle eut sujet, selon les fausses maximes du monde, de s'estimer heureuse d'avoir été la confidente des secrets du Roi ; car de pauvre et accablée de la mauvaise fortune, elle devint une grande dame.

Après les fiançailles faites au Palais-Royal, suivit une grande fête chez le duc de Créqui, parent du comte Du Roule, c'est-à-dire le bal, la comédie et un grand soupé. La Reine, qui ce soir-là étoit seule auprès de la Reine sa mère, et qui par la raison de son deuil, ainsi que je viens de le dire, ne pouvoit être d'aucun divertissement, murmura contre celui-là. Il lui déplaisoit encore plus que les autres, à cause de la part que mademoiselle de La Vallière y avoit : car toutes les faveurs faites à son amie d'Artigny tiroient leur source de la sienne. La Reine mère, avec sa douceur ordinaire, répondit à la Reine qu'il falloit pardonner les emportemens de la jeunesse ; mais, de la manière qu'elle le disoit, il me parut clairement que son cœur ne s'accordoit pas avec sa prudence. Ce n'est pas sans sujet que les poètes ont feint des demeures délicieuses où leurs héros restoient enchantés, c'est-à-dire privés de la connoissance de leurs devoirs, et soumis aux illusions des sens ; puisque les passions ordinaires, par leurs effets, nous font voir de nos yeux des hommes sages avoir des intervalles d'emportement qui leur font perdre l'usage de leur raison, et les empêchent de faire aucuns actes de la vertu qu'ils ont naturellement dans le cœur, dont ils ont donné d'évidentes preuves. J'étois seule auprès des deux Reines ; et leur conversation sur cette grande matière me faisant de la peine, pour les détourner toutes deux de ces fâcheuses pensées, et leur faire changer de discours, je leur dis que j'espérois aussi que nous aurions notre tour, et que nous danserions au printemps. Mon dire étoit fondé sur une prophétie qu'un de mes amis, le matin de ce même jour, me dit avoir été faite, et que j'avois contée à la Reine mère.

Il m'avoit appris qu'un grand astrologue de notre temps assuroit qu'elle guériroit vers cette saison, et cette fabuleuse prédiction me faisoit espérer quelque merveille du remède du Milanais ; mais c'étoit d'une manière qui ne me consoloit guère : car je voyois des choses trop contraires à cette prédiction pour en tirer quelque espoir véritable.

Le lendemain des fiançailles de mademoiselle d'Artigny, qui fut le 10 du mois, la fièvre de la Reine mère, qui le jour précédent avoit été moindre, redoubla par un grand frisson qui lui dura long-temps. Malgré ce fâcheux accident, le Roi et Monsieur furent à la Comédie avec la nouvelle mariée. Le soir, les médecins trouvèrent la fièvre de la Reine mère fort allumée ; et son pouls étant mauvais, ils jugèrent à propos de la saigner. La Reine aussitôt le manda au Roi. Il vint, après que la comédie fut achevée, voir la Reine sa mère, qui venoit d'être saignée. Dans ces états si terribles elle passa de cruelles nuits, et l'excès de la douleur la forçant quelquefois de soupirer de temps en temps, parlant à Dieu, on entendoit qu'elle disoit : « Hélas, Seigneur ! je me plains, « et vous voulez que je souffre. » Depuis qu'elle se servoit du Milanais, son martyre étoit augmenté par la puanteur qui sortoit de son cancer. Cette souffrance étoit si contraire à son inclination, qu'on peut dire avec vérité que ce mal seul en étoit un fort grand pour elle. Un de ces jours comme elle se plaignoit de cette incommodité, étant seule auprès d'elle, elle me fit l'honneur de me dire tout bas : « Dieu veut en cela me « châtier d'avoir eu trop d'amour-propre, et d'a- « voir trop aimé la beauté de mon corps. »

Le 15, on donna à la Reine mère une médecine, et les médecins s'imaginèrent qu'elle lui avoit fait du bien ; mais la nuit suivante elle fut très-malade. Sa douleur fut si grande qu'elle se sentit comme forcée de jeter des larmes, qui sortirent de ses yeux avec abondance. Mademoiselle de Beauvais, qui la veilloit, me conta le lendemain que cette vertueuse princesse lui avoit dit : « Je ne pleure pas ; ces larmes que vous voyez sor- « tir de mes yeux, c'est la douleur qui les con- « traint de sortir : car vous savez que je ne suis « pas pleureuse. » L'archevêque d'Auch voyant le mauvais état où elle étoit, l'en avertit, et lui parla clairement du peu d'espoir qu'avoient les médecins de sa vie. Elle l'en remercia, et sans s'étonner de cette harangue, n'en fit aucun semblant.

Depuis quelques mois, la Reine mère se confessoit tous les jours, et son confesseur l'entretenoit long-temps. Elle en avoit un alors, qui étoit venu d'Espagne, qui se trouva par bonheur pour elle un bon religieux et savant : si bien qu'il est à croire qu'elle étoit bien préparée à ce grand voyage de l'éternité qu'elle devoit faire bientôt. C'est ce qui causoit en elle cette grande paix. Une autre nuit des dernières de sa vie, la même mademoiselle de Beauvais m'a conté que quelques-unes de ses femmes et elle étant auprès de cette constante princesse, elle leur dit : « Je sais « l'état où je suis ; je sens que je ne puis plus vi- « vre, et je vois bien à vos mines que vous en « êtes toutes aussi persuadées que moi. » Une de celles qui étoient présentes s'étant mise à pleurer, la Reine mère lui dit presque en riant, et comme se moquant d'elle : « Vraiment, Niel (c'est ainsi « que s'appeloit cette dame), vous êtes bien sotte ! « Et ne faut-il pas mourir ? Et de plus, quand « cela sera, vous pleurerez ; mais ne vous en af- « fligez pas avant le temps. »

Le samedi 16 du mois, je ne pus aller au Louvre ; et comme j'envoyois souvent savoir des nouvelles de la Reine mère, on me manda toujours qu'elle empiroit. Le lendemain dimanche au matin, je la trouvai très-mal, et toute sa cour dans une grande consternation. Monsieur en me voyant, me fit l'honneur de me dire : « Que fîtes-vous hier que vous n'étiez pas ici ? Nous eûmes une terrible journée. » Je parlai au Milanais. Je le trouvai sans parole, et les médecins sans aucune espérance. Une érésipèle étoit sortie tout de nouveau ; mais elle n'avoit fait que paroître, et n'avoit point eu d'autre effet que de lui avoir fait enfler les bras et les mains, et même la gorge. Outre ces mauvais accidens, elle avoit le pouls mauvais et foible.

La douleur que je sentis voyant la Reine mère en cet état [le 17 janvier], me fit sortir d'auprès d'elle, afin d'aller chercher hors de sa présence quelque soulagement à ma peine. Je m'en allai à la messe aux Jacobins de la rue Saint-Honoré. Là j'éprouvai ce que c'est que de perdre ce que l'on aime ; mais ayant repris des forces en ce lieu, par la soumission que toute ame chrétienne doit avoir aux volontés divines, je retournai au Louvre ; car l'inquiétude et la tristesse nous portent naturellement à changer de lieu. Comme j'entrai dans la chambre de cette grande Reine, je trouvai Monsieur seul auprès d'elle, assis au chevet de son lit. Elle étoit dans son meilleur temps, je veux dire dans l'intervalle de ses redoublemens. Elle étoit même un peu mieux que le matin, parce qu'elle s'étoit assoupie pour quelques momens. Ses souffrances ne laissoient pas d'être excessives : je le connus à ses yeux, et malgré son silence je vis ses douleurs. Je me mis à genoux, devant son lit ; et comme je voulus lui toucher le pouls, elle me fit l'honneur de me dire ces mêmes paroles : « Madame de Motteville, « je souffre beaucoup. Il n'y a point d'endroit en « mon corps dans lequel je ne sente de très-gran- « des douleurs. » Puis levant les yeux au ciel, elle dit : « Dieu le veut. Oui, mon Dieu, vous le « voulez, et je le veux bien aussi de tout mon « cœur : oui, mon Dieu, de tout mon cœur. » Monsieur, tendrement touché de ces admirables paroles, se mit à pleurer ; et les larmes m'étant venues aux yeux, je me retirai d'auprès d'elle sans lui répondre. Dieu étoit dans son cœur, qui lui donnoit toute la piété et la patience dont elle avoit besoin. Les raisonnemens des créatures n'y pouvoient rien ajouter. Il ne restoit rien à faire à ceux qui avoient l'honneur d'être auprès d'elle, qu'à l'admirer ; mais cette admiration pouvant être dangereuse à sa perfection, le mieux étoit de se taire, et de remercier Dieu des grâces qu'il lui faisoit. Après ces marques de vertu, de soumission et de patience, cette admirable princesse nous en donna de la force de son ame ; car la Reine étant arrivée là-dessus, elle s'assit auprès d'elle, et Monsieur se rapprocha. L'ambassadeur d'Espagne entra dans ce même instant, qui apporta des lettres à la Reine. Il s'en trouva une de la reine d'Espagne, qui écrivoit à la Reine mère, sa tante et sa belle-sœur tout ensemble. Elle la prit, et pria la Reine de la lire tout haut : ce qu'elle fit. Cette lettre étoit bonne, bien longue et de bon sens. Monsieur, voulant s'instruire des grandes choses, fit plusieurs questions à l'ambassadeur d'Espagne sur les affaires de ce royaume, et sur le gouvernement de la régente. Cet homme étoit naturellement grand parleur. Il amplifia cette conversation de quantité de paroles inutiles, et la rendit fort longue. La Reine mère, malgré la mort et la douleur qui la menaçoit, entra dans toutes ces narrations avec un esprit aussi présent que si elle eût été en bonne santé ; puis elle-même prit la lettre et la mit sous son oreiller, disant à la Reine tout ce qu'elle désiroit mander à cette reine régente, à qui elle devoit faire réponse au lieu d'elle. Pendant ce temps-là je m'occupai davantage à remarquer la fermeté de la Reine mère toujours égale en tout temps, qu'à écouter les raisonnemens qui se firent sur la cour d'Espagne ; et ceux qui pourront lire quelque jour ces Mémoires trouveront sans doute que j'avois raison. En ce même moment la senora Molina s'approcha de cette illustre malade, et lui dit en espagnol : *Afé que Vuestra Magestad es muy coloradica* (En vérité, Votre Majesté est bien rouge). Et la Reine mère de sang-froid, et comme en riant, lui répondit : *Y como, Molina ! en verdad que tengo muy buena calentura* (Comment, Molina ! j'ai une bonne grosse fièvre). Aussitôt après cette tranquille conversation, la Reine mère eut un redoublement qui fut plus violent que les autres. Elle connut qu'elle empiroit, et le dit à l'archevêque d'Auch, qui en demeura d'accord avec elle; mais comme il ne la trouva pas encore assez mal pour lui donner le saint viatique, elle conclut de communier après minuit.

À l'heure ordinaire, c'est-à-dire à dix heures du soir, la Reine mère donna le bonsoir à la Reine, à Monsieur et à Madame. Il nous parut, à la comtesse de Flex et à moi, qu'elle les pressa de partir avec plus d'âpreté qu'elle n'avoit accoutumé de faire. Elle étoit plus abattue et plus oppressée de ses excessives douleurs; et comme elle n'aimoit point à faire voir ses souffrances, elle voulut alors être seule, afin de pouvoir endurer ses maux avec moins de contrainte. Ce même soir, en voulant prendre des œufs frais qu'on lui servit, elle me parut dans un fort mauvais état, et dans ce seul instant de sa vie elle parut avoir plus de soixante ans; car son corps, par l'enflure de ses bras, de ses mains et de son visage, étoit si appesanti qu'à peine pouvoit-elle lever la tête, ni hausser ses mains jusqu'à sa bouche. Il étoit difficile de voir une si grande princesse en cet état sans envisager fortement le néant de la créature, et combien tous les secours sont inutiles quand il plaît à Dieu de détruire les premières personnes du monde.

Depuis les grands maux de la Reine, elle avoit accoutumé, quand sa royale famille l'avoit quittée et que le rideau de son lit étoit tiré, de faire dire les litanies de la Passion avec beaucoup d'autres prières : ce que l'archevêque d'Auch faisoit pour l'ordinaire, ou quelqu'un de ses aumôniers. Après qu'elles eurent été dites, on se retira d'auprès d'elle pour voir si elle n'auroit point quelque moment de repos; mais bien loin d'en avoir, nous l'entendîmes toujours se plaindre : ce qu'elle se permettoit de faire quelquefois la nuit, mais jamais le jour, parce que la nuit elle étoit plus seule, et ne craignoit point de faire de la peine à personne.

Après minuit, son grand aumônier lui dit la messe dans son oratoire, qui étoit à la ruelle de son lit. Il la communia, et je remarquai qu'elle reçut Notre Seigneur avec une dévotion tout extraordinaire. Il sembloit, vu le calme où elle étoit, que ses douleurs et ses maux l'eussent quittée; car son application à Dieu étoit si grande, qu'il étoit aisé de voir que l'ame en ces occasions l'emportoit sur le corps. Elle fut servie, après l'archevêque d'Auch, de l'évêque de Mende, son premier aumônier; de l'abbé de Guemadeuc, son aumônier ordinaire, et de quelques autres; de la comtesse de Flex sa dame d'honneur, et de la duchesse de Noailles sa dame d'atour. Le silence et la solitude de la nuit n'empêchèrent pas que toutes ces personnes ne rendissent, par leurs grands respects et par leurs révérences réitérées, tous les honneurs qui étoient dus à une si grande princesse, qui étoit en naissance et dignité la première du monde; mais toute son élévation alloit être anéantie, et cette si auguste personne, si estimable et si révérée, malgré nos souhaits alloit être effacée du nombre des vivans, parce que Dieu, le dieu des vivans et des morts, le vouloit ainsi.

Le lundi, après avoir un peu reposé, je retournai au Louvre de bon matin [le 18 janvier]. La Reine mère avoit beaucoup souffert depuis sa communion; sa fièvre et les fâcheux accidens de sa maladie augmentoient plutôt que de diminuer. Le remède du Milanais étant de soi fort violent, avoit fait consommer les chairs du cancer trop promptement; et les esprits étant dissipés, la nature n'avoit plus de force pour jeter dehors l'humeur de l'érésipèle. Cette humeur s'étoit tellement jetée entre cuir et chair, que ses épaules commençoient à s'ulcérer; et comme elle étoit toujours couchée sur le dos, elle y sentoit beaucoup de mal. Elle me recommanda de les toucher. Je les trouvai déjà toutes pleines de glandes, et je fus étonnée de ce qu'elle souffroit une si grande augmentation de douleur sans en parler. Je le dis aux médecins, afin de les obliger à y mettre quelque chose. Ils le promirent, et je vins le dire à la Reine mère. Cette pieuse et constante princesse ne se regardant plus devant Dieu qu'avec les sentimens d'une chrétienne pleine d'humilité et de l'unique désir de faire pénitence, me fit l'honneur de me répondre, tout occupée en Dieu : « J'ai abandonné mon corps à la jus« tice de Dieu : les hommes en feront tout ce « qu'il leur plaira. » Comme les hommes étoient destinés à la faire souffrir, ils ne mirent rien sur ses épaules. Il est à croire que Dieu l'ordonnoit de cette sorte, pour la purifier davantage à ses yeux.

La comtesse d'Ille (1) alors s'étant approchée de la Reine mère, elle lui dit qu'elle souffroit d'excessives douleurs; et lui parlant de la peine qu'elle avoit de la mauvaise senteur qui sortoit de son sein, après une réflexion qu'elle fit sur l'état où elle étoit, elle lui dit en la regardant fixement, touchant son drap : *Ha! condessa, savanas de batista! condessa, savanas de batista!* (Ah! comtesse, des draps de batiste! des draps de batiste, comtesse!) Elle voulut lui marquer par ces paroles, et en lui montrant ses draps, qu'elle se reprochoit alors les délicatesses trop grandes qu'elle avoit eues pour sa personne,

(1) Dame catalane, qui avait du mérite et beaucoup d'esprit.

quand, étant en santé, elle ne pouvoit souffrir que des draps extraordinairement fins. Cette dame prétendoit venir d'un bâtard d'un des derniers rois d'Arragon. Son mari étoit Catalan de nation; son nom étoit d'Ardenne; il s'étoit révolté contre le roi d'Espagne son maître, et l'avoit quitté pour se donner au Roi. L'un et l'autre avoient de la piété, de l'esprit et du mérite, et la Reine mère estimoit assez cette dame.

Sur les dix heures du matin, la Reine mère sommeilla un peu, plutôt par excès de lassitude que par une bonne cause. A son réveil, le Roi la vint voir, qui n'y tarda guère; car dans ce moment il falloit qu'il allât au conseil. La Reine et Monsieur, étant restés auprès d'elle, se mirent à parler de choses indifférentes pour essayer de la divertir. J'étois au pied de son lit. Cette princesse, jusqu'à sa fin toujours occupée des besoins des autres, eut soin de me demander si j'avois dîné : car alors il étoit tard. Quand je lui eus dit que non, elle me répondit avec cette douce et honnête manière dont elle savoit charmer ceux qui avoient l'honneur de l'approcher : « Vous « avez bien la mine aujourd'hui de n'y pas aller. « Allez, allez dîner chez la Molina; » voulant me dire par là qu'elle connoissoit que l'état où elle étoit me rendroit incapable de penser à mes besoins. Voilà une des dernières fois qu'elle m'a fait l'honneur de me parler : car la mort depuis cet instant la força d'oublier ceux qu'elle honoroit de sa bienveillance, pour ne s'occuper plus que de l'éternité et de sa royale famille. Elle voyoit de près ce terrible moment qui devoit bientôt la séparer pour jamais de la terre. Elle désiroit sans doute d'aller jouir de ce repos qui ne finit point; mais avant que de le posséder, il falloit que ce qui étoit corruptible en elle prît fin : et ce passage si affreux à tous, et qui malgré sa constance lui paroissoit tel, étoit une assez grande affaire pour remplir toutes ses pensées. Sur les trois heures après midi, son redoublement la prit, et les médecins trouvèrent qu'elle empiroit. L'archevêque d'Auch alors lui parla plus positivement des approches de la mort : ce qu'elle reçut à son ordinaire, car il y avoit long-temps qu'elle étoit accoutumée à cette harangue. Il lui conseilla de faire une revue sur toute sa vie, et de la partager en trois états : en celui de son enfance jusqu'à son mariage; depuis son mariage jusqu'à sa régence, et depuis sa régence jusqu'à l'heure où elle étoit. Elle reçut ce conseil, et se mit aussitôt en état de l'exécuter. Elle fut quelque temps à y penser, puis fit approcher son confesseur; et, l'ayant fait asseoir auprès d'elle, elle commença une conversation avec lui, qui paroissoit plutôt une légère revue qu'une confession générale faite avec les applications d'esprit que demande cette action; car elle souffrit que quelque peu de personnes demeurassent dans sa chambre, et j'eus l'honneur d'être de ce nombre.

Le soir à dix heures, le Roi, la Reine, Monsieur et Madame, après qu'ils eurent soupé, rentrèrent à leur ordinaire dans sa chambre; mais elle les pressa instamment de la laisser, et de se retirer. Le Roi, voulant lui obéir, s'en alla; et la Reine monta à sa chambre. La Reine mère, qui crut que Monsieur ne la voudroit point quitter, lui ordonna positivement de s'en aller chez lui. Il voulut éviter ce commandement, et se cacha dans le cabinet des bains, puis fit semblant de s'en aller; mais la Reine sa mère, prévoyant toutes ses louables finesses, le rappela, et lui dit qu'elle le vouloit absolument. Il fut donc contraint de ne plus paroître devant elle, et demeura presque toute la nuit assis au pied de son lit. J'eus l'honneur de lui tenir compagnie et de participer à ses inquiétudes, qui redoublèrent beaucoup à cause d'une fâcheuse toux qui survint à la Reine sa mère, par où l'on jugea que l'humeur du cancer se jetoit sur la poitrine, et que c'étoit une marque certaine du malheur qui alloit arriver à la maison royale et à toute la France. A minuit, le redoublement de cette princesse parut un peu diminué; et Monsieur s'en alla, afin de laisser reposer les dames qui veilloient la Reine sa mère. Il me fit l'honneur de me remener avec lui au Palais-Royal, où je logeois, et où je m'assure qu'il eut une mauvaise nuit; car il me parut aussi affligé qu'il le devoit être.

Le lendemain mardi [le 19 janvier], les mauvais accidens qui paroissoient nous devoir priver de notre illustre princesse augmentèrent toujours; mais sa propreté, qui malgré la nature de son mal ne l'abandonna jamais, l'obligea sur le soir de désirer que l'on fît son lit. Elle fut obéie avec beaucoup de peine : car elle étoit foible et fort pesante. Aussitôt qu'elle y fut remise, les médecins, qui trouvèrent que son pouls étoit mauvais et qu'elle s'affoiblissoit, dirent au Roi qu'il falloit penser à lui faire recevoir le saint viatique. Il étoit alors cinq ou six heures du soir; et quoiqu'elle n'eût jamais témoigné d'appréhender la mort, on jugea à propos de la panser avant que de lui dire l'état où elle étoit. Depuis quelques jours, quand on la pansoit, on lui tenoit des sachets de senteur auprès du nez, pour la soulager de la mauvaise odeur qui sortoit de sa plaie. Jusque là elle n'en avoit pas été incommodée, parce que les autres remèdes dont elle s'étoit servie empêchoient la pourriture; et même alors ceux qui l'approchoient, par la quantité de parfums qui étoient sur son lit, n'en pouvoient pas être incommodés. Cette dernière fois je remarquai qu'elle ne se voyoit pas en nécessité de boucher son nez, sans avoir de quoi offrir à Dieu par de nouveaux sacrifices ; puis regardant sa main qui étoit un peu enflée, elle dit tout bas, comme se le disant à elle-même, en faisant un petit signe de la tête qui vouloit beaucoup dire : « Ma main « est enflée, dà : il est temps de partir. » Tant de maux et de souffrances n'avoient pu détruire la beauté de ses bras et de ses mains ; jamais ils n'en avoient tant eu que dans ces derniers jours : ce que les maladies avoient pu gâter par un peu de maigreur, l'enflure qui leur restoit de l'érésipèle le réparoit parfaitement. Ils paroissoient plutôt des bras et des mains d'albâtre que de chair ; mais ce qui dans le temps n'avoit pu finir alloit être effacé par la fin de ce même temps.

L'archevêque d'Auch, à qui la Reine mère s'étoit confiée du soin de la plus importante affaire de sa vie, qui étoit de lui aider à la bien finir, lui dit alors qu'elle n'avoit plus de temps à perdre, et qu'il étoit nécessaire de penser à recevoir ses derniers sacremens. Dans ce moment je n'étois pas auprès de cette grande princesse : ma douleur m'obligeoit souvent de m'en séparer, et ce discours, qui marquoit les funestes approches de la mort, m'avoit fait retirer dans un coin de son cabinet. Ceux qui en étoient plus proches ont dit qu'alors sa voix changea, et que, malgré sa fermeté ordinaire, l'horreur naturelle que tous les hommes sentent à la vue de leur destruction eut en elle son effet. Quand cela seroit, je ne m'en étonne pas ; il n'y a guère de héros, de philosophes ni même de saints qui n'en aient senti l'amertume ; mais pour moi, je puis dire avec vérité que m'étant rapprochée d'elle aussitôt après, je ne m'aperçus point de ce changement, et que si la nature la força de sentir pour quelques momens la perte de sa vie, sa raison et la force de son esprit surmontèrent bien vite ces sentimens dans son ame : car, depuis cet instant, il ne parut en elle aucune marque de crainte ni de tristesse. Elle n'eut aucun attendrissement sur elle-même, et ne témoigna nulle foiblesse, ni dans ses paroles ni dans ses actions. Dieu lui avoit donné une fermeté qui, dans toutes les grandes occasions où elle avoit eu à résister à ses malheurs et à ses ennemis, ne l'avoit jamais abandonnée. Il ne l'en voulut pas priver dans ces dernières heures, où nous devons croire que la main du Très-Haut, qui a toujours été à son aide, la soutint et la fortifia.

La Reine mère alors voulut parler au Roi, et fit retirer tout le monde. Elle voulut aussi parler à la Reine, et ensuite à tous les deux ensemble. Il est à croire qu'en cette occasion elle leur souhaita le bonheur et la paix dans leur mariage, avec la crainte de Dieu et l'abondance de ses bénédictions. Les paroles de cette estimable mère furent sans doute reçues du Roi avec un vrai cœur de fils plein de respect et de reconnoissance ; et s'il nous est permis de pénétrer dans leurs sentimens, nous devons penser que tout ce qu'une si louable et si vertueuse amitié a pu produire en l'une et en l'autre de ces personnes royales ne sauroit être sans l'accompagnement des grâces célestes. Cette admirable mère voulut de même parler à Monsieur. On peut juger aussi qu'elle lui donna des avis salutaires pour l'avenir, nécessaires à son salut, convenables à la grandeur de sa naissance et utiles à son repos, afin que sa vie fût chrétienne, estimable au public, et sa conduite agréable au Roi.

Après toutes ces choses, on ne pensa plus qu'à faire recevoir le saint viatique à la Reine mère. Le Roi et la Reine, Monsieur et Madame allèrent au devant du Saint Sacrement. Mademoiselle, fille aînée du feu duc d'Orléans, M. le prince, M. le duc et madame de Carignan les suivirent, accompagnés de toute la cour. Les hommes allèrent avec le Roi jusqu'à la paroisse ; les dames, avec la Reine, jusqu'à la porte du Louvre.

L'archevêque d'Auch apporta Notre Seigneur, suivi de l'évêque de Mende, du curé de Saint-Germain, de l'abbé de Guemadeuc et de quelques autres aumôniers. Cet archevêque, tenant la sainte hostie, fit à la Reine une exhortation fort chrétienne. Il lui fit voir la nécessité de s'anéantir devant Dieu, lui représenta l'inutilité de toutes les choses que l'on estime le plus dans le monde, et lui dit qu'encore qu'elle fût fille de tant de rois et d'empereurs, mère, tante et sœur des plus puissans princes de la terre, elle devoit considérer qu'elle alloit être égalée à la moindre créature ; que toutes ces grandeurs ne lui serviroient plus de rien ; que le seul repentir de ses péchés, sa pénitence et son humilité en ce terrible moment lui seroient utiles et salutaires ; qu'elle alloit paroître devant Dieu pour être jugée selon ses œuvres, où la seule miséricorde de Dieu alloit être toute sa richesse. Elle écouta ce discours avec un grand recueillement d'esprit, et communia avec une dévotion digne des sentimens de piété qu'elle avoit eus toute sa vie. L'émotion d'une si sainte et si importante action, et celle de la fièvre, lui donnèrent alors du brillant dans les yeux et du rouge au visage ; et dans cet instant elle parut si belle à tous, et particulièrement au Roi qui étoit debout aux pieds de son lit, que se tournant vers mademoiselle de Beauvais, qui se trouva auprès de lui occupée au service, il lui dit à demi bas : « Re-« gardez la Reine ma mère : je ne l'ai jamais vue « si belle. » Après que cette admirable princesse eut employé quelque temps à remercier Dieu, à l'adorer et à penser à l'éternité, elle fit approcher ses illustres enfans, et leur donna sa bénédiction, leur souhaitant celle de Dieu. Elle la donna encore en particulier à la Reine pour monseigneur le Dauphin son petit-fils, et à Monsieur pour ses deux autres enfans. Elle ne parla point à Madame en particulier : car elle crut, à ce que l'on s'imagine, que les sentimens de cette jeune princesse étoient si fortement établis dans son cœur, qu'il lui seroit impossible de les changer. Ces quatre royales personnes se jetèrent à genoux devant le lit de la Reine leur mère, lui baisèrent la main, et pleurèrent; mais comme je fais profession de dire sincèrement la vérité, il me semble qu'ils ne pleurèrent pas tant que la première fois qu'ils crurent la perdre à Saint-Germain, ou du moins ils ne pleurèrent pas assez. Il est de la nature du temps d'user toutes choses, et l'état où elle étoit diminua sans doute leur douleur : car ses maux ne pouvant finir qu'avec sa vie, c'étoit quasi l'aimer que de voir sa fin avec quelque espèce de consolation. Tous ceux qui étoient dans la chambre pleurèrent aussi; mais celle qui étoit si digne d'être regrettée ne parut s'émouvoir sur rien de ce qu'elle voyoit, et demeura dans une gravité qui avoit quelque chose de fort beau. Cette grande princesse occupa son esprit à penser à Dieu seul, qui, régnant en elle par la foi, l'empêchoit de sentir la perte de la vie. Le Roi étoit alors debout vis-à-vis d'elle, qui pleuroit. Après qu'elle eut été quelque temps recueillie, elle le regarda fixement, et lui dit, avec la majesté d'une reine et l'autorité d'une mère : « Faites ce que je vous « ai dit; je vous le dis encore, le Saint Sacre-« ment sur les lèvres. » Le Roi, avec un profond respect, et les yeux pleins de larmes, baissant la tête, lui répondit qu'il n'y manqueroit pas; et jusqu'à cette heure on ignore ce que c'étoit. M. le prince, auprès de qui je me trouvai, et qui étoit appuyé contre le balustre du lit, se tournant vers moi, me fit l'honneur de me dire, avec une exclamation glorieuse et honorable à la mémoire de cette vertueuse Reine : « Je n'ai « jamais rien vu de si beau. Voilà une femme « dont le mérite est digne d'une estime éternelle. » Le confesseur de cette merveilleuse princesse nous dit peu après, à la Molina et à moi, que s'étant rencontré ce jour-là entre le Roi et elle, il avoit entendu qu'elle lui avoit recommandé de pardonner à ceux qu'il haïssoit, pour l'amour d'elle. Ceux-là étoient certaines personnes engagées dans la disgrâce de Fouquet, dont elle s'étoit servie auprès de lui pendant qu'il étoit surintendant. J'ai toujours cru aussi qu'un homme de qualité, qui avoit été assez injuste pour avoir fait des vers satiriques où elle avoit eu quelque part, fut un de ceux à qui cette princesse vouloit que le Roi pardonnât; car je sais qu'elle lui en avoit déjà parlé sans pouvoir obtenir cette grâce : et comme la Reine faisoit une action louable en la demandant, le Roi en faisoit une qui méritoit d'être estimée en la refusant. Peut-être que ce fut sur ce sujet que cette dernière demande fut faite par son illustre mère. Je n'en suis pas assurée.

Ensuite de cette occupation, la Reine fit fermer les rideaux de son lit, comme pour reprendre ses esprits, et pour penser sans doute à ce qu'elle venoit de faire et à ce qui lui alloit arriver.

Monsieur, qu'il faut excepter du nombre de ceux qui ne pleurèrent pas assez, s'avisa d'aller ouvrir le rideau de son lit, et de lui dire : « Ma-« dame, vous m'avez tant aimé ici-bas, aimez-« moi encore quand vous serez là-haut dans le « ciel, et priez Dieu pour moi. » La Reine s'étoit tournée de l'autre côté entendant ce discours; et sentant sans doute que cet empressement de dévotion et de tendresse étoit alors assez à contretemps, se contenta de lui dire froidement : « Mon « fils, je vous prie, laissez-moi en repos. »

Après y avoir été environ un quart-d'heure, elle fit ouvrir ses rideaux, et appelant son médecin, elle lui tendit le bras, et lui dit : « M. Seguin, « tâtez mon pouls; il semble que je m'affoiblis. » Comme il le touchoit, elle lui dit encore : « Est-« il pas vrai qu'il est bien petit? » Il lui répondit : « Oui, madame; » et cette constante princesse, courageuse jusqu'à ses derniers momens, reprit la parole du même ton, et avec la même tranquillité que si elle eût parlé d'une chose indifférente et de peu de conséquence, et lui dit : « Je sentois bien que cela devoit être ainsi. » Elle répéta deux fois la même chose; et connoissant que son pouls diminuoit toujours, elle dit à l'archevêque d'Auch avec empressement : « Ah ! « mon Dieu, ne me laissez pas mourir sans l'ex-« trême-onction. Qu'on aille la querir prompte-« ment. » Comme il lui eut répondu qu'il ne falloit pas qu'elle s'en inquiétât, elle persista, et dit qu'on y allât : si bien qu'on lui dit qu'elle étoit déjà sur l'autel de son oratoire. En effet il fallut la lui donner bientôt après, parce que l'on connut qu'elle s'affoiblissoit beaucoup. Elle la reçut avec de grandes marques de dévotion, et avec la même connoissance et la même tranquillité d'esprit que si elle eût été en pleine santé, et qu'elle eût fait une autre action. Ce fut son curé qui lui administra ce sacrement. Comme il vint à lui mettre de la sainte huile sur les lèvres, elle sentit qu'il lui en étoit entré dans la bouche. Alors elle ouvrit ses yeux si beaux et si doux, qui dans ce funeste moment n'avoient point encore perdu tout-à-fait leur éclat naturel; et le regardant, elle lui dit doucement: « Je vous prie, per- « mettez-moi que je m'essuie la bouche. » Il voulut le faire avec du coton; mais elle lui dit: « Je « vous prie, si cela se peut, permettez-moi de le faire. » Et prenant le coton de sa main droite, elle s'essuya, et dit ensuite, ouvrant sa main et la tendant au curé: « Cette main n'en a pas eu. » Quand sa première femme de chambre voulut découvrir ses pieds, sa modestie lui fit craindre qu'elle ne montrât ses jambes; elle lui fit signe de rabaisser sa couverture, la poussant par le bras pour lui faire faire ce qu'elle vouloit qu'elle fît.

Après que la Reine mère eut reçu ce dernier sacrement, elle demeura quelque temps en repos, et ses yeux alors commencèrent peu à peu à se couvrir de la froide et sombre vapeur de la mort; mais ayant entendu le Roi parler auprès d'elle, elle les ouvrit; et le regardant avec quelque joie de le revoir encore, elle dit, par une surprise pleine d'émotion et de tendresse: *Ah! voilà le Roi!* Et après l'avoir considéré quelques momens avec une attention qui paroissoit procéder du cœur et de l'ame, touchée d'un sentiment naturel qui l'avoit réveillée de l'assoupissement funeste où elle étoit, elle lui dit: « Allez, « mon fils, allez souper. » La Reine s'étant aussi approchée de cette princesse mourante, elle la regarda d'une manière qui me parut accompagnée de sensibilité; mais voulant se détacher de ces royales personnes qu'elle avoit tant aimées, elle lui dit d'un ton qui me fit deviner tout ce qu'elle vouloit dire: *Hija mia, vayase* (Ma fille, allez-vous-en). Oui, sans doute elle pensoit en cet instant combien cette jeune princesse perdoit en sa mort, étant privée de ses sages conseils, et environnée de certaines personnes incapables de la conduire dans les routes de douleur et de chagrin que les passions du Roi lui préparoient, afin que sans manquer à la soumission et à la complaisance qu'elle lui devoit, elle pût satisfaire à ce que Dieu demandoit d'elle, et à sa propre gloire. Sans doute qu'elle lui dit de s'en aller, parce que ces pensées étoient capables de lui faire de la peine et de l'occuper trop, et qu'en l'état où elle étoit elle ne vouloit plus penser aux personnes qui lui étoient chères; mais son cœur l'avoit forcée d'y faire encore ce petit retour, et ce fut pour la dernière fois.

La Reine avoit été toujours fort attachée à la Reine sa mère: elle lui avoit rendu de grands devoirs; elle étoit sans doute persuadée qu'elle perdoit en elle beaucoup de consolations: mais apparemment le désir de la primauté avoit trouvé place dans son ame. Une malicieuse adulatrice, pour s'insinuer dans sa confiance, l'avoit déjà flattée sur la considération qu'elle alloit avoir, en lui disant que les devoirs de tous n'étant plus partagés, elle seule seroit considérée. Soit que ce sentiment eût diminué la tendresse qu'elle avoit témoignée jusqu'alors à la Reine sa mère, soit que la longueur des maladies de cette princesse mourante l'eût comme accoutumée à sa mort, la vérité est qu'elle ne parut pas sentir alors autant de douleur qu'elle avoit eu d'amitié pour elle. Dans les derniers momens de la vie de la Reine mère, il me fut dit que de telles harangues avoient été faites à cette jeune princesse par une dame qui la voyoit familièrement; mais j'ai dû croire ensuite que ses avis n'avoient pas été assez bien reçus pour persuader celle à qui elle les avoit donnés. J'allai, une année après la mort de la Reine mère, saluer la Reine un jour à son réveil; et m'étant jetée à genoux devant son lit pour lui baiser la main, en me voyant elle fut touchée d'un tendre sentiment qui lui causa une sensible douleur. Elle me prit la tête, et appuyant la sienne sur mon visage, elle jeta un torrent de larmes qui, en me mouillant la joue, me surent donner une preuve certaine de la fidélité de son cœur envers cette illustre tante qui l'avoit toujours si chèrement aimée. A l'égard du Roi, sa raison et ses propres sentimens l'obligeoient d'avoir de la considération pour les conseils de la Reine sa mère; mais peut-être que ne les pouvant pas suivre, ils commençoient à l'embarrasser, car il l'aimoit et l'honoroit beaucoup: et connoissant lui-même la foiblesse de son cœur, tant de combats à soutenir l'incommodoient sans doute beaucoup; et dans cet état il est à croire que la force de son amitié envers la Reine sa mère se trouvoit insensiblement diminuée, sans que sa volonté y eût aucune part. Voilà de quoi humilier tout le monde, et nous consoler tous du peu de considération qu'en plusieurs occasions de notre vie on fera de nous, et du peu de regret que nos amis et peut-être nos proches auront de notre mort. Personne ne se doit croire nécessaire dans ce monde, puisque celle-là ne l'a pas été à ses enfans, elle qui avoit toujours été si accommodante à tout ce qu'elle croyoit pouvoir plaire au Roi, à la Reine, à Monsieur et à Madame: c'est-à-dire quand elle pouvoit être persuadée que sa complaisance n'étoit point contre son devoir. Le comte de Las-Fuentes, ambassadeur d'Espagne, avoit accoutumé de lui dire, pour lui faire remarquer la différence qu'il y avoit de la Reine à Madame, que l'une étoit sa fille, et l'autre une véritable belle-fille; mais à sa mort il faut avouer que celle qui avoit tenu dans son cœur la place d'une véritable fille, quoiqu'en effet elle ne fût que sa nièce, ressembla un peu trop à la belle-fille.

Mais pour revenir à notre princesse mourante, après avoir fait voir au Roi et à la Reine ses dernières tendresses, elle commença de s'affoiblir entièrement, et sa poitrine à s'embarrasser. Elle connut que l'heure de quitter la vie s'approchoit. Elle appela Seguin son médecin, et lui demanda si la toux qu'elle avoit n'étoit pas le râle de la mort; et comme il se retira sans lui faire de réponse, elle entendit ce que son silence vouloit dire, et demeura fort en paix. On vit ensuite peu à peu la nature s'anéantir en elle, ses forces diminuer, sa vie finir, et ses yeux commencèrent alors à se fermer pour jamais aux choses de la terre.

Le Roi et la Reine furent dans la chambre de la Reine leur mère jusqu'à près de minuit, appuyés contre la table d'argent qui étoit dans ce lieu au dehors du balustre de son lit. Le Roi regardoit en silence celle qui lui avoit donné la vie perdre doucement la sienne : et ce funeste objet, dans ces terribles momens, lui prouvoit, par des marques trop sensibles, que la vie de l'homme n'est qu'une vapeur qui s'élève de la terre, et se dissipe en un moment. Ce grand prince, apparemment occupé à cette méditation, vit que tout d'un coup la Reine sa mère s'affoiblissant, laissa pencher sa tête du côté gauche. Alors il se fit un grand cri dans la ruelle de son lit, à cause que beaucoup de ceux qui étoient auprès d'elle, ayant vu cette convulsion, crurent qu'elle alloit expirer. Ces cris la réveillèrent. Elle ouvrit les yeux, qui dans leur langueur me parurent avoir encore de la beauté : elle nous regarda même avec un air de douceur où sa bonté parut nous vouloir dire, pour notre consolation : Je vis encore. Après être revenue de cette foiblesse, elle se remit dans sa posture ordinaire, à demi sur son séant, sa tête appuyée sur de petits oreillers. De cette manière, elle nous fit voir en elle une gravité et une paix qui nous marquoit visiblement qu'après avoir fait toutes les actions d'une humble chrétienne et d'une véritable pénitente, elle vouloit aussi mourir avec la majesté d'une reine, dont le courage vouloit soutenir sans foiblesse les funestes angoisses de la mort. Le Roi étoit accouru au bruit qui se fit auprès de la Reine sa mère lorsqu'elle s'étoit comme évanouie; et l'ayant vue dans cet état, il souffrit ce que la nature et la bonté de son cœur l'obligea de sentir. Toute l'amitié qu'il avoit eue pour elle dans sa jeunesse, où elle se manifeste davantage; tout ce qu'il sentoit alors par l'affection solide et véritable qu'il avoit encore pour elle, et tout ce que le sang et le sentiment naturel peut causer de douleur, ce grand prince l'éprouva sensiblement. Ce que le temps et les différentes passions du cœur humain avoient eu le pouvoir d'assoupir dans son ame n'empêcha point en lui l'effet d'une tendresse extraordinaire. Il pâlit à la vue de cette précieuse mère qu'il vit presque mourir devant ses yeux. Les jambes lui manquèrent, et il fallut le soutenir, de peur qu'il ne tombât. Il étoit lié à elle par des chaînes bien fortes, et par une longue habitude de confiance que les personnes de ce rang n'ont guère accoutumé de connoître ni de pratiquer, mais dont la perte, par cette même raison, doit être dure à ceux qui ont joui d'un bonheur si rare. J'entendis dans cet instant beaucoup de bruit auprès de moi, qui étois à terre dans un coin auprès du lit de la Reine mourante, tellement absorbée dans la pensée de ce que je voyois en elle, que je ne pus m'occuper de ce qui se passoit en la personne de son illustre fils. J'aperçus seulement qu'il y avoit du trouble autour de lui, et que beaucoup de personnes s'empressèrent de le secourir. La douleur de ce grand prince étoit juste et louable; et, par la part que je prenois à sa gloire, je ne pus me fâcher de le voir en cet état. Alors on le força de se retirer. Il entra dans le cabinet des bains, où il fallut lui jeter de l'eau sur le visage : et voilà la dernière fois qu'il vit cette admirable mère qui l'avoit aimé si chèrement.

Depuis cet accident, la Reine mère entra dans son agonie, qui fut longue et pleine de souffrances, mais qui sans doute fut profitable à celle qui l'endura : car elle en fit de continuelles offrandes à Dieu. Elle faisoit à chaque moment des actes de contrition, de foi et d'amour, avec une application incroyable au soin de son salut. L'archevêque d'Auch lui parloit souvent, et lui disoit de belles choses, des versets des psaumes, et des endroits de l'Ecriture qui convenoient à l'état où elle étoit. Comme cette pieuse princesse avoit une connoissance tout entière, elle y répondoit avec tant de soumission à la volonté de Dieu, tant de marques d'humilité et de foi, qu'elle inspiroit de la dévotion à ceux qui étoient spectateurs d'une mort si chrétienne. Cet archevêque, admirant des sentimens si pieux, se tourna vers nous, et nous dit : « Cela est merveilleux; elle voudroit « souffrir davantage pour offrir davantage à « Dieu. » Dans un autre moment, il lui dit qu'elle remerciât Dieu, par un acte de reconnoissance envers sa divine bonté, de toutes les grâces qu'elle avoit reçues de lui pendant sa vie. Elle se réveilla là-dessus encore plus vivement que sur les autres choses qu'il lui avoit dites, et lui répondit avec une douce exclamation : « Ah ! qu'il « est bien vrai qu'il m'en a fait de grandes ! » Puis jetant ses yeux mourans sur milord Montaigu, qui étoit aux pieds de son lit vis-à-vis d'elle, et qui pleuroit amèrement, elle ajouta et dit : « M. de Montaigu, que voilà, sait ce que je dois « à Dieu, les grâces qu'il m'a faites, et les gran- « des miséricordes dont je lui suis redevable. » Tous ceux qui entendirent ces paroles n'en comprirent pas le sens. Ce seigneur anglais, qui alors étoit prêtre et dévot, avoit été dans sa jeunesse le confident des folles adorations que les hommes avoient eues pour la beauté de cette princesse. Il n'ignoroit pas la complaisance que l'amour-propre lui avoit fait prendre en ces vanités. Il savoit aussi que Dieu lui ayant laissé voir le péril, il lui avoit fait la grâce de le craindre; et l'en ayant entièrement préservée, sa divine providence, toujours admirable en ses effets, voulut qu'en cet instant où toutes ses paroles étoient des paroles de vérité, ce qu'elle voulut dire par une humble et sincère reconnoissance de ses miséricordes fût pour elle une marque publique et certaine de la netteté de sa vie, et de l'assistance qu'elle avoit reçue du ciel pour rendre sa vertu triomphante des foiblesses humaines. Oui, grande Reine, vous nous laissez deviner par ces paroles, qui furent quasi les dernières que vous prononçâtes distinctement, la défiance que vous avez eue de vous-même, la ferme résistance que vous avez faite à la vanité, les grâces que vous avez demandées à Dieu pour vaincre en ce combat, celles que vous avez reçues de sa bonté, et comme il les a rendues victorieuses dans votre ame, vous donnant la force de surmonter tous les obstacles qui se sont opposés à votre salut, et de fuir tout ce qui auroit pu lui déplaire et ternir votre gloire. Milord Montaigu, me confirmant lui-même dans l'explication que j'avois faite de ces paroles, m'a depuis dit qu'il avoit reçu de la consolation de ce témoignage qu'elle s'étoit rendu à elle-même; ajoutant qu'il n'avoit jamais connu de femme dont le cœur fût si pur, et les intentions si honnêtes et si droites.

Ensuite de cette humble et glorieuse déclaration, cette vertueuse Reine tendit le bras à son médecin, et lui dit, voulant parler de son pouls : « Il n'y en a plus. » Monsieur étoit à genoux devant son lit, qui par ses larmes et ses sanglots faisoit voir sa douleur sans mélange d'aucune diminution. Elle sentit qu'il la toucha, et connoissant que c'étoit lui, elle lui dit d'un ton bien tendre : « Mon fils ! » Puis quelque moment après, sentant que son bras étoit demeuré découvert, elle l'appela, et lui dit seulement : « Mon fils, re- « couvrez mon bras. » En un autre moment, elle ouvrit ses yeux mourans; et regardant son confesseur, elle lui dit : *Padre mio, yo me muero* (Mon père, je me meurs). Ensuite de ces paroles, son agonie se rendit si forte et si rude, que sentant ses maux augmenter et ses forces diminuer, le sentiment de la nature, qui hait la souffrance, lui fit dire, mais avec peine, à l'archevêque d'Auch : « Je souffre beaucoup, ne mourrai-je « point bientôt? » Sur quoi cet archevêque lui ayant dit qu'il ne falloit pas avoir trop d'impatience de mourir, et qu'il falloit souffrir autant que Dieu l'ordonneroit, elle y acquiesça aussitôt, et fit des actes réitérés de soumission à la volonté de Dieu. Elle eut peu après une petite convulsion qui nous fit croire qu'elle alloit passer : elle en revint, mais dès lors elle perdit la parole, et la dernière qu'elle prononça avec beaucoup de difficulté fut pour demander la croix. On fit dire des messes des agonisans dans son oraroire : car minuit étoit passé, et les prières accoutumées se dirent auprès d'elle. Cette princesse ne perdit point la connoissance : elle la conserva tout entière jusqu'au dernier soupir, et entendit toujours ce qu'on lui disoit; elle-même le faisoit connoître à son confesseur par un signe qu'elle lui faisoit, et dont elle et lui étoient convenus avant qu'elle fût à l'extrémité. Cette application d'esprit, si particulière à vouloir si constamment donner à Dieu ses derniers momens, édifia ceux qui en furent les témoins, et nous eûmes tout sujet d'admirer une fin si chrétienne. En voyant souffrir, agir et mourir cette pieuse princesse, il sembloit que la mort en elle étoit belle et agréable; car de ses propres souffrances elle en faisoit si facilement un sacrifice à Dieu, qu'on ne pouvoit croire qu'elle pût sentir tout ce que les hommes souffrent en cet état. On peut dire enfin qu'elle goûtoit et voyoit déjà combien le Seigneur est plein de bonté et de douceur pour ceux qui l'aiment.

Le Roi, qui avoit éprouvé par lui-même ce que la vue d'un objet aussi funeste que celui de voir mourir une mère faisoit sentir à ceux qui en dévoient être privés pour jamais, envoya par deux fois prier Monsieur de se retirer d'un lieu dont sa douleur l'avoit chassé. Monsieur, par un contraire effet de cette même cause, ne pouvant se résoudre de quitter cette illustre personne qui lui étoit si chère, lui manda qu'il ne lui pouvoit obéir en cela, mais qu'il lui promettoit aussi que c'étoit la seule chose en quoi il lui désobéiroit de sa vie ; puis jetant ses yeux sur celle qu'il regrettoit si sensiblement, et considérant l'état où elle étoit, il se tourna vers moi qui avois l'honneur d'être à ses pieds, et me dit, avec un cri qui sortoit de son cœur : « Ah! madame de Motteville, « est-ce là la Reine ma mère? » L'archevêque d'Auch récitant des psaumes à genoux auprès du lit de cette grande princesse, qui quasi n'étoit plus, tomba sur ce verset :

Nolite confidere in principibus.

Alors, la regardant fixement, il dit : « Hélas! « qu'il est bien vrai! » et nous laissant voir en notre perte le néant de la grandeur des grands de la terre, nous obligea de penser que celui seul est heureux qui attend son secours du Dieu de Jacob, et de qui toute l'espérance est au Seigneur qui a fait le ciel et la terre. Pendant que par un si grand objet nous méditons sur notre misère commune, et que nous pleurions notre chère et admirable princesse, nous vîmes que quittant doucement la terre où elle avoit régné si glorieusement, elle passa de cette vie à l'immortalité, et fut paroître devant son juste juge, où sans doute elle a trouvé dans sa miséricorde le pardon de ses péchés, la récompense de ses vertus, et la fin de ses souffrances. Ce fut le mercredi vingtième jour de janvier 1666, entre quatre et cinq heures du matin.

Aussitôt après ce funeste et terrible moment, Monsieur l'embrassa tendrement. Les larmes qu'il répandit firent voir sa douleur, et combien il étoit sensiblement affligé. Il avoit raison : il perdoit en celle qu'il regrettoit son amie, sa mère, sa confidente, et celle enfin qui pouvoit toujours adoucir toutes ses peines. Il partit aussitôt après, pour aller chez lui à Saint-Cloud passer les premiers jours de sa douleur. Le Roi envoya après lui pour lui dire de venir entendre lire le testament de la Reine leur mère, et prendre une clef de ses pierreries. Monsieur lui manda qu'il le supplioit de l'excuser : qu'il fît tout ce qu'il lui plairoit; que ce qu'il ordonneroit seroit toujours bien fait et lui seroit agréable, et s'en alla entièrement occupé de sa douleur.

Le Roi, comme celui qui devoit régler toutes choses, tarda seulement le temps qui fut nécessaire pour s'acquitter de ses devoirs. Il envoya demander le testament de la feue Reine sa mère à mademoiselle de Beauvais, qui avoit eu l'honneur d'être la dépositaire de ses dernières volontés. Elle le donna à M. Le Tellier, qui en fit la lecture devant le Roi et la Reine. Le Roi dit, sur l'article qui me regardoit : « Cela est déjà fait. » Il est vrai que cette grande Reine avoit eu la bonté de me faire payer de son vivant dix mille écus qu'elle m'avoit fait la grâce de me laisser.

Elle en donna autant à la comtesse de Flex sa dame d'honneur, à la duchesse de Seneçay, mère de ladite comtesse de Flex, et à madame de Bregy. Elle laissoit à la duchesse de Noailles, sa dame d'atour, quinze mille livres : cette dame n'étoit que depuis peu à son service. Le Roi ordonna ce qu'il lui plut des pierreries. Il commanda qu'on ôtât les ornements de la chambre de la Reine sa mère; puis s'en alla à Versailles, laissant la comtesse de Flex et la duchesse de Noailles auprès du corps, pour en faire les honneurs.

Je sais, par des personnes qui couchoient dans la chambre du Roi, qu'il pleura dans son lit quasi toute la nuit. Le lendemain, parlant à la duchesse de Montausier de la Reine sa mère, il lui dit, à ce qu'elle m'a conté depuis, qu'il avoit cette consolation de penser qu'il ne lui avoit jamais désobéi en rien de conséquence; et continuant à parler des belles qualités de cette princesse, il ajouta : Que la Reine sa mère n'étoit pas seulement une grande reine, mais qu'elle méritoit d'être mise au rang des plus grands rois : éloge véritablement digne de celle pour laquelle il a été fait, et digne de celui qui l'a fait. On trouva dans le cabinet de cette illustre princesse deux mille pistoles que le Roi lui avoit données depuis peu, qui par ses ordres furent distribuées aux pauvres.

Après avoir écrit la vie et la mort de cette princesse, je crois que je dois finir le récit de ses vertus par une chose qu'elle m'a fait l'honneur de me dire sur le sujet de ces Mémoires. Je lui fis connoître un jour, dans le temps de sa bonne santé, que j'avois écrit quelque chose d'elle, et que j'avois dessein, moyennant la grâce de Dieu, de continuer. Elle me répondit sur cela, d'un ton véritablement humble : Que j'étois bien folle de m'amuser à cette occupation; qu'elle se confioit en moi de dire tout ce que je voudrois : mais que la seule peine qu'elle en pourroit avoir étoit que je lui donnerois plus de louanges qu'elle n'en méritoit, et qu'elle croyoit que l'amitié que j'avois pour elle m'empêcheroit de voir ses défauts, et de les publier. Comme je lui vis une véritable inquiétude là-dessus, je fus contrainte de lui promettre sérieusement que je dirois la vérité autant contre elle qu'en sa faveur : l'assurant même qu'il étoit nécessaire de le faire, afin de trouver de la croyance dans les esprits des hommes, qui aiment naturellement la vérité. Je lui dis aussi que nulle créature n'étant exempte de défauts, l'histoire ne pouvoit plaire si elle ne contenoit le bien et le mal, et si les fautes aussi bien que les bonnes actions n'étoient également marquées. Je l'assurai de plus que, selon mon humeur et mes sentimens, je ne pourrois pas ne le point faire.

Cette sage princesse fut contente et satisfaite de ma réponse : elle me le témoigna, et jamais depuis elle ne m'a montré aucune curiosité de savoir ni de voir ce que j'avois pu écrire d'elle. Je n'ai de ma vie connu une personne moins avide de gloire ni d'applaudissement. Elle ne faisoit nulle parade de ses belles qualités, elle parloit rarement d'elle-même et de ses sentimens, et il falloit les tirer de son cœur et de son ame par la force des actions qui l'obligeoient quelquefois de parler. Son humilité a été cause que la beauté de son esprit et la bonté de son jugement n'ont pas eu tout l'éclat et toute l'estime qu'elle auroit pu en recevoir du public. Si elle eût pris plus de soin d'en faire paroître la grandeur, elle en auroit été plus louée pendant sa vie ; mais on n'auroit pu dire d'elle avec vérité ce verset du psaume 44, qui a servi de texte à une des plus belles oraisons funèbres qui aient été faites pour elle après sa mort :

Omnis gloria ejus filiæ Regis ab intus.

L'évêque de Comminges, de la maison de Choiseul, l'un des plus célèbres évêques de notre temps et des plus estimés, fit ce sonnet à Saint-Denis sur la pompe funèbre de la Reine mère du Roi, Anne d'Autriche, quand on jeta avec elle dans le tombeau les marques de sa royauté.

SONNET.

Superbes ornemens d'une grandeur passée,
Vous voilà descendus du trône au monument :
Que reste-t-il de vous dans ce grand changement?
Qu'un triste souvenir d'une gloire effacée.

Mortels, dont la fortune est toujours balancée,
Et qui des ris aux pleurs passez en un moment,
Si vous voulez sortir de votre égarement,
Que ce terrible objet frappe votre pensée.

Anne vivoit hier, et cette Majesté
Qui régnoit sur les cœurs par sa rare bonté,
Dans ces antres sacrés n'est plus qu'un peu de cendre.

Orateurs, taisez-vous ! Cette foule de rois
Qui sont ici comme elle et sans force et sans voix,
Font moins de bruit que vous, mais se font mieux entendre.

Voici l'éloge que M. Pelisson a fait de cette princesse, qui contient en peu de lignes tous les grands traits de sa vie. Ceux qui sont capables de juger de la perfection de cet ouvrage ont admiré des vérités si bien écrites. Elles donneront encore aux curieux le plaisir d'y trouver les dates de sa naissance, de son mariage, de la naissance du Roi et de Monsieur, etc.

« Anne d'Autriche, reine de France, l'exemple éternel des reines à venir, apprit la piété et toutes les vertus dès l'enfance, et ne les oublia jamais ; épousa en sa quinzième année un grand Roi, aussi sage qu'heureux en ses desseins, mais jamais plus heureux qu'en son mariage ; obtint contre toute espérance, après vingt-deux années de prières et de bonnes œuvres, le plus grand présent que le ciel lui pouvoit faire, un fils qui fut cru dès lors et parut depuis par toute la suite de sa vie donné de Dieu pour le bien de ses sujets, digne de venir au monde par miracle ; vit sa joie accomplie par la naissance d'un second prince très-aimable, et qu'elle aima tendrement ; éprouva l'inconstance des choses humaines dans une longue administration de l'Etat commencée par des triomphes sur les étrangers, traversée par des mouvemens domestiques et par des guerres civiles, achevée par de plus grandes conquêtes, et l'entier rétablissement de l'autorité ; fit douter lequel de ces divers temps avoit été le plus heureux pour sa gloire, et ce qu'il falloit le plus admirer, ou sa prudence, ou sa modération, ou sa fermeté ; contribua puissamment à la paix générale et au mariage de son fils, deux sources de la félicité publique ; pour récompense vit la paix régner dans sa maison royale, l'Angleterre après l'Espagne y ajouter ce qu'elle avoit de plus illustre, de plus charmant et de plus beau. Les soins, les respects et les tendresses, aussi bien que la piété et la vertu d'une jeune et excellente Reine, lui firent jusqu'à la fin reconnoître en elle à tous momens sa nièce et sa fille. Un Dauphin de qui l'on peut tout espérer lui promet une longue suite de successeurs, égaux en grandeur à leurs ancêtres ; le Roi son fils tous les jours de plus en plus obscurcir et relever tout ensemble leur gloire par la sienne ; l'Etat qu'elle avoit tant aimé, désormais très-florissant sous une conduite si haute et si sage, n'avoit rien à craindre, non pas même de sa prospérité : vécut toujours à la cour, mais toute à Dieu ; bonne, sincère, humble, douce, aimable, juste, libérale, charitable, généreuse, magnanime, reconnoissante ; nul excès que celui des vertus ; bienfaisante, n'oubliant que les offenses dont elle ne se vengea jamais ; enseignant enfin au monde que même les plus grands maux deviennent des biens à qui les reçoit comme elle ; mourut, avec la tranquillité des martyrs, d'une mort non moins douloureuse mais plus longue que la leur ; fut regrettée par toute la terre, mais en nul lieu plus véritablement qu'en cette maison dont elle étoit fondatrice. Ses statues à jamais durables sont les autels et les lieux saints qu'elle a élevés ou soutenus par ses bienfaits ; son moindre éloge fut d'être du sang des empereurs, fille, sœur, femme et mère de roi. Vous qui voyez tant de grandeurs au tombeau avec cette incomparable princesse, apprenez qu'il n'y a rien de solide que ce qu'elle possède aujourd'hui.

« Née de Philippe III roi d'Espagne, et de Marguerite d'Autriche, à Valladolid, le samedi 22 de septembre 1601; nommée au baptême Anne-Maurice, au même lieu, le dimanche 7 octobre suivant; mariée avec Louis XIII, roi de France, surnommé le Juste, le 9 novembre 1615; mère de Louis XIV Dieudonné le 5 septembre 1638, et de Philippe de France aujourd'hui duc d'Orléans, le 20 septembre 1640; morte le 20 janvier 1666. »

Peu après la mort de la Reine mère, l'illustre mademoiselle Scudéri fit ces vers à sa louange, qui méritent d'être conservés à la postérité :

Anne, dont les vertus, l'éclat et la grandeur
Ont rempli l'univers de leur vive splendeur,
Dans la nuit du tombeau conserve encor sa gloire,
Et la France à jamais aimera sa mémoire.

Elle sut mépriser les caprices du sort;
Regarder sans horreur les horreurs de la mort;
Affermir un grand trône, et le quitter sans peine;
Et, pour tout dire enfin, vivre et mourir en reine.

J'ose y ajouter que mourir en reine est peu de chose, et que la reine Anne d'Autriche que nous devons tous estimer, étant morte en véritable chrétienne, n'a pu désirer que Dieu, qu'elle a aimé parfaitement. J'ai connu ses derniers sentimens, et par ses paroles elle nous a fortement persuadés qu'elle a toujours regardé sa couronne comme de la boue.

Testament de la Reine mère.

« En présence de Henri de Guenegaud et Michel Le Tellier, conseillers, notaires et secrétaires du Roi, maison et couronne de France, secrétaires d'État et des commandemens et finances de Sa Majesté, et commandeurs de ses ordres, soussignée très-haute, très-excellente et très-pieuse princesse Anne, par la grâce de Dieu reine de France et de Navarre, mère du Roi, étant au lit malade de corps dans le château neuf de Saint-Germain-en-Laye, et néanmoins saine d'esprit, considérant combien l'heure de la mort est incertaine, et que l'état auquel Sa Majesté se trouve lui donne lieu d'appréhender d'en être prévenue avant que de s'être expliquée de ses intentions pour les choses qu'elle désire être faites après le décès de Sa Majesté, de son bon gré et franche volonté, en la manière qui ensuit :

« Premièrement, désirant mourir comme elle a toujours vécu, dans l'honneur et dans la crainte de Dieu, et dans les sentimens qu'une bonne chrétienne doit avoir, elle prie Dieu le père, le Fils et le Saint-Esprit, lorsque son ame sera séparée de son corps, de vouloir la recevoir dans le ciel au nombre de tous les fidèles.

« *Item*, ordonne que son corps soit porté dans l'église de l'abbaye de Saint-Denis en France, et mis auprès de celui du feu roi Louis XIII, de glorieuse mémoire, son seigneur, après néanmoins que son cœur en aura été tiré par le côté, sans autre ouverture : ce qu'elle défend expressément; pour être sondit cœur porté dans l'église et abbaye du Val-de-Grâce, sise au faubourg Saint-Jacques de la ville de Paris, et mis dans la chapelle de Sainte-Anne de l'église de ladite abbaye : voulant Sa Majesté que ses funérailles soient faites sans aucune cérémonie, et que ce à quoi la dépense en pourroit monter soit employé à faire des prières pour le repos de son ame.

« *Item*, veut et ordonne ladite dame Reine qu'incontinent après son décès, et le plus tôt que faire se pourra, il soit célébré dix mille messes à son intention, par les soins des exécuteurs du présent testament.

« *Item*, ladite dame Reine donne et lègue à mademoiselle Marie-Louise d'Orléans, sa petite-fille, la somme d'un million de livres, à prendre tant sur ce qui appartient à Sa Majesté de ses deniers dotaux et autres conventions stipulées par son contrat de mariage, que sur les neuf cent tant de mille livres tournois à elle ordonnées par le Roi pour son remboursement de cinquante mille livres tournois, pour son remboursement de rente sur le domaine de Rouen, et des offices de contrôleurs, conservateurs des gabelles de Languedoc acquis par Sa Majesté, et généralement sur tous ses autres biens meubles et immeubles.

« *Item*, sur les effets mentionnés en l'article ci-dessus, Sa Majesté donne et lègue la somme de neuf cent mille livres tournois, savoir : à madame la marquise de Senecay trente mille livres, à madame la comtesse de Flex trente mille livres, à madame la duchesse de Noailles quinze mille livres, à madame de Bregy trente mille livres, à madame de Motteville trente mille livres; pour laquelle somme Sa Majesté a fait expédier la certification du comptant, laquelle et le présent legs ne servira que pour la même gratification; à la dame de Beauvais trente mille livres, à chacune des demoiselles de Niert, Varenne, Du Rocher, Braquemont, Dancé et d'Aubri, ses femmes de chambre ordinaires, la somme de dix mille livres; faisant en tout soixante mille livres; au sieur d'Argouges, premier président au parlement de Bretagne, trente mille livres; au sieur Tubeuf, président en la chambre des comptes de Paris, et surintendant des finances, domaines et affaires de ladite dame Reine, la somme de cent mille livres; au sieur de Bertillac, trésorier général de sa maison, soixante mille livres; au sieur de Fouilloux, enseigne de la compagnie des gardes de son corps, dix mille livres; au sieur d'Avaux, contrôleur général de sa maison, quarante mille livres; au sieur Cantarigni, aussi contrôleur général de sa maison, vingt mille livres; au sieur Dancé, apothicaire de son corps, dix mille livres; au sieur Gabouri, quarante mille livres, en ce compris quinze mille livres dont Sa Majesté a fait expédier la certification du comptant; au sieur Joyeux, son premier valet de chambre, trente mille livres; au sieur Guillain, son tailleur, dix mille livres; au sieur Bellot, garde de ses cabinets et oratoires, six mille livres; et aux petits officiers de sa chambre, de ses écuries et de ses offices, la somme de deux cent mille livres, dont la distribution sera faite par les exécuteurs du présent testament, ainsi qu'ils aviseront être à faire par raison.

« *Item*, ladite dame Reine supplie le Roi de vouloir faire valoir tous les fonds des assignations qu'il a plu lui accorder pour les dépenses ordinaires et extraordinaires de sa maison de la présente année et des précédentes, encore qu'elles ne soient pas échues, à l'exception seulement des cinquante-quatre mille livres par mois qui se paient à l'épargne, lesquelles cesseront d'être payées du jour de son décès; et aussi de trouver bon que le trésorier général de sa maison reçoive ce qui écherra de sa rente viagère et des finances de ses domaines, jusques et compris le dernier jour de la présente année, afin que les officiers et créanciers de ladite dame Reine qui auront fait des avances, ou qui y seront assignés, en soient payés, que sa conscience en soit déchargée, et que l'exécution du présent testament n'en puisse recevoir aucun préjudice.

Item, ladite dame Reine supplie le Roi d'avoir agréable de faire valoir ce qui reste dû des deux cent mille livres, dont il a donné le fonds en la présente année 1665 pour les bâtimens du Val-de-Grâce, et de vouloir encore bien faire un pareil fonds de deux cent mille livres en la prochaine année 1666 pour achever lesdits bâtimens.

Item, ladite dame Reine supplie encore le Roi de vouloir se ressouvenir de la recommandation qu'elle lui a faite en faveur des principaux officiers de sa maison, et de vouloir aussi donner sa protection à tous ses autres domestiques.

« *Item*, ladite dame Reine veut et ordonne que les reliques et reliquaires qui sont dans son oratoire près de sa chambre, au château du Louvre à Paris, soient transportés en l'abbaye du Val-de-Grâce, et remis ès mains de l'abbesse et religieuses dudit monastère, lesquelles s'en chargeront, au pied de l'inventaire qui en sera dressé par les exécuteurs du présent testament.

« *Item*, veut et ordonne ladite dame Reine qu'en ladite abbaye du Val-de-Grâce il soit célébré à perpétuité, par chacun jour, une messe basse à son intention, en l'une des chapelles de ladite église; qu'à cet effet il sera passé un contrat de fondation de ladite messe par lesdits exécuteurs avec lesdites abbesse et religieuses, aux conditions qu'ils aviseront.

« *Item*, ladite dame Reine supplie le Roi de trouver bon qu'elle commette l'exécution du présent testament aux sieurs Colbert, conseiller et contrôleur général, et intendant des finances; d'Argouges, premier président du parlement de Bretagne; Tubeuf, président en la chambre des comptes à Paris; et au sieur Le Tellier, secrétaire d'État, l'un des soussignés; et leur faire la grâce de les appuyer de sa protection s'il naissoit quelque difficulté qui n'eût pas été prévue dans la forme du présent testament, et dans les dispositions y contenues.

« Lequel testament a été ainsi fait, dicté, nommé par la très-haute, très-puissante, très-excellente princesse, aux conseillers secrétaires d'État ci-dessus nommés; et par l'un d'eux, en présence de l'autre, lu et relu à ladite dame Reine, laquelle a dit avoir bien entendu, en sa chambre dudit château neuf de Saint-Germain-en-Laye, où Sa Majesté est au lit malade, l'an 1665, le troisième jour d'août, à l'heure de midi; et ladite dame Reine l'a signé. ANNE.

« DE GUENEGAUD, LE TELLIER.

« *Et au-dessous est écrit :*

« J'approuve le présent testament. LOUIS. »

FIN DES MÉMOIRES DE MADAME DE MOTTEVILLE.

MÉMOIRES
DU PÈRE BERTHOD.

SUR LES MÉMOIRES
DU PÈRE BERTHOD.

La vie de cet auteur est entièrement inconnue; il nous apprend dans ses mémoires qu'il s'appelait François Berthod, et qu'il était gardien du couvent des cordeliers de Brioude.

Il paraît qu'il avait eu occasion de faire preuve d'adresse et de dévouement au service du roi; par ce motif on jeta les yeux sur lui, lorsque, pour nous servir de ses expressions, la médaille se retournant, les bienintentionnés crurent le moment favorable pour travailler l'esprit des Parisiens, et préparer le retour du monarque; c'est là le sujet de la première partie de ses mémoires : on voit qu'il s'agit seulement d'intrigues; à un règne de vigueur et de prudence venait de succéder un règne de faiblesse et d'astuce, Mazarin avait remplacé Richelieu. Le père Berthod, en rapportant ces diverses menées, entre dans beaucoup de détails qui sembleraient minutieux, s'ils ne révélaient la cause de certains événements, et s'ils ne témoignaient combien à cette époque de désordre et d'anarchie il y avait peu de vues générales, peu de grandeur d'âme, même chez les hommes les plus éminents; car nous n'exceptons ni Condé ni Turenne, grands tous deux, très-grands sur les champs de bataille, mais qui alors ne furent grands que là. Ces pratiques, habilement ménagées, eurent un plein succès; le 21 octobre 1652 la cour rentra dans la capitale aux acclamations de la multitude, de cette même multitude qui peu auparavant, sur le passage des princes insurgés, criait : Vive d'Orléans! vive Condé!

Ce triomphe décida la cour à confier au père Berthod une autre mission. La Guienne était devenue le centre du parti des mécontents; Bordeaux, soulevé par le prince de Conti, entraîné par la princesse de Condé et par la duchesse de Longueville, méconnaissait l'autorité du roi. Le père Berthod y fut envoyé. La seconde partie de ses mémoires contient le récit des moyens qu'il employa pour amener une réaction, et faciliter aux généraux l'entrée et la soumission de la ville. Cette seconde partie a quelque chose de plus animé et de plus intéressant que la première. L'auteur courut de grands périls; il montra, pour s'en tirer, beaucoup de présence d'esprit et de sang-froid, et atteignit le but qu'il s'était proposé. Cette relation nous semble d'autant plus précieuse que les détails qu'elle nous a conservés ne se trouvent point ailleurs à notre connaissance : Montglat se contente d'indiquer les principaux faits; dom Devienne, dans son histoire de Bordeaux, passe rapidement sur cette mission, qu'il ne pouvait connaître qu'imparfaitement, puisque par sa nature elle devait être secrète.

L'auteur ne parle jamais en son propre nom; il raconte ce qui lui est personnel avec la même simplicité que s'il s'agissait d'un autre; mais il rapporte une multitude de circonstances que personne, excepté lui, ne pouvait savoir; par là il se trahit, bien qu'il ait gardé l'anonyme, soit par modestie, soit qu'il jugeât le rôle qu'il eut à jouer peu digne du caractère sacré dont il était revêtu.

La bibliothèque de l'Arsenal possède un exemplaire manuscrit de ces mémoires (1), en marge duquel Conrart a écrit de sa main : *Par le père Berthod;* mais il a par erreur ajouté : *Évêque de Glandèves;* la cour donna cet évêché au père Ithier, en récompense de ce qu'il avait souffert pendant les troubles de Bordeaux.

La bibliothèque historique du père Lelong, t. II, n°ˢ 23701 et 23747, indique les deux parties de cet ouvrage sous le titre de *Relations*. Ces deux manuscrits se trouvaient alors chez le chancelier d'Aguesseau et chez le premier président de Mesmes. M. Monmerqué, qui a le premier publié les Mémoires du père Berthod, dit qu'il en possède une copie, en un volume in-folio, d'une belle écriture du temps.

Entre l'édition de M. Monmerqué et le manuscrit authentiqué par la note de Conrart, il y a peu de différence; cependant la comparaison des deux textes ne nous a pas été inutile; plusieurs bonnes variantes, quelques additions que nous avons recueillies, et une lettre du père Berthod que nous devons à l'obligeance de M. Champollion, serviront au moins à distinguer notre édition de la précédente.   A. B.

(1) Collect. 902, t. XII, in-folio.

MÉMOIRES

DU PÈRE BERTHOD.

PREMIÈRE PARTIE.

Secret de la négociation du retour du Roi dans la ville de Paris, en l'année 1652.

[1652] Après l'incendie et les meurtres de l'hôtel-de-ville, les bons serviteurs du Roi, qui gémissoient dans l'oppression violente que l'ambition du prince de Condé leur faisoit souffrir, sans avoir presque la liberté de se plaindre, résolurent de sortir de cette tyrannie, et tâcher de rendre à Sa Majesté quelque preuve de leur fidélité et du zèle qu'ils avoient pour son service, en chassant de Paris ceux qui obsédoient le peuple, et qui par leurs menaces l'empêchoient de témoigner l'inclination qu'il avoit pour la personne du Roi et pour la défense de l'autorité royale.

Pour cela M. Le Prevôt de Saint-Germain, conseiller de la grand'chambre du parlement de Paris et chanoine de Notre-Dame, parla à M. l'évêque de Glandèves, auparavant nommé le père Faure, et depuis M. d'Amiens, auquel il fit la proposition de faire revenir Paris dans son devoir par la voie de la douceur; et s'il se rencontroit quelques factieux qui fussent dans l'obstination, de les obliger par la force de se remettre dans le service du Roi, au moins en apparence, s'ils n'étoient pas obéissans dans le cœur.

M. de Glandèves, après avoir bien examiné les pensées de M. Le Prevôt, qu'il voyoit tout-à-fait généreuses, pour le rétablissement de l'autorité royale, et se ressouvenant que M. de Bourgon lui avoit fait un semblable discours quelques jours auparavant en revenant de la cour, lorsque le Roi étoit à Melun, se résolut de faire cette proposition à la Reine, et de lui envoyer quelqu'un pour entretenir Sa Majesté et pour en parler à M. le cardinal Mazarin.

Ce fut environ le 20 juillet que cette résolution fut prise. Il fut question de choisir une personne d'esprit et bien intentionnée pour envoyer à la Reine. M. de Glandèves, après en avoir cherché beaucoup dans son esprit, n'en trouva point de plus propre pour cela que le père François Berthod, religieux cordelier, gardien du couvent de Brioude, parce qu'il étoit fort assuré de son zèle pour le service du Roi, de la fidélité et de l'adresse avec laquelle il avoit agi dans d'autres rencontres. Il en parla donc au père Berthod, et n'eut pas grande peine à le disposer à faire voyage à la cour pour cette affaire; car il le trouva dans les mêmes sentimens de messieurs Le Prevôt et de Bourgon; mais la difficulté fut si grande de sortir de Paris, à cause des gardes exactes que l'on faisoit aux portes, où tous les capitaines de la ville qui commandoient ne laissoient sortir personne qui eût la simple réputation d'être serviteur du Roi, qu'il lui fut impossible d'aller trouver la Reine.

Cette impossibilité fit que M. de Glandèves pria le père Berthod, qui avoit un chiffre qui étoit connu de Sa Majesté et de M. le cardinal, et dont il s'étoit autrefois servi, d'en écrire à Son Eminence. La même difficulté se trouva d'envoyer la lettre, à cause du danger qu'il y avoit que le messager fût pris; et ce malheur arrivant, toute l'affaire eût été découverte, les desseins renversés, et ceux qui faisoient les propositions couroient grand risque d'être assassinés par ceux de la faction des princes. Cela fit résoudre M. de Glandèves d'aller lui-même à la cour avec passe-port de M. d'Orléans; car autrement il n'eût pu sortir de la ville.

Avant que de sortir de Paris, il donna un billet au père Berthod pour voir M. Le Prevôt et négocier avec lui dans la ville, pendant que M. de Glandèves agiroit à la cour pour faire agréer les propositions à la Reine, à Son Eminence et à messieurs les ministres.

Dès que M. de Glandèves fut parti et que le père Berthod eut parlé à M. Le Prevôt, ce dernier, qui avoit déjà gagné quelques marchands, les envoie quérir souvent, les va trouver plusieurs fois. Il parle à des conseillers du parlement, entre autres à M. Doujat, qui travailla toujours admirablement dans les assemblées de son corps; il engage des maîtres des requêtes dans son parti. M. le président de Bercy et M. de Laffemas, qui étoient très-zélés pour le service du Roi, et qui travailloient fortement dans leurs quartiers à faire revenir le peuple dans son devoir, se joignoient à lui, et ne manquoient pas à certains jours de se rendre chez les bourgeois bien intentionnés, chez M. Le Prevôt, pour délibérer des choses qu'on avoit à faire pour faire réussir un dessein si juste et si généreux, que tous leurs amis approuvoient, et dont ils n'osoient encore parler qu'entre eux, de peur d'être découverts, et que leur intrigue n'allât jusqu'aux oreilles des princes.

Néanmoins, comme l'intention de M. Le Prevôt alloit à gagner les bourgeois, il falloit de nécessité se découvrir à quelques-uns, afin que ceux-là en attirassent d'autres. Cette négociation fut sue de M. Dufay, commissaire général de l'artillerie, et fort bon serviteur du Roi, qui travailloit merveilleusement pour le même dessein de M. Le Prevôt, sans pourtant se connoître ni s'être communiqués l'un l'autre. D'autre côté, le père Berthod voyoit ses amis, consultoit souvent M. Rossignol (1), qui lui donnoit la connoissance de ceux qu'il savoit être bien intentionnés; et tous, chacun en particulier, représentoient au peuple son aveuglement à soutenir le parti des princes, l'intérêt qu'il avoit de secouer le joug de leur tyrannie; qu'insensiblement on engageoit les Parisiens dans le parti de l'Espagnol, avec lequel M. le prince avoit traité; que son intention butoit à la souveraineté sans se soucier que son ambition ruinoit toute la France, et rendoit les Parisiens criminels de lèse-majesté (2).

On leur représentoit encore leur aveuglement à ne pas connoître les villages circonvoisins de Paris, exposés à la fureur des armées étrangères et à la violence même des soldats de l'armée du Roi, qui ne pouvoient s'éloigner de la ville, tandis que les Lorrains et les Espagnols en étoient proches; que les maisons étoient brûlées, pillées et abattues; que le nom du Roi commençoit à devenir odieux, par l'aversion que ses ennemis avoient de la royauté aussi bien que de Sa Majesté sacrée; que les prêtres n'osoient plus faire leurs fonctions dans la campagne, où les églises étoient profanées, le sang de Jésus-Christ foulé aux pieds, son corps mis à rançon par les Allemands, les religieuses violées, leurs monastères abattus, et les reliques des saints, qui reposoient sur les autels, jetées aux chiens et brûlées, par dérision et mépris.

On leur faisoit souvenir des cris infâmes contre l'autorité royale, dont les rues de Paris avoient retenti; des placards, qui ne parloient pas moins que de se défaire du Roi et du parlement, d'établir une république comme celle d'Angleterre; qu'ils ne considéroient pas que Paris étoit dépeuplé d'un tiers; qu'une infinité de familles en étoient sorties de peur d'y périr, parce qu'elles étoient dans l'obéissance et dans le service du Roi; que la misère et la pauvreté avoient fait mourir depuis six mois un nombre incompréhensible de personnes de tout âge, de tout sexe et de toutes conditions; que les rentes de la ville ne se payoient plus; que la moitié des maisons étoient vides; que la plus grande partie des autres étoient inutiles à ceux qui en étoient les propriétaires, les habitans n'ayant pas le moyen de payer les loyers; que les bourgeois les plus aisés étoient privés de leurs revenus; que le commerce étant cessé, les marchands ne pouvoient plus subsister; que les artisans et les manouvriers périssoient, faute d'emploi; que tous les ports de la rivière étoient dégarnis; que les magasins de blé, de vin, de bois, et d'autres choses nécessaires pour la subsistance de la ville, étoient vides; et que le peu qui y restoit alloit bientôt être consommé, si les armées ennemies continuoient à en tirer le pain et les autres vivres pour leur subsistance, comme elles faisoient tous les jours; que les champs à huit ou dix lieues des environs de Paris n'étoient ni labourés ni ensemencés; que les villages y étoient abandonnés, et les pauvres peuples dispersés par les bois, attendant la paix pour réhabiter leurs maisons, ou la mort pour voir la fin de leurs misères. En un mot ces messieurs, qui commençoient à travailler pour le rétablissement de l'autorité royale, pour la tranquillité publique et pour le repos des habitans de Paris, leur représentoient toutes ces choses dans toutes les occasions, et leur faisoient connoître l'obligation qu'ils avoient de chercher leur liberté; qu'elle ne se pouvoit recouvrer qu'en demandant généreusement le retour du Roi; que s'ils n'agissoient promptement, il étoit

---

(1) Maître des comptes, que Perrault a mis au nombre de ses hommes illustres.

(2) Cette assertion semble confirmée par un passage des Mémoires de Jean de Coligny-Saligny, écrits en marge du missel de sa chapelle. Jean de Coligny dit en parlant de Condé: « Il s'est voulu servir de son esprit pour ôter la « couronne de dessus la tête du Roi; je sais ce qu'il m'en « a dit plusieurs fois, et sur quoi il fondoit ses pernicieux « desseins. Mais ce sont des choses que je voudrois ou- « blier, bien loin de les écrire. » Mais Coligny montre beaucoup d'animosité contre ce prince, et s'exprime en termes qui rendent son témoignage suspect. Voyez dans cette collection Pierre Lenet, notes.

indubitable que les ennemis passeroient l'hiver dans leurs faubourgs et dans leurs portes; que par ce malheur Paris ne pouvoit espérer de tous les lieux circonvoisins aucunes provisions, non plus que des provinces éloignées, qui ne voudroient pas hasarder leurs denrées à la violence des ennemis de l'Etat; et qu'ainsi il ne falloit plus marchander à demander le Roi, puisque de sa seule présence dépendoit l'abondance de la ville, le commerce chez les gens de négoce, et le repos dans les familles.

Qu'au reste ils devoient présentement assez connoître que le nom de M. le cardinal Mazarin, dont on s'étoit servi pour faire lever les armes, n'étoit qu'un prétexte chimérique, puisqu'après son éloignement, que M. le prince avoit si fort demandé, et après lequel il avoit protesté si hautement dans tant d'assemblées du parlement qu'il se remettroit dans son devoir, il n'avoit rien fait de ce qu'il avoit promis. Au contraire, dans le temps que Son Eminence s'étoit retirée hors du royaume, M. le prince y avoit rappelé le duc de Lorraine, fait revenir l'armée de Wirtemberg et celle de Fuensaldagne, et avoit signé de nouveau le traité qu'il avoit fait auparavant avec les Espagnols.

Que quand même le prétexte du cardinal Mazarin eût été véritable, le peuple devoit considérer que ce ministre n'étoit pas dangereux à la France comme les armées que le prince y avoit fait venir; que le gouvernement de Son Eminence, durant cinquante ans, ne pouvoit nous produire la centième partie du mal que la guerre civile qu'on avoit allumée en faisoit souffrir en quatre jours; que par là ils devoient apprendre la différence qu'il y avoit entre obéir aux volontés du Roi, en s'assujétissant aux lois du gouvernement légitime, et se soumettre aux cruautés et aux excès d'une tyrannie qu'on établissoit avec tant de violence et de rigueur, qui les entraîneroit dans une vie languissante et misérable; que tout ce que le peuple de Paris pouvoit attendre du procédé de M. le prince ne pouvoit être qu'une ruine totale et sans ressource, parce que si le Roi connoissoit la ville engagée avec son ennemi, Sa Majesté seroit obligée de s'en éloigner pour toujours, dans la juste appréhension qu'elle auroit de se voir dans un lieu où ses sujets le regarderoient comme un objet d'aversion, au lieu de lui rendre les respects et les soumissions qu'ils sont obligés par le devoir de leurs consciences, et par les lois divines et humaines; qu'ainsi le Roi étant éloigné de Paris, il falloit nécessairement que la ville pérît; qu'elle deviendroit déserte: car si Sa Majesté faisoit son établissement dans une autre, celle-ci alloit tomber dans la dernière des misères, puisque le commerce en seroit retiré, et que les finances du Roi, qui la rendoient florissante, seroient diverties, et portées dans un autre endroit.

Toutes ces raisons et quantité d'autres, dites en plusieurs endroits, firent ouvrir les yeux au peuple; et quantité des principaux bourgeois, qui mouroient d'envie de témoigner leur zèle pour le service du Roi, commencèrent de prendre cœur, et de former entre eux de petites assemblées pour concilier les esprits, et former petit à petit un corps considérable qui pût avec plus d'assurance témoigner qu'on ne vouloit plus souffrir la tyrannie et qu'on vouloit aller dire au Roi publiquement ce qu'on n'osoit quasi penser en particulier, tant il étoit dangereux de se montrer affectionné pour Sa Majesté; et il l'étoit tellement, qu'il y avoit beaucoup moins de péril d'être estimé lorrain que royaliste, et celui qui portoit une écharpe rouge (1) ou une écharpe jaune (2) étoit en droit de courre sus aux livrées du Roi, tant la tyrannie s'étoit établie.

Et l'on peut ici donner cette gloire à M. Bidal, marchand de soie de la rue au Foirre (3), que malgré les menaces que lui fit faire M. le prince sur ce qu'il avoit convoqué quelque assemblée de son corps dans Saint-Innocent, il ne laissa pas de continuer très-souvent, et d'échauffer les cœurs des marchands que la crainte des persécutions avoit refroidis; et au sortir de ces assemblées il alloit chez M. Le Prevôt faire rapport des résolutions qu'on y avoit prises.

Cependant M. Du Fay, qui avoit beaucoup d'habitudes sur les ports, gagna quantité de bateliers, de crocheteurs et d'autres, et faisoit de grands progrès sur l'esprit de cette sorte de gens, qu'il remettoit dans l'obéissance du Roi par ses persuasions et par son argent, qu'il donnoit pour les détourner du parti des princes.

M. Le Prevôt en fut averti, et dès le même moment il alla à l'Arsenal, où M. Du Fay demeuroit, lui communiqua son dessein, la correspondance qu'il avoit avec M. de Glandèves, auquel le père Berthod, par son chiffre, écrivoit tous les jours les progrès de la négociation; et ils demeurèrent d'accord de travailler conjointement, afin qu'ils pussent avec plus de facilité faire réussir l'entreprise qu'ils avoient commencée.

Pendant que tout ceci se faisoit à Paris, M. de Glandèves travailloit à la cour, où, dès qu'il fut arrivé, il communiqua à la Reine et à M. le cardinal le dessein pour lequel il étoit venu les

(1) Couleur de Lorraine.
(2) Couleur espagnole.
(3) Ancien nom de la rue *aux Fers*.

trouver. Il en conféra amplement avec M. Servien et M. Le Tellier, qui témoignèrent grande joie de la bonne résolution que prenoient les bien intentionnés de Paris de travailler au recouvrement de leur liberté, et à demander le retour du Roi. Dès l'heure même ces deux messieurs travaillèrent incessamment à disposer les choses en telle sorte que la cour n'apportât point d'obstacles à l'exécution d'une chose qui ne pouvoit être que très-avantageuse au Roi, très-utile à l'Etat, et de laquelle dépendoit le repos et la tranquillité du royaume. Aussi M. Servien ne s'éloigna jamais de cette proposition, et chercha, dès le moment que M. de Glandèves l'eut faite jusqu'à ce qu'elle eût réussi, tous les expédiens pour la faciliter du côté de la cour, pendant que M. Le Tellier expédioit tous les ordres qu'il jugeoit nécessaires, pour parvenir à l'accomplissement d'une chose si juste, et qu'il ne désiroit pas avec moins de passion que M. Servien.

En moins de dix ou douze jours, M. Le Prevôt de Saint-Germain et ceux de son parti travaillèrent si admirablement qu'ils gagnèrent quantité de bourgeois, beaucoup de marchands, grand nombre de bateliers et de femmes qui alloient tous les jours au Luxembourg, à l'hôtel de Condé, au Palais, et partout où elles pouvoient rencontrer les princes, crier *la paix ! la paix !* et qu'il falloit faire revenir le Roi dans Paris. Mademoiselle Guérin fit merveille en ce genre de criailleries, par les femmes qu'elle gagna sous la promesse qu'on leur faisoit de les faire payer de leurs rentes de l'hôtel-de-ville; comme effectivement on le fit lorsque la cour étoit à Pontoise. Dès ce temps-là on travailla si vigoureusement que les princes commencèrent à s'étonner de voir le peuple changé si soudainement, sans savoir d'où en pouvoit provenir la cause. On leur disoit bien qu'il y avoit des personnes dans Paris qui agissoient contre leurs sentiments, et qui faisoient tout ce qu'elles pouvoient pour ménager les bourgeois et les disposer à demander le Roi sans condition; mais on ne leur disoit pas qui c'étoit, ni comment cela se faisoit.

Néanmoins les négociateurs travailloient si heureusement, qu'en moins de douze jours ils avoient disposé le peuple au point de faire sortir de la ville quarante mille hommes, et aller au devant du Roi et de la Reine, et de toute la cour, si Leurs Majestés vouloient venir à Saint-Denis ou à Saint-Germain. Aussi étoit-ce le principal article des lettres du père Berthod, qui, comme secrétaire de la négociation, l'écrivoit à M. de Glandèves, qui les faisoit voir à M. le prince Thomas (1) et à messieurs Servien et Le Tellier, après en avoir dit la substance à la Reine et à M. le cardinal Mazarin.

Le 5 ou 6 d'août, quantité des principaux bourgeois de la ville allèrent chez M. Le Prévôt lui demander s'il avoit parole positive que le Roi vouloit venir; et qu'en cas que cela fût, et que Sa Majesté voulût oublier toutes les injures qu'on avoit dites et faites contre les personnes les plus sacrées de l'Etat, aussi bien que contre son autorité royale et sa personne même, ils s'engageoient à pousser les princes à bout, et à les chasser de Paris au cas qu'ils empêchassent le retour du Roi.

Cette proposition fut écrite aux correspondans de la cour, qui la proposèrent à la Reine et à Son Eminence; et le lendemain on répondit à M. Le Prevôt, par la voie et le déchiffrement du père Berthod, que la cour donnoit sa parole du retour du Roi, du pardon des injures faites par le peuple à Sa Majesté et à son autorité royale; mais qu'il falloit chercher les moyens de chasser M. le prince de Paris, et de prendre pour cela mesures si justes qu'il n'en pût arriver d'inconvénient pour la ville, ni d'accident pour la cour.

Dans cette réponse, qui fut le 7 d'août, M. le cardinal s'engagea à quitter le royaume, si sa présence auprès de Sa Majesté apportoit de l'obstacle à la négociation qu'on faisoit à Paris; mais aussi que si son éloignement n'étoit pas nécessaire, et que l'affaire pût réussir sans cela, il ne le falloit pas engager dans une chose si importante; que néanmoins il s'en remettoit aux négociateurs, par le jugement desquels il passeroit, comme étant les chefs de la conduite, où il y alloit du rétablissement de l'autorité souveraine et de l'affermissement de la couronne. Certainement on peut dire en ce rencontre que celui qui pouvoit donner la loi à tout le royaume s'étoit rendu l'homme de France le plus soumis, puisque d'une chose si importante comme de celle de son éloignement d'auprès du Roi, il s'en remettoit au jugement de deux ou trois personnes qui ne seront jamais bien éclairées que lorsque Son Eminence leur communiquera ses lumières dans les matières de l'Etat. Ainsi en cet endroit, aussi bien qu'en tous les autres, on peut dire que M. le cardinal Mazarin n'a jamais considéré ses intérêts, lorsqu'il s'est agi de conserver l'autorité royale.

En ce temps-là la Reine écrivit à tous les conseillers du parlement qui soutenoient le parti du Roi, de se rendre à Pontoise pour y servir Sa Majesté. M. le Prevôt reçut une lettre comme les

(1) Thomas-François de Savoie, prince de Carignan.

autres; mais parce que quelques-uns de ses confrères le pressoient de partir, et qu'il fit écrire par le père Berthod pour savoir ce qu'il devoit faire en ce rencontre, la Reine lui en écrivit une autre de sa main qui lui ordonnoit de demeurer à Paris. Il la fit voir aux bourgeois, qui en témoignèrent grande joie, parce que s'il s'en fût allé, ils se fussent trouvés sans chef de résolution, comme étoit M. de Saint-Germain, et par conséquent eussent vu leurs bons désirs étouffés.

M. Le Prevôt ne fut donc point à Pontoise; il demeura dans Paris, où il continua de travailler avec plus de zèle qu'il n'avoit fait encore, parce qu'on l'avoit assuré de la cour qu'on approuveroit son dessein. M. Servien lui avoit écrit qu'on y faisoit fondement, et qu'on le prioit de presser l'affaire avec plus de diligence qu'il se pourroit. Aussi y travailla-t-il avec toute la vigueur qu'on pouvoit attendre dans une semblable conjoncture.

La cour, d'autre côté, travailloit à favoriser la négociation de Paris; car sur ce qu'on écrivoit à M. de Glandèves que si le Roi y vouloit venir avec toute sa cour, sans exception de personne, tout le monde iroit au devant de Sa Majesté; mais que si M. le cardinal Mazarin se retiroit pour quelque temps, l'applaudissement des Parisiens seroit incomparablement plus grand, et la chose seroit bien plus facile, parce que qui que ce soit n'auroit sujet de dire que le Roi amenoit avec lui ce qui servoit de prétexte à M. le prince pour continuer la guerre. Son Eminence n'hésita point à demander son congé, et en pressa si fort le Roi, que Sa Majesté y donna son consentement le 11 ou 12 d'août.

Ce jour-là même, M. de Laffemas, maître des requêtes, étant pressé par la Reine d'aller à Pontoise porter le petit sceau de la chancellerie du parlement, dont il étoit saisi parce que c'étoit son mois pour sceller, fut trouver M. Le Prevôt, afin d'aviser ce qu'il avoit à faire là-dessus, parce qu'il étoit nécessaire à Paris, et que s'il alloit à Pontoise beaucoup de gens qu'il gouvernoit pourroient se refroidir dans le service du Roi. M. Le Prevôt en parla au père Berthod; et après avoir examiné toutes choses sur cette matière, il fut résolu que M. de Laffemas feroit le malade un jour; que ce jour-là il donneroit le petit sceau à un de ses confrères pour sceller, et que le lendemain ce confrère l'emporteroit à Pontoise, feignant de n'en avoir rien dit à M. de Laffemas, afin qu'il se pût justifier par cette excuse au parlement de Paris, lorsqu'on lui viendroit demander le sceau.

Cette résolution fut approuvée de la cour, c'est à-dire de la Reine, de M. le cardinal, du prince Thomas, du maréchal Du Plessis, de messieurs Servien et Le Tellier, qui étoient les seuls qui avoient connoissance de l'intrigue, et auxquels M. de Glandèves communiquoit toutes les lettres qu'il recevoit de Paris touchant cette négociation, qui prenoit un fort bon chemin; car les gros bourgeois, aussi bien que le petit peuple et les marchands médiocres, avoient pris résolution de ne point payer la taxe que les princes avoient fait faire sur les maisons : même on battit un dizenier dans la rue Saint-Denis, parce qu'il avoit témoigné être zélé pour les princes, en faisant son rôle.

Les lettres de la cour, du 14, embarrassèrent un peu M. Le Prevôt, parce qu'elles portoient que le Roi n'entreroit point dans Paris avec M. le cardinal, ni sans lui, que les princes n'en fussent dehors. Cette résolution étoit mal aisée à exécuter, parce que ce qu'il y avoit de serviteurs du Roi dans la ville, au moins de ceux qui s'étoient déclarés, n'avoient pas assez de force ni d'autorité pour les chasser, ni pour l'entreprendre avec tant soit peu de hauteur, ni même n'avoient point de lieu pour les garder, parce que la Bastille et les autres endroits propres pour mettre des personnes de l'importance des princes étoient occupés par ceux de leur parti. Il fallut donc songer à trouver les moyens d'y réussir par quelque autre voie, et ce fut celle de proposer l'union des serviteurs du Roi, qui seroit signée de chacun en particulier, pour la rendre plus authentique. Le jour pour faire cette signature fut pris au 15 août, mais on ne réussit pas, et M. Le Prevôt, qui en avoit la parole, ne la put faire exécuter, parce que beaucoup de personnes de la cour, quantité de conseillers du parlement qui étoient à Pontoise, écrivoient fort différemment sur le départ de M. le cardinal; et cette irrésolution fit que ceux qui avoient promis de signer ne vouloient point s'engager qu'ils n'eussent été éclaircis là-dessus, afin de poser le fondement de leur union sur le départ ou sur la demeure de Son Eminence auprès du Roi.

Le même jour, le parlement de Paris envoya le sieur Guyet chez M. de Laffemas, pour lui dire qu'il allât sur l'heure même prendre sa place à la grand'chambre pour délibérer sur les affaires présentes; mais M. de Laffemas, qui jugea bien qu'on lui vouloit parler du sceau, et qui avoit sa réponse toute prête, feignit de se trouver mal, et promit d'aller au parlement à la première assemblée. Ce refus fit murmurer la compagnie, qui attendoit le retour du sieur Guyet; et M. d'Orléans témoigna d'en être fâché, sur ce que, quelques jours auparavant, Son Altesse Royale ayant envoyé chez M. de Laffemas le prier de sceller la rémission de M. de Beaufort pour la mort de

M. de Nemours, il s'en étoit excusé, disant qu'il n'étoit plus en son pouvoir de le faire, parce que le Roi lui ayant souvent envoyé demander le petit sceau, il n'avoit à la fin pu s'empêcher de l'envoyer à Sa Majesté.

Pour justifier ce qu'avoit dit M. de Laffemas, le père Berthod écrivit à M. de Glandèves d'envoyer en diligence deux lettres de cachet, l'une datée du 10 août, qui diroit à M. de Laffemas avec aigreur que le Roi lui avoit écrit deux lettres qui lui commandoient de porter le petit sceau à la cour; qu'il les avoit méprisées, et n'avoit point voulu obéir : mais afin qu'il ne s'excusât plus, qu'on lui écrivoit cette troisième, par laquelle Sa Majesté lui commandoit de donner le sceau au porteur; et l'autre lettre devoit être du 13, qui diroit que le Roi l'avoit reçue, mais qu'il avoit oublié le coffre. M. de Laffemas se servit de ces deux lettres quelques jours après au parlement lorsqu'on voulut lui faire représenter le sceau, qu'il avoit mis chez un de ses amis, feignant qu'il étoit à Pontoise.

Durant trois ou quatre jours que le parlement de Paris frondoit dans la dernière extrémité contre celui de Pontoise, M. Le Prevôt et ses amis travailloient pour empêcher qu'on ne donnât de l'argent aux princes, et si heureusement que les dizeniers, le 16 août, allant par les maisons pour lever les taxes, furent moqués de tout le monde, et particulièrement sur le pont Notre-Dame, où on avoit disposé les marchands à leur faire une raillerie.

Ces marchands voyant venir le dizenier, résolurent de le jouer. Cinq ou six d'entre eux, des extrémités et du milieu du pont, l'allèrent trouver comme il commençoit sa quête, et lui dirent : « Monsieur, nous sommes bons serviteurs du Roi, « mais point de Mazarin! Ainsi notre argent est « tout prêt; venez le querir quand vous voudrez : « mais auparavant allez faire payer ceux de l'autre « côté; ils sont tous mazarins. » Le collecteur prit cela pour argent comptant; il s'en va de l'autre côté du pont, où on lui dit la même chose. Cela obligea M. le dizenier de s'en retourner chez lui sans oser demander un denier. Tout le quartier Notre-Dame refusa hautement. Il n'y eut qu'un nommé Bezart, avocat, qui envoya ses dix écus quatre jours devant qu'on les lui demandât, en tira quittance, qu'il fit voir pour montrer son zèle et qui s'étoit flatté que sa diligence à payer le feroit nommer échevin de la Fronde. Mais se voyant trompé, et qu'on en avoit élu d'autres, il alla redemander son argent, que le dizenier lui rendit, en prenant un écrit de sa main pour témoigner qu'il l'avoit retiré.

Tous les autres jours se passèrent à faire revenir le peuple dans le service du Roi, et à leur assurer que M. le cardinal Mazarin se retiroit; comme en effet il partit le 22 pour prendre la route de Sedan, et se voulut éloigner de la cour, parce qu'on lui avoit écrit de Paris que cela étoit nécessaire pour faciliter le retour du Roi, et même pour donner sujet à M. d'Orléans à faire son accommodement, qui n'avoit toujours demandé que l'éloignement de Son Eminence.

Cette sortie de M. le cardinal surprit extrêmement les princes, qui allèrent au Palais faire leur déclaration, dans laquelle Leurs Altesses protestèrent qu'ils étoient prêts à mettre les armes bas, présupposé que la sortie de M. le cardinal fût effective, et qu'il plût au Roi de faire ce qu'il conviendroit pour le repos de l'Etat, donner une amnistie générale en bonne forme, éloigner les troupes des environs de Paris, retirer celles qui étoient en Guienne et dans les autres provinces, et rétablir les choses au même état qu'elles étoient auparavant qu'ils eussent pris les armes.

Cette déclaration des princes fit connoître à M. Le Prevôt, et à ceux qui avoient le secret de la négociation, que Leurs Altesses, et particulièrement M. le prince, en vouloient à quelque autre chose qu'à M. le cardinal, puisque Son Eminence étant partie, ils ne parloient pas de poser les armes; mais ils demandoient que le Roi fît éloigner ses troupes d'où elles étoient, et une infinité d'autres choses, auparavant qu'ils se missent en devoir de faire ce qu'ils étoient obligés : ce qui donna occasion de prendre de plus fortes résolutions, et de rendre par force le Roi maître dans Paris, puisque les princes s'opposoient à sa venue. Ce fut alors que le sieur Du Fay fit voir à M. Le Prevôt un dessein qu'il avoit fait de rendre Sa Majesté maître de la Bastille et de l'Arsenal; il fit voir les poudres, les pétards, les grenades, les échelles, et toutes les machines qu'il avoit disposées pour l'exécution.

Le projet qu'on en avoit fait fut envoyé à la cour sous le chiffre du père Berthod, adressé à M. de Glandèves, qui le communiqua à la Reine, à M. le prince Thomas et à messieurs Servien et Le Tellier, qui l'agréèrent d'autant plus volontiers qu'ils y trouvèrent qu'on ne leur demandoit que trois cents hommes seulement pour venir à bout de leur entreprise. On faisoit voir l'endroit par où on les feroit entrer dans Paris, la façon qu'ils y demeureroient sans être connus; qu'ils n'avoient pas besoin d'y venir avec des armes, parce qu'on en avoit de toutes prêtes pour leur en donner dans l'occasion.

Dans le même mémoire on demandoit un pouvoir du Roi de s'assembler et d'élire des officiers, afin de se rendre plus aisément et avec plus d'autorité maîtres de ces deux places et de la porte Saint-Antoine, et un ordre en blanc pour le remplir du nom de celui qui seroit le chef de l'entreprise, qu'on ne vouloit point nommer dans le mémoire, de peur que l'affaire ne se découvrît.

Ce dessein, après avoir été examiné dans le conseil secret, fut approuvé; et l'on écrivit à ceux qui travailloient à Paris de tenir les choses en état pour être exécutées lorsque le Roi en donneroit les ordres.

Cette résolution de la cour, et l'approbation qu'on y faisoit du dessein de la Bastille et de l'Arsenal, augmenta le courage de M. Le Prevôt, de M. Du Fay et de leurs correspondans, qui ne manquoient point les occasions d'exciter les bourgeois à rentrer dans le service du Roi, et à abandonner le parti des princes; et cela se faisoit avec tant de succès, que si, huit jours après que M. le cardinal s'en fût allé, le Roi fût venu à Saint-Germain ou à Saint-Denis, plus de cinquante mille hommes eussent été au devant de Sa Majesté.

M. le prince, qui voyoit un changement si soudain dans l'esprit du peuple, remuoit toutes sortes de machines pour empêcher qu'on abandonnât son parti. Il intimidoit les uns par les menaces, il faisoit faire des promesses très-avantageuses aux autres, et il avoit des gens qui remplissoient la ville de faux bruits, disant que la Reine ne vouloit point la paix; qu'elle avoit refusé des passe-ports aux députés des princes; que M. le cardinal étoit de retour auprès du Roi; qu'il étoit *incognito* dans Compiègne; que la cour s'en alloit à Amiens, et que l'armée du maréchal de Turenne demeureroit autour de Paris, pour empêcher que les vivres n'y entrassent.

Cependant M. Le Prevôt, par les chiffres du père Berthod, écrivoit tous les jours à M. de Glandèves, et le père Berthod, de son chef, mandoit aussi les sentimens de plusieurs bourgeois qu'il voyoit, par la correspondance qu'il avoit avec M. Rossignol; et toutes leurs lettres, durant sept ou huit jours, pressoient extrêmement d'envoyer l'amnistie, afin que le peuple connût que le Roi vouloit oublier toutes choses, et que sa clémence étoit plus grande que les offenses qu'on avoit commises contre son autorité.

Le Roi, pour satisfaire son peuple, donna cette amnistie le 26 d'août, qui fut envoyée aussitôt à Paris.

Dans ce temps-là M. de Beaufort et M. Broussel assemblèrent le corps de ville, et mirent en délibération de taxer les communautés ecclésiastiques séculières et régulières, comme on avoit fait les bourgeois. Cela donna sujet à M. Le Prevôt de faire remuer ces corps ecclésiastiques; et il commença par le chapitre de Notre-Dame, faisant visiter tous les chanoines en particulier par M. Rivière leur confrère. Ce chapitre s'étant assemblé, donna sujet aux autres communautés d'en faire de même. Les religieux de l'abbaye Saint-Germain, qui voyoient quelquefois M. Le Prevôt, qui les excitoit à ne pas souffrir qu'on leur fît donner de l'argent pour faire la guerre contre le Roi, tinrent chapitre pour cela, et virent d'autres communautés régulières qui firent la même chose; et chacun en particulier demeuroit d'accord qu'il falloit faire une députation générale au Roi pour lui aller demander la paix sans condition.

D'autre côté, les marchands qui alloient en foule chez M. Le Prevôt s'assembloient en plusieurs endroits, et particulièrement aux Augustins; et, sans se soucier des défenses de M. d'Orléans et des menaces de M. le prince, ils continuèrent tous les jours ces assemblées, et souvent ils alloient trouver Son Altesse Royale pour lui demander la paix.

Ce compliment des marchands souvent réitéré, et d'autres semblables que leurs femmes alloient faire au Luxembourg, embarrassoient les affaires de M. le prince, jusque là que Leurs Altesses appelèrent plusieurs fois ceux qui leur alloient faire ces harangues des séditeux et des rebelles; mais l'importunité du peuple les obligea de faire retirer leurs troupes de Suresne et de Saint-Cloud, et la crierie de cent ou quatre-vingts femmes qu'on envoyoit au Palais demander la paix aux princes fut si grande, que M. le prince en vint aux invectives avec deux ou trois des plus résolues, leur reprochant qu'elles étoient payées par les mazarins; et elles eurent assez de hardiesse pour lui répondre qu'elles n'étoient pas femmes à dix-sept sols comme les assassins de l'hôtel-de-ville. Cette aversion du peuple pour M. le prince, et les belles dispositions qu'on voyoit à recevoir le Roi et toute la cour, faisoit que M. Le Prevôt écrivoit tous les jours de faire approcher Sa Majesté de Paris, et le grand danger qu'il y avoit que ce retardement ne dégoûtât les Parisiens, auxquels M. le prince faisoit faire cent mauvais contes; et, entre autres personnes, deux mauvais religieux, très-malintentionnés pour le service du Roi, faisoient un mal dans la ville qui n'étoit pas concevable.

L'un étoit le père Georges, capucin, qui couroit par les maisons de ceux qu'il avoit pratiqués pendant qu'il avoit prêché l'avant et le carême, et avec lesquels il avoit mangé souvent; et il leur disoit que la Reine avoit de très-méchans sentimens pour Paris, qu'elle n'en demandoit que la destruction, qu'elle ne respiroit que le sang et la vie des Parisiens; qu'elle en vouloit éloigner le Roi, pour, par son absence, faire mourir le peuple de faim, ou bien y entrer les armes à la main, et mettre toutes les maisons au pillage, aussi bien que les femmes à la merci des soldats, après qu'ils auroient fait passer les hommes par le fil de l'épée.

L'autre étoit un père que je ne nomme pas, par le respect que j'ai pour son ordre, qui est un des plus austères du royaume; et si je dis le nom du père Georges, c'est parce que tout le monde sait qu'il a été prêcher les intérêts de M. le prince jusque dans le camp des Lorrains et des Allemands. Ce père ne manquoit pas d'aller en quantité de lieux faire le zélé pour le bien de l'Etat, et disoit partout que véritablement tout le monde devoit souhaiter le Roi avec grande passion, qu'il n'y avoit personne qui ne le dût désirer à Paris : mais que nous ne devions point espérer de paix tant que la Reine seroit auprès de son fils; qu'elle avoit le Mazarin dans le cœur, quoiqu'il ne fût pas auprès d'elle; que l'intérêt du Roi son fils ne lui étoit pas considérable, et qu'elle exposeroit, tant qu'elle vivroit, les peuples dans toutes sortes de malheurs, lorsqu'elle connoîtroit qu'ils choqueroient ses sentimens et ses desseins pour le rétablissement du Mazarin; qu'ainsi tant que cette femme seroit auprès du Roi, toute la France ne devoit espérer que misère; et puisque les princes avoient encore leur armée sur pied, il falloit s'en servir à pousser la Reine à bout, et trouver moyen de se saisir de sa personne, afin qu'après l'avoir mise en lieu de sûreté, et exterminé tous les ministres qui étoient auprès du Roi, on pût mettre Sa Majesté entre les mains des princes, lesquels, comme enfans de la maison royale et intéressés dans la conservation de la couronne, gouverneroient l'Etat dans la tranquillité, et travailleroient efficacement pour le soulagement des peuples. Que M. le prince avoit les meilleurs sentimens du monde pour la ville de Paris, qu'il se tuoit pour sa conservation, et que tout le bien qu'il avoit dépensé à faire la guerre ne lui seroit pas considérable, pourvu qu'il pût mettre le peuple en repos.

Avec ces belles et malicieuses paroles, ce bon père prônoit ceux qu'il alloit voir à la ville, sous prétexte de faire les affaires de son couvent, et s'en servoit pour entretenir les personnes de condition qui alloient se promener dans son monastère. La façon douce avec laquelle il débitoit son raisonnement ne faisoit pas moins d'effet que la violence du père Georges, qui crioit partout que la Reine étoit la plus méchante femme du monde; et tous deux ensemble détournoient beaucoup de personnes du service du Roi.

Cela n'empêcha pas que M. Le Prevôt, M. Du Fay, le père Berthod et leurs amis ne vissent les bien intentionnés, et qu'ils ne les pressassent de faire quelque chose pour se délivrer de la tyrannie; et leurs sollicitations firent que les six corps des marchands s'assemblèrent aux Grands Carneaux (1), où les marchands de soie, animés par M. Bidal, firent des miracles pour porter les autres corps à demander la paix; et sur ce que celui des drapiers s'étoit effarouché à cause de quelques propositions que des partisans de M. le prince avoient faites, qui alloient à intimider tous ceux qui s'assembleroient contre le consentement des princes, ces marchands de soie les firent revenir à eux; et tous ces corps ensemble résolurent de députer vers le Roi pour lui demander la paix, et supplier Sa Majesté de revenir à Paris ou de s'en approcher, afin que tous ensemble ils pussent aller lui témoigner leurs obéissances et leurs respects.

Cependant M. Le Prevôt et le père Berthod pressoient M. de Glandèves par leurs lettres d'envoyer les ordres du Roi pour exécuter l'affaire de la Bastille, parce qu'alors (qui étoit au commencement de septembre), avec les trois cents hommes qu'ils demandoient de la cour, ils se rendoient maîtres de l'Arsenal, prenoient toute l'artillerie des princes qui étoit dedans, et entroient dans la Bastille en moins de demi-heure, selon les mesures que M. Du Fay avoit prises, et qui étoient infaillibles. Ils s'engageoient encore, par leurs lettres, de chasser M. le prince de Paris, pourvu que le Roi s'en approchât, et qu'il témoignât qu'il y vouloit entrer.

Toutes ces choses furent écrites à M. de Glandèves, pour les communiquer à la Reine et à son conseil secret, presque dans toutes les lettres que M. Le Prevôt et le père Berthod écrivoient; et néanmoins on ne les exécutoit point du côté de la cour. Cela pensa gâter toute la négociation; car ces bourgeois se dégoûtoient de voir qu'on ne donnoit point de bonnes réponses aux négociateurs de Paris, ou plutôt qu'on ne tenoit rien de ce qu'on leur promettoit dans les réponses que M. de Glandèves faisoit à leurs lettres. M. le prince, dans ce temps-là, reçut cent mille écus du roi d'Espagne, et vingt mille des frondeurs; fit mettre des soldats dans les cabarets et chambres garnies autour de l'Arsenal, pour s'en saisir lorsqu'il en auroit donné l'ordre; et avec l'argent d'Espagne, et celui qu'il avoit touché de ceux de son parti, il faisoit des troupes dans Paris pour fortifier son armée.

En ce temps-là les communautés ecclésiasti-

(1) Ancien hôtel rue des Bourdonnais, où est maintenant un magasin de soieries, *à la couronne d'or*.

ques séculières et régulières s'assemblèrent en corps, et nommèrent des députés pour aller demander au Roi la paix et son retour ; et alors M. le cardinal de Retz, pour faire croire à la cour et au peuple de Paris qu'il étoit l'auteur de cette députation, en voulut être le chef, pour dire qu'il l'avoit provoquée, quoiqu'il n'y eût point contribué, et que c'eût été M. Le Prevôt seul qui l'eût fait faire.

Pendant que toutes choses se disposoient si bien dans Paris pour le retour du Roi, les troupes du duc de Lorraine et celles de Wirtemberg arrivèrent auprès de Villeneuve-Saint-Georges ; et ce duc et le chevalier de Guise auprès d'Orléans, le 5 de septembre.

La venue de M. de Lorraine ne surprit pas moins les négociateurs qu'elle étonna la cour ; et personne ne pouvoit comprendre qu'après des paroles si solennelles qu'il avoit données au Roi il n'y avoit pas quinze jours, il voulût, à la vue et au su de tout le monde, faire gloire de ne rien tenir de ce qu'il promettoit.

Les malintentionnés pour le service du Roi firent chez eux des feux de joie de cette arrivée, et courre le bruit par la ville que ce duc devoit combattre l'armée du Roi ; qu'infailliblement il triompheroit du maréchal de Turenne, et qu'il l'ameneroit dans Paris dans peu de jours, mort ou vif ; qu'après cela M. le prince iroit assiéger Pontoise, et prendre le Roi entre les bras de sa mère. Cela fit chanceler le peuple ; et les bourgeois, qui avoient toujours témoigné grande passion pour le retour du Roi et de la Reine, commençoient à murmurer contre la cour, et s'étoient laissés persuader que la Reine ni son conseil n'aimoient point Paris, et qu'ils empêchoient le Roi d'y venir.

M. Le Prevôt fit savoir ce mécontentement du peuple à la cour, et obligea M. de Glandèves de presser la Reine de venir à Saint-Germain pour désabuser Paris ; autrement que tout étoit perdu. Cela en fit prendre la résolution ; et pour le mieux persuader, on le fit écrire dans plusieurs lettres de la cour à quantité de personnes de condition de la ville.

Cette nouvelle rassura les bourgeois, et les sollicitations des négociateurs les échauffèrent incomparablement davantage qu'ils ne l'étoient auparavant la venue du duc de Lorraine ; jusque là qu'ils prièrent M. Le Prevôt et le père Berthod d'assurer la Reine que si le Roi vouloit venir à Paris, il n'y avoit rien qu'ils n'entreprissent contre les princes, au cas qu'ils s'opposassent à son entrée.

Le bruit de cette nouvelle, qu'on faisoit courre, déconforta la Fronde à un point qui n'étoit pas imaginable. On conseilloit à M. d'Orléans d'aller par les rues, et de crier au peuple : « Quoi ! messieurs, me voulez-vous abandonner ? » M. Broussel commença à parler de se défaire de sa charge ; le président Charton donnoit les princes à tous les diables ; enfin tous les frondeurs se désespéroient, et tout leur parti ne savoit où il en étoit.

Les six corps furent, dans cette conjoncture, au palais d'Orléans prier Son Altesse Royale de leur donner des passe-ports pour sortir de Paris, puisque le Roi avoit eu la bonté de leur en envoyer pour aller à la cour rendre à Sa Majesté les assurances de leur fidélité et de leur obéissance à son service. Ils représentèrent à M. d'Orléans que la ruine de Paris approchoit, et que sa destruction étoit évidente si le Roi n'y revenoit bientôt, parce que sa seule présence étoit capable d'y faire rétablir le commerce et remettre les peuples dans leur devoir. A cela Son Altesse Royale leur répondit qu'il falloit qu'ils eussent patience jusques au samedi suivant, afin qu'il allât en communiquer au parlement et de là à l'hôtel-de-ville, pour leur dire leur résolution. Avec cette douce réponse M. d'Orléans les renvoya ; mais M. de Beaufort les malmena beaucoup : il les traita de factieux, et d'auteurs de sédition ; et il les menaça que s'ils ne se joignoient au parlement, au corps de ville et à M. Broussel, qu'il feroit arborer sur les murailles de Paris des étendards qui auroient pour devise : *ville perdue*. Ces députés des six corps lui répondirent vertement qu'ils ne s'étoient point détachés du parlement, parce qu'ils n'avoient jamais été unis avec lui ; et pour l'hôtel-de-ville ils ne se détacheroient jamais des anciens échevins ; mais que M. Broussel et les échevins nouvellement élus n'auroient jamais rien à démêler avec eux.

M. d'Orléans, au lieu d'aller au Palais le lendemain, qui étoit le 20, comme il l'avoit promis aux bourgeois, fut avec M. le prince, le duc de Lorraine et le comte de Fiesque dîner chez M. de Chavigny, où le président de Maisons les alla trouver sur les trois heures, et tinrent conseil dans le jardin, où il fut résolu de pousser la Reine à bout par les armes, et de la chasser d'auprès du Roi.

Toutes ces résolutions violentes de M. le prince n'empêchoient pas les bons bourgeois, animés par M. Le Prevôt, M. Du Fay et les autres, de persister dans le dessein de sortir de Paris malgré Son Altesse Royale, au cas qu'elle ne leur voulût point accorder de passe-ports, et d'aller assurer le Roi de leur fidélité.

Ce fut en ce temps-là que M. le cardinal de

Retz, ayant su leur résolution et leur constance à demander la paix et le Roi, leur fit proposer qu'ils trouvassent bon qu'il fût de la partie, et qu'il portât la parole pour les députés.

Le président Charton se déclara aussi pour le Roi en parlant à M. d'Orléans, et pria une personne affectionnée au service de Sa Majesté d'écrire en cour, et de savoir si elle trouveroit bon qu'étant à Pontoise ou à Saint-Germain il allât l'assurer de sa fidélité pour son service; et que, dès à présent, il offroit au Roi quatre ou cinq colonels et quinze capitaines avec leurs soldats de la garde bourgeoise, pour faire tout ce que Sa Majesté désireroit.

Pendant que tout ceci se faisoit à Paris, la cour recevoit tous les jours les lettres du père Berthod par les mains de M. de Glandèves, et prit résolution d'envoyer les chefs dans la ville, puisque M. Le Prevôt les demandoit avec tant d'empressement; et certainement il avoit grande raison de le faire, parce que ceux qui communiquoient avec lui ne lui demandoient autre chose; et si M. de Glandèves ne le leur eût promis par des lettres très-expresses, qu'on fut contraint de faire voir à quelques particuliers, assurément la négociation s'alloit échouer.

La cour écrivit sur cela aux négociateurs de lui envoyer quelque personne de condition, afin d'en délibérer avec lui (1). Le président de Bercy fut choisi pour cela; la cour en demeura d'accord, et lui donna rendez-vous pour l'aller prendre avec escorte à Belleville-sur-Sablon. Le président de Bercy s'y rendit par deux fois, deux jours consécutifs, avec grand risque de sa personne; car il fut poursuivi par un parti des princes presque jusqu'aux portes de Paris; et n'y ayant point trouvé l'escorte, il ne put passer pour aller à Pontoise.

La cour donc, sans attendre le président de Bercy, prit résolution d'envoyer des hommes de commandement, et nomma messieurs le duc de Bournonville, Lambert, de Refuge et de Courcelles pour être les chefs des entreprises et des coups hardis qu'il faudroit faire dans Paris, en cas que M. le prince et ceux de son parti voulussent faire des violences. Ces hommes de commandement furent bien nommés; mais aucun d'eux ne parut à Paris de quelques jours après, parce que de tous ceux-là il n'y eut que le duc de Bournonville qui osât se hasarder dans un temps et dans une conjoncture si dangereuse.

En attendant quelqu'un de ces commandans, les négociateurs travailloient toujours fortement pour augmenter leur intrigue; et ce qui leur aida

(1) *Avec lui* pour *avec elle*, vieille locution qui n'est plus en usage.

beaucoup fut qu'on leur envoya de la cour des ordres pour agir avec plus de fermeté.

On les fit voir à quantité de bourgeois bien intentionnés, qui s'échauffèrent par là dans le service du Roi, parce qu'ils voyoient que Sa Majesté vouloit absolument revenir à Paris.

Mais ce n'étoit pas assez d'avoir les bons bourgeois: les négociateurs avoient besoin du petit peuple, et ne le pouvoient gagner que par de l'argent, qu'ils demandoient tous les jours à la cour, et qu'on ne leur envoyoit pas, quoique le sieur Langlois, valet de chambre de la Reine, donnât de fort bons expédiens pour en trouver, sans en prendre sur le peuple, ni même dans les coffres du Roi.

Tous ces expédiens furent inutiles; les réponses de la cour, au lieu de parler d'argent, disoient tout autres choses qui ne laissoient pas de satisfaire les affectionnés au service, parce qu'elles promettoient toujours le retour du Roi, et témoignoient que Leurs Majestés étoient fort satisfaites du procédé des négociateurs: et ce qui les réjouit beaucoup, et qui leur fit croire que la cour vouloit tout de bon revenir à Paris, ce fut que dans une lettre du 20 de septembre, que M. de Glandèves écrivit au père Berthod de la part du conseil secret, il disoit positivement que la cour ne vouloit pas que le cardinal de Retz fût dans la négociation.

Cette lettre fut reçue de M. Le Prevôt de Saint-Germain et des autres amis, qui en eurent une joie qui n'étoit pas commune, parce que si la cour les eût obligés de donner la participation entière de leur négociation au cardinal de Retz, ils eussent été au désespoir: tout eût été découvert, l'affaire étoit perdue, et rien ne se fût passé qu'il n'en eût averti M. d'Orléans: et quand même il auroit gardé le secret, les bons bourgeois avoient une si horrible aversion de lui, qu'ils vouloient tout abandonner s'il en avoit la moindre connoissance.

Les principaux frondeurs, qui voyoient que les serviteurs du Roi grossissoient leur parti, se vouloient faire de fête pour rentrer dans le bon chemin; mais c'étoit par leur intérêt, et non pas pour l'inclination qu'ils eussent au service de Sa Majesté. Le président de Maisons, auquel on avoit ôté la surintendance et la capitainerie de Saint-Germain, dit à mademoiselle Guérin de prier le père Berthod d'écrire à la Reine que si on lui vouloit rendre ses charges, il iroit à Pontoise, et qu'il meneroit une douzaine de conseillers avec lui. Le père Berthod en écrivit un mot; mais la cour se moqua de cette proposition.

Cependant les bourgeois, qui avoient su que le Roi avoit envoyé des ordres très-exprès pour leur permettre de s'assembler, allèrent trouver M. le Prevôt pour lui dire qu'ils avoient jugé à propos de ne plus différer à se déclarer, et qu'ils avoient résolu de s'assembler le lendemain, qui étoit le mardi 24 septembre, à dix heures du matin, dans le Palais-Royal ; et ils le prièrent de trouver bon qu'on fît courir les billets pour cela. M. le Prevôt y consentit ; et dès le même moment on envoya chez les plus affectionnés, afin qu'ils avertissent leurs amis de cette assemblée, et qu'ils les obligeassent d'y aller.

Ce lendemain étant arrivé, à la pointe du jour on trouva affiché à la porte du Palais-Royal et en d'autres endroits de la ville, un placard intitulé *le Manifeste des bons serviteurs du Roi étant dans Paris, et leur généreuse résolution pour la tranquillité de la ville.*

Ce placard étoit la même chose qu'on avoit fait courre chez les bourgeois, et que j'ai jugé à propos de mettre dans cette relation.

« Enfin le cardinal Mazarin est sorti ; M. d'Or« léans est content : il doit tenir sa parole, et se « rendre près de Sa Majesté. M. le prince gronde « encore ; il cherche de nouveaux prétextes de « nous troubler ; il a juré de perdre la France, « et de mettre le feu de la division partout ; il a « commis une félonie sans exemple, traitant avec « l'Espagne pour être roi de Navarre et de la « Guienne ; il a mal réussi jusqu'à présent ; « il se désespère, fait encore entrer des trou« pes étrangères en France pour achever de « nous ruiner, fait des négociations nouvelles en « Angleterre ; il a des traités particuliers avec « plusieurs gouverneurs des places, même avec « des conseillers et des présidens des cours sou« veraines, qui sont tombés, par ses persuasions, « dans le dernier aveuglement. Tous reconnois« sent leur faute ; ils appréhendent la justice, ils « ne savent où ils en sont ; leur conscience leur « sert de bourreau ; ils désespèrent de la clémence « du Roi, sans considérer qu'il a plus de bonté « pour leur pardonner qu'ils n'ont de malice pour « l'offenser. Le prince, ou, pour mieux dire, la « cause de tous nos maux, rallume les derniers « feux de sa violence ; il ne veut point se sou« mettre, il veut nous perdre ; il est résolu de « s'emparer des meilleurs quartiers de la ville, « et de désoler le royaume. Faut-il souffrir ceci « davantage à Paris, pour nous y attirer les « fléaux du ciel, comme il a déjà fait par ses re« bellions et par ses impiétés ? Sa Majesté de« mande qu'il en sorte avec une cinquantaine de « ses adhérens, qu'il mette les armes bas, et qu'elle « lui pardonnera.

« Pour exécuter la volonté du Roi, il n'y a « plus d'officiers établis dans la ville de Paris.

« Ceux qui se le disent, et qui prétendent gouver« ner cette grande ville, n'ont aucune puissance « et mission légitime ; et l'on ne les peut recon« noître que comme des monstres enfantés par la « rebellion : on ne leur peut obéir sans blesser sa « conscience et sa réputation, et sans se ren« dre criminels de lèse-majesté. Cependant la dé« solation est partout ; les gens de bien souffrent ; « la justice n'a plus de fonction ; les marchands « voient perdre leurs biens par les banqueroutes « qui se font tous les jours, et la cessation du com« merce ; les pauvres artisans sont à la mendicité ; « les malades meurent sur le pavé ; les hôpitaux « ne sont pas capables d'en contenir le nombre ; « tout le monde généralement se plaint, et il en « reste peu qui ne commencent à sentir le mal « universel ; la tyrannie est armée dans la ville « d'impies et de satellites ; elle viole les lois et « le droit des gens ; elle brûle et saccage les ci« toyens dans les lieux publics, et continue à « faire publier des libelles pour tâcher à faire « persuader que ses auteurs et ses suppôts sont « bien intentionnés : mais on est désabusé. Nous « voyons notre Roi à nos portes, qui nous tend « les bras, et qui comme un bon père ne nous a « fait que montrer les verges d'une main, et de « l'autre les fruits de la paix et de sa clémence ; « et néanmoins il y a des esprits si malheureux « dans Paris, qu'ils aiment mieux périr en con« tinuant toujours à faire des brigues pour enve« lopper tout le monde dans une désolation pu« blique, que de se soumettre à l'obéissance du « Roi, et à ce qu'ils doivent à la charité du pro« chain. C'est ce qui a fait résoudre grand nom« bre des plus notables de la ville de s'assembler, « et de conférer sur les moyens de rétablir toutes « choses dans leur ordre ; et ne trouvant point de « puissances légitimes dans la ville, ils en ont « demandé une au Roi, qui la leur a accordée, et « en conséquence ils ont résolu l'exécution des « choses suivantes, au péril de leurs vies et de « leurs biens.

« Premièrement, de s'opposer et empêcher par « toutes voies qu'il ne soit levé aucunes taxes, « sous quelque prétexte que ce soit, sur les par« ticuliers, habitans de la ville, et de faire ren« dre l'argent à ceux qui peuvent avoir payé par « timidité ; et où il s'en trouvera l'avoir payé « pour contribuer volontairement à la rebellion « des princes, il sera fait note contre eux, pour « être punis comme perturbateurs du repos pu« blic.

« En second lieu, qu'il sera député vers Sa « Majesté pour la supplier très-humblement de « revenir dans Paris pour y établir le repos et « l'abondance, par le rétablissement du com-

« merce, sur l'assurance qui lui a été donnée de
« la fidélité des bons citoyens ses sujets, et de
« l'exil des rebelles, pour le pardon desquels on
« implorera sa clémence.

« En troisième lieu, que Sa Majesté sera aussi
« très-humblement suppliée de faire retirer ses
« troupes des environs de Paris, et de les envoyer
« dans les pays ennemis, ou du moins sur les
« frontières du royaume, pour sa conservation,
« sur l'assurance que l'on donnera de courir sur
« les troupes du prince de Condé s'il ne les fait
« retirer, et que lui-même ne se mette en son
« devoir.

« Il faut être espagnol, et se déclarer ouver-
« tement rebelle et perturbateur du repos public,
« pour ne se pas joindre à l'exécution de ce pro-
« jet, et se résoudre à être maudit et exterminé
« par le peuple.

« Et afin que l'on puisse discerner les bien in-
« tentionnés au service du Roi et de la patrie,
« ils porteront à leur chapeau du ruban blanc ou
« du papier, au lieu de paille, que l'artifice et la
« tyrannie du prince ont fait porter à tous les ha-
« bitans de Paris. »

Ce manifeste étant affiché par tous les carrefours et aux places publiques, donna sujet à
quantité de bourgeois, qui ne savoient pas qu'on
se devoit assembler, d'aller au Palais-Royal de
bon matin; et sur les neuf heures il se trouva
rempli de plus de quatre mille personnes, dont il
y en avoit les trois quarts des plus riches bourgeois, parmi lesquels étoient des conseillers du
parlement, des trésoriers de France, des secrétaires du Roi, des gentilshommes, et beaucoup
d'honnêtes gens; le reste étoit du menu peuple.

Dans cette assemblée, M. Le Prevôt de Saint-
Germain harangua si éloquemment pour le bien
de la paix et pour le service du Roi, qu'il fit pleurer une grande partie de l'assemblée; et au même
temps qu'il eut achevé, ce furent des acclamations publiques et des cris de *vive le Roi!* qui
furent ouïs de tous les environs du Palais-Royal.

Quelques-uns commencèrent de parler suivant
le discours qu'avoit fait M. Le Prevôt, qui ne
tendoit qu'à la paix, et à demander avec instance et soumission au Roi son retour, à éloigner les troupes espagnoles de Paris, et empêcher la faction des séditieux qui fomentoient la
révolte, et maintenoient le petit peuple et les
foibles esprits dans la désobéissance et dans la
rebellion. Quelques-uns proposèrent d'aller sur
l'heure au palais d'Orléans demander à Son Altesse Royale toutes les choses dont on venoit de
parler; mais la pluralité de ceux qui opinèrent
fut d'attendre après l'assemblée qui se tiendroit
au même lieu, à pareille heure, le lendemain.

Avant que de sortir de l'assemblée, on y lut
le manifeste des bons serviteurs du Roi, et chacun prit à son chapeau du ruban blanc ou du papier, pour se faire distinguer d'avec ceux du
parti des princes, qui portoient de la paille; et
ils sortirent ainsi du Palais-Royal.

A vingt pas de là, le petit peuple bien intentionné, qui suivoit le bourgeois, rencontra une
charrette des troupes du duc de Lorraine chargée de vin, qu'on menoit au camp des princes;
elle fut pillée au même temps, et les chevaux
emmenés par ceux qui les avoient détachés.

Sur le midi, le maréchal d'Etampes arriva au
Palais-Royal, lequel, sur la nouvelle que M. le
duc d'Orléans avoit eue de cette assemblée, l'a-
voit envoyé pour prier les bourgeois de remettre leurs convocations jusqu'au vendredi suivant; qu'il assuroit qu'en ce temps-là la paix
seroit faite, et que cependant Monsieur donneroit des passe-ports aux six corps pour aller en
cour, lorsqu'il leur plairoit.

Outre cela, ce maréchal représenta au peuple
qui étoit resté après que les principaux de l'assemblée se furent retirés, qu'ils faisoient dans
ces rencontres-là des actions coupables de crimes
de lèse-majesté; que les choses de cette conséquence ne se faisoient point sans une permission
particulière du roi. Et sur cela un de la troupe
ferma la bouche au maréchal d'Estampes, en lui
faisant voir une copie de l'ordre que le Roi avoit
envoyé aux bourgeois de Paris pour s'assembler,
quand il leur plairoit, pour la conservation de
leur ville, et pour y maintenir l'autorité royale.

Cet ordre avoit été lu dans l'assemblée par
le sieur de Bourgon; il étoit conçu en ces termes:

« DE PAR LE ROI.

« Sa Majesté étant bien informée de la conti-
« nuation des bonnes intentions des habitans et
« bons bourgeois de sa bonne ville de Paris pour
« son service et pour le bien commun de ladite
« ville, et des dispositions dans lesquelles ils
« sont de s'employer de tout leur pouvoir pour y
« remettre toutes choses dans l'état auquel il se
« doit, et pour se retirer de l'oppression où ils
« sont présentement, et se remettre en liberté
« sous son obéissance, Sa Majesté a permis et
« permet auxdits habitans et à chacun d'eux en
« particulier, et en tant que besoin est elle leur
« enjoint et ordonne très-expressément, de pren-
« dre les armes, s'assembler, occuper les lieux
« et postes qu'ils jugeront à propos, combattre
« ceux qui se voudront opposer à leurs desseins,
« arrêter les chefs et se saisir des factieux par
« toutes voies, et généralement faire tout ce
« qu'ils verront être nécessaire et convenable

« pour rétablir le repos et l'ancienne obéissance
« envers Sa Majesté, et pour faire que ladite
« ville soit gouvernée par l'ordre ancien et ac-
« coutumé, et par les magistrats légitimes, sous
« l'autorité de Sa Majesté, laquelle leur donne
« tout pouvoir de ce faire par la présente qu'elle
« a signée de sa main, et y a fait apposer le ca-
« chet de ses armes, voulant qu'elle serve de dé-
« charge et de commandement à tous ceux qui
« agiront, en quelque sorte et manière que ce
« soit, pour l'exécution d'icelle.

« Donné à Compiègne, le 16 septembre 1652.

« *Signé* Louis ; *et plus bas*, Le Tellier. »

Cet ordre du Roi étonna beaucoup M. le maréchal d'Etampes ; mais il le fut encore davantage quand on l'assura que plus de quinze cents bourgeois avoient signé une promesse inviolable de s'assister mutuellement envers tous et contre tous pour la conservation des intérêts du Roi, une union pour leur défense particulière les uns des autres; en telle sorte que s'il arrivoit qu'il fût fait insulte à quelqu'un d'entre eux, ils promettoient d'en entreprendre la défense à force ouverte. Et dans cette occasion le sieur Le Roy d'Argencé, gentilhomme servant de Sa Majesté, servit admirablement, aussi bien que dans d'autres occasions : tellement que le premier effet que produisit cette assemblée fut d'intimider le palais d'Orléans, et d'obliger d'envoyer des passe-ports aux six corps, que Son Altesse Royale avoit toujours jusques alors refusés.

Pendant ce temps-là les échevins et le prevôt des marchands s'assemblèrent à l'hôtel-de-ville, où l'appréhension les prit jusqu'au point que M. Broussel fit la démission de sa charge de prevôt des marchands, en laquelle il avoit été élu le jour de l'incendie et du massacre de l'hôtel-de-ville ; et les nouveaux échevins en firent de même de leur échevinage.

D'autre côté, les amis de M. le prince faisoient tout leur possible pour détourner les bourgeois de continuer leur assemblée ; et pour le leur mieux persuader ils leur faisoient entendre que le Roi n'agréoit pas M. Le Prevôt pour chef de l'assemblée, parce qu'il étoit conseiller au parlement, et que ce qui la lui avoit fait convoquer étoit pour mettre sa compagnie à couvert. Mais ces frondeurs ne disoient pas que M. Le Prevôt avoit ordre très-exprès du Roi et de la Reine d'agir dans Paris pour toutes les choses qui regardoient le service de Sa Majesté ; aussi ne le savoient-ils peut-être pas.

Toute l'après-dînée se passa, dans la rue de Saint-Honoré, en chamaillis entre ceux qui portoient de la paille et du papier ; et, dans ce petit jeu, quelques-uns y furent fort mal menés.

Le lendemain mercredi 25, on envoya dire à M. Le Prevôt qu'à la prière du sieur Le Vieux, ancien échevin et procureur du Roi de la ville, ils avoient remis l'assemblée au samedi suivant, à la charge que sur l'heure même ils partiroient pour aller en cour demander au Roi son retour à Paris, à quoi ils s'étoient accordés ; et on donna dans le même temps ordre aux colonels des portes de ne laisser entrer aucun soldat, et de ne point laisser sortir de vivres ni de munitions de guerre pour les Lorrains, ni pour l'armée des princes.

L'après-dînée, les colonels s'assemblèrent chez M. de Sève-Chastignonville, qui travailloit parfaitement dans son quartier pour le service du Roi, et ils résolurent d'envoyer des députés à Sa Majesté, quoique M. d'Orléans ne voulût pas ; et comme ils étoient sur le point de se lever, M. Ladvocat, lieutenant colonel de M. de Menardeau-Champré, et conseiller de ville, entra dans l'assemblée, et la supplia très-instamment de surseoir leur députation jusqu'au samedi suivant, et qu'alors le corps de ville se joindroit à eux pour suivre leur sentiment, et enverroit, de sa part, avec les députés, dire au Roi tout ce qu'ils jugeroient à propos, et ne feroit rien qui ne fût conforme à la volonté des colonels, et tout-à-fait dans le service du Roi, sans y considérer les intérêts des princes.

L'assemblée accorda à M. Ladvocat ce qu'il désira ; mais comme elle avoit résolu qu'on enverroit commandement aux portes de ne laisser sortir aucuns vivres ni munitions de guerre pour les armées de Lorraine, de Wirtemberg et des princes, et qu'on ne laisseroit sortir aucun soldat, il fut arrêté que leur ordonnance seroit affichée par les carrefours de la ville de Paris, publiée à son de trompe, et que défenses seroient faites aux volontaires de battre ni faire battre le tambour, à peine de la vie.

Le parlement de Paris, qui avoit vu que cette assemblée du Palais-Royal avoit mis la peur au palais d'Orléans, et épouvanté les nouveaux échevins aussi bien que M. Broussel, s'assembla le 26. Son Altesse Royale se trouva à cette assemblée, et mena M. de Beaufort avec lui pour conclure l'affaire de l'abolition de la mort de M. de Nemours ; mais quelques-uns de la compagnie trouvèrent des difficultés qui firent remettre l'affaire à un autre jour pour y délibérer. Après cela on parla de l'assemblée du Palais-Royal. D'abord, cinq ou six des conseillers conclurent à donner un *veniat* à M. Le Prevôt ; mais de quatre-vingt-treize conseillers, il n'y en eut que trente-cinq de cette opinion, tout le reste fut d'avis contraire; et après cela on donna arrêt par lequel deux de la compagnie furent députés pour informer de toutes les assemblées qui se feroient dans Paris, et il fut fait défense à tous les habitans, et autres qui étoient dans la ville, de porter aucune marque au chapeau, pour signifier qu'on étoit de quelque parti.

Cet arrêt du parlement de Paris n'eut pas grande vigueur; car le jour même on en envoya un autre de Pontoise, portant autorisation de l'assemblée du Palais-Royal, avec éloge de M. Le Prevôt de ce qu'il avoit fait, et prière à lui de continuer toutes fois et quantes il le jugeroit à propos. Cela donna tant de cœur aux bien intentionnés, que la nuit du même jour, sur les onze heures, M. de Beaufort se présentant à la porte Saint-Bernard pour faire passer un chariot de bagages et de vivres, fut arrêté par le lieutenant de la colonelle, qui lui dit avoir ordre de son lieutenant colonel de ne laisser sortir quoi que ce fût, et lui montra cet ordre par écrit. A cela, M. de Beaufort dit à l'officier qu'il allât dire à son lieutenant colonel qu'il étoit là, et qu'il vouloit passer : ce que l'officier ayant été dire au lieutenant colonel, nommé M. de La Barre, ce dernier répondit qu'il allât dire à M. de Beaufort que s'il n'étoit pas satisfait de l'ordre qu'on lui avoit fait voir, qui défendoit de laisser sortir aucuns vivres ni bagages, qu'il lui enverroit la copie d'un autre qu'il venoit de recevoir de l'assemblée des colonels de la ville, qui étoit plus exprès, en ce qu'il y étoit ajouté de ne laisser sortir aucuns vivres sans passe-ports de la ville, et non de M. d'Orléans. Le lieutenant de la compagnie s'en retourna trouver M. de Beaufort, auquel il fit savoir ce que son lieutenant colonel lui avoit dit; et ainsi il fut contraint de faire ramener son chariot dans sa maison.

M. le prince d'autre côté voyant que les choses n'alloient pas bien pour lui, alla chez M. d'Orléans, auquel il se plaignit avec grande aigreur de ce que Son Altesse Royale n'avoit pas fait faire main-basse sur l'assemblée du Palais-Royal, et que s'il eût été dans la ville cela ne se fût pas passé de la sorte. Monsieur répondit qu'il lui avoit donné Paris, mais que ce n'étoit pas pour le perdre. M. le prince, d'un ton aigre, dit à Son Altesse Royale que s'il lui avoit donné Paris, lui M. le prince lui avoit donné quinze mille hommes. M. d'Orléans repartit qu'il lui en avoit donné davantage, et que présentement il lui avoit donné son frère le duc de Lorraine et ses troupes. Après ces paroles ils s'en dirent d'autres qui les firent séparer l'un de l'autre mal-contens; et de là M. le prince s'alla mettre au lit, et tomba malade à se faire traiter par les médecins.

Pendant ce temps-là M. de Chavigny et le président Violle, conseillers de M. le prince, voyant la démission de M. Broussel et des nouveaux échevins, que les députés des six corps et ceux des colonels étoient allés à la cour, et que tout le monde vouloit aller trouver le Roi, sans en demander la permission à M. d'Orléans, tirèrent grand avantage de tout cela, et publièrent parmi ceux de leur parti que tout ce monde ayant fait leurs députations au Roi, assuré de la fidélité et de l'obéissance des bourgeois de Paris, et fait voir à Sa Majesté qu'il y seroit le maître absolu, néanmoins à toutes ces supplications et à toutes ces démonstrations de zèle et d'obéissance la cour demeureroit inébranlable, et la Reine inexorable, inflexible, et opiniâtrée à ne point laisser venir le Roi. Ainsi M. de Chavigny et le président Violle tiroient cette conséquence que les bourgeois ayant fait leur devoir pour faire revenir le Roi, la cour se moqueroit d'eux, et qu'alors ils se dépiteroient, et se rangeroient tout-à-fait du côté des princes.

La cour, qui ne manquoit pas d'être avertie de tout ce qui se passoit par le moyen de ses correspondans, envoya à Paris M. le duc de Bournonville pour négocier avec ceux qui avoient commencé l'entreprise, et pour exécuter quelque chose de considérable lorsqu'il en seroit besoin. Il y arriva le lendemain de l'assemblée du Palais-Royal ; et dès le moment qu'il eut mis pied à terre il commença de travailler efficacement, et trouva qu'on avoit si bien disposé les choses, que dès qu'il fut arrivé et qu'on l'eut fait savoir aux négociateurs on résolut une nouvelle assemblée des colonels, dans laquelle on ordonna de ne reconnoître plus les ordres de M. d'Orléans ni de M. de Beaufort.

L'assemblée du Palais-Royal, qui se devoit faire le 27, ne se fit point, parce que les députés des six corps et ceux des colonels étant partis pour la cour, on voulut attendre leur retour, et savoir quels ordres ils apporteroient; et durant ce jour-là plus de cinq cents personnes de condition allèrent offrir à M. Le Prevôt, chez lequel le duc de Bournonville se rendoit très-souvent, les uns cent, les autres deux cents hommes, pour suivre exactement ses ordres et faire tout ce qu'il voudroit; et tous ceux qui dans la ville avoient excité le menu peuple à crier, après les affectionnés au service du Roi, *au mazarin !* commencèrent à faire les sages, à parler contre les mauvaises intentions de M. le prince; et la canaille qui faisoit auparavant si grand bruit pour la Fronde, ne disoit mot, quoiqu'ils eussent vu quelques bateliers qu'on avoit gagnés au parti des royalistes enfoncer un bateau chargé de poudres et de mèches qu'on menoit par ordre de M. d'Orléans, sur la rivière, à l'armée des princes.

Ce jour-là même il entra dans la ville quelques officiers de cavalerie et d'infanterie pour y demeurer *incognito*, et ne paroître qu'au temps qu'on auroit besoin d'eux pour servir à quelque entreprise, ou à repousser les séditieux qui voudroient empêcher les assemblées, et les autres choses qui regarderoient le service du Roi et le repos de la ville. Et la cour, qui jusque là avoit été lente, et qui par là donnoit sujet de plainte aux négociateurs, commença d'ouvrir les yeux et de connoître les belles dispositions de Paris; et elle y envoya M. de Pradelle, capitaine aux Gardes, et M. de Rubentel, lors lieutenant du même corps, pour commander les gens de guerre dans les occasions.

Les négociateurs, qui voyoient que toutes choses alloient à leur but, écrivirent leur sentiment à la cour; et afin que chacun ne fît pas des lettres selon son sens, et qu'il ne se trouvât point de contradiction dans ce qu'ils manderoient, les sieurs Le Prevôt, de Bournonville, Pradelle, Rubentel, de Bourgon, Du Fay et le père Berthod se rendoient tous les jours en certains lieux cachés, où chacun rapportoit ce qu'il avoit fait, ce qu'il avoit vu : et le père Berthod, sous le chiffre de la cour, y écrivoit toutes choses au nom de la compagnie; et M. de Glandèves, qui recevoit les lettres et qui les faisoit voir au conseil secret, mandoit au père Berthod le sentiment de la cour pour le faire savoir aux négociateurs, qui travailloient autant qu'il leur étoit possible à faire les choses avec douceur, et même dans l'agrément de tout le peuple; car ils avoient toujours pour but de rendre le Roi maître de Paris sans coup férir et sans répandre de sang, s'il se pouvoit. Pour cela ils pressoient la cour, attendu la déposition de M. Broussel, de renvoyer à Paris M. Le Fèvre, prevôt des marchands, pour y faire sa charge, et M. le maréchal de L'Hôpital celle de gouverneur de la ville, parce qu'on suivroit beaucoup mieux et plus facilement leurs ordres, comme étant en droit de commander par le pouvoir de leurs charges, que si on faisoit un prevôt de marchands par commission, en l'absence de M. Le Fèvre.

En ce même temps M. Le Prevôt reçut un ordre du Roi qui l'établissoit prevôt des marchands; mais il ne voulut point prendre cette charge, parce qu'il n'avoit d'autre but que d'y rétablir M. Le Fèvre, qui avoit été légitimement élu, et qui avoit été contraint de sortir de Paris par la violence de ceux qui soutenoient le parti des princes.

Quoique tout cela fût secret, M. d'Orléans ne laissoit pas d'en soupçonner quelque chose; et la peur commença de le prendre à tel point, qu'il ne souffroit l'entrée dans son palais qu'à des gens qui étoient connus pour être tout-à-fait à lui. Il commanda qu'on ne laissât ouvert que le guichet des principales portes, et envoya querir les échevins de la ville, auxquels il dit qu'il savoit que le régiment de Piémont et celui de Cœuvres, avec cent chevaux de l'armée du maréchal d'Estrées, s'étoient approchés de Paris pour exécuter quelque entreprise; que le sieur de Pradelle, capitaine aux Gardes, les devoit commander; qu'il étoit arrivé dans la ville pour cela; qu'il étoit logé chez M. Le Prevôt, et qu'il prioit la compagnie d'empêcher qu'il n'arrivât du désordre. Après que Son Altesse Royale eut parlé quelque temps là-dessus, et que par son discours il eut fait connoître qu'il craignoit pour sa personne, il proposa de faire un corps de garde de bourgeois devant le Palais-Royal, et qu'un échevin iroit trouver le sieur Desbournais, qui en étoit concierge, pour empêcher qu'on n'y entrât, non pas même ceux qui s'y présenteroient pour la promenade; que les colonels Aubry, qui étoit du parti des princes, et Scarron pour le Roi, garderoient l'Arsenal conjointement; que le lieutenant colonel du sieur de Champlâtreux iroit trouver M. Le Prevôt pour l'obliger de faire sortir M. de Pradelle de chez lui : sinon, qu'on y donnât bon ordre.

Ensuite de cela l'assemblée proposa diverses choses sur lesquelles on ordonna, quelque résistance que M. d'Orléans y apportât, qu'il ne sortiroit aucun vivre pour les armées des princes, et qu'il seroit commandé au munitionnaire de s'en pourvoir ailleurs, à la réserve de dix muids de vin par jour pour l'étape des généraux : et sur ce que M. le duc d'Orléans demanda qu'on laissât sortir ceux qui avoient passe-port de M. de Beaufort, il fut hautement résolu qu'on n'en feroit rien.

Pendant que cela se faisoit au palais d'Orléans, les bien intentionnés travailloient efficacement pour hâter le retour du Roi; mais quelques-uns qui agissoient sans concerter avec les principaux négociateurs pensèrent gâter l'affaire; car M. de Beauvais qui avoit vu l'assemblée du Palais-Royal, parce qu'il y étoit au même temps et qu'il y demeuroit, pour témoigner son zèle, envoya en cour le sieur de Poix, porter la nouvelle de ce qui s'y étoit passé. La cour, qui ne s'informa pas beaucoup qui envoyoit le sieur de Poix, crut qu'elle le pouvoit charger de quelque chose de conséquence, comme effectivement elle le pouvoit faire, car certainement il servoit bien le Roi et le servit beaucoup depuis, jusqu'à la rentrée de Sa Majesté dans Paris. La cour le chargea donc d'un paquet; mais comme elle n'en avoit point donné d'avis à messieurs Le Prevôt et de Bournonville, le sieur de Poix le rendit au sieur de Beauvais, qui l'ouvrit en présence de quatre hommes de médiocre condition, et qui n'avoient nulle part au secret de la négociation. Dans ce paquet il se trouva une amnistie pour tous les bourgeois et habitans de Paris, et une lettre pour les colonels. Au même temps l'un de ces quatre en alla avertir M. le prince. Cependant M. de Beauvais fit imprimer l'amnistie sans en parler à personne, et en donna quantité de copies à un homme pour les afficher par les carrefours; mais cet homme fut pris par un conseiller que M. le prince avoit mis au guet, et mené prisonnier dans la Conciergerie avec tous ces imprimés. Mais tout cela ne servit de rien; car les serviteurs du Roi, qui commençoient de lever le masque, en firent imprimer d'autres, qui furent publiées et affichées par la ville.

Cette amnistie porta grande joie dans le cœur de plusieurs bourgeois qui se sentoient coupables; mais elle mit le dépit dans l'esprit de M. le prince, lequel, quoique malade, jura hautement que par la mort, puisque M. d'Orléans ne vouloit pas se remuer plus qu'il faisoit, dans peu de jours il seroit tout espagnol ou tout mazarin.

Cependant tout le monde s'attendoit de voir grande rumeur le samedi 28, et que les gens des princes prendroient les armes pour aller garder le Palais-Royal, la Bastille et l'Arsenal, comme M. d'Orléans l'avoit proposé: mais tout demeura calme, personne ne bougea, et ceux qui avoient fait plus les mauvais se contentèrent de faire du bruit chez eux, n'osant pas en faire dans les rues, de peur de n'être pas les plus forts, parce qu'ils voyoient les bons bourgeois qui levoient le masque hautement, et qui commençoient de pousser les frondeurs dans toutes les rencontres.

Les négociateurs voyant les choses en si belle disposition pressoient la cour par leurs dépêches, avec tout l'empressement imaginable, de s'approcher de Paris, de faire venir le Roi à Saint-Germain ou plutôt à Saint-Denis, s'il se pouvoit; mais surtout qu'il falloit prendre garde à quelques-uns qui étoient auprès de la Reine, et les observer, parce que certainement ceux qui approchoient Sa Majesté de plus près, et qui faisoient les affectionnés au service du Roi, écrivoient à M. d'Orléans tout ce qui se faisoit à la cour, et ce que les négociateurs y mandoient de Paris; et Son Altesse Royale ne put s'empêcher un soir de dire, dans la chaleur d'un discours qu'il faisoit sur ce qui se passoit: « Sans la lettre « que nous avons reçue, nous étions perdus. »

L'appréhension de M. d'Orléans n'avoit pas été si cachée que ceux de la cour n'en connussent presque le fond, et elle en fit chanceler quelques-uns. Le sieur Foutrailles, et le sieur Coulon le conseiller, parlèrent contre madame d'Aiguillon et contre M. de Chavigny, qu'ils accusèrent d'être mazarins dans le cœur. Tout s'ébranloit à vue d'œil; la députation des six corps auprès de Sa Majesté donnoit l'envie aux corps des métiers et au menu peuple d'aller trouver le Roi. Enfin la médaille étoit tournée; on voyoit et on entendoit dans les rues beaucoup plus de royalistes que de frondeurs.

M. le coadjuteur, qui se faisoit de fête plus que tout autre, envoya querir M. Le Prevôt pour savoir quel sentiment la cour avoit de lui. M. Le Prevôt l'assura qu'elle en étoit très-satisfaite; mais qu'on ne pouvoit s'empêcher de dire quelquefois qu'il n'avoit pas toujours été dans le bon chemin. Il avoua que cela étoit vrai; mais qu'il y avoit long-temps qu'il s'étoit reconnu, et qu'il désiroit avec passion faire voir le désir qu'il avoit de servir le Roi dans ce rencontre, pourvu qu'on lui témoignât agréer son service, et qu'on lui ordonnât de travailler: cela vouloit dire, au langage de M. le cardinal de Retz, qu'il vouloit être le maître de l'affaire; mais M. Le Prevôt ne lui répondit autre chose sur cette matière, sinon qu'il falloit faire les choses par les formes. M. le cardinal de Retz repartit là-dessus qu'il y avoit les vieilles et les nouvelles formes. M. Le Prevôt répondit qu'il entendoit les vieilles; et M. le cardinal de Retz lui ayant demandé quelles étoient ces vieilles formes, il lui répondit que c'étoit de jeter dans la rivière ceux qui n'alloient pas droit dans le service du Roi. Cette parole fit faire la conférence plus longue; et pour conclusion, pour ne pas dégoûter M. le coadjuteur, on lui promit part dans la négociation, mais en telle sorte qu'il n'en seroit jamais qu'un des membres, et point du tout le chef.

Le conseil secret de la cour pour cette négociation, qui avoit cru long-temps que c'étoit une bagatelle, s'étoit tout-à-fait détrompé; et voyant que c'étoit une chose solide, pressoit les négociateurs pour la cassation des officiers du parlement qui étoient à Paris, et demandoit avec instance si on ne pourroit pas donner un arrêt pour cela au parlement de Pontoise. Mais les négociateurs n'y voulurent jamais donner les mains, parce que c'eût été une chose très-dangereuse, et qui eût ruiné toutes les belles dispositions où étoient les affaires pour le service du Roi; car n'ayant pas dans Paris le gouverneur, le prevôt des marchands et le lieutenant civil, la ville se trouvoit sans magistrats. Aussi écrivirent-ils que lorsque M. le maréchal de L'Hôpital et M. Le Fèvre y seroient de retour, il n'y auroit rien à craindre, et on pourroit tout entreprendre; qu'ainsi il falloit les renvoyer, et engager les échevins et les députés des six corps, qui étoient allés trouver le Roi, de les ramener avec eux, et enjoindre aux échevins et aux députés de les reconnoître et de leur obéir.

M. le cardinal de Retz, qui avoit vu que M. Le Prevôt ne l'avoit pas traité comme il désiroit, et qui vouloit se rendre le maître de l'affaire, persuada, pour y mieux réussir, à M. d'Orléans de chasser de Paris le duc de Bournonville, ou de le faire arrêter prisonnier. Aussi Son Altesse Royale envoya chez le duc, le dimanche 29 au matin, le comte de Saint-Amour, pour lui dire qu'il étoit dans la pensée de le faire arrêter, sur ce qu'on lui avoit assuré qu'il avoit été envoyé de la cour pour négocier avec les autres qui travailloient secrètement pour le retour du Roi, sans la participation des princes. Le duc de Bournonville fit voir par une infinité de raisons qu'il étoit à Paris pour toute autre chose que pour cela, et que ses affaires particulières l'y avoient amené; et pour le faire voir à M. d'Orléans, qu'il offroit de s'en retourner à la cour, si Son Altesse Royale lui vouloit donner passeport pour sortir de Paris; par là que Monsieur connoîtroit que lui, duc de Bournonville, n'y étoit point pour les affaires du Roi; mais qu'il s'en iroit avec cette condition que si, étant de retour à la cour, le Roi le renvoyoit à Paris pour son service, alors il exécuteroit hautement les ordres de Sa Majesté, et qu'il n'y avoit rien qu'il n'entreprît contre ceux qui s'y opposeroient. Le comte de Saint-Amour alla porter cette réponse à M. d'Orléans, qui au même temps le renvoya au duc de Bournonville avec un passeport pour s'en retourner en cour, qu'il reçut, et promit de partir le mardi ensuivant.

Le comte de Saint-Amour crut ce que le duc de Bournonville lui dit, et le crut si bien qu'il le pria de faire en sorte que M. Le Tellier lui envoyât un passeport pour aller à son pays, et de représenter à la Reine qu'il avoit payé sa rançon à celui auquel Sa Majesté l'avoit donnée, lorsqu'il avoit été fait prisonnier.

Le père Berthod écrivit qu'on envoyât ce passeport, si on le jugeoit à propos; et si on ne le vouloit pas donner, qu'on écrivît quelques raisons pourquoi on le refusoit, afin que le comte de Saint-Amour crût que le duc de Bournonville étoit auprès du Roi, et qu'il avoit parlé de son affaire; qu'on fît courre le bruit à la cour que ce duc y étoit revenu, qu'il n'y avoit demeuré qu'une nuit, et qu'on l'avoit envoyé vers M. le cardinal. Tout cela fut exécuté ponctuellement du côté de la cour; et le duc de Bournonville, au lieu de sortir de Paris, y demeura travesti, et travailla avec plus d'ardeur qu'auparavant. Il alloit en vingt endroits par jour; il faisoit autant de billets pour envoyer chez ses amis. M. de Pradelle, qui étoit aussi travesti, faisoit la même chose. M. de Rubentel étoit dans toutes les assemblées de l'hôtel-de-ville, pour savoir ce qui s'y passoit. Il voyoit les bourgeois qui y devoient assister, auxquels il inspiroit de bons sentiments pour le service du Roi et pour son retour. M. de Bourgon alloit chez les colonels avec M. de La Barre son beau-frère, pour les confirmer dans leurs belles résolutions. Le père Berthod voyoit les gros marchands de la rue Saint-Denis, du Petit-Pont, et de la rue aux Fers; et tous rapportoient à M. Le Prevôt ce qu'ils avoient fait et ce qu'ils avoient vu, pour en donner avis tous les jours à la cour. Enfin on ne vit jamais tant de chaleur ni tant d'empressement qu'en avoient ces négociateurs. M. Du Fay, de son côté, avoit si bien préparé l'affaire de la Bastille, et la fit voir si claire et si nette à M. de Pradelle et au père Berthod, qui s'y furent promener *incognito*, qu'ils reconnurent que deux heures après que la cour auroit donné son consentement, on s'en rendroit maître sans faire grand bruit ni courre aucun risque. La cour, sur cet article, écrivit qu'il ne falloit pas encore tenter l'exécution du dessein de la Bastille, parce qu'elle avoit appréhension que cela n'alarmât la bourgeoisie: mais bien loin de l'alarmer, si cette affaire se fût exécutée en ce temps-là, M. Du Fay avoit parole de la faire garder par deux compagnies bourgeoises qui commençoient de crier *vive le Roi!* au lieu qu'autrefois elles crioient *vivent les princes!*

Le menu peuple se déclara en plusieurs endroits de la ville: dans les cabarets on crioit *la paix!* on y buvoit à la santé du Roi; des carrosses furent arrêtés, et on obligea ceux qui étoient dedans d'y boire, quoiqu'ils n'en eussent pas d'envie. Les bateliers, qu'on avoit gagnés, se battirent sur le port contre les Lorrains, et les empêchèrent d'emporter le blé qu'ils avoient acheté pour leur armée, et le jetèrent dans l'eau avec l'argent qu'ils avoient apporté pour le payer: les provisions de bouche qu'on menoit au camp des princes furent prises par la populace à la porte de Sainte-Antoine. Enfin, le premier et le 2 d'octobre, on vit des dispositions admirables pour le retour du Roi, et pour pousser tous les frondeurs; et dès ce temps-là la cour pouvoit, si elle eût voulu, venir à Paris sans aucun danger.

Quoique toutes les choses fussent dans la meilleure assiette du monde, elles se pouvoient pourtant gâter un peu, parce que la cour, qui vouloit avec ardeur ce qu'elle n'avoit au commencement goûté qu'à demi, envoyoit des ordres de toutes parts, se fioit à une infinité de personnes, et leur disoit l'essentiel de la négociation. Cela fut cause que M. Le Prevôt, M. de Bournonville et tous leurs amis dépêchèrent en cour pour dire à la Reine et à ceux du conseil secret le désordre que cela pouvoit apporter, si on ne les avertissoit de ce qu'on envoyoit de la cour à Paris sur le sujet de la négociation, parce qu'il étoit nécessaire que les chefs de l'affaire, en cas de nécessité, sussent de quels quartiers de la ville et de quelles personnes ils pourroient être assurés.

La cour, depuis ce temps-là, avertit les négociateurs de tout ce qu'elle faisoit en cette affaire ; mais comme elle s'étoit découverte à plusieurs personnes, elle la pensa perdre, parce que dans le même temps qu'elle envoya à Paris le sieur Onel, gentilhomme irlandais, pour travailler avec le duc de Bournonville, le sieur de Pradelle et les autres, M. d'Orléans en fut averti par des gens d'auprès du Roi ; et Son Altesse Royale l'eût fait arrêter, si le sieur Onel n'en eût eu avis, et s'il ne se fût caché pour quelque temps.

Cependant l'affaire de la Bastille avoit été si bien conduite, que le sieur Du Fay, qui étoit chef de l'entreprise, obligea le père Berthod d'écrire une seconde lettre à la cour, pour dire qu'on la pourroit exécuter dès le lendemain qu'elle auroit fait savoir qu'elle le trouvoit bon. Sur cet article elle répondit, comme auparavant, qu'il falloit avoir patience encore pour quelque temps ; et cela étoit fort raisonnable, parce que comme c'étoit une chose d'éclat, il ne falloit pas l'entreprendre, qu'en même temps on n'en fît d'autres de la même importance. Mais certainement elle reculoit beaucoup l'affaire de la négociation, en n'envoyant pas à Paris le gouverneur de la ville, le prevôt des marchands et le lieutenant civil, parce que ce retardement changeoit les esprits des bien intentionnés, qui ne pouvoient se persuader que le Roi voulût y revenir, puisqu'on marchandoit tant à y renvoyer ces magistrats ; et ce retardement pensa perdre les négociateurs, qui ne savoient plus comment s'excuser vis-à-vis des bons bourgeois et des marchands, de la promesse qu'ils leur avoient faite que le gouverneur et les autres reviendroient au premier jour. Les frondeurs en tiroient grand avantage ; car avec ceux du conseil des princes ils publioient par la ville, et faisoient courre le bruit dans les maisons, qu'absolument le Roi ne vouloit point revenir ; que la cour se moquoit des députations qu'on lui faisoit, et qu'elle ne donnoit aux députés que des réponses ambiguës sur le sujet de ce retour ; que de tous ceux qui étoient dans le conseil, il n'y avoit que le maréchal de Villeroy qui demeuroit d'accord de ce retour ; que M. Servien s'y opposoit fortement, que M. Le Tellier ne s'en soucioit pas, que le prince Thomas et les autres n'y avoient nulle inclination ; en un mot, que personne ne vouloit revenir. Néanmoins c'étoit une chose très-fausse ; car M. Servien pressoit continuellement pour ce retour. M. Le Tellier et les autres du conseil s'en impatientoient, et écrivoient tous les jours à Paris aux négociateurs d'avancer l'affaire le plus qu'ils pourroient. Et si les frondeurs eussent pu, ils se fussent bien gardés de parler du maréchal de Villeroy ; mais ils ne pouvoient s'en empêcher, parce qu'il écrivoit avec tant d'instance à ses amis pour le retour du Roi et pour le rétablissement de son autorité dans Paris, que ces correspondans avoient si hautement éclaté pour le service du Roi, que tout le monde le savoit.

D'autre côté, les frondeurs faisoient dire sous main que s'ils étoient assurés que la cour ne les voulût point pousser à bout, il seroit aisé de les faire revenir dans le service du Roi. Un président au mortier, en ce temps-là, voulut abandonner M. le prince, ou en faire la mine ; car dans une assemblée du parlement où l'avocat général Talon, les conseillers Clin et quelques autres ayant fait l'ouverture de décréter contre le sieur de Bourgon, il s'y opposa, et alla lui-même chez lui lui en donner avis dès l'après-dînée, et témoigna au sieur de Bourgon qu'il seroit bien aise de se convertir et de servir le Roi ; qu'il n'étoit pas satisfait de M. le prince, parce qu'il avoit une trop forte attache à l'Angleterre ; et que si la cour lui vouloit envoyer quelque ordre pour travailler pour le service du Roi, il s'y donneroit entièrement, et abandonneroit l'autre parti.

Le père Berthod écrivit cette proposition à la cour, parmi les autres choses qu'il y faisoit savoir tous les jours ; mais à cet article il eut pour réponse que quoi que dît ou fît ce président, on ne vouloit point avoir de confiance en lui, ni même qu'il eût part dans la négociation.

Pendant que les chambres assemblées parloient de décréter contre M. de Bourgon, M. de La Boulaye, qui avoit été averti le soir auparavant que ce jour-là il devoit y avoir du petit peuple qui devoit aller crier *vive le Roi !* et demander la paix au Palais, y trouva sept ou huit cents hommes, et en prit trois ou quatre qu'il fit mettre dans la Conciergerie. Ces trois coquins, à la première interrogation qu'on leur fit, accusèrent mademoiselle Guérin de leur avoir donné de l'argent pour leur faire faire ce qu'ils avoient fait; et dans le même moment on décréta contre cette demoiselle, et elle eût été conduite en prison si on l'eût trouvée chez elle, et si la Reine ne lui eût donné un logement dans le Palais-Royal.

Durant que ces choses-là se faisoient à Paris, les députés des six corps étoient à la cour pour assurer le Roi de leur service, et de la fidélité de leur compagnie. Sa Majesté leur fit une réponse très-satisfaisante pour eux; la Reine et tous les ministres les caressèrent, et leur donnèrent toute la satisfaction qu'ils pouvoient espérer. Cela fit résoudre six colonels, six conseillers de ville et quelques autres, d'aller faire une même harangue au Roi; mais auparavant que de partir de Paris, le Roi, suivant les avis que les négociateurs en avoient donnés à la cour, leur écrivit à chacun en particulier des lettres fort obligeantes, pour leur faire connoître qu'ils seroient très-bien reçus.

Comme la cour fut absolument résolue de revenir à Paris, M. de Glandèves, de la part du conseil secret, écrivit aux négociateurs de s'assurer de quelques quartiers considérables, afin qu'en cas qu'il se trouvât encore des rebelles qui voulussent s'y opposer, ces quartiers pussent servir de lieu de retraite à la cour, et aux serviteurs du Roi qui travailloient à son retour.

Les négociateurs, qui n'avoient pas attendu que la cour leur donnât cet avis, et qui étoient assurés de fort bons postes, lui firent savoir qu'ils étoient les maîtres du Louvre, qui étoit lors occupé par le sieur Onel, qui n'y donneroit l'entrée à aucune personne du parti contraire à celui du Roi.

Le père Berthod fit un plan qu'il envoya à la cour, par lequel il fit voir (après l'avoir concerté avec les sieurs de Bournonville, de Pradelle, Rubentel et de Bourgon) qu'on se rendroit maître du Palais-Royal en faisant deux barricades, l'une dans la rue Saint-Honoré, qui prenoit le coin de la rue des Fromenteaux, qui va joindre le Louvre.

Dans la rue Vivienne, par les amis qu'on y avoit, on en devoit faire deux autres: l'une au coin de l'hôtel de Bouillon et de la rue Neuve des Bons-Enfans, et l'autre au-dessus du logis de M. Payen, dans la rue de Saint-Augustin. Ainsi toutes les avenues depuis le Palais-Royal jusques à la porte de Richelieu étoient fermées sans avoir besoin de soldats, sinon d'environ deux cents pour poster entre la Prevôté et le port des Tuileries; et avec un peu d'intelligence qu'on avoit à la porte de la Conférence, on se rendoit le maître de tout ce grand quartier-là. Par la porte de Richelieu et le marché aux Chevaux, qui n'étoient point gardés, on devoit faire entrer tel nombre de troupes qu'on eût voulu, parce que ces lieux-là sont peu habités, et que ceux qui les occupoient n'étoient pas malintentionnés; outre que les soldats pouvoient aborder la muraille sans passer par les maisons.

Ce dessein étoit d'autant plus facile à exécuter que ce quartier-là n'est rempli que de couvens, et qu'il n'y a qu'un petit endroit de peuplé, duquel on avoit gagné les principaux habitants, sans leur découvrir le dessein. Ainsi, étant gagnés et vendus les maîtres de ces endroits-là, la porte Saint-Honoré ne pouvoit résister; et quand elle le voudroit faire, les gens de condition donneroient main-forte aux serviteurs du Roi, et le maître de l'académie qui est dans la Grande-Rue avoit donné sa parole de faire quatre-vingts hommes en cette occasion; outre qu'il ne falloit pas commencer par cette porte-là, parce que les troupes venant d'abord par le Roule, cela pourroit mettre l'alarme dans la ville.

On envoya encore un autre plan qui étoit tout du duc de Bournonville et du sieur de Bourgon, qui étoit de se saisir de l'île Notre-Dame, dont ils répondoient à la cour sur leur vie. Pour cet effet ils mettoient trois cents hommes *incognito* dans les cabarets et dans plusieurs maisons de l'île, et en demandoient mille ou douze cents, qu'on leur enverroit aisément si l'armée des princes se retiroit; et quand même elle ne le feroit pas, pourvu que le maréchal de Turenne passât la rivière, et qu'il fît mine de vouloir attaquer le pont des princes, que les troupes ennemies romproient elles-mêmes le voyant attaqué, et par là donneroient moyen au maréchal de Turenne de donner les mille ou douze cents hommes, qu'on feroit entrer par la porte Saint-Bernard, de laquelle on étoit déjà assuré par le moyen de M. de La Barre, beau-frère de M. de Bourgon.

Par ce poste-là, en cas de nécessité, on pouvoit aisément résister à l'armée des princes, au cas qu'elle se voulût opposer à l'entrée du Roi; et la chose étoit d'autant plus infaillible, que dans le même temps qu'on se rendroit maître de l'île on exécuteroit le dessein de la Bastille.

Ce fut le 5 d'octobre que ces plans furent envoyés à la cour, dans la pensée que les négociateurs avoient que le Roi s'approcheroit de Paris deux jours après, parce que toutes les choses se préparoient admirablement pour y faciliter l'entrée à Sa Majesté et à toute la cour. Cependant les colonels avoient fait assembler chacun chez eux les officiers de leur colonelle, où ils résolurent

38.

que tous unanimement recevroient les ordres du Roi, lui faciliteroient son entrée dans la ville, ouvriroient telles portes que Sa Majesté voudroit, et feroient main-basse sur tous ceux qui s'y opposeroient.

Le parlement fit grand bruit de ces assemblées; mais quelques-uns des colonels et des capitaines répondirent qu'ils ne reconnoissoient point le parlement en ce rencontre; qu'ils avoient bien fait ce qu'ils avoient fait, et qu'ils l'exécuteroient.

Le parlement envoya un de ses huissiers au sieur Michel, chez lequel la colonelle de M. Tubeuf s'étoit assemblée, pour lui dire qu'il vînt le lendemain au parlement, et qu'il apportât l'original du procès-verbal de ce qui s'étoit passé au Palais-Royal. Le sieur Michel se moqua de l'huissier, dit qu'il n'avoit point ce procès-verbal, quoiqu'il fût entre ses mains; et qu'il en allât chercher la copie à l'hôtel-de-ville s'il en avoit affaire. Le parlement, indigné de cette réponse, et d'autres presque semblables que plusieurs leur avoient faites, résolut de décréter contre M. Le Prevôt de Saint-Germain. Cela fut cause que, pour se précautionner, les négociateurs jugèrent à propos de s'aller loger dans le Palais-Royal et dans le Louvre lorsqu'il seroit nécessaire.

M. de Beaufort, qui avoit su la résolution que les colonels avoient prise de député vers le Roi, alla trouver M. de Sève-Chastignonville, qui étoit lors l'un des plus affectionnés au service du Roi et des mieux revenus de la Fronde, auquel il demanda s'il ne prenoit point de passeport. M. de Sève-Chastignonville lui répondit qu'il n'en avoit point besoin. A quoi M. de Beaufort repartit qu'il le croyoit bien, puisque les colonels étoient les maîtres des portes; mais que la campagne n'étoit pas sûre pour eux. M. de Sève répondit à cela qu'ils sortiroient avec quatre cents chevaux; qu'ils ne craignoient rien, et qu'en tout cas il y avoit bonne représaille dans Paris.

Cela fut cause que M. le prince commença de désespérer de pouvoir empêcher de faire la paix, et prit résolution de sortir de Paris, puisqu'il n'y pouvoit être le maître; et le parlement, qui ne savoit plus que faire, envoya prier M. d'Orléans de se trouver au Palais le 11 octobre, pour délibérer sur la démission de M. de Beaufort de sa charge de gouverneur de Paris en la place du maréchal de L'Hôpital, parce que ce dernier devoit revenir dans trois jours, et qu'on ne pourroit empêcher le peuple de le rétablir dans sa charge. Certainement si dans ce rencontre la cour eût envoyé les hommes de commandement et les trois cents soldats que les négociateurs demandoient, les choses étoient si bien disposées qu'on se pou-

voit aisément saisir de M. le prince, de M. de Beaufort, du sieur Broussel, et de plusieurs autres factieux.

Dans ce temps-là les troupes du duc de Lorraine vinrent proche de Paris, et lui dans la ville. D'abord son arrivée surprit le menu peuple, qui crut que son armée mettroit M. le prince sur le haut du pavé, et réduiroit les affaires du Roi dans un mauvais état; mais les honnêtes gens ne s'en étonnèrent point, parce qu'ils savoient que ce duc faisoit gloire de ne rien tenir de ce qu'il promettoit; et la façon de laquelle il agit en arrivant au palais d'Orléans fit connoître à tout le monde que c'étoit plutôt un goguenard qu'un homme à redouter. La belle salutation qu'il fit à Madame fut de lui dire : « Dieu te garde, Margot! tu ne « pensois pas me voir sitôt. » A quoi Madame repartit que non, et lui demanda s'il étoit venu pour les fourber, comme il avoit déjà fait. Le duc de Lorraine lui répondit des railleries; puis se tournant vers M. d'Orléans, qui étoit dans la chambre : « Hé bien, mon frère, nous battrons-« nous? Je suis venu pour cela ici; les doigts m'en « démangent; » et cent autres drôleries dans lesquelles il n'épargna pas M. le prince, auquel il promit d'amener dans deux jours à Paris le maréchal de Turenne mort ou vif, après avoir défait son armée : mais qu'il prioit M. le prince de ne rien prétendre au butin; qu'il l'avoit promis aux soldats, et qu'il ne se réservoit à lui, duc de Lorraine, que la vaisselle d'argent seulement. On vit bien que tout cela n'étoit que gaillardise; mais la venue de son armée et celle du duc de Wirtemberg anima si fort les bons bourgeois et les médiocres, et beaucoup du petit peuple, qu'ils en conçurent une haine mortelle contre M. le prince, et en grondèrent horriblement contre M. d'Orléans. Ils étoient en colère jusqu'à tel point que si dans ce temps-là quelqu'un d'autorité de la part du Roi se fût rendu leur chef, la bourgeoisie eût pris les armes, et se fût allée joindre au maréchal de Turenne.

Quoique Paris fût dans de si belles dispositions, que le secrétaire de la négociation l'écrivît tous les jours à la cour, qu'on la pressât de venir, tout cela n'échauffoit pas; et, dans cette conjoncture, ce retardement pensa dépiter tout le monde. Mais il falloit que l'affaire se fît : ceux qui l'avoient condamnée dans le commencement, qui l'avoient méprisée dans le milieu, avouèrent et écrivirent même aux correspondans de la cour que quoiqu'ils gâtassent tout par leurs longueurs, néanmoins, malgré toutes choses, il falloit que dans peu de jours les princes sortissent de Paris, et que le Roi en fût le maître.

Sur ce que les négociateurs avoient écrit à la

cour qu'on envoyât des lettres du Roi les plus obligeantes qu'il se pourroit aux colonels, elles arrivèrent à Paris le 12 d'octobre, et furent en même temps portées à leur adresse par M. Le Prevôt et par M. de Bourgon. Ces lettres donnèrent sujet aux colonels de s'assembler à l'hôtel-de-ville, avec résolution d'en fermer les portes, et de n'y point laisser entrer M. de Beaufort : ce qu'ils firent, quelque instance et quelque prière qu'il leur en fît.

Cependant le sieur Du Fay, qui avoit gagné beaucoup de gens dans divers faubourgs, faisoit des progrès admirables; il avoit des hommes détachés aux portes pour y faire insulte aux gens du prince et à ceux du duc de Lorraine; et dans ce temps-là les trois cents hommes que les négociateurs demandoient tous les jours à la cour eussent été bien utiles, car le onzième, le duc de Lorraine avec tout son train fut arrêté à la porte Saint-Martin, parce qu'il vouloit aller à son armée et sortir sans passeport de la ville; et ce duc se voyant pressé par le peuple, que les négociateurs avoient gagné, qui lui disoit des injures, eut recours au saint-sacrement qu'un prêtre de Saint-Nicolas portoit à un gagne-denier qui étoit malade : il monta jusqu'au grenier, touchant toujours le surplis du prêtre, redescendit le chapeau à la main avec lui, et ne l'abandonna point jusqu'à ce qu'il eût remis le saint-sacrement dans l'église. Ainsi, dans ce rencontre, cet acte de dévotion forcé servit au duc de Lorraine pour le garantir de l'insulte qu'on lui vouloit faire.

Le jour auparavant, on avoit tué à la porte Saint-Antoine cinq ou six soldats des troupes de ce duc; les placards des princes et des frondeurs étoient arrachés des coins des rues, et on y affichoit et publioit par la ville ce qui venoit de la part du Roi; les colporteurs commençoient de se battre les uns contre les autres sur le sujet des imprimés qu'ils vendoient : enfin c'étoit une disposition admirable pour le retour du Roi. Le sieur Du Fay tenoit depuis quinze jours cinquante hommes prêts *incognito* dans la Bastille (1), pour exécuter son dessein quand le Roi voudroit. M. Le Prevôt distribuoit de l'argent pour l'avancement de l'affaire, et tous les autres négociateurs étoient tous les jours à la ville chez les bien intentionnés, pour leur augmenter les bonnes intentions qu'ils avoient pour le service du Roi. Les colonels alloient dans les maisons par l'ordre de la ville, pour faire sortir tous les gens de guerre des armées des princes, des ducs de Lorraine et de Wirtemberg, de Paris. On les avoit si fort en horreur qu'il s'en falloit peu qu'on ne leur courût sus.

(1) Ils étaient dans l'Arsenal, dépendance de la Bastille.

Sur la nouvelle que l'armée du duc de Lorraine avoit eue que leur chef étoit arrêté dans Paris, elle s'avança d'une lieue du côté de la ville, faisant de grandes menaces contre les bourgeois. M. le prince ne faisoit pas moins : il s'en alla en colère, et en sortant de Paris protesta qu'il se vengeroit contre les bourgeois, et qu'il les persécuteroit jusqu'au tombeau. Ce fut le 14 qu'il abandonna cette grande ville, ou plutôt qu'il en sortit, par le désespoir de s'y voir méprisé par ceux qui l'y avoient adoré il n'y avoit pas deux mois.

Le même jour, les échevins s'assemblèrent à l'hôtel-de-ville, et tout d'une voix, ainsi que les bourgeois de leur assemblée, résolurent d'exécuter ponctuellement tout ce que le Roi leur avoit ordonné par la lettre qu'il leur avoit écrite : et sur ce qu'on avoit eu avis que quelques-uns vouloient empêcher qu'ils n'obéissent aux ordres du Roi jusqu'à ce que l'amnistie fût envoyée au parlement de Paris, le duc de Bournonville, les sieurs de Pradelle, de Rubentel, de Bourgon, de Chazan, de Ligny, de Poix, Du Bocquet et de Gandeville se trouvèrent aux environs de la Grève avec trois cents hommes, portant tous un ruban blanc au chapeau, pour marque qu'ils étoient au service du Roi, et tout prêts d'appuyer ceux qui étoient dans l'hôtel-de-ville, et les garantir de l'insulte qu'on avoit menacé de leur faire; et depuis ce jour-là le sieur de Bournonville, et les quatre ou cinq autres qui travailloient pour l'avancement de l'affaire, et qui n'avoient agi qu'*incognito*, marchèrent par la ville avec la plume blanche au chapeau, et visitoient leurs amis publiquement; et ce même jour-là quatre officiers allemands de l'armée de Wirtemberg furent dépouillés dans le milieu de la rue Saint-Martin, en plein midi, par des habitans de ce quartier-là, auxquels on avoit donné quelque argent pour les encourager à pousser les ennemis du Roi et les pilleurs des environs de Paris.

Pendant que cela se faisoit, le sieur Du Fay avoit préparé son affaire pour l'exécution du dessein de la Bastille, qu'il communiqua aux sieurs de Bournonville, Le Prevôt, Pradelle, Rubentel, Bourgon et le père Berthod. Le dernier, par l'avis des autres, l'écrivit à la cour, et lui fit connoître qu'il n'y avoit plus de risque à prendre cette place; que l'affaire s'exécuteroit le troisième jour après la lettre reçue; que la Bastille étant prise, on avoit parole des capitaines qui étoient en garde à la porte Saint-Antoine et à l'Arsenal, et des bons bourgeois, d'en faire faire des feux de joie, et de faire boire dans ces quartiers-là à la santé du Roi aussitôt que la chose seroit exécutée. Ce n'est pas qu'on eût découvert le dessein à ceux qui devoient faire ces réjouissances; mais on étoit assuré d'eux qu'ils feroient tout ce qu'on voudroit après l'exécution d'une affaire importante pour le service du Roi et pour le repos de la ville.

La garde de la porte St.-Martin se monta le 17 d'octobre avec le ruban blanc au chapeau; on y fit boire tous les passans à la santé du Roi, et dans ce temps-là vingt-cinq ou trente cavaliers, officiers ou gardes de M. le prince et de M. de Beaufort, se présentèrent à la porte avec un passeport de M. d'Orléans, que les soldats bourgeois déchirèrent en pièces, et poussèrent ces cavaliers si vigoureusement qu'à peine purent-ils atteindre le logis de M. de Beaufort pour leur servir d'asyle.

Tout cela se fit par les soins du sieur de Poix, qui fit un festin solennel dans le corps-de-garde à toute la compagnie, à laquelle il avoit donné le ruban blanc. Il fut secondé en ce rencontre des sieurs de Chazan et de Ligny, à l'exemple desquels toute la compagnie fit des merveilles pour le service du Roi. Les colonels, qui pendant ce temps-là étoient allés à la cour faire leur députation au Roi, et qui en furent admirablement bien reçus, en revinrent le 19 avec le maréchal de L'Hôpital, le prevôt des marchands et les autres magistrats; et M. d'Orléans sachant qu'ils arrivoient, fit écrire une lettre à M. de L'Hôpital par le maréchal d'Etampes, laquelle lui fut envoyée en grande diligence par un courrier, qui le trouva, à la tête des colonels, dans le bois de Boulogne.

Cette lettre portoit avis à M. le maréchal de L'Hôpital et aux autres de retourner à Saint-Germain; qu'ils ne seroient pas reçus à Paris; que toute la ville sachant leur venue, s'étoit mise en armes; que les bourgeois avoient tendu les chaînes; que chacun faisoit des barricades dans son quartier, et que le peuple étoit résolu de les égorger plutôt que de souffrir qu'ils entrassent dans la ville.

Cette lettre et le discours de celui qui la portoit, qui exagéra la chose jusqu'au point de la faire passer pour une révolte générale, fit faire halte à toute la compagnie pendant une demi-heure, dans l'incertitude s'ils avanceroient vers Paris, ou s'ils reculeroient du côté de Saint-Germain; et même quelques-uns de la troupe proposèrent de retourner trouver le Roi.

Si ce malheur fût arrivé, les affaires du Roi étoient perdues, et très-certainement Sa Majesté ne fût point venue dans Paris, parce que ceux qui restoient de la faction des princes n'attendoient que cela pour faire publier par la ville, et dans le même temps que le maréchal de L'Hôpital et sa troupe s'en retourneroit, que la cour se moquoit de Paris, et que toutes les paroles qu'on leur avoit données n'étoient que des leurres pour les mieux attraper, et pour donner sujet à la Reine de satisfaire à la passion qu'elle avoit de se venger des habitans de Paris et de faire périr la ville. Mais les intentions de la Reine étoient très-sincères; et les paroles que le Roi avoit données aux colonels, comme il avoit fait aux autres députés du corps de la ville, de venir dans Paris, étoient très-véritables. Dieu permit que pendant que le maréchal de L'Hôpital et sa troupe faisoient halte, un homme de condition qui alloit de Paris à Saint-Germain les voyant arrêtés, en demanda la raison; et l'ayant apprise, il leur fit connoître qu'on les trompoit, que c'étoit une ruse des princes; qu'il n'y avoit rien de si faux que ce qu'on leur avoit dit et écrit; que toute la ville étoit dans la plus grande tranquillité du monde, et dans la disposition de les recevoir avec joie, et comme les précurseurs du Roi. Dans cette assurance ils marchèrent vers Paris, où ils furent reçus avec des acclamations publiques.

Après qu'une partie des principaux de la ville eurent été assurer le maréchal de L'Hôpital de leur obéissance pour le service du Roi, il envoya les archers du guet et d'autres au pont de Charenton et au Port l'Anglais (1), chasser quelques-uns des gens des princes qui y étoient restés, et qui voloient tous ceux qui revenoient à Paris.

M. d'Orléans, voyant l'infaillibilité du retour du Roi, envoya le sieur d'Aligre en cour pour traiter de son accommodement; mais à toutes les propositions qu'il fit, il n'eut point d'autre réponse, sinon que le Roi vouloit qu'avant toutes choses Son Altesse Royale sortît de Paris; et Sa Majesté fît commandement au sieur d'Aligre d'aller porter cette parole à M. d'Orléans. Le sieur d'Aligre revint à Paris chargé d'une fort mauvaise commission pour lui: aussi fît-il ce qu'il put pour s'en débarrasser; car au lieu d'aller au palais d'Orléans il alla descendre chez madame d'Aiguillon, qui envoya querir le sieur Goulas (2), en présence duquel le sieur d'Aligre déclara ce que le Roi lui avoit commandé de dire à Son Altesse Royale. M. Goulas pria M. d'Aligre de n'en parler point encore à M. d'Orléans; qu'il valoit mieux laisser passer la journée sans lui en rien dire; et que cependant on aviseroit au tempérament pour rendre sa commission plus douce, et moins fâcheuse à Son Altesse Royale.

Cette journée passa sans que M. d'Aligre parlât à M. d'Orléans (au moins le fit-il croire ainsi),

(1) *Port-à-l'Anglais.*
(2) Secrétaire des commandements du duc d'Orléans.

et Son Altesse Royale consulta long-temps sur ce qu'il avoit à faire sur la conjoncture de l'arrivée du Roi le lendemain à Paris ; mais, après une longue consultation, ils se trouvèrent si fort embarrassés, qu'ils ne purent prendre aucune résolution. Cependant le peuple, qui ne considéroit plus l'intérêt des princes, étoit dans des tressaillemens de joie qui n'étoient pas concevables, sur l'espérance qu'ils avoient de revoir le lendemain le Roi à Paris ; et sur cela on peut dire qu'il n'y a que les Français qui aillent si vite d'une extrémité à l'autre ; car on vit presque en un même temps la passion que le peuple avoit de servir les princes se convertir en une aversion mortelle pour eux.

Le lendemain lundi 21 octobre, le Roi fit son entrée dans Paris aux flambeaux, quoiqu'il fût parti de Saint-Germain dès les dix heures du matin ; mais l'affluence du peuple qu'il trouva depuis le bois de Boulogne, qui alloit au devant de Sa Majesté, l'empêcha d'arriver de meilleure heure dans la ville. Le Roi entra donc aux flambeaux, à cheval (1) ; et Paris le reçut avec toutes les démonstrations de la plus éclatante joie qu'on pouvoit désirer pour un conquérant, et pour un libérateur de la patrie. Sa Majesté marcha depuis Saint-Germain, d'où elle partit, avec son régiment des Gardes françaises et suisses, ses compagnies de gendarmes et de chevau-légers, les gardes du corps, et d'autre cavalerie ; et étant arrivé au bois de Boulogne, le Roi fit halte pour envoyer faire commandement à M. d'Orléans par le duc de Damville de sortir de Paris le même jour, ou de signer qu'il en sortiroit le lendemain ; et que s'il n'obéissoit, Sa Majesté iroit descendre au palais d'Orléans, et le mèneroit au Louvre. Son Altesse Royale fit quelque difficulté d'obéir ; mais enfin il signa un écrit par lequel il promit de partir le lendemain, à cinq heures du matin.

Le duc de Damville étant revenu trouver à Chaillot le Roi, qui marchoit toujours ; après une demi-heure de halte, Sa Majesté continua à marcher plus vite ; et entrant dans Paris avec les acclamations qui font la plus grande beauté d'une cérémonie, elle fut descendre au Louvre, où elle arriva à huit heures du soir.

Dès que le Roi eut mis pied à terre, pour rendre cette journée la plus célèbre pour le rétablissement de l'autorité royale, Sa Majesté envoya ordre au sieur de La Louvières, fils de M. Broussel et gouverneur de la Bastille, d'en sortir, et de la remettre entre les mains du Roi ; et faute d'obéir sur l'heure, l'exempt lui dit que le Roi viendroit à la Bastille, et le feroit pendre à la porte. La Louvières obéit, et sur le minuit cette place fut remise à l'obéissance du Roi.

Dans le même temps le Roi envoya faire commandement à madame de Chavigny de lui remettre le château de Vincennes ; et l'exempt lui dit que si elle n'obéissoit pas, qu'il avoit ordre de l'arrêter. La dame obéit, et l'exempt entra dans la place pour le Roi.

Le mardi 22, M. d'Orléans partit à cinq heures du matin avec messieurs de Rohan et de Brissac pour s'en aller à Limours ; et le même jour le Roi envoya des lettres de cachet à Mademoiselle et aux dames de Montbazon, Frontenac, de Bonnelle, de Châtillon et de Fiesque, avec ordre de sortir de Paris dans vingt-quatre heures, et de se retirer en leurs maisons de la campagne. Mademoiselle, qui fut cachée un jour ou deux, fut enfin contrainte d'obéir, et s'en alla au Bois-le-Vicomte avec son secrétaire, une femme de chambre et madame de Frontenac seulement, et huit mille francs d'argent comptant.

Madame de Châtillon partit le jeudi pour aller à Pressy, auprès de madame sa mère ; madame de Montbazon le jour auparavant pour aller en Touraine ; et madame de Bonnelle à une de ses maisons, à six lieues de Paris. Il n'y eut que madame de Fiesque, qui s'étoit blessée deux jours devant d'une fausse couche, qui demeura jusques à ce qu'elle fût en état de s'en pouvoir aller ; et cependant on lui donna des gardes, et on la fit visiter par M. Valot, premier médecin du Roi.

J'oubliois à dire que Sa Majesté, avant de partir de Saint-Germain, écrivit aux particuliers du parlement qui étoient demeurés à Paris, une lettre par laquelle Sa Majesté leur mandoit que voulant faire son entrée dans Paris le 21, et le 22 tenir son ciel (1) de justice au Louvre, il leur ordonnoit de s'y trouver à sept heures du matin en robes rouges, pour y entendre ses volontés. De ceux-là furent exceptés les sieurs Broussel, Violle, de Thou, Portail, Bitaut, Foucquet de Croissy, Coulon, Machaut-Fleury, Martineau et Ginon, insignes frondeurs.

Ce 22, le Roi tint son ciel de justice dans la grande galerie du Louvre, où tous les particuliers du parlement auxquels il avoit écrit se trouvèrent. Là, Sa Majesté fit publier l'amnistie par son chancelier, fit la réunion du parlement de Pontoise, qui étoit venu avec elle, à celui de Paris ; et ayant dit ses volontés par la même bouche, le Roi se leva pour laisser la liberté des suffrages, et d'une commune voix les volon-

(1) Le 21 octobre 1652.

(1) Son lit.

tés du Roi passèrent par arrêt rendu le même jour.

Ses volontés furent la réunion du parlement de Pontoise aux particuliers du parlement de Paris qui avoient été interdits, la destitution des officiers frondeurs qui avoient été notés, auxquels le Roi ordonna de sortir de Paris. Sa Majesté fit défenses au parlement de prendre à l'avenir connoissance des affaires de l'Etat ; elle fit aussi défenses aux officiers de ce corps de prendre soin ou direction des affaires des princes et grands du royaume, de recevoir des pensions d'eux, et d'assister à leurs conseils

SECONDE PARTIE.

Secret de la négociation pour la réduction de Bordeaux à l'obéissance du Roi, en l'année 1653.

[1652] Le Roi voyant le peuple de Paris soumis, et son autorité rétablie dans le parlement aussi bien que parmi la bourgeoisie et le petit peuple, assembla son conseil secret pour aviser aux moyens de remettre Bordeaux dans son devoir, et d'en faire sortir ceux qui maintenoient le peuple dans la rebellion, afin de donner sujet aux bourgeois de cette ville-là, qui avoient de bonnes intentions pour le service de Sa Majesté, de travailler à leur liberté, et de se remettre dans l'obéissance du Roi.

La Reine et M. Servien furent d'avis d'y envoyer secrètement le père Berthod et M. de Bourgon, parce qu'ils étoient assurés de leur affection pour le service du Roi, et qu'ils s'étoient parfaitement bien acquittés de leur entreprise dans l'affaire de Paris. Ils partirent donc tous deux, au mois de décembre 1652, avec des ordres de Sa Majesté qui leur donnoient pouvoir d'agir ainsi qu'ils aviseroient, sans leur prescrire aucune chose déterminément, laissant cette négociation absolument à leur conduite.

Ces deux négociateurs arrivèrent à Blaye après avoir passé par Angoulême, et pris escorte du marquis de Montausier, qui leur donna de ses gardes, suivant les ordres qu'il en avoit reçus du Roi.

Le sieur de Bourgon demeura dans Blaye auprès du duc de Saint-Simon, et le père Berthod passa à Bordeaux, parce qu'il y connoissoit tout le monde, et ayant autrefois demeuré trois ou quatre ans, et que le sieur de Bourgon n'y avoit aucune habitude.

Le père Berthod y arriva la veille de Noël, sur le midi ; et ce fut une assez bonne conjoncture, parce qu'ayant grande dévotion aux cordeliers, il prendroit occasion, pendant les fêtes, de parler à ses amis, et de rendre à quelques-uns des bien intentionnés des lettres de M. Servien, qui leur mandoit d'agir suivant les ordres que le père Berthod leur donneroit.

Le jour même qu'il y arriva, il envoya querir le sieur Le Roux et le sieur de La Chaise son gendre, qu'il savoit avoir de bonnes intentions pour le rétablissement de l'autorité royale. Il les trouva autant affectionnés qu'on pouvoit espérer, et dans la disposition de tout entreprendre pour le service du Roi, lorsque les choses seroient en état de le pouvoir faire. Ils nommèrent au père Berthod ceux auxquels on se pouvoit fier dans la ville, et ceux qui étoient absolument pour le service du Roi. Ils lui dirent même que la maison des cordeliers n'étoit pas fort bien intentionnée, non plus que beaucoup d'autres maisons religieuses, et quantité de curés des paroisses ; que le père Ithier, gardien des cordeliers, avoit de grandes attaches à M. le prince de Conti, à madame de Longueville et au sieur Lenet (1), qui étoit l'intendant de M. le prince de Condé dans Bordeaux, et qui gouvernoit tout dans la ville. Mais le père Berthod assura ces deux messieurs de la fidélité du père Ithier pour le service du Roi, et qu'il n'avoit pas marchandé à quitter les intérêts de M. de Conti et de madame de Longueville, lorsqu'il lui avoit rendu une lettre de la Reine, qui lui ordonnoit de travailler conjointement avec le père Berthod pour faire revenir Bordeaux à l'obéissance de Sa Majesté ; que leur intelligence étoit cachée, et que tous les religieux de la communauté n'avoient d'autre pensée du père Berthod que celle de croire qu'il étoit venu en Guienne pour se rétablir dans cette province-là, dont il avoit autrefois été ; aussi leur avoit-il ainsi fait croire.

Pendant les fêtes il vit ses amis dans la ville, officia publiquement le jour de Saint-Etienne à la grand'messe et à vêpres, afin qu'on ne fût point surpris lorsqu'on le verroit dans les rues ; et il disoit à tous ceux de sa connoissance qui le venoient voir, qu'il se venoit rétablir dans Bordeaux. Le jour des Innocens, M. le prince de Conti envoya querir le père Ithier pour lui dire qu'il venoit de recevoir des lettres de la cour qui lui marquoient que le père Berthod devoit venir à Bordeaux pour y travailler contre M. le prince de Condé et contre lui, et pour y faire ce qu'il avoit fait à Paris dans la négociation du retour du Roi ; qu'il étoit pleinement informé comme il avoit agi ; qu'on lui écrivoit de se saisir

(1) Auteur des Mémoires qui font partie de cette collection.

de sa personne, parce qu'il étoit très-dangereux et très-nuisible à leur parti; qu'ainsi il prioit le père Ithier de lui donner avis lorsqu'il seroit arrivé; qu'il étoit parti de Paris travesti par ordre de la Reine; et il lui marqua la manière dont il étoit vêtu. Le père Ithier répondit à M. de Conti que Son Altesse étoit sans doute mal informée; que le père Berthod étoit arrivé il y avoit quatre jours; qu'il étoit venu en habit de religieux; qu'il étoit tous les jours au chœur, et qu'il voyoit publiquement ses anciennes connoissances dans la ville; que ce père n'étoit venu à Bordeaux que pour y procurer son rétablissement dans la province d'Aquitaine, de laquelle il avoit été dix ou douze ans; et qu'il ne lui avoit point paru qu'il fût venu pour autre sujet que pour celui-là.

M. le prince de Conti se contenta de ce que le père Ithier lui dit, et lui ordonna de faire observer le père Berthod jusques après l'arrivée du premier courrier, qui lui donneroit de plus amples nouvelles.

Le père Ithier, qui dit au père Berthod ce qui s'étoit passé entre le prince de Conti et lui, le surprit extrêmement, et il jugea que quelques-uns d'auprès de la Reine ou de messieurs les ministres trahissoient les affaires du Roi, et par là rendoient tous les desseins pour Bordeaux inutiles. Aussi le père Berthod, depuis ce temps-là, n'osa plus voir ses amis bien intentionnés qu'en cachette, de peur de les rendre suspects et de leur ôter le moyen de servir le Roi.

[1653] Le premier jour de l'an 1653, M. le prince de Conti envoya un de ses valets de pied au père Berthod, lui dire qu'il vînt trouver Son Altesse avec le père Ithier, sur les quatre heures. Ils y allèrent tous deux, et le prince de Conti, qui étoit seul dans sa chambre avec le sieur Lenet, dit au père Berthod qu'il l'avoit envoyé quérir sur des lettres qu'il avoit reçues de Paris, qui lui donnoient avis qu'il en étoit parti par ordre du Roi, pour venir travailler contre son frère et contre lui; qu'on lui mandoit l'obligation qu'il avoit de se saisir de sa personne, et qu'il ne pouvoit faire autrement que de le faire arrêter prisonnier; que pour cela il avoit fait mettre les chevaux à son carrosse, et donné l'ordre à son capitaine des gardes de le faire conduire dans les prisons de l'hôtel-de-ville; que néanmoins s'il lui vouloit dire la vérité, il le traiteroit doucement, et qu'il ne le livreroit pas entre les mains de l'Ormée (1), qui lui avoit député ses chefs pour le lui demander. Le père Berthod répondit à M. le prince de Conti qu'on avoit donné de mauvais mémoires à Son Altesse; qu'il n'étoit parti de Paris pour Bordeaux qu'afin

(1) Faction populaire.

d'y venir chercher ses anciens amis, et de voir s'il trouveroit jour à se rétablir dans la province d'Aquitaine, de laquelle il étoit sorti par ordre du général de son ordre, pour aller dans la province de Saint-Bonaventure vivre avec un de ses amis; que cet ami étant mort, et n'ayant point d'autre attache dans cette province de Saint-Bonaventure, il revenoit dans celle de Guienne pour y chercher son repos.

M. le prince de Conti se moqua de cette réponse, et demanda au père Berthod s'il n'avoit pas pris congé de la Reine; s'il n'avoit pas eu conférence avec Sa Majesté plus de demi-heure; s'il n'avoit pas vu M. Servien, M. Le Tellier, M. l'archevêque de Bordeaux et M. l'évêque de Glandèves, auparavant nommé le père Faure. Le père Berthod voyant qu'il ne pouvoit nier toutes ces choses, lui confessa qu'il étoit vrai qu'il avoit vu toutes ces personnes-là; qu'il y alloit de sa satisfaction de prendre congé d'eux; que puisqu'ils lui faisoient l'honneur d'avoir eu quelques bontés pour lui, il y alloit de son devoir de leur avoir dit adieu, sortant de Paris pour n'y plus retourner, et qu'il s'en venoit dans la province de Guienne pour n'en plus sortir.

M. le prince de Conti voyant qu'il ne pouvoit rien tirer du père Berthod, lui fit voir deux lettres fort longues, qui lui disoient tout ce que ce père avoit fait avant son départ de Paris; de quelle façon il étoit vêtu lorsqu'il monta à cheval avec le sieur de Bourgon, duquel on ne disoit pas le nom; mais on disoit le poil des chevaux sur lesquels ils étoient montés, et une marque que le sieur de Bourgon avoit à l'œil. A l'interligne d'une de ces lettres il y avoit : « Je vous « enverrai par le premier ordinaire la copie du « chiffre du père Berthod, parce qu'on n'a pas « eu le loisir de le transcrire pour vous le donner « par celui-ci. »

Parmi toutes ces choses vraies, il y en avoit beaucoup de fausses; et cela servit beaucoup au père Berthod, qui vit qu'en déniant les choses fausses qu'on écrivoit dans ces lettres, il en pouvoit dénier beaucoup de vraies. Comme il se vit trahi du côté de la cour, il se résolut de dire ce qu'il ne pouvoit cacher. Il dit donc à M. le prince de Conti que ce qu'il avoit dit à Son Altesse de son établissement dans la province de Guienne étoit vrai; qu'il n'avoit eu d'autre pensée en partant de Paris que celle-là; et que lorsqu'il avoit pris congé de la Reine et des autres messieurs qu'il lui avoit nommés, Sa Majesté lui avoit dit que puisqu'il avoit toujours été affectionné au service du Roi et qu'il venoit à Bordeaux, qu'il écrivît en quelle disposition étoit le peuple, et s'il y avoit apparence qu'on y pût rétablir l'autorité du Roi; que suivant ce qu'il en manderoit, on y enverroit quelqu'un pour y travailler, ou que peut-être on lui enverroit à lui-même des ordres pour cela; et que sans doute le traître qui écrivoit à Son Altesse en avoit ouï dire quelque chose, et que sur cela il lui avoit écrit qu'il lui enverroit la copie du chiffre dont on se vouloit servir; mais que pour lui père Berthod, il n'avoit point eu encore d'ordre pour travailler, et qu'il ne savoit pas si on lui en enverroit; et quand même on le lui feroit, qu'il n'étoit pas résolu de l'accepter, parce qu'il vouloit vivre en repos.

M. de Conti voyant qu'il n'en pouvoit avoir plus de lumières, et croyant que le père Berthod lui disoit la vérité, lui proposa de faire pour lui et pour M. le prince son frère ce qu'il eût voulu faire pour la cour; que puisqu'il étoit découvert, il ne pouvoit rien faire pour le service du Roi; que quand même il y travailleroit efficacement, il y courroit risque de sa vie; que ses travaux seroient sans récompense; que la cour étoit ingrate; qu'il le pouvoit connoître par ce qu'il avoit fait à Paris, dont il n'avoit eu aucune satisfaction; mais que s'il vouloit prendre son parti et celui de monsieur son frère, il y trouveroit son compte; qu'il lui donneroit des bénéfices, et que présentement il lui feroit donner d'argent ce qu'il en désireroit. Le père Berthod répondit qu'il étoit né serviteur du Roi, qu'il y avoit vécu, et qu'il y vouloit mourir; et que s'il avoit du bien à espérer, il le vouloit acquérir par de bonnes actions, et non pas pour avoir trahi Sa Majesté et son État.

Sur cela M. le prince de Conti renvoya le père Berthod dans son carrosse, à dix heures du soir, au couvent des cordeliers avec le père Ithier, auquel il donna ordre secrètement de le faire observer, et dit au père Berthod qu'il lui enverroit le lendemain le sieur Lenet, pour voir s'il avoit pensé à la proposition qu'il lui venoit de faire de prendre son parti, et d'abandonner celui du Roi.

Le père Berthod s'en retourna, non sans inquiétude de se voir découvert par la perfidie de ceux qui approchent de Leurs Majestés; je dis de ceux qui sont auprès de Leurs Majestés, car M. le prince de Conti dit que dès aussitôt que le père Berthod fut sorti d'auprès de la Reine pour venir à Bordeaux, une des femmes qui étoit dans la chambre de Sa Majesté en alla avertir ceux du parti de M. le prince, et leur dit qu'on l'envoyoit à Bordeaux. Son Altesse dit encore le nom de celui qui lui avoit écrit, qui depuis pour cela, et pour d'autres plus grandes trahisons, a fini ses jours par la main du bourreau.

Le lendemain, le sieur Lenet alla trouver le père Berthod, auquel il renouvela les propositions de M. le prince de Conti, et lui dit quantité de choses, pour l'obliger de les accepter. Il fut contraint de s'en retourner après lui avoir parlé environ une heure, sans tirer d'autre résolution du père Berthod que celle de ne se vouloir pas ranger du parti de M. le prince.

Le sieur Lenet voyant que ce père ne vouloit point abandonner le parti du Roi, lui vint dire, après avoir fait cinq ou six conférences inutiles, qu'il pouvoit, lui père Berthod, dans la conjoncture des affaires présentes, faire lui seul la paix générale. Le père répondit que si cela étoit, il s'y donneroit tout entier, pourvu que son honneur et sa conscience s'y trouvassent saufs; mais qu'il n'avoit pas assez de présomption pour se persuader qu'une personne comme lui pût faire une chose à quoi messieurs Servien, d'Avaux et tant d'autres plénipotentiaires n'avoient pu réussir. Lenet repartit que certainement il le pouvoit faire s'il vouloit suivre les instructions qu'il lui donneroit; qu'en cela il serviroit le Roi, M. le prince, son parti, et qu'il donneroit le repos à tout le royaume; et voici comme il débuta :

« La paix générale, dit-il, dépend de la Reine
« et de M. le cardinal, comme je vous ferai voir
« dans les articles que j'en ai dressés par l'ordre
« du roi Catholique; mais il y a cette restriction
« que le roi d'Espagne a donné sa parole à M. le
« prince qu'il ne signeroit jamais les articles de
« la paix que Son Altesse n'eût fait la sienne
« avec le roi de France. Si la Reine et M. le car-
« dinal font la moindre démarche pour traiter
« d'accommodement avec M. le prince, Son Altesse
« viendra les bras ouverts pour donner les mains
« à tout ce qu'ils désireront. Sa Majesté et Son
« Éminence ne veulent point entendre parler de
« paix avec M. le prince tant qu'ils verront qu'ils
« auront l'avantage sur son parti; au contraire,
« ils le pousseront le plus qu'ils pourront. Bor-
« deaux est le seul endroit dans le royaume où
« Son Altesse peut se réfugier et y prendre de
« nouvelles forces. La Reine et M. le cardinal
« sont dans l'espérance de faire revenir cette
« ville dans son devoir, d'y rétablir l'autorité du
« Roi, et d'en chasser le parti de M. le prince;
« et sous cette espérance ils ne veulent point d'ac-
« commodement avec lui : mais si Sa Majesté et
« Son Éminence se voient hors de possibilité de
« prendre Bordeaux, certainement ils parleront
« de paix avec Son Altesse. Et comme je vous
« viens de dire, dit-il au père Berthod, dans la
« première démonstration que la Reine et M. le
« cardinal en feront faire, M. le prince donnera

« entièrement les mains. Ainsi l'accommodement « étant fait entre le Roi et Son Altesse, il ne « tiendra plus qu'à Leurs Majestés et à Son Emi- « nence de faire la paix générale, puisque le roi « d'Espagne la désire si passionnément, et qu'il « fera tout ce que le roi de France voudra, « pourvu que la paix de M. le prince soit faite. »

Le père Berthod l'ayant écouté, lui dit que ce qu'il disoit étoit la plus belle chose du monde; mais qu'il ne voyoit pas que lui père Berthod pût contribuer à cette paix générale, ni la faire tout seul comme il disoit. Lors Lenet lui repartit : « Voici comme vous ferez : vous êtes envoyé « ici pour le service du Roi. » Sur cela le père Berthod lui répondit qu'il supposoit faux. « Sup- « posons, dit Lenet, qu'il soit vrai que vous y « soyez envoyé ; quoi qu'il en soit, vous devez « écrire à la cour la disposition de Bordeaux. « Vous écrirez donc à la Reine et aux ministres « que vous avez trouvé dans cette ville plus de « la moitié des bons bourgeois bien intentionnés « pour le service du Roi ; qu'ils ont inclination à « la paix; mais que les ormistes, qui sont les peti- « tes gens gouvernés par quelques-uns du parle- « ment, sont attachés si fortement aux intérêts « de M. le prince, du prince de Conti et de ma- « dame de Longueville et du reste de leur cabale, « se portent avec tant de violence contre ceux qui « parlent de la paix, que les premiers bourgeois « qui témoignent la souhaiter sont battus, chas- « sés, et leurs maisons pillées et brûlées par « ceux de l'Ormée ; de sorte que ces bien in- « tentionnés sont dans une timidité si grande « qu'ils sont hors de pouvoir de rien faire, parce « qu'ils n'osent se découvrir l'un à l'autre, de « peur d'être maltraités par ceux de la faction « des princes. Qu'ainsi vous voyez, dit Lenet au « père Berthod, Bordeaux hors d'état de revenir « à l'obéissance du Roi. Nous écrirons, dit en- « core Lenet, de notre côté à nos amis, à Paris, « la même chose que vous manderez dans vos « lettres. Ce que nous écrirons sera vu à la cour, « on la trouvera conforme à ce que vous direz, « et par là vous ferez perdre l'espérance à la « Reine et à M. le cardinal de faire sortir Bor- « deaux des mains de M. le prince. Cette espé- « rance étant perdue, ils traiteront avec Son « Altesse ; et faisant leur accommodement par le « moyen de vos lettres, qui leur ôteront l'envie « de plus penser à Bordeaux, vous seul serez « cause de la paix générale, puisque le roi d'Es- « pagne ne retarde à la faire que parce que M. le « prince n'a pas fait la sienne. » A ces beaux discours le père Berthod répondit qu'il aimoit mieux qu'il y eût une guerre générale que d'avoir fait cette paix en trahissant le Roi, et faisant contre son honneur et sa conscience. Après plusieurs discours sur cette matière, Lenet s'en retourna, et promit au père Berthod de revenir le lendemain pour savoir sa dernière résolution.

Le soir de cette conférence, le père Ithier dit qu'il venoit de chez madame de Longueville; qu'elle lui avoit dit qu'on lui avoit donné, à lui père Ithier, en charge le père Berthod; qu'il prît bien garde qu'il ne s'échappât, et qu'il étoit prisonnier, quoiqu'il ne fût pas enfermé dans les cachots. Le père Ithier répondit à madame de Longueville que M. le prince de Conti avoit promis au père Berthod un passeport pour s'en retourner à Paris, et qu'il s'étoit engagé de ne lui faire pas un plus grand mal que celui de le faire chasser de Bordeaux, comme on faisoit à ceux qu'on soupçonnoit être du parti du Roi. Madame de Longueville répartit qu'il étoit vrai que son frère avoit promis son passeport, mais qu'il ne le donneroit pas de long-temps, parce que le père Berthod leur étoit nécessaire pour le bien de leurs affaires, et qu'il vouloit l'obliger à les servir. Le père Berthod ayant ouï cela, demanda au père Ithier à quoi il s'étoit engagé avec madame de Longueville. Il lui répondit que sur le commandement que cette princesse lui avoit fait de le garder prisonnier, il lui avoit donné sa parole. « Mais quoi, mon père, dit le père Berthod, « ne savez-vous pas que nous sommes convenus « que si M. le prince de Conti ne me donne pas « mon passeport comme il m'a promis, je me « sauverai le mieux que je pourrai ? » Le père Ithier répondit qu'il étoit vrai ; mais qu'ayant donné sa parole à madame de Longueville, il étoit obligé de la tenir. « Oui, mais, dit le père « Berthod, par là vous gâtez les affaires du « Roi ; vous me mettez en proie au parti des « princes et à la rage de l'Ormée, qui me cou- « peront en pièces, voyant que je ne me veux pas « ranger de leur côté. Les bourgeois avec les- « quels j'ai eu conférence perdront confiance, « me voyant maltraité ; la cour n'osera plus ici « envoyer personne, parce qu'elle croira tout dé- « sespéré pour le service du Roi. » Enfin, après plusieurs grands dialogues entre ces deux pères, le père Berthod dit au père Ithier qu'il s'en vouloit aller; qu'il ne vouloit point écouter les propositions de M. le prince de Conti ni de Lenet, mais qu'il lui donnoit sa foi de ne point partir sans l'en avertir. Ils demeurèrent d'accord de cela ; mais le père Ithier ne savoit pas que le père Berthod, en lui promettant de ne pas s'en aller sans l'en avertir, entendoit que ce seroit avant que de partir, ou en partant, ou bien après être parti. Les voilà donc d'accord, et cette conjoncture fit prendre de nouvelles visées au père Berthod pour tromper Lenet et pour prendre les moyens de se sauver (1).

Le lendemain, Lenet revint trouver le père; et lui ayant demandé s'il avoit songé à la proposition qu'il lui avoit faite le jour précédent, il lui répondit que oui, qu'il avoit trouvé quelque lumière pour servir en cela le Roi et le parti de M. le prince, et ne perdre point son honneur; mais qu'il lui falloit du temps pour bien prendre ses mesures, et qu'il lui demandoit huit jours pour lui donner sa dernière parole. Lenet s'en retourne fort joyeux dire à M. le prince de Conti et à madame de Longueville le progrès qu'il croyoit avoir fait sur l'esprit du père Berthod; ils l'écrivirent à la cour comme une chose qu'ils croyoient être très-avantageuse pour le bien de leurs affaires; et parce que les lettres étoient interceptées et portées à la Reine, Sa Majesté commençoit de douter de la fermeté du père Berthod, jusques à ce qu'elle vit de ses lettres entre les mains de M. l'évêque de Glandèves, qui assuroient la Reine que ce qu'il en faisoit n'étoit que pour mieux jouer son personnage, et qu'il n'avoit pas trouvé de meilleur expédient, pour ne pas perdre les affaires du Roi, que de donner quelque espérance à Lenet de se ranger du parti des princes.

Peu de temps après que Lenet eut quitté le père, un des principaux de l'Ormée le vint trouver, et lui dit : « Mon père, je vous viens avertir, « comme votre ami ancien, que M. le prince de « Conti vous donnera un passeport, si vous « vous roidissez à ne vous pas mettre de la fac- « tion, afin qu'on voie qu'il tient les paroles qu'il « a données; mais aussi je vous assure que dans « le moment que vous serez prêt à vous embar- « quer, vous serez saisi par une vingtaine d'or- « mistes qui se moqueront de votre passeport, « et qui vous massacreront comme ils firent le « pauvre M. Thibaut. Ainsi prenez vos mesures « là-dessus, et ne me découvrez pas, car je vous « donne cet avis comme à une personne que « j'aime depuis long-temps. »

Le père Berthod, dès l'heure même, songe à son évasion; il en cherche les moyens; et pour cet effet, par le moyen de madame Lozon, il envoie chercher un paysan à trois lieues de Bordeaux pour envoyer à Blaye, parce qu'il étoit extrêmement dangereux d'en prendre de la ville ni des environs, d'autant qu'ils eussent tous trahi leur père et leur frère pour un quart d'écu.

Pendant que cette dame envoie querir son paysan, le père Berthod pense aux moyens d'écrire au duc de Saint-Simon et au sieur de Bourgon,

(1) Ce paragraphe ne se trouve pas dans l'édition de M. Monmerqué.

parce que s'il écrivoit selon le chiffre qu'il avoit avec le dernier, et que le paysan fût pris, la lettre pourroit être vue par M. le prince de Conti, qui avoit le même chiffre, qu'on lui avoit envoyé de Paris.

Le père donc écrivit une lettre chimérique au curé de Blaye, dans laquelle, sous le nom d'un de ses oncles, il lui parloit de la résignation d'un bénéfice; et quand la lettre eût été trouvée et le paysan pris, il n'y avoit rien à craindre, puisqu'elle ne parloit point du père Berthod ni de sa détention, et encore moins du dessein qu'il avoit de se sauver. En marge de cette lettre il y avoit : « Je vous envoie de l'eau pour les yeux. Frottez- « vous-en, cela vous éclaircira la vue. » Ce paysan part avec la lettre pour le curé de Blaye et la fiole d'eau pour les yeux, avec ordre, s'il étoit pris, de dire qu'il portoit le tout au curé; et s'il ne l'étoit pas, de rendre l'eau et la lettre au duc de Saint-Simon.

Le paysan, après avoir fait de grands détours pour éviter l'armée navale des Bordelais, arrive à Blaye, donne la lettre et la fiole au duc de Saint-Simon, qui, n'y trouvant rien d'écrit que ce qui paroissoit pour le curé de Blaye, la communique au sieur de Bourgon; et tous deux ensemble, après avoir bien considéré le derrière de la lettre et n'y voyant point d'apparence d'écriture, crurent qu'il la falloit frotter de l'eau que le père Berthod leur envoyoit : ce qu'ils firent, et aussitôt ils y découvrirent cinq ou six lignes d'écriture aussi noire que la plus belle encre du monde, qui disoient :

« Je suis arrêté par M. le prince de Conti et « par l'armée (2); envoyez-moi au plus tôt le « même batelier qui m'a conduit de Blaye à Bor- « deaux; qu'il apporte des habits de matelot dans « sa chaloupe. Faites diligence; autrement je suis « perdu, et les affaires du Roi sont ruinées. »

Le duc de Saint-Simon, qui étoit bien intentionné pour le service de Sa Majesté, et qui ne manquoit pas d'occasions à le faire paroître, envoie, dès aussitôt qu'il eut reçu le billet du père Berthod, le batelier qu'il demandoit au couvent de la Grande-Observance, qui dit à ce père que le duc de Saint-Simon et le sieur de Bourgon l'avoient fait venir en grande diligence avec des habits de matelot dans sa chaloupe, et lui avoient dit de faire tout ce qu'il voudroit. Le père Berthod donne au batelier les habits de religieux qu'il avoit apportés de Paris, et qu'il avoit quittés pour en prendre de ceux de Bordeaux, afin d'être plus conforme à eux, et qu'on prît moins garde à lui lorsqu'il étoit dans les rues. Il donna donc ses habits au batelier, avec ordre

(2) Il faut sans doute lire *Ormée*.

d'aller mettre sa chaloupe au fond des Chartreux, et de le venir voir tous les matins pour savoir ce qu'il auroit à faire.

Pendant quatre ou cinq jours que le batelier demeura à Bordeaux, le sieur Lenet alla trouver deux ou trois fois le père Berthod, auquel il demanda s'il étoit résolu de servir M. le prince. Le père lui répondit qu'oui ; mais qu'il vouloit faire ses conditions. Lenet alla porter cette nouvelle au prince de Conti et à madame de Longueville; et Lenet étant revenu le lendemain trouver le père, lui dit que M. le prince de Conti viendroit le lendemain des Rois dîner au couvent, et qu'alors ils feroient leur traité en la manière que le père voudroit. Le père Berthod répondit que ce dîner ne dépendoit pas de lui, que c'étoit une affaire du père Ithier; à quoi Lenet répondit qu'ils en étoient d'accord ensemble.

Le père Berthod se voyant sur le point d'être perdu, parce qu'il ne vouloit point s'engager avec le prince de Conti, mit toutes les dispositions à sa fuite; et afin de la faciliter davantage, il persuade au père Ithier de remettre ce dîner à une autre fois ; il lui représente qu'il ne prenoit pas garde que la ville en seroit scandalisée, parce que ce lendemain des Rois étoit le commencement d'un carême volontaire que les religieux de saint François font en leurs maisons; que M. le prince de Conti venant dîner au couvent, et lui père Ithier, aussi bien que lui père Berthod, étant à sa table, seroient obligés de manger de la viande; et quoiqu'il n'y eût pas de mal de le faire, puisque ce n'étoit pas un carême d'obligation, qu'il y avoit toujours de la mauvaise édification, puisqu'on ne mangeoit point de viande dans le couvent. Le père Ithier, persuadé de cette raison, trouve moyen de s'excuser envers M. le prince de Conti, et prie Son Altesse de mettre la partie à une autre fois.

Cependant le père Berthod, qui avoit découvert le dessein pour lequel il étoit venu à Bordeaux au père Galtery, et qui s'étoit engagé de servir le Roi dans l'occasion présente, lui dit qu'il s'en vouloit aller dès qu'il en trouveroit l'occasion ; qu'il ne pouvoit plus retarder son départ sans gâter les affaires du Roi : mais il ne lui dit pas que le batelier étoit tout prêt; il le pria seulement de n'en rien dire au père Ithier, et qu'il le rendît capable (1) de son évasion lorsqu'il en auroit appris la nouvelle.

Le jour des Rois, le père Berthod se fait inviter à dîner pour le lendemain par une personne de la ville, avec le père Ithier et le père Galtery, afin que si M. le prince de Conti venoit pour dîner il ne trouvât ni les uns ni les autres, et qu'ainsi il n'engageât point le père Ithier à des choses qu'il ne vouloit pas faire, ou à s'exposer à sa colère ou à la fureur des ormistes.

Ce jour-là même, le sieur de Chambret, qui savoit que le père Berthod étoit à Bordeaux, et ce qu'il y étoit venu faire, y arrive. Dès le même moment il alla voir ce père, et lui dit que la cour l'avoit envoyé, ainsi qu'ils en étoient tous deux demeurés d'accord avec messieurs Servien et d'Amiens (2). Le père Berthod lui représenta le contre-temps dans lequel il étoit venu, le danger où il se mettoit si on venoit à savoir leur entrevue; et il renvoya le sieur de Chambret sans faire mine de le connoître, comme une personne avec laquelle il n'avoit point d'habitudes particulières.

Le lendemain des Rois arrivé, les trois pères s'en vont dîner chez la personne qui les avoit invités, et laissent ordre de dire à M. le prince de Conti, s'il venoit pour dîner, qu'ils n'y étoient pas, et qu'ils étoient sortis dans la pensée qu'ils avoient que Son Altesse ne se donneroit pas la peine de venir au couvent ce jour-là pour y dîner.

Sur les onze heures, M. le prince de Conti, qui étoit dans l'impatience de traiter avec le père Berthod, envoie aux Cordeliers dire qu'il n'y viendroit point dîner, mais que sur les deux heures il ne manqueroit pas de s'y rendre; qu'ainsi le père Ithier et le père Berthod n'en bougeassent pas. Le portier fit savoir l'intention du prince de Conti à ces trois pères, et cela fit hâter le père Berthod de songer à son départ. Aussi quitta-t-il sa compagnie au moitié du dîner, faisant croire au père Ithier qu'il avoit donné rendez-vous au sieur Chambret à midi, et qu'il ne pouvoit lui manquer de parole. Le père Ithier le laisse aller, après lui avoir fort recommandé de se trouver au couvent à une heure, pour ne pas fâcher le prince de Conti.

Le père Berthod quitte donc sa compagnie, s'en va prendre un religieux aux Cordeliers, pour l'accompagner par la ville; il le conduit sur le Charton, sans lui parler de quoi que ce fût de son dessein ; et lorsqu'il se vit par delà le château Trompette, il dit à celui qui l'accompagnoit qu'il l'avoit choisi comme son ami, pour le mener en un lieu où il ne vouloit point que d'autre personne que lui eût la connoissance de ce qu'il y feroit; qu'il avoit donné rendez-vous à un homme de grande condition, dans un cabaret borgne au fond des Chartreux; qu'ils y devoient parler d'une

(1) Le mot *capable* est dans les deux manuscrits. Si ce n'est une faute de copiste, Berthod donne à ce mot une acception qu'il n'a plus.

(2) Le père Faure, d'abord évêque de Glandèves, puis d'Amiens.

affaire très-importante; qu'il avoit choisi ce lieu-là pour n'être pas découvert, et qu'il le prioit que si, dans la suite de leurs discours et dans l'ardeur de leur conférence, il entendoit quelque chose de ce qu'ils diroient, il n'en parlât jamais à personne; que c'étoit une matière fort chatouilleuse, et qu'il lui feroit courre risque de sa personne, si le prince de Conti en avoit la moindre connoissance. Le compagnon, qui étoit ami du père Berthod, et qui savoit en gros qu'il étoit serviteur du Roi, sans pourtant qu'il en sût aucune chose en particulier, lui promit de le servir ainsi qu'il le désiroit, et que quoi qu'il pût entendre de la conférence, il n'en parleroit point.

Ces deux pères étant arrivés dans ce cabaret borgne, le père Berthod, qui avoit porté une écritoire et du papier, écrivit une grande lettre au père Ithier, dans laquelle il le prioit de ne trouver pas mauvais s'il s'en alloit sans voir M. le prince de Conti; qu'il ne pouvoit traiter avec Son Altesse sans gâter les affaires du Roi, et sans blesser son honneur et sa conscience; qu'il ne pouvoit ni ne devoit abandonner le service de Sa Majesté. Il lui dit encore d'autres choses sur cette matière, afin qu'il se pût justifier au prince de Conti, au cas qu'il l'accusât d'être d'intelligence avec le père Berthod par son évasion; et afin que le père Berthod écrivît sa lettre en repos et sans être vu du père qui l'accompagnoit, il l'engagea à faire collation avec des matelots espagnols qui pétunoient (1). Ce fut une des raisons qui obligea le père Berthod de choisir le compagnon qu'il avoit amené, parce qu'il savoit parler espagnol, et que le batelier qui devoit conduire le père Berthod à Blaye l'avoit averti qu'il y avoit toujours des Espagnols dans ce cabaret.

La lettre étant écrite, toute cachetée et enveloppée dans un papier sans suscription aussi cacheté, le batelier, qui avoit le mot du père Berthod, lui vint dire en la présence du compagnon que le gentilhomme qu'il attendoit ne viendroit pas s'il ne l'alloit querir; qu'il étoit dans l'Amiral de Hollande, qui étoit dans la rivière de Bor-

(1) Qui fumaient du tabac; *petun* est le nom de cette plante à Tabago.
(2) Nous croyons devoir donner cette lettre dont l'original se trouve dans les papiers de Pierre Lenet, conservés à la bibliothèque royale.

deaux pour escorter la flotte de ce pays-là, qui étoit venue pour acheter des vins des Bordelais. Le père Berthod prit de là occasion de dire à son compagnon qu'il le prioit de se donner patience dans ce cabaret, pendant qu'il iroit querir la personne avec laquelle il devoit conférer, et qu'ils seroient de retour dans une heure ou deux. Et lors le père Berthod donna au père qui l'accompagnoit le paquet qu'il avoit cacheté, lui faisant croire que c'étoit un mémoire des choses desquelles il devoit traiter avec celui qu'il alloit querir; et qu'il le prioit, dès le même moment qu'il seroit de retour, de le lui rendre, afin de faciliter leur conférence. Le compagnon, qui crut bonnement ce que le père Berthod lui disoit, résolut d'attendre dans le cabaret une heure ou deux; mais il demeura jusques à la nuit, pendant que le père Berthod gagnoit Blaye avec son batelier, et qui, afin de n'être pas arrêté par l'armée navale des Bordelais, au travers de laquelle il falloit passer, s'étoit travesti en matelot, et rama dans la chaloupe avec celui qui la conduisoit, jusques à ce qu'il fût hors de danger d'être pris des ennemis.

Pendant que le père Berthod arrive à Blaye, qu'il y est caressé du duc de Saint-Simon et du sieur de Bourgon, il se fait grande rumeur à Bordeaux sur la fuite de ce père. Son compagnon étant de retour au couvent, le père Ithier en colère lui demande où étoit celui qu'il avoit accompagné. Le compagnon, qui croyoit que le père Ithier étoit d'intelligence avec le père Berthod, lui répondit en riant qu'il se moquoit, et qu'il le savoit mieux que lui. Le père Ithier, qui se fâchoit tout de bon, maltraitoit le pauvre compagnon de paroles, et le menaçoit de le faire fouetter. Le compagnon qui railloit, plus le père Ithier se fâchoit, lui jette le paquet qu'il avoit, lui disant: « Tenez, le père Berthod s'en est « allé, il m'a donné cela; voyez ce que c'est (2). »

Le père Ithier ayant ouvert le paquet, y trouve la lettre que le père Berthod lui écrivoit; dès le même instant qu'il l'eut lue, il la porte au prince

Lettre du père Berthod au père Ithier.

MON TRÈS-RÉVÉREND PÈRE,

L'arrivée du courrier prochain est cause que je ne puis demeurer davantage dans Bourdeaux et que je ne tiens pas la parolle que je vous ay donnée de n'en point sortir sans un passeport de Monseigneur le prince de Conty; très certainement l'arrivée de ce courrier là, fera prendre de nouvelles résolutions à Son Altesse, sur les propositions que m'a faittes M. Laisné de sa part. Je ne puis

ny je ne doy faire icy plus long séjour, puisque le suject pour lequel j'y estois envoyé est descouvert; y demeurant comme je suis, je ne fais rien pour le service du Roy, et y agissant selon ce qu'on m'a proposé je tromperois Sa Majesté, ne pouvant exécuter la commission qu'on m'a donnée pour me retirer, pour n'estre pas accusé avec justice de la plus grande de touttes les taches et si je demeurois icy sans rien faire, et de la plus horrible de touttes les trahisons si je prennois un autre party que celuy du Roy mon maistre auquel je doy service inviolable par principe de conscience, et une obéissance aveugle en ce rencontre, puisque [c'est] par un commandement exprès de Sa Majesté que je devois travailler pour le bien de son estat et pour le repos du peuple de Bourdeaux. Ma commission estoit juste et n'alloit qu'au bien de la paix; les traitres qui l'ont découverte l'ont fait eschouer dans son de Conti, quoiqu'il fût neuf heures du soir. Son Altesse ayant vu cette lettre, fut extrêmement surprise, et accusa le père Ithier d'avoir consenti à cette évasion; mais ce père s'étant excusé par beaucoup de raisons, et par la justification même qui paroissoit dans la lettre du père Berthod, laissa le prince de Conti persuadé qu'il n'en étoit pas coupable; et toute la colère de Son Altesse, aussi bien que celle de madame de Longueville et de Lenet, se tourna sur le père Berthod, et sur ceux qu'on croyoit avoir eu intelligence avec lui.

Le lendemain, de grand matin, l'Ormée s'assembla sur la fuite du père. Le prince de Conti fit une ordonnance par laquelle la tête du père Berthod fut mise à sept cents pistoles : son portrait fut vendu et affiché par les rues. Les ormistes, qui croyoient que le sieur Du Buhoc, conseiller au parlement, avoit eu quelque correspondance avec lui, allèrent piller sa maison, et l'eussent assassiné s'il ne se fût sauvé par dessus les toits dans le couvent des Jacobins. L'un des jurats, duquel on avoit le même soupçon, fut déposé de sa charge, et chassé hors de la ville. Enfin, durant deux jours, ce fut une rumeur étrange dans toutes les maisons de Bordeaux; les malintentionnés ne parloient que de roues et de gibets pour ce pauvre père; mais les bons bourgeois, qui avoient quelques bons sentiments pour le service du Roi dans le cœur, et qui ne savoient pas pourquoi le père Berthod étoit dans Bordeaux, commencèrent à ouvrir les yeux et louèrent Dieu de la bonne intention qu'il avoit eue de remettre la paix dans leur pays et le repos dans leur ville. Plusieurs se dirent l'un à l'autre qu'il falloit continuer ce dessein; qu'ils ne devoient plus souffrir l'oppression dans laquelle ils étoient, et qu'il falloit secouer le joug des princes et sortir de la tyrannie de l'Ormée.

Le sieur Le Roux fit savoir cette bonne intention au père Berthod, qui étoit à Blaye, par deux capitaines qu'il lui envoya; et depuis ce temps-là jusqu'au 11 de février 1653, que ce père alla en cour, il avoit un commerce par lettres deux fois la semaine avec plus de cinquante bourgeois de la ville, avec lesquels il n'eût pu agir s'il fût demeuré dans Bordeaux; et l'on peut dire que la fuite du père Berthod, et la rumeur qu'on avoit faite à sa sortie, étoit incomparablement plus utile au service du Roi que n'eût été son séjour dans la ville, quoiqu'il n'eût pas été découvert.

Le père Ithier pendant ce temps-là passoit pour anathême dans l'esprit des Bordelais bien intentionnés, qui l'accusoient d'avoir découvert le dessein du père Berthod au prince de Conti, et le père Berthod pour le leur mieux persuader, leur écrivoit qu'il croyoit avoir été trahi par lui, afin que personne du parti des princes ni Leurs Altesses même ne crussent qu'ils eussent intelligence ensemble : aussi leur commerce fut-il si secret qu'il n'y avoit personne qui le sût, que la mère Angélique, supérieure des carmélites du petit couvent, le sieur de Boucaut, conseiller, et sa femme, le père Galtery, le sieur Le Roux, et le sieur de La Chaise son gendre. Le père Ithier continua donc d'écrire au père Berthod pendant le temps qu'il fut à Blaye; il l'avertit qu'il s'étoit découvert à la mère Angélique, qui pouvoit beaucoup servir dans leur dessein. Ces deux pères avec M. de Boucaut en demeurèrent d'accord, parce que cette mère promettoit de gagner Villars, qui étoit un des principaux chefs de l'Ormée; aussi étoit-ce ce qu'il falloit faire, puisque l'Ormée étoit le seul corps qui s'opposoit à la paix, et qui gouvernoit lors dans la ville, sous l'autorité de M. le prince de Conti. Cette mère Angélique fait agir une de ses religieuses, sœur de Villars, pour l'obliger à se

---

commencement et seront peut-estre cause de la désolation de la province.

Je m'en vay avec grand déplaisir de ne vous point dire a Dieu, mais j'ay grande joye de voir que mon départ me mette hors du danger d'estre accusé d'intelligence avec M. le prince de Conty (quoy que je me sente assez fort pour résister à touttes les propositions qu'on m'en pouvoit faire). L'attache que vous avez à Son Altesse et à madame de Longueville et la promesse que vous leur avez faitte de me laisser point sortir de la ville sans leur ordre, m'oblige de m'en aller sans vous en parler dans la créance que vous n'y consentiriez point sans en advertir Leurs Altesses, et qu'elles, me voyant dans la disposition de ne point faire ce qu'elles désirent (comme je n'en fais pas de doubte), me fassent mettre dans un lieu où je ne voudrois pas. Je voy bien que vous allez desclarer contre moy; que vous allez dire que je vous mets en danger d'estre accusé que nous sommes d'intelligence et d'avoir consenty à ma sortie; mais agréés que je vous dise que si on vous fait cette accusation c'est très injustement puisqu'une des plus grandes fautes que j'eusse pu faire estoit de vous parler de mes affaires, vous sçachant attaché à Monseigneur le prince de Conty et à madame de Longueville comme vous estes. Le danger où je vous mets est fort petit et celuy où je m'exposerois demeurant davantage dans Bordeaux m'estoit très périlleux par tous les endroits qu'on les puisse prendre. Enfin je vous dy que je m'en vay parce que je le doy faire, mon devoir m'y oblige, les intérêts du Roy me le commandent. Le bien de son service m'y presse, la parolle que j'ay donnée à Sa Majesté de ne rien faire en ce rencontre, d'indigne de l'honneur que elle m'a fait de me confier une affaire de si grande importance m'y contraint et je ne puis demeurer plus longtemps sans perdre le titre de bon serviteur du Roy que je conserveray jusques à la mort, après le quel si vous le trouvez bon, je prendray la qualité d'estre,

Mon très révérend Père,

Votre très humble et obéissant serviteur,

BERTHOD.

ranger du parti du Roi ; et se le persuada d'autant plus facilement que ce Villars avoit témoigné à sa sœur grand dégoût pour la vie qu'il menoit, et lui avoit dit plusieurs fois qu'il avoit dessein de sortir de ce mauvais parti où il étoit par quelque service signalé. La sœur parle souvent à son frère, le sonde, l'étudie ; et l'ayant cru converti par ses soupirs et par les fréquentes communions qu'il avoit faites pendant tout le mois de janvier de l'année 1652, le présente à la mère Angélique, à laquelle il promit des merveilles pour le service du Roi, et s'engagea de ramener la ville dans l'obéissance, et d'y faire recevoir l'amnistie, si la cour vouloit faire un parti raisonnable pour lui et pour le public.

La mère Angélique redit toutes ces choses au père Ithier ; il les écrivit au père Berthod, et Villars se découvrit au sieur de Boucaut, afin de lui faire les propositions des choses qu'il désiroit que le Roi fît pour lui, au cas qu'il exécutât ce qu'il promettoit.

Sur ces propositions, le père Berthod eut une conférence avec le père Galtery, en un rendez-vous qu'il lui avoit donné près de Bourg, qu'il hasarda de prendre quoiqu'il fût dans le quartier des Espagnols, qui tenoient pour les Bordelais. Là ce père Galtery lui redit les conférences des uns et des autres, et les résolutions qu'on avoit prises. Le père Berthod en ce temps-là, qui fut le 11 février, part pour la cour, où il se rendit en diligence *incognito*; propose à la Reine, à Son Eminence, à M. Servien et à M. Le Tellier les choses qu'on désiroit pour remettre Bordeaux à l'obéissance du Roi ; et toutes ces propositions étoient :

De donner une amnistie générale pour tous les habitans de la ville et faubourgs de Bordeaux, et des amnisties particulières pour ceux de ses habitans ou autres qui s'étoient engagés dans le parti du prince de Condé, lesquels voudroient rentrer dans leur devoir ; la révocation des impositions nouvellement établies à Blaye, du jour que la ville de Bordeaux se remettroit dans l'obéissance de Sa Majesté ; la continuation de la suppression de deux écus pour tonneau de vin, qui leur avoit ci-devant été accordée, et dont l'imposition avoit été rétablie depuis que la ville avoit été emportée dans la rebellion ; le rétablissement du parlement dans la ville de Bordeaux ; la confirmation des priviléges de ladite ville, lesquels avoient été révoqués depuis qu'elle s'étoit éloignée de son devoir ; la permission d'imposer et de lever durant dix ans, sur les habitans de ladite ville, les sommes de deniers qu'elle avoit empruntées ; et à ces fins qu'il leur seroit expédié des lettres du Roi en bonne et due forme. De plus, Villars (1) demandoit pour lui trente mille écus, la charge de syndic ou clerc de ville, et une lettre du Roi dans laquelle cette récompense seroit exprimée, et fondée sur quelques services imaginaires qu'il disoit avoir rendus à la ville, comme de l'avoir empêchée de se *républiquer*, et de l'avoir déchargée d'une garnison espagnole que M. le prince y vouloit mettre.

Toutes ces propositions furent accordées par Leurs Majestés et par M. le cardinal, de concert avec messieurs Servien et Le Tellier. Les expéditions nécessaires furent signées par M. de La Vrillière, et données au père Berthod, qui s'en retourna en diligence *incognito*, de peur d'être pris par les gens de M. le prince, qui avoient mis partout des hommes pour l'arrêter. Comme ces expéditions avoient été longues à faire, à dresser et à sceller, y ayant amnisties et quantité d'autres lettres patentes, le père Berthod ne se put rendre à Bordeaux que le 7 ou 8 de mars, qu'il y arriva, après s'être hasardé de passer dans l'armée navale des Bordelais. A son arrivée il donna la lettre du Roi pour Villars au père Ithier, qui la porta à la mère Angélique, laquelle la rendit à ce Villars, qui en la prenant sauta d'aise, en bénit Dieu, et dit avec transport : « Me voilà délivré de la potence. » Il s'engage tout de nouveau, et découvre les moyens d'exécuter son dessein à la mère Angélique et à M. de Boucaut, qui le faisoient savoir au père Ithier et au père Berthod. Cependant Villars achète soixante fusils pour armer soixante paysans du Bouscat, ses affidés, pour lui servir de gardes ; et dans le même temps travaille à gagner les six principaux tribuns de l'Ormée, à chacun desquels il destina mille écus.

Pendant le temps que le père Berthod étoit à la cour, où il recevoit tous les ordinaires des lettres de ses correspondans, il se forma trois partis dans la ville pour le service du Roi. Tous alloient à une même fin, et ne s'étoient point découverts les uns aux autres. Le sieur de Jan, conseiller, dont le père en avoit formé un avec le sieur Masson ; le sieur de Listrac (2), son fils, en avoit fait un autre avec le sieur de Maron, qui, avec un nommé Armantari, soulevoient le quartier de Saint-Michel. Le parti du sieur de Massiot, qui auparavant avoit été découvert par son emprisonnement, n'étoit pas éteint et se renouveloit. Enfin chacun travailloit pour recouvrer sa liberté. Le père Ithier, par le moyen d'un bourgeois

(1) En 1654, le père du maréchal de Villars devint premier gentilhomme du prince de Conti ; il faut croire pour son honneur qu'il ne s'agit pas de lui.
(2) Plus bas on l'appelle Litterie.

aussi nommé Ithier, son parent, avoit aussi gagné le même quartier de Saint-Michel, sans savoir que les sieurs de Listrac et Maron fussent de même parti.

Toutes ces cabales faillirent à ruiner l'affaire, parce que chacun, ignorant ce que l'autre vouloit faire, pressoit pour courre sus aux ormistes et chasser les partisans des princes. Cela fut cause que le père Berthod, qui avoit commerce avec tous les chefs de ces partis, sans que le père Ithier en eût connoissance, sortit de Bordeaux pour aller à Blaye, à Agassat et en d'autres endroits, où ils étoient, afin de les obliger d'écrire à leurs correspondans de ne rien entreprendre que quand le père Berthod leur diroit qu'il faudroit agir. Ce père emporte des billets des sieurs de Jan père et fils, et d'autres, pour s'en servir à l'occasion, qui étoit bien pressante; car lorsqu'il retourna dans Bordeaux, il trouva que Villars, qui avoit appris que Masson et Litterie formoient un parti contre M. le prince de Conti et contre l'Ormée, craignant qu'ils ne l'exécutassent, et par là ne lui ôtassent la récompense qu'il espéroit du Roi, en le prévenant dans l'exécution pour la liberté de la ville, résolut de faire étrangler ces deux hommes, afin de leur ôter le moyen d'agir. Il fit donner avis de son dessein au père Berthod, afin qu'il y remédiât : ce que ce père fit, par l'avis qu'il fit donner à Masson et à son associé.

Dix jours se passèrent dans les préparatifs que Villars faisoit pour l'exécution, pendant lesquels le père Berthod retourne encore à Blaye, pour demander à M. de Vendôme six officiers qui pussent servir de chefs aux compagnies bourgeoises, et à quelques-unes de l'armée que Villars conduiroit; pour demander que le régiment de Montausier se tînt prêt sur des vaisseaux de l'armée navale, qu'on feroit approcher des 20 mars jusqu'à Lormont, pour en faire sortir ces chefs et ce régiment, qui devoit servir pour soutenir les bien intentionnés, au cas qu'ils fussent repoussés par les gens des princes. Toutes ces choses furent accordées au père Berthod par M. de Vendôme, qui souhaitoit avec passion de voir le Roi maître dans Bordeaux, aussi bien que les sieurs de Saint-Simon, de Comminges, de Montausier, et d'autres officiers généraux, desquels M. de Vendôme prit conseil.

Le père Berthod s'en retourne à Bordeaux, assuré de ce qu'il falloit du côté de la mer, qui étoit le seul endroit pour lors nécessaire pour faire réussir leur dessein. Aussi ne se pouvoit-on pas en ce temps-là servir de M. de Candale, parce qu'il étoit dans la Haute-Guienne avec son armée, où il reprenoit les villes et les châteaux que M. le prince avoit rangés de son parti.

Durant que le père Berthod étoit à Blaye, Villars changea de résolution; et, par une infâme trahison, alla, le 16 de mars, découvrir à M. le prince de Conti le dessein qu'il avoit eu, et qui se devoit exécuter le 23, qui étoit sept ou huit jours après. Ce lâche nomma pour lors au prince de Conti le père Ithier, dont Villars n'avoit point ouï parler que le jour auparavant par la mère Angélique et M. de Boucaut, qui seul parloit à Villars, et qui par ordre du Roi, que lui avoit apporté le père Berthod, traitoit avec lui de cette affaire. Et parce que Lenet vouloit avoir quinze mille livres que Sa Majesté accordoit à Villars, et qu'il devoit recevoir par le père Ithier, pour commencer cette affaire, il fut conclu entre le prince de Conti et Lenet que ce traître amuseroit le père Ithier quelques jours, pendant lesquels on feroit approcher les troupes pour se rendre maîtres de Bordeaux, et pour dissiper tout ce qu'il y avoit de partis pour le service du Roi.

Villars ne manqua pas, depuis le jour de sa trahison, d'aller rendre compte tous les jours au sieur de Boucaut de ce qui se passoit chez M. de Conti, comme il avoit fait depuis qu'il travailloit à cette affaire. Le 20 mars, il fut trouver le père Ithier, auquel il représenta les nommés Curtin, Taudin, Guniraut, Croissillat, Blaret (1) et le capitaine Bousseau, qui étoient les six exécuteurs de son dessein, et gens de crédit dans l'Ormée, sans lesquels on ne le pouvoit faire réussir. Après que Villars eut pris l'ordre dont on se devoit servir pour faire crier *vive le Roi !* et *la paix !* et qu'il fut convenu des quartiers qu'on devoit occuper, pour empêcher les séditieux de rompre un si juste dessein, et avoir pris jour pour cela, il reçut les quinze mille livres, et vit les lettres de change pour le reste de la récompense. Villars porte cette somme au prince de Conti, qui la reçoit; et sachant que les troupes qu'il avoit envoyé querir étoient arrivées, et que le sieur de Marchin, que Villars avoit éloigné par adresse auparavant sa trahison, étoit de retour, il fit commander par les jurats ormistes, aux capitaines de quartier, de faire mettre le peuple sous les armes, sous prétexte d'arrêter quelque gentilhomme qui avoit usé d'irrévérence envers une demoiselle de madame de Longueville, dans la maison de cette princesse.

Tout cela se faisoit dans Bordeaux pendant que le père Berthod alla trouver à Blaye M. de Vendôme; d'où revenant, il passa inconnu au travers des troupes que M. le prince avoit fait venir la nuit vers Blanquefort, et dans l'armée navale des Bordelais sans qu'il y fût arrêté : et

(1) On lit *Blaint* dans l'édition de M. Monmerqué.

certainement ce fut un effet de la providence de Dieu, qui conserve ceux qui s'exposent si généreusement pour leur roi. Il arriva donc dans Bordeaux le samedi 20 de mars, et en même temps il envoya querir le père Ithier, pour lui dire que toutes choses étoient prêtes du côté de la mer; que les chefs étoient commandés; que le régiment de Montausier étoit tout prêt pour soutenir les bien intentionnés. Le père Ithier, qui ne savoit point la trahison de Villars, lui dit aussitôt que tout étoit prêt dans Bordeaux, et que le 21 ensuivant l'affaire se devoit exécuter. Et sur ceci il est à remarquer que le père Berthod et le père Ithier ont toujours fait leurs propositions de remettre la ville de Bordeaux dans l'obéissance du Roi sans effusion de sang, à moins que les rebelles n'usassent de grandes violences; mais surtout qu'on ne feroit point de mal aux princes ni aux princesses, et qu'on se contenteroit seulement de les chasser hors de Bordeaux; aussi la cour en demeura-t-elle d'accord.

Le père Ithier quitte le père Berthod pour aller travailler à l'avancement de l'affaire, et au bout d'une heure il le revient trouver pour lui dire que madame de Longueville l'avoit envoyé querir lui père Ithier, et qu'elle le vouloit consulter, à ce qu'elle lui mandoit, sur une affaire de conscience. Le père Berthod dit au père Ithier qu'il n'y devoit point aller; que madame de Longueville étoit plus fine que lui; que la prière qu'elle lui faisoit étoit hors de saison, et que certainement on lui vouloit jouer quelque pièce. Le père Ithier ne le voulut pas croire, et s'en va chez cette princesse, où elle le fit arrêter par le lieutenant des gardes du prince de Conti, qui l'entretint environ une heure dans une antichambre, en attendant que Son Altesse, les sieurs de Marchin et Lenet fussent venus.

Etant arrivés, le prince de Conti maltraita le père de paroles, auxquelles il répondit qu'il avoit toujours eu respect pour Son Altesse, et qu'il ne se trouveroit point qu'il eût de mauvais desseins contre lui. Il dénia d'abord qu'il eût travaillé pour le service du Roi dans Bordeaux; mais voyant qu'on lui produisoit les six hommes qui étoient venus querir les quinze mille livres chez lui avec Villars, il avoua qu'il étoit vrai qu'il avoit agi pour le bien de la paix; qu'il en avoit eu ordre de la Reine par une lettre que Sa Majesté lui avoit fait l'honneur de lui écrire, et que le père Berthod lui avoit apportée, laquelle lui commandoit de travailler conjointement avec lui; qu'il y avoit plus de quinze ans qu'il étoit à la Reine; qu'il se sentoit obligé d'exécuter ses ordres; que lui, prince de Conti, ne le pouvoit accuser de perfidie, puisque Son Altesse ne lui avoit jamais rien communiqué de ses desseins ni de ceux de M. le prince de Condé, et qu'il savoit bien que leurs conversations avoient été de toute autre matière. Après plusieurs interrogations qui lui furent faites, il avoua ce qu'il ne pouvoit cacher, savoir que le père Berthod l'avoit engagé dans le parti du Roi; que depuis qu'il s'étoit échappé de Blaye à son insu, il avoit toujours eu commerce avec lui; que tous les religieux de son couvent n'avoient aucune connoissance de cette négociation. Il avoua qu'il avoit découvert son dessein à la mère Angélique et au sieur de Boucaut : aussi ne le pouvoit-il nier, puisque Villars avoit eu si souvent conférence avec eux. Il parla des trente mille écus que la cour avoit promis à Villars; il dit que M. d'Amiens étoit son correspondant pour cette négociation par l'entremise du père Berthod, qui lui écrivoit toutes choses, et qui lui envoyoit ses réponses; qu'il avoit agi dans la paroisse de Saint-Michel avec plusieurs bourgeois, entre autres avec le sieur Ithier son parent, qui avoit négocié en ce quartier-là avec plusieurs qu'il ne nomma pas. Il dit encore que le sieur Le Roux devoit fournir tout l'argent nécessaire, jusques à quatre-vingt-dix mille livres qu'il devoit compter par ses ordres; que M. de Vendôme, de Saint-Simon, de Bourgon, et le père Berthod, lui écrivoient, par la main du dernier, qu'on donneroit à ceux de l'Ormée ce qu'il jugeroit à propos pour les remettre dans le service du Roi; qu'on enverroit de Blaye des chefs pour mettre à la tête de la bourgeoisie lorsqu'il en seroit besoin; qu'il y avoit d'autres cabales dans la ville conduites par les sieurs de Jan, Masson, Litterie le jeune, et une autre du président d'Affis (1); et que ce qu'il en savoit il l'avoit appris depuis quatre heures de la bouche du père Berthod; que les mesures étoient prises pour se saisir de Lenet, qu'on devoit conduire dans les prisons du Palais; qu'on se saisiroit de l'hôtel-de-ville; qu'on feroit savoir à Leurs Altesses qu'il n'y avoit plus d'assurance pour elles, et qu'on leur feroit ouvrir une porte de la ville pour se retirer; qu'en même temps on devoit faire sortir tous les religieux de plusieurs monastères, comme des cordeliers, récollets, capucins, carmes, feuillans, et les pères de Saint-Benoît; et que tous avec la croix iroient dans les rues criant *la paix !* et chantant *vive le Roi !* que pour les jésuites, les minimes et les pères de la Merci, on n'avoit point de commerce avec eux pour ce sujet. Que le père Berthod avoit été à Blaye en vertu d'un passe-port de Son Altesse, sous un nom supposé, querir l'amnistie pour la publier au Palais et dans les rues; qu'il étoit revenu en

(1) Premier président du parlement de Bordeaux.

habit séculier il y avoit cinq ou six heures, mais qu'il ne savoit où il étoit; que ce père écrivoit toute l'intrigue à la Reine, à M. le cardinal, à messieurs Servien, d'Amiens et de La Vrillière, et qu'il en recevoit des lettres, et que messieurs Servien et d'Amiens étoient les principaux directeurs de cette affaire du côté de la cour; que l'armée navale se devoit avancer le 21 jusqu'à Lormont; que le régiment de Montausier se devoit tenir prêt pour secourir le parti du Roi en cas de besoin. Enfin il dit tout le secret de l'affaire, parce que Villars le savoit aussi bien que lui, puisqu'ils l'avoient concerté ensemble avec le sieur de Boucaut.

Pendant cet interrogatoire le père Berthod, qui avoit été averti de la détention du père Ithier, se trouva fort en peine, parce qu'il voyoit la ville en armes pour le prendre, et les portes fermées afin d'empêcher qu'il n'en sortît. Le prince de Conti, qui étoit assuré par la déposition du père Ithier qu'il devoit être encore dans la ville, le vouloit avoir à quelque prix que ce fût. Madame de Longueville et Lenet en vouloient plus à lui qu'au père Ithier; l'Ormée croioit tout haut qu'il le falloit déchirer en pièces : enfin c'étoit une huée horrible dans la ville contre ce pauvre père, qui n'avoit que deux seules personnes auxquelles il se pût fier. Se voyant en cette peine, il envoie ces deux personnes, l'une aux Capucins, l'autre aux religieux de Saint-Benoît, avec lesquels il avoit eu quelque correspondance. Il donne charge à ces deux confidens de demander chacun un certain père de chacun de ces couvens, et de leur dire le danger où il se trouvoit; qu'il étoit travesti, et qu'il envoyoit savoir d'eux s'il pouvoit avoir retraite assurée deux ou trois jours dans leur couvent. Par bonne fortune pour le père Berthod, les pères qu'il demandoit ne s'y trouvèrent pas; ils avoient été chassés de la ville par les ormistes et par la faction des princes. Certainement c'étoit bien une bonne fortune; car deux heures après que le père eut envoyé aux Bénédictins et aux Capucins, deux compagnies de l'Ormée allèrent fouiller partout, jusque dans les coffres de la sacristie, pour le trouver, ainsi que le sieur Le Roux, qui avoit fui de sa maison dès qu'il eut appris la prise du père Ithier.

Le père Berthod se voyant presque hors d'espoir de salut, parce qu'on visitoit toutes les maisons, et qu'on étoit à trois rues proche de celle où il étoit, se résolut de monter à cheval, et de s'aller jeter travesti comme il étoit parmi la cavalerie des princes : ce qu'il fit; et il demeura six ou sept heures à se chercher avec les autres.

Durant cette perquisition inutile pour les princes et pour l'Ormée, les sieurs d'Affis, président, Bordes, conseiller du parlement, Ithier, bourgeois, parent du père Ithier, furent faits prisonniers; le curé de Saint-Pierre, que l'Ormée poursuivoit pour l'assommer, eut une jambe et un bras rompus; celui de Saint-Remi; maltraité et conduit dans une tour : enfin c'étoit une rage inconcevable contre les pauvres serviteurs du Roi. La maison du sieur Le Roux fut pillée jusqu'aux serrures et aux verroux des portes; on n'entendoit parler que de roues et de gibets, de gênes et de tortures : et ce n'étoit pas sans raison; car le parent du père Ithier, qui étoit un bonhomme âgé de plus de soixante ans, souffrit la question ordinaire et extraordinaire à tant de reprises, qu'il fut laissé pour mort, étendu sur le chevalet; et il en est demeuré perclus pour le reste de sa vie.

Le jour même que le père Ithier fut pris et qu'il fut interrogé (1), on le conduisit dans la prison de l'hôtel-de-ville et dans le conseil de l'Ormée. Celui qui étoit procureur général, et qui étoit un apothicaire, conclut à couper ce père en quatre quartiers, et ses membres mis sur les portes de la ville. Un des anciens conseillers, qui étoit un pâtissier, conclut à ce qu'il fût roué tout vif, et ses cendres jetées au vent. Le curé de Saint-Project s'alla offrir, sans qu'on pensât à lui, de le dégrader, si cette assemblée de coquins le vouloit faire mourir. Plusieurs artisans, conseillers de cette inique assemblée, donnèrent leurs avis, chacun suivant son caprice; mais en cette première séance on ne prononça point d'arrêt. Le père fut conduit deux ou trois fois de l'hôtel-de-ville chez le prince de Conti, pour donner quelque mine à l'instruction de son procès, et toujours à pied, traîné par cinq ou six pendards, qui étoient suivis de plus de cinq cents ormistes armés de fusils et de hallebardes, d'une infinité de harangères, de fruitières, de servantes et de petits enfans, qui crioient tous : *Il faut qu'il meure !* Après trois ou quatre voyages de cette manière, il fut conduit dans le sénat de l'Ormée, qu'ils avoient ce jour-là baptisé du nom de conseil de guerre, où on lui prononça une sentence donnée sans formes, sans procédures, par des non-juges, par des personnes récusées, par une assemblée composée d'huguenots, de criminels, de gens sans nom et sans caractère.

Avant l'exécution de cette sentence on rasa ce bon religieux, on lui ôta sa marque de prêtre, on le dépouilla de ses habits; et lui ayant fait mettre la corde au col par l'exécuteur de justice,

(1) On trouvera son interrogatoire à la fin de notre édition des Mémoires de Pierre Lenet.

on le mit sur une charrette, et on le traîna de la sorte, la torche au poing et le bourreau qui étoit derrière, dans toutes les rues de Bordeaux; et après on le remit dans un cachot, où il étoit condamné de demeurer toute sa vie au pain et à l'eau.

Depuis la prise du père Ithier jusqu'à l'exécution de la sentence, le père Berthod ne bougea de Bordeaux, d'où il écrivit à la Reine et à M. le cardinal tout ce qui se passoit, et n'en vouloit point partir qu'il n'eût vu ce que deviendroit le pauvre prisonnier. Mais la difficulté étoit bien grande d'en sortir; car il n'y avoit que la porte du Chapeau-Rouge ouverte, encore étoit-elle gardée par cinquante ormistes. Il fallait pourtant s'en aller parce qu'il n'y faisoit plus bon pour lui, et qu'il n'y pouvoit plus travailler pour le service du Roi. Il fut donc question de chercher les voies de sauver le père Berthod et ses papiers, qui étoient en grand nombre et qui pouvoient remplir une petite valise, et c'est ce qui lui étoit fort difficile à faire, car on fouilloit à la porte tous ceux qui portoient quelque chose. Ce père donc, par le moyen de son hôte, à qui il se confioit, et lequel même étoit fort bien intentionné pour le service du Roi, trouve moyen d'écrire au sieur de Pommiers, qui s'étoit réfugié à Agassat avec beaucoup d'autres qui avoient été chassés de la ville, et le prie de lui envoyer un batelier pour le conduire chez lui. M. de Pommiers le lui envoie; le père lui donne ordre de revenir le lendemain, de laisser sa chaloupe à deux lieues de Bordeaux, au-dessous de l'armée navale des ennemis; qu'il iroit à pied jusque là pour éviter les dangers, qui étoient fort grands, parce que M. le prince de Conti avoit révoqué tous ses passeports, et avoit commandé aux capitaines de ses vaisseaux d'arrêter tous ceux qui descendroient du côté de Blaye.

Pendant que le batelier retourne à Agassat querir sa chaloupe, le père Berthod s'imagine qu'il ne pouvoit mieux sauver ses papiers que par des femmes; en effet il y réussit. Il en envoie chercher deux, qui étoient des bourgeoises assez considérables dans la ville, auxquelles il se confioit, et qui s'étoient même trouvées dans le danger lorsqu'on faisoit la visite dans les maisons pour le chercher. Avec ces deux il choisit encore la sœur de son hôte, qui étoit aussi sœur de l'une des deux qu'il avoit envoyé chercher; et à toutes trois il leur fit la proposition de le servir le lendemain à sa sortie, sans leur dire en quoi ni comment; et elles le lui promirent.

Le lendemain arrivé, les femmes et le batelier arrivent à l'heure assignée; mais le batelier avoit si mal fait son affaire, qu'il mettoit le père en état d'être pris infailliblement par l'armée navale des Bordelais; car au lieu d'avoir mis sa chaloupe à deux lieues de la ville, comme le père lui avoit commandé, il l'avoit conduite au port du Chapeau-Rouge. Cela rompit beaucoup les mesures de ce départ: néanmoins il falloit partir. Le père Berthod donne donc au batelier une valise ouverte, pleine de linge et de papiers indifférens, afin qu'étant visitée à la porte on n'y trouvât rien de suspect, et lui commande de ramener son bateau au lieu destiné, et de l'attendre là, jusques à ce qu'il l'eût été joindre; puis il pria une des trois femmes à laquelle il avoit plus de confiance d'envoyer querir deux filles de sa connoissance et de ses amies, et qu'elle leur fît croire qu'un gentilhomme de M. d'Epernon leur vouloit donner la collation au bout des Chartreux, et qu'elle les priât d'être de la partie.

Dans le temps que ces deux filles arrivèrent, le père partage ses papiers en trois, dont il donna à chacune une partie, aux deux sœurs de son hôte, et à l'autre de leur bande: elles les mirent dans leurs jupes de taffetas, et passèrent toutes trois avec leurs papiers sans être fouillées; car on ne s'avisa point de visiter ces bourgeoises, qui sont au-dessus du commun dans la ville. Comme elles vouloient partir, les deux demoiselles arrivèrent, auxquelles le père Berthod, qui étoit vêtu en habit séculier, fit compliment comme s'il eût voulu s'aller promener avec elles. Il marche dans les rues, parlant sérieusement ensemble; mais comme il fut à une rue proche du Chapeau-Rouge, il les prit par la main, et se mettant au milieu d'elles, passe au travers des gardes en chantant et se divertissant, comme une personne qui ne pensoit qu'à se réjouir. Si le père fut aise de se voir hors des pattes des ormistes, il ne le fut pas moins quand il eut la satisfaction de voir passer les trois demoiselles avec les papiers au travers de ces coquins, sans qu'elles fussent fouillées. Mais cette joie ne lui dura pas long-temps; car le père Berthod ayant quitté sa compagnie au fond du Charton, et ayant fait une lieue avec son hôte qui l'accompagnoit, portant tous deux leurs papiers, ils trouvèrent trois brigantins ennemis à terre, et les officiers et les soldats dans leur chemin, avec une sentinelle qui arrêtoit les passans. D'abord l'hôte dit au père qu'ils étoient perdus, et qu'il étoit impossible d'échapper. Le père Berthod voyant qu'ils ne pouvoient reculer à moins que de donner mauvaise opinion d'eux, et de faire tirer sur eux s'ils n'arrêtoient, dit à son hôte de tenir bonne mine, de n'avoir point de peur, et qu'il le laissât faire. Pour ôter tout soupçon à ces soldats, le père Berthod s'avance à la sentinelle, et lui demande à parler à son capitaine, auquel il dit en langage bordelais qu'il le prioit de lui prêter une de ses chaloupes, et des matelots qui le pussent passer au-delà de la rivière au-dessous de Lormont, en un petit bien qu'il avoit là; que les bateliers de Bordeaux lui en avoient refusé, quoiqu'il fût de leur parti, et leur compatriote. Le capitaine s'excusa, sur le danger qu'il y avoit de passer proche de Lormont, où étoient les Irlandais, qui tiroient sur eux et qui les pilloient, quoiqu'ils fussent tous à M. le prince.

Le père Berthod, bien aise de ce refus, passe aux autres deux brigantins, auxquels il demanda la même chose, avec résolution de passer de l'autre côté de la rivière s'ils le prenoient au mot; car par là il évitoit d'être arrêté par les Bordelais, qui n'eussent pas fait aborder la chaloupe de l'un de leurs brigantins. Il est vrai qu'il se trouvoit éloigné de trois quarts de lieue de l'endroit où son batelier le devoit attendre, et la rivière entre deux; mais, moyennant de l'argent, il l'eût repassée au-dessous de l'armée navale, vis-à-vis de son rendez-vous. Les deux derniers brigantins lui firent la même réponse que le premier.

Voilà donc le père Berthod et son hôte arrivés au rendez-vous donné au batelier, qu'ils n'y trouvèrent pas; et cela les pensa perdre, parce qu'ils étoient à la merci des paysans, qui étoient si méchans qu'ils tuoient ceux du parti du Roi, des princes, les Bordelais, les Irlandais, et tout ce qu'ils trouvoient à leur avantage. Ils demeurèrent plus de trois heures à attendre leur chaloupe, qui n'arriva qu'au soleil couchant, parce que le batelier avoit été arrêté sur le port de Bordeaux, pour passer les troupes d'Aubeterre qui sortoient de la ville, et se retiroient dans leurs quartiers. Le père avec cette chaloupe arriva la nuit dans l'armée navale du Roi, et le lendemain à Blaye, où il fut admirablement caressé de M. de Vendôme, de M. de Saint-Simon, et des officiers généraux.

Le père Berthod, qui savoit que le bruit qu'on avoit fait pour le prendre, et l'injustice qu'on avoit commise en la personne du père Ithier, n'avoit point refroidi la bonne volonté des bien intentionnés, écrivit diverses lettres à quantité d'habitants, qu'il leur faisoit rendre sous main, et une espèce de manifeste pour sa justification et celle du père Ithier envers la bourgeoisie, à qui on avoit fait croire que l'intention de ces deux pères et de leurs associés étoit de faire égorger le peuple par les troupes du Roi, et mettre le feu dans la ville. Il leur fit connoître la pureté de leur dessein, qu'ils n'avoient eu d'autre pensée que celle du rétablissement de leur liberté, et de leur donner le repos sans épancher du sang, sans faire autre mal aux princes et aux princesses que de les faire sortir de Bordeaux; il leur remit devant les yeux le brûlement de leurs maisons, la désolation de leurs campagnes, l'arrachement de leurs vignes, la disette et la nécessité de leur ville, la mendicité et la misère où étoient réduits la plupart de leurs bourgeois; et que néanmoins ils donnoient des couronnes aux auteurs de leurs malheurs, et des supplices à ceux qui leur procuroient du bien, et qui alloient redonner à leur ville son abondance et sa beauté, son lustre et ses plaisirs, son repos et sa félicité; que les auteurs de leurs maux les poussoient et qu'ils les laisseroient croupir dans le précipice; que bien loin d'arrêter ceux qui mangeoient leurs biens, qui pilloient leurs maisons et qui s'enrichissoient à leurs dépens, ils les caressoient et les animoient contre ceux qui leur vouloient faire du bien, et les avoient poussés de leur donner, au lieu de couronnes, des cordes, des bourreaux, des torches, et tout cet appareil que la justice donne aux plus cruels, aux plus méchans et aux plus perfides. Il leur fit reconnoître le sacrilége qu'on avoit commis en la personne de cinquante religieux cordeliers, qu'on avoit battus, chassés de la ville à coups de cannes et de hallebardes, parce qu'ils avoient témoigné du déplaisir à cause de l'ignominie qu'on faisoit à leur gardien; il leur reprocha l'impiété qu'on avoit commise en la personne de Jésus-Christ, contre lequel on avoit présenté des armes à feu, voulant arquebuser le saint-sacrement en pleine rue, ayant frappé sur le religieux qui le portoit revêtu des habits sacerdotaux, et le lui ayant arraché des mains à la tête de cent mousquetaires; d'avoir donné un couvent de Saint-François au pillage, après en avoir banni les religieux au son des trompettes, converti leurs cellules en cabaret, des lieux saints en corps de garde, et fait de la maison d'oraison une retraite de voleurs.

Il leur faisoit encore remarquer leur lâcheté à voir profaner l'église où reposent les cendres de leurs aïeux; de s'être jetés dans des excommunications desquelles personne ne les pouvoit absoudre que le Saint-Père : et tout cela par complaisance, et sans autre motif que celui du mauvais exemple. Enfin il leur représentoit qu'on les jouoit, qu'on se servoit de leur crédulité pour les rendre exécuteurs de violences, lesquelles diffamoient leurs personnes et déshonoroient leur pays; il les conjuroit d'ouvrir les yeux sur les reproches que le conseil de M. le prince faisoit d'eux; qu'on les accusoit d'avoir fait proscrire leurs pasteurs, assommer les curés, et emprisonner les ecclésiastiques; traîner le père Ithier dans leurs rues comme un infâme, déchirer sur le banc de la question des vieillards septuagénaires, pour leur faire nommer, par la violence des tourmens, les plus riches de la ville pour les piller; qu'on les accusoit d'avoir exilé tant de personnes de condition, afin de profiter de leurs biens; qu'on leur reprocheroit à jamais toutes ces choses, aussi bien que d'avoir fait pendre en effigie le sieur Le Roux et d'autres, quoique ce fût Lenet qui le fît faire pour avoir lieu de prendre ce qu'il y avoit de meubles et d'argent chez eux; qu'ils devoient pourtant savoir que ce Lenet les accusoit de tout cela; qu'il disoit et faisoit dire partout que c'étoit eux qui s'étoient jetés dans tous ces excès; qu'ils étoient des indomptables, qu'il n'y avoit point de frein pour leurs impétuosités, et que sans sa conduite et son adresse ils auroient non pas pillé, mais brûlé; non pas chassé, mais tué; non pas dépouillé les temples, mais renversé les autels; et qu'il avoit eu toute la peine du monde de garantir de leur fureur le père Ithier et les autres cordeliers de Bordeaux. « Et cependant, disoit « encore le père Berthod aux bons bourgeois, « vous devez savoir que Lenet dit à madame de « Longueville, lorsqu'on lui alla dire que tous les « religieux de la ville sortoient avec le saint-sa-« crement : Voilà, madame, l'effet de vos beaux « conseils! Si on eût égorgé ou pendu ce moine, « comme je disois, nous ne serions pas en ces « peines (1). »

Après, il leur représentoit que M. de Candale reprenoit toutes leurs villes liguées; que tous leurs postes étoient occupés par les troupes du Roi; qu'ils n'avoient plus presque dehors que leurs murailles; que quand le parti qu'ils appuyoient auroit ce qu'il demande, qu'il ne leur reviendroit rien de son accommodement; qu'il ne rebâtiroit pas leurs maisons, que les guerres ruinoient; qu'il ne remettroit point leurs métairies, que les soldats désoloient; qu'il ne répareroit point les pertes qui les alloient réduire dans la mendicité; qu'ils ne devoient point attendre de douceurs de ce parti-là, puisqu'il ne les regardoit que comme une troupe de séditieux, et comme une cabale de misérables. Ce sont là, leur disoit-il, les grâces que vous en devez espérer, après que vous vous serez perdus pour ce parti-là, et que vous aurez entièrement aigri la douceur paternelle du Roi, qui attend encore votre résipiscence. Les sujets sont comme les membres du corps, qui ne sont jamais à leur aise tant qu'ils sont disloqués : il faut les remettre dans leurs boîtes et à leur place; autrement ils sont toujours dans la douleur et dans la souffrance. Faites ce qu'il vous plaira, leur disoit-il encore; que l'Espagnol ouvre votre rivière, s'il peut; que la disette et la pauvreté qui vous consomment s'adoucissent; que la peste, qui vous va un de ces jours étouffer dans vos murailles, cesse; qu'on flatte votre mal par le secours de cette armée imaginaire qu'on vous prépare en Flandre : vous serez toujours des membres démis et disloqués, tant que vous serez dans la désobéissance; et par conséquent vous serez toujours dans la peine, et vos maux ne finiront qu'en vous remettant dans votre devoir. Le temps vous est favorable : le Roi vous étend encore les bras, sa bonté vous sollicite à votre bien, et il ne tiendra qu'à vous que sa Majesté n'efface le passé, et ne reprenne ce cœur de père que les princes ont pour les sujets qui reviennent dans leur devoir.

Toutes ces raisons firent un grand effet dans le cœur des bons bourgeois, qui étoient déjà disposés à secouer le joug de la tyrannie sous laquelle ils gémissoient, et particulièrement au sieur Filhot, trésorier de France, qui dans toutes les rebellions avoit toujours été pour le service du Roi. Il associe avec lui le sieur Dussaut, conseiller du parlement, et ils forment ensemble un dessein de faire ce que le père Ithier et le père Berthod avoient manqué, par la trahison de Villars; et pour cela ils envoient, sept ou huit jours après l'exécution de la sentence du père Ithier, un nommé Canot au sieur de Menardeau-

---

(1) Renaudot, dans sa gazette, 3 avril 1653, entre dans plus de détails : « Le père Ithier, gardien des Cor-« deliers de cette ville, dit-il, ayant esté conduit pour la « troisieme fois devant ses juges, composés d'officiers de « guerre et d'ormistes, auxquels présidoit le sieur Mar-« chin, fut condamné à faire amende honorable, comme « il fit le 28 du passé, devant les maisons du prince de « Conty, de la princesse de Condé et de la duchesse de « Longueville; mais avec une constance qui rejettoit toute « l'infamie de cette condamnation sur les juges rebelles à « leur souverain, puisqu'ils ne l'ont pu convaincre que « d'avoir voulu servir son Roi et sa patrie. Il fut ensuite « remené en prison, pour y vivre au pain et à l'eau. Tan-« dis que la rebellion continue ses violences sur les autres « fidelles subjects de Sa Majesté, entre lesquels le curé « de Saint-Pierre ayant esté cherché par des soldats du « prince de Conty, s'est cassé un bras et une jambe lors-« qu'il pensoit se sauver par une fenestre; et le sieur « Ithier, cousin de ce généreux pere cordelier, âgé de « soixante-cinq ans, a esté même appliqué à la question, « laquelle il a néanmoins soufferte avec un courage mer-« veilleux, sans donner aucune satisfaction à ses enne-« mis. Mais ce que chacun a trouvé encore beaucoup plus « estrange, tous les religieux de cette maison, peu de « temps avant que leur gardien sortist de l'hôtel-de-ville, « s'y estant rendus en procession pour le demander, sans « aucun respect du saint-sacrement qu'ils portoient, ils « furent chassés par la garde jusques dans leur couvent, « où le prince de Conty s'estant ensuite rendu, et les « ayant trouvés en prieres, il fit serrer dans le taberna-« cle, par un de ses aumôniers, le saint-sacrement que « ces religieux avoient exposé depuis la détention de leur « gardien; et après qu'il les eut fait tous sortir, à la ré-« serve de quelques malades, il les mena luy-mesme jus-« ques au port de la Bastide, où il leur fit passer la rivie-« re, avec défense de retourner en ceste ville sur peine « de la vie. »

Champré, pour lui témoigner leur intention, afin qu'il la fît savoir à la Reine, à M. le cardinal, et aux autres qui avoient connoissance de l'affaire de Bordeaux. Cet envoyé fut arrêté à Blaye; mais ayant demandé le père Berthod, et lui ayant communiqué son voyage, et le dessein des sieurs Filhot et Dussaut, il lui donna les moyens de passer pour aller à la cour.

M. de Vendôme, qui avoit un grand déplaisir de ce que l'affaire du père Berthod avoit failli, l'oblige d'aller trouver la Reine et M. le cardinal pour rendre compte de tout ce qui s'étoit passé. Le père se rendit auprès de Sa Majesté, de Son Eminence et de M. Servien, où il demeura depuis le mois d'avril jusqu'à la Saint-Jean. Il leur fait connoître qu'il n'y avoit rien de désespéré pour Bordeaux; que les bien intentionnés étoient plus chauds que jamais pour le service du Roi. En effet ils l'étoient tellement, que depuis la persécution des deux pères on commença de parler hautement contre la tyrannie de l'Ormée et le conseil des princes; et on doit donner la gloire à madame de Boucaut des Récollets, de dire qu'elle a pendant trois mois agi avec autant de générosité et de vigueur pour le bien de l'Etat, que personne du monde sauroit faire.

Quoique son mari eût été trahi et chassé de la ville, elle ne laissa pas d'échauffer les partis, qui s'étoient refroidis par la perfidie de Villars; et en moins de six semaines elle mit les choses en disposition d'anéantir l'Ormée et de chasser la faction des princes. Elle écrivoit tous les ordinaires les progrès qu'elle faisoit à M. d'Amiens et au père Berthod. Ces lettres étoient communiquées à la Reine, à M. le cardinal et à M. Servien; et tous crurent l'affaire de Bordeaux faisable dans peu de temps.

D'autre côté le sieur Filhot pousse son dessein; il noue sa partie avec le sieur de Marin, lieutenant général de l'armée du Roi sous M. de Candale. Il met de la partie le sieur Théobon; mais par une autre trahison il fut découvert et mis prisonnier dans l'hôtel-de-ville, où il souffrit la question ordinaire et extraordinaire, qu'il endura avec une fermeté qui n'est pas concevable, sans que la rigueur des tourmens durant quatre heures lui pût faire nommer aucun de ses associés, de peur de découvrir le secret, dont la connoissance eût produit de mauvais effets, et immolé à la fureur des rebelles tous les gens de bien de la ville. Et le bonhomme Ithier, âgé de soixante-dix années, avoit souffert les mêmes tourmens quatre fois pendant cinq heures, sans avoir jamais voulu, non plus que le sieur Filhot, découvrir personne de ceux qu'on lui persuadoit de nommer à force de gênes et de tortures. Le sieur Dussaut, qui étoit aussi de la partie dudit Filhot, fut également fait prisonnier; et par là leur dessein fut échoué, aussi bien que celui du père Berthod et du père Ithier.

Néanmoins cela n'étonna point les gens de bien. Madame de Boucaut continue ses brigues, et oblige le père Berthod de quitter la cour et de venir à Bordeaux, parce que ses correspondans le demandoient, et que la jeunesse de la ville avoit en lui grande confiance. Mais avant de partir, le père Berthod ayant présenté à M. Servien le sieur Ferrand le fils, très-bien intentionné, et fort puissant dans le quartier de Saint-Michel à cause de l'autorité de son père, qui étoit le premier ministre de la ville, on le fait partir; et étant arrivé à Bordeaux, il voit madame de Boucaut, et de concert avec elle écrit au père Berthod de venir en diligence: ce qu'il fit, et il arriva à Lormont vers la Saint-Jean.

Comme il étoit parti avec de nouveaux ordres pour messieurs de Vendôme et de Candale, qui leur disoient de le laisser agir et de prendre créance en ce qu'il leur diroit, il les leur rendit; et ces deux généraux d'armée témoignèrent grande joie de son retour, et de l'espoir qu'il leur donnoit que l'affaire de Bordeaux réussiroit.

En ce temps-là le Roi envoie M. d'Estrades en Guienne, pour commander sous M. de Vendôme en qualité de lieutenant général, et porte ordre d'assiéger Bourg. M. de Vendôme forme le siége, résout le jour de l'attaque, et l'emporte en trois jours, avec l'assistance de M. de Candale, qui voulut être à l'ouverture des tranchées, aussi bien que M. de Vendôme, qui prit encore Libourne après trois attaques données huit jours après la prise de Bourg. Ces conjonctures donnèrent grand cœur aux bien intentionnés: chacun s'échauffe à qui fera quelque bonne action; la demoiselle de Lure forme un parti pour le service du Roi; et étant la troisième trahie, elle fut faite prisonnière dans l'hôtel-de-ville, dont elle ne se put tirer qu'en donnant de l'argent aux ormistes, aussi bien que la dame de Chartran, qui fut menacée de la question parce qu'on avoit su qu'elle étoit l'hôtesse du père Berthod lorsqu'on prit le père Ithier, et qu'on avoit mis le peuple en armes pour l'attraper; et elle l'eût soufferte, si deux cents pistoles qu'elle donna ne l'en eussent garantie. Son frère Mingeloux fut poursuivi dans les rues par le sieur du Tay, lieutenant des gardes du prince de Conti; mais s'étant heureusement sauvé, on se contenta de le maltraiter en le pendant en effigie. Le sieur Chevalier, avocat, fut surpris par le parti des princes portant une lettre à M. de Candale; et deux heures après son emprisonnement il fut pendu, après y avoir été condamné par des pâtissiers, des cordonniers et des apothicaires, qui ne lui voulurent jamais permettre la confession s'il ne la faisoit tout haut ; enfin plus le parti des princes faisoit de cruautés, plus les bien intentionnés s'échauffoient pour le rétablissement de l'autorité royale et pour demander la paix. On en vint jusques au point d'écrire à M. de Boucaut, par le moyen de sa femme, de faire avancer le père Berthod aux faubourgs de Bordeaux *incognito*, pour conférer avec des principaux bourgeois. Ce père fut au rendez-vous conférer avec eux sur les moyens de recouvrer leur liberté, et de remettre la ville entre les mains du Roi. Il en fit le récit à M. de Vendôme, qui pour lors quitta Bourg pour venir à Lormont, afin d'être plus proche de Bordeaux au cas que l'on voulût traiter avec lui.

Pendant ce temps-là madame de Boucaut continue ses brigues avec tant d'ardeur, qu'elle donna sujet au sieur Raymond, qui commandoit à la porte de l'hôtel-de-ville en l'absence du capitaine, d'en refuser l'entrée à quelques ormistes, et même à Duretête (1), qui en étoit un des principaux chefs. Cela causa grande rumeur, et donna lieu à Duretête et à Villars d'en faire leurs plaintes au prince de Conti, qui, pour les satisfaire, fit faire commandement à Raymond de sortir de la ville; mais comme on l'embarquoit pour passer la rivière, des jeunes gens se déclarèrent pour le Roi, montèrent sur des bateaux, enlevèrent Raymond des mains de l'exempt qui le conduisoit, et le ramenèrent en sa maison. De là, cette jeunesse en grand nombre fut demander sa liberté à M. le prince de Conti, et le prier de commander à Villars de ne marcher plus dans les rues avec des gardes, comme il avoit accoutumé; autrement qu'on feroit main-basse sur lui et sur ses gens. Ce qui leur fut accordé; et depuis ce jour-là Villars ne parut plus guère dans les rues, parce qu'il y marchoit seul.

Dans toutes les rencontres cette jeunesse battoit les ormistes, chassoit les garnisons qu'on avoit mises dans les maisons particulières, maltraitoit les soldats payés par M. le prince; et dans toutes ces actions les sieurs de La Crompe, Roberel, Rodorel, Grenier, Ferrand, Rolland et plusieurs autres, firent des merveilles.

Après cela ils convoquèrent une grande assemblée dans l'hôtel de la Bourse, où il fut résolu qu'au députeroit des bourgeois de chaque corps à M. le prince de Conti, pour lui demander qu'on changeât les capitaines de la ville, qu'on fît sor-

(1) Il fut excepté de l'amnistie, et roué vif en 1654.

tir tous les gens de guerre, qu'il fût défendu à l'Ormée de s'assembler, et qu'on travaillât incessamment à la paix. Cette délibération étoit une suite de la résolution prise, en la conférence du père Berthod avec les bourgeois aux faubourgs de Bordeaux, huit ou dix jours auparavant. A toutes ces propositions le prince de Conti promit de répondre le lendemain, qui étoit le 19 de juillet. Ce jour-là on donna la liberté au sieur Filhot, et on redonna l'habit de religieux au père Ithier, dont on l'avoit privé depuis le 23 de mars, qu'il fit amende honorable.

Au sortir de chez M. le prince de Conti, cette jeunesse alla par toute la ville, criant *vive le Roi!* et *la paix!* et en moins de trois ou quatre heures leur troupe se trouva grosse de quatre ou cinq mille personnes, qui obligeoient par force les ormistes de crier aussi *vive le Roi!* et *la paix!* et une partie d'eux montèrent aux clochers, sur lesquels les ormistes avoient arboré depuis si long-temps des pavillons rouges, qui étoit la marque de leur inclination pour l'Espagne. Ils les arrachèrent, et mirent à la place des drapeaux blancs, qui témoignoient leur soumission pour la France et leur obéissance au Roi.

Durant que tout cela se faisoit à Bordeaux, M. de Vendôme, qui avoit avancé son armée navale jusques à Lormont et à Bacalan, alla attaquer les vaisseaux bordelais, qu'il fit retirer à coups de canon jusques au-dessous du château Trompette. Ceux qui avoient le secret de la négociation de Bordeaux étoient ravis de cette attaque, parce qu'elle se faisoit de concert avec eux, et donnoit de la terreur aux ormistes et au parti des princes, qui en étoient au désespoir; et particulièrement à Lenet et à Marchin, qui ne savoient plus où ils en étoient. Toute leur rhétorique étoit courte, leurs menaces n'avoient plus de lieu, leurs violences n'étoient plus craintes, et leur crédit ne pouvoit plus empêcher la jeunesse et les bons bourgeois d'agir pour leur liberté.

Le dimanche 20 de juillet, sur les deux heures après midi, les députés de tous les corps et de la jeunesse ayant fait assemblée à l'archevêché, où assistèrent le prince de Conti, madame de Longueville, madame la princesse et M. d'Enghien, avec les officiers généraux de l'armée, on fit les propositions, savoir : qu'il seroit défendu à l'Ormée de s'assembler; qu'on changeroit tous les capitaines des quartiers, et qu'on feroit sortir tous les gens de guerre. Tout cela fut résolu aussitôt que proposé; et dès le lendemain on dressa des cahiers, qu'on trouva bon de donner au sieur de Bacalan, avocat général en la chambre de l'édit; qu'il seroit député vers M. de Vendôme pour conférer avec lui, et qu'on enverroit aussi le sieur de Virelade-Salomon, ci-devant avocat au grand conseil, vers M. de Candale qui étoit à Bègle, à une demi-lieue de Bordeaux, pour lui parler sur le même sujet.

Sans attendre que les députés partissent pour Lormont, la jeunesse de Bordeaux, suivie de quantité d'anciens bourgeois, alla trouver M. de Vendôme pour lui témoigner leur soumission à l'obéissance du Roi, et lui offrir de le faire entrer dans la ville quand il lui plairoit. Ils emmenèrent, en s'en retournant, le sieur de Boucaut, qu'ils conduisirent dans sa maison en criant *vive le Roi!* et *la paix!* Et comme ils avoient fait sortir le père Ithier des prisons, ils vouloient aussi ramener le père Berthod dans la ville en triomphe; mais M. de Vendôme l'arrêta auprès de lui pour deux ou trois jours.

Deux jours après que le sieur de Bacalan eut été trouver M. de Vendôme à Lormont pour lui faire des propositions de paix, les sieurs de Thodias, premier jurat, et M. de Boucaut des Récollets, y vinrent, et portèrent à messieurs de Vendôme et de Candale des articles de trève, pour faciliter le traité de paix qu'ils devoient faire.

Le premier portoit une cessation d'armes et de tous actes d'hostilité jusques à la conclusion de la paix ou de la rupture, sans aucune communication entre les gens de guerre ni habitans de Bordeaux, qu'avec la permission des généraux. Cet article fut accordé.

Le second, qu'après l'éloignement des troupes du Roi il seroit donné des quartiers pour les autres à trois ou quatre lieues de Bordeaux, où il seroit convenu. Il y fut répondu que dans les suspensions d'armes et dans les trèves chacun gardoit ses postes; que si toutefois messieurs de Bordeaux désiroient que les troupes des princes s'éloignassent de quatre lieues de la ville, on leur donneroit des quartiers, à condition qu'ils leur fourniroient des vivres, et que les troupes vivroient dans l'ordre.

Le troisième, que durant la trève il y auroit liberté pour tous ceux qui voudroient porter des vivres à Bordeaux, de quelque nature qu'ils fussent, tant par mer que par terre. Cet article fut refusé.

Le quatrième, qu'il seroit donné passe-port pour envoyer à M. le prince, en quelque lieu qu'il fût, lui donner avis du traité de paix. Il y fut répondu que quand les articles du traité de la ville seroient accordés et les otages donnés, on accorderoit le passe-port.

Le cinquième, qu'on donneroit un autre passe-port pour un habitant de la ville pour aller en cour. On y répondit comme au précédent.

Le sixième, qu'on donneroit aussi passe-port au sieur Balthazar pour se retirer à Tartas avec cent maistres à cheval. On dit que M. Balthazar s'adressant à M. de Candale, il y seroit pourvu.

Le septième, qu'un autre passe-port seroit donné pour une autre personne de la ville, qui devoit aller à l'armée navale d'Espagne, s'il y en avoit, révoquer les ordres que le prince de Conti avoit donnés, et les avertir que la ville ne les assisteroit de quoi que ce fût, les Bordelais ayant désavoué les députations faites en Espagne et en Angleterre. Il y fut répondu qu'en accordant lettres de révocation et de renonciation en bonne forme, le passe-port seroit accordé. Après plusieurs contestations sur ces articles, ils furent enfin signés de part et d'autre, selon la réponse de messieurs de Vendôme et de Candale.

Ce commencement de traité fit tout-à-fait perdre courage à une partie des ormistes. Plusieurs d'entre eux se firent de fête; ils alloient comme les autres toujours à Lormont assurer de leur fidélité au service du Roi; et l'Ormée fut entièrement anéantie.

Or, comme ce lieu d'Ormée, d'ormistes et d'Ormières est une chose inconnue à beaucoup de personnes, il faut ici en peu de mots en dire l'origine, le progrès et la fin.

Le Roi ayant fait grâce aux Bordelais en l'année 1650, dans laquelle il leur donnoit une amnistie générale de leurs révoltes, il leur promit un autre gouverneur que M. d'Epernon: mais comme la cour différoit de satisfaire à ce dernier article, les frondeurs crurent que Sa Majesté le continueroit; et cette pensée les obligea de faire faire diverses assemblées au menu peuple, lequel s'étant un jour attroupé sur les fossés de l'hôtel-de-ville, donna sujet aux jurats de faire dire à cette canaille qu'elle ne pouvoit s'assembler sans la permission des magistrats; et que s'ils ne se retiroient, on tireroit sur eux. L'un des plus factieux dit à cette troupe: « Allons à l'Ormière, « nous serons en liberté. »

Cette Ormière est une butte de terre élevée et aplanie, proche du château du Ha, sur laquelle sont plantés quantité d'ormes pour servir de promenade. Ils allèrent donc sous ces ormeaux; et cette assemblée grossit si horriblement, qu'en moins de deux heures il s'y trouva plus de trois mille personnes, qui ne parloient que de poignarder, de massacrer et de jeter dans la rivière les épernonistes et les mazarins; et qu'il falloit avoir un autre gouverneur que M. d'Epernon. Sur cela le parlement s'assemble, et résout qu'on enverroit en diligence vers le Roi un nommé Cazenave, qui, pour rendre son voyage plus spécieux, fit croire à la Reine que Bordeaux étoit tout en feu, et le peuple prêt à se révolter et à se couper la gorge. Sa Majesté fit assembler le conseil, dans lequel, par accommodement, on leur donna M. le prince de Condé pour gouverneur, à la charge qu'il donneroit son gouvernement de Bourgogne à M. d'Epernon pour celui de Guienne. Après les expéditions faites, le courrier s'en retourne à Bordeaux, où dès qu'il y arriva ce furent des réjouissances et des festins publics par les frondeurs et par les ormistes, qui couroient dans les rues avec des bouteilles et des lauriers, pour faire boire ceux de leur parti auxquels M. le prince avoit écrit des lettres d'amitié et de civilité.

Dans le même temps il se forme dans le parlement de la grande Fronde une autre petite Fronde (1), qu'on attacha, en forme de couronne, sur les portes de ceux qui avoient frondé.

L'Ormée profitant de cette division, prend de nouvelles forces, augmente son parti; et plusieurs du parlement de la grande Fronde s'étant mis parmi cette troupe, la faisoient agir selon leur caprice. Dès-lors on commença de chasser les serviteurs du Roi; et pour cela on établit une chambre d'expulsion. Le parlement voyant qu'on empiétoit sur son autorité, donne arrêt par lequel il défend ces assemblées. Les ormistes l'arrachent des mains de l'huissier qui le vouloit publier; ils assiègent le Palais, où le prince de Conti étant allé, fait retirer la bourgeoisie, et chasse ensuite quelques conseillers de la petite Fronde.

Ces conseillers de la petite Fronde se voyant maltraités par l'Ormée, soulèvent le quartier du Chapeau-Rouge : ils s'arment les uns contre les autres. Mais le prince de Conti, madame la princesse, madame de Longueville et le duc d'Enghien s'étant promenés par les rues, calmèrent cette populace, et rappelèrent des conseillers de la petite Fronde qui promirent de les servir et de défendre les assemblées.

Quelque temps après l'Ormée s'assemble, se saisit de l'hôtel-de-ville, en tire du canon, et marche au Chapeau-Rouge. Les bourgeois de ce quartier-là se barricadent et se défendent; on se bat tout le long du jour; l'Ormée pousse ceux du Chapeau-Rouge, brûle leurs maisons, et demeure victorieuse. Le prince de Conti l'établit plus fortement, s'en déclare chef, chasse ceux qui lui étoient suspects, et fait changer d'état et de forme à la ville.

L'Ormée se voyant appuyée d'un chef de telle importance, établit une chambre de justice, qui étoit composée de bourreliers, corroyeurs, pâtissiers, cordonniers, menuisiers, gentilshommes, apothicaires, violons et notaires, procureurs, et de toutes sortes de gens qui présidoient chacun à leur jour, et donnoient des arrêts qui étoient exécutés souverainement. Aussi fut-ce ces beaux juges qui condamnèrent le père Ithier, qui décrétèrent contre le père Berthod, qui donnèrent la question au bonhomme Ithier, âgé de soixante-dix ans, et au sieur de Filhot; qui chassèrent la mère Angélique et le sieur de Boucaut de la ville, qui pendirent le pauvre Chevalier, qui firent une infinité de cruautés, de violences et d'extorsions qu'on ne peut mettre dans cette relation. Enfin, comme cette Ormée s'étoit formée par des assemblées imprévues et avoit régné par la violence, elle fut détruite par d'autres assemblées de la jeunesse bien intentionnée, qui la dissipa par la force et par les menaces.

Cependant le prince de Conti, qui n'avoit plus de crédit dans Bordeaux, tint conseil chez lui, où il proposa de prendre ce qui restoit de cavalerie et le duc d'Enghien, de passer en Espagne ou périr, et d'envoyer devant Balthazar à Tartas; mais Lenet et Marchin s'y opposèrent, aussi bien que les princesses. Le prince de Conti voyant donc que les Bordelais traitoient leur paix séparément, et d'ailleurs se plaignant de M. le prince, qui l'avoit très-maltraité, et qui avoit, dans une infinité de rencontres, témoigné plus d'inclination et de déférence pour Lenet et pour Marchin que pour lui, traite séparément avec M. de Candale pour lui seul et pour sa maison, et ne demanda pour lors des passe-ports que pour madame la princesse, Marchin et Lenet, afin d'aller trouver M. le prince, pour madame de Longueville pour aller à Montreuil-le-Bellay en Poitou, et un autre pour lui, pour se retirer en une de ses maisons; et après avoir tous signé ce traité, ils sortirent de Bordeaux le deuxième d'août.

Depuis le 26 de juillet jusques au jour du traité de paix qui fut le 30, il y eut un nombre inconcevable d'habitans de Bordeaux qui alloient et venoient à Lormont, pour témoigner leur joie de ce qu'on leur vouloit accorder la paix ; et dans ce rencontre M. de Comminges, lieutenant général, qui occupoit le poste où étoient lors les généraux, fit de grandissimes dépenses pour gagner le cœur des Bordelais; car il leur tint table ouverte sept ou huit jours durant. Enfin le jour du traité de la paix arrivé, qui fut le 29 ensuivant, le chevalier Thodias, premier jurat, les sieurs de Virelade, conseillers d'Etat, le président; La Trève, de Boucaut, conseillers ; de Pontac, greffier du parlement; Alaire, archidiacre de l'église de Saint-André; de Bacalan, avocat général de la chambre de l'édit ; Baritaud, lieu-

---

(1) En opposition à la grande, qui était du parti des princes.

tenant particulier; Mercier, marchand; Martin Valon, avocat; et Rodoret, aussi avocat, y arrivèrent en qualité de députés de la ville, suivis d'une grande quantité de peuple. Ces députés ayant été introduits dans la chambre des généraux, où leur conseil étoit assemblé, firent faire lecture de leurs articles par le sieur L'Auvergnac, secrétaire de la députation, sur lesquels il y eut de très-grandes contestations, et particulièrement sur ce qu'ils demandoient qu'on leur accordât les mêmes grâces que le Roi leur avoit octroyées et que le père Berthod leur avoit apportées, lorsqu'il croyoit faire réussir le dessein que la trahison de Villars avoit fait échouer. En ce rencontre le père Berthod fut ouï dans le conseil de guerre, où les généraux vouloient qu'il assistât toujours, comme ayant une connoissance entière de toutes les intelligences de Bordeaux pour le service du Roi. Ce père dit qu'il étoit vrai que Sa Majesté avoit accordé de bon cœur toutes les grâces qu'il avoit demandées pour la ville et les habitans de Bordeaux; mais que c'étoit à la charge qu'au temps qu'elles leur furent octroyées ils se remettroient dans leur devoir, et qu'ils accompliroient ce qu'ils promettoient; qu'ils s'en étoient rendus indignes par la trahison de celui qui avoit trompé le Roi et ceux qui travailloient par les ordres de Sa Majesté; que depuis ce temps-là la cour avoit fait une infinité de dépenses pour les armées de mer et de terre; qu'il avoit fallu faire les siéges de Bourg et de Libourne; et qu'ainsi le Roi n'étoit point tenu d'accorder ce qu'il avoit promis en ce temps-là, puisqu'ils n'avoient pas exécuté les choses auxquelles ils s'étoient engagés: mais qu'ils devoient se soumettre à l'obéissance du Roi, sur la parole que messieurs les généraux leur donnoient que Sa Majesté leur accorderoit une amnistie générale, et qu'après cette soumission ils trouveroient dans sa clémence les mêmes marques de bonté qu'elle avoit données aux Parisiens, lorsqu'ils s'étoient soumis sans conditions aux pieds du Roi.

Messieurs de Vendôme et de Candale dirent une infinité de belles choses là-dessus pour l'appui de l'autorité royale, et pour fléchir ces députés; mais l'évêque de Tulles (1) parla admirablement bien sur ce sujet, en qualité de chef du conseil de la marine; et après plusieurs disputes sur chaque article, il leur fut seulement accordé:

Que Sa Majesté donneroit une amnistie générale aux habitans de la ville et faubourgs de Bordeaux; que les priviléges de la ville seroient confirmés; que tous les prisonniers et autres qui seroient détenus à raison des mouvemens de Bordeaux seroient mis en liberté; que le présidial de Guienne seroit rétabli dans la ville; que la liberté du commerce seroit rétablie dans Bordeaux, et permis de trafiquer avec toutes sortes de personnes; que route seroit donnée aux gendarmes et gardes de M. le prince de Condé et au régiment d'Enghien pour aller à Stenay; les régimens de la Marcouse et de Marche licenciés; et qu'on donneroit route aux Irlandais pour s'en aller en Espagne avec un commissaire.

Et pour le regard du rétablissement du parlement dans Bordeaux, la suppression de la cour des aides, son incorporation au parlement, la suppression du présidial de Libourne, la suppression des impositions sur les vins et autres marchandises, tout cela fut renvoyé au Roi, ainsi que quantité d'autres choses que ces députés demandoient par leurs articles, qui furent signés de messieurs de Vendôme, de Candale et de l'évêque de Tulles de la part du Roi, et des députés comme ayant charge de la ville.

Après cette signature, les députés se retirèrent à Bordeaux pour donner les ordres nécessaires à l'entrée de messieurs les généraux, qui s'y devoit faire trois jours après, pendant lesquels M. le prince de Conti, avec sa maison, se retira à Cadillac, pour de là prendre le chemin du Languedoc. Madame la princesse et son train s'embarquèrent avec Lenet et Marchin pour aller trouver M. le prince, et madame de Longueville pour le Poitou. Pour Balthazar, au lieu de demander passe-port pour passer à Tartas avec ses troupes, il traita avec M. de Candale (2), et se remit dans le service du Roi.

Toutes ces choses faites, messieurs de Vendôme, de Candale, de Tulles, tous les officiers généraux et quantité d'autres, entrèrent en triomphe dans la ville, allèrent faire chanter le *Te Deum* dans l'église Saint-André, où le père Ithier prêcha par l'ordre de M. de Vendôme, qui vouloit que ce père, qu'on avoit promené par la ville dans une charrette, nu en chemise, la torche au poing, la corde au cou et le bourreau derrière, pour le service du Roi, parût en ce jour de triomphe pour annoncer au peuple la clémence de Sa Majesté, et l'obligation qu'il avoit de ne jamais se départir de son obéissance.

Le reste de la journée et une partie de celle du lendemain se passèrent en harangues, que tous les corps allèrent faire à messieurs les généraux; après quoi on dépêcha en cour pour donner avis à Sa Majesté. En attendant la réponse de la cour, on chassa les factieux de la ville, jusqu'au nombre de trois cents pour le

(1) Louis de Guron de Rechigne-Voisin.

(2) Qui lui accorda de grands avantages. Voy. *Hist. de la guerre de Guienne*, Cologne, 1694.

moins : on n'en épargna pas même les religieux et les prêtres qu'on reconnoissoit mal intentionnés. Le courrier arrive, et apporte la déclaration du Roi portant amnistie générale accordée à la ville et habitans de Bordeaux, avec pardon, extinction et abolition générale de tous les crimes et excès par eux commis, sans en rien réserver ; à l'exception néanmoins du sieur Trancard, conseiller, Blarut et Desert, bourgeois de Bordeaux, qui étoient en Angleterre ; Clerrac, bourgeois et avocat, qui étoit allé en Espagne ; de Villars et Durctête, qui avoient été les chefs de l'Ormée et des rebellions, qui n'étoient point compris dans l'amnistie : à la charge aussi que les châteaux Trompette et du Ha seroient rétablis en même état qu'ils étoient auparavant les mouvemens, et que les jurats et habitans de Bordeaux prêteroient de nouveau serment de fidélité entre les mains de messieurs de Vendôme et de Candale ; et pour les y obliger davantage, Sa Majesté confirma les priviléges de leur ville.

Cette amnistie fut envoyée au parlement de Guienne, qui étoit pour lors séant à La Réole, afin d'en faire la vérification et l'enregistrement : ce qu'il fit, mais non pas comme on le désiroit ; car au lieu de l'enregistrer purement et simplement, selon la volonté du Roi, les messieurs de ce corps y firent un commentaire, et ordonnèrent des remontrances. Leur arrêt fut que les lettres d'amnistie seroient registrées, lues et publiées au premier jour que la séance de leur parlement seroit établie en lieu où elle pût tenir audience, sur quoi il seroit donné avis au Roi ; que Sa Majesté seroit très-humblement suppliée de déclarer plus amplement ses intentions touchant diverses personnes arrêtées prisonnières par ses ordres dans la ville de Bordeaux, depuis qu'elle avoit été remise dans l'obéissance (et ils firent cette ordonnance parce qu'ils trouvoient mauvais qu'on eût mis en prison quatre ou cinq coquins qui avoient parlé insolemment contre l'autorité du Roi et la personne de messieurs de Vendôme et de Candale, depuis qu'ils étoient entrés dans la ville) ; que Sa Majesté seroit encore suppliée de rétablir le parlement à Bordeaux au plus tôt, attendu la nécessité pressante de la distribution de la justice, et même de la publication de l'amnistie.

En ce qui concernoit le rétablissement des châteaux Trompette et du Ha, Sa Majesté seroit très-humblement suppliée de se faire représenter les remontrances faites en diverses occasions auparavant les mouvemens de l'année 1649, et les ordres donnés par les rois ses prédécesseurs pour la démolition de ces deux châteaux, et d'en vouloir ouïr les supplications que les jurats de Bordeaux pourroient lui en faire sur ce sujet, pour être par elle ordonné ce qu'elle jugeroit à propos pour le bien de son service ; et en cas de rétablissement de ces châteaux, que Sa Majesté seroit très-humblement suppliée de vouloir que la garde d'iceux fût commise à des gouverneurs particuliers autres que les gouverneurs et lieutenans généraux de la province.

Cet arrêt d'enregistrement piqua extrêmement messieurs les généraux, qui attendoient du parlement une soumission totale aux volontés du Roi, et qu'ils étoient d'autant plus obligés de témoigner en ce rencontre, que c'eût été un acheminement à leur rétablissement prochain dans Bordeaux ; et il donna sujet à messieurs de Vendôme et de Candale de se refroidir dans les bons sentimens qu'ils avoient pour eux, et de se désister de la pensée dans laquelle ils avoient été d'écrire à la cour en faveur de leur rétablissement, en considération du premier président de Pontac et de quelques autres, qui avoient toujours été inviolables dans l'obéissance et dans le service du Roi, et qui même avoient été d'avis contraire pour cet enregistrement ; mais qui n'avoient pas prévalu, parce que le nombre des autres étoit plus grand.

Cette amnistie, qui avoit été apportée par le sieur de Las, maréchal de camp dans les armées du Roi en Guienne, qui avoit fait divers voyages à la cour pendant et après le traité, étoit accompagnée d'une grande dépêche du Roi signée de M. Le Tellier, et datée du 26 août 1653, portant les ordres que M. de Vendôme et M. de Candale devoient tenir pour l'affermissement de l'autorité de Sa Majesté dans Bordeaux, et qu'ils devoient exécuter aussitôt que l'amnistie seroit publiée. Les généraux voyant le refus qu'avoit fait le parlement, en firent faire l'enregistrement par le sénéchal, et la publication par les jurats ; et dans le même temps ils travaillèrent à l'exécution de la dépêche du Roi, qui leur disoit : Qu'encore que Sa Majesté leur eût fait connoître, par l'ordre qu'elle leur avoit envoyé il y avoit quinze jours, comme le traité qu'ils avoient fait pour la réduction de Bordeaux lui avoit été fort agréable, parce qu'ils en avoient éloigné les princes, les princesses et les autres chefs de guerre et de conseil, et les troupes qui les servoient ; qu'ils les avoient fait dissiper, et avoient fortifié celles de Sa Majesté ; qu'ils avoient rendu les efforts des Espagnols pour le secours de cette ville-là inutiles, et qu'ils l'avoient réduite à reconnoître l'autorité du Roi, et dans l'obéissance et la fidélité par tous ses sujets ; néanmoins, comme il sembloit que lesdits sieurs généraux fussent en doute des sentimens de Sa Majesté à cet égard, à cause qu'elle avoit différé de leur envoyer les lettres d'amnistie générale, avec la confirmation des priviléges de la ville, comme si ce retardement pouvoit être interprété à improuver de la part du Roi ce qu'ils avoient fait, que Sa Majesté désiroit leur confirmer qu'elle avoit eu beaucoup de satisfaction de la conduite qu'ils avoient tenue pour réduire la ville aux termes de traiter comme elle avoit fait, en ce qu'ils avoient fait depuis pour y rétablir l'autorité royale, en remplissant les principales charges de la ville de gens bien intentionnés, en la purgeant des plus factieux, et s'assurant d'aucuns des principaux d'entre eux qu'ils avoient fait mettre en lieu de sûreté; qu'ils avoient pu remarquer, par une précédente dépêche, comme Sa Majesté s'étoit louée de ce qu'ils n'avoient rien accordé par la capitulation de Bordeaux, qui empêchât le Roi de pourvoir au rétablissement de son autorité dans la ville; et qu'encore que Sa Majesté leur eût témoigné que l'amnistie n'eût pas été générale, parce qu'il étoit important à l'Etat de faire punir quelques-uns des plus coupables des soulèvemens, retirés dans Bordeaux, comme elle leur avoit mandé quinze jours avant la capitulation; toutefois elle leur avoit écrit qu'elle l'approuveroit et leur enverroit sa déclaration en bonne forme, aussitôt qu'elle auroit avis de l'exécution de ses ordres; qu'il étoit vrai que ce qui avoit fait différer l'envoi de cette déclaration étoit qu'il eût été messéant et inutile de la faire paroître, si les Bordelais eussent refusé de se soumettre à ce que Sa Majesté mandoit à messieurs les généraux; de leur déclarer qu'aussi Sa Majesté n'avoit rien écrit à messieurs de Vendôme et de Candale qui leur eût pu faire concevoir qu'elle n'eût pas eu intention de la donner suivant la capitulation, ne s'agissant, comme ils l'avoient très-bien remarqué, dans leur mémoire envoyé à la cour, que d'assurer la vie, les biens et les priviléges de ceux de la ville, tout le reste étant remis à son bon plaisir: en quoi néanmoins ils devoient observer que Sa Majesté avoit beaucoup donné à l'engagement dans lequel ils étoient entrés, en accordant l'amnistie aux mêmes termes qu'elle l'avoit offerte ci-devant, dans un temps où toutes choses étoient en un état fort différent de celui auquel elles s'étoient trouvées lorsqu'ils avoient traité.

Sa Majesté avoit estimé que pour ces raisons il se falloit une fois pour toutes assurer de la ville, comme elle l'eût fait lorsqu'elle y avoit été présente en l'année 1650, si elle n'en eût été empêchée, comme chacun savoit, parce que ses troupes étoient dispersées, que le trouble étoit presque universel dans le royaume, que les finances étoient épuisées, et toutes les provinces hors d'état de donner secours à Sa Majesté; le parlement de Bordeaux lié d'intelligence avec plusieurs officiers de celui de Paris; M. le duc d'Orléans pressant en même temps le Roi, par l'induction de ceux qui étoient dans la faction de Bordeaux, à leur accorder les conditions qu'ils obtinrent alors.

Que pour parvenir à cette sûreté stable il n'y avoit que deux voies: l'une de rétablir les forts qui avoient été démolis dans Bordeaux, en les rendant suffisans pour l'assujétir; l'autre, d'en raser toutes les fortifications. Sur quoi elle avoit choisi le dernier expédient, pour les raisons qui étoient amplement marquées dans un mémoire qu'elle avoit envoyé sur ce sujet à messieurs les généraux; et quoique Sa Majesté eût bien prévu que les Bordelais pourroient bien n'être pas assez sages pour accepter ce qui leur conviendroit le plus pour leur propre bien, et pour ne pas retomber dans les maux dont à peine ils étoient sortis, aussi avoit-elle jugé avec fondement qu'on pourroit les y contraindre par la force: et comme le Roi avoit, par sa dépêche du 15 de juillet, expressément déclaré que son intention étoit de demeurer en pouvoir de faire réédifier les forts, ou de faire démolir les murailles et les fortifications de la ville, et que par les articles de la capitulation il n'avoit été stipulé aucune chose qui y fût contraire, Sa Majesté n'avoit en rien intéressé l'honneur de messieurs les généraux, ni préjudicié à la foi de leur traité, en leur donnant ses ordres pour établir cette sûreté, qu'elle désiroit avec tant de raison, et qui auroit augmenté la gloire qu'ils avoient eue de la réduction de Bordeaux; que le Roi avoit désiré plus de sûreté des Bordelais, vu leur récidive si extraordinaire dans leur révolte, après ce qu'ils avoient si solennellement promis par le traité fait à Bourg, et que ce troisième soulèvement pouvoit donner de si mauvais augures pour la suite, qu'il avoit été à croire que les gens de bien présumeroient d'eux-mêmes ce qui pourroit le plus contribuer à leur donner un repos assuré pour l'avenir.

Cependant comme Sa Majesté ne s'étoit arrêtée à la démolition des fortifications de la ville que parce qu'elle pouvoit être plus facilement exécutée que le rétablissement des forts, qu'elle seroit moins à charge au peuple, et qu'elle exempteroit de tous les inconvéniens qu'elle avoit prévus de la réédification des forts, et conviendroit mieux au public; qu'à présent qu'elle trouvoit la sûreté égale en rétablissant ses forts, elle y donnoit volontiers les mains, et d'autant plus que messieurs les généraux espéroient que les magistrats pourroient être disposés à le demander.

Mais parce qu'une chose de cette conséquence ne pouvoit être mieux ménagée ni plus sûrement ordonnée et établie que par l'entremise desdits sieurs généraux, Sa Majesté désiroit qu'après avoir délivré aux magistrats de la ville la déclaration d'amnistie qu'elle leur envoyoit par le sieur de Las, porteur de ce mémoire, et qu'elle auroit été publiée, ils s'employassent à disposer ces magistrats à faire eux-mêmes instance à Sa Majesté d'ordonner la réédification des châteaux Trompette et du Ha, ne doutant pas qu'ils n'y trouvassent toute facilité, selon l'avis qu'on avoit de l'état des choses de ce côté-là, et que l'on se devoit promettre tant par le crédit qu'ils s'étoient acquis dans la ville, et le pouvoir que leur qualité, le commandement et la proximité des armes de Sa Majesté leur donnoient, que parce qu'il n'y avoit personne qui ne sût qu'en l'année 1649, qui étoit le temps auquel elle leur avoit accordé plus de graces, elle se réserva d'ordonner le rétablissement du château Trompette lors de sa majorité : si bien qu'elle le pouvoit toujours faire quand bon lui sembleroit, et qu'il étoit à présumer que tous les gens de bien le désireroient, pour se voir peut-être à jamais garantis des troubles et de la confusion d'où ils venoient de sortir, des maux qu'ils avoient soufferts, et de la ruine entière dont ils avoient été menacés ; que le Roi remettoit à leur prudence de prendre toutes les assurances possibles et convenables pour assurer et faire exécuter cette réédification. Entre les considérations et les raisons dont messieurs les généraux sauroient bien se prévaloir pour cette réédification, il étoit bon qu'ils leur fissent remarquer que le meilleur moyen de faire que l'armée navale d'Espagne se retirât promptement, et par conséquent qu'ils fussent déchargés, avec toute la province du voisinage, de la subsistance de celle de terre de Sa Majesté, étoit de faire que l'on vît la ville demander et désirer à bon escient cette réédification, et se soumettre à ce que le Roi désiroit pour jouir d'un repos perpétuel, et n'être plus exposée aux malheurs où ils s'étoient vus plongés, et qu'ils venoient d'essuyer. En cas que les magistrats y donnassent les mains, Sa Majesté désiroit qu'on y fît travailler au plus tôt.

Et parce que le château Trompette avoit été une ancienne fortification, qui n'étoit pas d'une étendue ni d'une force suffisante pour assurer entièrement la ville et la rivière, comme il avoit été reconnu par l'effet, et que celui du Ha étoit encore bien moins utile, l'intention du Roi étoit de faire une bonne citadelle où étoit le château Trompette, sans néanmoins changer le nom du château ; qu'elle fût bien régulière ; qu'elle commandât sur toute la ville s'il se pouvoit, et sur la rivière, bien mieux que ne faisoit ce château ; que messieurs les généraux reconnussent et résolussent avec messieurs d'Estrades et d'Argencourt tout ce qui seroit à faire, tant au château Trompette qu'à celui du Ha, pour une parfaite sûreté à jamais.

Qu'après qu'ils auroient réglé la forme de cette citadelle, et qu'ils en auroient assuré la construction autant qu'il leur seroit possible, ils remissent à M. d'Estrades la commission que Sa Majesté lui avoit fait expédier pour commander dans la ville, et le corps d'armée qui demeureroit dans la province de Guienne ; et qu'ils lui donnassent leur avis et leurs ordres pour ce qu'il y avoit à faire tant dans Bordeaux pour la construction de la citadelle et du château du Ha, que dans la province pour le maintien des troupes, le repos et soulagement du peuple, et pour tout ce qui pouvoit être de l'avantage et du service du Roi ; qu'ils laissassent en la disposition de M. d'Estrades la somme de quarante mille livres du fonds des travaux de l'armée, réservant le surplus pour être employé où les troupes serviroient ; qu'ils y fissent aussi appliquer les revenus des duchés d'Albret et de Fronsac, et donnassent tous les ordres nécessaires pour les faire saisir, et employer ceux du sieur d'Estrades avant qu'ils partissent ; qu'ils donnassent charge à M. d'Argencourt de dresser ou faire dresser les plans, devis et mémoires de la dépense qu'il conviendroit de faire pour la citadelle et pour le château du Ha, et pour les munir d'artillerie et de toutes choses, pour en laisser les originaux à M. d'Estrades, afin qu'il les fît suivre, et qu'il en envoyât le double à Sa Majesté, pour qu'il fût pourvu au fonds nécessaire pour l'accomplissement des ouvrages, et de tout ce qui auroit été projeté.

Qu'après cela s'il se trouvoit que l'armée d'Espagne fût encore dans la rivière de Bordeaux ou dans les mers de France, Sa Majesté remettoit à messieurs les généraux d'aviser et de résoudre s'il seroit bon de détacher de l'armée de Guienne le corps des troupes qu'elle a destiné pour fortifier celle de delà, dont elle leur envoyoit l'état, et d'y joindre, si besoin étoit, quelques autres troupes pour servir à la réduction de Périgueux avec celles que le sieur de Sauvebœuf y avoit menées, si la ville n'étoit pas encore réduite ; et en ce cas, qu'elle désiroit que M. de Candale s'y portât en personne, et trouvoit bon qu'après la réduction de Périgueux il revînt à Paris, en passant par l'Auvergne comme il l'avoit désiré, et qu'il renvoyât à M. de Vendôme toutes les troupes qu'il auroit menées à cette expédition, pourvu toutefois que cependant l'armée navale ennemie s'éloignât des mers de France, et non autrement, et que Bordeaux se fût accommodée aux volontés de Sa Majesté.

Et quoique le Roi crût que, par la bonne disposition que messieurs les généraux auroient donnée à toutes choses dans Bordeaux, il n'y auroit rien à craindre de la part de la ville, et qu'ainsi ils pourroient faire le détachement des troupes sans aucun péril ni inconvénient, néanmoins Sa Majesté se remettoit à eux de faire partir ces troupes pour l'attaque de Périgueux, ou de les retenir pendant que l'armée navale d'Espagne demeureroit dans la rivière ou dans les mers de France, selon qu'ils l'estimeroient le plus à propos.

Qu'aussitôt que l'armée navale ennemie se seroit retirée et auroit pris la route d'Espagne, et que M. de Vendôme auroit donné tous les ordres nécessaires à l'armée navale, Sa Majesté trouvoit bon qu'il partît pour se rendre près d'elle, ainsi qu'il avoit témoigné le souhaiter; observant toutefois de demeurer par-delà pendant tout le temps que l'armée navale d'Espagne resteroit dans la rivière, ou dans les côtes et mers de France.

Que si messieurs les généraux ne pouvoient disposer ceux de la ville, par adresse et par les voies de la douceur, à faire eux-mêmes la demande à Sa Majesté de la réédification des châteaux Trompette et du Ha, et qu'ils vissent qu'on n'y pût parvenir que par la force, le Roi désiroit, quand même ils jugeroient qu'elle y dût être employée, que ce ne fût qu'après que l'armée ennemie navale se seroit tout-à-fait retirée.

Que si après cette retraite de l'armée navale ils voyoient qu'il n'y ait pas moyen de porter ceux de la ville à ce que Sa Majesté désiroit qu'en les y forçant, en ce cas elle approuvoit qu'ils agissent incessamment avec toutes les forces qu'ils avoient, tant de terre que de mer, pour les obliger à ce qu'elle avoit résolu; qu'ils se servissent pour les travaux de soixante mille livres que le sieur de Tracy avoit mandé avoir fait lever dans la province pour cette dépense; et qu'après la réduction de la ville à une entière obéissance aux ordres et volontés du Roi, ils en fissent démolir et raser les murailles et les fortifications, et fissent travailler au rétablissement du château Trompette et au fort du Camp de César avec toute la diligence possible.

Que s'ils estimoient qu'il ne fallût pas employer la force contre ceux de Bordeaux, mais seulement y maintenir toute chose dans l'obéissance au mieux qu'il se pourroit, en continuant de se servir pour cette fin des moyens qu'ils ont employés jusqu'ici fort inutilement, Sa Majesté entendoit qu'ils retinssent toutes les troupes de l'armée de Guienne, à la réserve du corps qu'elle désiroit qu'ils envoyassent en Flandre, sous la conduite et le commandement du sieur de Bougy; que s'ils croyoient que leur absence ne pût causer de préjudice au service et aux affaires du Roi, et que leur présence ne fût pas nécessaire pour assurer l'obéissance et le repos dans la ville, Sa Majesté se remettoit à eux d'en partir quand il leur plairoit, ou de demeurer dans la Guienne.

Que s'ils prenoient la résolution de se séparer et de revenir à la cour, Sa Majesté désiroit qu'ils remissent le commandement des troupes qui resteroient en Guienne, ensemble dans la ville de Bordeaux, à M. d'Estrades, pour l'exercer suivant la commission qui lui en étoit adressée, lui donnant leurs ordres sur la conduite qu'il devoit tenir pour le maintien des choses au bon état où ils les auroient mises, sur le logement, la subsistance et le maintien des troupes, et sur tout ce qu'il y auroit à faire sur cet emploi. Qu'ils le chargeassent aussi de ce qui seroit à faire pour la conservation de Libourne et de Bourg; et quant aux forts du Camp de César et de la Bastide, Sa Majesté remettoit à leur prudence de les faire raser ou de les conserver, selon qu'ils verroient être plus utile à son service.

Que si Bordeaux ne s'accommodoit pas volontairement à la proposition que messieurs les généraux feroient pour la réédification des forts, et s'ils ne jugeoient pas à propos de l'y obliger par la force, l'intention du Roi étoit qu'ils demeurassent tous deux en Guienne, tandis que l'armée navale d'Espagne seroit dans les mers de France; et s'ils résolvoient que M. de Candale allât cependant faire le siége de Périgueux, Sa Majesté entendoit qu'il retournât joindre M. de Vendôme, afin de continuer tous deux conjointement ce qui seroit à faire de plus avantageux pour le service du Roi dans Bordeaux, et empêcher qu'il n'y arrivât aucun préjudice pendant que l'armée ennemie seroit dans la rivière, et dans les côtes et les mers de France.

Messieurs les généraux étant pressés d'exécuter les ordres du Roi parce que le siége de Périgueux pressoit, et que M. de Candale s'y devoit trouver pour l'attaque de cette ville-là, envoyèrent quérir les jurats et beaucoup des principaux bourgeois de Bordeaux, auxquels ils firent entendre la volonté du Roi sur la réédification des châteaux Trompette et du Ha, et l'importance de ce rétablissement; particulièrement du premier, pour la sûreté de la ville et pour la conservation de la bonne bourgeoisie, qui se trouveroit toujours à la veille d'être maltraitée par la canaille, qui prendroit de nouveaux sujets de rebellion tant que ce château Trompette ne seroit point sur pied; mais qu'étant une fois rétabli, et muni d'artillerie et d'une bonne garnison, ce seroit le moyen de tenir le petit peuple en bride, et de l'arrêter en cas qu'il voulût faire quelque nouvelle folie.

Les jurats et les bourgeois qui les accompagnoient non seulement donnèrent les mains à messieurs les généraux pour l'exécution de la volonté du Roi, mais même le prièrent d'écrire à Sa Majesté que leur intention étoit de lui faire de très-humbles supplications pour cette réédification.

Dans le même temps le sieur d'Argencourt travaille aux dessins et aux devis pour ce rétablissement; M. de Candale se prépare pour Périgueux; M. de Vendôme écrit en cour par le sieur de Las, pour demander au Roi l'ordre d'attaquer et de combattre l'armée navale d'Espagne, et prie M. d'Estrades de faire voyage dans les îles d'Oleron, de Brouage et de Ré, et dans les lieux circonvoisins, pour faire venir des matelots pour l'armée navale du Roi.

Pendant le voyage du sieur de Las et celui de M. d'Estrades, le sieur Bodin (1), procureur du Roi au siége présidial de Périgueux, écrivit par homme exprès, au père Ithier et au père Berthod, qu'il y avoit un parti formé dans la ville pour la faire revenir à l'obéissance du Roi; qu'ils étoient résolus de secouer le joug de la tyrannie que le sieur Chanlot (2) et la garnison y exerçoient; et que, pour y travailler avec plus de zèle et de vigueur, ils les prioient de lui envoyer un ordre de M. de Candale pour l'exécution d'un si juste dessein. Le père Ithier se trouvant malade, le père Berthod entreprend cette affaire, porte la lettre du sieur Bodin et une autre d'une personne bien intentionnée pour le même sujet à M. de Candale, qui dans le même temps fait expédier un ordre au sieur Bodin de travailler dans Périgueux pour le service du Roi, et d'associer avec lui tous ceux de ses amis qu'il jugeroit à propos, avec une ample protection pour tous ceux qui s'emploieroient dans un si bon et si louable dessein.

Le père Berthod l'ayant envoyé à Périgueux, et le sieur Bodin les ayant reçus, joignit avec lui le sieur de Fontpiteux, conseiller au présidial, et l'official du diocèse, qui commencèrent dans le même temps de travailler avec tant d'a-

dresse, et s'acquirent une telle croyance dans l'esprit des principaux de Périgueux, qu'en peu de temps leur nombre se grossit si fort et si secrètement, que l'affaire fut au point d'être exécutée lorsqu'on auroit fait savoir la disposition de la ville à M. de Candale.

Le sieur Bodin l'écrivit au père Berthod, qui fit voir la lettre à M. de Candale, dans laquelle le sieur Bodin au nom des habitants proposoit des articles pour remettre la ville dans l'obéissance du Roi : mais durant le temps qu'il falloit pour envoyer la réponse de ses lettres, le sieur Bodin et ses amis voyant que le sieur de Chanlot augmentoit sa tyrannie et faisoit des violences extraordinaires dans la ville, résolurent de se garantir du malheur dans lequel ils alloient tomber, parce que le sieur de Chanlot, qui savoit que M. de Candale venoit l'assiéger dans Périgueux, qu'il faisoit marcher ses troupes et son artillerie, vouloit chasser de la ville ou emprisonner ceux qu'il soupçonneroit être dans le parti du Roi; qu'il avoit découvert les chefs, et qu'il les vouloit perdre.

Les bien intentionnés donc, se voyant pressés de repousser les fureurs du sieur de Chanlot, formèrent leur dessein, qui étoit de s'assembler en divers endroits pour se saisir de sa personne et de toutes les portes de la ville, sans pourtant épancher du sang, s'il se pouvoit, qu'en cas de résistance par la garnison.

Le 16 de septembre, chacun se devoit disposer à l'exécution : l'heure étoit prise pour cela à midi; mais le sieur de Chanlot, qui en fut averti deux heures auparavant, commanda aux colonels des régimens de Condé et de Montmorency, et d'un régiment d'Irlandais, de mettre leurs soldats sous les armes, et de faire rouler le canon, dont ils étoient les maîtres, au moindre commandement qui leur en seroit fait de sa part; et après avoir donné ses ordres pour la conservation des portes et des murailles de la ville, et posé vingt-quatre soldats dans deux maisons qui étoient vis-à-vis de celle du procureur du Roi, il alla, accompagné de vingt hommes tant officiers que soldats, à la porte du sieur Bodin, où il heurta avec beaucoup de violence. A ce bruit, un des valets du procureur du Roi mit la tête à la fenêtre, et dit que son maître dînoit, qu'on ne pouvoit parler à lui. Lors le sieur de Chanlot se nomma, et commanda avec de grandes menaces qu'on ouvrît au plus tôt.

Le sieur Bodin, qui étoit averti de ce que le sieur de Chanlot avoit fait avec ses régimens, et se voyant dans la nécessité de profiter de l'occasion pour le service du Roi et pour son propre salut, fit ouvrir la porte, et, les armes à la main,

---

(1) Appelé *Boudin* dans les Mémoires de Chavagnac.
(2) *Chanlot*, appelé Chanclos dans les mêmes Mémoires.

cria hautement *vive le Roi!* En même temps on tira de part et d'autre, et d'abord un cousin du procureur du Roi fut tué auprès de lui : mais le sieur de Chanlot ne la porta pas loin; car un nommé Laruyne, secrétaire du sieur Bodin, lui donna un coup de mousqueton qui l'étendit mort sur la place. Cette décharge de fusils et de mousquetons, et la mort du commandant, jeta l'effroi parmi la garnison, et augmenta le cœur au sieur Bodin et aux siens, qui en même temps coururent dans les rues, criant *vive le Roi!* Ils allèrent attaquer la porte du pont, qu'ils prirent après quelque résistance. Ce succès anima tous les bien intentionnés, qui se rendirent chacun à leur poste. Les uns s'emparèrent des corps de garde, les autres de la place d'armes, d'autres de la porte de Taillefer et des fortifications; et tout cela sans confusion et sans désordre : et parce que les officiers de la garnison tenoient ferme dans le clocher, dans l'évêché et dans quelques maisons particulières, on les y assiégea, et on les pressa si fortement qu'ils demandèrent quartier, aux conditions qu'il plairoit à M. le duc de Candale. Enfin en moins de deux heures la garnison fut chassée, deux capitaines et un officier d'artillerie tués, les autres chefs faits prisonniers, et la ville entièrement soumise à l'obéissance du Roi.

Pour l'y assurer davantage, le procureur du Roi fut à l'hôtel-de-ville, accompagné des maires et consuls, et d'autres principaux habitans, auxquels, après une fort belle harangue qui les exhortoit de remercier Dieu de les avoir remis si soudainement dans l'obéissance du Roi, et à continuer leur zèle pour le service de Sa Majesté, il fit prêter à tous les habitans, aussi bien qu'aux magistrats de la ville, un nouveau serment de fidélité; et après il fut résolu d'appeler le marquis de Bourdeilles (1) pour commander dans la ville, et maintenir toutes choses dans la bonne assiette où elles étoient.

Cette nouvelle lui étant portée, il s'y rendit sur le minuit de la nuit suivante avec plusieurs de ses amis, pour y donner les ordres jusques à l'arrivée de M. de Candale, lequel y étant arrivé mit toutes choses en état dans Périgueux comme on le pouvoit souhaiter pour l'obéissance du Roi, et pour l'établissement de l'autorité de Sa Majesté.

Durant le temps que toutes ces choses se faisoient à Périgueux, M. de Vendôme, qui avoit reçu douze cents matelots que M. d'Estrades lui avoit envoyés en diligence, les fait mettre sur ses vaisseaux; il les arme de soldats, et de toutes les choses nécessaires pour le combat; et le sieur de Las étant de retour et ayant porté ordre du Roi pour attaquer les ennemis, M. de Vendôme monte sur l'Amiral avec M. d'Estrades; les lieutenans généraux de l'armée qu'il commandoit, sur les autres vaisseaux. Les maréchaux de camp voulurent être de la partie pour aller attaquer l'armée navale d'Espagne, qui voyant que M. de Vendôme alloit à eux, leva l'ancre, fit voile vers Cordouan, et voyant que celle de France la vouloit combattre, elle se retira dans les côtes d'Espagne; mais ce ne fut pas sans y perdre son Vice-Amiral, que M. de Vendôme attaqua, combattit et prit en moins de deux heures.

Après la fuite de l'armée navale ennemie, M. de Vendôme se retira à Marennes, à Royan et à La Tremblade, pour désarmer ses vaisseaux, ayant laissé M. l'évêque de Tulle dans Bordeaux pour y affermir l'autorité royale, et pour y maintenir le peuple dans son devoir : ce qu'il fit si admirablement par son adresse et par le crédit qu'il avoit dans la ville, que tout y étant calme, il en partit au mois de novembre pour aller à Paris rendre compte avec messieurs les généraux, à Leurs Majestés et à Son Eminence, des choses qu'ils avoient faites en Guienne, où M. d'Estrades demeura lieutenant général pour le Roi dans son armée, et maire perpétuel de Bordeaux.

(1) Suivant Chavagnac, ce fut lui-même, et non Bourdeilles, qui se rendit à Périgueux et maintint l'ordre dans cette ville.

FIN DU DIXIÈME ET DERNIER VOLUME DE LA 2ᵉ SÉRIE.

www.ingramcontent.com/pod-product-compliance
Lightning Source LLC
Chambersburg PA
CBHW051322230426
43668CB00010B/1117